Introdução à
Psicologia

Dados Internacionais de Catalogação na Publicação (CIP)
(Câmara Brasileira do Livro, SP, Brasil)

Coon, Dennis
  Introdução à Psicologia : Uma Jornada / Dennis
Coon; [tradução Eliane Kanner] - São Paulo : Cengage
Learning, 2006.

  Título original: Psychology : a journey
  ISBN 978-85-221-0478-9

  1. Estudo - Métodos 2. Pesquisa psicológica
3. Psicologia - Estudo e ensino I. Título.

05-4053   CDD-150

Índice para catálogo sistemático:

1. Psicologia 150

Introdução à Psicologia
Uma Jornada

Tradução da 2ª Edição Norte-americana

Dennis Coon

Tradução:
Eliane Kanner

Revisão Técnica:
Vanessa Maichin
Psicoterapeuta Existencial
Especialista em Psicoterapia Existencial
Mestranda em Práticas Clínicas pela PUC/SP

Austrália • Brasil • México • Cingapura • Reino Unido • Estados Unidos

Introdução à Psicologia : Uma Jornada
Dennis Coon

Editora de Desenvolvimento: Ada Santos Seles

Editora Assistente: Roseli Carlos Pinto

Supervisora de Produção Editorial: Patricia La Rosa

Produtora Editorial: Ligia Cosmo Cantarelli

Produtora Gráfica: Fabiana Alencar Albuquerque

Título Original: *Psychology: A Journey*, 2nd edition (ISBN: 0-534-63264-5)

Tradução: Eliane Kanner

Revisão Técnica: Vanessa Maichin

Copidesque: Marcos Soel Silveira Santos

Revisão: Alexandra Costa da Fonseca, Lilian Abigail Melo de Aquino e Mônica Cavalcanti Di Giacomo

Editoração Eletrônica: ERJ – Composição Editorial e Artes Gráficas Ltda.

Capa: FZ. Dáblio Design Studio

Imagem de capa: adaptação de fotodrobik/Shutterstock

© 2006 Cengage Learning Edições Ltda.

Todos os direitos reservados. Nenhuma parte deste livro poderá ser reproduzida, sejam quais forem os meios empregados, sem a permissão, por escrito, da Editora. Aos infratores aplicam-se as sanções previstas nos artigos 102, 104, 106 e 107 da Lei nº 9.610, de 19 de fevereiro de 1998.

Esta editora empenhou-se em contatar os responsáveis pelos direitos autorais de todas as imagens e de outros materiais utilizados neste livro. Se porventura for constatada a omissão involuntária na identificação de algum deles, dispomo-nos a efetuar, futuramente, os possíveis acertos.

A editora não se responsabiliza pelo funcionamento dos links contidos neste livro que possam estar suspensos.

Para informações sobre nossos produtos, entre em contato pelo telefone **0800 11 19 39**

Para permissão de uso de material desta obra, envie seu pedido para **direitosautorais@cengage.com**

© 2006 Cengage Learning. Todos os direitos reservados.

ISBN-10: 85-221-0478-6
ISBN-13: 978-85-221-0478-9

Cengage Learning
Condomínio E-Business Park
Rua Werner Siemens, 111 – Prédio 11 – Torre A – Conjunto 12
Lapa de Baixo – CEP 05069-900 – São Paulo – SP
Tel.: (11) 3665-9900 – Fax: (11) 3665-9901
SAC: 0800-11-19-39

Para suas soluções de curso e aprendizado, visite
www.cengage.com.br

Impresso no Brasil
Printed in Brazil

Sobre o Autor

Depois de obter seu doutorado em psicologia pela Universidade do Arizona, Dennis Coon lecionou por 22 anos no Santa Barbara City College, na Califórnia. Durante toda a sua carreira, dr. Coon apreciou particularmente o desafio de lecionar introdução à psicologia. Ele e sua mulher, Sevren, hoje moram em Tucson, onde ele continua lecionando, escrevendo, editando e prestando serviços de consultoria.

Dr. Coon é o autor de *Introduction to Psychology* e *Essentials of Psychology*. Juntos, esses dois textos foram utilizados por mais de dois milhões de alunos. Freqüentemente ele atua como revisor e consultor para os editores, tendo editado o livro *Choices*.

Nas suas horas de lazer, dr. Coon gosta de caminhar, fotografar, pintar, mexer com carpintaria e música. Também desenha, fabrica e toca violão acústico clássico e de cordas de aço. Publicou artigos sobre design de violões e ocasionalmente ministra palestras que tratam desse assunto, além de suas apresentações mais freqüentes sobre psicologia. O seu retorno ao Arizona possibilitou que realizasse o sonho de sua vida: utilizar condicionamento operante para ensinar escorpiões a sapatear.

O meu primeiro curso de psicologia foi ministrado por uma mulher cujo intelecto, calor humano e sabedoria tiveram muito a ver com minha decisão de me formar em psicologia. Nos anos que se seguiram, fui inspirado e desafiado por outros professores talentosos. As suas vozes e a minha podem ser ouvidas por todo este livro.

Dennis Coon

Sumário

Prefácio XIII

Introdução
A Psicologia do Estudo   XXIII

Capítulo 1
Introduzindo a Psicologia e os Métodos de Pesquisa   1

Psicologia — Os Holofotes no Comportamento   2
Uma Breve História da Psicologia — O Álbum de Família da Psicologia   6
A Psicologia Hoje em Dia — Cinco Visões sobre Comportamento   11
Diversidade Humana — Reconhecendo as Diferenças Sociais e Culturais   12
Psicólogos — Garantia de Não Enlouquecer   13
Pesquisa Científica — Como Pensar Como um Psicólogo   17
Observação Naturalista — A Psicologia Dá uma Saída Rápida   20
Estudos Correlativos — Em Busca do Relacionamento Perfeito   21
O Experimento em Psicologia — Quando a Causa Encontra o Efeito   23
O Método Clínico — Dados por Caso   28
Método de Pesquisa — Tome uma Amostra   28
Ciência e Raciocínio Crítico — Ceticismo Saudável   30
Pseudopsicologias — Palmas, Planetas e Personalidade   32

Psicologia em Ação   35

Revisão do Capítulo   39

Capítulo 2
O Cérebro e o Comportamento   43

Neurônios — Criando um "Biocomputador"   44
O Sistema Nervoso – Em Ponto de Bala para Agir   49
Métodos de Pesquisa — Colocando os Reinos Internos do Cérebro em Gráficos   53
O Córtex Cerebral — Nossa, que Cérebro Grande Você Tem!   55
O Subcórtex — No Centro da Matéria (Cerebral)   64
O Sistema Endócrino — Os Hormônios e o Comportamento   68

Psicologia em Ação   71

Revisão do Capítulo   75

Capítulo 3
Desenvolvimento Humano 79

Hereditariedade e Ambiente – A Nutrição da Natureza 80
O Bebê Recém-Nascido – O Modelo Básico Vem com Opções 86
Maturação 89
Desenvolvimento Social – Bebê, Eu Estou Amarrado em Você 92
Influências Maternas e Paternas – A Vida com Papai e Mamãe 95
Desenvolvimento da Linguagem – Bebês que Falam Depressa 99
Desenvolvimento Cognitivo – Como as Crianças Aprendem a Pensar? 103
Desenvolvimento Moral – Criando uma Consciência 109
A História de uma Vida – Estrada Acidentada ou Trilha de Jardim? 111

Psicologia em Ação 116
Revisão do Capítulo 121

Capítulo 4
Sensação e Percepção 125

Sistemas Sensoriais – O Que Você Vê É o Que Você Obtém 126
Visão – Captando Alguns Raios 128
Audição – Boas Vibrações 134
Olfato e Paladar – O Nariz Sabe Quando a Língua Não Consegue Dizer 137
Os Sentidos Somestésicos – Voando pelas suas Calças 140
Adaptação, Atenção e Seleção de Sinais Elétricos por um Portão – Ligando e Desligando 143
Constâncias Perceptuais – Domando um Mundo Indomável 146
Organização Perceptual – Juntando Tudo 147
Percepção de Profundidade – E Se o Mundo Fosse Plano? 150
Percepção e Objetividade – Crer é Ver 156
Percepção Extra-Sensorial – Você Acredita em Mágica? 163

Psicologia em Ação 167
Revisão do Capítulo 171

Capítulo 5
Estados de Consciência 175

Estados de Consciência – As Várias Facetas do Fato de Estar Ciente 176
Sono – Um Bom Lugar para se Visitar 177
Fases do Sono – O Passeio de Toda Noite na Montanha-Russa 180
Problemas do Sono – Em Exibição Todas as Noites: Guerras do Sono! 183
Sonhos – Uma Realidade Independente? 187
Hipnose – Olhe nos Meus Olhos 190
Meditação – As Férias de 20 Minutos 193

Consciência Alterada pelas Drogas — Os Pontos Altos e os Pontos Baixos 197
Estimulantes — Anfetaminas, Cocaína, Cafeína, Nicotina 198
Calmantes — Sedativos, Tranqüilizantes e Álcool 205
Maconha e Alucinógenos — O Que é Que a Maconha Tem? 209

Psicologia em Ação 212

Revisão do Capítulo 216

Capítulo 6
Condicionamento e Aprendizado 221

O Que É Aprender — A Prática Leva à Perfeição? 222
Condicionamento Clássico — Já Ouviu Falar em Pavlov? 223
Princípios do Condicionamento Clássico — Ensine seu Irmãozinho a Salivar 225
Condicionamento Clássico em Seres Humanos — Um Tópico Emocional 227
Condicionamento Operante — Pombos Jogam Pingue-Pongue? 231
Reforço Operante — Do Que Você Gosta? 236
Reforço Parcial — Las Vegas, Uma Caixa de Skinner Humana? 242
Controle do Estímulo — Sinal Vermelho, Sinal Verde 244
Punição — Um Freio do Comportamento 247
Aprendizado Cognitivo Além do Condicionamento 251
Modelo — Faça o Que Eu Faço, Não Faça o Que Eu Digo 253

Psicologia em Ação 257

Revisão do Capítulo 260

Capítulo 7
Memória 265

Fases da Memória — Sua Mente É Como Uma Armadilha de Aço? Ou Como Uma Peneira? 266
Memória de Curto Prazo — Você Sabe Qual É o Número Mágico? 268
Memória de Longo Prazo — Onde Mora o Passado 270
Medição da Memória — A Resposta Está na Ponta da Língua 276
Memória Excepcional — Ases da Lembrança 279
Esquecimento — Por que Nós, Ah, Vejamos; Por que Nós, Ah . . . Esquece! 282
Repressão e Supressão de Memórias 288
Formação da Memória — Algumas Descobertas "Chocantes" 290
Aperfeiçoando a Memória — As Chaves do Banco de Memória 293

Psicologia em Ação 297

Revisão do Capítulo 300

Capítulo 8
Cognição, Inteligência e Criatividade 305

O Que É Raciocínio? Está Tudo na Sua Cabeça! 306

Imagens Mentais – Sapos Têm Lábios? 307
Conceitos – Eu Tenho Certeza, É um Troço 309
Linguagem – Não Saia de Casa Sem Ela 311
Resolução de Problemas – Obtendo Uma Resposta à Vista 316
Inteligência Artificial – Eu Computo, Portanto, Existo 320
Inteligência Humana – O QI E Você 322
Raciocínio Criativo – Trilhas Menos Percorridas 333
Raciocínio Intuitivo – Curto-Circuito Mental? Ou Desvio Perigoso? 337

Psicologia em Ação 340

Revisão do Capítulo 344

Capítulo 9
Motivação e Emoção 349

Motivação – Forças que Empurram e Puxam 350
Fome – Desculpe-me, É Só o Meu Hipotálamo Resmungando 353
Motivos Primários Revisitados – Sede, Sexo e Dor 359
Comportamento Sexual – Mapeando a Zona Erógena 361
Impulsos de Estímulo – Pára-Quedismo, Filmes de Terror e a Zona do Divertimento 366
Motivos Aprendidos – Em Busca da Excelência 371
Os Motivos em Perspectiva – Uma Visão a Partir da Pirâmide 373
Dentro de uma Emoção – Como Você se Sente? 376
Fisiologia e Emoção – Excitação, Morte Súbita e Mentira 378
Expressando Emoções – Fazendo Caretas e Corpos Que Falam 381
Teorias da Emoção – Várias Maneiras de Ter Medo de um Urso 383

Psicologia em Ação 389

Revisão do Capítulo 391

Capítulo 10
Personalidade 397

A Psicologia da Personalidade – Você Tem Personalidade? 398
A Abordagem dos Traços – Descreva a Si Mesmo em 18 Mil Palavras ou Menos 402
Teoria Psicanalítica – O Id Me Apareceu em um Sonho 409
Aprendendo as Teorias da Personalidade – Eu Não Te Vi Antes? 414
Androgenia – Você é Masculino, Feminino ou Andrógeno? 418
A Teoria Humanista – Experiências de Pico e Crescimento Pessoal 420
Teorias da Personalidade – Visão Geral e Comparação 425
Avaliação da Personalidade – Critérios Psicológicos 425
Testes de Projeção de Personalidade – Borrões de Tinta e Borrões Ocultos 431
Assassinos Repentinos – Um Exemplo de Pesquisa 433

Psicologia em Ação 434

Revisão do Capítulo 437

Capítulo 11
Saúde, Estresse e Lidar com Problemas 441

Psicologia da Saúde – Um Brinde à Sua Saúde 442
Saúde e Boa Saúde – Trabalho Número Um 446
Estresse – Emoção ou Ameaça? 447
Frustração – Becos Sem Saída e Balões de Chumbo 450
Conflito – Sim, Não, Sim, Não, Sim, Não, Bem, Talvez 454
Defesa Psicológica – Caratê Mental? 457
Desamparo Aprendido – Há Esperança? 460
Estresse e Saúde – Desmascarando um Assassino Oculto 463
Administração do Estresse – Ganhando o Jogo do Estresse 472

Psicologia em Ação 478
Revisão do Capítulo 480

Capítulo 12
Distúrbios Psicológicos 485

Normalidade – O Que É Normal? 486
Classificando os Distúrbios Mentais – Os Distúrbios de Acordo com o Livro 488
Distúrbios de Personalidade – Esquemas de Desajustes 494
Distúrbios com Base na Ansiedade – Quando a Ansiedade Manda 495
Ansiedade e Distúrbio – Quatro Caminhos para o Problema 501
Distúrbios Psicóticos – A Vida à Sombra da Loucura 504
Distúrbios de Delírios – Um Inimigo Atrás de Cada Árvore 506
Esquizofrenia – Realidade Destruída 507
Distúrbios de Humor – Picos e Vales 513
Os Distúrbios em Perspectiva – Rotulagem Psiquiátrica 516

Psicologia em Ação 517
Revisão do Capítulo 521

Capítulo 13
Terapias 525

Psicoterapia – Melhorando Hora a Hora 526
Origens da Terapia – Crânios Perfurados e Histeria no Divã 527
Psicanálise – Uma Expedição para Dentro do Inconsciente 528
Terapias Humanistas – Restaurando o Potencial Humano 530
Psicoterapia a Distância – Jóqueis Psíquicos e Terapias Cibernéticas 532
Terapia Comportamental – Curando pelo Aprendizado 535
Dessensibilização 536

Terapias Operantes – O Mundo Todo É uma Caixa de Skinner?   539
Terapia Cognitiva – Pense Positivo!   542
Terapia de Grupo – Pessoas que Precisam de Outras Pessoas   544
Psicoterapia – Uma Visão Geral   547
Terapias Médicas – Cuidados Psiquiátricos   551

Psicologia em Ação   556

Revisão do Capítulo   562

Capítulo 14
Comportamento Social   467

Afiliação e Atração – Junte-se   568
A Vida em Grupos – Pessoas, Pessoas por Toda Parte   573
Obediência – Você Eletrocutaria um Estranho?   579
Concordância – Um Pé na Porta   581
Atitudes – Juízo Final Para Aqueles que Buscam   585
Mudança de Atitude – Por que Exploradores Vieram a Público   587
Mudança de Atitude Forçada – Lavagem Cerebral e Cultos   589
Preconceito – Atitudes que Machucam   592
Conflito Dentro do Grupo – As Raízes do Preconceito   593
Agressão – O Animal mais Perigoso do Mundo   598
Comportamento Pró-Social – Ajudando os Outros   602

Psicologia em Ação   606

Revisão do Capítulo   610

Apêndice
Estatísticas Comportamentais   615

Estatística Descritiva – A Psicologia de Acordo com os Números   616
Estatística Dedutiva – Números Significativos   623
Correlação – Relações de Posição   624

Revisão do Apêndice   628

Glossário   631

Referências Bibliográficas   651

Índice Onomástico   681

Índice Remissivo   689

Ilustrações Coloridas   705

Prefácio

AO ALUNO – TEM INÍCIO A JORNADA

A psicologia é uma área de estudo empolgante. Ela é ao mesmo tempo familiar, exótica, surpreendente e desafiadora. Acima de tudo, a psicologia está mudando. Realmente, este livro é apenas um "instantâneo" de uma cena colorida. No entanto, a mudança torna a psicologia particularmente fascinante. O que poderia ser mais intrigante do que a nossa compreensão progressiva do comportamento humano?

A psicologia trata de cada um de nós. Ela pergunta: "Como podemos sair de nós mesmos para observar objetivamente como vivemos, pensamos, sentimos e agimos?". Os psicólogos acham que a resposta surge mediante um raciocínio detalhado, observação e perguntas. Por mais simples que pareça, essa é a luz orientadora para tudo o que se segue neste texto.

Cada um dos capítulos deste livro o levará a um reino diferente da psicologia, tais como personalidade, comportamento anormal, memória, consciência ou desenvolvimento infantil. Cada reino é complexo e fascinante por si só, com muitos caminhos, marcos e desvios interessantes a serem descobertos. O título deste livro, *Introdução à Psicologia: Uma Jornada*, reflete o fato de que aprender é uma aventura. Como em qualquer jornada de descoberta, este "passeio" pela psicologia o ajudará a entender melhor a si mesmo, os outros e o mundo ao seu redor. Certamente, é uma viagem que vale a pena ser feita.

Sinceramente, espero que você ache o comportamento humano tão fascinante quanto eu. Nas páginas que se seguem, fiz o possível para tornar esta primeira viagem pela psicologia agradável e compensadora.

Vamos Começar

Para ajudá-lo a começar bem, uma pequena Introdução antecede o Capítulo 1. Ela descreve as habilidades de estudo que você pode utilizar para obter o máximo deste texto e do seu curso de psicologia. Também lhe diz como você pode explorar a psicologia pela Internet e em bancos de dados eletrônicos.

Introdução à Psicologia: Uma Jornada é seu passaporte para uma aventura no campo do aprendizado. Por favor, encare este livro como uma carta minha para você. Ele foi escrito sobre e para você.

PARA O INSTRUTOR – UMA PESQUISA CONCISA SOBRE PSICOLOGIA

Introdução à Psicologia: Uma Jornada foi escrito para ser um primeiro curso de psicologia conciso, porém completo. Ele foi organizado em 14 capítulos para que seja possível abranger todo o campo em um único período, no ritmo de um capítulo por semana. A brevidade deste livro levou-me a selecionar somente o "melhor" material dentre os vários tópicos que poderiam ser apresentados. Mesmo assim, *Introdução à Psicologia: Uma Jornada* cobre não só o âmago da psicologia, mas também vários tópicos que são a última palavra sobre conhecimentos atuais. Novas informações, anedotas, perspectivas e narrativas aparecem nesta edição. O resultado é um texto conciso, legível, informativo, prático e motivador.

Ênfase na Legibilidade e na Narrativa

Selecionar um texto é metade da batalha de ministrar um curso bem-sucedido. Um bom texto realiza grande parte do trabalho de informar os alunos. Isso deixa livre o tempo da aula para discussão, tópicos extras ou apresentações de mídia. Também faz que o aluno peça mais. Quando um livro esmaga os alunos ou esfria o seu interesse, tanto o professor quanto o aluno sofrem.

Muitos alunos de introdução à psicologia são leitores relutantes. Por mais interessante que seja um texto, seu valor se perde se os alunos não o lerem. É por isso que trabalhei arduamente a fim de tornar este texto claro, legível e envolvente. Quero que os estudantes leiam com interesse genuíno e entusiasmo, não meramente como obrigação.

Na intenção de encorajar os estudantes a ler, fiz um esforço especial para compor teias de narrativas ao longo de cada capítulo. Todo mundo gosta de uma boa história e a história da psicologia está entre as melhores. Em todo o livro, utilizei anedotas e exemplos intrigantes para estimular a leitura e sustentar o interesse. À medida que os alunos vão explorando os conceitos, eles pensam em idéias e as relacionam com as suas próprias experiências. Por exemplo, os ataques terroristas ao World Trade Center em 11 de setembro de 2001 são utilizados para ilustrar lembranças do tipo lâmpada de flash e o impacto de estressores traumáticos.

Aplicações Práticas

Introdução à Psicologia: Uma Jornada foi elaborado para dar aos alunos uma visão clara dos principais conceitos sem soterrá-los com detalhes. Ao mesmo tempo, ele oferece uma abordagem clara que reflete a rica herança de idéias da psicologia. Penso que os alunos vão considerar este livro informativo e intelectualmente estimulante. Além disso, enfatizei as várias maneiras pelas quais a psicologia se relaciona com o dia-a-dia.

Uma das principais características deste livro é a seção *Psicologia em Ação* encontrada em cada capítulo. Discussões de grande interesse preenchem a lacuna entre a teoria e a aplicação prática. Acho justo os alunos perguntarem: "Isso significa alguma coisa para mim? Eu posso usar isso? Se não posso, por que tenho que aprender?". As informações apresentadas na seção Psicologia em Ação mostram aos alunos como solucionar questões práticas e administrar seu próprio comportamento. Isso lhes permite ver o benefício de adotar novas idéias e dá vida aos conceitos de psicologia.

Um Guia de Estudos Integrado

Os capítulos deste texto estão divididos em segmentos curtos denominados *Pausa para Estudo*. Cada Pausa para Estudo desafia os alunos a relacionarem os conceitos às suas experiências, a se testarem e a pensarem de forma crítica sobre os princípios que estão aprendendo. Além disso, o capítulo termina com uma auto-avaliação denominada *Teste Seus Conhecimentos*. As perguntas de múltipla escolha dessa seção oferecem aos alunos uma maneira de avaliar como estão se saindo em seus estudos, respondendo a uma amostra de teste. Esses testes incluem 20 perguntas, que equivalem, em termos de dificuldade, às provas feitas em sala de aula.

Recursos Eletrônicos

Para incentivar a pesquisa, os alunos poderão pesquisar no site do livro.*

Diversidade Humana

Os alunos de hoje refletem o caráter multicultural e multifacetado da sociedade contemporânea. Em *Introdução à Psicologia: Uma Jornada*, os alunos encontrarão várias discussões sobre a diversidade humana, incluindo as diferenças de raça, etnia, cultura, sexo, habilidades, orientação sexual e idade. Muitas vezes, essas diferenças dividem desnecessariamente as pessoas em grupos opostos. Minha intenção em todo o texto é desincentivar o estereótipo, o preconceito, a discriminação e a intolerância. Tentei fazer este livro neutro tanto para um sexo quanto para o outro, e sensível em relação a uma série de diferentes questões. Todos os exemplos que envolvem homens e mulheres estão divididos igualmente por sexo. Na arte, nas fotos e nos exemplos tentei retratar a rica diversidade da humanidade. Muitos tópicos e exemplos estimulam os alunos a apreciar as diferenças sociais, físicas e culturais, e a aceitá-las como parte natural do ser humano.

---

* NE: Os *links* apresentados nesta edição são referenciais e encontram-se em inglês, não sendo de responsabilidade desta Editora sua atualização ou alteração. Para consultá-los, o leitor deverá acessar a página do livro no site http://**www.thomsonlearning.com.br**, clicar em **Material de apoio suplementar para estudantes** e, em seguida, no item que desejar pesquisar.

Psicologia Positiva

Nos últimos cem anos, os psicólogos deram muita atenção ao lado negativo do comportamento humano. Isso é fácil de entender porque temos urgência em encontrar soluções para os nossos problemas. No entanto, Martin E. P. Seligman e Mihaly Csikszentmihalyi nos incitam a estudar também o funcionamento ótimo ou a "psicologia positiva". O que sabemos, por exemplo, sobre o amor, a felicidade, a criatividade, o bem-estar, a autoconfiança e as realizações? Ao longo de todo o livro, tentei responder a essas perguntas para os alunos. Minha esperança é que aqueles que lerem *Introdução à Psicologia: Uma Jornada* passem a apreciar o potencial que todos nós temos para nos comportar de maneira ótima. Obviamente, espero também que terminem o curso de introdução à psicologia com ferramentas emocionais e intelectuais que possam utilizar para ampliar suas vidas.

Como a Divisão do Capítulo Corrobora o Método SQ4R

Introdução à Psicologia: Uma Jornada utiliza um formato SQ4R de aprendizado ativo para tornar o estudo de psicologia uma experiência gratificante. Repare como as etapas do método SQ4R – *pesquise, questione, leia, repita a lição, relacione e revise* (*survey, question, read, recite, relate, review*) – estão incorporadas à estrutura dos capítulos.

Pesquise

No início de cada capítulo, vários recursos ajudam os alunos a construir mapas cognitivos dos assuntos que surgirão adiante. Um breve *trailer*, denominado *Uma Viagem por Dentro da Psicologia*, desperta o interesse, dá um ponto de entrada para o tópico principal do capítulo e concentra a atenção. Depois disso, uma lista de *Perguntas para Pesquisa* aparece no corpo principal do capítulo a fim de ajudar os alunos a estruturar seu aprendizado. Posteriormente, as Perguntas para Pesquisa são utilizadas para organizar o *Resumo* do capítulo. Dessa forma, os alunos recebem uma estrutura consistente para estudar e aprender.

Questione

Ao longo de cada capítulo, perguntas de diálogo em itálico servem como organizadores avançados que induzem os alunos a buscar idéias importantes à medida que vão lendo. As *Perguntas de Orientação* também estabelecem um diálogo no qual são previstas as perguntas e as reações dos alunos. Esse diálogo esclarece pontos difíceis – um animado toma-lá-dá-cá entre perguntas e respostas.

Leia

Esforcei-me ao máximo para tornar este texto claro e legível. Para ajudar ainda mais na compreensão, fiz uso de uma vasta gama de auxiliares do ensino. Entre eles estão: termos em negrito (com a pronúncia fonética), resumos divididos em itens, quadros de resumo, índice por nome, índice remissivo e um glossário detalhado. Como auxiliar extra, as referências a figuras e tabelas estão marcadas com pequenas formas geométricas. Esses "guardadores de lugar" facilitam para o aluno voltar à leitura depois de ter feito uma pausa para ver uma tabela ou uma figura.

Um glossário integrado auxilia a compreensão da leitura, fornecendo definições precisas diretamente no contexto. Quando termos importantes aparecem pela primeira vez, são definidos imediatamente. Dessa maneira, os alunos obtêm definições claras quando e onde precisam delas – no próprio texto geral. Além disso, um *Glossário Paralelo* define os termos-chave nas margens das páginas. O Glossário Paralelo torna mais fácil, para os alunos, encontrar, estudar e revisar os termos importantes.

Em cada um dos capítulos, vários assuntos de destaque colocados em quadros discutem pesquisas recentes, aplicações pessoais, raciocínio crítico, questões clínicas e diversidade humana. Esses destaques são complementos estimulantes mas não invadem o texto principal. Eles enriquecem a apresentação e incentivam os alunos a refletir sobre as idéias que estão aprendendo.

Repita a Lição

A cada poucas páginas, uma Pausa para Estudo dá aos alunos oportunidade de testar sua compreensão e recapitular os tópicos anteriores. As Pausas para Estudo são pequenos guias de estudo embutidos que incluem uma Verificação do Aprendizado (um teste curto e não-abrangente). Essas Verificações do Aprendizado ajudam os alunos a processar as informações e a avaliar o seu progresso. No entanto, as perguntas da Verificação do

Aprendizado são tão difíceis quanto as provas feitas em sala de aula. Conseqüentemente, pede-se aos alunos que perderam qualquer item que voltem e chequem sua compreensão antes de irem adiante. Preencher as Verificações do Aprendizado serve como repetição para ampliar o aprendizado.

Relacione

A psicologia cognitiva nos diz que a repetição detalhada é uma das melhores maneiras de formar lembranças duradouras. Por meio dela tornamos novas informações mais significativas relacionando-as com o conhecimento familiar existente. Para ajudar os alunos a praticar a repetição detalhada, cada Pausa para Estudo inclui uma série de perguntas do tipo "Relacione". Essas perguntas estimulam os alunos a associar novos conceitos a experiências pessoais e a conhecimentos anteriores.

Um curso de psicologia contribui naturalmente para a habilidade de raciocinar criticamente. Para facilitar ainda mais o raciocínio crítico, cada Pausa para Estudo inclui também uma ou mais perguntas de *Raciocínio Crítico*. Essas estimulantes perguntas desafiam os alunos a raciocinar de forma crítica e analítica sobre a psicologia. Cada uma delas é seguida de uma breve resposta com a qual os alunos podem comparar suas idéias. Muitas dessas respostas citam resultados de pesquisas e são informativas por si só.

Revise

Como já mencionamos, todos os termos importantes aparecem em um Glossário Paralelo ao longo de todo o livro, o que ajuda a revisar. Também como mencionado, a seção Psicologia em Ação mostra aos alunos como conceitos psicológicos estão associados a problemas práticos, incluindo problemas de sua vida pessoal. As informações encontradas em Psicologia em Ação ajudam a reforçar o aprendizado, ilustrando o aspecto prático da psicologia.

Para ajudar os alunos a consolidar seu aprendizado, a seção *Revisão do Capítulo* reapresenta todas as idéias principais já vistas no capítulo. Essa seção começa com uma lista de *Pontos Principais* que resumem os conceitos "para viagem" que todo aluno deveria lembrar dez anos depois de ler este texto. A seguir, um Resumo ponto a ponto faz uma sinopse detalhada do capítulo. Como mencionamos anteriormente, o Resumo é organizado em torno das mesmas Perguntas para Pesquisa encontradas no início do capítulo. Isso completa o ciclo do processo SQ4R e reforça as metas de aprendizado do capítulo. Todo capítulo termina com Teste os Seus Conhecimentos, o breve teste de múltipla escolha já descrito. Os alunos que errarem qualquer uma dessas perguntas são incitados a revisar os tópicos mais uma vez, utilizando os vários materiais complementares disponíveis com este texto.

Raciocínio Crítico

O caráter ativo e questionador do método SQ4R é, por si só, uma indução ao raciocínio crítico. Muitas das Perguntas de Orientação que introduzem os tópicos no texto servem como modelos de raciocínio crítico. Mais importante, o Capítulo 1 contém uma discussão sobre as habilidades de raciocinar criticamente e uma avaliação racional das pseudopsicologias. Além disso, a discussão sobre métodos de pesquisa do Capítulo 1 é, na verdade, um breve curso sobre como raciocinar claramente a respeito do comportamento. Ela é aumentada por sugestões sobre como avaliar criticamente alegações na mídia popular. O Capítulo 8, "Cognição, Inteligência e Criatividade", inclui vários tópicos que se concentram na capacidade de raciocinar. Ao longo do texto, muitos quadros promovem o raciocínio crítico sobre assuntos específicos que os alunos deveriam abordar com um ceticismo saudável. Como mencionamos, toda Pausa para Estudo inclui perguntas de Raciocínio Crítico. Juntos, esses recursos ajudam o aluno a ganhar habilidades de raciocínio de valor duradouro.

Introdução: A Psicologia do Estudo

Nesta introdução, os alunos encontrarão uma série de estratégias extremamente úteis para melhorar seus hábitos de estudo. A Introdução mostra aos alunos como ler eficazmente, estudar de maneira mais eficiente, fazer boas anotações, preparar-se para os testes, sair-se bem nos diversos tipos de teste, criar agendas de estudo e evitar o adiamento. Além disso, inclui a discussão do aprendizado auto-regulado (que anteriormente estava no Capítulo 6). Meu objetivo é ajudar os alunos a aplicar os princípios ativos de aprendizado a todo o curso, não apenas à segunda metade.

Capítulo 1: Introduzindo a Psicologia e os Métodos de Pesquisa

Esse capítulo sofreu uma pequena atualização. As psicologias dos sexos e evolutiva foram incluídas na lista de especialidades de pesquisa. A nova arte gráfica dá um exemplo melhor de uma Gestalt perceptiva. Na seção de método de pesquisa, foi adicionada uma discussão sobre os prós e os contras das pesquisas na Internet. Foram acrescentadas também mais dez questões à amostra de teste no final deste capítulo ("Teste Seus Conhecimentos"). (Esta melhora se aplica a todos os capítulos.)

Arquivo Clínico: As Irmãs Genain — Problema Quadruplicado

Esse novo destaque descreve um estudo clássico de longa data de quadrigêmeos idênticos que se tornaram esquizofrênicos. As chances de todos os quadrigêmeos idênticos tornarem-se esquizofrênicos são de cerca de uma em 1,5 bilhão. Conseqüentemente, as irmãs Genain mostram aos alunos por que os estudos clínicos às vezes fornecem *insights* que não podem ser obtidos de outra maneira.

Capítulo 2: O Cérebro e o Comportamento

Esse capítulo foi reescrito a fim de tornar-se mais interessante e claro. A arte gráfica aperfeiçoada esclarece os eventos ocorridos durante um potencial de ação. A arte que ilustra os lóbulos do córtex cerebral e o sistema límbico também foi aperfeiçoada. Descobertas recentes atualizam o que sabemos sobre as origens do fato de a pessoa ser destra ou canhota.

Arquivo Clínico: Um Golpe de Azar

Esse novo destaque descreve alguns dos leves sinais neurológicos que os psicólogos procuram quando suspeitam de uma lesão, doença ou mal funcionamento cerebral.

Capítulo 3: Desenvolvimento Humano

Nesse capítulo, a discussão sobre diferenças étnicas nas práticas de criar filhos foi atualizada e ampliada. Um novo destaque, "Bater ou Não Bater?", discute provas empíricas que fornecem o fundamento lógico para minimizar ou evitar a utilização do bater para disciplinar os filhos. Também, atualizações de pesquisas ampliam as discussões de períodos delicados e linguagem, o efeito Mozart, treinamento de banheiro, apego seguro e creches.

Arquivo Clínico: Além da Saudade de Casa

Novo destaque que discute o problema da ansiedade das separações nas crianças e ajuda os alunos a distingui-la do apego e da timidez.

Capítulo 4: Sensação e Percepção

A organização básica desse capítulo permanece inalterada. As revisões envolvem principalmente atualizações de pesquisas e novas informações, quando apropriado. As revisões adicionais estão listadas a seguir:

- A nova arte gráfica esclarece as estruturas e as funções da retina e do ouvido.
- Os resultados recentes de pesquisas são utilizados para atualizar a discussão sobre o olfato.
- Uma breve discussão examina as causas do "efeito outra raça" no reconhecimento facial.
- Foi acrescentada uma breve cobertura de cegueira de desatenção.
- "Miss Cleo" e fraudes televisivas semelhantes são desacreditadas nas discussões da PES.
- Uma discussão atualizada sobre a acuidade perceptiva inclui uma tabela (baseada em pesquisas recentes) que resume os principais fatores que afetam as percepções das testemunhas oculares.

Arquivo Clínico: Doutor, o Senhor Não Está Ouvindo?

Esse novo destaque explica por que as alucinações são consideradas um sintoma de distúrbio mental e diz como podem ocorrer "alucinações sãs".

Capítulo 5: Estados de Consciência

Como detalhamos a seguir, as informações sobre drogas psicoativas foram atualizadas e melhoradas consideravelmente. Além disso, as atualizações das pesquisas melhoram as discussões sobre uma série de assuntos ao longo do capítulo.

- Uma breve seção explica os mecanismos sinápticos que estão por trás dos efeitos das drogas.
- Uma discussão examina os efeitos e os perigos de utilizar metanfetamina e MDMA ("ecstasy").
- Uma outra seção discute os efeitos do GHB (gama-hidrobutirato) e seus possíveis riscos.
- Fornecem-se mais informações sobre os efeitos prejudiciais de tomar um porre e do abuso do álcool.
- As atualizações das pesquisas abordam a Síndrome da Morte Súbita Infantil e a sua prevenção, os efeitos da hipnose, mediação como um antídoto para o estresse, a natureza do vício, nicotina e os efeitos cognitivos residuais de usar maconha.

Arquivo Clínico: Zumbis Adolescentes

Novo destaque que documenta a ligação entre a privação crônica do sono do adolescente e a sua mudança de humores.

Capítulo 6: Condicionamento e Aprendizado

O capítulo precisava de algumas pequenas mudanças. Encontrei maneiras de tornar algumas das discussões mais curtas e claras. Além disso, três novos destaques e algumas atualizações de pesquisa que valem a pena ampliam o texto. O tópico do estudo auto-regulado foi transferido para a Introdução, na qual foi adicionado à apresentação de habilidades úteis de estudo.

- Um novo destaque, "Condicionamento e Conservação", explica como os princípios operantes foram utilizados para incentivar a conservação de energia e a reciclagem.
- Um novo destaque, "Videogames Violentos – *Toxic Combat*?", revisa as provas recentes que indicam que videogames violentos aumentam o comportamento agressivo.

Arquivo Clínico: Pisque Se o Seu Cérebro For Saudável

Esse novo destaque descreve pesquisas recentes que sugerem que o condicionamento da piscada de olho (condicionamento clássico) pode ser útil para identificar estágios iniciais de demência.

Capítulo 7: Memória

As atualizações de pesquisas melhoram a discussão sobre memória de curto prazo, memória dependente do estado, supressão/repressão e os mecanismos cerebrais da memória.

Arquivo Clínico: Debate da Memória Recuperada/Memória Falsa

O destaque oferece uma discussão revisada da epidemia da memória recuperada e ajuda os alunos a reconhecer tanto a realidade do abuso sexual na infância como o risco de fazer acusações falsas.

Capítulo 8: Cognição, Inteligência e Criatividade

Esse capítulo cobre a Quinta Edição da Escala de Inteligência de Stanford-Binet (a SB5), publicada em 2003. A SB5 agora mede cinco fatores cognitivos (e não quatro) e pode pontuar a inteligência verbal e a de desempenho. Além disso:

- Uma breve discussão faz a distinção entre inteligência e sabedoria.
- Foram acrescentadas atualizações de pesquisas às discussões sobre as linguagens gestuais e evolução, as características das pessoas criativas e as técnicas para promover uma solução criativa de problemas.

Arquivo Clínico: Loucura e Criatividade

Esse novo destaque documenta que muitos artistas, escritores, poetas e compositores famosos da história sofriam de problemas de humor. Ao fazer isso, realiza uma análise fascinante da pergunta: A genialidade está próxima da insanidade?

Capítulo 9: Motivação e Emoção

O capítulo foi simplificado para oferecer mais interesse e legibilidade. Ele inclui um novo destaque e uma série de pequenas atualizações e ampliações que descrevemos a seguir.

- Apresenta-se uma versão atualizada da teoria das emoções de Robert Plutchik, bem como uma arte gráfica modernizada e aperfeiçoada.
- A nova arte gráfica esclarece a ligação entre as emoções e a atividade no sistema automático.
- Uma discussão revisada da inteligência emocional descreve as habilidades que compõem a maturidade emocional.
- Atualizações das pesquisas ampliam as discussões sobre fome, obesidade e sugestões alimentares externas, dieta comportamental, distúrbios alimentares, impulso sexual e afrodisíacos, morte repentina associada a emoções intensas, suscetibilidade a expressões faciais ameaçadoras e a hipótese do *feedback* facial.

Arquivo Clínico: Problemas Sexuais — Quando o Prazer Diminui

Esse novo destaque identifica os problemas sexuais mais comuns e dá exemplos de como são tratados.

Capítulo 10: Personalidade

Nesse capítulo:

- A teoria do aprendizado social agora é diferenciada mais claramente das teorias comportamentais da personalidade. Além disso, também foi acrescentado o conceito de Bandura de auto-eficácia.
- Um breve relatório descreve um estudo interessante que associa os traços de personalidade a gostos musicais.
- O capítulo também foi beneficiado com breves atualizações sobre a auto-estima, a consistência dos traços, os Cinco Grandes, determinantes situacionais do comportamento, a acuidade dos testes de personalidade, teste de honestidade e timidez.

Arquivo Clínico: Experiências de Proximidade da Morte — Uma Nova Maneira de Encarar a Vida

Esse novo destaque examina os impactos que as experiências de proximidade da morte podem ter sobre a personalidade das pessoas que estiveram à beira da morte e sobreviveram para falar a respeito.

Capítulo 11: Saúde, Estresse e Lidar com Problemas

Além de atualizações detalhadas de pesquisas, esse capítulo tem um novo destaque, como descrito na lista a seguir. Além disso, sugestões para lidar com conflitos e frustrações foram transferidas para esse capítulo. Isso coloca as sugestões em um contexto e encurta a seção Psicologia em Ação, que estava desproporcionalmente longa na edição anterior.

- Informações sobre HIV e Aids foram revisadas com intuito de refletir os dados mais recentes.
- Esse capítulo inclui informações sobre os fatores comportamentais de risco, a personalidade com tendência a doenças, habilidades de recusa e treinamento em habilidades da vida, imprevisibilidade e estresse, exaustão do trabalho, a natureza da ameaça, aborrecimentos diários, hostilidade e personalidade do Tipo A, intrepidez e felicidade, psiconeuroimunologia e administração do estresse.

Arquivo Clínico: 11 de Setembro e Estresse Traumático

Examina a natureza do estresse traumático e discute algumas maneiras úteis de lidar com as reações iniciais a eventos altamente estressantes.

Capítulo 12: Problemas Psicológicos

A seção desse capítulo que discute problemas de ansiedade está mais concisa e inclui informações atualizadas sobre problemas de estresse. Problemas de estresse pós-traumático estão associados especificamente aos ataques terroristas de 11 de setembro em Nova York. A seção sobre hospitalização foi transferida para o Capítulo 13, o qual complementa a discussão de abordagens médicas dos problemas mentais. Entre outras revisões, estão:

- Uma discussão atualizada sobre explicações bioquímicas da esquizofrenia, que agora inclui a influência dos níveis de glutamato nos sistemas de dopamina.
- Esse capítulo também possui breves atualizações sobre personalidades *borderline* e anti-sociais, problema de múltiplas personalidades, doença mental e violência, o mal de Alzheimer, as causas da esquizofrenia e da depressão e o problema afetivo sazonal.

Capítulo 13: Terapias

Agora apresentamos hospitalização mental, discutida no Capítulo 12. Isso permite aos alunos obter uma perspectiva melhor da gama de terapias médicas disponíveis e das diferenças entre as abordagens psicológicas e somáticas.

Alguns tipos de terapia a distância estão começando a produzir bons resultados. Revisei a discussão sobre essa terapia para refletir o progresso e a maior aceitação que o aconselhamento por telefone está recebendo. No entanto, os alunos continuam sendo alertados sobre o valor questionável dos "serviços comerciais" de aconselhamento por telefone e via Internet. A relação seguinte descreve outras melhoras neste capítulo.

- São relatados estudos adicionais mostrando que exposição à realidade virtual pode ser utilizada para tratar fobias com êxito.
- A discussão sobre a não-sensibilização e o reprocessamento do movimento ocular (EMDR) apresentam provas recentes pró e contra a eficácia dessa polêmica terapia.
- Uma breve nova seção discute o futuro da psicoterapia de acordo com o que prevê um painel de peritos.
- Há atualizações de pesquisas nas discussões sobre psicoterapia, dessensibilização, terapia de grupo, a aliança terapêutica, ECT, desinstitucionalização e a utilização de paraprofissionais.

Capítulo 14: Comportamento Social

Esse capítulo foi destilado sem perder conteúdo. A seção intitulada "Mudança Forçada de Atitude – Lavagem Cerebral e Cultos" foi revisada a fim de refletir o papel dos cultos no terrorismo. São apresentadas informações atualizadas sobre homogamias, conflitos de papéis, conflitos intergrupos, preconceito simbólico e as origens inconscientes da discriminação. Também atualizei a seção sobre as causas da agressão humana, incluindo o impacto da violência da mídia. Novas informações na seção Psicologia em Ação mostram aos alunos que "raça" é uma questão de rótulo social, não uma realidade biológica.

Arquivo Clínico: Violência na Escola — Sinais de Alerta e Remédios

Em vista do tiroteio ocorrido na escola de Columbine e tragédias semelhantes, esse novo destaque apresenta sinais de alerta que podem ajudar a identificar pessoas com risco de serem violentas. Ele sugere também medidas que os pais podem tomar para reduzir a probabilidade de violência.

Agradecimentos

A psicologia é um esforço cooperativo que requer os talentos e as energias de uma grande comunidade de estudiosos, professores, pesquisadores e alunos. Como a maioria dos esforços de psicologia, este livro reflete o empenho de muitas pessoas. Agradeço profundamente as contribuições de todos aqueles que apoiaram a evolução deste texto, incluindo os seguintes psicólogos:

- Jean Brown, Cambrian College
- Anice Bullock, Tomball College
- Lisa Clark, Clark Atlanta University
- Eric Comstock, Heald College, Concord
- David Das, Elgin Community College
- Michael Gardner, California State University, Northridge
- Dorothy Gomez, Bunker Hill Community College
- Frank Hager, Allegany College of Maryland
- John Haworth, Florida Community College at Jacksonville
- John S. Klein, Castleton State College
- Patricia Lanzon, Henry Ford Community College
- Denis Laplante, Lambton College
- Laura Madson, New Mexico State University
- Errol Magidson, Richard J. Daley College
- Horace Marchant, Westfield State College
- Richard Mascolo, El Camino Community College
- Shawn Mikulay, Elgin Community College
- Pike Nelson, Chicago State University
- Alysia Ritter, Murray State University
- Moises Salinas, Central Connecticut State University
- Matthew Westra, Longview Community College

Gostaria de agradecer particularmente aos seguintes professores, cujos sábios conselhos ajudaram a melhorar esta edição de *Introdução à Psicologia: Uma Jornada*:

- Dana Albright, Clovis Community College
- Saundra Ciccarelli, Gulf Coast Community College
- Ellen Cotter, Georgia Southwestern State University
- Keith Davis, University of South Carolina
- Mary Ellen Dello Stritto, Ball State University
- Mylo Egipciaco, Los Angeles Pierce College
- Richard Epro, Nassau County Community College
- Sabra Jacobs, Prestonsburg Community College
- Thuy Karafa, Ferris State University
- Jimi Leopold, Tarleton State University
- Feleccia Moore-Davis, Houston Community College

Todd Nelson, California State University, Stanislaus
Randall Osborne, Southwest Texas State University
Sandra Phipps, Hazard Community College
Robert Wellman, Fitchburg State College
Matthew Zagumny, Tennessee Tech University

Produzir *Introdução à Psicologia: Uma Jornada* e os seus complementos foi uma tarefa formidável. Estou particularmente devedor para com cada uma das seguintes pessoas por apoiarem este livro: Susan Badger, Sean Wakely e Eve Howard.

Também gostaria de agradecer às pessoas de Wadsworth que tão generosamente compartilharam o seu conhecimento e seus talentos no ano passado. Essas são as pessoas que o tornaram possível: Vernon Boes, Chris Caldeira, Brian Chaffee, Jerilyn Emori, Jeremy Judson, Jennifer Keever, Margaret Parks, Joohee Lee e Laura Stowe. Foi um prazer trabalhar com um grupo de profissionais tão talentosos e muitos outros na Wadsworth.

Gostaria de expressar minha gratidão a Marianne Taflinger, por dar um novo rumo ao *Jornada*. A sua orientação editorial tornou a vida mais fácil para os professores e os alunos que utilizam este livro. Agradeço especialmente a Jeremy Judson, por ajudar a dar um foco mais bem definido ao itinerário.

Por fim, gostaria de agradecer à minha mulher, Sevren, por fazer esta jornada valer a pena.

A Psicologia do Estudo

Introdução

Mesmo se for ótimo aluno, você poderá melhorar suas aptidões de estudo. Os alunos que tiram boas notas tendem a trabalhar de maneira mais inteligente, e não por mais tempo ou mais arduamente (Hill, 1990). Para ajudar você a começar bem, vamos analisar várias maneiras de melhorar o estudo.

O MÉTODO SQ4R – COMO DOMAR UM LIVRO DIDÁTICO

Quanto geralmente você se lembra depois de ler um capítulo de um livro didático? Se a resposta for "Nada", "Zero menos 1" ou simplesmente "Não o suficiente", pode estar na hora de tentar o **método SQ4R**. SQ4R é abreviação em inglês de: *pesquise, pergunte, leia, recite, relacione* e *revise*. Essas seis etapas podem auxiliar você a captar idéias rapidamente, aprender enquanto lê, lembrar mais e revisar de maneira eficaz:

- **S** = *Pesquisar*. Folheie o capítulo antes de começar a lê-lo. Comece olhando os títulos dos tópicos, as legendas das figuras e o resumo do capítulo. Tente captar uma visão geral do que está por vir.

- **Q** = *Perguntar*. À medida que for lendo, transforme cada título de tópico em uma ou mais perguntas. Por exemplo, ao ler o título "Fases do sono", você poderia perguntar: "Existe mais de uma fase de sono?", "Quais são as fases do sono?", "No que elas diferem?". Fazer perguntas ajuda a ler com uma finalidade.

- **R1** = *Ler*. O primeiro R no SQ4R é de *Read*. À medida que for lendo, procure respostas para as perguntas que fez. Leia em pequenos "pedaços", de um título para outro, e depois pare. Quando o material for difícil, talvez seja melhor ler um parágrafo ou dois por vez.

Método SQ4R Uma técnica ativa de estudar-ler baseada nas seguintes etapas: pesquisar, perguntar, ler, recitar, relacionar e revisar.

- **R2** = *Recitar*. Depois de ler uma pequena quantidade, pause e recite ou ensaie. Isto é, tente responder mentalmente às suas perguntas e resumir o que leu. Melhor ainda, resuma fazendo breves anotações (Lahtinen et al., 1997).

  Se você não conseguir as idéias principais, folheie cada uma das seções novamente. Enquanto você não se lembrar do que acabou de ler, não adianta continuar.

  Depois de estudar uma pequena "parte" do texto, transforme o próximo título de tópico em perguntas. Depois leia o próximo título. Lembre-se de buscar respostas à medida que for lendo e de recitar e fazer anotações antes de ir adiante. Pergunte-se repetidamente: "Qual é a idéia principal aqui?". Repita o ciclo perguntar-ler-recitar até terminar um capítulo inteiro.

- **R3** = *Relacionar*. Provavelmente você observou que é mais fácil lembrar-se de idéias que tenham significado pessoal para você. Quando estudar um capítulo, tente relacionar fatos, termos e conceitos novos às suas próprias experiências ou a informações que conheça bem. Essa pode

O estudo eficaz é planejado e sistemático. A quantidade de horas que você passa estudando é menos importante que a qualidade e a eficiência das suas estratégias de aprendizado (Woehr e Cavell, 1993).

ser a etapa mais importante no método SQ4R. Quanto mais interesse real você puder trazer à sua leitura, mais irá aprender (Hartlep e Forsyth, 2000).

R4 = *Revisar*. Quando terminar a leitura, folheie o capítulo novamente ou leia as suas anotações. Depois cheque a sua memória recitando e perguntando-se novamente. Tente tornar a revisão um hábito constante quando estudar (ver ◆Figura I.1).

Isso realmente funciona? Sim. Utilizar uma estratégia de leitura melhora o aprendizado e as notas (Chastain e Thurber, 1989; Taraban et al., 2000). Simplesmente ler um capítulo pode lhe dar "indigestão intelectual". É por isso que é melhor parar freqüentemente para pensar, perguntar, recitar, relacionar, revisar e "digerir" totalmente as informações à medida que for lendo.

Como Utilizar *Introdução à Psicologia: Uma Jornada*

Você pode aplicar o método SQ4R a qualquer texto. No entanto, este livro foi elaborado especificamente para ajudá-lo a aprender ativamente psicologia.

Pesquisar

Cada um dos capítulos começa com uma visão preliminar da Psicologia e *Perguntas para Pesquisa*. Você pode utilizar esses recursos para identificar as idéias importantes quando começar a ler. As visões preliminares devem ajudá-lo a se interessar pelos tópicos que vai ler, e as Perguntas para Pesquisa são um bom guia para os tipos de informação que você deve procurar quando lê. Depois de estudar esse ponto, reserve alguns minutos para fazer a sua própria pesquisa do capítulo. Isso o auxiliará a criar um "mapa mental" dos tópicos que estão por vir.

Perguntar

Como eu posso usar o método SQ4R para tornar a leitura mais interessante e eficaz? Uma das etapas-chave é fazer-se uma série de perguntas enquanto lê. As Perguntas para Pesquisa são repetidas ao longo de todo o capítulo, para ajudar você a reconhecer os tópicos-chave. Além disso, perguntas como a que apareceu no início deste parágrafo aparecem em todos os capítulos. Elas vão auxiliá-lo a se concentrar na busca de informações à medida que for lendo. No entanto, não se esqueça de responder às suas próprias perguntas também. Tente interagir ativamente com o seu livro didático durante a leitura.

Ler

Para ajudar na leitura, os termos importantes são realçados em **negrito** e definidos quando aparecem pela primeira vez. (Alguns são seguidos da sua pronúncia – as letras maiúsculas mostram que sílabas são acentuadas). Você encontrará também um *Glossário Paralelo* ao lado do texto que está lendo, para que nunca tenha de adivinhar o significado dos termos técnicos. Se precisar achar um termo de uma palestra ou de um outro capítulo, consulte o *Glossário* principal. Esse "minidicionário" encontra-se no final do livro. Talvez seja melhor você tentar encontrá-lo agora.

Recitar e Relacionar

A cada poucas páginas, um guia de aprendizado denominado *Pausa para Estudo* lhe dá a oportunidade de pensar, ensaiar, relacionar e testar sua memória. (Não se esqueça de fazer anotações ou de recitar por conta própria também).

◆FIGURA I.1 *O método SQ4R promove o aprendizado e o processamento de informações ativos. Você deve começar com uma pesquisa do capítulo; prossiga com ciclos de perguntas, leitura, recitação e associação, e termine com uma revisão do capítulo.*

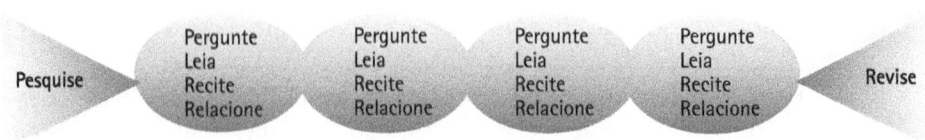

Se quiser estudar os capítulos em "partes" menores, as Pausas para Estudo são bons pontos de parada. No final de cada capítulo você encontrará uma seção denominada *Psicologia em Ação*. Tratam-se de discussões que estão repletas de idéias práticas as quais você pode aplicar na sua própria vida.

Revisar

Cada capítulo deste livro termina com um resumo final, denominado *Revisão do Capítulo*, que vai ajudar na identificação das idéias-chave para você se lembrar. Cada Revisão do Capítulo começa com uma lista dos *Pontos Principais* que compõem os conceitos mais importantes ou as "grandes idéias" do capítulo. Depois, um *Resumo* ponto a ponto revisa o capítulo de forma mais detalhada. Esses resumos são organizados em torno das mesmas Perguntas para Pesquisa que você leu no início do capítulo. Você também pode voltar aos itens do glossário em cada capítulo para outra revisão.

Na última página de cada capítulo, você encontrará um teste curto, denominado *Teste Seus Conhecimentos*. E pode usá-lo para ter uma idéia preliminar de quanto você se lembra dos temas e dos conceitos da sua leitura. Mas não pare de estudar só porque se saiu bem em um desses testes. A revisão e a prática adicionais vão acrescentar muito ao seu entendimento – para não falar à pontuação do seu teste.

A ▲Tabela I.1 resume como este texto ajuda a aplicar o método SQ4R. Mesmo com toda essa ajuda, há ainda muito mais coisa que você pode fazer por conta própria.

▲ TABELA I.1	Utilizando o Método SQ4R
PESQUISAR	
Visão Preliminar	
Perguntas para Pesquisa	
Legendas das Figuras	
Revisão do Capítulo	
PERGUNTAR	
Títulos dos Tópicos	
Perguntas para Pesquisa	
Perguntas e Diálogo com o Texto	
LER	
Títulos dos Tópicos	
Termos em Negrito	
Glossário Paralelo	
Figuras e Tabelas	
RECITAR	
Perguntas de Verificação de Aprendizado (nas Pausas para Estudo)	
Testes de Prática (*on-line*)	
Anotações (faça-as enquanto lê)	
RELACIONAR	
Perguntas de Associação (nas Pausas para Estudo)	
Perguntas de Raciocínio Crítico (nas Pausas para Estudo)	
REVISAR	
Revisão do Capítulo	
Termos em Negrito	
Glossário Paralelo	
Tabelas	
Teste Seus Conhecimentos	
Testes de Prática (*on-line*)	
Guia de Estudo	

ANOTAR EFICAZMENTE – BONS ALUNOS TOMAM NOTA!

Estratégias de leitura podem ser boas para estudar, mas e quanto a fazer anotações em sala de aula? Às vezes é difícil saber o que é importante. Como a leitura eficaz, boas anotações provêm da busca ativa de informações. As pessoas que são **ouvintes ativas** evitam distrações e captam habilmente idéias das palestras. Eis um plano para ouvir/tomar nota que funciona para muitos alunos. As letras LISAN, que se pronunciam como a palavra *listen* em inglês, ajudarão você a lembrar das etapas.

- **L** = *Lidere. Não siga.* Tente antecipar o que o seu professor vai dizer fazendo-se perguntas. As perguntas podem vir de guias de estudo, tarefas de leitura ou da sua própria curiosidade.
- **I** = *Idéias.* Todas as palestras se baseiam em idéias centrais. Geralmente uma idéia é seguida de exemplos ou explicações. Pergunte-se freqüentemente: "Qual é a idéia principal agora? Que idéias a corroboram?".
- **S** = *Palavras sinalizadoras.* Ouça as palavras que lhe dizem que rumo o instrutor está seguindo. Eis alguns exemplos de palavras sinalizadoras:

Há três razões por que . . .	Lá vem idéias
O mais importante é . . .	Idéia principal
Pelo contrário . . .	Idéia oposta
Como exemplo . . .	Suporte da idéia principal
Portanto . . .	Conclusão

- **A** = *Ouça ativamente.* Sente-se em um lugar onde possa se envolver e fazer perguntas. Traga perguntas que deseja que sejam respondidas da palestra anterior ou do seu texto. Levante a mão no início da aula ou aborde o seu professor antes da palestra. Faça tudo que o ajude a ficar ativo, alerta e envolvido.

Ouvinte ativo Pessoa que sabe manter a atenção, evitar distrações e captar ativamente informações das palestras.

N = *Tomada de notas*. Os alunos que fazem anotações precisas das palestras se saem bem nas provas (Williams e Eggert, 2002). Mas não tente ser um gravador. Ouça tudo, mas seja seletivo e escreva apenas os pontos principais. Se você se ocupar demais escrevendo, poderá não captar o que o seu professor diz. Quando estiver anotando, pode ser útil imaginar-se como um repórter que tem de obter uma boa história (Ryan, 2001).

Na verdade, a maioria dos alunos faz anotações razoavelmente boas – e depois não as utilizam! Eles esperam até pouco antes das provas para revisar suas anotações. A essa altura elas perderam grande parte do seu significado. Se você não quiser que suas anotações pareçam hieróglifos ou "rabiscos", vale a pena revisá-las diariamente (Luckie e Smethurst, 1998).

Utilizando e Revisando suas Anotações

Quando você revisar, aprenderá mais se seguir as etapas extras listadas aqui (Kiewra et al., 1991; King, 1992, 1995; Luckie e Smethurst, 1998).

- Assim que puder, melhore suas anotações preenchendo lacunas, completando pensamentos e buscando conexões entre as idéias.
- Lembre-se de associar as novas idéias ao que já sabe.
- Resuma suas anotações. Reduza-as e *organize-as*.
- Depois de cada aula, escreva pelo menos sete idéias principais, definições ou detalhes que podem tornar-se perguntas das provas. Depois crie perguntas a partir das suas próprias anotações e certifique-se de respondê-las.

Resumo

As letras LISAN são um guia para o ouvir ativamente, mas ouvir bem e fazer boas anotações não é suficiente. Você também tem de revisar, organizar, associar, estender-se e refletir sobre as novas idéias. Lembre-se também de que os professores quase sempre sabem os nomes dos alunos que ouvem melhor as suas aulas. Envolva-se e você indubitavelmente aprenderá mais (Luckie e Smethurst, 1998).

ESTRATÉGIAS DE ESTUDO – TORNANDO O SUCESSO UM HÁBITO

As notas dependem quase tanto do esforço quanto da "inteligência". Mas não esqueça que os bons alunos trabalham de maneira mais *eficiente* e não só mais arduamente. Muitas das práticas de estudo são notoriamente pobres, como recopiar anotações das palestras, estudar as anotações feitas em sala de aula mas não o livro didático (ou o livro e não as anotações de sala de aula), traçar linhas gerais dos capítulos, responder a perguntas para estudo com o livro aberto e "estudar em grupo" (o que geralmente se transforma em festa). Os melhores alunos enfatizam a *qualidade*. Eles estudam seus livros e suas anotações profundamente e assistem às aulas regularmente. É um erro responsabilizar acontecimentos "fora do seu controle" pelas notas ruins. Os alunos motivados a ser bem-sucedidos geralmente obtêm notas melhores (Perry et al., 2001). Vamos analisar mais algumas coisas que você pode fazer para melhorar seus hábitos de estudo.

Estude em um Local Específico

O ideal seria você estudar em um local tranqüilo e bem iluminado, sem distrações. Se possível, você deveria também ter um local onde você *só estuda*. Não faça mais nada nesse local. Mantenha revistas, aparelhos de som, amigos, animais de estimação, pôsteres, *videogames*, jogos, alimentos, namoros, carros esportivos, elefantes, pianos, televisores, planadores, brinquedos musicais e outras distrações longe dessa área. Dessa maneira, o hábito de estudar ficará fortemente associado a um local específico. Depois, em vez de se forçar a estudar, tudo o que você tem a fazer é ir ao seu local de estudo. Uma vez nele, você achará relativamente fácil começar a estudar.

Utilize Sessões de Estudo Espaçadas

É razoável revisar intensamente antes de uma prova. Mas você está correndo um grande risco se só aprender novas informações na última hora. A prática espaçada é muito mais eficiente (Naveh-Benjamin, 1990). A **prática espaçada** consiste em uma grande quantidade de sessões de estudo relativamente curtas. Sessões de estudo longas e ininterruptas são denominadas **práticas maciças** (se você concentrou seus estudos, provavelmente os bagunçou também).

Estudar tudo na última hora sobrecarrega a memória. Você não deve tentar aprender qualquer coisa nova sobre um assunto às vésperas de uma prova. É muito melhor aprender pequenas quantidades todos os dias e revisar freqüentemente (Luckie e Smethurst, 1998).

Tente a Mnemônica

O estudo tem de começar em algum lugar, e decorar geralmente é o primeiro passo. O Capítulo 7 aborda muitas das melhores maneiras de melhorar a memória. Vamos analisar apenas uma técnica aqui.

Mnemônico é um auxiliar da memória. A maioria dos mnemônicos associa novas informações a idéias ou imagens fáceis de lembrar. Por exemplo, lembre-se de que o cerebelo controla a coordenação. Você pode imaginar uma pessoa chamada Sara Belo que é muito coordenada. Para obter melhores resultados, crie suas imagens mnemônicas agregadas ou bizarras, vívidas e interativas (Campos e Perez, 1997). Existem várias maneiras de criar mnemônicos. Se quiser saber mais sobre estratégias de memória, veja o Capítulo 7.

Teste-se

Uma ótima maneira de melhorar suas notas é fazer vários testes de prática antes da prova. Em outras palavras, o estudo deve incluir **autotestes**, nos quais você se faz perguntas. Você pode usar cartões, perguntas de "Verificação do Aprendizado", perguntas do tipo "Teste Seus Conhecimentos" e outros meios. À medida que for estudando, faça muitas perguntas e certifique-se de poder respondê-las. Estudar sem se autotestar é como treinar para um jogo de basquete sem atirar em nenhuma cesta.

Além da Aprendizagem

Muitos alunos se *subpreparam* para as provas e a maioria *superestima* quão bem vai se sair. Uma solução para ambos os problemas é **ir além da aprendizagem**, quando você continua estudando além do seu domínio inicial de um assunto. Em outras palavras, planeje fazer um estudo extra e uma revisão depois de achar que está preparado para uma prova.

Eis um outro motivo para ir além da aprendizagem: os alunos que esperam fazer uma prova dissertativa (geralmente o tipo mais difícil) se saem melhor em provas dissertativas, de múltipla escolha e de respostas curtas (Foos e Clark, 1984). Antes das provas, os alunos perguntam: "Será uma prova dissertativa ou de múltipla escolha?". Mas como você pode ver, *é melhor encarar todas as provas como se elas fossem dissertativas*. Dessa maneira você aprenderá de forma mais completa e vai "saber realmente a matéria".

APRENDIZADO AUTO-REGULADO ASTROS ACADÊMICOS

Pense em um tópico que lhe interesse bastante, tal como música, esportes, moda, carros, culinária, política ou cinema. Qualquer que seja o tópico, você provavelmente coletou muitas informações sobre ele sem dor. Como você pode fazer o seu trabalho universitário se parecer mais com o aprendizado voluntário? Uma abordagem conhecida como aprendizado auto-regulado pode ser um bom começo. O **aprendizado auto-regulado** é um estudo dirigido

---

Prática espaçada Prática dividida em várias sessões de estudo relativamente curtas.

Prática maciça Prática realizada em uma sessão de estudo longa e ininterrupta.

Mnemônico Uma estratégia ou um auxiliar de memória.

Autoteste Avaliar o aprendizado fazendo perguntas a si mesmo.

Ir além da aprendizagem Continuar estudando e aprendendo depois de achar que dominou um assunto.

Aprendizado auto-regulado Aprendizado dirigido ativo.

ativo. Além das estratégias específicas já descritas, você pode utilizar o estudo auto-regulado para transformar o estudo passivo em um estudo mais ativo, voltado para metas (Zimmerman, 1996). Siga estes passos para aproveitar ao máximo o seu estudo auto-regulado.

1. *Estipule metas de aprendizado específicas e objetivas*. Tente começar cada sessão de estudo com metas específicas em mente. Que conhecimentos ou habilidades você está tentando dominar? O que você espera conseguir? (Schunk, 1990).
2. *Planeje uma estratégia de aprendizado*. Como você vai atingir suas metas? Elabore planos diários, semanais e mensais de aprendizado. Depois coloque-os em prática.
3. *Seja o seu próprio professor*. Alunos eficientes orientam-se silenciosamente e se fazem perguntas. Por exemplo, enquanto estiver estudando, você pode perguntar-se: "Quais são as idéias principais aqui? Do que eu me lembro? O que eu não entendo? O que eu preciso revisar? O que eu devo fazer a seguir?".
4. *Monitore o seu progresso*. O estudo auto-regulado depende da automonitoração. Alunos excepcionais mantêm registros do seu progresso mediante metas de aprendizado (páginas lidas, horas gastas estudando, tarefas concluídas etc.). Eles se testam, utilizam guias de estudo e encontram outras maneiras de checar o que entenderam enquanto estudam.
5. *Recompense-se*. Quando atingir suas metas diárias, semanais ou mensais, recompense seus esforços de alguma maneira, como indo ao cinema ou comprando um CD novo. Saiba que auto-elogios também recompensam o aprendizado. Poder dizer "Ei, eu consegui!" ou "Bom trabalho!" e saber que você merece pode ser muito gratificante. A longo prazo, o sucesso e a sensação de realização e satisfação social são as verdadeiras recompensas pelo aprendizado.
6. *Avalie o seu progresso e as suas metas*. É uma boa idéia avaliar freqüentemente os registros do seu desempenho e as suas metas. Existem áreas específicas do seu trabalho que precisam ser melhoradas? Se você não estiver fazendo progressos em termos da suas metas de longo prazo, será que precisa revisar suas metas de curto prazo?
7. *Tome medidas corretivas*. Se você ficar aquém das suas metas, talvez seja necessário ajustar o modo de estimar seu tempo. Talvez você precise também mudar o seu ambiente de aprendizado para lidar com distrações como assistir à TV, devanear, conversar com amigos ou testar a integridade estrutural das paredes com o seu equipamento de som.

Se você descobrir que não tem conhecimentos e habilidades necessários, peça ajuda, tire vantagem dos programas com instrutor ou olhe para fontes de informações além de seus cursos e livros-textos. Uma aprendizagem controlada pode ser a solução para o enriquecimento de uma longa vida e para sua capacidade pessoal.

ADIAMENTO – EVITANDO A FOSSA DA ÚLTIMA HORA

Todas essas técnicas de estudo são boas. Mas o que eu posso fazer em relação ao adiamento? A tendência a adiar é quase universal. (Quando se oferecem oficinas sobre o adiamento no *campus*, muitos alunos nem chegam a se inscrever!) Mesmo quando o adiamento não leva ao fracasso, ele pode causar muito sofrimento. As pessoas que adiam só trabalham sob pressão, faltam às aulas, dão motivos falsos para o atraso na entrega do trabalho e sentem vergonha dos seus esforços de última hora (Burka e Yuen, 1990). Elas tendem a se sentir estressadas e ficam doentes com mais freqüência (Tice e Baumeister, 1997).

Por que tantos alunos adiam? Muitos alunos equiparam suas notas ao seu *valor pessoal*. Isto é, agem como se suas notas dissessem se eles são pessoas boas ou inteligentes, que vão vencer na vida ou não. Adiando, eles podem dizer que a culpa por um trabalho ruim é do início tardio e não de uma falta de habilidade (Beck et al., 2000). Afinal de contas, não foi o melhor esforço deles, foi?

O perfeccionismo é um problema relacionado. Se você espera o impossível, é difícil começar uma tarefa. Os alunos com padrões elevados terminam com hábitos de trabalho do tipo tudo ou nada (Onwuegbuzie, 2000).

Administração do Tempo

A maioria das pessoas que adiam mais cedo ou mais tarde enfrenta a questão do valor próprio. Mesmo assim, a maioria delas pode melhorar aprendendo aptidões de estudo e uma melhor administração do tempo. Já discutimos aptidões gerais de estudo, portanto, vamos analisar a administração do tempo de uma maneira um pouco mais detalhada.

Um **cronograma semanal** é um plano escrito que aloca tempo para estudo, trabalho e atividades de lazer. Para preparar o seu cronograma, faça um gráfico que mostre todas as horas de cada dia da semana. Depois, preencha os horários já comprometidos: dormir, refeições, aulas, trabalho, práticas em grupo, lições, compromissos etc. A seguir, preencha os horários nos quais você vai estudar para as diversas aulas. Por fim, chame os horários restantes como em aberto ou tempo livre.

Todo dia você pode usar o seu cronograma como uma lista de conferência. Dessa maneira, você saberá, em uma rápida olhada, que tarefas já foram executadas e quais ainda precisam da sua atenção (Luckie e Smethurst, 1998).

Você também pode achar útil fazer um **cronograma semestral**, que liste as datas de todos os testes, provas, relatórios, trabalhos e outras tarefas importantes para cada curso.

O bom de se ater a um cronograma é que você sabe que está fazendo um esforço honesto. Isso também vai ajudá-lo a não se sentir entediado enquanto está trabalhando ou culpado quando estiver se divertindo.

Certifique-se de encarar seus horários de estudo como compromissos sérios, mas respeite o seu tempo livre também. E lembre-se de que os alunos que estudam arduamente e aplicam a boa administração do tempo conseguem notas melhores (Britton e Tesser, 1991; Leeming, 1997).

Definição de Metas

Como mencionamos anteriormente, os alunos ativos estipulam **metas específicas** para o estudo. Essas metas devem ser bem definidas e mensuráveis (Schunk, 1990). Se você acha difícil estar motivado, tente definir metas para o semestre, a semana e o dia, e até para sessões de estudo avulsas.

Saiba também que mais esforço no início do curso pode reduzir bastante o "sofrimento" e o "estresse" que você irá sentir depois (Brown, 1991). Se os seus professores não passam tarefas com freqüência, estipule as suas próprias metas diárias. Dessa maneira, é possível transformar tarefas grandes em uma série de tarefas menores, que você pode realmente executar (Ariely e Wertenbroch, 2002). Um exemplo seria ler, estudar e revisar oito páginas por dia para terminar um capítulo de 40 páginas em cinco dias. Lembre-se de que vários passos pequenos podem resultar em uma jornada impressionante.

Transforme o Aprendizado em uma Aventura

Uma última coisa a lembrar é que você terá maior probabilidade de adiar se achar que uma tarefa será desagradável (Pychyl et al., 2000). Aprender pode ser trabalho árduo. Mesmo assim, alguns alunos encontram maneiras de tornar o trabalho escolar interessante e agradável. Tente encarar o seu trabalho escolar como se fosse um jogo, um esporte, uma aventura ou simplesmente uma maneira de se tornar uma pessoa melhor. As melhores experiências educacionais são desafiadoras mas divertidas (Ferrari e Scher, 2000).

Praticamente todo tópico é interessante para alguém em algum lugar. Eu particularmente não tenho interesse na vida sexual das pererecas sul-americanas. No entanto, um biólogo pode ficar fascinado pelo tema (uma outra perereca também pode ficar). Se você esperar os professores "tornarem" os cursos interessantes, você não entendeu a questão. O interesse é uma questão da *sua atitude*. (ver ◆Figura I.2 para ter um resumo das aptidões de estudo).

FAZER PROVAS — VOCÊ É "CRAQUE EM PROVAS?"

Além de ler e estudar de maneira eficiente, há mais alguma coisa que eu possa fazer para melhorar as minhas notas? Você também precisa ser capaz de mostrar o que sabe nas provas. Eis algumas sugestões para melhorar as suas aptidões para fazer provas.

Cronograma semanal Um plano escrito que aloca tempo para estudo, trabalho e atividades de lazer para um período de uma semana.

Cronograma semestral Um plano escrito que lista as datas de todas as tarefas importantes para cada um dos seus cursos para todo um semestre ou trimestre.

Meta específica Uma meta com um resultado claramente definido e mensurável.

Aptidões Gerais para Fazer Provas

Você se sairá melhor em todos os tipos de testes se seguir as seguintes diretrizes (Wood e Willoughby, 1995):

1. Leia todas as instruções e perguntas atentamente. Elas podem lhe dar bons conselhos ou pistas.
2. Pesquise rapidamente a prova antes de começar.
3. Responda às perguntas fáceis antes de gastar tempo com as mais difíceis.
4. Certifique-se de responder a todas as perguntas.
5. Utilize seu tempo de maneira inteligente.
6. Peça esclarecimentos se necessário.

Várias estratégias adicionais podem auxiliar você a se sair melhor em provas objetivas.

Provas Objetivas

As provas objetivas (do tipo múltipla escolha ou verdadeiro ou falso) exigem que você reconheça uma resposta correta entre erradas ou uma afirmação verdadeira *versus* uma falsa. Eis algumas estratégias para fazer provas objetivas:

1. Primeiro, associe a pergunta ao que você sabe sobre o assunto. Depois, leia as alternativas. Alguma delas corresponde à resposta que você esperava encontrar? Se nenhuma delas corresponder, reexamine as alternativas e procure uma que corresponda *parcialmente*.
2. Leia *todas* as alternativas para cada uma das perguntas antes de tomar uma decisão. Eis o porquê: se você achar imediatamente que a alternativa *a* é a correta e parar de ler, você pode deixar de ver uma resposta melhor, como "*a* e *d*".
3. Leia rapidamente e pule os itens sobre os quais não tem certeza. Você pode encontrar "informações livres" em questões posteriores que lhe ajudarão a responder os itens difíceis.
4. Elimine determinadas alternativas. Com um teste de múltipla escolha com quatro alternativas, você tem uma chance em quatro de acertar. Se você puder eliminar duas alternativas, as suas chances melhoram para 50-50.
5. A menos que haja punição por chutar, certifique-se de responder todas as perguntas que pulou anteriormente antes de terminar a prova. Mesmo se não tiver certeza da resposta, você pode estar certo. Se você deixar uma pergunta em branco, ela estará automaticamente errada. Quando for obrigado a chutar, não escolha a resposta mais longa ou a letra que usou menos. Ambas as estratégias baixam a pontuação mais do que o chute.
6. Há um dito popular que diz: "Não mude as suas respostas em um teste de múltipla escolha. A sua primeira escolha geralmente está certa". Uma análise minuciosa dessa idéia mostrou que ela *é falsa*. Se você mudar respostas, você terá três vezes mais probabilidade de ganhar pontos do que de perdê-los (Geiger, 1991). Isso é particularmente verdade se você se sentir muito inseguro quanto à sua primeira resposta. ("Quando estiver em dúvida, risque fora!") Quando tiver dúvidas, a sua segunda resposta terá mais probabilidade de estar correta (Harvil e Davis, 1997).
7. Lembre-se: você está procurando a *melhor* resposta para cada pergunta. Algumas respostas podem ser parcialmente verdadeiras, mas falhas de alguma maneira. Se você não tiver certeza, tente dar uma nota de 1 a 10 para cada alternativa, dando nota 1 para a alternativa em relação à qual você se sente mais inseguro e 10 para a que tem mais certeza. A resposta que você procura é aquela que recebeu a nota mais alta.
8. Poucas circunstâncias estão *sempre* ou *nunca* presentes. As respostas que incluem superlativos como *o(a) mais, o(a) menos, o(a) pior, o(a) maior* ou *o(a) menor* geralmente são falsas (Luckie e Smethurst, 1998).

Lista de Aptidões de Estudo

Administração de Tempo
- Elabore um cronograma formal
- Estipule metas específicas

Hábitos de Estudo
- Estude em um local específico
- Ritme o estudo e a revisão
- Crie auxiliares de memória
- Teste-se
- Além da aprendizagem

Leitura
- Utilize o método SQ4R
- Estude enquanto lê
- Revise com freqüência

Tomada de Notas
- Ouça ativamente
- Utilize o método LISAN
- Revise as anotações com freqüência

◆ FIGURA 1.2 *Lista de Aptidões de Estudo.*

Provas Dissertativas

As provas dissertativas são um ponto fraco para os alunos que não são organizados, não corroboram suas idéias e não respondem diretamente às perguntas.

1. Leia as perguntas atentamente. Observe as palavras-chave, como *compare, discuta, avalie, analise* e *descreva*. Todas essas palavras requerem uma determinada ênfase na sua resposta.
2. Reflita sobre a sua resposta por alguns minutos e faça uma lista dos pontos principais que você quer expor. Escreva-os à medida que eles forem vindo à mente. Depois, redisponha as idéias em uma ordem lógica e comece a escrever. Não são necessários planos ou linhas gerais rebuscados (Torrance et al., 1991).
3. Não enrole nem utilize palavreado inútil na sua resposta. Seja direto. Exponha uma idéia e a corrobore. Transforme a sua lista de idéias em palavras.
4. Revise a sua dissertação para localizar erros de ortografia e gramática. Deixe isso para o fim. As suas *idéias* são o mais importante. Você pode trabalhar a ortografia e a gramática, se isso afetar suas notas.

Provas de Respostas Curtas

As provas que lhe pedem para preencher lacunas, definir um termo ou listar itens específicos podem ser difíceis. As perguntas em si contêm poucas informações. Se você não souber a resposta, não vai obter muita ajuda das perguntas.

A melhor maneira de se preparar para provas de respostas curtas é estudar excessivamente os detalhes do curso. Quando estudar, dê atenção especial às listas de termos relacionados.

Novamente, a melhor maneira de começar é com as perguntas que você tem certeza de saber as respostas. Depois, complete os itens que você provavelmente acha que sabe. As perguntas cujas respostas você não tiver idéia podem ser deixadas em branco (Luckie e Smethurst, 1998).

Para sua conveniência, a Figura I.2 apresenta um resumo da lista de conferência das principais aptidões de estudo que discutimos.

UTILIZANDO A MÍDIA ELETRÔNICA – COLOCANDO O CONHECIMENTO EM REDE

A Internet e as mídias eletrônicas oferecem novas e empolgantes maneiras de explorar assuntos que variam do afeto à zoofobia. Vamos ver como você pode utilizar essas tecnologias para aprender mais sobre psicologia.

Jornadas Eletrônicas

A **Internet** é a rede de computadores que se comunicam pelo sistema de telefonia e outros links eletrônicos. Uma subparte importante da Internet é a **Rede Mundial**, um sistema interligado de "sites" ou "páginas" de informações. Um site é uma coleção de informações armazenadas em um computador. Por meio da Internet você pode recuperar páginas de outros computadores e exibi-las na sua tela. Portanto, se você souber o "endereço" eletrônico de um site, você poderá visualizar as informações que ele contém.

Muitas páginas da Web também têm links para outros sites. Esses **links** permitem que você "pule" de um site para outro para encontrar mais informações. Em segundos você pode se conectar com computadores da universidade, sites de busca que procuram assuntos específicos, jornais eletrônicos e até com bibliotecas virtuais, onde os livros estão disponíveis no formato eletrônico.

Internet Uma rede eletrônica que permite que os computadores se comuniquem uns com os outros, geralmente por meio do sistema de telefonia.

Rede Mundial de Computadores Um sistema de "sites" de informações que pode ser acessado pela Internet.

Links Conexões criadas nos sites da Internet que lhe permitem "pular" de um site para outro.

Utilizando a Internet

Para encontrar informações sobre psicologia na Internet, você vai precisar de um computador e de um modem. Se você não tiver computador, geralmente poderá utilizar um no *campus* para acessar a Internet. Vários softwares facilitam navegar na Internet e receber informações pela conexão telefônica. Um **browser**, ou navegador, lhe permite acessar textos, imagens, sons, vídeo e outras informações armazenadas nos formatos utilizados na Internet. Os browsers também mantêm listas dos seus endereços de Internet favoritos, para que você possa retornar a eles mais tarde.

Uma Palavra Final

Na filosofia zen existe uma diferença entre "palavras vivas" e "palavras mortas". As palavras vivas provêm da experiência pessoal; as palavras mortas são "sobre" um assunto. Este livro pode tornar-se apenas uma coleção de palavras mortas se você não aceitar o desafio de fazer uma viagem intelectual. Você vai encontrar várias idéias úteis e empolgantes nas páginas a seguir. Para torná-las suas, você precisa dispor-se a aprender *ativamente* o máximo que puder. As idéias apresentadas aqui certamente lhe podem servir como um bom ponto de partida. Boa sorte!

Browser Software que facilita o acesso a texto, imagens, sons, vídeo e outras informações armazenadas em formatos utilizados na Internet.

Para mais informações, consulte qualquer um dos seguintes livros:

Burka, J. B.; Yuen, L. M. *Procrastination: Why You Do It; What to Do About It*. Cambridge, MA: Perseus Books, 1990.
Campanelli, J. F.; Price, J. L. *Write in Time: Essay Exam Strategies*. Ft. Worth, TX: Holt, Rinehart & Winston, 1991.
Hettich, P. I. *Learning Skills for College and Career*. Belmont, CA: Wadsworth, 1998.
Luckie, W.; Smethurst, W. *Study Power*. Cambridge, MA: Brookline, 1998.
Rosnow, R. L.; Rosnow, M. *Writing Papers in Psychology: A Student Guide*. Belmont, CA: Wadsworth, 2002.
Rowe, B. *College Survival Guide: Hints and References to Aid College Students*. Belmont, CA: Wadsworth, 1998.

PAUSA PARA ESTUDO Aptidões de Estudo

RELACIONE

Que aptidões de estudo você acha que mais ajudariam? Que técnicas você já utiliza? Quais você acha que deveria experimentar? De que outra maneira você poderia melhorar o seu desempenho como aluno ou aluna?

VERIFICAÇÃO DE APRENDIZADO

1. Os quatro Rs em SQ4R são abreviaturas de *ler, recitar, relacionar* e *revisar*. V ou F?
2. Quando utilizarem o método LISAN, os alunos podem tentar anotar o máximo possível de uma palestra para que suas anotações sejam completas. V ou F?
3. Sessões de estudo espaçadas geralmente são superiores à prática maciça. V ou F?
4. De acordo com pesquisas recentes, você deve sempre se ater à sua primeira resposta em uma prova de múltipla escolha. V ou F?
5. Para utilizar a técnica conhecida como além da aprendizagem, você deve continuar estudando depois de sentir que começou a dominar um assunto. V ou F?
6. Estipular metas de estudo e monitorar o seu progresso são partes importantes do aprendizado _____.
7. O adiamento está ligado à busca da perfeição e a igualar as notas ao valor próprio. V ou F?
8. Um browser da Internet geralmente é utilizado para buscar bancos de dados em CD-ROM de artigos sobre vários assuntos. V ou F?

Raciocínio Crítico

9. Qual a relação entre os métodos SQ4R e LISAN?

RESPOSTAS:

1.V, 2.F, 3.V, 4.F, 5.V, 6. auto-regulado, 7.V, 8.F, 9. Ambos estimulam os alunos a buscar informações ativamente como forma de aprender mais.

Introduzindo a Psicologia e os Métodos de Pesquisa

Os Mistérios do Comportamento Humano

Quando eu conheço alguém, a pessoa geralmente me pergunta: "Por que você se tornou psicólogo?" Como eu e você acabamos de nos conhecer, deixe-me responder da seguinte maneira:

> *Você é um universo, uma coletânea de mundos dentro de outros mundos. Seu cérebro é provavelmente o sistema mais complicado que existe. Com a sua ação você é capaz de fazer arte, ciência, filosofia, amar, odiar e fazer caridade. Você é o enigma mais desafiador que já se escreveu, às vezes um mistério até para você mesmo. Suas idéias, emoções e atitudes – e as dos seus familiares e amigos – são o assunto mais fascinante que eu já imaginei. Eu optei por estudar psicologia porque, no fundo, tudo de interessante e importante no mundo está relacionado ao comportamento humano.*

Olhe ao seu redor: os jornais, o rádio, as revistas, a televisão e a Internet estão repletos de assuntos de psicologia. A psicologia é um panorama em constante mudança sobre pessoas e idéias. Você não pode considerar-se uma pessoa realmente educada sem saber alguma coisa sobre ela. E embora possamos invejar aqueles que pisaram na Lua ou exploraram as profundezas do oceano, a fronteira final ainda está perto de casa. O que seria mais fascinante do que uma viagem de autodescoberta?

À medida que for lendo este livro, considere-o um guia de viagem. A trilha de cada pessoa pela vida é sem igual. Mesmo assim, a psicologia pode mostrar-lhe muito sobre o comportamento humano e ajudar você a entender melhor a si mesmo e aos outros. O seu guia está esperando por você. Espero que goste da viagem.

Perguntas para Pesquisa

- O que é psicologia? Quais são suas metas?
- Como surgiu o campo da psicologia?
- Quais são as principais tendências e especialidades em psicologia?
- Por que o método científico é importante para os psicólogos?
- Como os psicólogos coletam informações?
- Como é realizado um experimento?
- Que outros métodos de pesquisa os psicólogos utilizam?
- O que é raciocínio crítico?
- No que a psicologia difere das falsas explicações do comportamento?
- Quão boas são as informações sobre psicologia encontradas na mídia?

PSICOLOGIA – OS HOLOFOTES NO COMPORTAMENTO

▶ **PERGUNTAS PARA PESQUISA**   *O que é psicologia? Quais são suas metas?*

A psicologia toca a nossa vida de várias maneiras. Ela trata de memória, estresse, terapia, amor, persuasão, hipnose, percepção, morte, conformidade, criatividade, aprendizado, personalidade, envelhecimento, inteligência, sexualidade, emoções, felicidade e muito mais.

A psicologia é uma *ciência* e uma *profissão*. Como cientistas, alguns psicólogos buscam descobrir novos conhecimentos. Outros são professores que transmitem esses conhecimentos aos alunos. Outros, ainda, aplicam a psicologia para resolver problemas de saúde mental, educação, esporte, direito e medicina. Mais adiante nós voltaremos à profissão de psicólogo. Por ora, vamo-nos concentrar em como se cria o conhecimento. Quer trabalhem em um laboratório, em uma sala de aula ou em uma clínica, os psicólogos dependem de informações de pesquisas científicas.

Definindo Psicologia

A palavra *psicologia* vem da raiz *psique*, que significa "mente", e *logos*, que significa "conhecimento" ou "estudo". Mas quando foi que você viu ou tocou uma "mente" pela última vez? Como a mente não pode ser estudada diretamente, a **psicologia** hoje em dia é definida como o estudo científico do comportamento e dos processos mentais.

Na definição de psicologia, o comportamento se refere a quê? Tudo o que você faz – dormir, falar ou espirrar – é um comportamento. Também é comportamento sonhar, jogar, assistir à televisão, aprender espanhol, tecer cestas e ler este livro.

Obviamente, nós estamos interessados nos *comportamentos observáveis* (atitudes e respostas observáveis). Mas os psicólogos também estudam os *comportamentos ocultos*, que são atividades privadas e internas, como pensar, lembrar e outros eventos mentais (Kelly e Saklofske, 1994).

Psicólogos são profissionais altamente treinados que têm aptidões especializadas em aconselhamento e terapia, medidas e testes, pesquisas e experimentos, estatística, diagnóstico, tratamento e várias outras áreas.

Empirismo

Nos últimos cem anos, várias vezes os peritos afirmaram que "Máquinas voadoras mais pesadas do que ar são impossíveis", "O rádio não tem futuro", "Os raios X são um logro" e "Os computadores nunca vão servir para nenhuma finalidade prática". Obviamente, todas essas idéias se revelaram errôneas.

Psicologia O estudo científico do comportamento e dos processos mentais.

As autodesignadas "autoridades" também freqüentemente se enganam quanto ao comportamento humano. Por isso, os psicólogos têm um respeito especial pelas *provas empíricas* (informações obtidas a partir da observação direta). Nós estudamos o comportamento humano diretamente e coletamos dados (fatos observados) para podermos tirar conclusões válidas. Você diria, por exemplo, que é verdade que "não se pode ensinar truques novos a cachorro velho"? Por que discutir? Como psicólogo você simplesmente arranjaria dez cachorros "novos", dez cachorros seminovos e dez cachorros "velhos" e tentaria ensinar-lhes um truque novo para descobrir!

Basicamente, a abordagem empírica diz: "Vamos dar uma olhada" (Stanovich, 2001). Você já se perguntou se os motoristas de carro ficam mais hostis quando faz um calor escaldante? Douglas Kenrick e Steven MacFarlane (1986) resolveram descobrir. Eles estacionaram um carro em um farol verde em um cruzamento de mão única em Phoenix, Arizona, a temperaturas que variavam de 31 a 46,5 °C. Então, registraram o número de vezes que outros motoristas estressados buzinavam para o carro parado e por quanto tempo o faziam. Os resultados são apresentados na ◆Figura 1.1. Observe que, quando estava muito quente, os motoristas passavam mais tempo se debruçando sobre suas buzinas (o que pode ser o motivo para os carros terem buzinas e não canhões).

O resultado desse estudo não é razoavelmente previsível? Os resultados de vários estudos são surpreendentes ou inesperados. Neste caso, você pode ter adivinhado como os motoristas iriam reagir. Você também acertaria se previsse que as rebeliões e os ataques aumentam quando está calor. No entanto, as atitudes hostis que requerem esforço físico, como uma queda-de-braço, tornam-se *menos* prováveis a temperaturas extremamente elevadas. Sem coletar dados, não sabemos se os motoristas acalorados tornam-se mais letárgicos ou mais agressivos. Conseqüentemente, o estudo nos diz algo interessante sobre frustração, desconforto e agressão.

◆FIGURA 1.1 *Resultados de um estudo empírico. O gráfico mostra que o buzinar, por parte dos motoristas frustrados, é mais provável à medida que a temperatura vai aumentando. Isso indica que o desconforto físico está associado à hostilidade interpessoal. (Dados de Kenrick e MacFarlane, 1986.)*

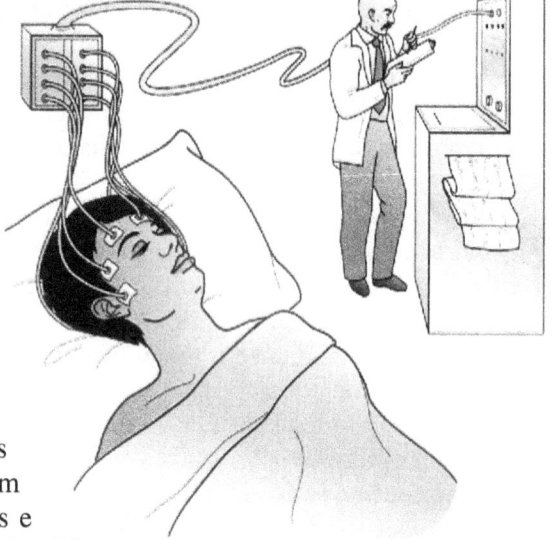

O estudo científico dos sonhos tornou-se possível com o uso do EEG, um dispositivo que registra os minúsculos sinais elétricos gerados pelo cérebro quando a pessoa dorme. O EEG transforma esses sinais elétricos em um registro escrito da atividade cerebral. Certas mudanças na atividade cerebral, com a presença do movimento rápido dos olhos, estão estreitamente ligadas ao sonho (ver Capítulo 5 para mais informações).

Pesquisa Psicológica

Muitas áreas, como história, direito, arte e negócios, interessam-se pelo comportamento humano. No que a psicologia é diferente? O ponto forte da psicologia é que ela utiliza a **observação científica** para responder perguntas sobre o comportamento (Stanovich, 2001). Por exemplo, alguns pais acham que a música de Mozart aumenta a inteligência do bebê. Isso é verdade? Muitas revistas e livros populares dizem que é, mas os testes científicos dizem que não (ver "O Efeito Mozart – Música Inteligente?" no Capítulo 3 para saber por quê).

Observação científica Uma investigação empírica estruturada para responder a perguntas sobre o mundo.

Obviamente, alguns assuntos não podem ser estudados em razão de preocupações éticas ou práticas. Com freqüência, as perguntas ficam sem respostas por causa da falta de um **método de pesquisa** adequado (um processo sistemático para responder a perguntas científicas). Antigamente, por exemplo, tínhamos de acreditar na palavra das pessoas que diziam que nunca sonhavam. Então foi inventado o EEG (eletroencefalograma ou máquina das ondas cerebrais). Alguns padrões do EEG, com a presença de movimentos dos olhos, podem revelar que a pessoa está sonhando. Descobriu-se que as pessoas que "nunca sonham" sonham com freqüência. Se elas forem acordadas durante um sonho, irão lembrar-se vividamente dele. Conseqüentemente, o EEG ajudou a tornar o estudo dos sonhos mais científico.

Especialidades da Pesquisa

Que tipos de assuntos os psicólogos estudam? Eis uma amostra do que vários psicólogos poderiam dizer sobre o seu trabalho.

"Geralmente, os *psicólogos do desenvolvimento* estudam o rumo do crescimento e desenvolvimento humano, desde a concepção até a morte. Eu me interesso particularmente por saber como as crianças pequenas desenvolvem a capacidade de pensar, falar, perceber e agir."

"Eu me interesso também em como as pessoas ficam do jeito que são. Como outros *teóricos do aprendizado*, eu estudo como e por que o aprendizado ocorre nos seres humanos e nos animais. No momento, estou investigando de que modo os padrões de recompensa afetam o aprendizado."

"Sou um *teórico da personalidade* e estudo traços de personalidade, motivação e diferenças individuais. Eu me interesso particularmente pelos perfis de alunos universitários extremamente criativos."

"Como *psicólogo das sensações e percepções*, investigo como discernimos o mundo por meio dos nossos sentidos. Estou utilizando uma teoria perceptual para estudar como conseguimos reconhecer rostos."

"Os *psicólogos comparadores* estudam e comparam o comportamento de espécies diferentes, principalmente animais. Eu sou fascinado pela capacidade de comunicação dos golfinhos."

"Os *biopsicólogos* se interessam pela maneira que o comportamento liga-se aos processos biológicos, principalmente no sistema nervoso. Eu estou fazendo algumas pesquisas emocionantes sobre como o cérebro controla a fome."

"Os *psicólogos cognitivos* estão interessados basicamente no raciocínio. Eu quero saber como o raciocínio, a resolução de problemas, a memória e outros processos mentais estão ligados ao comportamento humano."

"Os *psicólogos sexuais* estudam as diferenças entre os homens e as mulheres. Eu quero entender como as diferenças são influenciadas pela biologia, a criação dos filhos, a educação e os estereótipos."

"Os *psicólogos sociais* exploram o comportamento social humano, como as atitudes, a persuasão, as rebeliões, a conformidade, a liderança, o racismo e a amizade. O meu interesse é a atração interpessoal. Eu coloco dois estranhos em uma sala e analiso quão fortemente eles se sentem atraídos um pelo outro."

"Os *psicólogos culturais* estudam as formas pelas quais a cultura afeta o comportamento humano. A língua que você fala, a comida que você come, como seus pais o disciplinaram, a que leis você obedece, quem você considera 'família', se você come com colher ou com os dedos – esses e outros inúmeros detalhes do comportamento são fortemente influenciados pela cultura."

"Os *psicólogos da evolução* se interessam em saber como o nosso comportamento é regido por padrões que surgiram durante a longa história da humanidade. Estou estudando algumas tendências interessantes dos homens e das mulheres, nas opções de parceiros, que aparentemente não são meramente aprendidas ou baseadas na cultura."

Essa pequena amostra deve dar a você uma idéia da diversidade de pesquisas psicológicas. Ela também fornece dicas de alguns dos tipos de informações que iremos explorar neste livro.

Os Animais e a Psicologia

Foram mencionadas pesquisas envolvendo animais em alguns dos exemplos anteriores. Por quê? Você pode surpreender-se em saber que os psicólogos se interessam pelo comportamento de qualquer criatura viva – dos vermes aos seres humanos. Na verdade, alguns psicólogos comparadores passam toda a sua carreira estudando ratos, gatos, cães, tartarugas ou chimpanzés.

Método de pesquisa Uma abordagem sistemática do ato de responder a perguntas científicas.

Alguns psicólogos utilizam **modelos animais** para descobrir princípios que se aplicam aos seres humanos. Por exemplo, estudos com animais nos ajudaram a entender o estresse, o aprendizado, a obesidade, o envelhecimento, o sono e várias outras questões. A psicologia também beneficia os animais. Por exemplo, os cuidados com espécies em perigo de extinção nos zoológicos baseiam-se em estudos comportamentais. Em geral, cerca de 8% de todas as pesquisas de psicologia são feitas com animais (McCarty, 1998).

As Metas da Psicologia

O que as metas da psicologia significam na prática? Imagine que nós quiséssemos responder a perguntas como essas: O que acontece quando o lado direito do cérebro é lesado? Existe mais de um tipo de memória? As crianças autistas reagem anormalmente aos seus pais?

Descrever

Responder a perguntas de psicologia requer uma descrição detalhada do comportamento. A **descrição**, ou nomear e classificar, geralmente se baseia em fazer um registro detalhado de observações comportamentais.

Mas uma descrição não explica nada, certo? Certo. O conhecimento útil começa com uma descrição precisa, mas as descrições não respondem os "porquês" importantes. *Por que* mais mulheres tentam o suicídio e por que mais homens o levam a cabo? *Por que* as pessoas são mais agressivas quando se sentem desconfortáveis? *Por que* os transeuntes geralmente não estão dispostos a ajudar em uma emergência?

> Algumas das pesquisas mais interessantes com animais se concentraram nas tentativas de ensinar primatas a se comunicar com a linguagem dos sinais. Essas pesquisas levaram a métodos melhores para se ensinar linguagem a crianças afásicas (crianças com deficiência grave de linguagem) (ver Capítulo 8 para mais informações).

Entender

Nós atingimos a segunda meta da psicologia quando conseguimos explicar um acontecimento. Isto é, **entender** freqüentemente significa que podemos dizer as causas de um comportamento. Pegue a nossa última pergunta como exemplo. As pesquisas sobre a "apatia dos transeuntes" revelaram que as pessoas não ajudam quando há por perto *outras* pessoas que podem ajudar. Por quê? Porque ocorre uma "difusão de responsabilidades". Basicamente ninguém se sente pessoalmente obrigado a intervir. Como conseqüência, quanto mais pessoas que podem socorrer houver, menor será a probabilidade de que alguém vá socorrer (Darley e Latané, 1968). Agora conseguimos explicar um problema que nos deixa perplexos.

> Alguns psicólogos se especializam em administrar, pontuar e interpretar testes psicológicos, como testes de inteligência, criatividade, personalidade ou aptidão. Essa especialidade, chamada de psicometria, é um exemplo da utilização da psicologia para prever comportamento futuro. Por exemplo, testes psicológicos freqüentemente são utilizados para selecionar pessoas para cargos e para cursar universidades.

Prever

A terceira meta da psicologia, a **previsão**, é a capacidade de prever o comportamento com precisão. Observe que a nossa explicação da apatia dos transeuntes faz uma previsão sobre as chances de obter ajuda. Se você alguma vez ficou desamparado em uma estrada com problema no carro, irá reconhecer a acuidade dessa previsão: Ter por perto muitas pessoas que provavelmente podem ajudar não é garantia de que alguém irá parar para ajudar.

Controlar

Descrição, explicação e previsão parecem razoáveis, mas controlar é uma meta válida? O **controle** pode parecer uma ameaça à liberdade pessoal. No entanto, para um psicólogo, controle refere-se simplesmente a alterar as condições que afetam o comportamento. Se sugiro mudanças que ajudem as crianças a aprender melhor em uma sala de aula, eu exerci controle. Se um psicólogo clínico ajuda uma pessoa a superar um terrível medo de altura, há controle envolvido nisso. Há controle envolvido também em criar aviões que evitem que os pilotos cometam erros fatais. Evidentemente, o controle psicológico deve ser utilizado de maneira sábia e humana.

Modelo animal Em pesquisa, um animal cujo comportamento é usado para descobrir princípios que podem ser aplicados ao comportamento humano.

Descrever Na pesquisa científica, o processo de nomear e classificar.

Entender Na psicologia, consegue-se o entendimento quando é possível afirmar as causas de um comportamento.

Prever Capacidade de prever um comportamento com precisão.

Controlar Alterar as condições que influenciam o comportamento.

Em suma, as metas da psicologia são um fruto natural do nosso desejo de entender o comportamento. Basicamente, elas se resumem em se fazer as seguintes perguntas:

Qual é a natureza do nosso comportamento? (descrição)
Por que ele ocorre? (entendimento e explicação)
Pode-se prever quando ele irá ocorrer? (previsão)
Que condições o afetam? (controle)

PAUSA PARA ESTUDO — Ciência da Psicologia

RELACIONE

No início, as pessoas acham que a psicologia trata basicamente de comportamento anormal e da psicoterapia. Você pensava assim? Como você descreveria o campo da psicologia agora?

VERIFICAÇÃO DO APRENDIZADO

Para checar a sua memória, veja se consegue responder a essas perguntas. Se você não souber alguma resposta, folheie o material anterior antes de continuar para ter certeza de que entendeu o que acabou de ler.

1. A psicologia é o estudo _____ do _____ e dos processos _____.
2. As informações obtidas por meio da observação direta e de medidas são chamadas de provas _____.
3. Na pesquisa psicológica, podem ser utilizados _____ animais para descobrir princípios que se aplicam ao comportamento humano.
4. Qual das seguintes perguntas está mais diretamente relacionada com a meta de entender o comportamento?
    a. As notas de homens e mulheres diferem em testes de capacidades de raciocínio?
    b. Por que um golpe na cabeça provoca perda de memória?
    c. A produtividade em um escritório comercial aumenta se a temperatura ambiente for aumentada ou abaixada?
    d. Que porcentagem dos alunos universitários sofre de ansiedade de prova?

Associe as seguintes áreas de pesquisa com os tópicos que elas abrangem.

5. Psicologia do desenvolvimento
6. Aprendizado
7. Personalidade
8. Sensação e percepção
9. Biopsicologia
10. Psicologia social
11. Psicologia

A. Atitudes, grupos, liderança
B. Condicionamento, memória
C. A psicologia do direito
D. O cérebro e o sistema nervoso
E. Psicologia infantil
F. Diferenças individuais, motivação
G. Comportamento animal comparativa
H. Processar informações sensoriais

Raciocínio Crítico

12. Todas as ciências estão interessadas em controlar os fenômenos que elas estudam. Verdadeiro ou Falso?

RESPOSTAS: 1. científico, comportamento, mentais. 2. empíricas. 3. modelos. 4.B. 5.E. 6.B. 7.F. 8.H. 9.D. 10.A. 11.G. 12. Falso. Astronomia e arqueologia são exemplos de ciências que não compartilham da quarta meta da psicologia.

UMA BREVE HISTÓRIA DA PSICOLOGIA — O ÁLBUM DE FAMÍLIA DA PSICOLOGIA

▶ **PERGUNTA PARA PESQUISA** *De que forma a psicologia surgiu como uma área de conhecimento?*

A psicologia começou há muito tempo como parte da filosofia, o estudo do conhecimento, da realidade e da natureza humana. Em oposição, a curta história da psicologia como ciência remonta a apenas cerca de 120 anos. Obviamente, para alguns alunos nenhuma história "é suficientemente curta". Mesmo assim, para entendermos a psicologia hoje, temos de explorar o seu passado.

A história da psicologia como ciência começou em 1879 em Leipzig, Alemanha. Lá o "pai da psicologia", Wilhelm Wundt, montou o primeiro laboratório de psicologia para estudar a experiência consciente. O que acontece, ele se perguntava, quando temos sensações, imagens e sentimentos? Para descobrir, Wundt observou e mediu estímulos de vários tipos (luzes, sons e pesos). Um **estímulo** é toda a energia física que afeta a pessoa e evoca uma resposta. Wundt utilizou então a **introspecção**, ou o "olhar para dentro", e medidas cuidadosas para investigar suas reações a vários estímulos. (Se você analisar atentamente os seus pensamentos, sentimentos e sensações por um momento, terá feito um pouco de introspecção.) Ao longo dos anos Wundt estudou a visão, a audição, o paladar, o tato, a memória, a percepção do tempo e vários outros assuntos. Ao insistir na observação detalhada e na medida, ele respondeu a algumas perguntas interessantes e fez com que a psicologia começasse bem.

Wilhelm Wundt (1832-1920) é conhecido por tornar a psicologia uma ciência independente, separada da filosofia. Sua formação inicial era em medicina, mas interessou-se profundamente pela psicologia. Em seu laboratório, Wundt pesquisou como sensações, imagens e sentimentos se combinam para fazer uma experiência pessoal.

Estruturalismo

Um homem chamado Edward B. Titchener levou as idéias de Wundt para os Estados Unidos. Titchener chamou as idéias de Wundt de **estruturalismo** e tentou estudar a estrutura da vida mental. Essencialmente, os estruturalistas esperavam analisar suas experiências em "elementos" ou "blocos de construção" básicos.

Como eles conseguiram fazer isso? Não é possível analisar experiências como um composto químico, é? Talvez não, mas o estruturalismo tentou, na maioria das vezes utilizando a introspecção. Por exemplo, um observador pode erguer uma maçã e decidir que vivenciou os elementos "matiz" (cor), "rotundidade" e peso. Um outro exemplo de uma questão que poderia ser de interesse para um estruturalista é: Que gostos básicos se misturam para criar sabores complexos tão diferentes como fígado, lima, bacon e fudge de amêndoa queimada?

A introspecção revelou-se uma maneira ruim de responder a várias perguntas. Por quê? Porque os estruturalistas freqüentemente *discordavam*. E quando o faziam não havia como resolver as diferenças. Se duas pessoas apareciam com listas diferentes de sensações gustativas básicas, por exemplo, quem poderia dizer qual das duas era a certa? Apesar dessas limitações, "olhar para dentro" ainda é utilizado em estudos de hipnose, meditação, resolução de problemas, humores e vários outros assuntos (Mayer e Hanson, 1995).

William James (1842-1910) era filho do filósofo Henry James, Sr., e irmão do romancista Henry James. Durante a sua longa carreira acadêmica, James ensinou anatomia, fisiologia, psicologia e filosofia na Harvard University. James acreditava firmemente que as idéias deveriam ser julgadas em termos das suas conseqüências práticas para a conduta humana.

Funcionalismo

William James, um erudito americano, ampliou a psicologia de forma que incluísse comportamento animal, experiência religiosa, comportamento anormal e outras questões interessantes. O brilhante primeiro livro de James, *Principles of Psychology* (1890), ajudou a firmar a área como um assunto separado (Simon, 1998).

O termo **funcionalismo** vem do interesse de James em como a mente funciona para nos ajudar a nos adaptarmos ao ambiente. James considerava a consciência uma torrente ou fluxo de imagens e sensações em constante mudança – e não um conjunto de blocos de construção sem vida, como clamavam os estruturalistas.

Os seguidores do funcionalismo admiravam Charles Darwin, que deduziu que as criaturas evoluíam de formas que favoreciam a sobrevivência. De acordo com o princípio da **seleção natural** de Darwin, as características físicas que ajudam os animais a se adaptarem ao meio ambiente são retidas na evolução. Da mesma forma, os funcionalistas queriam descobrir como a mente, a percepção, os hábitos e as emoções nos ajudam a nos adaptarmos e a sobreviver.

Estímulo Toda energia física que causa algum impacto em um organismo ou que evoca uma resposta.

Introspecção Olhar para dentro; analisar os seus próprios pensamentos, sentimentos ou sensações.

Estruturalismo Linha de pensamento preocupada em analisar sensações e experiências pessoais em elementos básicos.

Funcionalismo Escola da psicologia preocupada com a forma como o comportamento e as aptidões mentais ajudam as pessoas a se adaptarem ao seu ambiente.

Seleção natural Teoria de Darwin que diz que a evolução favorece as plantas e os animais que se adaptam melhor às condições de vida.

Behaviorismo

O grande interesse de John B. Watson (1878-1958) pelo comportamento observável começou nos seus estudos de doutorado em biologia e neurologia. Watson se tornou professor de psicologia na Johns Hopkins University em 1908 e avançou a sua teoria do behaviorismo. Ele permaneceu na Johns Hopkins até 1920, quando saiu para seguir carreira na área de publicidade!

O funcionalismo foi logo desafiado pelo **behaviorismo**, o estudo do comportamento observável. O behaviorista John B. Watson objetava veementemente ao estudo da "mente" ou da "experiência consciente". A "introspecção", disse ele, "é não-científica". Watson percebeu que poderia estudar o comportamento dos animais apesar de não lhes poder fazer perguntas ou saber o que eles estavam pensando (Watson, 1994). Ele simplesmente observou a relação entre os **estímulos** (acontecimentos no meio ambiente) e as **respostas** animais (qualquer ação muscular, atividade glandular ou outro comportamento identificável). Por que não aplicar a mesma objetividade ao comportamento humano?, perguntou ele.

Watson logo adotou o conceito de *condicionamento* do fisiólogo russo Ivan Pavlov para explicar a maior parte dos comportamentos. (Uma *resposta condicionada* é uma reação aprendida a um determinado estímulo.) Watson impetuosamente disse: "Dê-me uma dezena de crianças saudáveis, bem formadas e o meu próprio mundo para criá-las e eu assegurarei pegar qualquer uma aleatoriamente e treiná-la para se tornar qualquer tipo de especialista que eu escolha – médico, advogado, artista, negociante-chefe e, por que não, mendigo ou ladrão" (Watson, 1913).

A maioria dos psicólogos concordaria com Watson? Não. Atualmente, essa declaração é considerada um exagero. De qualquer maneira, o behaviorismo ajudou a tornar a psicologia uma ciência natural, e não um ramo da filosofia (Richelle, 1995).

B. F. Skinner (1904-1990) estudou comportamentos simples sob condições cuidadosamente controladas. A "Caixa de Skinner" tem sido amplamente utilizada para estudar o aprendizado em experimentos simplificados com animais. Além de avançar a psicologia, Skinner esperava que o seu ramo radical do behaviorismo melhorasse a vida humana.

Um dos behavioristas mais famosos, B. F. Skinner (1904-1990), era da opinião de que nossas ações são controladas por recompensas ou reforçadores positivos. Para estudar o aprendizado, Skinner criou a sua famosa câmara de condicionamento, ou a "Caixa de Skinner", com a qual podia apresentar estímulos aos animais e registrar suas respostas (ver "Condicionamento Operante", no Capítulo 6). Muitas das idéias de Skinner sobre o aprendizado surgiram do seu trabalho com ratos e porcos. Ainda assim, ele achava que as mesmas leis de comportamento se aplicavam aos seres humanos. Como um "behaviorista radical", Skinner também era da opinião de que os eventos mentais, como o pensar, não são necessários para explicar o comportamento (Richelle, 1995).

Skinner estava convencido de que uma "cultura criada" com base no reforço positivo poderia incitar o comportamento desejável. (Ele não gostava do uso do castigo porque este não ensina as respostas corretas.) Muitas vezes, achava, recompensas enganosas levavam a ações destrutivas que criam problemas, como o da superpopulação, poluição e guerra.

Behaviorismo Cognitivo

Os behavioristas rígidos podem ser criticados por ignorar o papel que o raciocínio desempenha nas nossas vidas. Um crítico até acusou a psicologia skinneriana de ter "perdido a consciência". No entanto, muitas críticas foram respondidas pelo **behaviorismo cognitivo**, uma visão que combina a cognição (raciocínio) e o condicionamento para explicar o comportamento (Sperry, 1995). Para exemplificar, vamos supor que você visite freqüentemente um site da Web que oferece jogos grátis. Um behaviorista diria que você é recompensado pelo prazer de jogar toda vez que entra no site. Um behaviorista cognitivo acrescentaria que, além disso, você *espera* encontrar jogos grátis no site. Essa é a parte cognitiva do seu comportamento.

Behaviorismo Escola da psicologia que enfatiza o estudo do comportamento diretamente observável.

Resposta Qualquer ação muscular, atividade glandular ou outro aspecto identificável do comportamento.

Behaviorismo cognitivo Abordagem que combina os princípios behavioristas com a cognição (percepção, raciocínio, antecipação) para explicar o comportamento.

Psicologia da Gestalt

Suponha que você acabou de tocar "Parabéns a Você" em uma tuba. Depois, a toca em um violino de timbre agudo. Nenhum dos sons da tuba são duplicados pelo violino. No entanto, observa-se algo interessante: a melodia ainda pode ser reconhecida – contanto que a *relação* entre as notas continue a mesma.

Agora, o que aconteceria se você tocasse as notas do "Parabéns a Você" na ordem correta mas na velocidade de uma nota por hora? O que teríamos? Nada! As notas separadas não seriam mais uma melodia. Em termos de percepção, a melodia é, de alguma forma, mais do que as notas individuais que a definem.

Foram observações como essas que lançaram a linha de pensamento da Gestalt. Os **psicólogos da Gestalt** estudaram o raciocínio, o aprendizado e a percepção como unidades inteiras e não dividindo e analisando as experiências em partes. O seu *slogan* era: "O todo é maior do que a soma das suas partes" (ver ◆Figura 1.2).

Na Alemanha, Max Wertheimer foi o primeiro psicólogo a levar o ponto de vista da Gestalt adiante. É um erro, disse ele, dividir e analisar os eventos psicológicos em partes, ou "elementos", como faziam os estruturalistas. Como uma melodia, muitas experiências não podem ser divididas em unidades menores. Por esse motivo, os estudos da percepção e da personalidade foram particularmente influenciados pelo ponto de vista da Gestalt.

Todos os primeiros psicólogos eram homens? Até agora não foram mencionadas mulheres. Na sua maior parte, os homens dominaram a ciência no início do século XX. Mesmo assim, as mulheres contribuíram para a psicologia desde o começo (Minton, 2000). Reserve um tempo e leia "As Mulheres na Psicologia" para obter mais informações.

Psicologia Psicanalítica

À medida que a psicologia norte-americana tornava-se mais científica, um médico austríaco chamado Sigmund Freud passou a desenvolver suas próprias teorias. Freud era da opinião de que a vida mental é como um *iceberg*: somente uma pequena parte fica à vista. Ele denominou de **inconsciente** a região da mente que fica fora da consciência pessoal. Segundo Freud, nosso comportamento é profundamente influenciado por idéias inconscientes, impulsos e desejos – principalmente aqueles referentes ao sexo e à agressão. As idéias de Freud abriram novos horizontes em arte, literatura, história e psicologia (Robins et al., 1998).

Freud teorizou que muitas idéias inconscientes são *reprimidas* (mantidas fora da consciência) porque são ameaçadoras. Mas às vezes, disse ele, elas são reveladas por sonhos, emoções e atos falhos. (Os "atos falhos" freudianos geralmente são engraçados, como o de um aluno que chega atrasado à aula e diz: "Desculpe, eu não consegui chegar mais tarde".)

Freud acreditava que todas as idéias, emoções e ações são *propositais*. Em outras palavras, nada ocorre por acaso. Se nós investigarmos suficientemente a fundo, descobriremos as causas de todas as idéias e ações. Ele também foi um dos primeiros a reconhecer que a infância afeta a personalidade adulta ("A criança é o pai do homem"). Freud talvez seja mais conhecido por ter criado a **psicanálise**, a primeira "terapia com conversa". O método de psicoterapia de Freud explora os conflitos conscientes e os problemas emocionais (ver Capítulo 13). Suas idéias foram tão modificadas que, atualmente, restam poucos psicólogos estritamente psicanalíticos. Porém, o legado de Freud ainda está evidente em várias **teorias psicodinâmicas**, que enfatizam os motivos internos, os conflitos e as forças inconscientes (Westen, 1998).

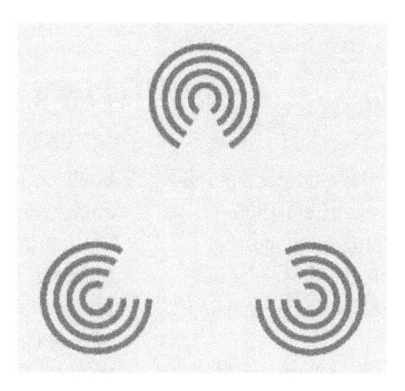

◆FIGURA 1.2 *O desenho que você está vendo aqui é todo composto de círculos quebrados. No entanto, como descobriram os psicólogos da Gestalt, as nossas percepções têm uma tendência poderosa de formar padrões com significado. Por causa dessa tendência, você provavelmente verá um triângulo neste desenho, embora ele seja apenas uma ilusão. A sua experiência perceptual inteira excede a soma das partes.*

Max Wertheimer (1880-1941) primeiramente propôs o ponto de vista da Gestalt para ajudar a explicar as ilusões perceptuais. Depois ele difundiu a psicologia da Gestalt como uma forma de entender não só a percepção, a resolução de problemas, o raciocínio e o comportamento social, mas também a arte, a lógica, a filosofia e a política.

Por mais de 50 anos, Sigmund Freud (1856-1939) investigou a mente inconsciente. Ao fazê-lo, alterou as visões modernas da natureza humana. Seus experimentos iniciais com uma "cura pela conversa" para a histeria são considerados o início da psicanálise. Por meio da psicanálise, Freud acrescentou métodos de tratamento psicológico à psiquiatria.

Psicologia da Gestalt Escola da psicologia que enfatiza o estudo do raciocínio, do aprendizado e da percepção em unidades inteiras, e não pela divisão em partes.

Inconsciente O conteúdo da mente que está além da consciência, principalmente impulsos e desejos não conhecidos diretamente pela pessoa.

Psicanálise Uma abordagem freudiana da psicoterapia que enfatiza a exploração dos conflitos inconscientes.

Teoria psicodinâmica Toda teoria do comportamento que enfatiza conflitos internos, motivos e forças inconscientes.

DIVERSIDADE HUMANA: As Mulheres na Psicologia

As mulheres eram ativamente desencorajadas a buscar diplomas avançados no final do século XIX. Mesmo assim, em 1906, nos Estados Unidos, um em cada dez psicólogos era mulher. Quem eram essas "antepassadas" da psicologia? Três delas que ficaram famosas foram Mary Calkins, Christine Ladd-Franklin e Margaret Washburn.

Mary Calkins fez pesquisas valiosas sobre a memória. Ela também foi a primeira mulher a presidir a Associação Americana de Psicologia, em 1905. Christine Ladd-Franklin estudou a visão das cores. Em 1906, ela foi incluída entre os 50 psicólogos mais importantes nos Estados Unidos. Em 1908, Margaret Washburn publicou um livro didático importante sobre o comportamento animal, denominado *The Animal Mind*.

A primeira mulher a receber um Ph.D. em psicologia foi Margaret Washburn, em 1894. Nos 15 anos subseqüentes, várias outras mulheres seguiram o seu exemplo pioneiro. Hoje em dia, dois de cada três alunos de psicologia são mulheres. E, recentemente, 75% de todos os alunos com diploma universitário em psicologia são de mulheres. É evidente que a psicologia se abriu totalmente tanto para homens como para mulheres (fontes: Furumoto e Scarborough, 1986; Howard et al., 1986; Madigan e O'Hara, 1992; Martin, 1995).

Psicologia Humanista

O **humanismo** é uma visão que se concentra na experiência humana subjetiva. Os psicólogos humanistas estão interessados nos problemas, potenciais e ideais humanos.

No que a abordagem humanista difere das outras? Carl Rogers, Abraham Maslow e outros humanistas rejeitaram o conceito freudiano de que nós somos regidos por forças inconscientes. Eles também não se sentiam confortáveis com a ênfase behaviorista no condicionamento. Ambas as visões têm uma forte corrente oculta de **determinismo** (o conceito de que o comportamento é determinado por forças fora do nosso controle). Em vez disso, os humanistas enfatizam o **livre-arbítrio** e a nossa capacidade de fazer escolhas voluntárias. Evidentemente, as experiências passadas nos afetam. Mesmo assim, os humanistas acham que as pessoas escolhem livremente por viver vidas mais criativas, significativas e satisfatórias.

Abraham Maslow (1908-1970), como fundador da psicologia humanista, estava interessado em estudar as pessoas com saúde mental excepcional. Essas pessoas que realizaram o self, achava ele, fazem uso total dos seus talentos e aptidões. Maslow apresentou a sua visão positiva do potencial humano como uma alternativa para as escolas de behaviorismo e psicanálise.

Os humanistas estão interessados nas necessidades psicológicas de amor, auto-estima, sensação de fazer parte, auto-expressão, criatividade e espiritualidade, que, acham eles, são tão importantes quanto as nossas necessidades biológicas de comida e água. Por exemplo, crianças recém-nascidas privadas do amor humano tão certamente podem morrer quanto morreriam se ficassem sem comida.

Quão científica é a abordagem humanista? No início, os humanistas estavam menos interessados em tratar a psicologia como uma ciência. Eles enfatizavam fatores mais subjetivos, como a auto-imagem da pessoa, a auto-avaliação e o quadro de referência. (*Auto-imagem* é a sua percepção do seu próprio corpo, personalidade e aptidões. *Auto-avaliação* refere-se à pessoa avaliar-se como boa ou má. Um *quadro de referência* é uma perspectiva mental utilizada para interpretar os acontecimentos.) Atualmente, os humanistas continuam tentando entender como nós nos percebemos e vivenciamos o mundo; no entanto a maioria deles agora faz pesquisas para testar suas idéias, exatamente como fazem os outros psicólogos (Schneider et al., 2001).

O conceito de Maslow de realização do self é uma característica especial do humanismo. **Realização do self** refere-se ao desenvolvimento total do potencial da pessoa e a tornar-se a melhor pessoa possível. Segundo os humanistas, todo mundo tem esse potencial. Os humanistas buscam formas de ajudá-lo a emergir. (Veja a ▲Tabela 1.1 para obter um resumo do desenvolvimento inicial da psicologia).

Humanismo Abordagem da psicologia que se concentra na experiência, nos problemas, nos potenciais e nos ideais humanos.

Determinismo Conceito de que todo comportamento tem causas anteriores que explicariam totalmente as escolhas e as ações da pessoa se todas essas causas fossem conhecidas.

Livre-arbítrio Conceito de que os seres humanos são capazes de fazer escolhas ou tomar decisões livremente.

Realização do self Processo de desenvolver totalmente os potenciais da pessoa.

TABELA 1.1 O Desenvolvimento Inicial da Psicologia

PERSPECTIVA	DATA	ACONTECIMENTOS NOTÁVEIS
Psicologia experimental	1875	▸ O primeiro curso oferecido por William James
	1878	▸ É concedido o primeiro Ph.D. em psicologia
	1879	▸ Wilhelm Wundt abre o primeiro laboratório de psicologia na Alemanha
	1883	▸ É fundado o primeiro laboratório de psicologia americano na Universidade Johns Hopkins
	1886	▸ John Dewey escreve o primeiro livro didático de psicologia
Estruturalismo	1898	▸ Edward Titchener faz a psicologia avançar com base na introspecção
Funcionalistmo	1890	▸ William James publica *Principles of Psychology*
	1892	▸ É fundada a Associação Americana de Psicologia
Psicologia psicodinâmica	1895	▸ Sigmund Freud publica seus primeiros estudos
	1900	▸ Freud publica *The Interpretation of Dreams*
Behaviorismo	1906	▸ Ivan Pavlov apresenta relatórios sobre suas pesquisas a respeito de reflexos condicionados
	1913	▸ John Watson apresenta a visão behaviorista
Psicologia da Gestalt	1912	▸ Max Wertheimer e outros desenvolvem o ponto de vista da Gestalt
Psicologia humanista	1942	▸ Carl Rogers publica *Counseling and Psychotherapy*
	1943	▸ Abraham Maslow publica *A theory of human motivation*

A PSICOLOGIA HOJE EM DIA – CINCO VISÕES SOBRE COMPORTAMENTO

▶ **PERGUNTA PARA PESQUISA**   *Quais são as principais tendências e especialidades em psicologia?*

Em certa época, a lealdade para com cada linha de pensamento era feroz e os choques eram comuns. Atualmente, pontos de vistas como a psicologia do funcionalismo e da Gestalt se misturaram em perspectivas mais novas e mais amplas. Além disso, alguns dos primeiros sistemas, como o estruturalismo, desapareceram por completo. Por certo as lealdades e especialidades ainda existem, mas, atualmente, muitos psicólogos são *ecléticos* – eles trabalham a partir de uma série de perspectivas. Mesmo assim, cinco visões principais moldam a psicologia moderna. São elas: as visões *psicodinâmica, behaviorista e humanista,* além das perspectivas *cognitiva* e *biopsicológica* modernas (▲Tabela 1.2) (Robins et al., 1999).

A biopsicologia é uma área que está crescendo rapidamente. Os biopsicólogos esperam explicar todos os comportamentos em termos de mecanismos físicos, como a atividade cerebral e a genética. Seu otimismo baseia-se em novos empolgantes *insights* sobre como o cérebro se relaciona com o raciocínio, os sentimentos, a percepção, comportamento anormal e outros assuntos.

A ciência cognitiva é uma outra área que está se expandindo rapidamente. Na verdade, nos últimos dez anos ocorreu uma "revolução cognitiva". *Cognição* significa "pensar" ou "saber". Como mencionado anteriormente, os psicólogos cognitivos estudam idéias, expectativas, memória, linguagem, percepção, solução de problemas, consciência, criatividade e outros processos mentais. Com todo esse interesse renovado pelo raciocínio, pode-se dizer que a psicologia finalmente "recobrou a consciência" (Robins et al., 1999).

Psicologia Positiva

Os psicólogos sempre prestaram atenção ao lado negativo do comportamento humano. Isso é fácil de entender devido à necessidade urgente de resolver os problemas da humanidade. No entanto, os psicólogos recentemente começaram a perguntar: o que nós sabemos sobre amor, felicidade, criatividade, bem-estar, autoconfiança e realização? Juntos, esses tópicos compõem a **psicologia positiva**, o estudo dos pontos fortes, das virtudes e do comportamento ótimo humanos (Seligman e Csikszentmihalyi, 2000). Vários assuntos da psicologia positiva podem ser encontrados neste livro. Idealmente, eles ajudarão a tornar a sua vida mais positiva e gratificante.

Psicologia positiva Estudo dos pontos fortes, das virtudes e do funcionamento eficaz humanos.

TABELA 1.2 Cinco Maneiras de Encarar o Comportamento

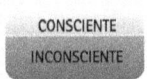

VISÃO PSICODINÂMICA

Idéia-chave: O comportamento é regido por forças dentro da personalidade da pessoa que geralmente estão ocultas ou são inconscientes.
Enfatiza os impulsos, desejos e conflitos internos — principalmente os inconscientes; visões do comportamento como resultado de forças que entram em conflito dentro da personalidade; uma visão um tanto negativa e pessimista da natureza humana.

VISÃO BEHAVIORISTA

Idéia-chave: O comportamento é moldado e controlado pelo ambiente da pessoa.
Enfatiza o estudo do comportamento observável e os efeitos do aprendizado: enfatiza a influência das recompensas externas e dos castigos; uma visão neutra, científica e um tanto mecânica da natureza humana.

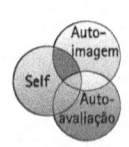

VISÃO HUMANISTA

Idéia-chave: O comportamento é regido pela auto-imagem da pessoa, pelas percepções subjetivas do mundo e pelas necessidades de crescimento pessoal.
Concentra-se na experiência subjetiva e consciente, nos problemas, potenciais e ideais humanos; enfatiza a auto-imagem e a realização do self para explicar o comportamento; uma visão positiva e filosófica da natureza humana.

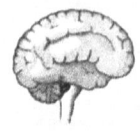

VISÃO BIOPSICOLÓGICA

Idéia-chave: Os comportamentos humano e animal são o resultado de processos físicos, químicos e biológicos internos.
Tenta explicar o comportamento por meio da atividade cerebral e do sistema nervoso, da fisiologia, da genética, do sistema endócrino, da bioquímica e da evolução; uma visão neutra, reducionista e mecânica da natureza humana.

VISÃO COGNITIVA

Idéia-chave: Grande parte do comportamento humano pode ser entendida em termos do processamento.
Preocupa-se com o raciocínio, o conhecimento, a percepção, o entendimento, a memória, a tomada de decisões e o julgamento; explica o comportamento em termos de processamento de informações; uma visão neutra um tanto computadorizada da natureza humana.

Resumo

Como você pode ver, é útil encarar o comportamento humano a partir de mais de uma perspectiva. Isso também é verdadeiro em um outro sentido. Nós estamos rapidamente nos tornando uma sociedade multicultural, composta de pessoas de vários países diferentes. Como isso afetou a psicologia? A seção a seguir explicará por que é importante para todos nós estarmos cientes das diferenças culturais.

DIVERSIDADE HUMANA — RECONHECENDO AS DIFERENÇAS SOCIAIS E CULTURAIS

Jerry, um americano de origem japonesa, é casado com uma americana de origem irlandesa católica. Eis o que Jerry, sua mulher e seus filhos fizeram no dia do Ano-Novo:

> Nós acordamos de manhã e fomos à missa na Igreja de St. Brigid, que tem um coro de *black gospel*... Depois fomos para o Centro Comunitário Nipo-Americano para o programa do Ano-Novo Oshogatsu e vimos arqueiros budistas lançarem flechas para espantar os maus espíritos. Depois comemos os tradicionais bolinhos de arroz como parte do serviço de Ano-Novo e ouvimos um jovem contador de histórias nipo-americano. A caminho de casa, paramos em Chinatown e depois comemos comida mexicana em uma banca de tacos. (Njeri, 1991.)

Jerry e sua família são o reflexo de uma nova realidade social: a diversidade cultural está tornando-se a regra. Cerca de um terço da população nos Estados Unidos atual é afro-americana, hispânica, asiática-americana, índio-americana ou da Ilha do Pacífico. Em algumas grandes cidades, os grupos de "minoria" já são a maioria (Schmitt, 2001).

O Impacto da Cultura

Antigamente, em sua maior parte a psicologia se baseava nas culturas da América do Norte e da Europa. Hoje temos de perguntar: será que os princípios da psicologia ocidental se aplicam a todas as pessoas de todas as culturas? Alguns conceitos de psicologia são inválidos em outras culturas? Algum deles é universal? À medida que os psicólogos foram investigando essas questões, uma coisa ficou clara: a maior parte do que nós pensamos, sentimos e fazemos é influenciada, de uma maneira ou de outra, pelos mundos sociais e culturais em que vivemos (Segall et al., 1998).

> Para entender totalmente o comportamento humano, deve-se levar em consideração as diferenças pessoais baseadas na idade, na raça, na cultura, na etnia, no sexo e na orientação sexual.

Relatividade Cultural

Suponha que você seja psicólogo. A sua cliente, Linda, uma índia americana, diz-lhe que espíritos moram nas árvores perto da casa dela. Linda está delirando? Ela é anormal? Evidentemente, você julgará erroneamente a saúde mental de Linda se não levar suas crenças culturais em consideração. A **relatividade cultural** (o conceito de que o comportamento deve ser julgado em relação aos valores da cultura na qual ele ocorre) pode afetar muito o diagnóstico de distúrbios mentais (Alarcon, 1995). Casos como o de Linda nos ensinam que temos de ter cuidado para não utilizar padrões limitados quando julgamos os outros ou comparamos grupos.

Uma Visão Mais Ampla da Diversidade

Além das diferenças culturais, a idade, a etnia, o sexo, a religião, as deficiências e a orientação sexual também afetam as **normas sociais** que regem o comportamento. As normas sociais são regras que definem o comportamento aceitável e esperado dos membros de vários grupos. Freqüentemente, o padrão não-verbalizado para julgar o que é "médio", "normal" ou "correto" é o comportamento de homens brancos de classe média (Reid, 2002). Para compreender totalmente o comportamento humano, os psicólogos têm de entender no que as pessoas diferem e no que elas são parecidas. Pelo mesmo motivo, uma apreciação da diversidade humana pode enriquecer a sua vida e a sua compreensão da psicologia.

Logo adiante vamos explorar mais o que os psicólogos fazem. Antes, eis uma chance de melhorar a nota da sua próxima prova.

PSICÓLOGOS – GARANTIA DE NÃO ENLOUQUECER

PERGUNTA: Qual é a diferença entre o psicólogo e o psiquiatra?
RESPOSTA: Cerca de 30 dólares a hora (e continua aumentando).

Quais são as diferenças entre os vários tipos de profissionais da saúde mental? Obviamente, eles não são todos "médicos de loucos". Cada um deles tem uma mistura específica de treinamento e aptidões.

Um **psicólogo** é altamente treinado nos métodos, nos conhecimentos e nas teorias da psicologia. Os psicólogos, em geral, têm mestrado ou doutorado. Esses títulos normalmente requerem de três a oito anos de treinamento após a graduação. Os psicólogos podem ensinar, fazer pesquisas, aplicar testes psicológicos, ou servir de consultores para empresas, indústrias, para o governo ou para o setor militar.

Relatividade cultural Conceito de que o comportamento deve ser julgado em relação aos valores da cultura na qual ocorre.

Normas sociais Regras não-verbalizadas que definem o comportamento aceitável e esperado dos membros de um grupo.

Psicólogo Pessoa altamente treinada nos métodos, nos conhecimentos factuais e nas teorias da psicologia.

PAUSA PARA ESTUDO — A História e as Principais Perspectivas

RELACIONE

Que linha de pensamento combina mais com a sua visão de comportamento? Você acha que alguma das primeiras escolas oferece uma explicação completa de por que nos comportamos como nos comportamos? E as cinco perspectivas contemporâneas? Você sabe explicar por que tantos psicólogos são ecléticos?

VERIFICAÇÃO DO APRENDIZADO

Associe:

1. _____ Filosofia
2. _____ Wundt
3. _____ Estruturalismo
4. _____ Funcionalismo
5. _____ Behaviorismo
6. _____ Gestalt
7. _____ Psicodinâmica
8. _____ Humanista
9. _____ Cognitiva
10. _____ Washburn
11. _____ Biopsicologia

A. É contra a análise; estudava experiências inteiras
B. "Química mental" e introspecção
C. Enfatiza a realização do self e o crescimento pessoal
D. Interessada nas causas inconscientes do comportamento
E. Interessado na forma como a mente ajuda a sobrevivência
F. A primeira mulher com Ph.D. em psicologia
G. Estudava estímulos, respostas e condicionamento
H. Parte do "longo passado" da psicologia
I. Preocupada com o raciocínio, a linguagem e a solução de problemas
J. Utilizou a introspecção e a medição detalhada
K. Relaciona o comportamento ao cérebro, à fisiologia e à genética
L. Também conhecida como psicologia da engenharia

12. Existem regras universais para julgar o comportamento das pessoas em vários grupos culturais e sociais. V ou F?

Raciocínio Crítico

13. Ciências modernas como a psicologia baseiam-se em observações que podem ser verificadas por dois ou mais observadores independentes. O estruturalismo obedeceu a esse padrão? Por que sim ou por que não?

RESPOSTAS:

1.H, 2.J, 3.B, 4.E, 5.G, 6.A, 7.D, 8.C, 9.I, 10.F, 11.K, 12.F, 13. Não, não obedeceu. A derrocada do estruturalismo deve-se a que cada observador examinou o conteúdo da sua própria mente, que é algo que nenhuma outra pessoa pode observar.

As impressões que o público tem dos psicólogos geralmente são errôneas. Isso ocorre porque talvez uma grande quantidade de imagens estereotipadas são veiculadas no cinema e na televisão. Por exemplo, no filme *Gênio Indomável*, um psicólogo estrangula raivosamente o seu jovem cliente rebelde. Muitas cenas podem ser dramáticas e divertidas, mas elas distorcem seriamente a percepção do público de psicólogos responsáveis e que trabalham arduamente (Sleek, 1998). Os psicólogos de verdade seguem um código de ética que enfatiza o respeito pela privacidade, dignidade, confidencialidade e pelo bem-estar das pessoas (*Ethical*, 2002; Sullivan et al., 1998).

Mesmo sem as distorções da mídia, são comuns as idéias errôneas sobre os psicólogos. Por exemplo, a maioria dos psicólogos não é terapeuta na clínica privada. Em vez disso, são contratados por escolas, empresas e órgãos sociais. Similarmente, somente 16% trabalham em clínicas e hospitais.

Uma percepção dos psicólogos é precisa: a maioria deles ajuda as pessoas de uma maneira ou de outra. Os psicólogos interessados nos problemas emocionais especializam-se em psicologia clínica e de aconselhamento (ver ▲Tabela 1.3). Os **psicólogos clínicos** tratam de problemas psicológicos ou fazem pesquisa sobre terapias e distúrbios mentais. Opostamente, os **psicólogos de aconselhamento** tendem a tratar de problemas mais amenos, como má adaptação no trabalho ou na escola. No entanto, essas diferenças estão desaparecendo e muitos psicólogos de aconselhamento agora trabalham em tempo integral como terapeutas.

Psicólogo clínico Psicólogo que se especializa no tratamento de distúrbios psicológicos e comportamentais ou que faz pesquisas sobre tais distúrbios.

Psicólogo de aconselhamento Psicólogo que se especializa no tratamento de distúrbios emocionais e comportamentais amenos.

TABELA 1.3 Tipos de Psicólogos e o Que Eles Fazem

ESPECIALIDADE		ATIVIDADE TÍPICAS
Biopsicologia	B*	Faz pesquisas sobre o cérebro, o sistema nervoso e outras origens físicas do comportamento
Clínica	A	Exerce psicoterapia; investiga os problemas clínicos; desenvolve métodos de tratamento
Cognitiva	B	Estuda o raciocínio humano e as aptidões de processar informações
Comunitária	A	Promove a saúde mental em âmbito comunitário por meio de pesquisas, prevenção, educação e consultas
Comparativa	B	Estuda e compara o comportamento de várias espécies, principalmente animais
Do consumidor	A	Pesquisa embalagens, publicidade, métodos de *marketing* e características do consumidor
De aconselhamento	A	Exerce psicoterapia e aconselhamento pessoal; pesquisa distúrbios emocionais e métodos de aconselhamento
Cultural	B	Estuda as formas pelas quais a cultura, a subcultura e o fato de fazer parte de um grupo étnico afetam o comportamento
Do desenvolvimento	A, B	Faz pesquisas sobre o desenvolvimento dos bebês, crianças e adultos; realiza trabalhos clínicos com crianças problemáticas; atua como consultor de pais e escolas
Educacional	A	Investiga a dinâmica da sala de aula, estilos de lecionar e o aprendizado; elabora testes educacionais e avalia programas educacionais
Da engenharia	A	Desenvolve pesquisa aplicada sobre o *design* do maquinário, de computadores, linhas aéreas, carros etc., para empresas, indústrias e o setor militar
Ambiental	A, B	Estuda os efeitos do ruído urbano, amontoado de pessoas, atitudes no meio ambiente e a utilização humana do espaço; atua como consultor em assuntos ambientais
Forense	A	Estuda os problemas do crime e da sua prevenção, programas de reabilitação, prisões, dinâmica de tribunal; seleciona candidatos a cargos na política
Sexual	B	Faz pesquisas sobre as diferenças entre homens e mulheres, a aquisição da identidade sexual e o papel do sexo durante toda a vida
De saúde	A, B	Estuda a relação entre o comportamento e a saúde; utiliza os princípios psicológicos para promover a saúde e prevenir doenças
Industrial/organizacional	A	Seleciona candidatos a empregos, faz análise de aptidões, avalia o treinamento prático, melhora os ambientes de trabalho e as relações humanas nas organizações e nos locais de trabalho
Do aprendizado	B	Estuda como e por que ocorre o aprendizado; elabora teorias de aprendizado
Médica	A	Aplica a psicologia para administrar problemas médicos, como o impacto emocional das doenças, auto-exame de câncer, conformidade ao tomar remédios
Da personalidade	B	Estuda os traços e a dinâmica da personalidade; elabora teorias de personalidade e teste para avaliar traços de personalidade
Escolar	A	Promove testes psicológicos, indicações, aconselhamento emocional e vocacional de alunos; detecta e trata deficiências de aprendizado; melhora o aprendizado em sala de aula
Das sensações e percepções	B	Estuda os órgãos do sentido e o processo de percepção; investiga o mecanismo das sensações e elabora teorias sobre como ocorre a percepção
Social	B	Investiga o comportamento social humano, incluindo atitudes, conformidade, persuasão, preconceito, amizade, agressão, ajuda etc.

* As pesquisas nessa área geralmente são aplicadas (A), básicas (B) ou ambas (A, B).

Para entrar na profissão de psicólogo, é melhor ter um doutorado (Ph.D., Psy.D. ou Ed.D.). A maioria dos psicólogos clínicos tem Ph.D. e seguem um modelo de cientista-praticante. Isto é, eles são treinados para fazer pesquisas ou terapia. Muitos fazem ambas. Outros clínicos obtêm o título de Psy.D. (Doutor em Psicologia), o qual enfatiza as aptidões para terapia em vez da pesquisa.

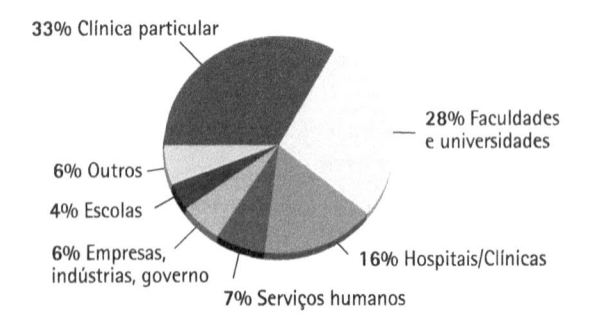

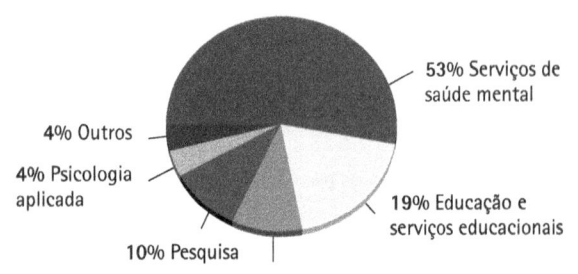

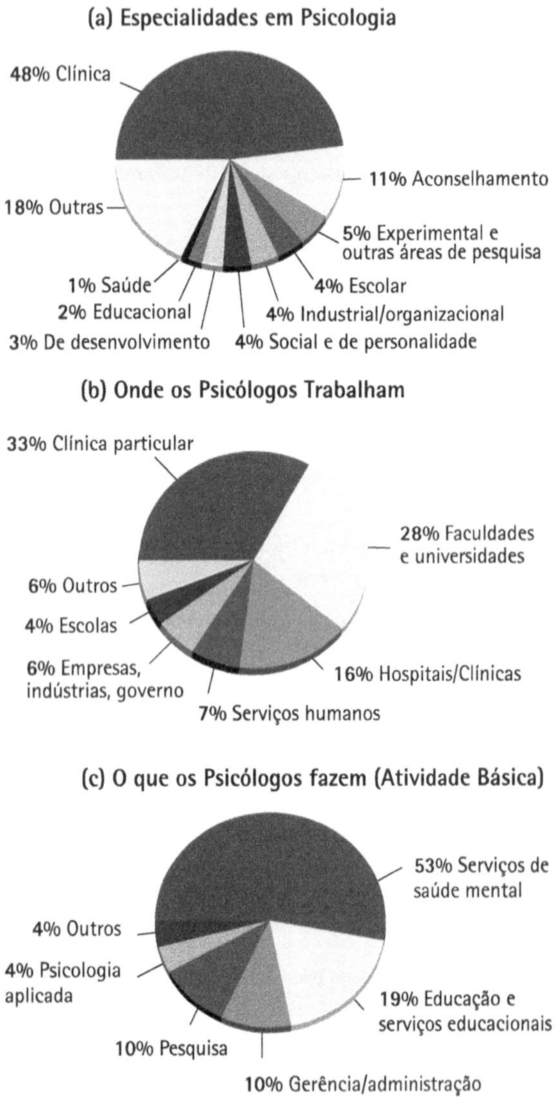

Outros Profissionais da Saúde Mental

Psiquiatra é um médico que trata dos distúrbios mentais, geralmente por meio da psicoterapia. No entanto, os psiquiatras também podem receitar remédios, algo que os psicólogos não podem fazer. Mas isso deve mudar: os psicólogos no Estado do Novo México, Estados Unidos, agora já podem receitar remédios legalmente, e os psicólogos de outros estados estão buscando privilégios semelhantes. Será interessante ver se os legisladores concordam que esses profissionais devem possuir essa opção (Daw, 2002).

Para ser psicanalista, você precisa ter bigode e cavanhaque, óculos, sotaque alemão e um divã bem acolchoado – de acordo com o estereótipo da TV e do cinema. Na verdade, para se tornar um **psicanalista**, você tem de possuir um M.D. ou um Ph.D. e treinamento na psicanálise de Freud. Em outras palavras, um médico ou um psicólogo podem tornar-se um analista aprendendo um tipo específico de psicoterapia.

Em muitos estados, os conselheiros também realizam um trabalho de saúde mental. **Conselheiro** é um assessor que ajuda a resolver problemas com o casamento, a carreira, a escola, o trabalho e em situações semelhantes. Tornar-se um conselheiro licenciado (como um conselheiro matrimonial e familiar, infantil ou escolar) geralmente requer um título de mestrado mais um ou dois anos de experiência em tempo integral supervisionada como conselheiro. Os conselheiros aprendem aptidões práticas de ajuda e não tratam de distúrbios mentais graves.

Os **assistentes sociais psiquiátricos** desempenham papel importante nos programas de saúde mental. Os assistentes sociais psiquiátricos aplicam princípios de ciência social para ajudar pacientes de clínicas e hospitais. A maioria tem o título de mestre em assistência social. Com freqüência, eles ajudam psicólogos e psiquiatras como parte de uma equipe, e entre as suas funções típicas estão: avaliar pacientes e famílias; fazer terapia de grupo ou visitar a casa, a escola ou o trabalho de um paciente para mitigar problemas.

◆FIGURA 1.3 *(a) Especialidades em psicologia. As porcentagens são aproximadas. (b) Onde os psicólogos trabalham. (c) Esse gráfico mostra as atividades principais que os psicólogos realizam no seu trabalho. Qualquer psicólogo pode realizar várias dessas atividades durante a semana de trabalho (APA, 1998). Como você pode ver, alguns psicólogos se especializam em áreas aplicadas e trabalham em locais aplicados.*

Psiquiatra Médico com treinamento adicional no diagnóstico e tratamento de distúrbios mentais e emocionais.

Psicanalista Profissional de saúde mental (geralmente um médico) treinado para praticar a psicanálise.

Conselheiro Profissional de saúde mental que se especializa em ajudar as pessoas com problemas que não envolvam distúrbios mentais graves; por exemplo, conselheiros matrimoniais, vocacionais ou escolares.

Assistente social psiquiátrico Profissional de saúde mental treinado para aplicar princípios de ciências sociais para ajudar pacientes em clínicas e hospitais.

Especialidades em Psicologia

Todos os psicólogos exercem terapia e tratam de comportamentos anormais? Não. Apenas 58% são psicólogos clínicos e de aconselhamento, e o restante é encontrado em outras especialidades. No momento, a Associação Americana de Psicologia (APA) é composta de mais de 50 divisões, cada uma delas refletindo aptidões ou áreas de interesse especiais. Algumas das principais especialidades estão listadas na Tabela 1.3 (ver também ◆Figura 1.3). Cerca de 30% de todos os psicólogos estão empregados em período integral em faculdades ou universidades, onde lecionam e desenvolvem pesquisas, exercem consultoria ou terapia. Alguns deles realizam *pesquisas básicas*, nas quais se busca o conhecimento por ele mesmo. Por exemplo, um psicólogo pode estudar a memória simplesmente para entender como ela funciona. Outros fazem *pesquisa aplicada* para resolver problemas práticos imediatos, como encontrar maneiras de melhorar a memória de testemunhas oculares de crimes. Alguns fazem ambos os tipos de pesquisa.

Logo adiante vamos examinar mais detalhadamente como é realizada a pesquisa. Antes disso, eis uma oportunidade de fazer uma pesquisa sobre o quanto você aprendeu.

PAUSA PARA ESTUDO — Os Psicólogos e Suas Especialidades

RELACIONE
Você vai encontrar quatro psicólogos em um evento social. Quantos deles você esperaria ser terapeutas em clínicas particulares? As chances seriam que somente dois seriam psicólogos clínicos (ou de aconselhamento) e só um deles trabalharia em clínica particular. Por outro lado, pelo menos um dos quatro (e provavelmente dois) estaria trabalhando em uma faculdade ou universidade.

VERIFICAÇÃO DO APRENDIZADO
Veja se consegue responder a estas perguntas antes de ir adiante.
1. Qual dessas pessoas pode receitar remédios?
   a. um psicólogo
   b. um psiquiatra
   c. um psicoterapeuta
   d. um conselheiro
2. O psicólogo que se especializa em tratar dificuldades emocionais humanas é chamado de psicólogo _____ .
3. Aproximadamente 40% dos psicólogos se especializam em psicologia de aconselhamento. V ou F?
4. Quem entre as pessoas a seguir teria maior probabilidade de estar envolvido na detecção de deficiências de aprendizado?
   a. psicólogo do consumidor
   b. psicólogo forense
   c. psicólogo experimental
   d. psicólogo escolar

Raciocínio Crítico

5. Se a maioria dos psicólogos trabalha em locais aplicados, por que a pesquisa básica continua sendo de grande importância?

RESPOSTAS: 1. b, 2. clínico ou de aconselhamento 3. F, 4. d, 5. Porque os que trabalham nela se beneficiam da pesquisa de psicologia básica tanto quanto os médicos se beneficiam da pesquisa básica em biologia. As descobertas de ciências básicas formam o conhecimento básico que leva a aplicações úteis.

PESQUISA CIENTÍFICA — COMO PENSAR COMO UM PSICÓLOGO

▶ **PERGUNTAS PARA PESQUISA** *Por que o método científico é importante para os psicólogos? Como os psicólogos coletam informações?*

Tirar conclusões válidas em psicologia é mais desafiador do que se imagina. No decorrer de um dia você provavelmente escuta dezenas de afirmações falsas sobre o comportamento humano. Como você pode separar os fatos da ficção e a realidade da fantasia? Os psicólogos descobriram que as ferramentas científicas oferecem uma maneira elegante de investigar os comportamentos humano e animal.

Registrar detalhadamente os fatos e eventos é o centro de todas as ciências. Para serem *científicas*, nossas observações têm de ser *sistemáticas* a fim de poderem revelar algo sobre o comportamento (Stanovich, 2001). Utilizando um exemplo anterior, caso você se interesse por calor e agressividade, vai descobrir muito pouco se sair dirigindo por aí e fazendo observações fortuitas sobre o buzinar agressivo. Para ter valor, suas observações precisam ser planejadas e sistemáticas.

O Método Científico

O **método científico** baseia-se na coleta detalhada de provas, na descrição e na medida acuradas, na definição precisa, na observação controlada e em resultados que possam ser repetidos (Schick e Vaughn, 2001). Na sua forma ideal, o método científico tem seis elementos:

1. Fazer observações
2. Definir um problema
3. Propor uma hipótese
4. Coletar provas/testar a hipótese
5. Publicar os resultados
6. Criar uma teoria

Vamos dar uma olhada mais de perto em alguns elementos do método científico.

Teste da Hipótese

O que exatamente é uma hipótese? Uma **hipótese** é uma explicação especulativa de um acontecimento ou relacionamento. Em palavras comuns, uma hipótese é um palpite ou chute sobre o comportamento que pode ser *testado*. Por exemplo, você pode supor que "A frustração estimula a agressão". Como você poderia testar essa hipótese? Primeiro, você teria de decidir como iria frustrar as pessoas. (Essa parte pode ser divertida.) Depois você teria de encontrar uma maneira de medir se elas ficaram ou não mais agressivas. (Isso não é muito divertido, se você planejar estar por perto.) Suas observações, então, forneceriam provas para confirmar ou não a hipótese.

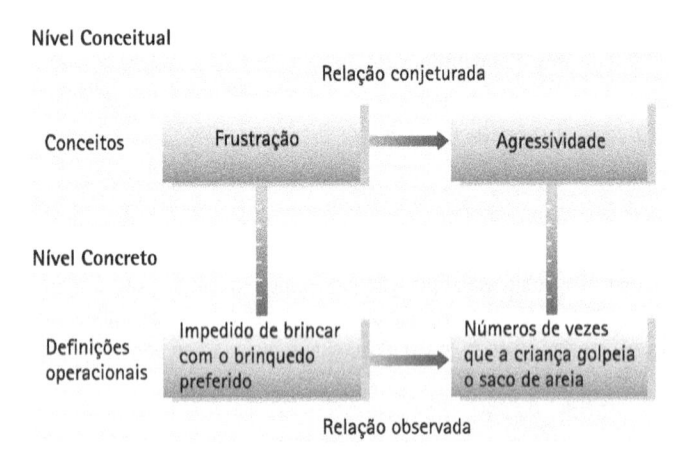

◆FIGURA 1.4 *As definições operacionais são utilizadas para associar conceitos a observações concretas. Você acha que os exemplos dados são definições operacionais razoáveis de frustração e agressividade? As definições operacionais variam em termos de quão bem representam conceitos. Por isso, podem ser necessários vários experimentos diferentes para se tirar conclusões claras sobre relações hipotéticas em psicologia.*

Método científico Testar a veracidade de uma proposição por meio de uma mensuração detalhada e observação controlada.

Hipótese O resultado previsível de um experimento ou um palpite sobre a relação entre as variáveis.

Definição operacional Definir um conceito científico descrevendo as ações ou os procedimentos específicos utilizados para medir. Por exemplo, "fome" pode ser definida como a "quantidade de horas sem comida".

Definições Operacionais

Como não podemos ver ou tocar a frustração, ela deve ser definida operacionalmente. Uma **definição operacional** diz os procedimentos exatos utilizados para representar um conceito. As definições operacionais permitem que conceitos abstratos sejam testados no mundo real (ver ◆Figura 1.4). Por exemplo, você poderia definir frustração como "interromper um adulto antes que ele consiga terminar um quebra-cabeça e ganhar um prêmio de 100 dólares". E agressividade poderia ser definida como "o número de vezes que um indivíduo insulta a pessoa que impediu o trabalho no quebra-cabeças".

Hans Esperto

Várias etapas do método científico podem ser ilustradas com a história de Hans Esperto, um famoso "cavalo maravilha" (Rosenthal, 1965). Hans Esperto aparentemente resolvia vários problemas difíceis de matemática, batendo o casco para dar a resposta. Se você perguntasse ao Hans "quanto é 12 vezes 2 menos 18", ele batia o casco seis vezes. Isso era tão espantoso que um cientista resolveu descobrir se Hans sabia realmente fazer contas. Suponha que você fosse o cientista e estivesse curioso para descobrir como Hans realmente fazia seu truque.

UM CAVALO SABE SOMAR?

A sua investigação sobre as aptidões matemáticas de Hans provavelmente começaria com a *observação* atenta do cavalo e do seu dono. Suponha que essas observações não revelem nenhuma trapaça evidente. Então, o *proble-*

ma fica mais claramente *definido*: Qual é o sinal para Hans começar a bater o casco? A sua primeira *hipótese* poderia ser que o dono está dando um sinal a Hans. O seu teste consistiria em fazer com que o dono saísse do recinto. Então outra pessoa poderia fazer perguntas a Hans. Esse teste confirmaria ou não o papel do dono. A *prova* corroboraria ou eliminaria a hipótese de trapaça. Mudando as condições sob as quais você observa Hans, você *controlaria* a situação para obter mais informações a partir das suas observações.

No entanto, Hans ainda poderia responder quando o seu dono estivesse fora do recinto. Mas uma brilhante série de observações revelou o segredo de Hans. Se Hans não visse a pessoa que estava fazendo as perguntas, não conseguia responder. Aparentemente, as pessoas que estavam fazendo as perguntas sempre *abaixavam a cabeça* (para ver o casco de Hans) depois de perguntar. Essa era a dica para Hans começar a bater. Quando Hans batia o número correto, a pessoa que estava perguntando sempre *olhava para cima* para ver se Hans iria parar. Essa era a dica para Hans parar de bater.

Teorias

E quanto à formulação de teorias? Como a aptidão de Hans para fazer contas era um problema isolado, não houve teorização envolvida. No entanto, nas pesquisas de verdade, uma **teoria** atua como um mapa do conhecimento. Boas teorias resumem observações e as explicam, e orientam outras pesquisas (ver ◆Figura 1.5). Sem as teorias sobre o esquecimento, a personalidade, o estresse, doenças mentais e questões do gênero, os psicólogos se afogariam em um mar de fatos desconexos (Stanovich, 2001).

Publicação

As informações científicas devem sempre ser *disponibilizadas ao público*. Os resultados de estudos psicológicos geralmente são publicados em revistas profissionais (ver ▲Tabela 1.4). Dessa forma, qualquer pessoa que esteja disposta a fazer observações adequadas pode verificar se uma afirmação é verdadeira ou não (Schick e Vaughn, 2001).

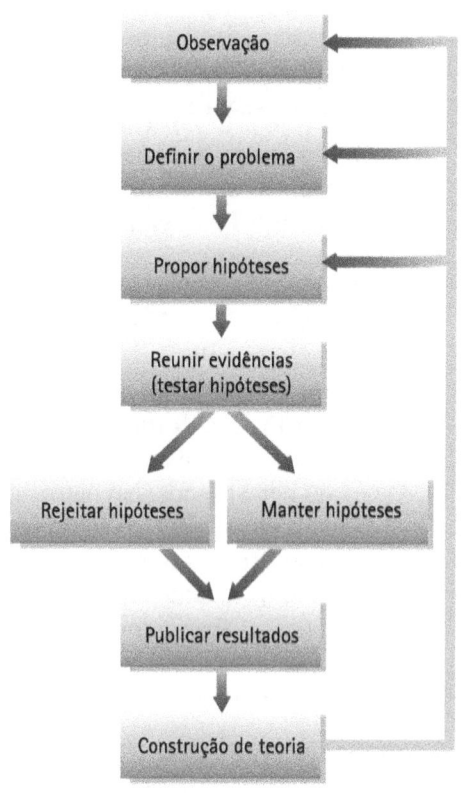

◆FIGURA 1.5 *Os psicólogos utilizam a lógica da ciência para responder a perguntas sobre o comportamento. Hipóteses específicas podem ser testadas de várias maneiras, entre elas a observação naturalista, estudos correlatos, experimentos controlados, estudos clínicos e o método de pesquisa. Os psicólogos revisam suas teorias para que elas reflitam as provas que coletaram. Teorias novas ou revisadas levam, então, a novas observações, novos problemas e novas hipóteses.*

Teoria Um sistema de idéias criado para relacionar conceitos e fatos de tal forma que resuma os dados existentes e preveja observações futuras.

▲TABELA 1.4 Esboço de um Relatório de Pesquisa

- **Resumo** Os relatórios de pesquisa começam com um resumo breve do estudo e dos seus resultados. O resumo permite ter uma visão geral sem ler todo o artigo.
- **Introdução** A introdução descreve a questão a ser investigada. Ela também dá informações prévias revisando estudos anteriores sobre o mesmo assunto ou assuntos relacionados.
- **Método** Essa seção lhe diz como e por que foram feitas as observações. Ela também descreve os procedimentos específicos utilizados para coletar dados. Assim, outros pesquisadores podem repetir o estudo para ver se obtém os mesmos resultados.
- **Resultados** São apresentados os resultados da investigação. Os dados podem ser colocados em gráfico, resumidos em quadros ou analisados estatisticamente.
- **Discussão** Os resultados do estudo são discutidos em relação à questão original. Exploram-se as implicações do estudo e podem ser propostos outros estudos.

Resumo

Agora vamos resumir de uma forma mais realista. Todos os elementos básicos do método científico encontram-se no exemplo a seguir:

Observação: Suzanne, uma psicóloga, observa que alguns gerentes comerciais aparentemente sentem menos estresse relacionado ao trabalho do que outros.

Definir um Problema: O problema de Suzanne é identificar no que os gerentes com alto e baixo estresse diferem.

Observação: Suzanne faz perguntas detalhadas aos gerentes sobre quanto estresse eles sentem. Essas observações adicionais indicam que gerentes com baixo estresse acham que têm maior controle sobre o seu trabalho.

Propor uma Hipótese: Suzanne supõe que ter controle sobre tarefas difíceis reduz o estresse.

Coletar Provas/Testar a Hipótese: Suzanne cria um experimento no qual as pessoas têm de solucionar uma série de problemas difíceis. Em um grupo, as pessoas resolvem o problema em um ritmo forçado ditado por Suzanne. No outro, as pessoas podem impingir o seu próprio ritmo. O segundo grupo apresenta índices menores de estresse do que o primeiro, e isso indica que a hipótese de Suzanne está correta.

Publicar Resultados: Em um artigo acadêmico, Suzanne descreve detalhadamente a questão que investigou, os métodos que utilizou e os resultados do seu experimento. O artigo é publicado no *Journal of Clinical Psychology*.

Criar Teorias: Com base nos resultados de experimentos semelhantes, Suzanne e outros psicólogos criam uma teoria para explicar por que ter controle sobre uma tarefa ajuda a reduzir o estresse.

Métodos de Pesquisa

Os psicólogos coletam provas e testam hipóteses de várias maneiras: eles observam o comportamento à medida que esse vai revelando-se em ambientes naturais (**observação naturalista**); medem para descobrir ligações entre eventos (**método correlativo**); utilizam a técnica poderosa de experimentação controlada (**método experimental**); estudam problemas psicológicos e terapias em ambientes clínicos (**método clínico**) e utilizam questionários para pesquisar grandes grupos de pessoas (**método de pesquisa**). Vamos ver como cada um deles é utilizado para desenvolver os conhecimentos de psicologia.

OBSERVAÇÃO NATURALISTA – A PSICOLOGIA DÁ UMA SAÍDA RÁPIDA

Os psicólogos, às vezes, observam ativamente o comportamento no ambiente natural (o ambiente típico no qual a pessoa ou o animal vive). O trabalho de Jane Goodall dá um bom exemplo disso. Ela e sua equipe observam chimpanzés na Tanzânia desde 1960. Uma citação do seu livro, *In the Shadow of Man*, capta a emoção de uma descoberta científica:

Observação naturalista Observar como o comportamento ocorre nos ambientes naturais.

Método correlativo Medir para descobrir a ligação entre eventos.

Método experimental Investigar o comportamento por meio de experimentação controlada.

Método clínico Estudar problemas psicológicos e terapias em ambientes clínicos.

Método de pesquisa Utilizar questionários e pesquisas para pesquisar grandes grupos de pessoas.

Focando rapidamente o meu binóculo vi que era um único chimpanzé e logo depois ele se virou na minha direção... Ele estava agachado ao lado do monte de terra vermelha de um ninho de cupins e, enquanto eu o observava, eu o vi empurrando cuidadosamente um longo talo de grama para um buraco no monte. Depois de um tempo, ele o tirou e pegou algo da extremidade com a sua boca. Eu estava longe demais para descobrir o que ele estava comendo, mas era evidente que ele estava utilizando um talo de grama como ferramenta.

Note que a observação naturalista só oferece *descrições* do comportamento. Para *explicar* as observações, talvez nós precisemos de informações de outros métodos de pesquisa. A descoberta de Goodall mostrou que os seres humanos não são os únicos animais que usam ferramentas (Lavallee, 1999).

Os chimpanzés no zoológico utilizam objetos como ferramentas. Isso não demonstra a mesma coisa? Não necessariamente. A observação naturalista nos permite estudar o comportamento que não foi adulterado ou alterado por influências externas. Só observando os chimpanzés no seu ambiente natural podemos dizer se eles utilizam ferramentas sem interferência humana.

Limitações

A presença de observadores humanos afeta o comportamento dos animais? Sim, o **impacto do observador** é um grande problema. O impacto do observador refere-se a mudanças no comportamento do sujeito provocadas por uma consciência de que se está sendo observado. Os naturalistas têm de tomar muito cuidado para manter distância e evitar "ficar amiguinhos" dos animais que eles estão observando. Da mesma forma, se você está interessado em agressividade na idade escolar, não pode simplesmente passear em um parque de diversões e começar a fazer anotações. Como estranho, a sua presença provavelmente mudaria o comportamento das crianças. Quando possível, o problema pode ser minimizado ocultando-se o observador. Uma outra solução é utilizar gravadores escondidos. Por exemplo, um estudo naturalista da agressão no parque de diversões foi feito com câmeras de vídeo e microfones remotos (Pepler et al., 1998).

A **parcialidade do observador** é um problema no qual os observadores vêem o que esperam ver ou registram apenas detalhes selecionados. Por exemplo, foi pedido aos professores de uma escola de ensino fundamental com crianças normais para observá-las atentamente e reconhecê-las do modo como foram rotuladas (para o estudo), ou seja, "deficientes no aprendizado" ou normais. Infelizmente, os professores as classificaram por esses mesmos rótulos atribuídos a elas (Foster e Ysseldyke, 1976). Em algumas situações, a parcialidade dos observadores pode ter graves conseqüências. Por exemplo, os psicoterapeutas tendem a obter melhores resultados com o tipo de terapia que eles aprovam (Lambert, 1999).

Erro Antropomórfico

Um erro especial a ser evitado quando se observa animais é o **erro antropomórfico**. Esse é o erro de atribuir pensamentos, sentimentos ou motivos humanos aos animais – principalmente como forma de explicar seu comportamento (Blumberg e Wasserman, 1995). A tentação de pressupor que um animal está "zangado", "com ciúme", "entediado" ou "culpado" pode ser forte e capaz de levar a conclusões falsas. Se você tem animais de estimação em casa, provavelmente sabe como é difícil evitar antropomorfizar.

Registrar Observações

Os psicólogos que realizam estudos naturalistas fazem um esforço especial para minimizar a parcialidade mantendo um *registro observacional*. Como sugerido pelo estudo da agressão no parque de diversões, a gravação em vídeo geralmente fornece o melhor registro de todos (Pepler e Craig, 1995).

Apesar dos seus problemas, a observação naturalista pode fornecer uma riqueza de informações e levantar muitas questões interessantes. Na maioria das pesquisas científicas, é um ótimo ponto de partida.

ESTUDOS CORRELATIVOS – EM BUSCA DO RELACIONAMENTO PERFEITO

Digamos que um psicólogo observe uma ligação entre o QI dos pais e o dos filhos, ou entre a beleza e a popularidade social, ou entre ansiedade e desempenho nas provas, ou até entre o crime e o tempo. Em cada um dos casos, duas observações ou eventos estão *correlacionados* (ligados de uma maneira ordenada).

Um **estudo correlativo** descobre o grau de ligação ou correlação entre dois traços, comportamentos ou eventos. Primeiramente, dois fatores são medidos.

> **Impacto do observador** Mudanças no comportamento provocadas pela consciência de se estar sendo observado.
>
> **Parcialidade do observador** A tendência do observador de distorcer observações ou percepções para que correspondam às suas expectativas.
>
> **Erro antropomórfico** O erro de atribuir pensamentos, sentimentos ou motivos humanos aos animais — principalmente como forma de explicar o seu comportamento.
>
> **Correlação** A existência de uma relação consistente e sistemática entre dois eventos, duas medidas ou variáveis.
>
> **Estudo correlativo** Um estudo não-experimental desenvolvido para medir o grau de relação (se houver algum) entre dois ou mais eventos, medidas ou variáveis.

Depois é utilizada uma técnica estatística para se descobrir o grau de correlação. (Veja o apêndice "Estatística" quase ao final deste livro para mais informações.) Por exemplo, nós poderíamos descobrir a correlação entre a quantidade de horas dormidas à noite e a sonolência à tarde. Se a correlação é grande, saber quanto uma pessoa dorme à noite nos permite prever o seu grau de sonolência à tarde. Da mesma maneira, a sonolência à tarde poderia ser usada para prever a duração do sono à noite.

Coeficientes de Correlação

Como é expresso o grau de correlação? A força e o rumo de uma relação podem ser expressos como um **coeficiente de correlação**, que é simplesmente um número entre + 1,00 e − 1,00 (ver o apêndice "Estatísticas comportamentais"). Se o número é zero ou próximo de zero, a associação entre as duas medidas é fraca ou não existe. Por exemplo, a correlação entre o tamanho do sapato e a inteligência é zero. (Desculpem-me, leitores que calçam 44.) Se a correlação for + 1,00, há uma relação positiva perfeita; se ela for − 1,00, descobriu-se uma relação negativa perfeita.

As correlações em psicologia raramente são perfeitas. Mas, quanto mais próximo o coeficiente for de +1,00 e −1,00, mais forte será a relação. Por exemplo, gêmeos idênticos tendem a ter QIs quase idênticos. Entretanto, os QIs dos pais e seus filhos são só geralmente semelhantes. A correlação entre os QIs de pais e filho é de 0,35, e entre gêmeos idênticos é de 0,86.

O que significam os termos correlação "positiva" e "negativa"? Uma *correlação positiva* mostra que aumentos em uma medida são correspondidos por aumentos na outra (ou reduções são correspondidas por reduções). Por exemplo, há uma correlação positiva entre as notas do ensino médio e as notas na faculdade; alunos que se saem bem no ensino médio tendem a se sair bem na faculdade (e o inverso). Em uma *correlação negativa*, aumentos na primeira medida são associados a reduções na segunda (◆Figura 1.6). Pode-se observar, por exemplo, que os alunos que assistem a muitas horas de televisão tendem a tirar notas mais baixas que os que assistem a poucas horas. (Esse é o famoso efeito zumbi da televisão.)

Isso mostraria que assistir muito à TV faz as notas baixarem? Pareceria que sim, mas não podemos ter certeza sem fazer um experimento.

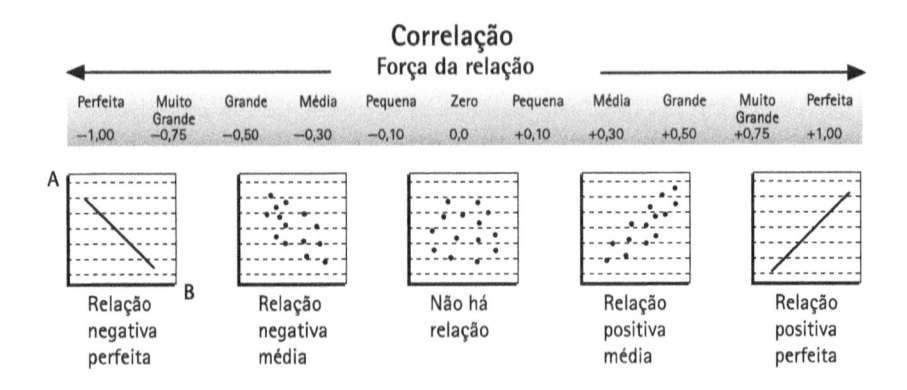

◆FIGURA 1.6 *O coeficiente de correlação diz qual a força da relação entre duas medidas. Esses gráficos mostram uma gama de relações entre duas medidas A e B. Se a correlação for negativa, aumentos em uma estarão associados a reduções na outra. (À medida que B aumenta, A diminui.) Em uma correlação positiva, aumentos em uma medida estão associados a aumentos na outra. (À medida que B aumenta, A aumenta.) O gráfico à esquerda do centro ("relação negativa média") pode resultar da comparação do grau de ansiedade (B) com as notas das provas (A): maior ansiedade é associada a notas mais baixas. O gráfico do centro ("não há relação") resultaria de plotar o número que a pessoa calça (B) e o seu QI (A). O gráfico à direita do centro ("relação positiva média") poderia ser um plotar de notas no ensino médio (B) e notas na faculdade (A) de um grupo de alunos: notas mais altas no ensino médio estão associadas a notas mais altas na faculdade.*

Coeficiente de correlação Um índice estatístico que varia de −1,00 a + 1,00 que indica o rumo e o grau de correlação.

Correlação e Causação

Os estudos correlativos nos ajudam a descobrir relações e fazer previsões. No entanto, a correlação *não* demonstra *causação* (uma relação de causa e efeito) (Meltzoff, 1998). Poderia acontecer, por exemplo, que os alunos que não se interessam por suas aulas teriam mais tempo para TV. Se fosse assim, tanto a falta de estudo quanto as notas mais baixas resultariam do desinteresse e não do fato de assistir muito à TV. Uma coisa parecer estar relacionada com outra não significa que existe uma conexão de causa e efeito.

Eis um outro exemplo de confundir correlação com causação. E se um psicólogo descobrir que o sangue dos pacientes com esquizofrenia contém certa substância química que não se encontra na população geral? Isso mostra que a substância química *causa* esquizofrenia? Pode parecer que sim, mas a esquizofrenia poderia provocar a formação da substância. Ou tanto a esquizofrenia quanto a substância química poderiam ser provocadas por um terceiro fator desconhecido, como uma dieta típica em hospitais para doentes mentais. Uma coisa parecer provocar outra não confirma que ela o faz. A melhor maneira de se ter certeza de que existe uma relação de causa e efeito é fazer um experimento controlado. Você vai aprender como na próxima seção.

PAUSA PARA ESTUDO — Métodos de Pesquisa, Observação Naturalista e Correlação

RELACIONE

Você provavelmente faz hipóteses todos os dias sobre por que as pessoas agem da maneira como agem. Você procura verificar as suas hipóteses? Geralmente nós observamos com atenção os outros para determinar se os nossos "palpites" sobre eles estão corretos. Mas a observação casual pode enganar. Para testar realmente uma hipótese, são necessários observação sistemática e métodos de pesquisa.

VERIFICAÇÃO DO APRENDIZADO

1. A maior parte da psicologia pode ser chamada de bom senso porque a maioria dos psicólogos prefere a observação naturalista à observação controlada. V ou F?
2. Uma hipótese é toda a observação detalhada feita em um experimento controlado. V ou F?
3. Dois grandes problemas na observação naturalista são o ímpeto e a parcialidade do observador. V ou F?
4. O erro _____ envolve atribuir sentimentos e motivos humanos a animais.
5. A correlação geralmente não demonstra causação. V ou F?
6. Que coeficiente de correlação representa a correlação mais forte?
   a. −0,86   b. +0,86   c. +0,10   d. +0,09

Raciocínio Crítico

7. Você pode pensar em algumas afirmações de "bom senso" que se contradizem umas às outras?
8. Atribuir motivos maldosos a um carro que não funciona bem é um erro semelhante a antropomorfizar. V ou F?
9. Adultos que comeram freqüentemente o cereal "Frosted Flakes" quando crianças agora têm metade da taxa de câncer observada em adultos que nunca o comeram. O que você acha que explica essa estranha correlação?

RESPOSTAS:

1. F. 2. F. 3. V. 4. antropomórfico. 5. V. 6. a. 7. Há vários exemplos. Eis mais alguns para acrescentar àqueles que você pensou: "Não se pode fazer uma bolsa de seda a partir da orelha de uma porca" *versus* "A roupa faz o homem (ou a mulher)". "Quem hesita está perdido" *versus* "A pressa é inimiga da perfeição"; "Cada qual com o seu igual" *versus* "Os opostos se atraem". 8. Verdade. Parece que é difícil, para os seres humanos, resistir à tentação de pensar em outras espécies e até em máquinas em termos humanos. 9. A correlação está ligada a um preconceito em relação à idade no grupo de pessoas estudado. Adultos mais velhos têm taxa de câncer mais elevadas do que adultos mais jovens e "Frosted Flakes" não estava disponível na infância das pessoas mais velhas. Conseqüentemente, não ter comido "Frosted Flakes" parece estar relacionado ao câncer, quando na verdade a idade é a verdadeira conexão (Tierny, 1987).

O EXPERIMENTO EM PSICOLOGIA — QUANDO A CAUSA ENCONTRA O EFEITO

▶ **PERGUNTA PARA PESQUISA**   *Como se realiza um experimento?*

A ferramenta de pesquisa mais poderosa é um **experimento** (um teste formal feito para confirmar ou não confirmar uma hipótese). Os psicólogos controlam cuidadosamente as condições nos experimentos para identificar relações de causa e efeito. Para realizar um experimento, você teria de fazer o seguinte:

1. Variar diretamente uma condição que você acha que pode afetar o comportamento.
2. Criar dois ou mais grupos de sujeitos. Esses grupos devem ser semelhantes de várias maneiras, *exceto* na condição que você está variando.
3. Registrar se variar a condição teve qualquer impacto sobre o comportamento.

Experimento: Um teste formal realizado para confirmar ou não confirmar um fato ou um princípio.

Suponha que você queira descobrir se a fome afeta a memória. Primeiramente, você formaria dois grupos de pessoas. Depois você poderia dar aos membros de um grupo um teste de memória enquanto eles estivessem com fome. O segundo grupo faria o mesmo teste depois de comer uma refeição. Comparando as notas médias de memória dos dois grupos, você poderia dizer se a fome afeta a memória.

Como você pode ver, o experimento psicológico mais simples baseia-se em dois grupos de *sujeitos* (animais ou pessoas cujo comportamento está sendo investigado). Um grupo é chamado de *grupo experimental*, e o outro se torna o *grupo de controle*. O grupo de controle e o grupo experimental são tratados exatamente da mesma maneira, exceto pela condição que você varia intencionalmente. A condição é chamada de *variável independente*.

Variáveis e Grupos

Uma *variável* é toda a condição que pode mudar e afetar o resultado de um experimento. Identificar as causas e os efeitos em um experimento envolve três tipos de variáveis:

1. **Variáveis independentes** são as condições alteradas ou variadas pelo realizador do experimento, quem estipula o seu tamanho, quantidade ou valor. Variáveis independentes são *causas* suspeitas das diferenças no comportamento.
2. **Variáveis dependentes** medem os resultados do experimento. Isto é, elas revelam os *impactos* que as variáveis independentes têm sobre o *comportamento*. Esses impactos geralmente são revelados pelas medidas do desempenho, como as pontuações nos testes.
3. **Variáveis exógenas** são condições que um pesquisador quer impedir que afetem o resultado do experimento.

Nós podemos aplicar esses termos ao nosso experimento fome/memória dessa forma: a fome é a variável independente – nós queremos saber se a fome afeta a memória. A memória (definida pelos pontos no teste de memória) é a variável dependente – nós queremos saber se a capacidade de memorizar depende de quão faminta a pessoa está. Todas as outras condições que poderiam afetar a pontuação de memória são exógenas. Entre os exemplos estão as horas dormidas na noite anterior ao teste, a inteligência ou a dificuldade das perguntas.

Como você pode ver, um **grupo experimental** é composto de sujeitos expostos à variável independente (a fome, no exemplo anterior). Os membros do **grupo de controle** são expostos a todas as condições, exceto à variável independente.

Variável independente Em um experimento, é a condição que está sendo investigada como possível causa de alguma mudança no comportamento. Os valores que essa variável assume são escolhidos pelo realizador do experimento.

Variável dependente Em um experimento, a condição (geralmente um comportamento) que é afetada pela variável independente.

Variáveis exógenas Condições ou fatores excluídos de influenciar o resultado de um experimento.

Grupo experimental Em um experimento controlado, o grupo de sujeitos exposto à variável independente ou à condição experimental.

Grupo de controle Em um experimento controlado, o grupo de sujeitos exposto a todas as condições experimentais ou variáveis, exceto à variável independente.

Designação aleatória A utilização do acaso (por exemplo, jogar uma moeda) para designar sujeitos para os grupos experimentais e de controle.

Vamos examinar outro experimento simples. Suponha que você note que parece estudar melhor quando ouve música. Isso sugere a hipótese de que a música melhora o aprendizado. Nós poderíamos testar essa idéia formando um grupo experimental que estuda com música. Um grupo de controle estudaria sem música. Depois poderíamos comparar as suas notas em um teste.

Há realmente necessidade de um grupo de controle? As pessoas não poderiam simplesmente estudar com música ligada para ver se elas se sairiam melhor? Sem um grupo de controle, seria impossível dizer se a música teve algum efeito sobre o aprendizado. O grupo de controle dá um *ponto de referência* para comparação com as notas do grupo experimental. Se a pontuação média no teste do grupo experimental for mais alta do que a média do grupo de controle, podemos concluir que a música melhora o aprendizado. Se não houver diferença, fica claro que a variável independente não teve impacto sobre o aprendizado.

Nesse experimento, a quantidade aprendida (indicada pelas notas no teste) é a *variável dependente*. Nós estamos perguntando: a variável independente *afeta* a variável dependente? (A música afeta ou influencia o aprendizado?)

Controle Experimental

Como sabemos que as pessoas de um grupo não são mais inteligentes do que as do outro grupo? É verdade que as diferenças pessoais podem afetar o experimento. No entanto, é possível controlá-las designando-se aleatoriamente as pessoas para os grupos. **Designação aleatória** significa que um sujeito tem a mesma chance de ficar no grupo experimental ou no grupo de controle. A aleatoriedade equilibra as diferenças pessoais nos dois grupos. No nosso experimento musical, isso poderia ser feito simplesmente jogando-se uma moeda para cada sujeito. Cara, o sujeito vai para o grupo experimental; coroa, vai para o grupo de controle. Isso resultaria em poucas diferenças na quantidade de pessoas que são gênios ou ignorantes, famintas, de ressaca, altas, amantes de música etc., em cada grupo.

Outras variáveis *exógenas* – como o tempo de estudo, o sexo dos sujeitos, a temperatura na sala, a hora do dia, a quantidade de luz etc. – também devem ser impedidas de afetar o resultado de um experimento. Mas como? Geralmente, isso é feito tornando-se todas as condições (exceto a variável independente) *exatamente* iguais para ambos os grupos. Quando todas as condições forem as mesmas para ambos os grupos – *exceto* a presença ou ausência de música –, então a diferença na quantidade aprendida *deve* ser causada pela música (Figura 1.7).

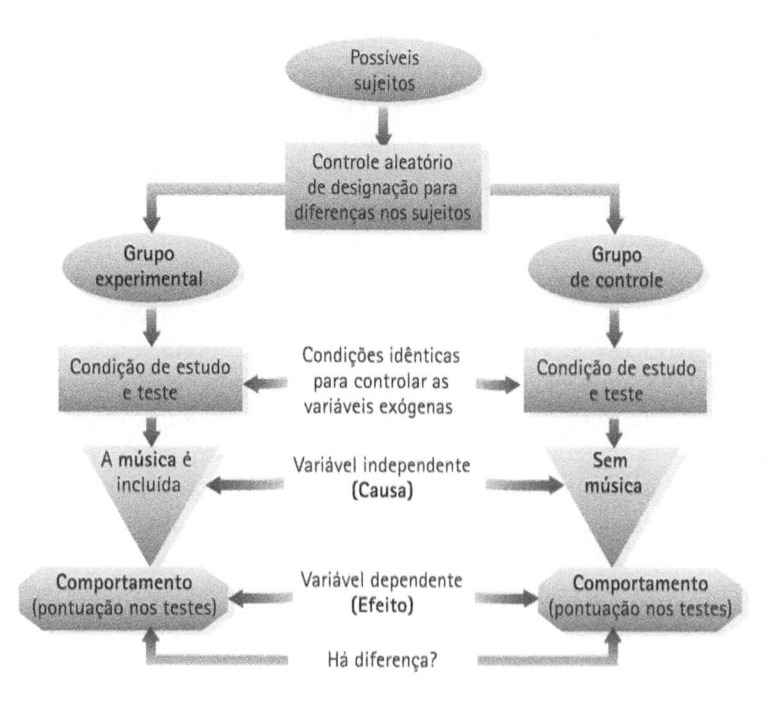

◆FIGURA 1.7 *Elementos de um simples experimento psicológico para avaliar o impacto da música durante o estudo na pontuação nos testes.*

Causa e Efeito

Agora vamos resumir. Em um experimento, dois ou mais grupos de sujeitos são tratados diferentemente em relação à variável independente. Em todos os outros aspectos eles são tratados igualmente. Isto é, as variáveis exógenas são equalizadas para todos os grupos. Então, o impacto da variável (ou variáveis) independente(s) é medido em um determinado comportamento (a variável dependente). Em um experimento cuidadosamente controlado, a variável independente é a única *causa* possível de qualquer *impacto* observado na variável dependente. Isso permite que se identifiquem conexões claras de causa e efeito (Figura 1.8).

Efeitos Placebo, Pílulas de Açúcar e Água Salgada

Agora vamos fazer um experimento para ver se a droga anfetamina (um estimulante) afeta o aprendizado: antes de estudar, os membros do nosso grupo experimental tomam um comprimido de anfetamina. Os membros do grupo de controle não recebem nada. Posteriormente, avaliamos quanto cada um dos sujeitos aprendeu. Esse experimento parece válido? Na verdade, ele tem falhas graves.

Por quê? O grupo experimental tomou a droga, e o grupo de controle, não. As diferenças no quanto eles aprenderam deve ter sido provocadas pela droga, certo? Não, porque a droga não era a única diferença entre os grupos. As pessoas do grupo experimental engoliram um comprimido, e os sujeitos de

◆FIGURA 1.8 *Consegue-se controlar o experimento equilibrando-se as variáveis exógenas para o grupo experimental e o grupo de controle. Por exemplo, a idade média (A), educação (B) e inteligência (C) dos membros do grupo poderiam ser as mesmas para ambos os grupos. Então poderíamos aplicar a variável independente ao grupo experimental. Se o comportamento dele (a variável dependente) mudar (em comparação com o grupo de controle), a mudança deve ser provocada pela variável independente.*

controle não o fizeram. Sem utilizar um placebo, é impossível dizer se a droga afeta o aprendizado. Pode ser que aqueles que engoliram o comprimido *esperavam* se sair melhor. Isso por si só pode ter afetado o seu desempenho, mesmo se o comprimido não afetou.

O que é um placebo? Por que ele faria diferença? Um *placebo* é uma droga de mentira. Substâncias inativas, como pílulas de açúcar e injeções de solução salina (água salgada), são comumente utilizadas como placebo. Se o placebo tiver algum impacto, deve ser baseado em sugestão e não na química (Quitkin, 1999).

O **efeito placebo** (mudanças no comportamento provocadas pela crença de que se tomou uma droga) pode ser poderoso. Por exemplo, uma injeção de solução salina é 70% tão eficiente quanto a morfina para aliviar a dor. É por isso que os médicos às vezes prescrevem placebos – principalmente para queixas que aparentemente não têm base física. Observou-se que o placebo afeta a dor, ansiedade, depressão, vivacidade, tensão, excitação sexual, os desejos de álcool e vários outros processos (Kirsch e Lynn, 1999).

Como uma substância inerte pode ter qualquer efeito? Os placebos alteram as expectativas das pessoas sobre suas reações emocionais e físicas. Essas expectativas, por sua vez, influenciam as funções do corpo. Por exemplo, os placebos aliviam a dor ao fazer com que a glândula pituitária libere *endorfinas*. Essas poderosas substâncias químicas são semelhantes às drogas analgésicas narcóticas como a morfina (ver Riet et al., 1998). (Ver Capítulo 2 para mais informações.) Os placebos também obtêm parte do seu efeito por meio do aprendizado. Como associamos tomar remédios a nos sentirmos melhor, placebos inertes freqüentemente fazem com que nos sintamos melhor também (Brody e Brody, 2000).

Controlando os Efeitos do Placebo

Para controlar os efeitos do placebo, nós poderíamos utilizar um **experimento de cegueira simples**. Nesse caso, os sujeitos não sabem se estão recebendo uma droga de verdade ou um placebo. Todos eles recebem um comprimido ou uma injeção. As pessoas do grupo experimental recebem uma droga de verdade e o grupo de controle recebe um placebo. Como os sujeitos não sabem se receberam ou não uma droga, suas expectativas são as mesmas. Qualquer diferença no seu comportamento deve ser provocada pela droga.

No entanto, manter os sujeitos "no escuro" não é necessariamente suficiente. Em um **experimento de cegueira dupla**, nem os sujeitos nem os realizadores dos experimentos sabem quem recebeu droga e quem tomou placebo, e isso evita que os pesquisadores influenciem inconscientemente os sujeitos. Geralmente, outra pessoa prepara os comprimidos ou as injeções para que os realizadores só saibam o que cada um recebeu depois de testar. Testes de cegueira dupla mostraram que cerca de 50% da eficácia das drogas antidepressivas, como o "remédio maravilha" Prozac, deve-se ao "efeito placebo" (Kirsch e Sapirstein, 1998). É altamente provável que a atual popularidade de remédios herbáceos também é baseada no efeito placebo (Seidman, 2001).

Às vezes os próprios pesquisadores afetam os experimentos influenciando o comportamento de seus sujeitos. Vamos ver como isso ocorre.

O Efeito do Realizador do Experimento

Como um pesquisador poderia influenciar os sujeitos? O **efeito do realizador do experimento** (mudanças no comportamento provocadas pela influência não-intencional de um realizador de experimento) é um problema na pesquisa de psicologia. Basicamente, os realizadores de experimentos correm o risco de descobrir o que esperam descobrir. Isso acontece porque os seres humanos são muito sensíveis a dicas sobre o que se espera deles (Rosenthal, 1994).

O efeito do realizador do experimento se aplica até mesmo fora do laboratório. O psicólogo Robert Rosenthal (1973) relata um exemplo de como as expectativas podem influenciar as pessoas: na Escola Preparatória para a Academia da Força Aérea Norte-Americana, cem aviadores foram designados aleatoriamente para cinco aulas de matemática diferentes. Seus professores não sabiam da sua colocação aleatória. Os alunos nas aulas classificadas como de "grande aptidão" melhoraram muito mais suas notas de

---

Efeito placebo Mudanças no comportamento ocorridas por causa das expectativas de que uma droga (ou outro tratamento) terá algum efeito.

Experimento de cegueira simples Acordo no qual os sujeitos não sabem se estão no grupo experimental ou de controle.

Experimento de cegueira dupla Acordo no qual tanto os sujeitos quanto aqueles que realizam o experimento não sabem se os sujeitos estão no grupo experimental ou de controle.

Efeito do realizador do experimento Mudanças no comportamento dos sujeitos provocadas pela influência involuntária das ações da pessoa que realiza o experimento.

matemática do que os das aulas de "pouca aptidão". No entanto, inicialmente todas as aulas tinham alunos com a mesma aptidão.

Aparentemente, os professores sutilmente comunicaram suas expectativas aos alunos, e é provável que eles fizeram isso por meio do tom de voz, da linguagem corporal e estimulando ou criticando. As suas "dicas", por sua vez, criaram uma profecia auto-realizável que afetava os alunos. Uma *profecia auto-realizável* é uma previsão que induz as pessoas a agir de maneiras que fazem a profecia se tornar realidade. Em suma, as pessoas às vezes se tornam o que nós profetizamos para elas. É bom lembrar que os outros tendem a *corresponder* ou *não* às nossas expectativas (Jussim e Eccles, 1992; Madon et al., 1997).

PAUSA PARA ESTUDO — O Experimento de Psicologia

RELACIONE

De certa maneira, todos nós realizamos pequenos experimentos para detectar conexões de causa e efeito. Se você se interessa por jardinagem, por exemplo, pode tentar acrescentar adubo em um canteiro de flores e não acrescentar em outro. A pergunta então se faz: a utilização de adubo (a variável independente) afeta o tamanho das flores (a variável dependente)? Comparando as flores que não foram alimentadas (o grupo de controle) com as que receberam adubo, você pode descobrir se vale a pena usá-lo. Você consegue pensar em pelo menos um experimento que fez no último mês? Quais eram as variáveis? Qual foi o resultado?

VERIFICAÇÃO DO APRENDIZADO

1. Para entender causa e efeito, um experimento simples de psicologia baseia-se na criação de dois grupos: o grupo _____ e o grupo _____.
2. Existem três tipos de variáveis a se levar em consideração em um experimento: as variáveis _____ (que são manipuladas pela pessoa que está realizando o experimento), as variáveis _____ (que medem o resultado do experimento) e as variáveis _____ (fatores a serem excluídos em um determinado experimento).
3. Um pesquisador realiza um experimento para saber se a temperatura ambiente afeta a intensidade da agressividade exibida por alunos universitários sob condições de amontoamento de pessoas em um ambiente simulado de prisão. Nesse experimento, qual das alternativas a seguir é a variável independente?

   a. temperatura ambiente
   b. intensidade de agressão
   c. amontoamento de pessoas
   d. ambiente simulado de prisão

4. Um procedimento utilizado para controlar tanto o efeito placebo quanto o efeito da pessoa que realiza o experimento em experimentos com droga é:

   a. o método da correlação
   b. a profecia exógena
   c. a técnica de cegueira dupla
   d. a designação aleatória dos sujeitos

Raciocínio Crítico

5. Há uma brecha na afirmação: "eu tomei comprimidos de vitamina C e não peguei nenhum resfriado o ano todo. Vitamina C é ótimo!". Qual é a brecha?
6. Como você determinaria se desjejuns com açúcar afetam o nível de atividade das crianças e a sua capacidade de aprender na escola?
7. As pessoas que acreditam firmemente em astrologia têm características de personalidade que coincidem, até certo ponto, com as previstas pelos seus signos astrológicos. Você sabe explicar por que isso ocorre?

RESPOSTAS:

1. experimental, de controle 2. independentes, dependentes, exógenas, 3.a, 4.c, 5. A afirmação implica que a vitamina C evita o resfriado. No entanto, não pegar resfriado pode ser apenas uma coincidência. Seria necessário um experimento controlado com um grupo que recebeu vitamina C e um grupo de controle que não recebeu para saber se a vitamina C realmente teve algum efeito na susceptibilidade a resfriados. 6. Um experimento real sobre essa questão utilizou o modelo de cegueira dupla no qual crianças receberam uma bebida que continha ou 50 gramas de sacarose (açúcar), um placebo (aspartame) ou apenas uma quantidade muito pequena de sacarose. As mudanças observadas nos níveis de atividade e a pontuação em uma tarefa de aprendizado não corroboraram a opinião de que o açúcar provoca grandes mudanças no comportamento das crianças (Rosen et al., 1988). 7. A crença na astrologia pode criar uma profecia auto-realizável por meio da qual as pessoas alteram o seu comportamento e autoconceitos para que esses combinem com os seus signos astrológicos (Van Rooij, 1994).

O MÉTODO CLÍNICO – DADOS POR CASO

▶ **PERGUNTA PARA PESQUISA**   *Que outros métodos de pesquisa os psicólogos utilizam?*

Pode ser difícil ou impossível utilizar o método experimental para estudar distúrbios mentais como depressão ou psicose. Muitos experimentos são pouco práticos, antiéticos ou impossíveis de serem feitos. Nessas situações, um **estudo de caso** (um foco aprofundado em um único sujeito) pode ser a melhor fonte de informações. Os psicólogos clínicos baseiam-se muito em estudos de caso, principalmente como forma de investigar problemas raros ou fora do comum.

Os estudos de caso às vezes podem ser considerados **testes clínicos naturais** (acidentes ou outros eventos naturais que fornecem dados psicológicos). Feridas de arma de fogo, tumores cerebrais, envenenamentos acidentais e catástrofes semelhantes dão muitas informações sobre o cérebro humano. Um caso notável da história da psicologia foi relatado pelo Dr. J. M. Harlow (1868). Phineas Gage, um jovem mestre-de-obras de uma turma de peões, teve uma haste de aço de 7 kg atirada na parte da frente do seu cérebro por uma explosão de dinamite (◆Figura 1.9). Surpreendentemente, ele sobreviveu ao acidente. Depois de dois meses, Gage já podia andar, falar e se movimentar normalmente. Mas a lesão mudou sua personalidade para sempre. Em vez de ser o trabalhador honesto e confiável que era antes, Gage tornou-se um mentiroso malcriado e desbocado. O Dr. Harlow registrou cuidadosamente todos os detalhes do que talvez tenha sido o primeiro estudo de caso profundo de uma lobotomia frontal acidental (a destruição de matéria frontal do cérebro).

Quando um carpinteiro de Los Angeles chamado Michael Melnick sofreu uma lesão semelhante, ele se recuperou totalmente, sem sinais de efeitos maléficos duradouros.

A reação bem diferente a uma lesão semelhante mostra por que os psicólogos preferem experimentos controlados e geralmente utilizam animais de laboratório para realizar estudos do cérebro. Os estudos de caso carecem de grupos de controle formais, e isso, evidentemente, limita as conclusões que se pode tirar das observações clínicas. Mesmo assim, os estudos de caso são particularmente valiosos para se estudar eventos raros, tais como distúrbios mentais fora do comum, "gênios" infantis ou tiroteios em escola (Harding et al., 2002). (Ver "As Irmãs Genain – Problema Quadruplicado".) Além disso, estudos de caso de psicoterapia forneceram idéias úteis sobre como tratar de problemas emocionais (Hersen, 2002).

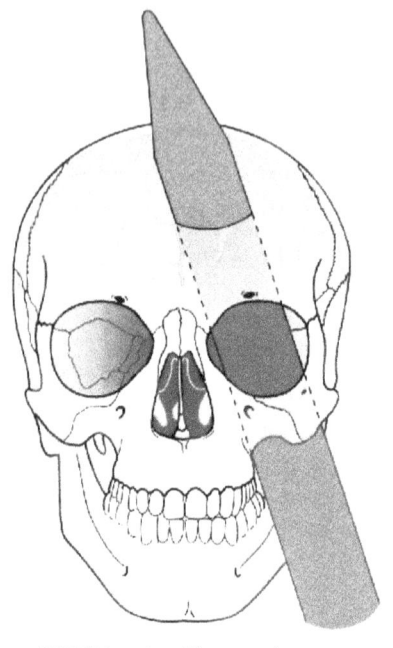

◆FIGURA 1.9 *Algumas das informações mais antigas sobre os efeitos de danos nas regiões frontais do cérebro são originárias de um estudo de caso da lesão acidental de Phineas Gage.*

Estudo de caso Foco aprofundado em todos os aspectos de uma única pessoa.

Teste clínico natural Um evento natural que fornece dados sobre um fenômeno psicológico.

Método de pesquisa A utilização de pesquisas de opinião pública para responder a perguntas de psicologia.

Amostra representativa Uma parte pequena selecionada aleatoriamente em uma população maior que reflete precisamente características de toda a população.

MÉTODO DE PESQUISA – TOME UMA AMOSTRA

Alguns psicólogos gostariam de fazer a todos no mundo algumas poucas perguntas bem selecionadas: "Você bebe bebida alcoólica? Quantas vezes por semana?" "Que tipo de disciplina os seus pais utilizaram quando você era criança?" "Qual é a coisa mais criativa que você já fez?". As respostas a essas perguntas podem revelar muita coisa sobre o comportamento. Mas como é impossível perguntar a todos, geralmente fazer uma pesquisa é mais prático.

No **método de pesquisa**, são utilizadas técnicas de opinião pública para responder a perguntas de psicologia. Em uma amostra representativa, geralmente as pessoas respondem a uma série de perguntas cuidadosamente formuladas. Uma **amostra representativa** é um pequeno grupo que reflete precisamente uma grande população. Uma boa amostra tem de incluir a mesma proporção de homens, mulheres, jovens, idosos, profissionais, operários, republicanos, democratas, brancos, negros, latinos, asiáticos etc., como se encontra na população como um todo.

ARQUIVO CLÍNICO: As Irmãs Genain – Problema Quadruplicado

Um estudo de caso clássico em psicologia diz respeito a quadrigêmeas idênticas conhecidas como as irmãs Genain. Além de terem genes idênticos, todas as quatro mulheres se tornaram esquizofrênicas antes dos 25 anos. Quando estavam no ensino médio, elas começaram a agir de maneira estranha. Hester quebrava lâmpadas e arrancava os botões de sua roupa. Com 20 anos, Nora gemia nas refeições e se queixava de que os ossos do seu pescoço estavam escorregando. À noite ela ficava sobre os joelhos e cotovelos até sangrar. Com 22 anos, Íris se queixou: "Eu estou encurralada. Alguém quer brigar e eu não quero". Logo depois ela "desmoronou". Ela gritava, babava nas refeições e falava que ouvia vozes. Myra, a quarta quadrigêmea idêntica, sentia pânico facilmente, mas só entrou em colapso com 24 anos (Rosenthal e Quinn, 1977).

As Genains, que agora estão com mais de 65 anos, freqüentaram clínicas para doentes mentais durante a vida inteira. O fato de elas compartilharem genes idênticos sugere que os distúrbios mentais são influenciados pela hereditariedade. O fato de algumas irmãs estarem mais perturbadas do que outras sugere que as condições ambientais também são um fator que desencadeia doenças mentais. Realmente, Myra, a menos doente das quatro, foi a única irmã que conseguiu evitar o seu pai, um alcoólatra que aterrorizava, espionava e molestava sexualmente as meninas. (Ver o Capítulo 12 para obter mais informações sobre as causas da esquizofrenia.)

As irmãs Genain vêm sendo estudadas há 40 anos. As chances de todas as quadrigêmeas idênticas tornarem-se esquizofrênicas são de cerca de 1 em 1,5 bilhão. Conseqüentemente, casos como o delas fornecem *insights* que não podem ser obtidos de nenhuma outra maneira (Edwards, 1998; Mirsky et al., 2000).

A *população* é um grupo inteiro de animais ou pessoas que pertencem a uma categoria específica (por exemplo, todos os alunos universitários ou todas as mulheres casadas). Basicamente, nós estamos interessados em populações inteiras. Selecionando uma amostra menor, podemos tirar conclusões sobre o grupo maior sem pesquisar todas as pessoas. Amostras representativas geralmente são obtidas selecionando-se aleatoriamente quem será incluído (♦Figura 1.10). (Observe que isso é semelhante a designar sujeitos aleatoriamente para grupos em um experimento.)

Quão preciso é o método de pesquisa? Pesquisas modernas como as Gallup e Harris são bastante precisas. A pesquisa Gallup, desde 1954, errou em apenas 1,5 % nas suas previsões eleitorais. No entanto, se a pesquisa for baseada em uma amostra tendenciosa, ela poderá pintar um quadro falso. Uma *amostra tendenciosa* não reflete precisamente a população da qual foi tirada. Pesquisas feitas por revistas, sites e serviços de informação on-line podem ser bem tendenciosas. Pesquisas sobre a utilização de drogas ilícitas feitas pelas revistas *Cosmopolitan* e *Rolling Stone* provavelmente apresentariam resultados bem diferentes – nenhuma delas representariam a população geral. É por isso que os psicólogos utilizam o método de pesquisas intensamente para assegurar que suas amostras sejam representativas. Felizmente, em geral as pessoas podem ser pesquisadas por telefone, o que torna mais fácil obter amostras maiores. Mesmo se uma pessoa em três se recusar a responder a perguntas de pesquisa, os resultados provavelmente serão válidos (Krosnick, 1999).

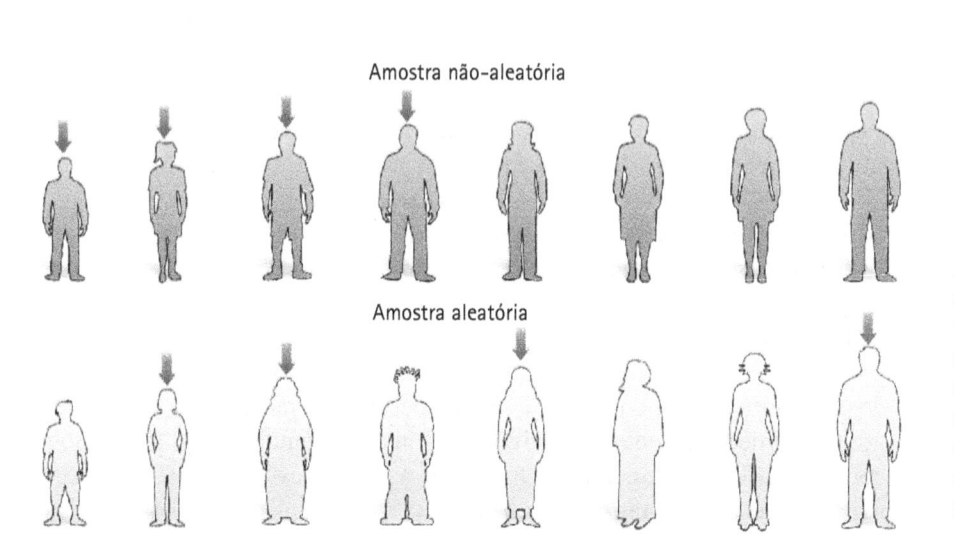

♦FIGURA 1.10 *Se você estivesse fazendo uma pesquisa na qual a altura da pessoa pudesse ser uma variável importante, a amostra não-aleatória seria extremamente não-representativa. A amostra aleatória, selecionada utilizando-se uma tabela de números aleatórios, representa melhor o grupo como um todo.*

Pesquisas pela Internet

Recentemente, os psicólogos começaram a fazer pesquisas e experimentos na Internet. A pesquisa baseada na Web tem a vantagem do baixo custo e pode atingir grupos bem grandes de pessoas. No entanto, os psicólogos estão bem cientes de que as amostras obtidas pelos sites da Internet não são representativas. Mesmo assim, os estudos pela Internet forneceram informações interessantes sobre tópicos como raiva, tomada de decisões, religião, preconceito racial, o que repugna as pessoas, atitudes sexuais e muito mais. É bem provável que, no futuro, muitos estudos serão feitos on-line e que algumas das limitações da pesquisa pela Internet serão superadas (Birnbaum, 2000).

Conveniência Social

Mesmo pesquisas bem elaboradas podem ser limitadas por um outro problema. Se um psicólogo fosse lhe fazer perguntas detalhadas sobre o seu histórico sexual e o seu comportamento sexual atual, quão precisas seriam suas respostas? Você exageraria? Você sentiria embaraço? As respostas a perguntas de pesquisas nem sempre são precisas ou verdadeiras. Muitas pessoas apresentam uma *tendenciosidade de cortesia* (uma tendência a dar respostas "educadas" ou socialmente desejáveis). Por exemplo, as respostas a perguntas sobre sexo, bebida ou uso de drogas, renda e idas à igreja tendem a não ser verdadeiras. Da mesma maneira, na primeira semana após a eleição, mais pessoas dirão que votaram do que as que realmente votaram (Krosnick, 1999).

Resumo

Apesar das suas limitações, as pesquisas freqüentemente produzem informações valiosas. Por exemplo, o método de pesquisa foi utilizado para descobrir com que freqüência o assédio sexual ocorre e para aumentar a ciência do público sobre o problema (Janus e Janus, 1993). Resumindo, o método de pesquisa pode ser uma poderosa ferramenta de pesquisa. Como outros métodos, ele tem suas limitações, mas novas técnicas e estratégias estão fornecendo informações valiosas sobre o nosso comportamento (Krosnick, 1999).

CIÊNCIA E RACIOCÍNIO CRÍTICO – CETICISMO SAUDÁVEL

▶ **PERGUNTA PARA PESQUISA**   *O que é raciocínio crítico?*

É realmente necessária tanta ênfase na pesquisa em psicologia? Em uma palavra, sim. Como vimos, a ciência é uma maneira poderosa de se fazer perguntas sobre o mundo e obter respostas confiáveis. A sua consciência desse fato deve ajudar você observar mais criticamente o comportamento humano; o ▲Quadro 1.5 resume muitas das idéias importantes que discutimos.

A maioria de nós seria cética ao comprar um carro usado. Mas, muitas vezes, poderíamos nos sentir tentados a "comprar" afirmações absurdas sobre assuntos como hidroscopia, o triângulo das Bermudas, o oculto, OVNIs, cartas de tarô, cristais curadores, remédios herbáceos etc.

Da mesma maneira, a maioria de nós aceita facilmente a própria ignorância sobre física subatômica. Mas como lidamos com o comportamento humano todos os dias, tendemos a achar que já sabemos o que é verdade em psicologia.

Por essas e várias outras razões, aprender a raciocinar criticamente é um dos benefícios duradouros de uma educação universitária. **Raciocínio crítico** refere-se à capacidade de avaliar, comparar, analisar, criticar e sintetizar informações. As pessoas que raciocinam de maneira crítica estão dispostas a fazer perguntas difíceis, incluindo aquelas que desafiam a sabedoria convencional. Por exemplo, muita gente acha que castigo (uma surra) é uma boa maneira de reforçar o aprendizado nas crianças. Na verdade, nada poderia estar mais longe da verdade (Gershoff, 2002). É por isso que uma pessoa que raciocina criticamente perguntaria imediatamente: "Castigo funciona? Se funciona, quando? Sob que condições ele não funciona? Quais são as suas desvantagens? Há maneiras melhores de se orientar o aprendizado?".

Raciocínio crítico A capacidade de avaliar, comparar, analisar, criticar e sintetizar informações.

TABELA 1.5 Comparação de Métodos de Pesquisa em Psicologia

	Vantagens	Desvantagens
OBSERVAÇÃO NATURALISTA	O comportamento é observado em um ambiente natural; obtêm-se muitas informações e formam-se hipóteses e perguntas para pesquisas adicionais	Possibilita pouco ou nenhum controle; o comportamento observado pode ser alterado pela presença do observador; as observações podem ser tendenciosas; as causas não podem ser identificadas de maneira conclusiva
MÉTODO CORRELATIVO	Demonstra a existência de relações; permite previsões; pode ser utilizado em ambientes de laboratório, clínicas ou naturais	Possibilita pouco ou nenhum controle; as relações de causa e efeito não podem ser confirmadas
MÉTODO EXPERIMENTAL	Pode-se identificar relações de causa e efeito claras; pode-se armar observações controladas poderosas; não é necessário esperar por um evento natural	Pode ser um pouco artificial; alguns comportamentos não são facilmente estudados em laboratório (experimentos em campo podem evitar essas objeções)
MÉTODO CLÍNICO	Tira proveito de "ensaios clínicos naturais" e permite a investigação de problemas ou eventos raros ou fora do comum	Possibilita pouco ou nenhum controle; não fornece um grupo de controle para comparação; geralmente é necessária uma interpretação subjetiva; um caso isolado pode induzir a erro ou ser não-representativo
MÉTODO DE PESQUISA	Permite que se coletem informações sobre um grande número de pessoas; pode abordar questões não respondidas por outras abordagens	Obter uma amostra representativa é essencial e pode ser difícil; as respostas podem ser imprecisas; as pessoas podem não fazer o que dizem ou não dizer o que fazem

Refletindo sobre o Comportamento

O âmago do raciocínio crítico é a vontade de *avaliar* idéias ativamente. As pessoas que raciocinam criticamente analisam as provas que corroboram suas crenças e investigam pontos fracos na sua argumentação. Elas questionam as hipóteses e buscam conclusões alternativas. O conhecimento verdadeiro, elas reconhecem, vem da revisão constante da sua compreensão do mundo. Como disse Susan Blackmore (2001) quando seus estudos fizeram com que ela abandonasse algumas de suas crenças de longa data, "Admitir que você está errado é sempre difícil – embora seja uma aptidão que todo psicólogo tem de adquirir".

O raciocínio crítico baseia-se em quatro princípios básicos (Gill, 1991; Shore, 1990):

1. *Poucas "verdades" transcendem a necessidade do teste empírico.* É verdade que as crenças religiosas e os valores pessoais podem existir sem provas que os corroborem. Mas a maioria das outras idéias pode ser avaliada aplicando-se as regras da lógica e das provas.

2. *Julgar a qualidade da prova é fundamental.* Imagine que você seja um jurado em um tribunal que esteja julgando as queixas de dois advogados rivais. Para decidir corretamente, você não pode simplesmente julgar a quantidade de provas. Você também tem de avaliar criticamente a *qualidade* delas. Depois você pode dar mais peso aos fatos mais críveis.

3. *A autoridade ou a alegada perícia no assunto não tornam uma idéia automaticamente verdadeira.* Só porque um professor, um guru, uma celebridade ou autoridade estão convictos(as) ou são sinceros(as) isso não quer dizer que você deve automaticamente acreditar neles. Pergunte sempre: "Que provas o/a convenceram? Quão boas elas são? Há uma explicação melhor?".

4. *O raciocínio crítico requer uma mente aberta.* Prepare-se para levar em consideração partidas ousadas e vá para onde quer que as provas levem. Porém, não se torne tão "mente aberta" que fique simplesmente crédulo. As pessoas que raciocinam criticamente encontram o equilíbrio entre a mente aberta e o ceticismo saudável. Elas estão prontas a mudar suas opiniões quando surgem novas provas (Bartz, 2002).

Para colocar esses princípios em prática, eis algumas perguntas a serem feitas várias vezes quando estiver avaliando novas informações (Bartz, 1990):

1. Que alegações estão sendo feitas?
2. Que testes (se houver algum) foram feitos em relação a essas alegações?
3. Quem realizou o teste? Quão boas são as provas?
4. Quais foram a natureza e a qualidade dos testes? Eles são críveis? Eles podem ser repetidos?
5. Quão confiáveis eram os investigadores? Eles têm conflitos de interesse? Os seus resultados parecem objetivos? Algum outro pesquisador independente repetiu os resultados?
6. Por fim, quanta credibilidade pode-se dar à alegação? Alta, média, baixa, temporária?

Um curso de psicologia evidentemente enriquece as habilidades de raciocínio. Para acrescentar ao processo, todos os próximos capítulos incluem perguntas de Raciocínio Crítico, como as que você viu aqui. Lidar com essas perguntas irá aguçar a sua capacidade de raciocinar e tornar o aprendizado mais animado. Para um desafio imediato do raciocínio, vamos analisar criticamente vários sistemas não-científicos que dizem explicar o comportamento.

PSEUDOPSICOLOGIAS – PALMAS, PLANETAS E PERSONALIDADE

▶ **PERGUNTA PARA PESQUISA**   *No que a psicologia difere das falsas explicações do comportamento?*

Uma **pseudopsicologia** é todo o sistema infundado que se parece com a psicologia. Muitas pseudopsicologias dão a aparência de ciência, mas na verdade são falsas (*pseudo* significa "falso"). As pseudopsicologias mudam pouco com o decorrer do tempo porque os seus seguidores evitam provas que contradigam as suas crenças (Kelly e Saklofske, 1994). Os cientistas, ao contrário, buscam ativamente contradições como uma forma de avançar nos seus conhecimentos. Existem críticos céticos das suas próprias teorias (Woodward e Goodstein, 1996).

Você sabe dar alguns exemplos de psicologias falsas? A *quiromancia* é uma pseudopsicologia que alega que as linhas da mão revelam traços de personalidade e prevêem o futuro. Apesar de provas avassaladoras contra isso, em várias cidades ainda se encontram quiromantes que separam o crédulo do seu dinheiro. Um sistema falso semelhante é a *frenologia*, que diz que o formato do crânio revela traços de personalidade. A frenologia foi popularizada por Franz Gall, um professor de anatomia alemão, no século XIX. As pesquisas modernas mostraram que inchaços na cabeça não têm nada a ver com talentos ou habilidades. Na verdade, os frenólogos foram tão longe que listaram a parte do cérebro que controla a audição como um centro de "combatividade"!

À primeira vista, uma pseudopsicologia denominada grafologia pode parecer mais razoável. Os grafólogos dizem que a caligrafia revela traços de personalidade. Com base nisso, algumas empresas utilizam grafólogos para selecionar candidatos a emprego. Isso é perturbador, porque os grafólogos tiram nota próxima a zero em testes de acuidade na classificação de personalidades (Ben-Shakhar et al., 1986). Na realidade, os grafólogos não se saem melhor do que um aluno universitário não treinado na classificação de personalidade e desempenho profissional (Neter e Ben-Shakhar, 1989; Rafaeli e Klimoski, 1983). (A propósito, a falha da grafologia em revelar a personalidade deve ser separada do seu valor na detecção de falsificações.)

A grafologia pode parecer suficientemente inofensiva. No entanto, esse sistema falso tem sido utilizado para determinar quem será contratado, receberá crédito bancário ou selecionado para júris. Nessa situação e em outras semelhantes, as pseudopsicologias realmente prejudicam as pessoas (Barker, 1993; Beyerstein e Beyerstein, 1992).

Se as pseudopsicologias não têm base científica, como elas sobrevivem e por que são tão populares? Há vários motivos e todos eles podem ser demonstrados por uma crítica à astrologia.

Problemas nos Astros

A astrologia é provavelmente a pseudopsicologia mais popular. A astrologia afirma que as posições dos astros e dos planetas no momento do nascimento da pessoa determinam traços de personalidade e afetam o comportamento.

Pseudopsicologia Todo sistema falso e não-científico oferecido como uma explicação do comportamento.

Como no caso de outras pseudopsicologias, mostrou-se repetidamente que a astrologia não tem validade científica (Kelly, 1998, 1999; Stewart, 1996). As objeções à astrologia são numerosas e devastadoras:

1. O zodíaco se deslocou uma constelação inteira no céu desde que a astrologia foi criada. No entanto, a maioria dos astrólogos ignora esse deslocamento. (Em outras palavras, se a astrologia diz que você é de Escorpião, na verdade você é de Libra, e assim por diante.)
2. Não há conexão entre a "compatibilidade" dos signos astrológicos dos casais e os índices de casamento e divórcio.
3. Os estudos não descobriram nenhuma conexão entre signos astrológicos e liderança, características físicas, opções de carreira ou traços de personalidade.
4. Os astrólogos não conseguiram explicar por que o momento do nascimento deve ser mais importante do que o momento da concepção.
5. Um estudo de mais de 3.000 previsões de astrólogos famosos revelou que apenas uma pequena porcentagem delas se confirmou. Essas previsões "acertadas" tendiam a ser vagas ("Vai acontecer uma tragédia em algum lugar ao leste na primavera") ou facilmente adivinhadas a partir de acontecimentos do momento.
6. Se fosse pedido aos astrólogos que associassem pessoas aos seus horóscopos, eles não se sairiam melhor do que o esperado com a sorte (Kelly, 1999).
7. Poucos astrólogos tentaram testar a astrologia. Os seus resultados foram tão negativos quanto os obtidos pelos críticos. (Fontes: Kelly, 1998, 1999; Martens e Trachet, 1998; Stewart, 1996.)

Em suma, a astrologia não funciona.

Então, por que a astrologia freqüentemente parece acertar? A discussão a seguir diz o porquê.

Aceitação Não-Crítica

Se você alguma vez já fez o seu mapa astral, pode ter ficado impressionado com a sua aparente precisão. No entanto, essas percepções geralmente baseiam-se na **aceitação não-crítica** (a tendência a acreditar em descrições positivas ou lisonjeiras de si mesmo). Muitos mapas astrais são compostos, na sua maior parte, de traços lisonjeiros. Obviamente, quando a sua personalidade é descrita em termos *desejáveis*, é difícil negar que a descrição tenha o "anel da verdade". Quanta aceitação a astrologia receberia se um signo fosse descrito da seguinte maneira:

> **Virgem:** Você é do tipo lógico e odeia desordem. A sua implicância é insuportável para os seus amigos. Você é frio, sem emoções e geralmente adormece quando está fazendo amor. Os nascidos sob o signo de Virgem dão bons porteiros.

Exemplos Positivos

Mesmo quando uma descrição astrológica contém uma mistura de traços bons e ruins, ela pode parecer precisa. Para descobrir por que, leia a seguinte descrição de personalidade:

> *O PERFIL DA SUA PERSONALIDADE*
>
> Você tem uma forte necessidade de que as outras pessoas gostem de você e o admirem. Você tende a ser crítico de si mesmo. Você tem uma grande quantidade de energia acumulada que você não usa a seu favor. Embora tenha algumas fraquezas de personalidade, você geralmente consegue compensá-las. O seu ajuste sexual tem apresentado alguns problemas. Disciplinado e controlado por fora, você tende a ser ansioso e inseguro por dentro. Às vezes você tem sérias dúvidas se tomou ou não a decisão certa ou se fez ou não a coisa certa. Você prefere alguma dose de mudanças e variedade e fica insatisfeito quando é encurralado por restrições e limitações. Você se orgulha de ser um pensador independente e não aceita outras opiniões sem provas satisfatórias. Você acha imprudente ser franco demais quando se revela para os outros. Às vezes você é extrovertido, afável e sociável, enquanto em outras você é introvertido, precavido e reservado. Algumas de suas aspirações tendem a ser bem irrealistas.*

Aceitação não-crítica A tendência a acreditar em descrições geralmente positivas ou lisonjeiras de si mesmo.

---

* Reproduzido com a permissão do autor e da editora de: R. E. Ulrich, T. J. Stachnik e N. R. Stainton, "Student acceptance of generalized personality interpretations", *Psychological Reports*, v.13, 1963, p.831-834. © 1963 Southern Universities Press.

Isso descreve a sua personalidade? Um psicólogo leu esse resumo individualmente para alunos universitários que haviam feito um teste de personalidade. Só cinco de 79 alunos acharam que a descrição era imprecisa. Um outro estudo revelou que as pessoas classificavam esse "perfil de personalidade" como mais preciso do que os seus verdadeiros horóscopos (French et al., 1991).

Releia a descrição e você verá que ela contém ambos os lados de várias dimensões da personalidade ("Às vezes você é extrovertido ... enquanto em outras você é introvertido"). A sua aparente precisão é uma ilusão baseada na **falácia dos exemplos positivos**, na qual nós lembramos ou notamos coisas que confirmam as nossas expectativas e esquecemos o resto. As pseudopsicologias prosperam com seus resultados. Por exemplo, você sempre pode encontrar características de Leão em um leonino. No entanto, se você procurasse também encontraria "características de Gêmeos", "características de Escorpião" etc.

A falácia dos exemplos positivos é utilizada por vários "médiuns" que fingem se comunicar com amigos e parentes falecidos do público. Uma análise do seu desempenho mostra que a quantidade de "acertos" (afirmações corretas) feita por esses impostores tende a ser bem baixa. Mesmo assim, muitos espectadores se impressionam devido à tendência a lembrar os aparentes acertos e ignorar os erros. Além disso, os erros embaraçosos são editados antes de o programa ser exibido na TV (Nickell, 2001).

O Efeito Barnum

Os pseudopsicólogos também se aproveitam do **Efeito Barnum**, que é a tendência a considerar as descrições pessoais precisas se forem feitas em termos gerais. P. T. Barnum, o famoso homem de circo, tinha uma fórmula para o sucesso: "Sempre tenha algo para todo mundo". Como o perfil de personalidade para todos os fins, a leitura da palma da mão, a clarividência, horóscopos e outros produtos da pseudopsicologia são apresentados em termos tão gerais que dificilmente podem errar. Há sempre "algo para todo mundo". Para observar o efeito Barnum, leia *todos* os *12* horóscopos diários encontrados em jornais por vários dias. Você vai descobrir que as previsões para os outros signos se encaixam nos eventos como as feitas para o seu signo.

A popularidade da astrologia mostra que muitas pessoas têm dificuldade em separar a psicologia válida dos sistemas que parecem válidos mas não o são. O objetivo dessa discussão, portanto, é torná-lo(a) um observador mais crítico do comportamento humano e esclarecer o que é e o que não é psicologia. Eis o que os "astros" dizem sobre o seu futuro:

> Ênfase na educação e no aprimoramento pessoal. Uma experiência de aprendizado de valor duradouro espera você. Cuide de suas responsabilidades acadêmicas antes de se envolver em recreação. A palavra psicologia figura proeminentemente no seu futuro.

É possível os pseudopsicólogos parecerem nada mais do que um aborrecimento, mas eles podem provocar danos. Por exemplo, as pessoas que procuram tratamento para distúrbios psicológicos às vezes se tornam vítimas de "entendidos" autodesignados que oferecem "terapias" ineficazes e pseudocientíficas (Kalal, 1999). Os princípios psicológicos válidos baseiam-se na observação e em provas, e não em modismos, opiniões ou racionalização do desejo.

Um Olhar Adiante

Agora que você tem uma visão geral da psicologia, eu gostaria de deixar os psicólogos Gary VandenBos e Brenda Bryant resumirem:

> Os psicólogos são exploradores e descobridores. Eles exploram as reações dos seres humanos a pequenas frustrações e grandes sucessos, a cores agradáveis e ao fruto de desastres, sempre buscando respostas para como e por que as pessoas pensam, sentem e se comportam como o fazem... Os psicólogos, independentemente de onde trabalham, sempre aplicam o que é conhecido, em um esforço para resolver o desconhecido. Os psicólogos, a despeito de quão pequena a pergunta que está sendo feita pareça ser, buscam respostas mais amplas.

Falácia dos exemplos positivos A tendência a lembrar ou notar informações que se encaixam nas expectativas da pessoa e esquecer as discrepâncias.

Efeito Barnum A tendência a considerar a descrição pessoal precisa se feita em termos bem gerais.

Para lhe ajudar a extrair o máximo da psicologia, cada um dos capítulos tem uma seção denominada "Psicologia em Ação", como a seguir. Nela você encontrará idéias que realmente pode utilizar agora ou no futuro. Para concluir a nossa discussão, vamos fazer uma análise crítica das informações apresentadas na imprensa popular. Você provavelmente vai achar interessante essa maneira de concluir o nosso primeiro *tour* pela psicologia e os seus métodos.

PAUSA PARA ESTUDO — Métodos Clínicos e de Pesquisa, Raciocínio Crítico

RELACIONE

É praticamente impossível passar um dia sem encontrar pessoas que acreditam em pseudopsicologias ou que fazem afirmações não-científicas ou infundadas. Quão rigorosamente você avalia as suas próprias crenças e as alegações feitas por outros? O raciocínio crítico requer esforço e disciplina, mas a recompensa é informação de alta qualidade.

VERIFICAÇÃO DO APRENDIZADO

1. Os estudos de caso em geral podem ser considerados testes naturais e são utilizados freqüentemente por psicólogos clínicos. V ou F?
2. Para que o método de pesquisa seja válido, deve-se pesquisar uma amostra representativa de pessoas. V ou F?
3. A amnésia mais provavelmente seria investigada mediante o uso de
   a. uma amostra representativa
   b. experimentos em campo
   c. o procedimento de cegueira dupla
   d. estudos de caso
4. _____ é a teoria ultrapassada de que a personalidade é revelada pelo crânio. Ela foi popularizada por Franz _____.
5. A falácia dos exemplos positivos refere-se ao valor aceito da grafologia para detectar falsificações. V ou F?
6. As descrições de personalidade das pseudopsicologias são feitas em termos gerais que oferecem "algo para todo mundo". Esse fato é a base:
   a. da falácia do quiromante
   b. do padrão de aceitação não-crítica
   c. da falácia dos exemplos positivos
   d. do efeito Barnum.

Raciocínio Crítico

7. Um psicólogo que está fazendo uma pesquisa em um shopping center (The Gallery of Wretched Excess) joga uma moeda antes de parar um transeunte. Se a moeda cair em cara, ele entrevistará a pessoa; se ela cair em coroa, ele pulará a pessoa. O psicólogo obtém uma amostra aleatória?

RESPOSTAS:

1. V, 2.V, 3.d, 4. Frenologia, Gall, 5.F, 6.d, 7. As jogadas de moeda do psicólogo *podem* produzir uma amostra razoavelmente boa das pessoas *no shopping*. O verdadeiro problema é que as pessoas que vão ao shopping podem ser, na sua maioria, de uma parte da cidade, de grupos de renda mais alta, ou de algum outro grupo não-representativo. A amostra do psicólogo provavelmente será gravemente falha.

Psicologia em Ação

Psicologia no Noticiário — Separando Fatos e Ficção

▶ **PERGUNTA PARA PESQUISA** *Quão boas são as informações sobre psicologia encontradas na mídia?*

A psicologia é um assunto popular nas revistas e nos jornais. Infelizmente, grande parte do que você lê baseia-se em racionalização do desejo, e não na ciência. Eis algumas sugestões para separar informações de alta qualidade de ficção enganosa.

Sugestão 1

Seja cético.

Os relatórios na imprensa popular são quase sempre feitos de forma não-crítica e com tendência a reportar resultados "surpreendentes". Lembre-se de que dizer "isso é incrível" significa "não dá para acreditar" – o que geralmente é verdade.

Exemplo 1: Há alguns anos, novos artigos descreviam um surpreendente "sexto sentido" denominado "percepção dermo-ótica". Algumas poucas pessoas dotadas, diziam os artigos, conseguiam usar as pontas dos seus dedos para identificar cores e ler de olhos vendados.

Na verdade, essas "aptidões" baseiam-se no que os mágicos chamam de "espiadas". É impossível preparar uma venda (sem prejudicar os olhos) que não deixe um pequeno espaço em cada um dos lados do nariz. As pessoas que diziam ter "visão de raio X" estavam dando pequenas espiadas? Aparentemente sim, pois as "aptidões dermo-óticas" desapareciam assim que as chances de espiar desapareciam.

Exemplo 2: O *National Enquirer* certa vez reportou que "Pesquisadores Universitários Top revelam... 8 milhões de americanos foram abduzidos por OVNIs". No entanto, um dos pesquisadores citados no artigo na realidade conclui: "O público pode ficar tranqüilo que não há provas de que milhões de americanos tenham sido abduzidos". Em outras palavras, a história do *Enquirer reverteu* totalmente os resultados reais. Você encontra meias-verdades e sensacionalismo semelhantes em toda a mídia popular. Fique atento.

Exemplo 3: A Internet está repleta de boatos, trotes, meias-verdades e lendas urbanas. Um clássico recente foi a história de o departamento de saúde de Oregon procurar um intérprete de Klingon para doentes mentais que só falavam essa língua fictícia utilizada no seriado de TV *Jornada nas Estrelas*.

Essa história começou quando um jornal reportou que Klingon estava na lista de idiomas que alguns pacientes psiquiátricos alegavam que sabiam falar. O artigo dizia especificamente que "na verdade nenhum paciente ainda havia tentado se comunicar em Klingon". Mesmo assim, à medida que a história foi-se espalhando pela Web, a idéia de que Oregon estava procurando alguém fluente em Klingon se tornou um "fato" (O' Neill, 2003).

Sugestão 2

Leve em consideração a fonte de informações.

Não deve ser surpresa que as informações utilizadas para vender um produto geralmente refletem um desejo de lucro e não a verdade objetiva. Eis uma alegação típica da publicidade: "Testes governamentais provam que nenhum analgésico é mais forte ou mais eficaz do que a aspirina da marca X". Uma afirmação como essa geralmente significa que não havia nenhuma *diferença* entre os produtos testados. Nenhum outro analgésico é mais forte ou mais eficaz. Mas nenhum é mais fraco tampouco.

Tenha a fonte em mente quando ler as afirmações de fabricantes de máquinas caseiras de biofeedback, dispositivos para aprender durante o sono, fitas subliminares e coisas do gênero. Lembre-se de que os serviços de psicologia também podem ser propagandeados. Tome cuidado com cursos caros que prometem saúde mental e felicidade instantâneas, mais eficiência, memória, ESP ou aptidão psíquica, controle do inconsciente, fazer parar de fumar etc. Geralmente, eles são divulgados com poucos depoimentos e muitas afirmações não-comprovadas (Lilienfeld, 1998).

As afirmações referentes às aptidões psíquicas devem ser analisadas com cuidado especial. Os mentalizadores profissionais ganham a vida enganando o público. Compreensivelmente, eles têm grande interesse em promover seus poderes inexistentes. Fenômenos psíquicos, quando (e se) ocorrem, são bem imprevisíveis. Seria impossível um mentalizador fazer três shows por noite, seis noites por semana, sem utilizar constantemente a fraude. O mesmo se aplica aos assim chamados "conselheiros paranormais" promovidos nos comerciais de TV. Esses charlatães utilizam o efeito Barnum para criar a ilusão de que possuem informações confidenciais sobre as pessoas que ligam para eles (Nickell, 2001).

Sugestão 3

Pergunte-se se havia um grupo de controle.

A importância-chave de um grupo de controle em um experimento geralmente é ignorada pelas pessoas menos sofisticadas – um erro ao qual você não estará mais suscetível! A imprensa popular está cheia de relatos de "experimentos" sem grupos de controle: "Falar Com as Plantas Acelera o seu Crescimento"; "Dieta Especial Controla a Hiperatividade em Crianças"; "Alimentos Apresentam Menos Estragos em Câmara de Pirâmide; "Alunos do Seminário de Como Andar Sobre Brasas Arriscam a Sola do Pé".

> Andar sobre carvão em brasa baseia-se em física simples e não em qualquer forma de controle psicológico sobrenatural. A temperatura do carvão pode ser de até 649 °C. No entanto, o carvão é como o ar no forno quente: eles são muito ineficientes em transferir calor durante um breve contato.

Analise o último exemplo por um momento. Nos últimos anos, cursos comerciais caros vêm sendo promovidos para ensinar as pessoas a andarem descalças em carvão quente (por que uma pessoa iria querer fazer isso é por si só uma pergunta interessante). As pessoas que andam sobre brasas supostamente protegem os seus pés com uma técnica denominada "programação neurolingüística". Muitas pessoas pagaram um bom dinheiro para aprender a técnica e a maioria consegue andar rapidamente sobre o carvão em brasa. Mas a técnica é necessária? E alguma coisa notável está acontecendo? Nós precisamos de um grupo de comparação!

Felizmente, o físico Bernard Leikind ofereceu um. Leikind mostrou com voluntários que qualquer um (com os pés razoavelmente calejados) pode caminhar sobre carvão em brasa sem se queimar. O motivo é que o carvão, que é carbono leve e fofo, transmite pouco calor quando tocado. O princípio envolvido é semelhante a colocar rapidamente a sua mão em um forno quente. Se você tocar em uma panela, você se queimará porque o metal transmite calor eficientemente. Mas se a sua mão ficar no ar aquecido, você ficará bem porque o ar transmite pouco calor (Mitchell, 1987). Mistério desvendado.

Sugestão 4

Procure erros quando for fazer a distinção entre correlação e causação.

Como você sabe, é perigoso pressupor que uma coisa provocou outra só porque estão correlacionadas. Apesar disso, você verá várias afirmações que se baseiam em correlações questionáveis. Eis um exemplo de confundir correlação com causação: Jeanne Dixon, uma astróloga, uma vez respondeu a um grupo de proeminentes cientistas – que haviam declarado que não existia base científica para astrologia – dizendo que eles "fariam bem em verificar os registros nas delegacias de polícia locais, onde ficariam sabendo que o índice de crimes violentos aumenta e diminui com os ciclos lunares". Dixon, obviamente, acredita que a lua afeta o comportamento humano.

Se é verdade que o crime violento é mais freqüente em certas épocas do mês, isso não comprova essa teoria? Longe disso. O aumento da criminalidade pode ser devido a noites mais escuras, ao fato de que as pessoas esperam que os outros ajam de maneira desequilibrada, ou uma série de outros fatores. Mais importante, estudos diretos do suposto "efeito lunar" revelaram que isso não ocorre (Simon, 1998; Wilkinson et al., 1997). Criminosos influenciados pela lua e a "loucura lunar" são ficção (Raison et al., 1999).

Sugestão 5

Certifique-se de diferenciar observação de dedução.

Se uma pessoa está *chorando*, é correto pressupor que ela esteja *triste*? Embora seja razoável supor isso, na realidade é bem arriscado. Nós podemos observar objetivamente que a pessoa está chorando, mas *deduzir* tristeza pode ser um erro. A pessoa pode ter acabado de descascar cinco cebolas. Ou pode ser que ela tenha acabado de ganhar 1 milhão de dólares na loteria ou esteja experimentando lentes de contato pela primeira vez.

Psicólogos, políticos, médicos, cientistas e outros peritos geralmente vão além dos fatos disponíveis nas suas afirmações. Isso não significa que as suas deduções, opiniões e interpretações não tenham valor. A opinião de um perito em causas de doenças mentais, comportamento dos criminosos, problemas de aprendizado etc. pode ser reveladora. Mas tenha o cuidado de diferenciar fato de opinião.

Sugestão 6

Cuidado com as supersimplificações, principalmente as motivadas pelo ganho monetário.

Deve-se desconfiar de cursos ou programas que oferecem uma "nova personalidade em três sessões", "seis passos para o amor e a realização no casamento", ou "segredos para destravar os poderes da mente" recém-descobertos.

Um ótimo exemplo de supersimplificação é dado pelo folheto intitulado "Dr. Joyce Brothers Asks: How do You Rate as a 'Superwoman'?" ("A Dra. Joyce Brothers Pergunta: Qual a Sua Nota como 'Supermulher'?"). A Dra. Brothers, uma psicóloga da "mídia" que não tem clínica particular e não é conhecida por fazer pesquisas, escreveu o folheto como consultora do Conselho de Embalagem de Aerossóis da Associação de Fabricantes de Especialidades Químicas. Uma das sugestões do folheto diz como ampliar um casamento. "Arraste-o para um esconderijo no fim de semana. Dica: Quando ele não estiver olhando, coloque um toque da sua colônia em *aerossol* preferida nos lençóis da cama e nos travesseiros" (grifo nosso). Tá bom, Joyce.

Sugestão 7

Lembre-se de que "por exemplo" não é prova.

Depois de ler este capítulo, você deve ter ficado sensível ao perigo de selecionar exemplos isolados. Se você ler: "Alunos de direito passam no exame da ordem utilizando dispositivos de aprendizado durante o sono", não saia correndo para comprar um. Pesquisas sistemáticas revelaram que esses dispositivos têm pouco ou nenhum valor (Druckman e Bjork, 1994; Wood et al., 1992). Um corolário a essa sugestão é perguntar: As observações relatadas são importantes ou amplamente aplicáveis?

Exemplos, historietas, casos isolados e depoimentos são enganosos. Infelizmente, *casos isolados* não nos dizem nada sobre o que é verdade *no geral* (Stanovich, 2001). Por exemplo, estudos de grandes grupos de pessoas revelaram que fumar aumenta a probabilidade de câncer do pulmão. Não importa se você conhece um fumante inveterado que tenha 94 anos de idade. O resultado geral é o que deve ser lembrado.

PAUSA PARA ESTUDO — A Psicologia na Mídia

RELACIONE

Você tende a pressupor que uma afirmação deve ser verdade se está na imprensa, na televisão ou for feita por uma autoridade? Quão ativamente você avalia e questiona as afirmações feitas na mídia? Você poderia ser um consumidor de informações mais crítico? Você *deveria* ser um consumidor de informações mais crítico?

VERIFICAÇÃO DO APRENDIZADO

1. Os relatos da percepção dermo-ótica feitos pelos jornais reportam apenas os resultados de experimentos psicológicos cuidadosamente elaborados. V ou F?
2. Mentalizadores profissionais e físicos geralmente utilizam trapaça nos seus números. V ou F?
3. Culpar o ciclo lunar pelas variações no índice de crimes violentos é um exemplo de confundir correlação com causação. V ou F?
4. Se um aluno de direito utiliza um dispositivo de aprendizado durante o sono para passar no exame da ordem dos advogados, isso prova que o dispositivo funciona. V ou F?

Raciocínio Crítico

5. Muitos pais acham que seus filhos tornam-se "hiperativos" quando comem açúcar demais, e alguns dos primeiros estudos aparentemente confirmaram essa conexão. No entanto, agora se sabe que comer açúcar raramente tem algum efeito nas crianças. Por que você acha que o açúcar aparentemente causa hiperatividade?

RESPOSTAS:

1.F, 2.V, 3.V, 4.F, 5. Esse é um outro caso de confundir correlação com causação. As crianças hiperativas podem comer mais açúcar (e outros alimentos) para alimentar seus níveis frenéticos de atividade.

Resumo

Todos nós somos bombardeados diariamente com tantas informações novas que é difícil absorvê-las. Os conhecimentos disponíveis, mesmo em uma área limitada como psicologia, biologia, medicina ou *rock* contemporâneo, são tão vastos que nenhuma pessoa pode tê-los ou entendê-los completamente. Com essa situação em mente, é cada vez mais importante que você se torne um consumidor de informações crítico, seletivo e informado.

REVISÃO DO CAPÍTULO

Pontos Principais

- Psicologia é a ciência do comportamento e dos processos mentais. A psicologia dá respostas objetivas a perguntas sobre o comportamento humano.
- Os psicólogos coletam dados científicos para descrever, entender, prever e controlar o comportamento.
- O método científico é composto de procedimentos altamente refinados para se observar o mundo natural, testar hipóteses e tirar conclusões válidas.
- Os psicólogos utilizam vários métodos especializados de pesquisa. Todos os métodos têm seus pontos fortes e fracos, portanto, todos eles são necessários para se investigar totalmente o comportamento humano.
- A experimentação é a maneira mais poderosa de identificar relações de causa e efeito.
- O raciocínio crítico é fundamental para o método científico, para a psicologia e para o comportamento eficaz em geral.
- A mídia popular está repleta de informações imprecisas. É fundamental avaliar criticamente as informações, independentemente de qual seja sua fonte.

Resumo

O que é psicologia? Quais são suas metas?

- Psicologia é o estudo científico do comportamento e dos processos mentais.
- Entre as principais áreas de pesquisa em psicologia estão a psicologia comparativa e do aprendizado, as sensações, percepções, personalidade, biopsicologia, motivação e emoção, a psicologia social, cognitiva, do desenvolvimento, dos sexos, cultural e da evolução.
- Os psicólogos podem estar diretamente interessados no comportamento animal ou podem estudar os animais como modelos de comportamento humano.
- Como uma ciência, as metas da psicologia são descrever, entender e controlar o comportamento.

De que modo surgiu a psicologia como campo do conhecimento?

- Historicamente, a psicologia é um fruto da filosofia.
- O primeiro laboratório de psicologia foi criado na Alemanha por Wilhelm Wundt, que tentou estudar a vivência consciente.
- A primeira linha de pensamento em psicologia foi o estruturalismo, uma espécie de "química mental" baseada na introspecção e na análise.
- O estruturalismo foi seguido pelo funcionalismo, behaviorismo e pela psicologia da Gestalt.
- As abordagens psicodinâmicas, como a teoria psicanalítica de Freud, enfatizam as origens inconscientes do comportamento.
- A psicologia humanista enfatiza a experiência subjetiva, os potenciais humanos e o crescimento pessoal.

Quais são as principais tendências e especialidades da psicologia?

- As cinco principais correntes de pensamento na psicologia moderna são: o behaviorismo, o humanismo, a abordagem psicodinâmica, a biopsicologia e a psicologia cognitiva.

- Embora os psicólogos, psiquiatras, psicanalistas e conselheiros trabalhem na área da saúde mental, o seu treinamento e os seus métodos diferem de maneira considerável.
- Os psicólogos clínicos e de aconselhamento que exercem psicoterapia representam apenas duas das dezenas de especialidades da psicologia.
- A pesquisa em psicologia pode ser básica ou aplicada.

Por que o método científico é importante para os psicólogos?

- Entre os elementos importantes de uma investigação científica estão: observar, definir um problema, propor uma hipótese, coletar provas/testar a hipótese, publicar os resultados e elaborar uma teoria.
- Antes de poder investigar os conceitos de psicologia, é preciso dar-lhes definições operacionais.

Como os psicólogos coletam informações?

- A observação naturalista é o ponto de partida de muitas investigações.
- Há três problemas na observação naturalista: o impacto do observador sobre o sujeito observado, a parcialidade do observador e a incapacidade de explicar o comportamento observado.
- No método correlativo, medem-se as relações entre dois traços, respostas ou eventos.
- Calcula-se um coeficiente de correlação para medir a força da relação. As correlações possibilitam previsões, mas não demonstram conexões de causa e efeito.
- Identificam-se melhor as relações de causa e efeito mediante experimentos controlados.

Como é realizado um experimento?

- Em um experimento, formam-se dois ou mais grupos de sujeitos. Esses grupos diferem somente no tocante à variável independente (condição de interesse como causa em um experimento).
- Depois são medidos os efeitos da variável dependente. Todas as outras condições (variáveis exógenas) são mantidas constantes.
- Nos experimentos que envolvem drogas, é preciso dar um placebo para controlar os efeitos das expectativas. Se for utilizado um procedimento de cegueira dupla, nem os sujeitos nem aqueles que estão realizando o experimento sabem quem recebeu a droga.
- Um problema correlato é o efeito da pessoa que está realizando o experimento (uma tendência dos experimentadores de influenciar inconscientemente o resultado de um experimento). As expectativas podem criar uma resposta auto-realizável, na qual a pessoa muda na direção das expectativas.

Que outros métodos de pesquisa os psicólogos utilizam?

- O método clínico utiliza estudos de caso, que são registros detalhados sobre um único sujeito. Os estudos de caso fornecem informações importantes sobre assuntos que não podem ser estudados de nenhuma outra maneira.
- No método de pesquisa, faz-se uma série de perguntas cuidadosamente elaboradas a pessoas de uma amostra representativa.

O que é raciocínio crítico?

- Raciocínio crítico é a capacidade de avaliar, comparar, analisar, criticar e sintetizar informações.
- Para julgar-se a validade de uma afirmação, é importante coletar provas a favor dela e contra ela e avaliar a qualidade das provas.

No que a psicologia difere das falsas explicações para o comportamento?

- Existem várias pseudopsicologias. Esses sistemas falsos são freqüentemente confundidos com a psicologia válida. A crença nas pseudopsicologias baseia-se, em parte, na aceitação não-crítica, na falácia dos exemplos positivos e no efeito Barnum.

Quão boas são as informações encontradas na mídia popular?

» As informações nos meios de comunicação de massa variam grandemente no tocante a qualidade e precisão.
» É bom encarar essas informações com ceticismo e cautela. Isso é particularmente verdade no tocante a fonte de informações, observação não-controlada, correlação e causação, deduções, supersimplificação, exemplos isolados e resultados que não podem ser repetidos.

Teste Seus Conhecimentos: A Psicologia e os Métodos de Pesquisa

As perguntas a seguir são só um exemplo do que você precisa saber. Você pode pesquisar na web e na página do site deste livro.

1. A psicologia é o(a) _____ do(a) _____ e dos processos mentais.
   a. estudo, da mente   b. conhecimento, filosofia
   c. estudo, personalidade   d. ciência, comportamento
2. As melhores informações sobre psicologia geralmente se baseiam em:
   a. teorias comprovadas   b. opiniões de especialistas e autoridades   c. medidas antropomórficas   d. provas empíricas
3. Qual dessas pessoas está mais interessada no crescimento das crianças?
   a. o teórico do aprendizado   b. o teórico da personalidade   c. o psicólogo comparativo   d. o psicólogo do desenvolvimento
4. Os psicólogos cognitivos estão basicamente interessados em:
   a. raciocínio e processamento de informações   b. comportamento das várias espécies   c. atitudes, persuasão, rebeliões, conformidade e liderança   d. como o cérebro evoluiu para produzir a inteligência humana
5. As pesquisas que podem explicar por que as pessoas se lembram mais se associarem novas informações a idéias familiares atingem qual meta da psicologia?
   a. descrever   b. entender   c. prever   d. controlar
6. A introspecção foi particularmente importante para que linha de pensamento em psicologia?
   a. estruturalismo   b. funcionalismo   c. behaviorismo   d. gestalt
7. Que duas linhas de pensamento desapareceram consideravelmente da psicologia contemporânea?
   a. behaviorismo, gestalt   b. humanismo, comportamento cognitivo   c. funcionalismo, estruturalismo   d. estruturalismo, humanismo
8. Qual das pessoas a seguir NÃO foi uma psicóloga histórica?
   a. Calkins   b. Ladd-Franklin   c. Washburn   d. Watson
9. Qual das pessoas a seguir tem a MENOR probabilidade de tratar distúrbios comportamentais e emocionais graves?
   a. psicólogo   b. conselheiro   c. psiquiatra   d. psicanalista
10. As teorias psicodinâmicas modernas devem muito ao trabalho de
    a. Titchener   b. Freud   c. Darwin   d. Wertheimer
11. Uma psicoterapeuta está trabalhando com uma pessoa de um grupo étnico diferente do seu. Ela deve estar ciente de como a relatividade cultural e o(as) _____ afetam o comportamento.
    a. erro antropomórfico   b. definições operacionais   c. amostragem tendenciosa   d. normas sociais
12. Depois de identificar um problema ou uma questão interessante sobre o comportamento, você precisa definir _____ de variáveis importantes antes de começar a fazer observações controladas.
    a. correlações   b. definições operacionais   c. controles de cegueira dupla   d. uma teoria
13. Um psicólogo realiza um estudo para ver se o controle sobre tarefas difíceis reduz o estresse. No estudo ele estará testando uma
    a. hipótese experimental   b. definição operacional
    c. definição empírica   d. teoria antropomórfica
14. Como a correlação não demonstra causação, os psicólogos geralmente utilizam _____ para responder a perguntas sobre o comportamento.
    a. experimentação   b. observação naturalista
    c. o método de pesquisa   d. o método clínico
15. A parcialidade e o efeito do observador são problemas quando se utiliza(m)
    a. observação naturalista   b. o método correlativo
    c. o método experimental   d. experimentos naturalistas
16. O resultado de um experimento de psicologia é revelado medindo-se mudanças no comportamento. Essas medidas são a variável _____ do experimento.
    a. independente   b. correlativa   c. dependente   d. exógena
17. Experimentos de cegueira dupla são criados para controlar
    a. o efeito placebo   b. a falácia antropomórfica   c. a influência não-intencional das definições operacionais   d. tendenciosidade de cortesia
18. Obter uma amostra representativa é particularmente importante na pesquisa de psicologia que envolve
    a. o efeito placebo   b. teste da hipótese
    c. o efeito do experimentador   d. o método clínico
19. A crença na astrologia baseia-se na falácia dos exemplos positivos, que é não
    a. coletar correlações relevantes   b. utilizar a introspecção   c. diferenciar observação de dedução   d. raciocinar criticamente
20. Um artigo em uma revista afirma que uma "Dieta Especial Controla a Hiperatividade em Crianças". Essa afirmação não terá nenhum sentido a menos que
    a. o autor seja uma autoridade em hiperatividade   b. a dieta tenha sido testada empiricamente   c. tenha sido utilizado um modelo animal   d. o autor conheça uma criança específica que se tenha beneficiado da dieta

RESPOSTAS:

1.d, 2.d, 3.d, 4.a, 5.b, 6.a, 7.c, 8.d, 9.b, 10.b, 11.d, 12.b, 13.a, 14.a, 15.a, 16.c, 17.a, 18.d, 19.d, 20.b

O Cérebro e o Comportamento

Capítulo 2

Encontrando Música em Tofu

Quando observo os movimentos de um músico talentoso, freqüentemente penso no cérebro. Recentemente vi Yo-Yo Ma, um exímio violoncelista, tocar uma suíte de Bach com tanta habilidade que fiquei abismado. Se Ma tivesse sido atleta, você diria que ele estava na "zona". A sua apresentação foi inesquecível. Evidentemente em tudo, do rock ao rap, os músicos produzem regularmente música que nenhuma máquina poderia reproduzir. Um Carlos Santana virtual? Uma Tori Amos mecânica? Um Bono ou um Bon Jovi virtual? Acho que não. É por isso que a música é um bom exemplo do papel central que o cérebro tem em tudo que é humano.

O seu cérebro é aproximadamente do tamanho de uma toranja (*grapefruit*). Ele pesa cerca de 1,5 kg e se parece muito com tofu. Da próxima vez que você estiver em um mercado que vende cérebro de boi, pare e dê uma olhada. O que você vai ver é semelhante ao seu cérebro, só que menor. Como pode um pedaço de tecido tão pequeno nos permitir fazer música tão bela? Buscar a cura do câncer? Apaixonarmo-nos? Ou ler um livro como este?

Cada célula nervosa do seu cérebro está ligada a até 15 mil outras. Essa rede possibilita processar quantidades imensas de informações. Na verdade, *pode haver* mais trilhas entre os neurônios no seu cérebro do que átomos em todo o universo! Inegavelmente, o cérebro humano é o mais surpreendente de todos os computadores.

Os cientistas utilizam o poder do cérebro para estudá-lo. No entanto, mesmo nos dias de hoje, temos de nos perguntar se algum dia chegará a se entender o cérebro. Ainda assim, as respostas para perguntas antigas sobre a mente, a consciência e o conhecimento estão enterradas no cérebro. Vamos visitar esse reino fascinante.

> **Perguntas para Pesquisa**

- Como as células nervosas operam e se comunicam?
- Quais são as funções das partes principais do sistema nervoso?
- Como sabemos como o cérebro funciona?
- Como é organizado o cérebro, e o que fazem as suas estruturas mais elevadas?
- Por que as áreas de associação do cérebro são importantes? O que acontece se elas forem lesadas?
- Que tipos de comportamento são controlados pelo subcórtex?
- O sistema glandular afeta o comportamento?
- No que diferem as pessoas destras e canhotas?

NEURÔNIOS – CRIANDO UM "BIOCOMPUTADOR"

▶ **PERGUNTA PARA PESQUISA** *Como as células nervosas operam e se comunicam?*

O cérebro é composto de cem bilhões de **neurônios** (células nervosas individuais). Os neurônios transportam e processam informações. Eles também ativam os músculos e as glândulas. Portanto, tudo o que você faz ou sente pode ter sua origem nessas pequeninas células. Um único neurônio não é muito inteligente – seriam necessários vários para fazer você piscar. Quando os seus neurônios formam vastas redes, eles produzem inteligência e consciência. Os neurônios ligam-se uns aos outros em blocos apertados e longas "cadeias". Cada um dos neurônios recebe mensagens de vários outros e envia as suas próprias mensagens. Milhões de neurônios têm de enviar mensagens ao mesmo tempo para produzir até mesmo o pensamento mais fugaz (Carter, 1998). Quando Carlos Santana toca um *riff* na guitarra, podem estar envolvidos bilhões de neurônios.

Partes de um Neurônio

Que aparência tem o neurônio? Quais são as suas partes principais? Não existem dois neurônios idênticos, mas a maioria deles tem quatro partes básicas (◆Figura 2.1). Os **dendritos**, que se parecem com raízes de árvore, recebem mensagens de outros neurônios. Os **soma** (corpo da célula) fazem o mesmo. Além disso, os soma enviam suas próprias mensagens (impulsos nervosos) por uma fibra fina chamada **axônio**.

A maioria dos axônios finda em **terminais de axônio**. Esses "galhos" conectam-se com os dendritos e somas de outros neurônios, e essa conexão permite que as informações passem de um neurônio para outro. Alguns axônios têm apenas 0,1 milímetro de comprimento (isso é mais ou menos a espessura de uma linha feita com lápis). Outros se estendem a até um metro pelo sistema nervoso (da base da sua espinha até o seu dedão do pé, por exemplo). Como miniaturas de cabo, os axônios levam mensagens pelo cérebro e pelo sistema nervoso. No total, o seu cérebro tem cerca de 4,5 milhões de quilômetros de axônios (Hyman, 1999b).

Agora vamos resumir com uma metáfora. Suponha que você se encontre em uma longa fila de pessoas que estão se dando as mãos. Uma pessoa na ponta direita da fila quer enviar silenciosamente uma mensagem para uma pessoa na ponta esquerda. Ela o faz apertando a mão da pessoa que está à sua esquerda, que aperta a mão da pessoa à sua esquerda e assim por diante. A mensagem chega à sua mão direita (os seus dendritos). Você decide se vai passá-la adiante (você é o soma). A mensagem sai pelo seu braço esquerdo (o axônio). Com a sua mão esquerda (os terminais axônio) você aperta a mão da pessoa à sua esquerda e a mensagem se movimenta.

Neurônio Uma única célula nervosa.

Dendritos Fibras dos neurônios que recebem mensagens que entram.

Soma O corpo principal de um neurônio ou de outra célula.

Axônio Fibra que leva informações para fora do corpo da célula de um neurônio.

Terminais de axônio Fibras ramificadas nas extremidades dos axônios.

O Impulso Nervoso

Dentro de cada neurônio há moléculas carregadas eletricamente denominadas íons (◆Figura 2.2). Fora da célula há outros íons. Alguns têm carga elétrica

O CÉREBRO E O COMPORTAMENTO

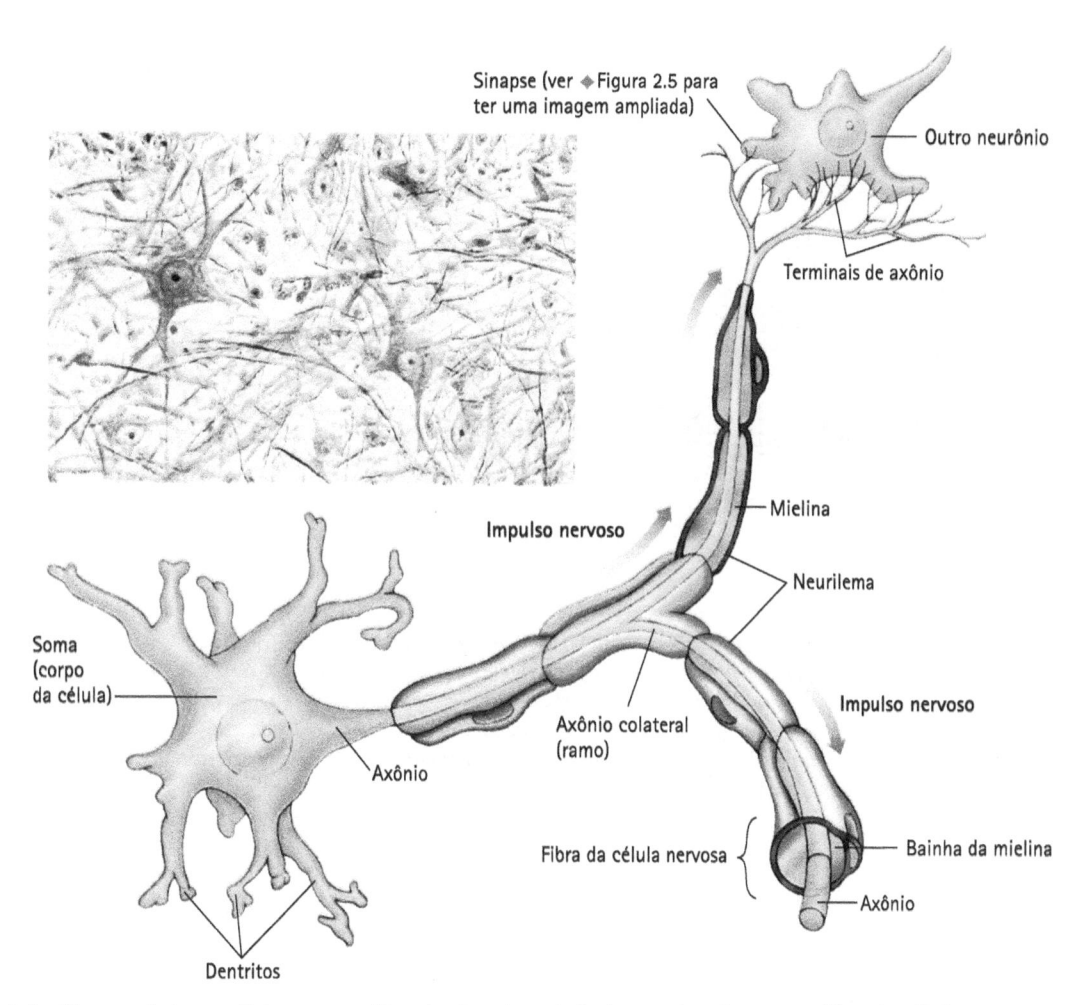

◆FIGURA 2.1 *Um neurônio ou célula nervosa. No primeiro plano à direita, você pode ver uma fibra da célula nervosa em corte transversal. A foto no canto superior à esquerda mostra um quadro mais realista do formato dos neurônios. Os impulsos nervosos geralmente caminham dos dendritos e do soma para as extremidades ramificadas do axônio. A célula nervosa mostrada aqui é um neurônio motor. Os axônios do neurônio motor se estendem do cérebro e da espinha dorsal para os músculos ou glândulas do corpo.*

positiva, e outros, negativa. Existem quantidades diferentes dessas cargas "mais" e "menos" dentro e fora das células nervosas. Conseqüentemente, o interior de cada neurônio do seu cérebro tem uma carga elétrica de cerca de menos 70 milivolts (um milivolt é um milésimo de volt). Essa carga permite que cada neurônio no seu cérebro aja como uma minúscula bateria biológica.

A carga elétrica de um neurônio inativo é denominada **potencial de repouso**. Mas os neurônios raramente repousam: as mensagens que chegam dos outros neurônios elevam e abaixam o potencial de repouso. Se a carga elétrica subir para cerca de 50 milivolts, o neurônio irá atingir o seu *limiar*, ou ponto de disparo (ver ◆Figura 2.2). É como se o neurônio dissesse: "Ah ha, está na hora de enviar uma mensagem para os meus vizinhos". Quando um neurônio atinge –50 milivolts, um **potencial de ação**, ou impulso nervoso, move rapidamente o axônio a uma velocidade de até 350 km por hora (◆Figura 2.3). Isso pode parecer rápido, mais ele ainda leva um segundo para reagir. É por isso que bater uma bola de 95 milhas por hora em beisebol profissional é uma das proezas mais difíceis de todos os esportes.

O que acontece durante um potencial de ação? A membrana do axônio é perfurada por pequenos túneis ou "buracos" denominados *canais de íons*. Geralmente, essas pequeninas aberturas são bloqueadas por moléculas que atuam como "portões" ou "portas". Durante um potencial de ação, os portões se abrem. Isso permite que os íons de sódio (Na^+) corram para dentro do axônio (Carlson, 2001). Os canais primeiramente se abrem perto dos soma. Depois, portão por portão, vão se abrindo pela extensão do axônio à medida que o potencial de ação vai se movendo com velocidade (◆Figura 2.4).

Potencial de repouso A carga elétrica do neurônio em repouso.

Potencial de ação O impulso nervoso.

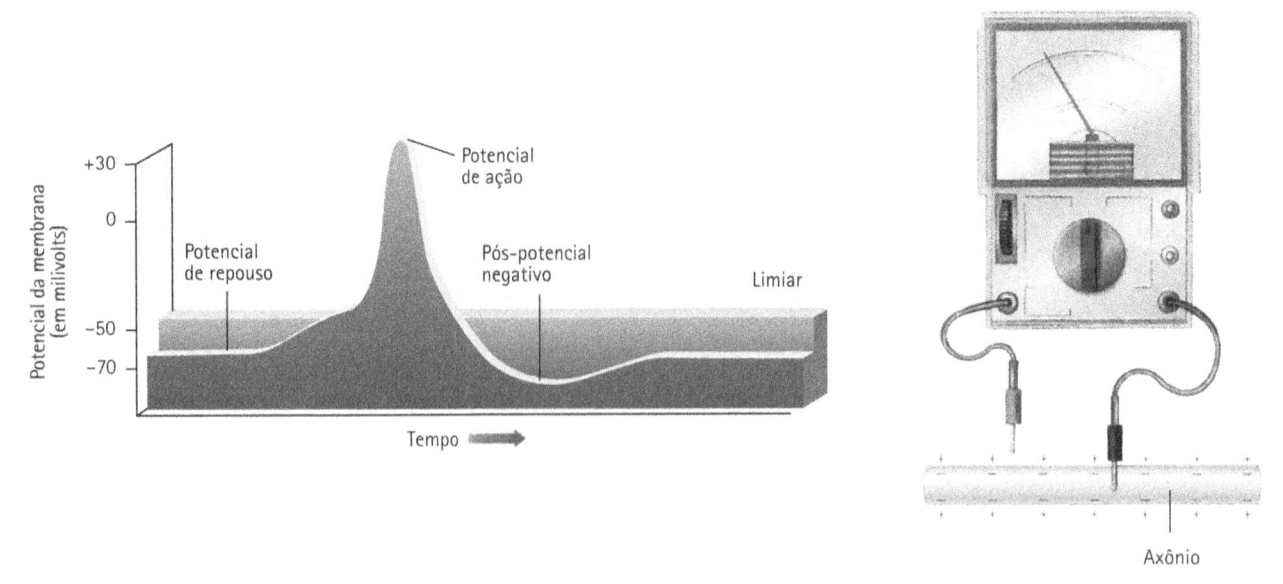

◆FIGURA 2.2 *Sondas elétricas colocadas dentro e fora de um axônio medem a sua atividade. (A escala está exagerada aqui. Essa medidas requerem eletrodos ultrapequenos, como descrito adiante neste capítulo.) O interior de um axônio em repouso é de cerca de –60 a –70 milivolts, em comparação com o exterior. As mudanças eletroquímicas em um neurônio geram um potencial de ação. Quando íons de sódio carregados positivamente (Na^+) correm para a célula, o seu interior se torna brevemente positivo. Esse é o potencial de ação. Depois do potencial de ação, os íons positivos de potássio (K^+) fluem para fora do axônio e restauram a sua carga negativa (ver Figura 2.3 para mais explicações).*

◆FIGURA 2.3 *A carga elétrica dentro de um axônio geralmente é negativa. O fluido ao redor de um axônio geralmente é positivo. Quando um potencial de ação passa ao longo de um axônio, essas cargas são invertidas, de forma que o interior de um axônio torna-se brevemente positivo. Esse processo é descrito em mais detalhes na Figura 2.4.*

1. No seu estado de repouso, o axônio tem um interior carregado negativamente.

2. Durante um potencial de ação, os átomos carregados positivamente (íons) correm para o axônio. Isso altera rapidamente a carga elétrica dentro do axônio de negativa para positiva. Simultaneamente, a carga fora do axônio torna-se negativa.

3. O potencial de ação avança quando as cargas positivas e negativas são revertidas em uma zona móvel de atividade elétrica que move rapidamente o axônio.

4. Após a passagem de um potencial de ação, os íons positivos fluem rapidamente para fora do axônio e restauram rapidamente a sua carga negativa. Um fluxo para fora de íons positivos adicionais faz que o amônio retorne ao seu estado de repouso.

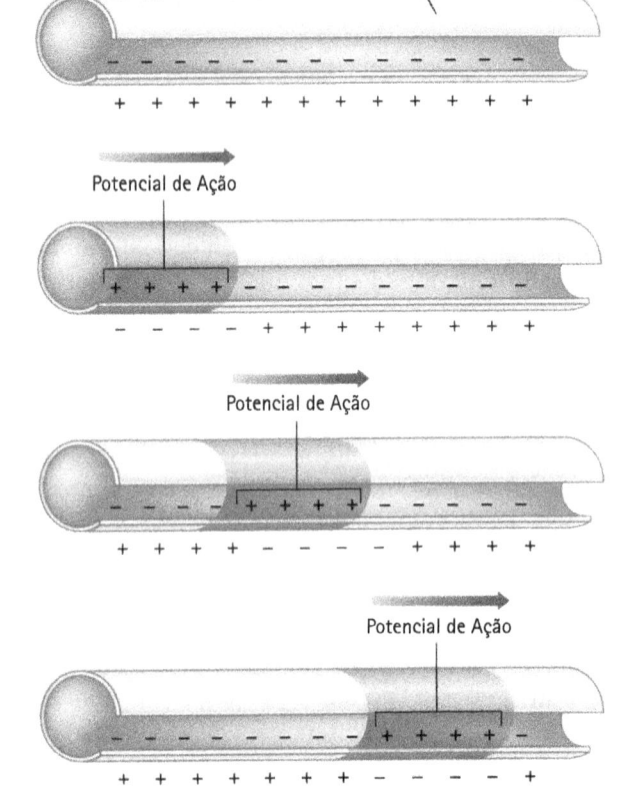

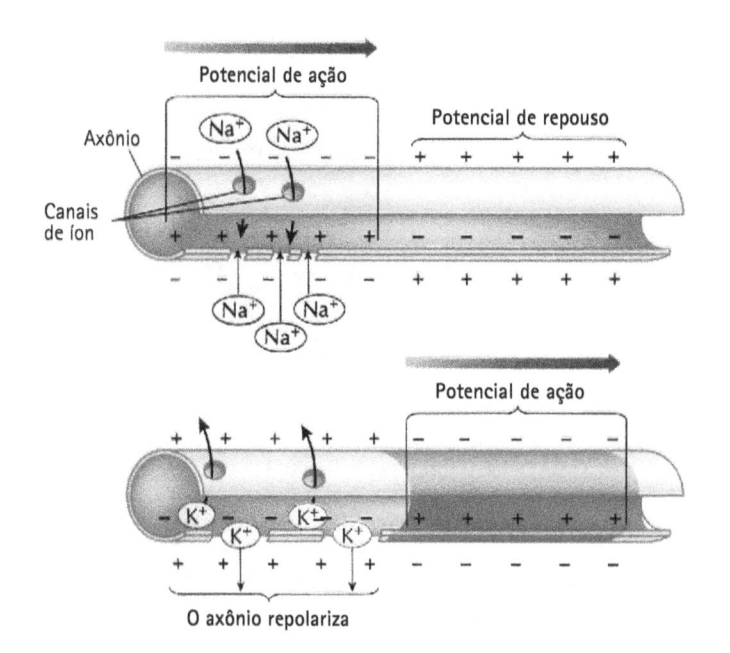

◆FIGURA 2.4 *O interior de um axônio. A ponta direita do axônio superior está em repouso. Conseqüentemente, ele tem carga negativa dentro. Tem início um potencial de ação quando os canais de íon se abrem e os íons de sódio (Na^+) correm para o axônio. Neste desenho, o potencial de ação caminharia da esquerda para a direita ao longo do axônio. No axônio inferior, o potencial de ação se deslocou para a direita. Após a sua passagem, os íons de potássio (K^+) fluem para fora do axônio. Isso renova rapidamente a carga negativa dentro do axônio, portanto, ele pode disparar novamente. Os íons de sódio que entram no axônio durante um potencial de ação são bombeados para fora mais lentamente. Removê-los restaura o potencial de repouso original.*

Cada potencial de ação é um evento do tipo *tudo ou nada* (um impulso nervoso ou ocorre totalmente ou simplesmente não ocorre). Você talvez ache útil imaginar um axônio como uma fila de dominós em pé. Derrubar os dominós é um ato do tipo tudo ou nada. Quando cai o primeiro dominó, uma onda de blocos caindo irá mover-se rapidamente para o fim da fila. Da mesma maneira, quando um impulso nervoso é acionado perto do soma, uma onda de atividade (o potencial de ação) percorre a extensão do axônio. É o que acontece em longas cadeias de neurônios, como quando o cérebro do Yo-Yo Ma diz às mãos dele o que fazer a seguir, nota após nota.

Depois de cada impulso nervoso, a célula cai brevemente para abaixo do seu nível de repouso e fica menos disposta a disparar. O **pós-potencial negativo** ocorre porque os íons de potássio (K^+) fluem para fora do neurônio enquanto os portões da membrana estão abertos (Figura 2.4). Depois do impulso nervoso, os íons fluem para dentro e para fora do axônio, recarregando-o para mais ação. No nosso modelo, a fila de dominó é rapidamente recomposta. Logo, o axônio estará pronto para uma outra onda de atividade.

Sinapses e Neurotransmissores

Como a informação se desloca de um neurônio para outro? O impulso nervoso é basicamente elétrico. É por isso que estimular o cérebro eletronicamente afeta o comportamento. Para prová-lo, o pesquisador José Delgado certa vez entrou em uma arena de touros com uma capa e um transmissor de rádio. O touro carregou. Delgado recuou. No último momento, o touro, em velocidade, parou. Por quê? Porque o rádio de Delgado ativou eletrodos (fios de metal) localizados nas profundezas do cérebro do touro. Esses, por sua vez, estimularam "centros de controle" que fizeram o touro parar.

Ao contrário do impulso nervoso, a comunicação entre os neurônios é química. O espaço microscópico entre dois neurônios, pelo qual as mensagens passam, é chamado de **sinapse** (◆Figura 2.5). Quando um potencial de ação atinge as pontas dos terminais do axônio, são liberados **neurotransmissores**, substâncias químicas, na lacuna sináptica.

Vamos voltar às pessoas na fila. Para sermos mais precisos, você e os outros não devem dar as mãos. Em vez disso, cada pessoa deve ter um revólver de água de brinquedo na mão direita ou na esquerda. Para passar a mensagem adiante, você esguicha a mão direita da pessoa à sua esquerda. Quando essa pessoa nota essa "mensagem", ela esguicha a mão direita da pessoa à sua esquerda e assim por diante.

Quando moléculas químicas passam por uma sinapse, elas aderem a áreas de recebimento especiais no neurônio seguinte (Figura 2.5). Esses minúsculos *locais de recepção* na membrana da célula são sensíveis aos neurotransmissores. Os locais de recepção existem em grande quantidade nos corpos das células nervosas e nos dendritos. Músculos e glândulas também são locais de recepção.

Pós-potencial negativo Uma queda na carga elétrica abaixo do potencial de repouso.

Sinapse O espaço microscópico entre dois neurônios sobre o qual passam as mensagens.

Neurotransmissor Qualquer substância química liberada por um neurônio que altera atividade em outros neurônios.

◆FIGURA 2.5 *Uma visão extremamente ampliada de uma sinapse. Os neurotransmissores são armazenados em pequenos sacos denominados vesículas sinápticas. Quando um impulso nervoso atinge o final de um axônio, as vesículas se deslocam para a superfície e liberam neurotransmissores. Essas moléculas cruzam a lacuna sináptica para afetar o neurônio seguinte. O tamanho da lacuna está exagerado aqui; ele, na verdade, é de apenas um milionésimo de polegada. Algumas moléculas neurotransmissoras excitam o neurônio seguinte e algumas inibem a sua atividade.*

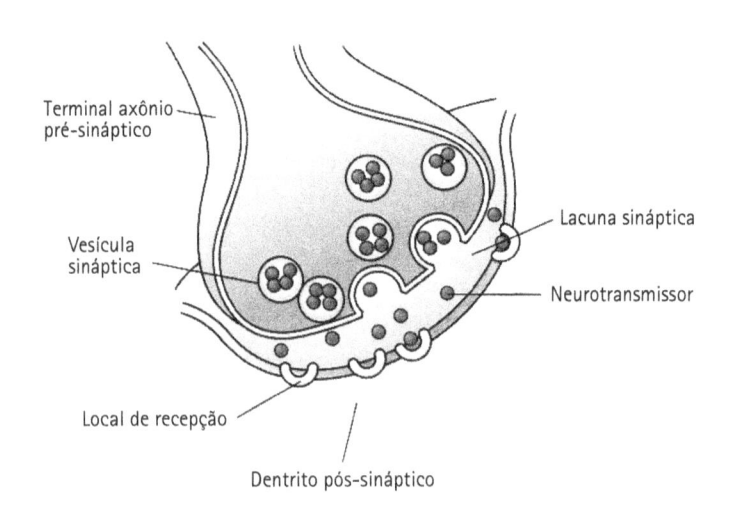

Os neurotransmissores sempre desencadeiam um potencial de ação no neurônio seguinte? Não. Alguns transmissores excitam o neurônio seguinte (deixam-no mais próximo de disparar). Outros o *inibem* (tornam o disparo menos provável). A qualquer momento, um único neurônio pode receber centenas ou milhares de mensagens. Ele dispara um impulso? Depende: se várias mensagens "excitantes" chegaram em momentos próximos, o neurônio irá disparar – mas somente se não receber uma quantidade excessiva de mensagens "inibidoras", que o afastem do seu ponto de disparo. Dessa maneira, as mensagens são *combinadas* antes de um neurônio "decidir" disparar o seu potencial de ação do tipo tudo ou nada. Multiplique esses eventos por cem bilhões de neurônios e cem trilhões de sinapses e você terá um computador surpreendente – um que poderia caber facilmente em uma caixa de sapato.

No cérebro há mais de cem transmissores químicos. Entre os exemplos estão a acetilcolina, a epinefrina, a norepinefrina, a serotonina, a dopamina, a histamina e os vários aminoácidos. Distúrbios em qualquer uma dessas substâncias podem causar conseqüências graves. Por exemplo, dopamina de menos pode provocar os tremores musculares da doença de Parkinson. Dopamina de mais pode causar esquizofrenia.

Muitas drogas imitam, reproduzem ou bloqueiam neurotransmissores. Por exemplo, a *acetilcolina* geralmente ativa músculos. Sem acetilcolina, o nosso amigo músico Yo-Yo Ma não poderia nem se mover, muito menos tocar Bach. É exatamente por isso que a droga curare provoca paralisia. Ao aderir aos locais receptores nos músculos, a curare compete com a acetilcolina, e isso impede que esta última ative as células musculares. Conseqüentemente, a pessoa ou animal que recebe curare não consegue se mover – um fato conhecido pelos índios sul-americanos da bacia do rio Amazonas, que utilizam curare como veneno nas suas flechas de caça.

Reguladores Neurais

Atividades cerebrais mais sutis são afetadas por substâncias químicas denominadas **neuropeptídeos**. Neuropeptídeos não levam mensagens diretamente. Em vez disso, eles *regulam* a atividade de outros neurônios. Fazendo isso, afetam a memória, a dor, a emoção, o prazer, os humores, a fome, o comportamento sexual e outros processos básicos. Por exemplo, quando você toca em alguma coisa quente, você afasta a sua mão. Os neurotransmissores levam as mensagens para essa ação. Ao mesmo tempo, a dor pode fazer que o cérebro libere *encefalinas*. Esses reguladores neurais semelhantes a opiáceos aliviam a dor e o estresse. As substâncias químicas relacionadas, denominadas *endorfinas*, são liberadas pela glândula pituitária. Juntas, essas substâncias químicas diminuem a dor para que ela não seja excessivamente incapacitante (Drolet et al., 2001).

Essas descobertas ajudam a explicar o efeito analgésico dos placebos (comprimidos ou injeções falsas), que elevam os níveis de endorfina (Lipman et al., 1990). A liberação de endorfina também parece estar por trás de um grande corredor (o que corre), do masoquismo, da acupuntura e da euforia às vezes associada ao parto e a rituais de iniciação dolorosos, e até mesmo ao pára-quedismo (Janssen e Arntz, 2001; Sternberg et al., 1998). Em cada um dos casos, a dor e o estresse podem provocar a liberação de endorfina, que, por

Neuropeptídeos Substâncias químicas do cérebro, como encefalina e endorfina, que regulam a atividade dos neurônios.

sua vez, induz à sensação de prazer ou de euforia, semelhante a estar "alto" em morfina. As pessoas que dizem que estão "viciadas" em correr ou em comer feijões apimentados podem estar mais próximas da verdade do que imaginam. E mais importante, nós podemos finalmente saber por que algumas almas corajosas tomam saunas quentes seguidas de banhos frios! No final, os reguladores do cérebro podem ajudar a explicar a depressão, a esquizofrenia, o vício em drogas e outros assuntos desconcertantes. Por exemplo, mulheres que sofrem de fortes dores e tensões pré-menstruais geralmente têm baixos níveis de endorfina (Straneva et al., 2002).

O SISTEMA NERVOSO – EM PONTO DE BALA PARA AGIR

▶ **PERGUNTA PARA PESQUISA** *Quais são as funções das partes principais do sistema nervoso?*

Jamal e Vicki estão jogando Frisbee. Isso pode parecer razoavelmente simples. No entanto, só para jogar o Frisbee ou pegá-lo é preciso sentir, interpretar e dirigir para inúmeras fibras musculares uma enorme quantidade de informações. À medida que vão jogando, os circuitos neurais de Jamal e Vicki estão em pleno fulgor de atividades. Vamos explorar o "diagrama de conexão" que torna o jogo de Frisbee deles possível.

Neurônios e Nervos

Neurônios são a mesma coisa que nervos? Não. Neurônios são pequenas células. Você precisaria de um microscópio para ver um. **Nervos** são grandes feixes de axônios e dendritos. Você pode ver nervos facilmente, sem ampliação.

Muitos nervos são brancos porque contêm axônios cobertos por uma camada de gordura denominada mielina. Pequenas lacunas na mielina ajudam os impulsos nervosos a se moverem mais rapidamente. Em vez de passar por toda a extensão do axônio, o potencial de ação pula de lacuna em lacuna. Sem a velocidade adicional que isso permite, seria impossível frear a tempo para evitar vários acidentes de automóveis, por exemplo. Quando a camada de mielina é danificada, a pessoa pode sofrer de dormência, fraqueza ou paralisia. Na verdade, é o que acontece na esclerose múltipla, uma doença que ocorre quando o sistema imunológico ataca e destrói a mielina no corpo da pessoa.

Uma camada fina de células denominada *neurilema* também envolve a maioria dos axônios fora do cérebro e da espinha dorsal (ver Figura 2.1). A neurilema forma um túnel que as fibras danificadas podem seguir à medida que vão se consertando.

Até pouco tempo atrás, acreditava-se que nascíamos com as células cerebrais que teríamos para sempre. Isso levou à idéia deprimente de que todos nós iríamos decair lentamente, já que o cérebro perde milhares de neurônios todos os dias. No entanto, hoje sabemos que um cérebro saudável de uma pessoa de 75 anos tem tantos neurônios quantos ela tinha aos 25 anos e que estava restaurando vida em seu corpo.

Embora seja verdade que o cérebro perca células todos os dias, ele simultaneamente faz que novos neurônios cresçam para substituí-las. Esse processo é denominado **neurogênese** (a produção de novas células no cérebro) (Gould et al., 1999). Todos os dias milhares de novas células são originadas nas profundezas do cérebro, deslocam-se para a superfície e se associam a outros neurônios para se tornarem parte do circuito cerebral. Essa é uma novidade surpreendente para cientistas do cérebro, que agora precisam descobrir o que as novas células fazem. Provavelmente elas estão envolvidas no aprendizado, na memória e na nossa capacidade de nos adaptarmos às circunstâncias que se modificam (Gould e Gross, 2002).

Reparo do Cérebro

A descoberta da neurogênese nos cérebros adultos fez surgir novas esperanças de que algumas lesões cerebrais possam ser reparadas. Por exemplo, os médicos estão testando um novo método de tratar derrames injetando milhões de células nervosas imaturas nas regiões danificadas do cérebro. Se essa técnica for bem-sucedida, as novas células irão associar-se aos neurônios existentes e reparar parte do dano causado pelo derrame (Borlongan et al., 1999). Os pesquisadores também estão tentando cutucar células cerebrais imaturas para

Nervo Um feixe de fibras dos neurônios.

Neurogênese A produção de novas células no cérebro.

que se desenvolvam em tipos específicos de neurônios. Se tiverem sucesso, isso pode trazer a cura para a cegueira, doença de Parkison e outros problemas (Kolb e Whishaw, 1998).

Subpartes do Sistema Nervoso

Como você pode ver nas ◆Figuras 2.6 e 2.7, o **sistema nervoso central (SNC)** é composto pelo cérebro e pela espinha dorsal. O cérebro é o "computador" central do sistema nervoso. O Jamal tem de utilizar esse "computador" para prever quando e onde o Frisbee vai chegar. O cérebro de Jamal comunica-se com o resto do corpo por meio de um grande "cabo" denominado espinha dorsal. De lá as mensagens fluem pelo **sistema nervoso periférico (SNP)**. Essa rede intricada de nervos leva informações para o e do SNC.

Uma lesão grave no cérebro ou na espinha dorsal geralmente é permanente. No entanto, como acabamos de mencionar, os cientistas estão começando a fazer progresso no reparo de neurônios danificados no SNC. Por exemplo, eles conseguiram reparar parcialmente espinhas dorsais cortadas em ratos. Primeiro, fecharam a lacuna com fibras nervosas de fora da espinha dorsal. Depois induziram bioquimicamente as fibras nervosas lesadas a crescer por meio de "túneis" fornecidos pelas fibras implantadas. Em dois meses os ratos readquiriram algum uso das patas traseiras (Cheng et al., 1996). Imagine o que isso pode significar para uma pessoa confinada a uma cadeira de rodas. Embora não seja prudente criar falsas esperanças, as soluções para tais problemas estão começando a surgir. Na verdade, os pesquisadores médicos recentemente começaram os primeiros ensaios com seres humanos, nos quais serão utilizados enxertos de nervos para reparar espinhas dorsais lesadas (Levesque e Neuman, 1999). Mesmo assim, é prudente cuidar do seu SNC. Isso significa usar cinto de segurança quando dirigir, usar proteção para esportes e evitar atividades que apresentem riscos para a cabeça ou para a espinha dorsal.

O Sistema Nervoso Periférico

O sistema nervoso periférico pode ser dividido em duas partes principais (ver ◆Figura 2.7). O **sistema somático** leva mensagens para e dos órgãos do sentido e músculos do esqueleto. No geral ele controla o comportamento voluntário, como quando a Vicki joga o Frisbee ou o B. B. King toca *blues*. Opostamente, o **sistema autônomo** serve os órgãos internos e as glândulas do corpo. A palavra *autônomo* significa "auto-regulador". As atividades reguladas pelo sistema nervoso autônomo (SNA) são, na sua maior parte, "vegetativas" ou automáticas, como os batimentos cardíacos, a digestão ou a transpiração. Conseqüentemente, as mensagens levadas pelo sistema somático podem fazer a sua mão se mover, mas não podem fazer suas pupilas se dilatarem. Da mesma maneira, as mensagens levadas pelo SNA podem estimular a digestão, mas não podem ajudá-lo a executar uma ação voluntária, como escrever uma carta. Se o Jamal sentir raiva quando não conseguir pegar o Frisbee, uma breve explosão de atividade se espalhará pelo seu sistema autônomo.

O SNA pode ser dividido em ramos simpáticos e parassimpáticos. Ambos estão ligados a respostas emocionais, como chorar, suar, batimento cardíaco e outros comportamentos involuntários (◆Figura 2.8). O SNA e o sistema somático trabalham juntos para coordenar as reações internas do corpo com os eventos do mundo exterior. Por exemplo, se um cachorro grunhindo partir para cima de você, o sistema somático controlará os músculos da sua perna para que você possa correr. Ao mesmo tempo, o sistema autônomo vai elevar a sua pressão arterial, acelerar o seu coração etc.

No que os ramos do sistema autônomo diferem? O **ramo simpático** é um sistema de "emergência". Ele prepara o corpo para "lutar ou fugir" em momentos de perigo ou altas emoções. Basicamente, ele excita o corpo para que ele aja. (Yo-Yo Ma certa vez deixou um violoncelo de US$ 2 milhões em um táxi. Indubitavelmente, o sistema nervoso simpático ficou bem ativo quando ele se deu conta do seu erro.)

O **ramo parassimpático** acalma o corpo e o faz voltar a um nível de excitação mais baixo. Ele fica no máximo de sua atividade logo após um evento emocional. O ramo parassimpático também ajuda a manter os processos vitais, como os batimentos cardíacos, a respiração e a digestão em níveis moderados.

Sistema nervoso central O cérebro e a espinha dorsal.

Sistema nervoso periférico Todas as partes do sistema nervoso fora do cérebro e da espinha dorsal.

Sistema somático O sistema de nervos que conecta a espinha dorsal com o corpo e os órgãos dos sentidos.

Sistema autônomo O sistema de nervos que leva informações dos e para os órgãos internos e glândulas.

Sistema simpático Um ramo do SNA que excita o corpo.

Sistema parassimpático Um ramo do SNA que acalma o corpo.

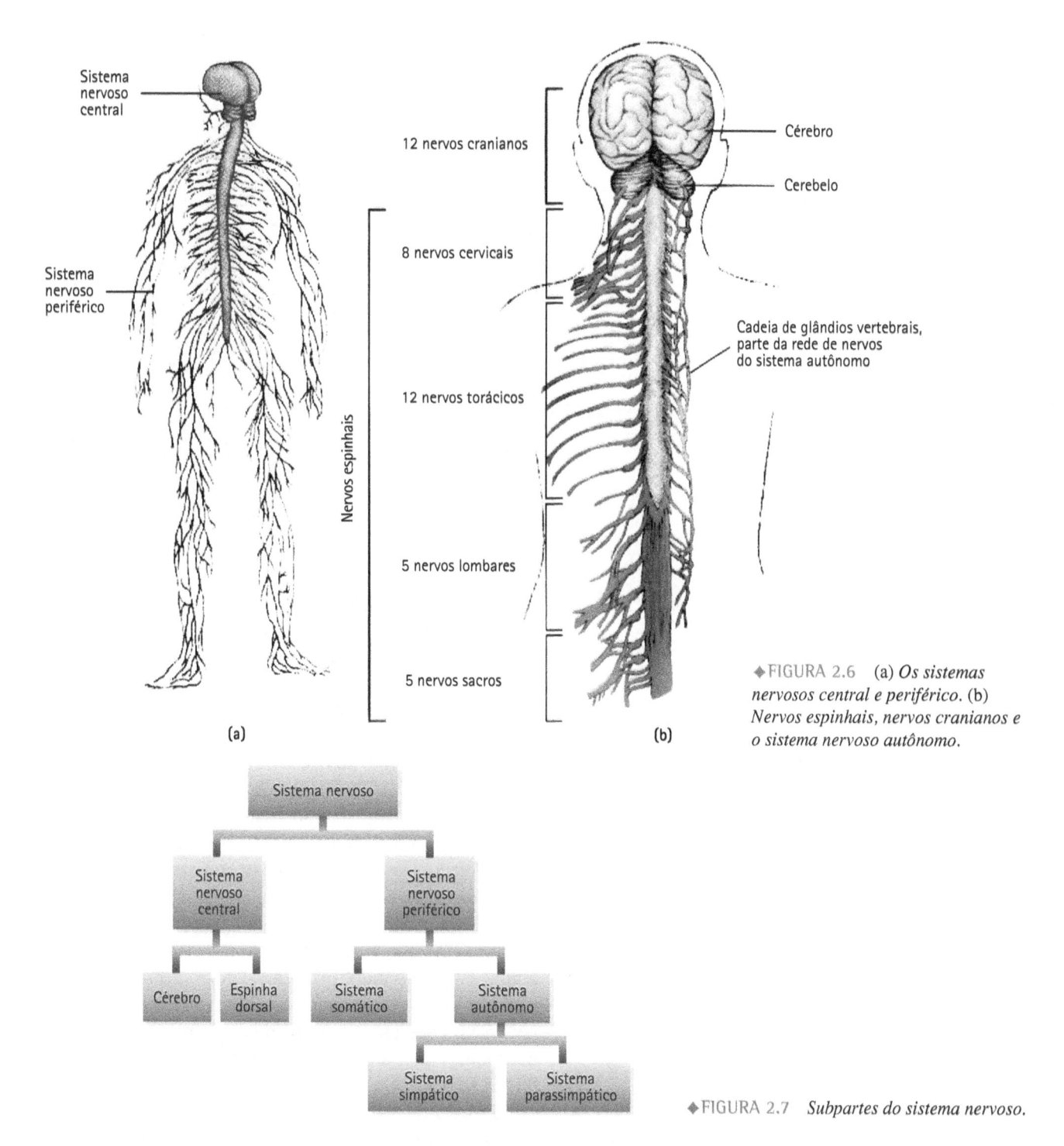

◆ FIGURA 2.6 (a) *Os sistemas nervosos central e periférico.* (b) *Nervos espinhais, nervos cranianos e o sistema nervoso autônomo.*

◆ FIGURA 2.7 *Subpartes do sistema nervoso.*

Evidentemente, ambos os ramos do SNA estão sempre ativos. A qualquer momento, a atividade conjunta deles determina se o seu corpo ficará relaxado ou excitado.

A Espinha Dorsal

Como mencionado anteriormente, a espinha dorsal funciona como um cabo que conecta o cérebro às outras partes do corpo. Se você fizesse um corte nesse "cabo", veria colunas de *matéria branca* em regiões que têm grande quantidade de mielina. O tecido é composto de axônios que acabam saindo da espinha dorsal. Fora da espinha, eles se agrupam em nervos. Volte para a Figura 2.6(b)

> Todo ano, lesões na espinha dorsal roubam de milhares de pessoas, como o ator Christopher Reeve, falecido em 2004, a capacidade de se movimentar. No entanto, há cada vez mais esperança de que técnicas de enxerto de nervos algum dia tornem possível, para alguma dessas pessoas, andar novamente.

◆FIGURA 2.8 *Os ramos simpático e parassimpático do sistema nervoso autônomo. Ambos os ramos controlam as ações involuntárias. O sistema simpático geralmente ativa o corpo. O sistema parassimpático geralmente o acalma. O ramo simpático transmite as suas mensagens por meio de agrupamentos de células nervosas fora da espinha dorsal.*

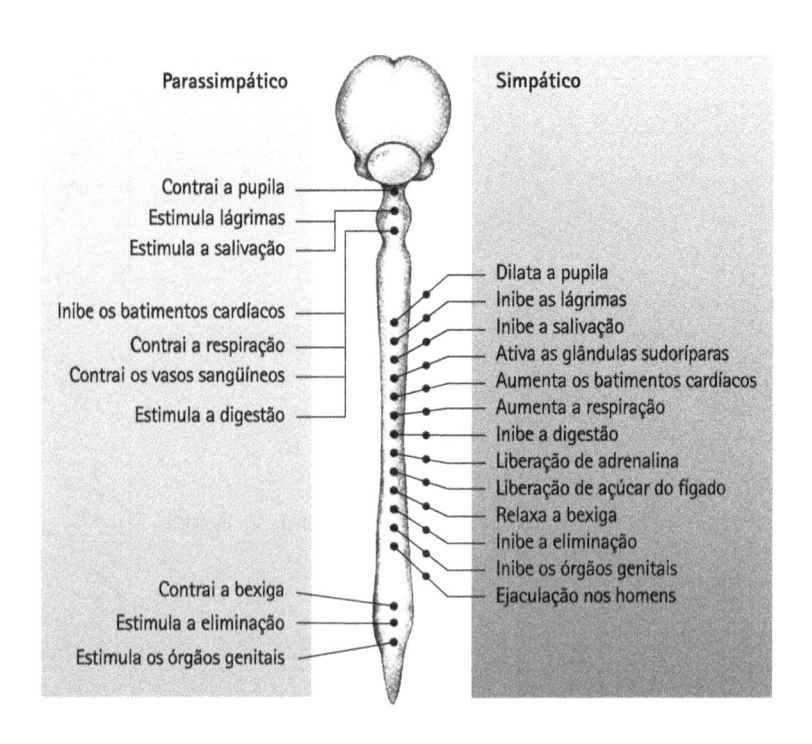

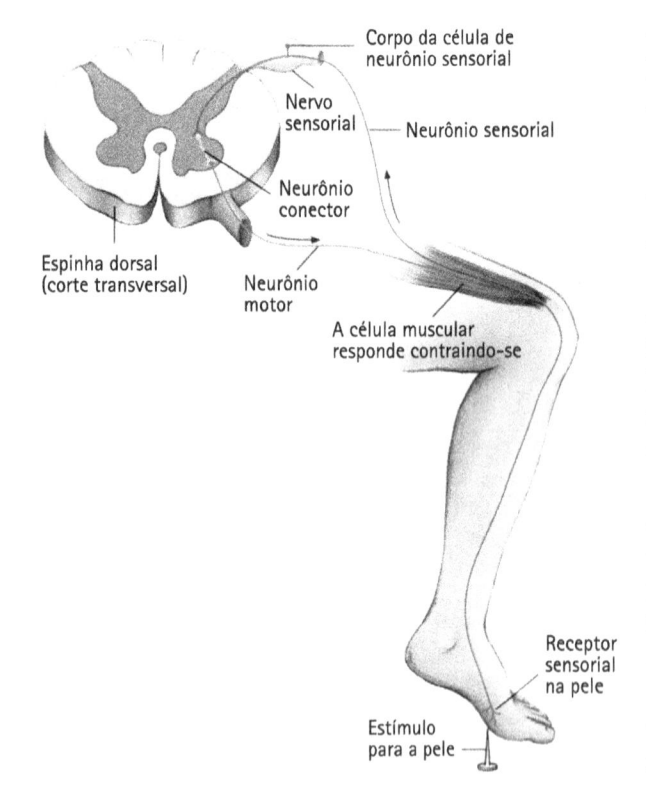

e você verá que 30 pares de **nervos espinhais** saem dos lados da espinha dorsal. Um outro par (não mostrado) sai da ponta. Os 31 nervos espinhais levam mensagens sensoriais e motoras da e para a espinha dorsal. Além disso, 12 pares de **nervos cranianos** saem diretamente do cérebro. Juntos, esses nervos mantêm todo o seu corpo em comunicação com o seu cérebro.

De que maneira a espinha dorsal está ligada ao comportamento? O padrão mais simples de comportamento é um **arco reflexo**, que ocorre quando um estímulo provoca uma resposta automática. Esses reflexos ocorrem na espinha dorsal, sem qualquer ajuda do cérebro (ver ◆Figura 2.9).

Imagine que a Vicki pise em um espinho. (Sim, eles ainda estão jogando Frisbee.) Um *neurônio sensorial* (uma célula nervosa que leva mensagens dos sentidos pelo SNC) detecta dor no pé dela. No mesmo instante, o neurônio sensorial dispara uma mensagem para a espinha dorsal de Vicki.

Dentro da espinha dorsal, o neurônio sensorial faz sinapse com um *neurônio conector* (uma célula nervosa que liga duas outras). O neurônio conector ativa um *neurônio motor* (uma célula que leva comandos do SNC para os músculos e para as glândulas). As fibras musculares são compostas de *células efetoras* (células capazes de produzir uma resposta). As células musculares se contraem e fazem com que o pé de Vicki se afaste. Observe que não é necessária nenhuma atividade cerebral para que ocorra um arco reflexo. O corpo da Vicki reage automaticamente para se proteger.

Na verdade, até mesmo um simples reflexo geralmente desencadeia atividades mais complexas. Por exemplo, os músculos da outra perna da Vicki têm de contrair para sustentá-la quando ela desloca o seu peso. Até mesmo isso

Nervos espinhais Nervos principais que levam mensagens sensoriais e motoras para dentro e para fora da espinha dorsal.

Nervos cranianos Nervos principais que saem do cérebro sem passar pela espinha dorsal.

Arco reflexo O comportamento mais simples, no qual um estímulo provoca uma resposta automática.

pode ser feito pela espinha dorsal, mas envolve muito mais células e vários nervos espinhais. Além do mais, a espinha dorsal geralmente informa ao cérebro as medidas que tomou. Quando o seu pé se afasta do espinho, Vicki sente dor e pensa: "Ai, o que foi isso?".

Talvez você já tenha percebido quão adaptável é ter uma espinha dorsal capaz de responder por conta própria. Essas respostas automáticas deixam os cérebros dos nossos ases do Frisbee livres para lidar com informações mais importantes – como a localização das árvores, postes de luz e espectadores atraentes –, enquanto eles se revezam na realização de grandes jogadas.

Logo adiante vamos investigar mais detalhadamente o cérebro. Antes disso, talvez seja interessante explorar algumas das ferramentas que os biopsicólogos utilizam quando trabalham com ele. Desvendar os mistérios do cérebro não tem sido fácil. Vamos analisar alguns dos elementos básicos.

MÉTODOS DE PESQUISA – COLOCANDO OS REINOS INTERNOS DO CÉREBRO EM GRÁFICOS

▶ **PERGUNTA PARA PESQUISA** *Como sabemos como funciona o cérebro?*

A biopsicologia é o estudo de como os processos biológicos, o cérebro e o sistema nervoso estão ligados ao comportamento. Muitas das funções do cérebro foram identificadas por **estudos clínicos**. Esses estudos examinam mudanças na personalidade, no comportamento ou na capacidade sensorial provocadas por doenças ou lesões no cérebro.

Uma técnica experimental relacionada baseia-se na **ablação** (remoção cirúrgica) de partes do cérebro (◆Figura 2.10). Quando a ablação provoca mudanças no comportamento ou na capacidade sensorial, os biopsicólogos têm um *insight* da finalidade da "parte" que está faltando. Uma abordagem alternativa é utilizar estimulação elétrica para "ligar" as estruturas do cérebro. Por exemplo, a superfície do cérebro pode ser ativada se a fizermos ser tocada por um pequeno fio eletrificado denominado *eletrodo*. Quando se faz isso durante uma cirurgia no cérebro, o paciente consegue dizer que efeito a estimulação teve. (O cérebro não tem receptores de dor, portanto, a cirurgia pode ser feita com o paciente acordado. Só se utilizam analgésicos locais para o couro cabeludo e o crânio.) (Algum voluntário?)

Mesmo as estruturas abaixo da superfície do cérebro podem ser ativadas ou removidas. Nas **destruições profundas**, um eletrodo fino, isolado totalmente exceto na ponta, é baixado até a região-alvo no cérebro (Figura 2.10). Utiliza-se, então, uma corrente elétrica para destruir uma pequena quantidade de tecido cerebral. Novamente, mudanças no comportamento fornecem pistas sobre a função da região afetada. Utilizando uma corrente mais fraca, também é possível ativar regiões-alvo em vez de removê-las. Isso se chama EEC (**estimulação elétrica do cérebro**). A EEC pode provocar comportamentos com uma potência surpreendente. Ela pode provocar no mesmo instante agressão, vigilância, fuga, o ato de comer e de beber, sono, movimento, euforia, lembranças, fala, lágrimas e muito mais. Utilizando a EEC, os pesquisadores estão criando um mapa tridimensional do cérebro. Esse "atlas" mostra as respostas sensoriais, motoras e emocionais que podem ser extraídas de várias partes do cérebro e promete ser um guia valioso para tratamentos médicos e para a exploração do cérebro (Carter, 1998; Yoshida, 1993).

A EEC poderia ser utilizada para controlar uma pessoa contra a sua vontade? Pode parecer que a EEC poderia ser usada para controlar a pessoa como um robô, mas os detalhes das emoções e dos comportamentos extraídos pela EEC são modificados pela personalidade e pelas circunstâncias. Ao contrário dos filmes de ficção científica, seria impossível um ditador impiedoso escravizar pessoas "controlando" seus cérebros pelo rádio.

Para descobrir o que cada neurônio está fazendo, temos de construir um registro com microeletrodos. Um *microeletrodo* é um tubo de vidro extremamente fino cheio de líquido salgado. A ponta do microeletrodo é suficientemente pequena para detectar a atividade elétrica de um *único* neurônio. A observação dos potenciais de ação de um único neurônio dá um vislumbre fascinante das verdadeiras origens do comportamento (o potencial de ação mostrado na Figura 2.2 foi registrado com um microeletrodo).

Estudo clínico Investigação detalhada de uma única pessoa, principalmente a que sofre de alguma lesão ou doença.

Ablação Remoção cirúrgica de tecido.

Destruição profunda Remoção de tecido no cérebro utilizando-se um eletrodo.

Estimulação elétrica do cérebro (EEC) Estimulação elétrica direta e ativação do tecido cerebral.

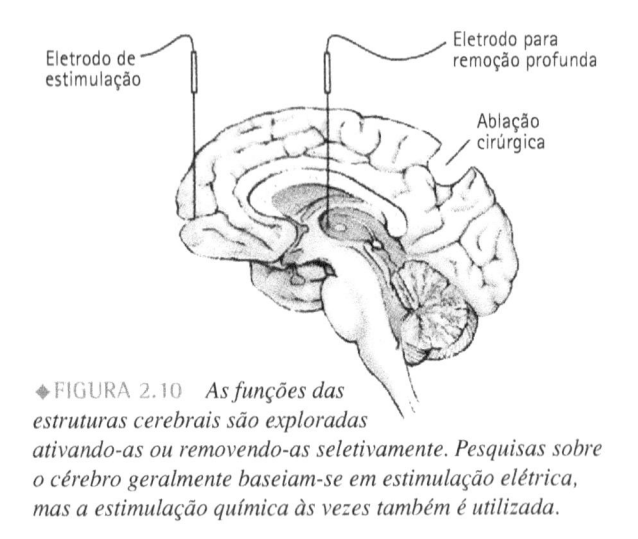

◆ FIGURA 2.10 *As funções das estruturas cerebrais são exploradas ativando-as ou removendo-as seletivamente. Pesquisas sobre o cérebro geralmente baseiam-se em estimulação elétrica, mas a estimulação química às vezes também é utilizada.*

E quanto ao quadro geral? É possível registrar o que o cérebro está fazendo como um todo? Sim, é possível com a *eletroencefalografia*. Essa técnica mede as ondas de atividade elétrica produzidas pelo cérebro. Pequenas placas de metal em formato de disco são colocadas no couro cabeludo da pessoa. Esses eletrodos detectam impulsos elétricos do cérebro e os enviam a um **eletroencefalógrafo (EEG)**. O EEG amplifica esses sinais extremamente fracos (ondas cerebrais) e os registra em uma folha de papel em movimento ou em uma tela de computador. Vários padrões de ondas cerebrais podem identificar a presença de tumores, epilepsia e outras doenças. O EEG também revela alterações na atividade cerebral durante o sono, divagação, hipnose e outros estados mentais.

Novas Imagens do Cérebro Vivo

Muitos dos enigmas do cérebro foram solucionados com os métodos que acabamos de descrever, além de outros baseados em drogas e na química do cérebro. No entanto, cada uma das técnicas nos permite ver parte do quadro geral. E se nós pudéssemos "dar uma olhada" dentro de um cérebro intacto enquanto a pessoa está pensando, percebendo e reagindo? E se em vez de ver notas musicais isoladas ou pequenas frases musicais, nós pudéssemos ver toda a sinfonia que está sendo tocada no cérebro? Atualmente, imagens ampliadas pelo computador estão tornando possível esse sonho antigo. Vamos dar uma olhada no biocomputador humano através dessas "janelas" recém-abertas.

Ultra-sonografia de TC

Os equipamentos de tomografia computadorizada revolucionaram o estudo das doenças e lesões cerebrais. Na melhor das hipóteses, os raios X tradicionais produzem apenas imagens escuras do cérebro. A **tomografia computadorizada (TC)** é um tipo de raio X especializado que realiza um trabalho muito melhor, no sentido de tornar o cérebro visível. Em uma TC, as informações do raio X são coletadas por um computador e transformadas em uma imagem do cérebro. Uma TC pode revelar os efeitos de derrames, lesões, tumores e outros problemas do cérebro.

Ultra-sonografia de IRM

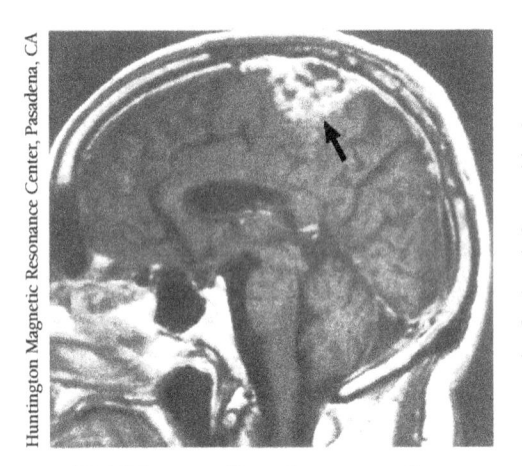

◆ FIGURA 2.11 *Uma ultra-sonografia de IRM do cérebro revela um tumor (flecha).*

A **imagem de ressonância magnética (IRM)** utiliza um campo magnético extremamente forte, e não o raio X, para produzir uma imagem do interior do corpo. Durante uma IRM, o corpo é colocado dentro de um campo magnético. O processamento por um computador cria, então, um modelo tridimensional do cérebro e do corpo. Qualquer plano bidimensional, ou fatia, pode ser selecionado e exibido como uma imagem em uma tela de computador. Isso nos permite perscrutar o cérebro vivo quase como se ele fosse transparente. Na Figura 2.11, uma IRM revela um tumor cerebral (ver flecha).

Uma **IRM funcional (IRMf)** vai um passo além, tornando a *atividade* do cérebro visível. Por exemplo, quando Yo-Yo Ma tocou o seu violoncelo com o arco, as áreas motoras do seu cérebro seriam destacadas em uma imagem IRMf. Essas imagens permitem aos cientistas apontar as regiões do cérebro responsáveis pelos pensamentos, sentimentos e ações.

Eletroencefalógrafo (EEG) Dispositivo que detecta, amplifica e registra a atividade elétrica do cérebro.

TC Tomografia computadorizada; uma imagem de raio X do cérebro ou do corpo ampliada pelo computador.

IRM Imagem de ressonância magnética; imagem tridimensional do cérebro ou do corpo baseada na sua resposta a um campo magnético.

IRMf Imagem funcional de ressonância magnética que registra a atividade cerebral.

É verdade que a maioria das pessoas utiliza apenas 10% da capacidade do seu cérebro? Esse é um dos mitos de longa data sobre o cérebro. As ultra-sonografias cerebrais mostram que todas as partes do cérebro estão ativas durante as horas em que estamos acordados. Evidentemente, algumas pessoas fazem melhor uso do seu poder cerebral inato do que outras. Mesmo assim, não há grandes reservas ocultas ou inexploradas de capacidade mental em um cérebro que funciona normalmente.

Ultra-sonografia de Tomografia de Emissão Positrônica

As imagens de tomografia de emissão positrônica do cérebro são talvez as mais notáveis de todas. Uma **ultra-sonografia de tomografia de emissão positrônica** detecta pósitrons (partículas subatômicas) emitidas por uma glicose (açúcar) fracamente radioativa à medida que esta é consumida pelo cérebro. Como o cérebro funciona à base de glicose, uma ultra-sonografia de tomografia de emissão positrônica mostra que regiões estão utilizando mais energia. Mais uso de energia corresponde a mais atividade. Conseqüentemente, colocando detectores de pósitrons ao redor da cabeça e enviando dados para um computador, é possível criar uma fotografia móvel colorida das mudanças na atividade cerebral. Como você pode ver na ◆Figura 2.12, ultra-sonografias de tomografia de emissão positrônica revelam que regiões bem específicas do cérebro estão ativas quando você lê, escuta, fala ou pensa no significado de uma palavra. É só uma questão de tempo para que faróis ainda mais brilhantes reluzam no mundo interno obscuro do pensamento (ver a ◆Figura 2.13).

◆FIGURA 2.12 *Ultra-sonografias de tomografia de emissão positrônica. (Ver também caderno colorido.)*

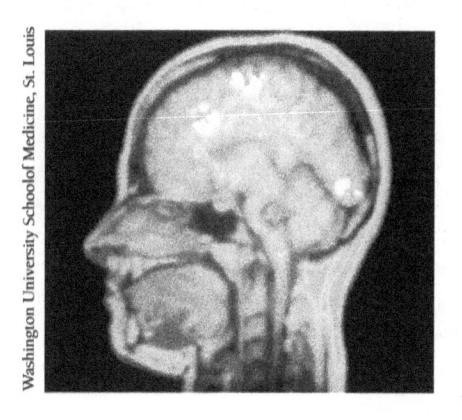

◆FIGURA 2.13 *As manchas brilhantes (ver também caderno colorido) foram criadas por uma ultra-sonografia de tomografia de emissão positrônica. Elas se parecem com as manchas da Figura 2.12. No entanto, aqui elas foram colocadas sobre uma IRM para que o interior do cérebro fique visível. As três manchas brilhantes são regiões do lado esquerdo do cérebro relacionadas à linguagem. A mancha à direita fica ativa durante a leitura. A região central superior está ligada à fala. A região à esquerda, no lóbulo frontal, está ligada à reflexão sobre o significado de uma palavra (Montgomery, 1989).*

O CÓRTEX CEREBRAL – NOSSA, QUE CÉREBRO GRANDE VOCÊ TEM!

▶ **PERGUNTA PARA PESQUISA** *Como é organizado o cérebro e o que fazem as suas estruturas mais elevadas?*

Muitas partes do seu cérebro são surpreendentemente semelhantes às regiões cerebrais correspondentes em animais inferiores, como lagartos. A inteligência superior humana está ligada ao fato de nossos cérebros terem um grande crânio. A superfície enrugada do cérebro pode ser dividida em regiões menores, conhecidas como lóbulos. Partes dos vários lóbulos são responsáveis pela capacidade de ver, ouvir, movimentar-se, pensar e falar. Conseqüentemente, o mapa do cérebro é, de certa maneira, um mapa do comportamento humano, como veremos.

Ultra-sonografia de tomografia de emissão positrônica Tomografia de emissão de pósitron; imagem gerada pelo computador com base no consumo de glicose no cérebro.

PAUSA PARA ESTUDO — Neurônios, Sistema Nervoso e Pesquisas sobre o Cérebro

RELACIONE

Para lidar com todos os termos técnicos deste capítulo, pode ser útil pensar nos neurônios como pequenas criaturas estranhas. Como eles agem? O que os excita? Como eles se comunicam? Para lembrar das funções dos ramos principais do sistema nervoso, pense no que você não poderia fazer se faltasse cada uma das partes.

Você suspeita que uma certa parte do seu cérebro está ligada à memória. Como você poderia utilizar estudos clínicos, ablação, destruição profunda e EEC para estudar a estrutura? Você está interessado em descobrir como neurônios isolados no nervo óptico respondem quando o olho é exposto à luz. Que técnica você utilizaria? Você quer saber que regiões da superfície do cérebro estão mais ativas quando uma pessoa vê um rosto. Que métodos utilizaria?

VERIFICAÇÃO DO APRENDIZADO

1. Os _____ e o _____ são regiões de recebimento, onde as informações de outros neurônios são aceitas.
2. Os impulsos nervosos são levados pelos _____ para os _____.
3. O potencial de _____ torna-se um potencial de _____ quando o neurônio passa o limiar de disparo.
4. Neuropeptídeos são substâncias transmissoras que ajudam a regular a atividade dos neurônios. V ou F?
5. Os sistemas somático e autônomo são parte do sistema nervoso _____.
6. Íons de sódio e potássio fluem pelos canais de íon na sinapse para desencadear um impulso nervoso no neurônio receptor. V ou F?
7. A seqüência de comportamento mais simples é o _____.
8. O sistema nervoso parassimpático fica mais ativo durante momentos de altas emoções. V ou F?
9. Quais das técnicas de pesquisa a seguir é mais comum nos estudos clínicos sobre os efeitos das lesões cerebrais?
   a) Registro de EEG   b) Destruições profundas
   c) Microeletrodos
   d) Ultra-sonografia de tomografia de emissão positrônica

Raciocínio Crítico

10. Que efeito você esperaria que uma droga tivesse se você bloqueasse a passagem de neurotransmissores pela sinapse?
11. A destruição profunda é utilizada para extirpar uma região no hipotálamo de um rato. Após a operação, o rato parece perder interesse pela comida e bebida. Por que seria um erro concluir que a região extirpada é um "centro da fome"?

RESPOSTAS: 1. dendritos, corpo da célula 2. axônios, terminais de axônio 3. repouso, ação 4. V. 5. periférico 6. F 7. arco reflexo 8. F 9. b 10. Essa droga poderia ter efeitos diversos. Se bloqueasse sinapses excitadoras, reduziria a atividade cerebral. Se bloqueasse mensagens inibidoras, ela agiria como um poderoso estimulante. 11. Porque outros fatores poderiam explicar a aparente perda de apetite. Por exemplo, o gosto ou o cheiro do alimento poderiam ser afetados, ou o rato poderia ter dificuldade em engolir. Também é possível que a fome tenha origem em outra parte do cérebro, e a região extirpada simplesmente transmite mensagens que fazem o rato comer.

Cérebro

De muitas maneiras, os humanos são criaturas bastante medíocres. Os animais superam os humanos em quase todas as categorias de força, velocidade e sensibilidade sensorial. A única área na qual nós os superamos é a inteligência.

Os humanos têm o maior cérebro? Surpreendentemente, não. Os cérebros de elefantes pesam 6 kg, e os cérebros de baleias, 9,5 kg. Com 1,5 kg, o cérebro humano parece insignificante – até compararmos o peso do cérebro com o peso do corpo. Então descobrimos que o cérebro do elefante é 1/1.000 do seu peso; a razão para cachalotes é de 1 para 10.000. A razão para os humanos é de 1 para 60. Se alguém lhe disser: "Você tem o cérebro de uma baleia", descubra se a pessoa está se referindo ao tamanho ou à razão!

O *cérebro* é composto de dois grandes hemisférios que cobrem a sua parte superior. A sua camada externa é conhecida como **córtex cerebral**. Embora o córtex tenha apenas três milímetros de espessura (1/10 de uma polegada), ele contém 70% dos neurônios do sistema nervoso central, sendo em grande parte responsável pela nossa capacidade de utilizar a linguagem, fazer ferramentas, adquirir aptidões complexas e viver em grupos sociais complexos (Gibson, 2002). Sem o córtex, os humanos não seriam muito mais espertos que os sapos.

Córtex cerebral A camada externa do cérebro.

Corticalização

O córtex cerebral se parece um pouco com uma noz enrugada gigante. Ele cobre a maior parte do cérebro com uma manta de *matéria cinza* (tecido esponjoso composto, na sua maior parte, de corpos de células). O córtex nos animais inferiores é pequeno e macio; nos humanos, é torcido, dobrado e a maior estrutura do cérebro. O fato de os humanos serem mais inteligentes do que outros animais está ligado a essa **corticalização**, ou aumento no tamanho e no enrugamento do córtex (ver ◆Figura 2.14).

Segundo o folclore, uma pessoa com uma cabeça grande e testa alta provavelmente é inteligente. Mas a eficiência do cérebro tem tanto a ver com a inteligência quanto o tamanho (Gazzaniga, 1995).

O psicólogo Richard J. Haier e seus colegas descobriram que os cérebros das pessoas que se saíam bem em testes mentais consumiam menos energia que os das pessoas que se saíam mal (Haier et al., 1988). Haier mediu a atividade cerebral com uma ultra-sonografia de tomografia de emissão positrônica. Lembre-se de que esse tipo de ultra-sonografia registra a quantidade de glicose (açúcar) utilizada pelas células do cérebro. Quanto mais duramente os neurônios trabalharem, mais açúcar eles usarão. Utilizando glicose inofensiva rotulada de radioativa, é possível registrar uma imagem de quão arduamente o cérebro está trabalhando (◆Figura 2.15).

Corticalização Um aumento no tamanho relativo do córtex cerebral.

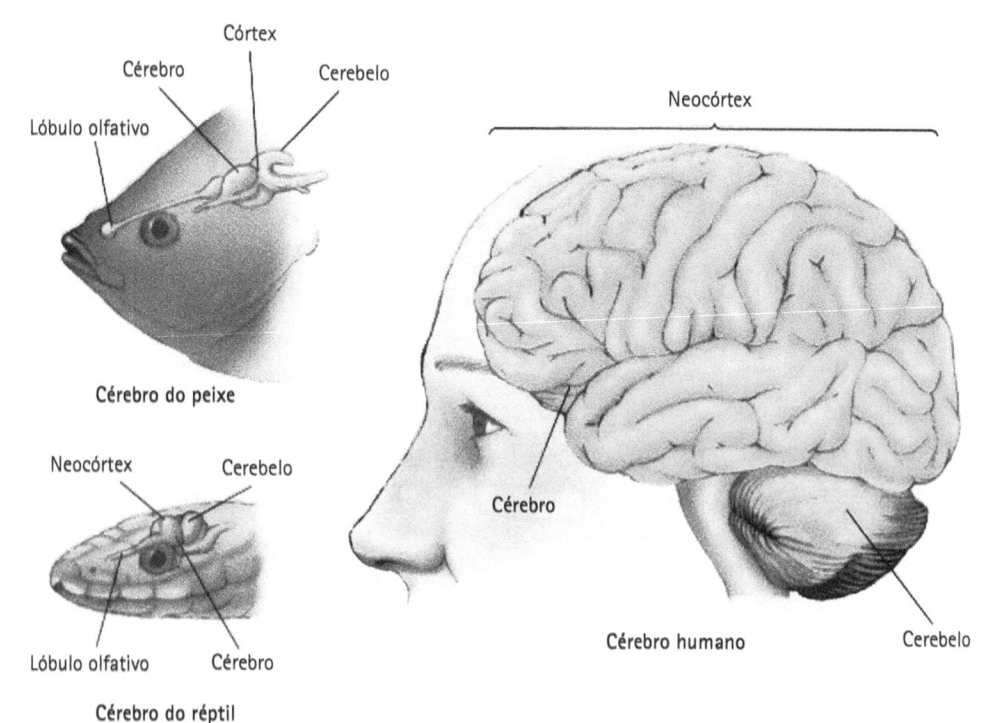

◆FIGURA 2.14

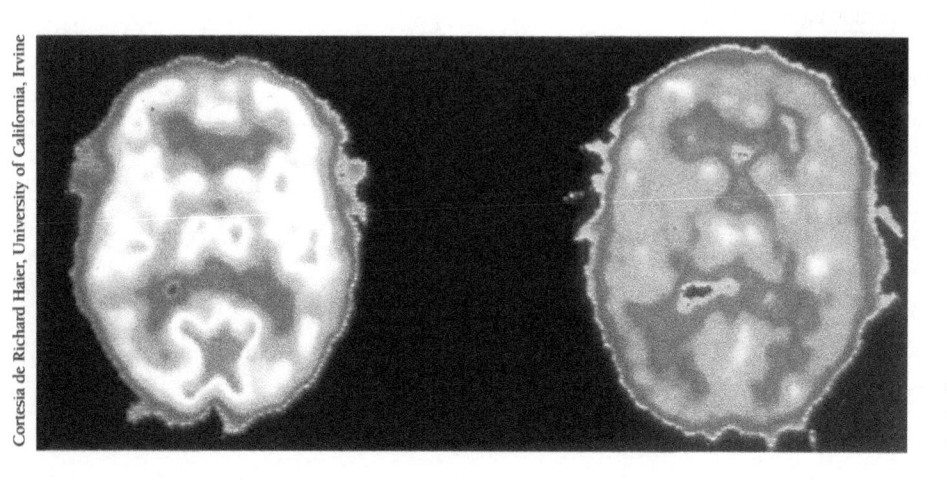

◆FIGURA 2.15 *Nas imagens que você está vendo aqui (ver também caderno colorido), vermelho, laranja e amarelo indicam alto consumo de glicose; verde, azul e rosa mostram regiões de baixo uso de glicose. A ultra-sonografia de tomografia de emissão positrônica do cérebro à esquerda mostra que um homem que resolveu 11 de 36 problemas de argumentação queimou mais glicose que o homem à direita que resolveu 33.*

O que as ultra-sonografias de tomografia de emissão positrônica revelaram quando os sujeitos se submeteram a um difícil teste de argumentação? Surpreendentemente, os cérebros daqueles que tiraram as notas mais baixas no teste utilizaram mais glicose. Embora nós possamos pressupor que cérebros inteligentes são cérebros que trabalham arduamente, o inverso parece ser verdadeiro. Sujeitos mais brilhantes na verdade utilizaram menos energia do que quem se saiu mal. Haier acha que isso mostra que a inteligência está associada à eficiência do cérebro: os cérebros menos eficientes trabalham mais arduamente e, mesmo assim, conseguem realizar menos. Todos nós já tivemos dias assim!

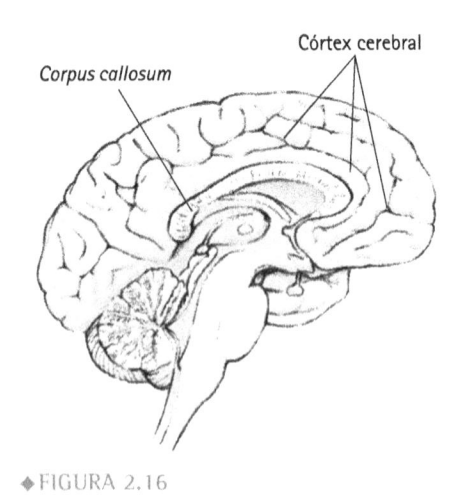

Hemisférios Cerebrais

O córtex é composto de dois lados, ou meio-globos, denominados *hemisférios cerebrais*. Os dois estão conectados por uma grossa faixa de fibras denominada *corpus callosum* (◆Figura 2.16). O lado esquerdo do cérebro controla principalmente o lado direito do corpo. Da mesma maneira, o lado direito do cérebro controla o lado esquerdo do corpo. Quando a minha amiga Marge teve um derrame, o seu hemisfério direito foi lesado. (O derrame ocorre quando uma artéria que leva sangue para o cérebro é bloqueada, fazendo que algum tecido cerebral morra.) No caso da Marge, o derrame provocou certa paralisia e perda de sensações no lado esquerdo do seu corpo. (Veja "Um Golpe de Azar" para mais informações.)

◆FIGURA 2.16

ARQUIVO CLÍNICO — Um Golpe de Azar

Derrames e outras lesões cerebrais podem atingir a pessoa como um raio. Quase instantaneamente, as vítimas percebem que há algo errado. Você também acharia isso se de repente descobrisse que não consegue movimentar ou sentir partes do seu corpo, ou ver ou falar. No entanto, algumas lesões cerebrais não são tão óbvias. Os psicólogos também procuram sinais mais sutis de que o cérebro não está trabalhando adequadamente. Entre os "sinais suaves" estão inaptidão, um modo de andar estranho, má coordenação mão-olho e outros problemas de percepção e movimento. Esses sinais são "suaves" no sentido de que não são testes diretos do cérebro. Porém, eles geralmente revelam dano cerebral (Borod et al., 2002).

Lesões cerebrais podem ser seguidas de mudanças ainda mais sutis no comportamento. Por exemplo, lesão no hemisfério direito pode provocar um problema curioso, denominado negligência especial. Os pacientes afetados não prestam atenção ao lado esquerdo do espaço visual (ver ◆Figura 2.17). Geralmente, o paciente não come a comida que está do lado esquerdo do prato. Alguns até se recusam a reconhecer um braço esquerdo paralisado como o seu próprio (Springer e Deutsch, 1998).
Se você apontar para o braço "alienígena", o paciente provavelmente dirá: "Ah, esse braço não é meu. Ele deve ser de outra pessoa".

◆FIGURA 2.17 *Negligência espacial. Pediu-se a um paciente com o hemisfério direito danificado que copiasse três desenhos modelos. Observe como ele negligenciou o lado esquerdo no seu desenho. Uma negligência semelhante ocorre em outros pacientes com lesão no hemisfério direito.* (De Left brain, right brain, 5. ed., de S. P. Springer e G. Deutsch, copyright 1981, 1985, 1989, 1993, 1998. Utilizado com a permissão de W. H. Freeman and Company.)

Especialização Hemisférica

Em 1981, Roger Sperry (1914-1994) ganhou um prêmio Nobel pela sua extraordinária descoberta de que os hemisférios direito e esquerdo do cérebro desempenham-se diferentemente em testes de linguagem, percepção, música e outras aptidões.

Como é possível testar apenas um lado do cérebro? Uma das maneiras é trabalhar com pessoas que passaram por uma **operação de "cérebro dividido"**. Nesse raro tipo de cirurgia, o *corpus callosum* é cortado para controlar epilepsia grave. O resultado é uma pessoa com basicamente dois cérebros em um corpo. Após a cirurgia, é uma simples questão de enviar informações para um hemisfério ou para outro (ver ◆Figura 2.18).

"Cérebros Divididos"

Depois de separar o cérebro em direito e esquerdo, cada hemisfério tem suas próprias percepções, conceitos e impulsos separados para agir.

Como funciona uma pessoa com cérebro dividido após a operação? Ter dois "cérebros" em um corpo pode criar alguns dilemas interessantes. Quando um paciente com cérebro dividido se vestia, ele às vezes baixava suas calças com uma mão e as levantava com a outra. Certa vez ele pegou a sua mulher com a mão esquerda e a sacudiu violentamente. Galantemente, a mão direita veio em auxílio dela e pegou a mão esquerda agressiva (Gazzaniga, 1970). No entanto, esse tipo de conflitos na verdade é raro, pois ambas as metades do cérebro geralmente têm a mesma experiência ao mesmo tempo. Além disso, se surgir conflitos, um hemisfério geralmente predomina sobre o outro.

◆FIGURA 2.18 *Trilhas nervosas básicas da visão. Observe que a parte esquerda de cada olho conecta-se somente com a metade esquerda do cérebro; da mesma forma, a parte direita de cada olho conecta-se com o cérebro direito. Quando o* corpus callosum *é cortado, o resultado é um "cérebro dividido". As informações visuais podem ser enviadas apenas para um hemisfério, sendo transmitidas no campo à medida que a pessoa olha para a frente.*

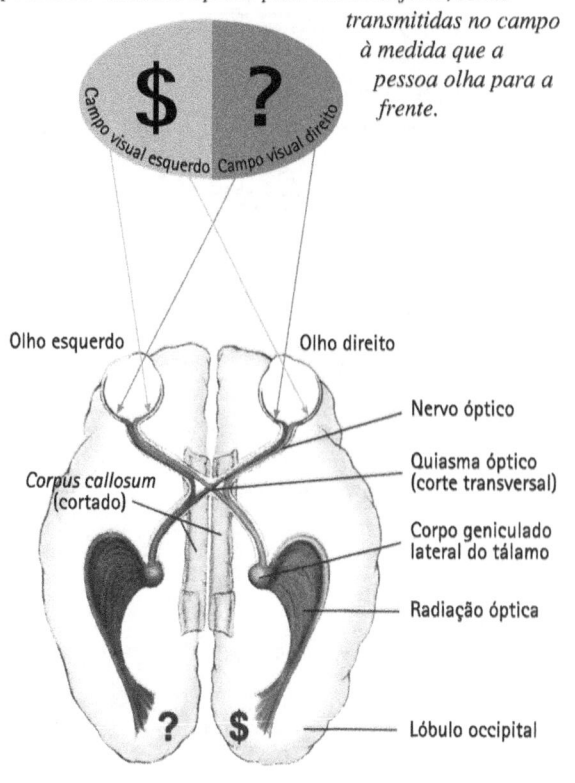

Os efeitos do cérebro dividido são mais fáceis de serem vistos em testes especializados. Por exemplo, nós poderíamos transmitir um cifrão para o cérebro direito e um ponto de interrogação para o cérebro esquerdo de um paciente chamado Tom (a Figura 2.18 mostra como isso é possível). Depois pediríamos a Tom para desenhar o que viu, utilizando a sua mão esquerda, longe dos olhos. A mão de Tom desenharia o cifrão. Se se pedir ao Tom para apontar com a sua mão direita a figura que a sua mão esquerda oculta desenhou, ele irá apontar para o ponto de interrogação (Sperry, 1968). Em suma, para uma pessoa com cérebro dividido, um hemisfério pode não saber o que está acontecendo no outro. Esse deve ser o caso mais evidente de "a mão direita pode não saber o que a mão esquerda está fazendo"! A ◆Figura 2.19 dá um outro exemplo de teste do cérebro dividido.

Cérebro Direito/Cérebro Esquerdo

Anteriormente foi dito que os hemisférios diferem em habilidades; no que eles diferem? O cérebro divide o seu trabalho de maneira interessante. Cerca de 95% das pessoas utilizam nosso cérebro esquerdo para a linguagem (falar, escrever e entender). Além disso, o hemisfério esquerdo é superior em matemática, julgar tempo e ritmo e coordenar a ordem de movimentos mais complexos, como os necessários para a fala).

Opostamente, o hemisfério direito só consegue produzir a linguagem e os números mais simples. Trabalhar com o hemisfério direito é como falar com uma criança que só sabe dizer uma dezena de palavras. Para responder a perguntas, o hemisfério tem de utilizar respostas não-verbais, como apontar para objetos (ver ◆Figura 2.19).

Embora ele seja ruim na produção da linguagem, o cérebro direito tem os seus próprios talentos. Ele é especialmente bom em aptidões de percepção, como reconhecer padrões, rostos e melodias; montar um quebra-cabeça ou desenhar. Ele também lhe ajuda a expressar emoções e detectar as emoções que as outras pessoas estão sentindo (Borod et al., 1998; Christianson et al., 1995).

Operação de cérebro dividido Cortar o *corpus callossum.*

Cérebro Esquerdo
- Linguagem
- Fala
- Escrita
- Cálculo
- Noção de tempo
- Ritmo
- Ordenação de movimentos complexos

Cérebro Direito
- Não-verbal
- Habilidades de percepção
- Visualização
- Reconhecimento de padrões, rostos e melodias
- Reconhecimento e expressão de emoções
- Habilidades espaciais
- Compreensão de linguagem simples

Eu vejo um círculo.

Eu não vejo nada.

Hemisfério Esquerdo

Hemisfério Direito

◆ FIGURA 2.19 *Um círculo é transmitido para o cérebro esquerdo de um paciente de cérebro dividido, e pergunta-se o que ele viu. Ele facilmente responde: "Um círculo". Ele pode também selecionar o círculo simplesmente tocando formas com a sua mão direita, longe dos olhos, atrás de uma tela. Porém, a sua mão esquerda não consegue identificar o círculo. Se um triângulo for transmitido para o cérebro direito do paciente, ele não consegue dizer o que viu (a fala é controlada pelo hemisfério esquerdo). Ele também não consegue identificar o triângulo pelo toque com a mão direita. No entanto, a mão esquerda não tem dificuldade em selecionar o triângulo. Em outros testes, os hemisférios revelaram habilidades distintas, como listado acima do desenho.*

Hemisfério esquerdo
DETALHES

Hemisfério direito
PADRÃO GERAL

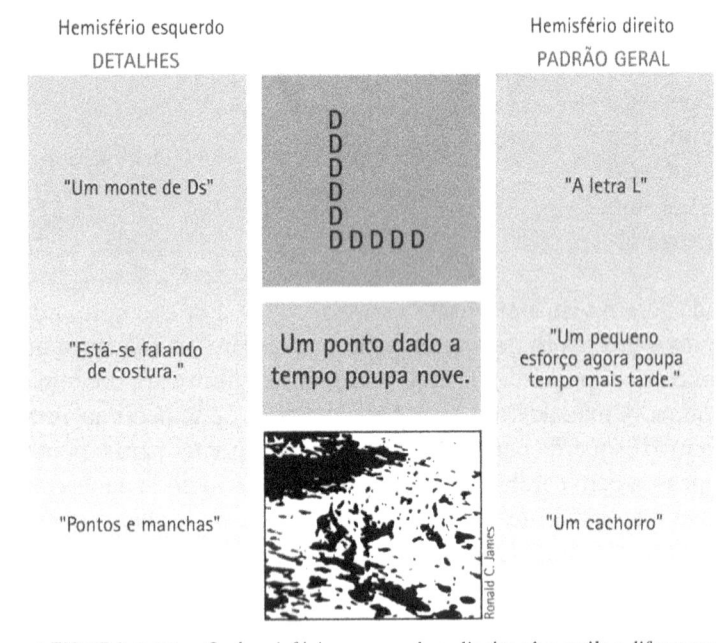

"Um monte de Ds"

D
D
D
D
DDDDD

"A letra L"

"Está-se falando de costura."

Um ponto dado a tempo poupa nove.

"Um pequeno esforço agora poupa tempo mais tarde."

"Pontos e manchas"

"Um cachorro"

◆ FIGURA 2.20 *Os hemisférios esquerdo e direito têm estilos diferentes de processar informações. O cérebro esquerdo se concentra em pequenos detalhes; o direito capta o quadro geral. (Fotografia de R. C. James.)*

Um Cérebro, Dois Estilos

Normalmente, o hemisfério esquerdo está envolvido principalmente com *análise* (decompor informações em partes). Ele também processa informações *seqüencialmente* (em ordem, um item após o outro). O hemisfério direito aparentemente processa informações *simultânea* e *holisticamente* (tudo de uma vez só) (Springer e Deutsch, 1998).

Para resumir ainda mais, pode-se dizer que o hemisfério direito é melhor em juntar as peças do mundo em um quadro coerente. O cérebro esquerdo se concentra em pequenos detalhes (ver ◆Figura 2.20). O cérebro direito vê o ângulo geral; o esquerdo foca os detalhes. O foco do lado esquerdo do cérebro é local, o do direito é global (Heinze et al., 1998; Hellige, 1993; Huebner, 1998).

As pessoas normalmente montam quebra-cabeças ou desenham somente com o hemisfério direito? Elas fazem outras coisas somente com o esquerdo? Vários livros foram escritos sobre como utilizar o cérebro direito para gerenciar, ensinar, desenhar, montar cavalos, aprender, cozinhar e até fazer amor (Carter, 1998). Mas esses livros simplificam drasticamente as diferenças entre o cérebro direito e o esquerdo. As pessoas geralmente utilizam ambos os lados do cérebro em todos os momentos. É verdade que algumas tarefas podem fazer *mais* uso de um hemisfério ou do outro. Mas na maioria das atividades do "mundo real", os hemisférios compartilham o trabalho. Cada um realiza as partes que faz melhor e compartilha informações com o outro lado. Livros e cursos populares que dizem que ensinam a "pensar com o hemisfério direito" ignoram o fato de que todo mundo já utiliza o cérebro direito para pensar (Hellige, 1990; Ornstein, 1997). Fazer qualquer coisa bem requer os talentos e as habilidades de processamento de ambos os hemisférios. Um cérebro inteligente é aquele que capta tanto os detalhes quanto o panorama geral ao mesmo tempo (Ornstein, 1997). Por exemplo, durante um concerto, Yo-Yo Ma utiliza o seu cérebro esquerdo para julgar o tempo e o ritmo e coordenar a ordem dos movimentos de suas mãos. Ao mesmo tempo, ele utiliza o seu cérebro direito para reconhecer e organizar melodias.

Lóbulos do Córtex Cerebral

Além dos dois grandes hemisférios, o córtex cerebral pode ser dividido em vários lóbulos menores (áreas delimitadas por grandes fendas e fissuras ou definidas pelas suas funções). Muitos dos lóbulos do córtex cerebral são definidos por fissuras maiores na superfície do cérebro. Outros são considerados áreas separadas, porque suas funções são bem diferentes (◆Figura 2.21).

Os Lóbulos Occipitais

No fundo do cérebro, encontramos os **lóbulos occipitais**, a região visual básica do córtex. Pacientes com tumores (crescimentos de células que interferem na atividade cerebral) nos lóbulos occipitais têm pontos cegos na sua visão.

As regiões visuais do córtex correspondem diretamente ao que é visto? As imagens são mapeadas no córtex, mas o mapa é bastante esticado e distorcido (Carlson, 2001). É importante evitar pensar na região visual como uma pequena tela de TV no cérebro. As informações visuais criam padrões complexos de atividade nas células nervosas; elas *não* criam uma imagem de TV.

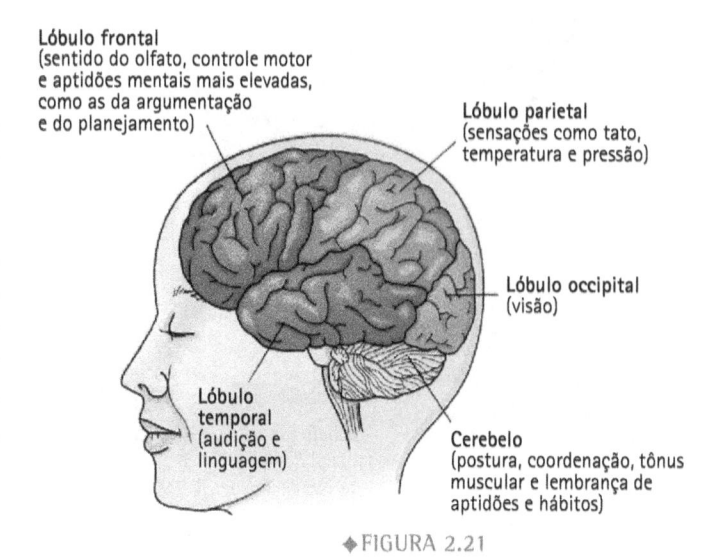

◆FIGURA 2.21

Os Lóbulos Parietais

As sensações corporais são registradas nos **lóbulos parietais**, que estão localizados logo acima dos lóbulos occipitais. O tato, a temperatura, a pressão e outras sensações somáticas fluem para a **região somatossensitiva** nos lóbulos parietais. Novamente, descobrimos que o mapa das sensações corporais é distorcido. O desenho na ◆Figura 2.22 mostra que o córtex reflete a sensibilidade das regiões do corpo e não o seu tamanho. Por exemplo, os lábios são grandes no desenho por causa da sua grande sensibilidade, enquanto o fundo e o tronco, que são menos sensíveis, são muito menores. Observe que as mãos também são grandes no mapa da sensibilidade corporal – o que obviamente é um auxiliar para músicos, datilógrafos, fabricantes de relógios, massagistas, amantes e cirurgiões do cérebro.

Os Lóbulos Temporais

Os lóbulos temporais estão localizados em cada um dos lados do cérebro. As informações auditivas são projetadas diretamente nos **lóbulos temporais**, transformando-os no local principal onde a audição é registrada. Se nós fizéssemos uma ultra-sonografia de tomografia de emissão positrônica do seu cérebro e depois começássemos a tocar o seu CD de música preferida, os seus lóbulos temporais se iluminariam. Da mesma maneira, se pudéssemos estimular a região auditiva do seu lóbulo temporal, você "ouviria" uma série de sensações sonoras.

Para a maioria das pessoas, os lóbulos temporais esquerdos também contêm um "centro" de linguagem. (Para 5% de todas as pessoas, a região fica no lóbulo temporal direito.) Lesões no lóbulo temporal podem limitar gravemente o uso da linguagem. (Falaremos mais sobre isso adiante.)

Lóbulo occipital Parte do córtex cerebral onde a visão é registrada no cérebro.

Lóbulo parietal Região do cérebro onde são registradas as sensações corporais.

Região somatossensitiva Região receptora de sensações corporais.

Lóbulos temporais Regiões que incluem os locais onde a audição é registrada no cérebro.

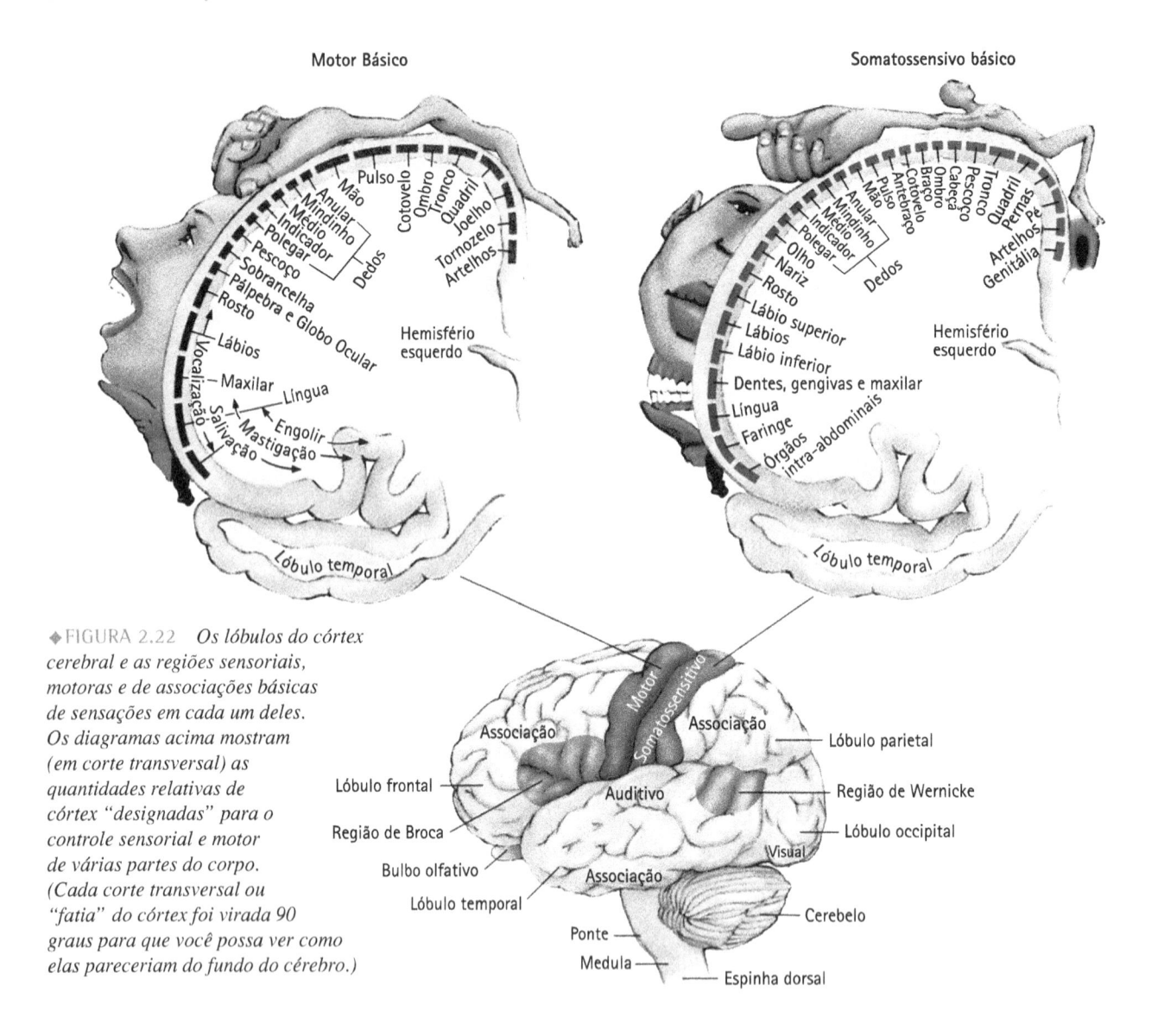

◆FIGURA 2.22 *Os lóbulos do córtex cerebral e as regiões sensoriais, motoras e de associações básicas de sensações em cada um deles. Os diagramas acima mostram (em corte transversal) as quantidades relativas de córtex "designadas" para o controle sensorial e motor de várias partes do corpo. (Cada corte transversal ou "fatia" do córtex foi virada 90 graus para que você possa ver como elas pareceriam do fundo do cérebro.)*

Os Lóbulos Frontais

Os **lóbulos frontais** estão associados a aptidões mentais mais elevadas. Essa região também é responsável pelo controle dos movimentos. Especificamente, um arco de tecido sobre o topo do cérebro, denominado **córtex motor**, dirige os músculos do corpo. Se essa região for estimulada com uma corrente elétrica, várias partes do corpo irão contrair-se ou se mover. Como a região somatossensitiva, o córtex motor corresponde à importância das regiões do corpo e não ao seu tamanho. As mãos, por exemplo, receberam mais área do que os pés (Figura 2.22). Se você alguma vez se perguntou por que as suas mãos são mais destras do que os seus pés, isso se deve parcialmente ao fato de mais córtex ser dedicado às mãos.

Os lóbulos frontais também estão relacionados a comportamentos mais complexos. Se os lóbulos frontais forem danificados, a personalidade e a vida emocional do paciente podem mudar drasticamente. (Lembra-se de Phineas Gage, o capataz ferroviário descrito no Capítulo 1?) A argumentação ou o planejamento também podem ser afetados. Os pacientes com danos no lóbulo frontal geralmente ficam "presos" em tarefas mentais e repetem as mesmas respostas erradas várias vezes (Goel e Grafman, 1995). Ultra-sonografias de tomografia de emissão positrônica sugerem que grande parte do que chamamos de inteligência está ligada ao aumento da atividade nas regiões frontais do córtex (Duncan et al., 2000). Infelizmente, o abuso de drogas é uma das maneiras pelas quais essa importante região do cérebro pode ser danificada (Liu et al., 1998).

Lóbulos frontais Região do cérebro associada ao movimento, ao sentido do olfato e a funções mentais mais elevadas.

Córtex motor Região do cérebro associada ao controle dos movimentos.

O CÉREBRO E O COMPORTAMENTO 63

▶ **PERGUNTA PARA PESQUISA** *Por que as regiões de associação do cérebro são importantes? O que acontece se elas forem lesadas?*

Regiões de Associação

Somente uma pequena parte do córtex cerebral controla diretamente o corpo e recebe informações de todos os sentidos. Todas as regiões circunvizinhas, que são chamadas de **córtex de associação**, combinam e processam informações dos sentidos. Se você vir uma rosa, as regiões de associação lhe ajudarão a reconhecê-la e a nomeá-la. O córtex de associação também contribui para aptidões mentais mais elevadas. Por exemplo, uma pessoa com danos nas regiões de associação no hemisfério esquerdo pode sofrer uma **afasia** (habilidade prejudicada de utilizar a linguagem).

Um tipo de afasia está ligada à **região de Broca**, um "centro da fala" no lóbulo frontal esquerdo (Leonard, 1997). Danos à região de Broca causam grande dificuldade para falar ou escrever. Geralmente, a gramática e a pronúncia de um paciente são ruins e a fala é lenta e forçada. Por exemplo, a pessoa pode dizer "cauo" em vez de carro, "souo" em vez de sono, ou "zocíado" em vez de zodíaco. Normalmente, a pessoa sabe o que quer dizer, mas aparentemente não consegue articular a palavra (Geschwind, 1979).

Se a região de Broca for danificada, a quantidade de perda de linguagem que uma pessoa sofre pode estar ligada ao seu sexo. "O Cérebro Dele ou Dela?" explica o porquê.

Um segundo local de linguagem, a **região de Wernicke** (ver Figura 2.22), está no lóbulo temporal esquerdo. Se ela for danificada, a pessoa terá problemas com o *significado* das palavras e não com a sua pronúncia. Uma pessoa com afasia de Broca pode dizer "caeira" quando lhe mostrarem a foto de uma cadeira. Opostamente, um paciente de Wernicke diria "banquinho" (Leonard, 1997).

Córtex de associação Todas as regiões do córtex cerebral que não são basicamente sensoriais ou motoras quanto à sua função.

Afasia Distúrbio da fala resultante de lesão cerebral.

Região de Broca Uma região da linguagem associada à gramática e à pronúncia.

Região de Wernicke Região associada à compreensão da linguagem.

DIVERSIDADE HUMANA — Cérebro Dele ou Dela?

Um paciente teve um derrame e parece que a região de Broca foi afetada. Como esperado, sua fala foi prejudicada. O paciente irá recuperar alguma aptidão lingüística? Isso pode depender do seu sexo.

Quando a região de Broca é afetada, as mulheres geralmente recuperam mais das aptidões perdidas do que os homens. Por que isso ocorre? Vamos examinar alguns cérebros de homens e mulheres para obtermos uma resposta.

Pesquisadores utilizaram imagens do cérebro para observar a atividade cerebral enquanto as pessoas realizavam tarefas lingüísticas. Enquanto trabalhavam, tanto os homens quanto as mulheres apresentaram um aumento de atividade na região de Broca, no lado esquerdo do cérebro. Isso é exatamente o que esperaríamos. No entanto, para surpresa dos cientistas, tanto o cérebro esquerdo *quanto o direito* foram ativados em mais da metade das mulheres testadas. Aparentemente, os cérebros dos homens e das mulheres tendem a diferir nas maneiras que podem afetar a fala e a linguagem (ver ◆Figura 2.23) (Rossell et al., 2002; Shaywitz e Gore, 1995; Skrandies et al., 1999).

Utilizar ambos os lados do cérebro para a linguagem pode ser uma grande vantagem. Quando a região de Broca é lesada, algumas mulheres conseguem usar o lado direito dos seus cérebros para compensar a perda (Hochstenbach et al., 1998). Os homens com lesões semelhantes têm pouca chance de melhorar. Conseqüentemente, quando um homem diz: "Eu tenho meia mente para lhe dizer o que penso", ele pode estar dizendo uma verdade curiosa. O mesmo é verdade no tocante a ouvir palavras, ato que tende a ocorrer no lado esquerdo do cérebro dos homens e em ambos os lados dos cérebros das mulheres (Phillips et al., 2001).

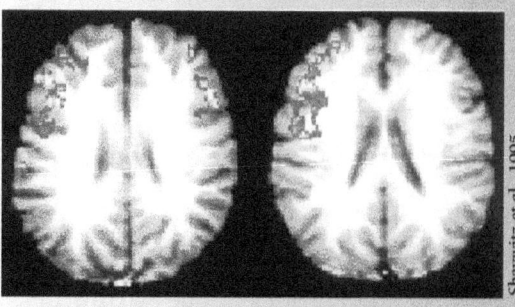

◆FIGURA 2.23 *Tarefas lingüísticas ativam ambos os lados do cérebro de várias mulheres, mas somente o lado esquerdo nos homens (ver também caderno colorido).*

PAUSA PARA ESTUDO — Lóbulos Occipitais e Parte do Córtex Cerebral

RELACIONE

Aprender as funções dos lóbulos do cérebro é como aprender as regiões de um mapa. Tente desenhar um mapa do córtex. Você consegue nomear todos os vários "países" (lóbulos)? Você consegue dizer as suas funções? Onde fica o córtex motor? A região somatossensitiva? A região de Broca? Continue redesenhando o mapa até ele ficar mais detalhado e você conseguir fazê-lo com facilidade.

VERIFICAÇÃO DO APRENDIZADO

Veja se consegue associar:

1. _____ Corpus callosum
2. _____ Lóbulos occipitais
3. _____ Lóbulos parietais
4. _____ Lóbulos temporais
5. _____ Lóbulos frontais
6. _____ Córtex de associação
7. _____ Afasias
8. _____ Corticalização
9. _____ Hemisfério esquerdo
10. _____ Hemisfério direito
11. _____ "Cérebro dividido"

A. Região visual
B. Linguagem, fala e escrita
C. Córtex motor e raciocínio abstrato
D. Aptidões espaciais, visualização e reconhecimento de padrões
E. Distúrbios da fala
F. Provoca sono
G. Aumento da taxa de córtex no cérebro
H. Sensações corporais
I. Tratamento para epilepsia grave
J. Audição
K. Fibras que conectam os hemisférios cerebrais
L. Córtex que não é sensorial ou motor quanto à função

Raciocínio Crítico

12. Se você quisesse aumentar a área da superfície do cérebro para que mais córtex cerebral coubesse no crânio, como faria isso?
13. Quais seriam algumas das possíveis vantagens e desvantagens de ter um "cérebro dividido"?
14. Se o seu cérebro fosse removido, deslocado para um outro corpo e um outro cérebro fosse inserido no seu corpo, qual você consideraria você mesmo, o seu antigo corpo com o novo cérebro ou o seu novo corpo com o cérebro antigo?

RESPOSTAS: 1.K 2.A 3.H 4.J 5.C 6.L 7.E 8.G 9.B 10.D 11.I 12. Uma solução seria dobrar a superfície do córtex, como se você estivesse tentando colocar um grande pedaço de tecido em uma caixa pequena. Provavelmente é por isso que o córtex é mais curvilíneo (dobrado e enrugado) em animais superiores. 13. Se as informações fossem corretamente direcionadas para cada hemisfério do cérebro, seria possível ter ambas as mãos trabalhando simultaneamente em tarefas conflitantes. No entanto, esses possíveis benefícios seriam aplicáveis somente sob condições altamente controladas. 14. Embora não exista uma resposta "correta" para essa pergunta, a sua personalidade, os seus conhecimentos, as suas lembranças pessoais e o seu autoconceito são todos derivados da sua atividade cerebral — o que é um forte argumento para corroborar que o seu cérebro antigo em um novo corpo estaria mais próximo da sua "verdadeira" pessoa.

Em suma, o grosso das nossas experiências diárias e toda a nossa compreensão do mundo podem ter suas origens remontadas às regiões sensoriais, motoras e de associação do córtex. O cérebro humano está entre as espécies portadoras de uma das mentes mais avançadas e sofisticadas na Terra. Isso obviamente não é garantia de que esse "biocomputador" maravilhoso será totalmente utilizado. Mesmo assim, devemos ter grande respeito pelo potencial que ele representa.

O SUBCÓRTEX — NO CENTRO DA MATÉRIA (CEREBRAL)

▶ **PERGUNTA PARA PESQUISA** *Que tipos de comportamento são controlados pelo subcórtex?*

Você poderia perder grandes partes do seu cérebro e ainda assim sobreviver. Isso, no entanto, não aconteceria se fosse nas regiões abaixo do córtex. Lesões graves no subcórtex (cérebro inferior) podem ser fatais. A fome, a sede, o sono, a atenção, o sexo, a respiração e várias outras funções vitais são controlados por partes do subcórtex. Vamos fazer um rápido *tour* por essas regiões do cérebro.

O **subcórtex** fica imediatamente abaixo dos hemisférios cerebrais. Essa região pode ser dividida em tronco cerebral (ou cérebro posterior), o mesencéfalo e o cérebro anterior. (O cérebro anterior também inclui o córtex cerebral, que nós já discutimos por causa do seu tamanho e da sua importância.) Para os nossos fins, o mesencéfalo pode ser considerado um elo entre o cérebro anterior e o cérebro posterior. Portanto, vamo-nos concentrar no restante do subcórtex (ver ♦Figura 2.24).

O Cérebro Posterior

Por que as regiões inferiores do cérebro são tão importantes? Quando a espinha dorsal se junta ao cérebro, ela se alarga para formar o tronco cerebral. O **tronco cerebral** é composto basicamente da medula e do cerebelo. A **medula** contém centros importantes para o controle do reflexo das funções vitais, como batimentos cardíacos, respiração e o ato de engolir. Várias drogas, doenças e lesões podem perturbar a medula e encerrar a vida ou colocá-la em perigo. É por isso que um golpe de caratê na parte de trás do pescoço pode ser extremamente perigoso.

A **ponte**, que se parece com um pequeno calo no tronco cerebral, atua como uma ponte entre a medula e outras regiões do cérebro. Além de conectar vários outros locais, incluindo o cerebelo, a ponte influencia o sono e a excitação.

O cerebelo, que se parece como uma miniatura do córtex cerebral, fica na base do cérebro. O **cerebelo** basicamente regula a postura, o tônus e a coordenação muscular. Também armazena lembranças relacionadas a aptidões e hábitos (Thompson, 1991).

O que acontece se o cerebelo for danificado? Sem o cerebelo, tarefas como andar, correr ou brincar de pega-pega seriam impossíveis. Os primeiros sintomas de uma doença devastadora denominada *degeneração espinhal-cerebelar* são: tremores, tontura e fraqueza muscular. No final, as vítimas têm dificuldade para simplesmente ficar de pé, andar ou se alimentar.

Formação Reticular

Uma rede de fibras e corpos de células, denominados **formação reticular (FR)**, fica dentro da medula e do tronco cerebral. À medida que as mensagens vão fluindo para o cérebro, a FR prioriza algumas e deixa outras de lado. Fazendo isso, ela influencia a *atenção*. A FR só amadurece completamente na adolescência, o que pode ser o motivo pelo qual as crianças têm círculos de atenção pequenos. A FR também modifica os comandos que saem para o corpo. Dessa maneira, ela afeta o tônus muscular, a postura e os movimentos dos olhos, do rosto, da cabeça, do corpo e dos membros. Ao mesmo tempo, a FR controla os reflexos envolvidos na respiração e nos atos de espirrar, tossir e vomitar.

Manter-nos vigilantes, em alerta e despertos é uma tarefa importante da formação reticular. As mensagens que entram nos órgãos dos sentidos se ramificam em uma parte da FR denominada **sistema reticular ativador (SRA)**. O SRA bombardeia o córtex com estimulação, mantendo-o ativo e alerta. Por exemplo, vamos dizer que um motorista com sono faça uma curva e veja um veado na estrada. O motorista volta a ficar atento e freia. Ele pode agradecer ao SRA por excitar o restante do seu cérebro e evitar um acidente. Se você ficar com sono durante a leitura deste capítulo, experimente beliscar a sua orelha – um pouco de dor fará com que o seu SRA excite momentaneamente o seu cérebro.

O Cérebro Anterior

Como pedras preciosas ocultas, as partes mais importantes do seu corpo ficam enterradas fundo no seu cérebro. O tálamo e a região logo abaixo dele, denominada hipotálamo, são as partes-chave do cérebro anterior (ver Figura 2.24).

Subcórtex Todas as estruturas do cérebro abaixo do córtex cerebral.

Tronco cerebral As partes inferiores do cérebro, incluindo o cerebelo, a medula, pontes e a formação reticular.

Medula A estrutura que conecta o cérebro com a espinha dorsal e controla as funções vitais.

Ponte Uma região do tronco cerebral que age como uma ponte entre a medula e outras estruturas.

Cerebelo Estrutura cerebral que controla a postura e a coordenação.

Formação reticular Uma rede dentro da medula e do tronco cerebral associada à atenção, diligência e alguns reflexos.

Sistema reticular ativador (SRA) Parte da formação reticular que ativa o córtex cerebral.

Cérebro
(Superfície: córtex cerebral)
Movimentos voluntários; sensações, aprendizado, o ato de lembrar, pensar, as emoções e a consciência

Hipotálamo
Controle de fome, sede, temperatura e outras funções viscerais e corporais

Glândula pituitária
A "glândula mestra" do sistema endócrino

Medula
Centros para controlar a respiração, deglutição, digestão, batimentos cardíacos

Corpus callosum
Faixa de fibras que conectam os dois hemisférios

Tálamo
Estação de retransmissão de informações sensoriais para o córtex

Mesencéfalo
Centro de condução e baldeação

Cerebelo
Tônus muscular; equilíbrio do corpo; coordenação dos movimentos treinados

Formação reticular
Excitação; atenção; movimento; reflexos

Espinha dorsal
Trilhas condutoras dos impulsos motores e sensoriais; reflexos locais (arco reflexo)

Cérebro anterior
Mesencéfalo
Cérebro posterior

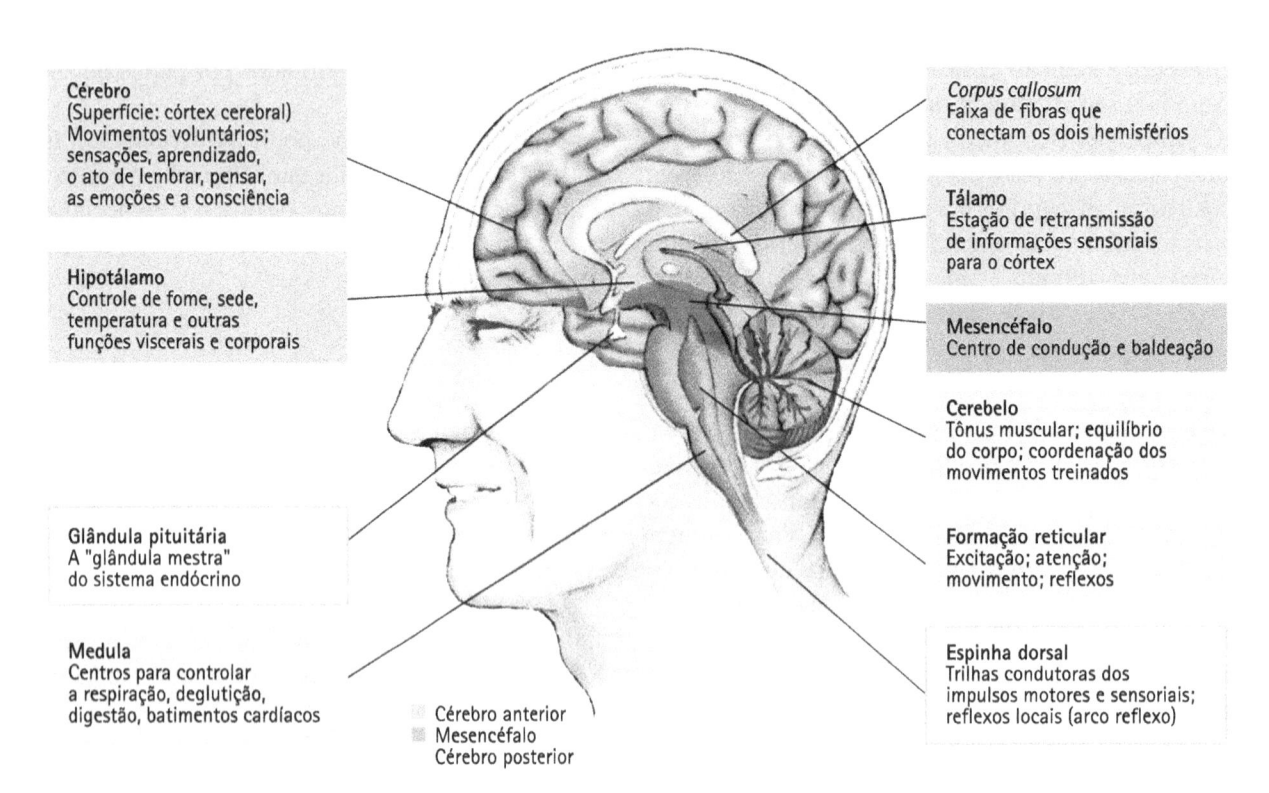

◆ FIGURA 2.24   *Este desenho simplificado mostra as estruturas principais do cérebro humano e descreve algumas das suas características mais importantes. (Você pode observar o código de cores no primeiro plano para identificar que regiões são parte do cérebro anterior, mesencéfalo e cérebro posterior.)*

> O sistema límbico é responsável por muitas das nossas respostas emocionais. A amígdala, particularmente, produz medo rápido, que pode nos proteger do perigo. Se você visse uma cascavel inesperadamente, provavelmente pularia para trás de medo, sem ter de pensar primeiro se estava ou não em perigo.

O **tálamo** atua como uma "estação de baldeação" para mensagens sensoriais a caminho do córtex. A visão, a audição, o paladar e o tato passam por essa estrutura pequena em forma de bola de futebol. Portanto, lesões até em pequenas regiões do tálamo podem provocar surdez, cegueira ou a perda de qualquer sentido, exceto o olfato (que se conecta diretamente ao córtex).

O **hipotálamo** humano é aproximadamente do tamanho de uma pequena uva. Por menor que seja, é um tipo de centro de controle mestre da emoção e de vários motivos básicos (Carlson, 2001). O hipotálamo afeta comportamentos tão diversos quanto o sexo, a raiva, o controle da temperatura, a liberação de hormônios, comer e beber, dormir, acordar e sentir emoções. O hipotálamo é basicamente um "cruzamento" que conecta várias regiões do cérebro. Ele também é a trilha final para muitos tipos de comportamento. Isto é, o hipotálamo é o último local onde os comportamentos são organizados ou "decididos" antes de as mensagens saírem do cérebro, causando a reação do corpo.

O Sistema Límbico

Como um grupo, o hipotálamo, parte do tálamo, a amígdala, o hipocampo e outras estruturas formam o sistema límbico (◆Figura 2.25). O **sistema límbico** tem um papel importante na produção de emoções e motivação do comportamento. Raiva, medo, resposta sexual e excitação intensa podem ser obtidos de vários pontos no sistema límbico.

Os cientistas achavam que todas as emoções eram processadas pelo córtex cerebral. No entanto, esse nem sempre é o caso. Imagine esse teste de força de vontade: vá ao zoológico e coloque o seu rosto perto do vidro do display de uma cascavel. De repente, a cascavel golpeia o seu rosto. Você se encolhe? Mesmo sabendo que está seguro, o pesquisador Joseph LeDoux prevê que você irá recuar do ataque da cobra (LeDoux, 1999).

Tálamo Estrutura cerebral que retransmite informações sensoriais para o córtex cerebral.

Hipotálamo Uma pequena região do cérebro que regula comportamentos emocionais e motivos.

Sistema límbico Um sistema no cérebro anterior que está estreitamente associado a respostas de medo.

LeDoux e outros pesquisadores descobriram que uma região do cérebro, denominada **amígdala**, se especializa em produzir o medo. A amígdala recebe informações sensoriais muito direta e rapidamente, passando perto do córtex. Conseqüentemente, isso nos permite responder a estímulos potencialmente perigosos antes de sabermos realmente o que está acontecendo. Essa resposta primitiva de medo não está sob o controle dos centros cerebrais superiores. O papel da amígdala na emoção pode explicar por que as pessoas que sofrem de fobias e ansiedade incapacitadoras geralmente sentem medo sem saber o motivo (LeDoux, 1999).

As pessoas que sofrem danos na amígdala ficam "cegas" para a emoção. Um ladrão armado poderia apontar um revólver para a cabeça dessas pessoas e elas não sentiriam medo. Essas pessoas são incapazes de "ler" ou entender as emoções dos outros. Muitas perdem a habilidade de se relacionar normalmente com amigos, família e colegas de trabalho (Goleman, 1995).

Algumas partes do sistema límbico assumiram funções adicionais de níveis superiores. Uma parte chamada **hipocampo** é importante para a formação

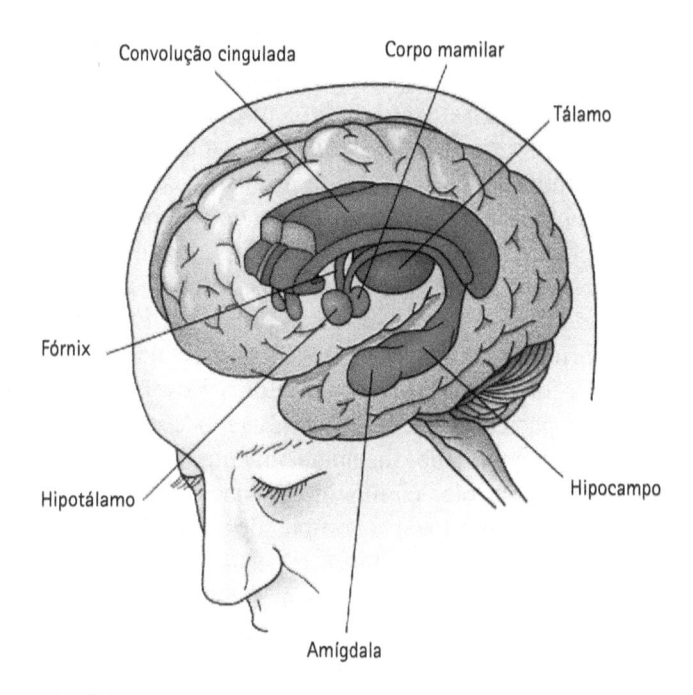

◆FIGURA 2.25 *Partes do sistema límbico. Embora só um lado seja mostrado aqui, o hipocampo e a amígdala se estendem para os lóbulos temporais em cada um dos lados do cérebro. O sistema límbico é um tipo de "núcleo primitivo" do cérebro, fortemente associado às emoções.*

de lembranças duradouras (Bigler et al., 1996). O hipocampo está localizado dentro dos lóbulos temporais, e é por isso que estimular tais lóbulos pode produzir experiências semelhantes a lembranças ou sonhos. O hipocampo também nos ajuda a navegar pelo espaço. O seu hipocampo direito fica mais ativo, por exemplo, quando você planeja mentalmente um passeio de carro pela cidade (Maguire et al., 1997).

Os psicólogos descobriram que os animais aprendem a pressionar uma alavanca para dar uma dose gratificante de estimulação elétrica ao sistema límbico. Os animais agem como se a estimulação fosse satisfatória ou prazerosa. Na verdade, várias regiões do sistema límbico agem como trilhas de recompensas ou "prazer". Muitas delas se encontram no hipotálamo, onde coincidem com regiões que controlam a sede, o sexo e a fome. Drogas que comumente causam dependência, como cocaína, anfetamina, heroína, nicotina, maconha e álcool, ativam muitas das mesmas trilhas de prazer. Isso aparentemente explica, em parte, por que essas drogas são tão poderosamente gratificantes (Wise e Rompre, 1989). Você talvez também se interesse em saber que a música que você classificaria de "excitante" ativa sistemas de prazer no seu cérebro, o que talvez explique a atração que envia arrepios para a sua espinha (Blood e Zatorre, 2001). (Pode explicar também por que as pessoas pagam tanto por ingressos para concertos!)

Foram descobertas também regiões de castigo ou "de aversão" no sistema límbico. Quando esses locais são ativados, os animais demonstram desconforto e trabalham arduamente para desligar a estimulação. Como grande parte do nosso comportamento se baseia na busca do prazer e em evitar a dor, essas descobertas continuam fascinando os psicólogos.

O Cérebro em Perspectiva

Dada a quantidade de informações cobertas na nossa viagem pelo cérebro, seria bom fazer uma breve revisão. Nós vimos que o cérebro humano é uma reunião impressionante de bilhões de células sensíveis e fibras nervosas. O cérebro controla as funções vitais do corpo, acompanha o que está acontecendo no mundo exterior, emite comandos para os músculos e as glândulas, responde às necessidades correntes, cria a mágica da consciência e regula o seu próprio comportamento – *tudo* ao mesmo tempo.

Amígdala Parte do sistema límbico associada às respostas ao medo.

Hipocampo Parte do sistema límbico associada ao armazenamento de lembranças.

Cabe aqui uma observação final de alerta: para simplificar, nós designamos funções para cada "parte" do cérebro como se ele fosse um computador. Isso é apenas uma meia-verdade. Na realidade, o cérebro é um vasto sistema de processamento de informações. As informações que entram espalham-se por todo o cérebro e convergem novamente quando saem pela espinha dorsal para os músculos e as glândulas. O sistema geral é muito mais complicado do que a nossa discussão de "partes" separadas dá a entender.

Começamos a nossa exploração do cérebro com um músico virtuoso. Imagine o outro extremo: ser totalmente incapaz de se mover ou falar. Embora você permanecesse alerta, seria incapaz de comunicar os seus pensamentos e sentimentos mais simples para os outros. Todos os anos essa é a sina de milhares de pessoas que são paralisadas por derrames, doenças ou lesões. Em um sentido bem real, essas pessoas tornam-se prisioneiras do seu próprio corpo (Christensen, 1999). E se elas pudessem "querer" um computador para falar por elas?

Em estudos pioneiros, os doutores Roy Bakay e Philip Kennedy inseriram eletrodos especiais no córtex motor de pacientes paralisados. Quando o paciente tem certos pensamentos, os fios implantados detectam explosões de atividade. Instantaneamente, esses sinais são transmitidos para um computador, por meio do qual eles podem controlar os movimentos de um cursor na tela. Os pacientes agora estão aprendendo a selecionar ícones na tela para fazer o computador dizer frases como: "Por favor, ligue as luzes" ou "Até logo, foi bom te ver" (Kennedy e Bakay, 1998).

Os neurocientistas perceberam que deram pequenos passos no sentido de liberar os pacientes "presos em si mesmos". Mesmo assim, o que era meramente ficção científica há apenas alguns anos está começando a se tornar realidade. O cérebro humano está apenas começando a ser entendido. Que aventura a próxima década de pesquisas sobre o cérebro vai ser!

O SISTEMA ENDÓCRINO – OS HORMÔNIOS E O COMPORTAMENTO

▶ **PERGUNTA PARA PESQUISA**   *O sistema glandular afeta o comportamento?*

O nosso comportamento não é somente um produto do sistema nervoso. As glândulas endócrinas servem como um segundo grande sistema de comunicação no corpo. O **sistema endócrino** é composto de glândulas que despejam substâncias químicas na corrente sangüínea ou no sistema linfático (ver ◆Figura 2.26). Essas substâncias químicas, chamadas **hormônios**, são transportadas através do corpo, onde elas

Sistema endócrino Glândulas cujas secreções passam diretamente pela corrente sangüínea ou pelo sistema linfático.

Hormônio Secreção glandular que afeta as funções corporais ou o comportamento.

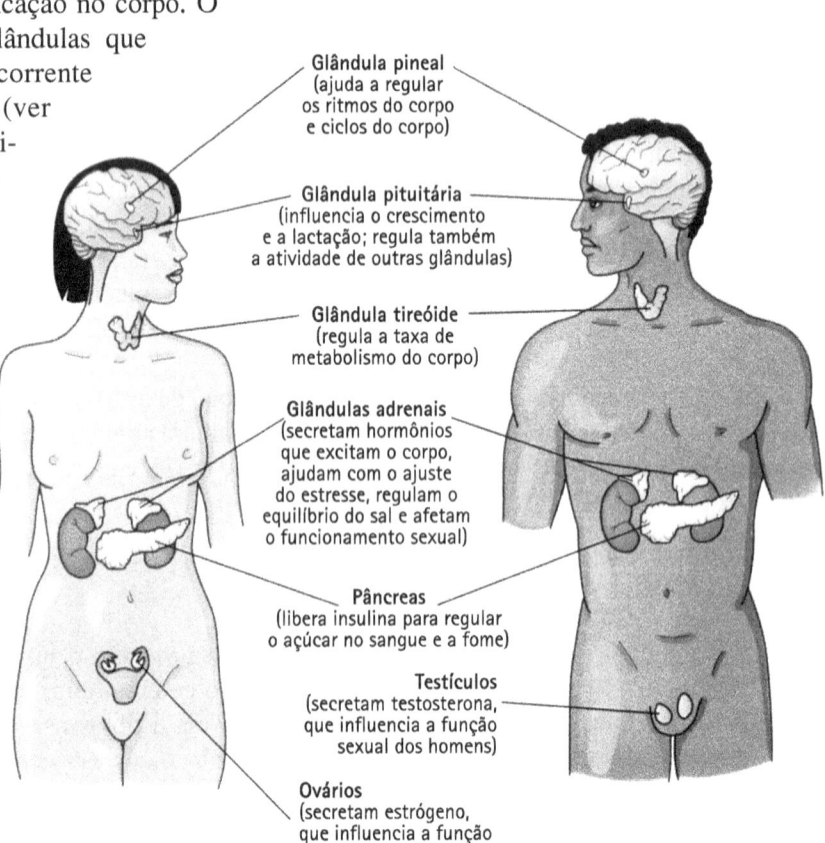

◆FIGURA 2.26

- Glândula pineal (ajuda a regular os ritmos do corpo e ciclos do corpo)
- Glândula pituitária (influencia o crescimento e a lactação; regula também a atividade de outras glândulas)
- Glândula tireóide (regula a taxa de metabolismo do corpo)
- Glândulas adrenais (secretam hormônios que excitam o corpo, ajudam com o ajuste do estresse, regulam o equilíbrio do sal e afetam o funcionamento sexual)
- Pâncreas (libera insulina para regular o açúcar no sangue e a fome)
- Testículos (secretam testosterona, que influencia a função sexual dos homens)
- Ovários (secretam estrógeno, que influencia a função sexual das mulheres)

afetam tanto as atividades internas quanto o comportamento visível. Os hormônios estão ligados a neurotransmissores. Como outras substâncias químicas desse tipo, os hormônios ativam células no corpo. Para responder, as células têm de ter locais receptores para os hormônios, e estes podem afetar desde a puberdade até a personalidade, do gigantismo ao cansaço provocado pela diferença de fuso horário.

> *A subatividade da glândula pituitária pode produzir um anão; a superatividade, um gigante.*

Como os hormônios afetam o comportamento? Embora raramente estejamos cientes deles, os hormônios nos afetam de várias maneiras. Eis uma pequena amostra: a produção de hormônios das glândulas adrenais aumenta durante situações estressantes; os andrógenos (os hormônios "masculinos") estão ligados ao impulso sexual tanto nos homens como nas mulheres; os hormônios secretados em momentos de alta emoção intensificam a formação de lembranças; pelo menos parte da confusão emocional da adolescência é devida a níveis elevados de hormônios; hormônios diferentes predominam quando você está zangado e não com medo. Essas são apenas amostras; vamos analisar outros efeitos adicionais que os hormônios têm no corpo e no comportamento.

A pituitária é um globo do tamanho de uma ervilha pendurada na base do cérebro (volte para a Figura 2.26). Um dos papéis mais importantes da pituitária é regular o crescimento. Na infância, a pituitária secreta um hormônio que acelera o desenvolvimento do corpo. Se for liberada uma quantidade pequena demais de **hormônio de crescimento**, a pessoa pode ficar bem menor do que a média. Se esse problema não for tratado, uma criança pode ficar de 2,35 a 4,7 centímetros mais baixa que as pessoas da sua idade. Como adultas, algumas delas vão ter *nanismo hipopituitário*.

Essas pessoas são perfeitamente proporcionais, mas pequenas. Injeções regulares de hormônio de crescimento podem aumentar a altura da criança hipopituitária em vários centímetros, geralmente para o lado mais baixo da média. O tratamento, no entanto, pode durar de três a sete anos e custar de US$ 45.000 a US$ 105.000.

O excesso de hormônio de crescimento produz o *gigantismo* (crescimento excessivo do corpo). A secreção de uma quantidade excessiva de hormônio no final do período de crescimento provoca *acromegalia*, uma doença na qual os braços, as mãos, os pés e os ossos da face aumentam. A acromegalia produz traços faciais proeminentes, que algumas pessoas têm usado como base para carreiras como atores e lutadores de luta romana, por exemplo.

A pituitária também regula o funcionamento de outras glândulas (principalmente a tireóide, as glândulas adrenais, os ovários e os testículos). Essas glândulas, por sua vez, regulam outros processos corporais, como o metabolismo, respostas ao estresse e reprodução. Nas mulheres, a pituitária controla a produção de leite durante a gravidez.

A **pituitária** muitas vezes é chamada de "glândula mestra", porque ela influencia outras glândulas endócrinas. Mas a mestra tem um mestre: a pituitária é regida pelo hipotálamo, que fica logo acima dela. Dessa forma, o hipotálamo pode afetar glândulas no corpo todo. Esse é, portanto, o elo principal entre o cérebro e os hormônios (Carlson, 2001).

A glândula pineal foi certa época considerada um resíduo inútil da evolução. No entanto, a sua função nos humanos agora está vindo à tona (maneira de dizer). A **glândula pineal** libera um hormônio chamado **melatonina** em resposta às variações diárias na luz. Os níveis de melatonina na corrente sangüínea aumentam quando anoitece e atingem o seu pico à meia-noite. Eles caem novamente à medida que a manhã vai se aproximando. O ciclo movido pela luz ajuda a controlar os ritmos do corpo e do sono. No tocante ao cérebro, é hora de ir para a cama quando os níveis de melatonina aumentam (Attenburrow et al., 1996).

Estudos com tripulações de vôo mostraram que a melatonina pode ser utilizada para minimizar o cansaço provocado pela diferença de fuso horário. Para encontrar o relógio do corpo em um novo fuso horário, pode-se tomar uma pequena quantidade de melatonina cerca de uma hora antes da hora de dormir. Continua-se com essa dose por quantos dias forem necessários para amenizar o cansaço provocado pela diferença de fuso horário. Esse mesmo tratamento pode ser utilizado para fazer um rodízio de turnos (Arendt, 1994; Brown, 1994; Comperatore et al., 1996).

Hormônio de crescimento Hormônio secretado pela glândula pituitária que promove o crescimento corporal.

Glândula pituitária A "glândula mestra" cujos hormônios influenciam outras glândulas endócrinas.

Glândula pineal A glândula no cérebro que ajuda a regular os ritmos do corpo e ciclos do sono.

Melatonina Hormônio liberado pela glândula pineal em resposta aos ciclos diários de luz e escuridão.

Tripulações de vôo sofrem perturbações graves nos seus ciclos de sono. Por exemplo, uma tripulação que sai de Los Angeles às 16 horas rumo a Londres, chegará em oito horas. Os corpos dos membros da tripulação, que estão no horário da Califórnia, agirão como se fosse meia-noite. No entanto, em Londres serão 8 horas da manhã. Estudos recentes confirmam que a melatonina pode ajudar as pessoas a se adaptarem mais rapidamente a essas mudanças de fuso horário.

A **glândula tireóide**, localizada no pescoço, regula o metabolismo. Como você talvez se lembre de um curso de biologia, o *metabolismo* é a taxa que regula a energia produzida e consumida no corpo. Alterando o metabolismo, a tireóide pode ter um efeito importante na personalidade. Uma pessoa que sofre de *hipertireoidismo* (uma tireóide superativa) tende a ser magra, tensa, excitável e nervosa. Uma tireóide subativa (*hipotireoidismo*) em um adulto pode provocar inatividade, sonolência, lentidão e obesidade. Na infância, o hipotireodismo limita o desenvolvimento do sistema nervoso, levando a grave retardamento mental.

Quando você está com medo ou zangado, algumas reações importantes preparam o seu corpo para a ação: o seu batimento cardíaco e a sua pressão arterial sobem, o açúcar armazenado é liberado na corrente sangüínea, para você obter energia rapidamente, os seus músculos se tensionam e recebem mais sangue, e o seu sangue está preparado para coagular mais rapidamente no caso de lesão. Como discutimos anteriormente, essas mudanças são controladas pelo sistema nervoso autônomo. Especificamente, o ramo simpático do SNA faz os hormônios *epinefrina* e *norepinefrina* serem liberados pelas glândulas adrenais. (A epinefrina também é conhecida como adrenalina, um termo com o qual você talvez esteja mais familiarizado.) A **epinefrina**, que é associada ao medo, tende a excitar o corpo. A **norepinefrina** também tende a excitar o corpo, mas está associada à raiva.

As **glândulas adrenais** estão situadas logo abaixo do fundo da costela, em cima dos rins. A *medula adrenal* ou o núcleo interno das glândulas adrenais é fonte de epinefrina e norepinefrina. O *córtex adrenal*, ou a "casca" interna das glândulas adrenais, produz um conjunto de hormônios chamados *corticóides*. Uma das suas funções é regular o equilíbrio do sal no corpo. Uma deficiência de certos corticóides nos seres humanos pode evocar um forte desejo pelo gosto do sal. Os corticóides também ajudam o corpo a se adaptar ao estresse e são uma fonte secundária de hormônios sexuais.

Na sua tentativa de recorde de homerun* na liga profissional, o astro do beisebol Mark McGwire admitiu usar uma droga esteróide banida pela NFL e pelo comitê olímpico, mas não pela liga profissional. Muitos atletas foram desclassificados, banidos de competições ou tiveram suas medalhas retiradas por causa do uso de esteróides.

Um excesso de secreção dos hormônios sexuais adrenais pode causar o *virilismo* (características masculinas exageradas). Por exemplo, uma mulher pode ter barba ou voz de homem tão grave que seja difícil de entender. O excesso de secreção no início da vida pode provocar *puberdade prematura* (desenvolvimento sexual completo na infância). Um dos casos mais extraordinários já registrado é o de uma menina peruana de cinco anos de idade que deu à luz um filho.

Já que estamos falando de hormônios sexuais, há uma questão relacionada que merece ser mencionada. Um dos principais andróginos, ou hormônios "masculinos", é a testosterona, que é fornecida em pequenas quantidades pelas glândulas adrenais. (Os testículos são a principal fonte de testosterona nos homens.) Talvez você já tenha ouvido falar do uso de esteróides anabolizantes por atletas que querem ficar mais "musculosos" ou fazer os músculos crescerem. A maioria dessas drogas são versões sintéticas da testosterona.

Embora muitos atletas achem o contrário, não há provas de que os esteróides melhoram o desempenho, e eles podem causar graves efeitos colaterais. Entre os problemas estão fazer a voz ficar mais grave, calvície nas mulheres, encolhimento dos testículos, impotência sexual ou aumento do peito nos homens. Quando os esteróides são utilizados por adolescentes mais jovens, é comum um maior risco de ataque cardíaco e derrame, dano ao fígado ou crescimento tolhido (Bahrke et al., 1998). Compreensivelmente, todas as principais organizações esportivas banem o uso de esteróides anabolizantes.

Nessa breve discussão do sistema endócrino, levamos em consideração apenas algumas poucas glândulas mais importantes. Mesmo assim, isso deve lhe dar uma idéia de quão completamente o comportamento e a personalidade estão ligados ao refluxo e ao fluxo dos hormônios no corpo.

Glândula tireóide Glândula endócrina que ajuda a regular a taxa de metabolismo.

Epinefrina Hormônio adrenal que tende a excitar o corpo; a epinefrina está associada ao medo (também conhecida como adrenalina).

Norepinefrina Hormônio adrenal que tende a excitar o corpo; a norepinefrina está associada à raiva (também conhecida como noradrenalina).

Glândulas adrenais Glândulas endócrinas que excitam o corpo, regulam o equilíbrio do sal, adaptam o corpo ao estresse e afetam o funcionamento sexual.

---

* NE: *Homerun*: lance máximo do beisebol, em que o jogador rebate a bola para fora do campo.

O CÉREBRO E O COMPORTAMENTO 71

Um Olhar Adiante

Na seção Psicologia em Ação, a seguir, vamos voltar ao cérebro e ver como a preferência manual está ligada à sua organização. Você também vai descobrir se ser destro ou canhoto afeta a sua chance de viver até uma idade avançada.

PAUSA PARA ESTUDO — O Subcórtex e o Sistema Endócrino

RELACIONE

Se o sr. Medula se encontrasse com o sr. Cerebelo em uma festa, quais eles diriam que são os seus papéis no cérebro? Uma banda marchando em uma "formação reticular" se pareceria com uma rede? Ela chamaria a sua atenção? Se você estivesse na trilha final dos comportamentos que saem do cérebro, você estaria no tálamo? Quando você fica melindroso, você acena com os membros (e o seu sistema límbico se torna mais ativo)?

Liste a maior quantidade de glândulas endócrinas possível. Quais você esqueceu? Você não consegue resumir as funções de cada uma das glândulas?

VERIFICAÇÃO DO APRENDIZADO

1. As três principais divisões do cérebro são o tronco cerebral ou _____, o _____ e o _____.
2. Os centros de reflexos para os batimentos cardíacos e a respiração estão no(a):
   a. cerebelo   b. tálamo   c. medula   d. FR
3. Parte da formação reticular, conhecida como SRA, serve como um sistema _____ no cérebro.
   a. ativador   b. adrenal
   c. adaptador   d. aversivo

4. O _____ é o retransmissor final, ou a "estação de baldeação", para as informações sensoriais a caminho do córtex.
5. As regiões de "recompensa" ou "castigo" estão situadas em todo o sistema _____, que também está associado à emoção.
6. A subsecreção da tireóide pode provocar
   a. nanismo   b. gigantismo
   c. obesidade   d. retardamento mental
7. A capacidade do corpo de resistir ao estresse está associada à ação do _____ adrenal.

Raciocínio Crítico

8. As estruturas subcorticais nos seres humanos são bem semelhantes às respectivas regiões inferiores do cérebro nos animais. Em termos gerais, que funções são controladas pelo subcórtex?
9. Onde, em todo o "hardware" do cérebro, você acha que se encontra a mente? Qual é a relação entre mente e cérebro?

RESPOSTAS: 1. cérebro posterior, mesencéfalo, cérebro anterior 2. c 3. a 4. tálamo 5. límbico 6. d (na infância) 7. córtex 8. Porque o subcórtex deve estar relacionado às funções básicas comuns a todos os animais superiores: motivos, emoções, sono, atenção e funções vegetativas como os batimentos cardíacos, respirar e regulagem da temperatura. O subcórtex também direciona e processa informações que entram dos órgãos dos sentidos e os comandos que saem para os músculos. 9. Essa pergunta, conhecida como o problema mente-corpo, vem desafiando os pensadores há séculos. Um ponto de vista recente é que os estados mentais são "propriedades emergentes" da atividade cerebral. Isto é, a atividade cerebral forma padrões complexos que são, de uma certa maneira, mais do que a soma das suas partes. Ou, para usar uma analogia grosseira, se o seu cérebro fosse um instrumento musical, a vida mental seria como a música tocada nele.

Psicologia em Ação

Destreza — Preferência pela mão direita ou esquerda na maioria das atividades

▶ **PERGUNTA PARA PESQUISA** *Em que as pessoas destras e canhotas diferem?*

Na língua inglesa "o que é direita é correta" mas o que é esquerda pode ser injustiça. Nós temos para o uso da mão esquerda pessoas com duas esquerdas independentes, aquelas que saem do lado esquerdo e aquelas que são canhotas. De outro lado, nós temos o caminho certo, o ângulo certo, o homem (ou mulher) de confiança, a virtuosidade e a pessoa que usa mais a mão direita.

O que causa a **destreza** (a preferência pela mão direita ou esquerda)? Por que há mais pessoas destras do que canhotas? Em que as pessoas destras e canhotas diferem? Ser canhoto causa algum problema ou traz algum benefício? As respostas para essas perguntas nos levam ao fundo do cérebro, onde a destreza começa. Vamos ver o que as pesquisas revelaram sobre a destreza, o cérebro e você.

Destreza Preferência pela mão direita ou esquerda na maioria das atividades.

Domínio da Mão

Reserve um momento e escreva o seu nome em uma folha de papel utilizando a sua mão direita e depois a esquerda. Você provavelmente se sentiu muito mais à vontade escrevendo com a sua mão predominante. Isso é interessante porque não existe uma diferença real na força ou na destreza das mãos em si. A agilidade da sua mão predominante é uma expressão externa de um controle motor superior em um lado do cérebro. Se você for destro, há literalmente mais área no lado esquerdo do seu cérebro dedicada a controlar a sua mão direita. Se você for canhoto, o inverso é verdadeiro (Volkmann et al., 1998).

Esse exercício implica que você é totalmente destro ou canhoto. Mas a destreza é uma questão de grau (Coren, 1992). Para avaliar melhor a sua destreza, faça um círculo em cada uma das perguntas a seguir.

VOCÊ É DESTRO OU CANHOTO?

1. Que mão você usa normalmente para escrever? Direita Esquerda Ambas
2. Que mão você usa para jogar uma bola em um alvo? Direita Esquerda Ambas
3. Que mão você usa para segurar a sua escova de dente? Direita Esquerda Ambas
4. Que mão você usa para segurar uma faca quando corta comida? Direita Esquerda Ambas
5. Com qual mão você segura o martelo para pregar um prego? Direita Esquerda Ambas
6. Quando você coloca linha na agulha, que mão segura a linha? Direita Esquerda Ambas

Para saber a sua pontuação, conte quantas respostas "Direita" você assinalou e multiplique por três. Depois, multiplique a quantidade de respostas "Ambas" por 2. A seguir, conte a quantidade de respostas "Esquerda" que você assinalou. Agora, some os três totais e compare o resultado com a seguinte escala (adaptado de Coren, 1992).

- 17–18 Fortemente destro
- 15–16 Moderadamente destro (misto)
- 13–14 Levemente destro (misto)
- 12   Ambidestro
- 10–11 Levemente canhoto (misto)
- 8–9   Moderadamente canhoto (misto)
- 6–7   Fortemente canhoto

A maioria das pessoas (cerca de 77%) são fortemente destras. As outras apresentam uma certa incoerência na preferência manual. Como você pode ver na lista a seguir, essas diferenças podem afetar o desempenho em alguns esportes (Coren, 1992).

Os canhotos levam vantagem em esportes como esgrima e pugilismo. Provavelmente os seus movimentos são menos familiares aos seus oponentes, que geralmente enfrentam destros (Coren, 1992).

ESPORTE	VANTAGEM DE DESTREZA
Pugilismo	Canhota
Esgrima	Canhota
Basquete	Mista e ambidestra
Hóquei no gelo	Mista e ambidestra
Hóquei de campo	Mista e ambidestra
Tênis	Fortemente canhota ou destra
Squash	Fortemente canhota ou destra
Badminton	Fortemente canhota ou destra

Fora dos esportes, o canhotismo tem uma má reputação não merecida. A suposta falta de jeito dos canhotos é conseqüência do fato de vivermos em um mundo de pessoas destras. Se algo pode ser pego, virado ou empurrado, provavelmente ele foi criado para a mão direita. Mesmo as barras no banheiro estão do lado direito.

Se a pessoa é fortemente canhota, isso significa que o hemisfério direito é predominante? Não necessariamente. É verdade que o hemisfério direito controla a mão esquerda, mas o **hemisfério dominante**, que produz a linguagem de uma pessoa canhota, pode estar do lado oposto do cérebro.

Predomínio do Cérebro

Cerca de 97% das pessoas destras processam a fala no hemisfério esquerdo e são dominadas pelo lado esquerdo do cérebro (◆Figura 2.27). Cerca de 68% dos canhotos produzem a fala a partir do hemisfério esquerdo, exatamente como fazem as pessoas destras. Cerca de 19% de todos os canhotos e 3% dos destros usam o cérebro direito para a linguagem. Alguns canhotos (aproximadamente 12%) usam ambos os lados do cérebro para processar a linguagem. No total, 94% por cento da população usam o cérebro esquerdo para a linguagem. (Coren, 1992.)

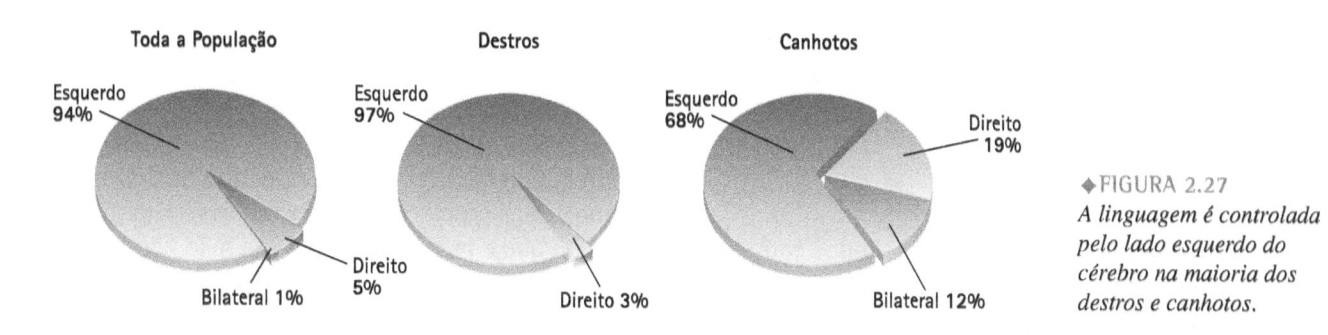

◆FIGURA 2.27
A linguagem é controlada pelo lado esquerdo do cérebro na maioria dos destros e canhotos.

Há alguma maneira de a pessoa poder dizer qual é o seu hemisfério predominante? Uma pista interessante está na forma como você escreve. Nos destros que escrevem com a mão reta e nos canhotos que escrevem com a mão curvada, geralmente o lado predominante do cérebro no tocante à linguagem é o esquerdo. Nos canhotos que escrevem com a mão abaixo da linha e nos destros que usam uma posição curva, geralmente o lado predominante é o direito (Levy e Reid, 1976). Outra dica é dada pelos gestos da mão. Quando você fala, se você gesticula mais com a sua mão direita, você provavelmente processa a linguagem no seu hemisfério esquerdo. Gesticular com a sua mão esquerda está associado ao processamento da linguagem pelo lado direito (Hellige, 1993). Nos seus amigos, o lado que predomina é o direito ou o esquerdo (ver ◆Figura 2.28)?

Hemisfério predominante Termo geralmente aplicado ao lado do cérebro da pessoa que produz a linguagem.

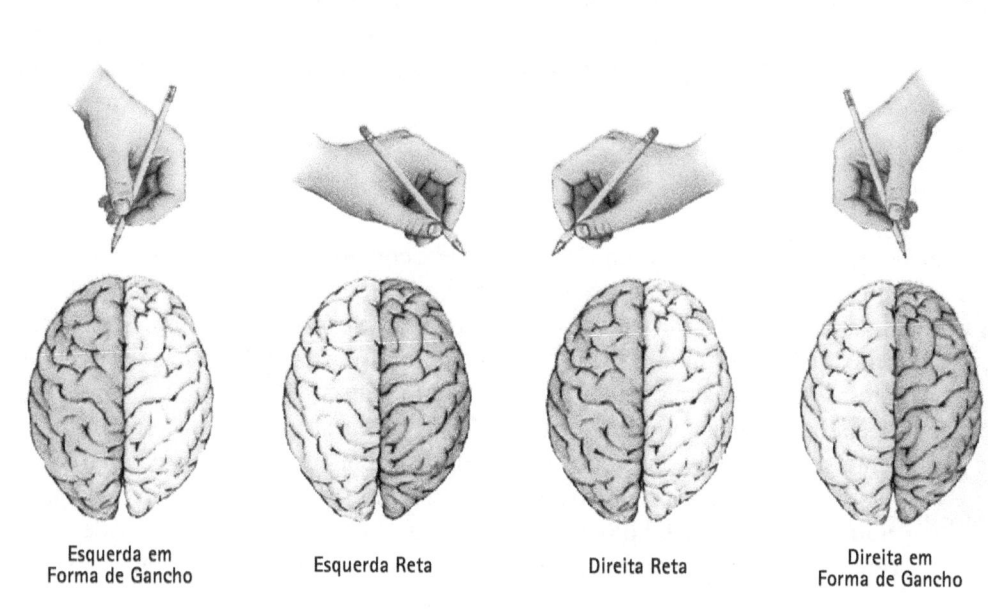

◆FIGURA 2.28
Pesquisas sugerem que a posição da mão utilizada para escrever pode indicar que hemisfério do cérebro é utilizado para a linguagem. (Redesenhado a partir de uma ilustração de M.E. Challinor.)

Esquerda em Forma de Gancho

Esquerda Reta

Direita Reta

Direita em Forma de Gancho

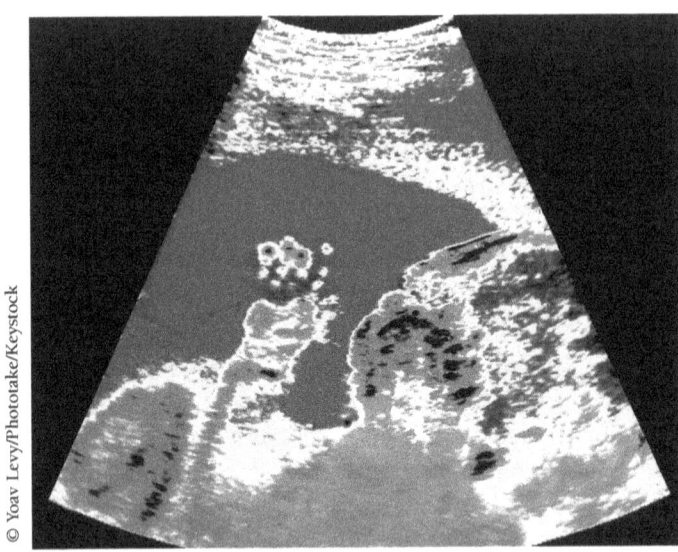

◆ FIGURA 2.29 *Nessa imagem de ultra-som, um feto de quatro meses está chupando o seu polegar direito. Um estudo realizado pelo psicólogo Peter Hepper sugere que ele vai continuar preferindo a mão direita depois de nascer, e que será destro quando crescer (ver também caderno colorido).*

Antes de tirar qualquer conclusão precipitada, saiba que a posição de escrever não é um método infalível de determinar que hemisfério predomina. A única maneira de saber com certeza é fazer um teste médico que consiste em anestesiar brevemente um hemisfério do cérebro por vez (Springer e Deutsch, 1998).

Destreza

Quão comum é o canhotismo e o que o causa? Noventa por cento de todos os seres humanos são destros; 10% são canhotos. Antigamente, muitas crianças canhotas eram forçadas a usar a mão direita para escrever, comer e outras habilidades. Mas como mostra a imagem do ultra-som fetal, preferências manuais claras estão presentes antes mesmo do nascimento (Hepper et al., 1998) (ver ◆Figura 2.29). Isso indica que a destreza não pode ser ditada. Os pais nunca devem tentar forçar uma criança canhota a usar a mão direita. Fazer isso pode criar problemas na fala ou na escrita.

A destreza é herdada dos pais? Estudos com gêmeos mostram que a preferência por uma mão não é herdada diretamente dos pais, como a cor dos olhos ou da pele (Reiss et al., 1999; Ross et al., 1999). No entanto, dois pais canhotos têm maior probabilidade de ter um filho canhoto do que dois pais destros (McKeever, 2000). Isso sugere que a destreza é influenciada pela hereditariedade, pelo menos até um certo ponto. A melhor prova até hoje mostra que a destreza é influenciada por um único gene no cromossomo X (feminino) (Jones e Martin, 2001). No entanto, o aprendizado, traumas no parto e a pressão social para usar a mão direita também podem afetar que mão você acaba favorecendo (McKeever et al., 2000; Provins, 1997).

Há alguma desvantagem em ser canhoto? Uma minoria dos canhotos deve a sua preferência pela mão esquerda a traumas no parto, como prematuridade, pouco peso ao nascer e parto de cócoras. Essas pessoas têm maior incidência de alergias, distúrbios de aprendizado e outros problemas (Betancur et al., 1990). Porém, na maioria dos casos, o canhotismo não está associado à inteligência ou ao índice geral de doenças e lesões acidentais (McManus et al., 1988; Porac et al., 1998).

Então, por que as pessoas destras aparentemente vivem mais que as canhotas? É verdade que não há muitos canhotos idosos. No entanto, isso não significa que os canhotos morrem cedo. Isso simplesmente reflete o fato de que antigamente muitas crianças canhotas eram forçadas a se tornarem destras, o que faz parecer que muitos canhotos não chegam à velhice. Na verdade, eles chegam, mas muitos deles estão disfarçados de destros (Martin e Freitas, 2002)!

Vantagem para a Esquerda

Em toda a história, uma quantidade notável de artistas foram canhotos, de Leonardo da Vinci e Michelangelo a Pablo Picasso e M. C. Escher. Compreensivelmente, como o hemisfério direito é superior em imagens e aptidões visuais, há alguma vantagem em utilizar a mão esquerda para desenhar ou pintar (Springer e Deutsch, 1998). Pelo menos, os canhotos são definitivamente melhores em visualizar objetos tridimensionais. Talvez seja por isso que há mais arquitetos, artistas e jogadores de xadrez canhotos do que o esperado (Coren, 1992).

A **lateralização** refere-se à especialização nas aptidões dos hemisférios cerebrais. Uma característica notável dos canhotos é que eles geralmente são menos lateralizados que os destros. Na verdade, até mesmo o tamanho físico e o formato dos hemisférios cerebrais dos canhotos são mais parecidos. Se você for canhoto, pode se orgulhar do fato de que, na realidade, o seu cérebro é menos assimétrico que a maioria. Geralmente, os canhotos são mais

Lateralização As diferenças entre os dois lados do corpo, principalmente diferenças nas aptidões dos hemisférios cerebrais.

simétricos em quase tudo, incluindo predominância dos olhos, impressões digitais – até no tamanho do pé (Polemikos e Papaeliou, 2000).

Em algumas situações, menos lateralização pode ser uma grande vantagem. Por exemplo, as pessoas que são moderadamente canhotas ou ambidestras aparentemente têm um grau de memória melhor do que a média, que é uma aptidão musical básica. Da mesma maneira, há mais músicos ambidestros do que se esperaria normalmente (Springer e Deutsch, 1998).

As aptidões matemáticas também podem se beneficiar do uso mais completo do hemisfério direito. Os alunos extremamente bem-dotados em matemática têm muito mais probabilidade de ser canhotos ou ambidestros (Benbow, 1986). Mesmo no tocante a aptidões aritméticas comuns, os canhotos parecem se sair melhor (Annett e Manning, 1990).

A vantagem mais clara de ser canhoto aparece quando há uma lesão cerebral. Por conta da sua lateralização mais amena, os canhotos geralmente apresentam menos perda de linguagem após uma lesão em qualquer hemisfério do cérebro e se recuperam com mais facilidade (Geschwind, 1979). Talvez ter "dois pés esquerdos" não seja tão ruim assim.

PAUSA PARA ESTUDO — Destreza e Laterização do Cérebro

RELACIONE

Reflita por um momento sobre o que você "sabia" sobre pessoas destras e canhotas antes de ler esta seção. Quais das suas crenças estavam corretas? Como o seu conhecimento sobre destreza mudou?

VERIFICAÇÃO DO APRENDIZADO

1. Cerca de 97% das pessoas canhotas processam a linguagem do lado esquerdo do cérebro, a mesma coisa que as pessoas destras fazem. V ou F?
2. O lado do cérebro que predomina nos canhotos que escrevem com a mão abaixo da linha provavelmente é o direito. V ou F?
3. As pessoas basicamente aprendem a ser destras ou canhotas. V ou F?
4. Normalmente, as pessoas canhotas apresentam menos lateralização no cérebro e no corpo todo. V ou F?

Raciocínio Crítico

5. Notícias que dizem que as pessoas canhotas tendem a morrer mais jovens são falhas no seguinte aspecto importante: a idade média das pessoas em um grupo de canhotos era menor que a dos sujeitos do grupo de destros. Por que isso faria diferença na conclusão tirada?

RESPOSTAS: 1.F 2.V 3.F 4.V 5. Porque não se pode dizer se a destreza ou a idade é responsável pela diferença na taxa de mortalidade. Por exemplo, se nós começarmos com um grupo de pessoas com 20 a 30 anos de idade, no qual alguma delas morre, a idade média da morte tem de ser entre 20 e 30. Se começarmos com um grupo de pessoas com 30 a 40 anos de idade, no qual alguma delas morre, a idade média da morte tem de ser entre 30 e 40. Conseqüentemente, o grupo de canhotos poderia ter uma idade média de morte menor simplesmente porque os membros do grupo, para início de conversa, eram mais jovens.

REVISÃO DO CAPÍTULO

Pontos Principais

- Os biopsicólogos estudam como os processos no corpo, cérebro e sistema nervoso estão ligados ao comportamento.
- No final, todos os comportamentos podem ter sua origem remontada à atividade nas células nervosas.
- Para mapear o cérebro, os pesquisadores ativam ou desativam regiões específicas e observam as mudanças no comportamento.
- Registros bioelétricos e imagens da atividade geradas pelo computador nos dão mais *insight* sobre como o cérebro funciona.
- Sensações, pensamentos, motivos, ações, lembranças e todas as outras aptidões humanas estão associadas a atividades e estruturas cerebrais.

- As glândulas endócrinas servem como um sistema de comunicação química no corpo. O comportamento é grandemente influenciado pelo reflexo e pelo fluxo dos hormônios na corrente sangüínea.
- O predomínio no cérebro e a atividade cerebral determinam se você é destro, canhoto ou ambidestro.

Resumo

Como operam e se comunicam as células nervosas?

- O sistema nervoso é composto de neurônios ligados que passam informações uns aos outros por meio de sinapses.
- As fibras condutoras básicas dos neurônios são os axônios, mas os dendritos, o soma e os terminais axônio também estão envolvidos na comunicação.
- O disparo de um potencial de ação (impulso nervoso) é basicamente elétrico. A comunicação entre os neurônios é química.
- Os neurotransmissores cruzam a sinapse, aderem aos locais de recebimento e excitam ou inibem a célula receptora.
- Substâncias químicas denominadas neuropeptídeos aparentemente regulam a atividade no cérebro.
- Os nervos são compostos de axônios e tecidos relacionados. Os neurônios e os nervos no sistema nervoso periférico geralmente podem se regenerar. No momento, danos no sistema nervoso central geralmente são permanentes, embora os cientistas estejam trabalhando em formas de reparar tecido neurológico danificado.

Quais são as funções das partes principais do sistema nervoso?

- O sistema nervoso pode ser dividido em sistema nervoso central e sistema nervoso periférico, que inclui os sistemas nervosos somático (corporal) e autônomo (involuntário).
- O sistema autônomo tem um ramo simpático e um ramo parassimpático.

Como sabemos como o cérebro funciona?

- As pesquisas sobre o cérebro baseiam-se em estudos clínicos, estimulação elétrica, ablação, destruição profunda, registros elétricos, registros de microeletrodos e registros de EEG.
- Imagens ampliadas pelo computador estão fornecendo fotos tridimensionais do cérebro humano vivo e suas atividades. Entre os exemplos dessas técnicas estão TCs, IRM e ultra-sonografias de tomografia de emissão positrônica.

Como é organizado o cérebro e o que fazem as suas várias regiões?

- O cérebro humano é marcado por corticalização avançada ou aumento do córtex cerebral.
- O hemisfério esquerdo do cérebro contém "centros" de fala ou linguagem. Ele também se especializa na escrita, no cálculo, em julgar tempo e ritmo e ordenar movimentos complexos.
- O hemisfério direito é, na sua maior parte, não-verbal. Ele é ótimo em aptidões especiais e de percepção; visualização e reconhecimento de padrões, rostos e melodias.
- Foram criados "cérebros divididos" em animais e seres humanos cortando-se o *corpus callosum*. A pessoa com cérebro dividido apresenta surpreendente grau de independência entre os hemisférios direito e esquerdo.
- As funções mais básicas dos lóbulos do córtex cerebral são as seguintes: lóbulos occipitais – visão; lóbulos parietais – sensações corporais; lóbulos temporais – audição e linguagem; lóbulos frontais – controle motor, fala e raciocínio abstrato. Lesões em qualquer uma dessas regiões irão prejudicar as funções descritas.

Por que as regiões de associação do cérebro são importantes? O que acontece quando elas são lesadas?

- As regiões de associação no córtex não têm função nem sensorial nem motora. Elas estão associadas a habilidades mais complexas, como a linguagem, a memória, o reconhecimento e a solução de problemas.
- Lesões na região de Broca ou Wernicke causam problemas na fala e na linguagem conhecidos como afasias.

Que tipos de comportamentos são controlados pelo subcórtex?

» O cérebro pode ser subdividido em cérebro anterior, mesencéfalo e cérebro posterior. O subcórtex inclui várias estruturas cerebrais cruciais situadas em todos os três níveis, abaixo do córtex.

» A medula contém centros essenciais para o controle reflexo dos batimentos cardíacos, da respiração e outras funções "vegetativas".

» O cerebelo mantém a coordenação, a postura e o tônus muscular.

» A formação reticular direciona mensagens sensoriais e motoras e parte dela, conhecida como o SRA, funciona como um sistema ativador do córtex cerebral.

» O tálamo leva informações sensoriais ao córtex. O hipotálamo exerce forte controle sobre os atos de comer e beber, os ciclos do sono, a temperatura do corpo e outros motivos e comportamentos básicos.

» O sistema límbico está fortemente ligado às emoções. Ele também contém regiões distintas de recompensa e castigo e uma região conhecida como hipocampo, que é importante para a formação de lembranças.

O comportamento é afetado pelo sistema glandular?

» O sistema endócrino fornece comunicação química no corpo, liberando hormônios na corrente sangüínea. As glândulas endócrinas influenciam os humores, o comportamento e a personalidade.

» Muitas das glândulas endócrinas são influenciadas pela pituitária (a glândula "mestra"), que é, por sua vez, influenciada pelo hipotálamo. Conseqüentemente, o cérebro controla o corpo por meio do sistema nervoso rápido e do sistema endócrino mais lento.

No que as pessoas destras e canhotas diferem?

» A pessoa pode ser, em relação ao predomínio de uma mão, de fortemente canhota a fortemente destra, com destrezas mistas e ambidestria no meio. Noventa por cento da população é basicamente destra e dez por cento é canhota.

» A grande maioria das pessoas é destra e, conseqüentemente, o lado esquerdo do cérebro domina no tocante às habilidades motoras. Noventa e sete por cento das pessoas destras e 68% das canhotas também produzem a fala a partir do hemisfério esquerdo.

» No geral, os canhotos são menos fortemente lateralizados do que os destros no tocante às funções cerebrais.

Teste Seus Conhecimentos: O Cérebro e o Comportamento

As perguntas a seguir são apenas uma amostra do que você precisa saber. Se você errar algum item, deve revisar todo o capítulo e praticar mais com o *WebTutor* e os *Testes para Praticar* que vieram com este livro. Uma outra forma de se preparar para os testes é usar o *Guia de Estudos* impresso disponível para este livro.

1. O ponto no qual as informações são transmitidas de um neurônio para outro liga
   a. neurilema e mielina
   b. soma e canais de íon
   c. terminais de axônio e dendritos
   d. encefalina e mielina.

2. A atividade dos neurônios é regulada pelos _____, que afetam a memória, a dor, os humores, a fome e outros processos.
   a. neuropeptídeos   b. neurilemas
   c. potenciais de repouso   d. dendritos

3. Os músculos são ativados por uma substância transmissora denominada
   a. neuropeptídeo   b. acetilcolina
   c. encefalina   d. endorfina

4. O cérebro faz com que novos neurônios nasçam para substituir os perdidos. Esse processo é conhecido como
   a. neurogênese   b. regeneração neuileminal
   c. regeneração autônoma d. neuropeptose

5. Os nervos são compostos de feixes de dendritos e
   a. potenciais de ação   b. neurotransmissores
   c. sinapses   d. axônios

6. O sistema nervoso somático é parte do
   a. SNP   b. SNA
   c. ramo simpático   d. terminal de axônios

7. Acalmar o corpo e mantê-lo em um nível menor de excitação após um evento que cause emoção é a especialidade do(s) (a)(s):
   a. sistema parassimpático
   b. sistema nervoso periférico

c. nervos espinhais
   d. células efetoras
8. Para registrar a atividade elétrica de um único neurônio, você teria de usar
   a. um EEG
   b. EEC
   c. um microeletrodo
   d. ablação superficial
9. Que técnica de pesquisa dá uma imagem de atividade cerebral em andamento?
   a. um EEC
   b. destruição profunda
   c. ultrassonografia de tomografia de emissão positrônica
   d. ablação superficial
10. Entre os animais e os seres humanos, a maior corticalização está associada a um aumento na(s)
    a. coordenação muscular
    b. inteligência
    c. respostas do tipo lutar ou lutar
    d. velocidade de condução no axônio
11. O hemisfério esquerdo do cérebro processa informações seqüencialmente e é superior no(a)
    a. reconhecimento de padrões
    b. raciocínio holístico
    c. expressão e detecção de emoções
    d. análise
12. Em uma operação de "cérebro dividido", o _____ é cortado, separando os(as) dois(duas) _____ do cérebro.
    a. *corpus callosum*, hemisférios
    b. quiasma, medulas
    c. córtex cerebral, lóbulos
    d. região occipital, retículos
13. Problemas de audição podem ser conseqüência de danos aos lóbulos _____ do cérebro.
    a. frontais
    b. temporais
    c. occipitais
    d. parietais
14. Danos à região de Broca provocam
    a. perda de coordenação
    b. padrões de sono perturbados
    c. afasia
    d. incapacidade de se lembrar de acontecimentos recentes
15. As estruturas cerebrais que têm um papel importante na produção de emoções e motivação de comportamentos são denominadas
    a. ramo talâmico do SRA
    b. sistema ativador cerebelar
    c. tronco cerebral medial
    d. sistema límbico
16. Qual das partes do cérebro listadas a seguir está mais envolvida na formação de lembranças duradouras?
    a. amígdala
    b. hipocampo
    c. tálamo
    d. hipotálamo
17. A glândula endócrina que mais influencia as atividades das outras glândulas é
    a. pituitária
    b. adrenal
    c. pineal
    d. tireóide
18. O nanismo e o gigantismo podem ser provocados por problemas na
    a. glândula pituitária
    b. glândulas adrenais
    c. glândula pineal
    d. glândula tireóide
19. A maioria das pessoas destras e canhotas produz a fala a partir do
    a. hemisfério direito do cérebro
    b. *corpus callosum*
    c. hemisfério esquerdo do cérebro
    d. hipocampo
20. Um resultado consistente sobre os canhotos é que eles são
    a. menos lateralizados
    b. mais propensos a morrer cedo
    c. incapazes de utilizar o cérebro direito para produzir linguagem
    d. geralmente ambidestros também

RESPOSTAS:

1.c 2.a 3.b 4.a 5.d 6.a 7.a 8.c 9.c 10.b 11.d 12.a 13.b 14.c 15.d 16.b 17.a 18.a 19.c 20.a

Capítulo **3**

Desenvolvimento Humano

Nasce uma Estrela – Eis a Amy!

Olívia acabou de dar à luz a sua primeira filha, Amy. Francamente, no momento, Amy se parece com uma ameixa rosa, com braços rechonchudos, pernas atarracadas e muitas dobrinhas. Ela também tem cara de anjo – pelo menos na opinião dos pais. Quando Olívia e seu marido, Tom, olham para Amy, eles se perguntam: "Como a vida dela vai se desenvolver? Que tipo de pessoa ela será?".

E se nós déssemos alguns saltos pela infância de Amy e a observássemos com várias idades? O que aprenderíamos? Ver o mundo pelos olhos dela seria fascinante e instrutivo. O ponto de vista de uma criança pode nos tornar mais cautelosos sobre coisas que damos como certas. Por exemplo, crianças pequenas são muito literais no uso da linguagem. Quando tinha três anos, Amy achou que a água do seu banho estava quente demais e ela disse para Tom: "Faz mais quente, papai". No começo, Tom ficou confuso. A água já estava bastante quente. Depois ele percebeu que o que ela realmente queria dizer era: "Faça a água ficar mais perto da temperatura que chamamos de *morna*". Faz muito sentido se você pensar assim.

Hoje, nós só podemos especular sobre o futuro de Amy. No entanto, os psicólogos estudaram milhares de crianças. Os resultados contam uma história fascinante sobre o crescimento e o desenvolvimento humano. Vamos fazer com que Olívia, Tom e Amy representem pais e filhos de toda a parte enquanto vemos o que a psicologia pode nos dizer sobre os desafios de crescer. Acompanhar o desenvolvimento de Amy até pode lhe ajudar a responder à pergunta: Como eu me tornei a pessoa que sou hoje?

Perguntas para Pesquisa

- Como a hereditariedade e o ambiente afetam o desenvolvimento?
- O que bebês recém-nascidos sabem fazer?
- Que influência tem a maturação no desenvolvimento inicial?
- Qual a importância do elo emocional de uma criança com seus pais?
- Quão importantes são os estilos de ser pai e mãe?
- Como as crianças adquirem a linguagem?
- Como as crianças aprendem a pensar?
- Como criamos morais e valores?
- Quais são as tarefas e os dilemas normais durante a vida?
- Como pais eficazes disciplinam seus filhos?

HEREDITARIEDADE E AMBIENTE — A NUTRIÇÃO DA NATUREZA

▶ **PERGUNTA PARA PESQUISA**   *Como a hereditariedade e o ambiente afetam o desenvolvimento?*

As crianças estão no centro da **psicologia do desenvolvimento**, o estudo das mudanças progressivas no comportamento e nas aptidões. Porém, saiba que o desenvolvimento humano envolve todas as etapas da vida, da concepção até a morte (ou "do útero até o túmulo"). A hereditariedade e o ambiente também nos afetam durante toda a nossa vida. Alguns eventos, como atingir a maturidade sexual, são, na maior parte das vezes, regidos pela hereditariedade. Outros, como aprender a nadar, ler ou dirigir um carro, são basicamente uma questão de ambiente. Mas qual é mais importante, a hereditariedade ou o ambiente? Vamos explorar alguns argumentos de ambos os lados do debate natureza-nutrição.

Hereditariedade

A **hereditariedade** ("natureza") refere-se à transmissão genética de características físicas e psicológicas dos pais para seus filhos. Uma quantidade incrível de características pessoais é definida por ocasião da concepção, quando um esperma e um óvulo se unem.

Como funciona a hereditariedade? O núcleo de todas as células contém 46 **cromossomos** (a palavra *cromossomo* significa "corpo colorido"). Essas estruturas, que se assemelham a uma linha, contêm as instruções codificadas da hereditariedade. Uma exceção notável são células de esperma e óvulos, que contêm apenas 23 cromossomos. Conseqüentemente, Amy recebeu 23 cromossomos da Olívia e 23 cromossomos do Tom. Essa é sua herança genética.

Os cromossomos são compostos de **DNA**, ácido desoxirribonucléico. O DNA é uma cadeia longa na forma de uma escada de moléculas químicas (◆Figura 3.1). A ordem dessas moléculas, ou bases orgânicas, age como um código de informações genéticas. O DNA em cada célula contém 3 bilhões de pares-base. Isso é suficiente para registrar todas as instruções necessárias para formar um ser humano — sobrando espaço.

Os **genes** são pequenas regiões do código de DNA. Cada um dos 40 mil genes das suas células afeta um processo ou uma característica pessoal específica. Às vezes, um único gene é responsável por um traço herdado, como a cor

---

Psicologia do desenvolvimento O estudo das mudanças progressivas no comportamento e nas aptidões, da concepção até a morte.

Hereditariedade ("natureza") A transmissão de características físicas e psicológicas dos pais para os filhos através dos genes.

Cromossomos "Corpos coloridos" em forma de linha no núcleo de cada célula, que são compostos de DNA.

DNA Ácido desoxirribonucléico, uma estrutura molecular que contém informações genéticas codificadas.

Genes Regiões específicas em um filamento de DNA que transmitem informações hereditárias.

◆FIGURA 3.1 *(Acima, à esquerda). Moléculas ligadas (bases orgânicas) compõem os "degraus" na "escada molecular" torcida do DNA. A ordem dessas moléculas serve como código para informações genéticas. O código fornece um esquema genético que é exclusivo de cada pessoa (exceto em gêmeos idênticos). O desenho mostra apenas uma pequena seção de um filamento de DNA. Um filamento inteiro de DNA é composto de bilhões de moléculas menores. (Abaixo, à esquerda) O núcleo de cada célula no corpo contém cromossomos compostos de espirais de DNA apertadamente enroladas. (Não se deixe enganar pelo desenho: os cromossomos são microscópicos em tamanho e as moléculas químicas que compõem o DNA são ainda menores.)*

dos olhos de Amy. A maioria das características, no entanto, é **poligênica**, ou controlada por vários genes trabalhando em conjunto.

Os genes podem ser dominantes ou recessivos. Quando um gene é **dominante**, a característica que ele controla aparece sempre que ele está presente. Quando um gene é **recessivo**, ele deve formar pa com um segundo gene recessivo para que o se efeito se expresse. Por exemplo, se Amy recebeu gene de olhos azuis de Tom e o gene de olhos cas tanhos de Olívia, ela terá olhos castanhos, porqu os genes de olhos castanhos são dominantes.

Se os genes de olhos castanhos são dominantes, por que pai e mãe de olhos castanhos às vezes têm filho com olhos azuis? Se cada pai ou mãe tiver dois genes de olhos castanhos, os filhos do casal só poderão ter olhos castanhos. Porém, e se o pai e a mãe tiverem, cada um, um gene de olhos castanhos e um gene de olhos azuis? Nesse caso, tanto o pai quanto a mãe teriam olhos castanhos. No entanto, há uma chance em quatro de que os seus filhos recebam dois genes de olhos azuis e tenham olhos azuis (◆Figura 3.2). Seguindo a mesma linha, a genética pode ser utilizada para prever as probabilidades de uma criança nascer com vários problemas herdados, como anemia falciforme, hemofilia, fibrose cística, distrofia muscular, albinismo e algumas formas de retardamento mental.

◆FIGURA 3.2 *Padrões de genes para crianças com pais de olhos castanhos, em que cada pai ou mãe tem um gene de olhos castanhos e um gene de olhos azuis. Como o gene de olhos castanhos é dominante, um filho em cada quatro terá olhos azuis. Conseqüentemente, há uma probabilidade considerável de que pai e mãe de olhos castanhos terão um filho de olhos azuis.*

Programação Genética

A hereditariedade influencia a seqüência do crescimento humano ou padrões gerais de desenvolvimento físico (ver ▲Tabela 3.1). A hereditariedade também determina a cor dos olhos, a cor da pele e a suscetibilidade a algumas doenças.

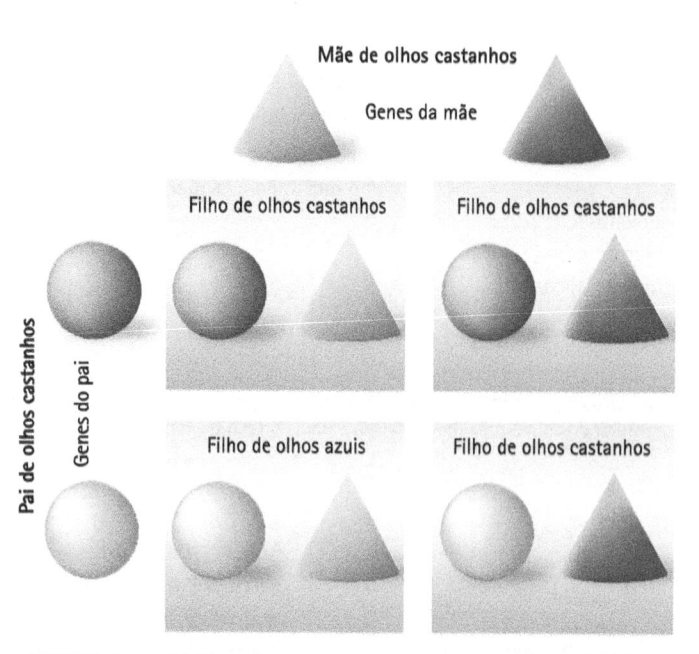

Características poligênicas Traços pessoais ou propriedades físicas.

Gene dominante Gene cuja influência será expressa sempre que estiver presente.

Gene recessivo Gene cuja influência será expressa somente quando formar par com um segundo gene recessivo.

TABELA 3.1 Seqüência do Crescimento Humano

PERÍODO	DURAÇÃO	NOME DESCRITIVO
Período pré-natal	Da concepção ao nascimento	
Período germinal	As primeiras 2 semanas após a concepção	Zigoto
Período embrionário	2-8 semanas após a concepção	Embrião
Período fetal	De 8 semanas após a concepção até o nascimento	Feto
Período neonatal	Do nascimento até poucas semanas após o nascimento	Neonato
Lactância	De algumas poucas semanas após o nascimento até a criança andar com segurança; algumas crianças andam com segurança com menos de 1 ano de idade, enquanto outras podem consegui-lo só com 17-18 meses	Lactante
Início da infância	De cerca de 15-18 meses até 2 anos-2 anos e meio	Criança que está começando a andar
	De 2-3 anos até 6 anos	Criança pré-escolar
Meio da infância	De cerca dos 6 aos 12 anos de idade	Criança em idade escolar
Pubescência	Período de cerca de 2 anos antes da puberdade	
Puberdade	Ponto de desenvolvimento no qual mudanças biológicas da pubescência atingem o clímax, marcado pela maturidade sexual	
Adolescência	Do início da pubescência até atingir a maturidade social total (difícil fixar a duração desse período)	Adolescente
Idade Adulta Juventude (19-25) Idade adulta (26-40) Maturidade (acima de 41)	Da adolescência até a morte; às vezes subdividida em outros períodos, como mostrado à esquerda	Adulto
Senescência	Sem limite definido que se aplique a todas as pessoas; extremamente variável; caracterizada por evidente deterioração fisiológica e psicológica	Adulto (senil), "terceira idade"

Obs.: Não existe ponto exato de início ou fim dos vários períodos de crescimento. As idades são aproximadas e cada período pode ser visto como se misturando com o próximo. (A tabela é uma cortesia de Tom Bond.)

Gêmeos idênticos, que compartilham genes idênticos, demonstram a poderosa influência da hereditariedade. Mesmo quando são criados separadamente, gêmeos idênticos são surpreendentemente semelhantes nas aptidões motoras, no desenvolvimento físico e na aparência. Ao mesmo tempo, gêmeos são menos parecidos quando adultos do que eram quando crianças, o que mostra que influências ambientais estão agindo.
(McCartney et al., 1990).

Temperamento O núcleo físico da personalidade, incluindo a sensibilidade emocional e perceptiva, os níveis de energia, humores comuns etc.

Até certo ponto, as instruções genéticas afetam o tamanho e o formato do corpo, a altura, a inteligência, o potencial atlético, traços de personalidade, orientação sexual e uma série de outros detalhes (Hamer e Copeland, 1998). Pontuação de 1 x 0 para aqueles que defendem a hereditariedade como o fator mais importante no desenvolvimento!

Temperamento

Quando aparecem as diferenças hereditárias? Algumas aparecem imediatamente. Por exemplo, bebês recém-nascidos diferem notavelmente no **temperamento**. Esse é o núcleo físico da personalidade. Ele inclui sensibilidade, irritabilidade, desvio de atenção e humores típicos (Braungart et al., 1992). Cerca de 40% de todos os recém-nascidos são *crianças fáceis*, ou seja, são tranqüilas e agradáveis. Em torno de 10% são *crianças difíceis,* de humor variável, intensas e que se zangam facilmente. As crianças que *demoram a esquentar* (cerca de 15%) são reservadas, inexpressivas ou tímidas. O restante das crianças não se encaixa em uma única categoria (Chess e Thomas, 1986). (Talvez devêssemos chamá-las de crianças "genéricas"?)

Imagine que comecemos com algumas crianças lactentes que são muito tímidas e outras que são muito ousadas. Quando elas tiverem quatro ou cinco anos de idade, a maioria será somente moderadamente tímida ou ousada. Isso sugere que os temperamentos herdados são modificados pelo aprendizado (Kagan, 1999). Em outras palavras, a nutrição entra imediatamente na jogada.

Ambiente

Ambiente ("nutrição") refere-se à soma de todas as condições externas que afetam uma pessoa. O ambiente no qual uma criança cresce pode ter um impacto poderoso no seu desenvolvimento. Os seres humanos atuais são geneticamente muito parecidos com os moradores das cavernas de 30 mil anos atrás. Mesmo assim, um bebê brilhante, que nasça hoje, poderia aprender a ser qualquer coisa – um bailarino, engenheiro, *rapper* ou um bioquímico que gosta de pintar aquarelas. Mas um bebê da era paleolítica só poderia tornar-se um caçador ou um coletor de alimentos. Pontuação de 1 x 0 para os ambientalistas!

As experiências iniciais podem ter efeitos bem duradouros. Por exemplo, crianças que sofrem abusos podem ter problemas emocionais a vida toda (Rutter, 1995). Ao mesmo tempo, cuidados extras às vezes podem reverter os efeitos de um início de vida ruim (Bornstein, 1995). Em suma, as forças ambientais orientam o desenvolvimento humano, para melhor ou para pior, durante toda a vida.

Períodos Sensíveis

Por que algumas experiências têm efeitos mais duradouros que outras? Parte da resposta está nos **períodos sensíveis**. Esses são períodos nos quais as crianças são mais suscetíveis a certas influências ambientais. Freqüentemente, é preciso que ocorram certos eventos durante os períodos sensíveis para que a pessoa se desenvolva normalmente (Bornstein, 1989). Por exemplo, criar um elo afetivo com o cuidador no início da vida aparentemente é fundamental para o desenvolvimento ótimo. Da mesma maneira, os bebês que não ouvem conversas durante o seu primeiro ano de vida podem vir a ter deficiências na fala (Thompson e Nelson, 2001).

Influências Pré-natais

O impacto da nutrição na verdade começa antes do nascimento. Embora o ambiente intra-uterino seja extremamente protegido, as condições ambientais podem afetar a criança que está se desenvolvendo. Por exemplo, quando Olívia estava grávida, o batimento cardíaco fetal e os movimentos de Amy aumentavam quando sons ou vibrações altas penetravam no ventre (Kisilevsky e Low, 1998).

Se a saúde ou a nutrição de Olívia fossem ruins, se ela tivesse tido rubéola, sífilis ou contraído HIV; se ela tivesse utilizado drogas ou sido exposta a raios X ou radiação atômica, Amy poderia ter sido prejudicada. Nesses casos, os bebês podem sofrer **problemas congênitos** ou "defeitos de nascença". Esses problemas atingem o feto em desenvolvimento e tornam-se aparentes por ocasião do nascimento. Opostamente, os **distúrbios genéticos** são herdados dos pais. Entre os exemplos estão anemia falciforme, hemofilia, fibrose cística, distrofia muscular, albinismo e algumas formas de retardamento mental.

Por causa do rápido crescimento das estruturas básicas, o feto em desenvolvimento é sensível a uma série de doenças, drogas e fontes de radiação. Isso é particularmente verdade durante o primeiro trimestre (três meses) da gestação (gravidez).

Ambiente ("nutrição") A soma de todas as condições externas, principalmente os efeitos do aprendizado.

Período sensível Durante o desenvolvimento, período de aumento de sensibilidade às influências ambientais. Também é o período durante o qual determinados eventos devem acontecer para que ocorra o desenvolvimento normal.

Problemas congênitos Problemas ou defeitos que se originam no ventre durante o desenvolvimento pré-natal.

Distúrbios genéticos Problemas provocados por defeitos nos genes ou por características herdadas.

Vulnerabilidade Fetal

Como é possível o embrião ou o feto serem prejudicados? Não há mistura direta entre o sangue da mãe e o da criança que ainda não nasceu. No entanto, algumas substâncias – principalmente drogas – atingem o feto. Se a mãe for viciada em morfina, heroína ou metadona, seu bebê pode nascer viciado. Bebida alcoólica em excesso durante a gravidez provoca a *síndrome alcoólica fetal (SAF)*. As crianças afetadas podem nascer com pouco peso, ter cabeça pequena, defeitos corporais e malformação facial. Muitas delas também sofrem de deficiências emocionais, comportamentais e mentais (Mattson et al., 1998; Steinhausen e Spohr, 1998).

Entre algumas das características típicas das crianças que sofrem de síndrome alcoólica fetal (SAF) estão uma cabeça pequena assimétrica, nariz curto, uma região plana entre os olhos, olhos com formato estranho e lábio superior fino. Muitas dessas características se tornam menos evidentes na adolescência. No entanto, o retardamento mental e outros problemas geralmente acompanham a criança com síndrome alcoólica fetal (SAF) até a idade adulta.

O fumo também é prejudicial. Fumar durante a gravidez reduz grandemente o oxigênio enviado para o feto. Fumantes inveteradas correm o risco de ter um aborto natural ou dar à luz bebês prematuros, com pouco peso, que provavelmente irão morrer logo após o nascimento (Slotkin, 1998). Os filhos de mães fumantes têm pontuação mais baixa nos testes de linguagem e aptidão mental (Fried et al., 1992). Em outras palavras, o futuro da criança por nascer pode "virar cinzas".

Teratogênios

Qualquer coisa capaz de provocar defeitos de nascimento é chamada **teratogênio**. Algumas mulheres são expostas a teratogênios poderosos, como radiação, chumbo, pesticida ou PCBs sem saber (Eliot, 1999). Porém, mulheres grávidas podem controlar sua exposição a muitos teratogênios. Por exemplo, uma mulher viciada em cocaína corre sério risco de lesar seu feto (Espy et al., 1999; Singer et al., 1999; Swanson et al., 1999). Em suma, quando uma mulher grávida ingere drogas, seu bebê, mesmo ainda não tendo nascido, também ingere.

Privação e Enriquecimento

Depois que uma criança nasce, os efeitos do ambiente podem ser vistos claramente quando existem condições de privação e enriquecimento. A **privação** é falta de estimulação normal, nutrição, conforto ou amor. Existe **enriquecimento** quando um ambiente é deliberadamente tornado mais complexo e intelectualmente estimulante.

O que acontece quando as crianças sofrem grande privação? Tragicamente, algumas crianças maltratadas passaram seus primeiros anos em armários, sótãos e outros ambientes restritos. Quando encontradas pela primeira vez, geralmente são mudas, retardadas e emocionalmente lesadas. Felizmente, essa extrema privação é pouco comum. Mesmo assim, níveis mais amenos de privação perceptiva, intelectual ou emocional ocorrem em várias famílias, principalmente aquelas que têm de lidar com a pobreza. Com a idade de cinco anos, as crianças que crescem em lares pobres tendem a ter QIs mais baixos. Elas também são mais medrosas, infelizes e propensas a comportamentos hostis ou agressivos (Carnegie Corporation, 1994; McLoyd, 1998). Mais tarde, na infância, o dano pode resultar de falta de estímulo intelectual ou pais frios, negligentes ou que rejeitam. Em vista disso, é bom considerar toda a infância como um *período relativamente sensível* (Barnet e Barnet, 1998; Nelson, 1999a).

Ambientes Enriquecidos

Um ambiente enriquecido pode aumentar o desenvolvimento? Para responder a essa pergunta, os psicólogos criaram *ambientes enriquecidos* que são particularmente insólitos, complexos e estimulantes. Os ambientes enriquecidos podem ser o "solo" de onde surgem as crianças mais brilhantes. Para ilustrar, vamos analisar os efeitos de criar ratos em uma espécie de "país das maravilhas dos ratos". As paredes de suas tocas foram decoradas com desenhos coloridos e cada toca foi preenchida com plataformas, escadas e *cubbyholes*. Quando ficaram adultos, esses ratos eram superiores no aprendizado de labirintos. Além disso, eles tinham cérebros maiores e mais pesados, com um córtex mais espesso (Benloucif et al., 1995). Obviamente, há grande diferença de ratos para pessoas, mas um aumento real no tamanho do cérebro é algo que impressiona. Se estimulação extra pode ampliar modestamente a "inteligência" de um rato, é provável que as crianças humanas também se beneficiem do enriquecimento. Muitos estudos mostraram que ambientes enriquecidos aperfeiçoam as aptidões ou aumentam o desenvolvimento. Seria inteligente, da parte de Tom e Olívia, insistir em nutrir a mente e o corpo de Amy (Dieter e Emory, 1997).

O que os pais podem fazer para enriquecer o ambiente de uma criança? Eles podem incentivar a exploração e estimular o ato de brincar prestando atenção ao que interessa à criança. É melhor tornar a casa "à prova de crianças" do que restringir o que a criança pode tocar. Também é de valor enriquecer ativamente as experiências sensoriais. Os bebês devem ser rodeados de cores, música,

Teratogênios Radiação, uma droga ou outra substância capaz de alterar o desenvolvimento fetal de maneira que provoque defeitos de nascença.

Privação No desenvolvimento, a perda ou retenção da estimulação normal, nutrição, conforto, amor etc.; um problema de falta.

Enriquecimento Tornar um ambiente deliberadamente mais insólito, complexo e perceptual ou intelectualmente estimulante.

pessoas e coisas para ver, experimentar, cheirar e tocar. Crianças não são vegetais. Faz muito sentido levá-las para fora, pendurar móbiles sobre os seus berços, colocar espelhos perto delas, tocar música para elas e mudar os móveis nos seus quartos de vez em quando. (No entanto, leia "O Efeito Mozart – Música Inteligente?" para ter uma outra perspectiva sobre enriquecimento.) As crianças progridem mais rapidamente quando têm pais responsivos e materiais estimulantes para brincar em casa (Bradley et al., 1989; Luster e Dubow, 1992).

> Crianças que crescem na pobreza correm alto risco de vivenciar várias formas de privação. Há provas de que ocorrem danos duradouros ao desenvolvimento social, emocional e cognitivo quando as crianças têm de lidar com privação séria cedo na vida.

RACIOCÍNIO CRÍTICO O Efeito Mozart – Música Inteligente?

Frances Rauscher e Gordon Shaw relataram que alunos universitários, depois de ouvir uma sonata para piano de Mozart, tiravam notas mais altas em testes de raciocínio espacial (Rauscher e Shaw, 1998; Shaw, 1999). Logo após essa observação chegar aos noticiários, pais extremosos estavam tocando Mozart para seus bebês o dia todo. Evidentemente, eles esperavam que, como os alunos universitários, seus bebês ficassem mais inteligentes. Mas os pais devem desconfiar de qualquer prática que diz oferecer esses benefícios "mágicos", pois, como o experimento original foi feito com adultos, ele não nos diz nada sobre crianças.

Então, o efeito Mozart realmente existe? Alguns poucos estudos descobriram pequenos aumentos na inteligência espacial após a exposição à música de Mozart (Rideout et al., 1998; Rideout e Taylor, 1997). No entanto, a maioria dos pesquisadores não conseguiu reproduzir o efeito (Bridgett e Cuevas, 2000; Chabris et al., 1999; McCutcheon, 2000; Steele et al., 1999; Wilson e Brown, 1997).

Por que alguns estudos corroboram o efeito e outros não o confirmam? A maioria dos estudos comparou alunos que ouviram música com alunos que descansaram em silêncio. Porém, Kristin Nantais e Glenn Schellenberg descobriram que ouvir uma história narrada também melhorou as notas nos testes. Isso é particularmente verdade para alunos que gostam de ouvir histórias. Conseqüentemente, os alunos que tiraram notas mais altas depois de ouvir Mozart provavelmente estavam apenas mais alerta ou com um estado de espírito melhor (Nantais e Schellenberg, 1999; Thompson et al., 2001).

Por mais maravilhosa que seja a música de Mozart, ela não parece ser mágica, pelo menos no que diz respeito à inteligência (McKelvie e Low, 2002).

Interações Natureza-Nutrição

À medida que Amy for passando pela vida, ela terá de adquirir uma quantidade imensa de informações: como comer com garfo, o nome de animais, a etiqueta em um casamento, como usar um computador. Esse conhecimento reflete bilhões de conexões no cérebro. Nenhuma quantidade concebível de programação genética poderia tornar isso possível. Com esse fato em mente, o resultado do debate natureza-nutrição é claro: tanto a hereditariedade quanto o ambiente são importantes. A hereditariedade dá a cada um de nós uma série de potenciais e limitações que, por sua vez, são afetados por influências ambientais, como o aprendizado, a nutrição, as doenças e a cultura. Conseqüentemente, a pessoa que você é hoje reflete uma *interação* ou ação recíproca constante entre as forças da natureza e a nutrição (Gopnik et al., 1999).

Influências Recíprocas

Por causa das diferenças de temperamento, alguns bebês são mais propensos a rir, chorar, vocalizar, alcançar objetos ou prestar atenção do que outros. Conseqüentemente, os bebês tornam-se rapidamente participantes ativos do seu próprio desenvolvimento. As crianças em fase de crescimento alteram o comportamento dos seus pais ao mesmo tempo em que são modificadas por ele. Por exemplo, Amy é um bebê fácil, que ri com freqüência e se alimenta com facilidade. Isso incentiva Olívia a tocar e alimentar Amy e a cantar para ela. O afeto de Olívia recompensa Amy, fazendo com que ela sorria ainda mais. Logo, floresce um relacionamento dinâmico entre mãe e filha.

O **nível de desenvolvimento** de uma pessoa é o seu estado atual de desenvolvimento físico, emocional e intelectual. Em suma, três fatores combinam-se para determinar o seu nível de desenvolvimento em qualquer fase da sua vida. Eles são *hereditariedade, ambiente* e o seu *próprio comportamento*, todos estreitamente entrelaçados.

Nível de desenvolvimento O estado atual de desenvolvimento físico, emocional e intelectual da pessoa.

PAUSA PARA ESTUDO — Hereditariedade e Ambiente

RELACIONE

Você acha que a hereditariedade ou o ambiente explica melhor quem você é hoje? Você consegue pensar em exemplos claros nos quais as forças da hereditariedade e ambientais afetaram o seu desenvolvimento?

Que tipo de temperamento você tinha quando criança? Como isso afetou seu relacionamento com seus pais ou cuidadores?

Que conselho você daria a uma amiga que acabou de engravidar? Certifique-se de levar em conta o ambiente pré-natal e os períodos sensíveis.

VERIFICAÇÃO DO APRENDIZADO

1. Regiões da molécula DNA chamadas genes são compostas de cromossomos dominantes e recessivos. V ou F?
2. A maior parte das características herdadas pode ser descrita como poligênica. V ou F?
3. Qual das seqüências a seguir é a correta?
   a. zigoto, feto, embrião, neonato, criança
   b. zigoto, embrião, neonato, feto, criança
   c. embrião, zigoto, feto, neonato, criança
   d. zigoto, embrião, feto, neonato, criança
4. Crianças que "demoram a esquentar" podem ser descritas como contidas, inexpressivas ou tímidas. V ou F?
5. Um _____ é um período de maior sensibilidade às influências ambientais.
6. À medida que a criança vai se desenvolvendo, há uma _____ contínua entre as forças da hereditariedade e ambientais.

Raciocínio Crítico

7. As influências ambientais podem interagir com a programação hereditária de uma maneira muito direta. Você pode adivinhar qual?

RESPOSTAS:

1. F 2. V 3. d 4. V 5. período sensível 6. interação 7. As condições ambientais às vezes acionam ou desativam os genes, conseqüentemente, afetam de maneira direta a expressão de tendências genéticas (Gottlieb, 1998).

O BEBÊ RECÉM-NASCIDO – O MODELO BÁSICO VEM COM OPÇÕES

▶ **PERGUNTA PARA PESQUISA**   *O que os bebês recém-nascidos conseguem fazer?*

As crianças possuem habilidades mentais que continuam a surpreender os pesquisadores e a maravilhar os pais. O surgimento da vida mental, as aptidões físicas e as emoções do bebê estão estreitamente ligados à maturação do cérebro, do sistema nervoso e do corpo. Vamos ver como o mundo da criança se desenvolve.

Por ocasião do nascimento, o *neonato* morrerá se não receber cuidados dos adultos. Os bebês recém-nascidos não conseguem levantar a cabeça, virar-se ou se alimentar. Isso significa que eles são inertes e sem sentimentos? Com certeza, não! Neonatos como Amy podem ver, ouvir, cheirar, experimentar e responder à dor e ao toque. Embora seus sentidos sejam menos aguçados, os bebês são muito responsivos. Amy acompanha um objeto em movimento com os olhos e se vira na direção dos sons.

Amy também tem uma série de reflexos infantis adaptável. Para ilustrar o *reflexo de agarrar*, pressione um objeto na palma da mão do neonato e ele irá agarrá-lo com uma força surpreendente. Muitas crianças realmente podem se pendurar em uma barra elevada como artistas de trapézio. O reflexo de agarrar auxilia a sobrevivência ao ajudar as crianças a prevenir quedas. Você pode observar o *reflexo de fuçar* (virada reflexiva da cabeça e da boca) tocando as bochechas de Amy. Ela irá virar-se imediatamente na direção do seu dedo, como se estivesse procurando algo.

De que forma essa virada é adaptável? O reflexo de fuçar ajuda as crianças a encontrar uma mamadeira ou um peito. Então, quando um mamilo toca a boca da criança, o *reflexo de sugar* (mamar rítmico) ajuda o bebê a obter o alimento necessário. Como os outros reflexos, essa é uma ação programada geneticamente (Koepke e Bigelow, 1997). Ao mesmo tempo, o alimento, recompensa a amamentação. Por isso os bebês aprendem rapidamente a mamar de maneira mais ativa. Novamente, vemos como as interações natureza-nutrição alteram o comportamento de um bebê.

O *reflexo Moro* também é interessante. Se a posição de Amy mudar abruptamente, se ela se assustar com um ruído alto, ela fará um movimento de abraçar. Essa reação foi comparada aos movimentos que os filhotes de macaco usam para se apegar às suas mães. (Fica à critério da imaginação do leitor decidir se há alguma relação.)

O Mundo do Neonato

Há 30 anos, muita gente pensava nos bebês recém-nascidos como um monte de reflexos, como os que acabamos de descrever. Mas as crianças são capazes de muito mais. Por exemplo, Andrew Meltzoff e Keith More (1983) descobriram que os bebês nascem mímicos. A ◆Figura 3.3 traz Meltzoff mostrando a língua, abrindo a boca e franzindo seus lábios para uma menina de 20 dias de idade. Ela o imitará? Fitas de vídeo de bebês confirmam que eles imitam os gestos faciais dos adultos. Já com nove meses de idade, as crianças podem imitar ações um dia após vê-las (Heimann e Meltzoff, 1996). Essa imitação evidentemente ajuda o aprendizado rápido na infância.

Quão inteligentes são os neonatos? Os bebês são mais espertos do que as pessoas imaginam. Desde os primeiros dias de vida, eles parecem estar tentando aprender como o mundo funciona. Eles começam imediatamente a ver, tocar, experimentar e explorar de outras maneiras o que está ao seu redor. Do ponto de vista evolucionário, a mente de um bebê é criada para absorver informações, o que ele faz em um ritmo surpreendente (Gopnik et al., 1999).

Nas primeiras semanas e meses de vida, os bebês vão ficando cada vez mais aptos a pensar, aprender a partir do que vêem, fazer previsões e procurar explicações. Por exemplo, Jerome Bruner (1983) observou que bebês de três a oito semanas de idade aparentemente entendem que a voz e o corpo de uma pessoa devem estar conectados. Se um bebê ouvir a voz de sua mãe vindo de onde ela está em pé, ele continuará tranquilo. Se a voz dela vier de um alto-falante a vários metros de distância, o bebê ficará agitado e começará a chorar.

Uma outra visão do mundo particular das crianças pode ser tirada do teste de sua visão. Mas esse tipo de teste é um desafio, porque bebês não falam. Robert Fantz inventou um dispositivo chamado *câmara de olhar* para descobrir o que eles vêem e o que chama a sua atenção (◆Figura 3.4a). Imagine que Amy seja colocada deitada na câmara de frente para uma área iluminada acima. Depois são colocados dois objetos na câmara. Observando os movimentos dos olhos de Amy e as imagens que eles refletem, pode-se dizer para o que ela está olhando. Esses testes mostram que a visão dos adultos é 30 vezes mais aguçada, mas os bebês conseguem ver padrões, formas e extremidades grandes.

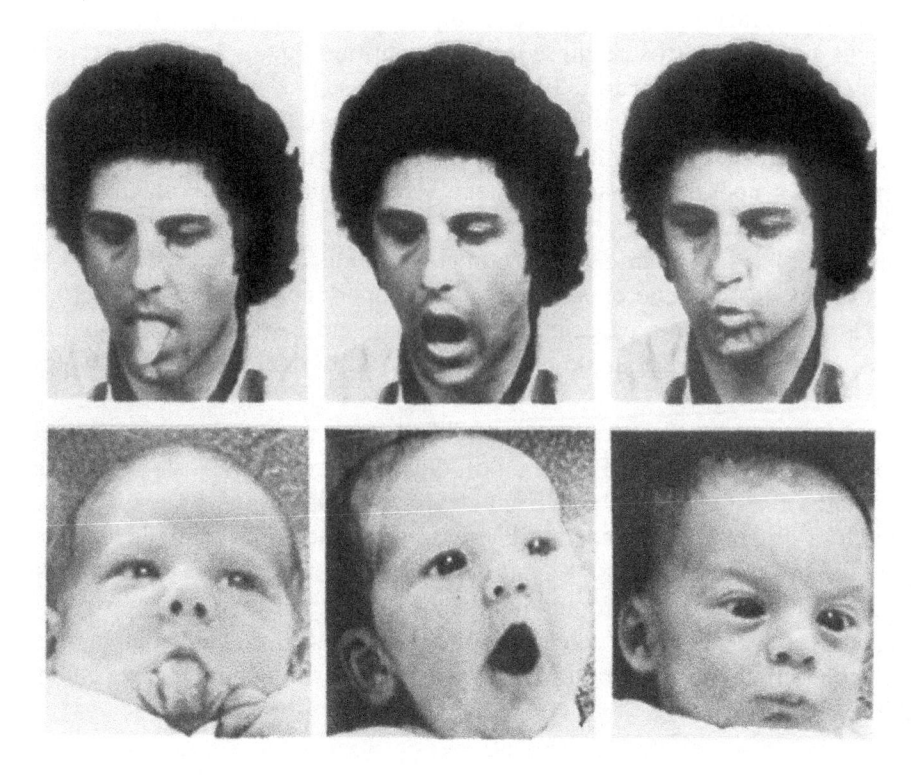

◆FIGURA 3.3 *Imitação da criança. Na seqüência de fotos superior, Andrew Meltzoff faz gestos faciais para uma criança. A seqüência de baixo registra as respostas dela. As fitas de vídeo de Meltzoff e das crianças testadas ajudaram a assegurar a objetividade. (Meltzoff, A. N. & Moore, M. K. Imitation of facial and manual gestures by human neonates.* Science, 1997 m. *198, 175-78.)*

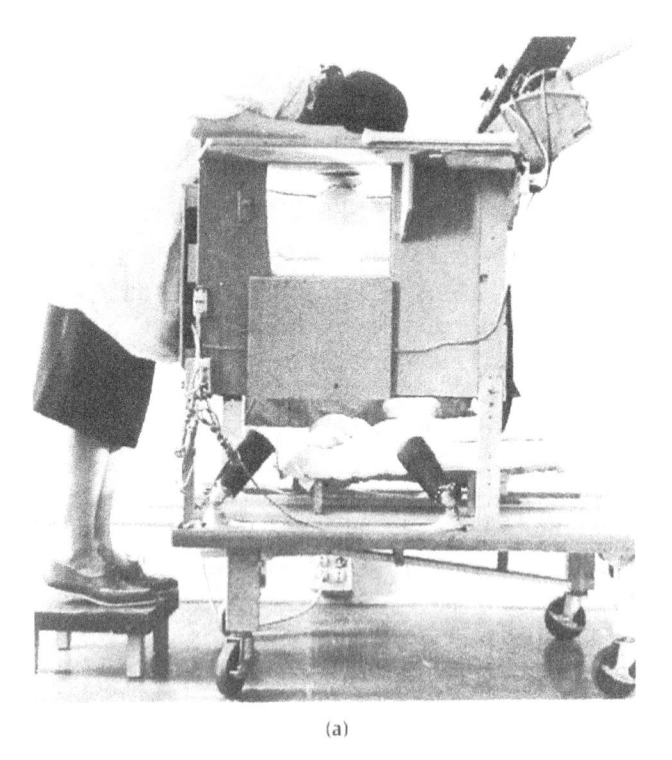

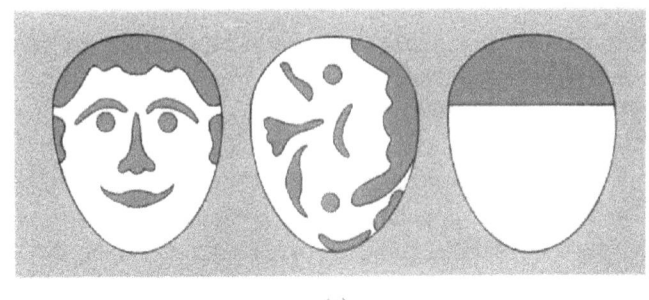

◆FIGURA 3.4 (a) *Os movimentos dos olhos e os pontos de fixação das crianças são observados na "câmera de olhar" de Fantz.* (b) *Crianças de 13 semanas de idade preferem padrões concêntricos e curvos como os da esquerda a padrões não-concêntricos e de linha reta como os da direita.* (c) *As crianças testadas em uma câmara de olhar observam o rosto normal por mais tempo do que o rosto embaralhado, e ambos os rostos mais tempo do que o desenho da direita (ver também caderno colorido). (Foto: cortesia de David Linton. Desenhos de "The Origin of Form Perception", de Robert L. Fantz, Copyright © 1961 da Scientific American, Inc. Todos os direitos reservados.)*

Fantz descobriu que bebês de três dias de idade preferem padrões complexos, como tabuleiros de xadrez e visões fortes, a retângulos coloridos mais simples. Outros pesquisadores descobriram que os bebês se excitam com círculos, curvas e luzes brilhantes (◆Figura 3.4b) (Brown, 1990). Logo após seu nascimento, Amy ficará ciente de mudanças nas posições dos objetos (Slater et al., 1991). Quando ela tiver seis meses de idade, conseguirá reconhecer categorias de objetos que diferem na forma ou na cor. Aos nove meses, ela poderá dizer a diferença entre cachorros e pássaros ou outros grupos de animais (Mandler e McDonough, 1998). Portanto, existe realmente uma pessoa dentro daquele pequenino corpo!

Neonatos conseguem ver claramente objetos a cerca de 30 centímetros de distância deles. É como se estivessem mais bem preparados para ver as pessoas que os amam e se preocupam com eles (Gopnik et al., 1999). Talvez seja por isso que os bebês têm um fascínio especial por rostos humanos. Apenas algumas *horas* após o seu nascimento, os bebês começam a preferir ver o rosto da mãe a ver o rosto de um estranho (Walton et al., 1992).

Em uma câmara de olhar, a maioria das crianças passa mais tempo olhando para um rosto humano do que para um rosto embaralhado ou uma figura oval colorida (◆Figura 3.4c). Quando se utilizam rostos humanos reais, as crianças preferem rostos familiares a rostos estranhos. No entanto, isso muda com a idade aproximada de dois anos. Nessa época, objetos fora do comum começam a interessar a criança. Por exemplo, Jerome Kagan (1971) mostrou máscaras para crianças de dois anos. Kagan descobriu que as crianças que estavam começando a andar ficavam fascinadas por um rosto com um olho no queixo e um nariz no meio da testa. Ele acha que o interesse dos bebês provinha de uma necessidade de entender por que o rosto embaralhado era diferente daquilo que esperavam ver. Esse comportamento é outra prova de que os bebês tentam ativamente entender aquilo que os rodeia (Gopnik et al., 1999).

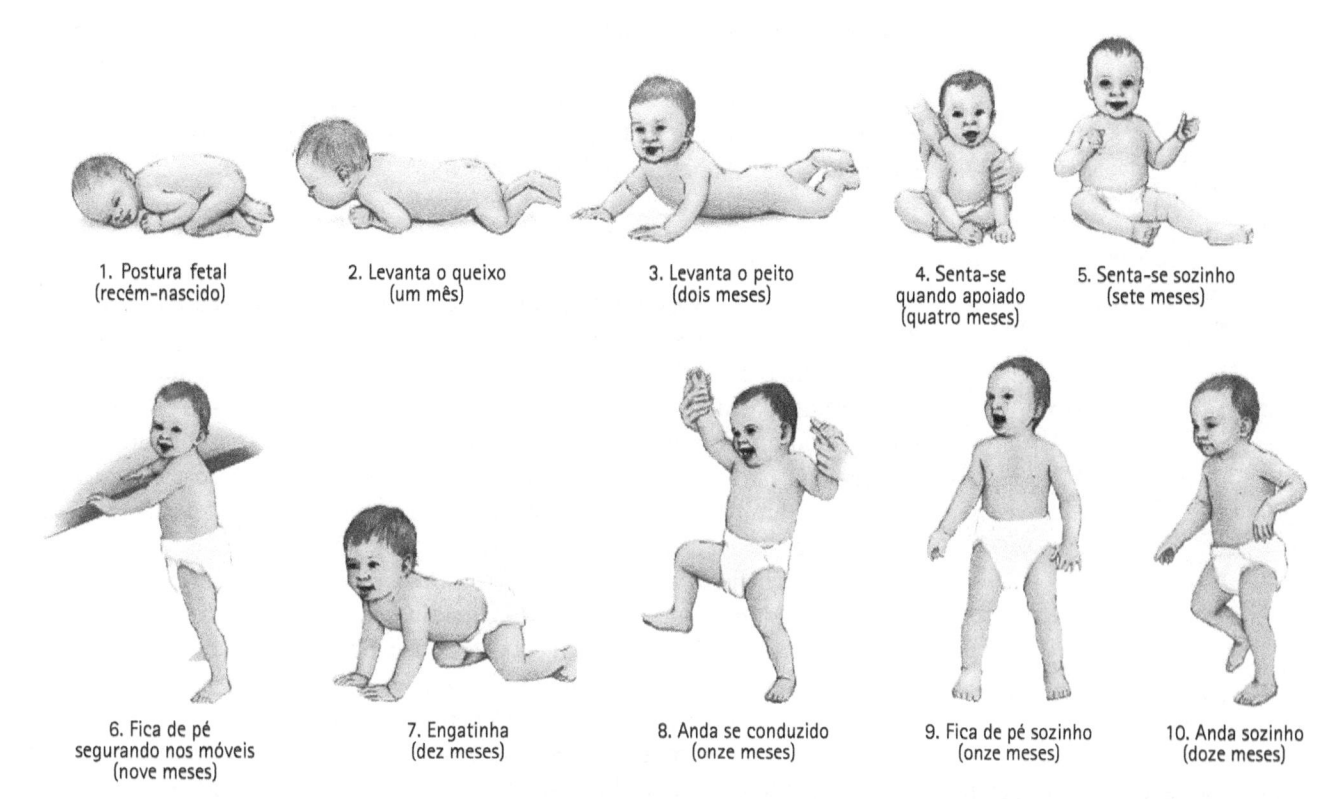

1. Postura fetal (recém-nascido)
2. Levanta o queixo (um mês)
3. Levanta o peito (dois meses)
4. Senta-se quando apoiado (quatro meses)
5. Senta-se sozinho (sete meses)
6. Fica de pé segurando nos móveis (nove meses)
7. Engatinha (dez meses)
8. Anda se conduzido (onze meses)
9. Fica de pé sozinho (onze meses)
10. Anda sozinho (doze meses)

◆FIGURA 3.5 *Desenvolvimento motor. A maioria dos bebês segue um padrão ordenado de desenvolvimento motor. Embora a ordem na qual as crianças evoluam seja semelhante, existem grandes diferenças individuais acerca das idades em que cada aptidão surge. As idades listadas são idades médias para crianças norte-americanas. Não é incomum muitas habilidades surgirem entre um/dois meses antes da média ou vários meses depois (Frankenberg e Dodds, 1967; Harris e Liebert, 1991). Os pais não devem se alarmar se o comportamento da criança diferir um pouco da média.*

MATURAÇÃO

▶ **PERGUNTA PARA PESQUISA**   *Que influência tem a maturação sobre o desenvolvimento inicial?*

O surgimento de várias aptidões básicas está intimamente ligado à **maturação** (crescimento físico e desenvolvimento do corpo, cérebro e sistema nervoso). A maturação de Amy será particularmente evidente à medida que ela aprender habilidades motoras, como engatinhar e andar. Obviamente, a *taxa* de maturação varia de criança para criança. Mesmo assim, a *ordem* da maturação é quase universal. Por exemplo, Amy conseguirá sentar sem apoio antes de amadurecer o suficiente para engatinhar. Na verdade, crianças do mundo todo geralmente se sentam antes de engatinhar, engatinham antes de ficar de pé e ficam de pé antes de andar (◆Figura 3.5).

E o meu primo esquisito, Emo, que nunca engatinhou? Como o primo Emo, algumas crianças substituem engatinhar por rolar, rastejar ou arrastar. Outras vão direto de sentar para andar (Robson, 1984). Mesmo assim, o seu desenvolvimento é ordenado. Geralmente, o controle muscular se espalha em um padrão que é *cefalocaudal* (da cabeça aos pés) e *proximodistal* (do centro do corpo às extremidades). Mesmo se o primo Emo foi reprovado no Engatinhado Elementar, seu desenvolvimento seguiu o padrão de cima para baixo e do centro para fora.

Desenvolvimento Motor

Embora a maturação tenha grande impacto, as habilidades motoras não "surgem" simplesmente. Amy tem de aprender a controlar suas ações. Quando os bebês começam a engatinhar ou a andar, eles tentam ativamente novos movi-

Maturação O crescimento e desenvolvimento físico do corpo e do sistema nervoso.

A psicóloga Carolyn Rovee-Collier mostrou que bebês de três meses podem aprender a controlar seus movimentos. Nos seus experimentos, os bebês ficam deitados de costas para o berço sob um colorido móbile. Amarra-se uma fita ao redor do tornozelo do bebê que é conectada ao móbile. Sempre que os bebês chutam espontaneamente com as pernas, o móbile balança e chocalha. Em poucos minutos, os bebês aprendem a chutar mais rápido. Sua recompensa por chutar é a oportunidade de ver o móbile se mover (Hayne e Rovee-Collier, 1995).

Prontidão Situação que existe quando a maturação avançou o suficiente para permitir a aquisição rápida de uma determinada aptidão.

mentos e selecionam aqueles que funcionam. Os primeiros esforços podem ser falhos – um engatinhar cambaleante ou alguns primeiros passos vacilantes. Porém, com a prática, os bebês "ajustam" seus movimentos para serem mais agradáveis e mais eficientes. Esse aprendizado é evidente desde os primeiros meses de vida (Adolph, 1997; Thelen, 1995).

Prontidão

Em que idades Amy estará pronta para se alimentar sozinha, andar sozinha ou dizer adeus às fraldas? Esses marcos tendem a ser regidos pela **prontidão** da criança para o aprendizado rápido. Isto é, um certo nível de maturação tem de ocorrer antes de algumas aptidões serem aprendidas. É impossível, por exemplo, ensinar crianças a andar ou a usar o banheiro antes de elas amadurecerem o suficiente para controlar seus corpos. Os pais estão pedindo para fracassar quando tentam forçar uma criança a adquirir aptidões cedo demais. Fazer isso só frustra as crianças (Luxem e Christophersen, 1994).

Muita aflição desnecessária poderia ser evitada respeitando-se o ritmo pessoal de crescimento de cada criança. Imagine os pais ansiosos que ensinaram uma criança de 18 meses de idade a usar o banheiro em dez semanas de treinamento de alarmes falsos e "acidentes". Se eles tivessem esperado a criança ter dois anos de idade, poderiam ter sido bem-sucedidos em apenas três semanas. Os pais podem controlar quando começar a ensinar a usar o banheiro, mas a maturação tende a ditar quando esse aprendizado terminará (Luxem e Christophersen, 1994). A idade média para treinar o uso do banheiro *completamente* é de cerca de três anos (as meninas um pouco antes e os meninos um pouco depois) (Schum et al., 2001). Então, por que lutar contra a natureza?

Desenvolvimento Emocional

O desenvolvimento emocional inicial também segue um padrão estreitamente ligado à maturação. Até as emoções básicas de *raiva, medo e alegria* – que parecem não ser aprendidas – levam tempo para se desenvolver. Uma *empolgação* geral é a única emoção que os recém-nascidos expressam claramente. No entanto, como Tom e Olívia podem dizer a você, a vida emocional do bebê desabrocha rapidamente. Um pesquisador (Bridges, 1932) observou que todas as emoções humanas básicas aparecem antes dos dois anos de idade. Bridges descobriu que as emoções surgem em uma ordem consistente, e que a primeira divisão é entre emoções agradáveis e desagradáveis (◆Figura 3.6).

Muitos peritos continuam acreditando que as emoções se desenvolvem lentamente, à medida que o sistema nervoso vai amadurecendo (Camras et al. 1993; Matias e Cohn, 1993). Entretanto, o psicólogo Carroll Izard acha que as crianças podem expressar várias emoções básicas já com dez semanas de idade. Quando Izard olha atentamente para os rostos de bebês, ele vê uma abundância de emoções (ver ◆Figura 3.7). A expressão mais comum das crianças, ele descobriu, não é empolgação, mas *interesse* – seguida de *alegria, raiva e tristeza* (Izard et al., 1995).

Se Izard estiver certo, então as emoções são "conectadas" pela hereditariedade e ligadas à evolução. Talvez seja por isso que uma das reações

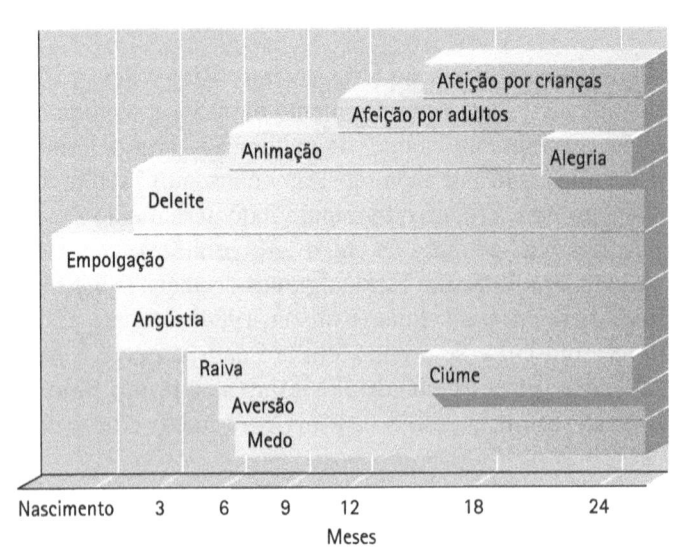

◆FIGURA 3.6 *A visão tradicional da infância diz que as emoções são rapidamente diferenciadas de uma capacidade inicial de empolgação. (Depois de K. M. B. Bridges, 1932. Reproduzido com permissão da Society for Research in Child Development, Inc.)*

mais comuns de um bebê é sorrir. Sorrir provavelmente ajuda os bebês a sobreviver, convidando os pais a cuidarem deles (Izard et al., 1995).

Sorriso social Sorriso evocado por estímulos sociais, como ver o rosto do pai ou da mãe.

No começo, o sorrir de um bebê é fortuito. Com dois meses de idade, porém, a maioria das crianças sorri com mais freqüência quando uma outra pessoa está por perto (Jones et al., 1991). Esse **sorriso social** é particularmente gratificante para os pais. Porém, quando pais de primeira viagem vêem e ouvem um bebê chorando, eles ficam aborrecidos, irritados, perturbados ou tristes. Aparentemente, bebês do mundo inteiro conseguem fazer rapidamente com que os outros saibam o que eles gostam ou não gostam. (Prove isso para você mesmo dirigindo um *buggy* para bebês.) Com uma velocidade surpreendente, as crianças se transformam de bebês desamparados em pessoas independentes. O crescimento inicial é extremamente rápido. Aos três anos de idade, Amy terá uma personalidade só sua e conseguirá ficar em pé, andar, falar e explorar. Nesse mesmo período, os relacionamentos de Amy com as outras pessoas se ampliarão também. Antes de explorarmos esse assunto, eis uma chance de você rever o que aprendeu.

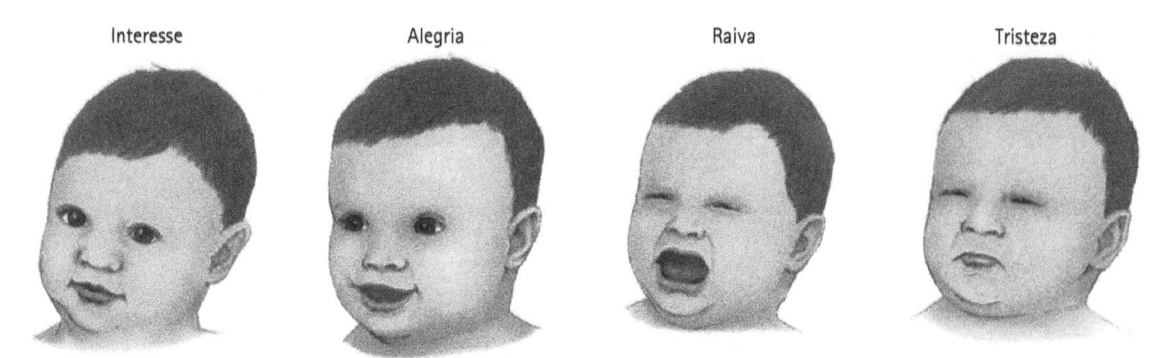

◆ FIGURA 3.7 *Os bebês exibem muitas das mesmas expressões emocionais dos adultos. Carroll Izard acredita que essas expressões mostram que emoções distintas surgem nos primeiros meses de vida. Outras teorias argumentam que emoções específicas surgem gradativamente, à medida que o sistema nervoso da criança amadurece. De qualquer maneira, os pais podem esperar ver uma vasta gama de emoções básicas no final do primeiro ano de vida de um bebê.*

PAUSA PARA ESTUDO — O Neonato e a Maturação

RELACIONE

Que reflexos infantis você observou? Como a maturação afetaria as chances de ensinar a criança a comer com uma colher? Você consegue dar um exemplo de como a hereditariedade e o ambiente interagem durante o desenvolvimento motor?

Para saber o que um bebê está sentindo, seria mais útil conseguir detectar deleite e angústia (Bridges) ou alegria, raiva e tristeza (Izard)?

VERIFICAÇÃO DO APRENDIZADO

1. Se um bebê leva um susto, ele fará movimentos semelhantes a um abraço. Isso é conhecido como
   a. reflexo de agarrar   b. reflexo de fuçar
   c. reflexo Moro   d. reflexo adaptativo
2. Durante a infância, a capacidade de imitar os outros fica evidente pela primeira vez mais ou menos aos nove meses de idade. V ou F?
3. Depois dos dois anos, as crianças testadas em uma câmara de olhar demonstram uma clara preferência por rostos familiares e *designs* mais simples. V ou F?
4. A seqüência ordenada observada no desabrochar de várias respostas básicas pode ser atribuída à _____.
5. A empolgação geral ou o interesse são a resposta emocional mais clara presente em bebês recém-nascidos, mas expressões significativas de deleite e angústia aparecem logo depois. V ou F?
6. Neonatos exibem um sorriso social até dez dias após o nascimento. V ou F?

Raciocínio Crítico

7. Se você fosse testar bebês recém-nascidos para ver se eles preferem o rosto de sua mãe ao rosto de um estranho, que precauções tomaria?

RESPOSTAS:
1.C 2.F 3.F 4. maturação 5.V 6.F 7. Em um estudo das preferências dos neonatos, a cor do cabelo e a pele de estranhos combinavam com as da mãe. Além disso, somente o rosto da mãe ou do estranho estavam visíveis durante o teste. E, por fim, foi utilizado um aroma para mascarar dicas olfativas (odor), para que a preferência da criança não pudesse basear-se no odor familiar da mãe (Bushnell et al., 1989).

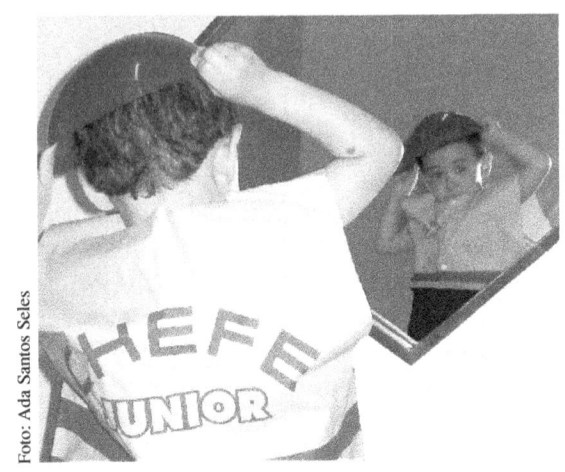

A autoconsciência se desenvolve por volta dos 18 meses de idade. Antes de as crianças criarem a autoconsciência, elas não reconhecem a sua própria imagem no espelho. Geralmente, elas acham que estão vendo outra criança. Algumas abraçam a criança no espelho ou vão para trás dele, procurando a criança que estão vendo (Lewis, 1995).

A maioria dos pais está familiarizada com a explosão de choro que às vezes ocorre quando os bebês são deixados sozinhos na hora de dormir. A angústia da hora de dormir pode ser uma forma leve de ansiedade da separação. Como muitos pais sabem, esta é freqüentemente atenuada pela presença de "objetos de segurança", como um animal empalhado ou um cobertor preferido (Morelli et al., 1992).

Desenvolvimento social A criação da autoconsciência, apego aos pais ou aos cuidadores e relacionamentos com outras crianças e adultos.

Apego emocional Elo emocional particularmente estreito que as crianças criam com seus pais, cuidadores ou outros.

Ansiedade da separação Angústia apresentada pelas crianças quando são separadas dos seus pais ou dos principais cuidadores.

Apego seguro Elo emocional estável e positivo.

Apego inseguro-de-evitação Elo emocional ansioso marcado por uma tendência a evitar a reunião com o pai, com a mãe ou com o cuidador.

Apego inseguro-ambivalente Elo emocional ansioso marcado pelo desejo de estar com o pai, a mãe ou o cuidador e alguma resistência a se reunir a eles.

DESENVOLVIMENTO SOCIAL – BEBÊ, EU ESTOU AMARRADO EM VOCÊ

▶ **PERGUNTA PARA PESQUISA** *Qual a importância do elo emocional de uma criança com o pai e a mãe?*

Como todos os humanos, os bebês são criaturas sociais. O seu **desenvolvimento social** inicial é a base para os relacionamentos com pais, irmãos, amigos e parentes. Um primeiro passo básico no mundo social envolve estar ciente de si mesmo como pessoa. Quando você se olha no espelho, você reconhece a imagem refletida como sendo a sua – exceto, talvez, segunda-feira de manhã cedo. Amy se reconheceria com um ano de idade? Com dois anos de idade? Como em muitos eventos desse tipo, a autoconsciência inicial depende da maturação do sistema nervoso. Em um teste típico de auto-reconhecimento, mostravam-se às crianças imagens delas mesmas em uma televisão. A maioria das crianças tem de ter 15 meses de idade para se reconhecer (Lewis e Brooks-Gunn, 1979).

Apego

O verdadeiro núcleo do desenvolvimento social está no **apego emocional** ou elo emocional estreito que os bebês criam com seus cuidadores primários. Há um período sensível (mais ou menos o primeiro ano de vida), durante o qual isso precisa ocorrer para o desenvolvimento ótimo. Voltando à história de Amy, descobrimos que o apego a mantém perto de Olívia, que lhe dá segurança e estimulação e um "lar seguro" a partir do qual Amy pode explorar.

As mães geralmente começam a cultivar um elo mãe-criança horas após o parto. Por exemplo, elas tocam seus filhos mais vezes e os seguram mais perto do que fazem com outros bebês (Kaitz et al., 1995). Um sinal direto de que um elo emocional foi criado surge por volta de 8 a 12 meses de idade. Nessa época, Amy irá apresentar **ansiedade da separação** (choro e sinais de medo) quando ficar sozinha ou com uma pessoa estranha. (Uma leve ansiedade de separação é normal. Quando ela é mais intensa, pode revelar um problema. Veja "Além da Saudade de Casa" para mais detalhes.)

Você pode ter ouvido que criar um elo é particularmente poderoso durante as primeiras horas após o parto (Klaus e Kennell, 1995). No entanto, estudos detalhados geralmente não conseguiram corroborar uma versão "supercola" do elo. Apegos infantis de longo prazo são uma realidade, mas o "apego instantâneo" parece ser um mito (Eyer, 1994). No final das contas, é menos importante *quando* o apego seguro ocorre do que *se* ele ocorre.

Qualidade de Apego

De acordo com a psicóloga Mary Ainsworth (1913-1999), a qualidade do apego é revelada pela forma como os bebês agem quando suas mães voltam após uma breve separação. As crianças que são **apegadas seguramente** têm um elo emocional estável e positivo. Elas ficam aborrecidas com a ausência da mãe e procuram ficar perto dela quando ela volta. As crianças **inseguras-evitadoras** têm um elo ansioso. Elas tendem a se distanciar da mãe quando ela volta. O apego **inseguro-ambivalente** também é um elo emocional ansioso. Nesse

ARQUIVO CLÍNICO: Além da Saudade de Casa

Os conselheiros de acampamentos conhecem o olhar: olhos tristes, ansiosos e de abandono, é fácil localizar uma criança com saudade. Mas tal angústia pode ser mais séria que uma simples "tristeza de acampamento". Em algum momento das suas vidas, cerca de 5% de todas as crianças (1 em 20) sofre do *distúrbio de ansiedade da separação*. Essas crianças se sentem péssimas quando são separadas dos seus pais, que elas agarram ou seguem. Algumas temem se perder e nunca mais ver seus pais novamente. Elas relutam em sair de casa, dormir na casa de um amigo ou executar tarefas. Cerca de 75% delas se recusam a ir à escola, o que pode ser um obstáculo grave.

O que provoca o distúrbio de ansiedade da separação? O problema pode começar depois de uma criança enfrentar estresses como doença, morte de um parente ou animal de estimação, mudar para uma nova vizinhança ou de escola. Qualquer que seja o evento que a desencadeie, a ansiedade da separação não deve ser ignorada. Ela pode prejudicar seriamente o desenvolvimento emocional. Se a ansiedade da separação for intensa ou durar mais de um mês, os pais devem procurar ajuda profissional para o seu filho (*DSM-IV*-TR, 2000; Masi et al., 2001).

---

caso, os bebês têm sensações mistas. Eles tentam estar perto da mãe que volta e resistem raivosamente ao contato com ela (ver ◆Figura 3.8).

O apego pode ter efeitos duradouros. As crianças que são seguramente apegadas na idade de um ano apresentam mais resistência, curiosidade, capacidade de solucionar problemas e aptidões sociais na pré-escola (Collins e Gunnar, 1990). Opostamente, as falhas no apego podem ser bem prejudiciais. Imagine, por exemplo, a situação difícil de crianças criadas em orfanatos romenos extremamente superpopulosos. Essas crianças não receberam quase nenhuma atenção dos adultos nos primeiros ou segundos anos de vida. Algumas delas foram adotadas por famílias norte-americanas e canadenses, porém, muitas têm pouco apego aos seus novos pais. Algumas, por exemplo, sairão prontamente acompanhando estranhos, são ansiosas e distantes, não gostam de ser tocadas e se recusam a fazer contato visual com os outros. Em suma, para algumas crianças, a falta de cuidados com afeto no início de suas vidas deixa feridas emocionais duradouras (O'Conner et al., 2003).

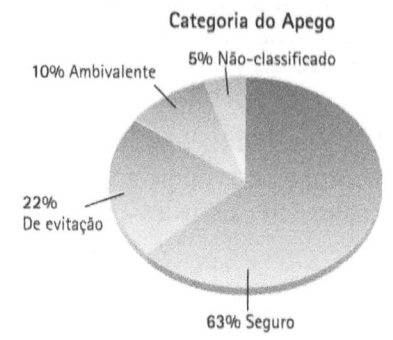

Categoria do Apego
- 5% Não-classificado
- 10% Ambivalente
- 22% De evitação
- 63% Seguro

◆FIGURA 3.8 *Nos Estados Unidos, cerca de dois terços de todas as crianças de famílias de classe média são seguramente apegadas.*
(As porcentagens são aproximadas. Kaplan, 1998.)

Promovendo o apego

O segredo para o apego seguro é uma mãe que seja receptível e sensível aos sinais e aos ritmos de seu bebê. O apego ruim ocorre quando os atos da mãe são inapropriados, inadequados, invasivos, hiperestimulantes ou rejeitadores. Um exemplo disso é uma mãe que tenta brincar com um bebê sonolento ou que ignora um bebê que está olhando para ela e vocalizando. O elo entre cuidados sensíveis e o apego seguro aparentemente se aplica a todas as culturas (Posada et al., 2002).

E quanto ao apego aos pais? Os pais de crianças que têm um apego seguro tendem a ser extrovertidos, agradáveis e felizes nos seus casamentos. Geralmente, um clima familiar carinhoso – um clima que inclui mães e pais sensíveis – produz crianças seguras (Belsky, 1996).

Creches

Receber cuidados de pessoas que são pagas para isso interfere na qualidade do apego? Um estudo realizado pelo National Institute of Child Health and Human Development (1999) finalmente respondeu a algumas perguntas persistentes sobre creches. No geral, creches de *alta qualidade* não afetam adversamente o apego aos pais. Esse resultado dá algum ânimo aos pais que trabalham, mas a qualidade da creche é realmente importante. Crianças em creches de alta qualidade tendem a ter um relacionamento melhor com suas mães e menos problemas de comportamento. Crianças que recebem cuidados de alta qualidade têm melhores aptidões cognitivas e habilidades lingüísticas (Burchinal et al., 2000).

Conseqüentemente, uma creche de alta qualidade pode realmente aprimorar as aptidões sociais e mentais das crianças (Scarr, 1998). No entanto, todos os efeitos positivos mencionados são o inverso no caso de uma creche

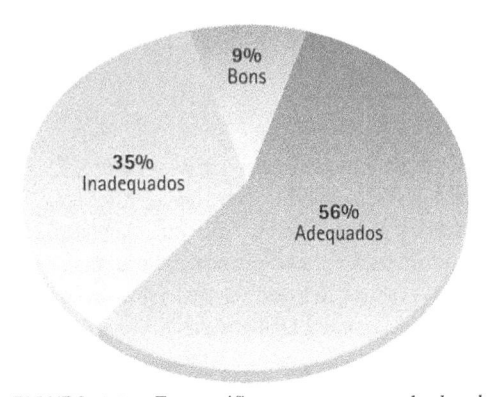

◆FIGURA 3.9 *Este gráfico mostra os resultados de um estudo de cuidados em outros lares que não sejam o da criança. Na maioria dos casos, os pais pagaram por esses cuidados, embora muitos dos cuidadores não fossem licenciados. Como você pode ver, os cuidados para com as crianças eram "bons" somente em 9% dos lares. Em 35% dos lares, eles foram classificados como inadequados (Mehren, 1994).*

de baixa qualidade (◆Figura 3.9). Os pais devem avaliar e monitorar a qualidade dos cuidados que seus filhos estão recebendo. Uma creche de baixa qualidade cria problemas comportamentais que não existiam anteriormente (Pierrehumbert et al., 2002).

Qualidade

O que os pais devem procurar quando avaliam a qualidade da creche? A creche de baixa qualidade é arriscada e *pode* enfraquecer o apego. Os pais que procuram qualidade devem insistir, *pelo menos*, no seguinte: (1) uma pequena quantidade de crianças por cuidadores; (2) pequeno tamanho geral do grupo (12 a 15); (3) cuidadores treinados; (4) mínima rotatividade do quadro de funcionários e (5) cuidados estáveis e consistentes (Howes, 1997). (Além disso, evite qualquer creche com as palavras *zoo*, *jardim zoológico* ou *gado* no nome.)

Apego e Necessidades Afetivas

As **necessidades afetivas** de um bebê (necessidades de amor e afeto) são tão importantes quanto as necessidades mais óbvias de alimento, água e cuidados físicos. Levando tudo isso em consideração, criar um elo de confiança e afeto entre a criança e pelo menos uma outra pessoa é um evento-chave durante o primeiro ano de vida. Os pais às vezes temem "estragar" os bebês com atenção demais, o que, nos primeiros dois anos, é quase impossível. Na verdade, a capacidade posterior de vivenciar relações calorosas e amorosas pode depender desse início.

Necessidades afetivas Necessidades emocionais de amor e afeto.

PAUSA PARA ESTUDO — Desenvolvimento Social

RELACIONE

Pense em uma criança que você conheça que pareça ser seguramente apegada e uma que pareça ser inseguramente apegada. Como elas diferem? Os pais as tratam de maneira diferente?

Você acha que era segura ou inseguramente apegado quando criança? Existe algum paralelo nos seus relacionamentos atuais?

VERIFICAÇÃO DO APRENDIZADO

1. Sinais claros de autoconsciência ou autorreconhecimento são evidentes na maioria das crianças quando elas atingem oito meses de idade. V ou F?
2. O desenvolvimento da ansiedade da separação na criança corresponde à criação de um apego aos pais. V ou F?
3. No sistema de Mary Ainsworth de classificação da qualidade do apego, o apego seguro é revelado pela falta de angústia quando uma criança é deixada sozinha com um estranho. V ou F?
4. A creche de alta qualidade na verdade aprimora as aptidões sociais e mentais das crianças. V ou F?

Raciocínio Crítico

5. Você consegue pensar em uma outra maneira de dizer se as crianças têm autoconsciência?
6. O elo emocional pode começar antes do nascimento?
7. A qualidade do apego geralmente é atribuída ao comportamento dos pais ou dos cuidadores. Como as crianças podem contribuir para a qualidade do apego?

RESPOSTAS: 1. F 2. V 3. F 4. V 5. Um outro método bem-sucedido é esfregar rouge no nariz de uma criança. A criança então é colocada na frente de um espelho. A pergunta é: A criança vai tocar a mancha vermelha, demonstrando reconhecer a imagem no espelho como sendo a sua? A probabilidade de uma criança fazer isso aumenta drasticamente durante o segundo ano de vida. 6. Certamente sim, para os pais. Quando uma mulher grávida começa a sentir os movimentos fetais, ela fica ciente de que o bebê está ganhando vida dentro dela. Da mesma maneira, os futuros pais que ouvem o batimento cardíaco fetal no consultório médico ou vêem uma imagem de ultra-som começam a ficar emocionalmente apegados à criança que ainda não nasceu (Konner, 1991). 7. Os padrões de comportamento, o temperamento e o estilo emocional de uma criança podem influenciar grandemente o comportamento dos pais. Conseqüentemente, as crianças podem afetar o apego tanto quanto os pais (Oatley e Jenkins, 1992).

INFLUÊNCIAS MATERNAS E PATERNAS — A VIDA COM PAPAI E MAMÃE

▶ **PERGUNTA PARA PESQUISA**   *Quão importante são os estilos de educar filhos?*

Nos primeiros anos de vida, os cuidadores são o centro do mundo da criança. Isso torna a qualidade da maternidade e da paternidade muito importante. Por exemplo, um estudo clássico se concentrou nas **influências maternas** (todos os impactos que a mãe tem sobre o seu filho). Os pesquisadores começaram selecionando crianças muito competentes (crianças A) ou com baixa competência (crianças C). À medida que foram observando crianças cada vez menores, logo ficou aparente que os padrões A e C já estavam estabelecidos na idade de três anos.

Para saber como isso tinha sido possível, os psicólogos visitaram lares e observaram **estilos de cuidar** (White e Watts, 1973). O que eles viram variou da "supermãe" à "mãe que tomava conta de um zoológico". As supermães se esforçavam ao máximo para fornecer experiências educacionais e deixavam seus filhos iniciar atividades. Esse estilo produziu "crianças A" extremamente competentes. Do outro lado da escala, as mães do tipo que tomavam conta de um zoológico ofereciam bons cuidados físicos aos seus filhos, mas interagiam muito pouco com eles. Sua rigidez nos cuidados para com seus filhos resultou em "crianças C", que abordavam problemas de maneira inflexível.

Cuidados Ótimos

Estudos mais recentes espelham os resultados iniciais: os cuidados ótimos envolvem *interações educativas proativas* com a criança (Olson et al., 1992). Por exemplo, Olívia é uma mãe proativa que conversa com Amy e ajuda-a a explorar o que a cerca. Isso acelera o crescimento mental de Amy e minimiza seus problemas comportamentais.

Cuidados ótimos também dependem da *qualidade da interação*, ou compatibilidade, de um pai ou de uma mãe e o temperamento da criança (Chess e Thomas, 1986). Por exemplo, Damion é uma criança que demora a esquentar e que tem pais impacientes. Ele provavelmente terá mais problemas do que teria com pais despreocupados.

Um terceiro ingrediente do cuidado é a *responsividade dos pais* aos sentimentos, necessidades, ritmos e sinais da criança. Quando Amy tiver um mês de idade, Olívia deve concentrar-se em tocá-la, segurá-la, alimentá-la e estimulá-la. Quando ela tiver um ano de idade, interações do tipo "toma-lá-dá-cá", que promovam suas aptidões sociais, serão mais importantes. Conseqüentemente, mães eficazes adaptam seu comportamento para atender às necessidades que vão mudando dos seus filhos (Heermann et al., 1994).

Ser pai geralmente contribui para o desenvolvimento inicial e difere em termos de ênfase do ato de ser mãe.

Influências Paternas

Você não está ignorando os impactos que o pai tem? Sim. Na verdade, os pais dão uma contribuição singular para o ato de cuidar dos filhos. Estudos sobre as **influências paternas** (a soma de todos os impactos que um pai causa nos seus filhos) revelam que os pais geralmente agem como companheiros de brincadeiras para as crianças (Parke, 1995). Em muitos lares, os pais passam quatro ou cinco vezes mais horas brincando com as crianças do que cuidando delas. É verdade que os pais estão começando a se envolver mais na função de cuidar dos filhos. Mesmo assim, as mães passam muito mais tempo alimentando, vestindo, arrumando, disciplinando, ensinando os filhos e cuidando deles (de Luccie e Davis, 1991).

Pode parecer que a função do pai como companheiro de brincadeiras o torna menos importante. Não é verdade. A partir do parto, os pais prestam mais atenção visual nas crianças do que as mães. Os pais são mais táteis (levantar, fazer cócegas e lidar com o bebê), mais excitantes fisicamente (jogos do tipo cair e rolar) e têm maior probabilidade de se envolver em brincadeiras fora do comum (imitar o bebê, por exemplo) (Crawley e Sherrod, 1984). Em comparação, as mães falam mais com as crianças, fazem brincadeiras mais tradi-

Influências maternas O agregado de todos os impactos psicológicos que as mães têm sobre os filhos.

Estilos de cuidar Padrões identificáveis de cuidados e de interação do pai e da mãe com os filhos.

Influências paternas O agregado de todos os impactos psicológicos que os pais causam nos seus filhos.

◆FIGURA 3.10 *Interações mãe-filho e pai-filho. Esses gráficos mostram o que ocorreu em dias comuns em uma amostra de 72 lares norte-americanos. O gráfico à esquerda registra a quantidade total de contato que os pais e as mães tiveram com os bebês, incluindo ações como conversar, tocar, abraçar ou sorrir para a criança. O gráfico à direita mostra a quantidade de cuidados (trocar fraldas, lavar, alimentar etc.) dada por cada pai ou mãe. Observe que em ambos os casos as interações mãe-filho excedem grandemente as interações pai-filho. (Adaptado de Belsky et al., 1984.)*

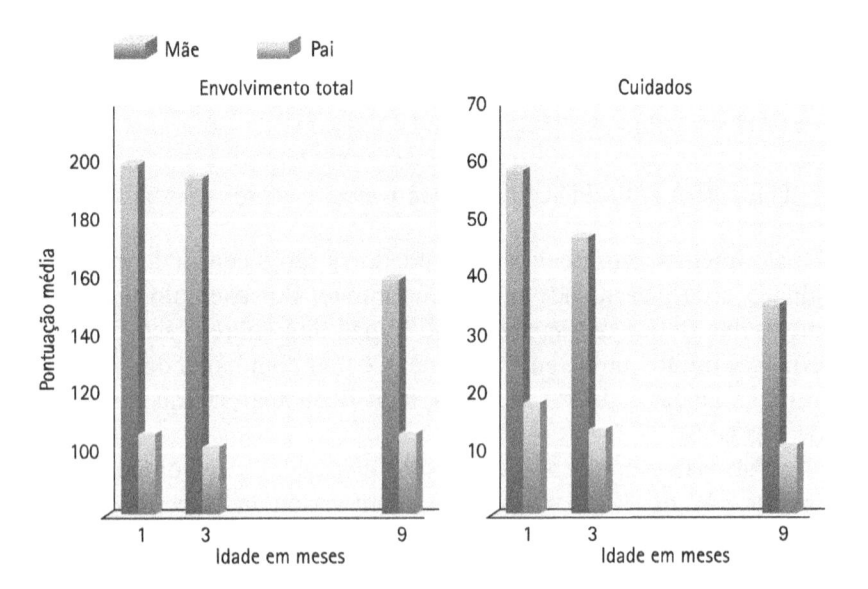

cionais (como cuco) e, como observado anteriormente, passam mais tempo cuidando dos filhos (◆Figura 3.10). O tempo que Amy passa brincando com Tom é, na verdade, muito valioso. Crianças pequenas que passam muito tempo brincando com seus pais tendem a ser mais competentes em vários aspectos (Pettit et al., 1998).

No geral, os pais podem ser tão afetivos, sensíveis e responsivos quanto as mães. Mesmo assim, as crianças tendem a receber perspectivas bem diferentes de homens e mulheres. As mulheres, que oferecem consolo, nutrição e estímulo verbal, tendem a estar próximas. Os homens vão e vêm e, quando estão presentes, a ação, exploração e correr riscos predominam. Não é de admirar que os estilos de cuidar dos pais e das mães tenham grande impacto no desenvolvimento do papel sexual das crianças (Lindsay et al., 1997).

À medida que as crianças vão amadurecendo e ficando mais independentes, os pais têm de encontrar maneiras de controlar o comportamento delas. ("Não, você não pode lambuzar pudim no rosto do papai.") Essas tentativas podem surtir vários efeitos, como vamos descrever a seguir.

Estilos de Ser Pai e Mãe

A psicóloga Diana Baumrind (1991) estudou os efeitos de três estilos principais de ser pai e mãe. Veja se você reconhece os estilos que ela descreve.

Pais autoritários colocam em prática regras rígidas e exigem obediência estrita à autoridade. Geralmente, eles acham que as crianças têm poucos direitos, mas responsabilidades de adultos. Eles esperam que a criança não se meta em encrencas e aceite, sem questionar, o que os pais consideram certo ou errado. ("Faça porque eu disse para fazer.") Os filhos de pais autoritários geralmente são obedientes e autocontrolados. Mas eles também tendem a ser emocionalmente duros, distantes, apreensivos e sem curiosidade.

Pais excessivamente permissivos dão pouca orientação, permitem liberdade demais e não fazem os filhos se responsabilizarem pelas suas ações. Geralmente, a criança tem direitos semelhantes aos dos adultos, mas poucas responsabilidades. Não se exige que as regras sejam seguidas e a criança geralmente acaba vencendo. ("Faça o que quiser.") Os pais excessivamente permissivos tendem a criar filhos dependentes, imaturos, que freqüentemente se comportam mal. Essas crianças não têm objetivos e provavelmente "se revoltam contra todos".

Baumrind descreve os **pais com autoridade** como aqueles que dão uma orientação firme e coerente com amor e afeto. Esses pais equilibram os seus próprios direitos com os dos filhos, controlam o comportamento deles de uma maneira carinhosa, responsiva e não-autoritária. ("Faça por esse motivo.") Pais eficazes são firmes e coerentes, e não duros ou rígidos. Em geral, eles incentivam seus filhos a agir de maneira responsável, a refletir e tomar boas decisões. Esse estilo produz filhos competentes, autocontrolados, independentes, assertivos e inquiridores (Baumrind, 1991).

Pais autoritários Pais que colocam em prática regras rígidas e exigem obediência estrita à autoridade.

Pais excessivamente permissivos Pais que dão pouca orientação, permitem liberdade demais ou não exigem que os filhos assumam responsabilidades.

Pais com autoridade Pais que dão uma orientação firme e coerente com amor e afeto.

Cultura

As diferenças étnicas no ato de educar afetam os filhos de maneira diferente? O trabalho de Diana Baumrind dá um bom resumo do impacto de educar filhos. No entanto, as conclusões dela provavelmente são mais válidas para famílias com raízes na Europa. Criar filhos em outros grupos étnicos geralmente reflete costumes e crenças diferentes. As diferenças culturais são particularmente aparentes no tocante ao significado associado ao comportamento da criança. Um determinado comportamento é "bom" ou "mau"?

Ele deve ser incentivado ou desestimulado? A resposta vai depender bastante dos valores culturais dos pais (Rubin, 1998).

Diferenças Étnicas: Quatro Sabores de Educar Filhos

Generalizar sobre grupos de pessoas é sempre arriscado. Mesmo assim, foram observadas algumas diferenças típicas nos padrões de criação dos filhos nas comunidades étnicas norte-americanas (Kaplan, 1998).

Famílias Afro-Americanas

Os valores afro-americanos tradicionais enfatizam a lealdade e a interdependência entre os membros da família, bem como segurança, desenvolver uma identidade positiva e não desistir diante de adversidades. Os pais afro-americanos geralmente enfatizam a obediência e o respeito pelos mais velhos. A disciplina infantil tende a ser bastante rígida, mas muitos pais afro-americanos vêem isso como uma necessidade, principalmente se eles moram em regiões urbanas, onde a questão da segurança preocupa. A autoconfiança, a riqueza de recursos e a capacidade de cuidar de si mesmo em situações difíceis também são qualidades que os pais afro-americanos buscam incentivar nos seus filhos.

Famílias Hispânicas

Como os pais afro-americanos, os pais hispânicos tendem a ter padrões relativamente rígidos de disciplina. Eles também dão importância aos valores familiares, ao orgulho familiar e à lealdade. As famílias hispânicas geralmente são afetuosas e indulgentes em relação às crianças menores. No entanto, à medida que elas vão ficando mais velhas, espera-se que adquiram aptidões sociais e aprendam a ser calmas, obedientes, corteses e respeitosas. Na verdade, essas aptidões podem ser mais valorizadas do que as aptidões cognitivas (Delgado e Ford, 1998). Além disso, os pais hispânicos tendem a enfatizar a cooperação mais do que a competição. Esses valores podem colocar as crianças hispânicas em desvantagem em uma cultura altamente competitiva como a anglo-americana.

Famílias Asiáticas-Americanas

As culturas asiáticas são quase sempre voltadas para o grupo e enfatizam a interdependência entre as pessoas. Em comparação, as culturas ocidentais valorizam o esforço individual e a independência (Markus e Kitayama, 1991). Essa diferença, muitas vezes, reflete-se nas práticas de educação dos filhos. As crianças asiáticas-americanas aprendem que o seu comportamento pode trazer orgulho ou vergonha para a família. Conseqüentemente, são obrigadas a deixar seus desejos de lado quando está em jogo um bem maior para a família. Os pais tendem a agir como professores que incentivam o trabalho árduo, comportamento moral e realizações. Nos primeiros anos, os pais são lenientes e permissivos. Porém, depois dos cinco anos de idade, os pais começam a esperar respeito, obediência, autocontrole e autodisciplina da parte de seus filhos.

Famílias Árabe-Americanas

Nas culturas do Oriente Médio, espera-se que as crianças sejam educadas, obedientes, disciplinadas e bem ajustadas. O castigo geralmente é bater, provocar ou envergonhar na frente dos outros. Os pais árabe-americanos são em sua maioria fortes figuras de autoridade, que exigem obediência para que a família não seja envergonhada pelo mau comportamento da criança. Sucesso, generosidade e hospitalidade são extremamente valorizados na cultura árabe-americana. A busca da honra familiar estimula o trabalho árduo, a parcimônia, o conservadorismo e a realização educacional. Dá-se mais ênfase ao bem-estar da família do que à identidade individual. Conseqüentemente, as crianças árabe-americanas são criadas de forma a respeitar seus pais, membros da família, além de outros adultos (Erickson e Al-Timimi, 2001; Medhus, 2001).

USANDO A PSICOLOGIA: Bater ou Não Bater?

Os pais devem bater nos seus filhos?

Durante anos, vários "especialistas" argumentaram pró e contra o bater. Mas o que dizem as evidências? Depois de revisar vários estudos, a psicóloga Elizabeth Gershoff conclui que os pais deveriam minimizar o bater ou evitá-lo totalmente (Gershoff, 2002).

Muitos pais batem em seus filhos. Será que é tão ruim?

Na verdade, a maioria das crianças não apresenta danos a longo prazo pelo fato de os pais baterem nelas – se o bater for corroborado por uma relação de apoio (Baumrind et al., 2002). Porém, o dano emocional ocorre se as surras forem severas, freqüentes ou acompanhadas de um relacionamento rígido.

Além disso, bater freqüentemente tende a aumentar a agressividade e leva a mais, e não a menos, comportamentos problemáticos (McLoyd e Smith, 2002; Saadeh et al., 2002).

Mesmo se o bater detiver por pouco tempo atos indesejáveis, ele não detém maus comportamentos futuros nem ensina à criança melhores maneiras de agir. Digamos que um menino leve uma surra por chutar a irmã menor. Bater nele o ensina que machucar os outros não é coisa que se faça? Provavelmente, não. Em vez disso, o menino aprende que não é uma boa idéia atacar quando há alguém olhando! Quando possível, os pais devem utilizar maneiras mais positivas de administrar o comportamento da criança (Gershoff, 2002). A seção Psicologia em Ação deste capítulo sugere algumas alternativas úteis.

Implicações

Criar filhos é algo realizado de uma série extraordinária de maneiras no mundo todo. Na verdade, muito do que se faz na América do Norte, como forçar crianças pequenas a dormir sozinhas, seria considerado estranho ou errado em outras culturas. Em uma análise final, o ato de educar filhos só pode ser julgado se soubermos em que cultura ou grupo étnico a criança está sendo preparada para entrar (Bornstein et al., 1998).

Efeitos Colaterais da Disciplina Infantil

Quando os pais não oferecem disciplina (orientação no tocante aos comportamentos aceitáveis), as crianças tornam-se anti-sociais, agressivas e inseguras. A disciplina eficaz é justa mas amorosa, autoritária mas sensível. Ela socializa a criança sem destruir o elo de amor e confiança entre o pai ou a mãe e a criança.

Tipos de Disciplina

Os pais geralmente disciplinam as crianças de uma entre três maneiras. A **asserção do poder** diz respeito ao castigo físico ou à demonstração de força, como tirar brinquedos ou privilégios. Como alternativa, alguns pais usam a **retirada do amor** (retenção de afeto), recusando-se a falar com a criança, ameaçando partir, rejeitando a criança ou agindo como se ela fosse temporariamente não-merecedora de amor. As **técnicas de administração** combinam orgulho, reconhecimento, aprovação, regras, argumentação e o gosto por incentivar comportamentos desejáveis. Cada uma dessas abordagens pode controlar o comportamento da criança, mas seus efeitos colaterais diferem consideravelmente.

Quais são os efeitos colaterais? As técnicas voltadas para o poder – principalmente o castigo físico duro ou severo – estão associadas ao medo, ao ódio dos pais e à falta de espontaneidade e calor humano. As crianças castigadas severamente também tendem a ser desafiadoras, rebeldes e agressivas (Patterson, 1982). Apesar dos seus pontos negativos, a asserção do poder é o modo mais popular de disciplina (ver "Bater ou Não Bater?") (Papps et al., 1995).

A retirada do amor produz crianças que tendem a ser autodisciplinadas. Pode-se dizer que esse tipo de criança desenvolveu uma boa consciência. Geralmente, elas são descritas como crianças "modelo" ou incomumente "boas". Mas como efeito colateral, também são freqüentemente ansiosas, inseguras e dependentes dos adultos para aprovação.

As técnicas de administração também têm suas limitações. A mais importante é a necessidade de se adaptar cuidadosamente ao grau de compreensão

Asserção do poder O uso de castigo físico ou coerção para impor a disciplina infantil.

Retirada do amor Reter afeto para impor a disciplina infantil.

Técnicas de administração Combinar elogio, reconhecimento, aprovação, regras e argumentação para impor a disciplina infantil.

da criança. Crianças menores nem sempre vêem a relação entre as regras e explicações e o seu comportamento. Mesmo assim, as técnicas de administração recebem um voto a favor em uma outra área. O psicólogo Stanley Coopersmith (1968) descobriu uma ligação direta entre a disciplina e a auto-estima da criança.

Auto-Estima

Se você se considera uma pessoa de valor, você tem **auto-estima**. Elevada auto-estima é fundamental para a saúde emocional. Pessoas com baixa auto-estima não têm uma boa opinião sobre si mesmas. No ensino fundamental, as crianças com alta auto-estima tendem a ser mais populares, cooperadoras e bem-sucedidas na sala de aula. Crianças com baixa auto-estima são mais distantes e tendem a ter um desempenho abaixo da média (Hay et al., 1998).

Como a disciplina afeta a auto-estima? Coopersmith descobriu que a baixa auto-estima está ligada ao castigo físico e à retenção do amor. E por que não? Que mensagem as crianças recebem se o pai ou a mãe bate nelas ou lhes diz que elas não são dignas de amor?

A alta auto-estima é incentivada por técnicas de administração. Conseqüentemente, é minimizar o castigo físico e evitar a retirada do amor. As crianças que sentem que os pais as apóiam emocionalmente tendem a ter alta auto-estima (Hay et al., 1998; Nielsen e Metha, 1994).

PAUSA PARA ESTUDO — Influências dos Pais e das Mães

RELACIONE

Imagine uma mãe que parece ser uma boa cuidadora. Qual dos comportamentos ótimos de cuidados ela adota?

Você conhece algum pai ou mãe de crianças pequenas que são autoritários, ou permissivos, ou com autoridade? Como seus filhos são?

Quais você acha que são as melhores maneiras para disciplinar crianças? Como seria classificada a sua abordagem? Quais são suas vantagens e desvantagens?

VERIFICAÇÃO DO APRENDIZADO

1. Três elementos importantes da maternidade eficaz são envolvimento materno _____, _____ dos pais aos sentimentos, às necessidades, aos ritmos e aos sinais da criança e compatibilidade entre os _____ dos pais e dos filhos.
2. Os pais geralmente tendem a agir mais como companheiros de brincadeiras dos seus filhos do que como cuidadores. V ou F?
3. De acordo com a pesquisa de Diana Baumrind, pais e mães eficazes são autoritários na sua abordagem do comportamento dos seus filhos. V ou F?
4. Pais e mães autoritários acham que os filhos têm poucos direitos mas muitas responsabilidades. V ou F?
5. Coopersmith descobriu que alta auto-estima na infância está ligada à disciplina baseada nas técnicas de adminstração ou na retirada do amor. V ou F?

Raciocínio Crítico

6. Por que é arriscado generalizar sobre as diferenças na criação dos filhos para os vários grupos étnicos?
7. Se a asserção do poder é uma maneira ruim de disciplinar crianças, por que tantos pais e mães a utilizam?

RESPOSTAS: 1. proativo, responsividade, temperamentos 2. V 3. F 4. V 5. F 6. Porque pode haver tantas variações dentro dos grupos étnicos quantas há entre eles. Por exemplo, há diferenças bem grandes nos estilos de criação de filhos de pais hispânicos de Porto Rico, da Argentina e da Guatemala. 7. A maioria dos pais e mães disciplina seus filhos da mesma maneira como foi disciplinada. Educar filhos é uma responsabilidade de extrema importância, para a qual a maioria das pessoas não recebe quase nenhum treinamento.

DESENVOLVIMENTO DA LINGUAGEM — BEBÊS QUE FALAM DEPRESSA

▶ **PERGUNTA PARA PESQUISA** *Como as crianças adquirem a linguagem?*

Há algo quase miraculoso nas primeiras palavras de um bebê. Como crianças, de que modo conseguimos entrar no mundo da linguagem? Como logo ficará

Auto-estima Considerar a si mesmo uma pessoa de valor; uma avaliação positiva de si mesmo.

evidente, o desenvolvimento social dá a base para o aprendizado da linguagem. Mas antes de investigarmos essa conexão, vamos começar com uma rápida pesquisa sobre o desenvolvimento da linguagem.

Como Adquirimos a Linguagem

O desenvolvimento da linguagem está estreitamente ligado à maturação. Como todo pai ou mãe sabe, os bebês podem chorar desde o nascimento. Com um mês de idade, eles usam o choro para chamar a atenção. Geralmente, os pais sabem dizer se a criança está com fome, zangada ou com dor pelo tom do choro. Por volta da sexta à oitava semana de idade, os bebês começam a *arrulhar* (repetição de sons vocálicos como "*u*" e "*a*").

Aos sete meses de idade, o sistema nervoso de Amy irá amadurecer o suficiente para permitir que ela pegue objetos, sorria, ria, sente e *balbucie*. Na fase do balbuciar, as consoantes *b*, *d*, *m* e *g* são combinadas com os sons vocálicos para produzir sons sem significado: *dadadadada* ou *bababa*. Porém, logo a língua falada pelos pais começa a ter influência. Isto é, os bebês chineses começam a balbuciar de uma maneira que parece chinês, os bebês mexicanos balbuciam sons que parecem espanhol e assim por diante (Gopnik et al., 1999).

Por volta de um ano de idade, as crianças conseguem ficar em pé sozinhas por um curto período de tempo e respondem a palavras reais como *não* e *oi*. Logo depois, forma-se a primeira conexão entre palavras e objetos, e as crianças podem se dirigir aos pais como "papá" e "mamã".

Dos 18 meses aos 2 anos de idade, Amy aprenderá a ficar em pé e a andar sozinha. Nessa idade, o seu vocabulário pode ter de 24 a 200 palavras. No começo, há uma *fase de palavras isoladas*, durante a qual as crianças utilizam uma palavra por vez, como "vai", "suco" ou "alto". Logo depois, as palavras são combinadas em frases simples de duas palavras, que chamamos de *fala telegráfica*: "quer urso", "mamãe embora".

A Linguagem e os Terríveis Dois Anos de Idade

Nessa mesma época as crianças começam a juntar duas ou três palavras e tornam-se muito mais independentes. Crianças de dois anos de idade entendem alguns dos comandos dados pelos pais, mas nem sempre estão dispostas a executá-los. Uma criança como Amy precisa afirmar sua independência dizendo "Não beber", "Eu faço", "Minha xícara, minha xícara" e coisas do gênero. Obviamente, pode ser pior. Uma criança pode olhar para você atentamente, fazer contato visual, ouvir você gritando "não, não!" e ainda assim jogar o seu suco no gato.

Durante o segundo ano, as crianças tornam-se cada vez mais capazes de maldades, acessos de cólera e mau humor. Portanto, chamar essa época de "os terríveis dois anos" não é totalmente inadequado. As crianças de um ano podem fazer muitas coisas que os pais não querem que façam. Porém, são as crianças de dois anos de idade que fazem coisas *porque* você não quer que elas façam (Gopnik et al., 1999).

Talvez os pais se consolem um pouco sabendo que uma criança de dois anos, teimosa e negativa, está simplesmente se tornando mais independente. Quando Amy tiver dois anos, será bom Olívia e Tom se lembrarem de que "Isso também vai passar". Depois dos dois anos, a criança dá um salto enorme em termos de compreensão e utilização das palavras (Reznick e Goldfield, 1992). A partir desse momento, as aptidões de vocabulário e linguagem aumentam a uma velocidade fenomenal. Na primeira série, Amy será capaz de entender oito mil palavras e usar cerca de quatro mil. Ela terá realmente entrado no mundo da linguagem.

As Raízes da Linguagem

Em um estudo fascinante, os pesquisadores William Condon e Louis Sander (1974) filmaram crianças recém-nascidas quando elas ouviam vários sons. Uma análise quadro a quadro dos filmes revelou algo surpreendente: as crianças movimentam seus braços e pernas de acordo com os ritmos do discurso humano. Ruídos aleatórios, batidas ritmadas ou sons vocálicos desconexos não produzem uma "dança lingüística". Só o discurso natural tem esse efeito.

Por que crianças de um dia de idade "dançam" com o discurso e não com outros sons? Uma das possibilidades é que o reconhecimento da linguagem é inato. O lingüista Noam Chomsky (1975, 1986) afirmou há muito tempo que os seres humanos têm uma **predisposição biológica** ou prontidão hereditária para desenvolver a linguagem. De acordo com Chomsky, os padrões lingüísticos são inatos, muito semelhantes à capacidade da criança de coordenar o andar. Se esse reconhecimento inato da linguagem existe, ele pode explicar por que as crianças no mundo todo utilizam uma quantidade limitada de padrões nas primeiras frases. Entre os padrões típicos estão (Mussen et al., 1979):

Predisposição biológica A suposta prontidão hereditária dos seres humanos para aprender certas habilidades, como utilizar a linguagem, ou a prontidão para se comportar de determinada maneira.

Identificação:	"Ver gatinho."
Inexistência:	"Leite acabou."
Posse:	"Minha boneca."
Agente-ação:	"Mamãe dá."
Negação:	"Não bola."
Pergunta:	"Onde au-au?"

A teoria de Chomsky explica por que a linguagem se desenvolve tão rapidamente? Talvez. Mas muitos psicólogos acham que Chomsky subestima a importância do aprendizado. Os psicolingüistas (especialistas na psicologia da linguagem) demonstraram que a linguagem não é "ligada" magicamente pela fala do adulto. A imitação dos adultos e recompensas por utilizar corretamente as palavras (como quando uma criança pede um biscoito) são uma parte importante do aprendizado da linguagem. Além disso, os bebês participam ativamente, fazendo perguntas como "Que isso?" (Domingo e Goldstein-Alpern, 1999).

Quando uma criança comete erros de linguagem, os pais geralmente repetem a frase da criança com as correções necessárias (Bohannon e Stanowicz, 1988). Ainda mais importante é o fato de pais e filhos começarem a se comunicar muito antes de a criança começar a falar. Meses de esforços compartilhados precedem a primeira palavra de uma criança. Desse ponto de vista, a "dança da linguagem" reflete a prontidão de interagir *socialmente* com os pais, não reconhecimento inato da linguagem. A próxima seção explica por quê.

Comunicação Inicial

Como os pais se comunicam com os filhos antes de eles falarem? Os pais se esforçam muito para fazer os bebês sorrirem e vocalizarem (♦Figura 3.11). Fazendo isso, eles aprendem rapidamente a mudar seus atos para manter a atenção, a excitação e a atividade da criança em níveis ótimos. Um exemplo familiar é o jogo "eu vou te pegar". Nele, o adulto diz: "Eu vou te pegar, vou te pegar, peguei!". Por meio desse tipo de jogo, adultos e crianças compartilham ritmos e expectativas semelhantes (Stern, 1982). Logo se cria um sistema de **sinais** compartilhados, incluindo tocar, vocalizar, fitar e sorrir. Eles ajudam a criar a base para o uso posterior da linguagem. Especificamente, os sinais criam um padrão de "conversa" de revezamento (envio e recebimento alternado de mensagens).

Sinal No desenvolvimento inicial da linguagem, qualquer comportamento – como tocar, vocalizar, fitar ou sorrir – que permita a interação não-verbal e a alternação de vez entre pais e filhos.

OLÍVIA	AMY
"Ah, que sorriso lindo!"	(sorri)
"É, não é lindo?"	
"Pronto."	
"Olha que sorriso lindo!"	(arrota)
"Desculpa!"	
"É, assim é melhor, não é?"	
"É!"	(vocaliza)
"É!"	(sorri)
"O que é tão engraçado?"	

♦FIGURA 3.11 *A escala de envolvimento dos bebês. Essas amostras de uma escala de 90 pontos mostram vários níveis de envolvimento ou de atenção dos bebês. Os bebês participam de uma conversa "pré-linguagem" com os pais dando e retendo atenção, e sorrindo, olhando atentamente ou vocalizando (Beebe et al., 1982).*

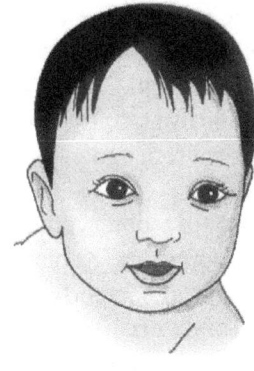

85 — Média alta positiva
50 — Atenção neutra
20 — Desviada

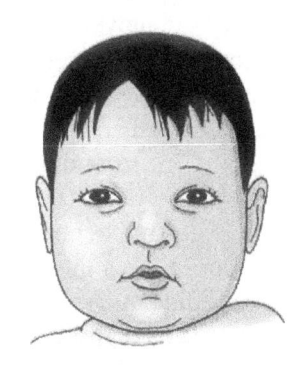

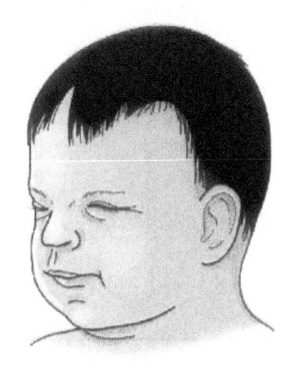

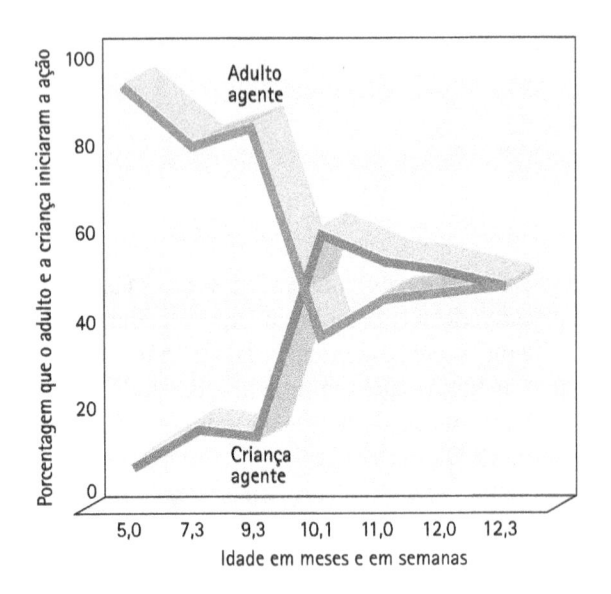

◆FIGURA 3.12 Este gráfico mostra o desenvolvimento da alternação da vez em jogos entre uma criança e sua mãe. Durante vários meses, Richard respondeu a jogos como cuco e "dê o brinquedo de volta" somente quando a mãe iniciava a ação. Por volta dos nove meses, porém, ele começou rapidamente a iniciar a ação nos jogos. Logo era ele quem liderava cerca de metade do tempo. Aprender a revezar e dirigir os atos a uma outra pessoa estão por trás das aptidões lingüísticas básicas (Bruner, 1983).

Do lado de fora, essas trocas podem parecer sem sentido. Na verdade, elas representam comunicação real. As vocalizações e a atenção de Amy oferecem uma maneira de interagir emocionalmente com Olívia e Tom. Crianças de até quatro meses se envolvem em alternação de vocalizações com adultos (ver ◆Figura 3.12) (Jaffe et al., 2001).

Quanto mais as crianças interagirem com os pais, mais rapidamente elas aprenderão a falar e a ter aptidões de raciocínio (Hart e Risley, 1999; Tamis-LeMonvda e Bornstein, 1994). Um estudo recente descobriu que bebês de seis meses de idade olham atentamente para o rosto de um adulto no ritmo da fala do adulto (Crown et al., 2002). Indubitavelmente, os relacionamentos contribuem para o aprendizado inicial da linguagem.

Parentese

Como na motherese, os pais usam um estilo diferente quando cantam para uma criança. Mesmo as pessoas que falam outra língua, podem dizer se uma canção gravada em fita foi cantada para uma criança ou para um adulto. Da mesma maneira, as canções de ninar continuam reconhecíveis quando se removem eletronicamente as palavras (Trehub et al., 1993a, 1993b).

Quando falam com os filhos, os pais e as mães usam um padrão exagerado de falar, denominado **motherese** ou **parentese**. Geralmente, eles elevam o tom de voz, usam frases curtas e simples e se repetem mais. Eles também diminuem a velocidade da sua fala e utilizam inflexões de voz exageradas: "A Amy comeu TU-DI-NHO?".

Qual é a finalidade dessas mudanças? Os pais aparentemente tentam ajudar seus filhos a aprender a linguagem. Quando um bebê ainda está balbuciando, os pais tendem a usar frases longas, no estilo adulto. Mas assim que o bebê pronuncia sua primeira palavra, eles mudam para a parentese. Quando os bebês têm quatro meses de idade, os pais preferem parentese à fala normal (Cooper et al., 1997).

Além de ser mais simples, a parentese tem uma qualidade "musical" distinta (Fernald e Mazzie, 1991). Não importa que língua as mães falem, as melodias, pausas e inflexões que elas usam para consolar, elogiar e alertar são universais. A psicóloga Anne Fernald descobriu que as mães de todos os países falam com seus bebês com mudanças semelhantes no tom. Por exemplo, nós elogiamos os bebês com um tom que primeiro sobe e depois desce. ("BRA-vo!" "BOA menina!"). Os alertas são dados em ritmo curto e elevado ("Nein! Nein!" "Basta, Basta!"). Para consolar, os pais usam tons baixos, tranqüilos e destacados ("Oh, coitadinho do bebê!" "Oh, pobrecito!"). Usa-se uma melodia em tom agudo e ascendente para chamar a atenção para objetos ("Está vendo o PASSARINHO?"). (Fernald, 1989).

Motherese (ou parentese) Padrão de fala utilizado quando se fala com crianças marcado por uma voz aguda, frases curtas e simples, repetição, fala mais lenta e inflexões de voz exageradas.

A motherese ajuda os pais a obter a atenção da criança, a comunicar-se com ela e a lhe ensinar a linguagem (Kaplan et al., 1995). Posteriormente, à medida que a fala da criança vai se aperfeiçoando, os pais tendem a adaptar sua fala à aptidão lingüística da criança. Principalmente dos 18 meses aos 4 anos de idade, os pais tentam esclarecer o que a criança diz e a induzem a falar mais.

Em suma, alguns elementos da linguagem são inatos. Mesmo assim, nossa tendência, herdada de aprender a linguagem, não determina se nós vamos falar português ou vietnamita, espanhol ou russo. As forças ambientais também influenciam se uma pessoa vai desenvolver aptidões lingüísticas simples ou sofisticadas. Os primeiros sete anos de vida são um período sensível no aprendizado da linguagem (Eliot, 1999). Evidentemente, o desabrochar completo da fala requer um cultivo cuidadoso.

PAUSA PARA ESTUDO — Desenvolvimento da Linguagem

RELACIONE

Veja se consegue nomear e imitar, em ordem, as aptidões lingüísticas que você teve à medida que foi evoluindo, desde o nascimento até os dois anos de idade. Agora, veja se consegue rotular e imitar alguns elementos da parentese.

Com as suas próprias palavras, apresente pelo menos um argumento pró e um contra o ponto de vista de Chomsky sobre a aquisição da linguagem.

Você vai passar um dia com uma pessoa que fala uma língua diferente da sua. Você acha que conseguirá comunicar-se com essa pessoa? Como isso está ligado à aquisição da linguagem?

VERIFICAÇÃO DO APRENDIZADO

1. O desenvolvimento da fala e da linguagem geralmente ocorre em que ordem?
   a. chorar, arrulhar, balbuciar, fala telegráfica
   b. arrulhar, chorar, balbuciar, fala telegráfica
   c. balbuciar, chorar, arrulhar, fala telegráfica
   d. chorar, balbuciar, arrulhar, identificação

2. Frases simples de duas palavras são características da fala _____.
3. Noam _____ expôs a idéia de que a aquisição da linguagem é baseada em padrões inatos.
4. A alternância da vez pré-linguagem e as interações sociais seriam de especial interesse para um psicolingüista. V ou F?
5. O estilo de falar conhecido como _____ é mais alto no tom e tem uma qualidade musical.

Raciocínio Crítico

6. Os filhos de pais que trabalham ouvem mais palavras por hora do que os filhos de pais que dependem da previdência social, e eles também tendem a ter uma pontuação mais alta nos testes de habilidades mentais. De que outra maneira poderíamos explicar essa pontuação mais alta?

RESPOSTAS: 1.a 2. telegráfica 3. Chomsky 4.V 5. parentese 6. As crianças em lares de pais que trabalham recebem muitos benefícios educacionais, que são menos comuns em lares que dependem da previdência social. No entanto, mesmo quando essas diferenças são levadas em consideração, as crianças mais brilhantes tendem a vir de ambientes lingüísticos mais ricos (Hart e Risley, 1999).

DESENVOLVIMENTO COGNITIVO — COMO AS CRIANÇAS APRENDEM A PENSAR?

▶ **PERGUNTA PARA PESQUISA** *Como as crianças aprendem a pensar?*

Agora que Amy já fala, vamos para uma visão mais ampla do desenvolvimento intelectual. O psicólogo e filósofo suíço Jean Piaget nos deu alguns dos primeiros grandes *insights* sobre como as crianças desenvolvem aptidões de raciocínio.

Quão diferente é a compreensão do mundo de uma criança da compreensão de um adulto? Em termos gerais, o raciocínio de uma criança é menos abstrato. As crianças usam menos generalização, categorias e princípios. Elas também tendem a basear sua compreensão em exemplos específicos e em objetos que elas podem ver ou tocar.

Antes dos seis ou sete anos, o raciocínio é muito concreto. Crianças menores não conseguem fazer **transformações** nas quais elas têm de mudar mentalmente a forma de uma substância (como barro ou água). Vamos visitar Amy com cinco anos: se você mostrar a ela um copo baixo e largo cheio de leite e um copo alto e estreito (também cheio) ela irá dizer que o copo mais alto contém mais leite. Amy vai lhe dizer isso mesmo se ela vir você despejar

Transformação A aptidão mental de mudar a forma de uma substância (como barro ou água) e perceber que o volume continua o mesmo.

o leite do copo baixo em um copo alto vazio. Ela não se incomoda com o fato de o leite parecer se transformar de uma quantidade menor em uma maior. Em vez disso, ela responde somente ao fato de *mais alto* aparentemente significar *mais*. Depois dos sete anos, as crianças não se deixam mais enganar por essa situação. Talvez seja por isso que os sete anos são chamados de "a idade da razão". Dos sete em diante, observa-se uma tendência definitiva para um raciocínio mais lógico e semelhante ao do adulto (Flavell, 1992).

Há algum padrão para o crescimento do intelecto na infância? De acordo com Piaget (1951, 1952), sim.

A Teoria do Desenvolvimento Cognitivo de Piaget

Jean Piaget achava que todas as crianças passam por uma série de estágios diferentes no desenvolvimento intelectual. Muitas das suas idéias vinham de observar seus próprios filhos à medida que eles iam resolvendo vários problemas de raciocínio. (É tentador imaginar que a ilustre carreira de Piaget deslanchou quando, um dia, sua mulher lhe disse: "Cuide das crianças um momento, está bem, Jean?")

Adaptações Mentais

Piaget estava convicto de que o intelecto cresce por meio de processos que ele chamava de assimilação e acomodação. **Assimilação** refere-se a utilizar os padrões mentais existentes em novas situações. Vamos dizer que um martelo de plástico seja o brinquedo preferido de um menino chamado Benjamin, que segura o martelo adequadamente e adora bater com ele em blocos. No seu aniversário, Benjamin recebe uma enorme chave inglesa de brinquedo. Se ele usar a chave inglesa para bater, foi assimilada uma estrutura de conhecimento conhecida.

Na **acomodação**, as idéias existentes são modificadas para se ajustar a novos requisitos. Por exemplo, uma criança menor poderia pensar que uma moeda de dez centavos vale menos que uma (maior) de cinco centavos. No entanto, à medida que as crianças começam a gastar dinheiro, elas precisam mudar o seu conceito do que significa "mais" e "menos". Conseqüentemente, novas situações são assimiladas às idéias existentes e criam-se novas idéias para acomodar novas experiências.

As idéias de Piaget afetaram profundamente a nossa visão sobre as crianças (Beilin, 1992). A seguir, apresentamos um breve resumo do que ele descobriu.

Assimilação Na teoria de Piaget, a aplicação dos padrões mentais existentes a novas situações (isto é, a nova situação é assimilada aos esquemas mentais existentes).

Acomodação Na teoria de Piaget, a modificação dos padrões mentais existentes para se adaptar a novas demandas (isto é, os esquemas mentais são modificados para acomodar novas informações ou experiências).

Estágio sensório-motor Fase do desenvolvimento intelectual durante o qual as informações sensoriais e respostas motoras são coordenadas.

Permanência do objeto O conceito, obtido na infância, de que os objetos continuam a existir quando estão longe dos olhos.

Estágio pré-operacional Período de desenvolvimento intelectual durante o qual as crianças começam a utilizar a linguagem e a pensar simbolicamente, no entanto, continuam intuitivas e egocêntricas no seu raciocínio.

Raciocínio intuitivo Raciocínio que faz pouco ou nenhum uso do raciocínio e da lógica.

Estágio Sensório-motor (0-2 anos)

Nos primeiros dois anos de vida, o desenvolvimento intelectual de Amy será em grande parte não-verbal. Ela se preocupará principalmente em aprender a coordenar seus movimentos com informações dos seus sentidos. Além disso, a **permanência do objeto** (a compreensão de que os objetos continuam existindo quando estão longe dos olhos) surge nessa época. Às vezes, durante o primeiro ano de vida, os bebês começam a buscar ativamente objetos que desapareçam. Aos dois anos, eles conseguem adivinhar o movimento de um objeto atrás de uma tela. Por exemplo, quando observa um trem elétrico, Amy vai olhar para a frente, para o fim de um túnel, em vez de ficar olhando para o local onde o trem desapareceu.

No geral, os desenvolvimentos nessa fase indicam que os conceitos da criança estão se tornando mais *estáveis*. Os objetos param de aparecer e desaparecer magicamente, e um mundo mais ordenado e previsível substitui as sensações confusas e desconexas da infância.

Estágio Pré-operacional (2-7 anos)

Durante esse período, as crianças começam a pensar *simbolicamente* e a utilizar a linguagem. Mas o raciocínio da criança ainda é muito **intuitivo** (ela faz pouco uso do raciocínio e da lógica). (Você se lembra de pensar, quando criança, que o sol e a lua o seguiam quando você dava uma volta?) Além disso, o uso da linguagem da criança não é tão sofisticado quanto pode parecer. As crianças tendem a confundir as palavras com os objetos que elas representam. Se Benjamin chama um bloco de brinquedo de "carro" e você o usa para fazer uma "casa", ele pode ficar contrariado. Para as crianças, o nome de um objeto é tão parte do objeto quanto seu tamanho, forma e cor. Isso parece indicar uma preocupação com o nome. Para a criança pré-operacional, palavras insultuosas podem realmente magoar. Imagine uma criança bem protegida que foi irritada pelo irmão mais velho. Na busca de uma maneira de retaliar contra o seu inimigo, maior e mais forte, ela se decidiu por "seu liga de calcinha". Foi a pior coisa que ela pôde pensar em chamar.

No estágio pré-operacional, a criança também é bem **egocêntrica** (incapaz de aceitar o ponto de vista de outras pessoas). O ego da criança parece estar no centro do seu mundo. Para ilustrar, mostre a Amy um espelho de dois lados. Depois, segure-o entre ela e você para que ela possa se ver nele. Se você perguntar o que ela acha que *você* está vendo, ela imagina que você está vendo o rosto *dela* refletido no espelho em vez do seu. Esse egocentrismo explica por que as crianças às vezes podem parecer exasperadamente egoístas ou não-colaboradoras.

Se Benjamin bloqueia a sua visão ficando na frente da TV, ele pressupõe que você consegue ver se ele consegue. Se você pede para ele mudar de lugar para que você possa ver melhor, Benjamin pode se mudar para que *ele* veja melhor! O garoto não está sendo egoísta no sentido comum, simplesmente não percebe que a sua visão é diferente da dele.

> *Atravessar uma rua movimentada pode ser perigoso para crianças no estágio pré-operacional. Pelo fato de o seu raciocínio ser ainda egocêntrico, elas não conseguem entender por que o motorista de um carro não consegue vê-las se elas conseguem ver o carro. Crianças com menos de sete anos não conseguem analisar coerentemente as velocidades e as distâncias dos carros que estão vindo. Os adultos podem facilmente superestimar a "manha" das crianças menores. É aconselhável ensinar as crianças a atravessar no farol, nos cruzamentos ou com assistência.*

Estágio Operacional Concreto (7-11 anos)

Um importante desenvolvimento durante essa fase é o domínio da **conservação** (o conceito de que a massa, o peso e o volume continuam os mesmos quando o formato dos objetos muda). As crianças aprendem conservação quando entendem que transformar uma bola de barro em uma "cobra" não aumenta a quantidade de barro. Da mesma forma, despejar o líquido de um copo alto e estreito em um prato raso não reduz a quantidade de líquido. Em cada um desses casos, o volume continua o mesmo, apesar das mudanças na forma ou na aparência. A quantidade original é conservada.

No estágio operacional concreto, as crianças começam a utilizar conceitos de tempo, espaço e quantidade. Elas conseguem pensar de forma lógica sobre objetos ou situações, categorias e princípios muito concretos. Essas aptidões explicam por que as crianças param de acreditar em Papai Noel quando chegam a essa fase. Pelo fato de conseguirem conservar volume, elas percebem que o saco do Papai Noel não conseguiria comportar brinquedos suficientes para milhões de meninas e meninos.

Um outro desenvolvimento importante a essa altura é a capacidade de *reverter* pensamentos ou operações mentais. Uma conversa com um menino de quatro anos no estágio pré-operacional mostra o que ocorre quando o raciocínio de uma criança *não tem* reversibilidade (Phillips, 1969).

"Você tem irmão?"
"Tenho."
"Como ele se chama?"
"Jim."
"O Jim tem irmão?"
"Não."

A reversibilidade do raciocínio permite que as crianças no estágio operacional concreto reconheçam que se 4 × 2 = 8, então 2 × 4 também é. Crianças menores têm de memorizar cada relação separadamente. Conseqüentemente, uma criança pré-operacional sabe que 4 × 9 = 36 sem poder dizer que 9 × 4 também o é.

Raciocínio egocêntrico Raciocínio autocentrado e que não leva em consideração os pontos de vista dos outros.

Estágio operacional concreto Período de desenvolvimento intelectual durante o qual as crianças se tornam aptas a usar os conceitos de tempo, espaço, volume e quantidade, porém, com relação a formas que continuam simplificadas e concretas em vez de abstratas.

Conservação Na teoria de Piaget, o domínio do conceito de que o peso, a massa e o volume da matéria permanecem inalterados (são preservados) mesmo quando a forma ou a aparência dos objetos muda.

Estágio das Operações Formais (11 anos e acima)

Às vezes, depois dos 11 anos de idade as crianças começam a se distanciar dos objetos concretos e de exemplos específicos. O raciocínio baseia-se mais em princípios abstratos, como "democracia", "honra" ou "correlação". As crianças que atingem essa fase conseguem pensar nas suas idéias e tornam-se menos egocêntricas. Crianças mais velhas e jovens adolescentes também conseguem gradativamente pensar em possibilidades hipotéticas (suposições, palpites ou projeções). Por exemplo, se você perguntasse a uma criança menor: "O que você acha que aconteceria se as pessoas de repente pudessem voar?", ela poderia responder: "Pessoas não podem voar". Crianças mais velhas conseguem pensar nessas possibilidades.

A capacidade intelectual adulta total é obtida durante o estágio das operações formais. Adolescentes mais velhos conseguem ter um raciocínio indutivo e dedutivo, já que entendem matemática, física, filosofia, psicologia e outros sistemas abstratos. Eles conseguem aprender a testar hipóteses de maneira científica. Evidentemente, nem todos atingem esse nível de raciocínio. Além disso, muitos adultos conseguem pensar formalmente sobre alguns assuntos, mas o seu raciocínio torna-se concreto quando o assunto não é familiar. Isso implica que o raciocínio formal pode ser mais o resultado da cultura e do aprendizado do que da maturação. De qualquer maneira, depois do final da adolescência, as melhoras no intelecto baseiam-se mais na aquisição de conhecimento, experiência e sabedoria do que em saltos na capacidade básica de raciocínio.

Como os pais podem aplicar as idéias de Piaget? A teoria de Piaget sugere que a maneira ideal de orientar o desenvolvimento intelectual é oferecer experiências que são apenas ligeiramente novidade, incomuns ou desafiadoras. Lembre-se: o intelecto de uma criança se desenvolve basicamente por meio da acomodação. Geralmente é melhor seguir uma estratégia do tipo *um passo à frente*, na qual seus esforços de ensino visam apenas um pouco além do nível atual de compreensão da criança (Heckhausen, 1987).

Para sua conveniência, a ▲Tabela 3.2 apresenta um breve resumo de cada estágio piagetiano. Para ajudá-lo a lembrar da teoria de Piaget, a tabela descreve o que aconteceria em cada estágio se nós jogássemos *Banco Imobiliário* com a criança. Você também encontrará breves sugestões sobre como se relacionar com as crianças em cada estágio.

Piaget Hoje

A teoria de Piaget é um valioso "mapa" para entender como as crianças pensam. Entretanto, muitos psicólogos estão convencidos de que Piaget deu muito pouco crédito aos efeitos do aprendizado. Por exemplo, as crianças que crescem em aldeias onde se faz cerâmica conseguem responder a perguntas sobre a preservação do barro antes da idade que Piaget teria previsto. De acordo com os teóricos do aprendizado, as crianças obtêm constantemente conhecimento específico; elas não dão saltos parecidos com fases na aptidão mental geral. Conseqüentemente, a verdade pode estar em algum lugar entre a teoria dos estágios de Piaget e a teoria moderna do aprendizado.

Em uma escala ampla, muitas das *observações* de Piaget se sustentaram bem. Porém, suas *explicações* para as aptidões de raciocínio na infância continuam sendo debatidas. No que diz respeito ao início da infância, até as observações de Piaget têm de ser atualizadas. Aparentemente, Piaget subestimou muito as aptidões mentais das crianças.

Cognição das Crianças

Que prova existe de que Piaget subestimou muito as aptidões mentais das crianças? Piaget acreditava que crianças com menos de um ano de idade não pensavam. Os bebês, dizia ele, não têm lembrança das pessoas e dos objetos que estão longe dos olhos. No entanto, nós sabemos que as crianças começam a formar representações do mundo muito cedo. Por exemplo, bebês de três meses parecem saber que os objetos são sólidos e não desaparecem quando somem da nossa vista (Baillargeon e DeVos, 1992; Johnson e Nanez, 1995).

Por que Piaget não detectou as aptidões de raciocínio das crianças? Provavelmente, ele confundiu as limitadas *aptidões físicas* do bebê com *incompetência mental*. Os testes de Piaget exigiam que os bebês procurassem objetos ou tentassem alcançá-los ou tocá-los. Métodos mais novos e sensíveis estão descobrindo aptidões que Piaget não captou. Um desses métodos tira proveito do fato de os bebês, como os adultos, reagirem com surpresa quando algo "impossível" ou inesperado ocorre. Para utilizar esse efeito, a psicóloga

Estágio das operações formais Período de desenvolvimento intelectual caracterizado pelo raciocínio que inclui idéias abstratas, teóricas e hipotéticas.

Renee Baillargeon (1991) monta pequenos "shows de mágica" para as crianças. No seu "teatro", os bebês observam a ocorrência de eventos possíveis e impossíveis com brinquedos e outros objetos. Alguns bebês de três meses reagem com surpresa e fitam por mais tempo os eventos impossíveis. Um exemplo disso é ver dois objetos sólidos aparentemente passarem um pelo outro. Quando chegam aos oito meses de idade, os bebês conseguem lembrar onde estão (ou deveriam estar) os objetos por pelo menos um minuto (◆Figura 3.13).

▲ TABELA 3.2   Piaget – Um Guia para os Pais

PIAGET	JOGO *BANCO IMOBILIÁRIO*	ORIENTAÇÃO PARA OS PAIS
Estágio Sensório-motor Fase na qual as informações sensoriais e as respostas motoras são coordenadas.	A criança coloca casas, hotéis e os dados na boca e brinca com os cartões "Chance".	Brincar ativamente com a criança é o mais eficaz nesse estágio. Incentive explorações nas áreas de toque, cheiro e manipulação dos objetos. A brincadeira do cuco é uma boa maneira de estabelecer a permanência dos objetos.
Estágio Pré-operacional Período de desenvolvimento cognitivo no qual as crianças começam a utilizar a linguagem e a pensar simbolicamente, porém, continuam intuitivas e egocêntricas.	A criança joga *Banco Imobiliário* mas faz suas próprias regras e não consegue entender as instruções.	Exemplos específicos e tocar e ver as coisas continuam sendo mais úteis que as explicações vertais. Pode-se acrescentar o aprendizado do conceito de conservação fazendo-se demonstrações com líquidos, contas, barro e outras substâncias.
Estágio Operacional Concreto Período de desenvolvimento cognitivo no qual as crianças começam a utilizar conceitos de tempo, espaço, volume e quantidade, porém, com relação a formas que continuam simplificadas e concretas.	A criança entende instruções básicas e joga de acordo com as regras, mas não é capaz de realizar transações hipotéticas com hipotecas, empréstimos e pactos especiais com os outros jogadores.	As crianças começam a utilizar generalizações mas ainda requerem exemplos específicos para captar várias idéias. Espere um grau de incoerência na capacidade da criança de aplicar conceitos de tempo, espaço, quantidade e volume a novas situações.
Estágio das Operações Formais Período do desenvolvimento intelectual marcado por uma capacidade de raciocínio abstrato, teórico e hipotético.	A criança não joga mais o jogo mecanicamente; agora é possível realizar transações hipotéticas peculiares a cada jogo.	Agora é mais eficaz explicar as coisas verbalmente e ajudar as crianças a dominar regras e princípios gerais. Incentive-a a criar hipóteses e a imaginar como as coisas poderiam ser.

◆FIGURA 3.13   *Os painéis à esquerda mostram um evento possível, no qual uma criança observa um brinquedo sendo colocado atrás e à direita de duas telas. Após um intervalo de 70 segundos, o brinquedo é trazido à vista. Nos dois painéis à direita, ocorre um evento impossível. O brinquedo é colocado atrás da tela à esquerda e recuperado atrás da direita. (Uma réplica do brinquedo foi escondida lá antes do teste.) Crianças de oito meses de idade reagem com surpresa quando vêem o evento impossível representado para elas. Sua reação indica que elas lembram onde o brinquedo foi escondido. As crianças aparentemente têm capacidade de memorizar e raciocinar bem superior àquela que Piaget dizia que era possível durante o período sensório-motor. (Adaptado de Baillargeon et al., 1989.)*

Piaget achava que as aptidões surgem somente após um longo período sensório-motor de desenvolvimento. No entanto, é evidente que os bebês adquirem rapidamente a capacidade de criar conceitos sobre o mundo (Eimas et al., 1994). Aparentemente, mais estudos refinariam e emendariam as idéias que surgiram da decisão fatídica de Piaget de "cuidar das crianças por um momento".

Uma outra crítica feita a Piaget é que ele subestimou o impacto da cultura no desenvolvimento mental. A seção a seguir diz como Amy irá dominar as ferramentas intelectuais valorizadas pela sua cultura.

A Teoria Sociocultural de Vygotsky

Recentemente, os psicólogos começaram a se interessar pela teoria sociocultural do estudioso russo Lev Vygotsky (1896-1934). O *insight*-chave de Vygotsky (1962, 1978) é de que o raciocínio das crianças se desenvolve por meio de diálogos com pessoas mais capazes.

Como isso está ligado ao crescimento intelectual? Até o momento, ninguém publicou o *Guia de uma Criança para a Vida na Terra*. Em vez disso, as crianças têm de aprender sobre a vida com vários "tutores", como pais, professores e irmãos mais velhos. Mesmo se existisse esse guia, nós precisaríamos de uma versão diferente para cada cultura. Não é suficiente, para as crianças, aprender como pensar. Elas também precisam aprender aptidões intelectuais específicas valorizadas pela sua cultura.

Como Piaget, Vygotsky achava que as crianças tentam ativamente descobrir novos princípios. Porém, Vygotsky enfatizou que muitas das "descobertas" mais importantes das crianças são orientadas por tutores habilidosos. O psicólogo David Shaffer (1999) nos dá o seguinte exemplo:

> Annie, uma menina de quatro anos, acabou de receber o seu primeiro quebra-cabeça como presente de aniversário. Ela tenta montá-lo, mas só consegue chegar a algum lugar quando o pai aparece, senta-se ao seu lado e lhe dá algumas dicas. Ele sugere que seria uma boa idéia juntar os cantos primeiro, aponta para a área rosa na ponta de uma peça do canto e diz: "Vamos procurar uma outra peça rosa". Quando Annie parece frustrada, ele coloca duas peças que se encaixam perto uma da outra para que ela as note e, quando ela consegue, ele lhe diz palavras de incentivo. À medida que Annie vai gradativamente pegando o jeito do jogo, ele se afasta e deixa que ela trabalhe de forma cada vez mais independente. (p. 260)

Interações como essa são extremamente úteis quando ocorrem na **zona de desenvolvimento proximal** da criança.

O que Vygotsky queria dizer com isso? A palavra *proximal* significa "próximo" ou "perto". Vygotsky percebeu que, a qualquer momento, algumas tarefas estão apenas um pouco além do alcance da criança. A criança está perto de ter as aptidões mentais necessárias para executar a tarefa, mas esta é um pouco complicada para que ela a domine sozinha. Porém, as crianças que trabalham nessa zona podem fazer progressos rápidos se receberem uma orientação sensível de um parceiro habilidoso.

Vygotsky também enfatizou um processo denominado **andaimar**. Um andaime é uma moldura ou suporte temporário. Vygotsky achava que os adultos ajudam as crianças a aprender a pensar por meio do "andaimar", ou seja, dar suporte às suas tentativas de solucionar problemas ou descobrir princípios. Para ser mais eficaz, o andaimar deve ser responsivo às necessidades da criança. Por exemplo, quando o pai de Annie a ajudou com o quebra-cabeça, ele adaptou suas dicas e sua orientação para que fossem ao encontro das aptidões que estavam surgindo. Os dois trabalhavam juntos, passo a passo, para que Annie pudesse entender melhor como montar o quebra-cabeça. Em um certo sentido, o pai de Annie criou uma série de pontes temporárias que a ajudaram a entrar em um novo território mental. Como previsto pela teoria de Vygotsky, as aptidões cognitivas das crianças de três a seis anos estão estreitamente ligadas à quantidade de andaimes que suas mães lhes dão (Smith et al., 2000).

Durante suas colaborações com os outros, as crianças aprendem crenças e valores culturais importantes. Por exemplo, imagine que um menino queira saber quantas figurinhas tem. Sua mãe o ajuda a empilhá-las e a contá-las, deslocando cada figurinha para uma nova pilha à medida que vão

---

Zona de desenvolvimento proximal Refere-se à gama de tarefas que uma criança ainda não consegue dominar, mas que pode conseguir com a orientação de um parceiro mais apto.

Andaimar O processo de adaptar as instruções de forma que fiquem responsivas ao comportamento do principiante e apóiem seus esforços para entender um problema ou adquirir uma aptidão mental.

contando. Ela então lhe mostra como escrever o número em um pedaço de papel para que ele possa lembrar. Isso ensina a criança não só a contar, mas também que escrever é valorizado na nossa cultura. Em outras partes do mundo, pode-se incentivar a criança a aprender a contar fazendo entalhes em um bastão ou nós em um cordão.

Resumo

Vygotsky viu que os adultos têm um papel fundamental naquilo que as crianças sabem. À medida que vão tentando decifrar o mundo, as crianças dependem dos adultos para ajudá-las a entender como as coisas funcionam. Vygotsky observou também que o adulto adapta inconscientemente seu comportamento para dar às crianças as informações de que elas precisam para resolver os problemas que lhes interessam. Dessa forma, as crianças usam os adultos para aprender sobre a sua cultura e sociedade (Gopnik et al., 1999).

DESENVOLVIMENTO MORAL — CRIANDO UMA CONSCIÊNCIA

▶ **PERGUNTA PARA PESQUISA**   *Como criamos moral e valores?*

Uma pessoa com doença terminal sente muita dor. Ela pede para morrer. Devem ser feitos esforços médicos extraordinários para mantê-la viva? Um amigo seu precisa desesperadamente passar em um teste e lhe pede para ajudá-lo a colar. Você ajudaria? Essas são questões *morais,* ou questões de consciência. O **desenvolvimento moral** começa na infância e continua na idade adulta. Nesse processo, adquirimos valores, crenças e padrões de raciocínio que orientam o comportamento responsável. Vamos dar uma olhada rápida nesse aspecto do desenvolvimento pessoal.

Dilemas Morais

Como se adquirem os valores morais? O psicólogo Lawrence Kohlberg (1981a) afirmava que aprendemos valores morais por meio do raciocínio e da argumentação. Conseqüentemente, aptidões cognitivas, como as que acabamos de descrever, ajudam as crianças a desenvolver uma "bússola moral". Para estudar o desenvolvimento moral, Kohlberg colocou dilemas para crianças de várias idades. O texto a seguir é um dos dilemas morais que ele utilizou (Kohlberg, 1969, adaptado):

> Uma mulher estava à beira da morte por câncer e só havia um remédio que poderia salvá-la. Ele foi descoberto por um farmacêutico que estava cobrando dez vezes mais que o custo para fazê-lo. O marido da mulher doente só podia pagar US$ 1.000, mas o farmacêutico queria US$ 2.000. Ele pediu ao farmacêutico que vendesse mais barato ou deixasse que ele pagasse depois. O farmacêutico disse não. Então o marido ficou desesperado e invadiu a loja para roubar o remédio para sua mulher. Ele deveria ter feito isso? Ele estava certo ou errado? Por quê?

Perguntou-se a cada criança que atitude o marido deveria tomar. Kohlberg classificou os motivos dados por cada opção e identificou três níveis de desenvolvimento moral. Eles não são baseados tanto nas opções feitas, mas no raciocínio utilizado para chegar a uma opção (Kohlberg, 1981b).

No nível mais baixo, o nível **pré-convencional**, o raciocínio moral é orientado pelas conseqüências dos atos (castigo, recompensa ou troca de favores). Por exemplo, uma pessoa nesse nível pode argumentar que "O homem não deveria roubar o remédio porque ele poderia ser pego e preso" (evitar o castigo) ou "Não vai adiantar nada roubar o remédio porque a mulher provavelmente irá morrer antes de ele sair da prisão" (auto-interesse).

No segundo nível, ou **nível convencional**, o raciocínio baseia-se em um desejo de agradar os outros ou de seguir a autoridade, as regras e os valores

Desenvolvimento moral O desenvolvimento de valores, crenças e aptidões de raciocínio que servem de guia ao que é um comportamento aceitável.

Nível pré-convencional Raciocínio moral baseado nas conseqüências das ações e escolhas de alguém (castigo, recompensa ou troca de favores).

Nível convencional Raciocínio moral baseado no desejo de agradar os outros ou de seguir as regras e os valores aceitos.

aceitos. Por exemplo, uma pessoa nesse nível intermediário poderia dizer: "Ele não deveria roubar o remédio porque os outros vão pensar que ele é ladrão. A mulher dele não iria querer ser salva por roubo" (evitar a desaprovação) ou "Embora a mulher dele precise do remédio, ele não deveria ir contra a lei para obtê-lo. Todo mundo tem de obedecer à lei. A doença da esposa não justifica roubar" (moralidade tradicional de autoridade).

No nível mais alto, ou **nível pós-convencional**, o comportamento moral é voltado para princípios éticos auto-escolhidos que tendem a ser gerais, abrangentes ou universais. As pessoas nesse nível valorizam a justiça, a dignidade e a igualdade. Por exemplo, uma pessoa cheia de princípios poderia dizer: "Ele deveria roubar o remédio e informar às autoridades o que fez. Ele vai receber uma penalidade mas terá salvo uma vida humana" (princípios éticos auto-escolhidos).

Todo mundo acaba atingindo o nível mais alto? As pessoas avançam a velocidades diferentes, e muitas não atingem o nível pós-convencional de raciocínio moral. Na verdade, muitas nem chegam a atingir o nível convencional. Por exemplo, uma pesquisa na Inglaterra revelou que 11% dos homens e 3% das mulheres cometeriam homicídio por US$ 1 milhão se tivessem certeza de que não seriam punidos pelo crime (*"They'd kill"* ["Eles matariam"], 1991).

Nível pós-convencional Raciocínio moral baseado em princípios éticos cuidadosamente examinados e auto-escolhidos.

PAUSA PARA ESTUDO — Desenvolvimento Cognitivo e Desenvolvimento Moral

RELACIONE

Você vai fazer biscoitos com crianças de várias idades. Veja se consegue nomear cada um dos estágios de Piaget e dar um exemplo do que se pode esperar que uma criança nesse estágio faça.

Pediram-lhe para ajudar uma criança a usar uma calculadora de bolso para fazer somas simples. Como você identificaria a zona de desenvolvimento proximal para essa tarefa? Como você andaimou o aprendizado da criança?

Em que fase do desenvolvimento moral o ex-presidente Bill Clinton estava operando no seu amplamente divulgado caso com Monica Lewinsky?

VERIFICAÇÃO DO APRENDIZADO

Associe cada item a um dos seguintes estágios:

A. Sensório-motor B. Pré-operacional C. Operacional concreto
D. Operações formais

1. raciocínio egocêntrico
2. raciocínio abstrato ou hipotético
3. movimento deliberado
4. raciocínio intuitivo
5. conservação
6. reversibilidade do raciocínio
7. permanência dos objetos
8. desenvolvimento não-verbal
9. A assimilação refere-se a aplicar padrões de raciocínio ou conhecimentos existentes a novas situações. V ou F?
10. Métodos mais novos para testar as aptidões de raciocínio da criança freqüentemente observam se uma criança fica _____ com eventos aparentemente _____.
11. Vygotsky denominou _____ o processo de oferecer uma estrutura temporária de suportes para aprender novas aptidões mentais.
12. De acordo com Kohlberg, o nível convencional de desenvolvimento moral é marcado pela dependência de uma autoridade externa. V ou F?
13. O auto-interesse e evitar castigo são elementos da moralidade pós-convencional. V ou F?

Raciocínio Crítico

14. Utilizando a teoria de Piaget como guia, com qual idade você esperaria que uma criança reconhecesse que uma xícara de isopor tem peso?

RESPOSTAS:

1.B 2.D 3.A 4.B 5.C 6.C 7.A 8.A 9.V 10. surpresa, impossíveis. 11. andaimar 12.V 13.F 14. Cerca de 75% das crianças de quatro a seis anos de idade dizem que uma xícara de isopor não tem peso depois de levantá-la. A maioria das crianças julga o peso de maneira intuitiva (pela sensação que o objeto transmite) até começar a entrar no estágio operacional concreto (Smith et al., 1985).

O nível pré-convencional é mais característico das crianças pequenas e dos delinqüentes (Nelson et al., 1990). A moral convencional voltada para grupos é típica de crianças mais velhas e da maioria dos adultos. Kohlberg estimou que apenas 20% da população adulta atinge a moralidade pós-convencional, representando autodireção e princípios mais elevados. (Aparentemente, poucas pessoas desse tipo entram na política!)

O desenvolvimento moral é uma parte importante do crescimento. Muitas das escolhas que fazemos todos os dias envolvem questões fundamentais quanto a certo ou errado. Conseguir pensar claramente sobre essas questões é fundamental para se tornar um adulto responsável.

A HISTÓRIA DE UMA VIDA – ESTRADA ACIDENTADA OU TRILHA DE JARDIM?

O teórico da personalidade, Erik Erikson (1903-1994), é mais conhecido pela sua teoria dos estágios da vida do desenvolvimento humano.

▶ **PERGUNTA PARA PESQUISA**   *Quais são as tarefas e os dilemas típicos de uma vida?*

No início deste capítulo, observamos que os psicólogos do desenvolvimento estão interessados em todas as fases da vida, do útero até o túmulo. Até o momento, nos concentramos nos primeiros anos de Amy porque o desenvolvimento durante a infância pode ter um grande impacto na vida da pessoa. Não é possível, aqui, satisfazer a curiosidade de Olívia e Tom sobre o futuro de Amy. Mesmo assim, podemos traçar as linhas gerais da sua vida futura. Todas as vidas são marcadas por uma série de *marcos emocionais*. Eles são eventos marcantes, marcadores ou decisivos no desenvolvimento pessoal. Alguns exemplos são formar-se na escola, votar pela primeira vez, casar-se, ver um filho sair de casa (ou mudar-se novamente para ela!), a morte do pai ou da mãe, tornar-se avô ou avó, aposentar-se e a morte da própria pessoa.

Talvez a melhor maneira de ter uma prévia da vida de Amy é levar em consideração alguns dos principais desafios psicológicos que ela provavelmente irá enfrentar. Grandes semelhanças podem ser encontradas nas fases da infância, adolescência, início da vida adulta, meio da idade adulta e velhice. Cada uma das fases faz a pessoa se deparar com novas **tarefas de desenvolvimento**, que devem ser dominadas para o desenvolvimento ótimo. Alguns exemplos dessas tarefas são: aprender a ler na infância, adaptar-se à maturidade sexual na adolescência e definir uma vocação como adulto.

Em um livro influente intitulado *Infância e sociedade* (1963), o teórico da personalidade Erik Erikson (1903-1994) sugere que nós nos deparamos com um *dilema psicossocial* – ou "crise"– específico em cada fase da vida. Um **dilema psicossocial** é um conflito entre os impulsos pessoais e o mundo social. Solucionar cada conflito cria um novo equilíbrio entre a pessoa e a sociedade. Uma seqüência de "sucessos" resulta em um desenvolvimento saudável e uma vida satisfatória. Resultados desfavoráveis nos desequilibram, tornando mais difícil lidar com as crises posteriores. A vida torna-se uma "estrada acidentada" e o crescimento pessoal é tolhido. A ▲Tabela 3.3 enumera os conflitos de Erikson.

Quais são as principais tarefas de desenvolvimento e crises da vida? A seguir apresentamos uma breve descrição de cada dilema psicossocial.

▲ TABELA 3.3	Os Dilemas Psicossociais de Erikson
IDADE	**DILEMA CARACTERÍSTICO**
Do nascimento a 1 ano	Confiança *versus* desconfiança
De 1 a 3 anos	Autonomia *versus* vergonha e dúvida
De 3 a 5 anos	Iniciativa *versus* culpa
De 6 a 12 anos	Diligência *versus* inferioridade
Adolescência	Identidade *versus* confusão de papéis
Início da idade adulta	Intimidade *versus* isolamento
Metade da idade adulta	Generatividade *versus* estagnação
Final da idade adulta	Integridade *versus* desespero

Estágio Um, Primeiro Ano de Vida. Confiança *versus* Desconfiança

No primeiro ano de vida, as crianças são totalmente dependentes dos outros. Erikson achava que nessa época se forma uma atitude básica de confiança ou desconfiança. A **confiança** se estabelece quando os bebês recebem calor humano, toque, amor e cuidados físicos adequados. A **desconfiança** é provocada por cuidados inadequados ou imprevisíveis e por pais frios, indiferentes ou rejeitadores. A desconfiança básica pode provocar insegurança, suspeita ou incapacidade de se relacionar com outros posteriormente. Observe que a con-

Tarefa de desenvolvimento Qualquer habilidade que tenha de ser dominada ou mudança pessoal que tenha de ocorrer para o desenvolvimento ótimo.

Dilema psicossocial Conflito entre os impulsos pessoais e o mundo social.

Confiança *versus* desconfiança Conflito no início da vida referente a aprender a confiar nos outros e no mundo.

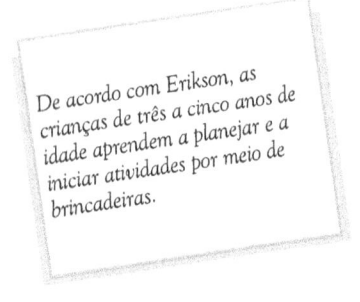

De acordo com Erikson, as crianças de três a cinco anos de idade aprendem a planejar e a iniciar atividades por meio de brincadeiras.

Estágio Dois, 1-3 anos: Autonomia *versus* Vergonha ou Dúvida

No estágio dois, as crianças expressam seu autocontrole crescente escalando, tocando, explorando e tentando fazer as coisas sozinhas. Tom e Olívia podem estimular o senso de **autonomia** de Amy incentivando-a a tentar novas aptidões. Porém, os primeiros esforços dela podem ser toscos, envolvendo derramar, cair, molhar e outros "acidentes". Se Tom e Olívia ridicularizarem ou superprotegerem Amy, eles podem fazer com que ela **duvide** de suas habilidades e sinta **vergonha** de seus atos.

Estágio Três, 3-5 Anos: Iniciativa *versus* Culpa

No estágio três, as crianças vão além do simples autocontrole e começam a tomar iniciativas. Nas brincadeiras, elas aprendem a fazer planos e a executar tarefas. Os pais reforçam a **iniciativa** dando às crianças liberdade para brincar, fazer perguntas, usar a imaginação e escolher atividades. Os sentimentos de **culpa** por iniciar atividades surgirão se os pais criticarem severamente, impedirem brincadeiras ou desencorajarem as perguntas da criança.

Estágio Quatro, 6-12 Anos: Diligência *versus* Inferioridade

Muitos eventos do meio da idade adulta são simbolizados por aquele dia fatídico em que você entrou pela primeira vez na escola. O seu mundo se expandiu para além da sua família a uma velocidade estonteante, e você enfrentou toda uma nova série de desafios.

Os anos do ensino fundamental são "a entrada da criança na vida". Na escola, as crianças aprendem aptidões valorizadas pela sociedade, e o sucesso ou fracasso podem afetar sua sensação de adequação. As crianças adquirem uma sensação de **diligência** se recebem elogios por atividades produtivas, como construir, pintar, cozinhar, ler e estudar. Se seus esforços forem considerados bagunçados, infantis ou inadequados, o resultado será uma sensação de **inferioridade**. Pela primeira vez, os professores, colegas de escola e adultos fora de casa se tornam tão importantes quanto os pais em termos de moldar as atitudes da criança em relação a si mesma.

Estágio Cinco, Adolescência: Identidade *versus* Confusão de Papéis

A adolescência geralmente é um período turbulento. Encurralado entre a infância e a idade adulta, o adolescente enfrenta alguns problemas peculiares. Erikson considerou a necessidade de responder à pergunta, "Quem sou eu?", a tarefa mais importante durante essa fase da vida. À medida que Amy for amadurecendo mental e fisicamente, ela vai adquirir novos sentimentos, um novo corpo e novas atitudes (♦Figura 3.14). Como os outros adolescentes, ela terá de criar uma **identidade** coerente a partir de seus talentos, valores, história de vida, relacionamentos e demandas da sua cultura (Douvan, 1997). Suas experiências conflitantes como aluna, amiga, atleta, trabalhadora, filha, amante etc. devem ser integradas em uma sensação unificada de self (ver "Diversidade Étnica e Identidade"). As pessoas que não desenvolvem um senso de identidade sofrem de **confusão de papéis**, incerteza quanto ao que são e para onde estão indo.

Estágio Seis, Juventude: Intimidade *versus* Isolamento

Que conflito Erikson achava o mais importante na juventude? No estágio seis, a pessoa sente a necessidade de *intimidade* na sua vida. Depois de definir uma identidade estável, a pessoa está preparada para compartilhar um amor significativo ou uma amizade profunda com os outros. Por **intimidade**, Erikson queria dizer a capacidade de se importar com os outros e comparti-

---

Autonomia *versus* vergonha e dúvida Conflito criado quando o autocontrole crescente (autonomia) compete com sentimentos de vergonha ou dúvida.

Iniciativa *versus* culpa Conflito entre aprender a tomar iniciativa e superar sentimentos de culpa por fazer isso.

Diligência *versus* inferioridade Conflito na metade da infância centrado na falta de apoio para um comportamento diligente, que pode resultar em sentimentos de inferioridade.

Identidade *versus* confusão de papéis Conflito da adolescência envolvendo a necessidade de criar uma identidade pessoal.

Intimidade *versus* isolamento O desafio de superar uma sensação de isolamento criando intimidade com os outros.

lhar experiências com eles. Alinhado com o ponto de vista de Erikson, 75% dos homens e mulheres em idade universitária classificam um bom casamento e uma boa vida familiar como metas adultas importantes (Bachman e Johnson, 1979). No entanto, o casamento ou o envolvimento sexual não são garantias de intimidade: muitos relacionamentos adultos continuam superficiais e não-gratificantes. Não criar intimidade com os outros leva a uma sensação profunda de **isolamento** (sentir-se uma pessoa sozinha e com a qual ninguém se importa). Isso geralmente prepara o terreno para dificuldades no futuro.

Estágio Sete, Metade da Idade Adulta: Generatividade *versus* Estagnação

De acordo com Erikson, o interesse em orientar a geração seguinte é a fonte principal de equilíbrio na idade adulta madura. Erikson chamava essa qualidade de generatividade. Ela é expressa pela preocupação consigo mesmo, com os filhos e com a geração futura. A generatividade pode ser conseguida orientando os próprios filhos ou ajudando outras crianças (na função de professor, clérigo ou treinador, por exemplo). O trabalho produtivo ou criativo também pode expressar generatividade. Em qualquer um dos casos, as preocupações e as energias da pessoa precisam se ampliar de forma que incluam o bem-estar dos outros e da sociedade como um todo. Não conseguir fazer isso é marcado por uma preocupação **estagnada** com os próprios confortos e necessidades. A vida perde o significado e a pessoa se sente amarga, melancólica e presa em uma armadilha (Peterson e Klohnen, 1995).

Estágio Oito, Fim da Idade Adulta: Integridade *versus* Desespero

O que Erikson via como conflitos da velhice? A velhice é um estágio de reflexão. De acordo com Erikson, quando Amy ficar velha, ela deve poder fazer uma retrospectiva da sua vida com aceitação e satisfação. As pessoas que viveram de maneira plena e responsável criam um senso de **integridade** (auto-respeito) que lhes permite encarar o fato de envelhecer e morrer com dignidade. Se os eventos anteriores da vida são encarados com arrependimento, a pessoa idosa sente **desespero** (pesar e remorso). Nesse caso, a vida parece uma série de oportunidades perdidas. A pessoa se sente um fracasso e sabe que é tarde demais para reverter o que foi feito. O envelhecer e a ameaça da morte então se tornam fontes de medo e depressão.

Para espremer uma vida em algumas poucas páginas, nós tivemos de ignorar inúmeros detalhes. Embora muita coisa se perca, o resultado é um quadro mais claro de todo um ciclo de vida. A descrição de Erikson é, então,

Generatividade *versus* estagnação Conflito da metade da vida adulta no qual o auto-interesse se confronta com o interesse em orientar a geração seguinte.

Integridade *versus* desespero Conflito da velhice entre o senso de integridade e o desespero de encarar os eventos passados da vida com arrependimento.

DIVERSIDADE HUMANA — Diversidade Étnica e Identidade

Para os adolescentes descendentes de grupos étnicos, a pergunta geralmente não é só "Quem sou eu?", mas "Quem sou eu em casa? Quem sou eu na escola? Quem sou eu com os amigos da minha vizinhança?".

A herança étnica pode ter uma influência poderosa na identidade pessoal. Porém, em um período no qual os adolescentes estão tentando encontrar seu lugar na sociedade, eles podem se sentir rejeitados ou excluídos por causa da sua herança étnica. Por exemplo, a cultura popular está cheia de imagens que descartam qualquer pessoa que não se pareça com a Britney Spears ou com o Matt Damon. Além disso, os adolescentes pertencentes a grupos étnicos freqüentemente deparam com estereótipos degradantes em relação à sua inteligência, sexualidade, nível social, modos etc. O resultado pode ser a redução da auto-estima e a confusão quanto aos papéis, valores e identidade pessoal (de las Fuentes e Vasquez, 1999).

Quando vão formar sua identidade, os adolescentes de grupos étnicos deparam com a questão do que deveriam pensar de si mesmos. Lori é norte-americana ou sino-americana? Jaime é chicano, mexicano ou mexicano-americano? A resposta geralmente depende do quanto os adolescentes se identificam com a sua família e a sua comunidade étnica. Os adolescentes que se orgulham da sua herança étnica têm uma auto-estima mais elevada, uma auto-imagem melhor e um senso mais forte de identidade pessoal (Roberts et al., 1999; Tse, 1999; Verkuyten e Lay, 1998). Orgulho do grupo, modelos positivos e uma sociedade mais tolerante poderiam fazer muito para manter uma vasta gama de opções abertas para *todos* os adolescentes (Vasquez e de las Fuentes, 1999).

> De acordo com Erikson, o interesse pelas gerações futuras caracteriza o desenvolvimento adulto ótimo.

> Aos 77 anos, John Glenn tornou-se a pessoa de mais idade a viajar para o espaço em outubro de 1998. Glenn também se tornou o primeiro astronauta a fazer a órbita da Terra, em 1962. Como mostra a aventura de Glenn no espaço, envelhecer não impede necessariamente que a pessoa se envolva em atividades desafiadoras.

um mapa exato do futuro de Amy ou do seu? Provavelmente, não. Mesmo assim, os dilemas psicossociais são eventos importantes em muitas vidas. Ter conhecimento deles pode lhe permitir prever pontos problemáticos na sua vida. Você também pode estar mais bem preparado para entender os problemas e os sentimentos de amigos e parentes em vários momentos do ciclo da vida.

Meia-Idade e Velhice

Os dilemas de Erikson não são os únicos desafios da idade adulta. Existem outros bem familiares: conflito conjugal, divórcio, dificuldades profissionais, desemprego, problemas de saúde, pressões financeiras, conflitos legais e tragédias pessoais – só para citar alguns. Como as pessoas mantêm um estado de bem-estar à medida que vão enfrentando os desafios da vida moderna? A psicóloga Carol Ryff (1995) acha que o bem-estar durante a idade adulta tem seis elementos:

- Auto-aceitação
- Relações positivas com os outros
- Autonomia (liberdade pessoal)
- Domínio do ambiente
- Objetivo de vida
- Crescimento pessoal constante

Ryff descobriu que, para muitos adultos mais velhos, os declínios relacionados à idade são compensados pelos relacionamentos positivos e por um maior domínio das demandas da vida (Ryff e Keyes, 1995). Conseqüentemente, compartilhar as alegrias e tristezas da vida com os outros, bem como possuir uma melhor compreensão de como o mundo funciona, pode ajudar as pessoas a passarem pela meia-idade e seus últimos anos (Ryff e Singer, 2000). Apesar da ênfase na juventude na nossa cultura, a meia-idade e a velhice podem ser um período rico da vida, no qual as pessoas se sentem seguras, felizes e autoconfiantes (Rubenstein, 2002).

Depois dos 55 anos, o envelhecimento físico complica o desenvolvimento pessoal. Mas é errado pensar que a maioria das pessoas idosas é doente, fraca ou senil. Somente cerca de 5% das pessoas com mais de 65 anos estão em asilos.

A psicóloga Bernice Neugarten (1916-2001) examinou as vidas de pessoas entre 70 e 79 anos e identificou vários mitos sobre o envelhecimento (Neugarten, 1971). Ao contrário das crenças populares:

- As pessoas idosas no geral não ficam isoladas ou são negligenciadas pelas suas famílias. A maioria delas *prefere* viver separada dos seus filhos.
- Pessoas idosas raramente são colocadas em sanatórios por filhos que não se importam com elas.
- As pessoas idosas que moram sozinhas não são necessariamente solitárias ou abandonadas.
- Poucas pessoas idosas apresentam sinais de senilidade ou de decadência mental, e uma quantidade menor ainda fica mentalmente doente.

Em suma, a maioria das pessoas idosas estudada por Neugarten era integrada, ativa e psicologicamente saudável.

Mentalmente, muitas pessoas idosas são pelo menos tão capazes quanto a média dos jovens adultos. Em testes intelectuais, a quantidade de pessoas acima de 65 anos que teve a maior pontuação era a mesma dos homens com menos de 35 anos. O que diferencia essas pessoas de cabelos grisalhos? Em geral, são pessoas que continuaram trabalhando e são intelectualmente ativas (Weintraub et al., 1994). Você tem mais probabilidade de ficar intelectualmente em forma na velhice se (Schaie, 1994):

- Permanecer sadio.
- Viver em um ambiente favorável (for instruído e tiver uma ocupação estimulante, renda acima da média e família intacta).
- Estiver envolvido em atividades intelectualmente estimulantes (ler, viajar, eventos culturais, educação contínua, clubes, associações profissionais).
- Tiver uma personalidade flexível.
- Tiver um cônjuge inteligente.
- Mantiver sua velocidade de processamento perceptual.
- Estiver satisfeito com suas habilidades na meia-idade.

Um resumo menor dessa lista é: "Aqueles que vivem de acordo com a sua sabedoria morrem com a sua inteligência".

Envelhecer e Discriminação pela Idade

Você certamente já encontrou discriminação pela idade de uma maneira ou de outra. A **discriminação pela idade** pode oprimir tanto o jovem quanto o idoso. Por exemplo, uma pessoa que está se candidatando a um emprego pode muito bem ouvir "Você é jovem demais" ou "Você é velho demais". Em algumas sociedades, a discriminação pela idade é expressa como respeito pelos mais velhos. No Japão, por exemplo, envelhecer é visto como algo positivo e mais idade traz mais *status* e respeito. Na maioria dos países ocidentais, porém, a discriminação pela idade tende a ter um impacto negativo nas pessoas mais velhas. Estereótipos populares como "velho homem sujo", "velha metida", "bobo senil" e outros ajudam a perpetuar mitos sobre o envelhecimento. Mas esses estereótipos estão claramente errados: existe enorme diversidade entre os idosos que vai de avós fracas a avós que fazem dança aeróbica.

Em muitas profissões, os trabalhadores mais velhos se saem bem em tarefas que requerem velocidade *e* habilidade. Evidentemente, as pessoas vivenciam uma diminuição gradativa na realização de tarefas à medida que vão envelhecendo, mas muitas vezes isso pode ser compensado pela experiência, habilidade ou perícia (Schaie, 1988). No geral, ocorre uma perda muito pequena no desempenho profissional conforme os trabalhadores vão envelhecendo. Nas profissões, sabedoria e perícia geralmente podem mais que compensar qualquer perda de rapidez mental (Ericsson, 2000) e basear a aposentadoria da pessoa somente na idade faz pouco sentido (Baltes et al., 1999).

Envelhecimento Bem-Sucedido

Quais são os segredos para o envelhecimento bem-sucedido? Eles não são diferentes dos elementos do bem-estar na meia-idade. Quatro características psicológicas compartilhadas pelas pessoas mais velhas sadias e felizes são (Vaillant, 2002):

- Otimismo, esperança e interesse pelo futuro.
- Gratidão e perdão, capacidade de se concentrar no que é bom na vida.
- Empatia; capacidade de compartilhar os sentimentos dos outros e ver o mundo através dos olhos deles.
- Conexão com os outros, capacidade de dar e receber apoio social.

Na verdade, essas são ótimas diretrizes para o bem-estar em qualquer fase da idade adulta.

Em suma, visões iluminadas do envelhecimento requerem acabar com a obsolescência forçada dos idosos. Como um grupo, as pessoas mais velhas representam uma força valiosa de habilidades, conhecimento e energia que não podemos deixar de lado. À medida que vamos enfrentando os desafios do futuro incerto deste planeta, precisamos de toda a ajuda que pudermos conseguir!

Discriminação pela idade Discriminação ou preconceito baseados na idade da pessoa.

PAUSA PARA ESTUDO — Dilemas Psicossociais, Meia-Idade e Envelhecimento

RELACIONE

Veja se consegue pensar em uma pessoa que você conheça que esteja enfrentando um dos dilemas psicossociais de Erikson. Agora, veja se consegue pensar em pessoas específicas que aparentemente estejam enfrentando cada um dos outros dilemas.

Veja se consegue descrever três exemplos de discriminação por idade que você tenha testemunhado.

VERIFICAÇÃO DO APRENDIZADO

Como uma forma de melhorar sua memória, você pode achar útil resumir os oito estágios da vida de Erikson. Preencha este resumo dirigido e compare suas respostas com as respostas dadas a seguir.

Estágio	Crise	Resultado Favorável
Primeiro ano de vida	1. _____ versus 2. _____	Fé no ambiente e nos outros
1-3 anos	Autonomia versus 3. _____	Sensação de autocontrole e adequação
3-5 anos	4. _____ versus culpa	Capacidade de iniciar suas próprias atividades
6-12	Diligência versus 5. _____	Confiança nas habilidades produtivas, aprender como trabalhar
Adolescência	6. _____ versus Confusão de papéis	Uma imagem integrada de si mesmo como uma pessoa singular
Início da idade adulta	Intimidade versus 7. _____	Capacidade de criar elos de amor e amizade com os outros
Metade da vida adulta	Generatividade versus 8. _____	Preocupação com a família, a sociedade e as gerações futuras
Final da vida	9. _____ versus 10. _____	Senso de dignidade e realização, disposição para enfrentar a morte

11. Depois dos 65 anos, uma proporção de pessoas mais velhas apresenta sinais significativos de deficiência mental e a maioria delas requer cuidados especiais. V ou F?
12. O desempenho profissional tende a decair rapidamente em trabalhadores mais velhos. V ou F?

Raciocínio Crítico

13. Tentar fazer generalizações sobre o desenvolvimento ao longo da vida é complicado pelo menos por um fator importante. Qual fator você acha que é?

RESPOSTAS:

1. Confiança 2. desconfiança 3. vergonha ou dúvida 4. Iniciativa 5. inferioridade 6. Identidade 7. isolamento 8. estagnação 9. Integridade 10. desespero 11. F 12. F 13. Grupos (pessoas que nasceram no mesmo ano) diferentes vivem em épocas históricas diferentes. As pessoas nascidas em diferentes décadas têm experiências de vida muito variadas. Isso torna difícil identificar padrões universais (Stewart e Ostrove, 1998).

Psicologia em Ação

Maneira eficaz de educar filhos — criando filhos saudáveis

▶ **PERGUNTA PARA PESQUISA**   *Como pais e mães eficazes disciplinam seus filhos?*

Quando os pais não conseguem dar um bom início de vida aos seus filhos, todo mundo sofre – a criança, os pais e a sociedade como um todo. As crianças precisam crescer com a capacidade de amar, alegria, realização, responsabilidade e autocontrole. A maioria das pessoas disciplina seus filhos da maneira como foi disciplinada. Infelizmente, isso significa que muitos pais cometem os mesmos erros que os seus pais cometeram (Covell et al., 1995).

Dois ingredientes-chave para ser um pai ou uma mãe eficazes são a comunicação e a disciplina. Os pais têm de atingir o equilíbrio entre a liberdade e a orientação em cada uma dessas áreas.

Educando com Coerência

Como os pais podem chegar a um equilíbrio saudável? Os filhos devem se sentir livres para expressar seus sentimentos mais profundos pela fala e pelos atos. Porém, isso não significa que eles podem fazer o que quiserem. Em vez disso, a criança pode se movimentar livremente dentro de limites bem estabelecidos de comportamentos aceitáveis. Evidentemente, cada pai ou mãe pode escolher limites que são mais ou menos "rígidos". Mas essa escolha é menos importante do que a **coerência** (manter regras de conduta estáveis). Disciplina coerente dá à criança uma sensação de segurança e estabilidade. A incoerência faz o mundo da criança parecer inseguro e imprevisível.

O que significa disciplina coerente na prática? Para ilustrar os erros que os pais freqüentemente cometem, vamos analisar alguns exemplos de incoerência (Fontenelle, 1989). Os erros listados a seguir devem ser evitados:

- Dizer uma coisa e fazer outra. Você diz à criança: "Bart, se você não comer a sua couve de Bruxelas, vai ficar sem sobremesa". Depois se sente culpada e lhe oferece sobremesa.
- Dizer coisas que não pretende fazer. "Se você não se calar, eu vou parar o carro e fazer você ir para casa a pé."
- Exagerar as conseqüências. "Veja o que você fez com o canteiro de flores. Você nunca mais vai poder andar de bicicleta novamente."
- Mudar de *não* para *sim*, principalmente para calar uma criança que está aborrecendo. Um bom exemplo é o pai ou mãe que primeiro se recusa a comprar um brinquedo e depois cede e o compra.
- Não verificar se a criança realmente fez algo que você pediu, tal como pegar a roupa ou fazer a cama.
- Contradizer as regras que o seu cônjuge estabeleceu para a criança. Os pais têm de concordar quanto às diretrizes, e não minar os esforços um do outro.
- Não falar a sério da primeira vez. As crianças aprendem rapidamente quantas vezes podem ser alertadas antes de serem realmente castigadas.
- Responder de maneira diferente ao mesmo mau comportamento. Um dia a criança é mandada para o quarto por brigar com a irmã. No dia seguinte, a briga é ignorada.

Uma disciplina aleatória faz as crianças ficarem zangadas e confusas porque elas não conseguem controlar as conseqüências do seu próprio comportamento. A incoerência também transmite às crianças a mensagem: "Não acredite no que eu digo porque eu geralmente não falo sério".

Utilizando uma Disciplina Construtiva

Em algum momento, os pais utilizam asserção do poder, retirada de amor ou técnicas de administração para controlar seus filhos. Cada modo de disciplina tem o seu lugar. No entanto, o castigo físico e a retirada do amor devem ser sempre utilizados com cautela. Eis algumas diretrizes.

1. Os pais devem separar a desaprovação do ato da desaprovação da criança. Em vez de dizer "Eu vou lhe castigar *porque você é mau*", diga "Eu estou aborrecido com *o que você fez*".
2. Diga especificamente que mau comportamento está punindo. Explique por que estipulou limites para esse tipo de conduta.
3. O castigo nunca deve ser duro ou injurioso. Não castigue fisicamente uma criança enquanto estiver zangado. Além disso, lembre-se de que a mensagem "No momento eu não gosto de você" pode ser mais dolorosa e prejudicial do que qualquer surra.
4. O castigo, como dar bronca ou retirar privilégios, é mais eficaz quando feito imediatamente. Essa afirmação é particularmente verdadeira para crianças menores.
5. Bater e outras formas de castigo físico não são particularmente eficazes para crianças com menos de dois anos. A criança só vai ficar confusa e com medo. Bater também se torna menos eficiente depois dos cinco anos de idade, porque tende a humilhar a criança e criar ressentimento.

Coerência Refere-se à disciplina da criança, à manutenção de regras estáveis de conduta.

6. Como discutido anteriormente, muitos psicólogos acham que nunca se deve bater em uma criança. Se você usa castigo físico, reserve-o para situações que representam um perigo imediato para crianças menores, por exemplo: quando uma criança corre para a rua.
7. Lembre-se também de que geralmente é mais eficaz recompensar as crianças quando elas são boazinhas do que castigá-las por mau comportamento.

Depois dos cinco anos, as técnicas de administração – principalmente as que enfatizam a comunicação e o relacionamento entre pais e filhos – são a forma mais eficaz de disciplina.

Mantendo um Relacionamento Positivo

O âmago da administração dos filhos é o relacionamento entre os pais e seus filhos. Os especialistas em educação dos filhos Don Dinkmeyer e Gary McKay (1997) acham que existem quatro ingredientes básicos de interações positivas entre pais e filhos:

- **Respeito mútuo.** Pais eficazes tentam evitar perder a paciência com, bater em, debater com e humilhar seus filhos. Eles também evitam fazer coisas por seus filhos que estes podem fazer sozinhos. (Privar constantemente as crianças das oportunidades para aprender e assumir responsabilidade impede que elas se tornem independentes e adquiram autoconfiança.)
- **Prazer compartilhado.** Pais eficazes passam algum tempo todos os dias com seus filhos, fazendo algo que tanto o pai ou a mãe quanto o filho sentem prazer em fazer.
- **Amor.** Isso é praticamente óbvio, mas muitos pais pressupõem que seus filhos sabem que são amados. É importante mostrar a eles que você gosta deles – em palavras e por atos, como abraçar.
- **Incentivo.** As crianças que recebem incentivos freqüentes acabam acreditando em si mesmas. Pais eficazes não só elogiam seus filhos pelos sucessos, vitórias ou bom comportamento. Eles também reconhecem *o progresso e as tentativas de melhorar.* Mostre que tem fé nos seus filhos deixando que eles tentem coisas por si só e incentivando seus esforços.

Comunicando-se de Maneira Eficaz com as Crianças

A comunicação criativa é outro ingrediente importante da educação bem-sucedida dos filhos (Bath, 1996). O especialista em crianças Haim Ginott (1965) acreditava que diferenciar sentimentos e comportamento é o segredo para uma comunicação clara. Como as crianças (e as pessoas também) não escolhem como se sentem, é importante permitir a livre expressão dos sentimentos.

Aceitando os Sentimentos

A criança que aprende a encarar alguns sentimentos como "maus" ou inaceitáveis está sendo forçada a negar uma parte muito real da sua experiência. Ginott incentivava os pais a ensinar seus filhos que todos os sentimentos são adequados; somente os atos estão sujeitos à reprovação. Muitos pais não se dão conta de quantas vezes eles bloqueiam a comunicação e a expressão dos sentimentos nos seus filhos. Analise essa conversa típica extraída do livro de Ginott (1965):

FILHO: Eu sei que sou burro. Veja as minhas notas na escola.
PAI: Você só tem que se esforçar mais.
FILHO: Eu já me esforço e não adianta. Eu não tenho boa cabeça.
PAI: Você é inteligente, eu sei.
FILHO: Eu sei que sou burro.
PAI (alto): Você não é burro!
FILHO: Sou sim!
PAI: Você não é burro, seu burro!

Discutindo com a criança, o pai não capta que o seu filho se *sente* burro. Seria mais útil para o pai incentivar o menino a falar dos seus sentimentos. Por exemplo, ele poderia dizer: "Você realmente acha que não é tão inteligente quanto os outros, não é? Você pensa isso muitas vezes? Você está se sentindo mal na escola?". Dessa maneira, a criança tem chance de expressar suas emoções e de se sentir compreendida. O pai pode terminar dizendo: "Escute, filho. Na minha opinião, você é uma boa pessoa. Mas eu entendo como você se sente. Todo mundo às vezes se sente estúpido".

Incentivo

Novamente, vale a pena lembrar que pais que apóiam incentivam seus filhos. Em termos de comunicação, o incentivo seria frases deste tipo (Dinkmeyer et al., 1997):

"Parece que você gostou disso."

"Eu confio em você; você vai conseguir."

"Foi muita bondade sua _____."

"Obrigado. Isso ajudou muito."

"Você realmente se esforçou muito nisso."

"Você está melhorando. Veja o progresso que fez."

Mensagens Eu

A comunicação com a criança também pode ser a base para uma disciplina eficaz. O psicólogo infantil Thomas Gordon (1970) dá uma sugestão útil. Gordon acha que os pais deveriam enviar *mensagens eu* em vez de *mensagens você* aos seus filhos.

Qual é a diferença? As **mensagens você** assumem a forma de ameaças, nomes feios, acusações, ordens, sermões ou críticas. Geralmente, as mensagens você dizem às crianças o que há de "errado" com elas. Uma **mensagem eu** diz às crianças o impacto que o comportamento teve nos pais. Por exemplo, depois de um dia duro de trabalho, Susan quer se sentar e descansar um pouco. Ela começa a relaxar lendo um jornal quando sua filha de cinco anos começa a bater alto em uma bateria de brinquedo. A maioria dos pais responderia com uma mensagem você:

"Vá brincar lá fora já" (ordem).

"Nunca mais faça essa bagunça quando alguém está lendo" (sermão).

"Você hoje está abusando, não está?" (acusação).

"Você é uma peste" (chamar de nomes feios).

"Você vai levar uma surra!" (ameaça).

Gordon sugere mandar uma mensagem eu como "Eu estou muito cansado e gostaria de ler. Eu estou aborrecido e não consigo ler com tanto barulho". Isso força a criança a assumir responsabilidade pelos efeitos dos seus atos.

Para resumir, mandar uma mensagem eu revela o comportamento ao qual você se opõe. Ela diz à criança as conseqüências do seu comportamento e como ele faz você se sentir. Eis uma mensagem eu do tipo "preencha as lacunas": "Quando você [diga o comportamento da criança], eu me sinto [diga como se sente] porque [diga as conseqüências do comportamento da criança]". Por exemplo: "Quando você vai para a casa da Jenny sem me avisar, eu me preocupo que alguma coisa possa ter acontecido com você porque eu não sei onde você está" (Dinkmeyer et al., 1997).

Utilizando Conseqüências Naturais e Lógicas

Às vezes, os eventos desestimulam automaticamente o mau comportamento. Por exemplo, uma criança que se recusa a jantar vai ficar desconfortavelmente com fome. Outra que tem um acesso de raiva não ganha nada além de uma dor de garganta e dor de cabeça se o dito acesso for ignorado (Fontenelle, 1989).

Mensagem você Ameaçar, acusar, ordenar, dar sermão ou criticar outra pessoa.

Mensagem eu Mensagem que diz o impacto que o comportamento de outra pessoa tem em você.

Nesses casos, as atitudes da criança têm **conseqüências naturais** (efeitos intrínsecos). As situações que não acarretam conseqüências naturais podem estabelecer **conseqüências lógicas** (efeitos racionais e razoáveis). Por exemplo, o pai ou a mãe poderiam dizer: "Nós vamos ao zoológico quando você guardar todos esses brinquedos" ou "Você pode brincar com as suas bonecas assim que acabar de tomar banho" ou "Ou vocês dois param de brigar ou saem da mesa até estarem prontos para se juntar a nós".

O conceito de conseqüências lógicas definidas pelos pais pode ser combinado com mensagens eu para lidar com muitos exemplos cotidianos de mau comportamento. A idéia-chave é utilizar uma mensagem eu para determinar as conseqüências e depois dar à criança uma opção: "Michelle, nós estamos tentando ver TV. Você pode se acalmar e assistir conosco ou ir brincar em outro lugar. Você decide o que prefere" (Dinkmeyer et al., 1997).

Como Susan poderia ter lidado com sua filha de cinco anos – aquela que estava batendo na bateria? Uma resposta que combina uma mensagem eu com conseqüências lógicas seria: "Eu gostaria que você parasse de bater na bateria. Caso contrário, vá bater lá fora". Se a criança continuar a bater na bateria dentro da casa, então ela fez com que o brinquedo fosse tirado. Se ela o levar para fora, ela tomou uma decisão de tocar a bateria de uma maneira que respeita os desejos de sua mãe. Desse modo, tanto o pai ou a mãe quanto a criança puderam manter um senso de auto-respeito – e evitou-se um choque desnecessário.

Depois de você expor as conseqüências e deixar a criança decidir, certifique-se de respeitar a opção dela. Se a criança repetir o mau comportamento, você pode deixar as conseqüências vigorarem por mais tempo. Porém, mais tarde, dê à criança uma outra chance de colaborar.

Com todas as técnicas de administração infantil, lembre-se de ser firme, gentil, coerente, respeitoso e incentivador. E, acima de tudo, tente viver todos os dias a mensagem que deseja transmitir.

Conseqüências naturais Os efeitos que geralmente tendem a acompanhar um determinado comportamento.

Conseqüências lógicas Conseqüências razoáveis definidas pelos pais.

PAUSA PARA ESTUDO — Ser Pai ou Mãe e Disciplina Infantil

RELACIONE

Quais você acha que são as melhores maneiras de equilibrar liberdade e comedimento na disciplina da criança?

Os pais provavelmente nunca podem ser totalmente coerentes. Pense em um momento no qual seus pais foram incoerentes na maneira de lhe disciplinar. Como isso o afetou?

Até que ponto os quatro ingredientes básicos das interações positivas entre pais e filhos se aplicam a qualquer relacionamento saudável?

Pense em uma mensagem você que você transmitiu recentemente a uma criança, membro da família, companheiro de quarto ou cônjuge. Você consegue transformá-la em uma mensagem eu?

VERIFICAÇÃO DO APRENDIZADO

1. A disciplina eficaz dá às crianças liberdade dentro de uma estrutura de limites coerentes e bem definidos. V ou F?
2. Uma boa maneira de manter a coerência na administração infantil é exagerar as conseqüências de um mau comportamento. V ou F?
3. Surras e outros castigos físicos são mais eficazes para as crianças com menos de dois anos. V ou F?
4. Reconhecer o progresso e as tentativas de melhora é um exemplo de _____ dos pais.
5. As mensagens eu são uma maneira sutil de acusar a criança de mau comportamento. V ou F?
6. Nos casos em que as conseqüências naturais não estão disponíveis ou não desestimulam o mau comportamento, os pais devem definir conseqüências lógicas para a criança. V ou F?

Raciocínio Crítico

7. Vários países escandinavos tornaram ilegal os pais baterem nos seus filhos. Isso infringe os direitos dos pais?

RESPOSTAS:

1.V, 2.F, 3.V, 4. incentivo 5.F, 6.V, 7. Essas leis se baseiam no ponto de vista de que deveria ser ilegal atacar fisicamente qualquer pessoa, independentemente da idade. Embora os pais possam achar que têm "direito" de bater nos seus filhos, pode-se argumentar que as crianças precisam de proteção especial porque são pequenas, indefesas e dependentes.

REVISÃO DO CAPÍTULO

Pontos Principais

- Você é produto da sua herança genética e dos ambientes nos quais viveu.
- O desenvolvimento infantil é fortemente influenciado pela hereditariedade. No entanto, os fatores ambientais como nutrição (ambiente), educação e aprendizado também são importantes.
- Criar um elo emocional com o cuidador é um evento crucial na infância.
- Aprender a utilizar a linguagem é um dos alicerces do desenvolvimento intelectual inicial.
- A teoria dos estágios, de Piaget, nos dá um mapa valioso de como as aptidões de raciocínio se desenvolvem.
- A teoria de Vygotsky nos lembra que a mente de uma criança é moldada pela cultura e pelas relações humanas.
- Adquirir padrões morais depende, em parte, do desenvolvimento das aptidões de raciocínio e argumentação.
- Erik Erikson identificou uma série de desafios que ocorrem durante uma vida. Eles variam da necessidade de ganhar confiança na infância à necessidade de viver com integridade na velhice.
- A disciplina infantil eficaz é coerente, humana, incentivadora e se baseia na comunicação respeitosa.

Resumo

Como a hereditariedade e o ambiente afetam o desenvolvimento?

- A controvérsia natureza-nutrição refere-se às contribuições relativas da hereditariedade (natureza) e do ambiente (nutrição) para o desenvolvimento.
- As instruções hereditárias são transmitidas pelos cromossomos e pelos genes de cada célula do corpo. A maior parte das características são poligênicas e refletem o efeito combinado dos genes dominantes e recessivos.
- O temperamento é hereditário. A maioria das crianças pertence a uma das três categorias de temperamento: crianças fáceis, crianças difíceis e crianças que demoram a esquentar.
- Durante os períodos sensíveis do desenvolvimento, as crianças são mais sensíveis a determinadas influências ambientais.
- O desenvolvimento pré-natal é influenciado por fatores ambientais, como doenças, drogas, radiações, vários teratogênios e dieta, saúde e emoções da mãe.
- A privação perceptual, intelectual ou emocional retarda seriamente o desenvolvimento.
- O enriquecimento deliberado do ambiente tem efeito benéfico nas crianças.
- A hereditariedade e o ambiente são forças que interagem. O grau de desenvolvimento da criança reflete hereditariedade, ambiente e efeitos do seu próprio comportamento.

O que os recém-nascidos sabem fazer?

- O bebê recém-nascido tem uma série de reflexos adaptáveis, incluindo os reflexos de agarrar, fuçar, sugar e de Moro. Os recém-nascidos começam a aprender imediatamente e parecem estar cientes dos efeitos dos seus atos.
- Testes com uma câmara de observação revelaram que os recém-nascidos preferem luzes brilhantes e circulares ou *designs* curvos.
- As crianças preferem rostos humanos, principalmente rostos familiares. No final da infância, surge o interesse pelo não-familiar.

Que influência tem a maturação no desenvolvimento inicial?

- A maturação do corpo e do sistema nervoso está por trás do desenvolvimento ordenado das aptidões motoras, habilidades cognitivas, emoções e linguagem.
- A velocidade da maturação varia de pessoa para pessoa. Além disso, o aprendizado contribui muito para o desenvolvimento das habilidades motoras básicas.

- As emoções se desenvolvem em uma ordem coerente, começando com a empolgação inicial em bebês recém-nascidos. Três das emoções básicas – medo, raiva e alegria – podem ser desaprendidas.
- Muitas das habilidades iniciais estão sujeitas ao princípio da prontidão.

Qual a importância do apego emocional da criança aos pais?

- O apego emocional do bebê é um evento emocional fundamental.
- O apego da criança se reflete na ansiedade da separação. O apego pode ser classificado como seguro, inseguro-de-evitação ou inseguro-ambivalente.
- Creches de alta qualidade aparentemente não prejudicam as crianças. Creches de baixa qualidade podem ser arriscadas.
- Atender às necessidades afetivas de um bebê é tão importante quanto atender às necessidades de cuidados físicos.

Quão importante são os estilos de educar filhos?

- Estudos sugerem que os estilos de cuidar dos filhos têm impacto considerável no desenvolvimento emocional e intelectual.
- Enquanto, por um lado, as mães enfatizam os cuidados, por outro, os pais tendem a ter o papel de companheiros de brincadeiras dos filhos.
- O cuidar ótimo inclui o envolvimento proativo materno, responsividade às necessidades e aos sinais da criança e um bom entrosamento entre os temperamentos do pai e do filho.
- Os três estilos de educar filhos são: autoritário, permissivo e com autoridade (eficaz). Este último aparentemente é o que mais beneficia as crianças.
- A disciplina eficaz dos pais tende a enfatizar as técnicas de administrar as crianças (principalmente comunicação), em vez da asserção do poder ou retirada de amor.

Como as crianças adquirem a linguagem?

- O desenvolvimento da linguagem progride do choro para o arrulho, depois para o balbucio, o uso de palavras isoladas e, por fim, a fala telegráfica.
- Os padrões básicos da fala telegráfica sugerem uma predisposição biológica para adquirir a linguagem. Essa tendência inata é aumentada pelo aprendizado.
- A comunicação pré-linguagem entre pais e filhos envolve ritmos compartilhados, sinais não-verbais e revezamento de vez.
- Motherese ou parentese é um estilo de falar simplificado e musical que os pais utilizam para ajudar seus filhos a aprenderem a linguagem.

Como as crianças aprendem a raciocinar?

- Jean Piaget teorizou que o crescimento intelectual ocorre por meio de uma combinação de assimilação e acomodação.
- Piaget também disse que as crianças passam por uma série de estágios cognitivos. Os estágios e suas faixas etárias aproximadas são: sensório-motor (0-2); pré-operacional (2-7), operacional concreto (7-11) e operações formais (11-adulto).
- Os princípios de aprendizado dão uma explicação alternativa que pressupõe que o desenvolvimento é contínuo e não ocorre em estágios.
- Estudos recentes com crianças com menos de um ano de idade sugerem que elas são capazes de idéias muito além das observadas por Piaget.
- A teoria sociocultural de Lev Vygotsky enfatiza que as aptidões mentais de uma criança avançam mediante interações com parceiros mais competentes. O crescimento mental ocorre em uma zona de desenvolvimento proximal da criança, em que uma pessoa mais hábil pode andaimar o progresso da criança.

Como desenvolvemos moral e valores?

» Lawrence Kohlberg identificou níveis pré-convencional, convencional e pós-convencional de raciocínio moral.

» A maioria das pessoas opera no nível de moralidade convencional, porém, algumas nunca vão além do nível egoísta pré-convencional. Somente uma minoria das pessoas atinge o nível mais elevado ou pós-convencional de raciocínio moral.

Quais são as tarefas e os dilemas típicos ao longo da vida?

» De acordo com Erik Erikson, cada estágio da vida provoca um dilema psicossocial específico.

» Além dos dilemas identificados por Erikson, reconhecemos que cada estágio da vida requer o domínio bem-sucedido de determinadas tarefas de desenvolvimento.

» O bem-estar durante a idade adulta é composto de seis elementos: auto-aceitação, relações positivas com os outros, autonomia, domínio ambiental, ter um objetivo na vida e crescimento pessoal contínuo.

» Os declínios intelectuais associados ao envelhecimento são limitados, pelo menos até os 70 anos de idade. Isso é particularmente verdade no que diz respeito às pessoas que continuam mentalmente ativas.

» O preconceito de idade refere-se ao preconceito, à discriminação e ao estereótipo com base na idade. Ele afeta pessoas de todas as idades, mas é particularmente prejudicial às pessoas mais velhas. A maior parte do preconceito pela idade baseia-se em estereótipos, mitos e informações errôneas.

Como pais eficazes disciplinam seus filhos?

» Responsabilidade, respeito mútuo, coerência, amor, incentivo e comunicação clara são características da educação eficaz.

» Muitos maus comportamentos podem ser administrados pelo uso de mensagens eu e pela aplicação das conseqüências naturais e lógicas.

Teste Seus Conhecimentos: Desenvolvimento Humano

As perguntas a seguir são apenas uma amostra do que você precisa saber. Se você errar algum item, deve revisar o capítulo todo.

1. No debate "natureza-nutrição", o termo *natureza* refere-se basicamente a
   a. senescência   b. a existência de períodos sensíveis
   c. teratogênios pré-natais   d. hereditariedade
2. Se um traço pessoal é controlado por um único gene dominante, o traço não pode ser
   a. hereditário   b. relacionado às seqüências do DNA
   c. influenciado por cromossomos   d. poligênico
3. A influência da hereditariedade no desenvolvimento inicial da criança é mostrada claramente por
   a. diferenças no temperamento
   b. existência de períodos sensíveis
   c. problemas congênitos
   d. efeitos dos teratogênios
4. A privação tem impacto particularmente grande durante
   a. a fase recíproca   b. períodos sensíveis
   c. a fase poligênica   d. a fase de jogo social
5. Os padrões cefalocaudal e proximodistal mostram os efeitos do(a)(s) _____ no desenvolvimento motor.
   a. ambientes enriquecidos   b. maturação
   c. andaimar   d. períodos sensíveis
6. No início da vida, o aprendizado das aptidões básicas é mais eficaz quando os pais respeitam o
   a. efeito Mozart
   b. valor do envolvimento reativo materno
   c. princípio de prontidão
   d. fato de os bebês só conseguirem imitar os atos adultos depois dos 18 meses de idade
7. Na infância, um passo inicial para o desenvolvimento social é revelado pelo surgimento do(a)
   a. autoconsciência   b. apego cefalodistal
   c. reflexo Moro   d. período congênito
8. Um sinal claro de que o apego infantil está começando a ocorrer é expresso na presença de
   a. um sorriso social   b. ansiedade da separação
   c. andaimar social   d. necessidades afetivas
9. Um bebê que se afasta da mãe após uma breve separação mostra sinais de ter que tipo de apego?
   a. inseguro-de-evitação   b. inseguro-ambivalente
   c. solitário-ambivalente   d. maternal-desafetivo
10. Qual dos seguintes elementos NÃO é um elemento do cuidar ótimo?

a. mensagens você   b. envolvimento proativo
c. boa combinação   d. responsividade

11. A psicóloga Diana Baumrind descreve os pais que aplicam regras rígidas e exigem estrita obediência como
    a. com autoridade   b. permissivos-repressivos
    c. proativos-reativos   d. autoritários

12. Que forma de disciplina infantil tende a tornar as crianças inseguras, ansiosas e com fome de aprovação?
    a. retirada do amor   b. técnicas de administração
    c. asserção do poder   d. técnicas com autoridade

13. O revezamento com sinais não-verbais é um primeiro passo para
    a. apego seguro   b. desenvolvimento motor
    c. uso da linguagem   d. capacidade de transformar

14. Os pais falam com crianças pequenas com um tom de voz ascendente e um padrão exagerado de falar denominado
    a. gramática transformacional   b. fala telegráfica
    c. mudança de sinais   d. parentese

15. Piaget achava que a maneira como a criança compreende o mundo aumenta por meio dos processos mentais de assimilação e
    a. intuição   b. acomodação
    c. egocentrismo   d. reversibilidade

16. Segundo Piaget, o domínio da conservação pela criança ocorre durante o
    a. estágio das operações formais
    d. estágio pré-operacional
    c. estágio operacional concreto
    d. estágio sensório-motor

17. Vygotsky achava que os adultos ajudam as crianças a aprender a raciocinar utilizando um processo que ele denominava
    a. raciocínio reversível   b. andaimar
    c. acomodação   d. raciocínio moral

18. Segundo Erikson, o dilema enfrentado pela maioria das crianças de três a cinco anos de idade é
    a. autonomia *versus* vergonha e dúvida
    b. iniciativa *versus* culpa
    c. confiança *versus* desconfiança
    d. diligência *versus* inferioridade

19. A teoria de Erikson diz que adultos maduros conseguem evitar melhor a estagnação quando expressam
    a. integridade   b. generatividade
    c. intimidade   d. raciocínio moral pré-convencional

20. Que tipo de disciplina infantil assume a forma de ameaças, xingamentos, acusações, ordens, sermão ou crítica?
    a. mensagens eu
    b. mensagens você
    c. conseqüências lógicas
    d. conseqüências naturais

RESPOSTAS:

1.d 2.d 3.a 4.b 5.b 6.c 7.a 8.b 9.a 10.a 11.d 12.a 13.c 14.d 15.b 16.c 17.b 18.b 19.b 20.b

Capítulo **4**

Sensação e Percepção

Assassinato no Corredor Nove

Eu estava em um supermercado quando uma menina de oito anos correu gritando: "Pare! Pare! Você está matando o meu pai!". Naturalmente, me interessei. Eu a segui e vi dois homens no chão lutando violentamente. O homem que estava em cima estava segurando a vítima pela garganta. Havia sangue por toda a parte. Era um assassinato em andamento!

Como testemunha, eu diria a um júri o que acabei de lhes contar, a não ser por um fato importante: não ocorreu nenhum assassinato naquele dia no supermercado. Quando a polícia chegou, descobriu rapidamente que o "homem que estava embaixo" tinha batido com a cabeça no chão e desmaiado. Isso provocou o corte (na verdade, bem pequeno), o que explicava o "sangue por toda a parte". Evidentemente, a menina entendeu mal o que se passava com seu pai. Como psicólogo, continuo achando fascinante que suas palavras tenham influenciado tão drasticamente o que eu vi.

Sem os nossos sentidos, viveríamos em um vazio de escuridão e silêncio. Da próxima vez que você beber alguma coisa diante da beleza de um pôr-do-sol, de uma flor ou de um amigo, lembre-se disso: as sensações tornam tudo isso possível. No entanto, sentir o mundo não é suficiente. Como mostra minha experiência em assassinato no supermercado, as informações sensoriais podem ser interpretadas de várias maneiras. Neste capítulo, vamos começar analisando como os sentidos funcionam. Depois, discutiremos como juntamos as sensações em um "quadro" ou modelo significativo do mundo. Nossas percepções criam rostos, melodias, obras de arte, ilusões e, às vezes, assassinatos a partir da matéria-prima sensação. Vamos ver como isso ocorre.

Perguntas para Pesquisa

- Como funcionam, no geral, os sistemas sensoriais?
- Como se obtém a visão?
- Quais são os mecanismos da audição?
- Como funcionam os sentidos químicos?
- Quais são os sentidos somestésicos e por que eles são importantes?
- Por que temos mais consciência de determinadas sensações do que de outras?
- Como as constâncias perceptuais afetam nossas percepções?
- Que princípios básicos utilizamos para agrupar as sensações em padrões significativos?
- Como é possível ver profundidade e julgar distâncias?
- Como a percepção é alterada pelo aprendizado, pelas expectativas e pelos motivos?
- É possível a percepção extra-sensorial?
- Como eu posso aprender a perceber os eventos de forma mais precisa?

SISTEMAS SENSORIAIS — O QUE VOCÊ VÊ É O QUE VOCÊ OBTÉM

▶ **PERGUNTA PARA PESQUISA**   *Como funcionam, no geral, os sistemas sensoriais?*

A visão nos dá um acesso extraordinariamente amplo ao mundo. Em um momento, você pode ver uma estrela a anos-luz de distância e, em outro, pode examinar o universo microscópico de uma gota de orvalho. Porém, a visão também estreita o que observamos. Como os outros sentidos, ela age como um *sistema de redução de dados*. Ela seleciona, analisa e filtra informações até que restem apenas as mais importantes.

Como ocorre a redução de dados? Alguma seleção ocorre porque os receptores sensoriais são transdutores biológicos. Um *transdutor* é um dispositivo que transforma um tipo de energia em outro. Por exemplo, uma guitarra elétrica transforma as vibrações das cordas em sinais elétricos, que são amplificados e alimentados em um alto-falante. Dedilhe uma corda e o alto-falante irá transmitir um som. Mas os estímulos que não fazem a corda se mover não têm efeito nenhum. Por exemplo, se você iluminar a corda ou jogar água fria nela, o alto-falante continuará em silêncio. (O dono da guitarra, no entanto, poderá gritar muito nessa hora!) Da mesma maneira, cada órgão sensorial é mais sensível a um tipo e gama de energia, que ele transforma em impulsos nervosos.

O que vivenciamos também é influenciado pela **análise sensorial**. À medida que vão processando as informações, os sentidos dividem o mundo em **características perceptuais** importantes (padrões de estímulos básicos). No caso da visão, essas características incluem linhas, formas, cantos, manchas, cores e outros padrões. Veja a ◆Figura 4.1 e observe como a única linha vertical chama a atenção no meio de um grupo de traços inclinados. Esse efeito, que nós chamamos de *pop-out* (destaque), ocorre porque o seu sistema visual é extremamente sensível às características perceptuais (Ramachandran, 1992b).

Em alguns casos, os sentidos agem como *detectores de características*, que estão harmonizados com estímulos bem específicos. Os olhos do sapo, por exemplo, são extremamente sensíveis a pequenas manchas escuras em movimento. Em outras palavras, eles estão basicamente "sintonizados" para detectar insetos voadores nas proximidades (Lettvin, 1961). Mas o inseto (a mancha) tem de estar em movimento, caso contrário, os "detectores de insetos" não funcionam. Um sapo iria morrer de fome se estivesse rodeado de moscas mortas.

Depois de selecionar e analisar as informações, os sistemas sensoriais precisam codificá-las. A **codificação sensorial** é a transformação de características importantes do mundo em mensagens neurais compreendidas pelo cérebro

Análise sensorial Separação das informações sensoriais em elementos importantes.

Características perceptuais Elementos básicos de um estímulo, como linhas, formas, cantos ou cores.

Codificação sensorial Códigos utilizados pelos órgãos do sentido para transmitir informações ao cérebro.

(Hubel e Wiesel, 1979). Para ver a codificação em andamento, tente fechar os olhos por um instante. Depois, pegue as pontas dos dedos e pressione as pálpebras com firmeza. Exerça pressão suficiente para "comprimir" levemente seus olhos. Faça isso por cerca de 30 segundos e observe o que acontece. (Os leitores com problemas de visão ou com lente de contato não devem tentar fazer isso.)

Você "viu" estrelas, tabuleiros de xadrez ou flashes de cores? Estes são chamados *fosfenos* (sensações visuais provocadas pela excitação mecânica da retina). Ocorrem porque as células de recepção do olho, que normalmente reagem à luz, também são um tanto sensíveis à pressão. Observe, porém, que o olho só está preparado para codificar estimulação – incluindo a pressão – em características visuais. Conseqüentemente, você vivencia sensações de luz, não de pressão. Também é importante, na produção desse efeito, a *localização sensorial* no cérebro.

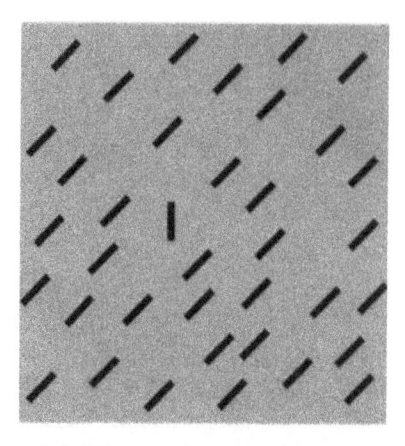

◆FIGURA 4.1   Pop-out *(destaque) visual. (Adaptado de Ramachandran, 1992b.) O pop-out é tão básico que até bebês de três anos de idade respondem a ele (Quinn e Bhatt, 1998).*

Localização sensorial significa que o tipo de sensação que você vivencia depende da região do cérebro ativada. Algumas regiões do cérebro recebem informações visuais, outras recebem informações auditivas, e outras recebem o paladar ou o tato (ver Capítulo 2). Saber que regiões do cérebro estão ativas nos diz, geralmente, que tipo de sensações você está experimentando. A localização sensorial pode possibilitar um dia a restauração artificial da visão, da audição ou de outro sentido. Na verdade, os pesquisadores já utilizaram uma miniatura de câmera de televisão para enviar sinais elétricos para o cérebro (Dobelle, 2000; Normann et al., 1999). Como você pode ver na ◆Figura 4.2, uma grade de pequenos eletrodos estimula o córtex visual. Um homem que tenha um implante desse tipo pode "ver" cem pontos de luz. Como um placar esportivo, esses pontos podem ser utilizados para formar letras (Dobelle, 2000). No futuro, uma grande quantidade de pontos poderia tornar possível ler e "ver" objetos grandes, como móveis e vão de portas (Normann et al., 1999).

É fascinante perceber que "ver" e "ouvir" ocorrem no cérebro, e não nos olhos ou ouvidos. As informações que chegam dos órgãos do sentido criam **sensações**. Quando o cérebro organiza as sensações em padrões significativos, nós chamamos isso de **percepção**, que vamos discutir mais adiante. Por ora, começaremos com a visão, o sistema sensorial mais magnífico de todos.

Sensação Uma impressão sensorial; também o processo de detectar energias com os órgãos dos sentidos.

Percepção O processo mental de organizar sensações de padrões significativos.

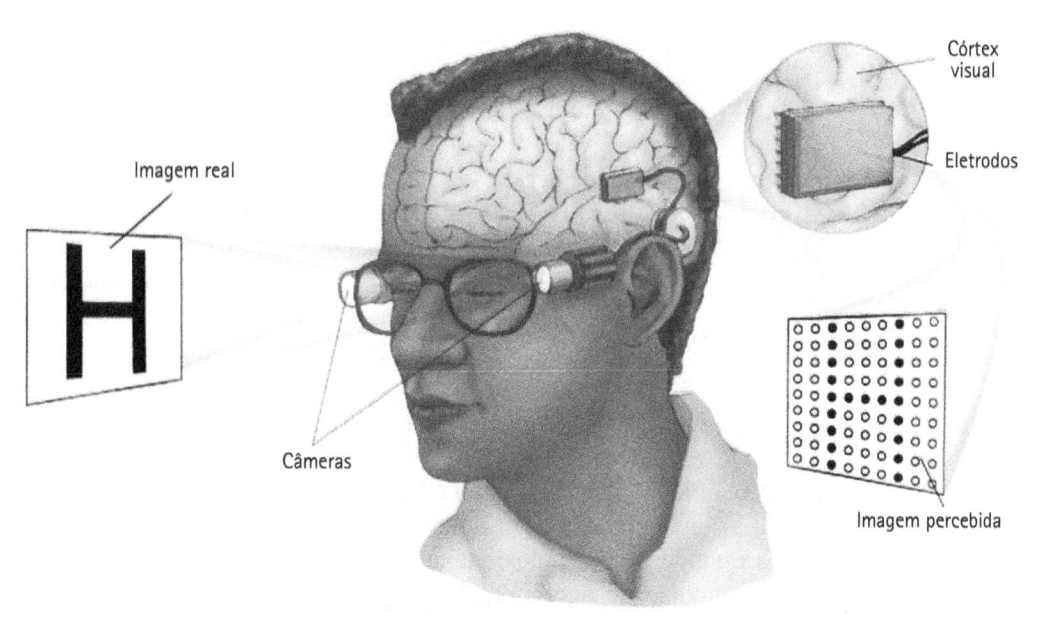

◆FIGURA 4.2   *Um sistema visual artificial.*

VISÃO – CAPTANDO ALGUNS RAIOS

▶ **PERGUNTA PARA PESQUISA** *Como se obtém a visão?*

Quais são as dimensões básicas da luz e da visão? Vários comprimentos de ondas de luz compõem o *espectro visível* (a extensão total das energias eletromagnéticas à qual os olhos respondem). A luz visível começa em comprimento de ondas "curtas", de 400 *nanômetros* (um bilionésimo de metro), que nós sentimos como roxo ou violeta. Ondas de luz mais longas produzem as cores azul, verde, amarelo, laranja e vermelho, que têm um comprimento de ondas de 700 nanômetros (◆Figura 4.3 – ver também caderno colorido).

O termo *matiz* refere-se às categorias básicas de cor de vermelho, laranja, amarelo, verde, azul, anil e violeta. Como acabamos de observar, várias matizes (ou sensações de cores) correspondem a comprimentos de ondas da luz que chega aos nossos olhos. A luz branca, ao contrário, é uma mistura de vários comprimentos de ondas.

As matizes (cores) de uma banda estreita de comprimentos de ondas são muito *saturadas,* ou "puras" (um vermelho intenso, do tipo "carro de bombeiros", é mais saturado que um vermelho "tijolo" lamacento). Uma terceira dimensão da visão, o brilho, corresponde mais ou menos à amplitude ou à altura das ondas de luz. Ondas de maior amplitude são mais "altas", levam mais energia e fazem com que as cores que vemos pareçam mais brilhantes ou mais intensas. Por exemplo, o mesmo vermelho "tijolo" pareceria mais brilhante sob uma iluminação de energia alta, e opaco sob luz fraca.

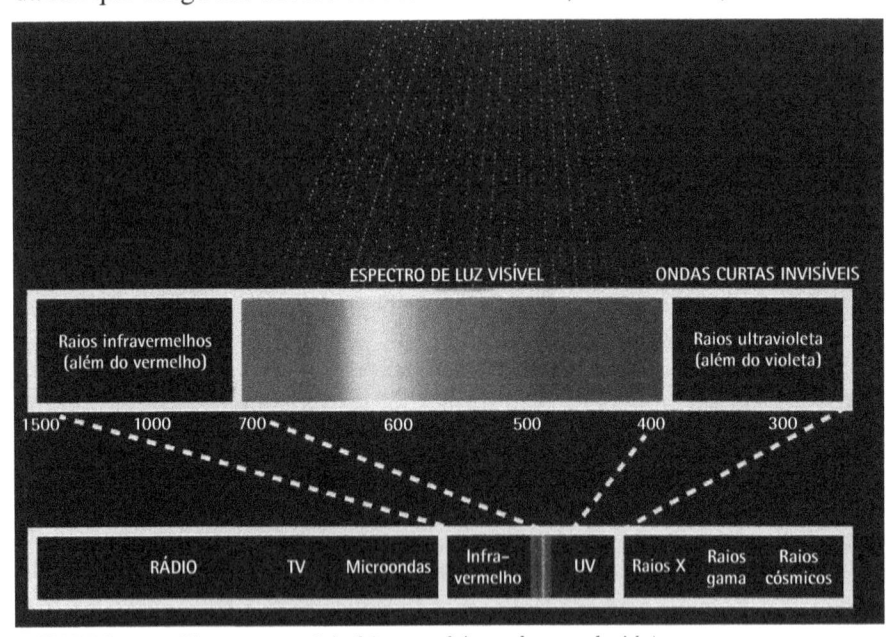

◆FIGURA 4.3 *Um espectro visível (ver também caderno colorido).*

A Estrutura do Olho

É verdade que o olho é como uma câmera? De certa maneira, sim. Tanto as câmeras como os olhos têm uma lente para focar imagens em uma camada sensível à luz no fundo de um espaço fechado. Em uma câmera, essa camada é o filme. No olho, ela é uma camada de *fotorreceptores* (células sensíveis à luz) na **retina**, região do tamanho e da espessura aproximados de um selo (◆Figura 4.4). Teoricamente, o olho poderia ser utilizado como uma câmera primitiva. Se você banhar a retina em uma solução de alume, a última imagem a chegar a ela aparecerá como uma pequenina foto, um fato que poderia contribuir para um grande mistério policial.

Como o olho focaliza? A maior parte da focalização é feita na frente do olho pela *córnea*, uma membrana transparente que dobra a luz para dentro. A lente efetua ajustes adicionais menores. O ponto de foco do seu olho muda quando os músculos anexos às lentes alteram seu formato. Esse processo é chamado de **acomodação**. Nas câmeras, a focalização é feita de maneira mais simples – mudando-se a distância entre a lente e o filme.

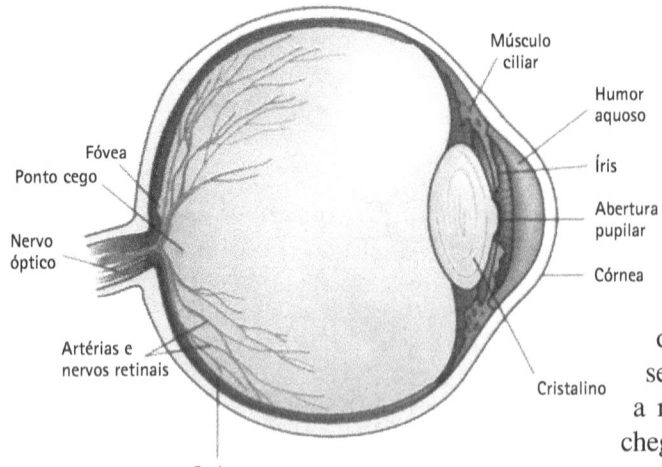

◆FIGURA 4.4 *O olho humano, uma visão simplificada.*

Retina Camada de células sensível à luz no fundo do olho.

Acomodação Mudanças no formato do cristalino do olho.

Problemas visuais

O formato do olho afeta a focalização. Se o seu olho for curto demais, os objetos próximos ficarão borrados, mas os objetos distantes ficarão precisos. Isso se chama **hiperopia** (hipermetropia). Se o seu globo ocular for longo demais, a imagem não irá alcançar a retina e você não conseguirá focar os objetos distantes. Isso resulta em **miopia**. Quando a córnea ou o cristalino têm o formato inadequado, parte da visão será focada e parte será embaçada. Nesse caso, o olho tem mais que um ponto de foco, um problema chamado **astigmatismo**. Todos esses três defeitos visuais podem ser corrigidos colocando-se óculos (ou lentes de contato) diante do olho para mudar a trilha da luz (◆Figura 4.5).

À medida que as pessoas vão envelhecendo, o cristalino vai tornando-se menos flexível e menos apto a acomodar. O resultado é a **presbiopia** (visão cansada ou hipermetropia provocada pela idade). Talvez você tenha visto um avô, uma avó ou um amigo mais velho lendo o jornal à distância de um braço por causa da presbiopia. Se você agora usa óculos para miopia, talvez vá precisar de óculos bifocais conforme for envelhecendo. (A menos que seus braços fiquem mais longos.) Lentes bifocais corrigem a visão de perto *e* a visão de longe.

Bastões e Cones

O olho tem dois tipos de "filme", compostos de células receptoras denominadas *bastões* e *cones*. Os 6,5 milhões de **cones** em cada olho funcionam melhor na luz brilhante. Eles também produzem sensações de cor e detalhes finos. Em contrapartida, os **bastões**, que são cerca de cem milhões, não conseguem detectar cores. A visão pura dos bastões é em preto-e-branco. Porém, os bastões são muito mais sensíveis à luz do que os cones, e nos permitem, portanto, enxergar em luz muito fraca.

Surpreendentemente, a retina tem um "buraco": cada olho tem um *ponto cego* porque não há receptores onde o nervo óptico sai do olho (◆Figura 4.6a). O ponto cego mostra que a nossa capacidade de ver depende, em grande parte, do cérebro. Se você fechar um olho, parte do que você verá vai cair no ponto cego do seu olho aberto. Por que não há uma lacuna na nossa visão? A resposta é que o córtex visual do cérebro preenche ativamente a lacuna com padrões das regiões circundantes (◆Figura 4.6b). Fechando um olho, você pode "decapitar" visualmente outras pessoas, colocando a imagem delas no seu ponto cego. (Só uma dica para diversão em sala de aula.) O cérebro consegue também "apagar" informações que distraem. Vire os olhos totalmente para a direita e depois feche o olho direito. Você deverá ver claramente o seu nariz no campo de visão do seu olho esquerdo. Agora, abra o seu olho direito novamente e o seu nariz vai praticamente desaparecer à medida que o seu cérebro for ignorando sua presença.

Hiperopia Dificuldade em focar objetos próximos (hipermetropia).

Miopia Dificuldade em focar objetos distantes (visão curta).

Astigmatismo Defeitos na córnea, no cristalino ou no olho que fazem algumas regiões da visão ficar fora de foco.

Presbiopia Hipermetropia provocada pela idade.

Cones Receptores visuais de cores e de atividade visual à luz do dia.

Bastões Receptores visuais de luz fraca que produzem somente sensações em preto-e-branco.

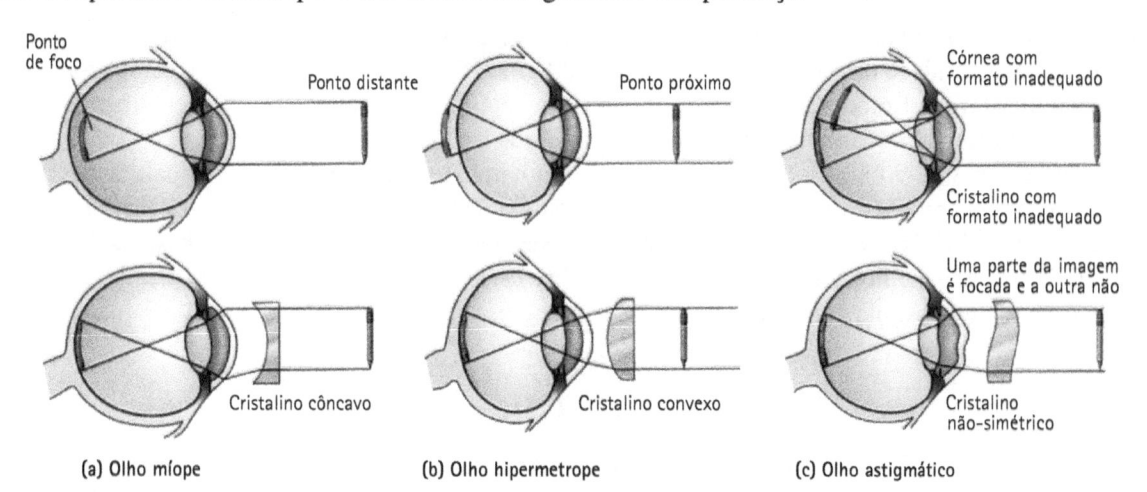

◆FIGURA 4.5 *Defeitos visuais e lentes corretivas:* (a) *Um olho míope (mais longo do que o normal). O cristalino côncavo espalha raios de luz somente o suficiente para aumentar o comprimento focal do olho.* (b) *Um olho hiperópico (mais curto do que o normal). O cristalino convexo aumenta a refração (curvatura) para focar a luz na retina.* (c) *Um olho astigmático (cristalino ou córnea assimétricos). No astigmatismo, partes da visão não são focadas. As lentes que corrigem o astigmatismo são assimétricas.*

◆FIGURA 4.6 *Vivenciando o ponto cego.* (a) *Com o seu olho direito fechado, olhe fixamente para a cruz no canto direito superior. Segure o livro a aproximadamente 30 cm de distância do seu olho e movimente-o lentamente para a frente e para trás. Você deve conseguir localizar uma posição que faça a mancha preta desaparecer. Quando isso acontecer, esse é o seu ponto cego. Com um pouco de prática, você pode aprender a fazer que as pessoas ou os objetos de que você não gosta desapareçam também!* (b) *Repita o procedimento descrito mas olhe fixamente para a cruz inferior. Quando o espaço em branco cair no ponto cego, as linhas pretas vão parecer contínuas. Isso pode ajudá-lo a entender por que você normalmente não nota um ponto cego no seu campo visual.*

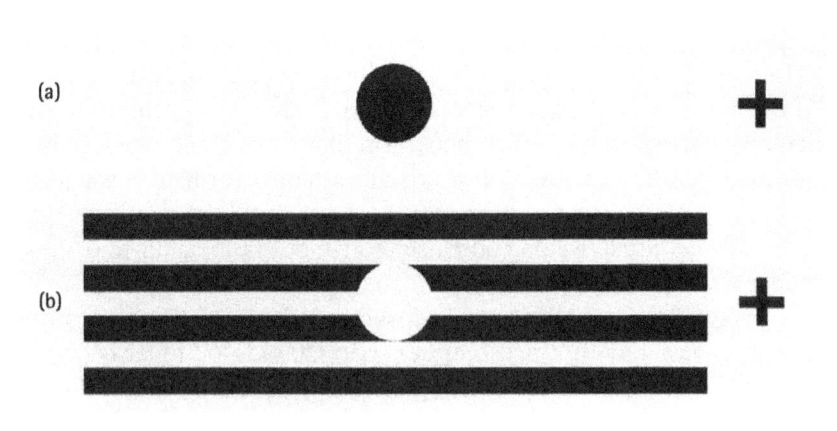

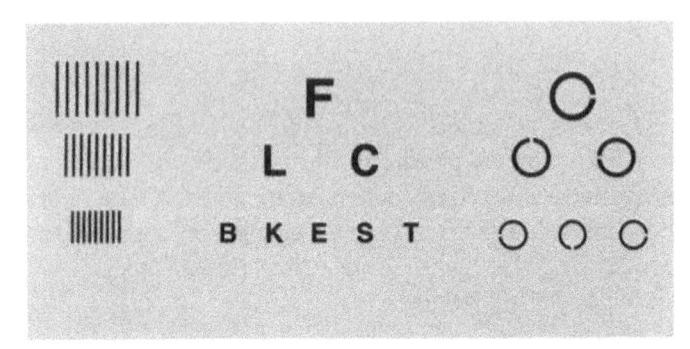

◆FIGURA 4.7 *Testes de atividade visual. Apresentamos alguns testes comuns de atividade visual. Em* (a), *a acuidade é indicada pela menor grade, ainda vista como linhas individuais. O gráfico de Snellen* (b) *requer que você leia fileiras de letras de tamanho cada vez menor, até não conseguir mais distingui-las. Os anéis de Landolt* (c) *não requerem familiaridade com letras. Tudo o que é exigido é um relato de que lado há uma quebra neles.*

Acuidade visual

Os bastões e cones também afetam a **acuidade visual**. Os cones se localizam principalmente no centro do olho. Na verdade, a *fóvea* (uma região em forma de xícara no meio da retina) contém somente cones – cerca de 50 mil deles. Como uma fotografia de jornal composta de pequenos pontos, os cones apertadamente empilhados na fóvea produzem as imagens mais precisas. A acuidade normal é designada uma visão 6/6. A 6 m de distância você consegue distinguir o que a pessoa média pode ver a 6 m de distância (◆Figura 4.7). Se a sua visão for 6/12, você só consegue ver a 6 m de distância o que a pessoa média vê a 12. Se a sua visão for 12/60, tudo é um borrão e você precisa de óculos. A visão 6/12 significa que você consegue ver a 6 m de distância o que a pessoa média precisa estar 2,4 m mais perto para ver, o que indica uma acuidade melhor que a média. O astronauta norte-americano Gordon Cooper, que dizia que conseguia ver linhas de trem no norte da Índia a 150 km de altitude, tinha uma acuidade visual 20/12.

Visão Periférica

O que faz o restante da retina? A luz também cai fora da fóvea, criando uma grande região de **visão periférica** (lateral). A maior quantidade de bastões está a cerca de 20 graus do centro da retina, onde eles dão grande parte da nossa visão periférica. Embora a visão dos bastões não seja muito precisa, ela é extremamente sensível ao *movimento*. Para vivenciar o caminho semelhante ao radar dos bastões, olhe para a frente e coloque sua mão ao lado da cabeça a cerca de 90 graus. Balance seu dedo e movimente lentamente sua mão para a frente até conseguir detectar movimento. Você ficará ciente do movimento antes de poder realmente "ver" seu dedo.

Os bastões também são extremamente responsivos à luz fraca. Como a maioria dos bastões fica a 20 graus de cada lado da fóvea, a melhor visão noturna vem de olhar *perto* de um objeto que você quer ver. Teste-se uma noite, olhando para uma estrela bem fraca.

Acuidade visual A acuidade das percepções visuais.

Visão periférica Visão nos cantos do campo visual.

Teoria tricromática Teoria de visão das cores baseada em três tipos de cones: vermelho, verde e azul.

Visão das Cores

Como nós produzimos sensações de cores? A **teoria tricromática** da visão das cores diz que existem três tipos de cones, cada um deles mais sensível ao vermelho, ao verde ou ao azul. As outras cores são resultado de combinações dessas três. As sensações de preto-e-branco são produzidas pelos bastões.

SENSAÇÃO E PERCEPÇÃO   **131**

Um dos problemas básicos com a teoria tricromática é que quatro cores de luz – vermelho, verde, azul e amarelo – aparentemente são primárias (não se consegue obtê-las misturando outras cores). Além disso, por que é impossível ter um verde avermelhado ou um azul amarelado? Esses problemas levaram ao surgimento de uma segunda teoria, conhecida como a **teoria do oponente-processo**, que diz que a visão analisa as cores em mensagens do tipo "ou ... ou". Isto é, o sistema visual pode produzir mensagens para vermelho ou verde, amarelo ou azul, branco ou preto. Codificar uma cor em um par (vermelho, por exemplo) aparentemente bloqueia a mensagem oposta (verde). Conseqüentemente, um verde avermelhado é impossível, mas um vermelho amarelado (laranja) pode ocorrer.

De acordo com a teoria do oponente-processo, a fadiga provocada pela criação de uma mensagem cria uma pós-imagem da cor oposta conforme o sistema vai se recuperando. As *pós-imagens* são sensações visuais que persistem depois da remoção de um estímulo – como ver uma mancha depois de uma lâmpada de flash funcionar. Para ver uma pós-imagem do tipo previsto pela teoria do oponente-processo, olhe para a ◆Figura 4.8 do caderno colorido e siga as instruções dadas nela.

Qual das teorias sobre as cores está correta? Ambas! A teoria das três cores se aplica à retina, onde foram encontrados três tipos diferentes de *pigmentos visuais* (substâncias químicas sensíveis à luz). Como previsto, cada um dos pigmentos é mais sensível à luz na região vermelha, verde ou azul. Os três tipos de cones disparam impulsos nervosos a velocidades diferentes para produzir várias sensações de cores (◆Figura 4.9 – ver também caderno colorido).

Porém, a teoria do oponente-processo explica melhor o que ocorre nas trilhas ópticas e no cérebro *depois* que as informações saem do olho. Por exemplo, algumas células nervosas no cérebro são excitadas pela cor vermelha e inibidas pela cor verde. Então, ambas as teorias estão "corretas". Uma explica o que ocorre no olho em si. A outra explica como as cores são analisadas depois que as mensagens saem do olho.

◆FIGURA 4.8 *Pós-imagens negativas. Olhe fixamente para o ponto perto do meio da bandeira por pelo menos 30 segundos. Depois, olhe imediatamente para uma folha de papel em branco ou uma parede branca. Você verá a bandeira americana em vermelho, branco e azul. A sensibilidade reduzida ao verde, ao preto e ao amarelo no sistema visual, provocada pelo fato de olhar prolongadamente, cria as cores complementares. (para fazer este teste, ver caderno colorido.)*

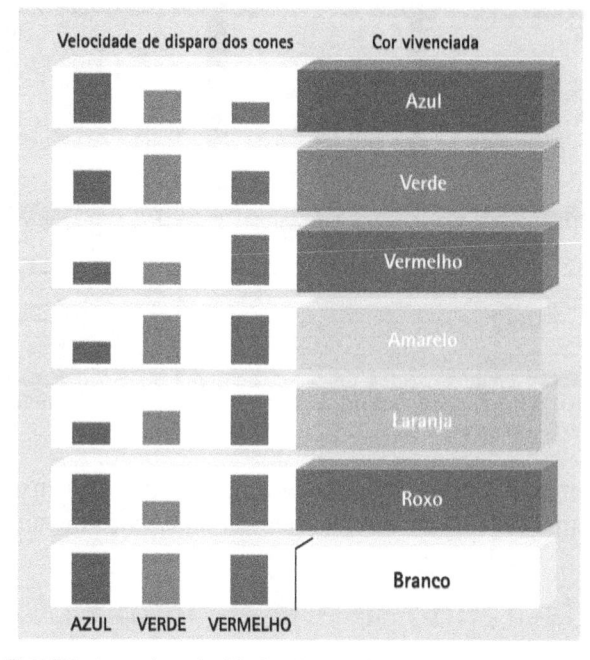

◆FIGURA 4.9 *As velocidades de disparo dos cones azul, verde e vermelho em resposta às várias cores. Quanto mais alta for a barra colorida, mais alta a taxa de disparo daquele tipo de cone. Como você pode ver, as cores são codificadas pelas diferenças na atividade de todos os três tipos de cones no olho normal. (Adaptado de Goldstein, 2003.) (Ver também caderno colorido.)*

Cegueira de cores

Você conhece alguém que provoca muitas gargalhadas usando roupas de cores que absolutamente não combinam? Ou alguém que timidamente tenta evitar dizer de que cor é um objeto? Se sim, você provavelmente conhece uma pessoa que é cega para cores.

Como é ser cego para cores? O que provoca cegueira de cores? Uma pessoa que é **cega para cores** não consegue perceber cores. É como se o mundo fosse um filme em preto-e-branco. A pessoa cega para cores ou tem falta de cones ou tem cones que não funcionam normalmente (Hsia e Graham, 1997). Essa cegueira de cores total é rara. Na **cegueira de cores parcial**, a pessoa não

Teoria do oponente-processo Teoria de visão das cores baseada em três sistemas de codificação (vermelho ou verde, amarelo ou azul, branco ou preto).

Cegueira de cores total Incapacidade total de distinguir cores.

Cegueira de cores parcial Incapacidade de distinguir algumas cores.

VOCÊ TEM CEGUEIRA DE CORES?

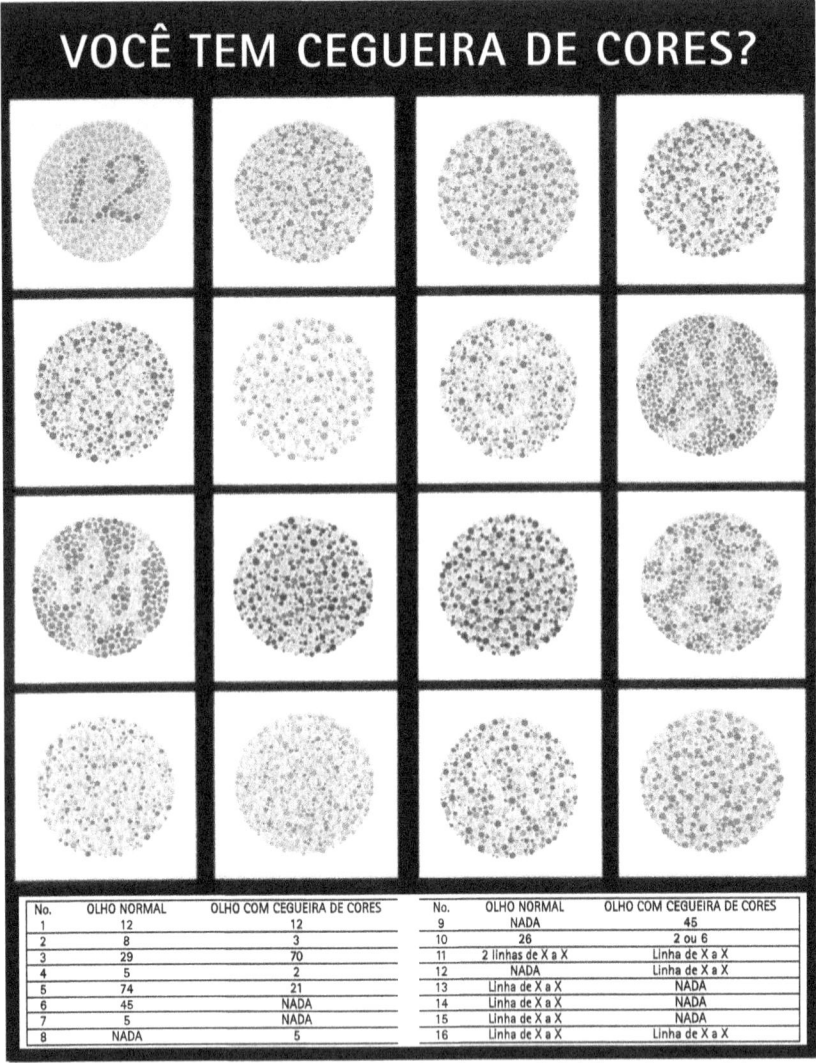

No.	OLHO NORMAL	OLHO COM CEGUEIRA DE CORES	No.	OLHO NORMAL	OLHO COM CEGUEIRA DE CORES
1	12	12	9	NADA	45
2	8	3	10	26	2 ou 6
3	29	70	11	2 linhas de X a X	Linha de X a X
4	5	2	12	NADA	Linha de X a X
5	74	21	13	Linha de X a X	NADA
6	45	NADA	14	Linha de X a X	NADA
7	5	NADA	15	Linha de X a X	NADA
8	NADA	5	16	Linha de X a X	Linha de X a X

◆FIGURA 4.10 *Réplica do teste de cegueira de cores de Ishihara (ver também caderno colorido).*

consegue ver determinadas cores. Aproximadamente 8% de todos os homens (mas menos de 1% das mulheres) são daltônicos. Essas pessoas vêem vermelhos e verdes como se fossem a mesma cor, geralmente um marrom avermelhado. Uma outra forma de cegueira de cores parcial envolvendo amarelo e azul é bem rara (Hsia e Graham, 1997).

Como as pessoas com cegueira de cores dirigem? Elas não têm problemas com os semáforos? As pessoas daltônicas têm visão normal para as cores amarelo e azul, portanto, o problema principal é distinguir os faróis vermelhos dos verdes. Na prática, isso não é difícil. A luz vermelha está sempre em cima e a luz verde é sempre mais brilhante que a vermelha. Além disso, os faróis vermelhos têm luz amarela misturada no vermelho; e os faróis "verdes", na verdade, são de um verde-azulado.

Como eu posso saber se tenho cegueira de cores? O *teste de Ishihara* é uma medida comum de cegueira de cores total e parcial. No teste são colocados números e outros *designs* formados por pontos em um fundo que também é formado por pontos (◆Figura 4.10). O fundo e os números são de cores diferentes (vermelho e verde, por exemplo). Uma pessoa que tem cegueira de cores enxerga apenas uma mistura de pontos. Já uma pessoa com visão normal das cores consegue detectar a presença de números ou *designs* (Birch e McKeever, 1993).

Adaptando-se à Escuridão

O que acontece quando os olhos se adaptam a um quarto escuro? A **adaptação ao escuro** é o aumento drástico na sensibilidade da retina à luz ocorrido depois que uma pessoa entra na escuridão. Imagine-se entrando em um teatro. Se você vier de um saguão iluminado, praticamente tem de ser conduzido ao seu lugar. Após um curto período de tempo, porém, você consegue ver o recinto todo em detalhes (inclusive um casal se beijando no canto). A escuridão total leva de 30 a 35 minutos para atingir a sensibilidade visual máxima (◆Figura 4.11). A essa altura, o seu olho estará cem mil vezes mais sensível à luz (Goldstein, 2003).

O que provoca a adaptação ao escuro? Como os cones, os bastões contêm um pigmento visual sensível à luz. Quando atingidos por ela, os pigmentos visuais *branqueiam* ou se desmembram quimicamente. (As pós-imagens que você viu depois de olhar para uma lâmpada de flash são resultado desse branqueamento.) Os pigmentos visuais têm de se recombinar para restaurar a sensibilidade à luz, o que leva tempo. A visão noturna decorre principalmente de um aumento da *rodopsina*, o pigmento do bastão.

Existe alguma maneira de acelerar a adaptação ao escuro? Os bastões são *insensíveis* à luz extremamente vermelha. É por isso que submarinos, cabines de aviões e salas prontas para pilotos de caças são iluminados com luz

Adaptação ao escuro Aumento da sensibilidade da retina à luz.

vermelha. Em cada um desses casos, as pessoas podem se movimentar rapidamente para o escuro sem ter de se adaptar. Como a luz vermelha não estimula os bastões, é como se elas já tivessem passado um tempo no escuro. Em contrapartida, alguns poucos segundos de exposição podem anular a adaptação ao escuro. É por isso que você deve evitar olhar para os faróis que estão vindo quando estiver dirigindo à noite – principalmente para os novos faróis branco-azulados de xenon.

> A luz vermelha permite que ocorra a adaptação ao escuro porque ela fornece pouco ou nenhum estímulo aos bastões.

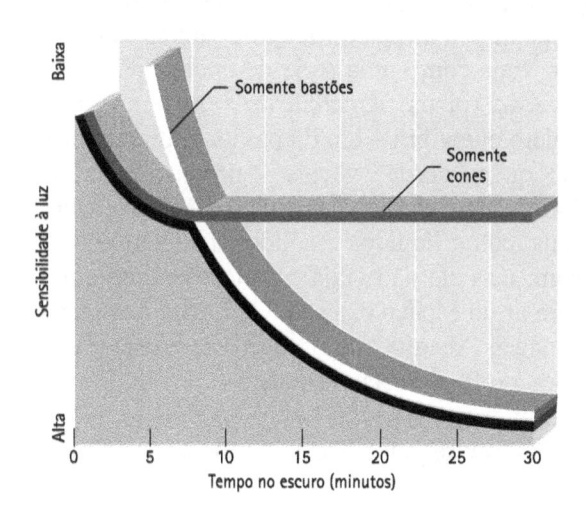

◆ FIGURA 4.11 *Rumo normal da adaptação ao escuro. A linha preta mostra como o limiar da visão diminui à medida que a pessoa passa algum tempo na escuridão. (Um limiar menor significa que é necessário menos luz para a visão.) A linha cinza-escuro mostra que os cones se adaptam primeiro, mas eles logo param de acrescentar sensibilidade à luz. Os bastões, mostrados pela linha branca, se adaptam mais lentamente. Porém, eles continuam a melhorar a visão noturna muito tempo depois de os cones se adaptarem totalmente.*

PAUSA PARA ESTUDO — Os Sistemas Sensoriais e a Visão

RELACIONE

Como as sensações afetam o que você está vivenciando no momento? E se a redução de dados não ocorresse? E se você pudesse transduzir outras energias? E se os seus sentidos fossem sintonizados para detectar características perceptuais diferentes? Como o mundo sensorial no qual você vive mudaria?

Finja que você é um raio de luz. O que acontecerá com você em cada fase quando você passar pelo olho e aterrissar na retina? O que acontecerá se o olho não tiver um formato perfeito? Como a retina vai saber que você chegou? Como ela dirá que cor de luz você é? O que ela dirá ao cérebro a seu respeito?

VERIFICAÇÃO DO APRENDIZADO

1. Os receptores sensoriais são _____ ou dispositivos biológicos para transformar um tipo de energia em outra.
2. Lettvin descobriu que os olhos de um sapo são particularmente sensíveis a fosfenos. V ou F?
3. Características importantes do ambiente são transmitidas ao cérebro por meio de um processo conhecido como:
   a. fosfenação   b. codificação
   c. detecção   d. programação
4. Associe
   _____ Miopia   A. Hipermetropia
   _____ Hiperopia   B. Olho alongado
   _____ Presbiopia   C. Hipermetropia causada por envelhecimento
   _____ Astigmatismo D. Falta de cones na fóvea
                       E. Córnea ou cristalino malformados
5. Na luz fraca, a visão depende principalmente dos _____. Na luz mais brilhante, as cores e os detalhes finos são criados pelos _____.
6. A fóvea tem mais acuidade visual por causa da grande concentração de bastões encontrada nela. V ou F?
7. Os olhos tornam-se mais sensíveis à luz à noite por causa de um processo conhecido como _____.

Raciocínio Crítico

8. William James disse certa vez: "Se um cirurgião mestre fosse cruzar os nervos auditivos e ópticos, nós veríamos um relâmpago e ouviríamos um trovão". Você saberia explicar o que ele quis dizer com isso?
9. A transdução sensorial no olho ocorre primeiro na córnea, depois no cristalino e por fim na retina. V ou F?

RESPOSTAS: 1. transdutores 2.F 3.b 4.B, A, C, E 5. bastões, cones 6.F 7. adaptação ao escuro 8. A explicação se baseia na localização sensorial: se um flash de relâmpago fizesse com que mensagens re-roteassem dos olhos para ativar regiões auditivas do cérebro, nós vivenciaríamos uma sensação sonora. Da mesma maneira, se os ouvidos transduzissem um estampido de trovão e enviassem impulsos para a região visual, ocorreria a sensação de luz. 9. Falso. A córnea e o cristalino se curvam e focam raios de luz, mas não transformam a luz em outra forma de energia. Não ocorre mudança no tipo de energia enquanto a retina não transformar a luz em impulsos nervosos.

AUDIÇÃO – BOAS VIBRAÇÕES

▶ **PERGUNTA PARA PESQUISA** *Quais são os mecanismos da audição?*

Rock, música clássica, jazz, rap, country, hip-hop – qualquer que seja o seu gosto musical, você provavelmente se comoveu com as riquezas do som. A audição também coleta informações de todos os lados, como alertar um ciclista de que um carro está se aproximando por trás. A visão, em toda a sua glória, é limitada a estímulos à frente dos olhos (a menos que os seus "óculos escuros" tenham espelhos retrovisores grudados).

Qual é o estímulo para a audição? Se você jogar uma pedra em um lago tranqüilo, um círculo de ondas se espalhará em todas as direções. Da mesma maneira, o som viaja como uma série de ondas invisíveis de *compressão* (picos) e *rarefação* (vales) no ar. Qualquer objeto que vibra – um diapasão, um instrumento musical ou as cordas vocais – produzirá ondas sonoras (movimento rítmico das moléculas do ar). Outros materiais, como líquidos e sólidos, também podem levar o som, mas ele não viaja em um vácuo ou em um reino sem ar do espaço externo. Os filmes que mostram personagens reagindo ao "rugir" de espaçonaves no espaço profundo estão errados.

A *freqüência* das ondas sonoras (a quantidade de ondas por segundo) corresponde ao *tom* (mais alto ou baixo) de um som. A *amplitude* ou "altura" física de uma onda sonora diz quanta energia ela contém. Psicologicamente, a amplitude corresponde à *altura* (intensidade do som) (◆Figura 4.12).

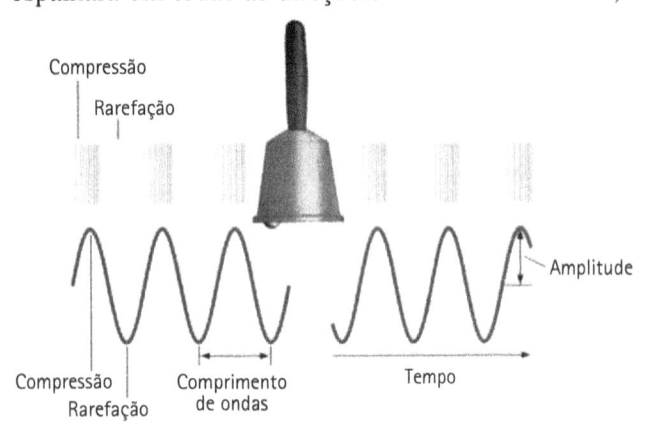

◆FIGURA 4.12 *Ondas de compressão no ar, ou vibrações, são o estímulo para a audição. A freqüência das ondas sonoras determina o seu tom. A amplitude determina a altura.*

Como Ouvimos os Sons

Como os sons são transformados em impulsos nervosos? A audição começa com o *pinna* (a parte externa visível do ouvido). Além de ser um bom lugar para colocar brincos ou equilibrar lápis, o pinna age como um funil para concentrar sons. Estes são guiados para o canal auditivo, onde as ondas sonoras colidem com a *membrana timpânica*, colocando-a em movimento. Isso, por sua vez, faz que três ossos pequenos (os *ossículos auditivos*) vibrem (◆Figura. 4.13). Esses ossículos são o martelo, a bigorna e o estribo. Os ossículos ligam o tímpano à *cóclea* (um órgão em forma de cobra que compõe o ouvido interno). O estribo está grudado a uma membrana na cóclea denominada *janela oval*. À medida que a janela oval vai se movimentando para a frente e para trás, ela cria ondas em um fluido dentro da cóclea.

Dentro da cóclea, minúsculas **células pilosas** detectam ondas no fluido. As células pilosas fazem parte do **órgão de Corti**, que compõe a parte central da cóclea (◆Figura 4.14). Um conjunto de *estereocílios* ou "cerdas" sobre cada célula pilosa se esfrega contra a membrana tectorial à medida que as ondas se encrespam pelo fluido circundante. Dobrar os estereocílios desencadeia impulsos nervosos que fluem para o cérebro. (Seus ouvidos estão "se eriçando" com som?)

Como são detectados os sons mais altos e mais baixos? A **teoria da freqüência** da audição diz que, conforme o tom vai ficando mais alto, os impulsos nervosos fluem com a mesma freqüência para o nervo auditivo. Isto é, um tom de 800 hertz produz 800 impulsos nervosos por segundo. (*Hertz* refere-se à quantidade de vibrações por segundo.) Isso explica como sons de até quatro mil hertz chegam ao cérebro. E quanto aos tons mais altos? A **teoria do local** diz que os tons mais altos e mais baixos excitam regiões específicas da cóclea. Os tons altos são registrados mais fortemente na base da cóclea (perto da janela oval). Os tons mais baixos, porém, basicamente movimentam células pilosas

Células pilosas Células receptoras na cóclea que transduzem vibrações em impulsos nervosos.

Órgão de Corti Parte central da cóclea que contém células pilosas, canais e membranas.

Teoria da freqüência Diz que os tons até quatro mil hertz são transformados em impulsos nervosos associados à freqüência de cada tom.

Teoria do local Teoria de que os tons mais altos e mais baixos excitam regiões específicas da cóclea.

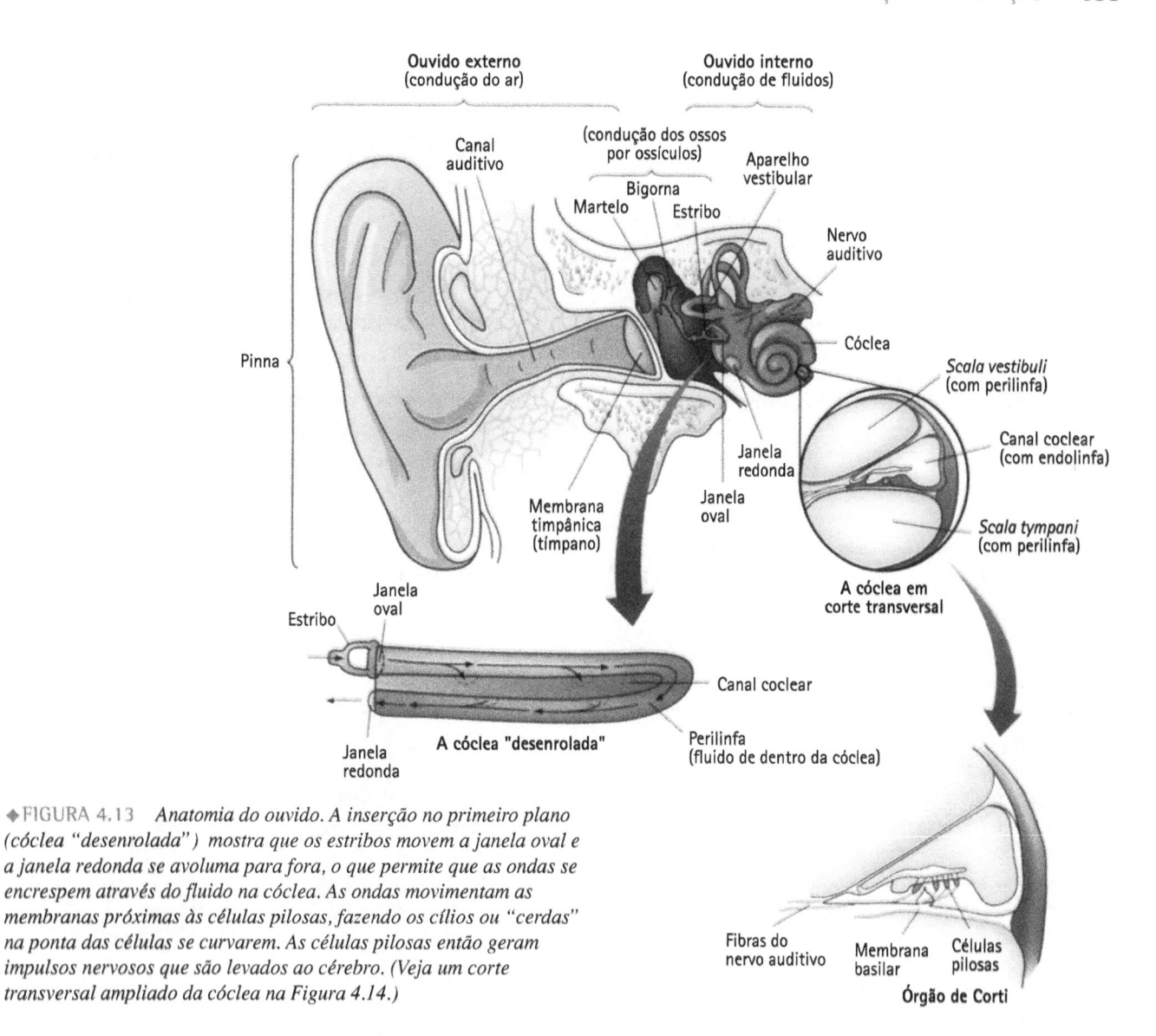

◆FIGURA 4.13 *Anatomia do ouvido. A inserção no primeiro plano (cóclea "desenrolada") mostra que os estribos movem a janela oval e a janela redonda se avoluma para fora, o que permite que as ondas se encrespem através do fluido na cóclea. As ondas movimentam as membranas próximas às células pilosas, fazendo os cílios ou "cerdas" na ponta das células se curvarem. As células pilosas então geram impulsos nervosos que são levados ao cérebro. (Veja um corte transversal ampliado da cóclea na Figura 4.14.)*

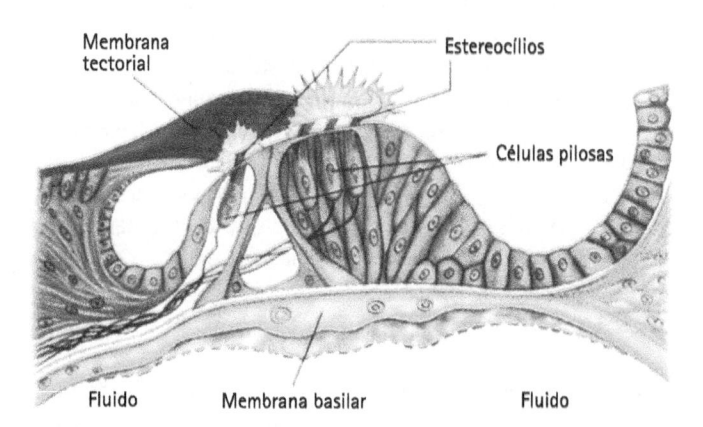

◆FIGURA 4.14 *Uma visão mais detalhada das células pilosas mostra como o movimento do fluido na cóclea faz os "pêlos" ou cílios eriçados se curvarem, gerando um impulso nervoso.*

próximas à ponta externa da cóclea (◆Figura 4.15). O tom, portanto, é sinalizado pela região da cóclea mais fortemente ativada. A teoria do local também explica por que os caçadores às vezes perdem a audição em uma faixa de tom estreita. O "corte do caçador", como é chamado, ocorre quando as células pilosas são danificadas na região afetada pelo tom do tiro.

Surdez

O que provoca outros tipos de surdez? Existem dois tipos principais de surdez. Na **surdez de condução**, os sons são transferidos de maneira ruim do tímpano para o ouvido interno. Por exemplo, os tímpanos ou os ossículos podem ser danificados ou imobilizados por doença ou lesão. Em muitos casos, a surdez por condução pode ser superada por um aparelho de surdez, que torna os sons mais altos e mais claros.

Surdez de condução Transferência ruim de sons do tímpano para o ouvido interno.

◆FIGURA 4.15 *Aqui temos uma visão lateral simplificada da cóclea "desenrolada". Lembre-se de que a membrana basilar é o "teto" elástico da câmara inferior da cóclea. O órgão de Corti, com suas células pilosas sensíveis, fica acima da membrana basilar. A linha tracejada mostra onde as ondas no fluido coclear provocam a maior deflexão da membrana basilar. (A quantidade de movimento é exagerada no desenho.) A região de maior movimento ajuda a identificar a freqüência do som.*

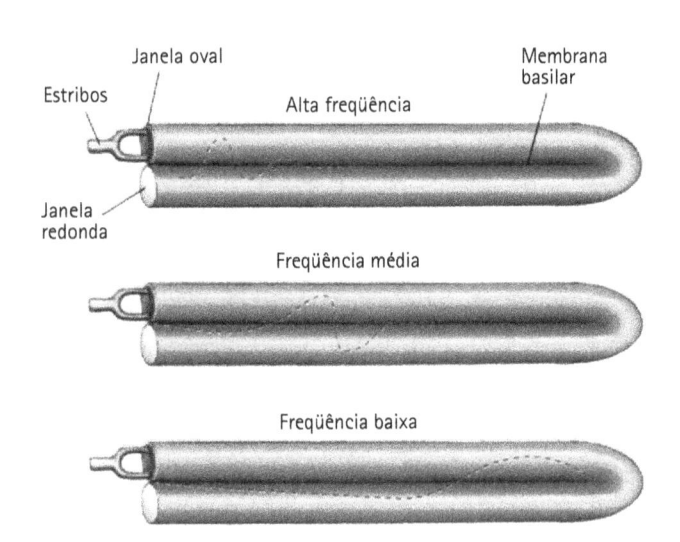

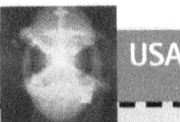

USANDO A PSICOLOGIA — Audição Artificial

Em muitos casos de surdez "nervosa", o nervo na realidade está intacto. Essa descoberta incitou o desenvolvimento de implantes de cóclea que evitam células pilosas e estimulam diretamente os nervos auditivos (◆Figura 4.16).

Como você pode ver, os fios de um microfone transportam sinais elétricos para uma espiral externa. Uma outra espiral igual, embaixo da pele, capta os sinais e os leva para uma ou mais regiões da cóclea. Os implantes mais recentes fazem uso da teoria do local para separar os tons mais altos dos mais baixos. Isso permitiu que algumas pessoas que antes eram surdas ouvissem vozes humanas e outros sons de freqüência mais alta. Cerca de 60% de todos os pacientes de implantes de multicanais conseguem entender algumas palavras faladas, e algumas crianças aprendem a falar (Tye-Murray et al., 1995).

No momento, a audição artificial continua rudimentar. Todos os pacientes, exceto aqueles de implantes mais bem-sucedidos, descrevem o som como um "rádio que não está bem sintonizado". Na verdade, 30% de todos os adultos que tentaram implantes desistiram deles. Mas os implantes estão melhorando. E mesmo agora é difícil argumentar com entusiastas como Kristen Cloud. Logo depois de receber um implante, ela conseguiu ouvir uma sirene e evitar ser atingida por um carro em alta velocidade. Ela simplesmente diz: "O implante salvou a minha vida".

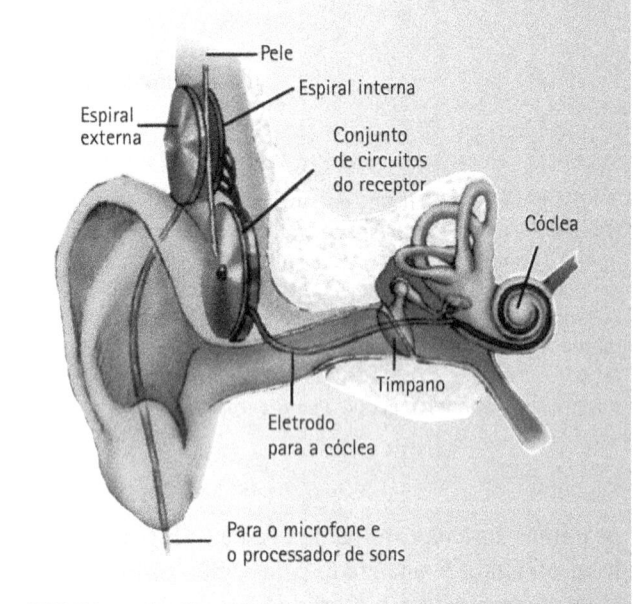

◆FIGURA 4.16 *Um implante coclear ou "ouvido artificial".*

A **surdez nervosa** é resultado de danos às células pilosas ou ao nervo auditivo. Os aparelhos auditivos não conseguem ajudar nesses casos porque as mensagens auditivas são bloqueadas e não chegam ao cérebro. Porém, os sistemas de audição artificial estão possibilitando, a algumas pessoas com surdez nervosa, romper a parede do silêncio (ver "Audição Artificial").

Muitos empregos, *hobbies* e passatempos podem provocar **surdez de estimulação**, que ocorre quando sons muito altos danificam células pilosas na cóclea (como no caso do corte do caçador). As células pilosas, quase tão finas como uma teia de aranha, são muito frágeis. Quando você chegar aos 65 anos de idade, mais

Surdez nervosa Surdez provocada por dano às células pilosas ou ao nervo auditivo.

Surdez de estimulação Dano provocado pela exposição das células pilosas a sons excessivamente altos.

de 40% delas terão desaparecido. Se você trabalhar em um ambiente barulhento ou gosta de música alta, motociclismo, andar de *snowboard*, avião-caça ou coisa parecida, você pode estar se arriscando a ter surdez de estimulação. As células pilosas mortas nunca são substituídas. Quando você abusa, perde-as.

Quão alto um som tem de ser para se tornar perigoso? A exposição diária a 85 decibéis ou mais pode provocar perda de audição permanente. Os decibéis são uma medida de intensidade do som. A cada 20 decibéis, aumenta a pressão sonora pelo fator 10. Em outras palavras, um concerto de rock a 120 decibéis é mil vezes mais forte que uma voz a 60 decibéis. Mesmo períodos curtos a 120 decibéis podem provocar surdez temporária. Uma breve exposição a 150 decibéis (um avião a jato próximo) pode provocar surdez temporária. Talvez fosse interessante você verificar a pontuação de decibéis de algumas de suas atividades na ◆Figura 4.17. Fique sabendo que concertos musicais amplificados, fones de ouvido estéreo e sistemas de som "boom-box" para carros também podem prejudicar sua audição.

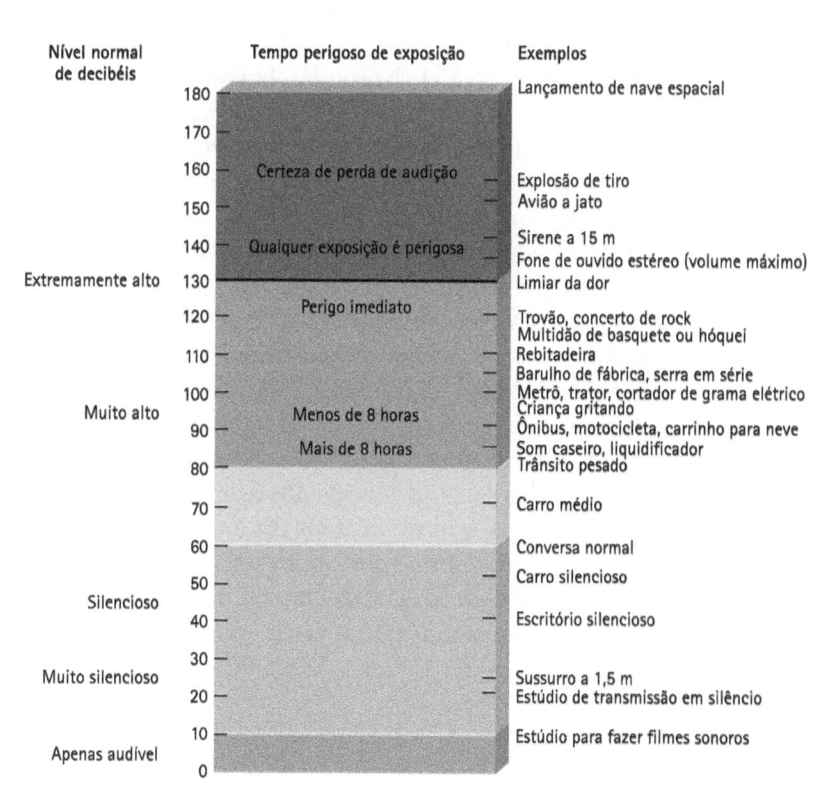

◆FIGURA 4.17 *A altura do som é medida em decibéis. Zero decibéis é o som mais fraco que a maioria das pessoas consegue ouvir. Sons de 110 decibéis são desconfortavelmente altos. A exposição prolongada a sons acima de 85 decibéis pode danificar o ouvido interno. O rock, que chega a ser tocado a 120 decibéis, provoca perda de audição nos músicos e pode afetar o público também. Sons de 130 decibéis oferecem perigo imediato à audição.*

OLFATO E PALADAR – O NARIZ SABE QUANDO A LÍNGUA NÃO CONSEGUE DIZER

▶ **PERGUNTA PARA PESQUISA** *Como operam os sentidos químicos?*

A menos que você seja um degustador de vinhos, um misturador de perfumes, um *chef* ou um *gourmet*, você talvez considere a **olfação** (olfato) e a **gustação** (paladar) sentidos menores. Você certamente conseguiria sobreviver sem esses *sentidos químicos* (receptores que reagem a moléculas químicas). De qualquer maneira, o olfato e o paladar de vez em quando evitam envenenamentos e acrescentam prazer às nossas vidas. Vamos ver como eles funcionam.

O Sentido do Olfato

Os receptores olfativos reagem a moléculas aéreas. Conforme o ar vai entrando no nariz, ele flui sobre aproximadamente cinco milhões de fibras nervosas nas vias nasais superiores (◆Figura 4.18). As proteínas receptoras na superfície das fibras são sensíveis a várias moléculas aéreas. Quando uma fibra é estimulada, ela envia sinais para o cérebro.

Como são produzidos os diferentes odores? Isso ainda é um mistério a ser resolvido. Uma dica vem de um problema chamado *anosmia* (olfato defeituoso), uma espécie de "cegueira olfativa" em relação a um único odor. A anosmia

Olfação O sentido do olfato.

Gustação O sentido do paladar.

sugere que existem receptores para odores específicos. Na verdade, as moléculas que têm um odor específico são bem semelhantes na sua forma. Formas específicas criam os seguintes tipos de odores: floral (de flores), canforado (de cânfora), almiscarado (você já cheirou um boi suado almiscarado?), de menta e etéreo (de éter ou produto de limpeza). Porém, isso não significa que existem apenas cinco receptores olfativos diferentes. Acredita-se que existam de 300 a 400 tipos de receptores olfativos nos seres humanos (Herz, 2001).

A existência de 400 tipos diferentes de receptores significa que só conseguimos cheirar 400 odores diferentes? Não, as moléculas desencadeiam atividade em diferentes *combinações* de receptores olfativos. Conseqüentemente, os seres humanos conseguem detectar pelo menos dez mil diferentes odores.

Da mesma forma que você pode criar milhares de palavras a partir das 26 letras do alfabeto, são possíveis muitas combinações de receptores, o que resulta em vários odores diferentes. O cérebro utiliza os padrões diferentes das mensagens que recebe dos receptores olfativos para reconhecer aromas específicos (Malnic et al., 1999; Mombaerts, 1999).

Parece que existem "buracos" ou "bolsos" de formatos diferentes na superfície dos receptores olfativos. Como uma peça se encaixa em um quebra-cabeça, as substâncias químicas produzem odores que parte de uma molécula combina com um buraco do mesmo formato. Essa é a **teoria da chave e da fechadura**. Os aromas também são parcialmente identificados pela *localização* dos receptores no nariz, que são ativados por um determinado odor. E, por fim, a *quantidade de receptores ativados* diz ao cérebro quão forte é um aroma (Freeman, 1991).

O que provoca anosmia? Entre os riscos estão infecções, alergias e golpes na cabeça (que podem rasgar os nervos olfativos). A exposição a substâncias químicas como amônia, produtos químicos para revelar fotos e poções de cabeleireiros também pode provocar anosmia. Se você dá valor ao seu olfato, cuidado com o que respira (Herz, 2001).

Paladar e Sabores

Existem pelo menos quatro gostos básicos: *doce, salgado, azedo* e *amargo*. Nós somos mais sensíveis ao amargo, menos sensíveis ao azedo, menos sensíveis ainda ao sal e, por fim, menos sensíveis ao doce. Essa ordem pode ter ajudado a evitar envenenamento quando a maioria dos seres humanos vagava em busca de comida, porque os alimentos amargos e azedos têm maior probabilidade de ser não-comestíveis.

Muitos especialistas atualmente acham que existe uma quinta qualidade de paladar. A palavra japonesa *umami* descreve um paladar saboroso ou "de caldo" agradável, associado a determinados aminoácidos no caldo de galinha, alguns extratos de carne, cinzas de algas, atum, leite humano, queijo e grãos

Teoria da chave e da fechadura Diz que os odores estão ligados aos formatos das moléculas químicas.

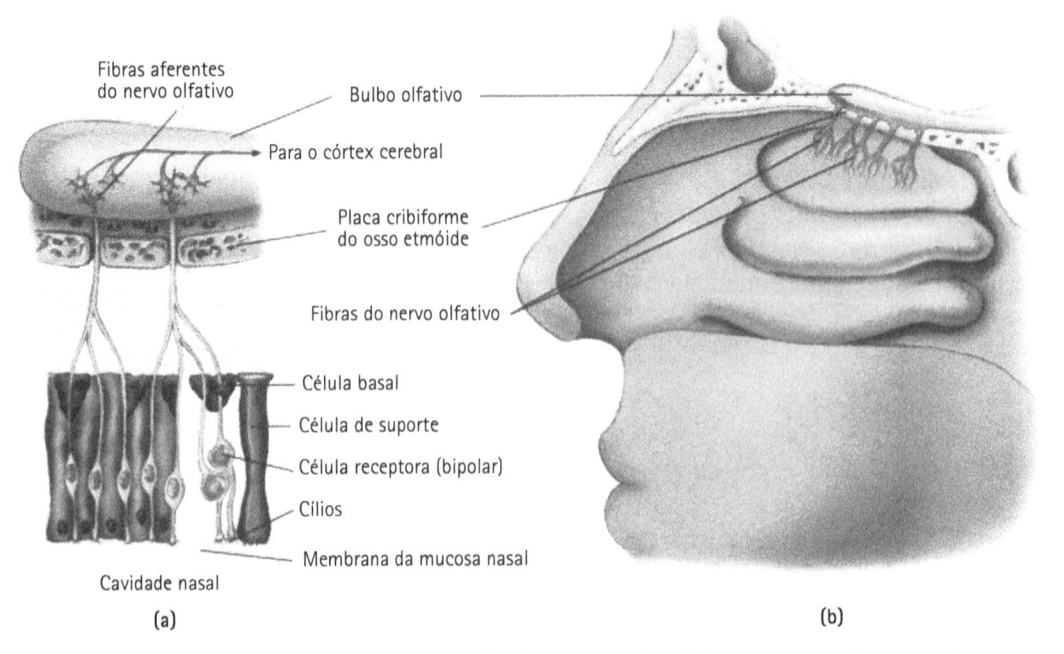

◆FIGURA 4.18 (a) *As fibras nervosas olfativas reagem a moléculas gasosas. As células receptoras são mostradas em corte transversal.* (b) *Os receptores olfativos estão localizados na cavidade nasal superior.*

de soja. Os receptores de *umami* são sensíveis a glutamato, uma substância encontrada em MSG (Lindemann, 2000). Talvez a reputação do MSG como um "ampliador de sabor" baseie-se no gosto agradável de *umami* (Bellisle, 1999). No mínimo, podemos saber por que caldo de galinha é uma comida tão "curadora".

Se existem apenas quatro ou cinco gostos, como pode haver tantos sabores diferentes? Os sabores parecem mais variados porque eles tendem a incluir sensações de textura, temperatura, cheiro e até dor (feijão apimentado) com o gosto. O cheiro é particularmente importante na determinação do sabor. Pequenos pedaços de maçã, batata e cebola têm quase o mesmo "gosto" quando o nariz é tapado. O mesmo acontece com jujubas sofisticadas! Talvez seja correto afirmar que o sabor subjetivo é 50% cheiro. É por isso que a comida perde o "gosto" quando você fica resfriado.

A maioria dos **botões de paladar** (células receptoras de gosto) encontra-se na parte de cima da língua, principalmente nos cantos. Porém, algumas poucas delas se encontram em outros lugares dentro da língua (♦Figura 4.19). À medida que os alimentos vão sendo mastigados, eles se dissolvem e entram nos botões de paladar, onde provocam impulsos nervosos. Como o olfato, os gostos doce e amargo parecem se basear na combinação chave e fechadura entre as moléculas e os receptores de formatos intrincados. No entanto, os gostos salgado e azedo são desencadeados por um fluxo direto de átomos carregados para as pontas das células gustativas (Lindemann, 2001).

Botão de paladar O órgão receptor do paladar.

♦FIGURA 4.19 *Os receptores de gosto:*
(a) *a língua é coberta de pequenas protrusões denominadas papilas.* (b) *A maioria dos botões de paladar encontra-se nos cantos superiores da língua (região sombreada). Porém, algumas delas são encontradas em outros lugares, incluindo embaixo da língua. A estimulação da parte central da língua não provoca sensações de paladar. Todos os quatro gostos primários ocorrem em qualquer lugar em que haja botões de paladar.* (c) *Um desenho ampliado mostra que botões de paladar estão localizadas perto da base das papilas.* (d) *Detalhe de botão de paladar. Esses receptores também ocorrem em outras partes do sistema digestivo, como o céu da boca.*

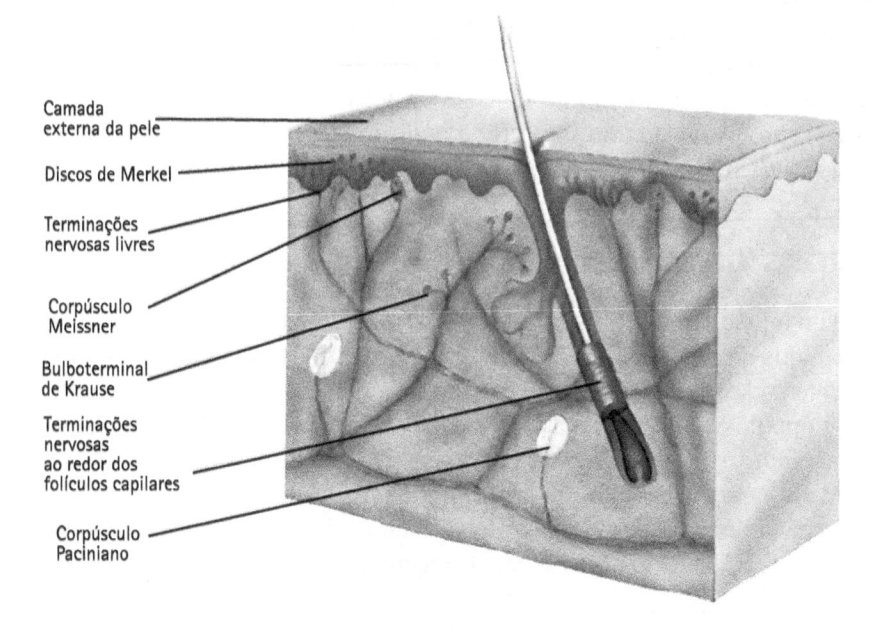

♦FIGURA 4.20 *Entre os sentidos da pele estão o toque, a pressão, a dor, o frio e o calor. Este desenho mostra as diferentes formas que os receptores da pele podem assumir. O único receptor claramente especializado é o corpúsculo Paciniano, que é altamente sensível à pressão. As terminações nervosas livres são receptoras de dor e de qualquer uma das outras sensações. Por motivos que ainda não estão claros, o frio é sentido perto da superfície da pele e o calor é sentido mais profundamente (Carlson, 1998).*

PAUSA PARA ESTUDO — Audição, Olfato e Paladar

RELACIONE

Feche os olhos e ouça os sons ao seu redor. Quando fizer isso, tente identificar mentalmente os eventos necessários para transformar as vibrações do ar nos sons que você está ouvindo. Revise a discussão sobre a audição se pular alguma etapa.

Qual é o seu odor de comida preferido? Qual é o seu gosto preferido? Você sabe explicar como consegue sentir o aroma e o paladar dos alimentos?

VERIFICAÇÃO DO APRENDIZADO

1. A freqüência de uma onda sonora corresponde à sua altura. V ou F?
2. Qual dos elementos seguintes não faz parte da cóclea?
   a. ossículos   b. pinna
   c. membrana timpânica   d. todas as anteriores
3. De acordo com a teoria do local da audição, os tons mais altos são registrados mais fortemente perto da base da cóclea. V ou F?
4. A surdez nervosa ocorre quando os ossículos auditivos são lesados. V ou F?
5. A exposição diária a sons com altura de _____ decibéis pode provocar perda definitiva da audição.
6. Implantes de cóclea têm sido utilizados basicamente para superar
   a. surdez de condução   b. surdez de estimulação
   c. surdez nervosa   d. corte de caçador
7. A olfação aparentemente é explicada em parte pela teoria da _____ de formas das moléculas e dos locais de receptor.
8. *Umami* é um tipo de "cegueira olfativa" para um determinado odor. V ou F?

Raciocínio Crítico

9. Por que você acha que o som da sua voz parece tão diferente quando você ouve a sua voz gravada em uma fita?
10. O olfato e a audição diferem da visão de uma forma que pode ajudar a sobrevivência. Qual é ela?

RESPOSTAS: 1.F 2.d 3.V 4.F 5. 85 6.c 7. chave e fechadura 8.F 9. A resposta está em uma outra pergunta: de que outra forma as vibrações da voz atingem a cóclea? As outras pessoas ouvem a sua voz da forma como é levada pelo ar. Você ouve não só esse som, mas também as vibrações conduzidas pelos ossos do seu crânio. 10. Tanto o olfato quanto a audição conseguem detectar estímulos (incluindo sinais de perigo se aproximando) nos cantos, atrás dos objetos e atrás da cabeça.

OS SENTIDOS SOMESTÉSICOS — VOANDO PELAS SUAS CALÇAS

▶ **PERGUNTA PARA PESQUISA**   *O que são os sentidos somestésicos e por que eles são importantes?*

Um ginasta "voando" em um exercício nas barras não-paralelas pode basear-se tanto nos **sentidos somestésicos** quanto na visão (*soma* significa "corpo", *estésico* significa "sensação"). Até mesmo as atividades mais rotineiras como andar, correr ou passar em um teste de sobriedade seriam impossíveis sem os **sentidos da pele** (toque), os **sentidos cinestésicos** (receptores nos músculos e nas juntas que detectam a posição do corpo e movimento) e os **sentidos vestibulares** (receptores do ouvido interno de equilíbrio, gravidade e aceleração). Por causa da sua importância, vamos começar com os sentidos da pele.

Sentidos da Pele

Sentidos somestésicos Sensações produzidas pela pele, pelos músculos, pelas juntas, pelas vísceras e pelos órgãos de equilíbrio.

Sentidos da pele Sensações de toque, pressão, dor, calor e frio.

Sentidos cinestésicos Sensações de movimento e posicionamento do corpo.

Sentidos vestibulares Sensações de equilíbrio, posição no espaço e aceleração.

É difícil imaginar como seria a vida sem o sentido do tato, mas o apuro de Ian Waterman nos dá uma dica. Depois de uma doença, Waterman perdeu permanentemente todas as sensações abaixo do pescoço. Atualmente, para poder saber em que posição está o seu corpo, ele tem de ser capaz de vê-lo. Se ele fechar os olhos, não conseguirá se movimentar. Se a luz acabar em uma sala, ele ficará em uma situação muito problemática (Cole, 1995).

Os receptores da pele produzem pelo menos cinco sensações diferentes: *toque leve*, *pressão*, *dor*, *frio* e *calor*. Os receptores com formatos específicos aparentemente se especializam em sensações diferentes (◆Figura 4.20). No entanto, as terminações nervosas livres podem, sozinhas, produzir todas as cinco sensações (Carlson, 2001). No total, a pele tem cerca de 200 mil terminações nervosas para temperatura, 500 mil para toque e pressão e 3 milhões para dor.

A quantidade de receptores em uma região da pele está associada à sua sensibilidade? Está. Nós poderíamos "mapear" sua pele aplicando calor, frio, toque, pressão ou dor para pontos em todo o seu corpo. Isso mostraria que a quantidade de receptores cutâneos varia e que a sensibilidade geralmente corresponde à quantidade de receptores em uma determinada área. No geral, regiões importantes, como os lábios, a língua, o rosto, as mãos e os órgãos genitais têm uma densidade maior de receptores.

Dor

A quantidade de receptores de dor também varia? Sim. Como os outros sentidos da pele, os receptores de dor variam na sua distribuição. Encontramos cerca de 230 pontos de dor por centímetro quadrado atrás do joelho, 180 por centímetro nas nádegas, 60 nas costas do polegar e 40 na ponta do nariz. (Então, é melhor levar um beliscão no nariz ou atrás do joelho? Depende do que você gosta!)

A dor transportada por *grandes fibras nervosas* é aguda, brilhante, rápida e parece vir de regiões específicas do corpo. Esse é o **sistema de alerta** do corpo. Dê-se um pequeno cutucão com um alfinete e você sentirá esse tipo de dor. Quando fizer isso, observe que a dor de alerta desaparece rapidamente. Por mais que você não goste da dor de alerta, ela geralmente é um sinal de que o corpo foi ou está prestes a ser lesado. Sem a dor de alerta, você não conseguiria detectar ou impedir lesões. As crianças que nascem com uma rara insensibilidade à dor se queimam, fraturam ossos, mordem a língua e ficam doentes repetidamente sem saber (Larner et al., 1994).

Sistema de alerta Dor baseada em grandes fibras nervosas; avisa que pode estar ocorrendo lesão corporal.

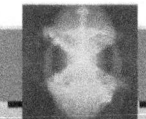

USANDO A PSICOLOGIA — Como Controlar a Dor

Em algumas culturas, as pessoas suportam fazer tatuagens, alongamento, cortes e queimaduras com pouca dor aparente. Como elas conseguem? Muito provavelmente, a resposta está em três fatores que qualquer pessoa pode usar para diminuir a dor. Eles são: ansiedade, controle e atenção.

A mensagem sensorial básica de dor pode ser separada das nossas reações emocionais a ela. O medo ou altos graus de ansiedade quase sempre aumentam a dor. (A ansiedade é uma sensação de apreensão ou inquietude semelhante à dor, mas que se baseia em uma ameaça não-clara.) Um oposto drástico desse efeito é a surpreendente ausência de dor apresentada por soldados feridos em batalha. Ser liberado de outros combates aparentemente produz uma torrente de alívio. Esse estado emocional deixa muitos soldados insensíveis às feridas que angustiam um civil (Melzack e Wall, 1996). No geral, emoções desagradáveis aumentam a dor, ao passo que emoções agradáveis a diminuem (Meagher et al., 2001).

Medo e ansiedade quase sempre aumentam a dor. Sempre que você prevê dor (como uma consulta ao médico, dentista ou salão de tatuagem), você pode reduzir a ansiedade certificando-se de estar totalmente informado. Certifique-se de que lhe expliquem tudo o que vai ocorrer. Certifique-se também de discutir qualquer receio que tenha.

As pessoas que podem regular, evitar ou controlar estímulos dolorosos sofrem menos. No geral, quanto mais controle você sente que tem sobre um estímulo doloroso, menos dor irá sentir (Wells, 1994). Para aplicar esse princípio, você deve combinar um sinal para que o seu médico, dentista ou tatuador saiba quando começar e interromper um procedimento doloroso.

A distração também reduz a dor. Os participantes de um experimento expostos à dor intensa sentiram um alívio considerável quando foram distraídos pela espera de luzes de sinal se acenderem (Johnson et al., 1998). Concentrar-se em imagens agradáveis e calmantes pode ser particularmente útil. Em vez de ouvir o zumbir da broca do dentista, por exemplo, você pode imaginar que está tomando sol em uma praia, ouvindo o som das ondas. Ou leve um *walkman* com você e ouça sua banda preferida. Em casa, a música pode ser uma boa desviadora da atenção da dor crônica (Good, 1995; Michel e Chesky, 1995).

Uma maneira interessante de combinar essas técnicas é *mascarar* uma dor com um segundo estímulo doloroso que está sob seu controle. A dor não parecerá tão aguda porque você pode controlá-la e ela é previsível. Por exemplo, se você for obturar um dente, tente se beliscar ou cravar uma unha em uma junta enquanto o dentista estiver trabalhando. Concentre sua atenção na dor que está criando e aumente-a sempre que o trabalho do dentista se tornar mais doloroso. Essa estratégia pode parecer estranha, mas funciona. Gerações de crianças vêm utilizando-a para aliviar a dor de uma surra.

Além de produzir uma sensação física, as mensagens de dor ativam regiões do cérebro associadas à emoção. Se você estiver com medo ou ansioso, a parte emocional da dor será ampliada e você sentirá uma dor mais intensa. Diminuir o medo e a ansiedade são duas coisas que você pode fazer para atenuar a dor.

> Muitas pessoas ficam nauseadas na primeira vez que vivenciam a realidade virtual. Por quê? Porque a realidade virtual também cria um conflito sensorial: imagens visuais geradas por computador mudam à medida que o corpo do observador se movimenta, mas o sistema vestibular diz aos observadores que eles estão parados. Resultado? O cenário pode não ser real, mas a náusea é.

Um segundo tipo de dor somática é transportada por *pequenas fibras nervosas*. Esse tipo é mais lento, incômodo, dolorido, difundido e muito desagradável. Ele piora se o estímulo doloroso for repetido. Esse é o **sistema de lembrança** do corpo. Ele lembra o cérebro que o corpo foi lesado. Por exemplo, a dor na parte de baixo da coluna geralmente tem essa característica. Infelizmente, o sistema de lembrança pode provocar angústia muito tempo depois de a lesão ter sido curada, ou nas doenças terminais, quando o lembrete é inútil. (Se você se deixou levar pela demonstração anterior do alfinete, deveria ler "Como Controlar a Dor" agora!)

O Sistema Vestibular

Um vôo espacial pode parecer divertido. Mas se você alguma vez fizer uma viagem ao espaço, há 70% de probabilidade de que sua primeira experiência em órbita seja vomitar. A ausência de gravidade e os vôos espaciais afetam o sistema vestibular, geralmente provocando enjôos graves.

No sistema vestibular, sacos cheios de líquido, denominados *órgãos otólitos*, são sensíveis ao movimento, à aceleração e à gravidade (◆Figura 4.21). Os órgãos otólitos contêm pequenos cristais em uma massa macia semelhante a uma gelatina. O empuxo da gravidade ou movimentos rápidos da cabeça podem fazer com que essa massa se desloque. Isso, por sua vez, estimula células receptoras semelhantes a fios de cabelo, o que permite que sintamos a gravidade, a aceleração e o movimento através do espaço.

Três tubos cheios de líquido, denominados *canais semicirculares*, são os órgãos sensoriais do equilíbrio. Se você pudesse entrar nesses tubos descobriria que os movimentos da cabeça fazem com que o líquido entre em redemoinho. À medida que o líquido se movimenta, ele dobra uma pequena "aba" ou "bóia", denominada *crista*, que detecta movimento. O dobrar de cada crista estimula as células pilosas e sinaliza novamente rotação da cabeça.

◆FIGURA 4.21 *O sistema vestibular. (Ver texto para obter explicações.)*

O que provoca o enjôo de viagem? De acordo com a **teoria do conflito sensorial**, a tontura e a náusea ocorrem quando as sensações do sistema vestibular não correspondem às sensações dos olhos e do corpo (Warwick-Evans et al., 1998). Em terra firme, as informações do sistema vestibular, a visão e a cinestesia geralmente correspondem umas às outras. Porém, em um barco, carro ou avião que balança ou sacode, pode ocorrer uma grave falta de equivalência – o que provoca desorientação e ânsia de vômito.

Por que o conflito sensorial provocaria náusea? Você provavelmente pode culpar (ou agradecer) a evolução. Muitos venenos perturbam o sistema vestibular, a visão e o corpo. Conseqüentemente, podemos ter evoluído para reagir ao conflito sensorial vomitando para expelir o veneno. O valor dessa reação, porém, pode oferecer pouco consolo a qualquer pessoa que já tenha ficado "verde" e sentindo-se desconfortável com o enjôo. Para minimizar esses conflitos, tente manter sua cabeça parada, fixar a visão em um objeto imóvel distante e deitar, se puder.

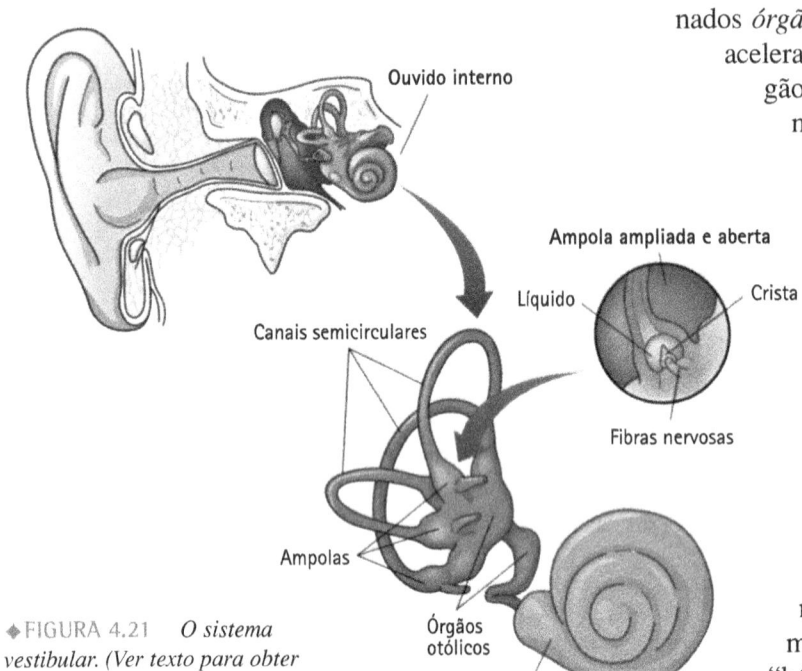

Sistema de lembrança Baseado em grandes fibras nervosas, avisa o cérebro que o corpo foi lesado.

Teoria do conflito sensorial Explica o enjôo de viagem como resultado de uma falta de equivalência entre as informações da visão, do sistema vestibular e da cinestesia.

SENSAÇÃO E PERCEPÇÃO **143**

ADAPTAÇÃO, ATENÇÃO E SELEÇÃO DE SINAIS ELÉTRICOS POR UM PORTÃO – LIGANDO E DESLIGANDO

▶ **PERGUNTA PARA PESQUISA** *Por que ficamos mais cientes de determinadas sensações do que de outras?*

Estamos cercados de sensações de visão, sons, odores, paladares e tato. Ficamos cientes de quais delas? Cada um dos sentidos está continuamente ativo. Mesmo assim, muitos eventos sensoriais nunca chegam à consciência por conta da *adaptação sensorial, atenção seletiva* e *seleção de sinais elétricos por um portão sensorial*. Vamos ver como as informações são filtradas por esses processos.

Adaptação Sensorial

Imagine-se andando por uma casa onde se preparou peixe frito, repolho azedo e queijo para o jantar (que jantar!). Você provavelmente desmaiaria na porta. No entanto, as pessoas que já estavam na casa há algum tempo não estariam cientes dos odores desses alimentos. Por quê? Porque os receptores respondem menos a estímulos imutáveis, um processo denominado **adaptação sensorial**.

Felizmente, os receptores olfativos (olfato) se adaptam rapidamente. Quando expostos ao mesmo odor, eles enviam cada vez menos impulsos nervosos para o cérebro até o odor não ser mais notado. A adaptação à pressão de um relógio de pulso, cintura da calça, anel ou óculos baseia-se no mesmo princípio. Os receptores sensoriais geralmente reagem melhor a *mudanças* na estimulação. Ninguém quer ou precisa ser lembrado 16 horas por dia que está usando sapatos.

Atenção Seletiva

Enquanto você está sentado lendo esta página, os receptores de toque e pressão na parte de trás das suas calças estão enviando impulsos menores ao seu cérebro. Embora essas sensações estivessem presentes o tempo todo, você provavelmente não estava ciente delas até agora. O "fenômeno parte traseira das calças" é um exemplo de **atenção seletiva** (concentrar-se voluntariamente em uma informação sensorial específica). Nós conseguimos nos "ligar" em uma única mensagem sensorial e excluir outras ao mesmo tempo. Por exemplo, se você está ouvindo alguém falar, uma outra pessoa por perto pode falar *de trás para diante* e você não notará (Wood e Cowan, 1995). Entretanto, por mais interessante que seja o seu companheiro, sua atenção provavelmente irá deslocar-se se você ouvir seu nome pronunciado em algum lugar do recinto (Conway et al., 2001). Nós achamos o que os outros dizem a nosso respeito muito interessante, não é?

A atenção seletiva baseia-se na capacidade de dar prioridade a algumas mensagens e deixar outras na fila de espera (Mangun, 1995). Talvez você ache útil pensar na atenção seletiva como um *engarrafamento* ou um estreitamento no canal de informações que liga os sentidos à percepção. Quando uma mensagem entra no engarrafamento, ela aparentemente impede que as outras passem (ver ◆Figura 4.22). Imagine, por exemplo, que você seja um piloto se preparando para aterrissar um jumbo. Você precisa se certificar de que os freios estejam abaixados. Quando você está prestes a verificá-los, seu co-piloto lhe diz algo. Se você não notar que os freios continuam levantados, um desastre aéreo estará prestes a acontecer.

Alguns estímulos estão recebendo mais atenção que outros? Sim. Estímulos muito *intensos* geralmente comandam a atenção. Os estímulos mais brilhantes, mais altos ou maiores tendem a captar a atenção. Seria difícil ignorar um tiro de arma de fogo em uma biblioteca. Se um balão de ar

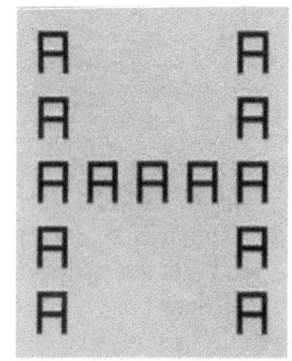

◆FIGURA 4.22 *A "berlinda" da atenção pode ser ampliada ou reduzida. Se você se concentrar nos detalhes locais deste desenho, você verá a letra A repetida 13 vezes. Se você aumentar seu campo de atenção de forma que inclua o padrão geral, você verá a letra H. (Segundo Lamb e Yund, 1996.)*

Adaptação sensorial Redução na resposta sensorial a um estímulo imutável.

Atenção seletiva Dar prioridade a uma determinada mensagem sensorial que está entrando.

Em muitos esportes, jogadores experientes são muito melhores em prestar atenção em informações-chave do que os principiantes. Em comparação com os novatos, os veteranos escaneiam atos e eventos mais rapidamente e se concentram somente nas informações mais significativas. Isso permite que os veteranos tomem decisões e reajam de maneira mais rápida (Bard et al., 1994).

quente de cores brilhantes alguma vez aterrissar no *campus* da sua faculdade, certamente irá atrair uma multidão.

Estímulos repetitivos, estímulos repetitivos, estímulos repetitivos, estímulos repetitivos, estímulos repetitivos, estímulos repetitivos também atraem a atenção. Uma torneira pingando à noite faz pouco barulho de acordo com os padrões normais. Porém, por causa da repetição, ela pode chamar tanta atenção quanto um único som várias vezes mais alto. Esse efeito é utilizado repetidamente, por assim dizer, nos comerciais de rádio e televisão.

A ATENÇÃO TAMBÉM ESTÁ **FREQÜENTEMENTE** RELACIONADA AO contraste OU a *mudanças* NA ESTIMULAÇÃO. Os estilos de letras contrastantes na sentença anterior chamam a atenção porque são *inesperados*. Norman Mackworth e Geoffrey Loftus (1978) descobriram que as pessoas que olham para desenhos como o da ♦Figura 4.23 concentram-se primeiramente e por mais tempo em objetos inesperados (o polvo, nesse caso).

♦FIGURA 4.23 *Um dos desenhos utilizados por Mackworth e Loftus (1978) para investigar a atenção. Os observadores prestam atenção aos objetos inesperados por mais tempo do que aos objetos esperados. Neste desenho, os observadores olhavam por mais tempo para o polvo do que para um trator colocado no mesmo local. O que você acha que aconteceria se fosse mostrado um trator de cabeça para baixo ou no telhado do estábulo?*

Seleção de Sinais Elétricos por um Portão Sensorial

As mensagens sensoriais alguma vez são bloqueadas antes de chegarem ao cérebro? Sim, um processo denominado *seleção de sinais elétricos por um portão sensorial* bloqueia alguns impulsos nervosos que estão chegando e, ao mesmo tempo, permite que outros passem direto (Melzack, 1993; Melzack e Wall, 1996). Ronald Melzack e Patrick Wall, que estudam os "portões da dor" na espinha dorsal, dão-nos um exemplo fascinante de seleção de sinais elétricos por um portão sensorial (Melzack e Wall, 1996). Melzack e Wall observaram (como descrito anteriormente) que um tipo de dor às vezes cancela outro. Sua **teoria de controle dos portões** sugere que diferentes fibras nervosas passam pelo mesmo "portão" neural na espinha dorsal. Se o portão for "fechado" por uma mensagem de dor, outras mensagens podem não conseguir passar (Humphries et al., 1996).

Como se fecha um portão? As mensagens levadas por fibras nervosas grandes e rápidas aparentemente fecham diretamente o portão da espinha dorsal. Fazer isso pode impedir que a dor mais lenta do "sistema que lembra" chegue ao cérebro. Como técnica de controle da dor, isso é chamado de *contra-irritação*. As clínicas de dor a utilizam aplicando uma leve corrente elétrica à pele, provocando apenas um tênue formigamento, que pode reduzir bastante uma dor mais forte (Long, 1991). A contra-irritação também fica evidente em alguns dos métodos mais antigos de controle da dor, como aplicar gelo, bolsas de água quente ou massagear o corpo.

As mensagens das pequenas e lentas fibras aparentemente seguem um trajeto diferente. Depois de passar pelo portão da dor, elas vão para um "sistema central de predisposição" no cérebro. Então, sob algumas circunstâncias, o cérebro envia uma mensagem novamente de volta para a espinha dorsal, fechando os portões da dor (♦Figura 4.24). Melzack e Wall acham que a teoria do controle do portão explica o efeito analgésico da acupuntura.

Acupuntura é a arte médica chinesa de aliviar a dor e a doença inserindo-se agulhas finas no corpo. Quando as agulhas do acupunturista são rodadas, aquecidas ou eletrificadas, elas ativam pequenas fibras nervosas, que passam

Teoria de controle dos portões Propõe que as mensagens de dor passam pelos "portões" neurais na espinha dorsal.

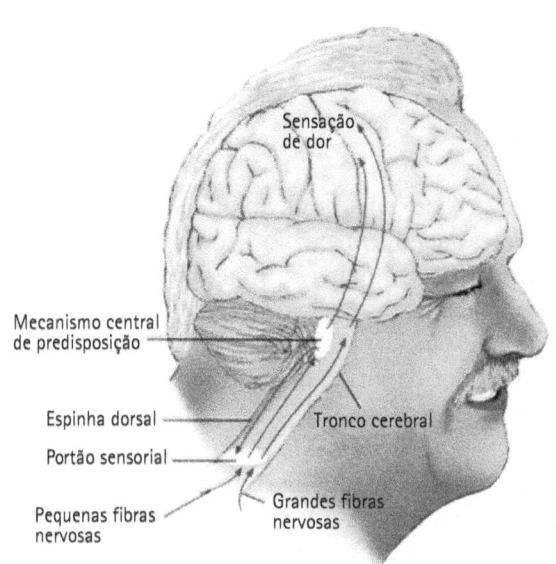

pelo sistema de predisposição para fechar os portões para a dor intensa ou crônica (Melzack e Wall, 1996). Estudos revelaram que a acupuntura propicia um alívio de curto prazo da dor para 50% a 80% dos pacientes testados (Ernst, 1994; Murray, 1995). (Porém, sua capacidade de curar doenças é muito mais questionável.)

Os sentidos fornecem dados brutos ao cérebro, mas as informações permanecem, na sua maior parte, sem significado, até serem interpretadas. É como se os sentidos fornecessem somente as peças misturadas de um quebra-cabeça complexo. No restante deste capítulo, vamos explorar como montamos esse quebra-cabeça.

◆FIGURA 4.24 *Diagrama de um portão sensorial de dor. Uma série de impulsos de dor passando pelo portão pode impedir que outras mensagens de dor passem. Ou as mensagens de dor podem passar por um "mecanismo central de predisposição" que exerce controle sobre o portão, fechando-o para outros impulsos.*

PAUSA PARA ESTUDO — Sentidos Somestésicos, Adaptação, Atenção e Seleção de Sinais Elétricos por um Portão

RELACIONE

Fique sobre um pé só com os olhos fechados. Agora, toque a ponta do seu nariz com o dedo indicador. Qual dos sentidos somestésicos você utilizou para executar esse feito?

Imagine que você esteja em um passeio de barco com um amigo que começa a se sentir nauseado. Você saberia explicar para o seu amigo o que provoca o enjôo de viagem e o que ele pode fazer para evitá-lo?

Enquanto você está sentado lendo este livro, que informações sensoriais sofreram adaptações? De que novas informações você pode ficar ciente mudando o foco da sua atenção?

Pense em uma estratégia que você utilizou para diminuir a dor no médico, dentista ou em alguma outra situação de dor. Você alterou a ansiedade, o controle ou a atenção? Você consegue pensar em alguma maneira como você já utilizou a contra-irritação para diminuir a dor?

VERIFICAÇÃO DO APRENDIZADO

1. Qual das alternativas a seguir é um sentido somestésico?
   a. gustação b. olfação c. rarefação d. cinestesia
2. A dor de alerta é levada por fibras nervosas _____.
3. Os movimentos da cabeça são detectados basicamente nos canais semicirculares; a gravidade, pelos órgãos otólitos. V ou F?
4. Conflitos sensoriais aparentemente explicam a náusea provocada pelo envenenamento, mas não a náusea associada ao enjôo de viagem. V ou F?
5. A adaptação sensorial refere-se a um aumento na reação sensorial que acompanha um estímulo constante ou invariável. V ou F?
6. A capacidade centrada no cérebro de influenciar que sensações iremos receber é chamada de
   a. seleção de sinais elétricos por um portão sensorial
   b. adaptação central
   c. atração seletiva
   d. predisposição sensorial
7. Os efeitos analgésicos da acupuntura aparentemente resultam da _____.
8. Como a ansiedade elevada, um controle maior tende a aumentar a dor subjetiva. V ou F?

Raciocínio Crítico

9. Os motoristas têm menos probabilidade de ter enjôo no carro do que os passageiros. Por que você acha que motoristas e passageiros diferem na sua suscetibilidade a enjôos de viagem?
10. Que precauções especiais você teria de tomar para testar a capacidade da acupuntura de diminuir a dor?
11. Que medidas você teria de tomar para assegurar que um experimento envolvendo a dor seja ético?

RESPOSTAS:

1. d. 2. grandes 3. V 4. F 5. V 6. c 7. seleção de sinais elétricos por um portão sensorial 8. F 9. Os motoristas vivenciam menos conflitos sensoriais porque eles controlam o movimento do carro. Isso permite que prevejam os movimentos do carro e coordenem seus movimentos da cabeça e dos olhos com os do carro. 10. No mínimo, você teria de controlar o efeito placebo fazendo acupuntura falsa para os membros do grupo de controle. No entanto, seria difícil fazer um verdadeiro estudo de cegueira dupla. Os acupunturistas sempre saberiam se estavam dando um tratamento placebo ou um tratamento de verdade, o que significa que eles poderiam inconscientemente influenciar os sujeitos. 11. Os experimentos que provocam dor devem ser tratados com cuidado e sensibilidade. A participação deve ser voluntária, a fonte da dor não deve ser não-prejudicial, e os sujeitos devem poder sair do experimento a qualquer momento.

CONSTÂNCIAS PERCEPTUAIS – DOMANDO UM MUNDO INDOMÁVEL

▶ **PERGUNTA PARA PESQUISA** *Como as constâncias perceptuais afetam nossas percepções?*

Como seria recuperar a visão após uma vida inteira de cegueira? Na verdade, uma primeira olhada para o mundo pode ser decepcionante. As pessoas recém-videntes têm de *aprender* a identificar objetos; ler horas, números e letras; e julgar tamanhos e distâncias (Senden, 1960). Aprender a "ver" pode ser muito frustrante. Por exemplo, um paciente de catarata, chamado Sr. S. B., era cego de nascença. Depois que uma operação restaurou sua visão aos 52 anos, o Sr. S. B. lutou para usá-la. No início, ele só conseguia julgar a distância em situações familiares (Gregory, 1990). Um dia ele foi encontrado saindo por uma janela do hospital para ver o trânsito mais de perto. É fácil entender sua curiosidade, mas ele precisou ser detido. O quarto dele era no quarto andar!

Por que o Sr. S. B. iria tentar sair por uma janela do quarto andar? Ele não conseguia julgar a distância ao menos pelo tamanho dos carros? Não, você precisa estar familiarizado com os objetos para usar o tamanho deles para julgar a distância. Tente colocar sua mão esquerda alguns centímetros à frente do seu nariz e a mão direita à distância de um braço. Sua mão direita deve parecer ser a metade do tamanho da sua mão esquerda. Mesmo assim, você sabe que a sua mão direita não encolheu de repente, porque você a viu várias vezes a várias distâncias. Nós chamamos isso de **constância de tamanho**. O tamanho percebido de um objeto continua o mesmo, embora o tamanho da sua imagem na retina mude.

Para perceber sua mão de maneira precisa, você teve de se basear em experiências passadas. Algumas percepções são tão básicas que parecem *inatas*. Um exemplo disso é a capacidade de ver uma linha em uma folha de papel. Da mesma maneira, até bebês recém-nascidos demonstram alguma evidência de constância de tamanho (Slater et al., 1990). No entanto, muitas das nossas percepções são *empíricas*, ou baseadas em percepções anteriores. Por exemplo, carros, casas e pessoas parecem brinquedos quando vistos de uma perspectiva não-familiar, como, por exemplo, do topo de um arranha-céu. Isso sugere que, embora parte da constância do tamanho seja inata, ela também é afetada pelo aprendizado.

Na **constância da forma**, a forma de um determinado objeto permanece estável, embora a forma da sua imagem na retina mude. Você pode demonstrar a constância da forma olhando para essa página diretamente acima da cabeça e depois a partir de um ângulo. Evidentemente, a página é retangular, mas a maior parte das imagens que chegam aos seus olhos é distorcida. Porém, enquanto a imagem do livro muda, sua percepção da forma dele permanece constante. (Para outros exemplos, ver a ◆Figura 4.25.) Na estrada, a intoxi-

Constância de tamanho O tamanho percebido de um objeto permanece constante, apesar das mudanças na sua imagem na retina.

Constância da forma A forma percebida de um objeto não é afetada por mudanças na sua imagem na retina.

◆FIGURA 4.25 *Constância da forma.* (a) *Quando uma porta é aberta, sua imagem na verdade forma um trapézio. A constância da forma é indicada pelo fato de que ela continua sendo percebida como um retângulo.* (b) *Com grande esforço, você pode conseguir ver este desenho como uma coleção de formas planas. No entanto, se você mantiver a constância da forma, os quadrados distorcidos sugerem fortemente a superfície de uma esfera. (De* Spherescapes-1, *de Scott Walter e Kevin McMahon, 1983.) (Ver também caderno colorido.)*

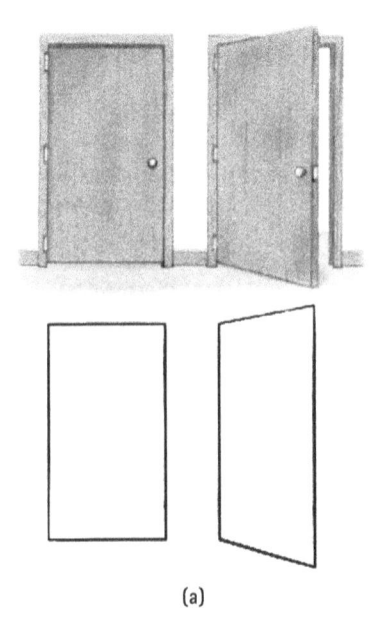

(a)   (b)

cação por álcool prejudica a constância do tamanho e do espaço, aumentando a taxa de acidentes entre motoristas embriagados (Farrimond, 1990).

Vamos dizer que você esteja fora, à luz do dia. Ao seu lado, uma amiga está vestindo uma saia cinza e uma blusa branca. De repente, uma nuvem encobre o sol. Pode parecer que a blusa fosse ficar mais opaca, mas ela ainda parece branca. Isso acontece porque a blusa continua refletindo uma *proporção* maior de luz do que os objetos próximos. A **constância do brilho** refere-se ao fato de o brilho dos objetos aparentemente continuar o mesmo quando as condições de iluminação mudam. No entanto, isso só será verdade se a blusa e os outros objetos forem todos iluminados pela mesma quantidade de luz. Você poderia fazer uma área da saia cinza da sua amiga parecer mais branca do que a blusa encoberta pela nuvem iluminando a saia com um holofote.

Em suma, os padrões de energia que chegam aos nossos sentidos estão constantemente mudando, mesmo quando eles vêm de um mesmo objeto. A constância do tamanho, forma e brilho nos salva de um mundo confuso, no qual os objetos pareceriam encolher e aumentar, mudar de forma como se fossem de borracha, e se iluminar ou escurecer como lâmpadas de neon. Ganhar essas constâncias foi apenas um dos obstáculos que o Sr. S. B. teve de enfrentar ao aprender a ver. Na próxima seção, vamos analisar alguns outros.

ORGANIZAÇÃO PERCEPTUAL – JUNTANDO TUDO

▶ **PERGUNTA PARA PESQUISA** *Que princípios básicos utilizamos para agrupar sensações em padrões com significado?*

Vimos que o Sr. S. B. precisou *aprender* a entender suas sensações visuais. Ele logo conseguiu ler as horas de um grande relógio e ler letras de forma que ele conhecia somente por meio do tato. Em um zoológico, ele reconheceu um elefante baseando-se na descrição que ouvira. Porém, palavras escritas só significaram alguma coisa depois de um ano de ele ter recuperado a visão, e muitos objetos só adquiriram algum significado depois de ele os ter tocado. Portanto, embora o Sr. S. B. tivesse *sensações* visuais, sua capacidade de *perceber* continuava restrita.

Como as sensações são organizadas em percepções com significado? A organização mais simples envolve agrupar algumas sensações em um objeto ou figura que se destaca em um fundo mais claro. A **organização figura-fundo** provavelmente é inata, já que é a primeira aptidão perceptiva que surge quando os pacientes de catarata recuperam a visão. Na percepção figura-fundo normal, vê-se apenas uma figura. Porém, nas *figuras reversíveis*, a figura e o fundo podem ser trocados. Na ◆Figura 4.26, é igualmente possível ver uma figura de taça de vinho em um fundo escuro ou dois perfis em um fundo claro. Quando você mudar de um padrão para outro, vai ter a sensação clara do que é a organização figura-fundo.

Princípios da Gestalt

Como separamos uma figura do seu fundo? Os psicólogos da gestalt (ver Capítulo 1) estudaram essa questão detalhadamente. Eles concluíram que, mesmo que você estivesse vendo pela primeira vez, fatores gerais trariam alguma ordem às suas percepções (◆Figura 4.27).

1. **Proximidade**. Se todos os outros elementos permanecerem iguais, os estímulos que estão perto um do outro tendem a ser agrupados (Kubovy e Holcombe, 1998). Conseqüentemente, se três pessoas ficarem perto uma da outra e uma quarta ficar a 3,5 m de distância, as três adjacentes serão vistas como um grupo, e a pessoa distante, como uma intrusa (ver Figura 4.27a).

◆FIGURA 4.26 *Um desenho de figura-fundo reversível. Você vê dois rostos de perfil ou uma taça de vinho?*

Constância do brilho O brilho aparente (ou relativo) dos objetos permanece o mesmo desde que eles sejam iluminados pela mesma quantidade de luz.

Organização figura-fundo Parte do estímulo parece se destacar, como um objeto (figura) contra um fundo menos proeminente (fundo).

2. **Similaridade**. "Cada qual com seu igual" e estímulos semelhantes no tamanho, na forma ou na cor tendem a ser agrupados (ver Figura 4.27b). Imagine duas bandas marchando lado a lado. Se os uniformes delas forem de cores diferentes, as bandas serão vistas como grupos separados, não como um grande grupo.
3. **Continuação ou continuidade**. As percepções tendem para a simplicidade e a continuidade. Na Figura 4.27c, é mais fácil visualizar uma linha ondulada sobre uma linha formada por quadrados do que ver uma fileira complexa de formas.
4. **Conclusão**. Conclusão refere-se à tendência de *completar* uma figura de modo que ela adquira uma forma geral coerente. Cada um dos desenhos da ◆Figura 4.27d tem uma ou mais lacunas, porém, cada uma delas é percebida como uma figura reconhecível. Nossa tendência de estabelecer formas, mesmo com o mínimo de deixas, é poderosa.
5. **Contigüidade**. Um princípio que não pode ser mostrado na Figura 4.27 é a contigüidade ou a proximidade no tempo *e* no espaço. A contigüidade geralmente é responsável pela percepção de que uma coisa *provocou* outra (Michotte, 1963). Um psicólogo amigo deste autor demonstra esse princípio em sala de aula, batendo na cabeça com uma mão e batendo em uma mesa de madeira (fora do alcance dos olhos) com a outra. O som da batida é perfeitamente sincronizado com os movimentos da mão visível. Isso leva à percepção irresistível de que a cabeça dele é feita de madeira.

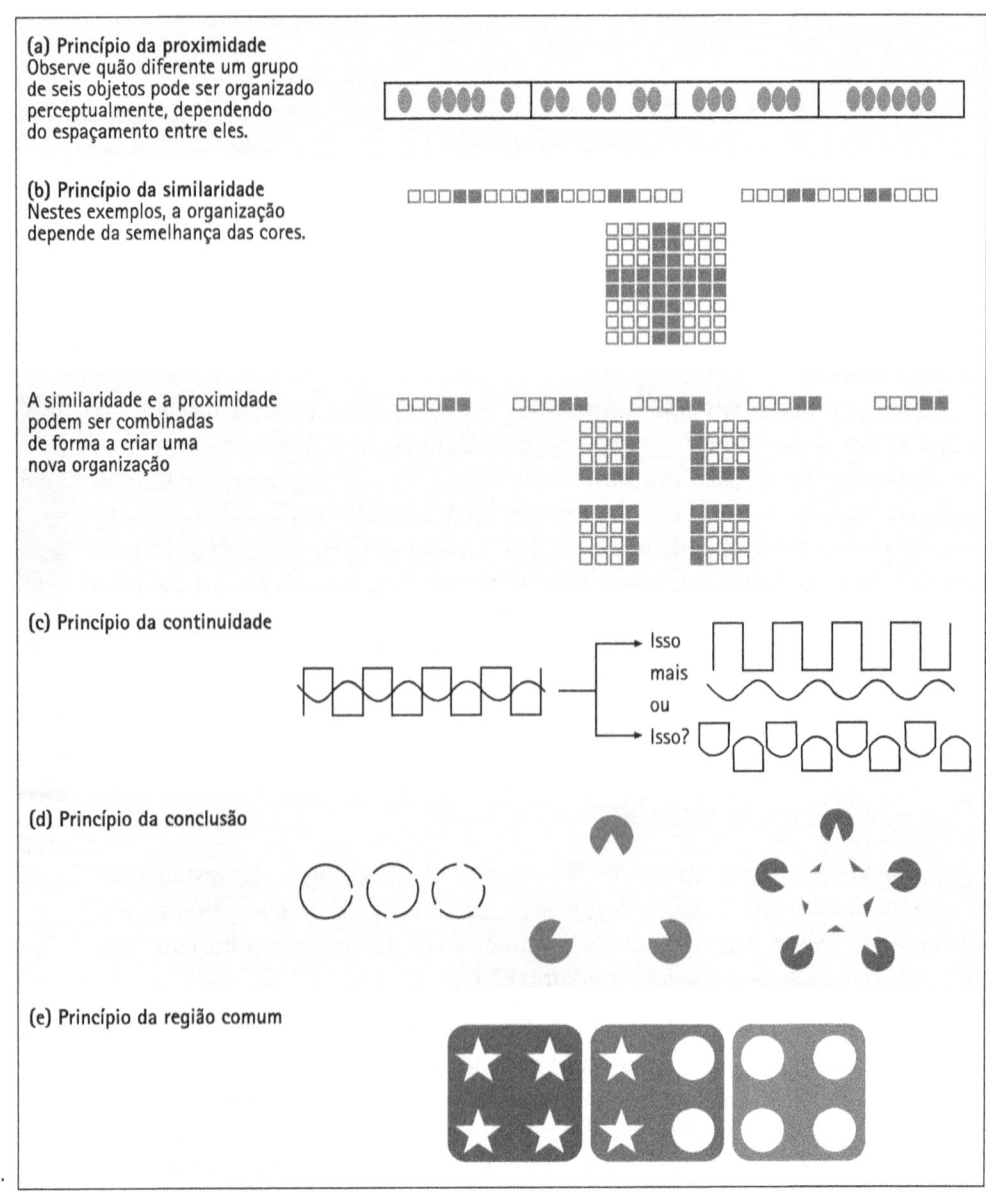

◆FIGURA 4.27 *Como organizamos as percepções (ver também caderno colorido).*

6. **Região comum**. Como você pode ver na Figura 4.27e, os estímulos localizados em uma região comum tendem a ser vistos como um grupo (Palmer, 1992). Com base na similaridade e na proximidade, as estrelas na Figura 4.27e deveriam ser um grupo, e os pontos, outro. Porém, os fundos coloridos definem regiões que criam três grupos de objetos (quatro estrelas, duas estrelas e dois pontos, e quatro pontos). Talvez o princípio da região comum explique por que tendemos a agrupar mentalmente pessoas de um determinado país, estado, província ou região geográfica.

Evidentemente, os princípios da gestalt moldam nossas percepções cotidianas. Porém, novamente é importante lembrar que o aprendizado e as experiências passadas também o fazem. Pare um momento e procure o animal camuflado retratado na ◆Figura 4.28. (Os padrões de camuflagem quebram a organização figura-fundo.) Se você nunca tivesse visto animais semelhantes antes, teria conseguido localizar esse? O Sr. S. B. ficaria totalmente perdido se tivesse de encontrar algum significado nessa foto.

De certa maneira, somos todos detetives procurando padrões no que vemos. Nesse sentido, um padrão com significado representa uma **hipótese perceptual**, ou um palpite inicial sobre como organizar as sensações. Você alguma vez viu um "amigo" de longe para depois a pessoa se transformar em um estranho à medida que foi se aproximando? As idéias preexistentes orientam ativamente nossa interpretação das sensações (Mark e Rock, 1998).

A natureza ativa da percepção talvez fique mais evidente em *estímulos ambíguos* (padrões que dão margem a mais de uma interpretação). Se você olhar para uma nuvem, poderá descobrir dezenas de maneiras de organizar seus contornos em formas e cenas excêntricas. Mesmo estímulos claramente definidos podem dar margem a mais de uma interpretação. Veja o cubo de Necker na ◆Figura 4.29, se duvidar de que a percepção é um processo ativo. Visualize o cubo superior como uma caixa de arame. Se você olhar fixamente para o cubo, a organização dele mudará. Às vezes, vai parecer projetar-se para cima, como o cubo inferior à esquerda; outras vezes, ele vai se projetar para baixo. A diferença está na maneira como o seu cérebro interpreta a mesma informação. Em suma, criamos ativamente percepções com significado. Não registramos passivamente os eventos e os estímulos ao nosso redor (Hoffman, 1999).

◆FIGURA 4.28 *Um exemplo desafiador de organização perceptual. Quando o inseto camuflado (conhecido como inseto gigante) se torna visível, é quase impossível olhar a foto novamente sem notá-lo (ver também caderno colorido).*

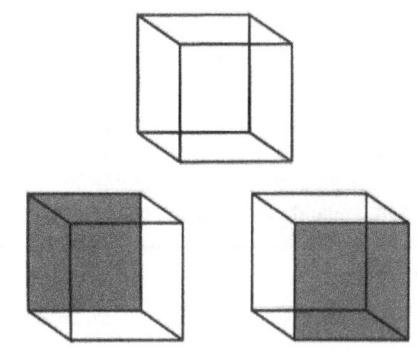

◆FIGURA 4.29 *O cubo de Necker.*

Hipótese perceptual Um palpite inicial sobre como organizar (perceber) um padrão de estímulo.

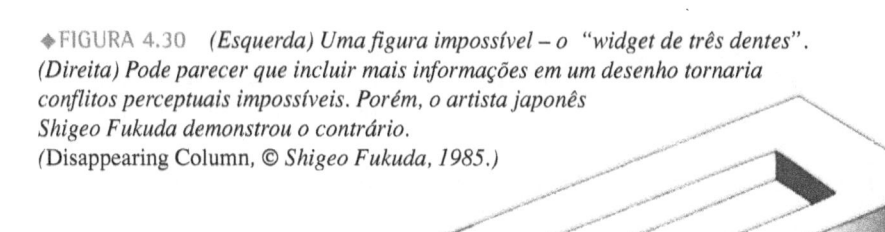

◆FIGURA 4.30 *(Esquerda) Uma figura impossível – o "widget de três dentes". (Direita) Pode parecer que incluir mais informações em um desenho tornaria conflitos perceptuais impossíveis. Porém, o artista japonês Shigeo Fukuda demonstrou o contrário. (Disappearing Column, © Shigeo Fukuda, 1985.)*

Em alguns casos, um estímulo pode fornecer informações tão conflitantes que a organização perceptual torna-se impossível. Por exemplo, a tendência a fazer um objeto tridimensional a partir de um desenho é frustrada pelo "widget de três pontas" (◆Figura 4.30), uma *figura impossível*. Esses padrões não podem ser organizados em percepções estáveis, consistentes ou com significado. Se você cobrir qualquer uma das extremidades da Figura 4.30, ela fará sentido perceptualmente, porém, você terá problemas quando tentar organizar todo o desenho. Nesse caso, as informações conflitantes que ele contém o impedirão de criar uma percepção estável.

Um dos feitos perceptuais mais surpreendentes é a nossa capacidade de criar um espaço tridimensional a partir de imagens retinais planas. Exploraremos esse assunto logo mais, porém, primeiro, eis uma chance de rever o que você aprendeu.

PAUSA PARA ESTUDO — Constâncias Perceptuais e Organização Perceptual

RELACIONE

Se você precisasse explicar as constâncias perceptuais para um amigo, o que você diria? Por que as constâncias são importantes para manter um mundo perceptual estável?

Ao olhar ao redor da área na qual você está agora, como os princípios da gestalt lhe ajudam a organizar sua percepção? Tente encontrar um exemplo específico para cada princípio.

VERIFICAÇÃO DO APRENDIZADO

1. Qual dos elementos a seguir estão sujeitos à constância perceptual básica?
   a. organização figura-fundo
   b. tamanho
   c. ambigüidade
   d. brilho
   e. continuidade
   f. conclusão
   g. forma
   h. proximidade
2. A primeira e mais básica organização perceptual que surge quando uma pessoa cega recupera a visão é:
   a. continuidade
   b. constância da proximidade
   c. reconhecimento de números e letras
   d. figura-fundo
3. Às vezes, organização perceptual com significado representa uma _____ ou um "palpite" defendidos até que alguma prova os contradiga.
4. O desenho conhecido como cubo de Necker é um bom exemplo de uma figura impossível. V ou F?

Raciocínio Crítico

5. As pessoas que tomaram drogas psicodélicas, como LSD ou mescalina, geralmente relatam que os objetos e as pessoas que elas vêem parecem mudar de tamanho, forma e brilho. Isso indica que essas drogas perturbam que processo perceptual?

RESPOSTAS: 1. b, d, g 2. d 3. hipótese 4. F 5. Constâncias perceptuais (tamanho, forma e brilho).

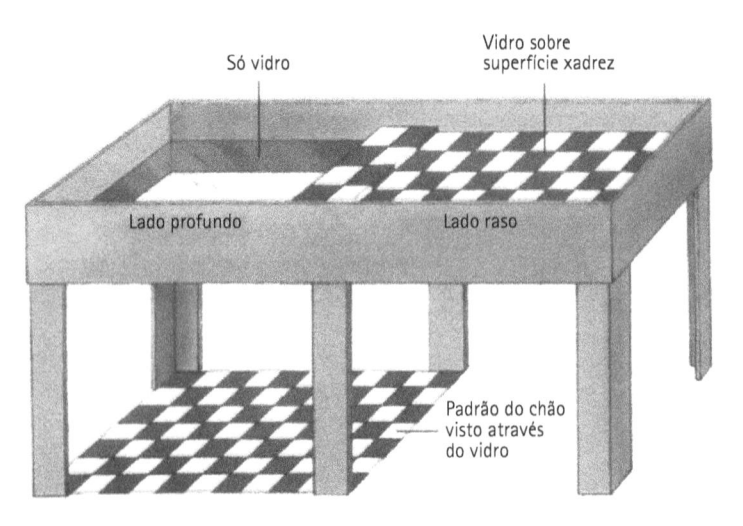

◆FIGURA 4.31 *Crianças pequenas e animais recém-nascidos se recusam a ir além da borda do penhasco visual.*

PERCEPÇÃO DE PROFUNDIDADE — E SE O MUNDO FOSSE PLANO?

▶ **PERGUNTA PARA PESQUISA** *Como é possível ver profundidade e julgar a distância?*

Feche um dos seus olhos, fique com a cabeça bem parada e olhe fixamente para um ponto do outro lado do recinto. Se você não mexer a cabeça ou os olhos, o seu redor vai parecer quase plano, como um quadro ou uma foto. Mas mesmo sob essas condições, você ainda terá algum senso de profundidade. Agora, abra os dois olhos e movimente a cabeça e os olhos como faz normalmente. De repente, o mundo perceptual "3D" volta. Como conseguimos perceber a profundidade e o espaço?

A **percepção de profundidade** é a capacidade de ver espaços tridimensionais e julgar distâncias com precisão. Sem a percepção de profundidade, você não conseguiria dirigir um carro ou andar de bicicleta, brincar de pega-pega, arremessar para fazer cestas, colocar linha na agulha ou simplesmente andar por uma sala. O mundo pareceria uma superfície plana.

O Sr. S. B. teve problemas com a percepção de profundidade depois de recuperar a visão. Pode-se aprender a percepção de profundidade? Estudos feitos com um *penhasco visual* indicam que a percepção de profundidade é parcialmente aprendida e parcialmente inata. Basicamente, um penhasco visual é uma mesa com tampo de vidro (◆Figura 4.31). De um lado, há uma superfície xadrez logo abaixo do vidro. De outro, a superfície xadrez está 1,20 m abaixo. Isso faz o vidro parecer uma toalha de mesa de um lado e um penhasco do outro.

Para testar a percepção de profundidade, crianças de 6 a 14 meses de idade foram colocadas no meio do penhasco visual. Isso lhes deu a opção de engatinhar para o lado raso ou para o lado profundo. (O vidro as impedia de fazer qualquer "pára-quedismo" se escolhessem o lado profundo.) A maioria das crianças escolheu o lado raso. Na verdade, a maioria recusou o lado profundo quando suas mães tentaram chamá-las para ele (Gibson e Walk, 1960).

Se as crianças tinham pelo menos seis meses de idade quando foram testadas, não é possível que elas tenham aprendido a perceber a profundidade? Sim, é possível. Vamos, então, analisar um outro teste. A psicóloga Jane Gwiazda colocou nas crianças óculos que fazem alguns desenhos se destacarem tridimensionalmente enquanto outros permanecem planos. Observando os movimentos de cabeça, Gwiazda pôde dizer quando os bebês ficaram cientes dos desenhos "3D" pela primeira vez. Como em outros testes, isso ocorreu na idade de quatro meses. O surgimento quase universal da percepção de profundidade nessa idade sugere que ela depende mais da maturação do cérebro que do aprendizado individual (Aslin e Smith, 1988). É muito provável que pelo menos um grau básico de percepção de profundidade é inato.

Nós também aprendemos a utilizar uma série de *deixas de profundidade* como auxiliares para percebermos o espaço tridimensional. **Deixas de profundidade** são características do ambiente e das mensagens do corpo que fornecem informações sobre distância e espaço. Algumas deixas funcionam apenas com um olho *(deixas monoculares)*, enquanto outras requerem os dois olhos *(deixas binoculares)*.

Deixas Musculares

Como o nome indica, deixas musculares vêm do corpo. Uma dessas deixas é a acomodação, a curvatura do cristalino para focar objetos próximos. As sensações dos músculos ligados a cada cristalino são canalizadas de volta para o cérebro. Mudanças nessas sensações ajudam a julgar distâncias de aproximadamente 1,20 m dos olhos. Essas informações estão disponíveis mesmo se você estiver utilizando apenas um olho, portanto, a acomodação é uma deixa monocular. Além de 1,20 m, a acomodação tem valor limitado. Evidentemente, ela é mais importante para um relojoeiro ou para uma pessoa que está tentando pôr linha na agulha do que para um jogador de basquete ou para uma pessoa que esteja dirigindo.

Uma segunda fonte de informações corporais sobre a profundidade é a *convergência,* uma deixa binocular. Quando você olha para um objeto distante, as linhas de visão dos seus olhos são paralelas. Porém, quando você olha para algo a 15 m ou menos de distância, seus olhos convergem (viram para dentro) para focar o objeto (◆Figura 4.32).

Você provavelmente não está ciente disso, porém sempre que você estima uma distância menor que 1,5 m (como quando você brinca de pega-pega ou apaga arquivos com o seu *laser* pessoal), usa a convergência. Como? A convergência é controlada por músculos ligados ao globo ocular. Esses músculos alimentam informações sobre a posição do olho para o cérebro a fim de ajudá-lo a julgar distâncias. Você pode sentir a convergência exagerando-a: foque a ponta do seu dedo e traga-o em direção aos seus olhos até eles quase cruzarem. À essa altura, você conseguirá sentir as sensações dos músculos que controlam os movimentos dos olhos.

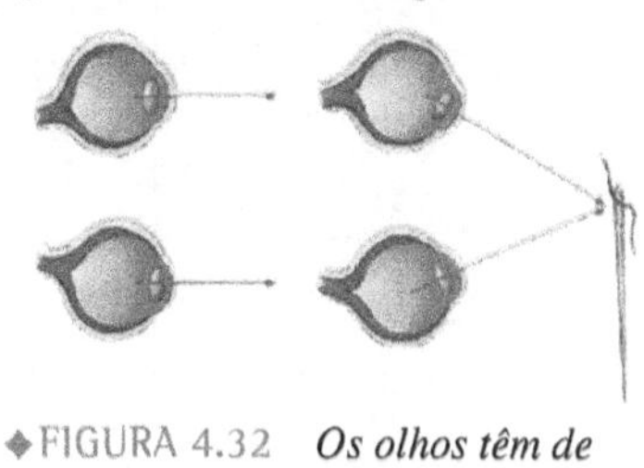

◆FIGURA 4.32 *Os olhos têm de convergir ou virar para dentro na direção do nariz para focar objetos próximos.*

Percepção de profundidade
A capacidade de ver espaços tridimensionais e julgar distâncias com precisão.

Deixas de profundidade Características perceptuais que transmitem informações sobre distância e espaço tridimensional.

Visão Estereoscópica

A fonte mais básica de percepção de profundidade é a *disparidade retinal* (uma discrepância nas imagens que chegam ao olho direito e ao esquerdo). A disparidade retinal, que é uma deixa binocular, baseia-se no fato de que os olhos ficam a uma distância de 6,5 cm um do outro. Por isso, cada olho recebe uma visão ligeiramente diferente do mundo. Quando duas imagens se fundem em uma imagem geral, ocorre a **visão estereoscópica** (visão tridimensional). Isso resulta em uma sensação poderosa de profundidade.

Se a disparidade é tão importante, uma pessoa com um olho pode perceber profundidade? Uma pessoa com apenas um olho não tem convergência e disparidade retinal, e a acomodação só ajuda como juiz de curtas distâncias. Isso significa que uma pessoa com apenas um olho terá uma percepção de profundidade limitada. Tente dirigir um carro ou andar de bicicleta com um olho fechado. Você se verá freando cedo ou tarde demais e terá dificuldade em estimar sua velocidade. ("Mas, seu guarda, o meu livro de psicologia disse para...".) Apesar disso, você conseguirá dirigir, embora seja mais difícil que o normal. Uma pessoa com apenas um olho pode aterrissar um avião com sucesso – uma tarefa que depende bastante da percepção de profundidade. No geral, a visão estereoscópica é dez vezes melhor para julgar a profundidade que a percepção baseada apenas em olho (Rosenberg, 1994).

Deixas Pictóricas de Profundidade

Um bom cinema, um bom quadro ou uma boa fotografia podem criar um senso de profundidade onde não existe nenhum. E, como já mencionado anteriormente, uma pessoa com apenas um olho pode aprender a medir profundidade.

Como é criada a ilusão de profundidade em uma superfície bidimensional e como é possível julgar a profundidade com um olho só? A resposta está nas deixas pictóricas de profundidade, todas elas monoculares (funcionam apenas com um olho). As **deixas pictóricas de profundidade** são características encontradas em quadros, desenhos e fotografias que fornecem informações sobre espaço, profundidade e distância. Para entender essas deixas, imagine que esteja olhando para fora através de uma janela. Se você fizer um esboço de tudo o que vê pelo vidro, terá um excelente desenho com profundidade convincente. Então, se analisarmos o que está no vidro, encontraremos as seguintes características:

Visão estereoscópica Percepção de espaço e da profundidade provocada principalmente pelo fato de os olhos receberem imagens diferentes.

Deixas pictóricas de profundidade Características encontradas nos quadros, desenhos e fotos que transmitem informações sobre espaço, profundidade e distância.

1. **Perspectiva linear**. Essa deixa baseia-se na convergência aparente de linhas paralelas no ambiente. Se você ficar entre dois trilhos de trem, eles parecerão encontrar-se perto do horizonte. Como você sabe que eles são paralelos, sua convergência implica uma grande distância (◆Figura 4.33a).

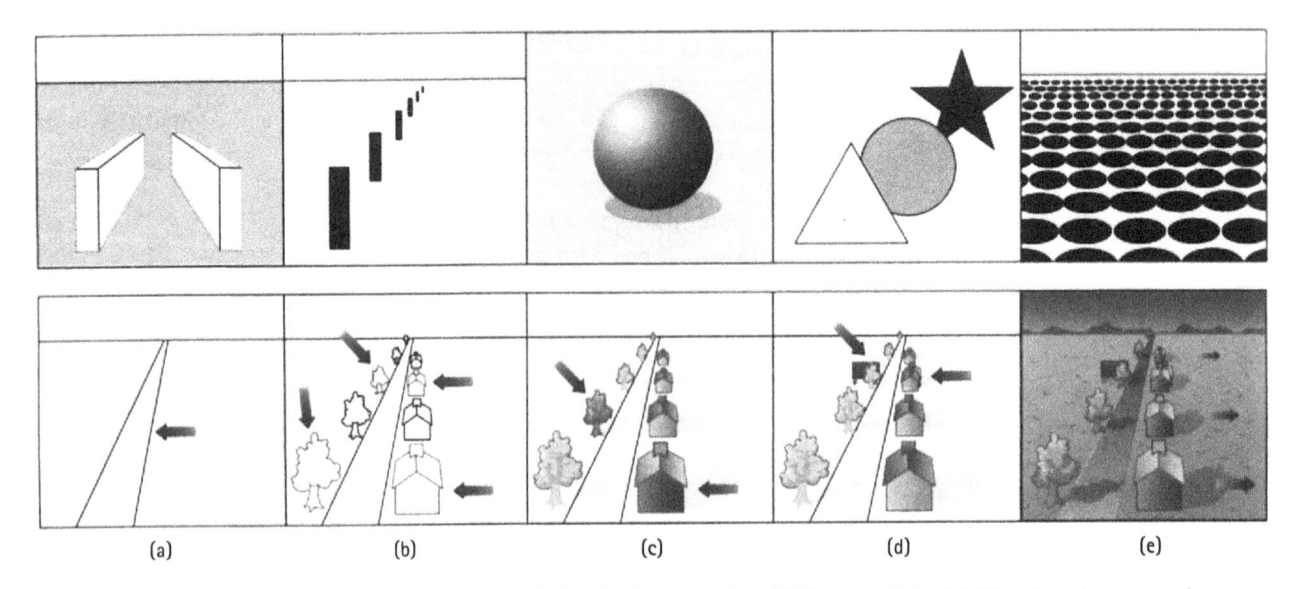

◆FIGURA 4.33 (a) *Perspectiva linear.* (b) *Tamanho relativo.* (c) *Luz e sombra.* (d) *Superposição.* (e) *Diretrizes de textura.* Os desenhos na fileira de cima mostram exemplos bem "puros" de cada uma das deixas pictóricas de profundidade. Na fileira de baixo, as deixas pictóricas de profundidade são utilizadas para montar uma cena mais realista.

2. **Tamanho relativo.** Se um artista quiser ilustrar dois objetos do mesmo tamanho a distâncias diferentes, ele fará o objeto distante menor (◆Figura 4.33b). Os filmes da série *Guerra nas Estrelas* criaram ilusões sensacionais de profundidade mudando rapidamente o tamanho das imagens dos planetas, das estações e naves espaciais (veja também a ◆Figura 4.34).
3. **Altura no fundo do quadro.** Os objetos colocados mais alto (mais próximos da linha do horizonte) em um desenho tendem a ser percebidos como mais distantes. No quadro superior da Figura 4.33b as colunas pretas parecem estar retrocedendo na distância parcialmente porque se tornam mais distantes, mas também porque se movimentam mais alto no desenho.
4. **Luz e sombra.** A maioria dos objetos é iluminada de forma que cria padrões claros de luz e sombra. Copiar esses padrões de luz e sombra pode dar uma aparência tridimensional a um desenho bidimensional (◆Figura 4.33c). (Veja também a ◆Figura 4.35, adiante, para mais informações sobre luz e sombra.)
5. **Sobreposição.** A coincidência (também conhecida como sobreposição) ocorre quando um objeto bloqueia parcialmente outro. Levante suas mãos e pergunte a um amigo do outro lado da sala qual está mais próxima. O tamanho relativo dará a resposta se uma mão estiver muito mais próxima do seu amigo do que a outra. Mas se uma mão estiver somente ligeiramente mais próxima que a outra, seu amigo poderá só conseguir vê-la quando você deslizar uma mão em frente da outra. A sobreposição, então, elimina qualquer dúvida (◆Figura 4.33d).
6. **Declives de textura.** Mudanças na textura também contribuem para a percepção de profundidade. Se você ficar no meio de uma rua de pedras arredondadas, ela vai parecer grossa perto dos seus pés. Porém, sua textura vai ficar menor e mais fina se você olhar a distância (◆Figura 4.33e).
7. **Perspectiva aérea.** Névoa, neblina e poeira aumentam a distância aparente de um objeto. Por causa da perspectiva aérea, os objetos distantes tendem a ser nebulosos, de cor desbotada e sem muitos detalhes. A neblina aérea geralmente é mais notada quando não está presente. Se você já viajou pelos espaços abertos dos Estados Unidos ou do Canadá, pode ter visto cadeias montanhosas que pareciam estar a apenas alguns quilômetros de distância. Na verdade, você poderia estar vendo-as através de 30 km de ar transparente.

◆FIGURA 4.34 *Em um leito de lago seco, o tamanho relativo é praticamente a única deixa de profundidade disponível para julgar a distância da câmera para este avião antigo. Qual você acha que é a distância? Para obter a resposta, veja a Figura 4.39 adiante.*

◆FIGURA 4.35 *(Esquerda) Quando julgamos a distância, geralmente presumimos que a luz vem basicamente de uma direção. Olhe um pouco de soslaio para nublar a imagem que vê aqui. Você deveria perceber uma série de globos projetando-se para fora. Se você virar esta página de cabeça para baixo, os globos devem se tornar cavidades. (Segundo Ramachandran, 1995.) (Direita) O famoso artista M. C. Escher violou nossas pressuposições sobre a luz para criar as ilusões dramáticas de profundidade que encontramos em sua litografia de 1955,* Convexo e Côncavo. *Nessa gravura, a luz parece vir de todos os lados. (Cortesia do Collection Haags Gemeente Museum, Hague. © 1994 M. C. Escher/Cordon Art, Baarn, Holanda. Todos os direitos reservados.) (Ver também caderno colorido.)*

▲ TABELA 4.1	Resumo das Deixas Visuais de Profundidade

DEIXAS BINOCULARES
- Convergência
- Disparidade retinal

DEIXAS MONOCULARES
- Acomodação
- Deixas pictóricas de profundidade (listada a seguir)
  Perspectiva linear
  Tamanho relativo
  Altura no plano do quadro
  Luz e sombra
  Sobreposição
  Declives de textura
  Perspectiva aérea
  Movimento relativo (movimento paralaxe)

8. **Movimento relativo.** O movimento relativo, também conhecido como *movimento paralaxe*, pode ser visto olhando-se por uma janela e movimentando a cabeça de um lado para outro. Observe que os objetos próximos parecem se movimentar a uma distância grande, à medida que sua cabeça se movimenta. Árvores, casas e postes telefônicos que estão mais distantes parecem se movimentar pouco em relação ao plano de fundo. Objetos distantes, como colinas, montanhas ou nuvens parecem não se mexer.

Quando combinadas, as deixas pictóricas podem criar uma ilusão de profundidade poderosa. (Ver ▲Tabela 4.1 para um resumo de todas as deixas de profundidade discutidas.)

O movimento paralaxe é realmente uma deixa pictórica? Rigorosamente falando, não, exceto no cinema, na televisão ou em desenhos animados. No entanto, quando o movimento paralaxe está presente, nós quase percebemos a profundidade. Grande parte da profundidade aparente de um bom filme vem do movimento relativo captado pela câmera. A ◆Figura 4.36 ilustra uma característica do movimento paralaxe. Imagine que esteja em um ônibus, observando a paisagem (com o seu olhar em ângulo reto com a estrada). Nessas condições, os objetos próximos parecerão correr *para trás*. Os que estão mais longe, como montanhas distantes, vão parecer se mover muito pouco ou simplesmente não se mexer. Os objetos que estão ainda mais longe, como o sol ou a lua, vão parecer se mover na *mesma* direção que você está viajando. (É por isso que a lua parece "seguir" você em um passeio à noite.)

A Ilusão da Lua

Como as deixas de percepção de profundidade estão ligadas à experiência cotidiana? Nós constantemente utilizamos as deixas pictóricas e corporais para sentir a profundidade e julgar distâncias. As deixas de profundidade também produzem um efeito intrigante, denominado *ilusão da lua* (perceber a lua como maior quando está baixa no céu). Quando a lua está no horizonte, ela tende a parecer uma moeda de um real. Quando ela está diretamente acima da nossa cabeça, parece mais uma moeda de dez centavos. Ao contrário do que algumas pessoas acham, a lua não é ampliada pela atmosfera, mas *parece* quase duas vezes maior quando está baixa no céu (Plug e Ross, 1994). Isso ocorre, em parte, porque a distância aparente da lua é maior quando ela está perto do horizonte do que quando está acima da nossa cabeça (Kaufman e Kaufman, 2000).

Mas se ela parece mais longe, não deveria parecer menor? Não. Quando a lua está acima da nossa cabeça, poucas deixas de profundidade a rodeiam. Em contrapartida, quando você vê a lua no horizonte, ela está atrás de casas, árvores, postes telefônicos e montanhas. Esses objetos acrescentam várias deixas de pro-

◆FIGURA 4.36 *O movimento aparente dos objetos vistos durante uma viagem depende da distância do observador. O movimento aparente também pode ser influenciado pelo ponto de fixação do observador. A distâncias médias, os objetos mais próximos do que o ponto de fixação parecem se mover para trás; os que estão além do ponto de fixação parecem se movimentar para a frente. Os objetos a grandes distâncias, como o sol e a lua, parecem sempre se mover para a frente.*

fundidade, o que faz o horizonte parecer mais distante que o céu acima da nossa cabeça. Imagine dois balões, um a 30 m e outro a 60 m de distância. Suponha que o balão mais distante infle até que sua imagem fique igual à imagem do balão mais próximo. Como sabemos que o balão mais distante é maior? Porque sua imagem é do mesmo tamanho que a do balão mais próximo. Da mesma maneira, a lua projeta uma imagem do mesmo tamanho no horizonte e acima da nossa cabeça. Porém, o horizonte parece mais distante porque há mais deixas de profundidade presentes. Conseqüentemente, a lua no horizonte deve ser percebida como maior (Kaufman e Kaufman, 2000) (◆Figura 4.37).

Essa explicação é conhecida como **hipótese da distância aparente** (o horizonte parece mais distante que o céu noturno). Você pode testá-la retirando as deixas de profundidade quando olhar para o horizonte da lua. Tente olhar para a lua através de um tubo de papel enrolado ou transforme suas mãos em um "telescópio" e olhe para a próxima lua grande que vir. Ela vai imediatamente parecer encolher quando vista sem as deixas de profundidade (Plug e Ross, 1994).

Hipótese da distância aparente
Explicação da ilusão da lua que diz que o horizonte parece mais distante que o céu noturno.

◆FIGURA 4.37 *A ilusão de Ponzo pode lhe ajudar a entender a ilusão da lua. Imagine duas barras brancas nos trilhos de trem. No desenho, a barra superior é do mesmo comprimento da barra inferior. Porém, como a barra superior parece estar mais distante que a barra inferior, nós a percebemos como mais comprida. A mesma lógica se aplica à ilusão da lua.*

PAUSA PARA ESTUDO — Percepção de Profundidade

RELACIONE
Parte da emoção gerada pelos filmes de ação e videogames baseia-se no senso de profundidade que eles criam. Volte à lista de deixas pictóricas. Que deixas você já viu utilizadas para ilustrar profundidade? Tente pensar em exemplos específicos, em um filme ou jogo que tenha visto recentemente.

VERIFICAÇÃO DO APRENDIZADO
1. O penhasco visual é utilizado para testar a sensibilidade das crianças à perspectiva linear. V ou F?
2. Escreva *M* ou *B* após cada uma das palavras a seguir para indicar se ela é uma deixa de profundidade monocular ou binocular.
   acomodação _____ convergência _____
   disparidade retinal _____
   perspectiva linear _____
   movimento paralaxe _____
   sobreposição _____ tamanho relativo _____
3. Quais das deixas de profundidade listadas na pergunta 2 se baseiam no *feedback* muscular?
4. A interpretação das deixas de profundidade não requer experiência anterior. V ou F?
5. A imagem da lua é grandemente ampliada pela atmosfera perto do horizonte. V ou F?

Raciocínio Crítico
6. Que aptidão auditiva você diria estar mais estreitamente ligada à visão estereoscópica?

RESPOSTAS:
1. F. 2. acomodação (M), convergência (B), disparidade retinal (B), perspectiva linear (M), movimento paralaxe (M), sobreposição (M), tamanho relativo (M). 3. acomodação e convergência. 4. F 5. F. 6. Se você fechar os olhos, normalmente poderá dizer a direção e talvez a localização de uma fonte sonora, como uma batida de palmas. Localizar sons no espaço depende grandemente de se ter dois ouvidos, assim como a visão estereoscópica depende de se ter dois olhos.

◆FIGURA 4.38 *Antes de você poder usar o tamanho familiar para julgar distâncias, os objetos têm de ser realmente do tamanho que você supõe que sejam. Ou estes homens são gigantes ou o modelo de avião estava mais próximo do que você imaginou que estivesse na Figura 4.34.*

◆FIGURA 4.39 *É difícil olhar para esse simples desenho sem perceber profundidade. No entanto, o desenho não é nada mais que um conjunto de formas planas. Vire esta página 90 graus no sentido anti-horário e você verá três C, um dentro do outro. Quando o desenho é virado de lado, ele parece quase plano. No entanto, se você virar a página para cima novamente, o senso de profundidade reaparecerá. Evidentemente, você usou o seu conhecimento e suas expectativas para criar uma ilusão de profundidade. O desenho em si seria apenas um desenho plano se você não lhe desse significado.*

Reconstrução perceptual Modelo mental de acontecimentos externos.

Aprendizado perceptual Mudanças na percepção que podem ser atribuídas a experiências anteriores; resultado de mudanças na forma pela qual o cérebro processa informações sensoriais.

PERCEPÇÃO E OBJETIVIDADE — CRER É VER

▶ **PERGUNTA PARA PESQUISA** *Como a percepção é alterada por aprendizado, expectativas e motivos?*

No início deste capítulo, descrevi um aparente assassinato, que se revelou algo bem diferente. Se eu não tivesse voltado à "cena do crime", teria jurado que havia presenciado um homicídio. A descrição da menina se encaixou perfeitamente nas minhas percepções. Isso talvez seja compreensível. Mas eu nunca vou esquecer o choque quando encontrei o "assassino" – o homem que eu havia imaginado alguns minutos antes como enorme, mal e horroroso. O homem não era estranho. Era meu vizinho. Eu o havia visto dezenas de vezes antes. Eu sei o seu nome. Ele é um homem pequeno. Histórias como essa mostram que as nossas experiências são **reconstruções perceptuais** ou modelos mentais de eventos externos. As percepções são filtradas pelas nossas necessidades, expectativas, atitudes, por nossos valores e crenças (◆Figura 4.39). Evidentemente, nós simplesmente não apenas acreditamos no que vemos, mas também vemos o que acreditamos. Vamos rever alguns fatores que alteram ou distorcem nossas percepções.

Aprendizado Perceptual

A Inglaterra é um dos poucos países no mundo onde as pessoas dirigem do lado direito da rua. Por causa dessa inversão, não é incomum as pessoas saírem das calçadas em frente a carros depois de olhar cuidadosamente para o lado *errado* da rua. Como esse exemplo sugere, o aprendizado tem um forte impacto sobre a percepção.

Como o aprendizado afeta a percepção? O termo **aprendizado perceptual** refere-se às mudanças no cérebro que alteram a forma pela qual processamos informações sensoriais (Ahissar, 1999). Por exemplo, para usar o computador, você precisa aprender a prestar atenção a estímulos específicos, como ícones, comandos e sinais. Nós também aprendemos a dizer qual a diferença entre estímulos que no início pareciam idênticos. Um exemplo é o *chef* de cozinha novato que descobre como diferenciar entre manjericão seco, orégano e estragão. Em outras situações, nós aprendemos a focar apenas uma parte de um grupo de estímulos. Isso nos poupa de ter de processar todos os estímulos do grupo. Por exemplo, um jogador de futebol americano pode ser capaz de dizer se a próxima jogada será uma corrida ou um passe observando um ou dois jogadores-chave, em vez de todo o time adversário (Goldstone, 1998).

Hábitos Perceptuais

Geralmente, o aprendizado cria *hábitos perceptuais* (padrões arraigados de organização e atenção) que afetam nossas experiências cotidianas. Pare um momento e veja a ◆Figura 4.40. O rosto à esquerda certamente parece um pouco fora do comum, mas as distorções parecem pequenas até você virar a página de cabeça para baixo. Observado normalmente, o rosto parece bem grotesco. Por que a diferença? Aparentemente, poucas pessoas têm experiência com rostos de cabeça para baixo. Com o rosto na posição normal, você sabe o que esperar e onde olhar. Além disso, você tende a ver o rosto como um padrão reconhecível. Quando um rosto é invertido, somos forçados a perceber suas características individuais separadamente (Bartlett e Searcy, 1993).

Os mágicos se baseiam nos hábitos perceptuais quando utilizam a prestidigitação para distrair observadores enquanto fazem seus truques. Um outro tipo de "mágica" está ligado à coerência. Normalmente, é correto presumir que uma sala tenha mais ou menos o formato de uma caixa. Porém, isso não precisa ser necessariamente verdade. Um *quarto de Ames* (que recebeu o nome do homem que o criou) é um espaço torto que parece quadrado quando visto de um determinado ponto (◆Figura 4.41). Consegue-se essa ilusão distorcendo-se cuidadosamente as proporções de paredes, piso, teto e janelas. Como o canto esquerdo do quarto de Ames está mais distante do observador que o direito, a pessoa que ficar nesse canto vai parecer bem pequena; e a que ficar no canto direito, mais próximo e mais baixo, vai parecer bem grande. A pessoa que andar do canto esquerdo para o direito ficará, na aparência, "magicamente" maior.

Como mencionado anteriormente, o cérebro é particularmente sensível a características perceptuais como linhas, formas, cantos, manchas e cores. Aparentemente, pelo menos parte dessa sensibilidade é aprendida. Colin Blakemore e Graham Cooper, da Universidade de Cambridge, criaram filhotes de gato em um quarto somente com listras verticais nas paredes. Um outro grupo de filhotes de gato viu somente listras horizontais. Quando voltaram para seus ambientes normais, os gatos "horizontais" conseguiam facilmente pular em uma cadeira; mas quando andavam no chão, eles batiam nas pernas das cadeiras. Os gatos "verticais", no entanto, evitavam facilmente as pernas das cadeiras, mas erravam quando tentavam pular em superfícies horizontais. Os gatos criados com listras verticais eram "cegos" para linhas "horizontais", e os gatos "horizontais" agiam como se as linhas verticais fossem invisíveis. Outros experimentos mostram que há uma redução real na quantidade de células sintonizadas para detectar características faltantes (Grobstein e Chow, 1975).

◆FIGURA 4.40 *Os efeitos da experiência anterior na percepção. O rosto adulterado parece muito pior quando visto de cabeça para cima, porque pode ser associado a experiências passadas. (Ver também caderno colorido.)*

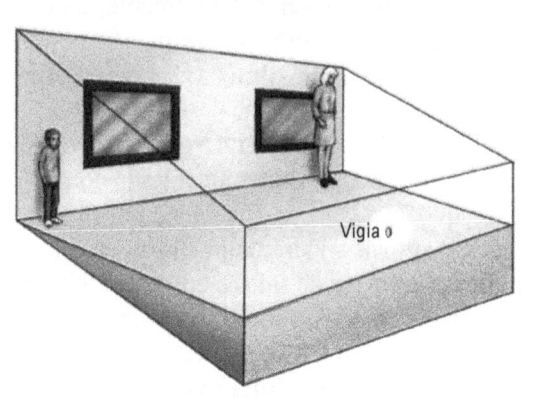

◆FIGURA 4.41 *O quarto de Ames. Olhando de frente, o quarto parece normal. Na realidade, o canto direito é bem baixo e o canto esquerdo é bem alto. Além disso, o lado esquerdo do quarto foge da vista dos observadores. O diagrama mostra o formato do quarto e revela por que as pessoas parecem ficar maiores quando atravessam o quarto em direção ao canto direito, mais próximo e mais baixo.*

As características perceptuais podem ser retiradas das experiências cotidianas. Mesmo assim, elas podem ter um impacto profundo sobre o comportamento humano. No reconhecimento de rostos, por exemplo, ocorre um constante *efeito outra raça*. Esse é um preconceito do tipo "eles todos se parecem comigo", presente na percepção de outros grupos raciais e étnicos. Em testes de reconhecimento facial, as pessoas são muito melhores em reconhecer pessoas da sua própria raça do que de outras. Um dos motivos para essa diferença é que nós normalmente temos mais experiência com pessoas da nossa própria raça. Conseqüentemente, nos familiarizamos muito com as características que nos ajudam a reconhecer pessoas diferentes. Para outros grupos, falta-nos a experiência perceptual necessária para separar com precisão um rosto do outro (Sporer, 2001).

ARQUIVO CLÍNICO — Doutor, o Senhor Não Está Ouvindo?

As vozes gritam, xingam, criticam e lhe dizem quão imprestável você é. Muitas vezes, e sem aviso, uma voz grita: "Baldes de sangue!". Ela lhe surpreende toda vez. Se você passasse por experiências desse tipo, certamente seria uma pessoa mentalmente perturbada. As alucinações são uns dos sinais mais claros de que a pessoa "perdeu o contato com a realidade". Elas são um dos sintomas principais de psicose, demência, epilepsia, enxaquecas, abstinência do álcool e intoxicação por drogas. As alucinações mais comuns são as auditivas, como ouvir vozes.

Pessoas perturbadas também têm alucinações visuais? Embora elas sejam menos comuns, as alucinações envolvem a visão, o tato, o olfato ou o paladar. Por exemplo, os pacientes podem ver "insetos rastejando por toda parte", sentir que as pessoas os estão tocando, ou cheiram "venenos" na sua comida.

Tais alucinações parecem totalmente "reais" para a pessoa que as tem. Porém, obviamente, elas surgem no cérebro, não no mundo exterior (Lepore, 2002).

Como você pode imaginar, seria muito perturbador ser a única pessoa que ouve uma voz gritando "Baldes de sangue!". Mas é importante observar que também ocorrem "alucinações sanas". Por exemplo, pessoas que são parcialmente cegas podem "ver" pessoas, animais, prédios, plantas e outros objetos aparecerem e desaparecerem na frente dos seus olhos. Contudo, elas podem facilmente dizer que suas alucinações não são reais. Essas "alucinações sanas" simplesmente mostram com que força o cérebro busca padrões com significado nas informações sensoriais.

Ilusões

O aprendizado perceptual é responsável por uma série de *ilusões*. Em uma **ilusão**, o comprimento, a posição, o movimento, a curvatura ou a direção são constantemente mal avaliados. Observe que as ilusões são percepções distorcidas de estímulos que realmente existem. Em uma **alucinação**, as pessoas percebem objetos ou eventos que não têm realidade externa (Lepore, 2002). Por exemplo, elas ouvem vozes que não existem (ver "Doutor, o Senhor Não Está Ouvindo?"). Se você acha que é uma borboleta de 2 m de altura, você pode confirmar que está alucinando tentando tocar suas asas. Para detectar uma ilusão, você pode ter de medi-la ou aplicar uma borda reta a ela.

As ilusões podem ser explicadas? Não em todos os casos, ou para a alegria de todos. Geralmente, a constância do tamanho e da forma, movimentos habituais dos olhos, continuidade e os hábitos perceptuais se combinam de várias maneiras para produzir as ilusões da ◆Figura 4.42. Em vez de tentar explicar todas elas, vamos nos concentrar em um exemplo enganosamente simples.

A ◆Figura 4.42a mostra a familiar **ilusão de Müller-Lyer**. Observe que a linha horizontal com pontas de flecha parece mais curta que a linha com V's. Se você medir as linhas, descobrirá que elas são do mesmo comprimento. Como podemos explicar essa ilusão? As provas sugerem que ela se baseia em uma vida toda de experiências com borda e cantos de salas e edifícios. Richard Gregory (1990) acha que você vê a linha horizontal com os V's como se fosse o canto de uma sala vista de dentro (◆Figura 4.43). A linha com as pontas de flecha, por sua vez, sugere o canto de uma sala ou edifício visto de fora. Em outras palavras, deixas que sugerem um espaço 3D alteram sua percepção de um desenho bidimensional (Enns e Coren, 1995).

Ilusão Uma percepção enganosa ou distorcida.

Alucinação Uma sensação imaginária, como ver, ouvir ou cheirar algo que não existe no mundo exterior.

Ilusão de Müller-Lyer Duas linhas do mesmo comprimento com pontas para dentro e para fora parecem ser de comprimentos diferentes.

(a) Qual das linhas horizontais é mais longa?

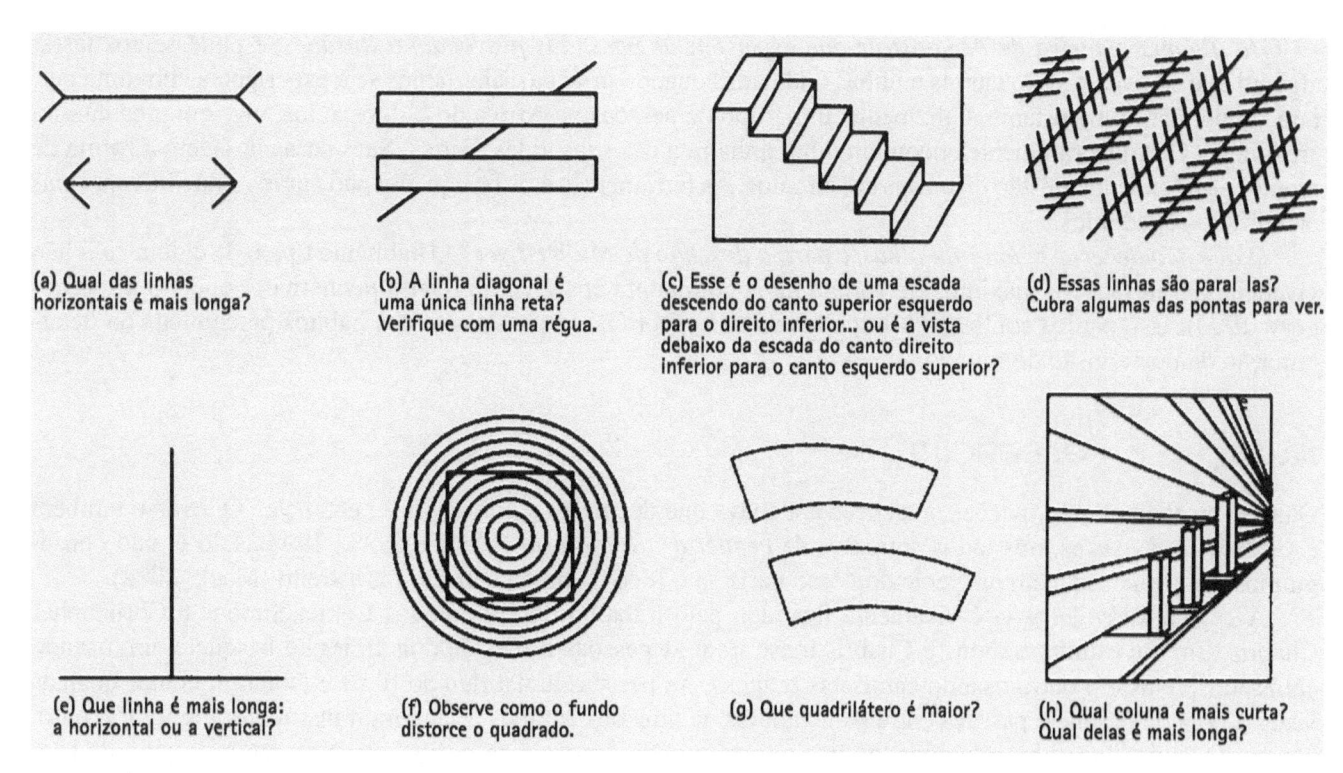

(b) A linha diagonal é uma única linha reta? Verifique com uma régua.

(c) Esse é o desenho de uma escada descendo do canto superior esquerdo para o direito inferior... ou é a vista debaixo da escada do canto direito inferior para o canto esquerdo superior?

(d) Essas linhas são paralelas? Cubra algumas das pontas para ver.

(e) Que linha é mais longa: a horizontal ou a vertical?

(f) Observe como o fundo distorce o quadrado.

(g) Que quadrilátero é maior?

(h) Qual coluna é mais curta? Qual delas é mais longa?

◆FIGURA 4.42   *Algumas ilusões perceptuais interessantes. Tais ilusões são uma parte normal da percepção visual.*

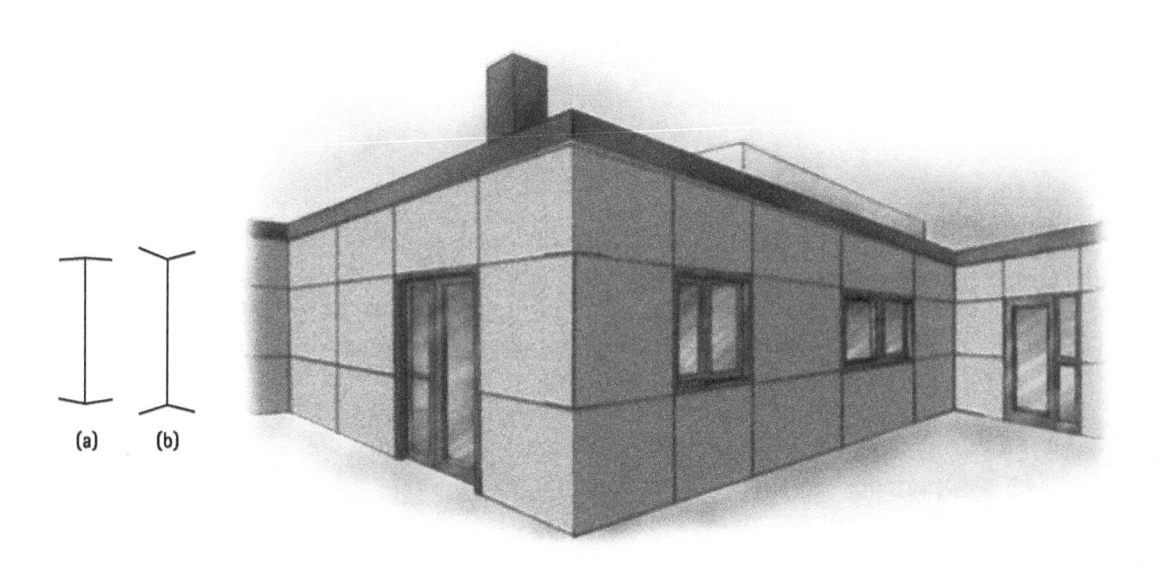

◆FIGURA 4.43   *Por que a linha (b) na ilusão de Müller-Lyer parece mais longa que a linha (a)? Provavelmente, porque se parece mais com um canto distante do que com um mais próximo. Como as linhas verticais formam imagens do mesmo comprimento, a linha mais "distante" tem de ser percebida como maior. Como você pode ver no desenho à direita, deixas de profundidade adicionais acentuam a ilusão de Müller-Lyer. (Segundo Enns e Coren, 1995.)*

Anteriormente, para explicar a ilusão da lua, nós dissemos que, se dois objetos criam imagens do mesmo tamanho, o objeto distante tem de ser maior. Isso é formalmente conhecido como *invariabilidade tamanho-distância* (o tamanho da imagem de um objeto está precisamente associado à sua distância dos olhos). Gregory acredita que o mesmo conceito explica a ilusão de Müller-Lyer. Se a linha com ponta em V parece mais distante que a linha com ponta de flecha, você tem de compensar vendo a linha com ponta em V como sendo mais longa. Essa explicação pressupõe que você teve anos de experiência com linhas retas, bordas pontiagudas e cantos – uma hipótese bastante plausível na nossa cultura.

Há alguma maneira de demonstrar que experiências passadas provocam a ilusão? Se pudéssemos testar alguém que só tivesse visto curvas e linhas onduladas quando criança, saberíamos se a experiência com uma cultura "quadrada" é importante. Felizmente, um grupo de pessoas na África do Sul, os zulus, vive em uma cultura "redonda". Os zulus raramente encontram uma linha reta nas suas vidas diárias. Suas casas possuem a forma de montes arredondados e estão dispostas em círculos. As ferramentas e os brinquedos são curvos e não há ruas retas ou edifícios quadrados.

O que aconteceria se um zulu olhasse para o desenho de Müller-Lyer? O habitante típico da aldeia zulu não vivenciaria a ilusão. No máximo, ele veria a linha com ponta em V como *ligeiramente* maior que a outra (Gregory, 1990). Isso parece confirmar a importância das experiências passadas e dos hábitos perceptuais na determinação da nossa visão do mundo.

Atenção e Percepção

Quando recebemos informações, a atenção é a chave que destranca a porta para a percepção. O inverso também é verdadeiro: às vezes, nós todos sofremos de *cegueira involuntária* (Mack e Rock, 1998). Isto é, não conseguimos ver o que está bem na frente do nosso nariz se o foco da nossa atenção for estreito (Mack, 2002).

A cegueira involuntária é vivamente ilustrada pelo trabalho dos psicólogos Daniel Simons e Christopher Chabris. Em um estudo, Simons e Chabris mostraram às pessoas filmes de dois times de basquete, um usando camisetas pretas e o outro usando camisetas brancas. As pessoas assistiram ao filme e tentaram contar quantas vezes a bola de basquete passava entre os jogadores de uma das equipes. Elas foram instruídas a ignorar a outra equipe. Quando elas estavam contando, uma pessoa usando um traje de gorila entrou no meio do jogo de basquete, olhou para a câmera, bateu no peito e saiu de cena. Metade das pessoas não notou esse evento surpreendente (Simons e Chabris, 1999). A propósito, usar telefone celular enquanto se dirige – mesmo com um aparelho que deixa as mãos livres – pode provocar cegueira involuntária. Em vez de não ver um gorila, você pode deixar de ver um outro carro, uma motocicleta ou um pedestre enquanto sua atenção estiver focada no telefone (Strayer et al., 2003).

Motivos

Os motivos também têm um papel na percepção. Por exemplo, se você estiver com fome, as palavras ligadas à comida têm uma probabilidade muito maior de chamar sua atenção do que as que não estão (Mogg et al., 1998). Os publicitários, evidentemente, sabem que o seu tom será muito mais eficaz se chamarem sua atenção. É por isso que os anúncios são em alto volume, repetitivos e muitas vezes propositadamente irritantes. Eles também tiram proveito de dois motivos amplamente difundidos na nossa sociedade: *ansiedade* e *sexo*. Tudo, desde o anti-séptico bucal a pneus de automóvel, é comercializado usando o sexo para chamar a atenção. Outros anúncios combinam sexo com ansiedade. Desodorantes, sabonetes e vários itens são empurrados em anúncios que jogam com o desejo da pessoa de ser atraente, ter *sex appeal* ou evitar embaraços.

Além de orientar nossa atenção, os motivos podem alterar o que é percebido. Como parte de um suposto estudo das "práticas de namoro de alunos universitários", mostrou-se a voluntários a foto de uma aluna e pediu-se que eles dessem sua primeira impressão sobre quão atraente ela era. Antes de dar a nota, cada pessoa leu um de dois textos curtos. Um era sexualmente excitante, e o outro, não. A descoberta importante é que os homens que leram o texto mais excitante acharam a aluna mais atraente (Stephan et al., 1971). É possível esse resultado não causar surpresa se você se apaixonou por uma pessoa e depois deixou de amá-la. Uma pessoa que parecia extremamente atraente pode parecer bem diferente quando seus sentimentos em relação a ela mudam.

Um estímulo emocional é capaz de desviar a atenção de outras informações. Em um experimento, membros de uma organização judaica observaram figuras como as da ◆Figura 4.44 exibidas em uma tela por um segundo. As pessoas reconheceram menos os símbolos ao redor das figuras quando

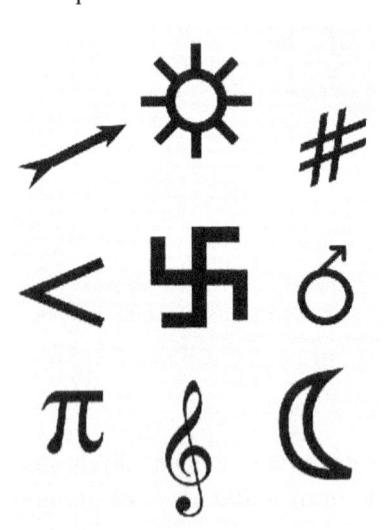

◆FIGURA 4.44 *Os estímulos emocionalmente significativos influenciam a atenção. (Erdelyi e Appelbaum, 1973, p. 50. Reproduzido com permissão.)*

o que estava no centro era um símbolo como a suástica (Erdelyi e Appelbaum, 1973). Esse efeito provavelmente explica por que fãs de equipes adversárias agem como se tivessem assistido a dois jogos completamente diferentes. (Veja também "A Síndrome do Sapo Fervido".)

RACIOCÍNIO CRÍTICO — A Síndrome do Sapo Fervido

Enquanto não ocorre algo surpreendente, como o "assassinato" que vi, que não era absolutamente um assassinato, nós temos a tendência de considerar a percepção algo garantido. Mas não se iluda, o mundo como nós o conhecemos é criado a partir de impressões sensoriais. Na verdade, são necessários 50 milissegundos para que um sinal visual se desloque da retina para o cérebro. Conseqüentemente, nossa percepção fica sempre um pouco defasada em relação ao "mundo real". Algo que acontece rapidamente, como a explosão de uma lâmpada de flash, pode ser percebido por nós já no seu término.

Na outra ponta da escala do tempo, a percepção pode nos cegar para eventos muito lentos e mudanças gradativas. Os seres humanos evoluíram para detectar mudanças bem marcadas, como o aparecimento de um leão, de um possível parceiro ou fontes de alimento. No entanto, muitas das ameaças com as quais deparamos hoje se desenvolvem bem lentamente. Entre os exemplos estão o armazenamento de ogivas nucleares, a degradação do meio ambiente, o desmatamento e o aquecimento global, a erosão da camada de ozônio e o aumento galopante da população mundial.

Robert Ornstein, psicólogo, e Paul Ehrlich, biólogo populacional, acham que muitas das ameaças de grande escala com as quais deparamos são semelhantes à "síndrome do sapo fervido". Os sapos que são colocados em uma panela com água que é lentamente aquecida não conseguem detectar o aumento gradativo da temperatura. Eles ficam parados até morrer. Como os sapos condenados, muitos de nós aparentemente não conseguem detectar as tendências gradativas mais letais da civilização moderna. Para evitar desastres, talvez seja necessário o esforço de grandes quantidades de pessoas para ver o "quadro geral" e reverter padrões letais facilmente ignorados (Ornstein e Ehrlich, 1989). Entender como a percepção molda a "realidade" pode acabar se revelando uma questão de vida ou morte. *Você está prestando atenção?*

Expectativas Perceptuais

Desenhe em um pedaço de papel um círculo de cerca de 0,75 cm de diâmetro. Dentro do círculo, acima e à esquerda do centro, faça um grande ponto preto, de cerca de 0,12 cm de diâmetro. Faça um outro ponto dentro do círculo, acima e à direita do centro. Agora, ainda dentro do círculo, desenhe um arco curvado para cima de cerca de 0,50 cm de comprimento logo abaixo do centro do círculo. Se você seguiu essas instruções, sua reação agora poderia ser: "Por que você não disse logo para desenhar um rosto feliz?".

Como no caso do desenho do rosto feliz, a percepção parece agir de duas maneiras importantes. No **processamento de baixo para cima**, analisamos as informações começando "embaixo", com pequenas unidades sensoriais (características), e vamos subindo até a percepção completa. No **processamento de cima para baixo**, o conhecimento preexistente é utilizado para organizar rapidamente características em um todo com significado. O processamento de baixo para cima é como montar um quebra-cabeça de algo nunca visto antes. Você precisa juntar as pequenas peças até um padrão reconhecível aparecer. O processamento de cima para baixo é como montar um quebra-cabeça que você já montou várias vezes. Depois de algumas peças serem juntadas, você começar a ver o esboço do quadro final.

Volte para a ♦Figura 4.28, o inseto gigante. A primeira vez que você viu essa foto, você provavelmente a processou de baixo para cima, reunindo características até o inseto se tornar reconhecível. Dessa vez, por conta do processamento de cima para baixo, você deve ver o inseto instantaneamente. Um outro bom exemplo de processamento de cima para baixo são as expectativas perceptuais.

Programação perceptual

O que é uma expectativa perceptual? Um corredor nos primeiros quarteirões de uma pista está programado para reagir de uma determinada maneira. Do mesmo modo, a experiência passada, os motivos, o contexto ou sugestões podem criar uma **expectativa** (ou **programação**) **perceptual**, que prepara

Processamento de baixo para cima
Organizar as percepções começando com as características do nível inferior.

Processamento de cima para baixo
A aplicação do conhecimento dos níveis superiores para organizar informações sensoriais em uma percepção com significado.

Expectativa (ou programação) perceptual Prontidão para perceber de uma determinada maneira, induzida por fortes expectativas.

você para perceber de uma determinada maneira. Se um carro fizer barulho com o cano de escapamento, os corredores em uma pista talvez comecem a correr. Na verdade, nós todos começamos a correr quando percebemos o disparo do revólver. Basicamente, uma expectativa é uma hipótese perceptual que todos nós, muito provavelmente, aplicaríamos a um estímulo – mesmo quando aplicá-la é inadequado.

As programações perceptuais geralmente nos levam a ver o que *esperamos* ver. Eu pensei que havia visto um assassinato no supermercado porque havia acabado de ouvir a descrição da garota do que acontecera. Eis um outro exemplo familiar: digamos que você estivesse dirigindo pelo deserto e com pouca gasolina. Por fim, você vê uma placa se aproximando. Nela estão escritas as palavras: COMBUSTÍVEL ADIANTE. Você relaxa porque sabe que não ficará em apuros. Mas à medida que você vai se aproximando, as palavras na placa se transformam em COMIDA ADIANTE. A maioria das pessoas passou por experiências semelhantes nas quais a expectativa alterou sua percepção. Para observar as expectativas em primeira mão, execute a demonstração descrita na ◆Figura 4.45.

As expectativas perceptuais freqüentemente são criadas por *sugestão*. Isso é particularmente verdade no tocante à percepção de outras pessoas. Em um experimento clássico, um professor de psicologia combinou que um palestrante convidado desse sua aula. Metade dos alunos recebeu uma página com anotações que descreviam o palestrante como uma "pessoa *fria*, trabalhadora, crítica, prática e determinada". Os outros alunos receberam notas descrevendo-o como uma pessoa "*calorosa*, trabalhadora, crítica, prática e determinada" (Kelley, 1950; grifo acrescentado). Os alunos que receberam a descrição "fria" acharam o palestrante uma pessoa infeliz e irritável, que não se dispunha a participar de debates na aula. Os alunos que receberam a descrição "calorosa" acharam o palestrante uma pessoa feliz e afável, e participaram ativamente de debates com ele. Da mesma maneira, rótulos como "punk", "doente mental", "homossexual", "imigrante ilegal", "vadia" etc. provavelmente distorcem a percepção.

Esses são extremos. Faz realmente tanta diferença como você chama uma pessoa ou alguma coisa? As categorias perceptuais, principalmente aquelas definidas por rótulos, fazem diferença. Isso é particularmente verdade no tocante à percepção de pessoas, quando até observadores treinados podem ser influenciados. Por exemplo, em um estudo, psicoterapeutas assistiram a uma entrevista gravada. Metade dos terapeutas foi informada de que o homem entrevistado estava solicitando um emprego. O restante foi informado de que o homem era um doente mental. Os terapeutas que pensavam que o homem estava solicitando emprego o acharam "realista", "sincero" e "agradável". Aqueles que pensavam que ele era doente mental o acharam "defensivo", "dependente" e "impulsivo" (Langer e Abelson, 1974).

Na próxima seção, iremos além da percepção normal para perguntar: É possível a percepção extra-sensorial? Antes de fazer isso, eis uma chance de responder a perguntas. É possível lembrar do discutido anteriormente?

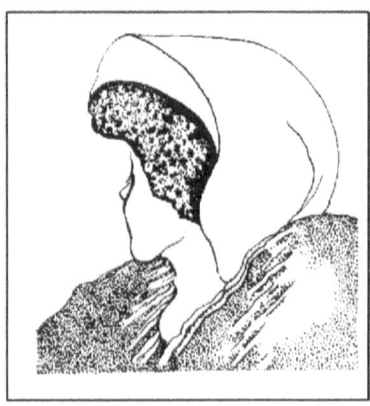

Visão I   Visão II   Visão III

◆FIGURA 4.45 *Ilustrações "mulher jovem/velha". Como uma demonstração interessante de expectativa perceptual, mostre a alguns dos seus amigos a ilustração I e a outros, a ilustração II (cubra todas as outras ilustrações). Depois, mostre aos seus amigos a ilustração III e pergunte o que eles vêem. Aqueles que viram a ilustração I devem ver a mulher velha na ilustração III; aqueles que viram a ilustração II devem ver a mulher jovem na ilustração III. Você consegue ver ambas? (Segundo Leeper, 1935.)*

PAUSA PARA ESTUDO — Percepção e Objetividade

RELACIONE

Como o aprendizado perceptual afetou sua capacidade de dirigir um carro com segurança? Por exemplo, no que você presta atenção nos cruzamentos? Para onde você olha normalmente quando está dirigindo?

Se você passou um ano andando de carona na bacia do rio Amazonas, que impacto isso poderia ter sobre sua percepção da ilusão de Müller-Lyer?

Você certamente alguma vez já percebeu erroneamente uma situação por causa da expectativa perceptual ou da influência de motivos. Como suas percepções foram influenciadas?

VERIFICAÇÃO DO APRENDIZADO

1. Os hábitos perceptuais podem se tornar tão arraigados que nos levam a perceber erroneamente um estímulo. V ou F?
2. O aprendizado perceptual aparentemente programa o cérebro para ser sensível a _____ importantes do ambiente.
3. O quarto de Ames é utilizado para testar a percepção de profundidade das crianças. V ou F?
4. As relações tamanho-distância aparentemente estão por trás de que duas ilusões? _____ e _____.
5. Pesquisas mostraram que a excitação sexual elevada pode fazer que a pessoa perceba membros do sexo oposto como mais atraentes fisicamente. V ou F?
6. No processamento de informações de cima para baixo, as características individuais são analisadas e reunidas em um todo com significado. V ou F?
7. Quando uma pessoa está preparada para perceber eventos de uma determinada maneira, diz-se que há expectativa ou _____ perceptual.

Raciocínio Crítico

8. Você teria de segurar um objeto de que tamanho à distância de um braço para cobrir uma lua cheia?
9. Os anúncios de cigarro nos Estados Unidos têm de exibir uma advertência sobre os riscos do tabagismo. Como as companhias de cigarro tornam essas advertências menos visíveis?

RESPOSTAS:

1. V 2. características 3. F 4. Ilusão de Müller-Lyer, ilusão da lua. 5. V 6. F 7. programação 8. As respostas mais populares variam de uma moeda de 25 centavos até uma bola de beisebol. Na verdade, uma ervilha em uma mão esticada cobriria uma lua cheia (Kunkel, 1993). Se você citou um objeto maior que uma ervilha, fique ciente de que as percepções, por mais precisas que pareçam, podem distorcer a realidade. 9. Os anunciantes podem colocar as advertências nos cantos dos anúncios, onde elas atraem o mínimo de atenção possível. Além disso, as advertências geralmente são colocadas em fundos "cheios", de forma que sejam parcialmente camufladas. Por fim, as imagens principais em um anúncio são criadas para atrair forte atenção. Isso distrai ainda mais os leitores de ver as advertências.

PERCEPÇÃO EXTRA-SENSORIAL — VOCÊ ACREDITA EM MÁGICA?

▶ **PERGUNTA PARA PESQUISA** *É possível a percepção extra-sensorial?*

Uri Geller, que se autodenomina "médium", certa vez concordou em demonstrar suas supostas aptidões paranormais. Durante o teste, parecia que Geller era capaz de sentir qual das dez latas de filmes continha um objeto oculto, ele adivinhou o número que iria aparecer em uma tintura misturada em uma caixa fechada e reproduziu desenhos lacrados em envelopes.

Geller estava trapaceando ou estava utilizando alguma aptidão além da percepção normal? Não há muita dúvida de que Geller estava trapaceando (Randi, 1980). Mas como? A resposta está em uma discussão sobre **percepção extra-sensorial (PES)** — a suposta capacidade de perceber eventos de formas que não podem ser explicadas pelas aptidões sensoriais conhecidas.

Parapsicologia é o estudo da PES e de outros **fenômenos psi** (eventos que parecem desafiar as leis científicas aceitas). Os parapsicólogos buscam respostas para as questões levantadas por meio de três formas básicas que a PES poderia assumir. São elas:

1. **Vidência.** A suposta capacidade de perceber eventos ou obter informações de formas que parecem não afetadas pela distância ou por barreiras físicas normais.
2. **Telepatia.** Percepção extra-sensorial dos pensamentos de uma outra pessoa ou, mais simplesmente, a suposta capacidade de ler a mente de outra pessoa.

Percepção extra-sensorial A suposta capacidade de perceber eventos de formas que não podem ser explicadas por aptidões conhecidas dos órgãos sensoriais.

Fenômenos psi Eventos que parecem estar fora do reino das leis científicas aceitas.

3. **Precognição**. A suposta capacidade de perceber ou prever com precisão acontecimentos futuros. A precognição pode assumir a forma de sonhos proféticos que prevêem o futuro.

Já que estamos com a mão na massa, podemos muito bem incluir uma outra suposta aptidão psi:

4. **Psicocinesia**. A suposta capacidade de exercer influência sobre objetos inanimados pela força de vontade ("a mente sobre a matéria"). (A psicocinesia não pode ser classificada como um tipo de PES, mas é freqüentemente estudada pelos parapsicólogos.)

Uma Avaliação da PES

Os psicólogos, como grupo, são extremamente céticos quanto às aptidões psi. Se você alguma vez teve uma experiência de vidência ou telepatia, você pode estar convencido de que a PES existe. No entanto, a dificuldade de excluir *coincidência* torna essas experiências menos conclusivas do que elas podem parecer. Imagine uma típica experiência "médium": no meio da noite, uma mulher que está viajando em uma visita de fim de semana, teve um forte impulso de voltar para casa. Quando chegou, encontrou a casa em chamas, com o marido dormindo dentro (Rhine, 1953). Uma experiência como essa é impressionante, mas não confirma a realidade da PES. Se, por coincidência, o pressentimento se revela correto, ele pode ser *reinterpretado* como precognição ou vidência (Marks e Kammann, 1979). Se não for confirmada, ela simplesmente será esquecida. A maioria das pessoas não percebe, mas essas coincidências ocorrem com muita freqüência.

A maioria dos assim chamados médiuns é simplesmente boa observadora. O "médium" geralmente começa uma "leitura" fazendo declarações gerais sobre a pessoa. O "médium" então brinca de "quente e frio", prestando atenção nas expressões faciais, na linguagem corporal ou no tom de voz da pessoa. Quando o "médium" está "quente" (na pista certa), ele continua a fazer declarações semelhantes sobre a pessoa. Se as reações das pessoas sinalizarem que o "médium" está "frio", ele abandona o assunto ou a linha de raciocínio e tenta outro (Schouten, 1994).

A investigação formal dos eventos psi deve muito ao finado J. B. Rhine, que tentou estudar a PES objetivamente. Muitos dos experimentos de Rhine utilizaram as *cartas de Zener* (um baralho de 25 cartas com cada uma delas contendo um de cinco símbolos) (◆Figura 4.46). Em um teste típico de vidência, as pessoas tentaram adivinhar os símbolos nas cartas quando elas eram viradas de um baralho embaralhado. Pura adivinhação: este teste dá uma pontuação média de 5 "acertos" em 25 cartas.

Fraude *versus* Ceticismo

Infelizmente, em alguns dos experimentos iniciais mais drásticos de Rhine, foram utilizadas cartas de Zener mal impressas, que deixavam que os símbolos aparecessem fracamente no verso. Também é muito fácil trapacear marcando as cartas com uma unha ou observando as marcas provocadas pelo uso normal. Mesmo se esse não fosse o caso, há provas de que os experimentadores iniciais às vezes davam inconscientemente às pessoas deixas sobre as cartas com os olhos, gestos faciais ou movimentos labiais. Em suma, nenhum dos estudos iniciais em parapsicologia foi feito de uma forma que eliminasse a possibilidade de fraude ou "vazamento" de informações (Alcock, 1990).

Os parapsicólogos modernos estão bem cientes da necessidade de experimentos de cegueira dupla, segurança e precisão na manutenção de registros, controle meticuloso e capacidade de repetir o experimento (Milton e Wiseman, 1997). Nos últimos dez anos, centenas de experimentos foram relatados em revistas de parapsicologia. Muitos deles parecem corroborar a existência de aptidões psi.

Então, por que a maioria dos psicólogos continua cética quanto às aptidões psi? Para começar, a fraude continua pesteando o campo. É notável, por exemplo, que muitos psicólogos optem por ignorar um hábito famoso dos "psychic": olhar nas cartas de PES durante o teste (Cox, 1994). Como diz um crítico, resultados positivos de PES geralmente significam "Erro em Algum Lugar" (Marks, 1990). Quanto mais detalhadamente os experimentos psi são examinados, maior será a probabilidade de que os sucessos alegados evaporem (Hyman, 1996b; Stokes, 2001).

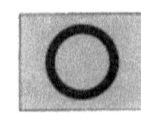

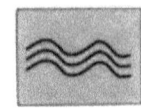

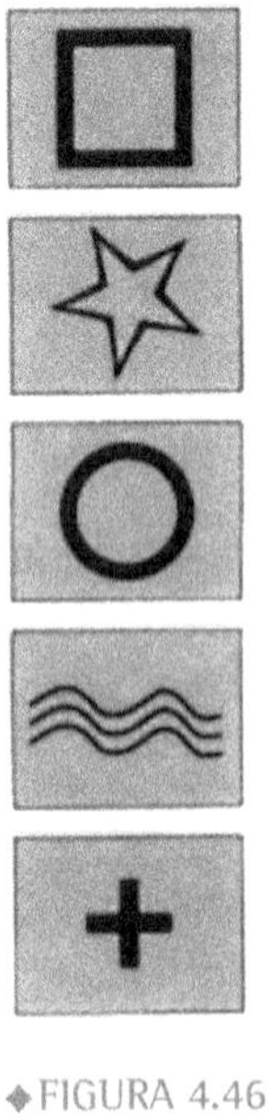

◆FIGURA 4.46 *Cartas de PES utilizadas por J. B. Rhine, experimentador inicial em parapsicologia.*

A necessidade de ceticismo é particularmente grande sempre que houver dinheiro a ser ganho das supostamente aptidões de um médium. Por exemplo, os donos da operação de TV médium "Miss Cleo" foram condenados por fraude em 2002. "Miss Cleo", supostamente uma médium com sotaque jamaicano, na verdade era apenas uma atriz de Los Angeles. As pessoas que pagaram US$ 4,99 por minuto por uma "leitura" de "Miss Cleo" na verdade falavam com um de várias centenas de operadores, contratados por anúncios que diziam "não é necessário experiência". Apesar de ser totalmente falso, o trambique "Miss Cleo" arrecadou mais de US$ 1 bilhão antes de ser fechado.

Estatística e Acaso

A inconsistência é um grande problema nas pesquisas psi. Para cada estudo com resultados positivos, há outros que fracassaram (Hansel, 1980; Hyman, 1996b). É raro – na verdade, quase insólito – uma pessoa manter sua aptidão psi por um período prolongado de tempo (Jahn, 1982). Os pesquisadores de PES acreditam que esse "efeito de declínio" mostra que as habilidades parapsicológicas são muito frágeis. Mas os críticos argumentam que uma pessoa que pontua apenas temporariamente acima do acaso recebeu créditos por uma **maré de sorte** (um resultado estatisticamente fora do comum que poderia ocorrer só por acaso). Quando a onda acaba, não é justo pressupor que a PES se foi temporariamente. Temos de contar *todas* as tentativas.

Para entender a crítica da maré de sorte, imagine que você tira cara ou coroa cem vezes com uma moeda e registra os resultados. Depois, você tira cara ou coroa cem vezes com outra moeda e registra novamente os resultados. Faz-se uma comparação das duas listas. Para cada dez pares, seria esperado que cara ou coroa fossem iguais cinco vezes. Digamos que você examina a lista e encontra um conjunto de dez pares em que nove em dez são iguais. Isso está muito acima das expectativas do acaso. Mas significa que a primeira moeda "sabia" o que ia dar na segunda moeda? Isso obviamente é bobagem.

E se uma pessoa adivinhar cem vezes o que vai dar na moeda? Novamente, podemos achar um conjunto de dez palpites que é igual aos resultados do cara ou coroa. Isso significa que a pessoa teve precognição por um tempo e depois a perdeu? Os parapsicólogos tendem a achar que a resposta seja sim. Os céticos dizem que o que ocorreu foi simplesmente uma combinação aleatória, como no exemplo das duas moedas.

Pesquisas Não-Conclusivas

Infelizmente, grande parte dos resultados mais espetaculares da parapsicologia simplesmente não podem ser reproduzidos ou repetidos (Hyman, 1996a). Ainda que sejam os mesmos pesquisadores utilizando os mesmos sujeitos, geralmente eles não conseguem obter resultados semelhantes todas as vezes (Schick e Vaughn, 1995). Mais importante: métodos aperfeiçoados de pesquisa geralmente resultam em menos resultados positivos (Hyman, 1996b).

A reinterpretação também é um problema nos experimentos psi. Por exemplo, o ex-astronauta Edgar Mitchell disse que fez um experimento de telepatia bem-sucedido no espaço. Porém, os noticiários nunca mencionaram que em alguns experimentos os "receptores" de Mitchell pontuaram acima do acaso, enquanto em outros pontuaram *abaixo*. O segundo resultado, decidiu Mitchell, também foi um "sucesso", pois representava a "perda proposital de psi". Mas como observaram os céticos, se tanto as pontuações altas como as baixas contam como sucessos, como a pessoa pode perder?

Evidentemente, em muitos testes de PES, o resultado é indiscutível. Um bom exemplo disso são os recentes experimentos PES feitos por meio de jornal, rádio e televisão. Nesses estudos de meios de comunicação de massa, as pessoas tentavam identificar alvos PES a distância. Tais estudos permitem que uma grande quantidade de pessoas seja testada. É fácil resumir os resultados de mais de 1,5 milhão de ensaios de PES realizados recentemente através dos meios de comunicação de massa: não houve um efeito PES significativo (Milton e Wiseman, 1999b). Zero. Neca de pitibiriba. Nada. Evidentemente, os organizadores das loterias estaduais não têm nada a temer.

Maré de sorte Resultado estatisticamente incomum (como tirar cinco caras em seguida no cara ou coroa), que poderia ocorrer somente por acaso.

PES de Palco

Se os fenômenos médiuns realmente ocorrem, eles certamente não podem ser suficientemente bem controlados para serem usados por artistas. A **PES de palco** estimula a PES para fins de entretenimento. Como a mágica de palco, ela se baseia em prestidigitação manual, trapaça e engenhocas patenteadas (◆Figura 4.47). Um exemplo disso é Uri Geller, um mágico de clubes noturnos que deixava o público – e alguns cientistas – "abismados" com sua aparente telepatia, psicocinesia e precognição.

Hoje, está claro que os testes da apresentação de Geller foram incrivelmente descuidados. Por exemplo, Geller reproduzia desenhos lacrados em uma sala próxima àquela onde os desenhos foram feitos. Os relatórios originais não mencionaram que havia um buraco na parede entre as salas, através do qual Geller poderia ter ouvido descrições das figuras à medida que estas iam sendo desenhadas. O mesmo ocorreu com os testes da "tinta na caixa". Geller podia segurar a caixa, agitá-la e ter a honra de abri-la (Randi, 1980; Wilhelm, 1976).

Por que esses detalhes não foram relatados? O relato sensacionalista e não crítico de aparentes eventos paranormais está amplamente difundido. São produzidas centenas de livros, artigos e programas de televisão por pessoas que estão ficando ricas promovendo alegações não-comprovadas. Se uma pessoa tivesse poderes de médium, ela não teria de ganhar a vida entretendo outras. Uma breve visita a um cassino permitiria que ela se aposentasse para o resto da vida.

Implicações

Depois de cerca de 130 anos de investigação, continua sendo impossível dizer conclusivamente se os eventos psi ocorrem. Como vimos, uma análise detalhada dos experimentos psi geralmente revela problemas sérios de provas, procedimento e rigor científico (Alcock, 1990; Hyman, 1996b; Marks, 2000; Stokes, 2001). Também é interessante notar que uma pesquisa dos principais parapsicólogos e céticos descobriu que todos, em ambos os campos, disseram que a sua crença em psi havia diminuído (Blackmore, 1989). Porém, ser cético não significa que a pessoa é contra alguma coisa. Significa que ela não está convencida. O objetivo dessa discussão, portanto, foi fazer oposição à aceitação *não-crítica* de eventos psi que predomina na mídia.

PES de palco Simulação de PES para fins de entretenimento.

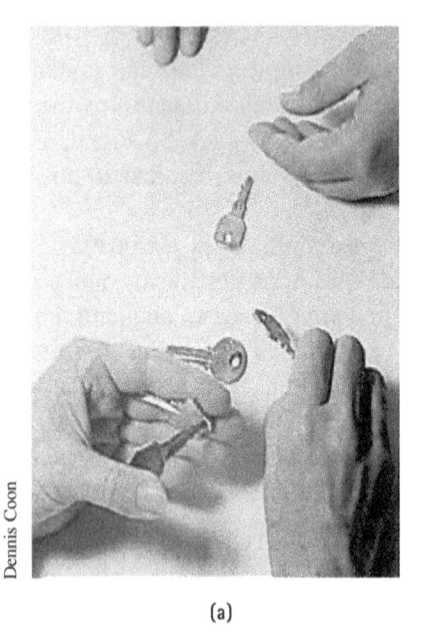

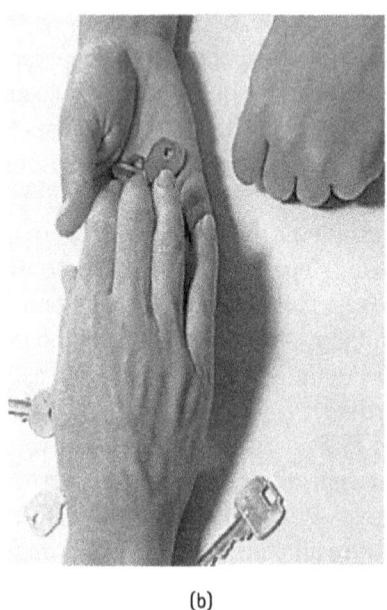

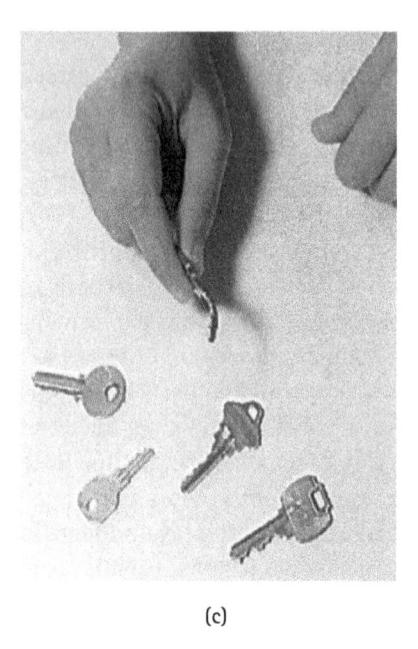

◆FIGURA 4.47 *Psicocinesia falsa.* (a) *O artista mostra várias chaves retas ao observador. Enquanto faz isso, ele entorta uma delas, colocando a sua ponta na fenda de outra chave. Geralmente isso é feito longe dos olhos, atrás da mão do "médium". Aqui, tudo é mostrado claramente, para que você possa ver como ocorre a trapaça.* (b) *Depois, o "médium" coloca as duas chaves na mão do observador e a fecha. Por causa de uma habilidosa manipulação, o observador não conseguiu ver a chave entortada. O artista então se "concentra" nas chaves para "entortá-las com a energia psíquica".* (c) *A chave entortada é revelada ao observador. "Milagre" realizado! (Adaptado de Randi, 1983.)*

O que seria necessário cientificamente para demonstrar a existência da PES? Muito simplesmente, um conjunto de instruções que permitiria a qualquer observador competente e imparcial criar um evento psi sob condições-padrão que excluam qualquer possibilidade de fraude (Schick e Vaughn, 1995). Indubitavelmente, alguns pesquisadores intrépidos continuarão nas suas tentativas de fornecer isso. Outros continuam céticos e consideram 130 anos de esforços não-conclusivos suficientes para abandonar o conceito da PES (Marks, 2000). No mínimo, parece essencial ser cuidadosamente cético quanto às provas reportadas na imprensa popular ou por pesquisadores que são "crentes firmes" não-críticos. (Mas você já sabia que eu ia dizer isso, não sabia?)

Um Olhar Adiante

Neste capítulo, nós fomos das sensações básicas para as complexidades de perceber pessoas e eventos. Também investigamos algumas das controvérsias em relação à PES. Na seção "Psicologia em Ação", vamos voltar à percepção "cotidiana", para analisar a consciência perceptual.

PAUSA PARA ESTUDO — Percepção Extra-Sensorial

RELACIONE

Digamos que um(a) amigo(a) seu(sua) seja fã ardoroso(a) de programas de TV que tratam de temas paranormais. Veja se consegue resumir para ele(a) o que sabe sobre a PES. Não se esqueça de incluir provas pró e contra a existência da PES e alguns dos erros de raciocínio associados à crença não-cética no paranormal.

VERIFICAÇÃO DO APRENDIZADO

1. Quatro alegados eventos psi investigados por parapsicólogos são: vidência, telepatia, precognição e _____.
2. As cartas de _____ foram utilizadas por J. B. Rhine nos primeiros testes de PES.
3. As ocorrências naturais ou da "vida real" são consideradas as melhores provas da existência da PES. V ou F?
4. Os céticos atribuem os resultados positivos nos experimentos psi a marés estatísticas de sorte. V ou F?
5. Os índices de reprodução de experimentos PES são muito altos. V ou F?

Raciocínio Crítico

6. Qual você acha que é a probabilidade de duas pessoas em um grupo de 30 terem a mesma data de aniversário (dia e mês, mas não o ano)?
7. Um médium na televisão freqüentemente conserta relógios quebrados para os telespectadores. Minutos depois, dezenas de pessoas telefonam para a emissora para dizer que seus relógios miraculosamente começaram a funcionar novamente. O que elas ignoraram?

RESPOSTAS: 1. psicocinesia 2. Zener 3. F 4. V 5. F 6. A maioria das pessoas supõe que esse seja um evento relativamente raro. Na verdade, existe uma possibilidade de 71% de chance de duas pessoas terem a mesma data de aniversário em um grupo de 30. A maioria das pessoas provavelmente subestima o índice natural de ocorrência de coincidências aparentemente misteriosas (Alcock, 1990). 7. Quando os psicólogos lidaram com relógios que estavam aguardando conserto na relojoaria, 57% deles começaram a funcionar novamente com a ajuda de um "médium". Acreditar na alegação de um "médium" ignora o impacto dos grandes números: se o programa atingir um grande público, pelo menos alguns relógios "quebrados" começariam a trabalhar meramente devido ao acaso.

Psicologia em Ação

Tornando-se uma Melhor Testemunha Ocular da Vida

▶ **PERGUNTA PARA PESQUISA** *Como eu posso aprender a perceber os acontecimentos de maneira mais precisa?*

Em um tribunal, a afirmação "Eu vi com os meus próprios olhos", tem muito peso perante o júri. A maioria dos jurados (a menos que tenham feito um curso de psicologia) tende a presumir que o testemunho ocular é quase infalível (Durham e Dane, 1999). Porém, para falar francamente, o testemunho ocular freqüentemente está erra-

Mesmo em plena luz do dia, o relato de testemunhas oculares não é digno de confiança. Em 2001, um avião de passageiros caiu perto do Aeroporto Internacional Kennedy, em Nova York. Centenas de pessoas viram o avião cair. Metade delas disse que o avião estava em chamas. Os registros de vôo mostraram que não havia fogo. Uma em cada cinco testemunhas viu o avião virar para a direita. O mesmo número viu o avião virar para a esquerda! Como observou um investigador, a melhor testemunha pode ser "uma criança com menos de doze anos que está sem os pais por perto". Os adultos aparentemente são facilmente influenciados pelas suas expectativas.

do. Lembre-se, por exemplo, de que eu poderia ter jurado no tribunal que havia presenciado um assassinato no supermercado – *se* eu não tivesse recebido mais informações para corrigir minhas percepções errôneas.

E as testemunhas que têm certeza de que suas percepções são corretas? Os júris deveriam acreditar nelas? Na realidade, confiar no seu testemunho não tem praticamente influência nenhuma na sua precisão (Wells, 1993)! Os psicólogos estão gradativamente convencendo advogados, juízes e a polícia de que erros nos depoimentos de testemunhas oculares são comuns. Mesmo assim, milhares de pessoas vêm sendo condenadas erroneamente (Scheck et al., 2000). Em um caso típico, um policial testemunhou que havia visto o réu atirar na vítima quando os dois estavam em um vão da porta. Quando um psicólogo providenciou que um jurado ficasse na entrada sob as mesmas condições de iluminação, nenhum dos outros jurados conseguiu identificá-lo. O réu foi inocentado (Buckhout, 1974).

Infelizmente, a percepção raramente fornece uma "reprise instantânea" dos acontecimentos. As impressões formadas quando uma pessoa é surpreendida, ameaçada ou colocada sob estresse, são particularmente propensas à distorção. Um estudo recente de casos de testemunhas oculares descobriu que a *pessoa errada* havia sido escolhida em 25% dos reconhecimentos (Levi, 1998).

A vítima de um crime não se lembraria mais do que uma simples testemunha? Não necessariamente. Um estudo revelador descobriu que a acuidade de uma testemunha ocular é praticamente a mesma para a pessoa que presenciou o crime (ver uma calculadora de bolsa ser roubada) e para a vítima (ver o seu próprio relógio ser roubado) (Hosch e Cooper, 1982). Dar mais peso ao testemunho de vítimas pode ser um erro grave. Em muitos crimes, as vítimas sofrem do *foco na arma*. Compreensivelmente, elas concentram toda a sua atenção na faca, no revólver ou em outra arma que esteja sendo utilizada pelo atacante. Ao fazer isso, elas deixam de notar detalhes sobre a aparência, a roupa ou outras pistas para identificá-lo (Steblay, 1992). Outros fatores adicionais, que reduzem bastante a precisão do testemunho ocular, estão resumidos na ▲Tabela 4.2 (Kassin et al., 2001).

▲TABELA 4.2 Fatores que Afetam a Precisão das Percepções de Testemunhas Oculares

FONTE DE ERROS	RESUMO DOS RESULTADOS
1. Formulação das perguntas	O depoimento de uma testemunha ocular pode ser afetado pela forma como as perguntas a essa testemunha são feitas.
2. Informações pós-evento	O depoimento de uma testemunha ocular sobre um evento geralmente reflete não só o que realmente foi visto, mas também informações obtidas posteriormente.
3. Atitudes, expectativas	A percepção e a memória da testemunha ocular de um evento podem ser afetadas pelas suas atitudes e expectativas.
4. Intoxicação por álcool	A intoxicação por álcool prejudica a capacidade posterior de lembrar-se de eventos.
5. Percepções inter-raciais	As testemunhas oculares são melhores em identificar membros da sua própria raça do que em identificar pessoas de outras raças.
6. Foco na arma	A presença de uma arma prejudica a capacidade de uma testemunha de identificar de maneira precisa o rosto do culpado.
7. Acuidade-confiança	A confiança de uma testemunha ocular não é um bom prognosticador da sua precisão.
8. Tempo de exposição	Quanto menos tempo uma testemunha ocular tiver para observar um evento, pior ela irá percebê-lo ou lembrar-se dele.
9. Transferência inconsciente	As testemunhas às vezes identificam como culpado alguém que elas viram em outra situação ou em outro contexto.
10. Percepção das cores	Os julgamentos de cores feitos sob luz monocromática (como uma luz de rua laranja) são extremamente não-confiáveis.
11. Estresse	Graus muito altos de estresse prejudicam a acuidade das percepções da testemunha ocular.

Adaptado de Kassin et al., 2001.

Implicações

Agora que o teste de DNA está disponível, mais de cem condenados por homicídio, estupro e outros crimes nos Estados Unidos foram inocentados. Cada um desses inocentes foi condenado sobretudo com base em depoimentos de testemunhas oculares. Cada um deles também passou *anos* na prisão antes de ser libertado (Foxhall, 2000). Com que freqüência as percepções cotidianas são tão imprecisas ou distorcidas quanto as das testemunhas oculares emotivas? A resposta para a qual estamos caminhando é: com muita freqüência. Ter isso em mente pode lhe ajudar a ser mais tolerante com as opiniões dos outros e mais cauteloso quanto à sua objetividade. Isso pode incentivá-lo a *testar a realidade* com mais freqüência.

O que você quer dizer com testar a realidade? Em qualquer situação que haja um elemento de dúvida ou incerteza, **testar a realidade** envolve obter informações adicionais para checar suas percepções. A ◆Figura 4.48 mostra uma ilusão poderosa denominada espiral de Fraser. O que parece ser uma espiral é, na verdade, uma imagem composta de uma série de círculos fechados. A maioria das pessoas não consegue ver espontaneamente essa realidade. Em vez disso, elas têm de acompanhar cuidadosamente um dos círculos para confirmar o que é "real" no desenho.

◆FIGURA 4.48 *Os limites da percepção pura. Mesmo desenhos simples são facilmente mal-entendidos. A espiral de Fraser, na verdade, é uma série de círculos concêntricos. A ilusão é tão forte que as pessoas que tentam seguir um dos círculos às vezes seguem a espiral ilusória e saltam de um círculo para outro. (Segundo Seckel, 2000.)*

O psicólogo Sidney Jourard certa vez deu um ótimo exemplo de teste de realidade. Uma das alunas de Jourard achava que a sua companheira de quarto a estava roubando. A aluna foi gradativamente se convencendo da culpa da outra estudante, mas não disse nada. À medida que sua desconfiança e raiva foram aumentando, o seu relacionamento com a moça foi ficando frio e distante. Por fim, por insistência de Jourard, ela a confrontou. A companheira de quarto se inocentou imediatamente e exprimiu alívio quando a mudança surpreendente no relacionamento de ambas foi explicada (Jourard, 1974). Com a amizade reatada, a verdadeira culpada foi logo pega. (Era a faxineira!)

Se você alguma vez concluiu que uma pessoa estava zangada, triste ou hostil sem averiguar a acuidade das suas percepções, você caiu em uma armadilha sutil. A objetividade pessoal é uma qualidade evasiva, que requer que a realidade seja testada freqüentemente para ser mantida. No mínimo, vale a pena perguntar para uma pessoa o que ela está sentido quando você estiver na dúvida. Evidentemente, a maioria de nós poderia aprender a ser uma melhor "testemunha ocular" dos eventos cotidianos.

Consciência Perceptual

Algumas pessoas percebem as coisas de forma mais precisa do que as outras? O psicólogo humanista Abraham Maslow (1969) achava que algumas pessoas percebem a si mesmas e às outras com uma precisão fora do comum. Maslow caracterizou essas pessoas como particularmente vivas, abertas, cientes e mentalmente sadias. Ele descobriu que seus estilos perceptuais eram marcados pela imersão no presente; falta de autoconsciência; liberdade para selecionar, criticar ou avaliar, e uma "rendição" geral à experiência. O tipo de percepção que Maslow descreveu é semelhante ao da mãe com sua criança recém-nascida, ao de uma criança no Natal ou ao de duas pessoas apaixonadas.

Na vida diária, nos **habituamos** rapidamente (respondemos menos) a estímulos previsíveis imutáveis. A habituação é um tipo de aprendizado – nós basicamente aprendemos a parar de prestar atenção a estímulos familiares. Por

Teste de realidade Obter informações adicionais para verificar a precisão das percepções.

Habituação Redução na resposta perceptual a um estímulo repetido.

exemplo, quando você compra um CD novo, a música em princípio prende sua atenção. Mas quando o CD se torna "velho", todas as faixas podem ser tocadas sem você realmente prestar atenção nas músicas. Quando um estímulo é repetido *sem alterações*, nossa resposta a ele se acomoda ou diminui. Um fato interessante é que pessoas criativas se habituam *mais lentamente* que a média. Nós poderíamos esperar que elas se entediassem rapidamente com um estímulo repetido. Em vez disso, parece que as pessoas criativas prestam atenção a estímulos, mesmo naqueles repetidos (Colin et al., 1996).

Atenção

Embora a pessoa média ainda não tenha atingido a restrição perceptual do tipo "viu uma árvore, viu todas", permanece o fato de que a maioria de nós tende a olhar para uma árvore e classificá-la na categoria "árvores em geral", sem realmente apreciar o milagre que está diante de nós. Como, então, podemos fazer que ocorra a **desabituação** (uma reversão da habituação) diariamente? A clareza perceptual requer anos de esforço? Felizmente, há uma avenida mais imediata disponível. O segredo enganosamente simples da desabituação é: preste atenção. O texto a seguir resume a importância da atenção:

Desabituação O contrário de habituação.

Certo dia, um homem do povo disse ao mestre zen Ikkyu: "Mestre, o senhor poderia por favor escrever para mim algumas máximas da mais alta sabedoria?"
 Ikkyu imediatamente pegou o seu pincel e escreveu a palavra "atenção".
 "Isso é tudo?", perguntou o homem. "O senhor não vai acrescentar nada?"
 Ikkyu então escreveu duas vezes: "Atenção, atenção".
 "Bem", observou o homem bastante irritado. "Eu realmente não vejo muita profundidade ou sutileza no que o senhor acabou de escrever."
 Então Ikkyu escreveu a mesma palavra três vezes: "Atenção, atenção, atenção".
 Meio furioso, o homem perguntou: " O que quer dizer 'atenção', de qualquer maneira?".
 E Ikkyu respondeu gentilmente: "Atenção quer dizer atenção" (Kapleau, 1966).

A isso você pode acrescentar apenas um pensamento, fornecido pelas palavras do poeta William Blake: "Se as portas da percepção fossem limpas, o homem veria as coisas como são, infinitas".

Como Tornar-se uma Melhor "Testemunha Ocular" da Vida

Eis um resumo das idéias deste capítulo para ajudá-lo a manter e ampliar a consciência e a precisão perceptual.

1. *Lembre-se de que as percepções são reconstruções da realidade.* Aprenda a questionar regularmente suas percepções. Elas são precisas? Poderia haver uma outra interpretação para os fatos? Que suposições você está fazendo? Elas poderiam ser falsas? Como suas suposições poderiam estar distorcendo suas percepções?
2. *Rompa com os hábitos perceptuais e interrompa a habituação.* Tente todo dia fazer algumas atividades de novas maneiras. Por exemplo, faça trajetos diferentes quando for para o trabalho ou para a escola. Faça atos rotineiros, como escovar os dentes ou o cabelo, com a mão que não é de sua preferência. Tente olhar para seus amigos e familiares como se eles fossem pessoas que você estivesse conhecendo pela primeira vez.
3. *Mude os graus de adaptação e amplie as referências buscando experiências fora do comum.* As possibilidades aqui variam de experimentar comidas que você não come normalmente até ler opiniões bem diferentes das suas. Experiências que variam de um passeio tranqüilo no bosque a um passeio em um parque de diversões podem ser renovadoras perceptualmente.
4. *Cuidado com programações perceptuais.* Toda vez que você classificar pessoas, objetos ou eventos, há o perigo de suas percepções serem distorcidas por expectativas ou categorias preexistentes. Tenha cuidado com rótulos e estereótipos. Tente ver as pessoas como indivíduos e os eventos como coisas únicas que ocorrem apenas uma vez.
5. *Esteja ciente das formas pelas quais os motivos e as emoções influenciam as percepções.* É difícil evitar ser influenciado pelos próprios interesses, necessidades, desejos e emoções. Mas esteja ciente dessa armadilha e tente ativamente ver o mundo pelos olhos dos outros. Adotar a perspectiva de outras pessoas é particularmente valioso em polêmicas ou discussões. Pergunte a si mesmo: "Como isso parece pare ele ou para ela?".

6. *Habitue-se a se envolver em testes de realidade.* Busque ativamente provas adicionais para averiguar a acuidade das suas percepções. Faça perguntas, busque esclarecimentos e descubra canais alternativos de informações. Lembre-se de que as percepções não são automaticamente precisas. Você pode estar errado – todos nós freqüentemente estamos.
7. *Preste atenção.* Faça um esforço consciente para prestar atenção às outras pessoas e aos seus arredores. Não passe pela vida em uma névoa. Ouça os outros com concentração total. Observe suas expressões faciais. Faça contato visual. Tente se habituar a encarar a percepção como se tivesse de relatar depois o que viu e ouviu.

PAUSA PARA ESTUDO — Consciência e Acuidade Perceptual

RELACIONE
Como as percepções são reconstruções ou modelos de eventos externos, deveríamos nos envolver em testes de realidade com mais freqüência. Você consegue pensar em um evento recente no qual um pequeno teste de realidade teria evitado que você julgasse mal uma situação?

Que estratégias você enfatizaria primeiro para melhorar sua consciência e acuidade perceptual?

VERIFICAÇÃO DO APRENDIZADO
1. A maioria das percepções pode ser descrita como reconstruções ativas da realidade externa. V ou F?
2. Evidentemente, na "vida real", ocorrem imprecisões nas percepções das testemunhas oculares, porém, elas não podem ser reproduzidas em experimentos de psicologia. V ou F?
3. As pontuações de precisão dos fatos fornecidos por testemunhas oculares para crimes montados podem ser tão baixas quanto 25%. V ou F?
4. Vítimas de crimes são testemunhas oculares mais precisas que observadores imparciais. V ou F?
5. Testar a realidade é um outro termo para desabituação. V ou F?

Raciocínio Crítico

6. Volte por um momento ao incidente descrito no início deste capítulo. Que fatores perceptuais estavam envolvidos na primeira versão do "assassinato"? Como a menina afetou o que eu vi?

RESPOSTAS:

1.V 2.F 3.V 4.F 5.F 6. A percepção errônea da garota, comunicada de maneira tão convincente, criou uma poderosa expectativa, que influenciou o que percebi. Além disso, o fato ocorreu rapidamente (o tempo de exposição foi curto) e a natureza estressante ou emocional do incidente estimulou minha própria percepção errônea.

REVISÃO DO CAPÍTULO

Pontos Principais

- Os sistemas sensoriais selecionam, analisam e transduzem informações do mundo ao nosso redor.
- Todos os sentidos baseiam-se em uma série complexa de eventos mecânicos, químicos e neurais para gerar mensagens entendidas pelo cérebro.
- A adaptação sensorial, a atenção seletiva e a seleção de sinais elétricos por um portão sensorial modificam significativamente nossas experiências.
- A percepção é um processo ativo de juntar sensações em padrões significativos.
- Nós, inconscientemente, utilizamos princípios da gestalt para organizar as sensações em padrões significativos.
- Nossa capacidade extraordinária de perceber o espaço tridimensional baseia-se na disparidade retinal, nas deixas corporais e nas deixas pictóricas.
- A percepção é bastante afetada pelo aprendizado, pelas expectativas e pelos motivos.
- A acuidade perceptual pode ser melhorada pelo esforço consciente e pela consciência de fatores que contribuem para percepções errôneas.

Resumo

Como funcionam, em geral, os sistemas sensoriais?

- Por causa da transdução, seletividade, sensibilidade limitada, detecção de características e padrões de codificação, os sentidos agem como sistemas de redução de dados.
- As sensações podem ser parcialmente entendidas em termos de localização sensorial no cérebro.

Como se obtém a visão?

- O olho é um sistema visual e não um sistema fotográfico. Todo sistema visual é estruturado para analisar informações visuais.
- Quatro defeitos visuais comuns são: miopia, hiperopia, presbiopia e astigmatismo.
- Os bastões e cones são fotorreceptores na retina do olho.
- Os bastões se especializam na visão periférica, na visão noturna, em ver em preto-e-branco e na detecção de movimentos. Os cones se especializam na visão em cores, acuidade e visão à luz do dia.
- A visão colorida é explicada pela teoria tricromática na retina e pela teoria oponente-processo no sistema visual além dos olhos.
- A cegueira total para cores é rara, mas 8% dos homens e 1% das mulheres são daltônicos ou têm cegueira parcial de cores.
- A adaptação ao escuro é provocada principalmente por um aumento na quantidade de rodopsina nos bastões.

Quais são os mecanismos da audição?

- As ondas sonoras são o estímulo para a audição. Elas são transduzidas pelo tímpano, pelos ossículos auditivos, pela janela oval, cóclea e, por fim, pelas células pilosas.
- A teoria da freqüência e a teoria da localização da audição explicam, juntas, como o tom é sentido.
- Três tipos básicos de surdez são: surdez nervosa, surdez de condução e surdez de estimulação.

Como funcionam os sentidos químicos?

- A olfação (o olfato) e a gustação (o paladar) são sentidos químicos responsivos a moléculas aéreas ou liquefeitas.
- A teoria da chave e da fechadura explica parcialmente o olfato. Além disso, a localização dos receptores olfativos no nariz ajuda a identificar vários aromas.
- Os paladares doce e amargo baseiam-se na codificação do tipo chave e fechadura das formas moleculares. Os paladares salgado e azedo são desencadeados por um fluxo direto de íons para os receptores de paladar.

Quais são os sentidos somestésicos e por que eles são importantes?

- Entre os sentidos somestésicos estão os sentidos da pele, os sentidos vestibulares e os sentidos cinestésicos (receptores que detectam músculos e posicionamento das juntas).
- Os sentidos da pele são o tato, a pressão, a dor, o frio e o calor. A sensibilidade a cada um deles está ligada à quantidade de receptores encontrada em uma região da pele.
- Pode-se diferenciar entre a dor de alerta e a dor de lembrete.
- A dor é bastante afetada pela ansiedade, atenção e pelo controle sobre um estímulo. A dor pode ser reduzida controlando-se esses fatores.
- Várias formas de enjôo de viagem estão ligadas a mensagens recebidas do sistema vestibular, que detecta gravidade e movimento.

Por que estamos mais cientes de algumas sensações do que de outras?

- As sensações que entram são afetadas pela adaptação sensorial, atenção seletiva e seleção de sinais elétricos por um portão sensorial.
- A seleção de sinais elétricos por um portão seletivo de mensagens de dor ocorre na espinha dorsal, como explicado pela teoria de controle do portão.

Como as constâncias perceptuais afetam nossas percepções?

» A percepção é o processo de juntar sensações em uma representação mental útil do mundo.
» Na visão, a imagem projetada na retina muda constantemente, mas o mundo externo parece estável e não distorcido, por causa da constância do tamanho, da forma e do brilho.

Que princípios básicos utilizamos para agrupar as sensações em padrões significativos?

» Separar a figura do fundo é a organização perceptual mais básica.
» Os seguintes fatores ajudam a organizar as sensações: proximidade, similaridade, continuidade, conclusão, contigüidade e região comum.
» Uma organização perceptual pode ser classificada como uma hipótese defendida até que provas a contradigam.

Como é possível ver a profundidade e julgar a distância?

» Uma aptidão básica para a percepção de profundidade está presente logo após o nascimento.
» A percepção de profundidade depende de deixas musculares de acomodação e convergência. A visão estereoscópica é criada basicamente pela disparidade retinal.
» Deixas pictóricas também estão por trás da percepção de profundidade. Entre elas estão a perspectiva linear, o tamanho relativo, a altura no plano do quadro, luz e sombra, sobreposição, declives de textura, neblina aérea e movimento paralaxe.
» A ilusão da lua pode ser explicada pela hipótese da distância aparente, que enfatiza que muitas deixas de profundidade estão presentes quando a lua está no horizonte.

Como a percepção é alterada pelo aprendizado, pelas expectativas e pelos motivos?

» A percepção é uma reconstrução de eventos.
» O aprendizado perceptual influencia as maneiras como organizamos e interpretamos sensações.
» Uma das ilusões mais familiares de todas, a ilusão de Müller-Lyer, parece estar associada ao aprendizado perceptual, à perspectiva linear e às relações de invariabilidade tamanho-distância.
» Os motivos e os valores pessoais alteram a percepção mudando a avaliação do que é visto ou alterando a atenção para os detalhes específicos.
» As percepções podem se basear no processamento de cima para baixo ou de baixo para cima das informações.
» A atenção, a experiência anterior, a sugestão e os motivos se combinam de várias maneiras para criar programações e expectativas visuais.

É possível a percepção extra-sensorial?

» A parapsicologia é o estudo de supostos fenômenos psi, incluindo a vidência, a telepatia, a precognição e a psicocinesia.
» Pesquisas de parapsicologia continuam polêmicas em razão de uma série de problemas e falhas. A maior parte das provas até hoje é contra a existência da PES.
» A PES de palco baseia-se em fraude e truques.

Como posso aprender a perceber os eventos de uma maneira mais precisa?

» Depoimentos de testemunhas oculares são surpreendentemente não-confiáveis. A precisão das testemunhas oculares também, por causa do foco na arma e de uma série de fatores semelhantes.
» Quando um estímulo é repetido sem mudanças, nossa resposta a ele sofre habituação.
» A precisão perceptual é ampliada pelo teste da realidade, desabituação e esforços conscientes para prestar atenção.
» Também é valioso quebrar hábitos perceptuais, ampliar referências, ter cuidado com programações perceptuais e estar ciente das maneiras como os motivos e as emoções influenciam as percepções.

Teste Seus Conhecimentos: Desenvolvimento Humano

As perguntas a seguir são apenas uma amostra do que você precisa saber. Se você errar algum item, deve revisar o capítulo todo.

1. Os sentidos dividem o mundo em características perceptuais e padrões sensoriais básicos, um processo conhecido como
   a. localização sensorial   b. análise sensorial
   c. acomodação   d. fosfenação
2. Se você pressionar suas pálpebras fechadas, irá vivenciar fosfenos. Isso ilustra o conceito de
   a. saturação visual   b. codificação sensorial
   c. acomodação   d. hiperopia
3. As pessoas que se tornam míopes quando ficam mais velhas têm um problema conhecido como
   a. hiperopia b. miopia c. astigmatismo d. presbiopia
4. A maior atividade visual está ligada ao(à) _____ e aos _____.
   a. tricromatismo, bastões   b. humor vítreo, cones
   c. fóvea, cones   d. nanômetro, cones
5. A visão em preto-e-branco e um alto grau de sensibilidade ao movimento são características do(a)
   a. visão bastão b. visão cônica c. ponto cego d. fóvea
6. Pós-imagens coloridas são mais bem explicadas pela(os)
   a. teoria tricromática
   b. efeitos do astigmatismo
   c. localização sensorial
   d. teoria do oponente-processo
7. A adaptação ao escuro está diretamente ligada a um aumento no(a)
   a. rodopsina   b. astigmatismo
   c. acomodação   d. saturação
8. A altura de um som é determinada pela(o) _____ das ondas sonoras.
   a. freqüência b. amplitude c. rarefação d. ossículo
9. Os sons no final são transduzidos por movimentos do(a)(s)
   a. pinna b. martelo c. cóclea d. células pilosas
10. O termo *umami* refere-se a
    a. cegueira olfativa
    b. danos temporários às células pilosas
    c. olfação secundária   d. uma qualidade do paladar
11. O modelo da chave e da fechadura aparentemente explica parcialmente o(a)
    a. enjôo de viagem
    b. olfação e gustação
    c. adaptação ao escuro
    d. cegueira de cores
12. Qual das alternativas NÃO é um sentido somestésico?
    a. paladar b. tato c. equilíbrio d. cinestesia
13. À medida que o tempo vai passando, as extremidades nervosas da pele debaixo do seu relógio de pulso enviam menos sinais ao cérebro e você consegue sentir o relógio. Esse processo é chamado de:
    a. seleção de sinais elétricos por um portão sensorial
    b. o engarrafamento sensorial
    c. atenção revertida
    d. adaptação sensorial
14. O fato de uma leve dor superficial poder reduzir grandemente uma dor mais forte é coerente com
    a. a teoria de controle do portão
    b. o conceito de adaptação sensorial
    c. a teoria do conflito sensorial
    d. a teoria da constância perceptual
15. Qual das alternativas a seguir tem MENOS probabilidade de contribuir para a formação de uma figura perceptual?
    a. continuidade   b. conclusão
    c. similaridade   d. separação
16. O exemplo mais claro de uma deixa binocular de profundidade é:
    a. a perspectiva linear
    b. disparidade retinal
    c. perspectiva aérea
    d. movimento paralaxe
17. A hipótese da distância aparente dá uma boa explicação da(dos):
    a. ilusão da lua   b. ilusão horizontal-vertical
    c. ilusão zulu   d. efeitos da cegueira involuntária
18. O processamento perceptual de cima para baixo está estreitamente associado à(s):
    a. expectativas perceptuais
    b. ilusão de Müller-Lyer
    c. invariabilidades tamanho-distância
    d. precognição
19. As cartas de Zener foram utilizadas nos primeiros estudos do(a)(s):
    a. fenômenos psi
    b. cegueira involuntária
    c. ilusão de Müller-Lyer
    d. processamento de cima para baixo
20. Encontramos um bom antídoto para a habituação perceptual nos esforços conscientes para:
    a. reverter a seleção de sinais elétricos por um portão sensorial
    b. prestar atenção
    c. conseguir a acomodação visual
    d. neutralizar a constância das formas.

RESPOSTAS:

1.b, 2.b, 3.d, 4.c, 5.a, 6.d, 7.a, 8.b, 9.d, 10.d, 11.b, 12.a, 13.d, 14.a, 15.d, 16.b, 17.a, 18.a, 19.a, 20.b

Capítulo **5**

Estados de Consciência

*Uma Visita a Vários Estados
(de Consciência)*

Na Nova Zelândia, um *tohunga* (pastor) maori executa um ritual que dura a noite toda, para falar com os espíritos que criaram o mundo no período mítico que os aborígenes chamam de Hora de Sonhar.

Em Toronto, Canadá, três empresários dirigem-se a uma taverna popular após um dia particularmente estressante.

No sudoeste dos Estados Unidos, um idoso navajo dá chá peiote à sua congregação, um sacramento da Igreja Americana Nativa, enquanto uma batida de tambor ressoa na escuridão.

No Parque Nacional Big Bend, no sul do Texas, um aluno universitário passa o dia andando pela imensidão em um estado silencioso de meditação receptiva.

No norte da Irlanda, uma freira que vive em um convento passa uma semana inteira em preces silenciosas e contemplação.

Em Los Angeles, Califórnia, uma aspirante a atriz consulta um hipnotizador para ajudá-la a diminuir sua fobia de palco.

Em Berkeley, Califórnia, uma artista passa duas horas em uma câmara de flutuação para limpar a mente antes de voltar para trabalhar em um grande quadro.

Em um parque em Amsterdã, um grupo de músicos de rua fuma maconha e canta para ganhar uns trocados.

Em Tucson, Arizona, o autor deste livro enche outra xícara de café.

O que todas essas pessoas têm em comum? Cada uma delas está tentando alterar a consciência – de maneiras, para níveis e por motivos diferentes. Como esses exemplos indicam, a consciência pode assumir várias formas. Na discussão a seguir, começaremos com os reinos familiares do sono e dos sonhos, depois mudaremos para estados de consciência mais exóticos.

Perguntas para Pesquisa

- O que é um estado de consciência alterado?
- Quais são os efeitos da falta de sono e de mudanças nos padrões do sono?
- Existem fases diferentes de sono?
- Quais são as causas dos problemas e dos acontecimentos incomuns relacionados ao sono?
- Os sonhos têm significado?
- Como é feita a hipnose e quais são suas limitações?
- O que é meditação? Ela oferece algum benefício?
- Quais são os efeitos das drogas psicoativas mais utilizadas?
- Como os sonhos são usados para promover o entendimento pessoal?

ESTADOS DE CONSCIÊNCIA – AS VÁRIAS FACETAS DO FATO DE ESTAR CIENTE

▶ **PERGUNTA PARA PESQUISA**   *O que é um estado de consciência alterado?*

Estar consciente significa estar ciente. A **consciência** é composta de todas as sensações, percepções, lembranças e todos os sentimentos dos quais você está ciente a qualquer momento (Farthing, 1992). Passamos a maior parte das nossas vidas em um estado de consciência desperta, um estado de alerta claro e organizado. Na consciência desperta, percebemos os momentos, locais e eventos como reais, com significado e familiares. Mas os estados de consciência associados à fadiga, ao delírio, à hipnose, às drogas e ao êxtase podem diferir consideravelmente da consciência "normal". Todo o mundo vivencia pelo menos alguns estados de consciência alterados, como o sono, o sonhar e o sonhar de olhos abertos. No dia-a-dia, as mudanças na consciência podem acompanhar atos como correr longas distâncias, ouvir música, fazer amor ou outras circunstâncias.

Estados Alterados de Consciência

No que os estados alterados diferem do estado normal de consciência? Durante um **estado alterado de consciência** (EAC), ocorrem mudanças na *qualidade* e no *padrão* de atividade mental. Geralmente, há mudanças distintas nas percepções, emoções, na memória e na noção de tempo, no raciocínio, nas sensações de autocontrole e na sugestionabilidade (Tart, 1986). Deixando as definições de lado, a maioria das pessoas sabe quando vivenciou um EAC.

Existem outras causas para os EACs? Além das já mencionadas, poderíamos acrescentar: sobrecarga sensorial (por exemplo, um delírio, uma multidão em um estádio de futebol), estimulação monótona (como a "hipnose de estrada" em viagens longas), condições físicas incomuns (febre alta, hiperventilação, desidratação, falta de sono, experiências de quase-morte), informações sensoriais restritas e muitas outras possibilidades. Em alguns casos, os estados alterados de consciência têm um importante significado cultural. (Ver "Consciência e Cultura" para obter mais informações.) Neste capítulo, focaremos em sono, hipnose, meditação, privação dos sentidos e efeitos das drogas. Vamos começar com questões sobre o sono, o mais familiar dos EAC.

Consciência Consciência mental das sensações, percepções, lembranças e sentimentos.

Estado alterado de consciência (EAC) Um estado de consciência distintamente diferente da consciência desperta em termos de qualidade ou padrão.

DIVERSIDADE HUMANA: Consciência e Cultura

Em todos os períodos históricos, as pessoas encontraram maneiras de alterar a consciência. Um exemplo drástico é a cerimônia da cabana da transpiração dos índios sioux. Durante o ritual, vários homens se sentam em total escuridão dentro de uma pequena câmara aquecida com carvão. Fumaça de cedro, nuvens de vapor e sálvia preenchem o ar. Os homens cantam ritmicamente. O calor vai aumentando. Finalmente, eles não conseguem mais suportar. Abre-se a porta. Brisas noturnas refrescantes penetram. E depois? O ciclo começa novamente – sendo geralmente repetido quatro ou cinco vezes mais.

Os rituais "da transpiração" dos sioux visam limpar a mente e o corpo. Quando eles são particularmente intensos, resultam em consciência alterada e revelações pessoais.

As pessoas buscam alguns estados alterados por prazer, o que geralmente é verdade no tocante à intoxicação por drogas.

No entanto, como ilustram os índios sioux, muitas culturas consideram a consciência alterada um caminho para o esclarecimento. Realmente, todas as culturas, e a maioria das religiões, reconhecem e aceitam algumas alterações da consciência. Mas o significado dado a esses estados varia grandemente, de sinais de "loucura" e "possessão" por espíritos até pensamentos esclarecedores. Conseqüentemente, o condicionamento cultural afeta de maneira considerável os estados alterados que reconhecemos, buscamos, consideramos normais e atingimos (Heath, 2001; Metzner, 1998).

Em muitas culturas, rituais de cura, prece, purificação ou transformação pessoal são acompanhados de estados de consciência alterados.

SONO – UM BOM LUGAR PARA SE VISITAR

▶ **PERGUNTA PARA PESQUISA** *Quais são os efeitos da perda do sono ou de mudanças nos padrões de sono?*

Cada um de nós vai passar cerca de 25 anos da vida dormindo. Ao contrário da crença popular, não se fica totalmente irresponsivo quando se dorme. Por exemplo, você tem mais probabilidade de acordar se ouvir o seu nome em vez de outro. Da mesma forma, uma mãe que esteja dormindo pode ignorar uma sirene do lado de fora, mas acordará ao menor choramingo do seu filho. É até possível realizar tarefas simples durante o sono. Em um experimento, as pessoas aprendiam a evitar um choque elétrico tocando em um interruptor toda vez que soava um sinal. No final, elas conseguiam fazer isso sem acordar. (Esse feito se parece muito com a capacidade básica de sobrevivência de desligar o seu despertador sem acordar.) Evidentemente, o sono impõe limitações. Não espere aprender matemática, uma língua estrangeira ou outras aptidões complexas enquanto estiver dormindo – principalmente se a soneca ocorrer na sala de aula (Druckman e Bjork, 1994; Woods et al., 1992).

Como o sono é familiar, muita gente acha que sabe tudo sobre ele. Antes de ler mais, teste seus conhecimentos com o Teste sobre o Sono, ao lado. Você ficou surpreso com algumas das respostas? Vamos ver o que sabemos sobre o nosso "retiro diário do mundo".

TESTE SOBRE O SONO

1. As pessoas podem aprender a dormir por apenas algumas horas por noite e mesmo assim agir normalmente. V ou F?
2. Todo o mundo sonha todas as noites. V ou F?
3. O cérebro descansa durante o sono. V ou F?
4. Descansar durante o dia pode repor o sono perdido. V ou F?
5. À medida que as pessoas vão envelhecendo, elas dormem mais. V ou F?
6. O álcool pode ajudar uma pessoa a dormir, mas ele perturba o sono posteriormente durante a noite. V ou F?
7. Se uma pessoa ficar um período suficientemente longo sem dormir, ocorrerá morte. V ou F?
8. Os sonhos ocorrem, na sua maior parte, durante o sono profundo. V ou F?
9. Uma pessoa impedida de sonhar enlouqueceria logo. V ou F?
10. O sonambulismo ocorre quando uma pessoa coloca um sonho em prática. V ou F?

RESPOSTAS

1.F 2.V 3.F 4.F 5.F 6.V 7.V 8.F 9.F 10.F

A Necessidade de Sono

Nem todos os animais dormem. Porém, como os humanos, aqueles que o fazem têm fortes necessidades de sono. Por exemplo, os golfinhos têm de respirar ar voluntariamente, o que significa que eles têm a opção de ficar acordados ou se afogar. Os golfinhos resolvem esse problema dormindo sobre apenas um lado do cérebro por vez! A outra metade do cérebro, que permanece desperta, controla a respiração (Jouvet, 1999).

Quão forte é a necessidade de sono? O sono é um **ritmo biológico** inato que nunca pode ser totalmente ignorado (Webb, 1994). Evidentemente, ele pode ceder temporariamente, principalmente em situações de grande perigo. Como disse um cômico: "O leão e o cordeiro podem se deitar juntos, mas o cordeiro não terá muita vontade de dormir". No entanto, há limites para o tempo que os seres humanos agüentam sem dormir. Uma doença rara que impede o sono sempre acaba da mesma maneira: o paciente entra em estupor, seguido de coma, seguido de morte (Oliwenstein, 1993).

Imagine colocar um animal em uma esteira em movimento sobre uma piscina. Essa não é uma boa forma de dormir! Mesmo assim, o sono sempre vence. Sob essas condições, os animais sempre caem em repetidos microcochilos (Goleman, 1982). Um **microcochilo** é uma breve mudança na atividade cerebral para o padrão normalmente registrado durante o sono. Quando dirigir, lembre-se de que microcochilos podem levar a macroacidentes. Mesmo se seus olhos estiverem abertos, você pode cair no sono por alguns segundos. Aproximadamente dois de cada cem acidentes na estrada são provocados por sonolência (Lyznicki et al., 1998). A propósito, se você estiver lutando para ficar acordado enquanto está dirigindo, pare de lutar e tire um cochilo rápido. O café também ajuda, mas ceder rapidamente ao sono ajuda mais (Horne e Reyner, 1996).

Ritmo biológico Qualquer ciclo repetido de atividade biológica, como os ciclos de dormir e despertar ou mudanças na temperatura do corpo.

Microcochilo Uma breve mudança nos padrões de onda cerebral para os do sono.

Privação do Sono

Quanto tempo uma pessoa agüenta sem dormir? Salvo algumas poucas exceções, quatro dias ou mais sem dormir torna-se um inferno para todos. Por exemplo, um disc-jóquei chamado Peter Tripp certa vez ficou acordado 200 horas para arrecadar dinheiro para uma instituição de caridade. Depois de cem horas, Tripp começou a alucinar. Ele via teias de aranha em seus sapatos e observava horrorizado seu casaco de lã se transformar em um terno de "minhocas peludas". Após 200 horas, Tripp não conseguia distinguir entre seus pesadelos desperto, suas alucinações e a realidade (Luce, 1965). Apesar do colapso de Tripp, são possíveis períodos mais longos sem dormir. O recorde mundial é de Randy Gardner – que com 17 anos de idade ficou 268 horas (11 dias) sem dormir.

ARQUIVO CLÍNICO — Zumbis Adolescentes

Alguma vez você já teve de lutar para ficar acordado em uma aula do ensino médio? A hipersonia (sonolência excessiva durante o dia) é um problema comum na adolescência. O motivo? Mudanças físicas rápidas durante a puberdade aumentam a necessidade de sono. No entanto, as horas de sono tendem a diminuir na adolescência. Em uma época em que os adolescentes precisam de mais sono, eles tendem a dormir menos.

Se os adolescentes sofrem de privação de sono, por que eles simplesmente não dormem mais? À medida que as crianças vão entrando na puberdade, elas tendem a ficar acordadas até mais tarde. Porém, elas precisam acordar cedo para ir à escola, independentemente da hora em que foram dormir. Em conseqüência, muitos adolescentes sofrem de uma grave privação de sono durante a semana. Então, eles dormem mais nos finais de semana, e acordam mais tarde pela manhã. Depois de dormir horas extras por dois dias, muitos têm dificuldade para dormir domingo à noite. Na segunda-feira, eles precisam acordar cedo para ir à escola, e o ciclo de falta de sono começa novamente.

O que pode ser feito quanto à privação de sono dos adolescentes? Os psicólogos persuadiram alguns distritos escolares norte-americanos a começar as aulas mais tarde, para que os alunos do ensino médio pudessem dormir mais. Estudos preliminares indicam que essa mudança no horário melhora o aprendizado e reduz os problemas de comportamento. Parece que parte da "tempestade e estresse" da adolescência pode ser apenas "irritação", provocada pela falta de sono. (Fontes: Fukuda e Ishihara, 2001; Laberge et al., 2001; Mitru et al., 2002.)

Surpreendentemente, Randy precisou apenas de 14 horas de sono para se recuperar. Não é necessário repor totalmente horas de sono perdidas. Como Randy descobriu, a maioria dos sintomas da **privação de sono** (falta de sono) é revertida com uma única noite de sono.

Quais são os custos da falta de sono? A idade e a personalidade fazem uma grande diferença. Embora o comportamento de Peter Tripp tenha se tornado bastante bizarro, Randy Gardner foi menos afetado. Porém, não se iluda: dormir é uma necessidade. Em vários momentos, a fala de Randy era ininteligível e ele não conseguia concentrar-se, lembrar claramente ou dizer o nome de objetos comuns (Coren, 1996). A falta de sono, em geral, provoca tremor nas mãos, pálpebras caídas, falta de atenção, irritabilidade, olhar fixo, mais sensibilidade à dor e desconforto geral (Naitoh et al., 1989).

A maioria das pessoas que não dormiu por dois ou três dias ainda consegue realizar tarefas mentais interessantes ou complexas (Binks et al., 1999). Mas elas têm dificuldade em prestar atenção, permanecer alerta e seguir rotinas simples ou monótonas. Para um motorista, piloto ou operador de máquinas, isso pode significar desastre (Fairclough e Graham, 1999). Se uma tarefa é monótona (como um trabalho de fábrica ou o controle de tráfego aéreo), nenhuma quantidade de horas sem dormir é segura (Gillberg e Akerstedt, 1998). Na verdade, se você perder apenas uma hora de sono por noite, isso pode afetar seu humor, sua memória, sua capacidade de prestar atenção e até sua saúde (Everson, 1998; Maas, 1999).

Como posso dizer de quanto sono eu realmente preciso? Pegue um dia em que se sinta bem descansado. Depois, durma à noite até acordar, sem despertador. Se você se sentir descansado quando acordar, essa é a sua necessidade natural de sono. Se você estiver dormindo menos horas do que necessita, está criando uma defasagem de sono a cada dia (Maas, 1999).

Uma falta de sono grave pode provocar **psicose** temporária de **privação de sono** (perda de contato com a realidade), como Peter Tripp sofreu. Confusão, desorientação, delírios e alucinações são típicos dessa reação. Felizmente, esse comportamento "louco" é incomum. Alucinações e delírios raramente surgem antes de 60 horas de vigília (Naitoh et al., 1989).

Privação do sono Não conseguir as horas de sono necessárias ou desejadas.

Psicose da privação do sono Grave desintegração do funcionamento mental e emocional provocada pela falta de sono.

Padrões de Sono

O sono foi descrito como um ritmo biológico inato. O que significa isso? O sono diário e os períodos despertos criam uma série de padrões de sono. Os ritmos de dormir e acordar são tão estáveis que eles continuam por vários dias, mesmo quando os relógios e os ciclos claro-escuro são retirados. No entanto, sob essas condições, os seres humanos acabam mudando para um ciclo de dormir-acordar em médias de mais de 24 horas (24 horas e 10 minutos, para ser exato) (Czeisler et al., 1999). Isso sugere que os marcadores de tempo externos, principalmente o claro e o escuro, ajudam a associar nossos ritmos de sono a ciclos que duram exatamente 24 horas (◆Figura 5.1). Caso contrário, muitos de nós iríamos cair nos nossos ciclos de sono fora do comum (Lavie, 2001).

Qual é a média normal de sono? Algumas poucas pessoas conseguem sobreviver com apenas uma ou duas horas de sono por noite – e se sentirem perfeitamente bem. Porém, isso é raro. Somente 8% da população é composta de *pessoas que dormem pouco*, com uma média de cinco horas de sono ou menos por noite. Na outra extremidade da tabela, encontramos pessoas que dormem muito, nove horas ou mais (e tendem a se preocupar muito durante o dia) (McCann e Stewin, 1988). A maioria de nós dorme

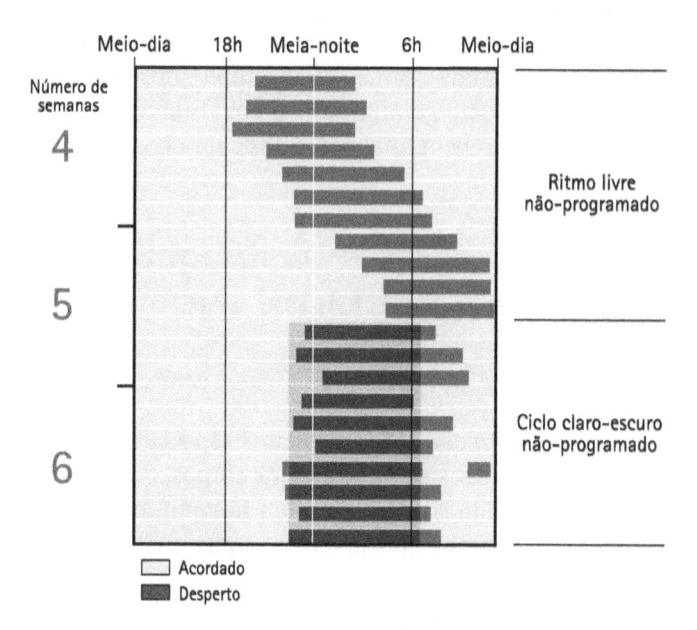

◆FIGURA 5.1 *Os ritmos do sono. As barras mostram períodos de sono durante a quarta, a quinta e a sexta semanas de um experimento com um sujeito humano. Durante os períodos não-programados, o sujeito podia escolher as horas e a iluminação para dormir. O resultado foi um ritmo de sono de cerca de 25 horas. Observe como o ritmo livre começou a avançar no relógio à medida que as pessoas iam dormir cada dia mais tarde. Quando os períodos de escuridão (área sombreada) foram impostos durante a quinta semana, o ritmo se ressincronizava rapidamente, com dias de 24 horas. (Adaptado de Czeisler, 1981.) (Ver também caderno colorido.)*

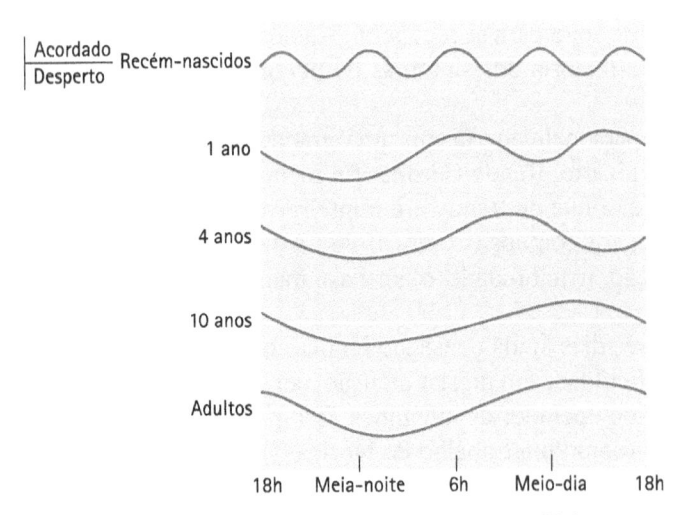

◆FIGURA 5.2 *Desenvolvimento de padrões de sono. Ciclos curtos de sono e horas desperto gradativamente se tornam o ciclo dia-noite de um adulto. Embora a maioria dos adultos não faça cochilos, a sonolência à tarde é uma parte natural do ciclo do sono. (Segundo Williams et al., 1964.)*

de sete a oito horas por dia. Para algumas poucas pessoas, porém, é normal dormir cinco horas ou onze horas por dia. Incitar todo mundo a dormir oito horas seria como aconselhar toda a população a usar sapatos tamanho médio.

As pessoas idosas precisam de mais sono? As necessidades de sono das pessoas permanecem razoavelmente constantes à medida que elas vão envelhecendo. Porém, as pessoas idosas raramente dormem tanto quanto necessitam. O tempo total de sono diminui ao longo da vida. Pessoas com mais de 50 anos de idade dormem uma média de apenas seis horas por noite. Em contraposição, as crianças passam mais de 20 horas por dia dormindo, geralmente em ciclos de duas a quatro horas.

Conforme vão amadurecendo, as crianças passam por uma fase de "cochilo", e por fim se estabilizam em um ciclo de dormir uma vez por dia (◆Figura 5.2). Algumas pessoas, evidentemente, fazem uma "siesta" à tarde, como um padrão na idade adulta. Talvez todos nós devêssemos fazer isso. A sonolência no meio da tarde é uma parte do ciclo natural do sono. Cochilos breves e bem programados podem ajudar a manter alertas pessoas como motoristas de caminhão e estagiários em hospitais, que freqüentemente têm de lutar contra a sonolência (Batejat e Lagarde, 1999).

É muito tentador querer reduzir o tempo de sono. No entanto, as pessoas em ciclos de sono *reduzidos*, como três horas de sono para seis horas acordadas, geralmente não conseguem dormir quando o ciclo assim o exige. É por isso que os astronautas continuam a dormir na sua rotina normal da Terra enquanto estão no espaço. Adaptar-se a *dias mais longos* que o normal parece mais promissor. Esses dias podem ser moldados para que combinem com os padrões naturais do sono, que têm uma proporção de dois para um entre as horas que a pessoa fica acordada e as horas que dorme. Por exemplo, um estudo mostrou que "dias" de 28 horas funcionam para algumas pessoas. Porém, no geral, o sono é um "tirano dócil". Os padrões do sono podem ser dobrados e esticados, mas raramente sucumbem totalmente aos caprichos humanos (Akerstedt et al., 1993).

FASES DO SONO – O PASSEIO DE TODA NOITE NA MONTANHA-RUSSA

▶ **PERGUNTA PARA PESQUISA** *Existem várias fases do sono?*

O que provoca o sono? Os primeiros especialistas em sono achavam que algo na corrente sangüínea provocava o sono. Mas irmãos siameses, cujos corpos são grudados quando nascem, mostram que isso é falso. Nos períodos em que estamos acordados, um **hormônio do sono** (substância química que provoca o sono) é coletado no cérebro e na espinha dorsal, *não* no sangue. Se essa substância for extraída de um animal e injetada em outro, o segundo animal irá dormir profundamente por várias horas (Cravatt et al., 1995).

Você estar acordado ou dormindo agora depende do *equilíbrio* entre sistemas independentes de sono e de estar acordado. Os circuitos e as substâncias químicas do cérebro em um dos sistemas provoca o sono. Uma rede de células do cérebro no outro sistema reage às substâncias químicas que reduzem o sono. Os sistemas realizam uma gangorra para a frente e para trás, o que faz o cérebro alternar entre dormir e acordar (Lavie, 2001). Observe que o cérebro não "fecha as portas" durante o sono. O que ocorre é uma mudança no *padrão* de atividade. A quantidade total de atividade permanece razoavelmente constante (Steriade e McCarley, 1990).

Hormônio do sono Substância que provoca o sono encontrada no cérebro e na espinha dorsal.

Fases do Sono

Como a atividade cerebral muda quando você adormece? As mudanças que vêm com o sono podem ser medidas com um **eletroencefalógrafo** ou **EEG**. O cérebro gera pequenos sinais eletrônicos (ondas cerebrais) que podem ser amplificados e registrados. Quando você está desperto e alerta, o EEG revela um padrão de pequenas ondas rápidas denominadas **beta**. Imediatamente antes do sono, o padrão muda para ondas maiores e mais lentas, denominadas **alfa**. (As ondas alfa também ocorrem quando você está relaxado e permitem que seus pensamentos fluam.) Quando os olhos se fecham, a respiração se torna lenta e regular, o pulso fica mais lento e a temperatura do corpo cai. Logo depois, ocorrem quatro **fases do sono**, independentes.

Fase 1

Quando você perde a consciência e entra no **sono leve** (sono da fase 1), seus batimentos cardíacos ficam ainda mais lentos. A respiração se torna irregular. Os músculos do seu corpo relaxam. Isso pode desencadear um abalo do músculo de reflexo denominado *abalo hípnico*. (Isso é bem normal, portanto, não tenha receio em admitir para os seus amigos que adormeceu com um abalo hípnico.) Na fase 1 do sono, o EEG é composto basicamente de ondas pequenas e irregulares, com algumas ondas alfa. As pessoas que são acordadas podem ou não dizer que estavam dormindo.

Fase 2

À medida que o sono vai ficando mais profundo, a temperatura do corpo vai caindo cada vez mais. Além disso, o EEG começa a incluir **fusos do sono**, que são pequenas explosões de atividades distintas de ondas cerebrais. Os fusos aparentemente marcam as verdadeiras fronteiras do sono. Quatro minutos após o aparecimento dos fusos, a maioria das pessoas diz que estava dormindo.

Fase 3

Na fase 3, uma nova onda cerebral, chamada delta, começa a surgir. As **ondas delta** são muito grandes e lentas. Elas sinalizam uma mudança para um sono mais profundo e mais perda de consciência.

Fase 4

A maioria das pessoas atinge o **sono profundo** (o grau mais profundo do sono normal) em aproximadamente uma hora. As ondas cerebrais dessa fase são quase puramente delta, e a pessoa que está dormindo encontra-se em um estado de esquecimento. Se você fizer um grande barulho durante esta fase, a pes-

---

Eletroencefalógrafo (EEG) Equipamento criado para detectar, amplificar e registrar a atividade elétrica no cérebro.

Ondas beta Ondas cerebrais pequenas e rápidas associadas ao fato de a pessoa estar desperta e alerta.

Ondas alfa Ondas cerebrais grandes e lentas associadas ao relaxamento e ao ato de adormecer.

Fases do sono Graus de sono identificados por padrões de ondas cerebrais e mudanças no comportamento.

Sono leve Sono da fase 1, marcada por ondas cerebrais pequenas e irregulares, e algumas ondas alfa.

Fusos do sono Explosões distintas de atividade das ondas cerebrais que indicam que a pessoa está dormindo.

Ondas delta Ondas cerebrais grandes e lentas que ocorrem no sono mais profundo (fases 3 e 4).

Sono profundo Sono da fase 4; a forma mais profunda do sono normal.

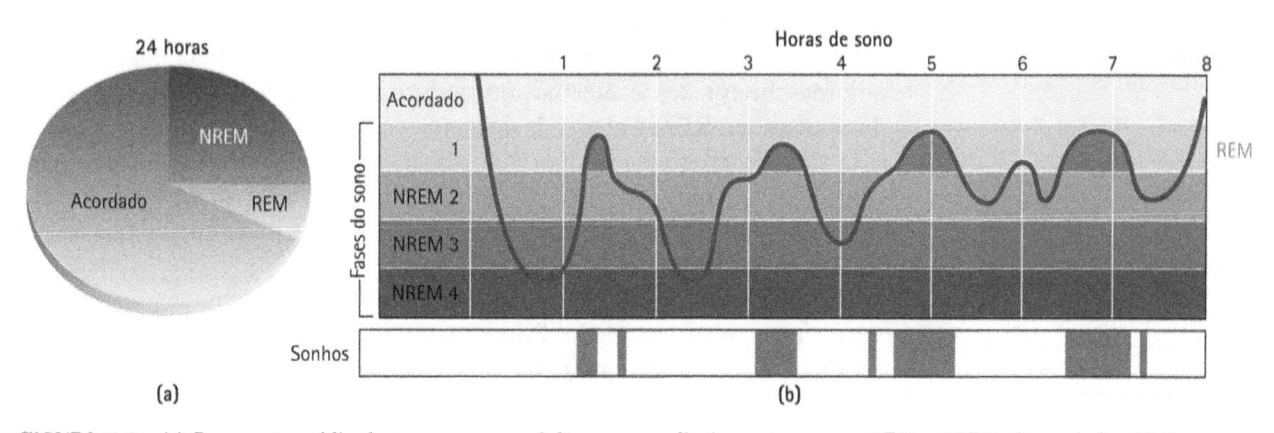

◆FIGURA 5.3 (a) *Proporção média do tempo que os adultos passam diariamente no sono REM e NREM. Os períodos REM somam cerca de 20% do tempo total de sono.* (b) *Mudanças típicas nas fases de sono durante a noite. Note que os sonhos, na maior parte, coincidem com os períodos REM.*

soa que está dormindo irá acordar confusa e talvez não se lembre do barulho. Depois de passar algum tempo na fase 4, a pessoa volta (passando pelas fases 3 e 2) à fase 1. Outras alternâncias entre o sono mais profundo e o sono mais leve ocorrem durante a noite (♦Figura 5.3).

Dois Tipos Básicos de Sono

Se você observar uma pessoa dormindo, notará que os olhos dela de vez em quando se movem por debaixo das pálpebras. Esses **movimentos rápidos dos olhos** (ou **REMs**) estão associados ao ato de sonhar (Figura 5.3). Em aproximadamente 85% das vezes, as pessoas que são acordadas durante os REMs relatam sonhos vívidos. Além dos movimentos rápidos dos olhos, o **sono REM** é marcado por uma volta aos padrões normais do EEG, semelhantes aos do sono da fase 1. Na verdade, o cérebro está tão ativo durante o sono REM que parece que a pessoa está acordada (Hobson et al., 1998). O sono REM é fácil de ser observado em animais de estimação como gatos e cachorros. Preste atenção aos movimentos dos olhos e do rosto e na respiração irregular. (Mas você pode esquecer sua iguana de estimação. Os répteis não apresentam sinais de sono REM.)

Sono REM e NREM

Os dois estados mais básicos de sono são o REM, com os sonhos associados a ele, e o sono **não-REM** (NREM), que ocorre durante as fases 1, 2, 3 e 4 (Jouvet, 1999). O sono NREM é sem sonhos cerca de 90% do tempo. O seu primeiro período de sono da fase 1 normalmente não tem REMs e sonhos. Cada volta posterior à fase 1 geralmente é acompanhada por movimentos rápidos dos olhos. Os sonhos durante o sono REM tendem a ser mais longos, mais claros, mais detalhados, mais bizarros e mais "oníricos" que os pensamentos e as imagens que ocorrem no sono NREM (Hobson et al., 2000). Além disso, as regiões do cérebro associadas a imagens e emoções ficam mais ativas durante o sono REM. Isso explica por que o sonho pode ser mais vívido no sono REM do que no sono NREM (Braun et al., 1998).

Qual é a função do sono NREM? O sono NREM aumenta após algum esforço físico. Isso indica que ele nos ajuda a nos recuperarmos da fadiga corporal. Comparativamente, o estresse diurno tende a aumentar o sono REM. O sono REM totaliza apenas cerca de 90 minutos por noite (aproximadamente a mesma duração de um longa-metragem). No entanto, sua ligação com o sonho o torna tão importante quanto o sono NREM. O sono REM pode subir drasticamente quando há uma morte na família, problemas no trabalho, conflito conjugal ou outros eventos com carga emocional.

O Sonhar

O que acontece com o corpo quando uma pessoa sonha? O sono REM é um momento de altas emoções. O coração bate de forma irregular. A pressão sangüínea e a respiração vacilam. Tantos os homens quanto as mulheres parecem estar sexualmente excitados: os homens geralmente têm ereção e o fluxo sangüíneo nos órgãos genitais aumenta nas mulheres. Isso ocorre em todos os sonos REM, portanto, não está estritamente associado a sonhos eróticos (Jouvet, 1999).

Durante o sono REM, seu corpo fica bastante parado, como se você estivesse paralisado. Imagine representar alguns dos seus sonhos recentes. Muito provavelmente, a paralisia do sono REM impede algumas escapadas noturnas hilariantes e até mesmo perigosas. A falta de paralisia muscular durante o sono REM é chamada de *distúrbio comportamental*. As pessoas com esse tipo de problema podem vandalizar violentamente, pular para fora da cama e atacar seus parceiros de cama. Um paciente se amarrava à sua cama todas as noites. Dessa forma, ele não poderia pular e bater em móveis ou paredes (Shafton, 1995).

Logo mais, iremos pesquisar alguns problemas adicionais do sono – se você ainda estiver acordado. Primeiramente, eis algumas perguntas para checar quanto você se lembra da nossa discussão até agora.

Movimentos rápidos dos olhos (REMs) Movimentos rápidos dos olhos durante o sono.

Sono REM Sono marcado por movimentos rápidos dos olhos e um retorno aos padrões do EEG da fase 1.

Sono NREM Sono de movimento não-rápido dos olhos característico das fases 2, 3 e 4.

PAUSA PARA ESTUDO — Estados Alterados e o Sono

RELACIONE

Faça uma breve lista de alguns estados alterados de consciência que você vivenciou. O que eles têm em comum? No que eles diferem? Que condições os provocaram?

Imagine que você seja um conselheiro em uma clínica de sono. Você deve explicar os elementos básicos do sono e do sonhar para um novo cliente que sabe pouca coisa sobre esses assuntos. Você consegue?

VERIFICAÇÃO DO APRENDIZADO

1. Os estados alterados de consciência são definidos basicamente por mudanças nos padrões de atividade. V ou F?
2. Uma mudança momentânea na atividade cerebral para um padrão característico do sono é chamada de:
   a. sono delta b. sono leve c. microcochilo d. privação de sono
3. Os delírios e alucinações geralmente continuam por vários dias após uma pessoa privada de sono voltar ao sono normal. V ou F?
4. Adultos mais velhos, e particularmente os idosos, dormem mais do que as crianças, porque os idosos se cansam mais facilmente. V ou F?
5. A maioria dos estudos dos padrões do sono mostram uma proporção constante de 2 para 1 entre o tempo que a pessoa está desperta e o tempo que a pessoa está dormindo. V ou F?
6. Os movimentos rápidos dos olhos (REMs) indicam que a pessoa está em sono profundo. V ou F?
7. As ondas alfa estão para a sonolência pré-sono assim como as _____ estão para o sono da fase 4.

Raciocínio Crítico

8. Por que pode ser melhor para o ciclo não-programado de dormir-acordar dos seres humanos ter uma média de mais em vez de menos de 24 horas?
9. Que vantagens o sono pode oferecer biologicamente?

RESPOSTAS:

1. F 2. c 3. F 4. F 5. V 6. F 7. ondas delta 8. Os especialistas em sono teorizam que a média de 25 horas deixa um pequeno "período de inatividade" no ciclo. Os marcadores de tempo externos podem retardar ligeiramente o ciclo corporal para sincronizar com seus ciclos de claro-escuro. Se o ciclo corporal fosse mais curto do que 24 horas, talvez nós todos precisássemos "esticar" todo dia para nos adaptarmos. 9. Reduzir a atividade corporal e o metabolismo durante o sono pode ajudar a preservar as energias e prolongar a vida. Além disso, a seleção natural pode ter favorecido o sono porque os animais que permaneciam ativos durante a noite provavelmente tinham mais chance de morrer. (Mas eu aposto que eles se divertiam mais.)

PROBLEMAS DO SONO — EM EXIBIÇÃO TODAS AS NOITES: GUERRAS DO SONO!

▶ **PERGUNTA PARA PESQUISA** *Quais são as causas dos problemas e dos acontecimentos incomuns relacionados ao sono?*

A qualidade do sono tem tomado um golpe na América do Norte. Iluminação artificial, agendas frenéticas, passatempos emocionantes, tabagismo, beber, hiperestimulação e muitos outros fatores contribuíram para uma quase epidemia de problemas relacionados ao sono. Problemas do sono são um sério risco à saúde e à felicidade. As clínicas de sono tratam milhares de pessoas, todos os anos, que sofrem de problemas ou têm reclamações em relação ao sono (ver ▲Tabela 5.1). Vamos explorar alguns dos problemas mais interessantes que essas pessoas enfrentam, começando com a insônia.

Insônia

Olhar para o teto às duas horas da manhã está bem embaixo na lista de passatempos preferidos da maioria das pessoas. No entanto, 30% de todos os adultos já tiveram insônia. Cerca de 9% têm um problema sério ou crônico. A **insônia** inclui a dificuldade para dormir, despertar freqüentemente durante a noite, acordar cedo demais ou uma combinação deles. A insônia pode prejudicar o trabalho, a saúde e os relacionamentos das pessoas (Walsh e Uestuen, 1999).

Os cidadãos da América do Norte vão gastar bem mais que meio bilhão de dólares este ano com remédios para dormir. Há uma real ironia nesse gasto. Os

Insônia Dificuldade para adormecer ou ficar dormindo.

remédios para dormir que não precisam de receita médica, como *Sominex, Nytol* e *Sleep-Eze,* têm pouco efeito de indução do sono. Os barbitúricos são ainda piores. Esses sedativos, que precisam de receita médica, reduzem tanto o sono da fase 4 quanto o sono REM, o que baixa drasticamente a qualidade do sono. Além disso, muitos usuários se tornam tão "viciados em remédios para dormir" que precisam de uma quantidade cada vez maior para adormecer. O resultado final é *a insônia por dependência das drogas* (falta de sono provocada pela abstinência dos remédios para dormir). As vítimas têm de ser cuidadosamente afastadas deles, caso contrário, pesadelos horríveis e "insônia de rebote" podem levá-las de volta ao uso das drogas. É bom lembrar que, embora o álcool e outras drogas depressivas possam ajudar a pegar no sono, eles reduzem a qualidade dele (Lobo e Tufik, 1997).

Se os remédios para dormir são uma maneira ruim de tratar a insônia, o que pode ser feito? Os especialistas em sono atualmente preferem tratar a insônia com mudanças no estilo de vida e técnicas comportamentais, como as descritas em "Remédios Comportamentais para a Insônia" (Walsh e Scweitzer, 1999).

Tipos e Causas da Insônia

Preocupação, estresse e empolgação podem provocar uma insônia temporária e um ciclo contraproducente. Primeiramente, o excesso de atividade mental ("Eu não consigo parar de revirar as coisas na minha mente") e um aumento da excitação bloqueiam o sono. Depois, a frustração e a raiva por não conseguir dormir provocam mais preocupação e excitação. Isso atrasa ainda mais o sono, o que ocasiona mais frustração e assim por diante (Espie, 2002).

Uma boa maneira de derrotar esse ciclo é evitar combatê-lo. Geralmente é melhor você se levantar e fazer alguma coisa útil ou satisfatória quando tiver dificuldade para dormir. (Ler um livro didático pode ser uma boa opção de atividade útil.) Volte para a cama somente quando começar a sentir que está lutando para ficar acordado.

O que você come também afeta a facilidade com que se vai adormecer. Comer alimentos amiláceos aumenta a quantidade de *triptófano* (um aminoácido) que chega ao cérebro. Mais triptófano, por sua vez, aumenta a quantidade de serotonina no cérebro. A serotonina é associada a relaxamento, espírito otimista e sonolência. Conseqüentemente, para induzir o sono, tente comer um lanche que seja quase só amido. Lanches bons para induzir o sono são: biscoitos, pão, massa, aveia e cereal seco. Se você realmente quiser lançar uma bomba contra a insônia, tente comer uma batata assada (que pode ser o maior remédio para dormir do mundo!) (Sahelian, 1998).

TABELA 5.1 Problemas do Sono — Coisas que Dão Errado à Noite

HIPERSONIA Sonolência excessiva durante o dia. Isso pode ser conseqüência de depressão, insônia, narcolepsia, apnéia do sono, embriaguez do sono (uma lenta transição para acordar), movimentos periódicos dos membros, dependência de drogas e outros problemas.

INSÔNIA Dificuldade em adormecer ou ficar dormindo; além disso, não se sentir descansado depois de dormir.

NARCOLEPSIA Ataques repentinos e irresistíveis de sono durante o dia que podem durar de alguns poucos minutos até meia hora. As vítimas podem adormecer em pé, enquanto estão falando ou mesmo dirigindo.

DISTÚRBIO DE PESADELOS Pesadelos vívidos e recorrentes que perturbam significativamente o sono.

SÍNDROME DOS MOVIMENTOS PERIÓDICOS DOS MEMBROS Abalos musculares (que afetam basicamente as pernas) que ocorrem a cada 20 a 40 segundos e perturbam gravemente o sono.

DISTÚRBIO DO COMPORTAMENTO REM Falha da paralisia muscular normal, o que leva a ações violentas durante o sono REM.

SÍNDROME DAS PERNAS IRREQUIETAS Um impulso irresistível de movimentar as pernas para aliviar sensações de arrepio, formigamento, comichão, dor ou tensão.

APNÉIA DO SONO Durante o sono, a respiração pára por 20 segundos ou mais até a pessoa despertar um pouco, procurar o ar e voltar a dormir; esse ciclo pode se repetir centenas de vezes por noite.

EMBRIAGUEZ DO SONO Uma lenta transição para a consciência clara depois de acordar; às vezes associada a um comportamento irritadiço ou agressivo.

DISTÚRBIO DO PAVOR DO SONO A ocorrência repetida de pavores noturnos que perturbam consideravelmente o sono.

DISTÚRBIO DA PROGRAMAÇÃO DORMIR-ACORDAR Uma discrepância entre a programação dormir-acordar exigida pelo ritmo do corpo da pessoa e pelo ambiente.

DISTÚRBIO DO SONAMBULISMO Incidentes repetidos de sair da cama e andar enquanto se está dormindo.

(Bond e Wooten, 1996; DSM-IV-TR, 2000; Hauri e Linde, 1990.)

USANDO A PSICOLOGIA: Remédios Comportamentais para a Insônia

Todas as abordagens discutidas aqui são úteis para tratar a insônia (Hopson, 1986). Experimente-as e descubra o que funciona para você. Dos métodos listados, a restrição do sono e o controle do estímulo são os mais eficazes (Chesson et al., 1999).

ESTIMULANTES

Evite estimulantes como café e cigarro. Lembre-se também de que o álcool, embora não seja estimulante, prejudica a qualidade do sono.

PREOCUPAÇÕES

Reserve tempo no início da noite para escrever suas preocupações. Planeje o que vai fazer a respeito delas no dia seguinte. Depois, tire-as da cabeça até a manhã seguinte.

RELAXAMENTO

Aprenda uma estratégia física ou mental para relaxar, como o relaxamento gradativo dos músculos, meditação ou apagar as preocupações com imagens tranqüilizantes. Exercícios árduos durante o dia provocam sono. É melhor se forem feitos seis horas antes da hora de ir para a cama (Maas, 1999). Exercícios à noite só são úteis se forem bem leves.

RESTRIÇÃO DO SONO

Mesmo se você ficar uma noite inteira sem dormir, não durma até tarde na manhã seguinte, tente não dormir à tarde ou ir para a cama cedo na noite seguinte. Procure restringir o sono às suas horas normais de dormir. Dessa maneira você evita fragmentar seus ritmos de sono (Lacks e Morin, 1992).

CONTROLE DOS ESTÍMULOS

Associe o quarto somente ao ato de dormir, para que ele não desencadeie preocupações: (1) só vá para a cama quando realmente estiver cansado. (2) Acorde todo dia no mesmo horário. (3) Evite atividades não associadas a dormir na cama. (4) Sempre saia do quarto se não pegar no sono em dez minutos. (5) Faça outra coisa quando estiver aborrecido por não conseguir dormir (Bootzin e Epstein, 2000).

INTENÇÃO PARADOXAL

Para tirar a pressão de tentar conseguir pegar no sono, procure manter os olhos abertos (no escuro) e fique acordado o máximo de tempo possível (Horvath e Goheen, 1990). Isso permite que o sono pegue você de surpresa e reduz a ansiedade do desempenho. Nunca tente ir dormir. Deixe que isso aconteça naturalmente (Espie, 2002).

E quanto aos casos mais graves de insônia? A insônia crônica existe se os problemas do sono persistirem por mais de três semanas. O tratamento da insônia crônica começa com uma análise detalhada dos hábitos de dormir, estilo de vida, níveis de estresse e problemas médicos do paciente. A primeira coisa que os pacientes devem fazer é consumir menos cafeína, álcool e cigarro. Alguns insones utilizam o treinamento de relaxamento para reduzir a excitação antes de dormir. As estratégias para controlar os estímulos também ajudam. O **controle dos estímulos** refere-se a associar uma resposta a um estímulo específico. Por exemplo, pede-se aos pacientes para evitar fazer qualquer outra coisa que não seja dormir quando estiverem na cama. Eles não devem estudar, comer, assistir à televisão, ler, pagar contas, preocupar-se, nem mesmo pensar na cama. (Porém, fazer amor é permitido.) Dessa forma, só dormir e relaxar serão associados ao ato de ir para a cama (Bootzin e Epstein, 2000).

Uma das melhores maneiras de combater a insônia é também a mais simples. Muitos insones têm hábitos de dormir dispersos. Para essas pessoas, adotar uma programação regular ajuda a criar um ritmo corporal firme, o que melhora grandemente o sono. Recomenda-se aos pacientes levantar-se e dormir no mesmo horário todos os dias, inclusive nos fins de semana (Bootzin e Epstein, 2000). (Como já observamos anteriormente no tocante à falta de sono dos adolescentes, muitas pessoas perturbam seus ritmos de sono ficando acordadas até tarde nos fins de semana.) (Ver novamente "Remédios Comportamentais para a Insônia".)

Sonambulismo e Soniloquismo

O **sonambulismo** é misterioso e fascinante. Os sonâmbulos (aqueles que andam durante o sono) evitam obstáculos, descem escadas e em raras ocasiões podem sair pela janela ou ficar em frente a carros. Os olhos daqueles que andam durante o sono geralmente ficam abertos, mas um rosto impassível e pés trançados revelam que a pessoa ainda está dormindo. O pai ou a mãe que encontrarem um filho andando durante o sono deve levá-lo delicadamente de volta para a cama. Acordar um sonâmbulo não causa nenhum mal, mas não é necessário.

Controle dos estímulos Associar uma determinada resposta a estímulos específicos.

Sonambulismo O sonambulismo ocorre durante o sono NREM.

O sonambulismo ocorre durante o sonho? Não. Lembre-se de que geralmente as pessoas estão imobilizadas durante o sono REM. Estudos de EEG revelaram que o sonambulismo ocorre durante as fases 3 e 4 do NREM. O **soniloquismo** também ocorre, na sua maior parte, nas fases NREM do sono. O elo com o sono profundo explica por que o soniloquismo não faz muito sentido, e por que os sonâmbulos ficam confusos e se lembram de pouca coisa quando são acordados (DSM-IV-TR, 2000).

Pesadelos e Terrores Noturnos

O sono da fase 4 também é reino dos terrores noturnos. Esses episódios aterrorizantes são bem diferentes dos pesadelos comuns. Um **pesadelo** é simplesmente um sonho ruim que ocorre durante o sono REM. Os pesadelos, que ocorrem cerca de duas vezes por mês, são geralmente breves e fáceis de serem lembrados (Wood e Bootzin, 1990). Nos **terrores noturnos** da fase 4, a pessoa sofre pânico total e pode ter alucinações de imagens de sonho apavorantes no quarto. Um ataque desse tipo pode durar de 15 a 20 minutos. Quando termina, a pessoa acorda encharcada de suor, mas se lembra apenas vagamente do medo. Como os pavores noturnos acontecem somente durante o sono NREM (quando o corpo não está imobilizado), as vítimas podem se sentar, gritar, sair da cama ou correr pelo quarto. Elas se lembram pouco de tudo isso logo depois. (Os outros membros da família, porém, podem ter uma história para contar.) Os pavores noturnos são mais comuns na infância, mas eles continuam a atormentar cerca de dois em cada cem adultos (Ohayon et al., 1999).

Como Eliminar um Pesadelo

Há alguma maneira de parar um pesadelo recorrente? Um pesadelo pode ser pior que qualquer filme de terror. Você pode sair do cinema, mas geralmente ficamos presos em sonhos aterrorizantes. Mesmo assim, é possível eliminar a maioria dos pesadelos seguindo-se três etapas simples. Primeiramente, escreva seu pesadelo, descrevendo-o em detalhes. Depois, mude o sonho da maneira como desejar, certificando-se de descrever os detalhes do novo sonho. A terceira etapa é o *ensaio de imagens*, no qual você ensaia mentalmente o sonho modificado antes de pegar no sono novamente (Krakow e Neidhardt, 1992). O ensaio de imagens pode funcionar porque torna os sonhos perturbadores familiares enquanto a pessoa está acordada e se sentindo segura. Ou talvez "reprograme" o conteúdo dos sonhos futuros. De qualquer maneira, essa técnica já ajudou várias pessoas (Krakow et al., 1996).

Apnéia do Sono

Um sábio certa vez disse: "Ria e o mundo inteiro rirá com você; ronque e dormirá sozinho". "Serrar madeira" toda noite é inofensivo, mas às vezes indica um problema grave. Uma pessoa que ronca alto, com pequenos silêncios e altos engasgos ou bufos, pode sofrer de apnéia (interrupção da respiração). Na **apnéia do sono**, a respiração pára por períodos de 20 segundos a 2 minutos. Como a necessidade de oxigênio se torna intensa, a pessoa acorda um pouco e procura o ar. Depois ela volta a dormir. Porém, logo a respiração pára novamente. Esse ciclo se repete centenas de vezes por noite. Como você pode adivinhar, as vítimas de apnéia ficam extremamente sonolentas durante o dia (DSM-IV-TR, 2000).

O que causa a apnéia do sono? Alguns casos ocorrem porque o cérebro pára de enviar sinais para o diafragma manter a respiração. Uma outra causa é o bloqueio das vias aéreas superiores. Toda pessoa que ronca alto deve procurar tratamento em uma clínica para problemas do sono (Koenig, 1996).

SMSI

Suspeita-se que a apnéia do sono seja uma das causas da **síndrome da morte súbita infantil (SMSI)** ou "morte do berço". Todo ano, 1 em cada 500 bebês é vítima da SMSI. Na morte do berço "normal", um bebê ligeiramente prematuro ou pequeno, com alguns sinais de resfriado ou tosse, é embrulhado e colocado na cama. Pouco tempo depois, os pais descobrem que a criança morreu. Um bebê privado de ar geralmente luta para respirar novamente. Porém,

---

Soniloquismo Fala que ocorre durante o sono NREM.

Pesadelo Sonho ruim que ocorre durante o sono REM.

Terror noturno Estado de pânico durante o sono NREM.

Apnéia do sono Interrupção repetida da respiração durante o sono.

Síndrome da morte súbita infantil (SMSI) A morte repentina e inexplicada de uma criança aparentemente sadia.

os bebês da SMSI aparentemente têm um reflexo de excitação fraco. Isso impede que eles mudem de posição e retomem a respiração após um episódio de apnéia (Horne et al., 2001).

Os bebês com risco de SMSI têm de ser cuidadosamente observados nos primeiros seis meses de vida. Para ajudar os pais nessa tarefa, pode-se utilizar um monitor especial que soa um alarme quando a respiração ou o pulso ficam fracos. A lista a seguir apresenta alguns sinais de perigo de SMSI.

- A mãe é adolescente.
- O bebê é prematuro.
- O bebê tem um choro estridente e agudo.
- O bebê se envolve em "ronco", retenção da respiração ou acorda freqüentemente durante a noite.
- O bebê respira basicamente pela boca aberta.
- O bebê fica passivo quando seu rosto rola para um travesseiro ou cobertor.
- A cama do bebê contém objetos macios como travesseiros, colchas, edredons ou peles de carneiro.
- Os pais ou outros adultos na casa são fumantes.

"Voltar a Dormir"

Teste: Os bebês devem ser colocados com o rosto para cima ou para baixo na cama? A posição de dormir é um outro grande risco de SMSI. Crianças saudáveis ficam melhor se dormirem com a barriga para cima ou de lado (os bebês prematuros, com problemas respiratórios, e os que vomitam com freqüência, talvez precisem dormir de bruços; peça orientação ao pediatra). Pelo menos um terço de todos os casos de SMSI envolve bebês que foram colocados de bruços. Lembre-se: "de barriga para cima" é a posição mais segura para a maioria das crianças (Hauck et al., 2002).

SONHOS — UMA REALIDADE INDEPENDENTE?

▶ PERGUNTA PARA PESQUISA   *Os sonhos têm significado?*

Quando o sono REM foi descoberto, em 1952, ele "introduziu" uma "Era de Ouro" de pesquisas sobre os sonhos. Para concluir nossa discussão a respeito do sono, vamos analisar algumas perguntas antigas sobre os sonhos.

Todos sonham? Os sonhos ocorrem em um instante? A maioria das pessoas sonha quatro ou cinco vezes por noite, mas nem todos se lembram dos seus sonhos. Aqueles que "não sonham" freqüentemente são surpreendidos pelos seus sonhos quando acordados durante o sono REM. Os sonhos geralmente têm um intervalo de 90 minutos entre um e outro. O primeiro sonho dura apenas 10 minutos, o último dura uma média de 30 minutos e pode chegar a 50. Conseqüentemente, os sonhos ocorrem em tempo real e não como um "*flash*" (Shafton, 1995).

O Sono REM Revisitado

Quão importante é o sono REM? Ele é essencial para o funcionamento normal? Para responder a essas perguntas, o especialista em sono William Dement acordava voluntários toda vez que eles entravam em sono REM. Logo, a necessidade de "tempo para sonhar" ficava mais urgente. Na quinta noite, muitos tiveram de ser acordados 20 a 30 vezes para impedir o sono REM. Quando finalmente foi permitido que eles dormissem sem ser perturbados, eles sonharam mais. Esse efeito, denominado **REM de rebote**, explica por que os alcoólatras têm pesadelos horríveis depois de deixarem de beber. O álcool reprime o sono REM e cria um forte rebote quando é abolido. É bom lembrar que, embora o álcool e outras drogas depressoras possam ajudar a pessoa a dormir, eles reduzem consideravelmente a qualidade do sono (Lobo e Tufik, 1997).

Os voluntários de Dement se queixavam de lapsos de memória, pouca concentração e ansiedade durante o dia. Durante um certo tempo, achou-se que as pessoas privadas do sono REM poderiam enlouquecer. Hoje, isso é conhecido como o "mito REM". Experimentos posteriores mostraram que pular

REM de rebote A ocorrência de movimentos extra-rápidos dos olhos após a privação do sono REM.

qualquer fase do sono pode provocar um rebote da dita fase. Geralmente, os problemas durante o dia estão associados ao *total* de sono perdido, não ao *tipo* de sono perdido (Devoto et al., 1999).

As Funções do Sono REM

Qual é, então, a finalidade do sono REM? No início da vida, o sono REM pode estimular o cérebro em desenvolvimento. Os bebês recém-nascidos passam vigorosas oito a nove horas por dia em sono REM. Isso é cerca de 50% do seu tempo total de sono. Na idade adulta, o sono REM pode impedir a privação dos sentidos durante o sono e nos ajudar a processar eventos emocionais. O sono REM também aparentemente nos ajuda a triar e integrar lembranças, principalmente sobre estratégias que nos ajudam a solucionar problemas (Stickgold et al., 2001). Falando de modo bem aproximado, é como se o cérebro que está sonhando estivesse revisando mensagens deixadas em uma secretária eletrônica para decidir quais as que vale a pena guardar. Durante o dia, quando as informações estão fluindo, o cérebro pode estar ocupado demais para selecionar eficientemente lembranças úteis. Quando o cérebro consciente está "off-line", ficamos mais aptos a criar novas lembranças. Embora ainda tenhamos muito o que aprender, está claro que o sono REM e o sonhar são valiosos para manter o cérebro funcionando bem (Stickgold et al., 2001).

Mundos do Sonho

Calvin Hall, um famoso especialista em sonhos, coletou e analisou mais de dez mil sonhos (Hall, 1966; Hall et al., 1982). Ele descobriu que a maioria dos sonhos reflete eventos cotidianos. O cenário preferido é uma sala familiar em uma casa. A ação geralmente ocorre entre a pessoa que está sonhando e duas ou três pessoas emocionalmente importantes – amigos, inimigos, pais ou empregadores. As ações do sonho também são, na sua maior parte, familiares: correr, saltar, montar, sentar, falar e observar. Cerca de metade de todos os sonhos tem elementos sexuais. Sonhos de voar, flutuar e cair ocorrem com menos freqüência.

Que tipos de emoções são mais típicas nos sonhos? Se você perguntar às pessoas de manhã sobre o que elas sonharam, elas mencionam mais as emoções desagradáveis do que as agradáveis (Merritt et al., 1994). No entanto, pode ser que os sonhos de medo, raiva ou tristeza sejam mais fáceis de ser lembrados. Quando as pessoas são despertadas durante o sono REM, elas relatam uma quantidade igual de emoções positivas e negativas (Fosse et al., 2001).

Teorias do Sonho

Quão significativos são os sonhos? A maioria dos teóricos concorda que os sonhos refletem nossos pensamentos, fantasias e emoções de quando estamos acordados (Cartwright e Lamberg, 1992; Domhoff, 1999). Conseqüentemente, a verdadeira pergunta poderia ser: Quão profundamente nós deveríamos cavar na interpretação dos sonhos? Alguns teóricos acham que os sonhos têm significados profundamente ocultos. Outros consideram os sonhos algo que tem tanto significado quanto o raciocínio comum. Vamos examinar ambos os pontos de vista.

A Teoria Psicodinâmica dos Sonhos

O livro-marco de Sigmund Freud (1900), *A Interpretação dos Sonhos,* foi o primeiro a lançar a idéia de que muitos sonhos são baseados na *realização de desejos* (uma expressão de desejos inconscientes). Conseqüentemente, quem está zangado com um professor, poderia sonhar em embaraçá-lo em sala de aula, uma pessoa solitária poderia sonhar com romance, ou uma criança poderia sonhar com comida.

A **teoria psicodinâmica** dos sonhos de Freud enfatiza os conflitos internos e as forças inconscientes. Embora muitas de suas idéias possam parecer persuasivas, há provas contra elas. Por exemplo, os voluntários em um estudo da inanição não apresentaram nenhum aumento particular nos sonhos sobre comida e comer. No geral, os sonhos apresentam poucos sinais de expressar diretamente desejos ocultos (Fischer e Greenberg, 1996).

Teoria psicodinâmica Qualquer teoria comportamental que enfatize os conflitos internos, os motivos e as forças inconscientes.

A resposta de Freud para os críticos indubitavelmente seria de que os sonhos raramente expressam necessidades tão diretamente. Freud achava que os sonhos expressam desejos e conflitos inconscientes, como **símbolos oníricos** (imagens que têm significados simbólicos mais profundos) (Globus, 1987). Por exemplo, a morte pode ser simbolizada por uma viagem, crianças por animais pequenos ou o intercurso sexual por montar a cavalo ou dançar. Da mesma maneira, uma mulher atraída sexualmente pelo marido da sua melhor amiga pode sonhar com tirar a aliança da sua amiga e colocá-la na própria mão, um símbolo indireto dos seus verdadeiros desejos.

Todos os sonhos têm significados ocultos? Provavelmente, não. Até mesmo Freud percebeu que alguns sonhos são "resíduos triviais do dia" ou sobras de eventos comuns de quando se está acordado. Porém, os sonhos tendem a refletir as preocupações atuais da pessoa, portanto, Freud não estava totalmente errado (Nikles et al., 1998).

A Hipótese da Ativação-Síntese

Os psiquiatras Allan Hobson e Robert McCarley têm uma opinião radicalmente diferente acerca dos sonhos. Hobson e McCarley acham que os sonhos são formados da seguinte maneira: durante o sono REM, são ativadas células do cérebro que normalmente controlam os movimentos dos olhos, o equilíbrio e os atos. Porém, as mensagens dessas células são impedidas de atingir o corpo, portanto, não ocorrem movimentos. Mesmo assim, as células continuam informando às regiões superiores do cérebro sobre suas atividades. Lutando para interpretar essas informações, o cérebro procura as lembranças armazenadas e cria um sonho (Hobson, 1999).

Como isso ajuda a explicar o conteúdo dos sonhos? Vamos usar o clássico sonho de perseguição como exemplo. Nesse tipo de sonho, nós sentimos que estamos correndo mas indo para lugar nenhum. Isso ocorre porque o cérebro é informado de que o corpo está correndo, mas ele não recebe o *feedback* das pernas imóveis. Para que essas informações façam sentido, o cérebro cria um drama de perseguição. Um processo semelhante provavelmente explica os sonhos de voar ou flutuar.

Hobson e McCarley chamam sua teoria dos sonhos de **hipótese da ativação-síntese**. Hobson explica que várias partes do cérebro são "ligadas" (ativadas) durante o sono REM, o que desencadeia sensações, comandos motores e lembranças. O córtex do cérebro, que também se torna mais ativo durante o sono REM, sintetiza essa atividade em histórias e imagens visuais. Porém, as regiões frontais do córtex, que controlam as aptidões mentais superiores, estão na sua maior parte fechadas. Isso explica por que os sonhos são mais primitivos e mais bizarros do que os pensamentos diurnos (Hobson, 1999). Analisados dessa maneira, os sonhos são meramente um tipo diferente de raciocínio que ocorre durante o sono (McCarley, 1998).

Então a hipótese de ativação-síntese exclui a teoria de que os sonhos têm significado? Não. Como os sonhos são criados a partir de lembranças e experiências passadas, eles podem nos dizer muita coisa sobre a vida mental, as emoções e as preocupações da pessoa (Hobson, 1999). Porém, muitos psicólogos continuam achando que os sonhos têm um significado mais profundo (Cartwright e Lamberg, 1992; Globus, 1987; Shafton, 1995).

Parece haver pouca dúvida de que os sonhos podem fazer diferença nas nossas vidas: o veterano pesquisador do sono William Dement certa vez sonhou que tinha câncer de pulmão. No sonho um médico dizia a Dement que ele iria morrer logo. Na época, Dement estava fumando dois maços de cigarro por dia. Ele diz: "Eu nunca vou esquecer a surpresa, a alegria e o alívio de acordar. Eu senti como se tivesse renascido". Dement parou de fumar no dia seguinte. (Para mais informações sobre os sonhos, ver Psicologia em Ação, mais adiante neste capítulo.)

Símbolos oníricos Imagens nos sonhos que servem de sinais visíveis de idéias, desejos, impulsos e emoções ocultos, relacionamentos etc.

Hipótese da ativação-síntese Tentativa de explicar como o conteúdo dos sonhos é afetado pelos comandos motores no cérebro que ocorrem durante o sono mas não são levados a cabo.

| PAUSA PARA ESTUDO | Problemas do Sono e Sonhos |

RELACIONE

Quase todo o mundo sofre de insônia pelo menos de vez em quando. Alguma das técnicas para combater a insônia é semelhante às estratégias que você descobriu por sua conta?

Quantos problemas do sono você consegue listar (incluindo os da Tabela 5.1)? Há algum que você tenha vivenciado? Qual você acha que seria mais perturbador?

Você acha que a teoria da ativação-síntese dá uma explicação adequada para os seus sonhos? Você já teve sonhos que aparentemente refletem a teoria freudiana da realização de desejos? Você acredita que seus sonhos têm significados simbólicos?

VERIFICAÇÃO DO APRENDIZADO

1. Os pavores noturnos, sonambulismo e soniloquismo, todos ocorrem na fase do sono NREM. V ou F?
2. Suspeita-se que a _____ do sono seja uma das causas da SMSI.
3. Qual das alternativas a seguir não é um remédio comportamental para a insônia?
   a. hipersonia diurna   b. controle dos estímulos
   c. relaxamento progressivo   d. intenção paradoxal
4. O cenário preferido para os sonhos é:
   a. o trabalho
   b. a escola
   c. o ar livre e locais não-familiares
   d. cômodos familiares
5. As pessoas geralmente relatam que emoções desagradáveis, como medo, raiva e tristeza, ocorrem mais freqüentemente nos seus sonhos do que as emoções agradáveis. V ou F?
6. De acordo com o modelo de sonhos ativação-síntese, os sonhos são construídos a partir de _____ para explicar as mensagens recebidas de células nervosas que controlam o movimento dos olhos, o equilíbrio e a atividade corporal.
7. O sono REM aparentemente contribui para a formação de _____, que ajudam a sobrevivência ou a enfrentar problemas.

Raciocínio Crítico

8. Mesmo se não lhe tivessem dito que o sonambulismo é um evento NREM, você poderia ter previsto que ele não ocorre durante o sonho. Por quê?

RESPOSTAS: 1. F 2. apnéia 3. a 4. d 5. V 6. lembranças 7. lembranças 8. Porque as pessoas ficam imobilizadas durante o sono REM, que está fortemente associado ao ato de sonhar. Isso torna pouco provável que os sonâmbulos estejam colocando seus sonhos em prática.

HIPNOSE — OLHE NOS MEUS OLHOS

▶ **PERGUNTA PARA PESQUISA**   *Como é feita a hipnose e quais são suas limitações?*

"O seu corpo está ficando pesado. Você mal consegue manter seus olhos abertos. Você está tão cansado que não consegue se mexer. Relaxe. Feche seus olhos e relaxe." Essas deveriam ser as últimas palavras que um livro didático deveria dizer a você, e as primeiras que um hipnotizador poderia dizer.

Hipnose é um estado alterado de consciência caracterizado pelo estreitamento da atenção e um aumento da abertura para sugestão (Kosslyn et al., 2000). Nem todos os psicólogos aceitam essa definição. Para eles, a hipnose é meramente uma mistura de concordância, relaxamento, imaginação, obediência, sugestão e desempenho de um papel (Braffman e Kirsch, 1999). De qualquer maneira, a hipnose pode ser explicada por princípios normais. Ela não é misteriosa nem "mágica".

O interesse pela hipnose começou nos anos 1700 com Franz Mesmer, cujo nome nos deu o termo *mesmerizar* (hipnotizar). Mesmer, médico austríaco, achava que podia curar doenças com ímãs. Os "tratamentos" estranhos de Mesmer estão associados à hipnose porque eles na verdade baseavam-se no poder da sugestão, não no magnetismo. Durante um certo tempo, Mesmer teve uma quantidade razoável de seguidores. No final, porém, suas teorias de "magnetismo animal" foram rejeitadas e ele foi reconhecido como uma fraude.

O termo *hipnose* foi cunhado por um cirurgião inglês chamado James Braid. A palavra grega *hypnos* significa "sono", e Braid a utilizou para descrever o estado hipnótico. Hoje sabemos que hipnose *não* é sono. A confusão em relação a esse ponto continua porque alguns hipnotizadores dão a sugestão

Hipnose Estado alterado de consciência caracterizado por um estreitamento da atenção e um aumento da sugestionabilidade.

"durma, durma". No entanto, os registros de EEG feitos durante a hipnose diferem dos registros observados quando uma pessoa está dormindo ou fingido estar hipnotizada (Barabasz, 2000).

Suscetibilidade à Hipnose

Qualquer um pode ser hipnotizado? Cerca de oito em cada dez pessoas pode ser hipnotizada, mas só quatro em cada dez serão bons sujeitos para hipnose. As pessoas com imaginação fértil e com tendência a fantasiar geralmente são extremamente responsivas à hipnose (Silva e Kirsch, 1992). Porém, aquelas que não têm esses traços também podem ser hipnotizadas. Se você estiver disposto a ser hipnotizado, há boas chances de que conseguirá sê-lo. A hipnose depende mais dos esforços e das aptidões da pessoa hipnotizada do que das habilidades do hipnotizador (Kirsch e Lynn, 1995). Mas não se iluda, as pessoas hipnotizadas não estão simplesmente fingindo suas respostas (Perugini et al., 1998).

A **suscetibilidade à hipnose** refere-se a quão facilmente uma pessoa pode ser hipnotizada. Ela pode ser medida dando-se uma série de sugestões e contando-se a quantas delas a pessoa responde. Um teste hipnótico típico é a *Escala de Suscetibilidade à Hipnose de Stanford*, mostrada na ▲Tabela 5.2. No teste, são feitas várias sugestões para ver se a pessoa responde a elas. Por exemplo, podem lhe dizer que o seu braço esquerdo está ficando cada vez mais rígido e que ele não vai se dobrar. Se você não conseguir dobrar seus braços nos próximos dez segundos, você atingiu um grau de suscetibilidade a sugestões hipnóticas. Se você tiver uma pontuação alta na escala hoje, provavelmente fará o mesmo daqui a alguns anos. A capacidade de ser hipnotizado é bastante estável ao longo do tempo (Piccione et al., 1989).

Induzindo a Hipnose

Como é feita a hipnose? Eu poderia ser hipnotizado contra a minha vontade? Os hipnotizadores utilizam vários métodos diferentes. Mesmo assim, todas as técnicas incentivam a pessoa a (1) concentrar a atenção no que está sendo dito, (2) relaxar e sentir-se cansada, (3) "deixar-se levar" e aceitar sugestões facilmente, e (4) utilizar a imaginação fértil (Druckman e Bjork, 1994). Basicamente, você tem de colaborar para ser hipnotizado. Muitos teóricos acham que toda hipnose na verdade é uma auto-hipnose (auto-sugestão). Desse ponto de vista, um hipnotizador apenas ajuda outra pessoa a seguir uma série de sugestões, as quais, por sua vez, alteram as sensações, percepções, pensamentos, sentimentos e comportamentos (Druckman e Bjork, 1994; Kirsch e Lynn, 1995).

Suscetibilidade à hipnose A capacidade de uma pessoa de ser hipnotizada.

▲ **TABELA 5.2 Escala de Suscetibilidade à Hipnose de Stanford**

COMPORTAMENTO SUGERIDO	CRITÉRIO PARA PASSAR
1. Inclinação postural	Cai sem forçar
2. Fechamento dos olhos	Fecha os olhos sem forçar
3. Baixar a mão (esquerda)	Baixa pelo menos 15 cm ao final de 10 segundos
4. Imobilização (braço direito)	O braço se ergue menos do que 2,5 cm em 10 segundos
5. Travar o dedo	Separação incompleta dos dedos ao final de 10 segundos
6. Rigidez do braço (esquerdo)	Menos de 5 cm de curvatura em 10 segundos
7. Movimento das mãos	As mãos próximas pelo menos 15 cm depois de 10 segundos
8. Inibição verbal (nome)	Nome não falado em 10 segundos
9. Alucinação (voar)	Qualquer movimento, careta, reconhecimento de efeito
10. Catalepsia do olho	Os olhos permanecem fechados ao final de 10 segundos
11. Pós-hipnótico (muda as cadeiras)	Qualquer resposta parcial a movimento
12. Teste de amnésia	Lembrar-se de três itens ou menos

Adaptado de Weitzenhoffer e Hilgard, 1959.

O que se sente quando se é hipnotizado? Você pode se surpreender com alguns dos seus atos durante a hipnose. Você também pode ter uma leve sensação de flutuar, afundar, de anestesia ou separação do seu corpo. As experiências pessoais variam muito. Um elemento-chave na hipnose é o **efeito básico da sugestão** (tendência das pessoas hipnotizadas a executar atos sugeridos como se eles fossem involuntários). As pessoas hipnotizadas sentem como se seus atos e suas experiências fossem automáticos – eles parecem ocorrer sem esforço (Kihlstrom, 1985). Eis como uma pessoa descreveu sua sessão de hipnose:

> Eu me senti letárgico, meus olhos ficando fora de foco e esperando para se fechar. As minhas mãos estavam muito leves... Eu senti que estava afundando cada vez mais na cadeira... Eu senti que queria relaxar cada vez mais... Minhas respostas eram automáticas. Eu não precisava tanto *desejar* ou *querer* fazer as coisas... Eu simplesmente as fazia... Eu me senti flutuando... muito próximo de dormir. (Hilgard, 1968.)

Ao contrário da maneira como a hipnose é retratada nos filmes, as pessoas hipnotizadas continuam no controle do seu comportamento e cientes do que está acontecendo. Por exemplo, a maioria das pessoas não executa sugestões que consideram imorais ou repulsivas (tal como despir-se em público ou machucar alguém) (Kirsch e Lynn, 1995).

Os Efeitos da Hipnose

O que pode (e não pode) ser conseguido com a hipnose? Muitas aptidões foram testadas durante a hipnose, levando às seguintes conclusões (Burgess e Kirsch, 1999; Kihlstrom, 1985; Kirsch e Lynn, 1995):

1. **Atos sobre-humanos de força.** A hipnose não causa mais efeito sobre a força física do que as instruções que incentivam a pessoa a realizar seus melhores esforços.
2. **Memória.** Existem algumas provas de que a hipnose pode aumentar a memória. No entanto, ela freqüentemente aumenta a quantidade de lembranças falsas também. Por isso, muitos estados norte-americanos atualmente impedem que pessoas testemunhem em tribunais se elas tiverem sido hipnotizadas para melhorar suas lembranças de um crime que testemunharam.
3. **Amnésia.** Uma pessoa à qual se ordena que não se lembre de algo que ouviu durante a hipnose pode alegar que não se lembra. Em alguns casos, isso pode não ser nada mais que uma tentativa desesperada de evitar pensar em determinada coisa. Porém, breves perdas de memória desse tipo aparentemente ocorrem (Bowers e Woody, 1996).
4. **Alívio da dor.** É possível a hipnose aliviar a dor (Mauer et al., 1999). Ela pode ser particularmente útil quando analgésicos químicos não surtem efeito. Por exemplo, a hipnose pode reduzir a dor do membro-fantasma (Oakley et al., 2002). (As pessoas que amputaram um membro sentem uma dor fantasma que parece vir do membro amputado.)
5. **Regressão na idade.** Quando as pessoas recebem as sugestões adequadas, algumas aparentemente "regridem" à infância. Porém, a maioria dos teóricos atualmente acredita que os sujeitos que "regrediram" na idade estão representando um papel sugerido.
6. **Mudanças sensoriais.** As sugestões hipnóticas referentes a sensações estão entre as mais eficazes. Quando recebe as instruções adequadas, a pessoa pode cheirar um pequeno vidro de amônia e reagir como se ela fosse um perfume maravilhoso. Também é possível alterar a visão das cores, a sensibilidade auditiva, a noção de tempo, a percepção de ilusões e várias outras respostas sensoriais.

A hipnose é uma ferramenta valiosa. Ela pode ajudar a relaxar, a sentir menos dor e a conseguir progresso na terapia (Kirsch et al., 1995). Freqüentemente, a hipnose é mais bem-sucedida em mudar experiências subjetivas do que em modificar comportamentos como fumar ou comer demais. Em suma, os efeitos hipnóticos, no geral, são úteis, mas raramente surpreendentes (Druckman e Bjork, 1994; Gibson e Heap, 1991).

Efeito básico da sugestão A tendência das pessoas hipnotizadas de executar atos sugeridos como se eles fossem involuntários.

Hipnose de Palco

No palco o hipnotizador entoa: "Quando eu contar até três, você imaginará que está em um trem para a Disneylândia e ficando cada vez mais jovem à medida que o trem vai se aproximando". Reagindo a essas sugestões, adultos começam a dar risadinhas e a contorcer-se como crianças a caminho do circo.

Como os artistas de palco usam a hipnose para conseguir que as pessoas façam coisas estranhas? Eles não conseguem. É necessário haver pouca ou nenhuma hipnose para fazer um bom número de hipnose. A **hipnose de palco**, em geral, é simplesmente uma simulação dos efeitos da hipnose. T. X. Barber, uma autoridade em hipnose, diz que os hipnotizadores de palco utilizam várias características do cenário do palco para fazer seu número (Barber, 1970).

1. **Sugestionabilidade desperta**. Nós todos estamos mais ou menos abertos a sugestões, mas no palco, as pessoas colaboram além do normal, porque elas não querem "estragar o número". Conseqüentemente, elas seguem prontamente quase qualquer instrução dada pelo artista.
2. **Seleção de sujeitos responsivos**. As pessoas que participam da hipnose no palco (todas *voluntárias*) são primeiramente "hipnotizadas" como um grupo. Portanto, qualquer pessoa que não siga as instruções é eliminada.
3. **O rótulo de hipnose desinibe**. Quando uma pessoa é classificada como "hipnotizada", ela pode cantar, dançar ou agir de maneira boba sem medo ou embaraço. No palco, ser "hipnotizado" elimina a responsabilidade pessoal pelos nossos atos.
4. **O hipnotizador como um "diretor"**. Depois de os voluntários se soltarem e reagirem a algumas sugestões, eles repentinamente se acham os astros do show. A resposta do público aos absurdos no palco libera o "canastrão" em muitas pessoas. Tudo o que o "hipnotizador" precisa fazer é dirigir a cena.
5. **O hipnotizador de palco usa truques**. A hipnose de palco é composta de 50% de tirar proveito da situação e 50% de trapaça. Um dos truques de palco mais impressionantes é suspender a pessoa rigidamente entre duas cadeiras. Isso é surpreendente somente porque o público não questiona. Qualquer um pode fazê-lo, como mostram as fotos e as instruções da ◆Figura 5.4. Tente!

Em suma, a hipnose é real e pode alterar consideravelmente as experiências particulares. Ela é uma ferramenta útil que vem sendo utilizada em uma série de cenários. A TV ou o palco do clube noturno, porém, não são um deles. Os "hipnotizadores" de palco entretêm; raramente hipnotizam.

MEDITAÇÃO – AS FÉRIAS DE 20 MINUTOS

▶ **PERGUNTA PARA PESQUISA** *O que é meditação? Ela traz algum benefício?*

Meditação é um exercício mental utilizado para alterar a consciência. No geral, a meditação concentra a atenção e interrompe o fluxo normal de pen-

Hipnose de palco O uso da hipnose para entreter; em geral, simplesmente uma simulação da hipnose para esse fim.

Meditação Exercício mental para produzir relaxamento ou mais consciência.

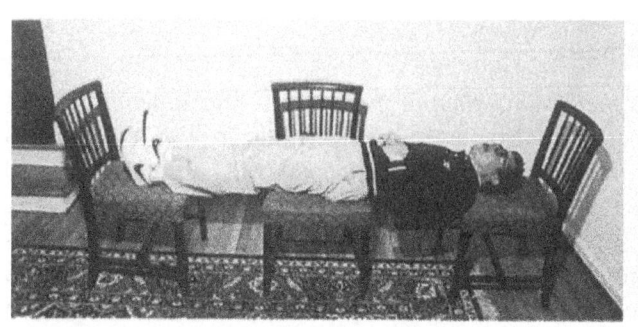

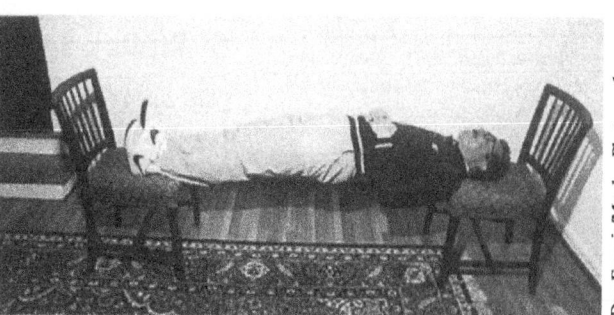

◆FIGURA 5.4 *Disponha três cadeiras da maneira mostrada. Faça a pessoa reclinar-se conforme esta figura. Peça a ela para levantar-se ligeiramente enquanto você tira a cadeira do meio. Aceite os aplausos graciosamente! (No tocante a hipnose e fenômenos semelhantes, a moral, evidentemente, é: "Suspenda qualquer julgamento até ter algo sólido para se apoiar".)*

samentos, das preocupações e da análise (Druckman e Bjork, 1994). Os registros de EEG assumem padrões peculiares durante a meditação, o que indica um estado de consciência diferente (Dunn et al., 1999). As pessoas que usam a meditação para reduzir o estresse geralmente relatam menos tensão física e ansiedade diária (Andresen, 2000).

A meditação assume duas formas importantes. Na **meditação concentrativa**, você presta atenção em um único ponto focal, como um objeto, um pensamento ou sua própria respiração. Em contraposição, a **meditação receptiva** é "aberta" ou expansiva. Nesse caso, você amplia sua atenção para ter uma consciência total e sem julgamento do mundo. Um exemplo disso é perder toda a autoconsciência andando por uma região deserta com uma mente tranqüila e receptiva. Embora não pareça, a meditação receptiva é mais difícil de ser atingida do que a meditação concentrativa. Por isso, vamos discutir a meditação concentrativa como um método prático de autocontrole.

Fazendo Meditação Concentrativa

Como é feita a meditação concentrativa? A idéia básica é ficar parado e se concentrar silenciosamente em um objeto externo ou em um estímulo interno repetitivo, como a sua própria respiração (Wilson, 1986). Como alternativa, você pode repetir silenciosamente um *mantra* (uma palavra utilizada como foco de atenção na meditação concentrativa). Os mantras comuns são sons suaves e fluidos, que podem ser repetidos facilmente. Uma palavra muito usada é *om*. Um mantra também pode ser qualquer palavra agradável ou uma frase de uma canção, poema ou oração conhecidos. Se surgirem outros pensamentos enquanto você repete um mantra, simplesmente volte a atenção para ele quantas vezes for necessário para manter a meditação.

A Resposta do Relaxamento

Os cursos comerciais de meditação dizem que oferecem mantras feitos sob medida para cada pessoa. Mas o pesquisador médico Herbert Benson descobriu que os benefícios físicos da meditação são os mesmos, independentemente da palavra que é usada. Entre esses benefícios estão: redução dos batimentos cardíacos, da pressão arterial, da tensão muscular e de outros sinais de estresse (Lazar et al., 2000).

Benson acha que o centro da meditação é a **resposta de relaxamento** – um padrão fisiológico inato que se opõe aos mecanismos de lutar ou fugir. Benson acha, muito simplesmente, que a maioria de nós esqueceu como relaxar profundamente. As pessoas no seu experimento aprenderam a produzir a resposta de relaxamento seguindo as seguintes instruções:

> Sente-se silenciosamente em uma posição confortável. Feche os olhos. Relaxe profundamente seus músculos, começando pelos pés e subindo até o seu rosto. Mantenha-os profundamente relaxados.
>
> Respire pelo nariz. Sinta a sua respiração. Quando expirar, diga a palavra "um" silenciosamente para si mesmo.
>
> Não se preocupe em conseguir um nível de relaxamento profundo. Mantenha uma atitude passiva e deixe o relaxamento acontecer no seu próprio ritmo. Espere pensamentos dispersivos. Quando eles ocorrerem, ignore-os e continue repetindo "um". (Adaptado de Benson, 1977.)

Meditação concentrativa Exercício mental baseado em prestar atenção em um único objeto para ter consciência de tudo, vivenciado em um determinado momento.

Meditação receptiva Exercício mental baseado no aumento da atenção para ficar ciente de tudo que é vivenciado a qualquer momento.

Resposta de relaxamento O padrão das mudanças corporais internas que ocorrem em momentos de relaxamento.

Os Efeitos da Meditação

Que outro efeito tem a meditação além de provocar o relaxamento? Foram feitas muitas declarações extravagantes sobre a meditação. Por exemplo, os membros do movimento de Meditação Transcendental (MT) afirmaram que 20 minutos de meditação é tão repousante quanto uma boa noite de sono. Porém, isso simplesmente não acontece. Na verdade, um estudo revelou que só "descansar" por 20 minutos produz o mesmo efeito corporal da meditação (Holmes, 1984; Holmes et al., 1983). (A resposta de relaxamento também pode ser criada por breves restrições sensoriais – ver "Privação Sensorial".)

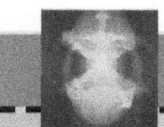

Usando a Psicologia: Privação Sensorial — Obtendo um Pouco de TEAR

Por toda a história, a privação dos sentidos tem sido um dos meios mais utilizados para alterar a consciência. A **privação dos sentidos (PS)** refere-se a qualquer redução importante na quantidade ou na variedade da estimulação sensorial.

O que acontece quando a estimulação é consideravelmente reduzida? Uma dica vem dos relatos de prisioneiros confinados em celas solitárias, exploradores árticos, pilotos de altas altitudes, caminhoneiros de longas distâncias e operadores de radar. Quando deparam com uma estimulação restrita e monótona, as pessoas às vezes têm sensações bizarras, lapsos de atenção perigosos e percepções distorcidas. No entanto, os psicólogos também exploraram os possíveis benefícios da restrição sensorial.

Estranhamente, breves períodos de restrição sensorial podem ser muito relaxantes (Forgays e Belinson, 1986). Uma ou duas horas passadas em um tanque flutuando, por exemplo, provocam uma grande queda na pressão arterial, na tensão muscular e em outros sinais de estresse. Evidentemente, pode-se argumentar que um banho quente tem o mesmo efeito. Mesmo assim, uma breve privação dos sentidos aparentemente é um dos meios mais garantidos de induzir o relaxamento profundo (Suedfeld e Borrie, 1999).

Os psicólogos também descobriram que uma leve privação dos sentidos pode ajudar as pessoas a parar de fumar, perder peso e reduzir o uso de álcool e drogas (Borrie, 1990-1991; Cooper et al., 1988; Suedfeld, 1990). O psicólogo Peter Suedfeld chama esses benefícios de Terapia de Estimulação Ambiental Restrita, ou **TEAR**. O relaxamento profundo faz as pessoas ficarem mais abertas a sugestões, e a PS interrompe os padrões habituais de comportamento. Conseqüentemente, a TEAR pode "soltar" os sistemas de crenças e facilitar a mudança de hábitos ruins (Suedfeld e Borrie, 1999).

A TEAR também é promissora como uma forma de estimular o raciocínio criativo (Norlander et al., 1998). Outros pesquisadores relataram que as sessões de TEAR podem melhorar o desempenho em esportes como ginástica, tênis, basquete, dardos e boa pontaria (Druckman e Bjork, 1994; Norlander et al., 1999). Há também provas de que a TEAR pode aliviar dores crônicas e reduzir o estresse (Kjellgren et al., 2001). Evidentemente, ainda há muito para aprender do estudo do "nada".

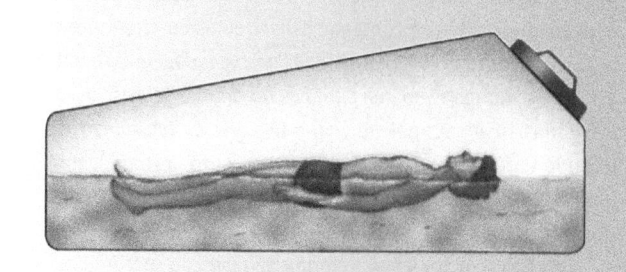

◆FIGURA 5.5 *Uma câmara de isolamento sensorial. Pequenos tanques flutuando como o ilustrado vêm sendo usados pelos psicólogos para estudar os efeitos de uma leve privação dos sentidos. Os sujeitos flutuam no escuro e no silêncio. A água rasa à temperatura do corpo contém centenas de gramas de sais Epsom para que os sujeitos flutuem perto da superfície. Uma leve privação dos sentidos produz um relaxamento profundo.*

Em defesa da meditação, é importante lembrar que o relaxamento pode ser tanto mental quanto físico. Como técnica de controle do estresse, a meditação pode ser uma boa opção para as pessoas que têm dificuldade em "eliminar" pensamentos perturbadores quando precisam relaxar. Por exemplo, alunos universitários que experimentaram a meditação se sentiram mais felizes, menos ansiosos e menos deprimidos apenas duas semanas depois de meditarem duas vezes por dia (Smith et al., 1995). Um outro grupo de alunos universitários que recebeu apenas 90 minutos de treinamento de resposta de relaxamento vivenciou níveis de estresse consideravelmente menores (Deckro et al., 2002). Um terceiro estudo sugere que a meditação também pode melhorar a saúde física. Um grupo de pessoas que concluiu um programa de meditação de oito semanas apresentou sinais de uma atividade melhor do sistema imunológico – uma mudança que lhes poderia ajudar a evitar adoecer (Davidson et al., 2003).

Resumo

Em suma, pesquisas indicam que a meditação concentrativa é apenas um de vários meios para ilustrar a resposta de relaxamento. Para muitas pessoas, sentar-se em silêncio e "descansar" pode ser igualmente eficaz. Uma redução

Privação sensorial Toda redução importante na quantidade ou na variedade da estimulação sensorial.

TEAR Terapia de Estimulação Ambiental Restrita.

semelhante do estresse ocorre quando as pessoas reservam tempo para exercer outras atividades repousantes, como relaxamento muscular, devaneio positivo e até leitura de lazer. Porém, se você for do tipo de pessoa que tem dificuldade em ignorar pensamentos perturbadores, então a meditação concentrativa pode ser uma boa maneira de relaxar. Meditação e técnicas semelhantes são uma "pausa" valiosa que diminui o estresse do clamor normal de pensamentos e preocupações – algo que seria bom para quase todo mundo na nossa sociedade de ritmo frenético.

PAUSA PARA ESTUDO — Hipnose, Meditação e Privação dos Sentidos

RELACIONE

Como suas crenças em relação à hipnose mudaram depois de ler a seção anterior? Você consegue pensar em exemplos específicos nos quais a hipnose foi deturpada? Por exemplo, em assembléias estudantis, números no palco, filmes ou dramas televisivos?

Várias atividades podem criar a resposta de relaxamento. Quando você vivencia estados de relaxamento profundo, com uma sensação de consciência serena? Que semelhanças essas ocorrências têm com a meditação?

Você já vivenciou alguma forma de restrição sensorial ou privação dos sentidos? Como você reagiu? Você estaria disposto a tentar a TEAR para abolir um hábito ruim?

VERIFICAÇÃO DO APRENDIZADO

1. O termo hipnotismo foi cunhado por um cirurgião britânico chamado
   a. Franz Mesmer   b. James Stanford
   c. T. A. Kreskin   d. James Braid
2. Só quatro em cada dez pessoas podem ser hipnotizadas. V ou F?
3. Qual das seguintes alternativas pode mais definitivamente ser obtida com a hipnose?
   a. força incomum
   b. alívio da dor
   c. memória melhor
   d. ondas cerebrais semelhantes às do sono
4. O foco da atenção na meditação concentrativa é "aberto" ou expansivo. V ou F?
5. Os mantras são palavras ditas silenciosamente para si mesmo para terminar uma sessão de meditação. V ou F?
6. Pesquisas realizadas por Herbert Benson indicam que é necessária uma seleção cuidadosa de um mantra para obter os benefícios da meditação. V ou F?
7. O benefício mais imediato da meditação aparentemente é sua capacidade de criar uma resposta de relaxamento. V ou F?
8. Períodos prolongados de extrema privação dos sentidos reduz a ansiedade e induz a um relaxamento profundo. V ou F?

Raciocínio Crítico

9. De que tipo de grupo de controle você precisa para identificar os verdadeiros efeitos da hipnose?
10. Pessoas que meditam regularmente relatam níveis reduzidos de estresse e uma sensação maior de bem-estar. Que outras explicações nós temos de eliminar antes de esse efeito poder ser considerado genuíno?

RESPOSTAS:

1.d 2.F 3.b 4.F 5.F 6.F 7.V 8.F 9. A maioria dos experimentos sobre hipnose inclui um grupo de controle no qual se pede que as pessoas simulem estar hipnotizadas. Sem esses controles, a tendência dos sujeitos de colaborar com os experimentadores dificulta a identificação de verdadeiros efeitos hipnóticos. 10. Estudos sobre os efeitos da meditação têm de controlar o efeito placebo e o fato de que aqueles que optam por aprender meditação podem não ser uma amostra representativa da população geral. Os estudos que controlam esses fatores também mostram que a meditação é benéfica (Pagano e Warrenburg, 1983).

CONSCIÊNCIA ALTERADA PELAS DROGAS – OS PONTOS ALTOS E OS PONTOS BAIXOS

▶ **PERGUNTA PARA PESQUISA** *Quais são os efeitos das drogas psicoativas mais comumente utilizadas?*

A maneira mais segura de alterar a consciência humana é administrar uma **droga psicoativa** (substância capaz de alterar a atenção, o julgamento, a memória, a noção de tempo, o autocontrole, as emoções ou a percepção) (Julien, 1998). A maioria das drogas psicoativas pode ser colocada em uma escala que vai da estimulação à depressão. Um **estimulante** é uma substância que aumenta a atividade no corpo e no sistema nervoso. Um **depressor** faz o oposto. A ◆Figura 5.6 mostra várias drogas e seus efeitos aproximados. A ▲Tabela 5.3 dá um resumo mais completo das drogas psicoativas das quais as pessoas são dependentes com mais freqüência.

Como as Drogas Afetam o Cérebro

Como as drogas alteram a consciência? As drogas psicoativas influenciam a atividade das células do cérebro. Normalmente, as drogas aumentam ou alteram os neurotransmissores, as substâncias químicas que levam mensagens entre as células do cérebro. Algumas drogas provocam a liberação de uma quantidade maior de neurotransmissores, aumentando a atividade cerebral. Ecstasy, anfetamina e alguns antidepressivos são exemplos de drogas que têm esse efeito. Outras drogas retardam a remoção dos neurotransmissores depois de eles serem liberados. Isso prolonga a ação das substâncias químicas transmissoras e geralmente tem efeito estimulante (a cocaína funciona dessa maneira). Outras drogas, como a nicotina e opiáceos, estimulam diretamente as células do cérebro, imitando neurotransmissores. Uma outra possibilidade é ilustrada pelo álcool e pelos tranqüilizantes. Essas drogas afetam certos tipos de células do cérebro, que provocam relaxamento e aliviam a ansiedade. Algumas drogas preenchem os locais de recepção nas células do cérebro e bloqueiam as mensagens que estão entrando. Também existem outras possibilidades. É por isso que as drogas têm uma variedade tão grande de efeitos no cérebro (Julien, 1998).

Todas as drogas que causam dependência estimulam o circuito de recompensa do cérebro, criando a sensação de prazer. Como diz um especialista, esse tipo de droga engana as trilhas cérebro-recompensa: "Conseqüentemente, a trilha de recompensa sinaliza: 'Isso foi bom. Vamos fazer novamente. Vamos nos lembrar exatamente como fizemos'", o que cria uma compulsão para repetir a experiência da droga. É a fissura que acaba atraindo o viciado (Restak, 2001). Os adolescentes são particularmente suscetíveis ao vício porque os sistemas cerebrais que restringem o ato de correr risco não são tão maduros como os que recompensam a busca do prazer (Chambers et al., 2003).

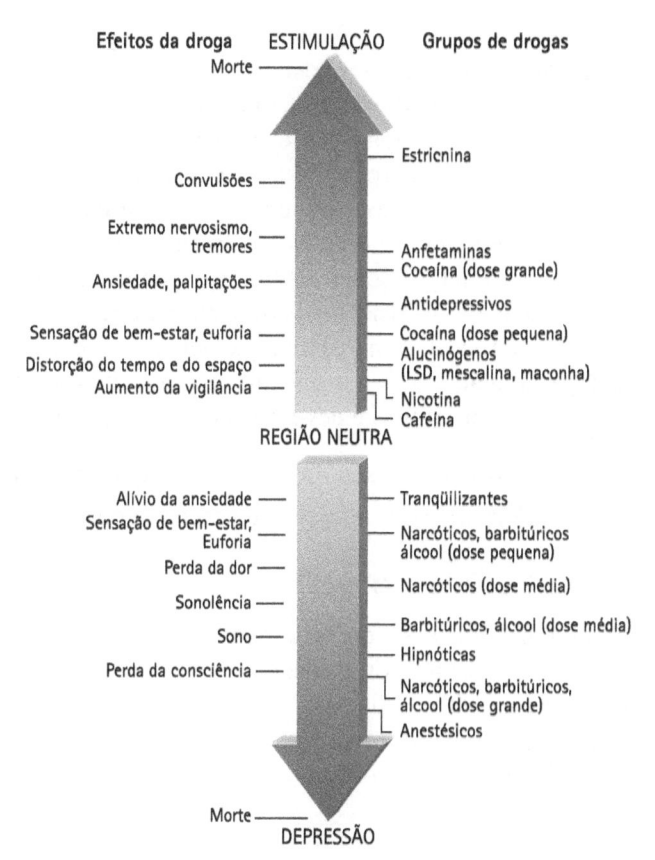

◆FIGURA 5.6 *O espectro e o contínuo da ação da droga. Muitas drogas podem ser classificadas na escala de estimulação-depressão de acordo com seus efeitos no sistema nervoso central. Embora o LSD, a mescalina e a maconha estejam listados aqui, a escala de estimulação-depressão é menos relevante para essas drogas. A característica principal desses alucinógenos é sua qualidade de alterar a mente.*

Droga psicoativa Substância capaz de alterar a atenção, a memória, o julgamento, a noção de tempo, o autocontrole, o humor ou a percepção.

Estimulante Substância que aumenta a atividade no corpo e no sistema nervoso.

Depressor Substância que reduz a atividade no corpo e no sistema nervoso.

Dependência

A dependência das drogas divide-se em duas amplas categorias. Quando uma pessoa usa drogas compulsivamente para manter o bem-estar corporal, existe uma **dependência física** (dependência de drogas). A dependência geralmente ocorre com drogas que provocam **sintomas de abstinência** (doença física que se segue à suspensão da droga) (Julien, 1998). A suspensão de drogas como álcool, barbitúricos e opiáceos pode provocar sintomas violentos de náusea, vômito, diarréia, calafrios, suor e cólicas (Feldman e Meyer, 1996). A dependência geralmente é acompanhada da **tolerância à droga** (resposta reduzida à droga). Isso leva os usuários a consumir doses cada vez maiores para obter o efeito desejado.

As pessoas que desenvolvem uma **dependência psicológica** acham que a droga é necessária para manter as sensações de alívio ou bem-estar. Geralmente, elas anseiam intensamente a droga e suas qualidades recompensadoras (Feldman e Meyer, 1996). A dependência psicológica pode ser tão forte quanto a dependência física. É por isso que alguns psicólogos definem a dependência como qualquer padrão de hábito compulsivo. De acordo com essa definição, uma pessoa que perdeu o controle sobre o uso da droga, por qualquer motivo, é viciada. Na verdade, a maioria das pessoas que respondem sim a ambas as perguntas a seguir tem um problema de alcoolismo ou vício em drogas e deve procurar ajuda profissional (Brown et al., 1997):

- Você bebeu ou usou drogas mais do que pretendia no ano passado?
- Você sentiu que desejava ou precisava cortar o consumo de bebida ou o uso de drogas no ano passado?

Drogas de Dependência

Observe na Tabela 5.3 que as drogas com mais probabilidade de levar à dependência física são o álcool, as anfetaminas, os barbitúricos, a cocaína, a codeína, a heroína, a metadona, a morfina e o cigarro (nicotina). Usar *qualquer uma* das drogas listadas na Tabela 5.3 pode resultar em dependência psicológica. Observe também que as pessoas que tomam drogas intravenosamente correm alto risco de contrair hepatite e HIV (ver Capítulo 11). A discussão a seguir se concentra nas drogas das quais os alunos dependem com mais freqüência.

ESTIMULANTES – ANFETAMINAS, COCAÍNA, CAFEÍNA, NICOTINA

As anfetaminas são estimulantes sintéticos. Antigamente, essas drogas eram bastante receitadas para perda de peso ou depressão. Hoje, o único uso total e legitimamente médico das anfetaminas é para tratar narcolepsia, hiperatividade infantil e overdoses de drogas depressoras. O uso ilícito de anfetaminas está amplamente difundido, principalmente por pessoas que buscam ficar acordadas e por quem acha que as drogas podem melhorar seu desempenho mental ou físico.

A metanfetamina é uma variação mais potente da anfetamina. Ela pode ser cheirada, injetada ou ingerida. Dos vários tipos de anfetamina, a metanfetamina criou o maior problema no que se refere às drogas. O "*speed*" ou "cristal", como é conhecida popularmente, pode ser feito com baixo custo em laboratórios de fundo de quintal e vendido com enorme lucro. Além de arruinar vidas com a dependência, ela tem alimentado uma subcultura criminal violenta.

As anfetaminas criam tolerância à droga rapidamente, e a maioria dos dependentes termina consumindo doses cada vez maiores para obter o efeito desejado. Alguns usuários acabam mudando para injetar metanfetamina diretamente na corrente sangüínea. Os usuários verdadeiramente loucos por *speed* em geral tomam bebedeiras que duram vários dias, depois dos quais eles têm um "colapso" por causa da falta de sono e de comida.

Dependência física Dependência física, como indicado pela presença de tolerância à droga e sintomas de abstinência.

Sintomas de abstinência Doença física e desconforto que se segue à interrupção do consumo de uma droga.

Tolerância à droga Redução da resposta do corpo à droga.

Dependência psicológica Dependência de drogas baseada basicamente nas necessidades emocionais ou psicológicas.

Uso excessivo

Quão perigosas são as anfetaminas? As anfetaminas apresentam vários perigos. Grandes doses podem provocar náusea, vômito, pressão arterial extremamente alta, ataques cardíacos fatais e derrames incapacitadores. É importante perceber que as anfetaminas aceleram o uso de recursos corporais; elas não fornecem energia magicamente. Depois de um porre de anfetamina, as pessoas sofrem de fadiga incapacitadora, depressão, confusão, irritabilidade incontrolada e agressão. O uso repetido de anfetaminas prejudica o cérebro. As anfetaminas também são capazes de provocar perda de contato com a realidade, o que é conhecido como psicose de anfetamina. Os usuários afetados têm delírios paranóicos de que alguém quer pegá-los. Agindo com base nesses delírios, eles podem se tornar violentos, o que às vezes resulta em suicídio e em lesões em si próprios e nos outros (Kratofil et al., 1996).

Uma forma potente de metanfetamina que pode ser fumada aumentou o risco de abuso de estimulantes. Essa droga, popularmente conhecida como "ice", é extremamente viciadora. Como o "crack", a forma da cocaína para ser fumada, ela produz um "barato" intenso. Mas também como o crack (que vamos discutir logo mais), a metanfetamina cristal leva muito rapidamente a abuso compulsivo e a uma grave dependência da droga.

Cocaína

A cocaína ("coca", "neve") é um forte estimulante do sistema nervoso central extraído das folhas da coca. Ela produz sensações de vigilância, euforia, bem-estar, poder, energia ilimitada e prazer (Julien, 1998). A cocaína tem uma longa história de uso errado. Na virada do século XX, dezenas de poções e "cura-tudo" que não precisavam de receita médica, continham cocaína. Foi nessa época que a Coca-Cola foi realmente "a coisa verdadeira". De 1886 até 1906, quando foi aprovado o U.S. Pure Food and Drug*, a Coca-Cola continha cocaína (que desde então foi substituída por cafeína).

Em que a cocaína difere das anfetaminas? As duas são muito semelhantes no que diz respeito aos seus efeitos sobre o sistema nervoso central. A principal diferença é que a anfetamina dura várias horas; a cocaína é cheirada e rapidamente metabolizada, portanto seus efeitos duram apenas de 15 a 30 minutos.

Uso excessivo

Quão perigosa é a cocaína? A cocaína é uma das drogas de dependência mais perigosas. Mesmo usuários casuais ou de primeira viagem se arriscam a ter convulsões, um ataque cardíaco ou um derrame (Cregler e Mark, 1985; Lacayo, 1995). A morte amplamente divulgada do astro do basquete norte-americano, Len Bias, é um exemplo disso.

Uma pessoa que pára de usar cocaína não vivencia os sintomas de abstinência semelhantes aos da heroína, mas a cocaína pode ser extremamente viciadora. O cérebro se adapta ao uso da droga de formas que perturbam seu equilíbrio químico, o que provoca depressão quando o uso é interrompido. Primeiramente, há o "colapso" destoante do humor e da energia. Em poucos dias, a pessoa entra em um longo período de fadiga, ansiedade, paranóia, tédio e **anedonia** (incapacidade de sentir prazer), e em pouco tempo, o desejo de usar cocaína torna-se intenso. Portanto, embora não se encaixe no padrão clássico de dependência, está pronto para o uso compulsivo. Mesmo uma pessoa que passa pela abstinência pode ansiar pela cocaína meses ou anos depois (Withers et al., 1995). Se a cocaína fosse mais barata, nove entre dez usuários evoluiriam para o uso compulsivo. Na verdade, a cocaína em pedra ("*crack*", "pedra" ou "roca"), que é mais barata, cria índices extremamente altos de abuso. Eis alguns sinais do uso excessivo de cocaína (Pursch, 1983):

> A cocaína era o ingrediente principal em vários elixires que não exigiam receita médica antes da virada do século XX. Hoje, a cocaína é reconhecida como uma droga potente e perigosa. Seu alto potencial de dependência prejudicou a vida de inúmeros usuários.

- *Uso compulsivo*. Se a cocaína estiver disponível – digamos, em uma festa –, você indubitavelmente a usará. Você não consegue dizer não.
- *Perda de controle*. Depois de consumir um pouco de cocaína, você continuará usando-a até ficar exausto ou a cocaína acabar.
- *Não se importar com as conseqüências*. Você não se importa se o aluguel será pago, se o seu emprego está correndo risco, se a pessoa que você ama não aprova ou se a sua saúde está sendo afetada. Você vai usar a cocaína de qualquer maneira.

Evidentemente, a capacidade de dependência e danos sociais da cocaína compete com a da heroína. Qualquer pessoa que achar que tem problema de vício em cocaína deve procurar aconselhamento em uma clínica para drogados ou uma reunião dos Cocainômanos Anônimos. Parar de consumir cocaína é extremamente difícil. Mesmo assim, três em cada quatro usuários da droga que continuam se tratando conseguem eliminar sua dependência (Simpson et al., 1999).

Anedonia Incapacidade de sentir prazer.

---

*NE: Legislação norte-americana que dispõe sobre a pureza dos alimentos e das drogas.

TABELA 5.3 Comparação de Drogas Psicoativas

NOME	CLASSIFICAÇÃO	USO MÉDICO	DOSE USUAL	DURAÇÃO DO EFEITO
Álcool	Sedativa-hipnótica	Solvente, anti-séptico	Varia	1-4 horas
Anfetaminas	Estimulante	Alívio de depressão leve, controle de narcolepsia e hiperatividade	2,5-5 miligramas	4 horas
Barbitúricos	Sedativa-hipnótica	Sedação, alívio de pressão arterial alta, anticonvulsivante	50-100 miligramas	4 horas
Benzodiazepinas	Ansiolítica (droga anti-ansiedade)	Tranqüilizante	2-100 miligramas	10 minutos-8 horas
Cafeína	Estimulante	Neutraliza drogas depressoras, tratamento de enxaquecas	Varia	Varia
Cocaína	Estimulante, anestésico local	Anestesia local	Varia	Varia, breves períodos
Codeína	Narcótica	Ameniza a dor e a tosse	30 miligramas	4 horas
GHB	Sedativa-hipnótica	Tratamento experimental da narcolepsia, alcoolismo	1-3 gramas (pó)	1-3 horas
Heroína	Narcótico	Alívio da dor	Varia	4 horas
LSD	Alucinógena	Estudo experimental da função mental, alcoolismo	100-500 miligramas	10 horas
Maconha (THC)	Relaxante, euforizante; em altas doses, alucinógena	Tratamento de glaucoma e efeitos colaterais da quimioterapia	1-2 cigarros	4 horas
MDMA	Estimulante/ alucinógena	Nenhum	125 miligramas	4-6 horas
Mescalina	Alucinógena	Nenhum	350 microgramas	12 horas
Metadona	Narcótica	Alívio da dor	10 miligramas	4-6 horas
Morfina	Narcótica	Alívio da dor	15 miligramas	6 horas
PCP	Anestésica	Nenhum	2-10 miligramas	4-6 horas, mais uma recuperação de 12 horas
Psilocibina	Alucinógena	Nenhum	25 miligramas	6-8 horas
Cigarro (nicotina)	Estimulante	Emético (nicotina)	Varia	Varia

Os pontos de interrogação indicam conflitos de opinião. Deve-se observar que as drogas ilícitas freqüentemente são adulteradas e, conseqüentemente, apresentam riscos desconhecidos quanto ao seu uso.

EFEITOS BUSCADOS	SINTOMAS DE LONGO PRAZO	POTENCIAL DE DEPENDÊNCIA FÍSICA	POTENCIAL DE DEPENDÊNCIA PSICOLÓGICA	POTENCIAL DE DANOS ORGÂNICOS
Alteração dos sentidos, redução da ansiedade, sociabilidade	Cirrose, psicose tóxica, danos neurológicos, dependência	Sim	Sim	Sim
Vigilância, atividade	Perda de apetite, delírios, alucinações, psicose tóxica	Sim	Sim	Sim
Redução da ansiedade, euforia	Dependência com graves sintomas de abstinência, possíveis convulsões, psicose tóxica	Sim	Sim	Sim
Alívio da ansiedade	Irritabilidade, confusão, depressão, problemas relacionados ao sono	Sim	Sim	Não, mas pode prejudicar o feto
Insônia, vigilância	Insônia, arritmias cardíacas, pressão arterial alta	Não?	Sim	Sim
Excitação, loquacidade	Depressão, convulsões	Sim	Sim	Sim
Euforia, evitar o desconforto da abstinência	Dependência, constipação, perda de apetite	Sim	Sim	Não
Intoxicação, euforia, relaxamento	Ansiedade, confusão, insônia, alucinações, convulsões	Sim	Sim	Não?
Euforia, evitar o desconforto da abstinência	Dependência, constipação, perda de apetite	Sim	Sim	Não*
Experiências que proporcionam melhor compreensão, regozijo, distorção dos sentidos	Pode intensificar uma psicose já existente, reações de pânico	Não	Não?	Não?
Relaxamento, aumento da euforia, percepções, sociabilidade	Possível câncer de pulmão, outros riscos para a saúde	Não	Sim	Sim?
Excitação, euforia	Mudança de personalidade, hipertermia, danos ao fígado	Não	Sim	Sim
Experiências que proporcionam melhor compreensão, regozijo, distorção dos sentidos	Pode intensificar uma psicose já existente, reações de pânico	Não	Não?	Não?
Evitar o desconforto da abstinência	Dependência, constipação, perda de apetite	Sim	Sim	Não
Euforia, evitar o desconforto da abstinência	Dependência, constipação, perda de apetite	Sim	Sim	Não*
Euforia	Comportamento imprevisível, suspeita, hostilidade, psicose	Discutido	Sim	Sim
Experiências que dão melhor compreensão, regozijo, distorção dos sentidos	Pode intensificar uma psicose já existente, reações de pânico	Não	Não?	Não?
Vigilância, tranqüilidade, sociabilidade	Enfisema, câncer de pulmão, câncer na boca e na garganta, danos cardiovasculares, perda de apetite	Sim	Sim	Sim

* As pessoas que injetam drogas em condições não-esterilizadas correm um alto risco de contrair Aids, hepatite, abcessos ou problemas circulatórios.

MDMA ("Ecstasy")

A droga MDMA (metilenedioximetanfetamina ou "Ecstasy") também é quimicamente semelhante à anfetamina. Além de produzir um ímpeto de energia, os usuários dizem que ela os faz sentirem-se mais próximos dos outros, pois aumenta as experiências sensoriais. O Ecstasy faz as células do cérebro liberarem quantidade extra de serotonina. Entre os efeitos físicos da MDMA estão: pupilas dilatadas, elevação da pressão arterial, cerração dos maxilares, perda de apetite e aumento da temperatura do corpo (Braun, 2001). Alguns usuários acham que o Ecstasy aumenta o prazer sexual. Porém, ele prejudica a ereção em 40% dos homens e pode retardar o orgasmo tanto nos homens quanto nas mulheres. No geral, a MDMA aparentemente *diminui* o desempenho sexual (Zemishlany et al., 2001).

Uso excessivo

O uso de Ecstasy dobrou na América do Norte nos últimos cinco anos. Pelo menos 1 em cada 20 alunos universitários experimentou Ecstasy. Quais são as conseqüências de um uso tão difundido? Estão começando a surgir problemas graves. Todos os anos, os médicos de pronto-socorro vêem mais casos de MDMA, incluindo aumento constante de mortes relacionadas à MDMA. Alguns desses incidentes são provocados por aumento na temperatura do corpo (hipertermia) ou arritmias cardíacas, que pode levar ao colapso. Os usuários de Ecstasy em *raves* tentam evitar o superaquecimento bebendo água para se refrescar. Isso pode ajudar um pouco, mas o risco de exaustão por calor fatal é real. A MDMA também pode provocar sérios prejuízos ao fígado, o que pode ser fatal (Braun, 2001). Além disso, os usuários de Ecstasy têm maior probabilidade de depender do álcool e de outras drogas, negligenciar os estudos, farrear excessivamente e se envolver em práticas sexuais arriscadas (Strote et al., 2002).

Pode levar mais dez anos para se conhecer todo o impacto do Ecstasy na saúde. No momento, sabemos que o uso repetido de MDMA prejudica as células serotonérgicas do cérebro. Esse dano dura anos. Ele produz sensações de ansiedade ou depressão que podem persistir meses depois de a pessoa parar de usar a droga. Além disso, os usuários de consumo pesado geralmente não obtêm uma boa pontuação nos testes de funcionamento mental ou de memória (Morgan, 2000; Zakzanis e Young, 2001). Muitas das drogas vendidas como "Ecstasy" são impuras ou adulteradas com outras substâncias. Apesar do seu nome popular, o Ecstasy pode ser uma passagem para a angústia para muitos usuários (Kuhn e Wilson, 2001).

Cafeína

A cafeína é a droga psicoativa utilizada com mais freqüência na América do Norte (isso sem contar Seattle!). A cafeína estimula o cérebro bloqueando substâncias químicas que normalmente inibem ou retardam a atividade nervosa (Julien, 1998). Seus efeitos tornam-se aparentes com doses tão pequenas quanto 50 miligramas, quantidade encontrada em cerca de meia xícara de café preparado. Fisicamente, ela provoca suor, loquacidade, tinido (toque nos ouvidos) e tremores nas mãos. Psicologicamente, ela reprime a fadiga ou a sonolência e aumenta a sensação de vigilância (Smith et al., 1999). Algumas pessoas têm dificuldade de começar o dia (ou escrever um outro parágrafo) sem ela.

Quanta cafeína você consumiu hoje? É comum pensar no café como uma grande fonte de cafeína, mas existem várias outras. Encontramos cafeína no chá, em muitos refrigerantes (principalmente os do tipo coca-cola, chocolate e cacau) (▲Tabela 5.4). Mais de duas mil drogas que não exigem receita médica para serem compradas contêm cafeína, incluindo comprimidos para manter a pessoa acordada, remédios para resfriado e vários produtos sob o nome aspirina.

Uso excessivo

Existe alguma inconveniência séria para o uso da cafeína? O uso excessivo pode resultar em uma dependência não-saudável da cafeína, conhecida como **cafeinismo**. Insônia, irritabilidade, perda de apetite, calafrios, disparo do coração e elevação da temperatura do corpo são todos sinais de cafeinismo.

O futuro parecia brilhante quando o astro de basquete universitário Len Bias foi escolhido para jogar pelos Boston Celtics. Empolgado com o seu feito conseguido arduamente e talvez se sentindo invencível, Bias experimentou cocaína, provavelmente pela primeira vez. Horas depois seu sonho acabou. Bias morreu de parada cardíaca aos 22 anos de idade.

Cafeinismo Consumo excessivo de cafeína que leva à dependência e a uma série de queixas físicas e psicológicas.

Muitas pessoas com esses sintomas bebem 15 ou 20 xícaras de café por dia. Porém, mesmo em doses mais baixas, a cafeína pode aumentar a ansiedade e outros problemas psicológicos (Larson e Carey, 1998).

A cafeína representa uma série de riscos para a saúde. Ela estimula o crescimento de cistos nos seios nas mulheres e pode contribuir para câncer de bexiga, problemas cardíacos e pressão arterial alta. As mulheres grávidas deveriam pensar em abolir totalmente a cafeína por causa da suspeita da ligação entre ela e defeitos congênitos. As grávidas que consomem seis xícaras de café ou mais por dia dobram o risco de sofrer um aborto espontâneo (Klebanoff et al., 1999).

É comum não pensar na cafeína como uma droga. Mas até uma quantidade de duas xícaras e meia (ou o equivalente) por dia pode ser um problema. Até as pessoas que consomem quantidades moderadas podem sentir ansiedade, depressão, fadiga, dores de cabeça e sintomas semelhantes aos da gripe durante a abstinência (Silverman et al., 1992). Cerca de metade dos usuários de cafeína apresenta alguns sinais de dependência (Hughes et al., 1998). É bom lembrar que a cafeína é uma droga e deve ser usada com moderação.

▲ TABELA 5.4 | **Conteúdo Médio de Cafeína em Vários Alimentos**

Café instantâneo (11 g ou 1 xícara), 64 miligramas
Café coado (11 g ou 1 xícara), 108 miligramas
Café em gotas (11 g ou 1 xícara), 145 miligramas
Café descafeinado (11 g ou 1 xícara), 3 miligramas
Chá preto (11 g ou 1 xícara), 42 miligramas
Chá gelado em lata (38 g), 30 miligramas
Chocolate (13 g ou 1 xícara), 8 miligramas
Achocolatado (17 g ou 1 pote), 14 miligramas
Chocolate doce (tablete de 450 g), 20 miligramas
Refrigerantes do tipo coca-cola (26,5 g ou 1 lata), 50 miligramas
Refrigerantes (26,5 g ou 1 lata), 0-52 miligramas

Nicotina

A nicotina é um estimulante natural encontrado basicamente no cigarro. Depois da cafeína, é a droga psicoativa mais amplamente utilizada (Julien, 1998).

Como a nicotina se compara aos outros estimulantes? A nicotina é uma droga potente. Ela é tão tóxica que às vezes é usada para matar insetos. Em doses grandes, provoca dor de estômago, vômito e diarréia, suores frios, tontura, confusão e tremores musculares. Em doses muito grandes, a nicotina pode provocar convulsões, falência respiratória e morte. Para um não-fumante, 50 a 75 miligramas de nicotina tomados em uma única dose pode ser letal. (Fumar cerca de 17 a 25 cigarros como uma chaminé produzirá essa dosagem.) A maioria dos fumantes de primeira viagem fica doente com um ou dois cigarros. Em contrapartida, um fumante inveterado pode inalar 40 cigarros por dia sem se sentir doente. Isso indica que os fumantes regulares criam uma tolerância à nicotina (Perkins, 1995; Stolerman e Jarvis, 1995).

Uso excessivo

É verdade que a nicotina pode ser viciadora? Uma série de evidências confirma que a nicotina é viciadora (Henningfield e Heishman, 1995). Entre os fumantes comuns de 15 a 24 anos de idade, 60% são viciados (Breslau et al., 2001). Para muitos fumantes, a abstinência da nicotina provoca dores de cabeça, suor, cólicas, insônia, problemas digestivos, irritabilidade e um desejo intenso por cigarros (Killen e Fortmann, 1997). Esses sintomas podem durar de duas a seis semanas e ser até piores que os de abstinência da heroína. Na verdade, os padrões de recaída são quase idênticos para alcoólatras, viciados em heroína, usuários de cocaína e fumantes que tentam largar o cigarro (Stolerman e Jarvis, 1995). A quantidade surpreendente de oito em cada dez pessoas que param de fumar tem uma recaída no período de um ano (Jarvik, 1995).

O Impacto Sobre a Saúde

Quão sérios são os riscos de fumar para a saúde? Um cigarro aceso libera uma grande variedade de potentes cancerígenos (substâncias que provocam câncer). Câncer de pulmão e outros cânceres provocados pelo fumo atualmente são considerados a causa mais evitável de morte nos Estados Unidos e no Canadá. Entre os homens, 97% das mortes por câncer de pulmão são provocadas pelo fumo. No caso das mulheres, 74% de todos os cânceres de pulmão são devidos ao fumo. Eis alguns fatos graves sobre o fumo:

Fatos sobre o Fumo

- Cada cigarro reduz a expectativa de vida do fumante em sete minutos.
- O tabagismo é a primeira causa de morte nos Estados Unidos e no Canadá – mais do que o número de mortes por álcool, drogas, acidentes de carro e Aids juntos.

- O tabagismo mata cinco milhões de pessoas por ano no mundo todo.
- Só nos Estados Unidos, os custos médicos relacionados ao tabagismo totalizam US$ 50 bilhões por ano. Os contribuintes pagam 43% desse total.
- Cerca de 40% de todos os fumantes que desenvolvem câncer de garganta tentam fumar novamente.
- A cada ano, de cinco fumantes que tentam parar de fumar somente um consegue.
- Algumas companhias de cigarro manipulam os níveis de nicotina nos seus cigarros para manter os fumantes viciados.
- A exposição diária ao fumo passivo em casa ou no trabalho provoca um aumento de 24% a 39% no risco de câncer para os não-fumantes.

Se você pensa que fumar é inofensivo ou que não há relação entre tabagismo e câncer, você está se iludindo. O elo científico entre tabagismo e câncer é inegável. Céticos, por favor, observem: Wayne McLaren, que interpretava o agreste "Homem de Marlboro" nos anúncios de cigarro, morreu de câncer de pulmão aos 51 anos de idade.

Os fumantes não arriscam somente a própria saúde, eles também colocam em risco as pessoas que vivem e trabalham nas proximidades. O fumo passivo provoca 20% de todos os cânceres de pulmão. As mulheres não-fumantes casadas com fumantes têm um aumento de 30% no risco de desenvolver câncer de pulmão. É particularmente irresponsável, da parte dos fumantes, expor crianças pequenas ao fumo passivo (Abramson, 1993).

Parar de Fumar

Um estudo com alunos da 5ª série até o ensino médio revelou que aqueles que fumam têm menos probabilidade de acreditar nos rótulos de advertência dos maços de cigarros do que os não-fumantes (Cecil et al., 1996). Os fumantes, em geral, têm menos probabilidade de achar que fumar representa um sério risco para a saúde.

É melhor para uma pessoa parar de fumar abruptamente ou diminuir gradativamente? Durante vários anos, os fumantes foram aconselhados a parar de fumar abruptamente. O ponto de vista atual é que parar de fumar de uma vez não é tão eficaz quanto diminuir. Parar abruptamente torna o ato de largar o cigarro uma proposta do tipo tudo ou nada. Os fumantes que fumam até mesmo um cigarro depois de "parar para sempre" tendem a sentir que fracassaram. Muitos acham que podem muito bem voltar a fumar. Aqueles que largam gradativamente aceitam que o sucesso pode exigir várias tentativas durante vários meses. O texto "Novas Estratégias para Parar de Fumar" resume muitas maneiras de abandonar o fumo.

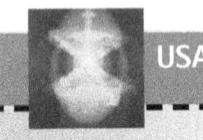

USANDO A PSICOLOGIA — Novas Estratégias para Parar de Fumar

Se você fuma e gostaria de parar, eis alguns passos básicos que você pode dar: (1) adie o momento de fumar o primeiro cigarro pela manhã. Depois, tente adiar um pouco mais a cada dia. (2) Reduza gradativamente a quantidade total de cigarros que você fuma todo dia. (3) Pare totalmente mas apenas por uma semana. Depois, pare novamente uma semana por vez por quantas vezes forem necessárias para que esse ato seja mantido (Pierce, 1991).

Você provavelmente será mais bem-sucedido na estratégia número 2 se programar uma redução gradativa do fumo. Para começar, conte a quantidade de cigarros que você fuma por dia. Na primeira semana, sua meta será fumar apenas dois terços dessa quantidade "linha de base" todos os dias. Além disso, você deve dividir as 16 horas em que fica acordado todos os dias pela quantidade que irá fumar naquele dia. Por exemplo, se você planejar fumar 16 cigarros por dia, então poderá fumar somente um por hora. Quando o "horário programado para fumar" chegar, fume somente por cinco minutos, quer você tenha acabado o cigarro quer não. Não fume nenhum cigarro "perdido" depois.

Na segunda semana, você deve fumar só um terço dos cigarros que fumava na sua linha de base. Novamente, divida cada dia de 16 horas pela quantidade de cigarros, para que você possa planejar quanto tempo deixar entre as horas de fumar.

Na semana três, reduza sua quota de cigarros para 20% da quantidade original da linha de base.

Na quarta semana, pare de fumar completamente.

Esticar gradativamente os intervalos de tempo entre um cigarro e outro é uma parte-chave desse programa. Fumar com horário programado aparentemente ajuda as pessoas a aprender a lidar com a vontade de fumar. Conseqüentemente, aquelas que utilizam esse método têm mais probabilidade de ser bem-sucedidas. Além disso, elas se mantêm não-fumantes mais freqüentemente que as pessoas que utilizam outras abordagens (Cincirpini et al., 1997).

Qualquer que seja a abordagem escolhida, deixar de fumar não é fácil. Muitas pessoas acham que usar adesivos ou chicletes de nicotina as ajudam a passar pelo período de abstinência. Além disso, como observamos, qualquer pessoa que tente parar de fumar deve se preparar para fazer várias tentativas antes de ser bem-sucedida. Mas a boa notícia é que dezenas de milhões pararam de fumar.

CALMANTES – SEDATIVOS, TRANQÜILIZANTES E ÁLCOOL

Em que os calmantes diferem das drogas estimulantes? Os calmantes ou depressores mais amplamente utilizados são o álcool, barbitúricos, tranqüilizantes de gama-hidroxibutirato (GHB) e benzodiazepinas. Essas drogas são muito semelhantes nos seus efeitos. Na verdade, barbitúricos e tranqüilizantes às vezes são chamados de "álcool sólido". Vamos examinar as propriedades de cada uma deles.

Barbitúricos

Barbitúricos são drogas sedativas que diminuem a atividade cerebral. Entre os barbitúricos comuns estão: amobarbital, pentobarbital, secobarbital e tuinal. Popularmente, eles são conhecidos como "calmantes", "céus azuis", "casacos amarelos", "corações roxos", "vermelhinhas", "damas rosas" ou "arco-íris". Medicamente, os barbitúricos são utilizados para acalmar os pacientes ou para induzir o sono. Em doses leves, eles têm um efeito semelhante à intoxicação pelo álcool, e dosagens maiores provocam séria confusão mental ou até mesmo alucinações. Overdoses podem facilmente provocar coma ou morte. Muitas vezes, os barbitúricos são tomados em doses excessivas porque uma primeira dose pode ser seguida de outras à medida que o usuário fica desinibido ou esquecido. As overdoses primeiramente provocam perda de consciência. Depois elas reduzem seriamente os centros cerebrais que controlam os batimentos cardíacos e a respiração. O resultado é a morte (McKim, 1997).

GHB

Você engoliria uma mistura de solvente desengordurador e limpador de canos para ter um "barato"? Aparentemente, muita gente engoliria. Uma miniepidemia de uso de GHB (gama-hidrobutirato) vem ocorrendo nos últimos anos, principalmente em clubes noturnos e *raves*. O GHB é um depressor do sistema nervoso central que relaxa e seda o corpo. Os usuários descrevem seus efeitos como semelhantes aos do álcool. Uma leve intoxicação por GHB tende a produzir euforia, um desejo de sociabilizar e uma leve perda das inibições. Os efeitos intoxicantes do GHB geralmente duram de três a quatro horas, dependendo da dose.

Uso excessivo

Em doses menores, o GHB pode aliviar a ansiedade e relaxar. No entanto, conforme a dose vai aumentando, seus efeitos sedativos podem resultar em náusea, perda de controle muscular e sono ou perda de consciência. Doses mais altas podem provocar coma, falha respiratória e morte. O GHB inibe o reflexo de ânsia, portanto, alguns usuários engasgam até a morte no seu próprio vômito. As doses de GHB potencialmente fatais são só três vezes maiores que as doses geralmente consumidas pelos usuários. Essa margem estreita de segurança levou a inúmeras overdoses, principalmente quando o GHB era combinado com álcool. Uma overdose provoca sono ou profunda sedação, da qual a pessoa não pode ser acordada.

Em março de 2000, o governo norte-americano classificou o GHB como uma substância controlada, tornando sua posse um ato criminoso. Provas clínicas indicam cada vez mais que GHB vicia e é um grande perigo para os usuários. Dois em cada três usuários freqüentes perderam a consciência depois de ingerir GHB, e usuários pesados, que param de consumir GHB, têm sintomas de abstinência como ansiedade, agitação, tremores, delírios e alucinações (Miotto et al., 2001).

Como se o exposto não fosse motivo suficiente para olhar o GHB com desconfiança, eis mais um para levar em consideração: GHB geralmente é fabricado em casa com receitas e ingredientes comprados na Internet. Como mencionamos anteriormente, ele pode ser produzido combinando-se solvente desengordurador com limpador de canos (Falkowski, 2000). Se você quiser desengordurar seu cérebro, o GHB fará o serviço.

Tranqüilizantes

Um **tranqüilizante** é uma droga que diminui a ansiedade e reduz a tensão. Os médicos receitam tranqüilizantes com benzodiazepina para aliviar o nervosismo e o estresse. O Valium é a droga mais conhecida dessa família; outros exemplos são Xanax, Halcion e Librium. Mesmo em doses normais, essas drogas podem provocar sonolência, tremores e confusão. Quando utilizadas em doses muito altas ou por um período demasiadamente longo, as benzodiazepinas têm um forte potencial para viciar (McKim, 1997).

Uma droga vendida com o nome Rohypnol aumentou o problema da dependência de tranqüilizantes. Essa droga, que está associada ao Valium, é barata e dez vezes mais potente. Ela reduz as inibições e produz relaxamento ou intoxicação. Grandes doses induzem amnésia de curto prazo e o sono. As "roofies", como são conhecidas popularmente, são inodoras e insípidas. Elas vêm sendo utilizadas para adulterar bebidas, que são dadas aos desavisados como uma "droga de estupro diurno". As vítimas são então atacadas sexualmente ou estupradas enquanto estão inconscientes (Navarro, 1995). (Fique sabendo, porém, que beber muito álcool é de longe o prelúdio mais comum para um estupro.)

Uso excessivo

O uso repetido de barbitúricos pode provocar dependência física. Alguns dependentes sofrem de depressão emocional profunda que pode terminar em suicídio. Da mesma maneira, quando são utilizados tranqüilizantes em uma dose muito alta ou por um período demasiadamente longo, é possível ocorrer o vício. Muitas pessoas aprenderam da forma mais difícil que os tranqüilizantes receitados legalmente são tão perigosos quanto as drogas ilícitas (McKim, 1997).

Combinar barbitúricos ou tranqüilizantes com álcool é extremamente arriscado. Quando misturadas, o efeito de ambas as drogas é multiplicado por uma **interação de drogas** (uma droga aumenta o efeito de outra). Interações de drogas são responsáveis por várias centenas de overdoses fatais de drogas todos os anos. Muito freqüentemente, os depressores são engolidos com álcool ou adicionados a uma tigela de ponche adulterado. Essa é a mistura letal que deixou uma jovem chamada Karen Ann Quinlan em coma durante dez anos, terminando com sua morte. Não é exagero reafirmar que misturar depressores com álcool pode ser letal.

Álcool

Álcool é o nome comum do álcool etílico, o elemento intoxicante em bebidas fermentadas e destiladas. Ao contrário da crença popular, o álcool não é um estimulante. A animação ruidosa em festas com bebida alcoólica se deve ao efeito do álcool como *depressor*. Como mostra a ◆Figura 5.7, pequenas quantidades de álcool reduzem as inibições e criam sensações de relaxamento e euforia. Doses maiores provocam danos ainda maiores no cérebro, até a pessoa que bebeu perder a consciência. O álcool também não é afrodisíaco. Em vez de aumentar a excitação sexual, ele geralmente prejudica o desempenho, principalmente nos homens. Como observou William Shakespeare há muito tempo, beber "desperta o desejo, mas tira o desempenho".

Uso excessivo

O álcool, o depressor preferido no mundo todo, cria o nosso maior problema com drogas. Estima-se que 25 milhões de pessoas nos Estados Unidos e no Canadá tenham problemas sérios de alcoolismo. O grau de dependência do álcool entre adolescentes e adultos jovens é alarmante. Cerca de 70% dos alunos universitários se envolveram em bebedeira. Quando se trata de membros de clubes de estudantes, o número sobe para 84%. **Tomar uma bebedeira** é definido como beber cinco ou mais doses em um curto período de tempo (quatro doses para as mulheres). Aparentemente, muitos alunos acham que é divertido se deixar levar totalmente e vomitar em cima dos amigos. Porém, tomar uma bebedeira é um sinal sério de dependência do álcool. Ele é responsável por numerosas mortes e milhares de idas ao pronto-socorro (Wechsler et al., 2002).

Tranqüilizante Droga que baixa a ansiedade e reduz a tensão.

Interação de drogas Efeito combinado que excede a soma do efeito de uma droga ao efeito de outra.

Bebedeira Consumir cinco ou mais doses de bebida alcoólica em um curto período de tempo.

Álcool consumido	Representação neurológica	Efeito comportamental
Para cada 2,2 L de quantidade de álcool no uísque equivale a 0,05% de álcool no sangue	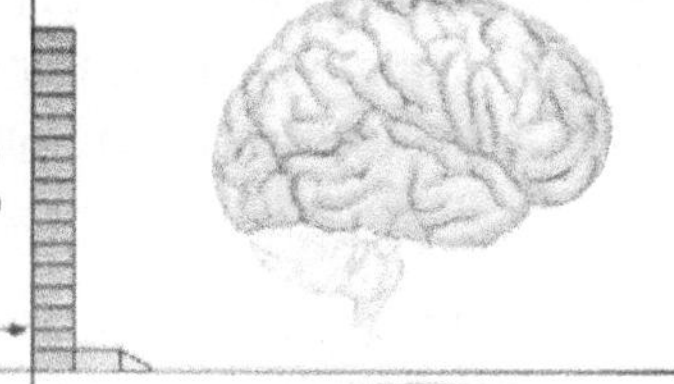	Afeta os centros nervosos superiores; a pessoa que bebe perde as inibições, ignora convenções e cortesias, relaxa
Para cada 6,6 L de quantidade de álcool no uísque equivale a 0,15% de álcool no sangue	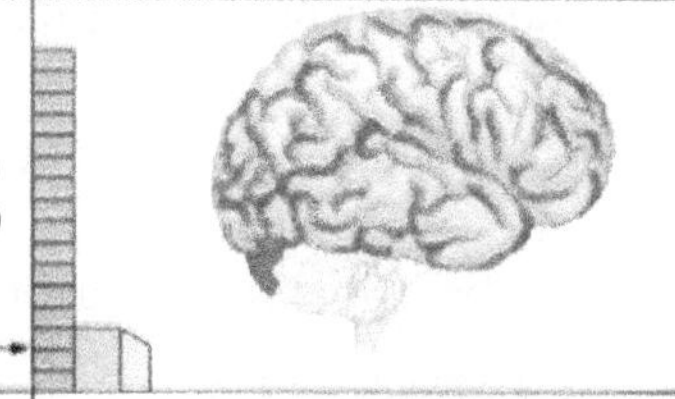	Afeta as regiões motoras mais profundas; a pessoa que bebe cambaleia, fica com a fala ininteligível, superconfiante, age por impulso
Para cada 11 L de quantidade de álcool no uísque equivale a 0,25% de álcool no sangue	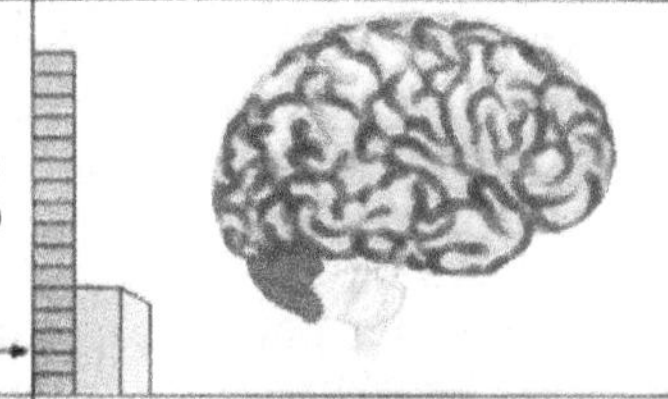	Afeta os centros emocionais do mesencéfalo; a pessoa que bebe fica com as reações motoras prejudicadas e andar instável; as sensações são distorcidas; tende a ver dobrado e a cair no sono
Para cada 17,5 L de quantidade de álcool no uísque equivale a 0,4% de álcool no sangue	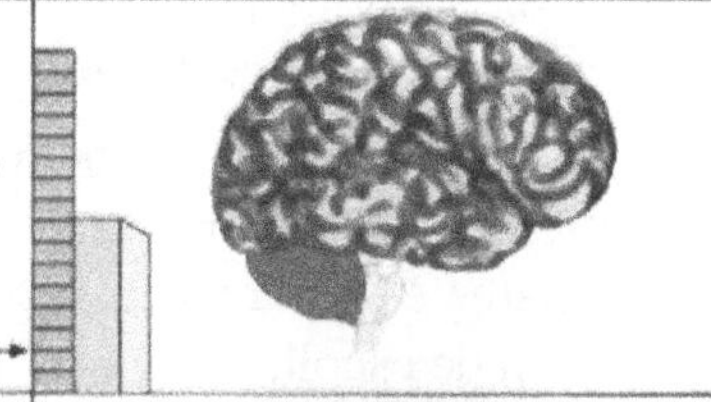	Afeta a região central do cerebelo; os sentidos ficam entorpecidos; a pessoa que bebe fica em estupor
Para cada 26 L de quantidade de álcool no uísque equivale a 0,6% de álcool no sangue	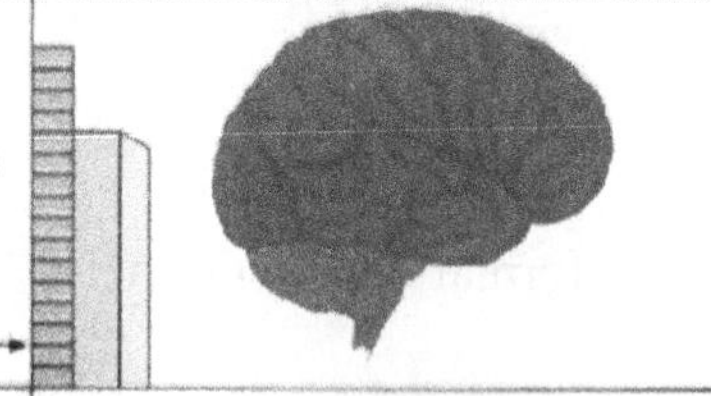	Afeta as regiões perceptuais; a pessoa que bebe perde a consciência; só ficam as funções de respiração e os batimentos cardíacos
Para cada 35 L de quantidade de álcool no uísque equivale a 0,8% de álcool no sangue	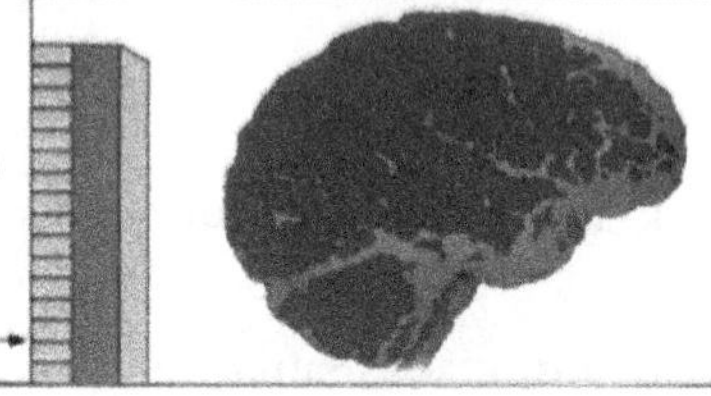	Afeta todo o cérebro; os batimentos cardíacos e a respiração param; morte

◆FIGURA 5.7 *Os efeitos comportamentais do álcool estão relacionados ao conteúdo de álcool no sangue e à conseqüente supressão das funções mentais superiores. As flechas indicam o limiar normal de intoxicação legal nos Estados Unidos. (De Jozef Cohen,* Eyewitness Series in Psychology, *p. 44. Copyright © de Rand McNally and Company. Reproduzido com permissão.)*

A embriaguez é particularmente preocupante porque o cérebro continua se desenvolvendo aos 20 e poucos anos. Pesquisas revelaram que adolescentes e jovens adultos que bebem demais podem perder até 10% do seu poder cerebral – principalmente sua capacidade de memória (Brown et al., 2000). Essas perdas podem ter um impacto de longo prazo sobre as chances de sucesso na vida pessoal. Em suma, embebedar-se é uma maneira lenta mas segura de ficar bobo (Obernier et al., 2002; Wechsler & Wuethrich, 2002).

O reforço positivo – beber por prazer – motiva a maioria das pessoas que consome álcool. O que diferencia os dependentes de álcool das outras pessoas que bebem é que eles também bebem para lidar com emoções negativas, como ansiedade e depressão. É por isso que a dependência de álcool aumenta à medida que cresce o nível de estresse na vida das pessoas. Quem bebe para lidar com sentimentos ruins corre um grande risco de se tornar alcoólatra (Kenneth et al., 1998).

A bebedeira e a dependência do álcool tornaram-se problemas sérios entre os alunos universitários. Muitos dependentes do álcool se consideram bebedores "moderados", o que indica que eles estão em estado de negação sobre quanto realmente bebem (Grant e Dawson, 1997).

Reconhecendo o Problema de Alcoolismo

Quais são os sinais de dependência do álcool? Como a dependência do álcool é um problema muito comum, é importante reconhecer os sinais de uma dependência cada vez maior. O caminho para se transformar de uma pessoa que bebe socialmente para um dependente do álcool e, por fim, um alcoólatra, geralmente é sutil. Jellinek (1960) dá estas etapas típicas na aquisição de um problema de alcoolismo:

1. **Fase Inicial**. No início, a pessoa que bebe socialmente começa a recorrer com mais freqüência ao álcool para aliviar a tensão ou para se sentir bem. Quatro sinais de perigo nesse período que sinalizam uma dependência excessiva do álcool são:
   Aumento do consumo. A pessoa bebe cada vez mais e pode começar a se preocupar com quanto está bebendo.
   Beber pela manhã. Beber pela manhã é um sinal de perigo, principalmente quando é usado para lutar contra a ressaca ou "suportar o dia".
   Comportamento de arrependimento. A pessoa se envolve em comportamentos extremos quando está embriagada que a deixam se sentindo culpada ou embaraçada.
   Esquecimentos. O excesso de bebida pode ser revelado pela incapacidade de se lembrar do que aconteceu durante a intoxicação.

2. **Fase crucial.** Uma virada crucial surge quando a pessoa começa a perder o controle sobre a bebida. Nessa fase, ainda há algum controle sobre quando e onde se toma a primeira dose. Mas uma dose começa uma reação em cadeia que leva a uma segunda, a uma terceira e assim por diante.

3. **Fase crônica.** A essa altura a pessoa já é dependente do álcool. As vítimas bebem compulsiva e continuamente. Elas raramente comem, ficam intoxicadas com muito menos álcool do que antes e anseiam por álcool quando são privadas dele. O emprego, os laços familiares e a vida social se deterioram. O ato de se autodrogar geralmente é tão compulsivo que, quando se tem de escolher, a garrafa vem antes dos amigos, parentes, do emprego e da auto-estima. A pessoa está viciada.

O Desenvolvimento de um Problema de Bebida

Para acrescentar ao resumo acima, as listas a seguir vão ajudá-lo a formar um quadro mais detalhado de como se desenvolve a dependência do álcool.

Alertas Iniciais

- Você está começando a se sentir culpado por beber.
- Você está bebendo mais do que o habitual e tende a tomar suas bebidas de um gole só.
- Você tenta beber mais antes ou depois de beber com outros.
- Você começou a beber em certas horas ou para agüentar determinadas situações.
- Você bebe para aliviar sensações de tédio, depressão, ansiedade ou inadequação.
- Você fica sensível quando mencionam seu problema com a bebida.
- Você tem lapsos de memória ou desmaiou enquanto estava bebendo.

Sinais que Não Devem Ser Ignorados

- Há momentos em que você precisa de uma bebida.
- Você bebe pela manhã para curar uma ressaca.
- Você promete beber menos e está mentindo quanto ao fato de beber.
- Você geralmente se arrepende do que disse ou fez enquanto estava bebendo.
- Você começou a beber sozinho.
- Você tem acessos de bebedeira nos fins de semana e ressaca na segunda-feira.
- Você perdeu a hora no trabalho ou na escola em razão da bebida.
- Você estava visivelmente embriagado em ocasiões importantes.
- Seu relacionamento com familiares e amigos mudou pelo fato de você beber.

Beber Moderadamente

Muitas pessoas que bebem social/recreativamente poderiam exercer muito melhor a tarefa de administrar seu uso do álcool. Quase todo mundo já foi a uma festa estragada por alguém que bebeu demais e depressa demais. Aqueles que evitam beber em excesso se divertem mais e seus amigos também. Mas como se evita beber demais? Afinal de contas, como observou certa vez um sábio: "A consciência se dissolve no álcool". Os psicólogos Roger Vogler e Wayne Bartz (1982, 1992) observaram que é preciso habilidade para regular a bebida em ocasiões sociais, nas quais a tentação de beber pode ser forte. Se você optar por beber, eis algumas diretrizes que podem ser úteis. (Adaptado de Vogler e Bartz, 1992.)

Beber Regradamente

1. Pense no seu beber com antecedência e planeje como vai lidar com ele.
2. Beba devagar, coma enquanto estiver bebendo e ingira uma bebida alcoólica alternando com outra não-alcoólica (ou mais).
3. Restrinja o beber a basicamente à primeira hora do evento social ou da festa.
4. Pratique como vai recusar bebidas educada mas firmemente.
5. Aprenda a relaxar, encontrar pessoas e sociabilizar sem depender do álcool.

Tratamento

O tratamento da dependência do álcool começa com fazer a pessoa ficar sóbria e cortando o fornecimento. Essa fase é chamada de **desintoxicação** (literalmente, "retirada do veneno"). Ela freqüentemente apresenta todos os sintomas de abstinência das drogas e pode ser extremamente desagradável. O próximo passo é tentar restaurar a saúde da pessoa. A dependência pesada geralmente provoca danos sérios aos órgãos e ao sistema nervoso. Depois de os alcoólatras terem sido "secados" e um certo grau de saúde for restaurado, eles devem ser tratados com tranqüilizantes, antidepressivos ou psicoterapia. Infelizmente, o sucesso desses procedimentos tem sido limitado.

Uma abordagem de ajuda mútua que tem sido razoavelmente bem-sucedida é o Alcoólatras Anônimos (AA). O AA opera baseando-se na premissa de que é preciso ex-alcoólatras para entender e ajudar um alcoólatra atual. As pessoas que participam de reuniões do AA admitem que têm um problema, compartilham sentimentos e decidem ficar "secos" um dia por vez. Os outros membros do grupo dão o apoio necessário para aqueles que estão lutando para eliminar a dependência. (Cocainômanos Anônimos e Narcóticos Anônimos utilizam a mesma abordagem.)

Cerca de 81% daqueles que continuam nos alcoólatras anônimos por mais de um ano conseguem passar o ano seguinte sem beber. No entanto, o índice de sucesso do AA pode simplesmente refletir o fato de que os membros participam voluntariamente, o que significa que eles admitiram que têm um problema grave (Morgenstern et al., 1997). Infelizmente, parece que os dependentes do álcool com freqüência só enfrentam seus problemas quando atingem o "fundo do poço". Porém, se estiverem dispostos, o AA oferece uma abordagem prática do seu problema.

Dois grupos mais novos oferecem uma abordagem racional e não-espiritual da dependência do álcool e que se ajusta melhor às necessidades de algumas pessoas. Eles são Recuperação Racional e Organizações Leigas para a Sobriedade (SOS). Outras alternativas ao AA são tratamento médico, terapia de grupo e psicoterapia individual (Institute of Medicine, 1990). As pessoas que bebem demais apresentam forte tendência a negar que têm um problema. Quanto mais cedo procurarem ajuda, melhor.

MACONHA E ALUCINÓGENOS — O QUE É QUE A MACONHA TEM?

Maconha e haxixe são derivados da planta cânhamo *Cannabis sativa*. A maconha é composta por folhas e flores da planta cânhamo. O haxixe é um material resinoso raspado das folhas da *Cannabis*. A principal substância química ativa na maconha é o tetraidrocanabinol ou THC. O THC é um leve **alucinógeno** (substância que altera as impressões sensoriais).

Desintoxicação No tratamento do alcoolismo, a abstinência do álcool por parte do paciente.

Alucinógeno Substância que altera ou distorce as impressões sensoriais.

LSD e PCP

A droga LSD (ácido lisérgico dietilamida ou "ácido") talvez seja o alucinógeno mais conhecido. Mesmo quando consumido em pequena quantidade, o LSD pode provocar alucinações e problemas semelhantes a psicoses no raciocínio e na percepção. Dois outros alucinógenos são a mescalina (peiote) e a psilocibina ("cogumelos mágicos"). A propósito, a droga PCP (fenciclidina ou "pó de anjo") pode ter efeitos alucinógenos. Porém, o PCP, que é um anestésico, também tem efeitos estimulantes e depressivos. Essa combinação poderosa é capaz de provocar extrema agitação, desorientação, violência e, muitas vezes, tragédia. Todos os alucinógenos, incluindo a maconha, geralmente afetam os sistemas neurotransmissores que levam mensagens entre as células do cérebro (Julien, 1998).

Maconha

Entre os efeitos psicológicos da maconha estão a sensação de euforia ou bem-estar, relaxamento, alteração da noção do tempo e distorção da percepção. Em doses grandes, porém, podem ocorrer paranóia, alucinações e delírios (Palfai e Jankiewicz, 1991). Levando tudo isso em consideração, a intoxicação por maconha é relativamente sutil em comparação com drogas como LSD ou álcool (Kelly et al., 1990). Apesar disso, dirigir um carro quando se está drogado com maconha pode ser extremamente perigoso. Na verdade, dirigir sob a influência de qualquer droga intoxicante é perigoso.

Não foi relatada nenhuma morte por overdose de maconha, porém, ela não pode ser considerada inofensiva. Uma das preocupações em particular é o fato de que o THC se acumula nos tecidos gordurosos do corpo, principalmente no cérebro e nos órgãos reprodutores. Mesmo se a pessoa fumar maconha somente uma vez por semana, o corpo nunca se liberta totalmente do THC. Os cientistas localizaram um local receptor específico na superfície das células do cérebro, onde o THC se aglutina para produzir seus efeitos. Esses locais receptores encontram-se em grande quantidade no córtex cerebral, que é a base da consciência humana (Matsuda et al., 1990).

A maconha cria dependência física? Estudos de longo prazo de usuários pesados de maconha na Jamaica, Grécia e Costa Rica não conseguiram encontrar qualquer dependência física (Carter, 1980; Rubin e Comitas, 1975; Stefanis et al., 1977). O potencial de dependência da maconha está basicamente no reino da dependência psicológica, e não no vício. Mesmo assim, os usuários freqüentes de maconha acham muito difícil largá-la, portanto, a dependência é um risco (Budney et al., 1999; Haney et al., 1999).

Os Perigos do Uso da Maconha

Há relatórios extremamente alarmantes na imprensa sobre os perigos da maconha. Eles são precisos? Como disse um farmacologista: "As pessoas que lêem somente *Good Housekeeping* teriam de acreditar que a maconha é consideravelmente mais perigosa que a Peste Negra". Infelizmente, uma avaliação dos riscos da maconha foi desvirtuada por um debate emocional. Vamos ver se conseguimos fazer uma análise realista.

No passado, foi amplamente reportado que a maconha provoca dano cerebral, dano genético e uma perda de motivação. Cada uma dessas acusações pode ser criticada por se basear em pesquisas malfeitas ou não-conclusivas. Mas isso não significa que a maconha receba uma carta branca de saúde. Por cerca de um dia depois de a pessoa fumar maconha, sua atenção, coordenação e memória de curto prazo ficam prejudicadas (Pope et al., 1995). Os usuários freqüentes de maconha apresentam pequenas quedas no aprendizado, na memória, na atenção e na capacidade de raciocínio (Solowij et al., 2002).

As pessoas que fumam cinco ou mais cigarros de maconha por semana pontuam quatro pontos a menos nos testes de QI. Isso é suficiente para debilitar sua capacidade de aprendizado. Na verdade, muitas pessoas que pararam de usar maconha dizem que o fizeram porque ficaram incomodadas pela perda da memória de curto prazo e pelos problemas de concentração. Felizmente, as pontuações de QI e outras medidas cognitivas são recuperadas em cerca de um mês depois de a pessoa parar de usar maconha (Fried et al., 2002; Grant et al., 2001). Em outras palavras, as pessoas que fumam maconha agem como imbecis, mas se elas largarem, há uma boa chance de recuperarem suas aptidões mentais.

Riscos para a Saúde

Após muitos anos de informações conflitantes, alguns dos riscos para a saúde apresentados pela maconha também estão sendo esclarecidos. Entre os efeitos de longo prazo da maconha estão os seguintes:

1. Nos usuários regulares, a maconha provoca mudanças pré-cancerosas nas células do pulmão. Até o momento, não foi comprovada nenhuma ligação entre a maconha e o câncer de pulmão, mas suspeita-se que exista. O fumo de maconha contém 50% mais hidrocarbonos que provocam câncer e 16 vezes mais alcatrão que o tabaco. Conseqüentemente, fumar vários cigarros de maconha por semana pode ser equivalente a fumar uma dezena de cigarros por dia (Barsky et al., 1998).
2. A maconha baixa temporariamente a produção de esperma nos homens e seus usuários produzem mais espermas anormais. Isso pode ser um problema para um homem que é marginalmente fértil e quer ter uma família (Schuel et al., 1999).
3. Em experimentos com macacos fêmeas, o THC provoca ciclos menstruais anormais e perturba a ovulação. Outros estudos com animais mostram que o THC provoca um índice mais alto de aborto espontâneo e que ele pode atingir o feto em desenvolvimento. Como para as outras drogas, aparentemente deve-se evitar a maconha durante a gravidez.
4. O THC pode reprimir o sistema imunológico do corpo, aumentando o risco de doenças.
5. Nos animais, a maconha provoca danos genéticos nas células do corpo. Não se sabe até que ponto isso ocorre nos seres humanos, mas indica que a maconha pode ser prejudicial à saúde.
6. Os níveis de atividade no cerebelo são mais baixos do que o normal nos dependentes de maconha. Isso pode explicar por que os usuários crônicos de maconha tendem a apresentar certa perda de concentração (Volkow et al., 1996).
7. Há algumas provas de que o THC danifica partes do cérebro importantes para a memória (Chan et al., 1998).
8. Crianças cujas mães fumaram maconha durante a gravidez apresentam menos capacidade para serem bem-sucedidas em atividades desafiadoras e voltadas para metas (Fried e Smith, 2001).

Quando se comparam os resultados anteriores com os estudos de usuários veteranos de maconha, fica evidente que ninguém pode dizer com certeza que a maconha é extremamente prejudicial ou totalmente segura. Embora ainda se desconheça muita coisa, a maconha parece estar alinhada com duas outras drogas potentes – o cigarro e o álcool. Só pesquisas futuras dirão com certeza "o que é que a maconha tem".

Resumo

Por que a dependência de drogas é tão comum? As pessoas buscam experiências com drogas por vários motivos, que vão da curiosidade e de um desejo de fazer parte de um grupo até a busca de um significado ou uma fuga dos sentimentos de inadequação. Os melhores prognosticadores do uso de drogas por adolescentes são o uso de drogas por colegas, uso de drogas pelos pais, delinqüência, desajuste dos pais, baixa auto-estima, inconformidade social e mudanças estressantes na vida. Um estudo recente revelou que os adolescentes que usam drogas tendem a ser desajustados, alienados, impulsivos e emocionalmente esgotados (Masse e Tremblay, 1997). Comportamento anti-social, fracasso na escola e comportamento sexual arriscado também são comumente associados à dependência de drogas (Ary et al., 1999). Esses padrões tornam evidente que consumir drogas é um sintoma e não uma causa de um desajuste pessoal e social (Derzon e Lipsey, 1999; Welte et al., 1999).

Muitos viciados recorrem às drogas em uma tentativa ainda mais problemática de lidar com a vida. Todas as drogas usadas com freqüência produzem sensações imediatas de prazer. As conseqüências negativas surgem muito mais tarde. Essa combinação de prazer imediato e castigo postergado permite que os dependentes se sintam bem sempre que quiserem. Evidentemente, com o tempo, a maior parte do prazer da dependência de drogas desaparece e os problemas do dependente pioram. Mas se um dependente simplesmente se sente melhor (por mais brevemente que seja) depois de consumir drogas, consumi-las pode se tornar compulsivo (Barrett, 1985). Opostamente, as pessoas que param de usar drogas geralmente dizem que largaram porque as desvantagens superaram os benefícios (Toneatto et al., 1999).

Embora tenham sido gastos bilhões de dólares no combate às drogas nos últimos anos, houve um aumento no índice geral de uso de drogas nos Estados Unidos. A maior parte desse uso começa no início da adolescência (Chen e Kandel, 1995). Em vista desse fato, alguns especialistas acham que a prevenção mediante a educação e a intervenção logo no início é a resposta para o problema das drogas (Julien, 1998). O que você acha?

Um Olhar Adiante

Dos muitos estados de consciência que discutimos, o sonho parece o mais familiar – e o mais surpreendente. Há lições a serem aprendidas dos sonhos? Que *insights* pessoais estão ocultos no refluxo e no fluxo das imagens dos sonhos? Vamos descobrir.

PAUSA PARA ESTUDO — Drogas Psicoativas

RELACIONE

Que drogas legais você usou no ano passado? Alguma delas tinha propriedades psicoativas? Em que as drogas psicoativas diferem de outras substâncias no seu potencial para dependência?

VERIFICAÇÃO DO APRENDIZADO

1. Qual das drogas listadas a seguir são conhecidas por causar dependência física?
   - a. heroína
   - b. morfina
   - c. codeína
   - d. metadona
   - e. barbitúricos
   - f. álcool
   - g. cafeína
   - h. anfetaminas
   - i. nicotina
   - j. cocaína
   - k. GHB
2. A psicose de anfetamina é semelhante à _____ extrema, na qual o indivíduo se sente ameaçado e tem delírios.
3. A cocaína é muito semelhante a qual das seguintes alternativas nos seus efeitos no sistema nervoso central?
   a. Seconal b. codeína c. *Cannabis* d. anfetamina.
4. A combinação de _____ ou _____ e álcool pode ser fatal.
5. Um drinque inicia uma reação em cadeia que leva a um segundo e a um terceiro na fase crucial do problema de bebida. V ou F?
6. O maior problema de drogas dos Estados Unidos está centrado na dependência de
   a. maconha b. álcool c. cigarro d. cocaína
7. MDMA e GHB são classificados como depressores. V ou F?

Raciocínio Crítico

8. O governo norte-americano, que ajuda a financiar campanhas antitabagismo e pesquisas de saúde relacionadas ao tabagismo, também continua subsidiando os plantadores de tabaco. Você saberia explicar essa contradição?
9. Por que você acha que há um contraste entre as leis que regulamentam a maconha e as leis que regulamentam o álcool e o cigarro?

RESPOSTAS:

1. Todas, menos a alternativa g. 2. paranóia 3. d 4. barbitúricos, tranqüilizantes. 5. V 6. b 7. F 8. Nem eu sei. 9. As leis que regulamentam a droga nos países ocidentais refletem valores culturais e padrões históricos de uso. As incoerências da lei normalmente não podem ser justificadas com base na Farmacologia, em riscos para a saúde ou em potencial para a dependência.

Psicologia em Ação

Explorando e Usando os Sonhos

▶ **PERGUNTA PARA PESQUISA** *Como os sonhos são usados para entender uma pessoa?*

Quase todo mundo alguma vez já teve um sonho que parecia ter um significado profundo. Que estratégias os psicólogos usam para interpretar os sonhos? Vamos começar com a abordagem de Sigmund Freud.

Para desvendar os sonhos, Freud identificou quatro **processos dos sonhos**, ou filtros mentais, que disfarçam os significados do sonho. O primeiro é a **condensação**, no qual várias pessoas, objetos ou eventos são combinados em uma única imagem de sonho. Um personagem de um sonho que se parece com um professor, age como o seu pai, fala como a sua mãe e está vestido como o seu patrão pode ser uma condensação das figuras de autoridade na sua vida.

Processos dos sonhos Filtros mentais que ocultam os verdadeiros significados dos sonhos.

Condensação Combinar várias pessoas, objetos ou eventos em uma única imagem de sonho.

O **deslocamento** é uma segunda maneira de disfarçar o conteúdo de um sonho. O deslocamento pode fazer com que emoções ou atos importantes de um sonho sejam redirecionados para imagens seguras ou aparentemente sem importância. Em conseqüência disso, um aluno zangado com os pais pode sonhar com bater acidentalmente com o carro deles em vez de atacá-los diretamente.

Um terceiro processo dos sonhos é a **simbolização**. Como mencionamos anteriormente, Freud acreditava que os sonhos geralmente eram expressos em imagens simbólicas, não-literais. É por isso que é útil perguntar que sentimentos ou idéias a imagem de um sonho pode simbolizar. Digamos, por exemplo, que um aluno sonhe em ir para a aula nu. Uma interpretação seria que o aluno é um exibicionista! Um significado simbólico mais provável é que o aluno se sente vulnerável ou despreparado na sala de aula.

Elaboração secundária é o quarto método pelo qual os significados dos sonhos são disfarçados. **Elaboração secundária** é a tendência de tornar um sonho mais lógico e acrescentar detalhes quando estiver se lembrando dele. Quanto mais fresca for a memória, mais útil ela será.

Procurar condensação, deslocamento, simbolização e elaboração secundária pode ajudá-lo a desvendar seus sonhos. Porém, existem outras técnicas que podem ser mais eficazes. O teórico dos sonhos Calvin Hall (1974) preferia encará-los como peças de teatro e a pessoa que sonha como um dramaturgo. Hall admitiu que as imagens e as idéias dos sonhos tendem a ser mais primitivas que as idéias quando se está acordado. Mesmo assim, muito se pode aprender analisando-se simplesmente o *cenário*, o *elenco de personagens*, o *enredo* e as *emoções* retratadas em um sonho.

Uma outra teórica dos sonhos, Rosalind Cartwright, sugere que os sonhos são basicamente "afirmações de sentimentos". Segundo ela, o *tom emocional* geral (o espírito por trás) de um sonho é uma pista importante do seu significado. O sonho é cômico, ameaçador, alegre ou deprimente? Você estava solitário, com ciúme, assustado, apaixonado ou zangado? Cartwright acha que explorar os sonhos cotidianos pode ser uma fonte de enriquecimento e crescimento pessoal (Cartwright e Lamberg, 1992).

De várias maneiras, os sonhos podem ser considerados uma mensagem *sua para si mesmo*. Conseqüentemente, a maneira de entender os sonhos é lembrar-se deles, anotá-los, procurar as mensagens que eles contêm e tornar-se profundamente familiarizado com o *seu próprio* sistema de símbolos. Eis como.

Como Pegar um Sonho

1. Antes de ir dormir, planeje lembrar-se dos seus sonhos. Mantenha papel e caneta ou um gravador ao lado da sua cama.
2. Se possível, acorde gradativamente, sem despertador. O despertar natural quase sempre vem logo depois de um período REM.
3. Se você raramente se lembra dos seus sonhos, talvez seja bom programar o despertador para uma hora antes da hora em que você normalmente acorda. Embora menos desejável que o despertar naturalmente, isso pode fazer você pegar um sonho.
4. Quando acordar, fique parado e reveja as imagens do sonho com os olhos fechados. Tente se lembrar da maior quantidade de detalhes possível.
5. Se puder, faça o seu primeiro registro do sonho (quer por escrito ou em fita) com os olhos fechados. Abrir os olhos vai atrapalhar sua lembrança dos sonhos.
6. Revise o sonho novamente e registre o máximo de detalhes adicionais de que puder se lembrar. As lembranças dos sonhos desaparecem rapidamente. Certifique-se de descrever as sensações, além do enredo, os personagens e os atos do sonho.
7. Coloque seus sonhos em um diário de sonhos permanente. Mantenha os sonhos em ordem cronológica e revise-os periodicamente. Esse procedimento revelará temas, conflitos e emoções recorrentes. Ele quase sempre produz *insights* valiosos.
8. Lembre-se: algumas drogas reprimem os sonhos (ver ▲Tabela 5.5).

> Como você tentaria encontrar o significado do sonho? Uma abordagem tradicional é procurar mensagens simbólicas e significados literais. Se você estiver usando uma máscara no sonho, por exemplo, isso pode estar associado a papéis importantes que você desempenha na escola, no trabalho ou em casa. Pode significar também que você quer se esconder ou que está aguardando ansiosamente uma festa à fantasia. No entanto, para interpretar corretamente um sonho, é importante aprender o seu próprio "vocabulário" de imagens e significados do sonho. Fazer um diário dos sonhos é o primeiro passo para obter insights valiosos.

Deslocamento Dirigir os sonhos ou atos para imagens de sonhos seguras ou sem importância.

Simbolização A expressão não-literal do conteúdo dos sonhos.

Elaboração secundária Tornar um sonho mais lógico e completo quando estiver se lembrando dele.

▲ TABELA 5.5	Os Efeitos de Drogas Selecionadas no Sonho
DROGA	EFEITO SOBRE O SONO REM
Álcool	Diminui
Anfetaminas	Diminui
Barbitúricos	Diminui
Cafeína	Nenhum
Cocaína	Diminui
LSD	Leve aumento
Maconha	Leve redução ou nenhum efeito
Opiáceos	Diminui
Valium	Diminui

Trabalhar com Sonhos

Como cada sonho tem vários significados ou níveis de significado possíveis, não existe uma maneira fixa de trabalhar com eles. Contar o sonho a outros e discutir seu significado pode ser um bom começo. Descrevê-lo pode ajudar a aliviar algumas das sensações contidas nele. Além disso, membros da família ou amigos podem oferecer interpretações para as quais você está cego. Procure trocadilhos verbais ou visuais e outros elementos de brincadeira nos sonhos. Por exemplo, se você sonhar que está em uma luta de boxe e o seu braço está preso nas costas, isso pode significar que você sente que alguém está "torcendo o seu braço" na vida real.

O significado da maioria dos sonhos exige um pouco de trabalho de detetive. Rosalind Cartwright sugere fazer uma série de perguntas sobre os sonhos que você gostaria de entender (Cartwright e Lamberg, 1992).

Investigando os Sonhos

1. Quem estava no sonho? Você reconhece algum personagem?
2. O que estava acontecendo? Você estava ativo no sonho ou observando o que acontecia? Alguma outra pessoa fez alguma coisa para você?
3. Onde ocorreu a ação do sonho? Você já viu o cenário ou parte dele na vida real ou era um cenário de fantasia?
4. Em que época o sonho se desenrolou? Qual era a sua idade nele?
5. Quem é responsável pelo que ocorreu no sonho?
6. Quem você é nos seus sonhos? Você é alguém que gostaria de ser ou preferiria não ser?

Se você ainda tiver dificuldade para achar o significado de um sonho, talvez ache útil usar uma técnica desenvolvida por Fritz Perls. Perls, o criador da Gestalt-terapia, considerava a maioria dos sonhos uma mensagem especial sobre o que está faltando nas nossas vidas, o que nós evitamos fazer ou os sentimentos dos quais precisamos nos "reapossar". Ele achava que os sonhos são uma maneira de preencher as lacunas da experiência pessoal (Perls, 1969).

Uma abordagem que Perls achava útil era "assumir" ou "falar por" cada um dos personagens e objetos do sonho. Em outras palavras, se você sonhar com um homem estranho atrás de uma porta, você falaria em voz alta com o homem e depois responderia por ele. Para usar o método de Perls, você falaria até pela porta, talvez dizendo algo como: "Eu sou uma barreira. Eu vou mantê-lo seguro, mas também vou mantê-lo trancado aqui dentro. O estranho tem algo a lhe dizer. Você precisa se arriscar a me abrir para saber o que é".

Um exercício de sonho particularmente interessante é continuar o sonho como uma fantasia quando se está acordado para que ele possa ser concluído ou levado para um final com mais significado. À medida que os sonhos e a sua linguagem pessoal dos sonhos forem tornando-se mais familiares, você indubitavelmente encontrará muitas respostas, paradoxos, intuições e *insights* para o seu próprio comportamento.

Usando Seus Sonhos

Pessoas criativas tendem a se lembrar de mais sonhos (Schredl, 1995). Pode ser que essas pessoas simplesmente prestem mais atenção aos seus sonhos. Mas o teórico de sonhos Gordon Globus (1987) acha que os sonhos são uma grande contribuição para a criatividade. Globus ressalta que alguns dos nossos momentos mais criativos ocorrem durante o sonho. Mesmo pessoas sem imaginação podem criar mundos surpreendentes toda noite nos seus sonhos. Para muitos de nós, essa rica aptidão para criar se perde na correria diária das informações sensoriais. Como nós poderíamos explorar o poder criativo dos sonhos que se perde tão facilmente quando estamos acordados?

Sonhos e Criatividade

A história está cheia de casos em que os sonhos foram um caminho para a criatividade e a descoberta. Um exemplo impressionante é dado pelo Dr. Otto Loewi, farmacologista e vencedor de um prêmio Nobel. Loewi passou vários anos estudando a transmissão química de impulsos nervosos. Um enorme avanço na sua pesquisa ocorreu quando ele sonhou com um experimento três noites seguidas. Nas primeiras duas noites, ele acordou e escreveu rapidamente o experimento em um bloco de notas. Porém, na manhã seguinte, ele não conseguia entender o que as anotações queriam dizer. Na terceira noite ele se levantou depois de sonhar. Dessa vez, em vez de anotar, ele foi diretamente para o seu laboratório e executou o experimento crucial. Loewi depois disse que, se o experimento lhe tivesse ocorrido enquanto estava acordado, ele o teria rejeitado.

A experiência de Loewi dá algum *insight* sobre usar os sonhos para criar soluções. As inibições diminuem durante o sonho, o que pode ser particularmente útil para resolver problemas que requerem um ponto de vista novo.

A capacidade de tirar proveito dos sonhos para resolver problemas aumenta se você se "preparar" antes de se retirar. Antes de ir para a cama, tente pensar atentamente em um problema que quer resolver. Mergulhe no problema colocando-o claramente e revisando todas as informações importantes. Depois, use as sugestões listadas na seção anterior para pegar seus sonhos. Embora esse método não seja garantia de uma solução original, certamente será uma aventura. Cerca da metade de um grupo de alunos universitários que usou esse método por uma semana lembrou-se de um sonho que ajudou cada um deles a resolver um problema pessoal (Barrett, 1993).

Sonhar Lucidamente

Se você quiser penetrar mais no território dos sonhos, talvez queira aprender a sonhar lucidamente, uma experiência relativamente rara, mas fascinante. Durante um **sonho lúcido**, a pessoa se sente como se estivesse totalmente desperta dentro do mundo dos sonhos e capaz de raciocinar e agir normalmente. Se você se perguntar "Isso pode ser um sonho?", e responder "Sim", está tendo um sonho lúcido (Blackmore, 1991a).

Stephen LaBerge e seus colegas do Centro de Pesquisa do Sono da Universidade de Stanford utilizaram uma abordagem singular para mostrar que os sonhos lúcidos são reais e ocorrem durante o sono REM. No laboratório do sono, as pessoas que tinham sonhos lúcidos concordaram em fazer sinais preestabelecidos quando estivessem cientes de que estavam sonhando. Um desses sinais é olhar abruptamente para cima em um sonho, provocando um movimento distinto do olho para cima. Um outro sinal é cerrar os pulsos direito e esquerdo (no sonho) de acordo com um padrão preestabelecido. Em outras palavras, as pessoas que têm sonhos lúcidos conseguem superar parcialmente a paralisia do sono REM. Esses sinais mostram bem claramente que é possível ter sonhos lúcidos e ações voluntárias nos sonhos (LaBerge, 1981, 1985; Moss, 1989).

Como uma pessoa aprenderia a ter sonhos lúcidos? O pesquisador de sonhos Stephen LaBerge descobriu que poderia aumentar consideravelmente os sonhos lúcidos seguindo esta simples rotina: quando acordar espontaneamente de um sonho, reserve alguns minutos para tentar memorizá-lo. Depois, leia ou exerça qualquer outra atividade que exija que a pessoa esteja acordada por 10 ou 15 minutos. A seguir, quando estiver na cama e voltando a dormir, diga para si mesmo: "Da próxima vez que sonhar, quero lembrar o que estou sonhando". Por fim, visualize-se na cama dormindo enquanto estiver no sonho que acabou de ensaiar e, ao mesmo tempo, imagine-se percebendo que está sonhando. Siga essa rotina toda vez que acordar. Os pesquisadores também descobriram que a estimulação do sistema vestibular tende a aumentar a lucidez. Conseqüentemente, dormir em uma rede, em um barco ou em uma cama de água pode aumentar a quantidade de sonhos lúcidos que você tem (Leslie e Ogilvie, 1996).

Por que alguém iria querer aumentar a quantidade de sonhos lúcidos? Os pesquisadores estão interessados nos sonhos lúcidos porque eles oferecem uma ferramenta para entender os sonhos. Usar sujeitos que podem sinalizar enquanto sonham possibilita explorar os sonhos com dados de primeira mão do mundo da própria pessoa que está sonhando.

Em um nível mais pessoal, sonhos lúcidos podem tornar os sonhos uma "oficina" para o crescimento emocional todas as noites. Imagine, por exemplo, uma mulher recém-divorciada que sonhava constantemente que estava sendo engolida por uma onda gigante. Rosalind Cartwright pediu à mulher que tentasse nadar da próxima vez que a onda a engolisse. Ela o fez com grande determinação e o pesadelo perdeu seu terror. Mais importante, seu sonho revisado a fez sentir que podia enfrentar a vida novamente. Por motivos

Sonho lúcido Sonho no qual a pessoa que está sonhando se sente desperta e capaz de raciocinar e agir normalmente.

como esses, as pessoas que têm sonhos lúcidos tendem a ter uma sensação de bem-estar emocional (Wolpin et al., 1992). O especialista em sonhos Allan Hobson acha que aprender a entrar voluntariamente em estados de consciência alterados (por meio de sonhos lúcidos ou auto-hipnose, por exemplo) lhe permitiu ter experiências esclarecedoras sem os riscos de tomar drogas que alteram a mente (Hobson, 2001). Portanto, de dia e de noite, não tenha medo de sonhar um pouco.

PAUSA PARA ESTUDO — Explorando e Usando os Sonhos

RELACIONE

Algumas pessoas estão muito interessadas em lembrar e interpretar seus sonhos. Outras prestam pouca atenção a eles. Que importância você dá aos sonhos? Você acha que os sonhos e a sua interpretação podem aumentar a autoconsciência?

VERIFICAÇÃO DO APRENDIZADO

1. Na elaboração secundária, um personagem do sonho representa vários outros. V ou F?
2. A abordagem da interpretação dos sonhos de Calvin Hall enfatiza o cenário, o elenco, o enredo e as emoções representadas no sonho. V ou F?
3. Rosalind Cartwright enfatiza que sonhar é um processo relativamente mecânico que tem pouco significado pessoal. V ou F?
4. Tanto o álcool como o LSD provocam um ligeiro aumento na quantidade de sonhos. V ou F?
5. Os elementos do sonho "assumir o papel de" ou "falar por" é uma técnica de interpretação de sonhos criada por Fritz Perls. V ou F?
6. Pesquisas recentes mostram que sonhos lúcidos ocorrem basicamente durante o sono NREM ou no microdespertar. V ou F?

Raciocínio Crítico

7. A possibilidade de ter um sonho lúcido levanta uma questão interessante: se você estivesse sonhando agora, como poderia prová-lo?

RESPOSTAS:

1.F 2.V 3.F 4.F 5.V 6.F 7. Na consciência desperta, nossas ações têm conseqüências que produzem *feedback* sensorial imediato. Os sonhos não têm esse *feedback*. Conseqüentemente, tentar atravessar uma parede ou fazer testes semelhantes revelariam se você está sonhando.

REVISÃO DO CAPÍTULO

Pontos Principais

» Consciência e estados alterados de consciência são as características da vida mental.
» O sono é necessário para a sobrevivência; sonhar aparentemente contribui para a consolidação da memória e talvez para a saúde mental e emocional geral.
» A perda e as dificuldades do sono são problemas de saúde sérios que devem ser corrigidos quando persistem.
» Os sonhos são pelo menos tão significativos quanto as idéias quando estamos acordados. Ainda se discute se eles têm um significado simbólico mais profundo.
» A hipnose é útil mas não é "mágica". Ela pode mudar as experiências particulares mais prontamente do que os comportamentos ou hábitos.
» A meditação pode ser usada para alterar a consciência, além de produzir confiavelmente relaxamento profundo.
» Drogas psicoativas, que alteram a consciência, são altamente propensas a levar a abusos.
» Coletar e interpretar seus sonhos podem proporcionar a autoconsciência.

Resumo

O que é um estado de consciência alterado?

» Os estados de consciência que diferem da consciência normal, alerta e desperta são chamados estados alterados de consciência (EACs). Os estados alterados são particularmente associados ao sono e aos sonhos, hipnose, privação sensorial e drogas psicoativas.

» O condicionamento cultural afeta grandemente os estados alterados que uma pessoa reconhece, busca, considera normal e obtém.

Quais são os efeitos da perda de sono e das mudanças nos padrões do sono?

» O sono é um ritmo biológico inato essencial para a sobrevivência. Animais superiores e pessoas privadas do sono vivenciam microcochilos involuntários.

» A perda moderada do sono afeta principalmente a vigilância e o desempenho em tarefas rotineiras ou tediosas. A perda prolongada de sono (um tanto raramente) produz uma psicose temporária de privação de sono.

» Os padrões de sono apresentam certa flexibilidade, mas sete a oito horas continua sendo a média. A quantidade diária de sono diminui constantemente do nascimento até a velhice. Os padrões do sono, com uma proporção de dois para um entre horas acordado e dormindo, são os mais eficientes para a maioria das pessoas.

Existem fases diferentes do sono?

» O sono ocorre em quatro fases. A fase 1 é o sono leve e a fase 4 é o sono profundo. A pessoa que está dormindo alterna entre as fases 1 e 4 (passando pelas fases 2 e 3) várias vezes todas as noites.

Em que o sono com sonhos difere do sono sem sonhos?

» Existem dois estados básicos do sono, o sono do movimento rápido dos olhos (REM) e o sono não-REM (NREM). O sono REM é muito mais fortemente associado aos sonhos do que o sono não-REM.

» Os sonhos e os REMs ocorrem durante o sono leve, semelhantes ao da fase 1. O sonho é acompanhado de excitação emocional, mas relaxamento dos músculos do esqueleto.

» As pessoas privadas do sono dos sonhos apresentam um REM de rebote quando se permite que elas durmam sem interrupção. No entanto, a perda total de sono parece ser mais importante que a perda de uma única fase.

» Além de várias outras funções possíveis, o sono REM aparentemente ajuda no processamento de lembranças.

Quais são as causas dos problemas e eventos fora do comum relacionados ao sono?

» O sonambulismo e o soniloquismo ocorrem durante o sono NREM. Os pavores noturnos ocorrem no sono NREM, enquanto os pesadelos ocorrem no sono REM. A narcolepsia (ataques de sono) e a cataplexia são provocadas por uma mudança repentina para os padrões do REM da fase 1 durante as horas normais de se ficar acordado.

» A apnéia do sono (interrupção da respiração) é uma fonte de insônia e hipersonia (sonolência diurna).

» Suspeita-se que a apnéia é uma das causas da SMSI. A exposição ao fumo passivo é um grande fator de risco de SMSI. Com poucas exceções, crianças saudáveis devem dormir com o rosto para cima ou de lado.

» A insônia pode ser temporária ou crônica. Quando é tratada com o uso de drogas, a qualidade do sono geralmente é reduzida e pode-se desenvolver uma insônia de dependência de droga.

» As abordagens comportamentais para lidar com a insônia, como a restrição do sono e o controle dos estímulos, são bastante eficazes.

Os sonhos têm significado?

» A maior parte do conteúdo dos sonhos refere-se a cenários, pessoas e atos familiares. Os sonhos envolvem mais freqüentemente emoções negativas que positivas.

- A teoria freudiana ou psicodinâmica é que os sonhos expressam desejos inconscientes, freqüentemente ocultos por símbolos.
- Muitos teóricos questionaram as teorias sobre os sonhos de Freud. Por exemplo, o modelo de ativação-síntese retrata os sonhos como um processo fisiológico.

Como é feita a hipnose e quais são suas limitações?

- A hipnose é um estado alterado caracterizado por atenção restrita e aumento de sugestionabilidade. (Nem todos os psicólogos concordam que os efeitos hipnóticos exigem uma alteração da consciência.)
- A hipnose parece ser capaz de produzir relaxamento, controlar a dor e alterar percepções. A hipnose de palco tira proveito do comportamento típico de palco e usa a fraude para estimular a hipnose.

O que é meditação? Ela traz algum benefício?

- A meditação concentrativa pode ser utilizada para focar a atenção, alterar a consciência e reduzir o estresse. Os principais benefícios da meditação são a capacidade de interromper pensamentos ansiosos e evocar a resposta de relaxamento.
- Uma breve exposição à privação dos sentidos também pode evocar a resposta de relaxamento. Sob condições adequadas, a privação dos sentidos pode ajudar a quebrar hábitos de longa data.

Quais são os efeitos das drogas psicoativas mais comumente utilizadas?

- Uma droga psicoativa é uma substância que afeta o cérebro de formas que alteram a consciência. A maioria das drogas psicoativas pode ser colocada em uma escala que vai da estimulação à depressão.
- As drogas podem causar dependência física, dependência psicológica, ou ambas. As drogas que viciam fisicamente são álcool, anfetaminas, barbitúricos, cocaína, codeína, GHB, heroína, metadona, morfina, nicotina e tranqüilizantes. Todas as drogas psicoativas podem levar à dependência psicológica.
- O uso da droga pode ser classificado como experimental, recreativo, situacional, intensivo e compulsivo. A dependência de drogas é mais freqüentemente associada aos últimos três.
- Depende-se prontamente de drogas estimulantes por causa do período de depressão que geralmente se segue à estimulação. Os maiores riscos estão associados a anfetaminas (principalmente metanfetamina), cocaína, MDMA e nicotina, mas mesmo a cafeína pode ser um problema. A nicotina inclui o risco adicional de câncer de pulmão, doenças cardíacas e outros problemas de saúde.
- Barbitúricos e tranqüilizantes são drogas depressoras cuja ação é semelhante à do álcool. O nível de overdose para barbitúricos e GHB é próximo da dose de intoxicação, o que os torna drogas perigosas. Misturar barbitúricos, tranqüilizantes ou GHB e álcool pode resultar em uma interação fatal de drogas.
- O álcool é a droga mais pesadamente utilizada hoje. O desenvolvimento de um problema de bebida geralmente é marcado por uma fase de aumento de consumo, uma fase crucial e uma fase crônica, na qual a pessoa vive para beber e bebe para viver.
- A maconha é sujeita a um padrão de dependência semelhante ao do álcool. Estudos associaram o uso crônico de maconha a câncer de pulmão, várias deficiências mentais e outros problemas de saúde.

Como os sonhos podem ser usados para promover o entendimento pessoal?

- Os sonhos podem ser usados para promover o entendimento de si mesmo. Freud dizia que o significado dos sonhos é oculto pela condensação, pelo deslocamento, pela simbolização e pela elaboração secundária.
- Hall enfatiza o cenário, o elenco, o enredo e as emoções de um sonho. O ponto de vista de Cartwright de considerar os sonhos declarações de sentimentos e a técnica de Perls de falar pelos elementos dos sonhos também são úteis.
- Os sonhos podem ser usados para soluções criativas de problemas quando se consegue a consciência do sonho por meio dos sonhos lúcidos.

Teste Seus Conhecimentos: Desenvolvimento Humano

As perguntas a seguir são apenas uma amostra do que você precisa saber. Se você errar algum item, deve revisar todo o capítulo.

1. Mudanças na qualidade e no padrão de atividade mental definem
   a. um EEG b. um REM c. SMSI d. um EAC
2. Alyssa tem um microcochilo enquanto está dirigindo. Isso provavelmente indica que ela
   a. estava produzindo na sua maioria ondas beta
   b. tinha altos níveis de hormônios do sono na sua corrente sangüínea
   c. mudou de ondas delta para ondas alfa
   d. estava privada de sono.
3. Uma pessoa em sono profundo produz na sua maioria
   a. ondas beta b. ondas alfa c. ondas delta d. REMs
4. Qual das alternativas a seguir normalmente seria mais incompatível com movimentar os braços e as pernas enquanto se está dormindo?
   a. sono REM b. fusos de sono
   c. ondas delta d. sono NREM
5. As pessoas que sofrem de ataques repentinos de sono durante o dia têm que problema de sono?
   a. narcolepsia
   b. distúrbio de comportamento REM
   c. sonambulismo
   d. fusos do sono
6. Comer um lanche quase todo amido pode provocar sono porque aumenta _____ no cérebro.
   a. ondas beta b. triptófano
   c. atividade ECG d. ciclo hipnótico
7. A restrição do sono e o controle dos estímulos são técnicas utilizadas para tratar
   a. apnéia do sono b. soniloquismo
   c. pavores noturnos d. insônia
8. Triar e integrar lembranças é uma das funções do(s)
   a. ciclos de ativação-síntese b. sono REM
   c. sono profundo d. sono NREM
9. Realização de desejos e símbolos oníricos são conceitos importantes em que explicação do conteúdo dos sonhos?
   a. ativação-síntese b. a teoria TEAR
   c. ensaio de imagens d. psicodinâmica
10. Testes de susceptibilidade à hipnose medem a tendência da pessoa a reagir a
    a. sugestão
    b. ensaio de imagens
    c. técnicas de controle dos estímulos
    d. o efeito ativação síntese
11. Pesquisas revelaram que a hipnose não produz
    a. força fora do comum b. aumento da memória
    c. alívio da dor d. mudanças sensoriais
12. Que termos NÃO devem ser associados?
    a. meditação concentrativa – resposta de relaxamento
    b. privação dos sentidos – resposta de relaxamento
    c. meditação receptiva – mantra
    d. privação dos sentidos – TEAR
13. Drogas viciadoras estimulam o circuito de recompensa do cérebro afetando
    a. os neurotransmissores b. as ondas alfa
    c. os níveis de triptófano d. os fusos delta
14. A tolerância às drogas está mais estritamente associada a
    a. dependência psicológica b. maconha
    c. sintomas de abstinência d. anedonia
15. A cocaína é mais semelhante à _____ nos seus efeitos no sistema nervoso.
    a. maconha b. benzodiazepina
    c. serotonina d. anfetamina
16. Hipertermia, arritmias cardíacas e danos graves ao fígado são os principais riscos do uso de
    a. maconha b. benzodiazepina c. MDMA d. GHB
17. A interação das drogas é um perigo especial quando a pessoa combina
    a. maconha e anfetamina b. barbitúricos e álcool
    c. álcool e cocaína d. maconha e THC
18. O tratamento da dependência do álcool começa com deixar a pessoa sóbria e cortar o abastecimento. Isso é chamado de
    a. "atingir o fundo do poço" b. fase crucial
    c. desintoxicação d. anedonia clínica
19. A dependência de drogas é parcialmente explicada pelo fato de que as drogas psicoativas causam prazer imediato e
    a. sonambulismo b. aumento da auto-estima
    c. castigo postergado d. cancerígenos cerebrais
20. Qual das alternativas a seguir NÃO é um dos quatro processos do sonho identificados por Freud?
    a. condensação b. lucidez
    c. deslocamento d. simbolização

RESPOSTAS:

1.d 2.d 3.c 4.a 5.a 6.b 7.d 8.b 9.d 10.a 11.a 12.c 13.a 14.c 15.d 16.c 17.b 18.c 19.c 20.b

Condicionamento e Aprendizado

Capítulo 6

O Que Você Aprendeu na Escola Hoje?

Quando estava na faculdade, há um bom tempo, eu e meus colegas descobrimos uma falha intrigante nos canos do nosso alojamento: quando alguém dava a descarga enquanto outra pessoa estava no chuveiro, a pressão da água fria caía repentinamente, e isso fazia a água do chuveiro ficar muito quente, escaldante. Naturalmente, a vítima no chuveiro gritava aterrorizada, e seus reflexos a faziam pular para trás de tanta dor. Logo descobrimos que, se déssemos a descarga de *todos* os banheiros de uma só vez, os efeitos seriam multiplicados muitas vezes!

Com certeza, um banheiro é o estímulo menos inspirador do mundo. Mas durante um bom tempo, muitos universitários se contorciam involuntariamente sempre que ouviam uma descarga. A reação deles era o resultado de um condicionamento clássico, um tipo básico de aprendizado. O condicionamento clássico é um dos tópicos deste capítulo.

Assim, vamos dizer que você está na escola e percebe que está "morrendo de fome". Você acha uma máquina que vende chocolates e coloca suas duas últimas moedas para comprar uma barra de chocolate. Aí, aperta o botão e... não acontece nada. Como você é uma pessoa civilizada e totalmente controlada, você aperta os outros botões, tenta recuperar suas moedas, e procura alguém que possa ajudar. Nada. Seu estômago está roncando. Impulsivamente, você dá um pequeno chute na máquina (só para registrar como está se sentindo). Aí, quando vira as costas para ir embora, a máquina solta uma barra de chocolate e 25 centavos de troco. Se isso acontecer, há boas possibilidades de você repetir a "resposta do chute" no futuro. Se ela der resultado muitas vezes mais, chutar máquinas que vendem chocolates poderá passar a ser uma característica habitual do seu comportamento. Nesse caso, aprender baseia-se no condicionamento operante (também chamado de aprendizado instrumental).

Os condicionamentos clássico e operante atingem todos os níveis da nossa vida. Você está pronto para aprender mais sobre aprendizado? Então vamos em frente!

Foto: Ada Santos Seles

Perguntas para Pesquisa

- O que é aprender?
- Como acontece o condicionamento clássico?
- O condicionamento afeta as emoções?
- Como acontece o condicionamento operante?
- Existem tipos diferentes de reforço operante?
- Como somos influenciados pelos padrões de recompensa?
- O que a punição faz com o comportamento?
- O que é aprendizado cognitivo?
- O aprendizado acontece por imitação?
- Como o condicionamento se aplica aos problemas práticos?

O QUE É APRENDER — A PRÁTICA LEVA À PERFEIÇÃO?

▶ **PERGUNTA PARA PESQUISA** *O que é aprender?*

A maioria dos comportamentos é aprendida. Imagine se você perdesse subitamente tudo o que já aprendeu. O que você faria? Você seria incapaz de ler, escrever ou falar; não saberia alimentar-se, encontrar o caminho de casa, dirigir um carro, tocar fagote ou se divertir. Nem é preciso dizer que você ficaria totalmente incapacitado. (Obtuso, também!)

Aprender é importante, obviamente. Qual é a definição formal de aprendizado? O **aprendizado** é uma mudança relativamente permanente do comportamento como resultado da experiência. Observe que a definição exclui mudanças temporárias causadas por alguma motivação, fadiga, maturidade, doença, ferimento ou drogas. Tudo isso pode mudar o comportamento, mas não se qualifica como aprendizado.

O aprendizado não resulta da prática? Depende do que você entende por prática. Simplesmente repetir uma resposta não produzirá, necessariamente, aprendizado. Você pode fechar os olhos e bater com uma raquete de tênis centenas de vezes sem aprender nada sobre tênis. O reforço é a chave do aprendizado. **Reforço** refere-se a qualquer evento que aumenta a probabilidade de que a resposta aconteça novamente. Uma resposta é qualquer comportamento identificável. As respostas podem ser ações observáveis, como piscar, comer um doce ou girar uma maçaneta, e também podem ser internas, como um batimento cardíaco mais rápido.

Para ensinar um truque a um cão, posso reforçar as respostas corretas dando-lhe um pouco de comida cada vez que ele se sentar. Da mesma forma, é possível ensinar uma criança a ser organizada elogiando quando ela guarda seus brinquedos. O aprendizado também ocorre de outras maneiras. Por exemplo, se uma menina é picada por uma abelha, ela poderá aprender a associar dor e abelhas, e passar a ter medo delas. Nesse caso, o medo da menina é reforçado pelo desconforto que ela sente imediatamente depois de ver uma abelha. Adiante você vai descobrir como as mais variadas experiências levam ao aprendizado.

Antecedentes e Conseqüências

Descobrir os segredos do aprendizado começa pela observação do que acontece antes e depois de uma resposta. Os eventos que precedem uma resposta são chamados de **antecedentes**. Por exemplo, Ashleigh, que tem três anos de idade, aprendeu que quando ela ouve um caminhão parar na entrada da casa, significa que o papai chegou. Ashleigh corre para a porta da frente para ganhar um abraço. Os efeitos que se seguem a uma resposta são **conseqüências**. O abraço que Ashleigh recebe de seu pai reforça sua tendência de correr para a porta. Assim, observar cuidadosamente o "antes e o depois" do aprendizado é a chave para entender o processo do aprendizado.

Aprendizado Qualquer mudança relativamente permanente de comportamento que pode ser atribuída à experiência.

Reforço Qualquer evento que aumenta a probabilidade de que uma determinada resposta ocorra.

Antecedentes Eventos que precedem uma resposta.

Conseqüências Efeitos que se seguem a uma resposta.

Condicionamento Clássico

O condicionamento clássico baseia-se no que acontece antes de uma resposta. Comecemos com um estímulo capaz de provocar uma resposta de forma confiável. Imagine, por exemplo, que um sopro de ar sempre (o estímulo) seja dirigido ao seu olho. O sopro de ar vai fazer você piscar (uma resposta). A piscada é um **reflexo** (resposta automática, não aprendida).

Agora, vamos assumir que tocamos uma buzina (outro estímulo) exatamente antes que o sopro de ar atinja o olho. Se a buzina e o sopro de ar ocorrerem juntos várias vezes, o que vai acontecer? Logo, somente a buzina vai fazer você piscar. Por quê? Evidentemente, você aprendeu alguma coisa. Antes, a buzina não fazia você piscar. Agora ela faz. Da mesma forma, se você ficar com água na boca cada vez que comer um biscoito, poderá aprender a salivar apenas vendo um biscoito, uma foto de biscoitos, uma jarra de biscoitos ou outros estímulos que antecedem a salivação.

No **condicionamento clássico**, os eventos antecedentes ficam associados uns aos outros: um estímulo antecedente que não produz uma resposta está ligado a outro que produz (a buzina está associada ao sopro de ar no olho, por exemplo). Pode-se dizer que o aprendizado ocorre quando um novo estímulo também provoca (faz acontecer) respostas (◆Figura 6.1).

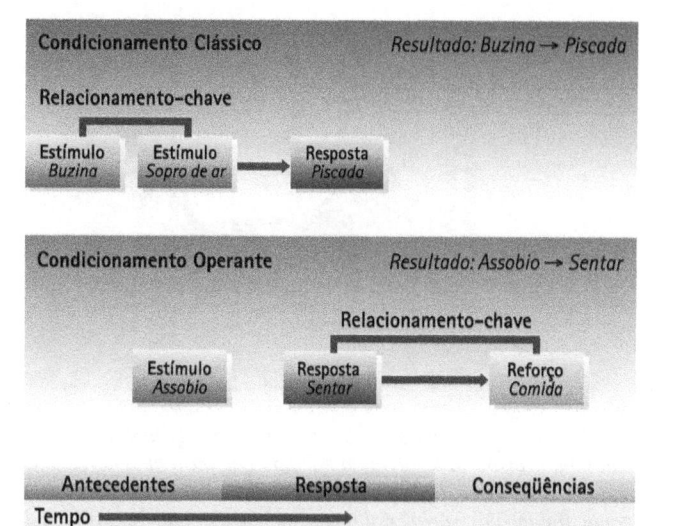

◆FIGURA 6.1 *No condicionamento clássico, um estímulo que não produz uma resposta é colocado com um estímulo que provoca uma resposta. Depois dessa soma, o estímulo que inicialmente não tinha efeito começa a produzir uma resposta. No exemplo mostrado, uma buzina precede um sopro de ar no olho. Finalmente, a buzina sozinha vai produzir uma piscada. No condicionamento operante, uma resposta, que é seguida de uma conseqüência de reforço, fica mais provável de acontecer em ocasiões futuras. No exemplo mostrado, um cão aprende a sentar-se quando ouve um assobio.*

Condicionamento Operante

No **condicionamento operante**, o aprendizado baseia-se nas conseqüências das respostas. Uma resposta pode ser seguida por um reforço (comida, por exemplo), por uma punição ou por nada. Esses resultados determinam se a resposta vai ocorrer novamente (Figura 6.1). Por exemplo, se você usar um determinado chapéu e receber muitos elogios (reforço), você tenderá a usá-lo com mais freqüência. No entanto, se as pessoas rirem de você, insultá-lo, chamarem a polícia ou gritarem (punição), você provavelmente vai usá-lo com menos freqüência.

Agora que você já tem uma idéia do que acontece com os dois tipos básicos de aprendizado, vamos examinar mais detidamente o condicionamento clássico.

CONDICIONAMENTO CLÁSSICO — JÁ OUVIU FALAR EM PAVLOV?

▶ **PERGUNTA PARA PESQUISA** *Como ocorre o condicionamento clássico?*

Como o condicionamento clássico foi descoberto? No começo do século XX, aconteceu algo no laboratório do fisiologista russo Ivan Pavlov que o fez ficar famoso para sempre. O evento hoje parece tão trivial que um homem menos atento poderia tê-lo ignorado: os sujeitos da experiência de Pavlov babaram nele.

Na verdade, Pavlov estava estudando a digestão. Para observar a salivação, ele colocou pó de carne ou pequenos pedaços de carne na língua de um cão. Depois de fazer isso várias vezes, Pavlov notou que os cães salivavam *antes* que o alimento chegasse à boca. Mais tarde, os cães começavam a salivar já quando

Reflexo Uma resposta automática, inata, a um estímulo; por exemplo, uma piscada.

Condicionamento clássico Uma forma de aprendizado na qual as respostas reflexas estão associadas a um novo estímulo.

Condicionamento operante Aprendizado baseado nas conseqüências das respostas.

◆FIGURA 6.2 *O aparelho de condicionamento pavloviano. Um tubo transporta a saliva da boca do cão para uma alavanca, que ativa um dispositivo de registro (extrema esquerda). Durante o condicionamento, vários estímulos podem ser combinados com um prato de comida colocado na frente do cão. O dispositivo mostrado aqui é mais elaborado que o usado por Pavlov nas suas primeiras experiências.*

viam Pavlov entrar na sala. Seria afeição deslocada? Pavlov percebeu que não. A salivação é normalmente um reflexo. Para que os animais salivassem simplesmente olhando a comida, algum tipo de aprendizado tinha de ter acontecido. Pavlov chamou isso de condicionamento (◆Figura 6.2), que, dada a sua importância na história da psicologia, é hoje chamado de condicionamento clássico (também conhecido como *condicionamento Pavloviano* ou *condicionamento responsivo*).

A Experiência de Pavlov

Como Pavlov estudou o condicionamento? Depois que Pavlov observou que o pó de carne fazia seus cães salivarem, ele começou suas experiências clássicas (Figura 6.2). Primeiro, ele tocava uma campainha. Inicialmente, a campainha era um estímulo neutro (não causava uma resposta). Imediatamente depois de tocar a campainha, Pavlov colocava pó de carne na língua do cão, o que causava a salivação reflexa.

A seqüência se repetia muitas vezes: campainha, pó de carne, salivação; campainha, pó de carne, salivação. Finalmente (quando ocorreu o condicionamento), os cães começavam a salivar quando ouviam a campainha (◆Figura 6.3). Por associação, ela, que antes não causava nenhum efeito, começou a provocar a mesma resposta da comida. Isso foi demonstrado tocando-se apenas a campainha. Pavlov, então, observou que o cão salivava mesmo sem qualquer comida presente.

Os psicólogos usam diversos termos para descrever esses eventos. A campainha da experiência de Pavlov começa como um **estímulo neutro (EN)**. Posteriormente, ela se torna um **estímulo condicionado (EC)** (um estímulo que provocará uma resposta por causa do aprendizado). O pó de carne é um **estímulo não-condicionado (ENC)** (um estímulo inato capaz de eliciar uma resposta). Note que o cão não teve de aprender a responder ao ENC. Tais estímulos naturalmente causam reações emocionais ou reflexas.

Uma vez que um reflexo é inato, ou "embutido", ele é chamado de **resposta não-condicionada (RNC)** (não-aprendida). A salivação reflexa foi a RNC na experiência de Pavlov. Quando a campainha de Pavlov também produziu salivação, o cão estava dando uma nova resposta. Assim, a salivação tornou-se uma **resposta condicionada (RC)** (aprendida) (Figura 6.3). A ▲Tabela 6.1 apresenta um resumo dos elementos importantes do condicionamento clássico.

Estímulo neutro Estímulo que não provoca uma resposta.

Estímulo condicionado Estímulo que provoca uma resposta porque foi repetido em combinação com um estímulo não-condicionado.

Estímulo não-condicionado Estímulo capaz de provocar uma resposta de forma inata.

Resposta não-condicionada Resposta reflexa inata provocada por um estímulo não-condicionado.

Resposta condicionada Resposta aprendida provocada por um estímulo condicionado.

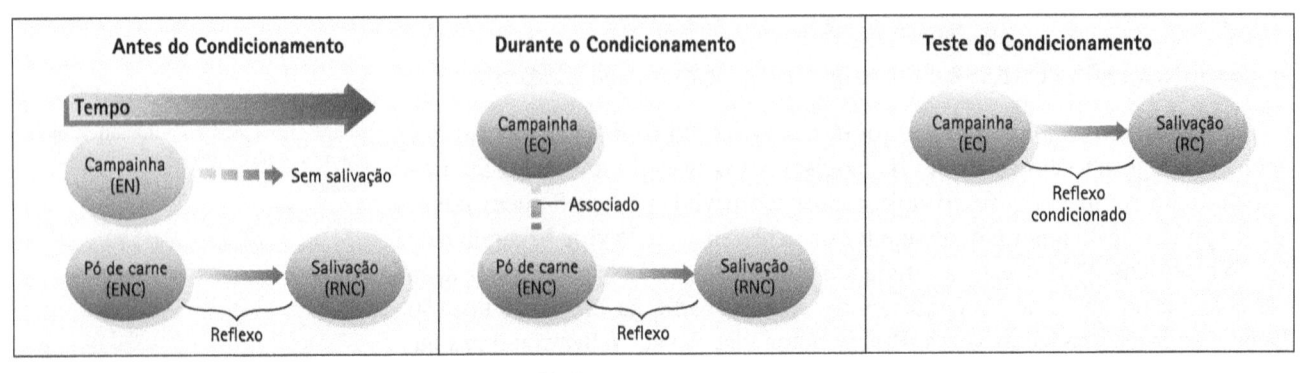

◆FIGURA 6.3 *O procedimento do condicionamento clássico.*

TABELA 6.1 Elementos do Condicionamento Clássico

Elemento	Símbolo	Descrição	Exemplo
Estímulo neutro	EN	Um estímulo que não provoca uma resposta	Campainha
Estímulo não-condicionado	ENC	Um estímulo capaz de provocar uma resposta de forma inata	Pó de carne
Estímulo condicionado	EC	Um estímulo que provoca uma resposta porque foi acompanhado repetidamente de um estímulo não-condicionado	Campainha
Resposta não-condicionada	RNC	Uma resposta reflexa inata provocada por um estímulo não-condicionado	Salivação reflexa
Resposta condicionada	RC	Uma resposta aprendida provocada por um estímulo condicionado	Salivação

Todos esses termos são realmente necessários? Sim, porque eles nos ajudam a reconhecer semelhanças nos diversos níveis do aprendizado. Vamos resumir os termos usando um exemplo anterior:

ANTES DO CONDICIONAMENTO   *EXEMPLO*
ENC → RNC   Sopro de ar → Piscada
EN → Sem efeito   Buzina → Sem efeito

DEPOIS DO CONDICIONAMENTO   *EXEMPLO*
EC → RC   Buzina → Piscada

Agora vamos ver se conseguimos explicar o exemplo do chuveiro e da descarga do banheiro, descrito anteriormente. A resposta não-condicionada, ou não-aprendida, era um salto reflexo para longe da água quente. O estímulo não-condicionado era a água quente (ou a dor que ela causava). O estímulo condicionado era o som da descarga do banheiro. Ou seja, o som da descarga era inicialmente neutro, mas como resultado do condicionamento, tornou-se capaz de provocar um reflexo.

PRINCÍPIOS DO CONDICIONAMENTO CLÁSSICO – ENSINE SEU IRMÃOZINHO A SALIVAR

Para observar o condicionamento, você pode tocar uma campainha, espremer suco de limão na boca de uma criança e condicionar a salivação à campainha. As reações da criança podem, então, ser usadas para explorar outros aspectos do condicionamento clássico. Vamos ver como o condicionamento ocorre.

Aquisição

Durante a **aquisição**, ou treino, uma resposta condicionada precisa ser reforçada (fortalecida) (◆Figura 6.4). O condicionamento clássico é **reforçado** quando o EC é seguido ou acompanhado de um estímulo não-condicionado. Para a nossa criança, a campainha é o EC, a salivação é o RNC, e o suco amargo do limão é o ENC. Para reforçar a salivação com a campainha, precisamos ligar esta ao suco de limão. O condicionamento será particularmente rápido se o ENC (suco de limão) for tomado *imediatamente* depois do EC (a campainha). Na maioria dos reflexos, uma demora ideal entre o EC e o ENC vai de meio segundo até aproximadamente cinco segundos (Schwartz e Robbins, 1995).

Aquisição Período do condicionamento durante o qual a resposta é reforçada.

Reforço responsivo Reforço que ocorre quando um estímulo não-condicionado segue rapidamente um estímulo condicionado.

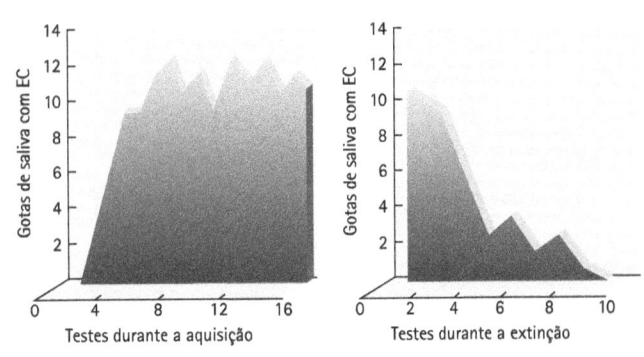

♦ FIGURA 6.4 *Aquisição e extinção de uma resposta condicionada. (Segundo Pavlov, 1927.)*

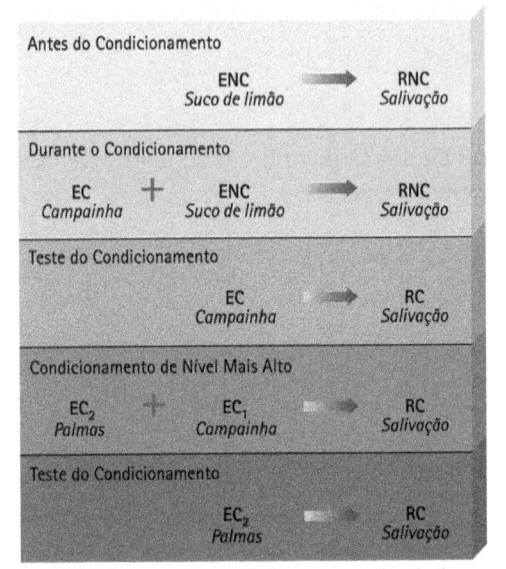

♦ FIGURA 6.5 *O condicionamento de nível mais alto ocorre quando um estímulo condicionado bem aprendido é usado como um estímulo não-condicionado. Nesse exemplo, uma criança primeiramente é condicionada a salivar quando ouve o som de uma campainha. Em tempo, a campainha obterá salivação. Em seguida, você pode bater palmas e depois tocar a campainha. Em seguida, depois de repetir o procedimento, a criança deverá aprender a salivar quando você bater palmas.*

Condicionamento de Nível mais Alto

Depois que uma resposta é aprendida, ela pode ocasionar um **condicionamento de nível mais alto**. Nesse caso, um EC bem aprendido é utilizado para reforçar mais o aprendizado. Ou seja, o EC fica forte o suficiente para ser usado como um estímulo não-condicionado. Vamos ilustrar novamente com a nossa criança salivando.

Como resultado do aprendizado anterior, a campainha agora faz o menino salivar (o suco de limão não é mais necessário). Para dar um passo adiante, você pode bater palmas e depois tocar a campainha (novamente, o suco de limão não seria usado). Por meio do condicionamento de nível mais alto, a criança logo aprenderia a salivar quando você batesse palmas (♦Figura 6.5). (Esse pequeno truque pode fazer o maior sucesso com amigos e vizinhos.)

O condicionamento de nível mais alto estende-se ao aprendizado de um ou mais passos além do estímulo condicionado original.

Muitos anunciantes usam esse efeito para colocar juntas imagens que evocam boas sensações (como pessoas sorrindo e se divertindo) e imagens dos seus produtos. Obviamente, eles esperam que as pessoas aprendam, por associação, a se sentir bem quando vêem o produto deles (Johnsrude et al., 1999).

Expectativas

Muitos psicólogos acreditam que o condicionamento clássico está relacionado às informações que podem ajudar a nossa sobrevivência. De acordo com essa **visão informacional**, procuramos associações entre os eventos e, ao fazer isso, criamos novas **expectativas** mentais, ou expectativas sobre como os eventos estão relacionados.

Como o condicionamento clássico altera as expectativas? Observe que o estímulo condicionado precede sempre o estímulo não-condicionado. Por causa disso, o EC *prediz* o ENC (Rescorla, 1987). Durante o condicionamento, o cérebro aprende a *esperar* que um ENC siga um EC. Como resultado, o cérebro prepara o corpo para responder ao ENC. Vejamos um exemplo. Quando você vai tomar uma injeção, seus músculos se contraem e você segura a respiração. Por quê? Porque seu corpo está se preparando para a dor. Você aprendeu que levar uma picada de agulha dói. Essa expectativa, que foi adquirida durante o condicionamento clássico, muda o seu comportamento.

Condicionamento de nível mais alto Condicionamento clássico no qual um estímulo condicionado é usado para reforçar mais o aprendizado, ou seja, um EC é usado como se fosse um ENC.

Visão informacional Perspectiva que explica o aprendizado em termos de informações obtidas de eventos no ambiente.

Expectativa Antecipação a respeito de eventos ou relações futuras.

Extinção O enfraquecimento de uma resposta condicionada por meio da remoção do reforço.

Extinção e Recuperação Espontânea

Depois que o condicionamento ocorreu, o que aconteceria se um ENC não seguisse um EC? Se um ENC nunca mais acontecesse depois de um EC, o condicionamento se extinguiria ou desapareceria aos poucos. Vamos voltar ao menino e à campainha. Se você tocar a campainha várias vezes e não acompanhar com o suco de limão, a expectativa do menino de que "a campainha precede o suco de limão" enfraquecerá. Conforme isso acontece, ele perderá a tendência de salivar quando ouvir a campainha. Assim, vemos que o condicionamento clássico pode ser enfraquecido removendo-se o reforço (ver Figura 6.4). Esse processo chama-se **extinção**.

Se o condicionamento demorar a ser construído, ele demorará a reverter? Sim. Na verdade, várias seções de extinção poderão ser necessárias para reverter completamente um condicionamento. Digamos que tocamos a campainha até que a criança pare de responder. Poderá parecer que a extinção está completa. Entretanto, o menino provavelmente responderá à campainha novamente no dia seguinte, pelo menos no início. O reaparecimento de uma resposta depois de uma aparente extinção é chamado **recuperação espontânea**. Ela explica por que as pessoas que passaram por terríveis acidentes de automóvel podem precisar de muitos passeios lentos, calmos, de carro para perder o medo.

Generalização

Depois do condicionamento, outro estímulo similar ao EC também poderá provocar uma resposta. Isso se chama **generalização do estímulo**. Por exemplo, poderemos descobrir que nossa criança saliva ao som da campainha do telefone ou da porta mesmo que essas campainhas nunca tenham sido utilizadas como estímulo condicionante.

É fácil perceber o valor da generalização do estímulo. Consideremos uma criança que queima um dedo quando está brincando com fósforos. É bastante provável que fósforos acesos tornem-se um estímulo de medo condicionado para ela. Mas ela terá medo apenas de fósforos? Por causa da generalização do estímulo, ela deverá ter um medo saudável das chamas de isqueiros, lareiras, fogões etc. É bom que a generalização estenda o aprendizado às situações relacionadas. De outra forma, seríamos bem menos adaptáveis.

Como você já deve ter adivinhado, a generalização de estímulo tem limites. Conforme o estímulo se torna menos semelhante ao EC original, a resposta diminui. Se você condicionar uma pessoa a piscar cada vez que tocar uma determinada nota no piano, o ato de piscar diminuirá conforme você toca notas mais altas ou mais baixas. Se as notas forem *muito* mais altas ou *muito* baixas, a pessoa não terá nenhuma resposta. A generalização do estímulo explica por que muitas lojas têm imitações de produtos conhecidos em todo o país. Para muitos consumidores, atitudes positivas condicionadas aos produtos reais tendem a ser generalizadas e a se estender às remarcações mais baratas (Till e Priluck, 2000).

Discriminação

Vamos considerar uma outra idéia com a nossa criança que saliva (que agora já deve estar pronta para se esconder no armário). Suponhamos que a criança esteja novamente condicionada por uma campainha por EC. Como uma experiência, tocamos de vez em quando uma cigarra no lugar da campainha, mas nunca acompanhamos tal ação do ENC (suco de limão). No começo, o som produz salivação (por causa da generalização). Mas depois de ouvir o som muitas outras vezes, a criança vai parar de responder a ele. Ela agora aprendeu a *discriminar*, ou responder de forma diferente, à cigarra e à buzina. Essencialmente, a resposta generalizada da criança à campainha se extinguiu.

Discriminação de estímulo é a capacidade de responder de forma diferente a vários estímulos. Como exemplo, você deve se lembrar da ansiedade ou medo que você sentia quando criança quando a voz do seu pai ou da sua mãe mudava para aquele tom de "você vai apanhar" (ou o temido "me dá esse Game-Boy já"). A maioria das crianças aprende rapidamente a diferenciar tons de voz associados à dor daqueles associados ao elogio ou ao afeto.

CONDICIONAMENTO CLÁSSICO EM SERES HUMANOS — UM TÓPICO EMOCIONAL

▶ **PERGUNTA PARA PESQUISA** *O condicionamento afeta as emoções?*

Quanto do aprendizado humano baseia-se no condicionamento clássico? Na sua forma mais simples, o condicionamento clássico depende das respostas de reflexo. Como mencionado anteriormente, um reflexo é uma conexão estímulo-resposta inata, habitual. Por exemplo, você retira sua mão como um reflexo

Recuperação espontânea O reaparecimento de uma resposta aprendida depois de sua aparente extinção.

Generalização do estímulo A tendência de responder a estímulos semelhantes, mas não idênticos, ao estímulo condicionado.

Discriminação de estímulo Capacidade de responder de forma diferente a estímulos semelhantes.

quando há possibilidade de dor. A luz intensa faz com que suas pupilas se retraiam. Um sopro de ar dirigido ao seu olho faz você piscar. (Veja "Pisque Se o Seu Cérebro for Saudável".) Diversos alimentos provocam a salivação. Qualquer desses reflexos e outros podem estar associados a um novo estímulo. Você certamente já notou como a sua boca saliva quando você vê ou cheira pães e tortas. Até mesmo uma foto de alimentos pode fazer você salivar (uma foto de uma fatia de limão é boa para isso).

ARQUIVO CLÍNICO — Pisque Se o Seu Cérebro for Saudável

A demência é uma doença mental terrível. Imagine como seria se você perdesse a capacidade de ler, pensar, reconhecer os membros da sua família ou realizar as atividades mais corriqueiras. Ela é causada por diversas doenças do cérebro, inclusive muitas associadas ao envelhecimento. No final, as pessoas que sofrem de demência passam por um grande declínio na sua capacidade de memória, julgamento, fala e pensamento. Apesar disso, nos seus primeiros estágios, a demência pode ser quase imperceptível.

É importante detectar a demência assim que possível para que se possa iniciar o tratamento cedo e, desse modo, possivelmente, retardar as perdas mentais. Entretanto, a maioria dos testes de detecção da demência baseia-se nas capacidades mentais mais altas, como a memória ou a organização do pensamento. Quando uma pessoa apresenta problemas nessas áreas, a demência já está bastante avançada.

De que outra forma a demência pode ser detectada? A psicóloga Diana Woodruff-Pak acredita que encontrou uma nova maneira de dizer se uma pessoa está nos primeiros estágios da demência. Woodruff-Pak notou que o condicionamento de piscar os olhos diminuiu em um paciente seis anos antes de os testes mostrarem quaisquer sinais de problemas. Como é uma forma bem básica de aprendizagem, o condicionamento clássico parece ser bastante sensível às mudanças no cérebro.

O condicionamento de piscar é simples de ser feito e não apresenta nenhum perigo para os pacientes. No futuro, ele poderá ser um acréscimo valioso para os testes mentais padrão. De fato, finalmente será possível detectar a demência "em um piscar de olhos" (Woodruff-Pak, 2001).

Respostas Emocionais Condicionadas

Além de simples reflexos, respostas *emocionais* mais complexas, ou "instintivas", podem estar ligadas a novos estímulos. Por exemplo, se você ficava com o rosto vermelho quando era punido quando criança, você poderá corar hoje quando está sem graça ou com vergonha. Ou pense nos efeitos de associar dor ao consultório do dentista na primeira vez que você foi lá. Nas visitas posteriores, o seu coração disparava ou sua mão ficava suando antes mesmo que o dentista começasse a trabalhar?

Muitas respostas *involuntárias* do sistema nervoso autônomo (reflexos de "lutar-ou-fugir") estão ligadas a novos estímulos ou situações pelo condicionamento clássico. Por exemplo, reações aprendidas pioram muitos casos de hipertensão (pressão alta). Congestionamentos de trânsito, brigas com o cônjuge e situações semelhantes podem tornar-se estímulos condicionados que provocam um aumento perigoso na pressão (Reiff et al., 1999).

Evidentemente, o condicionamento emocional também se aplica aos animais. Um dos erros mais comuns que as pessoas cometem com os animais de estimação (principalmente cães) é bater neles se eles não se aproximam quando são chamados. Chamar um animal, então, torna-se um estímulo condicionado de medo e distanciamento. Não é de admirar que o animal desobedeça quando for chamado em ocasiões futuras. Os pais que humilham, agridem as crianças ou gritam com elas estão cometendo o mesmo erro.

Medos Aprendidos

Algumas fobias também se baseiam no condicionamento emocional. Uma *fobia* é um medo que permanece mesmo quando não existe um perigo real. Medo de animais, água, altura, trovão, fogo, insetos, elevadores e outros do tipo são comuns. Os psicólogos acreditam que muitas fobias começam como **respostas emocionais condicionadas (RECs)**. (Uma REC é uma reação emo-

Resposta emocional condicionada Uma resposta emocional que foi ligada a um estímulo não-emocional prévio por meio do condicionamento clássico.

cional aprendida a partir de um estímulo neutro prévio.) As pessoas que têm fobias, com freqüência, conseguem descobrir a origem dos seus medos se voltarem ao tempo em que ficaram assustadas, ou se machucaram ou ficaram perturbadas por um determinado estímulo. Muitas fobias de aranhas, por exemplo, começam na infância. Apenas uma má experiência na qual você se assustou ou ficou enojado por causa de uma aranha poderá condicionar medos que duram anos (de Jong e Muris, 2002; Merckelbach e Muris, 1997).

A generalização do estímulo e o condicionamento de nível mais alto podem espalhar RECs para outros estímulos (Gewirtz e Davis, 1998). Como resultado, o que começou como um medo limitado pode tornar-se uma fobia que incapacita (◆Figura 6.6). Entretanto, uma terapia chamada *dessensibilização* é agora usada amplamente para eliminar medos, ansiedades e fobias. Isso é feito expondo-se gradualmente a pessoa fóbica aos estímulos temidos enquanto ela se mantém calma e relaxada. A propósito, a dessensibilização também funciona para animais. Por exemplo, cães já foram dessensibilizados dos seus medos de fogos de artifício, trovão, aviões, abelhas, balões de ar quente e outros estímulos atemorizantes (Rogerson, 1997).

Com toda certeza, nós adquirimos muitas das coisas de que gostamos e de que não gostamos, bem como nossos medos, como respostas emocionais condicionadas. Por exemplo, em um estudo, alunos universitários desenvolveram RECs quando formas geométricas coloridas eram acompanhadas pela música tema do filme *Guerra nas Estrelas*. As formas coloridas eram o EC, e a música que fazia os estudantes se sentirem bem, era o ENC.

Quando foram testados posteriormente, os estudantes deram notas mais altas às formas acompanhadas pela música agradável do que às formas associadas ao silêncio (Bierly et al., 1985). Como já mencionado, anunciantes tentam obter o mesmo efeito combinando produtos com imagens e músicas agradáveis. Os jovens tentam fazer o mesmo no primeiro encontro.

Condicionamento Substituto ou de Segunda Mão

O condicionamento também ocorre indiretamente, o que aumenta seu impacto sobre as pessoas. Digamos, por exemplo, que você veja uma pessoa tomar um choque elétrico. Cada vez que um sinal de luz aparece, o choque é acionado. Mesmo que você não leve o choque, logo vai desenvolver uma REC quando vir a luz (Bandura e Rosenthal, 1966). As crianças que aprenderem a ter medo de trovão observando a reação dos seus pais passam por um condicionamento semelhante.

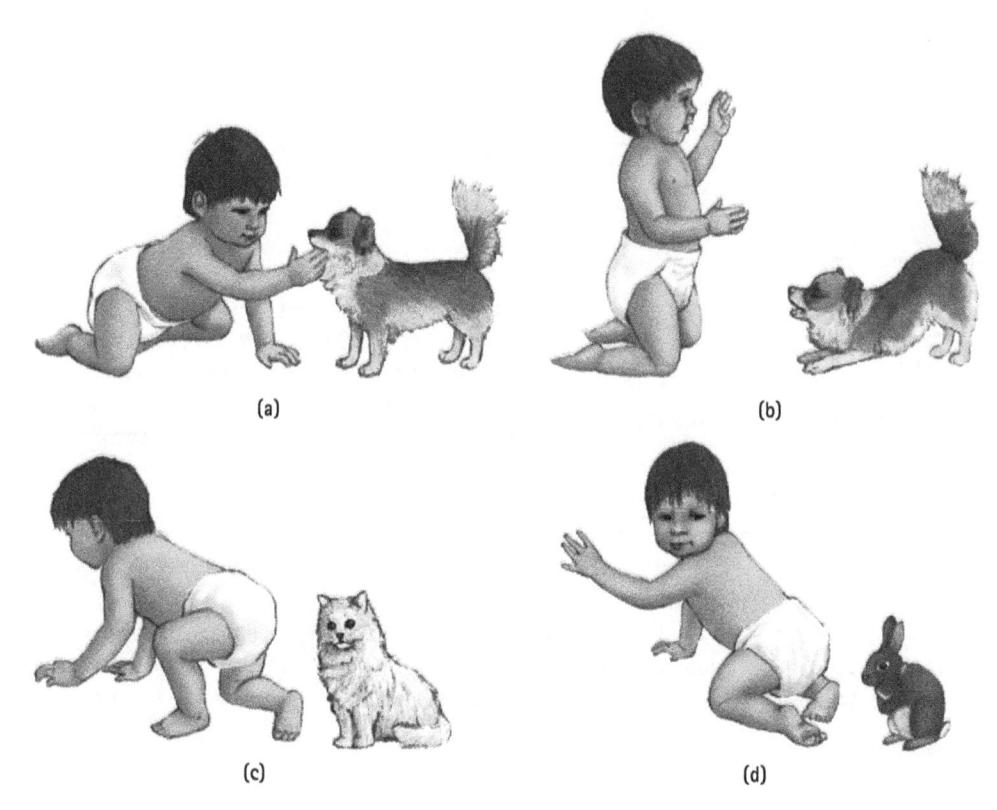

◆FIGURA 6.6 *Exemplo hipotético de uma REC que se torna fobia. Uma criança chega perto de um cão* (a) *e ele a assusta* (b). *O medo se generaliza para os outros animais da casa* (c) *e, posteriormente, para todos os animais peludos* (d).

O **condicionamento clássico substituto** ocorre quando aprendemos a responder emocionalmente a um estímulo observando as reações emocionais de outra pessoa. Esse aprendizado "de segunda mão" afeta as sensações em muitas situações. Por exemplo, filmes de terror cheios de atores gritando amedrontados provavelmente aumentam o medo de cobras, cavernas, aranhas, altura etc. Se um filme consegue nos afetar, podemos esperar que as emoções dos nossos pais, amigos e parentes tenham ainda mais impacto. Como, por exemplo, uma criança da cidade aprende a ter medo de cobras e a responder emocionalmente a uma simples foto de tais animais? Dizer a ela que "cobras são perigosas" pode não explicar sua resposta *emocional*. Provavelmente, a criança viu outras pessoas reagindo com medo à palavra *cobra* ou às imagens de cobras na televisão (Ollendick e King, 1991).

As atitudes emocionais que desenvolvemos em relação a alimentos, partidos políticos, grupos étnicos, elevadores – seja lá o que for – são condicionadas, provavelmente, não apenas pela experiência direta, mas por experiências substitutas também. Ninguém nasce com preconceito – todas as atitudes são aprendidas. Os pais deveriam olhar-se no espelho se estão imaginando como ou de onde a criança "tirou" um determinado medo ou uma atitude emocional (Mineka e Hamida, 1998).

Condicionamento clássico substituto
Condicionamento clássico causado pela observação da reação de outra pessoa a um determinado estímulo.

PAUSA PARA ESTUDO — Condicionamento Clássico

RELACIONE

ENC, EC, RNC, RC – Como você vai se lembrar desses termos? Primeiro, note que estamos interessados no estímulo (E) e na resposta (R). O que mais precisamos saber? Cada E ou R pode ser condicionado (C) ou não-condicionado (NC).

Um estímulo pode provocar uma resposta antes que ocorra um condicionamento? Se puder, então é um ENC. Você aprendeu a responder ao estímulo? Então é um EC.

A resposta ocorre sem ser aprendida? Então é uma RNC. Se ela precisa ser aprendida, então é uma RC.

VERIFICAÇÃO DO APRENDIZADO

1. No aprendizado, os antecedentes são os efeitos que se seguem a uma resposta. V ou F?
2. O condicionamento clássico estudado pelo psicólogo russo _____ também é chamado de condicionamento _____.
3. O condicionamento clássico é fortalecido ou reforçado quando _____ segue _____.
   a. EC, ENC   b. ENC, EC   c. RNC, RC   d. EC, RC
4. A visão informacional diz que o condicionamento clássico baseia-se nas mudanças em _____ mentais sobre o EC e o ENC.
5. O treino que inibe (ou debilita) uma resposta condicionada é chamado de _____.
6. Quando um estímulo condicionado é usado para reforçar o aprendizado de um segundo estímulo condicionado, um condicionamento de nível mais alto ocorreu. V ou F?
7. Os psicólogos teorizam que muitas fobias começam quando uma REC é generalizada para outras situações semelhantes. V ou F?
8. O condicionamento ocorrido por meio da observação da dor, alegria ou medo dos outros é chamado de condicionamento _____.

Raciocínio Crítico

9. Ultimamente você tem levado um choque de eletricidade estática todas as vezes que toca a maçaneta de uma porta. Agora, quando vai abrir uma porta, você hesita. Você consegue analisar essa situação em termos de condicionamento clássico?

RESPOSTAS:

1. F 2. Pavlov, responsivo 3. b 4. expectativas 5. extinção 6. V 7. V 8. substituto 9. A maçaneta tornou-se um estímulo condicionado que provoca a retirada da mão como reflexo e a tensão do músculo que se segue depois que normalmente se segue depois que se leva um choque. Essa resposta condicionada também se generalizou a todas as maçanetas.

CONDICIONAMENTO OPERANTE — POMBOS JOGAM PINGUE-PONGUE?

▶ **PERGUNTA PARA PESQUISA** *Como ocorre o condicionamento operante?*

O condicionamento operante se aplica a todas as criaturas vivas e explica muito do nosso comportamento diário. Os princípios do aprendizado operante estão entre as ferramentas mais poderosas da psicologia. Você não vai se arrepender de aprender como usá-las. O condicionamento operante pode ser utilizado para alterar o comportamento de animais de estimação, crianças e outros adultos, bem como o seu próprio comportamento.

Como mencionado anteriormente, no **condicionamento operante** (ou aprendizado instrumental) associamos respostas às suas conseqüências. O princípio básico é simples: os atos que são reforçados tendem a ser repetidos. O teórico pioneiro do aprendizado Edward L. Thorndike chamou essa lei de **lei do efeito** (a probabilidade de uma resposta ser alterada pelo seu efeito). O aprendizado é reforçado todas as vezes que uma resposta é seguida de uma situação satisfatória. Pense no exemplo já dado de uma máquina de chocolates. Uma vez que chutar a máquina teve o efeito de produzir alimentos e dinheiro, a probabilidade de repetir a "resposta do chute" aumentou.

O condicionamento clássico é passivo. Ele simplesmente "acontece" com o aprendiz quando um ENC segue um EC. No condicionamento operante, o aprendiz "opera" ativamente no ambiente. Assim, o condicionamento operante refere-se principalmente ao aprendizado *voluntário* de respostas. Por exemplo, apertar os botões de um controle remoto de TV é uma resposta operante aprendida. Apertar um determinado botão é reforçado pela obtenção do resultado desejado, como mudar de canal. (Veja a ▲Tabela 6.2 para mais comparações entre o condicionamento clássico e o operante.)

Reforço Positivo

A idéia de que a recompensa afeta o aprendizado não é nova para os pais, claro (e para treinadores de pequenos animais). Entretanto, os pais, bem como professores, políticos, supervisores, ou mesmo você, poderão usar a recompensa de forma incorreta ou enganada. A palavra *recompensa* não é bem exata. O termo correto seria *reforço*. Por quê? Porque as recompensas nem sempre aumentam as respostas. Se você tentar dar uma bala de alcaçuz para uma criança como "recompensa" por seu bom comportamento, só vai funcionar se ela gostar desse tipo de bala. O que é um reforço para uma pessoa poderá não o ser para outra. Como uma boa regra prática, os psicólogos definem um **reforço operante** como qualquer evento que siga uma resposta e aumente sua probabilidade de ocorrer novamente (♦Figura 6.7).

Condicionamento operante Aprendizado baseado nas conseqüências da resposta.

Lei do efeito Respostas que levam a efeitos desejáveis são repetidas, respostas que produzem resultados indesejados não o são.

Reforço operante Qualquer evento que aumente, de forma confiável, a probabilidade ou a freqüência das respostas dadas.

Aquisição de Resposta Operante

Muitos estudos sobre o aprendizado instrumental foram feitos em uma câmara de condicionamento, aparelho projetado para estudar o condiciona-

▲ **TABELA 6.2** Comparação entre Condicionamento Clássico e Condicionamento Operante

	Condicionamento clássico	Condicionamento operante
Natureza da resposta	Involuntária, reflexa	Espontânea, involuntária
Reforço	Ocorre antes da resposta (EC acompanhado de ENC)	Ocorre depois da resposta (a resposta é seguida pelo estímulo ou evento de reforço)
Papel do aprendiz	Passivo (a resposta é "solicitada" pelo ENC)	Ativo (a resposta é emitida)
Natureza do aprendizado	Estímulo neutro torna-se um EC pela associação com um ENC	Probabilidade de provocar uma resposta é alterada pelas conseqüências que a seguem
Expectativa aprendida	ENC segue o EC	A resposta terá um efeito específico

◆FIGURA 6.7 *Vamos imaginar que uma criança que está aprendendo a falar aponta para a sua boneca favorita e diz "boneca", "bon" ou "eca" quando quer a boneca. No primeiro dia, vemos o número de vezes que a criança usa cada palavra para pedir a boneca (cada bloco representa um pedido). Inicialmente, ela usa as três palavras indiferentemente. Para apressar o aprendizado, os pais decidem dar a boneca apenas quando ela disser a palavra correta. Note como o comportamento da criança muda conforme o reforço operante é aplicado. No 20º dia a resposta mais provável será "boneca".*

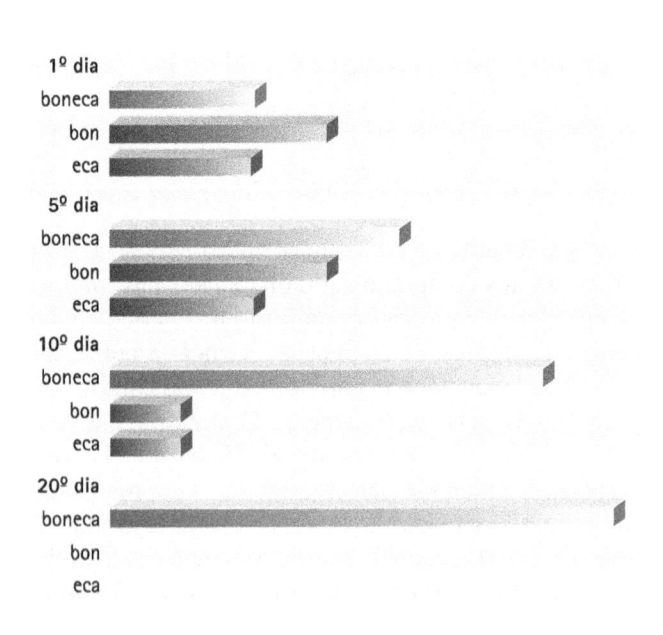

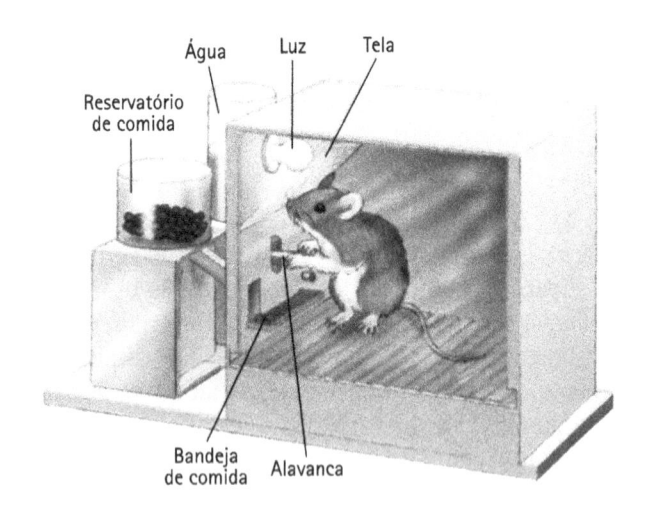

◆FIGURA 6.8 *A caixa de Skinner. Esse dispositivo simples, inventado por B. F. Skinner, permite o estudo cuidadoso do condicionamento operante. Quando o rato pressiona a alavanca, uma bolinha de comida ou um pingo de água é liberado imediatamente.*

mento operante nos animais. Esse dispositivo também é chamado de caixa de Skinner, em homenagem a B. F. Skinner, que a inventou (◆Figura 6.8). Vamos observar a caixa de Skinner para esclarecer o processo do condicionamento operante.

AS AVENTURAS DO RATO MICKEY

Um rato faminto é colocado em uma pequena câmara em forma de gaiola. As paredes são nuas exceto por uma alavanca de metal e uma bandeja onde caem bolinhas de ração (ver Figura 6.8).

Para falar a verdade, não há muito o que fazer na caixa de Skinner. Isso aumenta as chances de que o nosso sujeito dê a resposta que desejamos ao reforço, que é pressionar a alavanca. A fome também mantém o animal motivado a procurar comida e emitir ou fornecer uma variedade de respostas livremente. Vamos agora dar outra olhada em nosso sujeito.

MAIS AVENTURAS DO RATO MICKEY

Nosso sujeito anda pela caixa, lambe-se, cheira os cantos, ou fica em pé nas patas traseiras – comportamentos típicos de rato. Então acontece. Ele coloca a pata na alavanca para ver melhor o alto da gaiola. *Clique!* A alavanca libera a comida, que cai na bandeja. O rato anda até a bandeja, come as bolinhas de comida e se lambe um pouco mais. Ao explorar a gaiola novamente e subir na alavanca, ele aprende o que ela faz. *Clique!* Depois de uma viagem até a bandeja de comida, ele volta até a alavanca e a cheira, e coloca a pata sobre ela. *Clique!* Logo o rato começa a cumprir um padrão tranqüilo e a pressionar freqüentemente a alavanca.

Note que o rato não adquiriu uma nova habilidade nessa situação. Ele já era capaz de pressionar a alavanca. O reforço apenas altera a *freqüência* com que ele a pressiona. No condicionamento operante, novos padrões de comportamento são moldados pelo aumento da probabilidade de que várias respostas sejam dadas.

Informações

Como no condicionamento clássico, o aprendizado operante baseia-se nas informações e nas expectativas. No condicionamento operante, *aprendemos a esperar que uma determinada resposta tenha certo efeito em certos momentos* (Bolles, 1979). Ou seja, aprendemos que um estímulo particular está associado a uma resposta em particular, que está associada a um reforço (Dragoi e Staddon, 1999). Desse ponto de vista, um reforço diz a uma pessoa ou a um animal que uma resposta está "certa" e que vale a pena repeti-la.

A ◆Figura 6.9 mostra como o reforço operante pode mudar o comportamento. Os resultados aqui são do esforço de ensinar uma criança de nove anos de idade com distúrbios muito sérios a dizer "Por favor", "Obrigado" e "De nada". Como você pode ver, durante o período básico inicial, a criança raramente dizia "por favor". De forma típica, ela apenas agarrava os objetos e ficava zangada se alguém os tomasse dela. Entretanto, ela recebeu reforço quando dizia "Por favor" e logo aprendeu a usar a palavra quase todas as vezes que desejava alguma coisa. Quando a criança dizia "Por favor", ela recebia três tipos de reforço: recebia o objeto que tinha pedido (um giz de cera, por exemplo); ganhava algum tipo de comida, como uma bala, pipoca ou uvas; e era elogiada pelo bom comportamento (Matson et al., 1990).

◆FIGURA 6.9 *Reforço e comportamento humano. A porcentagem de vezes que a criança profundamente perturbada dizia "Por favor" quando queria um objeto aumentou drasticamente com o reforço que recebeu quando pedia as coisas de modo educado. O reforço produziu uma melhora semelhante quando ela dizia "Obrigado" e "De nada", e a criança aplicou esses termos em novas situações também. (Adaptado de Matson et al., 1990.)*

Reforço Contingente

O reforço operante funciona melhor quando ele é uma *resposta contingente*. Ou seja, deve ser dado apenas depois que a resposta desejada ocorreu. Se a criança perturbada recebesse reforços de forma desorganizada, o seu comportamento não teria mudado. Em situações que vão de estudar bastante até trabalhar duro no emprego, o reforço contingente também afeta o *desempenho* das respostas. Por exemplo, a ◆Figura 6.10 mostra o desempenho de 38 dos melhores arremessadores que assinaram contratos de vários anos com altos salários. Quando o salário deixou de ser contingente ao bom desempenho, houve um rápido declínio nos arremessos e no número de vitórias. Durante o mesmo período de seis anos, o desempenho dos arremessadores com um ano de contrato permaneceu bastante regular. Da mesma forma, os princípios operantes afetam bastante o comportamento no lar, na escola e nos negócios. Vale sempre a pena reforçar de forma a encorajar um comportamento produtivo e responsável.

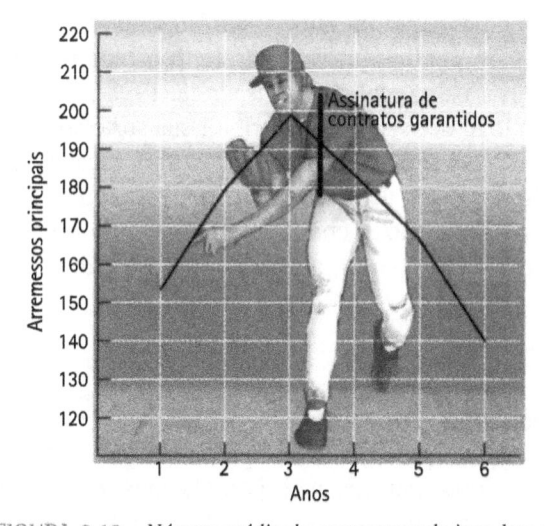

◆FIGURA 6.10 *Número médio de arremessos de jogadores dos principais times de beisebol antes e depois de assinar contratos garantidos de longo prazo. (Dados de O'Brien et al., 1981.)*

Freqüência do Reforço

O reforço operante é mais eficiente quando segue imediatamente uma resposta correta. Para os ratos na caixa de Skinner, o aprendizado que ocorria era muito pequeno quando havia uma demora de 50 segundos entre a pressão feita na alavanca e o recebimento do alimento. Se a recompensa da comida atrasar mais do que 1,5 minuto, o aprendizado não ocorre (Perin, 1943) (◆Figura 6.11). De uma forma geral, teremos mais sucesso se apresentarmos o reforço imediatamente depois da resposta que se quer mudar. Assim, uma criança que é prestativa e cortês deve ser elogiada imediatamente pelo seu bom comportamento.

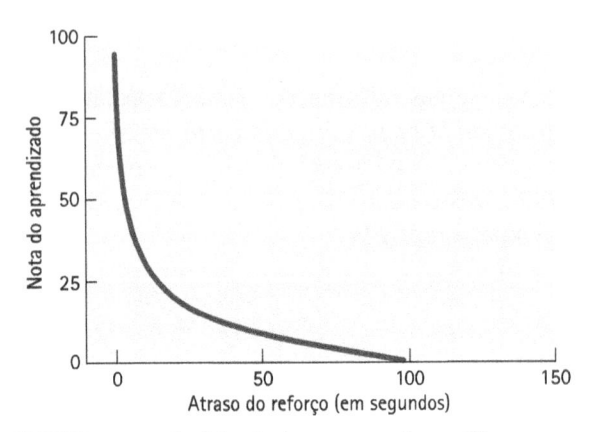

◆ FIGURA 6.11 *O efeito da demora no reforço. Observe como a nota do aprendizado cai rapidamente quando a recompensa demora. Animais aprendendo a pressionar uma alavanca na caixa de Skinner não mostraram nenhum sinal de aprendizado se a recompensa de comida depois de apertarem a alavanca demorou mais de cem segundos (Perin, 1943).*

Digamos que eu estude bastante durante todo o semestre para ter nota 10. A demora do reforço não me impediria de aprender? Não, por diversas razões. Primeiro, como somos humanos, podemos antecipar uma recompensa futura. Segundo, recebemos reforço nas notas das provas intermediárias durante o semestre. Terceiro, um único reforço pode manter freqüentemente uma longa **cadeia de respostas** (uma série de ações relacionadas que levam ao reforço). Por exemplo, uma longa série de eventos necessários para preparar uma refeição é recompensada quando comemos no final. Um fabricante de instrumentos de cordas deverá cumprir centenas de passos para ter a recompensa final de ouvir a primeira nota musical. Amarrar os sapatos é uma cadeia de respostas familiar, se bem que seja curta.

Comportamento Supersticioso

Os reforços afetam não apenas a resposta que eles seguem, mas também outras respostas que ocorrem imediatamente antes. Isso ajuda a explicar muitas superstições humanas. Se um jogador de golfe bate o taco três vezes no chão e depois dá uma tacada excepcionalmente boa, o que acontece? A tacada bem-sucedida reforça não apenas o movimento correto do taco, mas também as três batidas. Durante o treinamento operante, os animais freqüentemente desenvolvem respostas desnecessárias semelhantes. Se um rato coça a orelha imediatamente antes de pressionar a alavanca pela primeira vez, ele poderá continuar a coçar a orelha sempre que for pressionar a alavanca. Pressionar a alavanca é tudo o que é necessário para produzir a comida, mas o animal vai continuar a coçar a orelha como uma "superstição", como se fosse necessário fazê-lo.

Comportamentos supersticiosos são repetidos porque parecem produzir reforço, mesmo que sejam desnecessários na realidade (Pisacreta, 1998). Se você tirar a haste mais longa do "osso da sorte" do frango e tiver sorte logo depois, poderá atribuir sua sorte ao "osso da sorte". Se você passar por baixo de uma escada e quebrar a perna em seguida, certamente evitará escadas no futuro. Cada vez que você evitar uma escada e não acontecer nada ruim, seu ato supersticioso será reforçado. A crença em mágica também pode ser explicada dessa forma. Rituais para trazer chuva, proteger contra doenças ou produzir colheitas abundantes ganham a fé dos participantes porque parecem funcionar ocasionalmente. Além disso, antes prevenir do que remediar!

Modelagem

Como é possível reforçar respostas que ocorrem raramente? Mesmo na caixa vazia de Skinner, um bom tempo poderia passar até um rato pressionar acidentalmente a alavanca e receber a comida. Poderemos esperar para sempre que respostas mais complicadas ocorram. Por exemplo, teríamos de esperar um bom tempo para um pato sair da sua gaiola acidentalmente, acender uma luz, tocar um piano de brinquedo, desligar a luz e voltar para a gaiola. Se era isso o que você queria recompensar, nunca vai conseguir.

Então, como os animais na TV e nos parques de diversão são ensinados a fazer truques complicados? A resposta está na **modelagem** gradual das respostas em direção ao padrão desejado. Vamos voltar ao nosso sujeito, o Rato Mickey.

Cadeia de respostas A montagem de respostas separadas em uma série de ações que levam ao reforço.

Comportamento supersticioso Um comportamento repetido porque parece produzir reforço, mesmo quando ele é desnecessário na realidade.

Modelagem Moldagem gradual das respostas até um padrão final desejado.

MODELAGEM DO RATO MICKEY

Vamos assumir que o rato ainda não aprendeu a pressionar a alavanca. Ele tampouco dá sinais de interessar-se por ela. Em vez de esperar por uma apertada acidental, podemos ir moldando o comportamento dele. Primeiro, aceitamos que ele apenas encare a alavanca. Sempre que ele se volta em direção à alavanca, recebe um pouco de comida como reforço. Logo, Mickey vai passar muito mais tempo de frente para a alavanca. A seguir, damos um reforço a ele sempre que der um passo em direção à alavanca. Se ele se voltar na direção dela e for embora, não acontece nada. Mas se ele ficar de frente para a alavanca e der um passo em direção a ela, *clique*! As respostas dele estão sendo moldadas.

Mudando as regras do que é uma resposta bem-sucedida, podemos gradualmente treinar o rato a se aproximar da alavanca e pressioná-la. Em outras palavras, *aproximações sucessivas* (aproximações gradativas) a uma resposta desejada são reforçadas durante a modelagem. B. F. Skinner uma vez ensinou dois pombos a jogar pingue-pongue dessa forma. A modelagem aplica-se aos seres humanos também. Digamos que você deseja estudar mais, limpar a casa com mais freqüência, ou fazer mais exercícios. Em cada caso, o melhor é estabelecer uma série de metas diárias, graduais. Depois você se recompensa pelos pequenos passos dados na direção certa (Watson e Tharp, 2001).

Extinção Operante

Um rato pararia de apertar a alavanca se parasse de chegar comida? Sim, mas não de imediato. As respostas aprendidas que não são reforçadas desaparecem gradualmente. O processo é chamado **extinção operante**. Da mesma forma que adquirir uma resposta operante leva tempo, a extinção também leva. Por exemplo, se um programa de TV te aborrece várias vezes, com o passar do tempo, você vai deixar de assisti-lo.

Mesmo depois que a extinção parece ter se completado, a resposta reforçada anteriormente poderá voltar. Se um rato for retirado da caixa de Skinner depois da extinção e se deixarmos que ele descanse um pouco, ele vai apertar a alavanca novamente quando retornar à caixa. Da mesma forma, algumas semanas depois de desistir de comprar bilhetes de loteria, muitas pessoas pensam em tentar novamente.

A extinção demora o mesmo tempo quando ocorre pela segunda vez? Se o reforço ainda for negado, o ato de pressionar a alavanca pelo rato vai ser extinto de novo, geralmente de forma mais rápida. O breve retorno a uma resposta operante depois da extinção é outro exemplo de recuperação espontânea (mencionada anteriormente a respeito do condicionamento clássico). A recuperação espontânea é muito adaptável. Depois de um período de pausa, o rato responde novamente em uma situação que produziu comida no passado: "Estou só testando para ver se as regras mudaram!".

Mudanças marcantes no comportamento ocorrem quando o reforço e a extinção são combinados. Por exemplo, os pais com freqüência reforçam as crianças quanto à *busca de atenção negativa* (usar o mau comportamento para receber atenção). As crianças são geralmente ignoradas quando estão brincando quietas. Elas recebem atenção quando vão ficando mais e mais barulhentas, quando gritam "Ei, Mãe!" bem alto, fazem manha, dão um show ou quebram alguma coisa. Tudo bem, a atenção que recebem é quase sempre uma bronca, mas é um reforço poderoso mesmo assim. Os pais informam melhorias substanciais quando *ignoram* o comportamento inadequado das crianças e as elogiam ou lhes dão atenção quando estão quietas ou brincando de forma construtiva.

Reforço Negativo

Até este momento, enfatizamos o **reforço positivo**, que ocorre quando um evento agradável ou desejável acompanha uma resposta. Existem outras formas de reforçar o aprendizado operante? Chegou a hora de considerar o **reforço negativo**, que acontece quando a resposta remove um evento desagradável. Não se engane com a palavra negativo. O reforço negativo também aumenta as respostas. Entretanto, ele o faz removendo o desconforto.

Digamos que você está com dor da cabeça e toma uma aspirina. O fato de você tomar uma aspirina será reforçado negativamente se a dor de cabeça passar. Da mesma forma, um rato pode ser ensinado a pressionar uma alavanca para obter comida (reforço positivo), ou poderá receber pequenos choques (através do chão da gaiola) que são desligados quando ele pressiona a alavanca (reforço negativo). De qualquer forma, o ato de pressionar a alavanca ocorreria mais vezes. Por quê? Porque ele leva a uma situação desejada

Extinção operante Enfraquecimento ou desaparecimento de uma resposta operante não reforçada.

Reforço positivo Ocorre quando uma resposta é seguida de uma recompensa ou outro evento positivo.

Reforço negativo Ocorre quando uma resposta é seguida pelo final do desconforto ou pela remoção de um evento desagradável.

(comida ou o final da dor). Com freqüência, reforços positivos e negativos aparecem combinados. Se você estiver com muita fome, comer uma refeição é reforçado pelo gosto agradável da comida (reforço positivo) e pelo fim da fome que o atormentava (reforço negativo).

Punição

Muitas pessoas confundem reforço negativo com punição. Entretanto, **punição** refere-se ao acompanhamento de uma resposta por uma conseqüência **aversiva** (desagradável). A punição *diminui* a possibilidade de que a resposta ocorra novamente. Como já foi dito, o reforço negativo *aumenta* as respostas. A diferença pode ser vista em um exemplo hipotético. Digamos que você mora em um apartamento e o aparelho de som do seu vizinho está berrando tão alto que seus ouvidos doem. Se você bate na parede e o volume cai repentinamente (reforço negativo), provavelmente você vai bater na parede no futuro de novo. Mas se você bate na parede e o volume aumenta (punição), ou se o vizinho bate na parede de volta (mais punição), provavelmente você não baterá outra vez.

Como outro exemplo, consideremos um drogado que está em crise de abstinência. Tomar a droga vai eliminar os sintomas temporariamente. Tomar a droga é, portanto, reforçado negativamente. Se a droga tornasse a dor pior (punição), o drogado pararia de tomá-la rapidamente.

Também não é punição a retirada de privilégios, dinheiro ou outras coisas positivas para obter uma determinada resposta? Sim. A punição também ocorre quando um reforço ou uma situação positiva são retirados, como a perda de privilégios. Esse segundo tipo de punição é chamado **custo da resposta**. Os pais que colocam filhos adolescentes de castigo por mau comportamento estão aplicando o custo da resposta. Multas por estacionamento proibido ou outras multas também se baseiam no custo da resposta. A ▲Tabela 6.3 tem um resumo das quatro conseqüências básicas de dar uma resposta.

▲TABELA 6.3 Efeitos Comportamentais de Diferentes Conseqüências

	Conseqüências de dar uma resposta	Exemplo	Efeito sobre a resposta – Probabilidade
Reforço positivo	Evento positivo começa	Comida dada	Aumento
Reforço negativo	Evento negativo termina	Dor pára	Aumento
Punição	Evento negativo começa	Dor começa	Diminuição
Punição (custo da resposta)	Evento positivo termina	Comida retirada	Diminuição
Não reforço	Nada	—	Diminuição

REFORÇO OPERANTE – DO QUE VOCÊ GOSTA?

▶ **PERGUNTA PARA PESQUISA** *Existem diferentes tipos de reforço operante?*

Com os humanos, aprender poderá ser reforçado por qualquer coisa, de ganhar alguns M&M até um tapinha nas costas. Ao classificar os reforços, pode-se fazer uma distinção útil entre *reforços primários, reforços secundários* e *feedback*. Reforços operantes de todos os tipos têm grande impacto nas nossas vidas. Vamos examiná-los mais detalhadamente.

Reforços Primários

Reforços primários são naturais, não-aprendidos e têm raízes na biologia: eles produzem conforto, eliminam o desconforto ou preenchem uma necessi-

Punição Qualquer evento que segue uma resposta e diminui a probabilidade de que ele ocorra novamente.

Custo da resposta Remoção de um reforço positivo depois que a resposta ocorre.

Reforços primários Reforços não-aprendidos; geralmente aqueles que satisfazem necessidades psicológicas.

dade física imediata. Comida, água e sexo são exemplos óbvios. Sempre que você abre a geladeira, vai até um bebedouro, liga o aquecedor ou pede um café com leite duplo, suas ações refletem reforço primário.

Além dos exemplos óbvios, existem outros reforços primários menos naturais. Um dos mais poderosos é a *estimulação intracranial* (EIC). A EIC envolve a ativação elétrica direta dos "centros de prazer" no cérebro (Olds e Fobes, 1981) (◆Figura 6.12).

Rato ligado ao prazer

O uso da estimulação do cérebro para obter recompensa exige a implantação permanente de pequenos eletrodos em áreas específicas do órgão. Um rato "ligado ao prazer" pode ser treinado para pressionar a alavanca na caixa de Skinner para provocar estimulação elétrica no seu próprio cérebro. Alguns ratos apertarão a alavanca centenas de vezes por hora para obter a estimulação cerebral. Depois de 15 ou 20 horas apertando a alavanca constantemente, o animal às vezes cai de exaustão. Quando ele volta a si, começa a pressionar a alavanca novamente. Se o circuito de recompensa não for desligado, o animal ignorará comida, água e sexo e preferirá pressionar a alavanca.

Muitos reforços primários naturais ativam os mesmos caminhos de prazer no cérebro que tornam uma EIC tão poderosa (McBride et al., 1999).

Dá medo pensar o que aconteceria se os implantes no cérebro fossem fáceis e práticos de fazer. (Eles não são.) Todas as companhias, da Playboy à Microsoft, teriam um dispositivo no mercado, e teríamos de ser ainda mais cuidadosos com os políticos!

Reforços Secundários

Em algumas sociedades tradicionais, o aprendizado ainda é fortemente ligado à comida, à água e a outros reforços primários. A maioria das pessoas, entretanto, responde a uma gama muito mais ampla de recompensas e reforços. Dinheiro, elogio, atenção, aprovação, sucesso, afeto, notas e coisas semelhantes servem como **reforços secundários** ou aprendidos.

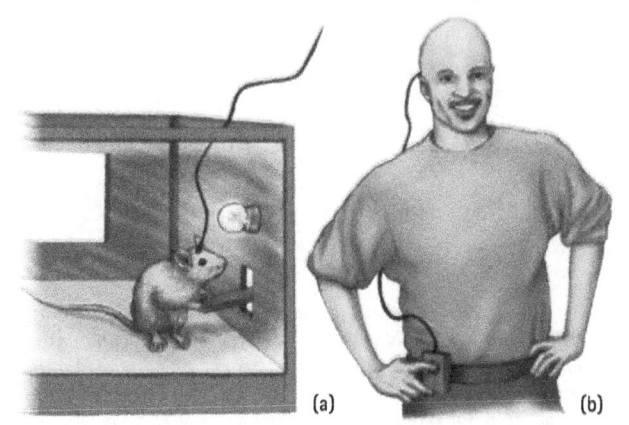

◆FIGURA 6.12 *No aparelho mostrado em (a), o rato pode pressionar a alavanca para receber um estímulo elétrico suave no "centro de prazer" no cérebro. Seres humanos também foram "ligados" para receber estímulos no cérebro, como mostrado em (b). Entretanto, nos humanos, isso é feito apenas como uma forma experimental de restringir explosões incontroláveis de violência. Os implantes não foram feitos simplesmente para produzir prazer.*

Como um reforço secundário consegue promover o aprendizado? Alguns reforços secundários são simplesmente associados a um reforço primário. Por exemplo, se quiser treinar um cão para que ele o siga (fique no seu calcanhar) quando você vai dar uma caminhada, o cão poderá ser recompensado com pequenas coisas gostosas para comer se ficar perto de você. Se você elogiar o cão cada vez que der um biscoito, o elogio se tornará um reforço secundário. Com o passar do tempo, você será capaz de deixar de dar os biscoitos e simplesmente elogiar seu cão por fazer a coisa certa. O mesmo princípio se aplica às crianças. Um dos motivos porque os elogios dos pais tornam-se um reforço secundário é que eles freqüentemente estão associados a comida, doces, abraços e outros reforços primários.

Fichas

Reforços secundários que podem ser *trocados* por reforços primários têm uma importância direta. O dinheiro em notas não tem praticamente valor em si. Você não pode comê-lo, bebê-lo ou dormir nele. Entretanto, ele pode ser trocado por comida, água ou um lugar para dormir.

Um **reforço em ficha** é um reforço tangível, como dinheiro, estrelas douradas, fichas de pôquer e similares. Em uma série clássica de experiências, os chimpanzés foram ensinados a trabalhar por fichas. Primeiro eles foram treinados a colocar fichas de pôquer em uma máquina automática

Reforço secundário Reforço aprendido; freqüentemente, ganha propriedades de reforço por associação a um reforço primário.

Reforço em ficha Reforço secundário tangível, como dinheiro, estrelas douradas, fichas de pôquer e objetos semelhantes.

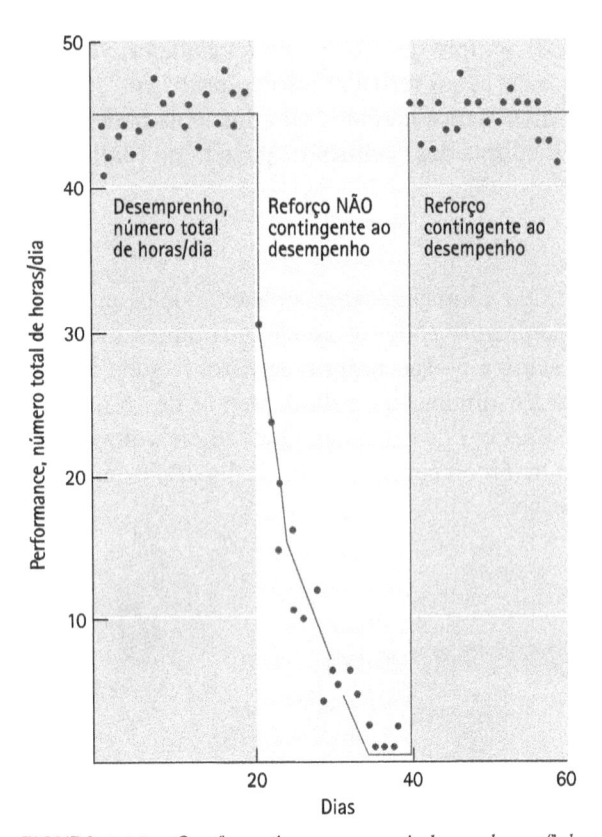

◆FIGURA 6.13 *O reforço é uma economia baseada em fichas. O gráfico mostra os efeitos do uso de fichas para recompensar comportamentos socialmente desejáveis em um sanatório para doentes mentais. O comportamento desejável foi definido como limpeza, arrumar a cama, comparecer às sessões de terapia etc. As fichas podem ser trocadas por amenidades básicas, como refeições, lanches, café, privilégios na sala de jogos, passes para o fim de semana. O gráfico mostra mais de 24 horas por dia porque representa o número total de horas de um comportamento desejável de todos os pacientes no sanatório. (Adaptado de Ayllon e Azrin, 1965.)*

"Chimp-O-Mat". Cada ficha colocada na máquina fazia com que ela liberasse algumas uvas ou passas. Depois de os animais aprenderem a trocar as fichas por comida, eles aprendiam novas tarefas para ganhar as fichas. Para manter o valor das fichas, era permitido que os chimpanzés às vezes usassem o "Chimp-O-Mat" (Cowles, 1937; Wolfe, 1936).

Uma grande vantagem das fichas é que elas não perdem seu valor de reforço tão rapidamente quanto os reforços primários. Por exemplo, se você usar um doce para reforçar mentalmente uma criança com alguma doença mental quando dá o nome certo das coisas, ela poderá perder o interesse quando estiver satisfeita (totalmente satisfeita), ou quando não estiver mais com fome. Seria melhor usar fichas como recompensas imediatas pelo aprendizado. Mais tarde, a criança poderia trocar suas fichas por doces, brinquedos ou outros presentes.

As fichas são usadas de forma semelhante com crianças e adultos problemáticos em programas especiais, e mesmo em salas de aula regulares da escola primária (Spiegler e Guevremont, 2003) (◆Figura 6.13). Em todos os casos, o objetivo é fornecer uma recompensa imediata pelo aprendizado.

Geralmente, as fichas podem ser trocadas por comida, mercadorias desejadas, privilégios especiais ou idas ao cinema, parques de diversão etc. Muitos pais acham que as fichas reduzem bastante os problemas disciplinares com crianças pequenas. Por exemplo, as crianças podem ganhar pontos ou estrelas douradas durante a semana por bom comportamento. Se ganharem fichas em número suficiente, no domingo elas poderão escolher um item de uma "sacola de prêmios".

Reforços Sociais

Como já ressaltamos, as necessidades aprendidas de atenção e aprovação, chamadas de **reforços sociais**, com freqüência influenciam o comportamento humano. Esse fato pode ser usado em uma demonstração clássica, embora um pouco enganadora.

MOLDANDO UM PROFESSOR

Nessa atividade, por volta de metade (ou mais) dos estudantes da classe deve participar. Primeiro, escolha um comportamento-alvo. Deve ser alguma coisa como "dando explicações no lado direito da classe". (Escolha uma coisa simples, caso seu professor aprenda devagar.) Comece o treinamento assim: a cada vez que o instrutor se vira para a direita ou dá um passo naquela direção, os estudantes participantes desse exercício devem parecer *realmente* interessados. E também devem sorrir, fazer perguntas, debruçar-se para a frente e fazer contato visual. Se o professor se vira para a esquerda ou dá um passo naquela direção, os estudantes participantes devem se recostar para trás, bocejar, verificar pequenas coisas, fechar os olhos ou parecer aborrecidos de forma geral. Logo, sem ter consciência, o instrutor vai passar mais tempo de cada período de explicação no lado direito da classe.

Esse truque é um dos preferidos dos alunos de psicologia há décadas. Durante um certo tempo, um dos meus professores deu todas as suas aulas somente do lado direito da sala enquanto brincava com os cordões da persiana.

Reforços sociais Reforços tanto de atenção como de aprovação estabelecidos por outras pessoas.

(Nós acrescentamos os cordões na segunda semana!) O que deve se lembrado do exemplo é que a atenção e a aprovação podem mudar o comportamento das crianças, dos membros da família, dos amigos, dos companheiros de quarto e dos colegas de trabalho. Esteja ciente do que está reforçando.

Feedback

Seus olhos, agitados e intensos, vão rapidamente de um lado para outro. Sua mão esquerda se torce, dança, levanta e faz um movimento de ataque, atingindo o alvo repetidamente. Ao mesmo tempo, sua mão direita gira furiosamente em movimentos circulares. Isso descreve alguma desordem neurológica estranha? Na verdade, essa é a descrição de Mark, um garoto de dez anos brincando com seu videogame favorito, uma aventura de skate!

Como Mark aprendeu os complexos movimentos necessários para dominar o skate virtual? Afinal, ele não foi recompensado com comida ou dinheiro. A resposta está no fato de que o videogame favorito de Mark fornece dois elementos-chave subjacentes ao aprendizado: um *ambiente responsivo* e *informações*.

Todas as vezes que um jogador faz um lance, o videogame responde instantaneamente com sons, ações animadas, pontos mais altos ou mais baixos. As respostas da máquina e o fluxo de informações que ela fornece podem ser muito motivadores se a pessoa quiser ganhar. O mesmo princípio se aplica a muitas outras situações de aprendizado: se você estiver tentando aprender a usar um computador, a tocar um instrumento musical, cozinhar ou a resolver problemas de matemática, o reforço vem com o conhecimento de que você atingiu o resultado desejado.

O valor adaptativo das informações ajuda a explicar por que muito do conhecimento humano ocorre na ausência de reforços óbvios, como comida ou água. Os humanos aprendem rapidamente respostas que apenas têm o efeito desejado ou que os aproxima da meta. Vamos explorar mais essa idéia.

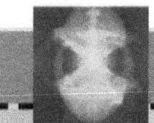

USANDO A PSICOLOGIA — Condicionamento e Conservação

Como psicólogo, gosto de ver os princípios comportamentais usados para resolver problemas práticos. Uma área do comportamento que precisa muito de atenção é a nossa cultura do "desperdício". Queimamos combustíveis fósseis, destruímos florestas, usamos produtos químicos, devastamos a terra e retiramos tudo dela, e também a cultivamos. Ao fazer tudo isso, alteramos o próprio planeta. O que se pode fazer? Uma abordagem envolve mudar as *conseqüências* do uso abusivo da energia, da poluição e coisas semelhantes. Por exemplo, os impostos sobre a eletricidade podem ser utilizados para aumentar o custo dos combustíveis fósseis (custo da resposta). Quanto ao reforço, descontos podem ser oferecidos na instalação de isolamento ou na compra de equipamentos ou carros que economizam energia, e por meio da redução de impostos para companhias que tomam medidas para preservar o meio ambiente.

Em termos do cotidiano, as pessoas podem ajudar a reciclar materiais como papel, aço, vidro, alumínio e plástico. Novamente, os princípios comportamentais entram em cena. Por exemplo, as pessoas que estabelecerem suas próprias metas de reciclagem tenderão a atingi-las. Da mesma forma, quando as famílias, os grupos de trabalho, as fábricas e os alojamentos de estudantes receberem *feedback* semanalmente sobre quanto eles reciclaram, provavelmente reciclarão mais. Também sabemos que as pessoas provavelmente continuarão a reciclar se sentirem satisfação em ajudar a proteger o meio ambiente (Werner e Makela, 1998). Tal satisfação é um reforço suficiente para encorajar as pessoas a reduzir o lixo, utilizá-lo novamente e reciclá-lo? Espero que sim, claro.

Conhecimento dos Resultados

Imagine que peçam a você para que atire dardos em um alvo. Cada dardo deverá passar por uma tela que impede que você saiba se atingiu o alvo ou não. Se você atirar mil dardos, deve-se esperar pouca melhora no seu desempenho porque você não recebe nenhum *feedback*. O **feedback** (informações sobre o efeito de uma resposta) é particularmente importante no aprendizado

Feedback Informações devolvidas a uma pessoa sobre os efeitos que uma resposta causou; também chamado de conhecimento dos resultados.

humano. O videogame de Mark não o recompensava explicitamente pelas respostas corretas. Mesmo assim, como fornece *feedback*, um rápido aprendizado ocorre.

Como aplicar o feedback? Feedback aumentado (também chamado **conhecimento dos resultados** ou **CR**) quase sempre melhora o aprendizado e o desempenho (Lee e Carnahan, 1990). Se você quiser aprender a tocar um instrumento musical, a cantar, a falar outra língua ou a fazer um discurso, o *feedback* gravado em uma fita pode ajudar bastante. Nos esportes, os videoteipes são usados para melhorar tudo, de saques de tênis a movimentos de arremesso em beisebol. (A exibição feita por treinadores capacitados ajuda bastante a chamar a atenção para detalhes importantes.) Sempre que você estiver tentando aprender um assunto complexo, vale a pena receber mais *feedback* (Wulf et al., 1998). (Veja também "Condicionamento e Conservação".)

Tipos de Condicionamento

clássico de reflexo	Muito do condicionamento _____ envolve respostas _____ involuntário. Porém, o condicionamento operante afeta as respostas _____ ou espontâneas.
voluntárias	
resposta EC	O reforço ocorre antes da _____ no condicionamento clássico conforme o _____ é acompanhado de um ENC.
reforço depois reforço	No condicionamento operante o _____ ocorre _____ da resposta. Nesse caso, a resposta é acompanhada de um _____.
passivo provocadas	No condicionamento clássico, o aprendiz é _____ porque as respostas são _____ pelo ENC.
aprendiz emite	No condicionamento operante, o _____ _____ ativamente respostas que são afetadas pelo reforço.

◆FIGURA 6.14 *Para dar uma amostra do formato da instrução programada, tente cobrir os termos da esquerda com um pedaço de papel. Preencha as partes em branco e vá descobrindo um termo de cada vez para cada resposta. Dessa forma, sua resposta correta (ou incorreta) será seguida de um* feedback *imediato.*

Ajuda para o Aprendizado

Como essas técnicas usam o feedback? O feedback é mais eficiente quando é *freqüente, imediato e detalhado.* Um método chamado instrução programada ensina os estudantes em um formato que apresenta informações em pequenas quantidades, dá uma prática imediatamente e fornece *feedback* contínuo aos estudantes. O *feedback* constante evita que os estudantes cometam erros nos exercícios e também permite que eles trabalhem no seu próprio ritmo. (Uma pequena amostra da instrução programada é exibida na ◆Figura 6.14, para que você veja como é o formato.) O aprendizado programado pode ser feito em formato de livro ou apresentado por um computador (Mabry, 1998).

Nas *instruções por computador* (IPC), o aprendizado é ajudado por informações e exercícios apresentados no computador. Além de fornecer *feedback* imediato aos estudantes, o computador pode dar pistas sobre por que uma resposta está errada e o que é necessário para corrigi-la (Light, 1997). Embora o nível final de capacidade ou conhecimento ganho não seja necessariamente alto, as IPC podem economizar muito tempo e esforço. Além disso, as pessoas freqüentemente se saem melhor com o *feedback* de um computador, porque elas podem cometer erros livremente e aprender com eles (Schneider e Shugar, 1990). Por exemplo, as IPC podem dar uma prática ilimitada para estudantes de medicina para diagnosticar doenças a partir dos sintomas, como "dor aguda no peito" (Papa et al., 1999).

Alguns programas de IPC usam jogos educacionais nos quais as histórias, a competição com um parceiro, efeitos sonoros e gráficos do tipo encontrado em jogos aumentam o interesse e a motivação (◆Figura 6.15) (Stoney e Wild, 1998).

A estimulação educacional vai um passo além, permitindo que os estudantes explorem uma situação imaginária, um "micromundo" que simula os problemas do mundo real. Ao ver os efeitos das suas escolhas, os estudantes descobrem os princípios básicos da física, da biologia, da psicologia ou de outras matérias (Cordova e Lepper, 1996).

Os psicólogos só agora estão começando a explorar totalmente o valor e os limites das instruções por computador. Mesmo assim, parece provável que seus esforços vão melhorar não apenas a educação, mas também o entendimento do aprendizado humano.

Vamos parar um pouco agora e fazer alguns exercícios de aprendizado para que você possa obter *feedback* sobre o seu domínio das idéias precedentes.

Conhecimento dos resultados (CR)
Feedback informacional.

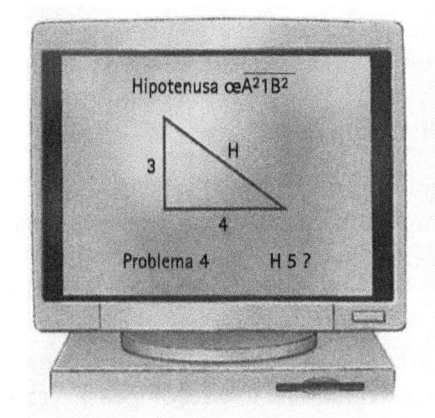

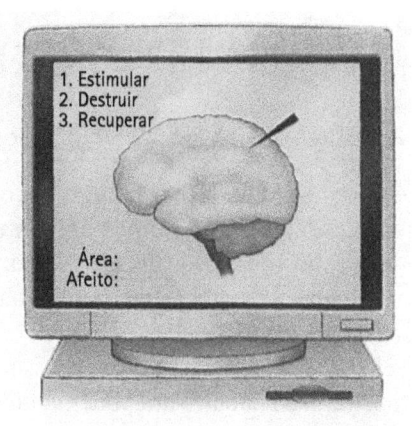

◆FIGURA 6.15 *Instruções por computador. A tela à esquerda mostra um exercício típico de matemática em que os estudantes devem encontrar a hipotenusa do triângulo. A tela do centro apresenta o mesmo problema na forma de um jogo educacional para aumentar o interesse e a motivação. Nesse jogo, pede-se à criança que determine a distância de uma pistola de raio até a nave espacial que está voando para "vaporizar" um atacante. A tela à direita mostra uma estimulação educacional. Aqui, os estudantes colocam uma "sonda" em vários locais do cérebro humano. Eles então "estimulam", "destroem" ou "recuperam" áreas. Conforme cada área é alterada, seu nome aparece na tela, e os efeitos sobre o comportamento são descritos. Isso permite que os estudantes explorem as funções básicas do cérebro sozinhos.*

PAUSA PARA ESTUDO — Condicionamento Operante

RELACIONE

Como suas idéias sobre os efeitos de uma "recompensa" mudaram agora que você já leu sobre o condicionamento operante? Você consegue explicar a diferença entre reforço positivo, reforço negativo e punição? Você consegue dar um exemplo de cada conceito a partir da sua própria experiência?

Um amigo seu castiga o próprio cão o tempo todo. Que conselho você daria a ele sobre o uso de reforço, extinção e modelagem em vez de punição?

VERIFICAÇÃO DO APRENDIZADO

1. As respostas no condicionamento operante são _____, enquanto as respostas no condicionamento clássico são respostas _____, passivas.
2. Mudar regras em pequenos passos para que um animal (ou pessoa) seja treinado gradualmente a fim de responder na forma desejada é chamado de _____.
3. A extinção do condicionamento operante também está sujeita a _____ de uma resposta.
   a. aproximações sucessivas   b. modelagem
   c. automação   d. recuperação espontânea
4. Reforços positivos aumentam a porcentagem de respostas e reforços negativos a diminuem. V ou F?
5. Reforços primários são aqueles aprendidos por meio do condicionamento clássico. V ou F?
6. Fichas são basicamente reforços _____.
7. Respostas supersticiosas são aquelas
   a. formadas por um reforço secundário   b. extintas
   c. pré-potentes   d. desnecessárias para obter reforço
8. Conhecimento dos resultados, ou CR, também é conhecido como _____.
9. Programas secundários são uma característica da IPC. V ou F?

Raciocínio Crítico

10. Como os princípios do condicionamento operante podem ser usados para encorajar as pessoas a recolher o lixo? (Que recompensas podem ser oferecidas e como o custo da recompensa poderia ser baixo?)

RESPOSTAS:

1. voluntárias ou emitidas, involuntárias ou provocadas 2. modelagem 3. d 4. F 5. F 6. secundários 7. d 8. *feedback* 9. V 10. Uma estratégia que foi usada com sucesso é mostrar o desenho de vários prêmios, como entradas de cinema ou concertos. Cada vez que a pessoa entrega uma determinada quantidade de lixo, ela recebe uma oportunidade (uma ficha) para ser incluída no sorteio. Pagar pela devolução de latas e garrafas também é uma forma de reforçar a reciclagem do lixo.

REFORÇO PARCIAL – LAS VEGAS, UMA CAIXA DE SKINNER HUMANA?

▶ **PERGUNTA PARA PESQUISA** *Como somos influenciados pelos padrões de recompensa?*

Qualquer um que deseje influenciar o aprendizado operante deve estar equipado para fazê-lo sabendo como os diferentes padrões de reforço afetam o comportamento. Imagine, por exemplo, que uma mãe deseja recompensar seu filho por ele desligar as luzes quando sai de uma sala. Diferentemente do que se pensa, ela deveria ser aconselhada a reforçar apenas algumas das respostas corretas do seu filho. Por quê? Vamos ver as respostas na discussão a seguir.

B. F. Skinner, diz a história, estava estudando o condicionamento operante quando as bolinhas de comida começaram a acabar. Para poder continuar, ele programou que uma bolinha de comida fosse a recompensa a cada duas respostas. Assim começou o estudo formal dos **programas de reforço** (planos para determinar quais respostas serão reforçadas). Até agora estávamos tratando o reforço operante como se ele fosse contínuo. O *reforço contínuo* significa que um reforço acompanha todas as respostas corretas. Isso funciona no laboratório, mas não tem muito a ver com o mundo real. A maioria das nossas respostas é recompensada de forma menos consistente. Na vida diária, o aprendizado geralmente baseia-se em um **reforço parcial**, em que os reforços não acompanham todas as respostas.

Pode-se dar um reforço parcial de acordo com diversos padrões. Cada um tem um efeito diferente no comportamento. Além disso (o que será explorado a seguir), existe um efeito geral: as respostas adquiridas por meio de reforço parcial são altamente resistentes à extinção. Por alguma razão pouco clara, perdida no folclore da psicologia, isso é chamado de **efeito do reforço parcial**.

Como receber reforço de vez em quando torna o hábito mais forte? Se você já foi a Las Vegas ou a alguma Meca do jogo desse tipo, provavelmente já viu filas e filas de pessoas jogando nos caça-níqueis. Para entender melhor o reforço parcial, imagine que você vai a Las Vegas pela primeira vez. Você coloca um dólar em um caça-níqueis e puxa a alavanca. Dez dólares espalham-se na bandeja. Você coloca um dos dólares que ganhou na máquina novamente e puxa a alavanca de novo. Você ganha outra vez! Vamos dizer que a coisa continua assim por mais 15 minutos. A cada vez que você puxa a alavanca, você ganha. De repente, você puxa a alavanca e nada acontece. Com certeza, você vai tentar várias outras vezes antes de desistir. Entretanto, quando o reforço é seguido pela extinção, a mensagem logo fica clara: você não vai ganhar mais.

Vamos comparar essa situação com o reforço parcial. Novamente, imagine que é a primeira vez que você joga em um caça-níqueis. Você coloca um dólar na máquina cinco vezes sem ganhar. Você está quase desistindo, mas decide jogar mais uma vez. Bingo! A máquina devolve 20 dólares. Depois disso, você ganha e perde de acordo com um programa parcial: às vezes você ganha bastante, às vezes pouco. Tudo é imprevisível. Às vezes você ganha duas vezes seguidas; às vezes você puxa a alavanca 20 ou 30 vezes e nada acontece.

Agora digamos que o mecanismo que libera as moedas para você ganhar é desligado novamente. Quantas vezes você acha que responderia desta vez antes que o seu comportamento de puxar a alavanca se extinguisse? Uma vez que você desenvolveu a expectativa de que cada jogada poderá ser "aquela jogada", será difícil resistir à tentação de jogar mais e mais... e mais. Como o reforço parcial também inclui longos períodos sem recompensa, será mais difícil diferenciar entre os períodos de reforço e os de extinção. Não há exagero em dizer que o efeito do reforço parcial deixou muita gente sem um tostão. Mesmo os psicólogos que visitam Las Vegas podem sair "limpos" de lá – e eles não deveriam cair nessa!

Programa de reforço Regra ou plano para determinar quais respostas receberão reforço.

Reforço parcial Padrão no qual apenas uma parte de todas as respostas receberá reforço.

Efeito do reforço parcial Respostas adquiridas com reforço parcial são mais resistentes à extinção.

Programas de Reforço Parcial

O reforço parcial pode ser dado em vários padrões diferentes. Vamos considerar os quatro mais básicos, que têm alguns efeitos interessantes nas pessoas. Respostas típicas a tais padrões são mostradas na ◆Figura 6.16. Esses resultados são obtidos quando um gravador cumulativo é ligado a uma caixa de Skinner. O dispositivo consiste em mover uma fita de papel e uma caneta mecânica que traça uma linha vertical cada vez que uma resposta ocorre.

Responder rapidamente faz que a caneta provoque uma linha vertical; uma linha horizontal indica que não houve resposta. Pequenas marcas nas linhas mostram quando o reforço foi dado.

Freqüência Fixa (FF)

O que aconteceria se um reforço acompanhasse uma resposta correta de forma alternada, ou seja, uma sim e outra não? E se o reforço fosse dado a cada três, quatro ou cinco respostas corretas, ou algum outro número de respostas? Cada um desses padrões é um **programa de freqüência fixa (FF)** (um determinado número de respostas corretas deve ocorrer para que se obtenha o reforço). Observe que no programa FF, a freqüência dos reforços para as respostas é fixa: FF-2 significa que cada outra resposta é recompensada; FF-3 significa que a terceira resposta é reforçada; em um programa FF-10, é necessário que ocorram exatamente dez respostas para que se obtenha um reforço.

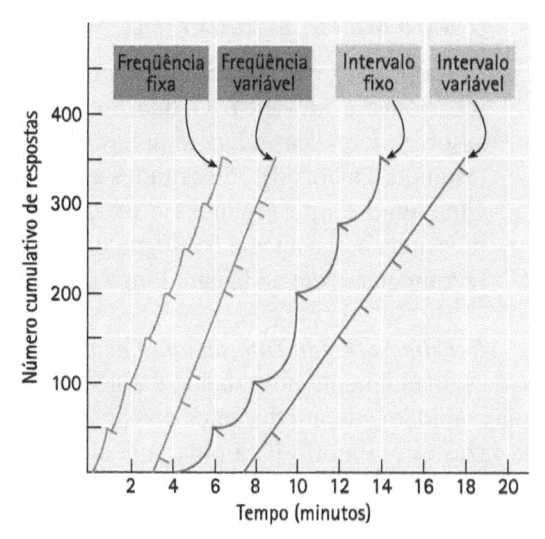

◆FIGURA 6.16 *Padrões de resposta típicos dos programas de reforço.*

Os programas de freqüência fixa produzem *um número alto de respostas* (Figura 6.16). Um rato faminto em um programa FF-10 vai dar rapidamente dez respostas, parar para comer, e então dar mais dez. Uma situação semelhante ocorre quando os trabalhadores de uma fábrica ou fazenda são pagos por tarefa. Quando um número fixo de itens precisa ser produzido para que o valor estabelecido seja pago, a produção é alta.

Freqüência Variável (FV)

Em um **programa de freqüência variável (FV)**, um número variado de respostas corretas precisa ser dado para que se obtenha um reforço. Em vez de reforçar a cada quatro respostas (FF-4), por exemplo, um animal ou uma pessoa em um programa FV-4 é recompensado, *em média*, a cada quatro respostas. Às vezes, duas respostas precisam ser dadas para que se obtenha um reforço; às vezes cinco, às vezes quatro, e assim por diante. O número real varia, mas sua média é quatro (neste exemplo). Os programas de freqüência variável também produzem altas taxas de resposta.

Os programas de FV parecem menos previsíveis que um programa FF. Isso tem algum efeito na extinção? Sim. Como o reforço é menos previsível, os programas de freqüência variável tendem a produzir maior resistência à extinção que os programas de freqüência fixa. Jogar em caça-níqueis é um exemplo de comportamento mantido por um programa de freqüência variável. Outro exemplo é o de uma criança que pede alguma coisa no supermercado. O número de vezes que a criança precisa pedir antes de receber reforço varia, assim, ela deve ser bastante persistente. Golfe, tênis e vários outros esportes também são reforçados de acordo com uma freqüência variável: uma média de uma boa jogada a cada cinco ou dez é suficiente para criar um fanático pelo esporte.

Intervalo Fixo (IF)

Em outro padrão, o reforço é oferecido apenas quando uma resposta correta é dada depois que um determinado tempo se passou. Esse intervalo de tempo é medido a partir da última resposta reforçada. As respostas dadas durante o intervalo de tempo não são reforçadas. Em um **programa de intervalo fixo (IF)**, a primeira resposta correta depois de um determinado período de tempo é reforçada. Assim, um rato em um programa de IF de 30 segundos terá de esperar 30 segundos depois da última resposta reforçada antes que uma pressão na alavanca produza reforço novamente. O rato pode pressionar a alavanca tanto quanto quiser, durante o intervalo, que não será recompensado.

Programas de intervalo fixo produzem *taxas de resposta moderadas*. São marcados por surtos de atividade misturados com períodos de inatividade. Os animais em um programa de IF parecem desenvolver um bom sentido da passagem do tempo (Eckerman, 1999). Por exemplo:

Programa de freqüência fixa Um número determinado de respostas corretas deve ser dado para obter o reforço. Por exemplo, um reforço é dado a cada quatro respostas corretas.

Programa de freqüência variável Um número variado de respostas corretas deve ser dado para obter reforço. Por exemplo, um reforço é dado depois de três a sete respostas corretas: o número real muda arbitrariamente.

Programa de intervalo fixo Um reforço é obtido após uma resposta correta depois de um período de tempo estabelecido em seguida à última resposta reforçada. As respostas dadas durante o intervalo de tempo não são reforçadas.

O RATO MICKEY FAZ UMA PAUSA

O Rato Mickey, treinado com um programa IF de 60 segundos, acabou de ser reforçado depois de pressionar a alavanca. O que ele faz? Ele anda confiante pela gaiola, arruma-se, faz barulhinhos, assobia, lê revistas e lixa as unhas. Depois de 50 segundos, ele vai até a alavanca e a pressiona – apenas testando. Depois de 55 segundos ele pressiona a alavanca uma ou duas vezes, mas não consegue nada. Cinqüenta e oito segundos e ele pressiona rapidamente a alavanca; 59 segundos, 60 segundos e ele pressiona a alavanca e consegue o reforço. Depois de apertar a alavanca mais uma ou duas vezes (sem recompensa), ele anda para longe dela, para o próximo intervalo.

Receber o pagamento semanalmente é um programa IF? Existem raros programas de intervalo fixo, mas ser pago semanalmente no trabalho é algo semelhante. Observe, entretanto, que a maioria das pessoas não trabalha mais rapidamente um dia antes do pagamento, como prediz um programa IF. Um paralelo mais próximo seria ter de fazer um relatório para uma aula a cada duas semanas. Imediatamente depois de entregar um relatório, seu nível de trabalho provavelmente cairia a zero durante uma semana ou mais. Assim, conforme a próxima data de entrega se aproximasse, a pressa apareceria e você começaria a trabalhar intensamente.

Outro exemplo de intervalo fixo é verificar o peru do Natal no forno. Geralmente, a freqüência de verificação aumenta conforme se aproxima o momento de o peru estar pronto (Schwartz e Robbins, 1995).

Intervalo Variável (IV)

Programas com intervalo variável (IV) são uma variação dos intervalos fixos. Aqui, o reforço é dado para a primeira resposta correta depois de um período de tempo variado. No programa IV de 30 segundos, o reforço está disponível depois de um intervalo *médio* de 30 segundos.

Programas IV produzem uma taxa de resposta constante e lenta, e uma tremenda resistência à extinção (Lattal et al., 1998). Quando você disca um número de telefone e dá ocupado, a recompensa (conseguir falar) está em um programa IV. Você poderá ter de esperar 30 segundos ou 30 minutos. Se você é como a maioria, vai ficar discando sem parar até conseguir falar. Uma boa pescaria também é um programa IV – o que pode explicar a tenacidade de um buldogue de vários pescadores com suas linhas e anzóis (Schwartz e Robbins, 1995).

CONTROLE DO ESTÍMULO – SINAL VERMELHO, SINAL VERDE

Quando você está dirigindo, seu comportamento nos cruzamentos é controlado pelo sinal vermelho ou verde. Da mesma forma, vários dos estímulos que encontramos todos os dias agem como sinais para parar ou seguir em frente que guiam o nosso comportamento. Para formular essa idéia mais formalmente, o estímulo que precede de forma consistente uma resposta recompensada tende a influenciar quando e onde uma resposta vai ocorrer. Esse efeito é chamado **controle do estímulo**. Veja como ele funciona com o nosso amigo Rato Mickey.

LUZES APAGADAS PARA O RATO MICKEY

Enquanto está aprendendo a resposta pressionando a alavanca, Mickey se encontra em uma caixa de Skinner iluminada por uma luz brilhante. Durante diversas sessões de treinamento, a luz fica alternadamente acesa e apagada. Quando está acesa, uma pressão na alavanca produz comida. Quando está apagada, a pressão na alavanca não recebe recompensa. Logo observamos que o rato aperta vigorosamente a alavanca quando a luz está acesa e a ignora quando a luz está apagada.

Nesse exemplo, a luz sinaliza que as conseqüências acontecerão se uma resposta for dada. A prova do controle do estímulo ocorre quando a comida *é dada* com a luz *apagada*. Um animal bem treinado não poderá jamais descobrir que as regras mudaram. Um exemplo similar de controle de estímulo

Programa com intervalo variável Um reforço é oferecido para a primeira resposta correta dada depois de um período variado de tempo desde a última resposta reforçada. As respostas dadas durante o intervalo de tempo não são reforçadas.

Controle do estímulo Os estímulos presentes quando uma resposta operante é adquirida tendem a controlar quando e onde a resposta será dada.

é uma criança que aprende que pode pedir uma bala quando a mãe estiver de bom humor, mas que não pode fazê-lo em outras situações.

Generalização

Dois aspectos interessantes do controle do estímulo são a generalização e a discriminação. Vamos voltar ao exemplo da máquina (do capítulo anterior) para ilustrar esses conceitos. Primeiro, a generalização.

A generalização é a mesma no condicionamento operante e no condicionamento clássico? Basicamente, sim. A **generalização do estímulo operante** é a tendência de responder a um estímulo semelhante àquele que precedeu o reforço operante. Ou seja, a resposta reforçada tende a ser dada novamente quando antecedentes semelhantes estão presentes. Vamos assumir, por exemplo, que você foi recompensado consistentemente por chutar uma determinada máquina. Sua resposta de chutar a máquina tende a ocorrer na presença daquela máquina. Ela aconteceu sob o controle do estímulo. Agora digamos que existem três outras máquinas no *campus* idênticas àquela que deu a recompensa. Uma vez que elas são semelhantes, sua resposta de chutar a máquina provavelmente será transferida para elas. Se cada uma dessas máquinas também recompensar seus chutes, sua resposta de chute poderá generalizar-se para outras máquinas apenas um pouco parecidas com a original. A generalização por semelhança explica por que as crianças podem chamar um homem qualquer de *papai* por algum tempo – o que, claro, vai deixar os pais bastante sem graça.

Discriminação

Enquanto isso, vamos voltar à máquina... Como já foi dito, discriminar significa responder de forma diferente a estímulos variados. Já que uma máquina reforçou sua resposta de chutar, você começa a chutar outras máquinas idênticas (generalização).

Como esses estímulos também recebem reforço, você começa a chutar máquinas semelhantes (mais generalização). Se chutar essas novas máquinas não produzir efeito, a resposta de chutar generalizada a elas se extinguirá por causa da falta de reforço. Assim, sua resposta às máquinas de um determinado tamanho e cor será consistentemente recompensada, enquanto a mesma resposta com diferentes máquinas será extinta. Por meio da **discriminação do estímulo operante** você aprendeu a diferenciar entre os estímulos antecedentes que sinalizam a recompensa e a falta de recompensa. Como resultado, seu padrão de resposta mudará para combinar com esses **estímulos discriminatórios** (estímulos que precedem as respostas reforçadas e as não-reforçadas).

Um estímulo discriminatório com o qual a maioria dos motoristas está familiarizada é o carro da polícia na estrada. Esse estímulo é um sinal claro de que um conjunto específico de contingências de reforço é aplicável. Como você já deve ter observado, a presença de um carro da polícia provoca uma redução rápida na velocidade dos carros, nas mudanças de faixas, nos carros "colando" atrás de outros carros e, em Los Angeles, nos tiros. Um outro exemplo familiar é o bip das secretárias eletrônicas. O bip é um sinal de que falar vai dar resultado (sua mensagem será gravada). Muitos de nós já estão bem condicionados a esperar o "deixe sua mensagem depois do bip".

O papel do estímulo discriminatório pode ser esclarecido por um feito interessante de Jack, um psicólogo amigo meu. Jack decidiu ensinar seu gato a dizer o próprio nome. Ele fez assim: primeiro ele dava um tapinha nas costas do gato. Se o gato miasse de uma forma que parecesse com o seu nome, Jack imediatamente lhe dava uma pequena quantidade de comida. Se o gato desse um miado diferente das outras vezes, não recebia nada. O processo foi repetido várias vezes todos os dias.

Por meio de uma modelagem gradual, o miado do gato acabou soando bem parecido com o próprio nome. E também esse miado peculiar veio sob o controle do estímulo: quando o gato recebia um tapinha nas costas, ele dizia o seu nome; sem o tapinha, ele ficava quieto ou miava normalmente. Os psicólogos representam um estímulo que precede as respostas reforçadas com S+. Os estímulos discriminatórios que precedem as respostas sem recompensa são representados por S– (Schwartz e Robbins, 1995). Assim, a ♦Figura 6.17 traz um resumo do treinamento do gato.

Generalização do estímulo operante
Tendência de responder a estímulos semelhantes àqueles que precederam o reforço operante.

Discriminação do estímulo operante
Tendência de dar uma resposta operante quando os estímulos previamente associados à recompensa estão presentes, e não dar uma resposta quando os estímulos associados à falta de recompensa estão presentes.

Estímulo discriminatório Estímulos que precedem respostas recompensadas e não-recompensadas no condicionamento operante.

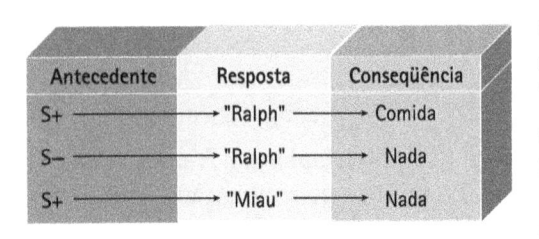

Antecedente	Resposta	Conseqüência
S+	"Ralph"	Comida
S−	"Ralph"	Nada
S+	"Miau"	Nada

◆ FIGURA 6.17 *Diagrama do treinamento de discriminação do gato Ralph.*

Neste momento devo acrescentar que eu não sabia que Jack tinha um gato novo e que ele o havia treinado. Fui visitá-lo uma noite e encontrei o gato nos degraus da frente da casa. Dei uma batidinha nas costas do gato e disse: "Oi, gatinho, como é que você se chama?". Imagine só a minha surpresa quando o gato respondeu imediatamente "Ralph!".

A discriminação do estímulo é também muito bem ilustrada pelo cão farejador que localiza drogas e explosivos nos aeroportos e fronteiras. A discriminação operante é usada para ensinar aqueles cães a reconhecer contrabando. Durante o treinamento, eles são reforçados apenas quando se aproximam dos contêineres onde foram propositadamente colocados drogas ou explosivos.

A discriminação do estímulo obviamente tem um impacto enorme sobre o comportamento humano. O aprendizado para reconhecer diferentes marcas de automóveis, pássaros, animais, vinhos, tipos de música e mesmo as respostas nos testes psicológicos dependem, parcialmente, do aprendizado da discriminação operante.

PAUSA PARA ESTUDO — Reforço Parcial e Controle de Estímulo

RELACIONE

Pense em algo que você faz que é reforçado apenas parte do tempo. Você busca tal atividade persistentemente? Como você é afetado pelo reforço parcial?

Veja se você consegue pensar em pelo menos um exemplo diário dos quatro programas básicos de reforço.

As portas que devem ser empurradas para fora têm placas de metal pregadas nelas. As que devem ser puxadas para dentro têm maçanetas. Esses estímulos discriminatórios afetam o seu comportamento? (Se não, como vai o seu nariz?)

VERIFICAÇÃO DO APRENDIZADO

1. Dois aspectos do controle do estímulo são _____ e _____.
2. As respostas tendem a ocorrer na presença de estímulos discriminatórios associados ao reforço e tendem a não ocorrer na presença de estímulos discriminatórios associados à falta de reforço. V ou F?
3. A generalização do estímulo refere-se a tornar uma resposta operante na presença de estímulos semelhantes aos que precederam o reforço. V ou F?
4. Quando uma recompensa acompanha cada resposta, isso é chamado de
   a. reforço contínuo
   b. reforço fixo
   c. reforço porcentual
   d. reforço controlado
5. O reforço parcial tende a produzir respostas mais lentas e resistência reduzida à extinção. V ou F?
6. O programa de reforço associado a jogar nos caça-níqueis e outros tipos de jogos é
   a. freqüência fixa b. freqüência variável
   c. intervalo fixo d. intervalo variável

Raciocínio Crítico

7. O dono de um negócio que paga seus funcionários por hora deseja aumentar a produtividade. O que o dono pode fazer para tirar partido do reforço?
8. Como você poderia usar os princípios do condicionamento para ensinar um cão ou um gato a vir quando for chamado?

RESPOSTAS:

1. generalização, discriminação 2.V 3.V 4.a 5.F 6.b 7. Continuar a usar recompensas em intervalos fixos (salário por hora) garantiria um nível básico de receita aos funcionários. Para recompensar um esforço extra, o dono poderia acrescentar alguns reforços de freqüência fixa (como incentivos, bônus, comissões ou participação nos lucros) ao pagamento dos funcionários. 8. Uma maneira excelente de treinar um bicho de estimação a vir quando você pedir é chamá-lo ou assobiar de forma diferenciada cada vez que você alimentá-lo. Isso torna o sinal um reforço secundário e um estímulo discriminatório para a recompensa (comida). Claro, também ajuda reforçar um animal diretamente com elogios, afagos, ou comida quando você chamar e ele vier.

PUNIÇÃO – UM FREIO DO COMPORTAMENTO

▶ **PERGUNTA PARA PESQUISA**   *O que a punição causa no comportamento?*

Surras, reprimendas, multas, cadeia, ser despedido, repetir de ano e coisas semelhantes são usados geralmente para controlar o comportamento. Evidentemente, a história do aprendizado estaria inacabada sem um retorno ao tópico da punição. Lembre-se de que a **punição** diminui a probabilidade de que a resposta ocorra novamente. Para ser mais eficiente, a punição deve ser dada de forma contingente (apenas depois que uma resposta indesejada ocorrer).

Os castigos, como os reforços, são definidos pela observação dos seus efeitos no comportamento. Um **castigo** é qualquer conseqüência que reduz a freqüência de um comportamento-alvo. Nem sempre é possível saber de antemão o que vai funcionar como um castigo para uma determinada pessoa. Por exemplo, quando a mãe de Jason o repreende por jogar seus brinquedos pelos cantos, ele pára de fazê-lo. Nesse caso, a reprimenda foi um castigo. Entretanto, Chris está louco para receber qualquer tipo de atenção dos seus pais, que trabalham fora em período integral. Para Chris, uma reprimenda, ou mesmo uns tapas, poderá reforçar o ato de jogar os brinquedos. Lembre-se também de que um castigo pode ocorrer no momento em que um evento desagradável acontece, ou quando uma situação positiva é interrompida (custo da resposta).

> Os castigos são conseqüências que diminuem a probabilidade de que uma resposta seja dada novamente. Ser parado pelo guarda de trânsito é um castigo direto, porque o motorista se atrasa e recebe uma reprimenda. Pagar a multa e um seguro mais alto agrava o castigo na forma de custo da resposta.

Variáveis que Afetam a Punição

Qual é a eficiência de uma punição? Muita gente assume que a punição interrompe um comportamento inaceitável. Será que é sempre assim? Na verdade, a eficiência de um castigo depende muito do *momento* em que ele ocorre, da sua *consistência* e da sua *intensidade*. A punição funciona melhor quando ocorre em resposta ao que foi feito, ou *imediatamente* depois (momento), e quando ocorre *todas as vezes* que a resposta é dada (consistência). Assim, você poderá punir eficientemente (e de forma humanitária) um cão que late sem parar espirrando água no seu focinho cada vez que ele latir. Geralmente, de 10 a 15 tratamentos desse são suficientes para reduzir bastante os latidos. Isso não aconteceria se você aplicasse a punição aleatoriamente, ou muito depois que o cão parou de latir. Se você descobrir que o seu cão desenterrou uma árvore enquanto você estava fora, punir o cão horas depois não vai ajudar muito. Da mesma forma, a ameaça geralmente feita na infância de "Vou contar tudo para o seu pai quando ele chegar" apenas transforma o pai em um bruto temido; não pune efetivamente uma resposta indesejada.

Uma punição severa (depois de uma resposta com um estímulo intensamente aversivo ou desagradável) pode ser extremamente eficiente para interromper um comportamento. Se Beavis, que tem três anos, enfia o dedo em uma tomada e leva um choque, é possível que aquela seja a última vez que ele tenta fazer aquilo. Entretanto, é mais comum que a punição *interrompa* apenas temporariamente uma resposta. Se a resposta ainda for reforçada, a punição poderá ser particularmente ineficiente. As respostas suprimidas por uma punição suave geralmente reaparecem mais tarde. Se Alissa, 17 anos, pega escondido alguma coisa gostosa para comer antes do jantar e é punida por isso, ela poderá parar de agir assim por algum tempo. Mas como roubar aquela coisa gostosa da geladeira também foi recompensado pela própria coisa gostosa que ela comeu, Alissa provavelmente tentará de novo roubar algo (o diabinho ladrão).

Esse fato foi demonstrado batendo na pata dos ratos quando eles pressionavam a alavanca na caixa de Skinner. Dois grupos de ratos bem treinados foram colocados em processo de extinção. Um grupo era punido com um tapa cada vez que um rato apertava a alavanca; o outro grupo não. Pode parecer que o tapa causaria a extinção do comportamento de apertar a alavanca mais rapidamente. Mas não foi o que aconteceu, como se pode ver na ◆Figura 6.18. A

Punição O processo de suprimir uma resposta.

Castigo Qualquer evento que diminui a probabilidade ou freqüência de respostas que ele acompanha.

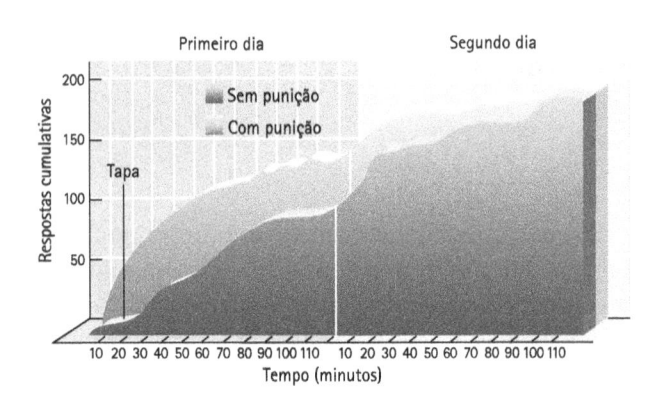

◆FIGURA 6.18 *O efeito da punição sobre a extinção. Imediatamente depois da punição, a taxa de pressão na alavanca parou, mas no final do segundo dia, os efeitos da punição desapareceram. (Segundo B. F. Skinner,* The Behavior of organisms. *© 1938. D. Appleton-Century Co., Inc.)*

punição diminuiu as respostas temporariamente, mas não apressou a extinção. Bater nas patas dos ratos ou nas mãos das crianças tem um efeito pouco permanente sobre uma resposta reforçada. Entretanto, é possível dizer que uma punição intensa poderá suprimir respostas permanentemente, mesmo em ações básicas como comer. Animais punidos severamente quando comem poderão nunca mais comer (Bertsch, 1976).

O Uso Sábio da Punição

Considerando-se seus aspectos negativos, a punição deve ser usada para controlar o comportamento? Pais, professores, treinadores de animais e pessoas em situações semelhantes têm três ferramentas básicas para controlar o aprendizado simples: (1) o reforço fortalece as respostas; (2) a falta de reforço faz as respostas se extinguirem; (3) a punição suprime as respostas. (Ver ◆Figura 6.19 para refrescar a memória sobre os diferentes tipos de reforço e punição.) Essas ferramentas funcionam melhor se combinadas.

Se a punição for usada, ela deverá ser sempre suave. Mas lembre-se de que a punição suave será ineficiente se os reforços ainda estiverem disponíveis na situação. É por isso que é melhor recompensar uma resposta alternativa, desejada. Por exemplo, uma criança que tem o hábito de tirar os brinquedos da irmã não deve ser apenas admoestada por isso. Ela deve também ser elogiada quando brinca com outras crianças e divide seus brinquedos com elas. A punição diz a uma pessoa ou a um animal que a sua resposta está "errada". Entretanto, não informa qual seria a resposta "certa", então a punição *não ensina novos comportamentos.* Assim, se não houver reforço, ela será menos eficiente (Gershoff, 2002).

Em uma situação que apresenta perigo imediato, como quando uma criança tenta pegar alguma coisa quente, ou um cão corre para o meio da rua, uma punição suave poderá evitar uma tragédia. A punição em tais casos funciona melhor quando produz ações *incompatíveis* com a resposta que você deseja suprimir. Vamos dizer que uma criança tenta agarrar o queimador do fogão. Um tapa no traseiro seria um castigo eficiente? Provavelmente, sim. Seria melhor, entretanto, bater na mão da criança que tenta alcançar o queimador para que ela *retire* a mão da fonte do perigo. Veja "Se for Necessário Punir, Aprenda como Fazê-lo" para obter mais dicas sobre o uso da punição.

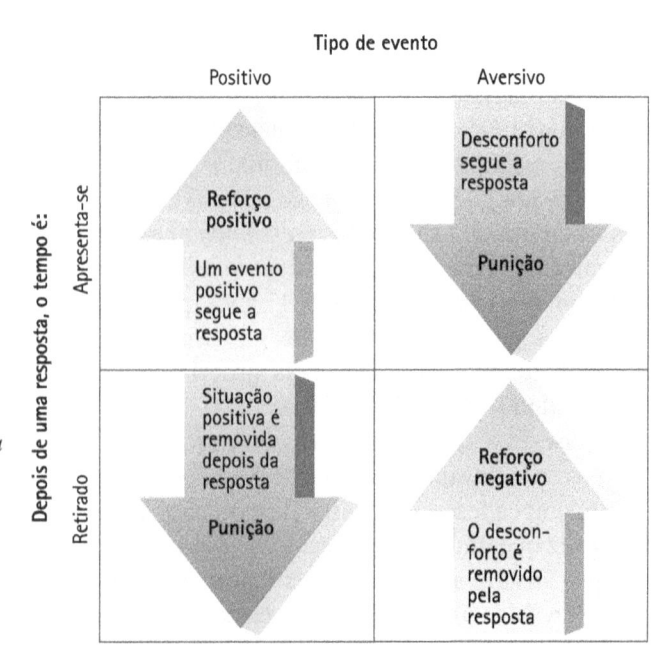

◆FIGURA 6.19 *Tipos de reforço e punição. O impacto de um evento depende se ele ocorreu antes ou depois da resposta dada. Na figura, cada quadrado define uma possibilidade: as flechas para cima indicam que as respostas aumentaram; as flechas para baixo indicam que as respostas diminuíram. (Adaptado de Kazdin, 1975.)*

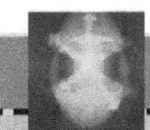

USANDO A PSICOLOGIA
Se For Necessário Punir, Aprenda como Fazê-lo

Há momentos em que a punição pode ser necessária para administrar o comportamento de um animal, de uma criança ou mesmo de um adulto. Se você sente que precisa punir, mantenha as seguintes dicas em mente.

1. *Não use nenhum tipo de punição se você puder desencorajar algum tipo de mau comportamento de alguma outra maneira.* Use o reforço positivo à vontade, especialmente o elogio, para encorajar o bom comportamento. Tente primeiro a extinção: veja o que acontece se você ignorar o problema do comportamento, ou volte a atenção para uma atividade desejável, e então a reforce com elogios.
2. *Aplique a punição durante o mau comportamento ou imediatamente depois.* É claro que nem sempre é possível aplicar uma punição imediatamente. Com crianças mais velhas e adultos, você pode compensar o atraso explicando claramente que ato está sendo punido. Se você não puder punir um animal imediatamente, espere até que o mau comportamento ocorra outra vez.
3. *Use o mínimo de punição necessário para suprimir o mau comportamento.* Geralmente, uma contestação verbal ou uma bronca são suficientes. Evite punições físicas fortes. (Nunca bata no rosto de uma criança, por exemplo.) Tirar privilégios ou outros reforços positivos (custo da resposta) é geralmente melhor para crianças mais velhas e adultos. A punição freqüente poderá perder a eficiência; e a punição excessiva e brutal poderá ter sérios efeitos colaterais negativos (que serão discutidos em seguida).
4. *Seja coerente.* Seja muito claro sobre o que você vê como mau comportamento. Puna todas as vezes que o mau comportamento ocorrer. Não puna por alguma coisa em um dia e ignore o mesmo fato no dia seguinte. Se você deseja dar à criança três chances, não mude as regras e tenha um ataque sem avisar depois do primeiro evento. O pai e a mãe devem tentar punir seus filhos pelas mesmas coisas e da mesma maneira.
5. *Uma pessoa punida sente raiva naturalmente.* Reconheça brevemente a raiva, mas cuidado para não reforçá-la. Tente admitir seu erro se você punir alguém por engano ou se o punir severamente demais.
6. *Punir com gentileza e respeito.* Permita que a pessoa punida mantenha seu auto-respeito. Por exemplo, não puna uma pessoa na frente de outras, se possível. Uma relação forte, de confiança, tende a minimizar problemas de comportamento. Idealmente, as outras pessoas deverão querer se comportar bem para obter o seu elogio, e não porque elas temem a punição.
7. *Certifique-se de que os comportamentos positivos sejam reforçados.* Lembre-se: é muito mais eficiente fortalecer e encorajar comportamentos desejáveis do que punir comportamentos indesejáveis (Gershoff, 2002).

Efeitos Colaterais da Punição

Quais são os lados negativos da punição? O problema básico com a punição é que ela é aversiva (dolorosa ou desconfortável). Por causa disso, as pessoas e as situações associadas à punição tendem, por meio do condicionamento clássico, a ser temidas, ressentidas e não apreciadas. A natureza aversiva da punição torna-a especialmente pouco adequada para ser usada quando se está ensinando as crianças a comerem de forma educada ou a usarem o banheiro.

Escapar e evitar

Um segundo aspecto negativo importante é que os estímulos aversivos encorajam a pessoa a tentar escapar ou a evitar o aprendizado. No **aprendizado de escape** aprendemos a dar uma resposta para terminar um estímulo aversivo. Por exemplo, se você trabalha com uma pessoa barulhenta e desagradável, você poderá inicialmente tentar fugir das conversas com ela para se sentir um pouco aliviado. (Observe que aprender a escapar baseia-se no reforço negativo.) Mais tarde, você passará a evitá-la simplesmente. Isso é um exemplo de **aprendizado de evitação** (dar uma resposta para adiar ou evitar o desconforto). Cada vez que você evita a pessoa, o fato de evitá-la é novamente reforçado por um sentimento de alívio. Em muitas situações envolvendo punição freqüente, desejos semelhantes de escapar e evitar são ativados. Por exemplo, as crianças que fogem da punição dos pais (escapam) logo aprenderão a mentir sobre o seu comportamento (evitar), ou a passar o maior tempo possível fora de casa (também uma resposta de evitar).

Aprendizado de escape Aprender a dar uma resposta para terminar um estímulo aversivo.

Aprendizado de evitação Aprender a dar uma resposta para adiar ou evitar o desconforto.

Agressão

Um terceiro problema com a punição é que ela pode aumentar significativamente a *agressão*. Os animais reagem à dor atacando qualquer um ou qualquer coisa que esteja em volta (Azrin et al., 1965). Um exemplo comum é um cão fiel que morde seu dono durante um procedimento doloroso no consultório do veterinário. Da mesma forma, os seres humanos que sentem dor têm a tendência de atacar os outros.

Também sabemos que uma das respostas mais comuns à frustração é a agressão. De maneira geral, a punição é dolorosa, frustrante, ou ambos. A punição, portanto, estabelece um ambiente poderoso para o aprendizado da agressão. Quando uma criança apanha, ela poderá sentir-se zangada, frustrada e hostil. E se a criança sair de casa e bater no irmão, irmã ou em um vizinho? O perigo é que os atos agressivos podem ser agradáveis porque eles liberam raiva e frustração. Assim, a agressão foi recompensada e tenderá a ocorrer novamente em outras situações de frustração.

Um estudo recente descobriu que as crianças que são punidas fisicamente tendem a apresentar comportamentos mais agressivos, impulsivos e anti-sociais (Straus e Mouradian, 1998). Outro estudo sobre meninos adolescentes cheios de raiva descobriu que eles eram punidos severamente em casa. Isso suprimiu o mau comportamento em casa, mas os tornou mais agressivos em outros lugares. Os pais ficavam surpresos quando eram informados de que os seus "bons meninos" estavam com problemas porque brigavam na escola (Bandura e Walters, 1959). Um outro estudo de problemas de disciplina na sala de aula descobriu que a punição física, os gritos e as humilhações eram, em geral, ineficientes. O reforço positivo em forma de elogio, aprovação e recompensa é provavelmente mais eficiente para lidar com os problemas em sala de aula, atitudes de desafio e falta de atenção (Tulley e Chiu, 1995).

Punir ou não punir?

Resumindo, o erro mais comum no uso da punição é confiar apenas nela para o treinamento ou a disciplina. O ajuste emocional geral de uma criança ou de um animal de estimação disciplinados principalmente pela recompensa é freqüentemente superior ao de uma pessoa ou animal disciplinados principalmente pela punição. A punição freqüente torna uma pessoa ou um animal infelizes, confusos, ansiosos, agressivos e medrosos (Gershoff, 2002).

PAUSA PARA ESTUDO — Punição

RELACIONE

Pense em como você foi punido quando criança. A punição era imediata? Coerente? Que efeitos tiveram esses fatores no seu comportamento? A punição foi eficiente? Quais efeitos colaterais da punição você testemunhou ou vivenciou?

VERIFICAÇÃO DO APRENDIZADO

1. O reforço negativo aumenta as respostas; a punição suprime as respostas. V ou F?
2. Três fatores que influenciam bastante os efeitos da punição são momento, coerência e _____.
3. A punição suave tende a _____ apenas temporariamente uma resposta que é também reforçada.
   a. aumentar b. agravar c. substituir d. suprimir
4. Três efeitos colaterais indesejáveis da punição são (1) condicionamento de medo e ressentimento; (2) encorajamento à agressão; e (3) aprendizado de escape ou respostas de _____.
5. Usar punição pode "formar hábito" porque a interrupção do comportamento irritante de uma pessoa pode _____ a pessoa que aplica a punição.

Raciocínio Crítico

6. Você consegue explicar por que a punição inconsistente é especialmente ineficiente usando o conceito de reforço parcial?
7. Aprendizado de escape e evitação foram aplicados para encorajar o uso dos cintos de segurança no carro. Você sabe por quê?

RESPOSTAS:

1. V 2. intensidade 3. d 4. evitação 5. reforçar negativamente 6. Uma resposta punida de forma inconerente continuará a ser reforçada em um programa parcial, o que a torna ainda mais resistente à extinção. 7. Muitos automóveis têm uma campainha desagradável que toca se a partida é dada antes de o cinto de segurança ser colocado. A maioria dos motoristas aprende a colocar o cinto de segurança para desligar a campainha aborrecida. Esse é um exemplo de condicionamento de escape. O condicionamento de evitação é evidente quando um motorista aprende a colocar o cinto antes que a campainha toque.

Pais e professores devem estar conscientes de que usar a punição pode "formar hábito". Quando as crianças são barulhentas, bagunceiras ou desrespeitosas, ou estão se comportando mal de alguma outra maneira, a tentação de puni-las poderá ser forte. O perigo é que a punição geralmente funciona. Quando ela funciona, o súbito final da irritação do adulto age como um reforço negativo, o que o encoraja a usar a punição com mais freqüência no futuro (Alberto e Troutman, 1998). O silêncio imediato poderá ser maravilhoso, mas o seu custo pode ser muito alto em termos da saúde emocional da criança. "Economizar o chinelo" não vai estragar a criança. De fato, o inverso é verdadeiro: dois estudos descobriram que crianças jovens com problemas de comportamento eram punidas violentamente em casa (Brenner e Fox, 1998; DeKlyen et al., 1998).

APRENDIZADO COGNITIVO ALÉM DO CONDICIONAMENTO

▶ **PERGUNTA PARA PESQUISA**   *O que é aprendizado cognitivo?*

Todo aprendizado é apenas uma conexão entre estímulos e respostas? A maior parte do aprendizado pode ser explicada pelo condicionamento clássico e operante. Mas como vimos, mesmo o condicionamento básico tem elementos "mentais". Como seres humanos, podemos prever uma recompensa ou punição futura e reagir. (Você pode estar pensando por que isso não funciona quando o médico ou o dentista dizem "Não vai doer nada". Sabe por quê? Porque eles mentem!) Não há dúvidas de que o aprendizado humano inclui uma grande dimensão *cognitiva*, mental. Como humanos, somos bastante afetados pelas informações, expectativas, percepções, imagens mentais e similares.

Falando de uma forma geral, o **aprendizado cognitivo** refere-se à compreensão, ao conhecimento, à expectativa ou a outros usos dos processos mentais mais altos e plenos de informações. O aprendizado cognitivo estende-se para além do condicionamento básico, envolvendo os domínios da memória, do pensamento, da solução de problemas e da linguagem. Como esses tópicos serão abordados nos capítulos posteriores, nossa discussão aqui vai se limitar a uma primeira abordagem do aprendizado para além do condicionamento.

Mapas Cognitivos

Como você se movimenta na cidade onde mora? Seria correto assumirmos que você simplesmente aprendeu a virar à direita e à esquerda para ir de um ponto a outro? É muito mais provável que você tenha uma imagem mental do desenho da cidade. Tal *mapa cognitivo* age como um guia mesmo quando você precisa fazer um desvio ou um caminho novo. Um **mapa cognitivo** é a representação interna de uma área, seja de um labirinto, de uma cidade, seja do *campus* da universidade. Mesmo o rato – não exatamente um gênio – aprende *onde* a comida pode ser encontrada em um labirinto, e não simplesmente que esquinas dobrar para atingir a comida (Tolman et al., 1946). Se você já descobriu o caminho nos "lugares" de um videogame, você tem uma boa idéia do que é um mapa cognitivo. De certa forma, os mapas cognitivos também se aplicam a outros tipos de conhecimento. Por exemplo, pode-se dizer que você está desenvolvendo um "mapa" de psicologia quando lê este livro. É por isso que os estudantes às vezes acham que fazer desenhos ou diagramas pode ajudá-los a visualizar como os conceitos se ajustam uns aos outros.

É fácil se perder em uma cidade nova se você não tem um mapa cognitivo da área. Os mapas impressos ajudam, mas ainda confundem a pessoa até que ela comece a formar uma representação mental dos marcos e direções mais importantes.

Aprendizado cognitivo Aprendizado de alto nível envolvendo pensamento, conhecimento, compreensão e expectativa.

Mapa cognitivo Imagens internas ou outras representações mentais de uma área (labirinto, cidade, *campus* etc.) subjacentes à capacidade de escolher caminhos alternativos para o mesmo objetivo.

Aprendizado latente Aprendizado que ocorre sem reforço óbvio e que permanece não-expresso até que um reforço seja dado.

Aprendizado Latente

O aprendizado cognitivo é também revelado pelo aprendizado latente (escondido). O **aprendizado latente** ocorre sem um reforço óbvio e permanece escondido até que um reforço seja dado. Aqui está um exemplo de um estudo clássico com animais: dois grupos de ratos foram soltos para explorar um labirinto. Os animais de um grupo encontraram comida no final do labirinto. Logo eles aprenderam a encontrar o caminho no labirinto quando eram soltos. Os ratos do segundo grupo não receberam nenhuma recompensa e não mostraram nenhum sinal de aprendizado. Mas mais tarde, quando os ratos que "não aprenderam" receberam comida, eles correram pelo labirinto tão rapidamente quanto o grupo que tinha sido recompensado (Tolman e Honzik, 1930). Embora não houvesse um sinal externo, os animais sem recompensa tinham aprendido a andar no labirinto. O seu aprendizado, portanto, permaneceu latente inicialmente (◆Figura 6.20).

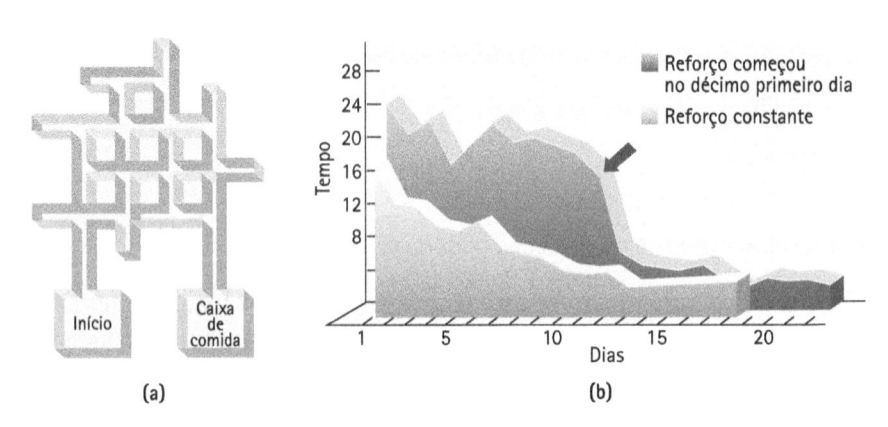

◆FIGURA 6.20 *Aprendizado latente.* (a) *O labirinto usado por Tolman e Honzik para demonstrar o aprendizado latente dos ratos.* (b) *Resultados da experiência. Observe a melhora rápida do desempenho quando a comida foi disponibilizada para os animais que não receberam reforço inicialmente. Isso indica que o aprendizado tinha ocorrido, mas permaneceu escondido ou sem expressão. (Adaptado de Tolman e Honzik, 1930.)*

Como eles aprenderam se não receberam reforço? Apenas satisfazer a curiosidade pode ser suficiente para recompensar o aprendizado (Harlow e Harlow, 1962). Nos seres humanos, o aprendizado latente está relacionado a capacidades de nível mais alto, como a recompensa de prever o futuro. Por exemplo, se você der uma carona a uma colega atraente, poderá tomar algumas notas mentais de como chegar à casa dela, mesmo que um encontro com ela seja apenas uma remota possibilidade futura.

Aprendizado da Descoberta

Muito do que se entende por conhecimento cognitivo pode ser resumido na palavra *entendimento*. Todos nós às vezes temos idéias aprendidas **mecanicamente** (repetição e memorização). Embora o aprendizado mecânico seja eficiente, muitos psicólogos acham que o aprendizado é mais duradouro e flexível se as pessoas *descobrirem* os fatos e princípios por si mesmas. No **aprendizado pela descoberta**, as capacidades são obtidas por meio de *insight* e compreensão, em vez de decoradas mecanicamente (de Jong e van Joolingen, 1998).

Se o aprendizado ocorrer, que diferença faz se ele se deu por meio de descoberta ou mecanicamente? A ◆Figura 6.21 ilustra a diferença. Dois grupos de estudantes foram ensinados a calcular a área de um paralelogramo multiplicando a altura pelo comprimento da base. Alguns foram encorajados a perceber que um pedaço de um paralelogramo poderia ser "movimentado" para criar um retângulo. Mais tarde, eles foram capazes de resolver problemas menos comuns, em que a fórmula "altura multiplicada pela base" não funcionava. Os estudantes que simplesmente memorizaram a regra ficaram confusos com os mesmos problemas (Wertheimer, 1959). Isso quer dizer que a descoberta leva a um entendimento melhor de problemas novos ou menos comuns. Sempre que possível, as pessoas devem tentar novas estratégias e descobrir novas soluções durante o aprendizado (McDaniel e Schlager, 1990). (A solução de problemas por meio de *insight*, que está relacionado ao aprendizado pela descoberta, é discutida no Capítulo 10.) Melhor ainda, talvez, seja a descoberta guiada, na qual os estudantes que estão resolvendo os problemas têm liberdade para pensar ativamente sobre eles e recebem orientação suficiente para que adquiram um conhecimento útil (Mayer, 2004).

Aprendizado mecânico Aprendizado que ocorre mecanicamente, mediante repetição e memorização ou por regras de aprendizado.

Aprendizado pela descoberta Aprendizado baseado em *insight* e entendimento.

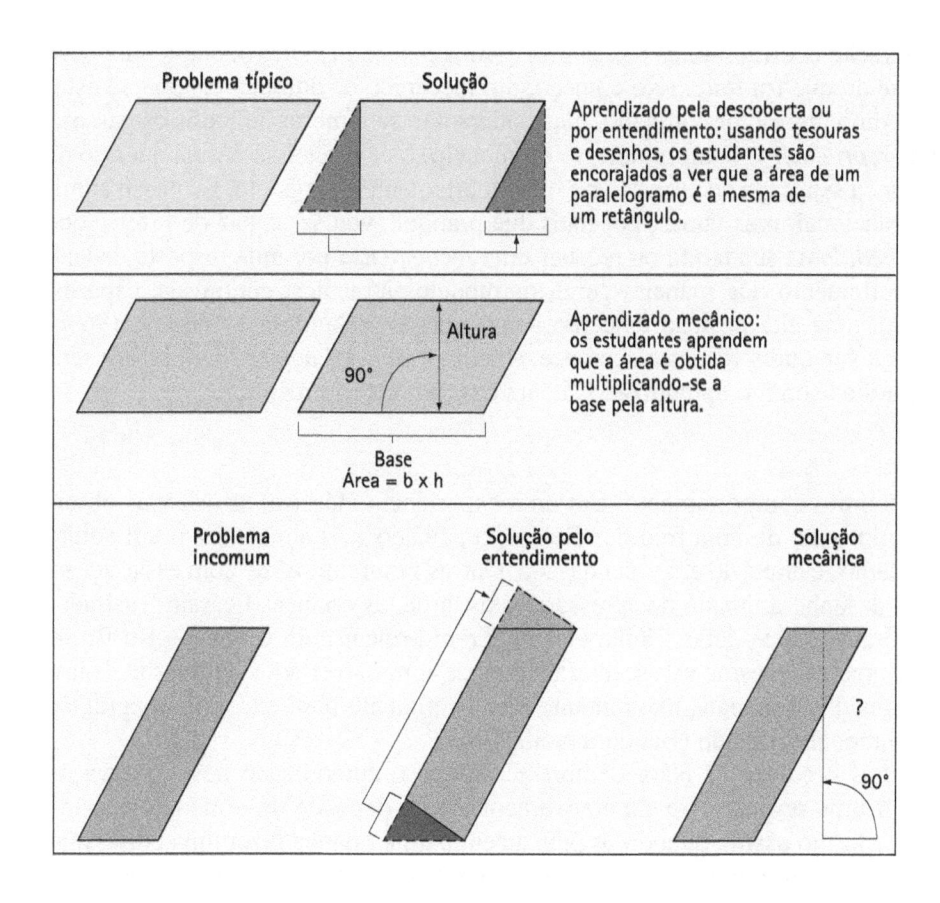

◆FIGURA 6.21 *Aprendizado por meio do entendimento ou mecanicamente. Para alguns tipos de aprendizado, aquele realizado pelo entendimento poderá ser superior, embora ambos os tipos sejam úteis. (Segundo Wertheimer, 1959.)*

MODELO – FAÇA O QUE EU FAÇO, NÃO FAÇA O QUE EU DIGO

▶ **PERGUNTA PARA PESQUISA**   *O aprendizado ocorre por imitação?*

A classe observa atentamente enquanto um ceramista habilidoso transforma uma bola de argila em um vaso. Não restam muitas dúvidas de que muitas habilidades são aprendidas por meio do que Albert Bandura (1971) chama de *aprendizado pela observação* ou *modelo*. O **aprendizado pela observação** é atingido quando se observa e imita as ações de outra pessoa ou quando se observa a conseqüência das ações de uma pessoa. Em outras palavras, o modelo é um processo no qual as informações são passadas pelo exemplo antes que a prática direta seja permitida (Rosenthal e Steffek, 1991).

O valor do aprendizado pela observação é óbvio: imagine tentar contar para alguém como amarrar os sapatos, sapatear, fazer crochê ou tocar violão. Bandura acredita que qualquer coisa possível de ser aprendida a partir da experiência direta pode ser aprendida pela observação. Freqüentemente, isso permite que uma pessoa evite a fase tediosa de tentativa e erro do aprendizado.

O aprendizado pela observação com freqüência fornece grande quantidade de informações que seria difícil de serem obtidas lendo instruções ou memorizando regras.

Aprendizado pela Observação

Parece óbvio que aprendemos por meio da observação, mas como isso acontece? O aprendizado acontece quando, pela observação de um **modelo** (alguém que serve de exemplo), uma pessoa poderá (1) aprender novas respostas; (2) aprender a executar ou a evitar respostas aprendidas anteriormente (dependendo do que acontece ao modelo quando ele faz a mesma coisa); ou (3) aprender uma regra geral que pode ser aplicada a várias situações.

Aprendizado pela observação
Aprendizado atingido mediante a observação e a imitação das ações de outra pessoa, ou pela observação das conseqüências dessas ações.

Modelo Uma pessoa que serve de exemplo no aprendizado pela observação.

Para que o aprendizado pela observação ocorra, muitas coisas precisam acontecer. Primeiro, o aprendiz deve *prestar atenção* ao modelo e *lembrar-se* do que foi feito. (No começo, um mecânico de automóveis poderá estar interessado o suficiente para observar como um motor é afinado, mas poderá não se lembrar de todos os passos.) A seguir, o aprendiz deve ser capaz de *reproduzir* o comportamento do modelo. (Às vezes isso é uma questão de prática, mas pode ser que o aprendiz nunca seja capaz de *reproduzir* o comportamento do modelo. Eu posso admirar os feitos dos ginastas de nível internacional, mas nunca, por mais que pratique, vou ser capaz de fazer o que eles fazem.) Se um modelo for *bem-sucedido* na sua tarefa ou receber uma *recompensa* por uma resposta dada, o aprendiz tenderá a imitar o seu comportamento. De maneira geral, os modelos atraentes, confiáveis, capazes, admirados, poderosos ou que ocuparem uma alta posição tenderão a ser imitados (Bandura e Walters, 1963b; Brewer e Wann, 1998). Finalmente, uma vez que a resposta acontece, o *reforço normal determinará se ela será repetida a partir daí.* (Observe a similaridade com o aprendizado latente descrito anteriormente.)

Imitação de Modelos

Os modelos têm um efeito poderoso sobre o comportamento. Em uma experiência clássica, as crianças observaram um adulto atacar uma grande ampliação de uma foto de "Bo-Bo, o palhaço". Algumas viram um adulto sentar-se no boneco, dar socos e marteladas, e chutá-lo em volta da sala. Outras viram um filme com essas ações. Um terceiro grupo viu uma versão em desenho animado da agressão. Mais tarde, as crianças ficaram frustradas quando alguns brinquedos atraentes foram tirados delas. Então elas puderam brincar com o boneco Bo-Bo. A maioria imitou o ataque do adulto. Algumas até mesmo acrescentaram atos de agressão criados por elas mesmas! É interessante notar que o desenho animado foi apenas ligeiramente menos eficiente para encorajar a agressão do que o modelo do adulto ao vivo e o modelo filmado (Bandura et al., 1963).

Então as crianças imitam os adultos cegamente? Não. Lembre-se de que o aprendizado pela observação apenas prepara uma pessoa para repetir uma resposta. Se ela efetivamente imita depende de o modelo ter sido recompensado ou punido pelo que fez. Mesmo assim, quando os pais dizem para a criança fazer uma coisa, mas o modelo que eles fornecem é completamente diferente, a criança imita o que os pais *fazem*, não o que eles *dizem* (Bryan e Walbek, 1970). Então, com os modelos, as crianças aprendem não apenas atitudes, gestos, emoções e traços de personalidade, mas também medos, ansiedades e maus hábitos. Filhos de fumantes são um bom exemplo, pois tendem a fumar mais que as crianças de lares onde não se fuma (Rowe et al., 1996).

Vamos considerar agora uma situação típica: o pequeno "Mick Jagger", Jeremy Jones, foi interrompido, quando tocava sua guitarra, por seu irmão mais novo, Mildew. Zangado e frustrado, ele grita com Mildew. Esse comportamento faz o pai parar de ver televisão. O pai rapidamente dá umas palmadas no pequeno "Mick Jagger" Jeremy, dizendo: "Vou te ensinar a bater no seu irmão". E vai mesmo. Por causa dos efeitos do modelo, não seria realista esperar que uma criança "Faça o que eu digo, não faça o que eu faço". A mensagem que o pai passou para a criança é clara: "Você me frustrou, então eu bato em você". Da próxima vez que o pequeno "Mick Jagger" Jeremy ficar frustrado, não se surpreenda se ele imitar o pai e bater no irmão.

Modelos e a Televisão

A televisão promove o aprendizado pela observação? O impacto da TV pode ser observado por estes números: quando uma pessoa termina o colegial, ela já assistiu, em média, a 15 mil horas de TV, comparado com apenas 11 mil horas passadas em sala de aula. Durante esse tempo, os telespectadores já terão assistido a cerca de 18 mil assassinatos e inumeráveis roubos, incêndios criminosos, bombas, torturas e espancamentos. É assustador pensar que as crianças que assistem aos desenhos animados aos domingos de manhã vejam 26 ou mais atos assustadores ou violentos por hora (Pogatchnik, 1990). Mesmo os desenhos animados considerados inofensivos têm uma média de dez minutos de violência por hora (Yokota e Thompson, 2000). Resumindo, um telespectador típico está exposto a uma dose maciça de violência da mídia, que tende a promover o aprendizado pela observação da agressão (Bushman e Anderson, 2001).

A violência na TV pode promover o aprendizado pela observação da agressão. Além de fornecer modelos comportamentais ruins, a constante exposição a imagens agressivas pode diminuir a sensibilidade emocional à violência por parte dos telespectadores.

A Vida Antes e Depois da TV

Qual é o efeito da tendência norte-americana de assistir à TV sobre o comportamento? Para responder a essa pergunta, uma equipe de pesquisadores encontrou uma cidade no noroeste do Canadá que não recebe transmissões de TV. Como descobriram que a TV estava para chegar à cidade, a equipe percebeu que aquela era uma oportunidade rara. Tannis Williams e seus colegas testaram cuidadosamente os habitantes da cidade exatamente antes da chegada da TV, e novamente dois anos depois. Essa experiência natural revelou que depois que a TV chegou à cidade:

- O desenvolvimento da leitura entre as crianças diminuiu (Corteen e Wiliams, 1986).
- As notas das crianças nos testes de criatividade caíram (Harrison e Williams, 1986).
- A percepção das crianças dos papéis dos sexos tornou-se mais estereotipada (Kimball, 1986).
- Houve um aumento significativo tanto na agressão verbal quando física (◆Figura 6.22). Isso ocorreu tanto com os meninos quanto com as meninas e aplicava-se igualmente às crianças que tinham um nível alto ou baixo de agressão antes de começarem a assistir à TV (Joy et al., 1986).

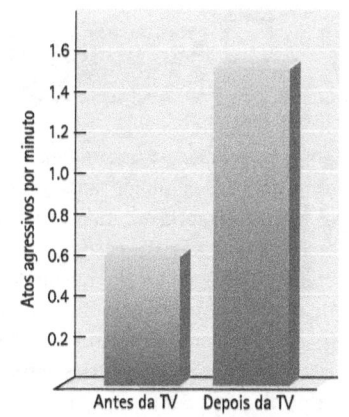

◆FIGURA 6.22 *O gráfico mostra o número médio de atos agressivos por minuto antes e depois da chegada da televisão à cidade canadense. O aumento da agressividade depois da chegada da televisão foi significativo. Duas outras cidades que já tinham televisão foram usadas para comparação. Nenhuma delas mostrou um aumento significativo de agressividade no mesmo período. (Dados compilados de Joy et al., 1986.)*

Agressão Televisionada

Essas últimas descobertas não são surpreendentes. Estudos mostram de forma conclusiva que, se grupos grandes de crianças assistirem a bastante violência televisionada, elas tenderão a se comportar mais agressivamente (Bushman e Anderson, 2001; Hughes e Hasbrouck, 1996). Em outras palavras, nem todas as crianças se tornarão agressivas, mas muitas sim. Especialmente durante a adolescência, assistir a muita violência na TV está associado a aumentos reais na agressão contra os outros (Johnson et al., 2002). Não é de admirar que um grande painel de especialistas médicos e psicólogos tenha concluído, recentemente, que a violência na mídia é uma ameaça séria à saúde pública (Bushman e Anderson, 2001).

A mesma conclusão aplica-se a videogames? Veja "Videogames Violentos – Toxic Kombat?" para conhecer provas mais recentes.

Seria correto dizer que a violência televisionada causa agressividade nos telespectadores, especialmente nas crianças? Felizmente, isso seria um exagero. A violência televisionada *pode fazer* a agressividade aparecer, mas não invariavelmente "provocá-la" em qualquer criança. Muitos outros fatores afetam as chances de que pensamentos hostis se transformem em ações. Entre as crianças, um desses fatores é até que ponto a criança se *identifica* com personagens agressivos (Huesmann et al., 1983). Por isso é tão triste encontrar *heróis* da TV se comportando tão agressivamente quanto os vilões.

É o caso do popular programa de TV para crianças *Power Rangers*. A cada episódio, os Power Rangers se transformam em super-heróis que usam o caratê e outras ações violentas para derrotar monstros. Depois de assistir a um episódio dos *Power Rangers*, um grupo de crianças de sete anos de idade cometeu sete vezes mais atos agressivos que um grupo de controle que não assistiu ao programa. As crianças agressivas bateram, chutaram e deram golpes de caratê em seus pares, geralmente imitando diretamente os Power Rangers (Boyatzis et al., 1995). Crianças mais novas, particularmente, tendem a ser mais influenciadas por tais programas, porque elas não reconhecem completamente que os personagens e as histórias são fantasias (McKenna e Ossoff, 1998).

Jovens que acreditam que a agressão é uma forma aceitável de resolver problemas, que acreditam que a violência na TV é realista e que se identificam com os personagens da TV provavelmente copiarão a agressão televisionada (Huesmann et al., 1997). Considerando-se tais descobertas, é compreensível que no Canadá, na Noruega e na Suíça a quantidade de violência na TV seja controlada. Os outros países deveriam fazer o mesmo!

Olhando para o Futuro

Os princípios condicionantes com freqüência derivam de experiências com animais. Entretanto, é evidente que os mesmos princípios aplicam-se ao comportamento humano. Talvez a melhor forma de observar esse fato seja perceber como o reforço afeta o seu próprio comportamento. Com isso em mente, a seção Psicologia em Ação, mais à frente, propõe uma experiência pessoal com o condicionamento operante. Não perca essa atração!

RACIOCÍNIO CRÍTICO — Videogames Violentos – Toxic Kombat?

Conforme a violência se torna mais realista na mídia, os jovens vivenciam mais episódios sangrentos em um dia do que a maioria das pessoas vivencia em toda a sua vida, mesmo durante combates militares. Por exemplo, em um videogame bastante popular, você pode matar com um lança-chamas um pelotão inteiro. Algumas das suas vítimas não morrerão imediatamente. Elas apenas ficarão debatendo-se com dores, pedindo que você as mate. Que efeitos experiências desse tipo têm sobre as pessoas que se divertem com videogames violentos? Revisões recentes de um grande número de estudos levam à conclusão clara de que videogames violentos aumentam o comportamento agressivo de crianças e jovens adultos (Anderson e Bushman, 2001). Como na TV, as crianças mais jovens são particularmente suscetíveis à violência de mentira nos videogames (Bensley e Van Eenwyk, 2001; Griffiths, 1999).

Um estudo recente ilustra o impacto da violência dos videogames. Inicialmente, um grupo de estudantes universitários jogou um videogame muito violento (*Mortal Kombat*), e outro grupo jogou um não-violento (*PGA Tournament Golf*). A seguir, eles competiram contra um outro estudante (na verdade, um ator) em uma tarefa que permitia agressão e retaliação. Os estudantes que tinham jogado *Mortal Kombat* tendiam muito mais a agredir seu concorrente por meio da punição (Batholow e Anderson, 2002). (Não se meta com alguém que acabou de jogar *Mortal Kombat!*)

A mais nova geração da realidade virtual e de jogos da Internet permite que os jogadores persigam e ataquem uns aos outros. Praticando a violência contra as outras pessoas, os jogadores podem aprender a ser agressivos na vida real (Unsworth e Ward, 2001). Um desses casos pode ser o assassinato em massa no Columbine High School, em Littleton, Colorado. Dylan Klebold e Eric Harris, que mataram 12 estudantes e um professor antes de se suicidarem, eram fãs ardentes de videogames violentos.

PAUSA PARA ESTUDO — Aprendizado Cognitivo e Imitação

RELACIONE

Tente pensar em pelo menos um exemplo pessoal para cada um destes conceitos: mapa cognitivo, aprendizado latente, aprendizado pela descoberta.

Descreva uma habilidade que você aprendeu primeiramente por meio do aprendizado pela observação. Como o modelo o ajudou a aprender?

Com quais personalidades no mundo do entretenimento ou dos esportes você se identificava quando era criança? Como isso afetava o seu comportamento?

VERIFICAÇÃO DO APRENDIZADO

1. Uma representação interna de relações é referida como um _____.
2. O aprendizado que aparece subitamente quando se dá uma recompensa ou um incentivo para a sua execução é chamado de _____
   a. aprendizado pela descoberta   b. aprendizado latente
   c. aprendizado mecânico   d. reminiscência
3. Os psicólogos usam o termo _____ para descrever o aprendizado pela observação.
4. Se um modelo for bem-sucedido, recompensado, atraente, ou gozar de uma boa situação, o comportamento da pessoa
   a. será difícil de reproduzir
   b. será menos provável de ser imitado
   c. será mais provável de ser imitado
   d. estará sujeito a uma transferência positiva
5. As crianças que observam um adulto se comportar, ao vivo, de forma agressiva, tornam-se mais agressivas; aquelas que vêem um filme ou desenho animado agressivo não se tornam mais agressivas. V ou F?
6. As crianças tendem a imitar os personagens da TV com os quais se identificam, mas isso se aplica basicamente aos personagens que não são violentos. V ou F?
7. Pesquisas psicológicas indicam que a violência na televisão causa comportamentos agressivos nas crianças. V ou F?

Raciocínio Crítico

8. Desenhe um mapa do *campus* da sua escola como você o está vendo agora. Desenhe um mapa do *campus* como você o viu na primeira vez que o visitou. Por que os dois mapas são diferentes?
9. As crianças que assistem a vários programas agressivos na televisão tendem a ser mais agressivas na média. Por que essa observação não prova que a agressão na televisão causa um comportamento agressivo?

RESPOSTAS:

1. mapa cognitivo 2.b; 3. modelo 4.c 5.F 6.F 7.F 8. O seu mapa cognitivo do *campus* sem dúvida tornou-se mais preciso e intrincado com o passar do tempo, conforme você foi acrescentando detalhes a ele. Seus desenhos devem refletir essa mudança. 9. Porque a observação baseia-se na correlação. As crianças que já são agressivas podem preferir assistir a programas mais agressivos, em vez de se tornarem agressivas por causa deles. Foram necessários estudos experimentais para verificar se a agressão na televisão promove a agressão entre os telespectadores.

Psicologia em Ação

Autogerenciamento Comportamental – Um Projeto Gratificante

▶ **PERGUNTA PARA PESQUISA**   *Como o condicionamento se aplica a problemas práticos?*

Essa discussão pode ser o começo de uma das aplicações mais pessoais da psicologia neste livro. Muita gente aprendeu a usar reforços para alterar ou administrar seu próprio comportamento (Watson e Tharp, 2001). Portanto, isso é um convite para você fazer um projeto de autogerenciamento para si mesmo. Você gostaria de aumentar o número de horas que passa estudando por semana? Você gostaria de fazer mais exercícios, assistir a mais aulas, concentrar-se por períodos mais longos ou ler mais livros? Todas essas atividades, e várias outras, podem ser aperfeiçoadas se você seguir as regras descritas a seguir.

Comportamento Autogerenciado

Os princípios do condicionamento operante podem ser adaptados para que você gerencie seu próprio comportamento. Veja aqui como:

1. **Escolha um comportamento-alvo.** Identifique a atividade que você deseja mudar.
2. **Faça uma tabela de registro.** Registre nessa tabela quanto tempo você demora atualmente para fazer a atividade-alvo ou conte o número de respostas desejadas ou indesejadas que você dá todos os dias.
3. **Estabeleça metas.** Lembre-se do princípio da modelagem e estabeleça metas realistas para um aperfeiçoamento gradual em cada semana, sucessivamente. Estabeleça também metas diárias e some-as às metas semanais.
4. **Escolha reforços.** Se você cumprir suas metas diárias, que recompensa você vai se dar? Recompensas diárias poderão ser assistir à TV, comer uma barra de chocolate, bater papo com os amigos, tocar um instrumento musical ou qualquer coisa que você goste de fazer. Também estabeleça uma recompensa semanal. Se você cumprir sua meta semanal, que recompensa dará a si mesmo? Ir ao cinema? Jantar fora? Uma caminhada no final de semana?
5. **Registre seu progresso.** Mantenha um registro preciso do tempo gasto diariamente na atividade desejada ou o número de vezes que você deu a resposta desejada.
6. **Recompense o sucesso.** Se você cumprir as metas diárias, pegue seus prêmios. Se você não conseguir cumprir, seja honesto consigo mesmo e não pegue a recompensa. Faça o mesmo com sua meta semanal.
7. **Ajuste seu plano conforme aprender mais sobre o seu comportamento.** O progresso geral reforçará suas tentativas de autogerenciamento.

Se você achar difícil encontrar recompensas, ou se não desejar usar o sistema todo, lembre-se de que qualquer coisa feita com freqüência pode servir de reforço, o que é conhecido como o *princípio Premack*, e foi batizado assim em homenagem a David Premack, psicólogo que popularizou seu uso. Por exemplo, se você assiste à TV todas as noites e quer estudar mais, estabeleça uma regra em que você não pode ligar a televisão até que tenha estudado durante uma hora (ou qualquer outro período que escolher). Então aumente a exigência a cada semana. Aqui está uma amostra do plano de um estudante:

1. *Comportamento-alvo*: número de horas gasto estudando.
2. *Tabela de registro*: uma média de 25 minutos por dia para um total semanal de 3 horas.
3. *Meta da primeira semana*: um aumento no tempo de estudo para 40 minutos por dia; meta semanal de 5 horas totais de estudo. *Meta da segunda semana*: 50 minutos por dia e 6 horas por semana. *Meta da terceira semana*: 1 hora por dia e 7 horas por semana. *Meta final*: atingir e manter 14 horas de estudo por semana.
4. *Recompensa diária para cada meta*: 1 hora tocando violão de noite; não tocar se a meta não for atingida. *Recompensa semanal por atingir a meta*: ir ao cinema ou comprar um CD.

Fazer Registros dos Próprios Atos. Mesmo se você achar difícil dar e negar recompensas, você vai conseguir. Simplesmente saber que está tentando atingir a meta desejada pode ser recompensa suficiente. O segredo de qualquer programa de autogerenciamento, portanto, é **fazer registros dos próprios atos** (manter registros das freqüências das respostas). O conceito é demonstrado pelos estudantes do curso de psicologia. Alguns alunos registraram seu tempo de estudo e colocaram em gráficos seu comportamento de estudos diário e semanal. Mesmo sem receber recompensas extras, esses estudantes tiveram notas mais altas do que outros, aos quais não foi pedido que fizessem registros (Johnson e White, 1971).

Como discutido anteriormente, o *feedback* é também valioso para a mudança de comportamentos pessoais. Ele pode ajudar a diminuir maus hábitos e a aumentar as respostas desejáveis. Mantenha o controle do número de vezes por dia que você chega tarde às aulas, fuma um cigarro, assiste a uma hora de TV, toma um café, rói as unhas, sua, ou seja lá o que for que você está interessando em mudar. Uma caderneta simples e mesmo um pedaço de papel serão suficientes ou você pode ter uma máquina mecânica de contar, como aquelas usadas para anotar os pontos no golfe ou para contar calorias. Fazer registros ajuda a quebrar padrões, e o *feedback* pode ser motivador quando você começar a fazer progressos.

Boas Maneiras de Eliminar Maus Hábitos

Como posso utilizar os princípios do aprendizado para eliminar maus hábitos? Utilizando os métodos que discutimos, você pode dar-se reforços por diminuir comportamentos indesejados, como falar nomes feios, roer as unhas, criticar os outros, fumar, beber café, ficar muitas horas na frente da TV ou qualquer outro comportamento que você desejar modificar. Entretanto, eliminar maus hábitos pode exigir algumas técnicas adicionais. Aqui estão quatro estratégias para ajudá-lo a mudar os maus hábitos.

Alterne as Respostas Uma boa estratégia é tentar obter algum reforço com uma nova resposta.

Exemplo: Marta sempre faz piadas à custa dos outros. Seus amigos às vezes se magoam com seu humor afiado. Marta percebe isso e quer mudar. O que ela pode fazer? Geralmente as piadas que Marta faz são reforçadas por atenção e aprovação. Ela poderia também receber o mesmo reforço elogiando ou cumprimentando as pessoas. Mudar seu comportamento seria fácil, porque ela continuaria a receber o reforço que busca.

Extinção Tente descobrir o que reforça uma resposta indesejada e retire, evite ou atrase esse reforço (Ferster et al., 1962).

Exemplo: Tiffany desenvolveu o hábito de fazer "pausas" cada vez mais longas para assistir à TV quando deveria estar estudando. Evidentemente, assistir à TV está reforçando a pausa. Para melhorar seus hábitos de estudo, Tiffany pode atrasar o reforço estudando na biblioteca ou em algum outro lugar, longe da TV.

Cadeias de Respostas Quebrar cadeias de respostas que antecedem um comportamento indesejado. O segredo é misturar os eventos da cadeia que levam a respostas indesejadas (Watson e Tharp, 2001).

Exemplo: Quase todas as noites, Steve chega em casa do trabalho, liga a TV e come um pacote inteiro de biscoitos ou salgadinhos. Depois ele toma um banho e troca de roupa. Na hora do jantar ele já perdeu o apetite. Steve percebe que está substituindo o jantar por alimentos pouco saudáveis e pode resolver o problema quebrando a cadeia de respostas que antecedem o jantar. Por exemplo, ele poderia tomar banho assim que chegasse em casa, ou poderia evitar ligar a TV até depois do jantar.

Pistas e Antecedentes Tente evitar, diminuir ou remover os estímulos que provocam o mau hábito.

Exemplo: Raul quer diminuir os cigarros. Ele já tirou de sua volta vários objetos que o incentivam a fumar. Removeu cinzeiros, fósforos e cigarros extras da sua casa, do carro e do escritório. Esse foi um bom primeiro passo. Necessitar da droga relaciona-se fortemente a contextos ligados a ela, como o cheiro de cigarros (Lazev et al., 1999). Raul deveria tentar diminuir os estímulos antecedentes ainda mais. Ele poderia começar por fumar apenas no salão do escritório, nunca na sua sala ou no carro. Depois, poderia limitar os cigarros à sua casa, e a seguir, a apenas um cômodo da casa. Depois, a uma cadeira da casa. Se conseguir chegar até aqui, ele pode limitar os cigarros a apenas um lugar desagradável, como o banheiro, o porão ou a garagem (Goldiamond, 1971).

Fazer registros dos próprios atos
Autogerenciamento baseado na manutenção de registros das freqüências das respostas.

Contrato Se tentar as técnicas descritas aqui e tiver dificuldade em segui-las, você poderá fazer um contrato comportamental. Em um **contrato comportamental**, você especifica o comportamento problemático que deseja controlar ou a meta que deseja atingir. Também especifica as recompensas que vai receber, os privilégios de que vai abrir mão, ou as punições que deverá aceitar. O contrato deverá ser datilografado e assinado por você e por uma pessoa em quem confia.

Um contrato comportamental é capaz de ser bastante motivador, especialmente quando algumas punições suaves fizerem parte do acordo. Aqui está um exemplo relatado por Nurnberger e Zimmerman (1970): um aluno que estudava para o seu doutoramento tinha cumprido todas as exigências, mas em dois anos ele não tinha ainda escrito uma página sequer da sua dissertação. O contrato foi escrito e nele o estudante concordava em cumprir prazos semanais de um certo número de páginas que ele escreveria. Para garantir que cumpriria os prazos, ele preencheu cheques com datas posteriores, os quais seriam descontados se ele não cumprisse a meta da semana. Os cheques eram nominais a uma organização que ele desprezava (Ku Klux Klan e o Partido Nazista Americano). Do momento em que assinou o contrato até defender a tese, sua produção melhorou imensamente.

Obter Ajuda

Tentar gerenciar ou modificar seu próprio comportamento poderá ser mais difícil do que parece. Se você sente que precisa de mais informações, consulte os livros relacionados a seguir. Se você vai realmente tentar um projeto para se modificar, mas pensa que é impossível atingir suas metas, saiba que existe aconselhamento profissional para isso.

Contrato comportamental Contrato formal especificando o comportamento que deverá ser mudado e as conseqüências aplicáveis.

Onde Obter Mais Informações

Watson, D. L., e Tharp, R. G. *Self-directed behavior*. Belmont, CA: Wadsworth, 2001.
Williams, R. L. e Long, J. D. *Towards a self-managed life style*. Boston: Houghton Mifflin, 1991.

PAUSA PARA ESTUDO — Autogerenciamento Comportamental

RELACIONE

Mesmo que você não pretenda fazer um projeto de autogerenciamento imediatamente, esboce um plano para mudar o seu próprio comportamento. Certifique-se de descrever o comportamento que deseja mudar, estabelecer metas e identificar os reforços.

VERIFICAÇÃO DO APRENDIZADO

1. Depois de selecionar o comportamento-alvo a ser reforçado, é uma boa idéia fazer uma tabela de registro para que você possa estabelecer metas realistas para a mudança. V ou F?
2. Registrar os próprios atos, mesmo sem usar recompensas extras, poderá ocasionar as mudanças desejadas nos comportamentos-chave. V ou F?
3. O princípio Premack diz que um contrato comportamental pode ser usado para reforçar mudanças no comportamento. V ou F?
4. Um plano de autogerenciamento deve usar o princípio da modelagem estabelecendo uma série gradual de metas. V ou F?
5. Eleni acaba por jogar várias partidas de Paciência no computador cada vez que tenta fazer o trabalho para a aula de história. Finalmente ela consegue fazê-lo, mas só depois de muita demora. Para eliminar esse mau hábito, Eleni tira o ícone do jogo do computador para que, não vendo o ícone, ela comece a trabalhar. Que estratégia Eleni usou para eliminar o mau hábito?
   a. resposta alternativa   b. extinção
   c. evitar pistas   d. contrato

Raciocínio Crítico

6. Como o estabelecimento de metas diárias em um programa de autogerenciamento pode maximizar os efeitos do reforço?

RESPOSTAS:
1.V 2.V 3.F 4.V 5.c 6. Atingir metas e obter recompensas diariamente reduz o atraso do reforço, o que maximiza seu impacto.

REVISÃO DO CAPÍTULO

Pontos Principais

- O condicionamento é um tipo fundamental de aprendizado que afeta muitos aspectos da vida diária.
- No condicionamento clássico, um estímulo neutro é acompanhado repetidamente de um estímulo que provoca, de forma confiável, uma resposta. Por associação, o estímulo neutro também começa a provocar uma resposta.
- No condicionamento operante, as respostas que são acompanhadas por reforço ocorrem com mais freqüência.
- Para entender por que as pessoas se comportam dessa ou daquela maneira, é importante identificar como suas respostas estão sendo reforçadas.
- O aprendizado cognitivo envolve a aquisição de informações de um nível mais alto, em vez de apenas uma ligação entre os estímulos e as respostas.
- Nós também aprendemos por observação e imitação dos atos dos outros.
- Os princípios comportamentais podem ser usados para gerenciar o próprio comportamento.

Resumo

O que é o aprendizado?

- O aprendizado é uma mudança relativamente permanente no comportamento por causa da experiência. O aprendizado resultante do condicionamento depende do reforço, que aumenta a probabilidade de que uma determinada resposta ocorra.
- O condicionamento clássico ou respondente e o condicionamento instrumental ou operante são dois tipos básicos de aprendizado.
- No condicionamento clássico, um estímulo neutro prévio começa a provocar uma resposta por causa da associação com um outro estímulo.
- No condicionamento operante, a freqüência e o padrão das respostas voluntárias são alterados por suas conseqüências.

Como acontece o condicionamento clássico?

- O condicionamento clássico, estudado por Pavlov, ocorre quando um estímulo neutro (EN) é associado a um estímulo não-condicionado (ENC).
- O ENC causa um reflexo chamado resposta não-condicionada (RNC). Se um EN é acompanhado sistematicamente por um ENC, ele se torna um estímulo condicionado (EC), capaz de produzir uma resposta por si mesmo. Essa resposta é uma resposta condicionada (aprendida) (RC).
- Quando um estímulo condicionado é seguido de um estímulo não-condicionado, o condicionamento é reforçado (fortalecido).
- De um ponto de vista informativo, o condicionamento cria expectativas que alteram os padrões de resposta. No condicionamento clássico, o EC cria uma expectativa de que em seguida virá um ENC.
- O condicionamento de ordem superior ocorre quando um estímulo condicionado aprendido é utilizado como se fosse um estímulo não-condicionado, resultando em mais aprendizado.
- Quando o EC é repetidamente apresentado sozinho, o condicionamento se extingue (enfraquece ou é inibido). Depois que a extinção parece estar completa, um período de repouso poderá levar ao reaparecimento temporário de uma resposta condicionada. Isso se chama recuperação espontânea.
- Por meio da generalização do estímulo, estímulos semelhantes ao condicionado também produzirão uma resposta. A generalização leva à discriminação do estímulo quando um organismo aprende a responder a um estímulo, mas não a estímulos semelhantes.

O condicionamento afeta as emoções?

» O condicionamento aplica-se a respostas viscerais ou emocionais, bem como a reflexos simples. Como resultado, respostas emocionais condicionadas (RECs) também ocorrem.

» Medos irracionais chamados fobias podem ser RECs. O condicionamento de respostas emocionais pode ocorrer de forma substitutiva (segunda mão), bem como diretamente.

Como acontece o condicionamento operante?

» O condicionamento operante ocorre quando uma ação voluntária é seguida de um reforço. O reforço no condicionamento operante aumenta a freqüência ou a probabilidade de uma resposta. Esse resultado baseia-se na lei do efeito.

» Respostas operantes complexas podem ser ensinadas por aproximações sucessivas ao reforço, até que se obtenha a resposta final desejada. Isso é chamado modelagem e é particularmente útil para treinar animais.

» Se uma resposta operante não for reforçada, ela se extinguirá (desaparecerá). Mas depois que a extinção parecer finalizada, poderá reaparecer temporariamente (recuperação espontânea).

Existem diferentes tipos de reforço operante?

» No reforço positivo, a recompensa, ou um evento agradável, acompanha a resposta. No reforço negativo, as respostas que eliminam o desconforto tendem a ser repetidas.

» Reforços primários são recompensas com base fisiológica, "naturais". A estimulação intracranial dos "centros de prazer" no cérebro também pode funcionar como reforço primário.

» Reforços secundários são aprendidos. Eles geralmente ganham valor como reforço por meio da associação direta com reforços primários, ou porque podem ser trocados por reforços primários. Fichas e dinheiro ganham valor de reforço dessa forma.

» O *feedback*, ou o conhecimento dos resultados, ajuda o aprendizado e melhora o desempenho. É muito eficiente quando é imediato, detalhado e freqüente.

» A instrução programada divide o conhecimento em uma série de pequenos passos, e fornece *feedback* imediato. As instruções por computador (IPC) fazem o mesmo, mas têm a vantagem adicional de fornecer exercícios alternativos e informações quando necessário. Quatro variações da IPC são exercício e prática, jogos com instruções, simulações educacionais e instruções em mídia interativa.

Como somos influenciados por padrões de recompensa?

» O atraso do reforço reduz bastante sua eficiência, mas longas cadeias de respostas podem ser construídas de forma que um único reforço mantenha várias respostas.

» Comportamentos supersticiosos com freqüência se tornam parte de cadeias de respostas porque parecem estar associados ao reforço.

» Recompensa ou reforço podem ser dados continuamente (depois de cada resposta) ou de acordo com um programa de reforço parcial. O reforço parcial produz grande resistência à extinção.

» Os quatro programas básicos de reforço são: razão fixa, razão variável, intervalo fixo e intervalo variável. Cada um deles produz um padrão distinto de respostas.

» Os estímulos que precedem uma resposta reforçada tendem a controlar a resposta em ocasiões futuras (controle do estímulo). Dois aspectos do controle do estímulo são a generalização e a discriminação.

» Na generalização, uma resposta operante tende a ocorrer quando estímulos semelhantes aos que precederam o reforço estão presentes.

» Na discriminação, as respostas são dadas na presença de estímulos discriminatórios associados a reforços (S+) e retidas na presença de estímulos associados à falta de reforço (S3).

O que a punição faz com o comportamento?

» A punição diminui as respostas. Ela ocorre quando uma resposta é seguida por um evento aversivo ou pela remoção de um evento positivo (custo da resposta).

- A punição é mais eficiente quando é imediata, consistente e intensa. Uma punição suave tende a suprimir apenas temporariamente uma resposta que também é reforçada ou foi adquirida por meio de reforço.
- Os efeitos colaterais indesejados da punição incluem o condicionamento do medo ao agente punitivo e às situações associadas à punição, bem como o aprendizado de respostas de escape e de evitação e o encorajamento da agressão.

O que é o aprendizado cognitivo?

- O aprendizado cognitivo envolve processos mentais mais altos, como entendimento, conhecimento ou antecipação. Mesmo em situações de aprendizado relativamente simples, os animais e as pessoas parecem formar mapas cognitivos (representações internas de relações).
- No aprendizado latente, o aprendizado permanece escondido ou não é expresso até que uma recompensa ou um incentivo para o seu desempenho sejam oferecidos.
- O aprendizado pela descoberta enfatiza o *insight* e o entendimento, em oposição ao aprendizado automático.

O aprendizado ocorre por imitação?

- Grande parte do aprendizado humano é obtida por meio da observação ou de modelos. O aprendizado pela observação é influenciado por características pessoais do modelo, e pelo sucesso ou fracasso do comportamento do modelo. Estudos mostram que a agressão é rapidamente aprendida e liberada de acordo com o modelo.
- As personagens da televisão podem ser modelos poderosos para o aprendizado pela observação. A violência na TV aumenta a probabilidade de agressão por parte dos telespectadores.

Como o condicionamento se aplica aos problemas práticos?

- Os princípios operantes podem ser aplicados na administração da vida cotidiana. Quando se está administrando o próprio comportamento, o auto-reforço, o registro dos próprios atos, o *feedback* e o contrato comportamental podem ajudar.
- Quatro estratégias que podem ajudar a mudar os maus hábitos são: reforçar respostas alternativas, promover a extinção, romper cadeias de respostas e evitar pistas antecedentes.

Teste Seus Conhecimentos: Condicionamento e Aprendizado

As perguntas a seguir são apenas uma amostra do que você precisa saber. Se você errar algum item, deve revisar o capítulo todo.

1. O conceito de reforço aplica-se a
   a. antecedentes e conseqüências
   b. estímulos neutros e recompensas
   c. condicionamento clássico e operante
   d. aquisição e recuperação espontânea.
2. Você sente o cheiro de biscoitos sendo assados e sua boca se enche de água. Aparentemente, o cheiro dos biscoitos é um _____ e a salivação é um _____.
   a. RC, EC
   b. EC, RC
   c. conseqüência, estímulo neutro
   d. reflexo, EC
3. De acordo com a visão informativa, o condicionamento clássico cria novas/novos
   a. expectativas
   b. respostas não-condicionadas
   c. estímulos não-condicionados
   d. generalizações
4. Depois que você adquiriu uma resposta condicionada, ela poderá ser enfraquecida por
   a. recuperação espontânea
   b. generalização do estímulo
   c. reforço de remoção
   d. seguindo um EC com um ENC.
5. Pelo menos algumas fobias podem ser pensadas como
   a. conexões EN-RC
   b. graus de dessensibilização
   c. respostas de extinção
   d. RECs
6. Quando uma pessoa está nos estágios iniciais da demência, o condicionamento de piscar os olhos
   a. ocorre mais lentamente
   b. ocorre mais rapidamente
   c. não é mais suscetível à extinção
   d. torna-se uma resposta operante
7. Josh, de três anos de idade, vê o cachorro do vizinho correr atrás da sua irmã de cinco anos. Agora Josh tem medo de cachorro tanto quanto sua irmã. O medo de Josh é resultado de

a. discriminação de estímulos
b. condicionamento substituto
c. recuperação espontânea
d. condicionamento de nível mais alto

8. A lei do efeito define o papel de _____ no aprendizado.
   a. estímulos antecedentes
   b. generalização de estímulo
   c. reforços operantes
   d. aproximações de estímulo

9. O reforço operante funciona melhor quando é
   a. atrasado   b. um antecedente
   c. contingente à resposta d. aversivo

10. Reforço negativo _____ as respostas.
    a. aumenta b. diminui c. reverte d. extingue

11. Custo da resposta é uma forma de
    a. condicionamento discriminatório
    b. generalização
    c. condicionamento de nível mais alto
    d. punição

12. Qual é a combinação correta?
    a. reforço social – reforço primário
    b. reforço por ficha – reforço secundário
    c. EIN – reforço secundário
    d. reforço negativo – punição

13. A IPC baseia-se nos mesmos princípios que
    a. reforço negativo
    b. instrução programada
    c. condicionamento de nível mais alto
    d. generalização do estímulo

14. Um número não muito alto de respostas que são marcadas por explosões de atividade e períodos de inatividade é característico de
    a. programas FF   b. programas FV
    c. programas IF   d. programas IV

15. Os cães farejadores que localizam drogas e explosivos em aeroportos aprendem a identificar contrabando pelo treinamento de _____.
    a. extinção clássica
    b. dessensibilização clássica
    c. *feedback* substituto
    d. discriminação operante

16. A punição tende a encorajar o aprendizado de escape, o aprendizado de evitação e
    a. extinção rápida   b. agressão
    c. respostas corretas   d. efeito do reforço parcial

17. O aprendizado pela descoberta é geralmente superior ao seu oposto:
    a. aprendizado mecânico
    b. reforço negativo
    c. aprendizado pela observação
    d. aprendizado cognitivo

18. As crianças que assistem a muita violência na televisão tendem a ser agressivas, efeito que é mais bem explicado por
    a. reforço negativo
    b. modelagem e aproximações sucessivas
    c. aprendizado pela observação
    d. condicionamento clássico substituto

19. Como uma estratégia de gerenciamento comportamental, o registro das próprias respostas se aplica ao _____ para mudar hábitos pessoais.
    a. condicionamento substituto
    b. *feedback*
    c. contrato comportamental
    d. princípio Premack

20. Os maus hábitos podem ser alterados quando se encontram meios para remover, evitar ou atrasar o reforço que acompanha as respostas indesejáveis. Essa estratégia é mais bem descrita como
    a. buscar respostas alternativas
    b. usar a extinção operante
    c. romper cadeias de respostas
    d. diminuir pistas e antecedentes.

RESPOSTAS:

1. c, 2. b, 3. a, 4. c, 5. d, 6. a, 7. b, 8. c, 9. c, 10. a, 11. d, 12. b, 13. b, 14. c, 15. d, 16. b, 17. a, 18. c, 19. b, 20. b.

Memória

Capítulo 7

Alguém Viu o Meu MemSave?

Cef-Wol é uma habitante típica do planeta Gex. Por centenas de anos os gexianos tiveram de enfrentar altos níveis de poluição industrial. Agora eles conseguiram limpar tudo, mas muitos dos habitantes sofrem de dificuldades de memória causadas pela exposição a produtos químicos tóxicos. Gex tem uma sociedade avançada tecnologicamente e criou um dispositivo de memória portátil, pequeno, para todos os indivíduos afetados. Cef-Wol, como muitos gexianos, agora conta com o seu MemSave o tempo todo. Mas ela detesta a tarefa interminável de colocar informações no MemSave toda hora, todos os dias. Cef-Wol também tem outro problema: quando precisa das informações que armazenou no seu MemSave, ela às vezes se esquece de que *tem* um MemSave.

Cef-Wol pode ser uma personagem de mentira, mas a dificuldade dela não é totalmente imaginária. Vejamos Kate, que sofre de uma doença rara no cérebro, o que lhe torna quase impossível lembrar-se dos eventos cotidianos. Kate se perde em prédios que já conhece, esquece seus compromissos e esquece rapidamente as conversas mais recentes, bem como recados e visitantes. Por causa do problema de memória da Kate, seus pais precisam estar sempre supervisionando a vida dela – mesmo ela sendo adulta (Vargha-Khadem et al., 1997).

Outros tipos de perda de memória podem ser ainda mais devastadores. Por exemplo, quando vítimas de amnésia total se olham no espelho, um estranho olha para elas de lá. Imagine o horror que seria perder todas as suas memórias. Você não teria uma identidade, nem conhecimentos ou uma história de vida. Não reconheceria seus amigos ou os membros da sua família. Evidentemente, a vida sem memória não tem sentido.

Recentemente, Cef-Wol visitou a Terra e descobriu como a memória humana funciona. Lendo este capítulo, você também entenderá.

Foto: Ada Santos Seles

Perguntas para Pesquisa

- Existe mais de um tipo de memória?
- Quais são as características de cada tipo de memória?
- Existe mais de um tipo de memória de longo prazo?
- Como se mede a memória?
- O que é memória "fotográfica"?
- O que causa o esquecimento?
- As memórias do cotidiano são precisas?
- O que acontece no cérebro quando as memórias são formadas?
- Como posso melhorar a minha memória?

FASES DA MEMÓRIA – SUA MENTE É COMO UMA ARMADILHA DE AÇO? OU COMO UMA PENEIRA?

▶ **PERGUNTA PARA PESQUISA** *Existe mais de um tipo de memória?*

Você se lembra o que comeu no café da manhã? Ou o que aconteceu em 11 de setembro de 2001? Claro que sim. Mas como é possível viajar de volta no tempo? Vamos começar dando uma olhada nos sistemas básicos de memória. Uma interessante cadeia de eventos precisa acontecer antes de você poder dizer "Eu me lembro".

Em alguns aspectos, um computador age como um sistema de memória mecânico. Ambos os sistemas processam informações, e ambos permitem a codificação, o armazenamento e a recuperação de dados.

Muitas pessoas pensam que a memória é um "armazém empoeirado de fatos". Na realidade, a **memória** é um sistema ativo que armazena, organiza, modifica e recupera informações (Baddeley, 1996). De alguma forma, a memória age como um computador. As informações que chegam são primeiramente **codificadas** ou transformadas em um formato utilizável. É como digitar informações em um computador (ou no MemSave da Cef-Wol). Depois, as informações são **armazenadas** no sistema. (Como veremos a seguir, pode-se dizer que a memória humana tem três sistemas separados de armazenagem.) Finalmente, as memórias precisam ser **recuperadas**, ou retiradas da armazenagem, para que sejam úteis. Se você vai precisar se lembrar de todos os 9.856 termos novos em seu próximo teste de psicologia, você precisa codificá-los, armazená-los e recuperá-los da forma correta.

Quais são os três sistemas de memória separados mencionados anteriormente? Os psicólogos identificaram três fases da memória. As informações que desejamos armazenar por um longo período devem passar por todos esses três estágios (◆Figura 7.1).

Memória Sensorial

Digamos que uma amiga pede para que você compre diversas coisas no mercado. Como você vai se lembrar de tudo? As informações primeiramente entram na **memória sensorial**, que pode fazer uma cópia exata do que você vê ou ouve por alguns segundos ou menos. Por exemplo, olhe para uma flor e feche os olhos. Um **ícone**, ou uma imagem mental passageira da flor, permanecerá por aproximadamente meio segundo. Da mesma forma, quando você ouve uma informação, a memória sensorial a armazena como um eco por até dois segundos (Schweickert, 1993). (Um **eco** é uma breve excitação do sistema

---

Memória O sistema mental que recebe, codifica, armazena, organiza, modifica e recupera informações.

Codificação A conversão das informações em um formato no qual elas serão retidas na memória.

Armazenagem Manutenção das informações na memória para serem usadas posteriormente.

Recuperação Recuperar as informações armazenadas na memória.

Memória sensorial A primeira fase da memória, que mantém por alguns segundos ou menos um registro exato das informações que chegam.

Ícone Imagem mental ou representação virtual.

Eco Breve continuação da atividade sensorial no sistema auditivo depois que um som é ouvido.

auditivo.) Em geral, a memória sensorial segura as informações apenas tempo suficiente para mandá-las para o segundo sistema de memória (Neath, 2002).

Memória de Curto Prazo

Nem tudo o que vemos ou ouvimos permanece na memória. Imagine que um rádio esteja tocando ao fundo enquanto sua amiga lê sua lista de compras. Será que você vai lembrar o que estão anunciando no rádio também? Provavelmente não, por causa da *atenção seletiva* (foco em uma parte selecionada das informações sensoriais), que controla quais informações vão para a memória de curto prazo. A **memória de curto prazo (MCP)** retém uma quantidade pequena de informações por períodos relativamente curtos. Prestando atenção em sua amiga, você vai colocar a lista de compras na sua memória de curto prazo (enquanto você ignora a voz no rádio que diz "Compre manteiga Burpo").

Como as memórias de curto prazo são codificadas? As memórias de curto prazo podem ser armazenadas como imagens. Mas com mais freqüência, elas são armazenadas *foneticamente* (por som), especialmente as lembranças de palavras e letras (Neath, 2002). Se você for apresentado a Tim em uma festa e esquecer o nome dele, provavelmente vai chamá-lo por um nome parecido (Jim, Kim ou Slim, por exemplo), em vez de chamá-lo por um nome que tem um som diferente, como Bob ou Mike. Sua amiga com a lista de compras deveria fica agradecida por você não trazer para casa sabão em vez de feijão, ou sapólio em vez de óleo.

A memória de curto prazo é um depósito temporário para pequenas quantidades de informação. Quando você disca um número no telefone ou se lembra rapidamente de uma lista de compras, está usando a MCP. Observe que as informações são "despejadas" rapidamente da MCP e se perdem para sempre. A memória de curto prazo evita que nossa mente armazene nomes, datas, números de telefone e outras coisas corriqueiras inúteis. Ao mesmo tempo, ela fornece uma área de **memória funcional**, na qual executamos muito do nosso pensamento. Sua memória funcional age como um tipo de "rascunho mental", mantendo as informações por um curto período enquanto você executa outras atividades mentais, como fazer contas mentalmente (Tuholski et al., 2001).

Como você já deve ter percebido, quando você disca um número de telefone, a MCP está muito sensível a qualquer *interrupção* ou *interferência*. Já deve ter acontecido algo assim com você: alguém deixa um número de telefone na sua secretária eletrônica. Você repete o número baixinho, conforme começa a discar. Então a campainha toca e você vai ver quem é. Quando você volta ao telefone, já esqueceu o número completamente. Você ouve a mensagem novamente e memoriza o número. Dessa vez, quando você começa a discar, alguém faz uma pergunta. Você responde, volta-se para o telefone, e descobre que já esqueceu o número de novo. Observe ainda que a memória funcional humana pode lidar com pequenas quantidades de informações. É muito difícil fazer mais de uma coisa por vez com a MCP (Miyake, 2001).

Memória de curto prazo (MCP) O sistema de memória usado para guardar pequenas quantidades de informações por períodos de tempo relativamente curtos.

Memória funcional Outro nome para a memória de curto prazo, particularmente quando for usada para conexões ou para resolver problemas.

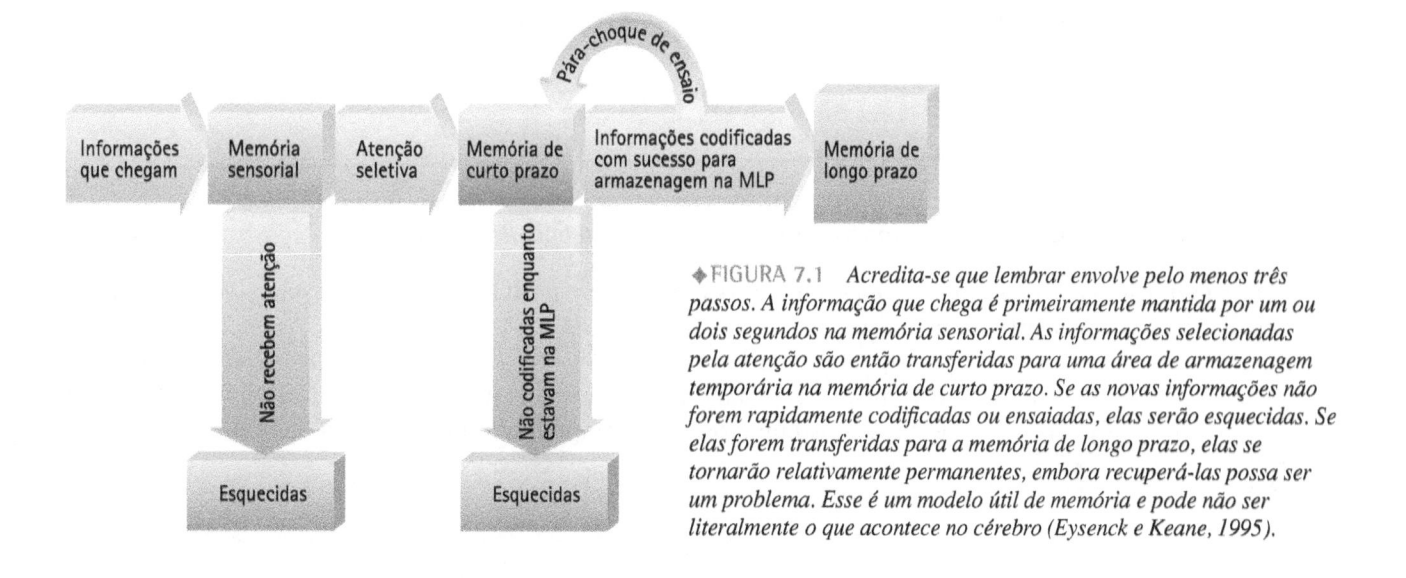

◆ FIGURA 7.1 *Acredita-se que lembrar envolve pelo menos três passos. A informação que chega é primeiramente mantida por um ou dois segundos na memória sensorial. As informações selecionadas pela atenção são então transferidas para uma área de armazenagem temporária na memória de curto prazo. Se as novas informações não forem rapidamente codificadas ou ensaiadas, elas serão esquecidas. Se elas forem transferidas para a memória de longo prazo, elas se tornarão relativamente permanentes, embora recuperá-las possa ser um problema. Esse é um modelo útil de memória e pode não ser literalmente o que acontece no cérebro (Eysenck e Keane, 1995).*

Memória de Longo Prazo

Se a memória de curto prazo é breve, fácil de ser interrompida, e tem um "tamanho" limitado, como lembramos por períodos de tempo mais longos? As informações que são importantes ou que têm um significado são transferidas para a **memória de longo prazo (MLP)**, que age como um depósito duradouro do conhecimento. A MLP contém tudo que você sabe sobre o mundo – todas as palavras de A a Z, de matemática à sua música favorita, fatos e fantasias. E mesmo com todas essas informações, parece que não há perigo de acabar o espaço. A MLP pode guardar quantidades quase ilimitadas de informação. Na verdade, quanto mais você sabe, tanto mais fácil é acrescentar novas informações na memória. Isso é o oposto do que se esperaria se a MLP pudesse ficar "cheia" (Eysenck e Keane, 1995). É também uma das várias razões para estudarmos.

As memórias de longo prazo são codificadas como sons? Também sim. Mas normalmente, as informações na MLP são armazenadas com base no seu significado e na sua importância, não pelo som. Se você fizer um erro na MLP, ele provavelmente estará relacionado ao significado. Por exemplo, se você estiver tentando recordar a palavra *celeiro*, é provável que você a troque por *barracão* ou *fazenda*, mas não por *cativeiro*.

Se você pode ligar informações na MCP ao conhecimento que já tem armazenado na MLP, elas ganham significado, o que torna mais fácil lembrá-las. Como exemplo, tente memorizar esta história:

> Com gemas empenhadas financiando-o, nosso herói desafiou corajosamente todas as risadas de escárnio. "Seus olhos os enganam", disse ele. "Um ovo, e não uma mesa, tipifica corretamente este planeta inexplorado." Agora três irmãs vigorosas quiseram provas. Os dias, forjando-se em um contínuo, tornaram-se semanas, enquanto os que duvidavam espalhavam rumores atemorizantes sobre a beirada. Finalmente, do nada sugiram bem-vindas criaturas aladas, representando o imenso sucesso (Adaptado de Dooling e Lachman, 1971).

Essa estranha história enfatiza o impacto do significado na memória. As pessoas que sabiam seu nome foram capazes de se lembrar dela bem melhor que aquelas que não sabiam o título. Veja se o título ajuda você como as ajudou: "Colombo descobre a América".

Memória Dual

A maioria das obrigações diárias da memória é trabalhada pela MCP e pela MLP. Para resumir sua ligação, imagine a memória de curto prazo como uma pequena escrivaninha na entrada de um imenso depósito cheio de armários com arquivos (MLP). Conforme as informações chegam ao depósito, elas são colocadas primeiro na escrivaninha. Uma vez que a escrivaninha é pequena, elas devem ser retiradas rapidamente para dar lugar a novas informações. Itens não importantes são simplesmente jogados fora. Informações significativas ou relevantes são colocadas nos arquivos (MLP).

Quando queremos usar o conhecimento que está na MLP para responder a uma pergunta, as informações são devolvidas à MCP. Ou, em nossa analogia, uma pasta é retirada dos arquivos (MLP) e levada para a escrivaninha (MCP), onde pode ser usada. Agora que você tem uma imagem geral da memória, está na hora de explorar a MCP e a MLP mais profundamente. Mas primeiro vamos ensaiar o que você aprendeu.

MEMÓRIA DE CURTO PRAZO – VOCÊ SABE QUAL É O NÚMERO MÁGICO?

▶ **PERGUNTA PARA PESQUISA** *Quais são as características de cada tipo de memória?*

Para fazer bom uso da sua memória, é importante saber mais sobre a MCP e a MLP. Já está na hora de ir fundo nos nossos sistemas primários de memória.

Quantas informações podem ser mantidas na memória de curto prazo? Para poder responder, leia uma vez os números a seguir. Depois feche o livro e escreva os números que conseguir lembrar na ordem correta.

Memória de longo prazo (MLP) O sistema de memória usado para a armazenagem relativamente permanente de informações significativas.

8 5 1 7 4 9 3

PAUSA PARA ESTUDO — Sistemas de Memória

RELACIONE

Movimente um lápis para a frente e para trás diante dos seus olhos enquanto mantém o foco em algo mais distante. A imagem do lápis parece transparente. Por quê? (Porque a memória sensorial mantém por um curto período de tempo uma imagem do lápis. Essa imagem persiste depois que o lápis passou.)

Pense em um momento do dia em que você usou a memória de curto prazo (como se lembrar momentaneamente de um número de telefone, um endereço na Internet, ou o nome de alguém). Por quanto tempo você reteve a informação? Como você a codificou? O que você lembra agora dela?

Como a memória de longo prazo está ajudando você a ler esta sentença? Se as palavras não estivessem ainda armazenadas na MLP, você poderia estar lendo? De que outra forma você usou a MLP hoje?

VERIFICAÇÃO DO APRENDIZADO

Escreva: A. Memória sensorial B. MCP C. MLP

1. ____ Memória funcional
2. ____ Mantém as informações por alguns segundos ou menos
3. ____ Armazena um ícone ou eco
4. ____ Capacidade ilimitada, permanente
5. ____ Mantém temporariamente pequenas quantidades de informação
6. ____ A atenção seletiva determina seus conteúdos
7. A MCP melhora com a interrupção, ou interferências, porque a atenção está mais focada em tais momentos. V ou F?

Raciocínio Crítico

8. Por que a memória sensorial é importante para diretores de cinema?

RESPOSTAS: 1.B 2.A 3.A 4.C 5.B 6.B 7.F 8. Sem a memória sensorial, um filme pareceria uma série de fotos paradas. A permanência de meio segundo das imagens visuais ajuda a fundir um quadro do filme ao próximo.

Isso se chama teste do número de dígitos. É uma medida da atenção e da memória de curto prazo. Se você conseguiu repetir os sete dígitos corretamente, você tem uma memória de curto prazo média. Agora tente memorizar a lista a seguir, lendo-a apenas uma vez:

7 1 8 3 5 4 2 9 1 6 3

Provavelmente, essa série estará além da capacidade da sua memória de curto prazo. O psicólogo George Miller descobriu que a memória de curto prazo está limitada ao "número mágico" 7 (mais ou menos dois) de **unidades de informação** (Miller, 1956). Uma unidade é um "pedaço" significativo de informação, como um dígito. É como se a memória de curto prazo tivesse sete "fendas" ou "caixas", nas quais cada item separado pode ser colocado. Na verdade, poucas pessoas podem se lembrar de nove unidades, e para alguns tipos de informação, cinco é o limite. Assim, uma *média* de sete unidades de informação pode ser mantida na memória de curto prazo (Neath, 2002).

Quando todas as "fendas" da MCP são preenchidas, não há mais espaço para novas informações. Perceba como isso funciona em uma festa: digamos que a anfitriã começa a apresentar todo mundo que está lá: "Chun, Dasia, Marco, Roseanna, Cholik, Shawn, Kyrene...". "Chega", você pensa. Mas ela continua: "Nelia, Jay, Efren, Frank, Marietta, Jorge, Patty, Amit, Ricky". A anfitriã sai, satisfeita porque você foi apresentado para todo mundo. E você passa o resto da noite conversando com Chun, Dasia e Ricky, as únicas pessoas de quem você lembra o nome!

Recodificação de Informações

Antes de continuarmos, teste sua memória de curto prazo novamente, agora com letras. Leia as letras a seguir uma vez, olhe para o outro lado e tente escrevê-las na ordem em que estão.

TVI BMUS NY MCA

Unidades de informação Unidades significativas de informações, como números, letras, palavras ou frases.

Veja que há 12 letras, ou "unidades" de informação, o que estaria além do limite de sete itens da MCP. Entretanto, como as letras estão em quatro grupos, ou *pedaços* de informação, vários estudantes são capazes de memorizá-las. Os **pedaços de informação** são compostos de unidades de informações reunidas em grupos maiores.

Como o agrupamento ajuda? O agrupamento *recodifica* (reorganiza) as unidades de informação que já estão na MLP. Por exemplo, você pode ter notado que NY é a abreviação de Nova York. Se você notou, as duas unidades, N e Y, tornam-se um pedaço. Em uma experiência que usou listas como essas, as pessoas lembraram melhor quando as letras foram lidas como pedaços significativos familiares: TV, IBM, USN, YMCA (Bower e Springston, 1970). Se você recodificou as letras dessa forma, provavelmente se lembrou da lista inteira.

Agrupar em pedaços sugere que a MCP mantém aproximadamente de cinco a sete de qualquer tipo de unidade que usarmos. Um único pedaço poderá ser composto de números, letras, palavras, frases ou sentenças familiares (Barsalou, 1992). Imagine a MCP como uma pequena escrivaninha novamente. Por meio de agrupamentos, combinamos diversos itens em uma "pilha" de informações, e isso nos permite colocar sete pilhas sobre a escrivaninha onde antes havia apenas espaço para sete itens separados. Enquanto estuda, tente encontrar formas de ligar dois, três ou mais fatos ou idéias separadas em pedaços maiores e a sua memória vai melhorar. O psicólogo Nelson Cowan (2001) acredita que a MCP pode, na realidade, manter apenas quatro itens, exceto se ocorrer um agrupamento. A mensagem clara que fica é que criar pedaços de informações é o segredo para fazer bom uso da sua memória de curto prazo.

Ensaiando Informações

Quanto duram as memórias de curto prazo? Elas desaparecem muito rapidamente. Entretanto, você pode prolongar uma lembrança repetindo-a silenciosamente, em um processo chamado de **ensaio de manutenção**. Você talvez se lembre por um momento de um endereço ou número de telefone dessa forma. Quanto mais ensaiarmos uma lembrança, tanto maiores serão as chances de armazená-la na MLP (Barsalou, 1992). De certa forma, ensaiar as informações permite que nós as "vejamos" várias vezes, não apenas uma (Nairne, 2002).

E se impedirmos o ensaio, uma lembrança não pode ser reciclada e movida para a MLP? Sem o ensaio de manutenção, a MCP é incrivelmente curta. Em uma experiência, os sujeitos ouviram sílabas sem sentido, como XAR, seguidas de um número, como 67. Assim que os sujeitos ouviram o número, começaram a contar regressivamente de três em três (para impedir que eles repetissem a sílaba). Depois de uma demora de apenas 18 segundos, a memória caiu para zero (Peterson e Peterson, 1959).

Depois de *18 segundos* sem ensaio, as memórias na MCP se foram para sempre! Tenha isso em mente quando tiver apenas uma chance de ouvir informações que deseja lembrar. Se você for apresentado a alguém e o nome sair da MCP, a lembrança se foi para sempre. Para evitar essa situação embaraçosa, você pode dizer qualquer coisa como: "Estou curioso, como se soletra o seu nome?". Infelizmente, o que você consegue é geralmente uma resposta fria, como: "B-O-B S-M-I-T-H, não é tão difícil". Para evitar constrangimentos, preste atenção no nome, repita-o em silêncio várias vezes, e tente usá-lo nas próximas uma ou duas sentenças – antes que você o perca (Neath, 2002).

O **ensaio de elaboração**, que torna a informação mais significativa, é uma maneira bem melhor de criar memórias duradouras. O ensaio de elaboração liga novas informações a memórias que já estão na MLP. Quando você estiver estudando, vai lembrar mais se elaborar ou estender as informações ou refletir sobre elas. Conforme lê, tente fazer a si mesmo, com freqüência, perguntas com "por quê?", como: "Por que isso seria verdade?". Tente também relacionar novas idéias aos seus próprios conhecimentos e experiências (Hartlep e Forsyth, 2000).

Pedaços de informação Peças de informação agrupadas em unidades maiores.

Ensaio de manutenção Repetição silenciosa ou mental para rever a informação e mantê-la na memória de curto prazo.

Ensaio de elaboração Ensaio que liga novas informações às memórias e aos conhecimentos existentes.

MEMÓRIA DE LONGO PRAZO – ONDE MORA O PASSADO

Colocaram um eletrodo no lugar número 11 do cérebro de uma paciente. Ela imediatamente disse: "Sim, senhor. Penso que ouvi uma mãe chamando seu filhinho em algum lugar. Parecia ser algo acontecendo muitos anos atrás. Era alguém do bairro onde eu moro". Um pouco depois, o eletrodo foi aplicado no mesmo lugar. Novamente a paciente disse: "Sim, eu ouço os mesmos sons familiares, parece que é uma mulher chamando, a mesma mulher" (Penfield, 1958). Essas afirmações foram feitas por uma mulher que passava por uma cirurgia no cérebro. Foi usada apenas anestesia local (não existem receptores de dor no cérebro), então a paciente estava acordada enquanto seu cérebro era estimulado eletricamente. Quando ativadas, algumas áreas do cérebro parecem produzir memórias vívidas de eventos há muito esquecidos.

Permanência

Todas as experiências são registradas na memória permanentemente? Resultados como os descritos aqui levaram o neurocirurgião Wilder Penfield a declarar que o cérebro registra o passado como "uma fita contínua de um filme, completa, com trilha sonora" (Penfield, 1957). Mas como sabemos, isso é um exagero. Muitos eventos nunca vão além da memória de curto prazo. A estimulação do cérebro produz experiências parecidas com lembranças apenas em 3% dos casos. A maioria das informações relatadas parece mais sonhos do que lembranças, e muitas são visivelmente imaginárias. Especialistas em memória hoje acreditam que as memórias de longo prazo são apenas *relativamente* permanentes (Barsalou, 1992; Loftus e Loftus, 1980). Memórias perfeitas, inesquecíveis, são um mito.

> *TENTE VOCÊ MESMO: COMO ESTÁ SUA MEMÓRIA?*
>
> Para apreciar melhor o próximo tópico, vamos parar um momento e ler as palavras da lista abaixo, só uma vez. Depois, continue lendo a próxima seção deste capítulo.
>
> cama sonho cobertor adormecer travesseiro soneca roncar colchão alarme relógio descanso sono sonolência lençol beliche cama berço grogue

Construção de Memórias

Existe outro motivo para duvidar da afirmação de Penfield. Conforme novas memórias de longo prazo são formadas, memórias antigas são, com freqüência, atualizadas, mudadas, perdidas ou *revisadas* (Baddeley, 1990, 1996). Para ilustrar esse ponto, Elizabeth Loftus e John Palmer (1974) mostraram a algumas pessoas um acidente de automóvel filmado.

Depois, pediram a alguns participantes que fizessem uma estimativa da velocidade dos carros quando eles se "espatifaram" um contra o outro. Para outros, as palavras "trombaram", "fizeram contato" ou "bateram" substituíram a palavra "espatifaram". Uma semana mais tarde, perguntaram a todos: "Você viu algum vidro quebrado?". Os que anteriormente tinham sido perguntados com a palavra "espatifaram" tendiam a responder que sim. (Não havia nenhum vidro quebrado no filme.) A nova informação ("espatifaram") foi incluída nas lembranças e as alterou.

> *TENTE VOCÊ MESMO: VELHO OU NOVO?*
>
> Sem olhar para a lista de palavras que você leu há pouco, veja se consegue lembrar quais das palavras são "velhas" (itens da lista que você leu) e quais são "novas" (itens que não estavam na lista). Escreva se as seguintes palavras são velhas ou novas:
>
> sofá dormir lâmpada cozinha

A atualização das lembranças é chamada de **processamento construtivo**. Falhas na memória, que são comuns, podem ser preenchidas com informações novas, lógicas ou adivinhadas (Schacter et al., 1998). Realmente, é possível ter "lembranças" de coisas que nunca aconteceram (como o vidro quebrado no acidente quando não havia vidro nenhum) (Loftus, 2003). Em um outro estudo fascinante, as pessoas que visitaram a Disney viram diversos anúncios falsos que apresentavam o Coelho Pernalonga. Mais tarde, aproximadamente 16% das pessoas que viram aqueles anúncios falsos disseram que elas tinham encontrado o Coelho Pernalonga na Disneylândia. Claro que isso é impossível, porque o Coelho Pernalonga é um personagem da Warner Brothers e nunca poderia estar na Disneylândia (Braun et al., 2002).

Processamento construtivo Reorganizar ou atualizar lembranças com base na lógica, na razão, ou acrescentando novas informações.

TENTE VOCÊ MESMO: E AGORA, OS RESULTADOS

Volte e veja onde você escreveu "velho ou novo" na lista de palavras. Ao contrário do que você pensa que lembrou, todas as palavras são "novas". Nenhuma delas está na lista original! Se você achou que lembrava que dormir estava na lista original, você teve uma memória falsa. A palavra *dormir* está associada à maioria das palavras da lista original, o que cria a impressão forte de que você já a viu lá (Roediger e McDermott, 1995).

Como mostram os exemplos anteriores, os pensamentos, inferências e associações mentais podem não ser memórias reais. Na experiência de Elizabeth Loftus, as pessoas que tiveram essas *pseudomemórias* (falsas memórias) ficaram bastante perturbadas ao saber que tinham dado "falso testemunho" (Loftus e Ketcham, 1991).

Memórias falsas de longo prazo são comuns no trabalho da polícia. Por exemplo, uma testemunha poderá reconhecer a foto de um suspeito nos arquivos da polícia ou no jornal. Mais tarde, identifica o suspeito em uma linha de reconhecimento na delegacia ou no tribunal. A testemunha realmente se lembra do suspeito da cena do crime? Ou foi da fotografia vista mais recentemente? Em algumas situações, testemunhas "lembram-se" de pessoas inocentes e as apontam como criminosas (Schacter, 2001).

As novas informações "sobrepõem-se" à memória original? Não, o problema é que, com freqüência, não conseguimos lembrar a fonte de uma memória. Isso pode levar testemunhas a se "lembrarem" de um rosto que elas na verdade viram em outro lugar, muito diferente da cena do crime (Schacter et al., 1998). Muitos casos trágicos de identificação errada acontecem dessa forma.

A hipnose pode ser usada para evitar tais problemas? Novas histórias dão a impressão de que sim. Serão verdade? "Hipnose, Imaginação e Memória" examina a pesquisa feita sobre essa intrigante questão.

RACIOCÍNIO CRÍTICO: Hipnose, Imaginação e Memória

Em 1976, perto de Chowchilla, Califórnia, 26 crianças foram raptadas de um ônibus escolar e mantidas em cativeiro em troca de um resgate. Sob hipnose, o motorista do ônibus lembrou-se da placa da perua dos raptores; sua lembrança ajudou a desvendar o caso e levou ao resgate das crianças. Tais sucessos parecem demonstrar que a hipnose pode melhorar a memória. Será mesmo? Continue lendo e julgue por si mesmo.

Pesquisas mostram que uma pessoa hipnotizada tende a usar mais a imaginação para preencher as lacunas da memória do que o normal. E também que, quando as pessoas hipnotizadas recebem informações falsas, elas tendem a juntá-las às suas lembranças (Sheehan e Statham, 1989). Mesmo quando uma memória é completamente falsa, a confiança da pessoa hipnotizada pode ser inabalável (Burgess e Kirsch, 1999). Entretanto, as evidências parecem demonstrar que a hipnose aumenta as memórias falsas mais do que as verdadeiras. Oitenta por cento das novas memórias produzidas por sujeitos hipnotizados em uma experiência foram incorretas (Dywan e Bowers, 1983). A pior situação de todas ocorre quando a hipnose é combinada com perguntas enganadoras ou sugestivas. Nessas condições, memórias falsas são praticamente garantidas (Scoboria et al., 2002). De uma forma geral, pode-se concluir que a hipnose não melhora muito a memória (Burgess e Kirsch, 1999).

Então, por que ela ajudou no caso de Chowchilla? É verdade que a hipnose às vezes revela mais informações, como aconteceu em Chowchilla (Schreiber e Schreiber, 1999). No entanto, quando ela o faz, não existe uma forma segura de dizer quais memórias são verdadeiras e quais são falsas (Perry et al., 1996). Obviamente, a hipnose não é uma "bala mágica" contra o esquecimento que alguns investigadores da polícia gostariam que fosse (Newman e Thompson, 2001).

Resumindo, formar e usar lembranças é um processo ativo e criativo, altamente pessoal. Nossas lembranças são coloridas pelas emoções, pelo julgamento e pelas características da nossa personalidade. Se você e um amigo levaram muitas pancadas juntos e passaram a vida toda lado a lado, ainda assim vocês teriam memórias diferentes. O que nós lembramos depende daquilo em que prestamos atenção, do que achamos significativo ou importante, e do que nos provoca emoções fortes (Schacter, 1996).

Organizando as Memórias

A memória de longo prazo armazena uma quantidade aparentemente ilimitada de informações de uma vida inteira. Como é possível encontrar rapidamente algumas lembranças específicas? A resposta é que o "índice de memórias" de cada pessoa é altamente organizado.

Isso quer dizer que as informações são organizadas alfabeticamente, como em um dicionário? Nem pensar! Se eu pedir a você que nomeie um animal preto-e-branco que vive no gelo, é parente das galinhas e não sabe voar, você não precisa ir do A ao Z para encontrar a resposta. Você provavelmente só vai pensar nas aves preto-e-branco que vivem na Antártida. Qual delas não sabe voar? *Voilà*, a resposta é pingüim.

As informações na MLP podem ser organizadas de acordo com regras, imagens, categorias, símbolos, semelhança, significado formal ou significado pessoal (Baddeley, 1990, 1996). Nos últimos anos, os psicólogos começaram a desenvolver uma imagem da *estrutura*, ou organização, das lembranças. A *estrutura da memória* refere-se ao padrão de associações entre as informações. Por exemplo, vamos assumir que você receba duas informações às quais tem de responder sim ou não: (1) *Um canário é um animal*, (2) *Um canário é um pássaro*. Qual delas você responde mais rapidamente? Para a maioria das pessoas, *um canário é um pássaro* produz um sim mais rápido do que *um canário é um animal* (Collins e Quillian, 1969). Por quê? Os psicólogos acreditam que um **modelo de rede** da memória explica o porquê. De acordo com esse ponto de vista, a MLP está organizada como uma rede de idéias ligadas (◆Figura 7.2). Quando as idéias estão mais "longe" umas das outras, demora mais para que uma cadeia de associações as conecte. Quanto mais duas informações estão separadas, mais a resposta demora. Em termos de ligações de informações, *canário* está provavelmente "mais perto" de *pássaro* no seu "arquivo de memórias". *Animal* e *canário* estão mais longe um do outro. Entretanto, lembre-se de que isso não tem nada a ver com ordem alfabética. Estamos falando sobre organização baseada em significados relacionados.

Memórias Redintegrativas

As redes de memórias associadas podem ajudar a explicar uma experiência comum: imagine encontrar uma foto do seu aniversário de seis anos ou do seu décimo Natal. Conforme você olha para a foto, uma lembrança leva a outra, que leva a outra e mais outra. Logo você está lembrando uma avalanche de detalhes que pareciam esquecidos. Esse processo é chamado de redintegração.

Memórias redintegrativas parecem se espalhar em "ramos" de redes de memória. Muita gente acha que essas lembranças também têm cheiros diferentes do passado – de uma fazenda visitada na infância, da cozinha da avó, da praia, do consultório médico, do perfume ou colônia pós-barba de um amante do passado, e assim por diante. A idéia-chave da redintegração é que uma lembrança serve de dica para desencadear outra. Como resultado, uma experiência completa do passado pode ser reconstruída apenas a partir de uma pequena lembrança.

Quantos tipos de memória de longo prazo existem aí? Está se tornando claro que existe mais de um tipo de memória de longo prazo. Vamos nos aprofundar mais a respeito do mistério da memória.

Modelo de rede Modelo de memória que vê a rede de memórias como um sistema organizado de informações relacionadas.

Memória redintegrativa Memórias reconstruídas ou expandidas a partir de uma lembrança e que depois vão seguindo cadeias de associação umas depois das outras, com memórias relacionadas.

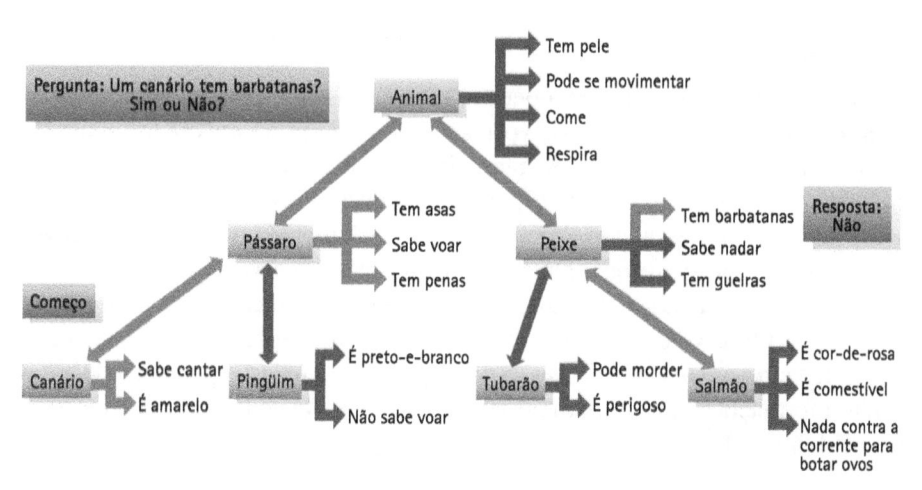

◆FIGURA 7.2 *Uma rede hipotética de fatos sobre animais mostra o que significa uma estrutura de memória. Pequenas redes de idéias como esta são provavelmente organizadas em unidades cada vez maiores, com níveis cada vez mais altos de significados. (Adaptado de Collins e Quillian, 1969.)*

Memória de Habilidades e Memória de Fatos

▶ **PERGUNTA PARA PESQUISA** *Existe mais de um tipo de memória de longo prazo?*

Uma coisa curiosa acontece a muitas pessoas que têm amnésia. Pacientes com amnésia podem ficar incapacitados de aprender um número de telefone, um endereço ou o nome de uma pessoa. Ainda assim, são capazes de aprender a resolver quebra-cabeças complexos dentro de um período de tempo normal (Squire e Zola-Morgan, 1988) (◆Figura 7.3). Essas e outras observações levaram os psicólogos a concluir que as memórias de longo prazo dividem-se em pelo menos duas categorias. Uma é chamada *memória de procedimentos* (ou memória de habilidades). A outra é a *memória declarativa* (também chamada de memória de fatos).

◆FIGURA 7.3 *O quebra-cabeça da torre. Nesse quebra-cabeça, todos os discos coloridos devem ser colocados em outro poste, sem que nunca se coloque um disco maior sobre um menor (ver também caderno colorido). Apenas um disco pode ser movido por vez, e sempre de um poste para outro (o disco não pode ser posto de lado). Um paciente com amnésia aprendeu a resolver o problema em 31 movimentos, o mínimo possível. Mesmo assim, cada vez que ele começava, dizia que não se lembrava de ter resolvido o quebra-cabeça alguma vez, e que não sabia como começar. Provas como essa sugerem que a memória de habilidades é diferente da memória de fatos.*

Habilidades

A **memória de procedimentos** inclui respostas condicionadas básicas e ações aprendidas, como aquelas envolvidas em digitar, dirigir ou manejar um taco de golfe. Memórias como essas podem ser totalmente expressas apenas como ações (ou "técnica"). É provável que as lembranças de habilidades sejam registradas nas áreas "inferiores" do cérebro, especialmente no cerebelo. Elas representam os elementos "automáticos" mais básicos do condicionamento, do aprendizado e da memória (Gabrieli, 1998).

Fatos

A **memória declarativa** armazena informações factuais específicas, como nomes, rostos, palavras, datas e idéias. Memórias declarativas são expressas por meio de palavras ou símbolos. Por exemplo, saber que Steven Spielberg dirigiu *Contatos imediatos de terceiro grau* e *Jurassic Park* é uma memória declarativa. Esse é o tipo de memória que uma pessoa com amnésia perde e que a maioria de nós assume que está garantida. Muitos psicólogos acreditam que a memória declarativa pode ser ainda dividida em *memória semântica* e *memória episódica* (Nyberg e Tulving, 1996).

Memória Semântica

A maior parte do nosso conhecimento factual básico sobre o mundo está quase totalmente imune ao esquecimento. Os nomes dos objetos, os dias da semana ou dos meses do ano, habilidades matemáticas simples e as estações do ano, as palavras, a língua e outros fatos gerais são bastante duráveis. Tais fatos impessoais compõem a parte da MLP chamada de **memória semântica**, que serve como um dicionário mental ou uma enciclopédia de conhecimentos básicos.

Memória de procedimentos Memória de longo prazo de respostas condicionadas e habilidades aprendidas.

Memória declarativa A parte da memória de longo prazo que contém informações factuais específicas.

Memória semântica Uma subárea da memória declarativa que registra o conhecimento impessoal sobre o mundo.

Memória episódica Uma subárea da memória declarativa que registra as experiências pessoais ligadas a tempos e lugares específicos.

Memória Episódica

A memória semântica não tem conexão com tempos ou lugares. Seria raro, por exemplo, lembrar quando e onde você aprendeu pela primeira vez os nomes das estações do ano. Ao contrário, a **memória episódica** é um registro "autobiográfico" de experiências pessoais. Ela armazena eventos da vida (ou "episódios") todos os dias, ano após ano. Você consegue se lembrar do seu sétimo aniversário? Do seu primeiro encontro? De um acidente que você testemunhou? O primeiro dia na faculdade? O que você fez ontem? Todas essas são memórias episódicas. Observe que as memórias episódicas são sobre "o quê", "onde" e "quando" em nossas vidas. Elas são mais que uma simples capacidade de armazenar informações. Elas tornam possível viajar de volta no tempo e reviver eventos (Tulving, 2002).

As memórias episódicas duram tanto quanto as semânticas? De maneira geral, as memórias episódicas são esquecidas mais facilmente do que as semânticas. Isso porque constantemente uma nova informação vai em direção à memória episódica. Pare um momento e lembre-se de onde e quando você se encontrou pela primeira vez com o seu melhor amigo. Essa é uma memória episódica. Observe que agora você se lembra de que acabou de se lembrar de alguma coisa. Você tem uma nova memória episódica na qual você lembra que você lembrou enquanto estava lendo este texto! É fácil ver quanto exigimos da nossa memória.

Você se lembra de Kate, que foi descrita no começo do capítulo? O problema específico dela é a incapacidade de formar memórias episódicas. Com o passar dos anos, ela já foi capaz de armazenar informações suficientes de memória episódica para terminar a escola. Entretanto, sua memória episódica defeituosa torna sua vida diária uma luta (Vargha-Khadem et al., 1997).

Quantos Tipos de Memória?

Resumindo, é bem provável que existam três tipos de memória de longo prazo: de procedimentos, semântica e episódica (Mitchell, 1989; Squire et al., 1993) (◆Figura 7.4). Embora outros tipos de memória ainda possam ser descobertos, parece que algumas peças do quebra-cabeça já estão entrando no lugar.

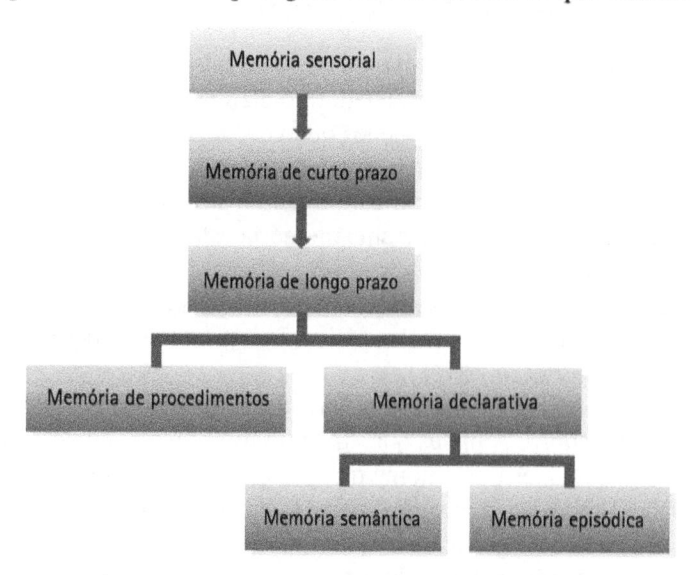

◆FIGURA 7.4 *No modelo mostrado aqui, a memória de longo prazo está dividida em memória de procedimentos (ações aprendidas e habilidades) e em memória declarativa (fatos armazenados). As memórias declarativas podem ser semânticas (conhecimento impessoal) ou episódicas (experiências pessoais associadas a tempos e lugares específicos).*

PAUSA PARA ESTUDO — MCP e MLP

RELACIONE

Os números de telefone estão divididos em código de área (três dígitos) e um número de oito dígitos, que está divido em quatro dígitos mais quatro. Você consegue relacionar essa prática com o MCP? E com colocar os itens em pedaços e gravá-los?

Pense como você usou sua memória na última hora. Veja se consegue identificar um exemplo de cada um destes itens: memória de procedimentos, memória declarativa, memória semântica e memória episódica.

VERIFICAÇÃO DO APRENDIZADO

1. Existem provas de que a MCP dura aproximadamente 18 segundos sem ensaio. V ou F?
2. As informações são mais bem transferidas da MCP para a MLP quando uma pessoa
   a. junta as informações em pedaços para manutenção
   b. faz recodificação para manutenção c. faz uma rede de elaboração d. faz ensaio para elaboração
3. O processamento construtivo é freqüentemente responsável pela criação de pseudomemórias. V ou F?
4. A estimulação elétrica do cérebro já demonstrou de forma conclusiva que todas são armazenadas permanentemente, mas nem todas podem ser recuperadas. V ou F?
5. As lembranças solicitadas sob hipnose são mais vívidas, completas e confiáveis do que as normais. V ou F?
6. _____ de informações relacionadas são um exemplo da estrutura ou da organização encontrada na MLP.
7. Memórias de procedimento são armazenadas na MCP, enquanto as memórias declarativas são armazenadas na MLP. V ou F?

Raciocínio Crítico

8. Os pais às vezes aconselham seus filhos a não lerem histórias em quadrinhos, temerosos de que eles aprenderão menos na escola se "tiverem a cabeça cheia de bobagens". Por que isso é desnecessário?

RESPOSTAS:

1. V 2. d 3. V 4. F 5. F 6. Redes 7. F 8. Porque quanto mais informações você tiver na memória de longo prazo, maiores possibilidades você terá de relacionar novas informações a elas. Geralmente, quanto mais você sabe, mais pode aprender – mesmo se um pouco do que você sabe seja "bobagem".

MEDIÇÃO DA MEMÓRIA – A RESPOSTA ESTÁ NA PONTA DA LÍNGUA

▶ **PERGUNTA PARA PESQUISA** *Como se mede a memória?*

Ou você se lembra de alguma coisa ou não se lembra, certo? Errado. Memórias parciais são comuns. Por exemplo, imagine que uma vendedora o atenda em uma loja de roupas. Você vai se lembrar dela seis meses depois? Provavelmente não – a menos que você a veja novamente no shopping. Se você se lembrar dela, então terá usado uma forma da memória parcial chamada de *reconhecimento*.

Memória parcial também é demonstrada pela situação de alguma coisa estar na **"ponta da língua" (PL)**. Essa é a sensação de que uma memória está disponível, mas não se consegue recuperá-la completamente. É como se uma resposta ou uma memória estivesse fora de alcance – na "ponta da língua". Por exemplo, em um estudo, as pessoas ouviram as músicas-tema de programas populares da TV. Então elas tentaram lembrar o nome do programa relacionado àquela música. Isso produziu experiência PL para aproximadamente uma em cada cinco músicas (Riefer et al., 1995).

Em outro estudo PL, estudantes universitários leram as definições de palavras como *sextante, sampan* e *cinza sombra*. Aqueles que "tiveram um branco" e não conseguiram nomear nenhuma dessas palavras deveriam dizer qualquer outro nome que pudessem. Com freqüência, eles conseguiam adivinhar corretamente a primeira e a última letra, e mesmo o número de sílabas da palavra que buscavam. Eles também mencionaram palavras que pareciam ou significavam a mesma coisa que a palavra definida (Brown e McNeill, 1966).

Bastante próximo do estado de PL está o fato de que as pessoas com freqüência podem dizer antecipadamente se se lembrarão alguma coisa, o que é chamado de *sensação de saber* (Nelson, 1987). As reações de sensação de saber são fáceis de observar em programas de jogos na televisão, nos quais elas ocorrem imediatamente antes de os concorrentes poderem responder.

Como a memória não é um evento de tudo ou nada, existem diversas maneiras de medi-la. Três tarefas de memória usadas normalmente (testes de memória) são a *lembrança*, o *reconhecimento* e o *reaprendizado*. Vamos ver as diferenças.

Lembrando Informações

Qual é o nome da primeira música no seu CD favorito? Quem ganhou a Copa Mundial este ano? Quem escreveu *Hamlet*? Se você consegue responder a essas perguntas, está usando a **lembrança**, uma recuperação direta de fatos ou informações. Testes de memória freqüentemente exigem uma memória *literal* de tudo o que foi dito (palavra por palavra). Se você estudar um poema até que possa recitá-lo sem ler, você estará se lembrando do poema. Ao responder a uma pergunta preenchendo as áreas em branco, você está usando a lembrança. Quando você responde a uma pergunta sobre um texto e fornece fatos e idéias, você também está usando a lembrança, mesmo que não saiba aquele ensaio de cor, palavra por palavra.

A ordem na qual as informações são memorizadas tem um efeito interessante na lembrança. Para vivenciá-la, tente memorizar a lista a seguir lendo-a apenas uma vez:

pão, maçãs, refrigerante, presunto, biscoitos doces, arroz, alface, beterrabas, mostarda, queijo, laranjas, sorvete, biscoitos salgados, farinha, ovos

Se você for como a maioria das pessoas, encontrará mais dificuldade para recordar os itens a partir do meio da lista. A ◆Figura 7.5 mostra os resultados de um teste semelhante. Observe que a maioria dos erros ocorre com os itens do meio de uma lista. Esse é o **efeito da posição na série**. Você pode lembrar-se dos últimos itens de uma lista porque eles ainda estão na MCP. Os primeiros itens também são lembrados corretamente porque entraram em uma memória de curto prazo "vazia", permitindo que você ensaie os itens para que eles possam ir para a memória de longo prazo (Medin e Ross, 1992). Os itens do meio de uma lista ordenada não são mantidos na memória de curto prazo, nem mandados para a memória de longo prazo. Freqüentemente, eles são perdidos.

Ponta da língua Sensação de que uma memória está disponível, mas não se consegue recuperá-la totalmente.

Lembrança Fornecer ou reproduzir informações memorizadas com um mínimo de dicas externas.

Efeito da posição na série A tendência de cometer mais erros quando se lembra dos itens no meio de uma lista ordenada.

Reconhecimento das Informações

Tente escrever tudo o que você consegue se lembrar de ter aprendido em uma aula a que assistiu no ano passado. (Você tem três minutos, que deve ser um tempo mais do que suficiente!) Se conseguir fazer isso, você poderá chegar à conclusão de que aprendeu muito pouco. Entretanto, um teste mais sensível, baseado no reconhecimento, pode ser usado.

Na **memória de reconhecimento**, o material aprendido anteriormente é identificado corretamente. Por exemplo, você pode fazer um teste de múltipla escolha sobre os fatos e idéias do curso. Uma vez que você só teria de reconhecer as respostas corretas, provavelmente descobriria que aprendeu bastante.

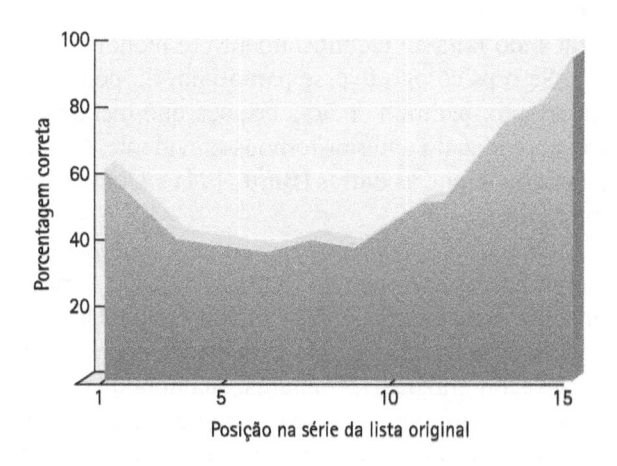

◆FIGURA 7.5 *O efeito da posição na série. O gráfico mostra a porcentagem de sujeitos que lembram corretamente cada item em uma lista de 15 itens. A lembrança é melhor para os primeiros e últimos itens. (Dados de Craik, 1970.)*

A memória de reconhecimento pode ser incrivelmente precisa para imagens, fotografias ou outras informações visuais. Um investigador mostrou a algumas pessoas 2.560 fotografias a uma velocidade de uma foto a cada dez segundos. Depois, cada uma das pessoas viu 280 pares de fotografias. Cada par incluía uma das fotos "antigas" (do primeiro conjunto de fotos) e uma imagem "nova" semelhante. Os sujeitos foram capazes de identificar de 85% a 95% das fotografias que eles tinham visto anteriormente (Haber, 1970). Essa descoberta pode explicar por que as pessoas dizem sempre "posso esquecer um nome, mas nunca esqueço um rosto" (é também por isso que raramente precisamos ver as fotografias das férias dos nossos amigos mais do que uma vez).

O reconhecimento é geralmente superior à lembrança, fato pelo qual a polícia usa fotos ou uma linha para identificar suspeitos. As testemunhas que discordam quando tentam lembrar a altura, o peso, a idade ou a cor dos olhos de um suspeito geralmente concordam plenamente quando apenas o reconhecimento é exigido.

O reconhecimento é sempre superior? Depende muito do tipo de *distração* usado. Existem itens falsos incluídos em um conjunto no qual um item deve ser reconhecido. Se as distrações são muito semelhantes ao item correto, a memória poderá ser fraca. Um problema ao contrário ocorre quando apenas uma opção parece ser a correta, o que pode produzir um *falso positivo*, ou um falso sentido de reconhecimento, como a memória falsa que você teve antes quando pensou que lembrava ter visto a palavra *dormir* na lista.

Devem existir situações em que as testemunhas descrevem um criminoso como alto, negro ou jovem. Então, a linha de identificação do criminoso é feita onde há apenas o suspeito, que é negro, entre outros brancos, ou o único que é alto ou jovem. Nesses casos, uma identificação falsa pode acontecer. Um método melhor é fazer com que *todas* as distrações se pareçam com a pessoa que as testemunhas descreveram. E as testemunhas devem ser avisadas de que o culpado *pode não estar presente*. Isso reduz respostas positivas falsas e aumenta as identificações precisas (Wells et al., 1999). A pior situação ocorre quando apenas uma pessoa é apresentada como o suspeito, caso em que falsas identificações de pessoas inocentes parecidas com o criminoso são um perigo real (Yarmey et al., 1996). Realmente, centenas de pessoas já foram para a cadeia com base em lembranças erradas de testemunhas oculares. Para evitar erros trágicos, é bem melhor mostrar às testemunhas uma foto por vez (uma linha de identificação seqüencial). A cada foto, a testemunha deve decidir se a pessoa é o culpado antes de ver outra foto (Wells, 2001).

Reaprender as Informações

Em uma experiência clássica, um psicólogo lê uma passagem curta em grego para o seu filho. Ele fez isso todos os dias quando o menino tinha entre 15 meses e 3 anos de idade. Aos 8 anos, perguntaram ao menino se ele se lembrava da passagem em grego. Ele não demonstrou nenhum sinal de que se lembrava. Mostraram-lhe então partes da passagem que ele ouvira e partes de

Memória de reconhecimento Capacidade de identificar corretamente informações aprendidas anteriormente.

outros textos em grego. Ele reconheceu a que ouvira quando pequeno? "Isto é tudo grego para mim!", disse ele, indicando falta de reconhecimento (e fechou a cara para todos na sala).

Se o psicólogo tivesse parado por aí, poderia ter concluído que nenhuma lembrança de grego tinha ficado. Entretanto, pediram então à criança que memorizasse o texto original e outros igualmente difíceis. Dessa vez, seu aprendizado anterior tornou-se evidente. O garoto memorizou a passagem que ouvira na infância 25% mais depressa do que as outras (Burtt, 1941). Como essa experiência sugere, **reaprender** é a medida mais sensível da memória.

Quando se testa uma pessoa por meio do reaprendizado, como sabemos que uma memória ainda existe? Como no caso do menino, o reaprendizado é medido por uma *nota de economia* (quantidade de tempo economizado no reaprendizado das informações). Digamos que você demore uma hora para memorizar todos os nomes de uma lista telefônica. (É uma cidade pequena.) Dois anos depois você vai reaprendê-los em 45 minutos. Como você "economizou" 15 minutos, sua nota de economia será 25% (15 dividido por 60 vezes 100). As economias desse tipo são uma boa razão para que se estude uma vasta gama de matérias. Pode parecer que aprender álgebra, história ou uma língua estrangeira seja um desperdício se você não usar o conhecimento imediatamente. Mas quando você precisar daquelas informações, será capaz de reaprendê-las rapidamente.

Memórias Implícitas e Explícitas

Muitas memórias permanecem fora da consciência. Por exemplo, se você sabe datilografar, sabe onde as letras estão no teclado. Mas será que bons datilógrafos conseguem identificar teclas em branco no desenho de um teclado? Muita gente acha que eles não conseguem lembrar diretamente tais informações, mesmo que "saibam" o lugar das teclas.

Quais foram os três últimos presidentes dos Estados Unidos? O que você comeu hoje no café da manhã? Qual é o nome do álbum mais vendido de Elton John? A memória explícita é usada para responder a cada uma dessas perguntas. As **memórias explícitas** são experiências passadas trazidas para a mente de forma consciente. A lembrança, o reconhecimento e os testes que você faz na escola baseiam-se em memórias explícitas. Ao contrário, as **memórias implícitas** ficam fora da consciência (Roediger, 1990). Ou seja, nós não temos consciência de que uma lembrança existe. Mesmo assim, as memórias implícitas – como o conhecimento inconsciente de onde as letras do teclado estão – influenciam bastante o nosso comportamento (Neath, 2002).

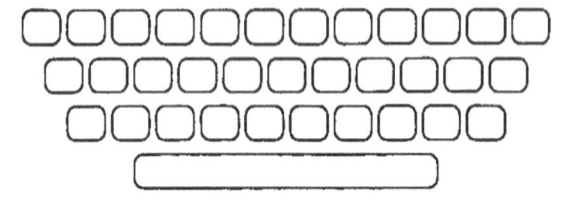

Você consegue pôr as letras nas teclas em branco deste teclado? Se puder, você vai usar a memória implícita para fazê-lo.

Reaprendizado Aprender de novo algo que foi aprendido anteriormente. Usado para medir a memória do aprendizado anterior.

Memória explícita Memória que uma pessoa tem consciência de possuir; uma memória que é recuperada conscientemente.

Memória implícita Memória que uma pessoa não sabe que existe; uma memória que é recuperada inconscientemente.

Ativação Facilitar a recuperação de uma memória implícita usando dicas para ativar as lembranças escondidas.

Ativação

Como é possível mostrar que uma lembrança existe se ela fica fora da consciência? Os psicólogos observaram a memória implícita pela primeira vez quando estavam estudando a perda de memória causada por ferimentos no cérebro. Digamos, por exemplo, que mostremos a um paciente uma lista de palavras comuns, como *cadeira, árvore, lâmpada, mesa* etc. Alguns minutos depois, pede-se ao paciente que se lembre das palavras na lista. Infelizmente, ele não se lembra.

Mas em vez de pedirmos ao paciente que se lembre explicitamente da lista, agora nós "ativamos" sua memória, dando a ele as duas primeiras letras de cada palavra. "Gostaríamos que você dissesse uma palavra que começa com estas letras", dizemos. "Diga o que vier à sua cabeça." Claro, muitas palavras começam com aquelas duas letras. Por exemplo, as primeiras duas letras de cadeira seriam CA. O paciente poderia dizer "calma", "calamidade", "camelo", "calado", ou muitas outras palavras. Mas ele diz "cadeira", uma palavra da lista original. O paciente não tem consciência de que se lembra da lista, mas quando diz uma palavra para cada par de letras, quase todas são da lista. Aparentemente, as letras **ativam** (estimulam) as lembranças escondidas, que então influenciarão as respostas.

Efeitos semelhantes foram encontrados em pessoas com lembranças normais. Como está subentendido no exemplo anterior, as memórias implícitas são reveladas com freqüência se dermos algumas pistas, como as primeiras letras das palavras ou desenhos parciais dos objetos. Normalmente, a pessoa acredita que está dizendo apenas o que lhe vem à cabeça. Mesmo assim, as informações vistas ou ouvidas anteriormente afetam suas respostas (Roediger, 1990). Os nutricionistas costumam dizer que "Você é o que você come". Nos domínios da memória, parece que nós somos o que vivenciamos – muito mais do que percebemos.

MEMÓRIA EXCEPCIONAL – ASES DA LEMBRANÇA

▶ **PERGUNTA PARA PESQUISA**   *O que é memória "fotográfica"?*

Você consegue se lembrar de quantas portas existem em sua casa ou apartamento? Para responder a uma pergunta assim, muita gente forma uma **imagem interna** (imagens mentais) de cada cômodo e conta as portas que visualiza. Como está implícito nesse exemplo, muitas lembranças são armazenadas como imagens mentais (Dewhurst e Conway, 1994).

Stephen Kosslyn, Thomas Ball e Brian Reiser (1978) descobriram uma forma interessante de mostrar que as memórias existem realmente como imagens. As pessoas primeiro memorizavam um tipo de mapa do tesouro semelhante ao mostrado na ◆Figura 7.6a. Então, pedia-se a elas para imaginar um ponto negro movendo-se de um dos objetos no mapa, como uma das árvores, outro objeto também no mapa, como a cabana no alto da ilha. Os participantes realmente formavam uma imagem para cumprir a tarefa? Parece que sim. Como mostrado na ◆Figura 7.6b, o tempo levado para "movimentar" o ponto negro estava diretamente relacionado às distâncias reais no mapa.

A tarefa do "mapa do tesouro" é um exemplo de memória fotográfica? De certa forma, as imagens internas da memória têm realmente uma qualidade "fotográfica". Entretanto, o termo memória fotográfica é com mais freqüência usado para descrever imagens eidéticas.

Imagens Eidéticas

Imagens eidéticas ocorrem quando uma pessoa tem imagens visuais claras o suficiente para serem "escaneadas" ou retidas por pelos menos 30 segundos. Imagens internas de memória podem ser "vistas" mentalmente com os olhos fechados. As imagens eidéticas, no entanto, são "projetadas" diante da pessoa. Ou seja, elas são mais bem "visualizadas" em uma superfície plana, como uma folha de papel em branco. Nesse aspecto, as imagens eidéticas são um pouco como pós-imagens que você pode ver depois de olhar para um flash ou uma luz brilhante de néon (Kunzendorf, 1989).

Imagens internas Imagens mentais ou visuais usadas na memória e no pensamento.

Imagens eidéticas A capacidade de reter uma imagem mental "projetada" por tempo suficiente para usá-la como fonte de informação.

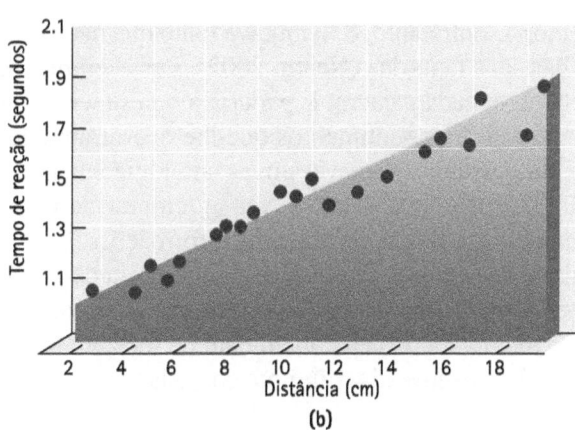

◆FIGURA 7.6
(a) *O "mapa do tesouro" semelhante ao usado por Kosslyn, Ball e Reiser (1978) para estudar as imagens da memória.* (b) *Este gráfico mostra quanto tempo levou para os participantes se movimentarem de um lugar visualizado em suas imagens mentais dentro do mapa real. (Ver texto com explicação.)*

As imagens eidéticas ocorrem mais freqüentemente na infância, e oito crianças em cada cem têm imagens eidéticas. Em uma série de testes, mostra-se para crianças um desenho do livro *Alice no país das maravilhas* (♦Figura 7.7). Para testar se você é capaz de criar imagens eidéticas, olhe para o desenho e leia as instruções.

Agora, vejamos de quanto você se lembra. Você consegue dizer (sem olhar de novo) qual das fitas do avental de Alice é mais longa? As patas dianteiras do gato estão cruzadas? Quantas listras existem na cauda do gato? Depois de retirarem o desenho, perguntaram a um garoto de dez anos o que ele estava vendo. Ele respondeu: "Eu vejo uma árvore, uma árvore cinza com três galhos. Eu vejo um gato com listras na cauda". Pediram para que ele contasse as listras e o menino respondeu: "Mais ou menos 16" (que está correto!). O menino então continuou a descrever o desenho com um incrível nível de detalhes (Haber, 1969).

Não fique desapontado se você não se saiu bem quando testou sua habilidade eidética. A maioria das imagens eidéticas desaparece durante a adolescência e torna-se rara em adultos (Kuzendorf, 1989). Na verdade, isso pode não ser uma grande perda. A maioria das pessoas que memoriza de forma eidética não tem uma memória de longo prazo melhor do que a média.

♦FIGURA 7.7 *Testes com imagens como o utilizado para identificar crianças com imagens eidéticas. Para testar sua capacidade de imaginar imagens eidéticas, olhe para esse desenho por 30 segundos. Depois, olhe para uma superfície em branco e tente "projetar" o desenho ali. Se você tiver uma boa capacidade de imagens eidéticas, será capaz de ver o desenho em detalhes naquela superfície. Volte agora para o texto e tente responder às perguntas. (Redesenhado de uma ilustração de* Alice no país das maravilhas, *de Lewis Carroll.)*

Memória Excepcional

Vamos voltar agora ao conceito de imagens internas da memória. Em raras situações, tais imagens são tão vívidas que seria razoável dizer que a pessoa tem "memória fotográfica". Um exemplo notável foi relatado por Aleksandr Luria (1968) em seu livro *The mind of a mnemonist*. Luria estudou um homem chamado S. que tinha uma memória praticamente ilimitada para imagens visuais. S. se lembrava de quase tudo que tinha acontecido consigo com uma precisão incrível. Luria tentou testar a memória de S. usando listas cada vez mais longas de palavras e números, e S. era capaz de lembrá-las sem erros. Ele podia memorizar com a mesma facilidade linhas de números, sílabas sem sentido, fórmulas matemáticas e poemas em línguas estrangeiras. Sua memória era tão poderosa que ele tinha de inventar formas para *esquecer* – como escrever informações em um pedaço de papel e queimá-los.

As habilidades de S. pareceriam fantásticas para Cef-Wol (nossa visitante do planeta Gex), como seriam para qualquer estudante da memória. Entretanto, S. lembrava tanto que não conseguia separar os fatos importantes dos corriqueiros, ou os fatos das suas fantasias (Neath, 2002). Por exemplo, se você pedisse para que ele lesse este capítulo, ele conseguiria lembrar cada palavra. E poderia ainda se lembrar de todas as imagens que cada palavra evocou e todas as visões, os sons e os sentimentos que lhe ocorreram enquanto lia. Para S., portanto, encontrar a resposta para uma pergunta específica, escrever um ensaio lógico ou mesmo entender uma simples sentença era muito difícil. Se você não tiver memória seletiva, vai se lembrar de todos os ingredientes na caixa de cereais, todos os nomes de rua que já viu, e outras incontáveis informações.

Poucas pessoas na história tiveram a capacidade de memória de S. Mesmo assim, você deve conhecer pelo menos uma pessoa que tem uma memória particularmente boa. A memória superior é um dom biológico? Ou aqueles que são capazes de memorizar excepcionalmente bem fazem um uso melhor do que a média das capacidades normais da memória? Vamos investigar um pouco mais.

Estratégias para Ajudar a Memória

Inicialmente, um estudante voluntário chamado Steve conseguia se lembrar de números de sete dígitos – um feito normal para um estudante universitário. Ele conseguiria mais com a prática? Durante 20 meses, Steve exercitou a memorização de listas de dígitos cada vez mais longas. Finalmente, ele foi capaz de memorizar aproximadamente 80 dígitos, como no exemplo:

9284204805084226895399019025291280799970
6606574717310601080585269726026357332135

Como Steve conseguiu fazer isso? Basicamente, ele trabalhou criando pedaços de dígitos, transformando-os em grupos com sentido para ele, contendo três ou quatro dígitos cada. Steve era muito interessado em corridas de longa distância, o que o ajudou bastante. Por exemplo, para ele, os primeiros três dígitos da lista representavam 9 minutos e 28 segundos, um tempo bom para uma corrida de 3,2 km. Quando os tempos de corrida não funcionavam, Steve usava outras associações, como idades ou datas, para agrupar os dígitos (Ericsson e Chase, 1982). Parece que o sucesso de Steve baseou-se em estratégias de aprendizado. Usando sistemas de memória semelhantes, outras pessoas já treinaram para igualar o feito dele (Bellezza et al., 1992).

O psicólogo Anders Ericsson acredita que uma memória excepcional é apenas uma extensão aprendida da memória normal. Como prova, ele observa que a memória de curto prazo de Steve não melhorou durante os meses de exercício. Por exemplo, Steve conseguia ainda memorizar apenas sete consoantes. Sua memória fenomenal para números cresceu conforme ele criou novas formas de codificar dígitos para armazená-los na MLP. Steve começou com uma memória normal para dígitos e estendeu sua memória por meio de uma prática intensa. Evidentemente, uma memória excepcional pode ser aprendida (Neath, 2002). Entretanto, ainda ficamos pensando: Será que algumas pessoas têm naturalmente uma memória superior?

Campeões da Memória

Todos os anos, um Campeonato Mundial de Memória acontece na Inglaterra. Muitos atletas mentais competem para ver quem tem a melhor memória. Para permanecer na competição, cada concorrente tem de memorizar rapidamente quantidades impressionantes de informações, como longas listas de palavras e números não-relacionados. Os psicólogos John Wilding e Elizabeth Valentine viram nesse evento uma oportunidade de estudar pessoas com memória excepcional, e convenceram os concorrentes a fazer alguns testes de memória adicionais. Os exercícios iam de coisas comuns (lembrar uma história), passavam por exercícios difíceis (lembrar números de telefone de seis pessoas diferentes), até chegar a exercícios simplesmente diabólicos (lembrar 48 numerais organizados em fileiras e colunas; reconhecer 14 imagens vistas anteriormente de flocos de neve entre 70 novas fotos) (Wilding e Valentine, 1994a).

Wilding e Valentine descobriram que pessoas com memórias excepcionais:

• Usam estratégias e técnicas de memória
• Têm interesses e conhecimentos especializados que fazem com que certos tipos de informação sejam mais fáceis de codificar e lembrar
• Com freqüência, têm habilidades de memória naturalmente superiores, inclusive imagens mentais vívidas

Os primeiros dois pontos confirmam o que aprendemos sobre as habilidades da memória adquiridas por Steve. Muitos dos concorrentes, por exemplo, usavam ativamente as estratégias de memória chamadas *mnemônicas*. Interesses e conhecimentos especializados também ajudam em algumas tarefas. Por exemplo, um concorrente, que era matemático, foi excepcionalmente bem na memorização de números (Wilding e Valentine, 1994a).

Muitos dos concorrentes do concurso de memória foram capazes de ir muito bem em tarefas que evitavam o uso de estratégias e técnicas aprendidas. Essa observação indica que uma capacidade de memória superior pode ser tanto um "dom" quanto uma capacidade aprendida. Wilding e Valentine concluíram que uma memória excepcional pode-se basear tanto em uma capacidade natural quanto em

```
8 7 3 7 9 2 6 8
2 0 1 1 7 4 9 5
0 1 7 5 8 7 8 3
1 9 4 7 6 0 6 9
3 6 1 6 8 1 5 4
4 5 2 4 0 2 9 7
```

Esta matriz de números é semelhante à que os concorrentes do campeonato mundial de memória têm de memorizar. Para ganhar o ponto, os dígitos precisam ser lembrados na posição correta (Wilding e Valentine, 1994a).

estratégias aprendidas. Em geral, ela exige ambos. Realmente, a maioria das pessoas que memoriza muito bem usa estratégias para aumentar seus talentos naturais sempre que possível. Algumas das estratégias estão descritas na seção Psicologia em Ação deste capítulo. Lembre-se de lê-la.

PAUSA PARA ESTUDO — Medindo a Memória e a Memória Excepcional

RELACIONE

Você vivenciou o estado de PL recentemente? Você foi capaz de recuperar a palavra que estava buscando? Se não, o que você conseguiu lembrar sobre ela?

Você prefere testes baseados primariamente na lembrança ou no reconhecimento? Já observou um efeito de economia quando estava aprendendo informações que estudou no passado (no colegial, por exemplo)?

Você consegue pensar nas coisas que faz que se baseiam em memórias implícitas? Por exemplo, como você sabe para que lado tem de virar as diferentes maçanetas da sua casa, apartamento ou alojamento? Você tem de pensar explicitamente "Virar para a esquerda" antes de agir?

De que tipos de informação você se lembra bem? Por que você acha que a sua memória funciona melhor nesses tópicos?

VERIFICAÇÃO DO APRENDIZADO

A menos que você tenha uma memória como a de S., pode ser uma boa idéia ver se consegue responder a estas perguntas antes de continuar a leitura.

1. Quatro técnicas para medir ou demonstrar a memória são _____.
2. Testes de ensaio exigem _____ de fatos ou idéias.
3. Como medida de memória, um valor de economia é associado a _____
   a. reconhecimento   b. imagens eidéticas
   c. aprendizado   d. reconstrução
4. Testes de memória _____ são projetados para revelar a influência das informações que estão armazenadas, mas permanecem inconscientes.
5. Crianças com capacidade de imagens eidéticas geralmente não têm uma memória de longo prazo melhor do que a média. V ou F?
6. Para ir bem nos testes de memória, deve-se ter nascido com uma capacidade de memória naturalmente superior. V ou F?

Raciocínio Crítico

7. S. tem uma grande dificuldade de se lembrar de rostos. Você sabe por quê?

RESPOSTAS:

1. lembrança, reconhecimento, aprendizado, ativação 2. lembrança 3.c 4. implícita 5.V 6.F 7. A memória de S. era tão específica que os rostos pareciam diferentes ou não familiares se ele os via de um novo ângulo, ou se o rosto tivesse uma expressão diferente daquela que ele viu da última vez.

ESQUECIMENTO — POR QUE NÓS, AH, VEJAMOS; POR QUE NÓS, AH . . . ESQUECE!

▶ **PERGUNTA PARA PESQUISA**   *O que causa o esquecimento?*

Por que perdemos algumas lembranças tão rapidamente? Por exemplo, por que é difícil se lembrar de fatos que você aprendeu para um teste apenas uma ou duas semanas depois? Esquecer é um dos aspectos mais aborrecidos da memória. Por que esquecemos? Novamente, quanto mais você sabe como "perdemos" as memórias, mais você será capaz de mantê-las.

A maioria dos esquecimentos ocorre imediatamente após a memorização. Em um famoso conjunto de experiências, Herman Ebbinghaus (1885) testou sua própria memória várias vezes depois de estudar. Ebbinghaus queria ter certeza de que não seria influenciado pelo aprendizado anterior, então ele memorizou *sílabas sem sentido*, como WOL e GEX, grupos de três letras sem sentido. A importância de usar palavras sem sentido é demonstrada pelo fato de que alguns conjuntos de letras de fácil associação não são mais usados em testes de memória. Certos conjuntos de letras podem ser facilmente reconhecidos, como, por exemplo, OMO, nome do famoso sabão em pó, e por isso são considerados fáceis demais. Esse é um outro lembrete de que a memória melhora quando você relaciona novas informações ao que já sabe. (Cef-Wol, do planeta Gex, achou OMO e ODD difíceis de lembrar, mas WOL e GEX eram bastante fáceis para ela.)

Ebbinghaus esperou diferentes períodos de tempo antes de se testar, e planejou uma **curva de esquecimento**. O gráfico da ◆Figura 7.8 mostra a quantidade de informações lembradas depois de diferentes períodos de tempo. Como Ebbinghaus foi muito cuidadoso em seu trabalho, suas descobertas permanecem válidas ainda hoje. Observe que esquecer é rápido no início, mas acontece um declínio mais lento do esquecimento com o passar do tempo. O mesmo se aplica a informações com sentido, mas a curva do esquecimento se alonga por um período mais longo. Como sabemos, eventos recentes são lembrados mais detalhadamente do que aqueles do passado remoto (O'Conner et al., 2000). Assim, você tende a se lembrar mais claramente de que o filme *Gladiador* ganhou o Oscar em 2000, e não de que *Os Imperdoáveis* ganhou o Oscar em 1992.

Como estudante, você deve observar que ocorre um pequeno esquecimento no período entre o estudo e o teste. Entretanto, isso não é razão para estudar demais na véspera do teste. O erro da maioria dos estudantes é estudar muito apenas na véspera. Se você estudar demais nesse período, não vai precisar lembrar por muito tempo até o teste, mas poderá não aprender o suficiente. Se você fizer pequenas sessões de estudo diárias e revisar intensamente antes de um exame, terá o benefício de uma boa preparação dentro de um período mínimo antes da prova.

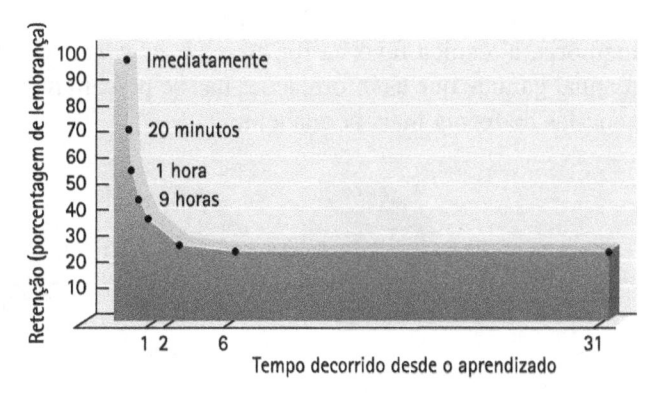

◆FIGURA 7.8 *Curva de esquecimento. Este gráfico mostra a quantidade lembrada (medida pelo reaprendizado) depois de diferentes períodos de tempo. Observe como o esquecimento é rápido. O material aprendido eram sílabas sem sentido. As curvas de esquecimento de informações significativas também mostram perdas prematuras seguidas por um declínio longo e gradual, mas, ao todo, o esquecimento ocorre muito mais lentamente. (De acordo com Ebbinghaus, 1885.)*

A curva de Ebbinghaus mostra que menos de 30% é lembrado apenas dois dias depois do aprendizado. O esquecimento é assim tão rápido mesmo? Não, nem sempre. Informações com significado não se perdem tão rapidamente como assuntos sem sentido. Por exemplo, estudantes que terminaram a faculdade de psicologia levaram aproximadamente três anos para esquecer 30% do que aprenderam. Depois disso, pouco esquecimento ocorreu (Conway et al., 1992). Realmente, conforme o aprendizado se fortalece, alguns conhecimentos podem tornar-se praticamente permanentes. Memórias semânticas e implícitas (ambas mencionadas anteriormente) parecem ser duradouras (Bower, 1990).

"Nunca vou esquecer o velho... como é mesmo o nome dele?" O esquecimento é frustrante e embaraçoso. *Por que esquecemos?* A curva de Ebbinghaus dá um panorama geral do esquecimento, mas não o explica. Para entender o esquecimento, precisamos pesquisar mais.

Quando a Codificação Falha

De quem é a efígie que está na moeda norte-americana de um centavo? Para que lado ela está voltada? O que está escrito no alto da moeda? Você consegue descrever exatamente a frente e o verso da moeda? Em uma experiência interessante, Ray Nickerson e Marilyn Adams (1979) pediram a um grande grupo de estudantes para desenhar uma moeda de um centavo. Poucos foram capazes. Será que os estudantes conseguiram pelo menos distinguir o desenho de uma moeda verdadeira do desenho de uma falsa? (Ver ◆Figura 7.9.) Novamente, poucos conseguiram.

A razão mais óbvia do esquecimento é também aquela à qual menos se presta atenção. Em muitos casos, nós "esquecemos" por causa de uma **falha de codificação**. Ou seja, para começar, a memória nunca se formou. Obviamente, poucos de nós codificam os detalhes de uma moeda de um centavo. Se você estiver chateado porque esquece coisas freqüentemente, seria bom se perguntar: "Para começar, será que estou armazenando as informações?". Se você tende a ser distraído, a falha de codificação é provavelmente a causa do problema (Schacter, 1999). (Falhas de codificação também afetam suas lembranças sobre as pessoas. Veja "Estudantes Universitários São Todos Iguais!".)

Curva de esquecimento Gráfico que mostra a quantidade de informações memorizadas lembradas depois de diferentes períodos de tempo.

Falha de codificação Falha no armazenamento de informações suficientes para formar memórias úteis.

Quando perguntaram a 140 professores universitários qual as estratégias que eles usavam para melhorar a memória, a técnica favorita foi *escrever as coisas* (Park et al., 1990). Tomar nota ou usar uma agenda pessoal manual garante que as informações não se percam na memória de curto prazo antes que se possa revê-las e armazená-las de forma mais permanente.

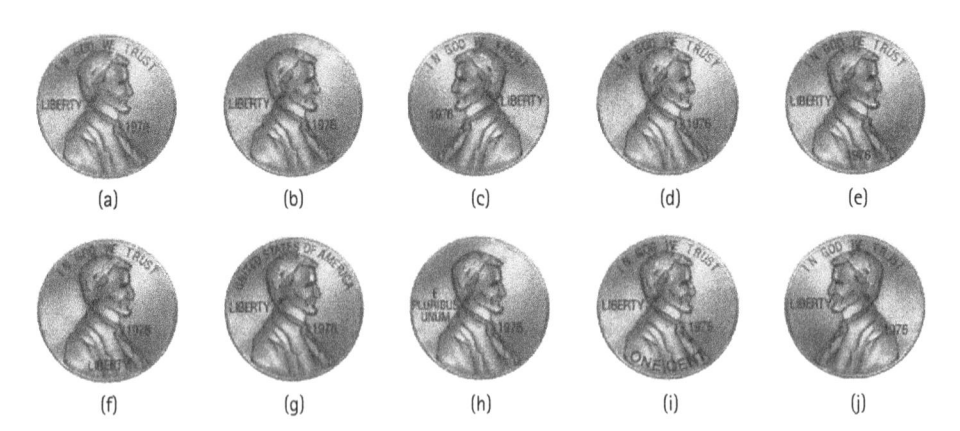

◆ FIGURA 7.9 *Alguns dos fatores de distração usados em um estudo de memória de reconhecimento e falha de codificação. A moeda A está correta, mas foi reconhecida por poucos. As moedas G e J foram as respostas erradas mais dadas. (Adaptado de Nickerson e Adams, 1979.)*

DIVERSIDADE HUMANA — Estudantes Universitários São Todos Iguais!

Imagine-se na seguinte situação: você está andando pelo *campus* quando um jovem, que parece um universitário, aborda você e pede informações. Enquanto você está falando, dois trabalhadores carregando uma porta passam entre você e o jovem. Enquanto sua visão fica bloqueada pela porta, um outro homem toma o lugar do primeiro. Agora você está encarando uma pessoa diferente da que estava na sua frente a apenas alguns segundos. Se isso acontecesse, você acha que perceberia a mudança? É impressionante saber que apenas metade das pessoas testadas notou a troca (Simons e Levin, 1998)!

Como alguém pode não notar que um estranho foi substituído por outro? As pessoas que não se lembraram do primeiro homem eram todas adultos mais velhos. Os universitários perceberam a troca. Os autores desse estudo, Daniel Simons e Daniel Levin, acreditam que adultos mais velhos codificaram o primeiro homem em termos bem gerais, como um "universitário". Assim, isso foi tudo o que lembraram dele. Como a pessoa que o substituiu também parecia um universitário, eles pensaram que era a mesma pessoa (Simons e Levin, 1998).

Na realidade, tais falhas de memórias não são tão surpreendentes quanto parecem. Todos nós tendemos a categorizar estranhos de acordo com o grupo a que eles pertencem: a pessoa é velha ou jovem, homem ou mulher, um membro deste ou daquele grupo étnico. Essa tendência de codificar apenas as informações gerais sobre estranhos é a razão pela qual as testemunhas oculares se saem melhor identificando membros do seu próprio grupo étnico do que pessoas de outros grupos (Kassin et al., 2001). Pode parecer grosseiro dizer isso, mas quando os contatos sociais são breves ou superficiais, as pessoas realmente agem como se os membros de outros grupos étnicos fossem "todos iguais". Evidentemente, esse preconceito desaparece quando conhecemos melhor os membros específicos de outros grupos. Daí codificamos mais detalhes sobre cada pessoa, o que nos permite reconhecê-las e apreciá-las como indivíduos.

Decadência da Memória

Traços de memória Mudanças físicas nas células nervosas ou na atividade do cérebro que ocorrem quando as memórias são armazenadas.

Decadência da memória O desvanecimento ou enfraquecimento das memórias que deve ocorrer quando os traços de memória se tornam mais fracos.

Uma abordagem do esquecimento diz que **traços de memória** (mudanças nas células nervosas ou na atividade cerebral) **decaem** (desvanecem ou enfraquecem) com o passar do tempo. A decadência parece ser um fator da perda das memórias sensoriais. Esses desvanecimentos também se aplicam à memória de curto prazo. As informações armazenadas na MCP parecem iniciar uma agitação no cérebro que morre rapidamente. A memória de curto prazo, portanto, opera como um "balde vazando": novas informações entram constantemente, mas rapidamente se desvanecem e são substituídas por informações ainda mais novas.

Digamos que você esteja tentando lembrar-se de uma lista curta de letras, números ou palavras depois de vê-la ou ouvi-la uma vez. Se levar mais de quatro a seis segundos para repetir a lista, você vai esquecer alguns dos itens (Dosher e Ma, 1998).

Falta de Uso

Será que a decadência dos traços de memória também explica o esquecimento de longo prazo? Ou seja, os traços de memória de longo prazo podem apagar-se por **falta de uso** (recuperação pouco freqüente) e finalmente se tornam fracos demais para serem recuperados? Existem provas de que as memórias não-recuperadas nem usadas, ou não-ensaiadas, tornam-se mais fracas com o passar do tempo (Schacter, 1999). Entretanto, apenas a falta de uso não pode explicar completamente o esquecimento.

A falta de uso não parece ser responsável pela nossa capacidade de recuperar memórias também esquecidas por meio da redintegração, do reaprendizado ou da ativação. Também não explica por que algumas memórias não-usadas se apagam, enquanto outras duram a vida toda. Uma terceira contradição pode ser percebida por qualquer um que passou algum tempo com pessoas de idade. As pessoas que começam a ficar senis tornam-se tão esquecidas que não conseguem lembrar o que aconteceu há uma semana. Mas, ao mesmo tempo que as memórias recentes do seu tio Oscar estão desaparecendo, ele poderá ter vívidas memórias de eventos triviais esquecidos do passado. "Eu me lembro disso claramente, como se tivesse acontecido ontem", ele vai dizer, esquecendo que vai contar a história que já contou naquele mesmo dia. Resumindo, a falta de uso oferece apenas uma explicação parcial do esquecimento de longo prazo.

Se a decadência e a falta de uso não explicam o esquecimento completamente, então qual é a explicação? Vamos considerar rapidamente outras possibilidades.

Esquecimento Dependente de Pistas

Com freqüência, as memórias parecem estar *disponíveis*, mas não *acessíveis*. Um exemplo é ter uma resposta "na ponta da língua". Você sabe que a resposta está lá, mas ela fica "fora do seu alcance". Isso sugere que muitas memórias são "esquecidas" porque estão faltando **pistas de memória** (estímulos associados à memória) quando chega o momento de recuperar as informações. Por exemplo, caso perguntem: "O que você estava fazendo na segunda-feira à tarde na terceira semana de março há dois anos?", sua resposta será: "Tenha paciência! Como é que eu vou saber?". Entretanto, se alguém lembrar que "Foi aquele dia que o tribunal pegou fogo", ou "Foi naquele dia que a Stacy sofreu o acidente de carro", você se lembrará imediatamente.

A presença de pistas adequadas quase sempre melhora a memória (Nairne, 2002). Teoricamente, por exemplo, a memória será mais clara se você estudar na mesma sala onde vai fazer o teste. Como isso geralmente é impossível, ao estudar, tente visualizar a sala onde fará o teste. Fazer isso melhora a memória posteriormente (Jerabek e Standing, 1992). Uma descoberta semelhante é que as pessoas lembram melhor se o mesmo cheiro (como de limão ou lavanda) estiver presente quando elas estudam e são testadas (Parker et al., 2001). Se você usar um determinado perfume ou colônia enquanto se prepara para um teste, seria bom usá-los quando fizer o teste.

Aprendizado Dependente do Estado

Você já ouvia a história do bêbado que perdeu a carteira e teve de ficar bêbado de novo para poder encontrá-la? Embora ela seja contada como piada, não está muito longe da realidade. O estado físico que existe durante o aprendizado pode ser uma pista forte para a memória posterior, um efeito conhecido como **aprendizado dependente do estado** (Neath, 2002). Estar com muita sede, por exemplo, pode fazê-lo lembrar eventos que ocorreram em outra

Pistas externas como as que se pode encontrar em uma fotografia, em um caderno de anotações ou durante uma caminhada em um bairro antigo geralmente ajudam-nos a lembrar de memórias aparentemente perdidas. Para muitos veteranos de guerra, encontrar um nome familiar gravado no Memorial dos Veteranos do Vietnã libera um número enorme de memórias.

Falta de uso Teoria de que os traços de memória enfraquecem quando as memórias não são periodicamente usadas e recuperadas.

Pista de memória Qualquer estímulo associado a uma determinada memória. As pistas de memória geralmente melhoram a recuperação.

Aprendizado dependente do estado Memória influenciada pelo estado físico de uma pessoa no momento do aprendizado e no momento da recuperação. Memórias mais claras ocorrem quando o estado físico é o mesmo nas duas situações.

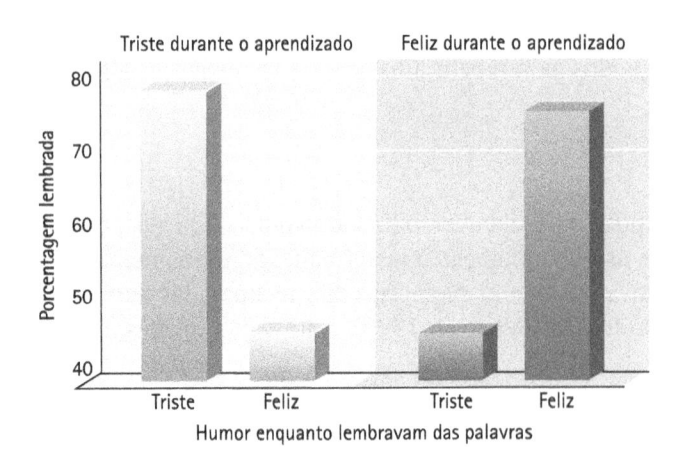

◆FIGURA 7.10 *O efeito do humor sobre a memória. Os sujeitos se lembraram melhor da lista de palavras quando estavam com o mesmo humor ao estudar a lista e ao ser testados. (Adaptado de Bower, 1981.)*

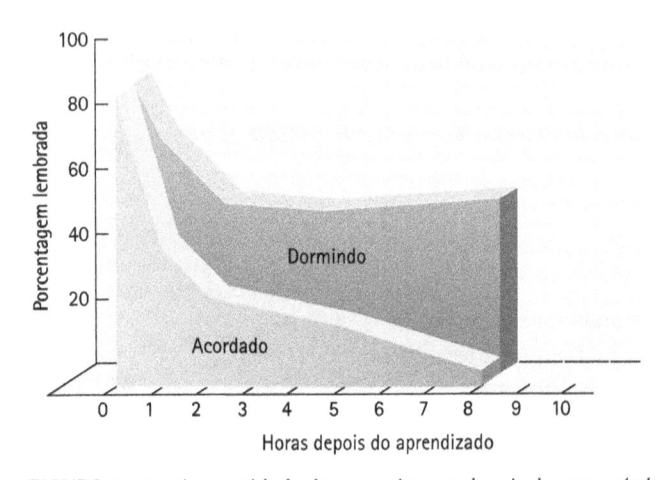

◆FIGURA 7.11 *A quantidade de esquecimento depois de um período de sono ou de permanecer acordado. Observe que o sono causa menos perda de memória do que as atividades que ocorrem enquanto uma pessoa está acordada. (Segundo Jenkins e Dallenbach, 1924.)*

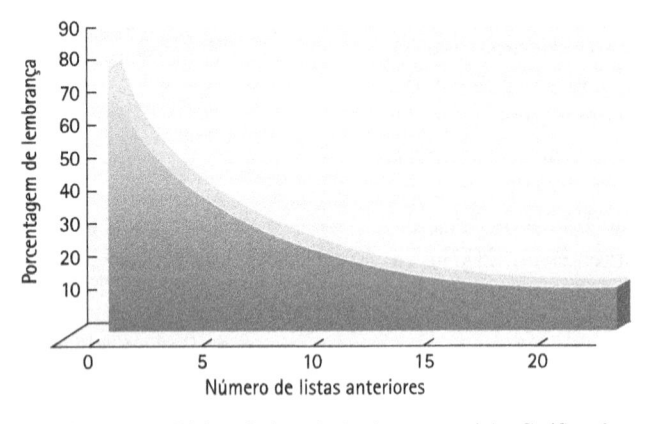

◆FIGURA 7.12 *Efeitos da interferência na memória. Gráfico da relação aproximada entre a porcentagem de lembrança e o número das diversas listas de palavras memorizadas. (Adaptado de Underwood, 1957.)*

Interferência A tendência de novas memórias dificultarem a recuperação de memórias mais antigas e vice-versa.

ocasião, quando você estava com sede. Por causa de tais efeitos, as informações aprendidas durante a influência de uma droga são mais facilmente lembradas quando a droga é tomada novamente (Slot e Colpaert, 1999).

Um efeito semelhante se aplica aos estados emocionais (Eich, 1995). Por exemplo, Gordon Bower (1981) descobriu que as pessoas que estudaram uma lista de palavras enquanto estavam alegres lembravam-se melhor dos itens da lista quando estavam alegres novamente. As pessoas que aprenderam enquanto estavam tristes lembravam-se melhor quando estavam tristes de novo (◆Figura 7.10). Da mesma forma, se você estiver feliz, deverá lembrar-se de eventos felizes recentes (Salovey e Singer, 1989). Se você estiver de mau humor, tenderá a ter memórias desagradáveis (Eich et al., 1990). Tais ligações entre pistas emocionais e memória podem explicar por que os casais que brigam freqüentemente terminam por se lembrar de velhas brigas – e brigam novamente.

Interferência

Mais idéias sobre o esquecimento chegam por meio de uma experiência clássica na qual universitários memorizaram listas de sílabas sem sentido. Depois de estudar, os membros de um grupo dormiram por oito horas e então testaram sua memória. O segundo grupo ficou acordado por oito horas e desenvolveu suas atividades habituais. Quando os membros do segundo grupo foram testados, eles se lembravam menos do que o grupo que tinha dormido (◆Figura 7.11). A diferença baseia-se no fato de que um aprendizado novo pode interferir no aprendizado anterior. A **interferência** está relacionada à tendência de novas memórias dificultarem a recuperação de memórias mais antigas (e vice-versa), e parece que se aplica tanto às memórias de curto prazo quanto às de longo prazo (Lustig et al., 2001; Nairne, 2002).

Não está completamente claro se as novas memórias alteram os traços de memória existentes ou se elas fazem com que fique mais difícil "localizar" (recuperar) memórias anteriores. De qualquer forma, não há dúvidas de que a interferência é uma das causas principais do esquecimento (Neath, 2002). Universitários que memorizaram 20 listas de palavras (uma lista por dia) foram capazes de se lembrar de apenas 15% da última lista. Universitários que aprenderam apenas uma lista lembraram-se de 80% (Underwood, 1957) (◆Figura 7.12).

Efeitos da Ordem

Os estudantes que dormiram lembraram mais porque a interferência retroativa foi mantida no mínimo. A **interferência retroativa** refere-se à tendência de que um novo aprendizado dificulte a recuperação de um aprendizado mais antigo. Evitar novos aprendizados evita a interferência retroativa. Claro, isso não significa que você precisa se esconder no armário depois de estudar para um teste. Entretanto, deve evitar estudar outras matérias até depois do exame. Dormir após estudar ajuda a reter as memórias, e ler, escrever ou mesmo ver televisão podem causar interferência.

A interferência retroativa é facilmente demonstrada no laboratório com este teste:

Grupo experimental:	Estudar A	Estudar B	Teste A
Grupo de controle:	Estudar A	Descanso	Teste A

Como alguém pode perder uma coisa tão grande como um carro? Se você estacionar o carro em um lugar diferente todos os dias, você poderá esquecer onde ele está por interferência. A memória de hoje sobre o local onde está o carro pode ser confundida facilmente com as memórias de ontem, de anteontem, e até de antes.

Imagine que você é um membro do grupo experimental. Na tarefa A, você memoriza uma lista de números telefônicos. Na tarefa B, você memoriza uma lista de números de seguro social. Como você se sairia em um teste sobre a tarefa A (números telefônicos)? Se você não se lembrar tanto quanto o grupo de controle que cumpriu *apenas* a tarefa A, então a interferência retroativa aconteceu. A segunda lista estudada interferiu na memória da primeira lista estudada; a interferência aconteceu "para trás" ou foi "retroativa" (◆Figura 7.13).

A interferência proativa é a segunda fonte primária do esquecimento. A **interferência proativa** ocorre quando um aprendizado anterior dificulta a recuperação de um aprendizado posterior. Um teste da interferência proativa seria assim:

Grupo experimental:	Estudar A	Estudar B	Teste B
Grupo de controle:	Descanso	Estudar B	Teste B

Vamos assumir que o grupo experimental se lembre menos do que o grupo de controle em um teste da tarefa B. Nesse caso, o aprendizado da tarefa A interferiu na memória da tarefa B.

A interferência proativa também funciona "para a frente"? Sim. Por exemplo, você estuda muito para um exame de psicologia e mais tarde, naquela mesma noite, estuda para o exame de história. Sua memória da segunda matéria estudada (história) será menos precisa do que se você tivesse estudado apenas história (por causa da interferência retroativa, a sua memória de psicologia também sofreria). Quanto mais semelhantes forem os dois assuntos estudados, mais interferência ocorrerá. A moral da história, evidentemente, é não adiar sua preparação para os exames. Quanto mais você puder evitar informações concorrentes, maior será sua chance de lembrar o que deseja lembrar (Anderson e Bell, 2001).

Interferência retroativa A tendência de novas memórias interferirem na recuperação de antigas memórias.

Interferência proativa A tendência de antigas memórias interferirem na recuperação de novas memórias.

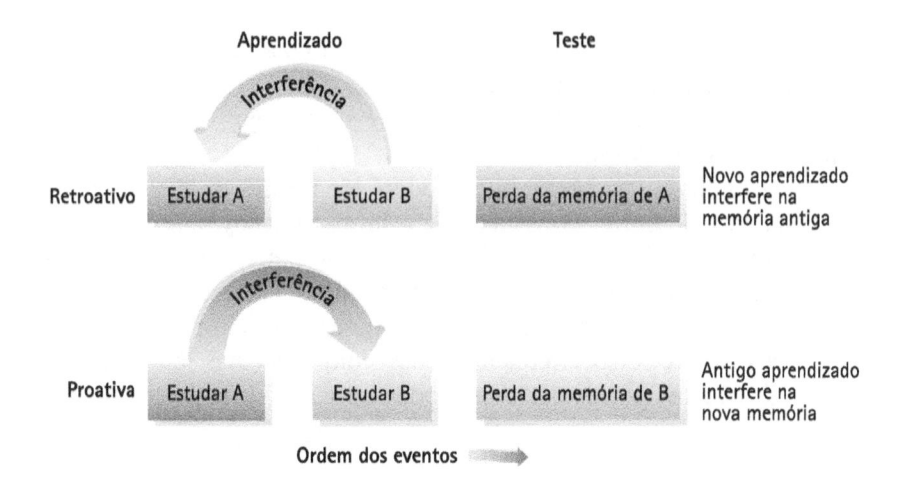

◆FIGURA 7.13 *Interferências retroativa e proativa. A ordem do aprendizado e dos testes mostra se a interferência é retroativa (para trás) ou proativa (para a frente).*

REPRESSÃO E SUPRESSÃO DE MEMÓRIAS

▶ **PERGUNTA PARA PESQUISA**   *As memórias diárias são precisas?*

Pare um pouco e verifique os eventos dos últimos anos da sua vida. Que tipo de coisas aparece em sua mente mais facilmente? Muita gente se lembra de eventos positivos, felizes, mais do que de desapontamentos e irritações (Linton, 1979). Um psicólogo clínico chamaria isso de tendência de **repressão** ou esquecimento motivado. Por meio da repressão, memórias dolorosas, ameaçadoras ou embaraçosas são mantidas fora da consciência. Um exemplo é o dos soldados que reprimiram alguns dos horrores que viveram em combate (Karon e Widener, 1997, 1998).

O esquecimento de fracassos passados, eventos perturbadores da infância, nomes de pessoas de quem você não gosta, ou compromissos que você não deseja cumprir podem revelar repressão. As pessoas dadas à repressão tendem a ser hipersensíveis aos eventos emocionais. Como resultado, usam a repressão para se proteger de pensamentos ameaçadores (Mendolia et al., 1996).

Alguns adultos que sofreram abuso sexual quando criança podem reprimir as memórias do mau tratamento. É possível que tais memórias apareçam durante uma psicoterapia ou em outras circunstâncias. Entretanto, é preciso ter cuidado quando são feitas acusações baseadas em memórias aparentemente "recuperadas". No que parece ser um caso de repressão extrema, Eileen Franklin testemunhou em um tribunal em 1990 que seu pai, George Franklin, raptou, estuprou e matou Susan Nason, uma menina de oito anos, em 1969. Eileen testemunhou que a memória apareceu um dia, quando ela estava olhando nos olhos da sua própria filha. O pai dela foi preso apenas com base na sua memória "reprimida". Entretanto, sua pena foi revista quando testes de DNA inocentaram seu pai de um segundo assassinato de que ela também o acusou. Como o caso de Franklin ilustra, tentar separar memórias verdadeiras de fantasias é uma grande dor de cabeça para os psicólogos e para os tribunais. Para mais informações, veja "Debate da Memória Recuperada – Memória Falsa".

Se eu tentar esquecer um teste no qual não passei vou estar reprimindo sua memória? Não. Uma tentativa consciente e ativa de tirar uma coisa da mente é chamada de **supressão**. Não pensando no teste, você simplesmente suprime a memória. Se você quiser, pode lembrar-se dele. Os clínicos consideram que a verdadeira repressão é um evento *inconsciente*. Quando a memória é reprimida, não temos consciência de que o esquecimento ocorreu. (Ver o Capítulo 11 para mais informações sobre repressão.)

Recentemente, alguns psicólogos questionaram se a repressão existe (Court e Court, 2001). Entretanto, existem provas de que podemos decidir evitar ativamente a lembrança de informações perturbadoras (Anderson, 2001). Se você vivenciou um evento emocional doloroso, provavelmente vai evitar todos os pensamentos associados a ele, e isso tende a manter fora da mente as pistas que poderiam provocar uma memória dolorosa. Com o tempo, a supressão ativa de uma memória poderá tornar-se uma verdadeira repressão (Anderson e Green, 2001; Bowers e Farvolden, 1996).

Flash de Memória

Por que alguns eventos traumáticos são lembrados vividamente, enquanto outros são reprimidos? Os psicólogos usam o termo **flash de memória** para descrever imagens que parecem estar congeladas na memória nos momentos de tragédia pessoal, acidentes ou outros eventos significativos emocionalmente (Finkenauer, 1998).

Repressão Empurrar inconscientemente memórias indesejadas para fora da consciência.

Supressão Esforço consciente de tirar algo da mente ou de mantê-lo inconsciente.

Flash de memória Memórias criadas em momentos de alta emoção que parecem particularmente vívidas.

Dependendo da sua idade, você poderá ter flashes de memória sobre o ataque de Pearl Harbor, o assassinato de John F. Kennedy e de Martin Luther King, a explosão do ônibus espacial Challenger ou o ataque terrorista ao World Trade Center em Nova York. Os flashes de memória são geralmente formados quando um evento é surpreendente, importante ou causa emoção (Rubin, 1985). Eles se associam freqüentemente com tragédias públicas, mas a memória de eventos positivos também pode ter a claridade de um "flash".

ARQUIVO CLÍNICO: Debate da Memória Recuperada/Memória Falsa

Muitas crianças que sofreram abuso sexual desenvolvem problemas que persistem até a idade adulta. Em alguns casos, elas reprimem todas as memórias do abuso. Segundo alguns psicólogos, descobrir essas memórias escondidas pode ser um passo importante em direção à recuperação da saúde emocional.

O que foi dito no parágrafo anterior com certeza é verdadeiro, mas a busca de memórias reprimidas de abuso sexual tem sido um problema em si mesma. Houve casos nos quais famílias foram destruídas por causa de acusações de abuso sexual que eram completamente falsas, como se viu depois.

Certamente, algumas memórias de abuso que voltam ao consciente são verdadeiras e precisam ser trabalhadas. Entretanto, na ausência de uma prova firme, não há como afirmar se uma memória é real ou não. Não importa quanto a memória recuperada pode parecer real, ela pode ser falsa, exceto se puder ser comprovada por outras pessoas, pelos registros médicos ou de um tribunal.

Por que alguém teria memórias falsas sobre eventos tão perturbadores? Muitos livros populares e alguns terapeutas mal avisados encorajam ativamente as pessoas a buscar memórias reprimidas de abuso. Hipnose, visualização guiada, sugestão, regressão e técnicas semelhantes podem provocar fantasias que são tomadas como memórias reais. Alegações falsas de abuso sexual criam um pesadelo para o acusado. Por exemplo, Gary Ramona viu seu casamento acabar e perdeu um emprego de US$ 400.000 anuais quando sua filha Holly alegou que ele a havia molestado na infância. Ramona processou o terapeuta de Holly, acusando-o de agir com irresponsabilidade. Para provar a Holly que as memórias dela eram verdadeiras, o terapeuta deu-lhe a droga Amytal e lhe disse que era o "soro da verdade". (Amytal é uma droga hipnótica que induz a um estado de semiconsciência. As pessoas não dizem automaticamente a verdade enquanto estão sob a influência da droga.) Depois de revisar as provas por dois meses, o júri ordenou que uma indenização de US$ 500.000 fosse paga a Gary Ramona. De certa forma, Gary teve sorte. Muitas pessoas acusadas falsamente não conseguiram provar sua inocência.

Resumindo, algumas memórias de abuso que voltam ao consciente parecem ser verdadeiras. Entretanto, não há muitas dúvidas de que algumas das memórias traumáticas "recuperadas" são pura fantasia. Pesquisadores identificaram vários casos nos quais as memórias traumáticas "recuperadas" eram absolutamente falsas.

Alguns anos atrás, houve uma "epidemia" de memórias recuperadas. A tendência sobreviveu até que os psicólogos desenvolveram novas diretrizes para as terapias que minimizassem o risco de influenciar as memórias dos pacientes. Hoje, tanto as memórias recuperadas quanto as acusação falsas são relativamente raras. Mesmo assim, reclamações falsas sobre abusos na infância ainda são noticiadas pela imprensa. O que é mais triste é que tais acusações matam a sensibilidade do público para o verdadeiro abuso. O abuso sexual de crianças existe em todos os lugares. A consciência da sua existência não pode ser reprimida.

(Fontes: Byrd, 1994; Courtois, 1999; Goldstein, 1997; Lindsay, 1998; Loftus, 2003; Palm e Gibson, 1998; Pendergast, 1995; Reisner, 1996; Schacter, 1999.)

Os flashes de memória parecem ser bastante detalhados. Com freqüência, seu foco básico está em como a pessoa reagiu ao evento. A ▲Tabela 7.1 relaciona algumas memórias que tiveram a claridade de um "flash" para pelo menos 50% de um grupo de universitários. As memórias que os flashes provocam em você são vívidas? (Observe novamente que tanto eventos positivos quanto negativos estão na lista.)

▲TABELA 7.1 Flashes Brilhantes de Memória

PISTA DA MEMÓRIA	PORCENTAGEM DE ESTUDANTES COM FLASHES DE MEMÓRIA
Um acidente de carro em que você participou ou testemunhou	85
Quando você encontrou pela primeira vez o seu companheiro de quarto na faculdade	82
A noite em que aconteceu a cerimônia de formatura do colegial	81
A noite em que você foi ao seu baile de formatura (se você foi ou não)	78
Uma experiência romântica precoce	77
Um momento em que você teve de falar em público	72
Quando você soube que entrou na faculdade	65
Seu primeiro encontro – o momento em que você a/o conheceu	57

(De Rubin, 1985.)

> É bastante provável que você tenha flashes de memória sobre onde estava quando soube do ataque terrorista ao World Trade Center, em Nova York. Se alguém o avisou, você vai lembrar quem foi, e então terá memórias claras sobre como reagiu ao ver as torres caírem.

O termo *flash de memória* foi primeiramente usado para descrever recordações que pareciam ser mais vívidas e permanentes que o normal. Ficou claro, entretanto, que os flashes de memória nem sempre são exatos (Harsch e Neisser, 1989). Mais do que qualquer coisa, o que realça a importância dos flashes de memória é que tendemos a *confiar* muito neles – mesmo quando estão errados (Weaver, 1993). Talvez isso aconteça porque revisamos eventos carregados emocionalmente muitas e muitas vezes, e falamos sobre eles com os outros. E também os eventos públicos, como guerras, terremotos e assassinatos, reaparecem muitas vezes no noticiário, o que lhes dá realce na memória (Wright, 1993). Com o passar do tempo, os flashes de memória tendem a se cristalizar no consciente e tornam-se, mesmo se não forem inteiramente correto, marcos nas nossas vidas (Schmolck et al., 2000; Winningham et al., 2000).

FORMAÇÃO DA MEMÓRIA – ALGUMAS DESCOBERTAS "CHOCANTES"

▶ **PERGUNTA PARA PESQUISA** *O que acontece no cérebro quando as memórias são formadas?*

Uma possibilidade não levantada na nossa discussão sobre o esquecimento é que as memórias podem perder-se quando estão sendo formadas. Por exemplo, um ferimento na cabeça poderá causar "falhas" em memórias anteriores ao acidente. A *amnésia retrógrada*, como é chamada, envolve esquecer eventos que ocorreram antes de um ferimento ou trauma. Ao contrário, *amnésia anterógrada* envolve esquecer eventos que se seguiram a um ferimento ou trauma. (Um exemplo desse tipo de amnésia será discutido a seguir.)

Consolidação de Memórias

A amnésia retroativa pode ser compreendida se assumirmos que leva certo tempo para movimentar as informações da memória de curto prazo para a de longo prazo. A formação de uma memória de longo prazo é chamada de **consolidação** (Squire et al., 1993). Pode-se pensar em consolidação como algo semelhante a escrever o seu nome no cimento molhado. Uma vez que o cimento seca, a informação (seu nome) será bastante duradoura. Mas enquanto o cimento está secando, ela pode ser apagada (amnésia) ou alguém pode escrever outra coisa sobre ela (interferência).

Consideremos uma experiência clássica em consolidação na qual um rato é colocado em uma pequena plataforma. O rato desce até o chão e recebe um choque elétrico doloroso. Depois do choque, mesmo se colocado na plataforma várias vezes novamente, o rato não descerá de novo. Obviamente, ele se lembra do choque. Ele se lembraria se a consolidação fosse perturbada?

É interessante notar que um jeito de evitar a consolidação é dar um outro tipo de choque, chamado de eletroconvulsivo (ECS) (Jarvik, 1964). O ECS é um choque elétrico de intensidade média dado no cérebro. Ele não machuca o animal, mas destrói qualquer memória que estiver sendo formada. Se a cada choque doloroso (aquele que o animal lembra) segue-se um ECS (que apaga as memórias durante a consolidação), o rato vai descer da plataforma sempre. A cada vez, o ECS vai apagar a memória do choque doloroso. (O ECS é empregado em tratamentos psiquiátricos para depressão profunda em seres humanos.)

O que aconteceria se choques ECS fossem dados várias horas depois do aprendizado? As memórias recentes seriam perturbadas mais facilmente que as memórias mais antigas (Gold, 1987). Se esperarmos um período de tempo suficiente entre o aprendizado e o ECS, a memória não será afetada porque a consolidação já terá ocorrido. É por isso que as pessoas com ferimentos médios na cabeça apenas perdem a memória de momentos antes do acidente, enquanto as memórias mais antigas permanecem intactas (Baddeley, 1990). Da mesma forma, você esqueceria mais se estudasse, ficasse acordado por 8 horas, e depois dormisse 8 horas, do que se você estudasse, dormisse 8 horas e ficasse acordado por outras 8 horas. De qualquer

Consolidação Processo por meio do qual as memórias relativamente permanentes são formadas no cérebro.

forma, 16 horas terão se passado. Entretanto, menos esquecimento ocorreria no segundo caso, porque uma maior consolidação teria ocorrido antes que a interferência começasse (Nesca e Koulack, 1994).

Onde ocorre a consolidação no cérebro? Na verdade, várias partes do cérebro são responsáveis pela memória, mas o **hipocampo** é particularmente importante. O hipocampo funciona como um tipo de "estação de troca" entre a memória de curto prazo e a de longo prazo (Gabrieli, 1998). O hipocampo faz isso, em parte, provocando o crescimento de novos neurônios, que provavelmente armazenam as informações, fazendo novas conexões dentro do cérebro (Macklis, 2001).

Os seres humanos que sofrem algum dano no hipocampo geralmente mostram uma incapacidade impressionante de armazenar novas memórias (Bigler et al., 1996). Um paciente descrito por Brenda Milner é um exemplo claro disso. Dois anos depois de uma operação que danificou seu hipocampo, um paciente de 29 anos continuava a dizer que tinha 27 anos. Ele também dizia que parecia que a operação acabara de acontecer (Milner, 1965). As suas memórias dos eventos antes da operação continuaram claras, mas formar novas memórias de longo prazo parecia quase impossível. Quando seus pais se mudaram para uma casa nova a alguns quarteirões de distância na mesma rua, ele não conseguia lembrar-se do novo endereço. Todos os meses ele lia as mesmas revistas de novo sem perceber que elas eram familiares. Se você encontrasse esse homem, ele pareceria bastante normal, porque ainda tinha memória de curto prazo. Mas se você deixasse a sala e voltasse depois de 15 minutos, ele agiria como se nunca o tivesse visto. Anos antes o seu tio favorito morrera, mas ele sofria a mesma dor cada vez que lhe contavam que o tio tinha falecido. Como ele não tem mais a capacidade de formar novas memórias duradouras, vive eternamente no presente (Hilts, 1995).

O Cérebro e a Memória

Em algum lugar dentro da massa que compõe o cérebro humano e que pesa 1,3608 kg está tudo o que sabemos: códigos postais, rostos dos que amamos, história, músicas favoritas, o gosto de uma maçã e muito mais. Onde estão essas informações? Karl Lashley, pesquisador pioneiro do cérebro, decidiu na década de 1920 encontrar um **engram**, ou traço de memória. Lashley ensinou animais a correr em labirintos e depois removeu partes do cérebro deles para ver como a memória do labirinto mudava. Depois de 30 anos, admitiu sua derrota: os engrams não estão localizados em nenhuma área do cérebro. Não importava que parte do córtex cerebral ele removesse, apenas a *quantidade* removida estava ligada à perda da memória.

As conclusões de Lashley permanecem verdadeiras para memórias específicas. Entretanto, algumas áreas do córtex cerebral são mais importantes para a memória do que outras. Os padrões do fluxo sangüíneo no córtex cerebral (a camada mais externa, enrugada do cérebro) podem ser usados para mapear a atividade cerebral. A ◆Figura 7.14 mostra os resultados da medição do fluxo sangüíneo enquanto as pessoas estavam pensando sobre uma memória semântica *(a)* ou uma memória episódica *(b)*. No mapa, o verde indica as áreas que são mais ativas durante o pensamento semântico. O vermelho mostra as áreas de maior atividade durante o pensamento episódico. O cérebro na vista *c* mostra a diferença de atividade entre as vistas *a* e *b*. O padrão resultante indica que a frente do córtex está relacionada à memória episódica. As áreas posteriores estão mais associadas à memória semântica (Tulving, 1989, 2002).

Resumindo (e simplificando bastante), o hipocampo lida com a consolidação da memória. Uma vez que as memórias de longo prazo são formadas, elas parecem ser armazenadas no córtex cerebral (Gabrieli, 1998; Teng e Squire, 1999).

Hipocampo Estrutura do cérebro associada a emoções e a transferência de informações da memória de curto prazo para a de longo prazo.

Engram Um "traço" de memória no cérebro.

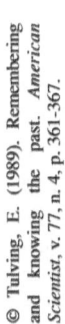

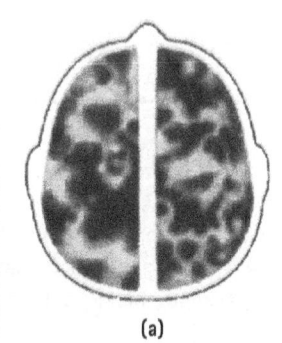

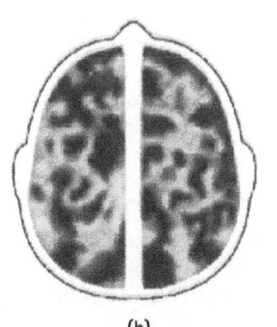

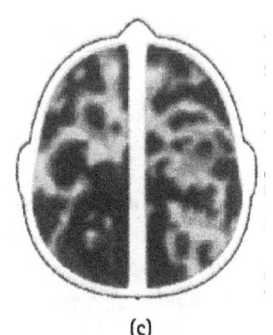

◆FIGURA 7.14 *Padrões do fluxo sangüíneo no córtex cerebral associados às memórias semânticas e às memórias episódicas. (Ver também caderno colorido.)*

Como as memórias são gravadas no córtex? Os cientistas estão começando a identificar as maneiras exatas como as células nervosas registram as informações. Por exemplo, Eric Kandel e seus colegas estudam o aprendizado de uma lesma marinha, o *aplisídeo*. Kandel descobriu que o aprendizado do aplisídeo ocorre quando certas células nervosas em um circuito alteram a quantidade de elementos químicos transmissores que elas liberam (Kandel, 1999). Aprender também altera a atividade, a estrutura e a química das células do cérebro. Essas mudanças determinam quais conexões ficam mais fortes e quais ficam mais fracas. Isso "reprograma" o cérebro e registra as informações (Abel e Lattal, 2001; Klintsova e Greenough, 1999).

Os cientistas continuam a estudar vários elementos químicos, especialmente os neurotransmissores, que afetam a memória. Se a pesquisa deles der certo, poderá ser possível ajudar milhões de pessoas que sofrem de problemas de memória (Eli e Nathan, 2001). Será que os pesquisadores algum dia vão produzir a "pílula da memória" para aumentar a memória normal? Os neurocientistas confiam que a memória pode ser aumentada artificialmente, e um dia o será. Entretanto, a possibilidade de algo como a "pílula da física" ou a "pílula da matemática" parece ser bem remota.

PAUSA PARA ESTUDO — Esquecimento

RELACIONE

Quais dos conceitos a seguir explicam melhor por que você não conseguiu responder a algumas perguntas no seu teste de psicologia: falha de codificação, decadência, falta de uso, dicas de memória ou interferência?

Você conhece alguém cujo nome acha difícil lembrar? Você gosta da pessoa ou não? Você acha que a sua dificuldade é um caso de repressão? Supressão? Interferência? Falha de codificação?

Você já teve um flash de memória? A memória está vívida hoje? Você acha que ela é exata?

Aqui está uma dica mnemônica: Eu *limpo o campo* todos os dias e aprendo a preservar a natureza. O *hipocampo* é o lugar onde você precisa ir se deseja aprender a consolidar as memórias.

VERIFICAÇÃO DO APRENDIZADO

1. Segundo a curva do esquecimento de Ebbinghaus, esquecemos lentamente no começo e depois um declínio ocorre rapidamente. V ou F?
2. Que explicação parece ser correta para a perda das memórias de curto prazo?
   a. decadência   b. falta de uso
   c. repressão   d. interferência
3. Quando as memórias estão disponíveis, mas não acessíveis, esquecer pode depender de uma pista. V ou F?
4. Quando aprender uma coisa torna mais difícil lembrar outra, o esquecimento é causado por _____.
5. Pedem para que você memorize longas listas de números de telefone. Você estuda uma nova lista a cada dez dias. Quando testam você sobre a lista 3, você se lembra menos do que uma pessoa que estudou apenas as três primeiras listas. Sua perda maior de memória é provavelmente causada por
   a. falta de uso   b. interferência retroativa
   c. regressão   d. interferência proativa
6. Pensa-se em repressão como um tipo de esquecimento motivado. V ou F?
7. A amnésia retrógrada ocorre quando a consolidação é apressada. V ou F?

Raciocínio Crítico

8. Com base no aprendizado dependente do estado, porque você acha que a música geralmente evoca as memórias com mais força?
9. Você precisa estudar francês, espanhol, psicologia e biologia em uma noite. Qual seria a melhor ordem para estudar essas matérias e minimizar a interferência?
10. Pode existir outra maneira de explicar por que os flashes de memória duram tanto. Você sabe alguma?

RESPOSTAS:

1.F 2. a e d 3.V 4. interferência 5.b 6.V 7.F 8. A música tende a afetar o estado de espírito das pessoas, e os estados de espírito tendem a afetar a memória (Balch e Lewis, 1996) 9. Qualquer ordem que separa francês de espanhol e psicologia de biologia funcionaria (por exemplo: francês, psicologia, espanhol, biologia). 10. As memórias de eventos emocionalmente significativos podem ser bastante fortes porque são ensaiadas mais freqüentemente. As pessoas em geral revisam mentalmente os eventos com carga emocional muitas vezes.

APERFEIÇOANDO A MEMÓRIA – AS CHAVES DO BANCO DE MEMÓRIA

▶ **PERGUNTA PARA PESQUISA** *Será que eu consigo melhorar minha memória?*

Mesmo que você tenha boa memória, há momentos em que gostaria que ela fosse melhor. Enquanto você espera a chegada da pílula da memória, esta seção descreve algumas maneiras de melhorar imediatamente a capacidade da sua memória.

Conhecimento dos Resultados

O aprendizado é melhor quando um feedback, ou o conhecimento dos resultados, permite que você verifique seu progresso. O *feedback* pode ajudá-lo a identificar áreas que precisam de mais exercícios. Além disso, você saber que se lembrou ou que deu a resposta correta é recompensador. Uma boa maneira de conseguir *feedback* é estudar *recitando*.

Recitação

Se você precisa se lembrar de alguma coisa, vai ter de recuperar o que aprendeu em algum momento. A *recitação* é o resumo feito em voz alta enquanto você estuda. Ela força você a praticar a recuperação das informações. Quando você está lendo um texto, pare freqüentemente e tente lembrar-se do que acabou de ler, repetindo conteúdo do texto com suas próprias palavras. Em uma experiência, o grupo de estudantes que obteve as notas mais altas de memória foi aquele que passou 80% do tempo recitando e apenas 20% lendo (Gates, 1958). Talvez os estudantes que falam sozinhos não sejam malucos, afinal.

Ensaio

Quanto mais você *ensaiar* (revisar mentalmente) as informações conforme as lê, melhor vai se lembrar delas. Mas lembre-se de que ficar apenas ensaiando não é muito eficiente. O ensaio de elaboração, no qual você busca conexões com os conhecimentos já existentes, é muito melhor. Pensar sobre os fatos ajuda a relacioná-los na memória. Para aprender as informações da escola, você deve fazer uso ativo de estratégias de ensaio (Nist et al., 1996).

Seleção

O sábio holandês Erasmo disse que uma boa memória deve ser como uma rede: deve manter todos os peixes grandes e deixar os pequenos escaparem. Se você juntar todos os parágrafos ou idéias importantes de um livro em um ou dois parágrafos, a tarefa da sua memória será mais simples. Pratique fazer marcas bem seletivas em seus textos, e escreva notas nas margens para resumir idéias. A maioria dos estudantes faz marcas demais nos textos, quando deveria fazer bem poucas. Se tudo for sublinhado, você não selecionou nada. E, provavelmente, não prestou muita atenção (Peterson, 1992).

Organização

Suponha que você tenha de memorizar a seguinte lista de palavras: norte, homem, vermelho, primavera, mulher, leste, outono, amarelo, verão, menino, azul, oeste, inverno, menina, verde, sul. Essa lista bastante difícil poderia ser reorganizada em *pedaços*: norte-leste-sul-oeste, primavera-verão-outono-inverno, vermelho-amarelo-verde-azul, homem-mulher-menino-menina. Essa simples reorganização tornou a segunda lista muito fácil de ser memorizada quando universitários foram testados com ambas as listas (Deese e Hulse, 1967). Organizar notas de classificação e resumir capítulos pode ajudar muito (Dickinson e O'Connell, 1990). Você pode até resumir seus resumos, de forma que a rede geral de idéias torne-se mais clara e mais simples. Os resumos melhoram a memória encorajando uma codificação mais eficiente das informações (Hadwin et al., 1999).

Aprendizado do Todo *versus* Aprendizado de Partes

Se você tiver de memorizar um discurso, será melhor tentar memorizá-lo do começo para o fim? Ou em pequenas partes menores, como parágrafos? Em geral, é melhor praticar todo o pacote de informações do que partes menores *(aprendizado integral)*. Isso é particularmente válido para informações curtas e organizadas.

A exceção é que aprender partes pode ser melhor para informações longas, complicadas. No *aprendizado em partes*, trechos de um corpo maior de informações são estudados (como as seções de um capítulo de um livro de textos). Para decidir qual abordagem usar, lembre-se de estudar *a maior quantidade de informações significativas* que você conseguir de cada vez.

Quando o material é longo e complexo, tente o *método progressivo das partes*, dividindo a tarefa do estudo em uma série de seções curtas. Inicialmente, você estuda a parte A até que a domine. A seguir, você estuda as partes A e B; depois, A, B e C, e assim por diante. Essa é uma boa maneira de aprender os diálogos de uma peça, uma partitura musical longa, ou um poema (Ash e Holding, 1990). Depois que o material foi memorizado, você também deve praticar começando em outros pontos diferentes de A (em C, D ou B, por exemplo). Isso ajuda a evitar se "perder" ou ter um branco no meio da apresentação.

Posição Serial

Sempre que você precisar aprender alguma coisa em *ordem*, mantenha em mente o efeito da posição do item na série. Como você deve recordar, aqui é onde existe a tendência de cometer a maioria dos erros, quando tentamos lembrar o que está no meio de uma lista. Se você tiver uma longa lista de pessoas, os nomes que tenderá a esquecer serão aqueles que estiverem no meio dela. Assim, você deve fazer um esforço extra para memorizá-los. Também deve praticar mais o meio de uma lista, de um poema ou de um discurso. Tente dividir listas longas de informações em pequenas listas auxiliares, e faça isso com as informações do meio menores ainda.

Pistas de Memória

As melhores pistas de memória (estímulos que ajudam a recuperação) são aquelas que estavam presentes durante a codificação (Reed, 1996). Por exemplo, os universitários em um estudo tinham a tarefa exaustiva de tentar lembrar de uma lista de 600 palavras. Depois de lerem a lista (eles não sabiam que teriam de passar por um teste), eles deviam produzir duas ou três palavras com um sentido próximo para cada palavra da lista. Em um teste feito posteriormente, as palavras que os estudantes produziram foram usadas como pistas para provocar a memória. Eles lembraram de uma quantidade incrível de palavras, ou seja, 90% da lista de palavras original (Mantyla, 1986).

> Atores conseguem se lembrar de uma grande quantidade de informações complexas durante vários meses, mesmo enquanto estão memorizando novos papéis. Durante os testes, eles se lembram melhor dos diálogos quando podem mover-se e gesticular, como se estivessem atuando. Aparentemente, seus movimentos dão pistas que ajudam a lembrança (Noice e Noice, 1999).

Esse exemplo mostra, novamente, que sempre ajuda *elaborar* as informações que você aprende. Quando você for estudar, tente usar novos nomes, idéias ou termos em diversas sentenças. Forme também imagens que incluam as novas informações e relacione-as ao conhecimento que você já tem (Pressley et al., 1988). Sua meta deve ser entrelaçar pistas significativas no código da sua memória para ajudá-la a recuperar as informações quando você precisar delas.

Prática Espaçada

Para manter a monotonia e a fadiga em um nível mínimo, tente alternar sessões de estudo curtas com breves períodos de descanso. Esse padrão, chamado de **prática espaçada**, geralmente funciona melhor que uma **prática maciça**, na qual quase não existe repouso entre as sessões de estudo. Melhorando a atenção e a consolidação, três sessões de estudo de 20 minutos podem produzir mais aprendizado que uma hora de estudo contínuo. Existe uma velha piada que diz: "Como se chega ao Carnegie Hall?". A resposta é: "Praticando, praticando, praticando". Uma resposta melhor seria "Pratique, espere um pouco, pratique, espere um pouco, pratique" (Neath, 2002).

Prática espaçada Um horário de exercício que alterna períodos de estudo com breves períodos de descanso.

Prática maciça Um horário de exercício no qual o estudo continua por longos períodos, sem interrupção.

Talvez a melhor maneira de usar a prática espaçada seja *programar* o seu tempo. Para fazer um programa eficiente, determine as horas durante a semana anterior, a posterior e entre as aulas em que você vai estudar determinadas matérias. Então lide com tais horas exatamente como se fossem aulas a que você tivesse que assistir.

Sono e Memória

Lembre-se de que dormir depois dos estudos reduz a interferência. Entretanto, exceto se você for uma "pessoa noturna", durante a noite pode não ser um momento muito eficiente para os seus estudos. E, claro, você não poderá dormir depois de cada sessão de estudo, ou estudar tudo antes de ir para a cama. É por isso que o seu horário de estudo (ver "Prática Espaçada") deve incluir pausas grandes entre as matérias. Usar suas pausas ou tempo livre em um horário é tão importante quanto cumprir seus períodos de estudo.

Fome e Memória

As pessoas que estão com fome geralmente têm notas menores nos testes de memória. A mamãe estava certa: antes de fazer os testes na escola, é uma boa idéia tomar um bom café da manhã ou almoçar bem (Martin e Benton, 1999; Smith et al., 1999).

Lembrar por Mais Tempo

Quando você está aprendendo novas informações, teste-se repetidas vezes. Conforme for testando-se, gradualmente, aumente o período de tempo passado antes de se testar novamente. Por exemplo, se você estiver estudando palavras de alemão em cartões, olhe para o primeiro cartão e depois o coloque no final do monte de cartões. Faça a mesma coisa com alguns dos cartões a seguir. Quando você chegar ao primeiro cartão "velho", teste seu conhecimento e verifique a resposta. Depois, coloque-o ainda mais para baixo no monte. Faça a mesma coisa com outros cartões "velhos" que aparecerem. Quando os cartões "velhos" aparecerem pela terceira vez, coloque-os no final do monte (Cull et al., 1996).

Revisão

Se você espaçou a sua prática e memorizou efetivamente, a revisão será como o glacê no seu bolo de estudo. Uma breve revisão antes do exame fica reduzida ao tempo no qual você vai lembrar-se de detalhes que podem ser importantes no teste. Na revisão, mantenha as informações que você ainda vai memorizar em um mínimo. Uma atitude realista seria pegar o que você realmente já aprendeu e acrescentar pouca coisa no último minuto. Porém, lembre-se: mais do que algumas poucas informações novas poderão interferir no que você já sabe.

Uso de uma Estratégia para Ajudar a Lembrança

A lembrança bem-sucedida geralmente é resultado da busca planejada de uma memória (Reed, 1996). Por exemplo, um estudo descobriu que os estudantes tendiam a lembrar-se de nomes que até então não conseguiam se usassem informações parciais (Reed e Bruce, 1982). Eles estavam tentando responder a questões do tipo "Ele é mais lembrado como o espantalho do filme de Judy Garland, *O mágico de Oz*". (A resposta é Ray Bolger.) Informações parciais que ajudavam os estudantes a se lembrar incluíam impressões sobre o tamanho do nome, os sons das letras dentro do nome, nomes semelhantes e informações relacionadas (como nomes de outros personagens do filme). Uma estratégia útil semelhante é repassar o alfabeto, tentando cada letra como o primeiro som de um nome ou palavra que você está buscando.

Usar várias pistas, mesmo parciais, abre mais os caminhos da memória. "Detetives da Memória", a seguir, dá mais dicas para recapturar o contexto e provocar memórias. Depois disso, a seção Psicologia em Ação cobre algumas das mais poderosas técnicas de memória.

Memória em Perspectiva

Tatiana Cooley ganhou o concurso nacional de memória em Nova York. Para tanto, ela teve de memorizar longas listas de palavras e números, a ordem das cartas de um baralho embaralhado, um poema de 54 versos e cem nomes e rostos. Tatiana acha que memorizar é divertido. Esperávamos que ela também fosse boa com as tarefas diárias da memória, no entanto, Tatiana descreve-se como "incrivelmente distraída". Quando perguntaram quantos irmãos ela tinha, ela respondeu "Seis, ah... sete, ah... seis". Em que ano ela se formou? Ela parou por diversos segundos e disse "1990". Em que ano da escola primária ela estava quando ganhou um concurso regional de soletrar palavras? Ela não se lembrava. Sempre com medo de esquecer, Tatiana tem uma lista diária de coisas para fazer e se cerca de anotações em Post-it (Levinson, 1999).

O que se pode aprender sobre a memória de Tatiana? Primeiro, que devemos ser mais tolerantes com os nossos lapsos de memória ocasionais. Mesmo os campeões da memória não têm uma memória perfeita! Como vimos neste capítulo, a memória não é como um gravador ou uma câmera de vídeo. As informações freqüentemente se perdem, e as memórias mudam conforme são armazenadas e recuperadas. Isso pode ser frustrante às vezes, mas também é bom. A flexibilidade da memória humana nos permite focalizar o que é importante e significativo, mesmo que contribua com algumas faltas de precisão. Uma pessoa que lembrasse de tudo seria muito literal, como um computador. Se você digitar o nome de um arquivo de computador e esquecer de uma letra, o computar dirá: "Desculpe, nunca ouvi falar desse arquivo". Uma pessoa diria: "Está faltando uma letra, mas acho que me lembro de onde ele está".

USANDO A PSICOLOGIA: Detetives da Memória

Você pode não se ver como um "detetive da memória", mas uma sondagem ativa geralmente melhora a lembrança. Uma técnica nessa área é a **entrevista cognitiva**, usada para acionar a memória de testemunhas. A entrevista cognitiva foi criada por R. Edward Geiselman e Ron Fisher para ajudar os detetives de polícia. Quando usada adequadamente, produz informações 35% mais corretas do que em um interrogatório padrão (Geiselman et al., 1986). Essa melhora acontece sem aumentar o número de memórias falsas evocadas, como ocorre com a hipnose, e é eficiente no trabalho real da polícia (Ginet e Py, 2001; Kebbell e Wagstaff, 1998).

Seguindo passos simples, você pode aplicar princípios cognitivos à sua própria memória. Da próxima vez que estiver buscando uma memória "perdida" – uma que você sabe que está em algum lugar –, tente usar as seguintes estratégias de busca.

1. Diga ou escreva *tudo* o que consegue lembrar que se relaciona com as informações que está procurando. Não se preocupe com quanto as coisas lembradas possam parecer triviais. Cada informação que você lembrar pode funcionar como uma pista para trazer outras.
2. Tente se lembrar de eventos ou informações em ordens diferentes. Deixe que suas memórias andem para trás ou fora de ordem, ou comece com qualquer coisa que o tenha impressionado mais.
3. Lembre-se sob diferentes pontos de vista. Revise os eventos mentalmente, colocando-se em diferentes lugares. Ou tente ver a informação como outras pessoas se lembrariam dela. Quando for fazer um teste, por exemplo, pergunte-se o que os outros estudantes ou o seu professor lembram sobre aquele tópico.
4. Coloque-se mentalmente na situação em que você obteve a informação. Tente recriar mentalmente o ambiente do aprendizado ou reviva o evento. Conforme você o fizer, inclua sons, cheiros, detalhes do tempo, objetos ao seu redor, outras pessoas presentes, o que você disse ou pensou, e como você se sentia quando estudava a informação (Fisher e Geiselman, 1987).

Essas estratégias ajudam a recriar o contexto no qual as informações foram aprendidas e fornecem diversas pistas de memória. Se você pensar que procurar lembranças é um tipo de "caça ao tesouro", poderá até mesmo aprender a gostar do trabalho de detetive.

Alguns detetives de polícia, seguindo os conselhos dos psicólogos, recriam cenas de crimes para ajudar as testemunhas a lembrar do que viram. Geralmente, as pessoas voltam à cena no mesmo momento do dia em que o crime ocorreu. Pede-se a elas também que vistam as mesmas roupas que usavam e façam os mesmos movimentos executados antes do crime. Com tantas pistas de memória disponíveis, as testemunhas às vezes se lembram de informações-chave que elas não haviam lembrado antes.

Entrevista cognitiva Uso de várias pistas e estratégias para melhorar a memória de testemunhas.

O sucesso de Tatiana como uma "atleta da memória" também sugere que usar a memória em toda a sua extensão exige esforço e prática. Com isso em mente, veja só as palavras de despedida da nossa companheira de ficção, Cef-Wol, pouco antes de partir para Gex: "Eu não gostava das memórias até que comecei a perdê-las. Em um sentido muito real, nós somos as nossas memórias. Nunca se esqueçam disso!".

Um Olhar Adiante

Os psicólogos ainda têm muito que aprender sobre a natureza da memória e como melhorá-la. Por enquanto, uma coisa é bastante clara: as pessoas que têm boa memória são boas na organização das informações e em torná-las significativas. Com isso em mente, a discussão da Psicologia em Ação deste capítulo nos conta como podemos combinar organização e significado em um método eficiente para melhor a memória.

PAUSA PARA ESTUDO — Melhorando a Memória

RELACIONE

Retorne aos títulos dos tópicos nas páginas anteriores com listas de técnicas para melhorar a memória. Coloque um X naqueles que você usou recentemente. Revise os que você não marcou e pense em um exemplo específico de como você poderia usar cada técnica na escola, em casa, no trabalho.

VERIFICAÇÃO DO APRENDIZADO

1. Para melhorar a memória, é razoável passar a maior parte do tempo recitando em vez de lendo. V ou F?
2. Organizar informações enquanto se estuda tem pouco efeito na memória porque a memória de longo prazo já é altamente organizada. V ou F?
3. O método progressivo de partes do estudo serve melhor para tarefas de aprendizado longo e complexo. V ou F?
4. Dormir imediatamente depois de estudar é altamente perturbador para a consolidação da memória. V ou F?
5. Conforme as novas informações são codificadas e ensaiadas, é útil elaborar seu significado e relacioná-lo a outras informações. V ou F?

Raciocínio Crítico

6. Qual é a vantagem de tomar notas enquanto se lê um livro em oposição a sublinhar as palavras no texto?

RESPOSTAS:

1.V 2.F 3.V 4.F 5.V 6. Tomar notas é uma forma de recitação, encoraja o ensaio de elaboração, facilita a organização e a seleção de idéias importantes, e suas notas podem ser usadas para revisão.

Psicologia em Ação

Mnemônicas – A Mágica da Memória

▶ **PERGUNTA PARA PESQUISA** *Como melhorar minha memória?*

Alguns atores usam a memória como parte do seu trabalho. Eles formam imagens eidéticas? Vários "especialistas em memória" dão shows memorizando os nomes de todas as pessoas em um banquete, a ordem de todas as cartas no baralho, listas longas de palavras e outras quantidades aparentemente impossíveis de informação. Esses truques são feitos mediante o uso de *mnemônicas* (Wilding e Valentine, 1994b). Uma **mnemônica** é qualquer tipo de sistema de memória ou ajuda para a memória. Em alguns casos, as estratégias mnemônicas aumentam dez vezes a memória (Patten, 1990).

Algumas mnemônicas são tão comuns que ninguém as percebe. Se você estiver tentando lembrar quantos dias existem em um determinado mês, poderá encontrar a resposta recitando, "Trinta dias tem setembro...". Professores de física com freqüência ajudam estudantes a lembrar as cores de um espectro por meio de uma mnemônica que usa a primeira letra dos nomes das cores em inglês para relacioná-las ao nome "Roy G. Biv": **R**ed, **O**range, **Y**ellow, **G**reen, **B**lue, **I**ndigo, **V**iolet. O marinheiro em treinamento que tem dificuldade para diferenciar bombordo de estibordo poderá lembrar que bombordo (o lado esquerdo do barco) tem o mesmo número de letras que a palavra "esquerdo", ou seja, oito. Nos Estados Unidos, diferentemente do Brasil, ensina-se o estudante de música a memorizar

> Mnemônicas Qualquer tipo de sistema ou ajuda para a memória.

as notas musicais que vão nos espaços e linhas do pentagrama usando-se as letras atribuídas a elas: Lá = A, Si = B, Dó = C, Ré = D, Mi = E, Fá = F, Sol = G, formando uma palavra e uma frase que fazem sentido: "F-A-C-E", para as notas nos espaços, e "**E**very **G**ood **B**oy **D**oes **F**ine", para as notas sobre as linhas.

As técnicas mnemônicas são formas de evitar o aprendizado *mecânico* (aprender por meio da simples repetição). A superioridade do aprendizado mnemônico sobre o aprendizado mecânico já foi comprovada várias vezes. Por exemplo, Bower (1973) pediu a alguns estudantes que memorizassem cinco listas diferentes de palavras não-relacionadas. No final de uma sessão de estudos curta, os estudantes tentaram lembrar de todos os cem itens. Aqueles que usaram mnemônicas lembraram de 72 itens, em média, enquanto os membros de um grupo de controle que usou aprendizado mecânico lembraram-se, em média, de 28 itens.

Atores não têm, naturalmente, memória superior. Ao contrário, eles usam extensivamente sistemas de memória para executar seus feitos (Wilding e Valentine, 1994b). Poucos desses sistemas têm valor prático para um estudante, mas os princípios subjacentes às mnemônicas são valiosos. Ao praticar mnemônicas, você será capaz de melhorar bastante a sua memória com pouco esforço (Dretzke e Levin, 1996).

Aqui estão os princípios básicos das mnemônicas.

1. **Use imagens mentais.** Imagens mentais são geralmente mais fáceis de lembrar do que as palavras. Transformar informações em imagens mentais é, portanto, muito útil. Torne tais imagens tão vívidas quanto possível (Campos e Perez, 1997).
2. **Atribua significado às coisas.** Ajudamos a transferência das informações da memória de curto prazo para a de longo prazo quando atribuímos significado às informações. Se você encontrar termos técnicos que tenham pouco significado para você, ou mesmo que não tenham um significado imediato, atribua-lhes algum sentido, mesmo que você tenha de "esticar" o termo para fazê-lo. (Este tópico é esclarecido com os exemplos dados adiante).
3. **Torne as informações familiares.** Conecte-as ao que você já sabe. Outra maneira de passar informações para a memória de longo prazo é conectá-las às informações que já estão armazenadas ali. Se alguns fatos ou idéias em um capítulo parecerem ficar na sua memória mais facilmente, associe-os a outros fatos mais difíceis.
4. **Forme associações mentais exageradas, diferentes, bizarras.** Formar imagens que façam sentido é o melhor, na maior parte dos casos. Entretanto, ao associar duas idéias, termos ou especialmente imagens mentais, você poderá descobrir que, quanto mais esquisitas e exageradas forem tais associações, mais você tenderá a lembrar delas. Imagens bizarras tornam as informações armazenadas mais distintas e, portanto, mais fáceis de recuperar (Worthen e Marshall, 1996). Imagine, por exemplo, que você acabou de ser apresentado ao sr. Rehkop. Se você se lembrar de que "cop" significa "policial" em inglês, poderá imaginar esse homem vestindo dois uniformes de policial, um por cima do outro, todo desengonçado. Essa imagem bizarra dará pistas quando você quiser se lembrar do nome do sr. Rehkop (Carney et al., 1997).

Imagens bizarras ajudam principalmente a melhorar a memória imediata e funcionam melhor para informações bastante simples (Robinson-Riegler e McDaniel, 1994). Mesmo assim, elas podem ser o primeiro passo para o aprendizado.

Quatro exemplos das aplicações típicas das mnemônicas vão esclarecer esse ponto.

Exemplo 1 Digamos que você tem 30 novas palavras em espanhol para memorizar. Você pode fazer uma memorização mecânica (repeti-las muitas vezes até que você as aprenda) ou pode memorizá-las com um pequeno esforço, usando o método da palavra-chave (Pressley, 1987). No **método da palavra-chave**, uma palavra ou imagem familiar é usada para ligar duas outras palavras ou itens. Para lembrar que a palavra *pavo* em espanhol significa peru, você poderá ligá-la a uma palavra-chave em português, como "pavê", a popular sobremesa brasileira. Tente formar uma imagem tão vívida e exagerada quanto possível, com pessoas comendo um pavê de peru, enfeitado com penas de peru, e achando horrível, cuspindo etc. Se o seu idioma for o inglês, por exemplo, você poderá associar a palavra *carta* em português a um *cart* (carrinho, em inglês) cheio de cartas.

Método da palavra-chave Para ajudar a memória, usa-se uma palavra ou imagem familiar que ligue dois itens.

Se você ligar palavras-chave e imagens em uma lista completa de palavras, talvez não consiga lembrar-se de todas, mas vai lembrar da maioria sem qualquer prática adicional. Na realidade, se você formou imagens para as palavras *pavo* e *carta* agora mesmo, será quase impossível ver essas palavras nos próximos dias sem lembrar do que elas significam.

E daqui a um ano? Quanto dura uma palavra-chave? As memórias mnemônicas funcionam melhor durante períodos curtos. Mais tarde, elas podem ser mais frágeis que as memórias convencionais. É por isso que geralmente é melhor usar mnemônicas durante as fases iniciais do aprendizado (Carney e Levin, 1998). Para criar memórias mais duradouras, você vai precisar usar as técnicas discutidas anteriormente neste capítulo.

Exemplo 2 Digamos que você aprendeu o nome de todos os ossos e músculos do corpo humano para sua aula de biologia. Você está tentando lembrar que o nome do osso que forma a parte posterior do ombro é *omoplata*. Essa é fácil, porque você pode associar o nome do osso ao seu susto quando vê o preço do sabão em pó OMO na prateleira do supermercado (*omo-plata*) (faça essa imagem ficar tão ridícula quanto possível).

Se o nome do músculo *latissimus dorsi* está difícil de memorizar, transforme-o em algo familiar, como a frase "late muitíssimo e dói, sim". Depois, imagine o cachorro mais chato da sua vizinhança latindo sem parar e sua cabeça inchando mais e mais, enquanto o som dos latidos vai entrando pelas suas orelhas como em um desenho animado.

Isso mais parece um lembrete, além do que poderia levar você a escrever os nomes das coisas de forma errada. As mnemônicas não são substitutas perfeitas da memória normal, mas uma ajuda. E elas não ajudam a menos que você faça um uso extensivo de *imagens* (Willoughby et al., 1997). As imagens mentais voltam à mente facilmente. Com freqüência, quando fazemos um teste, percebemos que uma pequena pista é tudo de que precisamos para lembrar corretamente de algo. Uma imagem mnemônica funciona como se uma pessoa se debruçasse sobre o seu ombro e dissesse "Psiu, o nome daquele músculo soa como 'late muitíssimo e dói, sim'". Se essa forma errada de escrever continuar a ser um problema, então crie ajudas de memória para escrever as palavras também.

Aqui estão mais dois exemplos para ajudá-lo a apreciar a flexibilidade de uma abordagem mnemônica à memorização.

Exemplo 3 Seu professor de história da arte espera que você seja capaz de reconhecer o trabalho de artistas em slides e de dizer o nome deles no exame. Antes, você viu um grande número de slides apenas uma vez na aula. Como você vai se lembrar deles? Conforme os slides são mostrados na aula, transforme o nome de cada artista em um objeto ou imagem. Então imagine o objeto *nas* pinturas daquele artista. Por exemplo, você pode visualizar Van Gogh como uma van se movimentando no meio de cada pintura de Van Gogh. Visualize a van correndo sobre as coisas e se chocando contra elas. Ou, se você se lembrar de que Van Gogh cortou uma orelha, visualize uma enorme orelha sangrenta em cada uma de suas pinturas.

Exemplo 4 Se você está com dificuldade para se lembrar de tópicos de história, tente evitar pensar na matéria como algo do passado obscuro. Visualize cada personalidade histórica como uma pessoa que você conhece agora (um amigo, professor, pai ou mãe etc.). Então visualize essas pessoas fazendo seja lá o que for que os personagens históricos fizeram. Tente também visualizar batalhas ou outros eventos como se eles estivessem acontecendo na sua cidade, ou nos parques e escolas dos países onde ocorreram. Use sua imaginação.

Como as mnemônicas podem ser usadas para nos ajudar a lembrar de coisas em uma determinada ordem? Aqui estão três técnicas que podem ser úteis.

1. **Faça uma história ou uma cadeia.** Para lembrar listas de idéias, objetos ou palavras em uma determinada ordem, tente compor uma associação exagerada (imagem mental), ligando o primeiro item ao segundo, o segundo ao terceiro, e assim por diante. Para lembrar na ordem certa esta lista curta de palavras – elefante, maçaneta, fio, relógio, rifle, laranjas –, imagine um *elefante* de tamanho natural equilibrando-se em uma *maçaneta*, lutando contra um *fio* amarrado a ele. Imagine um *relógio* amarrado ao fio e um *rifle* atirando *laranjas* no relógio. Essa técnica pode ser usada com sucesso com listas de 20 itens ou mais. Em um teste, as pessoas que usaram ligações mnemônicas lembraram-se muito melhor de listas de 15 a 22 tarefas (Higbee et al., 1990). Tente fazer isso da próxima vez que você for fazer compras e esquecer a lista em casa. Outra estratégia que pode ajudar é inventar uma pequena história que liga todos os itens de uma lista que você deseja lembrar (McNamara e Scott, 2001).

2. **Faça uma caminhada mental.** Os oradores da Grécia antiga tinham uma maneira interessante de se lembrar das idéias em ordem quando estavam fazendo um discurso. O método deles era fazer um passeio mental por um caminho familiar. Conforme eles andavam, associavam os tópicos do discurso às imagens

das estátuas naquele caminho. Você pode fazer a mesma coisa "colocando" objetos ou idéias ao longo de um caminho enquanto faz uma caminhada mental (Neath, 2002).

3. **Usar um sistema.** Muitas vezes, as primeiras letras ou sílabas de palavras ou idéias podem compor-se em outra palavra que serviria como um lembrete da ordem. Lembrar-se dos nomes das cores em inglês por meio do nome "Roy G. Biv" é um exemplo. Como alternativa, estude o seguinte: 1 é pão de hambúrguer, 2 é sapato, 3 é árvore, 4 é porta, 5 é colméia, 6 é graveto, 7 é paraíso, 8 é portão, 9 é linha e 10 é galinha. Para se lembrar da lista em ordem, forme uma imagem associando o pão de hambúrguer ao primeiro item da sua lista. Por exemplo, se o primeiro item for sapo, imagine um sapo-búrguer para se lembrar. Depois, associe o sapato, item 2, ao segundo item da sua lista, e assim por diante.

Se você nunca usou mnemônicas, ainda poderá estar cético a respeito, mas tente essa abordagem. A maioria das pessoas descobre que pode estender a memória com o uso das mnemônicas. Mas lembre-se: como a maior parte das coisas que vale a pena, lembrar requer esforço.

PAUSA PARA ESTUDO — Mnemônicas

RELACIONE

Como exercício, veja se você consegue criar mnemônicas para as palavras *ícone*, *memória implícita* e *mnemônica*. As melhores mnemônicas são as que nós próprios fazemos, mas aqui vão alguns exemplos para ajudá-lo a começar. Um ícone é uma imagem visual: imagine um cone que se abre como uma caixa, para lembrar que os ícones armazenam informações visuais. As memórias implícitas estão "in, dentro, escondido": imagine um personagem esquisito de desenho animado tentando esconder-se dentro de uma memória. Uma mnemônica é uma "ajuda" da memória: imagine uma mulher muito pequena e magra ajudando uma memória muito gorda, que se espreme e sua, a passar pela porta do cérebro como em um desenho animado.

Agora veja os itens do glossário neste capítulo e faça mnemônicas para qualquer termo que você achar difícil lembrar.

VERIFICAÇÃO DO APRENDIZADO

1. Os sistemas de memória e as ajudas são designados como _____.

2. Qual das alternativas a seguir é a menos provável para melhorar a memória?
   a. usar imagens mentais exageradas
   b. formar uma cadeia de associações
   c. transformar informações visuais em informações verbais
   d. associar novas informações a informações já conhecidas ou familiares

3. Imagens bizarras tornam as informações armazenadas mais diferentes e, portanto, mais fáceis de serem recuperadas. V ou F?

4. O estudo de Bower de 1973 mostrou que, em geral, as mnemônicas apenas melhoraram a memória de palavras ou idéias relacionadas. V ou F?

Raciocínio Crítico

5. Em que sentido o ensaio de elaboração e as mnemônicas são semelhantes?

RESPOSTAS: 1. mnemônicos 2. c 3. V 4. F 5. Ambas tentam relacionar novas informações com informações armazenadas na MLP que sejam familiares ou fáceis de recuperar.

REVISÃO DO CAPÍTULO

Pontos Principais

» Lembrar é um processo ativo. Nossas memórias se perdem, são alteradas, revistas ou distorcidas com freqüência.

» A melhor maneira de lembrar depende, até certo ponto, de que sistema de memória se está usando.

- Lembrar não é um processo do tipo "tudo ou nada". Mesmo quando você acha que não consegue se lembrar de nada, algumas informações podem continuar a existir na memória.
- Entender como e por que o esquecimento ocorre permitirá que você faça melhor uso da sua memória.
- Algumas pessoas têm naturalmente memória superior, mas todos podem aprender a melhorar sua memória.
- Os sistemas de memória (mnemônicas) melhoram bastante a memória imediata. Entretanto, o aprendizado convencional tende a criar memórias mais duradouras.

Resumo

Existe mais de um tipo de memória?

- A memória é um sistema ativo, um tipo de computador, que codifica, armazena e recupera informações.
- Os seres humanos têm três sistemas de memória inter-relacionados: a memória sensorial, a memória de curto prazo (MCP, também chamada de memória funcional) e a memória de longo prazo (MLP).

Quais são as características de cada tipo de memória?

- A memória sensorial é exata, mas curta. Por meio da atenção seletiva, algumas informações são transferidas para a MCP.
- A MCP tem uma capacidade aproximada de cinco a sete informações, mas ela pode ser estendida por meio de agrupamentos ou recodificação. As memórias de curto prazo são breves e muito sensíveis à interrupção ou interferência, entretanto, podem ser prolongadas por meio de ensaio de manutenção.
- A MLP funciona como um armazém-geral de informações, especialmente as significativas. O ensaio de elaboração ajuda a transferir as informações da MCP para a MLP. As memórias de longo prazo são relativamente permanentes ou duradouras. A MLP parece ter uma capacidade de armazenagem quase ilimitada.
- A MLP está sujeita ao processamento construtivo, ou à revisão e atualização contínuas. A MLP é altamente organizada para permitir a recuperação das informações necessárias. O padrão, ou estrutura, das redes de memória está sendo pesquisado atualmente.
- As memórias redintegrativas são reconstruídas conforme cada memória fornece uma pista da próxima memória.

Existe mais de um tipo de memória de longo prazo?

- Dentro da memória de longo prazo, as memórias declarativas para os fatos parecem diferir das memórias de procedimento para as habilidades.
- Memórias declarativas podem ainda ser separadas em memórias semânticas ou episódicas.

Como é medida a memória?

- O estado de "ponta da língua" mostra que a memória não é um evento do tipo "tudo ou nada". As memórias podem, portanto, ser reveladas pela lembrança, pelo reconhecimento, pelo reaprendizado ou ativação.
- Na lembrança, a memória age sem pistas explícitas, como em um exame com redação. A lembrança de informações em listas freqüentemente revela o efeito da posição serial (itens no meio da lista estão mais sujeitos a erros).
- Um teste comum de reconhecimento são as perguntas de múltipla escolha.
- Aprender novamente é o reaprendizado de algo que foi esquecido, e a memória é medida por uma nota de economia.
- Lembrança, reconhecimento e reaprendizado medem principalmente memórias explícitas. Outras técnicas, como a ativação, são necessárias para revelar as memórias implícitas.

O que é memória fotográfica?

- A criação de imagens eidéticas (memória fotográfica) ocorre quando uma pessoa é capaz de projetar uma imagem em uma superfície em branco.

- A criação de imagens eidéticas pode ser encontrada em adultos muito raramente. Entretanto, muitos adultos têm imagens internas da memória que podem ser bastante vívidas.
- Uma memória excepcional pode ser aprendida encontrando-se maneiras de armazenar informações diretamente na MLP.
- O aprendizado não tem efeito nos limites da MCP. Algumas pessoas podem ter memória excepcional, que excede o que pode ser obtido por meio do aprendizado.

O que causa o esquecimento?

- O esquecimento e a memória foram estudados exaustivamente por Herman Ebbinghaus. Seu trabalho mostra que o esquecimento é mais rápido imediatamente depois do aprendizado (curva do esquecimento).
- Falha na codificação das informações é uma causa comum de "esquecimento".
- O esquecimento na memória sensorial e na MCP provavelmente reflete a decadência dos traços da memória no sistema nervoso. A decadência ou a falta de uso das memórias também pode ser responsável pela perda na MLP.
- Freqüentemente, o esquecimento depende de uma pista. O poder das pistas para provocar as memórias é revelado pelo aprendizado, que depende do estado e da ligação entre os estados do aprendizado e da memória.
- Muito do esquecimento, tanto na MCP quanto na MLP, pode ser atribuído à interferência.
- Quando um aprendizado recente interfere na recuperação do aprendizado anterior, uma interferência retroativa ocorreu.
- Se um aprendizado mais antigo interfere em um novo aprendizado, uma interferência proativa aconteceu.

As memórias diárias são precisas?

- Repressão é o esquecimento da dor, do embaraço ou de memórias traumáticas.
- Pensa-se que a repressão é inconsciente, diferentemente da supressão, que é uma tentativa consciente de evitar pensar sobre algo.

O que acontece no cérebro quando as memórias são formadas?

- A amnésia retrógrada e os efeitos dos choques eletroconvulsivos (ECS) podem ser explicados pelo conceito de consolidação.
- A teoria da consolidação diz que os engrams (traços de memória permanentes) são formados durante um período crítico após o aprendizado. Até que sejam consolidadas, as memórias de longo prazo são facilmente destruídas.
- O hipocampo é a área do cérebro que está ligada à consolidação das memórias. Uma vez que as memórias são consolidadas, elas parecem ficar armazenadas no córtex cerebral.
- As buscas de engrams dentro do cérebro focalizam as mudanças nas células nervosas e a maneira como elas se interconectam.

Como se pode melhorar a memória?

- A memória pode ser melhorada usando-se feedback, recitação e ensaio; por meio da seleção e organização das informações, bem como do método progressivo de partes, prática espaçada, muito estudo e estratégias de busca ativa. Os efeitos da posição serial, sono, revisão, pistas e elaboração também devem ser mantidos em mente quando se está estudando ou memorizando.
- Os sistemas mnemônicos usam imagens mentais e associações incomuns para ligar novas informações a memórias familiares já armazenadas na MLP. Tais estratégias dão significado às informações pessoais e tornam mais fácil a recuperação.

Teste Seus Conhecimentos: Memória

As perguntas a seguir são apenas uma amostra do que você precisa saber. Se você errar algum item, deve revisar o capítulo todo.

1. O primeiro passo na formação de uma memória é
   a. recuperação
   b. armazenagem
   c. ensaio
   d. codificação
2. Armazenar informações como um ícone ou um eco é mais característico da
   a. memória sensorial
   b. memória de curto prazo
   c. memória de longo prazo
   d. memória de procedimentos
3. A atenção seletiva controla informações que devem ser mudadas da memória sensorial para a
   a. memória fonética   b. memória icônica
   c. MCP   d. MLP
4. As informações na MLP são armazenadas principalmente baseadas
   a. no significado
   b. nos sons e na fonética
   c. nos ícones e ecos
   d. na forma como serão recuperadas
5. O teste do número de dígitos é basicamente uma medida de
   a. MLP   b. ensaio de elaboração
   c. recodificação   d. MCP
6. O ensaio de elaboração é especialmente útil para formar
   a. ícones na memória
   b. memórias de longo prazo
   c. memórias de habilidades
   d. memórias retroativas
7. A existência de memórias redintegrativas é mais bem explicada por modelos de _____.
   a. rede de memória   b. PL
   c. memória implícita d. memória eidética
8. Qual das alternativas a seguir é um tipo de memória de habilidade?
   a. memória semântica   b. memória declaratória
   c. memória episódica   d. memória de procedimentos
9. Os testes de memória mais sensíveis são
   a. lembrança e redintegração
   b. lembrança e reaprendizado
   c. reconhecimento e reaprendizado
   d. reconhecimento e número de dígitos
10. Que tipo de teste de memória tenderá a revelar mais o efeito da posição serial?
    a. lembrança   b. reconhecimento
    c. reaprendizado   d. implícito
11. A ativação é usada para revelar que tipo de memória?
    a. explícita b. sensorial c. de habilidade d. implícita
12. Para a maioria das pessoas, ter uma memória particularmente boa baseia-se em
    a. ensaio de manutenção
    b. processamento construtivo
    c. imagens fonéticas
    d. estratégias aprendidas
13. A decadência dos traços de memória parece se aplicar à maioria do esquecimento de
    a. memórias sensoriais e de curto prazo
    b. memórias de procedimentos
    c. memórias semânticas
    d. memórias dependentes do estado
14. Um saxofonista aprende três novas músicas, uma depois da outra, em uma só tarde. No dia seguinte, ele é capaz de lembrar pelo menos da terceira música por causa do(a)
    a. aprendizado dependente do estado
    b. decadência dos traços de memória por causa do tempo
    c. interferência proativa
    d. falta de uso de pistas de memória
15. Se você conseguir conscientemente colocar uma memória dolorosa fora da sua mente, você usou
    a. redintegração   b. supressão
    c. ensaio negativo   d. repressão
16. Flashes de memória podem ser considerados o oposto de
    a. memórias reprimidas   b. memórias proativas
    c. memórias retroativas   d. memórias episódicas
17. A consolidação da memória será perturbada por
    a. ensaio b. ECS c. super-aprendizado d. sono
18. Qual das práticas a seguir NÃO é uma boa idéia para melhorar a memória?
    a. Usar prática espaçada.   b. Estudar demais.
    c. Estudar com fome.   d. Dormir depois de estudar.
19. A entrevista cognitiva ajuda as pessoas a se lembrarem mais porque fornece
    a. pistas de memória   b. efeito da posição serial
    c. ativação fonética   d. prática massiva
20. O método da palavra-chave é _____ usado de forma comum.
    a. uma técnica de entrevista cognitiva
    b. uma estratégia de prática de agrupamento
    c. uma técnica mnemônica
    d. o primeiro passo do método progressivo de partes

RESPOSTAS:

1. d 2. a 3. c 4. a 5. d 6. b 7. a 8. d 9. c 10. a 11. d 12. d 13. a 14. c 15. b 16. a 17. b 18. c 19. a 20. c

Capítulo 8

Cognição, Inteligência e Criatividade

Engenhocas e Bugigangas

O desenhista Rube Goldberg ficou famoso por desenhar máquinas loucas que realizavam tarefas simples de formas hilariantes. Um aparelho típico de Rube Goldberg era composto de polias, interruptores, alavancas, ratoeiras, balões, ventiladores, vacas dançantes e outros itens estranhos. Atualmente, graças ao clube de estudantes de engenharia Theta Tau, os alunos podem honrar a inspiração absurda de Goldberg ao mesmo tempo que testam sua criatividade. Em um concurso realizado na Universidade Purdue, os alunos inventam máquinas que realizam tarefas como colar um selo em uma carta ou atarraxar uma lâmpada em um soquete. Evidentemente, qualquer aluno de engenharia que valha a sua calculadora poderia criar uma máquina que executasse esse tipo de tarefa. O verdadeiro desafio do Concurso Nacional de Máquinas Rube Goldberg, no entanto, é criar uma engenhoca que faça algo simples da maneira mais complicada possível. Por exemplo, Doug Shoenenberger e Paul Calhoun venceram com uma engenhoca que carrega um disco em um tocador de CDs em 35 etapas surpreendentes.

Alunos como Doug e Paul evidentemente gostam de complexidade, novidade e de solucionar problemas. Em níveis mais elevados, essas são as qualidades que definiram muitos gênios da história, como Einstein, Darwin, Mozart, Newton, Michelangelo, Galileu, Madame Curie, Edison, Martha Graham e outros (Michalko, 1998).

Como todas as atividades criativas, o concurso Rube Goldberg levanta questões sobre a cognição humana. Como nós pensamos? Como conseguimos solucionar problemas? Como as pessoas criam obras de arte, ciência e literatura? Quantos alunos de engenharia são necessários para atarraxar uma lâmpada? Para obter algumas respostas preliminares, investigaremos o raciocínio, a solução de problemas, a inteligência e a criatividade nas páginas a seguir.

Perguntas para Pesquisa

- Qual é a natureza do raciocínio?
- De que maneira as imagens estão associadas ao raciocínio?
- Como aprendemos conceitos?
- Qual é o papel da linguagem no raciocínio?
- Pode-se ensinar animais a usar a linguagem?
- O que sabemos sobre a solução de problemas?
- O que é inteligência artificial?
- Como é definida e medida a inteligência humana?
- Qual a relação das pontuações de QI com a realização e com a capacidade de raciocínio?
- O que é raciocínio criativo?
- Quão precisa é a intuição?
- O que pode ser feito para melhorar o raciocínio e incitar a criatividade?

O QUE É RACIOCÍNIO? ESTÁ TUDO NA SUA CABEÇA!

▶ **PERGUNTA PARA PESQUISA** *Qual é a natureza do raciocínio?*

Somos criaturas extremamente adaptáveis. Vivemos em desertos, selvas, montanhas, cidades frenéticas, retiros plácidos e, recentemente, estações espaciais. Ao contrário das outras espécies, nosso sucesso se deve mais à inteligência e à capacidade de raciocínio do que aos comportamentos inatos. Vamos ver como os conceitos, a linguagem e as imagens tornam o raciocínio possível.

A **cognição** refere-se ao processamento mental de informações. Nossas idéias assumem várias formas, incluindo devaneios, resolução de problemas e argumentação (entre outras). Embora o raciocínio não seja restrito aos seres humanos, imagine-se tentando ensinar um animal a igualar o "recorde mundial" de Shakuntala Devi de cálculo mental. Certa vez, Devi multiplicou dois números de 13 dígitos (7.686.369.774.870 vezes 2.465.099.745.779) na sua cabeça, dando em 28 segundos a resposta (que é 18.947. 668.104.042.434.089.403.730, se você ainda não descobriu).

Investigar nossa capacidade de pensar é semelhante a descobrir como funciona um computador perguntando-se: "O que será que aconteceria se eu fizesse isso?". Porém, na psicologia cognitiva (o estudo do processamento de informações por seres humanos), o "computador" é o cérebro e o raciocínio é a "programação" que tentamos entender.

O poder do raciocínio é vivenciado lindamente por Stephen W. Hawking, um físico teórico e uma das mentes científicas mais famosas dos tempos modernos. Hawking sofre da doença de Lou Gehrig desde os 13 anos de idade. Atualmente, ele só consegue controlar a mão esquerda e perdeu a fala. Mesmo assim, seu cérebro continua intensamente ativo. Com coragem e determinação, ele utilizou seu intelecto para avançar nossa compreensão do universo.

Cognição O processo de raciocinar ou processar informações mentalmente (imagens, conceitos, palavras, regras e símbolos).

Imagem Geralmente uma representação mental com características semelhantes às dos quadros; um ícone.

Algumas Unidades Básicas de Raciocínio

No seu nível mais básico, o raciocínio é uma *representação interna* (expressão mental) de um problema ou de uma situação. (Imagine um jogador de xadrez que experimenta vários movimentos mentalmente antes de realmente tocar uma peça.) O poder de conseguir representar problemas mentalmente é muito bem ilustrado pelo grande mestre de xadrez Miguel Najdorf, que certa vez jogou 45 partidas de xadrez simultaneamente e de olhos vendados. Como Najdorf conseguiu fazer isso?

Como a maioria das pessoas, ele utilizou unidades básicas de pensamento: imagens, conceitos e linguagem (ou símbolos). **Imagens** são representações mentais semelhantes a quadros. **Conceitos** são idéias generalizadas que representam uma categoria de objetos ou acontecimentos. A **linguagem** é

COGNIÇÃO, INTELIGÊNCIA E CRIATIVIDADE

composta de palavras ou símbolos e regras para combiná-los. Pensar geralmente envolve todas essas três unidades. Por exemplo, jogadores de xadrez com os olhos vendados baseiam-se em imagens visuais, em conceitos ("o jogo 2 começa com uma estratégia conhecida como abertura inglesa") e no sistema notacional ou na "linguagem" especial do xadrez.

Adiante vamos investigar mais sobre imagens, conceitos e linguagem. Saiba, porém, que o raciocínio envolve atenção, reconhecimento de padrões, memória, tomada de decisões, intuição, conhecimento etc. Este capítulo é apenas uma amostra do que a psicologia cognitiva trata.

> Conceito Idéia generalizada que representa uma categoria de objetos ou acontecimentos relacionados.
>
> Linguagem Palavras ou símbolos e regras para combiná-los, utilizados para pensar e comunicar.

IMAGENS MENTAIS — SAPOS TÊM LÁBIOS?

▶ **PERGUNTA PARA PESQUISA**   *De que maneira as imagens estão associadas ao raciocínio?*

Cerca de 90% das pessoas têm imagens visuais, e 92% têm imagens auditivas. Mais de 50% têm imagens para movimento, toque, paladar, olfato e dor. Conseqüentemente, as imagens mentais podem ser mais do que "quadros". Por exemplo, sua imagem de um padeiro pode incluir também um cheiro delicioso. Apesar dessas variações, é geralmente aceito que a maioria de nós utiliza as imagens para pensar, lembrar e resolver problemas. Eis algumas maneiras como nós usamos imagens mentais (Kosslyn et al., 1990):

- Para tomar uma decisão ou resolver um problema (escolher que roupa vestir, descobrir como dispor a mobília em uma sala).
- Para mudar sentimentos (pensar em imagens agradáveis para espantar o mau humor, imaginar-se magro para continuar uma dieta).
- Para melhorar uma aptidão ou se preparar para algum ato (utilizar imagens para melhorar as braçadas na natação, ensaiar mentalmente como pedir um aumento).
- Para ajudar a memória (imaginar o sr. Cook usando um chapéu de *chef* de cozinha para se lembrar do seu nome).

A Natureza das Imagens Mentais

As imagens mentais não são planas como as fotografias. O pesquisador Stephen Kosslyn demonstrou tal fato perguntando às pessoas: Sapos têm lábios e rabo atarracado? A menos que você beije sapos freqüentemente, provavelmente responderá a essa pergunta usando imagens mentais. A maioria das pessoas imagina um sapo, "examina" sua boca e depois, mentalmente, "gira" o sapo para verificar seu rabo (Kosslyn, 1983). A rotação mental baseia-se parcialmente em movimentos imaginados (◆Figura 8.1). Isto é, nós "pegamos" mentalmente um objeto e o viramos (Richter et al., 2000; Wexler et al., 1998).

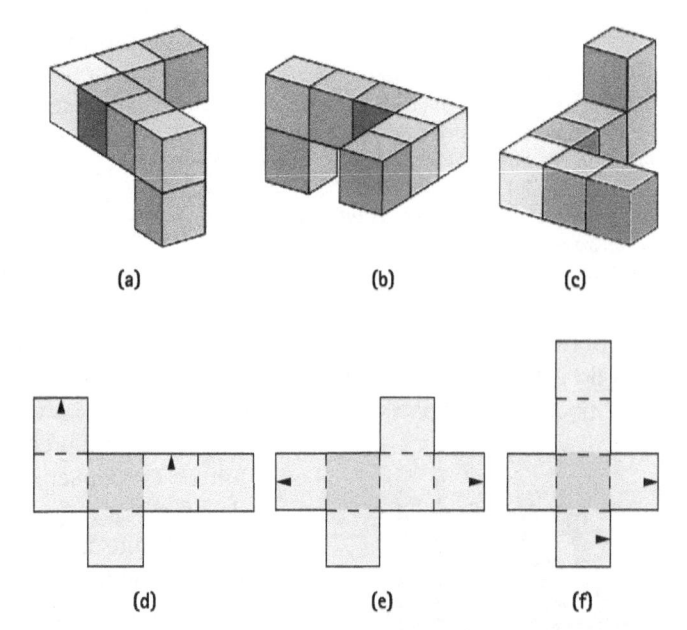

◆FIGURA 8.1 *Imagens no raciocínio. (Em cima) Mostrou-se aos sujeitos um desenho semelhante a (a) e desenhos de como (a) seria em outras posições, como (b) e (c). Os sujeitos conseguiram reconhecer (a) depois de ele ter sido "girado" da sua posição original. Porém, quanto mais (a) era girado no espaço, mais tempo eles levavam para reconhecê-lo. Esse resultado sugere que as pessoas realmente formaram uma imagem tridimensional de (a) e a giraram para ver se coincidia. (Shepard, 1975.) (Embaixo) Experimente sua habilidade de manipular imagens mentais: imagine cada uma dessas formas como um pedaço de papel que pode ser dobrado para formar um cubo. Depois de elas serem dobradas, em que cubo as pontas das flechas se encontram? (Segundo Kosslyn, 1985.)*

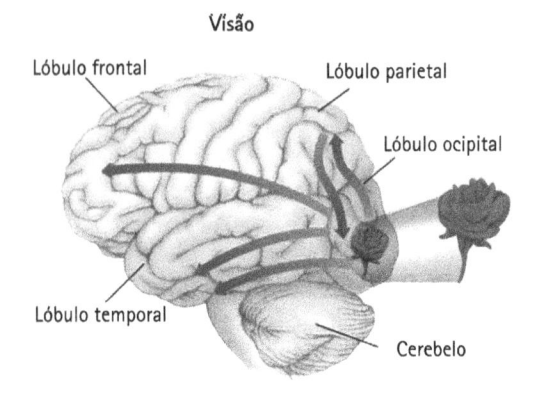

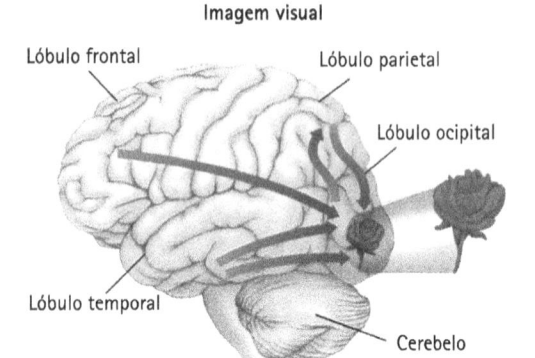

FIGURA 8.2 *Quando você vê uma flor, a imagem dela é representada por atividade na região visual primária do córtex, no fundo do cérebro. As informações sobre a flor estão relacionadas também a outras regiões do cérebro. Se você formar uma imagem mental de uma flor, as informações seguirão o caminho inverso. O resultado, novamente, é a ativação da região visual primária.*

Visão Inversa

O que acontece no cérebro quando uma pessoa tem imagens visuais? Ver algo no "olho da mente" é semelhante a ver objetos reais. As informações dos olhos geralmente ativam a região visual primária do cérebro, criando, assim, uma imagem (◆Figura 8.2). Outras regiões do cérebro nos ajudam a reconhecer a imagem associando-a aos conhecimentos armazenados. Quando você forma uma imagem mental, o sistema trabalha ao contrário. As regiões do cérebro nas quais as lembranças são armazenadas enviam sinais para o córtex cerebral, onde novamente se cria uma imagem (Farah et al., 1989; Kosslyn et al., 1995). Por exemplo, se você visualizar o rosto de um(a) amigo(a) neste momento, a região do seu cérebro especializada em perceber rostos se tornará mais ativa (O'Craven e Kanwisher, 2000).

Utilizando Imagens Mentais

Como as imagens são utilizadas para solucionar problemas? Utilizamos *imagens armazenadas* (informações da memória) para aplicar experiências passadas à solução de problemas. Digamos que lhe perguntem: "De quantas maneiras podemos usar uma caixa de ovos vazia?". Você pode começar imaginando usos que já viu, como separar botões em uma caixa. Para dar uma resposta mais original, você provavelmente terá de utilizar imagens *criadas*. Uma *imagem criada* é montada ou inventada, e não simplesmente lembrada. Conseqüentemente, um artista pode imaginar totalmente uma escultura antes de começar a trabalhar. Pessoas com uma boa capacidade de formar imagens tendem a ter uma pontuação maior em testes de criatividade (Morrison e Wallace, 2001). Na verdade, Albert Einstein, Thomas Edison, Lewis Carroll e vários outros dos intelectos mais originais da história baseavam-se muito em imagens (West, 1991).

O "tamanho" de uma imagem mental afeta o raciocínio? Para descobrir a resposta, imagine primeiro um gato sentado ao lado de uma mosca. Agora tente dar um "close" nas orelhas do gato para vê-las claramente. Depois, imagine um coelho sentado ao lado de um elefante. Com que rapidez você pode "ver" as patas dianteiras do coelho? Você levou mais tempo do que para imaginar as orelhas do gato?

Quando um coelho é visualizado com um elefante, a imagem do coelho tem de ser pequena porque o elefante é grande. Usando essas tarefas, Kosslyn descobriu que, quanto menor for a imagem, mais difícil será "vê-la" em detalhes. Para usar esse resultado, tente formar imagens de tamanho exageradamente grande de coisas sobre as quais você queira pensar. Por exemplo, para entender a eletricidade, imagine os fios como canos grandes, com elétrons do tamanho de uma bola de golfe se movimentando dentro deles; para entender o ouvido humano, explore-o (no olho da sua mente) como uma grande caverna e assim por diante.

Imagens Cinestésicas

De que forma as respostas musculares estão associadas ao raciocínio? De certa maneira, pensamos com os nossos corpos e com as nossas cabeças. As *imagens cinestésicas* são criadas a partir de sensações musculares produzidas, lembradas ou imaginadas (Oyama e Ichikawa, 1990). Tais imagens nos ajudam a pensar em movimentos e atos.

A Igreja da Sagrada Família em Barcelona, Espanha, foi idealizada por Antonio Gaudí. Uma pessoa que não tivesse imagens mentais poderia criar uma obra-prima dessas? Três em cada cem pessoas acham impossível criar imagens mentais, e 33 em cada 100 têm imagens mentais bem fortes. A maioria dos artistas, arquitetos, designers, escultores e cineastas tem excelentes imagens visuais.

As imagens cinestésicas surgem das sensações nos músculos e nas juntas. À medida que você vai pensando e falando, essas sensações tendem a orientar o fluxo das idéias. Por exemplo, se você tentar dizer a um(a) amigo(a) como fazer pão, você talvez movimente suas mãos como se estivesse amassando a massa. Ou tente responder a esta pergunta: "Em que direção você vira a torneira de água quente da cozinha se quiser desligar a água?" A maioria das pessoas não memorizou simplesmente as palavras "gire no sentido horário" ou "gire no sentido anti-horário". Você provavelmente "girará" a torneira na sua imaginação antes de responder. Você pode até fazer um movimento de girar com a mão antes de responder.

Um estudo revelou que os alpinistas utilizam imagens cinestésicas para aprender rotas de escalação e planejar seus próximos movimentos. (Smyth & Waller, 1998.)

As imagens cinestésicas são particularmente importantes na música, nos esportes, na dança, no skate, em artes marciais e em outras aptidões voltadas para o movimento. Pessoas com boas imagens cinestésicas adquirem essas aptidões com mais rapidez do que aquelas com imagens ruins (Glisky et al., 1996).

CONCEITOS – EU TENHO CERTEZA, É UM TROÇO

▶ **PERGUNTA PARA PESQUISA** *Como aprendemos conceitos?*

Um **conceito** é uma idéia que representa uma categoria de objetos ou acontecimentos. Os conceitos são ferramentas poderosas porque permitem que pensemos mais *abstratamente*, e também porque ajudam a identificar características importantes de objetos ou acontecimentos. É por isso que os especialistas em várias áreas do conhecimento são bons em classificar objetos. Ornitófilos, criadores de peixes tropicais, crianças de cinco anos apaixonadas por dinossauros e outros especialistas aprendem a procurar detalhes identificadores que os principiantes tendem a deixar passar. Se você tiver conhecimentos sobre um assunto, como cavalos, flores ou futebol, você literalmente vê as coisas de uma forma diferente das pessoas menos bem informadas (Johnson e Mervis, 1997).

Formando Conceitos

Como aprendemos conceitos? A **formação de conceitos** é o processo de classificar o mundo em categorias com significado. No seu nível mais primário, baseia-se em *exemplos positivos* e *negativos* (exemplos que pertencem ou não à categoria do conceito). No entanto, a formação de conceitos não é tão simples quanto parece. Imagine uma criança aprendendo o conceito de *cachorro*.

O Aturdimento do Cachorro

Uma criança e o seu pai vão dar uma volta. Na casa do vizinho eles vêem um cachorro de tamanho médio. O pai diz: "Olhe o cachorro". Quando eles passam pelo próximo quintal, a criança vê um gato e diz: "Cachorro!". O pai a corrige: "Não, isso é um *gato*". A criança então pensa: "Ah, os cachorros são grandes e os gatos são pequenos". No próximo quintal, ela vê um pequinês e diz: "Gato!". "Não, isso é um cachorro", responde o pai.

A confusão da criança é compreensível. No início, ela pode confundir um pequinês com um esfregão. Porém, com mais exemplos positivos e negativos, a criança acabará reconhecendo de cães dinamarqueses a chihuahuas como membros da mesma categoria – cachorros.

Como adultos, nós freqüentemente adquirimos conceitos aprendendo ou formando regras. Uma **norma conceitual** é uma diretriz para decidir se os objetos ou acontecimentos pertencem a uma categoria de conceitos. Por exemplo, um triângulo precisa ser uma forma fechada com três lados, composta de linhas retas. Regras são uma maneira eficiente de aprender conceitos, mas os exemplos continuam sendo importantes. É pouco provável que memorizar regras permita a um ouvinte classificar corretamente se uma música é *punk, hip-hop, salsa, heavy metal, rock grunge* ou *rap*.

Tipos de Conceitos

Existem tipos diferentes de conceitos? Sim, os **conceitos conjuntivos** ou "conceitos do tipo e" são definidos pela presença de duas ou mais características.

Formação de conceitos O processo de classificar informações em categorias com significado.

Norma conceitual Regra formal para decidir se um objeto ou acontecimento é um exemplo de um determinado conceito.

Conceito conjuntivo Categoria de objetos que têm duas ou mais características em comum. (Por exemplo, para se qualificar como dentro do conceito, um objeto tem de ser vermelho *e* triangular.)

Conceito relacional Conceito definido pela relação entre as características de um objeto ou entre um objeto e seus arredores ("maior do que", "virado de cabeça para baixo").

Conceito disjuntivo Conceito definido pela presença de pelo menos uma de várias características possíveis. (Por exemplo, para se qualificar, um objeto tem de ser *ou* azul *ou* circular.)

Protótipo Um modelo ideal utilizado como exemplo básico de um determinado conceito.

Significado denotativo A definição exata do dicionário de uma palavra ou de um conceito; o seu significado objetivo.

Significado conotativo O significado subjetivo, pessoal ou emocional de uma palavra ou de um conceito.

Em outras palavras, um item deve ter "esta característica *e* esta outra *e* esta outra". Por exemplo, uma *motocicleta* precisa ter duas rodas *e* um motor *e* um guidão.

Os **conceitos relacionais** baseiam-se na forma como um objeto se relaciona com outra coisa ou como suas características estão relacionadas umas às outras. As palavras listadas a seguir são todas conceitos relacionais: *maior, acima, esquerda, norte* e *de cabeça para baixo*. Um outro exemplo é a palavra *irmã*, que é definida como "uma mulher considerada na sua relação com outra pessoa que tem os mesmos pais".

Os **conceitos disjuntivos** têm *pelo menos uma* de várias características possíveis. São conceitos do tipo "ou/ou". Para pertencer a essa categoria, um item deve ter "essa característica *ou* essa outra *ou* essa outra". No beisebol, um *ponto* contra o batedor é *ou* um balanço e uma perda *ou* um arremesso no meio *ou* uma bola errada. A característica ou/ou dos conceitos disjuntivos os torna difíceis de serem aprendidos.

Protótipos

Ao pensar no conceito *pássaro*, você lista mentalmente as características que os pássaros têm? Provavelmente, não. Além das regras e das características, nós usamos **protótipos**, ou modelos ideais, para identificar conceitos (Rosch, 1977; Smith, 1989). Um rouxinol, por exemplo, é um pássaro-modelo; um avestruz, não.

Em outras palavras, alguns itens são melhores exemplos de um conceito do que outros. Qual é o exemplo de uma xícara na ◆Figura 8.3? A certa altura, quando a xícara fica maior ou mais larga, ela se torna um vaso ou uma tigela. Para decidir se um objeto é uma xícara, um vaso ou uma tigela, nós o comparamos mentalmente a uma xícara ideal, como a de número 5. É por isso que é difícil identificar conceitos quando não conseguimos pensar em um protótipo relevante. Quais são, por exemplo, os objetos mostrados na ◆Figura 8.4? Como você pode ver, os protótipos são particularmente úteis quando tentamos categorizar estímulos complexos (Minda e Smith, 2001).

Significado Conotativo

Falando de maneira geral, os conceitos têm dois tipos de significado. O **significado denotativo** de uma palavra ou conceito é a sua definição exata. O **significado conotativo** é o seu significado emocional ou pessoal. A palavra *nu* denota a mesma coisa (estar sem roupa) para um nudista, um pastor ou um censor de filmes. No entanto, pode-se esperar que sua conotação para cada um deles seja bem diferente. Essas diferenças podem influenciar a maneira como encaramos certas questões importantes. Por exemplo, o termo *dispositivo de radiação aumentada* tem uma conotação mais positiva do que o termo *bomba de nêutron* (Gruner e Tighe, 1995).

◆FIGURA 8.3 *Quando uma xícara se torna uma tigela ou um vaso? Relacionar a um protótipo ou exemplo ideal ajuda a decidir se um objeto pertence a uma categoria conceitual. Os participantes de um experimento escolheram a de número 5 como a "melhor" xícara. (Segundo Labov, 1973.)*

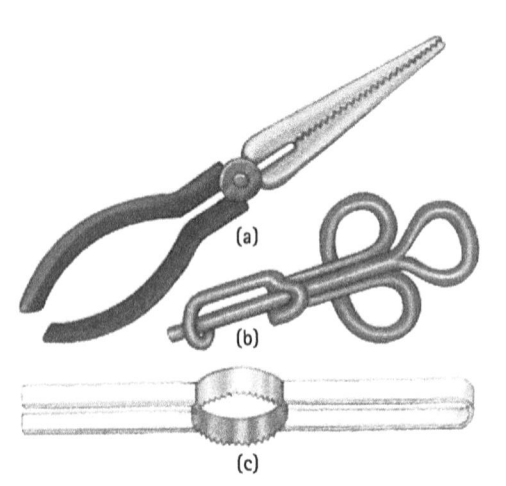

◆FIGURA 8.4 *A utilização de protótipos na identificação de conceitos. Embora o formato seja fora do comum, o item (a) pode ser associado a um modelo (um alicate comum) e, portanto, reconhecido. Mas o que são os itens (b) e (c)? Se você não os reconhecer, olhe adiante na Figura 8.6. (Segundo Bransford e McCarrell, 1977).*

Você poderia esclarecer o que é um significado conotativo? Sim, significado conotativo pode ser medido com uma técnica denominada *diferencial semântica*, como mostra a ◆Figura 8.5. Quando classificamos palavras ou conceitos, a maior parte do seu significado se resume às dimensões *bom/mau, forte/fraco* e *ativo/passivo*. (Parece um bom título de filme, não parece? *Meu bom e mau, forte e fraco, ativo e passivo, grande casamento grego*.) Essas dimensões dão às palavras conotações bem diferentes, mesmo quando suas denotações são semelhantes. Por exemplo, eu sou *conscienscioso*; você é *cuidadoso*; ele é *seletivo*!

Conceitos Defeituosos

Utilizar conceitos imprecisos geralmente leva a erros de raciocínio. Por exemplo, *estereótipos sociais* são conceitos supersimplificados de grupos de pessoas. Os estereótipos sobre homens, afro-americanos, mulheres, conservadores, liberais, policiais ou outros grupos geralmente atrapalham o raciocínio sobre os membros do grupo. Um problema associado é o *raciocínio tudo ou nada* (raciocínio de uma dimensão só). Nesse caso, classificamos as coisas como absolutamente certas ou erradas, boas e más, justas ou injustas, pretas ou brancas, honestas ou desonestas. Pensar dessa maneira impede que apreciemos as sutilezas da maioria dos problemas da vida.

◆FIGURA 8.5 *Esse é um exemplo do diferencial. O significado conotativo da palavra* jazz *pode ser estabelecido classificando-a nas escalas. Marque a sua própria classificação colocando pontos ou X nos espaços. Conecte as marcas com uma linha; depois, faça um amigo classificar e compare suas respostas. Pode ser interessante fazer a mesma coisa para rock, música clássica e rap. Você pode ainda experimentar a palavra* psicologia. *(De Psychology Bulletin, v. 49, n. 3, maio 1952.)*

LINGUAGEM – NÃO SAIA DE CASA SEM ELA

▶ **PERGUNTA PARA PESQUISA** *Qual é o papel da linguagem no raciocínio?*

Como vimos, o raciocínio pode ocorrer sem a linguagem. Todo mundo já procurou uma palavra para expressar uma idéia, uma imagem ou um sentimento. Mesmo assim, grande parte do raciocínio baseia-se muito na linguagem, pois as palavras *codificam* (traduzem) o mundo em símbolos mentais fáceis de serem manipulados.

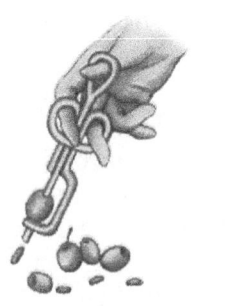

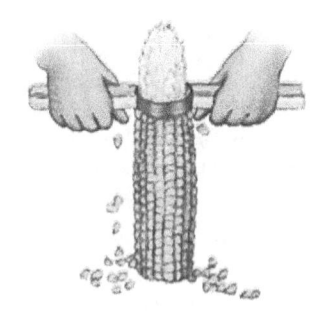

◆FIGURA 8.6 *O contexto pode substituir a falta de protótipos na identificação de conceitos.*

O estudo do significado na linguagem é conhecido como **semântica**. É aqui que o elo entre as palavras e o raciocínio torna-se mais evidente. Suponha que em um teste de inteligência lhe pedissem para fazer um círculo na palavra que não pertence à seguinte série:

Semântica O estudo dos significados na linguagem.

ARRANHA-CÉU   CATEDRAL   TEMPLO   PRECE

Se você escolheu *prece*, respondeu como a maioria das pessoas. Agora tente um outro problema, novamente fazendo um círculo no item diferente:

CATEDRAL   TEMPLO   PRECE   ARRANHA-CÉU

Você assinalou *arranha-céu* dessa vez? A nova ordem altera sutilmente o significado da última palavra (Mayer, 1995). Isso ocorre porque as palavras adquirem grande parte do seu significado do *contexto*. Por exemplo: a palavra *shot*, em inglês, significa coisas diferentes quando estamos falando de boa pontaria, barman, medicina, fotografia ou golfe (Miller, 1999).

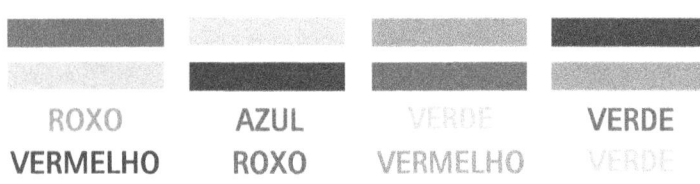

| ROXO | AZUL | VERDE | VERDE |
| VERMELHO | ROXO | VERMELHO | VERDE |

◆FIGURA 8.7 *Tarefa de interferência de Stroop. Teste-se dizendo os nomes das cores nas duas fileiras de cima o mais rápido que puder. Depois, diga o nome da tinta utilizada para imprimir as duas fileiras de baixo (não leia as palavras). Foi mais difícil dizer o nome das cores da tinta nas fileiras de baixo? (Segundo Tzeng e Wang, 1983.) (Ver também caderno colorido.)*

Albanês	mak, mak
Chinês	gua, gua
Holandês	rap, rap
Inglês	quack, quack
Francês	coin, coin
Italiano	qua, qua
Espanhol	cuá, cuá
Sueco	kvack, kvack
Turco	vak, vak

◆FIGURA 8.8 *Os animais no mundo todo fazem basicamente os mesmos sons. Observe, porém, como os vários idiomas utilizam fonemas levemente diferentes para expressar o som que um pato faz.*

Da mesma maneira, as palavras que utilizamos podem afetar o nosso raciocínio. O exército de um país "invadiu" ou "libertou" um outro? O reservatório da cidade está "meio cheio" ou "meio vazio"? Você preferiria comer uma "carne de primeira" ou uma "vaca morta"? Também ocorrem efeitos mais sutis. Por exemplo, a maioria das pessoas tem dificuldade em dizer rapidamente a cor da tinta usada nas duas últimas fileiras da ◆Figura 8.7 (ver caderno colorido). Os significados das palavras são simplesmente fortes demais para serem ignorados.

Traduzir línguas também pode provocar problemas semânticos. Talvez a biblioteca pública de San Jose, na Califórnia, possa ser desculpada por exibir uma grande flâmula que deveria dizer "seja bem-vindo" em uma língua nativa filipina. A flâmula na verdade dizia "você é circuncidado".

Da mesma maneira, poderíamos perdoar a Pepsi por traduzir "Viva, geração Pepsi", por "Pepsi faz os seus ancestrais ressuscitarem" em tailandês. Porém, em situações mais importantes, como na diplomacia internacional, evitar confusões semânticas pode ser vital.

A Estrutura da Linguagem

O que é necessário para criar uma língua? Em primeiro lugar, uma língua precisa fornecer *símbolos* (que representam objetos e idéias). Os símbolos que chamamos de palavras são compostos de **fonemas** (sons básicos da fala) e **morfemas** (sons da fala coletados em unidades com significado, como sílabas ou palavras). Por exemplo, em português, os sons *m, b, w* e *a* não formam uma sílaba *mbwa*. Em swahili, eles formam (ver também ◆Figura 8.8.).

Depois, uma língua precisa ter um **gramática** ou um conjunto de regras para transformar os sons e as palavras em frases. Uma parte da gramática, conhecida como **sintaxe**, diz respeito às regras para a ordem das palavras. A sintaxe é importante porque reordenar as palavras quase sempre altera o significado de uma frase: "O cachorro morde o homem" *versus* "O homem morde o cachorro".

A gramática tradicional se preocupa com a linguagem "superficial" – as frases que nós efetivamente falamos. O lingüista Noam Chomsky, ao contrário, concentrou-se nas regras não-faladas que utilizamos para transformar idéias centrais em várias frases. Chomsky (1986) pensa que nós não aprendemos todas as frases que poderíamos dizer. Em vez disso, nós as *criamos* ativamente, aplicando **regras de transformação** em padrões universais centrais. Utilizamos essas regras para transformar uma simples frase declarativa em outras vozes ou formas (passado, voz passiva etc.). Por exemplo, a frase principal, "O cachorro morde o homem", pode ser transformada nos seguintes padrões (e outros também):

Passado: O cachorro mordeu o homem.
Voz passiva: O homem foi mordido pelo cachorro.
Negativo: O cachorro não mordeu o homem.
Pergunta: O cachorro mordeu o homem?

As crianças aparentemente usam regras de transformação quando dizem coisas como "eu cabeu na roupa". Ou seja, a criança utilizou a regra do passado regular para o verbo irregular *caber*.

Uma língua real é *produtiva* – ela consegue gerar novos pensamentos ou idéias. Na verdade, as palavras podem ser reordenadas para criar uma quantidade quase infinita de frases. Algumas delas são bobas: "Por favor, não me dê para os peixinhos dourados comer". Algumas são profundas: "Nós achamos que essas verdades são auto-evidentes, que todas as pessoas são iguais". Em

Fonemas Os sons básicos da fala de uma língua.

Morfemas As menores unidades com significado em uma língua, como sílabas ou palavras.

Gramática Conjunto de regras para combinar unidades lingüísticas em fala ou escrita com significado.

Sintaxe Regras para ordenar palavras na formação de frases.

Regras de transformação Regras pelas quais uma simples frase declarativa pode ser alterada para outras vozes ou formas (passado, voz passiva e assim por diante).

qualquer um dos casos, a qualidade produtiva da língua a torna uma ferramenta poderosa para o pensamento.

Linguagens Gestuais

É comum pensar na linguagem somente como um sistema de sons falados e símbolos escritos. No entanto, a linguagem não se limita à fala. Imagine o caso de Ildefonso, um jovem que nasceu surdo. Aos 24 anos de idade, Ildefonso nunca se comunicou com um outro ser humano a não ser por mímica. Então, finalmente, Ildefonso teve um avanço: depois de muito trabalho árduo com um professor de linguagem de sinais, ele entendeu o elo entre o gato e o gesto para representá-lo. Nesse momento mágico, ele captou a idéia de que "gato" pode ser comunicado para uma outra pessoa fazendo-se apenas o sinal da palavra.

As crianças podem expressar a idéia "me pegue" com gestos antes de conseguirem fazer o mesmo pedido com palavras. Sua evolução dos gestos para a fala espelha a evolução das aptidões da linguagem humana (Stokoe, 2001).

O progresso grandemente esperado de Ildefonso foi tornado possível pela linguagem de sinais americana (LSA), uma linguagem gestual. A LSA não é pantomima ou um código. É uma língua de verdade, como o alemão, o espanhol ou o japonês.

Na verdade, a LSA não é entendida por aqueles que usam outras linguagens gestuais, como a linguagem de sinais francesa, chinesa, iídiche ou do condado de Kent.

Tanto a fala como a linguagem de sinais seguem padrões lingüísticos universais semelhantes. Obviamente, a LSA tem uma gramática, sintaxe e semântica *espacial* só sua (◆Figura 8.9). Da mesma maneira, as crianças que usam sinais passam pelas etapas de desenvolvimento de linguagem com aproximadamente a mesma idade das crianças que falam. Hoje, alguns psicólogos acham que a fala evoluiu dos gestos, bem remotamente na história humana (Corballis, 2002). Você alguma vez fez gestos com a mão enquanto falava ao telefone? Se sim, você pode estar apresentando um resíduo das origens gestuais da linguagem. Talvez também seja por isso que as mesmas regiões do cérebro tornam-se mais ativas quando uma pessoa fala ou usa sinais (Emmorey et al., 2003).

A linguagem de sinais surge naturalmente da necessidade de se comunicar visualmente. O sinal é a verdadeira voz dos surdos e deficientes auditivos. Aqueles que "falam" a linguagem de sinais não compartilham só uma língua, mas uma rica cultura também (Kemp, 1998; Meier, 1991; Sacks, 1990; Schaller, 1991).

O Debate da Linguagem Animal

▶ **PERGUNTA PARA PESQUISA**   *Pode-se ensinar os animais a usar a linguagem?*

Os animais utilizam linguagem? Os animais se comunicam. Eles reagem a gritos, gestos e chamados de acasalamento feitos por outros membros da sua espécie. Na sua maior parte, porém, a comunicação natural entre os animais é bem limitada. Mesmo os macacos produzem apenas algumas dezenas de gritos distintos que transmitem mensagens como "atacar", "fugir" ou "comida aqui". Mais importante, a comunicação entre os animais não é produtiva. Quando um macaco dá um grito de "perigo de águia", o significado é algo como: "Estou vendo uma águia". O macaco não tem como dizer: "Eu não estou vendo uma águia" ou "Ainda bem que não era uma águia" ou "Aquela ventosa que eu vi ontem à noite era uma águia enorme" (Glass et al., 1979). Vamos explorar alguns sucessos e fracassos na tentativa de ensinar os animais a usarem a linguagem.

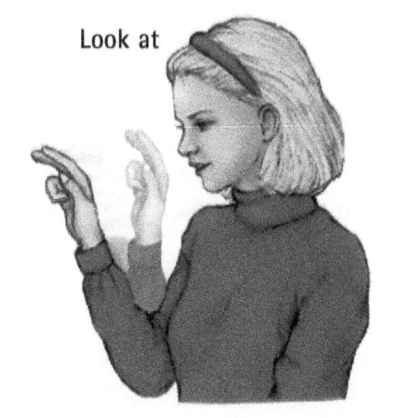

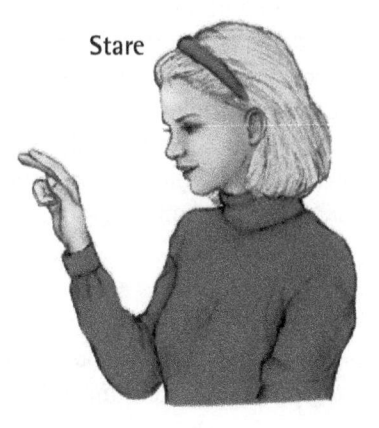

◆FIGURA 8.9   *A LSA tem apenas três mil sinais-raiz, em comparação com aproximadamente 600 mil palavras em inglês. No entanto, as variações nos sinais tornam a LSA uma linguagem extremamente expressiva. Por exemplo, o sinal OLHAR PARA pode ser variado de forma que signifique olhe para mim, olhe para ela, olhe para cada, fite, observe, olhe atentamente, olhe por muito tempo, olhe várias vezes, reminiscência, observe a paisagem, esperar ansiosamente, prever, olhar a vitrine e várias outras variantes.*

Chimpanzés Falantes

As primeiras tentativas de ensinar os chimpanzés a falar foram um terrível fracasso. O recorde mundial era de Viki, um chimpanzé que só conseguiu dizer quatro palavras (*mamãe, papai, xícara* e *para cima*) depois de seis anos de treinamento intensivo (Fleming, 1974; Hayes, 1951). (Na verdade, todas as quatro palavras soavam como um arroto.) Depois houve um avanço. Beatrix Gardner e Allen Gardner utilizaram o condicionamento operante para ensinar uma chimpanzé chamada Washoe a usar a linguagem de sinais americana. O "vocabulário" de Washoe aumentou rapidamente, e logo ela começou a formar frases primitivas, como "Me dê doce", "Por favor, fora", "Faz cócegas" e "Abra bebida comida". No seu auge, Washoe conseguiu construir frases de seis palavras e utilizar cerca de 240 sinais (Gardner e Gardner, 1989).

Uma chimpanzé chamada Sara foi outra aluna famosa de linguagem. David Premack ensinou-a a usar 130 "palavras" compostas de chips de plástico dispostos em uma lousa imantada. Desde o início, exigiu-se que Sara usasse a ordem correta das palavras.

Ela aprendeu a responder perguntas, rotular as coisas como "iguais" ou "diferentes" para classificar objetos por cor, forma e tamanho, e a formar sentenças compostas (Premack e Premack, 1983). Um dos maiores feitos de Sara era sua capacidade de usar frases condicionais. Uma *frase condicional* contém uma qualificação, geralmente na forma se/então: "Se a Sara pegar uma maçã, então Maria vai dar chocolate a Sara".

Pode-se dizer com certeza que os chimpanzés entendem esse intercâmbio? Em sua maioria, os pesquisadores que trabalham com chimpanzés acham que realmente se comunicaram com eles. Particularmente surpreendente são as respostas espontâneas dos chimpanzés. Washoe certa vez "fez pipi" no psicólogo Roger Fouts enquanto montava nos ombros dele. Quando Fouts perguntou, um pouco aborrecido, por que ela havia feito aquilo, Washoe sinalizou: "Porque é divertido!".

Críticas

Essas trocas são impressionantes. Mas a comunicação e o uso da linguagem são coisas diferentes. Mesmo chimpanzés não-treinados usam gestos simples para se comunicar com os seres humanos. Por exemplo, um chimpanzé aponta para uma banana que está fora do seu alcance enquanto olha para lá e para cá, para a banana e para a pessoa que está perto dele (Leavens e Hopkins, 1998). (O significado do gesto é claro. O significado do olhar exasperado no rosto do chimpanzé é menos claro, mas provavelmente significa "Sim, me dê a banana, idiota".)

Alguns psicólogos duvidam que os macacos saibam realmente usar a linguagem. Para começar, os chimpanzés raramente "falam" sem serem "induzidos" pelos seres humanos. Além disso, eles podem estar apenas executando respostas operantes para conseguir comida, brincar ou outras coisas (Hixon, 1998). Usando essas respostas, os macacos podem manipular seus treinadores para conseguir o que querem.

Pode-se dizer que os críticos acham que os macacos transformaram seus treinadores em macacos. No entanto, os psicólogos Roger e Debbi Fouts estudaram cerca de seis mil conversas entre chimpanzés. Somente 5% delas tinham algo a ver com comida (Fouts et al., 1984). Um outro estudo descobriu que os chimpanzés mantêm conversas reais, mesmo quando não há pessoas por perto para lhes dar a deixa (Greenfield e Savage-Rumbaugh, 1993). Nas trocas sinalizadas com os seres humanos, os chimpanzés respondem em padrões que se assemelham a conversas com crianças (Jensvold e Gardner, 2000). Portanto, talvez no futuro, os chimpanzés transformem os críticos em macacos.

Problemas com Sintaxe

A essa altura, vários chimpanzés, um gorila chamado Koko e uma série de golfinhos e leões-marinhos aprenderam a se comunicar com vários tipos de símbolos de palavras. Porém, mesmo que seja possível responder a algumas críticas, há lingüistas, como Noam Chomsky, que continuam não convencidos de que os animais saibam realmente utilizar a linguagem. A questão central é que problemas com a sintaxe (a ordem das palavras) têm atormentado quase todos os estudos de linguagem animal. Por exemplo, quando um chimpanzé chamado Nim Chimpsky (sem parentesco com Chomsky) queria uma laranja, ele geralmente sinalizava uma seqüência de palavras sem sentido: "Dê mim laranja, dê comer laranja mim comer laranja dê me comer laranja me dê você". Isso pode ser comunicação, mas não é linguagem.

Lexigramas

Mais recentemente, as chamas da controvérsia foram acesas novamente por Kanzi, um chimpanzé pigmeu estudado por Duane Rumbaugh e Sue Savage-Rumbaugh. Kanzi se comunica utilizando gestos e botões em um teclado de computador. Cada um dos 250 botões está marcado com um *lexigrama* ou palavra-símbolo geométrica. Utilizando os lexigramas em um computador ou gráfico, Kanzi consegue criar frases primitivas com várias palavras. Ele também consegue entender cerca de 650 frases faladas. Durante o teste, Kanzi ouviu palavras nos fones de ouvido, portanto, as pessoas que cuidam dele não podem induzi-lo (Savage-Rumbaugh et al., 1990; Savage-Rumbaugh e Lewin, 1996).

As frases de Kanzi geralmente seguem a ordem correta das palavras. Como uma criança que está aprendendo a linguagem, Kanzi pegou algumas regras dos seus cuidadores (Savage-Rumbaugh e Lewin, 1996). Porém, ele criou outros padrões próprios. Por exemplo, Kanzi geralmente coloca os símbolos de ação na ordem em que quer executá-las, como "correr atrás fazer cócegas", ou "correr atrás esconder". Nesse aspecto, o uso que Kanzi faz da gramática equivale ao de uma criança de dois anos (Savage-Rumbaugh et al., 1993).

A capacidade de Kanzi de inventar uma gramática simples pode nos ajudar a entender melhor as raízes da linguagem humana. Essa é, com certeza, a resposta mais contundente aos críticos. Porém, Chomsky insiste que, se os chimpanzés fossem biologicamente aptos a fazer uso da linguagem, eles a utilizariam por conta própria. Embora a questão esteja longe de ser definitivamente esclarecida, essas pesquisas podem desvendar os mistérios do aprendizado da linguagem. Na verdade, elas já foram úteis para ensinar crianças com deficiências de linguagem graves.

> O aprendizado de linguagem do chimpanzé Kanzi foi impressionante. Ele consegue entender palavras em inglês. É capaz de identificar símbolos de lexigramas quando ouve as palavras correspondentes. Consegue usar lexigramas quando os objetos aos quais eles se referem estão ausentes, e consegue, quando solicitado, levar a pessoa ao objeto. Todas essas aptidões foram adquiridas através da observação, e não do condicionamento (Savage-Rumbaugh et al., 1990).

PAUSA PARA ESTUDO — Imagens, Conceitos e Linguagem

RELACIONE

Liste algumas formas de como você usou imagens no pensar que fez hoje.

Escreva uma regra conceitual para a seguinte idéia: *uniciclo*. Você conseguiu definir o conceito com uma regra? Exemplos positivos e negativos ajudariam a tornar o conceito mais claro para os outros?

Um verdadeiro carro esportivo tem dois assentos, um motor potente, bons freios e excelente manuseio. Que tipo de conceito é o termo *carro esportivo*? O que você considera um protótipo de carro esportivo?

Você tem de aprender a se comunicar com uma forma de vida alienígena cuja língua não pode ser reproduzida pela voz humana. Você acha que seria melhor usar uma linguagem gestual ou lexigramas? Por quê?

VERIFICAÇÃO DO APRENDIZADO

1. Enumere três unidades básicas de raciocínio:
   _____
   _____

2. O fato de nosso raciocínio se basear em imagens significa que a resolução de problemas é prejudicada pelo uso da linguagem ou de símbolos. V ou F?

3. Os seres humanos aparentemente são capazes de formar imagens tridimensionais que podem ser movimentadas ou viradas no espaço mental. V ou F?

4. Um *mup* é definido como algo pequeno, azul e peludo. *Mup* é um conceito _____.

5. O significado conotativo da palavra nu é "estar sem roupa". V ou F?

6. Linguagens verdadeiras são _____ porque podem ser usadas para gerar novas possibilidades.

7. Os sons básicos da fala são chamados _____; as menores unidades significativas são chamadas _____.

Raciocínio Crítico

8. Pede-se a um democrata e a um republicano que classifiquem a palavra *democrático* no diferencial semântico. Sob que condições as classificações deles seriam mais parecidas?

9. Chimpanzés e outros macacos são animais inteligentes e divertidos. Se você estivesse fazendo uma pesquisa lingüística com um chimpanzé, contra qual grande problema você teria de se proteger?

RESPOSTAS: 1. imagens, conceitos, linguagem ou símbolos (outros poderiam ser listados) 2. F. 3. V. 4. conjuntivo 5. F 6. produtivas 7. fonemas, morfemas 8. Se ambos presumirem que a palavra se refere a uma forma de governo e não a um partido ou candidato político. 9. O problema da antropomorfização (atribuir características humanas a animais) é particularmente difícil de ser evitado quando os pesquisadores passam várias horas "conversando" com chimpanzés.

RESOLUÇÃO DE PROBLEMAS – OBTENDO UMA RESPOSTA À VISTA

▶ **PERGUNTA PARA PESQUISA** *O que sabemos sobre a resolução de problemas?*

Uma boa maneira de começar uma discussão sobre a resolução de problemas é solucionar um problema. Tente este:

> Um famoso transatlântico (o *Queen Ralph*) está avançando em direção ao porto a 12,5 km por hora. Ele está a 30 km da costa quando uma gaivota decola do seu convés e voa em direção ao porto. No mesmo momento, uma lancha sai do porto a 18,5 km por hora. O pássaro voa para lá e para cá entre a lancha e o *Queen Ralph*, a uma velocidade de 25 km por hora. Quanto o pássaro terá voado quando os dois barcos passarem um pelo outro?

Se você não vir imediatamente a resposta para esse problema, leia-o novamente. (A resposta é dada em "Soluções com Discernimento".)

Nós todos resolvemos vários problemas todos os dias. Resolver problemas pode ser tão banal quanto fazer uma refeição não-venenosa de sobras ou tão significativo quanto descobrir a cura para o câncer. Como resolvemos esses problemas?

Soluções Mecânicas

Para problemas rotineiros, uma **solução mecânica** pode ser adequada. Obtêm-se soluções mecânicas por tentativa e erro ou por hábito. Se eu esquecer a combinação do cadeado da minha bicicleta, posso descobri-la por tentativa e erro. Em uma era de computadores de alta velocidade, é melhor deixar muitas das soluções de tentativa e erro para as máquinas. Um computador poderia gerar todas as combinações possíveis dos cinco números do meu cadeado em um segundo. (Evidentemente, eu levaria muito tempo para experimentar todas.) Quando um problema é resolvido por *hábito*, o raciocínio é guiado por um **algoritmo** ou por um conjunto aprendido de regras que sempre leva à solução correta. Um exemplo simples de um algoritmo são as etapas necessárias para dividir um número pelo outro (usando a aritmética, não uma calculadora).

Se você tiver uma boa base de matemática, talvez tenha resolvido o problema da ave e dos barcos por hábito. (Espero que não tenha. Existe uma solução mais fácil.)

Soluções por Compreensão

Muitos problemas não podem ser resolvidos mecanicamente. Nesse caso, é necessário usar o **entendimento** (compreensão mais profunda de um problema). Tente este problema:

> Uma pessoa tem um tumor inoperável no estômago. Existe disponível um aparelho que produz raios que, em alta intensidade, destruirão o tecido (tanto o saudável quanto o doente). Como o tumor pode ser destruído sem que se prejudique o tecido ao redor?

O que esse problema mostra em relação à solução de problemas? O psicólogo alemão Karl Duncker fez uma clássica série de estudos na qual deu esse problema para alunos universitários resolverem. Duncker pediu a eles que pensassem em voz alta à medida que iam trabalhando. Ele descobriu que os alunos bem-sucedidos haviam descoberto primeiro as *propriedades gerais* de uma solução correta. Uma **solução geral** define os requisitos para o êxito, mas não de maneira suficientemente detalhada para orientar outros atos.

Essa fase foi concluída quando os alunos perceberam que a intensidade do raio tinha de ser reduzida a caminho do tumor. Depois, em uma segunda fase, ele propôs uma série de **soluções funcionais** (exeqüíveis) e selecionou a melhor (Duncker, 1945). (Uma das soluções é concentrar os raios fracos no tumor, de vários ângulos. Outra solução é girar o corpo da pessoa para que a exposição do tecido saudável seja minimizada.)

Solução mecânica Resolução de um problema obtida por tentativa e erro ou por um procedimento fixo baseado em regras aprendidas.

Algoritmo Conjunto de regras aprendido que sempre leva à solução correta de um problema.

Entendimento Na resolução de problemas, uma compreensão mais profunda da sua natureza.

Solução geral Solução que estipula corretamente os requisitos para o êxito mas não de forma suficientemente detalhada para outras ações.

Solução funcional Solução detalhada, prática e exeqüível.

Pode ser útil resumir com um exemplo mais familiar. Quase todo mundo que já tentou o cubo de Rubik começa no nível mecânico, de *tentativa e erro*. Se você quiser ir pelo caminho mais fácil, estão disponíveis instruções impressas que descrevem as etapas para uma *solução por hábito*. A propósito, aqueles que persistem começam a *entender* as *propriedades gerais* do jogo. Depois disso, conseguem solucioná-lo continuamente.

Heurística

"Você não pode chegar lá a partir daqui." Ou pelo menos é o que pode parecer quando enfrentamos um problema. Resolver problemas normalmente requer uma estratégia. Se a quantidade de alternativas for pequena, uma estratégia de **busca aleatória** pode dar certo. Esse é um outro exemplo de raciocínio do tipo tentativa e erro no qual todas as possibilidades são tentadas de uma maneira mais ou menos aleatória. Imagine, por exemplo, que em uma viagem você decide procurar uma velha amiga, Maria da Silva, em uma cidade que você está visitando. Você abre a lista telefônica e encontra 47 Marias da Silva. Evidentemente, é possível discar todos os 47 números até encontrar o certo. "Esquece", você diz para si mesmo. "Há alguma maneira de refinar a busca?" "Ah, sim! Eu me lembro que a Maria mora perto da praia." Então você pega um mapa e liga somente para os números com endereço perto da orla marítima (Ellis e Hunt, 1992).

A abordagem utilizada nesse exemplo é uma **heurística** (estratégia para identificar e avaliar as soluções de problemas). Normalmente, uma heurística é uma regra prática que *reduz a quantidade de alternativas* que as pessoas têm de levar em consideração. Isso aumenta as chances de sucesso, embora não garanta uma solução, como um algoritmo. Eis algumas estratégias heurísticas que geralmente dão certo:

- Tente identificar como o estado atual das coisas difere do objetivo desejado. Depois, encontre etapas que irão reduzir a diferença.
- Tente trabalhar de trás para a frente, do objetivo desejado ao ponto de partida, ou ao estado atual.
- Se você não puder atingir o objetivo diretamente, tente identificar um objetivo intermediário ou um sub-problema que pelo menos o faça chegar mais perto.
- Represente o problema de outras maneiras, com gráficos, diagramas ou analogias, por exemplo.
- Gere uma possível solução e teste-a. Fazer isso pode eliminar muitas alternativas ou esclarecer o que é necessário para uma solução.

Soluções com Discernimento

Um pensador que repentinamente resolve um problema geralmente teve um **insight**. A maioria dos *insights* é tão rápida e clara que nós nos perguntamos por que não vimos a solução antes. O *insight* geralmente baseia-se no reconhecimento de um problema, o que nos permite vê-los de novas maneiras e faz suas soluções parecerem óbvias (Durso et al., 1994).

Vamos voltar ao problema dos barcos e da ave. A melhor maneira de resolvê-lo é por *insight*. Como os barcos vão cobrir uma distância de 30 km em exatamente uma hora e a ave cobre 25 km por hora, ela terá voado 25 km quando os barcos se encontrarem. Não é necessário usar nenhuma matemática se você tiver um *insight* desse problema. A ◆Figura 8.10 enumera alguns problemas adicionais de *insight* que talvez você queira tentar resolver.

Em um estudo interessante, alunos universitários avaliaram quão "quentes" (perto de uma resposta) estavam quando resolviam problemas de *insight*. Aqueles que tinham *insights* geralmente iam diretamente de "frio" para a resposta correta. Os alunos que ficavam só "mais quentes" geralmente davam respostas erradas (Metcalfe, 1986). Conseqüentemente, você pode estar caminhando para um erro se o *insight* não for rápido. O *insight* verdadeiro tende a ser um evento do tipo tudo ou nada (Smith e Kounios, 1996).

Estratégia de busca aleatória Experimentar soluções possíveis de um problema em uma ordem mais ou menos aleatória.

Heurística Qualquer estratégia ou técnica que ajude a resolver um problema, principalmente limitando a quantidade de soluções possíveis a serem tentadas.

Insight Reorganização mental repentina de um problema que torna a solução óbvia.

Nenúfares
Problema: Os nenúfares que crescem em um lago dobram de área a cada 24 horas. No primeiro dia de primavera, só uma folha de nenúfar está na superfície do lago. Sessenta dias depois, o lago está totalmente coberto. Em que dia o lago está coberto pela metade?

Vinte dólares
Problema: Jessica e Blair têm a mesma quantidade de dinheiro. Quanto Jessica deve dar a Blair para que ele tenha US$ 20 a mais do que ela?

Quantos animais de estimação?
Problema: Quantos animais de estimação você tem se todos eles menos dois são aves, todos eles menos dois são gatos e todos eles menos dois são cachorros?

Entre 2 e 3
Problema: Que símbolo matemático você pode colocar entre 2 e 3 que resultará em um número maior do que 2 e menor do que 3?

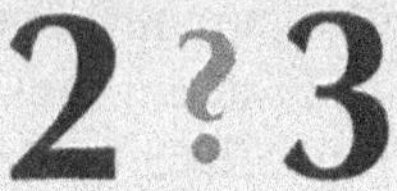

As respostas para esses problemas estão na Tabela 8.1.

◆FIGURA 8.10

A Natureza do *Insight*

Os psicólogos Robert Sternberg e Janet Davidson (1982) acham que o *insight* envolve três aptidões. A primeira é a *codificação seletiva*, que diz respeito a selecionar informações que são relevantes para um problema e ignorar as distrações. Por exemplo, analise o seguinte problema:

> Se você tem meias brancas e pretas na sua gaveta misturadas em uma proporção de 4 para 5, quantas meias você terá de tirar para ter certeza de que tem um par da mesma cor?

Uma pessoa que não reconhece que "na proporção de 4 para 5" é irrelevante terá menos probabilidade de dar a resposta certa de três meias.

O *insight* também se baseia na *combinação seletiva*, ou na reunião de informações úteis aparentemente sem relação entre si. Tente a seguinte amostra de problema:

> Com uma ampulheta de 7 minutos e outra de 11 minutos, qual é a maneira mais simples de marcar o cozimento de um ovo por 15 minutos?

A resposta requer que se usem ambas as ampulhetas combinadas. Primeiramente, faz-se com que as duas comecem a funcionar. Quando a ampulheta de 7 minutos terminar, está na hora de fazer o ovo cozinhar. A essa altura, ainda restam 4 minutos na ampulheta de 11 minutos. Portanto, quando ela acabar, simplesmente é só virá-la novamente. Quando ela acabar, 15 minutos terão passado.

Uma terceira fonte de *insight* é a *comparação seletiva*, que é a capacidade de comparar problemas novos com informações antigas ou com problemas já resolvidos. Um bom exemplo é o problema da chapeleira, no qual os sujeitos devem construir uma estrutura que agüente um sobretudo no meio de uma sala. Cada pessoa recebe somente dois pedaços de pau compridos e um grampo em forma de C para trabalhar. A solução, mostrada na ◆Figura 8.11, é prender os dois pedaços juntos, de forma que fiquem entre o piso e o teto.

Se lhe pedissem para resolver esse problema, você teria maior probabilidade de solucioná-lo se pensasse primeiro como as lâmpadas dos postes são colocadas entre o piso e o teto.

Fixações

Uma das barreiras mais importantes para a solução de problemas é a **fixação**, a tendência de ficar "preso" em soluções erradas ou cego para as alternativas. Geralmente isso ocorre quando colocamos restrições desnecessárias no nosso pensamento (Isaak e Just, 1995). Por exemplo, como você poderia plantar quatro árvores pequenas de forma que cada uma esteja à mesma distância de todas as outras? (A resposta é mostrada na ◆Figura 8.12.)

Um exemplo excelente de raciocínio restrito é a **fixação funcional**, a incapacidade de ver novos usos (funções) para objetos familiares ou para coisas que foram usadas de uma determinada maneira. Se você alguma vez já usou uma moeda como chave de fenda, superou a fixação funcional.

Como a fixação funcional afeta a resolução de problemas? Karl Duncker ilustrou os efeitos da fixação funcional pedindo aos alunos para colocar uma vela em uma tábua vertical de forma que ela pudesse queimar normalmente. Duncker deu três velas para cada aluno, alguns fósforos, algumas caixas de papelão, alguns percevejos e outros itens. Metade dos alunos de Duncker recebeu esses itens *dentro* das caixas de papelão. Os outros receberam todos os itens, incluindo as caixas, espalhados em cima de uma mesa.

Duncker descobriu que, quando os itens estavam nas caixas, solucionar o problema era muito difícil. Por quê? Se os alunos viam as caixas como recipientes, não percebiam que elas poderiam ser parte da solução. (Se você ainda não adivinhou a solução, dê uma olhada na ◆Figura 8.13). Indubitavelmente, poderíamos evitar várias fixações sendo mais flexíveis ao categorizar o mundo (Langer, 2000). Por exemplo, o raciocínio criativo pode ser facilitado no problema do recipiente dizendo-se "Isto *poderia* ser uma caixa", em vez de "Isto *é* uma caixa". Quando testadas com o problema da vela, crianças de cinco anos de idade não apresentam sinais de fixação funcional. Aparentemente, isso ocorre porque elas tiveram menos experiência com o uso de vários objetos. Para sermos mais criativos, talvez devêssemos tentar ver o mundo sem preconceitos, como se fosse através dos olhos de uma criança (German e Defeyter, 2000).

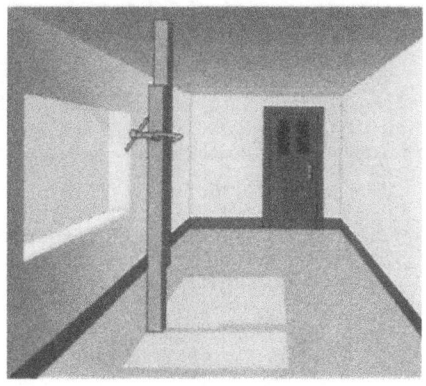

◆FIGURA 8.11 *Solução para o problema da chapeleira.*

◆FIGURA 8.12 *Quatro árvores podem ser colocadas eqüidistantes umas das outras colocando-se terra formando um monte. Três das árvores são colocadas eqüidistantes ao redor da base do monte. A quarta é plantada no topo do monte. Se você estava fixado em disposições que envolviam o nível do chão, pode ter ficado cego para essa solução tridimensional.*

Barreiras Comuns à Solução de Problemas

A fixação funcional é apenas um dos bloqueios mentais que impedem o *insight*. Eis um exemplo de um outro bloqueio: coloca-se uma nota de US$ 5 em uma mesa e uma pilha de objetos é equilibrada precariamente em cima da nota. Como se pode retirar a nota sem tocar ou deslocar os objetos? Uma boa resposta é dividir a nota

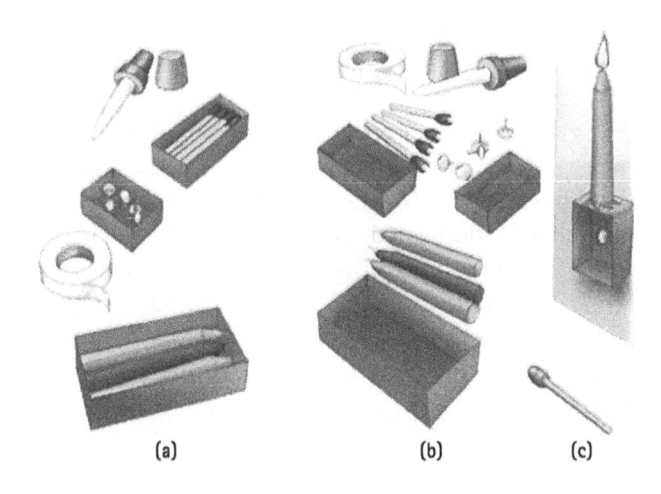

Fixação A tendência a repetir soluções erradas ou respostas falhas, principalmente como resultado da cegueira para as alternativas.

Fixação funcional Rigidez na resolução de problemas provocada por uma incapacidade de ver novos usos para objetos familiares.

◆FIGURA 8.13 *As pessoas receberam materiais para resolver o problema da vela em caixas (a) ou separadamente (b). A fixação funcional provocada pela situação (a) interferiu na resolução do problema. A solução para o problema é mostrada em (c).*

▲ TABELA 8.1	Soluções para os Problemas de *Insight*

Nenúfares: Dia 59

Vinte dólares: US$ 10

Quantos animais de estimação? Três (um pássaro, um gato e um cachorro)

em uma das suas pontas. Puxar suavemente de extremidades opostas rasgará a nota na metade e a removerá sem derrubar os objetos. Muitas pessoas não conseguem ver essa solução porque elas aprenderam a não destruir dinheiro (Adams, 1988). Observe novamente o impacto de colocar algo em uma categoria, neste caso, "coisas de valor" (que não devem ser destruídas). Outros bloqueios mentais comuns também podem atrasar a solução de problemas, como listamos aqui.

1. **Barreiras emocionais**: inibição e medo de fazer papel de bobo, medo de errar, incapacidade de tolerar ambigüidade, excesso de autocrítica.

    Exemplo: Um arquiteto tem medo de tentar um design não-convencional porque teme que os outros arquitetos achem que é frívolo.

2. **Barreiras culturais**: valores que defendem que fantasiar é uma perda de tempo; que jocosidade é só para crianças; que a razão, a lógica e os números são bons; que os sentimentos, o prazer e o humor são algo ruim ou que não têm valor no negócio sério de resolver problemas.

    Exemplo: Um gerente de empresa quer solucionar um problema corporativo, mas se torna carrancudo e zangado quando os membros da sua equipe de marketing zombam das possíveis soluções.

3. **Barreiras aprendidas**: convenções sobre os usos (fixação funcional), significados, possibilidades e tabus.

    Exemplo: Um cozinheiro não tem nenhuma tigela limpa para misturar ingredientes e não consegue ver que poderia usar uma frigideira como tigela.

4. **Barreiras perceptuais**: hábitos que levam a não conseguir identificar elementos importantes de um problema.

    Exemplo: Um artista iniciante se concentra em desenhar um vaso de flores sem ver que os espaços "vazios" ao redor do vaso também são parte da composição.

Muito do que sabemos sobre o raciocínio vem de estudos diretos de como as pessoas resolvem problemas. Porém, surpreendentemente, pode-se também aprender muitas coisas com as máquinas. Como explica a seção a seguir, a resolução computadorizada de problemas propicia um "laboratório" fascinante para testar idéias sobre como você e eu pensamos.

INTELIGÊNCIA ARTIFICIAL — EU COMPUTO, PORTANTO, EXISTO

▶ **PERGUNTA PARA PESQUISA**   *O que é inteligência artificial?*

Faz muito tempo que Johann Sebastian Bach, compositor alemão do século XVIII, escreveu suas músicas. Mas os ouvintes às vezes confundem a música composta por Kemal Ebcioglu com a obra do compositor alemão. Ebcioglu desenvolveu um programa de computador que cria harmonias extraordinariamente semelhantes às de Bach. Analisando a música do compositor alemão, Ebcioglu descobriu 350 regras que regem a harmonização. O resultado é um programa que apresenta *inteligência artificial*.

Inteligência artificial (IA) diz respeito a programas de computador capazes de fazer coisas que requerem inteligência quando feitas por pessoas (Best, 1999). A inteligência artificial baseia-se no fato de que muitas tarefas – desde a harmonização de músicas a diagnósticos médicos – podem ser reduzidas a um conjunto de regras aplicado a informações. A IA é valiosa em situações nas quais se exige velocidade, memória ampla e persistência. Na realidade, os programas de IA são melhores em algumas tarefas do que os humanos. Por exemplo, o campeão mundial de xadrez, Garry Kasparov, perdeu em 1997 para um computador chamado Deep Blue.

Inteligência artificial Todo sistema artificial (geralmente um programa de computador) que é capaz de resolver problemas de uma forma semelhante à utilizada pelos seres humanos ou por meio de respostas inteligentes.

IA e Cognição

A inteligência artificial nos propicia uma maneira de investigar como entendemos a linguagem, tomamos decisões e resolvemos problemas. A IA está sendo cada vez mais utilizada como ferramenta de pesquisa em simulações de computador e sistemas especializados.

As *simulações de computador* são programas que tentam reproduzir o comportamento humano, principalmente o raciocínio, a tomada de decisões ou a resolução de problemas. Nelas o computador serve de "laboratório" para testar modelos de cognição. Se um programa de computador se comportar como os seres humanos (incluindo cometer os mesmos erros), então ele é um bom modelo de como pensamos.

Os *sistemas especializados* são programas de computador que respondem como responderia um perito. Eles desmistificaram algumas aptidões humanas transformando aptidões complexas em regras claramente estipuladas que um computador pode seguir. Os sistemas especializados podem prever o tempo, analisar formações geológicas, diagnosticar doenças, jogar xadrez, ler, dizer quando comprar ou vender ações e executar várias outras tarefas.

> Dois compositores. Um foi um gênio que compôs harmonias sublimes com várias vozes. O outro compôs músicas razoavelmente boas mas sem inspiração. Os modelos computadorizados de raciocínio podem se aproximar do comportamento humano inteligente. No entanto, o "raciocínio" computadorizado baseado em regras ainda carece da flexibilidade, criatividade e bom senso da inteligência humana.

Peritos e Novatos

Trabalhar com a inteligência artificial ajudou particularmente a esclarecer no que os novatos diferem dos peritos. Pesquisas com mestres de xadrez, por exemplo, mostram que suas aptidões baseiam-se em *conhecimentos organizados* específicos (informações sistemáticas) e em *estratégias adquiridas* (táticas aprendidas). Em outras palavras, tornar-se um astro não provém de um fortalecimento geral da mente. Os mestres do xadrez não têm necessariamente uma memória melhor do que os principiantes (exceto para posições realistas de xadrez) (Gobet e Simon, 1996). E normalmente não exploram mais lances à frente do que jogadores não tão bons quanto eles.

O que diferencia os mestres do xadrez é a sua capacidade de reconhecer *padrões* que sugerem as melhores linhas de jogo (Best, 1999). Isso ajuda a eliminar uma grande quantidade de possibilidades.

O mestre de xadrez, portanto, não perde tempo explorando movimentos ruins. Os peritos são mais capazes de ver a natureza real dos problemas e associá-los a princípios gerais (Anderson, 1995).

O Futuro da IA

A IA pode levar os robôs a reconhecer vozes, bem como a falar e agir de maneira "inteligente". Porém, os cientistas cognitivos perceberam que a "inteligência" da máquina é "cega" fora do conjunto de regras básicas. Em contrapartida, a cognição humana é muito mais flexível. Por exemplo, vose concegue intender palabras eskritas eradamente. Os computadores são muito literais e facilmente obstruídos por esse tipo de erro. Digamos que você esteja trocando mensagens instantâneas com um computador em uma outra sala e possa lhe fazer perguntas. Se a máquina conseguir "enganá-lo", fazendo-se passar por uma pessoa, pode-se argumentar que ela é inteligente. Até o momento, nenhuma máquina chegou perto de passar nesse teste (Moor, 2001). Embora Bach provavelmente ficasse fascinado com a IA, duvido que sua mágica musical seja ofuscada por uma máquina. As duas seções a seguir são dedicadas à discussão da inteligência humana e da criatividade.

PAUSA PARA ESTUDO — Resolução de Problemas e Inteligência Artificial

RELACIONE

Identifique pelo menos um problema que você resolveu mecanicamente ou por hábito. Agora identifique um problema que você resolveu pela compreensão. O segundo problema envolveu encontrar uma solução geral ou funcional? Ou ambas? Que heurística você utilizou para resolver o problema? Qual é a melhor solução com *insight* que você já descobriu? Ela envolveu codificação, combinação ou comparação seletiva? Você se lembra de alguma ocasião em que superou a fixação funcional para resolver um problema?

VERIFICAÇÃO DO APRENDIZADO

1. O *insight* diz respeito à solução de problemas por hábito ou por tentativa e erro. V ou F?
2. A primeira fase na resolução de problemas por compreensão é descobrir as propriedades gerais de uma solução correta. V ou F?
3. As estratégias de resolução de problemas que orientam a busca de soluções são chamadas de _____.
4. Um elemento comum por trás do *insight* é que as informações são codificadas, combinadas e comparadas
   a. mecanicamente   b. por hábitos
   c. funcionalmente   d. seletivamente
5. O termo função diz respeito ao ponto no qual um *insight* útil se torna fixo na mente da pessoa. V ou F?
6. Dois aspectos da inteligência artificial são simulações em computador e criatividade automatizada. V ou F?

Raciocínio Crítico

7. Você acha verdadeiro que um "problema definido claramente é um problema meio resolvido?"
8. Lontras marinhas selecionam pedras adequadamente dimensionadas e as utilizam para liberar moluscos para comer. Depois elas usam a pedra para abrir a concha. Isso pode ser considerado raciocínio?
9. É correto descrever uma máquina como "inteligente"?

RESPOSTAS:

1. F 2. V 3. heurística 4. d 5. F 6. F 7. Embora isso possa ser um exagero, é verdade que definir claramente um ponto de partida e o objetivo desejado pode servir de heurística para a resolução de problemas. 8. O psicólogo Donald Griffin (1992) acredita que sim, pois o raciocínio é implicado por atos que aparentemente são planejados com a consciência dos resultados prováveis. 9. Os sistemas especializados regidos por regras podem parecer "inteligentes" em uma faixa estreita de resolução de problemas. Porém, eles são "burros como pedra" em relação a todo o resto. Isso não é o que normalmente temos em mente quando discutimos a inteligência humana.

INTELIGÊNCIA HUMANA — O QI E VOCÊ

▶ **PERGUNTA PARA PESQUISA**   *Como se define e se mede a inteligência humana?*

O raciocínio e a resolução de problemas estão intimamente ligados à inteligência. Como muitos conceitos importantes na psicologia, a inteligência não pode ser observada diretamente. Mesmo assim, temos certeza de que ela existe. Vamos comparar duas crianças:

> Quando tinha 14 meses, Anne H. escreveu seu próprio nome. Ela aprendeu a ler sozinha aos 2 anos de idade. Com 5 anos, ela deixou a professora de jardim-de-infância abismada quando trouxe para a sala de aula um *notebook* – no qual ela estava lendo uma enciclopédia. Com 10 anos de idade, ela assimilou facilmente um curso inteiro de álgebra em 12 horas.
>
> Billy A., que tem 10 anos de idade, sabe escrever o seu nome e contar, mas tem problemas com questões simples de adição e subtração e acha a multiplicação impossível. Ele repetiu de ano duas vezes e ainda não consegue fazer lições que seus colegas de classe de 8 anos de idade acham fáceis.

Anne é considerada um gênio e Bill, uma pessoa com dificuldades de aprendizado. Não há dúvida de que eles diferem na inteligência.

Espere! A capacidade de Anne é óbvia, mas como se pode saber se Billy não é apenas preguiçoso? Essa é a mesma pergunta com a qual Alfred Binet deparou em 1904. O ministro da educação de Paris havia solicitado a Binet que descobrisse uma forma de distinguir os alunos mais lentos dos mais capazes (ou os capazes, mas preguiçosos). Em um flash de brilhantismo, Binet e um sócio elaboraram um teste composto de perguntas e problemas "intelectuais". Depois, eles aprenderam quais perguntas uma criança média conseguia responder em cada idade. Aplicando o teste em crianças, eles conseguiam dizer se uma criança tinha um desempenho condizente com o seu potencial (Kaufman, 2000).

Definindo a Inteligência

Existe uma definição aceita de inteligência? Geralmente, **inteligência** é a capacidade global de agir com objetivos, pensar racionalmente e lidar eficazmente com o ambiente. A inteligência também envolve raciocínio abstrato, argumentação, capacidade de resolver problemas, capacidade de adquirir conhecimentos, memória e adaptação aos arredores (Snyderman e Rothman, 1987). Fora isso, há muita discordância. Na realidade, muitos psicólogos simplesmente aceitam uma *definição operacional* de inteligência. (Um conceito é definido operacionalmente especificando-se que procedimentos serão utilizados para medi-lo.) Conseqüentemente, selecionando os itens do teste, um psicólogo está apenas dizendo bem diretamente: "É isso o que eu entendo por inteligência". Um teste que mede memória, argumentação e fluência verbal oferece uma definição de inteligência bem diferente daquela de um teste que mede a força do aperto de mão, o tamanho do sapato, o comprimento do nariz ou a melhor pontuação da pessoa no videogame *Super Mario Brothers*.

> Os testes de inteligência modernos são amplamente utilizados para medir as aptidões intelectuais. Quando administrados adequadamente, esses testes fornecem uma definição operacional de inteligência.

Inteligência Capacidade geral de pensar racionalmente, agir com objetivos e lidar eficazmente com o ambiente.

Testes de Inteligência

Os psicólogos norte-americanos rapidamente reconheceram o valor do teste de Alfred Binet. Em 1916, Lewis Terman e outros da Stanford University o revisaram para ser usado na América do Norte. Depois de outras revisões, o *Stanford-Binet Intelligence Scale, Fifth Edition* (Escala de Inteligência Stanford-Binet, Quinta Edição) continua sendo amplamente utilizado. O Stanford-Binet original presumia que as aptidões intelectuais de uma criança melhoravam a cada ano. Hoje, o Stanford-Binet (ou SB5) continua sendo basicamente composto de perguntas classificadas por idade. Evidentemente, essas perguntas vão ficando um pouco mais difíceis a cada nível de idade. O SB5 é adequado para pessoas de 2 a 90 anos, e as pontuações dos testes são muito confiáveis (Roid, 2003).

O SB5 mede cinco fatores cognitivos (tipos de aptidões mentais) que compõem a inteligência geral: *argumentação fluida, conhecimento, raciocínio quantitativo, processamento visual-espacial* e *memória de trabalho*. Cada um desses fatores é medido com perguntas verbais (que envolvem palavras e números) e perguntas não-verbais (itens que utilizam figuras e objetos). Vamos ver qual o formato de cada fator.

Argumentação Fluida

Esse fator testa a capacidade de argumentar com perguntas do tipo:

No que uma maçã, uma ameixa e uma banana diferem de uma beterraba?
Um aprendiz está para um mestre assim como um novato está para um _____.
"Eu sabia que a minha bolsa estaria no último lugar que procurei, portanto, procurei lá primeiro."
O que há de bobo ou impossível nisso?

Outros itens pedem às pessoas para preencher a forma que está faltando em um grupo de formas e contar uma história que explique o que está ocorrendo em uma série de figuras.

Conhecimento

Esse fator avalia os conhecimentos da pessoa sobre uma série de assuntos.

Por que se acrescenta fermento à massa do pão?
O significa enigmático?
O que é bobo ou impossível em relação a esta figura? (Por exemplo, uma bicicleta que tem pneus quadrados.)

Raciocínio Quantitativo

Os itens do teste desse fator medem a capacidade da pessoa de resolver problemas que envolvem números. Eis alguns exemplos:

Se eu tiver seis bolas de gude e você me der outra, quantas bolas de gude terei?
Dados os números 3, 6, 9 e 12, que número virá a seguir?
Se uma camisa está sendo vendida por 50% do preço normal, e o preço na etiqueta é de US$ 60, qual é o custo da camisa?

Processamento Visual-Espacial

Pessoas que têm aptidões visuais-espaciais são boas na montagem de quebra-cabeças e na cópia de formas geométricas (como triângulos, retângulos e círculos). Outras perguntas pedem às pessoas que estão passando pelo teste para reproduzir padrões de blocos e escolher figuras que mostram como ficaria um pedaço de papel se ele fosse dobrado ou cortado. Questões orais também podem exigir aptidões visuais-espaciais:

Suponha que você está indo para o leste, depois vire à direita, depois vire à direita novamente e depois à esquerda. Em que direção você está agora?

Memória de Trabalho

Essa parte do SB5 mede a capacidade de utilizar a memória de curto prazo. Entre algumas tarefas de memória típicas estão:

Lembre-se corretamente da ordem das contas em um pedaço de pau.
Depois de ouvir várias frases, diga a última palavra de cada sentença.
Repita uma série de dígitos (para a frente ou para trás) depois de ouvi-los uma vez.
Depois de ver vários objetos, aponte-os na mesma ordem em que eles foram apresentados.

Se você fosse fazer o SB5, ele daria uma pontuação para inteligência geral, inteligência verbal, inteligência não-verbal e para cada um dos cinco fatores cognitivos (Roid, 2003).

Quocientes de Inteligência

Uma criança chamada Yuan consegue responder a perguntas de teste de inteligência que uma criança normal de sete anos responderia. Quão inteligente ela é? Na verdade, ainda não se pode dizer porque não sabemos quantos anos ela tem. Se ela tiver dez, não é muito inteligente. Se tiver cinco, ela é brilhante. Portanto, para avaliar a inteligência de Yuan, nós precisamos saber tanto a sua **idade cronológica** (idade em anos) quanto a sua **idade mental** (o desempenho intelectual real).

A idade mental baseia-se no grau de perguntas classificadas por idade que a pessoa consegue responder. Por exemplo, com oito ou nove anos de idade, muito poucas crianças conseguem definir a palavra *conexão*. Com dez anos, 10% conseguem; com 13, 60%. Portanto, uma pessoa de 13 anos com aptidão média consegue definir *conexão*. Se tivéssemos apenas esse item para testar as crianças, àquelas que responderem corretamente seria atribuída uma idade mental de 13 anos. Quando se combinam as pontuações de vários itens, encontra-se a idade mental geral da criança. A Tabela 8.2 é uma amostra dos itens que as pessoas de inteligência média conseguem responder com várias idades.

A idade mental é uma boa medida da aptidão real, mas não diz se sua inteligência geral é alta ou baixa em relação a outras pessoas da mesma idade.

Para descobrir o que significa determinada idade mental, nós também precisamos levar em consideração a idade cronológica da pessoa. Então podemos associar a idade mental à idade real, e isso nos fornece um **QI** ou **quociente de inteligência**. Um quociente é o resultado da divisão de um número por outro. Quando o teste Stanford-Binet foi utilizado pela primeira vez, o QI era definido como a idade mental (IM) dividida pela idade crono-

Idade cronológica A idade da pessoa em anos.

Idade mental A aptidão mental média que as pessoas apresentam em uma determinada idade.

Quociente de inteligência (QI) Índice de inteligência definido como a idade mental da pessoa dividida pela sua idade cronológica e multiplicada por cem.

▲ TABELA 8.2	Amostra de Itens da Escala de Inteligência Stanford-Binet
2 anos de idade	Aponta o cabelo, a boca, os pés, os ouvidos, o nariz, as mãos e os olhos em uma boneca grande de papel.
	Quando lhe mostram uma torre formada por quatro blocos, constrói outra igual.
3 anos de idade	Quando lhe mostram uma ponte formada por três blocos, constrói outra igual.
	Quando lhe mostram o desenho de um círculo, copia-o com um lápis.
	Completa com a palavra que está faltando quando lhe perguntam: "Irmão é um menino; irmã é uma _____".
4 anos de idade	"Durante o dia é claro, à noite é _____."
	Responde corretamente quando lhe perguntam: "Por que temos casas? Por que temos livros?".
5 anos de idade	Define bola, chapéu e forno.
	Quando lhe mostram o desenho de um quadrado, copia-o com um lápis.
9 anos de idade	Responde corretamente quando o examinador diz: "Em um cemitério antigo na Espanha, descobriu-se um crânio pequeno que se acredita seja de Cristóvão Colombo quando ele tinha cerca de dez anos de idade. O que há de bobagem nisso?".
	Responde corretamente quando lhe pedem: "Diga-me uma cor que rime com Saul"; "Diga-me um número que rime com brinco".
Adulto	Você consegue descrever a diferença entre preguiça e ociosidade, pobreza e miséria, caráter e reputação.
	Responde corretamente quando lhe perguntam: "Para que direção você teria de estar voltado para que a sua mão direita estivesse apontando para o norte?".
(Terman & Merill, 1960.)	

lógica (IC) e multiplicada por cem. (Multiplicar por cem transforma o QI de um número decimal em um número inteiro.)

$$\frac{IM}{IC} \times 100 = IQ$$

Uma das vantagens do QI original é que a inteligência podia ser comparada entre crianças de idades cronológicas e mentais diferentes. Por exemplo, Justin, de 10 anos de idade, tem idade mental de 12. Portanto, seu QI é de 120:

$$\frac{(IM)\ 12}{(IC)\ 10} \times 100 = 120\ (QI)$$

O amigo de Justin, Suke, tem idade mental de 12. Porém, sua idade cronológica é de 12 anos, portanto, o seu QI é 100:

$$\frac{(IM)\ 12}{(IC)\ 12} \times 100 = 100\ (QI)$$

O QI mostra que Justin, de dez anos de idade, é mais inteligente do que o seu amigo Suke, de 12 anos, embora suas aptidões intelectuais sejam as mesmas. Observe que o QI de uma pessoa será 100 quando a sua idade mental for igual à sua idade cronológica. Assim, um QI de 100 é definido como uma inteligência média.

Então uma pessoa com QI abaixo de 100 tem uma inteligência abaixo da média? Não, a menos que o QI seja bem abaixo de 100. Um QI de 100 é a média *matemática* dessas pontuações. Porém, a inteligência média geralmente é definida como qualquer pontuação entre 90 e 109. O importante é que o QI é maior que 100 quando a idade mental é maior que a idade cronológica. QIs muito abaixo de 100 ocorrem quando a idade cronológica da pessoa é maior que a sua idade mental. Um exemplo dessa segunda situação seria uma pessoa de 15 anos de idade com IM de 12.

$$\frac{12}{15} \times 100 = 80\ (QI)$$

QIs de Desvio

Os exemplos anteriores podem-lhe dar um *insight* das pontuações de QI. No entanto, não é mais necessário calcular os QIs diretamente; em vez disso, os testes modernos utilizam **QIs de desvio**. Essas pontuações se baseiam na posi-

QI de desvio QI obtido estatisticamente com base na posição relativa da pessoa no seu grupo etário, isto é, quão acima ou abaixo da média foi a pontuação da pessoa em relação às outras pontuações.

TABELA 8.3	Itens de Amostra Semelhantes aos Utilizados no WAIS-III
SUBTESTES VERBAIS	**ITENS DE AMOSTRA**
Informações	Quantas asas tem um pássaro?
	Quem escreveu *Paraíso perdido*?
Seqüência de dígitos	Repita de cabeça uma série de dígitos, como 3 1 0 6 7 4 2 5, depois de ouvir uma vez.
Compreensão Geral	Qual é a vantagem de guardar dinheiro no banco?
	Por que se usa freqüentemente cobre nos fios elétricos?
Aritmética	Três homens dividiram 18 bolas de golfe igualmente entre si. Quantas bolas cada homem recebeu?
	Se duas maçãs custam 15 centavos, quanto custará uma dúzia de maçãs?
Semelhanças	No que um leão e um tigre são parecidos?
	No que uma serra e um martelo são parecidos?
Vocabulário	O teste consiste simplesmente em perguntar: "O que é _____?" ou "O que quer dizer _____?".
	As palavras cobrem uma vasta gama de dificuldade ou familiaridade.
SUBTESTES DE DESEMPENHO	**DESCRIÇÃO DO ITEM**
Disposição das figuras	Disponha uma série de painéis de papelão de forma que componham uma história com sentido.
Conclusão da figura	O que está faltando nessas figuras?
Desenho de blocos	Copie desenhos com blocos (como mostrado à direita).
Montagem de objetos	Monte um quebra-cabeça.
Símbolos de dígitos	Preencha os símbolos:

(Cortesia da The Psychological Corporation.)

ção relativa da pessoa no seu grupo etário. Isto é, elas dizem quanto acima ou abaixo da média está a pontuação da pessoa. (Para mais informações, veja o apêndice de Estatística perto do final do livro.) As tabelas fornecidas com os testes são então utilizadas para converter a posição relativa da pessoa no grupo em uma pontuação de QI (Neisser et al., 1996). Por exemplo, se você pontuar no 50° percentil, metade das pessoas da sua idade que fizeram o teste teve uma pontuação maior que a sua, e metade teve uma pontuação mais baixa. Nesse caso, o seu QI é 100. Se você pontuar no 84° percentil, o seu QI é 115; se você pontuar no 97° percentil, o seu QI é 130.

Os Testes Wechsler

O Stanford-Binet é o único teste de inteligência? Uma alternativa amplamente usada é o *Wechsler Adult Intelligence Scale – Third Edition* (Escala Wechsler de Inteligência Adulta – Terceira Edição), ou WAIS-III. A versão para criança é chamada *Wechsler Intelligence Scale for Children – Third Edition* (Escala Wechsler de Inteligência Infantil – Terceira Edição), ou WISC-III.

Os testes Wechsler são semelhantes ao Stanford-Binet, mas ao mesmo tempo diferentes de forma significativa. O WAIS-III foi desenvolvido especificamente para testar a inteligência adulta, e o teste Stanford-Binet original era mais adequado para crianças e adolescentes. O teste Stanford-Binet mais recente (o SB5) agora pode ser usado para todas as idades, mas o WAIS foi o primeiro teste de QI para adultos. Como o teste Stanford-Binet, os testes Wechsler dão um único QI geral. Além disso, os testes WAIS e WISC dão pontuações separadas para **desempenho** (não-verbal), **inteligência** e **inteligência verbal** (linguagem ou voltada para os símbolos). (Observe que essa categoria também foi acrescentada recentemente ao SB5.) As aptidões medidas pelos testes Wechsler e algumas amostras de itens do teste estão listadas na ▲Tabela 8.3.

Inteligência de desempenho Inteligência medida pela solução de quebra-cabeças, montagem de objetos, conclusão de figuras e outras tarefas não-verbais.

Inteligência verbal Inteligência medida pela resposta a perguntas que envolvem vocabulário, informações gerais, aritmética e outras tarefas lingüísticas ou voltadas para os símbolos.

Testes de Justiça Cultural

Os testes de inteligência podem não ser igualmente válidos para todos os grupos. Como diz Jerome Kagan: "Se as escalas Wechsler e Binet fossem traduzidas para o espanhol, swahili e chinês e dadas para todas as crianças de dez anos da América Latina, África Oriental ou da China, a maioria obteria pontuações de QI na faixa de pessoas retardadas mentais".

Certamente, as crianças diferentes não são todas retardadas. A falha está nos testes, que são criados para as culturas ocidentais (Neisser et al., 1996; Nixon, 1990). Para evitar esse problema, os **testes de justiça cultural** tentam medir a inteligência sem serem afetados pelas aptidões verbais, herança cultural e nível cultural da pessoa. Os testes de justiça cultural também são úteis para testar crianças que vêm de comunidades pobres, áreas rurais e famílias de minorias étnicas (Stephens et al., 1999).

▲ TABELA 8.4 Distribuição das Pontuações de QI de Adultos no WAIS-III

QI	DESCRIÇÃO	PORCENTAGEM
Acima de 130	Muito superior	2,2
120-129	Superior	6,7
110-119	Inteligência Normal	16,1
90-109	Média	50,0
80-89	Normal lento	16,1
70-79	Limítrofe	6,7
Abaixo de 70	Mentalmente retardado	2,2

Testes Grupais

As escalas SB5 e Wechsler são **testes de inteligência individual**, que devem ser ministrados a uma única pessoa por um especialista treinado. Em contrapartida, os **testes de inteligência grupal** podem ser feitos por grandes grupos de pessoas com o mínimo de supervisão. Os testes grupais geralmente requerem que as pessoas resolvam problemas de lógica, argumentação, matemática ou aptidões espaciais. Se você está se perguntando se alguma vez já fez um teste de inteligência, a resposta é provavelmente sim. O famoso TAE (Teste de Aptidões Escolares) mede aptidões para língua, matemática e argumentação. Foi elaborado para prever suas chances de êxito na faculdade. Como ele mede uma série de aptidões mentais, também pode ser utilizado para estimar a inteligência geral.

Variações na Inteligência

▶ **PERGUNTA PARA PESQUISA** *Qual a relação entre as pontuações do QI e as aptidões de realização e de raciocínio?*

As pontuações de QI são classificadas de acordo com o que mostra a ▲Tabela 8.4. Observe que a distribuição (ou disposição) das pontuações do QI se aproxima de uma **curva normal** (em forma de sino). Isto é, a maioria das pontuações se aproxima da média e muito poucas se encontram nas extremidades. A ◆Figura 8.14 mostra essa característica da inteligência medida.

Teste de justiça cultural Teste (como um teste de inteligência) criado para minimizar a importância das aptidões e do conhecimento que podem ser mais comuns em algumas culturas do que em outras.

Teste de inteligência individual Teste de inteligência criado para ser aplicado em uma única pessoa por um especialista treinado.

Teste de inteligência grupal Qualquer teste de inteligência que pode ser administrado a um grupo de pessoas com o mínimo de supervisão.

Curva normal Curva em forma de sino caracterizada por um grande número de pontuações na região intermediária, decrescendo para muito poucas pontuações extremamente altas e baixas.

QI e Realização

Qual a relação entre as pontuações de QI com o êxito na escola, nos empregos e em outros esforços? A correlação entre as pontuações de QI e as notas escolares é de 0,50, uma associação considerável. A ligação seria ainda mais forte, mas a motivação, os talentos especiais, o aprendizado fora do *campus* e vários outros fatores também afetam as notas. O mesmo se aplica às realizações no "mundo real". O QI não é 100% bom em prever o êxito em arte, música, literatura, dramaturgia, ciência e liderança. A criatividade está muito mais fortemente associada a sair-se bem nessas áreas (Neisser et al., 1996; Wallach, 1985).

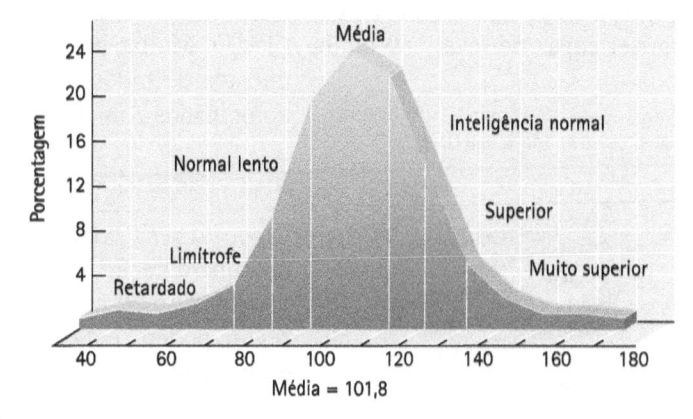

◆FIGURA 8.14 *Distribuição das pontuações do Teste de Inteligência Stanford-Binet para 3.184 crianças. (De acordo com Terman e Merrill, 1960.)*

Sexo e Inteligência

No geral, homens e mulheres diferem na inteligência? As pontuações de QI não conseguem responder a essas perguntas porque os itens dos testes são selecionados para serem igualmente difíceis para ambos os sexos. No entanto, homens e mulheres não diferem na inteligência geral. A maioria das lacunas no desempenho homem-mulher pode ser atribuída a diferenças *sociais* nas oportunidades dadas a ambos (Tavris, 1992).

Quando os QIs são extremos – abaixo de 70 ou acima de 140 –, as diferenças no potencial de sucesso da pessoa tornam-se inequívocas. Somente cerca de 3% de todas as pessoas se encontram nessas faixas. Mesmo assim, milhões de pessoas têm QIs excepcionalmente altos ou baixos. A seguir, uma discussão sobre as pessoas mentalmente superdotadas e retardadas.

Os Mentalmente Dotados

Quão alto é o QI de um gênio? Somente duas em cada cem pessoas pontuam acima de 130 em testes de QI. Essas pessoas brilhantes geralmente são classificadas como "superdotadas". Menos de 0,5% da população pontua acima de 140. Essas pessoas certamente são superdotadas ou talvez até "gênios". Porém, alguns especialistas reservam o termo gênio para pessoas com QIs ainda mais altos ou para aquelas extremamente criativas (Kamphaus, 1993).

Crianças Superdotadas

As pontuações altas de QI na infância prevêem aptidões futuras? Para responder diretamente a essa pergunta, Lewis Terman selecionou 1.500 crianças com QIs de 140 ou mais. Começando na década de 1920, Terman acompanhou esse grupo superdotado (os "Termites", como ele os chamava) até a idade adulta e descobriu que a maioria foi muito bem-sucedida: terminou a faculdade, obteve títulos avançados ou cargos importantes, e muitos haviam escrito livros ou artigos científicos (Terman e Oden, 1959). Como já havíamos mencionado, as pontuações de QI não são boas prognosticadoras de êxito no mundo real. Porém, quando as pessoas pontuam na faixa dos superdotados, suas chances de conseguir grandes realizações aparentemente aumentam (Shurkin, 1992).

Todas as crianças superdotadas foram superiores quando adultas? Não. Algumas haviam cometido crimes, estavam desempregadas ou emocionalmente perturbadas. Lembre-se de que um QI alto revela *potencial*. Ele não garante sucesso. Marilyn von Savant, com um QI de 230, pouco contribuiu para a ciência, literatura ou arte. O ganhador do prêmio Nobel de física, Richard Feynman, que muitos consideravam um gênio, tinha um QI de 122 (Michalko, 1998).

No que os sujeitos mais bem-sucedidos de Terman diferiam dos menos bem-sucedidos? A maioria deles tinha pais cultos que lhes ensinaram a valorizar o aprendizado. Eles também tinham *determinação intelectual*, que é uma vontade de saber, sobressair e perseverar (Tomlinson-Keasey e Little, 1990). Conseqüentemente, pessoas superdotadas bem-sucedidas tendem a ser persistentes e motivadas a aprender. Como disse um educador: "Ninguém é pago para ficar sentado sendo capaz de realizar – o que você faz é sempre mais importante do que o que você deveria ser capaz de fazer" (Whimbey, 1980). Muitas pessoas com QI alto se realizaram muito pouco. Na verdade, talentos de todos os tipos têm maior probabilidade de florescer quando são combinados com apoio, incentivo, educação e esforço (Freeman, 1995).

Superdotação Tanto um QI alto quanto talentos ou aptidões especiais.

É bom lembrar que existem várias maneiras pelas quais uma criança pode ser superdotada. Muitas escolas atualmente oferecem programas para crianças superdotadas e talentosas, para alunos com uma série de aptidões especiais, não só para aqueles que têm uma boa pontuação nos testes de QI.

Identificando Crianças Superdotadas

Como os pais podem identificar uma criança brilhante? Os primeiros sinais de superdotação nem sempre são puramente "intelectuais". **Superdotação** pode ser um QI alto ou ter talentos ou aptidões especiais. Os sinais descritos a seguir podem indicar que uma criança é superdotada: tendência a procurar crianças mais velhas e adultos; fascinação por explicações e resolução de problemas; falar frases completas com dois ou três anos de idade; memória extremamente boa; talento precoce em arte, música ou números, interesse desde cedo por livros, ler cedo (geralmente com três anos de idade); demonstrar bondade, compreensão e colaboração em relação aos outros (Alvino, 1996).

Observe que essa lista vai além da pura inteligência "acadêmica". Na verdade, se o talento artístico, a aptidão mecânica, o potencial atlético etc. fossem levados em consideração, 19 em cada 20 crianças poderiam ser rotuladas como tendo algum tipo de "dom" especial. Restringir o dom ao QI alto pode prejudicar crianças com talentos especiais (veja "Estados de Espírito – Oito Inteligências?"). Isso é particularmente verdade no que diz respeito a crianças de minorias étnicas, que podem ser vítimas de preconceito em testes de inteligência padronizados. Essas crianças, bem como as portadoras de deficiências, têm menor probabilidade de serem reconhecidas como superdotadas (Robinson e Clinkenbeard, 1998).

Retardamento Mental

Uma pessoa com aptidões muito abaixo da média é considerada **mentalmente retardada** ou com **deficiência de desenvolvimento**. O retardamento começa com um QI de aproximadamente 70 ou abaixo. Porém, a capacidade de uma pessoa de executar *comportamentos adaptativos* (habilidades básicas como se vestir, comer, comunicar, fazer compras e trabalhar) também figura na avaliação do retardamento (DSM-IV-TR, 2000; Kamphaus, 1993) (ver ▲Tabela 8.5).

Retardamento mental A presença de uma deficiência no desenvolvimento, um QI formal abaixo de 70 ou uma deficiência significativa de comportamento de adaptação.

É importante perceber que as pessoas com deficiência no desenvolvimento não têm deficiência no que diz respeito aos sentimentos. Elas se magoam facilmente com rejeição, provocação e ridicularização. Da mesma maneira, elas reagem carinhosamente ao amor e à aceitação. As pessoas mentalmente retardadas têm direito a auto-respeito e um lugar na comunidade. Isso é particularmente importante na infância, quando o apoio dos outros aumenta muito as chances de a pessoa se tornar um membro bem ajustado da sociedade.

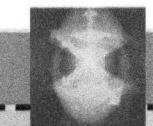

USANDO A PSICOLOGIA — Estados de Espírito – Oito Inteligências?

Em uma escola de ensino fundamental, um aluno que está duas séries atrás em leitura mostra ao seu professor como resolver um problema difícil de software de computador. Em uma sala próxima, um dos seus colegas, que é fraco em matemática, toca uma intrincada música no piano. Ambas as crianças apresentam sinais claros de inteligência. Mesmo assim, as duas poderiam pontuar abaixo da média em um teste de QI tradicional. Essas observações convenceram muitos psicólogos de que está na hora de definir inteligência de uma maneira mais ampla. Seu objetivo básico é prever melhor o êxito no mundo real – e não só a probabilidade de êxito na escola (Sternberg, 1996).

Um desses psicólogos é Howard Gardner, da Harvard University. Gardner (1993) teoriza que, na verdade, existem oito tipos diferentes de inteligência, que são "linguagens" mentais que as pessoas utilizam para pensar. Cada uma delas está descrita a seguir, com exemplos de atividades que as utilizam.

1. *linguagem* (aptidões lingüísticas) – escritor, advogado, comediante
2. *lógica e matemática* (aptidões numéricas) – cientista, contador, programador
3. *raciocínio visual e espacial* (aptidões pictóricas) – engenheiro, inventor, artista
4. *música* (aptidões musicais) – compositor, músico, crítico musical
5. *habilidades corporais-cinestésicas* (aptidões físicas) – dançarino, atleta, cirurgião
6. *habilidades interpessoais* (autoconhecimento) – poeta, ator, pastor religioso
7. *habilidades interpessoais* (aptidões sociais) – psicólogo, professor, político
8. *aptidões naturalistas* (capacidade de entender o ambiente natural) – biólogo, médico, agricultor orgânico

Para simplificar, as pessoas podem ser "inteligentes com as palavras", "inteligentes com números", "inteligentes com figuras", "musicalmente inteligentes", "inteligentes com o corpo", "inteligentes consigo mesmas", "inteligentes com as pessoas" e "inteligentes com a natureza". A maioria de nós é forte somente em alguns tipos de inteligência. Por sua vez, os gênios como Albert Einstein parecem ser capazes de usar toda a inteligência para resolver problemas.

Se a teoria de Gardner de *múltiplas inteligências* estiver correta, os testes tradicionais de QI medem apenas uma parte da inteligência do mundo real, a saber: as habilidades lingüísticas, lógico-matemáticas e espaciais. Uma outra implicação é que as escolas podem estar desperdiçando muito potencial humano. Por exemplo, algumas crianças podem achar mais fácil aprender matemática ou ler se esses tópicos estiverem associados a arte, música, dança, teatro etc.

Nem todos os psicólogos concordam com a definição mais ampla de Gardner de inteligência. Mas quer ele esteja certo quer não, é provável que, no futuro, a inteligência não seja tão fortemente associada ao QI. Muitas escolas já estão usando a teoria de Gardner para cultivar uma gama mais ampla de aptidões e talentos.

▲ TABELA 8.5	Graus de Retardamento Mental		
FAIXA DE QI	GRAU DE RETARDAMENTO	CLASSIFICAÇÃO EDUCACIONAL	GRAU DE SUPORTE EXIGIDO
50-55 a 70	Leve	Educável	Intermitente
35-40 a 50-55	Moderado	Treinável	Treinável Limitado
20-25 a 35-40	Grave	Dependente	Amplo
Abaixo de 20-25	Profundo	Cuidado constante	Profundo

(DSM-IV-TR, 2000; Hodapp, 1994.)

Causas do Retardamento

O que causa o retardamento? Cerca de metade de todos os casos de retardamento mental são *orgânicos* ou associados a problemas físicos. Entre os problemas típicos estão lesões congênitas (como falta de oxigênio) e dano fetal (de doença, infecção ou uso de drogas ou álcool pela mãe). Problemas metabólicos também provocam retardamento. Esses são problemas com a taxa de produção e o uso de energia no corpo. Algumas formas de retardamento estão associadas a anormalidades genéticas, incluindo genes a menos, genes extras ou defeituosos. Má nutrição e exposição a chumbo, PCBs ou outras toxinas no início da infância também podem provocar retardamento orgânico (Bryant e Maxwell, 1999).

Em 30% a 40% dos casos, não se consegue identificar nenhum problema biológico conhecido. Em muitas dessas ocorrências, a retardação é leve, na faixa de QI de 50 a 70. Muitas vezes, outros membros da família também são levemente retardados. O *retardamento familiar*, como é chamado, ocorre na maior parte em lares muito pobres. Em alguns desses lares, a nutrição, os cuidados médicos, a estimulação intelectual e o apoio emocional são inapropriados. Desse modo, entende-se que esse retardamento familiar é resultado, basicamente, de um meio ambiente empobrecido. Conseqüentemente, muitos casos de retardamento podem ser evitados com uma nutrição melhor, educação e programas de enriquecimento no início da infância (Hunt, 1995; Zigler, 1995).

Hereditariedade, Ambiente e Inteligência

A inteligência é herdada? A maioria das pessoas está ciente de que existe uma moderada similaridade na inteligência dos pais e dos filhos ou entre irmãos e irmãs. Como mostra a ◆Figura 8.15, a semelhança nas pontuações de QI entre os parentes aumenta na proporção da sua proximidade na árvore genealógica.

Isso indica que a inteligência é hereditária? Não necessariamente. Irmãos, irmãs, pais e mães compartilham ambientes semelhantes, bem como hereditariedade semelhante. Para separar a natureza e a nutrição, podem ser feitos **estudos com gêmeos**. Esses estudos comparam os QIs de gêmeos que foram criados juntos ou separados no nascimento, o que nos permite estimar quanto a hereditariedade e o ambiente afetam a inteligência.

Estudo com gêmeos Comparação das características de gêmeos que foram criados juntos ou separados no nascimento; utilizado para identificar o impacto relativo da hereditariedade e do ambiente.

◆FIGURA 8.15 *Correlações aproximadas entre as pontuações de QI de pessoas com graus variados de semelhança genética e ambiental. Observe que as correlações vão ficando menores à medida que o grau de semelhança diminui. Observe também que um ambiente compartilhado aumenta a correlação em todos os casos. (Estimativas de Bouchard, 1983; Henderson, 1982.)*

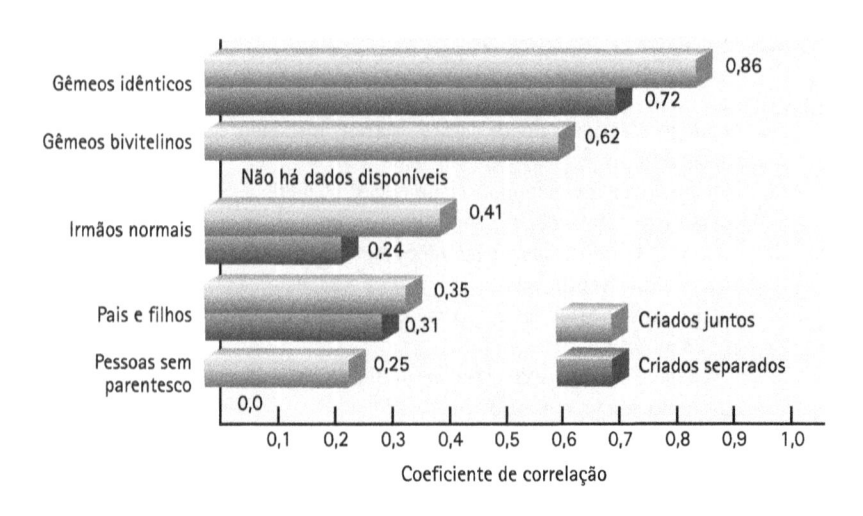

Gêmeos idênticos: 0,86 / 0,72
Gêmeos bivitelinos: 0,62 / Não há dados disponíveis
Irmãos normais: 0,41 / 0,24
Pais e filhos: 0,35 / 0,31
Pessoas sem parentesco: 0,25 / 0,0

Criados juntos / Criados separados
Coeficiente de correlação

Estudos com Gêmeos

Observe na Figura 8.15 que os QIs de gêmeos bivitelinos são mais parecidos que os QIs de irmãos normais. Gêmeos bivitelinos vêm de dois óvulos separados fertilizados ao mesmo tempo. Geneticamente, eles não são mais parecidos que os irmãos normais. Por que então os QIs de gêmeos deveriam ser mais semelhantes? O motivo é ambiental: os pais tratam os gêmeos de maneira mais semelhante do que irmãos normais, o que resulta em uma proximidade maior de QIs.

Gêmeos idênticos, que se desenvolvem a partir de um único óvulo e têm genes idênticos, são ainda mais parecidos. No topo da Figura 8.15, você pode ver que gêmeos idênticos que crescem na mesma família têm QIs extremamente correlacionados. Isso é o que esperaríamos com hereditariedade idêntica e ambientes muito semelhantes. Agora vamos analisar o que acontece quando gêmeos idênticos são criados separadamente. Como você pode ver, a correlação cai, mas somente de 0,86 para 0,72. Os psicólogos que enfatizam a genética acham que esses números mostram que a inteligência adulta é cerca de 50% hereditária (Casto et al., 1995; Neisser et al., 1996; Plomin e Rende, 1991).

Como os ambientalistas interpretam esses números? Eles ressaltam que os QIs de alguns gêmeos separados diferem em até 20 pontos. Essas lacunas de QI ocorrem quando os gêmeos crescem com grandes diferenças educacionais e ambientais. É mais comum colocar gêmeos separados em lares social e educacionalmente semelhantes ao dos seus pais biológicos. Esse fato tenderia a inflar efeitos genéticos aparentes, tornando os QIs de gêmeos separados mais parecidos. Um outro fato freqüentemente ignorado é que os gêmeos crescem no mesmo ambiente *antes do nascimento* (no útero). Se levarmos em conta essas semelhanças ambientais, a inteligência pareceria menos de 50% hereditária (Devlin et al., 1997).

Influências Ambientais

Provas convincentes no tocante ao impacto do ambiente sobre a inteligência vêm de famílias que têm um filho adotivo e um biológico. Como mostra a ◆Figura 8.16, os pais contribuem com os genes *e* o ambiente do seu filho biológico. Com um filho adotivo, eles contribuem somente com o ambiente. Se a inteligência é altamente genética, os QIs de filhos biológicos deveriam ser mais parecidos com os QIs dos seus pais do que os QIs de filhos adotivos. No entanto, os filhos criados pela mesma mãe tendem a ter um QI mais semelhante ao dela. Não importa se eles compartilham ou não os mesmos genes (Horn et al., 1979; Kamin, 1981; Weinberg, 1989). (Veja também "*The bell curve*: Raça, Cultura e QI".)

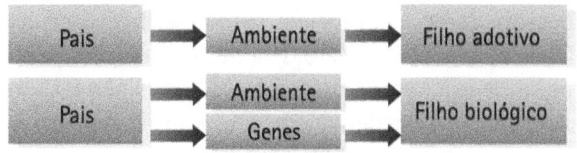

◆FIGURA 8.16 *Comparação de um filho adotivo e um filho biológico criados na mesma família. (Segundo Kamin, 1981.)*

DIVERSIDADE HUMANA — *The bell curve*: Raça, Cultura e QI

As crianças afro-americanas, nos Estados Unidos, pontuam uma média de 15 pontos abaixo em testes padronizados de QI do que as crianças brancas. Como um grupo, as crianças japonesas pontuam acima da média no QI. Essas diferenças poderiam ser genéticas?

Em 1994, Richard Herrnstein e Charles Murray, em um livro extremamente polêmico intitulado *The bell curve*, proclamaram que o QI é em grande parte ditado pela hereditariedade (Herrnstein e Murray, 1994).

Eles estavam certos? As diferenças de grupos étnicos no QI são baseadas em genética? Não. Herrnstein e Murray utilizaram mal as estatísticas e ignoraram os efeitos da cultura e do ambiente. Por exemplo, como um grupo, os afro-americanos nos Estados Unidos têm maior probabilidade de viver em ambientes desfavoráveis. A cultura japonesa-americana, porém, tende a dar muito valor à realização educacional. Tais diferenças podem afetar consideravelmente a pontuação das pessoas nos testes de QI. Quando uma educação desigual faz parte da equação, o QI nos diz pouco sobre como a hereditariedade afeta a inteligência (Neisser et al., 1996).

Um grupo de ilustres psicólogos avaliou as afirmações feitas em *The bell curve*. Não há provas científicas, eles concluíram, de que as diferenças grupais no QI médio baseiam-se em genética. Na realidade, os estudos que utilizaram testes reais de sangue-grupo não encontraram correlações significativas entre a ascendência étnica e a pontuação no QI. As conclusões que Herrnstein e Murray tiraram em *The bell curve* refletem suas crenças e seus preconceitos políticos, não fatos científicos. As diferenças grupais nas pontuações de QI baseiam-se em diferenças culturais e ambientais, não na hereditariedade (Alva, 1993; Caplan et al., 1992; Neisser et al., 1996; Yee et al., 1993).

QI e Ambiente

Quanto o ambiente pode alterar a inteligência? Em um estudo, ocorreram aumentos surpreendentes no QI em 25 crianças que foram transferidas de um orfanato para um ambiente mais estimulante. As crianças, todas consideradas mentalmente retardadas, foram transferidas para um ambiente onde elas receberam atenção de adultos. Posteriormente, essas crianças supostamente retardadas mentais foram adotadas por pais que lhes deram amor, uma família e um ambiente estimulante. Os QIs das crianças ganharam uma média de 29 pontos. Para uma criança, o aumento foi de impressionantes 58 pontos. Um segundo grupo de crianças inicialmente menos "retardadas", que continuaram no orfanato, perderam uma média de 26 pontos de QI (Skeels, 1996)! Um outro estudo revelou que os QIs médios subiram 15 pontos em 14 países nos últimos 30 anos (Flynn, 1987; Horgan, 1995). Esses aumentos no QI aparentemente refletem uma educação melhor ou outras vantagens. Na verdade, quanto mais tempo as crianças ficam na escola, mais suas pontuações no QI aumentam (Perkins, 1995). Esse é um outro sinal estimulante de que a inteligência pode ser aprimorada por um ambiente melhor e pelo aprendizado de como pensar de maneira mais clara (Kozulin, 1999; Skuy et al., 2002; Tzuriel e Shamir, 2002).

Resumo

Em suma, tanto a hereditariedade quanto o ambiente afetam a inteligência. As estimativas do impacto de cada fator continuam variando. Mas no fim, a maioria dos especialistas concorda que melhorar as condições sociais e a educação pode aumentar a inteligência. Provavelmente; não há limite para quanto a inteligência pode baixar em um ambiente extremamente ruim. Porém, a hereditariedade aparentemente impõe os limites superiores do QI, ainda que sob condições ideais. Mesmo assim, ela está dizendo que crianças superdotadas tendem a ter pais que passam tempo com elas, respondem às suas perguntas e incentivam a curiosidade intelectual (Snowden e Christian, 1999). O fato de a inteligência ser parcialmente determinada pela hereditariedade pouco nos diz a respeito de qualquer valor real. Os genes são fixados na ocasião do nascimento. Melhorar os ambientes nos quais as crianças aprendem e crescem é a forma principal pela qual podemos garantir que elas atinjam todo o seu potencial (Turkheimer, 1998).

PAUSA PARA ESTUDO — Inteligência

RELACIONE

Se você fosse escrever um teste de inteligência, que tipo de perguntas incluiria? Quanto elas se pareceriam com as perguntas encontradas no SB5, no WAIS-III ou em testes de justiça cultural?

No que mudou o seu entendimento dos seguintes conceitos: QI, superdotação, retardamento mental?

Um(a) amigo(a) lhe diz: "Eu acho que a inteligência é totalmente herdada dos pais". O que você poderia dizer para assegurar que ele(a) fique mais bem informado(a)?

VERIFICAÇÃO DO APRENDIZADO

1. O primeiro teste de inteligência bem-sucedido foi elaborado por _____.
2. Se conceituamos inteligência escrevendo um teste, estamos usando uma definição _____.
3. O QI foi originalmente definido como _____ × 100.
4. O WAIS-III é um teste de inteligência grupal. V ou F?
5. A distribuição de QIs se aproxima de uma curva _____ (curva em forma de sino).
6. Somente cerca de 6% da população pontua acima de 140 nos testes de QI. V ou F?
7. Muitos casos de retardamento mental sem causa orgânica conhecida aparentemente são _____.
8. A maioria dos psicólogos acha que a inteligência é 90% hereditária. V ou F?

Raciocínio Crítico

9. Quão raras são pontuações altas de QI? Se você encontrasse 50 pessoas aleatoriamente, quantas delas você esperaria que tivessem uma pontuação de QI acima de 130 (com base na Tabela 8.4)?
10. Algumas pessoas tratam o QI como se ele fosse um número fixo estampado permanentemente na testa de cada criança. Por que essa visão é um erro?

RESPOSTAS: 1. Alfred Binet 2. operacional 3. IM/IC 4. F 5. normal 6. F 7. familiares 8. F 9. Aproximadamente uma pessoa em 50 ou duas em cada 100. 10. Porque o QI de uma pessoa depende do teste de inteligência usado para medi-lo. Mude o teste e a pontuação mudará. Além disso, a hereditariedade define uma série de possibilidades, mas não predetermina automaticamente as aptidões intelectuais da pessoa.

Como um resumo final, talvez seja útil pensar no potencial intelectual herdado como uma fita de borracha que pode ser esticada por forças externas. É possível esticar uma fita de borracha longa com mais facilidade, mas uma mais curta pode ser esticada na mesma extensão se for aplicada força suficiente. Na análise final, a inteligência reflete desenvolvimento e potencial, nutrição e natureza (Rose, 1995; Weinberg, 1989).

A fluência é uma parte importante do raciocínio criativo. Mozart produziu mais de 600 obras musicais. Picasso criou mais de 20 mil obras de arte. Shakespeare escreveu 154 sonetos. Nem todos esses trabalhos eram obras-primas. Porém, uma explosão fluente de idéias alimentou os esforços criativos de cada um desses gênios.

RACIOCÍNIO CRIATIVO – TRILHAS MENOS PERCORRIDAS

▶ **PERGUNTA PARA PESQUISA**   *O que é raciocínio criativo?*

Idéias originais mudaram o rumo da história humana. Muito do que nós hoje consideramos favas contadas em arte, medicina, música, tecnologia e ciência foi considerado radical ou impossível. Como os pensadores criativos conseguem os avanços que nos transportam para novos reinos? A criatividade é impalpável. Mesmo assim, os psicólogos aprenderam muito sobre como ela ocorre e como promovê-la.

Vimos que a resolução de problemas pode ser mecânica, com *insight* ou baseada na compreensão. A isso podemos acrescentar que o raciocínio pode ser **indutivo** (indo de fatos ou observações específicas para princípios gerais) ou **dedutivo** (indo dos princípios gerais para observações específicas). O raciocínio também pode ser **lógico** (indo de informações dadas para novas conclusões com base em regras explícitas) ou **ilógico** (intuitivo, associativo ou pessoal).

O que distingue o raciocínio criativo de uma resolução de problemas rotineira? O raciocínio criativo envolve todos esses estilos de raciocínio, mais *fluência, flexibilidade* e *originalidade*. Digamos que você queira descobrir usos criativos para milhões de pneus de automóvel jogados fora todos os anos. A criatividade das suas sugestões poderia ser classificada da seguinte maneira: **fluência** é definida como a quantidade total de sugestões que você consegue dar; **flexibilidade** é a quantidade de vezes que você muda de uma categoria de usos possíveis para outra, e **originalidade** diz respeito a quão inovadoras ou fora do comum suas idéias são. Contando quantas vezes você apresentou fluência, flexibilidade e originalidade, nós poderíamos classificar a sua criatividade ou capacidade de *raciocínio divergente* (Baer, 1993).

Na resolução de problemas ou raciocínio rotineiros, há uma resposta correta e o problema é encontrá-la. Isso leva ao **raciocínio convergente** (linhas de pensamento que convergem na resposta). O **raciocínio divergente** é o inverso: várias possibilidades são desenvolvidas a partir de um ponto de partida (Baer, 1993). (Ver ▲Tabela 8.6 para obter alguns exemplos.) Em vez de repetir soluções aprendidas, o raciocínio criativo produz respostas, idéias ou padrões novos (Michalko, 1998).

Raciocínio indutivo Raciocínio no qual uma regra ou um princípio geral são extraídos de uma série de exemplos específicos; por exemplo, deduzir as leis da gravidade observando-se vários objetos caindo.

Raciocínio dedutivo Raciocínio que aplica uma série geral de regras a situações específicas; por exemplo: usar as leis da gravidade para prever o comportamento de um único objeto caindo.

Raciocínio lógico Tirar conclusões com base nos princípios formais de argumentação.

Raciocínio ilógico Raciocínio intuitivo, fortuito ou irracional.

Fluência Nos testes de criatividade, a fluência refere-se à quantidade total de soluções produzidas.

Flexibilidade Nos testes de criatividade, a flexibilidade é indicada pela quantidade de tipos diferentes de soluções produzidas.

Originalidade Nos testes de criatividade, a originalidade refere-se à maneira como as soluções inovadoras ou fora do comum são utilizadas.

Raciocínio convergente Raciocínio orientado para a descoberta de uma única resposta correta estabelecida; raciocínio convencional.

Raciocínio divergente Raciocínio que produz várias idéias ou alternativas; um elemento importante no raciocínio original ou criativo.

▲ TABELA 8.6 | **Problemas Convergentes e Divergentes**

PROBLEMAS CONVERGENTES
- Qual é a área de um triângulo que tem 1 metro de largura na base e 60 cm de altura?
- Érica é mais baixa que Zoey, porém, é mais alta que Carlo, e Carlo é mais alto que Jared. Qual é a segunda pessoa mais alta?
- Se você deixar cair simultaneamente uma bola de beisebol e uma bola de boliche de um edifício alto, qual delas chegará ao chão primeiro?

PROBLEMAS DIVERGENTES
- Em que objetos que começam com as letras BR você consegue pensar?
- Como poderiam ser colocadas em uso latinhas de alumínio jogadas fora?
- Escreva um poema sobre o fogo e o gelo.

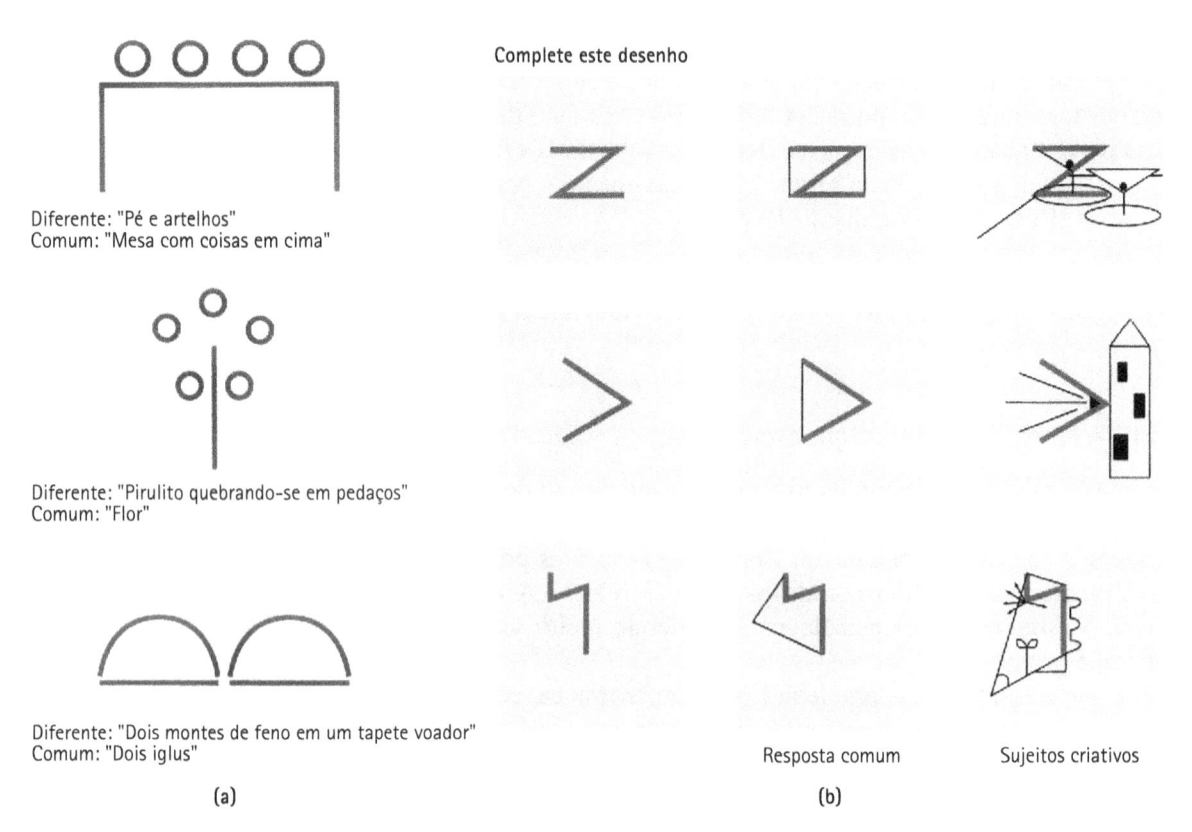

FIGURA 8.17 *Alguns testes de raciocínio divergente. As respostas criativas são mais originais e complexas. [(a) adaptado de Wallach & Kogan, 1965; (b) adaptado de Barron, 1958.]*

Testes de Criatividade

Existem várias maneiras de medir o raciocínio convergente. No *Unusual Uses Test* (Teste de Usos Incomuns) lhe pediriam para pensar na maior quantidade possível de usos para um determinado objeto, como os pneus mencionados anteriormente. No *Consequences Test* (Teste de Conseqüências), você listaria as conseqüências que se seguiriam a uma mudança básica no mundo. Por exemplo, poderiam perguntar-lhe: "O que aconteceria se todo mundo de repente perdesse o senso de equilíbrio e não conseguisse mais ficar em pé?". As pessoas tentam listar a maior quantidade possível de reações. Se fizesse o *Anagram Test* (Teste de Anagramas), você receberia uma palavra como *criatividade* para criar a maior quantidade possível de palavras novas redispondo as letras. Cada um desses testes pode receber uma nota por fluência, flexibilidade e originalidade. (Para um exemplo de outros testes de raciocínio divergente, ver a ◆Figura 8.17.) Os testes de raciocínio divergente aparentemente medem algo bem diferente de inteligência. Normalmente, há pouca correlação entre os testes de criatividade e as pontuações de QI (Wallach, 1985).

Os testes de criatividade têm sido úteis, mas eles não são toda a história. Se você quiser prever se uma pessoa será criativa no futuro, é bom analisar mais dois tipos de informações (Feldhusen e Goh, 1995):

- Os *produtos* do raciocínio criativo (como ensaios, poemas, desenhos ou objetos construídos) geralmente são mais informativos que os resultados de testes. Quando se pede a pessoas criativas que realmente produzam algo, os outros tendem a considerar seu trabalho criativo. (As máquinas Rube Goldberg descritas anteriormente são um bom exemplo.)

- Uma relação simples das *atividades criativas e realizações passadas* de uma pessoa é um ótimo guia da probabilidade de ela ser criativa no futuro.

A criatividade não é mais do que raciocínio divergente? E se uma pessoa apresentar grande quantidade de respostas inúteis para um problema? Boa pergunta. O raciocínio divergente é uma parte importante da criatividade, mas ela envolve mais coisas.

Para ser criativa, a solução para um problema tem de ser mais do que inovadora, fora do comum ou original. Ela também deve ser *prática*, se for uma invenção, ou *sensível*, se for uma idéia. Essa é a linha divisória entre um "esquema maluco" e um "golpe de gênio". Em outras palavras, a pessoa criativa faz com que argumentação e raciocínio crítico estejam presentes nas idéias novas quando estas são produzidas (Feldhusen, 1995).

Fases do Pensamento Criativo

Existe algum padrão de raciocínio criativo? Normalmente, podem ocorrer cinco fases durante a resolução criativa de problemas:

1. **Orientação.** Como uma primeira fase, a pessoa define o problema e identifica suas dimensões mais importantes.
2. **Preparação.** Na segunda fase, as pessoas que pensam criativamente se saturam com o máximo de informações possíveis sobre o problema.
3. **Incubação.** A maioria dos problemas importantes produz um período durante o qual todas as soluções tentadas serão fúteis. A essa altura, a resolução de problemas pode continuar no nível subconsciente: embora aparentemente o problema tenha sido deixado de lado, ele ainda está "cozinhando" no plano de fundo.
4. **Iluminação.** A fase de incubação geralmente termina com um *insight* rápido ou uma série de *insights*. Estes produzem a sensação "Aha!", freqüentemente ilustrada nos desenhos animados como uma lâmpada acesa que aparece sobre a cabeça da pessoa que está pensando.
5. **Verificação.** A etapa final é testar e avaliar criticamente a solução obtida durante a fase de iluminação. Se a solução se revelar errônea, a pessoa que está pensando volta à fase de incubação.

Evidentemente, o raciocínio criativo não é sempre tão organizado. Mesmo assim, as fases listadas são um bom resumo da seqüência mais típica de eventos.

Você pode achar útil listar as fases da história mais ou menos verdadeira a seguir. Diz a lenda que o rei de Siracusa (uma cidade da Grécia antiga), certa vez, suspeitou de que o seu ourives havia substituído parte do ouro da coroa por metais mais baratos e ficado com o ouro extra. Arquimedes, um famoso matemático e pensador, foi encarregado de descobrir se o rei havia ou não sido enganado.

Arquimedes então começou definindo o problema (*orientação*): "Como eu posso dizer quais metais foram usados na coroa sem danificá-la?". Ele então checou todos os métodos de análise de metais conhecidos (*preparação*). Todos eles envolviam cortar ou derreter a coroa, portanto, ele foi obrigado a deixar temporariamente o problema de lado (*incubação*). Então, certo dia, quando entrou na banheira, Arquimedes de repente encontrou a solução (*iluminação*). Dizem que ele ficou tão empolgado que saiu pelas ruas nu, gritando: "Eureka, Eureka!" ("Encontrei, encontrei!").

Quando observou seu corpo flutuando na banheira, Arquimedes percebeu que metais diferentes de mesmo peso deslocavam uma quantidade diferente de água. Uma libra de latão, por exemplo, ocupa mais espaço que uma libra de ouro, que é mais denso. Tudo o que restava a ser feito era testar a solução (*verificação*). Arquimedes colocou uma quantidade de ouro (igual ao ouro dado ao ourives) em uma banheira de água. Ele marcou o nível da água e retirou o ouro. Então colocou a coroa na água. A coroa era de ouro puro? Se ela fosse, elevaria a água até exatamente o mesmo nível. Infelizmente, até hoje não se sabe sobre a pureza da coroa e a sina do ourives.

Esse relato é uma boa descrição geral do raciocínio criativo, mas esse tipo de raciocínio pode ser extremamente complexo. Alguns autores acham que a criatividade realmente excepcional requer uma combinação de aptidões de raciocínio, personalidade e um ambiente social apoiador. Essa mistura, acham eles, é responsável por gigantes criativos como Edison, Freud, Mozart, Picasso, Tolstoi e outros (Tardif e Sternberg, 1988).

ARQUIVO CLÍNICO — Loucura e Criatividade

Você provavelmente já ouviu que "ser um gênio está próximo de ser louco". Existe realmente algum elo entre loucura e criatividade? No geral, a resposta é não. A grande maioria das pessoas criativas não tem problemas mentais. (Mas o júri ainda está decidindo quanto a Ozzy Osbourne.) E a maioria das pessoas com doenças mentais não é particularmente criativa (Ghadirian et al., 2001).

Uma exceção notável a essa conclusão diz respeito a distúrbios de humor. Uma pessoa com distúrbios de humor pode ser maníaca (agitada, exultante e hiperativa), depressiva ou ambos (ver Capítulo 12 para mais informações). Muitos dos artistas, escritores, poetas e compositores famosos da história aparentemente sofriam de distúrbios de humor (Jamison, 1999). Por exemplo, o compositor Robert Schumann escreveu a maior parte das suas músicas nos períodos em que estava "alto", nos quais era levemente maníaco. Quando ele estava deprimido, sua produção despencava. Padrões semelhantes marcaram a obra de Vicent Van Gogh, Edgar Allan Poe, Emily Dickinson, Ernest Hemingway e vários outros (Jamison, 1999; McDermott, 2001).

A relação entre as mudanças de humor e a criatividade pode ser basicamente uma questão de produtividade. É fácil entender por que as pessoas mais criativas pintam, escrevem ou compõem mais ativamente quando estão maníacas e têm energia ilimitada. Além disso, as pessoas maníacas tendem a ter pensamentos ilógicos. Esses pensamentos podem aumentar a criatividade promovendo conexões incomuns entre as idéias (Anderegg e Gartner, 2001).

Novamente, é importante enfatizar que a maioria das pessoas criativas não é mentalmente perturbada, e a maioria das pessoas mentalmente perturbadas não é criativa. Mesmo assim, algumas pessoas talentosas (e, geralmente, infelizes) parecem andar em uma montanha-russa com altos e baixos de criatividade (Kaufman, 2001).

A Personalidade Criativa

O que torna uma pessoa criativa? De acordo com o estereótipo popular, as pessoas extremamente criativas são excêntricas, introvertidas, neuróticas, socialmente ineptas, desequilibradas nos seus interesses e à beira da loucura. Embora alguns artistas e músicos cultivem essa imagem pública, há pouca veracidade nela. Estudos diretos com pessoas criativas pintam um quadro bem diferente. (Porém, leia "Loucura e Criatividade" para tomar conhecimento de uma exceção importante.)

1. Para as pessoas de inteligência normal, existe uma pequena correlação positiva entre criatividade e QI. Em outras palavras, as pessoas mais inteligentes têm uma leve tendência a ser mais criativas. Porém, na maior parte, em qualquer nível de QI, algumas pessoas são criativas e outras não. Um QI médio é igual a 100. O aluno universitário médio tem um QI de 120. Isso é mais do que alto o suficiente para permitir que a pessoa escreva romances, faça pesquisas científicas ou exerça outro trabalho criativo (Finke, 1990). Os QIs acima de 120 aparentemente não acrescentam nada à aptidão criativa (Sternberg e Lubart, 1995).
2. Pessoas criativas normalmente têm uma gama de conhecimentos e interesses acima da média e são mais fluentes em combinar idéias de várias fontes. Elas também são boas na utilização de imagens mentais e de metáforas quando raciocinam (Riquelme, 2002).
3. Pessoas criativas geralmente estão abertas para grande variedade de experiências. Elas aceitam idéias irracionais e não têm inibições no tocante aos seus sentimentos e fantasias (McCrae, 1987). Elas tendem a usar categorias amplas, questionar as hipóteses e quebrar conjuntos mentais, encontrando ordem no caos. Também vivenciam estados de consciência mais incomuns, como sonhos vívidos e experiências místicas (Ayers et al., 1999).
4. Pessoas criativas gostam de pensamentos, idéias, conceitos e possibilidades simbólicos (Sternberg e Lubart, 1995).
5. Pessoas extremamente criativas dão valor à sua independência e preferem a complexidade. No entanto, elas são não-convencionais e não-conformes – principalmente no seu trabalho. Fora isso, elas não têm personalidades incomuns, estranhas ou bizarras.

Steven Spielberg conseguiria dirigir uma equipe de futebol? Provavelmente, não. É amplamente aceito que as pessoas tendem a ser criativas em aptidões ou vocações específicas. Por exemplo, alguém que é um escritor criativo pode ser artista ou pessoa de negócios não-criativo. Talvez isso ocorra porque a criatividade favorece uma mente preparada. Pessoas que são criativas em uma determinada área geralmente fazem um grande estoque de conhecimentos existentes (Kaufman e Baer, 2002). Yoshiro NakaMats, um inventor japonês que tem mais de duas mil patentes registradas, considera essa preparação uma maneira de obter a liberdade para pensar de maneira criativa.

A criatividade pode ser aprendida? Está começando a parecer que se pode ensinar aptidões de raciocínio criativo. Especificamente, você pode tornar-se mais criativo praticando o raciocínio divergente e correndo riscos, analisando idéias e procurando conexões incomuns entre elas (Baer, 1993; Sternberg, 2001).

RACIOCÍNIO INTUITIVO – CURTO-CIRCUITO MENTAL? OU DESVIO PERIGOSO?

▶ **PERGUNTA PARA PESQUISA** *Quão precisa é a intuição?*

Ao mesmo tempo que é irracional, o raciocínio intuitivo pode contribuir para uma resolução criativa de problemas e também pode levar a erros de raciocínio. Para ver como isso ocorre, tente os problemas a seguir.

Problema 1 Surge uma epidemia e 600 pessoas estão prestes a morrer. Os médicos têm duas opções. Se eles derem a droga A, 200 vidas serão salvas. Se eles derem a droga B, há um terço de probabilidade de que 600 pessoas serão salvas e dois terços de probabilidade de que nenhuma será salva. Que droga eles deveriam escolher?

Problema 2 Novamente, 600 pessoas estão prestes a morrer e os médicos têm de optar. Se eles derem a droga A, 400 pessoas morrerão. Se eles derem a droga B, há um terço de probabilidade de que ninguém morrerá e dois terços de probabilidade de que 600 pessoas irão morrer. Que droga eles deveriam escolher?

A maioria das pessoas escolhe a droga A para o primeiro problema e a droga B para o segundo. Isso é fascinante porque os dois problemas são idênticos. A única diferença é que o primeiro é expresso em termos de vidas salvas e o segundo em termos de vidas perdidas. No entanto, até mesmo as pessoas que se dão conta de que suas respostas são contraditórias acham difícil modificá-las (Kahneman e Tversky, 1972, 1973).

Intuição

Como mostra o exemplo, muitas vezes nós tomamos decisões intuitivamente e não de maneira lógica ou racional. A **intuição** é um pensamento rápido e impulsivo. Ela pode fornecer respostas rápidas, mas também pode ser enganosa e às vezes desastrosa. Dois psicólogos famosos, Daniel Kahneman e Amos Tversky (1937-1996), estudaram como nós tomamos decisões à luz da incerteza. Eles descobriram que o discernimento humano, em geral, é seriamente falho (Kahneman et al., 1982). Vamos explorar alguns erros comuns do raciocínio intuitivo para que você fique mais bem preparado para evitá-los.

Representatividade

Uma armadilha muito comum no julgamento é ilustrada pela pergunta: O que é mais provável?

   A. Venus Williams irá perder o primeiro set de um jogo de tênis mas ganhará a partida.
   B. Venus Williams irá perder o primeiro set.

Tversky e Kahneman (1982) descobriram que a maioria considera afirmações como A mais prováveis do que B. No entanto, essa resposta intuitiva ignora um fato importante: a probabilidade de dois eventos ocorrerem juntos é menor que a probabilidade de qualquer um deles ocorrer sozinho. (Por exemplo, a probabilidade de tirar cara quando se joga uma moeda é de 50%. A probabilidade de tirar duas caras quando se joga duas moedas é de um quarto, ou 25%.) Conseqüentemente, A tem menor probabilidade de ser verdade do que B.

De acordo com Tversky e Kahneman, essas conclusões errôneas baseiam-se na **heurística de representatividade**. Isto é, nós tendemos a dar um peso

Intuição Um pensamento rápido e impulsivo que não utiliza a lógica formal ou o raciocínio claro.

Heurística de representatividade Tendência a selecionar respostas erradas porque parecem se encaixar em categorias mentais preexistentes.

maior a uma opção se esta parecer representar o que nós já sabemos. Portanto, você provavelmente comparou as informações sobre Venus Williams com o seu modelo mental de qual deveria ser o comportamento de uma tenista profissional. A resposta A parece representar melhor o modelo. Assim, parece ser mais provável que a resposta B, embora não o seja. Nos tribunais, os jurados têm uma probabilidade maior de achar que um réu é culpado se a pessoa aparentemente se encaixar no perfil de alguém que poderia cometer um crime (Davis e Follette, 2002). Por exemplo, um jovem homem solteiro de uma vizinhança pobre teria maior probabilidade de ser considerado culpado de roubo que um pai de família de meia-idade de um subúrbio rico.

Probabilidades Subjacentes

Um segundo erro comum envolve ignorar o **índice básico**, ou a probabilidade subjacente de um evento. Em um experimento, foi dito aos sujeitos que eles receberiam descrições de 100 pessoas – 70 advogados e 30 engenheiros. Pediu-se então aos sujeitos que adivinhassem, sem saber nada sobre a pessoa, se ela era engenheira ou advogada. Todos disseram corretamente a probabilidade como sendo de 70% advogada e 30% engenheira. A seguir, os participantes receberam a descrição:

> Dick é um homem de 30 anos de idade. Ele é casado e não tem filhos. Um homem extremamente hábil e altamente motivado. Ele promete ser muito bem-sucedido na sua área. Seus colegas gostam muito dele.

Observe que a descrição não dá nenhuma nova informação sobre a profissão de Dick. Ele continua podendo ser engenheiro ou advogado. Conseqüentemente, a probabilidade deveria novamente ser estimada em 70-30. Porém, a maioria das pessoas mudou a probabilidade para 50-50. Intuitivamente, parece que Dick tem a mesma probabilidade de ser engenheiro ou advogado. Mas esse palpite ignora completamente a probabilidade subjacente.

Talvez seja bom ignorarmos, às vezes, a probabilidade subjacente. Se esse não fosse o caso, quantas pessoas se casariam sabendo que o índice de divórcio é de 50%? Ou quantas pessoas começariam negócios de alto risco? Porém, pessoas que fumam, bebem e depois dirigem ou deixam de usar cinto de segurança ignoram as probabilidades bem altas de lesão ou doença. Em muitas situações de alto risco, ignorar os índices básicos é a mesma coisa que achar que você é uma exceção à regra.

Formulação

A conclusão mais geral sobre a intuição é que a forma como um problema é apresentado ou **formulado** afeta as decisões (Tversky e Kahneman, 1981). Como revelou o primeiro exemplo nessa discussão, freqüentemente as pessoas dão respostas diferentes para o mesmo problema se ele for apresentado de maneiras ligeiramente diversas. Para que você tenha *insights* adicionais sobre a apresentação, tente um outro problema de raciocínio:

> Um casal está se divorciando. Tanto o pai quanto a mãe querem a custódia do seu único filho, mas ela só pode ser concedida a um deles. Se você tivesse de tomar uma decisão com base nas informações a seguir, para quem daria a custódia da criança?
>
> **Cônjuge A**: renda média, saúde média, horário de trabalho médio, relação razoável com a criança, vida social razoavelmente estável.
>
> **Cônjuge B**: renda acima da média, poucos problemas de saúde, muitas viagens de trabalho, relacionamento muito estreito com a criança, vida social extremamente ativa.

A maioria das pessoas opta por dar custódia ao Cônjuge B, a pessoa que tem algumas desvantagens mas também várias vantagens (como a renda acima da média). Isso ocorre porque as pessoas tendem a procurar *qualidades positivas* que possam ser *transmitidas* à criança. Porém, qual seria sua escolha se lhe fizessem esta pergunta: "A quem deveria ser negada a custódia?". Nesse caso, a maioria das pessoas opta por negar a custódia ao cônjuge B. Por que o cônjuge B é uma boa escolha em um momento e uma escolha ruim em outro? Porque a segunda pergunta questionou a quem deveria ser *negada* a custódia. Para respondê-la, as pessoas tendem a procurar qualidades *negativas* que *desqualificariam* um cônjuge. Como você pode ver, a maneira como uma pergunta é formulada pode levar-nos a um caminho estreito, de forma que prestemos atenção somente a parte das informações fornecidas, em vez de pesar todos os prós e contras (Shafir, 1993).

Índice básico A taxa básica em que um evento ocorre; a probabilidade básica de um evento.

Formulação No pensamento, os termos pelos quais um problema é expresso ou a maneira como é estruturado.

Geralmente, a maneira *mais ampla* de formular ou apresentar um problema produz as melhores decisões. Contudo, muitas vezes as pessoas apresentam o problema em termos cada vez mais estreitos, até uma resposta única aparentemente "óbvia" surgir. Por exemplo, para selecionar uma carreira, seria bom levar em consideração a remuneração, as condições de trabalho, a satisfação profissional, bem como aptidões necessárias, perspectivas futuras de emprego e vários outros fatores. Em vez disso, geralmente nos restringimos a pensamentos do tipo: "Eu gosto de escrever, portanto, serei jornalista", "Eu quero ganhar muito dinheiro e advocacia paga bem" ou "Eu posso ser criativo na fotografia". Formular decisões de maneira tão restrita aumenta bastante o risco de fazer uma escolha ruim. Se você quiser pensar de maneira mais crítica e analítica, é importante prestar atenção à forma como está definindo os problemas antes de tentar solucioná-los. Lembre-se: atalhos para respostas geralmente provocam curtos-circuitos no raciocínio claro.

Sabedoria

As pessoas podem ser inteligentes sem ser sábias. Por exemplo, uma pessoa que se sai bem na escola e nos testes de QI pode transformar sua vida em uma confusão total. Da mesma maneira, uma pessoa pode ser inteligente sem ser criativa, e o raciocínio claro e racional pode levar a respostas corretas, mas sem inspiração (Sternberg, 2001). Em muitas áreas da vida humana, a sabedoria representa uma mistura de raciocínio convergente, inteligência e argumentos, temperada com criatividade e originalidade. As pessoas sábias encaram a vida de forma aberta e tolerante (Helson e Srivastava, 2002).

PAUSA PARA ESTUDO — Raciocínio Criativo e Intuição

RELACIONE

Invente uma pergunta que requeira raciocínio convergente para ser respondida. Em seguida, faça o mesmo com raciocínio divergente.

Em qual dos testes de criatividade descritos no texto você acha que se sairia melhor? (Volte, se não se lembrar de todos.)

Para lembrar as fases do raciocínio criativo, invente um conto que inclua estas palavras: *orientar, preparar, em Cuba, iluminar, verificar.*

Explique com suas próprias palavras como a representatividade e as taxas básicas contribuem para erros no raciocínio.

VERIFICAÇÃO DO APRENDIZADO

1. Fluência, flexibilidade e originalidade são características de
   a. raciocínio convergente
   b. raciocínio dedutivo
   c. raciocínio criativo
   d. soluções de tentativa e erro
2. Enumere as fases típicas de raciocínio criativo na ordem correta.

   _____ _____ _____
   _____ _____

3. A argumentação e o raciocínio crítico tendem a bloquear a criatividade; eles são qualidades não-criativas. V ou F?
4. Para ser criativa, uma idéia original também tem de ser prática ou flexível. V ou F?
5. A inteligência e a criatividade estão altamente correlacionadas; quanto maior o QI de uma pessoa, maior probabilidade ela terá de ser criativa. V ou F?
6. Kate é solteira, franca e muito brilhante. Na faculdade, ela era profundamente preocupada com a discriminação e outras questões sociais, e participou de vários protestos. Que afirmação tem maior probabilidade de ser verdadeira?
   a. Kate é caixa de banco
   b. Kate é caixa de banco e feminista

Raciocínio Crítico

7. Uma moeda é jogada quatro vezes com os seguintes resultados:
   a. Cara Coroa Coroa Cara
   b. Coroa Coroa Coroa Coroa
   c. Cara Cara Cara Cara
   d. Cara Cara Coroa Cara
   Que seqüência tem maior probabilidade de preceder tirar cara na quinta jogada de moeda?

RESPOSTAS: 1. c 2. orientação, preparação, incubação, iluminação, verificação 3. F 4. V 5. F 6. a 7. A probabilidade de tirar cara na quinta jogada é a mesma em cada um dos casos. Cada vez que você joga uma moeda, a chance de tirar cara é de 50%, independentemente do que aconteceu antes. Porém, muitas pessoas acham, intuitivamente, que a resposta é *b* porque cara está mais do que na hora de sair, ou que *c* seja a resposta correta porque a moeda está em uma "seqüência" de caras.

Psicologia em Ação

Ampliando a Criatividade – Idéias Luminosas

▶ **PERGUNTA PARA PESQUISA** *O que pode ser feito para melhorar o raciocínio e promover a criatividade?*

Thomas Edison certa vez explicou sua criatividade dizendo: "Genialidade é 1% de inspiração e 99% de perspiração". Muitos estudos sobre a criatividade mostram que "genialidade" e "eminência" devem tanto à persistência e à dedicação quanto à inspiração (Ericsson e Charness, 1994). Um estudo recente de artistas criativos revelou que muita gente considera criatividade "trabalho árduo" (Glueck et al., 2002).

Uma vez reconhecido que a criatividade pode ser trabalho árduo, então algo pode ser feito para ampliá-la. Eis algumas sugestões sobre como começar.

1. Quebrar bloqueios mentais e questionar hipóteses.

Um **bloqueio mental** é uma tendência a perceber um problema de uma forma que nos cega para as possíveis soluções. Bloqueios mentais são uma grande barreira para o raciocínio criativo. Geralmente eles nos levam a ver um problema em termos preconcebidos, o que impede nossas tentativas de resolvê-lo. (Fixações e fixação funcional, que foram descritas anteriormente, são tipos específicos de bloqueios mentais.)

Tente os problemas ilustrados na ◆Figura 8.18. Se tiver dificuldade, pergunte-se o que está pressupondo. Os problemas foram elaborados para mostrar os efeitos limitadores de um bloqueio mental. (As respostas para esses problemas, bem como a explicação dos bloqueios que impedem sua solução, estão na ◆Figura 8.19.)

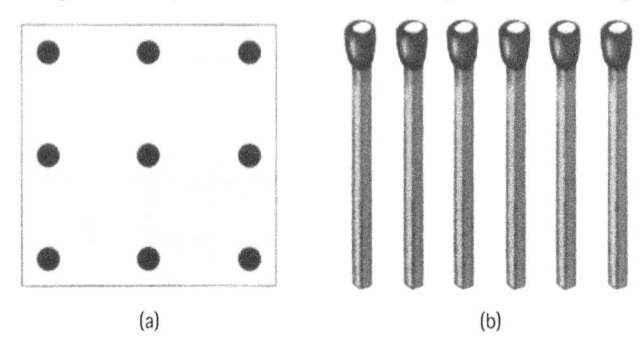

◆FIGURA 8.18 (a) *Nove pontos estão dispostos em um quadrado. Você consegue conectá-los desenhando quatro linhas retas contínuas sem tirar o lápis do papel?* (b) *Seis fósforos devem ser dispostos de forma que formem quatro triângulos. Esses triângulos têm de ser do mesmo tamanho, com cada lado igual ao comprimento de um fósforo. (As soluções para esses problemas estão na Figura 8.19.)*

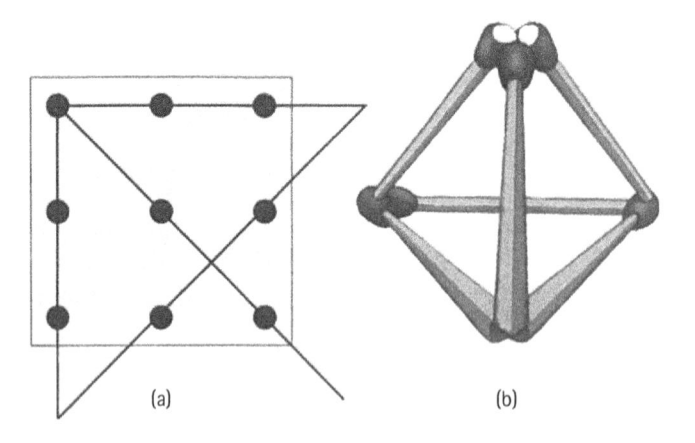

◆FIGURA 8.19 *Soluções para os problemas.* (a) *O problema dos pontos pode ser resolvido estendendo-se as linhas além do quadrado formado pelos pontos. A maioria das pessoas pressupõe incorretamente que não pode fazer isso.* (b) *O problema dos fósforos pode ser resolvido construindo-se uma pirâmide tridimensional. A maioria das pessoas pressupõe que os fósforos devem ser dispostos em uma superfície plana. Se você se lembrou do problema das quatro árvores discutido anteriormente neste capítulo, o problema dos fósforos pode ter sido fácil de resolver.*

Agora que você foi alertado para o perigo de hipóteses erradas, veja se consegue responder corretamente às seguintes perguntas:

1. Um fazendeiro tinha 19 ovelhas. Todas menos 9 morreram. Quantas ovelhas o fazendeiro tinha?
2. Não é ilegal, para um homem que vive em Winston-Salem, Carolina do Norte, ser enterrado a oeste do rio Mississipi. V ou F?
3. Alguns meses têm 30 dias, alguns têm 31. Quantos meses têm 28 dias?
4. Eu tenho duas moedas que juntas somam 30 centavos. Uma das moedas não é de 5 centavos. Quais são as duas moedas?
5. Se há 12 balas de 1 centavo em uma dúzia, quantas balas de 2 centavos há em uma dúzia?

Essas perguntas foram elaboradas para provocar erros de raciocínio. Eis as respostas:

1. dezenove – nove vivas e dez mortas. 2. F. É contra a lei enterrar uma pessoa que vive, em qualquer lugar. 3. Todos eles. 4. Uma de 25 centavos e outra de 5 centavos. Uma das moedas não é de 5 centavos, mas a outra é. 5. 12.

Se você caiu na pegadinha de qualquer uma das perguntas, considere isso um lembrete adicional do valor de questionar ativamente as hipóteses com que está trabalhando em qualquer situação de resolução de problemas.

2. Definir os problemas de maneira ampla.

Uma maneira eficaz de quebrar bloqueios mentais é ampliar a definição de um problema. Por exemplo, suponha que o seu problema seja: desenvolva uma entrada melhor. Isso provavelmente levará a soluções comuns. Por que não mudar o problema para: desenvolva uma maneira melhor de passar por uma parede? Agora suas soluções serão mais originais. O melhor de tudo talvez seja expressar o problema como: encontre uma maneira melhor de definir áreas separadas para morar e trabalhar. Isso poderia levar a soluções realmente criativas (Adams, 1988).

Digamos que você esteja liderando um grupo que está desenvolvendo um novo abridor de latas. Sabiamente, você pede ao grupo que pense em *abertura* no geral, em vez de em abridores de lata. Essa foi a abordagem que levou à lata com tampa que estala. À medida que o grupo de *design* foi discutindo o conceito de abrir, um dos membros sugeriu que a natureza tem seus próprios abridores, como a casca de uma ervilha. Em vez de uma nova ferramenta para abrir latas, o grupo inventou a lata que abre sozinha (Stein, 1974).

3. Reformule o problema de maneiras diferentes.

Formular os problemas de maneiras novas tende a produzir soluções mais criativas. Veja se você pode eliminar seis letras da seqüência a seguir de forma a criar uma única palavra:

S E C I S R L E I T A R R A S

Se estiver tendo dificuldade, talvez você tenha de reformular o problema. Você estava tentando eliminar seis letras? A verdadeira solução é eliminar as letras das palavras "seis letras", o que dá a palavra CRIAR.

Uma das maneiras de reformular o problema é imaginar como uma outra pessoa o veria. O que uma criança, um engenheiro, um professor, um mecânico, um artista, um psicólogo, um juiz ou um pastor religioso perguntariam sobre o problema? Além disso, você quase sempre deve perguntar-se o seguinte:

Que informações eu tenho?
O que eu não sei?
O que eu posso extrair das informações conhecidas?
Eu utilizei todas as informações?
De que informações adicionais eu necessito?
Quais são as partes do problema?
Como as partes estão relacionadas?
Como as partes poderiam relacionar-se?
Esse problema se parece de alguma maneira com algum outro que eu já resolvi antes?

Lembre-se: para pensar de forma mais criativa, você precisa encontrar maneiras de se estimular fora dos bloqueios mentais e modos habituais de pensar (Michalko, 1998).

4. Dê tempo para a incubação.

Tentar apressar ou forçar uma solução pode simplesmente incentivar a fixação em um beco sem saída. A criatividade leva tempo. Você tem de poder revisar ou embelezar as soluções iniciais, mesmo aquelas baseadas em *insights* rápidos. Se você se sentir apressado por uma sensação de pressão de tempo, terá menos probabilidade de pensar de forma criativa (Amabile et al., 2002).

A incubação é particularmente frutífera quando você é exposto a dicas externas que estão associadas ao problema (lembra-se do banho de Arquimedes?). Por exemplo, Johannes Gutenberg, criador do prelo, enquanto estava em uma colheita de vinho, percebeu que a pressão mecânica utilizada para esmagar as uvas também poderia ser usada para imprimir letras no papel (Dorfman et al., 1996).

5. Procure informações variadas.

Lembre-se: a criatividade requer raciocínio divergente. Em vez de cavar mais fundo com a lógica, você está tentando mudar a sua "prospecção" mental para novas áreas. Como exemplo dessa estratégia, Edward de Bono (1992) recomenda que você procure aleatoriamente palavras no dicionário e as associe ao problema. Geralmente as palavras vão desencadear uma perspectiva nova, abrir uma nova avenida. Por exemplo, digamos que lhe peçam para apresentar novas formas de tirar o óleo de uma praia. De acordo com a sugestão de Bono, você leria as seguintes palavras selecionadas, associaria cada uma delas ao problema e veria que idéias são desencadeadas: *erva daninha, ferrugem, pobre, ampliar, espuma, ouro, moldura, buraco, diagonal, vácuo, tribo, marionete, nariz, elo, derivação, retrato, queijo e carvão*. Você pode obter benefícios semelhantes associando vários objetos a um problema. Ou dar uma volta, folhear um jornal ou olhar uma pilha de fotos para ver que idéias eles desencadeiam (Michalko, 1998). Expor-se a uma grande variedade de informações é uma boa maneira de incentivar o raciocínio divergente (Clapham, 2001).

6. Busque analogias.

Vários problemas "novos" na verdade são problemas antigos com roupa nova (Siegler, 1989). Muitas vezes, representar um problema de várias formas é o segredo para a sua solução. A maioria dos problemas fica mais fácil de ser solucionada quando são representados de maneira eficaz. Por exemplo, veja este problema:

> Dois mochileiros começam uma trilha íngreme às 6 da manhã. Eles escalam o dia todo, descansando de vez em quando, e chegam ao topo às 6 da tarde. No dia seguinte, eles começam a descer às 6 da manhã, parando várias vezes e variando o seu ritmo. Eles chegam às 6 da tarde. Na descida, uma das alpinistas, que é matemática, diz ao outro que eles irão passar por um ponto na trilha exatamente na mesma hora em que passaram no dia anterior. O seu amigo, que não é matemático, acha difícil acreditar, já que nos dois dias eles pararam e recomeçaram várias vezes e mudaram o ritmo. Problema: A matemática está certa?

Talvez você veja a resposta para esse problema imediatamente. Se não, pense nele da seguinte maneira: E se houvesse dois pares de mochileiros, um subindo e outro descendo a trilha, e os dois escalando a montanha no *mesmo dia*? Fica evidente que as duas duplas de alpinistas vão cruzar uma com a outra em algum ponto da trilha. Conseqüentemente, eles estarão no mesmo lugar na mesma hora. A matemática estava certa.

7. Corra riscos sensatos.

A vontade de ir contra a multidão é um elemento-chave na realização de um trabalho criativo. Idéias fora do comum e originais podem ser inicialmente rejeitadas por pensadores convencionais. Geralmente, as pessoas criativas perseveram e assumem alguns riscos antes de suas idéias serem amplamente aceitas.

Por exemplo, os Post-it foram inventados por um engenheiro que acidentalmente criou uma cola fraca. Em vez de jogar a mistura fora, ele a usou de uma nova maneira extremamente criativa. No entanto, ele levou algum tempo para convencer os outros de que um adesivo "ruim" poderia ser um produto útil. Hoje, blocos de anotações adesivos são um dos produtos mais bem-sucedidos da 3-M (Sternberg e Lubart, 1995).

8. Adie a Avaliação.

Vários estudos sugerem que as pessoas têm maior probabilidade de ser criativas se tiverem liberdade de brincar com as idéias e com as soluções sem ter de se preocupar se serão avaliadas. Nas primeiras fases do raciocínio criativo, é importante evitar criticar seus esforços. Preocupar-se com a correção das soluções tende a inibir a criatividade (Basadur et al., 2000). Essa idéia é ampliada na discussão a seguir.

Uma abordagem alternativa para aumentar a criatividade chama-se *brainstorming*. Embora esta seja uma técnica de grupo, ela também pode ser aplicada à resolução individual de problemas.

Brainstorming

A essência de **brainstorming** é que a produção e a avaliação de idéias são mantidas separadas. Na resolução grupal de problemas, cada uma das pessoas é incentivada a produzir o máximo de idéias possível, sem medo de críticas (Buyer, 1988). Isso incentiva o raciocínio divergente. Alguns dos *brainstormings* mais bem-sucedidos ocorrem nas redes de computador, em que os temores de cada pessoa de ser avaliada são minimizados (Siau, 1996).

Somente no final de uma sessão de *brainstorming* as idéias são reconsideradas e avaliadas. À medida que as idéias vão sendo geradas livremente, ocorre um **efeito de estimulação cruzada** interessante, no qual as idéias de um participante desencadeiam idéias dos outros (Brown et al., 1998).

Brainstorming Método de raciocínio criativo que separa a produção e a avaliação de idéias.

Efeito de estimulação cruzada Em grupo no qual as pessoas resolvem problemas, é uma tendência de a idéia de uma pessoa desencadear idéias de outras.

As regras básicas para um *brainstorming* bem-sucedido são:

1. **Criticar idéias é totalmente barrado.** Adiar a avaliação para mais tarde na sessão.
2. **Incentiva-se a modificação ou a combinação de idéias.** Não se preocupe em dar crédito às idéias ou em mantê-las organizadas. Misture-as!
3. **Busca-se quantidade de idéias.** Nas fases iniciais do *brainstorming*, a quantidade é mais importante do que a qualidade. Tente gerar muitas idéias.
4. **Busca-se idéias fora do comum, remotas ou selvagens.** Deixe sua imaginação enlouquecer.
5. **Registre as idéias à medida que elas forem ocorrendo.**
7. **Elabore ou aperfeiçoe as idéias mais promissoras** (Michalko, 1998).

É importante ser persistente quando se está em um *brainstorming*. A maioria dos grupos desiste muito rapidamente, em geral quando o fluxo de idéias começa a ficar mais lento (Nijstad et al., 1999).

Como o brainstorming *se aplica à resolução individual de problemas*? O ponto principal é lembrar-se de *suspender qualquer julgamento*. As idéias devem ser produzidas, em primeiro lugar, sem preocupação com a lógica, organização, precisão ou qualquer outra avaliação. Quando fosse escrever um ensaio, por exemplo, você começaria escrevendo idéias em qualquer ordem, à medida que elas lhe fossem ocorrendo. Posteriormente, você voltaria e reorganizaria, reescreveria e criticaria seus esforços.

Como um auxiliar para seguir as regras 2, 3 e 4 do método de *brainstorming*, você talvez ache a lista a seguir útil para incentivar um raciocínio original. Ela pode ser utilizada se você ignorou uma possível solução.

LISTA DE CONFERÊNCIA DE CRIATIVIDADE

1. **Redefinir.** Contemple outros usos para todos os elementos do problema. (Isso visa alertá-lo para fixações que podem estar bloqueando a criatividade.)
2. **Adaptar.** Como poderiam outros objetos, idéias, procedimentos ou soluções ser adaptados a esse problema específico?
3. **Modificar.** Imagine mudar tudo o que pode ser mudado.
4. **Ampliar.** Exagere tudo o que puder pensar. Pense em grande escala.
5. **Minimizar.** E se tudo fosse feito em escala reduzida? E se todas as diferenças fossem reduzidas a zero? Faça o problema "encolher".
6. **Substituir.** Como um objeto, uma idéia ou um procedimento podem ser substituídos por outro?
7. **Redispor.** Quebre o problema em pedaços e depois misture-os.
8. **Inverter.** Cogite ordens inversas e opostos e vire as coisas do avesso.
9. **Combinar.** Esse item fala por si só.

Fazendo com que sujeitar um problema a cada um desses procedimentos torne-se um hábito, você deve conseguir reduzir de maneira considerável as chances de ignorar uma solução útil, original ou criativa.

Viver de uma Maneira mais Criativa

Muitas pessoas que pensam de maneira convencional vivem vidas inteligentes, bem-sucedidas e realizadas. Mesmo assim, o raciocínio criativo pode dar tempero à vida e levar a *insights* pessoais emocionantes. O psicólogo Mihalyi Csikszentmihalyi (1997) faz estas recomendações sobre como se tornar mais criativo:

- Encontre algo que o surpreenda todo dia.
- Tente surpreender pelo menos uma pessoa todo dia.
- Se algo despertar o seu interesse, siga-o.
- Comprometa-se a fazer as coisas bem.
- Procure desafios.
- Reserve tempo para pensar e relaxar.

- Comece a fazer mais aquilo de que realmente gosta e menos as coisas de que não gosta.
- Tente encarar os problemas do máximo de perspectivas que puder.

Mesmo se você não se tornar mais criativo seguindo essas sugestões, elas continuam sendo bons conselhos. A vida não é um teste padronizado com um único conjunto de respostas corretas. Ela se parece mais com uma tela em branco na qual você cria desenhos que expressam de maneira singular seus talentos e interesses. Para viver de maneira mais criativa, você precisa estar pronto para buscar novas maneiras de fazer as coisas. Tente surpreender pelo menos uma pessoa hoje – você mesmo, se não for outra pessoa.

PAUSA PARA ESTUDO — Raciocínio Criativo e Intuição

RELACIONE

Revise as páginas anteriores e observe que métodos você poderia utilizar mais freqüentemente para melhorar a qualidade do seu raciocínio. Agora resuma mentalmente os pontos que você particularmente quer lembrar.

VERIFICAÇÃO DO APRENDIZADO

1. Fixações e fixações funcionais são tipos específicos de bloqueios mentais. V ou F?
2. O período de incubação na resolução criativa de problemas geralmente dura apenas uma questão de minutos. V ou F?
3. Observou-se que exposição a modelos criativos aumenta a criatividade. V ou F?
4. No *brainstorming*, cada idéia é avaliada criticamente à medida que é gerada. V ou F?
5. Definir um problema de maneira ampla produz um efeito de estimulação cruzada que pode inibir o raciocínio crítico. V ou F?

Raciocínio Crítico

6. Que modo de raciocínio a "Lista de Conferência de Criatividade" (redefinir, adaptar, modificar, ampliar etc.) incentiva?

RESPOSTAS:

1.V 2.F 3.V 4.F 5.F 6. Raciocínio divergente.

REVISÃO DO CAPÍTULO

Pontos Principais

- O raciocínio é influenciado pela forma como as informações são representadas – como imagens, conceitos ou símbolos.
- A linguagem é uma maneira particularmente poderosa de codificar informações e manipular idéias.
- Entender a resolução de problemas pode torná-lo mais eficaz no encontro de soluções.
- A resolução especializada de problemas baseia-se na aquisição de conhecimentos e em estratégias.
- Os testes de inteligência só estimam a inteligência no mundo real. Um QI alto não leva automaticamente a grandes realizações.
- O raciocínio criativo é inovador, divergente e temperado com uma pitada de praticidade.
- Alguns erros de raciocínio podem ser evitados se você conhecer as armadilhas do raciocínio intuitivo.
- A criatividade pode ser aumentada por estratégias que promovem o raciocínio divergente.

Resumo

Qual é a natureza do raciocínio?

- O raciocínio é uma representação interna de estímulos ou situações externas.
- As três unidades básicas de raciocínio são imagens, conceitos e linguagem (ou símbolos).

De que maneira as imagens estão associadas ao raciocínio?

- As imagens podem ser armazenadas na memória ou criadas para resolver problemas.
- As imagens podem ser tridimensionais, viradas no espaço e o seu tamanho pode ser alterado.
- As imagens cinestésicas podem ser utilizadas para representar movimentos e ações. Para muitas pessoas, as sensações cinestésicas ajudam a estruturar o fluxo de idéias.

Como aprendemos conceitos?

- Um conceito é uma idéia generalizada de uma categoria de objetos ou eventos.
- A formação de conceitos pode ser baseada em exemplos positivos e negativos ou no aprendizado de regras.
- Na prática, a identificação de conceitos freqüentemente faz uso de protótipos ou modelos ideais.
- Os conceitos podem ser conjuntivos (conceitos do tipo "e"), disjuntivos (do tipo "ou ... ou") ou relacionais.
- O significado denotativo de uma palavra ou de um conceito é a sua definição no dicionário. O significado conotativo é pessoal ou emocional. O significado conotativo pode ser medido com o diferencial semântico.

Qual o papel da linguagem no raciocínio?

- A linguagem permite que os eventos sejam codificados em símbolos para uma fácil manipulação mental. O estudo do significado na linguagem é chamado de *semântica*.
- A linguagem conduz o significado combinando os símbolos de acordo com um conjunto de regras (gramática), que inclui regras sobre a ordem das palavras (sintaxe).
- As linguagens verdadeiras são produtivas e podem ser usadas para gerar novas idéias ou possibilidades.
- Sistemas gestuais complexos, como a linguagem americana de sinais, são linguagens verdadeiras.

Pode-se ensinar os animais a usar a linguagem?

- A comunicação dos animais é relativamente limitada porque carece de símbolos que possam ser redispostos facilmente.
- Ensinou-se aos chimpanzés e a outros primatas a linguagem americana de sinais. Isso, para algumas pessoas, indica que os primatas são capazes de um uso muito básico da linguagem. Outras questionam essa conclusão. Os estudos que fazem uso de lexigramas dão a melhor prova até hoje do uso da linguagem por animais.

O que sabemos sobre a resolução de problemas?

- Pode-se chegar à solução de um problema mecanicamente (por tentativa e erro ou por aplicação habitual das regras), mas as soluções mecânicas geralmente são ineficientes.
- As soluções por compreensão geralmente começam com a descoberta de propriedades gerais de uma resposta. Depois vem a proposta de uma solução funcional.
- A resolução de problemas geralmente é auxiliada pela heurística, que restringe a busca de soluções.
- Quando a compreensão leva a uma solução rápida, ocorreu um *insight*. Os três elementos do *insight* são a codificação seletiva, a combinação seletiva e a comparação seletiva.
- *Insight* e outras resoluções de problema podem ser bloqueados por fixações. A fixação funcional é uma fixação comum, porém os bloqueios emocionais, valores culturais, convenções aprendidas e hábitos perceptuais também são problemas.

O que é inteligência artificial?

- Inteligência artificial diz respeito a qualquer sistema artificial capaz de executar tarefas que requerem inteligência quando executadas por seres humanos.
- Duas das áreas principais da pesquisa da inteligência artificial são simulações por computador e sistemas especializados.

- A resolução de problemas especializada humana baseia-se no conhecimento organizado e em estratégias adquiridas em vez de em algum aperfeiçoamento geral da aptidão de pensar.

Como é definida e medida a inteligência humana?

- A inteligência refere-se à capacidade geral de agir com metas, pensar racionalmente e lidar eficazmente com o ambiente. Na prática, é definida operacionalmente por testes de inteligência.
- O primeiro teste prático de inteligência foi montado por Alfred Binet. Uma versão moderna do teste de Binet é a *Escala de Inteligência Stanford-Binet*.
- Um segundo teste de inteligência importante é a *Escala Wechsler de Inteligência Adulta* (WAIS). A WAIS mede a inteligência verbal e a inteligência de desempenho. Também estão disponíveis testes de inteligência, justiça cultural e grupais.
- A inteligência é expressa como um quociente de inteligência (QI), definido como a idade mental dividida pela cronológica e depois multiplicada por cem. A distribuição das pontuações de QI se aproxima de uma curva normal.

De que forma as pontuações de QI estão associadas à realização e à capacidade de pensar?

- O QI está associado à realização na escola, mas muitos outros fatores também são importantes. Fora da escola, a relação entre o QI e a realização é ainda mais fraca.
- Como grupo, homens e mulheres não diferem no QI geral. Além disso, os pontos intelectuais fortes e as metas educacionais estão tornando-se mais parecidos.
- As pessoas com QI na faixa de superdotados ou "gênios", acima de 140, tendem a ser superiores em vários aspectos. No entanto, de acordo com outros critérios que não o QI, muitas crianças podem ser consideradas superdotadas ou talentosas de uma maneira ou de outra.
- Os termos *retardadas mentais* e *deficiência de desenvolvimento* aplicam-se às pessoas cujo QI é de menos de 70 ou que carecem de vários comportamentos adaptativos.
- Cerca de 50% dos casos de retardamento mental são orgânicos. Os outros são de causa não-determinada. Acredita-se que muitos desses casos reflitam um retardamento familiar.
- A inteligência é parcialmente determinada pela hereditariedade. Porém, o ambiente também é importante, como revelado por aumentos no QI induzidos pela educação e por ambientes estimulantes.

O que é raciocínio criativo?

- Para ser criativa, uma solução tem de ser prática, sensata e original. O raciocínio original requer raciocínio divergente, que é caracterizado por fluência, flexibilidade e originalidade. Os testes de criatividade medem essas qualidades.
- Geralmente, as cinco fases observadas são: orientação, preparação, incubação, iluminação e verificação. Nem todo o raciocínio criativo se encaixa nesse padrão.
- Estudos indicam que a personalidade criativa tem uma série de características que contradizem os estereótipos populares. Existe apenas uma pequena correlação entre QI e criatividade.

Quão precisa é a intuição?

- O raciocínio intuitivo geralmente leva a erros. Pode-se tirar conclusões erradas quando uma resposta parece altamente representativa daquilo que nós já achamos que seja verdade.
- Um segundo problema é ignorar o índice básico (ou probabilidade subjacente) de um evento.
- O raciocínio claro geralmente é auxiliado pela expressão ou formulação do problema em termos amplos.

O que pode ser feito para melhorar o raciocínio e promover a criatividade?

- Várias estratégias que promovem o raciocínio divergente tendem a ampliar a resolução criativa de problemas.

» Nas situações de grupo, *brainstorming* pode levar a soluções criativas. Os princípios de *brainstorming* também podem ser aplicados à resolução individual de problemas.

Teste Seus Conhecimentos: Cognição, Inteligência e Criatividade

As perguntas a seguir são apenas uma amostra do que você precisa saber. Se você errar algum item, deve revisar o capítulo todo.

1. Conceitos são
   a. representações mentais semelhantes a figuras
   b. idéias generalizadas sobre uma categoria de objetos ou eventos
   c. símbolos e regras para combiná-los
   d. sistemas notacionais simbólicos
2. Para fazer rotação mental uma pessoa precisa utilizar que unidade básica de pensamento?
   a. conceitos b. linguagem c. imagens d. símbolos
3. A nossa capacidade de pensar em movimentos e ações é auxiliada por
   a. imagem cinestésica   b. conceitos rotacionais
   c. cálculo mental   d. conceitos relacionais
4. Um triângulo deve ser uma forma fechada e ter três lados, e os lados precisam ser linhas retas. *Triângulo* é um
   a. conceito conjuntivo   b. conceito relacional
   c. conceito disjuntivo   d. conceito conotativo
5. Quando você tenta classificar estímulos complexos, _____ são particularmente úteis.
   a. imagens cinestésicas   b. conceitos conotativos
   c. conceitos denotativos   d. protótipos
6. Qual das alternativas a seguir NÃO é um elemento da linguagem falada?
   a. gramática b. sintaxe c. fonemas d. lexigramas
7. Noam Chomsky pensa que nós usamos frases com _____ para transformar frases declarativas centrais em outras vozes e formas.
   a. fonemas
   b. regras de transformação
   c. afirmações condicionais
   d. codificação conjuntiva
8. Que afirmação resume melhor a pesquisa sobre a linguagem dos animais com chimpanzés?
   a. Os chimpanzés podem aprender a usar sinais, mas não conseguem emitir sons de palavras.
   b. Os chimpanzés podem aprender a se comunicar com sinais.
   c. Os chimpanzés que aprendem sinais utilizam a linguagem da mesma maneira que uma criança de cinco anos de idade.
   d. Por causa de problemas sérios com sintaxe, os chimpanzés não têm conseguido comunicar-se com seres humanos.
9. Depois de encontrar uma solução geral para um problema, você normalmente tem de encontrar uma
   a. heurística   b. estratégia de busca
   c. fixação   d. solução funcional
10. A fixação funcional é uma importante barreira para
    a. a solução de problemas por *insight* rápido
    b. a utilização de estratégias aleatórias de busca
    c. a resolução mecânica de problemas
    d. a obtenção de fixações por meio da resolução de problemas.
11. Simulações por computador e sistemas especializados são ferramentas de pesquisa básicas em
    a. psicolingüística
    b. campo de IA
    c. estudos de raciocínio divergente
    d. estudos de semântica diferencial
12. Que teste de inteligência moderno teve sua origem nas tentativas de medir as aptidões mentais de crianças em Paris?
    a. SB5   b. WAIS
    c. SAT   d. WISC
13. Por definição, uma pessoa tem uma inteligência média quando:
    a. IM = IC   b. IC = 100
    c. IM = 100   d. IM x IC = 100
14. Uma coisa que as pessoas superdotadas e as pessoas com deficiência no desenvolvimento possuem em comum é que ambas têm
    a. tendência a sofrer de distúrbios de metabolismo
    b. tendência de ser testadas com o WAIS e não com o SB5
    c. IMs mais altas do que suas ICs.
    d. pontuações extremas de QI
15. Qual das alternativas a seguir NÃO é um dos oito tipos de inteligência identificados por Howard Gardner?
    a. habilidades cibernéticas
    b. aptidões musicais
    c. aptidões visuais e espaciais
    d. aptidões naturalistas.
16. Do ponto de vista prático, a inteligência adulta pode ser mais prontamente aumentada
    a. pela genética
    b. pelo ensino de comportamentos adaptativos
    c. por meio de ambientes estimulantes
    d. aplicando-se QIs de desvios
17. Um teste que dá nota pela fluência e flexibilidade foi obviamente desenvolvido para medir
    a. o raciocínio intuitivo
    b. o raciocínio convergente
    c. o raciocínio divergente
    d. algoritmos

18. A fase do raciocínio criativo que corresponde à resolução de problemas com *insight* rápido é a
    a. verificação
    b. incubação
    c. indução
    d. iluminação
19. Nossas decisões são bastante afetadas pela forma como um problema é formulado, um processo denominado
    a. formulação
    b. indexação básica
    c. indução
    d. codificação seletiva
20. Buscando informações variadas, adiando a avaliação e procurando analogias, você deve conseguir aumentar
    a. o raciocínio intuitivo
    b. o raciocínio convergente
    c. o raciocínio divergente
    d. a fixação funcional

RESPOSTAS:

1. b 2. c 3. a 4. a 5. d 6. d 7. b 8. b 9. d 10. a 11. b 12. a 13. a 14. d 15. a 16. c 17. c 18. d 19. a 20. c

Capítulo 9

Motivação e Emoção

O Sol se Põe Duas Vezes em Utah

Eu e minha mulher, Sevren, estávamos excursionando de mochila havia mais de uma semana nas acidentadas montanhas Unitas no centro de Utah. A não ser pelo fato de termos de nos defender de mosquitos do tamanho de beija-flores, nós nos divertimos muito na vasta região desértica. Todo dia explorávamos novas trilhas, lagos e riachos e desfrutávamos de vistas inspiradoras, ar fresco e muita vida selvagem. E o melhor de tudo: nenhum dos dois estava usando relógio.

Certo dia, depois de uma longa caminhada, chegamos a um pequeno lago quando começava a escurecer. A luz do sol estava sumindo rapidamente e montamos nossa barraca, preparamos o jantar e nos aprontamos para comer. Nenhum de nós sentia muita fome, mas não queríamos passar a noite com o estômago vazio, então comemos mesmo assim. Depois lavamos a louça, limpamos o local do acampamento e entramos na barraca. Conversamos por um tempo e, então, tentamos dormir. Foi quando o sol surgiu.

Abrindo a barraca, olhamos em volta surpresos ao descobrir a luz brilhante do sol. Era fim de tarde. Tivemos *horas* de luz antes de a noite cair!

Nuvens pesadas e escuras haviam coberto a maior parte oeste do céu quando chegamos ao lago. Aparentemente, uma tempestade que estava se aproximando bloqueou o sol, reduzindo a floresta à penumbra. Quando a tempestade se afastou, o sol surgiu novamente. Não era de admirar que não sentíssemos sono ou fome. Felizmente, não havia mais ninguém no lago para rir de nós – embora começássemos a dar boas risadas.

Este capítulo trata dos motivos e das emoções que estão por trás do comportamento humano. Como sugere a minha experiência no lago, até mesmo motivos "simples", como a fome, não são controlados apenas pelo corpo. Em muitos casos, dicas externas, o aprendizado, valores culturais e outros fatores influenciam os nossos motivos e as nossas metas.

Perguntas para Pesquisa

- O que é motivação? Existem tipos diferentes de motivos?
- O que provoca a fome? Comer excessivamente? Distúrbios alimentares?
- Existe mais de um tipo de sede? De que maneira o ato de evitar a dor e o impulso sexual são fora do comum?
- Quais são os padrões típicos da resposta sexual humana?
- Como a excitação está associada à motivação?
- O que são motivos sociais? Por que eles são importantes?
- Alguns motivos são mais básicos do que outros?
- O que acontece durante a emoção? Os "detectores de mentiras" conseguem realmente detectar mentiras?
- Quão precisamente as emoções são expressas pelas linguagens corporal e facial?
- Como os psicólogos explicam as emoções?
- Que fatores contribuem mais para uma vida feliz e realizada?

Vamos começar com os motivos básicos, como fome e sede, depois vamos explorar como as emoções nos afetam. Embora as emoções possam ser o tempero da vida, às vezes elas são o tempero da morte também. Leia para descobrir por quê.

MOTIVAÇÃO – FORÇAS QUE EMPURRAM E PUXAM

▶ **PERGUNTA PARA PESQUISA**   *O que é motivação? Existem tipos diferentes de motivos?*

Quais são as suas metas? Por que você as busca? Quão vigorosamente você tenta atingi-las? Quando você fica satisfeito? Quando você desiste? A **motivação** diz respeito à dinâmica do comportamento – as maneiras como nossas ações são *iniciadas, sustentadas, orientadas* e *concluídas* (Petri, 2003).

Você pode esclarecer isso? Sim. Imagine que uma aluna chamada Marcy está estudando psicologia na biblioteca. Ela começa a sentir fome e não consegue se concentrar. O estômago dela resmunga. Ela fica inquieta e decide comprar uma maçã em uma máquina. A máquina está vazia. Então ela vai à cantina. Fechada. Marcy vai para casa, onde prepara uma refeição e a come. Finalmente, sua fome é saciada e ela retoma os estudos. Observe como a busca de comida por parte de Marcy foi *iniciada* por uma necessidade corporal. Sua busca foi *sustentada* porque sua necessidade não foi atendida imediatamente, e seus atos foram *orientados* por possíveis fontes de alimento. Por fim, sua busca por comida foi *concluída* quando ela atingiu seu objetivo.

Um Modelo de Motivação

Motivação Processos internos que iniciam, sustentam e orientam as atividades.

Necessidade Uma deficiência interna que pode energizar o comportamento.

Impulso A expressão psicológica de necessidades internas ou metas valorizadas. Por exemplo: fome, sede ou uma vontade de ser bem-sucedido.

Resposta Qualquer ato, atividade glandular ou outro comportamento identificável.

Meta O alvo ou o objetivo do comportamento motivado.

Muitas atividades motivadas começam com uma **necessidade**, ou uma carência ou deficiência interna. A necessidade que deu início à busca de comida de Marcy foi uma escassez de substâncias-chave no seu corpo. As necessidades fazem com que surja um **impulso** (um estado de motivação energizada). No caso de Marcy, esse impulso foi a fome. Os impulsos ativam uma **resposta** (uma ação ou uma série de ações), que visa atingir uma determinada **meta**. Atingir uma meta que satisfaça a necessidade encerra a cadeia de eventos. Conseqüentemente, um modelo simples de motivação pode ser apresentado da seguinte maneira:

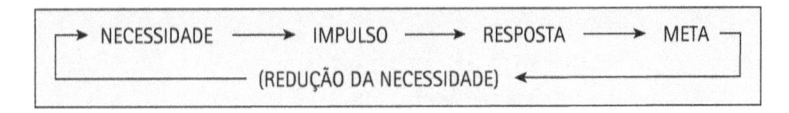

```
┌─→ NECESSIDADE ──→ IMPULSO ──→ RESPOSTA ──→ META ─┐
│         (REDUÇÃO DA NECESSIDADE) ←──              │
└──────────────────────────────────────────────────┘
```

Necessidades e impulsos não têm o mesmo significado? Não, pois a força das necessidades e dos impulsos pode ser diferente. Se você começar a jejuar hoje, sua necessidade corporal de comida irá aumentar a cada dia. Porém, você provavelmente vai sentir menos "fome" no sétimo dia de jejum do que sentiu no primeiro. Embora a necessidade de alimento aumente constantemente, o impulso de comer vai e vem.

Agora vamos observar Marcy novamente. É sábado à noite. No jantar, ela toma sopa, come salada, um bife grande, uma batata assada, quatro fatias de pão, dois pedaços de torta de queijo e bebe três xícaras de café. Após o jantar, ela reclama que "está cheia demais para se mexer". Logo depois, a companheira de quarto de Marcy chega com uma torta de morango. Marcy exclama que torta de morango é a sua sobremesa preferida e come três pedaços grandes! Isso é fome? Certamente, o jantar de Marcy satisfez suas necessidades biológicas de comida.

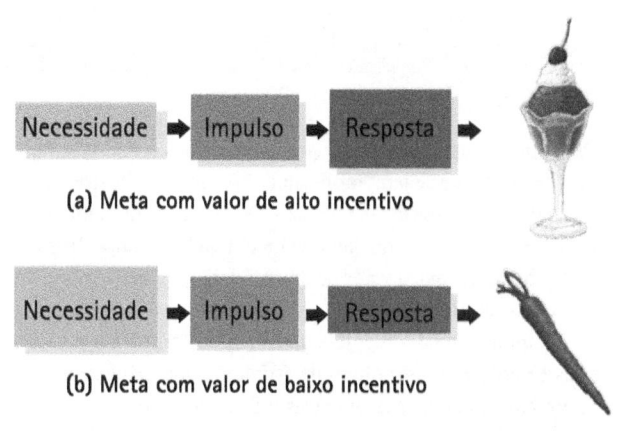

◆FIGURA 9.1 *As necessidades e os incentivos interagem para determinar a força do impulso.* (a) *Uma necessidade moderada, combinada com uma meta de alto incentivo, produz um impulso forte.* (b) *Mesmo quando existe uma necessidade forte, a força do impulso pode ser moderada se o valor de incentivo da meta for baixo.*

Como isso muda o modelo de motivação? O "desejo de torta" de Marcy ilustra que o comportamento motivado pode ser energizado pelo "puxão" de estímulos externos, bem como pelo "empurrão" das necessidades internas.

Incentivos

Chamamos o "puxão" de uma meta o seu **valor de incentivo** (o apelo de uma meta além da sua capacidade de atender a uma necessidade). Algumas metas são tão desejáveis (torta de morango, por exemplo) que podem motivar o comportamento na ausência de uma necessidade interna. Outras metas têm um valor de incentivo tão baixo que podem ser rejeitadas mesmo que atendam à necessidade interna. Larvas frescas vivas, por exemplo, são altamente nutritivas. No entanto, duvido que você vá optar por comer uma, por mais faminto que esteja.

Geralmente, nossos atos são energizados por uma mistura de necessidades internas e incentivos externos. É por isso que uma grande necessidade pode transformar um incentivo desagradável em uma meta desejada. Talvez você nunca tenha comido uma larva, mas aposto que já comeu algumas sobras horríveis quando a geladeira estava vazia. O valor de incentivo das metas também ajuda a explicar motivos que parecem não ser diretamente oriundos de necessidades internas, como a vontade de ser bem-sucedido, de ter *status* ou de obter aprovação (◆Figura 9.1).

Tipos de Motivos

Para os nossos fins, os motivos podem ser divididos em três categorias principais:

1. Os **motivos primários** baseiam-se nas necessidades biológicas que temos de atender para sobreviver. Os motivos primários mais importantes são a fome, a sede, evitar a dor, e as necessidades de ar, sono, eliminação de excretas e regulagem da temperatura do corpo. Esses motivos são inatos.
2. Os **motivos de estímulo** expressam nossa necessidade de estímulos e de informações. Entre os exemplos estão: atividade, curiosidade, exploração, manipulação e contato físico. Embora esses motivos também pareçam inatos, eles não são estritamente necessários para a sobrevivência.
3. Os **motivos secundários** baseiam-se em necessidades aprendidas, impulsos e metas. Os motivos aprendidos ajudam a explicar muitas atividades humanas, como a composição de músicas, a criação de uma página na Internet ou a tentativa de ganhar a final de skate nos X Games. Muitos motivos secundários estão associados a necessidades aprendidas de poder, afiliação (a necessidade de estar com outras pessoas), aprovação, *status*, segurança ou realização. O medo e a agressividade aparentemente também são bastante influenciados pelo aprendizado.

Valor de incentivo O valor de uma meta acima ou além da sua capacidade de atender a uma necessidade.

Motivos primários Motivos inatos baseados em necessidades biológicas.

Motivos de estímulo Necessidades inatas de estimulação e informação.

Motivos secundários Motivos baseados em necessidades aprendidas, impulsos e metas.

PAUSA PARA ESTUDO — Visão Geral da Motivação

RELACIONE

Os motivos ajudam a explicar por que fazemos o que fazemos. Veja se consegue se lembrar de algo que faça que ilustre os conceitos de necessidade, impulso, resposta e meta. A meta do seu exemplo varia no valor de incentivo? Que impacto as metas de alto e baixo valor de incentivo têm no seu comportamento?

Enumere mentalmente alguns motivos primários que você satisfez hoje. Alguns motivos de estímulo. Alguns motivos secundários. Como cada um deles influenciou seu comportamento?

VERIFICAÇÃO DO APRENDIZADO

1. Os motivos _____ sustentam, _____ e terminam as atividades.
2. As necessidades fornecem o _____ da motivação, e os incentivos fornecem o _____.

Classifique as necessidades ou os motivos a seguir colocando a letra correta na lacuna.
A. Motivo primário
B. Motivo de estímulo
C. Motivo secundário

3. _____ curiosidade   6. _____ sede
4. _____ *status*   7. _____ realização
5. _____ sono   8. _____ contato físico

9. Manter o equilíbrio corporal é denominado termostasia. V ou F?
10. Uma meta com alto valor de incentivo pode criar um impulso na ausência de qualquer necessidade interna. V ou F?

Raciocínio Crítico

11. Há um velho ditado que diz: "Você pode levar o cavalo até a água, mas não pode forçá-lo a beber". Você poderia reformular isso em termos emocionais?
12. Muitas pessoas erroneamente acham que sofrem de "hipoglicemia" (escassez de açúcar no sangue), que, muitas vezes, é acusada de causar fadiga, dificuldade de concentração, irritabilidade e outros sintomas. Por que é pouco provável que muitas pessoas tenham realmente hipoglicemia?

RESPOSTAS: 1. iniciam, dirigem 2. empurrão, puxão 3.B 4.C 5.A 6.A 7.C 8.B 9.F 10.V 11. Dar um incentivo (água) não levará automaticamente a beber se não houver uma necessidade interna de água. Por causa da homeostasia: o nível de açúcar no sangue é normalmente mantido dentro de uma fronteira estreita. Enquanto os níveis de açúcar no sangue flutuarem o suficiente para afetar a fome, a verdadeira hipoglicemia é um problema médico pouco freqüente.

Motivos Primários e Homeostasia

Quão importante é a comida na sua vida? A água? O sono? O ar? A regulagem da temperatura? Encontrar um banheiro público? Para a maioria de nós, atender às necessidades biológicas é tão rotineiro que tendemos a ignorar quanto do nosso comportamento é orientado por elas.

No entanto, exagere qualquer uma dessas necessidades por meio da fome, de um naufrágio, da pobreza, de um semi-afogamento, de um frio cruel ou bebendo dez xícaras de café e o seu forte poder no comportamento se tornará evidente. Afinal de contas, nós ainda somos, de várias maneiras, animais.

Os impulsos biológicos são essenciais porque mantêm a *homeostasia* ou o equilíbrio corporal (Cannon, 1932).

O que é homeostasia? O termo **homeostasia** significa "estado estável". Existem níveis ótimos para a temperatura do corpo, substâncias químicas no sangue, pressão arterial etc. Quando o corpo se desvia desses níveis "ideais", as reações automáticas começam a restaurar o equilíbrio interno. Conseqüentemente, pode ser útil pensar na homeostasia como algo semelhante a um termostato programado para uma determinada temperatura.

Um Curso (Muito) Curto Sobre Termostatos

Quando a temperatura ambiente cai abaixo do nível programado no termostato, a calefação é automaticamente ligada para aquecer o local. Quando a calefação atinge a temperatura ideal ou uma temperatura ligeiramente superior, ela é automaticamente desligada. Dessa maneira, a temperatura ambiente é mantida em um estado de equilíbrio flutuando ao redor do nível ideal.

Homeostasia Um estado constante de equilíbrio corporal.

As primeiras reações ao desequilíbrio no corpo humano também são automáticas. Por exemplo, se você ficar quente demais, mais sangue fluirá pela sua

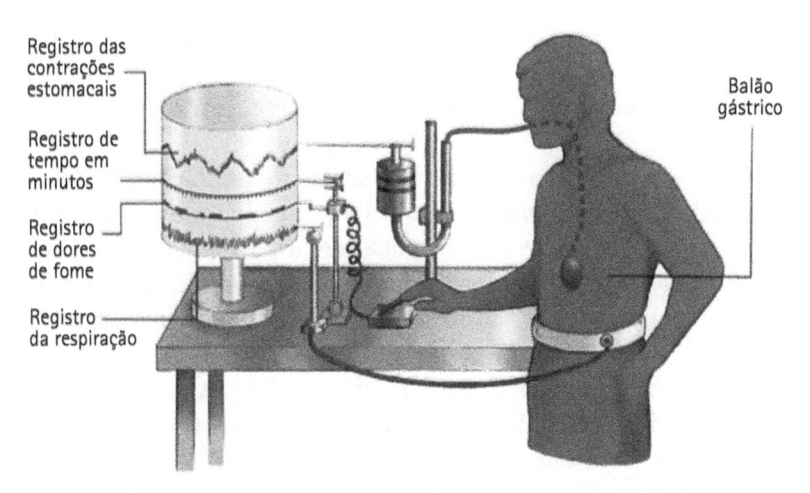

◆FIGURA 9.2 *No estudo inicial de Walter Cannon sobre a fome, foi utilizado um aparelho simples para registrar simultaneamente dores de fome e contrações estomacais. (Segundo Cannon, 1934.)*

pele e você começará a perspirar, baixando, assim, a temperatura do corpo. Geralmente, não ficamos cientes dessas mudanças a menos que o desequilíbrio contínuo nos leve a procurar sombra, calor, alimento ou água.

FOME – DESCULPE-ME, É SÓ O MEU HIPOTÁLAMO RESMUNGANDO

▶ PERGUNTA PARA PESQUISA *O que provoca a fome? Comer em excesso? Distúrbios alimentares?*

Você fica com fome, encontra comida, come. A fome pode parecer um motivo "simples", mas só recentemente começamos a entendê-la. Ela é um bom modelo de como os fatores internos e externos orientam o nosso comportamento.

O que provoca a fome? Quando você sente fome, provavelmente pensa no seu estômago. É por isso que Walter Cannon e A. L. Washburn decidiram ver se as contrações estomacais provocam fome. Em um estudo inicial, Washburn treinou-se para engolir um balão, que poderia ser inflado por meio de um tubo acoplado. Isso permitiu a Cannon registrar os movimentos do estômago de Washburn (◆Figura 9.2). Quando o estômago de Washburn se contraía, ele dizia que sentia "dores de fome". Em vista disso, os dois cientistas concluíram que a fome não é nada mais que as contrações de um estômago vazio (Cannon e Washburn, 1912).

Para muita gente, a fome produz uma sensação geral de fraqueza ou tremedeira, em vez de um estômago "resmungando". Evidentemente, o ato de comer *é* limitado quando o estômago é esticado ou distendido (fica cheio). (Lembra-se do Natal passado?) Mas nós sabemos que o estômago não é essencial para sentir fome. Por motivos médicos, muita gente retirou o estômago. Apesar disso, essas pessoas continuam sentindo fome e comendo normalmente (Woods et al., 2000).

Então, o que realmente provoca a fome? Um sinal importante de fome é o nível reduzido de glicose (açúcar) no sangue (Campfield et al., 1996). Por mais estranho que pareça, o fígado também afeta a fome.

O fígado? Sim, o fígado responde a uma falta do "combustível" corporal, enviando impulsos nervosos ao cérebro. Essas "mensagens" contribuem para um desejo de comer (Woods et al., 2000).

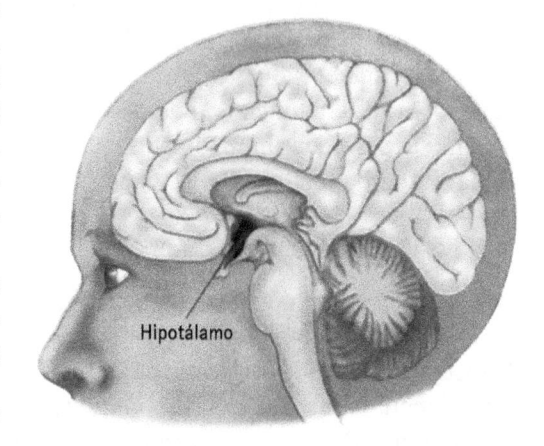

◆FIGURA 9.3 *A localização do hipotálamo no cérebro humano.*

Mecanismos Cerebrais

Que parte do cérebro controla a fome? Quando você está com fome, várias partes do cérebro são afetadas, portanto, não existe um único "centro da fome". Porém, uma pequena região, denominada **hipotálamo**, regula vários motivos, incluindo a fome, a sede e o impulso sexual (◆Figura 9.3).

Hipotálamo Uma pequena região na base do cérebro que regula vários aspectos da motivação e da emoção, principalmente a fome, a sede e o comportamento sexual.

Corpus callosum *Hipotálamo lateral*
Hipotálamo ventromedial *Núcleo paraventricular*

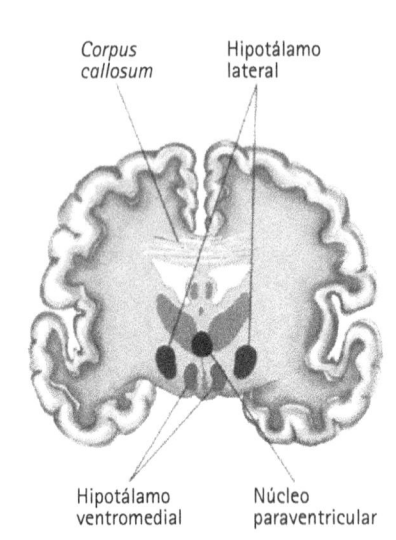

◆FIGURA 9.4 *Este é um corte transversal no meio do cérebro (visto de frente). As regiões indicadas do hipotálamo estão associadas à fome e à regulagem do peso corporal.*

O hipotálamo é sensível aos níveis de açúcar no sangue (e a outras substâncias que serão descritas logo mais). Ele também recebe mensagens do fígado e do estômago. Quando combinados, esses sinais regulam a fome (Woods et al., 2000).

Uma parte do hipotálamo age como um sistema de alimentação que dá início ao ato de comer. Se o *hipotálamo lateral* for "ligado" com uma amostra eletrizada, mesmo um animal bem alimentado começará a comer imediatamente. (O termo *lateral* significa simplesmente os lados do hipotálamo. Ver ◆Figura 9.4.) Se essa mesma região for destruída, o animal nunca mais comerá novamente.

Uma segunda região no hipotálamo faz parte do sistema de saciedade ou "mecanismo de parada" do ato de comer. Se o *hipotálamo ventromedial* for destruído, o resultado será um drástico comer excessivo. (*Ventromedial* se refere à metade inferior do hipotálamo.) Os ratos com esse tipo de dano comem até incharem a um peso de 1 kg ou mais. Um rato normal pesa cerca de 180 gramas. Para colocar esse ganho de peso em termos humanos, imagine alguém que pesa 90 kg inchar até atingir um peso de 500 kg.

O *núcleo paraventricular* do hipotálamo também controla a fome (Figura 9.4). Essa região ajuda a manter constantes os níveis de açúcar no sangue. Conseqüentemente, ela está envolvida tanto no ato de iniciar como no de parar de comer. O núcleo paraventricular é muito sensível a uma substância chamada neuropeptídeo Y (NPY). Se o NPY estiver presente em grandes quantidades, um animal irá comer até não conseguir dar mais nenhuma mordida (Woods et al., 2000). Ocasionalmente, o hipotálamo responde a uma substância química na maconha, o que pode produzir uma fome intensa ("de comer besteiras") (Di Marzo et al., 2001).

Como sabemos quando parar de comer? Uma substância química denominada peptídeo 1 (GLP-1), semelhante ao glucagon, faz com que o ato de comer cesse. O GLP-1 é liberado pelos intestinos depois que você termina uma refeição. De lá ele viaja pela corrente sangüínea até o cérebro. Quando uma quantidade suficiente de GLP-1 chega ao cérebro, o seu desejo de comer termina (Nori, 1998; Turton et al., 1996). Leva cerca de dez minutos para o hipotálamo responder depois de você começar a comer. É por isso que você tem menos probabilidade de comer demais se comer lentamente, o que dá ao cérebro tempo de receber a mensagem de que você já comeu o suficiente (Liu et al., 2000).

As substâncias que revisamos aqui são apenas alguns dos sinais químicos que iniciam e encerram o ato de comer. Outros continuam sendo descobertos. Com o tempo eles poderão tornar possível controlar artificialmente a fome. Se isso ocorrer, poderão seguir-se tratamentos melhores para a obesidade extrema e a auto-submissão à fome (Batterham et al., 2003; Woods et al., 2000).

Ponto Ajustado

Além de saber quando começar a comer e quando uma refeição termina, seu corpo precisa regular o peso por períodos mais longos de tempo. Isso é feito monitorando-se a quantidade de gordura armazenada no corpo (Woods et al., 1998). Basicamente, seu corpo tem um **ponto ajustado** para a proporção de gordura que ele mantém. O ponto ajustado age como um "termostato" de níveis de gordura. Seu ponto ajustado é o peso que você mantém quando não está fazendo esforço para ganhar ou perder peso. Quando seu corpo fica abaixo do ponto ajustado, você sente fome na maior parte do tempo. Porém, as células de gordura liberam uma substância denominada *leptina* quando seu "estepe" estiver inflado. A leptina é transportada pela corrente sangüínea até o cérebro, onde ela nos diz para comermos menos (Considine et al., 1996; Mercer et al., 1998).

Os pontos ajustados são apenas uma peça de um quebra-cabeça complexo que vale a pena montar. A obesidade é um grande risco à saúde e, para muitas pessoas, uma fonte de estigma social e baixa auto-estima.

Ponto ajustado A proporção de gordura corporal que tende a ser mantida por mudanças na fome e no ato de comer.

Obesidade

Por que as pessoas comem demais? Se somente as necessidades internas controlassem o ato de comer, menos pessoas comeriam demais. No entanto, a maioria de nós também é sensível às *deixas externas de comer*, ou seja, sinais associados à comida. Você tende a comer mais quando a comida é atraente, está extremamente visível e fácil de obter? Se sim, as deixas internas afetam sua ingestão de alimentos. Em culturas como a norte-americana, em que a comida é abundante, as deixas para comer aumentam muito o risco de comer demais (Woods et al., 2000). Por exemplo, muitos calouros universitários ganham peso rapidamente durante os seus três primeiros meses no *campus*. Os restaurantes do tipo "tudo o que você conseguir comer" nos dormitórios e os lanchinhos noturnos aparentemente são os culpados (Levitsky et al., 2003).

É verdade que as pessoas também comem demais quando estão emocionalmente abaladas? Sim, pessoas com problema de peso são propensas a comer quando estão ansiosas, zangadas ou tristes, da mesma forma que quando estão com fome (Schotte et al., 1990). Além disso, pessoas obesas geralmente são infelizes na cultura norte-americana, que despreza a gordura. O resultado é comer excessivamente, o que leva à angústia emocional e a comer ainda mais. Isso torna o controle do peso extremamente difícil (Rutledge e Linden, 1998).

Dieta

Uma dieta não é só uma maneira de perder peso. Sua dieta atual é definida pelos tipos e pelas quantidades de comida que você come normalmente. Algumas dietas, na verdade, incentivam a comer excessivamente. Por exemplo, colocar animais em uma dieta de "supermercado" levou-os a grande obesidade: Em um experimento, ratos receberam refeições de biscoitos de chocolate, salame, queijo, bananas, marshmallows, achocolatado, manteiga de amendoim e gordura. Esses roedores mimados ganharam quase três vezes o peso dos ratos que comiam apenas ração de laboratório (Sclafani e Springer, 1976). (A ração de rato é uma mistura seca de vários grãos de paladar suave. Se você fosse um rato, provavelmente comeria mais biscoitos do que ração de rato também.) Igualmente, as pessoas são suscetíveis aos conteúdos calóricos nas dietas prescritas. Em geral, o *açúcar*, o alto *teor calórico* e *variedade* tendem a encorajar o excesso de comida (Lucas e Sclafani, 1990). Infelizmente, a cultura norte-americana oferece os piores tipos de alimentos para aqueles que sofrem de obesidade. Um problema adicional para aqueles que querem controlar o peso é o "efeito sanfona".

O Paradoxo do Efeito Sanfona

Se dieta funciona, por que centenas de "novas" dietas são publicadas todos os anos? A resposta é que, embora as pessoas que fazem dieta percam peso, a maioria delas o recupera assim que para de fazer dieta. De fato, muitas pessoas terminam pesando até mais do que antes. Por que isso ocorre? Fazer dieta (passar fome) retarda a taxa de metabolismo do corpo (taxa na qual a energia é utilizada). Na verdade, o corpo de uma pessoa que está fazendo dieta se torna extremamente eficiente em *conservar* calorias e em armazená-las como gordura (Leibel et al., 1995).

O "efeito sanfona", ou perder e ganhar peso repetidamente, é particularmente perigoso. Mudanças freqüentes no peso podem retardar drasticamente a taxa de metabolismo do corpo, e isso torna mais difícil perder peso cada vez que a pessoa faz dieta, e mais fácil recuperar peso quando a dieta termina. Mudanças freqüentes no peso também aumentam o risco de doenças cardíacas e morte prematura (Brownell e Rodin, 1994; Lissner et al., 1991).

Aparentemente, a evolução nos preparou para poupar energia quando a comida é escassa, e a armazenar gordura quando a comida é abundante. Passar fome por um breve período de tempo, portanto, pode ter pouco impacto sobre o peso. A melhor maneira de evitar oscilar entre banquetes e fome é mudar permanentemente seus hábitos alimentares e níveis de exercício – um assunto que voltaremos a discutir logo mais.

Resumindo, comer demasiadamente está associado a influências internas e externas, bem como a dieta, emoções, genética, exercícios e vários outros fatores. Para responder à pergunta com a qual começamos esta seção, as pessoas se tornam obesas de maneiras e por motivos diferentes. Eviden-

Os fãs comemoraram quando a apresentadora de TV, Oprah Winfrey, perdeu 35 kg com uma dieta comercial. No ano seguinte, os telespectadores viram, com uma fascinação mórbida, Oprah recuperar todo o peso que havia perdido. O incidente de Oprah não foi surpresa. Vários estudos mostraram que você pode perder peso com quase qualquer dieta. Porém, você quase certamente vai recuperá-lo depois de alguns anos. Oprah finalmente conseguiu estabilizar o seu peso por meio de exercícios físicos e de uma revisão dos seus hábitos alimentares (Seligman, 1994).

Dieta comportamental Redução de peso baseada na mudança dos hábitos de exercício físico e alimentares, não no fato de passar fome temporariamente.

temente, os cientistas ainda estão longe de vencer a "batalha do inchaço". Mesmo assim, muitas pessoas aprenderam a ter controle sobre o que comem aplicando princípios psicológicos. Ver "Dieta Comportamental" para mais informações.

USANDO A PSICOLOGIA: Dieta Comportamental

Como já mencionamos, uma dieta geralmente é seguida por rápidos ganhos de peso (Walsh e Flynn, 1995). Se você realmente quiser perder peso, terá de revisar seus hábitos alimentares, um enfoque que denominamos **dieta comportamental**. Eis algumas técnicas comportamentais úteis.

1. **Comprometa-se a perder peso.** Envolva outras pessoas nos seus esforços. Programas como Comedores Compulsivos Anônimos ou Elimine Peso de Maneira Sensata podem ser uma boa fonte de apoio social* (Foreyt, 1987).
2. **Ginástica.** Nenhuma dieta pode ser bem-sucedida por muito tempo sem um aumento na quantidade de exercícios físicos, pois eles abaixam o ponto ajustado do corpo. Pare de pular degraus e andar de elevador. Acrescente atividades à sua rotina de todas as maneiras que puder. Para perder peso, você tem de gastar mais calorias do que ingere. Queimar apenas 200 calorias extras por dia pode lhe ajudar a evitar ganhos de peso de rebote (Wadden et al., 1998). Quanto mais freqüente e vigorosamente você se exercitar, mais peso irá perder (Jeffery e Wing, 2001).
3. **Aprenda sobre seus hábitos alimentares observando-se e fazendo um "diário da dieta".** Comece fazendo um registro completo, por duas semanas, de quando e onde você come, o que você come e as sensações e os eventos que ocorrem imediatamente antes e depois de comer. Algum companheiro de quarto, parente ou cônjuge estão incentivando-o a comer demais? Quais são as suas horas e os seus locais mais "perigosos" para comer em excesso?
4. **Aprenda a enfraquecer suas dicas pessoais para comer.** Depois de aprender quando e onde você come na maior parte do tempo, evite essas situações. Tente restringir o comer a um local e não leia, veja TV, estude ou fale ao telefone enquanto estiver comendo. Interrompa o que estiver fazendo para comer.
5. **Conte as calorias, mas não passe fome.** Para perder peso você precisa comer menos, e as calorias lhe permitem manter um registro da sua ingestão de alimentos. Se você tiver dificuldade em comer menos todos os dias, tente fazer dieta quatro dias por semana. As pessoas que fazem uma dieta intensa dia sim, dia não, perdem tanto peso quanto aquelas que fazem uma dieta moderada todos os dias (Viegener et al., 1990).
6. **Crie técnicas para controlar o ato de comer.** Comece comendo porções menores. Leve à mesa somente aquilo que planeja comer. Guarde todos os outros alimentos antes de sair da cozinha. Coma devagar, tome um gole de água entre uma mordida e outra, deixe comida no prato e pare de comer antes de estar totalmente satisfeito. Tome cuidado com porções extragrandes em restaurantes de *fast food*. Comê-las com muita freqüência pode fazer com que você fique de um tamanho extragrande (Murray, 2001).
7. **Evite lanchinhos.** Normalmente é melhor comer várias refeições pequenas durante o dia do que três grandes (Assanand et al., 1998). Porém, tendemos a comer lanches de alto teor calórico além das refeições. Se você tiver um impulso de comer um lanche, espere 20 minutos e veja se continua com fome. Retarde o impulso de comer lanches várias vezes, se possível. Entorpeça seu apetite enchendo-se de cenouras cruas, caldo de carne com legumes, água, café ou chá.
8. **Registre o seu progresso diariamente.** Registre o seu peso, a quantidade de calorias ingerida e se você atingiu a sua meta diária. Defina metas realistas, cortando calorias gradativamente. Mas lembre-se: você está mudando seus hábitos, não apenas fazendo dieta. Dietas não dão certo!
9. **Estipule um "limiar" para o controle de peso.** Manter a perda de peso pode ser um desafio ainda maior do que perder peso. Um estudo revelou que as pessoas que conseguiram manter sua perda de peso tinham um limite de recuperação de 1,5 kg ou menos. Em outras palavras, se engordavam mais do que 1 kg ou 1,5 kg, elas começavam imediatamente a fazer correções nos seus hábitos alimentares e na quantidade de exercícios (Brownell et al., 1986).

Seja paciente com esse programa. Leva-se anos para criar hábitos alimentares. Você pode esperar que leve pelo menos vários meses para mudá-los. Se você não conseguir perder peso com essas técnicas, talvez ache útil procurar a ajuda de um psicólogo que esteja familiarizado com as técnicas comportamentais de perda de peso.

* NRT: No Brasil temos os Vigilantes do Peso, um programa de reeducação alimentar que oferece apoio a quem deseja seguir uma dieta séria.

Outros Fatores na Fome

Como indicam as pesquisas sobre o comer em excesso, a "fome" é afetada por mais do que simplesmente a necessidade de comida. Vamos analisar alguns fatores adicionais.

Fatores Culturais

Aprender a pensar em alguns alimentos como desejáveis e em outros como revoltantes tem um grande impacto sobre o que comemos. Nos Estados Unidos, nós nunca pensaríamos em comer os olhos tirados da cabeça de um macaco cozida no vapor, mas em algumas partes do mundo isso é considerado uma guloseima. Da mesma forma, os vegetarianos acham que é um ato bárbaro comer qualquer tipo de carne. Em suma, valores culturais afetam consideravelmente o *valor de incentivo* dos alimentos. (Valores culturais são crenças fortes sobre a conveniência de vários objetos e atividades.)

Gosto

Até mesmo o gosto de alimentos "normais" varia consideravelmente. Por exemplo, se você estiver bem alimentado, a leptina entorpece a sensibilidade da língua para gostos doces (Kawai et al., 2000). Se você já notou que perde a sua "vontade de doce" quando está satisfeito, pode ter observado esse efeito. Na verdade, comer muito um determinado tipo de comida a tornará menos atraente. Isso provavelmente nos ajuda a manter a variedade nas nossas dietas. No entanto, também incentiva a obesidade nas sociedades em que as comidas saborosas são abundantes. Se você comer uma dose excessiva de frango frito ou batatas fritas, mudar para biscoitos ou bolo de chocolate não vai fazer muito bem ao seu corpo (Pinel et al., 2000).

É fácil adquirir uma **aversão ao gosto** de – ou uma repulsa ativa a – determinado alimento. Isso pode ocorrer se um alimento provocar enjôo ou estiver simplesmente associado à náusea (Jacobsen et al., 1993). Nós não só aprendemos a evitar tais alimentos, como eles também podem tornar-se nauseantes. Um amigo meu, que passou mal depois de comer um doce de queijo (bem, na verdade, *vários*), nunca mais conseguiu ficar frente a frente com esse delicioso doce.

Se o passar mal ocorrer muito tempo depois de comer, como ele fica associado a um determinado alimento? Boa pergunta. As aversões gustativas são um tipo de condicionamento clássico. Como dissemos no Capítulo 6, um longo atraso entre o EC e o ENC impede o condicionamento. No entanto, os psicólogos acham que temos uma tendência biológica de associar uma indisposição estomacal a alimentos ingeridos anteriormente.

Esse aprendizado geralmente é protetor. Mas, infelizmente, muitos pacientes com câncer sofrem aversão gustativa depois que a náusea dos seus tratamentos com drogas passa (Stockhorst et al., 1998).

As aversões gustativas também podem ajudar as pessoas a evitar graves desequilíbrios nutricionais. Por exemplo, se você fizer uma dieta da moda e comer somente toranja, você acabará sentindo-se mal. Com o tempo, o seu desconforto com a toranja pode criar uma aversão a ela e restabelecer algum equilíbrio na sua dieta.

A anorexia é mais perigosa do que muitas pessoas se dão conta. A cantora Karen Carpenter morreu de parada cardíaca induzida pela fome. Carpenter foi a primeira celebridade a revelar publicamente o seu distúrbio alimentar. Muitas outras se seguiram, incluindo Paula Abdul, Fiona Apple, Victoria Beckham (Posh Spice), a princesa Diana, Kate Dilion, Calista Flockhart, Janet Jackson, Alanis Morrisette e várias outras.

Distúrbios Alimentares

Sob os lençóis da sua cama de hospital, Krystal parece um esqueleto. Se não se conseguir se curar de sua **anorexia nervosa**, ela poderá morrer de desnutrição. As vítimas da anorexia, que são na maioria garotas adolescentes (5% a 10% são garotos), sofrem de uma perda de peso devastadora, resultado de uma auto-imposta dieta rigorosa (Polivy e Herman, 2002).

As pessoas anoréxicas perdem o apetite? Não, muitas delas continuam sentindo fome, mas lutam para passar fome até a excessiva magreza. Uma tentativa compulsiva de perder peso faz com que elas percam o seu apetite (elas não procuram ou desejam comida). No entanto, o ato ativo de evitar comida

Aversão gustativa Uma repulsa ativa por um determinado alimento.

Anorexia nervosa Imposição ativa de fome ou uma perda sustentada de apetite que tem origens psicológicas.

não impede que sintam fome física. Em geral, a anorexia começa com uma dieta "normal", que lentamente começa a dominar a vida da pessoa. Com o passar do tempo, as pessoas anoréxicas passam a sofrer problemas de saúde debilitantes. De 5% a 8% (mais de 1 em 20) morrem de desnutrição (Polivy e Herman, 2002). A ▲Tabela 9.1 enumera os sintomas da anorexia nervosa.

A **bulimia nervosa** é um segundo grande distúrbio alimentar. As pessoas bulímicas empanturram-se de comida e depois vomitam ou tomam laxantes para evitar ganhar peso (ver ▲Tabela 9.1). Como no caso da anorexia, a maioria das vítimas de bulimia é de meninas ou mulheres. Aproximadamente 5% das alunas universitárias são bulímicas e 61% têm distúrbios alimentares mais leves. Fazer a farra e purgar pode prejudicar seriamente a saúde. Entre os riscos mais comuns estão: dor de garganta, perda de cabelo, espasmos musculares, dano renal, desidratação, erosão dos dentes, inchaço das glândulas salivares, irregularidades na menstruação, perda do impulso sexual e até um ataque cardíaco.

Causas

O que provoca a anorexia e a bulimia? As mulheres que sofrem de distúrbios alimentares são extremamente insatisfeitas com o seu corpo. Geralmente, elas têm uma visão distorcida de si mesmas e um medo exagerado de ficarem gordas. Muitas superestimam o tamanho de seu corpo em 25% ou mais. Conseqüentemente, elas acham que estão repugnantemente "gordas" quando, na verdade, estão definhando (◆Figura 9.5) (Gardner e Bokenkamp, 1996; Polivy e Herman, 2002). Muitos desses problemas estão associados a mensagens perniciosas na mídia. As garotas que passam muito tempo lendo revistas para adolescentes criam imagens corporais distorcidas e idéias não-realistas de como elas se comparam com as outras (Martinez-Gonzalez et al., 2003).

As adolescentes anoréxicas geralmente são descritas como filhas "perfeitas" – prestativas, atenciosas, submissas e obedientes. Muitas delas aparentemente estão buscando o controle perfeito das suas vidas ficando perfeitamente magras (Pliner e Haddock, 1996). As pessoas que sofrem de bulimia também se preocupam com o controle. Em geral, estão obcecadas com idéias de peso, comida, comer e se livrar da comida, e, conseqüentemente, sentem-se culpadas, envergonhadas e ansiosas depois de uma comilança. Vomitar reduz a sua ansiedade, o que torna purgar extremamente reforçador (Powell e Thelen, 1996).

Bulimia nervosa Comer excessivamente (empanturrar-se) geralmente seguido de vômito auto-induzido e/ou ingestão de laxantes.

▲TABELA 9.1 Reconhecendo Distúrbios Alimentares

ANOREXIA NERVOSA
- Peso corporal abaixo de 85% do normal para a altura e a idade da pessoa.
- Recusa de manter o peso corporal em uma faixa normal.
- Medo intenso de ficar gordo ou ganhar peso, mesmo estando abaixo do peso.
- Problema com a imagem do próprio corpo e do peso percebido.
- A auto-avaliação é indevidamente influenciada pelo peso corporal.
- Negação da gravidade de um peso corporal anormalmente baixo.
- Ausência de menstruação.
- Comportamento de purgar (vomitar ou mau uso de laxantes ou diuréticos).

BULIMIA NERVOSA
- Peso normal ou acima do normal.
- Comer excessivamente de forma recorrente.
- Comer no intervalo de uma ou duas horas uma quantidade de comida muito maior do que a maioria das pessoas consumiria.
- Comer excessivamente por uma sensível falta de controle.
- Comportamento de purgar (vomitar ou fazer mau uso de laxantes e diuréticos).
- Excesso de exercício físico para evitar ganho de peso.
- Jejuar para evitar ganho de peso.
- A auto-avaliação é indevidamente influenciada pelo peso corporal.

(DSM-IV-TR, 2000.)

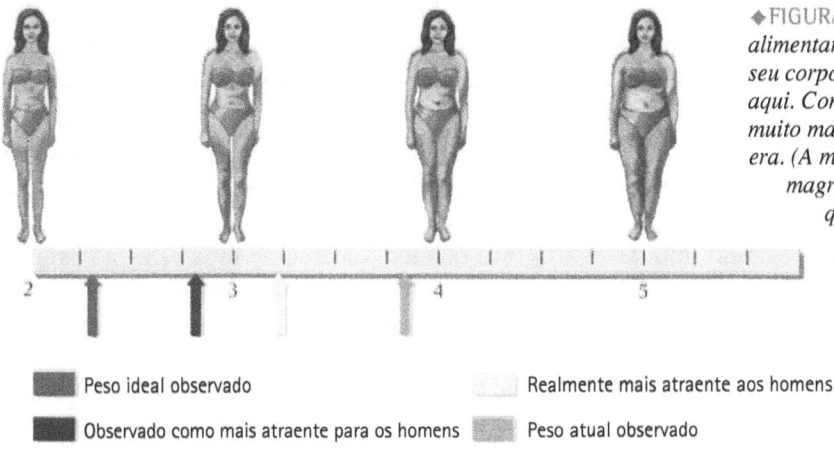

◆FIGURA 9.5 *Pediu-se a mulheres com hábitos alimentares anormais que classificassem o formato do seu corpo em uma escala semelhante à apresentada aqui. Como um grupo, elas escolheram silhuetas ideais muito mais magras do que achavam que o seu peso atual era. (A maioria das mulheres diz que quer ser mais magra do que é no momento, mas em menor quantidade do que as mulheres com distúrbios alimentares.) Observe que as mulheres com distúrbios alimentares escolheram um peso ideal ainda mais baixo do que aquele que elas achavam que os homens iriam preferir. Isso não é comum para a maioria das mulheres. Só as mulheres com distúrbios alimentares queriam ser mais magras do que elas acreditavam que os homens achariam atraente (Zellner et al., 1989).*

- Peso ideal observado
- Observado como mais atraente para os homens
- Realmente mais atraente aos homens
- Peso atual observado

Tratamento

As pessoas que têm distúrbios alimentares precisam de ajuda profissional. O tratamento da anorexia geralmente começa com uma dieta médica para recuperar o peso e a saúde. Depois um conselheiro pode ajudar os pacientes a trabalhar os conflitos emocionais que levaram à perda de peso. Para a bulimia, o aconselhamento comportamental pode incluir o automonitoramento da ingestão de comida. A vontade de vomitar pode ser tratada com treinamento de abolição. Uma abordagem cognitivo-comportamental associada concentra-se em mudar os padrões de pensamentos e as crenças sobre o peso e a forma do corpo que levam aos distúrbios alimentares (Whittal et al., 1999).

Muitas pessoas sofrem de distúrbios alimentares e não irão procurar ajuda sozinhas. Normalmente é necessário um forte incentivo de familiares ou amigos para as vítimas se tratarem.

O desfile implacável de modelos atipicamente magras na mídia contribui para os distúrbios alimentares. As pessoas com distúrbios alimentares têm muito mais probabilidade de serem influenciadas por ideais de corpo não-realistas na mídia (Murray et al., 1996).

MOTIVOS PRIMÁRIOS REVISITADOS — SEDE, SEXO E DOR

▶ **PERGUNTAS PARA PESQUISA** *Existe mais de um tipo de sede? De que forma o ato de evitar a dor e o impulso sexual são fora do comum?*

A maioria dos motivos biológicos funciona de maneira semelhante à da fome. Por exemplo, a sede é somente parcialmente controlada pela secura da boca. Se você tomasse um remédio para a sua boca ficar constantemente úmida ou seca, a sua ingestão de água seria normal. Como a fome, a sede é regulada por sistemas separados de *sede* e *saciedade da sede* no hipotálamo. Também como a fome, a sede é fortemente afetada pelo aprendizado e pelos valores culturais.

Sede

Você pode não ter notado, mas na verdade existem dois tipos de sede. A **sede extracelular** ocorre quando os líquidos ao redor das células do seu corpo perdem água. Sangramento, vômito, diarréia, suor e ingestão de álcool provocam esse tipo de sede (Petri, 2003). Se uma pessoa perder água e minerais de qualquer uma dessas maneiras – principalmente pela perspiração –, uma bebida ligeiramente salgada pode ser mais satisfatória do que água pura.

Sede extracelular A sede provocada por uma redução no volume de líquidos encontrados entre as células do corpo.

> Pode parecer contraditório, mas a sede provocada pela perspiração é mais bem saciada por líquidos levemente salgados. Os lanches salgados oferecidos nos botequins visam aumentar a venda de cerveja, mas eles também atraem as pessoas que suaram muito no trabalho ou em jogos.

Por que uma pessoa com sede iria querer beber água salgada? Antes de o corpo poder reter água, ele tem de repor os minerais perdidos pela perspiração (principalmente sal). Em testes de laboratório, os animais preferiram muito mais beber água salgada depois de os níveis de sal dos seus corpos serem reduzidos (Strickler e Verbalis, 1988). Da mesma maneira, alguns nômades do deserto do Saara valorizam o sangue como bebida, provavelmente por causa da sua salinidade. (Talvez eles devessem experimentar Gatorade?)

Um segundo tipo de sede ocorre quando você come uma refeição salgada. Nesse caso, seu corpo não perde líquido. Em vez disso, o excesso de sal faz com que o líquido seja retirado das células. Quando estas "encolhem", desencadeia-se a **sede intracelular**. A sede desse tipo é mais bem saciada com água pura.

Os impulsos por comida, água, ar, sono e eliminação são todos semelhantes no sentido de que são gerados por uma combinação de atividades no corpo e no cérebro, e eles são influenciados por vários fatores externos. No entanto, o impulso sexual e o impulso para evitar a dor são mais incomuns.

Dor

No que o impulso para evitar a dor é diferente? A fome, a sede e a sonolência vão e vêm em ciclos razoavelmente regulares todos os dias. Evitar a dor, em contrapartida, é um **impulso episódico**. Isto é, ele ocorre em episódios distintos, quando uma lesão corporal ocorre ou está prestes a acontecer. A maioria dos impulsos nos incita a buscar ativamente uma meta desejada (comida, bebida, calor etc.). A dor nos incita a *evitar* ou a *eliminar* as fontes de desconforto.

Algumas pessoas acham que têm de ser "fortes" e não demonstrar qualquer sinal de estarem sentindo dor. Outras se queixam estrondosamente com a menor dor. A primeira atitude aumenta a tolerância à dor; a segunda a reduz. Como isso indica, o impulso para evitar a dor é parcialmente aprendido. É por isso que os membros de algumas sociedades suportam cortes, queimaduras, chicotadas, tatuagens e *piercings* na pele que fariam a maior parte das pessoas agonizar (mas, aparentemente, não as devotas do *piercing* e da "arte no corpo"). No geral, aprendemos a reagir à dor observando familiares, amigos e outros modelos (Rollman, 1998).

O Impulso Sexual

Muitos psicólogos não consideram o sexo um motivo primário, porque o sexo (ao contrário de qualquer coisa que a sua experiência possa indicar) não é necessário para a sobrevivência *individual*. Ele é, obviamente, necessário para a sobrevivência do *grupo*.

O termo **impulso sexual** diz respeito à força da motivação da pessoa de se envolver em um comportamento sexual. Nos animais inferiores, o impulso sexual está diretamente ligado aos hormônios. A maioria das fêmeas de mamíferos (fora os seres humanos) só se interessa em acasalar quando seus ciclos de fertilidade estão no estágio de **estros**, ou "cio". O estros é provocado por uma liberação de **estrogênio** (um hormônio sexual feminino) na corrente sangüínea. Os hormônios são importantes nos machos também.

Na maioria dos animais, a castração abole o impulso sexual. No entanto, ao contrário das fêmeas, o animal macho normal está sempre pronto para acasalar. O impulso sexual dele é despertado principalmente pelo comportamento e pelo cheiro de uma fêmea receptiva. Conseqüentemente, em várias espécies, o acasalamento está estreitamente ligado aos ciclos de fertilidade femininos.

Quanto os hormônios afetam os impulsos sexuais humanos? Os hormônios afetam o impulso sexual humano, mas não tão diretamente quanto nos animais. O impulso sexual nos homens está ligado à quantidade de **androgênios** (hormônios masculinos) fornecida pelos testículos. Quando o fornecimento de androgênios aumenta consideravelmente na puberdade, o mesmo

---

Sede intracelular Sede desencadeada quando o líquido é retirado das células em decorrência da concentração cada vez maior de sais e minerais fora da célula.

Impulso episódico Impulso que ocorre em episódios distintos.

Impulso sexual A força da motivação de uma pessoa de se envolver em um comportamento sexual.

Estros Mudanças nos impulsos sexuais dos animais que criam um desejo de acasalamento; utilizado principalmente para se referir a fêmeas no cio.

Estrogênio Qualquer um de uma série de hormônios femininos.

Androgênio Qualquer um de uma série de hormônios sexuais masculinos, principalmente testosterona.

acontece com o impulso sexual masculino. Da mesma maneira, o impulso sexual nas mulheres está ligado ao seu nível de estrogênio (Graziottin, 1998). No entanto, os hormônios "masculinos" também afetam o impulso sexual feminino. Além do estrogênio, o corpo da mulher produz pequenas quantidades de androgênios. Quando os níveis de androgênio aumentam, muitas mulheres sentem um aumento equivalente no impulso sexual (Van Goozen et al., 1995). Os níveis de testosterona diminuem com a idade, e vários problemas médicos podem diminuir o desejo sexual. Em alguns casos, tomar suplementos de testosterona pode restaurar o impulso sexual tanto no homem quanto na mulher (Crooks e Baur, 2002).

O álcool aumenta o impulso sexual? Geralmente, não. O álcool é um *depressor*, por isso ele pode, em pequenas doses, estimular o desejo erótico diminuindo as inibições. Esse efeito sem dúvida é responsável pela reputação do álcool como um auxiliar na sedução. (O humorista Ogden Nash certa vez resumiu esse folclore dizendo: "Bombom é uma maravilha, mas a bebida é mais rápida".) Porém, em doses maiores, o álcool reprime o orgasmo nas mulheres e a ereção nos homens. Embebedar-se *diminui* o desejo sexual, a excitação, o prazer e o desempenho (Crowe e George, 1989).

Várias drogas são consideradas afrodisíacas (substâncias que aumentam o desejo sexual ou o prazer). No entanto, como o álcool, uma longa lista delas na verdade diminui a resposta sexual em vez de aumentá-la. Entre alguns exemplos estão as anfetaminas, nitrato de amil, barbitúricos, cocaína, Ecstasy, LSD e maconha. Como observou um especialista, "o amor, como quer que você o defina, parece ser o melhor afrodisíaco de todos" (Crooks e Baur, 2002).

Talvez o fato mais interessante sobre o impulso sexual seja que ele é bastante *não-homeostático* (relativamente independente dos estados das necessidades corporais). Nos seres humanos, o impulso sexual pode ser estimulado a praticamente qualquer momento por quase qualquer motivo. Conseqüentemente, não há uma associação clara com a privação (período de tempo que se passou desde a última vez que o impulso foi satisfeito). É certo que pode ocorrer um aumento no desejo com o decorrer do tempo, porém, a atividade sexual recente não impede que o desejo ocorra novamente. Observe também que as pessoas podem procurar estimular e reduzir o impulso sexual. Essa característica peculiar talvez explique por que o sexo é utilizado para vender quase qualquer coisa imaginável.

O impulso sexual afeta a vida da maioria das pessoas. Vamos explorar a sexualidade humana um pouco mais detalhadamente.

COMPORTAMENTO SEXUAL — MAPEANDO A ZONA ERÓGENA

▶ PERGUNTA PARA PESQUISA   *Quais são os padrões típicos da resposta sexual humana?*

A excitação sexual humana é complexa. Ela, evidentemente, pode ser produzida por estimulação direta das **zonas erógenas** (que produzem prazer ou desejo erótico) do corpo. Entre as zonas erógenas humanas estão os órgãos genitais, a boca, os seios, os ouvidos, o ânus e, em menor intensidade, toda a superfície do corpo. Porém, fica claro que há mais coisas envolvidas do que o contato físico: um exame urológico ou ginecológico raramente resulta em excitação sexual. Da mesma forma, um avanço sexual não desejado pode produzir repulsa. A excitação sexual humana inclui um grande elemento mental.

Scripts Sexuais

Em um restaurante, geralmente esperamos que certas ações aconteçam. Pode-se até dizer que cada um de nós tem um "*script*" de restaurante que define uma trama, um diálogo e as ações que deveriam ocorrer. O pesquisador John Gagnon (1977) ressalta que, da mesma maneira, nós aprendemos uma série de **scripts sexuais,** ou planos mentais não-verbalizados, que orientam o nosso comportamento sexual.

Esses *scripts* determinam quando e onde nós provavelmente iremos expressar sentimentos sexuais e com quem. Eles fornecem a "trama" para a ordem dos acontecimentos no ato de fazer amor, e estruturam as ações, os motivos e os resultados "aprovados".

Zonas erógenas Regiões do corpo que propiciam prazer e/ou provocam desejo erótico.

Script sexual Um plano mental não-verbalizado que define uma "trama", um diálogo e ações que se espera que ocorram em um encontro sexual.

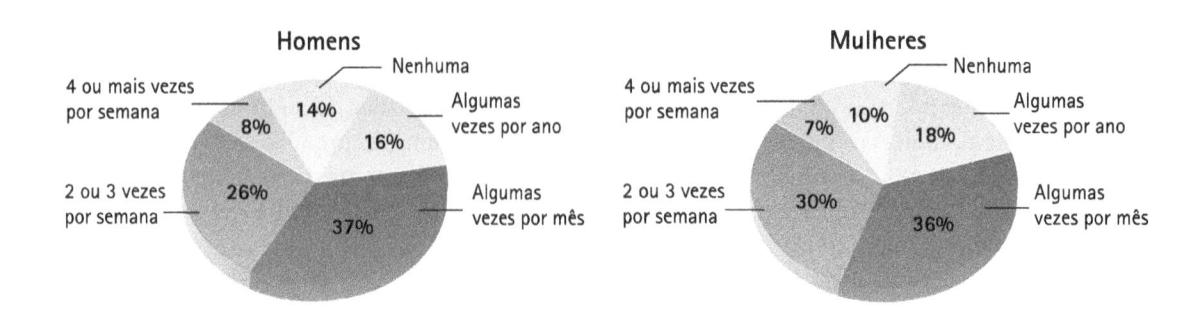

◆FIGURA 9.6 Esses gráficos mostram a freqüência do intercurso sexual para adultos norte-americanos. Generalizando, cerca de um terço das pessoas pesquisadas faz sexo duas vezes por semana ou mais, um terço algumas vezes por mês e um terço algumas vezes por ano ou nenhuma. A média geral é de uma vez por semana (Laumann et al., 1994).

Quando duas pessoas seguem *scripts* notadamente diferentes, é quase certo que ocorrerão mal-entendidos. Imagine, por exemplo, o que acontece quando uma mulher interpretando um *script* do tipo "primeiro encontro amigável" forma par com um homem que está seguindo um *script* de "sedução". O resultado geralmente é raiva, mágoa ou pior. Até mesmo recém-casados podem achar que suas "agendas" sexuais são diferentes. Nesses casos, geralmente é necessária uma considerável "reescritura" dos *scripts* para que haja compatibilidade sexual. Para os seres humanos, a mente (ou o cérebro) é a zona erógena máxima.

Excitação Sexual

Os homens se excitam sexualmente mais facilmente do que as mulheres? Em geral, homens e mulheres têm o mesmo potencial de excitação sexual, e as mulheres não são menos responsivas *fisicamente* do que os homens. No entanto, as mulheres tendem a enfatizar mais a proximidade emocional com um amante do que os homens (Laan et al., 1995).

Com base na freqüência do orgasmo (proveniente de masturbação ou intercurso), o auge da atividade sexual masculina ocorre aos 18 anos de idade. O auge da atividade sexual feminina aparentemente ocorre um pouco depois (Janus e Janus, 1993). Porém, os padrões sexuais masculinos e femininos estão ficando rapidamente mais semelhantes (Oliver e Hyde, 1993). A ◆Figura 9.6 mostra os resultados de uma importante pesquisa sobre o comportamento sexual entre adultos norte-americanos. Como você pode ver, a freqüência do intercurso sexual é muito semelhante para homens e mulheres (Laumann et al., 1994). Exagerar a diferença entre a sexualidade masculina e feminina não só é inexato, como também pode criar barreiras para a satisfação sexual (Wiederman, 2001). Por exemplo, pressupor que os homens devem sempre iniciar o sexo nega o fato de que as mulheres têm interesses e necessidades sexuais comparáveis.

Orientação Sexual

O comportamento sexual e as relações românticas são extremamente influenciados pela orientação sexual da pessoa. **Orientação sexual** significa o seu grau de atração emocional e erótica por membros do mesmo sexo, do sexo oposto ou de ambos os sexos. As pessoas *heterossexuais* sentem-se romântica e eroticamente atraídas por membros do sexo oposto. As *homossexuais* sentem atração por pessoas do mesmo sexo. Uma pessoa *bissexual* sente atração tanto por homens quanto por mulheres. Em suma, a orientação sexual responde a estas perguntas: Por quem você se sente atraído? Com quem você tem fantasias eróticas? Você gosta de homens, mulheres ou ambos (Garnets, 2002)?

A orientação sexual é uma parte profunda da identidade pessoal. Começando com as primeiras sensações eróticas, a maioria das pessoas se lembra de sentir atração pelo sexo oposto ou pelo mesmo sexo. As chances são praticamente nulas de uma pessoa exclusivamente heterossexual ou homossexual se "converter" de uma orientação para outra. Se você é heterossexual, prova-

Orientação sexual O grau de atração emocional e erótica por membros do mesmo sexo, do sexo oposto ou de ambos os sexos.

velmente tem certeza de que nada, nunca, conseguiria fazer você ter sentimentos homoeróticos. Caso isso seja verdade, então você sabe como as pessoas homossexuais se sentem quanto à possibilidade de mudar a orientação sexual *delas* (Seligman, 1994).

O que determina a orientação sexual de uma pessoa? Pesquisas indicam que influências hereditárias, biológicas, sociais, culturais e psicológicas se combinam para criar a orientação sexual de uma pessoa (Garnets, 2002; Van Wyk e Geist, 1995). Provas também indicam que a orientação sexual é pelo menos parcialmente hereditária. Alguns pesquisadores hoje estimam que a orientação sexual é de 30% a 70% baseada na genética (Bailey et al., 1993; Bailey e Pillard, 1991).

Como os genes poderiam afetar a orientação sexual? Possivelmente, a hereditariedade afeta regiões do cérebro que orquestram o comportamento sexual. Corroborando essa teoria, os cientistas mostraram que várias estruturas do cérebro diferem nos heterossexuais e nos homossexuais (LeVay, 1993).

A homossexualidade não é provocada por desequilíbrios hormonais (Banks e Gartrell, 1995). Também é um erro pensar que o pai ou a mãe tornam seus filhos homossexuais. Há pouca diferença no desenvolvimento de crianças com pais homossexuais ou criadas por lésbicas e as criadas por pais heterossexuais (Chan et al., 1998; Parks, 1998). Parece que a natureza prepara fortemente as pessoas para serem homossexuais ou heterossexuais. Em vista disso, discriminar homossexuais assemelha-se muito a rejeitar uma pessoa por ela ter olhos azuis ou ser canhota (Hamill, 1995).

Pessoas homossexuais são encontradas em todas as estradas da vida, em todos os níveis sociais e econômicos, e em todos os grupos culturais (Garnets, 2002). Talvez, como mais pessoas estão começando a ver gays e lésbicas em termos da sua humanidade e não em termos da sua sexualidade, os preconceitos que eles enfrentaram até então irão diminuir.

Resposta Sexual Humana

Em uma série pioneira de estudos, William Masters e Virginia Johnson estudaram diretamente o intercurso sexual em cerca de 700 homens e mulheres. As informações objetivas que eles obtiveram nos deram um quadro muito mais claro da sexualidade humana (Masters e Johnson, 1966, 1970). De acordo com Masters e Johnson, a resposta sexual pode ser dividida em quatro fases: (1) *excitação*, (2) *platô*, (3) *orgasmo* e (4) *resolução* (◆Figura 9.7 e ◆Figura 9.8). Essas quatro fases podem ser descritas como fase de excitação, fase de platô, orgasmo e resolução.

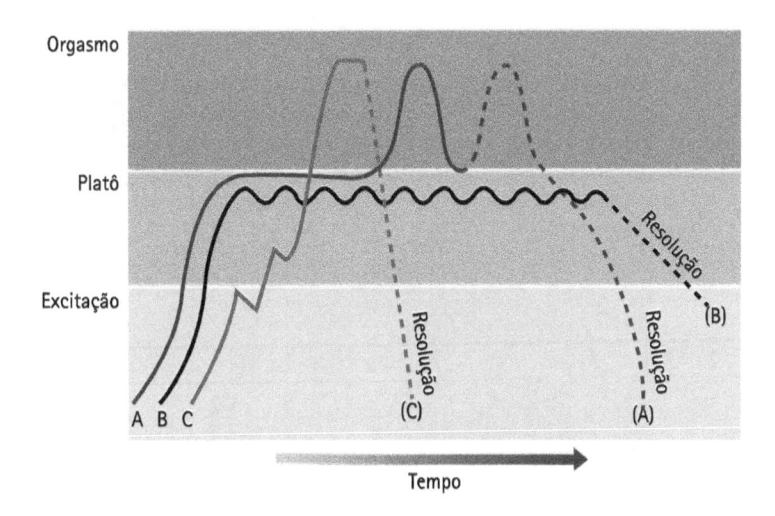

◆FIGURA 9.7 *O ciclo de resposta sexual feminino. A linha cinza mostra que a excitação sexual aumenta durante a fase de excitação e estabiliza-se por um certo tempo durante a fase de platô. A excitação atinge o seu pico durante o orgasmo e depois retorna aos níveis de pré-excitação. No padrão A, a excitação aumenta a partir da fase de excitação, atravessa a fase de platô e atinge seu pico no orgasmo. A resolução pode ser imediata ou pode primeiro incluir uma volta à fase de platô e um segundo orgasmo (linha pontilhada). No padrão B, a excitação é sustentada na fase de platô e resolvida lentamente, sem clímax sexual. O padrão C apresenta um aumento razoavelmente rápido na excitação até o orgasmo. Pouco tempo é gasto na fase de platô e a resolução é razoavelmente rápida. (De Frank A. Beach (ed.),* Sex and behavior. *Nova York: John Wiley & Sons, Inc., 1965.)*

Fase de excitação O primeiro nível de resposta sexual, indicado pelos sinais iniciais de excitação sexual.

Fase de platô O segundo nível de resposta sexual, durante o qual a excitação física se intensifica.

Orgasmo Um clímax e a liberação da excitação sexual.

Resolução A fase final da resposta sexual, envolvendo uma volta aos níveis mais baixos de tensão e de excitação sexual.

As quatro fases são as mesmas para pessoas de todas as orientações sexuais (Garnets e Kimmel, 1991).

Resposta Feminina

Nas mulheres, a fase de excitação é marcada por um padrão complexo de mudanças no corpo. A vagina é preparada para o intercurso, os mamilos ficam eretos, a pulsação acelera e a pele pode ficar vermelha. Se a estimulação sexual terminar, a fase de excitação irá gradativamente baixar. Se uma mulher for para a fase de platô, as mudanças físicas e os sentimentos subjetivos se tornarão mais intensos. A excitação sexual, que termina durante essa fase, tende a baixar mais lentamente, o que pode provocar uma grande frustração. Ocasionalmente, as mulheres pulam a fase de platô (Figura 9.7). Para algumas mulheres, esse é quase sempre o caso.

O orgasmo geralmente é seguido de resolução, um retorno aos níveis mais baixos de tensão e de excitação sexual. Depois do orgasmo, cerca de 15% de todas as mulheres voltam à fase de platô e podem ter um ou mais orgasmos adicionais.

Fase de excitação A primeira fase da resposta sexual, indicada pelos primeiros sinais de excitação sexual.

Fase de platô A segunda fase da resposta sexual, durante a qual a excitação física aumenta ainda mais.

Orgasmo Clímax e liberação da excitação sexual.

Resolução A quarta fase da resposta sexual, que envolve um retorno aos níveis mais baixos de tensão e de excitação sexual.

Resposta Masculina

A excitação sexual no homem é sinalizada pela ereção do pênis durante a fase de excitação. Há também um aumento dos batimentos cardíacos, do fluxo sangüíneo para os órgãos genitais, dos testículos, ereção dos mamilos e várias outras mudanças no corpo. Da mesma forma que na resposta sexual feminina, a estimulação contínua leva o homem à fase de platô. Novamente, mudanças físicas e sentimentos subjetivos de excitação se tornam mais intensos. Mais estimulação durante a fase de platô provoca uma liberação de reflexo da tensão sexual, o que resulta no orgasmo.

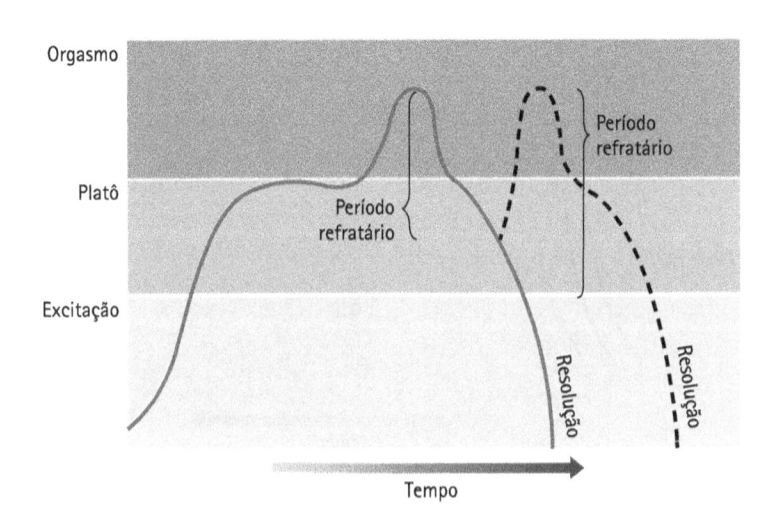

◆FIGURA 9.8 *Ciclo da resposta sexual masculina. A linha cinza mostra que a excitação sexual aumenta na fase de excitação e estabiliza-se por um certo tempo durante a fase de platô. A excitação atinge seu pico durante o orgasmo, e depois retorna aos níveis de pré-excitação. Durante o período refratário, imediatamente após o orgasmo, geralmente é impossível um segundo clímax sexual. Porém, quando o período refratário termina, pode haver um retorno à fase de platô, seguido de um segundo orgasmo (linha pontilhada). (De Frank A. Beach (ed.),* Sex and behavior, *Nova York: John Wiley & Sons, Inc., 1965.)*

No homem maduro, o orgasmo geralmente é acompanhado de ejaculação (liberação de esperma e líquido seminal). Depois, ele é seguido de um curto *período refratário*, durante o qual um segundo orgasmo é impossível. Só raramente o período refratário do homem é imediatamente seguido de um segundo orgasmo. O orgasmo e a resolução, no homem, em geral não duram tanto quanto nas mulheres.

Comparação Entre as Respostas Masculina e Feminina

As respostas sexuais masculinas e femininas geralmente são bem semelhantes. Porém, as diferenças que existem podem afetar a compatibilidade sexual. Por exemplo, as mulheres geralmente passam pelas fases sexuais muito mais lentamente do que os homens. No entanto, durante a masturbação, 70% das mulheres atingem o orgasmo em quatro minutos ou menos. Isso é comparável com os tempos de resposta masculinos e indica mais uma vez que as mulheres não são menos responsivas fisicamente do que os homens.

Em um aspecto, as mulheres são claramente mais responsivas. Apenas 5% dos homens são capazes de ter orgasmos múltiplos (e somente após um inevitável período refratário). A maioria dos homens se limita, na melhor das hipóteses, a um segundo orgasmo. Em contrapartida, os resultados de Masters e Johnson indicam que a maioria das mulheres que tem orgasmo regularmente é capaz de ter orgasmos múltiplos. De acordo com uma pesquisa, 48% de todas as mulheres já tiverem orgasmos múltiplos (Darling et al., 1992). Porém, lembre-se de que somente 15% têm orgasmos múltiplos regularmente. Uma mulher não deve automaticamente supor que há algo de errado se ela não tiver orgasmo ou orgasmos múltiplos. Muitas mulheres têm experiências sexualmente satisfatórias mesmo quando não há orgasmo envolvido. (Para outras informações sobre as queixas sexuais mais comuns, veja "Problemas Sexuais – Quando o Prazer se Desvanece".)

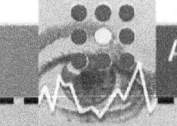

ARQUIVO CLÍNICO — Problemas Sexuais – Quando o Prazer se Desvanece

As disfunções sexuais são muito mais comuns do que muitas pessoas imaginam. A maioria das pessoas que procura aconselhamento sexual tem um ou mais dos seguintes tipos de problemas (DSM-IV-TR, 2000):

Disfunções de Desejo: a pessoa tem pouca ou nenhuma motivação ou desejo sexual.

Disfunções de Excitação: a pessoa deseja atividade sexual, mas não fica sexualmente excitada.

Disfunções de Orgasmo: a pessoa não tem orgasmos ou tem orgasmo muito cedo ou muito tarde.

Disfunções de Dores Sexuais: a pessoa sente uma dor que torna fazer amor desconfortável ou impossível.

Foi-se o tempo em que as pessoas sofriam com esses problemas em silêncio. Em anos recentes, tratamentos eficazes têm descoberto numerosas queixas.

Tratamentos médicos ou drogas (como Viagra e Cialis para os homens) podem ser úteis para problemas sexuais que têm claramente causas físicas. Em outros casos, aconselhamento ou psicoterapia podem ser a melhor abordagem. Por exemplo, muitos pacientes se beneficiam de uma técnica denominada *foco sensate*. Nela, membros de um casal angustiado começam se revezando em fazer carinhos um no outro de formas não-sexuais. Pede-se a eles que se concentrem em dar prazer e em sinalizar o que acham gostoso. Isso alivia a pressão de desempenhar e cria comunicação. Lentamente, o casal muda para o ato de fazer amor mutuamente satisfatório, à medida que a excitação natural começa a substituir o medo e a raiva. Existem soluções semelhantes para vários problemas sexuais. Na maioria das comunidades, pode-se obter ajuda profissional de psicólogos, médicos ou conselheiros adequadamente treinados.

Relacionamentos Sexuais Saudáveis

Como um prazer compartilhado, uma forma de intimidade, um meio de comunicação e um refúgio das tensões cotidianas, um relacionamento sexual saudável pode contribuir muito para aumentar o entendimento e o carinho mútuo do casal. As pessoas têm uma probabilidade muito maior de valorizar sua sexualidade quando criam um relacionamento com respeito, confiança e intimidade com seus parceiros. Um senso de intimidade ajuda a manter o interesse sexual e o ato de fazer amor mutuamente satisfatório, sobretudo nos relacionamentos de longa duração (McCarthy, 1995).

PAUSA PARA ESTUDO — Fome, Sede, Dor e Sexo

RELACIONE

Pense na última refeição que você comeu. O que fez com que você sentisse fome? Que sinais internos disseram ao seu corpo para parar de comer? Quão sensível você é às deixas externas para comer? Você criou alguma aversão gustativa?

Um(a) amigo(a) seu(sua) aparentemente está se envolvendo no efeito sanfona. Você poderia explicar a ele(a) por que esse tipo de dieta não é eficaz?

Mesmo se você não estiver acima do peso, releia cada uma das técnicas enumeradas na lista do quadro Usando a Psicologia e visualize como você executaria os comportamentos lá sugeridos.

Se você quisesse provocar sede extracelular em si mesmo, o que faria? Como você poderia fazer a sede intracelular ocorrer?

De que maneiras as respostas sexuais dos membros do sexo oposto são semelhantes às do seu? De que maneiras elas são diferentes?

VERIFICAÇÃO DO APRENDIZADO

1. O sistema de saciedade da fome no hipotálamo sinaliza ao corpo para começar a comer quando receber sinais do fígado ou detectar mudanças no açúcar do sangue. V ou F?
2. As pessoas que fazem dieta com freqüência tendem a se beneficiar da prática. Elas perdem peso mais rapidamente cada vez que fazem dieta. V ou F?
3. A anorexia nervosa também é conhecida como a síndrome de comer demais/purgar. V ou F?
4. Além de queimar calorias, o exercício físico pode baixar o ponto ajustado do corpo. V ou F?
5. A sede pode ser intracelular ou _____.
6. A evitação da dor é um impulso _____.
7. O comportamento sexual nos animais é, em grande parte, controlado pelos níveis de estrógeno nas fêmeas e pela ocorrência de estros nos machos. V ou F?
8. Enumere as quatro fases da resposta sexual identificadas por Masters e Johnson:
   _____ _____ _____
   _____

Raciocínio Crítico

9. Kim, que está acima do peso, é extremamente sensível às deixas externas para comer. Qual a contribuição do seu relógio de pulso para o seu comer em excesso?
10. Registrar a perda de peso utiliza um princípio comportamental discutido no Capítulo 6, "Condicionamento e Aprendizado". Você saberia dizer o nome desse princípio?

RESPOSTAS:

1.F 2.F 3.F 4.V 5. extracelular 6. episódico 7.V 8. excitação, platô, orgasmo, resolução 9. A hora do dia pode influenciar o ato de comer, principalmente nos casos de pessoas sensíveis a deixas externas para comer, que tendem a ficar com fome na hora das refeições, independentemente da sua necessidade interna de comida. 10. Feedback.

IMPULSOS DE ESTÍMULO — PÁRA-QUEDISMO, FILMES DE TERROR E A ZONA DO DIVERTIMENTO

▶ **PERGUNTA PARA PESQUISA** *Como a excitação está associada à motivação?*

Você está cheio de energia agora? Você está se sentindo cansado? Evidentemente, o seu grau de excitação está estreitamente ligado à sua motivação. Existem níveis ideais de excitação para pessoas e atividades diferentes? Vamos descobrir.

A maioria das pessoas faz uma "alimentação" constante de novos filmes, romances, melodias, modas, notícias, sites da Internet e aventuras. Porém, os impulsos de estímulos, que refletem as necessidades de informação, de explorar, manipular e de dados sensoriais, vão além do mero entretenimento. Os estímulos também nos ajudam a sobreviver. Quando escaneamos nossos arredores, constantemente identificamos fontes de alimento, perigo, abrigo e outros detalhes-chave. Os impulsos de estímulo são prontamente aparentes nos animais e nos seres humanos. Por exemplo, os macacos aprendem rapidamente a solucionar um jogo feito de pinos de metal que se encaixam, ganchos e fechos (Butler, 1954). Não é necessária nenhuma comida especial ou outra recompensa para fazê-los explorar e manipular seus arredores. Os macacos parecem trabalhar por mero divertimento.

Teoria da Excitação

Os estímulos são impulsos homeostáticos? Sim. De acordo com uma perspectiva denominada **teoria da excitação**, existem níveis ideais de ativação para várias atividades. Além disso, tentamos manter os níveis de excitação perto desses níveis ótimos (Hebb, 1966). Em outras palavras, quando o grau de excitação está baixo demais, a busca de estímulos nos ajuda a elevá-lo.

O que você quer dizer com excitação? *Excitação* significa o nível geral de ativação do corpo e do sistema nervoso. Excitação zero é morte; ela é baixa durante o sono e moderada durante as atividades diárias normais; e é alta em momentos de empolgação, emoção ou pânico. A teoria da excitação pressupõe que sentimos desconforto quando a excitação é baixa demais ("estou entediado") ou quando é alta demais, como nos casos de medo, ansiedade ou pânico ("o dentista vai atendê-lo agora"). A maioria dos adultos varia suas atividades para manter um nível de ativação confortável. Nós combinamos música, festas, esportes, conversa, sono, navegar na Internet etc. para manter a excitação em níveis moderados. A mistura certa de atividades impede o tédio *e* a superestimulação.

Pessoas que Procuram Sensações

As pessoas variam em termos das suas necessidades de estimulação? Imagine o habitante de uma cidade que esteja visitando o campo. Logo ele começará a se queixar de que o campo é "calmo" demais e a procurar "ação". Agora imagine um habitante do campo que vá visitar a cidade. Logo ele achará a cidade "avassaladora" e procurará paz e tranqüilidade. Esses exemplos são extremos, mas a teoria da excitação também sugere que as pessoas aprendem a buscar determinados níveis de excitação. Marvin Zuckerman (1990) criou um teste para medir essas diferenças. A *Sensation-Seeking Scale* (SSS) (Escala de Busca de Sensações), como ele a chama, inclui afirmações como as amostras apresentadas a seguir (de Zuckerman, 1996; Zuckerman et al., 1978):

Busca de Emoções e Aventura
- Eu gostaria de experimentar saltar de pára-quedas.
- Acho que eu gostaria da sensação de descer de esquis, bem depressa, uma montanha bem íngreme.

Busca de Experiência
- Eu gostaria de explorar uma cidade estranha ou uma parte da cidade sozinho, mesmo se isso significar me perder.
- Eu gosto de experimentar comidas novas que nunca comi.

Desinibição
- Eu gosto de festas "barra pesada", liberais.
- Eu geralmente gosto de ficar "alto" (bebendo ou fumando maconha).

Suscetibilidade ao Tédio
- Eu não agüento ver novamente um filme que já vi.
- Eu gosto de pessoas que são perspicazes e espirituosas, mesmo se elas às vezes insultam as outras.

A busca de sensações é um traço das pessoas que preferem níveis altos de estimulação. O fato de você ser alto ou baixo na busca de sensações provavelmente se baseia em como o seu corpo responde à estimulação nova, fora de comum ou intensa (Zuckerman, 1990). Pessoas que atingiram uma pontuação alta na SSS tendem a ser ousadas, independentes, a dar valor à mudança. Elas também dizem ter mais parceiros sexuais do que as que atingiram uma pontuação baixa; têm uma probabilidade maior de fumar e preferem comidas apimentadas, azedas e crocantes a comidas de paladar suave. Pessoas com baixa busca de sensações são metódicas, cuidam dos outros, são generosas e gostam de companhia. Em qual categoria você se encaixa? (A maioria das pessoas fica em algum lugar entre os extremos.)

Teoria da excitação Pressupõe que as pessoas preferem manter níveis de excitação ideais ou confortáveis.

Graus de Excitação

Existe um nível ideal de excitação para um desempenho de pico? Se deixarmos de lado as diferenças individuais, a maioria das pessoas tem um desempenho melhor quando o seu grau de excitação é *moderado*. Digamos que você tenha de fazer uma prova dissertativa. Se você estiver sonolento ou com preguiça (nível de excitação baixo demais), o seu desempenho irá sofrer. Se você estiver em um estado de ansiedade ou pânico em relação à prova (nível de excitação alto demais), o seu desempenho também irá sofrer. Conseqüentemente, a relação entre excitação e desempenho forma uma *função U invertida* (uma curva em forma de U de cabeça para baixo) (◆Figura 9.9) (Anderson, 1990).

O U invertido nos diz que, em graus de excitação muito baixos, você não está suficientemente energizado para ter um bom desempenho. O desempenho irá melhorar à medida que o seu nível de excitação for aumentando até o meio da curva. Depois, ele começa a cair à medida que você vai ficando emotivo, exaltado ou desorganizado. Por exemplo, imagine-se tentando dar partida em um carro parado nos trilhos com um trem em alta velocidade vindo na sua direção. Essa é a sensação que sentimos no extremo de alta excitação da curva.

O desempenho é sempre melhor em níveis moderados de excitação? Não, o nível ideal de excitação depende da complexidade da tarefa. Se uma tarefa é relativamente simples, é melhor que a excitação seja alta. Quando a tarefa é mais complexa, o melhor desempenho ocorre nos níveis mais baixos de excitação. Essa relação é chamada **lei de Yerkes-Dodson** (Figura 9.9). Ela se aplica a uma vasta gama de tarefas e a medidas de motivação diferentes da excitação.

Alguns exemplos da lei de Yerkes-Dodson podem ser úteis. No cruzamento de uma pista, é quase impossível os corredores de altas velocidades ficarem excitados demais para uma corrida. A tarefa deles é direta e descomplicada: correr o mais rápido possível para uma distância curta. Porém, um(a) jogador(a) de basquete arremessando um lance livre que irá decidir o jogo está diante de uma tarefa mais delicada e complexa. Excitação demais provavelmente irá prejudicar o desempenho dele(a). Na escola, a maioria dos alunos já passou por uma "ansiedade de provas", um exemplo familiar de como excitação demais pode prejudicar o desempenho.

Então é verdade que aprendendo a se acalmar uma pessoa se sairia melhor no teste? Normalmente sim, mas nem sempre. Estudos mostraram que os alunos ficam mais ansiosos quando não conhecem o assunto. Se esse for o caso, acalmar-se significa simplesmente que você irá ficar calmo quando for mal na prova. (Veja "Lidando com a Ansiedade de Provas" para aprender a evitar o excesso de excitação.)

Lei de Yerkes-Dodson Um resumo das relações entre excitação, complexidade da tarefa e desempenho.

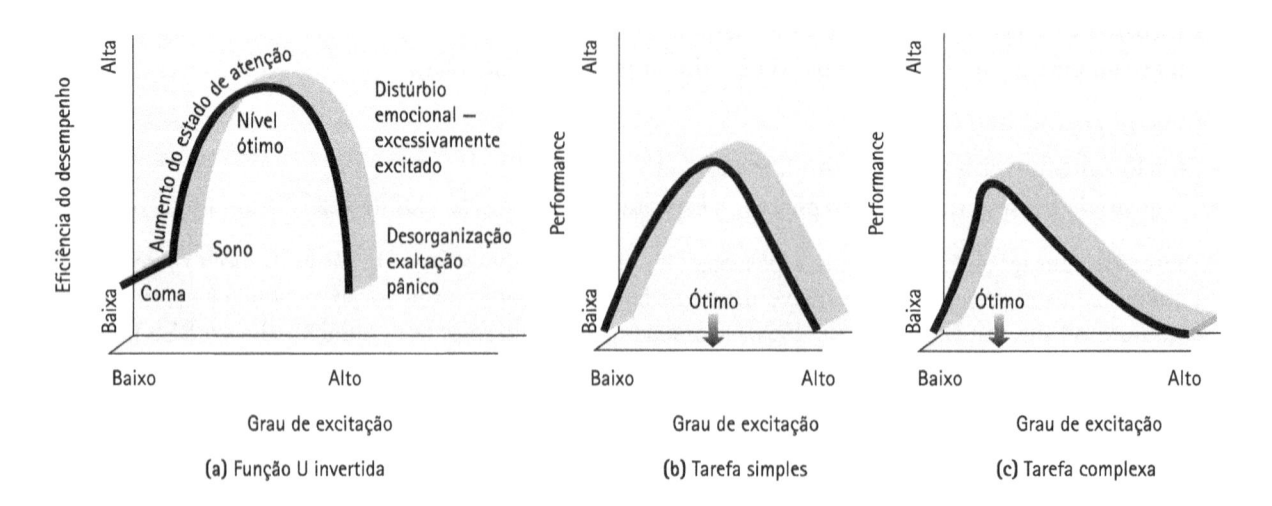

◆FIGURA 9.9 (a) *A relação geral entre excitação e eficiência pode ser descrita por uma curva U invertida. O nível de excitação ou motivação ótimo é mais alto para uma tarefa simples* (b) *do que para uma tarefa complexa* (c).

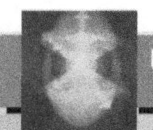

USANDO A PSICOLOGIA Lidando com a Ansiedade de Provas

Você gostaria de ganhar um milhão de dólares em um programa? Ou você gostaria simplesmente de se sair bem nas provas em sala de aula? Em qualquer um dos dois casos, sua capacidade de responder a perguntas será prejudicada se você ficar nervoso demais. A ansiedade de provas é uma combinação de *aumento de excitação fisiológica* (nervosismo, suor, coração disparado) e *excesso de preocupação*. Essa combinação – preocupação mais excitação – tende a distrair os alunos com um afluxo de pensamentos e sentimentos que aborrecem (Gierl e Rogers, 1996). Vamos ver o que podemos fazer para aliviar a ansiedade de provas.

PREPARAÇÃO

O antídoto mais direto para a ansiedade de provas é *trabalho árduo*. Muitos alunos ansiosos com provas simplesmente estudam muito pouco e tarde demais. É por isso que melhorar suas aptidões para estudar é uma boa maneira de reduzir a ansiedade de provas (Jones e Petruzzi, 1995). A melhor solução é *preparar-se demais* estudando bem antes do "grande dia". Os alunos que estão bem preparados tiram notas mais altas, preocupam-se menos e têm menor probabilidade de entrar em pânico (Zohar, 1998).

RELAXAMENTO

Aprender a relaxar é uma outra maneira de baixar a ansiedade de provas (Ricketts e Galloway, 1984). Você pode aprender técnicas de auto-relaxamento dando uma olhada no Capítulo 13, no qual é descrita uma técnica de relaxamento. Apoio emocional também pode ajudar a relaxar (Sarason, 1981). Se você tem ansiedade de provas, discuta o problema com seus professores ou estude para as provas com um colega de classe que lhe dê apoio.

ENSAIO

Para reduzir o nervosismo durante as provas, ensaie como você irá lidar com eventos que perturbam. Antes de fazer uma prova, imagine-se tendo um branco, com o tempo se esgotando ou entrando em pânico. Depois planeje como lidará com cada situação – mantendo sua atenção na tarefa, concentrando-se em uma pergunta por vez etc. (Watson e Tharp, 2001).

REESTRUTURANDO AS IDÉIAS

Muitos alunos com ansiedade de provas se beneficiam fazendo uma lista dos pensamentos que normalmente os distraem e aborrecem durante os exames. Depois eles aprendem a lutar contra as suas preocupações com respostas tranqüilizantes e racionais (Jones e Petruzzi, 1995). (Elas são chamadas de *afirmações que ajudam a enfrentar o problema*; ver o Capítulo 11 para mais informações.) Vamos supor que você pense "Eu vou tirar nota baixa nessa prova e todo mundo vai achar que eu sou burro". Uma boa resposta para essa idéia que chateia seria dizer: "Se eu me preparar bem e controlar minhas preocupações, eu provavelmente vou passar na prova. Mesmo se eu não passar, não será o fim do mundo. Meus amigos continuarão gostando de mim e eu tentarei melhorar para a próxima prova".

Os alunos que lidam bem com provas geralmente tentam fazer o melhor que podem, mesmo sob condições difíceis. Tornar-se um aluno que faz provas com mais confiança na verdade pode fazer com que suas notas subam, porque isso o ajuda a ficar calmo. Com a prática, a maioria das pessoas pode aprender a ser menos irascíveis na hora de fazer provas (Smith, 2002; Zeidner, 1995).

Ritmos Circadianos

Vimos que as mudanças momento a momento na ativação têm um grande impacto sobre nós. E ciclos mais longos de excitação? Eles afetam os níveis de energia, a motivação e o desempenho? Os cientistas sabem há muito tempo que a atividade corporal é regulada por "relógios biológicos". A cada 24 horas seu corpo passa por um ciclo de mudanças denominado **ritmos circadianos** (*circa*: cerca, e *diem*: um dia (Orlock, 1993). Durante todo o dia, as atividades no fígado, nos rins e nas glândulas endócrinas passam por grandes mudanças. A temperatura do corpo, a pressão arterial e os níveis de aminoácidos também mudam de hora em hora. Essas atividades e várias outras atingem seu pico uma vez por dia (♦Figura 9.10). As pessoas normalmente têm mais energia e ficam mais alertas no ponto alto dos seus ritmos circadianos (Natale e Cicogna, 1996).

Ritmos circadianos Mudanças cíclicas nas funções corporais e níveis de excitação que variam em uma tabela que se aproxima de 24 horas por dia.

Turno de Trabalho e Fuso Horário

Os ritmos circadianos ficam mais à vista depois de uma grande mudança nos horários. Homens e mulheres de negócios, atletas e outras pessoas que viajam por vários fusos horários tendem a ter um pior desempenho quando seus ritmos corporais são alterados. Se você viaja grandes distâncias para o leste ou para o oeste, os picos e os vales dos seus ritmos circadianos ficarão fora de sintonia com o sol e com o relógio. Por exemplo, você pode estar totalmente desperto à meia-noite e se sentir como um sonâmbulo durante o dia (volte para a Figura 9.10). Os turnos de trabalho têm o mesmo efeito, provocando fadiga, irritabilidade, indisposição estomacal e depressão (Akerstedt, 1990).

◆ FIGURA 9.10 *A temperatura central do corpo segue um ritmo circadiano. A maioria das pessoas atinge um ponto baixo duas ou três horas antes da hora em que acorda normalmente. Não é de admirar que os acidentes nas usinas nucleares de Chernobyl e de Three-Mile Island tenham ocorrido por volta das 4 horas da madrugada. Uma viagem rápida para um fuso horário ou para um turno de trabalho diferente, depressão e doença podem perturbar o ritmo central do corpo, com efeitos transtornantes (Hauri e Linde, 1990).*

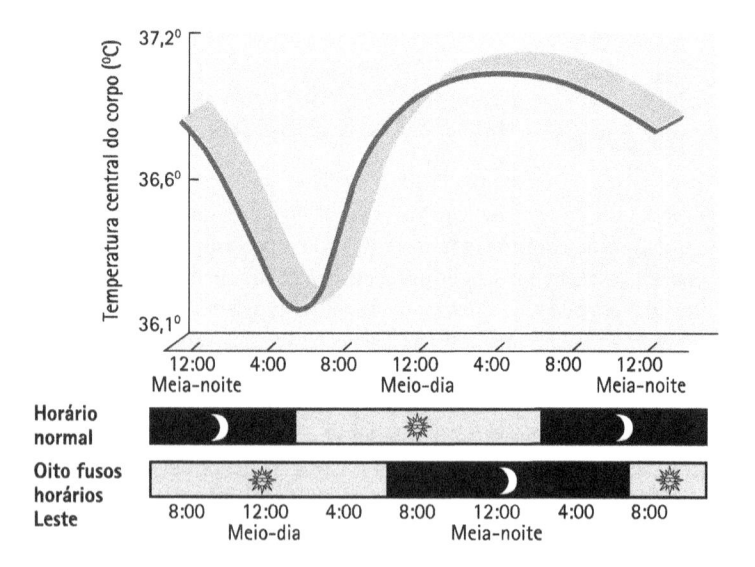

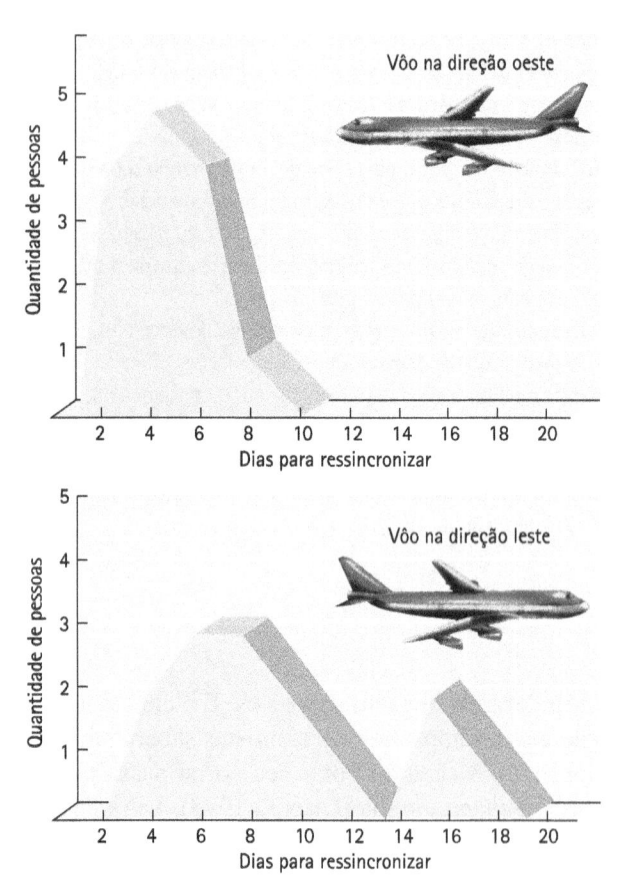

◆ FIGURA 9.11 *Tempo necessário para se adaptar à viagem de avião em seis fusos horários. O tempo médio para ressincronizar foi mais curto na viagem para o oeste do que nos vôos para o leste. (Dados de Beljan et al., 1972; citado por Moore-Ede et al., 1982.)*

Com que rapidez as pessoas se adaptam às mudanças no ritmo? Para grandes mudanças de fuso horário (cinco horas ou mais), as pessoas podem levar de vários dias a duas semanas para ressincronizar. A adaptação ao fuso horário é mais lenta quando a pessoa fica dentro de casa, onde pode dormir e comer no "horário de casa". Ir para a rua, onde ela precisa dormir, comer e sociabilizar no horário novo acelera a adaptação. Uma dose de cinco horas de luz do dia no começo de cada dia é particularmente útil para reajustar o seu ritmo circadiano (Czeisler et al., 1989). A *direção* da viagem também afeta a adaptação (Harma et al., 1994). Se você viajar para o oeste, a adaptação será relativamente fácil, levando uma média de quatro a cinco dias. Se você viajar para o leste, a adaptação levará 50% mais tempo (◆ Figura 9.11).

Por que existe essa diferença? Quando você viaja na direção leste, o sol nasce *mais cedo* em relação ao seu horário de "casa". Digamos que você more em Los Angeles e viaja para Nova York. Se você acordar às 7 horas da manhã em Nova York, serão 4 da manhã em Los Angeles – e o seu corpo sabe disso. Nesse caso, é mais fácil, para as pessoas "avançar" (ficarem acordadas até mais tarde e dormir mais) do que atrasar.

Como isso afeta aquelas pessoas que não viajam pelo mundo? A maioria dos estudantes universitários já passou noites em claro, principalmente estudando para as provas finais. Nessas horas, é bom lembrar que sair do seu horário normal geralmente custa mais do que vale. Muitas vezes, você consegue fazer tanto em uma hora pela manhã quanto poderia ter feito em três horas de trabalho depois da meia-noite. Você pode muito bem ir para a cama duas horas mais cedo.

Normalmente, se você puder prever uma mudança no ritmo do corpo, é melhor se pré-adaptar ao seu novo horário. *Pré-adaptação* significa sincronizar gradativamente o seu ciclo de acordar e dormir. Por exemplo, antes de viajar, você deveria ir dormir uma hora mais tarde (ou mais cedo) todo dia até o seu ciclo de sono ficar igual ao horário no seu local de destino. Se você não conseguir fazer isso, ajuda viajar de manhã cedo, quando você for para o leste. Quando for para o oeste, é melhor viajar mais tarde.

MOTIVOS APRENDIDOS – EM BUSCA DA EXCELÊNCIA

▶ **PERGUNTA PARA PESQUISA**   *O que são motivos sociais? Por que eles são importantes?*

Alguns dos seus amigos estão mais interessados do que outros em sucesso, realização, competividade, dinheiro, bens, *status*, amor, aprovação, notas, domínio, poder ou pertencer a um grupo – que são todos *motivos* ou metas *sociais*. Nós adquirimos **motivos sociais** de maneiras complexas, por meio de sociabilização e condicionamento cultural. O comportamento de artistas, cientistas, atletas, educadores e líderes extraordinários é mais bem entendido em termos dessas necessidades aprendidas, principalmente a necessidade de realização.

A Necessidade de Realização

Para muitas pessoas, estar "motivado" significa estar interessado na realização. Em um capítulo mais adiante, investigaremos a agressão, a ajuda, a afiliação, a busca de aprovação e outros motivos sociais. Por ora, vamos nos concentrar na **necessidade de realização**, que é o desejo de estar de acordo com um padrão interno de excelência (McClelland, 1961). As pessoas com grande necessidade de realização lutam para se sair bem todas as vezes que são avaliadas.

Isso é como o homem ou a mulher de negócios que lutam por sucesso? Não necessariamente. As necessidades de realização podem levar à riqueza e ao prestígio, mas as pessoas que fazem grandes realizações no campo da arte, da música, da ciência ou dos esportes amadores podem destacar-se sem buscar a riqueza. Essas pessoas normalmente gostam de desafios e deleitam-se com uma oportunidade para testar suas aptidões (Puca e Schmalt, 1999).

Poder

A necessidade de realização não é a mesma da **necessidade de poder**, que é um desejo de causar impacto ou ter controle sobre os outros (McClelland, 1975). As pessoas com grande necessidade de poder querem que sua importância seja visível: elas compram coisas caras, usam roupas de grife e exploram os outros. De certa maneira, buscar o poder e o êxito financeiro é o lado obscuro do sonho americano. As pessoas cujo principal objetivo na vida é ganhar muito dinheiro tendem a ser mal adaptadas e infelizes (Kasser e Ryan, 1996).

Características das Pessoas Realizadoras

David McClelland (1917-1998) e outros investigaram a necessidade de realizar. Utilizando uma medida simples, McClelland descobriu que podia prever o comportamento de pessoas pouco ou muito realizadoras em várias situações. Por exemplo, ele comparou as profissões das pessoas com as pontuações no teste de realizações que elas fizeram quando estavam no segundo ano do ensino médio. Quatorze anos depois, aquelas que tiveram nota alta em termos de necessidade de realização estavam em empregos que envolviam risco e responsabilidade (McClelland, 1965).

Eis um teste: na sua frente há cinco alvos, cada um deles um pouco mais distante de você do que o anterior. Você recebe um saco de feijão para jogar no alvo de sua escolha. Todo mundo consegue acertar o alvo A; o alvo B, a maioria das pessoas consegue acertar; algumas pessoas conseguem acertar o alvo C; poucas pessoas conseguem acertar o alvo D; e o alvo E raramente é acertado, se é que alguma vez isso acontece. Se você acertar o alvo A, receberá US$ 2; o alvo B, US$ 4; C, US$ 8; D, US$ 16, e E, US$ 32. Você só tem direito a um arremesso. Qual alvo você escolheria? A pesquisa de McClelland indica que, se você tiver uma grande necessidade de realização, você escolherá o alvo C ou talvez o D. As pessoas com grande necessidade de realização correm riscos *moderados*. E quando deparam com um problema ou um desafio, evitam as metas muito fáceis.

Por que elas deixam passar um êxito garantido? Elas fazem isso porque metas fáceis não proporcionam uma sensação de satisfação. E também evitam as difíceis porque ou não há esperança de sucesso ou "vencer" se deverá mais à sorte do que à habilidade. Pessoas com pouca necessidade de realização esco-

Motivos sociais Motivos aprendidos adquiridos como parte de crescer em uma determinada sociedade ou cultura.

Necessidade de realização O desejo de se destacar ou corresponder a um determinado padrão interiorizado de excelência.

Necessidade de poder O desejo de provocar impacto social ou ter controle sobre os outros.

lhem coisas garantidas ou metas impossíveis. Em qualquer um dos dois casos, elas não precisam assumir nenhuma responsabilidade pelo fracasso.

Os desejos de realização e correr riscos calculados levam ao sucesso em muitas situações. Pessoas com grande necessidade de realização tendem a concluir tarefas difíceis, tiram notas melhores e se destacam nas suas profissões. Estudantes universitários com grande necessidade de realização atribuem o sucesso à sua própria capacidade, e o fracasso, a esforços insuficientes. Conseqüentemente, alunos com grande necessidade de realização possuem maior probabilidade de renovar seus esforços quando têm um desempenho ruim. Quando a situação fica difícil, pessoas muito realizadoras continuam tentando.

Na faculdade, dá-se muita importância ao desempenho escolar. Em vista disso, é compreensível que os alunos às vezes se sintam tentados a comprar fitas de auto-ajuda que prometem melhorar sua motivação para estudar. Essas fitas são divulgadas agressivamente e estão disponíveis em várias livrarias dos *campi*. Porém, se você se sentir tentado a comprar alguma delas, faça-se a seguinte pergunta: Elas funcionam? Leia "Motivação por Encomenda pelo Correio" para descobrir.

O Segredo do Sucesso

O que é necessário para conseguir um sucesso extraordinário? O psicólogo Benjamin Bloom realizou um estudo interessante com os maiores pianistas, concertistas, nadadores olímpicos, escultores, jogadores de tênis, matemáticos e neurologistas pesquisadores dos Estados Unidos. Bloom (1985) descobriu que impulso e determinação, e não um grande talento, levam ao sucesso excepcional.

Os primeiros passos na direção de grandes realizações começaram quando os pais expuseram seus filhos à música, à natação, a idéias científicas etc. "só por divertimento". No início, muitas das crianças tinham aptidões bastante comuns. Um nadador olímpico, por exemplo, lembra-se de perder repetidamente disputas quando tinha dez anos de idade. Porém, a uma certa altura, as crianças começaram a cultivar ativamente suas aptidões. Em pouco tempo, os pais notaram o rápido progresso da criança e encontraram um instrutor ou treinador especializado. Depois de outros sucessos, os jovens começaram a "viver" para os seus talentos e a treinar várias horas por dia, o que continuou por vários anos até atingirem níveis extraordinários de sucesso.

A conclusão do trabalho de Bloom é que o talento é nutrido pela dedicação e por trabalho árduo. Ele tem mais probabilidade de desabrochar quando os pais apóiam ativamente os interesses especiais da criança e enfatizam o dar o melhor de si em todos os momentos. Estudos de crianças prodígios e adultos eminentes mostraram que a prática intensa e o treinamento por especialistas são ingredientes comuns da grande realização. Um desempenho de elite geralmente requer pelo menos dez anos de dedicação (Ericsson e Charness, 1994). A velha crença de que o talento irá surgir por si só é, em grande parte, um mito.

RACIOCÍNIO CRÍTICO — Motivação por Encomenda pelo Correio

Todos os anos, os consumidores gastam milhões de dólares nas assim chamadas fitas de áudio "subliminares" de auto-ajuda, que supostamente contêm "mensagens subliminares" embutidas em música relaxante ou nos sons calmantes das ondas do mar. Essas fitas dizem que influenciam a "motivação subconsciente" para ajudar os ouvintes a perder peso, aliviar a dor, encontrar o amor, ser bem-sucedidos financeiramente, melhorar as notas etc. Elas funcionam? Tanya Russell, Wayne Rowe e Albert Smouse (1991) decidiram testá-las sob condições controladas.

Russell, Rowe e Smouse compraram as fitas *Improve Study Habits* (Melhore os Hábitos de Estudo) e *Passing Tests* (Passar nos Testes) do maior fabricante de fitas de áudio subliminares. Três grupos de estudantes universitários participaram de uma avaliação de dez semanas. Um "grupo de tratamento ativo" ouviu as fitas que continham as sugestões subliminares. Um "grupo de tratamento inativo" ouviu fitas placebo com sons de ondas do mar, mas sem mensagens subliminares. Os alunos do grupo de controle não ouviram nenhuma fita.

Os resultados do experimento certamente não foram subliminares. A mensagem veio em alto e bom som: a média das notas das provas finais e semestrais foi a mesma para os três grupos (Russell et al., 1991). As pessoas que acham que foram ajudadas por fitas subliminares não vivenciaram nada mais que um efeito placebo (Benoit e Thomas, 1992; Froufe e Schwartz, 2001; Merikle e Skanes, 1992; Moore, 1995; Staum e Brotons, 1992).

Autoconfiança

Atingir um desempenho de elite pode estar reservado a algumas poucas pessoas dedicadas. Mesmo assim, você talvez possa melhorar sua motivação diária aumentando sua autoconfiança. Pessoas autoconfiantes acreditam que podem executar uma atividade ou atingir uma meta com êxito. Para aumentar a autoconfiança é bom fazer o seguinte (Druckman e Bjork, 1994):

- Estabelecer metas que são específicas e desafiadoras mas que podem ser atingidas.
- Avançar com pequenos passos.
- Quando você começar a adquirir uma aptidão, sua meta deve ser progredir no aprendizado. Depois você poderá concentrar-se em melhorar seu desempenho em relação aos outros.
- Aprenda com uma pessoa especializada que lhe ajude a dominar a habilidade.
- Encontre um modelo especializado (uma pessoa boa nessa área) para se basear.
- Obtenha apoio e incentivo de um observador.
- Se você não se sair bem, considere isso um sinal de que precisa tentar mais arduamente, não de que você não tem aptidão.

A autoconfiança afeta a motivação influenciando os desafios que você vai assumir, o esforço que irá fazer e por quanto tempo persistirá quando as coisas não andarem bem. Você pode ter certeza de que vale a pena cultivar a autoconfiança.

OS MOTIVOS EM PERSPECTIVA – UMA VISÃO A PARTIR DA PIRÂMIDE

▶ **PERGUNTA PARA PESQUISA** *Alguns motivos são mais básicos do que outros?*

O que motiva as pessoas a viver de maneira completa e rica? Como você pode lembrar do Capítulo 1, Abraham Maslow denominou de auto-realização o ato de utilizar totalmente o potencial pessoal. Maslow também descreveu uma **hierarquia de necessidades humanas**, na qual algumas necessidades são mais básicas e poderosas que outras. Pense nas necessidades que influenciam o seu comportamento. Quais parecem mais fortes? Quais você passa mais tempo e energia satisfazendo? Agora veja a hierarquia de Maslow (◆Figura 9.12). Observe que as necessidades fisiológicas estão na base da pirâmide. Como essas necessidades precisam ser atendidas para que nós sobrevivamos, elas tendem a ser *prepotentes* ou dominantes em relação às necessidades da parte de cima. Pode-se dizer, por exemplo, que, "para uma pessoa que está faminta, comida é deus".

Hierarquia de necessidades humanas
A ordenação de Abraham Maslow das necessidades com base na sua pressuposta força ou potência.

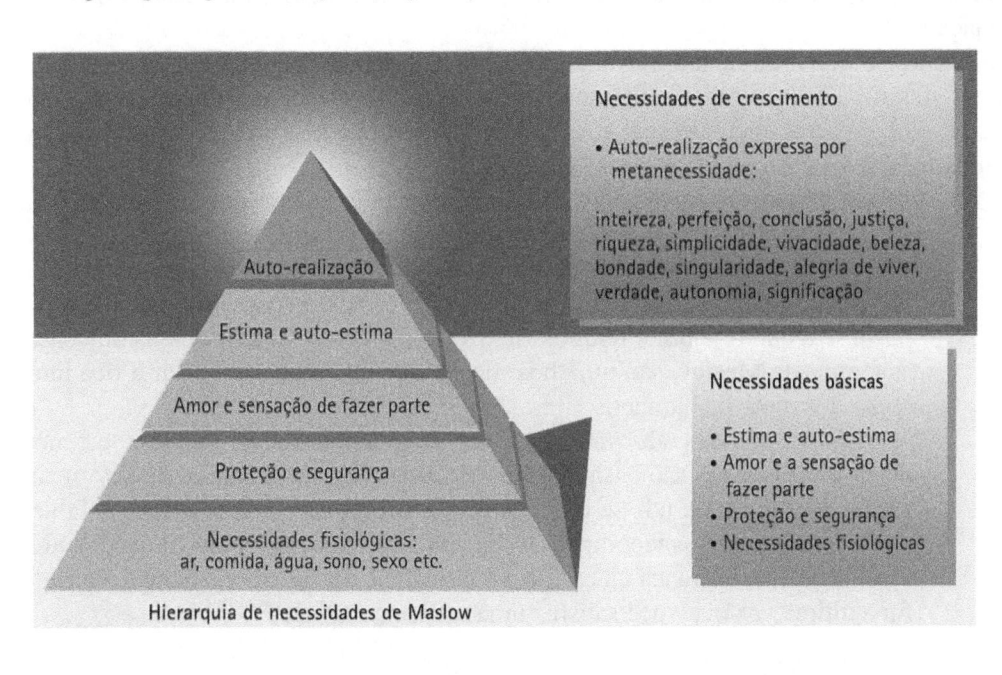

◆FIGURA 9.12 *Maslow achava que as necessidades que se localizam na parte de baixo da pirâmide da hierarquia são dominantes. As necessidades básicas devem ser satisfeitas antes de os motivos de crescimento serem totalmente expressos. Os desejos de auto-realização são refletidos em várias metanecessidades (ver o texto).*

Maslow acreditava que as necessidades mais no topo da pirâmide e mais frágeis só são expressas depois que satisfazemos nossas necessidades fisiológicas. Isso também se aplica às necessidades de proteção e segurança. Enquanto elas não forem satisfeitas, nós talvez tenhamos pouco interesse em buscas mais elevadas. Uma pessoa que esteja com muita sede talvez tenha pouco interesse em escrever poesia ou até em conversar com amigos. Por isso Maslow descreveu os primeiros quatro níveis da hierarquia como **necessidades básicas**. Entre outras necessidades básicas estão amar e a sensação de fazer parte (família, amizade, gostar), e necessidades de estima e de auto-estima (reconhecimento e auto-respeito).

Todas as necessidades básicas são motivos de *deficiência*. Isto é, são ativadas por uma *falta* de comida, água, segurança, amor, estima ou outras necessidades básicas. No topo da hierarquia encontramos **necessidades de crescimento**, que são expressas como uma necessidade de auto-realização. A necessidade de auto-realização não se baseia em deficiências. Em vez disso, ela é uma força positiva e que melhora a vida para o crescimento pessoal. Como outros psicólogos humanistas, Maslow achava que as pessoas são basicamente boas. Se nossas necessidades básicas são atendidas, dizia ele, tendemos a passar para a realização dos nossos potenciais.

Como as necessidades de auto-realização são expressas? Maslow considerou menos poderoso mas humanamente importante atualizar os motivos do tipo **metanecessidades** (Maslow, 1970). Metanecessidades são tendências de expressões para um desenvolvimento completo de seus potenciais pessoais.

1. Inteireza (unidade)
2. Perfeição (equilíbrio e harmonia)
3. Conclusão (finalização)
4. Justiça (imparcialidade)
5. Riqueza (complexidade)
6. Simplicidade (essência)
7. Vivacidade (espontaneidade)
8. Beleza (correção da forma)
9. Bondade (benevolência)
10. Singularidade (individualidade)
11. Jocosidade (bem-estar)
12. Verdade (realidade)
13. Autonomia (auto-suficiência)
14. Significação (valores)

Segundo Maslow, tendemos a ascender pela hierarquia das necessidades na direção das metanecessidades. Quando estas não são atendidas, as pessoas caem em uma "síndrome de decadência", que é marcada pelo desespero, pela apatia e pela alienação.

O ponto defendido por Maslow é que a mera sobrevivência ou conforto geralmente não é suficiente para constituir uma vida plena e satisfatória. É interessante notar, nesse sentido, que os estudantes universitários que se preocupam basicamente com dinheiro, aparência pessoal e reconhecimento social têm uma pontuação abaixo da média em termos de vitalidade, auto-realização e bem-estar geral (Kasser e Ryan, 1996).

A hierarquia de Maslow não é documentada por pesquisas e partes dela são questionáveis. Como, por exemplo, podemos explicar as atitudes de uma pessoa que jejua como parte de um protesto social? Como a metanecessidade por justiça pode superar a necessidade mais básica de comida? (Talvez a resposta seja que o jejum é temporário e auto-imposto.) Apesar dessas objeções, as teorias de Maslow são uma boa maneira de entender e apreciar a rica interação dos motivos humanos.

Muitas pessoas são motivadas por metanecessidades? Maslow estimou que poucas pessoas são basicamente motivadas por necessidades de auto-realização. A maioria de nós se preocupa com estima, amor ou segurança. Talvez isso ocorra porque as recompensas tendem a incentivar a conformidade, a uniformidade e a segurança na escola, no trabalho e nos relacionamentos. Quando foi a última vez que você satisfez uma metanecessidade?

Necessidades básicas Os quatro primeiros níveis na hierarquia de Maslow: as necessidades inferiores tendem a ser mais potentes que as necessidades superiores.

Necessidades de crescimento Na hierarquia de Maslow, as necessidades de nível superior associadas à auto-realização.

Metanecessidades Na hierarquia de Maslow, as necessidades associadas a impulsos para auto-realização.

Motivação Intrínseca e Extrínseca

Algumas pessoas cozinham para ganhar a vida e consideram isso um trabalho árduo. Outras cozinham por prazer e sonham em abrir um restaurante. Para algumas pessoas, carpintaria, jardinagem, escrever, fotografia ou fazer jóias são atividades divertidas. Para outras, as mesmas atividades são labutas que elas precisam ser pagas para realizar. Como a mesma atividade pode ser "trabalho" para uma pessoa e "diversão" para outra?

Quando você faz algo por prazer, para mostrar suas habilidades ou para ganhar aptidão, sua motivação geralmente é *intrínseca*. A **motivação intrínseca** ocorre quando agimos sem nenhuma recompensa externa óbvia. Nós simplesmente gostamos de uma atividade e a encaramos como um desafio, queremos ampliar nossas aptidões ou buscamos explorar e aprender. Em contrapartida, a **motivação extrínseca** vem de fatores externos óbvios, como pagamento, notas, recompensas, obrigações e aprovação. A maioria das atividades que consideramos "trabalho" é recompensada extrinsecamente (Ryan e Deci, 2000).

Transformando Divertimento em Trabalho

Os incentivos extrínsecos não fortalecem a motivação? Sim, eles o fazem, mas não sempre. Na verdade, o *excesso* de recompensas pode diminuir a motivação intrínseca e o interesse espontâneo (Lepper et al., 1996; Tang e Hall, 1995). Por exemplo, crianças que foram prodigamente recompensadas por desenhar com canetas com ponta de feltro, mais tarde demonstraram pouco interesse em brincar com essas canetas novamente (Greene e Lepper, 1974). Aparentemente, o "divertimento" pode ser transformado em "trabalho" *exigindo-se* que as pessoas façam coisas que elas, de outra maneira, gostariam de fazer. Quando somos coagidos ou "subornados" a agir, tendemos a sentir que estamos "fingindo". Os funcionários que não têm iniciativa e os adolescentes que rejeitam a escola e o aprendizado são um bom exemplo desse tipo de reação (Ryan e Deci, 2000).

Criatividade

Você tem uma probabilidade maior de ser criativo quando está intrinsecamente motivado. No trabalho, salários e bônus podem aumentar a quantidade do que as pessoas realizam. Porém, a qualidade do trabalho e a criatividade estão mais ligadas a fatores intrínsecos, como interesse, liberdade de escolha e *feedback* útil (Lewis et al., 1995). Quando uma pessoa está intrinsecamente motivada, uma pitada de desafio, surpresa e complexidade torna uma tarefa gratificante. Quando se enfatiza a motivação extrínseca, as pessoas têm menor probabilidade de resolver problemas complicados e apresentar idéias inovadoras (Amabile et al., 2002).

Como pode ser aplicado o conceito de motivação intrínseca? Ambos os tipos de motivação são necessários. Contudo, a motivação extrínseca não deve ser superutilizada, principalmente com crianças. Para resumir: (1) se não houver interesse intrínseco para começar uma atividade, você não tem nada a perder usando recompensas extrínsecas; (2) se não houver aptidões básicas, as recompensas podem ser necessárias no início; (3) as recompensas extrínsecas podem concentrar a atenção para que surja o interesse real; (4) se forem utilizadas recompensas extrínsecas, elas devem ser pequenas e retiradas o mais brevemente possível (Greene e Lepper, 1974). Também ajuda dizer às crianças que elas parecem estar *realmente interessadas* em desenhar, tocar piano, aprender um idioma ou qualquer outra atividade que você esteja recompensando (Cialdini et al., 1998).

No trabalho, é valioso para os gerentes descobrir quais são os interesses e metas de carreira de cada funcionário. As pessoas não são unicamente motivadas por dinheiro. Uma chance de realizar um trabalho desafiador, interessante e intrinsecamente gratificante geralmente é tão importante quanto dinheiro (Campion e McClelland, 1993). Em muitas situações, é importante incentivar a motivação intrínseca, principalmente quando as crianças estão aprendendo novas habilidades.

Motivação intrínseca Motivação que vem de dentro e não de recompensas externas; motivação baseada no prazer pessoal extraído de uma tarefa ou atividade.

Motivação extrínseca Motivação baseada em recompensas externas óbvias, obrigações ou fatores semelhantes.

| PAUSA PARA ESTUDO | Motivos de Estímulo, Motivos Aprendidos, Maslow e Motivação Intrínseca |

RELACIONE

A teoria da excitação, aparentemente, explica algum comportamento seu? Pense em pelo menos uma vez que o seu desempenho foi prejudicado por excitação baixa ou alta demais. Agora pense em alguns exemplos pessoais que ilustram a lei de Yerkes-Dodson.

Nas situações que envolvem risco e habilidade, você gosta de ir para o "ou vai ou racha"? Ou prefere coisas certas? Você acha que a sua necessidade de realização é grande, média ou pouca?

Que níveis da hierarquia de Maslow ocupam a maior parte do seu tempo e energia?

Enumere uma atividade que você execute que seja motivada intrinsecamente e uma que seja motivada extrinsecamente. No que elas são diferentes?

VERIFICAÇÃO DO APRENDIZADO

1. A exploração, a manipulação e a curiosidade fornecem provas da existência de impulsos de _____.
2. As pessoas com pontuação alta na SSS tendem a ser pessoas extrovertidas, independentes e que valorizam mudanças. V ou F?
3. Quando uma tarefa é complexa, o nível ideal de excitação é _____; quando uma tarefa é simples, o nível ótimo de excitação é _____.
4. Dois elementos-chave da ansiedade de provas que têm de ser controlados são _____ e excesso de _____.
5. As pessoas com grande necessidade de realização sentem-se atraídas por "metas difíceis" e "coisas certas". V ou F?
6. Segundo Maslow, as metanecessidades são as fontes mais básicas e prepotentes (dominantes) da motivação humana. V ou F?
7. A motivação intrínseca normalmente é enfraquecida em situações nas quais recompensas externas óbvias são aplicadas a uma atividade naturalmente prazerosa. V ou F?

Raciocínio Crítico

8. Mais de 75% de todos os calouros universitários norte-americanos dizem que "estar bem financeiramente" é uma meta de vida essencial. Setenta e três por cento indicam que "ganhar mais dinheiro" foi um fator muito importante na sua decisão de cursar uma universidade. Que metanecessidades são atendidas com "ganhar mais dinheiro?"

RESPOSTAS:

1. estímulo 2.V 3. baixo, alto 4. excitação, preocupação 5.F 6.F 7.V 8. Nenhuma delas.

DENTRO DE UMA EMOÇÃO – COMO VOCÊ SE SENTE?

> **PERGUNTA PARA PESQUISA** *O que acontece durante a emoção? Os "detectores de mentira" conseguem realmente detectar mentiras?*

Imagine os rostos das pessoas aterrorizadas fugindo do colapso das torres do World Trade Center, em Nova York, e será fácil ver que motivação e emoção estão intimamente ligadas. As emoções moldam nossos relacionamentos e colorem nossas atividades diárias. Quais são as partes básicas de uma emoção? Como seu corpo responde às emoções?

A **emoção** é caracterizada por excitação fisiológica e mudanças nas expressões faciais, nos gestos, nas posturas e nos sentimentos subjetivos. A palavra *emoção* significa "mover", e as emoções realmente nos movimentam. Primeiro, o corpo fica fisicamente excitado durante a emoção. Esses estímulos corporais nos fazem dizer que nos "comovemos" com uma peça, um funeral ou um gesto de bondade.

Em segundo lugar, muitas vezes somos motivados, ou incitados a agir, por emoções como medo, raiva ou alegria. Muitas das metas que buscamos nos fazem sentir bem. Muitas das atividades que evitamos nos fazem sentir mal. Ficamos contentes quando somos bem-sucedidos, e tristes quando fracassamos (Oatley e Jenkins, 1992).

As emoções estão associadas a vários **comportamentos adaptativos** básicos, como atacar, fugir, buscar conforto, ajudar os outros, reproduzir-se etc.

Emoção Um estado caracterizado por excitação, mudanças na expressão facial, nos gestos, na postura e nos sentimentos subjetivos.

Comportamentos adaptativos Atos que ajudam as tentativas de sobreviver e de se adaptar às condições que estão mudando.

Esses comportamentos ajudam a nos adaptarmos a condições que mudaram (Plutchik, 2001). No entanto, também é evidente que as emoções podem ter efeitos negativos. Medo do palco ou ficar sem ação durante a prática de esportes podem prejudicar o desempenho. Ódio, raiva, desprezo, desdém e medo perturbam o comportamento e os relacionamentos. Porém, na maioria das vezes, as emoções nos ajudam a sobreviver.

Coração acelerado, suor nas mãos, "friozinho" no estômago e outras reações corporais são um elemento importante do medo, da raiva, da alegria e de outras emoções. Entre as **mudanças fisiológicas** típicas estão: alterações nos batimentos cardíacos e na pressão arterial, perspiração e outros estímulos corporais. A maioria dessas mudanças é causada por atividade no sistema nervoso simpático e pelo hormônio adrenalina, que as glândulas adrenais liberam na corrente sangüínea.

As **expressões emocionais**, ou sinais externos do que a pessoa está sentindo, são um outro ingrediente da emoção. Por exemplo, quando você está com um medo intenso, as suas mãos tremem, seu rosto se contorce, sua postura fica tensa e defensiva e sua voz muda. Normalmente, essas expressões revelam aos outros as emoções que nós estamos sentindo. As **sensações emotivas** (a experiência emocional particular de uma pessoa) são o terceiro elemento da emoção. Essa é a parte da emoção com a qual nós geralmente estamos mais familiarizados.

Mudanças fisiológicas (na área das emoções) Alterações nos batimentos cardíacos e na pressão arterial, perspiração e outras respostas involuntárias.

Expressão emocional Sinais externos de que está ocorrendo uma emoção.

Sensações emotivas A experiência particular e subjetiva de ter uma emoção.

Emoções primárias De acordo com a teoria de Robert Plutchik, as emoções mais básicas são: medo, surpresa, tristeza, repugnância, raiva, expectativa, alegria e aceitação.

Emoções Primárias

Algumas emoções são mais básicas do que outras? Sim, Robert Plutchik (2001) identificou oito **emoções primárias**. Elas são: medo, surpresa, tristeza, repugnância, raiva, expectativa, alegria e confiança (aceitação). Se a lista parece curta demais, é porque cada uma dessas emoções pode variar de *intensidade*. Quando você está zangado, por exemplo, pode sentir qualquer coisa, de raiva até um simples aborrecimento (◆Figura 9.13).

Como mostra a Figura 9.13, cada par adjacente de emoções primárias pode ser misturado para produzir uma terceira emoção mais complexa. Outras misturas também são possíveis. Por exemplo, Shannon, de cinco anos de idade, sente alegria e medo quando come um biscoito roubado. O resultado? Culpa, como você pode se lembrar da sua própria infância. Da mesma maneira, o ciúme pode ser uma mistura de amor, raiva e medo.

Um *humor* é a forma mais leve de emoção (◆Figura 9.14). Os humores são estados emocionais de baixa intensidade que podem durar várias horas, ou até mesmo dias, e que normalmente afetam o nosso comportamento cotidiano, nos preparando para agir de uma determinada forma. Por exemplo, quando sua vizinha Roseanne está irritada, ela pode reagir irritadamente a quase qualquer coisa que você disser.

Quando ela está alegre, pode facilmente rir de um insulto (Oatley e Jenkins, 1992). Nossos humores estão intimamente ligados aos ritmos circadianos. Quando a temperatura do seu corpo estiver no seu ponto baixo diário, você provavelmente se sentirá "para baixo" emocionalmente. Quando a temperatura do seu corpo

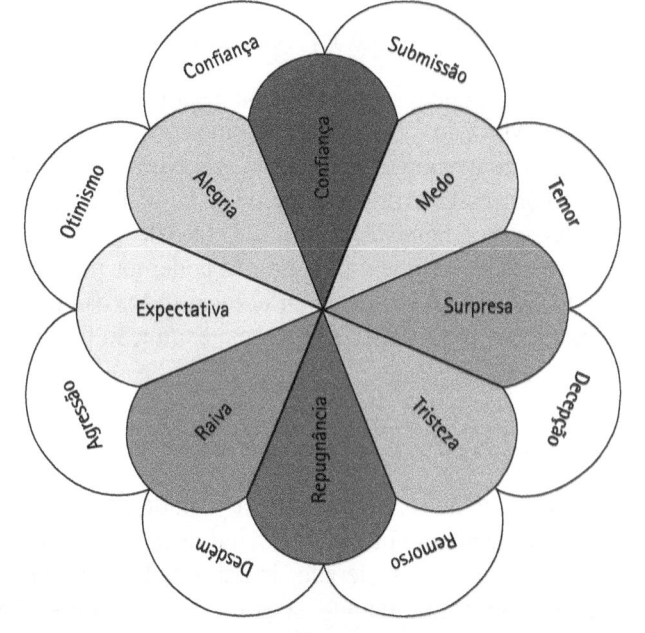

Menos intenso	Emoção básica	Mais intenso
Interesse	Expectativa	Vigilância
Serenidade	Alegria	Êxtase
Aceitação	Confiança	Admiração
Apreensão	Medo	Terror
Distração	Surpresa	Espanto
Melancolia	Tristeza	Dor
Tédio	Repugnância	Aversão
Aborrecimento	Raiva	Ira

◆FIGURA 9.13 *Emoções básicas e mistas. No modelo de Robert Plutchik existem oito emoções primárias, como listado nas áreas internas. As emoções adjacentes podem combinar-se para produzir as emoções listadas ao redor do perímetro. As misturas que envolvem emoções mais separadas também são possíveis. Por exemplo, medo mais expectativa produz ansiedade. (Adaptado de Plutchik.) (Ver também caderno colorido.)*

◆FIGURA 9.14 *A lenda diz que as pessoas que trabalham ou vão à escola têm seus humores mais baixos na "segunda-feira triste". Na verdade, os humores tendem a ser geralmente mais baixos nos dias de semana do que nos fins de semana. O gráfico ao lado plota os humores diários médios de um grupo de estudantes universitários durante um período de cinco semanas. Como você pode ver, muita gente acha que os seus humores sobem e descem em um ciclo de sete dias. Para a maioria dos alunos, o ponto baixo tende a ocorrer por volta da segunda ou terça-feira, e o pico, na sexta-feira ou no sábado. (Adaptado de Larsen e Kasimatis, 1990.) Em outras palavras, os humores são moldados por agendas semanais.*

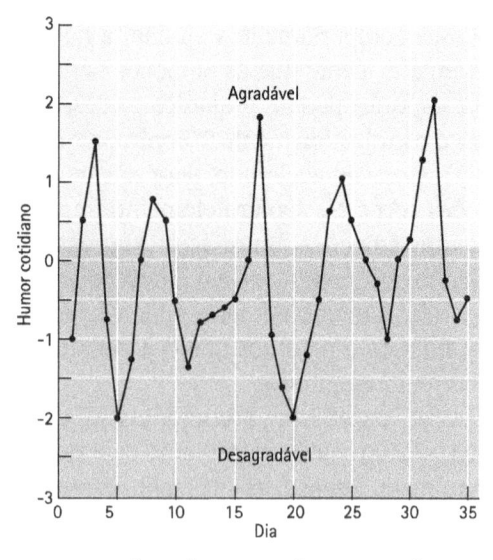

estiver no seu pico, o seu humor provavelmente será positivo – mesmo que você tenha passado uma noite em claro (Boivin et al., 1997).

O Cérebro e a Emoção

As emoções podem ser positivas ou negativas. Normalmente, nós achamos que as emoções positivas e negativas são opostas. Mas não é esse o caso. Como o "biscoito da culpa" da Shannon sugere, podemos ter emoções positivas e negativas ao mesmo tempo. Como isso é possível? Registros da atividade cerebral mostram que as emoções positivas são processadas principalmente no hemisfério esquerdo do cérebro. Em contrapartida, as emoções negativas são processadas no hemisfério direito. O fato de as emoções positivas e negativas se basearem em regiões diferentes do cérebro ajuda a explicar por que nós podemos nos sentir felizes e tristes ao mesmo tempo (Canli, 1998).

Mais adiante vamos tentar colocar todos os elementos da emoção em um único quadro. Porém, antes, temos de examinar mais detalhadamente a excitação fisiológica e expressões emocionais.

FISIOLOGIA E EMOÇÃO – EXCITAÇÃO, MORTE SÚBITA E MENTIRA

Um habitante do sertão africano, assustado com um leão, e um habitante da cidade, assustado por um ladrão, irão reagir praticamente da mesma maneira (Mesquita e Frijda, 1992). Esses encontros geralmente produzem tensão muscular, coração acelerado, irritabilidade, garganta e boca secas, suor, friozinho no estômago, urinação freqüente, tremor, inquietude, sensibilidade a ruídos altos e várias outras mudanças corporais. Essas reações são quase universais, porque são inatas. Especificamente, elas são provocadas pelo **sistema nervoso autônomo** (SNA, o sistema neural que liga o cérebro aos órgãos internos e às glândulas). Como você deve se lembrar do Capítulo 2, a atividade do SNA é *automática*, e não voluntária.

Luta ou Fuga

O SNA tem duas divisões: o ramo simpático e o ramo parassimpático. Os dois ramos estão ativos o tempo todo. Você estar relaxado ou excitado a qualquer momento depende da atividade combinada de ambos os ramos.

O que o SNA faz durante a emoção? Em geral, o **ramo simpático** ativa o corpo para ações emergenciais – para "lutar ou fugir". Ele faz isso excitando alguns sistemas do corpo e inibindo outros (◆Figura 9.15). Essas mudanças têm uma finalidade. O açúcar é liberado na corrente sangüínea para energia rápida, o coração bate mais rápido para fornecer sangue para os músculos, a digestão é retardada, o fluxo de sangue para a pele é restringido para reduzir o sangramento etc. Todas essas reações melhoram as chances de sobreviver no caso de uma emergência.

Sistema nervoso autônomo (SNA) O sistema de nervos que liga o cérebro aos órgãos internos e às glândulas.

Ramo simpático Uma parte do SNA que ativa o corpo em momentos de estresse.

MOTIVAÇÃO E EMOÇÃO

Olhos
Pupila estreita, estimula as lágrimas
Pupila dilatada, inibe as lágrimas

Glândulas sudoríparas
Inibidas, as palmas da mão ficam secas
Perspiração, as palmas ficam úmidas

Pulmões
Os brônquios se estendem, a respiração é relaxada
Os brônquios se dilatam para absorver mais oxigênio

Pele
Os vasos se dilatam, aumento do fluxo de sangue
Os vasos se contraem, a pele fica fria e úmida

Boca
Aumento da saliva
Diminuição da saliva

Coração
O batimento cardíaco diminui
O batimento cardíaco é acelerado

Cabelo
Relaxado
Fica arrepiado

Fígado
Libera bílis para digestão
Libera açúcar no sangue para energia rápida

Estômago e intestinos
Aumentam a digestão e o movimento
Diminuem a digestão, desviam sangue para os músculos

- Parassimpático
- Simpático

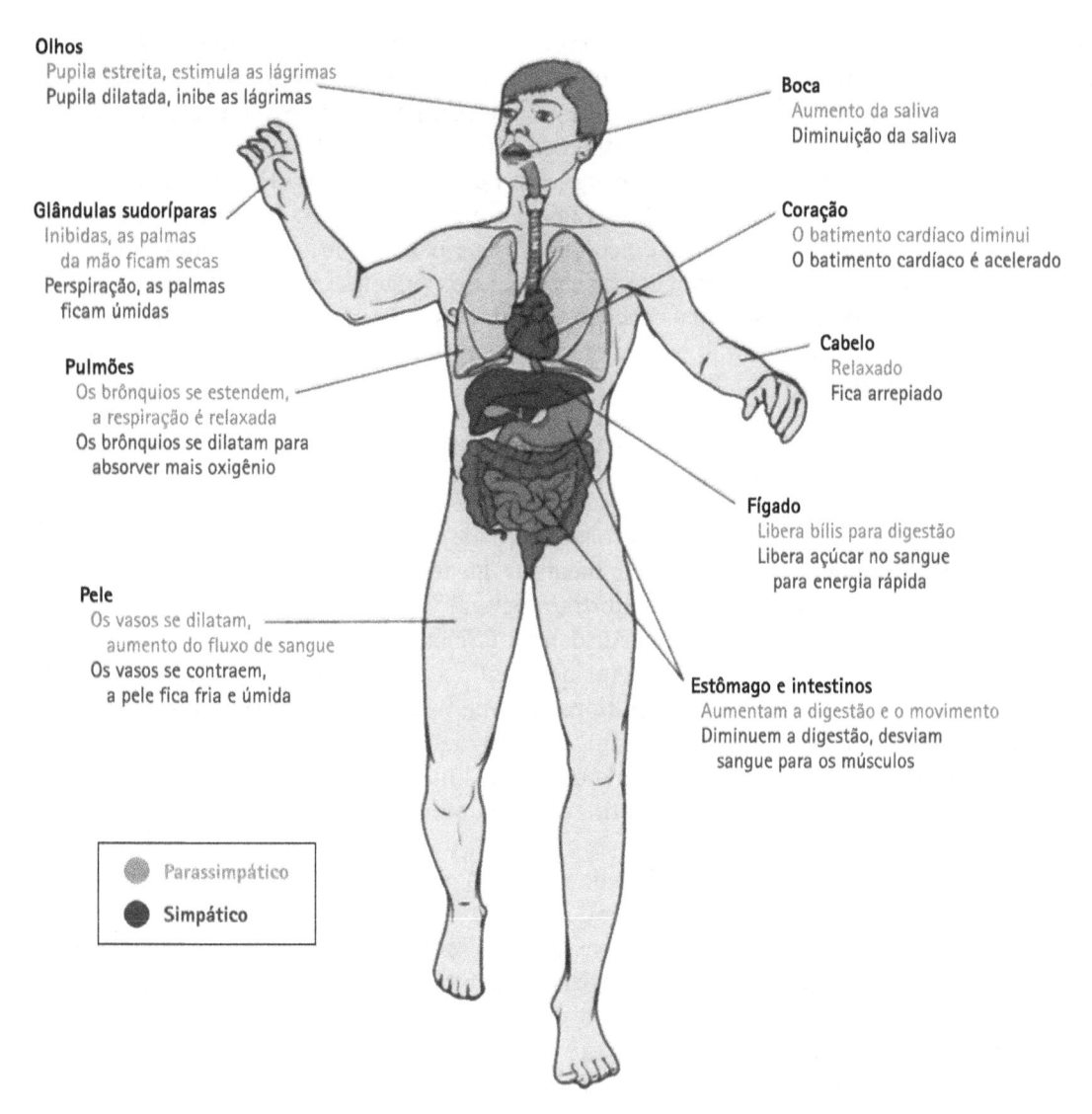

◆FIGURA 9.15 *O ramo parassimpático do SNA acalma e tranqüiliza o corpo. O ramo simpático excita o corpo e o prepara para ações de emergência. (Baseado em "Anatomy of Fear", de Don Foley, na Discover, mar. 2003, p. 36.)*

O **ramo parassimpático** reverte a excitação emocional acalmando e relaxando o corpo. Depois de um período de altas emoções, a velocidade do coração diminui, as pupilas retornam ao seu tamanho normal, a pressão arterial cai etc. Além de restaurar o equilíbrio, o sistema parassimpático ajuda a criar e preservar a energia corporal.

O sistema parassimpático responde muito mais lentamente do que o sistema simpático. É por isso que coração acelerado, tensão muscular e outros sinais de excitação só desaparecem 20 ou 30 minutos depois de você sentir uma emoção intensa, como o medo. Além disso, depois de um forte choque emocional, o sistema parassimpático pode ter uma reação exagerada e reduzir demais a pressão arterial. Isso pode fazer as pessoas se sentirem tontas ou desmaiarem depois de algum evento chocante, como um acidente horrível.

Morte Súbita

Uma reação exagerada à emoção intensa é denominada **rebote parassimpático**. Se o rebote for grave, ele às vezes pode matar. Em tempos de guerra, por exemplo, a luta pode ser tão selvagem que alguns soldados morrem literalmente de medo (Moritz e Zamchech, 1946). Aparentemente, essas mortes ocorrem porque o sistema nervoso parassimpático faz com que o coração pare. Mesmo na vida civil isso é possível. Em um caso, uma jovem mulher aterrorizada foi internada no hospital porque achou que iria morrer. Uma parteira

Ramo parassimpático Uma parte do SNA que acalma o corpo e conserva a energia.
Rebote parassimpático Excesso de atividade no sistema nervoso parassimpático após um período de intensa emoção.

havia previsto que as duas irmãs da mulher iriam morrer antes dos seus 16º e 21º aniversários. Ambas morreram como previsto. A parteira também previu que a mulher iria morrer antes do seu 23º aniversário. Ela foi encontrada morta na sua cama de hospital um dia depois de se internar. Faltavam dois dias para o seu 23º aniversário (Seligman, 1989). Aparentemente, a mulher foi vítima do seu próprio terror.

O sistema nervoso parassimpático é sempre responsável por essas mortes? Provavelmente, não. Para as pessoas mais velhas ou com problemas cardíacos, os efeitos simpáticos podem ser suficientes para provocar um ataque e um colapso cardíaco. Por exemplo, cinco vezes mais pessoas do que o comum morreram de ataque cardíaco no mesmo dia que um grande terremoto ocorreu em Los Angeles em 1994 (Leor et al., 1996). Na Ásia, o número quatro é considerado de azar, e mais pacientes cardíacos morrem no quarto dia do mês do que em qualquer outro dia. Como eles temem que vão morrer em um "dia de azar", as chances de morrerem realmente aumentam (Phillips et al., 2001).

Detectores de Mentiras

O. J. Simpson matou? Monica Lewinsky contou toda a verdade? Um funcionário de confiança está roubando a empresa? O método mais popular para detectar mentiras mede as mudanças corporais que acompanham a emoção. Porém, a precisão dos testes de "detector de mentiras" é questionável, e eles podem ser uma grave invasão de privacidade (Lykken, 1998; National Academy of Sciences, 2003).

O que é um detector de mentiras? O detector de mentiras é mais precisamente chamado de *polígrafo*, palavra que significa "várias escrituras". Um **polígrafo** comum registra mudanças nos batimentos cardíacos, a pressão arterial, a respiração e a resposta galvânica da pele (RGP). Esta última é registrada a partir da mão por eletrodos que medem a condutibilidade da pele ou, mais simplesmente, o suor. O polígrafo é popularmente conhecido como detector de mentiras porque é utilizado pela polícia. Na verdade, ele não é absolutamente um detector de mentiras: o dispositivo registra apenas a *excitação emocional geral*, ele não consegue apontar a diferença entre mentir e estar com medo, ansiedade ou excitação (Lykken, 1998).

Quando tenta detectar uma mentira, o operador do polígrafo começa fazendo perguntas irrelevantes (neutras, não-emocionais), como: " O seu nome é (nome da pessoa)?", "Você almoçou hoje?" e assim por diante. Isso estabelece uma "linha de base" para respostas emocionais normais. Então o examinador faz perguntas relevantes: "Você matou Hensley?". Supostamente, somente o culpado ficaria ansioso ou emotivo se mentisse quando estivesse respondendo a perguntas relevantes.

A pessoa não ficaria nervosa só pelo fato de estar sendo interrogada? Sim, mas para minimizar esse problema, os examinadores experientes de polígrafos fazem uma série de perguntas com tópicos essenciais misturados entre elas. Uma pessoa inocente poderia responder de maneira emotiva a todo o procedimento, porém, só uma pessoa culpada deveria reagir às perguntas-chave. Por exemplo, pode-se mostrar várias fotos a um suspeito de roubar um banco e perguntar a ele: "O caixa que foi roubado era esta pessoa? Era esta pessoa?".

Como alternativa, pode-se fazer aos sujeitos **perguntas de controle**, que são criadas para deixar quase qualquer pessoa nervosa. "Você alguma vez roubou alguma coisa do seu local de trabalho?" Normalmente, essas perguntas são muito difíceis de serem respondidas verdadeiramente com um não irrestrito. Teoricamente, elas mostram como as pessoas reagem a dúvidas e apreensões. A reação da pessoa a perguntas essenciais pode, então, ser comparada com as respostas às perguntas de controle.

Mesmo quando essas perguntas são feitas de maneira adequada, a detecção de mentiras pode ser imprecisa (Dawson, 1990). Por exemplo, um homem chamado Floyd Fay foi condenado por matar seu amigo Fred Ery. Para provar sua inocência, Fay se prontificou a se submeter a um teste no detector de mentiras, no qual ele não passou. Fay ficou dois anos na prisão antes de o verdadeiro assassino confessar o crime. O psicólogo David Lykken (1998) documentou muitos casos desse tipo, nos quais pessoas inocentes eram presas depois de serem condenadas com base no detector de mentiras.

Se Floyd Fay era inocente, por que ele não passou no teste? Coloque-se no lugar dele e é fácil ver o porquê. Imagine o examinador perguntando: "Você matou Fred?". Como você conhecia Fred e está sendo considerado suspeito, não é segredo nenhum que essa é uma pergunta essencial. O que aconteceria com os seus batimentos cardíacos, pressão arterial, respiração e perspiração nessas circunstâncias?

Polígrafo Dispositivo para registrar os batimentos cardíacos, a pressão arterial, a respiração e a resposta galvânica da pele; popularmente chamado de "detector de mentiras".

Perguntas de controle Em um teste de polígrafo, perguntas que quase sempre provocam ansiedade.

Os proponentes da detecção de mentiras alegam que ela é 95% precisa. Porém, em um estudo, a precisão diminuiu drasticamente quando as pessoas pensavam em experiências passadas enquanto iam respondendo a perguntas irrelevantes (Ben-Shakhar e Dolev, 1996). Da mesma forma, o polígrafo pode ser invalidado por dor autoinfligida, tranqüilizantes ou por pessoas que mentem sem ansiedade (Waid e Orne, 1982). Pior de tudo: esse tipo de teste tem muito mais probabilidade de rotular uma pessoa inocente como culpada em vez de uma pessoa culpada como inocente. Em estudos que envolviam crimes reais, uma média de uma pessoa inocente em cada cinco era considerada culpada pelo detector de mentiras (Lykken, 1998; Patrick e Iacono, 1989; Saxe et al., 1985).

Apesar das falhas do detector de mentiras, você pode passar por esse teste para um emprego ou por outros motivos. Se isso ocorrer, o melhor conselho é ficar calmo; depois, conteste ativamente os resultados se a máquina questionar erroneamente a sua honestidade.

EXPRESSANDO EMOÇÕES – FAZENDO CARETAS E CORPOS QUE FALAM

▶ **PERGUNTA PARA PESQUISA** *Quão precisamente as emoções são expressas pela "linguagem corporal" e pelo rosto?*

Depois dos nossos próprios sentimentos, as expressões dos outros são a parte mais familiar da emoção. As expressões de emoção são uma sobra da evolução humana? Charles Darwin achava que sim. Darwin (1872) observou que tigres, macacos, cachorros e pessoas zangados mostram seus dentes da mesma maneira. Os psicólogos acham que as expressões de emoção evoluíram para transmitir os nossos sentimentos para os outros, o que ajuda a sobrevivência. Essas mensagens dão dicas valiosas sobre o que as outras pessoas provavelmente irão fazer a seguir (Ekman e Rosenberg, 1997). Por exemplo, em um estudo recente, as pessoas conseguiram detectar rostos zangados e ardilosos mais depressa do que rostos felizes, tristes ou neutros (◆Figura 9.16). Supostamente, somos sensíveis a rostos ameaçadores, em particular, porque eles nos alertam sobre possíveis danos (Oehman, 2002; Tipples et al., 2002).

PAUSA PARA ESTUDO — Emoções e Excitação Fisiológica

RELACIONE

Como o seu momento mais emotivo da semana que passou afetou o seu comportamento, as suas expressões, os seus sentimentos e o seu *status* corporal? Você consegue detectar efeitos simpáticos e parassimpáticos?

Enumere as emoções que você considera as mais básicas. Até que ponto elas concordam com a lista de Plutchik?

Qual era a sua opinião sobre o detector de mentiras antes de ler este capítulo? Qual é a sua opinião agora?

VERIFICAÇÃO DO APRENDIZADO

1. Muitas das mudanças fisiológicas associadas à emoção são provocadas pela secreção de que hormônio?
   a. atropina   b. adrenalina   c. atributina   d. amodulina
2. _____ emotivas geralmente servem para transmitir o estado emocional de uma pessoa para as outras.
3. Temor, remorso e decepção estão entre as emoções básicas listadas por Robert Plutchik. V ou F?
4. As emoções estão estritamente ligadas à atividade do sistema nervoso _____.
5. O sistema simpático prepara o corpo para "lutar ou fugir", ativando o sistema parassimpático. V ou F?
6. O sistema parassimpático inibe a digestão e aumenta a pressão arterial e os batimentos cardíacos. V ou F?
7. Que mudanças corporais são medidas por um polígrafo?

Raciocínio Crítico

8. Você saberia explicar por que as pessoas "amaldiçoadas" por xamãs ou "médicos feiticeiros" às vezes realmente morrem?

RESPOSTAS: 1.b 2. Expressões 3.F 4. autônomo 5.F 6.F 7. Batimentos cardíacos, respiração, resposta galvânica da pele. 8. Nas culturas em que existe uma crença profunda em magia ou vodu, uma pessoa que achar que foi amaldiçoada pode ficar incontrolavelmente vulnerável emocionalmente. Após vários dias de intenso terror, é provável que ocorra um rebote parassimpático. Se o rebote for suficientemente grave, ele pode levar ao colapso físico e à morte.

◆ FIGURA 9.16 *Quando mostrados grupos de rostos simplificados (sem legendas), os rostos zangado e ardiloso se sobressaíram para as pessoas mais rápido do que os rostos triste, feliz ou neutro. A capacidade de detectar rapidamente expressões ameaçadoras provavelmente ajudou nossos ancestrais a sobreviver. (Adaptado de Tipples et al., 2002.)*

Zangado Triste Feliz Ardiloso Neutro

Expressões Faciais

As expressões de sentimentos são as mesmas para todas as pessoas? As expressões mais básicas são razoavelmente universais. As crianças que nascem cegas não conseguem aprender expressões dos outros. No entanto, elas mostram alegria, tristeza, medo, raiva e repugnância da mesma maneira que as pessoas que enxergam (Galati et al., 1997).

Algumas expressões faciais são moldadas pelo aprendizado e só podem ser encontradas em determinadas culturas. Entre os chineses, por exemplo, colocar a língua para fora é um gesto de surpresa, e não de desrespeito ou de provocação. Se uma pessoa vem de uma outra cultura, é bom lembrar que você poderá facilmente interpretar de maneira errada as expressões dela. Nesses casos, conhecer o *contexto* social no qual a expressão ocorre ajuda a esclarecer o seu significado (Carroll e Russell, 1996; Ekman, 1993). (Veja também "Diferenças Culturais na Emoção".)

Apesar das diferenças culturais, as expressões faciais de *medo, raiva, repugnância, tristeza* e *felicidade* são reconhecidas no mundo todo. *Desdém, surpresa* e *interesse* também podem ser universais, mas os pesquisadores não têm tanta certeza no que diz respeito a essas expressões (Ekman, 1993). Observe que essa lista abrange a maioria das emoções básicas descritas anteriormente. Também é bom observar que um sorriso é a expressão facial de emoção mais universal e facilmente reconhecida.

Linguagem Corporal

Se um(a) amigo(a) viesse até você e dissesse: "Ei, feioso(a), o que você está fazendo?", você se sentiria ofendido(a)? Provavelmente não, pois esse tipo de observação geralmente é feito com um grande sorriso. Os gestos faciais e corporais de emoções falam uma linguagem própria e acrescentam ao que a pessoa diz.

Cinésica é o estudo da comunicação por meio dos movimentos do corpo, da postura, dos gestos e das expressões faciais. Informalmente, chamamos isso de linguagem corporal. Para ver o uso com domínio da linguagem corporal, tire o som da televisão e observe um artista popular ou um político atuando.

A expressão de emoção é fortemente influenciada pelo aprendizado. Como você sem dúvida já observou, as mulheres choram com mais frequência, por mais tempo e mais intensamente do que os homens. Os homens aprendem logo na infância a reprimir o choro – possivelmente em detrimento da sua saúde emocional (Lynch et al., 2001). Halle Berry chorou quando recebeu o seu Oscar. Quantos homens se permitiram chorar em cerimônias?

Que tipos de mensagens são enviadas com a linguagem corporal? Novamente, é importante perceber que o aprendizado cultural afeta o significado dos gestos. O que significa, por exemplo, tocar o seu dedão e o seu primeiro dedo formando um círculo? Na América do Norte significa "está tudo bem" ou "OK". Na França e na Bélgica significa "você não vale nada". No sul da Itália significa "você é um idiota". Portanto, quando a camada de significados definidos culturalmente é removida, é mais realista dizer que a linguagem corporal revela um tom emocional geral (estado emocional por trás).

Seu rosto pode produzir cerca de 20 mil expressões diferentes, o que o torna a parte mais expressiva do seu corpo. A maioria delas são *misturas faciais* (uma mistura de duas ou mais expressões básicas). Imagine, por exemplo, que você acabou de receber uma nota baixa em uma prova injusta. Provavelmente, seus olhos, suas sobrancelhas e sua testa revelariam raiva, enquanto a sua boca viraria para baixo em uma carranca triste.

A maioria de nós acredita que consegue dizer com bastante precisão o que os outros estão sentindo observando suas expressões faciais. Se ocorrem milhares de misturas faciais, como tiramos essas conclusões? A resposta é que as expressões faciais podem ser reduzidas a três dimensões básicas: *agradabilidade/não-agradabilidade, atenção/rejeição* e *ativação* (ou excitação)

Cinésica O estudo do significado dos movimentos do corpo, da postura, dos gestos e das expressões faciais; popularmente chamado de linguagem corporal.

DIVERSIDADE HUMANA: Diferenças Culturais na Emoção

Quantas vezes você ficou zangado esta semana? Uma vez? Duas? Várias vezes? Se foi mais de uma, você não é anormal. A raiva é uma emoção muito comum nas culturas ocidentais. Isso provavelmente ocorre porque a nossa cultura enfatiza a independência pessoal e uma livre expressão dos direitos e das necessidades individuais. Na América do Norte, a raiva é considerada uma reação "natural" à sensação de que você foi tratado injustamente.

Do outro lado do mundo, muitas culturas asiáticas valorizam bastante a harmonia grupal. Na Ásia, expressar raiva em público é considerado menos "natural". O motivo para isso é que a raiva tende a separar as pessoas. Portanto, ficar zangado não combina com uma cultura que valoriza a colaboração.

É comum pensar na emoção como um acontecimento isolado. No entanto, como você pode ver, a emoção é moldada por idéias culturais, valores e práticas (Markus et al., 1996).

SEXO E EMOÇÃO

As mulheres têm fama de ser "mais emotivas" do que os homens. Elas realmente são? Existem poucos motivos para acreditar que os homens e as mulheres são diferentes nas suas experiências particulares de emoção. No entanto, nas culturas ocidentais, as mulheres tendem a se expressar mais emocionalmente (Kring e Gordon, 1998). Por que isso ocorre? A resposta está novamente no aprendizado: quando estão crescendo, os meninos tendem a reprimir suas expressões de emoções, e as meninas, a aumentarem as suas (Polce-Lynch et al., 1998). Para muitos homens, a incapacidade de expressar sentimentos é uma grande barreira para ter um relacionamento íntimo com outras pessoas (Bruch et al., 1998). Ela pode até contribuir para tragédias como o assassinato em massa na Columbine High School em Littleton, Colorado. Para muitos jovens garotos, a raiva é a única emoção que eles podem expressar livremente.

(Schlosberg, 1954). Ao sorrir quando você perturba um amigo, você acrescenta uma mensagem emocional ao insulto verbal, o que muda o seu significado. Como nos filmes de faroeste, faz uma grande diferença quando falam "ria quando disser isso, parceiro".

Outros sentimentos são telegrafados ao corpo. As "mensagens" mais gerais envolvem *relaxamento* ou *tensão* e *gostar* ou *não gostar*. O relaxamento é expresso posicionando-se casualmente os braços e as pernas, recostando-se (se estiver sentado) e espalhando os braços e as pernas. O gostar é expresso basicamente pelo gesto de a pessoa inclinar-se na direção de uma outra pessoa ou objeto. Conseqüentemente, o posicionamento do corpo pode revelar sentimentos que normalmente seriam ocultados. Na direção de quem você "se inclina"?

TEORIAS DA EMOÇÃO – VÁRIAS MANEIRAS DE TER MEDO DE UM URSO

▶ **PERGUNTA PARA PESQUISA** *Como os psicólogos explicam as emoções?*

É possível explicar o que ocorre durante a emoção? De que maneira a excitação, o comportamento, a cognição, as expressões e os sentimentos estão interligados? As teorias da emoção apresentam respostas diferentes para essas perguntas. Vamos explorar quatro teorias. Cada uma delas parece conter parte da verdade, portanto, vamos tentar juntar todas no final.

A Teoria de James-Lange (1884-1885)

Você está fazendo uma caminhada na mata quando um urso de repente surge na trilha. O que acontecerá a seguir? O bom senso nos diz que vemos um urso, sentimos medo, ficamos excitados e corremos (e suamos e gritamos). Mas essa é a ordem correta dos eventos? Na década de 1880, William James e Carl Lange propuseram que o bom senso estava errado. De acordo com James e Lange, a excitação corporal (como um coração acelerado) não vem *depois* de um sentimento como o medo. Em vez disso, eles argumentaram, *as reações emocionais vêm depois da excitação corporal*. Conseqüentemente, nós vemos um urso, corremos, ficamos excitados e depois sentimos medo, quando ficamos cientes das nossas reações corporais (◆Figura 9.17).

Teoria de James-Lange Diz que as reações emocionais vêm depois da excitação do corpo e provêm da consciência dessa excitação.

Para corroborar suas idéias, James salientou que nós só sentimos uma emoção depois de reagir. Por exemplo, imagine que esteja dirigindo. De repente, um carro aparece na sua frente. Você desvia e derrapa, parando abruptamente no acostamento da estrada. Só depois de parar é que você nota o seu coração acelerado, a respiração rápida e os músculos tensos – e reconhece o seu medo.

A Teoria de Cannon-Bard (1927)

Walter Cannon (1932) e Phillip Bard discordaram da teoria de James-Lange. Segundo eles, as reações emocionais e a excitação corporal *ocorrem ao mesmo tempo*. Cannon e Bard achavam que ver um urso ativa o tálamo no cérebro. O tálamo, por sua vez, alerta o córtex e o hipotálamo para agirem. O córtex produz as nossas reações emocionais e o nosso comportamento emocional. O hipotálamo desencadeia uma série de eventos que excitam o corpo. Portanto, se você vir um urso que pareça ameaçador, a atividade cerebral produzirá simultaneamente excitação corporal, fuga e o sentimento que chamamos de medo (Figura 9.17).

A Teoria Cognitiva da Emoção de Schachter (1971)

As teorias anteriores explicam, na sua maior parte, nossas respostas físicas. Stanley Schachter percebeu que os fatores cognitivos (mentais) também entram na emoção. Segundo Schachter, a emoção ocorre quando colocamos um determinado *rótulo* na *excitação* física. Schachter era da opinião de que, quando ficamos excitados, temos de interpretar os nossos sentimentos. Suponha, por exemplo, que alguém venha por trás de você em uma rua escura e diga "Bu!". Independentemente de quem seja a pessoa, o seu corpo se excitará (coração disparado, suor nas mãos etc.). Se a pessoa for um estranho, você poderá interpretar essa excitação como medo; se a pessoa for um amigo(a) íntimo(a), a excitação pode ser rotulada como surpresa ou deleite. O rótulo (como raiva, medo ou felicidade) que você dá à excitação corporal é influenciado pelas suas experiências passadas, pela situação e pelas reações dos outros (Figura 9.17).

A teoria cognitiva da emoção é corroborada por um experimento no qual as pessoas assistiram a um filme pastelão (Schachter e Wheeler, 1962). Antes de assistir ao filme, um terço das pessoas recebeu uma injeção excitante de adrenalina, um terço recebeu uma injeção de placebo (água com sal) e todas as outras receberam tranqüilizantes. As pessoas que receberam a adrenalina foram as que acharam o filme mais engraçado e riram mais enquanto assistiam. Em contrapartida, as pessoas que receberam o tranqüilizante foram as que menos se divertiram. O grupo que recebeu o placebo ficou no meio.

De acordo com a teoria cognitiva da emoção, as pessoas que receberam a adrenalina estavam com o corpo excitado, mas não tinham explicação para o que estavam sentindo. Conseqüentemente, elas ficaram felizes quando o filme indicou que a excitação era decorrente da diversão.

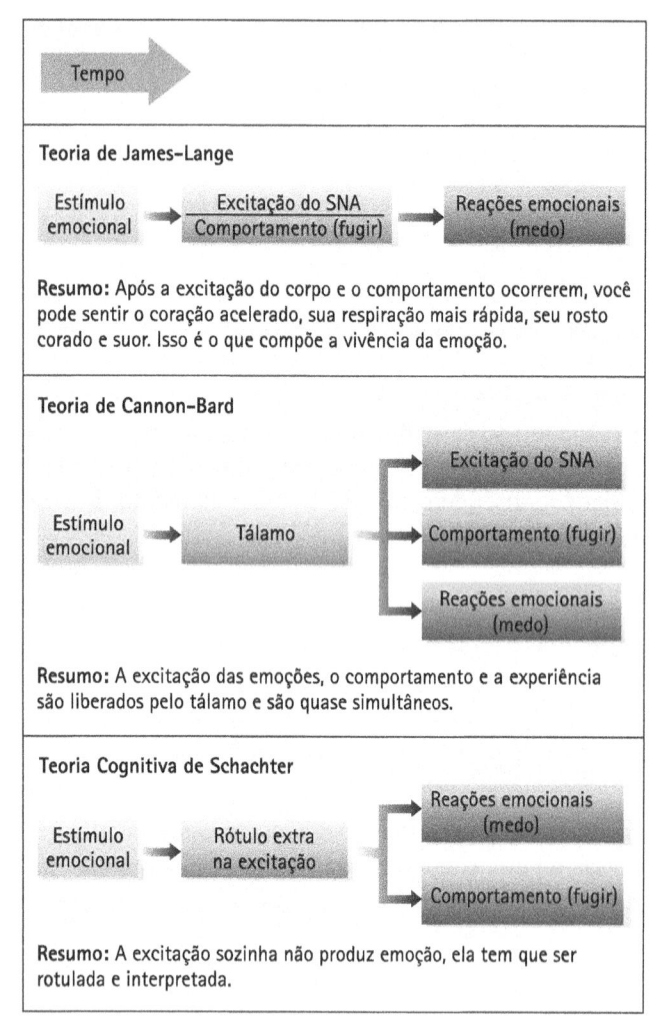

◆ FIGURA 9.17 *Teorias da emoção.*

Teoria de Cannon-Bard Diz que a atividade no tálamo faz com que reações emocionais e a excitação corporal ocorram simultaneamente.

Teoria cognitiva de Schachter Diz que as emoções ocorrem quando a excitação física é rotulada ou interpretada com base na experiência e nas deixas situacionais.

Esse e outros experimentos semelhantes deixam claro que a emoção é muito mais do que apenas um corpo agitado. A percepção, a experiência, as atitudes, os julgamentos e vários outros fatores mentais também afetam as emoções que sentimos. A teoria de Schachter preveria então que, se você deparasse com um urso, você ficaria excitado. Se o urso não parecesse muito amigável, você interpretaria sua excitação como medo, e se o urso se oferecesse para apertar a sua "pata", você ficaria feliz, pasmo e aliviado!

Atribuição

Agora vamos mudar de filmes pastelão e de medo de ursos para uma apreciação de corpos nus. O pesquisador Stuart Valins (1967) acrescentou algo interessante à teoria da emoção de Schachter. Segundo Valins, a excitação pode ser atribuída a várias fontes – um processo que altera nossa percepção das emoções. Para demonstrar a **atribuição**, Valins (1966) exibiu *slides* de mulheres nuas a estudantes universitários. Enquanto viam as fotos, os sujeitos do experimento ouviam batimentos cardíacos amplificados e achavam que eram seus. Na verdade, o que os alunos estavam ouvindo eram batimentos cardíacos gravados e cuidadosamente criados para bater mais alto e mais forte quando alguns (mas não todos) dos *slides* eram mostrados.

Depois de ver os *slides*, pediu-se a cada aluno para dizer qual era o mais atraente. Os alunos que ouviram batimentos cardíacos falsos classificaram consistentemente os *slides* que correspondiam ao "coração disparado" como sendo os mais atraentes. Em outras palavras, quando um aluno via um *slide* e ouvia os seus batimentos cardíacos aumentarem, ele atribuía a sua "emoção" ao *slide*. Sua interpretação aparentemente foi: "Dessa eu gostei!". Sua próxima reação talvez tenha sido "mas por quê?". Pesquisas posteriores indicaram que os sujeitos se persuadiam de que o *slide* realmente era mais atraente para explicar sua aparente excitação (Truax, 1983).

Isso parece um tanto artificial. Faz realmente alguma diferença a que a excitação é atribuída? Sim. Para ilustrar a atribuição no "mundo real", pense no que acontece quando os pais interferem no namoro de um filho ou uma filha. Normalmente, tentar separar um jovem casal *intensifica* seus sentimentos. Pais intrometidos acrescentam frustração, raiva e medo ou excitação (como ver um ao outro "às escondidas") aos sentimentos do casal. Como os dois já gostam um do outro, eles provavelmente atribuirão todas essas emoções adicionais ao seu "amor verdadeiro" (Walster, 1971).

A teoria da atribuição prevê que você tem mais probabilidade de "amar" alguém que lhe causar problemas emocionalmente (Foster et al., 1998). Isso é verdade mesmo quando medo, raiva, frustração ou rejeição fazem parte da fórmula. Então, se você quiser propor casamento com sucesso, leve a pessoa a quem pretende propor para o meio de uma ponte suspensa varrida pelo vento sobre um abismo profundo e olhe fundo nos olhos dele(a). Quando o coração da pessoa que você ama disparar (por estar na ponte e não pelo seu charme irresistível), diga "Eu te amo". A teoria da atribuição prevê que a pessoa concluirá: "Nossa, eu provavelmente te amo também".

O exposto não é tão inverossímil quanto parece. Em um estudo engenhoso, uma psicóloga entrevistou homens em um parque. Alguns deles estavam em uma ponte suspensa balançando 70 metros acima do rio. Os outros estavam em uma ponte de madeira sólida apenas 3 metros acima do chão. Depois da entrevista, a psicóloga deu a cada um deles o seu número de telefone, para que eles pudessem "saber os resultados" do estudo. Os homens entrevistados na ponte suspensa tinham muito mais probabilidade de telefonar para "a moça do parque" (Dutton e Aron, 1974). Aparentemente, esses homens sentiram uma excitação, que eles interpretaram como atração pela pessoa que estava fazendo o experimento – um caso claro de amor ao primeiro medo!

A Hipótese do *Feedback* Facial

Schachter acrescentou o raciocínio e a interpretação (cognição) à nossa visão da emoção, mas o quadro ainda parece incompleto. E as expressões? De que modo elas influenciam a emoção? Como observou Charles Darwin, o rosto é essencial para a emoção – certamente ele deve ser mais do que apenas um "*outdoor* das emoções".

A psicóloga Carrol Izard (1977, 1990) foi uma das primeiras a sugerir que o rosto realmente afeta a emoção. De acordo com Izard e outros, as emoções provocam inatamente mudanças programadas nas nossas expressões faciais. As sensações do rosto, então, fornecem deixas ao cérebro que nos ajudam a dizer que emoção nós estamos sentindo. Essa teoria é conhecida como **hipótese do *feedback* facial** (Adelmann e Zajonc, 1989).

Atribuição O processo mental de designar causas aos eventos. Na emoção, o processo de atribuir excitação a uma fonte específica.

Hipótese do *feedback* facial Diz que as sensações das expressões faciais ajudam a definir que emoções uma pessoa está sentindo.

Em outras palavras, ela diz que ter expressões faciais e ficar ciente delas é o que produz as nossas experiências emocionais particulares. Exercícios físicos, por exemplo, excitam o corpo, mas essa excitação não é sentida como emoção porque não desencadeia expressões emocionais.

Vamos levar essa idéia um passo à frente. Paul Ekman acha que "fazer caretas" pode realmente provocar emoções (Ekman, 1993). Em um estudo, as pessoas foram orientadas a fazer, músculo por músculo, expressões de surpresa, repugnância, tristeza, raiva, medo e felicidade. Ao mesmo tempo, as reações corporais de cada pessoa eram monitoradas.

Ao contrário do que você poderia esperar, "fazer caretas" pode afetar o sistema nervoso autônomo, como mostraram as mudanças nos batimentos cardíacos e na temperatura da pele. Além disso, cada expressão facial produz um padrão diferente de atividade. Um rosto zangado, por exemplo, aumenta os batimentos cardíacos e a temperatura da pele, enquanto repugnância diminui ambos (Ekman et al., 1983). Outros estudos confirmaram que expressões posadas alteram as emoções e a atividade corporal (Duclos e Laird, 2001; Soussignan, 2002).

Em um experimento fascinante sobre o *feedback* facial, as pessoas classificavam quão engraçados achavam os desenhos enquanto seguravam uma caneta transversalmente em suas bocas. As pessoas que seguravam a caneta nos seus dentes acharam os desenhos mais engraçados do que aquelas que seguraram a caneta em seus lábios. Você consegue adivinhar por quê? A resposta é que, se você segurar uma caneta com os seus dentes, você é forçado a formar um sorriso. Segurar a caneta com os lábios faz uma carranca. Como previsto pela hipótese do *feedback* facial, as experiências emocionais foram influenciadas pelas expressões faciais que as pessoas faziam (Strack et al., 1988). Da próxima vez que você se sentir triste, morda uma caneta!

Parece que não só as emoções influenciam as expressões, mas as expressões também influenciam as emoções, como mostramos a seguir (Adelmann e Zajonc, 1989; Duclos e Laird, 2001).

MÚSCULOS FACIAIS CONTRAÍDOS	*EMOÇÃO SENTIDA*
Testa	Surpresa
Sobrancelha	Raiva
Boca (para baixo)	Tristeza
Boca (sorriso)	Alegria

Isso poderia explicar um efeito interessante que você provavelmente observou. Quando você se sente com o "moral baixo", forçar-se a sorrir às vezes é seguido por uma melhora real no seu moral (Kleinke et al., 1998).

Avaliação emocional Avaliar o significado pessoal de um estímulo ou de uma situação.

Um Modelo Contemporâneo de Emoção

Em suma, James e Lange estavam certos no sentido de que o feedback da excitação e do comportamento acrescenta às nossas experiências emocionais. Cannon e Bard estavam certos no tocante ao *timing* dos acontecimentos. Schachter nos mostrou que a cognição é importante. Na verdade, os psicólogos estão cada vez mais cientes de que a forma como você *avalia* uma situação afeta consideravelmente as suas emoções (Strongman, 1996). **Avaliação emocional** significa avaliar o significado pessoal de um estímulo: ele é bom/mau, ameaçador/apoiador, relevante/irrelevante, e assim por diante.

Nos últimos anos, surgiram muitas novas teorias sobre a emoção. Em vez de escolher uma, vamos juntar os melhores pontos de várias delas em um único modelo (◆Figura 9.18).

Imagine que um cachorro grande avance para você mostrando os dentes e rosnando. Uma visão

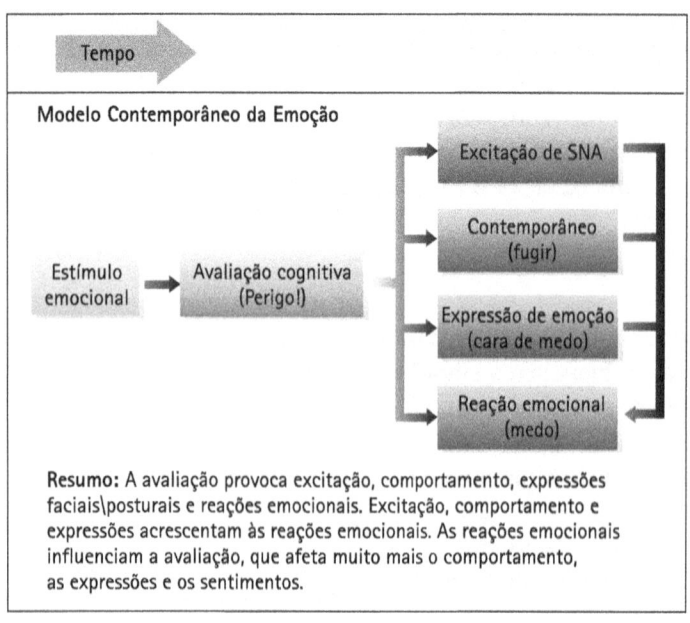

◆FIGURA 9.18 *Um modelo contemporâneo da emoção.*

moderna das suas reações emocionais seria a seguinte: um *estímulo emocional* (o cachorro) é *avaliado* (julgado) como uma ameaça ou outra causa de emoção (▲Tabela 9.2). (Você pensa: "Oh, oh, estou com um grande problema!") A sua avaliação provoca a *excitação do SNA* (o seu coração dispara e o seu corpo se excita). A avaliação também libera *expressões emocionais inatas* (o seu rosto se retorce em uma máscara de medo e a sua postura fica tensa). Ao mesmo tempo, a sua avaliação leva a um *comportamento adaptativo* (você foge do cachorro). Ela também provoca uma mudança na consciência que você reconhece como sendo a experiência subjetiva do medo. (A intensidade dessa *reação emocional* está diretamente ligada à quantidade de excitação do SNA que ocorre no seu corpo.)

Cada um dos elementos da emoção – a excitação do SNA, o comportamento adaptativo, a experiência subjetiva e as suas expressões emocionais – pode alterar ainda mais a sua avaliação da situação, bem como suas idéias, seus julgamentos e suas percepções. Essas mudanças afetam cada uma das outras reações, que novamente alteram a sua avaliação e interpretação dos acontecimentos. Conseqüentemente, a emoção pode desabrochar, mudar de rumo ou diminuir à medida que vai evoluindo. Observe também que o estímulo emocional original pode ser externo, como um cachorro que ataca, ou interno, como a lembrança de ser perseguido por um cachorro – ou ser rejeitado por uma pessoa amada ou elogiado por um(a) amigo(a). É por isso que meros pensamentos e lembranças podem nos fazer ficar temerosos, tristes ou alegres (Strongman, 1996).

Nossa discussão sugere que a emoção é bastante influenciada pela maneira como pensamos sobre um evento. Por exemplo, se um outro motorista "cortá-lo" na estrada, você pode ficar muito zangado. Mas se você o fizer, acrescentará 15 minutos de contrariedade emocional ao seu dia. Mudando sua avaliação, você poderia muito bem optar por rir do comportamento infantil do outro motorista – e minimizar o desgaste emocional (Gross, 2001).

▲ TABELA 9.2 Avaliações e Suas Respectivas Emoções

AVALIAÇÃO	EMOÇÃO
Você foi desdenhado ou humilhado.	Raiva
Você se sente ameaçado.	Ansiedade
Você sofreu uma perda.	Tristeza
Você violou uma regra moral.	Culpa
Você não correspondeu aos seus ideais.	Vergonha
Você deseja algo que outra pessoa tem.	Inveja
Você está perto de algo repugnante.	Repugnância
Você teme o pior, mas anseia pelo melhor.	Esperança
Você está caminhando na direção de uma meta desejada.	Felicidade
Você é associado a um objeto ou feito valorizado.	Orgulho
Você foi tratado bem por outra pessoa.	Gratidão
Você deseja o afeto de uma outra pessoa.	Amor
Você se comove com o sofrimento de outra pessoa.	Compaixão

(Parafraseado de Lazarus, 1991a.)

Inteligência Emocional

O filósofo grego Aristóteles tinha uma receita para lidar serenamente com os relacionamentos. Você tem de conseguir "ficar zangado com a pessoa certa, no grau certo, no momento certo, pelo motivo certo e da maneira certa". Os psicólogos Peter Salovey e John Mayer chamam esse autocontrole de **inteligência emocional** (Salovey e Mayer, 1997).

O que significa ser emocionalmente inteligente? Muitos elementos contribuem para a inteligência emocional (Mayer et al., 2001). A seguir, apresentamos uma lista das aptidões mais importantes:

Autoconsciência: As pessoas emocionalmente inteligentes estão sintonizadas com os seus sentimentos.

Empatia: As pessoas com empatia percebem com precisão as emoções nos outros e sentem o que os outros estão sentindo. Elas são boas em "ler" expressões faciais, tons de voz e outros sinais de emoção.

Inteligência emocional Competência emocional, incluindo empatia, autocontrole, autoconsciência e outras aptidões.

Administrar emoções: A inteligência emocional envolve a capacidade de administrar as próprias emoções e as dos outros. Por exemplo, você sabe como se acalmar quando está zangado e também sabe acalmar os outros.

Entender as emoções: As emoções contêm informações úteis. Por exemplo, a raiva é um indício de que algo está errado; a ansiedade indica incerteza; o embaraço transmite vergonha; depressão significa que nos sentimos desamparados, e entusiasmo nos diz que estamos empolgados.

Usar as emoções: As pessoas emocionalmente inteligentes usam seus sentimentos para ampliar o raciocínio e a tomada de decisões.

As pessoas que se destacam na vida tendem a ser emocionalmente inteligentes (Fisher e Ashanasy, 2000; Mehrabian, 2000). Realmente, os custos de aptidões emocionais fracas podem ser altos. Eles variam de problemas no casamento e na tarefa de ser pai ou mãe até uma saúde física ruim. A falta de inteligência emocional pode arruinar carreiras e sabotar realizações. Talvez o preço mais alto seja cobrado das crianças e dos adolescentes. Para eles, ter aptidões emocionais fracas pode colaborar para a depressão, distúrbios alimentares, gravidez indesejada, agressão e crimes violentos.

Compreensivelmente, muitos psicólogos acreditam que as escolas deveriam incentivar a competência emocional e as aptidões intelectuais. O resultado, eles acham, seria mais autocontrole, altruísmo e compaixão – todas capacidades básicas necessárias se a sociedade quiser prosperar (Goleman, 1995). No plano pessoal, a inteligência emocional é tão importante quanto o QI em várias circunstâncias da vida (Dulewicz e Higgs, 2000).

Há várias lições valiosas a serem aprendidas ao se prestar muita atenção nas suas emoções e nas emoções dos outros. Certamente, muitas pessoas que você admira não são só espertas, mas espertas emocionalmente também. Elas são pessoas que sabem como fazer um brinde em um casamento, contar uma piada sem crítica, consolar os enlutados em um funeral, tornar uma festa divertida ou acalmar uma criança com medo. Essas são aptidões que valem a pena ser cultivadas.

PAUSA PARA ESTUDO — Expressão Facial e Teorias da Emoção

RELACIONE

Escreva uma lista das emoções que você acha que consegue detectar com precisão a partir das expressões faciais. Sua lista combina com a de Paul Ekman? Você se sentiria mais confiante para classificar a agradabilidade/não-agradabilidade, atenção/rejeição e ativação? Por quê?

Que teoria aparentemente explica melhor suas experiências emocionais? Tente fazer uma carranca ou sorrir por cinco minutos. O seu feedback facial teve algum efeito no seu humor? Cubra a coluna da esquerda da Tabela 9.2. Leia cada rótulo emocional da coluna da direita. Que avaliação você acha que levaria à emoção listada? As avaliações da tabela correspondem às suas previsões?

VERIFICAÇÃO DO APRENDIZADO

1. Charles Darwin afirmava que as expressões de emoções ajudam os animais a sobreviver. V ou F?
2. Um termo formal para "linguagem corporal" é _____.
3. Que três dimensões das emoções são transmitidas pelas expressões faciais?
   a. agradabilidade/não-agradabilidade
   b. complexidade
   c. atenção/rejeição
   d. raiva
   e. curiosidade/desinteresse
   f. ativação
4. De acordo com a teoria de James-Lange, a experiência emocional vem antes da excitação física e do comportamento emocional. (Nós vemos um urso, ficamos com medo e fugimos.) V ou F?
5. A teoria de Cannon-Bard da emoção diz que a excitação corporal e a experiência emocional ocorrem _____.
6. De acordo com a teoria cognitiva de Schachter, a excitação física deve ser rotulada ou interpretada para que uma experiência emocional ocorra. V ou F?
7. Os sujeitos do estudo dos batimentos cardíacos falsos de Valin atribuíram o aumento dos seus batimentos cardíacos à ação de um placebo. V ou F?
8. Quando você tenta abanar as orelhas, você puxa os cantos da boca, formando um sorriso. Cada vez que você faz isso, dá risada. Qual das seguintes alternativas dá a melhor explicação para essa reação?
   a. atribuição   b. a teoria de Cannon-Bard
   c. avaliação   d. feedback facial

Raciocínio Crítico

9. As pessoas com grandes lesões na espinha podem sentir quase nenhum sinal de excitação fisiológica do corpo. Mesmo assim, elas ainda sentem emoção, que às vezes pode ser intensa. Que teoria da emoção essa observação contradiz?

RESPOSTAS:

1.V 2. cinésica 3.a, c, f 4.F 5. simultaneamente 6.V 7.F 8.d 9. A teoria de James-Lange e a teoria cognitiva de Schachter. A hipótese do feedback facial também ajuda a explicar a observação.

Psicologia em Ação

Bem-Estar e Felicidade — O Que Torna uma Vida Boa?

▶ **PERGUNTA PARA PESQUISA** *Que fatores contribuem mais para uma vida feliz e realizada?*

O que lhe faz feliz? Amor? Dinheiro? Música? Esportes? Festas? Religião? Evidentemente, não existe uma fórmula simples e universal para a felicidade. E o que significa levar uma boa vida? É uma questão de saúde? Realizações? Amizade? Lazer? Crescimento pessoal? Novamente, não há uma resposta simples. Tanto a felicidade quanto levar uma boa vida dependem em grande parte das necessidades, das metas e dos valores pessoais. Mesmo assim, os psicólogos estão começando a entender o que significa ser feliz e viver bem.

Felicidade

Para estudar a felicidade, o psicólogo Ed Diener e seus associados se concentraram no que eles chamam de **bem-estar subjetivo (BES)**. De acordo com eles, as sensações de bem-estar ou felicidade ocorrem quando estamos satisfeitos com as nossas vidas, temos freqüentes emoções boas e relativamente poucas emoções negativas (Diener et al., 1999).

Você provavelmente está satisfeito com a sua vida se concordar que "minhas condições de vida são ótimas". Porém, as emoções cotidianas também são importantes. Até mesmo os melhores dias envolvem uma mistura de emoções positivas e negativas. É por isso que a felicidade não é apenas uma questão de ter boas sensações. As pessoas mais felizes são aquelas que têm várias experiências emocionais positivas e relativamente poucas experiências negativas (Diener et al., 1999).

Acontecimentos da Vida

Então acontecimentos bons e ruins ditam se uma pessoa é feliz? A felicidade está ligada a acontecimentos bons e ruins na vida, mas o impacto deles é menor do que você imagina. O motivo para isso é que a felicidade tende a vir de dentro da pessoa. O bem-estar subjetivo é afetado pelas suas metas, escolhas, emoções, valores e personalidade. A maneira como você avalia, interpreta e administra os acontecimentos é tão importante quanto a própria natureza desses acontecimentos. As pessoas que são boas em esquivar-se dos golpes duros da vida tendem a criar a sua própria "sorte". Conseqüentemente, são mais felizes e, aparentemente, atendem às demandas da vida de maneira mais tranqüila (Eronen e Nurmi, 1999).

Fatores Pessoais

E quanto a fatores como renda, idade ou estado civil? Eles estão ligados à felicidade? As características pessoais têm apenas uma pequena ligação com a felicidade geral. Vamos ver por quê.

Dinheiro

É tentador pensar que dinheiro traz felicidade. Será que traz? Uma pequena porcentagem das pessoas mais ricas é mais feliz do que as pessoas mais pobres. No entanto, a associação geral entre dinheiro e felicidade é fraca. Basicamente, o dinheiro não compra a felicidade (King e Napa, 1998).

Educação

As pessoas com uma boa educação tendem a ser um pouco mais felizes do que as com menos educação. No entanto, isso provavelmente é apenas uma outra maneira de dizer que há pouca ligação entre dinheiro e felicidade. Mais educação normalmente resulta em mais renda e mais *status* social.

Bem-estar subjetivo Satisfação geral com a vida combinada com emoções positivas freqüentes e relativamente poucas emoções negativas.

Casamento

As pessoas casadas dizem ser mais felizes que as pessoas divorciadas, separadas ou solteiras. Pode ser que as pessoas mais felizes tenham simplesmente uma probabilidade maior de se casar. Mas uma explicação melhor é que os cônjuges podem atuar como pára-choques emocionais e econômicos contra as dificuldades da vida.

Religião

Existe uma pequena mas positiva associação entre a felicidade e as crenças espirituais. As crenças religiosas podem acrescentar aos sentimentos de propósito e de significado na vida, o que resulta em mais felicidade. Uma outra possibilidade é que fazer parte de uma igreja pode simplesmente dar o apoio social que atenua o impacto dos eventos negativos da vida.

Idade

O estereótipo da pessoa rabugenta que está insatisfeita com tudo é errôneo. A satisfação com a vida e a felicidade normalmente não diminuem com a idade. As pessoas estão vivendo mais e ficando mais saudáveis, o que tem adiado consideravelmente os declínios relacionados à idade. Quando esses declínios ocorrem, as pessoas mais velhas, hoje, aparentemente estão mais aptas a lidar com eles.

Sexo

No geral, homens e mulheres não diferem no tocante à felicidade. Porém, as mulheres têm uma tendência a altos e baixos emocionais maiores do que os homens. Conseqüentemente, encontramos mais mulheres entre aquelas raras pessoas que são extremamente felizes ou infelizes.

Trabalho

As pessoas satisfeitas com o seu emprego tendem a ser mais felizes, mas essa associação é fraca. Na verdade, isso simplesmente reflete o fato de que a satisfação profissional é uma grande parte de uma satisfação maior com a vida.

Personalidade

No tocante à felicidade e à personalidade, pode ser justo parafrasear o personagem principal do filme *Forest Gump* e dizer: "Feliz é aquele que se faz feliz". Até um certo ponto, algumas pessoas são mais propensas a ser felizes, independentemente dos acontecimentos da vida. No geral, pessoas mais felizes tendem a ser extrovertidas, otimistas e despreocupadas. Essa combinação provavelmente influencia o equilíbrio de emoções positivas e negativas que as pessoas sentem (Diener et al., 1999).

Metas e Felicidade

O exposto dá um certo insight de quem é feliz, mas nós podemos saber mais analisando as metas das pessoas. Para saber se alguém é feliz, pode ser útil perguntar: "O que essa pessoa está tentando fazer na vida? Como ela está se saindo?".

Você quer ser alguém com saúde e boa forma física? Sair-se bem na escola? Ser amado pelos seus amigos? Ter um *shopping center*? Dirigir uma Ferrari? As metas que as pessoas escolhem variam muito. Mesmo assim, todos tendem a ser felizes se atingem suas metas pessoais. Isso é particularmente verdade se você sente que está progredindo dia a dia em metas menores associadas a metas de longo prazo (King et al., 1998; McGregor e Little, 1998).

Aparentemente, as pessoas que atingem suas metas não ficam mais felizes do que antes. Se progredir na direção das suas metas traz felicidade, por que isso acontece?

Sentido e Integridade

Os psicólogos canadenses Ian McGregor e Brian Little acham que podem explicar por que atingir nossas metas nem sempre leva à felicidade. Imagine uma pessoa extremamente bem-sucedida que esteja absorvida nas suas realizações. Basta uma crise, como a doença de um filho ou a morte de um amigo, para tornar a vida sem sentido. Porém, se ela começar a agir com integridade, sua vida ganhará sentido novamente e a crise diminuirá. Conseqüentemente, McGregor e Little acham que as melhores vidas envolvem *integridade* e a capacidade de atingir metas. "Sair-se bem", dizem eles, traz felicidade. "Ser você mesmo" dá sentido à vida. As metas que buscamos têm de expressar os nossos verdadeiros interesses. Isso é essencial, pois o bem-estar geral é uma combinação de felicidade e sentido. Buscar metas que não sejam coerentes com os seus interesses e valores pessoais pode fazer com que as pessoas se sintam inquietas, incomodadas e desconfortáveis (McGregor e Little, 1998).

Conclusão

Resumindo, as pessoas mais felizes tendem a ser as casadas, as que gostam do seu trabalho, as que são extrovertidas, espiritualistas e estão satisfeitas com a sua vida no geral. Elas também progridem no sentido de atingir suas metas (Diener et al., 1999). No entanto, atingir metas que não combinam com os nossos interesses e valores mais profundos acrescentam pouco à felicidade (Sheldon e Elliot, 1999).

Então, o que torna a vida boa? Como vimos, uma boa vida é uma vida feliz *e* com sentido (McGregor e Little, 1998). "Ser verdadeiro consigo mesmo" pode parecer clichê mas, na verdade, não é uma maneira ruim de começar a busca da felicidade. As metas que você buscar nos próximos anos terão um grande impacto na maneira como você gasta o seu tempo e energia. Escolha com sabedoria e certifique-se de que suas metas reflitam verdadeiramente os seus interesses e valores.

PAUSA PARA ESTUDO — Bem-Estar e Felicidade

RELACIONE

Qual você acha que seria a sua nota em termos de Bem-Estar Subjetivo? Que outros fatores discutidos neste capítulo estão ligados ao seu grau de felicidade?

É comum estudantes perseguirem metas e projetos pessoais que lhes são impostos. Quais das suas atividades você considera mais significativas? De que forma elas estão associadas às suas crenças pessoais e aos seus valores?

VERIFICAÇÃO DO APRENDIZADO

1. O bem-estar subjetivo é composto de uma mistura de _____, emoções positivas e emoções negativas.
2. As pessoas que vivenciam várias emoções positivas são, por definição, muito felizes. V ou F?
3. A felicidade tem apenas um pequena correlação com o dinheiro. V ou F?
4. As pessoas solteiras geralmente são mais felizes do que as casadas. V ou F?
5. Fazer progressos todo dia na direção de _____ importantes é uma forte fonte de felicidade.

Raciocínio Crítico

6. Sob que circunstâncias você esperaria que o dinheiro estivesse mais fortemente associado à felicidade?

RESPOSTAS:

1. satisfação com a vida 2.F 3.V 4.F 5. metas de vida. 6. Nos países mais pobres, onde a vida pode ser muito dura, a associação entre a riqueza material e a felicidade é mais forte do que na América do Norte.

REVISÃO DO CAPÍTULO

Pontos Principais

- Os motivos e as metas influenciam consideravelmente o que fazemos e como gastamos as nossas energias.
- O cérebro monitora vários sinais internos para controlar os motivos básicos, como fome e sede.
- O comportamento motivado também é influenciado por hábitos aprendidos, deixas externas e valores culturais.
- Muitas atividades estão associadas a necessidades de estímulo e aos nossos esforços para manter os graus desejados de excitação.
- Muitas necessidades, metas e impulsos são aprendidos.
- As emoções podem ser perturbadoras mas, no geral, elas nos ajudam a nos adaptarmos e a sobreviver.
- O bem-estar pessoal é uma combinação de felicidade e sentido na vida.

Resumo

O que é motivação? Existem tipos diferentes de motivos?

- Os motivos iniciam, sustentam e orientam as atividades. A motivação geralmente envolve a seguinte seqüência: necessidade, impulso, meta e atingir a meta (redução da necessidade).
- O comportamento pode ser ativado por necessidades (empurrão) ou por metas (puxão).
- A atratividade de uma meta e a sua capacidade de iniciar ações estão associadas ao seu valor de incentivo.
- Os três tipos principais de motivos são: motivos primários, motivos de estímulo e motivos secundários.
- A maior parte dos motivos primários atua para manter a homeostasia.

O que provoca fome? Comer em excesso? Distúrbios alimentares?

- A fome é influenciada por uma interação complexa entre saciedade do estômago, níveis de açúcar, o metabolismo no fígado e o armazenamento de gordura no corpo.
- O controle mais direto do ato de comer vem do hipotálamo, que é sensível tanto às mensagens neurais quanto às mensagens químicas que afetam o ato de comer.
- Outros fatores que influenciam o ato de comer são o ponto ajustado do corpo, deixas externas para comer, a atratividade e variedade da dieta, emoções, valores culturais, preferências e aversões adquiridas de paladar.
- A obesidade é o resultado de influências internas e externas, dieta, emoções, genética e exercício físico.
- A dieta comportamental baseia-se em técnicas que mudam os padrões de comer e os hábitos de fazer exercícios físicos.
- A anorexia nervosa e a bulimia nervosa são dois distúrbios alimentares proeminentes. Ambos tendem a envolver conflitos referentes à auto-imagem, ao autocontrole e à ansiedade.

Existe mais de um tipo de sede? De que formas o ato de evitar a dor e o impulso sexual são fora do comum?

- Como a fome, a sede e outros motivos básicos estão sob o controle central do hipotálamo. A sede pode ser intracelular ou extracelular.
- O ato de evitar a dor é episódico e não cíclico. A evitação e a tolerância à dor são parcialmente aprendidas.
- O impulso sexual é fora do comum porque é não homeostático.

Quais são os padrões típicos da resposta sexual humana?

- A excitação sexual está ligada às zonas erógenas do corpo, mas as reações mentais e emocionais são a fonte fundamental da responsividade sexual.
- Orientação sexual significa o grau de atração emocional e erótica por membros do mesmo sexo, do sexo oposto ou de ambos os sexos.
- Há uma combinação de influências hereditárias, biológicas, sociais e psicológicas para criar a orientação sexual da pessoa.
- A resposta sexual humana pode ser dividida em quatro fases: excitação, platô, orgasmo e resolução.
- No geral, as respostas masculinas e femininas são semelhantes. Porém, os homens passam por um período refratário após o orgasmo e somente 5% dos homens são multiorgásticos, e 15% das mulheres são multiorgásticas.

Qual a relação entre excitação e motivação?

- Os impulsos de estímulo refletem as necessidades de informação, exploração, manipulação e dados sensoriais.
- A teoria da excitação diz que devemos, se possível, manter um grau ideal de excitação corporal.

MOTIVAÇÃO E EMOÇÃO

» O desempenho ótimo geralmente ocorre nos graus *moderados* de excitação, como descrito por uma curva em U invertida. A lei de Yerkes-Dodson diz também que o grau ideal de excitação é mais alto para tarefas simples e mais baixo para tarefas complexas.

» Os ritmos circadianos estão intimamente ligados ao sono, à atividade e aos ciclos de energia. O fuso horário e os turnos de trabalho podem perturbar gravemente o sono e os ritmos corporais.

Quais são os motivos sociais? Por que eles são importantes?

» Os motivos sociais são aprendidos por meio da sociabilização e do condicionamento cultural.

» Esses motivos são responsáveis por grande parte da diversidade da motivação humana.

» Uma grande necessidade de realização está associada ao êxito em várias situações, à opção de carreira e a correr riscos *moderados*.

» A autoconfiança afeta grandemente a motivação no dia-a-dia.

Alguns motivos são mais básicos do que outros?

» A hierarquia de motivos de Maslow classifica as necessidades como básicas ou voltadas para o crescimento. Supõe-se que as necessidades inferiores dominem as necessidades superiores. Auto-realização, a necessidade mais elevada e mais frágil é refletida nas metanecessidades.

» As metanecessidades estão intimamente ligadas à motivação intrínseca. Em algumas situações, as recompensas externas podem debilitar a motivação intrínseca, o prazer e a criatividade.

O que acontece durante a emoção? O "detector de mentiras" consegue realmente detectar mentiras?

» As emoções estão associadas a vários comportamentos adaptativos básicos. Os três elementos básicos da emoção são: mudanças fisiológicas no corpo, as expressões de emoção e as reações emocionais.

» As emoções primárias são: medo, surpresa, tristeza, repugnância, raiva, expectativa, alegria e aceitação. As outras emoções são misturas dessas emoções primárias.

» As mudanças físicas associadas à emoção são provocadas pelo hormônio adrenalina e pela atividade no sistema nervoso autônomo (SNA).

» O ramo simpático do SNA é basicamente responsável por excitar o corpo, e o ramo parassimpático, por acalmá-lo.

» O polígrafo, ou "detector de mentiras", mede a excitação emocional monitorando os batimentos cardíacos, a pressão arterial, a respiração e a resposta galvânica da pele (RGP).

» A acurácia do detector de mentiras pode ser profundamente baixa.

Quão precisamente as emoções são expressas pela "linguagem corporal" e pelo rosto?

» Parece que as expressões básicas da emoção, como sorrir e mostrar os dentes quando se está zangado, não são aprendidas. As expressões faciais, aparentemente, são cruciais para a emoção.

» Os gestos e os movimentos corporais (linguagem corporal) também expressam sentimentos, basicamente transmitindo um tom emocional em vez de mensagens universais específicas.

» As três dimensões das expressões faciais são: agradabilidade/não-agradabilidade, atenção/rejeição e ativação. O estudo formal da linguagem corporal é conhecido por cinésica.

» As mentiras às vezes podem ser detectadas pelas mudanças nos ilustradores e por sinais de excitação geral.

Como os psicólogos explicam as emoções?

» A teoria de James-Lange diz que a experiência emocional vem depois das reações corporais. Em contrapartida, a teoria de Cannon-Bard diz que as reações corporais e as experiências emocionais ocorrem simultaneamente.

» A teoria cognitiva de Schachter enfatiza os rótulos que nós aplicamos aos sentimentos de excitação corporal. Além disso, as emoções são afetadas pela atribuição (atribuir a excitação corporal a uma determinada fonte).

» A hipótese do feedback facial sustenta que as expressões faciais ajudam a definir as emoções que sentimos.

» As teorias contemporâneas da emoção enfatizam os efeitos das avaliações cognitivas. Além disso, todos os elementos da emoção são considerados interligados e interativos.

Que fatores contribuem mais para uma vida feliz e realizada?

» O bem-estar subjetivo (felicidade) está associado à satisfação geral com a vida e com ter mais emoções positivas do que negativas.

» Os acontecimentos da vida e vários fatores demográficos têm relativamente pouca influência sobre a felicidade.

» As pessoas com personalidades extrovertidas, otimistas e despreocupadas tendem a ser mais felizes.

» Evoluir na direção das suas metas está associado à felicidade.

» O bem-estar geral é uma combinação de felicidade e significado na vida.

Teste Seus Conhecimentos: Motivação e Emoção

As questões que se seguem são apenas uma amostra do que você precisa saber. Se você errar algum item, é recomendável rever todo o capítulo.

1. As necessidades humanas de atividade e exploração são uma expressão de
   a. motivos secundários
   b. motivos primários
   c. valores de incentivo
   d. motivos de estímulo
2. As metas desejáveis são motivadoras porque têm alto
   a. valor secundário
   b. valor de estímulo
   c. valor homeostático
   d. valor de incentivo
3. Existe um sistema de alimentação no _____ do cérebro.
   a. leptotálamo medial
   b. paraventrículo ventral
   c. hipotálamo lateral
   d. núcleo leptotalâmico
4. Manter seu corpo no ponto ajustado para gordura está intimamente ligado à quantidade de _____ na corrente sangüínea.
   a. fator hipotalâmico 1
   b. peptídeo ventromedial-1
   c. NPY
   d. leptina
5. Comer demais e purgar são mais característicos das pessoas que têm
   a. aversões a gostos
   b. anorexia
   c. bulimia
   d. grande sensibilidade a deixas externas para comer
6. Além de mudar os hábitos alimentares, um elemento-chave da dieta comportamental é
   a. exercício físico
   b. lanchar na hora certa
   c. melhores deixas para comer
   d. o compromisso com "morrer de fome" todo dia
7. Uma coisa que os homens e as mulheres têm em comum é que o seu impulso sexual é
   a. afetado por androgênios
   b. extracelular
   c. controlado pelo estrogênio
   d. homeostático e episódico
8. Um paciente de câncer tem pouco apetite para comer várias semanas depois da náusea provocada pela quimioterapia. Essa perda de apetite provavelmente pode ser mais bem explicada por
   a. aumento do NPY no cérebro
   b. uma aversão condicionada a gostos
   c. os efeitos posteriores do efeito sanfona
   d. perda da fome extracelular
9. As fases típicas da excitação sexual humana são:
   a. estros, período refratário, orgasmo, resolução
   b. excitação, orgasmo, resolução, período refratário
   c. estros, orgasmo, platô, resolução
   d. excitação, platô, orgasmo, resolução
10. *Foco sensate* é uma técnica utilizada para tratar
    a. problemas de estros nos homens
    b. bulimia nervosa
    c. excesso de ciclos de peso
    d. problemas sexuais
11. Qual das alternativas a seguir não é característica das pessoas que obtêm uma pontuação alta na Escala de Busca de Sensações?
    a. suscetibilidade ao tédio
    b. busca de experiências
    c. inibição
    d. busca de emoções
12. As tarefas complexas, como fazer uma prova em sala de aula, tendem a ser perturbadas por altos graus de excitação, um efeito previsto pela(os)
    a. Escala de Busca de Sensações
    b. lei de Yerkes-Dodson
    c. estudos dos padrões de excitação circadiana
    d. estudos da necessidade de realização

13. O termo *cansaço por causa da diferença de fuso horário* é comumente utilizado para nos referirmos à perturbação
    a. da função U invertida
    b. dos ritmos circadianos
    c. de qualquer um dos impulsos episódicos
    d. do ponto ajustado do corpo
14. Pessoas com uma alta necessidade de realização
    a. preferem metas difíceis
    b. preferem coisas certas
    c. são pessoas que correm riscos moderados
    d. preferem mudança e altos níveis de estimulação
15. O nível mais alto da hierarquia de motivos de Maslow envolve
    a. metanecessidades
    b. necessidades de segurança
    c. necessidades de amor e de fazer parte
    d. necessidades extrínsecas
16. Os operadores de polígrafos tentam usar que componente da emoção para detectar simulação?
    a. comportamentos adaptativos
    b. mudanças fisiológicas
    c. expressões emocionais
    d. o rebote parassimpático
17. Preparar o corpo para "lutar ou fugir" é, em grande parte, função
    a. do núcleo paraventricular
    b. do ramo simpático
    c. da RGP
    d. dos androgênios
18. A idéia de que rotular a excitação ajuda a definir a emoção que sentimos está associada à
    a. teoria de James-Lange
    b. teoria cognitiva de Schachter
    c. teoria de Cannon-Bard
    d. teoria das expressões emocionais inatas de Darwin
19. Segurar uma caneta transversalmente na boca provavelmente levantará o seu moral, um resultado previsto pela:
    a. teoria de Cannon-Bard
    b. teoria da atribuição
    c. hipótese do feedback facial
    d. teoria cognitiva de Schachter
20. As pessoas tendem a ser felizes se atingem metas pessoais que
    a. satisfazem necessidades extrínsecas
    b. têm um sentido pessoal
    c. levam à celebridade e à riqueza
    d. satisfazem a maioria dos motivos de deficiência

RESPOSTAS:

1. d 2. d 3. c 4. d 5. c 6. a 7. a 8. b 9. d 10. d 11. c 12. b 13. b 14. c 15. a 16. b 17. b 18. b 19. c 20. b

Personalidade

A Essência de Annette

Capítulo 10

Área rural do Colorado. Nosso carro deu um tranco e finalmente venceu o último sulco das marcas de pneu deixadas no barro seco da estrada, e prosseguimos na direção da velha casa da fazenda. Annette acenava da varanda, pulando de alegria, fazendo a maior gritaria, feliz pela chegada dos velhos amigos.

Não existe nesse mundo nenhuma outra pessoa que ficaria tão feliz em se mudar para a região "rústica" do Colorado do que Annette, mulher forte e habilidosa. Mas era bem difícil imaginar uma mudança tão radical. Depois de separar-se do marido, trocou o conforto da vida urbana pela aridez da vida rural. Annette trabalhava em uma fazenda lidando com cavalos e cortando lenha e lutava para superar o frio intenso do inverno.

As mudanças na vida de Annette foram tão radicais que eu temia encontrá-la completamente diferente. No entanto, a pessoa que revi estava mais do que nunca parecida com a "Annette dos velhos tempos".

Talvez você já tenha vivido uma experiência semelhante. Depois de vários anos de distância, é sempre interessante reencontrar um velho amigo. No início, há a surpresa com a mudança. ("Você está ótima com esse cabelo!") Contudo, logo você fica feliz em descobrir que aquela pessoa "quase estranha" ainda é a mesma "velha amiga". Esse conceito é exatamente a base que os psicólogos têm em mente ao usarem o termo *personalidade*.

Sem a menor dúvida, a personalidade está presente em todos os momentos da nossa vida cotidiana. A experiência da paixão, os novos relacionamentos, a convivência com colegas de trabalho, o ato cívico de votar nas eleições presidenciais, ou as relações com os membros excêntricos da família, todas essas experiências envolvem, de alguma forma, a personalidade.

O que é personalidade? Qual a diferença entre temperamento, caráter e atitude? Será possível medir a personalidade? Neste capítulo, trataremos dessas questões e muito mais.

> **Perguntas para Pesquisa**
> - Como os psicólogos empregam o termo personalidade?
> - Quais os conceitos fundamentais que compõem a psicologia da personalidade?
> - Há alguns traços da personalidade mais básicos ou mais importante do que outros?
> - Como as teorias psicodinâmicas explicam a personalidade?
> - O que os behavioristas destacam na abordagem a respeito da personalidade?
> - Qual a diferença entre as teorias humanistas e as demais visões?
> - Como os psicólogos medem a personalidade?
> - Qual a causa da timidez? O que pode ser feito para acabar com a timidez?

A PSICOLOGIA DA PERSONALIDADE — VOCÊ TEM PERSONALIDADE?

▶ **PERGUNTAS PARA PESQUISA** *Como os psicólogos empregam o termo personalidade? Quais os conceitos fundamentais que compõem a psicologia da personalidade?*

Pode ser uma experiência fascinante conhecer profundamente uma pessoa. Como psicólogo, gostaria de conhecer melhor a personalidade de Annette. Que modelos e conceitos posso usar?

"Annette tem uma personalidade muito otimista." "Ramiro não é bonito fisicamente, mas tem uma personalidade extraordinária." "Os colegas de trabalho do meu pai acham ele um cara legal. Eles deveriam vê-lo em casa, onde a verdadeira personalidade dele aparece." "Não dá para acreditar que Tanya e Nikki sejam irmãs. Elas têm personalidades totalmente opostas."

É evidente que todos nós usamos com muita freqüência o termo *personalidade*. Mas se você pensa em personalidade em termos de "charme", "carisma" ou "estilo", está usando o termo errado. Os psicólogos definem **personalidade** como um padrão singular de idéias, emoções e comportamentos de uma pessoa (Funder, 2001). Em outras palavras, personalidade refere-se à consistência de quem somos, fomos ou seremos. Ela também se refere à mistura especial de talentos, valores, desejos, amores, ódios e hábitos que transforma cada um de nós em um indivíduo único.

Qual a diferença entre essa conceituação e a forma como a maioria das pessoas emprega o termo? Muitas pessoas confundem personalidade com *caráter*. O termo **caráter** implica que a pessoa foi avaliada, e não apenas descrita (Skipton, 1997). Se, ao afirmar que Annette tem "personalidade" quero dizer que ela é simpática, expansiva e atraente, estou me referindo ao que as pessoas, na cultura norte-americana, consideram bom caráter. Contudo, em algumas culturas, considera-se positivo uma pessoa ser violenta, combativa e cruel. Assim, por um lado, todas as pessoas de uma determinada cultura têm personalidade, e, por outro, nem todas têm caráter — ou, pelo menos, bom caráter. (Você conhece pessoas de bom caráter?)

A personalidade também difere de *temperamento*, matéria-prima da qual a personalidade é formada. O termo **temperamento** refere-se a aspectos hereditários da personalidade, como sensibilidade, irritabilidade, dispersividade e estado de espírito normal (Kagan, 1989). Fazendo uma avaliação com base na personalidade adulta de Annette, eu imaginaria que ela foi um bebê ativo e feliz.

Os psicólogos usam inúmeros termos para explicar a personalidade. Seria interessante, assim, começar definindo alguns conceitos-chave. Esses conceitos ajudarão a manter o raciocínio à medida que você for lendo o capítulo.

Personalidade As características psicológicas e os padrões de comportamento peculiares e relativamente imutáveis de uma pessoa.

Caráter Características pessoais que foram julgadas ou avaliadas; as qualidades desejáveis ou indesejáveis de uma pessoa.

Temperamento O aspecto hereditário da personalidade, incluindo sensibilidade, níveis de atividade, estado de espírito prevalente, irritabilidade e adaptabilidade.

Traço de personalidade Uma característica comportamental exibida na maioria das situações.

Traços

Usamos diariamente o conceito de traço para falar sobre personalidade. Por exemplo, meu amigo Dan é *sociável, organizado* e *inteligente*. A irmã dele, Kayla, é *tímida, sensível* e *criativa*. Em geral, **traços de personalidade** como esses são qualidades estáveis demonstradas por uma pessoa na maioria das situações. Normalmente, os traços são conceituados a partir da personalidade. Se você visse Dan conversando com estranhos – primeiro no supermercado, e depois em uma festa – deduziria que ele é uma pessoa "sociável". Uma vez identificados, os traços de personalidade podem ser usados para antecipar o comportamento futuro. Por exemplo, o fato de observar Dan como uma pessoa expansiva pode levar você a imaginar que ele seja sociável na escola e no trabalho. Na realidade, esse tipo de consistência pode persistir por muitos anos. Um estudo realizado com mulheres que demonstravam estar felizes em fotos da época da faculdade (bem sorridentes) constatou que a maioria ainda se considerava uma pessoa feliz depois de 30 anos (Harker e Keltner, 2001).

Da mesma forma que observei no encontro com Annette, os traços de personalidade normalmente são bem estáveis (Gustavsson et al., 1997). Pense em como pequenos traços de personalidade dos seus melhores amigos mudaram nos últimos cinco anos. Seria realmente esquisito ter a sensação de estar conversando com uma pessoa diferente toda vez que você encontrasse um amigo ou conhecido.

Com que idade os traços de personalidade se solidificam? Mais ou menos aos 20 anos, a personalidade começa a se solidificar lentamente, à medida que as pessoas vão se tornando emocionalmente mais maduras. Por volta dos 30, a personalidade normalmente se estabiliza. A pessoa que você é aos 30, na maior parte do tempo, será a mesma aos 60 (Costa e McCrae, 1992; Roberts et al., 2001). Entretanto, algumas experiências extremas têm capacidade de alterar a personalidade. "Experiências de Quase-Morte – Uma Visão Nova da Vida" é um exemplo.

Tipos

Alguma vez você já fez esta pergunta: "Que tipo de pessoa ele ou ela é?". A expressão **tipo de personalidade** refere-se a pessoas que possuem *diversos traços em comum* (Potkay e Allen, 1986). Informalmente, seu próprio pensamento pode incluir categorias, como tipo executor, tipo esportivo, tipo maternal, tipo *hip-hop*, tipo *techno* e assim por diante. Se eu lhe pedisse para definir esses tipos informais, provavelmente você mencionaria diferentes conjuntos de traços para cada um.

Até que ponto é válido falar sobre "tipos" de personalidade? Há muitos anos, os teóricos têm proposto várias maneiras de classificar a personalidade em tipos diferentes. Por exemplo, o psiquiatra suíço Carl Jung classificava as pessoas em *introvertidas* ou *extrovertidas*. A pessoa **introvertida** é tímida, egocêntrica, com a atenção voltada para dentro. A pessoa **extrovertida** é fran-

> Os psicólogos e empregadores têm grande interesse em traços de personalidade de indivíduos que ocupam posições de alto risco e estresse envolvendo a segurança pública, como, por exemplo, policiais, controladores de tráfego aéreo e trabalhadores de usinas nucleares.

Tipo de personalidade Um estilo de personalidade definido por um grupo de traços relacionados.

Introvertida Uma pessoa cuja atenção está voltada para dentro; uma pessoa tímida, reservada e centrada em si mesma.

Extrovertida Uma pessoa cuja atenção é dirigida para fora; uma pessoa franca, sociável, desinibida.

ARQUIVO CLÍNICO: Experiências de Quase-Morte – Uma Visão Nova da Vida

Em um corre-corre no pronto-socorro, os médicos atendem uma vítima de ataque cardíaco. "Pensamos que não íamos conseguir salvá-lo", disse um dos médicos. O paciente, que parecia estar morto, ouve as palavras do médico e, depois, burburinhos. Como se estivesse olhando de cima, vê o próprio corpo inerte estendido sobre a maca. Depois, entra em um túnel escuro e sai em um lugar claro e brilhante, onde vê flashes muito rápidos da sua vida. Em um certo momento, chega a uma fronteira. Sente uma paz total e muito amor, mas sabe que tem de voltar. De repente, está de volta ao seu corpo. Um dos médicos exclama: "Veja, o coração está batendo!". O paciente se recupera. Pelo resto da vida ele será profundamente afetado por essa viagem até a fronteira da morte e o retorno.

A descrição que acabamos de acompanhar contém todos os elementos principais de uma *experiência de quase-morte* (EQM) (padrão de experiências que podem ocorrer quando uma pessoa é considerada clinicamente morta e depois é ressuscitada). Algumas pessoas consideram a EQM um episódio espiritual. No entanto, explicações médicas atribuem a EQM a reações fisiológicas contra a falta de oxigenação no cérebro (Wettach, 2000). De qualquer modo, uma coisa é certa: experiências de quase-morte podem mudar drasticamente a personalidade e os objetivos de vida de uma pessoa. Muitos sobreviventes desse tipo de experiência afirmam não ser mais movidos por cobiça, competição ou sucesso material. Ao contrário, tornaram-se mais preocupados com as necessidades das outras pessoas (Groth-Marnat e Summers, 1998; Kinnier et al., 2001). Aparentemente, a morte pode ser um bom critério para avaliar aquilo que realmente importa na vida.

Traços → **Tipo de Personalidade**

- Agradável
- *Ambicioso*
- Cauteloso
- *Competitivo*
- Honesto
- *Hostil*
- *Esforçado*

→ **Tipo A**

◆FIGURA 10.1 *Os tipos de personalidade são definidos mediante a presença de diversos traços específicos. Por exemplo, vários traços possíveis de personalidade estão exibidos na coluna da esquerda. Uma pessoa com personalidade do Tipo A normalmente possui todos ou a maioria dos traços destacados. As pessoas do Tipo A são especialmente propensas a apresentar doenças cardíacas (ver Capítulo 11).*

ca, desinibida, com a atenção voltada para fora. Esses termos são tão usados que você pode classificar a si mesmo ou a seus amigos como sendo de um ou outro tipo. Contudo, uma pessoa reconhecida como rebelde, esperta, a mais "extrovertida baladeira", às vezes é introvertida. Da mesma forma, pessoas extremamente introvertidas são assertivas e sociáveis em algumas situações. Resumindo, duas (ou até diversas) categorias não são suficientes para englobar as diferenças de personalidade. Por isso a classificação de pessoas em uma lista de traços tende a ser mais informativa e não uma mera divisão em dois ou três tipos.

Embora a classificação em tipos tenda a simplificar demais a personalidade, ela é válida. Na maioria das vezes, a divisão em tipos é uma forma simples de rotular pessoas dotadas de diversos traços fundamentais em comum. Por exemplo, no próximo capítulo, discutiremos as personalidades do Tipo A. Essas pessoas possuem traços de personalidade que aumentam a chance de elas sofrerem um ataque cardíaco (◆Figura 10.1). Da mesma forma, no Capítulo 12, discutiremos tipos de personalidades doentias, por exemplo, personalidades paranóicas, dependentes e anti-sociais. Cada tipo é definido por um grupo de traços de desajuste.

Autoconceito

O autoconceito oferece uma outra maneira de entender a personalidade. As linhas gerais, do seu autoconceito podem ser reveladas pela sua resposta a esta questão: "Fale-me sobre você". Em outras palavras, seu **autoconceito** é constituído de todas as suas idéias, percepções e sentimentos a respeito daquilo que você é. Ele é o "retrato" que você tem na sua mente sobre a sua personalidade.

Autoconceito A percepção de uma pessoa a respeito dos próprios traços de personalidade.

DIVERSIDADE HUMANA

Auto-Estima e Cultura — Estrela ou Jogador da Equipe?

Você está jogando vôlei com alguns amigos. Seu time vence, em parte, graças a algumas das suas boas jogadas. Depois do jogo, você se deleita com a boa atuação. Você não tem intenção de se vangloriar de ser o melhor da equipe, mas sua auto-estima sobe muito por causa do sucesso pessoal.

No Japão, Shinobu e alguns amigos estão jogando vôlei. Seu time vence, em parte, graças a algumas das boas jogadas dele. Depois do jogo, Shinobu está feliz por causa da boa atuação da equipe. No entanto, ele também se preocupa bastante com os lances em que não conseguiu ajudar a equipe. Reflete sobre como pode melhorar e decide se aprimorar ainda mais para se tornar um jogador melhor.

Esses exemplos ilustram a diferença básica entre a psicologia oriental e a ocidental. Nas culturas individualistas como a dos Estados Unidos, a auto-estima é baseada no sucesso pessoal e no desempenho de destaque. Para os norte-americanos, o caminho para obter mais auto-estima está no auto-aprimoramento; eles são estimulados pelo próprio sucesso e tendem a ignorar suas falhas ou fracassos.

A cultura do Japão e de outros povos asiáticos dá mais ênfase ao coletivo ou à interdependência entre as pessoas. Para essas culturas, a auto-estima baseia-se em um sentimento seguro de pertencimento a grupos sociais. Conseqüentemente, os membros de culturas asiáticas tendem a desenvolver mais autocrítica. Ao corrigir os defeitos pessoais, contribuem para o bem-estar do grupo. E, quando o *grupo* obtém êxito, os membros individuais sentem-se mais satisfeitos consigo, ficando, assim, com a auto-estima mais elevada.

Talvez a auto-estima ainda seja baseada no sucesso tanto na cultura oriental como na ocidental. No entanto, é fascinante ver como as culturas definem o sucesso de formas tão distintas. A ênfase da cultura norte-americana em vencer não é a única forma de você se sentir bem consigo mesmo. (Fontes: Heine e Lehman, 1999; Kitayama et al., 1997; Lay e Verkuyten, 1999; Markus e Kitayama, 1998).

Construímos de forma criativa nosso autoconceito com base nas experiências cotidianas. Depois, lentamente, revisamos esse autoconceito à medida que vamos passando por novas experiências. Uma vez estabelecido o autoconceito, ele tende a nos orientar em relação àquilo que nos chama a atenção, de que nos lembramos ou sobre o qual refletimos. Por isso, o autoconceito pode afetar muito nosso comportamento e a nossa adaptação pessoal – principalmente quando ele não é preciso (Potkay e Allen, 1986). Por exemplo, Alesha é uma estudante que se considera burra, inútil e um fracasso, mesmo tirando boas notas. Com esse autoconceito tão impreciso, ela tende a ficar deprimida mesmo quando se sai bem.

> O autoconceito pode ser marcadamente consistente. Em um estudo interessante, foi perguntado a pessoas muito idosas como elas haviam mudado com o passar dos anos. Quase todas achavam que eram essencialmente as mesmas de quando jovens (Troll e Skaff, 1997).

Auto-Estima

Observe que, além de um autoconceito impreciso, Alesha também tem baixa **auto-estima** (uma auto-avaliação negativa). Uma pessoa com auto-estima alta tem orgulho, confiança e auto-respeito. Uma pessoa com baixa auto-estima é insegura, não confia em si mesma e é autocrítica. Assim como Alesha, pessoas com baixa auto-estima normalmente são ansiosas e infelizes.

A auto-estima tende a aumentar quando obtemos êxito ou somos elogiados. Uma pessoa competente e capaz, e que é amada, admirada, respeitada, quase sempre tem auto-estima elevada (Baumeister, 1994). (As razões para ter auto-estima alta podem variar de cultura para cultura. Ver o quadro "Auto-Estima e Cultura – Estrela ou Jogador da Equipe?" para obter mais informações.)

E se você "se acha o melhor" e não é? A verdadeira auto-estima está baseada na avaliação precisa dos seus pontos fortes e fracos. Uma auto-avaliação positiva aceita muito facilmente pode não ser saudável (Twenge e Campbell, 2001). Quem se valoriza demais (e demonstra isso aos outros) pode, em princípio, parecer confiante, mas a sua arrogância rapidamente afasta as outras pessoas (Paulhus, 1998).

Teorias da Personalidade

Fica fácil se perder se não houver um parâmetro para entender a personalidade. Como se inter-relacionam as idéias, as ações e os sentimentos? Como se desenvolve a personalidade? Por que algumas pessoas sofrem de problemas psicológicos? Como ajudá-las? Para responder a essas perguntas, os psicólogos têm criado um conjunto impressionante de teorias. A **teoria da personalidade** é um sistema de conceitos, pressupostos, idéias e princípios propostos para explicar a personalidade (♦Figura 10.2). Neste capítulo, será possível explorar apenas algumas das muitas teorias da personalidade. As cinco visões principais dessas teorias são:

Auto-estima Ver a si mesmo como uma pessoa de valor; uma avaliação positiva de si mesmo.

Teoria da personalidade Um sistema de conceitos, pressupostos, idéias e princípios utilizado para entender e explicar a personalidade.

1. **Teoria dos traços**, que tenta identificar os traços componentes da personalidade e suas relações com o comportamento real.
2. **Teoria psicodinâmica**, que se concentra nas atividades da personalidade, principalmente nos conflitos e nos esforços.
3. **Teoria behaviorista**, que enfatiza a importância do ambiente externo e os efeitos do condicionamento e do aprendizado.
4. **Teoria do aprendizado social**, que atribui as diferentes personalidades à sociabilização, às expectativas e aos processos mentais.
5. **Teoria humanista**, que destaca a experiência privada subjetiva e o crescimento pessoal.

Com essas informações, vamos conhecer melhor a personalidade.

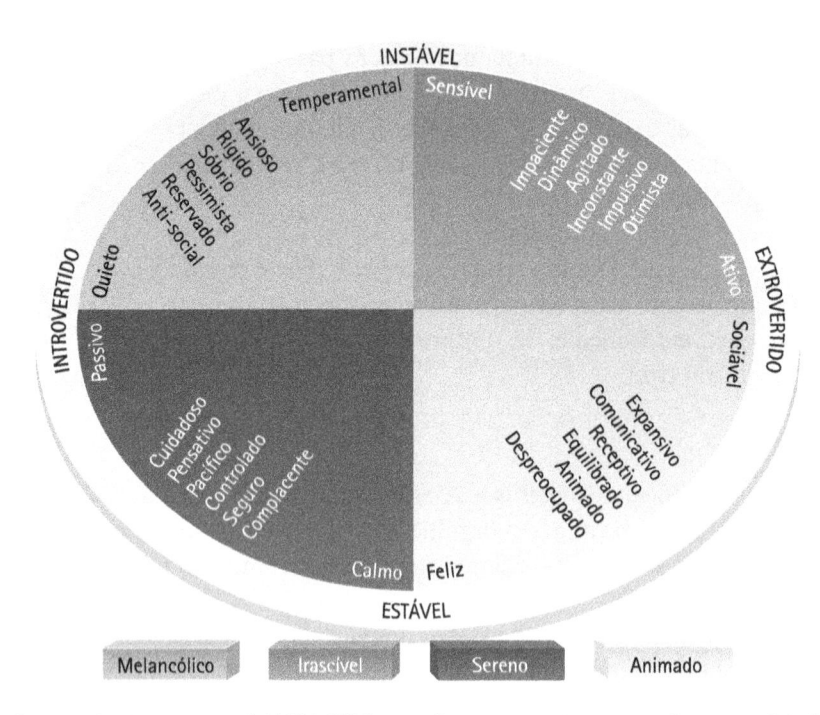

◆FIGURA 10.2 *O psicólogo inglês Hans Eysenck (1916-1997) acreditava que muitos traços de personalidade estariam ligados principalmente ao fato de um indivíduo ser introvertido ou extrovertido e de ele ser emocionalmente estável ou instável (extremamente emotivo). Essas características, por sua vez, estariam relacionadas a quatro tipos básicos de temperamento identificados inicialmente pelos antigos gregos. Os tipos são melancólico (triste, abatido), irascível (de "pavio curto", facilmente irritável), sereno (apático, calmo) e animado (alegre, esperançoso). (Classificação adaptada de Eysenck, 1981.)*

A ABORDAGEM DOS TRAÇOS — DESCREVA A SI MESMO EM 18 MIL PALAVRAS OU MENOS

▶ **PERGUNTA PARA PESQUISA** *Há alguns traços da personalidade mais básicos ou mais importantes do que outros?*

Com quantas palavras você acha que consegue descrever a personalidade de um amigo íntimo? A lista pode ser enorme: mais de 18 mil palavras em inglês referem-se a características pessoais. Como já observamos, traços são qualidades estáveis que a pessoa demonstra na maioria das situações. Por exemplo, se você geralmente é simpático, otimista e prudente, essas qualidades são traços da sua personalidade.

E se eu algumas vezes for tímido, pessimista ou desinibido? As três qualidades originais ainda são traços, já que são as características mais *típicas* do seu comportamento. Digamos que a minha amiga Annette enfrente a maioria das situações com otimismo, mas tenda a esperar o pior sempre que se candidata a um emprego. Se esse pessimismo se limitar a essa situação ou a apenas algumas outras ocasiões, ainda é adequado e válido descrevê-la como uma pessoa otimista.

Prevendo o Comportamento

No início, vimos que a separação de pessoas em tipos distintos, como em "introvertido" e "extrovertido", pode simplificar demais a personalidade. Entretanto, a introversão/extroversão também pode ser considerada um traço. Se soubéssemos classificar esse traço de personalidade poderíamos prever o comportamento da pessoa em várias situações. Por exemplo, em que local da biblioteca você prefere estudar? Pesquisadores constataram que estudantes com forte traço de extroversão estudam em locais agitados, onde há grandes chances de encontrar e conversar com outras pessoas (Campbell e Hawley, 1982). Na biblioteca da Universidade Colgate (onde foi realizado o estudo), é possível ver estudantes extrovertidos no saguão do segundo andar. Ou, também, estudantes mais introvertidos nos cubículos do primeiro e do terceiro andar!

Existem outras ligações interessantes entre traços e comportamento. Peter Rentfrow e Samuel Gosling descobriram recentemente que a preferência musical das pessoas tende a estar associada às suas características de personalidade. Veja se seu gosto musical coincide com as descobertas (Rentfrow e Gosling, 2003).

Qual É a sua Personalidade Musical?

- Pessoas que valorizam experiências estéticas, têm boa capacidade verbal, são liberais e tolerantes com os outros e tendem a apreciar músicas reflexivas e complexas (*blues*, *jazz*, *folk* americano e música erudita).
- Pessoas que gostam de novas experiências, de se arriscar e que são fisicamente ativas preferem música intensa e agitada (*rock*, *heavy metal* e música alternativa).
- Pessoas alegres, convencionais, extrovertidas, confiáveis, solícitas e conservadoras tendem a gostar de música convencional e alegre (musica sertaneja, religiosa, popular e trilhas sonoras).
- Pessoas falantes, animadas, tolerantes, fisicamente atraentes e contrárias aos ideais conservadores tendem a preferir músicas ritmadas e animadas (*rap/hip-hop*, *soul/funk* e música eletrônica e dançante).

Sem dúvida nenhuma, os traços de personalidade afetam nosso comportamento cotidiano.

Descrevendo as Pessoas

Em geral, os psicólogos tentam identificar traços que melhor descrevem uma pessoa. Dedique um tempo para verificar, na ▲Tabela 10.1, aqueles que descrevem a sua personalidade. Os traços que você marcou têm a mesma importância? Alguns são mais fortes ou mais básicos que outros? Algum se sobrepõe a outro? Por exemplo, se você marcou "dominante", também marcou "confiante" e "franco"? As respostas a essas perguntas interessariam os teóricos de traços. Para entender melhor a personalidade, os **teóricos de traços** tentam analisar, classificar e inter-relacionar os traços.

> Uma análise feita dos traços de personalidade do ex-presidente norte-americano Bill Clinton mostrou que ele é auto-assertivo, autopromotor, extrovertido e sociável. Esses traços provavelmente ajudaram-no a manter o surpreendente grau de aprovação pública durante o escândalo "Monica Lewinsky" (Immelman, 1998).

Classificando os Traços

Existem tipos diferentes de traços? Sim, o psicólogo Gordon Allport (1961) identificou diversos tipos. **Traços comuns** são aqueles compartilhados pela maioria dos membros de uma cultura. Eles nos indicam a semelhança entre pessoas de um determinado país ou de uma determinada cultura, ou os traços valorizados por uma cultura. Nos Estados Unidos, por exemplo, a competitividade é um traço relativamente comum. No entanto, entre os índios hopi da região norte do Arizona, é relativamente raro.

Teórico de traços Psicólogo que está interessado em classificar, analisar e inter-relacionar traços para entender a personalidade.

Traços comuns Traços de personalidade que são compartilhados pela maioria dos membros de uma determinada cultura.

▲TABELA 10.1 Lista de Traços

Marque os traços que você considera característicos da sua personalidade. Alguns são mais básicos do que outros?

agressivo	organizado	ambicioso	esperto
confiante	leal	generoso	calmo
afetuoso	franco	cuidadoso	confiável
sensível	maduro	talentoso	ciumento
sociável	honesto	divertido	religioso
dominante	chato	preciso	nervoso
humilde	desinibido	visionário	alegre
pensativo	sério	prestativo	emotivo
ordeiro	ansioso	ajustado	afável
liberal	curioso	otimista	bondoso
pacífico	amistoso	entusiástico	compulsivo

Evidentemente, os traços comuns não dão muita informação individual a respeito das pessoas. Enquanto na cultura norte-americana muitas pessoas são competitivas, diversas pessoas que você conhece podem ter esse traço forte, médio ou fraco. Normalmente, também estamos interessados nesses **traços individuais**, que descrevem as qualidades singulares de uma pessoa.

Aqui está uma analogia que ajuda a distinguir os traços comuns dos individuais: se você decidir comprar um cãozinho de estimação, irá querer saber as características gerais da raça (os traços comuns). Além disso, desejará saber sobre a "personalidade" de um cão específico (os traços individuais) antes de decidir levá-lo para casa.

Allport também fazia distinção entre *traços cardinais*, *traços centrais* e *traços secundários*. Os **traços cardinais** são tão essenciais que todas as atividades de uma pessoa podem ser remetidas ao traço. Por exemplo, a compaixão era um traço extraordinário da personalidade de Madre Teresa de Calcutá. Do mesmo modo, a personalidade de Abraham Lincoln era dominada pelo traço cardinal de honestidade. De acordo com Allport, poucas pessoas têm traços cardinais.

Traços Centrais

Qual a diferença entre traços centrais e secundários e traços cardinais? **Traços centrais** são os "blocos de construção" da personalidade. Uma quantidade surpreendentemente pequena de traços centrais captura a essência de uma pessoa. Por exemplo, apenas seis traços seriam suficientes para dar uma boa descrição da personalidade de Annette: dominante, sociável, honesta, alegre, inteligente e otimista. Quando alguns estudantes universitários foram solicitados a descrever uma pessoa que conheciam bem, eles mencionaram em média apenas sete traços centrais (Allport, 1961).

Os **traços secundários** são qualidades pessoais mais superficiais, por exemplo: gosto alimentar, atitude, opinião política, gosto musical e assim por diante. Nas palavras de Allport, a descrição de uma personalidade deve conter, então, os seguintes itens.

Nome: Maria da Silva
Idade: 22 anos
Traços cardinais: Nenhum
Traços centrais: Possessiva, autônoma, artística, dramática, autocentrada, confiável
Traços secundários: Prefere roupas coloridas, gosta de trabalhar sozinha, politicamente liberal, sempre atrasada

Traços-Fonte

Como identificar se um traço de personalidade é central ou secundário? Raymond B. Cattell (1906-1998) tentou responder a essa pergunta estudando diretamente os traços de inúmeras pessoas. Cattell começou a medir as características visíveis da personalidade, que chamou de **traços de superfície**. Logo Cattell observou que esses traços de superfície, muitas vezes, apareciam juntos, agrupados. Na verdade, alguns traços aparecem juntos com tanta freqüência que parecem representar um único traço mais básico. Cattell chamou essas características mais profundas de **traços-fonte** (Cattell, 1965). Esses traços são básicos da personalidade de cada indivíduo.

Qual a diferença entre os traços-fonte e os traços centrais de Allport? Allport classificou os traços de forma subjetiva, e talvez em alguns momentos ele estivesse errado. Cattell usou uma técnica estatística chamada *análise de fatores* para procurar as ligações entre os traços. Por exemplo, ele descobriu que pessoas imaginativas são quase sempre *inventivas, curiosas, criativas, inovadoras* e *engenhosas*. Assim, *imaginativo* é um traço-fonte. Se você for uma pessoa imaginativa, automaticamente saberemos que tem também outros diversos traços.

Cattell identificou 16 traços-fonte. De acordo com ele, todos os 16 traços são necessários para descrever completamente a personalidade. Os traços-fonte são medidos por um teste denominado *Questionário de Dezesseis Fato-*

Traços individuais Traços de personalidade que definem as qualidades individuais peculiares de uma pessoa.

Traço cardinal Um traço de personalidade tão básico que todas as atividades da pessoa estão relacionadas a ele.

Traços centrais Os traços que caracterizam uma determinada personalidade.

Traços secundários Os traços inconsistentes ou relativamente superficiais.

Traços de superfície Os traços visíveis e observáveis da personalidade da pessoa.

Traços-fonte Os traços básicos de personalidade; cada traço-fonte é refletido em inúmeros traços de superfície.

res de Personalidade (muitas vezes chamado de 16 PF). Da mesma forma que muitos testes de personalidade, o 16 PF pode ser usado para criar um **perfil de traços** ou um gráfico com a pontuação de cada traço de uma pessoa. Os perfis de traços "desenham" as personalidades individuais, facilitando a comparação entre elas (◆Figura 10.3).

Perfil de traços Representação gráfica das classificações obtidas por uma pessoa em cada um dos vários traços de personalidade.

Modelo de cinco fatores Propõe a existência de cinco dimensões universais da personalidade.

Os Cinco Grandes

Noel é expansivo e simpático, responsável, emocionalmente estável e habilidoso. Seu irmão, Joel, é introvertido, hostil, irresponsável, emocionalmente imprevisível e alienado (desinteressado). Se você tivesse de passar uma semana em uma cápsula espacial com um dos dois, quem escolheria? Se a resposta parecer óbvia, é porque a descrição de Noel e Joel foi baseada no **modelo de cinco fatores**, sistema que identifica as cinco dimensões mais básicas da personalidade.

Os "Cinco Grandes" fatores mencionados na ◆Figura 10.4 são baseados nas tentativas de reduzir os 16 fatores de Cattell a apenas cinco dimensões universais (Digman, 1990; Goldberg, 1993). Os Cinco Grandes podem ser a melhor resposta para a seguinte pergunta: "Qual é a essência da personalidade humana?" (De Raad, 1998; McCrae e Costa, 1997).

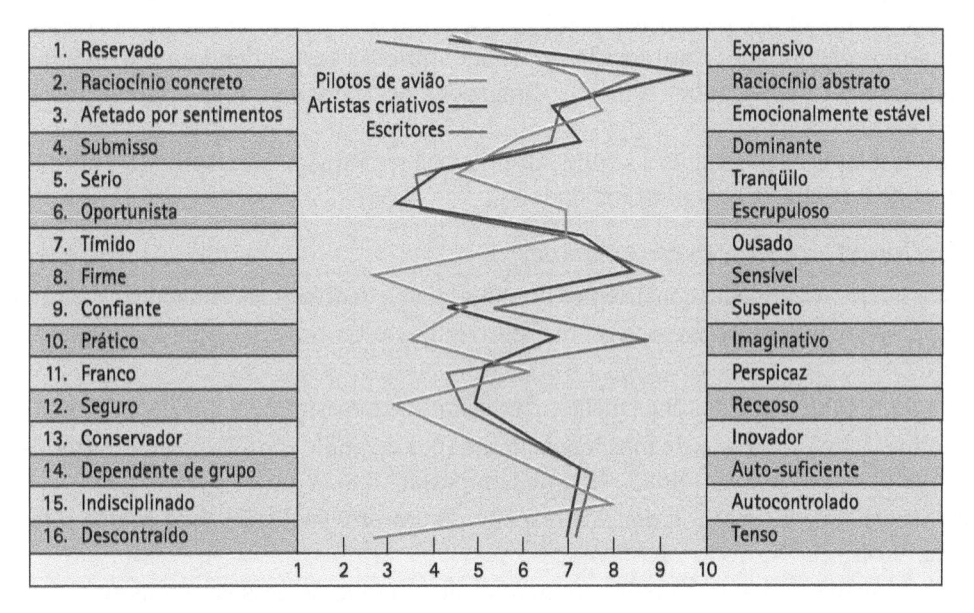

◆FIGURA 10.3 *Os 16 traços-fonte medidos pelo 16 PF de Cattell estão citados ao lado do gráfico. Os resultados podem ser graficamente representados como perfil individual ou coletivo. Os perfis mostrados neste exemplo são médias coletivas de pilotos de avião, artistas criativos e escritores. Observe a semelhança entre os artistas e escritores e a diferença entre esses dois grupos e os pilotos. (Baseado em Cattell, 1973.)*

◆FIGURA 10.4 *Os Cinco Grandes fatores. De acordo com o modelo de cinco fatores, as diferenças básicas da personalidade podem ser "simplificadas" e agrupadas nas dimensões mostradas na figura ao lado. O modelo de cinco fatores responde às perguntas essenciais sobre uma pessoa: Ela é extrovertida ou introvertida? É agradável ou difícil? Consciente ou irresponsável? Emocionalmente estável ou instável? Inteligente ou limitada? Essas perguntas abrangem grande parte do que desejamos saber sobre a personalidade de alguém. (Descrições dos traços adaptadas de McCrae e Costa, 1990.)*

Saber onde uma pessoa se encaixa nos "Cinco Grandes" fatores de personalidade ajuda a prever seu comportamento. Por exemplo, pessoas com classificação alta em consciência tendem a ser motoristas cuidadosos, com pouca probabilidade de se envolver em acidentes (Arthur e Graziano, 1996).

As Cinco Dimensões Principais

Se você quiser comparar as personalidades de duas pessoas, tente classificá-las de acordo com as cinco dimensões mostradas na Figura 10.4. Para o fator 1, *extroversão*, classifique quão introvertida ou extrovertida é cada pessoa. O fator 2, *aprazibilidade*, refere-se ao grau de amizade, preocupação e atenção que a pessoa demonstra, em oposição ao grau de frieza, indiferença, egocentrismo ou maldade. A pessoa que demonstra *consciência* (fator 3) é autodisciplinada, responsável e realizadora. A pessoa com classificação baixa nesse fator é irresponsável, negligente e não-confiável. O fator 4, *tendência à neurose*, refere-se a emoções negativas e perturbadoras. A pessoa com alta tendência à neurose costuma ser ansiosa, emocionalmente "ranzinza", irritável e infeliz. Por fim, as pessoas com classificação alta no fator 5, *abertura às experiências*, são inteligentes e receptivas a novas idéias (Digman, 1990). A beleza desse modelo está no fato de que praticamente qualquer traço no qual você pensar irá relacionar-se a um dos cinco fatores. Se você estiver escolhendo um colega de quarto na faculdade, contratando um funcionário ou respondendo a um anúncio pessoal para solteiros, provavelmente irá querer saber todas as dimensões pessoais incluídas entre as cinco principais.

Antes de ler a próxima seção, responda às perguntas a seguir. Assim, você terá uma noção melhor do porquê da interminável polêmica envolvendo a psicologia da personalidade.

FAÇA UMA AUTO-AVALIAÇÃO: COMO VOCÊ VÊ A PERSONALIDADE?

1. As ações dos meus amigos são razoavelmente consistentes no dia-a-dia e em diferentes situações. V ou F?
2. O fato de uma pessoa ser honesta ou desonesta, boa ou má, destemida ou covarde depende basicamente das circunstâncias. V ou F?
3. A maioria das pessoas que conheci ao longo dos anos mantém praticamente a mesma personalidade. V ou F?
4. O motivo da grande semelhança entre pessoas da mesma profissão (por exemplo, professores, advogados e médicos) é que o trabalho delas exige determinado tipo de comportamento. V ou F?
5. Uma das primeiras informações que eu gostaria de ter a respeito de um provável colega de quarto seria sobre a sua personalidade. V ou F?
6. Creio que as circunstâncias imediatas geralmente determinam o modo como as pessoas agem em qualquer momento. V ou F?
7. Para uma pessoa se sentir confortável em um determinado emprego, sua personalidade deve corresponder à natureza do trabalho. V ou F?
8. Praticamente todas as pessoas se comportariam de maneira educada em um casamento, independentemente do tipo de personalidade de cada uma. V ou F?

Agora, conte quantos itens ímpares você marcou como verdadeiro. Depois, conte os pares.

Se você marcou como verdadeiro a maioria dos itens ímpares, você tende a enxergar o comportamento como sendo muito influenciado pelos traços de personalidade ou pelas disposições pessoais permanentes.

Se você concordou com a maioria dos itens pares, você enxerga o comportamento como sendo extremamente influenciado por situações e circunstâncias externas.

E se eu respondi verdadeiro igualmente para os itens pares e ímpares? Então você atribui o mesmo peso aos traços e às situações como formas de explicação para o comportamento. Essa é a visão atualmente mantida por muitos psicólogos da personalidade (Funder, 2001; Mischel e Shoda, 1998).

Traços, Consistência e Situações

Para antecipar o comportamento de uma pessoa, será que é melhor se concentrar nos traços de personalidade ou nas circunstâncias externas? Na realidade, é melhor levar os dois aspectos em consideração. Os traços de personalidade são muito consistentes. Como vimos anteriormente, eles permitem prever características, como desempenho profissional, direção perigosa ou sucesso no casamento (Funder, 2001). Contudo, *situações* também influenciam muito o comportamento. Por exemplo, seria estranho você dançar no cinema ou ler um livro em um jogo de futebol. Da mesma forma, poucas pessoas dormem em uma montanha-russa ou contam piadas de mau gosto em velórios. No entanto, seus traços de personalidade permitem prever se sua escolha será, em primeiro lugar, pela leitura de um livro, por um cinema, ou pelo jogo de futebol. Normalmente, os traços *interagem* com as situações para determinar como iremos agir (Sheldon et al., 1997).

Na **interação traço-situação**, as circunstâncias externas influenciam a expressão de um traço de personalidade. Por exemplo, imagine o que ocorreria se você saísse de uma igreja e fosse para uma aula, para uma festa ou para uma partida de futebol. Com essa troca de ambientes, você falaria cada vez mais alto e se tornaria cada vez mais barulhento. Essa mudança demonstra os efeitos situacionais sobre o comportamento. Ao mesmo tempo, seus traços de personalidade também ficariam aparentes: se você for mais quieto do que a média na sala de aula, provavelmente será mais quieto do que a média em outros ambientes também. De onde vêm essas diferenças? Na próxima seção discutiremos uma fonte dos traços de personalidade.

Nós Herdamos Personalidade?

Até que ponto a hereditariedade influencia os traços de personalidade? Algumas raças de cães são conhecidas como amigáveis, agressivas, inteligentes, calmas ou emotivas. Essas diferenças caem no domínio da **genética comportamental**, o estudo dos traços comportamentais herdados. Sabemos que características faciais, cor dos olhos, tipo físico e muitas outras características físi-

> Interação traço-situação Influência exercida por ambientes ou circunstâncias externas na expressão de traços de personalidade.
>
> Genética comportamental Estudo das tendências e dos traços comportamentais herdados.

RACIOCÍNIO CRÍTICO — Os Gêmeos de Minnesota

Muitos gêmeos reunidos no estudo da Universidade de Minnesota exibiram muito mais semelhanças do que seria esperado com base na hereditariedade. Um bom exemplo é o caso dos "gêmeos Jim", James Lewis e James Springer. Os dois Jims se casaram com mulheres chamadas Linda e se divorciaram. Ambos realizaram treinamento para se tornarem policiais e deram o nome de James Allan ao filho mais velho. Os dois possuíam carro da marca Chevrolet e passavam as férias de verão na mesma praia. Ambos mencionaram a marcenaria e o desenho mecânico como hobbies. Ambos construíram bancos em torno das árvores no quintal da casa. E assim por diante (*Holden*, 1980).

Será que a hereditariedade realmente controla detalhes desse tipo da nossa vida? Será que existem genes designadores de nomes dos filhos ou genes construtores de bancos de jardim? Evidentemente, a idéia é absurda. Como, então, explicamos as estranhas semelhanças na vida dos gêmeos separados?

O leitor astuto perceberá que pessoas sem nenhuma ligação também podem compartilhar semelhanças "inusitadas". Um estudo, por exemplo, comparou gêmeos com pares de estudantes sem nenhuma ligação entre si. Os pares sem ligações, da mesma idade e do mesmo sexo, eram praticamente tão parecidos quanto os gêmeos. Eles apresentavam grande semelhante nas crenças políticas, nos gostos musicais, nas preferências religiosas, nos históricos profissionais, nos hobbies, nos gostos alimentares e assim por diante (Wyatt et al., 1984). Por que esses alunos eram tão semelhantes? Basicamente, porque as pessoas da mesma idade e do mesmo sexo vivem no mesmo período histórico e fazem opções sociais semelhantes.

Imagine que você tenha sido separado, ao nascimento, de um irmão gêmeo. Se vocês fossem reunidos hoje, o que fariam? Muito provavelmente, vocês passariam vários dias comparando cada detalhe imaginável de suas vidas. Nessas circunstâncias, é praticamente certo que você e seu irmão gêmeo ou irmã gêmea compilariam uma enorme lista de semelhanças. ("Nossa! Eu uso a mesma marca de creme dental que você!") No entanto, duas pessoas sem ligações, com a mesma idade, o mesmo sexo e pertencentes à mesma raça provavelmente competiriam com a sua lista – se estivessem motivadas a encontrar semelhanças.

Em resumo, muitas das aparentes "incríveis" coincidências compartilhadas por gêmeos reunidos podem tratar-se de um caso especial de falácia de exemplos positivos, descritos no Capítulo 1. As semelhanças ficam patentes na memória dos gêmeos reunidos, e as diferenças são ignoradas.

PAUSA PARA ESTUDO — Teorias da Personalidade e dos Traços

RELACIONE

Defina ou descreva com suas próprias palavras os seguintes termos: *personalidade, caráter, temperamento, traço, tipo, autoconceito, auto-estima*.

Mencione seis ou sete traços que descrevam melhor a sua personalidade. Que sistema de traços parece se ajustar melhor à sua lista, o de Allport, o de Cattell ou o dos Cinco Grandes?

Escolha um traço saliente da sua lista. A expressão desse traço parece ser influenciada por situações específicas? Você acha que a hereditariedade contribuiu para esse traço?

VERIFICAÇÃO DO APRENDIZADO

1. _____ refere-se aos aspectos hereditários da natureza emocional de uma pessoa.
2. O termo _____ refere-se à presença ou ausência de qualidades pessoais desejáveis.
   a. personalidade   b. traço-fonte
   c. caráter   d. temperamento
3. Um sistema que classifique todas as pessoas em introvertidas ou extrovertidas é um exemplo de abordagem de _____ de personalidade.
4. A percepção de um indivíduo de sua própria personalidade constitui o _____ da pessoa.
5. Traços centrais são aqueles compartilhados pela maioria dos membros de uma cultura. V ou F?
6. Cattell acredita que os grupos de traços _____ revelam a presença de traços-_____ subjacentes.
7. Qual dos itens a seguir *não* é um dos Cinco Grandes fatores de personalidade?
   a. submissão   b. aprazibilidade
   c. extroversão   d. tendência à neurose
8. Para entender a personalidade, é importante lembrar que os traços e as situações _____ para determinar o comportamento.

Raciocínio Crítico

9. De que forma a memória contribuiria para a formação de uma auto-imagem precisa ou imprecisa?
10. As situações influenciam com a mesma intensidade o comportamento?

RESPOSTAS: 1. Temperamento 2. c 3. tipo. 4. autoconceito 5. F 6. de superfície; fonte 7. a 8. interagem 9. Como foi discutido no Capítulo 7, a memória é altamente seletiva, e memórias de longo prazo, muitas vezes, são distorcidas por informações recentes. Essas propriedades aliam-se à moldabilidade do autoconceito. 10. Não. As circunstâncias podem influenciar muito ou pouco o comportamento. Em algumas situações, quase todo mundo irá agir da mesma forma, independentemente dos seus traços de personalidade. Em outras situações, os traços podem ser muito importantes.

---

cas são herdadas. O mesmo ocorre com muitas das tendências comportamentais (Rose, 1995). Os estudos genéticos têm demonstrado que inteligência, alguns distúrbios mentais, temperamento e outras qualidades complexas são influenciados pela hereditariedade. Em vista dessas descobertas, também podemos questionar: Será que os genes afetam a personalidade?

Será que uma comparação entre as personalidades de gêmeos idênticos não ajudaria a responder a essa pergunta? Sim, ajudaria – principalmente se fossem gêmeos separados ao nascimento ou logo após.

Gêmeos e Traços

Por duas décadas, os psicólogos da University of Minnesota estiveram estudando gêmeos idênticos criados em lares distintos. Os testes médicos e psicológicos revelaram que os gêmeos reunidos são muito parecidos, mesmo quando criados separadamente (Bourchard et al., 1990; Lykken et al., 1992). Normalmente, eles são incrivelmente parecidos em aparência, qualidade vocal, gestos faciais, movimentos das mãos e tiques nervosos, como o hábito de roer unhas. Gêmeos separados também tendem a apresentar talentos semelhantes. Se um dos gêmeos for talentoso em artes, música, dança, teatro ou esporte, provavelmente o outro também o será – apesar da grande diferença no ambiente de infância. Contudo, como esclarece o texto intitulado "Os Gêmeos de Minnesota", é melhor considerarmos com prudência alguns relatos a respeito de semelhanças extraordinárias entre gêmeos reunidos.

Resumo

Os estudos com gêmeos deixam claro que a hereditariedade tem um efeito mensurável em cada um de nós. Dito isso, parece razoável concluir que a hereditariedade é responsável por cerca de 25% a 50% da variação em muitos traços de personalidade (Jang e Livesley, 1998; Loehlin et al., 1998). Observe, no entanto, que essas mesmas porcentagens indicam que a personalidade é tão moldada pelo ambiente quanto pela hereditariedade (Gatz, 1990).

Cada personalidade é uma mistura ímpar de hereditariedade e ambiente, biologia e cultura. Não somos – felizmente – robôs programados geneticamente com comportamento e traços de personalidade "conectados" para a vida. O rumo da sua vida é resultado das suas escolhas. Até certo ponto, essas escolhas são influenciadas pelas tendências herdadas (Saudino et al., 1997). Porém, elas não são simplesmente produto de seus genes (Funder, 2001; Rose, 1995).

TEORIA PSICANALÍTICA – O ID ME APARECEU EM UM SONHO

▶ **PERGUNTA PARA PESQUISA** *Como as teorias psicodinâmicas explicam a personalidade?*

Os teóricos psicodinâmicos não se satisfazem em estudar os traços. Ao contrário, eles tentam sondar as profundezas da personalidade – para aprender quais são os impulsos, os conflitos e as energias que nos movem. Os teóricos psicodinâmicos acreditam que muitas das nossas ações são baseadas em necessidades ocultas ou inconscientes.

A **teoria psicanalítica**, mais conhecida como abordagem psicodinâmica, foi elaborada com base no trabalho de Sigmund Freud, médico vienense. Como médico, Freud era fascinado por pacientes cujos problemas pareciam ser de fundo mais emocional do que físico. A partir de aproximadamente 1890 até a sua morte, em 1939, Freud elaborou uma teoria da personalidade que influenciou profundamente o pensamento moderno. Vejamos algumas das principais características da sua teoria.

Teoria psicanalítica Teoria freudiana da personalidade que enfatiza as forças e os conflitos inconscientes.

A Estrutura da Personalidade

Qual era a visão de Freud sobre a personalidade? O modelo de Freud retrata a personalidade como um sistema dinâmico orientado por três estruturas mentais, o **id**, o **ego** e o **superego**. De acordo com Freud, a maioria dos comportamentos envolve a atividade desses três sistemas. (A teoria de Freud inclui inúmeros conceitos. Para facilitar a leitura, eles estão descritos na ▲Tabela 10.2, e não nas margens da página.)

O Id

O id é constituído de instintos e impulsos biológicos inatos. Ele é egoísta, irracional, impulsivo e totalmente inconsciente. O id opera no **princípio do prazer**. Ou seja, busca a livre expressão dos impulsos em busca do prazer de todos os tipos. Se fôssemos controlados exclusivamente pelo id, o mundo seria um caos generalizado.

O id atua como um poço de energia para toda a **psique**, ou personalidade. Essa energia, chamada **libido**, flui dos **instintos vitais** (ou **Eros**). De acordo com Freud, a libido é a base do nosso esforço de sobrevivência, da mesma forma que os desejos sexuais e a busca do prazer. Freud também descreveu o **instinto de morte**. **Tanato**, como ele costumava chamar esse instinto, produz impulsos destrutivos e agressivos. Freud considerava a longa história de guerras e violência da humanidade como prova desse impulso. Assim, grande parte da energia do id é destinada a descarregar as tensões relacionadas ao sexo e à agressão.

O Ego

O ego algumas vezes é descrito como o "executor", porque ele dirige as energias fornecidas pelo id. O id é como um rei ou uma rainha cegos cujo poder é imensurável, mas que dependem dos outros para conduzir as ordens. O id consegue formar imagens mentais apenas daquilo que deseja. O ego ganha forças para dirigir o comportamento, relacionando os desejos do id com a realidade externa.

Existem outras diferenças entre ego e id? Sim. Lembre-se do **princípio da realidade**. Ou seja, o ego posterga a ação até ela se tornar prática ou adequada. O ego é o sistema de raciocínio, planejamento, solução de problemas e decisão. Ele está no controle consciente da personalidade.

O Superego

Qual é o papel do superego? O superego atua como juiz ou censor das idéias e das ações do ego. Uma parte do superego, denominada **consciência**, reflete as ações pelas quais uma pessoa foi punida. Quando os padrões de consciência não são atingidos, você é castigado imediatamente por sentimentos de *culpa*.

Uma segunda parte do superego é o **ideal de ego**. O ideal de ego reflete todo comportamento aprovado ou recompensado pelos pais. O ideal de ego é a origem dos objetivos e das aspirações. Quando seus padrões são atingidos, sentimos *orgulho*.

▲ TABELA 10.2   Conceitos Básicos Freudianos

Ansiedade moral Apreensão sentida quando os pensamentos, os impulsos ou as ações conflitam com os padrões do superego.

Ansiedade neurótica Apreensão sentida quando o ego luta para controlar os impulsos do id.

Complexo de Édipo A atração sexual do garoto pela mãe, e os sentimentos de rivalidade em relação ao pai.

Complexo de Electra A atração sexual da garota pelo pai e os sentimentos de rivalidade em relação à mãe.

Consciência Parte do superego que provoca a culpa quando os padrões não são atingidos.

Consciente Região da mente que inclui todo o conteúdo mental de que a pessoa tem consciência em qualquer determinado momento.

Ego Parte executora da personalidade que orienta o comportamento racional.

Eros Nome dado por Freud para os "instintos vitais".

Fase anal Fase psicossexual que corresponde aproximadamente ao aprendizado da higiene íntima, ou seja, do controle da defecação (de 1 a 3 anos).

Fase fálica Fase psicossexual (aproximadamente dos 3 aos 6 anos) em que a criança se preocupa com os órgãos genitais.

Fase genital Período de pleno desenvolvimento psicossexual, marcado pelo alcance da sexualidade adulta madura.

Fase oral Período em que os bebês se preocupam com a boca como fonte de prazer e meio de expressão.

Fases psicossexuais As fases oral, anal, fálica e genital, durante as quais são formados vários traços de personalidade.

Fixação Conflito duradouro desenvolvido em conseqüência de frustração ou de tolerância excessiva.

Id Parte primitiva da personalidade que permanece inconsciente, fornece energia e demanda o prazer.

Ideal de ego Parte do superego representante do comportamento ideal; fonte de orgulho quando os padrões são atingidos.

Inconsciente Região da mente que está além da consciência, principalmente impulsos e desejos não diretamente conhecidos pela pessoa.

Latência De acordo com Freud, período da infância em que o desenvolvimento psicossexual é mais ou menos interrompido.

Libido Na teoria freudiana, a força, basicamente voltada para o prazer, que energiza a personalidade.

Personalidade anal-expulsiva Pessoa desorganizada, destrutiva, cruel ou confusa.

Personalidade anal-retentora Pessoa obstinada, sovina ou compulsiva, que geralmente tem dificuldade em "desistir" de algo.

Personalidade fálica Pessoa fútil, exibicionista, sensível e narcisista.

Personalidade oral-agressiva Pessoa que usa a boca para expressar hostilidade, gritando, xingando, mordendo e assim por diante. Além disso, pessoa que explora ativamente os outros.

Personalidade oral-dependente Pessoa que deseja passivamente receber atenção, presentes, amor e assim por diante.

Pré-consciente Área da mente contendo informações que podem ser trazidas para o consciente voluntariamente.

Princípio da realidade Postergação da ação (ou do prazer) até se tornar adequada.

Princípio do prazer Desejo de satisfação imediata dos anseios, dos desejos ou das necessidades.

Psique A mente, vida mental e personalidade como um todo.

Superego Juiz ou censor dos pensamentos e das ações.

Tanato O instinto de morte postulado por Freud.

Zona erógena Qualquer área do corpo que produza sensações de prazer.

O superego atua como um "pai internalizado" para manter o comportamento sob controle. Em termos freudianos, uma pessoa com superego fraco terá personalidade delinqüente, criminosa ou anti-social. Porém, um superego extremamente rígido ou severo pode provocar inibição, rigidez ou culpa insuportável.

A Dinâmica da Personalidade

De que forma interagem o id, o ego e o superego? Freud não descreveu o id, o ego e o superego como partes do cérebro ou como "minipessoas" operando a psique humana. Ao contrário, são processos mentais conflitantes. Freud teorizou um equilíbrio delicado de poder entre os três. Por exemplo, as exigências do id por prazer imediato muitas vezes entram em conflito com as restrições morais do superego. Talvez um exemplo ajude a esclarecer o papel de cada parte da personalidade.

FREUD EM POUCAS PALAVRAS

Digamos que você seja atraído sexualmente para um encontro. O id suplica por satisfação imediata dos seus desejos sexuais, mas é combatido pelo superego (que considera o puro pensamento sexual chocante). O id diz: "Vá em frente!". O superego responde com frieza: "Nunca mais pense nisso novamente!". E o que diz o ego? O ego diz: "Tenho um plano!".

Evidentemente, essa é uma simplificação extrema, no entanto, captura o âmago do pensamento freudiano. Para reduzir a tensão, o ego começaria com ações que levem à amizade, ao romance, ao flerte e ao casamento. Se o id for extremamente poderoso, o ego pode ceder e tentar uma sedução. Se o superego prevalecer, o ego pode ser forçado a *deslocar* ou *sublimar* as energias sexuais para outras atividades (esporte, música, dança, musculação, banho frio). De acordo com Freud, o esforço interno e as energias desviadas para outras atividades tipificam grande parte do funcionamento da personalidade.

Será que o ego sempre fica no meio? Basicamente, sim, e as pressões sobre ele são enormes. Além de atender às exigências conflitantes do id e do superego, o ego elaborado demais tem de lidar com a realidade externa.

De acordo com Freud, você se sente ansioso quando o ego está ameaçado ou exaltado. Os impulsos do id provocam **ansiedade neurótica** quando o ego consegue controlá-los mal. A ameaça de punição por parte do superego provoca **ansiedade moral**. Cada pessoa desenvolve maneiras habituais de acalmar esse tipo de ansiedade, e muitas recorrem ao *mecanismo de defesa do ego* para diminuir os conflitos internos. Mecanismos de defesa são processos mentais que negam, distorcem ou, de outra forma, bloqueiam as fontes de ameaça e ansiedade. (Os mecanismos de defesa do ego que Freud identificou são usados como forma de proteção contra o estresse, a ansiedade e fatos ameaçadores. Ver Capítulo 11.)

Níveis de Consciência

Assim como outros teóricos psicodinâmicos, Freud acreditava que nosso comportamento, muitas vezes, expressa forças internas inconscientes (ou ocultas). O **inconsciente** guarda lembranças e emoções reprimidas, além de impulsos instintivos do id. É interessante observar que os cientistas modernos constataram que o sistema límbico do cérebro realmente parece disparar as emoções e lembranças inconscientes (LeDoux, 1996).

Mesmo estando além da consciência, os pensamentos, os sentimentos ou os impulsos inconscientes podem penetrar no comportamento de forma simbólica ou disfarçada. Por exemplo, se você encontrar uma pessoa que gostaria de conhecer melhor, pode inconscientemente deixar um livro ou uma jaqueta na casa dela para garantir mais um encontro.

Anteriormente, você afirmou que o id é completamente inconsciente. E as ações do ego e do superego, são inconscientes? Algumas vezes, sim, mas eles também operam em outros dois níveis da consciência (◆Figura 10.5). O nível **consciente** inclui tudo aquilo de que

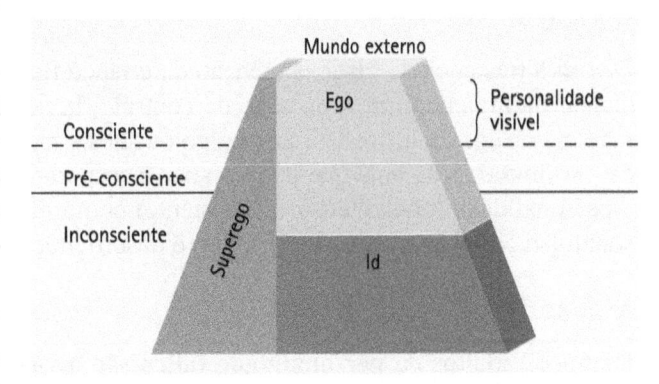

◆FIGURA 10.5 *A relação aproximada entre id, ego e superego, e os níveis de consciência.*

você tem consciência em um determinado momento, inclusive os pensamentos, as percepções, os sentimentos e as lembranças. O **pré-consciente** contém material que pode ser trazido facilmente para o consciente. Se você parar de pensar sobre um momento em que sentiu muita raiva ou rejeição, estará movendo essa lembrança do nível pré-consciente para o nível consciente da consciência.

As atividades do superego também revelam níveis diferentes de consciência. Algumas vezes tentamos conscientemente viver de acordo com os códigos e padrões morais. Contudo, outras vezes, a pessoa pode sentir-se culpada sem saber o porquê. A teoria psicanalítica credita essa culpa ao funcionamento inconsciente do superego. Na realidade, Freud acreditava que as origens inconscientes de muitos sentimentos não poderiam ser trazidas facilmente para o consciente.

Desenvolvimento da Personalidade

Como a teoria psicanalítica explica o desenvolvimento da personalidade? Freud teorizou que a base da personalidade é formada antes dos seis anos, em uma série de **fases psicossexuais**. Ele acreditava que os impulsos eróticos infantis tinham efeitos duradouros no desenvolvimento. Como seria de esperar, essa idéia é polêmica. No entanto, Freud usava amplamente os termos *sexo* e *erótico* para se referir a muitas fontes físicas de prazer.

Uma Fábula Freudiana?

Freud identificou quatro fases psicossexuais, a **oral**, a **anal**, a **fálica** e a **genital**. (Ele também descreveu um período de "latência" entre as fases fálica e genital. A latência será explicada adiante.) Em cada fase, uma parte diferente do corpo torna-se a principal **zona erógena** (uma área capaz de produzir prazer) da criança. Cada área, então, serve como fonte principal de prazer, frustração e auto-expressão. Freud acreditava que muitos traços da personalidade adulta podem remeter a **fixações** em uma ou mais dessas fases.

O que é fixação? Fixação é um conflito não resolvido ou um problema emocional causado por tolerância excessiva ou por frustração. À medida que formos descrevendo as fases psicossexuais, você compreenderá por que Freud achava importante a fixação.

A Fase Oral

Durante o primeiro ano de vida, grande parte do prazer dos bebês vem da estimulação da boca. Se uma criança for frustrada ou alimentada em excesso, poderá criar traços orais. As expressões adultas de necessidades orais incluem o ato de mascar chicletes, roer unhas, fumar, beijar, comer demais e consumir bebida alcoólica em excesso.

O que acontece se houver fixação oral? A fixação no início da fase oral produz uma personalidade **oral-dependente**. Pessoas oral-dependentes são ingênuas (engolem tudo facilmente!) e passivas, e precisam de muita atenção (desejam ser paparicadas e cobertas de presentes). As frustrações no final da fase oral podem provocar a agressão, muitas vezes na forma de mordidas. As fixações, nesse caso, criam adultos **oral-agressivos** cínicos, que exploram os outros. Eles também gostam de discutir ("sarcasmo feroz" é o seu forte!).

A Fase Anal

De um a três anos de idade, a atenção da criança fica voltada para o processo de eliminação. Durante o aprendizado da higiene íntima, ou seja, de controle da defecação, a criança recebe aprovação dos pais ou expressa rebeldia ou agressão, "resistindo" a algo ou "desistindo" de algo. Assim, um aprendizado severo ou leniente pode causar uma fixação anal que pode acabar incorporando esses tipos de reações à personalidade. Freud descrevia a personalidade **anal-retentora** (resistente) como obstinada, sovina, ordeira e compulsiva por limpeza. A personalidade **anal-expulsiva** (desistente) é desordeira, destrutiva, cruel, ou confusa.

A Fase Fálica

Os traços adultos da **personalidade fálica** são a vaidade, o exibicionismo, o orgulho sensível e o narcisismo (amor-próprio). Freud teorizava que as fixações fálicas se desenvolvem entre os três e os seis anos de idade. Nesse período, o crescente interesse sexual faz com que a menina sinta-se fisicamente atraída pelo pai, e o menino, pela mãe. No sexo masculino, essa atração leva ao **complexo de Édipo**, em que o menino sente-se como rival do pai (mais especificamente, o garoto teme a castração). Para atenuar suas ansiedades, o menino deve **identificar-se** com o pai. Essa rivalidade termina quando o garoto busca ficar mais parecido com o pai. Assim, ele começa a aceitar os valores do pai e forma uma consciência.

E a menina? A menina passa pela experiência do **complexo de Electra**. Nesse caso, ela ama o pai e compete com a mãe. Contudo, de acordo com Freud, a menina se identifica com a mãe de forma mais gradual.

Freud acreditava que o sexo feminino já se sentia castrado. Por isso, as meninas são menos propensas a se identificar com a mãe do que os meninos com o pai. Assim, ele afirmava, elas são menos eficazes em criar uma consciência. Essa parte específica do pensamento de Freud tem sido totalmente rejeitada (e com razão) pelas feministas modernas, e tende a ser mais aceita como um reflexo da época machista em que Freud viveu.

Latência

De acordo com Freud, há um período de *latência* entre os seis anos e a puberdade. A latência não consiste realmente em uma fase. Ao contrário, é um período calmo durante o qual o desenvolvimento psicossexual fica dormente. A crença de Freud de que nesse período o desenvolvimento psicossexual fica "suspenso" é difícil de aceitar. Mesmo assim, Freud via a latência como um período relativamente calmo quando comparado aos agitados seis anos iniciais da vida.

A Fase Genital

Na puberdade, a expansão das energias sexuais ativa todos os conflitos não resolvidos dos anos iniciais. Esse recrudescimento, de acordo com Freud, pode justificar por que a adolescência é um período turbulento e cheio de emoções. A fase genital começa na puberdade e é marcada, durante a adolescência, por uma capacidade crescente de manter relacionamentos sócio-sexuais responsáveis. A fase genital termina com a capacidade madura de amar e a realização plena da sexualidade adulta.

Comentários Críticos

Por mais bizarra que a teoria de Freud possa parecer, ela teve grande influência por diversas razões. Primeiro, foi pioneira na visão de que os anos iniciais da vida ajudam a moldar a personalidade adulta. Segundo, identificou o período de alimentação (amamentação), o aprendizado da higiene íntima (controle da defecação) e as primeiras experiências sexuais como acontecimentos críticos na formação da personalidade. Terceiro, Freud foi um dos primeiros a propor que o desenvolvimento prossegue passando por uma série de fases. (As fases psicos*sociais* de Erik Erikson, que abrangem o desenvolvimento do nascimento à velhice, são uma versão moderna do pensamento de Freud. Ver Capítulo 3.)

A visão freudiana a respeito do desenvolvimento é bem aceita? Hoje, poucos psicólogos aceitam totalmente a teoria de Freud. Em alguns casos, ele estava claramente equivocado. É difícil aceitar sua afirmação de que o período do ensino fundamental (de latência) não envolva sexualidade e não seja importante para o desenvolvimento da personalidade. Sua idéia do papel de um pai rígido e ameaçador no desenvolvimento de uma forte consciência nos meninos também tem sido questionada. Os estudos mostram a tendência de o garoto desenvolver uma consciência mais sólida se o pai for afetuoso e receptivo, e não severo e punitivo. Além disso, Freud enfatizou em demasia a influência da sexualidade no desenvolvimento da personalidade. Outros motivos e outros fatores cognitivos também são igualmente importantes.

Nos últimos tempos, a visão de Freud sobre pacientes que afirmavam terem sido molestados sexualmente quando crianças vem sendo criticada. Freud supunha que esses fatos eram apenas fantasias infantis. Por conta disso, criou-se, por muito tempo, uma tendência em duvidar de crianças molestadas sexualmente e de mulheres estupradas (Brannon, 1996).

Outra crítica importante é a quase impossibilidade de verificar cientificamente os conceitos de Freud. A teoria oferece inúmeras maneiras de explicar praticamente qualquer pensamento, ação ou sentimento *depois* de ocorridos. No entanto, possibilita poucas previsões, dificultando a testagem de suas afirmações. Embora existam mais críticas a serem listadas, o fato é que há um elemento de verdade em grande parte das afirmações de Freud. Por isso, alguns psicólogos clínicos continuam a considerar a teoria freudiana uma maneira útil de analisar os problemas humanos.

PAUSA PARA ESTUDO — Teoria Psicodinâmica

RELACIONE

Tente lembrar alguma ocasião em que seus pensamentos, sentimentos ou ações pareciam refletir um destes itens em ação: o id, o ego e o superego.

Você conhece alguém que pareça ter traços de personalidade oral, anal ou fálica? Você acha que o conceito freudiano de fixação explica as características dessa pessoa?

Alguma experiência pessoal sua serve de comprovação para a existência do complexo de Édipo ou de Electra? Se não, você acha que reprimiu os sentimentos ligados a esses conflitos?

VERIFICAÇÃO DO APRENDIZADO

1. Cite as três divisões de personalidade postuladas por Freud. _____ _____ _____.
2. Qual dessas divisões é totalmente inconsciente? _____
3. Qual é responsável pela ansiedade moral? _____
4. Freud propôs a existência de um instinto vital conhecido como Tanato. V ou F?
5. A visão freudiana do desenvolvimento da personalidade é baseada no conceito de fases _____.
6. Coloque essas fases na ordem correta: fálica, anal, genital, oral: _____ _____ _____ _____.
7. Freud considera a personalidade anal-retentora obstinada e sovina. V ou F?

Raciocínio Crítico

8. Muitos adultos achariam embaraçoso ou humilhante beber em uma mamadeira. Explique o porquê.

RESPOSTAS:

1. id, ego, superego 2. id 3. superego 4. F 5. psicossexuais 6. oral, anal, fálica, genital 7. V 8. Um teórico psicanalítico diria que é porque a mamadeira reacende os conflitos orais e os sentimentos de vulnerabilidade e dependência.

APRENDENDO AS TEORIAS DA PERSONALIDADE — EU NÃO TE VI ANTES?

▶ **PERGUNTA PARA PESQUISA**   *O que os behavioristas destacam na abordagem a respeito da personalidade?*

Depois de explorar a teoria psicanalítica, você pode ficar aliviado em saber que os teóricos behavioristas explicam a personalidade por meio de conceitos diretos, como o aprendizado, o reforço e a imitação. As teorias do aprendizado e do comportamento são baseadas em pesquisa científica, o que as torna instrumentos poderosos para o estudo da personalidade.

Como os behavioristas tratam a personalidade? De acordo com alguns críticos, como se pessoas fossem robôs do tipo R2D2 do famoso filme *Guerra nas estrelas*. Na realidade, a posição behaviorista não é assim tão mecanicista, e seu valor é bem definido. Os behavioristas têm demonstrado repetidamente que as crianças são capazes de *aprender* qualidades, como bondade, hostilidade, generosidade e destrutividade. O que isso tem a ver com a personalidade? Tudo, de acordo com a perspectiva behaviorista.

As **teorias behavioristas da personalidade** ressaltam que a personalidade não é mais (nem menos) que um conjunto de padrões de comportamento aprendidos. A personalidade, da mesma forma que outros comportamentos aprendidos, é adquirida por meio de condicionamento operante ou clássico, aprendizado observacional, reforço, extinção, generalização e discriminação. Quando a mãe diz: "Que feio fazer torta de lama usando o liquidificador da mamãe. Se queremos crescer e ser uma boa menina, não vamos fazer isso de novo, vamos?", ela serve como modelo e, de alguma forma, molda a personalidade da filha.

Teóricos radicais do aprendizado rejeitam a idéia de que a personalidade seja composta de traços. Eles diriam que não existem coisas como, por exemplo, traço de "honestidade" (Bandura, 1973; Mischel, 1968).

Com certeza, algumas pessoas são honestas e outras não. Então, como a honestidade não é um traço? Os teóricos do aprendizado reconhecem que algumas pessoas são honestas *mais vezes* do que outras. Contudo, ter ciência desse fato não nos permite prever se a pessoa será honesta em uma determinada situação. Não seria inusitado, por exemplo, constatar que uma pessoa honrada por devolver uma carteira perdida "cole" em uma prova, "compre" um trabalho de final de semestre, ou ultrapasse o limite de velocidade.

Teoria behaviorista da personalidade Qualquer modelo de personalidade que enfatiza o aprendizado e o comportamento observável.

Se você perguntasse a um teórico do aprendizado: "Você é honesto?", ele responderia com outra pergunta: "Em que situação?".

Um bom exemplo da influência da situação no comportamento está em um estudo em que pessoas foram remuneradas a mais por executar uma tarefa. Em circunstâncias normais, 80% receberam o dinheiro extra sem dizer uma palavra. No entanto, depois de uma reestruturação na situação, a porcentagem de desonestos caiu para 17%. Por exemplo, quando as pessoas achavam que o dinheiro saía do bolso da pessoa que estava fazendo o estudo, muito menos foram desonestas (Bersoff, 1999).

Como podemos observar, os teóricos do aprendizado estão mais interessados nos **determinantes situacionais** (causas externas) das nossas ações. Contudo, isso não elimina totalmente a pessoa da equação. As situações sempre interagem com o nosso histórico prévio de aprendizado para ativar o comportamento.

O impacto das situações varia muito. Algumas são fortes, outras são comuns e têm pouco efeito sobre o comportamento. Quanto mais forte a situação, mais fácil compreender o significado da expressão determinante situacional. Por exemplo, cada uma destas situações teria, sem dúvida, forte influência no comportamento: um terrorista armado entrar no supermercado; você sentar em um cigarro aceso; você encontrar seu namorado na cama com sua melhor amiga. Contudo, mesmo essas situações provocariam em personalidades diferentes reações muito diferentes. Esse é o motivo pelo qual o comportamento é sempre um produto tanto do aprendizado prévio como das situações em que nos encontramos (Mischel e Shoda, 1998).

Como discutimos anteriormente, os teóricos do traço também acreditam que as situações afetam o comportamento. Mas na visão desses teóricos, as situações interagem com os *traços*, não com o histórico de aprendizado de uma pessoa. Assim, basicamente, os teóricos do aprendizado defendem a substituição de "traços" por "aprendizado prévio" para explicar o comportamento.

Personalidade = Comportamento

Qual a visão dos teóricos do aprendizado a respeito da estrutura da personalidade? A visão behaviorista de personalidade pode ser ilustrada por uma teoria anterior, proposta por John Dollard e Neal Miller (1950). Na visão dos dois, os *hábitos* (padrões de comportamento aprendidos) compõem a estrutura da personalidade. Da mesma forma que a dinâmica da personalidade, os hábitos são regidos por quatro elementos do aprendizado: *impulso, estímulo, resposta* e *recompensa*. *Impulso* é qualquer estímulo forte o suficiente para incitar uma pessoa a agir (como a fome, a dor, a ânsia, a frustração ou o medo). *Estímulos* são sinais emitidos pelo ambiente. Esses sinais orientam as *respostas* (ações) de modo a tornar mais propenso o recebimento de uma *recompensa* (reforço positivo).

Determinantes situacionais Condições externas que influenciam fortemente o comportamento.

Como isso está relacionado com a personalidade? Digamos que uma criança chamada Kindra ficou frustrada com seu irmão Kelvin porque ele lhe tomou o brinquedo. Kindra poderia reagir de diversas formas: fazer a maior gritaria, bater em Kelvin, contar à mãe e assim por diante. A resposta que ela escolhe é dirigida pelos estímulos existentes e pelos efeitos anteriores de cada resposta. Se em uma situação anterior contar para a mãe resolveu o problema, e se a mãe estiver presente, contar novamente pode ser sua resposta imediata. Se houver uma série de estímulos diferentes (se a mãe não estiver presente ou se Kelvin parecer extremamente ameaçador), Kindra talvez escolha alguma outra resposta. Para um observador externo, as ações de Kindra parecem refletir sua personalidade. Para o teórico do aprendizado, elas simplesmente expressam os efeitos da combinação entre impulso, estímulo, resposta e recompensa.

Será que essa análise ignora muitos outros fatores? Sim. Inicialmente, os teóricos do aprendizado queriam elaborar um modelo claro e simples de personalidade. Mas nos últimos anos, eles vêm tendo de admitir que deixaram de lado outros aspectos. O fato é que as pessoas pensam. Os novos psicólogos behavioristas – aqueles que incluem a percepção, o pensamento, as expectativas e outros eventos mentais em suas visões – são chamados de

> Setenta e cinco por cento dos universitários norte-americanos admitem já terem sido, de alguma forma, desonestos academicamente. O que fazer para reduzir esse índice de desonestidade acadêmica? A visão comportamental sustenta que a honestidade é mais determinada pelas circunstâncias do que pela personalidade. Nessa linha de raciocínio, providências simples, como, por exemplo, anunciar nas classes que o código de integridade será reforçado, podem reduzir significativamente a "cola" entre os alunos. A adoção de formas variadas de provas e a orientação dos alunos a respeito do plágio também tendem a frear a desonestidade (Altschuler, 2001).

teóricos do aprendizado social. Os princípios do aprendizado, a modelagem, os padrões de pensamento, as percepções, as expectativas, as crenças, os objetivos, as emoções e as relações sociais foram combinados na **teoria do aprendizado social** para explicar a personalidade (Mischel e Shoda, 1998).

Teoria do Aprendizado Social

O "behaviorismo cognitivo" da teoria do aprendizado social pode ser ilustrado por três conceitos propostos por Julian Rotter. São eles: *situação psicológica, expectativa* e *valor de reforço* (Rotter e Hochreich, 1975). Analisaremos a seguir cada um deles.

Alguém esbarra em você. Como você reage? Sua resposta provavelmente dependerá do fato de você achar que o esbarrão foi planejado ou acidental. Não basta conhecer o ambiente em que a pessoa reage. Também é necessário conhecer a **situação psicológica** da pessoa (como a pessoa interpreta ou define a situação). Vejamos outro exemplo: digamos que você tirou nota baixa na prova. Você acha que isso é um desafio para estudar mais, que é um sinal de que deve desistir do curso ou que é uma desculpa para beber? Mais uma vez, sua interpretação é importante.

Nossas ações são influenciadas por uma **expectativa**, ou antecipação, de que uma resposta poderá resultar em reforço. Continuando com o exemplo, se o fato de estudar mais foi compensador em outra ocasião, essa seria uma resposta provável diante da nota baixa. No entanto, para prever a sua resposta, também temos de saber se você *espera* que seus esforços sejam compensadores na atual situação. Na verdade, o reforço esperado pode ser mais importante do que o reforço efetivo do passado. E em relação ao *valor* que você atribui às notas, ao sucesso escolar ou à capacidade pessoal? O terceiro conceito de Rotter, **valor de reforço**, afirma que atribuímos diferentes valores subjetivos a várias atividades ou recompensas. Esse aspecto também deve ser levado em conta para compreender a personalidade.

Auto-Eficácia

A capacidade de controlar a própria vida é a essência do significado de ser humano. Por isso, Albert Bandura acredita que uma das expectativas mais importantes que desenvolvemos está ligada à **auto-eficácia** (capacidade de produzir o resultado desejado). Você se interessa por alguém da turma de antropologia. Você convida a pessoa para sair? Você está pensando em aprender *snowboard*. Você vai começar no próximo inverno? Você está começando a pensar em estudar psicologia. Você fará os cursos necessários para entrar na faculdade de psicologia? Você gostaria de praticar mais esportes nos fins de semana. Você entrará em um clube de caminhadas no campo? Nessas e em outras infinitas situações, as crenças sobre eficácia exercem um papel fundamental na formação das nossas vidas, influenciando as atividades e os ambientes pelos quais optamos (Bandura, 2001).

Auto-Reforço

Mais uma visão merece ser mencionada. Algumas vezes, todos nós avaliamos nossas ações e podemos nos recompensar com privilégios especiais ou com mimos pelo "bom comportamento". Com isso em mente, a teoria do aprendizado social acrescenta o conceito de auto-reforço à visão behaviorista. **Auto-reforço** refere-se ao elogio ou à recompensa a si próprio por ter produzido uma determinada resposta (por exemplo, ter concluído uma tarefa escolar). Desse modo, os hábitos de auto-elogio ou autoculpa tornam-se partes importantes da personalidade. Na verdade, o auto-reforço pode ser interpretado como a contrapartida dos teóricos do aprendizado social para o superego.

O auto-reforço está intimamente ligado à auto-estima elevada. O contrário também é verdadeiro: universitários com leve depressão tendem a obter baixa classificação em auto-reforço. Não se sabe se o baixo auto-reforço provoca a depressão ou o contrário. De qualquer forma, o auto-reforço está associado a menos depressão e a mais satisfação de vida (Seybolt e Wagner, 1997; Wilkinson, 1997). Do ponto de vista comportamental, existe um valor no aprendizado de ser "bom para si próprio".

Teoria do aprendizado social Explicação da personalidade combinando os princípios do aprendizado, a cognição e os efeitos das relações sociais.

Situação psicológica Uma situação da forma como é percebida e interpretada por uma pessoa e não da forma como existe objetivamente.

Expectativa Uma antecipação do efeito que terá uma resposta, principalmente em relação ao reforço.

Valor de reforço O valor subjetivo que uma pessoa atribui a uma determinada atividade ou reforçador.

Auto-eficácia A crença na própria capacidade de produzir um resultado desejado.

Auto-reforço Elogiar ou recompensar a si mesmo pela produção de uma determinada resposta (como concluir uma tarefa escolar).

Visão Behaviorista do Desenvolvimento

Como os teóricos do aprendizado explicam o desenvolvimento da personalidade? Muitas das idéias de Freud podem ser redefinidas em termos da teoria do aprendizado. Miller e Dollard (1950) concordam com Freud quando este afirma que os primeiros seis anos da vida são cruciais para o desenvolvimento da personalidade, porém, por razões diferentes. Em vez de raciocinar em termos de impulsos e fixações psicossexuais, eles perguntam: "O que faz com que as primeiras experiências de vida tenham efeitos tão duradouros?". A resposta é que a infância é o período dos impulsos urgentes, das recompensas e punições pesadas e das frustrações arrasadoras. Outro aspecto importante é o *reforço social*, baseado no elogio, na atenção ou na aprovação por parte dos outros. Essas forças combinadas moldam a base da personalidade.

Situações Críticas

Miller e Dollard acreditam que, durante a infância, quatro **situações críticas** são capazes de deixar marcas definitivas na personalidade. Essas situações seriam: (1) a alimentação (amamentação), (2) o treinamento para o uso do banheiro ou para a higiene íntima, (3) o treinamento para o sexo e (4) o aprendizado para expressar a raiva ou a agressividade.

Por que esses fatores são tão importantes? O fator alimentação serve como ilustração. Se a criança for alimentada quando chora, esse ato a incentiva a manipular de forma ativa os pais. A criança que, mesmo chorando, não é alimentada, aprende a ser passiva. Desse modo, as experiências iniciais com a fase da alimentação podem determinar uma orientação passiva ou ativa em relação à vida. O fator alimentação também afeta as relações sociais posteriores, já que a criança aprende a associar as pessoas ao prazer ou à frustração e ao desconforto.

O treinamento para o uso do banheiro ou para a higiene íntima pode ser uma fonte particularmente forte de emoção tanto para os pais como para a criança. Os pais de Rashad ficaram horrorizados quando o encontraram sozinho se esfregando e parecendo se divertir com as próprias fezes. Eles reagiram punindo-o com rigor, deixando-o frustrado e confuso. Muitas atitudes relacionadas com a limpeza, a adequação e as funções físicas são formadas nessa fase. Estudos também mostram que o treinamento rígido, punitivo ou frustrante para o uso do banheiro pode provocar efeitos indesejáveis no desenvolvimento da personalidade (Sears et al., 1957). Por isso, o treinamento para o uso do banheiro e para a higiene íntima requer paciência e um certo bom humor.

E em relação ao sexo e à raiva? Quando, onde e como a criança aprende a expressar a raiva e os sentimentos sexuais podem deixar marcas na personalidade. Mais especificamente, a permissividade excessiva em relação ao comportamento sexual e agressivo na infância está ligada às necessidades de poder do adulto (McClelland e Pilon, 1983). Essa ligação provavelmente ocorre porque a tolerância a esse tipo de comportamento permite que a criança obtenha prazer ao se fazer valer. O treinamento para o sexo também envolve o aprendizado de papéis "masculinos" e "femininos" socialmente definidos – o que também afeta a personalidade.

Tornando-se Masculino ou Feminino

Desde o nascimento, a criança é rotulada como menino ou menina e incentivada a aprender um comportamento sexual adequado (Witt, 1997). De acordo com a teoria do aprendizado social, a identificação e a imitação contribuem muito para o desenvolvimento da personalidade e o treinamento para o sexo. O termo **identificação** refere-se ao apego emocional da criança pelos adultos admirados, principalmente por aqueles que oferecem amor e carinho. A identificação normalmente incentiva a **imitação**, o desejo de agir como a pessoa admirada. Muitos traços "masculinos" ou "femininos" surgem da tentativa da criança de imitar os pais do mesmo sexo com quem ela se identifica.

Se a criança fica cercada pelos pais de ambos os sexos, por que ela não imita o comportamento típico tanto do sexo oposto como do mesmo sexo? No Capítulo 6, vimos que o aprendizado ocorre de forma vicária e direta. Isso quer dizer que aprendemos por observação e lembrança das ações dos outros. No entanto, a escolha das ações a imitar depende das suas conseqüências. Por exemplo, meninos e meninas têm chances iguais de observar pessoas agindo de forma agressiva. Contudo, as meninas são menos propensas que os meni-

---

Situações críticas Situações durante a infância que são capazes de deixar uma marca duradoura na personalidade.

Identificação Sentir-se emocionalmente ligado a uma pessoa e enxergar a si próprio como sendo ela.

Imitação Tentativa de igualar o seu próprio comportamento ao de uma outra pessoa.

nos a imitar o comportamento agressivo, porque elas raramente vêem algum ato agressivo feminino ser recompensado ou aprovado. Assim, muitas qualidades "masculinas" e "femininas" arbitrárias são transmitidas ao mesmo tempo que a identidade sexual é aprendida.

Um estudo realizado com professores da pré-escola constatou que eles prestavam três vezes mais atenção nos garotos agressivos ou perturbadores do que nas meninas com o mesmo comportamento. Meninos que batiam nos outros ou que quebravam objetos normalmente eram repreendidos mais abertamente. Isso fazia com eles se tornassem o centro das atenções de toda a classe. Porém, meninas perturbadoras eram repreendidas mais rápida e brandamente, de modo que os outros quase não percebiam (Serbin e O'Leary, 1975). Sabemos que praticamente qualquer tipo de atenção reforça o comportamento da criança. Portanto, é evidente que os meninos sentiam-se encorajados a serem ativos e agressivos. As meninas recebiam mais atenção geralmente quando estavam ao alcance, quase grudadas no professor.

O padrão que acabamos de descrever torna-se mais forte no ensino fundamental. Em todas as séries, os meninos falam mais alto, são mais agitados e mais violentos do que as meninas. Com o passar do tempo, eles recebem uma descomunal atenção por parte do professor (Sadker e Sadker, 1994). É fácil observar que os professores inadvertidamente incentivam as meninas a serem submissas, dependentes e passivas. Diferenças semelhantes no reforço provavelmente explicam por que o sexo masculino é mais agressivo que o feminino. Entre os adultos, os índices de assassinatos e agressões são consistentemente mais altos entre os homens. As origens dessa diferença parecem estar na infância.

Personalidade e Gênero

No geral, pais e demais adultos tendem a incentivar os meninos a se envolverem em **comportamentos instrumentais** (voltados a metas), a serem agressivos, a esconder as emoções e a se prepararem para o mundo do trabalho. As meninas, por sua vez, são incentivadas a terem **comportamentos expressivos** (voltados à emoção) e, em menor grau, são socializadas para a maternidade. Desde a mais tenra idade, meninos e meninas tendem a crescer em diferentes culturas definidas por gênero (Martin e Fabes, 2001). Que efeitos essas diferenças provocam no comportamento adulto? Para descobrir, vamos estudar o que significa ter personalidade "masculina" ou "feminina".

ANDROGENIA – VOCÊ É MASCULINO, FEMININO OU ANDRÓGENO?

Você é agressivo, ambicioso, analítico, assertivo, atlético, competitivo, decidido, dominante, poderoso, independente, individualista, autoconfiante e disposto a aceitar riscos? Se for, você é bem "masculino". Você é afetuoso, alegre, infantil, piedoso, iludido, gentil, ingênuo, leal, sensível, tímido, afável, solidário, terno, compreensivo, cordial e complacente? Se for, você é bem "feminino". E se você tiver características das duas listas? Nesse caso, você pode ser andrógeno.

As duas listas que você acabou de ler foram extraídas do trabalho da psicóloga Sandra Bem. Combinando vinte traços "masculinos" (autoconfiante, assertivo e assim por diante), vinte traços "femininos" (afetivo, gentil) e vinte traços neutros (confiável, amigável), Bem criou o *Inventário Bem do Papel Sexual* (IBPS). As pessoas que se submetem ao IBPS são solicitadas a mencionar os traços que se aplicam a elas. Das pessoas pesquisadas, 50% se enquadram nas categorias tradicionais feminina ou masculina; 15% apresentaram mais traços do sexo oposto; e 35% são andrógenos, apresentando muitos traços femininos e masculinos.

A palavra **androgenia** significa literalmente "homem-mulher". Em termos de psicologia, ela se refere a ser dotado tanto de traços femininos como de masculinos. Bem ficou convencida de que nossa sociedade complexa exige flexibilidade em relação aos traços ligados ao gênero. Ela acredita na necessidade de o homem ser gentil, piedoso, sensível e complacente, e de a mulher ser poderosa, autoconfiante, independente e ambiciosa – *conforme a exigência da situação*. Em suma, Bem acha que mais pessoas deveriam ser andrógenas.

Comportamento instrumental
Comportamento voltado para atingir alguma meta; comportamento que é fundamental para produzir um determinado efeito.

Comportamento expressivo
Comportamento que expressa ou transmite emoção ou sentimentos pessoais.

Androgenia A presença de traços "masculinos" e "femininos" em uma única pessoa (de acordo com a definição de masculinidade e feminilidade na sua cultura).

Adaptabilidade

Bem mostrou que os indivíduos andrógenos são mais adaptáveis porque são menos perturbados por imagens estritas de comportamento "feminino" ou "masculino". Por exemplo, em um estudo, as pessoas deveriam escolher entre uma atividade "masculina" (lubrificar uma dobradiça, pregar tábuas e assim por diante) e uma atividade "feminina" (preparar uma mamadeira, enrolar fios de lã e assim por diante). Homens masculinos e mulheres femininas consistentemente optaram por realizar as atividades mais adequadas por gênero, mesmo quando a opção do gênero oposto pagava mais!

Parece que possuir traços rígidos de gênero pode restringir seriamente o comportamento, principalmente dos homens (Bem, 1975a, 1981). Os homens masculinos tendem a ter mais dificuldade de expressar cordialidade, alegria e solicitude – mesmo quando isso é apropriado. Aparentemente, os homens masculinos vêem esses sentimentos como "femininos" demais. Os homens masculinos também consideram difícil aceitar apoio emocional dos outros, principalmente das mulheres (Ashton e Fuehrer, 1993). Mulheres extremamente femininas enfrentam problemas opostos. Para elas, é difícil ser independente e assertiva, mesmo quando essas qualidades são desejáveis.

Gênero em Perspectiva

A androgenia vem sendo alvo de calorosos debates há anos. Hoje, à medida que a poeira começa a assentar, o retrato é este:

- Ter traços "masculinos" significa principalmente que a pessoa é independente e assertiva. Ter alto grau de "masculinidade" está relacionado com a auto-estima e com o êxito em muitas situações.

PAUSA PARA ESTUDO — Teorias do Comportamento e do Aprendizado Social

RELACIONE

Quais são seus pratos favoritos? Você consegue relacionar os conceitos de Miller e Dollard a respeito do hábito, do impulso, do estímulo, da resposta e da recompensa para explicar sua preferência?

Algumas pessoas adoram fazer compras. Outras odeiam. De que forma a situação psicológica, a expectativa e o valor de reforço afetaram sua propensão de "comprar até não poder mais"?

Quando criança, com quem você se identificava? Que aspectos dessa pessoa você costumava imitar?

Pense em três pessoas que você conhece, uma andrógena, uma tradicionalmente feminina e outra tradicionalmente masculina. Que vantagens e desvantagens você vê no conjunto de traços de cada uma? Como você acha que seria classificado se submetido ao IBPS?

VERIFICAÇÃO DO APRENDIZADO

1. Os teóricos do aprendizado acreditam que os "traços" de personalidade realmente são _____ adquiridos por meio de aprendizado prévio. Eles também ressaltam os determinantes _____ do comportamento.
2. Dollard e Miller consideram os estímulos estruturas básicas da personalidade. V ou F?
3. Para explicar o comportamento, os teóricos do aprendizado social incluem elementos mentais, como _____ (antecipação de que uma resposta resultará em reforço).
4. O auto-reforço é, para a teoria behaviorista, o mesmo que o superego é para a teoria psicanalítica. V ou F?
5. Qual destes itens não é "situação crítica" na teoria behaviorista do desenvolvimento da personalidade?
   a. alimentação
   b. treinamento para o sexo
   c. treinamento da linguagem
   d. treinamento para a raiva
6. Além das recompensas e punições básicas, a personalidade de uma criança também é modelada por reforço _____.
7. As teorias do desenvolvimento do aprendizado social enfatizam o impacto da identificação e _____.
8. Uma pessoa agressiva, ambiciosa, analítica e assertiva seria classificada como andrógena no IBPS. V ou F?

Raciocínio Crítico

9. O conceito de *valor de reforço*, de Julian Rotter, está intimamente relacionado a um princípio motivacional discutido no Capítulo 9. Que princípio é esse?

RESPOSTAS: 1. hábitos, situacionais 2.F 3. expectativas 4.V 5.c 6. social 7. imitação 8.F 9. valor de incentivo

- Ter traços "femininos" significa principalmente que a pessoa é educadora e voltada para as relações interpessoais. As pessoas com alto grau de "feminilidade" tendem a manter mais proximidade nas relações com as outras pessoas e a ser mais felizes no casamento.

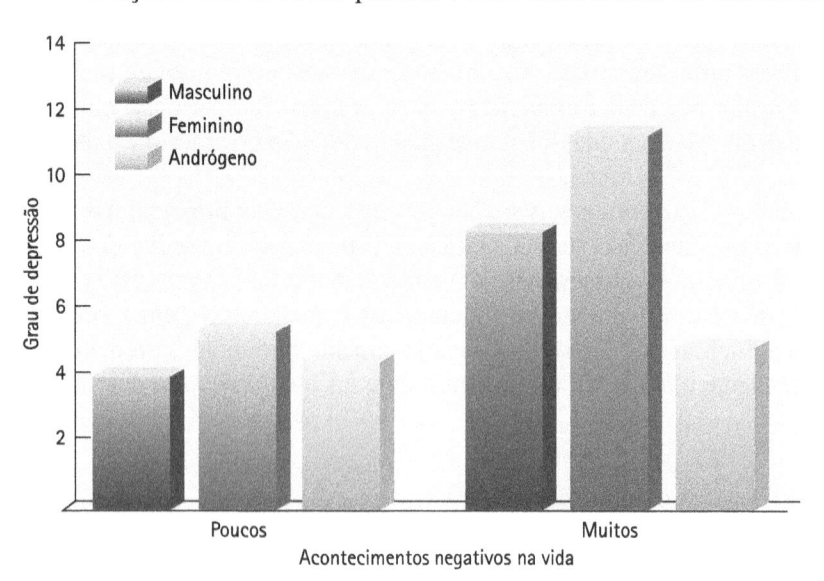

◆FIGURA 10.6 *Outra indicação das possíveis vantagens da androgenia encontra-se em um estudo das reações ao estresse. Diante de uma investida violenta de acontecimentos negativos, pessoas extremamente masculinas ou femininas ficam mais deprimidas do que os indivíduos andrógenos. (Figura adaptada de Roos e Cohen, 1987.)*

Em suma, há vantagens em possuir tanto traços "femininos" como "masculinos". Em geral, as pessoas andrógenas são mais flexíveis quando deparam com situações difíceis (Jurma e Powell, 1994; Spangenberg e Lategan, 1993) (ver ◆Figura 10.6). As pessoas andrógenas também tendem a se sentir mais satisfeitas com a própria vida. Aparentemente, elas usam tanto a capacidade instrumental quanto a emocionalmente expressiva para melhorar suas vidas e suas relações (Dean-Church e Gilroy, 1993; Ramanaiah et al., 1995).

Vale repetir que muitas pessoas continuam a se sentir confortáveis com a visão tradicional de gênero. Mesmo assim, traços "femininos" e "masculinos" podem existir prontamente na mesma pessoa, e a androgenia pode ser um equilíbrio altamente adaptativo.

A TEORIA HUMANISTA – EXPERIÊNCIAS DE PICO E CRESCIMENTO PESSOAL

No início deste capítulo, você conheceu Annette, uma personalidade interessante. Alguns anos atrás, Annette e o marido passaram um ano viajando pelo país em lombo de mula, uma maneira ímpar de conhecer os Estados Unidos e de se conhecerem melhor. De onde vem esse tipo de desejo de crescimento pessoal? As teorias humanistas se dedicam a estudar o uso pleno do potencial humano, e ajudam a equilibrar nossas visões gerais a respeito da personalidade.

O **humanismo** enfoca as experiências, os problemas, os potenciais e os ideais humanos. Ele é uma reação contra a rigidez dos traços, o pessimismo da teoria psicanalítica e a natureza mecânica da teoria do aprendizado, e tem como ponto central uma imagem positiva do que significa ser humano. Os humanistas rejeitam a visão freudiana da personalidade como campo de batalha dos instintos e das forças inconscientes. Ao contrário, eles vêem a natureza humana como inerentemente boa. (A natureza humana é constituída de traços, qualidades, potenciais e padrões de comportamento mais característicos da espécie humana.) Os humanistas também se opõem à abordagem exagerada do homem como máquinas do behaviorismo. Não somos, eles afirmam, meramente um pacote modelável de respostas. Ao contrário, somos seres criativos dotados de *livre-arbítrio* (capacidade de escolha que não é controlada pela genética, pelo aprendizado ou pelas forças inconscientes). Em suma, os humanistas buscam formas de incentivar o florescimento dos nossos potenciais.

Para um humanista, a pessoa que você é hoje, em grande parte, é produto de todas as escolhas que você fez. Os humanistas também ressaltam a *experiência subjetiva* (percepções privadas da realidade) imediata, e não o aprendizado prévio. Eles acreditam que há tantos "mundos reais" quanto o número de pessoas existentes. Para entender o comportamento, temos de aprender como as pessoas vêem subjetivamente o mundo – o que é "real" para elas.

Humanismo Uma abordagem que se concentra na experiência, nos problemas, nos potenciais e nos ideais humanos.

Quem são os principais teóricos humanistas? Muitos psicólogos contribuíram para a tradição humanista, dentre os quais os mais conhecidos são

Carl Rogers (1902-1987) e Abraham Maslow (1908-1970). Como o conceito de Maslow sobre a auto-realização foi introduzido no Capítulo 1, começaremos estudando mais detalhadamente esse pensamento.

Maslow e a Auto-realização

Abraham Maslow interessou-se por pessoas que levavam vidas surpreendentemente eficazes. Por que essas pessoas eram diferentes? Para descobrir a resposta, Maslow começou a estudar algumas grandes personalidades históricas masculinas e femininas, como Albert Einstein, William James, Jane Addams, Eleanor Roosevelt, Abraham Lincoln, John Muir e Walt Whitman. A partir desse estudo, passou diretamente a estudar artistas, escritores, poetas e outros indivíduos criativos ainda vivos.

Com o passar do tempo, o pensamento de Maslow mudou radicalmente. No início ele estudava somente pessoas que apresentavam criatividade evidente e grandes realizações. Contudo, ele acabou percebendo que uma dona de casa, um escriturário, um estudante ou uma pessoa como a minha amiga Annette poderiam levar uma vida rica, criativa e satisfatória. Maslow referia-se ao processo de desenvolvimento pleno dos potenciais pessoais como **auto-realização** (Maslow, 1954). O âmago da auto-realização é a contínua busca da realização pessoal (Sumerlin, 1997).

Características da Auto-realização

A *auto-realização* refere-se a uma pessoa que vive com criatividade e que usa todo o seu potencial. Nos seus estudos, Maslow constatou que os indivíduos auto-realizadores compartilham muitas semelhanças. Sejam famosos ou desconhecidos, de alto ou baixo nível de escolaridade, ricos ou pobres, os auto-realizadores tendem a se encaixar no seguinte perfil.

Auto-realização O processo de desenvolvimento pleno do potencial pessoal.

1. **Percepções eficientes da realidade.** Os indivíduos auto-realizadores são capazes de julgar situações correta e honestamente. São muito sensíveis em relação ao que é falso ou desonesto.
2. **Aceitação confortável do self, dos outros e da natureza.** As pessoas auto-realizadoras aceitam a própria natureza humana com todas as suas falhas. Aceitam com humor e tolerância as deficiências dos outros e as contradições da condição humana.
3. **Espontaneidade.** As pessoas estudadas por Maslow estendiam sua criatividade às atividades cotidianas. Os auto-realizadores tendem a ser inusitadamente expansivos, comprometidos e espontâneos.
4. **Foco na tarefa.** A maioria das pessoas estudadas por Maslow tinha uma missão a cumprir na vida, ou alguma tarefa ou algum problema externo para resolver. Humanistas como Albert Schweitzer e Madre Teresa representam essa qualidade.
5. **Autonomia.** Os auto-realizadores independem das autoridades externas ou de outras pessoas. Eles tendem a obter recursos próprios e ser independentes.
6. **Contemplação de contínua renovação.** As pessoas auto-realizadoras parecem constantemente renovar o apreço pelas coisas básicas da vida. Apreciam intensamente o pôr-do-sol ou uma flor sempre como se fosse a primeira vez. Têm uma "visão inocente", como a de um artista ou de uma criança.
7. **Solidariedade para com a humanidade.** Os indivíduos estudados por Maslow tinham profunda identificação com os outros e com a situação humana em geral.
8. **Relações interpessoais profundas.** As relações interpessoais das pessoas auto-realizadoras são marcadas por ligações afetivas profundas.
9. **Solidão confortável.** Mesmo mantendo relações satisfatórias com os outros, as pessoas auto-realizadoras valorizam a solidão e sentem-se bem sozinhas (Sumerlin e Bundrick, 1996).
10. **Senso de humor não-agressivo.** Ótima sensibilidade ao rir dos outros. Tipo de humor que tinha Abraham Lincoln, que provavelmente jamais fez qualquer piada que ofendesse alguém. Seus estranhos comentários eram mais uma agulhada nas imperfeições humanas.
11. **Experiências de pico.** Todas as pessoas estudadas por Maslow relataram a ocorrência freqüente de experiências de pico (momentos temporários de auto-realização). Essas ocasiões eram marcadas por sensações de êxtase, harmonia e profundo significado. Os auto-realizadores relataram haver se sentido

em comunhão com o universo, sentindo-se mais fortes e mais calmos como jamais haviam se sentido antes, cheios de brilho, beleza e bondade, e assim por diante.

Em suma, os auto-realizadores sentem-se calmos, aceitos, amados, apaixonados e vivos.

A opção de Maslow por estudar pessoas auto-realizadoras parece muito subjetiva. Será que é uma representação razoável da auto-realização? Embora Maslow tentasse investigar a auto-realização de forma empírica, sua escolha das pessoas a serem estudadas era subjetiva. Sem dúvida, existem várias formas de fazer pleno uso dos potenciais de uma pessoa. A contribuição inicial de Maslow serviu para chamar nossa atenção para a possibilidade de um crescimento pessoal durante toda a vida.

Que passos podem ser dados para promover a auto-realização? Maslow ofereceu pouca orientação sobre como proceder. Mesmo assim, muitas idéias valiosas podem ser extraídas dos seus escritos (Maslow, 1954, 1967, 1971). Ver "Um Passo Rumo à Auto-realização" para obter algumas sugestões específicas.

A Teoria do Self de Carl Rogers

Carl Rogers, outro humanista muito conhecido, baseou sua teoria na experiência clínica realizada com pessoas infelizes. Mesmo assim, ele enfatizava a capacidade humana para obtenção da paz e da felicidade. Rogers afirmava que as *pessoas totalmente funcionais* vivem em harmonia com seus sentimentos e impulsos mais profundos. Essas pes-

USANDO A PSICOLOGIA — Um Passo Rumo à Auto-realização

Não existe fórmula mágica para levar uma vida mais criativa. A auto-realização é basicamente um processo, não uma meta ou um ponto final. Como tal, ela requer muito trabalho, muita paciência e muito comprometimento. Estas são algumas dicas para começar.

1. **Esteja disposto a mudar.** Comece perguntando a si mesmo: "Será que estou levando uma vida plenamente satisfatória para mim e que seja realmente a expressão do meu eu?". Se não, esteja preparado para realizar mudanças na sua vida. Na verdade, questione-se com freqüência e aceite a necessidade de mudança contínua.

2. **Aceite a responsabilidade.** Você pode tornar-se um arquiteto do self, agindo como se fosse pessoalmente responsável por cada aspecto da sua vida. Aceitar a responsabilidade dessa forma ajuda a terminar com o hábito de culpar os outros pelos seus próprios fracassos.

3. **Examine os seus motivos.** A autodescoberta envolve um elemento de risco. Se o seu comportamento for limitado pelo desejo de segurança e estabilidade, talvez seja a hora de testar alguns limites. Tente fazer de cada decisão da vida uma opção por busca de crescimento, não uma resposta ao medo ou à ansiedade.

4. **Realize experiências honestas e diretas.** Pensamento ansioso é outra barreira para o crescimento pessoal. Pessoas auto-realizadoras confiam suficientemente em si próprias para aceitar qualquer tipo de informação sem distorcê-la para ajustá-la a seus medos ou desejos. Tente enxergar a si próprio como os outros o enxergam. Esteja disposto a admitir: "Eu estava errado", ou, "Errei porque fui irresponsável".

5. **Use as experiências positivas.** Maslow considerava as experiências de pico momentos temporários de auto-realização. Assim, você deve repetir ativamente as atividades que já lhe proporcionaram sentimentos de admiração, fascínio, exaltação, renovação, reverência, humildade, realização ou alegria.

6. **Esteja preparado para ser diferente.** Maslow percebeu que todos têm potencial para a "grandeza", mas a maioria teme tornar-se quem deveria realmente ser. Como parte do crescimento pessoal, esteja preparado para acreditar nos próprios impulsos e sentimentos; não julgue automaticamente a si mesmo pelos padrões dos outros. Aceite suas singularidades.

7. **Envolva-se.** Com poucas exceções, os auto-realizadores tendem a ter uma missão ou "chamado" na vida. Para essas pessoas, o "trabalho" não é realizado apenas para preencher necessidades deficitárias, mas para satisfazer anseios maiores de verdade, beleza, comunidade e significado. Envolva-se e comprometa-se pessoalmente. Volte sua atenção para os problemas externos.

8. **Avalie seu progresso.** Não existe um ponto final na auto-realização. É importante medir seu avanço freqüentemente e renovar seus esforços. Se você se sentir entediado na escola, no trabalho ou em algum relacionamento, considere isso um desafio. Você tem se responsabilizado pelo seu próprio crescimento pessoal? Quase toda atividade pode ser usada como uma chance para o auto-aprimoramento se for tratada de forma criativa.

soas são abertas a experiências e crêem nas suas intuições e nos seus impulsos internos (Rogers, 1961). Ele acreditava na propensão a essa atitude quando uma pessoa recebe muito amor e muita aceitação por parte dos outros.

Estrutura e Dinâmica da Personalidade

A teoria de Rogers destaca o **self**, percepção flexível e mutante da identidade pessoal. Muitos comportamentos podem ser entendidos como tentativas de manter a consistência entre a *auto-imagem* e nossas ações. (Nossa **auto-imagem** é a percepção subjetiva total do nosso corpo e da nossa personalidade.) Por exemplo, pessoas que se consideram boas tendem a ser atenciosas na maioria das situações.

Digamos que eu conheça uma pessoa que se considere boa, mas que na verdade não é. Como a teoria de Rogers explica isso? De acordo com Rogers, nós nos permitimos viver experiências que encaixem a nossa auto-imagem na consciência, onde essas experiências mudam o self. Informações ou sentimentos incoerentes com a auto-imagem são considerados incongruentes. Assim, uma pessoa que se considera boa, mas realmente não é, está em estado de **incongruência**. Em outras palavras, há uma discrepância entre as suas experiências e a sua própria auto-imagem. Outro exemplo: seria incongruente acreditar que você é uma pessoa que "jamais fica brava" se você passa grande parte do seu dia "fervendo" por dentro.

As experiências extremamente incongruentes com a auto-imagem podem ser ameaçadoras. Por isso, muitas vezes distorcemos ou negamos essas experiências, impedindo, assim, o self de mudar. Desse modo, abre-se um abismo entre a auto-imagem e a realidade. Como a auto-imagem cresce de forma menos precisa e realista, a **pessoa incongruente** fica confusa, vulnerável, insatisfeita ou gravemente desajustada (♦Figura. 10.7). É interessante observar um estudo feito com universitários que confirmou que o fato de ser *autêntico* é vital para o funcionamento saudável. Basicamente, para ser feliz, precisamos sentir que o nosso comportamento expressa exatamente aquilo que somos (Sheldon et al., 1997). Observe, no entanto, que ser autêntico não significa que você pode fazer o que bem entender. Ser verdadeiro consigo mesmo não é desculpa para agir de forma irresponsável ou ignorar os sentimentos dos outros.

Quando a sua auto-imagem é coerente com o que você realmente pensa, sente, faz e experimenta, você está mais apto a realizar seus potenciais. Rogers também achava essencial a existência de congruência entre auto-imagem e o **self ideal**. O self ideal é semelhante ao ideal de ego de Freud. É uma imagem da pessoa que mais você gostaria de ser.

Será que é realmente incongruente não viver à altura do seu self ideal? Rogers sabia que jamais atingimos totalmente nossos ideais. Mesmo assim, quanto maior a lacuna entre a maneira como você se vê e o modo como gostaria de ser, maior tensão e ansiedade você sente.

Para maximizar nossos potenciais, devemos aceitar informações acerca de nós mesmos da forma mais sincera possível. Confirmando essa visão, os pesquisadores constataram que as pessoas com boa proximidade entre a auto-imagem e o self ideal tendiam a ser socialmente bem posicionadas, confiantes e possuidoras de recursos. As pessoas com pouca proximidade tendiam a ser deprimidas, ansiosas e inseguras (Alfeld-Liro e Sigelman, 1998; Scott e O'Hara, 1993). (Ver "Selfs Possíveis – Experimentando o Tamanho de um Self" para obter outra perspectiva de como a auto-imagem pode influenciar o nosso comportamento.)

Self Um conceito de identidade pessoal em constante evolução.

Auto-imagem Percepção totalmente subjetiva do próprio corpo e personalidade (um outro termo para autoconceito).

Incongruência Estado existente quando há uma discrepância entre as experiências da pessoa e a auto-imagem, ou entre a auto-imagem da pessoa e o self ideal.

Pessoa incongruente Uma pessoa que tem uma auto-imagem imprecisa ou cuja auto-imagem difere grandemente do self ideal.

Self ideal Uma imagem idealizada de si mesmo (a pessoa que alguém gostaria de ser).

♦FIGURA 10.7 *A incongruência ocorre quando há um desencontro entre qualquer dessas três entidades: o self ideal (a pessoa que você gostaria de ser), sua auto-imagem (a pessoa que você acha que é), e o verdadeiro self (a pessoa que você realmente é). A auto-estima sofre quando há uma grande diferença entre o self ideal e a auto-imagem. A ansiedade e a atitude defensiva são comuns quando a auto-imagem não corresponde ao verdadeiro self.*

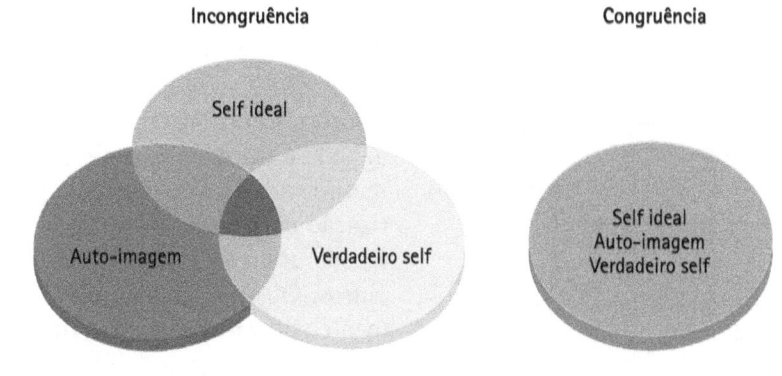

> **USANDO A PSICOLOGIA**
>
> ### Selfs Possíveis — Experimentando o Tamanho de um Self
>
> Minha amiga Annette, já descrita no início do capítulo, é uma personalidade, no mínimo, interessante. Annette é uma dessas pessoas que parecem ter vivido muitas vidas no período em que a maioria de nós mal consegue viver uma. Assim como a identidade de Annette, você pode ter avaliado muitas identidades pessoais possíveis. As psicólogas Hazel Markus e Paula Nurius (1986) acreditam que cada um de nós acalenta imagens de vários *selfs possíveis* (pessoas as quais gostaríamos de nos tornar). Entre esses selfs estão a pessoa que mais gostaríamos de ser (o self ideal), e outros selfs que poderíamos ser ou tememos ser.
>
> Os selfs possíveis traduzem nossas esperanças, medos, fantasias e metas em imagens específicas de quem *gostaríamos* de ser. Desse modo, um calouro de direito pode visualizar-se como um promotor bem-sucedido; um estudante de administração de empresas pode imaginar-se como um empresário da Web; e uma pessoa de dieta pode imaginar um self possivelmente magro ou gordo. Essas imagens tendem a orientar nosso comportamento futuro.
>
> Evidentemente, quase toda pessoa com mais de 30 anos já sentiu a angústia de perceber que alguns selfs possíveis cultivados jamais serão realizados. Mesmo assim, é válido perguntar a si não apenas "Quem sou?", mas também "Quem eu gostaria de ser?". Desse modo, lembre-se do conselho de Maslow de que todos têm potencial para a "grandeza", mas muitos temem tornar-se aquilo que deveriam ser.

Uma Visão Humanista do Desenvolvimento

Por que o espelho, a foto, a câmera de vídeo e as reações dos outros exercem tanto fascínio e representam tanta ameaça para muita gente? A teoria de Carl Rogers indica que seria porque eles fornecem informações sobre o self. O desenvolvimento da auto-imagem depende, em grande parte, da informação recebida do ambiente. Ele começa na infância com uma série de percepções e sentimentos: meu corpo, meus dedos, meu nariz, eu quero, eu gosto, eu sou e assim por diante. Logo, ele se amplia para incluir a auto-avaliação: sou uma boa pessoa, acabei de fazer algo errado etc.

De que forma o desenvolvimento do self contribui para o posterior funcionamento da personalidade? Rogers acreditava que avaliações positivas e negativas recebidas dos outros desenvolviam na criança padrões internos de avaliação denominados **condições de valor**. Em outras palavras, aprendemos que algumas ações rendem amor e aprovação dos pais, enquanto outras são rejeitadas. Mais importante ainda, os pais podem rotular alguns *sentimentos* como maus ou errados. Por exemplo, é forte dizer à criança que é errado ficar com raiva do irmão ou da irmã – mesmo quando a raiva seja justificada. Da mesma forma, é forte dizer ao menino que ele não deve chorar ou demonstrar medo, duas emoções muito normais.

Aprender a avaliar algumas experiências ou sentimentos como "bons" e outros como "maus" está diretamente relacionado com a maior capacidade de ter auto-estima, auto-avaliação positiva, ou **auto-imagem positiva**, para empregar o termo usado por Rogers. Para uma pessoa considerar a si própria boa, digna de amor e de valor, seu comportamento e suas experiências devem equivaler às suas condições internas de valor. O problema é que isso pode causar incongruência, provocando a negação de muitos dos verdadeiros sentimentos e experiências.

Resumindo, Rogers responsabiliza as tentativas de viver de acordo com os padrões dos outros por muitos dos problemas emocionais do adulto. Ele acreditava que a congruência e a auto-realização são encorajadas mediante a substituição das condições de valor pela **valorização do organismo** (reação natural e não-distorcida do organismo todo diante de uma experiência). A valorização do organismo é uma resposta direta e corajosa diante da vida que impede a filtragem e a distorção da incongruência. Ela envolve a crença nos sentimentos e nas percepções próprios da pessoa. Rogers percebeu que a valorização do organismo tende a se desenvolver quando a criança (ou o adulto) recebe **atenção positiva incondicional** (amor e aprovação inabaláveis) dos outros. Ou seja, quando ela é "premiada" como ser humano digno, simplesmente por ser o que é, sem qualquer condição ou restrição. Embora isso possa

---

Condições de valor Padrões internos utilizados para julgar o valor das idéias, das ações, dos sentimentos ou das experiências de uma pessoa.

Auto-imagem positiva Considerar a si mesmo uma pessoa boa, digna de amor e de valor.

Valorização do organismo Reação natural não-distorcida do organismo todo a uma experiência.

Atenção positiva incondicional Amor incondicional e aprovação dada sem qualificação.

ser uma regalia que poucos desfrutam, tendemos a nos mover na direção do nosso self ideal se recebemos a aprovação e o apoio de um parceiro próximo (Drigotas et al. 1999).

TEORIAS DA PERSONALIDADE – VISÃO GERAL E COMPARAÇÃO

Qual teoria da personalidade está correta? Cada teoria contribuiu para a nossa compreensão, organizando as observações do comportamento humano. Contudo, as teorias jamais podem ser totalmente comprovadas ou refutadas. Podemos apenas perguntar: "Essa prova tende a sustentar a teoria ou a desmenti-la?". Mesmo assim, ao mesmo tempo que as teorias não são nem verdadeiras nem falsas, suas implicações ou previsões podem ser. A melhor forma de julgar uma teoria, então, é em termos de *utilidade*. Essa teoria explica bem o comportamento? Ela estimula mais pesquisas? Ela sugere como tratar distúrbios psicológicos? Cada teoria tratou de forma diferente essas áreas.

Na análise final, precisamos de todas as quatro principais visões para explicar a personalidade. Cada uma oferece uma série de lentes por meio das quais podemos enxergar o comportamento humano. Em muitas instâncias, um retrato equilibrado surge somente quando todas as teorias são levadas em conta. A ▲Tabela 10.3 apresenta uma visão final das quatro principais abordagens a respeito da personalidade.

AVALIAÇÃO DA PERSONALIDADE – CRITÉRIOS PSICOLÓGICOS

▶ **PERGUNTA PARA PESQUISA** *Como os psicólogos medem a personalidade?*

Medir a personalidade ajuda a prever como a pessoa irá comportar-se no trabalho, na escola e na terapia. No entanto, reproduzir um retrato detalhado pode ser um desafio. Capturar uma personalidade tão singular como a de Annette pode esgotar todas as técnicas apresentadas neste capítulo!

PAUSA PARA ESTUDO ▼ Teoria Humanista

RELACIONE

Compare a sua visão a respeito da natureza humana e do livre-arbítrio com a visão dos humanistas.

Você conhece alguém que parece estar fazendo um bom uso do seu potencial pessoal? Essa pessoa se enquadra no perfil de um auto-realizador do self descrito por Maslow?

Você acha que existe muita diferença entre a sua auto-imagem, o seu self ideal e o seu self verdadeiro? Você acha que Rogers está correto sobre os efeitos de aplicar condições de valor às suas percepções e sentimentos?

VERIFICAÇÃO DO APRENDIZADO

1. Os humanistas vêem a natureza humana como sendo basicamente boa, e enfatizam os efeitos do aprendizado subjetivo e da escolha inconsciente. V ou F?

2. Maslow usou o termo _____ para descrever a tendência de certos indivíduos utilizar plenamente seus talentos e potenciais.

3. De acordo com Rogers, uma boa proximidade entre a auto-imagem e o self ideal cria uma condição chamada de incongruência. V ou F?

4. A teoria de Rogers considera a aceitação das condições de _____ um aspecto problemático do desenvolvimento do self.

5. De acordo com Maslow, a preocupação com as próprias idéias, sentimentos e necessidades é característica dos indivíduos auto-realizadores. V ou F?

6. Maslow considerava experiência de _____ momentos temporários de auto-realização.

Raciocínio Crítico

7. Que papel exerceu sua auto-imagem na escolha da especialização na faculdade?

RESPOSTAS:

1. F 2. auto-realização 3. F 4. valor 5. F 6. pico 7. As decisões de carreira quase sempre envolvem, em parte, a reprodução de si próprio ocupando várias funções profissionais. Esses "futuros selfs" exercem um papel em muitas das grandes decisões que tomamos (Markus e Nurius, 1986).

TABELA 10.3 Comparação das Quatro Visões de Personalidade

	TEORIAS DO TRAÇO	TEORIA PSICANALÍTICA	TEORIA BEHAVIORISTA	TEORIA HUMANISTA
Visão da natureza humana	neutra	negativa	neutra	positiva
O comportamento é livre ou determinado?	determinado	determinado	determinado	livre-arbítrio
Principais motivos	dependem do traço da pessoa	sexo e agressão	todo tipo de impulso	auto-realização
Estrutura da personalidade	traços	id, ego, superego	hábitos	self
Papel do inconsciente	minimizado	maximizado	praticamente inexistente	minimizado
Conceito de consciência	traços de honestidade etc.	superego	auto-reforço, histórico de punição	self ideal, processo de valorização
Ênfase no desenvolvimento	efeitos combinados de hereditariedade e ambiente	fases psicossexuais de situações de aprendizado crítico	identificação e imitação	desenvolvimento da auto-imagem
Barreiras para o crescimento pessoal	traços não-saudáveis	conflitos inconscientes, fixação	hábitos desajustados, ambiente nocivo	condições de valor, incongruência

Como a personalidade é "medida"? Os psicólogos usam entrevistas, observação, questionários e testes de projeção para avaliar a personalidade. Cada método tem pontos fortes e fracos. Por essa razão, muitas vezes são usados em combinação.

Medidas formais da personalidade são refinamentos das formas mais casuais de julgar uma pessoa. Uma vez ou outra, você provavelmente "mediu" um possível namorado(a), amigo ou colega de quarto em uma conversa (entrevista). Talvez você tenha perguntado a um amigo: "Quando estou atrasado fico com raiva. Você também?" (questionário). Talvez você observe seus professores bravos ou constrangidos ao saber como eles "realmente" são quando pegos de surpresa (observação). Ou é possível você ter notado que ao dizer "Acho que as pessoas sentem ...", você talvez esteja expressando seus próprios sentimentos (projeção). Vejamos agora como os psicólogos aplicam cada um desses métodos para sondar a personalidade.

A Entrevista

Em uma **entrevista**, perguntas diretas são usadas para conhecer o histórico de vida da pessoa, seus traços de personalidade ou sua saúde mental atual. Em uma *entrevista não estruturada*, a conversa é informal e os assuntos são tratados livremente, à medida que vão surgindo. Em uma *entrevista estruturada*, as informações são coletadas por meio de uma série de perguntas planejadas.

Como são usadas as entrevistas? As entrevistas são usadas para identificar os distúrbios de personalidade; para selecionar candidatos a empregos, faculdades ou programas especiais, e para estudar a dinâmica da personalidade. As entrevistas também fornecem informações para programas de orientação ou terapia. Por exemplo, um orientador pode perguntar a uma pessoa deprimida: "Você já pensou algum dia em suicídio? Em que circunstâncias?". O orientador deve, então, seguir perguntando: "Como você se sentiu?" ou "Agora você está se sentindo diferente do que estava se sentindo quando pensou nisso?".

Além de proporcionar informações, as entrevistas permitem observar o tom de voz, os gestos das mãos, a postura e as expressões faciais da pessoa. Esses estímulos de "linguagem corporal" são importantes porque podem alterar radicalmente a mensagem enviada, como quando uma pessoa afirma estar "completamente calma", mas treme incontrolavelmente.

Entrevista (personalidade) Um encontro *cara a cara* realizado com o intuito de obter informações sobre o histórico da pessoa, traços de personalidade, estado psicológico atual etc.

Limitações

As entrevistas dão um *insight* rápido sobre a personalidade, mas têm limitações. Primeiro, os entrevistadores podem deixar-se levar por preconceitos. Uma pessoa identificada como "dona de casa", "estudante universitário", "atleta do colégio", "*punk*", "*nerd* do computador" ou "radical do esqui" pode ser mal-interpretada por causa das visões pessoais tendenciosas do entrevistador. Segundo, a própria personalidade do entrevistador, ou mesmo o sexo, pode influenciar o comportamento de um cliente. Quando isso ocorre, os traços aparentes da pessoa podem ser distorcidos ou acentuados (Pollner, 1998). O terceiro problema é que as pessoas algumas vezes tentam enganar os entrevistadores. Por exemplo, uma pessoa acusada de um crime pode tentar fugir da punição fingindo sofrer de problemas mentais.

O quarto problema é o **efeito halo**, que é a tendência à generalização favorável ou desfavorável da primeira impressão para a personalidade inteira. Por causa do efeito halo, uma pessoa agradável ou fisicamente atraente pode ser considerada mais madura, inteligente ou mentalmente saudável do que realmente é. O efeito halo é algo que se deve ter em mente nas entrevistas de emprego. A primeira impressão realmente faz diferença (Lance et al., 1994).

Mesmo com essas limitações, as entrevistas são um método respeitado de avaliação. Em muitos casos, as entrevistas são a primeira etapa na avaliação da personalidade e uma introdução essencial para a terapia. Contudo, muitas vezes, elas podem não ser suficientes e, normalmente, devem ser complementadas por outras medidas e outros testes (Meyer et al., 2001).

Observação Direta e Escalas de Graduação

Você é fascinado por aeroportos, garagens de ônibus, parques, bares, estações do metrô ou outros locais públicos? Muitas pessoas apreciam a chance de observar as ações dos outros. Como procedimento de avaliação, a **observação direta** (olhar o comportamento) é uma simples extensão desse interesse em "olhar as pessoas". Por exemplo, o psicólogo deve procurar observar uma criança perturbada brincando com outras crianças. A criança é retraída? Ela fica irritada ou agressiva de repente? Por meio da observação atenta, o psicólogo identificará traços de personalidade e descobrirá a natureza dos problemas da criança.

Será que a observação não está sujeita aos mesmos problemas de percepção distorcida como na entrevista? Sim. A percepção distorcida é um problema. A solução está em usar **escalas de graduação** para avaliar a pessoa. A escala de graduação é uma lista de traços de personalidade ou de aspectos específicos do comportamento (◆Figura 10.8). As escalas de graduação reduzem o risco de alguns traços passarem despercebidos ou serem percebidos exageradamente (Merenda, 1996). Talvez elas devessem ser um procedimento-padrão para a escolha de um colega de quarto, de um cônjuge ou de um namorado.

Efeito halo A tendência de generalizar uma primeira impressão favorável ou desfavorável a detalhes não relacionados da personalidade de uma pessoa.

Observação direta Avaliação do comportamento por meio de supervisão direta.

Escala de graduação Uma lista de vários traços de personalidade ou aspectos comportamentais na qual uma pessoa é classificada.

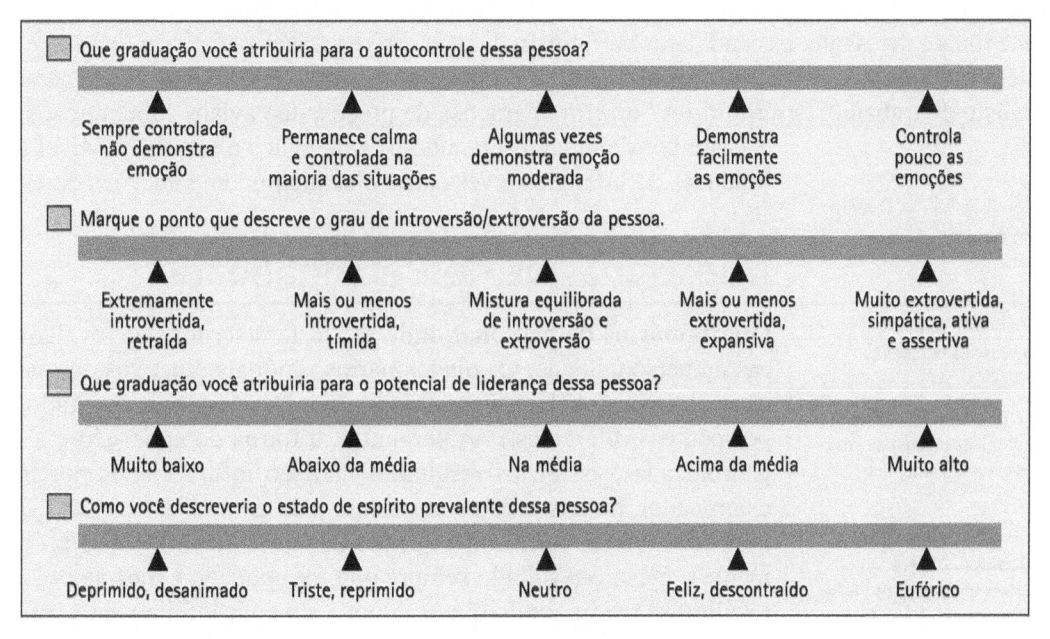

☐ Que graduação você atribuiria para o autocontrole dessa pessoa?				
Sempre controlada, não demonstra emoção	Permanece calma e controlada na maioria das situações	Algumas vezes demonstra emoção moderada	Demonstra facilmente as emoções	Controla pouco as emoções

☐ Marque o ponto que descreve o grau de introversão/extroversão da pessoa.				
Extremamente introvertida, retraída	Mais ou menos introvertida, tímida	Mistura equilibrada de introversão e extroversão	Mais ou menos extrovertida, expansiva	Muito extrovertida, simpática, ativa e assertiva

☐ Que graduação você atribuiria para o potencial de liderança dessa pessoa?				
Muito baixo	Abaixo da média	Na média	Acima da média	Muito alto

☐ Como você descreveria o estado de espírito prevalente dessa pessoa?				
Deprimido, desanimado	Triste, reprimido	Neutro	Feliz, descontraído	Eufórico

◆FIGURA 10.8 *Itens de amostra em uma escala de graduação. Para compreender como funciona a escala, pense em alguém que você conheça bem. Marque em cada escala a graduação que você atribuiria às características dessa pessoa.*

Outra abordagem seria a **avaliação do comportamento**, mediante a contagem da freqüência com que ocorrem comportamentos específicos. Nesse caso, os observadores registram as *ações*, não os traços que acreditam que a pessoa tenha. Por exemplo, um psicólogo trabalhando com pacientes mentais internados deve observar a freqüência de comportamentos estranhos e agressivos, bem como a fala e a atenção do paciente consigo próprio. As avaliações do comportamento também podem ser usadas para investigar processos de formação de pensamento. Em um estudo, por exemplo, estudantes com elevado grau de ansiedade ligada à matemática foram orientados a dizer alto o que lhes vinha à mente enquanto resolviam problemas dessa matéria. Mais tarde, seus pensamentos foram analisados para identificar as causas do medo que eles tinham da disciplina (Blackwell et al., 1985).

Teste Situacional

No **teste situacional**, situações da vida real são simuladas para que se possa observar as reações espontâneas da pessoa. Esses testes supõem que a melhor forma de conhecer a reação de alguém é colocando-o em situações reais e observando o que acontece. Em um teste situacional, a pessoa deve ser exposta à frustração, tentação, pressão, tédio e outras condições que revelem as características da sua personalidade (Weekley e Jones, 1997). Atualmente, alguns *reality shows*, como *Survivor* (*O Sobrevivente*), apresentam certa semelhança com os testes situacionais – o que pode ser responsável pela capacidade de atrair milhões de telespectadores.

Como são realizados os testes situacionais? Um exemplo interessante de teste situacional são os treinamentos de tiro baseados em julgamento realizados pela polícia. Algumas vezes, o policial tem frações de segundo para decidir usar ou não a arma. Um erro pode ser fatal. Em um teste do tipo atirar ou não atirar, atores fazem o papel de criminosos armados. À medida que cenas de alto risco vão sendo encenadas ao vivo ou mostradas em vídeo, o policial deve decidir se atira ou não. Um jornalista que experimentou esse teste (e foi reprovado) relata (Gersh, 1982):

> Avaliei errado. Fui morto por um homem que estava dentro do guarda-roupa, um homem com refém, uma mulher pega em flagrante beijando o amante, e um homem que achei que estava limpando a arma (...) Atirei em um bêbado que pegou o pente, e um adolescente que sacou uma pistola preta de água. Tudo parecia muito real.

Além de proporcionar treinamento, o teste situacional detecta policiais em início de carreira que ainda não possuem a capacidade de julgamento necessária para andar armados nas ruas.

Para avaliar candidatos a uma vaga de emprego, os testes situacionais encenam situações difíceis de trabalho (Borman et al., 1997). Por exemplo, em um exercício, as pessoas são submetidas ao *teste da cesta,* que simula uma tomada de decisão executiva. O teste consiste em uma cesta cheia de memorandos, requisições e problemas comuns de trabalho. Cada candidato deve ler rapidamente todo o material e executar a ação apropriada. Em outro teste mais estressante, os candidatos participam de uma *discussão em grupo sem liderança*, que demanda solução de problemas e tomada de decisão em grupo. Enquanto os componentes do grupo se atracam com um problema realista de trabalho, "escriturários" trazem alterações de preços, dão avisos sobre atrasos nas entregas e assim por diante. Observando os candidatos à vaga, é possível avaliar as habilidades de liderança e ver como eles lidam com situações de estresse.

Questionários de Personalidade

Questionários de personalidade são testes escritos que revelam características da personalidade. Os questionários são mais objetivos do que a entrevista ou a observação. (Um teste objetivo produz o mesmo resultado se corrigido por pessoas diferentes.) As perguntas, a forma de aplicação e a correção são padronizadas, assim, os resultados não são influenciados por tendências do examinador. Mas isso não é suficiente para garantir a exatidão. Um bom teste também deve ser confiável e válido. Um teste é **confiável** se produzir praticamente o mesmo resultado sempre que for aplicado à mesma pessoa. Um teste é **válido** se medir aquilo que se propõe a medir. Infelizmente, muitos testes de personalidade encontrados, por exemplo, nas revistas ou na Internet, têm pouca ou nenhuma validade.

Avaliação do comportamento O registro da freqüência de vários comportamentos.

Teste situacional A simulação de situações reais para que se possa observar diretamente as reações da pessoa.

Questionário de personalidade Um teste de papel e lápis que consiste em questões que revelam aspectos da personalidade.

Confiabilidade A capacidade de um teste de dar a mesma pontuação ou aproximadamente a mesma pontuação cada vez que é dado à mesma pessoa.

Validação A capacidade de um teste de medir o que se propõe a medir.

Há dezenas de testes de personalidade, inclusive o *Estudo de Temperamento de Guilford-Zimmerman*, o *Inventário Psicológico da Califórnia*, o *Estudo de Valores de Allport-Vernon*, o 16 PF, e muitos outros. Um dos testes mais conhecido e utilizado é o **Inventário Multifásico da Personalidade de Minnesota-2 (MMPI-2)**. O MMPI-2 é composto de 567 itens aos quais o candidato deve responder "verdadeiro" ou "falso". Os itens incluem afirmações como estas:

Tudo parece ter o mesmo gosto.
Tem algum problema com a minha cabeça.
Adoro animais.
Sempre que posso evito multidões.
Jamais me entreguei a práticas sexuais bizarras.
Alguém está tentando me envenenar.
Muitas vezes sonho acordado.*

Como essas afirmações mostram algo sobre a personalidade? Por exemplo, e se uma pessoa estiver resfriada e afirmar "tudo parece ter o mesmo gosto"? Para obter uma resposta (e se divertir um pouco), leia os seguintes itens. Responda "Sim", "Não" ou "Não me amole, pare com isso!".

Gostaria de trabalhar como depenador de frangos.
Meus olhos estão sempre frios.
Muita gritaria me deixa nervoso.
Acredito que meu cheiro é tão bom quanto o da maioria das pessoas.
Engraxo demais meus sapatos.
Ver sangue não me excita mais.
Quando era bebê tinha poucos passatempos.
Pornografia me faz pensar em sexo.
Fico na banheira até parecer uma uva-passa.
Ver luvas de beisebol me faz salivar.
Jamais termino o que

Essas frases foram escritas pelo humorista Art Buchwald (1965) e pela psicóloga Carol Sommer para satirizar os questionários de personalidade. Tais afirmações podem parecer ridículas, mas não são muito diferentes das verdadeiras questões. Como, então, esses itens em testes como o MMPI-2 revelam algo sobre a personalidade? A resposta seria que um único item revela um pouco sobre a personalidade. Por exemplo, uma pessoa que afirma que "Tudo parece ter o mesmo gosto" pode simplesmente estar resfriada. Somente os *padrões* de resposta revelam as dimensões da personalidade.

Itens do teste MMPI-2 foram selecionados em razão da capacidade de identificar corretamente pessoas com problemas psicológicos específicos. Por exemplo, se uma pessoa deprimida responder a uma série de itens com certa consistência, é possível supor que outras pessoas que respondam da mesma forma também sejam propensas à depressão. Não importa quão estúpidos alguns itens possam parecer, é possível que alguns realmente funcionem em um teste real. Mas antes de um item fazer parte do teste, ele tem de apresentar alta correlação com algum traço ou alguma dimensão da personalidade.

O MMPI-2 mede os dez principais aspectos da personalidade (listados na ▲Tabela 10.4). Depois de computados os resultados do MMPI-2, cria-se um gráfico com o **perfil MMPI-2** (♦Figura 10.9). Por meio da comparação entre o perfil de uma pessoa e as pontuações obtidas por adultos normais, um psicólogo consegue identificar vários distúrbios de personalidade. Escalas adicionais identificam dependência química, distúrbio alimentar, comportamento do Tipo A (com propensão a ataque cardíaco), repressão, raiva, cinismo, baixa auto-estima, problemas familiares, incapacidade para exercer uma função profissional e outras dificuldades (Hathaway e McKinley, 1989).

Inventário Multifásico da Personalidade de Minnesota-2 (MMPI-2) Um dos questionários objetivos de personalidade mais conhecido e utilizado.

Perfil MMPI-2 Representação gráfica da pontuação de uma pessoa em cada uma das escalas básicas da MMPI-2.

---

* Extraído do Inventário Multifásico da Personalidade de Minnesota-2 (MMPI-2) e reimpresso mediante autorização da University of Minnesota Press. Copyright © 1989 da University of Minnesota Press.

TABELA 10.4 MMPI-2 Subescalas Clínicas Básicas

1. **Hipocondria.** Preocupação exagerada com a própria saúde física.
2. **Depressão.** Sentimentos de desânimo, falta de esperança e pessimismo.
3. **Histeria.** Presença de queixas físicas para as quais não há causa física aparente.
4. **Desvio psicopatológico.** Superficialidade emocional nas relações e desconsideração dos padrões morais e sociais.
5. **Masculinidade/feminilidade.** Grau de agressividade "masculina" ou de sensibilidade "feminina" tradicional de uma pessoa.
6. **Paranóia.** Suspeita exagerada e mania de perseguição.
7. **Psicastenia.** Presença de preocupações obsessivas, medos irracionais (fobias) e ações compulsivas (ritualísticas).
8. **Esquizofrenia.** Retração emocional e incomum ou pensamentos e ações bizarros.
9. **Mania.** Excitabilidade emocional, estado de espírito ou comportamento maníaco e atividade excessiva.
10. **Introversão social.** Tendência de uma pessoa a ser socialmente retraída.

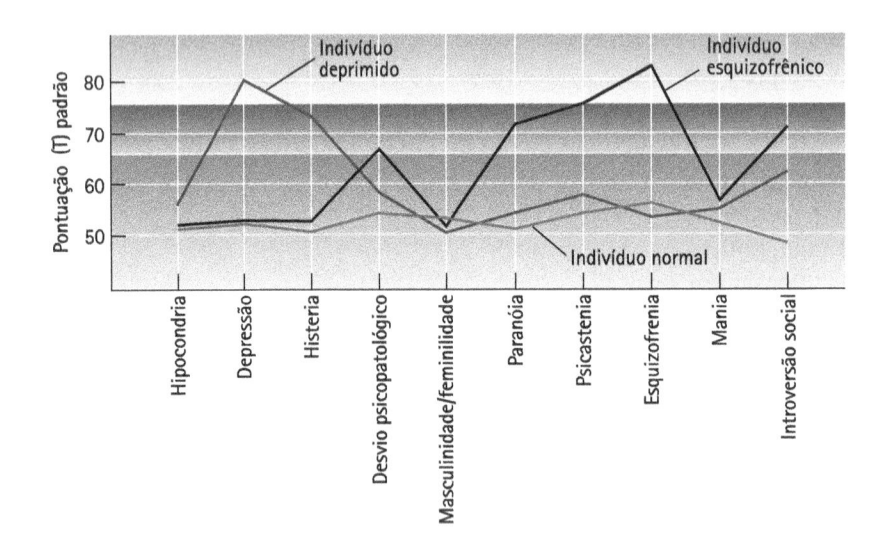

◆FIGURA 10.9 *Um perfil MMPI-2 mostrando a pontuação hipotética indicadora de normalidade, depressão e psicose. Uma pontuação alta começa em 66, e pontuações muito altas vão a 76. Uma pontuação muito baixa (40 e abaixo) também pode revelar problemas ou características de personalidade.*

Qual o grau de precisão do MMPI-2? Os questionários de personalidade são precisos somente se as pessoas responderem a verdade sobre si mesmas. Por isso, o MMPI-2 tem **escalas de validação** que revelam se as pontuações de uma pessoa devem ser descartadas. As escalas de validação detectam tentativas dos participantes de "fingir para melhor" (fazerem-se parecer melhores) ou "fingir para pior" (fazer parecer que têm problemas). Outras escalas revelam a defensibilidade ou tendências a exagerar os defeitos e os problemas. Quando passar pelo MMPI-2, é melhor responder sinceramente, sem tentar adivinhar a melhor resposta para o teste.

Um psicólogo clínico tentando concluir se uma pessoa tem ou não problemas emocionais deve levar em conta não apenas o MMPI-2. As pontuações do teste oferecem boas informações, mesmo assim, podem atribuir rótulos equivocados a algumas pessoas (Cronbach, 1990). ("Testes de Honestidade – Eles Dizem a Verdade?" discute esse problema.) Felizmente, os julgamentos clínicos normalmente dependem de informações obtidas em entrevistas, testes e outras fontes. Além disso, apesar das limitações, nunca é demais lembrar que as avaliações psicológicas são pelo menos tão precisas quanto os testes médicos usados comumente (Meyer et al., 2001).

Escalas de validação Escalas que dizem se as pontuações dos testes deveriam ser invalidadas por mentirem, serem inconsistentes ou "falsamente boas".

RACIOCÍNIO CRÍTICO: Testes de Honestidade – Eles Dizem a Verdade?

Todo ano, milhares de pessoas ansiosas em busca de emprego passam pelos testes escritos de honestidade aplicados por empresas que querem evitar a contratação de funcionários desonestos. Os testes de honestidade (também conhecidos como testes de integridade) partem do pressuposto de que reações fracas contra atos desonestos mostram a predisposição de uma pessoa ao comportamento desonesto. Entre os exemplos estão atitudes de levar para casa materiais de escritório ou sair cedo do trabalho. A maioria dos testes também pede ao candidato para dizer o nível de honestidade desejável de uma pessoa média e estabelecer uma comparação consigo mesmo. É surpreendente observar que muitos candidatos a emprego sinceramente pontuam a sua própria honestidade abaixo da média (Neuman e Baydoun, 1998). (É de admirar a honestidade dessas pessoas!) Os testes de honestidade também apresentam perguntas sobre envolvimentos prévios com a lei, atos passados de roubo ou fraude, e atitudes em relação ao consumo de álcool e drogas.

Será que o teste de honestidade é válido? Essa questão ainda é muito discutida. Alguns psicólogos acreditam que os melhores testes de honestidade são suficientemente válidos para serem usados no processo de contratação de empregados (Ones e Viswesvaran, 2001). Outros, no entanto, ainda não se sentem convencidos. A maioria dos estudos fracassou em demonstrar que os testes de honestidade conseguem *prever* com exatidão se um candidato será de baixo risco para a empresa (Saxe, 1991). Os psicólogos também se preocupam com o fato de os testes de honestidade serem ministrados por pessoas não-treinadas. Outro motivo de preocupação é o fato de 96% das pessoas testadas e que falham no teste serem falsamente *rotuladas* de desonestas (Camara e Schneider, 1994). Apenas nos Estados Unidos, isso representa bem mais que um milhão de trabalhadores por ano sendo acusados equivocadamente de serem desonestos (Rieke e Guastello, 1995).

Alguns estados proibiram o uso dos testes de honestidade como única base para decidir a contratação ou não de uma pessoa. Contudo, é fácil compreender por que os empregadores desejam fazer o possível para reduzir roubos e atos desonestos no ambiente de trabalho. As pressões para usar os testes de honestidade são fortes. Honestamente, o debate sobre esse teste deve, sem dúvida, continuar.

TESTES DE PROJEÇÃO DE PERSONALIDADE – BORRÕES DE TINTA E BORRÕES OCULTOS

Os testes de projeção abordam de forma diferenciada a personalidade. Entrevistas, observações, escalas de graduação e inventários tentam identificar diretamente traços patentes, observáveis (Vane e Guarnaccia, 1989). Porém, os testes de projeção tentam descobrir necessidades, pensamentos ou desejos totalmente ocultos ou *inconscientes*.

Quando você era criança, já deve ter se divertido descobrindo rostos e objetos formando-se nas nuvens. Ou talvez tenha descoberto algo sobre a personalidade dos amigos a partir de suas reações a filmes ou quadros. Se isso já lhe aconteceu, você deve ter algum insight sobre o raciocínio envolvido nos testes de projeção. Em um **teste de projeção**, uma pessoa deve descrever algum tipo de estímulo ambíguo ou criar histórias com base nesse estímulo. Descrever um estímulo claro (a foto de um automóvel, por exemplo) revela pouco sobre a sua personalidade. Mas quando você está diante de um estímulo não-estruturado, é obrigado a organizar o que vê com base nas suas próprias experiências de vida. Todos enxergam algo diferente em um teste de projeção, e aquilo que é percebido pode revelar o funcionamento íntimo da sua personalidade.

Os testes de projeção não possuem respostas corretas ou erradas, o que os torna difíceis de ser fraudados (Vane e Guarnaccia, 1989). Ademais, tais testes podem ser rica fonte de informação, já que as respostas não consistem em simples verdadeiro/falso ou sim/não.

O Teste de Borrões de Tinta de Rorschach

O teste dos borrões é um teste de projeção? O teste dos borrões, ou **Técnica de Rorschach**, é um dos testes de projeção mais antigo e mais utilizado. Desenvolvido pelo psicólogo suíço Hermann Rorschach na década de 1920, ele consiste em dez borrões padronizados. Eles têm cores, formatos, tons e complexidades diferentes.

Como funciona o teste? Primeiro, a pessoa vê e tenta descrever cada borrão (◆Figura 10.10). Depois, o psicólogo pode retornar a um borrão e pedir

Teste de honestidade Um teste escrito criado para detectar atitudes, crenças e padrões de comportamento que predispõem a pessoa a se envolver em comportamentos desonestos.

Testes de projeção Testes psicológicos que utilizam estímulos ambíguos e não-estruturados.

Técnica de Rorschach Teste de projeção composto de dez borrões padronizados.

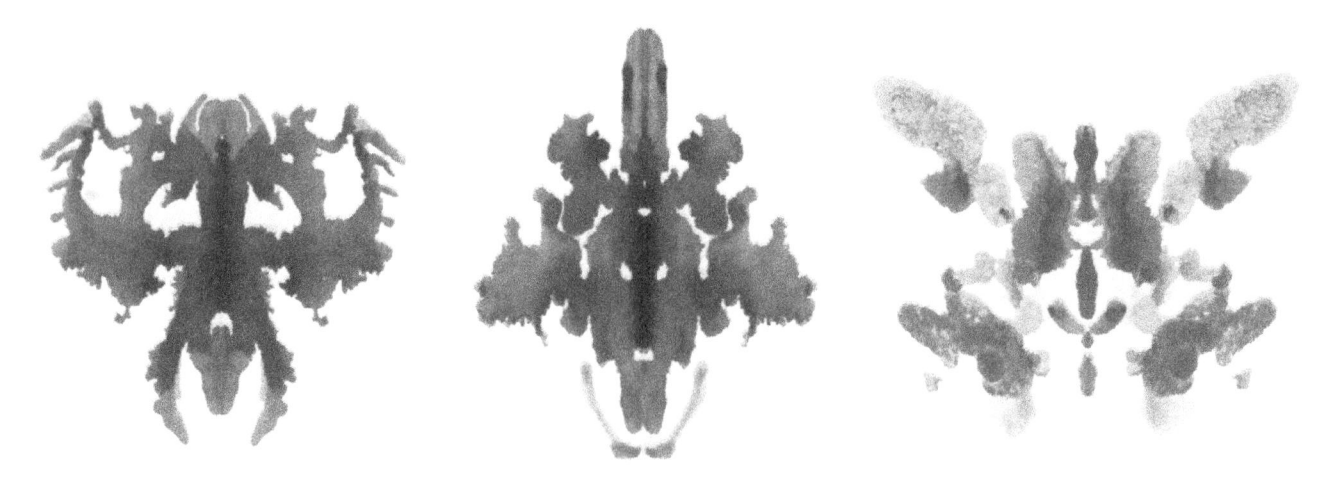

◆FIGURA 10.10 *Borrões semelhantes a esses são usados na técnica de Rorschach. O que você vê nessas imagens? (Ver também caderno colorido.)*

para a pessoa identificar partes específicas, a fim de ampliar as descrições anteriores, ou ter novas impressões sobre o conteúdo do borrão. Diferenças gritantes no conteúdo – por exemplo, "sangue escorrendo de um punhal" *versus* "flores brotando no jardim" – são importantes para identificar conflitos e fantasias pessoais. No entanto, o conteúdo é menos importante do que as partes do borrão usadas para organizar as imagens. Esses fatores permitem aos psicólogos detectar perturbações emocionais, observando como a pessoa percebe o mundo. A técnica de Rorschach é muito eficaz para detectar psicoses, um dos distúrbios mentais mais graves (Ganellen, 1996).

Teste de Apercepção Temática (TAT)
Um teste de projeção composto de 20 cenas e situações de vida diferentes sobre as quais os respondentes criam histórias.

O Teste de Apercepção Temática

Outro conhecido teste de projeção é o **Teste de Apercepção Temática (TAT)**, desenvolvido pelo teórico da personalidade Henry Murray (1893-1988).

Qual a diferença entre o TAT e o Rorschach? O TAT é composto de vinte ilustrações de cenas e situações da vida (◆Figura 10.11). Durante a realização do teste, cada ilustração é exibida para a pessoa e ela tem de criar uma história sobre as pessoas mostradas ali. Depois, ela vê cada ilustração mais duas ou três vezes e complementa as histórias criadas anteriormente ou cria outras.

Para pontuar o TAT, os psicólogos analisam o conteúdo das histórias. As interpretações concentram-se em como as pessoas se sentem, como elas interagem, quais os fatos que provocaram o incidente retratado na cena e como a história termina. Por exemplo, as histórias do TAT criadas por universitários que haviam perdido recentemente parentes ou amigos próximos normalmente incluíam temas como morte, dor e enfrentamento da perda (Balk et al. 1998).

◆FIGURA 10.11 *Esta é uma figura semelhante às usadas no Teste de Apercepção Temática. Se quiser simular o teste, crie uma história explicando o que provocou a situação retratada, o que está acontecendo agora e como a ação irá terminar.*

O psicólogo também deve computar quantas vezes a figura central de uma história do TAT está com raiva, é ignorada, está apática, com ciúmes ou sentindo-se ameaçada. Esta é uma história escrita por um estudante para descrever a Figura 10.11:

> A garota andava se encontrando com esse cara de quem a mãe dela não gostava. A mãe dizia a ela para não encontrá-lo novamente. A mãe disse: "Ele é igual ao seu pai". A mãe e o pai estavam divorciados. A mãe está sorrindo porque acha que está correta. Mas ela não sabe realmente o que a filha deseja. De qualquer jeito, a garota vai encontrá-lo novamente.

Como esse exemplo indica, o TAT é muito útil para revelar sentimentos sobre os relacionamentos sociais da pessoa (Alvarado, 1994).

Limitações do Teste de Projeção

Embora os testes de projeção sejam populares, sua validade é considerada a pior entre os testes de personalidade (Lilienfeld, 1999). A objetividade e a confiabilidade (consistência) também são fracas para diferentes usuários do TAT e do Rorschach. Observe que, depois que uma pessoa interpreta um estímulo ambíguo, o avaliador deve interpretar (algumas vezes) respostas ambíguas da pessoa. Em certo sentido, a interpretação propriamente dita de um teste de projeção pode ser um verdadeiro teste de projeção para o avaliador!

Apesar dessas deficiências, os testes de projeção ainda são válidos (Weiner, 1997). Isso é verdadeiro principalmente quando são usados como parte de uma *bateria de testes* (uma série de mecanismos de avaliação e entrevistas). Aplicados por clínicos capacitados, os testes de projeção podem ser uma boa maneira de detectar grandes conflitos, de fazer o paciente falar sobre temas desagradáveis e de estabelecer metas para terapias (O'Roark, 2001).

ASSASSINOS REPENTINOS — UM EXEMPLO DE PESQUISA

As avaliações de personalidades nos oferecem pistas para alguns dos acontecimentos humanos mais perturbadores. Vejamos o exemplo de Fred Cowan, um aluno exemplar na escola e descrito por aqueles que o conheciam como uma pessoa quieta, gentil e que adorava crianças. Apesar do seu tamanho (cerca de 1,80 m de altura e 110 kg), Fred foi descrito por um colega de trabalho como uma "pessoa fácil de ser intimidada".

Fred Cowan representa um fenômeno intrigante: ocasionalmente lemos nos jornais a respeito de assassinos repentinos – pessoas gentis, quietas, tímidas e de boa índole que explodem repentinamente, tornando-se violentas (Lee et al., 1977). Duas semanas depois de ter sido suspenso do trabalho, Fred retornou, determinado a vingar-se do seu supervisor. Não conseguiu encontrá-lo e acabou matando quatro colegas e um policial antes de se matar.

Esse tipo de comportamento não contraria o conceito de traços de personalidade? Pode parecer que assassinos repentinos são manchetes de jornais apenas porque são improváveis candidatos a atos de violência. Pesquisas realizadas por Melvin Lee, Philip Zimbardo e Minerva Bertholf mostraram o contrário. Esses estudos indicaram que assassinos repentinos tornam-se violentos *porque* são tímidos, retraídos e inexpressivos, e não apesar dessas características. Esses pesquisadores estudaram presos em uma prisão da Califórnia. Dez eram internos cujo homicídio consistia na primeira agressão inesperada. Nove eram criminosos com um registro habitual de violência prévia a assassinato. Dezesseis eram internos condenados por crimes não-violentos.

A estrutura da personalidade dos internos era diferente? Cada um dos internos passou por uma bateria de testes, incluindo o MMPI, bem como por uma medição de timidez e uma lista de qualidades. Cada interno passou também por uma entrevista pessoal. Como se previa, os assassinos repentinos eram indivíduos passivos, tímidos e extremamente controlados (retraídos). Os internos habitualmente violentos eram "masculinos" (agressivos), descontrolados (impulsivos) e se consideravam menos tímidos que uma pessoa média (Lee et al., 1977).

Os psicólogos descobriram que os indivíduos calados, muito controlados, tendem a ser extremamente violentos quando perdem o controle. Quando eles atacam, normalmente são motivados por alguma irritação ou frustração mínima, mas a agressão reflete anos de sentimentos não-expressos de raiva e humilhação. Quando o assassino repentino finalmente libera os controles restritos que ele mantinha sobre o seu comportamento, ocorre um ataque furioso e frenético – no geral, completamente desproporcional ao insulto recebido, e muitos não se lembram dos seus atos violentos.

Em comparação, os assassinos com histórico de violência demonstraram reações muito diferentes. Embora tivessem assassinado, o grau de violência era moderado – normalmente o suficiente para o dano necessário. Em geral, eles se sentiram traídos ou enganados e achavam necessário corrigir a situação ou manter a masculinidade (Lee et al., 1977).

Um Olhar Adiante

Os exemplos anteriores ilustram como alguns dos conceitos e algumas das técnicas discutidos neste capítulo podem ser aplicados para aprimorar nosso conhecimento. A seção Psicologia em Ação que vem a seguir deve equilibrar sua visão sobre personalidade. Não seja tímido. Continue lendo!

PAUSA PARA ESTUDO — Avaliação da Personalidade

RELACIONE

Como *você* avalia a sua personalidade? Informalmente, você usa algum método descrito neste capítulo?

Você está se candidatando ao emprego dos seus sonhos. Sua personalidade será avaliada por um psicólogo. Que método (ou métodos) você gostaria que fosse usado? Por quê?

VERIFICAÇÃO DO APRENDIZADO

1. O efeito halo é a propensão do entrevistador para influenciar no que é dito pelo entrevistado. V ou F?
2. Qual desses métodos é considerado o mais objetivo para medir a personalidade?
   a. escalas de graduação
   b. questionários de personalidade
   c. testes de projeção
   d. TAT
3. Os testes situacionais possibilitam a _____ direta das características da personalidade.
4. Uma pessoa psicótica provavelmente teria pontuação alta em que item da escala MMPI-2?
   a. depressão   b. histeria
   c. esquizofrenia d. mania
5. O uso de estímulo ambíguo é mais característico de
   a. entrevistas   b. testes de projeção
   c. inventários de personalidade   d. observação direta
6. O conteúdo das respostas de uma pessoa no MMPI-2 é considerado uma indicação de desejos, pensamentos e necessidades inconscientes. V ou F?
7. O processo de avaliação do comportamento exige observação direta das ações de uma pessoa ou um relato direto das idéias da pessoa. V ou F?
8. Uma constatação surpreendente é o fato de assassinos repentinos serem normalmente controlados, bem masculinos e mais impulsivos do que a média. V ou F?
9. Um teste é considerado válido se produzir constantemente o mesmo resultado quando a mesma pessoa é testada em ocasiões diferentes. V ou F?

Raciocínio Crítico

10. Você consegue pensar em alguma outra razão para o traço de personalidade não ser revelado com precisão nas entrevistas?
11. Os testes de projeção seriam de maior interesse para que tipo de teórico da personalidade?

RESPOSTAS:

1. F 2. b 3. observação 4. c 5. b 6. F 7. V 8. F 9. F 10. Por causa da interação traço-situação, uma pessoa pode não se comportar normalmente quando está sendo avaliada em uma entrevista. 11. Psicodinâmico: porque os testes de projeção destinam-se a revelar pensamentos, sentimentos e conflitos inconscientes.

Psicologia em Ação

Barreiras e Pontes – Entendendo a Timidez

▶ **PERGUNTA PARA PESQUISA**   *Qual a causa da timidez? O que pode ser feito para acabar com a timidez?*

Timidez Tendência a evitar os outros; desconforto e tensão com a sociabilização.

Como traço de personalidade, a **timidez** refere-se à tendência a evitar os outros, bem como aos sentimentos de inibição social (desconforto e tensão durante a sociabilização) (Buss, 1980). Pessoas tímidas não conseguem fazer contato visual, retraem-se quando alguém se dirige a elas, falam muito baixo e demonstram pouco interesse ou animação nas conversas. Você:

- Tem dificuldade de conversar com estranhos?
- Não confia nas pessoas?
- Sente-se incomodado(a) em situações sociais?
- Fica nervoso(a) com pessoas que não sejam amigas íntimas?

Se você respondeu sim, faz parte de *50%* dos universitários que se consideram tímidos (Carducci e Stein, 1988). A timidez, quando moderada, não é tão inconveniente assim. Contudo, timidez extrema muitas vezes está associada a sentimentos como depressão, solidão, temor, ansiedade social, inibição e baixa auto-estima (Henderson, 1997; Jackson et al., 2002).

Elementos da Timidez

Qual a causa da timidez? Para começar, pessoas tímidas, muitas vezes, são desprovidas de *habilidades sociais* (capacidade de interagir com os outros). Muitos simplesmente não aprenderam como conhecer as pessoas ou como começar uma conversa e seguir adiante. A **ansiedade social** (sentimento de apreensão na presença de outras pessoas) também é fator de timidez. Quase todos sentem nervosismo em algumas situações sociais (por exemplo, ao conhecer um estranho atraente). Normalmente, essa é uma reação contra o temor de avaliações (medo de ser inconveniente, de se sentir constrangido, ridículo ou rejeitado). Embora o medo de rejeição seja comum, é muito mais freqüente ou intenso nas pessoas tímidas (Jackson et al., 1997). Um terceiro problema para as pessoas tímidas é a propensão (distorção) à autodefesa de seus pensamentos. Mais especificamente, pessoas tímidas quase sempre se culpam quando um encontro social não é favorável. Elas são desnecessariamente autocríticas em situações sociais (Lundh et al., 2002).

Causas Situacionais da Timidez

Muitas vezes, a timidez, é provocada por situações sociais *novas* ou *desconhecidas*. Uma pessoa que se relaciona bem com a família ou com os amigos íntimos pode ficar tímida e sentir-se incomodada quando encontra um estranho. A timidez também se agrava diante da formalidade, do encontro com alguém de nível social mais elevado, do fato de ser claramente diferente dos outros ou de ser o foco da atenção (como, por exemplo, dando uma palestra) (Buss, 1980).

Mas a maioria das pessoas não fica cautelosa e inibida nessas circunstâncias? Sim. É por essa razão que precisamos perceber a diferença entre as pessoas de personalidade tímida e não-tímida.

Dinâmica da Personalidade Tímida

Há uma tendência em achar que as pessoas tímidas ficam envolvidas nos próprios sentimentos e pensamentos. Os pesquisadores Jonathan Cheek e Arnold Buss (1979), surpreendentemente, não encontraram nenhuma ligação entre timidez e **autoconsciência privada** (atenção voltada aos sentimentos, pensamentos e fantasias internos). Ao contrário, eles descobriam que a timidez está ligada à **autoconsciência pública** (consciência profunda de si próprio como objeto social).

As pessoas com pontuação elevada em autoconsciência são muito preocupadas com o que os outros pensam delas (Buss, 1980). Preocupam-se em não dizer nada errado ou em não parecer tolas. Em público, podem sentir-se "despidas" ou temem que os outros "consigam enxergar através delas". Esse tipo de sentimento provoca ansiedade ou medo cabal durante encontros sociais, produzindo comportamento estranho ou inibição (Buss, 1986). A ansiedade da pessoa tímida, por sua vez, freqüentemente faz com que ela tenha uma visão errada dos outros nas situações sociais (Schroeder, 1995).

Como mencionamos, praticamente todos sentem ansiedade em pelo menos algumas situações sociais. Mas há uma diferença básica na maneira como as pessoas tímidas ou não-tímidas *rotulam* essa ansiedade. As pessoas tímidas tendem a considerar sua ansiedade social *traço de personalidade permanente*. A timidez, em outras palavras, torna-se parte do seu autoconceito. Por sua vez, pessoas não-tímidas acreditam que as *situações externas* sejam a causa de seus

Ansiedade social Sentimento de apreensão na presença dos outros.

Autoconsciência privada Preocupação com sentimentos, pensamentos e fantasias internos.

Autoconsciência pública Consciência profunda de si próprio como objeto social.

sentimentos ocasionais de timidez. Quando as pessoas não-tímidas ficam ansiosas ou com "medo da platéia", reconhecem que quase todos se sentiriam como elas nas mesmas circunstâncias (Zimbardo et al., 1978).

A rotulação é importante porque afeta a auto-estima. Em geral, pessoas não-tímidas tendem a ter auto-estima mais elevada do que as tímidas. Isso porque as pessoas não-tímidas creditam a si mesmas o sucesso social, e reconhecem que os fracassos são, muitas vezes, decorrentes das circunstâncias. Porém, as pessoas tímidas se culpam pelos fracassos sociais, jamais creditam a si próprias os sucessos, e esperam ser rejeitadas (Buss, 1980; Jackson et al., 2002).

Crenças Sobre a Timidez

Como reduzir a timidez? Enquanto dirigia uma clínica para tratamento da timidez, o psicólogo Michel Girodo (1978) observou que a timidez, geralmente, é mantida por crenças irreais ou autodefensivas. Estes são exemplos desse tipo de crença.

1. *Se você passar um tempo em uma reunião social, algo deverá acontecer.*
   Comentário: Isso é realmente um disfarce para o medo de iniciar uma conversa. Para duas pessoas se conhecerem, pelo menos uma delas tem de fazer um esforço, e é melhor que seja você.
2. *Pessoas populares apenas têm sorte de serem convidadas para reuniões sociais ou para sair.*
   Comentário: Exceto quando uma pessoa é formalmente apresentada para alguém desconhecido, essa afirmação é falsa. As pessoas socialmente mais ativas normalmente se esforçam para encontrar e desfrutar a companhia dos outros. Essas pessoas são sócias de clubes, convidam os outros para fazer um programa, iniciam conversas e geralmente isso tudo não tem nada a ver com sorte.
3. *As chances de encontrar alguém interessado em sociabilizar são sempre as mesmas, qualquer que seja o local.*
   Comentário: Essa é outra desculpa para a falta de iniciativa. Vale a pena procurar situações com maior probabilidade de promover contato social, como em atividades do clube, do time ou da escola.
4. *Se alguém parece não gostar de você logo à primeira vista, ele realmente não gosta e jamais gostará.*
   Comentário: Essa crença provoca ainda mais timidez desnecessária. Mesmo quando uma pessoa não demonstra interesse imediato, não quer dizer que ela não goste de você. O fato de gostar leva tempo e requer oportunidade para se desenvolver.

Crenças inúteis assim podem ser substituídas por afirmações como estas:

1. Tenho de ser mais ativo nas situações sociais.
2. Não posso ficar esperando até me sentir totalmente seguro ou relaxado antes de me arriscar socialmente.
3. Não preciso fingir ser alguém que não sou; isso só me deixa mais ansioso.
4. Posso até achar que os outros estão me avaliando duramente, mas na verdade estou sendo severo demais comigo mesmo.
5. Posso estabelecer metas razoáveis para ampliar minhas experiências e habilidades sociais.
6. Mesmo as pessoas extremamente habilidosas socialmente nunca são bem-sucedidas 100% do tempo. Eu não deveria aborrecer-me tanto quando o encontro fracassa. (Adaptadas de Girodo, 1978.)

Habilidades Sociais

O aprendizado de habilidades sociais requer prática. Não existe nada "inato" em saber como conhecer as pessoas ou iniciar uma conversa. As habilidades sociais podem ser praticadas diretamente de várias maneiras. É possível, por exemplo, usar um gravador e ouvir várias das suas conversas. Pode ser surpreendente perceber a maneira como você pausa, interrompe, não presta atenção nos estímulos ou não parece interessado na conversa. Do mesmo modo, pode revelar-se interessante ver-se no espelho e exagerar nas expressões faciais de surpresa, interesse, desgosto, prazer e assim por diante. Usando esses métodos, a maioria das pessoas consegue aprender a acrescentar mais animação e habilidade à própria auto-apresentação. (Para obter uma discussão das habilidades relacionadas, ver a seção sobre auto-afirmação no Capítulo 14.)

Conversa

Uma das formas mais simples de melhorar a conversa é aprender a fazer perguntas. Uma boa seqüência de perguntas transfere a atenção para a outra pessoa e mostra o seu interesse. Não é preciso grandes elaborações. Bastam questões simples, como "Onde você (trabalha, estuda, mora)? Você gosta de (dançar, viajar, música)? Há quanto tempo você (estuda nesta escola, está trabalhando aqui, mora aqui)?". Depois de quebrado o gelo, as melhores perguntas, muitas vezes, são aquelas com *respostas abertas* (não podem ser respondidas com sim ou não):

"Que regiões do país você conhece?" (em vez de: "Você já esteve na Flórida?")
"Que tal morar na região oeste?" (em vez de: "Você gosta de morar na região oeste?")
"De que tipo de comida você gosta?" (em vez de: "Você gosta de comida chinesa?")

É fácil entender por que as perguntas de respostas abertas são importantes. Ao responder a esse tipo de questão, as pessoas, em geral, dão "informações livres" sobre si mesmas, e essa informação extra pode ser usada para fazer outras perguntas ou para introduzir outros assuntos na conversa.

Esse exemplo resumido de idéias não substitui a verdadeira prática. Superar a timidez requer um esforço real para aprender novas habilidades e testar as crenças e atitudes antigas. Pode requerer até mesmo ajuda de um orientador ou terapeuta. Uma pessoa tímida deve, mesmo minimamente, estar disposta a correr riscos sociais. Quebrar as barreiras da timidez sempre inclui alguns encontros estranhos ou malsucedidos. Mesmo assim, as compensações são boas: a companhia humana e a liberdade pessoal.

PAUSA PARA ESTUDO — Entendendo a Timidez

RELACIONE

Se você é tímido, tente resumir como as habilidades sociais, a ansiedade social, o temor da avaliação, os pensamentos autodefensivos e a autoconsciência pública contribuem para a sua inibição social. Se você não é tímido, descreva como explicaria esses conceitos para uma pessoa tímida.

VERIFICAÇÃO DO APRENDIZADO

1. Pesquisas mostram que 14% dos universitários norte-americanos se consideram tímidos. V ou F?
2. A ansiedade social e o temor da avaliação são observados quase exclusivamente nas pessoas tímidas; as não-tímidas raramente passam por essas experiências. V ou F?
3. Pessoas e situações desconhecidas muitas vezes provocam a timidez. V ou F?
4. A autoconsciência pública e a tendência a se rotular como tímida são as principais características da personalidade tímida. V ou F?
5. Mudar as crenças pessoais e praticar as habilidades sociais pode ajudar a vencer a timidez. V ou F?

Raciocínio Crítico

6. A timidez é um traço da personalidade de Vonda. Como a maioria das pessoas, Vonda tende a se sentir mais tímida em ambientes sociais desconhecidos. O comportamento tímido de Vonda demonstra que a expressão dos traços é regida por qual conceito?

RESPOSTAS: 1.F, 2.F, 3.V, 4.V, 5.V, 6. interações traço-situação.

REVISÃO DO CAPÍTULO

Pontos Principais

» Cada um de nós apresenta padrões de comportamento consistentes que definem nossa personalidade e nos permitem prever como as outras pessoas agem.

» A personalidade pode ser compreendida por meio de identificação de traços, sondagem de conflitos e dinâmicas mentais, observação dos efeitos do aprendizado e de situações anteriores, e compreensão da percepção da pessoa de si mesma.

» Os psicólogos usam entrevistas, observação direta, questionários e testes de projeção para medir e avaliar a personalidade.

» A timidez está relacionada com a autoconsciência pública e com outros fatores psicológicos alteráveis, que permitem a algumas pessoas superá-la.

Resumo

Como os psicólogos usam o termo personalidade?

» A personalidade é composta pelos padrões de comportamento duradouros e singulares de uma pessoa.

» Caráter é a personalidade avaliada, ou a possessão de qualidades desejáveis.

» Temperamento refere-se aos aspectos hereditários e fisiológicos da natureza emocional de uma pessoa.

Quais são os conceitos básicos que compreendem a psicologia da personalidade?

» Os traços de personalidade são qualidades pessoais permanentes inferidas com base no comportamento.

» Os tipos de personalidade agrupam pessoas em categorias com base nos traços compartilhados.

» O comportamento é influenciado pelo autoconceito, que é a percepção de uma pessoa dos seus próprios traços de personalidade.

» A auto-avaliação positiva provoca o aumento da auto-estima. A baixa auto-estima está associada ao estresse, à infelicidade e à depressão.

» As teorias da personalidade combinam pressupostos, idéias e princípios inter-relacionados para explicar a personalidade.

Há traços de personalidade mais básicos ou importantes do que outros?

» As teorias do traço identificam as qualidades mais permanentes ou características de uma pessoa.

» Allport fez distinções importantes entre traços comuns e traços individuais, e entre traços cardinais, centrais e secundários.

» A teoria de Cattell atribui os traços de superfície à existência de 16 traços-fonte subjacentes.

» Os traços-fonte são medidos pelo *Questionário de Dezesseis Fatores de Personalidade* (16 PF).

» O modelo dos cinco fatores identifica as cinco dimensões universais da personalidade: extroversão, aprazibilidade, consciência, tendência à neurose e abertura à experiência.

» Os traços interagem com as situações para explicar o comportamento.

» A genética comportamental e os estudos com gêmeos idênticos indicam que a hereditariedade contribui significativamente para os traços da personalidade adulta.

Como as teorias psicodinâmicas explicam a personalidade?

» Da mesma forma que as demais abordagens psicodinâmicas, a teoria psicanalítica de Sigmund Freud enfatiza as forças e os conflitos inconscientes dentro da personalidade.

» Na teoria de Freud, a personalidade é composta de id, ego e superego.

» A libido, derivada dos instintos vitais, é a energia principal que move a personalidade. Os conflitos dentro da personalidade podem causar ansiedade neurótica ou ansiedade moral, e motivar-nos a usar os mecanismos de defesa do ego.

» A personalidade opera em três níveis: consciente, pré-consciente e inconsciente.

» A visão freudiana a respeito do desenvolvimento da personalidade é baseada em uma série de fases psicossexuais: oral, anal, fálica e genital. A fixação em qualquer fase pode provocar marcas permanentes na personalidade.

O que os behavioristas enfatizam na sua abordagem sobre a personalidade?

» As teorias behavioristas da personalidade enfatizam o aprendizado, o condicionamento e os efeitos imediatos do ambiente (determinantes situacionais).

- Os teóricos do aprendizado, Dollard e Miller, consideram o hábito o ponto central da personalidade. Os hábitos expressam os efeitos combinados de impulso, estímulo, resposta e recompensa.
- A teoria do aprendizado social acrescenta elementos cognitivos à visão behariovista da personalidade. Os exemplos incluem a situação psicológica, as expectativas e o valor de reforço.
- A visão behaviorista a respeito do desenvolvimento da personalidade sustenta que o reforço social é crítico em quatro situações: alimentação (amamentação), treinamento para uso do banheiro ou para higiene íntima, treinamento para o sexo e treinamento para expressar raiva ou agressividade.
- A identificação e a imitação são especialmente importantes no aprendizado para ser "masculino" ou "feminino".
- A androgenia psicológica está relacionada a mais adaptabilidade e flexibilidade comportamental.

Qual a diferença entre as teorias humanistas e as visões de outras teorias?

- A teoria humanista enfatiza a experiência da pessoa e as suas necessidades de auto-realização.
- Abraham Maslow descobriu que os auto-realizadores compartilham características que variam de percepções eficientes da realidade a freqüentes experiências de pico.
- Carl Rogers via o self como entidade que surge da experiência pessoal. Tendemos a tomar consciência das experiências que correspondem à nossa auto-imagem, e a excluir aquelas incongruentes.
- A pessoa incongruente tem auto-imagem extremamente irreal e/ou um desvio entre a auto-imagem e o self ideal. A pessoa congruente ou completamente funcional é flexível e aberta a experiências e sentimentos.
- À medida que os pais vão aplicando condições de valor ao comportamento, pensamento e sentimento da criança, ela começa a fazer o mesmo. As condições de valor internalizadas contribuem, assim, para a incongruência que interrompe o processo de valorização do organismo.

Como os psicólogos medem a personalidade?

- As técnicas geralmente usadas para avaliar a personalidade são entrevistas, observação, questionários e testes de projeção.
- Entrevistas estruturadas e não-estruturas proporcionam muita informação, mas estão sujeitas a tendências e percepções equivocadas do entrevistador. O efeito halo também pode reduzir a precisão de uma entrevista.
- A observação direta, algumas vezes envolvendo testes situacionais, avaliação comportamental, ou uso de escalas de graduação permitem avaliar o comportamento efetivo de uma pessoa.
- Os questionários de personalidade, como o *Inventário Multifásico da Personalidade de Minnesota-2 (MMPI-2)*, são objetivos e confiáveis, mas sua validade é questionável.
- No teste de projeção, a pessoa deve projetar pensamentos ou sentimentos diante de um estímulo ambíguo ou de uma situação não-estruturada.
- A *Técnica de Rorschach*, ou o teste dos borrões de tinta, é uma técnica de projeção muito conhecida. Outro teste de projeção é o *Teste de Apercepção Temática* (TAT).
- Os testes de projeção têm pouca validade e objetividade. Mesmo assim, são considerados valiosos por muitos clínicos, principalmente como parte de uma bateria de testes.

Quais são as causas da timidez? Como superá-la?

- Timidez é uma mistura de inibição social e ansiedade social. Ela é marcada por autoconsciência pública elevada e tendência de a pessoa considerá-la um traço duradouro.
- A timidez pode ser atenuada mudando as crenças de autodefesa e melhorando as habilidades sociais.

Teste os Seus Conhecimentos: Personalidade

As perguntas a seguir são apenas uma amostra daquilo que você deve saber. Se não conseguir responder a algum item, reveja todo o capítulo.

1. Quando avaliamos a personalidade de alguém, estamos julgando
   a. o temperamento   b. o caráter
   c. a extroversão   d. a auto-estima
2. Um tipo de personalidade é geralmente definido pela presença de
   a. todas as cinco dimensões da personalidade
   b. um autoconceito estável
   c. diversos traços específicos
   d. um traço-fonte
3. O teórico da personalidade Raymond Cattell usou a análise de fatores para identificar 16
   a. traços comuns   b. traços-fonte
   c. traços cardinais   d. interações traço-situação
4. Qual destas NÃO é uma das cinco dimensões da personalidade dos Cinco Grandes?
   a. extroversão   b. aprazibilidade
   c. tendência à neurose   d. androgenia
5. Os métodos de pesquisa de _____ foram usados para estudar até que ponto herdamos características de personalidade.
   a. genética comportamental
   b. teoria do aprendizado social
   c. análise de fatores
   d. criação de perfis de traço
6. De acordo com Freud, que divisão da personalidade é regida pelo princípio da realidade?
   a. ego   b. id
   c. ideal de ego   d. superego
7. Freud afirmou que a mente funciona em três níveis: consciente, inconsciente e
   a. psique   b. pré-consciente
   c. superego   d. subconsciente
8. A teoria freudiana afirma que uma pessoa passiva, dependente e carente tem fixação
   a. na fase oral   b. no superego
   c. na fase edipiana   d. na fase genital
9. Os determinantes situacionais de nossas ações são de grande interesse e importância para
   a. os teóricos da psicodinâmica
   b. os teóricos humanistas
   c. os teóricos do aprendizado
   d. os geneticistas comportamentais
10. Qual destes itens NÃO é conceito da teoria do aprendizado social?
    a. incongruência   b. expectativa
    c. auto-eficácia   d. valor de reforço
11. Maslow considerava picos de experiência momentos temporários de
    a. congruência   b. autoconsideração positiva
    c. auto-realização   d. auto-reforço
12. Carl Rogers acreditava que o crescimento pessoal é encorajado quando as condições de valor são substituídas por
    a. auto-eficácia   b. valor instrumental
    c. latência   d. valorização do organismo
13. O efeito halo pode ser um grave problema na avaliação precisa da personalidade baseada em
    a. testes de projeção   b. gravação do comportamento
    c. entrevistas   d. TAT
14. O teste situacional é basicamente um exemplo de uso de _____ para avaliar a personalidade.
    a. observação direta   b. entrevista estruturada
    c. traços cardinais   d. técnicas de projeção
15. Qual dos seguintes itens NÃO pertence ao mesmo grupo dos demais?
    a. técnica de Rorschach   b. TAT
    c. MMPI-2   d. testes de projeção
16. Por definição, um teste que mede aquilo que se propõe a medir é
    a. válido   b. situacional
    c. objetivo   d. confiável
17. Qual dos seguintes itens é um questionário de personalidade objetivo?
    a. TAT   b. Teste da cesta
    c. EQM-16   d. MMPI-2
18. Qual escala do MMPI-2 é destinada a detectar fobias e ações compulsivas?
    a. histeria   b. paranóia
    c. psicastenia   d. mania
19. Ao contrário do que as pessoas pensam, a timidez NÃO está relacionada com
    a. a autoconsciência privada
    b. a ansiedade social
    c. a auto-estima
    d. o fato de se culpar pelos fracassos sociais
20. Pessoas tímidas tendem a considerar sua ansiedade social
    a. uma reação situacional
    b. um traço de personalidade
    c. uma eficácia pública
    d. um hábito

RESPOSTAS:

1. b 2. c 3. b 4. d 5. a 6. a 7. b 8. a 9. c 10. a 11. c 12. d 13. c 14. a 15. c 16. a 17. d 18. c 19. a 20. b

Saúde, Estresse e Lidar com Problemas

Capítulo 11

A Aventura (Não Tão Boa) de Taylor

De algum modo, Taylor deu um jeito de sobreviver à correria para preparar os seminários e entregar os trabalhos e projetos de conclusão do curso. O ano letivo estava terminando, e os exames pareciam elaborados sob medida para causar o máximo sofrimento possível. Os dois exames mais difíceis seriam no mesmo dia! Droga! Que azar!

No último dia de provas, a caminho da escola, Taylor ficou preso em um congestionamento. Ele levou duas fechadas no trânsito e recebeu um gesto bem obsceno de um motorista. Quando conseguiu chegar à faculdade, o estacionamento se encontrava apinhado de alunos apressados. A maioria, assim como ele, estava a minutos de perder o exame final. Finalmente, Taylor conseguiu enxergar uma vaga. Quando iniciou a manobra, um Fusca veio voando do outro lado e parou na vaga "dele". O motorista do carro atrás do de Taylor começou a buzinar feito louco. Por um instante, Taylor parece possuído de uma vontade incontrolável de atropelar tudo à sua frente.

Finalmente, depois de uma semana e meia de estresse, pressão e frustração, Taylor estava de férias. Noites sem dormir, garrafas e mais garrafas térmicas de café, sanduíches e salgadinhos, e porções iguais de estudos sem parar acabaram com ele. Taylor estava de férias. Finalmente, ficaria livre para relaxar e se divertir. Será que ficaria mesmo? Apenas quatro dias depois do término das aulas, ele pegou um forte resfriado seguido de uma bronquite que levou quase um mês para sarar.

A experiência de Taylor ilustra o que acontece quando o estresse, a emoção, os hábitos pessoais e a saúde entram em colisão. O aparecimento do resfriado justamente nesse período pode parecer uma coincidência, mas não é. Períodos de estresse muitas vezes são seguidos de doença (Biondi e Zannino, 1997).

Na primeira parte deste capítulo, estudaremos diversos riscos de saúde ligados ao comportamento. Em seguida, veremos mais de perto o que é estresse e como ele nos afeta. Depois, apresentaremos algumas técnicas para lidar com o estresse. E talvez você consiga se manter mais saudável do que Taylor.

Perguntas para Pesquisa

- O que é psicologia da saúde? De que forma o comportamento afeta a saúde?
- O que é estresse? Que fatores determinam a gravidade do estresse?
- O que provoca a frustração e quais as reações típicas diante dela?
- Existem tipos diferentes de conflito? Como as pessoas reagem ao conflito?
- O que são mecanismos de defesa?
- Será que sabemos lidar com os sentimentos de desamparo e depressão?
- Qual a relação existente entre estresse, saúde e doença?
- Quais são as melhores estratégias para administrar o estresse?
- Como prevenir as doenças sexualmente transmissíveis?

PSICOLOGIA DA SAÚDE – UM BRINDE À SUA SAÚDE

▶ **PERGUNTAS PARA PESQUISA** *O que é psicologia da saúde? De que forma o comportamento afeta a saúde?*

Psicologia da saúde O estudo de formas como os princípios comportamentais podem ser utilizados para manter ou promover a saúde.

Medicina comportamental O estudo de fatores comportamentais associados a doenças físicas e o seu tratamento médico.

Doença de estilo de vida Doença ligada aos hábitos pessoais prejudiciais à saúde.

Fatores comportamentais de risco Comportamentos que aumentam a chance de doenças, lesões ou mortes prematuras.

A maioria das pessoas concorda com a importância da saúde – principalmente a sua própria. No entanto, a principal causa de quase metade de todas as mortes na América do Norte é o comportamento não-saudável. A **psicologia da saúde** busca fazer algo a respeito dessas mortes, usando princípios comportamentais para promover a saúde e evitar doenças (Terborg, 1998). Os psicólogos que trabalham no campo aliado, o da **medicina comportamental**, aplicam a psicologia para tratar problemas médicos, como diabete ou asma. Suas áreas de interesse incluem o controle da dor, o auxílio às pessoas para lidar com doenças crônicas, as doenças ligadas ao estresse, o auto-exame para detecção de doenças (por exemplo, câncer de mama) e outras afins.

Fatores Comportamentais de Risco

Há cem anos, as pessoas morriam principalmente de doenças contagiosas e acidentes. Hoje, geralmente morrem de **doenças de estilo de vida**, ou de hábitos pessoais prejudiciais à saúde. Os exemplos incluem doenças cardíacas, acidentes vasculares cerebrais e câncer pulmonar (◆Figura 11.1). Claramente, alguns estilos de vida promovem a saúde, enquanto outros causam doenças e levam à morte. Segundo as palavras de um observador: "Achamos o inimigo: nós mesmos".

A que tipo de comportamento você se refere como sendo não-saudável? Algumas causas de doenças estão fora do nosso controle, no entanto, muitos riscos comportamentais podem ser reduzidos. **Fatores comportamentais de risco** são ações que aumentam a chance da ocorrência de doenças, lesões ou morte pre-

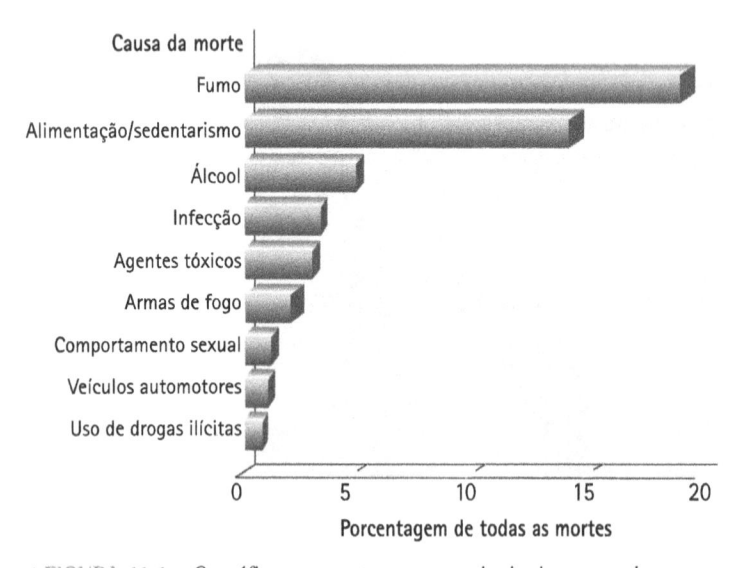

◆FIGURA 11.1 *O gráfico apresenta as nove principais causas de morte nos Estados Unidos. Como você pode observar, oito das nove causas principais estão diretamente ligadas a fatores comportamentais de risco (exceto a infecção). Pelo menos 45% de todas as mortes estão relacionadas a comportamento não-saudável. A porcentagem de problemas de saúde do dia-a-dia ligada ao comportamento não-saudável é ainda maior. (Dados extraídos de McGinnis e Foege, 1993.)*

matura. Por exemplo, estar acima do peso *dobra* a chance de morrer de câncer ou de doença cardíaca. Cerca de 60% de todos os adultos norte-americanos estão acima do peso. Conseqüentemente, a obesidade logo superará o fumo como principal causa de mortes passíveis de prevenção. O fato de ser gordo não é apenas uma questão de moda – a longo prazo, pode ser fatal. Uma pessoa de 20 anos acima do peso pode perder de 5 a 20 anos da sua expectativa de vida (Fontaine et al., 2003).

Cada um destes fatores é um grande risco comportamental (Baum e Posluszny, 1999; Groth-Marnat e Schumaker, 1995):

- Altos níveis de estresse
- Hipertensão não-tratada
- Fumo
- Consumo excessivo de álcool e outras drogas
- Alimentação abusiva
- Atividade física inadequada
- Comportamento sexual inseguro
- Exposição a substâncias tóxicas
- Violência
- Exposição excessiva ao sol
- Direção em alta velocidade
- Falta de atenção com a segurança pessoal (acidentes)

Aproximadamente 70% de todos os gastos médicos estão relacionados a apenas seis dos fatores mencionados – fumo, abuso de álcool e drogas, alimentação não-saudável, falta de atividade física e práticas sexuais de risco (Orleans et al., 1999). (O sexo inseguro será discutido posteriormente neste capítulo, na seção Psicologia em Ação.)

A ▲Tabela 11.1 mostra a quantidade de estudantes de ensino médio nos Estados Unidos que se envolvem em comportamentos de risco dos tipos mencionados aqui. Seus hábitos de saúde aos 18 ou 19 anos afetam muito a saúde, a felicidade e a expectativa de vida anos mais tarde (Vaillant e Mukamal, 2001).

Fatores de risco específicos não são a única preocupação. Algumas pessoas têm uma **personalidade propensa a doenças** que as deixa deprimidas, ansiosas, hostis e... freqüentemente doentes. Porém, as pessoas intelectualmente habilidosas, sensíveis, otimistas e não-hostis tendem a gozar de boa saúde (Taylor et al., 2000). A depressão, mais especificamente, tende a ser

Personalidade propensa a doenças Um estilo de personalidade associado à saúde ruim, marcado por persistentes emoções negativas, incluindo ansiedade, depressão e hostilidade.

▲TABELA 11.1 Porcentagem de Estudantes do Ensino Médio nos Estados Unidos com Comportamentos Prejudiciais à Saúde

COMPORTAMENTO DE RISCO	PORCENTAGEM
Viajou com motorista alcoolizado (no mês anterior)	35
Envolveu-se em luta corporal (no ano anterior)	42
Portou uma arma (no mês anterior)	22
Em uma ocasião, consumiu cinco ou mais bebidas alcoólicas (no mês anterior)	30
Usou maconha	33
Manteve relações sexuais	53
Não usou preservativo durante a última relação sexual	47
Fumou cigarros (no mês anterior)	31
Comeu alimento rico em gordura (no dia anterior)	34
Não praticou exercícios físicos vigorosos (na semana anterior)	34

(Fonte: Kolbe et al., 1997.)

prejudicial à saúde. Pessoas deprimidas comem mal, dormem pouco, fazem pouca atividade física, não usam cintos de segurança nos carros, fumam mais e assim por diante (Allgower et al., 2001).

Estilo de Vida

Projete na sua mente um filme imaginário da sua vida avançando rapidamente até a velhice. Faça isso duas vezes – uma com estilo de vida incluindo inúmeros fatores comportamentais de risco e, mais uma vez, sem eles. Parece ser óbvio que muitos riscos pequenos podem se acumular, elevando drasticamente a chance de aparecimento de doenças. Se o estresse for parte freqüente da sua vida, visualize a agitação do seu corpo diante das emoções, dia após dia. Se você fuma, imagine a fumaça, equivalente ao consumo de uma vida inteira de cigarros, atravessando seus pulmões em uma semana. Se você bebe, pegue as agressões de uma vida inteira de consumo de álcool ao cérebro, ao estômago e ao fígado, e imagine esses efeitos em apenas um mês. Seu corpo seria envenenado, barbarizado e logo estaria morto. Se você consome alimentos ricos em colesterol e gordura, avance rapidamente as imagens e visualize uma vida inteira de placas de gordura entupindo suas artérias.

Essa discussão não pretende ser um sermão. É apenas um lembrete de que os fatores de risco realmente fazem diferença. E, para piorar a situação, estilos de vida não-saudáveis quase sempre criam múltiplos riscos. Ou seja, pessoas que fumam também tendem a abusar da bebida. Pessoas que comem demais geralmente não praticam atividades físicas suficientes, e assim por diante (Emmons et al., 1998).

Comportamentos que Promovem a Saúde

Para evitar doenças, os psicólogos da saúde primeiro tentam eliminar os fatores comportamentais de risco. Sem mudanças no comportamento, toda medicina do mundo pode não ser suficiente para restabelecer a saúde. Todos conhecemos alguém que sofreu um ataque cardíaco ou teve uma doença pulmonar por não conseguir mudar os hábitos que provocaram essas doenças.

Além disso, os psicólogos também estão interessados em atrair pessoas e aumentar os comportamentos que promovem a saúde. Tais comportamentos incluem práticas óbvias, como atividades físicas regulares, controle do consumo de fumo e álcool, dieta equilibrada, bom acompanhamento médico e administração do estresse (Glik et al., 1996). Mesmo algo tão simples quanto o uso de cinto de segurança no automóvel aumenta muito a expectativa de vida.

Comportamentos saudáveis *deveriam* prolongar a vida da pessoa. Será que realmente prolongam? Um grande estudo, realizado no condado de Alameda, na Califórnia, tem uma resposta (Belloc, 1973; Belloc e Breslow, 1972; Breslow e Enstrom, 1980). Aproximadamente sete mil pessoas preencheram um questionário minucioso a respeito das suas práticas de saúde. Nos anos seguintes, os pesquisadores acompanharam de perto os registros médicos e de morte dessas pessoas. Antes de discutirmos os resultados, seria interessante marcar os itens da lista a seguir que se aplicam a você.

1. Durmo de sete a oito horas por dia.
2. Atualmente estou ou quase estou no peso ideal para a minha altura.
3. Nunca fumei cigarros.
4. Não consumo álcool ou consumo casualmente.
5. Pratico exercícios físicos regularmente.

Os homens envolvidos em todas as cinco práticas tiveram índice de mortalidade quatro vezes menor que aqueles envolvidos em nenhuma ou até três práticas. O índice de mortalidade foi duas vezes menor em mulheres envolvidas em todas as cinco práticas. (Observe que esses elementos não são os únicos de um estilo de vida saudável. Eles são apenas os elementos investigados nesse estudo.)

Os comportamentos saudáveis parecem ser trabalhosos? Eles não têm de ser complicados. Por exemplo, para se beneficiar da atividade física, você não precisa treinar como um atleta olímpico. Bastam de 15 a 20 minutos de exercício (o equivalente a uma leve caminhada) de três a quatro vezes por semana. Quase todos nós podemos encaixar esse "estilo de vida com atividade física" no nosso dia-a-dia (Pescatello, 2001).

Em alguns casos, as doenças podem ser tratadas ou prevenidas com mudanças relativamente mínimas, mas bem específicas, no comportamento. Por exemplo, a hipertensão (pressão alta) pode matar. No entanto, para algumas pessoas, simples mudanças no estilo de vida podem eliminar esse "assassino silencioso". Eis a receita para reduzir a pressão alta: perder peso, consumir menos sódio (sal), consumir pouco álcool e realizar mais exercício físico (Georgiades et al., 2000).

Em suma, alguns poucos padrões de comportamento são responsáveis por muitos problemas de saúde. A ▲Tabela 11.2 menciona diversas maneiras de promover a boa saúde.

Prevenção Precoce

O fumo é a causa de morte mais possível de ser prevenida e um fator comportamental único de risco mais letal (McGinnis e Foege, 1993). Como tal, ele indica a perspectiva da prevenção de doenças.

O que os psicólogos da saúde têm feito para reduzir os riscos do fumo? Um bom exemplo são as tentativas de "imunização" dos jovens contra as pressões para começar a fumar. O fumante que afirma: "É fácil parar de fumar, já parei dezenas de vezes", estabelece uma verdade básica – apenas um entre dez fumantes consegue parar por muito tempo. Assim, a melhor forma de lidar com o fumo é evitá-lo antes que se torne um hábito permanente. Por exemplo, os programas escolares de prevenção ao fumo envolvem questionários com perguntas e respostas a respeito do tema, competições artísticas, distribuição de pôsteres e camisetas promocionais antitabagismo, folhetos antitabagismo para os pais, e perguntas para os alunos questionarem os pais (Biglan et al., 1996). Esses esforços são destinados a convencer os jovens de que fumar é perigoso e "não é legal".

Alguns dos melhores programas antitabagismo incluem o **treinamento de aptidões de recusa**. Nesse caso, os jovens aprendem a resistir às pressões para começar a fumar (ou a usar outras drogas). Por exemplo, os estudantes do ensino médio podem encenar maneiras de resistir às pressões para fumar que partem de colegas, adultos e anúncios de cigarro. Métodos semelhantes podem ser adotados em outros riscos à saúde, como em doenças sexualmente transmissíveis e gravidez de adolescentes (Wandersman e Florin, 2003).

Treinamento de aptidões de recusa
Treinamento que ensina os jovens a resistir às pressões para começar a fumar. (Também pode ser aplicado a outras drogas e riscos à saúde.)

▲TABELA 11.2 Principais Comportamentos Provedores da Saúde

FONTE	COMPORTAMENTOS DESEJÁVEIS
Alimentação	Consumir alimento pobre em gordura e manter dieta equilibrada; consumir quantidade adequada de calorias; manter o peso corporal saudável
Exercício	Praticar no mínimo 30 minutos de exercício aeróbico, cinco dias por semana
Pressão sangüínea	Manter a pressão sangüínea baixa com dieta ou exercícios, ou com medicamentos, se necessário
Álcool e drogas	Consumir não mais que duas doses de bebida por dia; não usar drogas
Fumo	Não fumar; não usar nenhum substituto do fumo
Sono e relaxamento	Evitar ficar sem dormir; dedicar alguns períodos do dia ao relaxamento
Sexo	Praticar sexo seguro; evitar gravidez não-planejada
Lesões	Reduzir hábitos de direção perigosa, usar cinto de segurança; reduzir a exposição ao sol; evitar atividades perigosas
Estresse	Aprender a administrar o estresse; reduzir a hostilidade

Os programas de saúde mais recentes também ensinam aos estudantes habilidades gerais da vida. A idéia é proporcionar aos jovens habilidades que os ajudarão a lidar com os estresses do dia-a-dia. Dessa forma, eles se sentirão menos tentados a fugir dos problemas usando drogas ou tendo outros comportamentos destrutivos. O **treinamento para habilidades de vida** inclui prática para redução do estresse, autoproteção, tomada de decisão, definição de metas, autocontrole e habilidades sociais (Tobler et al., 2000).

SAÚDE E BOA SAÚDE – TRABALHO NÚMERO UM

Além dos esforços de prevenção descritos anteriormente, os psicólogos da saúde têm tido algum sucesso com as **campanhas para a saúde comunitária**. São projetos de educação que atendem toda a comunidade e se destinam a reduzir os principais fatores de risco. Essas campanhas orientam as pessoas sobre os riscos do estresse, do abuso do álcool, da hipertensão, do colesterol alto, do fumo, das doenças sexualmente transmissíveis ou da exposição excessiva ao sol. Às vezes, elas oferecem *modelos* (exemplos positivos) que mostram às pessoas como melhorar a própria saúde. E também as orientam a respeito de auto-exames, alertas e tratamentos (Cheadle et al., 1992-1993). As campanhas atingem as pessoas por meio da mídia, de escolas públicas, das feiras de saúde, dos próprios ambientes de trabalho ou dos programas de auto-ajuda (Calvert e Cocking, 1992; Schooler et al., 1993).

Um Programa Modelo

Um bom exemplo de campanha em ação para a saúde comunitária é o Programa de Prevenção de Doença Cardíaca de Stanford (Meyer et al., 1980). No projeto de Stanford, uma campanha divulgada nos meios de comunicação de massa sobre os fatores de risco da doença cardíaca – fumo, alimentação e exercício – foi combinada com palestras e cursos para grupos especiais de indivíduos de alto risco. Passados dois anos da implementação do programa, o número de fumantes diminuiu 17% em duas comunidades de teste. Compare essa porcentagem com o *aumento* de 12% em comunidades similares sem o programa.

Esse avanço pode parecer modesto, mas é nitidamente compensador. Projetos similares reduziram o risco de doenças cardíacas em comunidades-alvo em pelo menos 15% (Farquhar et al., 1984, 1997). Para perceber o verdadeiro valor desses esforços, basta imaginar a pessoa que você ama ficando saudável ou vivendo mais.

Boa Saúde

Saúde não significa apenas a ausência de doença. As pessoas realmente saudáveis desfrutam de um estado positivo de **boa saúde física e mental** ou de bem-estar. A manutenção da boa saúde é uma meta para a vida toda e, tomara, um trabalho de amor. As pessoas que atingem a boa saúde desejável são saudáveis tanto física como psicologicamente. Elas são felizes, otimistas, autoconfiantes e conseguem superar emocionalmente as adversidades (Lightsey, 1996).

Quem desfruta do sentimento de bem-estar também mantém relacionamentos sólidos com outras pessoas, realiza trabalhos importantes e vive em ambiente saudável. Muitos desses aspectos de boa saúde são abordados em outros capítulos deste livro. Neste capítulo, daremos especial atenção ao efeito do estresse na saúde e na doença. Como dissemos antes, a administração do estresse é uma atividade importante dos psicólogos da saúde. Compreendendo o estresse e aprendendo a controlá-lo, você pode melhorar não apenas a sua saúde, mas também a qualidade de vida (Suinn, 2001). Por essas razões, prosseguiremos discutindo o estresse e a administração do estresse.

Treinamento para habilidades de vida Programa que ensina a redução do estresse, a autoproteção, a tomada de decisão, o autocontrole e as habilidades sociais.

Campanha para a saúde comunitária Um programa educativo que abrange toda a comunidade e que fornece informações sobre como reduzir os fatores de risco e promover a saúde.

Boa saúde física e mental Um estado positivo de boa saúde; mais que a ausência de doenças.

PAUSA PARA ESTUDO — Psicologia da Saúde

RELACIONE

Se você trabalhasse como psicólogo da saúde, estaria mais interessado em prevenir doenças ou em administrá-las?

Faça uma lista dos principais fatores comportamentais de risco que você possui. Você está alimentando uma base para uma doença de estilo de vida?

Qual comportamento promovedor da saúde listado na Tabela 11.2 você gostaria de melhorar?

Se você estivesse criando uma campanha para a saúde comunitária, quem usaria como modelo de comportamento saudável?

VERIFICAÇÃO DO APRENDIZADO

1. Adaptação a doenças crônicas e controle da dor são assuntos que seriam de maior interesse para um especialista em _____ _____ e não para um psicólogo da saúde.
2. Em relação à saúde, qual dos itens não é um grande fator comportamental de risco?
   a. excesso de exercício   b. fumo
   c. estresse   d. pressão alta
3. De acordo com um grande estudo sobre saúde, tomar café-da-manhã quase todos os dias e raramente comer entre as refeições são os dois comportamentos principais para promover a saúde. V ou F?
4. Os psicólogos da saúde tendem a preferir a _____ a modificar hábitos (como fumar) que se tornam difíceis de interromper uma vez estabelecidos.
5. A personalidade propensa a doenças é marcada por _____, ansiedade e hostilidade.

Raciocínio Crítico

6. O público em geral está cada vez mais bem informado a respeito dos riscos da saúde e do comportamento saudável. Aplique o conceito do reforço para explicar por que tantas pessoas não conseguem seguir as orientações que recebem.

RESPOSTAS:

1. medicina comportamental 2. a. 3. F 4. prevenção 5. depressão 6. Muitos dos efeitos sobre a saúde demoram meses ou até anos para se fazer notar, reduzindo consideravelmente a recompensa imediata resultante do comportamento saudável.

ESTRESSE – EMOÇÃO OU AMEAÇA?

▶ **PERGUNTAS PARA PESQUISA**   *O que é estresse? Que fatores determinam a gravidade do estresse?*

O estresse pode ser perigoso se prolongado ou profundo. No entanto, ele nem sempre é ruim. Como observou o pesquisador do estresse, Hans Selye (1976): "Levar uma vida totalmente sem estresse é estar morto". Essa é a razão pela qual o **estresse** é a condição mental e física que surge quando nos ajustamos ou nos adaptamos ao ambiente. Acontecimentos desagradáveis, como pressões no trabalho, problemas conjugais ou crises financeiras graves, naturalmente produzem estresse. Diante dessas situações, viaje, pratique esportes, procure um novo emprego, vá escalar uma montanha, saia e realize outras atividades positivas. Mesmo que você não seja do tipo aventureiro em busca de emoções, um estilo de vida saudável pode incluir um pouco de *estresse* (o bom estresse). As atividades que provocam o "bom estresse" são normalmente desafiadoras, recompensadoras e estimulantes.

A **reação de estresse** começa com uma excitação no sistema nervoso autonômico, igual à que ocorre durante a emoção. Imagine-se no topo de uma montanha gelada com rajadas de vento, pronto para saltar pela primeira vez de esqui. Internamente, seu corpo reagiria com um rápido aumento do batimento cardíaco, da pressão sangüínea, da respiração, da tensão muscular e de outras respostas do sistema nervoso autonômico. Os estresses de *curta duração* desse tipo podem causar certo desconforto, mas raramente provocam algum dano. (Porém, sua aterrissagem é outro assunto.) Mais tarde, descreveremos o impacto físico de *longa duração* do estresse prolongado – que pode ser prejudicial à saúde (Sternberg, 2000). Por enquanto, vejamos esta lista de alguns sinais ou sintomas típicos de estresse contínuo (Doctor e Doctor, 1994).

Sinais emocionais: ansiedade, apatia, irritabilidade, fadiga mental

Sinais comportamentais: fuga das responsabilidades e dos relacionamentos, comportamento radical ou autodestrutivo, autonegligência, avaliação negativa

---

Estresse O problema físico e mental que ocorre quando uma pessoa é forçada a se ajustar ou a se adaptar ao ambiente.

Reação de estresse A resposta física ao estresse composta principalmente de mudanças corporais relacionadas à excitação do sistema nervoso autonômico.

Sinais físicos: preocupação excessiva com doenças, doenças freqüentes, exaustão, uso excessivo de medicamentos, queixas e distúrbios físicos

Além de danoso quando prolongado, por que o estresse algumas vezes é prejudicial e outras vezes não? As reações de estresse são complexas. Vejamos alguns fatores que determinam quando o estresse é prejudicial ou não.

Quando o Estresse é uma Tensão?

Fica muito claro que alguns acontecimentos tendem a provocar mais estresse do que outros. **Estressor** é o problema ou acontecimento que desafia ou ameaça uma pessoa. Os policiais, por exemplo, apresentam altos índices de doenças relacionadas ao estresse. A ameaça de lesão ou morte, aliada ao confronto ocasional com cidadãos irados, bêbados ou agressivos, tem um preço. Um fator importante é a natureza *imprevisível* do trabalho da polícia. Um policial que pára um carro para aplicar uma multa nunca sabe se o motorista ao volante é um cidadão disposto a cooperar ou se é um membro armado de uma gangue.

Um estudo revelador mostra em que situação a imprevisibilidade contribui para o estresse. Em uma série de experiências de um minuto de duração, universitários respiravam por meio de máscaras. Em algumas ocasiões, o ar continha 20% mais dióxido de carbono (CO_2) do que o normal. Se você respirar esse tipo de ar, sente-se mais ansioso, estressado e um pouco como se estivesse sufocado. Os estudantes testados odiaram as doses "surpresas" de CO_2. Eles acharam muito menos estressante quando foram avisados antes de que as experiências incluiriam doses sufocantes de CO_2 (Lejuez, 2000).

A pressão é outro elemento de estresse, principalmente do estresse profissional. A **pressão** ocorre quando uma pessoa é obrigada a cumprir exigências ou expectativas externas *urgentes* (Weiten, 1998). Por exemplo, nos sentimos pressionados quando temos de apressar as atividades, cumprir prazos, quando surgem trabalhos extras inesperados, ou quando somos obrigados a trabalhar praticamente com a capacidade máxima por muito tempo. A maioria dos estudantes que sobrevivem aos exames finais conhece os efeitos desse tipo de pressão.

E se eu mesmo estabelecer os meus prazos? Faz diferença de onde vem a pressão? Sim. As pessoas geralmente sentem mais estresse em situações sobre as quais têm pouco ou nenhum controle (Taylor et al., 2000). Vejamos, por exemplo, um estudo em que estudantes universitários tentavam evitar choques elétricos. Durante os testes, a alguns estudantes era permitido escolher seu próprio período de descanso; a outros, o descanso era determinado pelo pesquisador. Os estudantes autorizados a determinar seu próprio período de descanso apresentaram níveis menores de estresse (medido de acordo com a pressão sangüínea) em comparação aos que não tinham escolha (DeGood, 1975).

Em suma, quando os "choques" emocionais são *intensos* ou *repetitivos, imprevisíveis, incontroláveis* e ligados à *pressão*, o estresse será agravado e poderá provocar danos. No trabalho, as pessoas enfrentam muitas dessas fontes de estresse todos os dias. Na verdade, o estresse profissional crônico algumas vezes provoca um *esgotamento*, um padrão de exaustão emocional.

Esgotamento Profissional (*Burnout*)

Margo, uma jovem enfermeira, percebe desanimada que "perdeu totalmente a paciência com seus pacientes" e deseja que eles "estivessem em qualquer outro lugar, menos doentes". Os sentimentos de Margo são um claro sinal de **esgotamento profissional** (*burnout*), situação em que os trabalhadores sentem-se totalmente exauridos física, mental e emocionalmente. O esgotamento tem três aspectos (Maslach et al., 2001).

Estressor Um problema ou acontecimento no ambiente que desafia ou ameaça uma pessoa.

Pressão Uma situação estressante que ocorre quando uma pessoa precisa cumprir expectativas ou exigências externas urgentes.

Esgotamento Profissional (*burnout*) Um problema de esgotamento mental, físico e emocional relacionado ao trabalho.

- **Esgotamento emocional:** as pessoas afetadas sentem fadiga, tensão, apatia e sofrem de distúrbios físicos. Sentem-se "usadas" e "vazias".
- **Cinismo ou desinteresse:** os trabalhadores esgotados têm uma atitude do tipo "não ligo mais a mínima", e tratam os clientes com frieza, como se fossem objetos.
- **Sentimentos de realização pessoal reduzida:** os trabalhadores esgotados trabalham mal e sentem-se inúteis, sem esperança ou com raiva.

O esgotamento pode ocorrer em qualquer profissão, mas é um sério problema em profissões que exigem muito emocionalmente, como de enfermeiras, professores, assistentes sociais, babás, psicólogos ou policiais. Muitas vezes, os trabalhadores mais idealistas e mais atenciosos são os que acabam ficando mais esgotados. Como dizem: "Para provocar um incêndio, basta uma faísca" (Maslach et al., 2001).

Se quisermos continuar a preservar esse tipo de profissional, talvez seja necessário ajustar a carga de trabalho, a remuneração e o grau de controle sobre as pessoas no seu emprego (Maslach et al., 2001). Sistemas mais eficazes de apoio social no trabalho também são importantes. Por exemplo, grupos de apoio ajudam esses profissionais a lidar com o estresse ouvindo-os falar dos seus sentimentos e dos problemas no trabalho (Greenglass et al., 1998).

As profissões que envolvem oferta de ajuda requerem empatia, atenção e envolvimento emocional. Conseqüentemente, esses profissionais correm o risco de esgotar seus próprios recursos emocionais e sua capacidade de enfrentamento. Com o passar do tempo, isso pode levar à exaustão.

Avaliando Estressores

Às vezes, parece que acontecimentos estressantes simplesmente "acontecem". Em certas ocasiões isso é verdade, mas como observamos no Capítulo 9, nossas emoções são muito influenciadas pela nossa avaliação das situações. É por isso que algumas pessoas ficam estressadas com fatos que outras vêem como emocionantes ou desafiadores (*eustress*). Ou seja, o estresse depende de como percebemos uma determinada situação. Tenho um amigo que consideraria estressante ouvir cinco CDs de *rap* do filho de uma vez. Em compensação, o filho acharia estressante ouvir apenas *um* dos CDs de ópera do pai. Para perceber se você está estressado, é necessário saber o significado que você atribui aos acontecimentos. Veremos a seguir que sempre que um estressor é avaliado como *ameaça* (potencialmente perigoso), segue-se uma reação muito forte de estresse (Lazarus, 1991a).

Avaliação primária Decidir se uma situação é importante ou se é uma ameaça.

Avaliação secundária Decidir como lidar com uma ameaça ou um desafio.

"Será que estou bem ou estou com problemas?"

Situação: Você foi escolhido para dar uma palestra para 300 pessoas. Ou, o doutor lhe diz que você terá de se submeter a uma cirurgia muito delicada e dolorosa. Ou, o verdadeiro amor da sua vida acaba de abandoná-lo. Qual seria sua reação emocional diante desses fatos? Como você lida com a ameaça emocional?

De acordo com Richard Lazarus (1991a), há duas etapas importantes na administração de uma ameaça. A primeira etapa consiste na **avaliação primária**, em que você decide se a situação é relevante ou irrelevante, positiva ou ameaçadora. Basicamente, essa etapa responde à pergunta: "Será que estou bem ou estou com problemas?". Depois, você faz uma **avaliação secundária**, em que analisa seus recursos e escolhe uma forma de enfrentar a ameaça ou o desafio. ("O que fazer nessa situação?") Assim, a forma como você "dimensiona" a situação pode influenciar muito a sua capacidade de enfrentá-la (♦Figura 11.2). Falar em público, por exemplo, pode ser avaliado como uma forte ameaça ou como uma chance para se exibir. Superdimensionar a ameaça – imaginando o fracasso, a rejeição ou o constrangimento – é um convite claro ao desastre (Lazarus, 1993).

A Natureza da Ameaça

O que significa sentir-se ameaçado por um estressor? Certamente, na maioria das situações do dia-a-dia, isso não significa que você considera que sua vida está em perigo. (A menos, é claro, que você esteja devendo dinheiro para o "Tio Patinhas".) A ameaça está mais relacionada à idéia de controle. Temos uma forte tendência a nos sentirmos estressados quando não conseguimos – ou achamos que não conseguimos – controlar nosso ambiente imediato. Resumindo,

Avaliação Primária → **Avaliação Secundária**
relevante? há recursos de enfrentamento
ameaçador? disponíveis?
curso de ação?

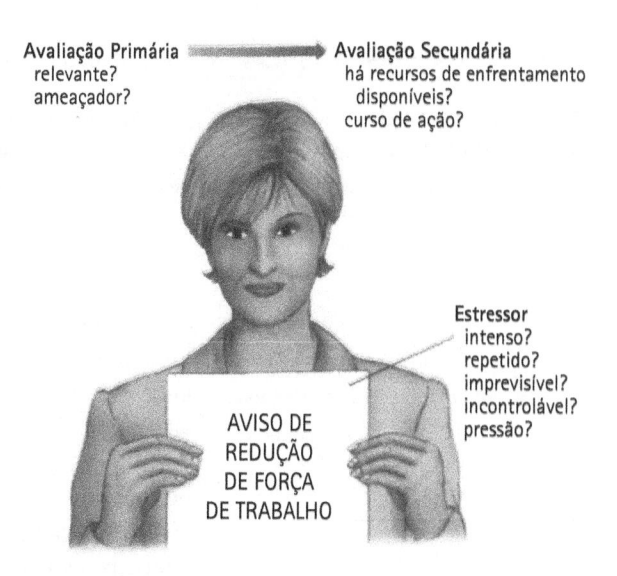

Estressor
intenso?
repetido?
imprevisível?
incontrolável?
pressão?

AVISO DE REDUÇÃO DE FORÇA DE TRABALHO

♦FIGURA 11.2 *O estresse é produto de um intercâmbio entre a pessoa e o ambiente.*

a falta de controle *percebida* é tão ameaçadora quanto a falta efetiva de controle (DasGupta, 1992). Se sua resposta para a pergunta "O que fazer nessa situação?" for "nada", você se sentirá emocionalmente estressado.

O senso de controle também vem da crença na capacidade de atingir as metas. É ameaçador sentir que não temos *competência* para lidar com as demandas da vida (Bandura, 2001). Por isso, a intensidade da reação de estresse do corpo muitas vezes depende daquilo que você pensa e diz para si sobre o estressor. Então, é importante aprender a pensar de modo a afastar a reação de estresse do corpo. (Algumas estratégias para controlar pensamentos negativos serão descritas adiante.)

Lidando com a Ameaça

Você avaliou uma situação como sendo ameaçadora. O que fará em seguida? Existem duas opções. O **enfrentamento centrado nos problemas** destina-se a administrar ou a alterar a situação estressante propriamente dita. No **enfrentamento centrado na emoção**, tentamos controlar nossas reações emocionais diante da situação (Lazarus, 1993).

É possível adotar as duas opções ao mesmo tempo? Sim. Algumas vezes, uma forma de enfrentamento ajuda a outra. Digamos, por exemplo, que uma mulher sinta-se ansiosa ao encaminhar-se ao palco para apresentar uma palestra. Se ela respirar fundo para reduzir a ansiedade (enfrentamento centrado na emoção), conseguirá ler melhor suas anotações e melhorar sua apresentação (enfrentamento centrado no problema).

Também é possível se esforçar para lidar com os conflitos. Por exemplo, se você tiver dificuldades para tomar uma decisão, pode sofrer forte estresse emocional. Nessas circunstâncias, surge a tentação de fazer uma rápida escolha, muitas vezes equivocada, apenas para acabar com o sofrimento. Desse modo, você consegue lidar com a emoção, mas prejudica o enfrentamento centrado no problema.

Em geral, o enfrentamento centrado no problema tende a ser muito importante quando o estressor é controlável – ou seja, em uma situação em que você pode efetivamente atuar. Os esforços centrados na emoção são mais adequados para administrar estressores que você não consegue controlar (Lazarus, 1993). Para melhorar suas chances de enfrentar bem o estresse, as estratégias de combate descritas neste capítulo incluem uma mistura de ambas as técnicas.

Até aqui, nossa discussão concentrou-se nos estresses do dia-a-dia. Como as pessoas reagem ao estresse imposto por guerras, violência ou desastre? O texto "11 de Setembro e Estresse Traumático" discute esse importante tema.

Retomaremos depois a discussão sobre o estresse e seus efeitos. Por enquanto, vamos estudar duas causas principais (e bem familiares) do estresse: a frustração e o conflito.

FRUSTRAÇÃO – BECOS SEM SAÍDA E BALÕES DE CHUMBO

▶ **PERGUNTA PARA PESQUISA**   *O que provoca a frustração e quais as reações típicas diante dela?*

Você se lembra de como Taylor se sentiu frustrado ao não conseguir encontrar uma vaga no estacionamento da faculdade? **Frustração** é o estado emocional negativo que surge quando as pessoas são impedidas de atingir os objetivos desejados. No caso de Taylor, a meta de encontrar uma vaga para estacionar foi impedida pelo outro carro.

São vários os tipos de obstáculos que causam a frustração. Há uma grande distinção entre fontes externas e pessoais de frustração. A *frustração externa* é baseada em condições exteriores à pessoa que impedem o avanço rumo ao objetivo. Estes são exemplos de frustrações externas: ficar parado por causa de um pneu furado; ter uma proposta de casamento recusada; encontrar a despensa vazia quando for procurar um osso para dar ao seu pobre cãozinho faminto; encontrar a geladeira vazia quando for buscar uma boa refeição para dar ao seu pobre estômago faminto; descobrir que a geladeira está vazia ao chegar em casa com fome; ser perseguido pelo seu cãozinho faminto por toda a casa. Em outras palavras, as frustrações externas são baseadas em *atrasos, fracassos, rejeições, perdas* e em outros bloqueios diretos contra o comportamento motivado.

Enfrentamento centrado nos problemas Administrar diretamente ou remediar uma situação estressante ou ameaçadora.

Enfrentamento centrado na emoção A administração ou o controle da reação emocional da pessoa a uma situação estressante ou ameaçadora.

Frustração Um estado emocional negativo decorrente do bloqueio de um comportamento voltado para uma meta.

ARQUIVO CLÍNICO — 11 de Setembro e Estresse Traumático

Experiências traumáticas produzem danos psicológicos ou sofrimento emocional intenso. As vítimas de **estresses traumáticos** – por exemplo, experiências de guerra, tortura, estupro, assassinato, acidente aéreo, desastres naturais ou violência na rua – podem sofrer de pesadelos, lembranças, insônia, irritabilidade, nervosismo, dor, paralisia emocional e depressão. Há pouca dúvida de que a tragédia de 11 de setembro tenha provocado esses efeitos. Da mesma forma que a maioria dos estresses traumáticos, o ataque ao World Trade Center de Nova York foi repentino, inesperado e de proporções gigantescas.

As pessoas que testemunharam pessoalmente o desastre ou que a ele sobreviveram são as mais afetadas pelo estresse traumático. Cerca de 20% das pessoas que viviam nas proximidades do marco zero de Nova York sofreram graves distúrbios de estresse. E ainda, mesmo aquelas que presenciaram o horror a uma certa distância, podem estar traumatizadas. Entre os norte-americanos adultos que viram os ataques terroristas de 11 de setembro apenas pela televisão, 44% tiveram pelo menos alguns sintomas de estresse.

O estresse traumático produz sentimentos de impotência e vulnerabilidade. As vítimas percebem que o desastre pode ocorrer novamente sem aviso prévio. Além de se sentirem ameaçadas, muitas sentem que estão perdendo o controle de suas vidas.

O que as pessoas podem fazer para melhorar essas reações? Os psicólogos recomendam o seguinte:

- Identifique o que você está sentindo e converse com outras pessoas sobre seus temores e preocupações.
- Pense nas habilidades que o ajudaram a superar as adversidades no passado e aplique-as na situação presente.
- Continue realizando atividades que lhe dão prazer e sentido à vida.
- Peça ajuda aos outros. Esse é o principal elemento na recuperação de qualquer acontecimento traumático.
- Dê tempo ao tempo para se recuperar. Felizmente, a maioria das pessoas tem mais capacidade de recuperação do que imagina.

Quando os estresses traumáticos são graves ou repetidos, algumas pessoas têm sintomas até mais sérios. Elas sofrem de ansiedade incapacitante ou paralisia emocional. Em geral, elas não conseguem parar de pensar no acontecimento perturbador; evitam com muita ansiedade qualquer coisa associada ao fato; e ficam com constante medo ou nervosismo. (Esses são sintomas de *distúrbios de estresse*, que serão abordados no Capítulo 12.) Essas reações podem deixar as vítimas emocionalmente incapacitadas por meses ou anos depois de um desastre. Se você está tendo dificuldades para lidar com um grave choque emocional, procure a ajuda de um psicólogo ou de outro profissional. (Fontes: Fields e Margolin, 2001; Galea et al., 2002; LeDoux e Gorman, 2001; Pfefferbaum et al., 2001; Schuster et al., 2001; Scurfield, 2002; Tucker et al., 2000; Wilson et al., 2000; Wilson et al., 2001).

Observe que os obstáculos externos podem ser *sociais* (motoristas lentos, pessoas altas na sua frente no teatro, pessoas que "furam" a fila) ou *não-sociais* (portas emperradas, bateria descarregada, chuva no dia do jogo). Se você pedir a dez amigos para citarem algo que os tenha frustrado recentemente, a maioria provavelmente mencionará o comportamento de alguém ("Minha irmã pegou um vestido meu justamente no dia em que eu ia usar!", "Meu supervisor é injusto", "Meu professor de história é exigente demais"). Como animais sociais, nós somos extremamente sensíveis às fontes sociais de frustração (Peeters et al., 1995). Essa é a provável razão por que o tratamento desigual associado ao preconceito racial e étnico é a principal fonte de frustração e estresse nas vidas de muitos afro-americanos e de outros membros de grupos minoritários (Clark et al., 1999).

A frustração geralmente aumenta à medida que cresce a *intensidade*, a *urgência* ou a *importância* de um motivo bloqueado. Taylor ficou extremamente frustrado no estacionamento porque estava atrasado para a prova. Do mesmo modo, um ilusionista, preso com correntes de 90 quilos dentro de um tanque de água, ficaria *bem* frustrado se, ao tentar escapar, o cadeado ficasse emperrado. Lembre-se, ainda, de que a motivação é maior quanto mais próximos estivermos da meta. Conseqüentemente, a frustração será muito mais intensa se a pessoa for surpreendida por um obstáculo quando estiver muito perto de atingir a meta. Se você já deixou de tirar A por causa de cinco pontos, provavelmente ficou bem frustrado. Se você deixou de tirar A por causa de um ponto – bem, a frustração constrói o caráter, certo?

O último fator que afeta a frustração é bem resumido pela velha frase "essa foi a gota d'água que faltava". Os efeitos das frustrações *repetidas* podem acumular-se até que uma pequena irritação dispara uma reação inesperadamente violenta. O fato é que as pessoas que realizam mais viagens diárias são mais propensas a exibirem comportamento "raivoso ao volante" (direção raivosa e agressiva) (Harding et al., 1998).

Estresse traumático Uma experiência estressante que cria uma lesão psicológica ou intensa dor emocional.

As *frustrações pessoais* são baseadas nas características pessoais. Se você tiver 1,20 m de altura e quiser ser jogador profissional de basquete, tem ótimas chances de ficar frustrado. Se quiser fazer faculdade de medicina e tirar somente notas D, muito provavelmente ficará frustrado. Nos dois exemplos, a frustração é baseada efetivamente nas limitações pessoais. No entanto, o fracasso pode ser *percebido* como provocado por causa externa. Retomaremos essa discussão quando estudarmos a administração do estresse. Enquanto isso, vejamos algumas reações típicas à frustração.

Reações à Frustração

Agressão consiste em qualquer reação visando prejudicar alguém; é uma das respostas mais freqüentes e persistentes diante da frustração (Berkowitz, 1988). A ligação frustração-agressão é, de fato, tão comum, que praticamente não exige experiências para comprová-la. Basta uma análise dos jornais para conseguir exemplos como este:

AUTOCÍDIO JUSTIFICÁVEL

BURIEN, WASHINGTON (AP) – Barbara Smith cometeu uma agressão, mas a polícia não pretende registrar queixa. A vítima foi o velho Oldsmobile, que mais uma vez não deu a partida.

Quando o policial Jim Fuda chegou à cena, ele encontrou um carro amassado, um bastão de beisebol quebrado, e uma mulher de 23 anos, de Seattle, satisfeita.

"Me sinto bem", disse Barbara ao policial. "Esse carro estava me deixando na mão há anos, e eu acabei com ele."

Será que a frustração sempre provoca a agressão? Existem outras reações? Embora a ligação seja forte, a frustração nem sempre incita à agressão. Muitas vezes, a primeira reação à frustração é a *persistência*, na forma de esforços mais intensos e respostas mais variadas (◆Figura 11.3). Por exemplo, se você colocar sua última moedinha na máquina de refrigerantes, pressionar o botão e ela não funcionar, provavelmente você pressionará mais forte e mais rápido (esforço intenso). Depois você pressionará todos os outros botões (reações variadas). A persistência pode ajudá-lo a atingir sua meta *contornando* a barreira. No entanto, se a máquina *ainda* não funcionar ou não devolver a sua moeda, você poderá tornar-se agressivo e chutar a máquina (ou, no mínimo, xingá-la).

Agressão Uma ação realizada com o intuito de fazer mal a uma outra pessoa.

Agressão deslocada Redirecionar a agressão para um alvo diferente da fonte real de frustração da pessoa.

A persistência pode ser altamente adaptativa. Contornar uma barreira acaba com a frustração e permite satisfazer a necessidade ou o motivo. O mesmo é verdadeiro para a agressão que remove ou destrói uma barreira. Imagine um pequeno grupo de nômades, morrendo de sede, mas separados de uma poça de água por um animal selvagem. É fácil perceber que a agressão contra o animal pode garantir a sobrevivência do bando. Na sociedade moderna, esse tipo de agressão direta raramente é aceitável. Se você encontrar uma fila enorme em um bebedouro, a agressão não será um comportamento apropriado. Como a agressão direta é desencorajada, muitas vezes ela é *deslocada*.

Como a agressão é deslocada? A agressão deslocada ocorre com freqüência? Dirigir a agressão a uma fonte de frustração às vezes é impossível, ou pode ser perigoso demais. Se você fica frustrado por causa do seu chefe ou do professor da faculdade, a agressão direta pode custar demais (ser demitido do emprego ou reprovado na escola). Porém, a agressão pode ser deslocada ou redirecionada para qualquer outra pessoa ou outro alvo disponível. Os alvos de **agressão deslocada** tendem a ser mais seguros, ou com menos propensão ao revide, do que a fonte de frustração original.

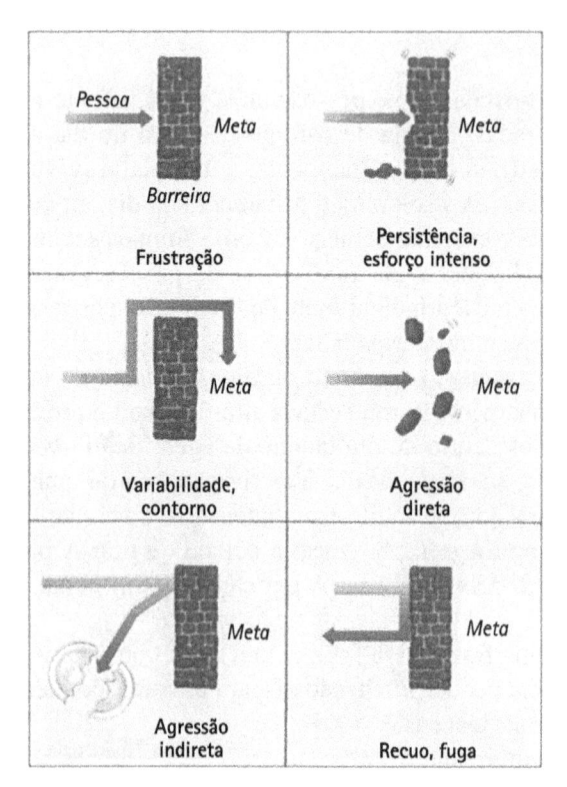

◆FIGURA 11.3 *Frustração e reações comuns diante dela.*

Algumas vezes, ocorrem extensas *cadeias* de deslocamento, com uma pessoa deslocando a agressão para a pessoa seguinte. Por exemplo, uma empresária frustrada por causa dos altos impostos repreende o funcionário, que engole sua raiva até chegar em casa e, então, grita com a mulher, que, por sua vez, grita com os filhos, que, por sua vez, maltratam o cachorro. O cachorro persegue o gato, que, em seguida, pula sobre a gaiola do passarinho.

Os psicólogos atribuem esse tipo de hostilidade e violência à agressão deslocada. Um exemplo perturbador é a constatação de que, quando o índice de desemprego aumenta, crescem também as agressões contra crianças (Steinberg et al., 1981). Em um padrão conhecido como **fazer de bode expiatório**, uma pessoa ou um grupo é penalizado pela situação, não por seus atos. *Bode expiatório* é a pessoa que se torna um alvo habitual de agressão deslocada. Apesar dos recentes avanços, muitos grupos minoritários continuam a ser hostilizados como bodes expiatórios. Pense, por exemplo, na hostilidade dirigida nos últimos tempos contra os imigrantes nos períodos de crises econômicas. Em muitas comunidades, cortes e demissões continuam associados ao aumento da violência (Catalano et al., 1997). Ou reflita sobre a hostilidade dirigida, depois dos ataques terroristas de 11 de setembro, a qualquer um nos Estados Unidos que aparentasse, mesmo de leve, ser "estrangeiro".

Um amigo meu abandonou a escola para viajar pelo país pedindo carona. Ele se sentiu muito frustrado quando desistiu da escola. Que tipo de reação de frustração é essa? Outra reação importante à frustração é a fuga ou retração. É estressante e desagradável sentir-se frustrado. Se outras reações não reduzirem a frustração, a pessoa pode tentar fugir. A **fuga** pode significar efetivamente abandonar a fonte da frustração (abandonar a escola, demitir-se de um emprego, abandonar um casamento infeliz), ou significar uma fuga psicológica. Duas formas comuns de fuga psicológica são a apatia (fingir não se incomodar) e o uso de drogas, como cocaína, álcool, maconha ou narcóticos. (Ver Figura 11.3 para obter um resumo das reações comuns à frustração).

Fazer de bode expiatório
Responsabilizar uma pessoa ou um grupo de pessoas por problemas que não são da responsabilidade deles.

Fuga Reduzir o desconforto escapando de situações frustrantes ou fugindo psicologicamente delas.

Lidando com a Frustração

Em uma experiência clássica de um estudo sobre frustração, o psicólogo colocou ratos sobre uma pequena plataforma no topo de um mastro alto. Em seguida, ele forçou os animais a pularem da plataforma na direção de duas portas elevadas, uma trancada e outra destrancada. Se o rato escolhia a porta certa, ela se abria, e o animal aterrissava com segurança em outra plataforma. Se o animal escolhia errado, ele batia contra a porta trancada e caía em uma rede bem abaixo de onde estava.

O psicólogo tornou o problema insolúvel e bem frustrante alternando aleatoriamente a porta trancada. Depois de um tempo, a maioria dos ratos adotou uma resposta estereotipada. Ou seja, eles escolhiam sempre a mesma porta. Essa porta foi, então, permanentemente trancada. Tudo que o animal tinha a fazer era pular na direção da outra porta para não cair, no entanto, várias vezes, o rato saltava contra a porta trancada (Maier, 1949).

Esse não é um exemplo de persistência? Não. A persistência *inflexível* pode transformar-se em comportamento estereotipado e "estúpido", como o do rato. Ao lidar com a frustração, você deve saber quando desistir e estabelecer um novo rumo. Estas são algumas sugestões para ajudá-lo a evitar a frustração desnecessária.

1. Tente identificar a origem da sua frustração. Ela é externa ou pessoal?
2. A fonte da frustração é algo que pode ser mudado? Qual o esforço necessário para mudá-la? Você tem controle total sobre ela?
3. Se a fonte da frustração puder ser mudada ou eliminada, os esforços envolvidos compensam?

As respostas a essas perguntas ajudam a determinar se a persistência será inútil. É importante aprender a aceitar com tranqüilidade as situações que não podem ser mudadas.

Também é importante distinguir entre as barreiras *reais* e as *imaginárias*. Com muita freqüência, criamos nossas próprias barreiras imaginárias. Por exemplo, Anita deseja um emprego de meio período para ganhar dinheiro extra. No primeiro emprego ao qual se candidatou, o empregador alegou que ela não tinha "experiência" suficiente para o cargo. Agora, ela reclama dizendo estar frustrada porque quer trabalhar, mas não consegue. Ela precisa de "experiência" para trabalhar, mas não consegue ter mais experiência sem trabalhar. Ela desistiu de procurar um emprego.

Será que a falta de experiência de Anita é uma barreira real? A menos que tenha se candidatado a *muitos* empregos, é impossível saber se ela não superestimou a importância desse fato. Para ela, a barreira é suficientemente real para impedir que se esforce mais, no entanto, se persistisse, talvez encontrasse a "porta destrancada". Se um grande esforço comprovasse a real necessidade da experiência, ela poderia adquiri-la de outra forma – por exemplo, por meio de trabalho voluntário.

CONFLITO – SIM, NÃO, SIM, NÃO, SIM, NÃO, BEM, TALVEZ

▶ **PERGUNTAS PARA PESQUISA** *Existem tipos diferentes de conflito? Como as pessoas reagem ao conflito?*

O **conflito** ocorre sempre que uma pessoa tem de escolher entre necessidades, desejos, motivos ou exigências contraditórios. A escolha entre estudo e trabalho, vida de casado e solteiro, ou estudo e fracasso são conflitos comuns. Existem quatro formas gerais de conflito. E, como veremos, cada uma com propriedades próprias (◆Figura. 11.4).

Conflitos de Proximidade-Proximidade

Um simples **conflito de proximidade-proximidade** surge da necessidade de escolha entre duas alternativas positivas ou desejáveis. A escolha entre um sorvete de pistache com cobertura de amêndoas e chocolate ou um sorvete de creme russo com cobertura de calda de cerejas no quiosque do shopping center pode provocar um conflito temporário. No entanto, se você realmente gostar das duas opções, sua decisão será rápida. Mesmo quando há importantes decisões envolvidas, o conflito de proximidade-proximidade tende a ser o mais fácil de ser resolvido. A velha fábula da mula que morre de sede e fome por causa da indecisão entre um balde de água e um de aveia é obviamente irreal. Quando ambas as opções são positivas, as escalas de decisão facilmente pendem para uma ou outra direção.

Conflito Uma situação estressante que ocorre quando uma pessoa tem de escolher entre alternativas incompatíveis ou contraditórias.

Conflito de proximidade-proximidade Escolha entre duas alternativas desejáveis ou positivas.

Conflito de evitação-evitação Escolha entre duas alternativas negativas ou indesejáveis.

Conflitos de Evitação-Evitação

Ser obrigado a escolher entre duas alternativas negativas ou indesejáveis cria um **conflito de evitação-evitação**. A pessoa em um conflito desse tipo se vê "entre a cruz e a caldeirinha", "em um beco sem saída", em uma situação "que vai de mal a pior". Na vida real, os conflitos de dupla evitação envolvem dilemas, como a escolha entre uma gravidez indesejada e o aborto, entre o dentista e a dor de dente, entre um emprego chato e a falta de dinheiro, ou entre a comida requentada e a fome.

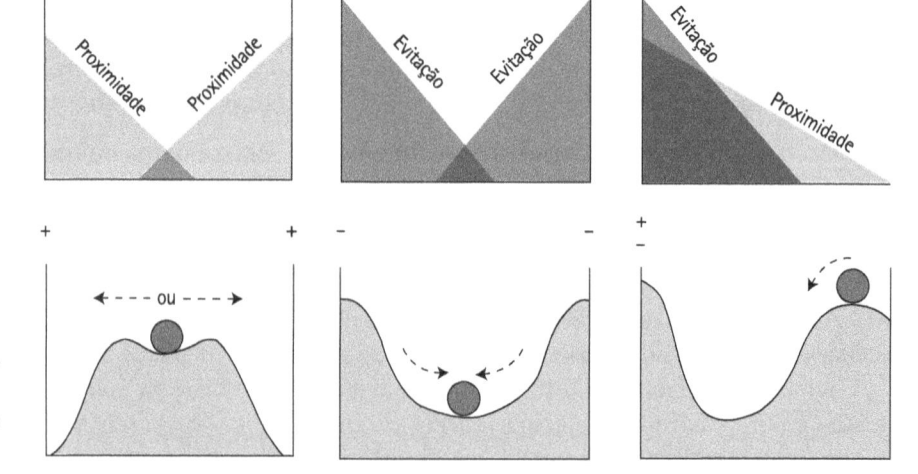

◆FIGURA 11.4 *Diagramas de conflito. As áreas cinzas do gráfico mostram que o desejo de se aproximar ou de evitar aumenta quando se está próximo da meta. Os efeitos dessas tendências estão reproduzidos abaixo de cada gráfico. O "comportamento" da bola em cada exemplo ilustra a natureza do conflito acima de cada figura. Um conflito de proximidade (à esquerda) é facilmente decidido. O movimento na direção de uma meta aumenta a sua atração (gráfico) e conduz a uma rápida solução. (Se a bola se mover em qualquer direção, ela seguirá todo o caminho rumo a uma das metas.) Em um conflito de evitação (no centro), as tendências de evitar acabam em impasse e resultam em inação. No conflito de proximidade-evitação (à direita), a aproximação continua até o ponto em que o desejo de se aproximar e de evitar anulam um ao outro. Lembrando mais uma vez, essas tendências estão reproduzidas (abaixo) pela ação da bola. (Gráficos reproduzidos com base em Miller, 1944.)*

Suponhamos que eu não seja contra o aborto. Ou suponhamos que eu considere qualquer gravidez sagrada e não faria nada para interrompê-la. Assim como muitas outras situações estressantes, esses exemplos só podem ser considerados conflitos com base nas necessidades e nos valores pessoais. Se uma mulher deseja interromper a gravidez e não for contra o aborto, ela não se sentirá em conflito. Se ela não cogitaria o aborto em hipótese nenhuma, também não existe conflito.

Evitar conflitos, muitas vezes, causa o efeito de "se correr o bicho pega, se ficar o bicho come". Ou seja, ambas as opções são negativas, mas a *não-escolha* pode ser impossível ou igualmente indesejável. Por exemplo, imagine o tormento de alguém preso no vigésimo andar de um hotel em chamas. Será que ele deve pular da janela com quase 100% de probabilidade de morrer esmagado? Ou deve tentar atravessar as chamas com quase 100% de chances de morrer queimado e intoxicado? Diante de uma escolha como essa, é fácil entender por que, muitas vezes, ficamos *paralisados*, acreditando ser impossível tomar uma decisão ou alguma atitude. Uma pessoa presa nessa situação pode pensar primeiro na janela, aproximar-se dela, e então afastar-se ao ver os 20 andares abaixo. Depois, ela pode tentar abrir a porta e, mais uma vez, recuar por causa do calor e da fumaça. Nos desastres desse tipo, as pessoas freqüentemente são encontradas mortas dentro das salas, vítimas da incapacidade de tomar uma atitude.

A indecisão, a inação e a paralisia não são as únicas reações ao conflito de dupla evitação. Como os conflitos de evitação são estressantes e raramente resolvidos, às vezes fugimos totalmente deles. Essa reação, chamada *abandono de campo*, é outra forma de fuga. Isso pode explicar o comportamento de um aluno que, para freqüentar a escola, precisava trabalhar, mas se trabalhasse, não conseguia boas notas para passar de ano. Sua solução depois de muito conflito e muita indecisão? Alistou-se na marinha.

Conflitos de Proximidade-Evitação

Os conflitos de proximidade-evitação também são de difícil solução. De alguma forma, eles são mais problemáticos que os conflitos de evitação, porque as pessoas dificilmente conseguem escapar deles. Alguém em um **conflito de proximidade-evitação** fica "preso", atraído ou repelido pelo mesmo objetivo ou pela mesma atividade. A atração o mantém na situação, mas os aspectos negativos provocam tumulto e estresse. Por exemplo, um estudante adolescente chega para pegar a garota para sair pela primeira vez. Ele é recebido na porta pelo pai, que é lutador profissional – 2,10 m de altura, 130 kg, e completamente peludo. O pai lhe dá um massacrante aperto de mão e fala resmungando que o partirá em dois se a filha não chegar em casa na hora. O rapaz acha a garota atraente e se diverte muito. Mas será que ele vai convidá-la novamente para sair? Depende da força relativa da sua atração e do seu medo. É quase certo que ele se sentirá *ambivalente* em convidá-la outra vez, sabendo que terá novo encontro com o pai.

A *ambivalência* (sentimentos positivos e negativos misturados) é a principal característica dos conflitos de proximidade-evitação. A ambivalência normalmente resulta em *aproximação parcial* (Miller, 1944). Como o adolescente ainda se sente atraído pela garota, ele pode passar mais tempo com ela na escola ou em outro lugar. Mas não deve voltar a convidá-la para sair. Alguns exemplos mais realistas de conflitos de proximidade-evitação incluem planejar casar-se com alguém de quem seus pais não gostam; desejar atuar em uma peça, mas ter pavor de palco; querer comprar um carro, mas sem fazer prestações; e querer comer quando já se está acima do peso. Muitas das decisões importantes da vida têm dimensões de proximidade-evitação.

Conflitos Múltiplos

Será que os conflitos da vida real não são mais complexos do que os descritos aqui? Sim. Os conflitos raramente são reproduzidos com precisão. As pessoas em conflito geralmente enfrentam diversos dilemas ao mesmo tempo, assim, diversos tipos de conflitos podem estar misturados. O quarto tipo de conflito está mais perto da realidade. No **conflito de dupla proximidade-evitação**, cada alternativa tem qualidades tanto positivas quanto negativas. Por exemplo, você recebe duas propostas de emprego: em uma a remuneração é boa, mas o horário é ruim e o trabalho, chato; na segunda, o trabalho é interessante, o horário é bom, mas o salário é baixo. Qual das duas você escolhe? Essa situação é a mais típica das escolhas que normalmente temos de fazer. Ela não oferece opções nem completamente positivas, nem completamente negativas.

Conflito de proximidade-evitação
Sentir-se atraído e repelido pela mesma meta ou atividade.

Conflito de dupla proximidade-evitação
Sentir-se simultaneamente atraído e repelido por cada uma das duas alternativas.

Da mesma forma que ocorre nos conflitos de única proximidade-evitação, diante de um conflito de dupla proximidade-evitação, as pessoas sentem-se ambivalentes em relação a cada escolha. Isso faz com que elas *vacilem* ou oscilem entre uma e outra alternativa. No momento em que estão prestes a optar por uma, os aspectos negativos tendem a parecer mais graves. Então, o que fazer? Você volta para a outra opção. Se algum dia você já se sentiu atraído por duas pessoas ao mesmo tempo – cada uma com qualidades e defeitos –, provavelmente ficou em dúvida. Outro exemplo que pode soar familiar é a opção entre duas especializações na faculdade, cada uma com vantagens e desvantagens.

Na vida real, é comum enfrentar os **conflitos de múltiplas proximidades-evitação** com diversas alternativas, cada uma com características positivas e negativas. Um exemplo é a escolha da marca de automóvel que você deseja comprar. No cotidiano, a maioria dos conflitos de múltiplas proximidades-evitação não passa de simples contrariedades. Quando eles envolvem grandes decisões, como a escolha da carreira, de uma escola, de um colega ou de um emprego, podem aumentar muito nosso estresse.

Conflito de múltiplas proximidades-evitação Sentir-se simultaneamente atraído e repelido por cada uma de várias alternativas.

PAUSA PARA ESTUDO — Estresse, Frustração e Conflito

RELACIONE

Que impacto teve a pressão, o controle, a previsibilidade, a repetição e a intensidade sobre a sua última reação de estresse?

Que tipo de enfrentamento você tende a usar quando confronta estressores como falar em público ou fazer um exame importante?

Pense em algum dia em que se sentiu frustrado(a). Qual era o seu objetivo? O que o(a) impediu de atingi-lo? Sua frustração foi externa ou pessoal?

Algum dia você já usou agressão deslocada? Por que você escolheu outro alvo para a sua agressão?

Reveja os principais tipos de conflito e pense em algum exemplo de conflito que tenha enfrentado. Suas reações foram como as que descrevemos até aqui?

VERIFICAÇÃO DO APRENDIZADO

1. Exaustão emocional, despersonalização e realização reduzida são características de _____ profissional.
2. O estresse tende a ser maior quando uma situação é avaliada como sendo uma _____ e a pessoa não se sente _____ para lidar com ela.
3. De acordo com Lazarus, o enfrentamento das situações ameaçadoras pode ser tanto centrado no problema como centrado na _____.
4. Qual destes itens não é reação comum à frustração?
   a. ambivalência
   b. agressão
   c. agressão deslocada
   d. persistência
5. Sansão Golias tem 2,10 de altura e pesa 130 quilos. Ele fracassou totalmente na sua tentativa de se tornar jóquei. A fonte da sua frustração é basicamente _____.
6. Inação e paralisia são mais características de conflitos de evitação-evitação. V ou F?
7. Os conflitos de proximidade-evitação produzem sentimentos confusos chamados de _____

Raciocínio Crítico

8. Qual destes itens você acha que produz mais estresse: (a) avaliar uma situação como mais ou menos ameaçadora, mas sentir-se totalmente incompetente para lidar com ela? Ou (b) avaliar uma situação como muito ameaçadora, mas sentir-se capacitado e equipado para lidar com ela?
9. Ficar frustrado é muito desagradável. Se alguma ação, inclusive a agressão, acabar com a frustração, por que devemos esperar que a ação se repita em outras ocasiões?

RESPOSTAS:

1. esgotamento 2. ameaça, competente 3. emoção 4. a 5. pessoal 6. V 7. ambivalência 8. Não há resposta certa para essa pergunta, uma vez que as reações individuais ao estresse variam muito. No entanto, a avaliação secundária de uma situação, em geral, determina apenas quão estressante ela é. Sentir-se incapaz de lidar com o estresse é muito ameaçador. 9. Se uma reação acaba com o desconforto, ela foi negativamente reforçada. Isso faz que esse comportamento provavelmente se repita no futuro (ver Capítulo 6).

Administrando Conflitos

Como lidar melhor com os conflitos? A maioria das sugestões apresentadas anteriormente a respeito da frustração também pode ser aplicada aos conflitos. No entanto, a seguir estão alguns lembretes para quando você estiver em conflito ou quando tiver de tomar uma decisão difícil.

1. Não seja precipitado ao tomar decisões importantes. Dedique um tempo para colher informações e avaliar os prós e os contras. Decisões precipitadas freqüentemente são equivocadas. Mesmo que tome a decisão errada, você terá menos problemas se estiver ciente de que fez o máximo para evitar o erro.
2. Sempre que possível, experimente parcialmente as decisões importantes. Se estiver pensando em se mudar para outra cidade, tente passar alguns dias por lá. Se estiver escolhendo entre duas faculdades, faça o mesmo. Se a faculdade estiver em aulas, tente assistir a algumas. Se quiser aprender a mergulhar, alugue equipamentos por um tempo antes de comprá-los.
3. Busque compromissos viáveis. Mais uma vez, é importante obter todas as informações possíveis. Se você acha que tem apenas uma ou duas alternativas e elas forem indesejáveis ou inviáveis, procure a ajuda de um professor, orientador, pastor ou assistente social. Talvez você não esteja enxergando outras possíveis alternativas que essas pessoas podem indicar.
4. Se isso tudo não funcionar, tome alguma decisão e vá até o fim. Tanto a indecisão como o conflito têm igualmente custo elevado. Às vezes, é melhor optar por um curso de ação e segui-lo até o fim, a menos que fique muito claro, depois de tomada a decisão, que ela está errada.

Os conflitos são partes normais da vida. Com a prática, você consegue aprender a administrar muitos dos conflitos que surgem.

DEFESA PSICOLÓGICA – CARATÊ MENTAL?

▶ **PERGUNTA PARA PESQUISA**   *O que são mecanismos de defesa?*

As situações ameaçadoras tendem a produzir **ansiedade**. Uma pessoa ansiosa sente-se tensa, inquieta, apreensiva, preocupada e vulnerável, e isso pode levar a um enfrentamento centrado na emoção, o que é *defensivo* por natureza (Lazarus, 1991b). Como a ansiedade é desagradável e desconfortável, normalmente somos motivados a evitá-la. Os mecanismos de defesa psicológica permitem-nos reduzir os sentimentos de ansiedade causados por situações estressantes ou por nossas deficiências.

O que são mecanismos de defesa psicológica e como eles reduzem a ansiedade? **Mecanismo de defesa** é qualquer processo mental usado para evitar, negar ou distorcer fontes de ameaça ou de ansiedade, incluindo ameaças à auto-imagem de uma pessoa. Muitas das defesas foram identificadas pela primeira vez por Sigmund Freud, que afirmou que elas operam *inconscientemente*. Com freqüência, os mecanismos de defesa criam grandes pontos cegos na consciência. Por exemplo, conheço uma pessoa extremamente sovina que não tem a menor consciência de que é unha-de-fome.

Todos já usamos uma vez ou outra mecanismos de defesa. Vejamos quais são os mais comuns. (A ▲Tabela 11.3 mostra uma lista mais completa.)

Ansiedade Apreensão, temor ou inquietude semelhantes ao medo, mas baseados em uma ameaça não-evidente.

Mecanismos de defesa Estratégias psicológicas habituais e freqüentemente inconscientes utilizadas para evitar ou reduzir a ansiedade.

Negação

Uma das defesas mais básicas é a **negação** (proteger a si próprio de uma realidade desagradável, recusando-se a aceitá-la ou a acreditar nela). A negação está intimamente ligada à morte, à doença e a sofrimentos e fatos igualmente ameaçadores. Por exemplo, se lhe dissessem que você tem mais três meses de vida, como você reagiria? Seu primeiro pensamento talvez seria "Alguém deve ter trocado meus exames de raio X" ou "O doutor deve ter se enganado" ou simplesmente "Não pode ser verdade!". Negação e descrenças similares são reações comuns à morte inesperada de um amigo ou parente: "Não pode ser verdade. Eu não acredito. Eu simplesmente não consigo acreditar!".

TABELA 11.3 Mecanismos Psicológicos de Defesa

Compensação Neutralizar uma fraqueza real ou imaginária enfatizando traços desejáveis ou tentando destacar-se em outras áreas.

Negação Proteger-se de uma realidade desagradável recusando-se a percebê-la.

Fantasia Buscar realizar desejos frustrados em realizações e atividades imaginárias.

Identificação Incorporar algumas características de uma pessoa admirada, normalmente como uma forma de compensar as fraquezas e os defeitos pessoais percebidos.

Intelectualização Separar a emoção de uma situação ameaçadora ou causadora de ansiedade, falando ou pensando sobre ela em termos "intelectuais" impessoais.

Isolamento Separar os pensamentos ou sentimentos contraditórios em compartimentos mentais "logicamente unidos", de forma a não entrarem em conflito.

Projeção Atribuir os próprios sentimentos, limitações ou impulsos inaceitáveis a outras pessoas.

Racionalização Justificar o comportamento de uma pessoa dando para ele motivos razoáveis e "racionais", mas falsos.

Formação de reações Impedir que impulsos perigosos ou ameaçadores sejam expressos, exagerando o comportamento oposto.

Regressão Retornar a um nível de desenvolvimento anterior, ou a situações ou hábitos menos exigentes.

Repressão Eliminar ou barrar involuntariamente da consciência lembranças não-desejadas.

Sublimação Trabalhar desejos frustrados ou impulsos inaceitáveis em atividades substitutas que são construtivas ou aceitas pela sociedade.

Repressão

Freud percebeu que seus pacientes tinham enorme dificuldade para se lembrar de acontecimentos chocantes ou traumáticos da infância. Parecia que forças poderosas não deixavam essas lembranças dolorosas chegarem à consciência. Freud chamava esse processo de **repressão**. Ele acreditava que nos protegemos reprimindo os pensamentos e impulsos ameaçadores. Os sentimentos de hostilidade em relação a um parente, nomes de pessoas de quem não gostamos e fracassos do passado são alvos comuns de repressão.

Formação de Reações

Na **formação de reações**, os impulsos não são apenas reprimidos; eles também são controlados por comportamento oposto exagerado. Por exemplo, uma mãe inconscientemente ressentida com os filhos, por meio da formação de reações, pode tornar-se exageradamente superprotetora ou excessivamente tolerante. Seu verdadeiro sentimento, "eu os odeio" e "quero que eles vão embora", é substituído por "eu os amo" e "não sei o que faria sem eles". Os impulsos hostis da mãe são trocados por amor "sufocado", de forma que ela não tenha de admitir que odeia os filhos. Desse modo, a idéia básica da formação de reações é que o indivíduo apresenta um comportamento oposto para bloquear os impulsos ou sentimentos ameaçadores.

Regressão

No seu sentido mais amplo, **regressão** refere-se a qualquer retorno a situações ou hábitos anteriores menos exigentes. A maioria dos pais que tem um segundo filho lida com pelo menos alguma regressão do filho mais velho. Com o afeto ameaçado pelo novo rival, o filho mais velho pode regredir e passar a falar como bebê, fazer xixi na cama ou brincar como bebê depois do nascimento do irmão. Se você já viu uma criança com saudades de casa em um acampamento ou em viagem de férias, observou uma regressão. A criança quer ir para casa, onde se sente "segura". Um adulto que faz a maior cena ou um adulto casado que "volta para a casa da mãe" também está regredindo.

Projeção

Projeção é um processo inconsciente que nos protege da ansiedade que sentiríamos se reconhecêssemos nossas falhas. A pessoa com essa característica tende a ver nos outros seus próprios sentimentos, limitações ou impulsos inaceitáveis. A **projeção** reduz a ansiedade exagerando os traços negativos nos outros. Isso justifica as próprias ações da pessoa e desvia a atenção dos seus fracassos pessoais.

O autor deste livro já trabalhou para um comerciante ambicioso que enganava muitos clientes. Esse mesmo homem se considerava um verdadeiro pilar da comunidade e um bom cristão. Como ele justificava para si a sua cobiça e desonestidade? Ele acreditava que todos entravam na sua loja com a intenção de enganá-lo de qualquer jeito. Na realidade, poucos – ou nenhum – de seus clientes justificavam seus motivos, mas ele projetava sua própria cobiça e desonestidade neles.

Racionalização

Todo professor já viu esse estranho fenômeno: no dia da prova, uma inacreditável onda de desgraças se abate sobre a cidade. Mães, pais, irmãs, irmãos, tias, tios, avós, amigos, parentes e cães de estimação ficam doentes ou morrem. Os motores de repente caem do carro. Os livros desaparecem ou são roubados. Os despertadores quebram e param de funcionar.

A criação de desculpas vem da nossa tendência natural de explicar nosso próprio comportamento. A **racionalização** refere-se à justificativa das ações pessoais apresentando razões "racionais", mas falsas, para elas. Quando a explicação dada para o seu comportamento é razoável e convincente – mas não é a verdadeira razão –, você está *racionalizando*. Por exemplo, Taylor não entregou o trabalho de uma das matérias no início do semestre. Veja a explicação que ele deu ao professor:

> Meu carro quebrou dois dias atrás, e só consegui ir à biblioteca ontem. Aí, eu não consegui pegar todos os livros de que precisava porque alguns estavam emprestados, mas fiz o que pude. Então, ontem à noite, para piorar, o cartucho de tinta da impressora acabou, e como as lojas estavam fechadas, não consegui imprimir o trabalho para entregar.

Quando o professor lhe perguntou por que deixou para fazer o trabalho na última hora (a verdadeira razão), Taylor apresentou outra série de racionalizações. Do mesmo modo que muitas outras pessoas, Taylor tinha dificuldades para se ver sem a proteção da sua racionalização.

Todos os mecanismos de defesa descritos parecem muito indesejáveis. Eles têm algum ponto positivo? As pessoas que usam demais os mecanismos de defesa tornam-se menos adaptáveis, porque consomem muita energia emocional para controlar a ansiedade e manter uma auto-imagem irreal. Ainda assim, os mecanismos de defesa têm valor. Muitas vezes, eles nos ajudam a não perder o controle diante de ameaças imediatas, e isso pode proporcionar tempo para aprendermos a enfrentá-las de forma mais eficaz e centrada no problema. Se você reconhecer algum comportamento seu nessas descrições, não é sinal de que seja um defensivo incurável. Como já mencionamos, a maioria das pessoas usa ocasionalmente algum mecanismo de defesa.

Dois mecanismos de defesa que têm qualidade definitivamente mais positiva são a compensação e a sublimação.

Compensação

Reações compensatórias são defesas contra sentimentos de inferioridade. Uma pessoa dotada de algum defeito ou de alguma fraqueza (real ou imaginária) pode chegar a extremos para superar a fraqueza ou para *compensá-la*, tentando destacar-se em outras áreas. Um dos pioneiros da musculação nos Estados Unidos é Jack LaLanne. Ele construiu uma carreira de sucesso com a musculação apesar de ter sido magro e fraco quando jovem. Ou talvez seja mais correto dizer *porque* ele era magro e fraco. Existem dezenas de exemplos de **compensação**. Uma criança que sofre de gagueira pode tornar-se extraordinária em debates na universidade. Quando criança, Helen Keller não enxergava, nem ouvia, mas se tornou uma excepcional pensadora e escritora. Doc Watson, Ray Charles, Stevie Wonder e inúmeros outros músicos são cegos.

Sublimação

A defesa chamada de **sublimação** refere-se a trabalhar os desejos frustrados (principalmente os desejos sexuais) por meio de atividades sociais aceitáveis. Freud acreditava que a arte, a música, a dança, a poesia, a investigação científica e outras atividades científicas podem servir para recanalizar as energias sexuais em comportamento produtivo. Freud também acreditava na possibilidade de sublimar praticamente qualquer desejo intenso. Por exemplo, alguém muito agressivo pode conseguir aceitação social tornando-se soldado, lutador de boxe ou jogador de futebol americano. A ambição pode ser refinada e transformada em carreira empresarial de sucesso. O ato de mentir pode ser sublimado contando-se ou criando-se histórias, ou tornando-se político.

Os motivos sexuais parecem ser os mais fáceis e amplamente sublimados. Freud preencheria um dia inteiro com atividades modernas de lazer, como surfe, motociclismo, automobilismo, dança ou concertos de *rock*, apenas para listar algumas. As pessoas apreciam cada uma dessas atividades por diversas razões, mas é difícil ignorar o rico simbolismo sexual evidente em cada uma.

DESAMPARO APRENDIDO – HÁ ESPERANÇA?

▶ **PERGUNTA PARA PESQUISA**   *Será que sabemos lidar com os sentimentos de desamparo e depressão?*

O que aconteceria se as defesas de uma pessoa falhassem ou se ela avaliasse uma situação ameaçadora como sendo sem esperanças? Martin Seligman estudou o caso de um jovem marinheiro que parecia ter-se adaptado ao estresse de ser prisioneiro durante a guerra do Vietnã. A saúde do marinheiro estava relacionada à promessa feita pelos seus capturadores: se ele cooperasse, diziam, seria libertado em um determinado dia. À medida que a data foi se aproximando, seu estado de espírito começou a ficar exaltado. Então, veio um golpe devastador: ele havia sido enganado, pois seus capturadores não tinham nenhuma intenção de libertá-lo. Ele imediatamente caiu em profunda depressão, recusava-se a comer ou beber, e morreu logo em seguida.

Parece um exemplo extremo. Há situações semelhantes fora dos campos de concentração? Aparentemente, sim. Por exemplo, pesquisadores na Finlândia constataram que, mesmo no dia-a-dia, há altos índices de pessoas que morrem por sentirem desesperança (Everson et al., 1996).

Como explicar tais padrões? Os psicólogos têm-se concentrado no conceito de desamparo aprendido (Seligman, 1989). **Desamparo aprendido** é a incapacidade aprendida de superar obstáculos e evitar estímulos aversivos. Para observar o desamparo aprendido, vejamos o que acontece com animais testados em uma caixa de lançamento (◆Figura. 11.5). Se colocados de um lado de uma caixa dividida, os cães rapidamente aprendem a pular para o outro lado para escapar do choque elétrico. Se os animais forem avisados antes de receber o choque (por exemplo, se uma luz piscar), a maioria dos cães aprende a evitar o choque pulando a barreira antes de recebê-lo. Isso ocorre com a maioria dos cães, mas não com aqueles que aprenderam a se sentir desamparados (Overmier e LoLordo, 1998).

Como fazer o cão se sentir desamparado? Antes de ser testado em uma caixa de lançamento, o cão pode ser preso com uma espécie de arreio (do qual o animal não pode escapar). O cão recebe, então, choques dolorosos. O animal não consegue fazer nada para evitar os choques. Quando colocado na caixa de lançamento, os cães treinados dessa forma reagem ao primeiro choque se abaixando, uivando ou choramingando. Nenhum tenta escapar. Eles se conformam, desamparados, com o próprio destino. Afinal, eles já aprenderam que não podem fazer nada para evitar o choque.

Desamparo aprendido Uma incapacidade aprendida de superar obstáculos ou evitar castigos; passividade e inatividade aprendidas diante de estímulos adversos.

Pelo que indica a experiência das caixas, o desamparo é um estado psicológico que ocorre quando os acontecimentos *parecem ser incontroláveis* (Seligman, 1989). O desamparo também aflige os seres humanos. É uma

◆FIGURA 11.5 *No curso normal do aprendizado de fuga e evitação, uma luz acende logo antes de o chão ser eletrificado* (a). *Como a luz ainda não tem significado para o cão, o animal recebe um choque (por sinal, não muito forte) e pula a barreira* (b). *Os cães logo aprendem a olhar a luz acender* (c) *e pular antes de receber o choque* (d). *Os cães que aprendem a se sentir "desamparados" raramente aprendem sequer a fugir do choque, muito menos a evitá-lo.*

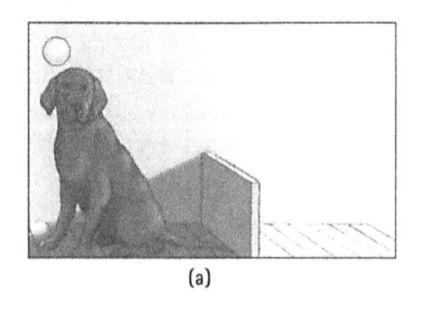

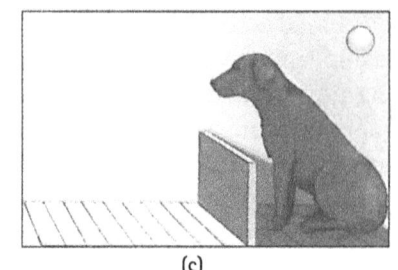

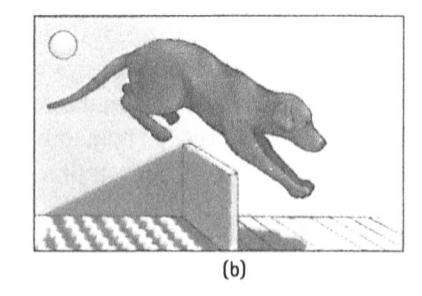

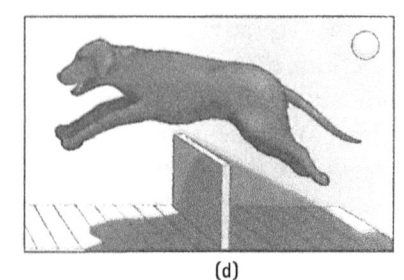

reação comum ao fracasso repetido e a castigos imprevisíveis ou inevitáveis. Um bom exemplo é o dos universitários que se sentem desamparados em relação ao trabalho escolar. Esses estudantes tendem a postergar e desistem facilmente (McKean, 1994).

No que tange ao seres humanos, as atribuições (discutidas no Capítulo 9) têm grande feito sobre o desamparo. As pessoas que aprendem a se sentir desamparadas em uma situação tendem mais a se sentir da mesma maneira em outras situações se atribuírem o fracasso a fatores *gerais e duradouros*. Um exemplo poderia ser a conclusão de uma aluna de que "devo ser burra" por conseguir ir tão mal na prova de biologia. Porém, atribuir a nota baixa a fatores específicos da situação ("Não sou tão boa no tipo de prova que o professor usa" ou "Não gosto muito de biologia") tende a evitar a disseminação do desamparo aprendido (Alloy et al., 1984; Anderson et al., 1984).

Depressão

Seligman e outros psicólogos têm ressaltado as semelhanças entre desamparo aprendido e **depressão**. Ambos são marcados por sentimentos de desânimo, impotência e desesperança. Os animais "desamparados" tornam-se menos ativos e menos agressivos, perdem o apetite e o impulso sexual. Os seres humanos sofrem efeitos semelhantes e também tendem a se ver como fracassados, mesmo não o sendo (Seligman, 1989).

A depressão é um dos problemas emocionais mais disseminados, e, sem dúvida, tem muitas causas. Contudo, o desamparo aprendido parece explicar muitos casos de depressão e desesperança. Por exemplo, Seligman (1972a) descreve o caso de Archie, um garoto de 15 anos. Para Archie, a escola é uma série de choques e fracassos intermináveis. Os outros estudantes o tratam como se ele fosse burro; nas aulas, ele raramente responde às perguntas porque não conhece algumas palavras. Ele se sente agredido por todos os lados. Estes podem não ser choques elétricos, mas certamente são "choques" emocionais, e Archie aprendeu a se sentir desamparado, sem conseguir evitá-los. Quando sair da escola, suas chances de sucesso serão pequenas. Ele aprendeu a aceitar de forma passiva qualquer choque que a vida lhe reserva. Archie não é o único a se sentir assim. O desamparo é quase sempre o principal elemento da depressão (Alloy e Clements, 1998; Ciarrochi et al., 2002).

Esperança

A pesquisa de Seligman dá alguma dica sobre como "desaprender" o desamparo? No caso dos cães, uma técnica eficaz é afastar o animal à força do choque, arrastando-o para um compartimento "seguro". Depois de isso ser feito diversas vezes, os animais readquirem "esperança" e sentimentos de controle sobre o ambiente. Agora, como agir com os seres humanos é uma questão que os psicólogos estão estudando. Parece óbvio, que alguém como Archie se beneficiaria de um programa educativo que lhe propiciasse "sucessos" repetidos.

No **treino para dominar**, respostas são reforçadas para alguém obter o domínio de uma ameaça ou o controle do seu ambiente. Os animais que passam por esse treinamento tornam-se mais resistentes ao desamparo aprendido (Volpicelli et al., 1983). Por exemplo, os animais que aprendem primeiro a escapar do choque tornam-se mais persistentes em tentar escapar de choques inevitáveis. Na verdade, eles não desistem, mesmo quando a situação é "inevitável".

Essas constatações indicam que somos capazes de "imunizar" as pessoas contra o desamparo e a depressão, permitindo-lhes dominar os desafios difíceis. As escolas Outward Bound, em que as pessoas se lançam aos desafios para vencer as dificuldades da escalada de montanhas, da canoagem em corredeiras e de sobrevivência na selva, podem servir de modelo para esse tipo de programa.

O valor da esperança não deve ser ignorado. Não importa quão frágil essa emoção possa parecer, ela é um antídoto poderoso contra a depressão e o desamparo. Como indivíduo, você pode encontrar esperança na religião, na natureza, no companheirismo ou até mesmo na tecnologia. Sempre que encontrá-la, lembre-se do seu valor: a esperança está entre as emoções mais importantes do ser humano. Crenças positivas, como otimismo, esperança e sensação de significado e controle estão intimamente ligadas ao bem-estar geral (Lachman e Weaver, 1998; Taylor et al., 2000).

Depressão Um estado de desânimo profundo marcado por sentimentos de impotência e desesperança.

Treino para dominar Reforço de respostas que levam a pessoa ao domínio de uma ameaça ou ao controle sobre o seu ambiente.

Por que os Alunos Ficam Tristes

Durante o período letivo, cerca de 80% de todos os universitários sofrem de algum sintoma de depressão. Em qualquer época, de 16% a 30% da população estudantil fica deprimida (McLennan, 1992; Wong e Whitaker, 1993). Por que tantos alunos ficam "tristes"? Vários problemas contribuem para o sentimento depressivo. Estes são os mais comuns:

1. O estresse dos trabalhos universitários e as pressões para escolha da carreira podem fazer os estudantes sentirem que estão perdendo momentos de lazer ou que todo esse trabalho é inútil.
2. O isolamento e a solidão são comuns quando os estudantes deixam para trás seus grupos de apoio. No passado, a família, o círculo de colegas do colégio e, muitas vezes, um namorado ou uma namorada poderiam dar apoio ou incentivo.
3. Problemas para estudar e as notas freqüentemente provocam depressão. Muitos estudantes começam a faculdade com altas aspirações e pouca experiência anterior de fracasso. Ao mesmo tempo, muitos não têm as qualificações básicas necessárias para o sucesso acadêmico.
4. A depressão pode ser provocada pelo rompimento de um relacionamento íntimo, com ex-namorado ou ex-namorada, ou de um romance recente da faculdade.
5. Estudantes que têm dificuldades para atingir as imagens idealizadas de si próprios são especialmente propensos à depressão (Scott e O'Hara, 1993).
6. Um perigo ainda maior é que estudantes deprimidos são mais propensos a abusarem do álcool, que é uma substância depressiva (Camatta e Nagoshi, 1995).

Reconhecendo a Depressão

A maioria das pessoas sabe, de modo claro o suficiente, quando está "deprimida". Aaron Beck, especialista em depressão, sugere a existência de mais que uma simples flutuação no estado de espírito quando houver cinco condições:

1. Você tiver opinião sempre negativa de si mesmo.
2. Apresentar comportamentos freqüentes de autocrítica ou de auto-responsabilização.

USANDO A PSICOLOGIA — Lidando com a Depressão

Se você não vai bem na prova ou no trabalho da faculdade, como reage? Se você considera esse fato um pequeno fracasso isolado, provavelmente não se sentirá tão mal. Mas no caso de se sentir como em uma "tragédia", poderá ficar deprimido. Os estudantes que associam os acontecimentos cotidianos a metas de longo prazo (por exemplo, o sucesso na carreira ou a boa remuneração) tendem a reagir com intensidade a decepções do dia-a-dia (McIntosh et al., 1995).

O que essa afirmação indica sobre o fato de os estudantes ficarem tristes? A implicação está na importância de cumprir as tarefas diárias passo a passo e reduzi-las gradualmente. Dessa forma, você se sentirá menos desesperado, desamparado ou impotente. Beck e Greenberg (1974) sugerem que, quando você se sentir "triste", faça uma *programação diária* pessoal. Tente programar as atividades, preenchendo todo o tempo do dia. É melhor iniciar com atividades fáceis e ir avançando para as tarefas mais difíceis. Marque cada item que completar. Dessa forma, você começará a quebrar o ciclo autodefensivo de se sentir desamparado e piorar ainda mais. (Estudantes deprimidos passam muito mais tempo dormindo.) Uma série de pequenas realizações, sucessos ou prazeres pode ser o que você precisa para se animar novamente. No entanto, se não possuir as habilidades necessárias para ser bem-sucedido na faculdade, peça ajuda para consegui-las. Não permaneça "desamparado".

Os sentimentos de desamparo e impotência são normalmente sustentados por autocrítica ou pensamentos negativos. Beck e Greenberg recomendam escrever esses pensamentos à medida que forem surgindo, principalmente os imediatamente precedentes aos sentimentos de tristeza. Depois de coletar esses pensamentos, escreva uma resposta racional para cada um. Por exemplo, o pensamento "Ninguém me ama" pode ser rebatido com uma lista de pessoas que se importam com você. (Ver Capítulo 13 para obter mais informações.) Mais um aspecto para ter em mente: quando os acontecimentos começarem a melhorar, tente aceitar como um sinal de bons tempos futuros. Os acontecimentos positivos tendem a acabar com a depressão se você os vir como estáveis e contínuos, e não como temporários e frágeis (Needles e Abramson, 1990).

3. Interpretar de forma negativa os acontecimentos que normalmente não o incomodam.
4. Perceber o futuro de forma nebulosa e negativa.
5. Sentir que as suas responsabilidades são pesadas demais.

O que fazer para combater a depressão? Os surtos de tristeza na faculdade estão intimamente relacionados a acontecimentos estressantes. Aprender a administrar o trabalho da faculdade e a desafiar o pensamento autocrítico podem ajudar a aliviar a depressão branda relacionada à escola. Veja o "Lidando Com a Depressão" para obter algumas sugestões úteis.

Ataques de tristeza na faculdade são comuns e devem ser distinguidos dos casos de depressão mais sérios. A depressão profunda é um problema grave que pode levar ao suicídio ou à incapacitação mais séria de fundo emocional. Nesses casos, é importante procurar a ajuda de um profissional.

PAUSA PARA ESTUDO — Mecanismos de Desesa, Desamparo e Depressão

RELACIONE

Tendemos a fechar os olhos para nossa dependência dos mecanismos de defesa. Retome as definições apresentadas na Tabela 11.3 e veja se você consegue pensar em um exemplo para cada mecanismo de defesa que já observou alguém usando.

Você já se sentiu desamparado em alguma situação? O que fez com que se sentisse assim? Há algum trecho da descrição de Seligman sobre o desamparo aprendido com o qual você se identifica?

Imagine que um amigo seu da faculdade está triste. Que conselho você daria a ele?

VERIFICAÇÃO DO APRENDIZADO

1. A realização de desejos frustrados por meio de atividades ou realizações imaginárias define o mecanismo de defesa de
   a. compensação   b. isolamento
   c. fantasia   d. sublimação

2. Dos mecanismos de defesa, os dois considerados relativamente construtivos são
   a. compensação   b. negação   c. isolamento
   d. projeção   e. regressão   f. racionalização
   g. sublimação

3. A depressão nos seres humanos é semelhante ao _____ observado nas experiências com animais.

4. Em qualquer época, mais da metade da população estudantil sofre dos sintomas da depressão. V ou F?

5. Contar os pensamentos autocríticos negativos somente chama a atenção para eles e piora a depressão. V ou F?

Raciocínio Crítico

6. O desamparo aprendido está intimamente ligado a quais fatores que determinam a gravidade do estresse?

RESPOSTAS: 1. c 2. a, g 3. desamparo aprendido 4. F 5. F 6. Sentimentos de incompetência e de falta de controle.

ESTRESSE E SAÚDE – DESMASCARANDO UM ASSASSINO OCULTO

▶ **PERGUNTA PARA PESQUISA** *Qual a relação existente entre estresse, saúde e doença?*

Desastres, depressão e dor, muitas vezes, antecedem a doença. Da mesma forma que Taylor (nosso intrépido estudante) percebeu depois da última semana do ano letivo, os acontecimentos estressantes reduzem as defesas naturais do corpo contra as doenças. Mais surpreendente ainda é constatar que as *mudanças da vida* – tanto as boas como as ruins – aumentam a suscetibilidade a acidentes ou doenças. As grandes mudanças no ambiente em que vivemos ou nas nossas rotinas exigem que fiquemos mais vigilantes, atentos e prontos para reagir. Se persistirem por longos períodos, essas situações podem ser muito estressantes (Sternberg, 2000).

Acontecimentos da Vida e Estresse

Como saber se estou me expondo a muito estresse? O dr. Thomas Holmes e seus colegas desenvolveram a primeira escala de avaliação para calcular os riscos à saúde que enfrentamos quando o estresse aumenta (Holmes e

Masuda, 1972). Mais recentemente, Mark Miller e Richard Rahe atualizaram a escala, adaptando-a para os dias atuais. A *Escala de Classificação de Reajuste Social* (**ECRS**) foi reimpressa na ▲Tabela 11.4. Note que o impacto dos acontecimentos da vida estão expressos em **unidades de mudança de vida (UMVs)** (valores numéricos atribuídos a cada acontecimento da vida).

Escala de Classificação de Reajuste Social (ECRS) Escala que classifica o impacto de vários acontecimentos da vida sobre a probabilidade de doenças.

Unidades de mudança de vida (UMVs) Valores numéricos atribuídos a cada acontecimento da vida na Escala de Classificação de Reajuste Social.

Conforme for lendo a escala, observe mais uma vez que os acontecimentos positivos da vida podem ser tão prejudiciais quanto os desastres. Embora normalmente o casamento seja um acontecimento feliz, ele vale 50 unidades de mudança de vida. Observe também a existência de muitos itens denominados "Mudanças...". Isso quer dizer que as melhorias nas condições de vida podem ser tão prejudiciais quanto as pioras. A adaptação estressante pode ser necessária em qualquer um dos casos.

▲ TABELA 11.4 Escala de Classificação de Reajuste Social

CLASSIFI-CAÇÃO	ACONTECIMENTO DA VIDA	UNIDADES DE MUDANÇA DE VIDA	CLASSIFI-CAÇÃO	ACONTECIMENTO DA VIDA	UNIDADES DE MUDANÇA DE VIDA
1	Morte de cônjuge ou filho	119	22	Filho saindo de casa	44
2	Divórcio	98	23	Hipoteca ou empréstimo superior a $ 10.000	44
3	Morte de parente próximo	92	24	Mudança de responsabilidades no trabalho	43
4	Separação conjugal	79			
5	Demissão	79	25	Mudança nas condições de vida	42
6	Lesão ou doença pessoal grave	77	26	Mudança residencial	41
7	Termo de prisão	75	27	Início ou término dos estudos	38
8	Morte de amigo íntimo	70	28	Problemas com familiares do cônjuge	38
9	Gravidez	66	29	Extraordinária realização pessoal	37
10	Grande mudança nos negócios	62	30	Mudança no horário ou nas condições de trabalho	36
11	Execução de hipoteca ou de empréstimo	61			
12	Ingresso de novo membro na família	57	31	Mudança de escola	35
			32	Natal	30
13	Reconciliação conjugal	57	33	Problemas com o chefe	29
14	Mudança na saúde ou no comportamento de algum familiar	56	34	Mudança no lazer	29
			35	Hipoteca ou empréstimo inferior a $ 10.000	28
15	Mudança na situação financeira	56			
16	Aposentadoria	54	36	Mudança nos hábitos pessoais	27
17	Mudança para uma área profissional diferente	51	37	Mudança nos hábitos alimentares	27
			38	Mudança nas atividades sociais	27
18	Mudança na quantidade de discussões com o cônjuge	51	39	Mudança na quantidade de reuniões de família	26
19	Casamento	50	40	Mudança nos hábitos do sono	26
20	Cônjuge começa a trabalhar ou pára de trabalhar	46	41	Férias	25
			42	Mudança nas atividades religiosas	22
21	Problemas sexuais	45	43	Pequenas violações da lei	22

(Fonte: Reimpresso de M. A. Miller e R. H. Rahe, Life changes scaling for the 1990s em *Journal of Psychosomatic Research*, v. 43, n. 3, 1997, 279-92. Tabela II, p. 282, Copyright © 1997, mediante autorização de Elsevier.)

Para usar a escala, some as UMVs de todos os acontecimentos da sua vida no ano passado e compare o total com os seguintes padrões.

> 0-150: Nenhum problema significativo
> 150-199: Crise de vida amena (33% de chances de ficar doente)
> 200-299: Crise de vida moderada (50% de chances de ficar doente)
> 300 ou mais: Crise de vida grave (80% de chances de ficar doente)

De acordo com Holmes, há grandes chances de doença ou acidente se o total da sua UMV ultrapassar 300 pontos. Uma classificação mais conservadora pode ser obtida somando os pontos de UMV apenas dos últimos seis meses.

Muitas das mudanças de vida mencionadas parecem não ser relevantes para jovens adultos ou estudantes universitários. A ECRS se aplica também a eles? A ECRS tende a ser mais adequada para pessoas mais adultas, já estabelecidas. No entanto, a saúde dos estudantes universitários também é afetada por acontecimentos estressantes, como o ingresso na faculdade, grandes mudanças ou o rompimento de um relacionamento estável (Crandall et al., 1992). (Para obter uma escala de estresse voltada para estudantes, ver a Tabela 11.7 no item "Administração de Estresse".)

Avaliação

As reações de cada pessoa diante do mesmo acontecimento são muito distintas. Por isso, a ECRS, na melhor das hipóteses, oferece um índice geral de estresse. No entanto, fica difícil ignorar um estudo em que pessoas foram deliberadamente expostas ao vírus causador de resfriados comuns. Os resultados não devem ser desprezados: se uma pessoa apresentava alta classificação de estresse, ela estava muito mais propensa a efetivamente ficar resfriada (Cohen et al., 1993). Em vista dessas descobertas, uma alta pontuação de UMV deve ser considerada muito seriamente. Se a sua pontuação for muito superior a 300, talvez você deva ajustar suas atividades ou seu estilo de vida. Lembre-se: "É melhor prevenir do que remediar".

Os Perigos das Chateações

Deve haver outros fatores estressantes além das grandes mudanças de vida. Será que não existe relação entre os constantes estresses e a saúde? Além do impacto direto, os grandes acontecimentos da vida geram incontáveis frustrações e irritações cotidianas (Pillow et al., 1996). Ademais, muitos de nós enfrentamos constantes estresses no trabalho ou em casa que não envolvem grandes mudanças de vida. Em vista desses fatos, o psicólogo Richard Lazarus e seus colaboradores estudaram o impacto dos pequenos – mas freqüentes – estresses. Lazarus (1981) chama esses aborrecimentos estressantes diários de **chateação** ou **microestressores** (ver ▲Tabela 11.5).

Microestressor Todo aborrecimento cotidiano; também denominado chateação.

▲TABELA 11.5 Exemplos de Chateações Diárias

Compromissos ou responsabilidades demais	Dificuldades para tomar decisões	Atrasos, problemas de transporte
Problemas no trabalho, com o chefe ou com os colegas	Preocupações ou dificuldades financeiras	Trabalhos escolares, preenchimento de formulários
Visitas inesperadas em casa	Falta de tempo para a família, o lazer e o divertimento	Objetos perdidos ou extraviados
Vizinhos sem consideração	Solidão, isolamento social, separação da família	Barulho, poluição, deterioração das cercanias
Filhos barulhentos, bagunceiros e briguentos	Preocupação com o peso ou a aparência	Mau tempo
Arrependimentos em relação a decisões do passado	Frustrações com as tarefas diárias	Noticiários perturbadores ou de crimes

Em um estudo de um ano de duração, cem homens e mulheres registraram as chateações pelas quais passaram. Os participantes também relataram sobre a própria saúde física e mental. Como suspeitava Lazarus, as chateações graves e freqüentes apresentaram-se melhores previsores da saúde do dia-a-dia do que os grandes acontecimentos da vida. No entanto, esses grandes acontecimentos predizem mudanças na saúde que viriam a ocorrer depois de um ou dois anos dos acontecimentos. Parece que as chateações diárias estão intimamente ligadas à saúde e ao bem-estar psicológico (Johnson e Sherman, 1997; Treharne et al., 2001). As grandes mudanças de vida têm um impacto de mais longo prazo.

O que pode ser feito em relação a uma alta soma de UMV ou a um sentimento de extrema chateação? Uma boa resposta é usar as habilidades de administração de estresse. No caso de problemas graves, a administração do estresse deve ser aprendida diretamente com um terapeuta ou com um clínico do estresse. Quanto a estresses comuns, há muitos recursos que você mesmo pode aplicar. Uma discussão imediata sobre administração do estresse é um bom início. Enquanto isso, relaxe!

Problemas Psicossomáticos

Temos visto até aqui que o estresse crônico ou repetido pode prejudicar a saúde física e atrapalhar o bem-estar emocional. As reações a um estresse prolongado estão intimamente ligadas a um grande número de doenças psicossomáticas. Nos **problemas psicossomáticos**, os fatores psicológicos causam danos físicos efetivos ou mudanças prejudiciais no funcionamento do corpo. Problemas psicossomáticos, portanto, *não* são sinônimos de hipocondria. Os **hipocondríacos** imaginam estar doentes. Não há nada de imaginário na asma, na enxaqueca ou na pressão alta. Os problemas psicossomáticos graves podem ser fatais. A pessoa que afirma: "Ah, é *apenas* psicossomático", está equivocada a respeito da gravidade das doenças relacionadas ao estresse.

Os problemas psicossomáticos mais comuns são gastrointestinais e respiratórios (dor de estômago e asma, por exemplo), mas existem muitos outros. Entre os problemas típicos estão eczema (erupções cutâneas), urticária, enxaqueca, artrite reumatóide, hipertensão (pressão alta), colite (ulceração do cólon) e doença cardíaca. Na verdade, esses são apenas os grandes problemas. Muitas queixas de saúde menores também estão relacionadas ao estresse. Entre os exemplos comuns estão dor muscular, dor de cabeça, dor no pescoço, dor nas costas, indigestão, constipação, diarréia crônica, fadiga, insônia, problemas pré-menstruais e disfunção sexual (De Benedittis et al., 1990). Para alguns desses problemas, o *biofeedback* pode ser útil. Vejamos como na próxima seção.

Biofeedback

Os psicólogos descobriram que as pessoas podem aprender a controlar algumas atividades corporais antes consideradas involuntárias. Isso é feito aplicando o *feedback* informacional para controle corporal, um processo denominado ***biofeedback***. Se eu lhe dissesse: "Aumente a temperatura da sua mão direita", você provavelmente não conseguiria, porque não saberia se está conseguindo. Para facilitar a tarefa, podemos fixar um termômetro sensível na sua mão. O termômetro seria ligado de forma a acender uma luz quando a temperatura subir. Então, basta você tentar manter a luz acesa o máximo possível. Com a prática e a ajuda do *biofeedback*, você aprenderia a aumentar a temperatura da sua mão direita quando quisesse.

O *biofeedback* apresenta-se como uma promessa para tratar alguns problemas psicossomáticos (◆Figura 11.6). Por exemplo, pessoas têm treinado para prevenir a enxaqueca utilizando o *biofeedback*. Sensores são grudados nas mãos e na testa dos pacientes. Eles aprendem, então, a redirecionar o fluxo sangüíneo da cabeça para as extremidades. Como a enxaqueca é provocada pelo fluxo sangüíneo excessivo na cabeça, o *biofeedback* ajuda os pacientes a reduzirem a freqüência dessas dores (Gauthier et al., 1994; Kropp et al., 1997).

Sucessos anteriores fizeram muitos prever que o *biofeedback* proporcionaria a cura de doenças psicossomáticas, bem como de ansiedade, fobias, uso abusivo de drogas e uma lista enorme de outros problemas. Na realidade, o *biofeedback* mostrou-se eficaz, mas não uma cura instantânea (Amar, 1993). Ele pode aliviar as dores de cabeça provocadas por tensão muscular, as enxaquecas

Distúrbio psicossomático Doença na qual fatores psicológicos contribuem para o dano corporal ou para mudanças prejudiciais no funcionamento do corpo.

Hipocondríaca A pessoa que se queixa de doenças que aparentemente são imaginárias.

Biofeedback Informações dadas a uma pessoa sobre suas contínuas atividades corporais; ajuda na regulagem voluntária dos estados corporais.

e a dor crônica (Arena et al., 1995; Buckelew et al., 1998; Gauthier et al., 1994). A técnica apresenta-se como uma promessa para reduzir a pressão alta e controlar a freqüência cardíaca (Blanchard et al., 1996; Lal et al., 1998), e tem sido usada com algum sucesso para controlar ataques epilépticos e hiperatividade em crianças (Potashkin e Beckles, 1990; Sterman, 1996). A insônia também responde bem ao tratamento com *biofeedback* (Barowsky et al., 1990).

Como o biofeedback ajuda? Alguns pesquisadores acreditam que muitos dos benefícios resultam do *relaxamento geral*. Outros enfatizam que não há mágica no *biofeedback*. O método simplesmente atua como um "espelho" para ajudar a pessoa a desempenhar tarefas envolvendo a *auto-regulagem*. Da mesma forma que o espelho não penteia o seu cabelo, o *biofeedback* não faz nada sozinho. Ele pode, no entanto, ajudar as pessoas a realizar mudanças desejadas no comportamento (Amar, 1993; Weems, 1998).

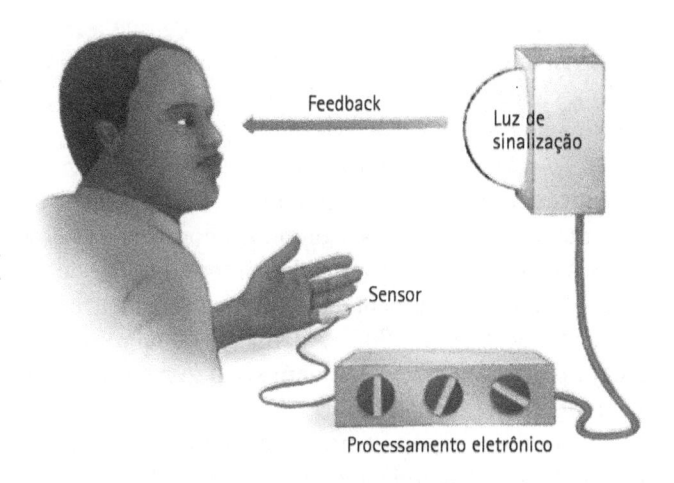

◆FIGURA 11.6 *No treino de* biofeedback, *os processos corporais são monitorados e processados eletronicamente. Um sinal é transmitido ao paciente por meio de fones de ouvido, luzes ou outros meios. Essas informações ajudam o paciente a alterar as atividades corporais normalmente não controláveis voluntariamente.*

A Personalidade Cardíaca

Seria um erro presumir ser o estresse a única causa das doenças psicossomáticas. As diferenças genéticas, as fraquezas dos órgãos e as reações aprendidas contra o estresse se combinam e provocam danos. A personalidade também entra nesse quadro. Como mencionamos anteriormente, existe uma personalidade geral propensa a doenças. Até certo ponto, há também "personalidade propensa à dor de cabeça", "personalidade propensa à asma" e assim por diante. Desses padrões, o mais bem documentado é a "personalidade propensa a doenças cardíacas" – uma pessoa com alto risco de sofrer de doenças cardíacas.

Dois cardiologistas, Meyer Friedman e Ray Rosenman, oferecem uma visão geral sobre como essas pessoas criam estresses para si próprias. Em um estudo famoso a respeito de problemas cardíacos, Friedman e Rosenman (1983) classificaram pessoas em **personalidade do tipo A** (com alto risco de sofrer um ataque cardíaco) ou **personalidade do tipo B** (com pouca probabilidade de sofrer um ataque cardíaco). Depois, eles fizeram um acompanhamento durante oito anos e constataram, em uma comparação entre os dois tipos de personalidade, um índice de doença cardíaca duas vezes maior na personalidade do tipo A em relação à do tipo B (Rosenman et al., 1975).

Tipo A

Como é a personalidade do tipo A? Uma pessoa do tipo A é impulsiva, ambiciosa, altamente competitiva, voltada para a realização e muito esforçada. Ela acredita que, com esforço suficiente, consegue superar qualquer obstáculo, por isso "exige" o máximo de si.

Talvez os sinais mais reveladores da personalidade do tipo A sejam a *urgência* e a *raiva* ou *hostilidade* crônicas. A pessoa do tipo A parece se irritar com o ritmo normal dos acontecimentos. Está sempre agitada entre uma atividade e outra, correndo contra o relógio por causa da urgência auto-imposta. Por isso, sente-se muitas vezes frustrada e com raiva. Os sentimentos de raiva e hostilidade, mais especificamente, estão muito ligados ao alto risco de ataque cardíaco (Miller et al., 1996). Um estudo constatou que 15% de um grupo de médicos e advogados que aos 25 anos de idade apresentaram alta pontuação em um teste de hostilidade estavam mortos aos 50 anos. O padrão mais prejudicial ocorre nas pessoas hostis que mantêm a raiva "presa". Elas ficam "espumando" de raiva, mas não a exteriorizam. Assim, a pulsação e a pressão sangüínea aumentam, provocando uma enorme tensão no coração (Bongard et al., 1998).

Personalidade do tipo A Um tipo de personalidade com risco elevado de doença cardíaca, caracterizada por urgência de tempo, raiva e hostilidade.

Personalidade do tipo B Todos os tipos de personalidade diferentes da do tipo A; uma personalidade com baixo risco cardíaco.

Em suma, há crescentes evidências de que a raiva ou a hostilidade podem ser o principal fator letal no comportamento do tipo A (Krantz e McCeney, 2002; Niaura et al., 2002). Até hoje, centenas de estudos têm comprovado a validade do conceito de personalidade do tipo A. Em vista disso, a pessoa do tipo A deveria preocupar-se seriamente com seus altos riscos de saúde.

Como identificar a personalidade do tipo A? As características da pessoa do tipo A estão resumidas no teste de auto-identificação apresentado na ▲Tabela 11.6. Se você se identificar com a maioria dos itens da lista, deve ser uma pessoa do tipo A. Contudo, a confirmação do seu tipo requer testes mais profundos. Além disso, lembre-se de que a definição original do comportamento do tipo A provavelmente era muito ampla. Os principais fatores psicológicos que aumentam o risco de doença cardíaca parecem ser a raiva, a hostilidade e a desconfiança (Krantz e McCeney, 2002). Ademais, enquanto o comportamento do tipo A parece promover a doença cardíaca, a depressão ou o estresse podem ser o que efetivamente provoca o ataque cardíaco (Denollet e Van Heck, 2001; Dinan, 2001).

Como a sociedade norte-americana costuma premiar a realização, a competição e a maestria, não é nenhuma surpresa a quantidade de pessoas que desenvolvem personalidades do tipo A. A melhor maneira de evitar o estresse que tudo isso provoca é adotando um comportamento oposto ao mencionado na Tabela 11.6 (Karlberg et al., 1998). É totalmente possível ter sucesso na vida sem sacrificar sua saúde ou felicidade ao longo do processo. As pessoas que freqüentemente se sentem com raiva e hostis em relação aos outros podem tirar proveito do conselho de Redford Williams, um médico interessado no comportamento do tipo A. O texto "Estratégias para Reduzir a Hostilidade" resume seus conselhos.

A Personalidade Resistente

Qual a diferença entre as pessoas de personalidade do tipo A, que não desenvolvem doenças cardíacas, e as que desenvolvem? O psicólogo Salvatore Maddi e outros psicólogos estudaram pessoas de **personalidade resistente**. Essas pessoas parecem ser mais resistentes ao estresse. O primeiro estudo a respeito da personalidade resistente começou com dois grupos de gerentes de uma grande empresa prestadora de serviços de utilidade pública. Todos os gerentes ocupavam posições de alto estresse. No entanto, alguns tendiam a ficar doentes depois de acontecimentos estressantes, enquanto outros raramente ficavam doentes. Como aqueles que

Personalidade resistente Um estilo de personalidade associado a uma resistência superior ao estresse.

▲TABELA 11.6 Características da Pessoa do Tipo A

Marque os itens com os quais você se identifica. Você:

_____ Tem o hábito de frisar exageradamente várias palavras importantes na conversa comum, mesmo quando não há necessidade disso?

_____ Completa a fala das outras pessoas?

_____ Sempre se move, anda e come rapidamente?

_____ Lê rapidamente materiais de leitura e prefere livros resumidos ou condensados?

_____ Fica facilmente com raiva por causa da lentidão das filas ou do trânsito?

_____ Fica impaciente com o ritmo da maioria dos acontecimentos?

_____ Tende a não ter noção dos detalhes ou da beleza ao seu redor?

_____ Muitas vezes se esforça para pensar em duas coisas ou para fazer duas coisas ou mais ao mesmo tempo?

_____ Quase sempre se sente um pouco culpado quando relaxa, sai de férias ou não faz absolutamente nada por vários dias?

_____ Tende a avaliar o seu valor em termos quantitativos (quantas notas A tirou, quanto dinheiro ganhou, quantos jogos venceu e assim por diante)?

_____ Tem gestos nervosos ou espasmos musculares, como ranger os dentes, apertar os punhos ou estalar os dedos?

_____ Tenta programar cada vez mais atividades em menos tempo, deixando, assim, menos espaço para problemas imprevistos?

_____ Pensa freqüentemente em outras coisas enquanto conversa com alguém?

_____ Repetidas vezes aceita mais responsabilidades do que consegue administrar confortavelmente?

Características resumidas e adaptadas de Meyer Friedman e Ray H. Rosenman, *Type A Behavior and Your Heart*. Nova York: Knopf, 1983.

conseguiam superar as dificuldades se distinguiam dos colegas "estressados"? Ambos os grupos pareciam ter traços típicos da personalidade do tipo A, assim, essa não era a justificativa. Eles também eram bem semelhantes em vários outros aspectos. A principal diferença estava em que os membros do grupo de personalidade resistente pareciam ter uma visão de mundo constituída de três traços (Maddi et al., 1998):

1. Eles tinham um senso de compromisso pessoal consigo mesmos, com o trabalho, com a família e com outros valores de estabilidade.
2. Sentiam ter controle da sua própria vida e do seu trabalho.
3. Tendiam a ver a vida como uma série de desafios, não como uma série de ameaças ou problemas.

Como esses traços protegem as pessoas do efeito do estresse? As pessoas firmes no *compromisso* encontram formas de transformar aquilo que fazem em algo que pareça interessante e importante. Elas se envolvem em vez de ficarem alienadas.

As pessoas fortes no *controle* acreditam que podem influenciar o curso dos acontecimentos à sua volta. Isso as impede de se verem passivamente como vítimas das circunstâncias.

Por fim, as pessoas fortes no *desafio* encontram realização no crescimento contínuo. Elas buscam aprender com as próprias experiências, em vez de aceitar o conforto, a segurança e a rotina fácil (Maddi et al., 1998). Na realidade, muitas experiências "negativas" podem efetivamente aprimorar o crescimento pessoal – se você tiver o apoio dos outros e a capacidade necessária para lidar com o desafio (Armeli et al., 2001).

Resistência e Felicidade

Acontecimentos bons e ruins ocorrem na vida de todos. O que separa as pessoas felizes das infelizes é, em grande parte, uma questão de atitude. As pessoas felizes tendem a enxergar suas vidas em termos mais positivos, mesmo quando deparam com problemas no caminho. Por exemplo, pessoas mais felizes tendem a ver com bom humor as decepções. Vêem os empecilhos como desafios. Sentem-se mais fortalecidas com as perdas (Lyubomirsky e Tucker, 1998). Em suma, a felicidade tende a estar relacionada à resistência (Brebner, 1998). Por que existe essa

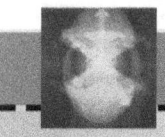

USANDO A PSICOLOGIA — Estratégias para Reduzir a Hostilidade

De acordo com Redford Williams, a redução da hostilidade envolve três metas. Primeiro, você deve parar de desconfiar dos motivos dos outros. Segundo, você deve encontrar formas de reduzir a freqüência com que sente raiva, indignação, irritação e fúria. Terceiro, deve aprender a ser mais generoso e mais gentil. Baseado na sua experiência clínica, Williams (1989) recomenda 12 estratégias para reduzir a hostilidade e aumentar a crença.

1. Tome ciência da sua raiva, hostilidade e dos pensamentos céticos, anotando-os em um caderno. Registre o que aconteceu, em que você pensou, como se sentiu e que atitudes tomou. Reveja essas anotações todo fim de semana.
2. Reconheça que você tem problemas de raiva e hostilidade excessiva e compartilhe isso com alguém.
3. Interrompa pensamentos céticos e hostis sempre que ocorrerem. (A seção Psicologia em Ação do Capítulo 13 explica um método para parar pensamentos que você pode usar nesta etapa.)
4. Quando tiver um pensamento de raiva, hostilidade ou desconfiança em relação a alguém, silenciosamente procure algum aspecto para considerá-lo irracional ou desmotivado.
5. Quando estiver com raiva, tente imaginar-se no lugar do outro.
6. Aprenda a rir de si e usar o humor para diminuir a raiva.
7. Aprenda métodos úteis para relaxar. Dois métodos estão descritos na seção Psicologia em Ação deste capítulo. Outro pode ser encontrado na seção Psicologia em Ação do Capítulo 13.
8. Experimente confiar nos outros. Comece com situações em que não haja grande prejuízo se a pessoa o decepcionar.
9. Faça um esforço para ouvir mais os outros e realmente tentar entender o que estão dizendo.
10. Aprenda a ser assertivo, e não agressivo, em situações difíceis. (Ver Capítulo 14 para obter informações sobre habilidades de auto-assertividade.)
11. Ignore as pequenas irritações, fingindo que hoje é o último dia da sua vida.
12. Em vez de culpar os outros por destratá-lo e ficar com raiva disso, tente perdoá-los. Todos nós temos defeitos.

relação? Como ressaltou a psicóloga Barbara Fredrickson, as emoções positivas tendem a ampliar nosso foco mental. Emoções como a alegria, o interesse e o contentamento criam um impulso para brincar, ser criativo, explorar, saborear a vida, buscar novas experiências, integrar e crescer. Quando você está estressado, vivenciar emoções positivas aumenta a chance de encontrar soluções criativas para os problemas. As emoções positivas também tendem a reduzir o impulso corporal que surge quando estamos estressados, possivelmente limitando o dano ligado ao estresse (Fredrickson, 2003).

A Síndrome da Adaptação Geral

Até aqui não explicamos uma questão muito básica: Como o estresse e nossa reação a ele resultam em doença? A resposta parece estar nas defesas do corpo contra o estresse, um padrão conhecido como síndrome da adaptação geral.

A **síndrome da adaptação geral (SAG)** consiste em uma série de reações corporais ao estresse prolongado. O fisiologista canadense Hans Selye (1976) observou que os primeiros sintomas de quase qualquer doença ou trauma (envenenamento, infecção, lesão ou estresse) são praticamente idênticos. Os estudos de Selye mostraram que o corpo responde da mesma maneira a qualquer estresse, seja uma infecção, um fracasso, um constrangimento, um novo emprego, um problema na escola ou um romance tumultuado.

Qual o padrão da reação do corpo ao estresse? A SAG consiste em três fases: uma reação de alarme, uma fase de resistência e uma fase de exaustão (Selye, 1976).

Na **reação de alarme**, o corpo mobiliza seus recursos para lidar com o aumento no estresse. A glândula pituitária envia sinais para as glândulas adrenais produzirem mais adrenalina, noradrenalina e cortisol. Assim que esses hormônios são descarregados na corrente sangüínea, os ritmos de alguns processos corporais são agilizados, enquanto outros são diminuídos. Isso faz com que os recursos do corpo sejam aplicados nos locais necessários (Haddy e Clover, 2001).

Todos devemos ser gratos por nosso corpo reagir automaticamente às emergências. No entanto, por mais brilhante que seja esse sistema de emergência, ele também pode causar problemas. Na primeira fase da reação de alarme, as pessoas apresentam sintomas como dor de cabeça, febre, fadiga, dor muscular, falta de ar, diarréia, dor de estômago, perda de apetite e falta de energia. Observe que esses também são sintomas quando se sofre de alguma doença, de estresse provocado por uma viagem cansativa, de falta de ar em virtude da altitude, de tensão por causa da última semana de provas e (possivelmente) de paixão!

Síndrome da adaptação geral (SAG) Uma série de reações corporais ao estresse prolongado que ocorre em três fases: alarme, resistência e exaustão.

Reação de alarme O primeiro estágio da SAG, durante o qual são mobilizados recursos corporais para lidar com um estressor.

Fase de resistência Segundo estágio da SAG, durante o qual adaptações corporais ao estresse se estabilizam, porém, com um alto custo físico.

Fase de exaustão O terceiro estágio da SAG, quando os recursos corporais são exauridos e ocorrem sérias conseqüências à saúde.

Durante a **fase de resistência**, os ajustes do corpo ao estresse se estabilizam. À medida que as defesas do corpo se equilibram, os sintomas da reação de alarme desaparecem. Externamente, tudo parece normal. No entanto, essa aparência de normalidade pode custar caro. O corpo consegue lidar melhor com o estressor original, mas sua resistência a outros estresses fica reduzida. Por exemplo, os animais colocados no frio extremo tornam-se mais resistentes ao resfriado, mas mais suscetíveis à infecção. É durante a fase de resistência que os primeiros sinais de problemas psicossomáticos começam a aparecer.

O estresse continuado leva à **fase de exaustão**, em que os recursos do corpo são exauridos e os hormônios do estresse são esgotados. A menos que se encontre uma forma de aliviar o estresse, o resultado será uma doença psicossomática, um grave prejuízo à saúde ou um colapso total.

O estresse e as emoções negativas reduzem a atividade do sistema imunológico e aumentam a inflamação. Isso, por sua vez, aumenta a vulnerabilidade à infecção, agrava a doença e dificulta a recuperação.

A SAG pode soar melodramática se você for jovem e saudável ou se nunca tiver enfrentado estresse prolongado. No entanto, o estresse não deve ser menosprezado. Quando Selye examinou os animais nas últimas fases da SAG, constatou que suas glândulas adrenais estavam aumentadas e descoloridas. Havia uma redução intensa dos órgãos internos – por exemplo, do timo, do baço e dos nós linfáticos – e muitos animais estavam com úlceras estomacais. Além desse tipo de efeito direto, o estresse pode interromper o sistema imunológico do corpo, conforme descreveremos a seguir.

Estresse, Doença e o Seu Sistema Imunológico

De que outra forma o estresse pode afetar a saúde? A resposta pode ser encontrada no sistema imunológico do corpo, que mobiliza as defesas (como as células brancas do sangue) contra a invasão dos micróbios e de outros agentes causadores de doença. O sistema imunológico é regulado, em parte, pelo cérebro. Por causa dessa ligação, o estresse e as emoções negativas afetam o sistema imunológico, aumentando a suscetibilidade à doença (Miller et al., 2002). (A propósito, o estudo da relação entre comportamento, estresse, doença e sistema imunológico é chamado de **psiconeuroimunologia** [Kiecolt-Glaser et al., 2002]. Tente jogar essa palavra no meio de uma conversa para provocar uma reação estressada!)

Estudos mostram que o sistema imunológico dos estudantes fica enfraquecido nos períodos de provas. A imunidade também fica reduzida por causa de divórcio, consternação, problemas no casamento, perda de emprego e estresses similares (Gilbert et al., 1996; Herbert e Cohen, 1993; Stein et al., 1990). A imunidade reduzida explica por que os seguidos problemas de saúde aparecem quando você está tentando lidar com o estresse grave ou prolongado (Biondi e Zannino, 1997). O estresse faz o corpo liberar substâncias que aumentam a inflamação. Esse processo é parte da reação de autoproteção do corpo contra as ameaças, mas ele pode prolongar as infecções e dificultar a recuperação (Kiecolt-Glaser et al., 2002).

A redução do estresse pode ajudar a prevenir doenças? Sim. Vários tratamentos psicológicos, como grupos de apoio, exercícios de relaxamento, imaginação orientada e treinamento de administração do estresse, podem efetivamente melhorar o funcionamento do sistema imunológico (Kiecolt-Glaser e Glaser, 1992). Desse modo, eles ajudam a promover e restabelecer a saúde.

Psiconeuroimunologia O estudo das ligações entre o comportamento, o estresse, as doenças e o sistema imunológico.

PAUSA PARA ESTUDO — Estresse e Saúde

RELACIONE

Pegue um ano da sua vida que tenha sido extremamente estressante. Use a ECRS para calcular seus pontos em UMV naquele ano. Você acha que havia uma ligação entre os seus pontos de UMV e a sua saúde? Ou você acha que o seu estado de saúde estava mais relacionado aos microestressores?

Mindy está sempre se queixando da sua saúde, mas, na verdade, ela aparenta estar bem. Um amigo dela menospreza essas queixas dizendo: "Ela não está realmente doente. É apenas psicossomático". O que há de errado com o uso do termo psicossomático nesse caso?

Você se considera uma personalidade do tipo A ou do tipo B? Até que ponto você acha que possui traços da personalidade resistente?

Você consegue pronunciar a palavra psiconeuroimunologia? Já conseguiu impressionar alguém falando essa palavra?

VERIFICAÇÃO DO APRENDIZADO

1. A ECRS de Holmes parece prever mudanças de longo prazo na saúde, enquanto a freqüência e a gravidade dos microestressores diários estão ligadas intimamente aos índices imediatos de saúde. V ou F?
2. Úlceras, enxaquecas e hipocondria são todos distúrbios freqüentemente psicossomáticos. V ou F?
3. Qual destas *não* é classificada como doença psicossomática?
   a. hipertensão b. colite c. eczema d. timo
4. Os dois principais elementos do treinamento de biofeedback parecem ser o relaxamento e a auto-regulagem. V ou F?
5. Evidências indicam que a característica mais importante da personalidade do tipo A é o senso de urgência, não os sentimentos de raiva e hostilidade. V ou F?
6. O senso de compromisso, desafio e controle caracteriza a personalidade resistente. V ou F?
7. A primeira fase da SAG é denominada reação de _____.
8. Enquanto os incidentes estressantes suprimem o sistema imunológico, as técnicas de administração do estresse quase não têm efeito no funcionamento do sistema imunológico. V ou F?

Raciocínio Crítico

9. As pessoas com personalidade do tipo resistente parecem ser especialmente resistentes a qual problema discutido anteriormente neste capítulo?

RESPOSTAS:

1. V 2. F 3. d 4. V 5. F 6. V 7. alarme 8. F 9. desamparo aprendido

Por exemplo, a administração do estresse reduziu a gravidade do resfriado e dos sintomas de gripe em um grupo de universitários (Reid et al., 2001). Também vale a pena ressaltar mais uma vez o valor das emoções positivas. A felicidade, o riso e o deleite tendem a fortalecer a resposta do sistema imunológico. Realizar atividades que o deixam feliz pode proteger a sua saúde (Rosenkranz et al., 2003).

Existem até mesmo provas de que as emoções positivas na administração do estresse podem melhorar as chances de sobrevida em doenças com risco de morte, como em câncer, doença cardíaca e Aids (Schneiderman et al., 2001). Com alguns êxitos encorajadores, os psicólogos agora estão buscando a melhor combinação de tratamentos para ajudar as pessoas a resistirem às doenças (Miller e Cohen, 2001). Ninguém é imune ao estresse. Mesmo assim, é preciso reafirmar que a sua administração pode ajudar a proteger seu sistema imunológico e a sua saúde. Na discussão que se segue, analisaremos como fazer para lidar melhor com o estresse. Mas primeiro, estas perguntas podem ajudá-lo a obter uma nota saudável na sua próxima prova de psicologia.

ADMINISTRAÇÃO DO ESTRESSE – GANHANDO O JOGO DO ESTRESSE

▶ **PERGUNTA PARA PESQUISA** *Quais são as melhores estratégias para administrar o estresse?*

A **administração do estresse** consiste no uso de estratégias comportamentais para reduzir o estresse e melhorar as habilidades para lidar com ele. Como havíamos prometido, nesta seção, descreveremos as estratégias de administração do estresse. Antes de prosseguir com a leitura, avalie seu nível de estresse novamente, dessa vez usando uma escala desenvolvida por estudantes universitários (ver ▲Tabela 11.7). Do mesmo modo como na ECRS, pontuações elevadas no *Inventário do Estresse da Vida Universitária* indicam que você ficou exposto a níveis de estresse ameaçadores à saúde (Renner e Mackin, 1998).

Circule os pontos de "classificação do estresse" de qualquer item referente a algo que tenha ocorrido com você no ano passado e, depois, some-os.

Para calcular o *Inventário do Estresse da Vida Universitária,* some os pontos de todos os itens que ocorreram com você no ano passado. A escala a seguir é um guia aproximado do significado do seu resultado. Mas lembre-se: o estresse é um estado interno. Se você conseguir administrar bem os estressores, uma pontuação alta pode não ser problemática no seu caso.

2351+	Extremamente alto
1911–2350	Muito alto
1471–1910	Alto
1031–1470	Médio
591–1030	Abaixo da média
151–590	Baixo
0–150	Muito baixo

Agora que você tem um retrato do seu nível de estresse atual, o que fazer? A forma mais simples de enfrentar o estresse é modificar ou eliminar sua fonte – por exemplo, pedindo demissão de um emprego estressante, o que, evidentemente, na maioria das vezes, é impossível, por isso a importância de aprender a administrar o estresse.

A ◆Figura 11.7 mostra que o estresse aciona os *efeitos corporais*, os *pensamentos desagradáveis* e o *comportamento ineficaz*. Ela também mostra que cada elemento agrava os demais, formando um círculo vicioso. Na realidade, a idéia básica do "Jogo do Estresse" é que, uma vez iniciado, *você perde* – a menos que tome alguma atitude para quebrar o círculo. As informações a seguir indicam como.

Administração do estresse A aplicação de estratégias comportamentais para reduzir o estresse e melhorar as habilidades de enfrentá-lo.

Administrando as Reações Corporais

Grande parte do desconforto imediato do estresse é provocada pelas respostas emocionais do tipo lutar ou fugir. O corpo está pronto para agir, com os músculos tensos e o coração palpitante. Se a ação for evitada, simplesmente permanecemos "tensos". Um remédio simples e eficaz é aprender alguma técnica de relaxamento confiável e sem uso de medicamentos.

Exercício

O estímulo baseado no estresse pode ser dissipado usando-se o corpo. Qualquer exercício físico é eficaz. Nadar, dançar, pular corda, praticar ioga, a maioria dos esportes, e principalmente caminhar, são válvulas de escape seguras. Os exercícios regulares alteram os hormônios, a circulação, o tônus muscular e inúmeros outros aspectos do funcionamento físico. Juntas, essas mudanças podem reduzir a ansiedade e os riscos de doenças (Baum e Posluszny, 1999; Salmon, 2001).

Procure escolher atividades suficientemente eficazes para aliviar a tensão, mas agradáveis de serem repetidas. Os exercícios para administração do estresse são mais eficazes quando praticados diariamente. A prática de no mínimo 30 minutos diários de exercícios, mesmo sendo em sessões curtas de 10 a 20 minutos, melhora o estado de espírito e a energia (Hansen et al., 2001).

▲ **TABELA 11.7** Escala de Classificação de Reajuste Social

FATO	CLASSIFICAÇÃO DO ESTRESSE	FATO	CLASSIFICAÇÃO DO ESTRESSE
Ser vítima de estupro	100	Sofrer por causa de mudanças na situação da casa (chateação, mudança)	69
Descobrir ser HIV positivo	100	Competir ou apresentar-se em público	69
Ser acusado de estupro	98	Envolver-se em luta corporal	66
Morte de um amigo íntimo	97	Ter problemas com o colega de quarto	66
Morte de um parente próximo	96	Passar por mudanças no emprego (candidatar-se a um novo emprego, começar um novo emprego, ter chateação no trabalho)	65
Contrair doença sexualmente transmissível (exceto Aids)	94		
Preocupar-se em não ficar grávida	91	Definir a área de especialização ou preocupar-se com os planos futuros	65
Enfrentar as últimas semanas do ano letivo	90		
Preocupar-se com a gravidez da parceira	90	Assistir a uma aula que detesta	62
Dormir demais e chegar atrasado a uma prova	89	Beber ou usar drogas	61
Ser reprovado em alguma matéria	89	Discutir com professores	60
Ser enganado pelo namorado ou pela namorada	85	Iniciar um novo semestre	58
Terminar um relacionamento estável	85	Enfrentar um primeiro encontro	57
Doença grave de algum amigo ou parente próximo	85	Matricular-se	55
Enfrentar dificuldades financeiras	84	Manter um relacionamento estável	55
Preparar a monografia da pós-graduação	83	Ter de percorrer uma longa distância para chegar ao *campus* ou ao trabalho	54
Ser pego colando na prova	83		
Dirigir bêbado	82	Sofrer pressões dos colegas	53
Sentir-se sobrecarregado na faculdade ou no trabalho	82	Ficar longe de casa pela primeira vez	53
		Ficar doente	52
Ter dois exames no mesmo dia	80	Preocupar-se com a aparência	52
Enganar seu namorado ou sua namorada	77	Obter somente notas A	51
Casar-se	76	Assistir a uma aula difícil que você adora	48
Sofrer conseqüências negativas por conta do álcool ou às drogas	75	Fazer novos amigos; sair com os amigos	47
Depressão ou crise do seu melhor amigo	73	Envolver-se em várias atividades sociais acadêmicas	47
Ter dificuldades com os pais	73		
Falar diante de toda a classe	72	Dormir na aula	40
Dormir pouco	69	Participar de atividades atléticas (por exemplo, jogos de futebol)	20

(Fonte: tabela extraída de M. J. Renner e R. S. Mackin, A life stress instrument for classroom use, *Teaching of Psychology*, 25(1), p. 47, 1998. Reimpressa mediante autorização da Lawrence Erlbaum Associates, Inc., e do autor.)

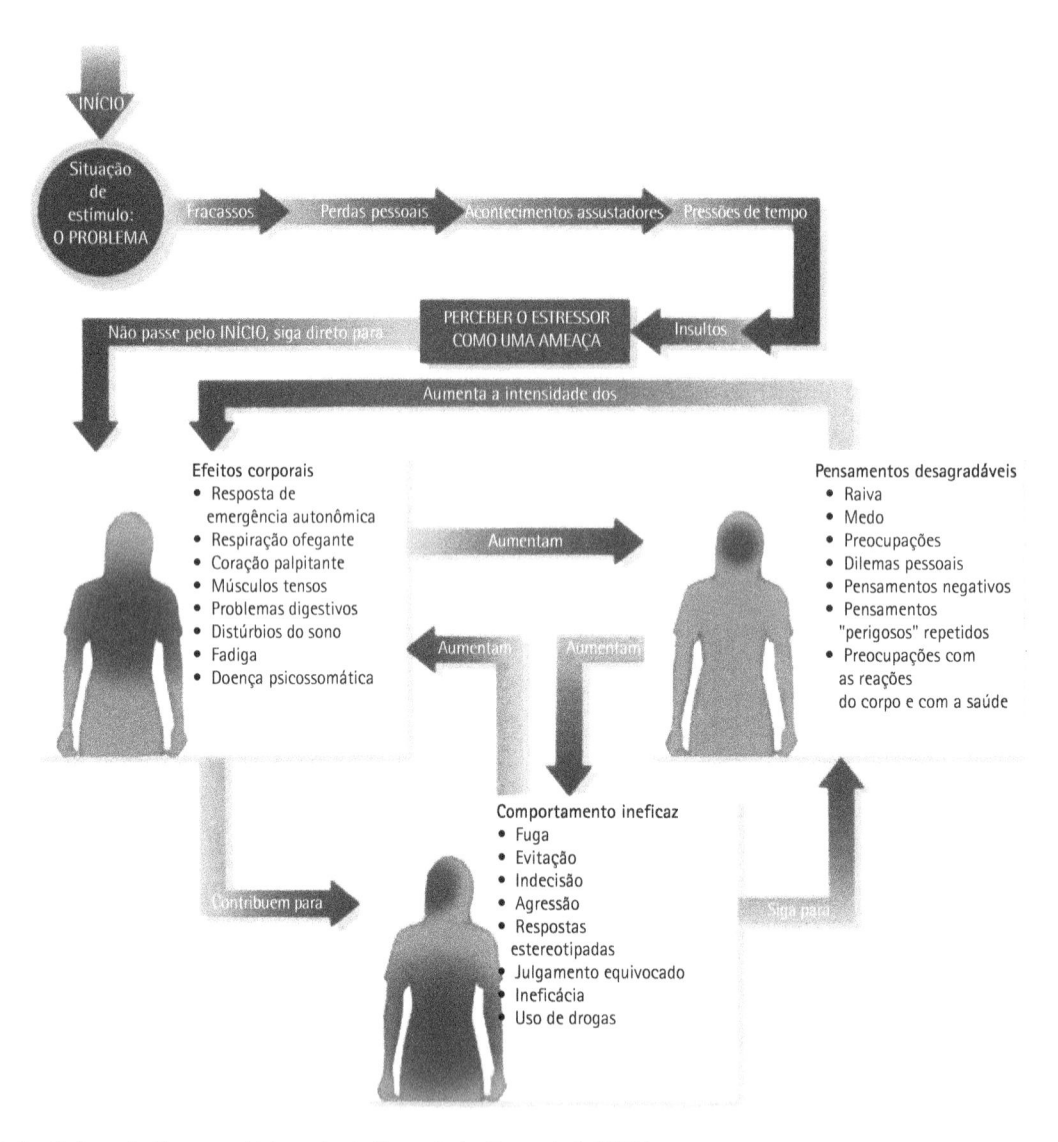

◆FIGURA 11.7   *O Jogo do Estresse. (Adaptado de Rosenthal e Rosenthal, 1980.)*

Meditação

Muitos psicólogos do estresse recomendam a *meditação* para acalmar o corpo e promover o relaxamento. A meditação e seus efeitos foram discutidos no Capítulo 5. Neste capítulo, apenas reafirmamos que a meditação é fácil de aprender – não exige nenhum curso caro.

A meditação é uma das técnicas mais eficazes de relaxamento (Deckro et al., 2002). Mas saiba que tocar algum instrumento musical, ouvir música, fazer caminhadas em meio à natureza, cultivar *hobbies* agradáveis e outras atividades desse tipo também são uma forma de meditação. Qualquer atividade que interrompa pensamentos negativos e promova o relaxamento é útil.

Relaxamento Progressivo

É possível relaxar de forma sistemática, completa e por opção. Para aprender os detalhes de como fazê-lo, consulte o Capítulo 13 deste livro. A idéia básica do **relaxamento progressivo** é tensionar todos os músculos de uma determinada área do corpo (dos braços, por exemplo) e depois, voluntariamente, relaxá-los. Ao tensionar e relaxar cada área do corpo, você aprende a perceber a tensão muscular. Assim, quando cada área é relaxada, fica mais fácil observar e controlar a mudança, e é possível, com a prática, reduzir substancialmente a tensão.

Relaxamento progressivo Método de produção de relaxamento profundo em todas as partes do corpo.

Imagens Dirigidas

Na técnica denominada **imagens dirigidas**, as pessoas visualizam imagens relaxantes, calmantes ou, de alguma forma, benéficas. O relaxamento, por exemplo, pode ser obtido visualizando-se cenas tranqüilas. Selecione alguns locais em que se sinta seguro, calmo e confortável. Pense em cenas típicas, como estar em uma praia, um lago, alguma floresta, flutuar em um colchão de ar em uma piscina aquecida ou tomar sol em um parque tranqüilo. Para relaxar, imagine-se como se realmente estivesse em algum desses locais. Na cena visualizada, você deve estar sozinho e em uma posição confortável. É importante imaginar a cena da forma mais realista possível. Tente sentir o toque, o cheiro, o sabor; ouvir o som; e perceber o que realmente sentiria na cena tranqüila. Pratique a formação de imagens desse tipo diversas vezes ao dia por cerca de cinco minutos cada vez. Quando suas cenas se tornarem familiares e detalhadas, elas podem ser usadas para reduzir a ansiedade e promover o relaxamento (Rosenthal, 1993).

Modificando o Comportamento Ineficaz

O estresse, muitas vezes, é agravado por causa das respostas desorientadas a ele. Estas sugestões podem ajudar a lidar melhor com o estresse.

Diminua o Ritmo

Lembre-se de que o estresse pode ser gerado por você mesmo. Tente deliberadamente fazer as coisas em um ritmo mais lento – principalmente se o seu tornou-se mais acelerado com o passar dos anos. Diga a si mesmo: "O que importa não é chegar primeiro, mas é efetivamente chegar" ou "Minha meta é a distância, não a velocidade".

Organize-se

A desorganização cria estresse. Tente dar uma boa olhada na sua situação e se organize. Definir prioridades pode ser um bom combatente do estresse. Pergunte a si mesmo o que é realmente importante e concentre-se apenas no que é relevante. Aprenda a ignorar as irritações que causam aborrecimentos, mas que são triviais. E, acima de tudo, quando estiver se sentindo estressado, lembre-se do S.C.: **S**implifique as **C**oisas. (Alguns preferem o S.C.E: **S**implifique as **C**oisas, seu **E**stúpido.)

Atinja o Equilíbrio

Trabalho, escola, família, amigos, interesses, *hobbies*, recreação, comunidade, igreja – há muitos elementos importantes em uma vida satisfatória. O estresse prejudicial muitas vezes resulta de permitir que algum elemento – principalmente o trabalho ou a escola – ocupe desproporcionalmente a sua vida. Sua meta deve ser qualidade, não quantidade de vida. Tente obter um equilíbrio entre desafiar o "bom estresse" e relaxar. Lembre-se de que, quando você "não está fazendo nada", está, na verdade, fazendo algo muito importante: reservando um tempo para as "suas coisas": por exemplo, passar o tempo sem fazer nada, andar por aí apreciando as coisas, vagar sem destino, divertir-se e tirar uma soneca.

Reconheça e Aceite os Próprios Limites

Muitos de nós estabelecem metas irreais e perfeccionistas. Como ninguém consegue ser perfeito sempre, essa atitude faz muitas pessoas se sentirem incomodadas, mesmo quando desempenham bem. Defina metas graduais e realizáveis para si. Além disso, estabeleça limites realistas para as atividades que tenta realizar em um determinado dia. Aprenda a recusar exigências ou responsabilidades excessivas.

Busque Apoio Social

O **apoio social** (relações próximas e positivas com outras pessoas) ajuda a melhorar a saúde e o estado de espírito. As pessoas que mantêm relações estrei-

Imagens dirigidas Visualização intencional de imagens calmantes, relaxantes ou, de alguma forma, benéficas.

Apoio social Relações estreitas e positivas com outras pessoas.

tas de apoio apresentam melhor resposta imunológica e saúde (Kiecolt-Glaser et al., 2002). Aparentemente, o apoio da família e dos amigos serve para amortecer o impacto dos acontecimentos estressantes.

As mulheres tendem a usar mais o apoio social do que os homens. As mulheres estressadas buscam apoio e apóiam os outros. Os homens tendem a se tornar mais agressivos ou a se retraírem emocionalmente (Taylor et al., 2000). Essa talvez seja a razão pela qual os "homens masculinos" não pedem ajuda, enquanto as mulheres com problemas recorrem aos amigos! Quando o assunto é estresse, muitos homens poderiam se beneficiar adotando a tendência feminina de cultivar e fazer amigos.

Escreva a Respeito dos Seus Sentimentos

Se você não tiver com quem conversar sobre os acontecimentos estressantes, tente expressar seus pensamentos e sentimentos por escrito. Diversos estudos constataram que estudantes que escrevem sobre seus pensamentos, experiências e sentimentos desagradáveis conseguem lidar melhor com o estresse. Eles também ficam menos doentes e obtêm melhores notas (Esterling et al., 1999; Pennebaker e Francis, 1996). Ao escrever sobre os seus sentimentos, a mente tende a ficar mais livre. Isso torna mais fácil prestar atenção nos desafios da vida e adotar estratégias mais efetivas de enfrentamento do estresse (Klein e Boals, 2001a, 2001b). Desse modo, depois de escrever sobre os seus sentimentos, fica mais fácil fazer planos específicos para lidar com as experiências desagradáveis (Cameron e Nicholls, 1998).

Evitando Pensamentos Entristecedores

Suponhamos que você esteja fazendo uma prova. De repente, percebe que o tempo está acabando. Se pensar consigo: "Ah, não! Que mal! Não dá mais tempo!", a reação do seu corpo provavelmente produzirá suor, tensão e um nó no estômago. Porém, se você pensar: "Eu devia ter olhado no relógio antes, mas ficar apavorado não ajuda. Vou tentar resolver uma questão por vez", seu nível de estresse será muito menor.

Já afirmamos antes que o estresse é muito influenciado pela visão dos acontecimentos. Os sintomas físicos e a tendência de tomar decisões equivocadas pioram por causa dos pensamentos negativos ou da "fala consigo mesmo". Em muitos casos, aquilo que você diz para si mesmo pode ser a diferença entre enfrentar a situação ou entrar em colapso (Matheny et al., 1996).

Declarações para Lidar com Situações

O psicólogo Donald Meichenbaum popularizou uma técnica chamada **inoculação ao estresse**. Nessa técnica, os pacientes aprendem a combater o medo e a ansiedade usando um monólogo interno com declarações positivas. Primeiro, o paciente aprende a identificar e monitorar as **autodeclarações negativas** (pensamentos autocríticos que aumentam a ansiedade). Os pensamentos negativos são problemáticos porque tendem a aumentar diretamente o estímulo físico. Para combater esse efeito, os pacientes aprendem a substituir a declaração negativa por outras, tiradas de uma lista pronta para lidar com a situação. No fim, eles são incentivados a criar suas próprias listas (Saunders et al., 1996).

Como aplicar as declarações para lidar com situações? As **declarações para lidar com situações** são destinadas a melhorar e a tranqüilizar o estado de espírito. Elas são usadas para bloquear ou contra-atacar a própria fala negativa nas situações estressantes. Antes de fazer um discurso, por exemplo, você deve substituir o "Estou apavorado", "Não consigo", "Vai me dar um branco, vou entrar em pânico", ou "Vou parecer idiota ou chato" por "Vou falar de um assunto de que gosto" ou "Vou respirar fundo antes de começar a falar", ou "Meu coração palpitante é sinal de que estou agitado por tentar fazer o melhor". Estes são outros exemplos de declarações para lidar com as situações.

Inoculação ao estresse A utilização de afirmações positivas de enfrentamento para controlar o medo e a ansiedade.

Autodeclarações negativas Pensamentos autocríticos que aumentam a ansiedade e reduzem o desempenho.

Declarações para lidar com situações Declarações de confiança e auto-expansivas utilizadas para interromper o raciocínio autocrítico.

PREPARANDO-SE PARA UMA SITUAÇÃO ESTRESSANTE
Farei uma coisa de cada vez.
Se eu ficar nervoso, farei uma pequena pausa.
Amanhã estarei livre disso.
Já fiz isso antes.
O que exatamente eu tenho de fazer?

Confrontando a Situação Estressante

Agora, relaxe, isso não vai doer nada.
Mantenha-se organizado, concentre-se na tarefa.
Não há pressa, siga passo a passo.
Ninguém é perfeito, farei o melhor.
Fique calmo, isso logo acaba.

Os conselhos de Meichenbaum de dizer coisas "certas" para si podem não ser suficientes para aumentar a tolerância ao estresse. É necessário praticar essa tática nas situações reais de estresse. Além disso, é importante desenvolver sua própria lista pessoal com declarações para lidar com as situações, descobrindo aquilo que funciona para você. Por fim, o que importa em aprender esse método e outras técnicas de administração do estresse é o fato de que grande parte do estresse é gerada por nós mesmos. O simples fato de estar ciente de que você consegue administrar uma situação estressante é um forte antídoto contra o estresse. Em um estudo recente, estudantes universitários que aprenderam a inoculação ao estresse não apenas sofreram menos ansiedade e depressão, como também melhoraram a auto-estima (Schiraldi e Brown, 2001).

Alegrando-se

Vale a pena cultivar o humor como forma de reduzir o estresse. Um bom senso de humor é capaz de diminuir sua reação contra o sofrimento/estresse diante de situações difíceis (Lefcourt e Thomas, 1998). Além disso, a capacidade de sorrir nos bons e maus momentos da vida está associada a uma melhor imunidade contra doenças (McClelland e Cheriff, 1997). Não tenha medo de rir de si mesmo e das várias dificuldades que os seres humanos criam para si. Você provavelmente já ouviu este conselho para os estresses do cotidiano: "Não se preocupe com bobagens", e "São apenas bobagens". O humor é um dos melhores antídotos para a ansiedade e a dificuldade emocional porque ele ajuda a enxergá-las de outro ângulo (Cann et al., 1999; Henman, 2001). A grande maioria dos acontecimentos é estressante na medida em que você assim os vê. Divirta-se. Isso é extremamente saudável.

Um Olhar Adiante

Os conceitos que acabamos de ver deixam claro que cada um de nós é pessoalmente responsável por manter e promover a própria saúde. Na seção Psicologia em Ação, retomaremos a questão do sexo inseguro. Esse é um fator de risco que pode ser praticamente eliminado com mudanças relativamente pequenas no comportamento.

PAUSA PARA ESTUDO — Lidando Com o Estresse

RELACIONE

Se você fosse formar um "jogo de ferramentas" para administrar o estresse, que itens incluiria?

VERIFICAÇÃO DO APRENDIZADO

1. Exercício, meditação e relaxamento progressivo são considerados formas efetivas de combater as autodeclarações negativas. V ou F?
2. As pesquisas mostram que o apoio social de familiares e amigos tem pouco efeito sobre as conseqüências do estresse na saúde. V ou F?
3. Um elemento da inoculação ao estresse é o treinamento para usar as declarações positivas para lidar com as situações. V ou F?
4. As pessoas que escrevem sobre seus sentimentos tendem a se prolongar nos acontecimentos estressantes, reduzindo, assim, a capacidade de enfrentar os desafios da vida. V ou F?

Raciocínio Crítico

5. Steve sempre se sente extremamente pressionado quando chega o prazo para a entrega de algum trabalho acadêmico. Como ele pode reduzir o estresse nessas situações?

RESPOSTAS:

1.F. 2.F. 3.V. 4.F. 5. O estresse associado à entrega de trabalhos acadêmicos pode ser praticamente eliminado dividindo-se as grandes tarefas de longo prazo em diversas atividades menores, diárias ou semanais. Os estudantes acostumados a protelar ficam surpresos ao descobrir quão prazerosa é a execução de um trabalho quando se abre mão dos "malabarismos" para cumprir o prazo.

Psicologia em Ação

DSTs e Sexo Seguro – Riscos e Responsabilidades

▶ **PERGUNTA PARA PESQUISA** *Como prevenir as doenças sexualmente transmissíveis?*

É difícil mudar os hábitos alimentares ou esportivos, ou largar o cigarro. Evitar o sexo inseguro é muito mais simples. No entanto, uma quantidade surpreendentemente grande de pessoas continua a brincar de roleta-russa com a própria saúde. Com isso em mente, vamos falar sobre a questão do sexo seguro.

Doenças Sexualmente Transmissíveis (DSTs)

A **doença sexualmente transmissível (DST)** é uma infecção transmitida de uma pessoa para outra por meio de contato físico íntimo. As pessoas sexualmente ativas correm um grande risco de contrair clamidíase, gonorréia, hepatite B, herpes, sífilis e outras DSTs. Muitas pessoas portadoras de DSTs permanecem *assintomáticas* (sem sintomas aparentes). É fácil estar infectado sem saber. Do mesmo modo, muitas vezes é impossível saber se um parceiro sexual tem uma infecção. Assim, o sexo inseguro representa um grave perigo. Um estudo recente realizado com meninas adolescentes sexualmente ativas que mantinham relações de risco serve de exemplo. Cerca de 90% das adolescentes achavam que não tinham praticamente nenhuma chance de contrair uma DST. Na realidade, nos 18 meses seguintes, uma entre quatro adolescentes pesquisadas contraiu clamidíase ou gonorréia (Ethier et al., 2003).

Para muitas pessoas sexualmente ativas, o vírus da imunodeficiência humana (HIV) representa mais uma nova ameaça. O HIV é sexualmente transmissível e desativa o sistema imunológico. Enquanto a maioria das outras DSTs são tratáveis, a infecção por HIV pode ser mortal. Verifique o seu conhecimento a respeito do HIV lendo o seguinte resumo.

HIV/Aids

A síndrome da imunodeficiência adquirida (Aids) é causada por uma infecção por HIV. À medida que o sistema imunológico vai enfraquecendo, outras doenças "oportunistas" invadem o corpo. A maioria das vítimas da Aids acaba morrendo de múltiplas infecções (embora uma nova terapia com administração de três medicamentos tenha aumentado muito as chances de sobrevida). Os primeiros sintomas da Aids podem aparecer já nos dois primeiros meses após a infecção, mas normalmente não aparecem em dez anos. Por causa desse longo período de incubação, muitas vezes as pessoas infectadas transmitem o vírus da Aids para outras sem saber. Testes médicos são capazes de detectar uma infecção por HIV. No entanto, por até seis meses depois de infectada, a pessoa pode apresentar resultado negativo, mesmo sendo portadora do vírus. Portanto, um resultado de teste negativo não garante que alguém seja um parceiro sexual "seguro".

A infecção por HIV é disseminada por contato direto com os fluidos do corpo – principalmente por meio do sangue, do sêmen e das secreções vaginais. O vírus da Aids não é transmitido por contato casual. Ninguém contrai Aids por meio de aperto de mão, tocar ou usar objetos utilizados por pacientes com a doença, ingestão de comida preparada por pessoa infectada, ou beijo social, suor, lágrimas, uso de copo ou toalha utilizada por pessoa contaminada, e assim por diante.

A Aids é transmitida por todas as formas de relações sexuais e tem atingido pessoas de todas as orientações sexuais. Um entre 75 homens e uma entre 700 mulheres na América do Norte estão infectadas com o HIV. Conseqüentemente, quem mantém relações sexuais de risco está jogando com a

O Aids Memorial Quilt (memorial em forma de colcha de retalhos coloridos), começou a ser construído em 1985 para homenagear as pessoas que morreram de Aids. Hoje, os painéis têm proporções gigantescas e simbolizam a extensão epidêmica da Aids. Originalmente, o memorial homenageava apenas as vítimas homossexuais. Hoje ele inclui crianças, homens e mulheres heterossexuais, ou seja, a Aids não respeita fronteiras.

Doença sexualmente transmissível (DST) Doença geralmente transmitida de uma pessoa para outra por meio do contato físico íntimo; doença "venérea".

própria vida – com grandes chances de perder. A infecção por HIV é a principal causa de morte de mulheres e homens entre 25 e 44 anos (Gayle, 2000). No mundo todo, três milhões de pessoas morrem a cada ano em conseqüência da Aids e cinco milhões são infectadas.

Fatores Comportamentais de Risco

Uma pessoa sexualmente ativa pode fazer muito para proteger a própria saúde. Os comportamentos mencionados a seguir são de risco quando envolvem pessoas infectadas.

COMPORTAMENTOS DE RISCO

- Compartilhar seringas e agulhas para injetar drogas
- Sexo anal, com ou sem preservativo
- Sexo oral ou vaginal com uma pessoa que injete drogas ou que faça sexo anal
- Sexo com uma pessoa que você não conhece bem ou com alguém que teve diversos parceiros
- Sexo sem proteção (sem preservativo) com um parceiro infectado
- Ter dois ou mais parceiros (parceiros adicionais aumentam ainda mais o risco)

Nos Estados Unidos, de dois a quatro entre cem adultos se arriscam muito em comportamentos como os que mencionamos (Gayle, 2000). Para muitos, o consumo de álcool aumenta bastante as chances de se envolverem em relações sexuais de risco (Corbin e Fromme, 2002).

É importante lembrar que não é possível identificar uma pessoa infectada apenas pela aparência. Muitas pessoas se surpreenderiam ao descobrir que seus parceiros mantêm comportamentos que colocam ambos em risco (Seal e Palmer-Seal, 1996).

Os comportamentos de alto risco mencionados anteriormente podem ser comparados com a lista a seguir de práticas sexuais seguras. Observe, no entanto, que o sexo pode tornar-se mais seguro, mas não totalmente livre de risco, a menos que a pessoa se abstenha totalmente.

PRÁTICAS SEXUAIS SEGURAS

- Não fazer sexo
- Fazer sexo com parceiro não-infectado e com fidelidade mútua
- Não utilizar drogas injetáveis
- Discutir métodos contraceptivos com o parceiro
- Ser seletivo em relação ao parceiro sexual
- Reduzir o número de parceiros sexuais
- Discutir a saúde sexual do parceiro antes de fazer sexo
- Não fazer sexo quando estiver alcoolizado
- Usar preservativo

As pessoas sexualmente ativas deveriam praticar o sexo seguro até conhecer bem o histórico médico e/ou sexual do parceiro. Um estudo realizado com adultos heterossexuais ativos constatou que 62% não praticaram sexo seguro com o último parceiro. A maioria desses "jogadores" sabia muito pouco sobre seus parceiros para ter certeza de não estarem se expondo a um grande risco. As desculpas mais comuns dadas por manterem relações sexuais arriscadas foram (Kusseling et al., 1996):

RAZÕES PARA NÃO FAZER SEXO SEGURO	PORCENTAGEM DAS DESCULPAS
Não tinha preservativo	20
Não quis usar preservativo	19
"Não conseguiu se controlar"	15
O parceiro não quis usar preservativo	14
Consumiu álcool ou droga	11

Um estudo de resultado desanimador, realizado com pacientes portadores de HIV – que sabiam estar infectados –, constatou que 41% dos pacientes sexualmente ativos nem sempre usaram preservativos (Sobel et al., 1996)! Assim, a responsabilidade pelo "sexo seguro" é de cada pessoa sexualmente ativa. Por isso, não parece inteligente contar com que o parceiro sexual se proteja contra a infecção por HIV ou qualquer DST. Nos próximos 15 anos, 65 milhões de pessoas morrerão de Aids a menos que os esforços de prevenção sejam intensificados (Altman, 2002).

Será que a prática do sexo seguro não pode ser interpretada pelo parceiro como sinal de desconfiança? Na verdade, tomar precauções pode, ao contrário, ser entendido como uma forma de demonstrar que você realmente se preocupa com o bem-estar do seu parceiro (Hammer et al., 1996). Como em outros fatores comportamentais de risco, é certamente uma forma de demonstrar sua preocupação com a própria saúde.

PAUSA PARA ESTUDO — DSTs e Sexo Seguro

RELACIONE

Você está trabalhando, como orientador, com uma pessoa que parece ser sexualmente ativa. Que orientações você pode dar a ela sobre DSTs e sexo seguro?

VERIFICAÇÃO DO APRENDIZADO

1. Por até seis meses depois de infectada com o HIV, uma pessoa pode apresentar resultado negativo no teste, embora seja portadora do vírus. V ou F?
2. Como o HIV é transmitido pelo contato direto com os fluidos do corpo, ele pode ser transmitido por meio do beijo social ou do contato com comida ou pratos preparados por um paciente com Aids. V ou F?
3. Nos Estados Unidos, pelos menos dois entre cem adultos se envolvem em comportamento sexual de alto risco. V ou F?
4. Se uma pessoa sabe que é portadora de DST, é muito raro ela manter relação sexual sem proteção. V ou F?

Raciocínio Crítico

5. Dos seguintes motivos alegados por meninos e meninas adolescentes para fazer sexo: amor, curiosidade, satisfação sexual, pressão dos amigos e "todos fazem", qual você acha que eles consideram o motivo mais forte, e o menos forte?

RESPOSTAS:

1.V 2.F 3.V 4.F 5. A pressão dos amigos vem em primeiro lugar (mencionada por 30% dos pesquisados) e, por último, o amor (citado por 8%) ("Teen sex", 1989).

REVISÃO DO CAPÍTULO

Pontos Principais

» Uma grande variedade de hábitos pessoais e padrões de comportamento afeta a saúde.

» A manutenção da boa saúde é questão de responsabilidade pessoal, não de sorte. O bem-estar é baseado na minimização dos fatores de risco e nos comportamentos promovedores da saúde.

» O estresse é parte normal da vida, contudo, também é um grande fator de risco para problemas de saúde e doenças.

» Enquanto alguns acontecimentos são mais estressantes do que outros, o estresse sempre representa uma interação entre as pessoas e os ambientes em que elas vivem.

» As características da personalidade afetam o nível de estresse de uma pessoa e o risco subseqüente de contrair doenças.

» As reações do corpo ao estresse podem prejudicar diretamente os órgãos internos, e o estresse prejudica o sistema imunológico, aumentando a suscetibilidade a doenças.

» Os efeitos danosos do estresse podem ser atenuados com a utilização de métodos de administração de estresse.

Resumo

O que é psicologia da saúde? De que forma o comportamento afeta a saúde?

» Os psicólogos da saúde têm interesse no comportamento que ajuda a manter e promover a saúde.

- Os estudos sobre saúde e doença têm identificado inúmeros fatores comportamentais de risco e comportamentos promovedores da saúde.
- Os psicólogos da saúde foram precursores nos esforços para prevenir o desenvolvimento de hábitos prejudiciais à saúde e para melhorar o bem-estar geral criando campanhas de saúde comunitária.

O que é estresse? Que fatores determinam a gravidade do estresse?

- O estresse ocorre quando o organismo é obrigado a se adaptar ou a se ajustar.
- O estresse é mais prejudicial nas situações envolvendo pressão, falta de controle, imprevisibilidade do estressor e choques emocionais repetidos ou intensos.
- O estresse aumenta quando a situação é percebida como ameaça e quando a pessoa não se sente competente para enfrentá-la.
- Nos ambientes de trabalho, o estresse prolongado pode levar ao esgotamento.
- A avaliação primária de uma situação afeta muito a nossa reação emocional a ela.
- Durante a avaliação secundária, para lidar com a situação, opta-se pelo enfrentamento centrado nos problemas ou centrado nas emoções.

O que provoca a frustração e quais as reações típicas diante dela?

- A frustração é um estado emocional negativo que ocorre quando o avanço rumo a uma meta é bloqueado.
- As frustrações externas são baseadas em atraso, fracasso, rejeição, perda e outros motivos bloqueadores diretos. A frustração pessoal está relacionada às características pessoais sobre as quais a pessoa tem pouco controle.
- Todos os tipos de frustrações se agravam à medida que a intensidade, a urgência ou a importância do motivo bloqueado aumentam.
- As principais reações comportamentais à frustração incluem persistência, reação mais forte, enganação, agressão direta, agressão deslocada (incluindo o bode expiatório), fuga ou retração.

Existem tipos diferentes de conflito? Como as pessoas reagem ao conflito?

- O conflito ocorre quando é necessário fazer uma escolha entre alternativas contraditórias.
- Os cinco principais tipos de conflito são de proximidade-proximidade, evitação-evitação, proximidade-evitação, dupla proximidade-evitação e múltipla proximidade-evitação.
- Os conflitos de proximidade-proximidade normalmente são os mais fáceis de resolver.
- Os conflitos de evitação são difíceis de resolver e são caracterizados por inação, indecisão, paralisia e desejo de fugir.
- As pessoas geralmente permanecem em conflitos de proximidade-evitação, mas não conseguem resolvê-los completamente, o que provoca a ambivalência ou a aproximação parcial.
- A vacilação é reação comum aos conflitos de dupla proximidade-evitação.

O que são mecanismos de defesa?

- A ansiedade, a ameaça ou os sentimentos de inadequação levam, muitas vezes, ao uso de mecanismos de defesa para reduzir a ansiedade.
- Existem muitos mecanismos de defesa, entre os quais a compensação, a negação, a fantasia, a intelectualização, o isolamento, a projeção, a racionalização, a formação de reação, a regressão, a repressão e a sublimação.

Será que sabemos lidar com os sentimentos de desamparo e depressão?

- O desamparo aprendido tem sido usado como modelo para compreender a depressão. O treino para dominar a situação atua como antídoto para o desamparo.

» A depressão é surpreendentemente o mais comum e principal problema emocional. As atitudes e os pensamentos que revertem os sentimentos de desamparo tendem a reduzir a depressão.

» Os surtos de tristeza na faculdade são formas relativamente brandas de depressão. Aprender a administrar o trabalho acadêmico e a desafiar o pensamento autocrítico pode ajudar a curar esse tipo de tristeza.

Qual a relação existente entre estresse, saúde e doença?

» O trabalho com a *Escala de Classificação de Reajuste Social* indica que várias mudanças na vida tendem a aumentar a suscetibilidade de longo prazo a acidentes ou doenças.

» A saúde psicológica e mental imediata está mais ligada à intensidade e gravidade das chateações diárias (microestressores).

» O estresse intenso e prolongado pode provocar danos em forma de problemas psicossomáticos.

» Durante o treino de *biofeedback*, os processos corporais são monitorados e convertidos em um sinal que indica a atividade do corpo. Isso permite à pessoa controlar algumas atividades corporais e aliviar algumas doenças psicossomáticas.

» As pessoas com personalidade do tipo A são competitivas, muito esforçadas, hostis e impacientes. Essas características – principalmente a hostilidade – dobram o risco de ataque cardíaco.

» As pessoas com traços de personalidade resistente parecem ser muito resistentes ao estresse.

» O corpo reage ao estresse em uma série de estágios denominados síndrome de adaptação geral (SAG).

» As fases da SAG consistem em alarme, resistência e exaustão. A SAG parece justificar o desenvolvimento das doenças psicossomáticas.

» Os estudos da psiconeuroimunologia mostram que o estresse também reduz a imunidade do corpo contra as doenças.

Quais são as melhores estratégias para administrar o estresse?

» Existem alguns métodos de enfrentamento que podem ser aplicados para administrar o estresse. A maioria desses métodos concentra-se em uma destas três áreas: efeitos corporais, comportamento ineficaz e pensamentos desagradáveis.

Como prevenir as doenças sexualmente transmissíveis?

» Muitas pessoas sexualmente ativas continuam a correr riscos desnecessários com a saúde por não seguir práticas sexuais seguras.

» O sexo seguro ajuda a proteger sua própria saúde e mostra que você se preocupa com o bem-estar do seu parceiro.

Teste Seus Conhecimentos: Saúde, Estresse e Lidar com Problemas

As perguntas a seguir são apenas uma amostra daquilo que você deve saber. Se não conseguir responder a algum item, reveja todo o capítulo.

1. As doenças de estilo de vida estão associadas a apenas seis comportamentos responsáveis por 70% de todos os gastos médicos. Os comportamentos incluem o fumo, o abuso de álcool e drogas, a alimentação inadequada, o sedentarismo e
   a. a direção em alta velocidade
   b. a exposição excessiva ao sol
   c. o sexo inseguro
   d. a exposição a toxinas

2. As pessoas com estilo de personalidade propensa a doenças são ansiosas e hostis. Esses traços também podem ser observados na personalidade _____.
   a. centrada na emoção
   b. centrada no problema
   c. propensa a ECRS
   d. do tipo A

3. Os comportamentos promovedores da saúde que combatem a hipertensão incluem: perda de peso, menos consumo de sódio, consumo casual de álcool e mais

  a. sono   b. exercício
  c. UMV   d. colesterol
4. Quais destas não é DST?
  a. herpes   b. eczema
  c. clamidíase   d. hepatite B
5. Nos(as) primeiros(as) _____ depois da infecção, o resultado negativo do teste de HIV não garante que a pessoa seja um parceiro sexual "seguro".
  a. três semanas   b. seis semanas
  c. seis meses   d. três anos
6. Uma boa indicação de que o estresse é parte normal da vida é a existência de
  a. desamparo aprendido   b. hipocondria
  c. sublimação   d. *eustress*
7. De acordo com Richard Lazarus, a escolha de um método para enfrentar uma ameaça ou um desafio ocorre durante a
  a. reação primária ao estresse
  b. reação secundária ao estresse
  c. avaliação primária
  d. avaliação secundária
8. A agressão é uma reação muito comum
  a. à frustração
  b. ao bode expiatório
  c. aos conflitos de proximidade
  d. à ambivalência
9. A agressão deslocada está intimamente ligada ao padrão de comportamento conhecido como
  a. bode expiatório   b. abandono de campo
  c. resposta estereotipada   d. esgotamento (*burnout*)
10. É mais provável ocorrer a vacilação diante
  a. de um conflito de proximidade-proximidade
  b. de um conflito de evitação-evitação
  c. de um conflito de dupla proximidade-evitação
  d. da situação denominada enfrentamento centrado na emoção
11. Justificar as ações apresentando desculpas que parecem explicar o comportamento chama-se
  a. sublimação   b. formação de reação
  c. compensação   d. racionalização
12. O desamparo aprendido tende a ocorrer quando os acontecimentos parecem
  a. frustrantes   b. conflitantes
  c. incontroláveis   d. centrados no problema
13. Os resultados da SRRS são baseados no número total de _____ que uma pessoa teve no ano anterior.
  a. chateações   b. UMV
  c. DSTs   d. doenças psicossomáticas
14. A raiva, a hostilidade e a desconfiança parecem ser os fatores letais principais
  a. na hipocondria   b. no desamparo aprendido
  c. na G.A.S   d. no comportamento do tipo A
15. De várias formas, uma pessoa com personalidade resistente é o oposto de uma pessoa com
  a. alto índice de DST   b. baixo resultado em UMV
  c. traços do tipo A   d. traços do tipo B
16. Os primeiros sinais de distúrbios psicossomáticos começam a aparecer durante a fase de
  a. alarme   b. exaustão
  c. resistência   d. avaliação
17. Os estudantes enfrentando as últimas semanas do ano letivo ficam mais suscetíveis ao vírus do resfriado, um padrão mais bem explicado pelo conceito de
  a. personalidade propensa a doenças
  b. psiconeuroimunologia
  c. enfrentamento centrado na emoção
  d. formação de reação
18. Uma pessoa que usa o relaxamento progressivo para administrar o estresse está tentando controlar que componente do estresse?
  a. as reações corporais
  b. os pensamentos entristecedores
  c. o comportamento ineficaz
  d. a avaliação primária
19. Exercício, meditação, relaxamento progressivo e imagens dirigidas ajudam mais a pessoa no estágio de _____ da SAG.
  a. alarme   b. resistência
  c. exaustão   d. adaptação
20. Durante uma prova estressante, você pensa consigo: "Mantenha-se organizado, concentre-se na tarefa". Fica claro que você está usando
  a. imagens dirigidas
  b. declarações para lidar com problemas
  c. UMV
  d. relaxamento orientado

RESPOSTAS:

1. c, 2. d, 3. b, 4. b, 5. c, 6. d, 7. d, 8. a, 9. a, 10. c, 11. d, 12. c, 13. b, 14. d, 15. c, 16. c, 17. b, 18. a, 19. c, 20. b

Distúrbios Psicológicos

Capítulo 12

Cuidado com os Helicópteros

"Os helicópteros. Ah não, os helicópteros, não. Vieram para arrancar as penas do meu lobo frontal. Socorro, enfermeira, você está me ouvindo? Tenho de retornar ao meu corpo para salvar... O doutor está pensando que eu faria uma boa cola."

Essas palavras são de Carol North, psiquiatra que sobreviveu à esquizofrenia. Além de ser atormentada por alucinações com helicópteros, Carol ouvia vozes dizendo: "Seja boa", "Faça o mal", "Levante-se", "Sente-se", "Entre em colisão com o outro mundo", "Quer um cigarro?" (North, 1987).

A jornada dolorosa de Carol North à sombra da loucura incapacitou-a por quase 20 anos. Seu caso é apenas uma pequena amostra da magnitude dos problemas de saúde mental. Estes são fatos relacionados com os distúrbios psicológicos:

- Em algum momento da vida, uma em cada cem pessoas ficará gravemente perturbada a ponto de ser hospitalizada.
- Cerca de 3% a 6% dos idosos sofrem de psicoses orgânicas.
- Sete por cento da população têm distúrbios relacionados com a ansiedade.
- Uma em cada oito crianças em idade escolar apresenta comportamento seriamente desajustado.
- De 10% a 20% ou mais de todos os adultos sofrem de alguma depressão profunda ao longo da vida.
- Todo ano, na América do Norte, mais de dois milhões de pessoas são internadas em hospitais para tratamento psiquiátrico.

O que significa ser "louco"? Há cem anos, os médicos e não-profissionais da área usavam indiscriminadamente termos como "louco", "insano", "maluco" e "lunático". Uma pessoa "insana" era considerada bizarra e totalmente diferente de mim ou de você. Hoje, o conhecimento a respeito dos distúrbios psicológicos é mais profundo. Para traçar a linha divisória entre normalidade e anormalidade, é preciso avaliar algumas questões complexas. Neste capítulo, estudaremos algumas delas, além de um conjunto de problemas psicológicos.

Perguntas para Pesquisa

- Como se define a normalidade e quais são os principais distúrbios psicológicos?
- O que é distúrbio de personalidade?
- Quais os problemas causados pelo alto nível de ansiedade em uma pessoa?
- Como os psicólogos explicam os distúrbios com base na ansiedade?
- Quais são as características gerais dos distúrbios psicóticos?
- Qual é a natureza de um distúrbio de delírio?
- Quais são as formas de esquizofrenia? Quais são as suas causas?
- O que são distúrbios de humor? O que provoca a depressão?
- Por que as pessoas cometem suicídio? É possível evitar o suicídio?

NORMALIDADE – O QUE É NORMAL?

▶ **PERGUNTA PARA PESQUISA** *Como é definida a normalidade e quais os principais distúrbios psicológicos?*

Definir o comportamento de uma pessoa como anormal é mais difícil do que parece. A dona de casa conservadora, freqüentadora de igreja, moradora do outro lado da rua, pode ser claramente psicótica e representar um perigo mortal para os filhos. O indivíduo excêntrico, recluso, morador do parque, pode ser a pessoa mais sã da cidade. Vamos começar nossa discussão com alguns fatores básicos que afetam o julgamento da normalidade.

"Aquele cara é completamente maluco. Tem um parafuso a menos." "É verdade, ele está batendo pino. Vai pirar de vez." Informalmente, é tentador fazer julgamentos rápidos a respeito da saúde mental de uma pessoa. No entanto, a classificação séria de pessoas consideradas psicologicamente doentes envolve discussões complexas e vem de longa data. O estudo científico dos distúrbios mentais, emocionais e comportamentais é denominado **psicopatologia**. O termo também se refere aos distúrbios mentais propriamente ditos, como esquizofrenia e depressão, e aos padrões de comportamento que deixam as pessoas infelizes e que atrapalham seu crescimento pessoal (Butcher et al., 2004).

Definir a anormalidade pode ser perigoso. Podemos começar dizendo que a psicopatologia é caracterizada pelo *desconforto subjetivo* (sentimentos pessoais de desconforto, infelicidade ou sofrimento emocional), como o que Carol sentia.

Mas será que uma pessoa pode ter sérios problemas e não sentir desconforto nenhum? Sim. A psicopatologia nem sempre causa angústia pessoal. Uma pessoa que sofre de mania pode sentir-se eufórica, como se estivesse "no topo do mundo". Além disso, a *falta* de desconforto pode indicar algum problema. Por exemplo, se você não demonstrar nenhum sinal de dor diante da morte de um amigo íntimo, podemos desconfiar de uma psicopatologia. Na prática, o desconforto subjetivo explica a maioria das situações em que as pessoas voluntariamente buscam ajuda profissional.

Alguns psicólogos usam dados estatísticos para definir mais objetivamente a normalidade. **Anormalidade estatística** refere-se à pontuação muito elevada ou muito baixa em alguma dimensão, como em inteligência, ansiedade ou depressão. A ansiedade, por exemplo, é característica de diversos distúrbios psicológicos. Para medi-la, pode-se criar um teste para saber se algumas pessoas apresentam níveis baixo, médio ou alto de ansiedade. Normalmente, os resultados desse tipo de teste formam uma *curva normal* (no formato de um sino). (*Normal* nesse caso refere-se apenas ao *formato* da curva.) Observe que a pontuação da maioria das pessoas fica próxima do meio de uma curva normal; pouquíssima pontuação é extremamente alta ou extremamente baixa (◆Figura 12.1). Uma pessoa com pontuação que se desvia da média por ser ansiosa o tempo todo (alta ansiedade), pode ser considerada anormal – bem como uma pessoa que jamais fica ansiosa.

Isso quer dizer que a anormalidade estatística não oferece nenhuma informação sobre o significado dos desvios da norma? Exatamente. É estatis-

Psicopatologia O estudo científico de problemas mentais, emocionais e comportamentais. Refere-se também ao comportamento anormal ou mal ajustado em si.

Anormalidade estatística Anormalidade definida com base em uma pontuação extrema de alguma medida ou dimensão, como de QI ou ansiedade.

ticamente "anormal" (incomum) uma pessoa obter mais de 145 pontos no teste de QI, da mesma forma que é anormal obter menos de 55. Contudo, somente o resultado mais baixo é considerado "anormal" ou indesejável (Wakefield, 1992).

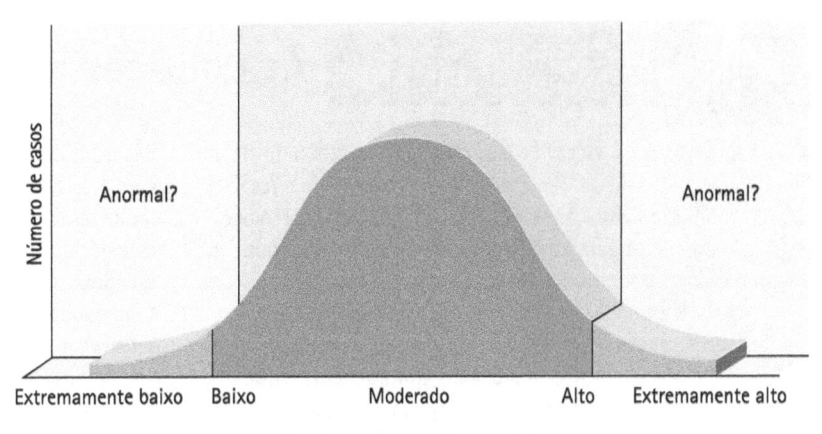

As definições estatísticas também não conseguem indicar *onde traçar a linha divisória* entre normalidade e anormalidade. Para usar outro exemplo, podemos tomar como base a freqüência média de relações sexuais de pessoas de uma determinada idade, sexo, orientação sexual e estado civil. Claramente, uma pessoa com impulsos sexuais para manter relações dezenas de vezes ao dia tem algum problema. Contudo, à medida que retornamos em direção à normalidade, enfrentamos dificuldades para traçar a linha. Com que freqüência um comportamento normal deve ocorrer para ser considerado anormal? Como se pode observar, as linhas divisórias da estatística tendem, de alguma forma, a ser arbitrárias (Widiger e Trull, 1991).

◆ FIGURA 12.1 *O número de pessoas que apresentam uma característica pessoal pode ajudar a definir o que é estatisticamente anormal.*

Não-conformidade social Não conseguir agir de acordo com as normas sociais ou os padrões mínimos habituais de conduta social.

O comportamento atípico ou inadequado pode ser a causa de alguns distúrbios. A expressão **não-conformidade social** refere-se à desobediência a padrões públicos aceitáveis de conduta. A não-conformidade extrema pode produzir comportamento destrutivo ou autodestrutivo. (Pense, por exemplo, em um drogado ou em uma prostituta.) No entanto, é necessário ser cauteloso e fazer uma distinção entre não-conformidade prejudicial e estilo de vida criativo. Muitas "personalidades" excêntricas são encantadoras e emocionalmente estáveis. Observe, ainda, que a obediência estrita às normas sociais não garante a saúde mental. Em alguns casos, a psicopatologia envolve conformidade rígida.

Uma garota amarra uma corda elástica grossa nos tornozelos, berra loucamente e pula de cabeça de uma ponte. Há 20 anos, o comportamento dela seria considerado completamente insano. Hoje, é uma forma rotineira de diversão. Antes de definir qualquer comportamento como anormal, é necessário avaliar o *contexto situacional* (a situação social, o cenário comportamental ou as circunstâncias gerais) em que ele ocorre. É normal sair no quintal e regar a grama usando a mangueira? Sim, desde que não esteja chovendo. É normal um homem adulto baixar as calças e se expor a outro homem ou a outra mulher no local de trabalho? Depende da situação: a outra pessoa é um caixa de banco ou um médico?

Quase todo comportamento imaginável pode ser considerado normal em alguns contextos. Em meados de outubro de 1972, um avião transportando um time de *rugby* caiu na cordilheira dos Andes. Milagrosamente, 16 das 45 pessoas a bordo sobreviveram por 73 dias a temperaturas extremas e fortes nevascas. Para isso, elas foram obrigadas a recorrer a uma medida extrema e aterrorizante: comeram os corpos dos que morreram no acidente.

Como sugerimos na nossa discussão anterior sobre normas sociais, a cultura é um dos contextos mais influentes no julgamento de qualquer comportamento. Em algumas culturas, é considerado normal defecar, urinar ou aparecer nu em público. Na nossa cultura, esse tipo de comportamento seria considerado incomum ou anormal. Nas culturas muçulmanas, as mulheres que ficam totalmente reclusas em casa são consideradas normais e até mesmo virtuosas. Nas culturas ocidentais, elas seriam diagnosticadas como portadoras de uma doença chamada agorafobia (Widiger e Sankis, 2000). (A agorafobia será descrita mais adiante neste capítulo.)

Desse modo, a *relatividade cultural* (visão de que os julgamentos são feitos relativamente aos valores culturais de uma pessoa) pode afetar o diagnóstico dos distúrbios psicológicos. (Ver "As Políticas da Loucura".) E, ainda, *todas* as culturas classificam as pessoas como anormais se elas não se comunicarem com outras pessoas ou se tiverem atitudes insistentemente imprevisíveis.

DIVERSIDADE HUMANA — As Políticas da Loucura

O ano é 1840. Você é escravo e já tentou várias vezes fugir de um dono impiedoso e tirano. Um especialista é consultado a respeito do seu comportamento "anormal". Qual a conclusão dele? Você está sofrendo de "drapetomania", um "distúrbio" mental que incita o escravo a fugir (Wakefield, 1992).

Como esse exemplo mostra, os termos psiquiátricos são, muitas vezes, mal empregados. Historicamente, alguns foram usados em comportamentos reprovados culturalmente e que não eram efetivamente distúrbios. Por exemplo, todos estes comportamentos já foram considerados distúrbios: drapetomania, masturbação infantil, falta de orgasmo vaginal, personalidade autofrustrante (aplicada principalmente às mulheres), homossexualidade e ninfomania (mulher com muito apetite sexual) (Wakefield, 1992). Ainda hoje, raça, sexo e classe social continuam a influenciar o diagnóstico de vários distúrbios (Nathan e Langenbucher, 1999).

Provavelmente, o sexo é a fonte mais comum de parcialidade no julgamento da normalidade, porque os padrões tendem a ser baseados no sexo masculino (Hartung e Widiger, 1998). De acordo com a psicóloga Paula Caplan (1995) e outros psicólogos, as mulheres são penalizadas tanto por se adaptarem aos estereótipos femininos como por ignorá-los. Se uma mulher é independente, agressiva e insensível, pode ser considerada "não-saudável". Contudo, ao mesmo tempo, uma mulher vaidosa, sensível, irracional e dependente dos outros (todos traços "femininos" da nossa cultura) pode ser classificada como personalidade histriônica ou dependente (Bornstein, 1996). Na realidade, a maioria das pessoas classificadas como portadoras de distúrbio de personalidade dependente são mulheres. Por isso, Paula Caplan pergunta: Por que não existe uma categoria denominada "distúrbio de personalidade dominante enganosa" para homens detestáveis (Caplan, 1995)?

As diferenças que acabamos de ver ilustram a sutil influência da cultura nas percepções sobre distúrbio e normalidade. Tenha cuidado e não tire conclusões precipitadas acerca da saúde mental dos outros (DSM-IV-TR, 2000).

Características Principais de um Comportamento Problemático

Se a anormalidade é assim tão difícil de ser definida, como são feitos os julgamentos da psicopatologia? Evidentemente, todos os padrões discutidos aqui são *relativos*. Contudo, o comportamento anormal apresenta duas características importantes. Primeiro, ele é **mal ajustado**. O comportamento anormal, em vez de ajudar, atrapalha as pessoas a lidarem bem com o dia-a-dia. Segundo, as pessoas que sofrem de distúrbios psicológicos *perdem a capacidade de controlar* de forma adequada seus pensamentos, comportamentos ou sentimentos. Por exemplo, o hábito de jogar não é problema se a pessoa apostar por diversão e conseguir manter o autocontrole. Porém, a compulsão pelo jogo é sinal de psicopatologia. As vozes que Carol North ouvia são um bom exemplo para o significado de perda de controle do pensamento. Em casos extremos, as pessoas tornam-se perigosas para si próprias e para os outros, o que representa claramente uma questão de mau ajuste (Widiger e Sankis, 2000).

Na prática, a decisão de que uma pessoa necessita de ajuda normalmente ocorre quando ela *faz algo* (bate em alguém, sofre de alucinações, fica olhando fixamente o espaço, coleciona rolos de papel higiênico e assim por diante) que *incomoda* ou *chama a atenção* de outra pessoa com *posição de poder* sobre a vida dela (um empregador, um professor, os pais, o cônjuge ou ela própria). Essa outra pessoa, então, *faz algo* para resolver o problema. (Pode chamar a polícia, pode encaminhá-la ao psicólogo; um parente pode iniciar os procedimentos de internação; ou ela própria, voluntariamente, pode procurar ajuda.)

Comportamento mal ajustado
Comportamento que torna mais difícil a pessoa se adaptar ao seu ambiente e atender às demandas do dia-a-dia.

CLASSIFICANDO OS DISTÚRBIOS MENTAIS — OS DISTÚRBIOS DE ACORDO COM O LIVRO

Os problemas psicológicos são classificados com base no *Diagnostic and Statistical Manual of Mental Disorders** (DSM-IV-TR, 2000). O DSM ajuda os psicólogos a identificar corretamente os distúrbios mentais e a selecionar os melhores tratamentos terapêuticos (Nathan e Langenbucher, 1999).

---

* NRT: No Brasil, esse manual é conhecido como *Manual diagnóstico e estatístico de transtornos mentais*.

Distúrbio mental é uma grave deficiência do funcionamento psicológico. Se você consultar o DSM, encontrará a descrição de vários problemas, inclusive daqueles apresentados na ▲Tabela 12.2. É impossível discutir aqui todos eles, e os principais estão descritos na Tabela 12.2, que cita os tipos de problemas abordados no DSM. (Você não precisa memorizar todos.) As descrições a seguir dão uma visão geral de alguns problemas selecionados.

Uma Visão Geral dos Distúrbios Psicológicos

As pessoas que sofrem de **distúrbios psicóticos** se "afastaram da realidade". Ou seja, elas sofrem de alucinações e delírios, e são socialmente retraídas. Os distúrbios psicóticos são profundamente incapacitantes e, muitas vezes, levam à internação. Normalmente, os pacientes psicóticos não conseguem controlar seus pensamentos e suas ações. Por exemplo, um universitário psicótico disse a seu pai: "É muito estranho. Eu ouço vozes, centenas delas, dizendo que todos querem me matar. É como se todos os rádios do mundo estivessem sintonizados na mesma estação e não parassem de repetir, congestionando ou meu cérebro..." (Weisburd, 1990). Os sintomas psicóticos ocorrem na esquizofrenia, nos distúrbios de delírio e em alguns distúrbios de humor. Além disso, a psicose pode estar relacionada a problemas médicos, abuso de drogas e outros quadros. (A ▲Tabela 12.1 apresenta uma lista dos principais distúrbios.)

Os **distúrbios mentais orgânicos** envolvem uma patologia do cérebro relacionada com doenças, danos cerebrais, uso de drogas, envenenamento etc. Uma pessoa com distúrbio orgânico pode apresentar perturbações emocionais, raciocínio confuso, perda de memória, mudanças de personalidade, delírios ou sintomas psicóticos. Na verdade, quase todo distúrbio mental é parcialmente biológico (Widiger e Sankis, 2000). É por isso que a Tabela 12.2 não menciona os "distúrbios mentais orgânicos". Mesmo assim, diversos problemas mencionados no DSM estão intimamente relacionados a dano cerebral. Entre estes estão o delírio, a demência, a amnésia, as deficiências cognitivas e os distúrbios relacionados a substâncias (abuso de drogas).

Distúrbio mental Uma deficiência significativa no funcionamento psicológico.

Distúrbio psicótico Um distúrbio psicológico grave caracterizado por uma fuga da realidade, alucinações e delírios, emoções perturbadas e retirada social.

Distúrbio mental orgânico Um problema mental ou emocional provocado pelo mau funcionamento do cérebro.

▲TABELA 12.1 Algumas Categorias Selecionadas de Psicopatologia

PROBLEMA	PRINCIPAL SINTOMA	SINAIS TÍPICOS DO PROBLEMA
Distúrbios psicóticos	Perda de contato com a realidade	Ouvir ou ver coisas que os outros não vêem; a mente prega peças na pessoa
Distúrbios de humor	Mania ou depressão	Sentir tristeza e falta de esperança, ou falar alto e rápido demais e ter uma série de idéias e sentimentos considerados irracionais pelos outros
Distúrbios de ansiedade	Alta ansiedade ou distorções de comportamento baseadas na ansiedade	Ter ataques de ansiedade e sentir como se fosse morrer; ou ter medo de fazer coisas que a maioria das pessoas faz; ou perder muito tempo fazendo coisas como lavar as mãos ou contar os batimentos cardíacos
Distúrbios somatoformes	Queixas físicas sem base orgânica	Sentir-se fisicamente doente, mas o médico afirmar que não existe nenhum problema; ou sentir dores sem base física; ou preocupar-se em ficar doente
Distúrbios dissociativos	Amnésia, sensação de estar fora da realidade, múltipla identidade	Ter "brancos" na memória; sentir-se como um robô ou um estranho; fazer coisas das quais não se lembra
Distúrbios de personalidade	Padrões de personalidade não-saudáveis	Apresentar padrões de comportamento que causam constantes problemas no trabalho, na escola e nos relacionamentos com os outros
Distúrbios sexuais e de identidade sexual	Identidade sexual confusa, desvio de comportamento sexual, problemas de adaptação sexual	Sentir-se como um homem preso no corpo de uma mulher (ou o contrário); obter satisfação sexual somente por meio de comportamento sexual atípico; ter problemas com desejos, excitação ou desempenho sexual
Distúrbios relacionados a substâncias	Distúrbios associados ao abuso ou à dependência de drogas	Beber demais, usar drogas ilegais ou abusar de medicamentos prescritos

TABELA 12.2 Principais Categorias do DSM-IV-TR

*DISTÚRBIOS EM GERAL DIAGNOSTICADOS INICIALMENTE NOS PRIMEIROS ANOS DE VIDA, NA INFÂNCIA OU NA ADOLESCÊNCIA

Retardamento mental
Exemplo: leve retardamento mental

Distúrbios de aprendizado
Exemplo: dificuldade de leitura

Distúrbios de habilidade motora
Exemplo: dificuldade de desenvolvimento da coordenação

Distúrbios de desenvolvimento difuso
Exemplo: distúrbio de autismo

Distúrbios de comportamento perturbador e de falta de atenção
Exemplo: distúrbio de hiperatividade/falta de atenção

Distúrbios de alimentação na infância ou nos primeiros anos de vida
Exemplo: Pica

Distúrbios de tique
Exemplo: distúrbio de tique temporário

Distúrbios de comunicação
Exemplo: gagueira

Distúrbios de eliminação
Exemplo: enurese (urinar na cama)

Outros distúrbios dos primeiros anos de vida, da infância e da adolescência
Exemplo: distúrbio de ansiedade de separação

*DISTÚRBIOS DE DELÍRIO, DEMÊNCIA, AMNÉSIA E OUTROS DISTÚRBIOS COGNITIVOS

Delírio
Exemplo: delírio provocado por estado de saúde geral

Demência
Exemplo: demência do tipo provocado pelo mal de Alzheimer

Distúrbios de amnésia (perda de memória)
Exemplo: distúrbio de amnésia provocado por estado de saúde geral

Distúrbio cognitivo não-especificado em nenhuma outra categoria

*DISTÚRBIOS MENTAIS RESULTANTES DE ESTADO DE SAÚDE GERAL NÃO-ESPECIFICADOS EM NENHUMA OUTRA CATEGORIA

Distúrbio catatônico provocado por estado de saúde geral

Mudança de personalidade provocada por estado de saúde geral

Distúrbio mental provocado por estado de saúde geral, não-especificado em nenhuma outra categoria

*DISTÚRBIOS RELACIONADOS A SUBSTÂNCIAS
Exemplo: distúrbios causados por uso de cocaína

*ESQUIZOFRENIA E OUTROS DISTÚRBIOS PSICÓTICOS

Esquizofrenia
Exemplo: esquizofrenia do tipo paranóide

Distúrbio esquizofreniforme

Distúrbio esquizoafetivo

Distúrbio de delírio
Exemplo: distúrbio de delírio, do tipo de grandeza

Distúrbio psicótico breve

Distúrbio psicótico compartilhado (*folie à deux*)

Distúrbio psicótico provocado por estado de saúde geral

Distúrbio psicótico induzido por substância

Distúrbio psicótico não-especificado em nenhuma outra categoria

*DISTÚRBIOS DE HUMOR

Distúrbios de depressão
Exemplo: distúrbio de depressão profunda

Distúrbios bipolares
Exemplo: distúrbio bipolar I

Distúrbio de humor provocado por estado de saúde geral

Distúrbio de humor induzido por substância

Distúrbio de humor não-especificado em nenhuma outra categoria

*DISTÚRBIOS DE ANSIEDADE
Exemplo: síndrome do pânico

*DISTÚRBIOS SOMATOFORMES
Exemplo: distúrbio de conversão

*DISTÚRBIOS ARTIFICIAIS (INCAPACIDADE OU DOENÇA FINGIDA)
Exemplo: distúrbio fingido

*DISTÚRBIOS DISSOCIATIVOS
Exemplo: distúrbio de identidade dissociativa

*DISTÚRBIOS SEXUAIS E DE IDENTIDADE SEXUAL

Disfunções sexuais
Exemplo: distúrbios de excitação sexual

Parafilia
Exemplo: voyeurismo

Distúrbio sexual não-especificado em nenhuma outra categoria

Distúrbios de identidade sexual
Exemplo: distúrbio de identidade sexual

*DISTÚRBIOS DE ALIMENTAÇÃO
Exemplo: anorexia nervosa

*DISTÚRBIOS DO SONO

Distúrbios primários do sono

Dissonias
Exemplo: insônia primária

Parassonias
Exemplo: distúrbio de pavor de dormir

Distúrbios do sono relacionados com outros distúrbios mentais
Exemplo: insônia relacionada com distúrbio de estresse pós-traumático

Outros distúrbios do sono
Exemplo: distúrbio do sono induzido por substância

*DISTÚRBIOS DE CONTROLE DO IMPULSO NÃO-ESPECIFICADOS EM NENHUMA OUTRA CATEGORIA
Exemplo: cleptomania

*DISTÚRBIOS DE ADAPTAÇÃO
Exemplo: distúrbio de adaptação

*DISTÚRBIOS DE PERSONALIDADE
Exemplo: distúrbio de personalidade anti-social

Um dos problemas orgânicos mais comuns é o *mal de Alzheimer*, que leva à perda da memória e das habilidades mentais. A vítima de Alzheimer vai perdendo lentamente a capacidade de trabalhar, cozinhar, dirigir, ler, escrever ou fazer contas. Por fim, ela pode acabar ficando muda e presa a uma cama. O mal de Alzheimer, aparentemente, é provocado por ligações incomuns e emaranhadas no cérebro que danificam áreas importantes para a memória e o aprendizado (Ingram, 2003).

Os **distúrbios de humor** são definidos, principalmente, pela presença de emoções extremas, intensas e persistentes. As pessoas que sofrem desses problemas podem ser *maníacas*, ou seja, agitadas, exaltadas e hiperativas, ou podem ser *deprimidas*. Algumas pessoas com distúrbios de humor alternam entre a mania e a depressão, e também podem apresentar sintomas psicóticos.

Os **distúrbios de ansiedade** são marcados por medo, apreensão ou ansiedade, e comportamento distorcido. Alguns distúrbios de ansiedade envolvem sensações de pânico. Outros tomam a forma de fobias (medos irracionais) ou apenas de extrema ansiedade. Outros dois distúrbios de ansiedade são o distúrbio de estresse pós-traumático e o distúrbio de estresse agudo. Padrões de comportamento obsessivo-compulsivo também estão associados à alta ansiedade. (Esses problemas serão descritos mais adiante neste capítulo.)

Os **distúrbios somatoformes** ocorrem quando uma pessoa apresenta sintomas físicos parecidos com uma doença ou lesão (paralisia, cegueira, doença ou dor crônica, por exemplo), para os quais não há causa física identificável. Nesses casos, os fatores psicológicos parecem ser a base dos sintomas.

Uma pessoa com **distúrbio dissociativo** pode apresentar amnésia temporária ou múltipla personalidade. Também estão nessa categoria episódios assustadores de despersonalização, em que as pessoas sentem como se estivessem fora do próprio corpo, comportando-se como robôs ou perdidas em um mundo irreal.

Os **distúrbios de personalidade** são padrões de comportamento não-saudáveis, profundamente arraigados. Esses padrões normalmente aparecem na adolescência e persistem durante grande parte da vida adulta. Entre eles estão tipos de personalidade paranóide (desconfiança excessiva), narcisista (ama a si próprio), dependente, limítrofe e anti-social, entre outros.

Os **distúrbios sexuais e de identidade sexual** incluem qualquer uma de uma ampla variedade de dificuldades com a identidade sexual, o comportamento sexual ou a adaptação sexual. Nos distúrbios de identidade sexual, esta não corresponde à anatomia sexual da pessoa e ela pode procurar uma cirurgia para mudança de sexo. Entre os desvios de comportamento conhecidos como *parafilias* estão o exibicionismo, o fetichismo, o voyeurismo e assim por diante. Também se enquadra nessa categoria uma série de *disfunções sexuais* (problemas de desejo, excitação ou resposta sexual).

Os **distúrbios relacionados a substâncias** envolvem o abuso ou a dependência de drogas psicoativas. Entre as principais causas estão o álcool, os barbitúricos, os opiáceos, a cocaína, as anfetaminas, os alucinógenos, a maconha e a nicotina. Uma pessoa com distúrbio relacionado a substâncias não consegue parar de usar drogas e também pode apresentar sintomas de abstinência, delírio, demência, amnésia, psicose, surtos emocionais, problemas sexuais e distúrbios do sono. (Os problemas relacionados ao abuso de drogas foram discutidos no Capítulo 5.)

A neurose não se enquadra nesses casos? A neurose já foi reconhecida como distúrbio mental. No entanto, não é mais mencionada no DSM porque o termo *neurose* é impreciso demais. O comportamento que os psicólogos costumavam chamar de "neurótico" agora é parte dos distúrbios de ansiedade, somatoforme e dissociativo. Embora o termo **neurose** esteja ultrapassado, é possível ouvi-lo sendo usado para indicar problemas de ansiedade excessiva.

Além dos distúrbios mentais que acabamos de ver, muitas culturas têm nomes para alguns "distúrbios" psicológicos "não-oficiais". Veja alguns exemplos no texto "Enlouquecendo com as Doenças Culturais".

Distúrbio de humor Problema sério no humor ou nas emoções, como depressão ou mania.

Distúrbio de ansiedade Sensações perturbadoras de medo, apreensão ou ansiedade, ou distorções do comportamento associadas à ansiedade.

Distúrbio somatoforme A presença de sintomas físicos que imitam a doença ou lesão e para os quais não há causa física identificável.

Distúrbio dissociativo Amnésia temporária, múltipla personalidade ou despersonalização.

Distúrbio de personalidade Um padrão de personalidade mal ajustado.

Distúrbios sexuais e de identidade sexual Qualquer uma de uma vasta gama de dificuldades com a identidade, o comportamento ou a adaptação sexual.

Distúrbio relacionado a substâncias O abuso ou a dependência de uma droga que altera o humor ou o comportamento.

Neurose Termo obsoleto utilizado antigamente para se referir a problemas de ansiedade, somatoformes, dissociativos e a algumas formas de depressão.

DIVERSIDADE HUMANA — Enlouquecendo com as Doenças Culturais

Cada cultura reconhece a existência de psicopatologias, e a maioria das culturas tem pelo menos alguns nomes folclóricos para problemas que não constam no DSM-IV-TR. Estes são alguns exemplos extraídos de diversas culturas:

- **Possuído de fúria assassina** (*Amok*) Algumas vezes, os homens da Malásia, do Laos, das Filipinas e da Polinésia, que acreditam terem sido insultados, ficam *amok*, ou seja, possuídos de uma fúria assassina. Depois de um período remoendo, eles têm um ataque seguido de comportamento violento, agressivo e homicida direcionado aleatoriamente às pessoas e aos objetos.
- **Ataque de nervos** (*Ataque de nervios*) Entre os latinos da região do Caribe, os sintomas de um *ataque de nervios* são gritos, choros, tremores, agressões, ameaças de suicídio e desmaios ou surtos. Os *ataques de nervios* (ataques de nervos), muitas vezes, ocorrem depois de um fato estressante, por exemplo: a morte de um parente próximo, o divórcio ou um acidente envolvendo algum familiar.
- **Doença do fantasma** (*Ghost sickness*) Entre as tribos indígenas norte-americanas, as pessoas preocupadas com a morte e com os mortos sofrem de *ghost sickness*, a doença do fantasma. Entre os sintomas dessa doença estão pesadelos, fraqueza, perda de apetite, desmaio, tontura, medo, ansiedade, alucinação, perda de consciência, confusão, sentimento de futilidade e sensação de sufocação.
- **Koro** No sul e no leste da Ásia, um homem pode sofrer um súbito e intenso temor de que seu pênis (ou, nas mulheres, a vulva e os mamilos) se retraia para dentro do corpo. Além do medo, as vítimas também acreditam que os casos graves de *koro* podem provocar a morte.
- **Loucura** (*Locura*) Os latinos dos Estados Unidos e da América Latina usam o termo *locura* (loucura) para se referir a pessoas que sofrem de sintomas psicóticos crônicos, como incoerência, agitação, alucinações auditiva e visual, incapacidade de obedecer a regras sociais, imprevisibilidade e violência.
- **Zar** Nas sociedades do norte da África e do Oriente Médio, uma pessoa com *zar* está possuída por espíritos. A pessoa atacada por *zar* grita, ri, bate a cabeça contra a parede, canta ou chora. As vítimas podem ficar apáticas ou reclusas e recusar-se a comer ou a executar as tarefas diárias.

Nitidamente, as pessoas têm necessidade de rotular e categorizar o comportamento perturbado. No entanto, a terminologia geralmente é vaga, como se pode ver. Os termos listados aqui oferecem pouca indicação sobre a verdadeira natureza dos problemas da pessoa ou os melhores métodos de tratamento. Essa é a razão pela qual o DSM é baseado em dados empíricos e observações clínicas. Do contrário, ao fazer diagnósticos, os psicólogos e psiquiatras seriam considerados simples curandeiros. (Fontes: "Outline for Cultural", 2000; Regeser López e Guarnaccia, 2000.)

Fatores Gerais de Risco

Quais são as causas dos distúrbios mentais e psicológicos como os mencionados na Tabela 12.1? Daqui a pouco analisaremos as causas de alguns problemas específicos. Por ora, vale a pena destacar que uma variedade de riscos contribui para a psicopatologia, inclusive os seguintes fatores.

- **Condições sociais:** pobreza, condições de vida estressantes, falta de moradia, desorganização social, superpopulação
- **Fatores familiares:** pais imaturos, mentalmente confusos, criminosos ou abusivos; desentendimento conjugal sério; disciplina infantil extremamente relaxada; padrões desordenados de comunicação familiar
- **Fatores psicológicos:** estresse, pouca inteligência, distúrbios de aprendizado, falta de controle ou domínio
- **Fatores biológicos:** defeitos genéticos ou vulnerabilidades herdadas, falta de acompanhamento pré-natal, pouco peso ao nascimento, doença ou deficiência física crônica, exposição a produtos químicos tóxicos ou a drogas, lesões na cabeça

Insanidade

Insanidade Legalmente, uma deficiência mental apresentada pela incapacidade de gerir os próprios negócios ou de estar ciente das conseqüências dos seus atos.

Que distúrbio mental provoca a insanidade? Nenhum. **Insanidade** é um termo jurídico que se refere à incapacidade de administrar os próprios negócios ou de reconhecer as conseqüências das próprias ações. As pessoas declaradas insanas não são responsáveis legalmente pelas próprias ações. Se necessário, elas podem ser internadas involuntariamente em um hospital de saúde mental.

Legalmente, a insanidade é estabelecida por meio do parecer de testemunhas peritas (psicólogos e psiquiatras). *Testemunha perita* é a pessoa reconhecida pelo tribunal de justiça como qualificada a dar um parecer sobre um determinado assunto. No geral, as pessoas internadas involuntariamente são consideradas um perigo para si próprias e para os outros, ou apresentam grave incapacidade mental. Na maioria das vezes, as internações involuntárias ocorrem quando as pessoas são atendidas em pronto-socorros. Assim, se dois médicos concordarem que a pessoa pode se suicidar ou ferir alguém, ela é internada (Gorman, 1996).

Nas próximas seções, vamos estudar mais detalhadamente alguns problemas selecionados, começando com os distúrbios de personalidade. Antes disso, vamos dar uma pausa para que você possa fazer um diagnóstico daquilo que aprendeu sobre psicopatologia.

PAUSA PARA ESTUDO — Normalidade e Psicopatologia

RELACIONE

Pense em um exemplo de comportamento anormal que você já tenha presenciado. Com base em que padrões formais esse comportamento pode ser considerado anormal? De que forma o comportamento era desajustado?

De que distúrbios este pequeno trecho o faz lembrar? Um psicótico ansioso de mau humor pediu uma substância orgânica. O atendente lhe disse: "Primeiro você tem que preencher um formulário somático e informar seu sexo ou sua identidade sexual". Ele respondeu: "Não disseque a minha personalidade".

VERIFICAÇÃO DO APRENDIZADO

1. As definições estatísticas de anormalidade conseguem evitar as limitações das outras abordagens. V ou F?
2. Um dos contextos mais fortes em que são feitos julgamentos de normalidade e anormalidade é
   a. na família
   b. nos ambientes ocupacionais
   c. nos sistemas religiosos
   d. na cultura
3. Amnésia, múltiplas identidades e despersonalização são possíveis problemas de
   a. distúrbios de humor
   b. distúrbios somatoformes
   c. psicose
   d. distúrbios dissociativos
4. Qual destes problemas não consta entre os principais distúrbios psicológicos do DSM-IV-TR?
   a. distúrbios de humor
   b. distúrbios de personalidade
   c. insanidade
   d. distúrbios de ansiedade
5. A principal diferença entre distúrbios psicóticos e distúrbios de ansiedade (ou outros problemas mais amenos) é que na psicose o indivíduo perde o contato com a realidade, como observado pela presença de _____ ou _____.
6. Qual destes termos NÃO é usado pelos curandeiros folclóricos para rotular ou categorizar o comportamento problemático?
   a. amok
   b. delírio
   c. locura
   d. koro
7. Uma pessoa que apresenta uma das parafilias possui que tipo de distúrbio?
   a. dissociativo
   b. somatoforme
   c. de substância
   d. sexual

Raciocínio Crítico

8. Brian, fã de *rock grunge*, ocasionalmente veste saia em público. Essa forma distorcida de Brian se vestir indica que ele tem algum distúrbio mental?
9. Muitos estados começam a restringir o uso da defesa sob alegação de insanidade, depois da absolvição de John Hinkley Jr., que tentou assassinar o ex-presidente norte-americano Ronald Reagan. O que essa tendência revela sobre a insanidade?

RESPOSTAS:

1. F 2. d. 3. d 4. c 5. delírios, alucinações 6. b 7. d 8. Provavelmente não. Sem dúvida, a forma bizarra de Brian se vestir é socialmente reprovada por muitas pessoas. Mesmo assim, para ser classificado como distúrbio mental, esse hábito deve fazê-lo se sentir exageradamente envergonhado, culpado, depressão ou ansioso. A relatividade cultural de um comportamento como o de Brian é relevada pelo fato de ser aceitável e de estar na moda as mulheres vistirem roupas masculinas. 9. Essa tendência enfatiza que a insanidade é um conceito jurídico, não um diagnóstico psiquiátrico. As leis refletem os padrões da comunidade. Quando esses padrões mudam, os legisladores podem procurar alterar as definições de responsabilidade legal.

DISTÚRBIOS DE PERSONALIDADE – ESQUEMAS DE DESAJUSTES

▶ **PERGUNTA PARA PESQUISA**   *O que é distúrbio de personalidade?*

"Saia daqui e me deixe sozinha para eu morrer em paz", Judy gritava para as enfermeiras do quarto de isolamento do hospital psiquiátrico. Em um de seus braços, marcas vermelhas e profundas misturavam-se com as cicatrizes das tentativas anteriores de suicídio. Judy vangloriava-se dizendo que seu recorde era de 67 pontos. Hoje, as enfermeiras tiveram de amarrá-la com uma camisa-de-força para evitar que ela arrancasse os próprios olhos. Ela foi sedada e dormiu por 12 horas. Acordou calma e pediu para ver o terapeuta – embora seu último ataque tenha começado quando ele transferiu o horário da consulta da manhã para a tarde.

Judy sofre de um problema chamado *distúrbio de personalidade limítrofe*. Embora seja capaz de trabalhar, ela já perdeu o emprego várias vezes por causa dos relacionamentos conturbados com as outras pessoas. Algumas vezes Judy é simpática e realmente encantadora. Outras vezes, é extremamente imprevisível, mal-humorada e até mesmo suicida. Manter amizade com ela pode ser um desafio arriscado. Cancelar um compromisso, esquecer alguma data especial, dizer algo no momento errado – esses e outros pequenos incidentes semelhantes podem provocar a raiva ou uma tentativa de suicídio de Judy. Como outras pessoas com distúrbio de personalidade limítrofe, Judy é extremamente sensível a críticas comuns, que a fazem se sentir rejeitada e abandonada. Normalmente, ela reage com comportamento impulsivo de muita raiva e ódio de si. Essas "turbulências emocionais" prejudicam seus relacionamentos pessoais e a deixam confusa sobre quem ela é (Siever e Koenigsberg, 2000.)

Padrões de Personalidade Mal Ajustada

Como já afirmamos, um indivíduo com distúrbio de personalidade apresenta padrão de personalidade mal ajustada. Por exemplo, pessoas com distúrbio de personalidade paranóide são desconfiadas, hipersensíveis e não confiam nos outros. Pessoas narcisistas necessitam de constante admiração e se perdem entre fantasias de poder, riqueza, brilho, beleza ou amor. A personalidade dependente sofre de autoconfiança extremamente baixa. Indivíduos dependentes deixam os outros controlarem sua vida e colocam as necessidades dos outros na frente das suas. Pessoas com distúrbio de personalidade histriônica buscam constantemente chamar a atenção, dramatizando as próprias emoções e ações.

Normalmente, padrões como esses que acabamos de descrever começam na adolescência ou até mesmo na infância. A lista de distúrbios de personalidade é longa (▲Tabela 12.3), portanto, nos concentraremos em um único problema muitas vezes interpretado equivocadamente: a personalidade anti-social.

Personalidade Anti-Social

Quais são as características da personalidade anti-social? As pessoas com **personalidade anti-social** não têm consciência. Elas são impulsivas, egoístas, desonestas, emocionalmente superficiais e manipuladoras. As pessoas anti-sociais, algumas vezes chamadas de *sociopatas* ou *psicopatas*, não se socializam muito e parecem incapazes de sentir culpa, vergonha, medo, lealdade ou amor (DSM-IV-TR, 2000).

Será que os sociopatas são perigosos? Os sociopatas tendem a ter longo histórico de conflito com a sociedade. Muitos são delinqüentes ou criminosos que podem ser uma ameaça para o público em geral (Rice, 1997). No entanto, os sociopatas raramente são assassinos sanguinários como os retratados na TV e nos cinemas. Na verdade, muitos sociopatas são, à primeira vista, "charmosos". Seus "amigos" só começam a perceber gradualmente as mentiras e manipulações em benefício do próprio sociopata. Muitos empresários, artistas, políticos e outras pessoas aparentemente normais têm inclinações psicopáticas. Basicamente, indivíduos anti-sociais usam os outros com frieza e passam a vida enganando (Rice, 1997). Um estudo recente constatou que os psicopatas são "cegos" ao sinais de desgosto das pessoas. Isso pode agravar sua crueldade e capacidade de usar os outros (Kosson et al., 2002).

> Personalidade anti-social Uma pessoa que aparentemente não tem consciência, é emocionalmente superficial, impulsiva e egoísta, e tende a manipular os outros.

TABELA 12.3 Distúrbios de Personalidade e Graus Típicos de Deficiência

DEFICIÊNCIA MODERADA
Dependente Submissividade prejudicial e dependência dos outros (apego)
Histriônica Emoção excessiva e comportamento que busca chamar a atenção
Narcisista Auto-importância exagerada e desejo constante de admiração
Anti-social Comportamento irresponsável e anti-social, por exemplo: agressivo, falacioso, inconseqüente e sem remorso

DEFICIÊNCIA GRAVE
Obsessiva-compulsiva Traços de organização, perfeccionismo e rotina rígida
Esquizóide Emoção limitada e falta de interesse em manter relacionamentos pessoais próximos
Esquiva Desconforto em situações sociais, medo de avaliação, timidez

DEFICIÊNCIA PROFUNDA
Limítrofe Auto-imagem, relacionamentos, humor e impulsos instáveis; extrema sensibilidade à percepção de rejeição por parte dos outros
Paranóide Profunda descrença e desconfiança quanto aos motivos das outras pessoas, vistos como humilhantes ou ameaçadores
Esquizotípica Isolamento social, comportamento extremamente estranho e padrões de pensamento confusos, mas não ativamente psicótica

(Extraída de DSM-IV-TR, 2000; Millon, 1981.)

Causas

Qual a causa da sociopatia? Em geral, as pessoas com personalidade anti-social são emocionalmente carentes, negligenciadas e sofreram abusos físicos quando crianças (Pollock et al., 1990). Os sociopatas adultos também exibem problemas neurológicos sutis. Por exemplo, eles apresentam padrões de ondas cerebrais incomuns que indicam falta de estímulo cerebral. Isso explica por que os sociopatas tendem a ser caçadores de emoção. Muito provavelmente eles estão procurando um estímulo suficientemente intenso para superar a falta de estímulo crônica e a sensação de "tédio" (Hare, 1996).

Em um estudo revelador, foram mostradas aos psicopatas fotos extremamente aterrorizantes e horripilantes de mutilações. As fotos eram tão horríveis que pessoas normais ficariam visivelmente aterrorizadas. Os psicopatas, no entanto, não demonstraram nenhuma reação de horror em relação às fotos (Levenston et al., 2000). (Sequer piscaram o olho.) Portanto, indivíduos com personalidades anti-sociais podem ser descritos como *emocionalmente frios*. Eles simplesmente não sentem dores de consciência normais, culpa ou ansiedade (Hare, 1996). Mais uma vez, essa frieza parece ser responsável pela capacidade incomum de calmamente mentir, enganar, roubar ou tirar proveito dos outros.

O sociopata tem tratamento? Os tratamentos para distúrbios de personalidade anti-social raramente têm êxito. É muito freqüente os psicopatas manipularem a terapia, como fazem em qualquer outra situação. Caso percebam alguma vantagem em se comportarem como se estivessem "curados", eles o fazem. No entanto, retomam os padrões de comportamento anteriores assim que possível. Uma observação positiva, no entanto, mostra que o comportamento anti-social tende efetivamente a declinar de alguma forma depois dos 40 anos de idade, mesmo sem tratamento.

O indivíduo com personalidade anti-social sente pouquíssima ansiedade. Na outra extremidade da escala, a pessoa com muita ansiedade também sofre de problemas debilitantes, como veremos a seguir.

DISTÚRBIOS COM BASE NA ANSIEDADE – QUANDO A ANSIEDADE MANDA

▶ **PERGUNTA PARA PESQUISA** *Quais os problemas causados pelo alto nível de ansiedade em uma pessoa?*

> Estudos mostram que mais de 65% de todas as pessoas com personalidade anti-social foram presas, normalmente por crimes como roubo, vandalismo ou estupro.

Imagine que você esteja aguardando para fazer um teste extremamente importante para o qual não se sente preparado, ou para apresentar uma palestra para um público enorme de estranhos. É praticamente certo que você já sentiu *ansiedade* em alguma dessas situações. Se sim, entenderá por que os distúrbios com base na ansiedade são tão debilitantes. A pessoa que sofre de ansiedade extrema fica angustiada e seu comportamento torna-se distorcido ou autofrustrante.

Ansiedade refere-se a sentimentos de apreensão, pavor ou desconforto. Todos ficamos ansiosos, no entanto, a ansiedade desmedida em relação a uma situação pode indicar algum problema. Um exemplo é o do estudante universitário Jian, que ficava incontrolavelmente ansioso quando tinha de fazer provas. Quando ele foi procurar o orientador, já tinha deixado de fazer várias provas e estava praticamente abandonando a escola. Em geral, os problemas relacionados com a ansiedade, como os de Jian, envolvem:

- Altos níveis de ansiedade e/ou padrões de comportamento restritivos e autofrustrantes
- Propensão a usar mecanismos sofisticados de defesa ou reações de esquiva para terminar o dia
- Sentimentos difusos de estresse, insegurança, inferioridade e insatisfação com a vida

As pessoas com problemas relacionados à ansiedade sentem-se ameaçadas, mas não fazem nada para resolvê-los. Lutam para se controlar, mas continuam ineficazes e infelizes (Zinbarg et al., 1992). Em um dia qualquer, cerca de 7% da população adulta sofre de algum distúrbio de ansiedade.

Se a ansiedade é normal, quando ela representa um problema? O problema existe quando a ansiedade profunda impede a pessoa de fazer o que precisa ou deseja fazer. Além disso, quando a ansiedade torna-se incontrolável, a pessoa não consegue parar de se preocupar.

Distúrbios de Ajuste

Esses problemas causam "colapso nervoso"? As pessoas que sofrem de problemas com base na ansiedade ficam muito angustiadas, mas dificilmente têm um "colapso". Na verdade, o termo *colapso nervoso* não tem significado formal. Mesmo assim, o problema conhecido como *distúrbio de ajuste* chega próximo ao chamado "colapso".

Os **distúrbios de ajuste** ocorrem quando estresses comuns pressionam a pessoa além da sua capacidade de lidar com a vida. Entre os exemplos desse tipo de estresse estão a perda de emprego, as discussões conjugais sérias e as doenças físicas crônicas. As pessoas que sofrem de distúrbio de ajuste podem ficar extremamente irritadas, ansiosas, apáticas ou deprimidas. Elas também podem apresentar problemas de sono, perda de apetite e sofrer de vários outros distúrbios físicos. Muitas vezes, esses problemas podem ser aliviados com descanso, sedativos, orientação de apoio e uma chance de "falar" tudo sobre seus medos e ansiedades (DSM-IV-TR, 2000).

Qual a diferença entre distúrbio de ajuste e distúrbio de ansiedade? Os sintomas externos são semelhantes. No entanto, os distúrbios de ajuste desaparecem quando a situação de vida da pessoa melhora. As pessoas que sofrem de distúrbios de ansiedade parecem gerar sua própria angústia, independentemente do que esteja acontecendo à sua volta. Elas sentem que devem permanecer alertas contra ameaças *futuras* que *possam vir a acontecer* a qualquer momento (Barlow, 2000).

Distúrbio de ajuste Perturbação emocional causada por estressores constantes dentro de uma faixa de experiência comum.

Distúrbios de Ansiedade

Na maioria dos distúrbios de ansiedade, a tensão parece imensamente desproporcional às circunstâncias em que a pessoa se encontra. Por exemplo, veja esta descrição de Ethel B:

> Ela nunca conseguia ficar completamente relaxada, e reclamava de sentimentos vagos de inquietação e medo de perigo "iminente". Embora sentisse que tinha que trabalhar para ajudar nas despesas da casa, não conseguia começar nada novo, com medo de que algo terrível aconteceria no trabalho. Ela sofreu alguns ataques extremos de ansiedade durante os quais se sentiu "como se estivesse sufocando, enrolada em um saco plástico transparente. Pensei que ia ter um ataque cardíaco. Não conseguia parar de tremer". (Suinn, 1975*).

---

* Trecho extraído de *Fundamentals of Behavior Pathology*, de R. M. Suinn. Copyright © 1975. Reimpresso mediante autorização de John Wiley & Sons, Inc. Outras citações de Suinn mencionadas neste capítulo são da mesma fonte.

Uma tensão como a de Ethel B é ingrediente básico dos distúrbios de ansiedade. Muitos psicólogos acreditam que esse tipo de tensão também é a base dos distúrbios dissociativos e somatoformes, em que o comportamento desajustado serve para reduzir a ansiedade e o desconforto. Para que você possa compreender melhor, vamos analisar primeiro os distúrbios de ansiedade propriamente ditos (▲Tabela 12.4). Em seguida, veremos como a ansiedade contribui para criar outros problemas intimamente relacionados.

▲ TABELA 12.4	Distúrbios de Ansiedade
Distúrbio de ansiedade generalizada	
Síndrome do pânico	
Sem agorafobia	
Com agorafobia	
Agorafobia (sem histórico de síndrome do pânico)	
Fobia específica	
Fobia social	
Distúrbio obsessivo-compulsivo	
Distúrbio de estresse pós-traumático	
Distúrbio de estresse agudo	
(DSM-IV-TR, 2000.)	

Distúrbio de Ansiedade Generalizada

Uma pessoa com **distúrbio de ansiedade generalizada** é aquela que sofreu de extrema ansiedade e preocupação nos últimos seis meses. Pessoas desse tipo queixam-se de sudorese, batimento cardíaco acelerado, mãos pegajosas, tontura, indisposição estomacal, respiração ofegante, irritabilidade e baixa concentração. No geral, esses sintomas aparecem mais em mulheres do que em homens (Brawman-Mintzer e Lydiard, 1996).

Será que o problema de Ethel B era um distúrbio de ansiedade generalizada? Não, os *ataques de ansiedade* revelam que ela sofria de síndrome do pânico.

Síndrome do Pânico (sem Agorafobia)

Em uma **síndrome do pânico (sem agorafobia)**, as pessoas ficam extremamente ansiosas, além de sentirem pânico repentino, intenso e inesperado. Durante um ataque de pânico, as vítimas sentem dores no peito, aceleração dos batimentos cardíacos, tontura, sufocação, sensação de irrealidade, tremores ou medo de perder o controle. Muitos acreditam que estão tendo um ataque cardíaco, que estão perdendo a sanidade, ou que estão morrendo. Nem é preciso dizer que esse quadro deixa as vítimas infelizes e desconfortáveis a maior parte do tempo. Mais uma vez, a maioria das pessoas que sofrem de síndrome do pânico são mulheres (Sansone et al., 1998).

Para ter uma idéia de como se sente uma pessoa portadora dessa síndrome, imagine-se na cabine de um transatlântico que está afundando (o *Titanic?*). O compartimento enche de água, e quando resta apenas um pequeno espaço para respirar quase no teto da cabine, você tenta buscar ar. Essa é a sensação de uma pessoa que sofre ataque de pânico.

Síndrome do Pânico (com Agorafobia)

Em uma **síndrome do pânico (com agorafobia)**, as pessoas sofrem de ansiedade crônica e pânico repentino. Além disso, elas têm **agorafobia**, um intenso e irracional *medo de que o ataque de pânico possa ocorrer* em local público ou em situação desconhecida. Ou seja, os agorafóbicos sentem pavor de sair de casa e de estar em locais desconhecidos. Normalmente, eles encontram maneiras de evitar locais que os assustam – por exemplo, no meio de multidões, em locais abertos, dentro de supermercados, automóveis etc. Conseqüentemente, alguns agorafóbicos são prisioneiros em suas próprias casas (DSM-IV-TR, 2000).

Agorafobia

O problema conhecido como **agorafobia** também pode ocorrer sem pânico. Nesse caso, as pessoas têm *medo de que algo extremamente constrangedor aconteça* se saírem de casa ou se estiverem em situações desconhecidas. Por exemplo, uma pessoa agorafóbica pode recusar-se a sair por ter medo de sofrer um ataque de tontura, diarréia, ou falta de ar. Sair de casa sozinho, estar no meio de uma multidão, ficar em uma fila, atravessar uma ponte ou estar dentro de um automóvel pode ser impossível para o agorafóbico (DSM-IV-TR, 2000). Cerca de 7% de todos os adultos sofrem de agorafobia (com ou sem pânico) ao longo da vida (Magee et al., 1996).

Distúrbio de ansiedade generalizada
A pessoa fica em um estado crônico de tensão e preocupações com trabalho, relacionamentos, aptidões ou um desastre iminente.

Síndrome do pânico (sem agorafobia)
A pessoa está em um estado crônico de ansiedade e também tem breves momentos de pânico repentino, intenso e inesperado.

Síndrome do pânico (com agorafobia)
A pessoa está em um estado crônico de ansiedade e também tem breves momentos de pânico repentino, intenso e inesperado. Além disso, teme que esses ataques de pânico ocorram em lugares públicos ou em situações não-familiares.

Agorafobia (sem pânico) Pessoas que temem que algo extremamente embaraçoso lhes aconteça se saírem de casa ou se entrarem em situações não-familiares.

Fobia Específica

Como observamos anteriormente, fobias são medos irracionais e intensos que a pessoa não consegue superar, mesmo quando não existe perigo real. Em uma **fobia específica**, o medo, a ansiedade e a fuga estão centrados em objetos, situações ou atividades específicos. As pessoas que sofrem de fobias reconhecem que seus medos são infundados, mas não conseguem controlá-los. As fobias específicas podem estar ligadas a praticamente qualquer tipo de objeto ou situação. Muitas têm nomes, como:

Acrofobia	medo de altura
Astrofobia	medo de tempestades, trovões, relâmpagos
Aracnofobia	medo de aranhas
Aviofobia	medo de aviões
Claustrofobia	medo de locais fechados
Hematofobia	medo de sangue
Microfobia	medo de germes
Nictofobia	medo do escuro
Patofobia	medo de doenças
Pirofobia	medo de fogo
Xenofobia	medo de pessoas estrangeiras
Zoofobia	medo de animais

Mediante a combinação da raiz correta com a palavra *fobia*, é possível nomear qualquer tipo de medo imaginável. Entre eles estão a *acarofobia*, medo de sentir coceiras; a *zemmifobia*, medo de toupeira; a *fobofobia*, medo de sentir medo; *araquibutirofobia*, medo de que o creme de amendoim grude no céu da boca, e *hipopotomonstrosesquidedaliofobia*, medo de palavras compridas!

Quase todos nós temos algumas fobias leves, como medo de alturas, de espaços fechados, de insetos e coisas arrepiantes. O distúrbio de fobia é diferente de muitos tipos comuns de medo, já que ele produz pavor extremo. As verdadeiras fobias podem fazer a pessoa vomitar, correr, fugir ou desmaiar. Alguém só é visto como portador de distúrbio de fobia se o medo que sente atrapalhar sua vida cotidiana. As pessoas fóbicas ficam tão apavoradas que fazem praticamente qualquer coisa para evitar o objeto ou a situação temida, por exemplo, dirigir 80 quilômetros a mais com medo de atravessar uma ponte. Cerca de 11% de todos os adultos têm distúrbios fóbicos ao longo da vida (Magee et al., 1996).

Fobia Social

Na **fobia social**, as pessoas temem situações em que são observadas, avaliadas e humilhadas pelos outros, ou em que se sentem constrangidas. Isso faz que evitem algumas situações sociais, como comer, escrever, ir ao toalete ou falar em público. Quando as pessoas não conseguem evitar essas situações, elas as enfrentam com extrema ansiedade ou tensão. E é comum apresentarem sintomas físicos de desconforto, como palpitações, tremores nas mãos, sudorese, diarréia, confusão mental e rubor na face. As fobias sociais impedem os indivíduos de trabalhar, freqüentar a escola, e manter relacionamentos pessoais (DSM-IV-TR, 2000). Cerca de 13% dos adultos sofrem de fobias sociais em algum momento da vida (Fones et al., 1998).

Fobia específica Um temor intenso e irracional de objetos, atividades ou situações específicos.

Fobia social Um medo intenso e irracional de ser observado, avaliado ou humilhado por outros em situações sociais.

Distúrbio obsessivo-compulsivo Uma preocupação extrema inevitável com determinados pensamentos e apresentação compulsiva de determinados comportamentos.

Distúrbio Obsessivo-Compulsivo

Quem sofre de **distúrbio obsessivo-compulsivo** fica preocupado com alguns pensamentos estressantes e apresenta alguns comportamentos específicos compulsivos. Você já deve ter tido algum pensamento levemente obsessivo, por exemplo, em relação a alguma música ou algum *jingle* publicitário que fica repetindo várias vezes na sua cabeça. Isso pode ser irritante, mas em geral, não é exageradamente perturbador. As verdadeiras obsessões são imagens ou pensamentos que permanecem à força na consciência da pessoa, sem que ela queira. Eles são tão perturbadores que provocam muita ansiedade. As obsessões mais comuns estão relacionadas com a violência ou agressão (algo como envenenamento do cônjuge ou atropelamento por um carro); com o fato de estar "sujo" ou "não limpo"; com alguma ação executada por alguém (como desligar o fogão), e com a realização de atos imorais.

As obsessões geralmente originam as compulsões. Compulsões são atos irracionais que as pessoas se sentem impelidas a repetir. Muitas vezes, os atos compulsivos ajudam a controlar ou a bloquear a ansiedade provocada por uma obsessão. Por exemplo, uma religiosa que percebe imagens profanas surgindo na sua mente pode começar a contar compulsivamente as batidas do coração. Isso a impediria de pensar em "obscenidades".

Muitas pessoas compulsivas são *verificadoras* ou *limpadoras*. Por exemplo, uma jovem mãe que repetidas vezes imagina uma faca atingindo o seu bebê verifica a cada hora para ter certeza de que todas as facas da casa estão bem guardadas. Assim, ela consegue reduzir sua ansiedade, mas isso provavelmente controlará toda a sua vida. Do mesmo modo, uma pessoa que se sente "contaminada" ao tocar objetos comuns porque há "germes por toda a parte", pode se sentir impelida a lavar as mãos centenas de vezes ao dia. Normalmente, esse tipo de comportamento compulsivo persiste mesmo que a mão da pessoa fique em carne viva e doendo (Tallis, 1996).

Evidentemente, nem todo distúrbio obsessivo-compulsivo é assim tão dramático. Muitos simplesmente envolvem organização extrema e rotina rígida. A atenção compulsiva em relação a detalhes e cumprimento estrito das regras ajuda a manter as atividades totalmente sob controle, e faz a pessoa extremamente ansiosa sentir-se mais segura. (Observe que, se esse tipo de padrão for duradouro, mas menos intenso, ele é classificado como distúrbio de personalidade.)

Distúrbios de Estresse

O que acontece quando as pessoas enfrentam desastres repentinos, como enchentes, tornados, terremotos ou acidentes horríveis? Muitas vezes, esses acontecimentos causam danos psicológicos. Os **distúrbios de estresse** ocorrem quando as pessoas enfrentam estresse acima do nível normal para a experiência humana. Eles afetam muitos reféns políticos, veteranos e prisioneiros de guerra, e vítimas de terrorismo, tortura, crime violento, molestação infantil, estupro, violência doméstica, ou testemunhas de morte ou lesão grave (Creamer et al., 2001; Jones et al., 2001).

Entre os sintomas dos distúrbios de estresse estão reviver várias vezes o acontecimento traumático, evitar algo que lembre o fato, e ficar com as emoções enfraquecidas. São também comuns insônia, pesadelo, cautela, pouca concentração, irritabilidade, raiva ou agressão explosiva. Se essas reações perdurarem *menos* de um mês depois do acontecimento traumático, o problema é chamado de **distúrbio de estresse agudo**. Se durarem *mais* de um mês, a pessoa está sofrendo de **distúrbio de estresse pós-traumático (DEPT)** (Shalev, 2001).

Tensão, ansiedade e medo estão ligados aos nossos instintos básicos de sobrevivência. Essas emoções nos ajudam a evitar situações perigosas no futuro. Contudo, as vítimas do distúrbio de estresse pós-traumático não conseguem recuperar-se dessas reações (Breslau, 2001b; Yehuda, 2002). O combate militar é muito propenso a provocar esse tipo de distúrbio. A ameaça constante de morte e as visões e os sons aterrorizantes da guerra têm um alto preço. Um estudo recente constatou que 8% dos veteranos de guerra ainda têm sintomas do distúrbio de estresse pós-traumático 40 anos depois de participarem dos combates (Dirkzwager et al., 2001). Mesmo entre a população em geral, cerca de um adulto em cada 12 sofreu algum estresse pós-traumático em algum momento da vida (Kessler et al., 1995). Acontecimentos como os ataques terroristas de 11 de setembro nos Estados Unidos e o retorno dos soldados do Iraque aumentarão, sem dúvida, os casos de distúrbio de estresse pós-traumático.

Distúrbio de estresse Perturbação emocional significativa causada por estresse fora do nível normal para a experiência humana.

Distúrbio de estresse agudo Problema psicológico que dura até um mês após estresses que causariam ansiedade em qualquer pessoa que os vivenciasse.

Distúrbio de estresse pós-traumático Problema psicológico que dura mais de um mês após estresses que produziriam ansiedade em qualquer pessoa que os vivenciasse.

Distúrbios Dissociativos

Nas reações dissociativas, observamos episódios intensos de *amnésia, fuga* ou *múltipla identidade*. **Amnésia dissociativa** é a incapacidade de uma pessoa se lembrar do nome, do endereço ou do passado. A **fuga dissociativa** envolve fuga repentina não-planejada de casa e confusão sobre a identidade pessoal. As dissociações, muitas vezes, são provocadas por acontecimentos extremamente traumáticos (Lipschitz et al., 1996). Nesses casos, o esquecimento da identidade pessoal e a fuga de situações desagradáveis parecem ser defesas contra a ansiedade insuportável.

Uma pessoa que sofre de **distúrbio de identidade dissociativa** tem duas ou mais identidades ou estados de personalidade distintos. (Observe que distúrbio de identidade não é a mesma coisa que esquizofrenia. A esquizofrenia, que é um distúrbio psicótico, será abordada mais adiante neste capítulo.) Há um exemplo dramático de múlpla identidade descrito no livro *Sybil* (Schreiber, 1973). Sybil apresentava comprovadamente 16 estados de personalidade diferentes. Cada identidade possuía voz, vocabulário e postura diferentes. Uma das personalidades tocava piano (Sybil não), mas as outras não o faziam.

Quando outra identidade estava no controle, Sybil tinha "lapso de tempo" ou bloqueio de memória. A amnésia e as identidades alternadas de Sybil apareceram inicialmente na infância. Quando criança, ela apanhava, era trancada dentro de armários, torturada barbaramente, abusada sexualmente e quase foi morta. As primeiras dissociações de Sybil a ajudavam a fugir, criando uma outra pessoa que sofreria as torturas em seu lugar. Os distúrbios de identidade, muitas vezes, começam com experiências insuportáveis na infância, como as vividas por Sybil. Em mais de 95% das pessoas com personalidades divididas em múltiplas identidades, existe histórico de trauma na infância, principalmente de abuso sexual (Scroppo et al., 1998; Tutkun et al., 1995).

Casos bombásticos como o de Sybil têm levado alguns especialistas a questionar a existência de múltiplas personalidades (Casey, 2001). Contudo, a maioria dos psicólogos continua a acreditar que a múltipla identidade é um problema real, embora raro (Cormier e Thelen, 1998).

A terapia para distúrbios de identidade dissociativa pode usar hipnose, que possibilita o contato com as várias personalidades. O objetivo da terapia é a *integração* e *fusão* das identidades em uma única personalidade equilibrada. Felizmente, os distúrbios de múltipla personalidade são muito mais raros na vida real do que é mostrado na TV!

Amnésia dissociativa Perda (parcial ou total) da memória de informações importantes relacionadas à identidade pessoal.

Fuga dissociativa Fuga repentina de casa e confusão sobre a identidade pessoal.

Distúrbio de identidade dissociativa A presença de duas ou mais personalidades distintas (múltipla personalidade).

Hipocondria A preocupação com medo de ter uma doença grave. Sinais físicos comuns são interpretados como prova de que a pessoa tem uma doença, mas nenhum problema físico é detectado.

Distúrbio de somatização Seus portadores têm várias queixas físicas. Normalmente, eles consultaram vários médicos, mas não se conseguiu identificar causas orgânicas para a sua angústia.

Distúrbio de dor Dor que não tem causa física identificável e que, aparentemente, é de origem psicológica.

Distúrbio de conversão Um sintoma físico ou uma deficiência que parecem ser físicos mas que, na verdade, resultam de ansiedade, estresse ou conflito emocional.

Distúrbios Somatoformes

Você já viu alguém que aparentasse estar saudável, mas que parecesse constantemente preocupado com doenças? Essas pessoas preocupam-se com as funções corporais, como batimento cardíaco, respiração ou digestão. Simples problemas físicos – ainda que uma pequena ferida ou uma tosse ocasional – podem convencê-las de que estão com câncer ou alguma outra doença horrível. Normalmente, elas não conseguem eliminar o medo de doenças, mesmo o médico não identificando uma causa física para suas queixas.

Você está descrevendo um hipocondríaco? Sim. Na **hipocondria**, alguém interpreta as sensações normais do corpo como prova de ser portador de uma doença terrível. Em um problema relacionado chamado **distúrbio de somatização**, a pessoa expressa sua ansiedade por meio de várias queixas físicas. Ou seja, ela sofre de problemas como vômito ou náusea, falta de ar, dificuldade para engolir ou cólicas menstruais. Normalmente, a pessoa sente-se doente a maior parte do tempo e volta ao médico várias vezes. A maioria dos que sofrem desse distúrbio é tratada com medicamentos ou recebe outro tipo de tratamento, no entanto, nenhuma causa física é detectada para justificar essa tensão. Do mesmo modo, alguém com **distúrbio de dor** fica incapacitado por conta de uma dor sem causa física identificável.

Um distúrbio somatoforme mais raro (distúrbio de "corpo-forma") é a *reação de conversão*. No **distúrbio de conversão**, conflitos emocionais graves são "convertidos" em sintomas que efetivamente perturbam o funcionamento físico, ou são muito semelhantes a alguma deficiência física. Por exemplo, um soldado pode ficar surdo ou manco, ou desenvolver "anestesia em luva" um pouco antes de uma batalha.

O que é "anestesia em luva"? "Anestesia em luva" é a perda de sensibilidade em áreas da pele que normalmente seriam cobertas com uma luva. A anestesia em luva mostra que os sintomas de conversão, muitas vezes, contradizem fatos médicos conhecidos. O sistema dos nervos das mãos não forma um padrão parecido com uma luva e não deveria causar esse tipo de sintoma (♦Figura 12.2).

Se os sintomas desaparecem quando a vítima vai dormir, é hipnotizada ou anestesiada, deve-se suspeitar de reação de conversão (Russo et al., 1998). Outro sinal de alerta para isso é o fato de as vítimas de reações de conversão estranhamente não se incomodarem de ficar de repente incapacitadas.

ANSIEDADE E DISTÚRBIO – QUATRO CAMINHOS PARA O PROBLEMA

▶ **PERGUNTA PARA PESQUISA**   *Como os psicólogos explicam os distúrbios com base na ansiedade?*

Quais são as causas dos problemas descritos na discussão anterior? Como somos criaturas tanto biológicas como sociais, não nos surpreende o fato de a suscetibilidade a distúrbios com base na ansiedade ser parcial e aparentemente herdada. Os estudos mostram que ser extremamente tenso, nervoso ou emotivo envolve o contexto familiar. Por exemplo, 60% de filhos de pais com síndrome do pânico têm temperamento tímido e medroso. Essas crianças são irritáveis e desconfiadas quando bebês; envergonhadas e medrosas na idade pré-escolar; e quietas, cautelosas e introvertidas na idade escolar. Quando chegam à idade adulta, têm grandes riscos de enfrentar problemas de ansiedade, como ataques de pânico (Barlow, 2000).

Existem pelo menos quatro visões principais sobre as causas dos distúrbios dissociativos, de ansiedade e somatoforme. São elas (1) a abordagem *psicodinâmica,* (2) a abordagem *humanista-existencial,* (3) a abordagem *comportamental* e (4) a abordagem *cognitiva.*

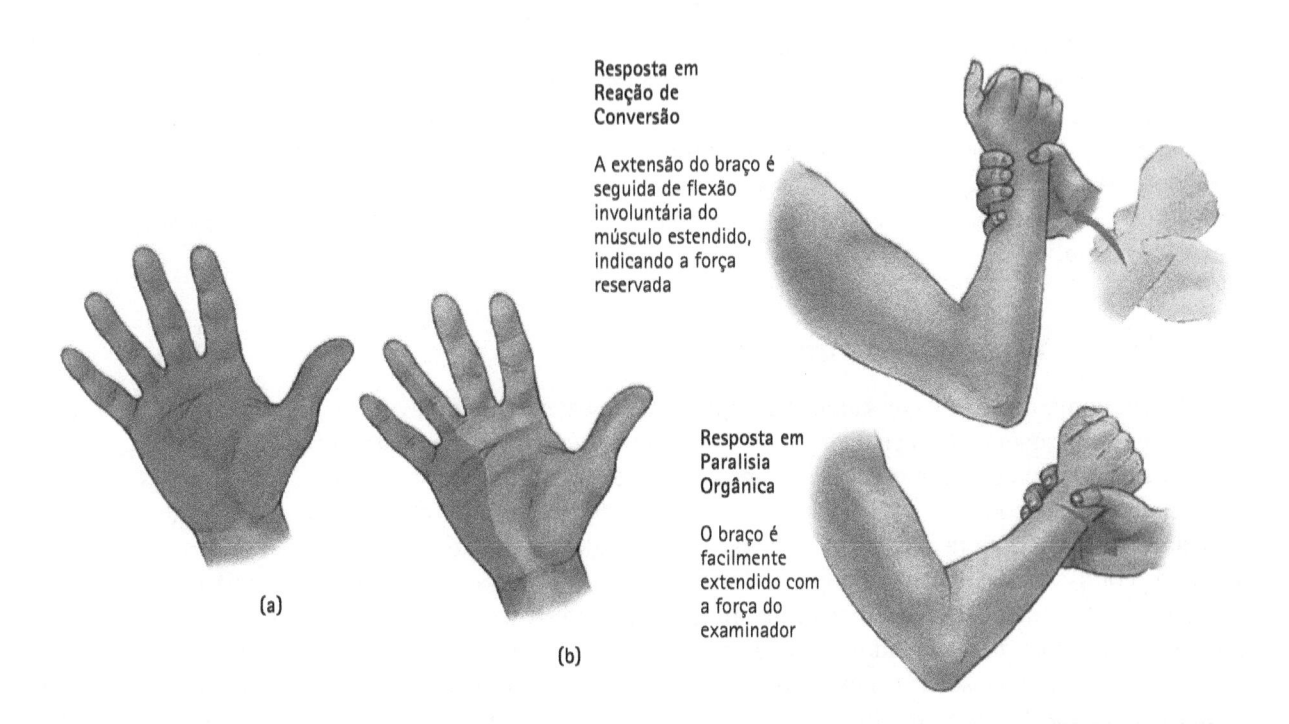

♦FIGURA 12.2   (à esquerda) *Anestesia em "luva" é uma reação de conversão que envolve perda de sensibilidade em áreas da mão que seriam cobertas com uma luva (a). Se a anestesia fosse causada fisicamente, seguiria o padrão mostrado na figura (b). (à direita) Para testar a paralisia orgânica do braço, um examinador pode estendê-lo repentinamente, esticando os músculos. A reação de conversão é observada se o braço voltar involuntariamente. (Figura adaptada de Weintraub, 1983.)*

Abordagem Psicodinâmica

O termo *psicodinâmico* refere-se a motivos, conflitos, forças inconscientes e outras dinâmicas da atividade mental. Freud foi o primeiro a propor uma explicação psicodinâmica para o que chamou de "neurose". De acordo com Freud, distúrbios como esses que descrevemos representam um conflito intenso entre as subpartes da personalidade – id, ego e superego.

Freud enfatizava que a ansiedade intensa pode ser provocada por impulsos sexuais ou agressivos proibidos do id que ameaçam irromper e refletir no comportamento. A pessoa possui um temor constante de fazer algo "louco" ou proibido. Ela também pode ser torturada pela culpa, que o superego usa para reprimir os impulsos proibidos. Pego no meio, o ego acaba sendo massacrado. Isso força a pessoa a usar mecanismos rígidos de defesa e comportamentos inflexíveis desorientados para evitar a perda desastrosa de controle (ver Capítulo 11).

Abordagens Humanistas-Existenciais

As teorias humanistas enfatizam a experiência subjetiva, os problemas humanos e os potenciais pessoais. O psicólogo humanista Carl Rogers acreditava nos distúrbios emocionais como resultado de uma auto-imagem ou autoconceito equivocado (Rogers, 1959). Rogers achava que os indivíduos ansiosos construíam imagens mentais irreais de si mesmos. Esse processo os deixa vulneráveis a informações contraditórias. Digamos, por exemplo, que uma parte essencial da auto-imagem de Carli seja a visão de uma pessoa extremamente inteligente. Se o desempenho escolar de Carli for ruim, ela pode negar ou distorcer suas percepções de si mesma e da situação. Se a sua ansiedade se agravar, ela pode procurar usar mecanismos de defesa. As ameaças contra a sua auto-imagem podem provocar reação de conversão, ataques de ansiedade ou outros sintomas semelhantes. Esses sintomas, por sua vez, podem transformar-se em novas ameaças que provocam ainda mais distorções. Logo, ela pode cair em um círculo vicioso de desajuste e ansiedade que, uma vez iniciado, torna-se auto-alimentador.

O existencialismo enfoca os problemas básicos de existência, como a morte, o significado, a escolha e a responsabilidade. Os psicólogos que adotam uma visão mais existencialista ressaltam que a ansiedade prejudicial reflete uma perda de *sentido* na vida da pessoa. De acordo com esses psicólogos, devemos exibir *coragem* e *responsabilidade* nas nossas escolhas para que a vida tenha sentido. Eles afirmam que, muitas vezes, cedemos à "ansiedade existencialista" e nos desviamos das escolhas enriquecedoras da vida. Ansiedade existencialista é a angústia inevitável resultante do reconhecimento de sermos pessoalmente responsáveis por nossas vidas. Assim, temos uma necessidade crucial de fazer a escolha certa e com coragem quando enfrentamos o vazio pessoal e a falta de sentido da vida.

Do ponto de vista existencialista, as pessoas infelizes e ansiosas estão vivendo de "má-fé". Ou seja, fracassaram diante da responsabilidade assustadora de optar por uma existência significativa. Em suma, perderam o caminho da vida. Desse ponto de vista, optar por algo que não reflita seu valor, seu sentimento e sua crença pode deixar você doente.

Abordagem Comportamental

As abordagens comportamentais ressaltam o comportamento patente, observável, bem como os efeitos do aprendizado e do condicionamento. Os behavioristas partem do princípio de que os "sintomas", já discutidos, são aprendidos, da mesma forma que qualquer outro comportamento. Lembre-se, por exemplo, do Capítulo 6, no qual se discutiu que as fobias podem ser adquiridas por meio de condicionamento clássico. Do mesmo modo, os ataques de ansiedade podem refletir respostas emocionais condicionadas e generalizadas a novas situações. Para citar outro exemplo, o "comportamento doentio" hipocondríaco pode ser reforçado pela atenção ou solidariedade recebidas.

Um aspecto no qual todos os teóricos concordam é a característica efetivamente autofrustrante e paradoxal do comportamento desordenado. Paradoxo é uma contradição. A contradição do comportamento autofrustrante é o que deixa o indivíduo angustiado no longo prazo, mesmo que ele consiga reduzir a ansiedade temporariamente.

Mas se a pessoa fica mais angustiada no longo prazo, como começa esse padrão? A explicação comportamental é que o comportamento autofrustrante começa com o aprendizado de evitação (descrito no Capítulo 6). O aprendizado de evitação ocorre quando o ato de dar uma determinada resposta atrasa ou impede o início de um estímulo doloroso ou desagradável. Leia este pequeno texto para refrescar sua memória:

Um animal é colocado em uma gaiola especial. Depois de alguns minutos, uma luz se acende, e logo em seguida, ele recebe um choque doloroso. Rapidamente, o animal foge para um segundo compartimento. Depois de alguns minutos, uma luz se acende nesse compartimento, e ele recebe mais um choque. Logo, o animal aprende a evitar a dor, fugindo antes do choque. Quando o animal aprende a evitar o choque, este pode ser desligado. Um animal bem treinado consegue evitar indefinidamente um choque não-existente.

A mesma análise pode ser aplicada ao comportamento humano. O behaviorista diria que a intensa recompensa de alívio imediato da ansiedade mantém ativo o comportamento de evitação autofrustrante. Essa visão, conhecida como **hipótese da redução da ansiedade**, parece explicar por que os padrões de comportamento aqui discutidos parecem, muitas vezes, tão "idiotas" para os observadores externos.

Hipótese da redução da ansiedade Uma explicação da natureza autofrustrante de muitas respostas de evitação que enfatizam os efeitos imediatos de reforço do alívio da ansiedade.

PAUSA PARA ESTUDO — Distúrbios de Personalidade e Distúrbios com Base na Ansiedade

RELACIONE

Muitas das características que definem os distúrbios de personalidade estão presentes, mesmo em grau mínimo, nas personalidades normais. Pense em um conhecido que tenha algumas das características descritas para cada tipo de distúrbio de personalidade.

Qual distúrbio de ansiedade você gostaria menos de ter? Por quê?

Que obsessões ou compulsões leves você já teve?

Qual a diferença fundamental entre distúrbio de estresse e distúrbio de ajuste? (Reveja ambos os temas se não souber prontamente a resposta.)

Qual das quatro principais explicações de distúrbios com base na ansiedade você acha mais convincente?

VERIFICAÇÃO DO APRENDIZADO

1. Qual dos seguintes distúrbios de personalidade está associado ao senso aumentado de auto-importância e à constante necessidade de atenção ou admiração?
   a. narcisista   b. anti-social
   c. paranóide   d. manipulador
2. Os distúrbios de personalidade anti-social são difíceis de ser tratados, no entanto, normalmente há um declínio do comportamento anti-social um ano ou dois depois da adolescência. V ou F?
3. A ansiedade excessiva em relação a estresses comuns da vida é característica de qual destes distúrbios?
   a. transtorno de estresse pós-traumático
   b. agorafobia
   c. hipocondria
   d. distúrbio de ajuste
4. A síndrome do pânico pode ocorrer com ou sem agorafobia, mas a agorafobia não ocorre por si só, sem a existência de síndrome do pânico. V ou F?
5. Alice tem medo fóbico de sangue. Qual o termo formal para esse medo?
   a. nictofobia   b. hematofobia
   c. patofobia   d. pirofobia
6. Uma pessoa que sofre de intenso temor de comer, escrever ou falar em público sofre de _____.
7. "Verificadores" e "limpadores" sofrem de que distúrbio?
   a. acarofobia
   b. síndrome do pânico com agorafobia
   c. distúrbio de ansiedade generalizada
   d. distúrbio obsessivo-compulsivo
8. Os sintomas de distúrbios de estresse agudo duram menos de um mês; os distúrbios de estresse pós-traumático duram mais de um mês. V ou F?
9. Qual destes itens não é distúrbio dissociativo?
   a. fuga   b. amnésia
   c. reação de conversão   d. múltipla identidade
10. A explicação psicodinâmica original de Freud para a "neurose" era baseada na hipótese de aprendizado da evitação. V ou F?

Raciocínio Crítico

11. Muitas das queixas físicas associadas aos distúrbios de ansiedade estão intimamente ligadas à atividade de que parte do sistema nervoso?
12. Os norte-americanos veteranos da guerra do Vietnã apresentam altos índices de distúrbio de estresse pós-traumático. Você pode explica por quê?

RESPOSTAS:

1.a 2.F 3.d. 4.F 5.b 6. fobia social 7.d 8.V 9.c 10.F 11. Sistema nervoso autônomo (SNA), principalmente a parte do sistema nervoso simpático. 12. Os veteranos da Segunda Guerra Mundial foram recebidos no retorno como heróis. Além de enfrentarem os estresses normais das lutas, os veteranos da guerra do Vietnã foram ignorados ou mesmo insultados e questionados quando retornaram.

Abordagem Cognitiva

A visão cognitiva afirma que o pensamento distorcido faz que as pessoas superdimensionem as ameaças e os fracassos comuns, dando origem à tensão (Foa et al., 1996). Por exemplo, Terrie, que é socialmente fóbica, tem constantes pensamentos desagradáveis de estar sendo avaliada. Uma razão para isso é que as pessoas com fobias sociais tendem a ser perfeccionistas. Como em outras fobias sociais, Terrie preocupa-se demais com os próprios erros. Ela também enxerga crítica onde não existe (Juster et al., 1996), e tende a concentrar atenção demais em si própria, o que intensifica a sua ansiedade em situações sociais (Woody, 1996). Mesmo quando as pessoas com fobia social são bem-sucedidas, os pensamentos distorcidos as levam a achar que fracassaram (Alden e Wallace, 1995). Em suma, mudar os padrões de pensamento de pessoas ansiosas como Terrie pode reduzir consideravelmente os medos (Poulton e Andrews, 1996).

Resumo

Provavelmente, existe um fundo de verdade em todas as quatro explicações psicológicas. Por isso a combinação das partes de cada visão pode ajudar a compreender melhor os distúrbios baseados na ansiedade. Cada ponto de vista também sugere uma abordagem diferente de tratamento. Como existem muitas possibilidades de tratamento, a terapia será discutida no Capítulo 13.

DISTÚRBIOS PSICÓTICOS — A VIDA À SOMBRA DA LOUCURA

▶ **PERGUNTA PARA PESQUISA** *Quais são as características gerais dos distúrbios psicóticos?*

Imagine que alguém da sua família esteja ouvindo vozes, falando de forma estranha, cobrindo o cabelo com folhas de papel alumínio e acreditando que mosquitos estejam conversando com ele em código. Se você percebesse esses sintomas na pessoa, ficaria preocupado? É claro que sim, e com razão. Os distúrbios psicóticos estão entre os distúrbios mentais mais graves.

Uma pessoa psicótica sofre diversas mudanças intensas no pensamento, no comportamento e na emoção. O básico em todas essas mudanças é o fato de a **psicose** refletir a perda de contato com a visão compartilhada da realidade. Estes comentários, feitos por dois pacientes psicóticos, mostram o que significa "divisão" da realidade (Torrey, 1988).

> Tudo está em pedaços. Você vai formando a imagem pedaço por pedaço na sua cabeça. É como uma fotografia rasgada em pedaços que você junta novamente. Se você mudar, fica assustador.

> Na semana passada, eu estava com uma garota; de repente, ela começou a aumentar cada vez mais de tamanho, como se fosse um monstro se aproximando.

A Natureza da Psicose

Quais são as principais características dos distúrbios psicóticos? Delírios e alucinações são as principais características, mas existem outras.

As pessoas que sofrem de **delírios** sustentam falsas crenças que elas insistem em ver como verdadeiras, independentemente dos fatos. Um exemplo é o caso de um homem esquizofrênico de 43 anos de idade que garantia estar "grávido" (Mansouri e Adityanjee, 1995).

Existem tipos diferentes de delírio? Sim. Alguns tipos mais comuns são: (1) delírios *depressivos*, em que alguém pensa ter cometido crimes horríveis ou algum pecado; (2) delírios *somáticos*: por exemplo, achar que o corpo está "apodrecendo" ou exalando odores fétidos; (3) delírios de *grandeza*, em que alguém se considera extremamente importante; (4) delírios de *influência*, em que alguém se sente controlado ou influenciado pelos outros ou por forças ocultas; (5) delírios de *perseguição*, em que a pessoa acredita que outras a "querem pegar"; e (6) delírios de *referência*, em que se atribui grande significado pes-

---

Psicose Um problema psicológico grave, caracterizado por uma fuga da realidade, alucinações e delírios, emoções e pensamentos perturbados, e desorganização da personalidade.

Delírio Uma falsa crença sustentada contra todas as provas em contrário.

soal a acontecimentos insignificantes. Por exemplo, pessoas que sofrem de delírios podem achar que um programa de televisão está lhes transmitindo alguma mensagem pessoal especial (DSM-IV-TR, 2000).

Alucinações são sensações imaginárias, como ver, ouvir ou cheirar algo inexistente no mundo real. A alucinação psicótica mais comum é ouvir vozes, como a voz que dizia a Carol North: "Entre em colisão com o outro mundo". Às vezes, essas vozes ordenam que o paciente agrida a si próprio. Infelizmente, muitos deles obedecem (Kasper et al., 1996). Mais raramente, as pessoas psicóticas podem sentir "insetos se arrastando sob a pele", gosto de "veneno" na comida, ou cheiro de "gás" que seus "inimigos" estão usando para "pegá-las". Também podem ocorrer alterações sensoriais, como amnésia (dormência ou perda de sensação) ou sensibilidade extrema ao calor, ao frio, à dor, ou ao toque.

Durante um episódio psicótico, muitas vezes as emoções são gravemente perturbadas. Por exemplo, a pessoa psicótica pode ficar intensamente eufórica, deprimida, hiperemotiva ou apática. Algumas vezes, os pacientes psicóticos exibem *afeto obscuro*, condição em que o rosto fica inexpressivo, congelado. Contudo, por trás das "máscaras congeladas", os indivíduos psicóticos continuam a sentir emoções mais intensas do que nunca (Sison et al., 1996).

Certos sintomas psicóticos podem ser considerados algum tipo primitivo de comunicação. Ou seja, muitos pacientes conseguem dizer "preciso de ajuda" ou "não agüento mais" somente por meio de suas ações. A comunicação verbal confusa é um sintoma praticamente universal de psicose. Na verdade, a fala psicótica tende a ser tão truncada e caótica que às vezes parece uma "salada de palavras".

As grandes perturbações, como as que acabamos de descrever – além dos problemas com o pensamento, a memória e a atenção –, provocam desintegração da personalidade e rompimento com a realidade. A *desintegração da personalidade* ocorre quando os pensamentos, as ações e as emoções de alguém ficam descoordenados. Quando as perturbações psicóticas e a personalidade fragmentada ficam evidentes por semanas ou meses, a pessoa sofre de psicose (DSM-IV-TR, 2000). (Ver ▲Tabela 12.5.)

Alucinação Sensação imaginária, como ver, ouvir ou cheirar algo que não existe no mundo externo.

▲ TABELA 12.5 Sinais de Alerta de Distúrbios Psicóticos e Principais Distúrbios de Humor

- Expressar pensamentos bizarros ou crenças que desafiam a realidade.
- Afastar-se de pessoas da família e de outros relacionamentos.
- Ouvir vozes irreais ou ver algo que os outros não vêem.
- Ficar extremamente triste, continuamente melancólico ou com impulsos suicidas.
- Ser excessivamente ativo e precisar de pouco sono.
- Perder o apetite, dormir demais e não ter energia.
- Apresentar grandes oscilações de humor.
- Achar que alguém está tentando pegá-lo.
- Apresentar comportamento anti-social, destrutivo ou autodestrutivo.

(Fontes: Harvey et al., 1996; Sheehy e Cournos, 1992).

Psicose Orgânica

Como veremos mais adiante, os distúrbios psicóticos aparentemente envolvem mudanças físicas do cérebro. Nesse sentido, então, todas as psicoses são parcialmente orgânicas. Contudo, o termo geral, *psicose orgânica*, é normalmente reservado para problemas envolvendo doenças ou danos cerebrais claros. Por exemplo, o envenenamento por chumbo ou mercúrio pode provocar danos no cérebro e causar alucinações, delírios e perda de controle emocional. Um ambiente extremamente perigoso são os prédios antigos pintados com tintas contendo chumbo. O chumbo tem sabor adocicado. Assim, as crianças podem ficar tentadas a comer raspas de tinta com chumbo como se fossem doce. Essas crianças podem ficar psicóticas ou retardadas (Mielke, 1999).

As tintas contendo chumbo também liberam no ar pó contaminado. As crianças podem respirar ou comer a substância se manipularem brinquedos contaminados. Outras fontes de chumbo são os canos soldados, as velhas fontes de água ou louças feitas de chumbo, ou a própria substância proveniente de combustão de automóvel depositada há anos. Em escala muito maior, outro tipo de "envenenamento", na forma de consumo abusivo de drogas, também pode produzir sintomas psicóticos (DSM-IV-TR, 2000).

Existem tipos específicos de distúrbios psicóticos? Os dois principais tipos de psicose são os *distúrbios de delírio* e a *esquizofrenia*. Como já dissemos, os distúrbios de humor basicamente envolvem extremos emocionais. Ainda assim, os sintomas psicóticos também podem ocorrer em alguns distúrbios de humor. Discutiremos cada um desses problemas a seguir.

DISTÚRBIOS DE DELÍRIOS — UM INIMIGO ATRÁS DE CADA ÁRVORE

▶ **PERGUNTA PARA PESQUISA**   *Qual é a natureza de um distúrbio de delírio?*

As pessoas com distúrbios de delírio normalmente não sofrem de alucinações, extremos emocionais ou desintegração da personalidade. Mesmo assim, o rompimento com a realidade é inequívoco. A principal característica dos **distúrbios de delírio** é a presença arraigada de falsas crenças, que pode apresentar-se das seguintes formas (DSM-IV-TR, 2000):

- **Tipo erotomaníaco** Nesse distúrbio, a pessoa tem delírios eróticos de ser amada por outras pessoas, principalmente por alguém famoso ou de *status* superior.
- **Tipo grandioso** Nesse caso, a pessoa tem delírios de possuir muito talento, conhecimento ou sensibilidade não-reconhecidos. Ela também acredita ter ligação especial com alguma pessoa importante ou com Deus, e de ser uma determinada pessoa bem famosa. (Se a pessoa famosa estiver viva, o portador desse delírio a aponta como impostora.)
- **Tipo ciumento** Um exemplo desse tipo de delírio é nutrir uma crença infundada de infidelidade e ser totalmente consumido por achar que o cônjuge ou amante é infiel.
- **Tipo perseguido** Os delírios de perseguição envolvem a crença de estar sendo vítima de conspiração, logro, espionagem, perseguição, envenenamento, maldade ou ameaça.
- **Tipo somático** A pessoa que sofre de delírio somático normalmente acredita que seu corpo está doente ou se deteriorando, ou infestado de insetos ou parasitas, ou que partes do corpo são defeituosas.

Embora falsos e algumas vezes extremamente irreais, todos esses delírios estão ligados a situações que poderiam ocorrer na vida real (Manschreck, 1996). Em outros tipos de psicose, os delírios tendem a ser mais bizarros. Por exemplo, alguém com esquizofrenia pode acreditar que alienígenas trocaram todos os seus órgãos internos por dispositivos de monitoramento eletrônico. Porém, alguém com delírios comuns apenas acredita que estão tentando roubar sua invenção, que está sendo enganado pelo amante, que o FBI o está espiando, e assim por diante (DSM-IV-TR, 2000).

Psicose Paranóide

O distúrbio de delírio mais comum, muitas vezes chamado de **psicose paranóide**, concentra-se nos delírios de perseguição. Muitos reformadores de estilo próprio, escritores maníacos de cartas, teóricos da conspiração, "abduzidos por OVNIs" e outros sofrem de delírios paranóides. Os indivíduos paranóides, freqüentemente, acreditam que estão sendo enganados, observados, seguidos, envenenados, ameaçados ou perseguidos. Normalmente, eles são desconfiados ao extremo, acreditando que devem permanecer alertas o tempo todo.

Em geral, as provas dadas por essas pessoas para sustentar suas crenças não são convincentes. Cada detalhe da existência da pessoa paranóide acaba tecendo uma trama particular "do que realmente está acontecendo". Um barulho no telefone pode ser interpretado como telefone "grampeado"; um estranho fazendo pesquisa pode ser visto como alguém "tentando realmente obter informações para os agentes federais", e assim por diante.

As pessoas que sofrem de delírios paranóides raramente são tratadas. É quase impossível elas aceitarem a necessidade de ajuda. Qualquer um que insinue que elas têm algum problema simplesmente passa a fazer parte da "conspiração" para "persegui-las".

Os indivíduos paranóides, muitas vezes, tornam-se solitários, isolados e levam uma vida entediante, sempre dominados por constante suspeita e hostilidade. Eles não representam necessariamente perigo aos outros, mas podem tornar-se perigosos. As pessoas que acreditam que a Máfia, os "agentes do

Distúrbio de delírio Psicose marcada por delírios graves de grandeza, ciúmes, perseguição ou preocupações semelhantes.

Psicose paranóide Um distúrbio de delírios centrado principalmente em delírios de perseguição.

governo", os terroristas ou uma gangue de rua estão lentamente fechando o cerco contra elas podem tornar-se violentas por causa dos seus medos irracionais. Imagine um estranho batendo na porta de alguém paranóide para saber onde fica uma rua. Se o estranho estiver com a mão no bolso do casaco, pode virar alvo de uma tentativa paranóide de "autodefesa".

Os distúrbios de delírio são raros. Sem dúvida, a forma mais comum de psicose é a esquizofrenia. Vamos analisá-la mais detalhadamente e ver como ela difere do distúrbio de delírio.

ESQUIZOFRENIA – REALIDADE DESTRUÍDA

▶ **PERGUNTAS PARA PESQUISA** *Quais são as formas de esquizofrenia? Quais são as causas da esquizofrenia?*

A **esquizofrenia** é marcada por delírios, alucinações, apatia, pensamentos anormais e "divisão" entre pensamento e emoção. Na esquizofrenia, as emoções podem ficar obscuras ou muito inadequadas. Por exemplo, se alguém com esquizofrenia for informado da morte da mãe, pode sorrir ou ter um acesso de riso, ou não demonstrar qualquer emoção. Os delírios esquizofrênicos podem incluir a visão de que as idéias e as ações da pessoa estão sendo controladas, de que seus pensamentos estão sendo divulgados (assim, os outros conseguem ouvi-los), de que pensamentos estão sendo "colocados" na sua mente, ou de que seus pensamentos foram removidos. Além disso, a esquizofrenia envolve o afastamento do contato com os outros, a perda de interesse por atividades externas, a interrupção dos hábitos pessoais, e a incapacidade de lidar com o dia-a-dia. Uma em cada cem pessoas sofrerá de esquizofrenia, e cerca de metade de todos os pacientes internados em hospitais mentais são esquizofrênicos (DSM-IV-TR, 2000).

Você se lembra do caso da pessoa psicótica que disse: "Tudo está em pedaços... É como uma fotografia rasgada em pedaços que você junta novamente"? Muitos sintomas esquizofrênicos parecem estar relacionados a problemas de *atenção seletiva*. Em outras palavras, para a pessoa esquizofrênica, é difícil se concentrar em um item de informação por vez. Um "filtro sensorial" defeituoso no cérebro pode ser a razão desse turbilhão confuso de pensamentos, sensações, imagens e sentimentos (Heinrichs, 2001).

Existe mais de um tipo de esquizofrenia? A esquizofrenia parece ser um grupo de distúrbios relacionados. Ela se divide em quatro subtipos:

- **Tipo desorganizado** Esquizofrenia marcada por incoerência, comportamento totalmente desorganizado, pensamento bizarro e emoções prosaicas ou completamente inadequadas.
- **Tipo catatônico** Esquizofrenia marcada por estupor, rigidez, falta de reação, imobilidade, mudez e, algumas vezes, comportamento agitado e despropositado.
- **Tipo paranóide** Esquizofrenia marcada por uma preocupação com delírios ou por freqüentes alucinações auditivas relacionadas a um único tema, principalmente de grandeza ou perseguição.
- **Tipo não-diferenciado** Esquizofrenia com sintomas psicóticos salientes, mas sem características específicas dos tipos catatônico, desorganizado ou paranóide.

Esquizofrenia Desorganizada

O distúrbio conhecido como esquizofrenia desorganizada (algumas vezes chamado de esquizofrenia hebefrênica) é muito parecido com as imagens estereotipadas de "loucura" retratadas nos filmes. Na **esquizofrenia desorganizada**, a desintegração da personalidade é quase total: as emoções, a fala e o comportamento são todos muito desorganizados. O resultado é a estupidez, o riso controlado, o comportamento obsceno ou bizarro, como mostra esta entrevista com uma paciente internada, de nome Edna:

DR. Sou o doutor.... Gostaria de saber um pouco mais sobre você.
PACIENTE Você tem mente suja. Meu Deus! Meu Deus! O gato está no berço.
DR. Diga-me, como se sente?
PACIENTE O sino de Londres é um sabugo comprido, comprido. Ha! Ha! (Risada incontrolável.)
DR. Você sabe onde está?
PACIENTE M___a! F___am-se todos vocês que estraçalham minhas entranhas!

Esquizofrenia Psicose caracterizada por delírios, alucinações, apatia e uma "divisão" entre o pensamento e a emoção.

Esquizofrenia desorganizada Esquizofrenia marcada pela incoerência, comportamento desorganizado, raciocínio bizarro e emoções prosaicas ou gritantemente inapropriadas.

O "ressentimômetro" vai dar um jeito em todos vocês! (Gritando.) Sou a Rainha, vejam a minha magia, posso transformar para sempre todos vocês em vermes!

DR. Seu marido está preocupado com você. Você sabe o nome dele?

PACIENTE (Levanta-se, caminha na direção da parede e fica com o rosto voltado para ela.) Quem sou, quem somos, quem é você, quem são eles (várias vezes)
Eu... eu... eu... eu! (Faz muitas caretas grotescas.)

Edna foi colocada na área feminina, onde começou a se masturbar. Algumas vezes, ela gritava e falava obscenidades. Outras vezes, dava risada de si mesma. Também agredia outras pacientes. Ela começou a reclamar que seu útero estava grudado em um "gasoduto no Kremlin", e que ela estava sendo "infernalmente invadida" pelo comunismo. (Suinn, 1975)

A esquizofrenia desorganizada normalmente se desenvolve na adolescência ou no início da vida adulta. As chances de cura são limitadas, e a incapacitação social geralmente é extrema (DSM-IV-TR, 2000).

Esquizofrenia Catatônica

A pessoa catatônica parece estar em estado de pânico total. A **esquizofrenia catatônica** provoca uma condição de estupor em que a pessoa permanece em posições estranhas por horas ou até por vários dias. Esses períodos de rigidez podem ser semelhantes aos da tendência de "congelamento" que ocorre nos momentos de grande emergência ou pânico. Um sinal disso é o fato de o estupor, algumas vezes, provocar ataques agitados ou comportamento violento. O trecho a seguir descreve um episódio catatônico.

Será que o estupor e a postura rígida de uma pessoa catatônica podem ser interpretados como anormalidade química do corpo? Do ambiente? Da hereditariedade? Como em outras formas de esquizofrenia, a resposta parece ser afirmativa para todos os três fatores.

Manuel aparentava estar fisicamente saudável quando foi examinado. No entanto, não recuperou a consciência do que estava à sua volta. Permaneceu paralisado, calado, aparentemente inconsciente. Uma noite, a enfermeira que o virou de lado para endireitar o lençol foi chamada para atender outro paciente e esqueceu de voltar ao quarto dele. Manuel foi encontrado na manhã seguinte, imóvel do jeito que fora deixado na noite anterior, com o braço enfiado debaixo do corpo. Seu braço estava ficando roxo por falta de circulação, mas ele parecia não sentir nenhum desconforto. (Suinn, 1975)

Observe que Manuel não falava. *Mutismo*, aliado à falta de reatividade, torna o paciente catatônico difícil de ser "contatado". Felizmente, essa forma bizarra de esquizofrenia tem se tornado rara na Europa e na América do Norte (DSM-IV-TR, 2000).

Esquizofrenia Paranóide

Esquizofrenia paranóide é o distúrbio esquizofrênico mais comum. Como ocorre nos distúrbios de delírio paranóide, a **esquizofrenia paranóide** gira em torno de delírios de grandeza e perseguição. Contudo, os esquizofrênicos paranóides também alucinam, e seus delírios são mais bizarros e não-convincentes que os de um distúrbio de delírio.

Acreditando que sua mente está sendo controlada por Deus, pelo governo ou por "raios cósmicos vindos do espaço", ou que alguém está tentando envenená-lo, quem sofre de esquizofrenia paranóide pode sentir-se forçado a agir com violência para se "proteger". Um exemplo é o caso de James Huberty, que assassinou brutalmente 21 pessoas no McDonald's de San Ysidro, na Califórnia. Huberty era um esquizofrênico paranóide que se sentia perseguido e enganado pela vida. Pouco antes de dizer à esposa que iria a uma "caçada humana", Huberty tinha ouvido vozes alucinantes.

Qual o grau de periculosidade dos doentes mentais? As matérias jornalísticas dão a impressão de que praticamente todos os doentes mentais são perigosos. Mas será que são? Você vai ficar surpreso com a resposta dada no texto "Os Mentalmente Doentes Têm Tendência à Violência?"

Esquizofrenia catatônica Esquizofrenia marcada pelo estupor, rigidez, não-responsividade, imobilidade, mutismo, e às vezes por um comportamento agitado e sem propósito.

Esquizofrenia paranóide Esquizofrenia marcada por uma preocupação com delírios ou por freqüentes alucinações auditivas relacionadas com um único tema, principalmente de grandeza ou perseguição.

RACIOCÍNIO CRÍTICO: Os Mentalmente Doentes Têm Tendência à Violência?

Os noticiários e os programas de televisão costumam exagerar na associação entre doença mental e violência (Diefenbach, 1997). Na realidade, pesquisas a respeito dessa questão levam a estas conclusões:

- Somente as pessoas ativamente psicóticas têm mais tendência à violência que os não-doentes. Ou seja, se uma pessoa estiver sofrendo delírios ou alucinações, o risco de violência é alto. Outros distúrbios mentais não estão relacionados com a violência.
- Somente as pessoas que estão, no momento, tendo sintomas psicóticos, é que apresentam maior risco de violência. O comportamento violento não está relacionado com o fato de alguém ter sido um doente mental ou ter tido sintomas psicóticos no passado.

Desse modo, a maioria dos relatos jornalísticos dá uma falsa impressão. Mesmo quando levamos em conta as pessoas ativamente psicóticas, constatamos que a grande maioria não é violenta. O risco de violência dos pacientes mentais é, na verdade, várias vezes inferior ao de pessoas que possuam os seguintes atributos: jovem, do sexo masculino, pobre e bêbado.

As crenças sobre os distúrbios mentais são importantes porque afetam a legislação e as atitudes das pessoas em relação ao doente mental. Quem realmente acredita na propensão à violência de pessoas mentalmente doentes em geral teme ter um vizinho, colega de trabalho ou amigo ex-doente mental. Mas como se pode ver, somente uma minoria de doentes mentais ativos apresenta alto risco. Os ex-doentes mentais, mais especificamente, não tendem a ser mais violentos que os indivíduos em geral. Não importa quão perturbada a pessoa possa ter sido, ela merece respeito e solidariedade. Lembre-se: a esmagadora maioria de crimes violentos é cometida por pessoas não mentalmente doentes. (Fontes: Monahan, 1992; Noble, 1997; Rice, 1997; Teplin et al., 1994.)

As Causas da Esquizofrenia

O ex-primeiro ministro britânico, Winston Churchill, em uma ocasião, definiu um assunto que o deixava perplexo como uma "charada envolvida em um mistério dentro de um enigma". Essas mesmas palavras podem descrever as causas da esquizofrenia.

Ambiente

O que causa a esquizofrenia? Um grande risco de desenvolver esquizofrenia pode começar no nascimento, ou até mesmo antes. Mulheres expostas ao vírus *influenza* (do resfriado) ou à rubéola (sarampo alemão) durante a gravidez têm filhos com mais tendência a se tornarem esquizofrênicos (Brown et al., 2001). A má alimentação durante a gravidez e complicações no momento do parto podem ter impacto semelhante. Possivelmente, esses tipos de problema prejudicam o desenvolvimento do cérebro, deixando a pessoa mais vulnerável a um rompimento psicótico com a realidade (Cannon, 1998).

Um **trauma psicológico** prévio (lesão ou choque psicológico) também pode aumentar o risco. Muitas vezes, as vítimas de esquizofrenia foram expostas à violência, ao abuso sexual, à morte, ao divórcio, à separação ou a outros tipo de estresse na infância (Mirsky e Duncan, 1986). Viver em uma família problemática é um fator de risco relacionado. Em um ambiente familiar conturbado, prevalecem relações, padrões de comunicação e emoções negativas estressantes. Por exemplo, em um estudo abrangendo 15 anos, constatou-se que a chance de desenvolver esquizofrenia está relacionada com a comunicação distorcida dentro da família (Goldstein, 1985). Os padrões de comunicação distorcida causam ansiedade, confusão, raiva, conflito e turbulência. Normalmente, as famílias perturbadas interagem de modo sobrecarregado com culpa, intromissão, crítica, negatividade e ataques emocionais (Bressi et al., 1998; Docherty et al., 1998).

Embora interessantes, as explicações baseadas no ambiente por si só não são justificativas suficientes para a esquizofrenia (Fowles, 1992). Por exemplo, mesmo quando os filhos de pais esquizofrênicos são criados fora do ambiente familiar caótico, ainda são propensos a se tornarem psicóticos.

Isso quer dizer que a hereditariedade afeta o risco de desenvolver esquizofrenia?

Trauma psicológico Lesão ou choque psicológico, como aquele provocado por violência, abuso, negligência, separação etc.

Hereditariedade

Hoje há pouca dúvida de que a hereditariedade é fator causador da esquizofrenia. Aparentemente, algumas pessoas herdam o *potencial* para desenvolvê-la. Elas são, em outras palavras, mais *vulneráveis* ao distúrbio que as demais (Cannon et al., 1998; Fowles, 1992).

Como isso é demonstrado? Se um gêmeo idêntico ficar esquizofrênico (lembre-se, gêmeos idênticos têm genes idênticos), o outro tem *48%* de chance de também ficar esquizofrênico (Lenzenweger e Gottesman, 1994). Esses números referentes aos gêmeos podem ser comparados com o risco de esquizofrenia da população em geral, que é de 1%. (Ver ◆Figura 12.3 para observar outras comparações.) Em geral, a esquizofrenia é mais comum entre parentes próximos e tende a ocorrer dentro da família (Plomin e Rende, 1991). Existe até um caso registrado de *quadrigêmeos* idênticos, *todos* esquizofrênicos. Diante dessa evidência, hoje os pesquisadores começam a pesquisar genes específicos relacionados à esquizofrenia.

Existe um problema com a explicação genética atual da esquizofrenia: bem poucos esquizofrênicos têm filhos. Como um defeito genético pode ser passado de uma geração a outra se a pessoa afetada não se reproduz? Uma possível resposta indica que, quanto mais avançada a idade do homem quando ele se torna pai, maior probabilidade a criança tem de desenvolver esquizofrenia (além de outros problemas médicos) (Malaspina, 2001; Malaspina et al., 2001).

A Química do Cérebro

Como uma pessoa pode herdar a suscetibilidade à esquizofrenia? Anfetamina, LSD, PCP ("pó de anjo") e drogas similares produzem efeitos que imitam parcialmente os sintomas da esquizofrenia. Além disso, as mesmas drogas (fenotiazinas) usadas para tratar overdose de LSD costumam aliviar os sintomas psicóticos. Fatos como esses indicam que anormalidades bioquímicas (distúrbios de substâncias químicas e neurotransmissores do cérebro) podem ocorrer em pessoas esquizofrênicas. Talvez o cérebro esquizofrênico produza alguma substância semelhante a uma droga *psicodélica* (alterador da mente). Atualmente, uma substância provável é a dopamina, importante mensageiro químico encontrado no cérebro.

Muitos pesquisadores acreditam que a esquizofrenia está relacionada à hiperatividade dos sistemas dopamínicos do cérebro (Abi-Dargham et al., 1998). Outra possibilidade é que os receptores de dopamina tornam-se superreagentes às quantidades normais de dopamina (Port e Seybold, 1995). A dopamina aparentemente dispara um fluxo de pensamentos, sentimentos e sensações não relacionados, que podem ser responsáveis por vozes, alucinações e delírios de esquizofrenia. Conseqüentemente, a pessoa esquizofrênica pode estar em uma espécie de

Ligação genética	Relação	Risco
100%	Gêmeos idênticos (monozigótico)	48%
—	Filho de pai e mãe esquizofrênicos	46%
50%	Gêmeos fraternos (dizigótico)	17%
50%	Filho de um dos pais esquizofrênico	17%
50%	Irmão	9%
25%	Sobrinho ou sobrinha	4%
0%	Cônjuge	2%
0%	Pessoa sem ligação, da população em geral	1%

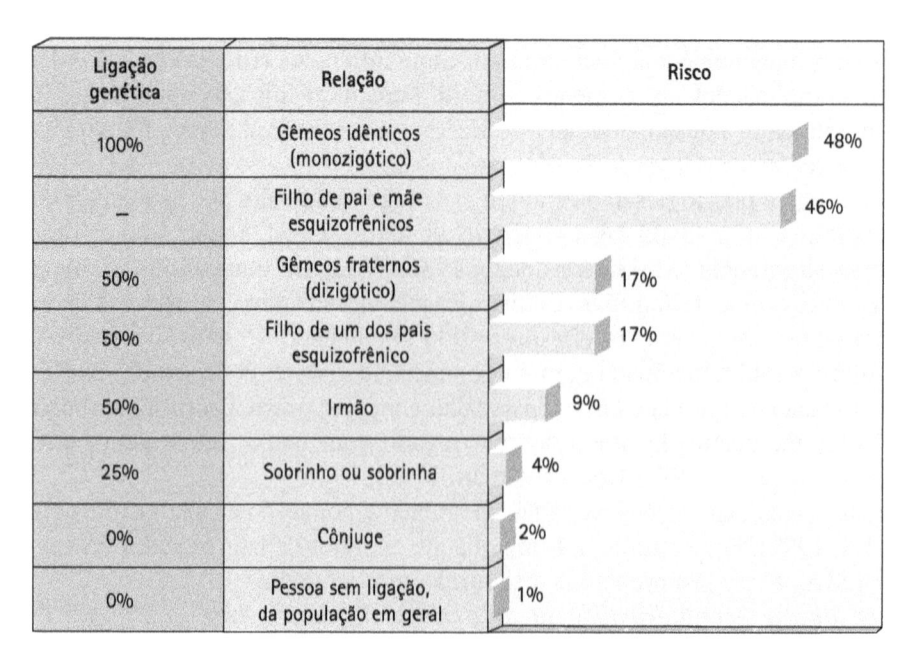

◆FIGURA 12.3 *O risco de desenvolver esquizofrenia ao longo da vida está associado à proximidade da ligação genética entre uma pessoa e um esquizofrênico. O ambiente compartilhado também aumenta o risco. (Estimativas de Lenzenweger e Gottesman, 1994.)*

viagem, semelhante à experimentada pelos usuários de drogas, causada pelo próprio organismo (♦Figura 12.4). Em suma, a maioria das evidências indica que a esquizofrenia é uma doença do cérebro.

A dopamina não é a única substância química do cérebro que chama a atenção dos cientistas. Por exemplo, o glutamato neurotransmissor aparentemente também está relacionado à esquizofrenia (Belsham, 2001). Usuários da droga alucinógena PCP, que afeta o glutamato, apresentam sintomas bem semelhantes aos da esquizofrenia (Murray, 2002). Isso ocorre porque o glutamato influencia a atividade do cérebro nas áreas controladoras das emoções e informações sensoriais (Tsai e Coyle, 2002). Outra ligação perturbadora é que o estresse altera os níveis de glutamato, que, por sua vez, alteram os sistemas dopamínicos (Moghaddam, 2002). A questão é muito mais complexa, mas parece que a dopamina, o glutamato e outras substâncias químicas do cérebro justificam os sintomas devastadores da esquizofrenia (Sawa e Snyder, 2002).

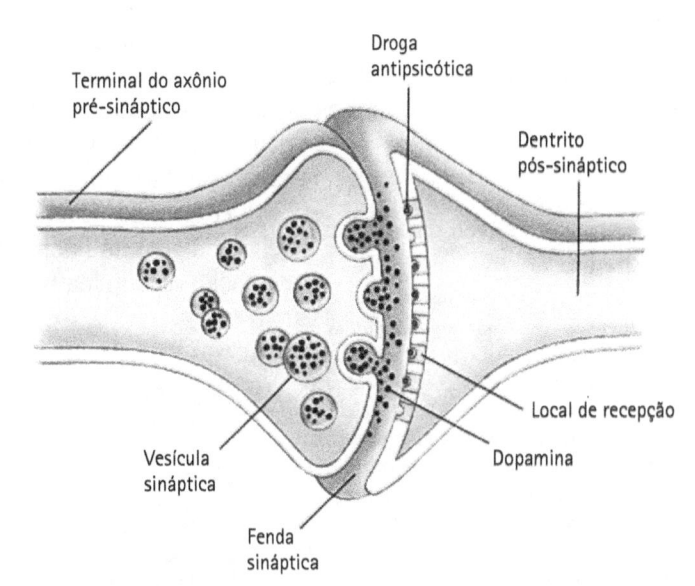

♦FIGURA 12.4 *A dopamina normalmente atravessa a sinapse entre dois neurônios, ativando a segunda célula. As drogas anti-sinápticas aderem aos mesmos locais de recepção, da mesma forma que a dopamina, bloqueando sua ação. Em pessoas esquizofrênicas, a redução da atividade da dopamina pode acalmar a agitação e os sintomas psicóticos.*

O Cérebro Esquizofrênico

Pesquisadores médicos têm esperado há muito tempo a chance de observar diretamente o cérebro esquizofrênico. Hoje, três técnicas médicas tornam isso possível. A primeira é a tomografia computadorizada (*scan CT – computed tomography*), que reproduz imagens de raio X do cérebro. Uma tomografia computadorizada mostrou o cérebro de John Hinkley Jr., que atirou no ex-presidente Ronald Reagan e em outras três pessoas em 1981. No julgamento, Hinkley foi declarado insano. Como foi constatado, seu cérebro é diferente do normal. Mais especificamente, ele tem fissuras de superfície mais amplas.

Outra técnica utiliza imagens de ressonância magnética (*scan MRI – magnetic resonance imaging*), que permite aos pesquisadores examinar dentro do cérebro esquizofrênico. Essas imagens mostram que a pessoa esquizofrênica tende a possuir ventrículos aumentados (espaços preenchidos de fluidos dentro do cérebro) (Sharma et al., 1998). Elas também mostram outras regiões do cérebro aparentando anormalidade. Isso indica que as áreas afetadas são cruciais para regular a motivação, a emoção, a percepção, a ação e a atenção (Degreef et al., 1992; Frazier et al., 1996; Gur et al., 1998).

A terceira técnica é a tomografia por emissão de pósitron (*scan PET – positron emission tomography*), que proporciona uma imagem da atividade do cérebro. Para realizar essa tomografia, uma solução de açúcar radioativo é injetada na veia. Quando o açúcar atinge o cérebro, um dispositivo eletrônico mede a quantidade usada em cada área. Esses dados são, então, traduzidos em um mapa colorido, ou *scan*, da atividade cerebral. Os pesquisadores estão encontrando padrões nesses mapas que estão ligados de forma consistente à esquizofrenia, aos distúrbios afetivos e a outros problemas. Por exemplo, a atividade tende a ser abaixo do normal nos lobos frontais do cérebro esquizofrênico (Velakoulis e Pantelis, 1996). No futuro, essas tomografias poderão ser usadas para diagnosticar com precisão a esquizofrenia. Por ora, elas mostram a existência de uma clara diferença na atividade do cérebro esquizofrênico.

Implicações

Resumindo, a imagem do cérebro com distúrbios psicóticos, como a esquizofrenia, mostra que qualquer pessoa sujeita a estresse suficiente pode ser levada a um surto psicótico. (A psicose de campo de batalha é um exemplo.) Contudo, algumas pessoas herdam uma química ou estrutura do cérebro diferente que as torna mais suscetíveis – mesmo diante de estresses normais do dia-a-dia.

Desse modo, a mistura exata de potencial herdado e estresse ambiental resulta em mudanças na química e na estrutura do cérebro que alteram a mente. Essa explicação é chamada de **modelo de vulnerabilidade ao estresse**. Esse modelo atribui os distúrbios psicóticos a uma mistura de estresse ambiental e suscetibilidade herdada. Ele parece se aplicar também a outras formas de psicopatologia, como a depressão (◆Figura 12.5).

Apesar dos avanços no conhecimento, a psicose continua a ser uma "charada envolvida em um mistério dentro de um enigma". Esperamos que a evolução recente na busca da cura para a esquizofrenia prossiga.

Modelo de vulnerabilidade ao estresse
Atribui a psicose a uma combinação de estresse ambiental e suscetibilidade herdada.

◆FIGURA 12.5 *Uma combinação de vulnerabilidade e estresse pode produzir problemas psicológicos. A barra superior mostra baixa vulnerabilidade e baixo estresse. O resultado? Nenhum problema. A mesma afirmação é verdadeira para a barra logo abaixo, em que a baixa vulnerabilidade é combinada com estresse moderado. Mesmo a alta vulnerabilidade (terceira barra) pode não provocar problemas se os níveis de estresse permanecerem baixos. Entretanto, quando há uma combinação entre alta vulnerabilidade e estresse moderado ou alto (as duas barras inferiores), a pessoa "cruza a linha" e sofre de psicopatologia.*

PAUSA PARA ESTUDO — Psicose, Distúrbios de Delírio e Esquizofrenia

RELACIONE

Antes de ler essas informações, o que você pensava sobre a psicose? Sua visão mudou? Se você tivesse de escrever uma "receita" de psicose, que "ingredientes" adicionaria?

Se você fosse representar um esquizofrênico em uma peça de teatro, quais sintomas enfatizaria?

Se você tivesse de explicar as causas da esquizofrenia aos pais de um adolescente esquizofrênico, o que lhes diria?

VERIFICAÇÃO DO APRENDIZADO

1. Carol pensa, equivocadamente, que seu corpo está "apodrecendo". Ela está sofrendo de
   a. alucinações depressivas b. delírio
   c. afeto obscuro d. mal de Alzheimer
2. Colin, que sofreu um surto psicótico, está ouvindo vozes. Esse sintoma é conhecido como
   a. afeto obscuro b. alucinação
   c. salada de palavras d. delírio orgânico
3. A psicose causada por envenenamento de chumbo pode ser considerada distúrbio orgânico. V ou F?
4. Alucinações e desintegração da personalidade são características principais da psicose paranóide. V ou F?
5. As explicações ambientais de esquizofrenia enfatizam o trauma emocional e
   a. pais maníacos
   b. interações esquizoafetivas
   c. interações psicodélicas
   d. relações familiares conturbadas
6. _____ _____ filhos de uma pessoa esquizofrênica têm 48% de chances de também se tornarem psicóticos.
7. Fissuras e ventrículos aumentados como os revelados em imagens de tomografia computadorizada são encontrados somente em cérebros de esquizofrênicos crônicos. V ou F?

Raciocínio Crítico

8. Os pesquisadores encontraram quase o dobro de locais de recepção da dopamina nos cérebros de esquizofrênicos. Por que essa descoberta seria importante?
9. Fissuras de superfície e ventrículos aumentados são encontrados com freqüência em cérebros de esquizofrênicos crônicos. Por que seria um erro concluir que essas características são causas da esquizofrenia?

RESPOSTAS:

1.b 2.b 3.V 4.F 5.d 6. Gêmeos idênticos 7.F 8. Por causa dos receptores extras, os esquizofrênicos podem sofrer efeitos psicodélicos provenientes dos níveis normais de dopamina no cérebro. 9. Porque a correlação não confirma a causa. As anormalidades da estrutura cerebral estão apenas correlacionadas com a esquizofrenia. Elas podem ser sintomas adicionais, não causas do distúrbio.

DISTÚRBIOS DE HUMOR – PICOS E VALES

▶ **PERGUNTAS PARA PESQUISA** *O que são distúrbios de humor? O que provoca a depressão?*

Para algumas pessoas, pequenos ataques de depressão são tão comuns quanto os resfriados. Contudo, as oscilações extremas de humor podem ser tão incapacitantes quanto as doenças físicas graves. Na verdade, a depressão pode levar à morte, já que pessoas deprimidas podem se suicidar. É difícil imaginar quão confuso e desesperador o mundo se parece para uma pessoa extremamente deprimida, ou quão "maluco" é mergulhar em uma onda de manias. Passaremos a estudar os distúrbios de humor e suas causas.

Ninguém consegue amar uma pessoa que vive de altos e baixos – é o que parece. Os psicólogos vieram a perceber que os **distúrbios de humor** (distúrbios profundos na emoção) estão entre os distúrbios mais graves. São dois os tipos de distúrbios de humor, os distúrbios depressivos e os distúrbios bipolares (ver ▲Tabela 12.6). Nos **distúrbios depressivos**, a tristeza e o desânimo são exagerados, prolongados e desmotivados. Os sinais do distúrbio depressivo são melancolia, desesperança e incapacidade de sentir prazer ou interessar-se por algo. Outros sintomas comuns são fadiga, distúrbios do sono e de alimentação, sentimentos de impotência, auto-imagem bem negativa e pensamentos suicidas. Nos **distúrbios bipolares**, as pessoas têm "altos" e "baixos" emocionais (DSM-IV-TR, 2000).

Na Europa e na América do Norte, de 10% a 20% da população tiveram um episódio de depressão profunda em algum momento da vida (DSM-IV-TR, 2000). Em algum momento específico, cerca de 5% da população está sofrendo de um distúrbio de humor.

Alguns distúrbios de humor são duradouros, mas relativamente moderados. Se uma pessoa ficar levemente deprimida por pelo menos dois anos, o problema é chamado de **distúrbio distímico**. Se a depressão alternar com períodos de humor alegres, expansivos ou irritáveis, o problema é chamado de **distúrbio ciclotímico**. Mesmo nesse nível, os distúrbios podem ser debilitantes. Contudo, os distúrbios profundos de humor são mais danosos.

Distúrbio de humor Problema sério no humor ou nas emoções, como depressão ou mania.

Distúrbios depressivos Problemas emocionais que envolvem basicamente tristeza, desânimo e depressão.

Distúrbios bipolares Distúrbios emocionais que envolvem a depressão, bem como humores e comportamentos extremamente elevados ou maníacos.

Distúrbio distímico Um grau moderado de depressão que persiste por dois anos ou mais.

Distúrbio ciclotímico Comportamento moderadamente maníaco e depressivo que persiste por dois anos ou mais.

▲ **TABELA 12.6   DSM-IV-TR Classificação de Distúrbios de Humor**

DISTÚRBIO	PRINCIPAL SINTOMA	SINAIS TÍPICOS DO PROBLEMA
Distúrbios Depressivos		
Distúrbio de depressão profunda	Extrema depressão emocional por no mínimo duas semanas	Sentir-se triste, inútil, extenuado e vazio; não conseguir sentir prazer; pensar em suicídio.
Distúrbio distímico	Humor depressivo moderado na maioria dos dias por pelo menos dois anos	Sentir-se mais tempo deprimido e desanimado; apresentar níveis baixos de auto-estima e ânimo por vários meses.
Distúrbios bipolares		
Distúrbio Bipolar I	Extrema mania e depressão	Em alguns momentos, necessitar de poucas horas de sono, falar sem parar, ficar com a mente acelerada e dar importância demais a tudo o que faz; em outros momentos, sentir-se extremamente triste, inútil e vazio.
Distúrbio bipolar II	Depressão emocional e pelo menos um episódio maníaco leve	Sentir-se extremamente triste, inútil, extenuado e vazio na maior parte do tempo; contudo, em alguns momentos, sentir-se muito bem, alegre e ativo, ou de "alto astral".
Distúrbio ciclotímico	Períodos de depressão e mania moderada por pelo menos dois anos	Ter altos e baixos emocionais desagradáveis por vários meses.

Distúrbios Profundos de Humor

Os **distúrbios profundos de humor** são caracterizados por extremos emocionais. A pessoa que sempre se sente emocionalmente para "baixo" sofre de **distúrbio de depressão profunda**. Durante os episódios de depressão profunda, tudo parece confuso e sem esperança. A pessoa sente-se fracassada, em pecado, inútil e em total desespero. O sofrimento é enorme, e a pessoa pode sentir-se extremamente reprimida, retraída ou com impulso intensamente suicida. A depressão profunda é uma séria ameaça. A tentativa de suicídio durante uma depressão profunda raramente é um "pedido de socorro". Normalmente, o doente tem intenção de se suicidar e não avisa.

No **distúrbio bipolar I**, o indivíduo tem episódios extremos, tanto maníacos como depressivos. Durante os episódios maníacos, a pessoa fala alto, fica eufórica, hiperativa, acelerada e com mania de grandeza. O paciente maníaco pode falir em questão de dias, ser preso, ou envolver-se em farras sexuais promíscuas. Durante os períodos de depressão, o paciente fica muito desanimado e possivelmente suicida.

No **distúrbio bipolar II**, na maior parte do tempo, a pessoa fica triste e sentindo-se culpada, mas tem um ou mais episódios levemente maníacos (chamados de *hipomania*). Ou seja, no distúrbio bipolar II, ocorrem tanto a euforia como a depressão, mas o episódio maníaco não é tão intenso como no distúrbio bipolar I. O paciente com distúrbio bipolar II com hipomania normalmente consegue apenas irritar as pessoas que o cercam. Ele fica extremamente alegre, agressivo ou facilmente irritável, e pode vangloriar-se, falar rápido demais, interromper conversas ou gastar muito dinheiro (Gorman, 1996).

Nos casos graves de depressão, a pessoa não consegue trabalhar nem estudar. Algumas vezes, o indivíduo deprimido não consegue sequer comer ou se vestir sozinho. Nos casos de depressão e/ou mania ainda mais profundos, a pessoa também pode perder o contato com a realidade e apresentar sintomas psicóticos. Cerca de 14% dos pacientes internados em hospitais mentais têm distúrbios profundos de humor.

Qual a diferença entre distúrbios profundos de humor e distúrbios distímicos ou ciclotímicos? Como já mencionamos, os distúrbios profundos de humor envolvem mudanças emocionais mais radicais. Além disso, os distúrbios profundos de humor parecem, muitas vezes, ser **endógenos**, e não uma reação a fatos externos.

> **Distúrbios profundos de humor** Problemas marcados por extremos duradouros de humor ou de emoção e algumas vezes acompanhados por sintomas psicóticos.
>
> **Distúrbio de depressão profunda** Um problema de humor no qual a pessoa sofreu um ou mais episódios intensos de depressão.
>
> **Distúrbio bipolar I** Um distúrbio do humor no qual a pessoa tem episódios maníacos extremos (comportamento exacerbado, hiperativo, acelerado e grandioso) e períodos de depressão profunda.
>
> **Distúrbio bipolar II** Um distúrbio do humor no qual a pessoa está, na maior parte do tempo, deprimida (triste, desanimada, com sentimento de culpa), mas no qual apresenta também um ou mais episódios levemente maníacos.
>
> **Depressão endógena** Depressão que é aparentemente produzida internamente (talvez por desequilíbrios químicos no cérebro) e não como reação aos acontecimentos da vida.

O que Causa os Distúrbios de Humor?

A depressão e outros distúrbios de humor vêm desafiando tanto as explicações como os tratamentos adequados. Alguns cientistas concentram-se nos aspectos biológicos das mudanças de humor. Eles estão interessados nos níveis das substâncias químicas e transmissoras do cérebro, principalmente da serotonina, da noradrenalina e da dopamina. As descobertas são inconclusivas, mas há avanços. Por exemplo, o *carbonato de lítio* é eficaz no tratamento de alguns casos de depressão bipolar.

Outros pesquisadores procuram explicações psicológicas. A teoria psicanalítica, por exemplo, afirma que a depressão é causada por raiva reprimida. Essa raiva seria deslocada e voltada para a própria pessoa na forma de culpa e ódio de si mesma. Como discutido no Capítulo 11, as teorias comportamentais da depressão enfatizam o desamparo aprendido (Seligman, 1989). Os psicólogos cognitivos acreditam que a autocrítica e os pensamentos negativos, distorcidos e autofrustrantes estão por trás de muitos casos de depressão. (Essa visão será discutida no Capítulo 13.) Claramente, os estresses da vida ativam muitos distúrbios de humor (Kessler, 1997). Isso ocorre principalmente em pessoas com traços de personalidade e padrões de pensamento que as tornam vulneráveis à depressão (Franche e Dobson, 1992; Gatz, 1990; Miranda, 1992).

> *Nos distúrbios de depressão profunda, os impulsos suicidas podem ser intensos, e o desespero, total.*

No geral, há duas vezes mais possibilidade de as mulheres ficarem deprimidas que os homens (Culertson, 1997). Os especialistas acreditam que as condições ambientais e sociais são a principal razão dessa diferença. Entre os fatores que contribuem para o risco maior de depressão na mulher, estão os conflitos entre controle de natalidade e gravidez, entre vida profissional e maternidade, e a tensão de oferecer apoio emocional aos outros. A vida conjugal conturbada, o abuso físico e sexual e a pobreza também são fatores contribuintes. Nacionalmente, mulheres e crianças estão mais expostas à pobreza. Conseqüentemente, a mulher pobre, muitas vezes, enfrenta os estresses associados à vida de mãe solteira, perda de controle sobre a própria vida, moradia pobre e vizinhança perigosa (Russo, 1990). Um estudo recente constatou que mulheres norte-americanas são mais propensas a ficar deprimidas se possuírem estas características: baixa escolaridade, solteira, latina, altos níveis de estresse e sentimentos de desesperança (Meyers et al., 2002).

Será que o fato de os distúrbios profundos de humor serem aparentemente endógenos implica que há hereditariedade envolvida? Sim, principalmente nos distúrbios bipolares (Gershon et al., 1998). Como salienta esse caso, se um gêmeo idêntico ficar deprimido, o outro tem 80% de chance de também ficar deprimido. No caso de irmãos não-gêmeos, a probabilidade é de 35%. Essa diferença pode estar relacionada com uma recente descoberta: de que pessoas com determinada versão de um gene são mais propensas a ficar deprimidas quando estressadas (Caspi et al., 2003). Como já observamos, as causas psicológicas são importantes em muitos casos de depressão. Contudo, na maioria dos distúrbios profundos de humor, os fatores biológicos parecem exercer um papel maior. Surpreendentemente, uma fonte de depressão está ligada à sazonalidade.

Distúrbio Afetivo Sazonal

Se você nunca passou o inverno em uma região bem fria, "enfurnado em um chalé", ficará surpreso ao saber que o ritmo das estações está por trás de algumas depressões. O pesquisador Norman Rosenthal descobriu que algumas pessoas sofrem de **distúrbio afetivo sazonal (DAS)**, ou depressão que ocorre somente durante os meses de outono e inverno. Praticamente todo mundo fica um pouco deprimido quando os dias ficam mais curtos, escuros e frios. Contudo, quando os sintomas da pessoa são duradouros e incapacitantes, o problema pode ser de distúrbio afetivo sazonal. Estes são alguns dos principais sintomas do DAS (Rosenthal, 1993):

- **Horas excessivas de sono e dificuldade para permanecer acordado:** os padrões do sono ficam perturbados, e é comum a pessoa acordar bem cedo de manhã.
- **Fadiga:** a pessoa sente-se cansada demais e não consegue manter a rotina normal.
- **Desejo insaciável de comida:** a vontade incontrolável de ingerir carboidratos e doces faz o indivíduo comer demais e ganhar peso.
- **Incapacidade de lidar com o dia-a-dia:** a pessoa fica irritadiça e estressada.
- **Retração social:** a pessoa torna-se anti-social no inverno, mas socialmente ativa nas demais estações.

Começando no outono, o indivíduo com distúrbio afetivo sazonal dorme mais tempo, mas a qualidade do sono é ruim. Durante o dia ele se sente cansado e sonolento, e tende a comer demais. Com o passar dos dias, ele se torna cada vez mais triste, ansioso, irritável e socialmente retraído.

Embora a depressão provocada por esse distúrbio não seja grave, muitas vítimas de DAS enfrentam cada inverno com uma sensação de agouro. O distúrbio afetivo sazonal ocorre principalmente nas latitudes mais ao norte, em que os dias são muito curtos no inverno (Booker e Hellekson, 1992). Por exemplo, um estudo constatou que 13% dos universitários que vivem na região norte da Nova Inglaterra mostraram sinais de distúrbio afetivo sazonal (Low e Feissner, 1998). Os estudantes mais afetados eram aqueles que, para freqüentar a faculdade, haviam vindo de regiões mais ao sul!

As depressões sazonais estão relacionadas à liberação de mais melatonina durante o inverno. Esse hormônio, secretado pela glândula pineal no cérebro, regula a resposta do corpo às mudanças nas condições de luz (Wehr et al., 2001). Essa é a razão pela qual 80% dos pacientes com DAS conseguem melhorar com doses extras de luz, por meio de um tratamento chamado fototerapia. A **fototerapia** envolve exposição dos pacientes com DAS a uma ou mais horas de luz fluorescente bem clara todos os dias (Lewy et al., 1998). Esse tratamento é mais eficaz quando feito de manhã, para imitar o amanhecer dos

Distúrbio afetivo sazonal (DAS) Depressão que ocorre durante o outono e o inverno, supostamente associada à redução da exposição à luz do sol.

Fototerapia Um tratamento para distúrbio afetivo sazonal que envolve a exposição à luz brilhante de pleno espectro.

dias de verão (Avery et al., 2001). Para muitos portadores de DAS, uma boa dose de "raios solares" da manhã parece ser uma boa justificativa para passar as férias nas regiões tropicais.

OS DISTÚRBIOS EM PERSPECTIVA – ROTULAGEM PSIQUIÁTRICA

À medida que vamos concluindo nosso estudo a respeito dos distúrbios psicológicos, não podemos deixar de lado uma questão. Os termos mencionados neste capítulo ajudam a transmitir informações acerca dos problemas humanos. No entanto, se adotados indiscriminadamente, podem prejudicar as pessoas. Todos já nos sentimos ou agimos como "malucos" em períodos curtos de estresse ou de intensa emoção. As pessoas com distúrbios psicológicos têm problemas mais graves ou mais duradouros que aqueles que experimentamos. Do contrário, elas não seriam assim tão diferentes de mim ou de você.

Um estudo fascinante realizado pelo psicólogo David Rosenhan mostra o impacto da rotulagem psiquiátrica. O próprio Rosenhan e diversos colegas se internaram em hospitais mentais com diagnóstico de "esquizofrenia" (Rosenhan, 1973). Depois de internados, cada um desses "pseudopacientes" deixou de lado a pretensa doença mental. Contudo, mesmo se comportando de modo totalmente normal, nenhum deles jamais foi reconhecido pelos *funcionários* do hospital como falsos pacientes. No entanto, os verdadeiros pacientes não eram assim facilmente enganados. Não era raro algum interno dizer a um dos pesquisadores: "Você não é maluco, você está apenas investigando o hospital!" ou "Você deve ser um jornalista".

Para documentar suas observações, Rosenhan fazia cuidadosas anotações em pedaços de papel escondidos na mão. Contudo, logo percebeu que não precisava fingir. Ele simplesmente passou a andar com uma prancheta, anotando as observações. Ninguém questionava o seu comportamento. As atitudes de Rosenhan eram consideradas apenas sintomas da sua "doença". Essa observação explica por que a equipe do hospital não detectava os falsos pacientes. Como eles estavam na área de internados com distúrbios mentais, e por serem *rotulados* como esquizofrênicos, qualquer comportamento desses pseudopacientes era visto como sintoma de psicopatologia.

Assim, como mostra o estudo de Rosenhan, é muito melhor rotular os *problemas* do que as pessoas. Reflita sobre a diferença entre dizer "Você está com um sério distúrbio psicológico" e "Você é esquizofrênico". Quais dessas afirmações você preferiria ouvir a seu respeito?

Estigma Social

Um problema agravante da rotulagem psiquiátrica é a freqüente discriminação e o costumeiro preconceito que ela causa. Ou seja, uma pessoa rotulada como mentalmente doente (em qualquer momento da vida) terá mais dificuldades para arrumar um emprego. Ela também enfrenta mais dificuldades para conseguir moradia e tende a ser mais acusada de crimes. Assim, quem está lutando contra uma doença mental pode ser mais prejudicado pelo estigma social que pelos próprios problemas psicólogos imediatos que está enfrentando (Corrigan e Penn, 1999).

Um Olhar Adiante

O tratamento dos distúrbios psicológicos varia de aconselhamento e psicoterapia a internação em hospitais mentais e terapia medicamentosa. Por conta da ampla variedade de tratamentos, o próximo capítulo apresentará uma discussão completa do tema. Por enquanto, vale observar que muitos tratamentos de distúrbios mentais mais leves são eficazes. Mesmo os mais graves podem responder bem a medicamentos e outras técnicas. É errado temer "expacientes mentais" ou excluí-los do trabalho, do círculo de amizades e de outras situações sociais. A luta contra uma depressão profunda ou um episódio psicótico não leva inevitavelmente à disfunção permanente. Muitas vezes, no entanto, ela leva à rejeição desnecessária baseada em temores infundados (Monahan, 1992).

Concluiremos este capítulo analisando um problema muitas vezes mal interpretado: Quando você terminar de ler esta página, uma pessoa nos Estados Unidos terá tentado o suicídio. O que pode ser feito a respeito do suicídio? A seção Psicologia em Ação apresenta algumas respostas.

PAUSA PARA ESTUDO — Distúrbios de Humor

RELACIONE
Escreva em uma folha "Distúrbios Bipolares" e "Distúrbios Depressivos". De quantos distúrbios classificados com esses títulos na Tabela 12.6 você consegue se lembrar? Reveja a tabela até conseguir reproduzi-la (com suas próprias palavras).

Como os doentes mentais são estigmatizados no cinema e na TV? Essas retratações afetam as atitudes em relação aos distúrbios mentais?

VERIFICAÇÃO DO APRENDIZADO
1. O distúrbio distímico representa para a depressão o mesmo que o distúrbio ciclotímico para a depressão maníaca. V ou F?
2. Os distúrbios profundos de humor, principalmente os distúrbios bipolares, muitas vezes parecem ser endógenos. V ou F?
3. O desamparo aprendido é enfatizado pelas teorias de depressão _____.
   a. humanistas   b. biológicas
   c. comportamentais   d. psicanalíticas
4. O medicamento à base de carbonato de lítio tem se mostrado eficaz no tratamento de distúrbios de ansiedade. V ou F?
5. DAS é a sigla de distúrbio afetivo esquizotípico. V ou F?

Raciocínio Crítico

6. De que forma os relacionamentos contribuem com os índices mais elevados de depressão apresentados pelas mulheres?

RESPOSTAS:
1.V 2.V 3.c 4.F 5.F 6. As mulheres tendem a ser mais voltadas aos relacionamentos que os homens. Ao mencionar os estresses das suas vidas, as mulheres deprimidas frequentemente relatam altos índices de problemas de relacionamento, como perda de algum amigo, cônjuge ou amante; problemas para lidar com outras pessoas e doenças sofridas por entes queridos. Os homens deprimidos tendem a mencionar questões como perda de emprego, problemas legais ou profissionais (Kendler et al., 2001).

Psicologia em Ação

Suicídio — Vidas à Beira

▶ **PERGUNTAS PARA PESQUISA** *Por que as pessoas cometem suicídio? É possível evitar o suicídio?*

"Suicídio: uma solução definitiva para um problema temporário."

O suicídio é a sétima causa de mortes na América do Norte. Cerca de uma pessoa em cada cem tenta o suicídio em algum momento da vida. Há grande preocupação com os altos índices de assassinatos na América do Norte. No entanto, para cada duas pessoas assassinadas, três cometem suicídio. Cedo ou tarde, você acabará afetado pela tentativa de suicídio de algum conhecido. Avalie seu conhecimento a respeito do assunto lendo estas informações.

Que fatores influenciam os índices de suicídio? Os índices de suicídio variam muito, mas há alguns padrões observados.

Época

Ao contrário da crença popular, os índices de suicídio ficam abaixo da média nos meses que antecedem o Natal (Phillips e Wills, 1987). Porém, mais suicídios ocorrem no Ano-Novo que em qualquer outra data. Também existe o "efeito segunda-feira", com índices altos de suicídio no primeiro dia da semana (McCleary et al., 1991).

Sexo

Os homens detêm um título questionável de serem mais eficazes no suicídio que as mulheres. Três vezes mais homens que mulheres *completam* o suicídio, mas as mulheres tentam mais. A tentativa de suicídio entre os homens é mais letal porque eles normalmente usam armas ou algum outro método igualmente fatal (Garland e Zigler, 1993). As mulheres, na maioria das vezes, tentam uma *overdose* de remédios, portanto, têm mais chances de ser socorridas antes de morrer. Infelizmente, as mulheres estão começando a usar métodos mais letais, e logo se igualarão aos homens no risco de morte por suicídio.

Idade

A idade também consiste em fator de suicídio. Os índices de suicídio crescem gradualmente durante a adolescência. Depois, aumentam substancialmente no início da vida adulta (entre 20 e 24 anos). A partir desse período até os 84 anos, o índice continua a aumentar gradualmente com o avanço da idade. Conseqüentemente, mais de metade de todas as vítimas de suicídio têm mais de 45 anos. Pessoas do sexo masculino, brancas, com mais de 65 anos, são as principais no grupo de risco.

Nos últimos anos, tem havido um constante aumento nos índices de suicídio de adolescentes e adultos jovens (Diekstra e Garnefski, 1995) (◆Figura 12.6). Entre os estudantes universitários, o suicídio é a segunda causa de morte (Jamison, 2001). A escola é um fator em alguns suicídios, porém, somente no sentido de que os estudantes suicidas não conseguiam manter os padrões extremamente elevados impostos por eles próprios. Muitos eram bons alunos. Outros fatores importantes de suicídio de estudantes são problemas crônicos de saúde (reais ou imaginários) e dificuldades interpessoais (alguns suicídios são provocados por rejeição da pessoa amada; outros simplesmente porque a pessoa é retraída ou por falta de amizade).

Renda

Algumas áreas profissionais, como a medicina e a psiquiatria, apresentam índices de suicídio acima da média. No geral, entretanto, o suicídio é um problema igual tanto para ricos como para pobres.

Estado Civil

O casamento (quando bem-sucedido) pode ser a melhor proteção natural contra os impulsos suicidas. Os maiores índices de suicídio estão entre os divorciados; seguidos pelos viúvos; depois pelos solteiros, e, por fim, os casados, que apresentam os menores índices.

Causas Imediatas do Suicídio

Por que a pessoa tenta se matar? A melhor explicação para o suicídio pode ser encontrada simplesmente nas condições precedentes ao ato. Estes são os principais *fatores de risco* do suicídio (Gould et al., 1998; Hall et al., 1999):

- Abuso de droga ou álcool
- Tentativa anterior de suicídio
- Depressão ou outro distúrbio de humor
- Sentimento de desesperança e inutilidade
- Comportamento anti-social, impulsivo ou agressivo
- Ansiedade profunda, ataques de pânico
- Histórico familiar de comportamento suicida
- Vergonha, humilhação, fracasso ou rejeição
- Disponibilidade de arma de fogo

◆FIGURA 12.6 *Os índices de suicídio entre os adolescentes variam entre diferentes grupos raciais e étnicos. Eles são mais elevados entre os brancos que entre os não-brancos. Rapazes adolescentes brancos apresentam a taxa de risco mais alta. Levando-se em conta apenas o sexo, é nítido que mais rapazes que moças adolescentes cometem suicídio. Esse padrão é igualmente observado nos adultos.*

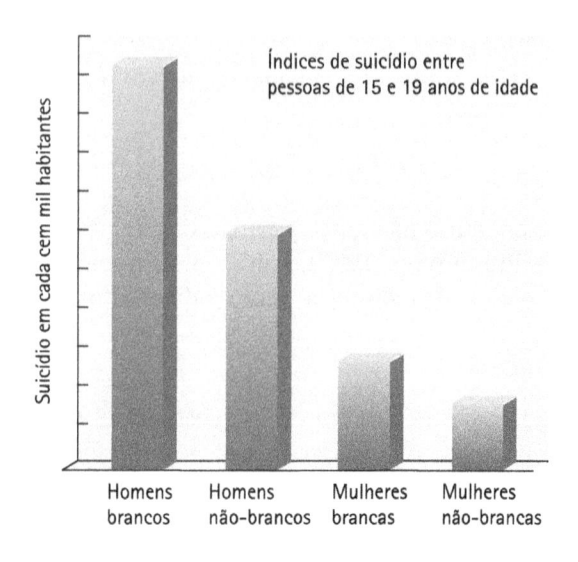

Os suicidas normalmente têm histórico de problemas com a família, a pessoa amada ou o cônjuge. Muitas vezes, têm problemas de abuso de bebida alcoólica ou de drogas, distúrbios de ajuste sexual ou dificuldades profissionais. A depressão é fator em 70% de todos os suicídios (Lecomte e Fornes, 1998). Fatores como esses suscitam preocupações com a morte como forma de acabar com o sofrimento da pessoa.

Normalmente, os suicidas se isolam dos outros, sentem-se inúteis, sem esperança e incompreendidos, e desejam morrer. A auto-imagem extremamente negativa e os sentimentos profundos de *desesperança* são alertas para o alto risco de suicídio (Beck et al., 1990; Boergers et al., 1998). Um longo histórico desse tipo de condição nem sempre provoca o desejo de suicídio. No caso da pessoa média, mais perigosos são os períodos de divórcio, separação, rejeição, fracasso e perda. Cada situação pode parecer insuportável e motivar um desejo intenso de morte, fuga ou alívio (Boergers et al., 1998). No caso dos jovens, os sentimentos de raiva e hostilidade aumentam o perigo. Quando o impulso de prejudicar o outro se volta contra si, o risco de suicídio aumenta drasticamente (Jamison, 2001).

Prevenção do Suicídio

É verdade que a pessoa que fala em suicídio ou ameaça se suicidar raramente tenta se matar? Não, isso é uma grande falácia. De cada dez suicidas potenciais, oito alertam antes. Uma pessoa que ameaça se suicidar deve ser levada a sério (ver ◆Figura. 12.7). O suicida, muitas vezes, pode simplesmente dizer: "Às vezes preferiria estar morto". Os alertas também podem vir de forma indireta. Se um amigo lhe der o anel favorito e disser: "Fique com você, não vou mais precisar mesmo", ou comentar, "Acho que não vou mandar consertar o meu relógio – não vai mais servir pra nada", pode ser um pedido de ajuda. Os sinais de alerta mencionados na lista a seguir – principalmente se observados em conjunto – podem sinalizar uma tentativa de suicídio iminente (Leenaars, 1995; Slaby et al., 1994).

- Afastamento do convívio com os outros
- Oscilações repentinas de humor
- Ocorrência recente de crise na vida ou choque emocional
- Mudança de personalidade
- Objetos importantes oferecidos como presente
- Depressão/desesperança
- Agressão e/ou exposição a riscos
- Acidente automobilístico sozinho
- Preocupação com a morte
- Uso de drogas
- Imagens artísticas de morte
- Ameaças diretas de suicídio

É verdade que é impossível evitar o suicídio, que a pessoa encontrará uma maneira de se suicidar? Não. As tentativas de suicídio normalmente ocorrem quando a pessoa está sozinha, deprimida e incapaz de enxergar os problemas de forma objetiva. Você *deve* interferir se alguém aparentar estar ameaçando uma tentativa de suicídio.

Calcula-se que cerca de dois terços de todos os suicídios estão na categoria do tipo "talvez se suicidar". Ou seja, são tentativas feitas por pessoas que não desejam realmente morrer. Quase um terço é caracterizado por uma atitude do tipo "suicidar-se ou não se suicidar". Essas pessoas são *ambivalentes* ou estão indecisas quanto a se querem morrer.

Pensamentos suicidas → Ameaças suicidas → Tentativas suicidas → Suicídio consumado

◆FIGURA 12.7 *O comportamento suicida normalmente evolui dos pensamentos suicidas para as ameaças e tentativas. A pessoa não costuma tentar o suicídio sem antes ameaçar. Desse modo, as ameaças suicidas devem ser levadas a sério (Garland e Zigler, 1993).*

Apenas de 3% a 5% dos casos de suicídio envolvem pessoas que realmente desejam morrer. A maioria das pessoas, portanto, fica aliviada quando alguém vem em seu socorro. Lembre-se de que o suicídio é quase sempre um pedido de ajuda e que você *pode* ajudar. Um especialista em suicídios, Edwin Shneidman (1987a), afirma: "O comportamento suicida muitas vezes é uma forma de comunicação, um apelo por ajuda surgido de uma dor, com dicas e mensagens de sofrimentos e angústia, e súplicas por respostas".

Como Ajudar

Qual a melhor forma de agir se uma pessoa sinalizar que está pensando em suicídio? É importante conhecer algumas características comuns de pensamentos e sentimentos suicidas. Edwin Shneidman (1987b) identificou várias.

1. **Fuga.** Todos, em algum momento, temos vontade de fugir de uma situação entristecedora. Fugir de casa, trancar a escola, abandonar o casamento – todos esses atos são de partida. O suicídio, evidentemente, é a fuga final. É importante o suicida perceber que o desejo natural de fugir não tem necessariamente de ser expresso pela partida definitiva.
2. **Dor psicológica insuportável.** A dor emocional é aquilo do qual o suicida está tentando fugir. O objetivo de qualquer pessoa que espera evitar um suicídio deve ser reduzir a dor a qualquer custo. Pergunte à pessoa: "O que está lhe causando tanta dor?".
3. **Necessidades psicológicas frustradas.** Muitas vezes, o suicídio pode ser evitado se as necessidades frustradas de uma pessoa tensa puderem ser identificadas e amenizadas. Será que a pessoa está frustrada por não conseguir encontrar amor, realização, confiança, segurança ou amizade?
3. **Opções limitadas.** A pessoa suicida sente-se desamparada e decide que a morte é a única solução. Ela foi afunilando as opções até restar apenas a morte. Assim, o objetivo de alguém que tenta evitar o suicídio é ajudar a ampliar a visão da pessoa. Mesmo que todas as opções não sejam agradáveis, o suicida pode chegar a perceber que a opção menos desagradável é melhor que a morte.

Conhecer esses padrões pode ajudar a manter um diálogo com o suicida. Além disso, a tarefa mais importante pode ser a de estabelecer uma *ligação* (uma conexão harmoniosa) com a pessoa. Deve-se oferecer apoio, aceitação e carinho verdadeiro.

Lembre-se de que a pessoa suicida sente-se incompreendida. Tente aceitar e entender os sentimentos que ela está expressando. A aceitação também deve ser estendida à própria idéia de suicídio. É perfeitamente aceitável perguntar: "Você está pensando em suicídio?".

O simples estabelecimento de comunicação com o suicida pode ser suficiente para ajudá-lo a superar o momento difícil. Também pode ser importante estabelecer compromissos diários, por exemplo, encontrar com a pessoa para almoçar, dar uma carona etc. Deixe claro para ela que você a estará *esperando*. Esses compromissos, mesmo simples, podem ser suficientes para manter o equilíbrio se a pessoa ficar sozinha e pensar em suicídio.

Não desista facilmente. Uma fase perigosa para o suicídio é quando a pessoa de repente parece estar melhor depois de uma depressão muito grave. Isso, muitas vezes, pode significar que ela decidiu dar fim a tudo. A melhoria no humor é ilusória porque vem da antecipação de que o sofrimento está prestes a terminar.

Intervenção na Crise

A maioria das cidades possui equipes ou centros de intervenção em crises de saúde mental para prevenção do suicídio. Eles têm funcionários treinados para conversar com possíveis suicidas pelo telefone. Dê o número de telefone desse tipo de serviço a alguém aparentando ser suicida. Insista para a pessoa ligar para você ou para esses serviços se ela se sentir assustada ou impulsiva. Ou, melhor ainda, ajude a pessoa a marcar uma consulta para receber tratamento psicológico (Garland e Zigler, 1993).

Esses procedimentos devem ser aplicados principalmente em pessoas que estão com leves pensamentos suicidas. Se alguém realmente ameaçar se suicidar, é preciso agir mais rapidamente. Pergunte como ele pretende fazê-lo. Uma pessoa que tenha um *plano viável específico*, e que pretenda realmente executá-lo, deve ser encaminhada a um pronto-socorro.

Se uma pessoa parecer estar à beira do suicídio, não se preocupe em agir com vigor. Chame a polícia, o serviço de ajuda ou a unidade de resgate. Nem é preciso dizer, chame socorro imediatamente se a pessoa estiver no ato suicida ou já tiver ingerido remédios. A maioria das tentativas de suicídio ocorre em períodos temporários curtos na vida da pessoa e pode não se repetir. Envolva-se – é possível salvar uma vida! Mas lembre-se, se a tentativa de suicídio parecer iminente, não hesite em procurar imediatamente ajuda profissional.

PAUSA PARA ESTUDO — Suicídio e Prevenção do Suicídio

RELACIONE

Você está trabalhando no serviço de atendimento telefônico a suicidas, e atende a ligação de um jovem extremamente tenso. Que fatores de risco você deve procurar quando ele lhe relatar a angústia que está sentindo?

Quais as características comuns de pensamentos e sentimentos suicidas identificadas por Edwin Shneidman? Se um amigo seu expressasse qualquer desses sentimentos ou pensamentos, como você reagiria?

VERIFICAÇÃO DO APRENDIZADO

1. Mais mulheres do que homens usam armas nas tentativas de suicídio. V ou F?
2. Enquanto o índice geral de suicídios tem permanecido praticamente o mesmo, tem havido uma redução nos suicídios entre os adolescentes. V ou F?
3. O suicídio é um problema igual tanto entre os ricos como entre os pobres. V ou F?
4. Os índices mais altos de suicídio estão entre os divorciados. V ou F?
5. A maioria (dois terços) das tentativas de suicídio está na categoria do "talvez se suicidar". V ou F?

Raciocínio Crítico

6. Se você gosta de acompanhar a música popular, veja se consegue responder a esta pergunta: Quais dois grandes fatores de risco contribuíram para o suicídio, em 1994, de Kurt Cobain, líder da banda de *rock* Nirvana?

RESPOSTAS:

1.F 2.F 3.V 4.V 5.V 6. Abuso de droga ou álcool e disponibilidade de uma arma de fogo.

REVISÃO DO CAPÍTULO

Pontos Principais

- As avaliações a respeito da normalidade são relativas, no entanto, os distúrbios psicológicos existem claramente e precisam ser classificados, explicados e tratados.
- A psicopatologia, que envolve identificação, classificação e explicação dos distúrbios psicológicos, é importante e necessária.
- O comportamento psicológico não-saudável é desajustado e envolve perda de controle apropriado dos próprios pensamentos, sentimentos e ações.
- Padrões de comportamento desajustado, tipos de personalidade não-saudáveis, e níveis excessivos de ansiedade estão por trás de muitos distúrbios mentais.
- As formas mais graves de psicopatologia envolvem extremos emocionais e/ou rompimento com a realidade.
- Os distúrbios psicológicos são complexos e têm múltiplas causas.
- O suicídio é uma causa relativamente freqüente de morte que pode, em muitos casos, ser evitado.

Resumo

Como se define a normalidade e quais os principais distúrbios psicológicos?

- A psicopatologia refere-se ao comportamento desajustado e ao estudo científico dos distúrbios mentais.

- As definições de normalidade geralmente levam em conta o seguinte: desconforto subjetivo, anormalidade estatística, não-conformidade social, e contexto de comportamento situacional ou cultural.
- Dois elementos básicos no julgamento de um distúrbio é que o comportamento da pessoa deve ser desajustado e envolver perda de controle.
- Entre os distúrbios mentais graves estão os distúrbios psicóticos, a demência, os distúrbios relacionados com substâncias, os distúrbios de humor, os distúrbios de ansiedade, os distúrbios somatoformes, os distúrbios dissociativos, os distúrbios de personalidade e os distúrbios sexuais e de identidade sexual.
- Insanidade é um termo jurídico que define se a pessoa não pode ser responsabilizada por seus atos. A sanidade é determinada por um tribunal com base em parecer de peritos.

O que é distúrbio de personalidade?

- Distúrbios de personalidade são padrões profundamente arraigados de personalidade mal ajustada.
- Sociopatia é um distúrbio de personalidade comum. As pessoas anti-sociais parecem não ter consciência. Elas são emocionalmente frias, manipuladoras, superficiais e desonestas.

Quais os problemas causados pelo alto nível de ansiedade em uma pessoa?

- Os distúrbios de ansiedade, distúrbios dissociativos e distúrbios somatoformes são caracterizados por altos níveis de ansiedade, mecanismos de defesa rígidos e padrões de comportamento autofrustrantes.
- O termo *ataque de nervos* não tem significado formal. Contudo, os "ataques emocionais" correspondem efetivamente, de alguma forma, à ocorrência de um distúrbio de ajuste.
- Entre os distúrbios de ansiedade estão o distúrbio de ansiedade generalizada, o distúrbio de pânico com ou sem agorafobia, a agorafobia (sem pânico), as fobias específicas, a fobia social, os distúrbios obsessivo-compulsivos, os distúrbios de estresse pós-traumático e o distúrbio de estresse agudo.
- Os distúrbios dissociativos podem tomar forma de amnésia dissociativa, fuga dissociativa ou distúrbio de identidade dissociativa.
- Os distúrbios somatoformes concentram-se em queixas físicas semelhantes a uma doença ou deficiência. Quatro exemplos de distúrbios somatoformes são a hipocondria, o distúrbio de somatização, o distúrbio de dor somatoforme e o distúrbio de conversão.

Como os psicólogos explicam os distúrbios com base na ansiedade?

- A abordagem psicodinâmica enfatiza os conflitos inconscientes como causas da ansiedade incapacitante.
- A abordagem humanista enfatiza os efeitos de uma auto-imagem desajustada.
- A abordagem comportamental enfatiza os efeitos do aprendizado prévio, principalmente do aprendizado de evitação.
- As teorias cognitivas da ansiedade enfocam o pensamento, o julgamento e a atenção distorcida.

Quais são as características gerais da psicose?

- Psicose é o rompimento do contato com a realidade marcado por delírios, alucinações, mudanças sensoriais, emoções perturbadas, comunicação conturbada e desintegração da personalidade.
- A psicose orgânica é baseada em lesões ou doenças cerebrais conhecidas, incluindo os danos causados por envenenamento e abuso de drogas.

Qual é a natureza de um distúrbio de delírio?

- Os distúrbios de delírio são quase totalmente baseados na presença de delírios de grandeza, perseguição, infidelidade, atração romântica ou doença física.
- O distúrbio de delírio mais comum é a psicose paranóide. As pessoas paranóides podem ficar violentas caso se sintam ameaçadas.

Quais são as formas de esquizofrenia? Quais são as causas da esquizofrenia?

- A esquizofrenia envolve divisão entre pensamento e emoção, delírios, alucinações e problemas de comunicação.
- A esquizofrenia desorganizada é marcada pela desintegração extrema da personalidade e pelo comportamento estúpido, bizarro ou obsceno. A incapacidade social normalmente é extrema.
- A esquizofrenia catatônica está associada a estupor, mutismo e posturas estranhas. Algumas vezes, ocorre também comportamento violento e agitado.
- Na esquizofrenia paranóide (tipo mais comum), delírios exóticos de grandeza e perseguição são acompanhados de sintomas psicóticos e divisão de personalidade.
- As explicações atuais sobre a esquizofrenia enfatizam a combinação de trauma anterior, estresse ambiental, suscetibilidade herdada e anormalidades do cérebro.
- Entre os fatores ambientais que aumentam o risco de esquizofrenia estão a infecção viral ou a má alimentação durante a gravidez, complicações no parto, trauma psicológico prévio e ambiente familiar conturbado.
- A hereditariedade é um grande fator causador de esquizofrenia.
- Recentes estudos bioquímicos têm se concentrado no neurotransmissor dopamina e nos locais de recepção dessa substância.
- A explicação predominante da esquizofrenia e de outros problemas é o modelo de vulnerabilidade ao estresse.

O que são distúrbios de humor? O que provoca a depressão?

- Os distúrbios de humor envolvem principalmente problemas de humor ou emoção, produção de estados depressivos ou maníacos.
- A depressão duradoura, mas relativamente moderada, é chamada de distúrbio distímico. As oscilações crônicas, mas moderadas, de humor, entre depressão e euforia, são chamadas de distúrbio ciclotímico.
- Os distúrbios bipolares são uma combinação de mania e depressão. No distúrbio bipolar I, a pessoa oscila entre mania e depressão. No distúrbio bipolar II, a pessoa fica na maior parte do tempo deprimida, mas tem períodos maníacos leves.
- O distúrbio de depressão profunda envolve extrema tristeza e desânimo, mas não apresenta mania.
- O distúrbio afetivo sazonal (DAS), que ocorre nos meses de inverno, é outra forma comum de depressão. O DAS é normalmente tratado com fototerapia.
- Estas são as teorias propostas para a depressão: biológica, psicanalítica, cognitiva e comportamental. A hereditariedade é fator claro na suscetibilidade aos distúrbios de humor. As pesquisas em relação às causas e ao tratamento da depressão prosseguem.

Por que as pessoas cometem suicídio? É possível evitar o suicídio?

- O suicídio está estatisticamente relacionado a fatores como idade, sexo e estado civil.
- Em casos individuais, o potencial para o suicídio é mais bem identificado mediante o desejo de fuga, a dor psicológica insuportável, as necessidades psicológicas frustradas e a limitação de opções.
- O suicídio, muitas vezes, pode ser evitado com esforços da família, dos amigos e de profissionais da saúde mental.

Teste Seus Conhecimentos: Distúrbios Psicológicos

As perguntas a seguir são apenas uma amostra daquilo que você deve saber. Se não conseguir responder a algum item, reveja todo o capítulo.

1. A característica central do comportamento anormal é o fato de
   a. ser estatisticamente incomum
   b. ser mal ajustado
   c. não estar em conformidade social
   d. ser uma fonte de desconforto subjetivo
2. Na América do Norte, o padrão mais usado para classificação de distúrbios mentais é o
   a. DSPT
   b. *Programa de Disfunções de Personalidade*
   c. DSM
   d. *Livro de Referência do Psiquiatra*
3. As pessoas ficam "afastadas da realidade" quando sofrem de
   a. distúrbios psicóticos
   b. distúrbios de humor
   c. distúrbios somatoformes
   d. distúrbios de personalidade
4. A pessoa que tem períodos maníacos extremos sofre de
   a. distúrbio somatoforme
   b. distúrbio de humor
   c. distúrbio de ansiedade
   d. neurose
5. *Koro* e *locura* são
   a. distúrbios somatoformes
   b. formas de psicose
   c. terminologia folclórica
   d. distúrbios mentais orgânicos
6. Qual destes termos é um conceito *jurídico*?
   a. neurose   b. psicose
   c. drapetomania   d. insanidade
7. Qual destes itens NÃO é um tipo de distúrbio de personalidade?
   a. esquizóide   b. limítrofe
   c. neurótico   d. dependente
8. Uma pessoa impulsiva, desonesta, emocionalmente fria e manipuladora pode estar sofrendo de
   a. distúrbio de personalidade anti-social
   b. distúrbio de personalidade histriônica
   c. distúrbio de personalidade dependente
   d. distúrbio de personalidade obsessiva-compulsiva
9. Quando um período prolongado de desemprego, um casamento infeliz, ou uma doença física exige mais do que a capacidade da pessoa de enfrentar a dificuldade, é provável que ocorra qual destes distúrbios?
   a. distúrbio dissociativo   b. agorafobia
   c. distúrbio de ajuste   d. distúrbio de conversão
10. A agorafobia é mais freqüentemente uma característica de
    a. distúrbio de ajuste
    b. síndrome de pânico
    c. DSM
    d. distúrbio obsessivo-compulsivo
11. De acordo com a visão _____, os distúrbios de ansiedade são o resultado final de uma auto-imagem distorcida.
    a. psicodinâmica   b. humanista
    c. comportamental   d. cognitiva
12. Delírios e alucinações são as principais características de
    a. neurose   b. psicose
    c. mal de Alzheimer   d. distúrbio distímico
13. A psicose paranóide é o tipo mais comum de
    a. esquizofrenia catatônica
    b. distúrbio de delírio
    c. distúrbio de personalidade
    d. demência
14. Qual destes itens NÃO é um dos subtipos de esquizofrenia?
    a. tipo erotomaníaco   b. tipo catatônico
    c. tipo paranóide   d. tipo desorganizado
15. As explicações bioquímicas de esquizofrenia têm se concentrado na quantidade excessiva de _____ no cérebro.
    a. açúcar radioativo   b. conexões e emaranhados
    c. PCP   d. dopamina e glutamato
16. O modelo de psicose de vulnerabilidade ao estresse explica os distúrbios mentais como produto de estresses ambientais e
    a. trauma psicológico
    b. comunicação equivocada
    c. exposição ao vírus do resfriado durante a gravidez
    d. hereditariedade
17. Os distúrbios bipolares não tão profundos são chamados de
    a. distúrbios endógenos
    b. distúrbios ciclotímicos
    c. distúrbios afetivos sazonais
    d. distúrbios distímicos
18. O fato de o carbonato de lítio ser eficaz no tratamento de alguns casos de depressão bipolar indica que as causas dos distúrbios bipolares são pelo menos parcialmente _____
    a. biológicas   b. existenciais
    c. ambientais   d. neuróticas
19. A depressão que ocorre somente no inverno deve ser classificada como
    a. DAS   b. DSPT
    c. bipolar   d. endógena
20. O risco de uma pessoa tentar suicídio é muito grande se ela
    a. tiver um plano concreto viável
    b. tiver uma crise recente na vida
    c. estiver afastada do contato com as outras pessoas
    d. tiver necessidades psicológicas frustradas

RESPOSTAS:

1.b 2.c 3.a 4.b 5.c 6.d 7.c 8.a 9.c 10.b 11.d 12.b 13.b 14.a 15.d 16.d 17.b 18.a 19.a 20.a

Terapias

Capítulo 13

Terror Frio em uma Tarde Quente

O sol forte do Arizona brilhava. Através da janela eu conseguia ver e ouvir um bando de passarinhos cantando e, misturado entre os cantos, eu ouvia o choro de Susan.

Como psicólogo, conheci muitos alunos com problemas pessoais. Mesmo assim, fiquei surpreso ao ver Susan na porta da minha sala. Em vista de seu excelente desempenho acadêmico e de sua saudável e normal aparência, eu não estava preparado para ouvir o que ela tinha a dizer. "Parece que estou perdendo a cabeça", ela disse. "Posso falar com você?"

Durante uma hora, Susan descreveu o inferno pessoal pelo qual estava passando. Sua aparência calma escondia um universo debilitante de medo, ansiedade e depressão. No trabalho, ela tinha pavor de conversar com os colegas e clientes. Essa fobia social ocasionava faltas freqüentes e comportamentos embaraçosos. Em cada emprego que arrumava, sua demissão era questão de tempo.

Na escola, Susan se sentia "diferente" e tinha certeza de que os colegas a achavam "esquisita". Vários romances desastrosos deixaram-na com horror de homens. Ultimamente, ela andava tão deprimida a ponto de pensar em suicídio. Freqüentemente, ficava apavorada sem nenhuma razão evidente. Toda vez seu coração disparava, e ela sentia que estava prestes a perder totalmente o controle.

A ida de Susan à minha sala representou uma guinada importante na sua vida. Os conflitos emocionais haviam tornado sua existência um pesadelo. Quando ela percebeu que estava se transformando na sua própria pior inimiga, sentiu que precisava de ajuda de outra pessoa – no caso de Susan, um psicólogo excelente para quem a encaminhei. Com a psicoterapia, o psicólogo conseguiu ajudá-la a controlar as emoções e readquirir o equilíbrio.

Este capítulo trata dos métodos usados para aliviar problemas como os de Susan. Primeiro, descreveremos as terapias que enfatizam o valor do *insight* nos problemas pessoais. Em seguida, enfocaremos as *terapias comportamentais* e *terapias cognitivas*, que mudam diretamente ações e pensamentos problemáticos. Por fim, analisaremos as *terapias médicas*, baseadas nas drogas psiquiátricas e em outros tratamentos físicos.

> **Perguntas para Pesquisa**

- Quais as diferenças entre as diversas psicoterapias? Como se originou a psicoterapia?
- Hoje, a psicanálise freudiana ainda é usada?
- Quais são as principais terapias humanistas?
- O que é terapia comportamental?
- Como a terapia comportamental é usada no tratamento de fobias, medos e ansiedades?
- Qual o papel do reforço na terapia comportamental?
- A terapia muda os pensamentos e as emoções?
- A psicoterapia pode ser feita em grupo?
- Quais os pontos em comum entre as várias terapias?
- Como os psiquiatras tratam dos distúrbios psicológicos?
- Como os princípios comportamentais são aplicados aos problemas cotidianos?
- Como uma pessoa pode encontrar ajuda profissional?

PSICOTERAPIA – MELHORANDO HORA A HORA

▶ PERGUNTAS PARA PESQUISA   *Quais as diferenças entre as diversas psicoterapias? Como se originou a psicoterapia?*

Felizmente, são boas as chances de você *não* passar por problemas emocionais como os de Susan. Mas se isso vier a acontecer, que tipo de ajuda buscar? **Psicoterapia** refere-se a qualquer técnica psicológica que promova mudanças positivas de personalidade, comportamento ou ajuste pessoal. Na maioria dos casos, a psicoterapia é baseada no diálogo entre terapeuta e cliente. Alguns terapeutas também empregam princípios de aprendizado para alterar de forma direta comportamentos problemáticos.

Psicoterapia Qualquer técnica psicológica usada para promover mudanças positivas na personalidade, no comportamento ou no ajuste de uma pessoa.

São várias as opções de tratamento adotadas pelos psicoterapeutas: psicanálise, dessensibilização, gestalt-terapia, terapia centrada no cliente, terapia cognitiva e terapia comportamental – apenas para mencionar algumas. Como veremos, os conceitos e métodos enfatizados por cada tipo de terapia variam muito. Por essa razão, o melhor tratamento para uma determinada pessoa ou para um problema específico também varia.

Dimensões da Terapia

Os termos a seguir descrevem aspectos básicos de várias terapias. Observe que mais de um termo pode ser aplicado a uma determinada terapia. Por exemplo, a terapia pode ser de grupo, voltada à ação e diretiva; ou individual, voltada ao insight e não-diretiva.

- **Terapia individual** Terapia envolvendo um cliente e um terapeuta.
- **Terapia de grupo** Sessão de terapia em que diversos clientes participam ao mesmo tempo.
- **Terapia de *insight*** Qualquer psicoterapia cujo objetivo seja fazer o cliente compreender melhor seus pensamentos, suas emoções e seus comportamentos.
- **Terapia de ação** Qualquer terapia destinada a promover mudanças em pensamentos, hábitos, sentimentos ou comportamentos problemáticos, sem buscar insight das suas origens e seus significados.
- **Terapia diretiva** Qualquer tratamento em que o terapeuta exerça forte influência.
- **Terapia não-diretiva** Estilo de terapia em que o cliente assume a responsabilidade pela solução dos seus problemas; o terapeuta auxilia, mas não orienta nem dá conselhos.
- **Terapia de tempo limitado** Qualquer terapia com expectativa de duração limitada em termos de quantidade de sessões.

- **Terapia de apoio** Tratamento em que a meta do terapeuta é oferecer apoio, e não promover mudança pessoal. Esse tipo de terapia pode auxiliar uma pessoa que esteja tentando sair de uma crise emocional ou tentando resolver problemas do dia-a-dia.

Mitos

A psicoterapia tem sido descrita como um meio de promover uma completa transformação pessoal – uma espécie de "retificação geral" da psique. Contudo, a terapia *não* é igualmente eficaz em todos os problemas. As chances de êxito no tratamento de fobias, baixa auto-estima, alguns problemas sexuais e conflitos conjugais são razoavelmente boas. Porém, problemas mais complexos são mais difíceis de resolver. Para muitas pessoas, o principal benefício da terapia é que, além de promover conforto e apoio, ela é uma forma de realizar mudanças construtivas (Hellerstein et al., 1998).

Em suma, muitas vezes é ilusão esperar que a psicoterapia desfaça todo o passado histórico de uma pessoa. No entanto, mesmo quando os problemas são graves, a terapia pode nos ajudar a enxergar outras perspectivas e a aprender comportamentos para enfrentar melhor a vida. A psicoterapia pode ser uma tarefa árdua tanto para clientes como para terapeutas, mas, quando ela é bem-sucedida, poucas atividades são mais valiosas do que esse tratamento.

Também é um equívoco pensar no uso da psicoterapia apenas para resolver problemas ou acabar com uma crise. Mesmo que a pessoa se sinta bem, a terapia pode ser uma forma de promover o crescimento pessoal (Buck, 1990). A ▲Tabela 13.1 apresenta alguns elementos de saúde mental positiva que os terapeutas buscam restaurar ou promover.

▲ TABELA 13.1	Elementos de Saúde Mental Positiva
• Autonomia e independência pessoal • Sentido de identidade • Sentimentos de valor pessoal • Habilidade de comunicação interpessoal • Sensibilidade, crescimento e confiança • Autenticidade e honestidade consigo mesmo e com os outros • Autocontrole e responsabilidade pessoal • Relacionamentos de respeito e cumplicidade • Capacidade de perdoar a si próprio e aos outros • Valores pessoais e objetivo de vida • Autoconsciência e motivação para crescimento pessoal • Estratégias de ajuste para enfrentar estresses e crises • Realização e satisfação profissional • Hábitos físicos saudáveis	
(Tabela adaptada de Bergin, 1991.)	

ORIGENS DA TERAPIA – CRÂNIOS PERFURADOS E HISTERIA NO DIVÃ

Os primeiros tratamentos para problemas mentais nos dão boas razões para valorizar as modernas terapias. Descobertas arqueológicas datadas da Idade da Pedra indicam que os tratamentos mais primitivos eram marcados pelo medo e pela crença supersticiosa em demônios, bruxaria e magia. Uma das "curas" mais dramáticas praticadas pelos "terapeutas" primitivos era um processo chamado *trepanação*. No uso moderno, trepanação consiste em qualquer procedimento cirúrgico para fazer um orifício no crânio. Nas mãos dos terapeutas primitivos, o procedimento consistia em perfurar, talhar ou golpear o crânio para fazer buracos na cabeça do paciente. Supõe-se que isso era feito para aliviar a pressão no crânio ou libertar os maus espíritos. Na verdade, muitos "pacientes" não sobreviviam ao "tratamento", dando indícios de que a trepanação talvez tenha sido uma simples desculpa para matar pessoas de comportamento incomum.

Durante a Idade Média, os tratamentos para doenças mentais na Europa concentravam-se na **demonologia**, o estudo dos demônios e de pessoas atormentadas por espíritos. Os "terapeutas" medievais normalmente atribuíam o comportamento anormal às forças sobrenaturais, como possessão pelo demônio ou maldições de bruxas e magos. Para a cura, eles usavam o exorcismo, a fim de "expulsar os espíritos demoníacos". Felizmente, o exorcismo consistia em um ritual religioso. Mais freqüentemente, a tortura física era usada para transformar o corpo em um local inóspito para o demônio residir.

Uma razão para o surgimento da demonologia pode estar no *ergotismo*, quadro semelhante ao psicótico causado por envenenamento por ergotina. Na Idade Média, os campos (grãos) de centeio muitas vezes ficavam infestados com o fungo da ergotina. Hoje, sabemos que a ergotina é fonte natural do LSD e de outras substâncias químicas alteradoras da mente. O consumo de pão contaminado pode ter provocado sintomas facilmente confundidos com loucura ou feitiçaria. Sensações de pressão, contrações musculares, espasmos faciais, delírios e alucinações são sinais de envenenamento por ergotina (Kety, 1979; Matossian, 1982). Desse modo, muitas pessoas "tratadas" por demonólogos podem ter sido vítimas duas vezes.

Demonologia Na Europa Medieval, o estudo dos demônios e o tratamento de pessoas "possuídas" por eles.

Somente depois de 1793 é que a pessoa emocionalmente perturbada passou a ser considerada "mentalmente doente" e a receber tratamento digno. Nesse mesmo ano o médico francês Philippe Pinel transformou o Asilo Bicêtre de Paris de uma esquálida "casa de loucos", em um hospital mental, libertando os internos das correntes. Embora já se tenham passado 200 anos desde que Pinel passou a adotar um tratamento mais humanizado, o processo de aperfeiçoamento do cuidado psiquiátrico continua até hoje.

Quando foi criada a psicoterapia? A primeira psicoterapia de verdade foi criada há cerca de cem anos por Sigmund Freud. Como médico em Viena, Freud ficava intrigado com os casos de *histeria*. As pessoas que sofrem de histeria apresentam sintomas físicos (por exemplo, paralisia ou dormência) para os quais não são encontradas causas físicas. (Esses problemas hoje são denominados de distúrbios somatoformes.) Lentamente, Freud foi se convencendo de que a histeria estava ligada a conflitos inconscientes profundamente ocultos. Com base nesse insight, desenvolveu a terapia chamada psicanálise. Como ela é a "avó" das terapias mais modernas, vamos examiná-la mais detalhadamente.

PSICANÁLISE – UMA EXPEDIÇÃO PARA DENTRO DO INCONSCIENTE

▶ **PERGUNTA PARA PESQUISA**   *Hoje, a psicanálise freudiana ainda é usada?*

A psicanálise não é a terapia em que o paciente fica deitado no divã? Durante a terapia, os pacientes de Freud normalmente ficavam deitados em um divã, enquanto ele se mantinha longe das vistas do paciente, tomando notas e interpretando. Essa disposição destinava-se a incentivar o fluxo livre de pensamentos e imagens do inconsciente. Contudo, essa posição é a característica menos importante da psicanálise, e muitos analistas modernos já a abandonaram.

Como Freud tratava dos problemas emocionais? A teoria de Freud salientava que a "neurose" e a "histeria" eram causadas por lembranças, motivos e conflitos reprimidos – principalmente aqueles resultantes de impulsos instintivos sexuais e agressivos. Embora ocultas, essas forças permanecem ativas na personalidade, desenvolvendo em algumas pessoas defesas rígidas contra o ego e comportamentos autofrustrantes compulsivos. Desse modo, o objetivo principal da **psicanálise** é reduzir os conflitos internos causadores do sofrimento emocional (Wolitzky, 1995).

Freud contava com quatro técnicas básicas para descobrir as raízes inconscientes da neurose (Freud, 1949). São elas *livre associação, análise do sonho, análise da resistência* e *análise da transferência*.

Livre Associação

Psicanálise Abordagem freudiana da psicoterapia que enfatiza o uso de livre associação, interpretação dos sonhos, resistências e transferência de conflitos inconscientes.

Livre associação Na psicanálise, a técnica de fazer um paciente dizer qualquer coisa que vier à mente, independentemente de quão embaraçoso possa parecer.

Conteúdo latente de um sonho O significado oculto ou simbólico de um sonho, de acordo com o revelado por sua interpretação e análise.

Conteúdo manifesto do sonho O conteúdo superficial, "visível" de um sonho; imagens oníricas da forma como são lembradas pela pessoa que sonha.

Símbolos oníricos Imagens em sonho com significados pessoais e emocionais distintos dos significados literais.

Dizer tudo que vem à mente é a base da **livre associação**. Os pacientes devem falar sem se preocupar se a idéia é dolorosa, embaraçosa ou ilógica. Os pensamentos fluem livremente de uma idéia à outra, sem autocensura. O objetivo da livre associação é reduzir as defesas de modo que os pensamentos e sentimentos inconscientes possam emergir (Wolitzky, 1995).

Análise do Sonho

Freud acreditava que os sonhos proporcionavam um "caminho real para o inconsciente" por expressarem livremente desejos proibidos e sentimentos inconscientes. Esses sentimentos são encontrados no **conteúdo latente** (significado simbólico, oculto) dos sonhos. Normalmente, apenas nos lembramos do **conteúdo manifesto** (significado visível, óbvio), que tende a dissimular as informações do inconsciente.

Freud interessava-se especialmente pelas mensagens inconscientes reveladas pelos **símbolos oníricos** (imagens com significado emocional ou pessoal). Suponhamos o sonho de um jovem, em que ele puxa uma pistola da cintura e mira um alvo enquanto a esposa assiste a tudo. A pistola falha várias vezes e a esposa ri. Freud interpretaria essa cena como sinal de sentimentos reprimidos de impotência sexual, em que a arma seria a imagem disfarçada do pênis.

Análise da Resistência

Durante uma sessão de livre associação ou de descrição dos sonhos, o paciente pode *resistir* a falar de alguns assuntos ou até mesmo a pensar neles. Essas **resistências** (bloqueios no fluxo de idéias) revelam principalmente conflitos inconscientes importantes. Assim que percebe as resistências, o analista faz com que o paciente tome consciência delas e possa enfrentá-las de forma realista (Wolitzky, 1995). Em vez de bloquear o caminho durante a terapia, as resistências podem representar um desafio e oferecer diretrizes (May, 1996).

Análise da Transferência

Transferência é a tendência de o paciente "transferir" ao terapeuta sentimentos correspondentes aos que nutria por pessoas importantes do passado. Às vezes, o paciente pode agir como se o analista fosse o pai que o rejeitou, a mãe superprotetora ou desnaturada, ou um antigo amor. Conforme o paciente vai revivendo as emoções reprimidas, o terapeuta pode ajudá-lo a reconhecê-las e entendê-las. As pessoas problemáticas, muitas vezes, provocam raiva, rejeição, aborrecimento, crítica e outras reações negativas dos outros. Os terapeutas eficazes aprendem a não reagir como os outros e a jogar o "jogo" habitual dos pacientes. Isso também contribui para a mudança terapêutica.

A Psicanálise Hoje

Qual o status da psicanálise hoje? Os psicanalistas tradicionais costumavam realizar de três a cinco sessões de análise por semana, muitas vezes por vários anos. Hoje, a maioria dos pacientes faz uma ou duas sessões por semana, mas o tratamento ainda pode durar anos (Friedman et al., 1998). Por causa do tempo e do dinheiro gastos, os psicanalistas estão se tornando relativamente escassos. Mesmo assim, a psicanálise contribuiu muito para as terapias modernas por ressaltar a importância dos conflitos inconscientes (Rangell, 2002).

Muitos terapeutas passaram a adotar a **terapia dinâmica de curto prazo**, que emprega o questionamento direto a fim de relevar os conflitos inconscientes (Book e Luborsky, 1998). Os terapeutas modernos também provocam de forma ativa reações emocionais para reduzir as defesas e produzir *insights* (Davanloo, 1995). O aspecto mais interessante é que a terapia de curto prazo pode agilizar a recuperação. Os pacientes parecem perceber a necessidade de atacar rapidamente seus problemas (Reynolds et al., 1996).

A criação de terapias dinâmicas mais modernas e simples deve-se, em parte, ao questionamento a respeito da "eficácia" da psicanálise tradicional. Um crítico, Hans J. Eysenck (1967, 1994), insinuou que a psicanálise simplesmente levava tanto tempo que os pacientes acabavam tendo uma *remissão espontânea* dos sintomas (melhora em razão da simples decorrência do tempo). Como é possível afirmar que uma determinada terapia ou a simples passagem do tempo é responsável pela recuperação do paciente? Normalmente, alguns pacientes são indicados aleatoriamente para tratamento, enquanto outros são colocados em uma lista de espera. Se o índice de recuperação dos pacientes do *grupo de controle de lista de espera*, que não recebem tratamento, for igual ao dos pacientes submetidos à terapia, esta tem pouca valia.

Até que ponto a possibilidade de remissão espontânea deve ser levada a sério? É verdade que problemas variando da hiperatividade à ansiedade melhoram com o decorrer do tempo. Contudo, os pesquisadores confirmaram que a psicanálise produz, de fato, uma melhora na grande maioria dos pacientes (Doidge, 1997).

O verdadeiro valor da crítica de Eysenck está no fato de haver incentivado os psicólogos a experimentar novas idéias e técnicas. Os pesquisadores começaram a questionar: "Quando a psicanálise funciona, e por quê? Quais partes da psicanálise são essenciais e quais são desnecessárias?". Os terapeutas modernos têm oferecido respostas surpreendentemente variadas a essas perguntas. As próximas seções apresentarão algumas das terapias mais usadas atualmente.

Resistência Bloqueio que ocorre na psicanálise durante a livre associação; assuntos sobre os quais o cliente resiste em pensar ou falar.

Transferência Na psicanálise, a tendência de um cliente de transferir para o terapeuta sentimentos que correspondem àqueles que o cliente tinha por pessoas importantes no seu passado.

Terapia dinâmica de curto prazo Terapia psicodinâmica moderna desenvolvida para criar *insights* em um período de tempo mais curto que o da psicanálise tradicional.

PAUSA PARA ESTUDO — Psicoterapia e Psicanálise

RELACIONE

Sua visão sobre psicoterapia mudou? Quantos tipos de psicoterapia você consegue citar?

Faça uma lista descrevendo o que significa para você uma pessoa mentalmente saudável. Quantos itens da sua lista são iguais aos da Tabela 13.1?

O uso de trepanação, demonologia e exorcismo presumia que a pessoa mentalmente doente estava "amaldiçoada". Até que ponto o mentalmente doente é estigmatizado ou rejeitado nos dias atuais?

Tente realizar uma livre associação (em voz alta) por dez minutos. Foi difícil? Surgiu algo interessante?

Explique com suas próprias palavras o papel da análise do sonho, das resistências e da transferência na psicanálise.

VERIFICAÇÃO DO APRENDIZADO

Combine as colunas:
_____ 1. Terapias diretivas   A. Promover mudança de comportamento
_____ 2. Terapias de ação   B. Colocar a responsabilidade no cliente
_____ 3. Terapias de *insight*   C. Orientar incisivamente o cliente
_____ 4. Terapias não-diretivas   D. Buscar a compreensão

5. Pinel ficou famoso por causa do uso de exorcismo. V ou F?
6. Na psicanálise, como se chama o apego emocional do paciente ao terapeuta?
   a. livre associação   b. associação manifesta
   c. resistência   d. transferência

Raciocínio Crítico

7. Os grupos de controle de lista de espera ajudam a separar os efeitos da terapia da melhora relacionada com a mera passagem do tempo. Que outro tipo de grupo de controle seria necessário para saber se a terapia é realmente benéfica?

RESPOSTAS:

1.C 2.A 3.D 4.B 5.F 6.d 7. A terapia com placebo algumas vezes é usada para avaliar os benefícios reais da terapia. Ela é superficialmente semelhante à situação real, mas sem os elementos principais considerados terapêuticos.

TERAPIAS HUMANISTAS — RESTAURANDO O POTENCIAL HUMANO

▶ **PERGUNTA PARA PESQUISA** *Quais são as principais terapias humanistas?*

Já dissemos que os terapeutas de *insight* ajudam o cliente a conhecer melhor seus pensamentos, suas emoções e seu comportamento. A melhoria do autoconhecimento também é o objetivo da psicanálise tradicional. Contudo, Freud afirmava que seus pacientes poderiam esperar apenas transformar seu "sofrimento histérico em infelicidade comum"! As terapias humanistas são mais otimistas. A maioria parte do princípio da possibilidade de as pessoas usarem seu potencial pleno e levarem uma vida rica e recompensadora. A psicoterapia é vista como forma de dar chance à saúde mental de emergir.

Terapia Centrada no Cliente

O que é terapia centrada no cliente? Qual a diferença entre essa terapia e a psicanálise? Os psicanalistas mergulham no inconsciente. O psicólogo Carl Rogers (1902-1987) achava mais vantajoso explorar os pensamentos e sentimentos conscientes. O psicanalista tende a tomar uma posição de autoridade, estabelecendo o "significado" dos sonhos, dos pensamentos ou das lembranças. Rogers, ao contrário, acreditava que nem sempre aquilo que é certo ou mais importante para o terapeuta, também o é para o paciente. (Rogers preferia o termo *cliente* em vez de *paciente*, porque "paciente" implica uma pessoa "doente" e que precisa de "cura".) Conseqüentemente, o cliente é quem determina o que deve ser discutido durante cada sessão. Assim, a **terapia centrada no cliente** (também denominada **terapia centrada na pessoa**) é não-diretiva e baseada em *insights* dos pensamentos e sentimentos conscientes (Bohart, 1995).

Terapia centrada no cliente (ou centrada na pessoa) Uma terapia não-dirigida baseada nos benefícios dos *insights* de pensamentos e sensações conscientes que enfatiza a aceitação do verdadeiro self da pessoa.

Se o cliente determina os rumos da terapia, o que faz o terapeuta? O trabalho do terapeuta consiste em criar uma "atmosfera de crescimento". Ele oferece oportunidades de mudança, mas o cliente deve buscar de forma ativa resolver seus problemas. O terapeuta não é capaz de "consertar" o cliente (Bohart e Tallman, 1996).

Condições que Promovem a Saúde

Rogers acreditava que o terapeuta eficiente tinha de manter quatro condições básicas. Primeiro, oferecer ao cliente **atenção positiva incondicional** (aceitação pessoal inabalável). O terapeuta não deve reagir demonstrando choque, desprezo ou reprovação diante de qualquer coisa que o cliente diga ou sinta. A aceitação total pelo terapeuta é a primeira etapa para a auto-aceitação do cliente.

Segundo, o terapeuta deve tentar atingir a verdadeira **empatia**, tentando enxergar o mundo através dos olhos do cliente, e sentir parte daquilo que o cliente está sentindo.

Como terceira condição essencial, o terapeuta deve esforçar-se para ser **autêntico** (verdadeiro e honesto). O terapeuta não deve esconder-se por trás do papel do profissional. Rogers acreditava que aparências falsas destroem a atmosfera de crescimento buscada na terapia centrada no cliente.

Quarto, o terapeuta não deve interpretar, propor soluções ou dar conselhos. Ao contrário, ele deve **espelhar** (refrasear, resumir ou repetir) os pensamentos e sentimentos do cliente. Isso permite ao terapeuta agir como "espelho" psicológico e, assim, o cliente consegue enxergar-se mais claramente. Rogers teorizava que a pessoa munida de uma auto-imagem realista e de mais auto-aceitação descobriria gradualmente as soluções para os problemas da vida.

Terapia Existencial

De acordo com os existencialistas, o simples fato de "estar no mundo" (a existência) cria profundos conflitos. Cada um de nós deve lidar com a realidade da morte. Devemos encarar o fato de que criamos nosso mundo particular fazendo escolhas. Devemos superar o isolamento em um planeta vasto e indiferente. Acima de tudo, devemos enfrentar os sentimentos de insignificância.

O que essas questões têm a ver com a psicoterapia? A **terapia existencial** enfoca os problemas da existência, por exemplo, o sentido, a escolha e a responsabilidade. Assim como a terapia centrada no cliente, ela promove o autoconhecimento e a auto-realização. Contudo, há grandes diferenças entre as duas terapias. A terapia centrada no cliente busca descobrir o "verdadeiro eu" oculto por trás de um painel de defesas. Já a terapia existencial acredita que você pode *escolher tornar-se* a pessoa que deseja ser.

Os terapeutas existenciais tentam dar ao cliente *coragem* para fazer escolhas socialmente construtivas e recompensadoras. Normalmente, a terapia enfoca a *morte*, a *liberdade*, o *isolamento* e a *falta de sentido*, as "preocupações extremas" da existência (Yalom, 1980). Esses desafios humanos universais incluem: a consciência da mortalidade do indivíduo, a responsabilidade advinda do livre-arbítrio, a solidão dentro do nosso próprio universo particular, e a necessidade de criar sentido para a nossa vida.

O que faz o terapeuta existencial? Ele ajuda o cliente a descobrir as limitações auto-impostas na identidade pessoal. Para ter êxito, o cliente deve aceitar totalmente o desafio de mudar a própria vida (Bugental e Sterling, 1995). Um aspecto fundamental da terapia existencial é a *confrontação*, na qual o cliente é desafiado a examinar seus valores e suas escolhas e a assumir a responsabilidade pela qualidade da sua existência (Gerwood, 1998).

Uma parte importante da confrontação é o *encontro* aqui e agora, intenso e único, entre dois seres humanos. Quando a terapia existencial obtém sucesso, ela produz um senso renovado de propósito e uma reavaliação do que é importante na vida. Alguns clientes chegam a experimentar a sensação de renascimento emocional, como se tivessem sobrevivido a um encontro rápido com a morte. Já dizia Marcel Proust: "A verdadeira viagem do descobrimento consiste não em ver novas paisagens, mas em ganhar novos olhos".

Atenção positiva incondicional Aceitação inabalável e não-qualificada de outra pessoa.

Empatia A capacidade de assumir o ponto de vista de outra pessoa; a capacidade de sentir o que a outra pessoa está sentindo.

Autenticidade Nos termos de Carl Rogers, a capacidade de um terapeuta de ser autêntico e honesto em relação aos seus sentimentos.

Espelhar Na terapia centrada no cliente, o processo de refrasear ou repetir pensamentos e sentimentos para que os clientes fiquem cientes do que estão dizendo sobre eles.

Terapia existencial Uma terapia de insight que se concentra nos problemas da existência, como a morte, o significado, escolhas e responsabilidade; enfatiza a feitura de escolhas corajosas.

Gestalt-terapia

A gestalt-terapia é baseada na idéia da separação ou da incompletude da percepção – ou da *consciência* – nas pessoas desajustadas. A palavra alemã *gestalt* significa "totalidade" ou "completude". A **Gestalt-terapia** ajuda a pessoa a reconstruir o pensamento, o sentimento e a ação em unidades totais conectadas. Isso é obtido mediante a expansão da consciência pessoal; pela aceitação da responsabilidade por pensamentos, sentimentos e ações da pessoa; e pelo preenchimento das lacunas na experiência (Yontef, 1995).

O que quer dizer lacunas na experiência? Os terapeutas da Gestalt acreditam que, muitas vezes, deixamos de expressar ou de "possuir", por vergonha, sentimentos desagradáveis. Isso cria uma lacuna na autoconsciência que pode transformar-se em barreira ao crescimento pessoal. Por exemplo, uma pessoa com raiva por causa da morte do pai pode levar anos sem expressá-la plenamente. Essas e outras lacunas ameaçadoras semelhantes podem perturbar a saúde emocional.

A abordagem gestáltica é mais diretiva que a terapia centrada no cliente ou a existencial e enfatiza a experiência imediata. Trabalhando em ambiente individual ou de grupo, o terapeuta da Gestalt incentiva os clientes a tomarem mais consciência dos próprios pensamentos, percepções e emoções momento a momento (Cole, 1998). Em vez de discutir *por que* os clientes sentem culpa, raiva, medo ou tédio, ele os incentiva a ter esses sentimentos "aqui e agora" e a tomar consciência deles. O terapeuta promove a consciência chamando a atenção para a postura, a voz, os movimentos dos olhos e os gestos das mãos do cliente. Os clientes também podem exagerar os sentimentos vagos até eles se tornarem claros. Os terapeutas gestálticos acreditam que a expressão desses sentimentos permite às pessoas "tratar dos assuntos inacabados" e superar impasses emocionais.

A Gestalt-terapia é, muitas vezes, associada ao trabalho de Frederick (Fritz) Perls (1969). Em todos os seus trabalhos, a mensagem básica de Perls é clara: a saúde emocional resulta da consciência do que você *deseja* fazer, não dependendo do que você *deveria* fazer, *deve* fazer, ou *deveria querer* fazer. Outra forma de expressar sua visão é que a saúde emocional resulta de assumir total responsabilidade pelos sentimentos e pelas ações da pessoa. Por exemplo, isso quer dizer mudar o "eu não posso" pelo "eu não farei" ou "eu devo fazer" pelo "eu opto por fazer".

Como a Gestalt-terapia ajuda a pessoa a descobrir seus verdadeiros desejos? Acima de tudo, a Gestalt-terapia enfatiza a experiência *presente*. Os clientes são instigados a parar de intelectualizar e falar *sobre* os sentimentos. Ao contrário, eles aprendem a viver agora; a viver aqui; a parar de imaginar; a experimentar a realidade; a parar os pensamentos desnecessários; a saborear e ver; a expressar em vez de explicar, justificar ou julgar; a substituir o desprazer e o sofrimento apenas pelo prazer; e a aceitar ser apenas o que se é (Naranjo, 1970). Os terapeutas gestálticos acreditam que, paradoxalmente, a melhor forma de mudar é simplesmente se tornar apenas aquilo que você realmente é (Yontef, 1995).

Gestalt-terapia Uma abordagem que se concentra na experiência imediata e na consciência para ajudar os clientes a reconstruir o pensamento, os sentimentos e a atuação em unidades totais conectadas, e que enfatiza a integração de experiências fragmentadas.

Por causa da ênfase na interação verbal, as terapias humanistas podem ser conduzidas a distância, por telefone ou por e-mail. Vamos analisar essas possibilidades.

PSICOTERAPIA A DISTÂNCIA – JÓQUEIS PSÍQUICOS E TERAPIAS CIBERNÉTICAS

Será que os serviços psicológicos oferecidos por telefone e Internet são válidos? Por bem ou por mal, a psicoterapia e o aconselhamento estão entrando rapidamente na era eletrônica. Hoje, há serviços psicológicos disponíveis por meio de rádio, telefone, videoconferência, e-mail e salas de bate-papo na Internet. Quais as vantagens e desvantagens de obter ajuda *on-line*? Quais os riscos e os possíveis benefícios?

Psicólogos da Mídia

Por ora, você talvez já tenha ouvido programas de rádio com psicólogos que dão orientações por telefone. Em um programa típico, os ouvintes ligam e descrevem problemas de abuso infantil, solidão, casos de amor, fobias, ajuste sexual ou depressão. O psicólogo, então, oferece reafirmação, conselho, ou sugestão para procurar ajuda. Esse tipo de psicologia e programas semelhantes de TV podem parecer inofensivos, contudo, suscitam algumas questões importantes. Por exemplo: Será razoável aconselhar uma pessoa sem conhecer nada sobre a sua vida pregressa? Será que o conselho pode ser prejudicial? Que bem o psicólogo consegue fazer em três minutos?

Em defesa própria, os psicólogos da mídia ressaltam que os ouvintes podem descobrir soluções para os próprios problemas ouvindo outras pessoas falar. Muitos também afirmam ser esse tipo de trabalho educativo, e não terapêutico. Mesmo assim, surge a seguinte questão: Em que momento o conselho se transforma em terapia? A Associação Psicológica Americana pressiona para que os psicólogos da mídia abordem apenas problemas de natureza geral, em vez de efetivamente aconselhar as pessoas. Por exemplo, se um ouvinte se queixar de insônia, o psicólogo do rádio deve falar de insônia em geral, e não investigar a vida pessoal do indivíduo.

Ao dar informações, conselhos e apoio social, os psicólogos da mídia talvez ajudem efetivamente algumas pessoas. Mesmo assim, um bom conselho para qualquer um tentado a ligar para um psicólogo de programa de rádio é este: "Consumidor, fique alerta".

Terapeutas por Telefone

A mesma precaução se aplica aos terapeutas por telefone. Esses "conselheiros" podem ser contatados por meio de serviços de ligação gratuita por US$ 3 a US$ 4 por minuto. Até hoje, não há evidências da eficácia do aconselhamento telefônico comercial. A terapia cara a cara tem êxito por causa do *relacionamento* contínuo entre duas pessoas. A terapia por telefone, além de tudo, é extremamente limitada por causa da falta de dicas visuais, como expressão facial e linguagem corporal (Haas et al., 1996).

É importante notar que os verdadeiros terapeutas às vezes usam o telefone para acalmar, consolar ou aconselhar clientes entre as sessões de terapia. Outros estão experimentando o método, efetivamente realizando terapias por telefone. Por exemplo, depois do ataque às torres gêmeas do World Trade Center, muitos funcionários das equipes de resgate precisaram de aconselhamento. Para atender às necessidades, uma rede telefônica foi criada a fim de estabelecer contato entre os trabalhadores de emergência e os psicólogos em todos os Estados Unidos (Murray, 2001; Shore, 2003). Nas circunstâncias devidas, a terapia por telefone pode ser tão eficaz quanto a terapia cara a cara (X Day e Schneider, 2002). Do mesmo modo, o uso do telefone para atendimento de suicidas e aconselhamento em crises é consagrado. Mesmo assim, vale reafirmar que a validade do terapeuta por telefone comercial é questionável. Os consumidores devem se perguntar: Até que ponto eu confiaria em um médico que dá diagnósticos por telefone? Muitos "terapeutas" por telefone, na verdade, podem ser simples operadores sem qualificação adequada (Newman, 1994).

Terapia Cibernética

É possível encontrar praticamente de tudo na Internet. Nos últimos anos, "terapia cibernética", conselho psicológico, grupos de apoio e revistas de auto-ajuda vêm aumentando a lista. Alguns serviços, como os grupos de apoio, são gratuitos. O aconselhamento ou a orientação online, ao contrário, geralmente são oferecidos mediante o pagamento de uma taxa. Alguns terapeutas online "discutem" os problemas com o cliente por meio de mensagens de e-mail. Outros apenas respondem a dúvidas ou dão conselhos a respeito de problemas específicos.

Os serviços de aconselhamento e orientação online efetivamente têm algumas vantagens. Por um lado, os clientes podem permanecer anônimos. Assim, uma pessoa hesitante em procurar um psicólogo pode buscar ajuda de forma privada, online. Por outro, pela Internet, é possível conectar pessoas de áreas rurais distantes com psicólogos das grandes regiões urbanas. Além disso, comparada com as tradicionais visitas ao consultório, a terapia cibernética é mais barata.

Do mesmo modo que em relação a programas de rádio e aconselhamento por telefone, várias objeções são levantadas a respeito dos serviços psicológicos online. Evidentemente, mensagens curtas por e-mail não podem servir para realizar diagnósticos. Sem falar nas expressões faciais ou na linguagem corporal – nem mesmo o tom de voz chega ao terapeuta cibernético. Digitar ícones de carinhas felizes ou franzidas é um fraco substituto para a real interação humana. Outro problema é que o aconselhamento por e-mail pode não ser totalmente confidencial. Em alguns casos, mensagens de conteúdo extremamente pessoal podem ser interceptadas e usadas indevidamente. Uma preocupação ainda maior é o fato de os "psiquiatras cibernéticos" serem ou não profissionais qualificados (Bloom, 1998). E mesmo sendo, há um questionamento sobre se o psicólogo licenciado em um estado pode legalmente atender em outro, via Internet. Apesar dessas objeções, os psicólogos estão explorando ativamente a possibilidade de oferecer terapia pela Internet, pelo menos, para alguns tipos de problemas (Lange et al., 2001).

Tele-saúde

Muitos dos inconvenientes discutidos aqui podem ser solucionados com o uso de videoconferência. Nessa abordagem, os terapeutas oferecem serviços a pessoas que vivem muito distantes para ser atendidas pessoalmente. Uma conexão de transmissão e recepção de áudio e vídeo possibilita ao cliente e ao terapeuta verem um ao outro em monitores de TV e falar por meio de telefones. Nesse tipo de terapia ainda falta o contato pessoal próximo da interação cara a cara. Contudo, ela elimina muitas das objeções à terapia a distância. É muito provável que os serviços de "tele-saúde" se tornem uma grande fonte de tratamento da saúde mental nos próximos anos (Jerome et al., 2000).

Resumo

Como você pode ver, os serviços psicológicos que contam com a comunicação eletrônica podem atender a alguns propósitos úteis. Contudo, a eficácia da terapia oferecida por "orientadores" por telefone comercial e "terapeutas" por Internet ainda é questionável. O melhor conselho oferecido por psicólogos da mídia, orientadores por telefone, ou terapeutas cibernéticos seria: "Você deve pensar na possibilidade de discutir esse problema com um psicólogo ou orientador da sua própria comunidade" (Hannon, 1996; Sleek, 1995; Zgodzinski, 1996).

PAUSA PARA ESTUDO — Terapias de *Insight*

RELACIONE

É fácil memorizar os quatro elementos principais da terapia centrada no cliente. Basta lembrar as duas primeiras vogais do alfabeto repetidas duas vezes, "AAEE". O primeiro A é de Autenticidade, o segundo, de Atenção positiva incondicional, o primeiro E é de Empatia, e o segundo, de Espelhar.

O que o terapeuta existencial diria a respeito das escolhas que você fez até hoje na sua vida? Você deve fazer escolhas mais "corajosas"?

Você fará o papel de um terapeuta em uma apresentação na sala de aula. Como você agiria se fosse um terapeuta centrado no cliente? E se fosse existencial? E se fosse um terapeuta da Gestalt?

Uma vizinha sua está pensando em recorrer a aconselhamento pela Internet. O que você lhe diria a respeito dos prós e contras da terapia a distância?

VERIFICAÇÃO DO APRENDIZADO

Combine as colunas:

_____ 1. Terapia centrada no cliente   A. Conselho por meio eletrônico
_____ 2. Gestalt-terapia   B. Atenção positiva incondicional
_____ 3. Terapia existencial   C. Falhas na consciência
_____ 4. Terapia cibernética   D. Escolher e se tornar

5. A Gestalt-terapia tenta espelhar os pensamentos e sentimentos de um cliente. V ou F?
6. A terapia centrada no cliente é diretiva. V ou F?
7. Confrontação e encontro são conceitos da terapia existencial. V ou F?

Raciocínio Crítico

8. De que modo o uso do termo paciente afetaria o relacionamento entre a pessoa e o terapeuta?

RESPOSTAS: 1.B 2.C 3.D 4.A 5.F 6.F 7.V 8. Os termos doutor e paciente implicam uma grande diferença de *status* e autoridade entre a pessoa e seu terapeuta. A terapia centrada no cliente tenta reduzir essa diferença, tornando a pessoa responsável por solucionar seu próprio problema. Além disso, a palavra paciente implica alguém "doente" e que necessita de "cura". Muitos consideram inadequada essa forma de tratar os problemas humanos.

TERAPIA COMPORTAMENTAL – CURANDO PELO APRENDIZADO

▶ **PERGUNTA PARA PESQUISA** *O que é terapia comportamental?*

Cinco vezes por dia, durante vários dias, Brooks Workman parava o que estava fazendo e imaginava-se abrindo uma lata de refrigerante. Ela, então, imaginava-se aproximando a lata da boca e encostando os lábios nela. Assim que ia começar a beber, um monte de baratas saía da lata e pulava dentro da sua boca – contorcendo-se, cutucando e sacudindo suas antenas (Williams e Long, 1991).

Por que uma pessoa imaginaria uma cena dessas? O comportamento de Brooks Workman não é tão estranho como parece. Sua meta era o autocontrole: ela estava bebendo refrigerantes demais e queria diminuir a quantidade. O método que ela escolheu (chamado de *sensibilização oculta*) é uma forma de terapia comportamental (Cautela e Kearney, 1986). A **terapia comportamental** consiste no uso de princípios de aprendizado para realizar mudanças positivas no comportamento. Os tratamentos comportamentais incluem técnicas de modificação do comportamento, terapia da aversão, dessensibilização, economia de gratificação e outras.

Os terapeutas comportamentais acreditam que, muitas vezes, não é necessário obter o *insight* profundo dos problemas de uma pessoa para resolvê-los. Ao contrário, eles tentam alterar de forma direta os pensamentos e as ações.

Brooks Workman não precisava mergulhar em seu passado ou em suas emoções e conflitos; ela queria apenas acabar com o hábito de beber tanto refrigerante. Mesmo quando a base dos problemas é mais séria, técnicas como essa são úteis.

No geral, como funciona a terapia comportamental? Os terapeutas comportamentais partem do princípio de que as pessoas *aprenderam* a ser como são. Se elas aprenderam respostas que causam problemas, podem mudá-las *reaprendendo* comportamentos mais adequados. No geral, **modificação do comportamento** refere-se ao uso de qualquer condicionamento clássico ou operante para alterar diretamente o comportamento humano (Spiegler e Guevremont, 2003).

Como funciona o condicionamento clássico? Não sei se me lembro. O condicionamento clássico é a forma de aprendizado em que respostas simples (principalmente os reflexos) são associadas a um novo estímulo. Talvez uma rápida revisão ajude. No condicionamento clássico, um estímulo neutro é seguido de um *estímulo não-condicionado* que produz continuamente uma reação não aprendida, chamada de *resposta não-condicionada*. No fim, o estímulo anteriormente neutro começa a produzir essa resposta diretamente. A resposta passa, então, a ser chamada de *resposta condicionada*, e o estímulo torna-se um *estímulo condicionado*. Desse modo, para uma criança, a simples visão de uma agulha hipodérmica (estímulo condicionado) é seguida de uma injeção (estímulo não-condicionado), que provoca ansiedade ou medo (resposta não-condicionada). No fim, a visão de uma agulha hipodérmica (estímulo condicionado) pode produzir ansiedade ou medo (resposta condicionada) *antes* de a criança receber a injeção.

Qual a relação entre condicionamento clássico e modificação do comportamento? O condicionamento clássico pode ser usado para associar o desconforto a um mau hábito, como fez Brooks Workman. As versões mais intensas desse tratamento são chamadas de terapia da aversão.

Terapia da Aversão

Imagine-se comendo uma maçã. De repente, você descobre que acaba de morder uma enorme larva verde e vomita. Você passa meses sem conseguir comer uma maçã sem sentir náusea. Aparentemente, você desenvolveu uma aversão condicionada por maçãs. (A *aversão condicionada* é o desgosto ou a resposta emocional negativa aprendidos a certos estímulos.)

Como as aversões condicionadas são usadas na terapia? Na **terapia da aversão**, o indivíduo aprende a associar uma forte aversão a um hábito indesejável, por exemplo, fumar, beber ou jogar. A terapia da aversão tem sido usada para curar soluços, espirros, gagueira, vômitos, hábito de roer unhas, de urinar na cama, de puxar compulsivamente o cabelo, de beber álcool e de fumar cigarro, maconha ou crack. (Para saber como a terapia da aversão ajuda

Terapia comportamental A utilização de princípios de aprendizagem para efetuar mudanças construtivas no comportamento.

Modificação do comportamento A aplicação dos princípios de aprendizagem para modificar o comportamento humano, principalmente o comportamento de má adaptação.

Terapia da aversão Supressão de uma resposta indesejável associando-a a estímulos aversivos (dolorosos ou desagradáveis).

as pessoas a pararem de fumar, leia o texto "Inflando uma Aversão".) Na realidade, o condicionamento aversivo ocorre diariamente. Por exemplo, são pouquíssimos os médicos cancerologistas que têm o hábito de fumar, e médicos de pronto-socorro que não usam cintos de segurança ao dirigir (Rosenthal e Steffek, 1991).

Um excelente exemplo de terapia da aversão é o trabalho de Roger Vogler e seus colegas (1977). Vogler trabalha com alcoólatras que não conseguiam parar de beber. Para muitos, a terapia da aversão é o último recurso. Enquanto consomem bebidas alcoólicas, os clientes recebem choques elétricos dolorosos (mas não prejudiciais) na mão. Na maioria das vezes, esses choques são aplicados assim que o cliente está começando a beber uma dose.

Esses *choques contingenciais de resposta* (ligados a uma resposta) obviamente eliminam o prazer da bebida. Os choques também criam no alcoólatra a aversão condicionada à bebida. Normalmente, o sofrimento causado pelo abuso do álcool vem muito depois do ato de beber – tarde demais para ter efeito. Mas se o álcool for associado a um desconforto *imediato*, o alcoólatra começará a se sentir muito desconfortável com o ato de beber.

Será realmente aceitável tratar os clientes dessa forma? As pessoas, muitas vezes, ficam perturbadas (chocadas?) com esses métodos. Contudo, os clientes geralmente se apresentam como *voluntários* para a terapia da aversão porque ela os ajuda a superar esse hábito devastador. Na realidade, os programas de aversão comerciais para abuso de comida, fumo e álcool têm atraído muitos clientes dispostos. E, mais importante, a terapia da aversão pode ser justificável por causa dos resultados a longo prazo. Como afirma o psicólogo comportamental Donald Baer: "Uma pequena parcela de experiências curtas e dolorosas é uma troca razoável para a dor interminável de um desajuste permanente".

USANDO A PSICOLOGIA: Inflando uma Aversão

A toxicidade da nicotina facilita a criação de uma aversão ao fumo. Os terapeutas comportamentais descobriram que não é necessário aplicar estímulos aversivos, como choques elétricos, medicamentos nauseantes e outros similares para provocar desconforto no fumante. Basta fazer o fumante fumar – muito rápido e durante muito tempo.

O método do *fumo expresso* (fumar em um ritmo forçado e por bastante tempo) é a terapia da aversão mais usada contra o fumo. Nesse método, os clientes devem fumar sem parar, baforando a cada 6 a 8 segundos. O fumo expresso deve continuar até o fumante sentir-se horrível e não agüentar mais. Então, a maioria das pessoas pensa: "Nunca mais vou querer ver um cigarro na minha frente".

Estudos mostram que esse método é a terapia comportamental mais eficaz contra o fumo (Tiffany et al., 1986). Mesmo assim, qualquer pessoa tentada a experimentar o método do fumo expresso deve estar ciente de que é extremamente desagradável.

Sem a ajuda de um terapeuta, a maioria desiste logo e o procedimento não funciona. Além disso, ele pode ser perigoso e deve ser realizado somente com supervisão profissional. (Há uma descrição de um método alternativo mais prático na seção Psicologia em Ação, mais adiante neste capítulo.)

Um problema desse método – e de outros para parar de fumar – é que cerca de metade das pessoas que consegue parar volta a fumar. Durante pelo menos um ano depois de parar, não existe "momento seguro" com menor probabilidade de recaída (Swan e Denk, 1987).

Por causa do forte apelo exercido nos ex-fumantes pela "erva maldita", o apoio de um grupo contra o fumo ou de uma pessoa próxima pode fazer uma grande diferença. Ex-fumantes que contam com o apoio de outras pessoas têm muito mais chances de ficar livres do fumo (Gruder et al., 1993). Aqueles que pertencem a grupos sociais com muitos fumantes são mais propensos a voltar a fumar (Mermelstein, 1986).

DESSENSIBILIZAÇÃO

▶ PERGUNTA PARA PESQUISA *Como a terapia comportamental é usada no tratamento de fobias, medos e ansiedades?*

Suponhamos que você seja um professor de natação tentando ajudar uma menina chamada Jamie a superar o medo de pular de uma plataforma de mergulho muito alta. Como agiria? Forçar diretamente a menina a pular da plataforma seria um desastre. Obviamente, a melhor maneira seria começar ensinando-a a mergulhar da beira da piscina. Depois, de uma plataforma baixa, de uma a 1,80 m acima da água, e de uma a 2,40 m. Por fim, Jamie poderia tentar saltar da mais alta.

Quem Tem Medo de Hierarquia?

Essa série de etapas ordenadas é chamada de **hierarquia**. A hierarquia ajuda Jamie a passar pela *adaptação*. Gradualmente, ela se adapta ao nível mais alto e supera o medo. Quando ela derrota o medo, dizemos que atingiu a *dessensibilização* (Spiegler e Guevremont, 2003).

A dessensibilização também é baseada na **inibição recíproca** (uso de um estado emocional para bloquear outro) (Wolpe e Plaud, 1997). Por exemplo, é impossível ficar ansioso e relaxado ao mesmo tempo. Se conseguirmos fazer Jamie pular da plataforma mais alta em um estado de relaxamento, a ansiedade e o medo serão inibidos. Idas repetidas à plataforma mais alta podem fazer o medo dessa situação desaparecer. Mais uma vez, dizemos que Jamie foi dessensibilizada. Normalmente, a **dessensibilização sistemática** (redução orientada do medo, da ansiedade ou da aversão) é obtida pela aproximação gradual de um estímulo temido durante o estado de relaxamento.

Para que a dessensibilização é usada? A dessensibilização é usada principalmente para ajudar as pessoas a desaprenderem fobias (medos irreais intensos) ou ansiedades profundas. Cada uma destas pessoas pode ser candidata à dessensibilização: um professor em estágio de pavor, um aluno com ansiedade de provas, um vendedor com medo de pessoas, ou um recém-casado com aversão à intimidade sexual.

Execução da Dessensibilização

Como é feita a dessensibilização? Primeiro, o cliente e o terapeuta *constroem uma hierarquia*, uma lista de situações que provoquem medo, ordenada a partir da menos perturbadora para a mais assustadora. Segundo, o cliente aprende *exercícios que produzem relaxamento profundo*. (Esses exercícios estão descritos na seção Psicologia em Ação deste capítulo). Assim que o cliente estiver relaxado, passa para a terceira etapa, tentando *realizar o item menos perturbador* da lista. Para o medo de altura (acrofobia), seria assim: "(1) Ficar de pé sobre uma cadeira". Esse item é repetido até o cliente não sentir nenhuma ansiedade. Qualquer alteração no total relaxamento é sinal de que ele deve relaxar novamente antes de continuar. Lentamente, o cliente vai avançando na hierarquia: "(2) Subir no degrau mais alto de uma pequena escada"; "(3) Olhar para baixo de um lance de escadas"; e assim por diante, até realizar o último item sem medo: "(20) Viajar de avião".

Em muitas fobias, a dessensibilização funciona melhor quando a pessoa é diretamente exposta aos estímulos e às situações que teme (Oest et al., 2001). Para algo como uma simples aracnofobia, essa exposição pode ser feita até mesmo em grupos (Oest, 1996). Ademais, para alguns medos (como o medo de entrar em elevador), a dessensibilização pode ser atingida em uma única sessão (Sturges e Sturges, 1998).

Dessensibilização Vicária

Compreendo que alguns medos podem ser dessensibilizados por tratamento gradual – como no caso da criança com medo de pular na piscina. Mas e se não for prático agir diretamente seguindo as etapas da hierarquia? Para o medo de alturas, é viável seguir as etapas da hierarquia. Contudo, se isso não for prático, o problema pode ser resolvido fazendo os clientes observarem *modelos* representando o comportamento temido (Rosenthal e Steffek, 1991). Modelo é a pessoa (ao vivo ou filmada) que serve como exemplo de aprendizado observacional. Se não for possível usar esse tipo de **dessensibilização vicária** (aprendizado de segunda mão), ainda existe outra opção. Felizmente, a dessensibilização funciona quase tão bem quando a pessoa *imagina intensamente* cada etapa da hierarquia (Deffenbacher e Suinn, 1988). Se as etapas puderem ser visualizadas sem ansiedade, o medo da situação real será reduzido. Como o método de imaginar o estímulo temido pode ser adotado no próprio consultório do terapeuta, é a maneira mais comum de executar a dessensibilização.

Exposição à Realidade Virtual

A dessensibilização é uma *terapia de exposição*, e como outras terapias desse tipo, envolve a exposição das pessoas ao estímulo temido até se eliminar o medo. Em um importante avanço recente, os psicólogos estão começando a

Hierarquia Uma série classificatória de montantes, níveis, graus ou etapas mais altos ou mais baixos.

Inibição recíproca Princípio de que um estado emocional pode bloquear outro, como a alegria que impede o temor ou a ansiedade que inibe o prazer.

Dessensibilização sistemática Uma redução orientada do medo, da ansiedade e da aversão por meio de exposição planejada a estímulos aversivos.

Dessensibilização vicária Uma redução no medo ou na ansiedade que ocorre vicariamente (de segunda mão), quando um cliente observa modelos executarem o comportamento temido.

Exposição à realidade virtual Uso de imagens computadorizadas apresentando estímulos de medo. O ambiente virtual reage aos movimentos da cabeça e a outras reações de um paciente.

Reprocessamento e dessensibilização do movimento do olho (RDMO) Técnica de redução do medo ou da ansiedade, baseada nos pensamentos desagradáveis que permanecem na cabeça enquanto os olhos se movimentam rapidamente de um lado para outro.

usar a realidade virtual para tratar as fobias. A realidade virtual consiste em um "universo" tridimensional computadorizado no qual o espectador entra por meio de um monitor de vídeo no formato de um capacete colocado na cabeça. A **exposição à realidade virtual** apresenta o estímulo temido computadorizado ao paciente de forma controlada. Ela já foi usada para tratar de acrofobia (medo de altura), medo de voar, de dirigir, de falar em público, aracnofobia e claustrofobia (Botella et al., 1998; Lee et al., 2002; Rothbaum et al., 1996, 1997; Wald e Taylor, 2000).

A dessensibilização tem se mostrado a terapia comportamental mais bem-sucedida. Uma outra técnica nova pode proporcionar ainda outra maneira de reduzir medos, ansiedades e dores psicológicas.

Dessensibilização do Movimento do Olho

Acontecimentos traumáticos produzem lembranças dolorosas. Vítimas de acidentes, desastres, molestamentos, assaltos, estupros ou abusos emocionais, muitas vezes, são assombradas por lembranças perturbadoras. Recentemente, o dr. Francine Shapiro desenvolveu a técnica de **reprocessamento e dessensibilização do movimento do olho (RDMO)** para ajudar a amenizar as lembranças traumáticas e o estresse pós-traumático.

PAUSA PARA ESTUDO — Terapia Comportamental

RELACIONE

Descreva três problemas para os quais você considera a terapia comportamental um tratamento adequado.

O cachorro de um amigo seu fica furioso durante as tempestades. Você tem uma fita de áudio com a gravação do barulho de uma tempestade. Como você pode usar a fita para dessensibilizar o cachorro? (Dica: o gravador tem controle de volume.)

Você já ficou dessensibilizado naturalmente a um estímulo ou situação que o deixava ansioso (por exemplo, altura, falar em público, dirigir em rodovias)? Como você explicaria essa redução de medo?

VERIFICAÇÃO DO APRENDIZADO

1. Quais são os dois tipos de condicionamento usados na modificação do comportamento? _____ e _____
2. Choque, dor e desconforto exercem que papel no condicionamento de uma aversão?
   a. estímulo condicionado
   b. resposta não-condicionada
   c. estímulo não-condicionado
   d. resposta condicionada
3. Se o choque for usado para controlar a bebida, ele deve ser _____ contingencial.
4. Quais os dois princípios básicos da dessensibilização sistemática? _____ e _____
5. Quando a dessensibilização é feita por meio do uso de modelos filmados ou ao vivo, ela é chamada de
   a. terapia cognitiva
   b. transbordamento
   c. dessensibilização oculta
   d. dessensibilização vicária
6. As três etapas básicas da dessensibilização sistemática são: construir uma hierarquia, provocar muita ansiedade na pessoa e imaginar o relaxamento. V ou F?
7. Na terapia do RDMO, imagens computadorizadas de realidade virtual são usadas para expor os pacientes a estímulos provocadores de medo. V ou F?

Raciocínio Crítico

8. Alcoólatras que tomam um medicamento chamado Antabuse ficam enjoados ao consumir bebida alcoólica. Por que, então, eles não criam aversão à bebida?
9. Uma forma natural de dessensibilização, muitas vezes, ocorre em hospitais. Essa dessensibilização seria em relação a quê?

RESPOSTAS:

1. clássico (ou respondente), operante 2. c 3. resposta 4. adaptação, inibição recíproca 5. d 6. F 7. F 8. O desconforto demora muito a surgir, evitando a associação com a bebida. Felizmente, existem formas mais seguras e eficazes para realizar a terapia da aversão (Wilson, 1987). 9. Os médicos e a enfermeiras aprendem a relaxar e a permanecer calmos diante da visão de sangue porque estão freqüentemente expostos a ele.

Em uma sessão normal de RDMO, o cliente visualiza as imagens que mais o deixam triste. Ao mesmo tempo, um lápis (ou outro objeto) é movido rapidamente de um lado para outro diante dos seus olhos. Olhar o movimento do objeto faz os olhos do cliente correrem suave e rapidamente de um lado para outro. Shapiro acredita que os movimentos rápidos dos olhos geram atividade cerebral que ajuda a reestruturar as lembranças desagradáveis. Depois de cerca de 30 segundos, os pacientes descrevem quaisquer lembranças, sentimentos e pensamentos que surgiram e discutem-nos com o terapeuta. Essas etapas são repetidas até os pensamentos e as emoções desagradáveis desaparecerem (Shapiro, 1995).

Há inúmeros estudos indicando que o RDMO reduz ansiedades e elimina a dor das lembranças traumáticas (Carlson et al., 1998; Lazgrove et al., 1998; Scheck et al., 1998). No entanto, o RDMO é muito polêmico. Alguns estudos, por exemplo, constataram que os movimentos dos olhos não ajudam em nada no tratamento. O êxito aparente do RDMO pode estar baseado simplesmente na exposição gradual ao estímulo desagradável, como ocorre em outras formas de dessensibilização (Cahill et al., 1999; Davidson e Parker, 2001). Porém, alguns pesquisadores continuam a achar que o RDMO é melhor que as terapias tradicionais (Ironson et al., 2002; Rogers e Silver, 2002).

Será que o RDMO é uma grande descoberta? Ou acabará mostrando-se apenas fruto da ânsia de descobrir novos métodos? Por causa da freqüência dos traumas da sociedade moderna, não deve demorar muito tempo para descobrirmos.

TERAPIAS OPERANTES – O MUNDO TODO É UMA CAIXA DE SKINNER?

▶ **PERGUNTA PARA PESQUISA**   *Qual o papel do reforço na terapia comportamental?*

A terapia da aversão e a dessensibilização são baseadas no condicionamento clássico. Onde entra o condicionamento operante? Lembre-se de que *condicionamento operante* refere-se ao aprendizado baseado nas conseqüências de uma resposta dada. Os princípios operantes mais freqüentemente usados pelos terapeutas comportamentais para lidar com o comportamento humano são:

1. **Reforço positivo.** Respostas seguidas de recompensa tendem a ocorrer com mais freqüência. Se a criança chora e recebe atenção, ela vai chorar mais vezes. Se você tira A na prova de psicologia, pode vir a fazer especialização nessa área.
2. **Não-reforço.** A resposta não seguida de recompensa ocorre com menos freqüência.
3. **Extinção.** Se a resposta não for seguida de recompensa depois de repetida várias vezes, ela desaparece. Depois de ganhar três vezes na máquina caça-níqueis, você puxa a alavanca mais 30 vezes e não ganha nada. O que você faz? Vai embora. O mesmo ocorre com a resposta de puxar a alavanca (dessa máquina, de qualquer maneira).
4. **Punição.** Se a resposta for seguida de desconforto ou de efeito indesejável, ela é reprimida (mas não necessariamente extinta).
5. **Modelagem.** Modelagem significa recompensar ações que estejam cada vez mais próximas da resposta desejada. Por exemplo, para recompensar uma criança com retardo mental por dizer "bola", podemos começar recompensando-a por dizer qualquer palavra que comece com o som da letra *b*.
6. **Controle de estímulos.** As respostas tendem a surgir sob o controle da situação em que ocorrem. Se eu ajustar o despertador para tocar dez minutos mais cedo, chego ao trabalho na hora de manhã. Minha saída de casa está sob o controle de estímulos do relógio, mesmo eu sabendo que terei de acordar mais cedo.
7. **Interrupção.** O procedimento de interrupção normalmente envolve a remoção do indivíduo de uma situação em que ocorre o reforço. Interrupção é uma variação do não-reforço: ela impede a recompensa a uma resposta indesejável. Por exemplo, crianças que brigam umas com as outras podem ser colocadas em quartos separados e receberem autorização para sair somente quando se comportarem adequadamente. (Para fazer uma revisão mais completa do aprendizado operante, volte ao Capítulo 6.)

Esses estímulos parecem bem simples, contudo, eles têm sido usados com muito êxito para superar dificuldades nos ambientes profissionais, domésticos, escolares e industriais. Vejamos como.

Não-Reforço e Extinção

Uma paciente mental muito acima do peso ideal apresentava um hábito persistente e perturbador: ela roubava a comida de outros pacientes. Ninguém conseguia convencê-la a parar de roubar ou a fazer dieta. Para o bem da sua saúde, um terapeuta comportamental designou-lhe uma mesa especial no refeitório do ambulatório. Se ela se aproximasse de qualquer outra mesa, seria retirada imediatamente do ambiente. Como suas tentativas de roubar comida não foram recompensadas, logo esse comportamento desapareceu. Além disso, se ela tentasse roubar alimentos de qualquer outro paciente, ficava sem sua própria refeição (Ayllon, 1963).

Que princípios operantes o terapeuta usou nesse exemplo? O terapeuta usou a *não-recompensa* para produzir a *extinção*. A maioria dos comportamentos humanos mais freqüentes leva a algum tipo de recompensa. Uma resposta indesejável pode ser eliminada *identificando-se* e *removendo* as recompensas que a mantêm. Mas as pessoas nem sempre realizam ações para obter comida, dinheiro ou outras recompensas óbvias. A maioria das recompensas que mantêm o comportamento humano é mais sutil. *Atenção, aprovação* e *consideração* são reforços igualmente importantes para os seres humanos (◆Figura 13.1).

A não-recompensa e a extinção eliminam muitos comportamentos problemáticos, principalmente nas escolas, nos hospitais e nas instituições. Muitas vezes, as dificuldades giram em torno de uma quantidade limitada de respostas especialmente perturbadoras. Interrupção é uma boa forma de remover esse tipo de resposta, normalmente evitando dar atenção a uma pessoa que esteja comportando-se de forma inadequada. Por exemplo, Zeke, um garoto de 14 anos de idade, às vezes aparecia nu na sala de atividades do centro de treinamento para adolescentes com distúrbios. Seu comportamento sempre atraía muita atenção por parte dos funcionários e de outros pacientes. Normalmente, Zeke era levado de volta ao seu quarto e mantido confinado. Durante esse "confinamento", muitas vezes ele deixava de fazer suas atividades normais. A título de experiência, adotou-se, então, a interrupção. Na próxima vez que ele apareceu nu, os psicólogos e outros funcionários o cumprimentaram normalmente e o ignoraram. A atenção dos outros pacientes logo diminuiu. Envergonhado, ele voltou para o quarto e se vestiu.

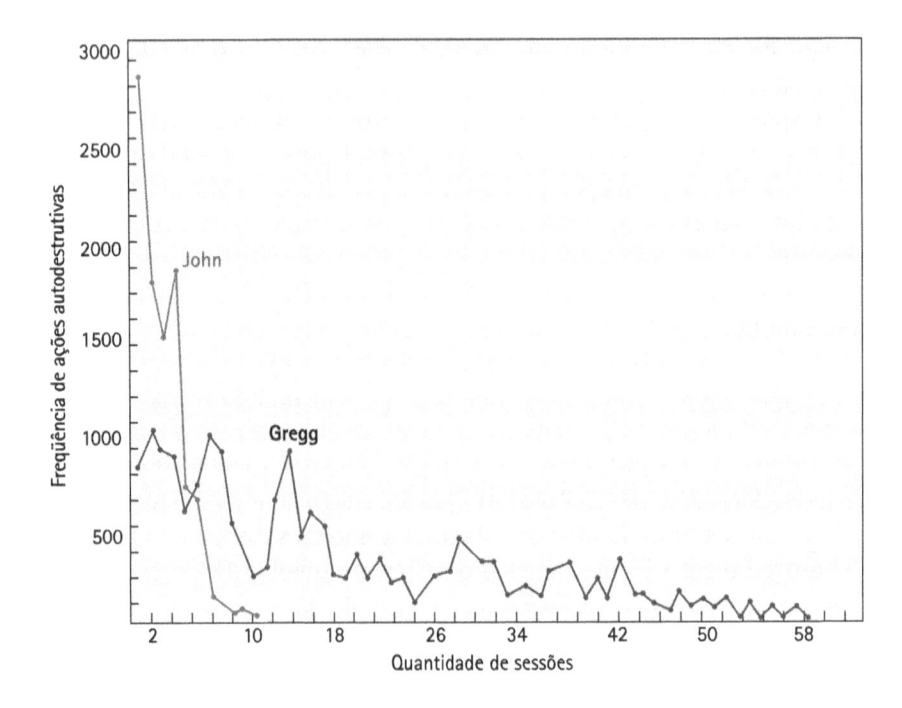

◆FIGURA 13.1 *Esse gráfico mostra a extinção do comportamento autodestrutivo de dois garotos autistas. Antes de começar a extinção, os garotos recebiam atenção e consideração dos adultos por causa do comportamento auto-agressivo. Durante a extinção, os adultos foram orientados a ignorar esse comportamento. Como se pode notar, o número de vezes que os garotos tentaram ferir a si próprios diminuiu rapidamente. (Adaptado de Lovaas e Simons, 1969.)*

Reforço e Economias de Gratificação

Um problema difícil enfrentado algumas vezes pelos terapeutas é como abordar os pacientes com distúrbios graves e que não falam. A psicoterapia convencional oferece pouca esperança de melhoria para esses pacientes.

O que pode ser feito por eles? Um tratamento muito usado é baseado nas *gratificações* (recompensas simbólicas, como fichas de plástico que podem ser trocadas por objetos de verdade). As gratificações podem ser tiras de papéis impressos, marcas, pontos ou estrelas douradas. Não importa o formato, as gratificações servem como recompensa porque podem ser trocadas por doces, comida, cigarros, recreação ou privilégios, como ser atendido em particular pelo terapeuta, sair da clínica para passear, ou assistir à TV. As gratificações são usadas em hospitais mentais, casas intermediárias, escolas para pessoas com retardamento mental, programas para delinqüentes e salas de aula comuns. Elas normalmente produzem melhorias significativas no comportamento (Foxx, 1998; Mohanty et al., 1998; Truchlicka, et al., 1998).

Com o uso das gratificações, o terapeuta consegue *recompensar imediatamente* as respostas positivas. A fim de obter o máximo efeito, os terapeutas selecionam *comportamentos-alvo* específicos (ações ou outros comportamentos que o terapeuta procura modificar). Os comportamentos-alvo são reforçados, então, com gratificações. Por exemplo, um paciente mental que se recusa a falar, inicialmente, pode receber uma gratificação cada vez que pronunciar uma palavra. Em seguida, pode receber gratificações por falar uma frase inteira. Depois, pode gradualmente ser solicitado a falar com mais freqüência, responder a perguntas e, por fim, a manter um breve diálogo para receber gratificações. Dessa forma, pacientes extremamente retraídos podem retornar ao mundo da comunicação normal.

O uso de gratificações em escala total em um ambiente institucional produz uma *economia de gratificação*. Em uma **economia de gratificação**, os pacientes são recompensados com gratificações por se envolverem em várias atividades produtivas ou socialmente desejáveis (Spiegler e Guevremont, 2003). Eles devem *pagar* prendas para obter privilégios e ao se envolverem em comportamentos problemáticos (◆Figura. 13.2). Por exemplo, recebem prendas os pacientes que acordam cedo, vestem-se sozinhos, tomam os medicamentos prescritos, chegam no horário estabelecido para as refeições e assim por diante. As atividades construtivas, como jardinagem, cozinhar ou fazer limpeza, também podem render gratificações. Os pacientes devem *trocar* as gratificações por refeições e quartos particulares, filmes, passes, ativi-

Economia de gratificação Programa terapêutico no qual comportamentos desejáveis são reforçados com prendas que podem ser trocadas por bens, serviços, atividades e privilégios.

◆FIGURA 13.2 *A figura mostra um exemplo de sistema de economia de gratificação. O cartão à esquerda serve para registrar a quantidade de créditos recebidos pelo paciente. A relação à direita lista os valores em créditos de várias atividades. As gratificações podem ser trocadas pelos itens ou privilégios mencionados na relação. (Baseada em fotos de Robert P. Liberman.)*

CENTRO DE TRATAMENTO OXNARD
SISTEMA DE INCENTIVO POR CRÉDITOS

CRÉDITOS OBTIDOS POR		CRÉDITOS GASTOS COM	
MONITORAR DIARIAMENTE	15	CAFÉ	5
SER RESPONSÁVEL POR PLANEJAR O CARDÁPIO	50	ALMOÇO	10
PARTICIPAR	5	EXCETO QUINTA-FEIRA	15
COMPRAR ALIMENTOS NO MERCADO	10	PASSEIO DE ÔNIBUS	5
COZINHAR/PREPARAR ALMOÇO	5	BOLICHE	8
LIMPAR A MESA DA COZINHA	3	TERAPIA DE GRUPO	5
LAVAR A LOUÇA	5-10	CONSULTA PARTICULAR COM O TERAPEUTA	5
ENXUGAR E GUARDAR A LOUÇA	5	DIA LIVRE	5-20
FAZER CAFÉ E LIMPAR A CAFETERIA	15	VISITAS ÀS LOJAS	5
LIMPAR A GELADEIRA	20	CONSULTA COM O MÉDICO	10
COMPARECER À REUNIÃO DE PLANEJAMENTO	1	AFAZERES PARTICULARES	1
PREPARAÇÃO DE OUTRAS TAREFAS	1-5	UM MINUTO DE CADA 10 DE ATRASO EM ORDENS DO MÉDICO	10
COMPLETAR PROJETO DE OUTRAS TAREFAS	5		
RETORNAR PROJETO DE OUTRAS TAREFAS	2		
TIRAR PÓ E POLIR AS MESAS	5		
GUARDAR AS COMPRAS	3		
LIMPAR A MESA	5		
LIMPAR SEIS CINZEIROS	2		
LIMPAR A PIA	5		
RECOLHER COPOS E GARRAFAS	5		
LIMPAR AS CADEIRAS	5		
LIMPAR OS ARMÁRIOS DA COZINHA	5		
AJUDAR OS FUNCIONÁRIOS	5		
ARRUMAR AS REVISTAS	3		
SER PONTUAL	5		
MONITOR – ANN			

Cartão de crédito

Outras Tarefas

Nome:
Data:
Gratificação obtida:
Gratificação gasta:

Atividades

dades fora da instituição, e outros privilégios. Eles devem *pagar* prendas por ficar na cama, despir-se em público, falar sozinho, brigar, chorar e apresentar outros comportamentos desse tipo (Morisse et al., 1996).

A economia de gratificação pode mudar radicalmente o ajuste e o estado de espírito geral de um paciente, que recebe incentivo para mudar e é responsabilizado por suas ações. O uso de gratificações pode parecer manipulador, mas efetivamente dá poder ao paciente. Muitas pessoas com retardamento "sem esperança", doentes mentais e delinqüentes conseguem voltar à vida produtiva graças à economia de gratificação (Corrigan, 1997).

Quando os pacientes estão prontos para sair da instituição, normalmente estão ganhando gratificações semanais por apresentarem comportamento sadio, responsável e produtivo (Binder, 1976). No geral, a economia de gratificação mais eficaz é aquela que gradualmente substitui as gratificações por *recompensas sociais*, como elogio, reconhecimento e aprovação. Essas são as recompensas que os pacientes receberão quando retornarem ao convívio da família, dos amigos e da comunidade.

TERAPIA COGNITIVA – PENSE POSITIVO!

▶ **PERGUNTA PARA PESQUISA** *A terapia muda os pensamentos e as emoções?*

Como o terapeuta comportamental trata de um problema como a depressão? Nenhuma das técnicas descritas até agora parece servir. Como já foi discutido, os terapeutas comportamentais geralmente tentam mudar atitudes problemáticas. Contudo, nos últimos anos, os terapeutas cognitivos têm demonstrado interesse no pensamento, na crença e no sentimento das pessoas, bem como na forma como elas agem. Em geral, a **terapia cognitiva** ajuda o cliente a mudar padrões de pensamento que resultam em emoções ou comportamentos problemáticos (Freeman e Reinecke, 1995). Por exemplo, a compulsão por lavar as mãos pode ser reduzida simplesmente mudando os pensamentos e as crenças do cliente a respeito da sujeira e da contaminação (Jones e Menzies, 1998). A terapia cognitiva é usada como tratamento para muitos problemas, mas tem sido muito eficaz no tratamento da depressão (Chambless e Ollendick, 2001).

Terapia Cognitiva para Depressão

A terapia cognitiva tem demonstrado muita eficácia no tratamento da depressão. Como mencionado no Capítulo 12, Aaron Beck (1991) acredita que os pensamentos autofrustrantes e negativos são a base da depressão. De acordo com Beck, as pessoas deprimidas enxergam a si próprias, o mundo e o futuro em termos negativos. Beck acredita que isso ocorre por conta de grandes distorções de pensamento. A primeira distorção é a **percepção seletiva**, que se refere a perceber apenas alguns entre vários estímulos. Se durante o dia ocorrerem cinco acontecimentos felizes e três infelizes, a pessoa deprimida focaliza apenas os fatos ruins. O segundo equívoco no pensamento depressivo é a **supergeneralização**, tendência de deixar os fatos desagradáveis influenciarem as situações não relacionadas. Um exemplo seria uma pessoa que se considera um fracasso total ou um completo inútil apenas por perder um emprego de meio período ou por não conseguir passar em um teste. Para completar o quadro, as pessoas deprimidas tendem a aumentar a importância dos acontecimentos indesejáveis desenvolvendo o **raciocínio do tipo tudo ou nada**. Ou seja, elas vêem os acontecimentos como totalmente bons ou totalmente ruins, totalmente certos ou totalmente errados, e enxergam a si próprias como totalmente bem-sucedidas ou totalmente fracassadas (Beck, 1985).

De que forma os terapeutas cognitivos mudam esses padrões? Os terapeutas cognitivos realizam esforços passo a passo para corrigir os pensamentos negativos que levam à depressão ou a problemas semelhantes. Primeiro, o cliente aprende a reconhecer e a acompanhar os próprios pensamentos. O cliente e o terapeuta, então, procuram as idéias e crenças que provocam depressão, raiva e evitação. Por exemplo, este é um trecho de como o terapeuta deve abordar o raciocínio do tipo tudo ou nada (Burns e Persons, 1982):

Terapia cognitiva Terapia direcionada à mudança de pensamentos desajustados, crenças e sensações que são a base dos problemas emocionais e comportamentais.

Percepção seletiva Perceber somente alguns estímulos entre uma gama maior de possibilidades.

Supergeneralização Fazer com que um único acontecimento fique fora de proporção estendendo-o a uma grande quantidade de situações não relacionadas.

Raciocínio do tipo tudo ou nada Classificar objetos ou acontecimentos como absolutamente certos ou errados; bons ou maus, aceitáveis ou inaceitáveis, e assim por diante.

PACIENTE: Estou me sentindo ainda mais deprimido. Ninguém quer me dar um emprego, e eu não consigo sequer limpar meu apartamento. Sinto-me um total incompetente!
TERAPEUTA: Entendo. Mas o fato de estar desempregado e ter um apartamento bagunçado é prova da sua total incompetência?
PACIENTE: É... parece que não faz sentido.

Em seguida, o cliente deve coletar informações para testar suas crenças. Por exemplo, uma pessoa deprimida deve listar suas atividades durante uma semana. A lista é, então, usada para desafiar o raciocínio do tudo ou nada, como, por exemplo, "Tive uma semana horrível" ou "Sou um fracasso total". Com mais orientação, o cliente aprende a alterar seus pensamentos de forma a melhorar o estado de espírito, as ações e as relações.

A terapia cognitiva é tão eficaz quanto os medicamentos no tratamento de muitos casos de depressão. O aspecto mais importante é que as pessoas que adotam novos padrões de pensamento têm menos propensão a voltar a ficar deprimidas – uma vantagem que os medicamentos não conseguem igualar (Fava et al., 1998; Gloaguen et al., 1998).

Em outro tipo de abordagem, os terapeutas cognitivos buscam a *falta* de capacidade de enfrentamento e de padrões de pensamento eficazes, não a *presença* de pensamentos autofrustrantes (Freeman e Reinecke, 1995). O objetivo é ensinar o cliente a lidar com a raiva, a depressão, a timidez, o estresse e outros problemas semelhantes. A inoculação ao estresse, descrita no Capítulo 11, é um bom exemplo desse tipo de tratamento.

A terapia cognitiva é uma especialidade em rápida expansão. Antes de terminar este tópico, vamos explorar outra terapia cognitiva muito usada.

Terapia Comportamental Emotivo-Racional

A **terapia comportamental emotivo-racional (TCER)** tenta mudar crenças irracionais causadoras de problemas emocionais. De acordo com Albert Ellis (1973, 1995), a idéia básica da terapia comportamental emotivo-racional é bem simples. Ellis parte do pressuposto de que as pessoas ficam infelizes e desenvolvem hábitos autofrustrantes porque têm *crenças* irreais ou equivocadas.

Qual a importância das crenças? Ellis analisa os problemas dessa forma: inicialmente, ocorre uma *experiência ativadora*, que a pessoa supõe seja a causa da *consequência emocional*. Por exemplo, uma pessoa rejeitada (experiência ativadora) sente-se deprimida, ameaçada ou ferida (consequência). A terapia comportamental emotivo-racional mostra ao cliente que o problema real está entre a experiência ativadora e a consequência, isto é, são as suas *crenças* irreais e irracionais. Neste exemplo, a crença irreal causadora do sofrimento inútil é: "Devo ser amado e aceito por quase todos o tempo inteiro". A TCER afirma que os acontecimentos não *causam* nossos sentimentos. Os sentimentos são causados pelas nossas crenças (Kottler e Brown, 1999). (Para obter alguns exemplos, leia o texto "Dez Crenças Irracionais – Qual Delas Você Tem?")

Ellis (1979, 1987) afirma que a maioria das crenças irracionais vem de três idéias básicas, todas irreais:

1. *Devo* me sair bem e ser aceito pelas outras pessoas importantes. Senão, será terrível, não suportarei, serei uma pessoa arruinada.
2. Você *deve* me tratar bem. Senão, será horrível, não suportarei.
3. As condições *devem* ser como eu quero. É terrível quando não o são, não suporto viver em um mundo assim tão horrível.

É fácil perceber que essas crenças podem levar a muita dor e sofrimento desnecessários em um mundo não tão perfeito. Os terapeutas comportamentais emotivo-racionais são muito diretivos nas tentativas de mudar as crenças irracionais e a "autodeclaração" de um cliente. O terapeuta pode atacar diretamente o raciocínio do cliente, desafiar seus pensamentos, confrontá-lo com provas contrárias às suas crenças, e até mesmo destinar "tarefas de casa". Estes são alguns exemplos de afirmações que desafiam as crenças irracionais (com base em Kottler e Brown, 1999):

- "Onde está a prova de que você é um fracassado apenas porque não se saiu bem dessa vez?"
- "Quem disse que o mundo deve ser justo? Essa é uma regra sua."
- "O que você está dizendo a si próprio que o está deixando tão triste?"
- "É realmente terrível que as coisas não funcionem como você gostaria que funcionassem? Ou será que é apenas inconveniente?"

Terapia comportamental emotivo-racional (TCER) Abordagem que tenta mudar ou remover crenças irracionais que provocam problemas emocionais.

Muitos de nós provavelmente ficaríamos bem se abandonássemos nossas crenças irracionais. A boa autoaceitação e mais tolerância com as desavenças diárias são os benefícios resultantes desse ato.

O valor dos tratamentos cognitivos é exemplificado com mais três técnicas (*sensibilização oculta, interrupção do pensamento* e *reforço oculto*) descritas na seção Psicologia em Ação deste capítulo. Mais adiante abordaremos essas técnicas.

USANDO A PSICOLOGIA — Dez Crenças Irracionais — Qual Delas Você Tem?

Os terapeutas comportamentais emotivo-racionais identificaram inúmeras crenças que geralmente levam a desconfortos e conflitos emocionais. Veja se você reconhece algumas dessas crenças irracionais:

1. Devo receber amor e aprovação de quase todas as pessoas importantes na minha vida, senão é terrível ou sou inútil.
   Exemplo: "Um dos meus colegas parece não gostar de mim. Devo ser um zero à esquerda".
2. Para ser uma pessoa de valor, devo ser totalmente competente e bem-sucedido em tudo.
   Exemplo: "Não consigo aprender química. Acho que sou realmente burro".
3. Algumas pessoas com as quais tenho de lidar são completamente más e devem ser profundamente responsabilizadas e punidas por serem assim.
   Exemplo: "O velho do apartamento vizinho é um chato. Da próxima vez que ele reclamar, vou aumentar ainda mais o volume do som".
4. É terrível e desagradável quando as coisas não saem da forma como eu realmente gostaria que saíssem.
   Exemplo: "Eu deveria ter tirado nota B. O professor foi injusto".
5. Minha infelicidade é sempre causada por fatos externos; eu não consigo controlar minhas reações emocionais.
   Exemplo: "Você me faz sentir horrível. Eu ficaria feliz se não fosse por você".
6. Se algo desagradável acontecer, fico remoendo.
   Exemplo: "Nunca vou esquecer o dia em que meu chefe me humilhou. Penso nisso todos os dias no escritório".
7. É mais fácil evitar as dificuldades e as responsabilidades do que enfrentá-las.
   Exemplo: "Não sei por que minha esposa está zangada. Talvez a raiva passe se eu ignorar".
8. Devo depender das outras pessoas mais fortes que eu.
   Exemplo: "Eu não conseguiria sobreviver se ele me abandonasse".
9. Um fato extremamente forte afetou minha vida e vai afetá-la para sempre.
   Exemplo: "Uma namorada me deu o fora no colegial. Por isso nunca mais vou confiar em nenhuma garota".
10. Sempre há uma solução perfeita para os problemas humanos, e se ela não for encontrada, a situação ficará terrível.
    Exemplo: "Fico tão deprimido com a situação política do país. Parece que não há esperanças".
    (Texto adaptado de Rohsenow e Smith, 1982).

Se alguma crença listada lhe soar familiar, talvez você esteja criando uma tensão emocional desnecessária para si por causa dessas expectativas irreais.

TERAPIA DE GRUPO — PESSOAS QUE PRECISAM DE OUTRAS PESSOAS

▶ **PERGUNTA PARA PESQUISA**   *A psicoterapia pode ser feita em grupo?*

Para terminar nossa abordagem a respeito das psicoterapias, discutiremos a terapia de grupo. Esse tipo de terapia tem algumas vantagens, contudo, apenas para citar uma, seu custo é reduzido. Em seguida, identificaremos as características centrais e as habilidades de ajuda que fazem a psicoterapia "funcionar". Para concluir, exploraremos as abordagens médicas no tratamento dos distúrbios mentais.

Terapia de grupo consiste na psicoterapia realizada com mais de uma pessoa. A maioria das terapias que já discutimos pode ser adaptada para ser usada em grupos. No início, os psicólogos tentaram trabalhar em grupos por causa da falta de terapeutas. Surpreendentemente, a terapia de grupo mostrou-se tão eficaz quanto a terapia individual, e ainda com algumas vantagens especiais (McRoberts et al., 1998).

Terapia de grupo Psicoterapia realizada com um grupo de pessoas para fazer uso terapêutico da dinâmica do grupo.

PAUSA PARA ESTUDO — Terapias Operantes e Terapias Cognitivas

RELACIONE

Dê um exemplo pessoal de como os seguintes princípios afetaram seu comportamento: reforço positivo, extinção, punição, modelagem, controle de estímulos e interrupção.

Você está implementando uma economia de gratificação para crianças problemáticas do ensino fundamental. Que comportamentos-alvo você tentaria reforçar? De quais comportamentos você cobraria prendas?

Todos nos envolvemos algumas vezes em pensamentos negativos. Você se lembra de ter se envolvido em percepção seletiva nos últimos tempos? E em supergeneralização? E no raciocínio do tipo tudo ou nada?

Quais das crenças da TCER já afetaram seus sentimentos? Quais crenças gostaria de mudar?

VERIFICAÇÃO DO APRENDIZADO

1. Os programas de modificação do comportamento destinados à extinção de um comportamento indesejável normalmente usam que princípios operantes?
   a. punição e controle de estímulos
   b. punição e modelagem
   c. não-reforço e interrupção
   d. controle de estímulos e interrupção
2. A atenção pode ser um _____ forte para os seres humanos.
3. A economia de gratificação depende do procedimento de interrupção. V ou F?
4. As gratificações permitem basicamente a modelagem operante de respostas desejadas ou "comportamentos-alvo". V ou F?
5. De acordo com Beck, percepção seletiva, supergeneralização e raciocínio _____ são hábitos cognitivos que dão origem à depressão.
6. A TCER ensina as pessoas a mudarem os antecedentes do comportamento irracional. V ou F?

Raciocínio Crítico

7. Nos termos de Aaron Beck, uma crença do tipo "Tenho que ser bem-sucedido, senão estarei arruinado", envolve dois erros de pensamento. São eles:

RESPOSTAS:

1.c 2. reforço 3.F 4.V 5. do tipo tudo ou nada 6.F 7. Supergeneralização e raciocínio do tipo tudo ou nada.

Quais são as vantagens? Na terapia de grupo, uma pessoa pode *representar* ou vivenciar diretamente os problemas. Esse procedimento produz *insights* que talvez não surgiriam na mera discussão de um problema. Além disso, outros membros do grupo com problemas semelhantes podem oferecer apoio e informações úteis. A terapia de grupo é muito boa para ajudar o indivíduo a compreender suas relações pessoais (McCluskey, 2002). Por essas razões, vários grupos especializados têm surgido. Como esses grupos vão de Alcoólicos Anônimos a Encontros de Casais, escolheremos apenas alguns exemplos.

Psicodrama

Um dos primeiros grupos foi criado por Jacob L. Moreno (1953), que chamou essa técnica de psicodrama. No **psicodrama**, os clientes representam os conflitos pessoais com as outras pessoas exercendo papéis coadjuvantes. Por meio da dramatização, o cliente revive incidentes causadores de problemas na vida real. Por exemplo, Don, um adolescente perturbado, pode dramatizar uma típica briga de família, com o terapeuta fazendo o papel do pai e outros clientes nos papéis de mãe, irmãos e irmãs. Moreno acreditava que os *insights* obtidos dessa forma espelhavam as situações da vida real.

Os terapeutas que usam o psicodrama, muitas vezes, acham importante a inversão de papéis. A **inversão de papéis** consiste em fazer o papel da outra pessoa para saber como ela se sente. Por exemplo, Don pode fazer o papel do pai ou da mãe para entender melhor os sentimentos deles. Um método relacionado é a **técnica do espelho**, em que o cliente observa uma outra pessoa dramatizando o seu comportamento. Assim, Don pode se juntar à platéia e ver outro membro do grupo fazendo o seu papel. Com isso é possível ele ver como as outras pessoas o vêem. Depois, o grupo pode resumir o que aconteceu e refletir sobre o significado (Turner, 1997).

Psicodrama Terapia na qual os clientes expressam seus conflitos pessoais e sentimentos na presença de outros que representam papéis coadjuvantes.

Inversão de papéis Assumir o papel de uma outra pessoa para saber como o próprio comportamento é visto da perspectiva do outro.

Técnica do espelho Observar alguém reconstituir o nosso comportamento, como um personagem em uma peça; criado para ajudar as pessoas a se enxergarem de maneira mais clara.

Terapia Familiar

Os relacionamentos familiares são fontes de grande prazer, mas, ao mesmo tempo, de grande sofrimento. Na **terapia familiar**, marido, mulher e filhos trabalham em grupo para resolver os problemas de cada membro da família. A terapia familiar tende a ser breve e focada em problemas específicos, como brigas freqüentes ou algum adolescente deprimido. Para alguns tipos de problemas, a terapia familiar pode ser melhor que qualquer outro tipo de tratamento (Pinsof et al., 1996).

Os terapeutas familiares acreditam que o problema de um membro seja efetivamente um problema de toda a família. Se o padrão de comportamento de toda a família não mudar, a melhoria de um único membro pode não perdurar. Portanto, os membros da família trabalham juntos para melhorar a comunicação, mudar os padrões destrutivos e passar a ver a si próprios e aos outros de maneira diferente. Esse procedimento ajuda-os a remodelar diretamente as percepções e interações distorcidas, exatamente com as pessoas com as quais eles mantêm relacionamentos problemáticos (Goldfried et al., 1990).

O terapeuta trabalha com toda a família junta? Os terapeutas familiares tratam da família como uma unidade, mas nem sempre reúnem toda a família em cada sessão. Se uma crise familiar estiver em andamento, o terapeuta pode primeiro tentar identificar os membros da família mais bem preparados para ajudar a resolver o problema imediato. O terapeuta e os membros da família podem, assim, trabalhar para resolver os conflitos mais básicos e melhorar as relações familiares (Dies, 1995).

Treinamento de Consciência de Grupo

Há trinta anos, o movimento de potencial humano levou muitas pessoas a buscarem experiências de crescimento pessoal. Muitas vezes, seus interesses eram expressos pela participação em grupos de encontro ou de treinamento de sensibilidade.

Qual a diferença entre grupos de encontro e de sensibilidade? Nos grupos de sensibilidade, tende a haver menos confrontos que nos grupos de encontro. Os membros de **grupos de sensibilidade** participam de exercícios que delicadamente melhoram a autoconsciência e a sensibilidade em relação aos outros. Por exemplo, em uma "caminhada de confiança", o participante fica de olhos fechados e permite que outras pessoas o conduzam, aumentando, assim, a confiança nelas.

Os **grupos de encontro** são baseados na expressão sincera dos sentimentos, para que uma intensa comunicação pessoal possa ser estabelecida. Normalmente, a ênfase é dada à quebra da resistência e às falsas defesas. Por causa do risco de uma confrontação agressiva, a participação é mais segura quando os membros são cuidadosamente verificados e há um líder treinado para orientar o grupo. "Desventuras" nos grupos de encontro são raras, mas elas podem ocorrer (Shaffer e Galinsky, 1989).

Nos ambientes empresariais, os psicólogos usam também princípios básicos dos grupos de encontro e de sensibilidade – verdade, autoconsciência e autodeterminação – para melhorar as relações entre os funcionários. São também muito comuns os grupos de encontros destinados especialmente a casais.

Tem havido também muito interesse público em várias formas de treinamento de consciência de grupos grandes. **Treinamento de consciência de grupos grandes** refere-se a programas destinados a melhorar a autoconsciência e facilitar a mudança pessoal construtiva. Programas comerciais, como *Lifespring, Actualizations, Forum* e similares são alguns exemplos. Assim como os grupos menores que os precederam, os treinamentos de grupos grandes combinam exercícios psicológicos, confrontações, novos pontos de vista e dinâmicas de grupo para promover a mudança pessoal.

Os grupos de sensibilidade, de encontro e de consciência são realmente psicoterapias? Essas experiências normalmente são positivas, mas produzem apenas benefícios moderados (Faith et al., 1995). Ademais, muitos dos bene-

---

Terapia familiar Técnica na qual todos os membros da família participam, tanto individualmente como em grupo, para mudar relacionamentos destrutivos e padrões de comunicação.

Grupo de sensibilidade Uma experiência grupal desenvolvida para aumentar a autoconsciência e a sensibilidade aos outros.

Grupo de encontro Uma experiência em grupo baseada na expressão intensamente franca dos sentimentos e das reações dos participantes em relação aos outros.

Treinamento de consciência de grupos grandes Qualquer um de uma série de programas (muitos deles comercializados) que afirmam aumentar a autoconsciência e facilitar mudanças pessoais construtivas.

fícios alegados podem resultar simplesmente de um tipo de **efeito de terapia com placebo**, em que a melhoria é baseada na crença do cliente de que a terapia irá ajudar. As expectativas positivas, a quebra da rotina diária e a desculpa para agir de modo diferente podem exercer um grande impacto. Além disso, é mais fácil atingir objetivos menos ambiciosos. Por exemplo, um recente programa teve êxito no ensino de técnicas de administração do estresse em um ambiente de grupo grande (Timmerman et al., 1998). Por conta da sua versatilidade, sem dúvida, os grupos continuarão a ser a maior ferramenta para solução de problemas e melhoria de vida.

Efeito de terapia com placebo Melhora provocada não pelo processo de terapia, mas pela expectativa do cliente de que a terapia irá ajudar.

PSICOTERAPIA — UMA VISÃO GERAL

▶ **PERGUNTA PARA PESQUISA**   *Quais os pontos em comum entre as várias terapias?*

Qual a eficácia da psicoterapia? Analisar o resultado da terapia é uma tarefa complicada. Mesmo assim, há amplas evidências dos seus benefícios. Centenas de estudos mostram um forte padrão de efeitos positivos da psicoterapia e do aconselhamento (Lambert e Cattani-Thompson, 1996; Lipsey e Wilson, 1993). Ainda mais convincentes, talvez, são os resultados de uma pesquisa nacional. Cerca de nove entre dez pessoas que procuraram atendimento de saúde mental afirmaram que suas vidas melhoraram em conseqüência do tratamento (Consumer, 1995; Kotkin et al., 1996).

Assim, em geral, a psicoterapia funciona (Kopta et al., 1999). Evidentemente, os resultados variam individualmente. Para algumas pessoas, a terapia é extremamente útil; para outras, inútil; no quadro geral, é mais eficaz do que não. Falando de forma mais subjetiva, o verdadeiro êxito, em que a vida da pessoa muda para melhor, vale pela decepção de diversos casos em que há pouca melhora.

É comum pensar na terapia como um processo longo e lento. Mas nem sempre esse é o caso. Pesquisas mostram que cerca de 50% de todos os pacientes sentem-se melhor depois de apenas oito sessões de terapia. Depois de 26 sessões, cerca de 75% melhoram (Howard et al., 1986) (◆Figura 13.3). A "dose" típica de terapia é uma sessão de uma hora por semana. Isso quer dizer que a maioria dos pacientes melhora depois de seis meses de terapia, e metade sente-se melhor em apenas dois meses. Lembre-se de que as pessoas, muitas vezes, sofrem durante anos antes de procurar ajuda. Em vista disso, essa rápida melhora é impressionante.

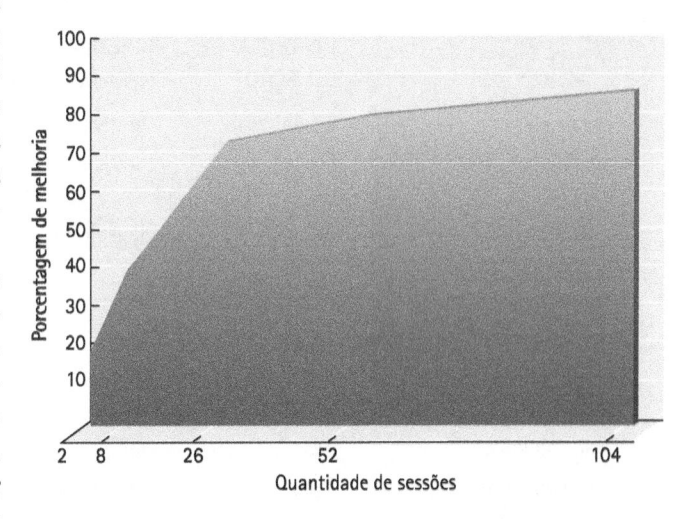

◆FIGURA 13.3   *A relação dose-melhora na psicoterapia. Esse gráfico mostra a porcentagem de pacientes que melhorou depois de variados números de sessões de terapia. Observe que a melhora mais rápida ocorreu durante os primeiros seis meses de sessões, uma vez por semana. (Gráfico extraído de Howard et al., 1986).*

As Principais Características da Psicoterapia

O que as psicoterapias têm em comum? Apresentamos apenas alguns exemplos dentre as muitas terapias existentes hoje. Veja um resumo das principais diferenças entre as psicoterapias na ▲Tabela 13.2. Para esclarecer melhor, vejamos o que todas as técnicas têm em comum.

Os vários tipos de psicoterapia buscam todos ou quase todos esses objetivos: restabelecer a esperança, a coragem e o otimismo; obter *insight*; resolver conflitos; melhorar o sentido do eu de uma pessoa; mudar padrões inaceitáveis de comportamento; encontrar objetivos; melhorar os relacionamentos interpessoais e aprender a enfrentar os problemas de forma racional (Seligman, 1998). Para atingir essas metas, as psicoterapias oferecem o seguinte.

1. A terapia oferece um *relacionamento atencioso* entre cliente e terapeuta, chamado de **aliança terapêutica**. Ligação emocional, carinho, amizade, compreensão, aceitação e empatia são a base dessa relação. A aliança terapêutica une cliente e terapeuta à medida que eles vão trabalhando juntos para resolver os problemas do cliente. A intensidade dessa aliança tem grande impacto no sucesso ou no fracasso da terapia (Kozart, 2002; Martin et al., 2000; Stiles et al., 1998).
2. A terapia oferece *ambiente protegido* em que é possível ocorrer a *catarse* (liberação) emocional. A terapia é um santuário em que o cliente é livre para expressar os medos, as ansiedades e os segredos pessoais sem temer rejeição ou quebra de sigilo (Weiss, 1990).
3. Todas as terapias, até certo ponto, oferecem uma *explicação* ou *razão* para o sofrimento do cliente. Além disso, elas propõem uma linha de ação para acabar com esse sofrimento.
4. A terapia oferece ao cliente uma *nova visão* de si próprio e da sua situação, além de uma chance para praticar *novos comportamentos* (Crencavage e Norcross, 1990).

Aliança terapêutica Relacionamento atencioso que une o terapeuta ao cliente para resolver os problemas deste.

Se você se lembrar de que começamos nossa discussão falando de trepanação e demonologia, perceberá que a psicoterapia percorreu um longo caminho. Mesmo assim, a busca de métodos para melhorar a psicoterapia continua a ser um desafio urgente para aqueles que dedicam suas vidas a ajudar os outros.

TABELA 13.2 Comparações entre Psicoterapias

	INSIGHT OU AÇÃO?	DIRETIVA OU NÃO-DIRETIVA?	INDIVIDUAL OU DE GRUPO?	PONTO FORTE DA TERAPIA*
Psicanálise	Insight	Diretiva	Individual	Busca honestidade
Terapia dinâmica de curto prazo	Insight	Diretiva	Individual	Uso produtivo do conflito
Terapia centrada no cliente	Insight	Não-diretiva	Ambos	Aceitação, empatia
Terapia existencial	Insight	Ambas	Individual	Fortalecimento pessoal
Gestalt-terapia	Insight	Diretiva	Ambos	Foco na consciência imediata
Terapia comportamental	Ação	Diretiva	Ambos	Mudanças de comportamento observáveis
Terapia cognitiva	Ação	Diretiva	Individual	Orientação construtiva
Terapia comportamental emotivo-racional	Ação	Diretiva	Individual	Clareza de pensamento e metas
Psicodrama	Insight	Diretiva	Grupo	Representações construtivas
Terapia familiar	Ambos	Diretiva	Grupo	Compartilhamento de responsabilidade pelo problema

*Essa coluna foi baseada, em parte, em Andrews (1989).

O Futuro da Psicoterapia

Como será a psicoterapia no futuro próximo? Um grupo de especialistas prevê o seguinte (Norcross et al., 2002):

- Haverá um aumento no uso de terapia de curto prazo e de tratamentos para a solução de problemas focados na resolução.
- Mais terapia será oferecida por profissionais com nível de mestrado (psicólogos, assistentes sociais e enfermeiras psiquiátricas).

- O uso de serviços de baixo custo, como, por exemplo, Internet, aconselhamento por telefone, paraprofissionais e grupos de auto-ajuda irá aumentar.
- O uso de psiquiatras e de psicanálise irá diminuir.

Pode-se presumir que muitas dessas mudanças previstas são baseadas nas pressões para reduzir os custos dos serviços de saúde mental. Outra medida interessante para redução dos custos é a idéia de usar o computador para tratar de alguns problemas relativamente simples. Em um estudo recente, clientes passaram por dez sessões orientadas por computador que os ajudaram a identificar o problema, formar um plano de ação e acrescentá-lo. A maioria ficou satisfeita com a ajuda recebida (Jacobs et al., 2001).

Habilidades Básicas de Aconselhamento

Inúmeras habilidades de ajuda podem, em geral, ser extraídas dos vários tratamentos terapêuticos. Esses são alguns aspectos para ter em mente caso você queira ajudar uma pessoa tensa, como um amigo ou parente, com problemas (▲Tabela 13.3).

Ouvir Atentamente

As pessoas, muitas vezes, falam umas "com" as outras sem efetivamente ouvir. Uma pessoa com problemas precisa ser ouvida. Faça um esforço sincero para ouvi-la e compreendê-la. Tente aceitar a mensagem dela sem julgá-la ou tirar conclusões. Faça a pessoa perceber que você está ouvindo, por meio do contato visual, da postura, do tom de voz e das respostas (Kottler e Brown, 1999).

Esclarecer o Problema

As pessoas que têm clara noção daquilo que está errado nas suas vidas provavelmente conseguem descobrir as soluções. Tente compreender o problema do ponto de vista da pessoa. Quando o fizer, confirme mais vezes se está entendendo. Por exemplo, pergunte: "Você está dizendo que se sente deprimido apenas na escola? Ou em geral?". Lembre-se: um problema bem definido já é meio caminho andado.

Enfocar os Sentimentos

Os sentimentos não são nem certos nem errados. O enfoque nos sentimentos possibilita o extravasamento da emoção, que é a base da catarse. Julgar com base no que é dito apenas deixa a pessoa na defensiva. Por exemplo, um amigo lhe confidencia que foi reprovado em uma prova. Talvez você saiba que ele estuda muito pouco.

▲TABELA 13.3 Comportamentos de Ajuda

Para ajudar alguém a obter *insight* a respeito de um problema pessoal, é importante ter a seguinte comparação em mente.

COMPORTAMENTOS QUE AJUDAM	COMPORTAMENTOS QUE ATRAPALHAM
Ouvir atentamente	Sondar assuntos desagradáveis
Aceitar a pessoa	Julgar/moralizar
Refletir sobre os sentimentos	Criticar
Questionar abertamente	Ameaçar
Dar declarações de apoio	Rejeitar
Respeitar	Ridicularizar/agir com sarcasmo
Ter paciência	Não ter paciência
Ser autêntico	Culpar
Parafrasear	Dar declarações opinativas

(Tabela adaptada de Kottler e Brown, 1999.)

Se você disser "Estude mais, assim você se sairá melhor", provavelmente ele ficará na defensiva ou hostil. A reação será muito melhor se você disser: "Você deve ter ficado bem chateado" ou, simplesmente, "Você está chateado?" (Ivey e Galvin, 1984).

Evitar Dar Conselhos

Muitas pessoas pensam equivocadamente que devem resolver os problemas dos outros. Lembre-se de que seu objetivo é oferecer apoio e compreensão, não soluções. Evidentemente, é razoável dar algum conselho quando lhe é solicitado, mas cuidado com a armadilha do jogo "Por que você não...? É, mas...". De acordo com o psicoterapeuta Eric Berne (1964), esse jogo segue o padrão: alguém diz "Estou com esse problema". Você diz "Por que você não faz isso ou aquilo?". A pessoa responde: "É, mas..." e então lhe diz porque sua sugestão não vai funcionar. Se você der outra sugestão, a resposta mais uma vez será, "É, mas...". Evidentemente, a pessoa ou sabe mais a respeito da própria situação do que você ou tem algum motivo para não aceitar o seu conselho. O estudante citado anteriormente sabe que tem de estudar. Seu problema é entender por que não *quer* estudar.

Aceitar o Quadro de Referência da Pessoa

W. I. Thomas disse: "Coisas percebidas como reais são reais em seus efeitos". Tente evitar impor suas opiniões a respeito dos problemas dos outros. Como todos vivemos em universos psicológicos distintos, não existe a visão "correta" de uma situação da vida. Uma pessoa que percebe que seu ponto de vista é compreendido sente-se mais livre para analisá-lo de forma objetiva e então questioná-lo. (A aceitação e a compreensão do ponto de vista de outra pessoa podem ser uma tarefa bem difícil quando envolvem diferenças culturais. Leia o texto "Questões Culturais no Aconselhamento e na Psicoterapia".)

Espelhar os Pensamentos e Sentimentos

Uma das melhores formas de ajudar outra pessoa é dando-lhe retorno, simplesmente reafirmando o que está sendo dito. Essa é uma boa maneira de incentivar a pessoa a falar. Se o seu amigo parece não conseguir encontrar as palavras, *reafirme* ou *parafraseie* a última coisa que ele disse. Veja este exemplo.

> AMIGO: Estou realmente chateado com a escola. Não consigo me interessar por nenhuma matéria. Fui reprovado na prova de espanhol e alguém roubou meu caderno de psicologia.
> VOCÊ: Nossa, você realmente está chateado com a escola, né?
> AMIGO: É, e meus pais estão reclamando de novo por causa das minhas notas.
> VOCÊ: Você está se sentido pressionado pelos seus pais?
> AMIGO: Com certeza.
> VOCÊ: Você deve ficar bem chateado de ser pressionado por eles, né?

Pode soar muito simples, mas é bem útil para alguém que está tentando colocar em ordem os sentimentos. Experimente. Na pior das hipóteses, você vai ficar com fama de ser um fantástico conversacionalista!

Silenciar

Os estudos mostram que os orientadores tendem a esperar mais tempo antes de responder do que normalmente as pessoas fazem nas conversas do dia-a-dia. Pausas de cinco segundos ou mais não são incomuns, e as interrupções são raras. Ouvir com paciência faz que a pessoa não sinta pressa e a incentiva a falar com mais liberdade (Goodman, 1984).

Perguntar

Como o seu objetivo é incentivar a livre expressão, as *perguntas abertas* tendem a funcionar melhor (Goodman, 1984). *Pergunta fechada* é aquela à qual a pessoa responde com sim ou não. As perguntas abertas requerem respostas abertas. Por exemplo, um amigo lhe diz, "Sinto que meu chefe não gosta de mim". Uma pergunta fechada seria: "Ah, é? Então você está pensando em pedir demissão?". As perguntas abertas, como, "Que tal conversarmos a respeito disso?", ou "Como você se sente com isso?", são mais úteis.

DIVERSIDADE HUMANA: Questões Culturais no Aconselhamento e na Psicoterapia

Quando o cliente e o terapeuta têm origens culturais diferentes, os mal-entendidos são comuns (Storck, 1997). Por exemplo, na maioria das culturas nativas norte-americanas, uma das formas de demonstrar respeito é não fazer contato visual. Olhar o terapeuta no olho significaria desafiar sua autoridade. Mas se o terapeuta não entender isso, a falta de contato visual pode parecer um caso típico de baixa auto-estima (Heinrich et al., 1990). Não compreender esse tipo de comunicação não-verbal pode provocar sérios erros por parte dos terapeutas (Singh et al., 1998).

Os **terapeutas culturalmente qualificados** são capacitados para trabalhar com clientes de várias origens culturais. Para ser culturalmente qualificado, o psicólogo deve ser capaz de tudo isto (Lee, 1991):

- Ter ciência das suas próprias tendências e de seus valores culturais
- Estabelecer contato com uma pessoa de diferente origem cultural
- Adaptar as teorias tradicionais para atender às necessidades dos clientes de grupos étnicos ou raciais não-europeus
- Ser sensível a diferentes culturas sem recorrer a estereótipos
- Tratar os membros de comunidades étnicas ou raciais como indivíduos
- Ter noção da identidade étnica do cliente e do seu grau de aculturação em relação à maioria da sociedade
- Usar os recursos de ajuda existentes dentro de um grupo cultural para apoiar os esforços a fim de resolver os problemas

A consciência cultural tem nos ajudado a ampliar nossa visão a respeito da saúde mental e do desenvolvimento mais adequado (Lee, 1991). Também vale lembrar que as barreiras culturais se aplicam à comunicação em todas as áreas da vida, não apenas na terapia. Por um lado, essas diferenças podem ser desafiadoras, por outro, são muitas vezes enriquecedoras (Sue, 1998).

Manter o Sigilo

Seus esforços para ajudar serão perdidos se você não respeitar a privacidade de alguém que confiou em você. Coloque-se no lugar dele. Não faça fofocas.

Essas orientações não são um convite para brincar de "terapeuta júnior". Os terapeutas profissionais são treinados para tratar de problemas sérios em habilidades bem superiores às descritas aqui. Contudo, esses itens ajudam a definir as qualidades de um relacionamento terapêutico. Eles também enfatizam que todos nós podemos oferecer dois dos principais recursos disponíveis de saúde mental, sem custos: a amizade e a sinceridade.

TERAPIAS MÉDICAS — CUIDADOS PSIQUIÁTRICOS

▶ **PERGUNTA PARA PESQUISA** *Como os psiquiatras tratam dos distúrbios psicológicos?*

A psicoterapia pode ser usada em qualquer tipo de problema, de uma crise temporária a uma psicose de larga escala. No entanto, a maioria dos psicoterapeutas *não* trata dos pacientes com distúrbios de depressão profunda, esquizofrenia ou outros quadros mais graves. Os tratamentos dos distúrbios mentais mais graves geralmente são baseados em terapias médicas (Kopta et al., 1999).

Os três tipos de **terapia somática** (do corpo) são a *farmacoterapia, terapia eletroconvulsiva* e a *psicocirurgia*. A terapia somática freqüentemente é adotada no contexto de hospitalização psiquiátrica. Todos os tratamentos somáticos têm forte influência médica e são normalmente ministrados por psiquiatras.

Terapias com Drogas

A atmosfera nas instituições psiquiátricas e nos hospitais mentais mudou radicalmente em meados da década de 1950 com a ampla adoção da farmacoterapia. **Farmacoterapia** refere-se ao uso de drogas para tratamento de distúrbios emocionais. As drogas podem aliviar os ataques de ansiedade e outros desconfortos de distúrbios psicológicos mais leves. Muitas vezes, contudo, elas são usadas para combater a esquizofrenia e os distúrbios de humor graves.

Terapeuta culturalmente qualificado Terapeuta com habilidades, conhecimento e consciência necessários para tratar de pacientes de diversas culturas.

Terapia somática Toda terapia corporal, como terapia de drogas, terapia eletroconvulsiva ou psicocirurgia.

Farmacoterapia Uso de medicamentos que aliviam os sintomas dos distúrbios emocionais.

Que tipos de drogas são usados na farmacoterapia? São usados três tipos principais de drogas. Os **ansiolíticos** (como o Valium) produzem relaxamento ou reduzem a ansiedade. Os **antidepressivos** são drogas que melhoram o humor e combatem a depressão. Os **antipsicóticos** (também chamados de **tranqüilizantes maiores**) têm efeitos tranqüilizantes e, além disso, diminuem as alucinações e os delírios. (Veja os exemplos de cada classe de drogas na ▲Tabela 13.4).

Será que as drogas são uma forma válida de tratamento? As drogas têm reduzido o tempo de hospitalização e melhorado muito as chances de recuperação dos distúrbios psicológicos mais graves. A terapia com drogas vem permitindo o retorno de muitos pacientes à comunidade, onde eles podem continuar o tratamento sem internação.

Limitações da Terapia com Drogas

As drogas têm aspectos negativos. Por exemplo, 15% dos pacientes medicados com tranqüilizantes maiores durante longos períodos desenvolvem um distúrbio neurológico que provoca movimentos rítmicos da boca e do rosto (Chakos et al., 1996). As drogas mais recentes muitas vezes são lançadas como "milagres" da medicina. Contudo, todas envolvem um contrabalanço entre riscos e benefícios. Por exemplo, o Clozaril (clozapina) alivia os sintomas da esquizofrenia em alguns casos antes considerados "sem esperança" (Buchanan et al., 1998). No entanto, ele é praticamente tão perigoso quanto útil: dois em cada cem pacientes medicados com Clorazil sofrem de uma doença do sangue potencialmente fatal.

Será que vale o risco? Muitos especialistas acreditam que sim, porque a esquizofrenia crônica priva as pessoas de quase tudo que vale a pena na vida. Evidentemente, é possível que novas drogas melhorem a relação risco-benefício no tratamento de problemas graves como a esquizofrenia. Por exemplo, a droga Risperdal (risperidona) parecer ser tão eficaz quanto o Clorazil, sem o risco letal. Contudo, mesmo as melhores drogas mais recentes não curam tudo. Elas ajudam algumas pessoas e aliviam certos problemas, mas não todos. Vale a pena observar que, no caso de distúrbios mentais graves, a combinação de medicamento e psicoterapia quase sempre funciona melhor que apenas o uso de drogas. Mesmo assim, tratando-se de esquizofrenia e distúrbio de humor grave, as drogas continuam, sem dúvida, a ser o principal meio de tratamento (Thase e Kupfer, 1996).

Eletrochoque

Ansiolítico Droga (como o Valium) que produz relaxamento ou reduz a ansiedade.

Antidepressivo Droga para levantar o humor.

Antipsicótico Droga que, além de ter efeitos calmantes, tende a reduzir alucinações e delírios (também denominado de tranqüilizante maior).

Terapia eletroconvulsiva (TEC) Tratamento médico para depressão profunda que consiste em choques elétricos que passam diretamente pelo cérebro, o que produz uma convulsão.

Na **terapia eletroconvulsiva (TEC)**, uma corrente elétrica de 150 volts é aplicada no cérebro em pouco menos de um segundo. Esse tratamento médico bem drástico provoca uma convulsão e faz o paciente perder a consciência por pouco tempo. Sedativos e relaxantes musculares são ministrados com a TEC para amenizar o seu impacto. Os tratamentos são realizados em séries de seis a oito sessões ao longo de três a quatro semanas.

Como o choque funciona? Na verdade, acredita-se que a atividade do ataque é o que realmente ajuda. Os proponentes da TEC alegam que os ataques induzidos pelo choque alteram o equilíbrio hormonal e bioquímico do cérebro e do corpo, acabando com a depressão profunda e com o comportamento suicida (Fink, 2000). Outros profissionais dizem que a TEC funciona apenas porque o paciente fica confuso, não se lembrando, assim, por que estava deprimido.

▲ TABELA 13.4 Drogas Psiquiátricas Mais Freqüentemente Prescritas

CLASSE	EXEMPLOS (NOME COMERCIAL)	EFEITOS
Ansiolíticos (drogas antiansiedade)	Ativan, Halcion, Librium, Restoril, Valium, Xanax	Reduzem ansiedade, tensão, medo
Antidepressivos	Anafranil, Elavil, Nardil, Norpramin, Parnate, Paxil, Prozac, Tofranil, Zoloft	Combatem a depressão
Antipsicóticos (tranqüilizantes maiores)	Clozaril, Haldol, Mellaril, Navane, Risperdal, Thorazine	Reduzem agitação, delírios, alucinações, distúrbios de pensamento

Polêmica a Respeito da TEC

Nem todo profissional apóia o uso da TEC. Contudo, a maioria dos especialistas parece concordar com o seguinte: (1) na melhor das hipóteses, a TEC produz melhora apenas temporária – ela afasta o paciente do momento ruim, mas deve ser combinada com outros tratamentos; (2) a TEC pode provocar perda de memória em alguns pacientes; (3) a TEC deve ser usada apenas depois do fracasso de outros tratamentos, e (4) para reduzir a chance de recaída, a TEC deve ser acompanhada de drogas antidepressivas (Sackeim et al., 2001). Com todas essas colocações, a TEC é considerada por muitos um tratamento válido para casos específicos de depressão – principalmente quando ela consegue eliminar rapidamente o comportamento autodestrutivo ou suicida (Kellner, 1998). É interessante observar que a maioria dos pacientes de TEC sente que o tratamento ajudou. A maioria, de fato, a faria novamente (Bernstein et al., 1998).

Psicocirurgia

O tratamento médico mais radical é a **psicocirurgia** (qualquer alteração cirúrgica do cérebro). A psicocirurgia mais conhecida é a lobotomia. Na *lobotomia pré-frontal*, os lobos frontais são cirurgicamente desconectados de outras áreas do cérebro. Esse procedimento era destinado a acalmar pessoas que não respondiam a qualquer outro tipo de tratamento.

Quando a lobotomia foi introduzida pela primeira vez na década de 1940, houve entusiasmo com o sucesso do tratamento. Contudo, mais tarde, estudos indicaram que alguns pacientes ficavam calmos, alguns não demonstravam mudanças, e outros tornavam-se "vegetais" mentais. As lobotomias também produziam alto índice de efeitos colaterais indesejáveis, como ataques, emoções grosseiras, grandes mudanças de personalidade e estupor. Mais ou menos na mesma época em que esses problemas vieram à tona, surgiram as primeiras drogas antipsicóticas. Logo em seguida, a lobotomia foi abandonada (Pressman, 1998; Swayze, 1995).

Hoje, a psicocirurgia ainda é muito usada? A psicocirurgia ainda é considerada válida por muitos neurocirurgiões. Contudo, a maioria usa a *lesão profunda*, técnica em que pequenas áreas específicas são destruídas no interior do cérebro. O apelo da lesão profunda é a possibilidade de produzir efeitos bem específicos. Por exemplo, os pacientes portadores de um tipo grave de distúrbio obsessivo-compulsivo podem beneficiar-se da psicocirurgia (Cumming et al., 1995).

Vale lembrar que a psicocirurgia é irreversível. A droga pode ser prescrita ou suspensa. A psicocirurgia não pode ser revertida. Muitos críticos argumentam que a psicocirurgia deve ser totalmente banida. Outros profissionais continuam a relatar êxitos na cirurgia do cérebro. Avaliando tudo isso, talvez seja mais preciso, embora depois de décadas de uso, descrever a psicocirurgia como uma técnica ainda experimental. Mesmo assim, ela pode servir para tratar de alguns distúrbios bem específicos (Fenton, 1998).

Hospitalização

A **hospitalização mental** no caso de distúrbios mentais graves envolve a internação de uma pessoa em ambiente protegido onde ela recebe terapia médica. A hospitalização, por si, pode ser uma forma de tratamento. O fato de permanecer no hospital tira o paciente de situações que podem estar contribuindo com o problema. Por exemplo, pessoas viciadas em drogas podem achar praticamente impossível resistir à tentação de abusar das drogas no seu dia-a-dia. A hospitalização pode ajudá-las a tentar escapar dos padrões de comportamento autodestrutivo (Gorman, 1996).

Na melhor das hipóteses, os hospitais são santuários que oferecem diagnóstico, apoio, abrigo e terapia. No geral, esse realmente é o cenário nas unidades psiquiátricas dos hospitais gerais e nos hospitais psiquiátricos particulares. Na pior das hipóteses, o confinamento em uma instituição pode ser uma experiência brutal que acaba deixando a pessoa menos preparada para enfrentar o mundo do que quando foi internada. Esse quadro é mais freqüente nos grandes hospitais mentais do Estado (Gorman, 1996).

Na maioria dos casos, os hospitais são a última opção como recurso para tratamento. Quando a hospitalização é realmente necessária, a maioria dos

Psicocirurgia Toda alteração cirúrgica do cérebro feita com o intuito de provocar mudanças comportamentais ou emocionais desejadas.

Hospitalização mental O confinamento a um ambiente protegido e terapêutico que oferece tratamento com profissionais de saúde mental.

pacientes psiquiátricos reage igualmente bem tanto em permanências curtas como em internações mais longas. Por isso, hoje, os pacientes ficam internados nos hospitais psiquiátricos em média 20 dias, e não de três a quatro meses, como ocorria há 20 anos.

Uma nova tendência de tratamento é a **hospitalização parcial**, na qual alguns pacientes passam o dia no hospital e vão para casa à noite. Outros fazem sessões de terapia à tarde. A principal vantagem da hospitalização parcial é que o paciente pode ir para casa e praticar o que aprendeu durante o dia. A maioria acaba voltando à vida normal. No geral, a hospitalização parcial é tão eficaz quanto a hospitalização total (Sledge et al., 1996).

Desinstitucionalização

Nos últimos 30 anos, a população nos grandes hospitais mentais caiu em dois terços. Esse fato é resultado da **desinstitucionalização** ou do uso reduzido de internação em tempo integral nas instituições mentais. A "institucionalização" de longo prazo pode provocar dependência, isolamento e distúrbios emocionais contínuos (Chamberlin e Rogers, 1990). A desinstitucionalização destinava-se a resolver esse problema.

A desinstitucionalização teve êxito? Na verdade, seu sucesso tem sido limitado. Muitos estados reduziram a população dos hospitais mentais principalmente como forma de economia. A conseqüência desoladora é que muitos pacientes crônicos retornaram a comunidades hostis sem cuidado adequado. Muitos ex-pacientes acabaram tornando-se sem-teto. Outros são presos várias vezes por pequenos delitos. É triste constatar pacientes trocando a hospitalização por desemprego, falta de moradia e isolamento social e, muitas vezes, voltando a ser internados ou indo para a prisão (Goldman, 1998).

Os grandes hospitais mentais não podem continuar a funcionar como depósito de indesejados pela sociedade, contudo, muitos ex-pacientes encontram-se em péssimas condições em casas de repouso, quartos de hotel, asilos, abrigos ou prisões. Mais de dois milhões de norte-americanos presos são doentes mentais – o triplo do número de pacientes em hospitais mentais ("Ill-equipped", 2003). Esses números indicam que as prisões estão substituindo os hospitais mentais como "solução" da sociedade para os doentes mentais. Contudo, ironicamente, quase toda comunidade tem disponível atendimento de alta qualidade. Acima de tudo, a simples falta de dinheiro impede muitas pessoas de receberem a ajuda de que necessitam (Torrey, 1996).

As casas intermediárias podem ser a melhor maneira de facilitar a reintegração de um paciente à comunidade (Anthony et al., 1990). **Casas intermediárias** são moradias coletivas temporárias para pessoas que estão fazendo a transição de uma instituição (hospital mental, prisão etc.) para uma vida independente. Normalmente, esses locais oferecem supervisão e apoio, sem tanta rigidez ou orientação médica como nos hospitais. As pessoas também podem ficar próximas da família. E, o mais importante, as casas intermediárias reduzem as chances de uma pessoa voltar a ser internada em hospital (Coursey et al., 1990).

Hospitalização parcial Tratamento no qual os pacientes passam apenas parte do dia no hospital, retornando para casa à noite.

Desinstitucionalização Utilização reduzida do compromisso em período integral com os sanatórios para tratar de problemas mentais.

Casa intermediária Uma casa comunitária para as pessoas que estão fazendo a transição de uma instituição (sanatório, prisão etc.) para a vida independente.

Centro comunitário de saúde mental Centro que oferece uma ampla variedade de serviços de saúde mental, por exemplo: prevenção, aconselhamento, consulta e intervenção em crises.

Intervenção em crises Tratamento qualificado de uma emergência psicológica.

Programas Comunitários de Saúde Mental

Os **centros comunitários de saúde mental** são um foco de luz na área de atendimento à saúde mental. Esse centros oferecem uma ampla variedade de serviços de saúde mental e de atendimento psiquiátrico, e tentam ajudar as pessoas a evitar a hospitalização e a encontrar respostas para os problemas de saúde mental. Normalmente, eles oferecem tratamento de curta duração, aconselhamento, atendimento ao paciente sem internação, serviços de emergência e prevenção de suicídio.

Se o centro de saúde mental da sua comunidade for como a maioria, a meta principal dele deve ser a ajuda direta ao cidadão com problemas. A segunda meta deve ser a *prevenção*. Consulta, orientação e **intervenção em crises** (administração qualificada de uma emergência psicológica) são usadas para evitar problemas antes de se tornarem graves. Além disso, alguns centros tentam melhorar o nível geral da saúde mental na comunidade, combatendo o desemprego, a delinqüência e o abuso de drogas (Levine et al., 1993).

TERAPIAS 555

O que têm feito os centros comunitários de saúde mental para atingir suas metas? Na prática, eles se dedicam muito mais ao fornecimento de serviços clínicos que à prevenção de problemas. Isso parece resultar principalmente do apoio governamental inconstante (tradução: dinheiro). No geral, os centros comunitários de saúde mental têm tido sucesso, como nunca, em tornar mais acessíveis os serviços psicológicos. Muitos dos seus programas contam com **paraprofissionais** (trabalhadores com capacidade quase profissional sob a supervisão de pessoal mais bem treinado). Alguns paraprofissionais são ex-viciados, ex-alcoólatras ou ex-pacientes que já "estiveram lá". Há muito mais pessoas (pagas ou voluntárias) que possuem habilidades para cursos, artesanatos ou aconselhamento ou que simplesmente são generosas, compreensivas e comunicativas. Muitas vezes, os paraprofissionais são mais acessíveis que os "médicos". Isso incentiva as pessoas a procurar os serviços de saúde mental que, de outro modo, relutariam em usar (Everly, 2002).

Um Olhar Adiante

Na seção Psicologia em Ação a seguir, retomaremos rapidamente os tratamentos comportamentais. Nela estão inúmeras técnicas úteis que você pode aplicar ao seu próprio comportamento. Há também uma discussão a respeito de quando se deve procurar ajuda profissional e como encontrá-la. Ouça este conselho: você não vai querer pular esse texto.

Paraprofissional Uma pessoa que trabalha em uma função quase como um profissional sob a supervisão de uma pessoa mais bem treinada.

PAUSA PARA ESTUDO — Terapias de Grupo, Habilidades da Psicoterapia e Terapias Médicas

RELACIONE

Você participaria de uma terapia individual ou de grupo? Quais as vantagens e desvantagens de cada uma?

Com base na sua própria experiência, até que ponto você acha válido afirmar que, dentro da família, "o problema de um é problema de todos"?

Quais as bases principais da psicoterapia? Como você as descreveria para um amigo?

Você usa alguma das habilidades básicas de aconselhamento? Qual delas melhoraria sua capacidade de ajudar uma pessoa tensa?

Se alguém da sua família ficasse profundamente deprimido, que terapias ele teria como opção? Quais são os prós e contras de cada uma?

VERIFICAÇÃO DO APRENDIZADO

1. No psicodrama, as pessoas tentam formar unidades significativas a partir de pensamentos, sentimentos e ações separadas. V ou F?
2. A maioria dos treinamentos de consciência de grupos grandes usa a Gestalt-terapia. V o F?
3. Qual destas terapias enfatiza a representação de papéis?
   a. psicodrama
   b. treinamento de consciência
   c. terapia familiar
   d. encontro
4. A _____ (liberação) emocional em um ambiente protegido é elemento da maioria das psicoterapias.
5. Para ajudar um amigo com problemas, você deve concentrar-se nos fatos, não nos sentimentos, e deve avaliar de forma crítica o que a pessoa está dizendo, para ajudá-la a perceber a realidade. V ou F?
6. A TEC é uma forma moderna de farmacoterapia. V ou F?
7. Atualmente, a lobotomia frontal é a forma de psicocirurgia mais amplamente usada. V ou F?

Raciocínio Crítico

8. Na sua opinião, o psicólogo tem obrigação de proteger outras pessoas que podem ser feridas por seus clientes? Por exemplo, se um paciente tiver fantasias homicidas sobre a ex-esposa, ela deve ser informada?
9. Os moradores de Berkeley, na Califórnia, votaram em um plebiscito para proibir o uso de TEC dentro dos limites da cidade. Você acha que alguns tratamentos psiquiátricos devem ser controlados por leis?

RESPOSTAS:

1. F 2. F 3. a. 4. catarse 5. F 6. F 7. F 8. De acordo com a legislação, o terapeuta tem obrigação de proteger os outros quando puder, com algum esforço, evitar danos graves. Contudo, essa obrigação pode criar conflitos com os direitos de sigilo do cliente e com a confiança entre cliente e terapeuta. Muitas vezes, os terapeutas têm de tomar decisões difíceis nessas situações. 9. A questão sobre quem pode prescrever drogas, realizar cirurgias e administrar TEC é controlada pela legislação. Contudo, os psiquiatras se opõem veementemente à tomada de decisões médicas por parte de moradores, conselhos municipais ou órgãos governamentais.

Psicologia em Ação

Autogestão e Buscando Ajuda Profissional

▶ **PERGUNTA PARA PESQUISA** *Como os princípios comportamentais são aplicados aos problemas cotidianos?*

"Senhoras e senhores, liberem a fera e libertem-se dos seus problemas. Dr. Muda Comporta Mento está aqui para pôr fim a todo sofrimento humano."

Será que é verdade? Não é bem assim. A terapia comportamental não é a cura de tudo. Sua aplicação freqüentemente é bem complicada e exige muita perícia. Ainda assim, a terapia comportamental oferece solução direta para muitos problemas.

Como já foi dito, quando há algum problema sério, é necessário buscar ajuda profissional. No caso de dificuldades menores, a própria pessoa pode tentar aplicar os princípios comportamentais. Vejamos como.

Reforço Oculto e Punição — Aumentando Sua "Força de Vontade"

"Alguma vez você já tentou parar de fumar, ver TV demais, abusar da comida ou bebida, ou parar de dirigir rápido demais?"

"Bem, uma dessas coisas, já. Já decidi várias vezes parar de fumar."

"Quando?"

"Geralmente quando me lembram dos perigos do fumo – por exemplo, quando ouço dizerem que meu tio morreu de câncer no pulmão. Ele fumava demais."

"Se você decidiu parar de fumar 'diversas vezes', suponho que não tenha conseguido."

"Não, o que normalmente acontece é que fico chateado porque fumo e, então, largo por dois ou três dias."

"Aí, você se esquece da imagem da morte do seu tio, ou algo assim, e volta a fumar."

"É, eu acho que se tivesse um tio morrendo por dia, eu realmente pararia de fumar!"

O uso de choque elétrico para condicionar uma aversão parece distante dos problemas do dia-a-dia. Mesmo as ações naturalmente aversivas são difíceis de ser aplicadas ao comportamento pessoal. Como já dissemos, por exemplo, a maioria dos fumantes acha difícil aplicar o método do fumo expresso por conta própria. E o problema de comer demais? Deve ser bem difícil comer o bastante para criar uma aversão duradoura contra o hábito de comer demais. (Embora algumas vezes seja tentador experimentar.)

Em vista dessas limitações, os psicólogos têm desenvolvido um procedimento alternativo que pode ser usado para reprimir o hábito de fumar, de comer demais e outros maus hábitos similares (Cautela e Bennett, 1981; Cautela e Kearney, 1986).

Sensibilização Oculta

Na **sensibilização oculta**, imagens aversivas são usadas para reduzir a ocorrência de uma resposta indesejada. Ela funciona desta forma: a pessoa deve arranjar seis cartões de mais ou menos 7 × 12 cm, e em cada cartão descrever resumidamente uma cena relacionada com um hábito que deseja controlar. A cena deve ser bem *perturbadora* ou *desagradável* a ponto de o simples fato de pensar nela fazer a pessoa se sentir bem desconfortável em relação ao hábito. Para o hábito de fumar, as descrições podem ser assim:

- Estou em um consultório médico. A médica olha alguns exames e diz que estou com câncer no pulmão. Ela diz que o pulmão terá de ser removido e marca uma data para a operação.
- Estou na cama respirando com um balão de oxigênio. Parece que tem um buraco no meu peito. Há um tubo em minha garganta. Mal consigo respirar.
- Acordo de manhã e fumo um cigarro. Começo a tossir e expelir sangue.
- Meu namorado não vai querer me beijar porque estou cheirando a cigarro.
- Os demais cartões devem seguir a mesma linha.

Sensibilização oculta A utilização de uma imagem adversa para reduzir a ocorrência de uma resposta não-desejada.

Para o hábito de comer demais, os cartões devem ser assim:

• Estou na praia. Levanto para ir mergulhar e ouço as pessoas cochichando: "Ela é horrível de gorda".
• Vou comprar roupas. Experimento várias roupas que são pequenas demais. As únicas que servem ficam parecendo sacos de dormir. As vendedoras ficam me olhando.
• Os demais cartões devem seguir a mesma linha.

O truque, evidentemente, é fazer a pessoa imaginar ou vivenciar cada uma dessas cenas perturbadoras *diversas vezes* ao dia. Para imaginar as cenas, a pessoa pode colocá-las sob o *controle de estímulos*. Simplesmente, ela escolhe algo que faça *com freqüência* todos os dias (por exemplo, pegar uma xícara de café ou levantar-se da cadeira). Em seguida, cria uma regra: antes de pegar a xícara de café ou de levantar da cadeira, ou qualquer outra dica escolhida, ela deve pegar os cartões e se *imaginar* como se *realmente* estivesse realizando as ações que deseja reprimir (comendo ou fumando, por exemplo). Em seguida, *imaginar intensamente* a cena descrita no cartão. Ficar imaginando a cena durante 30 segundos.

Depois de visualizar o que está escrito no cartão, colocá-lo por último para fazer um rodízio dos cartões. Criar novos cartões toda semana. As cenas podem ser mais desagradáveis que as descritas aqui. Os exemplos foram amenizados para evitar que você fique "esgotado".

A sensibilização oculta também pode ser usada diretamente em situações para testar o autocontrole. Se alguém, por exemplo, estiver tentando emagrecer, tem de ser capaz de recusar uma sobremesa tentadora desta forma: ao ver a sobremesa, visualizar um monte de larvas sobre ela. Quanto mais real e mais nojenta for a imagem, mais chances de perder o apetite. Para aplicar essa técnica em outras situações, as cenas nojentas são as mais eficazes. A sensibilização oculta funciona como se "a pessoa estivesse brincando com ela mesma", mas é extremamente útil para eliminar um mau hábito (Cautela e Kearney, 1986). Experimente!

Interrupção de Pensamentos

Como já discutido, os terapeutas comportamentais admitem que os pensamentos, bem como as respostas visíveis, também podem causar problemas. Pense nos momentos em que várias vezes você mentalmente "ficou pra baixo" ou quando teve preocupações, medos desnecessários ou outros pensamentos negativos ou desagradáveis. Para controlar esses tipos de pensamentos, a técnica de interrupção de pensamentos é útil.

Na **interrupção de pensamentos**, são usados estímulos aversivos para interromper ou evitar pensamentos desagradáveis. A técnica mais simples de interrupção de pensamentos usa punições brandas para suprimir imagens mentais e "falas" internas negativas. Por exemplo, basta usar um elástico no pulso. Durante o dia, aplica-se esta regra: sempre que alguém se pegar pensando em imagens ou pensamentos desagradáveis, ele deve puxar o elástico e soltar. Não é preciso puxar demais para doer bastante. O que vale é chamar a atenção para a freqüência com que se criam idéias negativas e interromper esse fluxo de pensamentos. Não é necessária uma punição pesada.

Parece que esse procedimento é fácil de ser abandonado. Há alguma alternativa? O segundo procedimento de interrupção de pensamentos requer apenas que o pensamento desagradável seja interrompido sempre que surgir. A pessoa começa separando um momento do dia para pensar deliberadamente nos pensamentos indesejáveis. Assim que o pensamento começa a se formar, ela grita "Pare!", com convicção. (Evidentemente, é melhor escolher um local reservado para realizar essa parte do procedimento!)

A pessoa deve repetir o procedimento de interrupção de pensamentos de 10 a 20 vezes durante os primeiros dois ou três dias. Depois, passa a falar "Pare!" sem gritar (para si mesma). A partir de então, a interrupção de pensamentos pode ser realizada ao longo do dia sempre que surgirem pensamentos desagradáveis (Williams e Long, 1991). Depois de vários dias praticando, deve-se conseguir parar os pensamentos indesejáveis sempre que ocorrerem.

Reforço Oculto

Já vimos como usar imagens punitivas para reduzir as respostas indesejadas, como fumar ou comer demais. Muitos também consideram importante o *reforço* oculto para as ações desejadas. **Reforço oculto** consiste no uso de criação de imagens positivas para reforçar comportamentos desejados. Por exemplo, suponhamos que o comportamento-alvo seja, novamente, não comer sobremesa. Se for esse o caso, pode-se fazer o seguinte (Cautela e Bennett, 1981; Cautela e Kearney, 1986):

Interrupção de pensamentos A utilização de estímulos adversos para interromper ou impedir pensamentos frustrantes.

Reforço oculto Utilizar imagens positivas para reforçar o comportamento desejado.

Imagine que você está diante da mesa de sobremesas com os amigos. Assim que a sobremesa passa, você gentilmente recusa e sente-se bem por fazer dieta.

Essas imagens devem ser seguidas de uma cena de reforço agradável:

Imagine que você está no peso ideal. Está magro e vestindo seu estilo e sua cor favoritos. Uma pessoa de quem você gosta diz: "Nossa, como você emagreceu! Você nunca esteve tão bem".

Para muitas pessoas, é claro, o reforço direto real (como o descrito na seção Psicologia em Ação do Capítulo 6) é a melhor forma de alterar o comportamento. Mesmo assim, o reforço oculto ou "visualizado" pode ter efeitos semelhantes. Para usar o reforço oculto, deve-se escolher um ou dois comportamentos-alvo e ensaiá-los mentalmente. Depois de cada ensaio, imaginar intensamente cenas recompensadoras.

Dessensibilização Autodirecionada — Superando Medos Comuns

Você se preparou durante duas semanas para apresentar uma palestra para uma sala enorme. Conforme sua vez vai chegando, suas mão começam a tremer. O coração palpita e você sente dificuldades de respirar. Você diz para si mesmo, "Relaxa!". O que acontece? Nada!

Relaxamento

A principal ferramenta da dessensibilização é o relaxamento. Para inibir o medo, deve-se *aprender* a relaxar. Este é um exemplo de como usar o **método de liberação da tensão** para obter um relaxamento muscular profundo.

Tensione os músculos do braço direito até ficarem trêmulos. Segure bem firme por cerca de cinco segundos e solte. Deixe a mão e o braço ficarem moles e relaxe totalmente. Repita o procedimento. Com a liberação da tensão duas ou três vezes, você perceberá quando os músculos do braço ficarem relaxados. Repita o procedimento de liberação da tensão no braço esquerdo. Aplique o método na perna direita, na perna esquerda, no abdome, no peito e nos ombros. Segure e solte o queixo, o pescoço e a garganta. Franza e solte a testa e o couro cabeludo. Aperte e solte a boca e os músculos da face. Na última etapa, encolha os dedos e os pés. Depois, solte.

Pratique o método de liberação da tensão até conseguir relaxar completamente bem rápido (de cinco a dez minutos).

Depois de praticar o relaxamento uma vez por dia durante uma ou duas semanas, você começa a perceber quando o corpo (ou um grupo muscular) está tenso. Além disso, começa também a conseguir relaxar quando quiser. Você também pode, alternativamente, tentar imaginar uma cena relaxante, prazerosa e bem segura. Algumas pessoas consideram esse tipo de imagem tão relaxante quanto o método de liberação da tensão (Rosenthal, 1993b). Depois de aprender a relaxar, a etapa seguinte é identificar o medo que você deseja controlar e criar uma hierarquia.

Método de liberação da tensão
Procedimento sistemático para atingir o relaxamento profundo do corpo.

Procedimento para Criação de uma Hierarquia

Elabore uma lista das situações (relacionadas ao medo) que o deixam ansioso. Tente listar pelo menos dez situações. Algumas devem ser bem assustadoras e outras, mais ou menos. Faça uma descrição curta de cada situação em um cartão separado de mais ou menos 7 × 12 cm. Ordene os cartões começando com a situação menos perturbadora até a mais assustadora. Este é um exemplo de hierarquia para um aluno com medo de falar em público:

1. Ser escolhido para falar para a classe
2. Pensar no tópico e na data da apresentação
3. Escrever o texto; pensar na apresentação
4. Assistir às apresentações de outros alunos uma semana antes da data sua apresentação
5. Ensaiar sozinho a apresentação; fingir estar apresentando para a classe
6. Fazer a apresentação para um colega; fingir que o colega é o professor
7. Rever o texto no dia da apresentação

8. Entrar na sala de aula; esperar e pensar na apresentação
9. Ser chamado; levantar-se; enfrentar os colegas
10. Fazer a apresentação

Usando a Hierarquia

Quando tiver dominado a técnica de relaxamento e criado a hierarquia, dedique um período do dia para trabalhar na redução do medo. Comece com os exercícios de relaxamento. Depois de completamente relaxado, visualize a cena do primeiro cartão (a menos assustadora). Se conseguir *realmente* se ver e se imaginar na primeira situação duas vezes *sem perceber um aumento na tensão muscular*, passe para o cartão seguinte. Além disso, conforme for avançando, tente relaxar entre os cartões.

A cada dia, pare quando chegar a um cartão que não conseguir visualizar três vezes sem ficar tenso. Todo dia, começar um ou dois cartões antes daquele em que parou no dia anterior. Continue a trabalhar com os cartões até conseguir visualizar a última situação sem ficar tenso (técnicas baseadas em Wolpe, 1974).

Usando essa abordagem, você consegue reduzir o medo ou a ansiedade associados a atos como falar em público, entrar em salas escuras, fazer perguntas em salas de aula grandes, ficar em locais altos, falar com pessoas do sexo oposto e fazer provas. Mesmo que nem sempre consiga reduzir o medo, você terá aprendido a relaxar por vontade própria. Isso por si só é importante porque o controle da tensão desnecessária pode aumentar a energia e a eficácia.

Procurando Ajuda Profissional — Quando, Onde e Como?

▶ **PERGUNTA PARA PESQUISA**   *Como uma pessoa pode encontrar ajuda profissional?*

Como vou saber se devo buscar ajuda profissional em algum momento da minha vida? Embora não haja resposta simples para essa pergunta, estas orientação podem ser úteis.

1. Se o nível de desconforto psicológico (infelicidade, ansiedade ou depressão, por exemplo) for comparável ao nível de desconforto físico que causaria a visita a um médico ou dentista, você deve procurar um psicólogo ou psiquiatra.
2. Outro sinal é observar mudanças significativas no comportamento, por exemplo, a qualidade do trabalho (ou do desempenho acadêmico), a freqüência de faltas, o uso de drogas (inclusive do álcool), ou os relacionamentos com as outras pessoas.
3. Talvez você já tenha insistido com algum amigo ou parente para procurar ajuda profissional e ficou decepcionado porque a pessoa se recusou a fazê-lo. Se *você* tiver amigos ou parentes dando a mesma sugestão, admita que talvez eles estejam vendo a situação mais claramente que você.
4. Se você tiver insistentemente pensamentos ou impulsos suicidas perturbadores, procure imediatamente ajuda profissional.

Achando um Terapeuta

Se eu quiser falar com um terapeuta, como achar algum?* Estas são algumas sugestões que o ajudarão a começar.

1. *Páginas amarelas*. Os psicólogos estão relacionados na lista telefônica como "Psicólogo" ou em alguns casos como "Serviços de Aconselhamento". Os psiquiatras estão geralmente listados como subtítulo de "Médicos". Os orientadores geralmente são encontrados no título "Aconselhamento Matrimonial e Familiar". Nessas listas é possível encontrar alguns profissionais particulares.

---

* NRT: No Brasil, existe um site bastante interessante do Conselho Regional de Psicologia (o de São Paulo, por exemplo, pode ser encontrado no endereço *www.crsp.org.br*), no qual você pode encontrar:
- psicoterapeutas por especialidade;
- clínicas – escolas que atendem, por valores simbólicos, a população em geral;
- salas para psicólogos que necessitam alugar um espaço de atendimento;
- indicação de cursos de pós-graduação e de especialização.

2. *Centros de saúde mental do condado ou da comunidade.* A maioria das comarcas e muitas cidades oferecem serviços públicos de saúde mental. (Essas entidades constam na lista telefônica.) Os centros públicos de saúde mental normalmente oferecem serviços diretos de aconselhamento e de terapia, e também de encaminhamento para terapeutas particulares.
3. *Associações de saúde mental.* Muitas cidades têm associações de saúde mental organizadas por cidadãos conscientes. Grupos desse tipo normalmente mantêm listas de terapeutas qualificados e de outros serviços e programas da comunidade.
4. *Faculdades e universidades.* Se você for estudante, não despreze os serviços de aconselhamento oferecidos pelo centro de saúde estudantil ou pelos departamentos especiais de aconselhamento estudantil.
5. *Anúncios de jornais.* Alguns psicólogos anunciam seus serviços nos jornais. Além disso, algumas clínicas "distantes" de baixo custo ocasionalmente tentam marcar presença com o público mediante anúncios. Em qualquer dos casos, é necessário procurar conhecer bem as qualificações e o treinamento do terapeuta. Sem a vantagem da recomendação por outra pessoa, é bom ter precaução.
6. *Telefones de emergência.* Os telefones de emergência normais consistem em serviços telefônicos oferecidos por voluntários comunitários. Essas pessoas são treinadas para oferecer informações a respeito dos mais variados problemas de saúde mental. Também oferecem listas de organizações, serviços e outros recursos da comunidade onde se pode buscar ajuda.

A ▲Tabela 13.5 apresenta um resumo de todas as fontes de psicoterapia, aconselhamento e referências discutidas, além de algumas outras possibilidades.

Opções Como saber que tipo de terapeuta procurar? Como escolher um? A escolha entre psiquiatra e psicólogo é um tanto arbitrária. Ambos são qualificados para aplicar psicoterapia. Enquanto o psiquiatra pode adotar terapia somática e prescrever drogas, o psicólogo pode trabalhar em conjunto com um médico caso necessite desses serviços. Os psicólogos e psiquiatras são igualmente eficientes como terapeutas (Consumer, 1995; Seligman, 1995).

Colega conselheiro Pessoa não profissional que aprendeu aptidões básicas de aconselhamento.

Os honorários do psiquiatra geralmente são mais altos,* ficando na média em torno de US$ 115 por hora. Os psicólogos cobram em média US$ 85 por hora. Os orientadores e assistentes sociais normalmente cobram cerca de US$ 70 por hora. As terapias de grupo custam em média US$ 40 por hora, pois o honorário do terapeuta é rateado entre os vários participantes.

▲ TABELA 13.5 | **Fontes de Saúde Mental**

- Médicos de família (para obter referências de profissionais da saúde mental)
- Especialistas em saúde mental, como psiquiatras, psicólogos, assistentes sociais ou orientadores de saúde mental
- Organizações de manutenção da saúde
- Centros comunitários de saúde mental
- Departamentos psiquiátricos de hospitais e clínicas para atendimento sem internação
- Programas conveniados com universidades ou escolas de medicina
- Clínicas para atendimento sem internação de hospitais estaduais
- Serviço de família/órgãos de assistência social
- Clínicas e entidades particulares
- Programas de assistência a empregados
- Sociedades médica, psiquiátrica ou psicológica locais

(Fonte: National Institute of Mental Health [Instituto Nacional de Saúde Mental])

Com os valores em mente, saiba que quase todos os convênios médicos cobrem os serviços psicológicos.** Se esses valores forem proibitivos, saiba que muitos terapeutas são flexíveis e cobram de acordo com as possibilidades do paciente, além disso, os centros comunitários de saúde mental quase sempre são maleáveis em relação ao pagamento. De uma forma ou de outra, há ajuda disponível quase sempre para quem precisa dela.

Algumas comunidades e centros universitários oferecem serviços de aconselhamento com paraprofissionais dispostos ou colegas conselheiros. Esses serviços são gratuitos ou de custo muito baixo. Como já foi mencionado, os paraprofissionais são pessoas que trabalham com capacidade próxima da profissional sob a supervisão de um profissional. **Colegas conselheiros** são não-profissionais que aprenderam habilidades básicas de aconselhamento. Há uma tendência natural, talvez, de duvidar da

---

* NRT: No Brasil, os honorários do psiquiatra geralmente também são mais altos, ficando na média em torno de US$ 66 por hora. Os psicólogos cobram em média US$ 32 por hora. Os orientadores e os assistentes sociais normalmente cobram cerca de US$ 28 por hora. As terapias de grupo custam em média US$ 30. Para uma pesquisa de preços de serviços mais detalhada, ver *www.crpsp.org/a_oriem/frames/fr_tabela_referencial.htm*.

** NRT: No Brasil, não são todos os convênios que cobrem os serviços psicológicos.

capacidade dos paraprofissionais. Contudo, muitos estudos têm demonstrado que os conselheiros paraprofissionais muitas vezes são tão eficazes quanto os profissionais (Christensen e Jacobson, 1994).

Além disso, não despreze os grupos de auto-ajuda, que podem servir de apoio importante no tratamento profissional. Os membros de grupos de auto-ajuda normalmente compartilham de determinados tipos de problemas, como distúrbio de alimentação ou tratamento de algum parente alcoólatra. Os **grupos de auto-ajuda** oferecem aos participantes apoio mútuo e chance para discutir os problemas. Em muitos casos, o fato de ajudar os outros serve como terapia para as próprias pessoas que oferecem a ajuda (Levine et al., 1993). Para alguns tipos de problemas, os grupos de auto-ajuda podem ser a melhor opção dentre todas (Christensen e Jacobson, 1994; Fobair, 1997).

Qualificações Muitas vezes, a melhor forma de verificar a qualificação do terapeuta é simplesmente perguntando. Um terapeuta renomado fica satisfeito em relevar seu histórico profissional e acadêmico. Caso tenha dúvidas, as credenciais podem ser verificadas e outras informações importantes podem ser obtidas a partir das filiais locais de qualquer umas destas organização. Também é possível entrar em contato pessoalmente com instituições como American Family Therapy Association.* American Psychiatric Association, American Psychological Association, American Association of Humanistic Psychology, Canadian Psychiatric Association, National Mental Health Association.

A dúvida sobre como escolher um determinado terapeuta ainda persiste. A melhor forma é começar com uma breve consulta com um psiquiatra, psicólogo ou orientador respeitado. Esse procedimento fará com que a pessoa consultada avalie as dificuldades do cliente e recomende um tipo de terapia ou um terapeuta que possa ajudar. Como alternativa, você pode pedir ao seu professor de psicologia uma referência.

Avaliando o Terapeuta Como saber se devo ou não desistir de um terapeuta ou ignorá-lo? Uma análise equilibrada das psicoterapias indica que todas as *técnicas* são quase igualmente eficazes (Wampold et al., 1997). Contudo, nem todos os *terapeutas* são igualmente eficazes. Muito mais importante que o tratamento usado pelo terapeuta são as suas capacidades pessoais (Luborsky et al., 1997). Os terapeutas regularmente mais bem-sucedidos são aqueles dispostos a usar qualquer método que lhe pareça mais útil para o cliente. Eles também se caracterizam por sua receptividade, integridade, sinceridade e empatia (Jennings e Skovholt, 1999).

Talvez seja mais exato afirmar que a essa altura da evolução, a psicoterapia é uma arte, não uma ciência. O *relacionamento* entre cliente e terapeuta é a ferramenta mais importante do profissional (Hubble et al.,1999). Essa é a razão pela qual é necessário confiar no terapeuta e manter uma boa relação com ele para que a terapia tenha bons resultados. Estes são alguns sinais de perigo que devem ser observados no comportamento do terapeuta contra o paciente:

Grupo de auto-ajuda Um grupo de pessoas que compartilham um determinado tipo de problema e no qual apóiam umas às outras.

- Assédio sexual
- Repetidas ameaças verbais ou agressões físicas
- Imposição excessiva de culpa, desprezo, hostilidade e controle
- Muitas conversas fúteis; o terapeuta falar excessivamente de seus próprios problemas
- Encorajamento da dependência prolongada do paciente em relação ao terapeuta
- Exigência de confiança absoluta ou de não discussão da terapia com nenhuma outra pessoa

Os clientes que gostam do terapeuta geralmente são os que apresentam melhores resultados com a terapia (Talley et al., 1990). Uma parte muito importante da aliança terapêutica é a concordância com as metas da terapia. Portanto, antes de começar, é interessante refletir sobre os objetivos que se pretende atingir. Escreva-os e discuta com o terapeuta durante a primeira sessão. No primeiro encontro com ele(a), deve-se obter respostas para todas estas perguntas (Somberg et al., 1993):

- As informações reveladas durante a terapia serão mantidas em total sigilo?
- Quais os riscos da terapia?
- Qual a estimativa de tempo de duração da terapia?
- Que formas de tratamento serão usadas?
- Há alternativas que possam ser mais úteis tanto quanto a terapia?

---

* NRT: No Brasil, há o Conselho Regional de Psicologia (CRP), que possibilita o acesso a todos os psicólogos credenciados.

562 INTRODUÇÃO À PSICOLOGIA: UMA JORNADA

É sempre tentador evitar encarar os problemas pessoais. Com isso em mente, é muito importante dar uma boa chance ao terapeuta e não desistir facilmente. Mas não se deve hesitar em trocar de terapeuta ou acabar com a terapia caso se perca a confiança no terapeuta ou se o cliente não se der bem com ele como pessoa.

PAUSA PARA ESTUDO — Autogestão e Buscando Ajuda Profissional

RELACIONE

Como você usaria a sensibilização oculta, interrupção de pensamentos e reforço oculto para mudar o seu comportamento? Tente aplicar cada técnica a um exemplo específico.

Apenas para praticar, crie uma hierarquia de medo para uma situação que você ache assustadora. Imaginar de verdade os itens da hierarquia o deixa tenso ou ansioso? Se sim, você consegue relaxar usando o método de liberação da tensão?

Suponha que você queira buscar ajuda de um psicólogo ou de outro profissional da saúde mental. Como procederia? Dedique um tempo para verificar de verdade quais serviços de saúde mental disponíveis serviriam para você.

VERIFICAÇÃO DO APRENDIZADO

1. Sensibilização oculta e interrupção de pensamentos combinam terapia da aversão e terapia cognitiva. V ou F?
2. Como o condicionamento aversivo oculto, é possível aplicar reforço oculto para obter respostas desejadas. V ou F?
3. Exercícios que produzem relaxamento muscular profundo são um elemento essencial da sensibilização oculta. V ou F?
4. Os itens de uma hierarquia de dessensibilização devem ser ordenados do menos perturbador para o mais perturbador. V ou F?
5. A primeira etapa da dessensibilização é colocar a visualização de imagens perturbadoras sob o controle de estímulos. V ou F?
6. Desconforto emocional persistente é um sinal claro da necessidade de procurar aconselhamento psicológico profissional. V ou F?
7. Os centros comunitários de saúde mental raramente oferecem aconselhamento ou terapia; apenas dão referências. V ou F?
8. Em muitos casos, as qualidades pessoais do terapeuta têm mais efeito no resultado da terapia que o tipo de terapia usado. V ou F?

Raciocínio Crítico

9. Seria aceitável um terapeuta insistir que um cliente corte todas as relações com um parente problemático?

RESPOSTAS:

1.V 2.V 3.F 4.V 5.F 6.V 7.F 8.V 9. Essas decisões devem ser tomadas pelo próprio cliente. Os terapeutas podem ajudar o cliente a avaliar importantes decisões e sentimentos em relação a pessoas significativas em sua vida. Contudo, insistir com veemência para que o cliente corte uma relação com um parente chega ao limite da falta de ética.

REVISÃO DO CAPÍTULO

Pontos Principais

» A psicoterapia facilita as mudanças positivas de personalidade, comportamento e ajuste.

» Antes da evolução das terapias modernas, a superstição dominava as tentativas de tratamento dos problemas psicológicos.

» As cinco principais categorias da psicoterapia são terapias psicodinâmica, de *insight*, comportamental, cognitiva e de grupo.

» A psicoterapia geralmente é eficaz, embora não exista uma forma única, específica e melhor de terapia do que outras.

» Todos os tratamentos médicos de distúrbios psicológicos têm prós e contras. No geral, porém, a eficácia deles tem aumentado.

» Alguns problemas pessoais podem ser tratados com sucesso usando técnicas de autogestão.

» Todos deveriam saber como obter atendimento de saúde mental de alto nível dentro da sua comunidade.

Resumo

Quais as diferenças entre as diversas psicoterapias? Como se originou a psicoterapia?

» As psicoterapias podem ser classificadas em terapias de *insight*, de ação, diretiva, não-diretiva, de apoio, e suas combinações.

» As terapias podem ser realizadas individualmente ou em grupos, e devem ter duração limitada.

» Os primeiros tratamentos para doenças mentais eram, muitas vezes, baseados na crença em forças sobrenaturais.

» A demonologia atribuía o distúrbio mental à possessão demoníaca e prescrevia o exorcismo como tratamento.

» Em alguns casos, a verdadeira causa do comportamento bizarro pode ter sido o envenenamento por ergotina.

» Os tratamentos mais humanizados começaram em 1793, com o trabalho de Philippe Pinel em Paris.

Hoje, a psicanálise freudiana ainda é usada?

» A psicanálise freudiana foi a primeira psicoterapia formal. A psicanálise busca liberar os pensamentos e as emoções reprimidos do inconsciente.

» O psicanalista usa livre associação, análise do sonho e análise da resistência e da transferência para revelar *insights* que produzem saúde.

» Alguns críticos alegam que a psicanálise tradicional recebe créditos por melhorias espontâneas dos sintomas. Contudo, a psicanálise é eficaz para alguns pacientes.

» A terapia dinâmica de curto prazo (baseada na teoria psicanalítica, porém mais breve e focada) é tão eficaz quanto as demais principais terapias.

Quais são as principais terapias humanistas?

» A terapia centrada no cliente (ou centrada na pessoa) é não-diretiva e dedicada à criação de uma atmosfera de crescimento.

» Métodos de atenção positiva incondicional, empatia, autenticidade e espelho são combinados para dar ao cliente uma chance de resolver seus próprios problemas.

» As terapias existenciais concentram-se no resultado final das escolhas que a pessoa faz na vida. Os clientes são incentivados, mediante confrontação e encontro, a exercitar o livre-arbítrio e a responsabilizar-se pelas próprias escolhas.

» A Gestalt-terapia enfatiza a consciência imediata dos pensamentos e sentimentos. Seu objetivo é reconstruir o pensamento, o sentimento e a ação formando unidades ligadas, e ajudar o cliente a superar os bloqueios emocionais.

» Psicólogos da mídia, terapeutas por telefone e terapeutas cibernéticos podem, ocasionalmente, proporcionar algum bem. Contudo, cada um tem graves falhas, e a eficácia do aconselhamento por telefone e da terapia cibernética ainda não foi comprovada.

» A terapia por videoconferência mostra-se mais promissora como forma de oferecer serviços de saúde mental a distância.

O que é terapia comportamental?

» Os terapeutas comportamentais usam várias técnicas de modificação do comportamento que aplicam princípios de aprendizado para mudar o comportamento humano.

» Na terapia da aversão, o condicionamento clássico é usado para associar o comportamento desajustado (por exemplo, fumar ou beber) à dor ou a outro fato aversivo a fim de inibir as respostas indesejáveis.

Como a terapia comportamental é usada no tratamento de fobias, medos e ansiedades?

- O condicionamento clássico também serve como base da dessensibilização sistemática, técnica usada para superar medos e ansiedades. Na dessensibilização, a adaptação gradual e a inibição recíproca interrompem a ligação entre medo e situações específicas.
- As etapas normais da dessensibilização são: criar uma hierarquia de medos; aprender a produzir relaxamento total; e realizar os itens da hierarquia (do menos para o mais perturbador).
- A dessensibilização pode ser realizada em ambientes reais, ou por meio de imaginação intensa da hierarquia, ou observação de modelos executando as respostas temidas.
- Em alguns casos, a exposição à realidade virtual pode ser usada para apresentar o estímulo de medo de forma controlada.
- Uma nova técnica denominada reprocessamento e dessensibilização do movimento do olho (RDMO) mostra-se uma promessa como tratamento de lembranças traumáticas e distúrbios de estresse. Hoje, no entanto, há muita polêmica a respeito do RDMO.

Qual o papel do reforço na terapia comportamental?

- A modificação do comportamento também usa os princípios operantes, como reforço positivo, não-reforço, extinção, punição, modelagem, controle de estímulos e interrupção. Esses princípios são utilizados para extinguir as respostas indesejáveis e para promover o comportamento construtivo.
- A não-recompensa pode extinguir o comportamento problemático. Muitas vezes, isso é feito simplesmente identificando e eliminando os reforços, principalmente a atenção e a aceitação sociais.
- Para aplicar o reforço positivo e a modelagem operante, muitas vezes são usadas gratificações para reforçar o comportamento-alvo selecionado.
- O uso em total escala das gratificações em um ambiente institucional produz economia de gratificação. Quando se aproxima o término do programa de economia de gratificação, os pacientes passam a receber recompensas sociais, como reconhecimento e aprovação.

A terapia muda os pensamentos e as emoções?

- A terapia cognitiva enfatiza a mudança de padrões de pensamento que estão por trás dos problemas emocionais ou comportamentais. Seus objetivos são corrigir o pensamento distorcido e/ou ensinar a melhorar as habilidades de enfrentamento.
- Em uma variação da terapia cognitiva, chamada terapia comportamental emotivo-racional (TCER), os clientes aprendem a identificar e desafiar suas próprias crenças irracionais.

A psicoterapia pode ser feita em grupo?

- A terapia de grupo pode ser uma simples extensão dos métodos individuais, ou pode ser baseada em técnicas desenvolvidas especialmente para os grupos.
- No psicodrama, os indivíduos representam papéis e incidentes semelhantes aos seus problemas da vida real. Na terapia familiar, o grupo familiar é tratado como uma unidade.
- Embora não sejam literalmente psicoterapias, os grupos de sensibilidade e de encontro tentam incentivar a mudança positiva de personalidade. Nos últimos anos, os treinamentos de consciência de grupos grandes oferecidos comercialmente têm se popularizado. Contudo, os benefícios terapêuticos desse tipo de programa são questionáveis.

Quais os pontos em comum entre as várias terapias?

- Para aliviar os problemas pessoais, todas as psicoterapias oferecem relacionamento atencioso, ligação emocional, ambiente protegido, catarse, explicações para os problemas dos clientes, nova visão e oportunidade para praticar novos comportamentos.

- Muitas habilidades básicas de aconselhamento servem de suporte para várias terapias. Essas habilidades incluem: ouvir atentamente, ajudar a esclarecer o problema, enfocar os sentimentos, evitar dar conselhos indesejáveis, aceitar o ponto de vista da pessoa, espelhar os pensamentos e sentimentos, ter paciência durante as pausas, usar perguntas abertas sempre que possível e manter o sigilo.
- O terapeuta culturalmente qualificado deve ser capaz de estabelecer ligação com uma pessoa de diferente origem cultural e adaptar as teorias e técnicas tradicionais para atender às necessidades dos clientes de grupos étnicos ou raciais não-europeus.

Como os psiquiatras tratam dos distúrbios psicológicos?

- Os três tratamentos médicos, ou somáticos, são a farmacoterapia, terapia eletroconvulsiva (TEC) e psicocirurgia. Todas as três técnicas são polêmicas até certo ponto, por causa das dúvidas a respeito da eficácia e dos efeitos colaterais.
- Os centros comunitários de saúde mental procuram evitar ou minimizar a hospitalização. Eles também procuram prevenir os problemas de saúde mental por meio de educação, consulta e intervenção em crises.

Como os princípios comportamentais são aplicados aos problemas cotidianos?

- As técnicas cognitivas ajudam a administrar o comportamento pessoal.
- Na sensibilização oculta, as imagens aversivas são usadas para desencorajar o comportamento indesejável.
- A interrupção de pensamentos usa punição branda para evitar os pensamentos desagradáveis.
- O reforço oculto é uma forma de incentivar as respostas desejadas por meio de ensaio mental.
- A dessensibilização combina o relaxamento com uma hierarquia de imagens desagradáveis para reduzir os medos.

Como uma pessoa pode encontrar ajuda profissional?

- Na maioria das comunidades, é possível encontrar um terapeuta renomado e competente nas fontes públicas de informações ou por meio de indicação.
- As análises práticas, como, por exemplo, de custo e qualificação, entram na escolha de um terapeuta. Contudo, as características pessoais do terapeuta são igualmente importantes.

Teste Seus Conhecimentos: Terapias

As perguntas a seguir são apenas uma amostra daquilo que você deve saber. Se não conseguir responder a algum item, reveja o capítulo todo.

1. Um tratamento incompatível com a terapia de insight é a
   a. terapia individual   b. terapia de ação
   c. terapia não-diretiva   d. terapia de grupo
2. Que tipo de terapia é MENOS provável de produzir mudança pessoal?
   a. terapia não-diretiva   b. terapia de apoio
   c. terapia de tempo limitado   d. terapia de grupo
3. A explicação científica da Idade Média para as "possessões" por "demônios" está relacionada aos efeitos de
   a. envenenamento por ergotina
   b. trepanação
   c. exorcismo
   d. transferência inconsciente
4. Qual destes itens NÃO é conceito de psicanálise?
   a. livre associação   b. resistência
   c. transferência   d. trepanação
5. Durante a avaliação de uma terapia, uma forma de evitar se enganar com a recuperação espontânea dos sintomas é usar um grupo de controle _____.
   a. não-diretivo   b. latente
   c. psicodinâmico   d. de lista de espera
6. Carl Rogers não acreditava no uso de _____ na terapia.
   a. empatia   b. autenticidade
   c. método de espelhar   d. confrontação
7. Preencher as lacunas na autoconsciência imediata é uma das principais metas da
   a. TCER   b. terapia existencial
   c. terapia centrada na pessoa   d. Gestalt-terapia

8. Até hoje, o tipo mais aceito de "terapia a distância" é
   a. psicologia da mídia
   b. aconselhamento por telefone comercial
   c. terapia cibernética baseada na Internet
   d. tele-saúde
9. Os princípios do condicionamento clássico são a base do (a)
   a. terapia da aversão   b. interrupção
   c. economia de gratificação   d. RDMO
10. A inibição recíproca é um importante princípio no(a)
    a. RDMO
    b TCER
    c. dessensibilização
    d. elaboração de uma economia de gratificação
11. Um psicólogo interessado na supergeneralização e nas crenças irracionais é claramente um proponente da
    a. terapia de exposição
    b. economia de gratificação
    c. dessensibilização sistemática
    d. terapia cognitiva
12. Na TCER (terapia comportamental emotivo-racional), que elemento está entre a *experiência ativadora* e a *conseqüência*?
    a. o comportamento   b. a crença
    c. o ser   d. o passado
13. A técnica do espelho é freqüentemente usada
    a. na terapia de exposição   b. no psicodrama
    c. na terapia familiar   d. no RDMO
14. As pesquisas mostram que cerca de metade dos pacientes sente-se melhor depois das primeiras _____ sessões de terapia.
    a. 8   b. 16.   c. 24.   d. 26
15. Ligação emocional, receptividade, compreensão, aceitação e empatia são a base da
    a. aliança terapêutica
    b. consciência de grupos grandes
    c. inversão de papéis
    d. terapia de ação
16. Quais dos itens a seguir NÃO se refere aos terapeutas culturalmente qualificados?
    a. Ter ciência do grau de aculturação do cliente.
    b. Usar recursos de ajuda dentro do grupo cultural do cliente.
    c. Adaptar as técnicas-padrão para corresponder aos estereótipos culturais.
    d. Ter ciência dos seus próprios valores culturais.
17. Os tranqüilizantes maiores também são conhecidos como
    a. ansiolíticos   b. antipsicóticos
    c. antidepressivos   d. sedativos pré-frontais
18. A TEC é classificada como um tipo de
    a. terapia somática   b. farmacologia
    c. psicocirurgia   d. lesão profunda
19. A punição branda é usada em que técnica de autogestão?
    a. interrupção de pensamentos
    b. dessensibilização
    c. TCER
    d. interrupção
20. O método de liberação da tensão é parte importante
    a. do reforço oculto
    b. da interrupção de pensamentos
    c. da dessensibilização
    d. do colega conselheiro

RESPOSTAS:

1. b 2. b 3. a 4. d 5. d 6. d 7. d 8. d 9. a 10. c 11. d 12. b 13. b 14. a 15. a 16. c 17. b 18. a 19. a 20. c

Comportamento Social

Capítulo 14

Nós Somos Animais Sociais

"No Limite" e outros *reality shows* na televisão oferecem uma visão interessante, se não do voyeurismo, dos melhores e dos piores aspectos do comportamento humano.

No entanto, esses programas não têm nada em comparação com os experimentos mais reveladores em psicologia social. Por exemplo, um estudo clássico realizado por Phil Zimbardo e seus alunos na Universidade de Stanford mostrou drasticamente como os cenários sociais influenciam nosso comportamento.

No estudo, estudantes universitários (homens) normais e saudáveis foram pagos para servir de "presos" e "guardas" em uma prisão simulada (Zimbardo et al., 1973). Depois de apenas dois dias na "prisão", os presos se tornaram inquietos e desafiadores. Quando eles encenaram um tumulto, os guardas reprimiram a rebelião impiedosamente. Nos dias seguintes, os guardas reprimiram com uma brutalidade cada vez maior. Em um período surpreendentemente curto, os falsos condenados pareciam prisioneiros de verdade. Eles estavam abatidos, traumatizados, passivos e desumanizados. Quatro deles tiveram de ser liberados porque estavam chorando, confusos ou seriamente deprimidos. A cada dia os guardas atormentavam os prisioneiros com mais comandos, insultos e tarefas degradantes. Depois de seis dias, o experimento foi interrompido.

O que aconteceu? Aparentemente, os papéis sociais designados – prisioneiro e guarda – eram tão poderosos que em apenas alguns poucos dias o experimento se tornou "realidade" para as pessoas envolvidas. Posteriormente, foi difícil para muitos guardas acreditar no seu próprio comportamento. Como relembra um: "Eu fiquei surpreso comigo mesmo. Eu fiz uns xingar os outros e limpar latrinas sem nada nas mãos. Eu praticamente considerei os prisioneiros gado" (Zimbardo, 1973). Nós temos a tendência de pensar nas pessoas como inerentemente boas ou más. Porém, os alunos no estudo da prisão de Stanford foram designados aleatoriamente para serem prisioneiros ou guardas. Evidentemente, somos muito influenciados pelos ambientes sociais nos quais nos encontramos. O comportamento social tem sido alvo de uma enorme quantidade de estudos – na verdade, grande demais para cobrirmos em detalhes. Conseqüentemente, este capítulo é uma "amostra" da psicologia social. Eu espero que os assuntos que selecionei para este capítulo final se revelem interessantes e façam pensar.

Perguntas para Pesquisa

- Por que as pessoas se afiliam? Que fatores influenciam a atração interpessoal?
- Como fazer parte de um grupo afeta nosso comportamento?
- O que os psicólogos sociais aprenderam sobre a submissão, obediência, concordância e auto-afirmação?
- Como as atitudes são adquiridas e mudadas?
- Sob que condições a persuasão é mais eficaz?
- A lavagem cerebral é realmente possível? Como as pessoas são convertidas para fazer parte de um culto?
- O que provoca o preconceito e o conflito entre grupos?
- Como os psicólogos explicam a agressão humana?
- Por que os transeuntes freqüentemente não estão dispostos a ajudar em uma emergência?
- O que pode ser feito para evitar o prejuízo e incentivar a harmonia social?

AFILIAÇÃO E ATRAÇÃO — JUNTE-SE

▶ **PERGUNTAS PARA PESQUISA** *Por que as pessoas se afiliam? Que fatores influenciam a atração interpessoal?*

Psicologia social é o estudo científico de como as pessoas se comportam, pensam e se sentem em situações sociais (isto é, na presença, real ou implícita, dos outros) (Baron e Byrne, 2002). Cada um de nós está imerso em um complexo mundo social de famílias, equipes, multidões, tribos, empresas, festas, tropas, bandas, seitas, gangues, clãs, comunidades e países. Mas o que nos une? A *necessidade de se afiliar* (associar-se a outras pessoas) se baseia em desejos humanos básicos de aprovação, apoio, amizade e informações. Nós também buscamos a companhia de outros para aliviar o medo e a ansiedade. Um experimento em que universitárias foram ameaçadas com choque elétrico ilustra esse ponto.

A Loja de Choque de Zilstein

Um homem apresentado como dr. Gregor Zilstein ameaçadoramente explicou aos participantes que estavam chegando: "Gostaríamos de dar a cada um de vocês uma série de choques elétricos... esses choques vão machucar, eles vão ser dolorosos". Na sala estava um ameaçador dispositivo elétrico que aparentemente confirmava o plano do dr. Zilstein. Enquanto esperavam para levar o choque, cada uma das alunas tinha a opção de esperar sozinha ou com outras participantes. As mulheres que temiam que o choque fosse ruim optaram por esperar com outras; as que esperavam que o choque fosse uma "leve cócega ou formigamento" estavam mais dispostas a esperar sozinhas (Schachter, 1959).

Aparentemente, as mulheres com medo acharam consolador estar com outras pessoas. Deveríamos concluir que "desgraça gosta de companhia"? Na verdade, isso não está totalmente correto. Em um estudo posterior, as mulheres que esperavam levar choque tiveram a opção de esperar com outras que iriam levar choque, com as que estavam esperando para ver o seu consultor acadêmico, ou sozinhas. A maioria das mulheres optou por esperar com outras futuras "vítimas". Em suma, a desgraça gosta de companhia infeliz também! Preferimos, em geral, estar com pessoas em condições semelhantes às nossas (Gump e Kulik, 1997).

Há um motivo para isso? Há. Outras pessoas nos dão informações que nos ajudam a avaliar nossas reações. Quando uma situação é ameaçadora ou não-familiar, ou quando estamos em dúvida, as *comparações sociais* tendem a orientar nosso comportamento (Banaji e Prentice, 1994).

Psicologia social O estudo científico de como as pessoas se comportam, pensam e se sentem em situações sociais.

A Teoria da Comparação Social

Se eu quiser saber a minha altura, eu posso usar uma fita métrica. Mas como posso saber se sou um bom atleta, guitarrista, trabalhador, pai, mãe ou amigo? Como posso saber se as minhas opiniões sobre política, religião ou *rock* são fora do comum ou amplamente compartilhadas? Quando não existem padrões objetivos, o único padrão disponível é dado quando você se compara com os outros (Festinger, 1954).

O psicólogo social Leon Festinger (1919-1989) teorizou que fazer parte de um grupo preenche nossas necessidades de **comparação social** (comparar nossas ações, nossos sentimentos, nossas opiniões ou aptidões com os dos outros). Você alguma vez já "comparou suas anotações" com outros alunos depois de fazer uma prova? ("Como você se saiu?" "A última pergunta não foi difícil?") Se o fez, estava satisfazendo necessidades de comparação social.

> Reuniões de turmas de ensino médio são famosas pela comparação social que geralmente incentivam. Aparentemente é difícil resistir a se comparar com antigos colegas para ver como você está se saindo na vida.

Geralmente, não fazemos comparações sociais aleatoriamente ou em alguma escala definitiva. As avaliações significativas se baseiam em nos compararmos com pessoas de origem, aptidões e condições semelhantes (Miller et al., 1988). Para ilustrar, vamos perguntar a uma aluna chamada Wendy se ela é uma boa jogadora de tênis. Se ela se comparar com uma profissional, a resposta seria não. Mas isso nos diz pouco sobre a sua aptidão *relativa*. No seu grupo de tênis, Wendy é considerada uma ótima jogadora. Em uma escala de comparação justa, Wendy sabe que é boa, e se orgulha de suas aptidões de tenista. Da mesma maneira, pensar em si mesmo como uma pessoa bem-sucedida, talentosa, responsável ou remunerada com justiça depende totalmente de quem você escolhe para se comparar. Conseqüentemente, o desejo de comparação social nos motiva a nos associarmos a outras pessoas e influencia o grupo ao qual iremos nos juntar.

As pessoas também não se afiliam por atração umas pelas outras? Evidente que sim. Vamos ver por quê.

Atração Interpessoal

"Cada qual com seu igual." "Familiaridade cria desdém." "Os opostos se atraem." "Longe dos olhos, perto do coração". Essas afirmações são verdadeiras? Na verdade, o folclore sobre a amizade é, na melhor das hipóteses, uma mistura de fatos e ficção.

O que faz uma pessoa se sentir atraída por outra? A **atração interpessoal** (afinidade com outra pessoa) é a base para a maior parte das relações sociais voluntárias. Como seria de esperar, nós procuramos amigos e namorados que sejam bondosos e compreensivos, que tenham uma personalidade atraente e que gostem de nós (Sprecher, 1998). Além disso, vários outros fatores menos óbvios influenciam a atração.

Proximidade Física

A nossa escolha de amigos (e até de namorados) baseia-se mais na *proximidade física* do que podemos imaginar. Por exemplo, quanto mais próximas as pessoas morarem umas das outras, mais probabilidade elas terão de se tornarem amigas. Da mesma maneira, namorados gostam de achar que encontraram a "única" pessoa no mundo para eles. Na verdade, eles acharam a melhor combinação em um raio de 8 km – ou a uma distância que se possa ir de carro (Buss, 1985)! Os casamentos não são feitos no céu – eles são feitos em escolas, no trabalho e nas vizinhanças.

> O que faz as pessoas se atraírem? A proximidade e a freqüência do contato têm um impacto surpreendentemente grande.

A proximidade incentiva a atração aumentando a *freqüência do contato* entre as pessoas. No geral, nós nos sentimos atraídos por pessoas que vemos freqüentemente. (Se você tem um(a) namorado(a) relutante, tenha cuidado para não mandar muitas cartas de amor – ele ou ela pode fugir com o carteiro!) Observe que o contato freqüente, hoje, pode ocorrer nas salas de bate-papo na Internet e por e-mail, o que pode levar a um romance a distância.

> A beleza física pode ser socialmente vantajosa em razão da crença amplamente difundida de que "o que é bonito é bom". No entanto, a beleza física normalmente não está associada aos reais traços e talentos pessoais.

Atração Física

As pessoas que são *fisicamente atraentes* são consideradas bonitas por outros membros da sua cultura. Pessoas bonitas geralmente são classificadas como mais atraentes que aquelas com aparência comum. Isso se deve ao *efeito halo*, tendência a estender uma impressão limitada a outras características pessoais.

Comparação social Fazer julgamentos sobre nós mesmos por meio da comparação com outros.

Atração interpessoal Atração social por outra pessoa.

Por conta disso, nós pressupomos que pessoas bonitas são simpáticas, inteligentes, calorosas, espirituosas, mentalmente sadias e aptas socialmente. Porém, a atratividade física na verdade *não* tem quase nenhuma conexão com inteligência, talentos ou aptidões (Feingold, 1992). Talvez seja por causa do efeito halo que a beleza afete nosso interesse inicial em querer conhecer outras pessoas (Keller e Young, 1996). Posteriormente, qualidades mais significativas adquirem importância (Berscheid, 1994).

Competência

As pessoas *competentes* têm conhecimento, aptidão ou proficiência. Se todo o resto se mantiver constante, nós nos sentimos mais atraídos por pessoas talentosas ou competentes. No entanto, há uma reviravolta interessante. Em um estudo revelador, estudantes universitários ouviram fitas de áudio de candidatos para um "Torneio Universitário". Dois dos candidatos pareciam ser extremamente inteligentes. Os outros dois tinham uma aptidão média. Além disso, um candidato "inteligente" e um candidato "médio" derramaram desajeitadamente café em si mesmos. Posteriormente, os alunos classificaram o candidato inteligente que cometeu a gafe como o *mais* atraente. A pessoa *menos* atraente era o candidato médio e desajeitado (Aronson, 1969). Então, a pessoa superior mas desajeitada era mais atraente que a pessoa que era somente superior. Aparentemente, nós gostamos de pessoas que são competentes mas imperfeitas – o que as torna mais "humanas".

Semelhança

Pare um momento e faça uma lista dos seus melhores amigos. O que eles têm em comum (além da alegria de conhecê-lo?). É provável que eles sejam mais ou menos da sua idade, do mesmo sexo e etnia. Evidentemente, haverá exceções. Mas a similaridade nessas três dimensões é a regra geral para as amizades.

Semelhança significa quão similar você é a uma outra pessoa em termos de formação, idade, interesses, atitudes, crenças etc. Em tudo, de casamento a meros conhecimentos, pessoas semelhantes se sentem atraídas umas pelas outras (Carli et al., 1991). E por que não? É reconfortante ver nossas crenças e atitudes compartilhadas por outros. Isso mostra que estamos "certos" e revela que os outros também são pessoas inteligentes (Alicke et al., 1996)!

> *Nos dormitórios universitários, companheiros de quarto que têm personalidades semelhantes e atratividade física tendem a estar mais satisfeitos com o seu relacionamento (Carli et al., 1991).*

Quando escolhemos um parceiro, tendemos a nos casar com uma pessoa parecida conosco em quase todos os aspectos, um padrão denominado *homogamia* (Caspi e Herbener, 1990). Estudos mostram que as pessoas casadas são extremamente semelhantes na idade, na educação, na raça, na religião e na etnia.

Elas também são, em menor grau, semelhantes em atitudes e opiniões, aptidões mentais, *status* socioeconômico, peso e cor dos olhos. Caso você esteja se perguntando, a homogamia também se aplica a casais não-casados que vivem juntos (Blackwell e Lichter, 2000).

A homogamia provavelmente é algo bom. O risco de divórcio é maior entre casais com grandes diferenças na idade e na educação (Tzeng, 1992). As mais perigosas de todas são as "atrações fatais", nas quais as qualidades que originalmente tornaram um parceiro atraente mais tarde deixam de ser apreciadas. Atrações fatais têm probabilidade de ocorrer quando você se sente atraído por uma pessoa que parece "diferente", "peculiar" ou "extrema". No longo prazo, namorados parecidos têm menor probabilidade de se desencantar um com o outro (Felmlee, 1998).

> *O excesso de auto-revelação é um produto básico de muitos talk shows da televisão. Os convidados freqüentemente revelam detalhes íntimos da sua vida pessoal, incluindo assuntos familiares particulares, sexo e namoro, abuso físico ou sexual, grandes constrangimentos e atividades criminais. Os telespectadores provavelmente acham essas revelações divertidas em vez de ameaçadoras, porque não têm de retribuir.*

Auto-revelação

Como as pessoas que ainda não são amigas sabem se são parecidas? Para conhecer outras pessoas, você tem de estar disposto a discutir outros assuntos além do tempo, esportes ou física nuclear. Ao mesmo tempo, você precisa começar a compartilhar suas idéias e os seus sentimentos particulares e revelar-se para os outros. Esse processo, que se chama **auto-revelação**, é funda-

Auto-revelação O processo de revelar idéias, sentimentos e a história pessoal para os outros.

mental para desenvolver relacionamentos íntimos. A falta de auto-revelação está associada à ansiedade, à infelicidade e à solidão (Meleshko e Alden, 1993; Mikulincer e Nachshon, 1991).

Nós nos revelamos com mais freqüência para pessoas de quem gostamos do que para aquelas que não achamos atraentes. A revelação também requer um certo grau de confiança. Muitas pessoas agem com cautela com quem não conhecem bem. Na verdade, a auto-revelação é regida por regras não-verbalizadas sobre o que é aceitável. Uma auto-revelação moderada leva à *reciprocidade* (um retorno na mesma moeda). O *excesso de revelação*, porém, gera suspeita e diminui a atratividade. O excesso de revelação excede o que é adequado para um relacionamento ou uma situação social. Por exemplo, imagine-se em uma fila de supermercado e uma pessoa na sua frente diz: "Ultimamente tenho pensado como realmente me sinto a meu respeito. Acho que sou uma pessoa bem adaptada, mas de vez em quando tenho algumas dúvidas sobre a minha adequacidade sexual".

Quando a auto-revelação ocorre em um ritmo moderado, ela cria confiança, intimidade, reciprocidade e sentimentos positivos. Quando ela é rápida demais ou inadequada, nós tendemos a "recuar" e nos perguntarmos sobre os motivos da pessoa. Conseqüentemente, quando amigos conversam, eles influenciam uns aos outros de maneiras que gradativamente aprofundam o grau de simpatia, confiança e auto-revelação (Levesque et al., 2002).

Amar e Simpatizar — Namorar, Classificar e se Unir

No que a atração romântica difere da atração interpessoal? O **amor romântico** baseia-se na atração interpessoal, mas ele também envolve altos graus de excitação emocional e/ou desejo sexual (Regan, 1998). Para investigar o amor, o psicólogo Zick Rubin (1973) optou por pensar nele como uma atitude que temos em relação a um outro alguém. Isso permitiu que ele criasse as escalas de "simpatia" e de "amor" para medir cada "atitude" (ver ♦Figura 14.1). Depois, ele pediu aos casais que estavam namorando para preencher as escalas duas vezes, uma com o(a) namorado(a) em mente e outra com um(a) amigo(a) íntimo(a), do mesmo sexo, em mente.

Quais foram os resultados? O amor pelos parceiros e pelos amigos diferia mais do que a simpatia (▲Tabela 14.1). (**Simpatia** é afeto sem paixão ou compromisso profundo.) Basicamente, os casais que namoram apreciam *e* amam os seus parceiros, mas a maioria apenas gosta dos seus amigos. As mulheres, porém, "gostavam" um pouco mais dos seus amigos que os homens. Isso reflete diferenças reais na força das amizades de homens e mulheres? Talvez não, já que é mais aceitável na nossa cultura uma mulher expressar amor por outra que o é para os homens. Mesmo assim, um outro estudo confirmou que os casais que namoram sentem uma mistura de amor e amizade pelos seus parceiros. Na verdade, 44% de um grupo de pessoas que estavam namorando nomearam os seus parceiros românticos como seus amigos mais íntimos (Hendrick e Hendrick, 1993).

Amor e amizade diferem de uma outra maneira interessante. O amor romântico, ao contrário do simples gostar, geralmente envolve *absorção mútua* profunda. Em outras palavras, namorados (ao contrário de amigos) prestam atenção quase

Escala de Amor

1. Se _____ estivesse se sentindo mal, meu primeiro dever seria animá-lo(a).
2. Eu sinto que posso confiar em _____ a respeito de quase tudo.
3. Eu acho fácil ignorar os defeitos de _____.

Escala de Simpatia

1. Quando estou com _____, nós quase sempre estamos com o mesmo humor.
2. Eu acho que _____ é uma pessoa extremamente bem adaptada.
3. Eu recomendaria muito _____ para um cargo de responsabilidade.

♦FIGURA 14.1 *Amostra de itens das escalas de amor e simpatia. Cada escala é composta de 13 itens semelhantes aos mostrados. As pontuações nessas escalas correspondem a outras indicações de amor e simpatia.* (Zick Rubin, Measurement of Romantic Love, Journal of Personality and Social Psychology, *1970, pp. 265-273. Copyright ©1970 Zick Rubin. Reproduzido com autorização do autor.*)

Amor romântico Amor associado a altos graus de atração interpessoal, aumento de excitação, absorção mútua e desejo sexual.

Simpatia Um relacionamento baseado em intimidade, mas que carece de paixão e compromisso.

▲ TABELA 14.1 **Pontuações Médias de Amor e Simpatia para Namorados e Amigos Íntimos do Mesmo Sexo**

ATITUDE EM RELAÇÃO AO PARCEIRO DE NAMORO

	Pontuação de Amor	Pontuação de Simpatia
Mulheres	89,5	88,5
Homens	89,4	84,7

ATITUDE EM RELAÇÃO AO AMIGO ÍNTIMO

	Pontuação de Amor	Pontuação de Simpatia
Mulheres	65,3	80,5
Homens	55,0	79,1

(Fonte: Zick Rubin, Measurement of Romantic Love, *Journal of Personality and Social Psychology*, 1970, pp. 265-273. Copyright © 1970 Zick Rubin. Reproduzido com autorização do autor.)

exclusivamente no parceiro. Portanto, não é de admirar que os casais que obtiveram uma pontuação alta na Escala de Amor de Rubin passam mais tempo olhando um nos olhos dos outros que os casais com pontuação baixa. E o que os namorados vêem quando olham um nos olhos do outro? Normalmente, parceiros românticos tendem a idealizar uns aos outros, o que ajuda a manter os relacionamentos vivos, apesar do fato de ninguém ser perfeito (Murray et al., 1996).

Avaliação e Seleção de Parceiros

A **psicologia da evolução** é o estudo das origens evolucionárias dos padrões de comportamento humano. Muitos psicólogos acham que a evolução deixou uma marca nos homens e nas mulheres que influenciou tudo, de atração sexual e infidelidade até ciúme e divórcio. De acordo com David Buss, o segredo para entender os padrões humanos de se unir a parceiros é compreender como os padrões de comportamento desenvolvidos orientam nossas escolhas (Buss, 1994).

Em um estudo de 37 culturas em seis continentes, Buss descobriu os seguintes padrões: comparados às mulheres, os homens estão mais interessados em sexo casual; eles preferem parceiras mais jovens e mais atraentes fisicamente, e ficam com mais ciúmes de infidelidades sexuais reais e imaginárias que da perda de um compromisso emocional. Comparadas aos homens, as mulheres preferem parceiros ligeiramente mais velhos, que pareçam ser diligentes, com um *status* mais elevado ou bem-sucedidos financeiramente; e ficam mais magoadas com um parceiro que se envolve emocionalmente com outra pessoa que com um parceiro que seja infiel sexualmente (Buss, 1994; Townsend e Wasserman, 1998) (◆Figura 14.2).

Psicologia da evolução O estudo das origens evolucionárias dos padrões de comportamento humano.

De acordo com os psicólogos evolucionistas, as mulheres tendem a se preocupar se os seus parceiros irão dedicar tempo e recursos a um relacionamento. Os homens dão mais ênfase à atratividade física e à fidelidade sexual.

Por que existem tais diferenças? Buss e outros achavam que as preferências para se unir a parceiros evoluíram em resposta aos diferentes desafios reprodutivos enfrentados por homens e mulheres. A regra diz que as mulheres têm de investir mais tempo e energia na reprodução e criação dos filhos que os homens. Conseqüentemente, as mulheres desenvolveram um interesse em saber se seus parceiros irão ficar com elas e se eles têm os recursos para sustentar seus filhos (Archer, 1996; Regan et al., 2000).

Em contrapartida, o êxito reprodutivo dos homens depende da fertilidade das suas parceiras. Conseqüentemente, os homens tendem a procurar saúde, juventude e beleza nas suas possíveis parceiras como sinais de adequação para a reprodução (Regan et al., 2000). Talvez essa preferência seja o motivo pelo qual os homens mais velhos abandonam suas primeiras mulheres em favor de "mulheres-troféu" jovens e bonitas. A teoria da evolução explica também que a ênfase que os homens dão à fidelidade sexual se baseia em preocupações

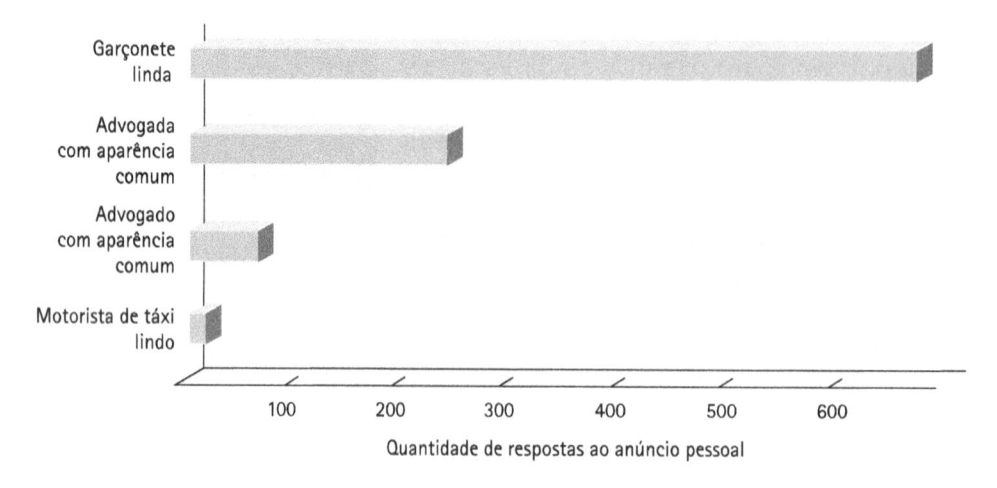

◆FIGURA 14.2 *O que as pessoas procuram quando contemplam possíveis parceiros de namoro? Eis os resultados de um estudo no qual foram colocados anúncios pessoais em jornais. Como você pode ver, os homens se deixaram influenciar mais pela aparência, e as mulheres, pelo sucesso (Goode, 1996).*

sobre a paternidade dos rebentos. Do ponto de vista biológico, os homens não se beneficiam investindo recursos em filhos dos quais não são os pais (Schmitt e Buss, 1996).

Uma quantidade considerável de provas corrobora a teoria evolucionária da seleção de parceiros. Porém, é importante lembrar que as tendências de seleção de parceiros são, na melhor das hipóteses, sutis e facilmente revogadas por outros fatores. Alguns padrões de seleção de parceiros podem simplesmente refletir o fato de que os homens tendem a controlar o poder e os recursos na maior parte das sociedades (Feingold, 1992). O mais importante de tudo é lembrar que a bondade e a inteligência têm uma classificação mais alta quando homens e mulheres escolhem parceiros (Regan et al., 2000). Elas são as maiores aliadas do amor.

As necessidades de afiliação e atração interpessoal inevitavelmente reúnem as pessoas em grupos. Na próxima seção, vamos explorar vários aspectos interessantes do fato de fazer parte de um grupo. Mas primeiro eis uma chance de revisar o que você aprendeu.

PAUSA PARA ESTUDO — Afiliação, Amizade e Amor

RELACIONE

Como a comparação social afetou o seu comportamento? Como ela influenciou com quem você se associa?

Pense em três amigos íntimos. Que fatores de atração descritos anteriormente se aplicam às suas amizades?

Até que ponto os resultados de Rubin no tocante ao amor e ao gostar correspondem às suas experiências?

VERIFICAÇÃO DO APRENDIZADO

1. As mulheres ameaçadas com choque elétrico em um experimento geralmente optaram por esperar sozinhas ou com outras mulheres que não estavam participando do experimento. V ou F?
2. A atração interpessoal aumenta com todas menos com uma das alternativas a seguir? (Qual delas não se encaixa?)
   a. proximidade física   b. competência
   c. semelhança   d. excesso de revelações
3. Altos graus de auto-revelação são retribuídos na maioria dos encontros sociais. V ou F?
4. As mulheres classificam seus amigos mais alto na escala do amor do que os homens. V ou F?
5. A descoberta mais surpreendente sobre os padrões de casamento é que a maioria das pessoas escolhe parceiros cujas personalidades são bem diferentes das suas. V ou F?
6. Comparadas aos homens, as mulheres tendem a ficar mais magoadas com a infidelidade sexual que com a perda de um compromisso emocional por parte de seus parceiros. V ou F?

Raciocínio Crítico

7. Como as redes de comunicação contemporâneas alteraram os efeitos da proximidade na atração interpessoal?

RESPOSTAS:

1.F 2.d 3.F 4.V 5.F 6.F 7. Como mencionamos anteriormente, hoje, é possível interagir com outra pessoa por telefone, fax, rádio de ondas curtas, *modem* ou meios semelhantes. Isso torna a verdadeira proximidade física menos crucial na atração interpessoal porque o contato freqüente é possível mesmo a grandes distâncias. Os romances pela Internet são um bom exemplo dessa possibilidade.

A VIDA EM GRUPOS — PESSOAS, PESSOAS POR TODA PARTE

▶ **PERGUNTA PARA PESQUISA**   *Como fazer parte de um grupo afeta nosso comportamento?*

Todos nós pertencemos a grupos sociais coincidentes e em cada um deles ocupamos uma posição na *estrutura do grupo*. Os **papéis sociais** são padrões de comportamento esperados em várias posições sociais. Por exemplo, desempenhar o papel de mãe, chefe ou estudante envolve conjuntos de comportamentos e expectativas diferentes. Alguns papéis são *atribuídos* (eles são atribuídos a uma pessoa ou não estão sob controle pessoal): homem ou mulher, filho, adolescente, preso. Os *papéis conseguidos* são voluntários, obtidos por esforço especial: cônjuge, professor, cientista, líder de banda.

Que efeito tem o desempenho de um papel no comportamento? Os papéis simplificam as interações diárias, permitindo-nos prever o comportamento dos outros. Quando uma pessoa está agindo como médico, mãe, balconista ou poli-

Papel social Padrões de comportamento esperados associados a determinadas posições sociais (como filha, trabalhador, estudante).

cial, esperamos determinados comportamentos. No entanto, os papéis têm um lado negativo também. Muitas pessoas vivem **conflitos de papéis**, nos quais dois os mais papéis fazem exigências conflitantes. Imagine, por exemplo, um professor que tenha de reprovar a filha de um grande amigo; uma mãe que tenha um emprego de período integral e um treinador de futebol cujo filho está no time, mas não é um jogador muito bom. Da mesma maneira, as exigências conflitantes do trabalho, da família e da escola criam conflitos de papéis para muitos alunos (Hammer et al., 1998).

Estrutura Grupal, Coesão e Regras

Existem outras dimensões de fazer parte de um grupo? Duas dimensões importantes de qualquer grupo são a sua estrutura e coesão. A **estrutura do grupo** consiste na rede de papéis, trilhas de comunicação e poder no grupo. Os grupos organizados como um exército ou uma equipe de atletas têm um alto grau de estrutura. Os grupos informais de amizade podem ou não ser muito estruturados.

A **coesão do grupo** é basicamente o grau de atração entre os membros do grupo ou o seu comprometimento em continuar no grupo. Os membros de grupos coesos ficam literalmente grudados. Eles tendem a ficar em pé ou a se sentar perto uns dos outros, prestam mais atenção uns nos outros e mostram mais sinais de afeição mútua. Além disso, seus comportamentos tendem a ser coordenados (Levine e Moreland, 1990). A coesão é a base de grande parte do poder que o grupo exerce sobre nós. Grupos de terapia, de negócios, equipes esportivas etc. buscam aumentar a coesão porque ela ajuda as pessoas a trabalhar melhor juntas (Craig e Kelly, 1999).

Os papéis têm um grande impacto no comportamento social. Que tipos de comportamento você espera dos seus professores? Que comportamentos eles esperam de você? O que acontece se qualquer um dos dois não corresponder às expectativas do outro?

Conflito de papéis Tentar desempenhar dois ou mais papéis que fazem exigências conflitantes em relação ao comportamento.

Estrutura do grupo A rede de papéis, trilhas de comunicação e poder em um grupo.

Coesão do grupo O grau de atração entre os membros do grupo ou o seu compromisso com permanecer no grupo.

Grupos com os quais nos identificamos Grupos com os quais a pessoa se identifica.

Grupos com os quais não nos identificamos Grupos com os quais a pessoa não se identifica.

Status A posição de uma pessoa em uma estrutura social, principalmente no tocante a poder, privilégios ou importância.

Grupos com os quais Nos Identificamos

A coesão é particularmente forte nos **grupos com os quais nos identificamos**. Muito provavelmente, o grupo com que você se identifica é definido por uma combinação de dimensões proeminentes, como nacionalidade, etnia, faixa etária, educação, religião, renda, valores políticos, sexo, orientação sexual etc. Fazer parte de grupos com os quais nos identificamos ajuda a definir quem somos socialmente. Previsivelmente, nós temos tendência a atribuir características positivas aos grupos com os quais nos identificamos e qualidades negativas aos **grupos com os quais não nos identificamos**. Também tendemos a exagerar as diferenças entre os membros dos grupos com os quais não nos identificamos e os membros do nosso grupo. Esse tipo de raciocínio "nós e eles" aparentemente é um fato básico da vida social. Ele também prepara o terreno para conflitos entre grupos e para o preconceito racial e étnico – assuntos que vamos explorar mais adiante neste capítulo.

Status

Além de definir papéis, a posição social da pessoa nos grupos determina o seu *status*, ou grau de poder social e importância. Na maioria dos grupos, um *status* mais elevado resulta em privilégios especiais e respeito. Por exemplo, em um experimento clássico, os pesquisadores deixaram moedas de dez centavos em cabines telefônicas. Quando as pessoas entravam na cabine, um pesquisador se aproximava e dizia: "Desculpe, acho que deixei uma moeda de 10 centavos nesta cabine há alguns minutos. O(a) senhor(a) a encontrou?". Setenta e sete por cento das pessoas devolviam o dinheiro quando o pesquisador estava bem vestido. Só 38% devolviam a pesquisadores mal vestidos (Bickman, 1974). Você não tem de estar em uma cabine telefônica para fazer esse trabalho. Na maioria das situações, nós temos mais probabilidade de atender a um pedido feito por uma pessoa de alto *status* (bem vestida) (Gueguen, 2002). Talvez o melhor tratamento dado a pessoas com "*status* mais elevado" explique algumas das preocupações da sociedade com roupas, carros caros e outros símbolos de *status*.

Normas

Nós também somos bastante afetados pelas normas do grupo. Uma **norma** é um padrão (geralmente não-verbalizado) amplamente aceito de comportamento adequado. Se você tiver alguma dúvida sobre o poder das normas, tente este teste: em um supermercado superlotado, entre na fila do caixa e comece a cantar o mais alto que puder. Provavelmente, somente uma pessoa em cem conseguiria realmente seguir essas instruções.

O impacto das normas é mostrado em um estudo interessante de lixo. A pergunta era: A quantidade de lixo na sua região afeta se as pessoas vão jogar mais lixo? Para descobrir, as pessoas receberam impressos quando entravam em um estacionamento público. Como você pode ver na ◆Figura. 14.3, quanto mais lixo havia no chão, mais as pessoas o aumentavam, jogando fora o seu impresso. Aparentemente, ver que os outros já tinham sujado implicava uma norma branda no tocante a se jogar lixo era ou não aceitável. Moral da história? Quanto mais limpa uma área pública for mantida, menos probabilidade as pessoas terão de sujá-la (Cialdini et al., 1990).

Norma Um padrão de conduta amplamente aceito de comportamento apropriado.

Atribuição O processo de fazer deduções sobre as causas do próprio comportamento ou do comportamento de outros.

Fazendo Atribuições

Todo dia nós temos de criar impressões de pessoas com base apenas em fragmentos de indícios. Fazemos isso por meio de um processo chamado **atribuição**. À medida que vamos observando as pessoas, tendemos a tirar conclusões sobre elas. Por que Vonda insultou Sutchai? Por que Nick mudou a área em que ia se formar? Por que Kirti fala tão depressa quando está com homens? Quando respondemos a essas perguntas, *atribuímos* o comportamento das pessoas a várias causas. Se estamos certos ou errados sobre as causas do comportamento, nossas conclusões afetam nosso comportamento. Para saber como nós enchemos a "pessoa por trás da máscara", vamos explorar como são feitas as atribuições.

Duas pessoas entram em um restaurante e pedem refeições diferentes. Nell experimenta sua comida e depois coloca sal. Bert salga a comida antes mesmo de experimentá-la. Como você explicaria esse comportamento? No caso de Nell, você poderia pressupor que a *comida* precisava de sal. Se for verdade, você atribuiu seus atos a uma *causa externa* (que está fora da pessoa). Com Bert você pode estar mais inclinado a concluir que ele realmente *gosta* de sal. Se for verdade, a causa do comportamento dele é interna. As *causas internas*, como necessidades, traços de personalidade e o gosto de Bert por sal, estão dentro da pessoa.

Que efeitos têm essas interpretações? Para entender totalmente seu comportamento social, nós temos de saber sobre as atribuições que você fez. Por exemplo, digamos que em pelo menos cinco festas a que você foi, você viu uma mulher chamada Macy. Com base nisso, você pressupõe que Macy gosta de se socializar. Você vê Macy em uma reunião e menciona que ela aparentemente gosta de festas. Ela diz: "Na verdade, eu odeio essas festas, mas sou convidada para tocar minha tuba nelas. A minha professora de música diz que eu preciso treinar com público, portanto, continuo indo a esses eventos bobos. Quer ouvir uma marcha de Sousa?".

Nós raramente sabemos os motivos para os atos dos outros. É por isso que tendemos a deduzir causas com base nas *circunstâncias*. Porém, ao fazer isso, geralmente cometemos erros como no caso de Macy. O erro mais

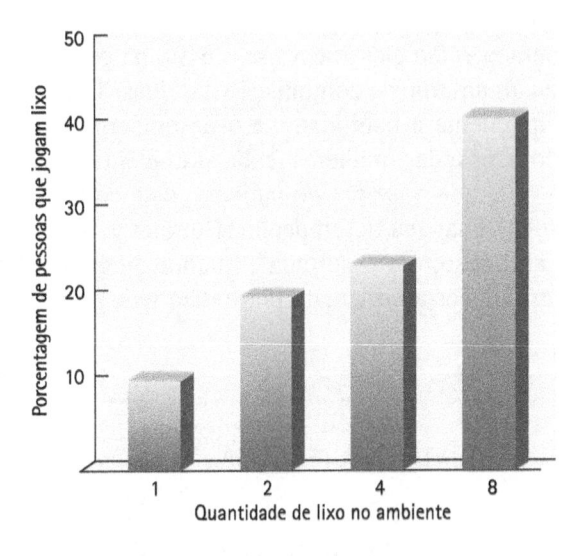

◆FIGURA 14.3 *Resultados de um experimento sobre normas referentes a jogar lixo. A existência anterior de lixo em um local público indica que jogar lixo é aceitável. Isso incentiva outros a "sujar" a área. (De Cialdini et al.,1990.)*

Durante sua candidatura a governador da Califórnia em 2003, Arnold Schwarzenegger foi acusado de assédio e ataque sexual por várias mulheres. Logo depois, Schwarzenegger pediu desculpas publicamente a qualquer pessoa que ele pudesse ter ofendido no passado. Você atribuiu esse pedido de desculpas a um arrependimento sincero? Ou você o atribuiu a auto-interesse político? Essas atribuições afetam a maneira como percebemos e reagimos ao comportamento dos outros.

comum é atribuir os atos dos outros a causas internas (Jones e Nisbett, 1971). Esse erro é chamado de **erro fundamental de atribuição**. Nós possuímos a tendência de pensar que os atos dos outros têm causas internas mesmo se eles, na verdade, forem provocados por forças ou circunstâncias externas.

No que diz respeito ao nosso próprio comportamento, temos mais probabilidade de pensar que causas externas explicam os nossos atos. Em outras palavras, há uma **parcialidade de ator-observador** na maneira como explicamos o comportamento. Como *observadores*, atribuímos o comportamento dos outros aos seus desejos, motivos e traços de personalidade (esse é o erro fundamental de atribuição). Como *atores*, tendemos a encontrar explicações externas para o nosso comportamento (Krueger et al.,1996). Indubitavelmente, você escolheu a matéria para se formar na faculdade pelo que ela tem a oferecer. As outras pessoas escolheram *a delas* por causa do tipo de pessoas que são. Outras pessoas não deixam gorjetas em restaurantes porque são mesquinhas. Se você não deixa gorjeta, é porque o serviço foi ruim. E, evidentemente, as outras pessoas estão sempre atrasadas porque são irresponsáveis. Eu me atraso porque fui detido por acontecimentos que estavam fora do meu controle.

O Bom Velho Padrão Duplo

As atribuições revelam um padrão duplo interessante no tocante às habilidades dos homens e das mulheres. Em um estudo, as pessoas ouviram um homem e uma mulher se saindo muito bem em uma tarefa de percepção. Cada pessoa então classificava se o êxito da pessoa que estava passando pelo teste era conseqüência de aptidão, sorte ou algum tipo de combinação das duas. Tanto os homens quanto as mulheres atribuíram o êxito dos homens principalmente à habilidade, e o desempenho das mulheres principalmente à sorte! – embora o desempenho dos homens e das mulheres tenha sido idêntico (Deaux e Emswiller, 1974).

Desde o *jardim-de-infância*, os meninos costumam assumir o mérito pelos êxitos. As meninas costumam a subestimar seu desempenho (Burgner e Hewstone, 1993). No geral, há uma forte tendência de pressupor "Ele é habilidoso, ela é sortuda", quando julgamos homens e mulheres (Swim e Sanna, 1996). Sem dúvida, essas atribuições atormentam por toda a vida muitas mulheres talentosas e bem-sucedidas.

Influência Social — Siga o Líder

▶ **PERGUNTA PARA PESQUISA** *O que os psicólogos sociais aprenderam sobre submissão, obediência, concordância e auto-afirmação?*

Nenhum assunto está mais próximo do cerne da psicologia que a **influência social** (mudanças no comportamento induzidas pelos atos dos outros). Quando as pessoas interagem, elas quase sempre afetam o comportamento umas das outras (Crano, 2000). Por exemplo, em um experimento na calçada, várias pessoas ficaram em uma rua movimentada de Nova York. Quando um sinal era dado, todas olhavam para uma janela do sexto andar do outro lado da rua. Uma câmera registrou quantos transeuntes também pararam para olhar. Quanto maior era o grupo que influenciava, mais pessoas eram influenciadas a olhar para a janela também (Milgram et al., 1969).

Existem tipos diferentes de influência social? A influência social varia de uma simples sugestão até doutrinação intensa (lavagem cerebral). O comportamento diário é provavelmente mais influenciado por pressões do grupo para **seguir as regras** (fazer com que seu comportamento esteja de acordo com os atos, as normas ou os valores de outros) (Baron e Byrne, 2002). Todos nós seguimos as regras até um certo ponto. Na verdade, uma certa uniformidade é uma necessidade. Imagine-se totalmente incapaz de prever os atos dos outros. Nas lojas, nas escolas e nos lares, isso seria frustrante e perturbador. Nas estradas, isso seria letal.

Erro fundamental de atribuição A tendência de atribuir o comportamento dos outros a causas internas (personalidade, gostos etc.)

Parcialidade ator-observador A tendência de atribuir o comportamento dos outros a causas internas e atribuir o próprio comportamento a causas externas (situações e circunstâncias).

Influência social Mudanças no comportamento da pessoa induzidas pela presença da ação dos outros.

Seguir as regras Fazer com que o comportamento da pessoa esteja de acordo ou em harmonia com as normas ou com o comportamento dos outros em um grupo.

Seguir as regras

Quando John começou a trabalhar na Fábrica de Flanges Fleegle, ele achou fácil processar 300 flanges em uma hora. Os outros ao seu redor processavam uma média de apenas 200. Os colegas de John lhe disseram para ir mais devagar. "Eu fico entediado", disse ele, e continuou a fazer 300 flanges por hora. No início, John foi bem recebido, mas, depois, as conversas eram interrompidas quando ele se aproximava. Os outros trabalhadores riam dele ou o ignoravam quando ele falava. Embora ele nunca tenha decidido conscientemente seguir as regras, na semana seguinte a produção de John se reduziu a 200 flanges por hora. Talvez a mais básica de todas as regras de grupo seja, como John descobriu, "Aja de acordo com as regras". Quer você goste quer não, a vida está cheia de exemplos de seguir regras.

O Experimento de Asch

Quão fortes são as pressões do grupo para que as regras sejam seguidas? Um dos primeiros experimentos sobre seguir regras foi montado por Solomon Asch (1907-1996). Para apreciar totalmente esse experimento, imagine-se um sujeito dele. Suponha que você esteja sentado à mesa com mais seis estudantes. Sua tarefa na verdade é bem simples. Em cada ensaio lhe são mostradas três linhas. Você tem de selecionar a linha que combina com uma linha "padrão" (♦Figura 14.4).

Quando o teste começa, cada pessoa anuncia uma resposta para o primeiro cartão. Quando chega a sua vez, você concorda com os outros. "Isso não é nem um pouco difícil", você diz para si mesmo. Por várias provas suas respostas estão de acordo com as do grupo. Então vem um choque. Todas as seis pessoas anunciam que a linha 1 corresponde ao padrão e você estava prestes a dizer que a linha 2 era a que correspondia. De repente você se sente sozinho e triste. Olha nervosamente para as linhas novamente. O recinto fica em silêncio. Todos parecem estar olhando para você. O responsável pelo experimento espera a sua resposta. Você cede para o grupo?

Nesse estudo, os outros "alunos" eram todos atores que davam a resposta errada em cerca de um terço dos ensaios essenciais para criar pressão de grupo (Asch, 1956). Os alunos de verdade concordavam com cerca de um terço dos ensaios essenciais. De todas as pessoas testadas, 75% cederam pelo menos uma vez. As pessoas testadas sozinhas erraram em menos de 1% das suas opções. Evidentemente, aqueles que cediam à pressão do grupo estavam negando o que os seus olhos lhes diziam.

Algumas pessoas são mais suscetíveis à pressão de grupo do que outras? As pessoas com muita necessidade de estrutura ou certeza têm mais probabilidade de seguir as regras. O mesmo se aplica às pessoas ansiosas, com pouca autoconfiança ou preocupadas com a aprovação dos outros. Quem vive em culturas que enfatizam a colaboração em grupo (como muitas culturas asiáticas) também tem mais probabilidade de seguir as regras (Bond e Smith, 1996).

Além das características pessoais, determinadas situações tendem a incentivar a seguir as regras – às vezes com resultados desastrosos. "Pensar como o Grupo – Concordância a Qualquer Custo" oferece um ótimo exemplo.

Fatores de Grupo na Adaptação às Regras

Como os grupos fazem com que as normas sejam cumpridas? Na maioria dos grupos, nós fomos recompensados com aceitação e aprovação da adequação às regras e ameaçados com rejeição ou ridicularização por não agir de acordo com as regras. Essas reações são chamadas de *sanções grupais*. As sanções negativas variam de riso, olhar fixamente ou reprovação social até a rejeição completa ou exclusão formal. Se você alguma vez já sentiu a "esfriada" repentina de reprovação dos outros, entenderá o poder das sanções grupais.

A eficácia das sanções grupais não dependeria da importância do grupo? Sim. Quanto mais importante for para a pessoa fazer parte do grupo, mais ela será influenciada por outros membros do grupo. O risco de ser rejeitado pode ser uma ameaça ao nosso senso de identidade pessoal (Crano, 2000). É por isso que os experimentos de Asch são impressionantes. Como esses eram apenas grupos temporários, as sanções foram informais e a rejeição não teve uma importância duradoura. Mesmo assim, o poder do grupo ficou evidente.

Que outros fatores, além da importância do grupo, afetam o grau de adaptação às regras? No experimento da calçada descrito anteriormente, observamos que grupos grandes tinham mais influência. Nos grupos cara a cara de Asch, o tamanho da maioria também fez diferença, mas uma diferença surpreendentemente pequena. Em outros estudos, a quantidade dos que seguiram as regras aumentou drasticamente quando a maioria era aumentada de duas para três pessoas. Porém, uma maioria de

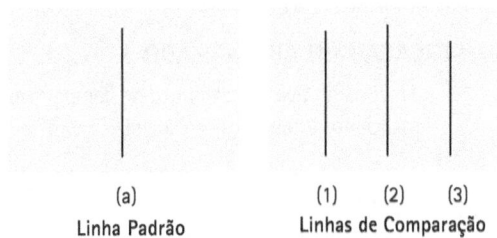

♦FIGURA 14.4 *Estímulos utilizados no experimento de seguimento de regras de Solomon Asch.*

Pensar de acordo com o grupo
Compulsão dos membros de grupos tomadores de decisões de manter a concordância, mesmo em detrimento do raciocínio crítico.

três produziu tanta concessão quanto uma maioria de oito. Da próxima vez que você quiser convencer ou levar uma pessoa a desistir de algo, vá com dois amigos juntos e veja que diferença faz! (Às vezes, ajuda se os dois forem grandes e tiveram cara de mau.)

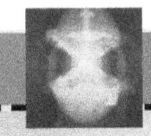

USANDO A PSICOLOGIA: Pensar de Acordo Com o Grupo — Concordância a Qualquer Custo

O que acontece quando as pessoas em cargos de poder são pressionadas pelo grupo a agir de acordo com as regras? Para descobrir, o psicólogo de Yale, Irving Janis (1918-1990), analisou uma série de decisões desastrosas tomadas por representantes do governo. Sua conclusão? Muitos desses fiascos são resultado de **pensar de acordo com o grupo** – uma compulsão dos tomadores de decisões de manter a aprovação uns dos outros, mesmo em detrimento do raciocínio crítico (Janis, 1989).

Pensar de acordo com o grupo tem sido culpado por vários constrangimentos, como o desastre da nave espacial Columbia em 2003 e a perda, em 1999, da Mars Climate Orbiter de US$ 165 milhões. Uma análise de 19 crises internacionais descobriu que pensar de acordo com o grupo contribuiu para a maioria delas (Schafer e Crichlow, 1996).

O ponto central do ato de pensar como o grupo é a lealdade mal orientada. Os membros do grupo hesitam em "fazer o barco balançar" ou questionar um raciocínio mal fundamentado. A autocensura leva as pessoas a acreditar que elas concordam mais do que realmente concordam (Bernthal e Insko, 1993; Esser, 1998).

Para evitar pensar como o grupo, os líderes de grupos devem tomar as seguintes medidas:

- Definir o papel de cada membro do grupo como um "avaliador crítico".
- Evitar revelar qualquer preferência pessoal no início.
- Expor o problema factualmente, sem nenhuma parcialidade.
- Convidar um membro do grupo ou uma pessoa de fora para bancar o advogado do diabo.
- Deixar claro que todos os membros do grupo serão responsabilizados pelas decisões.
- Incentivar consultas abertas e buscar soluções alternativas (Chen et al., 1996; Kroon et al., 1992).

Além disso, Janis sugeriu que deveria haver uma reunião de "segunda chance" para reavaliar as decisões importantes. Isto é, cada decisão deveria ser tomada duas vezes.

Em uma era anuviada pela ameaça de guerra, degelos e desastres semelhantes, mesmo as soluções mais fortes para o problema de pensar de acordo com o grupo seriam bem-vindas. Talvez nós devêssemos formar um grupo para pensar nisso?

PAUSA PARA ESTUDO: Grupos, Atribuição e Obediência às Regras

RELACIONE

Quais são os papéis proeminentes que você desempenha? Quais deles são conseguidos e quais lhe são designados? Como eles afetam seu comportamento? Que conflitos eles criam?

Você comete o erro fundamental de atribuição? Tente pensar em um exemplo específico que ilustra o conceito.

Identifique um momento recente no qual você obedeceu às regras de alguma maneira. Como as normas, a pressão do grupo, as sanções e a unanimidade contribuíram para sua tendência a seguir as regras?

VERIFICAÇÃO DO APRENDIZADO

1. *Status* significa um conjunto de comportamentos associados a uma posição social. V ou F?
2. O erro fundamental de atribuição é atribuir as ações de outros a causas internas. V ou F?
3. O efeito do comportamento de uma outra pessoa é denominado _____.
4. Os sujeitos do estudo de obediência às regras cederam em cerca de 75% dos ensaios críticos. V ou F?
5. A não-obediência às regras é punida com _____ de grupo negativas.
6. Janis usou o termo _____ para descrever uma compulsão entre grupos tomadores de decisão para manter uma ilusão de unanimidade.

Raciocínio Crítico

7. Seria possível não obedecer totalmente às regras (isto é, não obedecer às regras de um grupo).

RESPOSTAS:

1. F 2. V 3. influência social 4. F 5. sanções 6. pensar de acordo com o grupo 7. Uma pessoa que não seguisse pelo menos algumas normas referentes ao comportamento muito provavelmente seria considerada extremamente bizarra, perturbada ou psicótica.

Ainda mais importante que o tamanho da maioria é a sua *unanimidade* (concordância total). Ter pelo menos uma pessoa no seu canto pode reduzir grandemente a pressão para agir de acordo com as regras. Quando Asch deu um aliado aos seus sujeitos (que também se opunha à maioria dando a resposta correta), a obediência às regras diminuiu. Em termos de números, uma maioria unânime de três é mais poderosa que uma maioria de oito com um membro dissidente. Talvez isso explique a rica diversidade das atitudes, crenças, opiniões e estilos de vida humanos. Se você conseguir encontrar pelo menos uma outra pessoa que veja as coisas da mesma maneira que você (por mais estranha que seja!), pode ficar relativamente seguro na sua oposição a outros pontos de vista. A propósito, a Internet é uma maneira perfeita de encontrar essa outra pessoa (McKenna e Bargh, 1998)!

OBEDIÊNCIA – VOCÊ ELETROCUTARIA UM ESTRANHO?

Uma pessoa que tenha poder social em uma situação pode ter muito pouco em outra. Nas situações em que a pessoa tem poder, ela é descrita como uma *autoridade*. Vamos investigar a **obediência**, um tipo especial de atitude de acordo com as exigências de uma autoridade.

A pergunta é essa: Se lhe ordenassem, você daria um choque em uma pessoa com problemas cardíacos que estivesse gritando e pedindo para ser solta? Certamente, poucos obedeceriam. Ou obedeceriam? Na Alemanha nazista, soldados obedientes (antes cidadãos comuns) ajudaram a matar mais de seis milhões de pessoas em campos de concentração. Esses atos inumanos refletem falhas profundas de caráter? Eles são atos de psicopatas sem coração ou assassinos enlouquecidos? Ou são apenas o resultado de obediência à autoridade? Quais são os limites da obediência? Essas são perguntas que intrigavam o psicólogo social Stanley Milgram (1965) quando ele começou uma série provocativa de estudos sobre a obediência.

Como Milgram estudou a obediência? Como no caso dos experimentos de Asch, a pesquisa de Milgram é mais bem apreciada se você se imaginar como um de seus sujeitos. Coloque-se na situação a seguir.

Obediência Agir de acordo com as exigências de uma autoridade.

Os Estudos Sobre Obediência de Milgram

Imagine-se respondendo a um anúncio de jornal para participar de um experimento de "aprendizado" na Universidade de Yale. Quando você chega, joga-se uma moeda e uma outra pessoa, um homem de boa aparência, na faixa dos 50 anos, é designada como a "aluna". Por acaso, você se torna o "professor".

Sua tarefa é ler uma lista de pares de palavras. A tarefa do aluno é memorizá-las. Você tem de puni-lo com um choque elétrico toda vez que ele cometer um erro. O aluno é levado para uma sala adjacente e você o observa quando ele é colocado na "cadeira elétrica". São colocados eletrodos nos pulsos dele. Depois, você é escoltado até a sua posição diante de um "gerador de choques". Nesse dispositivo há uma fila de 30 interruptores marcados de 15 a 450 volts. Os rótulos correspondentes variam de "Choque Leve" a "Choque de Intensidade Extrema" e, finalmente, "Perigo: Choque Grave". Você é instruído a dar um choque no aluno sempre que ele cometer um erro, e tem de começar com 15 volts e depois ir para um interruptor (15 volts) mais alto a cada novo erro.

O experimento começa e o aluno logo comete seu primeiro erro. Você liga um interruptor. Mais erros. Rapidamente, você atinge o nível de 75 volts. O aluno geme depois de cada choque. Na altura de 100 volts ele se queixa de que tem um problema cardíaco. Na altura de 150 volts ele não quer mais continuar e exige ser solto. Na altura de 300 volts ele grita e diz que não consegue mais responder.

Em algum ponto do experimento você começa a se queixar para o responsável: "O homem tem problemas cardíacos", você diz, "eu não vou matá-lo". O responsável pelo experimento diz: "Por favor, continue". Outro choque e outro grito do aluno e você diz: "Você está querendo dizer que eu tenho que continuar subindo na escala? Não, senhor. Eu não vou dar um choque de 450 volts nele". O responsável pelo experimento fala: "O experimento requer que você continue". Durante um certo tempo o aluno se recusa a responder a mais perguntas e grita a cada choque (Milgram, 1965). Então, ele fica assustadoramente calado durante o restante do experimento.

É difícil acreditar que muitas pessoas fariam isso. O que aconteceu? Milgram também duvidava de que muitas pessoas obedeceriam às suas ordens. Quando ele fez uma pesquisa com psiquiatras antes do experimento, estes previram que menos de 1% das pessoas testadas iriam obedecer. O fato impressionante é que 65% obedeceram completamente, indo o caminho todo até o nível de 450 volts. Praticamente ninguém parou perto dos 300 volts (choque forte) (♦Figura. 14.5).

O aluno se machucou? Chegou a hora de revelar que o "aluno" na verdade era um ator que ligava e desligava um gravador na sala de choque. Não foi dado nenhum choque de verdade, mas o dilema para o "professor" era bem real. Os sujeitos protestaram, suaram, tremeram, gaguejaram, morderam os lábios e riram nervosamente. Evidentemente, eles ficaram perturbados com o que estavam fazendo. Mesmo assim, a maioria obedeceu às ordens do responsável pelo experimento.

O *Follow-Up* de Milgram

Por que tantos obedeceram? Algumas pessoas sugeriram que o prestígio da Universidade de Yale aumentou a disposição dos sujeitos a obedecer. Será que eles supuseram que o professor que estava fazendo o experimento não iria realmente permitir que alguém se machucasse? Para testar essa possibilidade, o estudo foi feito novamente em um prédio de escritórios surrados perto de Bridgeport, Connecticut. Sob essas circunstâncias, menos pessoas (48%) obedeceram, mas a redução foi mínima.

Milgram ficou pasmo com a disposição das pessoas de submeter-se à autoridade para dar choques irracionalmente em alguém. Em experimentos posteriores, ele tentou reduzir a obediência. Ele descobriu que a distância entre o aluno e o professor era importante. Quando os sujeitos estavam na *mesma sala* do aluno, somente 40% obedeceram totalmente. Quando eles estavam cara a cara com o aluno e tinham de colocar a mão em uma "placa de choque" simulada, só 30% obedeceram (♦Figura 14.6). A distância da autoridade também teve influência. Quando o responsável pelo experimento dava as ordens pelo telefone, somente 22% obedeceram. Você talvez duvide de que o estudo sobre obediência de Milgram se aplique a você. Se esse for o caso, reserve um momento para ler a seguinte descrição:

GRASNAR COMO UM PATO

A demonstração descrita aqui se tornou uma das preferidas entre vários professores de psicologia (Halonen, 1986). Imagine sua reação aos seguintes acontecimentos. No primeiro dia de aula, seu professor começa a definir as regras básicas de comportamento para o curso. As carteiras são designadas e você tem de ir para um outro lugar. Dizem-lhe para não falar durante as aulas. O seu professor lhe diz que você precisa de permissão para sair antes. Dizem-lhe que você precisa sempre trazer seu livro para a aula. Até aqui você pode não ter nenhuma dificuldade em obedecer ao seu professor. Depois as exigências parecem menos razoáveis. O professor diz: "Use somente lápis para tomar nota. Peça um emprestado, se for necessário". "Tire seu relógio." "Mantenha sempre as duas mãos no seu computador." "Todos os calouros devem ficar no fundo da classe." A demonstração vai evoluindo com ordens que você não pode cumprir sem parecer bobo: "Coloque dois dedos no seu nariz e grasne como um pato".

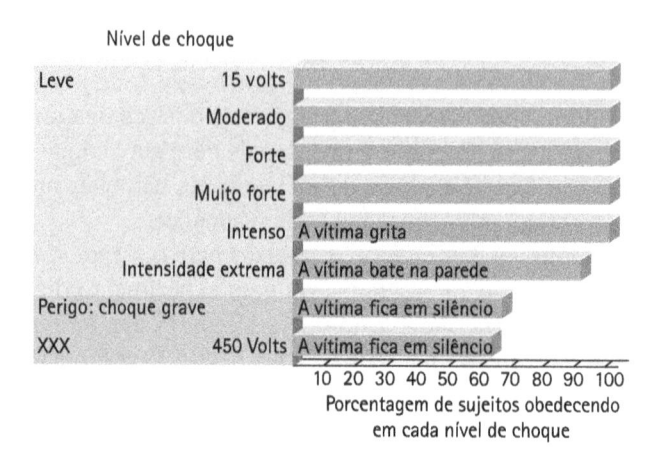

♦FIGURA 14.5 *Resultados do estudo de obediência de Milgram. Apenas uma minoria dos sujeitos se recusou a dar choques, mesmo nas intensidades mais extremas. A primeira queda considerável na obediência ocorreu no nível de 300 volts (Milgram, 1963).*

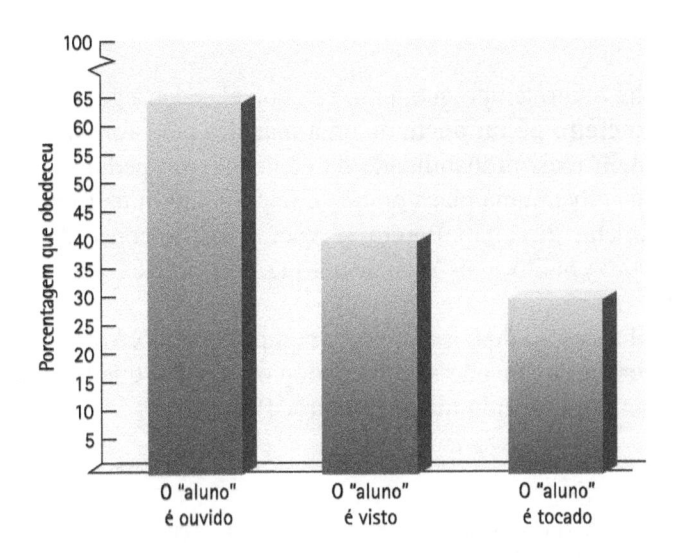

◆FIGURA 14.6 *A distância física do "aluno" teve um impacto significativo sobre a porcentagem dos sujeitos que obedeceram às ordens.*

Onde você acha que imporia um limite para obedecer a essas ordens? Na verdade, você pode se ver obedecendo a uma autoridade legítima muito depois de as exigências dessa pessoa se tornarem irrazoáveis. Porém, o que aconteceria se alguns poucos alunos resistissem às ordens logo no início da seqüência? Isso ajudaria a liberar os outros para desobedecer? Para obter uma resposta, vamos voltar para algumas observações finais sobre o experimento de Milgram.

Implicações

A pesquisa de Milgram levanta algumas perguntas instigantes sobre nossa disposição de praticar atos anti-sociais ou inumanos comandados por uma "autoridade legítima". A desculpa dada tão freqüentemente por criminosos de guerra – "Eu estava apenas cumprindo ordens" – adquire um novo significado sob essa luz. Milgram sugeriu que, quando as instruções vêm de uma autoridade, as pessoas racionalizam que não são pessoalmente responsáveis por seus atos. Em locais tão variados como Vietnã, Ruanda, Bósnia, África do Sul, Nicarágua, Sri Lanka e Laos, o resultado trágico foi "massacres sancionados" de proporções assustadoras. Mesmo na vida cotidiana, os crimes de obediência são comuns. Para manter seus empregos, muitas pessoas obedecem a ordens de fazer coisas que elas sabem que são desonestas, não-éticas ou prejudiciais (Hamilton e Sanders, 1995).

Vamos finalizar com uma nota mais positiva. Em um dos seus experimentos, Milgram descobriu que o apoio do grupo pode reduzir consideravelmente a obediência destrutiva. Quando sujeitos reais viram dois outros "professores" (ambos atores) resistir às ordens e abandonar o experimento, somente 10% continuou obedecendo. Conseqüentemente, um ato pessoal de coragem ou força moral por parte de um ou dois membros de um grupo pode liberar os outros para desobedecer a uma autoridade mal orientada ou injusta.

A obediência à autoridade freqüentemente é necessária e razoável. Porém, ela também pode ser destrutiva.

CONCORDÂNCIA – UM PÉ NA PORTA

As pressões para "se encaixar" e seguir as regras geralmente são indiretas. Quando uma autoridade comanda a obediência, a pressão é direta e é difícil resistir. Existe uma terceira possibilidade. O termo **concordância** significa situações nas quais uma pessoa cede aos pedidos de uma outra que tem pouca ou nenhuma autoridade. As pressões para agir de acordo são bem comuns. Por exemplo, um estranho pode pedir para você ceder uma cabine telefônica para ele dar um telefonema; uma vendedora pode sugerir que você compre um relógio mais caro que o que você havia planejado, ou um colega de trabalho pode lhe pedir um dólar para comprar uma xícara de café.

O que determina se uma pessoa vai atender a um pedido? Muitos fatores poderiam ser listados, mas três se destacam como particularmente interessantes. Vamos analisar cada um deles.

Concordância Ceder aos pedidos de uma pessoa que tem pouca ou nenhuma autoridade ou outra forma de poder social.

O Efeito Pé na Porta

As pessoas que vendem de porta em porta reconhecem há muito tempo que, uma vez que elas conseguem colocar um pé na porta, a venda é quase certa. Para definir o **efeito pé na porta** de uma maneira mais formal, uma pessoa que concorda com um pequeno pedido, depois tem mais probabilidade de atender a um pedido maior (Dillard, 1991). Por exemplo, se alguém lhe pedisse para colocar uma placa grande e feia no jardim na frente da sua casa para incentivar a direção segura, você provavelmente diria não. Porém, se você primeiro concordar em colocar uma placa pequena na sua janela, mais tarde estaria muito mais propenso a permitir a placa grande no jardim na frente da sua casa (Freedman e Fraser, 1966).

Aparentemente, o efeito "pé na porta" se baseia na observação do nosso próprio comportamento. Ver-se concordando com um pequeno pedido ajuda você a se convencer de que não se incomodou em fazer o que foi pedido. Depois disso, você tem mais probabilidade de atender a um pedido maior (Dillard, 1991).

O Efeito Porta na Cara

Digamos que um vizinho venha à sua porta e peça para você dar comida aos seus cachorros, regar suas plantas e cortar a grama quando ele estiver fora da cidade por um mês. Esse é um pedido de peso – um pedido que a maioria das pessoas provavelmente recusaria. Sentindo-se apenas levemente culpado, você diz ao seu vizinho que sente muito, mas não pode ajudá-lo. Agora, seu vizinho volta no dia seguinte e pede para você pelo menos pegar a correspondência enquanto ele estiver fora. Há uma grande probabilidade de você atender a esse pedido, mesmo que em outra situação talvez dissesse não.

O psicólogo Robert Cialdini cunhou o termo **efeito porta na cara** para descrever a tendência de uma pessoa que recusou um grande pedido de atender a um pedido menor (Cialdini et al., 1975). Em outras palavras, depois de uma pessoa recusar um grande pedido ("bateu a porta na sua cara"), ela pode estar mais disposta a atender a pedidos menores. Essa estratégia funciona porque alguém que abandona um grande pedido parece ter desistido de algo. Como resposta, muitos acham que precisam pagar a quem pediu atendendo a um pedido menor (Dillard, 1991). Na verdade, uma boa maneira de fazer com que uma pessoa atenda a um pedido é primeiro fazer um pequeno favor para ela (Whatley et al., 1999).

A Técnica da Bola Baixa

Qualquer pessoa que tenha comprado um carro reconhecerá uma terceira maneira de induzir à concordância. Os revendedores de automóveis são famosos por convencer os clientes a comprar carros oferecendo preços "bola baixa" que derrubam a concorrência. O revendedor primeiro faz o cliente concordar em comprar a um preço atraentemente baixo. Depois, uma vez que o cliente já está comprometido, são utilizadas várias técnicas para aumentar o preço antes de a venda ser concluída.

A **técnica da bola baixa** consiste em fazer uma pessoa se comprometer a agir e depois tornar os termos para tal menos desejáveis. Eis um outro exemplo: um colega de faculdade lhe pede emprestado US$ 25 por um dia. Isso parece razoável e você concorda. Porém, depois que você deu o dinheiro, ele explica que seria mais fácil pagar depois do dia do pagamento, que é daqui a duas semanas.

Se você concordar, terá sucumbido à técnica da bola baixa. Eis mais um exemplo: digamos que você peça a alguém uma carona até a escola pela manhã. Só depois de ele concordar você lhe diz que precisa estar lá às 6 da manhã.

Efeito pé na porta A tendência de uma pessoa, que primeiramente atendeu a um pequeno pedido, de ter mais probabilidade de atender a um pedido maior posteriormente.

Efeito porta na cara A tendência de uma pessoa, que negou um grande pedido, a posteriormente ter mais probabilidade de atender a um pedido menor.

Técnica da bola baixa Estratégia na qual primeiro se obtém o compromisso com termos razoáveis ou desejáveis, que então são transformados em termos menos razoáveis ou desejáveis.

Concordância Passiva

Atender a pedidos faz parte da vida. Às vezes, porém, a disposição de concordar pode exceder o limite do razoável. O pesquisador Thomas Moriarty (1975) demonstrou concordância excessiva e passiva sob condições realistas. *Concordância passiva* significa ceder silenciosamente a exigências irracionais ou a condições inaceitáveis.

Moriarty observou que muitas pessoas agüentam quase qualquer coisa para evitar um confronto. Por exemplo, ele e seus alunos conversaram em voz alta atrás de pessoas em salas de cinema ou estudando em uma biblioteca. Muito poucas protestaram. Em outros experimentos, as pessoas foram abordadas em cabines telefônicas. O responsável pelo experimento explicava que tinha deixado um anel na cabine e perguntava se a pessoa o havia encontrado. Quando os sujeitos respondiam não, o responsável pelo experimento exigia que eles esvaziassem o bolso. A maioria esvaziou.

> Em um experimento realizado em um aeroporto, uma fumante se sentou ou ficou propositadamente perto de não-fumantes. Somente 9% dos não-fumantes pediu para a fumante parar de fumar, mesmo quando placas de "é proibido fumar" estavam claramente visíveis nas proximidades (Gibson e Werner, 1994).

Nessas e em outras situações semelhantes, os indivíduos aceitaram passivamente ter os seus direitos pessoais menosprezados, mesmo quando objetar não era nenhuma ameaça à sua segurança. As mulheres excessivamente passivas tendem a ser particularmente ótimos alvos para exploração, principalmente por homens (Richards et al., 1991). Os Estados Unidos se tornaram um país de "vítimas solícitas"? Certamente, esperamos que não. Vejamos como as pessoas assertivas lidam com diferentes situações sociais.

Treinamento de Asserção

Você alguma vez fez uma das ações listadas a seguir?

- Hesitou em questionar um erro na conta de um restaurante porque estava com receio de fazer um escândalo?
- Desistiu de pedir um aumento ou uma mudança nas condições de trabalho?
- Disse sim quando queria dizer não?
- Teve medo de questionar uma nota que parecia injusta?

Se você alguma vez teve problema com situações semelhantes, o *treinamento de asserção* (instruções sobre como ser auto-assertivo) pode oferecer uma solução. No treinamento de asserção, as pessoas aprendem comportamento assertivo por meio de exercícios em grupo, fitas de vídeo e conflitos armados. Elas também aprendem a praticar a franqueza, discordar, questionar a autoridade e posturas e gestos assertivos. À medida que sua autoconfiança aumenta, os clientes não-assertivos fazem "estudos de campo" em lojas e restaurantes, onde eles praticam o que aprenderam.

O primeiro passo no treinamento de asserção é se convencer de três direitos básicos: você tem direito de recusar, pedir e corrigir um erro. A **auto-asserção** envolve defender esses direitos falando em seu próprio benefício.

A auto-asserção é simplesmente fazer as coisas do seu jeito? De maneira nenhuma. Há uma diferença básica entre o comportamento de *auto-asserção* e o comportamento *agressivo*. A auto-asserção é uma expressão direta e franca de sentimentos e desejos. Ela não visa exclusivamente atendê-lo. As pessoas não-assertivas geralmente são pacientes de um erro. Às vezes sua raiva reprimida explode com uma fúria inesperada que pode prejudicar os relacionamentos. Ao contrário do comportamento assertivo, a **agressão** envolve machucar outra pessoa ou atingir objetivos à custa de outros. A agressão não leva em conta os sentimentos ou os direitos dos outros. É uma tentativa de o sujeito fazer as coisas do seu jeito a todo custo. As técnicas de asserção enfatizam a firmeza, não o ataque (▲Tabela 14.2).

O conceito básico do treinamento de asserção é que cada ação assertiva seja praticada até que possa ser repetida mesmo sob estresse. Por exemplo, digamos que você fique realmente irritado quando o(a) vendedor(a) de uma loja atende várias pessoas que chegaram depois de você. Para melhorar sua assertividade nessa situação, você começaria *ensaiando* o diálogo, a postura e os gestos que usaria para confrontar o vendedor (ou a vendedora) ou os outros clientes. Fazer isso na frente de um espelho pode ser muito útil. Se possível, você deveria *treinar* a cena com um(a) amigo(a). Certifique-se de o seu amigo representar o papel de um vendedor realmente agressivo e de um vendedor prestativo. O ensaio e a representação de papéis também devem ser utilizados quando você esperar um possível confronto com uma pessoa – por exemplo, se você for pedir um aumento, questionar uma nota ou confrontar um senhorio.

Auto-asserção Expressão franca e honesta de sentimentos e desejos.

Agressão Machucar outra pessoa ou atingir as suas metas à custa de outros.

A auto-asserção não proporciona serenidade, confiança ou autoconfiança instantâneas. Porém, é uma maneira de combater as ansiedades associadas à vida em uma sociedade impessoal e às vezes intimidante. Se você estiver interessado em obter mais informações, pode consultar um livro intitulado *Your Perfect Right*, de Alberti e Emmons (1995).

TABELA 14.2 Comparação de Comportamentos Assertivos, Agressivos e Não-Assertivos

	ATOR	RECEPTOR DO COMPORTAMENTO
Comportamento não-assertivo	Autonegação, inibido, magoado e ansioso; deixa os outros fazerem as escolhas; as metas não são atingidas	Sente pena, culpa ou desdém pelo ator; atinge a meta à custa do ator
Comportamento agressivo	Atinge suas metas à custa dos outros; expressa os seus sentimentos mas magoa os outros; escolhe pelos outros ou os humilha	Sente-se magoado, na defensiva, humilhado ou explorado; não atende às suas necessidades
Comportamento assertivo	Auto-ampliador; age no seu melhor interesse; expressa seus sentimentos; respeita os direitos dos outros; as metas são geralmente atingidas; o auto-respeito é mantido	As necessidades são respeitadas e os sentimentos, expressos; pode atingir a meta, o autovalor é mantido

PAUSA PARA ESTUDO — Poder Social, Obediência e Concordância

RELACIONE

Você ficou surpreso com o fato de tantas pessoas terem obedecido às ordens dadas nos experimentos de Milgram? Você acha que teria obedecido? Quão ativamente você questiona a autoridade?

Você gostaria de persuadir as pessoas a fazer doações para uma instituição de caridade necessitada. Como, especificamente, você poderia utilizar as técnicas de concordância para fazê-las doar?

Pegue um exemplo específico no qual você poderia ter sido mais assertivo. Como você lidaria com a situação se ela ocorresse novamente? Pense em um exemplo específico no qual você estava irritado e agiu agressivamente. Como você teria lidado com a situação mediante a auto-asserção em vez da agressão?

VERIFICAÇÃO DO APRENDIZADO

1. O termo *concordância* significa situações nas quais alguém concorda com os comandos feitos por uma pessoa que tem autoridade. V ou F?
2. A obediência nos experimentos de Milgram estava associada à:
   a. distância entre o aluno e o professor
   b. distância entre o responsável pelo experimento e o professor
   c. obediência dos outros professores
   d. todas as anteriores
3. Repetindo seu experimento de obediência em um prédio de escritórios no centro, Milgram demonstrou que o prestígio da Universidade de Yale era o motivo principal para a disposição dos sujeitos de obedecer no experimento original. V ou F?
4. A pesquisa de Thomas Moriarty e outros destacou o problema da _____ em vez da obediência à autoridade.
5. No treinamento de asserção, as pessoas aprendem técnicas para fazer as coisas à sua maneira em situações sociais e intercâmbios nervosos. V ou F?
6. O comportamento não-assertivo causa mágoa, ansiedade e autonegação no ator, e pena, culpa ou desdém no receptor. V ou F?

Raciocínio Crítico

7. O arsenal de guerra moderno permite que o ato de matar ocorra de forma impessoal e a distância. De que forma isso está ligado aos experimentos de Milgram?

RESPOSTAS:

1. F 2. d. 3. F 4. concordância passiva 5. F 6. V 7. Há uma grande diferença entre matar uma pessoa em um combate frente a frente e matar uma pessoa alinhando imagens em uma tela de vídeo. A pesquisa de Milgram sugere que é mais fácil para uma pessoa cumprir ordens de matar outro ser humano quando a vítima está distante e removida do contato direto.

ATITUDES — JUÍZO FINAL PARA AQUELES QUE BUSCAM

▶ **PERGUNTA PARA PESQUISA** *Como as atitudes são adquiridas e mudadas?*

É difícil passar um ano sem um grupo de Juízo Final de um tipo ou de outro no noticiário. Em um exemplo clássico desses grupos, uma mulher chamada sra. Keech dizia que estava recebendo mensagens de seres alienígenas de um planeta de nome Clarion.

Os alienígenas disseram à sra. Keech que haviam detectado uma falha na crosta terrestre que iria mergulhar a América do Norte no oceano, o que causaria um desastre inimaginável. A tragédia ocorreria no dia 21 de dezembro. No entanto, a sra. Keech e o seu bando de seguidores, que se denominavam Os Exploradores, não tinham medo. No dia 20 de dezembro eles esperavam encontrar-se com um disco voador, que os levaria em segurança para o espaço sideral.

A noite de 20 dezembro chegou e Os Exploradores se reuniram na casa da sra. Keech. Muitos tinham largado seus empregos e bens para se preparar para a partida. As expectativas eram grandes e o compromisso era total. Mas a meia-noite passou e o mundo continuou existindo. Foi uma decepção amarga e constrangedora para Os Exploradores.

O grupo se separou? A nossa história agora dá uma virada surpreendente, uma virada que intrigou os psicólogos sociais. Em vez de se separar, Os Exploradores ficaram *mais* convencidos do que nunca de que estavam certos. Por volta das 5 da madrugada, a sra. Keech anunciou que tinha recebido uma mensagem explicando que Os Exploradores haviam salvado o mundo.

Antes de 20 de dezembro, Os Exploradores não tinham interesse em convencer outras pessoas de que o mundo estava chegando ao fim. Agora eles estavam ligando para jornais e estações de rádio para convencer os outros do que haviam conseguido.

Como se explica essa estranha mudança no comportamento? Uma das respostas pode estar no conceito de *dissonância cognitiva*, que também ajuda a explicar vários aspectos da mudança de atitude. Vamos voltar à dissonância cognitiva em seguida, mas primeiro vamos responder a algumas perguntas básicas sobre atitudes.

Crença + Emoção + Ação

Qual é a sua atitude em relação à ação afirmativa, eutanásia, grupos ambientais, pena de morte, aborto legalizado, alimento de baixo valor nutritivo, psicologia? As respostas podem ter impactos abrangentes no seu comportamento. As atitudes estão estreitamente ligadas aos nossos atos e opiniões sobre o mundo. Os nossos gostos, amizades, votos, preferências e metas são todos tocados por atitudes.

O que é especificamente uma atitude? Uma **atitude** é uma mistura de crenças e emoções que predispõe uma pessoa a reagir a outras pessoas, objetos ou grupos de uma maneira positiva ou negativa. As atitudes resumem nossa *avaliação* dos objetos (Petty et al., 1997). Conseqüentemente, elas prevêem e orientam muitos dos nossos atos.

"Sua atitude está à mostra", dizemos às vezes. Na verdade, as atitudes são expressas por meio de crenças, emoções e ações. O *componente crença* de uma atitude é o que você crê em relação a um determinado objeto ou questão. O *componente emocional* consiste nos seus sentimentos em relação ao objeto da atitude. *O componente ação* diz respeito às suas ações em relação a várias pessoas, objetos ou instituições. Pense, por exemplo, na sua atitude em relação ao controle de armas. Você provavelmente tem crenças no tocante a se o controle de armas irá ou não afetar os índices de criminalidade ou violência. Você reagirá emocionalmente às armas, achando-as atraentes e desejáveis ou ameaçadoras e destrutivas. E você terá uma tendência a procurar ou a evitar ter armas. O componente ação da sua atitude provavelmente incluirá também o apoio a organizações que incentivam o controle de armas ou se opõem a ele.

Como você pode ver, as atitudes nos orientam para o mundo social. Fazendo isso, elas nos preparam para agir de determinada maneira (Ajzen, 2001). (Para obter um outro exemplo, por favor, veja a ◆Figura 14.7).

Atitude Tendência aprendida a reagir a pessoas, objetos ou instituições de uma maneira positiva ou negativa.

Questão: Ação Afirmativa

Componente Crença
Restaura a justiça
Proporciona oportunidade igual

Componente Emocional
Otimismo

Componente Ação
Votar a favor da ação afirmativa
Fazer doações a grupos que apóiam a ação afirmativa

Componente Crença
Injusto para a maioria
Discriminação inversa

Componente Emocional
Raiva

Componente Ação
Votar contra a ação afirmativa
Fazer doações a grupos que se opõem à ação afirmativa

◆FIGURA 14.7 *Atitudes positivas e negativas em relação aos elementos da ação afirmativa.*

Formando Atitudes

Como as pessoas adquirem atitudes? As atitudes são adquiridas de várias maneiras básicas. Às vezes, as atitudes vêm do *contato direto* (experiência pessoal) com o objeto de uma atitude – tal como opor-se à poluição quando uma fábrica nas proximidades arruína o seu rio preferido. As atitudes também são aprendidas pela *interação com os outros*, isto é, por meio de discussões com as pessoas que têm determinada atitude. Por exemplo, se três dos seus amigos são voluntários em um centro local de reciclagem e você conversa com eles sobre suas crenças, você provavelmente também irá ficar a favor da reciclagem. De uma maneira mais geral, há poucas dúvidas de que muitas de nossas atitudes são influenciadas pela *associação a grupos*. Na maioria dos grupos, as pressões para agir de acordo moldam nossas atitudes, assim como moldam nosso comportamento também. A *educação de filhos* (o impacto dos valores, das crenças e das práticas dos pais) também afeta as atitudes. Por exemplo, se o pai e a mãe forem filiados ao mesmo partido político, as chances são de dois em três de que os filhos se filiarão a esse partido quando crescerem.

Não há dúvida de que as atitudes são influenciadas pelos *meios de comunicação de massa* (todos os meios de comunicação, como revistas e televisões, que atingem grandes públicos). Todo dia nós somos convencidos com meiguice, persuadidos e habilmente manipulados por mensagens nos meios de comunicação de massa. Noventa e nove por cento dos lares norte-americanos têm um aparelho de televisão, que fica ligado uma média de sete horas por dia. Conseqüentemente, as informações canalizadas para as casas têm um forte impacto. Por exemplo, as pessoas que vêem TV com freqüência desconfiam dos outros e superestimam as suas chances de serem lesadas. Isso indica que uma dieta constante de violência na TV faz algumas pessoas criarem *uma visão má do mundo*, na qual elas o vêem como um lugar perigoso e ameaçador (Heath e Gilbert, 1996).

Algumas atitudes são simplesmente formadas por meio de *condicionamento ao acaso* (aprendizado que ocorre por acaso ou coincidência) (Olson e Zanna, 1993). Digamos, por exemplo, que você teve três encontros com psicólogos em toda a sua vida. Se todos os três foram negativos, você pode adquirir uma visão indevidamente obscura da psicologia. Da mesma maneira, as pessoas freqüentemente criam atitudes firmes em relação a cidades, alimentos ou partes do país com base em uma ou duas experiências excepcionalmente boas ou más.

Atitudes e Comportamentos

Por que algumas atitudes provocam ações e outras não? Para responder a essa pergunta, vamos analisar um exemplo. Suponha que uma mulher chamada Lorraine saiba que os carros contribuem para a poluição do ar e deteste fumaça. Por que Lorraine continuaria a ir de carro para o trabalho todos os dias? Provavelmente porque as *conseqüências imediatas* dos nossos atos têm um peso grande nas opções que fazemos. Independentemente de qual seja a atitude de Lorraine, é difícil para ela resistir à conveniência imediata de andar de carro. Nossas expectativas em relação a como *os outros irão avaliar* nossos atos também são importantes. Levando esse fator em consideração, os pesquisadores conseguiram prever opções de planejamento familiar, uso de álcool por adolescentes, realistamento na Guarda Nacional, votos para uma iniciativa de uma usina nuclear, e assim por diante (Cialdini et al., 1981). Finalmente, não devemos negligenciar os efeitos dos hábitos de longa duração (Petty et al., 1997). Digamos que um chefe "porco-chauvinista" prometa mudar suas atitudes machistas em relação às suas funcionárias. Dois meses depois, não seria de estranhar se o seu comportamento mostrasse os efeitos de um hábito em vez das suas boas intenções.

Em suma, geralmente existem grandes diferenças entre atitudes e comportamento, principalmente entre as atitudes privadas e o comportamento em público. No entanto, as barreiras às ações geralmente caem quando uma pessoa tem uma atitude com *convicção*. Se você tem *convicções* em relação a uma determinada questão, elas evocam sentimentos fortes, você reflete a respeito, discute com freqüência e tem conhecimentos sobre o assunto. As atitudes mantidas com convicção veemente geralmente levam a diferenças importantes no comportamento pessoal (Petty et al., 1997).

MUDANÇA DE ATITUDE — POR QUE EXPLORADORES VIERAM A PÚBLICO

▶ **PERGUNTA PARA PESQUISA**   *Sob que condições a persuasão é mais eficaz?*

Embora as atitudes sejam razoavelmente estáveis, elas mudam. Algumas mudanças de atitude podem ser entendidas em termos de **grupos de referência** (qualquer grupo que uma pessoa utiliza como padrão para comparação social). Não é necessário ter contato cara a cara com outras pessoas para que elas sejam um grupo de referência. Isso depende, ao contrário, de com quem você se identifica ou as pessoas cujas atitudes e valores você preza (Ajzen, 2001).

Na década de 1930, Theodore Newcomb estudou mudanças de atitudes da vida real entre alunos da Bennington College. A maioria dos alunos veio de lares conservadores, mas Bennington era uma escola muito liberal. Newcomb descobriu que a maioria dos alunos mudava consideravelmente para atitudes mais liberais durante os seus quatro anos em Bennington. Aqueles que não mudavam mantinham seus pais e seus amigos da sua cidade natal como os principais grupos de referência. Isso é exemplificado por um aluno que disse: "Eu decidi que preferia continuar aderindo às idéias do meu pai". Aqueles que mudaram se identificavam mais com a comunidade do *campus*. Observe que todos os alunos podiam contar a faculdade e suas famílias como *grupos dos quais faziam parte*. No entanto, um grupo ou outro tendia a se tornar o seu ponto de referência.

Persuasão

E quanto à publicidade e outras tentativas diretas de mudar as atitudes? Elas são eficazes? **Persuasão** é qualquer tentativa deliberada de mudar atitudes ou crenças com informações e argumentos. Empresas, políticos e outros que tentam nos persuadir evidentemente acham que as atitudes podem ser mudadas. Só nos Estados Unidos e no Canadá, gastam-se mais de US$ 15 bilhões por ano em publicidade na TV. A persuasão pode variar de uma blitz diária de comerciais na mídia a uma discussão entre amigos. Na maioria dos casos, o êxito ou o fracasso da persuasão podem ser entendidos se levarmos em conta o *comunicador*, a *mensagem* e o *público*.

Digamos que, em uma reunião comunitária, você tenha a chance de divulgar uma questão que em sua opinião é importante (a favor ou contra a construção de uma usina nuclear nas proximidades, por exemplo). Quem você deveria escolher para fazer a apresentação e como essa pessoa deveria fazê-la? Pesquisas indicam que a mudança de atitude é incentivada quando as seguintes condições são atendidas:

1. O comunicador é simpático, expressivo, digno de confiança, um entendido no assunto e semelhante ao público em algum aspecto.
2. A mensagem apela para emoções, principalmente as de medo ou ansiedade.

Grupo de referência Qualquer grupo que uma pessoa use como padrão para comparação social.

Persuasão Tentativa deliberada de mudar atitudes ou crenças com informações e argumentos.

3. A mensagem também apresenta um rumo claro de ação que irá, se for seguido, reduzir o medo ou propiciar resultados pessoalmente desejáveis.
4. A mensagem apresenta conclusões bem definidas.
5. A mensagem é corroborada por fatos e estatísticas.
6. Ambos os lados da questão são apresentados no caso de um público bem informado.
7. Só um lado da questão é apresentado no caso de um público mal informado.
8. A pessoa que persuade parece não ter nada a ganhar se o público aceitar a mensagem.
9. A mensagem é repetida com a maior freqüência possível. (Aroson, 1992; Petty et al., 1997).

Você não deve ter problema em ver como esses princípios são aplicados para vender de tudo, de desodorante a presidentes.

A Teoria da Dissonância Cognitiva

Cognições são idéias. Dissonância significa choque. A importante teoria da **dissonância cognitiva** diz que idéias contraditórias ou conflitantes provocam desconforto. Isto é, nós temos necessidade de *coerência* nas nossas idéias, percepções e imagens de nós mesmos (Festinger, 1957; Thibodeau e Aronson, 1992).

O que acontece se as pessoas agem de maneira incoerente com suas atitudes ou auto-imagens? Normalmente, a contradição as deixa desconfortáveis, e esse desconforto pode motivá-las a fazer suas idéias ou suas atitudes concordarem com suas ações (Petty et al., 1997). Por exemplo, os fumantes são alertados em todos os maços que o cigarro coloca a vida deles em risco, mas fumam mesmo assim. Como eles resolvem a tensão entre essas informações e seus atos? Eles poderiam deixar de fumar, mas talvez seja mais fácil se convencerem de que fumar não é realmente tão perigoso. Para fazer isso, muitos buscam exemplos de fumantes inveterados que tiveram vidas longas; eles passam o seu tempo com outros fumantes e evitam informações sobre a ligação entre o fumo e o câncer. De acordo com a teoria da dissonância cognitiva, nós tendemos a rejeitar novas informações que contradizem as idéias nas quais já cremos. Somos todos culpados, às vezes, dessa estratégia de "não me aborreça com fatos, a minha opinião já está formada".

Agora lembre-se da sra. Keech e do seu grupo do Juízo Final. Por que a crença dele nas mensagens da sra. Keech *aumentou* depois que o mundo não acabou? Por que o grupo de repente passou a se interessar em convencer os outros de que estava certo? A teoria da dissonância cognitiva explica que depois de se comprometerem publicamente com suas crenças, eles sentiram uma grande necessidade de manter a coerência. Na verdade, convencer os outros era mais uma maneira de provar que estavam certos (▲Tabela 14.3).

Dissonância cognitiva Conflito desconfortável entre a auto-imagem, as idéias, crenças e atitudes ou percepções e o comportamento da pessoa.

▲TABELA 14.3 Estratégias para Reduzir a Dissonância Cognitiva

Célia, estudante universitária, sempre se viu como uma ativista ambiental. Recentemente, Célia "herdou" um carro dos seus pais, que estavam substituindo a "barcaça" da família. No passado, Célia andava de bicicleta ou usava o transporte público para ir de um lugar para outro. O carro antigo de seus pais é um bebedor de gasolina antiquado, mas ela começou a dirigi-lo todos os dias. Como Célia poderia reduzir a dissonância cognitiva criada pelo choque entre o seu ambientalismo e o seu uso de um automóvel ineficiente?

ESTRATÉGIA	EXEMPLO
Mudar a sua atitude	"Os carros não são realmente um grande problema ambiental."
Acrescentar idéias consoantes	"Esse é um carro antigo. Portanto, mantê-lo na estrada faz um bom uso dos recursos consumidos quando ele foi fabricado."
Mudar a importância das idéias discordantes	"É mais importante para mim apoiar o movimento ambientalista politicamente do que me preocupar com como vou chegar à escola e ao trabalho."
Reduzir a quantidade de opções percebida	"Os meus horários ficaram loucos demais, eu realmente não posso mais andar de bicicleta ou de ônibus".
Mudar o seu comportamento	"Eu só vou usar o carro quando for impossível andar de bicicleta ou de ônibus."

(Segundo Franzoi, 2000.)

Agir ao contrário das nossas atitudes nem sempre provoca mudança. De que maneira a dissonância cognitiva é responsável por isso? A quantidade de justificativas para agir ao contrário das nossas atitudes e crenças afeta quanta dissonância sentimos. (*Justificativa* é o grau em que os atos de uma pessoa são explicados por recompensas ou outras circunstâncias.) Em um estudo clássico, alunos executaram uma tarefa extremamente entediante (virar cabides de madeira em uma lousa) por um *longo* período de tempo. Depois, era-lhes pedido para atrair outros para o experimento, fingindo que a tarefa era interessante e agradável. Os alunos que receberam US$ 20 para mentir para os outros não mudaram a sua opinião negativa sobre a tarefa: "Foi *realmente* entediante!". Os que receberam apenas US$ 1 classificaram a tarefa de "agradável" e "interessante". Como podemos explicar esses resultados? Aparentemente, os alunos que receberam US$ 20 não sentiram dissonância. Esses alunos poderiam convencer-se de que qualquer pessoa diria uma pequena mentira por US$ 20. Os que receberam US$ 1 se depararam com idéias conflitantes: "Eu menti" e "Eu não tinha um bom motivo para isso". Em vez de admitir para si mesmos que haviam mentido, esses alunos mudaram sua atitude em relação ao que haviam feito (Festinger e Carlsmith, 1959) (♦Figura. 14.8).

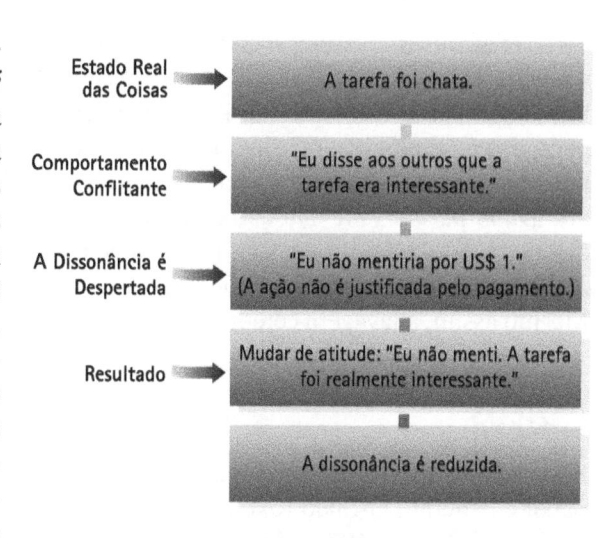

♦FIGURA 14.8 *Resumo do estudo de Festinger e Carlsmith (1959) do ponto de vista de uma pessoa que está vivenciando uma dissonância cognitiva.*

Somos particularmente propensos à dissonância depois de fazermos acontecer um evento que não queríamos que ocorresse (Cooper e Fazio, 1984).

Digamos que você concorde em ajudar um amigo a se mudar para um novo apartamento. Chega o grande dia e você está a fim de ficar na cama. Na verdade, você gostaria de não ter prometido ajudar. Para diminuir a dissonância, você pode convencer-se de que o trabalho na verdade será um "bom exercício", "divertido" ou que seu amigo realmente merece ajuda. Nós freqüentemente fazemos esses ajustes nas atitudes para minimizar a dissonância cognitiva.

Antes de terminarmos o assunto atitudes, vamos ver o que os psicólogos aprenderam sobre a lavagem cerebral e outras tentativas de alta pressão para mudar atitudes.

MUDANÇA DE ATITUDE FORÇADA – LAVAGEM CEREBRAL E CULTOS

▶ **PERGUNTAS PARA PESQUISA** *A lavagem cerebral é realmente possível? Como as pessoas são convertidas a fazer parte de um culto?*

Se você for um entusiasta de história, poderá associar a lavagem cerebral a técnicas utilizadas pelos chineses comunistas nos prisioneiros durante a Guerra da Coréia. Com o uso de vários tipos de "reforma de idéias", os chineses conseguiram coagir 16% desses prisioneiros a assinar confissões falsas. Mais recentemente, o assassinato/suicídio em Jonestown, a tragédia do Branch Davidian em Waco, o suicídio em grupo do Heaven's Gate em San Diego, e o movimento Al Qaeda de Osama bin Laden aumentaram o interesse em mudança forçada de atitude.

Como ela difere de outras técnicas de persuasão? Lavagem cerebral ou mudança forçada de atitude requer um público cativo. Se você ficar ofendido com um comercial de TV, você pode desligar. Os prisioneiros em campos de prisioneiros de guerra estão totalmente à mercê de seus captores. O controle total sobre o ambiente permite um grau de manipulação psicológica que seria impossível em um cenário normal.

Lavagem Cerebral

Como o cativeiro facilita a persuasão? A lavagem cerebral começa fazendo-se a pessoa-alvo se sentir totalmente desamparada. O abuso físico e psicológico, a falta de sono, a humilhação e o isolamento servem para *desconge-*

lar – ou afrouxar – valores e crenças anteriores. Quando a exaustão, a pressão e o medo se tornam insuportáveis, a *mudança* ocorre à medida que a pessoa começa a abandonar crenças anteriores. Os prisioneiros que atingem o limite assinam a confissão falsa ou colaboram para ter um alívio. Quando o fazem, são repentinamente recompensados com elogios, privilégios, comida ou descanso. Daí em diante, uma mistura de esperança e medo, mais pressões para agir de acordo, servem para *recongelar* (solidificar) novas atitudes (Schein et al., 1961).

Quão permanente são as mudanças provocadas por lavagem cerebral? Na maioria dos casos, a mudança drástica nas atitudes provocadas pela lavagem cerebral é temporária. A maioria dos prisioneiros "convertidos" que retornaram para os Estados Unidos depois da Guerra da Coréia no fim voltou ao seu comportamento original. Mesmo assim, a lavagem cerebral pode ser poderosa, como mostra o êxito dos cultos em recrutar novos membros.

Cultos

Exortados por seu líder, cerca de 900 membros do Templo do Povo, do Reverendo Jim Jones, pegaram copos de papel e beberam Q-Suco roxo misturado com o veneno mortal cianeto. Psicologicamente, o suicídio em massa em Jonestown, em 1978, não é tão incrível quanto parece. Os habitantes de Jonestown estavam isolados na selva da Guiana, intimidados por guardas e acalmados com sedativos. Eles estavam também afastados dos amigos e parentes, e totalmente habituados a obedecer a regras rígidas de conduta, o que os preparava para o "teste de lealdade" final de Jones. De maior interesse psicológico é a questão de como as pessoas atingem tal estado de compromisso e dependência.

Por que as pessoas se associam a grupos como o Templo do Povo? O Templo do Povo foi um exemplo clássico de um *culto*. Um *culto* é um grupo no qual a personalidade do líder é mais importante que as crenças que ele prega. Os membros do culto dão sua fidelidade a essa pessoa, que é vista como infalível, e seguem seus ditames sem questionar. Quase sempre os membros de um culto sofrem represália de seus líderes de uma maneira ou de outra. Por exemplo, em abril de 1993, David Koresh e membros do seu grupo Branch Davidian pereceram em um inferno no seu complexo em Waco, Texas. As autoridades acham que o incêndio foi iniciado por um membro do culto seguindo as instruções de Koresh. Como Jim Jones tinha feito anos atrás em Jonestown, Koresh assumiu controle quase total das vidas de seus seguidores. Ele dizia a eles o que comer, ditava costumes sexuais e dirigia o *paddling* de seguidores errantes. Os seguidores foram persuadidos a dar dinheiro, propriedades e até seus filhos e esposas. Como Jones, Koresh tinha amantes e filhos fora do casamento. Como outros líderes de cultos, Jones e Koresh exigiam lealdade e obediência absolutas, com resultados trágicos (Reiterman, 1993).

No trágico incêndio do complexo do Branch Davidian perto de Waco, Texas, alguns membros pagaram com vida por sua fidelidade total ao líder do culto, David Koresh.

A psicóloga Margaret Singer estudou e ajudou centenas de ex-membros de cultos. Suas entrevistas revelam que, no recrutamento de novos membros, os cultos utilizam uma mistura poderosa de culpa, manipulação, isolamento, fraude, medo e compromisso cada vez maior. Nesse aspecto, os cultos utilizam técnicas de doutrinação de alta pressão que não são muito diferentes das utilizadas na lavagem cerebral (Singer e Addis, 1992). Só nos Estados Unidos, cerca de dois a cinco milhões de pessoas sucumbiram à atração dos cultos (Robinson et al., 1997).

Recrutamento

Algumas pessoas estudadas por Singer estavam seriamente angustiadas quando passaram a integrar um culto. A maioria delas, porém, passava por um período de leve depressão, indecisão ou alienação da família e dos amigos (Hunter, 1998). Os membros de cultos tentam pegar possíveis candidatos à conversão em um momento de necessidade, principalmente quando uma sensação de fazer parte de algo seria atraente para eles. Por exemplo, muitas pessoas foram abordadas logo após o rompimento de um romance, quando estavam lutando com provas ou tentando ficar independentes de suas famílias (Sirkin, 1990). Nesses momentos, elas eram facilmente persuadidas de que juntar-se ao grupo era tudo o que precisavam fazer para serem felizes novamente (Hunter, 1998; Schwartz, 1991).

Conversão

Como é conseguida a conversão? Normalmente, ela começa com demonstrações intensas de afeto e compreensão (bombardeamento de amor). Depois vem o isolamento das pessoas que não são membros do grupo, e exercícios, disciplina e rituais (meditação que vara a noite ou canto contínuo, por exemplo). Esses rituais derrubam a resistência física e emocional, desincentivam o raciocínio crítico e geram sentimentos de compromisso (Galanti, 1993).

Muitos cultos fazem um uso inteligente da técnica do "pé na porta", descrita anteriormente. Primeiro, os recrutas assumem pequenos compromissos (ficar depois de uma reunião, por exemplo). Depois, compromissos maiores são incentivados (ficar um dia a mais, faltar no trabalho dizendo que está doente etc.). Assumir grande compromisso geralmente é a etapa final. O novo devoto transfere dinheiro ou uma propriedade para o grupo, passa a morar com o grupo etc. Assumir esses compromissos públicos tão importantes criam um forte efeito de dissonância cognitiva. Em pouco tempo, fica praticamente impossível, para os conversos, admitir que cometeram um erro.

Uma vez no grupo, os membros são isolados da família e dos amigos (ex-grupos de referência), e o culto pode controlar o fluxo e a interpretação das informações para eles. Os membros são isolados dos seus antigos sistemas de valores e estruturas sociais.

A conversão é concluída quando eles passam a pensar em si mesmos mais como membros do grupo do que como pessoas. A essa altura, a obediência é quase total (Schwartz, 1991; Wexler, 1995).

PAUSA PARA ESTUDO — Atitudes e Persuasão

RELACIONE

Descreva uma atitude que seja importante para você. Quais são os três componentes dela?

Quais das várias fontes de atitudes explicam melhor as suas próprias atitudes?

Quem pertence ao seu grupo de referência mais importante?

Imagine que você quisesse convencer os eleitores a apoiar uma iniciativa para preservar uma pequena região sertaneja, transformando-a em um parque. Utilizando a pesquisa sobre persuasão como guia, o que você poderia fazer para ser mais eficaz?

Como você explicaria a teoria da dissonância cognitiva para uma pessoa que não sabe nada sobre ela?

VERIFICAÇÃO DO APRENDIZADO

1. A atitude tem três partes: um componente _____, um componente _____ e um componente _____.
2. Qual item seguinte está associado à formação de atitude?
   a. fazer parte de um grupo   b. mídia de massa
   c. condicionamento ao acaso   d. criação de filhos
   e. todas as anteriores   f. somente a e d.
3. Quando se apresenta uma mensagem persuasiva, é melhor dar os dois lados da questão se o público estiver bem informado sobre o assunto. V ou F?
4. Grande parte da mudança de atitude está associada a evitar idéias conflitantes e contraditórias, um conceito que é resumido pela teoria da _____.
5. A lavagem cerebral difere das outras tentativas de persuasão no sentido de que ela requer um _____.
6. Qual afirmação sobre a lavagem cerebral é falsa?
   a. A pessoa-alvo é isolada das outras.
   b. As mudanças de atitude provocadas pela lavagem cerebral geralmente são permanentes.
   c. O primeiro passo é descongelar valores e crenças anteriores.
   d. A colaboração com o agente de doutrinação é recompensada.

Raciocínio Crítico

7. Ao entrar em um ginásio universitário, os alunos são convidados a assinar um estandarte promovendo a preservação da água. Posteriormente, os alunos tomam banho no ginásio. Que efeito você espera que assinar o estandarte tenha sobre o tempo que os alunos vão ficar debaixo do chuveiro?
8. A teoria da dissonância cognitiva prevê que confissões falsas obtidas durante a lavagem cerebral provavelmente não provocarão mudanças duradouras nas atitudes. Por quê?

RESPOSTAS:

1. crença, emocional, ação. 2.e 3.V 4. dissonância cognitiva 5. público cativo 6.b 7. A teoria da dissonância cognitiva prevê que os alunos que assinarem o estandarte irão tomar banhos mais curtos para serem coerentes com o seu apoio publicamente expresso à preservação da água. Esse foi exatamente o resultado observado em um estudo realizado pelo psicólogo social Elliot Aronson. 8. Porque há uma forte justificativa para tais atos. Conseqüentemente, cria-se pouca dissonância cognitiva quando um prisioneiro faz afirmações que contradizem suas crenças.

Implicações

Atrás do "trono" do qual Jim Jones dirigia Jonestown havia uma placa que dizia o seguinte: "Aqueles que não se lembram do passado estão condenados a repeti-lo". Infelizmente, uma outra tragédia relacionada a cultos ocorreu em 2001. Os ataques terroristas aos Estados Unidos foram executados por seguidores de um líder de um culto, Osama bin Laden. Sob suas instruções, eles aprenderam a odiar e a desprezar todos que estão fora do seu grupo de verdadeiros crentes. Se há uma lição a ser aprendida desses cultos destrutivos é esta: todos os verdadeiros líderes espirituais pregam o amor e a compaixão. Eles também incentivam os seguidores a questionar suas crenças e a chegar às suas próprias conclusões sobre como viver. Em contrapartida, os cultos destrutivos mostram que é perigoso trocar a independência pessoal e o raciocínio crítico por segurança (Goldberg, 2001).

PRECONCEITO — ATITUDES QUE MACHUCAM

▶ **PERGUNTA PARA PESQUISA** *O que provoca o preconceito e o conflito dentro do grupo?*

O amor e a amizade unem as pessoas. O preconceito, que é marcado pela suspeita, pelo medo ou pelo ódio, tem o efeito contrário. O **preconceito** é uma atitude emocional negativa que se tem em relação aos membros de um determinado grupo social. Os preconceitos podem ser refletidos nas políticas das escolas, das empresas, dos departamentos de polícia ou dos governos. Nesses casos, o preconceito é chamado de *racismo, sexismo, preconceito pela idade* ou *heterossexismo*, dependendo do grupo afetado. Como ele é tão predominante e pernicioso, vamos nos concentrar no racismo.

Tanto o preconceito racial quanto o racismo levam à **discriminação**, ou tratamento desigual de pessoas que deveriam ter os mesmos direitos das outras. A discriminação impede que as pessoas façam coisas que deveriam poder fazer, como comprar uma casa, conseguir um emprego ou freqüentar escolas de alta qualidade. Por exemplo, em muitas cidades, negros são alvo de "perfil social", sendo parados pela polícia sem motivo. Às vezes, eles são simplesmente interrogados, mas muitos são intimados por pequenas infrações, como farol traseiro quebrado ou qualquer mudança ilegal de pista. Para muitos cidadãos que respeitam a lei, ser detido dessa maneira é um incitamento rude (Harris, 1999). É também um dos motivos pelo qual os negros e outros grupos étnicos nos Estados Unidos não confiam na polícia e no sistema judiciário (Dovido et al., 2002).

Preconceito Uma atitude emocional negativa que se tem contra os membros de um grupo particular de pessoas.

Discriminação Tratamento desigual dos membros de vários grupos sociais em circunstâncias em que seus direitos ou tratamento deveriam ser idênticos.

Tornando-se Preconceituoso

Como surgem os preconceitos? Uma teoria importante sugere que o preconceito é uma forma de *bode expiatório* (culpar uma pessoa ou um grupo pelos atos de outros e por condições que não são de sua responsabilidade). Bode expiatório, como você se lembra, é um tipo de *agressão deslocada*, na qual as hostilidades desencadeadas pela frustração são redirecionadas para alvos "seguros". Uma comprovação interessante dessa teoria foi realizada em um acampamento de verão para meninos, que receberam um teste difícil, no qual se tinha certeza de que se sairiam mal. Além disso, preencher o teste os faria perder uma ida ao cinema, que normalmente era o ponto alto do seu entretenimento semanal. As atitudes em relação aos mexicanos e japoneses foram medidas antes do teste e depois de os meninos terem se saído mal e perdido o filme. Os sujeitos desse estudo, norte-americanos de ascendência européia, deram consistentemente uma nota mais baixa para os membros dos outros dois grupos étnicos depois de ficarem frustrados (Miller e Bugelski, 1970). Esse efeito foi fácil de ser observado depois do ataque terrorista de 11 de setembro nos Estados Unidos, quando as pessoas que pareciam "estrangeiras" se tornaram alvo de raiva e hostilidade deslocadas.

Às vezes, o surgimento do preconceito (bem como o de outras atitudes) pode ter sua origem detectada em experiências diretas com membros do grupo rejeitado. Uma criança que é repetidamente provocada por membros de um determinado grupo étnico pode desenvolver uma antipatia por todos os membros desse grupo a vida toda. A tragédia é que, uma vez criados, os preconceitos nos impedem de aceitar experiências mais positivas e que poderiam reverter o dano (Wilder et al., 1996).

O famoso psicólogo Gordon Allport (1958) concluiu que havia duas fontes importantes de preconceito. O *preconceito pessoal* ocorre quando os membros de um outro grupo são vistos como uma ameaça aos interesses da pessoa. Por exemplo, os membros de um outro grupo podem ser vistos como concorrentes para empregos. O *preconceito grupal* ocorre quando uma pessoa aceita as regras do grupo. Digamos, por exemplo, que você não tenha nenhum motivo pessoal para não gostar de pessoas que não pertencem ao grupo. Mesmo assim, os seus amigos, conhecidos ou colegas de trabalho esperam isso de você.

A Personalidade Preconceituosa

Outras pesquisas sugerem que o preconceito pode ser uma característica geral da personalidade. Theodore Adorno et al. (1950) investigaram detalhadamente o que chamavam de *personalidade autoritária*. Esses pesquisadores começaram estudando o anti-semitismo. Durante o processo eles descobriram que as pessoas que têm preconceito contra um grupo tendem a ter preconceito contra *todos* os outros grupos diferentes do seu (Perreault e Bourhis, 1999).

Quais são as características da personalidade propensa ao preconceito? A **personalidade autoritária** é marcada por rigidez, inibição, preconceito e supersimplificação (raciocínio do tipo branco e preto). As pessoas autoritárias também tendem a ser muito *etnocêntricas*. **Etnocentrismo** significa colocar o seu próprio grupo "no centro", geralmente rejeitando todos os demais. Em outras palavras, as pessoas autoritárias acham o seu próprio grupo étnico superior aos outros. Na verdade, as pessoas autoritárias acham que são superiores a todo mundo que seja diferente, não apenas outros grupos étnicos (Whitley, 1999).

Além de rejeitar outros grupos, pessoas autoritárias se preocupam muito com o poder, a autoridade e a obediência. Para medir essas qualidades, foi criada a *escala F* (F de fascismo). Essa escala é composta de afirmações como as listadas a seguir – com as quais as pessoas autoritárias concordam prontamente (Adorno et al., 1950).

CRENÇAS AUTORITÁRIAS

- Obediência e respeito à autoridade são as virtudes mais importantes que as crianças deveriam aprender.
- As pessoas podem ser divididas em duas categorias distintas: as fracas e as fortes.
- Se as pessoas falassem menos e trabalhassem mais, todo mundo ficaria melhor.
- O que este país mais precisa, mais do que leis e programas políticos, é de alguns poucos líderes corajosos, incansáveis e dedicados nos quais as pessoas possam ter fé.
- Ninguém aprende nada realmente importante a não ser pelo sofrimento.
- Todo mundo deveria ter fé total em algum poder sobrenatural cujas decisões são obedecidas sem questionar.
- Determinadas seitas religiosas que se recusam a fazer a saudação à bandeira deveriam ser forçadas a praticar esse ato patriótico ou ser abolidas.

Como você pode ver, as pessoas autoritárias são bem preconceituosas (Butler, 2000). Quando crianças, elas geralmente foram severamente punidas. A maioria aprendeu a ter medo da autoridade (e a cobiçá-la) com pouca idade. Pessoas autoritárias não são felizes.

Mesmo se nós descontarmos a intolerância óbvia da personalidade autoritária, o preconceito racial ocorre profundamente em vários países. Vamos investigar mais detalhadamente as raízes desse comportamento preconceituoso.

CONFLITO DENTRO DO GRUPO – AS RAÍZES DO PRECONCEITO

Um infeliz produto derivado de fazer parte de um grupo é que geralmente isso restringe o contato com pessoas de outros grupos. Além disso, próprio grupo pode entrar em conflito. Ambos os acontecimentos tendem a incentivar o ódio e o preconceito contra o grupo diferente. O choque sangrento de forças opostas em Israel, Irlanda, África e Hometown, Estados Unidos é um lembrete de que

Personalidade autoritária Um padrão de personalidade caracterizado por rigidez, inibição, preconceito e uma preocupação excessiva com poder, autoridade e obediência.

Etnocentrismo Colocar o seu grupo ou a sua raça no centro, isto é, tender a rejeitar todos os outros grupos exceto o seu.

os conflitos dentro do grupo são amplamente difundidos. Diariamente lemos a respeito de grandes discórdias entre grupos políticos, religiosos e étnicos.

As crenças compartilhadas no tocante a superioridade, injustiça, vulnerabilidade e desconfiança são desencadeadoras típicas de hostilidade entre os grupos. Pegue quase qualquer grupo em conflito com outros e encontrará pessoas pensando nesta linha: "Nós somos especiais e superiores a outros grupos, mas fomos injustamente explorados, ultrajados ou humilhados [superioridade e injustiça]. Outros grupos são uma ameaça para nós [vulnerabilidade]. Eles são desonestos e nos traíram repetidamente [desconfiança]. Naturalmente, somos hostis em relação a eles. Eles não merecem nosso respeito ou colaboração" (Eidelson e Eidelson, 2003).

Além das crenças hostis sobre outros grupos, os conflitos são quase sempre amplificados por imagens estereotipadas das pessoas que não pertencem ao grupo (Bar-Tal e Labin, 2001).

O que é exatamente um estereótipo? Os **estereótipos sociais** são imagens supersimplificadas das pessoas em vários grupos. Existe uma grande probabilidade de você ter imagens estereotipadas de algumas das seguintes categorias: caipira, político, esnobe, delinquente juvenil, executivo, dona de casa, playboy, adolescente, esculachado, mimado, bilionário. No geral, as três maiores categorias nas quais a maioria dos estereótipos se baseia são: sexo, idade e raça (Fiske, 1993a).

Os estereótipos tendem a simplificar as pessoas nas categorias "nós" e "eles". Na realidade, fora o fato de que eles sempre supersimplificam, os estereótipos podem ser *positivos* ou *negativos*. A ▲Tabela 14.4 mostra imagens estereotipadas de vários grupos de nacionalidades e étnicos e suas mudanças em um período de 34 anos. Perceba que essas numerosas qualidades listadas são desejáveis. Observe também que, enquanto a tendência geral foi uma queda nos estereótipos negativos, a crença na existência de alguns traços negativos aumentou.

Embora os estereótipos às vezes incluam traços positivos, eles são usados basicamente para controlar as pessoas. Quando uma pessoa é estereotipada, a coisa mais fácil para ela é tolerar de acordo com as expectativas dos outros — mesmo se estas forem degradantes. É por isso que ninguém gosta de ser estereotipado. Ser forçado a entrar em uma pequena e distorcida "caixa" social é limitador e insultuoso. Sem os estereótipos, haveria muito menos ódio, preconceito, exclusão e conflito (Fiske, 1993b).

Estereótipos sociais Imagens supersimplificadas dos traços das pessoas que pertencem a um determinado grupo social.

Quando uma pessoa preconceituosa encontra um membro agradável e simpático de um grupo rejeitado, este tende a ser considerado uma "exceção à regra", não uma prova contra o estereótipo. Isso impede as pessoas preconceituosas de mudarem suas crenças estereotipadas (Wilder et al., 1996). Além disso, alguns elementos do preconceito são inconscientes, o que torna difícil mudá-los (Dovido et al., 2002).

▲TABELA 14.4 Caracterizações de Grupos Étnicos por Alunos Universitários — 1933 e 1967

Traço	PORCENTAGEM DE TRAÇO CITADO 1933	1967	Traço	PORCENTAGEM DE TRAÇO CITADO 1933	1967	Traço	PORCENTAGEM DE TRAÇO CITADO 1933	1967
Norte-americanos			**Italianos**			**Judeus**		
Trabalhadores	48	23	Artísticos	53	30	Astutos	79	30
Inteligentes	47	20	Impulsivos	44	28	Mercenários	49	15
Materialistas	33	67	Musicais	32	9	Gananciosos	34	17
Progressistas	27	17	Imaginativos	30	7	Inteligentes	29	37
Alemães			**Irlandeses**			**Negros**		
Científicos	78	47	Belicosos	45	13	Supersticiosos	84	13
Fleumáticos	44	9	Espirituosos	38	7	Preguiçosos	75	26
Metódicos	31	21	Honestos	32	17	Ignorantes	38	11
Eficientes	16	46	Nacionalistas	21	41	Religiosos	24	8

Fonte: M. Karlins et al., On the fading of social stereotypes: Studies in three generations of college students, *Journal of Personality and Social Psychology*, 1969, n. 13, p. 1-16.

O preconceito de hoje é disfarçado pelo **preconceito simbólico**, quer dizer, muitos se dão conta de que o racismo cru e óbvio é socialmente inaceitável. No entanto, isso pode não impedir que expressem o preconceito de uma maneira velada quando externam suas opiniões sobre ação afirmativa, ocupação, imigração, crime etc. Na verdade, os racistas modernos encontram maneiras de racionalizar o seu preconceito para que este pareça basear-se em outras questões que não sejam o racismo puro. Por exemplo, um candidato negro e um candidato branco disputam um emprego. Ambos são apenas moderadamente qualificados para o cargo. Se a pessoa que for tomar a decisão de contratar for branca, adivinhe quem ficará com o emprego? Como você pode imaginar, o candidato branco tem muito mais chance de ser contratado. Em outras palavras, o candidato branco terá o "benefício da dúvida", no tocante às suas aptidões, enquanto o candidato negro não. As pessoas que tomam esse tipo de decisão normalmente acham que não estão sendo preconceituosas, porém, elas inconscientemente discriminam as minorias (Dovido et al., 2002).

Dois experimentos, ambos em cenários improváveis e utilizando crianças, dão mais *insights* sobre como surgem os estereótipos e as tensões dentro do grupo.

> Os estereótipos raciais são comuns nos esportes. Por exemplo, um estudo confirmou que muitas pessoas na verdade acham que "homens brancos não sabem saltar". Esse estereótipo implica que os jogadores de basquete negros são naturalmente superiores em habilidade atlética. Os jogadores brancos, em contrapartida, são percebidos como mais inteligentes e que trabalham mais arduamente que os jogadores negros. Tais estereótipos estabelecem expectativas que distorcem as percepções de fãs, treinadores e cronistas esportivos. As imagens errôneas resultantes, por sua vez, ajudam a perpetuar os estereótipos (Stone et al., 1997).

Experimentos em Preconceito

Como é ser discriminado? Em um experimento singular, a professora de ensino fundamental, Jane Elliot, tentou dar aos seus alunos uma experiência direta com preconceito. No primeiro dia do seu experimento, Elliot anunciou que as crianças de olhos castanhos deveriam sentar-se no fundo da sala e que elas não poderiam usar o bebedouro. As crianças de olhos azuis receberam tempo extra de recreio e puderam sair antes para o almoço. No almoço, as crianças de olhos castanhos foram instruídas a não repetir porque elas iriam apenas "desperdiçar". Evitou-se que as crianças de olhos castanhos e as de olhos azuis se misturassem, e as crianças de olhos azuis foram elogiadas por serem "mais limpas" e "mais inteligentes" (Peters, 1971).

A cor dos olhos pode parecer uma base trivial para criar preconceitos. No entanto, as pessoas basicamente utilizam a cor da pele para tomar decisões sobre a raça de alguém (Brown et al., 1998). Certamente, essa é apenas uma maneira tão superficial de julgar as pessoas quanto a cor dos olhos.

Preconceito simbólico Preconceito que é expresso de maneira disfarçada.

> O orgulho étnico está lentamente substituindo os estereótipos e a discriminação. Por exemplo, o festival negro de Kwanzaa, um feriado comemorado no final de dezembro, enfatiza o compromisso com a família, a comunidade e a cultura africana. Porém, apesar das afirmações de herança étnica, o problema do preconceito está longe de estar resolvido.

Primeiramente, Elliot se esforçou para criticar e menosprezar constantemente as crianças de olhos castanhos. Para sua surpresa, as crianças de olhos azuis rapidamente aderiram e logo a superaram na perversidade dos seus ataques. As crianças de olhos azuis começaram a se sentir superiores, e as de olhos castanhos se sentiram simplesmente horríveis. Brigas começaram a surgir. As notas das crianças de olhos castanhos baixaram.

Quão duradouros foram os efeitos desse experimento? Os efeitos tiveram curta duração, pois dois dias depois os papéis das crianças foram invertidos. Em pouco tempo, os mesmos efeitos destrutivos ocorreram novamente, porém, dessa vez ao contrário. As implicações desse experimento são inequívocas. Em menos de um dia, foi possível fazer as crianças se odiarem umas às outras por causa da cor dos olhos e de *desigualdades de status* (diferenças no poder, prestígio ou privilégios). Certamente, os efeitos de uma vida inteira de preconceito racial ou étnico são infinitamente mais fortes e destrutivos (Clark et al., 1999).

Contato de Mesmo *Status*

O que pode ser feito para combater o preconceito? Várias escolas de pensamento sugerem que o contato de mesmo *status* entre os grupos em conflito pode diminuir o preconceito e os estereótipos (Olson e Zanna, 1993). O *contato de mesmo status* é a interação social que ocorre em pé de igualdade, sem diferenças óbvias no poder ou no *status*. Em vários estudos, foram formados grupos de raça mista no trabalho, no laboratório e na escola. A conclusão dessas pesquisas é que o contato pessoal com um grupo rejeitado tende a induzir um comportamento amigável, de respeito

Muitos distritos escolares nos Estados Unidos começaram a exigir que os alunos usassem uniforme. A aparência (incluindo as cores das gangues) é um dos principais motivos pelos quais as crianças tratam umas às outras de maneira diferente. Uniformes ajudam a minimizar as desigualdades de status e as diferenças entre dentro e fora do grupo. Em Long Beach, Califórnia, uma mudança para uniformes foi seguida de uma queda de 91% em ataques de alunos, roubos, vandalismo, armas e violação com drogas (Ritter, 1998).

Em uma sala de aula do tipo "quebra-cabeça", as crianças se ajudam umas às outras a se preparar para provas. Quando ensinam umas às outras o que sabem, aprendem a colaborar e a respeitar os pontos fortes peculiares a cada pessoa.

Meta superordenada Meta que excede ou anula todas as outras; uma meta que torna as outras relativamente menos importantes.

Interdependência mútua Uma situação na qual as pessoas têm de depender umas das outras para atingir as metas individuais.

Sala de aula do tipo "quebra-cabeça" Método de reduzir o preconceito; cada aluno recebe apenas parte das informações necessárias para concluir um projeto ou se preparar para uma prova.

e simpatia. No entanto, esses benefícios só podem ocorrer quando o contato pessoal é de colaboração e em pé de igualdade (Grack e Richman, 1996).

Metas Superordenadas

Vamos analisar um estudo revelador realizado com meninos de 11 anos. Quando chegaram ao acampamento de verão, eles foram divididos em dois grupos e colocados em cabines separadas, para criar amizades dentro do grupo. Em pouco tempo, cada um dos grupos tinha uma bandeira e um nome (os "Campeões" e os "Águias"), e demarcaram o seu território.

Depois de uma série de choques, a antipatia entre os grupos estava beirando o ódio. Os meninos irritavam-se, começaram brigas e atacaram as cabines uns dos outros (Sherif et al., 1961).

Permitiu-se que eles voltassem para casa odiando uns aos outros? Como um experimento na redução dos conflitos dentro do grupo e para impedir que os meninos continuassem inimigos, foram tentadas várias estratégias para reduzir a tensão. Fazer reuniões entre os líderes dos grupos não adiantou nada. Quando os grupos foram convidados a comer juntos, o evento se transformou em um quebra-quebra. Por fim, foram criadas emergências que exigiam *colaboração* entre os membros de ambos os grupos. Por exemplo, a caixa d'água foi danificada para que os meninos tivessem de trabalhar juntos para consertá-la. Criar essas e outras *metas superordenadas* ajudou a restaurar a paz entre os dois grupos. (Uma **meta superordenada** excede ou anula outras metas menores.)

Colaboração e metas compartilhadas aparentemente ajudam a reduzir o conflito, incentivando as pessoas de grupos opostos a se verem como membros de um único grupo maior (Gaertner et al., 2000). Metas superordenadas, em outras palavras, têm um efeito do tipo "estamos todos no mesmo barco" nas percepções de fazer parte de um grupo. O poder das metas superordenadas pode ser visto na unidade que predominou nos Estados Unidos meses depois dos ataques terroristas de 11 de setembro. Essas metas podem existir em uma escala global? Um exemplo pode ser um desejo de evitar um holocausto nuclear. Outro exemplo que vem à mente é a necessidade de preservar o ambiente em uma escala global. Mais um exemplo é a ameaça contínua imposta pelo terrorismo e pelo extremismo religioso. Politicamente, essas metas podem estar longe de ser universais. Mas sua característica superordenada é evidente.

Salas de Aula do Tipo Quebra-Cabeça

Ao contrário do que muitos esperavam, as escolas públicas integradas geralmente têm muito pouco impacto positivo no preconceito racial. Na verdade, o preconceito pode aumentar, e a auto-estima dos alunos que pertencem a minorias geralmente diminui (Aronson, 1992).

Se escolas integradas propiciam contato de status *igual, o preconceito não deveria diminuir?* Teoricamente, sim. Porém, na prática, as crianças que pertencem a minorias geralmente entram nas escolas despreparadas para competir em pé de igualdade. O caráter competitivo das escolas quase garante que as crianças *não* aprenderão a gostar e entender umas às outras.

Com o exposto anteriormente em mente, o psicólogo social Elliot Aronson descobriu uma maneira de aplicar metas superordenadas a salas de aula comuns. Segundo Aronson, essas metas são eficazes porque criam uma **interdependência mútua**. Isto é, as pessoas têm de depender umas das outras para atingir as metas de todos. Quando se ligam necessidades individuais, incentiva-se a colaboração (Deutsch, 1993).

Como essa idéia foi aplicada? Aronson criou com êxito **salas de aula do tipo "quebra-cabeça"**, que enfatizam a colaboração, e não a competição. Em uma sala de aula do tipo "quebra-cabeça", cada criança recebe uma informação ("peça do quebra-cabeça") necessária para concluir um projeto ou se preparar para uma prova.

Em uma sessão normal, as crianças são divididas em grupos de cinco ou seis e recebem um assunto para estudar para uma prova que farão posteriormente. Cada criança recebe a sua informação ("peça do quebra-cabeça") e tem de aprendê-la. Por exemplo, uma criança pode ter informações sobre a invenção da lâmpada elétrica por Thomas Edison; uma outra, fatos sobre a invenção dele do disco fonográfico *long-play*, e uma terceira, informações sobre a infância de Edison. Depois de as crianças aprenderem as suas partes, elas as ensinam aos outros membros do grupo. Mesmo as crianças mais competitivas logo percebem que não podem se sair bem sem a ajuda de todos no grupo. Cada criança faz uma contribuição singular e essencial. Conseqüentemente, aprendem a ouvir e a respeitar umas às outras.

O método quebra-cabeça funciona? Comparado-as com as crianças das salas de aula tradicionais, as crianças dos grupos do tipo "quebra-cabeça" são menos preconceituosas, gostam mais das suas salas de aula, têm atitudes mais positivas em relação à escola, suas notas melhoram e sua auto-estima aumenta (Walker e Crogan, 1998; Webb e Farivar, 1994). Esses resultados são bem animadores. Como disse o famoso psicólogo negro Kenneth Clark: "O preconceito racial... degrada todos os seres humanos – aqueles que são vítimas dele; aqueles que tratam injustamente e, muito sutilmente, aqueles que são meramente cúmplices".

Para resumir, o preconceito diminui quando:

- Os membros de grupos diferentes têm o mesmo *status dentro da situação* que os une.
- Os membros de todos os grupos buscam uma meta comum.
- Os membros do grupo têm de colaborar para que a meta seja atingida.
- Os membros do grupo passam tempo suficiente juntos para que se criem amizades (Pettigrew, 1998).

Equipes esportivas são um ótimo exemplo de uma situação na qual todas essas condições se aplicam. O contato íntimo e o esforço de interdependência necessária nos esportes de equipe geralmente criam amizades para a vida toda e derrubam as paredes do preconceito.

PAUSA PARA ESTUDO — Preconceito e Conflitos dentro do Grupo

RELACIONE

Escaneie mentalmente os acontecimentos da semana passada. Como eles teriam mudado se todos os tipos de preconceitos deixassem de existir?

Pense na pessoa mais rígida que você conhece. Como ela se encaixa no perfil da personalidade autoritária?

Existem estereótipos para várias categorias sociais, mesmo categorias comuns, como "alunos universitários" ou "jovens adultos solteiros". Que estereótipo você acha que enfrenta na sua vida diária?

A diretora de um centro recreativo para jovens está preocupada com a quantidade de conflito que está vendo entre meninos e meninas de diferentes grupos raciais e étnicos. Que conselho você daria à diretora?

VERIFICAÇÃO DO APRENDIZADO

1. Como base para o preconceito, _____ é freqüentemente associado à frustração e à _____ deslocada.
2. A personalidade autoritária tende a ter preconceito contra todos os grupos diferentes, uma característica denominada _____.
3. Os estereótipos por trás do preconceito racial e étnico tendem a surgir das metas superordenadas que geralmente separam os grupos. V ou F?
4. O termo preconceito simbólico significa racismo ou preconceito que é expresso de uma forma disfarçada ou oculta. V ou F?
5. O experimento de Jane Elliot sobre preconceito em sala de aula mostrou que se podia fazer as crianças não gostarem umas das outras por meio da frustração dos alunos. V ou F?
6. Pesquisas indicam que o preconceito e os conflitos dentro do grupo podem ser reduzidos por meio da interação de _____ e metas _____.

Raciocínio Crítico

7. Nos julgamentos em tribunais, os advogados de defesa às vezes tentam identificar e eliminar possíveis jurados que tenham traços de personalidade autoritária. Você saberia dizer por quê?

RESPOSTAS:

1. fazer servir de bode expiatório, agressão. 2. etnocentrismo 3. F 4. V 5. F 6. mesmo *status*, superordenadas. 7. Como as pessoas autoritárias tendem a pensar que a punição é eficaz, elas têm uma maior probabilidade de votar pela condenação.

AGRESSÃO — O ANIMAL MAIS PERIGOSO DO MUNDO

▶ **PERGUNTA PARA PESQUISA** *Como os psicólogos explicam a agressão humana?*

"Eu não sei com que armas iremos lutar a terceira Guerra Mundial, mas as da quarta Guerra Mundial serão paus e pedras." Albert Einstein

Por um certo tempo, o Zoológico da Cidade de Los Angeles, Califórnia, exibia dois exemplos do animal mais perigoso do mundo, o único animal capaz de destruir a Terra e todas as outras espécies animais. Talvez você já tenha adivinhado que animal era. Em uma toca havia dois alunos universitários, representando a espécie *Homo sapiens*!

A capacidade humana de agredir é surpreendente. Estima-se que no período de 125 anos encerrado com a Segunda Guerra Mundial, 58 milhões de seres humanos foram mortos por outros seres humanos (uma média de quase uma pessoa por minuto). Guerra, homicídio, motins, violência familiar, assassinatos, estupro, ataques, roubo e outros atos violentos nos dão um triste testemunho das realidades da agressão humana.

O que causa a agressividade? **Agressão** significa qualquer ação executada com a intenção de machucar outra pessoa. A complexidade da agressão deu margem a várias possíveis explicações para a sua ocorrência. Apresentamos a seguir uma breve descrição das principais possibilidades.

Instintos

Alguns teóricos argumentam que nós somos criaturas naturalmente agressivas, que herdamos um "instinto assassino" dos nossos ancestrais animais. Os etologistas defendem a teoria de que a agressão é um comportamento de raízes biológicas observado em todos os animais, incluindo os seres humanos. (Um *etologista* é uma pessoa que estuda os padrões de comportamento naturais dos animais.) O famoso etologista Konrad Lorenz (1966, 1974) também achava que os seres humanos não tinham determinados padrões que inibem a agressão em animais. Por exemplo, em uma disputa de território, dois lobos podem rosnar, dar o bote, mostrar os dentes e ameaçar ferozmente um ao outro. Na maioria dos casos, no entanto, nenhum deles é morto ou mesmo ferido. Um lobo, reconhecendo a superioridade do outro, geralmente mostra a garganta em um gesto de submissão. O lobo dominante poderia facilmente matá-lo em um instante, mas ele é inibido pelo gesto de submissão. Em contrapartida, os confrontos humanos de igual intensidade quase sempre acabam em ferimentos ou morte.

A noção de que os seres humanos são "naturalmente" agressivos tem um apelo intuitivo, mas muitos psicólogos a questionam. Muitas das explicações dadas por Lorenz para a agressão não são muito mais que comparações incorretas entre o comportamento humano e o animal. Simplesmente rotular um comportamento como "instintivo" faz pouco para explicá-lo. Mais importante: ficamos com a pergunta de por que algumas pessoas ou grupos humanos (os arapesh, os senoi, os navajo, os esquimós e outros) demonstram pouca hostilidade ou agressividade. E, graças a Deus, a grande maioria dos seres humanos *não* mata ou fere outros.

Biologia

Apesar dos problemas com a teoria instintiva, a agressão pode ter uma base biológica. Estudos fisiológicos mostraram que algumas regiões do cérebro são capazes de desencadear ou encerrar um comportamento agressivo. Além disso, os pesquisadores descobriram uma relação entre agressão e fatores físicos, como um índice baixo de açúcar no sangue, alergia, lesões e doenças cerebrais. Tanto para os homens quanto para as mulheres, níveis mais elevados do hormônio testosterona estão associados a um comportamento mais agressivo (Banks e Dabbs, 1996; Harris et al., 1996). Talvez por causa dos seus níveis mais elevados de testosterona, os homens têm dez vezes mais probabilidade de cometer assassinato do que as mulheres (Anderson e Bushman, 2002). Porém, nenhum desses fatores biológicos pode ser considerado uma *causa* direta da agressividade. Em vez disso, eles provavelmente baixam o limiar para a agressão, aumentando a probabilidade da ocorrência de um comportamento hostil (Baron e Richardson, 1994).

Agressão Todo ato executado com a intenção de machucar outra pessoa.

Os efeitos do álcool e de outras drogas são outros indicadores do papel do cérebro e da biologia na agressividade. O álcool está envolvido em grandes porcentagens dos assassinatos e crimes violentos. Da mesma forma que as condições mencionadas anteriormente, as drogas intoxicantes aparentemente reduzem a inibição de agir de forma agressiva – geralmente com resultados trágicos (Anderson e Bushman, 2002; Ito et al., 1996).

Em suma, o fato de sermos biologicamente capazes de agredir não significa que a agressão seja inevitável ou "parte da natureza humana". Vinte eminentes cientistas que estudaram a questão concluíram que "a biologia não condena a humanidade à guerra... A violência não é nem um legado evolucionário nem está nos nossos genes. A mesma espécie que inventou a guerra é capaz de inventar a paz" (Scott e Ginsburg, 1994; Unesco, 1990). Os seres humanos são totalmente capazes de aprender a inibir a agressividade. Por exemplo, os quakers norte-americanos, que vivem na cultura cada vez mais violenta dos Estados Unidos, adotam a não-violência como um estilo de vida (Bandura, 2001).

Frustração

Pise no rabo de um cachorro e você poderá ser mordido. Frustre uma pessoa e poderá ser insultado. A **teoria da frustração-agressão** diz que a frustração tende a levar à agressão.

A frustração sempre provoca agressão? Embora a ligação seja forte, um momento de reflexão irá mostrar que a frustração *nem sempre* leva à agressão. A frustração, por exemplo, pode levar a uma reação estereotipada ou talvez a um estado de "desamparo aprendido" (ver Capítulo 11). Além disso, a agressão pode ocorrer mesmo na ausência de frustração. Isso é ilustrado por espectadores de esportes que começam brigas, jogam garrafas, rasgam redes de gols etc. depois de o seu time ter *vencido*.

Estímulos Adversos

A frustração provavelmente incentiva a agressão porque ela nos deixa desconfortáveis. Vários *estímulos adversos*, que produzem desconforto ou desprazer, podem aumentar a hostilidade e a agressividade (Anderson et al., 1996; Berkowitz, 1990) (◆Figura 14.9). Entre os exemplos estão insultos, altas temperaturas, dor e até cenas e odores repugnantes. Esses estímulos provavelmente aumentam os níveis gerais de excitação. Portanto, nós ficamos mais sensíveis às *deixas de agressão* (sinais que estão associados à agressão) (Carlson et al., 1990). Estímulos adversos também tendem a ativar idéias, lembranças e expressões associadas à raiva e à agressão (Berkowitz, 1990).

Algumas deixas de agressão são internas (pensamentos raivosos, por exemplo). Muitas são externas: determinadas palavras, atos e gestos dos outros são fortemente associados a reações agressivas. Levantar o dedo médio, por exemplo, é um convite quase universal à agressão na América do Norte. As armas servem de deixas particularmente fortes para um comportamento agressivo (Berkowitz, 1968). A implicação desse *efeito armas* parece ser que

Teoria da frustração-agressão Diz que a frustração tende a levar à agressão.

A ira nas estradas e alguns tiroteios nas rodovias podem ser uma reação à frustração do congestionamento. O fato de os automóveis manterem o anonimato ou darem uma perda de identidade pessoal, também pode incentivar atos agressivos que não ocorreriam em outras situações.

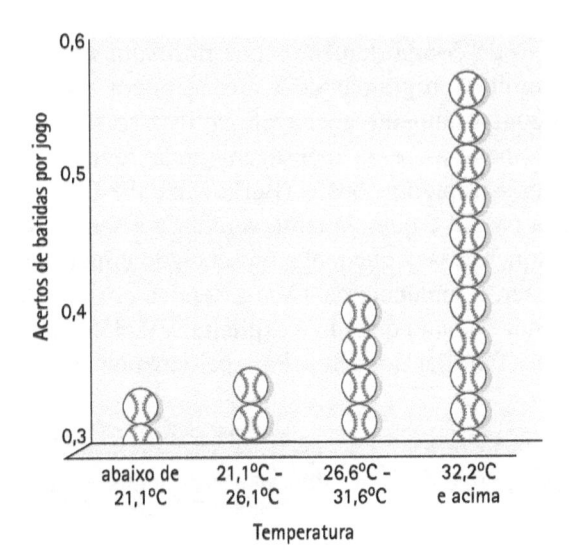

◆FIGURA 14.9 *O desconforto pessoal provocado por estímulos adversos (desagradáveis) pode tornar o comportamento agressivo mais provável. Por exemplo, estudos acerca do índice de criminalidade mostram que a incidência de um comportamento extremamente agressivo, como assassinar, estuprar e atacar, aumenta à medida que a temperatura do ar se eleva de morna para quente, e depois para mormacenta (Anderson, 1989). Os resultados que você está vendo aqui confirmam a relação calor-agressividade. O gráfico mostra que há uma forte relação entre a temperatura nos jogos de beisebol profissional e a quantidade de bolas acertadas por um batedor durante esses jogos. Quando a temperatura passa dos 32 °C, cuidado com aquela bola rápida (Reifman et al.,1991)!*

símbolos e ornamentos de agressividade incentivam a agressividade. Um ótimo exemplo é o fato de a probabilidade de assassinatos acontecerem em casas com armas ser três vezes maior. Cerca de 80% das vítimas nessas casas são mortas por um membro ou conhecido da família. Somente 4% são mortas por estranhos (Kellerman et al., 1993).

Aprendizado Social

Uma das explicações mais amplamente aceitas para a agressividade é também a mais simples. A teoria do aprendizado social diz que nós aprendemos a ser agressivos observando a agressividade nos outros (Bandura, 1973). A **teoria do aprendizado social** combina os princípios de aprendizado com processos cognitivos, sociabilização e modelos para explicar o comportamento. De acordo com essa teoria, não existe uma programação humana instintiva para brigas de soco, bombardeio, empunhar facas, carregar revólveres ou outros comportamentos violentos ou agressivos. Conseqüentemente, a agressividade deve ser aprendida (◆Figura 14.10).

Os teóricos do aprendizado social prevêem que as pessoas que crescem em culturas não agressivas serão não agressivas. Já as pessoas criadas em uma cultura com modelos e heróis agressivos irão aprender reações agressivas (Bandura, 2001). Analisando sob essa perspectiva, não é de admirar que os Estados Unidos se tornaram um dos países mais violentos. Estima-se que um crime violento ocorre a cada 54 segundos nesse país. Aproximadamente 40% da população têm arma de fogo. E 70% dos norte-americanos concordam que quando um menino está crescendo, é muito importante para ele ter algumas "brigas de soco". Crianças e adultos são expostos a um desfile ininterrupto de modelos agressivos na mídia e no comportamento real. Somos, sem dúvida alguma, uma cultura agressiva.

Violência Televisionada

Todos os dias a televisão nos oferece uma série interminável de modelos ruins, principalmente no tocante à violência. Nos Estados Unidos, há cerca de 200 horas de programas violentos por semana. Oitenta e um por cento de todos os programas contêm violência, que geralmente é bem irreal. Por exemplo, 73% dos personagens violentos ficam impunes, e 58% dos atos violentos não levam a resultados penosos. Apenas 16% de todos os programas mostram alguma conseqüência realista, a longo prazo, para a violência. No tocante aos programas infantis, esse índice cai para 5% (National Television Violence Study, 1995-1996).

Quanto a violência na televisão afeta as crianças? Como Alberto Bandura mostrou nos seus estudos da imitação (Capítulo 6), as crianças podem aprender novos atos agressivos vendo comportamentos violentos ou agressivos. Os heróis na TV são tão violentos quanto os vilões, e eles geralmente são elogiados por isso. Hoje, há pouca dúvida de que a exposição amplamente difundida à violência na mídia contribui para a agressão (Bushman e Huesmann, 2001). Meninos e meninas que vêem muita violência têm muito mais probabilidade de serem agressivos quando ficarem adultos (Huesmann et al., 2003).

Além de ensinar novos atos anti-sociais, a televisão pode desinibir impulsos perigosos que os telespectadores já têm. A *desinibição* (a remoção da inibição) resulta na exteriorização de comportamentos que normalmente seriam reprimidos. Por exemplo, muitos programas de TV transmitem a mensagem de que a violência é um comportamento aceitável que leva ao sucesso e à popularidade. Para algumas pessoas, essa mensagem pode reduzir as inibições em relação a exteriorizar sentimentos hostis (Berkowitz, 1984).

Um outro efeito da violência na TV é que ela tende a reduzir a sensibilidade a atos violentos. Como qualquer pessoa que tenha presenciado uma briga na rua ou um assalto pode lhe dizer, a violência na TV é asséptica e irreal. A realidade é repulsiva, feia e violenta. Mesmo quando é explícita, a violência na TV é vista no ambiente relaxante e familiar dos lares. Para pelo menos alguns

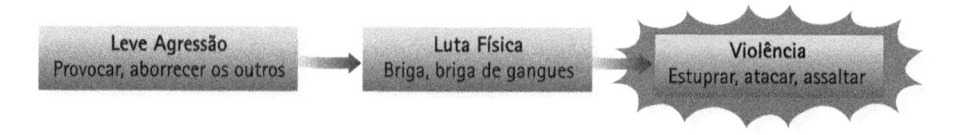

Teoria do aprendizado social Combina princípios de aprendizado com processos cognitivos, socialização e modelos para explicar o comportamento.

◆FIGURA 14.10 *O comportamento violento entre meninos delinqüentes não aparece de um dia para o outro. Geralmente, a sua capacidade de ter um comportamento violento se desenvolve lentamente e eles vão mudando de uma leve agressão para atos cada vez mais brutais. A agressividade aumenta drasticamente no início da adolescência à medida que os meninos vão ganhando força física e mais acesso a armas (Loeber Hay, 1997).*

Leve Agressão	Luta Física	Violência
Provocar, aborrecer os outros	Briga, briga de gangues	Estuprar, atacar, assaltar

telespectadores, essa combinação reduz as reações emocionais às cenas violentas. Quando Victor Cline e seus associados mostraram um filme sangrento de lutas para um grupo de rapazes, eles descobriram que pessoas que assistem a muita TV (média de 42 horas por semana) demonstravam muito menos emoção que aquelas que assistiam a pouca ou não viam televisão (Cline et al., 1972). A televisão, aparentemente, pode causar uma *dessensibilização* (sensibilidade emocional reduzida) à violência (Huesmann et al., 2003).

Evitando a Agressividade

O que pode ser feito em relação à agressividade? A teoria do aprendizado social diz que a "agressividade gera agressividade". Por exemplo, as crianças que sofrem abuso físico em casa, aquelas que sofrem castigos físicos duros e aquelas que simplesmente testemunham violência na comunidade têm mais probabilidade de se envolver em jogos agressivos e comportamento anti-social na escola (Macmillan, 2001; Margolin e Gordis, 2000).

De acordo com os teóricos do aprendizado social, assistir a uma luta de boxe profissional, evento esportivo ou programas televisivos pode aumentar a agressividade, em vez de drenar impulsos agressivos. O psicólogo Leonard Eron, que passou 22 anos acompanhando 600 crianças até a idade adulta, provou isso. Eron (1987) fez a seguinte observação: "Entre os modelos mais influentes para as crianças estavam os observados na televisão. Um dos melhores prognosticadores de quão agressivo um jovem seria quando tivesse 19 anos era a violência dos seus programas de televisão preferidos quando ele tinha oito anos de idade".

Segundo Eron, as crianças aprendem estratégias e atos violentos com a violência da TV. Por isso elas são mais propensas a agredir quando deparam com situações ou deixas frustrantes. Outros descobriram que os telespectadores que assistem a vídeos violentos têm pensamentos mais agressivos. Como observamos, pensamentos violentos geralmente antecedem atos violentos (Bushman e Geen, 1990). Conseqüentemente, a espiral da agressividade poderia ser quebrada se nós não a retratássemos, recompensássemos e glorificássemos com tanta freqüência (Hughes e Hasbrouck, 1996).

Os Pais como Guias de TV

Como mostram os estudos anteriores, assistir menos à TV é uma das maneiras de diminuir a agressividade. No entanto, fora tirar da tomada, o que os pais podem fazer quanto aos efeitos negativos nos seus filhos? Na verdade, muita coisa. As crianças geralmente se baseiam nos hábitos de ver TV dos pais, e elas se orientam pelas reações dos pais aos programas. Os pais podem representar uma grande diferença se fizerem o seguinte (Eron, 1986; Frydman, 1999; Schneider, 1987):

1. Restringir o tempo total de assistir à TV para que a televisão não domine a visão do mundo da criança. Se necessário, estipule horários nos quais é permitido ver TV. Não use a televisão como babá.
2. Monitore rigorosamente o que o seu filho assiste. Mude de canal ou desligue a TV se for contra um programa. Prepare-se para oferecer jogos e atividades que estimulem a imaginação e a criatividade do seu filho.
3. Procure ativamente programas de que o seu filho vá gostar, principalmente aqueles que mostram comportamentos e atitudes sociais positivos.
4. Veja televisão com seu filho para que possa contestar o que é mostrado. Ajude-o a diferenciar realidade e fantasias de TV. Responda às distorções e aos estereótipos à medida que eles forem aparecendo.
5. Discuta os conflitos sociais e as soluções violentas mostrados na televisão. Pergunte ao seu filho de que forma as situações são irreais e por que a violência mostrada não funcionaria na vida real. Incentive seu filho a propor reações mais maduras, realistas e positivas às situações.
6. Mostre, pela sua própria reprovação, que os heróis de TV violentos não são para imitar. Lembre-se de que as crianças que se identificam com personagens de TV têm mais probabilidade de serem influenciadas pela agressividade televisionada.

Seguindo essas diretrizes, você pode ajudar as crianças a aprenderem a desfrutar da televisão sem serem excessivamente influenciadas por programas e anunciantes. Um estudo recente descobriu que as crianças do ensino fundamental se tornam menos agressivas quando reduzem o tempo que passam vendo TV e jogando videogames (Robinson et al., 2001). (Veja também "Violência na Escola – Sinais de Alerta e Remédios" para obter mais informações sobre o que as pessoas podem fazer para evitar a violência.)

Além disso, a pergunta continua. Como vamos domar o animal mais perigoso do mundo? Não existe uma resposta fácil. Para o futuro imediato, é evidente que precisamos de mais pessoas que estejam dispostas a se envolver em comportamentos úteis, altruístas e **pró-sociais** (atos construtivos, altruístas ou úteis para os outros). Na seção seguinte, examinaremos algumas das forças que impedem as pessoas de ajudar umas às outras, e de que maneira incentivar o comportamento pró-social.

Comportamento pró-social
Comportamento em relação aos outros que é de ajuda, construtivo ou altruísta.

ARQUIVO CLÍNICO — Violência na Escola — Sinais de Alerta e Remédios

Felizmente, os tiroteios nas escolas são relativamente raros. Mesmo assim, eles representam a ponta de um problema cada vez maior de violência nas escolas. Em 1998, por exemplo, Kip Kinkel, de 15 anos de idade, matou seus pais e depois abriu fogo contra seus colegas de classe em Springfield, Oregon, matando dois e ferindo 25. Muitas pessoas próximas de Kim nunca notaram seu potencial para a violência.

Quais são os sinais de alerta para a violência nas escolas? Os pontos a seguir podem ajudar amigos, membros da família e professores a identificar crianças em risco. Um aluno propenso à violência:

- Não ouve constantemente os adultos e rejeita autoridade
- Tem problema em prestar atenção e em se concentrar
- Vai mal na escola, perturba as aulas e falta a elas
- Mete-se freqüentemente em brigas, pode entrar para uma gangue ou está envolvido em roubar ou destruir propriedade
- Frustra-se facilmente e reage com muita raiva a críticas ou decepções
- Acha que a vida é injusta e culpa os outros ou busca vingança
- Assiste a muitos programas de televisão e a filmes violentos, ou joga muitos videogames violentos
- Tem poucos amigos e é com freqüência publicamente rejeitado ou provocado por outros
- Tem amigos que são indisciplinados ou agressivos
- É cruel ou violento com animais de estimação ou de outro tipo
- Bebe álcool e/ou usa inalantes ou drogas

Um dos melhores antídotos contra a violência juvenil é uma família calorosa e amorosa. Depressão, dor, ódio e violência geralmente têm origem em famílias problemáticas. Para minimizar a raiva, a agressividade e a violência, os pais devem:

- Certificar-se de que seus filhos estão sendo supervisionados.
- Mostrar por meio de exemplos como seus filhos deveriam agir.
- Ensinar aos seus filhos maneiras não agressivas de resolver problemas.
- Evitar bater nos seus filhos.
- Ser coerentes no tocante a regras e disciplina.
- Certificar-se de que seus filhos não tenham acesso a armas.
- Tentar evitar que seus filhos vejam violência em casa, na mídia ou na comunidade.

Comunidades sadias também não incentivam a violência. Os pais devem envolver-se na comunidade e conhecer seus vizinhos. Os filhos são beneficiados ao participar de grupos que trazem orgulho à comunidade, como os que organizam limpeza de lixos ou grafites. Esses grupos são uma ótima oportunidade para que pais, filhos e vizinhos passem tempo juntos em atividades gratificantes (Fontes: Pollack, 2001; "Warning Signs", 2000).

COMPORTAMENTO PRÓ-SOCIAL — AJUDANDO OS OUTROS

▶ **PERGUNTA PARA PESQUISA** *Por que os transeuntes freqüentemente não estão dispostos a ajudar em uma emergência?*

Certa noite, os moradores de um prédio de apartamentos em Queens, Nova York, observavam e ouviam horrorizados enquanto uma jovem chamada Kitty Genovese era assassinada na calçada. Da segurança dos seus quartos, nada menos que 38 pessoas ouviram os gritos agonizantes enquanto seu assassino a esfaqueava, ia embora assustado e voltava para esfaqueá-la novamente.

O assassinato de Kitty Genovese levou mais de 30 minutos, mas nenhum dos seus vizinhos tentou ajudar. Nenhum deles nem mesmo chamou a polícia depois que o ataque terminou. Talvez seja compreensível que ninguém quisesse se envolver. Afinal de contas, poderia ter sido uma briga violenta de namorados. Ou ajudar poderia ter significado arriscar a se machucar. Mas o que impediu as pessoas de pelo menos chamar a polícia?

Isso não é um exemplo da alienação na vida urbana? Os noticiários trataram esse incidente como prova de uma interrupção nos elos sociais provocada pela impessoalidade da cidade. Embora seja verdade que a vida urbana possa ser desumanizadora, isso não explica totalmente essa *apatia dos transeuntes* (não disposição dos transeuntes de oferecer ajuda durante emergências). De acordo com os psicólogos Bibb Latané e John Darley, a omissão de ajuda está associada à quantidade de pessoas presentes. No decorrer dos anos, vários estudos mostraram que quanto *maior* for a quantidade de pessoas que poderiam ajudar, menores serão as chances de a ajuda ser dada (Latané et al., 1981).

Por que as pessoas estariam menos dispostas a ajudar quando há outros presentes? No caso de Kitty Genovese, a resposta é que todo mundo pensou que *outra pessoa* fosse ajudar.

A dinâmica desse efeito é facilmente ilustrada: suponha que dois motoristas tenham parado no acostamento. Um em uma estrada pouco movimentada no campo, e o outro em uma auto-estrada movimentada. Quem recebe ajuda primeiro?

Na auto-estrada, onde centenas de carros passam a cada minuto, cada motorista pode pressupor que outra pessoa irá ajudar. A responsabilidade pessoal por ajudar é tão espalhada que ninguém toma uma atitude. Na estrada no campo, uma das poucas pessoas a chegar provavelmente irá parar, uma vez que a responsabilidade é claramente sua. No geral, Latané e Darley pressupõem que os transeuntes não são apáticos ou indiferentes, mas ficam inibidos pela presença de outros.

Intervenção dos Transeuntes

As pessoas têm de passar por quatro pontos de decisão antes de se oferecer para ajudar. Primeiro, elas têm de notar que algo está acontecendo. Depois, elas precisam definir o evento como uma emergência. Em seguida, elas precisam assumir responsabilidade e, por fim, precisam escolher um plano de ação (◆Figura 14.11). Experimentos de laboratório mostraram que cada etapa pode ser influenciada pela presença de outras pessoas.

Notar

O que aconteceria se você desmaiasse ou desfalecesse na calçada? Alguém pararia para ajudar? As pessoas pensariam que você estava bêbado? Elas notariam você? Latané e Darley sugerem que se a calçada estiver cheia de gente, poucas pessoas verão você. Isso não tem nada a ver com as pessoas bloquearem a visão umas das outras. Em vez disso, está relacionado a normas amplamente aceitas contra olhar fixamente para os outros em público. As pessoas em multidões geralmente "olham para si mesmas".

Há alguma maneira de mostrar que esse é um fator na apatia do transeunte? Para testar essa idéia, pediu-se aos alunos que preenchessem um questionário sozinhos ou em uma sala repleta de pessoas. Enquanto os alunos trabalhavam, uma nuvem espessa de fumaça era introduzida na sala através de um respiradouro.

A maioria dos alunos que ficaram sozinhos na sala notou a fumaça imediatamente. Poucas das pessoas em grupo notaram a fumaça antes de ficar difícil enxergar além dela. Os sujeitos que estavam trabalhando em grupo mantiveram os olhos nos seus papéis e evitaram olhar uns para os outros (ou para a fumaça). Em contrapartida, aqueles que estavam sozinhos examinavam a sala de tempos em tempos.

◆FIGURA 14.11 *Essa árvore de decisões resume as atitudes que a pessoa precisa tomar antes de se comprometer em oferecer ajuda, de acordo com o modelo de Latané e Darley.*

Definindo uma Emergência

A sala cheia de fumaça mostra a influência que as outras pessoas têm na definição de uma situação como uma emergência. Quando os sujeitos em grupos finalmente notaram a fumaça, eles olharam de soslaio para as outras pessoas que estavam na sala. Aparentemente, estavam procurando deixas para ajudar a interpretar o que estava acontecendo. Ninguém queria ter uma reação exagerada ou fazer papel de bobo se não houvesse nenhuma emergência. Porém, à medida que os sujeitos pesquisavam friamente as reações dos outros, estavam eles mesmos sendo observados.

Nas emergências reais, as pessoas às vezes "fingem umas para as outras" e subestimam a necessidade de ação, porque cada pessoa tenta parecer calma. Em suma, enquanto alguém não agir, ninguém age.

Assumindo Responsabilidade

Talvez a ação mais crucial na ajuda é assumir responsabilidade. Nesse caso, os grupos restringem a ajuda provocando uma *difusão da responsabilidade* (distribuir a responsabilidade entre várias pessoas).

Isso é como a não disposição dos motoristas de oferecer ajuda em uma auto-estrada movimentada? Exatamente. É a sensação de que ninguém é pessoalmente responsável por ajudar. Esse problema foi demonstrado em um experimento no qual os alunos participaram de uma discussão em grupo sobre um sistema de interfone. Na verdade, havia apenas um sujeito de verdade em cada grupo; os outros eram atores gravados. Cada sujeito foi colocado em uma sala separada (supostamente para manter a confidencialidade) e as discussões sobre a vida na universidade começaram. Durante a discussão, um dos "alunos" simulou um ataque epilético e pediu ajuda. Em alguns casos, os sujeitos pensaram que estavam sozinhos com a vítima do ataque. Outros achavam que eram membros de grupos de três ou seis pessoas.

Os sujeitos que pensaram que estavam sozinhos com a "vítima" dessa emergência armada a relataram imediatamente ou tentaram ajudar. Alguns dos sujeitos nos grupos de três pessoas não reagiram, e aqueles que o fizeram foram mais lentos. Nos grupos de seis pessoas, mais de um terço não tomou nenhuma atitude. As pessoas nesse experimento evidentemente se viram diante de um conflito semelhante ao de várias emergências reais. Elas deveriam ser prestativas e responsáveis ou deveriam cuidar da própria vida? Muitas foram influenciadas a não agir pela presença dos outros.

As pessoas ajudam em algumas emergências? No que elas são diferentes? Nem sempre fica claro o que faz a diferença. O comportamento da ajuda é complexo e influenciado por várias variáveis. Um experimento naturalista montado no metrô de Nova York dá uma dica dos tipos de coisas que podem ser importantes. Quando uma "vítima" (ator) "desmaiou" em um trem do metrô, ela recebeu mais ajuda quando estava de bengala do que quando estava com uma garrafa de bebida alcoólica. Mais importante, porém, foi o fato de que a maioria das pessoas estava disposta a ajudar em ambos os casos (Piliavin et al., 1969).

Para responder melhor à pergunta temos de levar em consideração alguns fatores não incluídos no relato da ajuda de Latané e Darley.

Quem Vai Ajudar Quem?

Muitos estudos sugerem que, quando vemos uma pessoa em apuros, isso tende a provocar um *aumento da excitação* (Dovidio, 1984). Essa sensação pode nos motivar a prestar ajuda, porém, somente se as recompensas de ajudar superarem os custos. Custos mais elevados (como um esforço maior, risco pessoal ou possível constrangimento) quase sempre reduzem a ajuda (Foss, 1986). Além da excitação geral, as pessoas que possivelmente ajudarão podem sentir também uma **excitação empática**. Isso significa que elas têm empatia pela pessoa com problema ou sentem parte da dor, do medo ou da angústia dessa pessoa. A probabilidade de ajudar é muito maior quando conseguimos ver do ponto de vista dos outros e ser solidários com o seu problema (Eisenberg, 1991).

A excitação empática irá particularmente motivar a ajuda quando a pessoa com problema parecer semelhante a nós (Eisenberg e Miller, 1987). Na verdade, uma sensação de identificação com a vítima pode ser um dos fatores mais importantes na ajuda. Talvez seja por isso que estar de bom humor também aumenta a probabilidade de ajuda. Quando nos sentimos bem-sucedidos, felizes ou com sorte, também nos sentimos mais ligados aos outros (Dovidio,

Excitação empática Excitação emocional que ocorre quando você sente parte da dor, do medo ou da angústia da outra pessoa.

1984). Em suma, existe uma forte **relação empatia-ajuda**: temos maior probabilidade de ajudar uma pessoa em apuros quando nos "solidarizamos" com essa pessoa e sentimos emoções como empatia, solidariedade e compaixão (Batson, 1990).

>Relação empatia-ajuda Observação de que é mais provável ajudarmos uma outra pessoa quando sentimos emoções como empatia e compaixão.

Há alguma coisa que possa ser feita para incentivar um comportamento pró-social? As pessoas que vêem os outros ajudando têm mais probabilidade de se oferecer para ajudar. Além disso, aquelas que prestam ajuda em uma determinada situação tendem a se ver como prestativas. Essa mudança na auto-imagem as incentiva a ajudar em outras situações. Outro ponto é que as normas da justiça nos incentivam a ajudar aqueles que nos ajudaram (Dovidio, 1984). Por todos esses motivos, ajudar os outros não só os ajuda diretamente mas incentiva os outros a ajudarem também.

"Desvitimize-se"

Se você precisar de ajuda em uma emergência, o que pode fazer para não ser vítima da apatia do transeunte? Os trabalhos que revisamos aqui sugerem que você deve fazer-se notar, levar as pessoas a perceberem que é uma emergência e que elas precisam agir. Fazer-se notar pode ser conseguido em algumas situações gritando-se "Fogo!". Os transeuntes que fugiriam de um roubo ou ataque talvez corressem para ver onde é o fogo. Lembre-se, pelo menos, de não gritar apenas. Você deve gritar "Socorro!" ou "Eu estou precisando de ajuda agora". Sempre que possível, defina a sua situação para os transeuntes. Diga, por exemplo: "Eu fui atacado. Chame a polícia" ou "Detenha aquele homem. Ele pegou a minha bolsa". Você também pode atribuir uma responsabilidade diretamente ao transeunte apontando para uma pessoa e dizendo: "Você, chame a polícia" ou "Eu estou machucado. Eu preciso que você chame uma ambulância" (Cummins, 1995).

Um Olhar Adiante

A seção Psicologia em Ação deste capítulo volta ao assunto do preconceito para dar mais algumas idéias sobre como incentivar a tolerância. Não perca essa interessante conclusão do nosso debate sobre psicologia social.

PAUSA PARA ESTUDO — Agressividade e Comportamento Pró-Social

RELACIONE

A maioria das pessoas já ficou suficientemente brava em um determinado momento para se comportar de maneira agressiva. Que conceitos ou teorias você acha que explicam melhor os seus atos agressivos?

Uma mulher de idade está no acostamento da estrada tentando trocar um pneu furado. Ela evidentemente precisa de ajuda. Você está se aproximando no seu carro. O que precisa ocorrer para você parar e ajudá-la?

VERIFICAÇÃO DO APRENDIZADO

1. A posição dos etologistas é que não existe base biológica para a agressividade. V ou F?
2. Níveis mais elevados de testosterona estão associados a um comportamento mais agressivo. V ou F?
3. Frustração e estímulos adversos têm maior probabilidade de produzir agressividade quando há a presença de deixas para um comportamento agressivo. V ou F?
4. A teoria do aprendizado social diz que a exposição a modelos agressivos ajuda a drenar energias agressivas. V ou F?
5. Uma exposição excessiva à televisão resulta na redução da sensibilidade emocional à violência. V ou F?
6. Comportamento _____ significa atos construtivos, altruístas ou de ajuda aos outros.
7. Ver que uma pessoa com problema é semelhante a nós tende a aumentar a excitação empática e a probabilidade de se prestar ajuda. V ou F?

Raciocínio Crítico

8. Se a violência televisionada contribui para um comportamento agressivo na nossa sociedade, você acha possível a televisão incentivar um comportamento pró-social?

RESPOSTAS:

1. F. 2. V 3. V 4. F 5. V 6. pró-social; 7. V 8. Sim, a televisão poderia ser utilizada para incentivar a ajuda, a colaboração, a caridade e a irmandade da mesma maneira que incentivou a agressividade. Vários estudos mostram que o comportamento pró-social na TV aumenta o comportamento pró-social por parte dos telespectadores.

Psicologia em Ação

Multiculturalismo – Vivendo com a Diversidade

▶ **PERGUNTA PARA PESQUISA** *O que pode ser feito para evitar o preconceito e incentivar a harmonia social?*

A sociedade atual se parece mais com uma "salada mista" que com um cadinho cultural. Em vez de esperar que todos se pareçam, os psicólogos acham que nós temos de aprender a respeitar e a apreciar nossas diferenças. O **multiculturalismo,** como isso é chamado, dá *status* de igualdade a grupos étnicos, raciais e culturais diferentes. É o reconhecimento e a aceitação da diversidade (Fowers e Richardson, 1996).

Largando o Hábito do Preconceito

A maioria das pessoas apóia políticas de igualdade e justiça. No entanto, muitas delas ainda têm preconceitos persistentes e imagens negativas dos negros, latinos, asiáticos e outras minorias étnicas. Como essas atitudes conflitantes podem fazer sentido?

Patricia Devine, psicóloga social, mostrou que uma decisão de largar o preconceito não elimina idéias e sentimentos de preconceito imediatamente. As pessoas que não são preconceituosas podem continuar a reagir emocionalmente a membros de outros grupos étnicos. Provavelmente isso reflete estereótipos e preconceitos persistentes aprendidos na infância (Devine et al., 1991).

Para muitos, ser menos preconceituoso começa com o fato de aceitar sinceramente os valores de tolerância e igualdade. As pessoas que valorizam a tolerância sentem angústias de culpa ou autocrítica quando têm pensamentos ou sentimentos intolerantes (Zuwerink et al., 1996), o que as motiva a mudar suas próprias reações tendenciosas (Dovidio e Gaertner, 1999). Porém, fazer isso não é fácil, normalmente, exige esforços repetidos para aprender a pensar, sentir e agir de forma diferente. Mesmo assim, muitas pessoas conseguiram perder o "hábito do preconceito" (Devine et al., 1991). Se você quiser ser mais tolerante, os pontos descritos a seguir podem ser úteis.

Cuidado com os Estereótipos

Os estereótipos tornam o mundo social mais manejável. Porém, classificar as pessoas em categorias quase sempre faz com que elas se pareçam mais semelhantes do que realmente são. Conseqüentemente, tendemos a ver os membros de outros grupos como muito semelhantes, embora eles sejam tão diferentes quanto nossos amigos e nossa família. Quem não é preconceituoso tenta arduamente inibir pensamentos estereotipados e a enfatizar a justiça e a igualdade (Devine, 1990). Uma boa maneira de eliminar estereótipos é conhecer pessoas de vários grupos étnicos e culturais.

Procurar Informações Individualizadoras

Quando ficamos mais tentados a aplicar estereótipos? Normalmente, quando temos o mínimo de informações sobre a pessoa. Os estereótipos nos ajudam a adivinhar como é a pessoa e como ela agirá. Mas essas deduções geralmente são erradas.

Um dos melhores antídotos para os estereótipos é a **informação individualizadora** (informação que nos ajuda a ver a pessoa como um indivíduo, não como membro de um grupo) (Click et al., 1988). Tudo que nos impeça de colocar a pessoa em uma determinada categoria social tende a anular o raciocínio estereotipado. Quando você conhecer indivíduos de várias formações, concentre-se na *pessoa*, não no *rótulo* dado a ela.

Um bom exemplo dos efeitos das informações individualizadoras vem de um estudo de alunos de fala inglesa em um programa de língua francesa no Canadá. Os alunos que "imergiam" (passavam a maior parte das horas que estavam acordados com canadenses que falavam francês) adotaram uma atitude mais positiva em relação a eles. Esses alunos estavam mais propensos a dizer que passaram a gostar dos canadenses que falavam francês. Estavam mais dispostos a se reunir e interagir com eles, dos quais se viam menos dife-

---

Multiculturalismo Dar o mesmo *status*, reconhecimento e aceitação a diferentes grupos étnicos e culturais.

Informação individualizadora Informação que ajuda a definir a pessoa como um indivíduo, não como membro de um grupo ou de uma categoria social.

rentes (Lambert, 1987). Na verdade, com tipos mais sutis de preconceito simbólico, esse contato pode ser a melhor maneira de diminuir os conflitos dentro do grupo (Dovidio e Gaertner, 1999).

Não se Deixe Levar pelas Crenças do tipo "Mundo Justo"

Você acha que o mundo é basicamente justo? Mesmo se não achar, pode pensar que o mundo seja suficientemente justo e que as pessoas geralmente recebem o que merecem. Pode não ser evidente, mas esse tipo de raciocínio é capaz de aumentar o preconceito.

Em decorrência da discriminação, condições sociais e circunstâncias (como uma imigração recente), as minorias podem ter posições socioeconômicas mais baixas. **Crenças do tipo "o mundo é justo"** (a noção de que as pessoas recebem o que merecem) podem nos levar a achar que os membros das minorias não estariam nessas posições se não fossem inferiores de alguma maneira. Esse raciocínio errôneo resulta em culpar as pessoas que são *vítimas* do preconceito e da discriminação pelo seu problema. Por exemplo, pressupor que uma pessoa pobre seja preguiçosa não leva em consideração o fato de que a discriminação na contratação pode tornar muito difícil para ela achar um emprego.

Cuidado com as Profecias que se Auto-Realizam

Você deve lembrar, do Capítulo 1, que as pessoas tendem a agir de acordo com o comportamento esperado pelos outros. Se você tiver fortes estereótipos sobre membros de vários grupos, pode ocorrer um círculo vicioso. Quando encontrar alguém diferente de você, poderá tratá-lo de acordo com seus estereótipos. Se a outra pessoa se deixar influenciar pelo seu comportamento, ela poderá agir de uma maneira que aparentemente corresponda ao seu estereótipo.

Por exemplo, uma pessoa que acha que os membros de um outro grupo étnico são hostis e antipáticos provavelmente tratará as pessoas desse grupo de uma forma que provoque uma reação hostil e antipática. Isso cria uma profecia que se auto-realiza e reforça a crença no estereótipo. (Uma **profecia que se auto-realiza** é uma expectativa que leva as pessoas a agir de uma maneira que faz com que a expectativa se torne realidade.)

Lembre-se: Diferente Não Quer Dizer Inferior

Alguns dos conflitos entre os grupos não podem ser evitados. O que *pode* ser evitado é uma **competição social** (rivalidade entre grupos, em que cada um deles se considera superior aos outros) desnecessária. O conceito de competição social é o fato de que algumas pessoas tentam aumentar a sua auto-estima identificando-se com um grupo. Porém, isso só funciona se esse grupo puder ser visto como superior aos outros. Por conta da competição social, os grupos tendem a se ver como melhores que seus rivais (Baron e Byrne, 2002). Em uma pesquisa, todos os principais grupos étnicos nos Estados Unidos se classificaram como melhor que qualquer outro grupo (Njeri, 1991). Isso parece um pouco com a cidade lendária do Lago Woebegone, onde todas as crianças são acima da média.

Uma pessoa que tenha alta auto-estima não precisa tratar os outros como inferiores para se sentir bem consigo mesma. Da mesma maneira, não é necessário degradar outros grupos para ter uma imagem positiva da identidade do seu próprio grupo (Messick e Mackie, 1989). Na verdade, todo grupo étnico tem pontos fortes com os quais os membros de outros grupos poderiam beneficiar-se caso os imitassem. Por exemplo, negros, asiáticos e latinos enfatizam redes familiares que os ajudam a amortecer parte do estresse da vida cotidiana (Suinn, 1999).

Entenda que a Raça é uma Construção Social

Do ponto de vista da genética moderna, o conceito de raça não faz absolutamente nenhum sentido. Os membros de vários grupos são tão diferentes geneticamente, e os grupos humanos vêm se misturando há tanto tempo, que é impossível dizer, biologicamente, a que "raça" uma determinada pessoa pertence. Conseqüentemente, raça é uma ilusão que se baseia em diferenças físicas superficiais e identidades étnicas aprendidas. Certamente, as pessoas *agem como se* existissem raças diferentes. Mas isso é uma questão de rótulo social, não de realidade biológica. Pressupor que qualquer grupo humano seja superior ou inferior é errado. Na verdade, a melhor prova disponível indica que

Crenças do tipo "o mundo é justo" Crença de que as pessoas geralmente recebem o que merecem.

Profecia que se auto-realiza Expectativa que leva as pessoas a agirem de tal forma que essa expectativa se torne realidade.

Competição social Rivalidade entre grupos, em que cada um deles se vê como superior aos outros.

todas as pessoas descendem dos mesmos ancestrais. As origens da nossa espécie estão na África, há cerca de cem mil anos. Nas primeiras populações humanas, a pele mais escura é um ajuste para proteger da exposição ao sol perto do Equador (Jablonski e Chaplin, no prelo). Biologicamente, somos todos irmãos e irmãs sob a pele (Graves, 2001; Segall et al., 1998).

Procure Pontos Comuns

Vivemos em uma sociedade que recompensa a competição e o esforço individual. O problema nisso é que competir com os outros instiga desejos de degradá-los, derrotá-los e subjugá-los. Quando colaboramos com os outros, tendemos a compartilhar suas alegrias e sofrer quando eles estão angustiados. (Lanzetta e Englis, 1989). Se não encontrarmos formas de colaborar e viver em maior harmonia, todo mundo irá sofrer. Isso é algo, entre outras coisas, que todos temos em comum. Todo mundo sabe o que é a sensação de ser diferente. Mais tolerância vem de lembrar desses momentos.

Dê o Exemplo aos Outros

As pessoas que agem de maneira tolerante podem servir de modelos de tolerância para os outros. Um exemplo disso é o uso de boletins para incentivar o entendimento em uma escola de ensino médio em Houston, Texas. Os alunos escreviam histórias sobre situações nas quais a colaboração levava a um melhor entendimento. Por exemplo, uma história sobre uma amizade anglo-hispânica em uma equipe esportiva tinha este título: "Não julgue uma pessoa enquanto não a conhecer. A cor da pele não importa". Outras histórias enfatizavam a disposição dos alunos de conhecer melhor pessoas de outros grupos étnicos e as novas percepções que tinham das suas habilidades. Depois de apenas cinco meses de dar o exemplo de tolerância, a hostilidade entre os grupos étnicos no *campus* diminuiu consideravelmente (McAlister et al., 2000).

Tolerância e Familiaridade Cultural

Viver confortavelmente em uma sociedade multicultural significa conhecer um pouco sobre outros grupos étnicos. Conhecer uma pessoa cujo histórico cultural seja diferente do seu pode ser uma experiência de aprendizado maravilhosa.

Nenhuma cultura tem todas as respostas ou a melhor maneira de fazer as coisas. Populações multiculturais enriquecem a culinária, a música, as artes e a filosofia da comunidade. Da mesma maneira, aprender coisas sobre grupos raciais, culturais e étnicos diferentes pode ser gratificante para a pessoa.

A importância da familiaridade cultural geralmente está nas sutilezas e nos detalhes. Por exemplo, em grandes cidades norte-americanas, vários pequenos mercados são de propriedade de imigrantes coreanos. Alguns desses comerciantes são criticados por serem frios e hostis para com os seus clientes. Recusar-se a colocar o troco diretamente nas mãos dos clientes, por exemplo, ajudou a desencadear um boicote aos coreanos donos de mercados na cidade de Nova York. O centro do problema era a falta de familiaridade cultural de ambos os lados.

Nos Estados Unidos, se você entrar em uma loja, você espera que o vendedor seja educado com você. Uma das maneiras de demonstrar educação é sorrir. Porém, na cultura coreana, impregnada das idéias de Confúcio, sorrir é reservado para os membros da família e amigos íntimos. Se um coreano ou norte-americano de origem coreana não tem motivo para sorrir, ele simplesmente não o faz. Há um ditado coreano que diz: "Se você sorri demais, é uma pessoa boba". Expressões como "obrigado" e "desculpe" também são utilizadas de maneira econômica e estranhos raramente se tocam – nem mesmo para devolver o troco.

Eis um outro exemplo de como a ignorância das práticas culturais pode levar a atritos e mal-entendidos desnecessários: uma mulher negra que queria amenizar as tensões raciais levou uma torta recém-assada para seus vizinhos do outro lado da rua, que eram judeus ortodoxos. Quando chegou à porta, a mulher estendeu a mão, não sabendo que os judeus ortodoxos não pegam na mão de mulheres a menos que elas façam parte da família. Quando entrou, ela pegou uma faca na cozinha para cortar a torta, não sabendo que o casal era kosher e usava facas diferentes para alimentos diferentes. A tentativa bem-intencionada de boa vizinhança da mulher quase acabou em briga! Conhecer um pouco mais sobre as culturas uns dos outros poderia ter evitado ambos os conflitos que acabamos de descrever.

Se a população da Terra pudesse ser condensada em apenas cem pessoas, com todas as proporções humanas mantidas, ela seria assim:

- Haveria 57 asiáticos, 21 europeus, 14 do hemisfério oeste, incluindo a América do Norte e a do Sul, e 8 da África.
- Setenta seriam não-brancos e 30 seriam brancos.
- Sessenta e seis seriam não-cristãos e 33 seriam cristãos.
- Metade de toda a riqueza da aldeia estaria nas mãos de apenas seis pessoas, todas elas cidadãs norte-americanas.
- Metade das pessoas da aldeia sofreria de desnutrição.
- Na aldeia haveria armas nucleares suficientes para explodir todo mundo em pedacinhos várias vezes.

Quando se analisa o mundo de um ponto de vista tão compactado, a necessidade de tolerância e compreensão fica imediatamente evidente.

A Jornada Continua — A Psicologia e Você

Os avanços tecnológicos dos últimos 20 anos mudaram drasticamente o que é humanamente possível. No entanto, como espécie, nós ainda temos muito em comum com as pessoas que viveram há centenas de anos. Embora quiséssemos pensar o contrário, não podemos contar com a tecnologia para resolver todos os nossos problemas. Ameaça de guerra, conflito social, crime, preconceito, doenças infecciosas, superpopulação, danos ao meio ambiente, fome, homicídio, desastre econômico — esses e outros grandes dilemas com os quais deparamos são *comportamentais*. A família dos seres humanos irá agüentar? Essa é uma pergunta de caráter psicológico.

No começo deste livro, descrevi a psicologia como uma viagem de autodescoberta. Sinceramente, espero que vocês tenham encontrado relevância e valor suficientes para despertar interesse pela psicologia a vida toda. À medida que sua viagem pessoal for prosseguindo, uma coisa será certa: muitos dos seus maiores desafios e momentos guardados com mais carinho irão envolver outras pessoas. Seria uma atitude inteligente continuar aumentando a sua compreensão do comportamento humano. O futuro da psicologia parece animador. Que papel ela terá na sua vida?

PAUSA PARA ESTUDO — Multiculturalismo

RELACIONE

Que estratégias para eliminar o hábito do preconceito você já utiliza? Como você poderia aplicar as outras estratégias para se tornar mais tolerante?

VERIFICAÇÃO DO APRENDIZADO

1. Multiculturalismo é a crença de que as várias subculturas e os vários grupos étnicos deveriam misturar-se em uma única cultura emergente. V ou F?
2. Patricia Devine descobriu que muitas das pessoas que não têm crenças preconceituosas continuam tendo pensamentos e sentimentos preconceituosos na presença de pessoas que pertencem a minorias. V ou F?
3. Informações individualizadoras tendem a ser um bom antídoto contra estereótipos. V ou F?
4. Crenças do tipo "o mundo é justo" são a causa principal da competição social. V ou F?

Raciocínio Crítico

5. Por que é valioso saber os termos pelos quais os membros de vários grupos preferem ser chamados (por exemplo, norte-americanos de origem mexicana, latinos, hispânicos ou chicanos)?

RESPOSTAS:

1.F 2.V 3.V 4.F 5. Porque os rótulos podem ter conotações negativas para as pessoas de fora do grupo. As pessoas que estão culturalmente familiarizadas permitem que as outras definam as suas próprias identidades em vez de impor rótulos a elas.

REVISÃO DO CAPÍTULO

Pontos Principais

- A psicologia social estuda como nos comportamos, pensamos e sentimos em situações sociais.
- Nós nos sentimos atraídos por outras pessoas por motivos que são razoavelmente universais.
- Para entender o comportamento social, precisamos saber que papéis as pessoas desempenham, o seu *status*, as regras às quais elas obedecem e as suas atribuições.
- Todo mundo é afetado pelas pressões para seguir as regras, obedecer e agir de acordo. Há certos momentos em que é bom resistir a essas pressões.
- As atitudes afetam sutilmente quase todos os aspectos do comportamento social.
- Para persuadir os outros, você tem de saber do seu papel como comunicador, o tipo de público e as mensagens que serão atraentes para ele.
- O preconceito pode ser reduzido pelo contato do tipo mesmo *status* e pela interdependência mútua.
- A agressividade é um fato da vida, mas os seres humanos não são inevitavelmente agressivos.
- Nós podemos incentivar a ajuda e o altruísmo derrubando as barreiras ao comportamento pró-social.
- A harmonia multicultural pode ser obtida com esforços conscientes para sermos mais tolerantes com os outros.

Resumo

Por que as pessoas se afiliam? Que fatores influenciam a atração interpessoal?

- A afiliação está ligada a necessidades de aprovação, apoio, amizade e informação. Além disso, a afiliação pode diminuir a ansiedade.
- A teoria da comparação social diz que nos afiliamos para avaliar nossos atos, sentimentos e habilidades.
- A atração interpessoal aumenta com a proximidade, o contato freqüente, a beleza, a competência e a semelhança.
- A seleção de um parceiro(a) caracteriza-se por um alto grau de semelhança em várias dimensões.
- A auto-revelação segue uma norma de reciprocidade: baixos níveis de auto-revelação são correspondidos com baixos níveis de retorno; uma revelação moderada obtém respostas mais pessoais.
- Em comparação com o gostar, o amor romântico envolve níveis mais altos de excitação emocional e é acompanhado da absorção mútua entre os namorados.
- A psicologia da evolução atribui os padrões humanos de seleção de parceiros aos diferentes desafios reprodutivos enfrentados por homens e mulheres desde os primórdios da humanidade.

Como fazer parte de um grupo afeta nosso comportamento?

- Os papéis sociais são padrões particulares associados às posições sociais.
- *Status* mais elevados nos grupos estão associados a privilégios especiais e respeito.
- Estrutura de grupo envolve papéis, trilhas de comunicação e poder dentro do grupo. A coesão do grupo é o grau de atração entre seus membros.
- Normas são padrões de conduta implementados (formal ou informalmente) pelos grupos.
- A teoria da atribuição descreve como percebemos as causas do comportamento.
- O erro fundamental de atribuição é pensar que as causas internas explicam os atos das outras pessoas. Em contrapartida, tendemos a atribuir nosso comportamento a causas externas.

COMPORTAMENTO SOCIAL **611**

O que os psicólogos aprenderam sobre seguir regras, obediência, concordância e auto-avaliação?

- A influência social envolve alterações no comportamento provocadas pelo comportamento dos outros.
- Os famosos experimentos de Asch demonstraram que várias pressões e sanções do grupo instigam a obediência às regras.
- Pensar de acordo com o grupo significa uma concordância compulsiva nas tomadas de decisão em grupo.
- A obediência à autoridade nos estudos de Milgram diminuía quando o "professor" e o "aluno" estavam próximos um do outro, quando a autoridade estava ausente e quando outros se recusavam a obedecer.
- Três estratégias para obter a concordância são: a técnica do pé na porta, a abordagem porta na cara e a técnica da bola baixa.
- Muitas pessoas apresentam um grau surpreendente de concordância passiva com pedidos não razoáveis.
- A auto-asserção, ao contrário da agressividade, envolve expor claramente os desejos e as necessidades aos outros.

Como são adquiridas e mudadas as atitudes?

- Atitudes são disposições aprendidas compostas por um componente de crença, um componente emocional e um componente de ação.
- As atitudes podem ser formadas por contato direto, interação com os outros, práticas de educação de filhos e pressões de grupo. As influências de grupos de pessoas iguais, fazer parte de um grupo de referência, a mídia de massa e condicionamento ao acaso também parecem ser importantes na formação de atitude.
- A persuasão eficaz ocorre quando as características do comunicador, da mensagem e do público são bem combinadas.
- Geralmente, um comunicador simpático e crível que repete uma mensagem com credibilidade que provoca emoção no público e expõe conclusões bem definidas será persuasivo.
- Manter e mudar atitudes está intimamente ligado à dissonância cognitiva e às nossas necessidades de sermos coerentes em nossos pensamentos e atos.

A lavagem cerebral é realmente possível? Como as pessoas são convertidas a fazer parte de um culto?

- A lavagem cerebral é uma forma forçada de mudança de atitude. Ela depende do controle do ambiente total da pessoa-alvo.
- As três etapas da lavagem cerebral são descongelar, mudar e recongelar atitudes e crenças.
- Muitos cultos recrutam novos membros com técnicas de doutrinação de alta pressão envolvendo isolamento, demonstrações de afeto, rituais, intimidação e comprometimento cada vez maior.

O que provoca o preconceito e o conflito dentro do grupo?

- O preconceito é uma atitude negativa contra os membros de vários outros grupos. Uma teoria atribui o preconceito ao ato de fazer de bode expiatório. Uma segunda teoria diz que o preconceito pode existir por motivos pessoais (preconceito pessoal) ou simplesmente aderindo-se às normas do grupo (preconceito de grupo).
- As pessoas preconceituosas tendem a ter uma personalidade autoritária.
- O conflito dentro do grupo faz com que surja hostilidade e que se formem estereótipos sociais. As desigualdades de *status* tendem a criar preconceito. O contato do tipo de mesmo *status* tende a diminuí-lo.
- As metas superordenadas são o segredo para reduzir o conflito dentro do grupo.
- Em uma escala menor, demonstrou-se que as salas de aula do tipo "quebra-cabeça" (que incentivam a colaboração por meio da interdependência mútua) combatem o preconceito.

Como os psicólogos explicam a agressividade humana?

- As explicações etológicas para a agressividade a atribuem a instintos herdados. As explicações biológicas enfatizam os mecanismos do cérebro e os fatores físicos associados aos limiares da agressividade.

- De acordo com a teoria da frustração-agressividade, a frustração e a agressividade estão intimamente ligadas.
- A frustração é apenas um dos vários estímulos adversos que podem excitar uma pessoa e tornar a agressividade mais provável. A agressividade tem uma probabilidade particularmente maior de ocorrer quando há a presença de deixas de agressividade.
- A teoria do aprendizado social concentrou sua atenção no papel dos modelos agressivos no desenvolvimento do comportamento agressivo.

Por que os transeuntes freqüentemente não estão dispostos a ajudar no caso de emergência?

- Há quatro pontos de decisão pelos quais precisamos passar antes de prestarmos ajuda: notar, definir uma emergência, assumir responsabilidade e selecionar um plano de ação.
- Ajudar é menos provável em cada um dos pontos quando estão presentes outras pessoas que poderiam ajudar.
- O ato de ajudar é incentivado pela excitação geral, excitação empática, estar de bom humor, pouco esforço ou risco e a semelhança percebida entre a vítima e a pessoa que ajuda.
- Por vários motivos, prestar ajuda tende a incentivar os outros a ajudarem também.

O que pode ser feito para evitar o preconceito e incentivar a harmonia social?

- O multiculturalismo é uma tentativa de dar o mesmo *status* a grupos étnicos, raciais e culturais diferentes.
- Mais tolerância pode ser incentivada neutralizando-se os estereótipos com informações individualizadoras, procurando-se pontos em comum com os outros e evitando-se os efeitos das crenças do tipo "o mundo é justo", profecias que se auto-realizam e competição social.
- A familiaridade social é um elemento-chave no incentivo de uma maior harmonia social.

Teste Seus Conhecimentos: Comportamento Social

As perguntas a seguir são apenas uma amostra do que você precisa saber. Se você errar algum item, deve revisar todo o capítulo.

1. O padrão conhecido como homogamia mostra o forte impacto que a _____ tem na atração interpessoal.
   a. beleza física   b. similaridade
   c. competência   d. proximidade física

2. O fato de que os homens tendem a preferir parceiras mais jovens e mais atraentes fisicamente é previsto pela(os):
   a. psicologia da evolução
   b. teoria do excesso de revelação
   c. teoria da comparação social
   d. estudos da absorção mútua

3. Fora do escritório, Jan ficou amigo de Fran, uma mulher que ele supervisiona no trabalho. Jan tem de fazer uma avaliação de Fran, que não tem sido muito eficiente ultimamente. Muito provavelmente, Jan irá sentir:
   a. pressão para pensar como o grupo
   b. conflito de papéis
   c. sanções grupais
   d. excesso de revelação

4. Um erro comum que todos nós cometemos é atribuir os atos de outros a causas internas. Isso é conhecido como:
   a. regra da reciprocidade
   b. conflito de papéis
   c. comparação social
   d. erro fundamental de atribuição

5. No experimento de conformidade de Solomon Asch, os sujeitos cederam às pressões do grupo em cerca de _____ dos estudos críticos.
   a. 1%   b. 10%   c. um terço   d. dois terços

6. Pensar como o grupo é um exemplo do perigo que existe nas fortes pressões para a _____ grupal.
   a. coesão   b. conformidade
   c. atribuição   d. reciprocidade

7. Nos experimentos de Milgram, o nível mais baixo de obediência ocorreu quando os sujeitos
   a. viram outra pessoa se recusar a obedecer
   b. estavam na mesma sala do "aluno"
   c. estavam cara a cara com o "aluno"
   d. receberam ordens pelo telefone

8. Que técnica de conformidade envolve fazer a pessoa se comprometer a agir e depois tornar os termos da ação menos desejáveis?
   a. pé na porta   b. bola baixa
   c. porta na cara   d. pensar como o grupo

9. "Atingir seu objetivo sem levar em conta os direitos dos outros." Essa afirmação descreve a(o)
   a. auto-asserção
   b. excesso de revelação
   c. dissonância cognitiva
   d. agressividade
10. As três partes de uma atitude são:
    a. interna, externa, grupo
    b. convicção, atribuição, absorção
    c. *status*, norma, coesão
    d. crenças, emoções, ação
11. Qual das alternativas a seguir NÃO é um dos fatores que normalmente determina se nossas atitudes são expressas como atos?
    a. excitação empática
    b. hábitos existentes
    c. conseqüências imediatas
    d. avaliação antecipada dos outros
12. Se você estiver tentando persuadir um público bem informado, normalmente é melhor apresentar
    a. um lado do argumento
    b. ambos os lados do argumento
    c. o descongelamento, a mudança, o ciclo de recongelamento
    d. sanções negativas
13. O grau de dissonância cognitiva que uma pessoa sente está ligado a quanto(a) _____ existe para os atos dela.
    a. reciprocidade
    b. justificativa
    c. condicionamento casual
    d. referência
14. Algumas expressões de preconceito podem ser consideradas como fazer de bode expiatório ou
    a. agressividade deslocada
    b. excitação empática
    c. reversão do grupo de referência
    d. atribuição exterior
15. Um dos motivos pelos quais as metas superordenadas tendem a diminuir o preconceito é que elas requerem colaboração e
    a. estereotipagem social
    b. etnocentrismo
    c. descongelamento
    d. contato de mesmo *status*
16. As salas de aula do tipo quebra-cabeça utilizam _____ para criar interdependência mútua.
    a. concorrência social
    b. crenças de que o mundo é justo
    c. profecias que se auto-realizam
    d. metas superordenadas
17. O *efeito armas* significa o impacto que _____ têm no comportamento.
    a. crenças de que o mundo é justo
    b. deixas de agressividade
    c. profecias que se auto-realizam
    d. modelos televisionados
18. O ponto de vista que mais conflita com a teoria de que os seres humanos são instintivamente agressivos é
    a. a teoria do aprendizado social
    b. a teoria da frustração-agressão
    c. etologia
    d. o efeito estímulos adversos
19. As pessoas têm mais probabilidade de ajudar uma outra em apuros se
    a. estiverem presentes várias outras pessoas para ajudar
    b. ocorrer uma difusão de responsabilidade
    c. elas sentirem excitação empática
    d. houver ocorrido uma dessensibilização
20. Um dos melhores antídotos contra estereótipos é
    a. aceitar crenças de que o mundo é justo
    b. informações individualizadoras
    c. aceitar profecias que se auto-realizam
    d. concorrência social honesta

RESPOSTAS:

1.b 2.a 3.b 4.d 5.c 6.a 7.a 8.b 9.d 10.d 11.a 12.b 13.b 14.a 15.d 16.d 17.b 18.a 19.c 20.b

Apêndice

Estatísticas Comportamentais

Estatísticas da "Cara" à "Coroa"

Digamos que um amigo seu lhe convide para entrar em um pequeno jogo de azar. Ele se oferece para jogar uma moeda e lhe pagar um dólar se a moeda der "cara".

A essa altura você tem de tomar uma decisão. Você deveria continuar o jogo em uma tentativa de recuperar os seus prejuízos? Ou deveria pressupor que a moeda é viciada e parar antes de ser "rapado"? Pegando a calculadora de bolso (e o livro de estatística que você leva sempre consigo), você calcula as chances de tirar cinco coroas em seguida com uma moeda não viciada. A probabilidade é de 0,0031 (aproximadamente três em cada cem).

Se a moeda for realmente honesta, cinco caras consecutivas é um evento raro. Sabiamente, você decide que a moeda provavelmente é viciada e se recusa a jogar novamente. (A menos, evidentemente, que o seu "amigo" esteja disposto a ficar com "caras" nas próximas cinco jogadas!)

Talvez fosse possível tomar uma decisão nesse exemplo hipotético sem usar estatística. Mas observe como a situação fica muito mais clara quando é expressa estatisticamente.

Os psicólogos tentam extrair e resumir informações úteis das observações que fazem. Para isso, eles utilizam dois tipos importantes de estatística. A **estatística descritiva**, que resume ou "reduz" números para que eles tenham mais significado e fiquem mais fáceis de ser transmitidos aos outros. Comparativamente, a **estatística dedutiva** é utilizada para tomar decisões, para generalizar a partir de pequenas amostras e para tirar conclusões. Como no caso da jogada de moeda, os psicólogos, muitas vezes, baseiam suas decisões em dados limitados. Mas elas são muito mais fáceis de ser tomadas com a ajuda da estatística dedutiva. Vejamos como a estatística é utilizada na psicologia.

Perguntas para Pesquisa

- O que é estatística descritiva?
- Como a estatística é utilizada para identificar uma pontuação média?
- Que estatística os psicólogos utilizam para medir quanto as pontuações diferem umas das outras?
- O que é estatística dedutiva?
- Como são utilizadas as correlações na psicologia?

ESTATÍSTICA DESCRITIVA – A PSICOLOGIA DE ACORDO COM OS NÚMEROS

Digamos que você tenha concluído um estudo sobre comportamento humano. Os resultados parecem interessantes, mas você consegue realmente dizer o que os dados revelam apenas olhando para um amontoado de números? Para obter um quadro claro de como as pessoas se comportaram, você provavelmente irá recorrer à estatística descritiva. Resumindo os resultados do seu estudo, as estatísticas irão ajudá-lo a tirar conclusões válidas sobre o que observou.

As estatísticas dão mais clareza e precisão às idéias e às pesquisas na área de psicologia. Para ver como, vamos começar analisando três tipos básicos de estatística descritiva: a *estatística gráfica*, as medidas *das tendências principais* e as medidas de *variabilidade*. Vamos começar com a **estatística gráfica**, que apresenta os números pictoricamente para que eles fiquem mais fáceis de ser visualizados.

Estatística Gráfica

A ▲Tabela A.1 mostra pontuações simuladas em um teste de suscetibilidade hipnótica aplicado em cem estudantes universitários. Com esses dados desorganizados, fica difícil formar um "quadro" geral das diferenças na suscetibilidade hipnótica. Porém, utilizando uma *distribuição de freqüência*, grandes quantidades de informação podem ser organizadas e resumidas. A **distribuição de freqüência** é feita dividindo-se toda a faixa de possíveis pontuações em categorias do mesmo tamanho. Depois, registram-se as pontuações em cada categoria. Na ▲Tabela A.2, os dados da Tabela A.1 foram condensados em uma distribuição de freqüência. Observe como o padrão de pontuação do grupo todo ficou muito mais claro.

As distribuições de freqüência geralmente são mostradas *graficamente* para torná-las mais "visuais". Faz-se um **histograma**, ou gráfico de uma distribuição de freqüência, rotulando-se os intervalos das categorias na *abcissa* (eixo horizontal) e as freqüências (a quantidade de pontuação de cada categoria), na *ordenada* (eixo vertical).

Depois, desenham-se barras para cada intervalo de categoria e a altura de cada barra é determinada pela quantidade de pontuações em cada categoria (◆Figura A.1). Uma forma alternativa de colocar pontuações em gráficos é o mais familiar **polígono de freqüência** (◆Figura A.2). Nele, os pontos são colocados no centro de cada intervalo de categoria para indicar a quantidade de pontuações. Em seguida, os pontos são ligados por linhas retas.

Estatística descritiva Ferramenta matemática utilizada para descrever e resumir dados numéricos.

Estatística dedutiva Ferramenta matemática utilizada para tomar decisões, generalizar a partir de pequenas amostras e tirar conclusões.

Estatística gráfica Técnicas para apresentar números pictoricamente, geralmente plotando-os em um gráfico.

Distribuição de freqüência Tabela que divide toda uma gama de pontuação em várias categorias e depois registra a quantidade de pontuações em cada uma delas.

Histograma Gráfico de distribuição de freqüência no qual a quantidade de pontuações em cada categoria é representada por barras verticais.

Polígono de freqüência Gráfico de uma distribuição de freqüência no qual a quantidade de pontuações em cada categoria é representada por pontos em uma linha.

TABELA A.1 Pontuações Brutas de Suscetibilidade Hipnótica

55	86	52	17	61	57	84	51	16	64
22	56	25	38	35	24	54	26	37	38
52	42	59	26	21	55	40	59	25	57
91	27	38	53	19	93	25	39	52	56
66	14	18	63	59	68	12	19	62	45
47	98	88	72	50	49	96	89	71	66
50	44	71	57	90	53	41	72	56	93
57	38	55	49	87	59	36	56	48	70
33	69	50	50	60	35	67	51	50	52
11	73	46	16	67	13	71	47	25	77

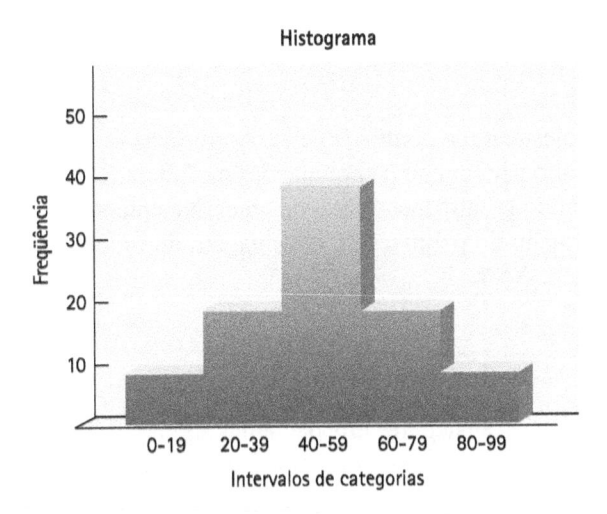

◆FIGURA A.1 *Histograma de freqüência das pontuações de suscetibilidade hipnótica contidas na Tabela A.2.*

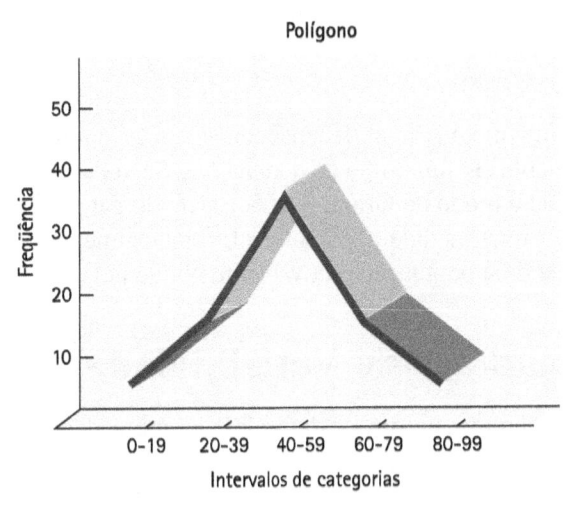

◆FIGURA A.2 *Polígono de freqüência das pontuações de suscetibilidade hipnótica contidas na Tabela A.2.*

Medidas de Tendência Central

Tendência central A tendência da maioria das pontuações de ficar na faixa intermediária dos possíveis valores.

Observe na Tabela A.2 que há mais pontuações na categoria de 40-59 que em qualquer outro lugar. Como podemos mostrar esse fato? Uma medida da **tendência central** é simplesmente um número que descreve uma "pontuação típica" ao redor da qual as outras pontuações se encaixam. Uma medida familiar da tendência é a "média". Porém, como veremos logo mais, existem outros tipos de "médias" que podem ser utilizados. Para ilustrar cada um deles, precisamos de um exemplo. A ▲Tabela A.3 mostra os dados brutos de um experimento imaginário no qual dois grupos de sujeitos receberam um teste de memória. Suponha que um grupo tenha recebido uma droga que pode melhorar a memória (vamos chamar essa droga de Rememberine). O segundo grupo recebeu um placebo. Há alguma diferença nas pontuações de memória dos dois grupos? É difícil dizer sem calcular uma média.

▲TABELA A.2 Distribuição de Freqüência das Pontuações de Suscetibilidade Hipnótica

Intervalos de categorias	Quantidade de pessoas na categoria
0-19	10
20-39	20
40-59	40
60-79	20
80-99	10

A média

A **média** é calculada somando-se todas as pontuações de cada grupo, depois dividindo-se pela quantidade total de pontuações. Observe na Tabela A.3 que a média revela uma diferença entre os dois grupos.

A média é sensível a pontuações extremamente altas ou baixas em uma distribuição. Por esse motivo, ela nem sempre é a melhor medida da tendência central. (Imagine quão distorcido seria calcular a renda média anual de uma pequena amostra de pessoas que por acaso inclui um multimilionário.) Nesses casos, utiliza-se a pontuação média em um grupo de pontuações, denominada *mediana*.

A mediana

Encontramos a **mediana** colocando as pontuações da mais alta para a mais baixa e selecionando a pontuação que está no meio. Em outras palavras, metade dos valores em um grupo de pontuações fica abaixo da mediana, e metade fica acima. Imagine, por exemplo, os seguintes pesos de um pequeno grupo de alunos universitários: 47,5; 50,28; 55,71; 57; 67; 68,4; 69,7; 73,3; 82,44. A mediana para o grupo é 67 kg, a pontuação intermediária. Evidentemente, se houver um número par de pontuações, não haverá "pontuação intermediária". O problema é resolvido fazendo-se a média das duas pontuações que "compartilham" o meio. Esse procedimento fornece um único número para servir de mediana (ver o painel inferior da Tabela A.3).

O Modo

Uma medida final da tendência central é o *modo*. O **modo** é simplesmente a pontuação que ocorre mais freqüentemente em um grupo de pontuações. Se você reservasse um tempinho para contar as pontuações na Tabela A.3, veria que o modo do Grupo 1 é 65, e o modo para o Grupo 2 é 60. O modo geralmente é fácil de obter. No entanto, pode ser uma medida não confiável, principalmente em um grupo pequeno de pontuações. A vantagem do modo é que ele dá a pontuação efetivamente obtida pela maior quantidade de pessoas.

Medidas de Variabilidade

Digamos que um pesquisador descubra duas drogas que reduzem a ansiedade em pacientes agitados. Porém, vamos supor que uma droga reduza continuamente a ansiedade em quantidades moderadas, enquanto a segunda às vezes a reduz em grandes quantidades, às vezes não surte efeito, e às vezes pode até aumentar a ansiedade em alguns pacientes. No geral, não há diferença na quantidade *média* (média) de redução de ansiedade. Mesmo assim, existe uma diferença importante entre as duas drogas. Como mostra esse exemplo, não é suficiente simplesmente saber a pontuação média em uma distribuição. Na maioria das vezes também seria bom saber se as pontuações estão agrupadas próximas umas das outras ou muito espalhadas.

As medidas de **variabilidade** fornecem um único número que nos diz quão "espalhadas" estão as pontuações. Quando elas estão muito espalhadas, esse número aumenta. Quando estão próximas, ele diminui. Se você examinar novamente a Tabela A.3, notará que as pontuações de cada grupo variam muito. Como podemos mostrar esse fato?

A Faixa

A maneira mais simples seria usar a faixa, que é a diferença entre as pontuações mais altas e as mais baixas. No Grupo 1 do nosso experimento, a maior pontuação é 73, e a mais baixa é 55. Conseqüentemente, a faixa é 18 (73 − 55 = 18). No Grupo 2, a pontuação mais alta é 63, e a mais baixa é 31. Isso faz com que a faixa seja 32. As pontuações no Grupo 2 estão mais espalhadas que as do Grupo 1.

Média. Uma medida de tendência central calculada somando-se um grupo de pontuações e depois dividindo-se pela quantidade total de pontuações.

Mediana Uma medida da tendência central que se encontra dispondo-se as pontuações da mais alta para a mais alta e selecionando-se a pontuação intermediária. Isto é, metade dos valores em um grupo fica acima da mediana e metade fica abaixo.

Modo Uma medida da tendência central que se encontra identificando-se a pontuação que ocorre com mais freqüência em um grupo de pontuações.

Variabilidade A tendência de um grupo de pontuações de diferir em valores. As medidas de variabilidade indicam o grau que um grupo de pontuações difere de um outro.

Faixa A diferença entre as pontuações mais alta e mais baixa em um grupo de pontuações.

TABELA A.3 Pontuações Brutas em um Teste de Memória de Sujeitos que Tomaram Rememberine ou Placebo

SUJEITO	GRUPO 1 REMEMBERINE	GRUPO 2 PLACEBO
1	65	54
2	67	60
3	73	63
4	65	33
5	58	56
6	55	60
7	70	60
8	69	31
9	60	62
10	68	61
Soma	650	540
Média	65	54
Mediana	66	60

Média = $\frac{\Sigma X}{N}$ ou $\frac{\text{Soma de todas as pontuações}}{\text{quantidade de pontuações}}$

Mediana do Grupo 1 = $\frac{65 + 67 + 73 + 65 + 58 + 55 + 70 + 69 + 60 + 68}{10} = \frac{650}{10} = 65$

Mediana do Grupo 2 = $\frac{54 + 60 + 63 + 33 + 56 + 60 + 60 + 31 + 62 + 61}{10} = \frac{540}{10} = 54$

Mediana = a pontuação intermediária ou a média de duas pontuações intermediárias*

Mediana do Grupo 1 = 55 58 60 65 $\boxed{65\ \ 67}$ 68 69 70 73

$= \frac{65 + 67}{2} = 66$

Mediana do Grupo 2 = 31 33 54 56 60 $\boxed{60\ \ 60}$ 61 62 63

$= \frac{60 + 60}{2} = 60$

* ☐ indica a(s) pontuação(ões) intermediária(s)

O Desvio-Padrão

Uma medida melhor da variabilidade é o **desvio-padrão** (um índice de quanto a pontuação típica difere da média de um grupo de pontuações). Para obter o desvio-padrão, nós descobrimos o desvio (ou diferença) de cada pontuação da média e depois o elevamos ao quadrado (nós o multiplicamos por ele mesmo). Esses desvios elevados ao quadrado são então somados e tira-se a média (o total é dividido pela quantidade de desvios). Tirar a raiz quadrada dessa média nos dá o desvio-padrão (▲Tabela A.4). Observe novamente que a variabilidade do Grupo 1 (5,4) é menor que a do Grupo 2 (no qual o desvio-padrão é de 11,3).

Desvio-padrão Um índice de quanto a pontuação típica difere da média de um grupo de pontuações.

TABELA A.4 Cálculo do Desvio-Padrão

MÉDIA DO GRUPO 1 = 65

PONTUAÇÃO MÉDIA	DESVIO (d)	DESVIO ELEVADO AO QUADRADO (d^2)
65 − 65 =	0	0
67 − 65 =	2	4
73 − 65 =	8	64
65 − 65 =	0	0
58 − 65 =	−7	49
55 − 65 =	−10	100
70 − 65 =	5	25
69 − 65 =	4	16
60 − 65 =	−5	25
68 − 65 =	3	9
		292

$$SD = \sqrt{\frac{\text{soma de } d^2}{n}} = \sqrt{\frac{292}{10}} = \sqrt{29,2} = 5,4$$

MÉDIA DO GRUPO 2 = 54

PONTUAÇÃO MÉDIA	DESVIO (d)	DESVIO ELEVADO AO QUADRADO (d^2)
54 − 54 =	0	0
60 − 54 =	6	36
63 − 54 =	9	81
33 − 54 =	−21	441
56 − 54 =	2	4
60 − 54 =	6	36
60 − 54 =	6	36
31 − 54 =	−23	529
62 − 65 =	8	64
61 − 54 =	7	49
		1276

$$SD = \sqrt{\frac{\text{soma de } d^2}{n}} = \sqrt{\frac{1276}{10}} = \sqrt{127,6} = 11,3$$

Pontuações-Padrão

Uma vantagem específica do desvio-padrão é que ele pode ser usado para "padronizar" pontuações de uma forma que lhes dê um significado maior. Por exemplo, John e Susan fizeram suas provas semestrais em salas de aula diferentes. John obteve uma pontuação de 118, e Susan, de 110. Quem se saiu melhor? É impossível dizer sem saber qual foi a pontuação média em cada teste, e se John e Susan pontuaram na faixa de cima, do meio ou de baixo das suas salas. Nós gostaríamos de ter um número que desse todas essas informações. Um número que faz isso é a *pontuação z*.

Para converter uma pontuação original em uma **pontuação z**, subtrai-se a média da pontuação. O número resultante é então dividido pelo desvio-padrão daquele grupo de pontuações. Para ilustrar, Susan obteve uma pontuação de 110 em uma sala com uma média de 100 e um desvio-padrão de 10. Conseqüentemente, sua pontuação z é de + 1,0 (▲Tabela A.5). A pontuação de John, de 118, veio de uma sala com uma média de 100 e um desvio-padrão de 18. Conseqüentemente, a sua pontuação z é de + 1,0 (Tabela A.5). Originalmente, parecia que John havia se saído melhor na sua prova semestral, mas agora podemos ver que, em termos relativos, a sua pontuação e a de Susan foram equivalentes. Comparando com os outros alunos, cada um deles estava a mesma distância acima da média.

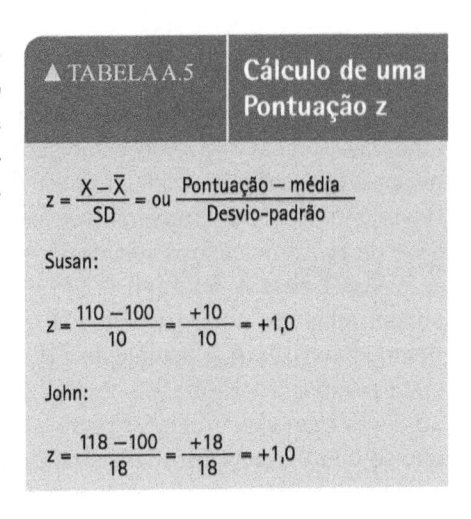

▲ TABELA A.5 | Cálculo de uma Pontuação z

$$z = \frac{X - \bar{X}}{SD} = \text{ou } \frac{\text{Pontuação} - \text{média}}{\text{Desvio-padrão}}$$

Susan:

$$z = \frac{110 - 100}{10} = \frac{+10}{10} = +1,0$$

John:

$$z = \frac{118 - 100}{18} = \frac{+18}{18} = +1,0$$

A Curva Normal

Quando registramos eventos ao acaso, descobrimos que alguns resultados têm grande probabilidade e ocorrem com muita freqüência, que outros têm pouca probabilidade e ocorrem com pouca freqüência, e que outros, ainda, têm muito pouquíssima probabilidade e ocorrem raramente. Conseqüentemente, a distribuição (ou enumeração) dos eventos casuais geralmente se assemelha a uma *curva normal* (◆Figura A.3). Uma **curva normal** tem forma de sino, com uma grande quantidade de pontuações no meio afilando para muito poucas pontuações extremamente altas e baixas. A maioria dos traços psicológicos ou eventos é determinada pela ação de vários fatores. Portanto, como os eventos casuais, as medidas das variáveis psicológicas tendem a corresponder mais ou menos a uma curva normal. Por exemplo, as medidas diretas mostraram que características como altura, extensão de memória e inteligência se distribuem aproximadamente ao longo de uma curva normal. Em outras palavras, muitas pessoas têm altura normal, capacidade de memória e inteligência. No entanto, à medida que nos deslocamos acima ou abaixo da média, encontramos cada vez menos pessoas.

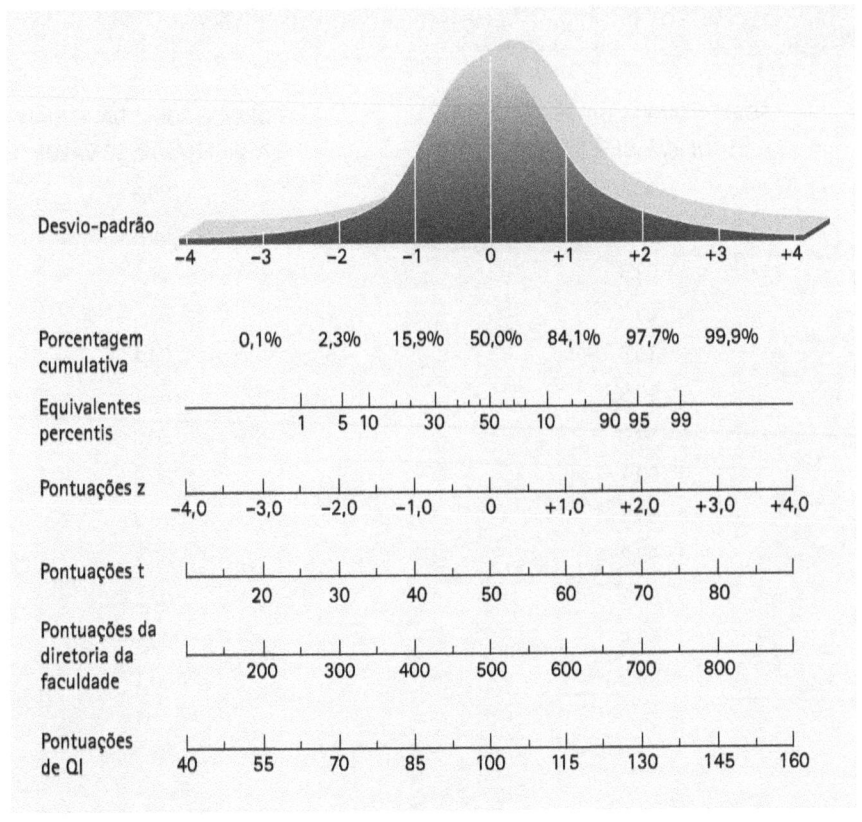

◆FIGURA A.3 *A curva normal. A curva normal é um modelo matemático idealizado. No entanto, muitas medidas em psicologia se aproximam de uma curva normal. As escalas que você está vendo mostram a relação de desvios-padrão, pontuações z e outras medidas com a curva.*

Pontuação z Um número que descreve quantos desvios-padrão acima ou abaixo da média está uma pontuação.

Curva normal Uma distribuição em forma de sino com uma grande quantidade de pontuações no meio, afilando para muito poucas pontuações extremamente altas e baixas.

Temos muita sorte que tantas variáveis psicológicas tendem a formar uma curva normal, pois sabemos muito sobre essa curva.

Uma propriedade valiosa diz respeito à relação entre o desvio-padrão e a curva normal. Especificamente, as medidas de desvio-padrão estabelecem proporções acima e abaixo da média. Por exemplo, na ◆Figura A.4, observe que aproximadamente 68% de todos os casos (pontuações de QI, pontuações de memória, alturas etc.) ficam entre um desvio-padrão acima e abaixo da média (± 1 DP); 95% de todos os casos ficam entre ± 2 DP e 99% de todos os casos se encontram entre ± 3 DP da média.

A ▲Tabela A.6 dá um relato mais completo da relação entre as pontuações z e a porcentagem de casos encontrados em uma determinada área da curva normal. Observe, por exemplo, que 93,3% de todos os casos ficam abaixo de uma pontuação z de + 1,5. Uma pontuação z de 1,5 em uma prova (independentemente de qual era a pontuação original ou "bruta") seria um bom desempenho, já que 93% de todas as pontuações ficam abaixo dessa marca. As relações entre o desvio-padrão (ou pontuação z) e a curva normal não mudam. Isso permite que se comparem vários testes ou grupos de pontuação se eles vêm de distribuições que são aproximadamente normais.

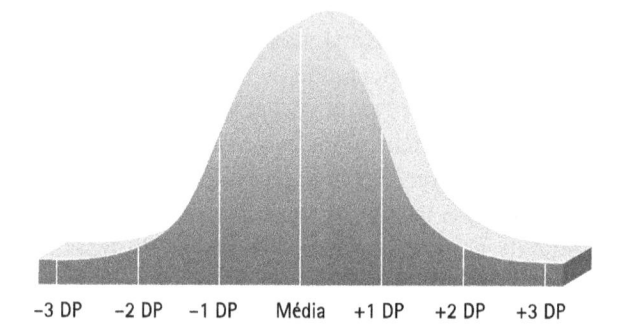

◆FIGURA A.4 *A relação entre o desvio-padrão e a curva normal.*

▲TABELA A.6 **A Região sob a Curva Normal como Porcentagem da Área Total para uma Série de Pontuações z**

PONTUAÇÃO Z	PORCENTAGEM DA REGIÃO À ESQUERDA DESSE VALOR	PORCENTAGEM DA REGIÃO À DIREITA DESSE VALOR
−3,0 DP	00,1	99,9
−2,5 DP	00,6	99,4
−2,0 DP	02,3	97,7
−1,5 DP	06,7	93,3
−1,0 DP	15,9	84,1
−0,5 DP	30,9	69,1
0,0 DP	50,0	50,0
+0,5 DP	69,1	30,9
+1,0 DP	84,1	15,9
+1,5 DP	93,3	06,7
+2,0 DP	97,7	02,3
+2,5 DP	99,4	00,6
+3,0 DP	99,9	00,1

PAUSA PARA ESTUDO — Estatística Descritiva

RELACIONE

Digamos que você pergunte a cem pessoas quantas horas elas dormem à noite e registre suas respostas. Como você poderia mostrar essas pontuações graficamente?

Para encontrar a quantidade média de horas de sono dos seus sujeitos, você preferiria a pontuação mais freqüente (o modo), a pontuação intermediária (a mediana) ou a média aritmética (a média)?

Como você determinaria como variam as horas de sono? Isto é, você preferiria saber as pontuações mais altas e mais baixas (a faixa) ou a quantidade média de variação (desvio-padrão)?

O que você acharia de receber as suas notas em uma sala de aula na forma de pontuações z?

Você acha que a distribuição de pontuações no seu estudo do sono formaria uma curva normal? Por quê?

VERIFICAÇÃO DO APRENDIZADO

1. A estatística _____ resume números para que eles se tornem mais significativos ou mais fáceis de comunicar. A estatística _____ é utilizada para tomar decisões, generalizar ou tirar conclusões.
2. Histogramas e polígonos de freqüência são gráficos de distribuições de freqüência. V ou F?
3. Três medidas da tendência central são a média, a mediana e o _____.
4. Se as pontuações forem colocadas em ordem da menor para a maior, a mediana é definida como a pontuação intermediária. V ou F?
5. Traços centrais são aqueles compartilhados pela maioria dos membros de uma cultura. V ou F?
6. Uma pontuação z de 1 nos diz que uma pontuação ficou um desvio-padrão abaixo da média em um grupo de pontuações. V ou F?
7. Em uma curva normal, 99% de todas as pontuações se encontram entre +1 e −1 desvios-padrão da média. V ou F?

RESPOSTAS: 1. descritiva, dedutiva 2. V 3. modo 4. V 5. F 6. V 7. F

ESTATÍSTICA DEDUTIVA — NÚMEROS SIGNIFICATIVOS

Você gostaria de saber se os meninos são mais agressivos que as meninas. Você observa um grupo de meninos e meninas de cinco anos de idade em um parque de diversões. Depois de coletar dados por uma semana, você descobre que os meninos cometeram mais atos agressivos que as meninas. Essa diferença poderia ser apenas uma flutuação sem significado na agressividade? Ou ela mostra conclusivamente que os meninos são mais agressivos que as meninas? A estatística dedutiva foi criada para responder a essas perguntas.

Como afirmamos anteriormente, a **estatística dedutiva** é uma técnica que nos permite fazer deduções. Isto é, ela nos permite generalização do comportamento de pequenos grupos de sujeitos para o comportamento dos grupos maiores que eles representam. Por exemplo, digamos que uma pesquisadora estude os efeitos de uma nova terapia em um pequeno grupo de pessoas deprimidas. Ela está interessada somente nessas pessoas? Normalmente não, já que, exceto em casos raros, os psicólogos tentam descobrir leis gerais de comportamento que se aplicam amplamente aos seres humanos e aos animais. Indubitavelmente, a pesquisadora gostaria de saber se a terapia é promissora para todas as pessoas deprimidas.

Amostras e Populações

Em qualquer estudo científico, gostaríamos de observar o conjunto todo, ou a **população**, de sujeitos, objetos ou eventos de interesse. No entanto, isso geralmente é impossível ou pouco prático. Observar todos os católicos, todos os pacientes de câncer ou todas as sogras pode ser não só pouco prático (já que todos eles são populações grandes), como impossível (já que as pessoas mudam de denominação, podem não saber que têm câncer e mudam o seu *status* como parentes). Nesses casos, selecionam-se **amostras** (grupos representativos menores de uma população) e as observações da amostra são utilizadas para tirar conclusões sobre toda a população.

População Um grupo todo de animais, pessoas ou objetos que pertencem a uma determinada categoria (por exemplo, todos os estudantes universitários ou todas as mulheres casadas).

Amostra Uma subparte menor da população.

Para que uma amostra tenha significado, ela precisa ser **representativa**. Isto é, o grupo de amostra tem de realmente refletir o fazer parte e as características da população. No nosso estudo hipotético anterior de uma droga para a memória, seria fundamental a amostra de 20 pessoas ser representativa da população geral. Um aspecto muito importante das amostras representativas é que seus membros são escolhidos **aleatoriamente**. Em outras palavras, cada membro da população deve ter a mesma oportunidade de ser incluído na amostra.

Diferenças Significativas

No nosso experimento imaginário com a droga, descobrimos que a pontuação média de memória foi mais alta para as pessoas que receberam a droga que para as que não receberam (o grupo que recebeu placebo). Certamente, esse resultado é interessante, mas e se ele tiver ocorrido por acaso? Se dois grupos fossem testados repetidamente (com nenhum dos dois recebendo qualquer droga), suas pontuações médias de memórias às vezes diferiam. Quanto as duas médias têm de diferir para podermos considerar a diferença "real" (e não devida ao acaso)?

Observe que a pergunta é semelhante à discutida anteriormente. Quantas coroas em seguida nós precisamos tirar quando jogamos uma moeda antes de podermos concluir que a moeda está viciada? No caso da moeda, nós observamos que tirar cinco coroas em seguida é um evento raro. Conseqüentemente, foi razoável pressupor que a moeda estivesse viciada. Evidentemente, é possível tirar cinco coroas em seguida quando se joga uma moeda honesta. Mas como esse resultado é improvável, temos de suspeitar que algo além do acaso (uma moeda carregada, por exemplo) foi responsável pelos resultados. O mesmo raciocínio é utilizado em testes de significância estatística.

Testes de **significância estatística** dão uma estimativa de com que freqüência os resultados do experimento poderiam ter ocorrido somente por acaso. Os resultados de um teste de significância são mostrados como probabilidade. Essa probabilidade dá as chances de a diferença observada ter ocorrido por acaso. Em psicologia, qualquer resultado de experimento que possa ocorrer por acaso cinco vezes (ou menos) em cem (em outras palavras, uma probabilidade de 0,05 ou menos) é considerado *significativo*. No nosso experimento da memória, a probabilidade é de 0,025 ($p = 0,025$) de que as médias fossem diferir como diferem só por acaso. Isso nos permite concluir com uma certeza razoável que a droga realmente aumentou as pontuações de memória.

CORRELAÇÃO – RELAÇÕES DE POSIÇÃO

Os psicólogos estão muito interessados em detectar relações entre os acontecimentos: os filhos de famílias só com pai ou mãe têm mais probabilidade de se comportar mal na escola? A riqueza está associada à felicidade? Há relação entre exposição ao chumbo na infância e o QI aos dez anos? A probabilidade de um ataque cardíaco está ligada ao fato de se ter uma personalidade hostil? Todas essas perguntas se referem à correlação.

Muitas das afirmações que os psicólogos fazem sobre o comportamento não resultam do uso de métodos experimentais. Em vez disso, elas vêm de observações e medidas sensíveis dos fenômenos existentes. Um psicólogo pode observar, por exemplo, que quanto mais elevado for o *status* socioeconômico e educacional de um casal, menor será a quantidade de filhos que ele provavelmente terá. Ou que as notas no ensino médio estão ligadas a quão bem a pessoa provavelmente irá desempenhar na faculdade. Ou até que, à medida que os níveis pluviométricos aumentam em uma determinada região metropolitana, os índices de criminalidade diminuem. Nesses casos, nós estamos lidando com o fato de que duas variáveis se **correlacionam** (variam juntas de uma maneira ordenada).

A maneira mais simples de visualizar uma correlação é construir um **diagrama de dispersão**. Em um diagrama de dispersão, obtêm-se duas medidas (as notas no ensino médio e as notas na faculdade, por exemplo). Uma das medidas é indicada pelo eixo X, e a segunda, pelo eixo Y. O diagrama de dispersão plota a intersecção (cruzamento) de cada par de medidas como um único ponto. Muitos desses pares de medidas fornecem quadros como os mostrados na ◆Figura A.5.

Amostra representativa Uma pequena parte selecionada aleatoriamente de uma grande população que reflete com precisão as características de toda uma população.

Seleção aleatória Escolher uma amostra de forma que cada membro da população tenha a mesma chance de ser incluído na amostra.

Significância estatística O grau de improbabilidade de um evento (como os resultados de um experimento) ter ocorrido somente por acaso.

Correlação A existência de uma relação consistente e sistemática entre dois eventos, medidas ou variáveis.

Diagrama de dispersão Um gráfico que plota a intersecção de medidas agrupadas em pares, isto é, os pontos em que as medidas do par X e Y se cruzam.

Relações

A Figura A.5 também mostra diagramas de dispersão de três tipos básicos de relação entre variáveis (ou medidas). Os gráficos A, B e C mostram *relações positivas* de força variável.

Como você pode ver, em uma **relação positiva**, aumentos na medida (ou pontuação) X correspondem a aumentos na medida (ou pontuação) Y. Um exemplo disso seria descobrir que pontuações mais altas de QI (X) estão associadas a notas mais altas na faculdade (Y). Uma **correlação zero** indica que não existe uma relação entre as duas medidas (ver gráfico D). Ela pode resultar da comparação dos tamanhos de chapéu (X) com as notas na faculdade (Y). Os gráficos E e F mostram uma **relação (ou correlação) negativa**. Observe que, à medida que os valores de uma medida aumentam, os da segunda diminuem. Um exemplo disso seria a relação entre a quantidade de álcool consumida e as pontuações em um teste de coordenação: níveis de álcool mais elevados estão correlacionados a pontuações de coordenação mais baixas.

O Coeficiente de Correlação

A força de uma correlação também pode ser expressa como um **coeficiente de correlação**. Esse coeficiente é simplesmente um número que fica entre +1,00 e −1,00. Se o número for zero ou próximo de zero, ele indica uma relação fraca ou não existente. Se a relação for +1,00, existe uma **relação positiva perfeita**; se a relação for −1,00, descobrimos uma **relação negativa perfeita**. A correlação utilizada mais comumente é chamada Pearson r. O cálculo da Pearson r é relativamente simples, como mostra a ▲Tabela A.7 (os números apresentados são hipotéticos).

Como dissemos no Capítulo 1, as relações na área de psicologia raramente são perfeitas. A maioria delas fica entre zero e +1 e −1.

Quanto mais próxima a relação estiver de +1,00 ou −1,00, mais forte ela será. Um exemplo interessante de algumas correlações típicas nos é dado por um estudo que comparou os QIs de crianças adotadas com os QIs das suas mães biológicas. Com quatro anos, os QIs das crianças tinham uma correlação de 0,28 com os QIs de suas mães. Com sete anos, essa correlação era de 0,35, e com 13 anos, ela havia aumentado para 0,38.

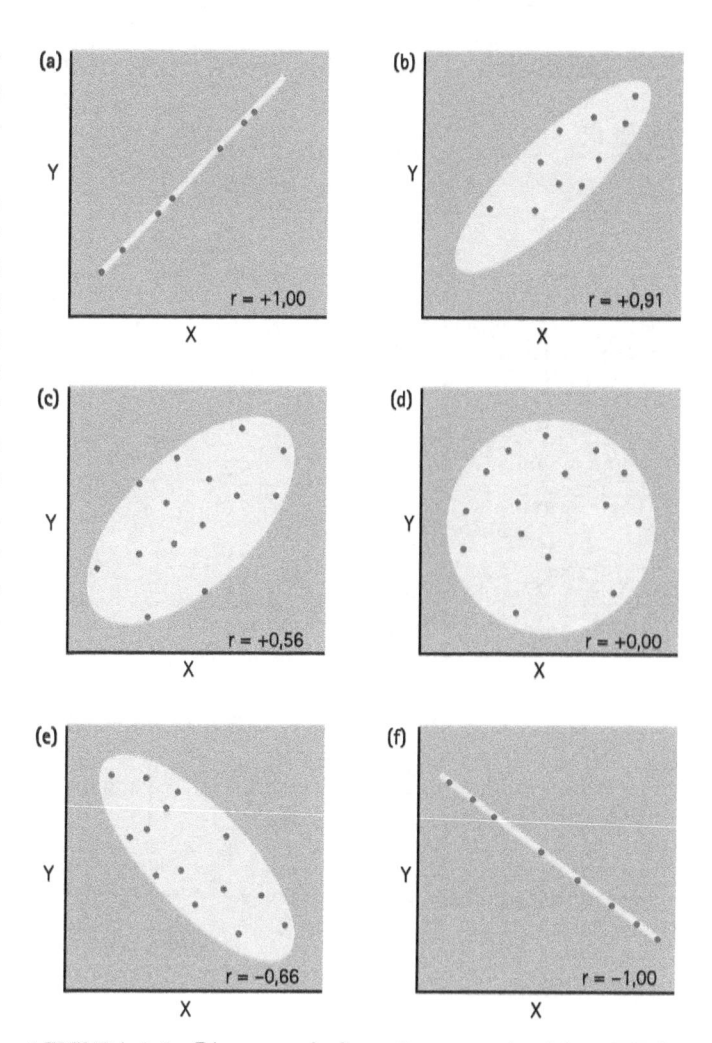

♦FIGURA A.5 *Diagramas de dispersão mostrando vários graus de relação para uma correlação positiva, zero e negativa.*

Relação positiva Uma relação matemática na qual aumentos em uma medida correspondem a aumentos na outra (ou reduções correspondem a reduções).

Correlação zero A ausência de uma relação matemática (linear) entre as duas medidas.

Relação negativa Uma relação matemática na qual aumentos em uma medida correspondem a reduções na outra.

Coeficiente de correlação Índice estatístico que varia de −1,00 a +1,00 e que indica a direção e o grau de correlação.

Relação positiva perfeita Relação matemática na qual a relação entre as duas medidas é de +1,00.

Relação negativa perfeita Relação matemática na qual a relação entre as duas medidas é de −1,00.

TABELA A.7 O QI e a GPA para Cálculo da Pearson r

ALUNO Nº	QI (X)	GPA (Y)	PONTUAÇÃO X ELEVADA AO QUADRADO (X^2)	PONTUAÇÃO Y ELEVADA AO QUADRADO (Y^2)	X VEZES Y (XY)
1	110	1,0	12.100	1,00	110,0
2	112	1,6	12.544	2,56	179,2
3	118	1,2	13.924	1,44	141,6
4	119	2,1	14.161	4,41	249,9
5	122	2,6	14.884	6,76	317,2
6	125	1,8	15.625	3,24	225,0
7	127	2,6	16.124	6,76	330,2
8	130	2,0	16.900	4,00	260,0
9	132	3,2	17.424	10,24	422,4
10	134	2,6	17.956	6,76	348,4
11	136	3,0	18.496	9,00	408,0
12	138	3,6	19.044	12,96	496,8
Total	1503	27,3	189.187	69,13	3488,7

$$r = \frac{\Sigma XY - \frac{(\Sigma X)(\Sigma Y)}{N}}{\sqrt{\left[\Sigma X^2 - \frac{(\Sigma X)^2}{N}\right]\left[\Sigma Y^2 - \frac{(\Sigma Y)^2}{N}\right]}} = \frac{3488,7 - \frac{1503(27,3)}{12}}{\sqrt{\left[189.187 - \frac{(1503)^2}{2}\right]\left[69,13 - \frac{(27,3)^2}{12}\right]}} = \frac{69,375}{81,088} = 0,856 = 0,86$$

Adaptado de Pagano, 1981.

Previsão

A correlação geralmente fornece informações extremamente úteis. Por exemplo, é útil saber que existe uma correlação entre fumar cigarro e os índices de câncer de pulmão. Outro exemplo é o fato de um consumo maior de álcool durante a gravidez ter correlação com peso mais baixo no momento do parto, e um índice maior de defeitos congênitos. Existe uma correlação entre a quantidade de estresses recentes na vida e a probabilidade de problemas mentais. Poderíamos citar vários outros exemplos, mas o que queremos dizer é que as correlações nos ajudam a identificar relações que valem a pena serem conhecidas.

As correlações são particularmente valiosas para se fazer *previsões*. Se sabemos que duas medidas estão correlacionadas e conhecemos a pontuação de uma pessoa em uma medida, podemos prever a sua pontuação na outra. Por exemplo, a maioria das faculdades tem fórmulas que elas utilizam para decidir que candidatos têm mais chance de sucesso. Geralmente, essa fórmula inclui previsores como a GPA no ensino médio, as classificações dos professores, atividades extra-curriculares e pontuações no Teste de Avaliação Escolástico (TAE), ou em testes semelhantes. Embora nenhum previsor tenha uma correlação perfeita com o êxito na faculdade, juntos, os vários previsores têm uma correlação estreita com esse êxito e nos fornecem uma técnica útil para examinar candidatos.

Há um "truque" interessante que se pode fazer com as correlações que você pode achar útil. Funciona assim: se você *elevar ao quadrado* o coeficiente de correlação (multiplicar r por ele mesmo), obterá um número dizendo a **porcentagem de variação** (quantidade de variação nas pontuações) para explicar a correlação. Por exemplo, a correlação entre as pontuações de QI e a média das notas do ensino médio é de 0,5. Multiplicando-se 0,5 por 0,5 obtém-se 0,25 ou 25%. Isso significa que 25% da variação nas notas

Porcentagem de variação Uma parte da quantidade total de variação em um grupo de variações.

da faculdade são explicados conhecendo-se as pontuações de QI. Em outras palavras, com uma relação de 0,5, as notas da faculdade são "espremidas" em um oval, como o mostrado no gráfico C da Figura A.5. As pontuações de QI afastam parte da variação nas GPAs correspondentes. Se não houvesse correlação entre QI e as notas, as notas estariam totalmente livres para variar, como mostrado na Figura A.5, gráfico D.

Seguindo a mesma linha, uma correlação de $+1,00$ e $-1,00$ significa 100% da variação na medida Y é explicada conhecendo-se a medida X: se você conhece a pontuação X de uma pessoa, pode dizer exatamente qual é a pontuação Y. Um exemplo que se aproxima desse estado de coisas é a alta correlação (0,86) entre os QIs de gêmeos idênticos. Em qualquer grupo de gêmeos idênticos, 74% da variação nos QIs dos gêmeos "Y" são explicados conhecendo-se os QIs dos seus irmãos (os "Xs").

Correlação e Causação

É muito importante reconhecer que encontrar uma correlação entre duas medidas não significa automaticamente que uma causa a outra: a correlação não demonstra **causação**. Quando existe uma correlação, o melhor que podemos dizer é que há uma ligação entre as duas variáveis. Evidentemente, isso não significa que é impossível duas variáveis correlacionadas terem uma relação de causa e efeito. Em vez disso, significa que não podemos *concluir*, somente com base na correlação, que existe um elo causal. Para termos mais confiança de que existe uma relação de causa e efeito, é preciso realizar um experimento (ver o Capítulo 1).

Muitas vezes, duas medidas correlacionadas estão ligadas por causa da influência de uma terceira variável. Por exemplo, nós podemos observar que, quanto mais horas os alunos dedicam ao estudo, melhores serão suas notas. Embora seja tentador concluir que mais estudo produz (causa) notas melhores, é possível (na verdade, provável) que as notas e as horas de estudo estejam ambas relacionadas à quantidade de motivação ou interesse do aluno.

A diferença entre os dados de causa e efeito e os dados que revelam uma relação de origem desconhecida não deve ser esquecida. Como raramente realizamos experimentos na vida cotidiana, as informações sobre as quais nós agimos baseiam-se em grande parte na correlação. Isso nos deve tornar mais humildes e mais hesitantes na confiança com a qual fazemos pronunciamentos sobre o comportamento humano.

Causação O ato de causar algum efeito.

PAUSA PARA ESTUDO — Estatística Dedutiva

RELACIONE

Informalmente, você provavelmente deduziu algo sobre uma população de pessoas com base na pequena amostra que observou diretamente. Como a estatística poderia aumentar a precisão das suas deduções?

Se você estivesse tentando testar se uma droga provoca defeitos congênitos, que grau de importância estatística você utilizaria? Se você estivesse realizando um experimento psicológico, com que grau você se sentiria confortável?

Veja se você consegue identificar pelo menos uma relação positiva e uma relação negativa envolvendo o comportamento humano que você observou. Quão forte você acha que seria a correlação em cada um dos casos? Que coeficiente de correlação você esperaria ver?

Uma conhecida sua bebe mais café no inverno do que no verão. Ela também tem mais resfriados no inverno. Ela decide reduzir a quantidade de café que bebe para ajudar a evitar resfriados. O que você pode dizer sobre correlação e causação?

VERIFICAÇÃO DO APRENDIZADO

1. Na estatística dedutiva, as observações de _____ são utilizadas para fazer deduções e tirar conclusões sobre toda uma _____.
2. Pode-se obter uma amostra representativa selecionando-se membros da amostra da _____.
3. Se os resultados de um experimento podem ter ocorrido só por acaso menos de 25 vezes em 100, o resultado é considerado estatisticamente significativo. V ou F?
4. Pode-se utilizar um diagrama de dispersão para plotar e visualizar uma _____ entre dois grupos de pontuações.
5. Em uma relação negativa, aumentos nas pontuações X correspondem a reduções nas pontuações Y. V ou F?
6. Há uma correlação positiva perfeita quando o coeficiente de correlação é 0,00. V ou F?
7. É importante lembrar que a correlação não demonstra _____.

RESPOSTAS: 1. amostra, população 2. aleatória 3. F 4. correlação 5. V 6. F 7. causação.

REVISÃO DO APÊNDICE

Pontos Principais

» Os resultados de estudos psicológicos geralmente são expressos em números, que devem ser resumidos e interpretados para ter algum significado.

» Resumir números visualmente utilizando vários tipos de gráfico facilita a visualização de tendências e padrões nos resultados das investigações na área de psicologia.

» Nós geralmente queremos conhecer a "média" de um grupo de pontuações e quanto elas variam.

» Várias medidas psicológicas produzem pontuações que formam uma curva normal. Isso é útil porque as características das curvas normais são bem conhecidas.

» Algumas técnicas estatísticas podem ser utilizadas para generalizar resultados das amostras para as populações, tirar conclusões e dizer se os resultados de um estudo podem ter ocorrido por acaso.

» Quando há uma correlação ou relação consistente entre as pontuações em duas medidas, saber a pontuação de uma pessoa nos permite prever a sua pontuação na segunda medida.

Resumo

O que é estatística descritiva?

» Estatística descritiva organiza e resume números.

» Estatísticas gráficas, como histogramas e polígonos de freqüência, são utilizadas para representar números pictoriamente.

Como a estatística é utilizada para identificar uma pontuação média?

» As medidas da tendência central definem a "pontuação típica" em um grupo de pontuações.

» Encontramos a média somando todas as pontuações de um grupo e depois dividindo-as pela quantidade total de pontuações.

» Encontramos a mediana dispondo um grupo de pontuações da mais alta para a mais baixa e selecionando a pontuação intermediária.

» O modo é a pontuação que ocorre mais freqüentemente em um grupo de pontuações.

Que estatística os psicólogos utilizam para medir quanto as pontuações diferem umas das outras?

» As medidas de variabilidade fornecem um número que mostra quanto as pontuações variam.

» A faixa é a diferença entre a pontuação mais alta e a pontuação mais baixa em um grupo de pontuações.

» O desvio-padrão mostra quanto, em média, todas as pontuações de um grupo diferem da média.

» Para transformar uma pontuação original em uma pontuação-padrão (ou pontuação z), você tem de subtrair a média da pontuação e depois dividir o resultado pelo desvio-padrão.

» As pontuações-padrão (pontuações z) dizem, em unidades de desvio-padrão, quão acima ou abaixo da média está uma pontuação. Isso permite comparações significativas entre as pontuações de grupos diferentes.

» As pontuações que formam uma curva normal são fáceis de interpretar porque as propriedades de uma curva normal são bem conhecidas.

O que é estatística dedutiva?

» Nós usamos a estatística dedutiva para tomar decisões, generalizar a partir de amostras e tirar conclusões.

» A maioria dos estudos na área de psicologia se baseia em amostras. Presume-se que os resultados das amostras representativas também se aplicam a toda a população.

» Nos experimentos na área de psicologia, as diferenças no desempenho médio dos grupos podem ocorrer puramente por acaso. Os testes de importância nos dizem se as diferenças observadas entre os grupos são comuns ou raras. Se uma diferença for suficientemente grande para ser improvável, isso sugere que os resultados não ocorreram só por acaso.

Como são utilizadas as correlações na psicologia?

» Dizemos que os pares de pontuações que variam juntos ordenadamente estão correlacionados.

» A relação entre duas variáveis ou medidas pode ser positiva ou negativa.

» Os coeficientes de correlação nos dizem quão fortemente dois grupos de pontuações estão relacionados.

» A correlação por si só não demonstra elos de causa e efeito entre variáveis ou medidas.

Glossário

Ablação: remoção cirúrgica de tecidos.

Absorção mútua: no tocante ao amor romântico, a atenção quase exclusiva das pessoas que se amam e que se dão uma à outra.

Acetilcolina: neurotransmissor liberado pelos neurônios para ativar músculos.

Acomodação (perceptiva): mudanças na forma do cristalino do olho que servem para focar objetos a distâncias variadas.

Acomodação (Piaget): as modificações dos padrões mentais existentes para se adaptarem a novas demandas.

Acuidade: o aspecto da percepção visual relacionado à acuidade ou à resolução das imagens.

Acuidade visual: a clareza ou a acuidade da percepção visual.

Acupuntura: a arte médica chinesa de aliviar a dor e tratar doenças por meio da inserção de agulhas finas em vários pontos do corpo.

Adaptação à escuridão: o processo pelo qual o olho se adapta à baixa iluminação e se torna mais sensível à luz, principalmente mediante uma mudança para a visão retinal.

Adaptação sensorial: uma redução na resposta sensorial a um estímulo imutável.

Administração do estresse: a aplicação de estratégias comportamentais para reduzir o estresse e melhorar as habilidades de enfrentar.

Adolescência: o período socialmente definido como entre a infância e a idade adulta.

Adrenalina: um hormônio produzido pelas glândulas adrenais que normalmente tende a excitar o corpo.

Afasia: um problema de fala decorrente de danos às áreas da linguagem nos lóbulos temporais do cérebro.

Afeto: que pertence às emoções ou aos sentimentos.

Afirmação de poder: a utilização de castigo físico ou coerção para impingir disciplina infantil.

Afirmação do self: uma expressão direta e franca de sentimentos e desejos.

Agnosia: um problema na capacidade de perceber o significado dos estímulos, tais como palavras, objetos ou quadros.

Agorafobia (sem pânico): o temor de algumas pessoas de que algo extremamente embaraçoso irá acontecer com elas se saírem de casa ou entrarem em situações não-familiares.

Agressão deslocada: redirecionar a agressão para um alvo diferente da fonte real de frustração da pessoa.

Agressão: uma ação realizada com o intuito de fazer mal a uma outra pessoa.

Além da aprendizagem: estudo ou aprendizado que continua após o domínio inicial de habilidades ou informações.

Altura: intensidade de um som determinada pela amplitude das ondas sonoras.

Alucinação: sensação imaginária, como ver, ouvir ou cheirar algo que não existe no mundo externo.

Alucinógeno: toda substância que altera ou distorce as impressões sensoriais.

Ambiente ("nutrição"): a soma total de todas as condições externas que afetam o desenvolvimento.

Ambiente enriquecido: um ambiente deliberadamente feito mais moderno, complexo e perceptualmente estimulante.

Ambiente intra-uterino: o ambiente físico e químico dentro do útero durante o desenvolvimento pré-natal.

Ambiente natural: o ambiente no qual o organismo geralmente vive.

Ambivalência: sentimentos positivos e negativos mistos ou atração e repulsão simultâneas.

Ameaça: um acontecimento ou uma situação percebidos como potencialmente prejudiciais ao bem-estar da pessoa.

Amnésia: perda (parcial ou total) da memória de acontecimentos passados e, principalmente, perda da memória da identidade.

Amnésia anterógrada: perda da memória de acontecimentos que se seguiram a um ferimento ou trauma.

Amnésia dissociativa: perda (parcial ou total) da memória de acontecimentos passados e, principalmente, perda da memória da identidade pessoal.

Amnésia retrógrada: perda de memória de acontecimentos que antecederam um ferimento ou trauma.

Amor romântico: uma combinação de intimidade e paixão que não inclui muito compromisso.

Amostra: um subconjunto ou parte de uma população.

Amostra representativa: uma parte pequena selecionada aleatoriamente em uma população maior e que reflete com precisão características de toda a população.

Amostra tendenciosa: uma amostra que não reflete com precisão a população da qual foi retirada.

Análise de fatores: técnica estatística utilizada para correlacionar várias medidas. Medidas que formam "grupos" de correlações que se supõe refletem algum fator geral básico.

Análise dos meios-fins: uma análise de como reduzir a diferença entre a situação atual das coisas e uma meta desejada.

Análise sensorial: a capacidade dos sistemas sensoriais de separar as informações que entram em elementos importantes.

Andaimar: o processo de adaptar as instruções de forma que fiquem responsivas ao comportamento de um principiante e apóiem seus esforços para entender um problema ou obter uma aptidão mental.

Androgenia: a presença de traços "masculinos" e "femininos" em uma única pessoa (de acordo com a definição tradicional de masculinidade e feminilidade na cultura da pessoa).

Andrógeno: qualquer um de uma série de hormônios do sexo masculino, principalmente testosterona.

Anfetaminas: uma categoria de drogas sintéticas que têm efeitos estimulantes no sistema nervoso.

Anorexia nervosa: auto-inanição ativa ou uma perda sustentável de apetite de origem psicológica.

Anormalidade bioquímica: um distúrbio dos sistemas químicos do corpo, principalmente em químicos ou neurotransmissores do cérebro.

Anormalidade estatística: anormalidade definida com base em uma pontuação extrema de alguma medida ou dimensão, tal como QI ou ansiedade.

Anormalidade genética: qualquer anormalidade nos genes, incluindo genes que estão faltando, genes extras ou genes defeituosos.

Anosmia: perda ou deficiência do sentido do olfato.

Ansiedade: apreensão, temor ou inquietude semelhantes ao medo, mas baseados em uma ameaça não-evidente.

Ansiedade da separação: angústia apresentada pelas crianças quando são separadas dos seus pais ou das pessoas que tomam conta delas.

Ansiedade de provas: altos níveis de excitação e preocupação que prejudicam seriamente o desempenho em testes.

Ansiedade generalizada: ansiedade que é bem geral e difusa.

Ansiedade moral: apreensão sentida quando os pensamentos, crenças e a capacidade de raciocínio de uma pessoa entram em conflito com os padrões imputados pelo superego.

Ansiedade neurótica: apreensão sentida quando o ego tem de lutar para manter o controle sobre os impulsos do id.

Antecedentes: eventos que antecedem uma resposta.

Antidepressivo: uma droga para levantar o humor.

Antipsicótico: uma droga que, além de ter efeitos calmantes, também tende a reduzir alucinações e delírios.

Apego ambivalente: uma ligação emocional marcada por sentimentos conflitantes de afeto, raiva e turbilhão emocional.

Apego emocional: uma ligação emocional estreita que as crianças criam com os seus pais, as pessoas que tomam conta delas ou outros.

Apego inseguro-ambivalente: um elo emocional ansioso marcado pelo desejo da pessoa de estar com o pai, a mãe ou com quem dela toma conta e pela resistência a se reunir com estes.

Apego inseguro-de-evitação: Uma ligação emocional marcada pela tendência a resistir a se comprometer com os outros.

Apego inseguro-evitação: um elo emocional ansioso marcado pela tendência da pessoa de evitar a reunião com o pai, a mãe ou com quem dela toma conta.

Apego seguro: elo emocional estável e positivo.

Apnéia do sono: a interrupção repetida da respiração durante o sono.

Apoio social: relações estreitas e positivas com outras pessoas.

Aprendizado: mudança relativamente permanente no comportamento que pode ser atribuída à experiência, mas não a fadiga, má nutrição, lesão etc.

Aprendizado auto-regulado: aprendizado ativo autodirigido.

Aprendizado cognitivo: aprendizado de nível mais elevado que envolve o raciocínio, o conhecimento, a compreensão e a antecipação.

Aprendizado completo: estudar um pacote inteiro de informações (como um poema completo) de uma vez só.

Aprendizado de evitação: aprendizado que ocorre quando dar uma determinada resposta atrasa ou impede o início de um estímulo doloroso ou desagradável.

Aprendizado de fuga: aprender a dar uma resposta para encerrar um estímulo aversivo (doloroso ou desagradável).

Aprendizado de partes: estudar separadamente subpartes de um corpo maior de informações (tal como as seções de um livro didático).

Aprendizado dependente do estado: lembrança influenciada pelo estado corporal da pessoa no momento do aprendizado e no momento da recuperação. Uma memória melhor ocorre quando os estados corporais combinam.

Aprendizado latente: aprendizado que ocorre sem reforço óbvio e que permanece não-expresso até que o reforço seja dado.

Aprendizado observacional: aprendizado obtido observando-se e imitando-se os atos de uma outra pessoa ou observando-se as conseqüências desses atos.

Aprendizado pela descoberta: aprendizado baseado nos *insights* ou no entendimento e não na aplicação mecânica de regras.

Aprendizado rápido: tipo de aprendizado rápido e relativamente permanente que ocorre durante um período de tempo limitado no início da vida.

Aproximações sucessivas: uma série de etapas que mudam o comportamento para um padrão de resposta desejado.

Aquisição: o período no condicionamento durante o qual a resposta é reforçada.

Arco de reflexo: o padrão de comportamento mais simples, que envolve apenas três neurônios; leva de um estímulo para uma resposta automática, tal como uma piscada de olhos ou reflexo de joelho.

Área de Wernicke: uma região do cérebro relacionada à compreensão da linguagem.

Arrulho: a repetição espontânea de sons de vogal por crianças.

Assimilação: na teoria de Piaget, a aplicação dos padrões mentais existentes a novas situações (isto é, a nova situação é assimilada aos esquemas mentais existentes).

Assistente social psiquiátrica: profissional que aplica os princípios da ciência social para ajudar os pacientes em clínicas e hospitais.

Astigmatismo: defeitos na córnea, no cristalino ou no olho que fazem que algumas áreas da visão fiquem fora de foco.

Astrologia: um sistema falso baseado na crença de que o comportamento humano é influenciado pela posição das estrelas e dos planetas.

Atenção: orientação no sentido de se concentrar em alguns estímulos.

Atenção dividida: distribuir espaço ou esforço mental para várias tarefas ou partes de uma tarefa.

Atenção positiva incondicional: amor incondicional e aprovação de dados sem qualificação.

Atenção seletiva: concentrar-se voluntariamente em uma parte das informações sensoriais, provavelmente redirecionando mensagens no cérebro.

Atitude: uma tendência aprendida de responder a pessoas, objetos ou instituições de uma forma positiva ou negativa.

Ativação: como refletido em expressões faciais, o grau de excitação vivenciado pela pessoa que está fazendo as expressões.

Ator: na designação de atributos, a pessoa cujo comportamento está sendo interpretado.

Atração interpessoal: atração social por uma outra pessoa.

Atratividade física: grau de beleza física de uma pessoa de acordo com o padrão definido pela sua cultura.

Atribuição: o processo de fazer deduções sobre as causas do próprio comportamento e do comportamento dos outros. No campo da emoção, o processo de atribuir uma excitação percebida a uma fonte específica.

Ausência de afeto: uma carência extrema de emoção.

Autenticidade: nos termos de Carl Rogers, a capacidade de um terapeuta de ser autêntico e honesto em relação aos seus sentimentos.

Auto-avaliação: sentimentos positivos e negativos sobre si mesmo.

Autoconceito: percepção perceptual dos próprios traços de personalidade; uma coleção de crenças, idéias e sentimentos sobre a identidade da pessoa.

Autoconsciência: consciência de si mesmo como pessoa.

Autodeclarações negativas: pensamentos autocríticos que aumentam a ansiedade e reduzem o desempenho.

Autodeficitar: providenciar para atuar sob condições que geralmente reduzem o desempenho para ter desculpa para um desempenho ruim.

Auto-eficácia: a crença na própria capacidade de produzir um resultado desejado.

Auto-estima: ver a si mesmo como uma pessoa de valor; uma avaliação positiva de si mesmo.

Auto-hipnose: um estado de hipnose obtido sem a ajuda de um hipnotizador; auto-sugestão.

Auto-imagem: percepção totalmente subjetiva do próprio corpo e personalidade (um outro termo para autoconceito).

Auto-imagem positiva: considerar a si mesmo uma pessoa boa, digna de amor e de valor.

Autonomia: liberdade da dependência da autoridade externa ou das opiniões dos outros.

Auto-observação experimental: a técnica de Wilhelm Wundt de combinar a introspecção treinada com medidas objetivas.

Auto-reforço: elogiar ou recompensar a si mesmo pela produção de uma determinada resposta (tal como concluir uma tarefa escolar).

Auto-registro: autocontrole baseado na manutenção de registro das freqüências das respostas.

Auto-revelação: o processo de revelar pensamentos e sentimentos particulares e a história pessoal para outros.

Autoteste: responder a perguntas auto-administradas.

Avaliação: avaliação ou medida.

Avaliação ambiental: a medida e a análise dos efeitos que um ambiente tem no comportamento das pessoas que estão nele.

Avaliação do comportamento: o registro da freqüência de vários comportamentos.

Avaliação emocional: avaliação do significado pessoal de uma situação; supõe-se que emoções específicas resultarão de várias avaliações, tal como uma avaliação da ameaça que leva à ansiedade.

Avaliação primária: o primeiro passo para lidar com uma situação ameaçadora, que consiste em decidir se uma situação é realmente uma ameaça.

Avaliação secundária: decidir como lidar com uma ameaça ou um desafio.

Aversão ao gosto: uma repulsa ativa por um determinado alimento, freqüentemente criado quando o alimento é associado à doença ou desconforto.

Aversão condicionada: uma aversão aprendida, ou resposta emocional negativa condicionada.

Aversão sexual: temor, ansiedade ou repulsa quanto a se envolver em sexo.

Axônio: uma fibra fina que conduz informações para longe da célula corporal de um neurônio.

Balbucio: a repetição, pelas crianças, de sons sem significado (incluindo sons de vogais e consoantes).

Barbitúrico: uma entre as várias drogas pertencentes ao grupo de sedativos.

Bateria de testes: um grupo de testes e entrevistas dado a uma mesma pessoa.

Behaviorismo: o estudo do comportamento diretamente observável.

Behaviorismo cognitivo: uma abordagem que combina princípios comportamentais com cognitivos (percepção, raciocínio, antecipação) para explicar o comportamento.

Beta-endorfina: um produto químico natural produzido pela glândula pituitária e semelhante, em sua estrutura e no seu efeito analgésico, a drogas opiáceas como a morfina.

Biblioterapia: a utilização de livros para comunicar informações úteis, sozinha ou com um adjunto de outras formas de terapia.

Biofeedback: informações sobre as atividades corporais que ajudam a regulagem voluntária dos estados corporais.

Biopsicologia: o estudo dos processos biológicos no tocante à sua relação com o comportamento.

Biopsicólogo: um psicólogo que estuda a relação entre o comportamento e os processos biológicos, principalmente a atividade no sistema nervoso.

Bissexual: uma pessoa que se sente atraída romântica e eroticamente tanto por homens como por mulheres.

Bits de informação: unidades significativas de informação, como números, letras, palavras ou frases.

Boa saúde física e mental: um estado positivo de boa saúde; mais do que a ausência de doenças.

Botão de paladar: o órgão receptor do paladar.

Brilho: a intensidade da luz refletida ou emanada de uma superfície.

Bulimia nervosa: o comer excessivamente (empanturrar-se), geralmente seguido por vômito auto-induzido e/ou pela ingestão de laxantes.

Burnout: um problema de exaustão mental, física e emocional relacionada ao trabalho.

Busca de atenção negativa: um padrão observado principalmente em crianças no qual o mau comportamento é utilizado para chamar a atenção.

Busca de sensações: uma característica de personalidade das pessoas que preferem altos graus de estimulação.

Cafeína: uma droga natural com propriedades estimulantes encontrada no café, no chá e no chocolate e adicionada a bebidas artificiais e remédios.

Cafeínismo: o consumo excessivo de cafeína que leva à dependência e a uma série de queixas físicas e psicológicas.

Câmara condicionadora: um aparelho elaborado para o estudo do condicionamento operante em animais; uma caixa de Skinner.

Câmara de observação: aparelho experimental utilizado para testar a percepção da criança mediante a apresentação de estímulos visuais e observar as suas respostas.

Campanha para a saúde comunitária: um programa educativo que abrange toda a comunidade e fornece informações sobre os fatores que afetam a saúde e o que fazer em relação a eles.

Camuflagem: desenhos que quebram a organização figura-fundo, o que faz com que fique mais difícil ver os objetos.

Canais iônicos: canais que passam pela membrana axônio.

Canais semicirculares: canais vestibulares cheios de líquidos; os órgãos sensoriais para equilíbrio.

Cannabis sativa: a planta cânhamo, de cujas folhas e flores se derivam a maconha e o haxixe.

Características perceptuais: elementos importantes de padrão de estímulos, como linhas, formas, cantos, manchas e cores.

Características poligênicas: características pessoais que são influenciadas por uma combinação de genes.

Características sexuais básicas: o sexo de acordo com o definido pelos órgãos genitais e reprodutores internos.

Características sexuais secundárias: características sexuais além dos órgãos genitais e reprodutores, como seios, formato do corpo e pêlos faciais.

Caráter: características pessoais que foram julgadas ou avaliadas; as qualidades desejáveis ou indesejáveis de uma pessoa.

Carbonato de lítio: droga utilizada para diminuir as mudanças de humor na pessoa que sofre de vários tipos de problemas afetivos.

Cartas Zener: um baralho de 25 cartas que contém vários símbolos; utilizado nas primeiras pesquisas parapsicológicas.

Casa intermediária: uma casa comunitária para as pessoas que estão fazendo a transição de uma instituição (sanatório, prisão etc.) para a vida independente.

Castigador: todo evento que diminui a probabilidade ou a freqüência das respostas que ele segue.

Castigo: ocorre quando uma resposta é seguida de dor ou de outro acontecimento negativo ou quando uma resposta é seguida da retirada de um reforçador positivo (custo da resposta).

Castigo grave: castigo intenso; por definição, castigo capaz de suprimir uma resposta por longos períodos.

Castigo leve: castigo que tem um efeito relativamente fraco, principalmente o castigo que diminui apenas temporariamente o ato de responder.

Cataplexia: uma paralisia repentina temporária dos músculos.

Categoria perceptual: uma classe, um tipo ou agrupamento preexistente.

Causa externa: a causa de um comportamento que está supostamente fora da pessoa.

Causa interna: uma causa de comportamento que se supõe esteja dentro da pessoa – por exemplo, uma necessidade, uma preferência ou um traço de personalidade.

Causação: o ato de causar algum efeito.

Cegueira de cores: incapacidade total de perceber cores.

Cegueira não-intencional: não conseguir perceber um estímulo que está à vista mas não é o centro da atenção.

Cegueira noturna: defeito visual no qual a visão diurna é normal mas ocorre cegueira em condições de baixa iluminação.

Células efetoras: células especializadas nos músculos e glândulas para produção de respostas.

Células pilosas: células receptoras na cóclea que transformam vibrações em impulsos nervosos.

Cenário: o ambiente social e/ou físico no qual ocorre uma ação.

Centralização de tarefas: concentrar-se em uma tarefa à mão e não nos seus sentimentos ou necessidades.

Centro comunitário de saúde mental: um lugar espaçoso oferecido pelos serviços de saúde mental com trabalhos de prevenção, aconselhamento, consultas e intervenções em casos de crises.

Cerebelo: uma projeção em forma de couve-flor na base do cérebro que controla a postura e a coordenação.

Cérebro: os dois hemisférios amplos que cobrem a parte superior do crânio.

Cérebro anterior: as regiões mais elevadas do cérebro, incluindo hipotálamo, tálamo, *corpus callosum* e cérebro.

Chateação: todo aborrecimento cotidiano estressante, também denominado microestressor.

Ciência: corpo de conhecimento obtido mediante observação e experimentação sistemáticas.

Científico: realizado estritamente de acordo com os princípios de prova utilizados nas ciências naturais.

Cinestesia: estudo do significado dos movimentos, da postura, dos gestos das mãos e das expressões faciais geralmente denominados linguagem corporal.

Clarividência: a aparente capacidade de perceber eventos a distância ou através de barreiras físicas.

Cocaína: uma droga cristalina derivada das folhas da coca e utilizada como estimulante e anestésico do sistema nervoso central.

Cóclea: órgão em formato de caracol que forma o ouvido interno.

Codificação: colocar as informações em um formato que permita que elas sejam armazenadas na memória e manipuladas no raciocínio.

Codificação seletiva: a capacidade mental de selecionar informações relevantes e ignorar informações inúteis ou que distraem.

Codificação sensorial: vários códigos utilizados pelos órgãos dos sentidos para transmitir informações ao cérebro.

Coeficiente de correlação: um índice estatístico que varia de –1,00 a +1,00 que indica a direção e o grau de correlação.

Coesão grupal: o grau de atração entre os membros de um grupo ou o grau de compromisso de permanecer no grupo.

Cognição: o processo de pensar, conhecer ou processar informações mentalmente.

Colega conselheiro: pessoa não-profissional que aprendeu aptidões básicas de aconselhamento.

Combinação seletiva: na resolução de problemas, a capacidade de conectar itens de informação aparentemente não-relacionados.

Comer em excesso: comer além da necessidade de calorias diárias da pessoa.

Comparação seletiva: a capacidade de relacionar um problema presente a problemas semelhantes resolvidos ou a experiências anteriores.

Comparação social: fazer julgamentos sobre nós mesmos por meio da comparação com outros.

Compensação: neutralizar uma fraqueza real ou imaginária enfatizando traços desejáveis ou tentando destacar-se em outras áreas.

Competência: como um fator na atração interpessoal, o grau de capacidade ou proficiência geral apresentado por uma pessoa.

Complexo de Édipo: conceito freudiano que se refere à atração sexual do menino por sua mãe e a sentimentos de rivalidade com seu pai.

Complexo de Electra: conceito freudiano referente à atração sexual da menina por seu pai e os conseqüentes sentimentos de rivalidade em relação à mãe.

Componente da ação: em uma atitude, a parte composta da forma como uma pessoa tende a agir em relação ao objeto da atitude.

Componente emocional: os sentimentos da pessoa em relação ao objeto de uma atitude.

Comportamento aberto: uma atitude ou resposta diretamente observável.

Comportamento expressivo: comportamento que expressa ou transmite emoção.

Comportamento inato: comportamento inato e não-aprendido.

Comportamento instrumental: comportamento voltado para atingir alguma meta; comportamento que é fundamental para produzir um determinado efeito.

Comportamento mal ajustado: comportamento que torna mais difícil para a pessoa se adaptar ao seu ambiente e atender às demandas do dia-a-dia.

Comportamento oculto: uma resposta que é interna ou oculta da vista.

Comportamento pró-social: comportamento útil, construtivo ou altruísta em relação aos outros.

Comportamento supersticioso: no condicionamento, um comportamento repetido porque parece criar reforço, mesmo que na verdade seja desnecessário.

Comportamentos adaptativos (emocionais): atitudes que ajudam os seres humanos e os animais na sua tentativa de sobreviver e se adaptar a condições que estão sofrendo mudanças.

Comportamentos adaptativos (retardamento): habilidades e atitudes básicas consideradas necessárias para cuidar de si mesmo e lidar de maneira bem-sucedida com o meio ambiente.

Comportamentos-alvo: ações ou outros comportamentos (como um discurso) que um terapeuta comportamental tenta modificar.

Compulsão: um ato que uma pessoa se sente impelida a repetir, geralmente contra a sua vontade.

Comunicação desviante: padrões de comunicação que provocam culpa, ansiedade, confusão, raiva, conflito e perturbação emocional.

Comunicador: na persuasão, a pessoa que apresenta argumentos ou informações.

Conceito: uma idéia generalizada que representa uma categoria de objetos ou eventos relacionados.

Conceito conjuntivo: um conceito definido pela presença de duas ou mais características específicas. (Por exemplo, para se qualificar como exemplo de um conceito, um objeto tem de ser vermelho *e* triangular.)

Conceito disjuntivo: um conceito definido pela presença de pelo menos uma de várias características possíveis. (Por exemplo: para qualificar-se, um objeto tem de ser azul *ou* circular.)

Conceito relacional: conceito definido pela relação entre as características de um objeto ou entre um objeto e os seus arredores (por exemplo, "maior do que", "torto").

Condensação: combinar várias pessoas, objetos ou eventos em uma única imagem onírica.

Condicionamento clássico: uma forma básica de aprender na qual as respostas de reflexo existentes são ilustradas por novos estímulos (também conhecido como condicionamento responsivo).

Condicionamento clássico substituto: condicionamento clássico realizado observando-se como outra pessoa reage a um determinado estímulo.

Condicionamento de ordem mais elevada: condicionamento clássico no qual um estímulo condicionado é utilizado para reforçar mais aprendizado, isto é, um EC é utilizado como se fosse um ENC.

Condicionamento operante: aprendizado baseado nas conseqüências de dar respostas.

Condições de valor: padrões internos utilizados para julgar o valor das idéias, das ações, dos sentimentos ou das experiências de uma pessoa.

Cones: receptores visuais de cores e acuidade visual à luz do dia.

Confiabilidade: a capacidade de um teste de dar a mesma pontuação ou aproximadamente a mesma pontuação cada vez que ele é dado à mesma pessoa.

Conflito de múltiplas proximidades-evitação: sentir-se simultaneamente atraído e repelido por cada uma de várias alternativas.

Conflito de papéis: uma situação frustrante que existe quando uma pessoa tenta ocupar dois ou mais papéis que fazem demandas conflitantes em relação ao comportamento.

Conflito de proximidade-evitação: uma situação desagradável na qual a pessoa ou um animal são simultaneamente atraídos e repelidos pelo mesmo objetivo.

Conflito de proximidade-evitação: uma situação desagradável na qual a pessoa se sente simultaneamente atraída e repelida por cada uma de duas alternativas.

Conflito de proximidade-proximidade: uma situação na qual uma pessoa ou um animal têm de decidir entre duas alternativas desejáveis ou positivas.

Conflito evitação-evitação: uma situação desagradável que exige que se opte entre duas alternativas negativas ou mutuamente indesejáveis.

Conflito: uma situação estressante que ocorre quando uma pessoa tem de escolher entre alternativas incompatíveis ou contraditórias.

Conformidade: fazer com que o comportamento de uma pessoa esteja de acordo ou em harmonia com as normas ou com o comportamento dos outros membros de um grupo.

Conformidade passiva: ceder passivamente a demandas ou circunstâncias não-razoáveis.

Confronto: na terapia existencial, o processo de confrontar clientes com os seus valores e com a necessidade de assumir a responsabilidade pela qualidade da sua existência.

Conhecimento dos resultados: durante o aprendizado, o *feedback* ou as informações fornecidas sobre a correção das respostas ou outros aspectos do desempenho.

Consciência: na teoria freudiana, a parte do superego que provoca culpa quando os seus padrões não são atendidos. A experiência de uma pessoa de consciência mental, incluindo as sensações, percepções, lembranças e sentimentos atuais.

Consciência desperta: estado de consciência normal e alerta.

Consciente: a região de mente que inclui todos os conteúdos mentais (idéias, imagens, sentimentos, lembranças etc.) da qual uma pessoa está ciente a qualquer momento.

Conselheiro: um conselheiro que ajuda as pessoas a resolverem problemas relacionados a casamento, carreira, trabalhos escolares e similares.

Consenso: o grau que as pessoas respondem da mesma maneira. Na feitura de atribuições, o consenso implica que as respostas são provocadas externamente.

Conseqüências: os efeitos que se seguem a uma resposta.

Conservação: na teoria de Piaget, o domínio do conceito de que o volume da matéria permanece inalterado (é conservado) mesmo quando a forma ou a aparência dos objetos muda.

Consistência: na feitura de atributos, notar a muito pouca mudança de um comportamento em ocasiões diferentes.

Consolidação: processo pelo qual lembranças relativamente permanentes se formam no cérebro.

Constância da forma: a forma percebida de objetos permanece inalterada por mudanças na forma de sua imagem na retina.

Constância do brilho: o brilho aparente (ou relativo) de vários objetos permanece o mesmo pelo tempo em que cada objeto é iluminado pela mesma quantidade de luz.

Constância do tamanho: o tamanho percebido dos objetos permanece inalterado, apesar das mudanças no tamanho das imagens que eles lançam na retina.

Contato de *status* igual: a interação social que ocorre no mesmo nível, sem as diferenças óbvias no poder ou no *status*.

Conteúdo latente de um sonho: o significado oculto ou simbólico de um sonho, de acordo com o revelado pela sua interpretação e análise.

Conteúdo manifesto do sonho: o conteúdo superficial, "visível" de um sonho; imagens oníricas da forma como são lembradas pela pessoa que sonha.

Contexto: informações que cercam um estímulo e que lhes dão significado no tocante ao comportamento, à situação social, ao cenário comportamental ou outras circunstâncias adjacentes nas quais ocorre uma ação.

Contexto situacional: a situação social, o cenário comportamental ou as circunstâncias gerais nos quais ações ocorrem.

Contra-irritação: utilizar uma dor amena para bloquear uma dor mais intensa ou duradoura.

Controle (do estresse): no tocante ao estresse, a capacidade de exercer alguma influência sobre as circunstâncias de uma pessoa.

Controle (experimental): eliminar, identificar ou equalizar todos os fatores em um experimento que possam afetar o resultado.

Controle dos estímulos: a tendência dos estímulos presentes quando uma resposta operante é adquirida de controlar subseqüentemente quando e onde a resposta é dada.

Convergência: o girar simultâneo dos dois olhos para dentro quando focam objetos próximos.

Corpus callosum: o grande amontoado de fibras que liga os hemisférios direito e esquerdo do cérebro.

Correlação: uma relação ordenada entre dois eventos, duas medidas ou duas variáveis.

Córtex cerebral: a camada de tecido que forma a camada externa e a superfície do cérebro; o córtex cerebral é responsável pelas funções sensoriais e motoras e pelos processos mentais mais elevados nos seres humanos.

Córtex de associação: todas as regiões do córtex cerebral que não são especificamente sensoriais ou motoras em suas funções.

Córtex motor: região no topo do cérebro diretamente ligada ao controle dos movimentos voluntários.

Corticalização: um aumento no tamanho relativo do córtex cerebral.

Crenças do tipo "mundo justo": crença de que as pessoas geralmente têm o que merecem.

Criança lenta ou desanimada: criança cujo temperamento é reprimido, inexpressivo ou tímido.

Criança tranqüila: uma criança de temperamento calmo e agradável.

Cromossomo X: o cromossomo feminino contribuído pela mãe; produz uma menina quando combinado com outro cromossomo X, e um menino quando combinado com um cromossomo Y.

Cromossomo Y: o cromossomo masculino contribuído pelo pai; produz um menino quando combinado com um cromossomo X. Os homens podem dar um cromossomo X ou Y aos seus filhos.

Cromossomos: estruturas semelhantes a um fio ("corpos coloridos") no núcleo de cada célula e compostos do DNA, que carrega os genes. As células humanas normais têm 23 pares de cromossomos (total de 46).

Culto: um grupo que professa grande devoção a alguma pessoa, idéia ou coisa.

Cultura: um padrão de vida que caracteriza uma sociedade em uma determinada fase do seu desenvolvimento ou em um determinado ponto da sua história.

Curare: uma droga que compete com a acetilcolina, causando a paralisia.

Curva de esquecimento: um gráfico que mostra a quantidade de informações memorizadas lembradas após vários intervalos de tempos.

Curva normal: curva em forma de sino com uma grande quantidade de pontuações no meio, diminuindo para muito poucas pontuações extremamente altas ou baixas.

Custo da resposta: castigo que ocorre quando uma resposta leva à remoção do reforçador positivo.

Dados: fatos ou evidências observados.

Dano fetal: um problema congênito, isto é, dano ou lesão que ocorre no feto durante o desenvolvimento pré-natal.

Decadência da memória: o esvanecimento ou o enfraquecimento de lembranças que supostamente ocorrem quando os traços de memória se tornam mais fracos.

Declaração condicional: Uma declaração que contém uma qualificação, geralmente no formato *se ..., então ...*

Declarações de lidar com situações: declarações que transmitem confiança e são auto-expansivas, utilizadas para interromper o raciocínio autocrítico.

Defesa perceptual: resistência a perceber estímulos ameaçadores ou perturbadores.

Definição operacional: definir um conceito científico descrevendo as atitudes ou os procedimentos utilizados para medi-lo. Por exemplo, "fome" poderia ser definida como "a quantidade de horas sem comida".

Delírio: uma falsa crença sustentada contra todas as provas em contrário.

Demandas situacionais: expectativas não-declaradas que definem os comportamentos desejáveis ou adequados em vários cenários e situações sociais.

Demonologia: na Europa Medieval, o estudo dos demônios e o tratamento de pessoas "possuídas" por eles.

Dendritos: fibras que se projetam das células nervosas e que recebem informações de outros neurônios e as levam para as células do corpo.

Denotação: a definição precisa do dicionário de uma palavra ou de um conceito; o seu significado objetivo.

Dependência física: dependência física, de acordo com o indicado pela presença de tolerância à droga e sintomas de abstinência.

Dependência psicológica: dependência de droga que se baseia principalmente nas necessidades emocionais ou psicológicas.

Depressão: um estado de desânimo profundo marcado por apatia, negativismo emocional e inibição comportamental.

Depressão endógena: depressão que é aparentemente produzida internamente (talvez por desequilíbrios químicos no cérebro) e não como reação aos acontecimentos da vida.

Depressão pós-parto: uma depressão de leve a ligeiramente grave que começa no período de três meses após o parto.

Depressivo: uma substância que reduz a atividade no corpo e no sistema nervoso.

Desabituação: uma reversão da habituação.

Desamparo aprendido: uma incapacidade aprendida de superar obstáculos ou evitar castigos. Um estado aprendido de passividade e inatividade em vista de estímulos adversos.

Desconforto subjetivo: sensações pessoais e particulares de desconforto e infelicidade.

Descongelar: na lavagem cerebral, a perda de convicções sobre valores, atitudes e crenças anteriores.

Desconto: rebaixar explicações internas para comportamentos quando as atitudes de uma pessoa aparentam ter fortes causas externas.

Desejo sexual hipoativo: perda constante da motivação sexual.

Desempenho de pico: um desempenho durante o qual estados físicos, mentais e emocionais são harmoniosos e ótimos.

Desenvolvimento moral: o desenvolvimento de valores, crenças e capacidade de raciocínio que agem como um guia no tocante ao que é comportamento aceitável.

Desenvolvimento social: o desenvolvimento da autoconsciência, apego às pessoas que tomam conta de nós, e a relação com outras crianças e adultos.

Designação aleatória: a utilização do acaso (por exemplo, jogar uma moeda) para designar sujeitos para grupos experimentais e de controle.

Desigualdades de *status*: diferenças no poder, prestígio ou privilégios de duas ou mais pessoas ou grupos.

Desinibição: a remoção da inibição, o que resulta na exteriorização de um comportamento que normalmente seria reprimido.

Desinstitucionalização: utilização reduzida do compromisso em período integral com os sanatórios para tratar de problemas mentais.

Desintegração da personalidade: a destruição da coordenação entre pensamentos, ações e emoções normalmente encontrados na personalidade.

Desintoxicação: a remoção de um veneno ou dos seus efeitos; no tratamento de alcoolismo, a abstinência do paciente do álcool.

Dessensibilização: reduzir o medo ou a ansiedade expondo a pessoa repetidamente a estímulos emocionais enquanto ela está profundamente relaxada.

Dessensibilização do movimento do olho: uma redução do medo ou da ansiedade que ocorre quando uma pessoa tem pensamentos que a transtornam enquanto movimenta rapidamente os olhos de um lado para outro.

Dessensibilização sistemática: uma redução orientada do medo, da ansiedade e da aversão.

Dessensibilização vicária: uma redução no medo ou na ansiedade que ocorre vicariamente (de segunda mão) quando um cliente observa modelos executarem o comportamento temido.

Destreza: preferência de utilizar a mão direita ou esquerda na maioria das atividades.

Destruição profunda: a utilização de um eletrodo (fio eletrizado) para destruir pequenas áreas profundas do cérebro.

Desuso: a teoria de que os traços da memória se enfraquecem quando as lembranças não são utilizadas ou recuperadas periodicamente.

Desviadores: itens falsos incluídos com um item correto para formar um teste de memória de reconhecimento (por exemplo: as respostas erradas em um teste de múltipla escolha).

Desvio de QI: um QI obtido estatisticamente da posição relativa de uma pessoa na sua faixa etária.

Detector de características: um sistema sensorial extremamente adaptado a um padrão de estímulo específico.

Determinantes situacionais: condições externas que influenciam consideravelmente o comportamento.

Determinismo: a doutrina de que todos os comportamentos têm uma causa anterior.

Determinismo biológico: a crença de que o comportamento é controlado por processos biológicos, como hereditariedade ou evolução.

Devaneio: uma fantasia que a pessoa vive acordada.

Dieta: os tipos e a quantidade de alimentos e bebidas consumidos regularmente por um período de tempo.

Diferença notável: a quantidade de um aumento ou redução de um estímulo que podem ser detectados de maneira confiável como uma mudança na quantidade, no valor ou na intensidade.

Diferencial semântico: uma medida do significado conotativo obtido pela classificação de palavras ou conceitos em várias dimensões.

Dilema psicossocial: um conflito entre os impulsos pessoais e o mundo social que afeta o desenvolvimento.

Discriminação: tratar os membros de vários grupos sociais diferentemente em circunstâncias nas quais os seus direitos ou o seu tratamento deveriam ser idênticos.

Discriminação de estímulo operante: a tendência de dar uma resposta quando estímulos anteriormente associados à recompensa estão presentes, e reter a resposta quando estímulos anteriormente associados à não-recompensa estão presentes.

Discriminação de estímulos: a capacidade aprendida de detectar diferenças nos estímulos, geralmente criada pelo reforço de respostas a um estímulo, mas não a outro.

Discriminação pela idade: discriminação ou preconceito baseados na idade da pessoa.

Disfunção cerebral mínima (DCM): explicação hipotética para a hiperatividade, que envolve uma defasagem no desenvolvimento ou dano de baixo nível no cérebro.

Disfunção erétil do homem: incapacidade de manter uma ereção para o intercurso sexual.

Disfunção orgástica do homem: incapacidade de atingir o orgasmo durante o intercurso sexual.

Disparidade retinal: pequenas discrepâncias nas imagens lançadas em cada uma das retinas provocadas pela separação dos olhos.

Disposição: predisposição a responder de uma determinada maneira.

Dissecação: a separação de tecidos nas suas partes.

Dissonância cognitiva: um choque desconfortável entre a auto-imagem, as idéias, as crenças, as atitudes ou percepções e o comportamento de uma pessoa.

Distância íntima: espaço mais privado que cerca o corpo (cerca de 45,7 cm da pele).

Distância pessoal: a distância mantida quando se interage com amigos íntimos (cerca de 45,7 cm a 1,2 m do corpo).

Distância pública: distância na qual ocorrem interações formais, como fazer um discurso (cerca de 3,9 m ou mais do corpo).

Distância social: distância à qual ocorre a interação social (cerca de 1,2 m a 3,9 m do corpo).

Distinção: como base para fazer atribuições causais, notar que um comportamento ocorre somente sob um conjunto específico (distinto) de circunstâncias.

Distúrbio afetivo sazonal (DAS): depressão que ocorre durante o outono e o inverno supostamente associada à redução da exposição à luz do sol.

Distúrbio bipolar I: um distúrbio do humor no qual a pessoa tem episódios maníacos e períodos de depressão profunda.

Distúrbio bipolar II: um distúrbio do humor no qual a pessoa está, na maior parte do tempo, deprimida (triste, desanimada, com sentimento de culpa), mas apresenta também um ou mais episódios levemente maníacos.

Distúrbio ciclotímico: comportamento moderadamente maníaco e depressivo que persiste por dois anos ou mais.

Distúrbio da identidade dissociativa: a presença de duas ou mais personalidades distintas ou identidades pessoais (múltipla personalidade).

Distúrbio de adaptação: distúrbio emocional provocado por estressores dentro da experiência comum; o estresse está presente e cria ansiedade e sintomas físicos.

Distúrbio de ansiedade: um problema caracterizado por sensações perturbadoras de medo, apreensão ou ansiedade, ou por distorções do comportamento associadas à ansiedade.

Distúrbio de ansiedade generalizada: a pessoa fica em um estado crônico de preocupações com trabalho, relacionamentos, aptidões ou com um desastre iminente.

Distúrbio de delírio: psicose marcada por delírios graves de grandeza, ciúmes, perseguição ou preocupações semelhantes.

Distúrbio de depressão profunda: problema de humor no qual a pessoa sofreu um ou mais episódios intensos de depressão.

Distúrbio de dor: dor que não tem causa física indentificável e que aparentemente é de origem psicológica.

Distúrbio de estresse pós-traumático: problema psicológico que dura mais de um mês após estresses, tais como desastres ou combates militares que produziriam ansiedade em qualquer pessoa que os vivenciasse.

Distúrbio de excitação sexual feminino: a falta de excitação física ao estímulo sexual.

Distúrbio de personalidade: um padrão de personalidade profundamente arraigado, doentio e mal ajustado.

Distúrbio de somatização: seus portadores têm várias queixas físicas. Normalmente, consultaram vários médicos, mas não se conseguiu identificar causas orgânicas para a sua angústia.

Distúrbio dissociativo: amnésia temporária, múltipla personalidade ou despersonalização.

Distúrbio distímico: um grau moderado de depressão que persiste há dois anos ou mais, mas que não incluiu períodos de depressão profunda.

Distúrbio do comportamento (REM): falha da paralisia muscular normal, o que leva a ações violentas durante o sono REM.

Distúrbio fóbico: um tipo de distúrbio de ansiedade no qual temores irracionais (fobias) se concentram em objetos, atividades ou situações específicas.

Distúrbio mental orgânico: um problema mental ou emocional provocado pelo mau funcionamento do cérebro.

Distúrbio metabólico: qualquer problema no metabolismo (a taxa de produção e utilização de energia no corpo).

Distúrbio obsessivo-compulsivo: uma preocupação extrema inevitável com determinados pensamentos e apresentação compulsiva de determinados comportamentos.

Distúrbio orgástico feminino: uma incapacidade de atingir o orgasmo durante o intercurso sexual.

Distúrbio psicossomático: doença na qual fatores psicológicos contribuem para o dano corporal ou para mudanças prejudiciais no funcionamento do corpo.

Distúrbio psicótico: distúrbio psicológico grave caracterizado por fuga da realidade, alucinações e delírios, emoções perturbadas e retirada social.

Distúrbio relacionado a substâncias: o abuso ou a dependência de uma droga que altera o humor ou o comportamento.

Distúrbio sexual: qualquer um de uma série de dificuldades em relação à identidade, comportamento ou ajuste sexual.

Distúrbio somatoforme: a presença de sintomas físicos que imitam a doença ou a lesão para a qual não há causa física identificável.

Distúrbios bipolares: distúrbios emocionais que envolvem a depressão e humores e comportamentos extremamente elevados ou maníacos.

Distúrbios sexuais e de identidade sexual: qualquer uma de uma vasta gama de dificuldades com a identidade sexual, comportamento sexual ou adaptação sexual.

DNA: ácido desoxirribonucléico; uma estrutura torcida em forma de escada que contém o código químico para as informações genéticas.

Doença sexualmente transmissível: doença que geralmente é transmitida de uma pessoa para outra por meio do contato físico íntimo; doença venérea.

Doença unipolar: uma doença do humor na qual a pessoa vivencia longos períodos de depressão profunda mas não tem histórico de ter sido maníaca.

Dogmatismo: uma positividade ou uma certeza não-sustentada relativa a questões de crença ou opinião.

Dopamina: uma importante substância transmissora encontrada no cérebro, principalmente no sistema límbico, uma região associada à resposta emocional.

Dor somática: dor oriunda da pele, dos músculos, das juntas e dos tendões.

Dor somatoforme: dor que não tem causa física identificável e parece ser de origem psicológica.

Dotação: a posse de um alto QI, talentos ou aptidões especiais.

Droga psicoativa: substância capaz de alterar a atenção, a memória, o julgamento, a noção de tempo, o autocontrole, o humor ou a percepção.

Eclético: selecionado de várias fontes.

Eco: uma breve continuação da atividade sensorial no sistema auditivo depois de um som ser ouvido.

Economia de gratificação: programa terapêutico no qual comportamentos desejáveis são reforçados com prendas que podem ser trocadas por bens, serviços, atividades e privilégios.

Efeito Barnum: a tendência de considerar uma descrição pessoal precisa se for feita em termos bem gerais.

Efeito básico de sugestão: a tendência das pessoas hipnotizadas de realizar as ações sugeridas como se fossem involuntárias.

Efeito da posição em série: a tendência de a maior parte dos erros de memória ocorrer no meio de uma lista ordenada.

Efeito de armas: a observação de que as armas servem como fortes estímulos para o comportamento agressivo; também a tendência de testemunhas oculares de se concentrar quase totalmente na arma do atacante.

Efeito de terapia com placebo: melhora provocada não pelo processo de terapia, mas pela expectativa do cliente de que a terapia irá ajudar.

Efeito do experimentador: mudanças no comportamento dos sujeitos provocadas pela influência não-intencional das atitudes do experimentador.

Efeito do reforço parcial: encontrase maior resistência à extinção nas respostas adquiridas em uma programação de reforço parcial.

Efeito halo: a tendência de um entrevistador de expressar uma impressão favorável ou desfavorável sobre aspectos não-relacionados da personalidade de uma pessoa.

Efeito observador: mudanças no comportamento de uma pessoa provocadas pela consciência de estar sendo observada.

Efeito pé na porta: a tendência de uma pessoa que atendeu a um pequeno pedido de ter maior probabilidade de atender a um pedido maior.

Efeito placebo: mudanças no comportamento por causa das expectativas de que uma droga (ou outro tratamento) terá algum efeito.

Efeito porta na cara: a tendência de uma pessoa que recusou um pedido importante de ter maior probabilidade, subseqüentemente, de atender a um pedido menor.

Ego: na teoria freudiana, a parte executiva da personalidade que orienta o comportamento racional e realista.

Ejaculação precoce: ejaculação que ocorre constantemente antes da hora que o homem e a sua parceira querem que ocorra.

Ejaculação: a liberação de esperma e sêmen pelo homem por ocasião do orgasmo.

Elaboração secundária: tornar um sonho mais lógico e completo quando ele é recordado.

Eletrodo: qualquer fio, agulha ou placa de metal utilizados para estimular eletricamente o tecido nervoso ou para registrar a sua atividade.

Eletroencefalógrafo: dispositivo criado para detectar, amplificar e registrar a atividade elétrica no cérebro.

Embriagar-se: consumir cinco ou mais drinques em um curto período de tempo (quatro drinques para mulheres).

Emoção: um estado caracterizado pela excitação fisiológica, sensações subjetivas, mudanças nas expressões faciais e comportamentos adaptativos.

Emoções básicas: de acordo com Plutchik, as emoções mais básicas, como medo, surpresa, tristeza, repulsa, raiva, antecipação, alegria e aceitação.

Emolduração: no campo do raciocínio, os termos em que um problema é apresentado ou a maneira como ele é estruturado.

Empatia: a capacidade de assumir o ponto de vista de outra pessoa; a capacidade de sentir o que a outra pessoa está sentindo.

Encefalinas: produtos químicos no cérebro semelhantes ao ópio que regulam as reações à dor e ao estresse.

Encontro de grupo: uma experiência em grupo baseada na expressão intensamente franca dos sentimentos e das reações dos participantes em relação aos outros.

Endorfinas: uma categoria de produtos químicos produzidos pela glândula pituitária que são semelhantes estruturalmente e no seu efeito analgésico às drogas do ópio, como a morfina.

Energizantes: drogas que aumentam o ânimo.

Enfrentamento centrado na emoção: administração ou controle da reação emocional da pessoa a uma situação estressante ou ameaçadora.

Enfrentamento centrado nos problemas: administrar diretamente ou remediar uma situação estressante ou ameaçadora.

Engrama: supostas mudanças físicas que ocorrem no cérebro quando este armazena informações; um traço de memória.

Enriquecimento: no desenvolvimento, qualquer tentativa de tornar o ambiente da criança mais moderno, complexo e perceptual ou intelectualmente estimulante.

Ensaio: repetir silenciosamente ou revisar mentalmente informações para retê-las na memória de curto prazo ou auxiliar no armazenamento de longo prazo.

Entrevista (personalidade): um encontro frente a frente realizado com o intuito de obter informações sobre o histórico da pessoa, traços pessoais, estado psicológico atual etc.

Entrevista aberta: entrevista na qual as pessoas podem expressar livremente suas opiniões.

Entrevista estruturada: entrevista que se segue a um plano pré-arranjado, geralmente definida pela feitura de uma série de perguntas planejadas.

Entrevista não-estruturada: uma entrevista na qual a conversa é informal e os tópicos são discutidos livremente à medida que vão surgindo.

Entrevista pessoal: questionamento formal ou informal de candidatos a emprego para saber as suas qualificações e obter uma impressão das suas personalidades.

Envolvimento materno proativo: os cuidados sensíveis que uma mãe dá ativamente ao seu filho com experiências educacionais.

Episódio catatônico: um período de extremo estupor, paralisia, imobilidade e não responsividade.

Ergotismo: um padrão de sintomas psicóticos que acompanha o envenenamento pelo fungo esporão-do-centeio.

Eros: o nome que Freud deu aos "instintos vitais" postulados pela sua teoria.

Erro antropomórfico: o erro de atribuir pensamentos, sentimentos ou motivos humanos a animais.

Erro fundamental de atribuição: a tendência de atribuir o comportamento dos outros a causas internas (personalidades, gostos etc.).

Escala classificatória: lista de vários traços de personalidade ou aspectos comportamentais na qual uma pessoa é classificada durante ou após a observação do seu comportamento.

Escala de atitudes: uma série de afirmações de atitudes com as quais os respondentes indicam concordância ou discordância.

Escala de Classificação de Reajuste Social (ECRS): escala que classifica o impacto de vários acontecimentos da vida sobre a probabilidade de doenças.

Escala de distância social: uma medida de atitudes que pede às pessoas que classifiquem até que ponto elas estariam dispostas a ter contato com um membro de um outro grupo.

Escala de Inteligência Stanford-Binet: teste de inteligência individual amplamente utilizado; descendente direto do primeiro teste de inteligência de Alfred Binet.

Escala de suscetibilidade hipnótica: todo teste que vise avaliar a capacidade de ser hipnotizada de uma pessoa.

Escala Wechsler de Inteligência Adulta – Terceira Edição (WAIS-III): um teste de inteligência adulta amplamente utilizado que classifica tanto a inteligência verbal como a de desempenho.

Escala Wechsler de Inteligência Infantil – Terceira Edição (WISC-III): um teste de inteligência para crianças amplamente utilizado que classifica tanto a inteligência verbal como a de desempenho.

Escalas de validação: escalas que dizem se as pontuações dos testes deveriam ser invalidadas por mentirem, serem inconsistentes ou "falsamente boas".

Escaneamento MRI: ressonância magnética, uma representação tridimensional, ampliada pelo computador, do cérebro ou do corpo com base na resposta do corpo a um campo magnético.

Espaço pessoal: uma região imediatamente ao redor do corpo que é considerada privada e sujeita a controle pessoal.

Espectro eletromagnético: a gama total de comprimentos das ondas elétricas e magnéticas, incluindo raios X, ondas de rádio, ondas de luz etc.

Espectro visível: a parte do espectro eletromagnético à qual os olhos são sensíveis.

Espelhar: na terapia centrada no cliente, o processo de refrasear ou repetir pensamentos e sentimentos para que o cliente fique ciente do que eles estão dizendo sobre si próprio.

Esquizofrenia: psicose caracterizada por delírios, alucinações, apatia e uma "divisão" entre o pensamento e a emoção.

Esquizofrenia catatônica: esquizofrenia marcada por estupor, rigidez, não responsividade, imobilidade e, às vezes, um comportamento agitado e sem propósito.

Esquizofrenia desorganizada: esquizofrenia marcada pela incoerência, comportamento desorganizado, raciocínio bizarro e emoções prosaicas ou gritantemente inapropriadas.

Esquizofrenia não-diferenciada: esquizofrenia que não tem as características específicas dos tipos catatônico, desorganizado e paranóide.

Esquizofrenia paranóide: esquizofrenia marcada por uma preocupação com delírios ou por freqüentes alucinações auditivas relacionadas a um único tema, principalmente grandeza ou perseguição.

Estado "na ponta na língua": a experiência de sentir que uma lembrança está disponível mas não ser capaz de recuperá-la.

Estado alterado de consciência: um estado de consciência claramente diferente em termos de qualidade ou padrão da consciência desperta.

Estágio de operações formais: período de desenvolvimento cognitivo marcado por uma capacidade de raciocínio abstrato, teórico e hipotético.

Estágio genital: na teoria freudiana, a culminação do desenvolvimento da personalidade marcada, entre outras coisas, pela obtenção de uma sexualidade adulta madura.

Estágio operacional concreto: período de desenvolvimento cognitivo durante o qual as crianças se tornam aptas a utilizar os conceitos de tempo, espaço, volume e número, mas de formas que continuam simplificadas e concretas.

Estágio pré-operacional: período de desenvolvimento intelectual durante o qual as crianças começam a utilizar a linguagem e a pensar simbolicamente, mas continuam intuitivas e egocêntricas no seu raciocínio.

Estágio sensório-motor: fase do desenvolvimento intelectual durante a qual as informações sensoriais e as respostas motoras se coordenam.

Estereocílios: estruturas semelhantes a cerdas nas células pilosas.

Estereótipo: uma imagem imprecisa, rígida e supersimplificada dos membros de um grupo social, principalmente um grupo marginalizado.

Estereótipos sexuais: crenças supersimplificadas e amplamente aceitas sobre as características básicas de homens e mulheres.

Estereótipos sociais: imagens supersimplificadas dos traços de pessoas que pertencem a um determinado grupo social.

Estilos cuidadosos: padrões identificáveis de cuidados paternos e maternos e interação com os filhos.

Estimulação elétrica do cérebro (EEC): estimulação elétrica direta e a ativação do tecido cerebral.

Estimulante: substância que produz um aumento temporário da atividade no corpo e no sistema nervoso.

Estímulo: estímulos ou sinais externos que orientam as respostas, principalmente aquelas que sinalizam a provável presença ou ausência de reforço. Toda energia física sentida por um organismo.

Estímulo aversivo: um estímulo que produz desconforto ou desprazer.

Estímulo condicionado: um estímulo anteriormente neutro que adquire a capacidade de evocar uma resposta ao formar par com um estímulo não-condicionado.

Estímulo de memória: todo estímulo associado a uma memória específica. A presença desses estímulos geralmente amplia a recuperação da memória.

Estímulo externo de comer: todo o estímulo externo que tende a estimular a fome ou a ilustrar o ato de comer.

Estímulo intracranial: estímulo elétrico direto e ativação do tecido cerebral.

Estímulo não-condicionado: um estímulo inatamente capaz de ilustrar uma resposta.

Estímulo neutro: estímulo que não ilustra uma resposta.

Estímulo perceptual: informação sensorial variada, padronizada e com significado.

Estímulos ambíguos: padrões que permitem mais de uma organização perceptiva.

Estímulos de agressão: estímulos ou sinais associados à agressão e que tendem a ilustrá-la.

Estímulos de profundidade de binóculo: estímulos de profundidade que funcionam somente quando se utilizam ambos os olhos.

Estímulos de profundidade monocular: estímulos de profundidade que podem ser sentidos pelo olho da pessoa.

Estímulos de profundidade pictórica: características encontradas em quadros, desenhos e fotografias que dão informações sobre espaço, profundidade e distância.

Estímulos discriminatórios: estímulos que antecedem respostas recompensadas e não-recompensadas no condicionamento operante e que passam a exercer algum controle sobre a questão de se vai haver ou não uma resposta.

Estímulos perceptuais: características perceptuais que transmitem informações sobre a distância e o espaço tridimensional.

Estratégia de busca aleatória: tentar soluções possíveis para um problema em uma seqüência mais ou menos aleatória.

Estresse: o problema que ocorre quando um desafio ou uma ameaça força uma pessoa a se adaptar ao ambiente.

Estresse traumático: uma experiência estressante que cria uma lesão psicológica ou intensa dor emocional.

Estressor: um problema ou acontecimento no ambiente que desafia ou ameaça a pessoa.

Estrógeno: qualquer um de uma série de hormônios sexuais femininos.

Estros: mudanças nos órgãos reprodutores e impulsos sexuais dos animais que criam o desejo de acasalar; utilizado particularmente para se referir às fêmeas no cio.

Estrutura da memória: o padrão de associações entre bits de informações armazenados na memória.

Estrutura grupal: a rede de papéis, vias de comunicação e poder em um grupo.

Estruturalismo: a linha de pensamento na psicologia preocupada em analisar as sensações e as experiências pessoais em elementos básicos.

Estudo clínico: uma investigação intensa do comportamento de uma determinada pessoa, principalmente uma pessoa que sofre de alguma lesão, doença ou problema.

Estudo correlativo: um estudo não-experimental elaborado para medir o grau de relação (se houver algum) entre dois ou mais eventos, medidas ou variáveis.

Estudo de caso: uma investigação intensa do comportamento de uma determinada pessoa.

Estupro forçado: intercurso sexual realizado contra a vontade da vítima sob ameaça de força.

Etnocentrismo: colocar o próprio grupo ou raça no centro – isto é, a tendência a rejeitar todos os outros grupos exceto o próprio.

Etnólogo: a pessoa que estuda os padrões comportamentais naturais dos animais.

Evidência empírica: fatos ou informações obtidos por observação direta ou experiência.

Excitação: excitação emocional geral com ativação do sistema nervoso automático.

Exemplo negativo: no aprendizado de conceitos, um objeto ou acontecimento que não pertence à categoria do conceito.

Exemplo positivo: no aprendizado de conceitos, um objeto ou acontecimento que pertence à classe de conceitos.

Exercício e prática: um formato de aprendizado básico assistido por computador, composto basicamente de perguntas e respostas.

Exibicionismo: extrair prazer sexual na exibição dos órgãos genitais (normalmente) a um observador não-disposto ("lampejo").

Exorcismo: na Europa Medieval, a prática da expulsão ou remoção de um "espírito maligno", principalmente aquele que residisse no corpo de uma pessoa que estivesse "possuída".

Expectativa: uma antecipação referente a acontecimentos ou relacionamentos.

Expectativa de vida: quantidade média de anos que uma pessoa de um determinado sexo, raça e nacionalidade pode esperar viver.

Expectativa perceptual ou jogo: prontidão para perceber de uma maneira particular, induzida por fortes expectativas.

Experiência morte-próxima: um padrão de experiências que pode ocorrer quando uma pessoa está clinicamente morta e depois é ressuscitada.

Experiência subjetiva: a realidade da forma como é percebida e interpretada e não da forma como existe objetivamente; experiência pessoal, privada e não-objetiva.

Experiências de pico: momentos temporários de realização do self marcados por sensações de êxtase, harmonia e profundo significado.

Experimento: um teste formal realizado para confirmar ou contradizer um fato ou princípio.

Experimento de campo: um experimento realizado em um cenário natural.

Experimento de cegueira dupla: um teste no qual nenhum dos sujeitos ou dos experimentadores sabe que sujeitos estão no grupo experimental.

Experimento de cegueira simples: arranjo no qual os sujeitos não sabem se estão no grupo experimental ou de controle.

Expressão de emoções: qualquer comportamento que dê um sinal externo de emoção, principalmente aqueles sinais que transmitem estados emocionais aos outros.

Extinção: uma redução gradativa na freqüência de uma resposta não-reforçada.

Extinção operante: enfraquecimento ou desaparecimento de uma resposta operante não-reforçada.

Extrovertida: uma pessoa cuja atenção é dirigida para fora; uma pessoa franca, sociável, desinibida.

Falácia de exemplos positivos: a tendência a lembrar ou notar informações que se encaixam nas expectativas da pessoa e esquecer discrepâncias.

Falha de codificação: não conseguir armazenar informações suficientes para formar uma lembrança útil.

Falso positivo: um senso errôneo de reconhecimento.

Fantasia: produto da imaginação determinado principalmente pelos motivos ou pelos sentimentos da pessoa. A fantasia pode ser usada como um mecanismo de fuga.

Fase anal: na teoria freudiana, a fase psicossexual que corresponde aproximadamente ao treinamento para usar o banheiro (de 1 a 3 anos) e é caracterizada pela preocupação com o processo de eliminação.

Fase de exaustão: o terceiro estágio da SAG, durante o qual os recursos corporais são exauridos e ocorrem sérias conseqüências para a saúde.

Fase de excitação: a primeira fase da resposta sexual, indicada pelos sinais iniciais de excitação sexual.

Fase de palavras isoladas: no desenvolvimento da linguagem, o período durante o qual a criança começa a utilizar palavras isoladas.

Fase de *plateau*: a segunda fase da resposta sexual durante a qual a excitação física é elevada ainda mais.

Fase de resistência: segundo estágio da SAG, durante o qual adaptações corporais ao estresse se estabilizam, porém com um alto custo físico.

Fase fálica: na teoria freudiana, a fase psicossexual (idade de mais ou menos 3 a 6 anos) na qual a pessoa se preocupa com os órgãos genitais como fonte de prazer.

Fase oral: na teoria freudiana, o período no início da vida no qual as crianças se preocupam com a boca como fonte de prazer e meio de expressão.

Fases da vida: períodos da vida amplamente reconhecidos que correspondem a várias idades e amplas fases de desenvolvimento.

Fases do sono: vários graus de profundidade do sono identificados por padrões de ondas cerebrais e mudanças comportamentais.

Fases psicossexuais: na teoria freudiana de desenvolvimento de personalidade, as fases oral, anal, fálica e genital durante as quais são formados os traços de personalidade.

Fatores comportamentais de risco: comportamentos que aumentam a chance de doenças ou lesões que encurtam a expectativa de vida.

Fazer de bode expiatório: responsabilizar uma pessoa ou um grupo de pessoas por problemas que não são da responsabilidade deles; redirecionamento habitual da agressão para uma pessoa ou um grupo.

Fechamento: termo da Gestalt para a tendência perceptual de completar figuras "fechando" ou ignorando pequenas lacunas.

Feedback: informações sobre o impacto de uma resposta obtida que são devolvidas à pessoa que a está executando (também conhecido como conhecimento dos resultados).

Fenilcetonúria: doença genética que permite que o ácido fenilpirúvico se acumule no corpo.

Fenômeno psi: acontecimentos que aparentemente estão fora do reino das leis científicas.

Fetichismo: a obtenção de prazer sexual com objetos inanimados; principalmente incapacidade de conseguir excitação sexual sem o objeto.

Fetichismo de travestir: ficar sexualmente excitado pelo fato de vestir roupas do sexo oposto.

Figura ilusória: forma implícita que não é limitada por cantos ou esboços.

Figura impossível: padrão de estímulo que não pode ser organizado em uma percepção estável.

Figura reversível: um padrão de estímulo que permite que as pessoas que percebem revertam a organização figura-fundo.

Filosofia: o estudo do conhecimento, da realidade e da natureza humana.

Fixação (cognição): a tendência a repetir soluções erradas ou defeituosas, principalmente pelo fato de a pessoa ficar cega às alternativas.

Fixação (freudiana): na teoria freudiana, conflitos duradouros desenvolvidos durante uma determinada fase psicossexual por causa da frustração ou da superindulgência.

Fluência: em testes de criatividade, a fluência se refere à quantidade total de soluções produzidas.

Fobia: um temor intenso e não-realista de algum objeto ou situação.

Fobia específica: um temor intenso e irracional de objetos, atividades ou situações específicas.

Fobia social: um medo intenso e irracional de ser observado, avaliado ou humilhado por outros em situações sociais, tais como comer, escrever, corar ou falar em público.

Foco sensate: forma de terapia que dirige a atenção do casal para as sensações naturais de prazer sexual.

Fonemas: os sons básicos de uma língua que podem ser combinados em sílabas e palavras.

Formação de cadeia de respostas: a reunião de uma série de respostas em uma cadeia de ações que leva ao reforço.

Formação de conceitos: o processo de classificação de informações em categorias por experiência direta, aprendizado de normas ou exposição a protótipos (modelos idealizados).

Formação de reações: impedir que impulsos perigosos ou ameaçadores sejam expressos exagerando o comportamento oposto.

Formação reticular: uma rede dentro da medula e do tronco cerebral associada à atenção, diligência e alguns reflexos.

Fóton: um quantum de energia de luz.

Fotorreceptor: receptores sensoriais sensíveis à luz e especializados para a transmissão de estímulos de luz em impulsos neurais.

Fototerapia: um tratamento para problema afetivo sazonal que envolve a exposição à luz brilhante de pleno espectro.

Fóvea: uma pequena depressão no centro da retina que contém somente cones e que dá a maior acuidade de visão.

Fraqueza em relação às cores: incapacidade de distinguir completamente algumas cores das outras.

Frenologia: um sistema falso e antiquado baseado na crença de que os traços de personalidade são revelados pelo formato do crânio.

Freqüência básica: a freqüência básica em que um evento ocorre ao longo do tempo; a probabilidade básica de um evento.

Frottage: tocar ou se esfregar em uma pessoa que não consente com isso.

Frustração: um estado emocional interno decorrente da interferência com a satisfação de um motivo ou do bloqueio de um comportamento voltado para uma meta.

Frustração pessoal: estado emocional negativo provocado por características pessoais que retardam a satisfação de um motivo ou que bloqueiam o progresso em direção a uma meta.

Fuga: fugir para escapar de conflito emocional extremo, da ansiedade ou ameaça. Reduzir o mal-estar abandonando situações frustrantes ou retirando-se psicologicamente delas.

Fuga dissociativa: fugir para escapar de conflitos emocionais extremos, ansiedade ou ameaças.

Função U invertida: uma curva mais ou menos com o formato de um U de cabeça para baixo que relaciona a qualidade do desempenho com os níveis de excitação.

Funcionalismo: escola de psicologia preocupada com o modo como o comportamento e as habilidades mentais ajudam as pessoas a se adaptar ao ambiente.

Ganzfeld: uma "tela negra" perceptual normalmente obtida pela criação de um campo visual branco uniforme e um tom auditivo neutro.

Gêmeos fraternos: gêmeos concebidos de dois óvulos separados. Os gêmeos fraternos não se parecem mais geneticamente do que outros irmãos.

Gêmeos idênticos: gêmeos que se desenvolvem do mesmo óvulo e que, conseqüentemente, têm genes idênticos.

Gene dominante: um gene cuja influência será expressa cada vez que ele estiver presente.

Gene recessivo: um gene cuja influência será expressa somente quando combinado com um segundo gene recessivo (não pode ser expresso quando combinado com um gene dominante).

Generalização: a transferência de uma resposta aprendida de uma situação de estímulo para outras situações semelhantes.

Generalização de estímulos: a tendência de responder a estímulos semelhantes – mas não idênticos – a um estímulo condicionado.

Generalização dos estímulos operantes: a tendência de criar respostas quando há a presença de estímulos semelhantes anteriormente associados a recompensas, e reter as respostas quando há a presença de estímulos associados à não-recompensa.

Genes: áreas específicas em um filamento de DNA que carregam informações hereditárias que afetam várias características pessoais.

Genoma: todo o conjunto de genes do organismo.

Geriatra: pessoa que estuda cientificamente o envelhecimento e os seus efeitos.

Gestalt: palavra alemã que significa "forma", "padrão" ou "todo".

Gestalt-terapia: uma abordagem que se concentra na experiência imediata e na consciência para ajudar os clientes a reconstruírem o pensamento, os sentimentos e a atuação em unidades totais conectadas, e que enfatiza a integração de experiências fragmentadas.

GHB (gama-hidroxibutirato): um depressor do sistema nervoso central ilícito que produz intoxicação e sedação.

Gigantismo: crescimento corporal excessivo provocado por excesso de hormônio de crescimento.

Glândula pineal: glândula no cérebro que ajuda a regular os ritmos corporais e os ciclos do sono.

Glândula pituitária: a "glândula mestra" na base do cérebro cujos hormônios influenciam a produção de outras glândulas endócrinas.

Glândula tireóide: glândula endócrina cujos hormônios ajudam a regular o metabolismo (a produção e o gasto de energia no corpo).

Glândulas adrenais: glândulas endócrinas cujos hormônios excitam o corpo, regulam o equilíbrio do sal, adaptam o corpo ao estresse e afetam o desempenho sexual.

Gônadas: glândulas sexuais primárias – os testículos nos homens e os ovários nas mulheres.

Grafologia: sistema falso baseado na crença de que a caligrafia pode revelar traços de personalidade.

Gramática: conjunto de regras para combinar as unidades de linguagem em um discurso ou uma escrita com significado.

Grau de adaptação: um ponto "médio" interno ou mental utilizado para julgar quantidades.

Grupo de apoio: grupo formado para dar apoio emocional aos seus membros por meio da discussão dos estresses e das preocupações compartilhadas.

Grupo de auto-ajuda: um grupo de pessoas que compartilham de um determinado tipo de problema e no qual elas apóiam umas às outras.

Grupo de colegas: grupo de pessoas que compartilham o mesmo *status* social.

Grupo de controle de lista de espera: grupo de pessoas que não recebem tratamento nos experimentos designado a testar a eficácia da psicoterapia.

Grupo de controle: em um experimento, os sujeitos são expostos a todas as condições, *exceto* à variável independente.

Grupo de referência: todo grupo com o qual a pessoa se identifica e que utiliza como padrão para comparação social.

Grupo de sensibilidade: uma experiência grupal desenvolvida para aumentar a autoconsciência e a sensibilidade aos outros.

Grupo experimental: em um experimento controlado, o grupo de sujeitos exposto à variável independente ou à manipulação experimental.

Gustação: o sentido do paladar.

Habilidade motora: uma série de ações moldadas em um desempenho tranqüilo e eficiente.

Hábito: um padrão aprendido de comportamento profundamente arraigado.

Hábitos perceptuais: padrões estabelecidos de organização e atenção perceptuais.

Habituação: redução na resposta perceptual a um estímulo repetido.

Hemisférios cerebrais: as metades direita e esquerda do cérebro.

Hereditariedade ("natureza"): transmissão de características físicas e psicológicas dos pais para os filhos por meio dos genes.

Hertz: um ciclo (ou vibração) por segundo.

Heterossexismo: crença de que a heterossexualidade é melhor ou mais natural que a homossexualidade.

Heterossexual: pessoa atraída romântica e eroticamente por membros do sexo oposto.

Heurística: toda técnica ou estratégia que ajuda na solução de problemas principalmente ao limitar a quantidade de soluções possíveis a serem tentadas.

Heurística de representatividade: tendência a selecionar respostas erradas porque estas aparentemente correspondem a categorias mentais preexistentes.

Hierarquia: uma série classificatória de montantes, níveis, graus ou etapas mais altos ou mais baixos.

Hierarquia de necessidades: classificação de necessidades com base na sua suposta força ou potência.

Hiperopia: dificuldade de focar objetos próximos (hipermetropia).

Hipersonia: extrema sonolência durante o dia.

Hipertireoidismo: metabolismo mais rápido e excitabilidade provocados pela glândula tireoidiana hiperativa.

Hipnose: estado alterado de consciência caracterizado pela atenção reduzida e pelo aumento da sugestionabilidade.

Hipocampo: estrutura no cérebro associada à regulagem das emoções e à transferência de informações da memória de curto prazo para a memória de longo prazo.

Hipocondria: preocupação com pequenos problemas corporais e a presença de doenças que aparentemente são imaginárias.

Hipocondríaca: pessoa excessivamente preocupada com pequenos

problemas corporais ou que se queixa de doenças que aparentemente são imaginárias.

Hipoglicemia: nível de açúcar no sangue abaixo do normal.

Hipotálamo: pequena região na base do cérebro que regula vários aspectos da motivação e da emoção, principalmente a fome, a sede e a conduta sexual.

Hipótese: o resultado previsto de um experimento ou palpite sobre a relação entre as variáveis.

Hipótese da distância aparente: uma explicação da ilusão da lua que afirma que o horizonte parece mais distante do que o céu noturno porque há mais estímulos profundos perto do horizonte.

Hipótese da redução da ansiedade: uma explicação da natureza autofrustrante de muitas respostas de evitação que enfatiza os efeitos imediatos de reforço do alívio da ansiedade.

Hipótese da síntese da ativação: teoria que relaciona o conteúdo dos sonhos aos comandos motores no cérebro, que são executados mas não levados a cabo durante o sono.

Hipótese perceptual: um palpite inicial no tocante à maneira correta de organizar (perceber) um padrão de estímulos.

Hipotiroidismo: metabolismo mais lento e preguiça provocados pela glândula tireoidiana subativa.

Histeria: excitabilidade emocional fremente às vezes associada ao desenvolvimento de aparentes deficiências físicas (mudez, cegueira etc.) sem uma causa física conhecida.

Homeostasia: estado constante de equilíbrio corporal geralmente mantido automaticamente por vários mecanismos fisiológicos.

Homofobia: forte aversão à homossexualidade.

Homogamia: casamento de duas pessoas semelhantes uma à outra.

Homossexual: pessoa atraída romântica e eroticamente por pessoas do mesmo sexo.

Hormônio: secreção glandular que afeta as funções corporais ou o comportamento.

Hospício: clínica com um programa médico dedicado a oferecer os melhores cuidados médicos a pessoas que estão doentes.

Hospitalização mental: o confinamento a um ambiente protegido que oferece vários tipos de terapia para problemas mentais, emocionais e comportamentais.

Hospitalização parcial: tratamento no qual os pacientes passam apenas parte do seu tempo no hospital.

Humanismo: abordagem da psicologia que se concentra na experiência, nos problemas, nos potenciais e nos ideais humanos.

Humor: estado emocional de baixa intensidade e duradouro.

Ícone: imagem ou representação mental.

Id: segundo Freud, a parte mais primitiva da personalidade, que permanece inconsciente, fornece energia para outras partes da psique e requer gratificação imediata.

Idade cronológica: a idade da pessoa em anos.

Idade mental: a capacidade mental média apresentada por pessoas de uma determinada idade.

Ideal de ego: na teoria freudiana, a parte do superego que representa o comportamento ideal; uma fonte de orgulho quando os padrões são atendidos.

Identificação: incorporação de metas e valores de uma outra pessoa ao seu próprio comportamento; sentir-se emocionalmente ligado a uma pessoa e querer ser como ela.

Ilusão: percepção errônea ou distorcida.

Ilusão lunar: mudança aparente no tamanho que ocorre à medida que a lua se desloca do horizonte (lua grande) para o alto (lua pequena).

Ilusão Müller-Lyer: estímulo composto de duas linhas paralelas com Vs apontando para dentro ou para fora. Embora elas tenham o mesmo comprimento, uma das linhas parece mais comprida que a outra.

Imagem: geralmente, uma representação mental que tem as qualidades de um ícone.

Imagem criada: uma imagem mental que foi montada ou inventada em vez de simplesmente lembrada.

Imagens cinestéticas: imagens criadas por sensações musculares produzidas, lembradas ou imaginadas.

Imagens dirigidas: visualização intencional de imagens tranquilizantes, calmantes ou benéficas de outras maneiras.

Imagens eidéticas: a capacidade de reter uma imagem mental "projetada" por tempo suficiente para utilizá-la como fonte de informação.

Imagens hipnagógicas: imagens mentais vívidas que podem ocorrer quando a pessoa entra no estágio 1 do sono; embora algo oníricas, as imagens geralmente não são associadas ao REM.

Imagens musculares: toda representação mental baseada em sensações musculares produzidas, lembradas ou imaginadas; por exemplo: as imagens produzidas quando a pessoa se imagina pregando um prego.

Imitação: tentativa de igualar o seu próprio comportamento ao de uma outra pessoa.

Impulso: a expressão psicológica de um motivo, por exemplo: fome, sede ou um impulso por sucesso.

Impulso de curiosidade: um impulso hipodimensionado que se supõe esteja por trás de uma vasta gama de comportamentos investigativos e que buscam estímulos.

Impulso de manipulação: impulso de investigar objetos tocando-os e manipulando-os.

Impulso episódico: um impulso que ocorre em episódios distintos associados a determinadas condições (por exemplo: evitação da dor, motivação sexual).

Impulso explorador: o impulso de investigar áreas não-familiares do meio ambiente.

Impulso não-homeostático: um impulso que é relativamente independente de ciclos de privação ou de estados de necessidades físicas.

Impulso sexual: a força da motivação da pessoa de se envolver em comportamento sexual.

Incongruência: estado existente quando há uma discrepância entre as experiências da pessoa e a auto-imagem ou entre a auto-imagem da pessoa e o self ideal.

Inconsciente: região da mente que está além da consciência, principalmente impulsos e desejos não diretamente conhecidos pela pessoa.

Influência social: mudanças no comportamento de uma pessoa induzidas pela presença ou pela ação de outros.

Influências maternas: o agregado de todos os efeitos psicológicos que as mães provocam nos filhos.

Influências paternas: o agregado de todos os efeitos psicológicos que os pais têm sobre os filhos.

Informações individualizantes: informações que ajudam a definir a pessoa como um indivíduo e não como um membro de um grupo ou de uma categoria social.

Inibição recíproca: princípio de que um estado emocional pode bloquear outro, tal como a alegria impedir o temor ou a ansiedade que inibe o prazer.

Inoculação ao estresse: a utilização de afirmações positivas de enfrentamento para controlar o medo e a ansiedade.

Insanidade: legalmente, uma deficiência mental apresentada pela incapacidade de gerir os próprios negócios ou de estar ciente das conseqüências dos seus atos.

Insight: uma reorganização mental repentina de um problema que faz com que a solução pareça evidente.

Insônia: dificuldade em pegar no sono ou continuar dormindo.

Instrução direta: a apresentação de informações fatuais por intermédio de palestras, demonstrações e prática mecânica.

Instrução programada: todo formato de aprendizado que apresenta informações em pequenas quantidades, dá prática imediata e fornece *feedback* contínuo aos alunos.

Instruções por computador (IPC): aprendizado auxiliado por imagens e exercícios apresentados pelo computador.

Inteligência: capacidade geral de pensar racionalmente; agir com metas e lidar de maneira eficaz com o ambiente.

Inteligência artificial: qualquer sistema artificial (geralmente um programa de computador) capaz de solucionar problemas humanos ou de dar respostas específicas.

Inteligência de desempenho: inteligência medida pela solução de quebra-cabeças, montagem de objetos, completar figuras e a realização de outras tarefas não-verbais.

Inteligência verbal: inteligência medida pelas respostas a perguntas que envolvem vocabulário, informações gerais, aritmética e outras tarefas voltadas para a linguagem ou para os símbolos.

Interação de drogas: um efeito combinado de duas drogas que excede o acréscimo dos efeitos de uma droga à outra.

Interação traço-situação: variações no comportamento que ocorrem quando a expressão de um traço é influenciada por cenários ou circunstâncias.

Interdependência mútua: uma situação na qual duas ou mais pessoas dependem uma da outra para atender às necessidades e metas de cada pessoa.

Interferência: a tendência de novas lembranças de prejudicar a recuperação de lembranças mais antigas e vice-versa.

Interferência proativa: a tendência de lembranças antigas interferirem na recuperação de lembranças mais recentes.

Interferência retroativa: a tendência de novas lembranças interferirem na recuperação de lembranças antigas.

Internet: conexão de redes que permite que os computadores se comuniquem uns com os outros, geralmente através do sistema de telefonia.

Interrupção: produzir a extinção, tirar uma pessoa de uma situação na qual estão disponíveis recompensas por comportamento mal ajustado; também, a retenção de reforçadores sociais (atenção, aprovação) quando são dadas respostas indesejáveis.

Interrupção de pensamentos: a utilização de estímulos adversos para interromper ou impedir pensamentos frustrantes.

Introspecção: olhar para dentro; examinar os próprios pensamentos, sentimentos ou sensações.

Introvertida: pessoa cuja atenção está voltada para dentro, tímida, reservada e centrada em si mesma.

Invariabilidade tamanho-distância: a relação estrita que existe entre a distância que um objeto está dos olhos e o tamanho da sua imagem.

Inventário Bem do Papel Sexual (IBPS): uma lista de 60 traços pessoais, incluindo traços "masculinos", "femininos" e "neutros", utilizados para classificar o grau de androgenia de uma pessoa.

Inventário Multifásico da Personalidade de Minnesota (MMPI-2): a versão mais recente de um dos questionários objetivos de personalidades mais conhecido e utilizado.

Inversão de papéis: assumir o papel de uma outra pessoa para saber como o próprio comportamento é visto da perspectiva do outro.

Íon: uma molécula carregada eletricamente.

Íris: músculo circular colorido do olho que abre e fecha para aceitar mais ou menos luz no olho.

Janela oval: membrana da cóclea ligada ao terceiro ossículo auditivo.

Jogos instrutivos: programas de computador educativos criados para parecer jogos e, dessa forma, motivar o aprendizado.

Justificativa: na teoria da dissonância cognitiva, o grau em que as atitudes de uma pessoa são justificadas por recompensas ou outras circunstâncias.

Latência (freudiana): segundo Freud, um período da infância no qual o desenvolvimento psicossexual é mais ou menos interrompido.

Latência (resposta): o tempo que passa entre a manifestação de um estímulo e a ocorrência de uma resposta.

Lateralização: especialização das habilidades dos hemisférios do cérebro.

Lavagem cerebral: mudança de atitude planejada ou forçada que envolve um público cativo.

Lei de Weber: diz que a diferença ligeiramente notável é uma proporção constante da intensidade original do estímulo; na realidade se aplica mais precisamente a estímulos na faixa média de intensidade.

Lei de Yerkes-Dodson: qualificação da função U invertida que descreve as relações entre excitação, complexidade da tarefa e desempenho.

Lei do efeito: as respostas que levam aos efeitos desejados são repetidas; as que produzem efeitos indesejáveis não o são.

Lembrança implícita: lembrança que a pessoa não sabe que existe; lembrança que é recuperada inconscientemente.

Lembranças do tipo lâmpada de flash: lembranças criadas em momentos de alta emoção que parecem particularmente vívidas.

Lembrar: fornecer ou reproduzir informações memorizadas com o mínimo de estímulos externos.

Leptina: substância liberada por células de gordura que inibe o comer.

Lesão de nascença: qualquer lesão ou dano que a criança sofra por ocasião do seu nascimento.

Lesbianismo: homossexualidade feminina.

Lexigrama: uma forma geométrica utilizada como símbolo para uma palavra.

Libido: na teoria freudiana, a força voltada basicamente para o prazer que energiza as subpartes da personalidade.

Ligação emocional: uma ligação emocional estreita que as crianças criam com os seus pais, as pessoas que tomam conta delas ou outros (um outro termo para apego).

Limiar: um limite.

Limiar absoluto: a quantidade mínima de energia física necessária para produzir uma sensação.

Limiar de diferença: a menor diferença na intensidade do estímulo que pode ser detectada por um observador.

Linguagem: coleção de palavras ou símbolos e as regras para combiná-los que permitem que eles sejam utilizados para pensar e comunicar.

Linguagem dos sinais: um sistema de linguagem de gestos manuais utilizado pelos deficientes auditivos.

Linha de base: um registro da freqüência inicial de um comportamento-alvo.

Livre associação: na psicanálise, a técnica de fazer um cliente dizer qualquer coisa que vier à mente, independentemente de quão embaraçoso possa parecer.

Livre escolha: A capacidade de fazer livremente escolhas que não são controladas pela genética, pelo aprendizado ou por forças inconscientes.

Livre-arbítrio: a doutrina de que os seres humanos são capazes de fazer escolhas livremente.

Lobotomia frontal: a destruição do tecido cerebral nas regiões frontais do cérebro.

Lobotomia pré-frontal: cirurgia antiga na qual parte dos lóbulos frontais era destruída ou desconectada das outras regiões do cérebro.

Lóbulos (córtex cerebral): regiões do córtex limitadas por grandes fissuras ou associadas a determinadas funções.

Lóbulos frontais: regiões na parte frontal superior do córtex cerebral que incluem locais associados a controle do movimento, processamento do olfato e funções mentais mais elevadas.

Lóbulos occipitais: parte atrás do córtex cerebral que inclui regiões onde a visão é registrada no cérebro.

Lóbulos parietais: região do topo do cérebro que inclui locais onde sensações corporais são registradas no cérebro.

Lóbulos temporais: regiões em cada um dos lados do córtex cerebral que inclui locais onde a audição é registrada no cérebro.

Locais receptores: regiões na superfície dos neurônios e em outras células que são sensíveis aos neurotransmissores ou aos hormônios.

Localização da função: o princípio que diz que as sensações são determinadas pela região do cérebro que é ativada.

Logoterapia: uma forma de terapia existencial que enfatiza a necessidade de encontrar e manter o significado na vida da pessoa.

Maconha: as folhas e as flores da planta cânhamo *Cannabis sativa*.

Mal de Alzheimer: uma doença ligada à idade, caracterizada por perda de memória, confusão mental e, nos seus estágios mais avançados, uma perda quase total das habilidades mentais.

Maneira de falar da pessoa que toma conta: um padrão exagerado de discurso utilizado por adultos quando falam com crianças.

Maníaca: extremamente excitada, hiperativa ou irritável.

Mantra: uma palavra ou um som utilizados como centro de atenção na meditação de concentração.

Mapa cognitivo: uma imagem mental de uma área (um prédio, uma cidade, um país) que orienta os movimentos de um local para outro.

Marco de desenvolvimento: um momento decisivo ou marco significativo no desenvolvimento pessoal.

Maré de sorte: resultado estatisticamente fora do comum (como tirar cinco vezes cara ao jogar uma moeda) que poderia ocorrer somente por acaso.

Masoquismo: sentir excitação sexual ou prazer por ter dor infligida durante o ato sexual.

Masoquismo sexual: obter prazer sexual do fato de ter dor infligida durante o ato sexual.

Masturbação: produção de prazer sexual ou orgasmo por meio da manipulação dos órgãos genitais (não pelo intercurso).

Matéria branca: partes do sistema nervoso que parecem brancas por causa da presença de mielina.

Matéria cinzenta: áreas do sistema nervoso de coloração cinzenta por causa da alta concentração de corpos de células nervosas.

Matiz: a classificação das cores em categorias básicas de vermelho, laranja, amarelo, verde, azul, anil e violeta.

Maturação: o crescimento e o desenvolvimento físico do corpo e do sistema nervoso.

MDMA (metilenedioximetanfetamina): droga estimulante intimamente ligada à anfetamina e conhecida como Ecstasy.

Mecanismos de defesa: estratégias habituais e freqüentemente inconscientes utilizadas para evitar ou reduzir a ansiedade.

Medicina comportamental: o estudo de fatores comportamentais associados a doenças físicas e ao seu tratamento.

Meditação: técnica mental para acalmar a mente e o corpo.

Meditação de concentração: exercício mental baseado na concentração da atenção em um único alvo de contemplação.

Meditação receptiva: meditação na qual a atenção é ampliada de forma a incluir uma consciência de toda a experiência subjetiva da pessoa.

Medula: um pedículo aumentado na base do cérebro que se conecta com a espinha dorsal e controla as funções vitais.

Melatonina: hormônio produzido pela glândula pineal em resposta aos ciclos de luz e escuridão.

Membrana timpânica: o tímpano.

Membro fantasma: a sensação ilusória de que um membro ainda existe depois de ter sido perdido em um acidente ou em uma amputação.

Memória: o sistema mental para receber, armazenar, organizar, alterar e recuperar informações.

Memória ativa: um outro nome para memória de curto prazo; principalmente da forma como é utilizada para pensar e solucionar problemas.

Memória de curto prazo (MCP): o sistema de memória utilizado para reter pequenas quantidades de informação por períodos relativamente curtos.

Memória de longo prazo (MLP): sistema de memória utilizado para o armazenamento relativamente permanente de informações significativas.

Memória de procedimentos: a parte da memória de longo prazo composta de respostas condicionadas e aptidões aprendidas.

Memória declarativa: a parte da memória de longo prazo que contém informações fatuais.

Memória episódica: uma subparte da memória declarativa que registra as experiências pessoais associadas a horas e locais específicos.

Memória explícita: uma lembrança que a pessoa está ciente de ter; uma lembrança recuperada conscientemente.

Memória factual: a parte da memória de longo prazo que contém informações fatuais (memória declarativa).

Memória semântica: uma subparte da memória declarativa que registra conhecimentos impessoais sobre o mundo.

Memória sensorial: o primeiro estágio da memória, que mantém um registro explícito e literal das informações que entram por 2 segundos ou menos.

Mesencéfalo: a região do cérebro composta de estruturas que ligam o cérebro anterior e o tronco cerebral.

Mesmerizar: hipnotizar.

Metanálise: técnica estatística para combinar os resultados de vários estudos sobre o mesmo assunto.

Meta: alvo ou objetivo de uma cadeia motivada e dirigida de comportamentos.

Meta superordenada: uma meta que excede ou sobrepõe-se a todas as outras; uma meta que torna as outras relativamente menos importantes.

Metanecessidades: na hierarquia de Maslow, as necessidades além das comuns; necessidades associadas a impulsos para a realização do self.

Metanfetamina: droga estimulante intimamente ligada à anfetamina em termos de estrutura e efeito.

Método científico: testar a veracidade de uma asserção por meio de uma medida cuidadosa e observação controlada.

Método da palavra-chave: como auxiliar da memória, utilizando uma palavra ou imagem familiar para ligar dois itens.

Método de pesquisa: a utilização de técnicas de pesquisas públicas para responder a perguntas psicológicas. Uma abordagem sistemática para responder perguntas científicas.

Método SQ4R: um método de leitura baseado em seis etapas: pesquise, pergunte, leia, recite, relacione e revise.

Microeletrodo: um eletrodo suficientemente pequeno para registrar a atividade de um único neurônio.

Microestressor: todo aborrecimento cotidiano; também denominado chateação.

Micromovimentos: movimentos minúsculos, quase imperceptíveis, associados a mudanças na tensão e na atividade muscular.

Microssono: uma mudança momentânea nos padrões das ondas cerebrais para os do sono.

Mídia de massa: coletivamente, todas as mídias que atingem públicos muito grandes (revistas, por exemplo, são uma mídia de comunicação de massa).

Mielina: camada de gordura que reveste alguns axônios e que aumenta a taxa à qual os impulsos nervosos percorrem os axônios.

Mioclônus: espasmos dos músculos da perna que perturbam o sono.

Miopia: um defeito visual que torna difícil focar objetos distantes.

Mistura facial: um gesto facial que mistura partes de duas ou mais expressões básicas.

Mnemônico: um sistema ou auxiliar da memória.

Modelação: todo processo no qual as informações são fornecidas antes de se permitir a prática direta.

Modelagem: o ato de moldar gradativamente respostas de acordo com um padrão final desejado.

Modelamento operante: o moldar gradativo de respostas recompensando-se as maiores aproximações de um padrão final desejado.

Modelo: uma pessoa que serve de exemplo positivo de comportamento desejável.

Modelo (aprendizado): pessoa (ao vivo ou filmada) que serve de exemplo para o aprendizado observacional ou o condicionamento vicário.

Modelo (científico): na pesquisa, um animal cujo comportamento é utilizado para extrair princípios que podem ser aplicáveis ao comportamento humano.

Modelo animal: na área da pesquisa, um animal cujo comportamento é utilizado para descobrir princípios que podem ser aplicáveis ao comportamento humano.

Modelo de cientista-praticante: o treinamento de psicólogos clínicos para fazer pesquisa e terapia.

Modelo de cinco fatores: um modelo que propõe que as cinco dimensões mais universais da personalidade são: a extroversão, a aprazibilidade, a consciência, a tendência à neurose e a abertura às experiências.

Modelo de rede: modelo de memória que a vê como um sistema organizado de informações interligadas.

Modificação do comportamento: a aplicação dos princípios de aprendizagem para modificar o comportamento humano, principalmente o comportamento de má adaptação.

Moldura de referência: uma perspectiva mental ou emocional utilizada para avaliar acontecimentos.

Morfemas: as menores unidades significativas de um idioma, como sílabas ou palavras.

Motivação: mecanismos dentro de um organismo que iniciam, sustentam e dirigem as atividades.

Motivação extrínseca: motivação baseada nas recompensas externas óbvias, obrigações ou fatores semelhantes.

Motivação intrínseca: motivação que vem do prazer pessoal de uma atividade e não de recompensas externas.

Motivação para realizar: necessidade de sucesso ou de atingir a excelência.

Motivos básicos: motivos inatos baseados em necessidades biológicas.

Motivos de estímulo: necessidades inatas de estimulação e informação.

Motivos secundários: motivos baseados nas necessidades psicológicas aprendidas.

Motivos sociais: motivos aprendidos adquiridos como parte de crescer em uma determinada sociedade ou cultura.

Movimento estroboscópico: ilusão de movimento na qual um objeto é mostrado em uma série de posições que mudam rapidamente.

Movimentos rápidos dos olhos (REM): movimentos rápidos dos olhos durante o sono.

MRI funcional: scan de MRI que registra a atividade cerebral.

Mudanças fisiológicas nas emoções: mudanças nas atividades fisiológicas (principalmente respostas involuntárias) que acompanham estados emocionais.

Multiculturalismo: dar o mesmo *status*, reconhecimento e aceitação a diferentes grupos étnicos, raciais e culturais.

Múltipla personalidade: uma forma de distúrbio dissociativo no qual a pessoa desenvolve duas ou mais personalidades distintas.

Nanismo hipopituitário: baixa estatura provocada pela quantidade extremamente pequena de hormônio de crescimento.

Não-conformidade social: não conseguir agir de acordo com as normas sociais ou os padrões mínimos habituais de conduta social.

Não-reforço: retenção do reforço depois de respostas selecionadas (em outras palavras, treinamento de extinção).

Narcolepsia: um problema grave do sono no qual a pessoa sofre de ataques de sono incontroláveis.

Natureza humana: traços, qualidades, potenciais e padrões de comportamento mais característicos da espécie humana.

Necessidade: uma deficiência interna que pode energizar o comportamento.

Necessidade de poder: o desejo de causar um impacto social e de ter controle sobre os outros.

Necessidade de realização: o desejo de superar ou atender a algum padrão interiorizado de excelência.

Necessidade de se afiliar: o desejo de se associar a outras pessoas.

Necessidades afetivas: as necessidades afetivas de uma pessoa no geral, mas principalmente a necessidade de amor, atenção e afeto.

Necessidades básicas: os primeiros quatro níveis de necessidades da hierarquia de Maslow; as necessidades inferiores tendem a ser mais potentes do que as necessidades superiores.

Necessidades de crescimento: na hierarquia de Maslow, as necessidades de nível mais elevado associadas à realização do self (necessidades que contribuem para o crescimento pessoal e desenvolvimento total do potencial da pessoa).

Negação: proteção das pessoas de uma realidade desagradável recusando-se a percebê-la ou acreditar nela.

Negligência: ignorar um lado da visão ou do corpo depois de ocorrer dano em um dos hemisférios do cérebro.

Negligência espacial: tendência a ignorar o lado direito ou esquerdo do corpo e o lado direito ou esquerdo do espaço visual após danos a um dos hemisférios do cérebro.

Neofreudiano: um teórico da personalidade que aceita as características amplas da teoria freudiana mas que a revisou para adaptá-la aos seus próprios conceitos.

Neonato: criança recém-nascida; refere-se às primeiras semanas após o nascimento.

Nervo: grupo de fibras nervosas amparado por tecido conectivo; nervos que podem ser vistos a olho nu; fibras de neurônio são projeções microscópicas de células.

Nervo craniano: um dos 12 nervos principais que saem do cérebro sem passar pela coluna vertebral.

Nervo espinhal: um dos 62 nervos principais que canalizam informações sensoriais e motoras para dentro e para fora da espina dorsal.

Neurilema: uma camada de células vivas que encerra os axônios de alguns neurônios.

Neurogênese: a produção de novas células cerebrais.

Neurônio conector: uma célula nervosa que serve de elo entre duas outras.

Neurônio motor: célula nervosa que leva comandos do sistema nervoso central para os músculos e as glândulas.

Neurônio sensorial: uma célula nervosa que leva informações dos sentidos para o sistema nervoso central.

Neurônios: células nervosas individuais.

Neuropeptídeos: produtos químicos do cérebro que regulam a atividade dos neurônios, conseqüentemente, influenciam memória, emoção, dor, fome e outros comportamentos.

Neuropeptídio Y: substância no cérebro que dá início ao ato de comer.

Neurose: Termo obsoleto utilizado antigamente para se referir a problemas de ansiedade, somatoformes, dissociativos e a algumas formas de depressão.

Neurotransmissor: toda a quantidade de substâncias químicas segregada pelos neurônios que altera a atividade nos outros neurônios.

Nicotina: uma potente droga estimulante encontrada basicamente no tabaco; a nicotina é um conhecido cancerígeno.

Nível de desenvolvimento: o estado atual do desenvolvimento físico, emocional e intelectual.

Noradrenalina: hormônio produzido pelas glândulas adrenais que tende a excitar o corpo; a noradrenalina é associada à raiva.

Norma (social): um padrão aceito (mas geralmente não-verbalizado) de conduta para comportamento adequado.

Norma (teste): pontuação média para um grupo designado de pessoas.

Norma conceitual: uma norma formal pela qual uma pessoa decide se um objeto ou evento é ou não exemplo de um determinado conceito.

Nota de economia: a quantidade de tempo poupado (expressa em porcentagem) ao se reaprender informações.

O quarto de Ames: um quarto intencionalmente distorcido que interrompe as constâncias perceptivas.

Obediência: conformidade com as demandas de uma autoridade.

Objeto: no ato de fazer atribuições, a meta, o motivo ou o alvo de uma ação.

Observação científica: observação ordenada desenvolvida para responder a perguntas sobre o mundo.

Observação direta (personalidade): qualquer observação do comportamento de uma pessoa em uma situação natural ou pré-arranjada feita para se ter uma impressão da personalidade dessa pessoa.

Observação naturalista: observação e registro de comportamentos que ocorrem naturalmente e que não são manipulados experimentalmente.

Observação: coletar dados diretamente por meio do registro de fatos ou acontecimentos.

Obsessão: pensamentos irracionais ou perturbadores recorrentes ou imagens mentais que a pessoa não consegue evitar.

Olfato: o sentido do cheiro.

Onda sonora: compressão cíclica de moléculas de ar.

Ondas delta: ondas cerebrais grandes e lentas que ocorrem no sono mais profundo (fases 3 e 4).

Operação de divisão do cérebro: técnica cirúrgica na qual o *corpus callosum* é cortado, desconectando funcionalmente os dois hemisférios cerebrais.

Organização figura-fundo: organização perceptual básica na qual parte de um estímulo aparentemente se destaca como um objeto (figura) contra um fundo menos proeminente.

Órgão de Corti: parte central da cóclea que contém células pilosas, canais e membranas.

Órgãos otólitos: estruturas vestibulares sensíveis ao movimento, à aceleração e à gravidade.

Orgasmo: clímax e liberação de excitação sexual.

Orientação sexual: o nível de atração emocional e erótica da pessoa por membros do mesmo sexo, do sexo oposto ou de ambos os sexos.

Originalidade: nos testes de criatividade, originalidade se refere ao grau de novidade ou à natureza fora do comum da resposta produzida.

Ossículos auditivos: os três pequenos ossos que ligam o tímpano ao ouvido interno.

Ovulação: a liberação de um óvulo pelos ovários; os óvulos se juntam com os espermatozóides para dar início ao crescimento de um embrião.

Padrão fixo de ação (PFA): uma cadeia instintiva de movimentos encontrada em quase todos os membros de uma espécie.

Padrões de sono: a ordem e a duração dos períodos diários de sono e de estar acordado.

Padronização de testes: a definição de padrões para administrar um teste e interpretar as pontuações.

Pais autoritários: pais que colocam em prática regras rígidas e exigem estrita obediência à autoridade.

Pais com autoridade: pais que dão uma orientação firme e coerente com amor e afeto.

Pais eficientes: pais que fornecem uma orientação firme e coerente com amor e afeto.

Pais excessivamente permissivos: pais que dão pouca orientação a seus filhos; permitem que tenham liberdade demais ou não exigem que eles assumam a responsabilidade por seus atos.

Paixão: a presença de excitação elevada na resposta emocional da pessoa a uma outra.

Papéis sexuais: padrões separados de traços, maneirismos, interesses e comportamentos que são considerados "masculinos" e "femininos" pela cultura da pessoa.

Papel atribuído: um papel designado a uma pessoa, um papel que a pessoa tem de desempenhar.

Papel conquistado: um papel assumido voluntariamente.

Papel social: padrões de comportamento esperados associados a determinadas posições sociais (como filha, trabalhador, aluno).

Parafilias: desvios compulsivos ou destrutivos nas preferências ou no comportamento sexuais.

Paraprofissional: uma pessoa que trabalha em uma função quase que profissional sob a supervisão de uma pessoa mais treinada.

Parapsicologia: o estudo de acontecimentos psicológicos extranormais, como percepção extra-sensorial.

Parcialidade de cortesia: a tendência de dar respostas "educadas" para evitar ferir os sentimentos do entrevistador.

Parcialidade do ator-observador: na designação de atributos, a tendência de atribuir o comportamento de outros a causas internas e atribuir o próprio comportamento a causas externas (situações e circunstâncias).

Parcialidade do observador: a tendência de um observador de distorcer as observações ou percepções para que elas correspondam às suas expectativas.

Parcialidade sexual: a tendência dos pesquisadores de basearem suas conclusões somente em sujeitos de um sexo (geralmente homens).

Parto preparado: técnicas para administrar o desconforto e facilitar o parto com o mínimo de analgésicos.

Pedaços de informação: bits de informações agrupados em unidades maiores.

Pedofilia: sexo com crianças ou molestamento de crianças.

Penhasco visual: um equipamento que se parece com o canto de uma plataforma elevada ou um paredão; utilizado para testar a percepção de profundidade nas crianças e em filhotes de animais.

Peptídio 1 do tipo glucagon: uma substância no cérebro que encerra o comer.

Percepção: o processo mental de organizar sensações em padrões com significado.

Percepção de profundidade: a capacidade de ver o espaço tridimensional e avaliar distâncias com precisão.

Percepção extra-sensorial: a capacidade expressa de perceber acontecimentos de maneiras que não podem ser explicadas pelas habilidades conhecidas dos órgãos dos sentidos.

Percepção seletiva: perceber somente alguns estímulos entre uma gama maior de possibilidades.

Percepção subliminar: a percepção de um estímulo apresentado abaixo do limiar de reconhecimento consciente.

Perfil de traços: representação gráfica das classificações obtidas por uma pessoa (ou às vezes um grupo) em cada um dos vários traços de personalidade.

Perfil MMPI-2: representação gráfica da pontuação de uma pessoa em cada uma das escalas básicas da MMPI-2.

Perguntas de controle: em um teste de polígrafo, perguntas que quase sempre provocam ansiedade, fornecendo, assim, uma linha de base de responsividade emocional.

Perguntas irrelevantes: em um exame de polígrafo, perguntas neutras, não-ameaçadoras ou não-emocionais.

Perguntas relevantes: em exame de polígrafo, as perguntas às quais somente uma pessoa culpada deveria reagir.

Período máximo de vida: a quantidade máxima de anos determinada biologicamente que os seres humanos poderiam viver sob condições ótimas.

Período refratário: um curto período de tempo após o orgasmo durante o qual os homens são incapazes de atingir novamente o orgasmo.

Período sensível: no desenvolvimento, um período de maior sensibilidade às influências ambientais. Também, um período durante o qual certos acontecimentos devem ocorrer para que haja um desenvolvimento normal.

Permanência do objeto: conceito adquirido na infância de que os objetos continuam existindo mesmo quando não estão à vista.

Personalidade: as características psicológicas e os padrões de comportamento peculiares e relativamente imutáveis de uma pessoa.

Personalidade anti-social: uma pessoa que aparentemente não tem consciência, é emocionalmente superficial, impulsiva e egoísta e tende a manipular os outros. Também chamada de sociopata ou psicopata.

Personalidade autoritária: um padrão de personalidade caracterizado pela rigidez, inibição, preconceito e uma preocupação excessiva com o poder, a autoridade e a obediência.

Personalidade do tipo A: um tipo de personalidade com risco elevado de doença cardíaca, caracterizada por urgência de tempo, raiva e hostilidade.

Personalidade do tipo B: todos os tipos de personalidade diferentes da do tipo A; uma personalidade com baixo risco cardíaco.

Personalidade esquizotípica: um distúrbio de personalidade não-psicótico que envolve retirada, isolamento social e comportamento estranho, mas sem ruptura com a realidade.

Personalidade propensa a doenças: um estilo de personalidade associado à saúde ruim marcado por persistentes emoções negativas, incluindo ansiedade, depressão e hostilidade.

Personalidade resistente: um estilo de personalidade associado a uma resistência superior ao estresse.

Persuasão: tentativa deliberada de mudar atitudes ou crenças com informações e argumentos.

Pesadelo: um sonho que deixa quem sonha nervoso.

Pesquisa aplicada: estudo científico realizado para resolver problemas práticos imediatos.

Pesquisa básica: investigação científica feita para avançar o conhecimento básico e não para solucionar um problema prático.

Pessoa incongruente: uma pessoa que tem uma auto-imagem imprecisa ou uma pessoa cuja auto-imagem difere grandemente do self ideal.

Pessoa totalmente funcional: o termo de Carl Rogers para as pessoas que vivem em harmonia com seus sentimentos, impulsos e intuições mais profundos.

Pigmento visual: produto químico encontrado nos retinais e nos cones que é sensível à luz.

Placebo: substância que se assemelha a uma droga mas não tem efeito químico.

Plasticidade: a capacidade do cérebro de revisar a sua organização.

Poder social: a capacidade de controlar, alterar ou influenciar o comportamento de uma outra pessoa.

Polígrafo: um dispositivo para registrar várias atividades fisiológicas, normalmente incluindo batimentos cardíacos, pressão arterial, respiração e resposta galvânica da pele, popularmente conhecido como "detector de mentiras".

Ponto ajustado: proporção teórica de gordura corporal que tende a ser mantida por mudanças na fome e no ato de comer.

Ponto cego: uma parte da retina na qual faltam receptores visuais (o ponto onde o nervo óptico sai do olho).

População: todo um grupo de animais ou pessoas que pertence a uma determinada categoria (por exemplo, todos os alunos universitários ou todas as mulheres casadas).

Pós-imagem: sensação visual que persiste após a remoção do estímulo.

Pós-potencial negativo: uma queda na carga elétrica abaixo do potencial de repouso.

Potencial de ação: o impulso do nervo, que é uma rápida carga elétrica pela membrana da célula.

Potencial de repouso: a carga elétrica existente entre o interior e o exterior de um neurônio em repouso.

Prática espaçada: programação de práticas que alterna períodos de estudo com breves descansos. (Práticas maciças, em comparação, continuam por longos períodos sem interrupção.)

Prática maciça: uma programação de prática na qual o estudo continua por longos períodos sem interrupção.

Pré-adaptação: ajustar gradativamente os ciclos de dormir e acordar a um novo horário diante de uma grande mudança prevista nos ritmos circadianos.

Precognição: a capacidade evidente de prever acontecimentos futuros com precisão.

Preconceito: atitude negativa ou pré-julgamento tomado contra membros de um determinado grupo de pessoas.

Preconceito grupal: preconceito desenvolvido para ficar de acordo com as opiniões do grupo.

Preconceito pessoal: atitudes preconceituosas em relação a alguém que é considerado uma ameaça direta aos interesses da pessoa.

Preconceito simbólico: preconceito que é expresso de uma maneira disfarçada.

Pré-consciente: região da mente que contém informações que não estão no consciente no momento, mas que podem ser trazidas voluntariamente para a consciência.

Predisposição biológica: a suposta prontidão biológica dos seres humanos para aprender determinadas habilidades, como utilizar a linguagem.

Predomínio do cérebro: o hemisfério cerebral que produz a linguagem.

Prendas: recompensas simbólicas ou reforçadores secundários (como fichas plásticas, estrelas de ouro ou pontos) que podem ser trocados por reforçadores reais.

Preparar: ativar lembranças implícitas (ocultas) fornecendo informações parciais a elas associadas.

Presbiopia: hipermetropia provocada por uma perda de elasticidade no cristalino em razão da idade.

Pressão: situação estressante que ocorre quando uma pessoa precisa responder na – ou próximo da – capacidade máxima por longos períodos de tempo.

Primata: um membro da família dos mamíferos, que inclui seres humanos e macacos.

Princípio da prioridade motora: princípio de que o desenvolvimento motor, muscular e físico deve anteceder o aprendizado de determinadas habilidades.

Princípio da realidade: o princípio pelo qual o ego funciona, e que envolve o retardamento das ações (ou do prazer) até que essas sejam adequadas.

Princípio de Premack: qualquer resposta de alta freqüência pode ser utilizada para reforçar uma resposta de baixa freqüência.

Princípio do prazer: o princípio segundo o qual o id opera, composto de um desejo de satisfação imediata dos desejos ou necessidades.

Privação: no desenvolvimento, a perda ou a retenção do estímulo, da nutrição, do bem-estar, do amor etc.; uma situação de carência.

Privação do sono: ser privado da quantidade de sono desejada ou necessária.

Privação dos sentidos: toda grande redução na quantidade ou na variedade de estimulação sensorial.

Problema de conversão: um sintoma ou uma deficiência que parece ser física mas que, na verdade, é resultado de ansiedade, estresse ou conflito emocional.

Problema de estresse agudo: problema psicológico que dura até um mês após estresses como desastres naturais ou combate militar que causariam ansiedade em qualquer pessoa que os vivenciasse.

Problema de humor: problema sério no humor ou nas emoções, tal como depressão ou mania.

Problema mental: uma deficiência significativa no funcionamento psicológico.

Problemas congênitos: problemas ou defeitos que têm a sua origem durante o desenvolvimento pré-natal.

Problemas depressivos: problemas emocionais que envolvem basicamente tristeza, desânimo e depressão.

Problemas profundos de humor: problemas marcados por extremos duradouros de humor ou de emoção e freqüentemente acompanhados por sintomas psicóticos.

Processamento construtivo: reorganizar lembranças com base na lógica, na dedução ou no acréscimo de novas informações.

Processamento de baixo para cima: a organização de percepções começando pelas características dos níveis inferiores.

Processamento de cima para baixo: aplicar conhecimentos de nível mais elevado para organizar rapidamente informações sensoriais em percepções com significado.

Produtividade: a capacidade da língua de gerar novas idéias e possibilidades.

Profecia auto-realizável: uma previsão que incita as pessoas a agirem de forma que ela se torne realidade.

Programa de desvio: um programa de computador que dá aos alunos informações corretivas e exercícios baseados na natureza de seus erros.

Programa motor: um plano ou modelo mental que guia todos os modelos especializados.

Programas de reforço: uma regra ou um plano para determinar quais respostas serão reforçadas.

Projeção: atribuir os próprios sentimentos, limitações ou impulsos inaceitáveis a outras pessoas.

Prontidão: maturação suficiente para a aquisição de uma aptidão.

Protótipo: um ideal ou modelo utilizado como exemplo básico de um determinado conceito.

Proxêmica: o estudo sistemático da utilização humana do espaço, particularmente o espaço social em vários cenários sociais.

Pseudolembranças: lembranças falsas que uma pessoa crê que são reais ou exatas.

Pseudopsicologia: todo sistema falso e não-científico de crenças e práticas oferecido como explicação de comportamento.

Psicanálise: abordagem freudiana da psicoterapia que enfatiza a exploração dos conflitos inconscientes.

Psicanalista: profissional da saúde mental (geralmente um médico) treinado para praticar a psicanálise.

Psicocinética: a habilidade evidente de alterar ou influenciar mentalmente objetos ou acontecimentos.

Psicocirurgia: toda alteração cirúrgica do cérebro feita com o intuito de provocar mudanças comportamentais ou emocionais desejadas.

Psicodrama: terapia na qual os clientes expressam seus conflitos pessoais e sentimentos na presença de outros que representam papéis coadjuvantes.

Psicofísica: o estudo da relação entre os estímulos físicos e as sensações que eles evocam em um observador humano.

Psicolingüista: especialista na psicologia e no desenvolvimento da linguagem.

Psicologia: o estudo científico do comportamento humano e animal.

Psicologia ambiental: o estudo formal de como os ambientes afetam o comportamento.

Psicologia aplicada: a utilização de princípios psicológicos e métodos de pesquisa para resolver problemas práticos.

Psicologia cognitiva: o estudo do raciocínio humano, do conhecimento, da compreensão e do processamento de informações.

Psicologia comparativa: o estudo e a comparação do comportamento de espécies diferentes, principalmente de animais.

Psicologia comunitária: a utilização de recursos comunitários para promover a saúde mental ou evitar problemas de saúde mental.

Psicologia da engenharia: uma especialidade preocupada com o design de máquinas e de ambientes de trabalho para que eles sejam compatíveis com as capacidades físicas e de percepção dos seres humanos.

Psicologia da saúde: estudo de formas pelas quais os princípios psicológicos podem ser utilizados para manter ou promover a saúde.

Psicologia de Gestalt: a escola de psicologia que enfatiza o estudo do pensamento, o aprendizado e as percepções em unidades inteiras e não pela análise em partes.

Psicologia de pessoal: ramo da psicologia industrial-organizacional que trata do teste, da seleção, colocação e promoção de funcionários.

Psicologia do desenvolvimento: o estudo das mudanças gradativas no comportamento e nas habilidades desde a concepção até a morte da pessoa.

Psicologia educacional: o estudo do aprendizado, do magistério e tópicos selecionados.

Psicologia esportiva: o estudo das dimensões psicológicas e comportamentais do desempenho esportivo.

Psicologia evolucionária: o estudo das origens evolucionárias dos padrões comportamentais humanos.

Psicologia industrial-organizacional: a psicologia do trabalho e das organizações, principalmente no tocante à seleção de pessoal, relações humanas e gerência.

Psicologia organizacional: um campo que se concentra na psicologia do trabalho e no comportamento dentro das organizações.

Psicologia social: o estudo do comportamento social humano (comportamento que é influenciado pelo relacionamento da pessoa com os outros).

Psicólogo: pessoa altamente treinada nos métodos, no conhecimento factual e nas teorias da psicologia.

Psicólogo clínico: um especialista que trata de ou pesquisa problemas psicológicos.

Psicólogo conselheiro: um especialista que trata de distúrbios emocionais e comportamentais mais moderados.

Psicólogo cultural: um psicólogo que estuda as maneiras pelas quais duas ou mais culturas afetam o comportamento humano.

Psicólogo das sensações e percepções: psicólogo especializado nos órgãos dos sentidos e nos processos envolvidos na percepção.

Psicólogo de personalidade: um psicólogo que estuda os traços e a dinâmica da personalidade.

Psicólogo do aprendizado: um psicólogo que estuda como ocorre o aprendizado.

Psicólogo do desenvolvimento: um psicólogo que estuda o rumo do crescimento e desenvolvimento humano.

Psicólogo experimental: a pessoa que estuda cientificamente o comportamento humano e animal.

Psicométrica: medida ou teste mental.

Psiconeuroimunologia: o estudo das ligações entre o comportamento, as doenças e o sistema imunológico.

Psicopata: pessoa que aparentemente não diferencia o certo do errado e que não sente culpa em relação a comportamentos destrutivos ou anti-sociais.

Psicopatologia: o estudo científico de problemas mentais, emocionais e comportamentais. Refere-se também ao comportamento anormal ou mal ajustado em si.

Psicose: problema psicológico grave caracterizado por uma fuga da realidade, alucinações e delírios, emoções perturbadas e retirada social.

Psicose da privação do sono: uma grande ruptura do funcionamento mental e emocional provocada pela falta de sono.

Psicose orgânica: psicose provocada por uma lesão ou doença cerebral conhecida.

Psicose paranóide: um problema de delírios centrado principalmente em delírios de perseguição.

Psicoterapeuta: toda pessoa que realiza terapia psicológica. As pessoas que se denominam psicoterapeutas nem sempre são psicólogas.

Psicoterapia: toda forma de tratamento psicológico de problemas comportamentais ou emocionais.

Psique: a mente, a vida mental e a personalidade como um todo.

Psiquiatra: médico especialista no tratamento de problemas mentais.

Puberdade: o período biologicamente definido durante o qual a pessoa amadurece sexualmente e torna-se capaz de se reproduzir.

Pupila: o círculo preto na frente do olho através do qual a luz passa.

Questionário de personalidade: um teste de papel e lápis que consiste em questões desenvolvidas para revelar vários aspectos da personalidade da pessoa que está respondendo.

Quimioterapia: a utilização de drogas psicoativas que tratam de problemas mentais ou emocionais.

Quiromancia: sistema falso que diz que revela traços de personalidade e prevê o futuro "lendo" as linhas na palma das mãos.

Quoficiente de inteligência (QI): um índice de inteligência definido como a idade mental da pessoa dividida pela sua idade cronológica e o resultado multiplicado por 100.

Raciocínio convergente: raciocínio dirigido para a descoberta de uma única resposta correta estabelecida; raciocínio convencional.

Raciocínio crítico: a capacidade de avaliar, comparar, analisar, criticar e sintetizar informações.

Raciocínio dedutivo: raciocínio que aplica um conjunto geral de normas a situações específicas, por exemplo: utilizar as leis da gravidade para prever o comportamento de um objeto que cai.

Raciocínio divergente: raciocínio que produz várias idéias ou alternativas, um elemento importante no raciocínio original e criativo.

Raciocínio do tipo tudo ou nada: classificar objetos ou acontecimentos como absolutamente certos ou errados, bons ou maus, aceitáveis ou inaceitáveis e assim por diante.

Raciocínio egocêntrico: raciocínio que é centrado em si mesmo e não leva em conta os pontos de vista dos outros.

Raciocínio grupal: compulsão dos membros de grupos de tomada de decisões em manter a concordância, mesmo à custa do raciocínio crítico.

Raciocínio ilógico: raciocínio intuitivo, inválido ou ao acaso.

Raciocínio indutivo: tipo de raciocínio no qual uma regra geral ou um princípio é deduzido a partir de uma série de exemplos específicos, por exemplo: deduzir a lei da gravidade observando-se vários objetos que caem.

Raciocínio intuitivo: raciocínio rápido e impulsivo que mascara a pouca ou a ausência total de argumentação e lógica formal.

Raciocínio lógico: tirar conclusões com base nos princípios formais de argumentação.

Raciocínio moral convencional: raciocínio moral baseado em um desejo de agradar aos outros ou de seguir as normas e os valores aceitos.

Raciocínio moral pós-convencional: raciocínio moral baseado em princípios morais cuidadosamente examinados e auto-escolhidos.

Raciocínio moral pré-convencional: raciocínio moral baseado nas conseqüências das escolhas ou ações das pessoas (castigo, recompensa ou uma troca de favores).

Racionalização: justificar o comportamento de uma pessoa dando motivos razoáveis e "racionais", mas falsos.

Racismo: preconceito racial que se tornou institucional (isto é, refletido na política governamental, nas escolas etc.) e que é impingido pela estrutura de poder social existente.

Reação de alarme: o primeiro estágio da SAG, durante o qual são mobilizados recursos corporais para lidar com um estressor.

Reação de estresse: resposta física ao estresse, composta principalmente de mudanças corporais relacionadas à excitação do sistema nervoso autonômico.

Realização de desejos: crença freudiana de que o conteúdo de muitos sonhos reflete desejos não-realizados que não podem ser expressos conscientemente.

Realização do self: o processo em andamento de desenvolver o potencial da pessoa.

Reaprendizado: aprender novamente algo aprendido anteriormente. Utilizado para medir a memória de aprendizado anterior da pessoa.

Rebote parassimpático: atividade excessiva no sistema nervoso parassimpático após um período de intensa emoção.

Receptores da pele: órgãos sensoriais para toque, pressão, frio e calor.

Recitação: como auxiliar de memória, repetir em voz alta as informações que se deseja reter.

Recodificação: reorganizar ou transformar informações para facilitar o armazenamento na memória.

Recompensa: qualquer coisa que produz prazer ou satisfação; um reforçador positivo.

Recongelamento: na lavagem cerebral, o processo de recompensar ou fortalecer novas atitudes e crenças.

Reconhecimento: lembrança na qual um material aprendido anteriormente é identificado corretamente como visto antes.

Recuperação: recuperar informações da memória.

Recuperação espontânea: o reaparecimento de uma resposta aprendida após a sua aparente extinção.

Referencial social: observar outros em situações sociais para obter informações ou orientação.

Reflexo: uma resposta inata e automática a um estímulo, por exemplo, uma piscada de olhos, reflexo de joelho ou dilatação da pupila.

Reflexo de fuçar: reflexo neonatal ilustrado por um leve toque na bochecha, o que faz com que a criança se vire na direção do objeto e tente mamar.

Reflexo de pegar: reflexo neonatal que consiste em pegar objetos colocados nas palmas.

Reflexo de sugar: movimentos rítmicos de sucção ilustrados pelo ato de tocar a boca do recém-nascido.

Reflexo hípnico: reflexo de puxão de músculo no corpo que geralmente ocorre quando alguém está caindo no sono.

Reflexo moro: reflexo neonatal evocado pela perda repentina do suporte ou o soar de um som baixo; em resposta, os braços se estendem e depois são trazidos na direção um do outro.

Reforçador operante: todo o acontecimento que aumenta confiavelmente a probabilidade ou a freqüência das respostas que ele segue.

Reforçador secundário: um reforçador aprendido que geralmente adquire propriedades reforçadoras por meio de associações com um reforçador primário.

Reforçadores básicos: reforçadores não-aprendidos, geralmente aqueles que satisfazem necessidades fisiológicas.

Reforço: todo evento que provoca o aprendizado ou aumenta a probabilidade da ocorrência de uma determinada resposta.

Reforço contínuo: uma programação de reforço na qual todas as respostas corretas são seguidas de um reforço.

Reforço da resposta: no condicionamento clássico, o reforço que ocorre quando um estímulo não-condicionado segue de perto o estímulo condicionado.

Reforço de gratificação: um reforçador secundário tangível, tal como dinheiro, estrelas de ouro, fichas de pôquer e coisas do gênero.

Reforço generalizado: reforçador secundário que se tornou independente de associações diretas com reforçadores primários.

Reforço negativo: ocorre quando uma resposta é seguida do fim do desconforto ou da retirada de um estado negativo das coisas.

Reforço oculto: utilizar imagens positivas para reforçar o comportamento desejado.

Reforço parcial: um padrão no qual somente algumas respostas são reforçadas (também denominado reforço intermitente).

Reforço positivo: ocorre quando uma resposta é seguida de uma recompensa ou outro acontecimento positivo.

Reforço social: elogio, atenção, aprovação e/ou afeto dos outros.

Região auditiva primária: a região principal nos lóbulos temporais na qual é registrada a audição.

Região auditiva: locais nos lóbulos temporais onde as informações auditivas são registradas.

Região de Broca: uma região da linguagem no cérebro ligada à gramática e à pronúncia.

Região olfativa: locais nos lóbulos frontais onde as informações olfativas são registradas.

Região somato-sensorial: a região dos lóbulos parietais que servem de receptoras de sensações corporais.

Região visual básica: a região principal do córtex central que processa informações visuais.

Regras de transformação: regras pelas quais uma simples sentença declarativa pode ser mudada para outras vozes ou formas (passado, voz passiva etc.).

Regressão: toda volta a um padrão anterior e mais infantil de comportamento.

Reintegração: o processo de reconstruir toda uma lembrança complexa depois de observar ou lembrar apenas parte dela.

Relação curvilínea: uma relação que forma uma linha curva quando colocada em gráfico.

Relação linear: uma relação que forma um linha reta quando colocada em gráfico.

Relacionamento negativo: um relacionamento no qual aumentos em uma medida correspondem a reduções em outra.

Relacionamento positivo: uma relação na qual aumentos em uma medida correspondem a aumentos em outra.

Relatividade cultural: percepções e julgamentos feitos no tocante aos valores da cultura de uma pessoa.

Relaxamento progressivo: método de produção de relaxamento profundo em todas as partes do corpo.

REM de rebote: a ocorrência de movimentos extra-rápidos dos olhos após a privação do sono REM.

Remissão espontânea: o desaparecimento de um distúrbio psicológico sem a ajuda de terapia.

Replicar: reproduzir ou repetir.

Representação de papéis: a dramatização ou a reencenação de acontecimentos significativos da vida.

Representação interna: qualquer imagem, conceito, percepção, símbolo ou processo utilizado para representar informações mentalmente durante o raciocínio.

Repressão: eliminar ou barrar involuntariamente lembranças não-desejadas da consciência.

Resistência: bloqueio que ocorre na psicanálise durante a livre associação; assuntos sobre os quais o cliente resiste em pensar ou falar.

Resolução (sexual): a quarta fase da resposta sexual que envolve a volta a níveis mais baixos de tensão e excitação sexual.

Resposta: toda a ação muscular, atividade glandular ou outro comportamento identificável.

Resposta condicionada: um outro termo para o condicionamento clássico. Uma resposta de reflexo ligada a um novo estímulo pelo aprendizado.

Resposta contingente: a aplicação de reforço, castigo ou outras conseqüências somente quando se produz uma determinada resposta.

Resposta de orientação: o padrão de mudanças que ocorrem em todo o corpo e que prepara o organismo para receber informações de um determinado estímulo.

Resposta de relaxamento: o padrão das mudanças corporais internas que ocorrem em momentos de relaxamento.

Resposta emocional condicionada: uma resposta emocional que está ligada a um estímulo anteriormente não-emocional pelo condicionamento clássico.

Resposta estereotipada: uma resposta rígida, repetitiva e não-producente, dada mecanicamente e sem considerar a sua adequação.

Resposta galvânica da pele (RGP): uma mudança na resistência (ou inversamente, na condução) elétrica da pele em razão da atividade nas glândulas sudoríparas associada à excitação ou à ansiedade.

Resposta não-condicionada: um reflexo inato ilustrado por um estímulo não condicionado.

Respostas musculares: movimento visível dos músculos ou mudanças invisíveis na sua tensão, o que cria sensações cinéticas.

Retardamento: capacidade mental consideravelmente abaixo da média; tradicionalmente definido como um QI abaixo de 70.

Retardamento familiar: leve retardamento associado a lares intelectual, nutricional e emocionalmente pobres.

Retardamento mental: presença de uma deficiência de desenvolvimento, uma pontuação formal de QI abaixo de 70, ou uma deficiência no comportamento de adaptação.

Retina: a camada das células sensível à luz no fundo do olho.

Retinais: receptores visuais que respondem à luz fraca, mas produzem somente sensações em preto-e-branco.

Retinal: parte do composto químico que produz rodopsina (também conhecido como retinina).

Retirada do amor: reter afeto para impingir disciplina infantil.

Reversibilidade do raciocínio: reconhecimento de que os relacionamentos que envolvem igualdade ou identidade podem ser revertidos (por exemplo, se A = B, então B = A).

Revezamento: no desenvolvimento inicial da linguagem, a tendência de um pai ou mãe de se alternarem no envio e na recepção de sinais ou mensagens.

Rigidez funcional: rigidez na solução de problemas provocada por uma incapacidade de ver novos usos para assuntos familiares.

Ritmo biológico: qualquer ciclo de atividades biológicas, como os ciclos do sono e do despertar ou mudanças na temperatura do corpo.

Ritmos circadianos: mudanças cíclicas nas funções e na excitação corporais que variam em um período de aproximadamente 24 horas.

Rodopsina: o pigmento fotossensível nos retinais.

Rotação mental: a capacidade de mudar a posição de uma imagem em um espaço mental para examiná-la a partir de um novo ponto de vista.

Roteiro sexual: um plano mental não-verbalizado que define uma "trama", um diálogo e ações que se espera que ocorram em um encontro sexual.

Sadismo: obter satisfação erótica infligindo dor em outra pessoa; mais amplamente, crueldade no amor.

Sadismo sexual: obter prazer sexual do fato de infligir dor durante o ato sexual.

Sala quebra-cabeça: método para reduzir o preconceito no qual cada aluno recebe uma parte diferente do corpo de informações necessárias para concluir um projeto ou preparar-se para um teste.

Sanções grupais: recompensas e punições (como aprovação ou reprovação) administradas por grupos para fazer vigorar um determinado grau de conformidade entre os seus membros.

Saturação: a qualidade das cores em relação à sua pureza, de uma área estreita do espectro, ou isenta da mistura com outras cores.

Scan fMRI: ressonância magnética funcional que registra a atividade cerebral.

Scan PET: tomografia de emissão de pósitron: imagem gerada por computador da atividade cerebral, baseada no consumo de glicose pelo cérebro.

Sedativo: substância que acalma, tranquiliza ou induz ao sono reduzindo a atividade no sistema nervoso.

Sede intracelular: sede desencadeada quando se retira líquido das células por causa de uma concentração cada vez maior de sais e minerais fora da célula.

Sede não-celular: sede provocada por uma redução no volume de líquido encontrado entre as células do corpo.

Seleção natural: teoria de Darwin de que a evolução favorece as plantas e os animais mais adequados às suas condições de vida.

Seleção sensorial: alteração das mensagens sensoriais que entram na espinha dorsal antes de elas atingirem o cérebro.

Self: um conceito de identidade pessoal em constante evolução.

Self ideal: imagem idealizada de si mesmo (o que a pessoa gostaria de ser).

Self possível: uma coleção de pensamentos, crenças, sensações e imagens referentes a um self que a pessoa poderia tornar-se.

Semântica: o estudo dos significados na língua.

Sensação: a resposta imediata no cérebro provocada pela excitação de um órgão sensorial.

Sensação de saber: a capacidade de prever se uma pessoa vai ou não ser capaz de se lembrar de algo.

Sensações de emoção: a experiência particular e subjetiva de ter uma emoção.

Sensibilização oculta: a utilização de uma imagem adversa para reduzir a ocorrência de uma resposta não-desejada.

Senso somestético: pertence a sensações produzidas pela pele, pelos músculos, pelas juntas, pelas vísceras e pelos órgãos de equilíbrio.

Sensos vestibulares: os sensos de equilíbrio, posição do corpo e aceleração.

Sentidos cinestéticos: sentidos dos movimentos e do posicionamento do corpo.

Sentidos da pele: os sentidos de toque, pressão, frio e calor.

Sentidos químicos: sentidos, tais como o olfato e o paladar, que reagem às moléculas químicas.

Seqüência de crescimento humano: o padrão geral de desenvolvimento físico desde a concepção até a morte.

Sexismo: preconceito institucionalizado contra membros de qualquer um dos sexos baseado unicamente no sexo da pessoa.

Sexo: características psicológicas e sociais associadas ao fato de ser homem ou mulher definidas principalmente pela identidade sexual da pessoa e os papéis sexuais aprendidos.

Sexo genético: sexo de acordo com o indicado pela presença dos cromossomos XX (mulher) ou XY (homem).

Sexo genital: sexo de acordo com o indicado pela presença de órgãos genitais masculinos ou femininos.

Sexo gonadal: sexo de acordo com o indicado pela presença de ovários (na mulher) ou de testículos (no homem).

Sexo hormonal: sexo de acordo com o indicado pela preponderância de estrógenos (na mulher) ou andrógenos (no homem) no corpo.

Significado conotativo: o significado subjetivo, pessoal ou emocional de uma palavra ou de um conceito.

Significado estatístico: resultados experimentais que raramente ocorreriam somente ao acaso.

Sílabas sem sentido: palavras inventadas de três letras utilizadas para testar o aprendizado e a memória.

Silogismo: um formato para analisar argumentos lógicos.

Simbolização: na teoria de Carl Rogers, o processo de admitir a conscientização de uma experiência.

Símbolos oníricos: imagens em sonho que servem de sinais visíveis de idéias, desejos, impulsos, emoções, relacionamentos etc. ocultos.

Similaridade: na atração interpessoal, o ponto até o qual duas pessoas são semelhantes em história passada, idade, interesses, atitudes, crenças etc.

Simulações educacionais: programas de computador que simulam parâmetros e situações do mundo real para promover o aprendizado.

Simulações no computador: programas de computador que imitam algum aspecto do raciocínio humano, da tomada de decisões ou resolução de problemas.

Sinais neurológicos sutis: sinais comportamentais sutis de disfunção cerebral, incluindo falta de jeito, andar estranho, má coordenação mão-olho e outros problemas de percepção ou motores.

Sinal: no desenvolvimento inicial da linguagem, todo comportamento, como tocar, vocalizar, observar atentamente ou sorrir, que permite a interação não-verbal e a alternância entre pais e filhos.

Sinapse: o espaço microscópico entre o terminal axônio e um outro neurônio sobre o qual os neurotransmissores passam.

Síndrome alcoólica fetal (SAF): um padrão de complicação de parto e defeitos corporais em crianças provocados pelo consumo de álcool pela mãe durante a gravidez.

Síndrome da adaptação geral (SAG): uma série de reações corporais ao estresse prolongado que ocorre em três fases: alarme, resistência e exaustão.

Síndrome da morte súbita infantil (SMSI): a morte repentina não-explicada de uma criança aparentemente saudável.

Síndrome de Down: um problema genético provocado pela presença de um cromossomo extra; resulta em retardamento mental.

Síndrome do pânico (com agorafobia): a pessoa está em um estado crônico de ansiedade e também tem breves momentos de pânico repentino, intenso e inesperado. Além disso, ela teme que esses ataques de pânico ocorram em lugares públicos ou em situações não-familiares.

Síndrome do pânico (sem agorafobia): a pessoa está em um estado crônico de ansiedade e também tem breves momentos de pânico repentino, intenso e inesperado.

Sintaxe: regras para ordenar palavras no momento de formar sentenças.

Sintomas de abstinência: doença física e desconforto que acompanham a retirada de uma droga que vicia.

Sistema de alerta: dor baseada em grandes fibras nervosas; alerta que pode estar ocorrendo dano corporal.

Sistema de alimentação: áreas em cada um dos lados do hipotálamo que são estimulados quando começa a alimentação.

Sistema de redução de dados: qualquer sistema que selecione, analise ou condense informações.

Sistema de saciedade: regiões na metade inferior do hipotálamo que encerram a fome.

Sistema endócrino: glândulas cuja secreção passa diretamente pela corrente sanguínea ou pelo sistema linfático.

Sistema imunológico: sistema que mobiliza as defesas do corpo (como os glóbulos brancos) contra micróbios invasivos e outros agentes de doença.

Sistema límbico: sistema de estruturas interligadas no cérebro anterior que estão intimamente ligadas à resposta emocional.

Sistema nervoso autonômico: o sistema neural que liga o cérebro aos órgãos internos e às glândulas.

Sistema nervoso central: o cérebro e a coluna vertebral.

Sistema nervoso periférico: todas as partes do sistema nervoso fora do cérebro e da espinha dorsal.

Sistema parassimpático: ramo do sistema autonômico responsável por acalmar o corpo e preservar a energia.

Sistema reticular ativador (SRA): parte da formação reticular que ativa o córtex cerebral.

Sistema simpático: ramo do sistema autonômico responsável pela excitação e ativação do corpo em momentos de estresse.

Sistema somático: o sistema de nervos que liga a espinha dorsal ao corpo e aos órgãos do sentido.

Sistemas de peritos: programas de computador criados para responder como um perito humano responderia; programas baseados no conhecimento e nas normas que estão por trás da perícia humana em assuntos específicos.

Situação psicológica: uma situação da forma como é percebida e interpretada por uma pessoa e não da forma como existe objetivamente.

Situações críticas: situações durante a infância que são capazes de deixar uma marca duradoura na personalidade.

Socialização: o processo de aprender a viver em uma determinada cultura adotando valores e comportamentos socialmente aceitáveis.

Socialização do papel sexual: o processo de aprender comportamentos considerados adequados para um sexo em uma determinada cultura.

Sociopata: outro nome para a personalidade piscopata ou anti-social.

Solução funcional: uma solução detalhada, prática e exeqüível.

Solução geral: solução que descreve os requisitos para o sucesso mas não de maneira suficientemente detalhada para outras medidas.

Solução mecânica: a obtenção da solução de um problema por tentativa e erro ou mediante um procedimento fixo baseado nas regras aprendidas.

Soma: o corpo principal de um neurônio ou outra célula.

Sonâmbulo: pessoa que anda durante o sono.

Sonho lúcido: um sonho no qual o sonhador se sente acordado e capaz de raciocínio e ações normais.

Soniloquismo: falar durante o sono.

Sono leve: a fase 1 do sono, que é marcada por ondas cerebrais pequenas e irregulares e algumas ondas alfa.

Sono NREM: movimento não-rápido dos olhos característicos das fases 2, 3 e 4, e em grande parte isento de sonhos.

Sono profundo: a fase 4 do sono; a forma mais profunda de sono normal.

Sono REM: sono marcado por movimentos rápidos dos olhos e um retorno aos padrões do EEG da fase; geralmente associado ao sonho.

Status: a posição da pessoa em um grupo ou estrutura social, principalmente em relação a poder, privilégio, importância etc.

Subcórtex: todas as estruturas cerebrais abaixo do córtex cerebral.

Sublimação: trabalhar desejos frustrados ou impulsos inaceitáveis em atividades substitutas que são construtivas ou aceitas pela sociedade.

Submissão: ceder aos pedidos de uma pessoa que tem pouca ou nenhuma autoridade ou outra forma de poder social.

Sujeitos experimentais: seres humanos ou animais cujo comportamento é investigado em um experimento.

Superego: na teoria freudiana, a internalização de valores dos pais e padrões sociais.

Supergeneralização: fazer que um único acontecimento fique fora de proporção estendendo-o a uma grande quantidade de situações não-relacionadas.

Superproteção: salvaguardar e proteger excessivamente uma criança de possíveis estresses.

Super-revelação: auto-revelação que excede o que é apropriado para uma determinada relação e situação social.

Supressão: um esforço consciente de não pensar em algo ou evitar que algo seja conscientizado.

Surdez de condução: má transferência de sons do tímpano para o ouvido interno.

Surdez de estimulação: surdez resultante de danos provocados pela exposição a sons excessivamente altos.

Surdez nervosa: surdez provocada por danos nas células capilares ou no nervo auditivo.

Surtos do sono: explosões distintas de atividade de ondas cerebrais que indicam que a pessoa está dormindo.

Tabela de intervalo fixo: um padrão no qual só é dado um reforço quando é dada uma resposta correta após a passagem de um período de tempo estabelecido desde a última resposta reforçada. As respostas executadas antes do final do intervalo de tempo não são reforçadas.

Tabela de intervalo variável: uma tabela na qual é dado um reforçador para a primeira resposta correta dada após um período de tempo variável (medido a partir de uma resposta reforçada anterior). As respostas dadas antes do intervalo de tempo terminar não são reforçadas.

Tabela de razão fixa: um padrão no qual é preciso dar uma quantidade estabelecida de respostas corretas para obter um reforçador. Por exemplo, dá-se um reforçador para cada quatro respostas corretas.

Tabela de razão variável: um padrão no qual uma quantidade variável de respostas corretas deve ser dada para obter um reforçador. Por exemplo, é dado um reforçador após três a sete respostas corretas, o número real varia aleatoriamente.

Tálamo: uma estrutura no centro do cérebro que retransmite informações sensoriais ao córtex cerebral.

Tanato: o instinto de morte postulado por Freud.

Tarefa de desenvolvimento: qualquer habilidade que precise ser dominada ou mudança pessoal que precise ocorrer para o desenvolvimento ótimo em uma determinada fase da vida.

Taxa metabólica: a taxa à qual a energia é consumida pelas atividades corporais.

TEAR: Terapia de Estimulação Ambiental Restrita.

Técnica de bola baixa: estratégia que tem o compromisso de se obter um benefício, primeiramente com termos razoáveis e desejáveis, que então são tornadas menos razoáveis e desejáveis.

Técnica do espelho: observar uma outra pessoa reconstituir o nosso comportamento, como um personagem em uma peça; criada para ajudar as pessoas a se enxergarem de maneira mais clara.

Telepatia: a capacidade evidente de saber diretamente os pensamentos de uma outra pessoa.

Temperamento: a base física da personalidade, incluindo a sensibilidade emocional e perceptual, níveis de energia, humor habitual etc.

Teoria: um sistema criado para intercalar conceitos e fatos de uma maneira que resuma os dados existentes e preveja observações futuras.

Teoria comportamental da personalidade: qualquer modelo de personalidade que enfatiza o comportamento, estímulos e respostas observáveis e o impacto do aprendizado.

Teoria da chave e da fechadura: teoria referente ao olfato que associa odores aos formatos das moléculas químicas.

Teoria da excitação: uma teoria de motivação que pressupõe que as pessoas preferem manter níveis "ideais" ou confortáveis de excitação.

Teoria da freqüência: teoria que diz que, na audição, a cóclea converte os tons de até 4.000 hertz em impulsos nervosos que combinam a freqüência de cada tom.

Teoria da frustração-agressão: teoria que diz que a frustração tende a levar à agressão.

Teoria da personalidade: um sistema inter-relacionado de conceitos e princípios utilizado para entender e explicar a personalidade.

Teoria de Cannon-Bard: de acordo com essa teoria, as emoções e a excitação física ocorrem simultaneamente, e começam com a atividade no tálamo.

Teoria de James-Lange: de acordo com essa teoria, sensações emocionais se seguem à excitação corporal e provêm da consciência dessa excitação.

Teoria do aprendizado social: abordagem que combina princípios de aprendizagem com processos cognitivos (percepção, raciocínio, antecipação) mais os efeitos do aprendizado observacional para explicar comportamentos.

Teoria do conflito sensorial: atribui o enjôo de movimento a informações mal combinadas com a visão, o sistema vestibular e a cinética.

Teoria do controle do portão: propõe que as mensagens de dor passam pelos "portões" neurais na espinha dorsal.

Teoria do *feedback* facial: explicação que diz que as expressões faciais geram sentimentos que ajudam a definir que emoção uma pessoa está sentindo.

Teoria do lugar: teoria de audição que diz que tons de freqüência mais alta e mais baixa são detectados em locais específicos da cóclea.

Teoria do processo de oposição (sensação): a teoria de visão das cores que diz que o sistema visual utiliza três sistemas de codificação (vermelho ou verde, azul ou amarelo, branco ou preto) para analisar as informações sobre cores.

Teoria psicanalítica: teoria freudiana da personalidade que enfatiza as forças inconscientes e os conflitos internos nas suas explicações do comportamento.

Teoria psicodinâmica: toda a teoria de comportamento que enfatiza os conflitos internos, os motivos e as forças inconscientes.

Teoria tricromática: a teoria de visão das cores baseada na hipótese de que há três tipos de cones, com sensibilidade para o vermelho, o verde e o azul.

Teórico de traços: psicólogo que está interessado em classificar, analisar e inter-relacionar traços e em descobrir as suas origens para entender e explicar a personalidade.

Teórico do aprendizado: um psicólogo interessado nas maneiras como o aprendizado molda e explica a personalidade.

Ter uma idéia luminosa: método de raciocínio criativo que separa a produção e a avaliação de idéias.

Terapia centrada no cliente: uma terapia não dirigida baseada nos *insights* de desenhos de pensamentos e sensações conscientes e que enfatiza a aceitação do verdadeiro self da pessoa.

Terapia cognitiva: a utilização dos princípios de aprendizagem e outros métodos para mudar pensamentos desajustados, crenças e sensações.

Terapia cognitivo-comportamental: a utilização de princípios de aprendizado para mudar pensamentos, crenças e sensações mal ajustados, que estão por trás dos problemas emocionais e comportamentais.

Terapia comportamental emotivo racional (TCER): abordagem que tenta mudar ou remover crenças irracionais que provocam problemas emocionais.

Terapia comportamental: a utilização de princípios de aprendizagem para efetuar mudanças construtivas no comportamento.

Terapia da aversão: supressão de uma resposta indesejável associando-a a estímulos aversivos (dolorosos ou desagradáveis).

Terapia de grupo: psicoterapia feita com um grupo de pessoas.

Terapia dinâmica de curto prazo: terapia psicodinâmica moderna desenvolvida para criar *insights* em um período de tempo mais curto que o da psicanálise tradicional.

Terapia eletroconvulsiva (TEC): tratamento médico para depressão profunda que consiste em choques elétricos que passam diretamente pelo cérebro, o que produz uma convulsão.

Terapia existencial: uma terapia de insight que se concentra nos problemas da existência, tais como a morte, o significado, escolhas e responsabilidade; enfatiza a feitura de escolhas corajosas.

Terapia familiar: técnica na qual todos os membros da família participam, tanto individualmente como em grupo, para mudar relacionamentos destrutivos e padrões de comunicação.

Terapia somática: toda terapia corporal, como terapia de drogas, terapia eletroconvulsiva ou psicocirurgia.

Terror noturno: um episódio extremamente aterrorizante de sono NREM.

Teste clínico natural: um acidente ou outro acontecimento natural que fornece dados psicológicos.

Teste das conseqüências: um teste de criatividade baseado na listagem das conseqüências que se seguiriam a uma mudança básica no mundo.

Teste de anagramas: um teste de criatividade no qual os sujeitos tentam criar o máximo possível de palavras novas a partir das letras de uma determinada palavra.

Teste de Apercepção Temática (TAT): um teste de projeção composto de 20 cenas e situações de vida diferentes sobre as quais os respondentes criam histórias.

Teste de aquisição: um procedimento de teste que estimula os desafios individuais de tomada de decisões com os quais os executivos deparam.

Teste de honestidade: um teste de papel e lápis criado para detectar atitudes, crenças e padrões de comportamento que predispõem a pessoa a se envolver em comportamentos desonestos.

Teste de inteligência grupal: qualquer teste de inteligência que possa ser administrado em um grupo de pessoas com o mínimo de supervisão.

Teste de Ishihara: teste de cegueira ou fraqueza em relação a cores.

Teste de justiça cultural: um teste (como um teste de inteligência) elaborado para minimizar a importância das habilidades e do conhecimento que podem ser mais comuns em algumas culturas do que em outras.

Teste de manutenção: repetir silenciosamente ou revisar mentalmente informações para guardá-las na memória de curto prazo.

Teste de múltiplas aptidões: teste que mede duas ou mais aptidões.

Teste de realidade: obtenção de informações adicionais para verificar a precisão das percepções.

Teste de Usos Incomuns: um teste de criatividade no qual os sujeitos tentam pensar em novos usos para um objeto comum.

Teste dígito-período de tempo: um teste de atenção e de memória de curto prazo no qual uma série de dígitos é lembrada.

Teste dos borrões ou Técnica de Rorschach: teste de projeção composto de dez borrões padronizados que são descritos pela pessoa que a ele está sendo submetida.

Teste elaborativo: liberação que liga novas informações às lembranças e ao conhecimento existentes.

Teste geral de inteligência: teste que mede uma grande variedade de capacidades mentais.

Teste individual de inteligência: um teste de inteligência desenvolvido para ser administrado em uma única pessoa por um especialista treinado.

Teste objetivo: um teste que dá a mesma pontuação quando pessoas diferentes o corrigem.

Teste situacional: simulação de situações reais para que se possa observar diretamente as reações da pessoa.

Testemunha perita: uma pessoa reconhecida por um tribunal de justiça como qualificada a dar um testemunho de perito sobre um determinado assunto.

Testes de projeção: testes psicológicos que utilizam estímulos ambíguos e não-estruturados. Supõe-se que os sujeitos projetam suas próprias idéias e impulsos nesses estímulos.

Testosterona: hormônio sexual masculino secretado principalmente pelos testículos e responsável pelo desenvolvimento das características sexuais masculinas.

THC: tetraidrocanabinol, o principal produto químico ativo na maconha.

Timidez de isca: uma não-disposição ou hesitação, da parte de animais, de comer um determinado alimento, geralmente provocada pela presença de uma aversão do paladar.

Timidez: tendência a evitar os outros e tensão com a sociabilização.

Tinido: uma sensação de eco ou zunido no ouvido não-provocada por estímulo externo.

Tipo de personalidade: um estilo de personalidade definido por um grupo de traços relacionados.

Tolerância à droga: uma redução na resposta do corpo a uma droga.

Tom emocional: o estado emocional básico que uma pessoa vivencia em um dado momento.

Tomografia computadorizada: uma imagem de raio X do cérebro ampliada pelo computador.

Tomografia por emissão de pósitron: imagem gerada por computador da atividade cerebral, baseada no consumo de glicose pelo cérebro.

Traço cardinal: um traço de personalidade tão básico ou tão poderoso que todas ou a maior parte das atividades da pessoa se originam da existência desse traço.

Traço de personalidade: uma característica comportamental exibida na maioria das situações.

Traços centrais: os traços centrais que caracterizam uma determinada personalidade.

Traços comuns: traços de personalidade que são compartilhados pela maioria dos membros de uma determinada cultura.

Traços de memória: mudanças físicas hipotéticas que ocorrem no cérebro quando este armazena informações; enegramas.

Traços de personalidade: qualidades relativamente permanentes e duradouras do comportamento que uma pessoa apresenta na maioria das situações.

Traços de superfície: os traços visíveis e observáveis da personalidade da pessoa.

Traços individuais: traços de personalidade que compreendem as qualidades individuais peculiares à pessoa.

Traços secundários: traços de personalidade inconsistentes ou relativamente superficiais.

Traços-fonte: traços básicos de personalidade; cada traço-fonte é refletido em uma quantidade maior de traços de superfície.

Tranqüilizantes maiores antipsicóticos: drogas que, além de ter efeitos tranqüilizantes, também tendem a reduzir alucinações e raciocínio delirante.

Tranqüilizantes menores: drogas (como Valium) que produzem relaxamento ou reduzem a ansiedade.

Transferência: na psicanálise, a tendência de um cliente de transferir para o terapeuta sentimentos que correspondem àqueles que o cliente tinha por pessoas importantes no seu passado.

Transferência negativa: domínio de uma tarefa conflita com aprender ou fazer outra.

Transferência positiva: o domínio de uma tarefa ajuda a aprender ou a executar uma outra.

Transformação: na teoria de Piaget, a capacidade mental de mudar a forma de uma substância (tal como o barro ou a água) e perceber que o seu volume permanece o mesmo.

Transmissor: dispositivo que converte energia de um sistema em energia em outro.

Trauma psicológico: lesão ou choque psicológico, como aquele provocado por violência, abuso, negligência, separação etc.

Treinamento de afirmação: instruções sobre como ser auto-afirmativo.

Treinamento de aptidões de recusa: treinamento que ensina os jovens a resistir às influências de começar a fumar (também pode ser aplicado a outras drogas, como o álcool e a cocaína).

Treinamento de consciência de grupos grandes: qualquer um de uma série de programas (muitos deles comercializados) que afirma aumentar a autoconsciência e facilitar mudanças pessoais construtivas.

Treino para dominar: reforço de respostas que levam ao domínio de uma ameaça ou ao controle sobre o ambiente da pessoa.

Trepanação: no uso moderno, qualquer procedimento cirúrgico no qual é feito um buraco no crânio; historicamente, a feitura de buracos no crânio para "tratar" de problemas mentais.

Triptofano: aminoácido indutor do sono.

Tristezas maternas: um breve e relativamente ameno estado de depressão geralmente vivenciado pelas mães dois ou três dias após darem à luz.

Tronco cerebral: as partes inferiores do cérebro, incluindo o cerebelo, a medula e a formação reticular.

Unidades de mudança de vida (UMV): valores numéricos atribuídos a cada acontecimento da vida *na Escala de Classificação de Reajuste Social* e utilizada para prever a probabilidade de doenças.

Vacilação: hesitar em intenção ou sentimentos.

Validação: a capacidade de um teste de medir o que se propõe a medir.

Valor de incentivo: o valor que uma meta tem para uma pessoa ou um animal acima ou abaixo da capacidade de ela atender a uma necessidade.

Valor de reforço: o valor subjetivo que uma pessoa dá a uma determinada atividade ou reforçador.

Valores culturais: os valores atribuídos pelas pessoas a vários objetos e atividades em uma determinada cultura.

Valorização do organismo: valorizar uma experiência com base na forma como uma pessoa responde a ela como um organismo todo; julgamento feito baseado diretamente nas percepções e nos sentimentos da pessoa.

Variável: toda condição que muda ou que pode ser mudada; uma medida, um acontecimento ou estado que pode variar.

Variável dependente: em um experimento, a situação (geralmente um comportamento) que reflete os efeitos de uma variável independente.

Variável extrínseca: em um experimento, toda condição impedida de influenciar o resultado.

Variável independente: em um experimento, a condição que está sendo investigada como a possível causa de alguma mudança no comportamento. Os valores que essa variável assume não dependem de qualquer outra condição; eles são escolhidos pela pessoa que está realizando o experimento.

Viciamento: o desenvolvimento de dependência física de uma droga de tal forma que ocorre desejo e desconforto físico (sintomas da abstinência) no caso de sua falta.

Vírus da imunodeficiência humana (HIV): vírus sexualmente transmissível que debilita o sistema imunológico e provoca Aids.

Visão de túnel: visão restrita ao centro do campo visual.

Visão estereoscópica: percepção de espaço e profundidade provocada principalmente pelo fato de os olhos receberem imagens diferentes.

Visão periférica: visão na periferia (cantos) do campo visual.

Visão ruim do mundo: ver o mundo e as outras pessoas como perigosas e ameaçadoras.

Voyeurismo: obter prazer sexual do ato de ver os órgãos genitais de outras pessoas, geralmente sem o conhecimento ou a autorização delas.

Zona de desenvolvimento proximal: refere-se à gama de tarefas que uma criança ainda não consegue dominar sozinha, mas que pode conseguir realizar com a orientação de um parceiro mais hábil.

Zona erógena: qualquer região do corpo que produz sensações prazerosas.

Referências Bibliográficas

ABEL, T.; LATTAL, K. M. Molecular mechanisms of memory acquisition, consolidation and retrieval. *Current Opinion in Neurobiology*, v. 11, n. 2, p. 180-187, 2001.

ABI-DARGHAM, A. et al. Increased striatal dopamine transmission in schizophrenia. *American Journal of Psychiatry*, v. 155, n. 6, p. 761-767, 1998.

ABRAMSON, R. EPA officially links passive smoke, cancer. *Los Angeles Times*, 8 jan. 1993, p. A27.

ADAMS, J. *Conceptual blockbusting*. Nova York: Norton, 1988.

ADELMANN, P. K.; ZAJONC, R. B. Facial efference and the experience of emotion. *Annual Review of Psychology*, v. 40, p. 249-280, 1989.

ADITYANJEE, A. M. Delusion of pregnancy in males: A case report and literature review. *Psychopathology*, v. 28, n. 6, p. 307-311, 1995.

ADOLPH, K. E. Learning in the development of infant locomotion. *Monographs of the Society for Research in Child Development*, v. 62, n. 3, p. 1-140, 1997.

ADORNO, T. W. et al. *The authoritarian personality*. Nova York: Harper, 1950.

AHISSAR, M. Perceptual learning. *Current Directions in Psychological Science*, v. 8, n. 4, p. 124-128, 1999.

AJZEN, I. Nature and operation of attitudes. *Annual Review of Psychology*, v. 52, p. 27-58, 2001.

AKERSTEDT, T. Psychological and psy-chophysiological effects of shift work. *Scandinavian Journal of Work, Environment & Health*, v. 16, p. 67-73, 1990. (Suplemento I).

AKERSTEDT, T. et al. Regulation of sleep and naps on an irregular schedule. *Sleep*, v. 16, n. 8, p. 736-743, 1993.

ALARCON, R. D. Culture and psychiatric diagnosis: Impact on DSM-IV and ICD-10. *Psychiatric Clinics of North America*, v. 18, n. 3, p. 449-465, 1995.

ALBERTI, R.; KMMONS, M. *Your perfect right*. San Luis Obispo, CA: Impact, 1995.

ALBERTO, P. A.; TROUTMAN, A. C. *Applied behavior analysis for teachers*. Englewood Cliffs, NJ: Prentice Hall

ALCOCK, J. E. *Science and supernature: A critical appraisal of parapsychology*. Buffalo, NY: Prometheus, 1990.

ALDEN, L. E.; WALLACE, S. T. Social phobia and social appraisal in successful and unsuccessful social interactions. *Behaviour Research & Therapy*, v. 33, n. 5, p. 497-505, 1995.

ALFELD-LIRO, C.; SIGELMAN, C. K. Sex differences in self-concept and symptoms of depression during the transition to college. *Journal of Youth & Adolescence*, v. 27, n. 2, p. 219-244, 1998.

ALICKE, M. D. et al. Using personal attitudes to judge others. *Journal of Research in Personality*, v. 30, n. 1, p. 103-119, 1996.

ALLGOWER, A. et al. Depressive symptoms, social support, and personal health behaviors in young men and women. *Health Psychology*, v. 20, n. 3, p. 223-227, 2001.

ALLOY, L B.; CLEMENTS, C. M. Hopelessness theory of depression. *Cognitive Therapy & Research*, v. 22, n. 4, p. 303-335, 1998.

ALLOY, L. B. et al. Attributional style and the generality of learned helplessness. *Journal of Personality & Social Psychology*, v. 46, p. 681-687, 1984.

ALLPORT. G. W. *The nature of prejudice*. Garden City, NY: Anchor Books, Doubleday, 1958.

ALLPORT, G. W. *Pattern and growth in personality*. Nova York: Holt, Rinehart, and Winston, 1961.

ALTMAN, L. K. AIDS threatens to claim 65M more lives by '20. *Arizona Daily Star*, 3 jul. 2002. p. A7.

ALTSCHULER, G. C. Battling the cheats. *The New York Times: Education*, 7 jan. 2001, p. 15.

ALVA, S. A. Differential patterns of achievement among Asian-American adolescents. *Journal of Youth and Adolescence*, v. 22, n. 4, p. 407-423, 1993.

ALVARADO, N. Empirical validity of the Thematic Apperception Test. *Journal of Personality Assessment*, v. 63, n. 1, p. 59-79, 1994.

ALVINO, J. & the Editors of *Gifted Children Monthly. Parents' guide to raising a gifted child*. Nova York: Ballantine, 1996.

AMABILE, T. et al. Creativity under the gun. *Harvard Business Review*, v. 80, n. 8, p. 52-61, 2002.

AMAR, P. B. Biofeedback and applied psychophysiology at the crossroads. *Biofeedback & Self-Regulation*, v. 18, n. 4, p. 201-209, 1993.

ANDEREGG, D.; GARTNER, G. Manic dedifferentiation and the creative process. *Psychoanalytic Psychology*, v. 18, n. 2, p. 365-379, 2001.

ANDERSON, C. A. Temperature and aggression. *Psychological Bulletin*, v. 106, p. 74-96, 1989.

ANDERSON, C. A. et al. Examining an affective aggression framework. *Personality & Social Psychology Bulletin*, v. 22, n. 4, p. 366-376, 1996.

ANDERSON, C. A.; BUSHMAN, B. J. Human aggression. *Annual Review of Psychology*, v. 53, p. 27-51, 2002.

ANDERSON, J. R. *Cognitive psychology*. Nova York: Freeman, 1995.

ANDERSON, K. J. Arousal and the inverted-U hypothesis. *Psychological Bulletin*, v. 107, n. 1, p. 96-100, 1990.

ANDERSON, M. C.; BELL, T. Forgetting our facts: The role of inhibitory processes in the loss of propositional knowledge. *Journal of Experimental Psychology: General*, v. 130, n. 3, p. 544-570, 2001.

ANDERSON, M. C. Active forgetting: Evidence for functional inhibition as a source of memory failure. *Journal of Aggression, Maltreatment & Trauma*, v. 4, n. 2, p. 185-210, 2001.

ANDERSON, M. C.; GREEN, C. Suppressing unwanted memories by executive control. *Nature*, v. 410, n. 6826, p. .366-369, 2001.

ANDERSON, R. H. et al. A multidimensional test of the attributional reformulation of learned helplessness. *Bulletin of the Psychonomic Society*, v. 22, p. 211-213, 1984.

ANDRESEN, J. Meditation meets behavioural medicine: The story of experimental research on meditation. *Journal of Consciousness Studies*, v. 7, n. 11-12, p. 17-73, 2000.

ANNETT, M.; MANNING, M. Arithmetic and laterality. *Neuropsychologia*, v. 28, n. 1, p. 61-69, 1990.

ANTHONY, W. A. et al. Understanding the current facts and principles of mental health systems planning. *American Psychologist*, v. 45, n. 11, p. 1249-1252, 1990.

APA. *APA directory (draft)*. American Psychological Association Research Office. Washington, DC: APA, 1998.

ARCHER, J. Sex differences in social behavior. *American Psychologist*, v. 51, n. 9, p. 909-917, 1996.

ARENA, J. G. et al. A comparison of frontal electromyographic biofeedback training, trapezius electromyographic biofeedback training, and progressive muscle relaxation therapy in the treatment of tension headache. *Headache*, v. 35, n. 7, p. 411-419, 1995.

ARENDT, J. Clinical perspectives for melatonin and its agonists. *Biological Psychiatry*, v. 35, n. 1, p. 1-2, 1994.

ARIELY, D.; WERTENBROCH, K. Procrastination, deadlines, and performance: Self-control by precommitment. *Psychological Science*, v. 13, n. 3, p. 219-224, 2002.

ARMELI, S. et al. Stressor appraisals, coping, and post-event outcomes: The dimensionality and antecedents of stress-related growth. *Journal of Social & Clinical Psychology*, v. 20, n. 3, p. 366-395. 2001.

ARONOFF, J. et al. The recognition of threatening facial stimuli. *Journal of Personality & Social Psychology*, v. 54, n. 4, p. 647-655, 1988.

ARONSON, E. Some antecedents of interpersonal attraction. In: ARNOLD, W. J.; LEVINE, D. (Eds.), *Nebraska Symposium on Motivation*. Lincoln: University of Nebraska Press, 1969.

ARONSON, E. *The Social Animal*. San Francisco: W. H. Freeman, 1992.

ARTHUR, W. JR.; GRAZIANO, W. G. The five-factor model, conscientiousness, and driving accident involvement. *Journal of Personality*, v. 64, n. 3, p. 593-618, 1996.

ARY, D. V. et al. *Journal of Abnormal Child Psychology*, v. 27, n. 2, p. 141-150, 1999.

ASCH, S. E. Studies of independence and conformity: A minority of one against a unanimous majority. *Psychological Monographs*, v. 70, n. 416, 1956.

ASH, D. W.; HOLDING, D. H. Backward versus forward chaining in the acquisition of a keyboard skill. *Human Factors*, v. 32, n. 2, p.139-146, 1990.

ASHTON, W. A.; FUEHRER, A. Effects of gender and gender role identification of participant and type of social support resource on support seeking. *Sex Roles*, v. 28, n. 7-8, p. 461-476, 1993.

ASLIN, R. N.; SMITH, L. B. Perceptual development. *Annual Review of Psychology*, v. 39, p. 435-473, 1988.

ASSANAND, S. et al. Personal theories of hunger and eating. *Journal of Applied Social Psychology* v. 28, n. 11, p. 998-1015, 1998.

ATTENBURROW, M. E. J. Low dose melatonin improves sleep in healthy middle-aged subjects. *Psy-chopharmacology*, v. 126, n. 2, p. 179-181, 1996.

AVERY, D. H. et al. Dawn simulation and bright light in the treatment of SAD. *Biological Psychiatry*, v. 50, n. 3, p. 205-216, 2001.

AYERS, L. et al. The significance of transpersonal experiences, emotional conflict, and cognitive abilities in creativity. *Empirical Studies of the Arts*, v. 17, n. 1, p. 73-82, 1999.

AYLLON, T.; AZRIN, N. H. The measurement and reinforcement of behavior of psychotics. *Journal of the Experimental Analysis of Behavior*, v. 8, p. 357-383, 1965.

AZRIN, N. H. et al. The opportunity for aggression as an operant reinforcer during aversive stimulation. *Journal of Experimental Analysis of Behavior*, v. 8, p. 171-180, 1965.

BACHMAN, J. G.; JOHNSON, L. D. The freshmen. *Psychology Today*, v. 13, p. 78-87, 1979.

BADDELEY, A. *Human memory*. Needham Heights, MA: Allyn & Bacon, 1990.

BADDELEY, A. *Your memory: A user's guide*. North Pomfret, England: Trafalgar Square, 1996.

BAER, J. M. *Creativity and divergent thinking*. Hillsdale, NJ: Erlbaum, 1993.

BAHRKE, M. S. et al. Anabolic-androgenic steroid abuse and performance-enhancing drugs among adolescents. *Child & Adolescent Psychiatric Clinics of North America*, v. 7, n, 4, p. 821-838, 1998.

BAILEY, J. M.; PILLARD, R. C. A genetic study of male sexual orientation. *Archives of General Psychiatry*, v. 48, n. 12, p. 1089-1096, 1991.

BAILEY, J. M. et al. Heritable factors influence sexual orientation in women. *Archives of General Psychiatry*, v. 50, n. 3, p. 217-223, 1993.

BAILLARGEON, R. Reasoning about the height and location of a hidden object in 4.5 – and 6.5-month-old infants. *Cognition*, v. 38, n. 1, p. 13-42, 1991.

BAILLARGEON, R.; DeVOS, J. Object permanence in young infants: Further evidence. *Child Development*, v. 62, n. 6, p. 1227-1246, 1992.

BAILLARGEON, R. et al. Location memory in 8-month-old infants in a non-search AB task. *Cognitive Development*, v. 4, p. 345-367, 1989.

BALK, D. E. et al. TAT results in a longitudinal study of bereaved college students. *Death Studies*, v. 22, n. 1, p. 3-21, 1998.

BALTES, P. B. et al. Lifespan psychology. *Annual Review of Psychology*, v. 50, p. 471-507, 1999.

BANAJI, M. R.; PRENTICE, D. A. The self in social contexts. *Annual Review of Psychology*, v. 45, p. 297-332, 1994.

BANDURA, A. *Social learning theory*. Nova York: General Learning Press, 1971.

BANDURA, A. *Aggression: A social learning analysis*. Englewood Cliffs, NJ: Prentice-Hall, 1973.

BANDURA, A. Social cognitive theory. *Annual Review of Psychology*, v. 52, p. 1-26, 2001.

BANDURA, A. et al. Relative efficacy of desensitization and modeling approaches for inducing behavioral, affective, and attitudinal changes. *Journal of Personality & Social Psychology*, v. 13, n.3, p.173-199, 1969.

BANDURA, A.; ROSENTHAL, T. L. Vicarious classical conditioning as a function of arousal level. *Journal of Personality & Social Psychology*, v. 3, p. 54-62, 1966.

BANDURA, A.; WALTERS, R. *Adolescent aggression*. Nova York: Ronald, 1959.

BANDURA, A.; WALTERS, R. Aggression. In: STEVENSON, H. W. (Ed.), *Child psychology*. Chicago: University of Chicago Press, 1963a.

BANDURA, A.; WALTERS, R. *Social learning and personality development*. Nova York: Holt, 1963b.

BANKS, A.; GARTRELL, N. K. Hormones and sexual orientation: A questionable link. *Journal of Homosexuality*, v. 28, n. 3-4, p. 247-268, 1995.

BANKS, T.; DABBS, J. M., JR. Salivary testosterone and cortisol in delinquent and violent urban subculture. *Journal of Social Psychology*, v. 136, n. 1, p. 49-56, 1996.

BARABASZ, A. EFG markers of alert hypnosis. *Sleep & Hypnosis*, v. 2, n. 4, p. 164-169, 2000.

BARBER, T. X. *Suggested ("hypnotic") behavior: The trance paradigm versus an alternative paradigm*. Harding, MA. Medfield Foundation, Report n. 103, 1970.

BARD, C. et al. Relationship between perceptual strategies and response adequacy in sport situations. *International Journal of Sport Psychology*, v. 25, n. 3, p. 266-281, 1994.

BARKER, E. A. Evaluating graphology. *Skeptical Inquirer*, v. 17, p. 312-315, primavera, 1993.

BARLOW, D. H. Unraveling the mysteries of anxiety and its disorders from the perspective of emotion theory. *American Psychologist*, nov. 2000. p. 1247-1263.

BARNET, A. B.; BARNET, R. J. *The youngest minds*. Nova York: Touchstone, 1998.

BARON, R. A.; BYRNE, D. E. *Social psychology*. Boston: Allyn & Bacon., 2002.

BARON, R. A.; RICHARDSON, D. R. *Human aggression*. Nova York: Plenum, 1994.

BAROWSKY, E. I. et al. Biofeedback for disorders of initiating and maintaining sleep. *Annals of the New York Academy of Sciences*, v. 602, p. 97-103, 1990.

BARRETT, D. The "committee of sleep": A study of dream incubation for problem solving. *Dreaming*, v. 3, n. 2, p. 115-122, 1993.

BARRETT, R. J. Behavioral approaches to individual differences in substance abuse. In: GALIZIO, M.; MAISTO, S. A. (Eds.), *Determinants of substance abuse treatment: Biological, psychological, and environmental factors*. Nova York: Plenum, 1985.

BARRON, F. The psychology of imagination. *Scientific American*, v. 199, n. 3, p. 150-170, 1958.

BARSALOU, L. W. *Cognitive psychology*. Hillsdale, NJ: Lawrence Erlbaum, 1992.

BARSKY, S. H. et al. Histopathologic and molecular alterations in bronchial epithelium in habitual smokers of marijuana, cocaine, and/or tobacco. *Journal of the National Cancer Institute*, v. 90, n. 16, p. 1198-1205, 1998.

BAR-TAL, D.; LABIN, D. The effect of a major event on stereotyping: Terrorist attacks in Israel and Israeli adolescents' perceptions of Palestinians, Jordanians and Arabs. *European Journal of Social Psychology*, v. 31, n. 3, p. 265-280, 2001.

BARTHOLOW, B. D.; ANDERSON, C. A. Effects of violent video games on aggressive behavior. *Journal of Experimental Social Psychology*, v. 38, n. 3, p. 283-290, 2002.

BARTLETT, J. C.; SEARCY, J. Inversion and configuration of faces. *Cognitive Psychology*, v. 25, n. 3, p. 281-316, 1993.

BARTZ, W. R. The basics of critical thought. Personal communication, 1990.

BARTZ, W. R. Teaching skepticism via the CRITIC acronym. *Skeptical Inquirer*, set./out. 2002. p. 42-44.

BASADUR, M. et al. Understanding how creative thinking skills, attitudes and behaviors work together. *Journal of Creative Behavior*, v. 34, n. 2, p. 77-100, 2000.

BATEJAT, D. M.; LAGARDE, D. P. Naps and modafinil as countermeasures for the effects of sleep deprivation on cognitive performance. *Aviation, Space, & Environmental Medicine*, v. 70, n. 5, p. 493-498, 1999.

BATH, H. Everyday discipline or control with care. *Journal of Child & Youth Care*, v. 10, n. 2, p. 23-32, 1996.

BATSON, C. D. How social an animal? The human capacity tor caring. *American Psychologist*, v. 45, n. 3, p. 336-346, 1990.

BATTERHAM, R. L. et al. Inhibition of food intake in obese subjects by peptide YY3–36. *New England Journal of Medicine*, v. 349, p. 941-948, 4 set. 2003.

BAUM, A.; POSLUSZNY, D. M. Health psychology. *Annual Review of Psychology*, v. 50, p. 137-163, 1999.

BAUMEISTER, R. F. Self-esteem. *Encyclopedia of human behavior*, San Diego, CA: Academic, 1994. v. 4.

BAUMRIND, D. The influence of parenting style on adolescent competence and substance use. *Journal of Early Adolescence*, v. 11, n. 1, p. 56-95, 1991.

BAUMRIND, D. et. al. Ordinary physical punishment: Is it harmful? *Psychological Bulletin*, v. 128, n. 4, p. 580-589, 2002.

BEACH, F. A. Behavioral endocrinology: An emerging discipline. *American Scientist*, v. 63, p. 178-187, 1975.

BECK, A. T. Cognitive therapy of depression: New perspectives. In: CLAYTON, P. (Ed.), *Depression*. Nova York: Raven, 1985.

BECK, A. T. Cognitive therapy. *American Psychologist*, v. 46, n. 4, p. 368-375. 1991.

BECK, A. T.; GREENBERG, R. L. *Coping with depression*. Institute For Rational Living, 1974.

BECK, A. T. et al. Relationship between hopelessness and ultimate suicide. *American Journal of Psychiatry*, v. 147, n. 2, p. 190-195, 1990.

BECK, B. L. et al. Correlates and consequences of behavioral procrastination. *Journal of Social Behavior & Personality*, v. 15, n. 5, p. 3-13, 2000.

BEEBE, B. et al. Rhythmic communication in the mother-infant dyad. In: DAVIS, M. (Ed.), *Interaction rhythms, periodicity in communicative behavior*. Nova York: Human Sciences Press, 1982.

BEILIN, H. Piaget's enduring contribution to developmental psychology. *Developmental Psychology*, v. 28, n. 2, p. 191-204, 1992.

BELJAN, J. R. et al. *Human performance in the aviation environment*. NASA Contrato n. 2-6657, Parte 1, 1972. p. 253-259.

BELLEZZA, F. S. et al. A mnemonic for remembering long strings of digits. *Bulletin of the Psychonomic Society*, v. 30, n. 4, p. 271-274, 1992.

BELLISLE, F. Glutamate and the UMAMI taste. *Neuroscience & Biobehavioral Reviews*, v. 23, n. 3, p. 423-438, 1999.

BELLOC, N. B. Relationship of physical health practices and mortality. *Preventive Medicine*, v. 2, p. 67-81, 1973.

BELLOC, N. B.; BRESLOW, L. Relationship of physical health status and healthy practices. *Preventive Medicine*, v. 1, p. 409-421, 1972.

BELSHAM, B. Glutamate and its role in psychiatric illness. *Human Psychophar-macology Clinical & Experimental*, v. 16, n. 2, p. 139-146, 2001.

BELSKY, J. Parent, infant, and social-contextual antecedents of father-son attachment security. *Developmental Psychology*, v. 32, n. 5, p. 905-913, 1996.

BELSKY, J. et al. The Pennsylvania infant and family development project, I: Stability and change in mother-infant and father-infant interactions in a family setting at one, three, and nine months. *Child Development*, v. 55, p. 692-705, 1984.

BEM, S. L. Sex-role adaptability: One consequence of psychological androgyny. *Journal of Personality & Social Psychology*, v. 31, p. 634-643, 1975.

BEM, S. L. Gender schema theory. A cognitive account of sex typing. *Psychological Review*, v. 88, p. 354-364, 1981.

BENBOW, C. P. Physiological correlates of extreme intellectual precocity. *Neuropsychologia*, v. 24, n. 5, p. 719-725, 1986.

BENLOUCIF, S. et al. Norepinehbrine and neural plasticity: The effects of xylamine on experience-induced changes in brain weight, memory, and behavior. *Neurobiology of Learning & Memory*, v. 63, n. 1, p. 33-42, 1995.

BENOIT, S. C.; THOMAS, R. L. The influence of expectancy in subliminal perception experiments. *Journal of General Psychology*, v. 119, n. 4, p. 335-341, 1992.

BEN-SHAKHAR, G.; DOLEV, K. Psy-chophysiological detection through the guilty knowledge technique: Effect of mental countermeasures. *Journal of Applied Psychology*, v. 81, n. 3, p. 273-281, 1996.

BEN-SHAKHAR, G. et al. Can graphology predict occupational success? Two empirical studies and some methodological ruminations. *Journal of Applied Psychology*, v. 71, n. 4, p. 645-653, 1986.

BENSLEY, L.; Van EENWYK, J. Video games and real-life aggression, *journal of Adolescent Health*, v. 29, n. 4, p. 244-257, 2001.

BENSON, H. Systematic hypertension and the relaxation response. *The New England Journal of Medicine*, v. 296, p. 1152-1156, 1977.

BERGIN, A. E. Values and religious issues in psychotherapy and mental health. *American Psychologist*, v. 46, n. 4, p. 394-403, 1991.

BERKOWITZ, L. The frustration-aggression hypothesis revisited. In: BERKOWITZ, L. (Ed.), *Roots of aggression: A re-examination of the frustration-aggression hypothesis*. Nova York: Atherton, 1968.

BERKOWITZ, L. Some effects of thoughts on anti- and prosocial influences of media events: A cognitive-neoassociation analysis. *Psychological Bulletin*, v. 95, p. 410-427, 1984.

BERKOWITZ, L. Frustrations, appraisals, and aversively stimulated aggression. *Aggressive Behavior*, v. 14, n. 1, p. 3-11, 1988.

BERKOWITZ, L. On the formation and regulation of anger and aggression. *American Psychologist*, v. 45, n. 4, p. 494-503, 1990.

BERLYNE, D. Curiosity and exploration. *Science*, v. 153, p. 25-33, 1966.

BERNE, E. *Games people play*. Nova York: Grove, 1964.

BERNSTEIN, H. J. et al. Patient attitudes about ECT after treatment. *Psychiatric Annals*, v. 28, n. 9, p. 524-527, 1998.

BERNTHAL, P. R.; INSKO, C. A. Cohe-siveness without groupthink: The interactive effects of social and task cohesion. *Group & Organization Management*, v. 18, n. 1, p. 66-87, 1993.

BERSHEID, E. Interpersonal relations. *Annual Review of Psychology*, v. 45, p. 79-129, 1994.

BERSOFF, D. M. Why good people sometimes do bad things: Motivated reasoning and unethical behavior. *Personality & Social Psychology Bulletin*, v. 25, n. 1, p. 28-39, 1999.

BERTSCH, G. J. Punishment of consummatory and instrumental behavior: A review. *Psychological Record*, v. 26, p. 13-31, 1976.

BEST, J. B. *Cognitive psychology*. Pacific Grove: Brooks/Cole, 1999.

BETANCUR, C. et al. Association between left-handedness and allergy: A reappraisal. *Neuropsychologia*, v. 28, n. 2, p. 223-227, 1990.

BEYERSTEIN, B. L.; BEYERSTEIN, D. F. *The write stuff: Evaluations of graphology*. Buffalo, NY: Prometheus, 1992.

BICKMAN, L. Clothes make the person. *Psychology Today*, abr. 1974, p. 48-51.

BIERLEY, C. et al. Classical conditioning of preferences for stimuli, *journal of Consumer Research*, v. 12, p. 316-323. 1985.

BIGLAN, A. et al. Experimental evaluation of a modular approach to mobilizing antitobacco influences of peers and parents. *American Journal of Community Psychology*, v. 24, n. 3, p. 311-339, 1996.

BIGLER, E. D. et al. Traumatic brain injury and memory: The role of hippocampal atrophy. *Neuropsychology*, v. 10, n. 3, p. 333-342, 1996.

BINDER, V. Behavior modification: Operant approaches to therapy. In: BINDER, V. et al. (Eds.), *Modern therapies*. Englewood Cliffs, NJ: Prentice-Hall, 1976.

BINKS, P. G. et al. Short-term total sleep deprivations does not selectively impair higher cortical functioning. *Sleep*, v. 22, n. 3, p. 328-334, 1999.

BIONDI, M.; ZANNINO, L. Psychological stress, neuroimmunomodulation, and susceptibility to infectious diseases in animals and man. *Psychotherapy & Psy-chosomatics*, v. 66, n. 1, p. 3-26, 1997.

BIRCH, J.; McKEEVER, L. M. Survey of the accuracy of new pseudoisochromatic plates. *Ophthalmic & Physiological Optics*, v. 13, n. 1, p. 35-40, 1993.

BIRNBAUM, M. H. *Introduction to behavioral research on the Internet*. Saddle River, NJ: Prentice-Hall, 2000.

BLACKMORE, S. What do we really think? A survey of parapsychologists and sceptics. *Journal of the Society for Psychical Research*, v. 55, n. 814, p. 251-262, 1989.

BLACKMORE, S. Lucid dreaming. *Skeptical Inquirer*, p. 362-370, 1991. v. 15.

BLACKMORE, S. Giving up the ghosts. *Skeptical Inquirer*, v. 25, mar./abr. 2001.

BLACKWELL, D. L.; LICHTER, D. T. Mate selection among married and cohabiting couples. *Journal of family Issues*, v. 21, n. 3, p. 275-302, 2000.

BLACKWELL, R. T. et al. Are cognitive assessments equal? A comparison of think aloud and thought listing. *Cognitive Therapy and Research*, v. 9, p. 399-413, 1985.

BLANCHARD, E. B. et al. Controlled evaluation of thermal biofeedback in treatment of elevated blood pressure in unmedicated mild hypertension. *Biofeedback & Self Regulation*, v. 21, n. 2, p. 167-190, 1996.

BLOOD, A. J.; ZATORRE, R. J. Intensely pleasurable responses to music correlate with activity in brain regions implicated in reward and emotion. *Proceedings National Academy of Sciences*, v. 98, n. 20, p. 11818-11823, 2001.

BLOOM, B. *Developing talent in young people*. Nova York: Ballantine, 1985.

BLOOM, J. W. The ethical practice of WebCounseling. *British journal of Guidance & Counselling*, v. 26, n. 1, p. 53-59, 1998.

BLUMBERG, M. S.; WASSERMAN, E. A. Animal mind and the argument from design. *American Psychologist*, v. 50, n. 2, p. 133-144, 1995.

BOERGERS, J. et al. Reasons for adolescent suicide attempts. *Journal of the American Academy of Child & Adolescent Psychiatry*, v. 37, n. 12, p. 1287-1293, 1998.

BOHANNON, J. N.; STANOWICZ, L. B. The issue of negative evidence: Adult responses to children's language errors. *Developmental Psychology*, v. 24, n. 5, p. 684-689, 1988.

BOHART, A. C.; TALLMAN, K. The active client: Therapy as self-help, *Journal of Humanistic Psychology*, v. 36, n. 3, p. 7-30, 1996.

BOHART, W. The person-centered Therapies. In: GURMAN, A. S.; MESSER, S. B. *Essential Psychotherapies*. Nova York: Guilford, 1995.

BOIVIN, D. B. et al. Complex interaction of the sleep-wake cycle and circadian phase modulates mood in healthy subjects. *Archives of General Psychiatry*, v. 54, n. 2, p. 145, 1997.

BOLLES R. C. *Learning theory*. New York: Holt, Rinehart & Winston, 1979.

BOND, R.; Smith, P. B. Culture and conformity: A meta-analysis of studies using Asch's (1952b, 1956) line judgment Task. *Psychological Bulletin*, v. 119, n. 1, p. 111-137, 1996.

BOND, T.; WOOTEN, V. The etiology and management of insomnia. *Virginia Medical Quarterly*, v. 123, n. 4, p. 254-255, 1996.

BONGARD, S. et al. Interactive effects of trait hostility and anger expression on cardiovascular reactivity in young men. *International Journal of Psychophysiology*, v. 28, n. 2, p. 181-191, 1998.

BOOK, H.E.; LUBORSKY, L. *Brief Psychodynamic psychotherapy*. Washington, DC: American Psychological Association, 1998.

BOOKER, J. M.; HELLEKSON, C. J. Prevalence of seasonal affective disorder in Alaska. *American Journal of Psychiatry*, v. 149, n. 9, p. 1176-1182, 1992.

BOOTZIN, R. R.; EPSTEIN, D. R. Stimulus control. In: LICHSTEIN, K. L.; MORIN, C. M. *Treatment of late life insomnia*. Thousand Oaks, CA: Sage, 2000.

BORLONGAN, C. V. et al. Neural transplantation for neurodegenerative disorders. *Lancet*, v. 353, S29-30, 1999. (Suplemento 1).

BORMAN, W. C. et al. Personnel psychology. *Annual Review of Psychology*, v. 48, p. 299-337, 1997.

BORNSTEIN, M. H. Sensitive periods in development: Structural characteristics and causal interpretations. *Psychological Bulletin*, v. 105, n. 2, p. 179-197, 1989.

BORNSTEIN, M. H. Parenting infants. In: BORNSTEIN, M. H. (Ed.), *Handbook of parenting*. Mahwah, NJ: Erlbaum, 1995.

BORNSTEIN, M. H. et al. A cross-national study of self-evaluations and attributions in parenting. *Developmental Psychology*, v. 34, p. 662-676, 1998.

BORNSTEIN, R. F. Sex differences in dependent personality disorder prevalence, rates. *Clinical Psychology: Science & f Practice*, v. 3, n. 1, p. 1-12, 1996.

BOROD, J. C. et al. Emotional processing deficits in individuals with unilateral brain damage. *Applied Neuropsychology*, v. 9, n. 1, p. 23-36, 2002.

BOROD, J. C. et al. Right hemisphere emotional perception. *Neuropsychology*, v. 12, n. 3, p. 446-458, 1998.

BORRIE, R. A. The use of restricted environmental stimulation therapy in treating addictive behaviors. *International Journal of the Addictions*, v. 27, n. 7A-8A, p. 995-1015, 1990-1991.

BOTELLA, C. et al. Virtual reality treatment of claustrophobia. *Behaviour Research & Therapy*, v. 36, n. 2, p. 239-246, 1998.

BOUCHARD, T. J. Twins—Nature's twice-told tale. *Yearbook of science and the future*, Chicago: Encyclopedia Britannica, 1983. p. 66-81.

BOUCHARD, T. J. et al. Sources of human psychological differences: The Minnesota study of twins reared apart. *Science*, v. 250, p. 223-228, 1990.

BOWER, B. Gone but not forgotten. *Science News*, v. 138, p. 312-314, 17 nov. 1990.

BOWER, G. H. How to ... uh ... remember. *Psychology Today*, out. 1973. p. 63-70.

BOWER, G. H. Mood and memory. *American Psychologist*, v. 36, p. 129-148. 1981.

BOWER, G. H.; SPRINGSTON, F. Pauses as recoding points in letter series. *Journal of Experimental Psychology*, v. 83, p. 421-430, 1970.

BOWERS, K. S.; FARVOLDEN, P. Revisiting a century-old Freudian slip—From suggestion disavowed to the truth repressed. *Psychological Bulletin*, v. 119, n. 3, p. 355-380, 1996.

BOWERS, K. S.; WOODY, E. Z. Hypnotic amnesia and the paradox of intentional forgetting. *Journal of Abnormal Psychology*, v. 105, n. 3, p. 381-390, 1996.

BOYATZIS, C. J. et al. Effects of "The Mighty Morphin Power Rangers" on children's aggression with peers. *Child Study Journal*, v. 25, n. 1, p. 45-55, 1995.

BRADLEY, R. H. et al. Home environment and cognitive development in the first 3 years of life: A collaborative study involving six sites and three ethnic groups in North America. *Developmental Psychology*, v. 25, n. 2, p. 217-235, 1989.

BRAFFMAN, W.; KIRSCH, I. (1999). Imaginative suggestibility and hypnotizability. *Journal of Personality & Social Psychology*, v. 77, n. 3, p. 578-587.

BRANNON, L. *Gender*. Boston: Allyn & Bacon, 1996.

BRANSFORD, J. D.; McCARRELL, N. S. A sketch of cognitive approach to comprehension: Some thoughts about understanding what it means to comprehend. In: JOHNSON-LAIRD, P. N.; WASON, P. C. (Eds.), *Thinking: Readings in cognitive science*. Cambridge: Cambridge University Press. 1977.

BRAUN, A. R. et al. Dissociated pattern of activity in visual cortices and their projections during human rapid eye movement sleep. *Science*, v. 279, n. 5347, p. 91-95, 1998.

BRAUN, K. A. et al. Make my memory: How advertising can change memories of the past. *Psychology and Marketing*, v. 19, p. 1-23, 2002.

BRAUN, S. Seeking insight by prescription. *Cerebrum*, v. 3, n. 2, p. 10-21, 2001.

BRAUNGART, J. M. Genetic influence on tester-rated infant temperament as assessed by Bayley's Infant Behavior Record. *Developmental Psychology*, v. 28, n. 1, p. 40-47, 1992.

BRAWMAN-MINTZER, O.; LYDIARD, R. B. Generalized anxiety disorder: issues in epidemiology. *Journal of Clinical Psychiatry*, v. 57, p. 3-8, 1996. (Suplemento 7).

BREBNER, J. Happiness and personality. *Personality & Individual Differences*, v. 25, n. 2, p. 279-296, 1998.

BRENNER, V.; FOX, R. A. Parental discipline and behavior problems in young children. *Journal of Genetic Psychology*, v. 159, n. 2, p. 251-256, 1998.

BRESLAU, N. Outcomes of posttraumatic stress disorder. Outcomes of post-traumatic stress disorder. *Journal of Clinical Psychiatry*, v. 62, p. 55-59, 2001. (Suplemento 17).

BRESLAU, N. et al. Nicotine dependence in the United States. *Archives of General Psychiatry*, v. 58, n. 9, p. 810-816, 2001.

BRESLOW, L.; ENSTROM, J. E. Persistence of health habits and their relationship to mortality. *Preventive Medicine*, v. 9, p. 469-483, 1980.

BRESSI, C. et al. "Communication deviance" and schizophrenia. *New Trends in Experimental & Clinical Psychiatry*, v. 14, n. 1, p. 33-39, 1998.

BREWER, K. R.; WANN, D. L. Observational learning effectiveness as a function of model characteristics. *Social Behavior & Personality*, v. 26, n. 1, p. 1-10, 1998.

BRIDGES, K. M. B. Emotional development in early infancy. *Child Development*, v. 3, p. 324-334, 1932.

BRIDGETT, D. J.; CUEVAS, J. Effects of listening to Mozart and Bach on the performance of a mathematical test. *Perceptual & Motor Skills*, v. 90, n. 3, (Parte 2), p. 1171-1175, 2000.

BRITTON, B. K.; TESSER, A. Effects of time-management practices on college grades. *Journal of Educational Psychology*, v. 83, n. 3, p. 405-410, 1991.

BRODY, H.; BRODY, D. Three perspectives on the placebo response: Expectancy, conditioning, and meaning. *Advances in Mind-Body Medicine*, v. 16, n. 3, p. 216-232, 2000.

BROTHEN, T.; WAMBACH, C. Effective student use of computerized quizzes. *Teaching of Psychology*, v. 28, n. 4, p. 292-294, 2001.

BROWN, A. M. Development of visual sensitivity to light and color vision in human infants: A critical review. *Vision Research*, v. 30, n. 8, p. 1159-1188, 1990.

BROWN, A. S. et al. Prenatal rubella, premorbid abnormalities, and adult schizophrenia. *Biological Psychiatry*, v. 49, n. 6, p. 473-486, 2001.

BROWN, B. R. Jr. et al. Searching for the Magic Johnson effect: AIDS, adolescents, and celebrity disclosure. *Adolescence*, v. 31, n. 122, p. 253-264, 1996.

BROWN, G. M. Light, melatonin and the sleep-wake cycle. *Journal of Psychiatry & Neuroscience*, v. 19, n. 5, p. 345-353, 1994.

BROWN, R.; McNEILL, D. The "tip of the tongue" phenomenon. *Journal of Verbal Learning and Verbal Behavior*, v. 5, p. 325-337, 1966.

BROWN, R. L. et al. A two-item screening test for alcohol and other drug problems. *Journal of Family Practice*, v. 44, n. 2, p. 151-160, 1997.

BROWN, R. T. Helping students confront and deal with stress and procrastination. *Journal of College Student Psychotherapy*, v. 6, n. 2, p. 87-102, 1991.

BROWN, S. A. et al. Neurocognitive functioning of adolescents: Effects of protracted alcohol use. *Alcoholism: Clinical & Experimental Research*, v. 24, n. 2, p. 164-171, 2000.

BROWN, T. D. et al. Perception of race and ethnicity. *Journal of Social Behavior & Personality*, v. 13, n. 2, p. 295-306, 1998.

BROWNELL, K. D. et al. The effects of repeated cycles of weight loss and regain in rats. *Physiology and Behavior*, v. 38, p. 459-464, 1986.

BROWNELL, K. D.; RODIN, J. The dieting maelstrom. *American Psychologist*, v. 49, p. 781-791, 1994.

BRUCH, M. A. et al. Shyness, masculine ideology, physical attractiveness, and emotional in-expressiveness. *Journal of Counseling Psychology*, v. 45, n. 1, p. 84-97, 1998.

BRUNER, J. *Child's Talk*. Nova York: Norton, 1983.

BRYAN, J. H.; WALBEK, N. H. Preaching and practicing generosity: Children's actions and reactions. *Child Development*, v. 41, p. 329-353, 1970.

BRYANT, D. M.; MAXWELL, K. L. The environment and mental retardation. *International Review of Psychiatry*, v. 11, n. 1, p. 56-67, 1999.

BUCHANAN, R. W. et al. Positive and negative symptom response to clozapine in schizophrenic patients. *American Journal of Psychiatry*, v. 155, n. 6, p. 751-760, 1998.

BUCHWALD, A. Psyching out. *The Washington Post*, 20 jun. 1965.

BUCK, L. A. Abnormality, normality and health. *Psychotherapy*, v. 27, n. 2, p. 187-194, 1990.

BUCKELEW, S. P. et al. Biofeedback/relaxation training and exercise interventions for fibromyalgia. *Arthritis Care & Research*, v. 11, n. 3, p. 196-209, 1998.

BUCKHOUT, R. Eyewitness testimony. *Scientific American*, v. 231, p. 23-31, 1974.

BUDNEY, A. J. et al. Marijuana withdrawal among adults seeking treatment for marijuana dependence. *Addiction*, v. 94, n. 9, p. 1311-1322, 1999.

BUGENTAL, J. F. T.; STERLING, M. M. Existential-humanistic psychotherapy: New perspectives. In: GURMAN, A. S.; MESSER, S. B. *Essential Psychotherapies*. Nova York: Guilford, 1995.

BURCHINAL, M. R. et al. Relating quality of center-based child care to early cognitive and language development longitudinally. *Child Development*, v. 71, n. 2, p. 339-357, 2000.

BURGESS, C. A.; KIRSCH, I. Expectancy information as a moderator of the effects of hypnosis on memory. *Contemporary Hypnosis*, v. 16, n. 1, p. 22-31, 1999.

BURGNER, D.; HEWSTONE, M. Young children's causal attributions for success and failure. *British Journal of Developmental Psychology*, v. 11, n. 2, p. 125-129, 1993.

BURKA, J. B.; YUEN, L. M. *Procrastination: Why You Do It; What To Do About It*. Cambridge, MA: Perseus Books, 1990.

BURNS, D. D.; PERSONS, J. Hope and hopelessness: A cognitive approach. In: ABT, L. E.; STUART, I. R. (Eds.), *The newer therapies: A sourcebook*. Nova York: Van Nostrand Reinhold, 1982.

BURTT, H. E. An experimental study of early childhood memory: Final report. *Journal of General Psychology*, v. 58, p. 435-439, 1941.

BUSHMAN, B. J.; ANDERSON, C. A. Media violence and the American public. *American Psychologist*, v. 56, n. 6/7, p. 477-489, 2001.

BUSHMAN, B. J.; GEEN, R. G. Role of cognitive-emotional mediators and individual differences in the effects of media violence on aggression. *Journal of Personality & Social Psychology*, v. 58, n. 1, p. 156-163, 1990.

BUSHMAN, B. J.; HUESMANN, L. R. Effects of televised violence on aggression. In: *Handbook of Children and the Media*, SINGER, D.; SINGER, J. (Eds.). Thousand Oaks, CA: Sage, 2001.

BUSHNELL, L. W. et al. Neonatal recognition of the mother's face. *British Journal of Developmental Psychology*, v. 7, n. 1, p. 3-15, 1989.

BUSS, A. H. *Self-consciousness and social anxiety*. San Francisco: Freeman, 1980.

BUSS, A. H. A theory of shyness. In: JONES, W. H. et al. *Shyness: Perspectives on research and treatment*. Nova York: Plenum, 1986.

BUSS, D. M. Human mate selection. *American Scientist*, v. 73, p. 47-51, 1985.

BUSS, D. M. *The evolution of desire*. Nova York: Basic, 1994.

BUTCHER, J. N. et al. *Abnormal psychology*. Boston: Allyn & Bacon, 2004.

BUTLER, J. C. Personality and emotional correlates of right-wing authoritarianism. *Social Behavior & Personality*, v. 28, n. 1, p. 1-14, 2000.

BUTLER, R. Curiosity in monkeys. *Scientific American*, v. 190, n. 18, p. 70-75, 1954.

BUYER, L. S. Creative problem solving: A comparison of performance under different instructions. *Journal of Creative Behavior*, v. 22, n. 1, p. 55-61, 1988.

BYRD, K. R. The narrative reconstructions of incest survivors. *American Psychologist*, v. 49, n. 5, p. 439-440, 1994.

CAHILL, S. P. et al. Does EMDR work? and if so, why? *Journal of Anxiety Disorders*, v. 13, n. 1-2, p. 5-33, 1999.

CALVERT, S. L.; COCKING, R. R. Health promotion through mass media. *Journal of Applied Developmental Psychology*, v. 13, n. 2, p. 143-149, 1992.

CAMARA, W. J.; SCHNEIDER, D. L. Integrity tests. *American Psychologist*, v. 49, n. 2, p. 112-119, 1994.

CAMATTA, C. D.; NAGOSHI, C. T. Stress, depression, irrational beliefs, and alcohol use and problems in a college student sample. *Alcoholism: Clinical & Experimental Research*, v. 19, n. 1, p. 142-146, 1995.

CAMERON, L. D.; NICHOLLS, G. Expression of stressful experiences through writing. *Health Psychology*, v. 17, n. 1, p. 84-92, 1998.

CAMPBELL, J. B.; HAWLEY, C. W. Study habits and Eysenck's theory of extraversion-introversion. *journal of Research in Personality*, v. 16, p. 139-146, 1982.

CAMPFIELD, L. A. et al. Human eating; Evidence for a physiological basis using a modified paradigm. *Neuroscience & Biobehavioral Reviews*, v. 20, n. 1, p. 133-137, 1996.

CAMPION, M. A.; McCLELLAND, C. L. Follow-up and extension of interdisciplinary costs and benefits of enlarged jobs. *journal of Applied Psychology*, v. 78, n. 3, p. 339-351, 1993.

CAMPOS, A.; PEREZ, M. J. Mnemonic images and associated pair recall, *journal of Mental Imagery*, v. 21, n. 3-4, p. 73-82, 1997.

CAMRAS, L. A. et al. Do infants express discrete emotions? *Journal of Nonverbal Behavior*, v. 17, n. 3, p. 171-186, 1993.

CANLI, T. et al. Hemispheric asymmetry for emotional stimuli detected with fMRI. *Neuroreport*, v. 9, n. 14, p. 3233-3239, 1998.

CANN, A. et al. The roles of humor and sense of humor in responses to stressors. *Humor: International Journal of Humor Research*, v. 12, n. 2, p. 177-193, 1999.

CANNON, T. D. Neurodevelopmental influences in the genesis and epigenesis of schizophrenia. *Applied & Preventive Psychology*, v. 7, n. 1, p. 47-62, 1998.

CANNON, T. D. et al. The genetic epidemiology of schizophrenia in a Finnish twin cohort. *Archives of General Psychiatry*, v. 55, n. 1, p. 67-74, 1998.

CANNON, W. B. *The wisdom of the body*. Nova York: Norton, 1932.

CANNON, W. B. Hunger and thirst. In: MURCHINSON, C. (Ed.), *Handbook of general experimental psychology*. Worcester, MA: Clark University Press, 1934.

CANNON, W. B.; WASHBURN, A. L. An exploration of hunger. *American Journal of Physiology*, v. 29, p. 441-454, 1912.

CAPLAN, N. et al. Indochinese refugee families and academic achievement. *Scientific American*, fev. 1992. p. 36-42.

CAPLAN, P. J. *They say you're crazy*. Reading, MA: Addison-Wesley, 1995.

CARDUCCI, B. J.; STEIN, N. D. *The personal and situationid pervasiveness of shyness in college students: A nine-year comparison*. Paper presented at the meeting of the Southeastern Psychological Association, New Orleans, abr. 1988.

CARLI, L. L. et al. Similarity and satisfaction in roommate relationships. *Personality & Social Psychology Bulletin*, v. 17, n. 4, p. 419-426, 1991.

CARLSON, C. L. et al. Single and combined effects of methylphenidate and behavior therapy on the classroom performance of children with attention-deficit hyperactiv-ity disorder. *Journal of Abnormal Child Psychology*, v. 20, n. 2, p. 213-232, 1992.

CARLSON, J. G. et al. Eye movement desensitization and reprocessing (EDMR) treatment for combat-related posttrau-matic stress disorder. *Journal of Traumatic Stress*, v. 117, n. 1, p. 3-24, 1998.

CARLSON, M. et al. Effects of situational aggression cues: A quantitative review, *journal of Personality & Social Psychology*, v. 58, n. 4, p. 622-633, 1990.

CARLSON, N. R. *Physiology of behavior* (7. ed.). Boston: Allyn & Bacon, 2001.

CARNEGIE CORPORATION OF NEW YORK. *Starting points: Meeting the needs of our youngest children*. Nova York: The Carnegie Corporation, 1994.

CARNEY, R. N.; LEVIN, J. R. Do mnemonic memories fade as time goes by? *Contemporary Educational Psychology*, v. 23, n. 3, p. 276-297, 1998.

CARNEY, R. N. et al. The face-name mnemonic strategy from a different perspective. *Contemporary Educational Psychology*, v. 22, n. 3, p. 399-412, 1997.

CARROLL, J. M.; RUSSELL, J. A. Do facial expressions signal specific emotions? Judging emotion from the face in context. *journal of Personality & Social Psychology*, v. 70, n. 2, p. 205-218, 1996.

CARTER, R. *Mapping the mind*. Berkeley, CA: University of California Press, 1998.

CARTER, W. E. (Ed.) *Cannabis in Costa Rica: A study of chronic marihuana use*. Philadelphia: Institute for the Study of Human Issues, 1980.

CARTWRIGHT, R.; LAMBERG, L. *Crisis dreaming*. Nova York: Harper Collins, 1992.

CASEY, P. Multiple personality disorder. *Primary Care Psychiatry*, v. 7, n. 1, p. 7-11, 2001.

CASPI, A.; HERBENER, E. S. Continuity and change: Associative marriage and the consistency of personality in adulthood. *Journal of*

Personality & Social Psychology, v. 58, n. 2, p. 250-258, 1990.

CASPI, A. et al. Influence of life stress on depression: Moderation by a polymorphism in the 5-HTT gene. *Science,* v. 301, n. 5631, p. 386-389, 2003.

CASTO, S. D. et al. Multivariate genetic analysis of Wechsler Intelligence Scale for Children— Revised (WISC-R) factors. *Behavior Genetics,* v. 25, n. 1, p. 25-32, 1995.

CATALANO, R. et al. A model of the net effect of job loss on violence. *Journal of Personality & Social Psychology,* v. 72, n. 6, p. 1440-1447, 1997.

CATTELL, R. B. *The scientific analysis of personality.* Baltimore: Penguin, 1965.

CATTELL, R. B. Personality pinned down. *Psychology Today,* jul. 1973. p. 40-46.

CAUTELA, J. R.; BENNETT, A. K. Covert conditioning. In: CORSINI, R. J. (Ed.), *Handbook of innovative psychotherapies.* Nova York: Wiley, 1981. p. 189-204.

CAUTELA, J. R.; KEARNEY, A. J. *The covert conditioning handbook.* Nova York: Springer, 1986.

CECIL, H. et al. Perceived believability among adolescents of health warning labels on cigarette packs. *Journal of Applied Social Psychology,* v. 26, n. 6, p. 502-519, 1996.

CHABRIS, C. F. et al. Prelude or requiem for the "Mozart effect"? *Nature,* v. 400, n. 6747, p. 826-828, 1999.

CHAKOS, M. H. et al. Incidence and correlates of tardive dyskinesia in first episode of schizophrenia. *Archives of General Psychiatry,* v. 53, n. 4, p. 313-319, 1996.

CHAMBERLIN, J.; ROGERS, J. A. Planning a community-based mental health system. *American Psychologist,* v. 45, n. 11, p. 1241-1244, 1990.

CHAMBERS, R. A. Developmental neurocircuitry of motivation in adolescence: A critical period of addiction vulnerability. *American Journal of Psychiatry,* v. 160, n. 6, p. 1041-1052, 2003.

CHAMBLESS, D. L.; OLLENDICK, T H. Empirically supported psychological interventions. *Annual Review of Psychology,* v. 52, p. 685-716, 2001.

CHAN, R. W. et al. Psychosocial adjustment among children conceived via donor insemination by lesbian and heterosexual mothers. *Child Development,* v. 69, n. 2, p. 443-457, 1998.

CHASTAIN, G.; THURBER, S. The SQ3R study technique enhances comprehension of an introductory psychology textbook. *Reading Improvement,* v. 26, n. 1, p. 94, 1989.

CHEADLE, A. et al. An empirical exploration of a conceptual model for community-based health-promotion. *International Quarterly of Community Health Education,* v. 13, n. 4, p. 329-363, 1992-1993.

CHEEK, J.; BUSS, A. H. Scales of shyness, sociability and self-esteem and correlations among them. Unpublished research, University of Texas.(Citado por Buss, 1980.) , 1979.

CHEN, K.; KANDEL, D. B. The natural history of drug use from adolescence to the mid-thirties in a general population sample. *American Journal of Public Health,* v. 85, n. 1, p. 41-47, 1995.

CHEN, Z. et al. Groupthink: Deciding with the leader and the devil. *Psychological Record,* v. 46, n. 4, p. 581-590, 1996.

CHENG, H. et al. Spinal cord repair in adult paraplegic rats: Partial restoration of hind limb function. *Science,* v. 273, n. 5274, p. 510, 1996.

CHESS, S.; THOMAS, A. *Know your child.* Nova York: Basic, 1986.

CHESSON, A. L. et al. Practice parameters for the nonpharmacologic treatment of chronic insomnia. *Sleep,* v. 22, p. 1128-1133, 1999.

CHOMSKY, N. *Reflections on language.* Nova York: Pantheon, 1975.

CHOMSKY, N. *Knowledge of language.* Nova York: Praeger, 1986.

CHRISTENSEN, A.; JACOBSON, N. S. Who (or what) can do psychotherapy. *Psychological Science,* v. 5, n. 1, p. 8-14, 1994.

CHRISTENSEN, D. Mind over matter. *Science News,* v. 156, p. 142-143, 1999.

CHRISTIANSON, S. et al. The right hemisphere recognises the bad guys. *Cognition & Emotion,* v. 9, n. 4, p. 309-324, 1995.

CIALDINI, R. B. et al. Undermining the undermining effect of reward on sustained interest.*Journal of Applied Social Psychology,* v. 28, n. 3, p. 249-263, 1998.

CIALDINI, R. B. et al. Attitude and attitude change. *Annual Review of Psychology,* v. 32, p. 357-404, 1981.

CIALDINI, R. B. et al. A focus theory of normative conduct: Recycling the concept of norms to reduce littering in public places, *journal of Personality & Social Psychology,* v. 58, n. 6, p. 1015-1026, 1990.

CIALDINI, R. B. et al. A reciprocal concessions procedure for inducing compliance. The door-in-the-face technique, *Journal of Personality & Social Psychology,* v. 21, p. 206-215, 1975.

CIARROCHI, J. et al. Emotional intelligence moderates the relationship between stress and mental health. *Personality & Individual Differences,* v. 32, n. 2, p. 197-209, 2002.

CINCIRIPINI, P. M. et al. Scheduled reduced smoking. *Addictive Behaviors,* v. 22, n. 6, p. 759-767, 1997.

CLAPHAM, M. M. The effects of affect manipulation and information exposure on divergent thinking. *Creativity Research Journal,* v. 13 n. 3-4, p. 335-350, 2001.

CLARK, R. et al. Racism as a stressor for African Americans. *American Psychologist,* v. 54, n. 10, p. 805-816, 1999.

CLICK, P. et al. What mediates sex discrimination in hiring decisions? *journal of Personality & Social Psychology,* v. 55, n. 2, p. 178-186, 1988.

CLINE, V. B. et al. Desensitization of children to television violence, *journal of Personality & Social Psychology,* v. 27, p. 360-365, 1972.

COHEN, N. L. et al. A prospective, randomized study of cochlear implants. *New England Journal of Medicine,* v. 328, n. 4, p. 233-237, 1993.

COLE, J. *Pride and a daily marathon.* Cambridge, MA: MIT Press, 1995.

COLE, P. H. Affective process in psychotherapy: A *Gestalt* therapist's view. *Gestalt Journal,* v. 21, n. 1, p. 49-72, 1998.

COLIN, A. K. et al. Creativity, oversensitivity, and rate of habituation. *EDRA: Environmental Design Research Association,* v. 20, n. 4, p. 423-427, 1996.

COLLINS, A. M.; QUILLIAN, M. R. Retrieval time from semantic memory, *Journal of Verbal Learning and Verbal Behavior,* v. 8, p. 240-247, 1969.

COLLINS, W. A.; GUNNAR, M. R. Social and personality development. *Annual Review of Psychology,* v. 41, p. 387-416, 1990.

COMPERATORE, C. A. et al. *Melatonin* efficacy in aviation missions requiring rapid deployment and night operations. *Aviation, Space, & Environmental Medicine,* v. 67, n. 6, p. 520-524, 1996.

CONDON, W. S.; SANDER, L. W. Synchrony demonstrated between movements of the neonate and adult speech. *Child Development,* v. 45, n. 2, p. 456-462, 1974.

CONSIDINE, R. V. et al. Serum immunoreactive-leptin concentrations in normal-weight and obese humans. *New England Journal of Medicine,* v. 334, n. 5, p. 292-295, 1996.

CONSUMER REPORTS. Mental health: Does therapy help? nov. 1995. p. 734-739.

CONWAY, A. R. A. et al. The cocktail party phenomenon revisited. *Psychonomic Bulletin & Review,* v. 8, n. 2, p. 331-335, 2001.

CONWAY, M. A. et al. Very long-term memory for knowledge acquired at school and university. *Applied Cognitive Psychology,* v. 6, n. 6, p. 467-482, 1992.

COOPER, C. D. et al. Studies in REST: I. Reduced Environmental Stimulation Therapy (REST) and reduced alcohol consumption, *Journal of Substance Abuse 'Treatment,* v. 5, n. 2, p. 61-68, 1988.

COOPER, J.; FAZIO, R. H. A new look at dissonance theory. *Advances in Experimental Social Psychology,* v. 17, p. 226-229, 1984.

COOPER, R. P. et al. The development of infants' preference for motherese. *Infant Behavior and Development,* v. 20, n. 4, p. 477-488, 1997.

COOPERSMITH, S. Studies in self-esteem. *Scientific American,* v. 218, p. 96-106, 1968.

CORBALLIS, M. C. *From hand to mouth: The origins of language.* Princeton, NJ: Princeton University Press, 2002.

CORBIN, W. R.; FROMME, K. Alcohol use and serial monogamy as risks for sexually transmitted diseases in young adults. *Health Psychology,* v. 21, n. 3, p. 229-236, 2002.

CORDOVA, D. I.; LEPPER, M. R. intrinsic motivation and the process of learning, *Journal of Educational Psychology,* v. 88, n. 4, p. 715-730, 1996.

COREN, S. The left-hander syndrome. Nova York: Free Press, 1992.

COREN, S. *Sleep thieves.* Nova York: Free Press, 1996.

CORMIER, J. F.; THELEN, M. H. Professional skepticism of multiple personality disorder. *Professional Psychology: Research and Practice,* v. 29, n. 2, p. 163-167, 1998.

CORRIGAN, P. W. Behavior therapy empowers persons with severe mental illness. *Behavior Modification,* v. 21,n.1, p. 45-61, 1997.

CORTEEN, R. S.; WILLIAMS, T. M. Television and reading skills. In: WILLIAMS, T. M. (Ed.), *The impact of television: A natural experiment in three communities.* Orlando, FL: Academic, 1986.

COSTA, P. T.; McCRAE, R. R. Multiple uses for longitudinal personality data. *European Journal of Personality,* v. 6, n. 2, p. 85-102, 1992.

COURSEY, R. D. et al. Cost-effectiveness of providing insurance benefits for posthospital psychiatric halfway house stays. *American Psychologist,* v. 45, n. 10, p. 1118-1126, 1990.

COURT, J. H.; COURT, P. C. Repression: R. I. P. *Australian Journal of Clinical & Experimental Hypnosis,* v. 29, n. 1, p. 8-16, 2001.

COURTOIS, C. A. *Recollections of sexual abuse.* Nova York: Norton Professional Books, 1999.

COVELL, K. et al. The intergenerational transmission of maternal discipline and standards for behavior. *Social Development,* v. 4, n. 1, p. 32-43, 1995.

COWAN, N. The magical number 4 in short-term memory. *Behavioral & Brain Sciences,* v. 24, n. 1, p. 87-185, 2001.

COWLES, J. T. Food tokens as incentives for learning by chimpanzees. *Comparative Psychology,* Monograph, v. 14, n. 5, n. 71, 1937.

COX, W. E. Exceptional evidence of ESP by a reputed sensitive, *Journal of the Society for Psychical Research,* v. 60, n. 836, p. 16-28, 1994.

CRAIG, T. Y.; KELLY, J. R. Group cohesiveness and creative performance. *Group Dynamics,* v. 3, n. 4, p. 243-256, 1999.

CRAIK, F. I. M. The fate of primary items in free recall, *Journal of Verbal Learning and Verbal Behavior,* v. 9, p. 143-148, 1970.

CRANDALL, C. S. et al. Measuring life event stress in the lives of college students: The Undergraduate Stress Questionnaire (USQ). *Journal of Behavioral Medicine,* v. 5, n. 6, p. 627-662, 1992.

CRANO, W. D. Milestones in the Psychological Analysis of Social Influence. *Group Dynamics: Theory, Research, and Practice,* v. 4, n. 1, p. 68-80, 2000.

CRAVATT, B. F. et al. Chemical characterization of a family of brain lipids that induce sleep. *Science,* v. 268, n. 5216, p. 1506-1509, 1995.

CRAWLEY, S. B.; SHERROD, K. B. Parent-infant play during the first year of life. *Infant Behavior & Development,* v. 7, p. 65-75, 1984.

CREAMER, M. et al. Post-traumatic stress disorder: Findings from the Australian National Survey of Mental Health and Well-Being. *Psychological Medicine,* v. 31, n. 7, p. 1237-1247, 2001.

CREGLER, L. L.; MARK, H. Medical complications of cocaine abuse. *New England Journal of Medicine,* v. 315, n. 23, p. 1495-1500, 1985.

CRENCAVAGE, L. M.; NORCROSS, J. C. Where are the commonalities among the therapeutic common factors? *Professional Psychology: Research & Practice,* v. 21, n. 5, p. 372-378, 1990.

CRONBACH, L. *Essentials of psychological testing.* Reading, PA: Addison-Wesley, 1990.

CROOKS, R.; BAUR, K. *Our sexuality.* Belmont, CA: Wadsworth, 2002.

CROWE, L. C.; GEORGE, W. H. Alcohol and human sexuality: Review and integration. *Psychological Bulletin,* v. 105, n. 3, p. 374-386, 1989.

CROWN, C. L. et al. The cross-modal coordination of interpersonal timing. *Journal of Psycholinguistic Research,* v. 31, n. 1, p. 1-23, 2002.

CSIKSZENTMIHALYI, M. *Creativity.* Nova York: HarperCollins, 1997.

CULERTSON, F. M. Depression and gender. *American Psychologist,* v. 52, n. 1, p. 25-31, 1997.

CULL, W. L. et al. Expanding understanding of the expanding-pattern-of-retrieval mnemonic. *Journal of Experimental Psychology: Applied,* v. 2, n. 4, p. 365-378, 1996.

CUMMING, S. et al. Neuropsychological outcome from psychosurgery for obsessive-compulsive disorder. *Australian & New Zealand Journal of Psychiatry,* v. 29, n. 2, p. 293-298, 1995.

CUMMINS, D. D. *The other side of psychology.* Nova York: St. Martins, 1995.

CZEISLER, C. A. et al. Stability, precision, and near-24-hour period of the human circadian pacemaker. *Science,* 1999.

CZEISLER, C. A. et al. Bright light induction of strong (Type O) resetting of the human circadian pacemaker. *Science,* v. 244, p. 1328-1333, jun. 1989.

CZEISLER, C. A. et al. Entrainment of human circadian rhythms by light-dark cycles; A reassessment. *Photochemistry, Photobiology,* v. 34, p. 239-247, 1981.

DARLEY, J. M.; LATANE, B. Bystander intervention in emergencies: Diffusion of responsibility, *Journal of Personality & Social Psychology,* v. 8, p. 377-383, 1968.

DARLING, C. A. et al. The mystique of first intercourse among college youth: The role of partners, contraceptive practices, and psychological reactions. *Journal of Youth & Adolescence,* v. 21, n. 1, p. 97-117, 1992.

DARWIN, C. *The expression of emotion in man and animals.* Chicago: The University of Chicago Press, 1872.

DasGUPTA, B. Perceived control and examination stress. *Psychology: A Journal of Human Behavior,* v. 29, n. 1, p. 31-34, 1992.

DAVIDSON, P. R.; PARKER, K. C. H. Eye movement desensitization and reprocessing (EMDR): A meta-analysis. *Journal of Consulting & Clinical Psychology,* v. 69, n. 2, p. 305-316, 2001.

DAVIDSON, R. J. et al. Alternations in brain and immune function produced by mindfulness meditation. *Psychosomatic Medicine,* v. 65, n. 4, p. 564-570, 2003.

DAVIS, D.; FOLLETTE, W. C. Rethinking the probative value of evidence. *Law & Human Behavior,* v. 26, n. 2, p. 133-158, 2002.

DAW, J. New Mexico becomes first state to gain Rx privileges. *Monitor on Psychology,* abr. 2002. p. 24-25.

DAWSON, M. E. Where does the truth lie? A review of the polygraph test: Lies, truth, and science. *Psychophysiology,* v. 27, n. 1, p. 120-121, 1990.

DAY, S.; SCHNEIDER, P. L. Psychotherapy using distance technology, *Journal of Counseling Psychology,* v. 49, n. 4, p. 499-503, 2002.

De BENEDITTIS, G. et al. The role of stressful life events in the onset of chronic primary headache. *Pain,* v. 40, n. 1, p. 65-75, 1990.

De BONO, E. *Serious creativity.* Nova York: HarperCollins, 1992.

De JONG, P. J.; MURIS, P. Spider phobia, *Journal of Anxiety Disorders,* v. 16, n. 1, p. 51-65, 2002.

de JONG, T.; Van JOOLINGEN, W. R. Scientific discovery learning with computer simulations of conceptual domains. *Review of Educational Research,* v. 68, n. 2, p. 179-201, 1998.

de las FUENTES, C.; VASQUEZ, M. J. T. Immigrant adolescent girls of color. In: JOHNSON, N. G. et al. (Eds.), *Beyond Appearance.* Washington, DC: APA, 1999.

de LUCCIE, M. F.; DAVIS, A. J. Father-child relationships from the preschool years through mid-adolescence. *Journal of Genetic Psychology,* v. 152, n. 2, p. 225-238, 1991.

De RAAD, B. Five big, Big Five issues. *European Psychologist,* v. 3, n. 2, p. 113-124, 1998.

DEAN-CHURCH, L.; GILROY, F. D. Relation of sex-role orientation to life satisfaction in a healthy elderly sample. *Journal of Social Behavior & Personality,* v. 8, n. 1, p. 133-140, 1993.

DEAUX, K.; EMSWILLER, T. Explanation of successful performance on sex-linked tasks: What is skill for the male is luck for the female. *Journal of Personality & Social Psychology,* v. 29, p. 80-85, 1974.

DECKRO, G. R. et al. The evaluation of a mind/body intervention to reduce psychological distress and perceived stress in college students. *Journal of American College Health,* v. 50, n. 6, p. 281-287, 2002.

DEESE, J.; HULSE, S. J. *The psychology of learning* (3rd. ed.). Nova York: McGraw-Hill, 1967.

DEFFENBACHER, J. L.; SUINN, R. M. Systematic desensitization and the reduction of anxiety. *Counseling Psychologist,* v. 16, n. 1, p. 9-30, 1988.

DeGOOD, D. E. Cognitive factors in vascular stress responses. *Psychophysiology,* v. 12, p. 399-401, 1975.

DeGREEF, G. et al. Volumes of ventricular system subdivisions measured from magnetic resonance images in first-episode schizophrenic patients. *Archives of General Psychiatry,* v. 49, n. 7, p. 531-537, 1992.

DeKLYEN, M. et al. *Developmental Psychology,* v. 34, n. 2, p. 264-275, 1998.

DELGADO, B. M.; FORD, L. Parental perceptions of child development among low-income Mexican American families. *Journal of Child & Family Studies,* v. 7, n. 4, p. 469-481, 1998.

DENMARK, F. L. Engendering psychology. *American Psychologist,* v. 49, n. 4, p. 329-334, 1994.

DENOLLET, J.; Van HECK, G. L. Psychological risk factors in heart disease. *Journal of Psychosomatic Research,* v. 51, n. 3, p.465-468, 2001.

DERZON, J. H.; LIPSEY, M. W. A synthesis of the relationship of marijuana use with delinquent and problem behaviors. *School Psychology International,* v. 20, n. 1, p. 57-68, 1999.

DEUTSCH, M. Educating for a peaceful world. *American Psychologist,* v. 48, n. 5, p. 510-517, 1993.

DEVINE, P. G. Stereotypes and prejudice: Their automatic and controlled components, *Journal of Personality & Social Psychology,* v. 56, n. 1, p. 5-18, 1990.

DEVINE, P. G. et al. Prejudice with and without compunction, *Journal of Personality & Social Psychology,* v. 60, n. 6, p. 817-830, 1991.

DEVLIN, B. et al. The heritability of IQ. *Nature,* v. 388, n. 6641, p. 468-471, 1997.

DEVOTO, A. et al. Effects of different sleep reductions on daytime sleepiness. *Sleep,* v. 22, n. 3, p. 336-343, 1999.

DEWHURST, S. A.; CONWAY, M. A. Pictures, images, and recollective experience. *Journal of Experimental Psychology: Learning, Memory, and Cognition*, v. 20, p. 1088-1098, 1994.

Di MARZO, V. et al. Leptin-regulated endo-cannabinoids are involved in maintaining food intake. *Nature*, v. 410, n. 6830, p. 822-825, 2001.

DICKINSON, D. J.; O'CONNELL, D. Q. Effect of quality and quantity of study on student grades. *Journal of Educational Research*, v. 83, n. 4, p. 227-231, 1990.

DIEFENBACH, D. L. Portrayal of mental illness on prime-time television. *Journal of Community Psychology*, v. 25, n. 3, p. 289-302, 1997.

DIEKSTRA, R. F.; GARNEFSKI, N. On the nature, magnitude, and causality of suicidal behaviors: An international perspective. *Suicide & Life-Threatening Behavior*, v. 25, n. 1, p. 36-57, 1995.

DIENER, E. et al. Subjective well-being: Three decades of progress. *Psychological Bulletin*, v. 125, n. 2, p. 276-302, 1999.

DIES, R. R. Group psychotherapies. In: GURMAN, A. S.; MESSER, S. B. *Essential Psychotherapies*. Nova York: Guilford, 1995.

DIETER, J. N. I.; EMORY, E. K. Supplemental stimulation of premature infants. *Journal of Pediatric Psychology*, v. 22, n. 3, p. 281-295, 1997.

DIGMAN, J. M. Personality structure: Emergence of the five-factor model. *Annual Review of Psychology*, v. 41, p. 417-440, 1990.

DINAN, T. G. Stress, depression and cardiovascular disease. *Stress & Health: Journal of the International Society for the Investigation of Stress*, v. 17, n. 2, p. 65-66, 2001.

DINKMEYER, D., Sr. et al. *The parent's handbook*. Circle Pines, MN: American Guidance Service, 1997.

DIRKZWAGER, A.J. E. et al. The longitudinal course of posttraumatic stress disorder symptoms among aging military veterans. *Journal of Nervous & Mental Disease*, v. 189, n. 12, p. 846-853, 2001.

DOBELLE, W. H. Artificial vision for the blind by connecting a television camera to the visual cortex. *American Society of Artificial Internal Organs*, v. 46, p. 3-9, 2000.

DOCHERTY, N. M. et al. Communication disturbances and family psychiatric history in parents of schizophrenic patients. *Journal of Nervous & Mental Disease*, v. 186, n. 12, p. 761-768, 1998.

DOCTOR, R. M.; DOCTOR, J. N. Stress. *Encyclopedia of human behavior*, San Diego, CA: Academic, v. 4, p. 311-323, 1994.

DOIDGE, N. Empirical evidence for the efficacy of *psychoanalytic* psychotherapies and psychoanalysis. *Psychoanalytic Inquiry*, 1997. (Suplemento 102-150).

DOLLARD, J.; MILLER, N. E. *Personality and psychotherapy: An analysis in terms of learning, thinking and culture*. Nova York: McGraw-Hill, 1950.

DOMHOFF, G. W. Drawing theoretical implications from descriptive empirical findings on dream content. *Dreaming: Journal of the Association for the Study of Dreams*, v. 9, n. 2-3, p. 201-210, 1999.

DOMINGO, R. A.; GOLDSTEIN-ALPERN, N. "What dis?" and other toddler-initiated, expressive language-learning strategies. *Infant-Toddler Intervention*, v. 9, n. 1, p. 39-60, 1999.

DOOLING, D. J.; LACHMAN, R. Effects of comprehension on retention of prose. *Journal of Experimental Psychology*, v. 88, p. 216-222, 1971.

DORFMAN, J. et al. Intuition, incubation, & insight. In: UNDERWOOD, G. (Ed.), *Implicit cognition*. Nova York: Oxford University Press, 1996.

DOSHER, B. A.; MA, J. Output loss or rehearsal loop? *Journal of Experimental Psychology: Learning, Memory, & Cognition*, v. 24, n. 2, p. 316-335, 1998.

DOUVAN, E. Erik Erikson: Critical times, critical theory. *Child Psychiatry & Human Development*, v. 28, n. 1, p. 15-21, 1997.

DOVIDIO, J. F. Helping behavior and altruism: An empirical and conceptual overview. In: BERKOWITZ, L. (Ed.), *Advances in experimental social psychology*, v. 17. Nova York: Academic, 1984.

DOVIDIO, J. F.; GAERTNER, S. L. Reducing prejudice: Combating intergroup biases. *Current Directions in Psychological Science*, v. 8, n. 4, p. 101-105, 1999.

DOVIDO, J. f. et al. Why can't we just get along? *Cultural Diversity and Ethnic Minority Psychology*, v. 8, n. 2, p. 88-102, 2002.

DRAGOI, V.; STADDON, J. E. R. The dynamics of operant conditioning. *Psychological Review*, v. 106, n. 1, p. 20-61, 1999.

DRETZKE, B. J.; LEVIN, J. R. Assessing students' application and transfer of a mnemonic strategy. *Contemporary Educational Psychology*, v. 21, n. 1, p. 83-93, 1996.

DRIGOTAS, S. M. et al. Close partner as sculptor of the ideal self: Behavioral affirmation and the Michelangelo phenomenon. *Journal of Personality & Social Psychology*, v. 77, n. 2, p. 293-323, 1999.

DROLET, G. et al. Role of endogenous opioid system in the regulation of the stress response. *Progress in Neuro-Psychopharmacology & Biological Psychiatry*, v. 25, n. 4, p. 729-741, 2001.

DRUCKMAN, D.; BJORK, R. A. Learning, remembering, believing: Enhancing human performance. Washington, DC: National Academy Press, 1994.

DSM-IV-TR: Diagnostic and statistical manual of mental disorders (5. ed.). Washington, DC: American Psychiatric Association, 2000.

DUBOW, E. F. et al. Childhood correlates of adult ego development. *Child Development*, v. 58, n. 3, p. 859-869, 1987.

DUCLOS, S. E.; LAIRD, J. D. The deliberate control of emotional experience through control of expressions. *Cognition and Emotion*, v. 15, p. 27-56, 2001.

DULEWICZ, V.; HIGGS, M. Emotional intelligence. *Journal of Managerial Psychology*, v. 15, n. 4, p. 341-372, 2000.

DUNCAN, J. et al. A neural basis for general intelligence. *Science*, v. 289, p. 457-460, 2000.

DUNCKER, K. On problem solving. *Psychological Monographs*, v. 58, n. 270, 1945.

DUNN, B. R. Concentration and mindfulness meditations: Unique forms of consciousness? *Applied Psychophysiology & Biofeed-back*, v. 24, n. 3, p. 147-165, 1999.

DURHAM, M. D.; DANE, F. C. Juror knowledge of eyewitness behavior. *Journal of Social Behavior & Personality*, v. 14, n. 2, p. 299-308, 1999.

DURSO, F. T. et al. Graph-theoretic confirmation of restructuring during insight. *Psychological Science*, v. 5, n. 2, p. 94-98, 1994.

DUTTON, D. G.; ARON, A. P. Some evidence for heightened sexual attraction under conditions of high anxiety. *Journal of Personality & Social Psychology*, v. 30, p. 510-517, 1974.

DYWAN, J.; BOWERS, K. S. The use of hypnosis to enhance recall. *Science*, v. 222, p. 184-185, 1983.

EBBINGHAUS, H. *Memory; A contribution to experimental psychology*. Translated by RUGER, H. A.; BUSSENIUS, C. E. 1913. Nova York: Teacher's College, Columbia University, 1885.

ECKERMAN, D. A. Scheduling reinforcement about once a day. *Behavioural Processes*, v. 45, n. 1-3, p. 101-114, 1999.

EDWARDS, D. J. A. Types of case study work. *Journal of Humanistic Psychology*, v. 38, n. 3, p. 36-70, 1998.

EICH, E. Mood as a mediator of place dependent memory. *Journal of Experimental Psychology: General*, v. 124, n. 3, p. 293-308, 1995.

EICH, E. et al. Affect, pain, and autobiographical memory. *Journal of Abnormal Psychology*, v. 99, n. 2, p. 174-178, 1990.

EIDELSON, R. J.; EIDELSON, J. I. Dangerous ideas. *American Psychologist*, v. 58, n. 3, p. 182-192, 2003.

EIMAS, P. D. et al. Development of exclusivity in perceptually based categories of young infants. *Journal of Experimental Child Psychology*, v. 58, n. 3, p. 418-431, 1994.

EISENBERG, N. Meta-analytic contributions to the literature on prosocial behavior. *Personality & Social Psychology Bulletin*, v. 17, n. 3, p. 273-282, 1991.

EISENBERG, N.; MILLER, P. A. The relation of empathy to prosocial and related behaviors. *Psychological Bulletin*, v. 101, n. 1, p. 91-119, 1987.

EKMAN, P. Facial expression and emotion. *American Psychologist*, v. 48, n. 4, p. 384-392, 1993.

EKMAN, P. et al. Autonomic nervous system activity distinguishes among emotions. *Science*, v. 221, p. 1208-1210, 1983.

EKMAN, P.; ROSENBERG, E. *What the face reveals*. Nova York: Oxford University Press, 1997.

ELIOT, L. *What's going on in there?* Nova York: Bantam, 1999.

ELLI, K. A.; NATHAN, P. J. The pharmacology of human working memory. *International Journal of Neuropsychophar-macology*, v. 4, n. 3, p. 299-313, 2001.

ELLIS, A. The no cop-out therapy. *Psychology Today*, v. 7, p. 56-60, 62, fev. 1973.

ELLIS, A. The practice of rational-emotive therapy. In: ELLIS, A.; WHITELEY, J. (Eds.) *Theoretical and empirical foundations of rational-emotive therapy*. Monterey, CA: Brooks/Cole, 1979.

ELLIS, A. A sadly neglected cognitive component in depression. *Cognitive Therapy & Research*, v. 11, n. 1, p. 121-145, 1987.

ELLIS, A. Changing rational-emotive therapy (RET) to rational emotive behavior therapy (REBT). *Journal of Rational-Emotive & Cognitive Behavior Therapy*, v. 13, n. 2, p. 85-89, 1995.

ELLIS, H. C.; HUNT, R. R. *Fundamentals of cognitive psychology*. Madison, WI: Brown & Benchmark, 1992.

EMMONS, K. M. et al. Predictors of smoking among US college students. *American Journal of Public Health*, v. 88, n. 1, p. 104-107, 1998.

EMMOREY, K. et al. Neural systems underlying lexical retrieval for sign language. *Neuropsychologia*, v. 41, n. 1, p. 85-95, 2003.

ENNS, J. T.; COREN, S. The box alignment illusion. *Perception & Psychophysics*, v. 57, n. 8, p. 1163-1174, 1995.

ERDELYI, M.H.; APPELBAUM.A. G., Cognitive masking: The disruptive effect of an emotional stimulus upon the perception of contiguous neutral items. *Bulletin of the Psychonomic Society*, v. 1, p. 59-61, 1973.

ERICKSON, C. D.; AL-TIMIMI, N. R. Providing mental health services to Arab Americans. *Cultural Diversity and Ethnic Minority Psychology*, v. 7, n. 4, p. 308-327, 2001.

ERICSSON, K. A. How experts attain and maintain superior performance. *Journal of Aging & Physical Activity*, v. 8, n. 4, p. 366-372, 2000.

ERICSSON, K. A.; CHARNESS, N. Expert performance. *American Psychologist*, v. 49, n. 8, p. 725-747, 1994.

ERICSSON, K. A.; CHASE, W. G. Exceptional memory. *American Scientist*, v. 70, p. 607-615, 1982.

ERIKSON, J. H. *Childhood and society*. Nova York: Norton, 1963.

ERNST, E. Is acupuncture effective for pain control? *Journal of Pain & Symptom Management*, v. 9, n. 2, p. 72-74, 1994.

ERON, L. D. Interventions to mitigate the psychological effects of media violence on aggressive behavior. *Journal of Social Isues*, v. 42, n. 3, p. 155-169, 1986.

ERON, L. D. The development of aggressive behavior from the perspective of a developing behaviorism. *American Psychologist*, v. 42, p. 435-442, 1987.

ERONEN, S.; NURMI, J. Life events, predisposing cognitive strategies and well-being. *European Journal of Personality*, v. 13, n. 2, p. 129-148, 1999.

ESPIE, C. A. Insomnia. *Annual Review of Psychology*, v. 53, p. 215-243, 2002.

ESPY, K. A. et al. Neuropsychological function in toddlers exposed to cocaine in utero: A preliminary study. *Developmental Neuropsychology*, v. 15, n. 3, p. 447-460, 1999.

ESSER, J. K. Alive and well after 25 years: A review of groupthink research. *Organizational Behavior & Human Decision Processes*, v. 73, n. 2-3, p. 116-141, 1998.

ESTERLING, B. A. et al. Empirical foundations for writing in prevention and psychotherapy: Mental and physical health outcomes. *Clinical Psychology Review*, v. 19, n. 1, p. 79-96, 1999.

ETHICAL PRINCIPLES OF PSYCHOLOGISTS AND CODE OF CONDUCT. The American Psychological Association. *American Psychologist*, v. 57, n. 12, p. 1060-1073, 2002.

ETHIER, K. A. et al. Adolescent women underestimate their susceptibility to sexually transmitted infections. *Sexually Transmitted Infections*, v. 79, 408-411, 2003.

EVER, D. E. Mother-infant bonding: A scientific fiction. *Human Nature*, v. 5, n. 1, p. 69-94, 1994.

EVERLY, G. S. Thoughts on peer (paraprofessional) support in the provision of mental health services. *International Journal of Emergency Mental Health*, v. 4, n. 2, p. 89-92, 2002.

EVERSON, C. A. Physiological consequences of sleep deprivation, *Journal of Musculoskeletal Pain*, v. 6, n. 3, p. 93-101, 1998.

EVERSON, S. A. et al. Hopelessness and risk of mortality and incidence of myoeardial infarction and cancer. *Psychosomatic Medicine*, v. 58, n. 2, p. 113, 1996.

EYSENCK, H. J. The outcome problem in psychotherapy: What have we learned? *Behaviour Research & Therapy*, v. 32, n. 5, p. 477-495, 1994.

EYSENCK, H. J. (Ed.). *A model for personality*. Nova York: Springer-Verlag, 1981.

EYSENCK, M. W.; KEANE, M. T. *Cognitive psychology*. Hove, East Sussex, UK: Erlbaum, 1995.

FAIRCLOUGH, S. H.; GRAHAM, R. Impairment of driving performance caused by sleep deprivation or alcohol. *Human Factors*, v. 41, n. 1, p. 118-128, 1999.

FAITH, M. S. et al. Group sensitivity training: Update, meta-analysis, and recommendations. *Journal of Counseling Psychology*, v. 42, n. 3, p. 390-399, 1995.

FALKOWSKI, C. *Dangerous Drugs*. Center City, MN: Hazelden Information Education, 2000.

FANTZ, R. L. The origin of form perception. *Scientific American*, maio 1961. p. 71.

FARAH, M. J. et al. Brain activity underlying mental imagery. *Journal of Cognitive Neuroscienee*, v. 1, n. 4, p. 302-316, 1989.

FARQUHAR, J. W. et al. Short- and long-term outcomes of a health promotion program in a small rural community. *American Journal of Health Promotion*, v. 11, n. 6, p. 411-414, 1997.

FARQUHAR, J. W. et al. The Stanford Five City Project: An overview. In: MATARAZZO, J. D. et al. (Eds.), *Behav-ioral health: A handbook of health enhancement and disease prevention*. Nova York: Wiley, 1984.

FARRIMOND, T. Effect of alcohol on visual constancy values and possible relation to driving performance. *Perceptual & Motor Skills*, v. 70, n. 1, p. 291-295, 1990.

FARTHING, G. W. The psychology of consciousness. Englewood Cliffs, NJ: Prentice Hall, 1992.

FAVA, G. A. et al. Prevention of recurrent depression with cognitive behavioral therapy. *Archives of General Psychiatry*, v. 55, n. 9, p. 816-820, 1998.

FEINGOLD, A. Gender differences in mate selection preferences. *Psychological Bulletin*, v. 111, p. 304-341, 1992.

FELDHUSEN, J. F.; GOH, B. E. Assessing and accessing creativity: An integrative review of theory, research, and development. *Creativity Research Journal*, v. 8, n. 3, p. 231-247, 1995.

FELDMAN, R. S.; MEYER, J. *Fundamentals of neuropsychopharmacology*. Sunderland, MA; Sinauer Associates, 1996.

FELMLEE, D. H. "Be careful what you wish for ...": A quantitative and qualitative investigation of "fatal attractions." *Personal Relationships*, v. 5, n. 3, p. 235-253, 1998.

FENTON, G. W. Neurosurgery for mental disorder. *Irish Journal of Psychological Medicine*, v. 15, n. 2, p. 45-48, 1998.

FERNALD, A. Intonation and communicative intent in mothers' speech to infants: Is the melody the message? *Child Development*, v. 60, n. 6, p. 1497-1510, 1989.

FERNALD, A.; MAZZIE, C. Prosody and focus in speech to infants and adults. *Developmental Psychology*, v. 27, n. 2, p. 209-221, 1991.

FERRARI, J. R.; SCHER, S. J. Toward an understanding of academic and nonaca-demic tasks procrastinated by students: The use of daily logs. *Psychology in the Schools*, v. 37, n. 4, p. 359-366, 2000.

FERSTER, C. B. et al. The control of eating. *Journal of Mathematics*, v. 1, p. 87-109, 1962.

FESTINGER, L. A theory of social comparison processes. *Human Relations*, v. 7, p. 117-140, 1954.

FESTINGER, L. *A theory of cognitive dissonance*. Stanford, CA: Stanford University Press, 1957.

FESTINGER, L.; CARLSMITH, J. M. Cognitive consequences of forced compliance. *Journal of Abnormal and Social Psychology*, v. 58, p. 203-210, 1959.

FIELDS, R. M.; MARGOLIN, J. Coping with trauma. Washington, DC: American Psychological Association, 2001.

FINK, M. Electroshock revisited. *American Scientist*, v. 88, p. 162-167, mar./abr. 2000.

FINKE, R. *Creative imagery*. Hillsdale, NJ: Erlbaum, 1990.

FINKENAUER, C. et al. Flashbulb memories and the underlying mechanisms of their formation. *Memory & Cognition*, v. 26, n. 3, p. 516-531, 1998.

FISHER, C. D.; ASHANASY, N. M. The emerging role of emotions in work life. *Journal of Organizational Behavior*, v. 21, p. 123-129, 2000.

FISHER, R. P.; GEISELMAN, R. E. Enhancing eyewitness memory with the cognitive interview. In: GRUNEGERG, M. M. et al. (Eds.), *Practical aspects of memory: Current research and issues*. Chinchester, UK: Wiley, 1987.

FISHER, S.; GREENBERG, R. P. *Freud scientifically reappraised*. Hoboken, NJ: Wiley, 1996.

FISKE, S. T. Social cognition and social perception. In: PORTER,L. W.; ROSENZWEIG, M. R. (Eds.), *Annual Review of Psychology*, v. 44, p. 155-194, 1993a.

FISKE, S. T. Controlling other people. *American Psychologist*, v. 48, n. 6, p. 621-628, 1993b.

FLAVELL, J. H. Cognitive development: Past, present, and future. *Developmental Psychology*, v. 28, n. 6, p. 998-1005, 1992.

FLAVELL, J. H. Cognitive development: Children's knowledge about the mind. *Annual Review of Psychology*, v. 50, p. 21-45, 1999.

FLEMING, J. Field report: The state of the apes. *Psychology Today*, jan. 1974. p. 46.

FLYNN, J. R. Massive IQ gains in 14 nations: What IQ tests really measure. *Psychological Bulletin*, v. 101, n. 2, p. 171-191, 1987.

FOA, E. B. et al. Cognitive biases in generalized social phobia. *Journal of Abnormal Psychology*, v. 105, n. 3, p. 433-439, 1996.

FOBAIR, P. Cancer support groups and group therapies. *Journal of Psychosocial Oncology*, v. 15, n. 3-4, p. 123-147, 1997.

FOCHTMANN, L. J. Intractable sneezing as a conversion symptom. *Psychosomatics*, v. 36, n. 2, p. 103-112, 1995.

FONES, C. S. L. et al. Social phobia: An update. *Harvard Review of Psychiatry*, v. 5, n. 5, p. 247-259, 1998.

FONTAINE, K. R. et al. Years of life lost due to obesity. *JAMA*, v. 289, p. 187-193, 2003.

FONTENELLE, D. H. *How to live with your children*. Tucson, AZ: Fisher Books, 1989.

FOOS, P.; Clark, M. C. *Human learning*, v. 2, n. 3, 1984.

FOREYT, J. P. Behavioral medicine. In: WILSON, G. T. et al. (Eds.), *Review of behavior therapy: Theory and practice*, Nova York: Guilford, 1987a. v. II.

FOREYT, J. P. The addictive disorders. In: WILSON, G. T. et al. (Eds.), *Review of behavior therapy: Theory and practice*, Nova York: Guilford, 1987b. v. II.

FORGAYS, D. G.; BELINSON, M. J. Is flotation isolation a relaxing environment? *Journal of Environmental Psychology*, v. 6, n. 1, p. 19-34, 1986.

FOSS, R. D. Using social psychology to increase altruistic behavior: Will it help? In: SAKS, M. J.; SAXE, L (Eds.), *Advances in applied social psychology*, Hillsdale, NJ: Erlbaum, 1986. v. 3.

FOSSE, R. et al. The mind in REM sleep: Reports of emotional experience. *Sleep: Journal of Sleep & Sleep Disorders Research*, v. 24, n. 8, p. 947-955, 2001.

FOSTER, C. A. et al. Arousal and attraction. *Journal of Personality & Social Psychology*, v. 74, n. 1, p. 86-101, 1998.

FOSTER, G.; YSSELDYKE, J. Expectancy and halo effects as a result of artificially induced teacher bias. *Contemporary Educational Psychology*, v. 1, p. 37-45, 1976.

FOUTS, R. et al. Sign language conversational interaction between chimpanzees. *Sign Language Studies*, v. 42, p. 1-12, 1984.

FOWERS, B. J.; RICHARDSON, F. C. Why is multiculturalism good? *American Psychologist*, v. 51, n. 6, p. 609-621, 1996.

FOWLES, D. C. Schizophrenia: Diathesis-stress revisited. *Annual Review of Psychology* v. 43, p. 303-336, 1992.

FOXHALL, K. Suddenly, a big impact on criminal justice. APA Monitor, jan. 2000. p. 36-37.

FOXX, R. M. A comprehensive treatment program for inpatient adolescents. *Behavioral Interventions*, v. 13n. 1, p. 61-77, 1998.

FRANCHE, R.; DOBSON, K. S. Self-criticism and interpersonal dependency as vulnerability factors to depression. *Cognitive Therapy & Research*, v. 16, n. 4, p. 419-435, 1992.

FRANKENBURG, W. K.; DODDS, J. B. The Denver Developmental Screening Test. *The Journal of Pediatrics*, v. 1, p. 181-191, 1967.

FRANZOI, S. L. *Social psychology*. Nova York: McGraw-Hill, 2000.

FRAZIER, J. A. et al. Brain anatomic magnetic resonance imaging in childhood-onset schizophrenia. *Archives of General Psychiatry*, v. 53, n. 7, p. 617-624, 1996.

FREDRICKSON, B. L. The value of positive emotions. *American Scientist*, v. 91, p. 330-335, 2003.

FREEDMAN, J. L.; FRASER, S. C. Compliance without pressure: The foot-in-the-door technique. *Journal of Personality & Social Psychology*, v. 4, p. 195-202, 1966.

FREEMAN, A.; REINECKE, M. A. Cognitive therapy. In: GURMAN, A. S.; MESSER, S. B. *Essential Psychotherapies*. Nova York: Guilford, 1995.

FREEMAN, J. Recent studies of giftedness in children. *Journal of Child Psychology & Psychiatry & Allied Disciplines*, v. 36, n. 4, p. 531-547, 1995.

FREEMAN, W. J. The physiology of perception. *Scientific American*, fev. 1991. p. 78-85.

FRENCH, C. C. et al. A test of the Barnum effect. *Skeptical Inquirer*, v. 15, n. 4, p. 66-72, 1991.

FREUD, S. *The interpretation of dreams*. London: Hogarth, 1900.

FREUD, S. *An outline of psychoanalysis*. Nova York: Norton, 1949.

FRIED, P. et al. Current and former marijuana use: preliminary findings of a longitudinal study of effects on IQ in young adults. *Canadian Medical Association Journal*, v. 166, p. 887-891, 2002.

FRIED, P. A. et al. 60- and 72-month follow-up of children prenatally exposed to marijuana, cigarettes, and alcohol, *Journal of Developmental & Behavioral Pediatrics*, v. 13, n. 6, p. 383-391, 1992.

FRIED, P.A.; SMITH, A. M. A literature review of the consequences of prenatal marijuana exposure. *Neurotoxicology and Teratology*, v. 23, n. 1, p. 1-11, 2001.

FRIEDMAN, M.; Rosenman, R. *Type A behavior and your heart*. Nova York: Knopf, 1983.

FRIEDMAN, R. C. et al. Private psychotherapy patients of psychiatrist psychoanalysts. *American Journal of Psychiatry* v. 155, p. 1772-1774, 1998.

FROUFE, M.; SCHWARTZ, C. Subliminal messages for increasing self-esteem: Placebo effect. *Spanish Journal of Psychology*, v. 4, n. 1, p. 19-25, 2001.

FRYDMAN, M. Television, aggressiveness and violence. *International Journal of Adolescent Medicine & Health*, v. 11, n. 3-4, p. 335-344, 1999.

FUKUDA, K.; ISHIHARA, K. Agerelated changes of sleeping pattern during adolescence. *Psychiatry & Clinical Neuro-sciences*, v. 55, n. 3, p. 231-232, 2001.

FUNDER, D. C. Personality. *Annual Review Psychology*, v. 52, p. 197-221, 2001.

FURUMOTO, L.; SCARBOROUGH, E. Placing women in the history of psychology. *American Psychologist*, v. 41, p. 35-42, 1986.

GABRIELI, J. D. E. Cognitive neuroscience of human memory. *Annual Review of Psychology* v. 49, p. 87-115, 1998.

GAERTNER, S. L. et al. Reducing intergroup conflict: From superordinate goals to decategorization, recategoriza-tion, and mutual differentiation. *Group Dynamics*, v. 4, n. 1, p. 98-114, 2000.

GAGNON, J. H. *Human sexualities*. Glenview, IL: Scott, Foresman, 1977.

GALANTI, G. Cult conversion, deprogramming, and the triune brain. *Cultic Studies Journal*, v. 10, n. 1, p. 45-52, 1993.

GALATI, D. et al. Voluntary facial expression of emotion: Comparing congenitally blind with normally sighted encoders, *Journal of Personality & Social Psychology*, v. 73, n. 6, p. 1363-1379, 1997.

GALEA, S. et al. Psychological sequelae of the September 11 terrorist attacks in Nova York City. *New England Journal of Medicine*, v. 346, n. 13, p. 982-987, 2002.

GANELLEN, R. J. Comparing the diagnostic efficiency of the MMPI, MCMI-II, and Rorschach. *Journal of Personality Assessment*, v. 67, n. 2, p. 219-243, 1996.

GARDNER, H. *Frames of mind*. Nova York: Basic, 1993.

GARDNER, R. A.; Gardner, B. T. *Teaching sign language to chimpanzees*. Albany, NY: State University of Nova York Press, 1989.

GARDNER, R. M.; BOKENKAMP, E. D. The role of sensory *and* nonsensory factors in body size estimations of eating disorders subjects, *Journal of Clinical Psychology* v. 52, n. 1, p. 3-15, 1996.

GARLAND, A. F.; ZIGLER, E. Adolescent suicide prevention. *American Psychologist*, v. 48, n. 2, p. 169-182, 1993.

GARNETS, L. D. Sexual orientation in perspective. *Cultural Diversity and Ethnic Minority Psychology*, v. 8, n. 2, p. 115-129, 2002.

GARNETS, L. D.; KIMMEL, D. Lesbian and gay male dimensions in the psychological study of human diversity. *Psychological perspectives on human diversity in America*. Washington, DC: American Psychological Association, 1991.

GATES, A. I. Recitation as a factor in memorizing. In: DEESE, J. (Ed.), *The psychology of learning*. Nova York: McGraw-Hill, 1958.

GATZ, M. Interpreting behavioral genetic results, *Journal of Counseling & Development*, v. 68, p. 601-605, jul./ago. 1990.

GAUTHIER, J. et al. The role of home practice in the thermal biofeedback treatment of migraine headache, *Journal of Consulting & Clinical Psychology*, v. 62, n. 1, p. 180-184., 1994.

GAYLE, H. An overview of the global HIV/AIDS epidemic, with a focus on the United States. *AIDS*, v. 14, MS8-SI7, 2000. (Suplemento 2).

GAZZANIGA, M. S. *The bisected brain*. Nova York: Plenum, 1970.

GAZZANIGA, M. S. On neural circuits and cognition. *Neural Computation*, v. 7, n. 1, p. 1-12, 1995.

GEIGER, M. A. Changing multiple-choice answers: Do students accurately perceive their performance? *Journal of Experimental Education*, v. 59, n. 3, p. 250-257, 1991.

GEISELMAN, R. E. et al. Eyewitness memory enhancement with the cognitive interview. *American Journal of Psychology*, v. 99, p. 385-401, 1986.

GEORGIADES, A. et al. Effects of exercise and weight loss on mental stress-induced cardiovascular responses in individuals with high blood pressure. *Hypertension*, v. 56, p. 171-176, 2000.

GERMAN, T. P.; DEFEYTER, M. A. Immunity to functional fixedness in young children. *Psychonomic Bulletin & Review*, v. 7, n. 4, p. 707-712, 2000.

GERSH, R. D. Learning when not to shoot. *Santa Barbara News Press*, 20 jun. 1982.

GERSHOFF, E. T. Corporal punishment by parents and associated child behaviors and experiences: A meta-analytic and theoretical review. *Psychological Bulletin*, v. 128, n. 4, p. 539-579, 2002.

GERSHON, E. S. et al. Closing in on genes for manic-depressive illness and schizophrenia. *Neuropsychopharmacology*, v. 18, n. 4, p. 233-242, 1998.

GERWOOD, J. B. The legacy of Viktor Frankl. *Psychological Reports*, v. 82, n. 2, p. 673-674, 1998.

GESCHWIND, N. Specializations of the human brain. *Scientific American*, v. 241, p. 180-199, 1979.

GEWIRTZ, J. C.; DAVIS, M. Application of Pavlovian higher-order conditioning to the analysis of the neural substrates of fear conditioning. *Neuropharmacology*, v. 37, n. 4-5, p. 453-459, 1998.

GHADIRIAN, A-M. et al. Creativity and the evolution of psychopathologies. *Creativity Research Journal*, v. 13, n. 2, p. 145-148, 2001.

GIBSON, B.; WERNER, C. M. The airport as a behavior setting; The role of legibility in communicating the setting program. *Journal of Personality and Social Psychology*, v. 66, p. 1049-1060, 1994.

GIBSON, E. J.; WALK, R. D. The "visual cliff" *Scientific American*, v. 202, n. 4, p. 67-71, 1960.

GIBSON, H. B.; HEAP, M. *Hypnosis in therapy*. Hillsdale, NJ: Erlbaum, 1991.

GIBSON, K. R. Evolution of human intelligence: The roles of brain size and mental construction. *Brain, Behavior & Evolution*, v. 59, n. 1-2, p. 10-20, 2002.

GIERL, M.J.; ROGERS, W.T. A confirmatory factor analysis of the Test Anxiety Inventory using Canadian high school students. *Educational & Psychological Measurement*, v. 56, n. 2, p. 315-324, 1996.

GILBERT, D. G. et al. Effects of exam stress on mood, cortisol, and immune functioning. *Personality & Individual Differences*, v. 21, n. 2, p. 235-246, 1996.

GILL, S. T. Carrying the war into the never-never land of psi. *Skeptical Inquirer*, v. 15, n. l, p. 269-273, 1991.

GILLBERG, M.; AKERSTEDT, T. Sleep loss performance: No "safe" duration of a monotonous task. *Physiology & Behavior*, v. 64, n. 5, p. 599-604, 1998.

GINET, M.; PY, J. A technique for enhancing memory in eyewitness testimonies for use by police officers and judicial officials: The cognitive interview. *Travail Humain*, v. 64, n. 2, p. 173-191, 2001.

GINOTT, H. G. *Between parent and child: New solutions to old problems*. Nova York: Macmillan, 1965.

GIRODO, M. *Shy? (You don't have to be!)*. Nova York: Pocket Books, 1978.

GLASS, A. L. et al. *Cognition*. Reading, MA: Addison-Wesley, 1979.

GLIK, D. C. et al. Predictors of well role performance behaviors. *American Journal of Health Behavior*, v. 20, n. 4, p. 218-228, 1996.

GLISKY, M. L. et al. Internal and external mental imagery perspectives and performance on two tasks. *Journal of Sport Behavior*, v. 19, n. 1, p. 3-18, 1996.

GLOAGUEN, V. et al. A meta-analysis of the effects of cognitive therapy in depressed patients. *Journal of Affective Disorders*, v. 49, n. 1, p. 59-72, 1998.

GLOBUS, G. *Dream life, wake life: The human condition through dreams*. Albany, NY; State University of New York Press, 1987.

GLUECK, J. et al. How creatives define creativity. *Creativity Research Journal*, v. 14, n. 1, p. 55-67, 2002.

GOBET, F.; SIMON, H. A. Recall of random and distorted chess positions: Implications for the theory of expertise. *Memory & Cognition*, v. 24, n. 4, p. 493-503, 1996.

GOEL, V.; GRAFMAN, J. Are the frontal lobes implicated in "planning" functions? Interpreting data from the Tower of Hanoi. *Neuropsychologia*, v. 33, n. 5, p. 623-642, 1995.

GOLD, P. E. Sweet Memories. *American Scientist*, v. 75, p. 151-155, mar./abr. 1987.

GOLDBERG, C. Of prophets, true believers, and terrorists. *The Dana Forum on Brain Science*, v. 3, n. 3, p. 21-24, 2001.

GOLDBERG, L. R. The structure of phenotypic personality traits. *American Psychologist*, v. 48, n. 1, p. 26-34, 1993.

GOLDFRIED, M. R. et al. Individual psychotherapy: Process and outcome. *Annual Review of Psychology*, v. 41, p. 659-688, 1990.

GOLDIAMOND, I. Self-control procedures in personal behavior problems. In:

GAZZANIGA, M. S.; LOVEJOY, E. P. (Eds.), *Good reading in psychology*. Englewood Cliffs, NJ: Prentice-Hall, 1971.

GOLDMAN, H. H. Deinstitutionalization and community care. *Harvard Review of Psychiatry*, v. 6, n. 4, p. 219-222, 1998.

GOLDSTEIN, E. False memory syndrome. *American Journal of Family Therapy*, v. 25, n. 4, p. 307-317, 1997.

GOLDSTEIN, E. B. *Sensation and perception*. Belmont, CA: Wadsworth, 2003.

GOLDSTEIN, M. J. (1985). The UCLA family project. Presented at NIMH High-Risk Consortium, San Francisco. Cited by Mirsky & Duncan, 1986.

GOLDSTONE, R. L. Perceptual learning. *Annual Review of Psychology*, v. 49, p. 585-612, 1998.

GOLEMAN, D. Staying up; The rebellion against sleep's gentle tyranny. *Psychology Today*, mar. 1982. p. 24-35.

GOLEMAN, D. *Emotional intelligence*. Nova York: Bantam, 1995.

GOOD, M. A comparison of the effects of jaw relaxation and music on postoperative pain. Nursing Research, v. 44, n. 1, p. 52-57, 1995.

GOODALL, J. *Through a window: My thirty years with the chimpanzees of the Gombe*. Boston: Houghton Mifflin, 1990.

GOODE, E. Gender and courtship entitlement: Responses to personal ads. *Sex Roles*, v. 34, n. 3-4, p. 141-169, 1996.

GOODMAN, G. SASHA tapes: Expanding options for help-intended communication. In: LARSON, D. (Ed.), *Teaching psychological skills*. Monterey, CA: Brooks/Cole, 1984.

GOPNIK, A. et al. *The scientist in the crib*. Nova York: William Morrow, 1999.

GORDON, T. *P.E.T parent effectiveness training: A tested new way to raise children*. Nova York: Peter H. Wyden, 1970.

GORMAN, J. M. The essential guide to mental health. Nova York: St. Martin's Griffin, 1996.

GOTTLIEB, G. Normally occurring environmental and behavioral influences on gene activity: From central dogma to probabilistic epigenesis. *Psychological Review*, v. 105, n. 4, p. 792-802, 1998.

GOULD, E.; GROSS, C. G. Neurogenesis in adult mammals; Some progress and problems. *Journal of Neuroscience*, v. 22, n. 3, p. 619-623, 2002.

GOULD, E. et al. Neurogenesis in the neocortex of adult primates. *Science*, v. 286, n. 5439, p. 548, 1999.

GOULD, M. S. et al. Psychopathology associated with suicidal ideation and attempts among children and adolescents. *Journal of the American Academy of Child & Adolescent Psychiatry*, v. 37, n. 9, p. 915-923, 1998.

GRACK, C.; RICHMAN, C. L. Reducing general and specific heterosexism through cooperative contact. *Journal of Psychology & Human Sexuality*, v. 8, n. 4, p. 59-68, 1996.

GRAHAM, S. Most of the subjects were White and middle class. *American Psychologist*, v. 47, p. 629-639, 1992.

GRANT, B. F.; DAWSON, D. A. Age at onset of alcohol use and its association with DSM-IV alcohol abuse and dependence. *Journal of Substance Abuse*, v. 9, p. 103, 1997.

GRANT, I. et al. Long-term neurocognitive consequences of marijuana. In: *National Institute on Drug Abuse Workshop on Clinical Consequences of Marijuana*, Rockville, MD, 13 ago. 2001.

GRAVES, J. L. *The emperor's new clothes*. Piscataway, NJ; Rutgers University Press, 2001.

GRAZIOTTIN, A. The biological basis of female sexuality. *International Clinical Psychopharmacology*, v. 13, S15-S22, 1998. (Suplemento 6).

GREENE, D.; LEPPER, M. R. How to turn play into work. *Psychology Today*, set. 1974. p. 49.

GREENFIELD, P. M.; SAVAGE-RUMBAUGH, E. S. Comparing communicative competence in child and chimp: The pragmatics of repetition. *Journal of Child Language*, v. 20, n. 1, p. 1-26, 1993.

GREENGLASS, E. R. et al. Components of burnout, resources, and gender-related differences. *Journal of Applied Social Psychology*, v. 28, n. 12, p. 1088-1106, 1998.

GREGORY, R. L. *Eye and brain: The psychology of seeing*. Princeton, NJ: Princeton University Press, 1990.

GRIFFIN, D. R. *Animal minds*. Chicago: University of Chicago Press, 1992.

GRIFFITHS, M. Violent video games and aggression: A review of the literature. *Aggression & Violent Behavior*, v. 4, n. 2, p. 203-212, 1999.

GROBSTEIN, P.; CHOW, K. L. Perceptive field development and individual experience. *Science*, v. 190, p. 352-358, 1975.

GROLNICK, W. S. et al. Age-graded change in the initiative of positive affect. *Infant Behavior & Development*, v. 19, n. 1, p. 153-157, 1996.

GROSS, J. J. Emotion regulation in adulthood: Timing is everything. *Current Directions in Psychological Science*, v. 10, n. 6, p. 214-219, 2001.

GROTH-MARNAT, G.; SCHUMAKER, J. Psychologists in disease prevention and health promotion: A review of the cost effectiveness literature. *Psychology: A Journal of Human Behavior*, v. 32, n. 1, p. 1-10, 1995.

GROTH-MARNAT, G.; SUMMERS, R. Altered beliefs, attitudes, and behaviors following near-death experiences. *Journal of Humanistic Psychology*, v. 38, n. 3, p. 110-125, 1998.

GRUDER, C. L. et al. Effects of social support and relapse prevention training as adjuncts to a televised smoking-cessation intervention. *Journal of Consulting & Clinical Psychology*, v. 61, n. 1, p. 113-120, 1993.

GRUNER, C. R.; TIGHE, M. R. Semantic differential measurements of connotations of verbal terms and their doublespeak facsimiles in sentence contexts. *Psychological Reports*, v. 77, n. 3, Parte 1, p. 778, 1995.

GUEGUEN, N. Status, apparel and touch: Their joint effects on compliance to a request. *North American Journal of Psychology*, v. 4, n. 2, p. 279-286, 2002.

GUMP, B. B.; KULIK, J. A. Stress, affiliation, and emotional contagion. *Journal of Personality & Social Psychology*, v. 72, n. 2, p. 305-319, 1997.

GUR, R. E. et al. A follow-up magnetic resonance imaging study of schizophrenia. *Archives of General Psychiatry*, v. 55, n. 2, p. 145-152, 1998.

GUSTAVSSON, J. P. et al. Stability and predictive ability of personality traits across 9 years. *Personality & Individual Differences*, v. 22, n. 6, p. 783-791, 1997.

HAAS, L. J. et al. Psychotherapy by telephone: Risks and benefits for psychologists and consumers. *Professional Psychology: Research & Practice*, v. 27, n. 2, p. 154-160, 1996.

HABER, R. N. Eidetic images; with biographical sketches. *Scientific American*, v. 220, n. 12, p. 36-44, 1969.

HABER, R. N. How we remember what we see. *Scientific American*, maio 1970. p. 104-112.

HADDY, R. I.; CLOVER, R. D. The biological processes in psychological stress. *Families, Systems & Health*, v. 19, n. 3, p. 291-302, 2001.

Hadwin, A. F. et al. Individual differences in notetaking, summarization and learning from lectures. *Alberta Journal of Educational Research*, v. 45, n. 1, p. 1-17, 1999.

HAIER, R. J. et al. Cortical glucose metabolic rate correlates of abstract reasoning and attention studied with positron emission tomography, *Intelligence*, v. 12, p. 199-217, 1988.

HALL, C. *The meaning of dreams.* Nova York; McGraw-Hill, 1966a.

HALL, C. What people dream about. In: WOODS, R. L.; GREENHOUSE, H. B. (Eds.), *The new world of dreams: An anthology.* Nova York: Macmillan, 1974a.

HALL, C. et al. The dreams of college men and women in 1950 and 1980; A comparison of dream contents and sex differences. *Sleep*, v. 5, n. 2, p. 188-194, 1982.

HALL, E. T. *The hidden dimension.* Garden City, NY: Doubleday, 1966b.

HALL, E. T. *Handbook for proxemic research.* Washington, DC: Social Anthropology and Visual Communication, 1974b.

HALL, R. C. W. et al. Suicide risk assessment. *Psychosomatic s*, v. 40, n. 1, p. 18-27, 1999.

HALONEN, J. S. *Teaching critical thinking in psychology.* Milwaukee, WI: Alverno Productions, 1986.

HAMER, D. H.; COPELAND, P. *Living with our genes.* Nova York: Anchor, 1998.

HAMILL, J. A. Dexterity and sexuality: Is there a relationship? *Journal of Homosexuality*, v. 28, n. 3-4, p. 375-396, 1995.

HAMILTON, V. L.; SANDERS, J. Crimes of obedience and conformity in the workplace. *Journal of Social Issues*, v. 51, n. 3, p. 67-88, 1995.

HAMMER, J. C. et al. When two heads aren't better than one: AIDS risk behavior in college-age couples. *Journal of Applied Social Psychology*, v. 26, n. 5, p. 375-397, 1996.

HAMMER, L. B. et al. The conflicting demands of work, family, and school among students at an urban university. *Journal of Psychology*, v. 132, n. 2, p. 220-226, 1998.

HANEY, M. et al. Abstinence symptoms following oral THC administration to humans. *Psychopharmacology*, v. 141, n. 4, p. 385-394, 1999.

HANNON, K. Upset? Try cybertherapy. *U.S. News and World Report*, 13 maio 1996. p. 81-83.

HANSEL, C. E. M. *ESP and parapsychology: A critical reevaluation.* Buffalo, NY: Prometheus, 1980.

HANSEN, C. J. et al. Exercise duration and mood state. *Health Psychology*, v. 20, n. 4, p. 267-275, 2001.

HARDING, D. J. et al. Studying rare events through qualitative case studies. *Sociological Methods &Research*, v. 3, n. 2, p. 174-217, 2002.

HARDING, R. W. et al. Road rage and the epidemiology of violence. *Studies on Crime & Crime Prevention*, v. 7, n. 2, p. 221-238, 1998.

HARE, R. D. Psychopathy: A clinical construct whose time has come. *Criminal Justice and Behavior*, v. 23, p. 25-54, 1996.

HARKER, L.; KELTNER, D. Expressions of positive emotion in women's college yearbook pictures and their relationship to personality and life outcomes across adulthood. *Journal of Personality & Social Psychology*, v. 80, n. 1, p. 112-124, 2001.

HARLOW, H. F.; HARLOW, M. K. Social deprivation in monkeys. *Scientific American*, v. 207, p. 136-146, 1962.

HARMA, M. et al. The effect of four-day round trip flights over 10 time zones on the circadian variation of salivary mela-tonin and cortisol in airline flight atten-dants. *Ergonomics*, v. 37, n. 9, p. 1479-1489, 1994.

HARRIS, D. A. *Driving while black.* American Civil Liberties Union Special Report, jun. 1999.

HARRIS, J. A. et al. Salivary testosterone and self-report aggressive and pro-social personality characteristics in men and women. *Aggressive Behavior*, v. 22, n. 5, p. 321-331., 1996.

HARRIS, J. R.; LIEBERT, R. M. *The child.* Englewood Cliffs, NJ: Prentice Hall, 1991.

HARRISON, L. F. et al. Substantial and irreversible errors in flashbulb memories of the Challenger explosion. Poster presented at the meeting of the Psychonomic Society, November 1989, Atlanta, GA.

HART, B.; RISLEY, T. R. *The social world of children learning to talk.* Baltimore, MD: Paul H. Brookes, 1999.

HARTLEP, K. L.; FORSYTH, G. A. The effect of self-reference on learning and retention. *Teaching of Psychology*, v. 27, n. 4, p. 269-271, 2000.

HARTUNG, C. M.; WIDIGER, T. A. Gender differences in the diagnosis of mental disorders. *Psychological Bulletin*, v. 123, n. 3, p. 260-278, 1998.

HARVEY, C. A. et al. Four behavioural syndromes of schizophrenia. *British Journal of Psychiatry* v. 168, n. 5, p. 562-570, 1996.

HARVIL, L. M.; DAVIS, G. Medical students' reasons for changing answers on multiple-choice tests. *Academic Medicine*, v. 72, n. 10, S97-S99, 1997. (Suplemento 1).

HATHAWAY, S. R.; McKINLEY, J. C. *MMPI-2: Manual for administration and scoring.* Minneapolis, MN: University of Minnesota Press, 1989.

HAUCK, F. R. et al. The contribution of prone sleeping position to the racial disparity in sudden infant death syndrome. Pediatrics, v. 110, p. 772-780, 2002.

HAURI, P.; LINDE, S. *No more sleepless nights.* Nova York: Wiley, 1990.

HAY, I. et al. Educational characteristics of students with high or low self-concept. *Psychology in the Schools*, v. 35, n. 4, p. 391-400, 1998.

HAYES, C. *The ape in our house.* New York: Harper & Row, 1951.

HAYNE, H.; ROVEE-COLLIER, C. The organization of reactivated memory in infancy. *Child Development*, v. 66, n. 3, p. 893-906, 1995.

HEATH, D. B. Culture and substance abuse. *Psychiatric Clinics of North America*, v. 24, n. 3, p. 479-496, 2001.

HEATH, L.; GILBERT, K. Mass media and fear of crime. *American Behavioral Scientist*, v. 39, n. 4, p. 379-386, 1996.

HEBB, D. O. *A textbook of psychology.*Philadelphia: Saunders, 1966.

HECKHAUSEN, J. Balancing for weaknesses and challenging developmental potential. *Developmental Psychology*, v. 23, n. 6, p. 762-770, 1987.

HEERMANN, J. A. et al..Measurement of parent behavior during interactions with their infants. *Infant . Behavior & Development*, v. 17, n. 3, p. 311-321, 1994.

HEIMANN, M.; MELTZOFF, A. N. Deferred imitation in 9- and 14-month-old infants. *British Journal of Developmental Psychology*, v. 14, p. 55-64, mar. 1996.

HEINE, S. J.; LEHMAN, D. R. Culture, self-discrepancies, and self-satisfaction. *Personality & Social Psychology Bulletin*, v. 25, n. 8, p. 915-925, 1999.

HEINRICH, R. K. et al. Counseling Native Americans. *Journal of Counseling and Development*, v. 69, 128-133, nov./dez. 1990.

HEINRICHS, R. W. *In search of madness: Schizophrenia and neuroscience.* Nova York: Oxford University Press, 2001.

HEINZE, H. J. et al. Neural mechanisms of global and local processing. *Journal of Cognitive Neuroscience*, v. 10, n. 4, p. 485-498, 1998.

HELLERSTEIN, D. J. et al. A randomized prospective study comparing supportive and dynamic therapies. *Journal of Psychotherapy Practice & Research*, v. 7, n. 4, p. 261-271, 1998.

HELLIGE, J. B. Hemispheric asymmetry. *Annual Review of Psychology*, v. 41, p. 55-60, 1990.

HELLIGE, J. B. *Hemispheric asymmetry.* Cambridge, MA: Harvard University Press, 1993.

HELSON, R.; SRIVASTAVA, S. Creative and wise people. *Personality & Social Psychology Bulletin*, v. 28, n. 10, p. 1430-1440, 2002.

HENDERSON, L. Mean MMPI profile of referrals to a shyness clinic. *Psychological Reports*, v. 80, n. 2, p. 695-702, 1997.

HENDERSON, N. D. Human behavior genetics. *Annual Review of Psychology*, v. 33, p. 403-440, 1982.

HENDRICK, S. S.; HENDRICK, C. Lovers as friends. *Journal of Social &*

Personal Relationships, v. 10, n. 3, p. 459-466, 1993.

HENMAN, L. D. Humor as a coping mechanism. *Humor: International Journal of Humor Research*, v. 14, n. 1, p. 83-94, 2001.

HENNINGFIELD, J. E.; HEISHMAN, S. J. The addictive role of nicotine in tobacco use. *Psychopharmacology*, v. 117, n. 1, p. 11-13, 1995.

HEPPER, P.G. et al. Lateralised behaviour in first trimester human fetuses. *Neuropsychologia*, v. 36, n. 6, p. 531-534, 1998.

HERBERT. T. B.; COHEN, S. Depression and immunity. *Psychological Bulletin*, v. 113, n. 3, p. 472-486, 1993.

HERNSTEIN, R.; MURRAY, C. *The Bell Curve*. Nova York: Free Press, 1994.

HERSEN, M. Rationale for clinical case studies. *Clinical Case Studies*, v. 1, n. 1, p. 3-5, 2002.

HERZ, R. S. Ah sweet skunk! *Cerebrum*, v. 3, n. 4, p. 31-47, 2001.

HIGBEE, K. L. et al. Using the link mnemonic to remember errands. *Psychological Record*, v. 40, n. 3, p. 429-436, 1990.

HILGARD, E. R. *The experience of hypnosis*. Nova York: Harcourt Brace Jovanovich, 1968.

HILL, L. Effort and reward in college: A replication of some puzzling findings. *Journal of Social Behavior & Personality*, v. 5, n. 4, p. 151-161, 1990.

HILTS, P. J. *Memory's ghost*. Nova York: Simon & Schuster, 1995.

HIXON, M. D. Ape language research: A review and behavioral perspective. *Analysis of Verbal Behavior*, v. 15, p. 17-39, 1998.

HOBSON, J. A. Order from Chaos. In: CONLAN, R. (Ed.), *States of mind*. Nova York: Wiley, 1999.

HOBSON, J. A. *The dream drugstore*. Cambridge, MA: MIT Press, 2001.

HOBSON, J. A. et al. Dream science 2000. *Behavioral & Brain Sciences*, v. 23, n. 6, p. 1019-1035; 1083-1121, 2000.

HOBSON, J. A. et al. *Current Opinion in Neurobiology*, v. 8, n. 2, p. 239-244, 1998.

HOCHSTENBACH, J. et al. Cognitive decline following stroke. *Journal of Clinical & Experimental Neuropsychology*, v. 20, n. 4, p. 503-517, 1998.

HODAPP, R. M. Mental retardation. *Encyclopedia of human behavior*, San Diego: Academic Press, v. 3, p. 175-185. 1994.

HOFFMAN, D. D. *Visual intelligence*. Nova York: Norton, 1999.

HOLDEN, C. Twins reunited. *Science* v. 80, p. 55-59, nov. 1980.

HOLMES, D. S. Meditation and somatic arousal reduction: A review of the experimental evidence. *American Psychologist*, v. 39, n. 1, p. 1-10, 1984.

HOLMES, D. S. et al. Effects of transcendental meditation versus resting on physiological and subjective arousal. *Journal of Personality & Social Psychology*, v. 44, p. 1245-1252, 1983.

HOLMES, T.; MASUDA, M. Psychosomatic syndrome. *Psychology Today*, abr. 1972. p. 71.

HOLYOAK, K. J. Problem solving. In: OSHERSON, D. N.; SMITH, E. E. *Thinking*, Cambridge, MA: The MIT Press, 1990.

HOPSON, J. L. The unraveling of insomnia. *Psychology Today*, jun. 1986. p. 43-49.

HORGAN, J. Get smart, take a test: A long-term rise in IQ scores baffles intelligence experts. *Scientific American*, nov. 1995. p. 2-14.

HORN, J. M. et al. Intellectual resemblance among adoptive and biological relatives: The Texas adoption project. *Behavior Genetics*, v. 9, p. 177-207, 1979.

HORNE, J. A.; REYNER, L. A. Counteracting driver sleepiness: Effects of napping, caffeine, and placebo. *Psychophysiology*, v. 33, n. 3, p. 306-309, 1996.

HORNE, R. S. C. et al. Apnoea of prematurity and arousal from sleep. *Early Human Development*, v. 61, n. 2, p. 119-133, 2001.

HORVATH, A. O.; GOHEEN, M. D. Factors mediating the success of defiance-and compliance-based interventions. *Journal of Counseling Psychology*, v. 37, n. 4, p. 363-371, 1990.

HOSCH, H. M.; COOPER, D. S. Victimization as a determinant of eyewitness accuracy. *Journal of Applied Psychology*, v. 67, p. 649-652, 1982.

HOWARD, A. et al. The changing face of American psychology. *American Psychologist*, v. 41, p. 1311-1327, 1986a.

HOWARD, K. I. et al. The dose-effect relationship in psychotherapy. *American Psychologist*, v. 41, p. 159-164, 1986b.

HOWES, C. Children's experiences in center-based child care as a function of teacher background and adult: child ratio. *Merrill-Palmer Quarterly*, v. 43, n. 3, p. 404-425, 1997.

HSIA, Y.; GRAHAM, C. H. Color blindness. In: BYRNE, A. et al., (Eds) *Readings on color: The science of color*. Cambridge, MA: The MIT Press, 1997. v. 2.

HUBBLE, M. A. et al. (Eds.). *The heart and soul of change: What works in therapy*. Washington, DC: American Psychological Association, 1999.

HUBEL, D. H.; WIESEL, T. N. Brain mechanisms of vision. *Scientific American*, v. 241, p. 150-162, 1979.

HUEBNER, R. Hemispheric differences in global/local processing revealed by same-different judgements. *Visual Cognition*, v. 5, n. 4, p. 457-478, 1998.

HUESMANN, L. R. et al. Mitigating the imitation of aggressive behaviors by changing children's attitudes about media violence. *Journal of Personality & Social Psychology*, v. 44, p. 899-910, 1983.

HUESMANN, L. R. et al. The effects of media violence on the development of antisocial behavior. In: STOFF, D. M. et al. (Eds.), *Handbook of antisocial behavior*. Nova York: Wiley, 1997.

HUESMANN, L. R. et al. Longitudinal relations between children's exposure to TV violence and their aggressive and violent behavior in young adulthood: 1977-1992. *Developmental Psychology*, v. 39, n. 2, p. 201-221, 2003.

HUGHES, J. N.; HASBROUCK, J. E. Television violence: Implications for violence prevention. *School Psychology Review*, v. 25, n. 2, p. 134-151, 1996.

HUGHES, J. R. et al. Endorsement of DSM-IV dependence criteria among caffeine users. *Drug & Alcohol Dependence*, v. 52, n. 2, p. 99-107, 1998.

HUMPHRIES, S. A. et al. An investigation of the gate control theory of pain using the experimental pain stimulus of potassium iontophoresis. *Perception & Psychophysics*, v. 58, n. 5, p. 693-703, 1996.

HUNT, E. The role of intelligence in modern society. *American Scientist*, v. 83, p. 356-368, jul./ago. 1995.

HUNTER, E. Adolescent attraction to cults. *Adolescence*, v. 33, n. 131, p. 709-714, 1998.

HYMAN, R. Evaluation of the military's twenty-year program on psychic spying. *Skeptical Inquirer*, v. 20, n. 2, p. 21-23, 1996a.

HYMAN, R. The evidence for psychic functioning: Claims vs. reality. *Skeptical Inquirer*, v. 20, n. 2, p. 24-26, 1996b.

HYMAN, S. Susceptibility and "Second Hits." In: CONLAN, R. (Ed.), *States of mind*. Nova York: Wiley, 1999.

ILL-EQUIPPED: U.S. PRISONS AND OFFENDERS WITH MENTAL ILLNESS. Nova York: Human Rights Watch, 2003.

IMMELMAN, A. The political personalities of 1996 U.S. presidential candidates Bill Clinton and Bob Dole. *Leadership Quarterly*, v. 9, n. 3, p. 335-366, 1998.

INGRAM, V. Alzheimer's disease. *American Scientist*, v. 91, p. 312-321, jul./ago. 2003.

INSTITUTE OF MEDICINE. *Broadening the base of treatment for alcohol problems*. Washington, DC: National Academy Press, 1990.

IRONSON, G. et al. Comparison for two treatments for traumatic stress: A community-based study of EMDR and prolonged exposure. *Journal of Clinical Psychology*, v. 58, n. 1, p. 113-128, 2002.

ISAAK, M. I.; Just, A. Constraints on thinking in insight and invention. In: STERNBERG, R. J.; DAVIDSON, J. E. (Eds.), *The nature of insight*. Cambridge, MA: MIT Press, 1995.

ITO, T. A. et al. Alcohol and aggression. *Psychological Bulletin*, v. 120, n. 1, p. 60-82, 1996.

IVEY, A. E.; GALVIN, M. Microcoun-seling: A metamodel for counseling, therapy, business, and medical interviews. In: LARSON, D. (Ed.), *Teaching psychological skills*. Monterey, CA: Brooks/Cole, 1984.

IZARD, C. E. *Human emotions*. Nova York: Plenum, 1977.

IZARD, C. E. Facial expressions and the regulation of emotions. *Journal of Personality & Social Psychology*, v. 58, n. 3, p. 487-498, 1990.

IZARD, C. E. et al. The ontogeny and significance of infants' facial expressions in the first 9 months of life. *Developmental Psychology*, v. 31, n. 6, p. 997-1013, 1995.

JACKSON, T. et al. Towards explaining the association between shyness and loneliness. *Social Behavior & Personality*, v. 30, n. 3, p. 263-270. 2002.

JACKSON, T. et al. Predictors of shyness. *Social Behavior & Personality*, v. 25, n. 2, p. 149-154, 1997.

JACOBS, M. K. et al. A comparison of computer-based versus traditional individual psychotherapy. *Professional Psychology: Research & Practice*, v. 32, n. 1, p. 92-96, 2001.

JACOBSEN, P. B. et al. Formation of food aversions in cancer patients receiving repeated infusions of chemotherapy. *Behavior Research & Therapy*, v. 31, n. 8, p. 739-748, 1993.

JAFFE, J. et al. Rhythms of dialogue in infancy. *Monographs of the Society for Research in Child Development*, v. 66, n. 2, p. vi-131, 2001.

JAHN, R. G. The persistent paradox of psychic phenomena. *Proceedings of the IEEE*, v. 70, n. 2, p. 136-166, 1982.

JAMISON, K. R. A magical orange grove in a nightmare: Creativity and mood disorders. In: COHEN, R. (Ed.), *States of mind*. Nova York: Wiley, 1999.

JAMISON, K. R. Suicide in the Young: An essay. *Cerebrum*, v. 3, n. 3, p. 39-42, 2001.

JANG, K. L.; LIVESLEY, W. J. Support for a hierarchical model of personality. *Journal of Personality and Social Psychology*, v. 74, n. 6, p. 1556-1565, 1998.

JAMS, I. L. *Crucial decisions*. Nova York: Free Press, 1989.

JANSSEN, S. A.; ARNTZ, A. Real-life stress and opioid-mediated analgesia in novice parachute jumpers. *Journal of Psy-chophysiology* v. 15, n. 2, p. 106-113, 2001.

JANUS, S. S.; JANUS, C. L. *The Janus report*. Nova York: Wiley, 1993.

JARVIK, E. M. Ciba found. In: STEINBERG, H. et al. *Symposium of animal pharmacology drug action*, 1964.

JARVIK, M. E. "The scientific case that nicotine is addictive": Comment. *Psychopharmacology*, v. 117, n. 1, p. 18-20, 1995.

JEFFERY, R. W.; WING, R. R. The effects of an enhanced exercise program on long-term weight loss. *Obesity Research*, v. 9, n. 3, O193, 2001.

JELLINIK, E. M. *The disease concept of alcoholism*. New Haven: Hill House, 1960.

JENKINS, J. G.; DALLENBACH, K. M. Oblivescence during sleep and waking. *American Journal of Psychology*, v. 35, p. 605-612, 1924.

JENNINGS, L.; SKOVHOLT, T. M. The cognitive, emotional, and relational characteristics of master therapists. *Journal of Counseling Psychology*, v. 46, n. 1, p. 3-11, 1999.

JENSVOLD, M. L. A.; GARDNER, R. A. Interactive use of sign language by cross-fostered chimpanzees (Pan troglodytes). *Journal of Comparative Psychology*, v. 114, n. 4, p. 335-346, 2000.

JERABEK, I.; STANDING, L. Imagined test situations produce contextual memory enhancement. *Perceptual & Motor Skills*, v. 75, n. 2, p. 400, 1992.

JEROME, L. W. et al. The coming of age of telecomunnications in psychological research and practice. *American Psychologist*, v. 55, n. 4, p. 407-421, 2000.

JOHNSON, J. G. et al. Television viewing and aggressive behavior during adolescence and adulthood. *Science*, v. 295, n. 5564, p. 2468-2471, 2002.

JOHNSON, J. G.; SHERMAN, M. F. Daily hassles mediate the relationship between major life events and psychiatric symptomatology. *Journal of Social & Clinical Psychology*, v. 16, n. 4, p. 389-404, 1997.

JOHNSON, K. E.; MERVIS, C. B. Effects of varying levels of expertise on the basic level of categorization. *Journal of Experimental Psychology: General*, v. 126, n. 3, p. 248-277, 1997.

JOHNSON, M. H. et al. The effects of imagery and sensory detection distractors on different measures of pain. *British Journal of Psychology*, v. 37, n. 2, p. 141-154, 1998.

JOHNSON, S. M.; WHITE, G. Self-observation as an agent of behavioral change. *Behavior Therapy*, v. 2, p. 488-497, 1971.

JOHNSON, S. P.; NANEZ, J. E. Young infants' perception of object unity in two-dimensional displays. *Infant Behavior & Development*, v. 18, n. 2, p. 133-143, 1995.

JOHNSRUDE, I. S. et al. Conditioned preference in humans. *Learning & Motivation*, v. 30, n. 3, p. 250-264, 1999.

JONES, E. E.; NISBETT, R. E. The actor and observer: Divergent perceptions of the causes of behavior. In: JONES, E. E. et al. (Eds.), *Attribution: Perceiving the causes of behavior.* Morristown, NJ: General Learning Press, 1971.

JONES, G. V.; MARTIN, M. Confirming the X-linked handedness gene as recessive, not additive. *Psychological Review*, v. 108, n. 4, p. 811-813, 2001.

JONES, L. et al. Post-traumatic stress disorder (PTSD) in victims of domestic violence. *Trauma Violence & Abuse*, v. 2, n. 2, p. 99-119, 2001.

JONES, L.; PETRUZZI, D. C. Test anxiety: A review of theory and current treatment. *Journal of College Student Psychotherapy*, v. 10, n. 1, p. 3-15, 1995.

JONES, M. K.; MENZIES, R. G. Danger ideation reduction therapy (DIRT) for obsessive-compulsive washers. *Behaviour Research & Therapy*, v. 36, n. 10, p. 959-970, 1998.

JONES, S. S. et al. An audience effect on smile production in 10–month-old infants. *Psychological Science*, v. 2, p. 45-49, 1991.

JOURARD, S. M. *Healthy personality*. Nova York: Macmillan, 1974.

JOUVET, M. The paradox of sleep. Boston, MA: MIT Press, 1999.

JOY, L. A. et al. Television and aggressive behavior. In: WILLIAMS, T. M. (Ed.). *The impact of television: A natural experiment involving three towns*. Nova York: Academic, 1986.

JULIEN, R. M. *A primer of drug action*. San Francisco: Freeman, 1998.

JURMA, W. E.; POWELL, M. L. Perceived gender roles of managers and effective conflict management. *Psychological Reports*, v. 74, n. 1, p. 104-106, 1994.

JUSSIM, L.; ECCLES, J. S. Teacher expectations. *Journal of Personality & Social Psychology*, v. 63, n. 6, p. 947-961, 1992.

JUSTER, H. R. et al. Social phobia and perfectionism. *Personality & Individual Differences*, v. 21, n. 3, p. 403-410, 1996.

KAGAN, J. Temperamental contributions to social behavior. *American Psychologist*, v. 44, n. 4, p. 668-674, 1989.

KAGAN, J. The theoretical utility of constructs for self. *Developmental Review*, v. 11, n. 3, p. 244-250, 1991.

KAHNEMAN, D. et al. *Judgment under uncertainty: Heuristics and biases*. Cambridge: Cambridge University Press, 1982.

KAHNEMAN, D.; TVERSKY, A. Subjective probability: A judgment of representativeness. *Cognitive Psychology*, v. 3, p. 430-454, 1972.

KAHNEMAN, D.; TVERSKY, A. On the psychology of prediction. *Psychological Review*, v. 80, p. 237-251, 1973.

KAITZ, M. et al. The uniqueness of mother-own-infant interactions. *Infant Behavior & Development*, v. 18, n. 2, p. 247-252, 1995.

KALAL, D. M. Critical thinking in clinical practice: Pseudoscience, fad psychology, and the behavioral therapist. *The Behavior Therapist*, v. 22, n. 4, p. 81-84, 1999.

KAMIN, L. J. *The intelligence controversy*. Nova York: Wiley, 1981.

KAMPHAUS, R. W. *Clinical assessment of children's intelligence*. Needham Heights, MA: Allyn and Bacon, 1993.

KANDEL, E. Of learning, memory, and genetic switches. In: CONLAN, R. (Ed.), *States of mind*. Nova York: Wiley, 1999.

KAPLAN, P. S. *The human odyssey*. Pacific Grove, CA: Brooks/Cole, 1998.

KAPLAN, P. S. et al. Habituation, sen-sitization, and infants' responses to moth-erese speech. *Developmental Psychobiology*, v. 28, n. 1, p. 45-57, 1995.

KAPLEAU, P. *The three pillars of Zen*. Nova York: Harper & Row, 1966.

KARLBERG, L. et al. Type A behavior intervention in primary health care reduces hostility and time pressure. *Social Science & Medicine*, v. 46, n. 3, p. 397-402, 1998.

KARON, B. P.; WIDENER, A. J. Repressed memories and World War II: Lest we forget! *Professional Psychology: Research & Practice*, v. 28, n. 4, p. 338-340, 1997.

KARON, B. P.; WIDENER, A. Repressed memories: The real story. *Professional Psychology: Research & Practice*, v. 29, n. 5, p. 482-487, 1998.

KASPER, M. E. et al. Dangerousness and command hallucinations. *Bulletin of the American Academy of Psychiatry & the Law*, v. 24, n. 2, p. 219-224, 1996.

KASSER, T.; RYAN, R. M. A dark side of the American dream: Correlates of financial success as a central life aspiration. *Journal of Personality & Social Psychology*, v. 65, n. 2, p. 410-422, 1993.

KASSIN, S. M. et al. On the "general acceptance" of eyewitness testimony research. *American Psychologist*, v. 56, n. 5, p. 405-416, 2001.

KAUFMAN, A. S. Intelligence tests and school psychology: Predicting the future by studying the past. *Psychology in the Schools*, v. 37, n. 1, p. 7-16, 2000.

KAUFMAN, J. C. The Sylvia Plath effect: Mental illness in eminent creative writers. *Journal of Creative Behavior*, v. 35, n. 1, p. 37-50, 2001.

KAUFMAN, J. C.; BAER, J. Could Steven Spielberg manage the Yankees?: Creative thinking in different domains. *Korean Journal of Thinking & Problem Solving*, v. 12, n. 2, p. 5-14, 2002.

KAUFMAN, L.; KAUFMAN, J. H. Ex-planing the moon illusion. *Proceedings of the National Academy of Sciences*, v. 97, n. 1, p. 500-505, 2000.

KAWAI, K. et al. Leptin as a modulator of sweet taste sensitivities in mice. *Proceedings: National Academy of Sciences*, v. 97, n. 20, p. 11044-11049, 2000.

KAZDIN, A. E. *Behavior modification in applied settings*. Homewood, IL: Dorsey Press, 1975.

KEBBELL, M. R.; WAGSTAFF, G. F. Hypnotic interviewing: The best way to interview eyewitnesses? *Behavioral Sciences & the Law*, v. 16, n. 1, p. 115-129, 1998.

KELLER, M. C.; YOUNG, R. K. Mate assortment in dating and married couples. *Personality & Individual Differences*, v. 21, n. 2, p. 217-221, 1996.

KELLERMANN, A. L. et al. Gun ownership as a risk factor for homicide in the home. *New England Journal of Medicine*, v. 329, n. 15, p. 1084-1091, 1993.

KELLEY, H. H. The warm-cold variable in first impressions of persons. *Journal of Personality*, v. 18, p. 431-439, 1950.

KELLNER, C. H. ECT in the media. *Psychiatric Annals*, v. 28, n. 9, p. 528-529, 1998.

KELLY, I. W. Why astrology doesn't work. *Psychological Reports*, v. 82, p. 527-546, 1998.

KELLY, I. W. "Debunking the debunkers": A response to an astrologer's debunking of skeptics. *Skeptical Inquirer*, nov./dez. 1999. p. 37-43.

KELLY, I. W.; SAKLOFSKE, D. H. Psychology and pseudoscience. *Encyclopedia of human behavior*, v. 3, p. 611-618, 1994.

KELLY, T. H. et al. Multidimensional behavioral effects of marijuana. *Progress in Neuro-psychopharmacology & Biological Psychiatry* v. 14, n. 6, p. 885-902, 1990.

KEMP, M. Why is learning American Sign Language a challenge? *Accident Analysis & Prevention*, v. 143, n. 3, p. 255-259, 1998.

KENDLER, K. S. et al. Gender differences in the rates of exposure to stressful life events and sensitivity to their depressogenic effects. *American Journal of Psychiatry*, v. 158, n. 4, p. 587-593, 2001.

KENNEDY, P. R.; BAKAY, R. A. Restoration of neural output from a paralyzed patient by a direct brain connection. *Neuroreport*, v. 9, n. 8, p. 1707-1711, 1998.

KENNETH, M. et al. Reasons for drinking alcohol. *Psychology of Addictive Behaviors*, v. 12, n. 3, p. 168-184, 1998.

KENRICK, D. T.; MacFARLANE, S. W. Ambient temperature and horn honking: A field study of the heat/aggression relationship. *Environment and Behavior*, v. 18, n. 2, p. 179-191, 1986.

KESSLER, R. C. The effects of stressful life events on depression. *Annual Review of Psychology*, v. 48, p. 191-214, 1997.

KESSLER, R. C. et al. Posttraumatic stress disorder in the National Comorbidity Survey. *Archives of General Psychiatry*, v. 52, n. 12, p. 1048, 1995.

KETY, S. S. Disorders of the human brain. *Scientific American*, v. 241, p. 202-214, set.1979.

KIECOLT-GLASER, J. K.; GLASER, R. Psychoneuroimmunology: Can psychological interventions modulate immunity? *Journal of Consulting & Clinical Psychology* v. 60, n. 4, p. 569-575, 1992.

KIECOLT-GLASER, J. K. et al. Emotions, morbidity, and mortality. *Annual Review of Psychology*, v. 53, p. 83-107, 2002.

KIEWRA, K. A. et al. Note-taking functions and techniques, *Journal of Educational Psychology*, v. 83, n. 2, p. 240-245, 1991.

KIHLSTROM, J. F. Hypnosis. *Annual Review of Psychology* v. 36, p. 385-418, 1985.

KILLEN, J. D.; FORTMANN, S. P. Craving is associated with smoking relapse, 1997.

KIM, A. et al. Effects of personality on marital satisfaction. *Family Therapy*, v. 16, n. 3, p. 243-248, 1989.

KIM, S. Bogglers. *Discover*, dez. 2000. p. 98.

KIMBALL, M. M. Television and sex-role attitudes. In: WILLIAMS, T. M. (Ed.), *The impact of television: A natural experiment in three communities*, Orlando, FL: Academic, 1986.

KING, A. Comparison of self-questioning, summarizing, and notetaking-review as strategies for learning from lectures. *American Educational Research Journal*, v. 29, n. 2, p. 303-323, 1992.

KING, A. Cognitive strategies for learning from direct teaching. In: WOOD, E. et al. (Eds.), *Cognitive strategy instruction for middle and high schools*, Brookline, Cambridge, MA, 1995.

KING, L.; NAPA, C. What Makes a Life Good? *Journal of Personality and Social Psychology*, v. 75, n. 1, p. 156-165, 1998.

KING, L. A. et al. Daily goals, life goals, and worst fears. *Journal of Personality*, v. 66, n. 5, p. 713-744, 1998.

KINNIER, R. T. et al. In the final analysis: More wisdom from people who have faced death. *Journal of Counseling & Development*, v. 79, n. 2, p. 171-177, 2001.

KIRSCH, I.; LYNN, S. J. The altered state of hypnosis. *American Psychologist*, v. 50, n. 10, p. 846-858, 1995.

KIRSCH, I. et al. Hypnosis as an adjunct to cognitive behavioral psychotherapy: A meta-analysis. *Journal of Consulting and Clinical Psychology*, v. 63, p. 214-220, 1995.

KIRSCH, I.; SAPIRSTEIN, G. Listening to Prozac but hearing placebo: A meta-analysis of antidepressant medication. *Prevention & Treatment*, 26 jun. 1998. v. 1.

KISILEVSKY, B. S.; LOW, J. A. Human fetal behavior. *Developmental Review*, v. 18, n. 1, p. 1-29, 1998.

KITAYAMA, S. et al. Individual and collective processes in the construction of the self. *Journal of Personality & Social Psychology*, v. 72, n. 6, p. 1245-1267, 1997.

KJELLGREN, A. et al. Effects of flotation-REST on muscle tension pain. *Pain Research & Management*, v. 6, n. 4, p. 181-189, 2001.

KLAUS, M. H. et al. *Bonding*. Reading, MA: Addison-Wesley, 1995.

KLEBANOFF, M. A. et al. Maternal serum paraxanthine, a caffeine metabolite, and the risk of spontaneous abortion. *New England Journal of Medicine*, v. 341, n. 22, p. 1639-1644, 1999.

KLEIN, K.; BOALS, A. The relationship of life event stress and working memory capacity. *Applied Cognitive Psychology*, v. 15, n. 5, p. 565-579, 2001a.

KLEIN, K.; BOALS, A. Expressive writing can increase working memory capacity. *Journal of Experimental Psychology: General*, v. 130, n. 3, p. 520-533, 2001b.

KLEIN, S. B. et al. Self-knowledge of an amnesic patient. *Journal of Experimental Psychology: General*, v. 125, n. 3, p. 250-260, 1996.

KLEINKE, C. L. et al. Effects of self-generated facial expressions on mood. *Journal of Personality and Social Psychology*, v. 74, n. 1, p. 272-279, 1998.

KLINTSOVA, A. Y.; GREENOUGH, W. T. Synaptic plasticity in cortical systems. *Current Opinion in Neurobiology*, v. 9, n. 2, p. 203-208, 1999.

KOENIG, S. M. Central sleep apnea. *Virginia Medical Quarterly*, v. 123, n. 4, p. 247-250, 1996.

KOEPKE, J. E.; BIGELOW, A. E. Observations of newborn suckling behavior. *Infant Behavior & Development*, v. 20, n. 1, p. 93-98, 1997.

KOHLBERG, L. The cognitive-developmental approach to socialization. In: GOSLIN, A. (Ed.), *Handbook of socialization theory and research*. Chicago: Rand McNally, 1969.

KOLB, B.; WHISHAW, I. Q. Brain plasticity and behavior. *Annual Review of Psychology*, v. 49, p. 43-64, 1998.

KOLBE, L. J. et al. Building the capacity of schools to improve the health of the nation. *American Psychologist*, v. 52, n. 3, p. 256-265, 1997.

KONNER, M. *Childhood*. Boston: Little, Brown, 1991.

KOPTA, S. M. et al. Individual psychotherapy outcome and process research. *Annual Review of Psychology*, v. 50, p. 441-469, 1999.

KOSSLYN, S. M. *Ghosts in the mind's machine*. Nova York: Norton, 1983.

KOSSLYN, S. M. Stalking the mental image. *Psychology Today*, maio 1985. p. 23-28.

KOSSLYN, S. M. et al. Hypnotic visual illusion alters color processing in the brain. *American Journal of Psychiatry*, v. 157, n. 8, p. 1279-1284, 2000.

KOSSLYN, S. M. et al. Visual images preserve metric spatial information: Evidence from studies of image scanning. *Journal of Experimental Psychology: Human Perception and Performance*, v. 4, p. 47-60, 1978.

KOSSLYN, S. M. et al. When is imagery used in everyday life? A diary study. *Journal of Mental Imagery*, v. 14, n. 3-4, p. 131-152, 1990.

KOSSLYN, S. M. et al. Topographical representation of mental images in primary visual cortex. *Nature*, v. 378, n. 6556, p. 496, 1995.

KOSSON, D. S. et al. Facial affect recognition in criminal psychopaths. *Emotion*, v. 2, n. 4, p. 398-411, 2002.

KOTKIN, M. et al. The Consumer Reports mental health survey. *American Psychologist*, v. 51, n. 10, p. 1080-1082, 1996.

KOTTLER, J. A.; BROWN, R. W. *Introduction to therapeutic counseling*. Monterey, CA: Brooks/Cole, 1999.

KOZART, M. F. Understanding efficacy in psychotherapy. *American Journal of Orthopsychiatry*, v. 72, n. 2, p. 217-231, 2002.

KOZULIN, A. Cognitive learning in younger and older immigrant students. *School Psychology International*, v. 20, n. 2, p. 177-190, 1999.

KRAKOW, B. et al. Long term reduction of nightmares with imagery rehearsal treatment. *Behavioural & Cognitive Psychotherapy*, v. 24, n. 2, p. 135-148, 1996.

KRAKOW, B.; NEIDHARDT, J. *Conquering bad dreams and nightmares*. Nova York: Berkley Books, 1992.

KRANTZ, D. S.; McCENEY, M. K. Effects of psychological and social factors on organic disease. *Annual Review of Psychology*, v. 53, p. 341-369, 2002.

KRATOFIL, P. H. et al. Self-mutilation and severe self-injurious behavior associated with amphetamine psychosis. *General Hospital Psychiatry*, v. 18, n. 2, p. 117-120, 1996.

KRING, A. M. GORDON, A. H. Sex differences in emotion. *Journal of Personality & Social Psychology*, v. 74, n. 3, p. 686-703, 1998.

KROON, M. B. et al. Group versus individual decision making: Effects of accountability and gender on groupthink. *Small Group Research*, v. 23, n. 4, p. 427-458, 1992.

KROPP, P. et al. Behavioral treatment in migraine. *Functional Neurology*, v. 12, n. 1, p. 17-24, 1997.

KROSNICK, J. A. Survey research. *Annual Review of Psychology*, v. 50, p. 537-567, 1999.

KRUEGER, J. et al. Perceptions of behavioral consistency: Are people aware of the actor-observer effect? *Psychological Science*, v. 7, n. 5, p. 259-264, 1996.

KUBOVY, M.; HOLCOMBE, A. O. On the lawfulness of grouping by proximity. *Cognitive Psychology*, v. 35, n. 1, p. 71-98, 1998.

KUHN, C. M.; WILSON, W. A. Our dangerous love affair with Ecstasy. *Cerebrum*, v. 3, n. 2, p. 22-33, 2001.

KUNKEL, M. A. A teaching demonstration involving perceived lunar size. *Teaching of Psychology*, v. 20, n. 3, p. 178-180, 1993.

KUNZENDORF, R. G. After-images of eidetic images: A developmental study. *Journal of Mental Imagery*, v. 13, n. 1, p. 55-62, 1989.

KUSSELING, F. S. et al. Understanding why heterosexual adults do not practice safer sex: A comparison of two samples. *AIDS Education & Prevention*, v. 8, n. 3, p. 247-257, 1996.

La BERGE, S. P. Lucid dreaming: Directing the action as it happens. *Psychology Today*, jan. 1981. p. 48-57.

La BERGE, S. P. *Lucid dreaming*. Los Angeles: Tarcher, 1985.

LAAN, E. et al. Determinants of subjective experience of sexual arousal in women. *Psychophysiology*, v. 32, n. 5, p. 444-451, 1995.

LABERGE, L. et al. Development of sleep patterns in early adolescence. *Journal of Sleep Research*, v. 10, n. 1, p. 59-67, 2001.

LABOV, W. The boundaries of words and their meanings. In: BAILEY, C. J. N.; SHUY, R. W. (Eds.) *New ways of analyzing variation in English*. Washington, DC: Georgetown University Press, 1973.

LACAYO, A. Neurologic and psychiatric complications of cocaine abuse. *Neu-ropsychiatry, Neuropsychology, & Behavioral Neurology*, v. 8, n.1, p. 53-60, 1995.

LACHMAN, M. E.; WEAVER, S. L. The sense of control as a moderator of social class differences in health and well-being. *Journal of Personality & Social Psychology*, v. 74, n. 3, p. 763-773, 1998.

LACKS, P.; MORIN, C. M. Recent advances in the assessment and treatment of insomnia, *Journal of Clinical and Consulting Psychology*, v. 60, n. 4, p. 586-594, 1992.

LAHTINEN, V. et al. Spontaneous study strategies and the quality of knowledge construction. *British Journal of Educational Psychology*, v. 67, n. 1, p. 13-24, 1997.

LAI, S. K. L. et al. Effect of feedback signal and psychological characteristics on blood pressure self-manipulation capability. *Psychophysiology*, v. 35, n. 4, p. 405-412, 1998.

LAMB, M. R.; YUND, E. W. Spatial frequency and attention. *Perception & Psychophysics*, v. 58, n. 3, p. 363-373, 1996.

LAMBERT, M. J. Are differential treatment effects inflated by researcher therapy allegiance? *Clinical Psychology: Science & Practice*, v. 6, n. 1, p. 127-130, 1999.

LAMBERT, M. J.; CATTANI-THOMPSON, K. Current findings regarding the effectiveness of counseling. *Journal of Counseling & Development*, v. 74, n. 6, p. 601-608, 1996.

LAMBERT, W. E. The effects of bilingual and bicultural experiences on children's attitudes and social perspectives. In: HOMEL, P. et al. (Eds.), *Childhood bilingualism*. Hillsdale, NJ: Erlbaum, 1987.

LANCE, C. E. et al. A test of the context dependency of three causal models of halo rater error. *Journal of Applied Psychology*, v. 79, n. 3, p. 332-340, 1994.

LANGE, A. et al. *Journal of Behavior Therapy & Experimental Psychiatry*, v. 32, n. 2, p. 73-90, 2001.

LANGER, E. J. Mindful learning. *Current Directions in Psychological Science*, v. 9, n. 6, p. 220-223, 2000.

LANGER, E. J.; ABELSON, R. P. A patient by any other name: Clinician group difference in labeling bias. *Journal of Consulting and Clinical Psychology*, v. 42, n. 1, p. 4-9, 1974.

LANZETTA, J. T.; ENGLIS, B. G. Expectations of cooperation and competition and their effects on observers' vicarious emotional responses, *Journal of Personality & Social Psychology*, v. 56, n. 4, p. 543-554, 1989.

LARNER, A. J. et al. Congenital insensitivity to pain. *Journal of Neurology, Neurosurgery & Psychiatry*, v. 57, n. 8, p. 973-974, 1994.

LARSEN, R. J.; KASIMATIS, M. Individual differences in entrainment of mood to the weekly calendar. *Journal of Personality & Social Psychology*, v. 58, n. 1, p. 164-171, 1990.

LARSON, C. A.; CAREY, K. B. Caffeine. *Professional Psychology: Research & Practice*, v. 29, n. 4, p. 373-376, 1998.

LATANE, L. et al. The effects of group size on helping behavior. In: RUSHTON, J. P.; SORRENTINO, R. M. (Eds.), *Altruism and helping behavior: Social, personality and developmental perspectives*. Hillsdale, NJ: Erlbaum, 1981.

LATTAL, K. A. et al. Response persistence under ratio and interval reinforcement schedules. *Journal of the Experimented Analysis of Behavior*, v. 70, n. 2, p. 165-183, 1998.

LAUMANN, E. et al. *The social organization of sexuality*. Chicago: University of Chicago Press, 1994.

LAVALLEE, A. C. Capuchin (Cebus apella) tool use in a captive naturalistic environment. *International Journal of Primatology*, v. 20, n. 3, p. 399-414, 1999.

LAVIE, P. Sleep-wake as a biological rhythm. *Annual Review of Psychology*, v. 52, p. 277-303, 2001.

LAY, C.; VERKUYTEN, M. Ethnic identity and its relation to personal self-esteem. *Journal of Social Psychology*, v. 139, n. 3, p. 288-299, 1999.

LAZAR, S. W. et al. Functional brain mapping of the relaxation response and meditation. *Neuroreport*, v. 11, n. 7, p. 1581-1585, 2000.

LAZARUS, R. S. Little hassles can be hazardous to health. *Psychology Today*, jul. 1981. p. 12-14.

LAZARUS, R. S. Progress on a cognitive-motivational-relational theory of emotion. *American Psychologist*, v. 46, n. 8, p. 819-834, 1991a.

LAZARUS, R. S. Cognition and motivation in emotion. *American Psychologist*, v. 46, n. 4, p. 352-367, 1991b.

LAZARUS, R. S. From psychological stress to the emotions: A history of changing outlooks. In: PORTER, L. W.; ROSENZWEIG, M. R. (Eds.), *Annual Review of Psychology*, v. 44, p. 1-21, 1993.

LAZEV, A. B. et al. Classical conditioning of environmental cues to cigarette smoking. *Experimental and Clinical Psychopharmacology*, v. 7, n. 1, p. 56-63, 1999.

LAZGROVE, S. et al. An open trial for EMDR as treatment for chronic PTSD. *American Journal of Orthopsychiatry*, v. 68, n. 4, p. 601-608, 1998.

LEAVENS, D. A.; HOPKINS, W. D. Intentional communication by chimpanzees. *Developmental Psychology*, v. 34, n. 5, p. 813-822, 1998.

LECOMTE, D.; FORNES, P. Suicide among youth and young adults, 15 through 24 years of age. *Journal of Forensic Sciences*, v. 43, n. 5, p. 964-968, 1998.

LeDOUX, J. *The emotional brain: The mysterious underpinnings of emotional life*. Nova York: Simon & Schuster, 1996.

LeDOUX, J. The Power of Emotions. In: CONLAN, R. (Ed.), *States of mind*. Nova York: Wiley, 1999.

LeDOUX, J. E.; GORMAN, J. M. A call to action: Overcoming anxiety through active coping. *American Journal of Psychiatry*. v. 158, n. 12, p. 1953-1955, 2001.

LEE, C. C. Cultural dynamics. In: LEE, C. C.; RICHARDSON, B. L. (Eds.), *Multicultural issues in counseling*. Alexandria, VA: American Association for Counseling and Development, 1991a.

LEE, C. C. New approaches to diversity. In: LEE, C. C.; RICHARDSON, B. L. (Eds.), *Multicultural issues in counseling*. Alexandria, VA: American Association for Counseling and Development, 1991b.

LEE, J. M. et al. Virtual reality system for treatment of the fear of public speaking using image-based rendering and moving pictures. *CyberPsychology & Behavior*, v. 5, n. 3, p. 191-195, 2002.

LEE, M. et al. Shy murderers. *Psychology Today*, nov. 1977.

LEE, T. D.; CARNAHAN, H. When to provide knowledge of results during motor learning: Scheduling effects. *Human Performance*, v. 3, n. 2, p. 87-105, 1990.

LEEMING, F. C. Commitment to study as a technique to improve exam performance, *Journal of College Student Development*, v. 38, n. 5, p. 499-507, 1997.

LEENAARS, A. A. Suicide. In: WASS, H.; NEIMEYER, R. A. (Eds.), *Dying*. Washington, DC: Taylor & Francis, 1995.

LEEPER, R. W. A study of a neglected portion of the field of learning: The development of sensory organization. *Pedagogical Seminary and Journal of Genetic Psychology*, v. 46, p. 41-75, 1935.

LEFCOURT, H. M.; THOMAS, S. Humor and stress revisited. In: RUCH, W. et al. (Eds.) *The sense of humor*. Berlin, Germany: Walter De Gruyter, 1998.

LEIBEL, R. L. et al. Changes in energy expenditure resulting from altered body weight. *New England Journal of Medicine*, v. 332, n. 10, p. 621-628, 1995.

LEJUEZ, C. W. et al. Preference between onset predictable and unpredictable administrations of 20% carbon-dioxide-enriched air. *Journal of Experimental Psychology: Applied*, v. 6, n. 4, p. 349-358, 2000.

LENZENWEGER, M. F.; GOTTESMAN, I. I Schizophrenia. In: RAMA-

CHANDRAN, V. S. (Ed.), *Encyclopedia of human behavior*. San Diego, CA: Academic, 1994.

LEONARD, C. M. Language and the prefrontal cortex. In: KRASNEGOR, N. A. et al. (Eds). *Development of the prefrontal cortex: Evolution, neurobiology, and behavior*. Baltimore: Paul H. Brookes, 1997.

LEOR, J. et al. Sudden cardiac death triggered by earthquake. *The New England Journal of Medicine*, v. 334, n. 7, p. 413, 1996.

LEPORE, F. E. When seeing is not believing. *Cerebrum*, v. 4, n. 2, p. 23-38, 2002.

LEPPER, M. R. et al. Intrinsic motivation and extrinsic rewards. *Review of Educational Research*, v. 66, n. l, p. 5-32, 1996.

LESLIE, K.; OGILVIE, R. Vestibular dreams: The effect of rocking on dream mentation. Dreaming: *Journal of the Association for the Study of Dreams*, v. 6, n. 1, p. 1-16, 1996.

LETTVIN, J. Y. Two remarks on the visual system of the frog. In: ROSENBLITH, W. (Ed.), *Sensory communication*. Cambridge, MA: MIT Press, 1961.

LeVAY, S. *The sexual brain*. Cambridge, MA: The MIT Press, 1993.

LEVENSTON, G. K. et al. The psychopathic observer. *Journal of Abnormal Psychology*, v. 109, p. 373-385, 2000.

LEVESQUE, M. F.; NEUMAN, T. Human trials to begin. *Spinal Cord Society Newsletter*, v. 246, p. 3-4, 1999.

LEVESQUE, M. J. et al. Self-disclosure patterns among well-acquainted individuals. *Social Behavior & Personality*, v. 30, n. 6, p. 579-592, 2002.

LEVI, A. M. Are defendants guilty if they were chosen in a lineup? *Law & Human Behavior*, v. 22, n. 4, p. 389-407, 1998.

LEVINE, J. M.; MORELAND, R. L. Progress in small group research. *Annual Review of Psychology*, v. 41, p. 485-634, 1990.

LEVINE, M. et al. Social and community interventions. In: PORTER, L. W.; ROSENZWEIG, M. R. (Eds.), *Annual Review of Psychology*, v. 44, p. 525-558, 1993.

LEVINSON, A. Memory champ an absent-minded lady. *Tucson Daily Star*, fev. 1999.

LEVITSKY, D. A. et al. The Freshman 15: a model for the study of techniques to curb the 'epidemic' of obesity. Society for the Study of Ingestive Behavior: Annual Meeting, July 15-19, University of Groningen, Haren, The Netherlands, 2003.

LEVY, J.; REID, M. Cerebral organization. *Science*, p. 337-339, 1976.

LEWIS, M.; BROOKS-GUNN, J. *Social cognition and the acquisition of self* Nova York: Plenum, 1979.

LEWIS, M. Self-conscious emotions. *American Scientist*, v. 83, p. 68-78, jan./fev. 1995.

LEWIS, P. S. et al. *Management*. St Paul, MN: West, 1995.

LEWY, A. J. et al. Morning vs evening light treatment of patients with winter depression. *Archives of General Psychiatry*, v. 55, n. 10, p. 890-896, 1998.

LIGHT, P. Computers for learning. *Journal of Child Psychology & Psychiatry & Allied Disciplines*, v. 38, n. 5, p. 497-504, 1997.

LIGHTSEY, O. R., JR. What leads to wellness? The role of psychological resources in well-being. *Counseling Psychologist*, v. 24, n. 4, p. 589-759, 1996.

LILIENFELD, S. Pseudoscience in contemporary clinical psychology. *The Clinical Psychologist*, v. 51, n. 4, p. 3-9, 1998.

LILIENFELD, S. O. Projective measures of personality and psychopathology. *Skeptical Inquirer*, set./out. 1999. p. 32-39.

LINDEMANN, B. A taste for umami. *Nature Neuroscience*, v. 3, p. 99-100, 2000.

LINDEMANN, B. Receptors and trans-duction in taste. *Nature*, v. 413, p. 219-225, 2001.

LINDSAY, D. S. Depolarizing views on recovered memory experiences. In: LYNN, S. J. et al. (Eds.), *Truth in memory*. Nova York: The Guilford Press, (1998).

LINDSAY, E. W. et al. Differential pay patterns of mothers and fathers of sons and daughters. *Sex Roles*, v. 37, n. 9-10, p. 643-661, 1997.

LINTON, M. I remember it well. *Psychology Today*, p. 81-86, jul. 1979.

LIPMAN, J. J. et al. Peak B-endorphin concentration in cerebro-spinal fluid: Reduced in chronic pain patients and increased during the placebo response. *Psychopharmacology*, v. 102, n. 1, p. 112-116, 1990.

LIPSCHITZ, D. S. et al. Childhood abuse, adult assault, and dissociation. *Comprehensive Psychiatry*, v. 37, n. 4, p. 261-266, 1996.

LIPSEY, M. W.; WILSON, D. B. The efficacy of psychological, educational, and behavioral treatment. *American Psychologist*, v. 48, n. 12, p. 1181-1209, 1993.

LISSNER, L. et al. Variability of body weight and health outcomes in the Farmington population. *The New England Journal of Medicine*, v. 324, n. 26, p. 1839-1844, 1991.

LIU, X. et al. Smaller volume of prefrontal lobe in polysubstance abusers. *Neuropsy-chopharmacology*, v. 18, n. 4, p. 243-252, 1998.

LIU, Y. et al. The temporal response of the brain after eating revealed by functional MRI. *Nature*, v. 405, p. 1058-1062, 2000.

LOBO, L. L.; TUFIK, S. Effects of alcohol on sleep parameters of sleep-deprived healthy volunteers. *Sleep*, v. 20, n. 1, p. 52-59, 1997.

LOEBER, R.; HAY, D. Key issues in the development of aggression and violence from childhood to early adulthood. In: SPENCE, J. T. (Ed.), *Annual Review of Psychology*, v. 48, p. 371-410, 1997.

LOEHLIN, J. C. et al. Heritabilities of common and measure-specific components of the Big Five personality factors. *Journal of Research in Personality*, v. 32, n. 4, p. 431-453, 1998.

LOFTUS, E. F. The repressed memory controversy. *American Psychologist*, v. 49, n. 5, p. 443-444, 1994.

LOFTUS, E. F. Make-believe memories. *American Psychologist*, v. 58, n. 11, p. 867-873, 2003.

LOFTUS, E.; KETCHAM, K. *Witness for the defense*. Nova York: St. Martin's Press, 1991.

LOFTUS, E.; LOFTUS, G. On the permanence of stored information in the human brain. *American Psychologist*, v. 35, p. 409-420, 1980.

LOFTUS, E.; PALMER, J. C. Reconstruction of automobile destruction: An example of interaction between language and memory. *Journal of Verbal Learning and Verbal Behavior*, v. 13, p. 585-589, 1974.

LOFTUS, G. R.; MACKWORTH, N. H. Cognitive determinants of fixation location during picture viewing. *Journal of Experimental Psychology: Human Perception and Performance*, v. 4, p. 565-572, 1978.

LONG, D. M. Fifteen years of transcu-taneous electrical stimulation for pain control. *Stereotactic & Functional Neuro-surgery*, v. 56, n. 1, p. 2-19, 1991.

LÓPEZ, S. R.; GUARNACCIA, P. J. J. Cultural psychopathology. *Annual Review of Psychology*, v. 51, p. 571-598, 2000.

LORENZ, K. *On aggression*. Translated by M. Kerr-Wilson. Nova York: Harcourt Brace Jovanovich, 1966.

LORENZ, K. *The eight deadly sins of civilized man*. Translated by M. Kerr-Wilson. Nova York: Harcourt Brace Jovanovich, 1974.

LOVAAS, O.; SIMMONS, J. Manipulation of self-destruction in three retarded children, *Journal of Applied Behavior Analysis*, v. 2, p. 143-157, 1969.

LOW, K. G.; FEISSNER, J. M. Seasonal affective disorder in college students: Prevalence and latitude. *Journal of American College Health*, v. 47, n. 3, p. 135-137, 1998.

LUBORSKY, L. et al. The psychotherapist matters. *Clinical Psychology: Science & Practice*, v. 4, n. 1, p. 53-65, 1997.

LUCAS, F.; SCLAFANI, A. Hyperphagia in rats produced by a mixture of fat and sugar. *Physiology & Behavior*, v. 47, n. 1, p. 51 –55, 1990.

LUCE, G. G. *Current research on sleep and dreams*. Health Service Publication, n. 1389. U.S. Department of Health, Education and Welfare, 1965.

LUCKIE, W. R.; SMETHURST, W. *Study power*. Cambridge, MA: Brookline, 1998.

LUNDH, L. et al. Social anxiety is associated with a negatively distorted perception of one's own voice. *Cognitive Behaviour Therapy*, v. 31, n. 1, p. 25-30, 2002.

LURIA, A. R. *The mind of a mnemonist*. Nova York: Basic, 1968.

LUSTER, T.; DUBOW, E. Home environment and maternal intelligence as predictors of verbal intelligence. *Merrill-Palmer Quarterly*, v. 38, n. 2, p. 151-175, 1992.

LUSTIG, C. et al. Working memory span and the role of proactive interference, *Journal of Experimental Psychology: General* v. 130, n. 2, p. 199-207, 2001.

l.UXEM, M.; CHRISTOPHERSEN, E. Behavioral toilet training in early childhood: Research, practice, and implications. *Journal of Developmental & Behavioral Pediatrics*, v. 15, n. 5, p. 370-378, 1994.

LYKKEN, D. T. *A tremor in the blood: Uses and abuses of the lie detector*. Nova York: Plenum, 1998.

LYKKEN, D. T. et al. Emergenesis. *American Psychologist*, v. 47, p. 1565-1567, 1992.

LYNCH, T. R. et al. A mediational model relating affect intensity, emotion inhibition, and psychological distress. *Behavior Therapy*, v. 32, n. 3, p. 519-536, 2001.

LYUBOMIRSKY, S.; TUCKER, K. L. Implications of individual differences in subjective happiness for perceiving, interpreting, and thinking about life events. *Motivation & Emotion*, v. 22, n. 2, p. 155-186, 1998.

LYZNICKI, J. M. et al. Sleepiness, driving, and motor vehicle crashes,

Journal of the American Medical Association, v. 279, n. 23, p. 1908-1913, 1998.

MAAS, J. *Power Sleep*. Nova York: HarperCollins, 1999.

MABRY, J. H. Something for the future. *Analysis of Verbal Behavior*, v. 15, p. 129-130, 1998.

MACK, A. Is the visual world a grand illusion? *Journal of Consciousness Studies*, v. 9, n. 5-6, p. 102-110, 2002.

MACK, A.; ROCK, I. *Inattentional Blindness*. Cambridge, MA: MIT Press, 1998.

MACKLIS, J. D. New memories from new neurons. *Nature*, v. 410, n. 6826, p. 314-315, 2001.

MACMILLAN, R. Violence and the life course. *Annual Review of Sociology*, v. 27, p. 1-22, 2001.

MADDI, S. R., et al. The effectiveness of hardiness training. *Consulting Psychology Journal: Practice & Research*, v. 50, n. 2, p. 78-86, 1998.

MADIGAN, S.; O'HARA, R. Short-term memory at the turn of the century. *American Psychologist*, v. 47, n. 2, p. 170-174, 1992.

MADON, S. et al. In search of the powerful self-fulfilling prophecy. *Journal of Personality and Social Psychology*, v. 72, p. 791-809, 1997.

MAGEE, W. J. et al. Agoraphobia, simple phobia, and social phobia in the national comorbidity survey. *Archives of General Psychiatry*, v. 53, n. 2, p. 159-168, 1996.

MAGUIRE, E. A. et al. Recalling routes around London: Activation of the hippocampus in taxi drivers. *The Journal of Neuroscience*, v. 17, n. 8, p. 7103, 1997.

MAIER, N. R. F. *frustration*, Nova York: McGraw-Hill, 1949.

MALASPINA, D. Paternal factors and schizophrenia risk: De novo mutations and imprinting. *Schizophrenia Bulletin*, v. 27, n. 3, p. 379-393, 2001.

MALASPINA, D. et al. Advancing paternal age and the risk of schizophrenia. *Archives of General Psychiatry*, v. 58, n. 4, p. 361-367, 2001.

MALNIC, B. et al. Combinatorial Receptor Codes for Odors. *Cell* v. 96, n. 5, p. 713, 1999.

MANDLER, J. M.; McDONOUGH, L. On developing a knowledge base in infancy. *Developmental Psychology*, v. 34, n. 6, p. 1274-1288, 1998.

MANGUN, G. R. Neural mechanisms of visual selective attention. *Psychophysiol-ogy* v. 32, n. 1, p. 4-18, 1995.

MANSCHRECK, T. C. Delusional disorder: The recognition and management of paranoia, *Journal of Clinical Psychiatry*, v. 57, p. 32-38, 1996. (Suplemento 3).

MANTYLA, T. Optimizing cue effectiveness: Recall of 600 incidentally learned words, *Journal of Experimental Psychology: Learning, Memory, and Cognition*, v. 12, n. 1, p. 66-71, 1986.

MARGOLIN, G.; GORDIS, E. B. The effects of family and community violence on children. *Annual Review of Psychology*, v. 51, p. 445-479, 2000.

MARKS, D. F. Comprehensive commentary, insightful criticism. *Skeptical Inquirer*, v. 14, n. 3, p. 413-418, 1990.

MARKS, D. F. *The psychology of the psychic*. Buffalo, NY: Prometheus, 2000.

MARKS, D. F.; KAMMANN, R. *The psychology of the psychic*. Buffalo, NY: Prometheus, 1979.

MARKUS, H.; KITAYAMA, S. Culture and the self: Implications for cognition, emotion, and motivation. *Psychological Bulletin*, v. 98, p. 224-253, 1991.

MARKUS, H. R.; KITAYAMA, S. The cultural psychology of personality, *Journal of Cross-Cultural Psychology*, v. 29, n. 1, p. 63-87, 1998.

MARKUS, H. et al. The mutual interactions of culture and emotion. *Psychiatric Services*, v. 47, n. 3, p. 225-226, 1996.

MARKUS, H. R.; NURIUS, P. Possible selves. *American Psychologist*, v. 41, p. 954-969, 1986.

MARQUES, P. et al. *Bienestar: Health, well-being and lifestyle choices for Pinal County*. Tucson, AZ: Project West Pinal, University of Arizona Health Sciences Center, 1982.

MARTENS, R.; TRACHET, T. *Making sense of astrology*. Amherst, MA: Prometheus, 1998.

MARTIN, C. L.; FABES, R. A. The stability and consequences of young children's same-sex peer interactions. *Developmental Psychology*, v. 37, n. 3, p. 431-446, 2001.

MARTIN, D. J. et al. Relation of the therapeutic alliance with outcome and other variables: A meta-analytic review, *Journal of Consulting & Clinical Psychology*, v. 68, n. 3, p. 438-450, 2000.

MARTIN, P. Y.; BENTON, D. The influence of a glucose drink on a demanding working memory task. *Physiology & Behavior*, v. 67, n. 1, p. 69-74, 1999.

MARTIN, S. Field's status unaltered by the influx of women. *APA Monitor*, jan. 1995. p. 9.

MARTIN, W. L. B.; FREITAS, M. B. Mean mortality among Brazilian left- and right-handers: Modification or selective elimination. *Laterality*, v. 7, n. 1, p. 31-44, 2002.

MARTINEZ-GONZALEZ, M. A. et al. Parental factors, mass media influences, and the onset of eating disorders in a prospective population-based cohort. *Pediatrics*, v. 111, p. 315-320, 2003.

MASI, G. et al. Separation anxiety disorder in children and adolescents. *CNS Drugs*, v. 15, n. 2, p. 93-104, 2001.

MASLACH, C. et al. Job burnout. *Annual Review of Psychology*, v. 52, p. 397-422, 2001.

MASLOW, A. H. *Motivation and personality*. Nova York: Harper, 1954.

MASLOW, A. H. Self-actualization and beyond. In: BUGENTAL, J. F. T. (Ed.), *Challenges of humanistic psychology*. Nova York: McGraw-Hill, 1967.

MASLOW, A. H. *The psychology of science*. Chicago: Henry Regnery, 1969.

MASLOW, A. H. *Motivation and personality*. Nova York: Harper & Row, 1970.

MASLOW, A. H. *The farther reaches of human nature*. Nova York: Viking, 1971.

MASSE, L. C.; TREMBLAY, R. E. Behavior of boys in kindergarten and the onset of substance use during adolescence. *Archives of General Psychiatry*, v. 54, n. 1, p. 62, 1997.

MASTERS, W. H.; JOHNSON, V. E. *Human sexual response*. Boston: Little, Brown, 1966.

MASTERS, W. H.; JOHNSON, V. E. *The pleasure bond: A new look at sexuality and commitment*, Boston: Little, Brown, 1970.

MATHENY, K. B. et al. The effectiveness of cognitively-based approaches in treating stress-related symptoms. *Psychotherapy*, v. 33, n. 2, p. 305-320, 1996.

MATIAS, R.; COHN, J. F. Are max-specified infant facial expressions during face-to-face interaction consistent with differential emotions theory? *Developmental Psychology*, v. 29, n. 3, p. 524-531, 1993.

Matossian, M. K. Ergot and the Salem witchcraft affair. *American Scientist*, v. 70, p. 355-357, 1982.

MATSON, J. L. et al. Increasing spontaneous language in three autistic children, *Journal of Applied Behavior Analysis*, v. 23, n. 2, p. 223-227, 1990.

MATSUDA, L. A. et al. Structure of a cannabinoid receptor and functional expression of the cloned cDNA. *Nature*, v. 346, n. 6284, p. 561-564, 1990.

MATTSON, S. N. et al. Neuropsychological comparison of alcohol-exposed children with or without physical features of fetal alcohol syndrome. *Neuropsychology*, v. 12, n. 1, p. 146-153, 1998.

MAUER, M. H. et al. Medical hypnosis and orthopedic hand surgery. *International Journal of Clinical & Experimental Hypnosis*, v. 47, n. 2, p. 144-161, 1999.

MAY, M. Resistance: Friend or foe? *American Journal of Psychotherapy*, v. 50, n. 1, p. 32-44, 1996.

MAYER, J. D.; HANSON, E. Mood-congruent judgment over time. *Personality & Social Psychology Bulletin*, v. 21, n. 3, p. 237-244, 1995.

MAYER, J. D. et al. Emotional intelligence as standard intelligence. *Emotion*, v. 1, n. 3, p. 232-242, 2001.

MAYER, R. E. *Thinking, problem solving, and cognition*. Nova York: Freeman, 1995.

MAYER, R. E. Should there be a three-strikes rule against pure discovery learning? *American Psychologist*, v. 59, n. 1, p. 14-19, 2004.

McALISTER, A. L. et al. Promoting tolerance and moral engagement through peer modeling. *Cultural Diversity and Ethnic Minority Psychology*, v. 6, n. 4, p. 363-373, 2000.

McBRIDE, W. J. et al. Localization of brain reinforcement mechanisms. *Behavioural Brain Research*, v. 101, n. 2, p. 129-152, 1999.

McCANN, S. L.; STEWIN, L. L. Worry, anxiety, and preferred length of sleep, *Journal of Genetic Psychology*, v. 149, n. 3, p. 413-418, 1988.

McCARLEY, R. W. Dreams: Disguise of forbidden wishes or transparent reflections of a distinct brain state? In: BILDER, R. M. et al. (Eds.), *Neuroscience of the mind on the centennial of Freud's Project for a Scientific Psychology*. Nova York: New York Academy of Sciences, 1998.

McCARTNEY, K. et al. Growing up and growing apart: A developmental meta-analysis of twin studies. *Psychological Bulletin*, v. 107, n. 2, p. 226-237, 1990.

McCARTY, R. Making the case for animal research. APA *Monitor*, nov. 1998. p. 18.

McCLEARY, R. et al. Age- and sex-specific cycles in United States suicides, 1973 to 1985. *American Journal of Public Health*, v. 81, n. 11, p. 1494-1497, 1991.

McCLELLAND, D. C. *The achieving society*. Nova York: Van Nostrand, 1961.

McCLELLAND, D. C. Achievement and entrepreneurship. *Journal of*

Personality & Social Psychology, v. 1, p. 389-393, 1965.

McCLELLAND, D. C. *Power: the inner experience*. Nova York: Irvington, 1975.

McCLELLAND, D. C.; CHERIFF, A. D. The immunoenhancing effects of humor on secretory IgA and resistance to respiratory infections. *Psychology & Health*, v. 12, n. 3, p. 329-344, 1997.

McCLELLAND, D. C.; PILON, D. A. Sources of adult motives in patterns of parent behavior in early childhood, *Journal of Personality & Social Psychology*, v. 44, p. 564-574, 1983.

McCLUSKEY, U. The dynamics of attachment and systems-centered group psychotherapy. *Group Dynamics*, v. 6, n. 2, p. 131-142, 2002.

McCRAE, R. R. Creativity, divergent thinking, and openness to experience. *Journal of Personality & Social Psychology*, v. 52, n. 6, p. 1258-1265, 1987.

McCRAE, R. R.; COSTA, P. T. *Personality in adulthood*. Nova York: Guilford, 1990.

McCRAE, R. R.; COSTA, P. T. Personality trait structure as a human universal. *American Psychologist*, v. 52, n. 5, p. 509-516, 1997.

McCUTCHEON, L. E. Another failure to generalize the Mozart effect. *Psychological Reports*, v. 87, n. 1, p. 325-330, 2000.

McDANIEL, M. A.; SCHLAGER, M. S. Discovery learning and transfer of problem-solving skills. *Cognition & Instruction*, v. 7, n. 2, p. 129-159, 1990.

McDERMOTT, J. F. Emily Dickinson revisited: A study of periodicity in her work. *American Journal of Psychiatry*, v. 158, n. 5, p. 686-690, 2001.

McGINNIS, J. M.; FOEGE, W. H. Actual causes of death in the United States. *Journal of the American Medical Association*, v. 270, n. 18, p. 2207-2212, 1993.

McGREGOR, I.; LITTLE, B. R. Personal Projects, Happiness, and Meaning, *journal of Personality and Social Psychology*, v. 74, n. 2, p. 494-512, 1998.

McINTOSH, W. D. et al. Linkers and nonlinkers: Goal beliefs as a moderator of the effects of everyday hassles on rumination, depression, and physical complaints, *Journal of Applied Social Psychology*, v. 25, n. 14, p. 1231-1244, 1995.

McKEAN, K. J. Using multiple risk factors to assess the behavioral, cognitive, and affective effects of learned helplessness, *Journal of Psychology*, v. 128, n. 2, p. 177-183, 1994.

McKEEVER, W. F. A new family hand-edness sample with findings consistent with X-linked transmission. *British journal of Psychology*, v. 91, n. 1, p. 21-39, 2000.

McKEEVER, W. F. et al. Family size, miscarriage-proneness, and handedness. *Laterality*, v. 5, n. 2, p. 111-120, 2000.

McKELVIE, P.; LOW, J. Listening to Mozart does not improve children's spatial ability. *British Journal of Developmental Psychology*, v. 20, n. 2, p. 241-238, 2002.

McKENNA, K. Y. A.; BARGH, J. A. Coming out in the age of the Internet: Identity "demarginalization" through virtual group participation, *Journal of Personality & Social Psychology*, v. 75, n. 3, p. 681-694, 1998.

McKENNA, M. W.; OSSOFF, E. P. Age differences in children's comprehension of a popular television program. *Child Study Journal*, v. 28, n. 1, p. 52-68, 1998.

McKIM, W. A. *Drugs and behavior*. Upper Saddle River, NJ: Prentice Hall, 1997.

McLENNAN, J. "University blues": Depression among tertiary students during an academic year. *British Journal of Guidance & Counselling*, v. 20, n. 2, p. 186-192, 1992.

McLOYD, V. Socioeconomic disadvantage and child development. *American Psychologist*, v. 53, n. 2, p. 185-204, 1998.

McLOYD, V. C.; SMITH, J. Physical discipline and behavior problems in African American, European American, and Hispanic children: Emotional support as a moderator, *Journal of Marriage & Family*, v. 64, n. 1, p. 40-53, 2002.

McMANUS, I. C. et al. The development of handedness in children. *British Journal of Developmental Psychology* v. 6, n. 3, p. 257-273, 1988.

McMULLAN, W. E.; STOCKING, J. R. Conceptualizing creativity in three dimensions. *The journal of Creative Behavior*, v. 12, n. 6, p. 161-167, 1978.

McNAMARA, D. S.; SCOTT, J. L. Working memory capacity and strategy use. *Memory & Cognition*, v. 29, n. 1, p. 10-17, 2001.

McROBERTS, C. et al. Comparative efficacy of individual and group psychotherapy. *Group Dynamics*, v. 2, n. 2, p. 101-117, 1998.

MEAGHER, M. W. et al. Pain and emotion. *Psychosomatic Medicine*, v. 63, n. 1, p. 79-90, 2001.

MEDHUS, E. When the bough breaks: The making of a terrorist. www.drmedhus.com, 2001.

MEDIN, D. L.; ROSS, B. H. *Cognitive psychology*. Fort Worth: Harcourt Brace Jovanovich, 1992.

MEHRABIAN, A. Beyond IQ. *Genetic Social, and General Psychology Monographs*, v. 126, p. 133-239, 2000.

MEHREN, E. Study finds most child care lacking. *The Los Angeles Times*, 8 abr. 1994. E-5.

MEIER, R. P. Language acquisition by deaf children. *American Scientist*, v. 79, n. 1, p. 60-70, 1991.

MELESHKO, K. G.; ALDEN, L. E. Anxiety and self-disclosure. *Journal of Personality & Social Psychology*, v. 64, n. 6, p. 1000-1009, 1993.

MELTZOFF, A. N.; MOORE, M. K. Newborn infants imitate adult facial gestures. *Child Development*, v. 54, p. 702-709, 1983.

MELTZOFF, J. *Critical thinking about research*. Washington, DC: American Psychological Association, 1998.

MELZACK, R. Pain: Past, present and future. *Canadian Journal of Experimental Psychology*, v. 47, n. 4, p. 615-629, 1993.

MELZACK, R.; WALL, P. D. *The Challenge of Pain*. Harmondworth, UK: Penguin, 1996.

MENDOLIA, M. et al. Dispositional and situational determinants of repression. *Journal of Personality & Social Psychology*, v. 70, n. 4, p. 856-867, 1996.

MERCER, J. G. et al. Leptin (ob) mRNA and hypothalamic NPY in food-deprived/refed Syrian hamsters. *Physiology & Behavior*, v. 64, n. 2, p. 191-195, 1998.

MERCKELBACH, H.; MURIS, P. The etiology of childhood spider phobia. *Behaviour Research & Therapy*, v. 35, n. 11, p. 1031-1034, 1997.

MERENDA, P. F. BASC: Behavior Assessment System for Children. *Measurement & Evaluation in Counseling & Development*, v. 28, n. 4, p. 229-232, 1996.

MERIKLE, P. M.; SKANES, H. E. Subliminal self-help audiotapes: A search for placebo effects. *Journal of Applied Psychology*, v. 77, n. 5, p. 772-776, 1992.

MERMELSTEIN, R. Social support and smoking cessation and maintenance. *Journal of Consulting & Clinical Psychology*, v. 54, n. 4, p. 447-453, 1986.

MERRITT, J. M. et al. Emotion profiles in the dreams of men and women. *Consciousness & Cognition*, v. 3, n. 1, p. 46-60, 1994.

MESQUITA, B.; FRIJDA, N. H. Cultural variations in emotions. *Psychological Bulletin*, v. 112, n. 2, p. 179-204, 1992.

MESSICK, D. M.; MACKIE, D. M. In-tergroup relations. *Annual Review of Psychology*, v. 40, p. 45-81, 1989.

METCALFE, J. Premonitions of insight predict impending error. *Journal of Experimental Psychology: Learning, Memory, and Cognition*, v. 12, p. 623-634, 1986.

METZNER, R. Hallucinogenic drugs and plants in psychotherapy and shamanism. *Journal of Psychoactive Drugs*, v. 30, n. 4, p. 333-341, 1998.

MEYER, A. J. et al. Skills training in a cardiovascular health education campaign. *Journal of Consulting and Clinical Psychology*, v. 48, p. 129-142, 1980.

MEYER, G. J. et al. Psychological testing and psychological assessment. *American Psychologist*, v. 56, n. 2, p. 128-165, 2001.

MICHALKO, M. *Cracking creativity*. Berkeley, CA: Ten Speed Press, 1998.

MICHEL, D. E.; CHESKY, K. S. A survey of music therapists using music for pain relief. *Arts in Psychotherapy*, v. 22, n. 1, p. 49-51, 1995.

MICHOTTE, A. *The perception of causality*. Nova York: Methuen/Basic, 1963.

MIELKE, H. W. Lead in the inner cities. *American Scientist*, v. 87, p. 62-73, jan./fev. 1999.

MIKULINCER, M.; NACHSHON, O. Attachment styles and patterns of self-disclosure. *Journal of Personality & Social Psychology*, v. 61, n. 2, p. 321-331, 1991.

MILGRAM, S. Behavioral study of obedience. *Journal of Abnormal and Social Psychology*, v. 67, p. 371-378, 1963.

MILGRAM, S. Some conditions of obedience and disobedience to authority. *Human Relations*, v. 18, p. 57-76, 1965.

MILGRAM, S. et al. Note on the drawing power of crowds of different size. *Journal of Personality & Social Psychology*, v. 13, p. 79-82, 1969.

MILLER, D. T. et al. Particularistic and universalistic evaluation in the social comparison process. *Journal of Personality & Social Psychology*, v. 55, n. 6, p. 908-917, 1988.

MILLER, G. A. The magical number seven, plus or minus two: Some limits on our capacity for processing information. *Psychological Review*, v. 63, p. 81-87, 1956.

MILLER, G. A. On knowing a word. *Annual Review of Psychology*, v. 50, p. 1-19, 1999.

MILLER, G. E.; COHEN, S. Psychological interventions and the immune system. *Health Psychology*, v. 20, n. 1, p. 47-63, 2001.

MILLER, G. E. et al. Chronic psychological stress and the regulation of pro-inflammatory cytokines. *Health*

Psychology, v. 21, n. 6, p. 531-541, 2002.

MILLER, M. A.; RAHE, R. H. Life changes scaling for the 1990s. *Journal of Psychosomatic Research*, v. 43, n. 3, p. 279-292, 1997.

MILLER, N. E. Experimental studies of conflict. In: HUNT, J. McV. (Ed.), *Personality and the behavior disorders*, Nova York: Ronald Press, v. I, p. 431-465. 1944.

MILLER, N. E.; BUGELSKI. R. The influence of frustration imposed by the in-group on attitudes expressed toward out-groups. In: EVANS, R. I.; ROZELLE, R. M. (Eds.), *Social psychology in life*. Boston: Allyn & Bacon, 1970.

MILLER, T. Q. et al. Meta-analytic review of research on hostility and physical health. *Psychological Bulletin*, v. 119, n. 2, p. 322-348, 1996.

MILLON, T. *Disorders of personality; DSM-III: Axis II*. Nova York: Wiley, 1981.

MILNER, B. Memory disturbance after bilateral hippocampal lesions. In: MILNER, P.; GLICKMAN, S. (Eds.), *Cognitive processes and the brain*. Princeton, NJ: Van Nostrand, 1965. p. 97-111.

MILTON, J.; WISEMAN, R. *Guidelines for extrasensory perception research*. Hertfordshire, England, UK: University of Hertfordshire Press, 1997.

MILTON, J.; WISEMAN, R. A meta-analysis of mass-media tests of extrasensory perception. *British Journal of Psychology*, v. 90, n. 2, p. 235-240, 1999.

MINDA, J. P.; SMITH, J. D. Prototypes in category learning. *Journal of Experimental Psychology: Learning, Memory, & Cognition*, v. 27, n. 3, p. 775-799, 2001.

MINEKA, S.; HAMIDA, S. B. Observational and nonconscious learning. In: O'DONOHUE, W. T. et al. (Eds.), *Learning and behavior therapy*, Boston: Allyn & Bacon, 1998.

MINTON, H. L. Psychology and gender at the turn of the century. *American Psychologist*, v. 55, n. 6, p. 613-615, 2000.

MIOTTO, K. et al. Gamma-hydroxy-butyric acid: Patterns of use, effects and withdrawal. *American Journal on Addictions*, v. 70, n. 3, p. 232-241, 2001.

MIRANDA, J. Dysfunctional thinking is activated by stressful life events. *Cognitive Therapy & Research*, v. 16, n. 4, 473-483, 1992.

MIRSKY, A. F. et al. A 39-year followup on the Genain quadruplets. *Schizophrenia Bulletin*, v. 26, n. 3, p. 699-708, 2000.

MIRSKY, A. F.; DUNCAN, C. C. Etiology and expression of schizophrenia. *Annual Review of Psychology*, v. 37, p. 291-319, 1986.

MISCHEL, W. *Personality and assessment*. Nova York: Wiley, 1968.

MISCHEL, W.; SHODA, Y. Reconciling processing dynamics and personality dispositions. *Annual Review of Psychology*, v. 49, p. 229-258, 1998.

MITCHELL, D. Firewalking cults: Nothing but hot air. *Laser*, fev. 1987. p. 7-8.

MITCHELL, D. B. How many memory systems? Evidence from aging. *Journal of Experimental Psychology: Learning, Memory, and Cognition*, v. 15, n. 1, p. 31-49, 1989.

MITRU, G. et al. The impact of sleep on learning and behavior in adolescents. *Teachers College Record*, v. 104, n. 4, p. 704-726, 2002.

MIYAKE, A. Individual differences in working memory. *Journal of Experimental Psychology: General*, v. 130, n. 2, 163-168, 2001.

MOGG, K. et al. Selective attention to food-related stimuli in hunger. *Behaviour Research & Therapy*, v. 36, n. 2, p. 227-237, 1998.

MOGHADDAM, B. Stress activation of glutamate neurotransmission in the pre-frontal cortex. *Biological Psychiatry*, v. 51, n. 10, p. 775-787, 2002.

MOHANTY, S. et al. Effects of token economy on the rate of envelope making in the persons with mental retardation. *Social Science International*, v. 14, n. 1-2, p. 84-97, 1998.

MOMBAERTS, P. Molecular biology of odorant receptors in vertebrates. *Annual Review of Neuroscience*, v. 22, p. 487-509, 1999.

MONAHAN, J. Mental disorder and violent behavior. *American Psychologist*, v. 47, n. 4, p. 511-521, 1992.

MONTGOMERY, G. The mind in motion. *Discover*, mar. 1989. p. 58-68.

MOOR, J. H. The status and future of the Turing test. *Minds & Machines*, v. 11, n. 1, p. 77-93, 2001.

MOORE, T. E. Subliminal self-help auditory tapes: An empirical test of perceptual consequences. *Canadian Journal of Behavioural Science*, v. 27, n. 1, p. 9-20, 1995.

MOORE-EDE, M. C. et al. *The clocks that time us*. Cambridge, MA: Harvard University Press, 1982.

MORELLI, G. A. et al. Cultural variation in infants' sleeping arrangements. *Developmental Psychology*, v. 28, n. 4, p. 604-613, 1992.

MORENO, J. L. *Who shall survive?* Nova York: Beacon, 1953.

MORGAN, M. J. Ecstasy (MDMA): A review of its possible persistent psychological effects. *Psychopharmacology*, v. 152, p. 230-248, 2000.

MORGENSTERN, J. et al. Affiliation with Alcoholics Anonymous after treatment. *Journal of Consulting & Clinical Psychology*, v. 65, n. 5, p. 768-777, 1997.

MORIARTY, T. A nation of willing victims. *Psychology Today*, abr. 1975. p. 43-50.

MORISSE, D. et al. A demonstration of a token economy for the real world. *Applied & Preventive Psychology*, v. 5, n. 1, p. 41-46, 1996.

MORITZ, A. P.; ZAMCHECH, N. Sudden and unexpected deaths of young soldiers. *American Medical Association Archives of Pathology*, v. 42, p. 459-494, 1946.

MORRISON, R. G.; WALLACE, B. Imagery vividness, creativity and the visual arts. *Journal of Mental Imagery*, v. 25, n. 3-4, p. 135-152, 2001.

MOSS, K. Performing the light-switch task in lucid dreams: A case study. *Journal of Mental Imagery*, v. 13, n. 2, p. 135-137, 1989.

MURRAY, B. "A daunting unbelievable experience." *Monitor on Psychology*, p. 18, nov. 2001.

MURRAY, J. B. Phencyclidine (PCP): A dangerous drug, but useful in schizophrenia research. *Journal of Psychology*, v. 136, n. 3, p. 319-327, 2002.

MURRAY, S. H. et al. Awareness and perceived influence of body ideals in the media: A comparison of eating disorder patients and the general community. *Eating Disorders: The Journal of Treatment & Prevention*, v. 4, n. 1, p. 33-46, 1996.

MURRAY, S. L. et al. The self-fulfilling nature of positive illusions in romantic relationships. *Journal of Personality & Social Psychology*, v. 71, n. 6, p. 1155-1180, 1996.

MUSSEN, P. H. et al. *Psychological development: A life span approach*. Nova York: Harper & Row, 1979.

MYERS, H. F. et al. Ethnic differences in clinical presentation of depression in adult women. *Cultural Diversity and Ethnic Minority Psychology*, v. 8, n. 2, p. 138-156, 2002.

NAGY, Z. et al. Clustering of pathological features in Alzheimer's disease. *Dementia*, v. 7, n. 3, p. 121-127, 1996.

NAIRNE, J. S. Remembering over the short-term. *Annual Review of Psychology*, v. 53, p. 53-81, 2002.

NAITOH, P. et al. *Health effects of sleep deprivation*. U.S. Naval Health Research Center Report, n. 89-46, 1989.

NAKA, M. The variables affecting the reliability of eyewitness testimony. *Japanese journal of Psychonomic Science*, v. 16, n. 2, p. 100-106, 1998.

NANTAIS, K. M.; SCHELLENBERG, E. G. The Mozart effect: An artifact of preference. *Psychological Science*, v. 10, n. 4, p. 370-373, 1999.

NARANJO, C. Present-centeredness: Technique, prescription, and ideal. In: FAGAN, J.; SHEPHERD, I. L. (Eds.), *What is Gestalt therapy?* Nova York: Harper & Row, 1970.

NATALE, V.; CICOGNA, P. Circadian regulation of subjective alertness in morning and evening types. *EDRA: Environmental Design Research Association*, v. 20, n. 4, p. 491-497, 1996.

NATHAN, P. E.; LANGENBUCHER, J. W. Psycho-pathology. *Annual Review of Psychology*, v. 50, p. 79-107, 1999.

NATIONAL ACADEMY OF SCIENCES *The polygraph and lie detection*. Washington, DC: National Academy of Sciences, 2003.

NATIONAL INSTITUTE OF CHILD HEALTH AND HUMAN DEVELOPMENT. The NICHD Study of Early Child Care, 1999.

NATIONAL TELEVISION VIOLENCE STUDY Studio City, CA: Mediascope, Inc, 1995/1996.

NAVARRO, M. Drug sold abroad by prescription becomes widely abused in U.S. *The New York Times*, dez. 1995. p. 1, 9.

NAVEH-BENJAMIN, M. The acquisition and retention of knowledge: Exploring mutual benefits to memory research and the educational setting. *Applied Cognitive Psychology*, v. 4, n. 4, p. 295-320, 1990.

NEATH, I. *Human memory*. Belmont, CA: Wadsworth, 2002.

NEEDLES, D. J.; ABRAMSON, L. Y. Positive life events, attributional style, and hopefulness: Testing a model of recovery from depression. *Journal of Abnormal Psychology*, v. 99, n. 2, p. 156-165, 1990.

NEISSER, U. et al, Intelligence: Knowns and unknowns. *American Psychologist*, v. 51, n. 2, p. 77-101, 1996.

NELSON, C. A. How important are the first 3 years of life? *Applied Developmental Science*, v. 3, n. 4, p. 235-238, 1999.

NELSON, T. O. Predictive accuracy of the feeling of knowing across different tasks and across different subject populations and individuals. In: GRUNEGERG, M. M. et al. (Eds.), *Practical aspects of memory: Current research and issues*. Chinchester, UK: Wiley, 1987.

NESCA, M.; KOULACK, D. Recognition memory, sleep and circadian rhythms. *Canadian Journal of Experimental Psychology,* v. 48, n. 3, p. 359-379, 1994.

NETER, E.; BEN-SHAKHAR, G. The predictive validity of graphological inferences: A meta-analytic approach. *Personality and Individual Differences,* v. 10, n. 7, p. 737-745, 1989.

NEUGARTEN, B. Grow old along with me! The best is yet to be. *Psychology Today,* dez. 1971. p. 45.

NEUMAN, G. A.; BAYDOUN, R. An empirical examination of overt and covert integrity tests. *Journal of Business & Psychology,* v. 13, n. 1, p. 65-79, 1998.

NEWMAN, A. W.; THOMPSON, J. W. The rise and fall of forensic hypnosis in criminal investigation. *Journal of the American Academy of Psychiatry & the Law,* v. 29, n. 1, p. 75-84, 2001.

NEWMAN, B. M.; NEWMAN, P. R. The impact of high school on social development. *Adolescence,* v. 22, n. 87, p. 525-534, 1987.

NEWMAN, R. Electronic therapy raises issues, risks. *APA Monitor,* ago. 1994. p. 25.

NIAURA, R. et al. Hostility, the metabolic syndrome, and incident coronary heart disease. *Health Psychology,* v. 21, n. 6, p. 588-593, 2002.

NICKELL, J. John Edward: Hustling the bereaved. *Skeptical Inquirer,* nov./dez. 2001. p. 19-22.

NICKERSON, R. S.; ADAMS, M. J. Long-term memory for a common object. *Cognitive Psychology,* v. 11, p. 287-307, 1979.

NIELSEN, D. M.; METHA, A. Parental behavior and adolescent self-esteem in clinical and nonclinical samples. *Adolescence,* v. 29, n. 115, p. 525-542, 1994.

NIJSTAD, B. A. et al. Persistence of brain-storming groups: How do people know when to stop? *Journal of Experimental Social Psychology,* v. 35, n. 2, p. 165-185, 1999.

NIKLES, C. D. et al. The effects of current-concern- and nonconcern-related waking suggestions on nocturnal dream content. *Journal of Personality & Social Psychology,* v. 75, n. 1, p. 242-255, 1998.

NIST, S. L. et al. The effects of rereading, self-selected strategy use, and rehearsal on the immediate and delayed understanding of text. *Reading Psychology,* v. 17, n. 2, p. 137-157, 1996.

NIXON, M. Professional training in psychology. *American Psychologist,* v. 45, n. 11, p. 1257-1262, 1990.

NJERI, I. Beyond the melting pot. *Los Angeles Times,* E-l, E-8, 13 jan. 1991.

NOBLE, P. Violence in psychiatric inpatients. *International Review of Psychiatry,* v. 9, n. 2-3, p. 207-216, 1997.

NOICE, H.; NOICE, T. Long-term retention of theatrical roles. *Memory,* v. 7, n. 3, p. 357-382, 1999.

NORCROSS, J. C. et al. The face of 2010: A Delphi poll on the future of psychotherapy. *Professional Psychology: Research & Practice,* v. 33, n. 3, p. 316-322, 2002.

NORI, G. Glucagon and the control of meal size. In: SMITH, G. P. et al. (Eds.), *Satiation: From gut to brain.* Nova York: Oxford University Press, 1998.

NORLANDER, T. et al. Effects of flotation rest on creative problem solving and originality. *Journal of Environmental Psychology,* v. 18, n. 4, p. 399-408, 1998.

NORLANDER, T. et al. Primary process in competitive archery performance: Effects of flotation REST. *Journal of Applied Sport Psychology,* v. 11, n. 2, p. 194-209, 1999.

NORMAN, A. D. et al. Relationship between levels of giftedness and psychosocial adjustment. *Roeper Review,* v. 22, n. 1, p. 5-9, 1999.

NORRIS, R. M.; WEINMAN, J. A. Psychological change following a long sail training voyage. *Personality & Individual Differences,* v. 21, n. 2, p. 189-194, 1996.

NORTH, C. S. *Welcome silence.* Nova York: Simon & Schuster, 1987.

NURNBERGER, J. I.; ZIMMERMAN, J. Applied analysis of human behaviors: An alternative to conventional motivational inferences and unconscious determination in therapeutic programming. *Behavior Therapy,* v. 1, p. 59-69, 1970.

NYBERG, L.; TULVING, E. Classifying human long-term memory: Evidence from converging dissociations. *European Journal of Cognitive Psychology,* v. 8, n. 2, p. 163-183, 1996.

OAKLEY, D. A. et al. Hypnotic imagery as a treatment for phantom limb pain. *Clinical Rehabilitation,* v. 16, n. 4, p. 368-377, 2002.

OATLEY, K.; JENKINS, J. M. Human emotions: Function and dysfunction. In: ROSENZWEIG, M. R.; PORTER, L. W. (Eds.), *Annual Review of Psychology* v. 45, p. 55-85, 1992.

OBERNIER, J. A. et al. Cognitive deficits and CNS damage after a 4-day binge ethanol exposure in rats. *Pharmacology, Biochemistry & Behavior,* v. 72, n. 3, p. 521-532, 2002.

O'BRIEN, R. M. et al. The effects of multi-year, guaranteed contracts on the performance of pitchers in major league baseball. Paper presented at the annual meeting of the American Psychological Association, Los Angeles, ago. 1981.

O'CONNER, T G. et al. Child-parent attachment following early institutional deprivation. *Development & Psy-chopathology,* v. 15, n. 1, p. 19-38, 2003.

O'CONNOR, M. G. et al. Long-term retention of transient news events. *Journal of the International Neuropsychological Society,* v. 6, n. 1, p. 44-51, 2000.

O'CRAVEN, K. M.; KANWISHER, N. Mental imagery of faces and places activates corresponding stimulus-specific brain regions. *Journal of Cognitive Neuro-science,* v. 12, n. 6, p. 1013-1023, 2000.

OEHMAN, A. Automaticity and the amygdala; Nonconscious responses to emotional faces. *Current Directions in Psychological Science,* v. 11, n. 2, p. 62-66, 2002.

OEST, L. One-session group treatment of spider phobia. *Behaviour Research & Therapy,* v. 34, n. 9, p. 707-715, 1996.

OEST, L. et al. One-session treatment of specific phobias in youths. *Journal of Consulting & Clinical Psychology,* v. 69, n. 5, p. 814-824, 2001.

OHAYON, M. M. et al. Night terrors, sleepwalking, and confusional arousals in the general population. *Journal of Clinical Psychiatry,* v. 60, n. 4, p. 268-276, 1999.

OLDS, M. E.; FOBES, J. L.. The central basis of motivation: Intracranial self-stimulation studies. *Annual Review of Psychology,* v. 32, p. 523-574, 1981.

OLIVER, M. B.; HYDE, J. S. Gender differences in sexuality. *Psychological Bulletin,* v. 114, n. 1, p. 29-51, 1993.

OLIWENSTEIN, L. The gene with two faces. *Discover,* maio 1993. p. 26.

OLLENDICK, T. H.; KING, N. J. Origins of childhood fears. *Behaviour Research & Therapy,* v. 29, n. 2, p. 117-123, 1991.

OLSON, J. M.; ZANNA, M. P. Attitudes and attitude change. In: PORTER, L. W.; ROSENZWEIG, M. R. (Eds.), *Annual Review of Psychology,* v. 44, p. 117-154, 1993.

OLSON, S. L. et al. Caregiver-infant interaction antecedents of children's school-age cognitive ability. *Merrill-Palmer Quarterly,* v. 38, n. 3, p. 309-330, 1992.

O'NEILL, B. Don't believe everything you read online. BBC News: http://news.bbc.co.uk, 8 mar. 2003.

ONES, D. S.; VISWESVARAN, C. Integrity tests and other criterion-focused occupational personality scales (COPS) used in personnel selection. *International Journal of Selection & Assessment,* v. 9, n. 1-2, p. 31-39, 2001.

ONWUEGBUZIE, A. J. Academic pro-crastinators and perfectionistic tendencies among graduate students. *Journal of Social Behavior & Personality,* v. 15, n. 5, p. 103-109, 2000.

ORLEANS, C. T. et al. Rating our progress in population health promotion: Report card on six behaviors. *American Journal of Health Promotion* v. 14, n. 2, p. 75-82, 1999.

ORLOCK, C. *Inner time.* Nova York: Birch Lane Press, 1993.

ORNSTEIN, R. *The right mind.* San Diego, CA: Harcourt Brace, 1997.

ORNSTEIN, R.; EHRLICH, P. *New world new mind.* Nova York: Simon & Schuster, 1989.

O'ROARK, A. M. Personality assessment, projective methods and a triptych perspective. *Journal of Projective Psychology & Mental Health,* v. 8, n. 2, p. 116-126, 2001.

OSGOOD, C. E. The nature and measurement of meaning. *Psychological Bulletin,* v. 49, p. 197-237, 1952.

"OUTLINE FOR CULTURAL FORMULATION AND GLOSSARY OF CULTURE-BOUND SYNDROMES."_*DSM-IV-TR: Diagnostic and statistical manual of mental disorders* (5. ed.). Washington, DC: American Psychiatric Association, 2000.

OVERMIER, J. B.; LoLORDO, V. M. Learned helplessness. In: O'DONOHUE, W. T. et al. (Eds.), *Learning and behavior therapy.* Boston: Allyn & Bacon, 1998.

OYAMA, T.; ICHIKAWA, S. Some experimental studies on imagery in Japan. *Journal of Mental Imagery* v. 14, n. 3-4, p. 185-195, 1990.

PAGANO, R. R.; WARRENBURG, S. Meditation. In: DAVIDSON, R J. et al. (Eds.), *Consciousness and self-regulation.* Nova York: Plenum, 1983. p. 153-210.

PALFAI, T.; JANKIEWICZ, H. *Drugs and human behavior.* Dubuque, IA: Wm. C. Brown, 1991.

PALM, K.; GIBSON, P. Recovered memories of childhood sexual abuse: Clinicians' practices and beliefs. *Professional Psychology: Research & Practice,* v. 29, n. 3, p. 257-261, 1998.

PALMER, S. E. Common region: A new principle of perceptual grouping. *Cognitive Psychology* v. 24, n. 3, p. 436-447, 1992.

PAPA, F. J. et al. The effects of immediate online feedback upon diagnostic performance, *Academic Medicine,* v. 74, S16-S18, 1999. (Suplemento 10).

PAPPS, F. et al. Parental discipline in Anglo, Greek, Lebanese, and Vietnamese cultures. *Journal of Cross-Cultural Psychology,* v. 26, n. 1, p. 49-64, 1995.

PARK, D. C. et al. Metamemories of memory researchers. *Memory & Cognition,* v. 18, n. 3, p. 321-327, 1990.

PARKE, R. D. Fathers and Families. In: BORNSTEIN, M. H. (Ed.), *Handbook of parenting,* Mahwah, NJ: Erlbaum, 1995. v. 3.

PARKER, A. et al. Odour and Proustian memory. *Applied Cognitive Psychology,* v. 15, n. 2, p. 159-171, 2001.

PARKS, C. A. Lesbian parenthood: A review of the literature. *American Journal of Orthopsychiatry,* v. 68, n. 3, p. 376-389, 1998.

PATRICK, C. J.; IACONO, W. G. Psychopathy, threat, and polygraph test accuracy. *Journal of Applied Psychology,* v. 74, n. 2, p. 347-355, 1989.

PATTEN, B. M. The history of memory arts. *Neurology,* v. 40, n. 2, p. 346-352, 1990.

PATTERSON, G. R. *Coercive family process.* Eugene, OR: Castilia Press, 1982.

PAULHUS, D. L. Interpersonal and intrapsychic adaptiveness of trait self-enhancement. *Journal of Personality and Social Psychology,* v. 74, n. 5, p. 1197-1208, 1998.

PAVLOV, I. P. *Conditioned reflexes.* Translated by G. V Anrep. Nova York: Dover, 1927.

PEETERS, M. C. W. et al. A microanalysis exploration of the cognitive appraisal of daily stressful events at work. *Anxiety, Stress & Coping: An International Journal,* v. 8, n. 2, p. 127-139, 1995.

PENDERGAST, M. *Victims of memory: Incest accusations and shattered lives.* Hinesburg, VT: Upper Access, 1995.

PENFIELD, W. Brain's record of past a continuous movie film. *Science News Letter,* 27 abr. 1957. p. 265.

PENFIELD, W. *The excitable cortex in conscious man.* Springfield, IL: Charles C. Thomas, 1958.

PENNEBAKER, J. W.; Francis, M. E. Cognitive, emotional, and language processes in disclosure. *Cognition & Emotion,* v. 10, n. 6, p. 601-626, 1996.

PEPLER, D. J.; CRAIG, W. M. A peek behind the fence: Naturalistic observations of aggressive children with remote audiovisual recording. *Developmental Psychology,* v. 31, n. 4, p. 548-553, 1995.

PEPLER, D. J. et al. Observations of aggressive and nonaggressive children on the school playground. *Merrill-Palmer Quarterly,* v. 44, n. 1, p. 55-76, 1998.

PERIN, C. T. A quantitative investigation of the delay of reinforcement gradient. *Journal of Experimental Psychology,* v. 32, p. 37-51, 1943.

PERKINS, D. *Outsmarting IQ: The emerging science of learnable intelligence.* Nova York: Free Press, 1995.

PERLS, F. *Gestalt therapy verbatim.* Lafayette, CA: Real People, 1969.

PERREAULT, S.; BOURHIS, R. Y. Ethno-centrism, social identification, and discrimination. *Personality & Social Psychology Bulletin,* v. 25, n. 1, p. 92-103, 1999.

PERRY, C. et al. Rethinking per se exclusions of hypnotically elicited recall as legal testimony. *International Journal of Clinical & Experimental Hypnosis,* v. 44, n. 1, p. 66-81, 1996.

PERRY, D. G. et al. Sex differences in the consequences that children anticipate for aggression. *Developmental Psychology,* v. 25, n. 2, p. 312-319, 1989.

PERRY, R. P. et al. Academic control and action control in the achievement of college students: A longitudinal field study, *Journal of Educational Psychology,* v. 93, n. 4, p. 776-789, 2001.

PERUGINI, E. M. et al. Surreptitious observation of responses to hypnotically suggested hallucinations. *International Journal of Clinical & Experimental Hypnosis,* v. 46, n. 2, p. 191-203, 1998.

PESCATELLO, L. S. Exercising for health. *Western Journal of Medicine,* v. 174, n. 2, p. 114-118, 2001.

PETERS, W. A. *A class divided.* Garden City, NY: Doubleday, 1971.

PETERSON, B. E.; KLOHNEN, E. C. Realization of generativity in two samples of women at midlife. *Psychology & Aging,* v. 10, n. 1, p. 20-29, 1995.

PETERSON, L. R.; PETERSON, M. J. Short-term retention of individual verbal items. *Journal of Experimental Psychology,* v. 58, p. 193-198, 1959.

PETERSON, S. E. The cognitive functions of underlining as a study technique. *Reading Research & Instruction,* v. 31, n. 2, p. 49-56, 1992.

PETRI, H. *Motivation.* Belmont, CA: Wadsworth, 2003.

PETTIGREW, T. F. Intergroup contact theory. *Annual Review of Psychology,* v. 49, p. 65-85, 1998.

PETTIT, G. S. et al. Mothers' and fathers' socializing behaviors in three contexts. *Merrill-Palmer Quarterly,* v. 44, n. 2, p. 173-193, 1998.

PETTY, R. E. et al. Attitudes and attitude change. *Annual Review of Psychology,* v. 48, p. 609-647, 1997.

PFEFFERBAUM, B. et al. Television exposure in children after a terrorist incident. *Psychiatry: interpersonal & Biological Processes,* v. 64, n. 3, p. 202-211, 2001.

PHILLIPS, D. P. et al. The Hound of the Baskervilles effect: Natural experiment on the influence of psychological stress on timing of death. *British Medical Journal,* v. 323, n. 7327, p. 1443-1446. 2001.

PHILLIPS, D. P.; WILLS, J. S. A drop in suicides around major national holidays. *Suicide and Life-Threatening Behavior,* v. 17, p. 1-12, 1987.

PHILLIPS, J. L. *Origins of intellect: Piaget's theory.* San Francisco: Freeman, 1969.

PIAGET, J. *The psychology of intelligence.* Nova York: Norton, 1951, original francês, 1945.

PIAGET, J. *The origins of intelligence in children.* Nova York: International University Press, 1952.

PICCIONE, C. et al. On the degree of stability of measured hypnotizability over a 25-year period. *Journal of Personality & Social Psychology,* v. 56, n. 2, p. 289-295, 1989.

PIERCE, J. P. Progress and problems in international public health efforts to reduce tobacco usage. *Annual Review of Public Health,* v. 12, p. 383-400, 1991.

PIERREHUMBERT, B. et al. Quality ot child care in the preschool years. *International Journal of Behavioral Development,* v. 26, n. 5, p. 385-396, 2002.

PILIAVIN, I. M. et al. Good samaritanism: An underground phenomenon? *Journal of Personality & Social Psychology,* v. 13, p. 289-299, 1969.

PILLOW, D. R. et al. Major life events and minor stres-sors: Identifying mediational links in the stress process. *Journal of Personality & Social Psychology,* v. 70, n. 2, p. 381-394, 1996.

PINEL, J. P. J. et al. Hunger, eating, and ill health. *American Psychologist,* v. 55, n.10, p. 1105-1116, 2000.

PINSOF, W. M. et al. The outcomes of couple and family therapy. *Psychotherapy,* v. 33, n. 2, p. 321-331, 1996.

PISACRETA, R. Superstitious behavior and response stereotypy prevent the emergence of efficient rule-governed behavior in humans. *Psychological Record,* v. 48, n. 2, p. 251-274, 1998.

PLINER, P.; HADDOCK, G. Perfectionism in weight-concerned and -unconcerned women. *International Journal of Eating Disorders,* v. 19, n. 4, p. 381-389, 1996.

PLOMIN, R.; RENDE, R. Human behavioral genetics. In: ROSENZWEIG, M. R.; PORTER, L. W. (Eds.), *Annual Review of Psychology,* v. 42, p. 161-190, 1991.

PLUG, C.; ROSS, H. E. The natural moon illusion: A multifactor angular account. *Perception,* v. 23, n. 3, p. 321-333, 1994.

PLUTCHIK, R. The nature of emotions. *American Scientist,* v. 89, p. 344-350, 2001.

POGATCHNIK, S. Kids' TV gets more violent, study finds. *The Los Angeles Times,* F-l, F-27, 26 jan. 1990.

POLCE-LYNCH, M. et al. Gender and age patterns in emotional expression, body image, and self-esteem. *Sex Roles,* v. 38, n. 11-12, p. 1025-1048, 1998.

POLEMIKOS, N.; PAPAELIOU, C. Sid-edness preference as an index of organization of laterality. *Perceptual & Motor Skills,* v. 91, n. 3, Parte 2, p. 1083-1090, 2000.

POLIVY, J.; HERMAN, C. P. Causes of eating disorders. *Annual Review of Psychology,* v. 53, p. 187-213, 2002.

POLLACK, W. S. Preventing violence through family connection. *The Brown University Child and Adolescent Behavior Letter,* v. 17, n. 12, p. 1, 3-4, 2001.

POLLNER, M. The effects of interviewer gender in mental health interviews. *Journal of Nervous & Mental Disease,* v. 186, n. 6, p. 369-373, 1998.

POLLOCK, V. E. et al. Childhood antecedents of antisocial behavior. *American Journal of Psychiatry,* v. 147, n. 10, p. 1290-1293, 1990.

POPE, H. G. et al. The residual ncuropsychological effects of cannabis. *Drug & Alcohol Dependence,* v. 38, n. 1, p. 25-34, 1995.

PORAC, C. et al. Illness and accidental injury in young and older adult left- and right-handers: Implications for genetic theories of hand preference. *Developmental Neuropsychology,* v. 14, n. 1, p. 157-172, 1998.

PORT, R. L.; SEYBOLD, K. S. Hippocampal synaptic plasticity as a biological substrate underlying episodic psychosis. *Biological Psychiatry,* v. 37, n. 5, p. 318-324, 1995.

POSADA, G. et al. Maternal caregiving and infant security in two cultures. *Developmental Psychology,* v. 38, n. 1, p. 67-78, 2002.

POTASHKIN, B. D.; BECKLES, N. Relative efficacy of Ritalin and biofeedback treatments in the management of hyper-activity. *Biofeedback & Self-Regulation*, v. 15, n. 4, p. 305-315, 1990.

POTKAY, C. R.; ALLEN, B. P. *Personality: Theory, research, and applications*. Monterey, CA: Brooks/Cole, 1986.

POULTON, R. G.; ANDREWS, G. Change in danger cognitions in agoraphobia and social phobia during treatment. *Behaviour Research & Therapy*, v. 34, n. 5-6, p. 413-421, 1996.

POWELL, A. L.; THELEN, M. H. Emotions and cognitions associated with bingeing and weight control behavior in bulimia. *Journal of Psychosomatic Research*, v. 40, n. 3, p. 317-328, 1996.

PREMACK, A. J.; PREMACK, D. Teaching language to an ape. *Scientific American*, out. 1972. p. 92-99.

PREMACK, D.; PREMACK, A. J. *The mind of an ape*. Nova York: Norton, 1983.

PRESSLEY, M. Are key-word method effects limited to slow presentation rates? An empirically based reply to Hall and Fuson (1986). *Journal of Educational Psychology*, v. 79, n. 3, p. 333-335, 1987.

PRESSLEY, M. et al. Elaborative interrogation facilitates acquisition of confusing facts. *Journal of Educational Psychology*, v. 80, n. 3, p. 268-278, 1988.

PRESSMAN, J. D. *Last resort: Psycho-surgery and the limits of medicine*. Nova York, NY; Cambridge University Press, 1998.

PROVINS, K. A. Handedness and Speech. *Psychological Review*, v. 104, n. 3, p. 554-571, 1997.

PUCA, R. M.; SCHMALT, H. Task enjoyment: A mediator between achievement motives and performance. *Motivation & Emotion*, v. 23, n. 1, p. 15-29, 1999.

PURSCH, J. A. Cocaine can give you the business. *Los Angeles Times*, VII-12, 12 jun.1983.

PYCHYL, T. A. et al. Five days of emotion: An experience sampling study of undergraduate student procrastination. *Journal of Social Behavior & Personality*, v. 15, n. 5, p. 239-254, 2000.

QUINN, P. C.; BHATT, R. S. Visual pop-out in young infants. *Infant Behavior & Development*, v. 21, n. 2, p. 273-288, 1998.

QUITKIN, F. M. Placebos, drug effects, and study design: A clinician's guide. *American Journal of Psychiatry*, v. 156, n. 6, p. 829-836, 1999.

RAFAELI, A.; KLIMOSKI,R. L Predicting sales success through handwriting analysis: An evaluation of the effects of training and handwriting sample content. *Journal of Applied Psychology*, v. 68, p. 212-217, 1983.

RAISON, C. L. et al. The moon and madness reconsidered. *Journal of Affective Disorders*, v. 53, n. 1, p. 96-106, 1999.

RAMACHANDRAN. V. S. Blind spots. *Scientific American*, maio 1992. p. 86-91.

RAMACHANDRAN, V. S. 2-D or not 2-D–that is the question. In: GREGORY, R. et al. (Eds.), *The artful eye*. Oxford: Oxford University Press, 1995.

RAMANAIAH, N. V. et al. Sex-role orientation and satisfaction with life. *Psychological Reports*, v. 77, n. 3, Parte 2, p. 1260-1262, dez. 1995.

RANDI, J. *Flim-flam!* Nova York: Lippincott & Crowell, 1980.

RANDI, J. Science and the chimera. In: ABELL, G. O.; SINGER, B. (Eds.), *Science and the paranormal*. Nova York: Scribner's, 1983.

RANGELL, L. Mind, body, and psychoanalysis. *Psychoanalytic Psychology*, v. 19, n. 4, p. 634-650, 2002.

RAUSCHER, F. H.; SHAW, G. L. Key components of the Mozart effect. *Perceptual & Motor Skills*, v. 86, n. 3, Parte 1, p. 835-841, 1998.

REED, J. D.; BRUCE, D. Longitudinal tracking of difficult memory retrievals. *Cognitive Psychology*, v. 14, p. 280-300, 1982.

REED, S. K. *Cognition: Theory and applications* (3rd ed.). Pacific Grove, CA: Brooks/Cole, 1996.

REGAN, P. C. Of lust and love. *Personal Relationships*, v. 5, n. 2, p. 139-157, 1998.

REGAN, P. C. et al. Partner preferences: What characteristics do men and women desire in their short-term sexual and long-term romantic partners? *Journal of Psychology & Human Sexuality*, v. 12, n. 3, p. 1-21, 2000.

REID, M. R. et al. The effects of stress management on symptoms of upper respiratory tract infection, secretory immunoglobulin A, and mood in young adults, *Journal of Psychosomatic Research*, v. 51, n. 6, p. 721-728, 2001.

REID, P. T. Multicultural psychology. *Cultural Diversity and Ethnic Minority Psychology*, v. 8, n. 2, p. 103-114, 2002.

REIFF, S. et al. Classical conditioning of the human blood pressure response. *International journal of Psychophysiology*, v. 34, n. 2, p. 135-145, 1999.

REIFMAN, A. S. et al. Temper and temperature on the diamond: The heat-aggression relationship in major league baseball. *Personality & Social Psychology Bulletin*, v. 17, n. 5, p. 580-585, 1991.

REISNER, A. D. Repressed memories: True and false. *Psychological Record*, v. 46, n. 4, p. 563-579, 1996.

REISS, M. et al. Laterality of hand, foot, eye, and ear in twins. *Laterality*, v. 4, n. 3, p. 287-297, 1999.

REITERMAN, T. Parallel roads led to Jonestown, Waco. *The Los Angeles Times*, 23 abr. 1993. p. A-24.

RENNER, M. J.; MACKIN, R. S. A life stress instrument for classroom use. *Teaching of Psychology*, v. 25, n. 1, p. 46-48, 1998.

RENTFROW, P. J.; GOSLING, S. D. The do re mi's of everyday life: The structure and personality correlates of music preferences. *Journal of Personality & Social Psychology*, v. 84, n. 6, p. 1236-1256, 2003.

RESCORLA, R. A. A Pavlovian analysis of goal-directed behavior. *American Psychologist*, v. 42, p. 119-126, 1987.

RESTAK, R. M. *The secret life of the brain*. Nova York: The Dana Press, 2001.

REYNOLDS, S. et al. Acceleration of changes in session impact during contrasting time-limited psychotherapies. *Journal of Consulting & Clinical Psychology*, v. 64, n. 3, p. 577-586, 1996.

REZNICK, J. S.; GOLDFIELD, B. A. Rapid change in lexical development in comprehension and production. *Developmental Psychology*, v. 28, n. 3, p. 406-413, 1992.

RHINE, J. B. *New world of the mind*. Nova York: Sloane, 1953.

RICE, M. E. Violent offender research and implications for the criminal justice system. *American Psychologist*, v. 52, n. 4, p. 414-423, 1997.

RICHARDS, L. et al. Perceptions of submissiveness: Implications for victimization, *journal of Psychology*, v. 125, n. 4, p. 407-411, 1991.

RICHELLE, M. N. *B. F. Skinner: A reappraisal*. Hillsdale: Erlbaum, 1995.

RICHTER, W. et al. Motor area activity during mental rotation studied by time-resolved single-trial fMRI. *Journal of Cognitive Neuroscience*, v. 12, n. 2, p. 310-320, 2000.

RICKETTS, M. S.; GALLOWAY, R. E. Effects of three different one-hour single-session treatments for test anxiety. *Psychological Reports*, v. 54, p. 113-119, 1994.

RIDEOUT, B. E. et al. Effect of music on spatial performance: A test of generality. *Perceptual & Motor Skills*, v. 86, n. 2, p. 512-514, 1998.

RIDEOUT, B. E.; TAYLOR, J. Enhanced spatial performance following 10 minutes exposure to music: A replication. *Perceptual & Motor Skills*, v. 85, n. 1, p. 112-114, 1997.

RIEFER, D. M. et al. Name that tune: Eliciting the tip-of-the-tongue experience using auditory stimuli. *Psychological Reports*, v. 77, n. 3, Parte. 2, p. 1379-1390.

RIEKE, M. L.; GUASTELLO, S. J. Unresolved issues in honesty and integrity testing. *American Psychologist*, p. 458-459, jun.1995.

RIQUELME, H. Can people creative in imagery interpret ambiguous figures faster than people less creative in imagery? *Journal of Creative Behavior*, v. 36, n. 2, p. 105-116, 2002.

RITTER, J. Uniforms changing the culture of the nation's classrooms. *USA Today*, 15 out. 1998. 1A, 2A

ROBERTS, B. W. et al. The kids are alright: Growth and stability in personality development from adolescence to adulthood, *Journal of Personality & Social Psychology*, v. 81, n.. 4, p. 670-683, 2001.

ROBERTS, R. Passenger fear of flying: Behavioural treatment with extensive *in-vivo* exposure and group support. *Aviation, Space, & Environmental Medicine*, v. 60, n. 4, p. 342-348, 1989.

ROBERTS, R. E. et al. The structure of ethnic identity of young adolescents from diverse ethnocultural groups. *Journal of Early Adolescence*, v. 19, n. 3, p. 301-322, 1999.

ROBINS, R. W. et al. Psychological science at the crossroads. *American Scientist*, v. 86, p. 310-313, jul./ago. 1998.

ROBINS, R. W. et al. An empirical analysis of trends in psychology. *American Psychologist*, v. 54, n. 2, p. 117-128, 1999.

ROBINSON, A.; CLINKENBEARD, P. R. Giftedness. *Annual Review of Psychology*, v. 49, p. 117-139, 1998.

ROBINSON, B. et al. Cult affiliation and disaffiliation. *Counseling & Values*, v. 41, n. 2, p. 166-173, 1997.

ROBINSON, T. N. et al. Effects of reducing children's television and video game use on aggressive behavior. *Archives of Pediatrics and Adolescent Medicine*, v. 155, n. 1, p. 17-23, 2001.

ROBINSON-RIEGLER, B.; McDaniel, M. Further constraints on the bizarreness effect: Elaboration at encoding. *Memory & Cognition*, v. 21, n. 6, p. 702-712, 1994.

ROBSON, P. Prewalking locomotor movements and their use in predicting standing and walking. *Child Care, Health & Development*, v. 10, p. 317-330, 1984.

ROEDIGER, H. L. Implicit memory. *American Psychologist*, v. 45, n. 9, p. 1043-1056, 1990.

ROEDIGER, H. L.; McDERMOTT, K. B. Creating false memories: Remembering words not presented on lists. *Journal of Experimental Psychology: Learning, Memory, and Cognition*, v. 22, n. 4, p. 803-814, 1995.

ROGERS, C. R. A theory of therapy, personality, and interpersonal relationships, as developed in the client-centered framework. In: KOCH , S. (Ed.), *Psychology: A study of a science*. Nova York: McGraw-Hill, 1959. v. 3.

ROGERS, C. R. *On becoming a person: A therapist's view of psychotherapy*. Boston: Houghton Mifflin, 1961.

ROGERS, S.; SILVER, S. M. Is EMDR an exposure therapy? A review of trauma protocols, *Journal of Clinical Psychology*, v. 58, n. 1, p. 43-59, 2002.

ROGERSON, J. Canine fears and phobias; A regime for treatment without recourse to drugs. *Applied Animal Behaviour Science*, v. 52, n. 3-4, p. 291-297, 1997.

ROHSENOW, D. J.; SMITH R. E. Irrational beliefs as predictors of negative affective states. *Motivation and Emotion*, v. 6, p. 299-301, 1982.

ROID, G. *Technical manual: Stanford-Binet Intelligence Scales* (5. ed.). Itasca, IL: Riverside, 2003.

ROLLMAN, G. B. Culture and pain. In: KAZARIAN, S. S. et al. (Eds.), *Cultural clinical psychology*. Nova York: Oxford University Press, 1998.

ROOS, P. E.; COHEN, L. H. Sex roles and social support as moderators of life stress adjustment, *Journal of Personality & Social Psychology*, v. 52, p. 576-585, 1987.

ROSCH, E. Classification of real-world objects: Origins and representations in cognition. In: JOHNSON-LAIRD, P. N.; WASON, P. C. (Eds.), *Thinking: Reading in cognitive science*. Cambridge: Cambridge University Press, 1977.

ROSE, R, J. Genes and human behavior. *Annual Review of Psychology*, v. 46, p. 625-654, 1995.

ROSEN, L. A. et al. Effects of sugar (sucrose) on children's behavior. *Journal of Consulting & Clinical Psychology*, v. 56, n. 4, p. 583-589, 1988.

ROSENBERG, L. B. The effect of interocular distance upon depth perception when using stereoscopic displays to perform work within virtual and telepres-ent environments. USAF AMRL Technical Report (Wright-Patterson), AL/CF-TR-1994-0052, jul. 1994.

ROSENKRANZ, M.A. et al. Affective style and *in vivo* immune response: Neu-robehavioral mechanisms. *Proceedings of the National Academy of Sciences*, v. 100, p. 11148-11152, 2003.

ROSENMAN, R. H. et al. Coronary heart disease in the Western Collaborative Group Study: Final follow-up experience of 8 1/2 years. *Journal of the American Medical Association*, v. 233, p. 872-877, 1975.

ROSENTHAL, N. E. *Winter blues: Seasonal affective disorder*. Nova York: Guilford Press, 1993.

ROSENTHAL, R. *Clever Hans: A case study of scientific method*. Introduction to *Clever Hans: (The horse of Mr. Von Osten)*, by O. Pfungst. Nova York: Holt, Rinehart & Winston, 1965.

ROSENTHAL, R. The Pygmalion effect lives. *Psychology Today*, set. 1973. p. 56-63.

ROSENTHAL, R. Science and ethics in conducting, analyzing, and reporting psychological research. *Psychological Science*, v. 5, p. 127-134, 1994.

ROSENTHAL, T. L. To soothe the savage breast. *Behavior Research & Therapy*, v. 31, n. 5, p. 439-462, 1993.

ROSENTHAL, T. L.; ROSENTHAL, R. The vicious cycle of stress reaction. Copyright, Renate and Ted Rosenthal, Stress Management Clinic, Department of Psychiatry, University of Tennessee College of Medicine, Memphis, Tennessee, 1980.

ROSENTHAL, T. L.; STEFFEK, B. D. Modeling methods. In: KANFER, F. H.; GOLDSTEIN, A. P. (Eds.), *Helping people change*. Elmsford, NY: Pergamon, 1991.

ROSENZWEIG, M. R. Continuity and change in the development of psychology around the world. *American Psychologist*, v. 54, n. 4, p. 252-259, 1999.

ROSS, D. C. et al. Handedness in the NAS/NRC Twin Study. *Laterality*, v. 4, n. 3, p. 257-264, 1999.

ROSSELL, S. L. et al. Sex differences in functional brain activation during a lexical visual field task. *Brain & Language*, v. 80, n. 1, p. 97-105, 2002.

ROTHBAUM, B. O. et al. Effectiveness of computer-generated (virtual reality) graded exposure in the treatment of acrophobia. *American journal of Psychiatry*, v. 152, n. 4, p. 626-628, 1995.

ROTHBAUM, B. O. et al. Virtual reality exposure therapy in the treatment of fear of flying: A case report. *Behaviour Research & Therapy*, v. 34, n. 5-6, p. 477-481, 1996.

ROTTER, J. B.; HOCHREICH, D. J. *Personality*. Glenview, IL: Scott, Foresman, 1975.

ROWE, D. C. et al. Parental smoking and the "epidemic" spread of cigarette smoking, *journal of Applied Social Psychology*, v. 26, n. 5, p. 437-454, 1996.

RUBIN, D. C. The subtle deceiver: Recalling our past. *Psychology Today*, set. 1985. p. 38-46.

RUBIN, V.; COMITAS, L. (Eds.). *Ganja in Jamaica*. The Hague: Mouton, 1975.

RUBIN, Z. Measurement of romantic love. *Journal of Personality & Social Psy-chology*, v. 16, p. 265-273, 1970.

RUBIN, Z. *Liking and loving: An invitation to social psychology*. Nova York: Holt, 1973.

RUSSELL, T. G. et al. Subliminal self-help tapes and academic achievement: An evaluation. *Journal of Counseling and Development*, v. 69, p. 359-362, mar./abr. 1991.

RUSSO, M. B. et al. Conversion disorder presenting as multiple sclerosis. *Military Medicine*, v. 163, n. 10, p. 709-710, 1998.

RUSSO, N. F. Forging research priorities for women's mental health. *American Psychologist*, v. 45, n. 3, p. 368-373, 1990.

RUTLEDGE, T.; LINDEN, W. To eat or not to eat: Affective and physiological mechanisms in the stress-eating relationship, *Journal of Behavioral Medicine*, v. 21, n. 3, p. 221-240.

RUTTER, M. Maternal deprivation. In: BORNSTEIN, M. H. (Ed.), *Handbook of parenting,.* Mahwah, NJ; Erlbaum, 1995. v. 4.

RYAN, M. P. Conceptual models of lecture learning. *Reading Psychology*, v. 22, n. 4, p. 289-312, 2001.

RYAN, R. M.; DECI, E. L. Self-determination theory and the facilitation of intrinsic motivation, social development, and well-being. *American Psychologist*, v. 55, n. 1, p. 68-78, 2000.

RYFF, C. D. Psychological well-being in adult life. *Current Directions in Psychological Science*, v. 4, n. 4, p. 99-104, 1995.

RYFF, C. D.; KEYES, C. L. The structure of psychological well-being revisited. *Journal of Personality & Social Psychology*, v. 69, n. 4, p. 719-727, 1995.

RYFF, C. D.; SINGER, B. Interpersonal flourishing. *Personality and Social Psychology Review*, v. 4, p. 30-44, 2000.

SAADEH, W. et al. Spanking. *Clinical Pediatrics*, v. 41, n. 2, p. 87-88, 2002.

SAARILUOMA, P. Location coding in chess. *Quarterly Journal of Experimental Psychology: Human Experimental Psychology*, v. 47A, n. 3, p. 607-630, 1994.

SACKEIM, H. A. et al. Continuation pharmacotherapy in the prevention of relapse following electroconvulsive therapy. *Journal of the American Medical Association*, v. 285, p. 1299-1307, 2001.

SACKS, O. *Seeing voices*. Nova York: Harper Perennial, 1990.

SADKER, M.; SADKER, D. *Failing at fairness: How America's schools cheat girls*. Nova York: Scribner's, 1994.

SAHELIAN, R. *5-HTP*. Wakeleild, Rl: Moyer Bell, 1998.

SALMON, P. Effects of physical exercise on anxiety, depression, and sensitivity to stress: A unifying theory. *Clinical Psychology Review*, v. 21, n.1, p. 33-61, 2001.

SALOVEY, P.; MAYER, J. *Emotional development and emotional intelligence*. Nova York: Bask, 1997.

SALOVEY, P.; SINGER, J. A. Mood con-gruency effects in recall of childhood versus recent memories, *Journal of Social Behavior & Personality*, v. 4, n. 2, p. 99-120, 1989.

SAMPSON, E. E. Identity politics. *American Psychologist*, v. 48, n. 12, p. 1219-1230, 1993.

SANSONE, R. A. et al. Panic disorder, *Journal of Women's Health*, v. 7, n. 8, p. 983-989, 1998.

SARASON, I. G. lest anxiety, stress, and social support, *Journal of Personality*, v. 49, p. 101-114, 1981.

SAUDINO, K. J. et al. Can personality explain genetic influences on life events? *Journal of Personality & Social Psychology*, v. 72, n. 1, p. 196-206, 1997.

SAUNDERS, T. et al. The effect of stress inoculation training on anxiety and performance, *Journal of Occupational Health Psychology*, v. 1, n. 2, p. 170-186, 1996.

SAVAGE-RUMBAUGH, E. S. et al. Language comprehension in ape and child. *Monographs of the Society for Research in Child Development*, v. 58, n. 3-4, v-221, 1993.

SAVAGE-RUMBAUGH, S.; LEWIN, R. *Kanzi*. Nova York: Wiley, 1996.

SAVAGE-RUMBAUGH, S. et al. Symbols: Their communicative use, comprehension, and combination by bonobos (Pan paniscus). *Advances in Infancy Research*, v. 6, p. 221-278, 1990.

SAWA, A.; SNYDER, S. H. Schizophrenia: Diverse approaches to a complex disease. *Science*, v. 296, n. 5568, p. 692-695, 2002.

SAXE, L. Lying. *American Psychologist*, v. 46, n. 4, p. 409-415, 1991.

SAXE, L. et al. The validity of polygraph testing. *American Psychologist*, v. 40, p. 355-366, 1985.

SCARR, S. American child care today. *American Psychologist*, v. 53, n. 2, p. 95-108, 1998.

SCHACHTER, S. *Psychology of affiliation*. Stanford, CA: Stanford University Press, 1959.

SCHACHTER, S.; WHEELER, L. Epinephrine, chlorpromazine and amusement. *Journal of Abnormal and Social Psychology*, v. 65, p. 121-128, 1962.

SCHACTER, D. L. *Searching for memory*. Nova York: Basic, 1996.

SCHACTER, D. L. The seven sins of memory. *American Psychologist*, v. 54, n. 3, p. 194-201, 1999.

SCHACTER, D. L. *The seven sins of memory*. Boston, MA: Houghton Mifflin, 2001.

SCHACTER, D. L. et al. The cognitive neuroscience of constructive memory. *Annual Review of Psychology*, v. 49, p. 289-318, 1998.

SCHAFER, M.; CRICHLOW, S. Antecedents of groupthink: A quantitative study. *Journal of Conflict Resolution*, v. 40, n. 3, p. 415-435, 1996.

SCHAIE, K. W. Ageism in psychological research. *American Psychologist*, v. 43, n. 3, p. 179-183, 1988.

SCHAIE, K. W. The course of adult intellectual development. *American Psychologist*, v. 49, n. 4, p. 304-313, 1994.

SCHALLER, S. *A man without words*. Nova York: Summit, 1991.

SCHECK, B. et al. *Actual innocence*. Nova York: Doubleday, 2000.

SCHECK, M. M. et al. Brief psychological intervention with traumatized young women. *Journal of Traumatic Stress*, v. 11, n. 1, p. 25-44, 1998.

SCHEIN, E. H. et al. *Coercive persuasion*. Nova York: Norton, 1961.

SCHICK, T.; VAUGHN, L. How to think about weird things: Critical thinking for a new age. Mountain View, CA: Mayfield, 1995.

SCHICK, T.; VAUGHN, L. How to think about weird things: Critical thinking for a new age. Nova York: McGraw-Hill, 2001.

SCHIRALDI, G. R.; BROWN, S. L. Primary prevention for mental health: Results of an exploratory cognitive-behavioral college course. *Journal of Primary Prevention*, v. 22, n. 1, p. 55-67, 2001.

SCHLOSBERG, H. Three dimensions of emotion. *Psychological Review*, v. 61, p. 81-88, 1954.

SCHMITT, D. P.; BUSS, D. M. Strategic self-promotion and competitor derogation. *Journal of Personality & Social Psychology*, v. 70, n. 6, p. 1185-1204, 1996.

SCHMITT, E. U. S. now more diverse, ethnically and racially. *The New York Times*, 1 abr. 2001. p. A-18.

SCHMOLCK, H. et al. Memory distortions develop over time. *Psychological Science*, v. 11, n. 1, p. 39-45, 2000.

SCHNEIDER, C. *Children's television: The art, the business, and how it works*. Chicago: NTC Business Books, 1987.

SCHNEIDER, H. G.; SHUGAR, G. J. Audience and feedback effects in computer learning. *Computers in Human Behavior*, v. 6, n. 4, p. 315-321, 1990.

SCHNEIDER, K. J. et al. Introduction. *The Handbook of Humanistic Psychology*, Thousand Oaks, GA: Sage, 2001.

SCHNEIDERMAN, N. Health psychology. *Annual Review of Psychology*, v. 52, p. 555-580, 2001.

SCHOOLER, C. et al. Moving toward synergy: Media supplementation in the Stanford Five-City Project. *Communication Research*, v. 20, n. 4, p. 587-610, 1993.

SCHOTTE, D. F. et al. Film-induced negative affect triggers overeating in restrained eaters. *Journal of Abnormal Psychology*, v. 99, n. 3, p. 317-320, 1990.

SCHOUTEN, S. A. An overview of quantitatively evaluated studies with mediums and psychics. *Journal of the American Society for Psychical Research*, v. 88, n. 3, p. 221-254, 1994.

SCHREDL, M. Creativity and dream recall. *Journal of Creative Behavior*, v. 29, n. 1, p. 16-24, 1995.

SCHREIBER, E. H.; SCHREIBER, D. E. Use of hypnosis with witnesses of vehicular homicide. *Contemporary Hypnosis*, v. 16, n. 1, p. 40-44, 1999.

SCHREIBER, F. R. *Sybil*. Chicago: Regency, 1973.

SCHROEDER, J. E. Self-concept, social anxiety, and interpersonal perception skills. *Personality & Individual Differences*, v. 19, n. 6, p. 955-958, 1995.

SCHUEL, H. et al. Cannabinoid receptors in sperm. In: NAHAS, G. et al. (Eds.), *Marihuana and medicine*. Totowa, NJ: Humana Press, 1999.

SCHUM, T. R. et al. Factors associated with toilet training in the 1990s. *Ambulatory Pediatrics*, v. 1, n. 2, p. 79-86, 2001.

SCHUNK, D. H. Goal setting and self-efficacy during self-regulated learning. Special issue: Self-regulated learning and academic achievement. *Educational Psychologist*, v. 25, n. 1, p. 71-86, 1990.

SCHUSTER, M. A. et al. A national survey of stress reactions after the September 11, 2001, terrorist attacks. *New England Journal of Medicine*, v. 345, n. 20, p. 1507-1512, 2001.

SCHWARTZ, B.; ROBBINS, S. J. *Psychology of learning & behavior*. Nova York: Norton, 1995.

SCHWARTZ, L. L. The historical dimension of cultic techniques of persuasion and control. *Cultic Studies Journal*, v. 8, n. 1, p. 37-45, 1991.

SCHWEICKERT, R. A multinomial processing tree model for degradation and redintegration in immediate recall. *Memory & Cognition*, v. 21, n. 2, p. 168-175, 1993.

SCLAFANI, A.; SPRINGER, D. Dietary obesity in adult rats: Similarities to hypo-thalamic and human obesity syndromes. *Psychology and Behavior*, v. 17, p. 461-471, 1976.

SCORBIA, A. et al. Immediate and persisting effects of misleading questions and hypnosis on memory reports. *Journal of Experimental Psychology: Applied*, v. 8, p. 26-32, 2002.

SCOTT, J. P.; GINSBURG, B. E. The Seville statement on violence revisited. *American Psychologist*, v. 49, n. 10, p. 849-850, 1994.

SCOTT, L.; O'HARA, M. W. Self-discrepancies in clinically anxious and depressed university students. *Journal of Abnormal Psychology* v. 102, n. 2, p. 282-287, 1993.

SCROPPO, J. C. et al. Identifying dissociative identity disorder: A self-report and pro-jective study. *Journal of Abnormal Psychology*, v. 107, n. 2, p. 272-284, 1998.

SCURFIELD, R. M. Commentary about the terrorist acts of September 11, 2001: Posttraumatic reactions and related social and policy issues. *Trauma Violence & Abuse*, v. 3, n. 1, p. 3-14, 2002.

SEAL, D. W.; PALMER-SEAL, D. A. Barriers to condom use and safer sex talk among college dating couples. *Journal of Community & Applied Social Psychology*, v. 6, n. 1, p. 15-33, 1996.

SEARS, R. R. et al. *Patterns of child rearing*. Evanston, IL: Row, Peterson, 1957.

SECKEL, A. *The an of optical illusions*. London: Carlton Books, 2000.

SEGALL, M. H. et al. Cross-cultural psychology as a scholarly discipline. *American Psychologist*, v. 53, n. 10, p. 1101-1110, 1998.

SEIDMAN, B. F. Medicine wars. *Skeptical Inquirer*, jan./fev. 2001. p. 28-35.

SELIGMAN, M. E. P. For helplessness: Can we immunize the weak? In *Readings in psychology today* (2nd ed.). Del Mar, CA: CRM, 1972.

SELIGMAN, M. E. P. *Helplessness*. New-York: Freeman, 1989.

SELIGMAN, M. E. P. *What you can change and what you can't*. Nova York: Knopf, 1994.

SELIGMAN, M. E. P. The effectiveness of psychotherapy. *American Psychologist*, v. 50, n. 12, p. 965-974, 1995.

SELIGMAN, M. E. P. Why therapy works. *APA Monitor*, v. 29, n. 12, p. 2, 1998.

SELIGMAN, M. E. P. ; CSIKSZENT-MIHALY, M. Positive psychology: An introduction. *American Psychologist*, v. 55, p. 5-14, 2000.

SELYE, H. *The stress of life*. Nova York: Knopf, 1976.

SENDEN, M. V. *Space and sight*. Translated by P. Heath. Glencoe, IL: Free Press, 1960.

SERBIN, L. A.; O'LEARY, K. D. How nursery schools teach girls to shut up. *Psychology Today*, p. 57-58, 102-103, dez. 1975.

SEYBOLT, D. C.; WAGNER, M. K. Self-reinforcement, gender-role, and sex of participant in prediction of life satisfaction. *Psychological Reports*, v. 81, n. 2, p. 519-522, 1997.

SHAFFER, D. R. *Developmental psychology*. Pacific Grove, CA: Brooks/Cole, 1999.

SHAFFER, J. B.; GALINSKY, M. D. *Models of group therapy*. Englewood Cliffs, NJ: Prentice Hall, 1989.

SHAFIR, E. Choosing versus rejecting: Why some options are both better and worse than others. *Memory and Cognition*, v. 21, p. 546-556, 1993.

SHAFTON, A. *Dream reader*. Albany, NY: SUNY Press, 1995.

SHALEV, A. Y. What is posttraumatic stress disorder? *Journal of Clinical Psychiatry*, v. 62, p. 4-10, 2001. (Suplemento 17).

SHAPIRO, F. *Eye movement desensitization and reprocessing*. Nova York: Guilford, 1995.

SHARMA, T. et al. Brain changes in schizophrenia. *British Journal of Psychiatry*, v. 173, p. 132-138, ago.1998.

SHAW, G. L. *Keeping Mozart in mind*. San Diego, CA: Academic, 1999.

SHAYWITZ, S. E.; GORE, J. C. Sex differences in functional organization of the brain for language. *Nature*, v. 373, n. 6515, p. 607, 1995.

SHEEHAN, P. W.; STATHAM, D. Hypnosis, the timing of its introduction, and acceptance of misleading information. *Journal of Abnormal Psychology*, v. 98, n. 2, p. 170-176, 1989.

SHEEHY, M.; COURNOS, F. What Is Mental Illness? In: KASS, F. I. et al. (Eds.), *The Columbia University College of Physicians and Surgeons*

Complete Home Guide to Mental Health. Nova York: Sharpe Communications/Henry Holt, 1992.

SHELDON, K. M.; ELLIOT, A. J. Goal Striving, Need Satisfaction, and Longitudinal Weil-Being. *Journal of Personality and Social Psychology,* v. 76, n. 3, p. 482-497, 1999.

SHELDON, K. M. et al. Trait self and true self: Cross-role variation in the Big-Five personality traits and its relations with psychological authenticity and subjective well-being. *Journal of Personality & Social Psychology,* v. 73, n. 6, p. 1380-1393, 1997.

SHEPARD, R. N. Form, formation, and transformation of internal representations. In: SOLSO, R. L. (Ed.), *Information processing and cognition: The Loyola Symposium.* Hillsdale, NJ: Erlbaum, 1975.

SHERIF, M. et al. *Intergroup conflict and cooperation: The Robbers Cave experiment.* University of Oklahoma, Institute of Group Relations, 1961.

SHNEIDMAN, E. S. At the point of no return. *Psychology Today,* p. 54-58, mar. 1987a.

SHNEIDMAN, E. S. Psychological approaches to suicide. In: VANDENBOS, G. R.; BRYANT, B. K. (Eds.), *Cataclysms, crises, and catastrophes: Psychology in action.* Washington, DC: American Psychological Association, 1987b.

SHORE, H. Personal communication, 2003.

SHORE, L. A. Skepticism in light of scientific literacy. *Skeptical Inquirer,* v. 15, p. 3-4, 1990, Fall.

SHURKIN, J. N. *Terman's kids.* Boston: Little, Brown, 1992.

SHWEDER, R. A. Why cultural psychology? *Ethos.* v. 27, n. 1, p. 62-73, 1999.

SIAU, K. L. Group creativity and technology. *Journal of Creative Behavior,* v. 29, n. 3, p. 201-216, 1996.

SIEGLER, R. S. Mechanisms of cognitive development. *Annual Review of Psychology,* v. 40, p. 353-379, 1989.

SIEVER, L. J.; KOENIGSBERG, H. W. The frustrating no-man's-land of borderline personality disorder. *Cerebrum,* v. 2, n. 4, p. 85-99, 2000.

SILVA, C. E.; KIRSCH, I. Interpretive sets, expectancy, fantasy proneness, and dissociation as predictors of hypnotic response. *Journal of Personality & Social Psychology,* v. 63, n. 5, p. 847-856, 1992.

SILVERMAN, K. et al. Withdrawal syndrome after the double-blind cessation of caffeine consumption. *New England Journal of Medicine,* v. 327, n. 16, p. 1109-1114, 1992.

SIMON, A. Aggression in a prison setting as a function of lunar phases. *Psychological Reports,* v. 82, n. 3, Parte 1, p. 747-752, 1998.

SIMONS, D. J.; CHABRIS, C. F. Gorillas in our midst: Sustained inattentional blindness for dynamic events. *Perception,* v. 28, p. 1059-1074, 1999.

SIMONS, D. J.; LEVIN, D. T. Failure to detect changes to people during a real-world interaction. *Psychonomic Bulletin & Review,* v. 5, n. 4, p. 644-649, 1998.

SIMPSON, D. D. et al. A national evaluation of treatment outcomes for cocaine dependence. *Archives of General Psychiatry,* v. 57, n. 6, p. 507-514, 1999.

SINGER, L. T. et al. Neonatal visual information processing in cocaine-exposed and non-exposed infants. *Infant Behavior & Development,* v. 22, n. 1, p. 1-15, 1999.

SINGER, M. T.; Addis, M. E. Cults, coercion, and contumely. *Cultic Studies Journal,* v. 9, n. 2, p. 163-189, 1992.

SINGH, N. N. et al.. Culture and mental health: Nonverbal communication. *Journal of Child & Family Studies,* v. 7, n. 4, p. 403-409, 1998.

SIRKIN, M. I. Cult involvement: A systems approach to assessment and treatment. *Psychotherapy,* v. 27, n. 1, p. 116-123, 1990.

SISON, C. E. et al. Constricted expressiveness and psychophysiological reactivity in schizophrenia. *Journal of Nervous & Mental Disease,* v. 184, n. 10, p. 589-597, 1996.

SKEELS, H. M Adult status of children with contrasting early life experiences. *Monograph of the Society for Research in Child Development,* v. 31, n. 3, 1966.

SKINNER, B. F. *The behavior of organisms.* Englewood Cliffs, NJ: Prentice-Hall, 1938.

SKIPTON, L. H. The many faces of character. *Consulting Psychology Journal: Practice & Research,* v. 49, n. 4, p. 235-245, 1997.

SKRANDIES, W. et al. Topography of evoked brain activity during mental arithmetic and language tasks: Sex differences. *Neuropsychologia,* v. 37, n. 4, p. 421-430, 1999.

SKUY, M. et al. Effects of mediated learning experience on Raven's matrices scores of African and non-African university students in South Africa. *Intelligence,* v. 30, n. 3, p. 221-232, 2002.

SLABY, A. E. et al. *No one say my pain.* Nova York: Norton, 1994.

SLATER, A. et al. Form perception at birth: Cohen and Younger (1984) revisited. *Journal of Experimental Child Psychology* v. 51, n. 3, p. 395-406, 1991.

SLEDGE, W. H. et al. Day hospital/crisis respite care versus inpatient care: I. Clinical outcomes. *American Journal of Psychiatry,* v. 153, n. 8, p. 1065-1073, 1996.

SLEEK, S. Online therapy services raise ethical questions. *APA Monitor,* nov. 1995. p. 9.

SLEEK, S. How are psychologists portrayed on screen? *APA Monitor,* nov. 1998. p. 11.

SLOT, L. A. B.; COLPAERT, F. C. Recall rendered dependent on an opiate state. *Behavioral Neuroscience,* v. 113, n. 2, p. 337-344, 1999.

SLOTKIN, T. A. Fetal nicotine or cocaine exposure: which one is worse?, 1998.

SMITH, A. et al. Effects of a low dose of caffeine given in different drinks on mood and performance. *Human Psychopharmacology Clinical & Experimental,* v. 14, n. 7, p. 473-482, 1999.

SMITH, C. et al. On differentiation: A case study of the development of the concepts of size, weight, and density. *Cognition,* v. 21, n. 3, p. 177-237, 1985.

SMITH, E. E. Concepts and induction. In: POSNER, M. I. (Ed.), *Foundations of cognitive science,* Cambridge, MA: The MIT Press, 1989.

SMITH, K. E. et al. Does the content of mothers' verbal stimulation explain differences in children's development of verbal and nonverbal cognitive skills? *Journal of School Psychology,* v. 38, n. 1, p. 27-49, 2000.

SMITH, L. F. The effects of confidence and perception of test-taking skills on performance. *North American Journal of Psychology,* v. 4, n. 1, p. 37-50, 2002.

SMITH, R. W.; KOUNIOS, J. Sudden insight: All-or-none processing revealed by speed-accuracy decomposition, *Journal of Experimental Psychology: Learning, Memory, & Cognition,* v. 22, n. 6, p. 1443-1462, 1996.

SMITH, S. M. et al. Are the beautiful good in Hollywood? *Basic & Applied Social Psychology,* v. 21, n. 1, p. 69-80, 1999.

SMITH, W. P. et al. Meditation as an adjunct to a happiness enhancement program, *Journal of Clinical Psychology,* v. 51, n. 2, p. 269-273, 1995.

SMYTH, M. M.; WALLER, A. Movement imagery in rock climbing. *Applied Cognitive Psychology,* v. 12, n. 2, p. 145-157, 1998.

SNOWDEN, P. L.; CHRISTIAN, L. G. Parenting the young gifted child: Supportive behaviors. *Roeper Review,* v. 21, n. 3, p. 215-221, 1999.

SNYDERMAN, M.; ROTHMAN, S. Survey of expert opinion on intelligence and aptitude testing. *American Psychologist,* v. 42, n. 2, p. 137-144, 1987.

SOBEL, E. et al. Condom use among HIV/ infected patients in South Bronx, Nova York. *AIDS,* v. 10, n. 2, p. 235-236, 1996.

SOLOWIJ, N. et al. Cognitive functioning of long-term heavy cannabis users seeking treatment, *Journal of the American Medical Association,* v. 287, p. 1123-1131, 2002.

SOMBERG, D. R. et al. Informed consent: Therapist's beliefs and practices. *Professional Psychology: Research & Practice,* v. 24, n. 2, p. 153-159, 1993.

SOUSSIGNAN, R. Duchenne smile, emotional experience, and autonomic reactivity. *Emotion,* v. 2, n. 1, p. 52-74, 2002.

SPANGENBERG, J. J.; LATEGAN, T. P. Coping, androgyny, and attributional style. *South African Journal of Psychology,* v. 23, n. 4, p. 195-203, 1993.

SPERRY, R. W. Hemisphere deconnection and unity in conscious awareness. *American Psychologist,* v. 23, p. 723-733, 1968.

SPERRY, R. W. The riddle of consciousness and the changing scientific worldview. *Journal of Humanistic Psychology,* v. 35, n. 2, p. 7-33, 1995.

SPIEGLER, M. D.; GUEVREMONT, D. C. *Contemporary behavior therapy.* Belmont, CA: Wadsworth, 2003.

SPORER, S. L. Recognizing faces of other ethnic groups. *Psychology, Public Policy, and Law,* v. 7, n. 1, p. 36-97, 2001.

SPRECHER, S. Insiders' perspectives on reasons for attraction to a close other. *Social Psychology Quarterly,* v. 61, n. 4, p. 287-300, 1998.

SPRINGER, S. P.; DEUTSCH, G. *Left brain, right brain.* Nova York: Freeman, 1998.

SQUIRE, L. R.; ZOLA-MORGAN, S. Memory: Brain systems and behavior. *Trends in Neurosciences,* v. 11, n. 4, p. 170-175, 1998.

SQUIRE, L. R. et al. The structure and organization of memory. In: PORTER, L. W.; ROSENZWEIG, M. R. (Eds.), *Annual Review of Psychology,* v. 44, p. 453-495, 1993.

STANOVICH, K. E. *How to think straight about psychology.* Boston: Allyn & Bacon, 2001.

STAUM, M. J.; BROTONS, M. The influence of auditory subliminals on behavior. *Journal of Music Therapy,* v. 29, n. 3, p. 130-185, 1992.

STEBLAY, N. M. A meta-analytic review of the weapon focus effect. *Law and Human Behavior,* v. 16, p. 413-424, 1992.

STEELE, K. M. et al. The mystery of the Mozart effect: Failure to replicate. *Psychological Science*, v. 10, n. 4, p. 366-369, 1999.

STEELE, K. M. et al. Failure to confirm the Rauscher and Shaw description of recovery of the Mozart effect. *Perceptual & Motor Skills*, v. 88, n. 3, Parte 1, p. 843-848, 1999.

STEFANIS, C. et al. *Hashish: A study of long-term use*. Nova York: Raven, 1977.

STEIN, M. I. *Stimulating creativity* Nova York: Academic, 1974. v. 1.

STEIN, M. et al. Depression and the immune system. In: ADER, R. et al. (Eds.), *Psychoneuroimmunology II*. Nova York: Academic Press, 1990.

STEINBERG, L. D. et al. Economic antecedents of child abuse and neglect. *Child Development*, v. 52, p. 975-985, 1981.

STEINHAUSEN, H.; SPOHR, H. Long-term outcome of children with fetal alcohol syndrome. *Alcoholism: Clinical & Experimental Research*. v. 22, n. 2, p. 334-338, 1998.

STEPHAN, W. et al. Sexual arousal and heterosexual perception. *Journal of Personality & Social Psychology*, v. 20, n. 1, p. 93-101, 1971.

STEPHENS, K. et al. Use of nonverbal measures of intelligence in identification of culturally diverse gifted students in rural areas. *Perceptual & Motor Skills*, v. 88, n. 3, Parte l, p. 793-796, 1999.

STERIADE, M.; McCARLEY, R. W. Brainstem control of wakefulness and sleep. Nova York: Plenum, 1990.

STERMAN, M. B. Physiological origins and functional correlates of EEG rhythmic activities: Implications for self-regulation. *Biofeedback & Self Regulation*, v. 21, n. 1, p. 3-33, 1996.

STERN, D. Some interactive functions of rhythm changes between mother and infant. In: DAVIS, M. (Ed.), *Interaction rhythms, periodicity in communicative behavior*. Nova York: Human Sciences Press, 1982.

STERNBERG, E. M. *The balance within: The science of connecting health with emotions*. Nova York: Freeman, 2000.

STERNBERG, R. J.; DAVIDSON, J. D. The mind of the puzzler. *Psychology Today*, jun. 1982.

STERNBERG, R. J. *Successful intelligence*. Nova York: Simon & Schuster, 1996.

STERNBERG, R. J. What is the common thread of creativity? *American Psychologist*, v. 56, n. 4, p. 360-362, 2001.

STERNBERG, R. J.; LUBARI, T. I. *Defying the crowd*. Nova York: The Free Press, 1995.

STERNBERG, W. F. et al. Competition alters the perception of noxious stimuli in male and female athletes. *Pain*, v. 76, n. 1-2, p. 231-238, 1998.

STEWART, A. J.; OSTROVE, J. M. Women's personality in middle age. *American Psychologist*, v. 53, n. 11, p. 1185-1194, 1998.

STEWART, J. V. *Astrology: What's really in the stars*. Amherst, NY: Prometheus, 1996.

STICKGOLD, R.. et al. Sleep, learning, and dreams: Off-line memory reprocessing. *Science*, v. 294, n. 5544, p. 1052-1057, 2001.

STILES, W. B. et al. Relations of the alliance with psychotherapy outcome, *Journal of Consulting & Clinical Psychology*, v. 66, n. 5, p. 791-802, 1998.

STOCKHORST, U. et al. Conditioned nausea and further side-effects in cancer chemotherapy. *Journal of Psychophysiology*, v. 12, p. 14-33, 1998. (Suplemento 1).

STOKES, D. M. The shrinking file-drawer. *Skeptical Inquirer*, maio/ jun. 2001. p. 22-25.

STOKOE, W. C. *Language in hand: Why sign came before speech*. Washington, DC: Gallaudet University Press, 2001.

STOLERMAN, I. P.; JARVIS, M. J. The scientific case that nicotine is addictive. *Psychopharmacology*, v. 117, n. 1, p. 2-10, 1995.

STONE, J. et al. "White men can't jump." *Basic and Applied Social Psychology*, v. 19, n. 3, p. 291-306, 1997.

STONEY, S.; WILD, M. Motivation and interface design: Maximising learning opportunities, *Journal of Computer Assisted Learning*, v. 4, n. 1, p. 40-50, 1998.

STORCK, L. E. Cultural psychotherapy. *Group*, v. 21, n. 4, p. 331-349, 1997.

STRACK. F. et al. Inhibiting and facilitating conditions of facial expressions: A non-obtrusive test of the facial feedback hypothesis. *Journal of Personality & Social Psychology*, v. 54, p. 768-777, 1988.

STRANEVA, P. A. et al. Menstrual cycle, beta-endorphins, and pain sensitivity in premenstrual dysphoric disorder. *Health Psychology*, v. 27, n. 4, p. 358-367, 2002.

STRAUS, M. A.; MOURADIAN, V. E. Impulsive corporal punishment by mothers and antisocial behavior and impulsiveness of children. *Behavioral Sciences & the Law*, v. 16, n. 3, p. 353-374, 1998.

STRAYER, D. L. et al. Cell phone-induced failures of visual attention during simulated driving. *Journal of Experimental Psychology: Applied*, v. 9, n. 1, p. 23-32, 2003.

STRICKLER, E. M.; VERBALIS, J. G. Hormones and behavior: The biology of thirst and sodium appetite. *American Scientist*, maio/jun. 1988. p. 261-267.

STRONGMAN, K. T. *The psychology of emotion*. Nova York: Wiley, 1996.

STROTE, J. et al. Increasing MDMA use among college students: Results of a national survey. *Journal of Adolescent Health*, v. 30, n. 1, p. 64-72, 2002.

STURGES, J. W.; STURGES, L. V. In vivo *systematic desensitization* in a single-session treatment of an 11-year old girl's elevator phobia. *Child & Family Behavior Therapy*, v. 20, n. 4, p. 55-62, 1998.

SUE, S. In search of cultural competence in psychotherapy and counseling. *American Psychologist*, v. 53, n. 4, p. 440-448, 1998.

SUEDFELD, P. Restricted environmental stimulation and smoking cessation. *International journal of Addictions*, v. 25, n. 8, p. 861-888, 1990.

SUEDFELD, P.; BORRIE, R. A. Health and therapeutic applications of chamber and flotation restricted environmental stimulation therapy (REST). *Psychology & Health*, v. 14, n. 3, p. 545-566, 1999.

SUINN, R. M. *Fundamentals of behavior pathology* (2. ed.). Nova York: Wiley, 1975.

SUINN, R. M. Scaling the summit: Valuing ethnicity. *APA Monitor*, p. 2, mar. 1999.

SUINN, R. M. The terrible twos—Anger and anxiety. *American Psychologist*, v. 56, n. 1, p. 27-36, 2001.

SULLIVAN, M. et al. Community leadership opportunities for psychologists. *Professional Psychology: Research and Practice*, v. 29, n. 41, p. 328-331, 1998.

SUMERLIN, J. R. Self-actualization and hope. *Journal of Social Behavior & Personality*, v. 12, n. 4, p. 1101-1110, 1997.

SUMERLIN, J. R.; BUNDRICK, C. M. Brief Index of Self-Actualization: A measure of Maslow's model, *Journal of Social Behavior & Personality*, v. 11, n. 2, p. 253-271, 1996.

SWAN, G. E.; DENK, C. E. Dynamic models for the maintenance of smoking cessation: Event history analysis of late relapse, *Journal of Behavioral Medicine*, v. 10, n. 6, p. 527-554, 1987.

SWANSON, M. W. et al. Prenatal cocaine and neuromotor outcome at four months: Effect of duration of exposure. *Journal of Developmental & Behavioral Pediatrics*, v. 20, n. 5, p. 325-334, 1999.

SWAYZE, V. W. Frontal leukotomy and related psychosurgical procedures in the era before antipsychotics (1935-1954): A historical overview. *American Journal of Psychiatry*, v. 152, n. 4, p. 505-515, 1995.

SWIM, J. K.; SANNA, L. J. He's skilled, she's lucky: A meta-analysis of observers' attributions for women's and men's successes and failures. *Personality & Social Psychology Bulletin*, v. 22, n. 5, p. 507-519, 1996.

TALLEY, P. F. et al. Matchmaking in psychotherapy: Patient-therapist dimensions and their impact on outcome, *Journal of Consulting & Clinical Psychology*, v. 58, n. 2, p. 182-188, 1990.

TALLIS, F. Compulsive washing in the absence of phobic and illness anxiety. *Behaviour Research & Therapy*, v. 34, n. 4, p. 361-362, 1996.

TAMIS-LeMONVDA, C. S.; BORNSTEIN, M. H. Specificity in mother-toddler language-play relations across the second year. *Developmental Psychology*, v. 30, n. 2, p. 283-292, 1994.

TANG, S.; HALL, V. C. The overjustification effect: A meta-analysis. *Applied Cognitive Psychology*, v. 9, n. 5, p. 365-404, 1995.

TANNER, J. M. Growing up. *Scientific American*, set. 1973. p. 34-43.

TARABAN, R. et al. College students' academic performance and self-reports of comprehension strategy use. *Reading Psychology*, v. 21, n. 4, p. 283-308, 2000.

TARDIF, T. Z.; STERNBERG, R. J. What do we know about creativity? In: STERNBERG, R. I. (Ed.), *The nature of creativity*. Cambridge University Press, 1988.

TART, C. T. Consciousness, altered states, and worlds of experience, *Journal of Transpersonal Psychology*, v. 18, n. 2, p. 159-170, 1986.

TAVRIS, C. *The mismeasure of woman*. Nova York: Touchstone/Simon & Schuster, 1992.

TAYLOR, S. H. et al. Psychological resources, positive illusions, and health. *American Psychologist*, v. 55, n. 1, p. 99-109.

TENG, H.; SQUIRE, L. R. Memory for places learned long ago is intact after hippocampal damage. *Nature*, v. 400, n. 6745, p. 675-677, 1999.

TEPLIN, L. A. et al. Does psychiatric disorder predict violent crime among released jail detainees? *American Psychologist*, v. 49, n. 4, p. 335-342, 1994.

ter RIET, G. et al. Is placebo analgesia mediated by endogenous opioids? A systematic review. *Pain*, v. 76, n. 3, p. 273-275, 1998.

TERBORG, J. R. Health psychology in the United States. *Applied Psychology: An International Review*, v. 47, n. 2, p. 199-217, 1998.

TERMAN, L. M.; MERRILL, M. A. *Stanford-Binet Intelligence Scale*. Boston: Houghton Mifflin, 1937; revisado em 1960.

TERMAN, L. M.; ODEN, M. *The gifted group in mid-life. Genetic studies of genius*. Stanford, CA: Stanford University Press, 1959. v. 5.

TERRY, D. J.; HOGG, M. A. Group norms and the attitude-behavior relationship. *Personality & Social Psychology Bulletin*, v. 22, n. 8, p. 776-793, 1996.

THASE, M. E.; KUPFER, D. L. Recent developments in the pharmacotherapy of mood disorders. *Journal of Consulting & Clinical Psychology*, v. 64, n. 4, p. 646-659, 1996.

THELEN, E. Motor development. *American Psychologist*, v. 50, n. 2, p. 79-95, 1995.

"THEY'D KILL FOR $1 MILLION." *The Los Angeles Times*, 1 jul. 1991. p. A-8.

THIBODEAU, R.; ARONSON, E. Taking a closer look: Reasserting the role of self-concept in dissonance theory. *Personality and Social Psychology Bulletin*, v. 18, n. 5, p. 591-602, 1992.

THOMPSON, R. A.; NELSON, C. A. Developmental science and the media. *American Psychologist*, v. 56, n. 1, p. 5-15, 2001.

THOMPSON, R. F. Are memory traces localized or distributed? *Neuropsychologia*, v. 29, n. 6, p. 571-582, 1991.

TICE, D. M.; BAUMEISTER, R. F. Longitudinal study of procrastination, performance, stress, and health: The costs and benefits of dawdling. *Psychological Science*, v. 8, n. 6, p. 454-458, 1997.

TIERNY, J. Stitches: Good news: Better health linked to sin, sloth. *Hippocrates*, p. 30-35, set./out. 1987.

TIFFANY, S. T. et al. Treatments for cigarette smoking: An evaluation of the contributions of aversion and counseling procedures. *Behavior Research & Therapy*, v. 24, n. 4, p. 437-452, 1986.

TILL, B. D.; PRILUCK, R. L. Stimulus generalization in classical conditioning: An initial investigation and extension. *Psychology & Marketing*, v. 17, n. 1, p. 55-72, 2000.

TIMMERMAN, I. G. H. et al. The effects of a stress-management training program in individuals at risk in the community at large. *Behaviour Research & Therapy*, v. 36, n. 9, p. 863-875, 1998.

TIPPLES, J. et al. The eyebrow frown: A salient social signal. *Emotion*, v. 2, n. 3, p. 288-296, 2002.

TOBLER, N. S. et al. School-based adolescent drug prevention programs: 1998 meta-analysis. *Journal of Primary Prevention*, v. 20, p. 275-337, 2000.

TOLMAN, E. C.; HONZIK, C. H. Introduction and removal of reward and maze performance in rats. *University of California Publications in Psychology*, v. 4, p. 257-275, 1930.

TOLMAN, E. C. et al. Studies in spatial learning: II. Place learning versus response learning. *Journal of Experimental Psychology*, v. 36, p. 221-229, 1946.

TOMES, H. Diversity: psychology's life depends on it. *APA Monitor*, dez. 1998. p. 28.

TOMLINSON-KEASEY, C.; LITTLE, T. D. Predicting educational attainment, occupational achievement, intellectual skill, and personal adjustment among gifted men and women. *Journal of Educational Psychology*, v. 82, n. 3, p. 442-455, 1990.

TONEATTO, T. et al. Natural recovery from cocaine dependence. *Psychology of Addictive Behaviors*, v. 13, n. 4, p. 259-268, 1999.

TORRANCE, M. et al. Strategies for answering examination essay questions: Is it helpful to write a plan? *British Journal of Educational Psychology*, v. 61, n. 1, p. 46-54, 1991.

TORREY, E. F. *Surviving schizophrenia: A family manual*. Nova York: Harper & Row, 1988.

TORREY, E. F. *Out of the shadows*. Nova York: John Wiley & Sons, 1996.

TOWNSEND, J. M.; WASSERMAN, T. Sexual attractiveness. *Evolution & Human Behavior*, v. 19, n. 3, p. 171-191, 1998.

TREHARNE, G. J. et al. The effects of optimism, pessimism, social support, and mood on the lagged relationship between daily stress and symptoms. *Current Research in Social Psychology*, v. 7, n. 5, p. 60-81, 2001.

TREHUB, S. E. et al. Adults identify infant-directed music across cultures. *Infant Behavior & Development*, v. 16, n. 2, p. 193-211, 1993a.

TREHUB, S. E. et al. Maternal singing in cross-cultural perspective. *Infant Behavior & Development*, v. 16, n. 3, p. 285-295, 1993b.

TROLL, L. E.; SKAFF, M. M. Perceived continuity of self in very old age. *Psychology & Aging*, v. 12, n. 1, p. 162-169, 1997.

TRUAX, S. R. Active search, mediation, and the manipulation of cue dimensions: Emotion attribution in the false feedback paradigm. *Motivation and Emotion*, v. 7, p. 41-60, 1983.

TRUCHLICKA, M. et al. Effects of token reinforcement and response cost on the accuracy of spelling performance with middle-school special education students with behavior disorders. *Behavioral Interventions*, v. 13, n. 1, p. 1-10, 1998.

TSAI, G.; COYLE, J. T. Glutamatergic mechanisms in schizophrenia. *Annual Review of Pharmacology & Toxicology*, v. 42, p. 165-179, 2002.

TSE, L. Finding a place to be: Ethnic identity exploration of Asian Americans. *Adolescence*, v. 34, n. 133, p. 121-138, 1999.

TUCKER, P. et al. Predictors of posttraumatic stress symptoms in Oklahoma City. *Journal of Behavioral Health Services & Research*, v. 27, n. 4, p. 406-416, 2000.

TUHOLSKI, S. W. et al. Individual differences in working memory capacity and enumeration. *Memory & Cognition*, v. 29, n. 3, p. 484-492, 2001.

TULLEY, M.; CHIU, L. H. Student teachers and classroom discipline. *Journal of Educational Research*, v. 88, n. 3, p. 164-171, 1995.

TULVING, E. Remembering and knowing the past. *American Scientist*, v. 77, n. 4, p. 361-367, 1989.

TULVING, E. Episodic memory. *Annual Review of Psychology*, v. 53, p. 1-25, 2002.

TURKHEIMER, E. Heritability and biological explanation. *Psychological Review*, v. 105, n. 4, p. 782-791, 1998.

TURNER, S. J. M. The use of the reflective team in a psychodrama therapy group. *International Journal of Action Methods*, v. 50, n. 1, p. 17-26, 1997.

TURTON, M. D. et al. A role for glucagon-like peptide-1 in the central regulation of feeding. *Nature*, v. 379, n. 6560, p. 69-74, 1996.

TUTKUN, H. et al. Dissociative identity disorder. *Dissociation: Progress in the Dissociative Disorders*, v. 8, n. 1, p. 3-9, 1995.

TVERSKY, A.; KAHNEMAN, D. The framing of decisions and the psychology of choice. *Science*, v. 211, p. 453-458, 1981.

TVERSKY, A.; KAHNEMAN, D. Judgments of and by representativeness. In: KAHNEMAN, D. et al. *Judgment under uncertainty: Heuristics and biases*. Cambridge: Cambridge University Press, 1982.

TWENGE, J. M.; CAMPBELL, W. K. Age and birth cohort differences in self-esteem. *Personality & Social Psychology Review*, v. 5, n. 4, p. 321-344, 2001.

TYE-MURRAY, N. et al. Acquisition of speech by children who have prolonged cochlear implant experience. *Journal of Speech & Hearing Research*, v. 38, n. 2, p. 327-337, 1995.

TZENG, M. The effects of socioeconomic heterogamy and changes on marital dissolution for first marriages. *Journal of Marriage and Family*, v. 54, p. 609-619, 1992.

TZENG, O. J.; WANG, W. S. The first two r's. *American Scientist*, v. 71, n. 3, p. 238-243, 1983.

TZURIEL, D.; SHAMIR, A. The effects of mediation in computer assisted dynamic assessment. *Journal of Computer Assisted Learning*, v. 18, n. 1, p. 21-32, 2002.

ULRICH, R. E. et al. Student acceptance of generalized personality interpretations. *Psychological Reports*, v. 131, p. 831-834, 1963.

UNDERWOOD, B. J. Interference and forgetting. *Psychological Review*, v. 64, p. 49-60, 1957.

UNESCO. The Seville statement on violence. *American Psychologist*, v. 45, n. 10, p. 1167-1168, 1990.

UNSWORTH, G.; WARD, T. Video games and aggressive behaviour. *Australian Psychologist*, v. 36, n. 3, p. 184-192, 2001.

VAILLANT, G. E. *Aging well*. Boston: Little, Brown, 2002.

VAILLANT, G. E.; MUKAMAL, K. Successful aging. *American Journal of Psychiatry*, v. 158, n. 6, p. 839-847, 2001.

VALINS, S. Cognitive effects of false heart-rate feedback. *Journal of Personality & Social Psychology*, v. 4, p. 400-408, 1966.

VALINS, S. Emotionality and information concerning internal reactions. *Journal of Personality & Social Psychology*, v. 6, p. 458-463, 1967.

van der HART, O. et al. Jeanne Fery: A sixteenth-century case of dissociative identity disorder. *Journal of Psychohistory*, v. 24, n. 1, p. 18-35, 1996.

VAN GOOZEN, S. H. M. et al. Gender differences in behaviour: Activating effects of cross-sex hormones. *Psychoneuroendocrinology*, v. 20, n. 4, p. 343-363, 1995.

van LAWICK-GOODALL, J. *In the shadow of man*. Nova York: Houghton Mifflin, 1971.

VAN ROOIJ, J. J. F. Introversion-extraversion: Astrology versus psychology. *Personality & Individual Differences*, v. 16, n. 6, p. 985-988, 1994.

Van WYK, P. H.; GEIST, C. S. Biology of bisexuality: Critique and observations. *Journal of Homosexuality*, v. 28, n. 3-4, p. 357-373, 1995.

VANDENBOS, G. R.; BRYANT, B. K. (Eds.), *Cataclysms, crises, and catastrophes: Psychology in action*. Washington, DC: American Psychological Association.

VANE, J. R.; GUARNACCIA, V. J. Personality theory and personality assessment measures: How helpful to the clinician? *Journal of Clinical Psychology*, v. 45, n. 1, p. 5-19, 1989.

VARGHA-KHADEM, F. et al. Differential effects of early hippocampal pathology on episodic and semantic memory. *Science,* v. 277, n. 5324, p. 376-380, 1997.

VELAKOULIS, D.; PANTELIS, C. What have we learned from functional imaging studies in schizophrenia? *Australian & New Zealand Journal of Psychiatry,* v. 30, n. 2, p. 195-209, 1996.

VERKUYTEN, M.; LAY, C. Ethnic minority identity and psychological well-being: The mediating role of collective self-esteem. *Journal of Applied Social Psychology,* v. 28, n. 21, p. 1969-1986, 1998.

VIEGENER, B. J. et al. Effects of an intermittent, low-fat, low-calorie diet in the behavioral treatment of obesity. *Behavior Therapy,* v. 21, n. 4, p. 499-509, 1990.

VOGLER, R. E.; BARTZ, W. R. *The better way to drink.* Nova York: Simon & Schuster, 1982.

VOGLER, R. E.; BARTZ, W. R. *Teenagers and alcohol.* Philadelphia: Charles Press, 1992.

VOGLER, R. E. et al. Integrated behavior change techniques for problem drinkers in the community. *Journal of Consulting and Clinical Psychology* v. 45, p. 267-279, 1977.

VOLKMANN, J. et al. Handedness and asymmetry of hand representation in human motor cortex. *Journal of Neurophysiology,* v. 79, n. 4, p. 2149-2154, 1998.

VOLKOW, N. D. et al. Brain glucose metabolism in chronic marijuana users at baseline and during marijuana intoxication. *Psychiatry Research: Neuroimaging,* v. 67, n. 1, p. 29-38, 1996.

VOLPICELLI, J. R. et al. Learned mastery in the rat. *Learning and Motivation,* v. 14, p. 204-222, 1983.

VYGOTSKY, L. S. *Thought and language.* Cambridge, MA: MIT Press, 1962.

VYGOTSKY, L. S. *Mind in society.* Cambridge, MA: Harvard University Press, 1978.

WADDEN, T A. et al. Exercise and the maintenance of weight loss. *Journal of Consulting and Clinical Psychology,* v. 66, n. 2, p. 429-433, 1998.

WAID, W. M.; ORNE, M. T. The physiological detection of deception. *American Scientist,* v. 70, p. 402-409, jul./ago. 1982.

WAKEFIELD, J. C. The concept of mental disorder. *American Psychologist,* v. 47, n. 3, p. 373-388, 1992.

WALD, J.; TAYLOR, S. Efficacy of virtual reality exposure therapy to treat driving phobia. *Journal of Behavior Therapy & Experimental Psychiatry,* v. 31, n. 3-4, p. 249-257, 2000.

WALKER, I.; CROGAN, M. Academic performance, prejudice, and the Jigsaw classroom. *Journal of Community & Applied Social Psychology* v. 8, n. 6, p. 381-393, 1998.

WALLACH, M. A. Creativity testing and giftedness. In: HOROWITZ, F. D.; O'BRIEN, M. (Eds.), *The gifted and talented: Developmental perspectives,* Washington, DC: American Psychological Association, 1985. p. 99-123.

WALLACH, M.A.; KOGAN, N. *Modes of thinking in young children.* Nova York: Holt, 1965.

WALSH, J.; UESTUEN, T. B. Prevalence and health consequences of insomnia. *Sleep,* v. 22, S427-S436, 1999. (Suplemento 3).

WALSH, J. K.; SCWEITZER, P. K. Ten-year trends in the pharmacological treatment of insomnia. *Sleep,* v. 22, n. 3, p. 371-375, 1999.

WALSH, M. F.; FLYNN, T. J. A 54-month evaluation of a popular very low calorie diet program. *Journal of Family Practice,* v. 41, n. 3, p. 231-236, 1995.

WALSTER, E. Passionate love. In: MURSTEIN, B. I. (Ed.), *Theories of attraction and love.* Nova York: Springer, 1971.

WALTON, C. E. et al. Recognition of familiar faces by newborns. *Infant Behavior & Development,* v. 15, n. 2, p. 265-269, 1992.

WAMPOLD, B. E. et al. A meta-analysis of outcome studies comparing bona fide psychotherapies. *Psychological Bulletin,* v. 122, n. 3, p. 203-215, 1997.

WANDERSMAN, A.; FLORIN, P. Community interventions and effective prevention. *American Psychologist,* v. 58, n. 6/7, p. 441-448, 2003.

WARNING SIGNS. American Psychological Association. Washington, DC: APA, 2000.

WARWICK-EVANS, L. A. et al. Evaluating sensory conflict and postural instability. Theories of motion sickness. *Brain Research Bulletin,* v. 47, n. 5, p. 465-469, 1998.

WATSON, J. B. Psychology as the behaviorist views it. *Psychological Review,* v. 20, p. 158-177, 1913.

WATSON, J. B. Psychology as the behaviorist views it. Special Issue: The centennial issue of the Psychological Review. *Psychological Review,* v. 101, n. 2, p. 248-253, 1994.

WATSON, D. L.; THARP, R. G. *Self-directed behavior: Self-modification for personal adjustment,* 8. ed. Belmont, CA: Wadsworth, 2001.

WEAVER, C. A. Do you need a "flash" to form a flashbulb memory? *Journal of Experimental Psychology: General,* v. 122, n. 1, p. 39-46, 1993.

WEBB, N. M.; FARIVAR, S. Promoting helping behavior in cooperative small groups in middle school mathematics. *American Educational Research Journal,* v. 31, n. 2, p. 369-395, 1994.

WECHSLER, H. et al. Trends in college binge drinking during a period of increased prevention efforts. *Journal of American College Health,* v. 50, n. 5, p. 203-217, 2002.

WECHSLER, H.; WUETHRICH, B. *Dying to drink.* Emmaus, PA: Rodale Books, 2002.

WEEKLEY, J. A.; JONES, C. Video-based situational testing. *Personnel Psychology,* v, 50, n. 1, p. 25-49, 1997.

WEEMS, C. F. The evaluation of heart rate biofeedback using a multi-element design. *Journal of Behavior Therapy & Experimental Psychiatry,* v. 29, n. 2, p. 157-162, 1998.

WEHR, T. A. et al. A circadian signal of change of season in patients with seasonal affective disorder. *Archives of General Psychiatry,* v. 58, n. 12, p. 1108-1114, 2001.

WEINBERG, R. A. Intelligence and IQ. *American Psychologist,* v. 44, n. 2, p. 98-104, 1989.

WEINER, I. B. Current status of the Rorschach Inkblot Method. *Journal of Personality Assessment,* v. 68, n. 1, p. 5-19, 1997.

WEINTRAUB, M. I. *Hysterical conversion reactions.* Nova York: SP Medical & Scientific Books, 1983.

WEINTRAUB, S. et al. Successful cognitive aging. *Journal of Geriatric Psychiatry,* v. 27, n. 1, p. 15-34, 1994.

WEISBURD, D. E. Planning a community-based mental health system: Perspective of a family member. *American Psychologist,* v. 45, n. 11, p. 1245-1248, 1990.

WEISS, B. et al. Some consequences of early harsh discipline. *Child Development,* v. 63, n. 6, p. 1321-1335, 1992.

WEISS, J. Unconscious mental functioning. *Scientific American,* mar. 1990. p. 103-109.

WEITEN, W. Pressure, major life events, and psychological symptoms. *Journal of Social Behavior & Personality,* v. 13, n. 1, p. 51-68, 1998.

WELLS, G. L. What do we know about eyewitness identification? *American Psychologist,* v. 48, n. 5, p. 553-571, 1993.

WELLS, G. L. Police lineups: Data, theory, and policy. *Psychology, Public Policy, & Law,* v. 7, n. 4, p. 791-801, 2001.

WELLS, G. L. et al. Eyewitness identification procedures: Recommendations for lineups and photospreads. *Law & Human Behavior,* v. 22, n. 6, p. 603-647, 1999.

WELLS, N. Perceived control over pain: Relation to distress and disability. *Research in Nursing & Health,* v. 17, n. 4, p. 295-302, 1994.

WELTE, J. W. et al. Trends in adolescent alcohol and other substance use. *Substance Use & Misuse,* v. 34, n. 10, p. 1427-1449, 1999.

WERNER, C. M.; MAKELA, E. Motivations and behaviors that support recycling. *Journal of Environmental Psychology,* v. 18, n. 4, p. 373-386, 1998.

WERTHEIMER, M. *Productive thinking.* Nova York: Harper & Row, 1959.

WEST, T. G. *In the mind's eye.* Buffalo, NY: Prometheus, 1991.

WESTEN, D. The scientific legacy of Sigmund Freud: Toward a psychodynami-cally informed psychological science. *Psychological Bulletin,* v. 124, n. 3, p. 333-371, 1998.

WETTACH, G. E. The near death experience as a product of isolated subcortical brain function. *Journal of Near-Death Studies,* v. 19, n. 2, p. 71-90, 2000.

WEXLER, M. N. Expanding the group-think explanation to the study of contemporary cults. *Cultic Studies Journal,* v. 12, n. 1, p. 49-71, 1995.

WEXLER, M. et al. Motor processes in mental rotation. *Cognition,* v. 68, n. 1, p. 77-94, 1998.

WHATLEY, M. A. et al. The effect of a favor on public and private compliance. *Basic & Applied Social Psychology,* v. 21, n. 3, p. 251-259, 1999.

WHIMBEY, A. et al. *Intelligence can be taught.* Nova York: Dutton, 1980.

WHITE, B. L.; Watts, J. C. *Experience and environment.* Englewood Cliffs, NJ: Prentice-Hall, 1973. v. I.

WHITLEY, B. E. Right-wing authoritarianism, social dominance orientation, and prejudice. *Journal of Personality & Social Psychology,* v. 77, n. 1, p. 126-134, 1999.

WHITTAL, M. L. et al. Bulimia nervosa: A meta-analysis of psychosocial and pharmacological treatments. *Behavior Therapy,* v. 30, n. 1, p. 117-135, 1999.

WIDIGER, T. A.; SANKIS, L. M. Adult psychopathology. *Annual Review of Psychology,* v. 51, p. 377-404, 2000.

WIDIGER, T. A.; TRULL, T. J. Diagnosis and clinical assessment. In: ROSENZWEIG, M. R.; PORTER, L. W. (Eds.), *Annual Review of Psychology,* v. 42, p. 109-133, 1991.

WIEDERMAN, M. W. Gender differences in sexuality: Perceptions, myths, and realities. *Family Journal-Counseling & Therapy for Couples & Families,* v. 9, n. 4, p. 468-471, 2001.

WILDER, D. A. et al. Enhancing the impact of counter-stereotypic information. *Journal of Personality & Social Psychology,* v. 71, n. 2, p. 276-287, 1996.

WILDING, J.; VALENTINE, E. Memory champions. *British Journal of Psychology*, v. 85, n. 2, p. 231-244, 1994a.

WILDING, J.; VALENTINE, E. Mnemonic wizardry with the telephone directory: But stories are another story. *British Journal of Psychology*, v. 85, n. 4, p. 501-509, 1994b.

WILHELM, J. L. *The search for superman*. Nova York: Simon & Schuster, 1976.

WILKINSON, G. et al. Lunar cycle and consultations for anxiety and depression in general practice. *International Journal of Social Psychiatry*, v. 43, n. 1, p. 29-34, 1997.

WILKINSON, R. B. Interactions between self and external reinforcement in predicting depressive symptoms. *Behaviour Research & Therapy*, v. 35, n. 4, p. 281-289, 1997.

WILLIAMS, R. The trusting heart: Great news about Type A behavior. Nova York: Random House, 1989.

WILLIAMS, R. L.; EGGERT, A. Note-taking predictors of test performance. *Teaching of Psychology*, v. 29, n. 3, p. 234-236, 2002.

WILLIAMS, R. L.; LONG, J. D. *Toward a self-managed life style*. Boston: Houghton Mifflin, 1991.

WILLIAMS, R. L. et al. Sleep patterns in young adults: An EEG study. *Electroen-cephalography and Clinical Neurophysiol-ogy*, 1964. p. 376-381.

WILLOUGHBY, T. et al. Mechanisms that facilitate the effectiveness of elaboration strategies. *Journal of Educational Psychology*, v. 89, n. 4, p. 682-685, 1997.

WILSON, G. T. Chemical aversion conditioning as a treatment for alcoholism: A re-analysis. *Behaviour Research and Therapy*, v. 25, n. 6, p. 503-516, 1987.

WILSON, R. R. *Don't panic: Taking control of anxiety attacks*. Nova York: Harper & Row, 1986.

WILSON, T. D. et al. Lessons from the past: Do people learn from experience that emotional reactions are short-lived? *Personality & Social Psychology Bulletin*, v. 27, n. 12, p. 1648-1661, 2001.

WILSON, T. D. et al. Focalism: A source of durability bias in affective forecasting. *Journal of Personality & Social Psychology*, v. 78, n. 5, p. 821-836, 2000.

WILSON, T. L.; BROWN, T. L. Reexamination of the effect of Mozart's music on spatial-task performance. *Journal of Psychology*, v. 131, n. 4, p. 365-370, 1997.

WINNINGHAM, R. G.; et al. Flashbulb memories? The effects of when the initial memory report was obtained. *Memory*, v. 8, n. 4, p. 209-216, 2000.

WISE, R. A.; ROMPRE, P. P. Brain dopamine and reward. *Annual Review of Psychology*, v. 40, p. 191-225, 1989.

WITHERS, N. W. et al. Cocaine abuse and dependence. *Journal of Clinical Psychopha-macology*, v. 15, n. 1, p. 63-78, 1995.

WITT, S. D. Parental influences on children's socialization to gender roles. *Adolescence*, v. 32, n. 126, p. 253-259, 1997.

WOEHR, D. J.; CAVELL, T. A. Self-report measures of ability, effort, and nonacademic activity as predictors of introductory psychology tesl scores. *Teaching of Psychology*, v. 20, n. 3, p. 156-160, 1993.

WOLFE, J. B. Effectiveness of token rewards for chimpanzees. *Comparative Psychology Monographs*, v. 12, n. 5, n. 60, 1936.

WOLITZKY, D. L. The theory and practice of traditional psychoanalytic psychotherapy. In: GURMAN, A. S.; MESSER, S. B. *Essential Psychotherapies*. Nova York: Guilford, 1995.

WOLPE, J. *The practice of behavior therapy* (2. ed.). Nova York: Pergamon, 1974.

WOLPE, J.; PLAUD, J. J. Pavlov's contributions to behavior therapy. *American Psychologist*, v. 52, n. 9, p. 966-972, 1997.

WOLPIN, M. et al. Individual difference correlates of reported lucid dreaming frequency and control. *Journal of Mental Imagery*, v. 16, n. 3-4, p. 231-236, 1992.

WONG, J. L.; WHITAKER, D. J. Depressive mood states and their cognitive and personality correlates in college students. *Journal of Clinical Psychology*, v. 49, n. 5, p. 615-621, 1993.

WOOD, E.; WILLOUGHBY, T. Cognitive strategies for test-taking. In: WOOD, E. et al. (Eds.), *Cognitive strategy instruction for middle and high schools*. Cambridge, MA: Brookline, 1995.

WOOD, J. M.; BOOTZIN, R. R. The prevalence of nightmares and their independence from anxiety. *Journal of Abnormal Psychology*, v. 99, n. 1, p. 64-68, 1990.

WOOD, J. M. et al. Implicit and explicit memory for verbal information presented during sleep. *Psychological Science*, v. 3, n. 4, p. 236-239, 1992.

WOOD, N. L.; COWAN, N. The cocktail party phenomenon revisited, *Journal of Experimental Psychology: General*, v. 124, n. 3, p. 243-262, 1995.

WOODRUFF-PAK, D. S. Eyeblink classical conditioning differentiates normal aging from Alzheimer's disease. *Integrative Physiological & Behavioral Science*, v. 36, n. 2, p. 87-108, 2001.

WOODS, S. C. et al. Food intake and the regulation of body weight. *Annual Review of Psychology*. v. 51, p. 255-277, 2000.

WOODS, S. C. et al. Signals that regulate food intake and energy homeostasis. *Science*, v. 280, n. 5368, p. 1378-1383, 1998.

WOODWARD, J.; GOODSTEIN, D. Conduct, misconduct and the structure of science. *American Scientist*, v. 84, n. 5, p. 479-490, 1996.

WOODY, S. R. Effects of focus of attention on anxiety levels and social performance of individuals with social phobia. *Journal of Abnormal Psychology*, v. 105, n. 1, p. 61-69, 1996.

WORTHEN, J. B.; MARSHALL, P. H. In-tralist and extralist sources of distinctive-ness and the bizarreness effect. *American Journal of Psychology*, v. 109, n. 2, p. 239-263, 1996.

WRIGHT, D. B. Recall of the Hillsborough disaster over time: Systematic biases of "flashbulb" memories. *Applied Cognitive Psychology*, v. 7, n. 2, p. 129-138, 1993.

WULF, G. et al. Frequent feedback enhances complex motor skill learning, *Journal of Motor Behavior*, v. 30, n. 2, p. 180-192, 1998.

WYATT, J. W. et al. Natural levels of similarities between identical twins and between unrelated people. *The Skeptical Inquirer*, v. 9, p. 62-66, 1984.

YALOM, I. D. *Existential psychotherapy*. Nova York: Basic, 1980.

YARMEY, A. D. et al. Accuracy of eyewitness identification in showups and lineups. *Law & Human Behavior*, v. 20, n. 4, p. 459-477, 1996.

YEE, A. H. et al. Addressing psychology's problems with race. *American Psychologist*, v. 48, n. 11, p. 1132-1140, 1993.

YEHUDA, R. Post-traumatic stress disorder. *New England Journal of Medicine.*, v. 346, n. 2, p. 108-114, 2002.

YOKOTA, F.; THOMPSON, K. M. Violence in G-rated animated films, *Journal of the American Medical Association*, v. 283, n. 20, p. 2716, 2000.

YONTEF, G. M. Gestalt therapy. In: GURMAN, A. S.; MESSER, S. B. *Essential Psychotherapies*. Nova York: Guilford, 1995.

YOSHIDA, M. Three-dimensional elec-trophysiological atlas created by computer mapping of clinical responses elicited on stimulation of human subcortical structures. *Stereotactie & Functional Neuro-surgery*, v. 60, n. 1-3, p. 127-134, 1993.

ZAKZANIS, K. K.; YOUNG, D. A. Memory impairment in abstinent MDMA ("Ecstasy") users: A longitudinal investigation. *Neurology*, v. 56, n. 7, p. 966-969, 2001.

ZEIDNER, M. Adaptive coping with test situations: A review of the literature. *Educational Psychologist*, v. 30, n. 3, p. 123-133, 1995.

ZELLNER, D. A. et al. Effects of eating abnormalities and gender on perceptions of desirable body shape. *Journal of Abnormal Psychology*, v. 98, n. l, p. 93-96, 1989.

ZEMISHLANY, Z. et al. Subjective effects of MDMA ("Ecstasy") on human sexual function. *European Psychiatry*, v. 16, n. 2, p. 127-130, 2001.

ZGODZINSKI, D. Cybertherapy. *Internet World*, fev. 1996. p. 50-53.

ZIGLER, E. Can we "cure" mild mental retardation among individuals in the lower socioeconomic stratum? *American Journal of Public Health*, v. 85, n. 3, p. 302-304, 1995.

ZIMBARDO, P. G. et al. A pirandellian prison. *The New York Times Magazine*, 8 abr. 1973.

ZIMBARDO, P. G. et al. The social disease called shyness. In *Annual editions, personality and adjustment 78/79*. Guilford CT: Dushkin, 1978.

ZIMMERMAN, B. J. Enhancing student academic and health functioning: A self-regulatory perspective. *School Psychology Quarterly*, v. 11, n. 1, p. 47-66, 1996a.

ZIMMERMAN, J. D. A prosocial media strategy. *American Journal of Orthopsychiatry*, v. 66, n. 3, p. 354-362, 1996b.

ZINBARG, R. E. et al. Cognitive-behavioral approaches to the nature and treatment of anxiety disorders. In: ROSENZWEIG, M. R.; PORTER, E. W. (Eds.), *Annual Review of Psychology*, v. 43, p. 235-267, 1992.

ZOHAR, D. An additive model of test anxiety: Role of exam-specific expectations, 1998.

ZUCKER, A. "Rights and the dying." In: WASS, H.; NEIMEYER, R. A. (Eds.), *Dying: Facing the facts*. Washington, DC: Taylor & Francis, 1995.

ZUCKERMAN, M. The psychophysiology of sensation seeking. *Journal of Personality*, v. 58, n. 1, p. 313-345, 1990.

ZUCKERMAN, M. Item revisions in the Sensation Seeking Scale Form V (SSS-V). *EDRA: Environmental Design Research Association*, v. 20, n. 4, p. 515, 1996.

ZUCKERMAN, M. Sensation seeking in England and America: Cross-cultural, age, and sex comparisons. *Journal of Consulting and Clinical Psychology*, v. 46, p. 139-149, 1978.

ZUWERINK, J. R. et al. Prejudice toward Blacks: With and without compunction? *Bask & Applied Social Psychology*, v. 18, n. 2, p. 131-150, 1996.

Índice Onomástico

Abel, T., 292
Abelson, R. P., 162, 163
Abi-Dargham, A., 510
Abramson, L. Y., 462
Abramson, R., 204
Adams, J., 320, 341
Adams, M., 283, 284
Addams, J., 421
Addis, M. E., 590
Adelmann, P. K., 385
Adityanjee, A. M., 504
Adolph, K. E., 90
Adorno, T., 593, 594
Ahissar, M., 156
Ainsworth, M., 92
Ajzen, I., 585, 587
Akerstedt, T., 179, 180, 369
Al-Timimi, N. R., 97
Alarcon, R. D., 13
Alberti, R., 584
Alberto, P. A., 251
Alcock, J. E., 164, 166
Alden, L. E., 504, 571
Alfeld-Liro, C., 423
Alicke, M. D., 570
Allan, J., 407
Allen, B. P., 399, 401
Allgower, A., 444
Alloy, L. B., 461
Allport, G., 403, 404, 593
Altman, L. K., 480
Altschuler, G. C., 415
Alva, S. A., 331
Alvarado, N., 433
Alvino, J., 328
Amabile, T., 341, 375
Amar, P. B., 466, 467
Amos, T., 43
Anderegg, D., 336
Anderson, C. A., 254, 255, 599
Anderson, J. R., 321
Anderson, K. B., 598
Anderson, K. J., 368
Anderson, M. C., 287, 288
Anderson, R. H., 461
Anderson, S., 461
Andresen, J., 194
Andrews, G., 504
Annett, M., 75
Anthony, W. A., 554
Appelbaum, A. G., 160, 161
Archer, J., 572
Arena, J. G., 467
Arendt, J., 69
Ariely, D., XXIX
Armeli, S., 469
Arntz, A., 48
Aron, A. P., 385
Aronson, E., 570, 588, 589, 596
Arthur, W., Jr., 406
Ary, D. V., 211
Asch, S., 577, 579

Ash, D. W., 294
Ashanasy, N. M., 388
Ashton, W. A., 419
Aslin, R. N., 151
Assanand, S., 356
Attenburrow, M. E. J., 69
Ayers, L., 336
Ayllon, T., 540
Azrin, N. H., 238, 250

Bach, J. S., 43, 48, 320
Bachman, J. G., 113
Baddeley, A., 266, 271, 290
Baer, D., 536
Baer, J. M., 333, 337
Bahrke, M. S., 70
Bailey, J. M., 363
Baillargeon, R., 106, 107
Bakay, R., 68
Balk, D. E., 432
Ball, T., 279
Baltes, P. B., 115
Banaji, M. R., 568
Bandura, A., 229, 250, 253, 254, 414,
  416, 450, 599, 600, 601
Banks, A., 363
Banks, T., 598
Bar-Tal, D., 594
Barabasz, A., 191
Barber, T. X., 193
Bard, C., 144
Bard, P., 384, 386
Bargh, J. A., 579
Barker, E. A., 32
Barlow, D. H., 496, 501
Barnet, A. B., 84
Barnet, R. J., 84
Barnum, P. I., 34
Baron, R. A., 568, 576, 598, 607
Barowsky, E. I., 467
Barrett, R. J., 211, 215
Barron, F., 334
Barsalou, L. W., 270, 271
Barsky, S. H., 211
Bartholow, B. D., 256
Bartlett, J. C., 157
Bartz, W., 31, 32, 209
Basadur, M., 432
Batejat, D. M., 180
Bath, H., 118
Batson, C. D., 605
Batterham, R. L., 354
Baum, A., 443, 473
Baumeister, R. F., 401
Baumrind, D., 96, 98
Baur, K., 361
Baydoun, R., 431
Beach, Frank A., 363
Beck, A., 462, 519, 542
Beck, B. L., XXVIII
Beckles, N., 467
Beilin, H., 104

Belinson, M. J., 195
Beljan, J. R., 370
Bell, T., 287
Bellezza, F. S., 281
Bellisle, F., 139
Belloc, N. B., 444
Belsham, B., 511
Belsky, J., 93, 96
Bem, S., 418, 419
Ben-Shakhar, G., 32, 381
Benbow, C. P., 75
Benloucif, S., 84
Bennett, A. K., 556, 557
Benoit, S. C., 372
Bensley, L., 256
Benson, H., 194
Benton, D., 295
Bergin, A. E., 527
Berkowitz, L., 452, 599, 600
Berne, E., 550
Bernstein, H. J., 553
Bernthal, P. R., 578
Bersheid, E., 570
Bersoff, D. M., 415
Bertholf, M., 433
Bertsch, G. J., 248
Best, J. B., 320
Betancur, C., 74
Beyerstein, B. L., 32
Beyerstein, D. F., 32
Bhatt, R. S., 127
Bias, L., 202
Bickman, L., 574
Bierly, C., 229
Bigelow, A. E., 86
Biglan, A., 445
Bigler, E. D., 67, 291
Binder, V., 542
Binet, A., 323
Binks, P. G., 179
Biondi, M., 441, 471
Birch, J., 132
Bjork, R. A., 38, 177, 191-193, 373
Blackmore, S., 31, 166, 215
Blackwell, D. L., 570
Blackwell, R. T., 428
Blake, W., 170
Blakemore, D., 157
Blanchard, E. B., 467
Blood, A. J., 67
Bloom, B., 372
Bloom, J. W., 534
Blumberg, M. S., 21
Boals, A., 476
Boergers, I., 519
Bohannon, J. N., 101
Bohart, A. C., 531
Bohart, W., 530
Boivin, D. B., 378
Bokenkamp, E. D., 358
Bolger, R., 295
Bolles, R. C., 233

Bon Jovi, J., 43
Bond, R., 577
Bond, T., 184
Bongard, S., 467
Book, H. E., 529
Booker, J. M., 515
Bootzin, R. R., 185, 186
Borlongan, C. V., 49
Borman, W. C., 428
Bornstein, M. H., 83, 98, 102, 488
Borod, J. C., 58, 59
Borrie, R. A., 195
Botella, C., 538
Bouchard, T. J., 330, 408
Bourhis, R. Y., 593
Bower, B., 283, 286
Bower, G., 286, 297
Bowers, K. S., 192, 272, 288
Boyatzis, C. J., 255
Braffman, W., 190
Braid, J., 190
Brannon, L., 413
Bransford, J. D., 310
Braun, A. R., 182
Braun, K. A., 271
Braun, S., 202
Braungart, J. M., 82
Brebner, J., 469
Brenner, V., 251
Breslau, N., 203, 499
Breslow, L., 444
Bressi, C., 509
Brewer, K. R., 254
Bridges, K. M. B., 90, 91
Bridgett, D. J., 85
Britton, B. K., XXIX
Brody, D., 26
Brody, H., 26
Brooks-Gunn, J., 92
Brothers, J., 38
Brotons, M., 372
Brown, A. M., 88
Brown, A. S., 509
Brown, G. M., 69
Brown, J. D., 85
Brown, R., 276
Brown, R. T., XXIX
Brown, R. W., 543, 549
Brown, S. A., 207
Brown, S. L., 477
Brown, T. D., 595
Brownell, K. D., 355, 356
Bruce, D., 295
Bruch, M. A., 383
Bruner, J., 87, 102
Bryan, J. H., 254
Bryant, D. M., 330
Buchanan, R. W., 552
Buchwald, A., 429
Buck, L. A., 527
Buckelew, S. P., 467
Buckhout, R., 168

Budney, A. J., 210
Bugelski, R., 592
Bugental, J. F. T., 531
Bundrick, C. M., 421
Burchinal, M. R., 93
Burgess, C. A., 192, 272
Burgner, D., 576
Burka, J. B., XXVIII, XXXII
Burns, D. D., 542
Burtt, H. E., 278
Bushman, B. J., 254, 255, 598, 600, 601
Buss, A., 434, 435
Buss, D. M., 569, 572, 573
Butcher, J. N., 486
Butler, J. C., 593
Butler, R., 366
Buyer, L. S., 342
Byrd, K. R., 289
Byrne, D. E., 568, 576, 607

Cahill, S. P., 539
Calhoun, P., 305
Calkins, M., 10
Calvert, S. L., 446
Camara, W. J., 431
Camatta, C. D., 462
Cameron, L. D., 476
Campanelli, J. F., XXXII
Campbell, J. B., 402
Campbell, W. K., 401
Campion, M. A., 375
Campos, A., XXVII, 298
Camras, L. A., 90
Canli, T., 378
Cann, A., 477
Cannon, T. D., 509, 510
Cannon, W., 352, 353, 384, 386
Caplan, N., 331
Caplan, P., 488
Carducci, B. J., 435
Carey, K. B., 203
Carli, L. L., 570
Carlsmith, J. M., 589, 590
Carlson, J. G., 139, 141, 539
Carlson, M., 599
Carlson, N. R., 45, 61, 66, 69
Carnahan, H., 240
Carney, R. N., 298
Carroll, J. M., 382
Carroll, L., 280, 308
Carter, R., 44
Cartwright, R., 188, 189, 213, 214
Casey, P., 500
Caspi, A., 515, 570
Casto, S. D., 331
Catalano, R., 453
Cattell, R. B., 404, 405
Cautela, J. R., 535, 557
Cavell, T. A., XXIII
Chabris, C., 85, 160
Chakos, M. H., 552
Challinor, M. E., 73
Chamberlain, J., 554
Chambers, D. L., 542
Chan, R. W., 211, 363
Charles, R., 459
Charness, N., 340, 372
Chastain, G., XXIV
Cheadle, A., 446
Cheek, J., 435
Chen, K., 211

Chen, Z., 578
Cheng, H., 50
Cheriff, A. D., 477
Chesky, K. S., 141
Chess, S., 82, 95
Chesson, A. L., 185
Chimpsky, N., 314
Chiu, L. H., 250
Chomsky, N., 100, 101, 312, 314, 347
Chow, K. L., 157
Christensen, A., 561
Christensen, D., 68
Christian, L. G., 332
Christianson, S., 59
Christophersen, E., 90
Churchill, W., 509
Cialdini, R., 375, 575, 582, 587
Ciarrochi, J., 461
Cicogna, P., 369
Cinciripini, P. M., 204
Clapham, M. M., 342
Clark, K., 597
Clark, M. C., XXVII
Clark, V. R., 451
Clements, C. M., 461
Click, P., 606
Cline, V., 601
Clinkenbeard, P. R., 329
Clover, R. D., 470
Cocking, R. R., 446
Cohen, J., 207
Cohen, N. L., 465
Cohen, S., 471, 472
Cohn, J. F., 90
Cole, J., 140, 532
Colin, A. K., 170
Collins, A. M., 273
Collins, W. A., 93
Colpaert, F. C., 286
Comitas, L., 210
Comperatore, C. A., 69
Condon, W., 100
Considine, R. V., 354
Conway, A. R. A., 143, 144, 283
Conway, M. A., 279
Cooley, T., 294, 295
Cooper, D. S., 168
Cooper, G., 157
Cooper, G. D., 195
Cooper, J., 589
Coopersmith, C., 99
Copeland, P., 82
Corballis, M. C., 313
Corbin, W. R., 479
Cordova, D. I., 240
Coren, S., 72, 73, 74, 159, 179
Cormier, J. F., 500
Corrigan, P. W., 516, 542
Corteen, R. S., 255
Costa, P. T., 399, 405
Cournos, F., 505
Coursey, R. D., 554
Court, J. H., 288
Court, P. C., 288
Courtois, C. A., 289
Covell, K., 116
Cowan, F., 433
Cowan, N., 143, 144, 270
Cowles, J. T., 238
Cox, W. E., 164
Craig, T. Y., 574

Craig, W. M., 21
Craik, F. I. M., 277
Crandall, C. S., 465
Crano, W. D., 576, 578
Cravatt, B. F., 180
Crawley, S. B., 95
Creamer, M., 499
Cregler, L. L., 199
Crencavage, L. M., 548
Crichlow, S., 578
Crogan, M., 597
Cronbach, L., 430
Crooks, R., 361
Crowe, L. C., 361
Crown, C. L., 102
Csikszentmihalyi, M., 11, 343
Cuevas, J., 85
Cull, W. L., 295
Cumming, S., 553
Cummins, D. D., 605
Curie, M., 305
Czeisler, C. A., 179, 370

Da Vinci, L., 74
Dabbs, J. M., Jr., 598
Dallenbach, K. M., 286
Damon, M., 113
Dane, F. C., 167
Darley, J., 5, 603, 604
Darling, C. A., 365
Darwin, C., 7, 305, 381
DasGupta, B., 450
Davidson, J., 318
Davidson, P. R., 539
Davidson, R. J., 195
Davis, A. J., 95
Davis, G., 338
Davis, G., XXX
Davis, M., 229
Daw, J., 16
Dawson, D. A., 207
Dawson, M. E., 380
Day, S., 533
De Benedittis, G., 466
De Bono, E., 341
De Jong, P. J., 229
De Jong, T., 252
De las Fuentes, C., 113
De Lucci, M. F., 95
De Raad, B., 405
Dean-Church, L., 420
Deaux, K., 576
Deci, E. L., 375
Deckro, G. R., 195, 474
Deese, J., 293
Defeyter, M. A., 319
Deffenbacher, J. L., 537
DeGood, D. E., 448
Degreef, G., 511
DeKlyen, M., 251
Delgado, B. M., 97
Dement, W., 187, 189
Denk, C. E., 536
Denollet, J., 468
Derzon, J. H., 211
Deutsch, G., 58, 60, 74
Devine, P., 606, 607
Devlin, B., 331
DeVos, J., 106
Devoto, A., 188
Dewey, J., 11
Dewhurst, S. A., 279

Di Marzo, V., 354
Dickinson, D. J., 293
Dickinson, E., 336
Diefenbach, D. L., 509
Diekstra, R. F., 518
Diener, E., 389, 390
Dies, R. R., 546
Dieter, J. N. I., 84
Digman, J. M., 405
Dinan, T. G., 468
Dinkmeyer, D., Jr., 118, 119, 120
Dirkzwager, A. J. E., 499
Dixon, J., 37
Dobelle, W. H., 127
Dobson, K. S., 514
Docherty, N. M., 509
Doctor, J. N., 447
Doctor, R. M., 447
Dodds, J. B., 89
Dolev, K., 381
Dollard, J., 415
Domhoff, G. W., 188
Domingo, R. A., 101
Dooling, D. J., 268
Dorfman, J., 341
Dosher, B. A., 285
Douvan, E., 112
Dovidio, J. F., 592, 594, 604, 606
Dragoi, V., 233
Dretzke, B., 298
Drigotas, S. M., 425
Drolet, G., 48
Druckman, D., 38, 177, 191-193, 373
Dubow, E., 85
Duclos, S. E., 386
Dulewicz, V., 388
Duncan, C. C., 509
Duncan, J., 62
Duncker, K., 316, 319
Dunn, B. R., 194
Durham, M. D., 167
Durso, F. T., 316
Dutton, D. G., 385
Dywan, J., 272

Ebbinghaus, H., 282, 283
Ebcioglu, K., 320
Eccles, J., 27
Edison, T., 305, 308
Edwards, D. J. A., 29
Eggert, A., XXVI
Ehrlich, P., 161
Eich, E., 286
Eidelson, J. I., 594
Eidelson, R. J., 594
Eimas, P. D., 108
Einstein, A., 305, 308, 421, 598
Eisenberg, N., 604
Ekman, P., 381, 382, 386
Eliot, L., 102
Elliot, A. J., 391
Elliot, J., 595, 596
Ellis, A., 543
Emmons, K. M., 444
Emmons, M., 584
Emmorey, K., 313
Emory, E. K., 84
Emswiller, T., 576
Englis, B. G., 608
Enns, J. T., 159
Enstrom, J. E., 444
Epstein, D. R., 185

ÍNDICE ONOMÁSTICO

Erasmo, 293
Erdelyi, M. H., 160, 161
Erickson, C. D., 97
Ericsson, K. A., 116, 281, 340, 372
Erikson, E., 111, 113, 115, 413
Eron, L., 601, 602
Eronen, S., 389
Ery, R., 380
Escher, M. C., 74, 153
Espie, C. A., 184, 185
Espy, K. A., 84
Esser, J. K., 578
Esterling, B. A., 476
Ethier, K. A., 478
Everly, G. S., 555
Everson, C. A., 179
Everson, S. A., 460
Eysenck, H., 402, 529
Eysenck, M. W., 267

Fabes, R. A., 418
Fairclough, S. H., 179
Faith, M., 546
Falkowski, C., 205
Fantz, R., 88
Farah, M. J., 308
Farivar, S., 597
Farquhar, J. W., 446
Farrimond, T., 147
Farthing, G. W., 176
Farvolden, P., 288
Fava, G. A., 543
Fay, F., 380
Fazio, R. H., 589
Feingold, A., 570, 573
Feissner, J. M., 515
Feldhusen, J. F., 334, 335
Felmlee, D. H., 570
Fenton, G. W., 553
Fernald, A., 102
Ferrari, J. R., XXIX
Ferster, C. B., 258
Festinger, L., 569, 588, 589
Fields, R. M., 451
Fink, M., 552
Finke, R., 336, 552
Fisher, C. D., 388
Fisher, R., 296
Fisher, S., 188
Fiske, S. T., 594, 595
Flavell, J. H., 104
Fleming, J., 314
Florin, P., 445
Flynn, J. R., 332
Flynn, T. J., 356
Foa, E. B., 504
Fobair, P., 561
Fobes, J. L., 237
Foege, W. H., 442, 445
Follette, W. C., 338
Fones, C. S. L., 498
Fontaine, K. R., 443
Fontenelle, D. H., 117, 119
Foos, P., XXVII
Ford, L., 97
Foreyt, J. P., 356
Forgays, D. G., 195
Fornes, P., 519
Forsyth, G. A., XXIV, 270
Fortmann, S. P., 203
Foss, R. D., 604
Fosse, R., 188

Foster, C. A., 385
Foster, G., 21
Fouts, D., 314
Fouts, R., 314
Fowers, B. J., 606
Fowles, D. C., 509
Fox, R. A., 251
Foxhall, K., 169
Foxx, R. M., 541
Franche, R., 514
Francis, M. E., 476
Frankenberg, W. K., 89
Franklin, E., 288
Franklin, G., 288
Franzoi, S. L., 588
Fraser, S. C, 582
Frazier, J. A., 511
Fredrickson, B., 470
Freedman, J. L., 582
Freeman, A., 542
Freeman, J., 328
Freeman, W. J., 138
Freeman, W. H., 58
Freitas, M. B., 74
French, C. C., 34
Freud, S., 9, 11, 188, 212, 409-413, 415, 420, 502, 528-530
Fried, P., 210
Fried, P. A., 84
Friedman, M., 467, 468
Friedman, R. C., 529
Frijda, N. H., 378
Fromme, K., 479
Froufe, M., 372
Frydman, M., 601
Fuehrer, A., 419
Fukuda, K., 178
Fukuda, S., 149
Funder, D. C., 398, 406, 407

Gabrieli, J. D. E., 274, 291
Gaertner, S. L, 596, 606
Gage, P., 28
Gagnon, J., 361
Galanti, G., 591
Galati, D., 382
Galea, S., 451
Galileu, 305
Galinksy, M. D., 546
Gall, F., 32
Galvin, M., 550
Ganellen, R. J., 432
Gardner, A., 314
Gardner, B., 314
Gardner, H., 329
Gardner, R., 178
Gardner, R. A., 314
Gardner, R. M., 358
Garland, A. F., 517, 519, 520
Garland, J., 295
Garnefski, N., 518
Garnets, L. D., 362, 363
Gartner, G., 336
Gartrell, N. K., 363
Gates, A. I., 293
Gatz, M., 409, 514
Gaudi, A., 308
Gauthier, J., 466
Gayle, H., 479
Gazzaniga, M. S., 57, 59
Geen, R. G., 601
Geiger, M. A., XXX

Geiselman, R. E., 296
Geist, C. S., 363
Geller, U., 163, 166
Genain, I., 28
Genain, M., 28
Genovese, K., 602
George, W. H., 361
Georgiades, A., 445
German, T. P., 319
Gersh, R. D., 428
Gershoff, E. T., 30, 98, 248-250
Gershon, E. S., 515
Gerwood, J. B., 531
Geschwind, N., 63
Gewirtz, J. C., 229
Ghadirian, A-M., 336
Gibson, H. B., 192
Gibson, K. R., 56
Gibson, P., 289
Gierl, M. J., 369
Gilbert, D. G., 471
Gilbert, K., 586
Gillberg, M., 179
Gilroy, F. D., 420
Ginet, M., 296
Ginott, H., 118
Ginsburg, B. E., 599
Girodo, M., 436
Glaser, R., 471
Glass, A. L., 313
Glenn, J., 114
Glik, D. C., 444
Glisky, M. L., 309
Gloaguen, V., 543
Globus, G., 189, 214
Glueck, J., 340
Gobet, F., 321
Goel, V., 62
Goh, B. E., 334
Goheen, M. D., 185
Gold, P. E., 290
Goldberg, C., 592
Goldberg, L. R., 405
Goldberg, R., 305
Goldfield, B. A., 100
Goldfried, M. R., 546
Goldiamond, I., 258
Goldman, H. H., 554
Goldstein, E., 289
Goldstein, E. B., 131, 132
Goldstein, M. J., 509
Goldstein-Alpern, N., 101
Goldstone, R. L., 156
Goleman, D., 67, 178, 388
Good, J., 141
Goodall, J., 20
Goode, E., 572
Goodman, G., 550
Gopnik, A., 85, 87, 88, 100, 109
Gordis, E. B., 601
Gordon, A. H., 383
Gordon, T., 119
Gorman, J. M., 451, 493, 514, 553
Gosling, S., 403
Gottesman, I. I., 510
Gottlieb, G., 87
Gould, E., 49
Gould, M. S., 518
Grack, C., 596
Grafman, J., 62
Graham, C. H., 131, 132
Graham, M., 305

Graham, R., 179
Grant, B. F., 207
Grant, I., 210
Graves, J. L., 608
Graziano, W. G., 406
Graziottin, A., 361
Green, C., 288
Greenberg, R. L, 462
Greenberg, R. P., 188
Greene, D., 375
Greenfield, P. M., 314
Greenglass, E. R., 449
Greenough, W. T., 292
Gregory, R., 146, 158, 160
Griffin, D., 322
Griffiths, M., 256
Grobstein, P., 157
Gross, C. G., 49
Gross, J. J., 387
Groth-Marnat, G., 399, 443
Gruder, C. L., 536
Gruner, C. R., 310
Guarnaccia, V. J., 431, 492
Guastello, S. J., 431
Guegen, N., 574
Guevremont, D. C., 238
Gump, B. B., 568
Gunnar, M. R., 93
Gur, R. E., 511
Gustavsson, J. P., 399
Guttenberg, J., 341
Gwiazda, J., 151

Haas, L. J., 533
Haber, R. N., 277, 280
Haddock, G., 358
Haddy, R. I., 470
Hadwin, A. F., 293
Haier, R. J., 57
Hall, C., 188, 213
Hall, R. C. W., 518
Halonen, J. S., 580
Hamer, D. H., 82
Hamida, S. B., 230
Hamill, J. A., 363
Hamilton, V. L., 581
Hammer, J. C., 480
Hammer, L. B., 574
Haney, M., 210
Hannon, K., 534
Hans, C., 19
Hansel, C. E. M., 165
Hansen, C. J., 473
Hanson, E., 7
Harding, D. I., 28
Harding, R. W., 451
Hare, R., 495
Hare, R. D., 495
Harker, L., 399
Harlow, H. F., 252
Harlow, J. M., 28
Harlow, M. K., 252
Harma, M., 370
Harris, D. A., 592
Harris, J. A., 598
Harris, J. R., 89
Harrison, L. F., 255
Harsch, N., 290
Hart, B., 102, 103
Hartlep, K. L., XXIII, 270
Hartung, C. M., 488
Harvey, C. A., 505

Harvil, L. M., XXX
Hasbrouck, J. E., 255, 601
Hathaway, S. R., 429
Hauck, F. R., 187
Hauri, P., 184, 370
Hawley, C. W., 402
Hay, D., 600
Hay, I., 99
Hayes, C., 314
Heap, M., 192
Heath, D. B., 177
Heath, L., 586
Hebb, D. O., 367
Heckhausen, J., 106
Heermann, J. A., 95
Heimann, M., 87
Heinrich, R. K., 551
Heinrichs, R. W., 507
Heinze, H. J., 60
Heishman, S. J., 203
Hellekson, C. J., 515
Hellerstein, D. J., 527
Hellige, J. B., 60, 73
Helson, R., 339
Hemingway, E., 336
Henderson, L., 435
Henderson, N. D., 330
Hendrick, C., 571
Hendrick, S. S., 571
Henman, L. D., 477
Henningfield, J. E., 203
Hepper, P. G., 74
Herbener, E. S., 570
Herbert, T. B., 471
Herman, C. P., 357, 358
Herrnstein, R., 331
Hersen, M., 28
Herz, R. S., 138
Hettich, P. I., XXXII
Hewstone, M., 576
Higbee, K. L., 299
Higgs, M., 388
Hilgard, E. R., 191, 192
Hill, L., XXIII
Hilts, P. J., 291
Hinkley, J., Jr., 493, 511
Hirsch, J., 355
Hixon, M. D., 314
Hobson, J. A., 182, 189, 216
Hochreich, D. J., 416
Hochstenbach, J., 63
Hoffman, D. D., 149
Holden, C., 407
Holding, D. H., 294
Holmes, T., 463
Holcombe, A. O., 147
Honzik, C. H., 252
Hopkins, W. D., 314
Hopson, J. L., 185
Horgan, J., 332
Horn, J. M., 331
Horne, J. A., 178
Horne, R. S. C., 187
Horvath, A. O., 185
Hosch, H. M., 168
Howard, K. I., 10, 547
Howes, C., 94
Hsia, Y., 131, 132
Hubble, M. A., 561
Hubel, D. H., 127
Huebner, R., 60
Huesmann, L. R., 255, 600

Hughes, J. N., 255, 601
Hughes, J. R., 203
Hunt, E., 330
Hunter, E., 590
Hyde, J. S., 362
Hyman, R., 164, 165
Hyman, S., 44

Iacono, W. G., 381
Ichikawa, S., 308
Ildefonso, 313
Ingram, V., 491
Insko, C. A., 578
Ironson, G., 539
Isaak, M. I., 319
Ishihara, K., 178
Ito, T. A., 599
Ivey, A. E., 550
Izard, C., 90, 91, 385

Jackson, T., 435, 436
Jacobs, M. K., 549
Jacobsen, P. B., 357
Jacobson, N. S., 561
Jaffe, J., 102
Jahn, R. G., 165
James, R. C., 60
James, W., 7, 11, 383, 421
Jamison, K. R., 336, 518, 519
Jang, K. L., 408
Janis, I., 578
Jankiewicz, H., 210
Janssen, S. A., 48
Janus, C. L., 30, 362
Janus, S. S., 30, 362
Jarvik, E. M., 290
Jarvik, M. E., 203
Jarvis, M. L., 203
Jeffery, R.W., 356
Jellinek, E. M., 208
Jenkins, J. G., 286
Jenkins, J. M., 94, 376, 377
Jennings, L., 561
Jensvold, M. L. A., 314
Jerabek, I., 285
Jerome, L. W., 534
Johnson, J. G., 255
Johnson, K. E., 309
Johnson, L. D., 113
Johnson, M. H., 141
Johnson, S. P., 106
Johnson, V., 363, 365
Johnsrude, I. S., 226
Jones, C., 428
Jones, E. E., 66, 576
Jones, G. V., 74, 499
Jones, J., 590, 592
Jones, L., 369
Jones, M. K., 542
Jones, S. S., 91
Jourard, S., 169
Jouvet, M., 182
Joy, L. A., 255
Julien, R. M., 197-199, 210, 211
Jung, C., 399
Jurma, W. E., 420
Jussim, L., 27
Just, A., 319
Juster, H. R., 504

Kagan, J., 83, 88, 326, 398
Kahneman, D., 337

Kaitz, M., 92
Kamin, L. J., 331
Kammann, R., 164
Kamphaus, R. W., 328, 329
Kandel, D. B., 211
Kandel, E., 292
Kanwisher, N., 308
Kaplan, P. S., 93, 97, 102
Kapleau, P., 170
Karlberg, L., 468
Karlins, M., 594
Karon, B. P., 288
Kasimatis, M., 378
Kasparov, G., 320
Kasper, M. E., 505
Kasser, T., 371, 374
Kassin, S. M., 168, 284
Kaufman, A. S., 322
Kaufman, J. C., 337
Kaufman, J. H., 154, 155
Kaufman, L., 154, 155
Kawai, K., 357
Kazdin, A. E., 248
Keane, M. T., 267
Kearney, A. J., 535, 557-559
Kebbell, M. R., 296
Keller, H., 459
Keller, M. C., 570
Kellermann, A. L., 600
Kelley, H. H., 162
Kellner, C. H., 553
Kelly, I. W., 2, 33
Kelly, J. R., 574
Kelly, T. H., 210
Keltner, D., 399
Kemp, M., 313
Kendler, K. S., 517
Kennedy, J. F., 288
Kennedy, P., 68
Kennell, J. H., 92
Kenneth, M., 207
Kenrick, D., 3
Kessler, R. C., 499
Ketcham, K., 272
Kety, S. S., 527
Keyes, C. L., 114
Kiecolt-Glaser, J. K., 471, 476
Kiewra, K. A., XXVI
Kihlstrom, I. E., 192
Killen, J. D., 203
Kimball, M. M., 255
Kimmel, D., 364
King, L., 389
King, L. A., 390
King, M. L., 288
King, N. J., 230
Kinkel, K., 602
Kinnier, R. T., 399
Kirsch, I., 26, 190, 191, 272
Kisilevsky, B. S., 83
Kitayama, S., 400
Kjellgren, A., 192
Klaus, M. H., 92
Klebanoff, M. A., 203
Klein, K., 476
Kleinke, C. L., 386
Klimoski, R. J., 32
Klintsova, A. Y., 292
Klohen, E. C., 113
Koenig, S. M., 186
Koenigsberg, H. W., 494
Koepke, J. E., 86

Kogan, N., 334
Kohlberg, L., 109, 111
Kolb, B., 50
Konner, M., 94
Kopta, S. M., 547, 551
Koresh, D., 590
Kosslyn, S., 190, 279, 307
Kosson, D. S., 494
Kottler, J. A., 543, 549
Koulack, D., 291
Kounios, J., 317
Kozart, M. F., 548
Kozulin, A., 332
Krakow, B., 186
Krantz, D. S., 468
Kratofil, P. H., 199
Kring, A. M., 383
Kroon, M. B., 578
Krosnick, J. A., 29, 30
Krueger, J., 576
Kubovy, M., 147
Kuhn, C. M., 202
Kulik, J. A., 568
Kupfer, D. L., 552
Kusseling, F. S., 479
Kuzendorf, R. G., 279, 280

Laberge, L., 178
LaBerge, S., 215
Labin, D., 594
Labov, W., 310
Lacayo, A., 199
Lachman, M. E., 461
Lachman, R., 268
Lacks, P., 185
Ladd-Franklin, C., 10
Lagarde, D. P., 180
Lahtinen, V., XXVIII
Laird, J. D., 386
Lal, S. K. L., 467
LaLanne, J., 459
Lamberg, L., 188, 189, 213
Lambert, M. J., 21
Lambert, W. E., 607
Lance, C. E., 427
Lange, A., 534
Lange, C., 383, 386
Langenbucher, J. W., 488
Langer, E. J., 162, 319
Lanzetta, J. T., 608
Larner, A. J., 141
Larsen, R. J., 378
Larson, C. A., 203
Lashley, K., 291
Latané, B., 5, 603, 604
Lategan, T. P., 420
Lattal, K. A., 244
Lattal, K. M., 292
Laumann, E., 362
Lavallee A. C., 20
Lavie, P., 179, 180
Lay, C., 113, 400
Lazar, S. W., 194
Lazarus, R., 449, 450, 457, 465
Lazev, A. B., 258
Lazgrove, S., 539
Leavens, D. A., 314
Lecomte, D., 519
LeDoux, J., 66, 411, 451
Lee, M., 433, 434, 538, 551
Lee, T. D., 240
Leeming, F. C., XXIX

ÍNDICE ONOMÁSTICO   685

Leenaars, A. A., 519
Leeper, R. W., 162
Lefcourt, H. M., 477
Leibel, R. L., 355
Leikind, B., 37
Lejuez, C. W., 448
Lenzenweger, M. F., 510
Leonard, C. M., 63
Leor, J., 380
Lepore, F. E., 158
Lepper, M. R., 240, 375
Leslie, K., 215
Lettvin, J. Y., 126
LeVay, S., 363
Levenston, G. K., 495
Levesque, M. F., 50
Levesque, M. J., 571
Levi, A. M., 168
Levin, D., 284
Levin, J. R., 298
Levin, R., 298
Levine, J. M., 574
Levine, M., 561
Levinson, A., 296
Levitsky, D. A., 354
Levy, J., 73
Lewi, R., 315
Lewinsky, M., 380
Lewis, J., 407
Lewis, M., 92, 375
Lewy, A. J., 515
Liberman, R. P., 541
Lichter, D. T., 570
Liebert, R. M., 89
Light, P., 240
Lightsey, O. R., Jr., 446
Lilienfeld, S., 36, 433
Lincoln, A., 404, 421
Linden, W., 355
Lindenmann, B., 139
Lindsay, D. S., 289
Lindsay, E. W., 96
Linton, D., 88
Linton, M., 288
Lipman, J. J., 48
Lipschitz, D. S., 500
Lipsey, M. W., 211, 547
Lissner, L., 355
Little, B., 390, 391
Little, T. D., 328
Liu, X., 62
Liu, Y., 354
Livesley, W. J., 408
Lobo, L. L., 184, 187
Loeber, R., 600
Loehlin, J. C., 408
Loewi, O., 215
Loftus, E., 271, 272, 289
Loftus, G., 144, 271
LoLordo, V. M., 460
Long, J. D., 259, 535, 557
Lorenz, K., 598
Lovaas, O., 540
Low, J., 83, 85
Low, K. G., 515
Lubart, T. I., 336, 342
Luborsky, L., 529, 561
Lucas, F., 355
Luce, G. G., 178
Luckie, W., XXVI, XXVII, XXIX, XXX, XXXII
Lundh, L., 435

Luria, A., 280
Luster, T., 85
Lustig, C., 286
Luxem, M., 90
Lykken, D., 380, 408
Lynch, T. R., 382
Lynn, S. J., 190, 191
Lyubomirsky, S., 469
Liyznicki, J. M., 178

Ma, J., 285
Ma, Y. Y., 48, 50, 54, 61
Maas, J., 179, 185
Mabry, J. H., 240
MacFarlane, S., 3
Mack, A., 149, 160
Mackin, R. S., 472
Macklis, J. D., 291
Macmillan, R., 601
Maddi, S., 469
Madigan, S., 10
Madon, S., 27
Magee, W. J., 497, 498
Maguire, E. A., 67
Maier, N. R. F., 453
Makela, E., 239
Malaspina, D., 510
Malnic, B., 138
Mandler, J. M., 88
Mangun, G. R., 143, 145
Manning, M., 75
Manschreck, T. C., 506
Mansouri, A., 504
Mantyla, T., 294
Margolin, G., 601
Margolin, J., 451
Mark, H., 199
Marks, D. F., 164, 166
Markus, H., 383, 400, 424
Marshall, P. H., 298
Martens, R., 33
Martin, C. L., 418
Martin, D. J., 548
Martin, M., 74
Martin, P. Y., 295
Martin, S., 10
Martin, W. L. B., 74
Martinez-Gonzalez, M. A., 358
Masi, G., 93
Maslach, C., 448, 449
Maslow, A., 10, 11, 169, 373-385, 421, 422, 425
Masse, L. C., 211
Masters, W., 363, 365
Masuda, M., 463
Matheny, K. B., 476
Matias, R., 90
Matossian, M. K., 527
Matson, J. L., 233
Mauer, M. H., 192
Maxwell, K. L., 330
May, M., 529
Mayer, J., 252, 311, 387, 388
Mayer, J. D., 7
Mazzie, C., 102
McAlister, A. L., 608
McBride, W. J., 237
McCann, S. L., 179
McCarley, R., 180, 189
McCarrell, N. S., 310
McCarty, R., 5
McCeney, M. K., 468

McCleary, R., 517
McClelland, C. L., 375
McClelland, D. C., 371, 417, 477
McCluskey, U., 545
McCrae, R. R., 336, 399, 405
McCutcheon, L. E., 85
McDaniel, M., 252, 298
McDermott, J. K., 336
McDermott, K. B., 272
McDonough, L., 88
McGinnis, J. M., 442, 445
McGregor, I., 390, 391
McGwire, M., 70
McIntosh, W. D., 462
McKay, G. D., 118-119
McKean, K. J., 461
McKeever, L. M., 132
McKeever, W. E., 74
McKelvie, P., 85
McKenna, K. Y. A., 579
McKenna, M. W., 255
McKim.W. A., 205, 206
McKinley, J. C., 429
McLaren, W., 204
McLoyd, V., 84, 98
McMahon, K., 146
McManus, I. C., 74
McNally, R., 207
McNamara, D. S., 299
McNeil, D., 276
McRoberts, D., 544
Meagher, M. W., 141
Medhus, E., 97
Medin, D. L., 276
Mehrabian, A., 388
Mehren, E., 94
Meier, R. P., 313
Melesko, K. G., 571
Melnick, M., 28
Meltzoff, A. N., 87-89
Meltzoff, J., 22
Melzack, R., 141
Mendolia, M., 288
Menzies, R. G., 542
Mercer, J. G., 354
Merckelbach, H., 229
Merenda, P. F., 427
Merikle, P. M., 372
Mermelstei, R., 536
Merrill, M. A., 327
Merritt, J. M., 188
Mervis, C. B., 309
Mesmer, F., 190
Mesquita, B., 378
Metcalfe, J., 317
Metha, A., 99
Metzner, R., 177
Meyer, A. J., 446
Meyer, G. J., 427, 430
Meyers, H. F., 515
Michalko, M., 305, 328, 333, 341
Michel, D. E., 141
Michelangelo, 74, 305
Michotte, A., 148
Mielke, H. W., 505
Mikulincer, M., 571
Milgram, S., 576, 578-581
Miller, D.T., 569
Miller, G. A., 269, 311
Miller, G. E., 471, 472
Miller, M., 464
Miller, N., 415

Miller, N.E., 454, 455, 592
Miller, P. A., 604
Miller, T. Q., 467
Millon, T., 495
Milner, B., 291
Milton, J., 164, 165
Mineka, S., 230
Minton, H. L., 9
Miranda, J., 514
Mirsky, A. E, 29, 509
Mischel, W., 406, 414, 415
Mitchell, D., 37, 275
Mitchell, E., 165
Mitru, G., 178
Miyake, A., 267
Mogg, K., 160
Moghaddam, B., 511
Mohanty, S., 541
Mombaerts, P., 138
Monahan, J., 509, 516
Montgomery, G., 55
Moor, J. H., 321
Moore, K., 87
Moore, T. E., 372
Moore-Ede, M. C., 370
Moreland, R. L., 574
Morelli, G. A., 92
Moreno, J. L., 545
Morgan, M. J., 202
Morgenstern, J., 209
Moriarty, T., 582
Morin, C. M., 185
Morisse, D., 542
Moritz, A. P., 379
Morrison, R. G., 308
Moss, K., 215
Mouradian, V. E., 250
Mozart, W., 3, 85, 305
Muir, J., 421
Mukamal, K., 443
Muris, P., 229
Murray, C., 331
Murray, H., 432
Murray, J. B., 511
Murray, S. H., 572
Mussen, P. L., 100

Nachshon, O., 571
Nagoshi, C. T., 462
Nairne, J. S., 286
Naitoh, P., 179
Najdorf, M., 306
NakaMats, Y., 337
Nanez, J. E., 106
Nantais, K., 85
Napa, C., 389
Naranjo, C., 532
Nash, O., 361
Kason, S., 288
Natale, V., 369
Nathan, P. E., 488
Navarro, M., 206
Naveh-Benjamin, M., XXVII
Neath, I., 267, 269, 270, 278, 280, 285, 294, 300
Needles, D. J., 462
Neidhardt, J., 186
Neisser, U., 290, 326-327, 331
Nelson, C. A., 83
Nelson, T. O., 276
Nesca, M., 291
Neter, E., 32

Neugarten, B., 114
Neuman, G. A., 431
Neuman, T., 50
Newman, A. W., 272
Newman, R., 533
Newton, I., 305
Niaura, R., 468
Nicholls, G., 476
Nickell, J., 34, 36
Nickerson, R., 283, 284
Nielsen, D. M., 99
Nijstad, B. A., 343
Nikles, C. D., 189
Nisbett, R. E., 576
Nist, S. L., 293
Nixon, M., 327
Njeri, I., 12, 607
Noble, P., 509
Noice, H., 294
Noice, T., 294
Norcross, J. C., 548
Nori, G., 354
Norlander, T., 195
North, C, 485, 486
Nurius, P., 424
Nurmi, J., 389
Nurnberger, J. I., 259
Nyberg, J., 274

O'Brien, R. M., 233
O'Connell, D. Q., 293
O'Conner, T. G., 93
O'Connor, M. G., 283
O'Craven, K. M., 308
O'Hara, M.W., 423, 462
O'Hara, R., 10
O'Leary, K. D., 418
O'Neill, B., 36
O'Roark, A. M., 433
Oakley, D. A., 192
Oatley, K., 94, 376, 377
Obernier, J. A., 207
Oden, M., 328
Oehman, A., 381
Oest, L., 537
Ogilvie, R., 215
Ohayon, M. M., 186
Olds, M. E., 237
Oliver, M. B., 362
Oliwenstein, L., 178
Ollendick, T. H., 230, 542
Olson, J. M., 586, 595
Olson, S. L., 95
Ones, D. S., 431
Onwuegbuzie, A. J., XXVIII
Orleans, C. T., 443
Orne, M. T., 381
Ornstein, R., 60, 161
Ossoff, E. P., 255
Overmier, J. B., 460
Oyama, T., 308

Pagano, R. R., 193
Palfai, T., 210
Palm, K., 289
Palmer, J., 271
Palmer, S. E., 149
Palmer-Seal, D. A., 479
Pantelis, C., 511
Papa, F. J., 240
Papeliou, C., 75
Papps, F., 98

Park, D. C, 284
Parke, R. D., 95
Parker, A., 285
Parker, K. C. H., 539
Parks, C. A., 363
Patrick, C. I., 381
Patten, B. M., 297
Patterson, G. R., 98
Paulhus, D. L., 401
Pavlov, I., 8, 11, 223, 224
Peeters, M. C. W., 451
Pendergast, M., 289
Penfield, W., 271
Penn, D. L., 516
Pennebaker, J. W., 476
Pepler, D. J., 21
Perez, M. J., XXVII, 298
Perin, C. T., 233
Perkins, D., 203, 332
Perls, F., 214, 532
Perreault, S., 593
Perry, C., 272
Perry, R. P., XXVI
Persons, J., 542
Perugini, E. M., 191
Pescatello, L. S., 444
Peters, W. A., 595
Peterson, B. E., 113
Peterson, L. R., 270
Peterson, M. J., 270
Petri, H., 350, 359
Petruzzi, D. C., 369
Pettigrew, T. F., 597
Pettit, G. S., 96
Petty, R. E., 585, 586
Pfefferbaum, B., 451
Phillips, D. P., 63, 380, 517
Phillips, J. L., 105
Piaget, J., 102, 104, 106, 108
Picasso, P., 74
Piccione, C., 191
Pierce, J. P., 204
Pierrehumbert, B., 94
Piliavin, I. M., 604
Pillard, R. C., 363
Pillow, D. R., 465
Pilon, D. A., 417
Pinel, J. P. J., 357
Pinel, P., 528
Pinsof, W. M., 546
Pisacreta, R., 234
Plaud, J. J., 537
Pliner, P., 358
Plomin, R., 331, 510
Plutchik, R., 377
Polce-Lynch, M., 383
Polemikos, N., 75
Pollack, W. S., 602
Pollner, M., 427
Pollock, V. E., 495
Pope, H. G., 210
Porac, C., 74
Port, R. L., 510
Posada, G., 93
Posluszny, D. M., 443, 473
Potashkin, B. D., 467
Potkay, C. R., 399, 401
Poulton, R. G., 504
Powell, A. L., 358
Powell, M. L., 420
Premack, A. J., 314

Premack, D., 257, 314
Premack, P., 314
Prentice, D. A., 568
Pressley, M., 294, 298
Pressman, J. D., 553
Price, J. L., XXXII
Priluck, R. L., 227
Proust, M., 531
Provins, K. A., 74
Puca, R. M., 371
Pursch, J. A., 199

Quillian, M. R., 273
Quinlan, K. A., 206
Quinn, P. C., 127

Rafaeli, A., 32
Rahe, R., 464
Raison, C. L., 37
Ramachandran, V. S., 126
Ramanaiah, N. V., 420
Ramona, G., 289
Ramona, H,. 289
Randi, J., 163, 166
Rangell, I., 529
Rauscher, F., 85
Reagan, R., 511
Reed, J. D., 294
Regan, P. C., 571-573
Regeser López, S., 492
Reid, M., 73
Reid, M. R., 472
Reid, P. T., 13
Reiff, S., 228
Reifman, A. S., 599
Reinecke, M. A., 543
Reiser, B., 279
Reisner, A. D., 289
Reiss, M., 74
Reiterman, T., 590
Rende, R., 331, 510
Renner, M. J., 472
Rentfrow, P., 403
Rescorla, R. A., 226
Restak, R. M., 197
Reyner, L. A., 178
Reynolds, S., 529
Reznick, J. S., 100
Rhine, J. B., 164
Rice, M. E., 494, 509
Richards, L., 583
Richardson, D. R., 583
Richardson, F. C., 598
Richelle, M. N., 8
Richman, C. L., 596
Richter, W., 307
Rideout, B. E., 85
Riefer, D. M., 276
Rieke, M. L., 431
Riquelme, H., 336
Risley, T. R., 102, 103
Ritter, J., 596
Robbins, S. J., 225, 244, 245
Roberts, B. W., 399
Roberts, R. E., 113
Robins, R. W., 9, 11
Robinson, A., 329
Robinson, T. N., 601
Robinson-Riegler, B., 298
Robson, P., 89
Rodin, J., 355
Roediger, H. L., 272, 278

Rogers, C., 10, 11, 421, 423, 424, 502, 530, 554
Rogers, S., 539
Rogers, W. T., 369
Rogerson, J., 229
Rohsenow, D. J., 544
Roid, G., 323, 324
Rollman, G. B., 360
Rompre, P. P., 67
Roos, P. E., 420
Roosevelt, E., 421
Rorschach, H., 431
Rosch, E., 310
Rose, R. J., 333, 408, 409
Rosenberg, E., 381
Rosenberg, L. B., 152
Rosenhan, D., 516
Rosenkranz, M. A., 472
Rosenman, R., 467, 468
Rosenthal, D., 29
Rosenthal, N. E., 475, 515, 558
Rosenthal, R., 18, 26
Rosenthal, T. L., 229, 253, 475, 536, 537, 558
Rosnow, M., XXXII
Rosnow, R. L., XXXII
Ross, B. H., 276
Ross, D. C., 74
Rossell, S. L., 63
Rothbaum, B., 538
Rothman, S., 323
Rotter, J. B., 416
Rovee-Collier, C., 90
Rowe, B., XXXII
Rowe, D. C., 254
Rowe, W., 372
Rubin, D. C, 288, 289
Rubin, V., 210
Rubin, Z., 571, 572
Rumbaugh, D., 314
Russel, J. A., 382
Russell, T., 372
Russo, M. B., 501
Russo, N. F., 515
Rutledge, T., 355
Rutter, M., 83
Ryan, M. P., XXVI
Ryan, R. M., 371, 374
Ryff, C., 114

Saadeh, W., 98
Sackeim, H. A., 553
Sacks, O., 313
Sadker, D., 418
Sadker, M., 418
Sahelian, R., 184
Saklofske, D. H., 2, 32
Salmon, P., 473
Salovey, P., 286, 387
Sander, L., 100
Sanders, J., 581
Sankis, L. M., 487-488
Sanna, L. J., 576
Sansone, L. A., 497
Sansone, R. A., 497
Santana, C., 43, 44
Sapirstein, G., 26
Sarason, I. G., 369
Saudino, K. J., 409
Saunders, T., 476
Savage-Rumbaugh, S., 314, 315
Sawa, A., 511

ÍNDICE ONOMÁSTICO   **687**

Saxe, L., 381, 431
Scarr, S., 93
Schachter, S., 272, 283, 285, 289, 384, 386, 568
Schacter, D. L., 271
Schafer, M., 578
Schaie, K. W., 114
Schaller, S., 313
Scheck, B., 168
Scheck, M.M., 539
Schein, E. H., 590
Schellenberg, G., 85
Scher, S. J., XXIX
Schick, T., 19, 165, 167
Schiradli, G. R., 477
Schlager, M. S., 252
Schlosberg, H., 383
Schmalt, H., 371
Schmitt, D. P., 573
Schmitt, E., 13
Schmolck, H., 290
Schneider, C., 601
Schneider, D. L., 431
Schneider, H. G., 240
Schneider, K. J., 10
Schneider, P. L., 533
Schneiderman, N., 472
Schooler, C., 446
Schotte, D. E., 355
Schouten, S. A., 164
Schredl, M., 214
Schreiber, F. R., 500
Schuel, H., 211
Schum, T. R., 90
Schumaker, J., 443
Schunk, D. H., XXVIII, XXIX
Schuster, M. A., 451
Schwartz, B., 225, 244, 245
Schwartz, C., 372
Schwartz, L. L., 590, 591
Schwarzenegger, A., 575
Schweickert, R., 266
Schweitzer, A., 421
Sclafani, A., 355
Scorbia, A., 272
Scott, J. L., 299
Scott, J. P., 599
Scott, J., 423, 462
Scroppo, J. G., 500
Scurfield, R. M., 451
Scweitzer, P. K., 184
Seal, D. W., 479
Searcy, J., 157
Sears, R. R., 417
Seckel, A., 169
Segall, M. H., 13, 608
Seidman, B. F., 26
Seligman, M. E. P., 11, 363, 380, 460, 461, 514, 547, 560
Selye, H., 447, 470
Senden. M. V., 146
Serbin, L. A., 418
Seybold, K. S., 510
Seybolt, D. C., 416
Shaffer, D., 108
Shaffer, J. B., 546
Shafir, E., 338
Shafton, A., 182, 187, 189
Shakespeare, W., 206, 333
Shalev, A. Y., 499
Shamir, A., 332
Shapiro, F., 538

Sharma, T., 511
Shaughnessy, J. J., 294
Shaw, G. L., 85
Shaywitz, S. E., 63, 511
Sheehan, P. W., 272
Sheehy, M., 505
Sheldon, K. M., 391
Shepard, R. N., 307
Sherif, M., 596
Sherrod, K. B., 95
Shneidman, E., 520
Shoda, Y., 406, 415, 416
Shoeneberger, D., 305
Shore, H., 533
Shore, L. A., 31
Shugar, G. J., 240
Shurkin, J. N., 328
Siau, K. L., 342
Siegler, R. S., 342
Siever, L. J., 494
Sigelman, C. K., 423
Silva, C. E., 191
Silver, S. M., 539
Silverman, K., 203
Simmons, J., 540
Simon, A., 7, 37
Simon, H. A., 321
Simons, D., 160, 284
Simpson, U. D., 199
Simpson, O. J., 380
Singer, B., 114
Singer, L. A., 286
Singer, L. T., 84
Singer, M. T., 590
Singh, A. N., 551
Singh, N. N., 551
Sirkin, M. I., 590
Sison, C. E., 505
Skanes, H. E., 372
Skeels, H.M., 332
Skinner, B. F., 8, 232, 235, 242, 248
Skipton, L. H., 398
Skovholt, T. M., 561
Skrandies, W., 63
Skuy, M., 332
Slaby, A. E., 519
Slater, A., 88, 146
Sledge, W. H., 554
Sleek, S., 14, 534
Slot, L. A. B., 285
Slotkin, T. A., 84
Smethurst, W., XXVI, XXVII, XXIX, XXX, XXXII
Smith, A., 295
Smith, B., 452
Smith, C., 110
Smith, E. E., 310
Smith, J., 98
Smith, K. E., 108
Smith, L. B., 151
Smith, L. F., 369
Smith, P. B., 577
Smith, R. E., 544
Smith, R. W., 317
Smith, S. M, 202
Smith, W. P., 195
Smouse, A., 372
Smyth, M. M., 310
Snowden, P. L, 332
Snyder, S. H., 511
Snyderman, M., 323
Sobel, E., 479

Solowij, N., 210
Somberg, D. R., 561
Sommer, C., 429
Soussignan, R., 386
Spangenberg, J. J., 420
Spears, B., 113
Sperry, R. W., 8, 59
Spiegler, M.D., 238
Spohr, H., 83
Sporer, S. L., 158
Sprecher, S., 569
Springer, J., 407
Springer, S. P., 58, 60, 74
Squire, L. R., 274, 290, 291
Srivastava, S., 339
Stachnik, T. J., 33
Staddon, J. E. R., 233
Stainton, N. R., 33
Standing, L., 285
Stanovich, K. E., 3, 19, 38
Stanowicz, L. B., 101
Statham, D., 272
Staum, M. J., 372
Steele, K. M., 85
Stefanis, C., 210
Steffek, B. D., 253, 536, 537
Stein, M., 471
Stein, M. I., 341
Stein, N. D., 435
Steinberg, L. D., 453
Steinhausen, H., 83
Stephan,W., 160
Stephens, K., 327
Steriade, M., 180
Sterling, M. M., 531
Sterman, M. B., 467
Stern, C., 101
Sternberg, E. M., 329, 339, 447, 463
Sternberg, R. J., 318, 335, 336, 339
Sternberg, W. F., 48
Stewart, J. V., 33
Stewin, L. L., 179
Stickgold, R., 188
Stiles, W. B., 548
Stockhorst, U., 357
Stokes, D. M., 164, 166
Stolerman, I. P., 203
Stone, J., 595
Stoney, S., 240
Storck, L. E., 551
Straneva, P. A., 49
Straus, M. A., 250
Strayer, D. L., 160
Strickler, E. M., 360
Strongman, K. T., 386, 387
Strote, J., 202
Sturges, J. W., 537
Sturges, L. V., 537
Sue, S., 511
Suedfeld, P., 195
Suinn, R. M., 446, 496, 508, 537, 607
Sumerlin, J. R., 421
Summers, R., 399
Swan, G. E., 536
Swanson, M. W., 84
Swayze, V. W., 553
Swim, J. K., 576

Talley, P. F., 561
Tallis, F., 499
Tallman, K., 531

Tamis-LeMonvda, C. S., 102
Tang, S., 375
Taraban, R., XXIV
Tardif, T. Z., 335
Tart, C. T., 176
Tavris, C., 328
Taylor, J., 85
Taylor, S., 538
Taylor, S. E., 441, 443, 448, 459, 476
Teng, E., 291
Teplin, L. A., 509
ter Riet, G., 26
Terborg, J. R., 442
Teresa, Madre, 404, 421
Terman, L., 323
Terman, L. M., 327-328
Tesser, A., XXIX
Tharp, R. G., 235, 258, 369
Thase, M. E., 552
Thelen, E., 90
Thelen, M. H., 358, 500
Thibodeau, R., 588
Thomas, A., 82, 95
Thomas, R. L., 372
Thomas, S., 477
Thompson, J. W., 272
Thompson, K. M., 254
Thompson, R. A., 65
Thompson, R. F., 65
Thompson, W. F., 83
Thorndike, E. L., 231
Thurber, S., XXIV
Tiffany, S. T., 536
Tighe, M.R., 310
Till, B. D., 227
Timmerman, I. G. H., 547
Tipples, J., 381
Titchener, E., 7, 11
Tobler, N. S., 446
Tolman, E. C, 251
Tomlinson-Keasey, C., 328
Toneatto, T., 211
Torrance, M., XXXI
Torrey, E. F., 504, 554
Townsend, J. M., 572
Trachet, T., 33
Treharne, G. J., 446
Trehub, S. E., 102
Tremblay, R. E., 211
Tripp, P., 179
Troutman, A. C., 251
Truax, S. R., 385
Truchlicka, M., 541
Trull, T. J., 487
Tsai, G., 511
Tse, L., 113
Tucker, K. L., 469
Tucker, P., 451
Tufik, S., 184, 187
Tuholski, S. W., 267
Tulley, M., 250
Tulving, E., 274, 291
Turkheimer, E., 332
Turner, S. J. M., 545
Turton, M. D., 354
Tutkun, H., 500
Tversky, A., 337
Twenge, J. M., 401
Tye-Murray, N., 136
Tzeng, M., 570
Tzeng, O. J., 312
Tzuriel, D., 332

Uestuen, T. B., 183
Ulrich, R. E., 33
Underwood, B. J., 286
Unsworth, G., 256

Vaillant, G. E., 115, 443
Valentine, E., 281, 297
Valins, S., 385
Van Eenwyk, J., 256
Van Gogh, V., 299, 336
Van Goozen, S. H. M., 361
Van Heck, G. L., 468
Van Joolingen, W. R., 252
Van Wyk, P. H., 363
Vane, J. R., 431
Vargha-Khadem, F., 275
Vasquez, M. J. T., 113
Vaughn, L., 19, 165, 167
Velakoulis, D., 511
Verbalis, J. C., 360
Verkuyten, M., 113, 400
Viegener, B. J., 356
Viswesvaran, C., 431
Vogler, R., 209, 536
Volkmann, J., 72
Volkow, N. D., 211
Volpicelli, J. R., 461
Vos Savant, M., 328
Vygotsky, L., 108

Wadden, T. A., 356
Wagner, M. K., 416
Wagstaff, G. F., 296
Waid, W. M., 381
Wakefield, J. C., 487
Walbek, N. H., 254
Wald, J., 538
Walker, I., 597
Wall, P. D., 141
Wallace, B., 308
Wallace, S. T., 504
Wallach, M. A., 327, 334
Walsh, J., 183
Walsh, M. F., 356

Walster, E., 385
Walter, S., 146
Walters, R., 250, 254
Walton, C. E., 88
Wampold, B. E., 561
Wandersman, A., 445
Wann, D. L., 254
Ward, T., 256
Warrenburg, S., 196
Warwick-Evans, L. A., 142
Washburn, A. L., 353
Washburn, M., 10
Wasserman, E. A., 21
Wasserman, T., 572
Watson, D., 459
Watson, D. L., 235, 258, 259, 369
Watson, J. B., 8, 11
Watts, J. C., 95
Weaver, C. A., 290
Weaver, S. L., 461
Webb, N. M., 178, 597
Wechsler, H., 206, 207
Weekley, J. A., 428
Weems, C. F., 467
Wehr, T. A., 515
Weinberg, R. A., 331, 333
Weiner, I. B., 433
Weintraub, M. I., 501
Weintraub, S., 114
Weisburd, D. E., 489
Weiss, J., 548
Weiten, W., 448
Wells, G. L., 168, 277
Wells, N., 141
Welte, J. W., 211
Werner, C. M., 239
Wertenbroch, K., XXIX
Wertheimer, M., 9, 11, 252
West, T. G., 308
Westen, D., 9
Wettach, G. E., 399
Wexler, M., 307
Wexler, M. N., 591
Whatley, M. A., 582

Wheeler, L., 384
Whimbey, A., 328
Whishaw, I. Q., 50
White, B. L., 95
Whitley, B. E., 593
Whitman, W., 421
Whittal, M. L., 359
Widener, A. J., 288
Widiger, T. A., 487-488
Wiederman, M. W., 362
Wiesel, T. N., 127
Wild, M., 240
Wilder, D. A., 592
Wilding, J., 281, 297
Wilhelm, J. L., 166
Wilkinson, G., 37, 416
Williams, R. (Redford), 468, 469
Williams, R. L., XXVI, 180, 259, 535, 557
Williams, T. M., 255
Williams, V., 337
Willoughby, T., XXX, 299
Wills, J. S., 517
Wilson, D. B., 547
Wilson, R. R., 194
Wilson, T. L., 85
Wilson, W. A., 202
Wing, R. R., 356
Winningham, R. G., 290
Wise, R. A., 67
Wiseman, R., 164, 165
Withers, N. W., 199
Witt, S. D., 417
Woehr, D. J., XXVIII
Wolfe, J. B., 238
Wolitzky, D. L., 528, 529
Wolpe, J., 537, 559
Wolpin, M., 216
Wonder, S., 459
Wood, J. M., 38, 177, 186
Wood, N. L., 143, 144
Woods, S. C., 353, 354
Woodward, J., 32
Woody, E. Z., 192

Woody, S. R., 504
Wooruff-Pak, D. S., 228
Wooten, V., 184
Workman, B., 535
Worthen, J. B., 298
Wright, D. B., 290
Wuethrich, B., 207
Wulf, G., 240
Wundt, W., 7, 11
Wyatt, J. W., 407

Yalom, I. D., 531
Yee, A. H., 331
Yehuda, R., 499
Yokota, F., 254
Yontef, G. M., 532
Yoshida, M., 53
Young, D. A., 202
Young, R. K., 570
Ysseldyke, J., 21
Yuen, L. M., XXVIII, XXXII

Zajonc, R. B., 385
Zakzanis, K. K., 202
Zamchech, N., 379
Zanna, M. P., 586, 595
Zannino, L., 441, 471
Zatorre, R. J., 67
Zeidner, M., 369
Zellner, D. A., 359
Zemishlany, Z., 202
Zgodzinski, D., 534
Zigler, E., 517, 519
Zilstein, G., 568
Zimbardo, P., 433, 436, 567
Zimmerman, B. J., XXVIII
Zimmerman, J., 259
Zinbarg, R. E., 496
Zohar, D., 369
Zola-Morgan, S., 274
Zuckerman, M., 367
Zuwerink, J. R., 606

Índice Remissivo

A atenção como uma função da formação reticular, 65
   e dor, 141-142
   e percepção, 160, 170
   seletiva, 143-144, 267
A teoria de atribuição da emoção, 385
Ablação, 53
Abuso das drogas, 197, 198, 202, 203-204, 206, 206-209, 210, 211, 490, 491
Abuso infantil, 495
Abuso sexual e memória, 288, 289
Aceticolina, 48
Acomodação (visual), 128-150
Aconselhamento, 548-551
   ajudando um amigo, 549-551
   por telefone, 533
   relatividade cultural, 13, 551
   terapia cibernética, 533
Acromegalia, 70
Adaptação sensorial, 143
Adaptando-se à escuridão, 132-133
Administração do tempo, XXIX
Adolescência
   desenvolvimento durante a, 82, 112, 113, 357-359
   e o álcool, 208
   e o vício, 198
   e suicídio, 517
   sono, 179
Adorno T., 593
Adrenalina, 70
Afasia, 63
Afeto Obscuro, 505
Afiliação, necessidade de, 568
Agorafobia, 497
Agressão, 248, 249, 253-255, 417, 418, 450-454, 583-584, 598-602
   deslocada, 452, 592
   e álcool, 598-599
   e aprendizado social, 417-418, 600-601
   e estímulos adversos, 599-600
   e modelagem, 253-255, 417-418
   e punição, 248,249
   e televisão, 254-255, 601-602
   e videogames, 254-255
   evitando a, 601-602
   teoria da frustração-agressão, 599
Agressão deslocada, 452, 593-594
AIDS, 198, 478-480
Ajuda profissional, como encontrar, 559-562
Ajudar (comportamento pró-social), 602-605

Ajudar uma pessoa perturbada, 549-551
Álcool, 197, 206-209, 491
   e agressão, 598
   e impulso sexual, 206, 360-361
   e sono REM, 183-184
   sinais de problema de bebida, 208-209
   síndrome alcoólica fetal, 83
   uso excessivo, 206-209
Alcoólatras Anônimos, 209
Alcoolismo, 208
   e terapia de aversão, 536
Além da aprendizagem, XXVII, 294
Allport, G., 403, 593
Alucinações, 505
   durante a privação do sono, 178-179
   e ilusões, 158-160
Alucinógeno, 209
Ambiente
   e desenvolvimento, 80, 83, 407
   e esquizofrenia, 509-511
   e inteligência, 84-85, 330, 331-332
   enriquecido, 84-85
Ambos os lados não sabem, 26
Amígdala, 67
Amnésia, 192, 265, 274, 290-291, 491, 499
Amor, 385, 571-573
Amostra representativa, 28, 30, 623-624
Androgenia, 418-420
Anestesia em luva, 501-502
Anfetaminas, 197, 198-199
Animais
   comunicando-se com os, 313-315
   inteligência, 313-315
   observação naturalista dos, 20-21
   pensando em, 313-315
   pesquisa com, 4-5
Anorexia nervosa, 358-359
Anosmia, 137-138
Ansiedade, 368-369, 435, 457
   distúrbios da, 489, 491, 495-504
   e dor, 141-142
Ansiedade da separação, 92, 93
Ansiedade de testes, 368-369
Antipsicótico, 552
Apatia, 602-603
Apatia dos transeuntes, 603
Apego,
   e amor, 571-573
   infantil, 92-93

Aprendizado, 221-259
  auto-regulado, XXVII-XXVIII, 257-259
  auxiliares do, 240-241
  clássico, 221, 223-230, 231
  cognitivo, 251-253
  definição de, 222
  dependente do estado, 285-286
  descoberta do, 252-253
  durante o sono, 178
  e *feedback*, 239-240, 257-258, 293, 466-467
  estudo do, 4, 15
  fuga e evitação, 249, 502
  latente, 251-253
  maturação e, 89-90
  métodos de estudo, XXIII-XXXII
  observacional, 253-255
  operante, 221, 223, 231-251, 257-259
  perceptual, 156-160
  recitação e, 293
  todo *versus* parte, 294
Aprendizado cognitivo, 251-253
Aprendizado da descoberta, 252-253
Aprendizado de escape, 249
Aprendizado de evitação, 249, 502
Aprendizado instrumental. *Ver* condicionamento operante.
Aprendizado observacional (modelado), 253-256, 417-418, 537, 601-602
Argumentação fluida, 323
Asch, S., 557
Assassinos repentinos, 433-434
Assistente social psiquiátrico, 16
Associação Americana de Psicologia, (APA), 16, 532-533, 554
Astigmatismo, 129
Astrologia, 33-34
Atenção seletiva, 143-144, 267
Atitudes, 585-592
  cultos, 590-592
  definidas, 585
  formação de, 586
  lavagem cerebral, 589-590
  mudança de, 587-592
  preconceito, 592-597, 606-609
Atração, 569-573
Atração interpessoal, 569-573
  amor romântico, 571-573
Audição, 134-137
  artificial, 136-137
  distúrbios profundos de humor, 514
  e o lóbulo temporal, 61
  estímulo da, 134
  perda da, 135-137
  teorias da, 134-135
Autoconceito, 373, 400-401
Auto-estima, 99, 401
  e cultura, 401
Autogerenciamento comportamental, 185, 257-259

Auto-imagem, 10, 113, 422, 424, 502
Auto-revelação, 570-571
Avaliação da personalidade, 425-435
  16 PF, 405
  avaliação do comportamento, 428
  entrevistas, 426-427
  escalas de graduação, 427
  modelo de cinco fatores, 405-406
  observação direta, 427-428
  projetiva, 431-432
  questionários, 428-430
  testes situacionais, 428
Avaliação do comportamento, 428
Aversão ao gosto, 357
Axônio, 44, 45, 46, 47, 48

Bandura, A., 253, 600
Barbitúricos, 200, 201, 205
Bastões, 129, 132
Behaviorismo, 8, 11, 12
Behaviorista,
  Teoria da ansiedade, 503
  Teoria da personalidade, 401, 414-418, 425
Bem, S., 418-419
Bem-estar, 389-391
Binet, A., 323
Biofeedback, 466-467
Biopsicologia, 4, 12, 15, 55
Bloqueio
  mental, 340-341
  perceptual, 162, 170
Bode expiatório, 453, 592
Botões de paladar, 139
Brainstorming, 342-343
Brincar, 95-96
Bulimia nervosa, 357-359
Burnout, 448-449

Cadeia de resposta, 235, 258
Cafeína, 200-201
Cafeinismo, 202
Caixa de Skinner, 8, 232, 233, 234
Câmaras de condicionamento, 8, 231-233, 234
Campanhas para a saúde comunitária, 446
Cannon, W., 353, 384, 386
Cansaço provocado pela diferença de fuso horário, 69, 371
Cartell, R., 404, 406
Cegueira e fraqueza em relação às cores, 131-132
Cegueira involuntária, 160
Células nervosas, 43, 44, 45
Centros de prazer, 67, 236-237
Cerebelo, 57, 61, 65, 66
Cérebro, 65, 66
Cérebro humano, 43-49, 50, 53-68, 71-74
  ablação, 53-54
  demência do, 228
  destruições profundas do, 53

diferenças sexuais, 63
distúrbios mentais orgânicos, 489-491
e a emoção, 378
e a fome, 353-354
e a memória, 268, 290-292
e a visão, 58-59, 61, 126-127, 129, 307-308
e agressão, 599
e esquizofrenia, 510-512
e o estresse, 471
e o sono, 181-182, 188, 189
EEG, 4, 53
efeitos das drogas no, 197
efeitos do álcool, 206-207
Estimulação do, 53, 67-68, 236-237, 268
hipocampo, 67, 291-292
lateralização, 58-61, 63, 71-74
lesões no, 50, 58, 63, 64-65, 505
localização sensorial, 127
negligência, 58
neurogênese, 49
scan IRM, 54-55, 491, 511
scan TC, 511
scan Tomografia de Emissão Positrônica, 55, 58, 495, 511
Cérebro anterior, 65-67
Cérebro posterior, 65, 66
Chomsky, N., 100-101, 312, 314-315
Choque eletroconvulsivo e memória, 290-291
Cinesia (linguagem corporal), 382-383
Cocaína, 99, 200-201
Coeficiente de correlação, 22, 625-627
Cognição, 305-344
Comer, 134-135, 142
Comer em excesso, 355, 356, 357-359
Compensação, 458, 459
Complexo de Édipo, 410, 413
Complexo de Electra, 410, 413
Comportamento anormal, 486-488
Comportamento do júri, 167-168
Comportamento maníaco, 514-515
Comportamento pró-social, 602-606
Comportamento sexual, 361-365
Comportamento supersticioso, 234
Compulsões, 498-499
Comunicação interpessoal, 437, 549-551, 570-571, 583-584
    com crianças, 101-102, 118-119
Conceitos e formação de conceitos, 307, 309, 310
Concordância, 581-582
Condicionamento
    antecedentes e conseqüências, 222-223, 259
    aplicações do, 240, 257-259
    clássico, 221, 223-230, 231
    de crianças, 226, 227, 228, 230
    de nível mais alto, 226
    na modificação do comportamento, 535-542, 556-559
    operante, 221, 223, 231-251, 257-259
    Substituto, 229-230

Condicionamento clássico, 221, 223-230, 231, 356, 535
Condicionamento clássico substituto, 231
Condicionamento operante, 221, 223, 231-251, 257-259
    aplicando o, 257-259
    na modificação do comportamento, 535, 539-542
Cones, 129-130, 131, 132
Confiabilidade dos testes, 428
Conflito, 454-457
    evitação-evitação, 454
    lidando com, 457
    Proximidade-evitação, 455
    Proximidade-evitação dupla, 455-456
    Proximidade-proximidade, 454
Conflito de evitação-evitação, 454-455
Conflito dentro do grupo, 593-597
Conflito Proximidade-Evitação, 455
Conflito Proximidade-Proximidade, 455
Conhecimento dos resultados, 239-240, 293
Consciência,
    e cultura, 175, 176
    estados alterados de, 175-216
Consciência cultural, 551, 606-609
Conselheiros, 15, 16, 560
Consolidação, teoria da memória, 290-291
Constância da forma, 146-147
Constância de tamanho, 146-147
Constância do brilho, 147
Contrato comportamental, 259
Controle da Raiva, 469
Controle de estímulos, 244-245, 539-540
    para insônia, 185
Controle de peso, 355-356, 357
    ponto ajustado, 354, 357
Convergência, 151-152
Córnea do olho, 128
Corpus callosum, 58, 66
Correlação, 21, 624-627
Correlação (vs. causação), 22, 37, 627
Correlação negativa, 22
Correlação positiva, 22
Córtex Adrenal, 70
Córtex cerebral, 55-64, 66, 270-271, 291-292
Córtex de associação, 61, 63
Córtex motor, 63
Corticalização, 57-58
Criança
    apego, 92-94
    autoconsciência da, 92
    cognição, 104, 106-108
    creche, 93-94
    desenvolvimento motor da, 89, 90
    desenvolvimento social da, 92-94
    emoção da, 90-91, 92
    estimulação sensorial da, 84
    impactos da privação e do enriquecimento na, 83-86
    influência dos pais na, 83-86, 92-93, 95-97
    inteligência da, 87, 104, 106-108

maturação da, 89-90
percepção de profundidade, 150-151
Pré-linguagem da comunicação, 100, 101-102
reflexos da, 87
síndrome da morte súbita infantil, 186-187
sono da, 179, 186-187, 188
temperamento da, 82-83
visão da, 87-89, 150-151
Crianças
    ansiedade da separação, 92, 93
    bater, 98
    busca de reforço negativa, 235
    castigo, 98-99, 116-120, 247, 247-251
    comunicação com, 101-102, 118-120
    desenvolvimento cognitivo das, 103-109
    desenvolvimento da linguagem, 99-103, 312
    desenvolvimento intelectual, 87, 103-109
    desenvolvimento moral das, 109-111
    desenvolvimento social, 92,-94
    disciplinando, 98-99, 116-119, 247-251
    domínio da mão, 73
    dotadas, 328-329
    e a agressão, 601-602
    e a emoção, 90-91, 92, 382
    e a formação de conceitos, 309
    e a memória, 280-282
    e a pobreza, 84
    e a televisão, 254-255
    e o aprendizado, 240-241, 253-255
    e o brincar 95-96
    egocentrismo, 105
    estudo das, 80
    hormônio de crescimento, 68-69
    identidade sexual, 417-418
    influência dos pais, 84-86, 92-93, 95-99, 116-120
    modelação das, 600-601
    os efeitos da privação e do enriquecimento, 83-85
    regressão, 458
    seqüência de crescimento, 83
    tarefas de desenvolvimento, 111-112
    temperamento, 82-83
    teoria sociocultural, 108-109
    tomar conta de, 94-95
    videogames, 254-255
Cromossomos, 80
Cultos, 592
Curva normal, 327, 486-487, 621-622

Darwin, C.,7, 381, 385
Declives de textura, 153
Defesa de insanidade, 492
Definição operacional, 18, 323
Deixas pictóricas de profundidade, 152-154
Delírios, 504
Demência, 228
Dement, W., 187, 189
Denditro, 44, 45

Depressão, 461-463, 513-516, 542-543
    bipolar, 514
    combatendo a, 462-463, 542-543
    distúrbios afetivos sazonais (SAD), 515-516
    distúrbios de humor, 489, 490, 491, 513-516
    distúrbios graves de humor, 514
    e desamparo aprendido, 460, 515
    e terapia eletroconvulsiva, 552-553
    endógena, 515
Derrames, 58
Desamparo aprendido, 460-461, 515, 599
Desenvolvimento, 79-120
    adolescente, 82, 112, 113
    adulto, 112-114
    ampliando o, 85
    cognitivo, 103-109
    da inteligência, 87, 103-109
    da linguagem, 99-103
    efeitos da privação, 85
    emocional, 90-91, 92
    envelhecimento, 114-115
    fases do, 111-114
    influências do pai e da mãe, 83-86, 92-93, 95-99, 116-120
    maturação, 89
    moral, 109-111
    motor, 89,90
    na infância, 83-86, 86-94, 99-103, 104, 106-108, 179, 186-187, 188
    neonatal, 82-83, 86-94, 99-103, 104, 106-108, 111, 179, 186-187, 188
    os papéis da hereditariedade e do ambiente, 80-86
    períodos sensíveis, 83, 92
    pré-natal, 73-74, 82, 83
    psicossexual, 111-114, 412-414
    social, 92-94
    visão behaviorista, 401, 414-418, 426
    visão humanista, 401, 420-425, 426
Desenvolvimento cognitivo, 103-109
Desenvolvimento moral, 109-111
Desenvolvimento motor, 89-90
Desenvolvimento pré-natal, 74, 82, 83
Desenvolvimento sexual
    como uma função das glândulas, 70
    Identificação, 417-418
Desenvolvimento social, 92-94
Dessensibilização, 229, 536-539
Dessensibilização vicária, 537
    aplicando a, 558-559
    dessensibilização do movimento dos olhos, 538-539
    exposição à realidade virtual, 537-538
Destruição, 53, 553
Destruições profundas, 53, 553
Desvio sexual, *ver* Comportamento sexual
Desvio-padrão, 621, 622
Detector de mentiras, 380
    polígrafo, 380

Determinismo, 10
Diagrama de dispersão, 624
Dieta comportamental, 356
Diferenças culturais
  aconselhamento, 551
  agressão, 601
  apreciando as, 13, 608-609
  aprendizado de idiomas, 100, 102
  auto-estima, 400
  bilingüismo, 313
  consciência cultural, 606-609
  criação de filhos, 97-98
  desenvolvimento cognitivo, 108-109
  diversidade, 606-609
  e a linguagem corporal, 382-383
  e a raiva, 382
  e anormalidade, 488, 492
  e consciência, 175, 176
  e dieta, 355
  e dor, 360
  e emoção, 382
  e percepção, 158-160, 170
  e rótulos, 284
  e testes, 326-327
  estudo das, 4, 15
  identidade adolescente, 113
  identidade pessoal, 113
  impacto, 13
  inteligência, 331
  psicoterapia, 551
  relatividade cultural, 13
  resolução de problemas, 319-320
  ser pai e mãe, 97-98
Diferencial semântica, 311
Dilemas psicossociais, 111-114
Direito e psicologia, 492
Discriminação (e controle de estímulos), 227, 245-246
Disfunções de dor sexual, 365
Disfunções de orgasmo, 365
Disfunções do desejo, 365
Disfunções sexuais, 365
Dislexia, 68-69
Disparidade retinal, 151-152
Distribuição de freqüência, 616-617
Distúrbio afetivo sazonal, 515-516
Distúrbio ciclotímico, 513
Distúrbio de estresse agudo, 499
Distúrbio distímico, 513
Distúrbio do comportamento REM, 184
Distúrbios psicóticos, 488-489, 490, 491, 504-514, 516-517
  características dos, 504-505
  distúrbios de delírio, 506-507
  distúrbios profundos de humor, 514
  e violência, 509
  esquizofrenia, 507-512
  orgânicos, 505-506
  paranóides, 506-507
Distúrbios alimentares, 357-359
Distúrbios bipolares, 514
Distúrbios de ajuste, 496
Distúrbios de conversão, 500-501
Distúrbios de delírio, 506-507
Distúrbios de dissociação, 490, 491, 500
Distúrbios de estresse pós-traumático, 499
Distúrbios de humor, 490, 491, 513-516
  graves, 514
Distúrbios de identidade, 500
Distúrbios de personalidades, 491, 500
Distúrbios mentais, 489, 490
Distúrbios mentais orgânicos, 489
Distúrbios obsessivos-compulsivos, 498-499
Distúrbios profundos de humor, 514-515
Distúrbios psicológicos, 485-521
  características dos, 488, 489, 490
  causas dos, 489, 501-504
  classificando, 488-493
  definindo, 486-488
  distúrbios da personalidade, 490, 491, 494-495
  distúrbios de ansiedade, 489, 490, 495-504
  distúrbios do humor, 490, 491, 513-516
  distúrbios psicóticos, 489, 490, 491, 504-514, 516-517
  distúrbios sexuais, 490, 491
  e parcialidade, 488, 492, 516-517
  e violência, 509
Distúrbios psicossomáticos, 466-472
Distúrbios relacionados à substância, 489, 490
Distúrbios sexuais, 489-490
Distúrbios somatoformes, 489, 490, 491, 500-501
Diversidade
  aconselhamento, 551
  amostras representativas, 28, 30
  androgenia, 418-420
  apreciando a, 13, 608-609
  aprendizado de idiomas, 100, 102
  auto-estima, 401
  bilingüismo, 313
  consciência cultural, 606-609
  deficiência, 329-330
  desenvolvimento cognitivo, 108-109
  e a consciência, 175, 176
  e a criação de filhos, 97-98
  e a emoção, 382
  e a inteligência, 331
  e a lateralização cerebral, 63
  e agressão, 601
  e anormalidade, 488, 489, 492
  e dieta, 355
  e identidade pessoal, 113
  e o QI, 325-326, 327-328
  e rótulos, 284
  e sexo, 9, 63, 328, 382, 390, 417-420, 489, 496, 515, 517-528, 572-573, 576
  estereótipos sociais, 593, 606
    estilos de paternidade e maternidade, 97-98

estudo da, 4, 15
etnocentrismo, 593
impacto cultural, 13
mulheres em psicologia, 10
multiculturalismo, 606-609
nanismo, 68-69
orientação sexual, 362-363
preconceito, 593-597, 606-60
preconceito contra a idade, 115
preconceito simbólico, 595
psicoterapia, 551
racismo, 592-593, 606-609
relatividade cultural, 13
resolução de problemas, 319-320
surdez, 135-137
terapeutas da, 551
visão ampla da, 13
DNA, 80-81
Doença de estilo de vida, 442-444
Doença sexualmente transmissível, 478-480
Dollard, I., 415, 417
Domínio da mão, 72-75
Dopamina, 48
e esquizofrenia, 48, 511
Dor, 49, 141-142, 360
controlando a, 141
distúrbios de, 500
e hipnotismo, 192-193
Sistema de lembrança e, 142
Drogas,
dependência das, 183-184, 197-198
distúrbios relacionados a substâncias, 490, 491
e desenvolvimento fetal, 83-84
efeito sobre o ato de sonhar, 214
efeito sobre o cérebro, 197
farmacoterapia, 551-552
gráfico comparativo, 200-201
impulso sexual, 360-361
psicoativas, 197-209
DSM-IV-TR, 488, 489, 490, 491
Dunker, K., 316, 319

Ebbinghaus, H., 282-283
ECC (estimulação elétrica do cérebro), 53, 67-68, 236-237, 271
Economia de gratificação, 239-240, 541-542
Ecstasy, *Ver* MDMA
EEG (Eletroencéfalograma), 4, 54
e fases do sono, 181-182, 186
Efeito da posição na série, 276, 294
Efeito do reforço parcial, 242
Efeito Halo, 427, 569-570
Efeito Mozart, 85
Efeito placebo, 25-26, 49, 547
Ego, 409-411, 501
Eletrodo, 54
Elliot, I., 595

Ellis, A, 543-544
Emoção, 376-391
avaliação da, 386-387
e excitação, 378-381
básico, 90, 382
desenvolvimento da, 90-91
diferenças culturais, 383
e a percepção, 161, 170
e o aprendizado, 286
e o sistema límbico, 66-67
e o sistema nervoso, 50
em crianças, 90-91, 92
expressão, 377, 381-383, 385-386, 387
modelo contemporâneo, 386-387
mudanças psicológicas, 376-377, 378-381
primária, 377-378
resposta emocional condicionada, 228-229
teorias da, 383-387
Emoções primárias, 377-378
Empirismo, 2-3
Emprego
estressante, 448
exaustão, 448-449
Encefalinas, 48
Endorfinas, 26, 48
Engram, 291
Enjôo de movimento, 142
Ensaio de elaboração, 270, 293
Ensinar a ir ao banheiro
e maturação, 90
fase anal, 412
problemas no, 417
Entrevistas, 426-427
cognitivas, 296
Envelhecimento
e atitudes, 115
e inteligência, 115
e memória, 285
e padrões de sono, 179-180
e visão, 128
teorias do, 114-116
Ergotismo, 527
Erickson, E., 111-114
Erro antropomórfico, 21
Escala de Busca de Sensações, 367
Escala de Classificação de Reajuste Social (ECRS), 464
Escala de Suscetibilidade Hipnótica de Stanford, 191
Escala Wechsler de Inteligência Adulta, 326, 327
Escala Wechsler de Inteligência Infantil, 326
Escalas de classificação, 427
Escalas de Inteligência Stanford-Binet, Quinta Edição, 323, 326, 327
Espectro visível, 128
Espinha dorsal, 51-52, 66
Esquecimento, 265, 266-267, 268-270, 282-290
Esquizofrenia, 29, 49, 487, 500, 507-512
catatônica, 507, 508

causas da, 509-512
desorganizada, 507-508
farmacoterapia, 552
modelo de vulnerabilidade ao estresse, 512
não-diferenciada, 507
paranóide, 507, 508
Esquizofrenia catatônica, 508
Esquizofrenia paranóide, 507, 508
Estados de consciência alterados, 175-219
Estágios de desenvolvimento de Piaget, 104-108
Estatística, 615-627
correlação, 624-627
dedutiva, 615, 623-624
descritiva, 615, 616-621
em psicologia, 615
medidas de tendência central, 617-618
medidas de variabilidade, 618-620
pontuações-padrão, 620-621
Estatística dedutiva, 615, 623-624
Estatística descritiva, 615, 616-620
Estatística gráfica, 616-617
Estereótipos, 113, 311, 593-595, 606-607
Esteróides, 70
Estimulação sensorial, 85, 351, 366-368
Estímulo condicionado, 224-225, 226, 227, 228, 231, 356
Estímulo elétrico do cérebro (EEC), 53, 67-68, 236-237, 271
Estímulo não-condicionado (ENC), 224-225, 227, 228, 231, 232, 356
Estresse, 441, 443, 447-450, 463-477
administração do, 472-477
avaliação do, 449
distúrbio de estresse agudo, 499
distúrbios do, 499
e aborrecimentos, 463-465
e meditação, 474
e o sistema imunológico, 471-472
e problemas psicossomáticos, —466-470
inventário do Estresse da Vida Universitária, 472
lidando com o, 450, 472-477
traumático, 451
Estruturalismo, 7, 11
Estudos correlativos, 20, 21-22, 31
Estudos de casos, 27, 29
Excitação, 366-370
e formação reticular, 65
emocional, 378-381
graus de, 368-369
Excitação sexual, 361, 362, 363-365
Expansão sensorial, 84-85
Experiência quase-morte, 399
Experimento de Asch, 577-579
Experimento de cegueira simples, 26
Exposição à realidade virtual, 537-538
Extinção, 226-227, 235, 258, 539-540
efeitos do castigo sobre a, 248
Extinção operante, 235, 258, 540-542

Extrovertida, 399-400, 402
Eysenck, H., 402, 529

Fala, 73-74
e afasia, 63
Falácia dos exemplos positivos, 34
Fantasia como mecanismo de defesa, 459
Farmacoterapia, 551-552
Fase anal, 410, 412
Fase fálica, 410, 412-413
Fase genital, 410, 412, 413
Fase oral, 301, 412
Fases da vida adulta, 82, 112-114
Fases psicossexuais, 412-414
Fazer anotações, XXVI
Fazer dieta, 355
comportamental, 356
Fazer provas, XXIX-XXXI, 368-369
Feedback (no aprendizado), 239-240, 257, 293, 466-467
Felicidade, 389-391, 469-470
Fenômenos psi, *ver* Fenômenos psíquicos
Fenômenos psíquicos (fenômenos psi), 36, 163-166
Festinger, L., 569
Fixação, 319, 411
Fixação funcional, 319
Fobia social, 498
Fobia(s), 228-229, 498
e dessensibilização, 536-539
e exposição à realidade virtual, 538
Fome, 295, 353-359
causas da, 353-355
e o hipotálamo, 353-354
e o paladar, 357
fatores culturais na, 357
Formação de reações, 458
Formação reticular (RF), 65
Formatação (operante), 235-236, 238-239, 539
Formulação de teoria, 19
Fóvea, 128, 130
Frenologia, 32
Freqüência fixa (FF), 243
Freqüência variável, (FV), 236
Freud, S., 9, 189, 212, 409-414, 415, 417, 457, 459, 502, 528-529, 530
Frustração, 450-454
e a teoria da agressão, 250, 599-600
fontes de, 450
lidando com a, 453-454
reações à, 450-454
Fuga, 500
Fumar, 84, 200-201, 203-205, 445-446, 535-536
Função U invertida, 368
Funcionalismo, 7, 11
Funções de excitação, 365

Gating, 145
Geller, U., 163, 166

Gêmeos, 331, 408, 510, 514-515
Generalização, 227, 228-229, 245
Generalização de estímulos, 227, 245
Genes, 80-81
Genética comportamental, 407-408
Gênio, 328-329
GHB, 200-201, 205
Gigantismo, 69
Ginnott, H., 118
Glândula pineal, 68, 69
Glândula pituitária, 66, 68-69
Glândula tireóide, 68, 70
Glândulas adrenais, 68, 70
Goodall, J., 20-21
Gráficos, 616-617
Grafologia, 32
Gratificação, 239-240, 541-542
Grupo de controle, 24-25, 37
Grupo experimental, 24-25, 26
Grupo(s), 573-579
  conflito de, 576-577
  cultos de, 590-592
  estereótipos sociais do, 593-595, 606
  fazer parte de e atitudes, 586
  normas do, 575
  preconceito do, 574, 592-597, 606-609
  referência do, 587
  sanções do, 577
  Seguir as regras com, 576-577
  ser membro de, 574, 586
  status do, 574
Grupos de encontro, 546
Grupos de sensibilidade, 46-547

Hábitos, 258-259
Habituação, 169-170
Hans Esperto, 18
Hemisférios cerebrais, 58-61, 63, 71-75
  especialização, 59-61, 63, 71-75
Hereditariedade
  e desenvolvimento, 80-83, 407-408
  e esquizofrenia, 510
  e homossexualidade, 363
  e inteligência, 331
  e personalidade, 407-408
Heurística, 317, 337
Hierarquia, criando uma, 558-559
  utilização da na dessensibilização, 536, 537
Hipermetropia (hiperopia), 129
Hiperopia (hipermetropia), 129
Hipocampo e memória, 67, 291-292
Hipocondria, 466, 500
Hipotálamo, 65, 66, 69, 359
  e a fome, 353-354
Hipótese, 18
Hipótese da distância aparente, 156
Hipótese da redução da ansiedade, 503

Hipótese da síntese de ativação, 189
Hipótese do *feedback* facial, 385-386
Hipotismo, 190-193, 193, 501
  e memória, 192, 271-272
Histeria, 528
História da psicologia, 6-12
HIV, 478-480
Holmes, T., 463, 464
Homeostasia, 352-353, 367-368
Homossexualidade, 362-363
Hormônio de crescimento, 68-69
Hormônios, 68-70
  de crescimento, 68-69
  do sono, 180
  e o impulso sexual, 69, 360-361
  sexuais, 68, 70
Hospitalização, 553-554
Hostilidade, 469

Id, 388-390, 409-411, 501
Ilusão da lua, 154-155
Ilusão de Müller-Lyer, 158-160
Ilusões perceptivas, 158-160
Imagens
  cinestéticas, 308-309
  dirigidas, 475
  e o raciocínio, 307, 308
  e pesadelos, 186
  eidéticas, 279-280
Imagens cinestéticas, 308-309
Imagens eidéticas (memória fotográfica), 279-280
Imitação, *ver* Modelação
Impacto do observador, 21
Implantes de cóclea, 136
Impulsos, 350-351, 360-361, 366-369, 415-416
Impulsos nervosos, 44-47, 49, 52
Inconsciente, 9, 411
Influência (efeito) do realizador, 26
Influência do pai e da mãe no desenvolvimento, 93, 95-96
Influência materna (no desenvolvimento), 92-93, 95-97
Influência social, 576-581
Inibição recíproca, 537
Insônia, 183-185
Instintos, 598
Introspecção, 7
Instrução programada, 239-240
Instruções por computador (IPC), 240, 241
Intelectualização, 458
Inteligência, 322-333
  artificial, 320-321
  definição de, 323
  distribuição da, 327-328
  e criatividade, 335
  e envelhecimento, 115
  e pobreza, 84
  e realização, 328
  e sabedoria, 339

ensino, 108-109
estudos de gêmeos, 331
fatores ambientais na, 83-86, 330, 331-332
fatores hereditários na, 330-331, 332
gênio e dotado, 328-329
múltipla, 329
na infância, 87, 103-109
nas crianças, 87, 104, 106-108
retardamento mental, 329-330
sexo, 328
variações na, 327-328
Inteligência artificial, 320-322
Inteligência emocional, 387-388
Interação de drogas, 206
Interações traço-situação, 407
Internet, XXXI-XXXII
Interrupção, 539
Interrupção do pensamento, 476-477,557
Intervalo variável (IV), 244
Intervenção dos transeuntes, 603-605
Introvertida, 399-400, 402
Intuição, 337-339
Inventário Bem do Papel Sexual (IBPS), 418
Inventário do Estresse da Vida Universitária, 472
Inventário Multifásico da Personalidade de Minnesota - 2 (MMPI-2), 429-430
IRM
   funcional, 54
   scan, 54, 491, 511
Izard, C., 385

James, W., 7, 383, 386
Johnson, V., 363-364
Jung. C., 399

Kagan, J., 326
Kahneman, D., 337-338
Kohlberg, L., 109-110

Lange, C., 383, 386
Lateralização do cérebro, 58-61, 63, 71-75
Lavagem cerebral, 589-590
Lei de Yerkes-Dodson, 368
Lei do efeito, 231
Linguagem, 59, 60, 63-64, 73-74, 307, 311-315
   Bilingüismo, 313
   desenvolvimento da, 99-103
   e o raciocínio, 311-315
   Aprendizado latente, 251-253
   estrutura da, 312-313
   gestual, 313
   Linguagem de Sinais Americana, 313
   dos animais, 313-315
   semântica, 311-312
Linguagem corporal (cinesia), 382-383
Linguagem de sinais, 313
Linguagem de Sinais Americana, 313

Livre arbítrio, 10, 531
Livre associação, 528
Lobotomia, 28, 553
Lobotomia frontal, 28, 553
Lobotomia pré-frontal, 28, 553
Lóbulo frontal, 28, 61, 62, 511, 553
Lóbulo ocipital, 61
Lóbulo parietal, 61
Lóbulo temporal, 61, 67
Lóbulos do córtex cerebral, 61-63
Localização sensorial, 127
Loftus, E., 271-272
Luto, *ver* Perda

Maconha, 200-201, 210-211
Mal de Alzheimer, 491
Mapas cognitivos, 251
Maslow, A., 10, 169, 373-376, 421-422
Masters, W., 363-364
Maternidade e Paternidade, 84-85, 92-93, 95-99, 116-120
   abusiva, 84
   diferenças culturais, 97-98
   estilos de, 97-98
Maturação e aprendizado, 89-90
McClelland, D., 371
MDMA (Ecstasy), 200-201, 202
Mecanismos de defesa, 557-560
Média (estatística), 618
Mediana, 618
Medicina comportamental, 442
Meditação, 193-196, 474
Medo, 66-67, 141, 228-229, 376-377, 378, 383-385, 387
Medula, 62, 65, 66
Melatonina, 69, 515
Memória, 265-300
   ativação da, 278-279
   de habilidades (processual), 274, 275
   de longo prazo, 268, 270-275, 283-285, 286-287, 291
   declarativa, 274-275
   do tipo lâmpada de flash, 288-290
   dual, 268
   e hipnotismo, 191-192, 272
   e o sistema límbico, 67
   e sono com sonhos, 187, 188
   efeito de posição na série, 276, 294
   ensaio, 270, 293
   episódica, 274-275
   estágios da, 266-268
   excepcional, 279-282
   factual, 274
   falha de, 283-284
   formação de memória, 270-275, 290-292
   imagens em, 279-280, 297
   implícita, 278-279
   interferência da, 286-287
   medida da, 276-279
   melhorando a, 281, 293-300

memória de curto prazo (MCP), 267, 268-270, 284, 286, 291
mnemônica, XXVII, 281, 297-300
modelo de rede de, 273, 274
processamento construtivo, 272-273
recodificação de, 269-270
recuperando, 288, 289
redintegrativas, 273
repressão da, 288, 289
semântica, 274
sensorial, 266, 267
tipos de, 274-275
traços da, 284-285, 291
Memória de curto prazo (MCP), 267, 268-270, 284, 286, 291
Memória de habilidades, 274, 275
Memória de lembranças, 276, 295, 296
Memória de longo prazo, 268, 270-275, 283-285, 286-287, 291
Memória de reaprendizado, 277-278
Memória de reconhecimento, 277
Memória declarativa, 274, 275
Memória dual, 268
Memória episódica, 274-275
Memória factual, 274
Memória fotográfica, 279-280
Memória implícita, 297-298
Memória procedimentos, 274, 275
Memória recuperada, 288, 289
Memória semântica, 274
Memória sensorial, 266, 267
Memórias redintegrativas, 273-274
Mesencéfalo, 65, 66
Mesmer, F., 190
Metas, 350-351
  superordenadas, 596
Método científico, 17-20
Método clínico, 20, 28, 31, 53-54
Método de estudo SQ4R, XXIII-XXV
Método de pesquisa, 20, 28-30, 31
Método experimental, 20, 23-27, 31
Métodos de estudo, XXIII-XXXII, 240-241, 280-281, 293-297
Microcochilo, 178
Mídia eletrônica, XXXI-XXXII
Mielina, 45, 49, 50
Milgram, S., 579-581
Miller, N., 415, 417
Miopia (visão curta), 129
Miopia, 129
Mnemônica, XXVII, 281, 297-300
Modelo (aprendizado observacional), 253-256, 417-418, 537, 601
Modelo de personalidade de cinco fatores, 405-406
Modificação do Comportamento, 535-542, 548, 556-559
Modo, 618
Moreno, J.L., 545

Morte
  Experiência de quasemorte, 399
  súbita, 379-380
Motivação, 349-376
  definição de, 350
  intrínseca e extrínseca, 375-376
  modelo de, 350-352
  Teoria da excitação, 367
  tipos de, 352-353
Motivos
  aprendidos, 351, 371-373
  estímulo, 351, 366-370
  hierarquia de, 373-375
  intrínsecos e extrínsecos, 375-376
  percepção e, 160-161, 169
  primários, 352-354, 359-361
  secundários, 351, 371-373
  sociais, 371-373
  tipos de, 352-353
Motivos aprendidos, 371-373, 384
  Teoria do oponente-processo, 131
Motivos de estímulos, 351, 366-369
Motivos extrínsecos, 375
Motivos intrínsecos, 375-377
Motivos primárias, 352-354, 359-361
Motivos secundários, 351, 371-373
Motivos sociais, 371-373
Movimento relativo, 154
Mudança de vida e doença, 463-466
Mulheres na psicologia, 10
Multiculturalismo
  aconselhamento, 551
  apreciando o, 13
  bilingüismo, 313
  consciência cultural, 606-609
  consciência e cultura, 175, 176
  criação de filhos e diferenças étnicas, 96-108
  desenvolvimento cognitivo, 108-109
  diversidade, 606-609
  e auto-estima, 401
  e inteligência, 331
  e rótulos, 284
  e testes, 326-327
  estilos de paternidade e maternidade, 97-98
  expressão emocional, 382
  identidade pessoal, 113
  preconceito, 592-597, 606-609
  psicoterapia, 551
  relatividade cultural, 13
Múltipla personalidade, 489, 500

Nanismo, 68-69
Não-conformidade, 487
Não-reforço, 540-542
Narcolepsia, 184
Necessidade de poder, 371
Necessidade de realização, 372-373

Necessidades e redução de necessidade, 350-351, 373-376
Negação, 457, 458
Neonato (recém-nascido), 82-83, 86-94, 99-103, 104, 106-108, 111, 179-180, 186-187, 188
    e emoção, 90-91, 92
Nervos, 49, 51, 52
Nervos espinhais, 51-52
Neurilema, 45, 49
Neurogêneses, 49
Neurônio conector, 52
Neurônios, 43, 44-53
Neurônios sensoriais, 52
    Arco-reflexo, 52
    conector, 53
    motor, 45, 53
    sensoriais, 53
Neuropeptídios, 48
Neurotransmissor, 47-48, 69
Nicotina, 200-201, 203-205
Normalidade, 486-487
Normas, 13, 575

Obediência, 579-581
Obesidade, 355-356
Observação naturalista, 20-21, 31
Olfação, 137-138
Olfato, sentido do, 137-138, 143
    anosmia, 138-139
Olho, 128-129
    dessensibilização do movimento do olho, 538-539
Organização figura-fundo, 147
Orientação sexual, 362-363

Paladar, 138-139, 357-359
Papéis sociais, 567, 573-574
Papel(éis)
    conflito de, 574
    e comportamento, 574
Paralaxe de movimento, 154
Parapsicologia, 163-166
Parcialidade de cortesia, 30
Parcialidade do observador, 21
Passividade, 582-583
Pavlov, I., 8, 223-224
Percepção, 146-171
Percepção de profundidade, 150-155
Percepção extra-sensorial (PES), 163, 166
Percepção subliminar, 372
Perls, F., 214, 532
Personalidade
    androgenia, 418-420
    anti-social, 494-495
    autoritária, 592-593
    comparação de teorias, 426
    criativa, 336-337
    definida, 398
    desintegração da, 505
    distúrbios da, 490, 491, 494-495
    e felicidade, 390, 469-470
    e hereditariedade, 407-408
    e problemas cardíacos, 467-468
    estudo da, 4, 15
    limítrofe, 494, 495
    múltipla, 489, 499-500
    preconceituosa, 592-593
    propensa a doenças, 443
    resistente, 468-470
    teoria comportamental, 401, 414-418, 425
    teoria do aprendizado da, 401, 414, 418, 425
    teoria humanista da, 401, 420-425, 426
    teoria psicanalítica da, 409-414, 426
    teoria psicodinâmica da, 401, 409-414, 426
    teorias de aprendizado social da, 416-418
    tímida, 434-437
    tipos de, 399, 467-468
    traços de, 398-399, 402-409, 425, 434Personalidade anti-social, 494
Personalidade autoritária, 593
Personalidade criativa, 336-337
Personalidade do Tipo A, 467-468
Personalidade limítrofe, 494, 495
Personalidade, teorias do desenvolvimento da, 401-425
    aprendizado, 401, 414-418, 426
    Erickson, 111-114
    Psicodinâmica, 401-409-414, 426
    Teoria behaviorista, 401, 414-418
    Teoria humanista, 401, 420-425, 426
    traço, 398-399, 400, 401, 402-409, 425, 434
Perspectiva aérea, 154
Perspectiva linear, 152, 153
Persuasão, 587-588
Pesadelos, 184, 186
Pesquisa, 16, 17-39
    métodos de, 3-5, 20-39
Pesquisa psicológica, 3-5, 15, 16, 17-39
Pesquisas de opinião pública, 28-30
Piaget, J., 104-105, 106-108
Pinel, P., 528
Plutchick, R., 377
Pobreza, 84, 330
Polígrafos, 380-381
Ponto ajustado e o comer, 354-355, 356
Ponto cego, 128, 129
Pontuação z, 621
Potencial de ação, 47, 49, 53
Prática espaçada, XXVII, 294-295
Precognição, 164
Preconceito, 158, 574, 592-597, 606-609
    de idade, 115
    combatendo o, 596-597, 606-609
Preconceito contra a idade, 115
Premack, D., 257, 313-314
Presbiopia, 129
Princípio de Premack, 257

Privação, 84-85
Privação de estímulos, 84-85
Privação sensorial, 84-85, 188, 195
Processamento construtivo da memória, 271-272
Processos perceptuais
  adaptação, 170
  aprendizado, 156-160
  atenção, 160, 169-170
  cegueira involuntária, 160
  conjunto de, 161-162, 170
  consciência, 169-170
  constâncias, 146-147
  Empíricas, 146
  expectativa, 161-163, 170
  hábitos, 156-157, 171
  habituação, 169-170
  ilusões, 158-160
  motivos, 160-161, 170
  nativismo, 146-147
  objetividade, 156-163
  organização, 147-150
  profundidade, 150-155
  reconstrução, 156
  rótulos, 162
  subliminar, 372
Profecia auto-realizável, 27, 607-608
Programas comunitários de saúde mental, 554-555, 560
Projeção, 458-459
Prontidão, Princípio da, 90
Protótipos, 310-311
Proxêmica, 569
Pseudopsicologias, 32-34
Psicanálise, 9, 16, 528-530, 548
Psicanalistas, 16
Psicocinesia, 164, 165
Psicocirurgia, 551, 553
Psicodinâmica,
  Teoria da ansiedade, 501-502
  Teoria da personalidade, 9, 10, 401, 409-414, 425
  Teoria dos sonhos, 188
  terapia, 529, 548-549
Psicodrama, 545, 548
Psicoimunoneurologia, 471-472
Psicologia
  animais no estudo da, 4-5, 20-21
  carreiras em, 13-17
  como uma ciência, 3
  definida, 2
  e a lei, 492
  história da, 6-12
  metas da, 5-6
  mulheres na, 10
Psicologia ambiental, 15
Psicologia cognitiva, 4, 12, 15, 306
Psicologia comparativa, 4, 15, 20-21
  linguagem animal, 313-315
  pensamento animal, 313-315
  pesquisa animal, 4-5, 20-21
Psicologia comunitária, 15
Psicologia cultural, 4, 15
Psicologia da engenharia, 15
Psicologia da Gestalt, 8-9, 11, 147-150
Psicologia de aconselhamento, 14, 15
Psicologia de saúde, 15, 16, 442-446
Psicologia do consumidor, 15
Psicologia do desenvolvimento, 3, 15, 16, 80
Psicologia educacional, 15, 16
Psicologia espacial, 142
Psicologia evolucionária, 4, 572-573
Psicologia humanista, 10
Psicologia intercultural
  aconselhamento, 551
  bilingüismo, 313
  consciência e cultura, 175, 176
  desenvolvimento cognitivo, 108-109
  distúrbios psicológicos, 488, 489, 492
  e a emoção, 382
  e a televisão, 254-255
  e criação de filhos, 97-98
  e dieta, 355
  e dor, 360
  e os fonemas, 312
  e os testes, 326-327
  estilos de ser pai e mãe, 97-98
  estudo da, 4, 15
  fases de Piaget, 104-108
  identidade adolescente, 113
  semântica, 311-312
Psicologia positiva, 11-12
Psicologia psicanalítica, 9, 11
Psicologia social definida, 568
Psicólogo, 2, 13-17, 559-560
  da mídia, 530-531
Psicólogo do desenvolvimento, 3
Psicólogo escolar, 15, 16
Psicólogo experimental (psicólogo de pesquisa), 11, 15, 16, 20
Psicólogo forense, 15
Psicólogo médico, 15
Psicólogos clínicos, 14, 28
Psicólogos sociais, 4, 15, 16
Psicopatologia, 485-521
  classificando a, 488-495
  definindo a, 486-488
  e violência, 509
  modelo de vulnerabilidade ao estresse, 512
Psicose da anfetamina, 198-199
Psicose da privação do sono, 179-180
Psicose orgânica, 505-506
Psicose paranóide, 506-507
Psicose, *ver* Distúrbios Psicóticos
Psicoterapia, 525-562

abordagem humanista, 532-534, 548
abordagem médica da, 551-553
aconselhamento, 549-551
comparação de abordagens, 526, 547-549
da mídia, 532-533
definida, 526
eficácia da, 547
encontrando ajuda, 559
história da, 527-528
o futuro da, 548-549
por telefone, 533
programas comunitários de saúde mental, 554-555, 560
psicanálise, 528-530, 548
qualificada culturalmente, 550
Terapia cibernética, 533-534
Terapia cognitivo-comportamental, 543-544, 548, 556-559
Terapia comportamental, 535-544, 548, 556-559
terapia de grupo, 544-547, 560
Psiquiatra, 16, 560, 561
Puberdade, 70, 82
Punição, 236, 247-251
bater, 98
de crianças, 99, 116-120
e agressão, 248, 249
e terapia comportamental, 539
efeitos do, 249-250

QI, 324-332, 334, 335
desvio do, 325-326
diferenças culturais, 326-327
e a criatividade, 336
e a idade, 115
e o ambiente, 84, 332-333
e realização, 328
Quarto de Ames, 157, 158
Questionário de Dezesseis Fatores da Personalidade (16 PF), 404-405
Questionários de personalidade, 428-429
Quiromancia, 32

Raciocínio, 305-339
conceitual, 309-311
criativo, 333-339
crítico, 30-32, 35-39
dificuldades no, 319-320, 337-343
e intuição, 104, 337-339
e linguagem, 307, 311-315
fixação do, 319
imagens cinestéticas, 308-309
imagens, 279, 307-309
inteligência artificial, 320-321
nas crianças, 103-109
nos animais, 313-315
unidades básicas de pensamento, 306-307
Raciocínio convergente, 333
Raciocínio criativo, 33-344, 375-376

e os sonhos, 214-215
Fases do, 335
testes de, 334-335
Raciocínio crítico, 30-32, 35-39
Raciocínio divergente, 333, 334, 342
Raciocínio grupal, 577
Racionalização, 458, 459
Racismo, 592-593, 596, 606-609
Raiva, 467-468, 469
Realização do self, 10, 373-375, 421
passos em direção à, 422
Realização, necessidade de, 371-372
Recém-nascido, *Ver* Neonato
Recodificação, 269-270
Recuperação espontânea, 227, 235
Reflexo, 52, 223, 228
arco, 52
em crianças, 87
Reflexo, arco, 51-52
Reforço, 222, 225, 231-244, 246, 247, 257, 416, 539-542
atrasado, 234
contingente de resposta, 233
de valor, 416
Fichas, 237-238
negativo, 235-236
oculto, 556-557, 558
parcial, 242-244
positivo, 231, 235, 539-543
primário, 236-237
programação de, 242-244
secundário, 237-238
social, 238-239
Reforço atrasado, 234
Reforço de Intervalo Fixo (IF), 243-244
Reforço oculto, 557-558
Reforço operante, 231-244
Reforço parcial, 242-244
Reforço positivo, 231, 235, 539-542
Reforço primário, 236-237
Reforço secundário, 237-239
Região de Broca, 62-63
Região de Wernicke, 62, 63
Regiões de Vale, 63-64
Regressão, 458
Reguladores neurais, 48-49
Relatividade cultural, 13, 487
Relaxamento, 467, 474
exercícios para atingir o, 193-196, 558
e insônia, 184
resposta de, 194
Remédios para dormir, 183-184
Remissão espontânea, 529
Remissão espontânea, 529
Repressão, 9, 288, 289, 458
Resistência freudiana, 529
Resolução de problemas, 316-322, 340-344
abordagens, 316-320

e *brainstorming*, 342-344
criativa, 333-344
dificuldades na, 319-320, 337-340
e sonhos, 214-215
insight na, 317-319
Resposta condicionada (RC), 8, 224-225, 535
Resposta Galvânica da Pele (RGP), 380
Resposta não-condicionada (RNC), 224-225, 535
Resposta operante, 231-233
Respostas emocionais condicionadas (CERs), 227-241
Retardamento familiar, 330
Retardamento mental, 70, 329-330
Retina, 128, 129, 130, 131, 132
Ritmo biológico, 178, 180, 369-370
Ritmos circadianos, 369-370
Rogers, C., 10, 421, 422-424, 502, 530-531
Rosenhan, D., 516
Rotter, J., 416
Rótulos psiquiátricos, 488, 492, 516
Rubin, Z., 571

Salas de aula do tipo quebra-cabeças, 596-597
Saúde, 441-480
Scan TC, 54, 511, 512
Schachter, S., 384-385, 386
Scripts sexuais, 361-362
Sede, 359-360
Seguir as regras, 487, 576-579
    experimento de Asch, 577
    fatores grupais em, 577-579
Seleção de parceiros, 572-573
Seleção natural, 7
Seleção sensorial, 126-127
Seligman, M., 461
Selye, H., 447, 470
Semântica, 311-312
Sensação e percepção (estudo da), 4, 15
Sensibilização oculta, 535, 556-557
Sentidos auditivos e o lóbulo temporal, 61
Sentidos cinestésicos, 140
Sentidos da pele, 140-142
    e o lóbulo parietal, 61
Sentidos somáticos, 140-142
Sentidos somestésicos, 61, 62, 140-142
Sentidos vestibulares, 140, 142
Seqüência de crescimento, 82, 83
Sexo,
    amar e gostar, 572, 573
    Androgenia, 418-420
    aprendizado social, 417-418
    depressão, 514
    distúrbios de ansiedade, 497
    distúrbios, 489, 490
    e a lateralização do cérebro, 63
    e emoção, 382
    e felicidade, 389
    e o QI, 329
    e suicídio, 517
    estudo do, 4, 15
    identidade sexual, 417-420, 491
    mulheres na psicologia, 10
    papéis sexuais, 417-418
    parcialidade sexual, 488, 576
    preferência por parceiro, 572, 573
Sexuais
    impulsos, 69, 206, 360-361
    hormônios, 68, 360-361
Significado estatístico, 624
Sinapse, 47-48
Síndrome alcoólica fetal, 83
Síndrome de adaptação geral (SAG), 470
Síndrome de Morte Súbita Infantil, 186-187
Síndrome do pânico, 497
Sistema (nervoso) autônomo, 50-52, 70, 228-229, 378-380, 387, 447
    o papel do na emoção, 50, 378-380
Sistema auditivo, 134-137
Sistema endócrino (glandular), 68-71
Sistema glandular (endócrino), 68-71
Sistema imunológico, 471-472
Sistema límbico, 66-67
Sistema nervoso, 44, 49-53
Sistema nervoso central (SNC), 50-53
Sistema nervoso parassimpático, 51-53
    papel do na emoção, 50, 378-380
Sistema nervoso periférico, 50-51
Sistema nervoso simpático, 50
    papel do na emoção, 50, 70, 378-379
Sistema nervoso somático, 50
Sistema reticular ativador, 65
Sistemas sensoriais, 126-127
Skinner, B.F., 8, 232, 242
SMSI, 186-187
Sociopata, 494-495
Soma, 44, 45, 47
Sonambulismo, 184, 185-186
Sonho lúcido, 215-216
Sonhos, 3, 182-183, 187-189, 212-216
    e criatividade, 215
    e lembranças, 187, 188
    hipótese da ativação-síntese, 189
    interpretação dos, 188-189, 212-216
    lúcidos, 215-216
    movimento do olho nos, 182
    necessidade de, 182, 187
    pesadelos, 186
    resolução de problemas nos, 215-216
    teoria de Freud dos, 188, 528
    teoria dos, 188-189
    utilizando, 215-216
Sono, 175-190, 212-216, 295
    adolescência, 178
    apnéia, 184, 186-187
    aprendizado durante o, 178

causas do, 181
fases do, 181-182
Hormônios do, 180
necessidades de, 178-180
padrões do, 179-180
perturbações do, 183-187
privação do, 178-179
Sono NREM (movimento não rápido dos olhos), 182, 186
Sono REM (Movimento rápido dos olhos), 182, 184, 186, 187-188, 212-216
Sperry, R., 59
Status, 574, 595-596
   contato de mesmo *status*, 595-596
Subcórtex, 64-67
Sublimação, 458, 459-460
Suicídio, 517-521
   prevenção do, 518-521
Superego, 410-411, 502
Surdez, 135-137

Tálamo, 65-66
Tamanho relativo, 153
Tarefas de desenvolvimento, 111-114
Telepatia, 163
Televisão
   e agressão, 255, 601-602
   efeitos da, 586
   como modelo, 255, 601-602
Temperamento, 398
   diferenças de, nas crianças, 82-83
Tendência central, 617-618
Teoria (da emoção) de James-Lane, 383, 384
Teoria cognitiva da ansiedade, 504
Teoria cognitiva da emoção de Schachter, 384-385
Teoria cognitiva da emoção, 384-385
Teoria da atribuição, 575-576
Teoria da comparação social, 568-569
Teoria da dissonância cognitiva, 585, 588-589
Teoria de Cannon-Bard (da emoção), 384
Teoria de conflito sensorial, 142
Teoria de excitação da motivação, 367-369
Teoria do aprendizado social, 401, 414-418, 425
   da agressão, 600-601
Teoria do aprendizado, 401, 414-418, 425
Teoria do comportamento cognitivo, 8, 12, 15, 416-418, 426, 434-437, 476-477, 542-594, 548, 556-559
Teoria do oponente-processo, 131
Teoria do self, 422-424
Teoria existencial da ansiedade, 502
Teoria humanista da personalidade, 401, 420-425, 426
Teoria humanista-existencial da ansiedade, 502
Teoria psicanalítica da personalidade, 401, 409-414, 426
Teoria sociocultural, 108-109
Terapeutas
   aptidões dos, 548
   como escolher um, 559-562
   qualificados culturalmente, 551

Terapeutas por telefone, 533
Terapia centrada no cliente, 530-531, 548
Terapia cibernética, 533
Terapia comportamental, 185, 535-544, 548, 556-559
   aplicando a, 556-559
   condicionamento clássico, 535
   definida, 535
   dessensibilização, 229, 536-539, 558-559
   economia de gratificação, 541-542
   Emotiva-racional, 543-544, 548
   extinção da, 539-541
   operante, 539-542
   terapia de aversão, 535-536, 556-557
   terapia do behaviorismo cognitivo, 8, 12, 15, 416-418, 426, 434-437, 476-477, 542-544, 548, 556-559
Terapia da aversão, 535-536
   aplicando a, 535, 556-557
Terapia da Gestalt, 532, 548
Terapia de Ação, 526
Terapia de apoio, 527
Terapia de choque, *Ver* Terapia eletroconvulsiva
Terapia de efeito de placebo, 547
Terapia de grupo, 526, 544-547, 560
   encontro, 546
   psicodrama, 545, 548
   sensibilidade, 546
   terapia familiar, 546, 548
   treinamento de consciência de grupo, 546-547
Terapia de *insight*, 526, 528-532, 544-547
Terapia de tempo limitado, 526
Terapia dinâmica, 529, 548
Terapia dinâmica de curto prazo, 529, 548
Terapia diretiva, 526
Terapia eletroconvulsiva (ECT), 551, 552-553
Terapia emotivo-racional, 543-544, 548
Terapia existencial, 531, 548
Terapia familiar, 546, 548
Terapia não-diretiva, 526
Terapia somática, 551-553
Terapia, *ver* Psicoterapia
Terapias humanistas, 530, 532, 548
Terapias médicas, 551-553
Teratogênios, 84
Terman, L., 323, 328
Terminais de Axônios, 44, 45
Terrores noturnos, 184, 186
Testar a realidade, 169, 171
Teste de Apercepção Temática (TAT), 432-433
Teste de Borrões de Tinta de Rorschach, 431
Teste de Ishihara (de cegueira de cores), 132
Teste situacional, 428
Testemunho de testemunha ocular, 167-169, 277
Testes
   com justiça cultural, 326-327
   confiabilidade dos, 428
   criativos, 334-335
   de 16 PF, 404, 405

de Apercepção Temática (TAT), 432-433
de grupal, 327
de honestidade, 431
de inteligência, 323-329
de projeção, 431-432
de Stanford-Binet, 323-326, 327
MMPI-2, 428-430
objetividade dos, 428
situacional, 428
Técnica de Borrões de Tinta de Rorschach, 431-432
validade dos, 428-430
Wechsler, 326, 327
Testes de honestidade, 431
Testes de inteligência, 323-329
   confiabilidade, 428
   e parcialidade cultural, 326-327
   stanford-Binet, 324-326, 327
   testes de grupo, 327
   validade dos, 428, 430
   Wechsler, 326, 327
Testes de justiça cultural, 326-327
Testes de projeção, 431-433
Timidez, 434-437
Tomografia de emissão positron (PET), *ver* Scan PET
Tomografia de emissão positrônica, 55, 58, 495, 511
Traços de personalidade, 398-399, 400, 402-409, 425, 436
Tranqüilizantes, 206, 552
Transferência freudiana, 529
Treinamento de asserção, 583-584
Trepanação, 527
Tversky, A., 337-338

Validade dos testes, 428, 430
Valins, S., 385

Variáveis dependentes, 24, 25
Variáveis exógenas, 24, 25
Variável, 24-25
Variável independente, 24, 25
Vício de drogas, 197
Vidência, 163
Videogames e agressão, 255
Violência na escola, 602
Virilidade, 70
Visão, 126-133, 146
   abismo visual, 151
   acuidade visual, 130
   adaptação à escuridão, 132-133
   alucinações, 158, 159
   cérebro e, 58-59, 61, 126-127, 130
   das cores, 128, 129, 130-133
   e percepção de profundidade, 150-155
   estereoscópica, 151-152
   na infância, 87-88, 150-151
   periférica, 130
   Vygotsky, L., 108-109
Visão das cores, 128, 129-130, 130-133
   Teorias da, 130-131
Visão estereoscóspica, 151-152
Visão noturna, 129, 132-133
Visão periférica, 130

Watson, J.B., 8
Wertheimer, M., 9
Wundt, W., 7

Zen, 170
Zimbardo, P., 433, 567
Zuckerman, M., 367

Ilustrações Coloridas

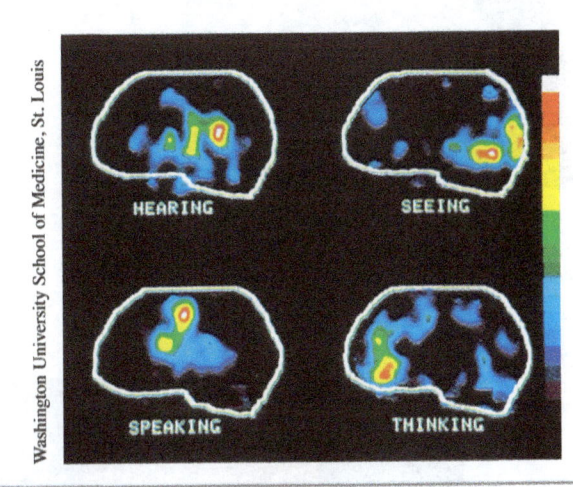

◆FIGURA 2.12
Ultra-sonografias de tomografia de emissão positrônica.

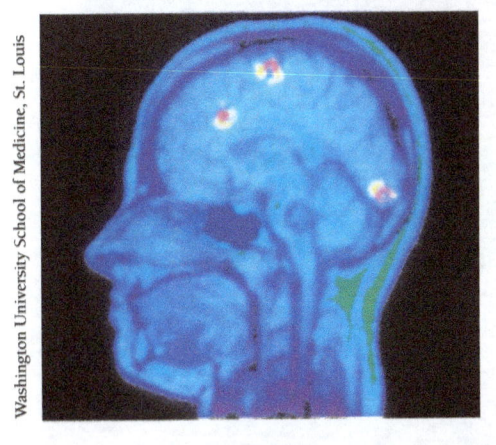

◆FIGURA 2.13
As manchas brilhantes foram criadas por uma ultra-sonografia de tomografia de emissão positrônica. Elas se parecem com as manchas da Figura 2.12. No entanto, aqui elas foram colocadas sobre uma IRM para que o interior do cérebro fique visível. As três manchas brilhantes são regiões do lado esquerdo do cérebro relacionadas à linguagem. A mancha à direita fica ativa durante a leitura. A região central superior está ligada à fala. A região à esquerda, no lóbulo frontal, está ligada à reflexão sobre o significado de uma palavra (Montgomery, 1989).

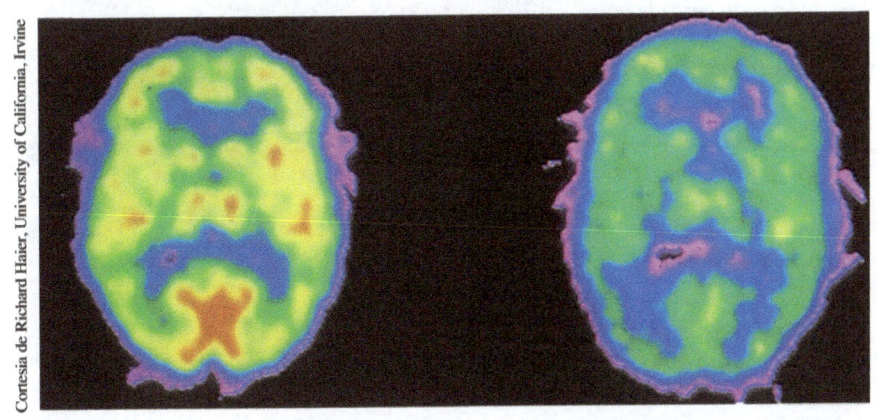

◆FIGURA 2.15 Nas imagens que você está vendo aqui, vermelho, laranja e amarelo indicam alto consumo de glicose; verde, azul e rosa mostram regiões de baixo uso de glicose. A ultra-sonografia de tomografia de emissão positrônica do cérebro à esquerda mostra que um homem que resolveu 11 de 36 problemas de argumentação queimou mais glicose que o homem à direita que resolveu 33.

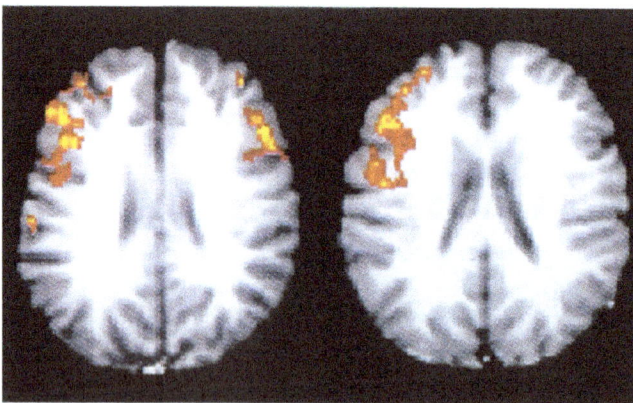

◆FIGURA 2.23 *Tarefas lingüísticas ativam ambos os lados do cérebro de várias mulheres, mas somente o lado esquerdo nos homens (ver também caderno colorido).*

◆FIGURA 2.29 *Nessa imagem de ultra-som, um feto de quatro meses está chupando o seu polegar direito. Um estudo realizado pelo psicólogo Peter Hepper sugere que ele vai continuar preferindo a mão direita depois de nascer, e que será destro quando crescer.*

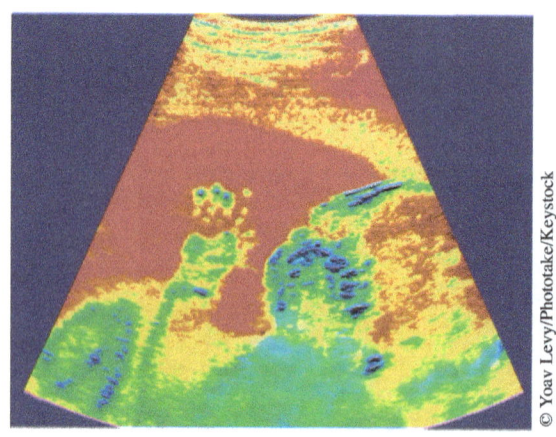

◆FIGURA 3.4 (c) *As crianças testadas em uma câmara de olhar observam o rosto normal por mais tempo do que o rosto embaralhado, e ambos os rostos mais tempo do que o desenho da direita.*

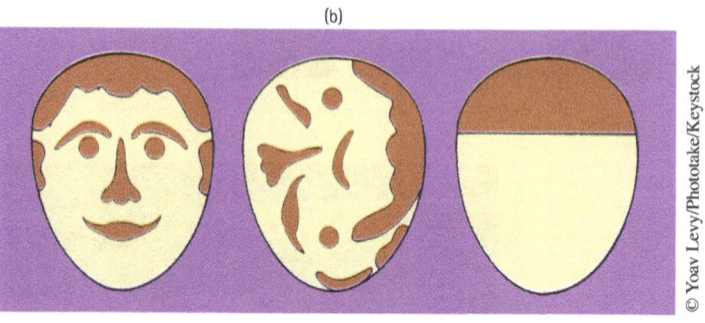

ILUSTRAÇÕES COLORIDAS **707**

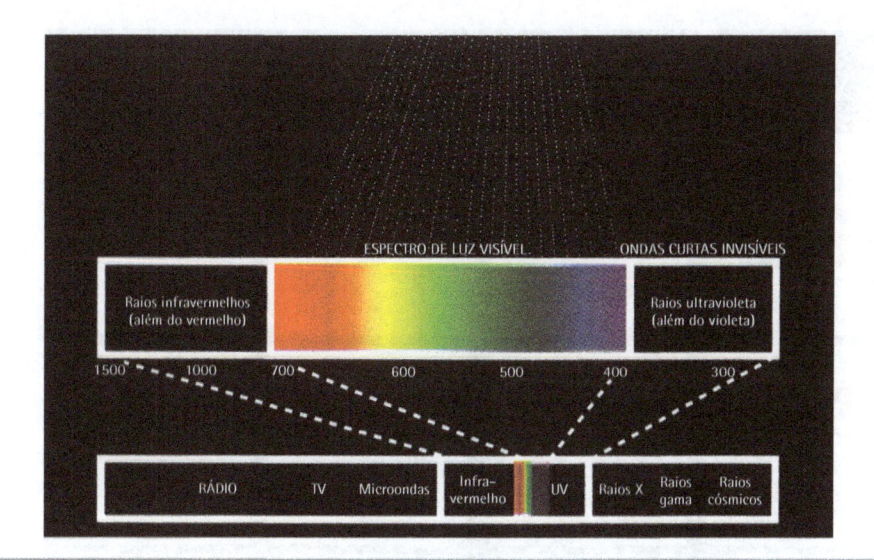

◆FIGURA 4.3 *Um espectro visível.*

◆FIGURA 4.8 *Pós-imagens negativas. Olhe fixamente para o ponto perto do meio da bandeira por pelo menos 30 segundos. Depois, olhe imediatamente para uma folha de papel em branco ou uma parede branca. Você verá a bandeira americana em vermelho, branco e azul. A sensibilidade reduzida ao verde, ao preto e ao amarelo no sistema visual, provocada pelo fato de olhar prolongadamente, cria as cores complementares.*

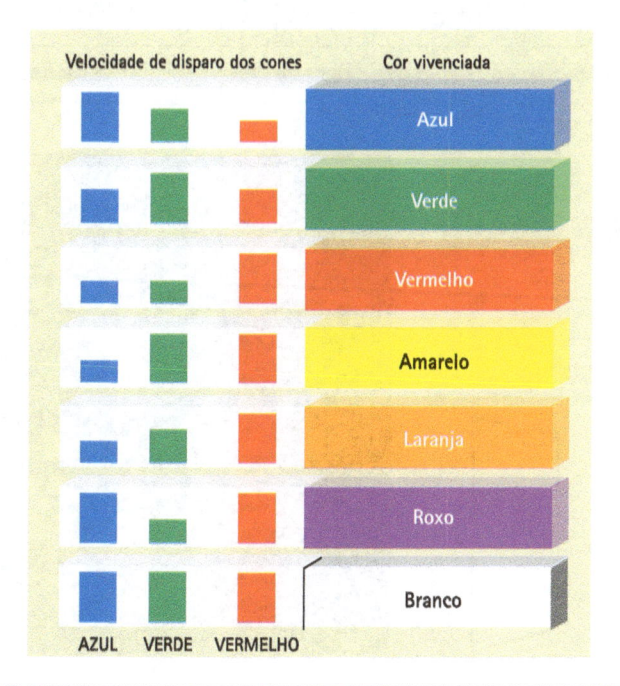

◆FIGURA 4.9 *As velocidades de disparo dos cones azul, verde e vermelho em resposta às várias cores. Quanto mais alta for a barra colorida, mais alta a taxa de disparo daquele tipo de cone. Como você pode ver, as cores são codificadas pelas diferenças na atividade de todos os três tipos de cones no olho normal. (Adaptado de Goldstein, 2003.)*

VOCÊ TEM CEGUEIRA DE CORES?

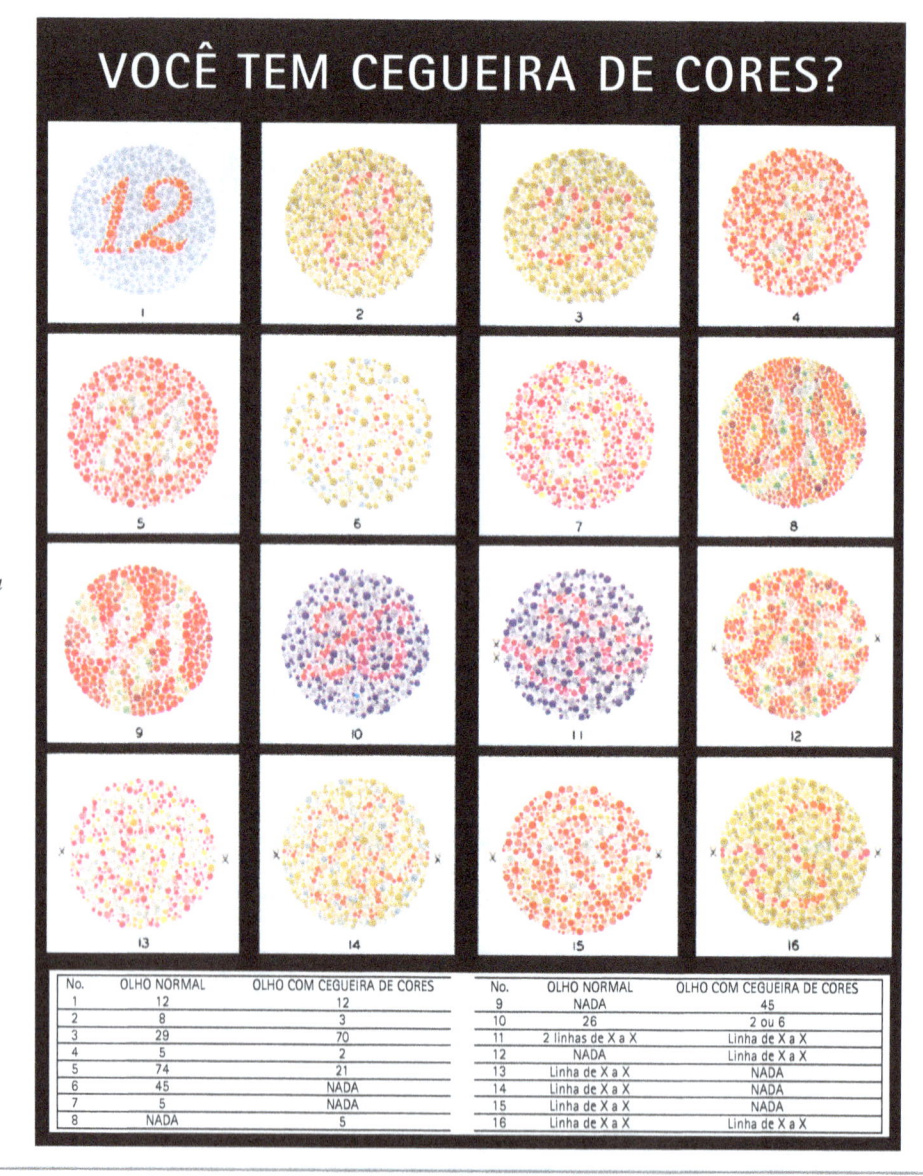

No.	OLHO NORMAL	OLHO COM CEGUEIRA DE CORES	No.	OLHO NORMAL	OLHO COM CEGUEIRA DE CORES
1	12	12	9	NADA	45
2	8	3	10	26	2 ou 6
3	29	70	11	2 linhas de X a X	Linha de X a X
4	5	2	12	NADA	Linha de X a X
5	74	21	13	Linha de X a X	NADA
6	45	NADA	14	Linha de X a X	NADA
7	5	NADA	15	Linha de X a X	NADA
8	NADA	5	16	Linha de X a X	Linha de X a X

◆FIGURA 4.10 *Réplica do teste de cegueira de cores de Ishihara.*

◆FIGURA 4.25 *Constância da forma.* (a) *Quando uma porta é aberta, sua imagem na verdade forma um trapézio. A constância da forma é indicada pelo fato de que ela continua sendo percebida como um retângulo.* (b) *Com grande esforço, você pode conseguir ver este desenho como uma coleção de formas planas. No entanto, se você mantiver a constância da forma, os quadrados distorcidos sugerem fortemente a superfície de uma esfera. (De* Spherescapes-1, *de Scott Walter e Kevin McMahon, 1983.) (Ver também caderno colorido.)*

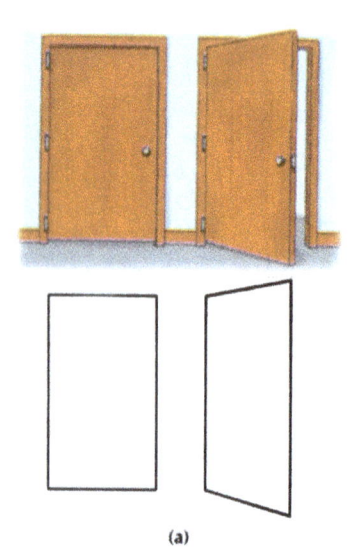

(a)   (b)

ILUSTRAÇÕES COLORIDAS   709

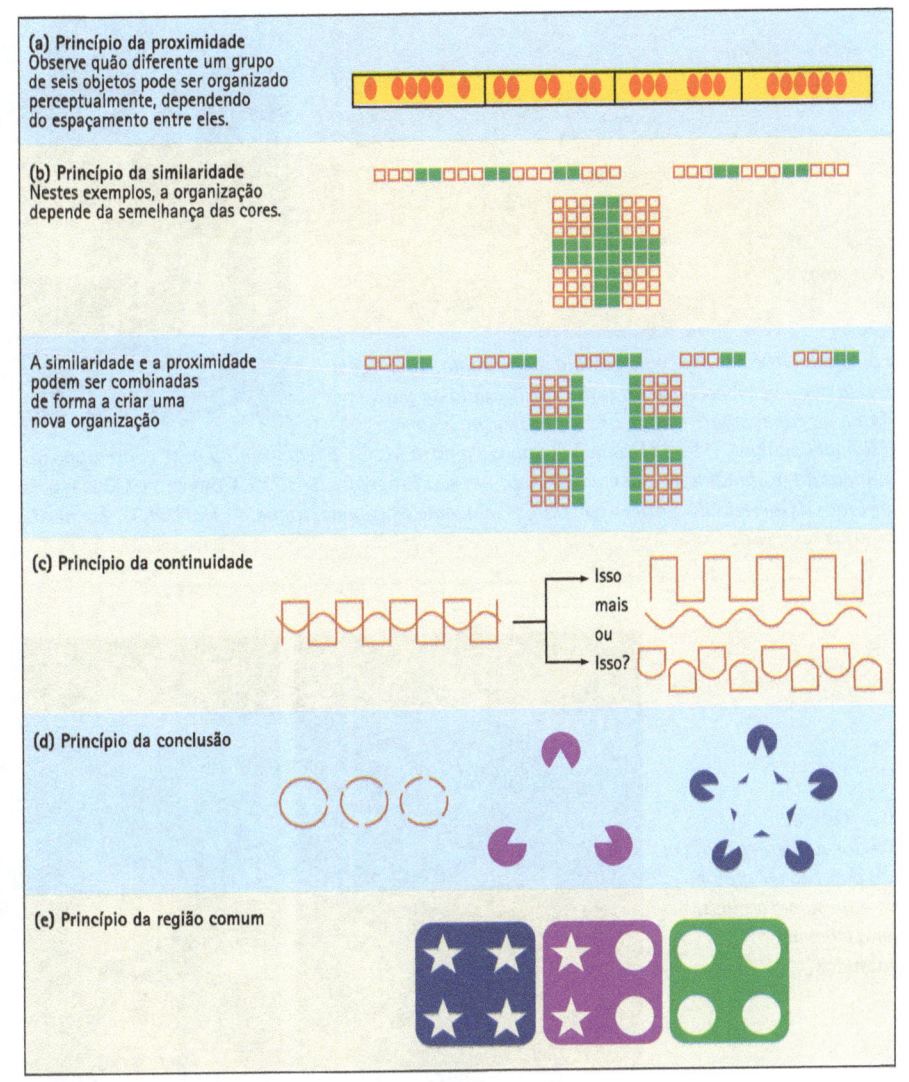

(a) **Princípio da proximidade**
Observe quão diferente um grupo de seis objetos pode ser organizado perceptualmente, dependendo do espaçamento entre eles.

(b) **Princípio da similaridade**
Nestes exemplos, a organização depende da semelhança das cores.

A similaridade e a proximidade podem ser combinadas de forma a criar uma nova organização

(c) **Princípio da continuidade**

Isso mais ou Isso?

(d) **Princípio da conclusão**

(e) **Princípio da região comum**

◆ FIGURA 4.27   *Como organizamos as percepções.*

◆ FIGURA 4.28
Um exemplo desafiador de organização perceptual. Quando o inseto camuflado (conhecido como inseto gigante) se torna visível, é quase impossível olhar a foto novamente sem notá-lo.

Kenney Brian P./Animals Animals – Earth Scenes/Keystone

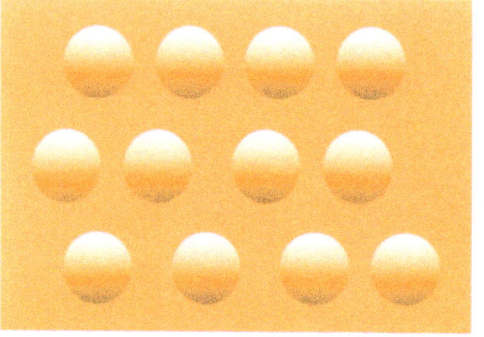

◆FIGURA 4.35 *(Esquerda) Quando julgamos a distância, geralmente presumimos que a luz vem basicamente de uma direção. Olhe um pouco de soslaio para nublar a imagem que vê aqui. Você deveria perceber uma série de globos projetando-se para fora. Se você virar esta página de cabeça para baixo, os globos devem se tornar cavidades. (Segundo Ramachandran, 1995.) (Direita) O famoso artista M. C. Escher violou nossas pressuposições sobre a luz para criar as ilusões dramáticas de profundidade que encontramos em sua litografia de 1955,* Convexo e Côncavo. *Nessa gravura, a luz parece vir de todos os lados. (Cortesia do Collection Haags Gemeente Museum, Hague. © 1994 M. C. Escher/Cordon Art, Baarn, Holanda. Todos os direitos reservados.)*

◆FIGURA 4.40 *Os efeitos da experiência anterior na percepção. O rosto adulterado parece muito pior quando visto de cabeça para cima, porque pode ser associado a experiências passadas.*

◆FIGURA 5.1 *Os ritmos do sono. As barras mostram períodos de sono durante a quarta, a quinta e a sexta semanas de um experimento com um sujeito humano. Durante os períodos não-programados, o sujeito podia escolher as horas e a iluminação para dormir. O resultado foi um ritmo de sono de cerca de 25 horas. Observe como o ritmo livre começou a avançar no relógio à medida que as pessoas iam dormir cada dia mais tarde. Quando os períodos de escuridão (área sombreada) foram impostos durante a quinta semana, o ritmo se ressincronizava rapidamente, com dias de 24 horas. (Adaptado de Czeisler, 1981.)*

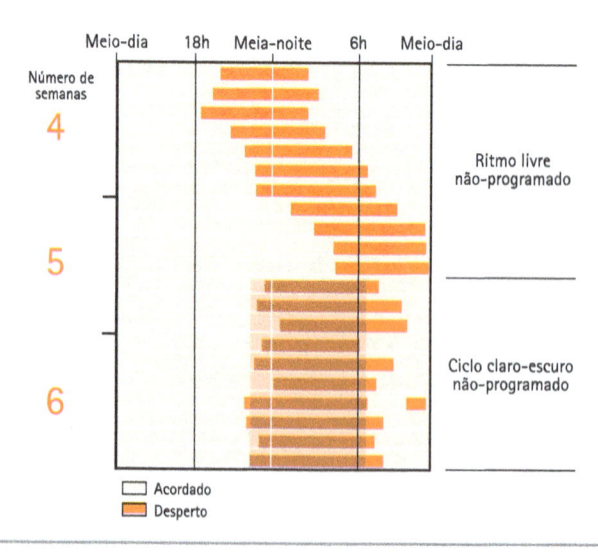

ILUSTRAÇÕES COLORIDAS   711

◆FIGURA 7.3   *O quebra-cabeça da torre. Nesse quebra-cabeça, todos os discos coloridos devem ser colocados em outro poste, sem que nunca se coloque um disco maior sobre um menor (ver também caderno colorido). Apenas um disco pode ser movido por vez, e sempre de um poste para outro (o disco não pode ser posto de lado). Um paciente com amnésia aprendeu a resolver o problema em 31 movimentos, o mínimo possível. Mesmo assim, cada vez que ele começava, dizia que não se lembrava de ter resolvido o quebra-cabeça alguma vez, e que não sabia como começar. Provas como essa sugerem que a memória de habilidades é diferente da memória de fatos.*

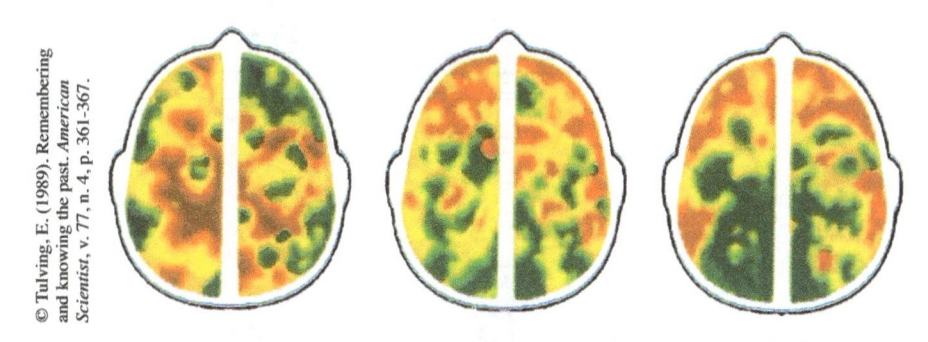

◆FIGURA 7.14   *Padrões do fluxo sangüíneo no córtex cerebral associados às memórias semânticas e às memórias episódicas.*

© Tulving, E. (1989). Remembering and knowing the past. *American Scientist*, v. 77, n. 4, p. 361-367.

◆FIGURA 8.7   *Tarefa de interferência de Stroop. Teste-se dizendo os nomes das cores nas duas fileiras de cima o mais rápido que puder. Depois, diga o nome da tinta utilizada para imprimir as duas fileiras de baixo (não leia as palavras). Foi mais difícil dizer o nome das cores da tinta nas fileiras de baixo? (Segundo Tzeng e Wang, 1983.)*

◆ FIGURA 9.13 *Emoções básicas e mistas. No modelo de Robert Plutchik existem oito emoções primárias, como listado nas áreas internas. As emoções adjacentes podem combinar-se para produzir as emoções listadas ao redor do perímetro. As misturas que envolvem emoções mais separadas também são possíveis. Por exemplo, medo mais expectativa produz ansiedade. (Adaptado de Plutchik.)*

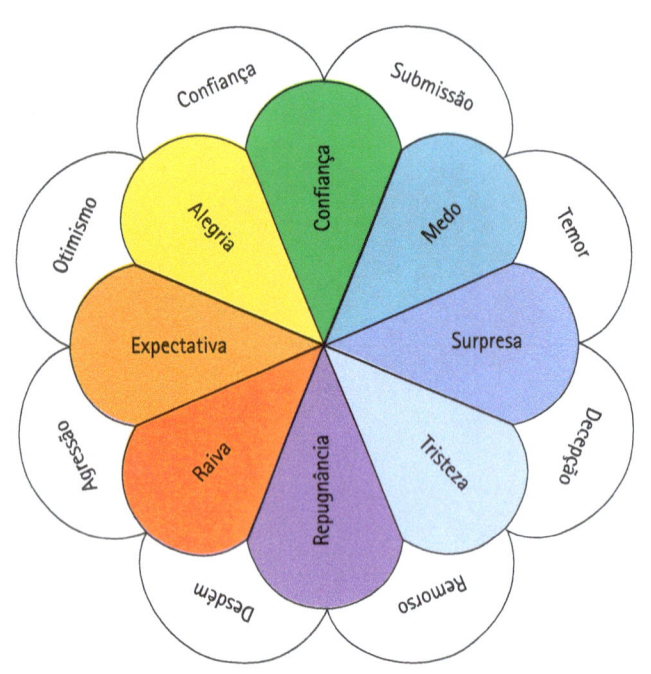

Menos intenso	Emoção básica	Mais intenso
Interesse	Expectativa	Vigilância
Serenidade	Alegria	Êxtase
Aceitação	Confiança	Admiração
Apreensão	Medo	Terror
Distração	Surpresa	Espanto
Melancolia	Tristeza	Dor
Tédio	Repugnância	Aversão
Aborrecimento	Raiva	Ira

◆ FIGURA 10.10 *Borrões semelhantes a esses são usados na técnica de Rorschach. O que você vê nessas imagens?*